Angerer/Geibel/Süßmann (Hrsg.)
Wertpapiererwerbs- und Übernahmegesetz
(WpÜG)

Wertpapiererwerbs- und Übernahmegesetz (WpÜG)

Kommentar

herausgegeben von

Dr. Lutz Angerer, LL. M.
(University of Virginia)
Rechtsanwalt in München

Stephan Geibel
Rechtsanwalt in München

Rainer Süßmann
Rechtsanwalt in Frankfurt am Main

bearbeitet von

Dr. Lutz Angerer, LL. M.
(University of Virginia)
Rechtsanwalt in München

Dr. Tim Oliver Brandi, LL. M.
(Columbia Law School)
Rechtsanwalt in Frankfurt

Stephan Geibel
Rechtsanwalt in München

Dr. Philipp Grzimek LL. M.
(University of Chicago)
Rechtsanwalt in Frankfurt am Main

Dr. Christoph Louven
Rechtsanwalt in Düsseldorf

Dr. Andreas H. Meyer, LL. M.
Rechtsanwalt in Hamburg

Rainer Süßmann
Rechtsanwalt in Frankfurt am Main

Andreas Thun
Rechtsanwalt in München

Dr. Heiko Tschauner
Rechtsanwalt in München

Jens Uhlendorf
Rechtsanwalt in Düsseldorf

Dr. Nikolas Zirngibl
Rechtsanwalt in München

3. überarbeitete Auflage

C.H.BECK

Zitiervorschlag:
Uhlendorf in Angerer/Geibel/Süßmann § 40 WpÜG Rn. 3

www.beck.de

ISBN 978 3 406 66993 4

Wilhelmstraße 9, 80801 München
Druck und Bindung: Beltz Bad Langensalza GmbH
Neustädter Straße 1–4, 99947 Bad Langensalza
Satz: Druckerei C. H. Beck Nördlingen
(Adresse wie Verlag)

Gedruckt auf säurefreiem, alterungsbeständigem Papier
(hergestellt aus chlorfrei gebleichtem Zellstoff)

Vorwort zur 3. Auflage

Das Wertpapiererwerbs- und Übernahmegesetz (WpÜG) ist nunmehr im fünfzehnten Jahr in Kraft und hat, ganz im Gegensatz zu vielen anderen Kapitalmarktgesetzen, bislang nur wenige Änderungen erfahren. Der europäische Einfluss endete bisher mit der EU-Übernahmerichtlinie aus dem Jahr 2004. Auslegungsentscheidungen der ESMA sind ausgeblieben, ebenso wenig sind auf europäischer Ebene Verordnungen erlassen worden. Damit divergieren die Übernahmeregeln der EU-Staaten sicher noch in Einzelheiten. Andererseits ist damit noch eine Kommentierung der einzelnen Regelungen möglich.

Auch wenn die Anzahl der Übernahmen in den letzten Jahren etwas abnahm und nach den ersten Entscheidungen des OLG Frankfurt in den Jahren 2003 und 2004 mit der Verneinung eines Drittrechtsschutzes weitere Entscheidungen eher unwahrscheinlich erschienen, hat insbesondere der BGH nach WMF vor allem in der Postbank-Entscheidung weiter maßgeblich an der Fortentwicklung des WpÜG und dessen Auslegung mitgewirkt. Zwischenzeitlich sind auch „feindliche Übernahmen" oder Übernahmeversuche vorgekommen, und damit rückten die §§ 33 ff. WpÜG ebenfalls in das Rampenlicht.

Der jetzt in dritter Auflage vorgelegte Kommentar versucht, unter Berücksichtigung der weiterhin sehr zahlreich erschienenen Literatur, den aktualisierten Kommentierungen, der Handhabungspraxis der Bundesanstalt für Finanzdienstleistungsaufsicht sowie der teils grundlegenden Gerichtsentscheidungen wie bereits in den Vorauflagen praxisgerechte Vorschläge für die Umsetzung und die Anwendung des WpÜG vorzulegen. Beibehalten wurde die für die Praxis wichtige Kommentierung der §§ 327a ff. AktG zum aktienrechtlichen Squeeze-out.

Im Kreis der Herausgeber und Autoren sind Änderungen eingetreten. Stefan Geibel musste dieses Mal aus persönlichen Gründen in den Hintergrund rücken, dafür trat Lutz Angerer als weiterer Herausgeber mit ein. Als Autoren sind Marcel Grobys und Andreas Schwennicke ausgeschieden, welche jedoch großzügig ihre Beiträge zur Überarbeitung freigegeben haben. Als neuer Autor konnte Tim Brandi gewonnen werden.

Die Kommentierung berücksichtigt die seit dem 1. Januar 2016 geltende Rechtslage und Schrifttum sowie Rechtsprechung bis Ende Dezember 2015. In Einzelfällen konnte auch das Schrifttum bis April 2016 noch Berücksichtigung finden. An geeigneten Stellen konnten bereits Hinweise auf die ab Anfang Juli 2016 geltende Marktmissbrauchsverordnung gegeben werden.

Die Herausgeber bedanken sich bei allen Mitautoren sowie der tatkräftigen Unterstützung durch unsere Assistentinnen für den außerordentlich hohen persönlichen Arbeitseinsatz sowie beim C. H. Beck Verlag. Sie alle haben es – auch mit Geduld – möglich gemacht, dass das Werk nunmehr in der dritten Auflage erscheinen kann. Verlag, Herausgebern und Mitautoren sind alle Arten von Anregungen und Kritik, auch für Hinweise auf Rechtsanwendungsprobleme aus der Praxis, stets willkommen.

München und Frankfurt am Main, im April 2016

Lutz Angerer *Stephan Geibel* *Rainer Süßmann*

Inhaltsverzeichnis

Wertpapiererwerbs- und Übernahmegesetz (WpÜG)

Abschnitt 1. Allgemeine Vorschriften

Abschnitt 2. Zuständigkeit der Bundesanstalt für Finanzdienstleistungsaufsicht

Abschnitt 3. Angebote zum Erwerb von Wertpapieren

Abschnitt 4. Übernahmeangebote

Abschnitt 5. Pflichtangebote

Abschnitt 6. Verfahren

Abschnitt 7. Rechtsmittel

Abschnitt 8. Sanktionen

Abschnitt 9. Gerichtliche Zuständigkeit und Übergangsregelungen

Aktiengesetz (Auszug)

Abkürzungen und abgekürzt zitiertes Schrifttum

aA	anderer Ansicht
aaO	am angegebenen Ort
abl.	ablehnend
ABl.	Amtsblatt der Europäischen Gemeinschaften
Abs.	Absatz
AbwMechG	Abwicklungsmechanismusgesetz
Achleitner	Handbuch des Investmentbanking, 3. Auflage, 2002
Adler/Düring/Schmaltz	Rechnungslegung und Prüfung der Unternehmen, 6. Auflage 1995 ff.
aE	am Ende
aF	alte(r) Fassung
AG	Die Aktiengesellschaft (Zeitschrift) oder Aktiengesellschaft (Rechtsform)
AGB	Allgemeine Geschäftsbedingungen
AGBG	Gesetz zur Regelung des Rechts der Allgemeinen Geschäftsbedingungen (außer Kraft seit 1.1.2002)
AktG	Aktiengesetz
allgA	allgemeine(r) Ansicht
allgM	allgemeine(r) Meinung
Alt.	Alternative
Anh.	Anhang
AO	Abgabenordnung
AöR	Archiv des öffentlichen Rechts
ArbGG	Arbeitsgerichtsgesetz
ArbuR	Arbeit und Recht, Zeitschrift für die Arbeitsrechtspraxis
arg.	argumentum
Art.	Artikel
Assmann/Basaldua/Bozenhardt/Peltzer	Übernahmeangebote, ZGR-Sonderheft 9, 1990
Assmann/Lenz/Ritz	Verkaufsprospektgesetz, 2. Auflage 2010
Assmann/Pötzsch/Schneider	Wertpapiererwerbs- und Übernahmegesetz, 2. Auflage 2013
Assmann/Schlitt/von Kopp-Colomb	WpPG VerkProspG, 2. Aufl. 2010
Assmann/Schneider	Wertpapierhandelsgesetz, 6. Auflage, 2012
Assmann/Schütze	Handbuch des Kapitalanlagerechts, 4. Auflage, 2015
AT	Allgemeiner Teil
Aufl.	Auflage
AÜG	Arbeitnehmerüberlassungsgesetz
van Aubel	Vorstandspflichten bei Übernahmeangeboten, 1996
BaFin	Bundesanstalt für Finanzdienstleistungsaufsicht
BAG	Bundesarbeitsgericht
Bank	Die Bank
Bankrechts-Handbuch	*Schimansky/Bunte/Lwowski,* Bankrechts-Handbuch, 4. Auflage 2011
BAnz.	Bundesanzeiger
BauGB	Baugesetzbuch
Baumbach/Hopt	Handelsgesetzbuch, 36. Auflage, 2014

Abkürzungen

Baumbach/Lauterbach/ Albers/Hartmann	Zivilprozessordnung, 74. Auflage, 2016
Baumbach/Hueck	GmbH-Gesetz, 20. Auflage, 2013
Baums/Thoma	Kommentar zum Wertpapiererwerbs- und Übernahmegesetz, Stand November 2015
BausparkG	Bausparkassengesetz
BayObLG	Bayerisches Oberstes Landesgericht
BayVBl.	Bayerische Verwaltungsblätter
BayVGH	Bayerischer Verwaltungsgerichtshof
BB	Betriebs-Berater
BBauG	Bundesbaugesetz
Bd.	Band
BDA	Bundesvereinigung der deutschen Arbeitgeberverbände
BDI	Bundesverband der deutschen Industrie
BDSG	Bundesdatenschutzgesetz
Beck'scher Bilanz-Kommentar	Beck'scher Bilanzkommentar, 9. Auflage, 2014
Beil.	Beilage
BetrAVG	Gesetz zur Verbesserung der betrieblichen Altersversorgung
BetrVG	Betriebsverfassungsgesetz
BFH	Bundesfinanzhof
BGB	Bürgerliches Gesetzbuch
BGBl.	Bundesgesetzblatt
BGebG	Bundesgebührengesetz
BGH	Bundesgerichtshof
BGHSt.	Entscheidungen des Bundesgerichtshofes in Strafsachen
BGHZ	Entscheidungen des Bundesgerichtshofes in Zivilsachen
BKartA	Bundeskartellamt
BKR	Zeitschrift für Bank- und Kapitalmarktrecht
Boos/Fischer/ Schulte-Mattler	Kreditwesengesetz, 4. Auflage 2012
BörsG	Börsengesetz
BörsO Eurex Deutschland	Börsenordnung für die Eurex Deutschland und die Eurex Zürich
BörsO FWB	Börsenordnung für die Frankfurter Wertpapierbörse
BörsZulV	Börsenzulassungs-Verordnung
BRAO	Bundesrechtsanwaltsordnung
BR-Drucks.	Bundesrats-Drucksache
Breitkreuz	Die Ordnung der Börse, 2000
BSK	Börsensachverständigenkommission beim Bundesministerium der Finanzen
BT	Bundestag
BT-Drucks.	Bundestags-Drucksache
Bumiller/Harders/ Schwamb	FamFG, 11. Auflage, 2015
Bürgers/Körber	Aktiengesetz, 3. Auflage 2014
Busch	Die Notwendigkeit der spezialgesetzlichen Regelung von öffentlichen Übernahmeangeboten in Deutschland, 1996
BuW	Betrieb und Wirtschaft, Zeitschrift für Rechnungswesen, Steuern, Wirtschafts-, Arbeits- und Sozialrecht im Betrieb
BV	Besloten Vennootschap
BVerfG	Bundesverfassungsgericht

BVerfGE	Entscheidungen des Bundesverfassungsgerichts
BVerwG	Bundesverwaltungsgericht
BVerwGE	Entscheidungen des Bundesverwaltungsgerichts
bzw.	beziehungsweise
Canaris	Die Feststellung von Lücken im Gesetz, 2. Aufl. 1983
Canaris/Larenz	Methodenlehre der Rechtswissenschaft, 4. Auflage, 2014
CFl	Corporate Finance law
c. i. c.	Culpa in contrahendo
City Code	City Code on Takeovers and Mergers
CMF	Conseil des Marchés Financiers
CRD IV	Käpitaladäquanz-Richtlinie 2013/36/EU
CRR	Kapitaladäquanzverordnung
Däubler/Kittner/Klebe	Betriebsverfassungsgesetz, Kommentar für die Praxis, 14. Auflage, 2014
Daum	Die unkoordinierte Übernahme einer Aktiengesellschaft nach deutschem Recht, 1993
DAV	Deutscher Anwaltverein
DB	Der Betrieb
DCGK	Deutscher Corporate Governance Kodex
ders.	derselbe
dh	das heißt
dies.	dieselbe(n)
DIHT	Deutscher Industrie- und Handelstag
Diskussionsentwurf	Diskussionsentwurf eines Gesetzes zur Regelung von Unternehmensübernahmen vom 29.6.2000
DÖV	Die öffentliche Verwaltung
Dreyling/Schäfer	Insiderrecht und Ad-hoc-Publizität, 2001
DStR	Deutsches Steuerrecht
DÜG	Diskontsatz-Überleitungs-Gesetz
DV	Deutsche Verwaltung
DVBl.	Deutsches Verwaltungsblatt
DZWir.	Deutsche Zeitschrift für Wirtschafts- und Insolvenzrecht
EBIT	Earnings Before Interest and Taxes
EBITDA	Earnings Before Interest, Taxes, Depreciation and Amortization
EBRG	Gesetz über Europäische Betriebsräte
EFTA	European Free Trade Association
EG	Europäische Gemeinschaft
EGAktG	Einführungsgesetz zum Aktiengesetz
EGBGB	Einführungsgesetz zum Bürgerlichen Gesetzbuch
Ehricke/Ekkenga/Oechsler	Wertpapiererwerbs- und Übernahmegesetz, 2003
Einf.	Einführung
Einl.	Einleitung
Emittentenleitfaden	Emittentenleitfaden der Bundesanstalt für Finanzdienstleistungsaufsicht
Emmerich/Habersack	Aktien- und GmbH-Konzernrecht, 7. Auflage, 2013
ErfK	Erfurter Kommentar zum Arbeitsrecht, 15. Auflage, 2015
EStG	Einkommensteuergesetz
etc.	et cetera
EU	Europäische Union
EuGH	Europäischer Gerichtshof

Abkürzungen

EuGVÜ	Brüsseler EWG-Übereinkommen über die gerichtliche Zuständigkeit und die Vollstreckung gerichtlicher Entscheidungen in Zivil- und Handelssachen
EU-Prospektverordnung	Verordnung (EG) Nr. 809/2004 der Kommission zur Umsetzung der Richtlinie 2003/71/EG des Europäischen Parlaments und des Rates betreffend die in Prospekten enthaltenen Informationen sowie das Format, die Aufnahme von Informationen mittels Verweis und die Veröffentlichung solcher Prospekte und die Verbreitung von Werbung mit den Änderungen v. 30. März 2012
EuZW	Europäische Zeitschrift für Wirtschaftsrecht
EWG	Europäische Wirtschaftsgemeinschaft
EWiR	Entscheidungen zum Wirtschaftsrecht
EWIV-AG	Gesetz zur Ausführung der EWG-Verordnung über die europäische wirtschaftliche Interessenvereinigung
EWR	Europäischer Wirtschaftsraum
Eyermann	Verwaltungsgerichtsordnung, 14. Auflage, 2014
EZB	Europäische Zentralbank
f.	folgende(r/s)
Fahrholz	Neue Formen der Unternehmensfinanzierung, 1998
Fahr/Kaulbach/Bähr	Versicherungsaufsichtsgesetz, 5. Auflage, 2012
ff.	folgende (mehrere)
FG	Festgabe
FGG	Reichsgesetz über die freiwillige Gerichtsbarkeit
FGO	Finanzgerichtsordnung
FiFöG	Finanzmarktförderungsgesetz
FMStBG	Gesetz zur Beschleunigung und Vereinfachung des Erwerbs von Anteilen an sowie Risikopositionen von Unternehmen des Finanzsektors durch den Fonds „Finanzmarktstabilisierungsfonds – FMS
Finanzmarktrichtlinie	Richtlinie 2004/39/EG des Europäischen Parlaments und des Rates v. 21. April 2004 über Märkte für Finanzinstrumente, zur Änderung der Richtlinie 85/611/EWG und 93/6/EWG des Rates und der Richtlinie 2000/12/EG des Europäischen Parlaments und des Rates zur Aufhebung der Richtlinie 93/22/EWG des Rates
FinDAG	Gesetz über die Bundesanstalt für Finanzdienstleistungsaufsicht (Finanzdienstleistungsaufsichtgesetz – FinDAG)
Fischer	Strafgesetzbuch, 62. Auflage, 2015
Fitting/Engels/Schmidt/Trebinger/Linsenmaier	Betriebsverfassungsgesetz, Handkommentar, 27. Auflage, 2014
FKVO	Verordnung (EG) Nr. 139/2004 des Rates vom 20. Januar 2004 über die Kontrolle von Unternehmenszusammenschlüssen (EU-Fusionskontrollverordnung)
Fn.	Fußnote
Frankfurter Komm.	Frankfurter Kommentar zum WpÜG, 3. Auflage, 2008
FS	Festschrift
GbR	Gesellschaft bürgerlichen Rechts
Gemeinsamer Standpunkt	Geänderter Vorschlag für eine Richtlinie des Europäischen Parlaments und des Rates auf dem Gebiet des Gesellschaftsrechts betreffend Übernahmeangebote vom Juni 1999

Geßler/Hefermehl/ Eckardt/Kropff	Aktiengesetz, 1973 ff.
GewA	Gewerbearchiv
Gewerkschaftliche Position der IG Metall	Gewerkschaftliche Position zu Unternehmensübernahmen – Diskussionspapier – März 2000
GG	Grundgesetz
ggf.	gegebenenfalls
GK-BetrVG	Gemeinschaftskommentar zum Betriebsverfassungsgesetz, 10. Auflage, 2014
Gloy/Loschelder/ Erdmann	Handbuch des Wettbewerbsrechts, 4. Auflage, 2010
GmbH	Gesellschaft mit beschränkter Haftung
GmbHR	GmbH-Rundschau
GmS-OGB	Gemeinsamer Senat der Obersten Gerichtshöfe des Bundes
Göhler	Ordnungswidrigkeitengesetz, 16. Auflage, 2012
Gola/Schomerus	Bundesdatenschutzgesetz, 12. Auflage, 2015
Godin/Wilhelmi	Aktiengesetz, 4. Auflage, 1971
grds.	grundsätzlich
Gröner	Der Markt für Unternehmenskontrollen, 1992
Groß	Kapitalmarktrecht, 5. Auflage, 2012
GroßKomm.	Großkommentar zum Aktiengesetz, 3. Auflage, 1970 ff., 4. Auflage, 1992 ff.
GVG	Gerichtsverfassungsgesetz
GWB	Gesetz gegen Wettbewerbsbeschränkungen
Habersack/Mülbert/ Schlitt	Unternehmensfinanzierung am Kapitalmarkt, 3. Auflage 2013
Hahn	Die feindliche Übernahme von Aktiengesellschaften, 1992
Heidel	Aktienrecht und Kapitalmarktrecht, 4. Auflage 2014
Heiser	Interessenkonflikte in der Aktiengesellschaft und ihre Lösung am Beispiel des Zwangsangebots, 1999
Herrmann	Zivilrechtliche Abwehrmaßnahmen gegen unfreundliche Übernahmeversuche in Deutschland und Großbritannien, 1993
Heymann	Handelsgesetzbuch, 2. Auflage 2005
HFA	Hauptfachausschuss
HGB	Handelsgesetzbuch
hM	herrschende Meinung
Hölters	AktG, 2. Auflage 2014
Holzapfel/Pöllath	Unternehmenskauf in Recht und Praxis, 15. Auflage, 2015
Hommelhoff	Die Konzernleitungspflicht, 1982
Hommelhoff/Hopt/Lutter	Konzernrecht im Kapitalmarktrecht, 2001
Hopt/Wymeersch	European Takeover Law and Practice, 1992
Hrsg.	Herausgeber
HRV	Handelsregisterverordnung
Hs.	Halbsatz
Hüffer/Koch	Aktiengesetz, 11. Auflage, 2014
HypBankG	Hypothekenbankgesetz
idF	in der Fassung
idR	in der Regel
Immenga/Mestmäcker	GWB-Kommentar zum Kartellgesetz, 5. Auflage, 2014

Abkürzungen

Immenga/Noll	Feindliche Übernahmeangebote aus wettbewerbspolitischer Sicht, 1990
IFG	Informationsfreiheitsgesetz
InsO	Insolvenzordnung
IRG	Gesetz über die internationale Rechtshilfe in Strafsachen
iSd	im Sinne des/der
ISIN	International Securities Identification Number
iSv	im Sinne von
IStR	Internationales Steuerrecht
iVm	in Verbindung mit
JA	Juristische Arbeitsblätter
Jarass/Pieroth	Grundgesetz für die Bundesrepublik Deutschland, 13. Auflage, 2014
Jauernig	Bürgerliches Gesetzbuch, 16. Auflage, 2015
JuS	Juristische Schulung
Just/Voß/Ritz/Becker	Wertpapierhandelsgesetz, 2015
JZ	Juristen-Zeitung
Kallmeyer	Umwandlungsgesetz, 5. Auflage, 2013
Karlsruher Komm. OWiG	Karlsruher Kommentar zum Gesetz über Ordnungswidrigkeiten, 4. Auflage, 2014
Karlsruher Komm. StPO	Karlsruher Kommentar zur Strafprozessordnung, 7. Auflage, 2013
KG	Kammergericht oder Kommanditgesellschaft
KGaA	Kommanditgesellschaft auf Aktien
KK-WpÜG	Kölner Kommentar zum WpÜG, 2. Auflage 2010
KK-WpHG	Kölner Kommentar zum WpHG, 2. Auflage 2014
Knoll	Die Übernahme von Kapitalgesellschaften, 1992
Koller/Kindler/Roth/Morck	Handelsgesetzbuch, 8. Auflage, 2015
KölnKomm.	Kölner Kommentar zum Aktiengesetz, 3. Auflage, 2004 ff.
KonsularG	Konsulargesetz
KonTraG	Gesetz zur Kontrolle und Transparenz im Unternehmensbereich vom 27.4.1998
Kopp/Ramsauer	Verwaltungsverfahrensgesetz, 15. Auflage, 2014
Kopp/Schenke	Verwaltungsgerichtsordnung, 21. Auflage, 2015
Krause	Das obligatorische Übernahmeangebot: Eine juristische und ökonomische Analyse, 1996
Kreuzer	Öffentliche Übernahmeangebote, 1992
Kröger/Gimmy	Handbuch zum Internetrecht, 2. Auflage, 2002
KSchG	Kündigungsschutzgesetz
KStG	Körperschaftsteuergesetz
Kuhr	Der Minderheitenschutz bei Übernahmeangeboten, 1992
Kümpel/Wittig, Bank- und Kapitalmarktrecht	Bank- und Kapitalmarktrecht, 4. Auflage, 2011
Kümpel/Veil, WpHG ...	Wertpapierhandelsgesetz, 3. Auflage, 2006
Kümpel/Ott	Kapitalmarktrecht
KV	Kostenverzeichnis
KWG	Kreditwesengesetz
Kz	Kennziffer
LAG	Landesarbeitsgericht
Lammers	Verhaltenspflichten von Verwaltungsorganen in Übernahmeauseinandersetzungen, 1994

WpPG	Gesetz über die Erstellung, Billigung und Veröffentlichung des Prospekts, der beim öffentlichen Angebot von Wertpapieren oder bei der Zulassung von Wertpapieren zum Handel an einem organisierten Markt zu veröffentlichen ist (Wertpapierprospektgesetz – WpPG)
WpÜG	Wertpapiererwerbs- und Übernahmegesetz
WpÜG-AngV	Verordnung über den Inhalt der Angebotsunterlage, die Gegenleistung bei Übernahmeangeboten und Pflichtangeboten und die Befreiung von der Verpflichtung zur Veröffentlichung und zur Abgabe eines Angebots (WpÜG-Angebotsverordnung)
WpÜG-AnwendbkV	Verordnung über die Anwendbarkeit von Vorschriften betreffend Angebote im Sinne des § 1 Abs. 2 und 3 des Wertpapiererwerbs- und Übernahmegesetzes (WpÜG-Anwendbarkeitsverordnung)
WpÜG-BeaufsMittV	Verordnung über den Zeitpunkt sowie den Inhalt und die Form der Mitteilung und der Veröffentlichung der Entscheidung einer Zielgesellschaft nach § 1 Abs. 5 des Wertpapiererwerbs- und Übernahmegesetzes (WpÜG-Beaufsichtigungsmitteilungsverordnung)
WpÜG-BeiratV	Verordnung über die Zusammensetzung, die Bestellung der Mitglieder und das Verfahren des Beirats beim Bundesaufsichtsamt für den Wertpapierhandel (WpÜG-Beiratsverordnung)
WpÜG-GebV	Verordnung über Gebühren nach dem Wertpapiererwerbs- und Übernahmegesetz (WpÜG-Gebührenverordnung)
WpÜG-WV	Verordnung über die Zusammensetzung und das Verfahren des Widerspruchsausschusses beim Bundesaufsichtsamt für den Wertpapierhandel (WpÜG-Widerspruchsausschuss-Verordnung)
WRV	Weimarer Reichsverfassung
WuB	Entscheidungssammlung zum Wirtschafts- und Bankrecht
WuW	Wirtschaft und Wettbewerb
WuW/E	Wirtschaft und Wettbewerb, Entscheidungssammlung
zB	zum Beispiel
ZBB	Zeitschrift für Bankrecht und Bankwirtschaft
ZfK	Zeitschrift für das gesamte Kreditwesen
ZGR	Zeitschrift für Unternehmens- und Gesellschaftsrecht
ZHR	Zeitschrift für das gesamte Handels- und Wirtschaftsrecht
Ziff.	Ziffer
Zinser	Übernahmeangebote (takeover bids) im englischen und deutschen Recht: eine rechtsvergleichende Untersuchung mit Blick auf eine künftige Regelung in Deutschland, 2000
ZIP	Zeitschrift für Wirtschaftsrecht
ZPO	Zivilprozessordnung
ZRP	Zeitschrift für Rechtspolitik
Zschocke/Schuster	Bad Homburger Handbuch zum Übernahmerecht, 2003
zT	zum Teil
ZVglRWiss.	Zeitschrift für vergleichende Rechtswissenschaft

Text des WpÜG

Wertpapiererwerbs- und Übernahmegesetz (WpÜG)

Vom 20. Dezember 2001
(BGBl. I S. 3822)
FNA 4110-7
Zuletzt geändert durch Art. 6 G zur Umsetzung der TransparenzRL-ÄndRL vom 20.11.2015 (BGBl. I S. 2029)

Inhaltsübersicht

Abschnitt 1. Allgemeine Vorschriften

§ 1 Anwendungsbereich

(1) Dieses Gesetz ist anzuwenden auf Angebote zum Erwerb von Wertpapieren, die von einer Zielgesellschaft ausgegeben wurden und zum Handel an einem organisierten Markt zugelassen sind.

(2) Auf Übernahme- und Pflichtangebote zum Erwerb von Aktien einer Zielgesellschaft im Sinne des § 2 Abs. 3 Nr. 1, deren stimmberechtigte Aktien nicht im Inland, jedoch in einem anderen Staat des Europäischen Wirtschaftsraums zum Handel an einem organisierten Markt zugelassen sind, ist dieses Gesetz nur anzuwenden, soweit es die Kontrolle, die Verpflichtung zur Abgabe eines Angebots und hiervon abweichende Regelungen, die Unterrichtung der Arbeitnehmer der Zielgesellschaft oder des Bieters, Handlungen des Vorstands der Zielgesellschaft, durch die der Erfolg eines Angebots verhindert werden könnte, oder andere gesellschaftsrechtliche Fragen regelt.

(3) [1] Auf Angebote zum Erwerb von Wertpapieren einer Zielgesellschaft im Sinne des § 2 Abs. 3 Nr. 2 ist dieses Gesetz vorbehaltlich § 11a nur unter folgenden Voraussetzungen anzuwenden:

1. es handelt sich um ein europäisches Angebot zum Erwerb stimmberechtigter Wertpapiere, und
2. a) die stimmberechtigten Wertpapiere sind nur im Inland zum Handel an einem organisierten Markt zugelassen, oder
   b) die stimmberechtigten Wertpapiere sind sowohl im Inland als auch in einem anderen Staat des Europäischen Wirtschaftsraums, jedoch nicht in dem Staat, in dem die Zielgesellschaft ihren Sitz hat, zum Handel an einem organisierten Markt zugelassen, und
      aa) die Zulassung erfolgte zuerst zum Handel an einem organisierten Markt im Inland, oder
      bb) die Zulassungen erfolgten gleichzeitig, und die Zielgesellschaft hat sich für die Bundesanstalt für Finanzdienstleistungsaufsicht (Bundesanstalt) als zuständige Aufsichtsbehörde entschieden.

[2]Liegen die in Satz 1 genannten Voraussetzungen vor, ist dieses Gesetz nur anzuwenden, soweit es Fragen der Gegenleistung, des Inhalts der Angebotsunterlage und des Angebotsverfahrens regelt.

(4) Das Bundesministerium der Finanzen wird ermächtigt, durch *Rechtverordnung,* die nicht der Zustimmung des Bundesrates bedarf, nähere Bestimmungen darüber, in welchem Umfang Vorschriften dieses Gesetzes in den Fällen des Absatzes 2 und des Absatzes 3 anwendbar sind, zu erlassen.

(5) [1]Eine Zielgesellschaft im Sinne des § 2 Abs. 3 Nr. 2, deren stimmberechtigte Wertpapiere gleichzeitig im Inland und in einem anderen Staat des Europäischen Wirtschaftsraums, jedoch nicht in dem Staat, in dem sie ihren Sitz hat, zum Handel an einem organisierten Markt zugelassen worden sind, hat zu entscheiden, welche der betroffenen Aufsichtsstellen für die Beaufsichtigung eines europäischen Angebots zum Erwerb stimmberechtigter Wertpapiere zuständig sein soll. [2]Sie hat ihre Entscheidung der Bundesanstalt mitzuteilen und zu veröffentlichen. [3]Das Bundesministerium der Finanzen wird ermächtigt, durch Rechtsverordnung, die nicht der Zustimmung des Bundesrates bedarf, nähere Bestimmungen über den Zeitpunkt sowie Inhalt und Form der Mitteilung und der Veröffentlichung nach Satz 2 zu erlassen. [4]Das Bundesministerium der Finanzen kann die Ermächtigung durch Rechtsverordnung auf die Bundesanstalt übertragen.

§ 2 Begriffsbestimmungen

(1) Angebote sind freiwillige oder auf Grund einer Verpflichtung nach diesem Gesetz erfolgende öffentliche Kauf- oder Tauschangebote zum Erwerb von Wertpapieren einer Zielgesellschaft.

(1a) Europäische Angebote sind Angebote zum Erwerb von Wertpapieren einer Zielgesellschaft im Sinne des Absatzes 3 Nr. 2, die nach dem Recht des Staates des Europäischen Wirtschaftsraums, in dem die Zielgesellschaft ihren Sitz hat, als Angebote im Sinne des Artikels 2 Abs. 1 Buchstabe a der Richtlinie 2004/25/EG des Europäischen Parlaments und des Rates vom 21. April 2004 betreffend Übernahmeangebote (ABl. EU Nr. L 142 S. 12) gelten.

(2) Wertpapiere sind, auch wenn für sie keine Urkunden ausgestellt sind,

1. Aktien, mit diesen vergleichbare Wertpapiere und Zertifikate, die Aktien vertreten,
2. andere Wertpapiere, die den Erwerb von Aktien, mit diesen vergleichbaren Wertpapieren oder Zertifikaten, die Aktien vertreten, zum Gegenstand haben.

(3) Zielgesellschaften sind

1. Aktiengesellschaften oder Kommanditgesellschaften auf Aktien mit Sitz im Inland und
2. Gesellschaften mit Sitz in einem anderen Staat des Europäischen Wirtschaftsraums.

(4) Bieter sind natürliche oder juristische Personen oder Personengesellschaften, die allein oder gemeinsam mit anderen Personen ein Angebot abgeben, ein solches beabsichtigen oder zur Abgabe verpflichtet sind.

(5) [1]Gemeinsam handelnde Personen sind natürliche oder juristische Personen, die ihr Verhalten im Hinblick auf ihren Erwerb von Wertpapieren der Zielgesellschaft oder ihre Ausübung von Stimmrechten aus Aktien der Zielgesellschaft mit dem Bieter auf Grund einer Vereinbarung oder in sonstiger Weise abstimmen. [2]Mit der Zielgesellschaft gemeinsam handelnde Personen sind natürliche oder juristische Personen, die Handlungen zur Verhinderung eines Übernahme- oder Pflichtangebots mit der Zielgesellschaft auf Grund einer Vereinbarung oder in sonstiger Weise abstimmen. [3]Tochterunternehmen gelten mit der sie kontrollierenden Person und untereinander als gemeinsam handelnde Personen.

(6) Tochterunternehmen sind Unternehmen, die als Tochterunternehmen im Sinne des § 290 des Handelsgesetzbuchs gelten oder auf die ein beherrschender Einfluss ausgeübt werden kann, ohne dass es auf die Rechtsform oder den Sitz ankommt.

(7) Organisierter Markt sind der regulierte Markt an einer Börse im Inland und der geregelte Markt im Sinne des Artikels 4 Abs. 1 Nr. 14 der Richtlinie 2004/39/EG des Europäischen Parlaments und des Rates vom 21. April 2004 über Märkte für Finanzinstrumente, zur Änderung der Richtlinien 85/611/EWG und 93/6/EWG des Rates und der Richtlinie 2000/12/EG des Europäischen Parlaments und des Rates und zur Aufhebung der Richtlinie 93/22/EWG des Rates (ABl. EU Nr. L 145 S. 1) in einem anderen Staat des Europäischen Wirtschaftsraums.

(8) Der Europäische Wirtschaftsraum umfasst die Staaten der Europäischen Gemeinschaften sowie die Staaten des Abkommens über den Europäischen Wirtschaftsraum.

§ 3 Allgemeine Grundsätze

(1) Inhaber von Wertpapieren der Zielgesellschaft, die derselben Gattung angehören, sind gleich zu behandeln.

(2) Inhaber von Wertpapieren der Zielgesellschaft müssen über genügend Zeit und ausreichende Informationen verfügen, um in Kenntnis der Sachlage über das Angebot entscheiden zu können.

(3) Vorstand und Aufsichtsrat der Zielgesellschaft müssen im Interesse der Zielgesellschaft handeln.

(4) [1]Der Bieter und die Zielgesellschaft haben das Verfahren rasch durchzuführen. [2]Die Zielgesellschaft darf nicht über einen angemessenen Zeitraum hinaus in ihrer Geschäftstätigkeit behindert werden.

(5) Beim Handel mit Wertpapieren der Zielgesellschaft, der Bietergesellschaft oder anderer durch das Angebot betroffener Gesellschaften dürfen keine Marktverzerrungen geschaffen werden.

Abschnitt 2. Zuständigkeit der Bundesanstalt für Finanzdienstleistungsaufsicht

§ 4 Aufgaben und Befugnisse

(1) [1]Die Bundesanstalt übt die Aufsicht bei Angeboten nach den Vorschriften dieses Gesetzes aus. [2]Sie hat im Rahmen der ihr zugewiesenen Aufgaben Missständen entgegenzuwirken, welche die ordnungsmäßige Durchführung des Verfahrens beeinträchtigen oder erhebliche Nachteile für den Wertpapiermarkt bewirken können. [3]Die Bundesanstalt kann Anordnungen treffen, die geeignet und erforderlich sind, diese Missstände zu beseitigen oder zu verhindern.

(2) Die Bundesanstalt nimmt die ihr nach diesem Gesetz zugewiesenen Aufgaben und Befugnisse nur im öffentlichen Interesse wahr.

§ 5 Beirat

(1) [1]Bei der Bundesanstalt wird ein Beirat gebildet. [2]Der Beirat besteht aus

1. vier Vertretern der Emittenten,
2. je zwei Vertretern der institutionellen und der privaten Anleger,
3. drei Vertretern der Wertpapierdienstleistungsunternehmen im Sinne des § 2 Abs. 4 des Wertpapierhandelsgesetzes,
4. zwei Vertretern der Arbeitnehmer,
5. zwei Vertretern der Wissenschaft.

[3]Die Mitglieder des Beirates werden vom Bundesministerium der Finanzen für jeweils fünf Jahre bestellt; die Bestellung der in Satz 2 Nr. 1 bis 4 genannten Mitglieder erfolgt nach Anhörung der betroffenen Kreise. [4]Die Mitglieder des Beirates müssen fachlich besonders geeignet sein; insbesondere müssen sie über Kenntnisse über die Funktionsweise der Kapitalmärkte sowie über Kenntnisse auf dem Gebiet des Gesellschaftsrechts, des Bilanzwesens oder des Arbeitsrechts verfügen. [5]Die Mitglieder des Beirates verwalten ihr Amt als unentgeltliches Ehrenamt. [6]Für ihre Teilnahme an Sitzungen erhalten sie Tagegelder und Vergütung der Reisekosten nach festen Sätzen, die das Bundesministerium der Finanzen bestimmt. [7]An den Sitzungen können Vertreter der Bundesministerien der Finanzen, der Justiz und für Verbraucherschutz sowie für Wirtschaft und Energie teilnehmen.

(2) [1]Das Bundesministerium der Finanzen kann durch Rechtsverordnung, die nicht der Zustimmung des Bundesrates bedarf, nähere Bestimmungen über die Zusammensetzung des Beirates, die Einzelheiten der Bestellung seiner Mitglieder, die vorzeitige Beendigung der Mitgliedschaft, das Verfahren und die Kosten erlassen. [2]Das Bundesministerium der Finanzen kann die Ermächtigung durch Rechtsverordnung auf die Bundesanstalt übertragen.

(3) [1]Der Beirat wirkt bei der Aufsicht mit. [2]Er berät die Bundesanstalt, insbesondere bei dem Erlass von Rechtsverordnungen für die Aufsichtstätigkeit der Bundesanstalt. [3]Er unterbreitet mit Zustimmung von zwei Dritteln seiner Mitglieder Vorschläge für die ehrenamtlichen Beisitzer des Widerspruchsausschusses und deren Vertreter.

(4) [1]Der Präsident der Bundesanstalt lädt zu den Sitzungen des Beirates ein. [2]Die Sitzungen werden vom Präsidenten der Bundesanstalt oder einem von ihm beauftragten Exekutivdirektor oder Beamten geleitet.

(5) Der Beirat gibt sich eine Geschäftsordnung.

§ 6 Widerspruchsausschuss

(1) [1]Bei der Bundesanstalt wird ein Widerspruchsausschuss gebildet. [2]Dieser entscheidet über Widersprüche gegen Verfügungen der Bundesanstalt nach § 4 Abs. 1 Satz 3, § 10 Abs. 1 Satz 3, Abs. 2 Satz 3, § 15 Abs. 1 und 2, § 20 Abs. 1, §§ 24, 28 Abs. 1, §§ 36 und 37.

(2) [1]Der Widerspruchsausschuss besteht aus

1. dem Präsidenten der Bundesanstalt oder einem von ihm beauftragten Exekutivdirektor oder Beamten, der die Befähigung zum Richteramt hat, als Vorsitzendem,
2. zwei vom Präsidenten der Bundesanstalt beauftragten Beamten als Beisitzern,
3. drei vom Präsidenten der Bundesanstalt bestellten ehrenamtlichen Beisitzern.

[2]Bei Stimmengleichheit entscheidet der Vorsitzende.

(3) Die ehrenamtlichen Beisitzer werden vom Präsidenten der Bundesanstalt für fünf Jahre als Mitglieder des Widerspruchsausschusses bestellt.

(4) [1]Das Bundesministerium der Finanzen kann durch Rechtsverordnung, die nicht der Zustimmung des Bundesrates bedarf, nähere Bestimmungen über das Verfahren, die Einzelheiten der Bestellung der ehrenamtlichen Beisitzer, die vorzeitige Beendigung und die Vertretung erlassen. [2]Das Bundesministerium der Finanzen kann die Ermächtigung durch Rechtsverordnung auf die Bundesanstalt übertragen.

§ 7 Zusammenarbeit mit Aufsichtsbehörden im Inland

(1) [1]Das Bundeskartellamt und die Bundesanstalt haben einander die für die Erfüllung ihrer Aufgaben erforderlichen Informationen mitzuteilen. [2]Die Bundesanstalt übermittelt dem Bundesministerium für Wirtschaft und Energie die ihr nach § 10 Abs. 2 Satz 1 Nr. 3 und § 35 Abs. 1 Satz 4 mitgeteilten Informationen und auf Ersuchen dieser Behörde die ihr nach § 14 Abs. 1 Satz 1 oder § 35 Abs. 2 Satz 1 übermittelte Angebotsunterlage. [3]Bei der Übermittlung personenbezogener Daten ist § 15 des Bundesdatenschutzgesetzes anzuwenden.

(2) Die Bundesanstalt kann sich bei der Durchführung ihrer Aufgaben nach diesem Gesetz privater Personen und Einrichtungen bedienen.

§ 8 Zusammenarbeit mit zuständigen Stellen im Ausland

(1) Der Bundesanstalt obliegt die Zusammenarbeit mit den für die Überwachung von Angeboten zum Erwerb von Wertpapieren, Börsen oder anderen Wertpapier- oder Derivatemärkten sowie den Handel in Wertpapieren und Derivaten zuständigen Stellen anderer Staaten.

(2) [1]Im Rahmen der Zusammenarbeit nach Absatz 1 darf die Bundesanstalt Tatsachen übermitteln, die für die Überwachung von Angeboten zum Erwerb von Wertpapieren oder damit zusammenhängender Verwaltungs- oder Gerichtsverfahren erforderlich sind; hierbei kann sie von ihren Befugnissen nach § 40 Abs. 1 und 2 Gebrauch machen. [2]Bei der Übermittlung personenbezogener Daten hat die Bundesanstalt den Zweck zu bestimmen, für den diese verwendet werden dürfen. [3]Der Empfänger ist darauf hinzuweisen, dass die Daten nur zu dem Zweck verarbeitet oder genutzt werden dürfen, zu dessen Erfüllung sie übermittelt wurden. [4]Eine Übermittlung unterbleibt, soweit Grund zu der Annahme besteht, dass durch sie gegen den Zweck eines deutschen Gesetzes verstoßen wird. [5]Die Übermittlung unterbleibt außerdem, wenn durch sie schutzwürdige Interessen des Betroffenen beeinträchtigt würden, insbesondere wenn im Empfängerland ein angemessener Datenschutzstandard nicht gewährleistet wäre.

(3) [1]Werden der Bundesanstalt von einer Stelle eines anderen Staates personenbezogene Daten mitgeteilt, so dürfen diese nur unter Beachtung der Zweckbestimmung durch diese Stelle verarbeitet oder genutzt werden. [2]Die Bundesanstalt darf die Daten unter Beachtung der Zweckbestimmung den Börsenaufsichtsbehörden und den Handelsüberwachungsstellen der Börsen mitteilen.

(4) Die Regelungen über die internationale Rechtshilfe in Strafsachen bleiben unberührt.

§ 9 Verschwiegenheitspflicht

(1) [1]Die bei der Bundesanstalt und bei Einrichtungen nach § 7 Abs. 2 Beschäftigten, die Personen, derer sich die Bundesanstalt nach § 7 Abs. 2 bedient, sowie die Mitglieder des Beirates und Beisitzer des Widerspruchsausschusses dürfen ihnen bei ihrer Tätigkeit bekannt gewordene Tatsachen, deren Geheimhaltung im Interesse eines nach diesem Gesetz Verpflichteten oder eines Dritten liegt, insbesondere Geschäfts- und Betriebsgeheimnisse, sowie personenbezogene Daten auch nach Beendigung ihres Dienstverhältnisses oder ihrer Tätigkeit nicht unbefugt offenbaren oder verwerten. [2]Dies gilt auch für andere Personen, die durch dienstliche Berichterstattung Kenntnis von den in Satz 1 bezeichneten Tatsachen erhalten. [3]Ein unbefugtes Offenbaren oder Verwerten im Sinne des Satzes 1 liegt insbesondere nicht vor, wenn Tatsachen weitergegeben werden an

1. Strafverfolgungsbehörden oder für Straf- und Bußgeldsachen zuständige Gerichte,
2. Stellen, die kraft Gesetzes oder im öffentlichen Auftrag mit der Bekämpfung von Wettbewerbsbeschränkungen, der Überwachung von Angeboten zum Erwerb von Wertpapieren oder der Überwachung von Börsen oder anderen Wertpapier- oder Derivatemärkten, des Wertpapier- oder Derivatehandels, von Kreditinstituten, Finanzdienstleistungsinstituten, Investmentgesellschaften, Finanzunternehmen oder Versicherungsunternehmen betraut sind, sowie von solchen Stellen beauftragte Personen,
3. das Bundesministerium für Wirtschaft und Energie,

soweit die Tatsachen für die Erfüllung der Aufgaben dieser Stellen oder Personen erforderlich sind. [4]Für die bei den in Satz 3 genannten Stellen beschäftigten oder von ihnen beauftragten Personen gilt die Verschwiegenheitspflicht nach den Sätzen 1 bis 3 entsprechend. [5]An eine ausländische Stelle dürfen die Tatsachen nur weitergegeben werden, wenn diese Stelle und die von ihr beauftragten Personen einer den Sätzen 1 bis 3 entsprechenden Verschwiegenheitspflicht unterliegen.

(2) [1]Die §§ 93, 97 und 105 Absatz 1, § 111 Absatz 5 in Verbindung mit § 105 Absatz 1 sowie § 116 Absatz 1 der Abgabenordnung gelten für die in Absatz 1 Satz 1 und 2 bezeichneten Personen nur, soweit die Finanzbehörden die Kenntnisse für die Durchführung eines Verfahrens wegen einer Steuerstraftat sowie eines damit zusammenhängenden Besteuerungsverfahrens benötigen. [2]Die in Satz 1 genannten Vorschriften sind jedoch nicht anzuwenden, soweit Tatsachen betroffen sind,

1. die den in Absatz 1 Satz 1 oder Satz 2 bezeichneten Personen durch eine Stelle eines anderen Staates im Sinne von Absatz 1 Satz 3 Nummer 2 oder durch von dieser Stelle beauftragte Personen mitgeteilt worden sind oder
2. von denen bei der Bundesanstalt beschäftigte Personen dadurch Kenntnis erlangen, dass sie an der Aufsicht über direkt von der Europäischen Zentralbank beaufsichtigte Institute mitwirken, insbesondere in gemeinsamen Aufsichtsteams nach Artikel 2 Nummer 6 der Verordnung (EU) Nr. 468/2014 der Europäischen Zentralbank vom 16. April 2014 zur Einrichtung eines Rahmenwerks für die Zusammenarbeit zwischen der Europäischen Zentralbank und den nationalen zuständigen Behörden und den nationalen benannten Behörden innerhalb des einheitlichen Aufsichtsmechanismus (SSM-Rahmenverordnung) (EZB/2014/17) (ABl. L 141 vom 14.5.2014, S. 1), und die nach den Regeln der Europäischen Zentralbank geheim sind.

(3) Die Mitglieder des Beirates und die ehrenamtlichen Beisitzer des Widerspruchsausschusses sind nach dem Verpflichtungsgesetz vom 2. März 1974 (BGBl. I S. 469, 547), geändert durch § 1 Nr. 4 des Gesetzes vom 15. August 1974 (BGBl. I S. 1942), in der jeweils geltenden Fassung von der Bundesanstalt auf eine gewissenhafte Erfüllung ihrer Obliegenheiten zu verpflichten.

Abschnitt 3. Angebote zum Erwerb von Wertpapieren

§ 10 Veröffentlichung der Entscheidung zur Abgabe eines Angebots

(1) [1]Der Bieter hat seine Entscheidung zur Abgabe eines Angebots unverzüglich gemäß Absatz 3 Satz 1 zu veröffentlichen. [2]Die Verpflichtung nach Satz 1 besteht auch, wenn für die Entscheidung nach Satz 1 der Beschluss der Gesellschafterversammlung des Bieters erforderlich ist und ein solcher Beschluss noch nicht erfolgt ist. [3]Die Bundesanstalt kann dem Bieter auf Antrag abweichend von Satz 2 gestatten, eine Veröffentlichung erst nach dem Beschluss der Gesellschafterversammlung vorzunehmen, wenn der Bieter durch geeignete Vorkehrungen sicherstellt, dass dadurch Marktverzerrungen nicht zu befürchten sind.

(2) [1]Der Bieter hat die Entscheidung nach Absatz 1 Satz 1 vor der Veröffentlichung

1. den Geschäftsführungen der Börsen, an denen Wertpapiere des Bieters, der Zielgesellschaft und anderer durch das Angebot unmittelbar betroffener Gesellschaften zum Handel zugelassen sind,
2. den Geschäftsführungen der Börsen, an denen Derivate im Sinne des § 2 Abs. 2 des Wertpapierhandelsgesetzes gehandelt werden, sofern die Wertpapiere Gegenstand der Derivate sind, und
3. der Bundesanstalt

mitzuteilen. [2]Die Geschäftsführungen dürfen die ihnen nach Satz 1 mitgeteilten Entscheidungen vor der Veröffentlichung nur zum Zwecke der Entscheidung verwenden, ob die Feststellung des Börsenpreises auszusetzen oder einzustellen ist. [3]Die Bundesanstalt kann gestatten, dass Bieter mit Wohnort oder Sitz im Ausland die Mitteilung nach Satz 1 gleichzeitig mit der Veröffentlichung vornehmen, wenn dadurch die Entscheidungen der Geschäftsführungen über die Aussetzung oder Einstellung der Feststellung des Börsenpreises nicht beeinträchtigt werden.

(3) [1]Die Veröffentlichung der Entscheidung nach Absatz 1 Satz 1 ist

1. durch Bekanntgabe im Internet und
2. über ein elektronisch betriebenes Informationsverbreitungssystem, das bei Kreditinstituten, Finanzdienstleistungsinstituten, nach § 53 Abs. 1 des Gesetzes über das Kreditwesen tätigen Unternehmen, anderen Unternehmen, die ihren Sitz im Inland haben und an einer inländischen Börse zur Teilnahme am Handel zugelassen sind, und Versicherungsunternehmen weit verbreitet ist,

in deutscher Sprache vorzunehmen. [2]Dabei hat der Bieter auch die Adresse anzugeben, unter der die Veröffentlichung der Angebotsunterlage im Internet nach § 14 Abs. 3 Satz 1 Nr. 1 erfolgen wird. [3]Eine Veröffentlichung in anderer Weise darf nicht vor der Veröffentlichung nach Satz 1 vorgenommen werden.

(4) [1]Der Bieter hat die Veröffentlichung nach Absatz 3 Satz 1 unverzüglich den Geschäftsführungen der in Absatz 2 Satz 1 Nr. 1 und 2 erfassten Börsen und der Bundesanstalt zu übersenden. [2]Dies gilt nicht, soweit die Bundesanstalt nach Absatz 2 Satz 3 gestattet hat, die Mitteilung nach Absatz 2 Satz 1 gleichzeitig mit der Veröffentlichung vorzunehmen.

(5) [1]Der Bieter hat dem Vorstand der Zielgesellschaft unverzüglich nach der Veröffentlichung nach Absatz 3 Satz 1 die Entscheidung zur Abgabe eines Angebots schriftlich mitzuteilen. [2]Der Vorstand der Zielgesellschaft unterrichtet den zuständigen Betriebsrat oder, sofern ein solcher nicht besteht, unmittelbar die Arbeitnehmer, unverzüglich über die Mitteilung nach Satz 1. [3]Der Bieter hat die Entscheidung zur Abgabe eines Angebots ebenso seinem zuständigen Betriebsrat oder, sofern ein solcher nicht besteht, unmittelbar den Arbeitnehmern unverzüglich nach der Veröffentlichung nach Absatz 3 Satz 1 mitzuteilen.

(6) § 15 des Wertpapierhandelsgesetzes gilt nicht für Entscheidungen zur Abgabe eines Angebots.

§ 11 Angebotsunterlage

(1) [1]Der Bieter hat eine Unterlage über das Angebot (Angebotsunterlage) zu erstellen und zu veröffentlichen. [2]Die Angebotsunterlage muss die Angaben enthalten, die notwendig sind, um in Kenntnis der Sachlage über das Angebot entscheiden zu können. [3]Die Angaben müssen richtig und vollständig sein. [4]Die Angebotsunterlage ist in deutscher Sprache und in einer Form abzufassen, die ihr Verständnis und ihre Auswertung erleichtert. [5]Sie ist von dem Bieter zu unterzeichnen.

(2) [1]Die Angebotsunterlage hat den Inhalt des Angebots und ergänzende Angaben zu enthalten. [2]Angaben über den Inhalt des Angebots sind

1. Name oder Firma und Anschrift oder Sitz sowie, wenn es sich um eine Gesellschaft handelt, die Rechtsform des Bieters,
2. Firma, Sitz und Rechtsform der Zielgesellschaft,
3. die Wertpapiere, die Gegenstand des Angebots sind,
4. Art und Höhe der für die Wertpapiere der Zielgesellschaft gebotenen Gegenleistung,

4a. die Höhe der für den Entzug von Rechten gebotenen Entschädigung nach § 33b Abs. 4,

5. die Bedingungen, von denen die Wirksamkeit des Angebots abhängt,
6. der Beginn und das Ende der Annahmefrist.

[3]Ergänzende Angaben sind

1. Angaben zu den notwendigen Maßnahmen, die sicherstellen, dass dem Bieter die zur vollständigen Erfüllung des Angebots notwendigen Mittel zur Verfügung stehen, und zu den erwarteten Auswirkungen eines erfolgreichen Angebots auf die Vermögens-, Finanz- und Ertragslage des Bieters,
2. Angaben über die Absichten des Bieters im Hinblick auf die künftige Geschäftstätigkeit der Zielgesellschaft sowie, soweit von dem Angebot betroffen, des Bieters, insbesondere den Sitz und den Standort wesentlicher Unternehmensteile, die Verwendung des Vermögens, künftige Verpflichtungen, die Arbeitnehmer und deren Vertretungen, die Mitglieder der Geschäftsführungsorgane und wesentliche Änderungen der Beschäftigungsbedingungen einschließlich der insoweit vorgesehenen Maßnahmen,
3. Angaben über Geldleistungen oder andere geldwerte Vorteile, die Vorstands- oder Aufsichtsratsmitgliedern der Zielgesellschaft gewährt oder in Aussicht gestellt werden,
4. die Bestätigung nach § 13 Abs. 1 Satz 2 unter Angabe von Firma, Sitz und Rechtsform des Wertpapierdienstleistungsunternehmens.

(3) Die Angebotsunterlage muss Namen und Anschrift, bei juristischen Personen oder Gesellschaften Firma, Sitz und Rechtsform, der Personen oder Gesellschaften aufführen, die für den Inhalt der Angebotsunterlage die Verantwortung übernehmen; sie muss eine Erklärung dieser Personen oder Gesellschaften enthalten, dass ihres Wissens die Angaben richtig und keine wesentlichen Umstände ausgelassen sind.

(4) Das Bundesministerium der Finanzen kann durch Rechtsverordnung, die nicht der Zustimmung des Bundesrates bedarf,

1. nähere Bestimmungen über die Gestaltung und die in die Angebotsunterlage aufzunehmenden Angaben erlassen und
2. weitere ergänzende Angaben vorschreiben, soweit dies notwendig ist, um den Empfängern des Angebots ein zutreffendes und vollständiges Urteil über den Bieter, die mit ihm gemeinsam handelnden Personen und das Angebot zu ermöglichen.

(5) Das Bundesministerium der Finanzen kann die Ermächtigung nach Absatz 4 durch Rechtsverordnung auf die Bundesanstalt übertragen.

§ 11a Europäischer Pass

Die von der zuständigen Aufsichtsstelle eines anderen Staates des Europäischen Wirtschaftsraums gebilligte Angebotsunterlage über ein europäisches Angebot zum Erwerb von Wertpapieren einer Zielgesellschaft im Sinne des § 2 Abs. 3 Nr. 2, deren Wertpapiere auch im Inland zum Handel an einem organisierten Markt zugelassen sind, wird im Inland ohne zusätzliches Billigungsverfahren anerkannt.

§ 12 Haftung für die Angebotsunterlage

(1) Sind für die Beurteilung des Angebots wesentliche Angaben der Angebotsunterlage unrichtig oder unvollständig, so kann derjenige, der das Angebot angenommen hat oder dessen Aktien dem Bieter nach § 39a übertragen worden sind,

1. von denjenigen, die für die Angebotsunterlage die Verantwortung übernommen haben, und
2. von denjenigen, von denen der Erlass der Angebotsunterlage ausgeht,

als Gesamtschuldnern den Ersatz des ihm aus der Annahme des Angebots oder Übertragung der Aktien entstandenen Schadens verlangen.

(2) Nach Absatz 1 kann nicht in Anspruch genommen werden, wer nachweist, dass er die Unrichtigkeit oder Unvollständigkeit der Angaben der Angebotsunterlage nicht gekannt hat und die Unkenntnis nicht auf grober Fahrlässigkeit beruht.

(3) Der Anspruch nach Absatz 1 besteht nicht, sofern

1. die Annahme des Angebots nicht auf Grund der Angebotsunterlage erfolgt ist,
2. derjenige, der das Angebot angenommen hat, die Unrichtigkeit oder Unvollständigkeit der Angaben der Angebotsunterlage bei der Abgabe der Annahmeerklärung kannte oder
3. vor der Annahme des Angebots in einer Veröffentlichung nach § 15 des Wertpapierhandelsgesetzes oder einer vergleichbaren Bekanntmachung eine deutlich gestaltete Berichtigung der unrichtigen oder unvollständigen Angaben im Inland veröffentlicht wurde.

(4) Der Anspruch nach Absatz 1 verjährt in einem Jahr seit dem Zeitpunkt, zu dem derjenige, der das Angebot angenommen hat oder dessen Aktien dem Bieter nach § 39a übertragen worden sind, von der Unrichtigkeit oder Unvollständigkeit der Angaben der Angebotsunterlage Kenntnis erlangt hat,

spätestens jedoch in drei Jahren seit der Veröffentlichung der Angebotsunterlage.

(5) Eine Vereinbarung, durch die der Anspruch nach Absatz 1 im Voraus ermäßigt oder erlassen wird, ist unwirksam.

(6) Weitergehende Ansprüche, die nach den Vorschriften des bürgerlichen Rechts auf Grund von Verträgen oder vorsätzlichen unerlaubten Handlungen erhoben werden können, bleiben unberührt.

§ 13 Finanzierung des Angebots

(1) [1]Der Bieter hat vor der Veröffentlichung der Angebotsunterlage die notwendigen Maßnahmen zu treffen, um sicherzustellen, dass ihm die zur vollständigen Erfüllung des Angebots notwendigen Mittel zum Zeitpunkt der Fälligkeit des Anspruchs auf die Gegenleistung zur Verfügung stehen. [2]Für den Fall, dass das Angebot als Gegenleistung die Zahlung einer Geldleistung vorsieht, ist durch ein vom Bieter unabhängiges Wertpapierdienstleistungsunternehmen schriftlich zu bestätigen, dass der Bieter die notwendigen Maßnahmen getroffen hat, um sicherzustellen, dass die zur vollständigen Erfüllung des Angebots notwendigen Mittel zum Zeitpunkt der Fälligkeit des Anspruchs auf die Geldleistung zur Verfügung stehen.

(2) Hat der Bieter die nach Absatz 1 Satz 2 notwendigen Maßnahmen nicht getroffen und stehen ihm zum Zeitpunkt der Fälligkeit des Anspruchs auf die Geldleistung aus diesem Grunde die notwendigen Mittel nicht zur Verfügung, so kann derjenige, der das Angebot angenommen hat, von dem Wertpapierdienstleistungsunternehmen, das die schriftliche Bestätigung erteilt hat, den Ersatz des ihm aus der nicht vollständigen Erfüllung entstandenen Schadens verlangen.

(3) § 12 Abs. 2 bis 6 gilt entsprechend.

§ 14 Übermittlung und Veröffentlichung der Angebotsunterlage

(1) [1]Der Bieter hat die Angebotsunterlage innerhalb von vier Wochen nach der Veröffentlichung der Entscheidung zur Abgabe eines Angebots der Bundesanstalt zu übermitteln. [2]Die Bundesanstalt bestätigt dem Bieter den Tag des Eingangs der Angebotsunterlage. [3]Die Bundesanstalt kann die Frist nach Satz 1 auf Antrag um bis zu vier Wochen verlängern, wenn dem Bieter die Einhaltung der Frist nach Satz 1 auf Grund eines grenzüberschreitenden Angebots oder erforderlicher Kapitalmaßnahmen nicht möglich ist.

(2) [1]Die Angebotsunterlage ist gemäß Absatz 3 Satz 1 unverzüglich zu veröffentlichen, wenn die Bundesanstalt die Veröffentlichung gestattet hat oder wenn seit dem Eingang der Angebotsunterlage zehn Werktage verstrichen sind, ohne dass die Bundesanstalt das Angebot untersagt hat. [2]Vor der Veröffentlichung nach Satz 1 darf die Angebotsunterlage nicht bekannt gegeben werden. [3]Die Bundesanstalt kann vor einer Untersagung des Angebots die Frist nach Satz 1 um bis zu fünf Werktage verlängern, wenn die Angebotsunterlage nicht vollständig ist oder sonst den Vorschriften dieses Gesetzes oder einer auf Grund dieses Gesetzes erlassenen Rechtsverordnung nicht entspricht.

(3) [1] Die Angebotsunterlage ist zu veröffentlichen durch

1. Bekanntgabe im Internet und
2. Bekanntgabe im Bundesanzeiger oder durch Bereithalten zur kostenlosen Ausgabe bei einer geeigneten Stelle im Inland; im letzteren Fall ist im Bundesanzeiger bekannt zu machen, bei welcher Stelle die Angebotsunterlage bereit gehalten wird und unter welcher Adresse die Veröffentlichung der Angebotsunterlage im Internet nach Nummer 1 erfolgt ist.

[2] Der Bieter hat der Bundesanstalt die Veröffentlichung nach Satz 1 Nr. 2 unverzüglich mitzuteilen.

(4) [1] Der Bieter hat die Angebotsunterlage dem Vorstand der Zielgesellschaft unverzüglich nach der Veröffentlichung nach Absatz 3 Satz 1 zu übermitteln. [2] Der Vorstand der Zielgesellschaft hat die Angebotsunterlage unverzüglich dem zuständigen Betriebsrat oder, sofern ein solcher nicht besteht, unmittelbar den Arbeitnehmern zu übermitteln. [3] Der Bieter hat die Angebotsunterlage ebenso seinem zuständigen Betriebsrat oder, sofern ein solcher nicht besteht, unmittelbar den Arbeitnehmern unverzüglich nach der Veröffentlichung nach Absatz 3 Satz 1 zu übermitteln.

§ 15 Untersagung des Angebots

(1) Die Bundesanstalt untersagt das Angebot, wenn

1. die Angebotsunterlage nicht die Angaben enthält, die nach § 11 Abs. 2 oder einer auf Grund des § 11 Abs. 4 erlassenen Rechtsverordnung erforderlich sind,
2. die in der Angebotsunterlage enthaltenen Angaben offensichtlich gegen Vorschriften dieses Gesetzes oder einer auf Grund dieses Gesetzes erlassenen Rechtsverordnung verstoßen,
3. der Bieter entgegen § 14 Abs. 1 Satz 1 der Bundesanstalt keine Angebotsunterlage übermittelt oder
4. der Bieter entgegen § 14 Abs. 2 Satz 1 die Angebotsunterlage nicht veröffentlicht hat.

(2) Die Bundesanstalt kann das Angebot untersagen, wenn der Bieter die Veröffentlichung nicht in der in § 14 Abs. 3 Satz 1 vorgeschriebenen Form vornimmt.

(3) [1] Ist das Angebot nach Absatz 1 oder 2 untersagt worden, so ist die Veröffentlichung der Angebotsunterlage verboten. [2] Ein Rechtsgeschäft auf Grund eines nach Absatz 1 oder 2 untersagten Angebots ist nichtig.

§ 16 Annahmefristen; Einberufung der Hauptversammlung

(1) [1] Die Frist für die Annahme des Angebots (Annahmefrist) darf nicht weniger als vier Wochen und unbeschadet der Vorschriften des § 21 Abs. 5 und § 22 Abs. 2 nicht mehr als zehn Wochen betragen. [2] Die Annahmefrist beginnt mit der Veröffentlichung der Angebotsunterlage gemäß § 14 Abs. 3 Satz 1.

(2) [1] Bei einem Übernahmeangebot können die Aktionäre der Zielgesellschaft, die das Angebot nicht angenommen haben, das Angebot innerhalb

von zwei Wochen nach der in § 23 Abs. 1 Satz 1 Nr. 2 genannten Veröffentlichung (weitere Annahmefrist) annehmen. [2] Satz 1 gilt nicht, wenn der Bieter das Angebot von dem Erwerb eines Mindestanteils der Aktien abhängig gemacht hat und dieser Mindestanteil nach Ablauf der Annahmefrist nicht erreicht wurde.

(3) [1] Wird im Zusammenhang mit dem Angebot nach der Veröffentlichung der Angebotsunterlage eine Hauptversammlung der Zielgesellschaft einberufen, beträgt die Annahmefrist unbeschadet der Vorschriften des § 21 Abs. 5 und § 22 Abs. 2 zehn Wochen ab der Veröffentlichung der Angebotsunterlage. [2] Der Vorstand der Zielgesellschaft hat die Einberufung der Hauptversammlung der Zielgesellschaft unverzüglich dem Bieter und der Bundesanstalt mitzuteilen. [3] Der Bieter hat die Mitteilung nach Satz 2 unter Angabe des Ablaufs der Annahmefrist unverzüglich im Bundesanzeiger zu veröffentlichen. [4] Er hat der Bundesanstalt unverzüglich die Veröffentlichung mitzuteilen.

(4) [1] Die Hauptversammlung nach Absatz 3 ist mindestens 14 Tage vor der Versammlung einzuberufen. [2] Der Tag der Einberufung ist nicht mitzurechnen. [3] § 121 Abs. 7 des Aktiengesetzes gilt entsprechend. [4] Abweichend von § 121 Abs. 5 des Aktiengesetzes und etwaigen Bestimmungen der Satzung ist die Gesellschaft bei der Wahl des Versammlungsortes frei. [5] Wird die Frist des § 123 Abs. 1 des Aktiengesetzes unterschritten, so müssen zwischen Anmeldung und Versammlung mindestens vier Tage liegen und sind Mitteilungen nach § 125 Abs. 1 Satz 1 des Aktiengesetzes unverzüglich zu machen; § 121 Abs. 7, § 123 Abs. 2 Satz 4 und § 125 Abs. 1 Satz 2 des Aktiengesetzes gelten entsprechend. [6] Die Gesellschaft hat den Aktionären die Erteilung von Stimmrechtsvollmachten soweit nach Gesetz und Satzung möglich zu erleichtern. [7] Mitteilungen an die Aktionäre, ein Bericht nach § 186 Abs. 4 Satz 2 des Aktiengesetzes und fristgerecht eingereichte Anträge von Aktionären sind allen Aktionären zugänglich und in Kurzfassung bekannt zu machen. [8] Die Zusendung von Mitteilungen kann unterbleiben, wenn zur Überzeugung des Vorstands mit Zustimmung des Aufsichtsrats der rechtzeitige Eingang bei den Aktionären nicht wahrscheinlich ist.

§ 17 Unzulässigkeit der öffentlichen Aufforderung zur Abgabe von Angeboten

Eine öffentliche auf den Erwerb von Wertpapieren der Zielgesellschaft gerichtete Aufforderung des Bieters zur Abgabe von Angeboten durch die Inhaber der Wertpapiere ist unzulässig.

§ 18 Bedingungen; Unzulässigkeit des Vorbehalts des Rücktritts und des Widerrufs

(1) Ein Angebot darf vorbehaltlich § 25 nicht von Bedingungen abhängig gemacht werden, deren Eintritt der Bieter, mit ihm gemeinsam handelnde Personen oder deren Tochterunternehmen oder im Zusammenhang mit dem Angebot für diese Personen oder Unternehmen tätige Berater ausschließlich selbst herbeiführen können.

(2) Ein Angebot, das unter dem Vorbehalt des Widerrufs oder des Rücktritts abgegeben wird, ist unzulässig.

§ 19 Zuteilung bei einem Teilangebot

Ist bei einem Angebot, das auf den Erwerb nur eines bestimmten Anteils oder einer bestimmten Anzahl der Wertpapiere gerichtet ist, der Anteil oder die Anzahl der Wertpapiere, die der Bieter erwerben kann, höher als der Anteil oder die Anzahl der Wertpapiere, die der Bieter zu erwerben sich verpflichtet hat, so sind die Annahmeerklärungen grundsätzlich verhältnismäßig zu berücksichtigen.

§ 20 Handelsbestand

(1) Die Bundesanstalt lässt auf schriftlichen Antrag des Bieters zu, dass Wertpapiere der Zielgesellschaft bei den ergänzenden Angaben nach § 11 Abs. 4 Nr. 2, den Veröffentlichungspflichten nach § 23, der Berechnung des Stimmrechtsanteils nach § 29 Abs. 2 und der Bestimmung der Gegenleistung nach § 31 Abs. 1, 3 und 4 und der Geldleistung nach § 31 Abs. 5 unberücksichtigt bleiben.

(2) Ein Befreiungsantrag nach Absatz 1 kann gestellt werden, wenn der Bieter, die mit ihm gemeinsam handelnden Personen oder deren Tochterunternehmen

1. die betreffenden Wertpapiere halten oder zu halten beabsichtigen, um bestehende oder erwartete Unterschiede zwischen dem Erwerbspreis und dem Veräußerungspreis kurzfristig zu nutzen und
2. darlegen, dass mit dem Erwerb der Wertpapiere, soweit es sich um stimmberechtigte Aktien handelt, nicht beabsichtigt ist, auf die Geschäftsführung der Gesellschaft Einfluss zu nehmen.

(3) Stimmrechte aus Aktien, die auf Grund einer Befreiung nach Absatz 1 unberücksichtigt bleiben, können nicht ausgeübt werden, wenn im Falle ihrer Berücksichtigung ein Angebot als Übernahmeangebot abzugeben wäre oder eine Verpflichtung nach § 35 Abs. 1 Satz 1 und Abs. 2 Satz 1 bestünde.

(4) [1] Beabsichtigt der Bieter Wertpapiere, für die eine Befreiung nach Absatz 1 erteilt worden ist, nicht mehr zu den in Absatz 1 Nr. 1 genannten Zwecken zu halten oder auf die Geschäftsführung der Gesellschaft Einfluss zu nehmen, ist dies der Bundesanstalt unverzüglich mitzuteilen. [2] Die Bundesanstalt kann die Befreiung nach Absatz 1 außer nach den Vorschriften des Verwaltungsverfahrensgesetzes widerrufen, wenn die Verpflichtung nach Satz 1 nicht erfüllt worden ist.

§ 21 Änderung des Angebots

(1) [1] Der Bieter kann bis zu einem Werktag vor Ablauf der Annahmefrist

1. die Gegenleistung erhöhen,
2. wahlweise eine andere Gegenleistung anbieten,
3. den Mindestanteil oder die Mindestzahl der Wertpapiere oder den Mindestanteil der Stimmrechte, von dessen Erwerb der Bieter die Wirksamkeit seines Angebots abhängig gemacht hat, verringern oder
4. auf Bedingungen verzichten.

[2]Für die Wahrung der Frist nach Satz 1 ist auf die Veröffentlichung der Änderung nach Absatz 2 abzustellen.

(2) [1]Der Bieter hat die Änderung des Angebots unter Hinweis auf das Rücktrittsrecht nach Absatz 4 unverzüglich gemäß § 14 Abs. 3 Satz 1 zu veröffentlichen. [2]§ 14 Abs. 3 Satz 2 und Abs. 4 gilt entsprechend.

(3) § 11 Abs. 1 Satz 2 bis 5, Abs. 3, §§ 12, 13 und 15 Abs. 1 Nr. 2 gelten entsprechend.

(4) Im Falle einer Änderung des Angebots können die Inhaber von Wertpapieren der Zielgesellschaft, die das Angebot vor Veröffentlichung der Änderung nach Absatz 2 angenommen haben, von dem Vertrag bis zum Ablauf der Annahmefrist zurücktreten.

(5) [1]Im Falle einer Änderung des Angebots verlängert sich die Annahmefrist um zwei Wochen, sofern die Veröffentlichung der Änderung innerhalb der letzten zwei Wochen vor Ablauf der Angebotsfrist erfolgt. [2]Dies gilt auch, falls das geänderte Angebot gegen Rechtsvorschriften verstößt.

(6) Eine erneute Änderung des Angebots innerhalb der in Absatz 5 genannten Frist von zwei Wochen ist unzulässig.

§ 22 Konkurrierende Angebote

(1) Konkurrierende Angebote sind Angebote, die während der Annahmefrist eines Angebots von einem Dritten abgegeben werden.

(2) [1]Läuft im Falle konkurrierender Angebote die Annahmefrist für das Angebot vor Ablauf der Annahmefrist für das konkurrierende Angebot ab, bestimmt sich der Ablauf der Annahmefrist für das Angebot nach dem Ablauf der Annahmefrist für das konkurrierende Angebot. [2]Dies gilt auch, falls das konkurrierende Angebot geändert oder untersagt wird oder gegen Rechtsvorschriften verstößt.

(3) Inhaber von Wertpapieren der Zielgesellschaft, die das Angebot angenommen haben, können bis zum Ablauf der Annahmefrist vom Vertrag zurücktreten, sofern der Vertragsschluss vor Veröffentlichung der Angebotsunterlage des konkurrierenden Angebots erfolgte.

§ 23 Veröffentlichungspflichten des Bieters nach Abgabe des Angebots

(1) [1]Der Bieter ist verpflichtet, die Anzahl sämtlicher ihm, den mit ihm gemeinsam handelnden Personen und deren Tochterunternehmen zustehenden Wertpapiere der Zielgesellschaft einschließlich der Höhe der jeweiligen Anteile und der ihm zustehenden und nach § 30 zuzurechnenden Stimmrechtsanteile und die Höhe der nach den §§ 25 und 25a des Wertpapierhandelsgesetzes mitzuteilenden Stimmrechtsanteile sowie die sich aus den ihm zugegangenen Annahmeerklärungen ergebende Anzahl der Wertpapiere, die Gegenstand des Angebots sind, einschließlich der Höhe der Wertpapier- und Stimmrechtsanteile

1. nach Veröffentlichung der Angebotsunterlage wöchentlich sowie in der letzten Woche vor Ablauf der Annahmefrist täglich,
2. unverzüglich nach Ablauf der Annahmefrist,

3. unverzüglich nach Ablauf der weiteren Annahmefrist und
4. unverzüglich nach Erreichen der für einen Ausschluss nach § 39a Abs. 1 und 2 erforderlichen Beteiligungshöhe

gemäß § 14 Abs. 3 Satz 1 zu veröffentlichen und der Bundesanstalt mitzuteilen. [2] § 14 Abs. 3 Satz 2 und § 31 Abs. 6 gelten entsprechend.

(2) [1] Erwerben bei Übernahmeangeboten, bei denen der Bieter die Kontrolle über die Zielgesellschaft erlangt hat, und bei Pflichtangeboten der Bieter, mit ihm gemeinsam handelnde Personen oder deren Tochterunternehmen nach der Veröffentlichung der Angebotsunterlage und vor Ablauf eines Jahres nach der Veröffentlichung gemäß Absatz 1 Nr. 2 außerhalb des Angebotsverfahrens Aktien der Zielgesellschaft, so hat der Bieter die Höhe der erworbenen Aktien- und Stimmrechtsanteile unter Angabe der Art und Höhe der für jeden Anteil gewährten Gegenleistung unverzüglich gemäß § 14 Abs. 3 Satz 1 zu veröffentlichen und der Bundesanstalt mitzuteilen. [2] § 31 Abs. 6 gilt entsprechend.

§ 24 Grenzüberschreitende Angebote

Hat der Bieter bei grenzüberschreitenden Angeboten zugleich die Vorschriften eines anderen Staates außerhalb des Europäischen Wirtschaftsraums einzuhalten und ist dem Bieter deshalb ein Angebot an alle Inhaber von Wertpapieren unzumutbar, kann die Bundesanstalt dem Bieter auf Antrag gestatten, bestimmte Inhaber von Wertpapieren mit Wohnsitz, Sitz oder gewöhnlichem Aufenthalt in dem Staat von dem Angebot auszunehmen.

§ 25 Beschluss der Gesellschafterversammlung des Bieters

Hat der Bieter das Angebot unter der Bedingung eines Beschlusses seiner Gesellschafterversammlung abgegeben, hat er den Beschluss unverzüglich, spätestens bis zum fünften Werktag vor Ablauf der Annahmefrist, herbeizuführen.

§ 26 Sperrfrist

(1) [1] Ist ein Angebot nach § 15 Abs. 1 oder 2 untersagt worden, ist ein erneutes Angebot des Bieters vor Ablauf eines Jahres unzulässig. [2] Gleiches gilt, wenn der Bieter ein Angebot von dem Erwerb eines Mindestanteils der Wertpapiere abhängig gemacht hat und dieser Mindestanteil nach Ablauf der Annahmefrist nicht erreicht wurde. [3] Die Sätze 1 und 2 gelten nicht, wenn der Bieter zur Veröffentlichung nach § 35 Abs. 1 Satz 1 und zur Abgabe eines Angebots nach § 35 Abs. 2 Satz 1 verpflichtet ist.

(2) Die Bundesanstalt kann den Bieter auf schriftlichen Antrag von dem Verbot des Absatzes 1 Satz 1 und 2 befreien, wenn die Zielgesellschaft der Befreiung zustimmt.

§ 27 Stellungnahme des Vorstands und Aufsichtsrats der Zielgesellschaft

(1) [1] Der Vorstand und der Aufsichtsrat der Zielgesellschaft haben eine begründete Stellungnahme zu dem Angebot sowie zu jeder seiner Änderungen abzugeben. [2] Die Stellungnahme muss insbesondere eingehen auf

1. die Art und Höhe der angebotenen Gegenleistung,
2. die voraussichtlichen Folgen eines erfolgreichen Angebots für die Zielgesellschaft, die Arbeitnehmer und ihre Vertretungen, die Beschäftigungsbedingungen und die Standorte der Zielgesellschaft,
3. die vom Bieter mit dem Angebot verfolgten Ziele,
4. die Absicht der Mitglieder des Vorstands und des Aufsichtsrats, soweit sie Inhaber von Wertpapieren der Zielgesellschaft sind, das Angebot anzunehmen.

(2) Übermitteln der zuständige Betriebsrat oder, sofern ein solcher nicht besteht, unmittelbar die Arbeitnehmer der Zielgesellschaft dem Vorstand eine Stellungnahme zu dem Angebot, hat der Vorstand unbeschadet seiner Verpflichtung nach Absatz 3 Satz 1 diese seiner Stellungnahme beizufügen.

(3) [1]Der Vorstand und der Aufsichtsrat der Zielgesellschaft haben die Stellungnahme unverzüglich nach Übermittlung der Angebotsunterlage und deren Änderungen durch den Bieter gemäß § 14 Abs. 3 Satz 1 zu veröffentlichen. [2]Sie haben die Stellungnahme gleichzeitig dem zuständigen Betriebsrat oder, sofern ein solcher nicht besteht, unmittelbar den Arbeitnehmern zu übermitteln. [3]Der Vorstand und der Aufsichtsrat der Zielgesellschaft haben der Bundesanstalt unverzüglich die Veröffentlichung gemäß § 14 Abs. 3 Satz 1 Nr. 2 mitzuteilen.

§ 28 Werbung

(1) Um Missständen bei der Werbung im Zusammenhang mit Angeboten zum Erwerb von Wertpapieren zu begegnen, kann die Bundesanstalt bestimmte Arten der Werbung untersagen.

(2) Vor allgemeinen Maßnahmen nach Absatz 1 ist der Beirat zu hören.

Abschnitt 4. Übernahmeangebote

§ 29 Begriffsbestimmungen

(1) Übernahmeangebote sind Angebote, die auf den Erwerb der Kontrolle gerichtet sind.

(2) [1]Kontrolle ist das Halten von mindestens 30 Prozent der Stimmrechte an der Zielgesellschaft aus dem Bieter gehörenden Aktien der Zielgesellschaft oder dem Bieter nach § 30 zugerechneten Stimmrechten an der Zielgesellschaft. [2]Stimmrechte aus Aktien, die zu einem von einer Kapitalverwaltungsgesellschaft verwalteten Sondervermögen gehören, das kein Spezialsondervermögen ist und dessen Vermögensgegenstände im Miteigentum der Anleger stehen, gelten für die Anwendung von Satz 1 als Stimmrechte der Kapitalverwaltungsgesellschaft.

§ 30 Zurechnung von Stimmrechten; Verordnungsermächtigung

(1) [1]Stimmrechten des Bieters stehen Stimmrechte aus Aktien der Zielgesellschaft gleich,

1. die einem Tochterunternehmen des Bieters gehören,

2. die einem Dritten gehören und von ihm für Rechnung des Bieters gehalten werden,
3. die der Bieter einem Dritten als Sicherheit übertragen hat, es sei denn, der Dritte ist zur Ausübung der Stimmrechte aus diesen Aktien befugt und bekundet die Absicht, die Stimmrechte unabhängig von den Weisungen des Bieters auszuüben,
4. an denen zugunsten des Bieters ein Nießbrauch bestellt ist,
5. die der Bieter durch eine Willenserklärung erwerben kann,
6. die dem Bieter anvertraut sind oder aus denen er die Stimmrechte als Bevollmächtigter ausüben kann, sofern er die Stimmrechte aus diesen Aktien nach eigenem Ermessen ausüben kann, wenn keine besonderen Weisungen des Aktionärs vorliegen,
7. aus denen der Bieter die Stimmrechte auf Grund einer Vereinbarung, die eine zeitweilige Übertragung der Stimmrechte ohne die damit verbundenen Aktien gegen Gegenleistung vorsieht, ausüben kann,
8. die bei dem Bieter als Sicherheit verwahrt werden, sofern dieser die Stimmrechte hält und die Absicht bekundet, sie auszuüben.

[2]Für die Zurechnung nach Satz 1 Nummer 2 bis 8 stehen dem Bieter Tochterunternehmen des Bieters gleich. [3]Stimmrechte des Tochterunternehmens werden dem Bieter in voller Höhe zugerechnet.

(2) [1]Dem Bieter werden auch Stimmrechte eines Dritten aus Aktien der Zielgesellschaft in voller Höhe zugerechnet, mit dem der Bieter oder sein Tochterunternehmen sein Verhalten in Bezug auf die Zielgesellschaft auf Grund einer Vereinbarung oder in sonstiger Weise abstimmt; ausgenommen sind Vereinbarungen in Einzelfällen. [2]Ein abgestimmtes Verhalten setzt voraus, dass der Bieter oder sein Tochterunternehmen und der Dritte sich über die Ausübung von Stimmrechten verständigen oder mit dem Ziel einer dauerhaften und erheblichen Änderung der unternehmerischen Ausrichtung der Zielgesellschaft in sonstiger Weise zusammenwirken. [3]Für die Berechnung des Stimmrechtsanteils des Dritten gilt Absatz 1 entsprechend.

(3) Für die Zurechnung nach dieser Vorschrift gilt ein Wertpapierdienstleistungsunternehmen hinsichtlich der Beteiligungen, die von ihm im Rahmen einer Wertpapierdienstleistung nach § 2 Absatz 3 Satz 1 Nummer 7 des Wertpapierhandelsgesetzes verwaltet werden, unter den folgenden Voraussetzungen nicht als Tochterunternehmen im Sinne des § 2 Absatz 6:

1. das Wertpapierdienstleistungsunternehmen übt die Stimmrechte, die mit den betreffenden Aktien verbunden sind, unabhängig vom Bieter aus,
2. das Wertpapierdienstleistungsunternehmen
   a) darf die Stimmrechte nur aufgrund von in schriftlicher Form oder über elektronische Hilfsmittel erteilten Weisungen ausüben oder
   b) stellt durch geeignete Vorkehrungen sicher, dass die Finanzportfolioverwaltung unabhängig von anderen Dienstleistungen und unter Bedingungen erfolgt, die gleichwertig sind denen der Richtlinie 2009/65/EG des Europäischen Parlaments und des Rates vom 13. Juli 2009 zur Koordinierung der Rechts- und Verwaltungsvorschriften betreffend

bestimmte Organismen für gemeinsame Anlagen in Wertpapieren (OGAW) (ABl. L 302 vom 17.11.2009, S. 32) in der jeweils geltenden Fassung,
3. der Bieter teilt der Bundesanstalt den Namen des Wertpapierdienstleistungsunternehmens und die für dessen Überwachung zuständige Behörde oder das Fehlen einer solchen Behörde mit und
4. der Bieter erklärt gegenüber der Bundesanstalt, dass die Voraussetzungen der Nummer 1 erfüllt sind.

(4) Für die Zurechnung nach dieser Vorschrift gelten Kapitalverwaltungsgesellschaften im Sinne des § 17 Absatz 1 des Kapitalanlagegesetzbuchs und EU-Verwaltungsgesellschaften im Sinne des § 1 Absatz 17 des Kapitalanlagegesetzbuchs hinsichtlich der Beteiligungen, die zu den von ihnen verwalteten Investmentvermögen gehören, unter den folgenden Voraussetzungen nicht als Tochterunternehmen im Sinne des § 2 Absatz 6:
1. die Verwaltungsgesellschaft übt ihre Stimmrechte unabhängig vom Bieter aus,
2. die zum verwalteten Investmentvermögen gehörenden Beteiligungen im Sinne der §§ 29 und 30 werden nach Maßgabe der Richtlinie 2009/65/EG des Europäischen Parlaments und des Rates vom 13. Juli 2009 zur Koordinierung der Rechts- und Verwaltungsvorschriften betreffend bestimmte Organismen für gemeinsame Anlagen in Wertpapieren (OGAW) (ABl. L 302 vom 17.11.2009, S. 32), die zuletzt durch die Richtlinie 2014/91/EU (ABl. L 257 vom 28. 8. 2014, S. 186) geändert worden ist, verwaltet,
3. das Mutterunternehmen teilt der Bundesanstalt den Namen dieser Verwaltungsgesellschaft und die für deren Überwachung zuständige Behörde oder das Fehlen einer solchen mit und
4. das Mutterunternehmen erklärt gegenüber der Bundesanstalt, dass die Voraussetzungen der Nummer 1 erfüllt sind.

(5) Ein Unternehmen mit Sitz in einem Drittstaat, das nach § 32 Absatz 1 Satz 1 in Verbindung mit § 1 Absatz 1a Satz 2 Nummer 3 des Kreditwesengesetzes einer Zulassung für die Finanzportfolioverwaltung oder einer Erlaubnis nach § 20 oder § 113 des Kapitalanlagegesetzbuchs bedürfte, wenn es seinen Sitz oder seine Hauptverwaltung im Inland hätte, gilt nicht als Tochterunternehmen im Sinne dieses Abschnitts, wenn
1. das Unternehmen bezüglich seiner Unabhängigkeit Anforderungen genügt, die denen nach Absatz 3 oder Absatz 4, auch in Verbindung mit einer Rechtsverordnung nach Absatz 7, jeweils gleichwertig sind,
2. der Bieter der Bundesanstalt den Namen dieses Unternehmens und die für dessen Überwachung zuständige Behörde oder das Fehlen einer solchen Behörde mitteilt und
3. der Bieter gegenüber der Bundesanstalt erklärt, dass die Voraussetzungen der Nummer 1 erfüllt sind.

(6) Abweichend von den Absätzen 3 bis 5 gelten Wertpapierdienstleistungsunternehmen und Verwaltungsgesellschaften jedoch dann als Tochterunternehmen im Sinne des § 2 Absatz 6, wenn

1. der Bieter oder ein anderes Tochterunternehmen des Bieters seinerseits Anteile an der von dem Unternehmen verwalteten Beteiligung hält und
2. das Unternehmen die Stimmrechte, die mit diesen Beteiligungen verbunden sind, nicht nach freiem Ermessen, sondern nur auf Grund unmittelbarer oder mittelbarer Weisungen ausüben kann, die ihm vom Bieter oder von einem anderen Tochterunternehmen des Bieters erteilt werden.

(7) Das Bundesministerium der Finanzen kann durch Rechtsverordnung, die nicht der Zustimmung des Bundesrates bedarf, nähere Bestimmungen erlassen über die Umstände, unter denen in den Fällen der Absätze 3 bis 6 eine Unabhängigkeit des Unternehmens vom Bieter gegeben ist.

§ 31 Gegenleistung

(1) [1]Der Bieter hat den Aktionären der Zielgesellschaft eine angemessene Gegenleistung anzubieten. [2]Bei der Bestimmung der angemessenen Gegenleistung sind grundsätzlich der durchschnittliche Börsenkurs der Aktien der Zielgesellschaft und Erwerbe von Aktien der Zielgesellschaft durch den Bieter, mit ihm gemeinsam handelnder Personen oder deren Tochterunternehmen zu berücksichtigen.

(2) [1]Die Gegenleistung hat in einer Geldleistung in Euro oder in liquiden Aktien zu bestehen, die zum Handel an einem organisierten Markt zugelassen sind. [2]Werden Inhabern stimmberechtigter Aktien als Gegenleistung Aktien angeboten, müssen diese Aktien ebenfalls ein Stimmrecht gewähren.

(3) Der Bieter hat den Aktionären der Zielgesellschaft eine Geldleistung in Euro anzubieten, wenn er, mit ihm gemeinsam handelnde Personen oder deren Tochterunternehmen in den sechs Monaten vor der Veröffentlichung gemäß § 10 Abs. 3 Satz 1 bis zum Ablauf der Annahmefrist insgesamt mindestens 5 Prozent der Aktien oder Stimmrechte an der Zielgesellschaft gegen Zahlung einer Geldleistung erworben haben.

(4) Erwerben der Bieter, mit ihm gemeinsam handelnde Personen oder deren Tochterunternehmen nach Veröffentlichung der Angebotsunterlage und vor der Veröffentlichung gemäß § 23 Abs. 1 Satz 1 Nr. 2 Aktien der Zielgesellschaft und wird hierfür wertmäßig eine höhere als die im Angebot genannte Gegenleistung gewährt oder vereinbart, erhöht sich die den Angebotsempfängern der jeweiligen Aktiengattung geschuldete Gegenleistung wertmäßig um den Unterschiedsbetrag.

(5) [1]Erwerben der Bieter, mit ihm gemeinsam handelnde Personen oder deren Tochterunternehmen innerhalb eines Jahres nach der Veröffentlichung gemäß § 23 Abs. 1 Satz 1 Nr. 2 außerhalb der Börse Aktien der Zielgesellschaft und wird hierfür wertmäßig eine höhere als die im Angebot genannte Gegenleistung gewährt oder vereinbart, ist der Bieter gegenüber den Inhabern der Aktien, die das Angebot angenommen haben, zur Zahlung einer Geldleistung in Euro in Höhe des Unterschiedsbetrages verpflichtet. [2]Satz 1 gilt nicht für den Erwerb von Aktien im Zusammenhang mit einer gesetzlichen Verpflichtung zur Gewährung einer Abfindung an Aktionäre der Zielgesellschaft und für den Erwerb des Vermögens oder von Teilen des Vermögens der Zielgesellschaft durch Verschmelzung, Spaltung oder Vermögensübertragung.

(6) [1]Dem Erwerb im Sinne der Absätze 3 bis 5 gleichgestellt sind Vereinbarungen, auf Grund derer die Übereignung von Aktien verlangt werden kann. [2]Als Erwerb gilt nicht die Ausübung eines gesetzlichen Bezugsrechts auf Grund einer Erhöhung des Grundkapitals der Zielgesellschaft.

(7) [1]Das Bundesministerium der Finanzen kann durch Rechtsverordnung, die nicht der Zustimmung des Bundesrates bedarf, nähere Bestimmungen über die Angemessenheit der Gegenleistung nach Absatz 1, insbesondere die Berücksichtigung des durchschnittlichen Börsenkurses der Aktien der Zielgesellschaft und der Erwerbe von Aktien der Zielgesellschaft durch den Bieter, mit ihm gemeinsam handelnder Personen oder deren Tochterunternehmen und die hierbei maßgeblichen Zeiträume sowie über Ausnahmen von dem in Absatz 1 Satz 2 genannten Grundsatz und die Ermittlung des Unterschiedsbetrages nach den Absätzen 4 und 5 erlassen. [2]Das Bundesministerium der Finanzen kann die Ermächtigung durch Rechtsverordnung auf die Bundesanstalt übertragen.

§ 32 Unzulässigkeit von Teilangeboten

Ein Übernahmeangebot, das sich nur auf einen Teil der Aktien der Zielgesellschaft erstreckt, ist unbeschadet der Vorschrift des § 24 unzulässig.

§ 33 Handlungen des Vorstands der Zielgesellschaft

(1) [1]Nach Veröffentlichung der Entscheidung zur Abgabe eines Angebots bis zur Veröffentlichung des Ergebnisses nach § 23 Abs. 1 Satz 1 Nr. 2 darf der Vorstand der Zielgesellschaft keine Handlungen vornehmen, durch die der Erfolg des Angebots verhindert werden könnte. [2]Dies gilt nicht für Handlungen, die auch ein ordentlicher und gewissenhafter Geschäftsleiter einer Gesellschaft, die nicht von einem Übernahmeangebot betroffen ist, vorgenommen hätte, für die Suche nach einem konkurrierenden Angebot sowie für Handlungen, denen der Aufsichtsrat der Zielgesellschaft zugestimmt hat.

(2) [1]Ermächtigt die Hauptversammlung den Vorstand vor dem in Absatz 1 Satz 1 genannten Zeitraum zur Vornahme von Handlungen, die in die Zuständigkeit der Hauptversammlung fallen, um den Erfolg von Übernahmeangeboten zu verhindern, sind diese Handlungen in der Ermächtigung der Art nach zu bestimmen. [2]Die Ermächtigung kann für höchstens 18 Monate erteilt werden. [3]Der Beschluss der Hauptversammlung bedarf einer Mehrheit, die mindestens drei Viertel des bei der Beschlussfassung vertretenen Grundkapitals umfasst; die Satzung kann eine größere Kapitalmehrheit und weitere Erfordernisse bestimmen. [4]Handlungen des Vorstands auf Grund einer Ermächtigung nach Satz 1 bedürfen der Zustimmung des Aufsichtsrats.

§ 33a Europäisches Verhinderungsverbot

(1) [1]Die Satzung einer Zielgesellschaft kann vorsehen, dass § 33 keine Anwendung findet. [2]In diesem Fall gelten die Bestimmungen des Absatzes 2.

(2) [1]Nach Veröffentlichung der Entscheidung zur Abgabe eines Angebots bis zur Veröffentlichung des Ergebnisses nach § 23 Abs. 1 Satz 1 Nr. 2 dürfen Vorstand und Aufsichtsrat der Zielgesellschaft keine Handlungen vornehmen,

durch die der Erfolg des Angebots verhindert werden könnte. [2]Dies gilt nicht für

1. Handlungen, zu denen die Hauptversammlung den Vorstand oder Aufsichtsrat nach Veröffentlichung der Entscheidung zur Abgabe eines Angebots ermächtigt hat,
2. Handlungen innerhalb des normalen Geschäftsbetriebs,
3. Handlungen außerhalb des normalen Geschäftsbetriebs, sofern sie der Umsetzung von Entscheidungen dienen, die vor der Veröffentlichung der Entscheidung zur Abgabe eines Angebots gefasst und teilweise umgesetzt wurden, und
4. die Suche nach einem konkurrierenden Angebot.

(3) Der Vorstand der Zielgesellschaft hat die Bundesanstalt sowie die Aufsichtsstellen der Staaten des Europäischen Wirtschaftsraums, in denen Wertpapiere der Gesellschaft zum Handel an einem organisierten Markt zugelassen sind, unverzüglich davon zu unterrichten, dass die Zielgesellschaft eine Satzungsbestimmung nach Absatz 1 Satz 1 beschlossen hat.

§ 33b Europäische Durchbrechungsregel

(1) Die Satzung einer Zielgesellschaft kann vorsehen, dass Absatz 2 Anwendung findet.

(2) [1]Nach Veröffentlichung der Angebotsunterlage nach § 14 Abs. 3 Satz 1 gelten die folgenden Bestimmungen:

1. während der Annahmefrist eines Übernahmeangebots gelten satzungsmäßige, zwischen der Zielgesellschaft und Aktionären oder zwischen Aktionären vereinbarte Übertragungsbeschränkungen von Aktien nicht gegenüber dem Bieter,
2. während der Annahmefrist eines Übernahmeangebots entfalten in einer Hauptversammlung, die über Abwehrmaßnahmen beschließt, Stimmbindungsverträge keine Wirkung und Mehrstimmrechtsaktien berechtigen zu nur einer Stimme und
3. in der ersten Hauptversammlung, die auf Verlangen des Bieters einberufen wird, um die Satzung zu ändern oder über die Besetzung der Leitungsorgane der Gesellschaft zu entscheiden, entfalten, sofern der Bieter nach dem Angebot über mindestens 75 Prozent der Stimmrechte der Zielgesellschaft verfügt, Stimmbindungsverträge sowie Entsendungsrechte keine Wirkung und Mehrstimmrechtsaktien berechtigen zu nur einer Stimme.

[2]Satz 1 gilt nicht für Vorzugsaktien ohne Stimmrecht sowie für vor dem 22. April 2004 zwischen der Zielgesellschaft und Aktionären oder zwischen Aktionären vereinbarten Übertragungsbeschränkungen und Stimmbindungen.

(3) Der Vorstand der Zielgesellschaft hat die Bundesanstalt sowie die Aufsichtsstellen der Staaten des Europäischen Wirtschaftsraums, in denen Wertpapiere der Gesellschaft zum Handel an einem organisierten Markt zugelassen sind, unverzüglich davon zu unterrichten, dass die Zielgesellschaft eine Satzungsbestimmung nach Absatz 1 beschlossen hat.

(4) Für die Einberufung und Durchführung der Hauptversammlung im Sinne des Absatzes 2 Satz 1 Nr. 3 gilt § 16 Abs. 4 entsprechend.

(5) [1]Werden Rechte auf der Grundlage des Absatzes 1 entzogen, ist der Bieter zu einer angemessenen Entschädigung in Geld verpflichtet, soweit diese Rechte vor der Veröffentlichung der Entscheidung zur Abgabe des Angebots nach § 10 Abs. 1 Satz 1 begründet wurden und der Zielgesellschaft bekannt sind. [2]Der Anspruch auf Entschädigung nach Satz 1 kann nur bis zum Ablauf von zwei Monaten seit dem Entzug der Rechte gerichtlich geltend gemacht werden.

§ 33c Vorbehalt der Gegenseitigkeit

(1) Die Hauptversammlung einer Zielgesellschaft, deren Satzung die Anwendbarkeit des § 33 ausschließt, kann beschließen, dass § 33 gilt, wenn der Bieter oder ein ihn beherrschendes Unternehmen einer dem § 33a Abs. 2 entsprechenden Regelung nicht unterliegt.

(2) Die Hauptversammlung einer Zielgesellschaft, deren Satzung eine Bestimmung nach § 33b Abs. 1 enthält, kann beschließen, dass diese Bestimmung keine Anwendung findet, wenn der Bieter oder ein ihn beherrschendes Unternehmen einer dieser Bestimmung entsprechenden Regelung nicht unterliegt.

(3) [1]Der Vorbehalt der Gegenseitigkeit gemäß den Absätzen 1 und 2 kann in einem Beschluss gefasst werden. [2]Der Beschluss der Hauptversammlung gilt für höchstens 18 Monate. [3]Der Vorstand der Zielgesellschaft hat die Bundesanstalt und die Aufsichtsstellen der Staaten des Europäischen Wirtschaftsraums, in denen stimmberechtigte Aktien der Gesellschaft zum Handel an einem organisierten Markt zugelassen sind, unverzüglich von der Ermächtigung zu unterrichten. [4]Die Ermächtigung ist unverzüglich auf der Internetseite der Zielgesellschaft zu veröffentlichen.

§ 33d Verbot der Gewährung ungerechtfertigter Leistungen

Dem Bieter und mit ihm gemeinsam handelnden Personen ist es verboten, Vorstands- oder Aufsichtsratsmitgliedern der Zielgesellschaft im Zusammenhang mit dem Angebot ungerechtfertigte Geldleistungen oder andere ungerechtfertigte geldwerte Vorteile zu gewähren oder in Aussicht zu stellen.

§ 34 Anwendung der Vorschriften des Abschnitts 3

Für Übernahmeangebote gelten die Vorschriften des Abschnitts 3, soweit sich aus den vorstehenden Vorschriften nichts anderes ergibt.

Abschnitt 5. Pflichtangebote

§ 35 Verpflichtung zur Veröffentlichung und zur Abgabe eines Angebots

(1) [1]Wer unmittelbar oder mittelbar die Kontrolle über eine Zielgesellschaft erlangt, hat dies unter Angabe der Höhe seines Stimmrechtsanteils unverzüglich, spätestens innerhalb von sieben Kalendertagen, gemäß § 10

Abs. 3 Satz 1 und 2 zu veröffentlichen. [2]Die Frist beginnt mit dem Zeitpunkt, zu dem der Bieter Kenntnis davon hat oder nach den Umständen haben musste, dass er die Kontrolle über die Zielgesellschaft erlangt hat. [3]In der Veröffentlichung sind die nach § 30 zuzurechnenden Stimmrechte für jeden Zurechnungstatbestand getrennt anzugeben. [4]§ 10 Abs. 2, 3 Satz 3 und Abs. 4 bis 6 gilt entsprechend.

(2) [1]Der Bieter hat innerhalb von vier Wochen nach der Veröffentlichung der Erlangung der Kontrolle über eine Zielgesellschaft der Bundesanstalt eine Angebotsunterlage zu übermitteln und nach § 14 Abs. 2 Satz 1 ein Angebot zu veröffentlichen. [2]§ 14 Abs. 2 Satz 2, Abs. 3 und 4 gilt entsprechend. [3]Ausgenommen von der Verpflichtung nach Satz 1 sind eigene Aktien der Zielgesellschaft, Aktien der Zielgesellschaft, die einem abhängigen oder im Mehrheitsbesitz stehenden Unternehmen der Zielgesellschaft gehören, und Aktien der Zielgesellschaft, die einem Dritten gehören, jedoch für Rechnung der Zielgesellschaft, eines abhängigen oder eines im Mehrheitsbesitz stehenden Unternehmens der Zielgesellschaft gehalten werden.

(3) Wird die Kontrolle über die Zielgesellschaft auf Grund eines Übernahmeangebots erworben, besteht keine Verpflichtung nach Absatz 1 Satz 1 und Absatz 2 Satz 1.

§ 36 Nichtberücksichtigung von Stimmrechten

Die Bundesanstalt lässt auf schriftlichen Antrag zu, dass Stimmrechte aus Aktien der Zielgesellschaft bei der Berechnung des Stimmrechtsanteils unberücksichtigt bleiben, wenn die Aktien erlangt wurden durch

1. Erbgang, Erbauseinandersetzung oder unentgeltliche Zuwendung unter Ehegatten, Lebenspartnern oder Verwandten in gerader Linie und bis zum dritten Grade oder durch Vermögensauseinandersetzung aus Anlass der Auflösung einer Ehe oder Lebenspartnerschaft,
2. Rechtsformwechsel oder
3. Umstrukturierungen innerhalb eines Konzerns.

§ 37 Befreiung von der Verpflichtung zur Veröffentlichung und zur Abgabe eines Angebots

(1) Die Bundesanstalt kann auf schriftlichen Antrag den Bieter von den Verpflichtungen nach § 35 Abs. 1 Satz 1 und Abs. 2 Satz 1 befreien, sofern dies im Hinblick auf die Art der Erlangung, die mit der Erlangung der Kontrolle beabsichtigte Zielsetzung, ein nach der Erlangung der Kontrolle erfolgendes Unterschreiten der Kontrollschwelle, die Beteiligungsverhältnisse an der Zielgesellschaft oder die tatsächliche Möglichkeit zur Ausübung der Kontrolle unter Berücksichtigung der Interessen des Antragstellers und der Inhaber der Aktien der Zielgesellschaft gerechtfertigt erscheint.

(2) [1]Das Bundesministerium der Finanzen kann durch Rechtsverordnung, die nicht der Zustimmung des Bundesrates bedarf, nähere Bestimmungen über die Befreiung von den Verpflichtungen nach § 35 Abs. 1 Satz 1, Abs. 2 Satz 1 erlassen. [2]Das Bundesministerium der Finanzen kann die Ermächtigung durch Rechtsverordnung auf die Bundesanstalt übertragen.

§ 38 Anspruch auf Zinsen

Der Bieter ist den Aktionären der Zielgesellschaft für die Dauer des Verstoßes zur Zahlung von Zinsen auf die Gegenleistung in Höhe von fünf Prozentpunkten auf das Jahr über dem jeweiligen Basiszinssatz nach § 247 des Bürgerlichen Gesetzbuchs verpflichtet, wenn

1. er entgegen § 35 Abs. 1 Satz 1 keine Veröffentlichung gemäß § 10 Abs. 3 Satz 1 vornimmt,
2. er entgegen § 35 Abs. 2 Satz 1 kein Angebot gemäß § 14 Abs. 3 Satz 1 abgibt oder
3. ihm ein Angebot im Sinne des § 35 Abs. 2 Satz 1 nach § 15 Abs. 1 Nr. 1, 2 oder 3 untersagt worden ist.

§ 39 Anwendung der Vorschriften des Abschnitts 3 und 4

Für Angebote nach § 35 Abs. 2 Satz 1 gelten mit Ausnahme von § 10 Abs. 1 Satz 1, § 14 Abs. 1 Satz 1, § 16 Abs. 2, § 18 Abs. 1, §§ 19, 25, 26 und 34 die Vorschriften der Abschnitte 3 und 4 sinngemäß.

Abschnitt 5a. Ausschluss, Andienungsrecht

§ 39a Ausschluss der übrigen Aktionäre

(1) [1]Nach einem Übernahme- oder Pflichtangebot sind dem Bieter, dem Aktien der Zielgesellschaft in Höhe von mindestens 95 Prozent des stimmberechtigten Grundkapitals gehören, auf seinen Antrag die übrigen stimmberechtigten Aktien gegen Gewährung einer angemessenen Abfindung durch Gerichtsbeschluss zu übertragen. [2]Gehören dem Bieter zugleich Aktien in Höhe von 95 Prozent des Grundkapitals der Zielgesellschaft, sind ihm auf Antrag auch die übrigen Vorzugsaktien ohne Stimmrecht zu übertragen.

(2) Für die Feststellung der erforderlichen Beteiligungshöhe nach Absatz 1 gilt § 16 Abs. 2 und 4 des Aktiengesetzes entsprechend.

(3) [1]Die Art der Abfindung hat der Gegenleistung des Übernahme- oder Pflichtangebots zu entsprechen. [2]Eine Geldleistung ist stets wahlweise anzubieten. [3]Die im Rahmen des Übernahme- oder Pflichtangebots gewährte Gegenleistung ist als angemessene Abfindung anzusehen, wenn der Bieter auf Grund des Angebots Aktien in Höhe von mindestens 90 Prozent des vom Angebot betroffenen Grundkapitals erworben hat. [4]Die Annahmequote ist für stimmberechtigte Aktien und stimmrechtslose Aktien getrennt zu ermitteln.

(4) [1]Ein Antrag auf Übertragung der Aktien nach Absatz 1 muss innerhalb von drei Monaten nach Ablauf der Annahmefrist gestellt werden. [2]Der Bieter kann den Antrag stellen, wenn das Übernahme- oder Pflichtangebot in einem Umfang angenommen worden ist, dass ihm beim späteren Vollzug des Angebots Aktien in Höhe des zum Ausschluss mindestens erforderlichen Anteils am stimmberechtigten oder am gesamten Grundkapital der Zielgesellschaft gehören werden.

(5) Über den Antrag entscheidet ausschließlich das Landgericht Frankfurt am Main.

(6) Die §§ 327a bis 327f des Aktiengesetzes finden nach Stellung eines Antrags bis zum rechtskräftigen Abschluss des Ausschlussverfahrens keine Anwendung.

§ 39b Ausschlussverfahren

(1) Auf das Verfahren für den Ausschluss nach § 39a ist das Gesetz über das Verfahren in Familiensachen und in den Angelegenheiten der freiwilligen Gerichtsbarkeit anzuwenden, soweit in den nachfolgenden Absätzen nichts anderes bestimmt ist.

(2) Das Landgericht hat den Antrag auf Ausschluss nach § 39a in den Gesellschaftsblättern bekannt zu machen.

(3) [1]Das Landgericht entscheidet durch einen mit Gründen versehenen Beschluss. [2]Der Beschluss darf frühestens einen Monat seit Bekanntmachung der Antragstellung im Bundesanzeiger und erst dann ergehen, wenn der Bieter glaubhaft gemacht hat, dass ihm Aktien in Höhe des zum Ausschluss mindestens erforderlichen Anteils am stimmberechtigten oder am gesamten Grundkapital der Zielgesellschaft gehören. [3]Gegen die Entscheidung des Landgerichts findet die Beschwerde statt; sie hat aufschiebende Wirkung.

(4) [1]Das Landgericht hat seine Entscheidung dem Antragsteller und der Zielgesellschaft sowie den übrigen Aktionären der Gesellschaft, sofern diese im Beschlussverfahren angehört wurden, zuzustellen. [2]Es hat die Entscheidung ferner ohne Gründe in den Gesellschaftsblättern bekannt zu geben. [3]Die Beschwerde steht dem Antragsteller und den übrigen Aktionären der Zielgesellschaft zu. [4]Die Beschwerdefrist beginnt mit der Bekanntmachung im Bundesanzeiger, für den Antragsteller und für die übrigen Aktionäre, denen die Entscheidung zugestellt wurde, jedoch nicht vor Zustellung der Entscheidung.

(5) [1]Die Entscheidung ist erst mit Rechtskraft wirksam. [2]Sie wirkt für und gegen alle Aktionäre. [3]Mit rechtskräftiger Entscheidung gehen alle Aktien der übrigen Aktionäre auf den zum Ausschluss berechtigten Aktionär über. [4]Sind über diese Aktien Aktienurkunden ausgegeben, so verbriefen sie bis zu ihrer Aushändigung nur den Anspruch auf eine angemessene Abfindung. [5]Der Vorstand der Zielgesellschaft hat die rechtskräftige Entscheidung unverzüglich zum Handelsregister einzureichen.

(6) [1]Das Gericht ordnet an, dass die Kosten der Antragsgegner, die zur zweckentsprechenden Erledigung der Angelegenheit notwendig waren, ganz oder zum Teil vom Antragsteller zu erstatten sind, wenn dies der Billigkeit entspricht. [2]Gerichtskosten für das Verfahren erster Instanz können dem Antragsgegner nicht auferlegt werden.

§ 39c Andienungsrecht

[1]Nach einem Übernahme- oder Pflichtangebot können die Aktionäre einer Zielgesellschaft, die das Angebot nicht angenommen haben, das Angebot innerhalb von drei Monaten nach Ablauf der Annahmefrist annehmen, sofern

der Bieter berechtigt ist, einen Antrag nach § 39a zu stellen. [2]Erfüllt der Bieter seine Verpflichtungen nach § 23 Abs. 1 Satz 1 Nr. 4 oder Satz 2 nicht, beginnt die in Satz 1 genannte Dreimonatsfrist erst mit der Erfüllung der Verpflichtungen zu laufen.

Abschnitt 6. Verfahren

§ 40 Ermittlungsbefugnisse der Bundesanstalt

(1) [1]Die Bundesanstalt kann von jedermann Auskünfte, die Vorlage von Unterlagen und die Überlassung von Kopien verlangen sowie Personen laden und vernehmen, soweit dies auf Grund von Anhaltspunkten für die Überwachung der Einhaltung eines Gebots oder Verbots dieses Gesetzes erforderlich ist. [2]Sie kann insbesondere die Angabe von Bestandsveränderungen in Finanzinstrumenten sowie Auskünfte über die Identität weiterer Personen, insbesondere der Auftraggeber und der aus Geschäften berechtigten oder verpflichteten Personen, verlangen. [3]Gesetzliche Auskunfts- oder Aussageverweigerungsrechte sowie gesetzliche Verschwiegenheitspflichten bleiben unberührt.

(2) [1]Während der üblichen Arbeitszeit ist Bediensteten der Bundesanstalt und den von ihr beauftragten Personen, soweit dies zur Wahrnehmung ihrer Aufgaben nach diesem Gesetz erforderlich ist, das Betreten der Grundstücke und Geschäftsräume der nach Absatz 1 auskunftspflichtigen Personen zu gestatten. [2]Das Betreten außerhalb dieser Zeit oder das Betreten von Geschäftsräumen, die sich in einer Wohnung befinden, ist ohne Einverständnis nur zulässig und insoweit zu dulden, wie dies zur Verhütung von dringenden Gefahren für die öffentliche Sicherheit und Ordnung erforderlich ist und bei der auskunftspflichtigen Person Anhaltspunkte für einen Verstoß gegen ein Verbot oder Gebot dieses Gesetzes vorliegen. [3]Das Grundrecht des Artikels 13 des Grundgesetzes wird insoweit eingeschränkt.

(3) [1]Der zur Erteilung einer Auskunft Verpflichtete kann die Auskunft auf solche Fragen verweigern, deren Beantwortung ihn selbst oder einen der in § 383 Abs. 1 Nr. 1 bis 3 der Zivilprozessordnung bezeichneten Angehörigen der Gefahr strafgerichtlicher Verfolgung oder eines Verfahrens nach dem Gesetz über Ordnungswidrigkeiten aussetzen würde. [2]Der Verpflichtete ist über sein Recht zur Verweigerung der Auskunft zu belehren.

§ 41 Widerspruchsverfahren

(1) [1]Vor Einlegung der Beschwerde sind Rechtmäßigkeit und Zweckmäßigkeit der Verfügungen der Bundesanstalt in einem Widerspruchsverfahren nachzuprüfen. [2]Einer solchen Nachprüfung bedarf es nicht, wenn der Abhilfebescheid oder der Widerspruchsbescheid erstmalig eine Beschwer enthält. [3]Für das Widerspruchsverfahren gelten die §§ 68 bis 73 der Verwaltungsgerichtsordnung, soweit in diesem Gesetz nichts Abweichendes geregelt ist.

(2) [1]Die Bundesanstalt trifft ihre Entscheidung innerhalb einer Frist von zwei Wochen ab Eingang des Widerspruchs. [2]Bei besonderen tatsächlichen oder rechtlichen Schwierigkeiten oder bei einer Vielzahl von Widerspruchs-

verfahren kann die Bundesanstalt die Frist durch unanfechtbaren Beschluss verlängern.

(3) [1]Die Beteiligten haben an der Aufklärung des Sachverhaltes mitzuwirken, wie es einem auf Förderung und raschen Abschluss des Verfahrens bedachten Vorgehen entspricht. [2]Den Beteiligten können Fristen gesetzt werden, nach deren Ablauf weiterer Vortrag unbeachtet bleibt.

(4) [1]Der Widerspruchsausschuss kann das Verfahren ohne mündliche Verhandlung dem Vorsitzenden durch unanfechtbaren Beschluss zur alleinigen Entscheidung übertragen. [2]Diese Übertragung ist nur zulässig, sofern die Sache keine wesentlichen Schwierigkeiten in tatsächlicher und rechtlicher Hinsicht aufweist und die Entscheidung nicht von grundsätzlicher Bedeutung sein wird.

§ 42 Sofortige Vollziehbarkeit

Der Widerspruch gegen Maßnahmen der Bundesanstalt nach § 4 Abs. 1 Satz 3, § 15 Abs. 1 oder 2, § 28 Abs. 1 oder § 40 Abs. 1 und 2 hat keine aufschiebende Wirkung.

§ 43 Bekanntgabe und Zustellung

(1) [1]Verfügungen, die gegenüber einer Person mit Wohnsitz oder einem Unternehmen mit Sitz außerhalb des Geltungsbereichs dieses Gesetzes ergehen, gibt die Bundesanstalt der Person bekannt, die als Bevollmächtigte benannt wurde. [2]Ist kein Bevollmächtigter benannt, so erfolgt die Bekanntgabe durch öffentliche Bekanntmachung im Bundesanzeiger.

(2) [1]Ist die Verfügung zuzustellen, so erfolgt die Zustellung bei Personen mit Wohnsitz oder Unternehmen mit Sitz außerhalb des Geltungsbereichs dieses Gesetzes an die Person, die als Bevollmächtigte benannt wurde. [2]Ist kein Bevollmächtigter benannt, so erfolgt die Zustellung durch öffentliche Bekanntmachung im Bundesanzeiger.

§ 44 Veröffentlichungsrecht der Bundesanstalt

Die Bundesanstalt kann ihre Verfügungen nach § 4 Abs. 1 Satz 3, § 10 Abs. 2 Satz 3, § 15 Abs. 1 und 2, § 20 Abs. 1, § 28 Abs. 1, § 36 oder § 37 Abs. 1, auch in Verbindung mit einer Rechtsverordnung nach Abs. 2, auf Kosten des Adressaten der Verfügung im Bundesanzeiger veröffentlichen.

§ 45 Mitteilungen an die Bundesanstalt

[1]Anträge und Mitteilungen an die Bundesanstalt haben in schriftlicher Form zu erfolgen. [2]Eine Übermittlung im Wege der elektronischen Datenfernübertragung ist zulässig, sofern der Absender zweifelsfrei zu erkennen ist.

§ 46 Zwangsmittel

[1]Die Bundesanstalt kann Verfügungen, die nach diesem Gesetz ergehen, mit Zwangsmitteln nach den Bestimmungen des Verwaltungs-Vollstreckungsgesetzes durchsetzen. [2]Sie kann auch Zwangsmittel gegen juristische Personen des öffentlichen Rechts anwenden. [3]Widerspruch und Beschwerde gegen die Androhung und Festsetzung der Zwangsmittel nach den §§ 13 und 14 des

Verwaltungs-Vollstreckungsgesetzes haben keine aufschiebende Wirkung. [4]Die Höhe des Zwangsgeldes beträgt abweichend von § 11 des Verwaltungs-Vollstreckungsgesetzes bis zu 500 000 Euro.

§ 47 Gebühren und Auslagen

[1]Die Bundesanstalt erhebt für individuell zurechenbare öffentliche Leistungen auf Grund des § 10 Absatz 2 Satz 3, der §§ 14 und 15 Absatz 1 oder 2, der §§ 20, 24, 28 Absatz 1, der §§ 36, 37 Absatz 1, auch in Verbindung mit einer Rechtsverordnung nach Absatz 2, oder des § 41 in Verbindung mit § 6 Gebühren und Auslagen. [2]Das Bundesministerium der Finanzen bestimmt die Gebührentatbestände im Einzelnen und die Höhe der Gebühren durch Rechtsverordnung, die nicht der Zustimmung des Bundesrates bedarf. [3]Das Bundesministerium der Finanzen kann die Ermächtigung durch Rechtsverordnung auf die Bundesanstalt übertragen.

Abschnitt 7. Rechtsmittel

§ 48 Statthaftigkeit, Zuständigkeit

(1) [1]Gegen Verfügungen der Bundesanstalt ist die Beschwerde statthaft. [2]Sie kann auch auf neue Tatsachen und Beweismittel gestützt werden.

(2) Die Beschwerde steht den am Verfahren vor der Bundesanstalt Beteiligten zu.

(3) [1]Die Beschwerde ist auch gegen die Unterlassung einer beantragten Verfügung der Bundesanstalt statthaft, auf deren Vornahme der Antragsteller ein Recht zu haben behauptet. [2]Als Unterlassung gilt es auch, wenn die Bundesanstalt den Antrag auf Vornahme der Verfügung ohne zureichenden Grund in angemessener Frist nicht beschieden hat. [3]Die Unterlassung ist dann einer Ablehnung gleich zu erachten.

(4) Über die Beschwerde entscheidet ausschließlich das für den Sitz der Bundesanstalt in Frankfurt am Main zuständige Oberlandesgericht.

§ 49 Aufschiebende Wirkung

Die Beschwerde hat aufschiebende Wirkung, soweit durch die angefochtene Verfügung eine Befreiung nach § 10 Abs. 1 Satz 3 oder § 37 Abs. 1, auch in Verbindung mit einer Rechtsverordnung nach Abs. 2, oder eine Nichtberücksichtigung von Stimmrechtsanteilen nach § 36 widerrufen wird.

§ 50 Anordnung der sofortigen Vollziehung

(1) Die Bundesanstalt kann in den Fällen des § 49 die sofortige Vollziehung der Verfügung anordnen, wenn dies im öffentlichen Interesse oder im überwiegenden Interesse eines Beteiligten geboten ist.

(2) Die Anordnung nach Absatz 1 kann bereits vor der Einreichung der Beschwerde getroffen werden.

(3) Auf Antrag kann das Beschwerdegericht die aufschiebende Wirkung von Widerspruch oder Beschwerde ganz oder teilweise anordnen oder wiederherstellen, wenn

1. die Voraussetzungen für die Anordnung nach Absatz 1 nicht vorgelegen haben oder nicht mehr vorliegen,
2. ernstliche Zweifel an der Rechtmäßigkeit der angefochtenen Verfügung bestehen oder
3. die Vollziehung für den Betroffenen eine unbillige, nicht durch überwiegende öffentliche Interessen gebotene Härte zur Folge hätte.

(4) [1]Der Antrag nach Absatz 3 ist schon vor Einreichung der Beschwerde zulässig. [2]Die Tatsachen, auf die der Antrag gestützt wird, sind vom Antragsteller glaubhaft zu machen. [3]Ist die Verfügung im Zeitpunkt der Entscheidung schon vollzogen, kann das Gericht auch die Aufhebung der Vollziehung anordnen. [4]Die Anordnung der aufschiebenden Wirkung kann von der Leistung einer Sicherheit oder von anderen Auflagen abhängig gemacht werden. [5]Sie kann auch befristet werden.

(5) [1]Beschlüsse über Anträge nach Absatz 3 können jederzeit geändert oder aufgehoben werden. [2]Soweit durch sie den Anträgen entsprochen ist, sind sie unanfechtbar.

§ 51 Frist und Form

(1) [1]Die Beschwerde ist binnen einer Notfrist von einem Monat bei dem Beschwerdegericht schriftlich einzureichen. [2]Die Frist beginnt mit der Bekanntgabe oder der Zustellung des Widerspruchsbescheides der Bundesanstalt.

(2) Ergeht auf einen Antrag keine Verfügung, so ist die Beschwerde an keine Frist gebunden.

(3) [1]Die Beschwerde ist zu begründen. [2]Die Frist für die Beschwerdebegründung beträgt einen Monat; sie beginnt mit der Einlegung der Beschwerde und kann auf Antrag von dem Vorsitzenden des Beschwerdegerichts verlängert werden.

(4) Die Beschwerdebegründung muss enthalten

1. die Erklärung, inwieweit die Verfügung angefochten und ihre Abänderung oder Aufhebung beantragt wird, und
2. die Angabe der Tatsachen und Beweismittel, auf die sich die Beschwerde stützt.

§ 52 Beteiligte am Beschwerdeverfahren

An dem Verfahren vor dem Beschwerdegericht sind der Beschwerdeführer und die Bundesanstalt beteiligt.

§ 53 Anwaltszwang

[1]Vor dem Beschwerdegericht müssen die Beteiligten sich durch einen Rechtsanwalt oder Rechtslehrer an einer deutschen Hochschule im Sinne des Hochschulrahmengesetzes mit Befähigung zum Richteramt als Bevollmächtigten vertreten lassen. [2]Die Bundesanstalt kann sich durch einen Beamten auf Lebenszeit mit Befähigung zum Richteramt vertreten lassen.

§ 54 Mündliche Verhandlung

(1) Das Beschwerdegericht entscheidet über die Beschwerde auf Grund mündlicher Verhandlung; mit Einverständnis der Beteiligten kann ohne mündliche Verhandlung entschieden werden.

(2) Sind die Beteiligten in dem Verhandlungstermin trotz rechtzeitiger Benachrichtigung nicht erschienen oder gehörig vertreten, so kann gleichwohl in der Sache verhandelt und entschieden werden.

§ 55 Untersuchungsgrundsatz

(1) Das Beschwerdegericht erforscht den Sachverhalt von Amts wegen.

(2) Das Gericht hat darauf hinzuwirken, dass Formfehler beseitigt, unklare Anträge erläutert, sachdienliche Anträge gestellt, ungenügende tatsächliche Angaben ergänzt, ferner alle für die Feststellung und Beurteilung des Sachverhalts wesentlichen Erklärungen abgegeben werden.

(3) [1] Das Beschwerdegericht kann den Beteiligten aufgeben, sich innerhalb einer zu bestimmenden Frist über aufklärungsbedürftige Punkte zu äußern, Beweismittel zu bezeichnen und in ihren Händen befindliche Urkunden sowie andere Beweismittel vorzulegen. [2] Bei Versäumung der Frist kann nach Lage der Sache ohne Berücksichtigung der nicht beigebrachten Beweismittel entschieden werden.

§ 56 Beschwerdeentscheidung; Vorlagepflicht

(1) [1] Das Beschwerdegericht entscheidet durch Beschluss nach seiner freien, aus dem Gesamtergebnis des Verfahrens gewonnenen Überzeugung. [2] Der Beschluss darf nur auf Tatsachen und Beweismittel gestützt werden, zu denen die Beteiligten sich äußern konnten. [3] Das Beschwerdegericht kann hiervon abweichen, soweit Beigeladenen aus berechtigten Interessen der Beteiligten oder dritter Personen Akteneinsicht nicht gewährt und der Akteninhalt aus diesen Gründen auch nicht vorgetragen worden ist. [4] Dies gilt nicht für solche Beigeladene, die an dem streitigen Rechtsverhältnis derart beteiligt sind, dass die Entscheidung auch ihnen gegenüber nur einheitlich ergehen kann.

(2) [1] Hält das Beschwerdegericht die Verfügung der Bundesanstalt für unzulässig oder unbegründet, so hebt es die Verfügung auf. [2] Hat sich die Verfügung vorher durch Zurücknahme oder auf andere Weise erledigt, so spricht das Beschwerdegericht auf Antrag aus, dass die Verfügung der Bundesanstalt unzulässig oder unbegründet gewesen ist, wenn der Beschwerdeführer ein berechtigtes Interesse an dieser Feststellung hat.

(3) Hält das Beschwerdegericht die Ablehnung oder Unterlassung der Verfügung für unzulässig oder unbegründet, so spricht es die Verpflichtung der Bundesanstalt aus, die beantragte Verfügung vorzunehmen.

(4) Die Verfügung ist auch dann unzulässig oder unbegründet, wenn die Bundesanstalt von ihrem Ermessen fehlerhaft Gebrauch gemacht hat, insbesondere wenn sie die gesetzlichen Grenzen des Ermessens überschritten oder durch die Ermessensentscheidung Sinn und Zweck dieses Gesetzes verletzt hat.

(5) Der Beschluss ist zu begründen und den Beteiligten zuzustellen.

(6) [1]Will das Beschwerdegericht von einer Entscheidung eines Oberlandesgerichts oder des Bundesgerichtshofs abweichen, so legt es die Sache dem Bundesgerichtshof vor. [2]Der Bundesgerichtshof entscheidet anstelle des Oberlandesgerichts.

§ 57 Akteneinsicht

(1) [1]Die in § 52 bezeichneten Beteiligten können die Akten des Beschwerdegerichts einsehen und sich durch die Geschäftsstelle auf ihre Kosten Ausfertigungen, Auszüge und Abschriften erteilen lassen. [2]§ 299 Abs. 3 der Zivilprozessordnung gilt entsprechend.

(2) [1]Einsicht in Vorakten, Beiakten, Gutachten und Unterlagen über Auskünfte ist nur mit Zustimmung der Stellen zulässig, denen die Akten gehören oder die die Äußerung eingeholt haben. [2]Die Bundesanstalt hat die Zustimmung zur Einsicht in die ihr gehörigen Unterlagen zu versagen, soweit dies aus wichtigen Gründen, insbesondere zur Wahrung von berechtigten Interessen Beteiligter oder dritter Personen, geboten ist. [3]Wird die Einsicht abgelehnt oder ist sie unzulässig, dürfen diese Unterlagen der Entscheidung nur insoweit zugrunde gelegt werden, als ihr Inhalt vorgetragen worden ist. [4]Das Beschwerdegericht kann die Offenlegung von Tatsachen oder Beweismitteln, deren Geheimhaltung aus wichtigen Gründen, insbesondere zur Wahrung von berechtigten Interessen Beteiligter oder Dritter verlangt wird, nach Anhörung des von der Offenlegung Betroffenen durch Beschluss anordnen, soweit es für die Entscheidung auf diese Tatsachen oder Beweismittel ankommt, andere Möglichkeiten der Sachaufklärung nicht bestehen und nach Abwägung aller Umstände des Einzelfalles die Bedeutung der Sache für die Sicherung eines ordnungsgemäßen Verfahrens das Interesse des Betroffenen an der Geheimhaltung überwiegt. [5]Der Beschluss ist zu begründen. [6]In dem Verfahren nach Satz 4 muss sich der Betroffene nicht anwaltlich vertreten lassen.

§ 58 Geltung von Vorschriften des Gerichtsverfassungsgesetzes und der Zivilprozessordnung

Im Verfahren vor dem Beschwerdegericht gelten, soweit nichts anderes bestimmt ist, entsprechend

1. die Vorschriften der §§ 169 bis 197 des Gerichtsverfassungsgesetzes über Öffentlichkeit, Sitzungspolizei, Gerichtssprache, Beratung und Abstimmung und
2. die Vorschriften der Zivilprozessordnung über Ausschließung und Ablehnung eines Richters, über Prozessbevollmächtigte und Beistände, über die Zustellung von Amts wegen, über Ladungen, Termine und Fristen, über die Anordnung des persönlichen Erscheinens der Parteien, über die Verbindung mehrerer Prozesse, über die Erledigung des Zeugen- und Sachverständigenbeweises sowie über die sonstigen Arten des Beweisverfahrens, über die Wiedereinsetzung in den vorigen Stand gegen die Versäumung einer Frist.

Abschnitt 8. Sanktionen

§ 59 Rechtsverlust

[1]Rechte aus Aktien, die dem Bieter, mit ihm gemeinsam handelnden Personen oder deren Tochterunternehmen gehören oder aus denen ihm, mit ihm gemeinsam handelnden Personen oder deren Tochterunternehmen Stimmrechte gemäß § 30 Absatz 1 und 2 zugerechnet werden, bestehen nicht für die Zeit, für welche die Pflichten nach § 35 Abs. 1 oder 2 nicht erfüllt werden. [2]Dies gilt nicht für Ansprüche nach § 58 Abs. 4 des Aktiengesetzes und § 271 des Aktiengesetzes, wenn die Veröffentlichung oder das Angebot nach § 35 Abs. 1 Satz 1 oder Abs. 2 Satz 1 nicht vorsätzlich unterlassen wurde und nachgeholt worden ist.

§ 60 Bußgeldvorschriften

(1) Ordnungswidrig handelt, wer vorsätzlich oder leichtfertig

1. entgegen
   a) § 10 Abs. 1 Satz 1, § 14 Abs. 2 Satz 1 oder § 35 Abs. 1 Satz 1 oder Abs. 2 Satz 1,
   b) § 21 Abs. 2 Satz 1, § 23 Abs. 1 Satz 1 oder Abs. 2 Satz 1 oder § 27 Abs. 3 Satz 1 oder
   c) § 1 Abs. 5 Satz 2 in Verbindung mit einer Rechtsverordnung nach § 1 Abs. 5 Satz 3

   eine Veröffentlichung nicht, nicht richtig, nicht vollständig, nicht in der vorgeschriebenen Weise oder nicht rechtzeitig vornimmt,
2. entgegen
   a) § 10 Abs. 2 Satz 1, auch in Verbindung mit § 35 Abs. 1 Satz 4, § 14 Abs. 1 Satz 1 oder § 35 Abs. 2 Satz 1,
   b) § 10 Abs. 5, auch in Verbindung mit § 35 Abs. 1 Satz 4, oder § 14 Abs. 4, auch in Verbindung mit § 21 Abs. 2 Satz 2 oder § 35 Abs. 2 Satz 2, oder
   c) § 27 Abs. 3 Satz 2

   eine Mitteilung, Unterrichtung oder Übermittlung nicht, nicht richtig, nicht vollständig, nicht in der vorgeschriebenen Weise oder nicht rechtzeitig vornimmt,
3. entgegen § 10 Abs. 3 Satz 3, auch in Verbindung mit § 35 Abs. 1 Satz 4, oder § 14 Abs. 2 Satz 2, auch in Verbindung mit § 35 Abs. 2 Satz 2, eine Veröffentlichung vornimmt oder eine Angebotsunterlage bekannt gibt,
4. entgegen § 10 Abs. 4 Satz 1, auch in Verbindung mit § 35 Abs. 1 Satz 4, eine Veröffentlichung nicht, nicht richtig, nicht vollständig oder nicht rechtzeitig übersendet,
5. entgegen § 14 Abs. 3 Satz 2, auch in Verbindung mit § 21 Abs. 2 Satz 2, § 23 Abs. 1 Satz 2 oder § 35 Abs. 2 Satz 2, oder entgegen § 27 Abs. 3 Satz 3 eine Mitteilung nicht, nicht richtig oder nicht rechtzeitig macht,
6. entgegen § 15 Abs. 3 eine Veröffentlichung vornimmt,
7. entgegen § 26 Abs. 1 Satz 1 oder 2 ein Angebot abgibt,

8. entgegen § 33 Abs. 1 Satz 1 oder § 33a Abs. 2 Satz 1 eine dort genannte Handlung vornimmt,
9. entgegen § 33a Abs. 3, § 33b Abs. 3 oder § 33c Abs. 3 Satz 3 eine Unterrichtung nicht, nicht richtig, nicht vollständig oder nicht rechtzeitig vornimmt oder
10. entgegen § 33c Abs. 3 Satz 4 eine Veröffentlichung nicht, nicht richtig, nicht vollständig, nicht in der vorgeschriebenen Weise oder nicht rechtzeitig vornimmt.

(2) Ordnungswidrig handelt, wer vorsätzlich oder fahrlässig

1. einer vollziehbaren Anordnung nach § 28 Abs. 1 oder § 40 Abs. 1 Satz 1 zuwiderhandelt oder
2. entgegen § 40 Abs. 2 Satz 1 oder 2 ein Betreten nicht gestattet oder nicht duldet.

(3) Die Ordnungswidrigkeit kann in den Fällen des Absatzes 1 Nr. 1 Buchstabe a, Nr. 3, 6 bis 8 mit einer Geldbuße bis zu einer Million Euro, in den Fällen des Absatzes 1 Nr. 1 Buchstabe b, Nr. 2 Buchstabe a und Nr. 4 mit einer Geldbuße bis zu fünfhunderttausend Euro, in den übrigen Fällen mit einer Geldbuße bis zu zweihunderttausend Euro geahndet werden.

§ 61 Zuständige Verwaltungsbehörde

Verwaltungsbehörde im Sinne des § 36 Abs. 1 Nr. 1 des Gesetzes über Ordnungswidrigkeiten ist die Bundesanstalt.

§ 62 Zuständigkeit des Oberlandesgerichts im gerichtlichen Verfahren

(1) [1] Im gerichtlichen Verfahren wegen einer Ordnungswidrigkeit nach § 60 entscheidet das für den Sitz der Bundesanstalt in Frankfurt am Main zuständige Oberlandesgericht; es entscheidet auch über einen Antrag auf gerichtliche Entscheidung (§ 62 des Gesetzes über Ordnungswidrigkeiten) in den Fällen des § 52 Abs. 2 Satz 3 und des § 69 Abs. 1 Satz 2 des Gesetzes über Ordnungswidrigkeiten. [2] § 140 Abs. 1 Nr. 1 der Strafprozessordnung in Verbindung mit § 46 Abs. 1 des Gesetzes über Ordnungswidrigkeiten findet keine Anwendung.

(2) Das Oberlandesgericht entscheidet in der Besetzung von drei Mitgliedern mit Einschluss des vorsitzenden Mitglieds.

§ 63 Rechtsbeschwerde zum Bundesgerichtshof

[1] Über die Rechtsbeschwerde (§ 79 des Gesetzes über Ordnungswidrigkeiten) entscheidet der Bundesgerichtshof. [2] Hebt er die angefochtene Entscheidung auf, ohne in der Sache selbst zu entscheiden, so verweist er die Sache an das Oberlandesgericht, dessen Entscheidung aufgehoben wird, zurück.

§ 64 Wiederaufnahme gegen Bußgeldbescheid

Im Wiederaufnahmeverfahren gegen den Bußgeldbescheid der Bundesanstalt (§ 85 Abs. 4 des Gesetzes über Ordnungswidrigkeiten) entscheidet das nach § 62 Abs. 1 zuständige Gericht.

§ 65 Gerichtliche Entscheidung bei der Vollstreckung

Die bei der Vollstreckung notwendig werdenden gerichtlichen Entscheidungen (§ 104 des Gesetzes über Ordnungswidrigkeiten) werden von dem nach § 62 Abs. 1 zuständigen Gericht erlassen.

Abschnitt 9. Gerichtliche Zuständigkeit; Übergangsregelungen

§ 66 Gerichte für Wertpapiererwerbs- und Übernahmesachen

(1) [1] Für bürgerliche Rechtsstreitigkeiten, die sich aus diesem Gesetz ergeben, sind ohne Rücksicht auf den Wert des Streitgegenstandes die Landgerichte ausschließlich zuständig. [2] Satz 1 gilt auch für die in § 12 Abs. 6 genannten Ansprüche und für den Fall, dass die Entscheidung eines Rechtsstreits ganz oder teilweise von einer Entscheidung abhängt, die nach diesem Gesetz zu treffen ist. [3] Für Klagen, die auf Grund dieses Gesetzes oder wegen der in § 12 Abs. 6 genannten Ansprüche erhoben werden, ist auch das Landgericht zuständig, in dessen Bezirk die Zielgesellschaft ihren Sitz hat.

(2) Die Rechtsstreitigkeiten sind Handelssachen im Sinne der §§ 93 bis 114 des Gerichtsverfassungsgesetzes.

(3) [1] Die Landesregierungen werden ermächtigt, durch Rechtsverordnung bürgerliche Rechtsstreitigkeiten, für die nach Absatz 1 ausschließlich die Landgerichte zuständig sind, einem Landgericht für die Bezirke mehrerer Landgerichte zuzuweisen, wenn eine solche Zusammenfassung der Rechtspflege in Wertpapiererwerbs- und Übernahmesachen dienlich ist. [2] Sie werden ferner ermächtigt, die Entscheidungen über Berufungen und Beschwerden gegen Entscheidungen der nach Absatz 1 zuständigen Landgerichte in bürgerlichen Rechtsstreitigkeiten einem oder einigen der Oberlandesgerichte zuzuweisen, wenn in einem Land mehrere Oberlandesgerichte errichtet sind. [3] Die Landesregierungen können die Ermächtigungen auf die Landesjustizverwaltungen übertragen. [4] Durch Staatsverträge zwischen den Ländern kann die Zuständigkeit eines Landgerichts für einzelne Bezirke oder das gesamte Gebiet mehrerer Länder begründet werden.

§ 67 Senat für Wertpapiererwerbs- und Übernahmesachen beim Oberlandesgericht

In den ihm nach § 48 Abs. 4, § 62 Abs. 1, §§ 64 und 65 zugewiesenen Rechtssachen entscheidet das Oberlandesgericht durch einen Wertpapiererwerbs- und Übernahmesenat.

§ 68 Übergangsregelungen

(1) Auf Angebote, die vor dem 14. Juli 2006 veröffentlicht worden sind, findet dieses Gesetz in der vor dem 14. Juli 2006 geltenden Fassung Anwendung.

(2) Für Zielgesellschaften im Sinne des § 2 Abs. 3 Nr. 2, deren stimmberechtigte Wertpapiere am 20. Mai 2006 zum Handel an einem organisierten Markt zugelassen waren, ist § 1 Abs. 3 mit der Maßgabe anzuwenden, dass in Nummer 2 Buchstabe b Doppelbuchstabe bb an die Stelle der Entschei-

dung der Zielgesellschaft die Entscheidung der betroffenen Aufsichtsstellen tritt.

(3) Wird die Kontrolle über die Zielgesellschaft dadurch erlangt, dass ein vor dem 19. August 2008 abgestimmtes Verhalten auf Grund der Neufassung des § 30 Abs. 2 ab dem 19. August 2008 zu einer Zurechnung von Stimmrechten führt, besteht keine Verpflichtung nach § 35 Abs. 1 Satz 1 und Abs. 2 Satz 1.

(4) Auf Angebote, die vor dem 19. August 2008 nach § 14 Abs. 2 Satz 1 veröffentlicht worden sind, findet dieses Gesetz in der vor dem 19. August 2008 geltenden Fassung Anwendung.

(5) § 16 Abs. 4 in der Fassung des Gesetzes zur Umsetzung der Aktionärsrechterichtlinie vom 30. Juli 2009 (BGBl. I S. 2479) ist nicht auf Hauptversammlungen anzuwenden, zu denen vor dem 1. September 2009 einberufen wurde.

Einführung in das Übernahmerecht

Schrifttum zum WpÜG: *Altmeppen,* Neutralitätspflicht und Pflichtangebot nach dem neuen Übernahmerecht, ZIP 2001, 1073; *Baetge/Brüggemann/Haenelt,* Erweiterte Offenlegungspflichten in der handelsrechtlichen Lageberichterstattung – Übernahmerechtliche Angaben und Erläuterungen nach § 315 Abs. 4 HGB und E-DRS 23, BB 2007, 1887; *Diekmann,* Änderungen im Wertpapiererwerbs- und Übernahmegesetz anlässlich der Umsetzung der EU-Übernahmerichtlinie, NJW 2007, 17; *Fischer zu Cramburg,* Übernahmen I: Umsetzung der Europäischen Richtlinie: Kommission beklagt protektionistische Tendenzen, NZG 2007, 298; *Friedl,* Die Stellung des Aufsichtsrats der Zielgesellschaft bei Abgabe eines Übernahmeangebots nach neuem Übernahmerecht unter Berücksichtigung des Regierungsentwurfs zum Übernahmerichtlinie-Umsetzungsgesetz, NZG 2006, 422; *Harbarth,* Europäische Durchbrechungsregel im deutschen Übernahmerecht, ZGR 2007, 37; *von Kann/Just,* Der Regierungsentwurf zur Umsetzung der europäischen Übernahmerichtlinie, DStR 2006, 328; *Knott,* Freiheit, die ich meine: Abwehr von Übernahmeangeboten nach Umsetzung der EU-Richtlinie, NZG 2006, 849; *Land,* Das neue deutsche Wertpapiererwerbs- und Übernahmegesetz – Anmerkungen zum Regierungsentwurf, DB 2001, 1707; *Letzel,* Das Pflichtangebot nach dem Übernahmekodex – mit Vorschau auf das Pflichtangebot nach dem ÜbG, NZG 2001, 260; *Liebscher,* Das Übernahmeverfahren nach dem neuen Übernahmegesetz, ZIP 2001, 853; *Maul,* Die EU-Übernahmerichtlinie – ausgewählte Fragen, NZG 2005, 151; *Möller/Pötzsch,* Das neue Übernahmerecht – Der Regierungsentwurf vom 11.7.2001, ZIP 2001, 1256; *Mülbert/Birke,* Das übernahmerechtliche Behinderungsverbot – Die angemessene Rolle der Verwaltung einer Zielgesellschaft in einer feindlichen Übernahme, WM 2001, 705; *Pötzsch/Möller,* Das künftige Übernahmerecht – Der Diskussionsentwurf des Bundesministeriums der Finanzen zu einem Gesetz zur Regelung von Unternehmensübernahmen und der Gemeinsame Standpunkt des Rates zur europäischen Übernahmerichtlinie, WM 2000, Sonderbeilage 2, 1; Referentenentwurf eines Gesetzes zur Regelung von öffentlichen Angeboten zum Erwerb von Wertpapieren und von Unternehmensübernahmen v. 12.3.2001; *Schander,* Selbstregulierung versus Kodifizierung – Versuch einer Standortbestimmung des deutschen Übernahmerechts, NZG 1998, 799; Weißbuch der Kommission an den Europäischen Rat, Kommission der Europäischen Gemeinschaften, Vollendung des Binnenmarkts, KOM (85) 310 v. 14.6.1985; *Schüppen,* WpÜG-Reform: Alles Europa, oder was?, BB 2006, 165; *Seibt/Heiser,* Analyse des Übernahmerichtlinie-Umsetzungsgesetzes (Regierungsentwurf), AG 2006, 301; *Thaeter/Barth,* RefE eines Wertpapiererwerbs- und Übernahmegesetzes, NZG 2001, 545; *Wackerbarth,* Von golden shares und poison pills: Waffengleichheit bei internationalen Übernahmeangeboten, WM 2001, 1741; *Weber,* Die Entwicklung des Kapitalmarktrechts im Jahre 2006, NJW 2006, 3685; *Wiesner,* Die neue Übernahmerichtlinie und ihre Folgen, ZIP 2004, 343.

Übersicht

I. Vorgeschichte des Gesetzes

Am 1.1.2002 trat das „Gesetz zur Regelung von öffentlichen Angeboten zum Erwerb von Wertpapieren und von Unternehmensübernahmen“ in Kraft. Das WpÜG legte erstmals für Deutschland ein verbindliches Regelwerk für Unternehmensübernahmen fest. Anders als zum Beispiel Belgien, Frankreich, Spanien, Finnland, Italien, Irland und Österreich hatte Deutschland bei Unternehmensübernahmen bis zu dem Inkrafttreten des WpÜG das Modell einer freiwilligen Selbstkontrolle verfolgt.[1] 1

1. Die Entwicklung des Übernahmerechts auf europäischer Ebene

a) Vorschlag für eine Richtlinie betreffend Übernahmeangebote. Die Kommission legte nach erfolglosen vorherigen Versuchen am 2.10.2002 einen Vorschlag für eine Übernahmerichtlinie vor.[2] Auch dieser Entwurf der Kommission erwies sich als nicht mehrheitsfähig und erforderte einen weiteren Kompromiss, der sich schließlich in einem Vorschlag Portugals fand: Ein zweistufiges Optionsmodell sollte es den einzelnen Mitgliedstaaten erlauben, zwar auf die gesetzliche Anordnung der Neutralitätspflicht zu verzichten *(Opt out),* es dafür aber den einzelnen Gesellschaften zu überlassen, sich der Neutralitätspflicht durch Satzungsbestimmung zu unterwerfen *(Opt in).*[3] 2

b) Inkrafttreten der Richtlinie 2004/25/EG. Der Rat verabschiedete diesen Kompromiss nach der Stellungnahme des Europäischen Wirtschafts- 3

---

[1] *Pötzsch/Möller* WM 2000 Sonderbeilage 2, 13.
[2] ABl. Nr. C 45E v. 25.2.2003, S. 1.
[3] *Maul* NZG 2005, 151, 152; *Wiesner* ZIP 2004, 343, 345 f.

und Sozialausschusses[4] am 27.11.2003 einstimmig.[5] Auch das Europäische Parlament nahm den Vorschlag am 16.12.2003 an, sodass die Richtlinie fast 15 Jahre nach ihrem ersten Entwurf am 30.3.2004 vom Rat verabschiedet und nach ihrer Verkündung am 30.4.2004 am 20.5.2004 in Kraft treten konnte. Die Richtlinie war innerhalb von 2 Jahren in nationales Recht umzusetzen.[6]

4 **c) Revision der Übernahmerichtlinie.** Am 21. Februar 2007 veröffentlichte die Kommission einen Bericht über die Umsetzung der Übernahmerichtlinie.[7] Nach Prüfung der Ausnutzung der Umsetzungsspielräume durch die Mitgliedstaaten sieht die Kommission dabei das Ziel der Richtlinie, grenzüberschreitende Unternehmensübernahmen in Europa zu erleichtern, jedenfalls in Frage gestellt.[8] Im Jahr 2012 veröffentlichte die Kommission nach ihrer turnusmäßigen Revision der Übernahmerichtlinie (Art. 20 der Übernahmerichtlinie) ihren Prüfungsbericht.[9] Die von der Kommission im Rahmen der Prüfung beauftragte externe Studie[10] habe ergeben, dass die Übernahmerichtlinie in den Mitgliedstaaten nicht zu einer grundlegenden Änderung der Übernahmeregelungen geführt habe, was in erster Linie darauf zurückzuführen sei, dass in den Mitgliedstaaten schon vor Inkrafttreten der Richtlinie ähnliche Regelungen bestanden.[11] Strukturelle Defizite in der Umsetzung gäbe es nicht.[12] Gleichwohl führt die Kommission an, dass einzelne Regelungen der Übernahmerichtlinie Klarstellungen verdienten, um die Rechtssicherheit und den Minderheitenschutz zu verbessern.[13] Konkreten Änderungsbedarf sieht die Kommission insbesondere in einer europaweit einheitlichen Regelung des *Acting in Concert,* um insbesondere internationalen Investoren einen besseren Regelungsrahmen an die Hand zu geben, in welchem Umfang Absprachen zulässig sind, ohne die Pflicht zur Abgabe von

---

[4] ABl. Nr. C 208 v. 3.9.2003, S. 55.

[5] *Wiesner* ZIP 2004, 343, 346.

[6] Art. 21 Abs. 1 Satz 1 der Übernahmerichtlinie.

[7] Report on the implementation of the Directive on Takeover Bids, SEC (2007) 268, Brussels, 21.2.2007, abrufbar über http://ec.europa.eu/internal_market/company/docs/takeoverbids/2007-02-report_en.pdf.

[8] *Pötzsch* in Assmann/Pötzsch/Uwe H. Schneider (Hrsg.), WpÜG, 2. Aufl. 2013, Einl. Rz. 130; Report on the implementation of the Directive on Takeover Bids, S. 10f.

[9] Bericht der Kommission an das Europäische Parlament, den Rat, den Europäischen Wirtschafts- und Sozialausschuss und den Ausschuss der Regionen, COM(2012), 347 final, Brussels, 28.6.2012, abrufbar über http://ec.europa.eu/internal_market/company/docs/takeoverbids/COM2012_347_de. pdf.

[10] Marccus Partners, in Zusammenarbeit mit dem Centre for European Policy Studies (June 2012), Study on the application of Directive 2004/25/EC on takeover bids, abrufbar unter http://ec.europa.eu/internal_market/company/takeoverbids/index_en.htm.

[11] Bericht der Kommission an das Europäische Parlament, den Rat, den Europäischen Wirtschafts- und Sozialausschuss und den Ausschuss der Regionen, Rz. 6.

[12] Bericht der Kommission an das Europäische Parlament, den Rat, den Europäischen Wirtschafts- und Sozialausschuss und den Ausschuss der Regionen, Rz. 8, 21.

[13] Bericht der Kommission an das Europäische Parlament, den Rat, den Europäischen Wirtschafts- und Sozialausschuss und den Ausschuss der Regionen, Rz. 22.

Übernahmeangeboten auszulösen.[14] Aufgrund vieler national unterschiedlicher Umsetzungen der Regelungen der Pflichtangebote erkennt die Kommission zudem einzelne Umgehungstatbestände, welche dem Zweck der Übernahmerichtlinie widersprechen. Hier sieht die Kommission allerdings zunächst weiteren Aufklärungs- und Informationsbedarf.

In 2011 und 2012 wurde ein Evaluierungsreport zur Übernahmerichtlinie vorgelegt und Änderungen der Richtlinie überlegt und etwa Themen wie „creeping in" diskutiert. Die Übernahmerichtlinie wurde jedoch nicht geändert.[15] 5

2. Die Entwicklung auf nationaler Ebene

a) Übernahmekodex. Seit 1979 gab es in Deutschland ein von einem beim Bundesministerium der Finanzen angesiedelten Expertengremium (BSK) entwickeltes, in der Praxis allerdings weitgehend unbeachtetes Regelwerk, die „Leitsätze für öffentliche freiwillige Kauf- und Umtauschangebote bzw. Aufforderungen zur Abgabe derartiger Angebote für im amtlich notierten oder im geregelten Freiverkehr gehandelte Aktien bzw. Erwerbsrechte". Abgelöst wurden die Leitsätze am 1.10.1995 durch einen von der BSK erarbeiteten Übernahmekodex, der im Juli 1997 mit Wirkung zum 1.1.1998 geändert wurde.[16] Die Regeln, die der Übernahmekodex für den Ablauf einer Übernahme aufstellte, bezweckten in erster Linie den Schutz der Minderheitsaktionäre bei öffentlichen Übernahmeangeboten. Der im Übernahmekodex festgelegte Schutzmechanismus basierte dabei auf folgenden vier Grundprinzipien: (i) dem Gebot der Gleichbehandlung aller am Übernahmevorgang beteiligten Aktionäre, (ii) der Abgabe eines Pflichtangebots an die außenstehenden Aktionäre bei Erreichen der Kontrolle über die Zielgesellschaft, (iii) der Sicherstellung der Transparenz des Vorhabens sowie (iv) dem Grundsatz der Neutralität des Managements. Dadurch sollte den Aktionären eine freie und objektive Entscheidung über die Annahme oder Ablehnung eines Übernahmeangebots ermöglicht und die Gefahr einer Fehleinschätzung und nachteiligen Veräußerung ihrer Aktien vermieden werden.[17] Bei der Ausgestaltung des Übernahmekodex diente der City Code als Vorbild. Gegenüber den Leitsätzen des Jahres 1979 erwies sich der Übernahmekodex zwar als eine Verbesserung, seine größte Schwäche war aber, dass er kein formelles Gesetz war, womit ihm die Allgemeinverbindlichkeit fehlte.[18] Der 6

[14] Bericht der Kommission an das Europäische Parlament, den Rat, den Europäischen Wirtschafts- und Sozialausschuss und den Ausschuss der Regionen, Rz. 23; siehe auch die Mitteilung der Kommission an das Europäische Parlament, den Rat, den Europäischen Wirtschafts- und Sozialausschuss und den Ausschuss der Regionen, COM (2012), 740/2, abrufbar unter http://ec.europa.eu/internal_market/company/docs/modern/121212_company-law-corporate-governance-action-plan_de.pdf, Ziffer 3.4.

[15] *Pötzsch* in Assmann/Pötzsch/Schneider, Einl. Rn. 130; *Riesler* in Baums/Thoma, Einleitung Rn. 1.40a.

[16] AG 1995, 572ff.; AG 1998, 133ff.

[17] *Schander* NZG 1998, 799, 800.

[18] *Letzel* NZG 2001, 260; *Baumbach/Hopt*, Übernahmekodex, Einl. Rn. 4.

Übernahmekodex fand zwar eine größere Anerkennung als die Leitsätze, eine große Zahl börsennotierter Gesellschaften war jedoch nicht bereit, ihr Verhalten am Kapitalmarkt seinen Regeln zu unterwerfen. Nachdem der Übernahmekodex nicht in der Weise zur Marktusance geworden war wie Selbstregulierungen in anderen Ländern, etwa der City Code in Großbritannien, empfahl die BSK im Februar 1999 dem Gesetzgeber, die allgemeine Verbindlichkeit von Übernahmeregeln durch ein **Gesetz** herzustellen.

7 **b) Empfehlungen der Expertenkommission.** Die Bundesregierung folgte der Empfehlung der BSK und berief wegen der zunehmenden Bedeutung von Unternehmensübernahmen für die deutsche Wirtschaft im Frühjahr 2000 eine Expertenkommission ein, mit der Aufgabe, die Notwendigkeit einer gesetzlichen Regelung für Unternehmensübernahmen in Deutschland zu untersuchen und Vorschläge für ein entsprechendes Gesetz zu erarbeiten. In ihrer abschließenden Sitzung vom 17.5.2000 verständigte sich die Expertenkommission auf zehn Eckpunkte (Empfehlungen der Expertenkommission für Unternehmensübernahmen vom 17.5.2000[19]) für ein Übernahmegesetz, die der Bundesregierung und dem Deutschen Bundestag als Grundlage für ein künftiges Gesetzgebungsverfahren empfohlen wurden.[20]

8 **c) Gesetzgebungsverfahren.** Am 12.3.2001 wurde ein Referentenentwurf veröffentlicht (Referentenentwurf eines Gesetzes zur Regelung von öffentlichen Angeboten zum Erwerb von Wertpapieren und von Unternehmensübernahmen vom 12.3.2001). Der Referentenentwurf basierte weitgehend auf dem Gemeinsamen Standpunkt des Europäischen Rats zum Entwurf der EU-Übernahmerichtlinie vom 19.6.2000,[21] mit dem Ziel, das Gesetz als vorweggenommene Umsetzung der erwarteten Übernahmerichtlinie zu konzipieren. Der Regierungsentwurf eines Gesetzes zur Regelung von öffentlichen Angeboten zum Erwerb von Wertpapieren und von Unternehmensübernahmen vom 11.7.2001[22] wurde in das Gesetzgebungsverfahren eingebracht und vom Bundestag am 15.11.2001 verabschiedet. Das Gesetz wurde am 22.12.2001 im Bundesgesetzblatt[23] verkündet und trat am 1.1.2002 in Kraft.

9 **d) Übernahmerichtlinie-Umsetzungsgesetz.** Die Übernahmerichtlinie stellte den deutschen Gesetzgeber vor einen überschaubaren Umsetzungsaufwand: Das WpÜG hatte den gemeinsamen Standpunkt des Rates vom 19.6.2000 bereits berücksichtigt und damit weitgehend den Vorgaben der zeitlich späteren Übernahmerichtlinie entsprochen.[24] Der Referentenentwurf des Bundesministeriums der Finanzen vom 19.12.2005 (Referentenentwurf eines Gesetzes zur Umsetzung der Richtlinie 2004/25/EG des Europäischen Parlaments und des Rates vom 21. April 2004 betreffend Übernahmeangebote) beschränkte sich daher auf eine Minimalreform und sah eine Änderung

---

[19] *Pötzsch/Möller* WM 2000 Sonderbeilage 2, 37 ff.

[20] *Pötzsch/Möller* WM 2000 Sonderbeilage 2, 13.

[21] ABl. C 23 v. 24.1.2001, S. 1; vgl. auch *Thaeter/Barth* NZG 2001, 545.

[22] ZIP 2001, 1262 ff.

[23] BGBl. 2001 I, S. 3822.

[24] *von Kann/Just* DStR 2006, 328.

der bestehenden übernahmerechtlichen Regelungen nur insoweit vor, als die Übernahmerichtlinie diese erforderte. Die Änderungen betrafen insbesondere eine Ausweitung des Anwendungsbereichs, die Entscheidung gegen eine strenge Neutralitätspflicht *(Opt out)* und damit für die Aufnahme der fakultativen Ausweitung der Neutralitätspflicht durch die einzelnen Gesellschaften *(Opt in)* sowie das übernahmerechtliche Ausschluss- und Andienungsrecht *(Sell out* und *Sell in).*[25] Das Bundeskabinett verabschiedete am 15.2.2006 den Regierungsentwurf[26] mit lediglich redaktionellen Änderungen gegenüber dem Referentenentwurf. Der Regierungsentwurf wurde am 24.2.2006 in den Bundesrat eingebracht. Der gemeinsamen Empfehlung des Finanzausschusses, des Rechtsausschusses und des Wirtschaftsausschusses folgend verabschiedete der Bundesrat am 7.4.2006 seine Stellungnahme zum Regierungsentwurf. Der Bundestag verabschiedete das Gesetz am 19.5.2006 in dritter Lesung. Das Gesetz trat am 14.7.2006, einen Tag nach der Verkündung im Bundesgesetzblatt,[27] in Kraft.

II. Regelung von öffentlichen Angeboten zum Erwerb von Wertpapieren, von Übernahmeangeboten und Pflichtangeboten

1. Rechtsquellen des Übernahmerechts

Die zentralen Regelungen des WpÜG (vgl. Überblick in den → Rn. 11 ff.) werden flankiert von Bestimmungen im Aktiengesetz (insbesondere den in den §§ 327a ff. AktG enthaltenen Regelungen zum Ausschluss von Minderheitsaktionären *(Squeeze-out),* bestimmten Offenlegungspflichten im Handelsgesetzbuch und die aufgrund des WpÜG erlassenen **Rechtsverordnungen,** vgl. Anhang 1–6. **10**

Das **Handelsgesetzbuch** verpflichtet Aktiengesellschaften und Kommanditgesellschaften auf Aktien, deren Aktien an einem organisierten Markt im Sinne des § 2 Abs. 7 WpÜG zugelassen sind, im Lagebericht und, soweit, wie im Regelfall erforderlich, Konzernlagebericht, Informationen zu veröffentlichen (§§ 289 Abs. 4, 315 Abs. 4 HGB), mit deren Hilfe ein interessierter Bieter sich vor Abgabe eines öffentlichen Angebots zum Erwerb von Aktien ein Bild von der Gesellschaft machen und Chancen und Risiken eines Angebotsverfahrens abschätzen kann, insbesondere über Verträge mit *Change-of-Control* Klauseln.[28] **11**

2. Das Wertpapiererwerbs- und Übernahmegesetz

a) Ziel des Gesetzes. Bei der Entwicklung des Rechts für regulierte Übernahmeverfahren hatte der Gesetzgeber das primäre Ziel, die Auswüchse unregulierter Übernahmeverfahren zu bekämpfen. Unternehmensübernahmen sollten weder gefördert noch verhindert werden, sondern vielmehr in einem fairen und geordneten Verfahren rasch und transparent für die be- **12**

[25] *Schüppen* BB 2006, 165, 166.
[26] BT-Drucks. 16/1003.
[27] BGBl. 2006 I 1426.
[28] BT-Drucks. 16/1003, 24; siehe auch *Baetge/Brüggemann/Haenelt* BB 2007, 1887.

troffenen Wertpapierinhaber und Arbeitnehmer abgewickelt werden.[29] Im Interesse eines funktionierenden Kapitalmarkts sollten die Anleger von börsennotierten Gesellschaften bei einem Übernahmeangebot zum einen vor Übervorteilung sowie Zeit- und Entscheidungsdruck durch den Bieter und zum anderen vor Behinderungen durch den Vorstand der Zielgesellschaft geschützt werden.[30]

13 **b) Aufbau des WpÜG – Allgemeiner Überblick.** Nach den Allgemeinen Vorschriften (Abschnitt 1) und Regelungen zur Zuständigkeit der BaFin (Abschnitt 2) enthält das Gesetz in seinem Dritten Abschnitt allgemeine Regeln, die bei jedem öffentlichen Angebot zu beachten sind. Der Vierte Abschnitt enthält besondere Vorgaben für **freiwillige Angebote,** die auf den **Kontrollerwerb** gerichtet sind, dh also für **Übernahmeangebote.** Übernahmeangebote unterliegen daher sowohl den Vorgaben des Dritten als auch des Vierten Abschnitts. Der Fünfte Abschnitt regelt das sog. **Pflichtangebot,** für das zusätzlich die Vorgaben des Dritten und Vierten Abschnitts gelten.[31] In Umsetzung der Übernahmerichtlinie wurde ein neuer Abschnitt 5a eingefügt, der das übernahmerechtliche **Ausschluss- und Andienungsrecht** nach einem vorangegangenen Übernahme- oder Pflichtangebot regelt.

3. Anwendungsbereich des WpÜG

14 Das WpÜG ist anwendbar auf öffentliche Angebote zum Erwerb von Wertpapieren, die von einer Zielgesellschaft ausgegeben wurden und zum Handel an einem **organisierten Markt** zugelassen sind (§ 1 Abs. 1).

15 **a) Wertpapiere.** Wertpapiere sind nach § 2 Abs. 2 Nr. 1 zunächst Aktien, sowie diesen vergleichbare Wertpapiere und Zertifikate, die Aktien vertreten. Hierbei umfasst der Begriff der Aktie sowohl **Stamm- als auch Vorzugsaktien.** Bei Zertifikaten, die Aktien vertreten, handelt es sich zB um Urkunden, die die Handelbarkeit von Namensaktien ermöglichen sollen (zB *Depositary Receipts*).[32] Als Wertpapiere im Sinne des Gesetzes gelten gem. § 2 Abs. 2 Nr. 2 des Weiteren Wertpapiere, die zum Erwerb von Aktien, mit diesen vergleichbaren Wertpapieren oder Zertifikaten, die Aktien vertreten, berechtigen. Darunter fallen insbesondere Optionsscheine und Wandelschuldverschreibungen. Der deutsche Wertpapierbegriff ist damit weiter als der europäische Wertpapierbegriff gem. Art. 2 Abs. 1 Buchstabe e) der Übernahmerichtlinie, welcher lediglich Wertpapiere erfasst, die Stimmrechte in einer Gesellschaft verleihen.

16 **b) Zulassung an organisiertem Markt.** Vom Anwendungsbereich des WpÜG erfasst sind alle Wertpapiere, die an einem organisierten Markt zugelassen sind (vgl. auch Art. 4 Abs. 1 Nr. 14 der Übernahmerichtlinie).

17 **c) Öffentliche Angebote.** Angebote im Sinne des WpÜG sind öffentliche Angebote, und zwar sowohl freiwillige als auch aufgrund einer gesetz-

---

[29] BT-Drucks. 14/7034, 28.
[30] *Wackerbarth* WM 2001, 1741, 1742.
[31] BT-Drucks. 14/7034, 30.
[32] BT-Drucks. 14/7034, 34.

lichen Verpflichtung erfolgende Angebote (Pflichtangebote). Der Anwendungsbereich des WpÜG erstreckt sich mithin auch auf solche Angebote, bei denen der Bieter nur einen kleinen, keine Kontrolle vermittelnden Teil der Aktien der Zielgesellschaft erwerben will **(Einstiegsangebote)** und sein Stimmrechtsanteil an der Gesellschaft die Kontrollschwelle (30%) nicht erreicht, sowie Angebote, die aus einer bereits bestehenden Kontrollstellung heraus erfolgen und lediglich auf eine Konsolidierung der Kontrolle gerichtet sind **(Aufstockungsangebote).**[33]

d) Umfang des Anwendungsbereichs. Hinsichtlich des Umfangs des Anwendungsbereichs des WpÜG ist schließlich danach zu differenzieren, ob es sich um inländische Zielgesellschaften oder um in EWR-Staaten (Mitgliedstaaten der Europäischen Union, sowie Island, Liechtenstein und Norwegen, vgl. § 2 Abs. 8) ansässige Zielgesellschaften handelt: **18**

aa) Uneingeschränkter Anwendungsbereich. Das WpÜG ist auf öffentliche Angebote zum Erwerb von Wertpapieren inländischer Gesellschaften, deren Aktien zum regulierten Markt an einer inländischen Börse zugelassen sind, uneingeschränkt anwendbar. **19**

bb) Eingeschränkter Anwendungsbereich. Auf Übernahme- und Pflichtangebote inländischer Zielgesellschaften, deren Aktien jedoch nur an einem organisierten Markt in einem anderen EWR-Staat zugelassen sind, findet das WpÜG nur teilweise Anwendung, und zwar lediglich für **gesellschaftsrechtliche Fragen** (insbesondere Regelungen zur Kontrolle (§ 29), zum Pflichtangebot (§§ 35ff.), zur Information der Arbeitnehmer, zum Verhalten von Vorstand und Aufsichtsrat (§§ 33–33d) und zum übernahmerechtlichen Ausschließungs- und Andienungsrecht (§§ 39a, 39b), § 1 WpÜG-AnwendbkV. Für das Marktrecht gilt grundsätzlich das jeweilige Übernahmerecht des Staates, in welchem die Aktien der inländischen Gesellschaft zugelassen sind.[34] **20**

Auf Übernahme- und Pflichtangebote zum Erwerb von Wertpapieren **ausländischer Zielgesellschaften** ist das WpÜG teilweise anwendbar, wenn ein europäisches Angebot im Sinne von § 2 Abs. 1a vorliegt und die stimmberechtigten Wertpapiere der Gesellschaft entweder nur im Inland zum regulierten Markt oder zugleich auch an einem organisierten Markt in einem EWR-Staat, der jedoch nicht der Sitzstaat ist, zugelassen sind und die Wertpapiere entweder zuerst in Deutschland (§ 1 Abs. 3 Satz 1 Nr. 2b) aa)) oder gleichzeitig an dem organisierten Markt in dem EWR-Staat zugelassen wurden und in diesem zweiten Fall die Gesellschaft sich für die BaFin als zuständige Aufsichtsbehörde entschieden hat (§ 1 Abs. 3 Satz 1 Nr. 2b) bb)). Ist der vorgenannte Anwendungsbereich für ausländische Gesellschaften eröffnet, so findet nur das **Marktrecht,** nicht das Gesellschaftsrecht des WpÜG Anwendung (§ 1 Abs. 3 Satz 2). Zum Marktrecht zählen insbesondere die Bestimmungen zur Gegenleistung (§ 31), zum Inhalt der Angebotsunterlage (§§ 11ff.) und das Angebotsverfahren (§§ 10ff.), § 2 WpÜG-AnwendbkV.[35] **21**

---

[33] *Seibt/Heiser* AG 2006, 301, 301f.
[34] *Diekmann* NJW 2007, 17, 18f.
[35] *Diekmann* NJW 2007, 17, 18f.; *Seibt/Heiser* AG 2006, 301, 303.

4. Weitere gesetzliche Definitionen

22 Das WpÜG enthält (über die bereits erwähnten hinaus) weitere Definitionen, die für das Verständnis des Gesetzes und dessen Auslegung von Bedeutung sind: **Bieter** ist jede natürliche oder juristische Person oder eine Personengesellschaft, von der ein Angebot iSv § 2 Abs. 1 ausgeht (§ 2 Abs. 4). Als **gemeinsam handelnde Personen** betrachtet das WpÜG die natürlichen und juristischen Personen, die ihr Verhalten im Hinblick auf ihren Erwerb von Wertpapieren der Zielgesellschaft oder ihre Ausübung von Stimmrechten aus Aktien der Zielgesellschaft mit dem Bieter aufgrund einer Vereinbarung oder in sonstiger Weise abstimmen (§ 2 Abs. 5). Als mit dem Bieter gemeinsam handelnde Personen gelten hierbei wegen der möglichen Einflussmöglichkeit des Bieters auch dessen Tochtergesellschaften (§ 2 Abs. 5 Satz 2). **Tochterunternehmen** iS des WpÜG sind gem. § 2 Abs. 6 alle Unternehmen iSv § 290 HGB, die unter einer einheitlichen Leitung stehen und an welchen eine Beteiligung des Bieters iSv § 271 Abs. 1 HGB besteht oder auf welche das Unternehmen einen beherrschenden Einfluss ausüben kann.[36]

5. Allgemeine Grundsätze

23 § 3 enthält allgemeine Grundsätze, die bei jedem Angebot zum Erwerb von Wertpapieren zu beachten sind.

24 **a) Gleichheitsgrundsatz.** Das Gesetz legt in § 3 Abs. 1 fest, dass grundsätzlich alle Aktionäre der Zielgesellschaft, denen Aktien derselben Gattung gehören, gleich zu behandeln sind. Gegen den allgemeinen Gleichheitsgrundsatz verstoßen beispielsweise Angebote, die die Höhe der vom Bieter angebotenen Gegenleistung nach dem Zeitpunkt der Annahmeerklärung staffeln – also ein „Windhundrennen" der Wertpapierinhaber herbeiführen –, da innerhalb der Angebotsfrist alle Wertpapierinhaber die Möglichkeit haben sollen, das Angebot zu gleichen Bedingungen anzunehmen.[37] Spezielle Ausprägungen des Gleichbehandlungsgrundsatzes finden sich zB in § 19 (Zuteilung unter den Aktionären bei einem Teilangebot), § 21 Abs. 4 (Rücktrittsrecht des Aktionärs bei Änderung des Angebots durch den Bieter) sowie § 31 (angemessene Gegenleistung) und § 32 (Unzulässigkeit von Teilangeboten bei Übernahmeangeboten). Diese Vorschriften sollen sicherstellen, dass sich alle Aktionäre der Zielgesellschaft zu gleichen Konditionen von ihren Aktien trennen können. Während eines Angebotsverfahrens kann der Bieter den auf den Aktionären lastenden Entscheidungsdruck auch nicht durch unterschiedlich ausgestaltete Angebotskonditionen erhöhen. Es gibt für den Bieter keine Möglichkeit, die Attraktivität seines Angebots zu variieren und so das Annahmeverhalten der Aktionäre der Zielgesellschaft durch die Schaffung wirtschaftlicher Anreize zu steuern.[38]

25 **b) Transparenzgebot.** Als weiterer allgemeiner Grundsatz ist statuiert, dass Wertpapierinhaber über genügend Zeit und ausreichende Informationen

[36] BT-Drucks. 14/7034, 35.
[37] BT-Drucks. 14/7034, 35.
[38] *Liebscher* ZIP 2001, 853, 859.

verfügen müssen, um in Kenntnis der Sachlage über das Angebot entscheiden zu können. Grundsätzlich muss das Angebotsverfahren insgesamt transparent ausgestaltet sein. Das Transparenzgebot des § 3 Abs. 2 wird dann in einer Vielzahl von Vorschriften des WpÜG näher ausgestaltet. So treffen den Bieter umfangreiche Informationspflichten; er ist insbesondere verpflichtet, unverzüglich seine Entscheidung zur Abgabe eines öffentlichen Angebots zu veröffentlichen und alle für die Entscheidung über das Angebot wesentlichen Informationen in einer Angebotsunterlage niederzulegen. Weitere Informationspflichten treffen den Bieter auch noch nach Beendigung eines Übernahmeverfahrens (§ 23 Abs. 2).

c) Verhaltenspflichten für Vorstand und Aufsichtsrat. § 3 Abs. 3 26
stellt klar, dass auch während eines Angebotsverfahrens Vorstand und Aufsichtsrat im Interesse der Zielgesellschaft handeln müssen. Die allgemeinen gesellschaftsrechtlichen Verpflichtungen dieser Organe werden durch das WpÜG nicht suspendiert bzw. aufgehoben. Auch sind die Interessen der Aktionäre, der Arbeitnehmer und die Interessen der Gesellschaft insgesamt zu berücksichtigen.[39] Spezielle Ausprägungen der Verhaltenspflichten des Vorstands und des Aufsichtsrats finden sich insbesondere in den §§ 33ff.

d) Rasche Durchführung des Angebotsverfahrens. Angebotsverfah- 27
ren haben regelmäßig gravierende Auswirkungen für die Zielgesellschaft, und belasten diese in nicht unerheblichem Maße. Darüber hinaus lösen Angebote für den Vorstand und den Aufsichtsrat der Zielgesellschaft bestimmte Verhaltenspflichten aus, verpflichten den Vorstand und den Aufsichtsrat etwa, eine begründete Stellungnahme zu dem Angebot abzugeben (§ 27) und binden somit erhebliche Ressourcen der Gesellschaft. Dabei besteht die Gefahr, dass Angebotsverfahren auch als Mittel der Wettbewerbsbehinderung eingesetzt werden.[40] Um dem entgegenzuwirken, ordnet § 3 Abs. 4 an, dass Angebotsverfahren **rasch** durchzuführen sind und die Zielgesellschaft nicht über einen angemessenen Zeitraum hinaus in ihrer Geschäftstätigkeit behindert werden darf. Das WpÜG setzt in Ausprägung dieses Grundsatzes den an Angebotsverfahren Beteiligten enge Fristen, innerhalb derer sie die jeweils erforderlichen Handlungen vorzunehmen haben. Die Finanzierungssicherung in § 13 ergänzt § 3 Abs. 4 materiell: Selbst ein rasch durchgeführtes Angebotsverfahren stellt für alle Betroffenen eine unzumutbare Belastung dar, wenn der Bieter nicht in der Lage ist, seine Gegenleistungspflicht zu erfüllen.

e) Keine Marktverzerrungen. In § 3 Abs. 5 ist der allgemeine Grund- 28
satz statuiert, dass beim Handel mit Wertpapieren der Zielgesellschaft, der Bietergesellschaft oder anderer durch das Angebot betroffener Gesellschaften keine Marktverzerrungen geschaffen werden dürfen, da hierdurch Wertpapierinhaber zu sachlich ungerechtfertigten Entscheidungen verleitet werden könnten. Die spezialgesetzliche Konkretisierung dieser Anordnung findet sich in den §§ 14, 20a, 38 WpHG im Hinblick auf das Verbot des Insiderhandels und der Kursmanipulation.[41]

---

[39] BT-Drucks. 14/7034, 35.
[40] BT-Drucks. 14/7034, 35.
[41] BT-Drucks. 14/7034, 35.

6. Vorbereitung eines öffentlichen Angebots

29 Das Gesetz enthält eine Vielzahl von Verfahrensregeln, die von großer Bedeutung für ein geordnetes Angebotsverfahren sind. Ihre Einhaltung ist Voraussetzung für die Herstellung der notwendigen Transparenz und der Aufrechterhaltung der Funktionsfähigkeit des Kapitalmarkts.[42]

30 Das Angebotsverfahren beginnt gemäß § 10 Abs. 1 mit der Veröffentlichung der Entscheidung des Bieters, ein Angebot zum Erwerb von Wertpapieren abzugeben.

31 Die Veröffentlichung der Entscheidung zur Abgabe eines Angebots hat in deutscher Sprache im Internet und über ein elektronisch betriebenes Informationsverbreitungssystem zu erfolgen (§ 10 Abs. 3). Zuvor hat der Bieter seine Entscheidung zur Abgabe eines Angebots den Geschäftsführungen der Börsen, an denen die Wertpapiere der von dem Angebot betroffenen Unternehmen oder die auf diese Wertpapiere bezogenen Derivate zum Handel zugelassen sind oder gehandelt werden, sowie der BaFin mitzuteilen (§ 10 Abs. 2). Durch die Unterrichtung der Geschäftsführungen der Börsen wird sichergestellt, dass, soweit erforderlich, eine Kursaussetzung vor der Veröffentlichung verfügt werden kann.

32 Der Bieter ist verpflichtet, den Vorstand der Zielgesellschaft unverzüglich nach der Veröffentlichung der Entscheidung, ein Angebot abzugeben, schriftlich hierüber zu unterrichten. Der Vorstand der Zielgesellschaft ist wiederum verpflichtet, den zuständigen Betriebsrat oder, sofern ein solcher nicht besteht, unmittelbar die Arbeitnehmer unverzüglich über die erhaltene schriftliche Mitteilung zu unterrichten. Ebenso hat der Bieter gegenüber seinem eigenen Betriebsrat (oder der Belegschaft) zu verfahren (§ 10 Abs. 5).

7. Das öffentliche Angebot

33 Die Verpflichtung des Bieters, eine Unterlage über das Angebot **(Angebotsunterlage)** zu verfassen und zu publizieren (§ 11), stellt den Kern der auf Sicherstellung eines transparenten und informativen Angebotsverfahrens gerichteten Regelungen des Gesetzes dar. Die Veröffentlichung der Angebotsunterlage ist das Angebot des Bieters zum Erwerb von Anteilen der Zielgesellschaft, das gegenüber deren Aktionären abgegeben wird. Die Angebotsunterlage hat sämtliche Angaben zu Gegenstand und Inhalt des zwischen Bieter und Aktionär abzuschließenden Vertrages zu enthalten, so dass die Annahme des Angebots, falls vom Aktionär gewünscht, durch ein **einfaches JA** erfolgen kann. Ziel der Erstellung und Veröffentlichung der Angebotsunterlage ist es, die von dem Angebot Betroffenen, also die Aktionäre und die Zielgesellschaft über den genauen Inhalt des Angebots und über die mit dem Angebot verfolgten Ziele zu informieren sowie über die sonstigen für den Aktionär relevanten Details, wie zB die Angebotsbedingungen und dort insbesondere die aufschiebenden oder auflösenden Bedingungen, aufzuklären.

34 **a) Erstellung, Prüfung und Veröffentlichung der Angebotsunterlage.** Die Veröffentlichung der Entscheidung zur Abgabe eines Angebots gem.

---

[42] *Pötzsch/Möller* WM 2000 Sonderbeilage 2, 16.

§ 10 eröffnet das Angebotsverfahren. Wesentliche Rechtsfolge der Veröffentlichung ist die Verpflichtung des Bieters, innerhalb von vier Wochen nach der Veröffentlichung eine Angebotsunterlage zu erstellen und der BaFin zu übermitteln (§ 14 Abs. 1 Satz 1). Die BaFin kann die Vierwochenfrist auf Antrag um bis zu vier Wochen verlängern, wenn dem Bieter die Einhaltung der Frist nach Satz 1 aufgrund eines grenzüberschreitenden Angebots oder erforderlicher Kapitalmaßnahmen nicht möglich ist (§ 14 Abs. 1 Satz 3). Die BaFin hat dann zehn Werktage (mit der Möglichkeit der Verlängerung um weitere fünf Werktage) Zeit, die Angebotsunterlage in formeller Hinsicht sowie auf offensichtliche Verstöße gegen Vorschriften des WpÜG zu überprüfen (§ 14 Abs. 2).

b) Information des Vorstands und Stellungnahmen. Der Bieter hat 35
die Angebotsunterlage dem Vorstand der Zielgesellschaft unverzüglich nach deren Veröffentlichung zu übermitteln (§ 14 Abs. 4). Damit soll dieser in die Lage versetzt werden, eine Stellungnahme zu dem Angebot abzugeben (§ 27) und die Angebotsunterlage seinerseits den Arbeitnehmern bzw. deren Vertretung zu übermitteln (§ 14 Abs. 4 Satz 2). Der Vorstand und der Aufsichtsrat sind gehalten, eine begründete Stellungnahme zu dem Angebot abzugeben, in der sie auf die Art und Höhe der angebotenen Gegenleistung, die Auswirkungen eines erfolgreichen Angebots für die Zielgesellschaft, die Arbeitnehmer und ihre Vertretungen, die Beschäftigungsbedingungen und die Standorte der Zielgesellschaft sowie die vom Bieter mit dem Angebot verfolgten Ziele und, soweit sie Inhaber von Wertpapieren der Zielgesellschaft sind, auf die Absicht eingehen, das Angebot anzunehmen und – wohl in der Regel – eine Empfehlung für oder gegen die Annahme des Angebots abzugeben. Vorstand und Aufsichtsrat können sich aber auch in einer Stellungnahme einer konkreten Handlungsempfehlung an die Aktionäre enthalten. Beide haben ihre Stellungnahmen unverzüglich nach Übermittlung der Angebotsunterlage und ggf. deren Änderungen durch den Bieter entsprechend § 14 Abs. 3 Satz 1 zu veröffentlichen (§ 27). Die Angebotsunterlage ist zudem gem. § 14 Abs. 4 Satz 3 den Arbeitnehmern des Bieters bzw. deren Vertretung zu übermitteln.

c) Die Bindungswirkung des Angebots. Mit der Veröffentlichung der 36
Angebotsunterlage gibt der Bieter verbindlich sein Angebot zum Erwerb von Aktien der Zielgesellschaft ab. Da Angebote in aller Regel Folgen für das Zielunternehmen, dessen Vorstand und die Wertpapierinhaber auslösen, untersagt § 17 dem Bieter, Angebote abzugeben, die als **invitatio ad offerendum** ausgestaltet sind, dh Angebote, bei denen auf Seiten des Bieters noch kein Wille zu einer rechtlichen Bindung vorhanden ist.[43] Aufgrund der grundsätzlichen Bindungswirkung der Angebotserklärung sind nach dem WpÜG auch **Bedingungen unzulässig,** deren Eintritt der Bieter, mit ihm gemeinsam handelnde Personen oder deren Tochterunternehmen oder im Zusammenhang mit dem Angebot für die vorgenannten Personen oder Unternehmen tätige Berater **ausschließlich** selbst herbeiführen können (§ 18 Abs. 1 Satz 1).

---

[43] BT-Drucks. 14/7034, 47.

37 **d) Teilangebote.** § 32 statuiert die Unzulässigkeit von Teilangeboten. Diese Vorschrift gilt allerdings nur für Übernahme- und Pflichtangebote. Solche Angebote haben sich als Vollangebote an sämtliche Aktionäre zu richten und darüber hinaus alle von der Zielgesellschaft emittierten Aktiengattungen zu erfassen (dh sowohl Stamm- als auch Vorzugsaktien).[44] Bei Teilangeboten regelt § 19 die Grundsätze für die Zuteilung der Wertpapiere für den Fall, dass die Anzahl der Wertpapiere, die der Bieter erwerben kann, höher ist als die Anzahl der Wertpapiere, die der Bieter zu erwerben sich verpflichtet hat.

38 **e) Änderung des öffentlichen Angebots.** Obwohl der Bieter grundsätzlich an sein Angebot gebunden ist, besteht gemäß § 21 unter bestimmten Voraussetzungen für den Bieter die Möglichkeit, sein Angebot, ggf. auch mehrfach, zu ändern. Änderungen führen nicht dazu, dass das gesamte Verfahren erneut von Anfang an durchlaufen werden muss. Modifikationen des Angebots durch den Bieter sind zulässig, sofern diese aus Sicht der Aktionäre der Zielgesellschaft zu einer Verbesserung des Angebots führen, ihnen über das ursprüngliche Angebot hinausgehende Handlungsmöglichkeiten eröffnen oder zu einer verstärkten rechtlichen Bindung des Bieters an sein Angebot führen. Erfolgt die Änderung des Angebots in den letzten zwei Wochen vor Ablauf der Angebotsfrist, verlängert sich die Annahmefrist um zwei Wochen, damit den Aktionären genügend Zeit für eine Entscheidung über die Annahme des geänderten Angebots verbleibt (§ 21 Abs. 5). Im Falle einer Änderung des Angebots können die Aktionäre, die das Angebot vor Veröffentlichung der Änderung bereits angenommen haben, von den zustande gekommenen Kauf- bzw. Tauschverträgen **zurücktreten.** Die erneute Änderung des Angebots innerhalb der verlängerten Annahmefrist von zwei Wochen ist grundsätzlich unzulässig (§ 21 Abs. 6).

39 **f) Inhalt der Angebotsunterlage.** Ziel der Erstellung und Veröffentlichung der Angebotsunterlage, die vom Bieter zwingend in deutscher Sprache abzufassen ist, ist es, die Aktionäre und Arbeitnehmer der Zielgesellschaft, die Arbeitnehmer des Bieters, die Öffentlichkeit und die Aufsichtsbehörde über den genauen Inhalt des Angebots und die mit der Übernahme verfolgten Ziele zu informieren (Transparenz). Nach § 11 Abs. 2 hat die Angebotsunterlage insbesondere folgende **Angaben** zu enthalten:

- genaue Bezeichnung (Name/Firma, Sitz, Rechtsform) des Bieters und der Zielgesellschaft,
- Bezeichnung der Wertpapiere, die Gegenstand des Angebots sind,
- Art und Höhe der für die Wertpapiere gebotenen Gegenleistung,
- die Höhe der für den Entzug von Rechten gebotenen Entschädigung nach § 33b Abs. 4,
- etwaige Bedingungen, von denen die Wirksamkeit des Angebots abhängt sowie
- der Beginn und das Ende der Annahmefrist.

40 Darüber hinaus verlangt das Gesetz bestimmte **ergänzende Angaben.** Hiernach ist der Bieter unter anderem verpflichtet, Angaben über die **Finanzierung** seines Angebots zu machen (§ 11 Abs. 2 Satz 3 Nr. 1). Die Fähigkeit

[44] BT-Drucks. 14/7034, 57.

des Bieters, den Erwerb der Wertpapiere der Zielgesellschaft tatsächlich auch finanzieren zu können, ist für das Angebot und seine Seriosität von entscheidender Bedeutung. § 13 Abs. 1 Satz 1 schreibt deshalb vor, dass der Bieter vor Veröffentlichung der Angebotsunterlage die notwendigen Maßnahmen zu treffen hat, um sicherzustellen, dass ihm die zur vollständigen Erfüllung des Angebots notwendigen Mittel zum **Zeitpunkt der Fälligkeit des Anspruchs** auf die Gegenleistung zur Verfügung stehen. Handelt es sich bei dem Angebot des Bieters um ein Barangebot, ist von einem Wertpapierdienstleistungsunternehmen schriftlich zu bestätigen, dass der Bieter die notwendigen Maßnahmen getroffen hat, um die aus dem Angebot resultierenden Pflichten zum Zeitpunkt ihrer Fälligkeit erfüllen zu können. Das Wertpapierdienstleistungsunternehmen ist im Falle der Unrichtigkeit seiner Finanzierungsbestätigung gegenüber den Personen, die das Angebot des Bieters angenommen haben, schadenersatzpflichtig (§ 13 Abs. 2).

Ferner hat der Bieter auch darüber Auskunft zu erteilen, wie sich das Angebot und die daraus resultierende Übernahme der Aktien auf seine **Vermögens-, Finanz- und Ertragslage** auswirkt (§ 11 Abs. 2 Satz 3 Nr. 1). Hierdurch soll nach Möglichkeit verhindert werden, dass der Bieter in Folge der Übernahme in finanzielle Schwierigkeiten gerät und unter Umständen gar den Geschäftsbetrieb einstellen muss.[45] 41

Ferner sind ergänzende Angaben zu den Folgen des Angebots für die Zielgesellschaft und ihre Arbeitnehmer aufzunehmen (§ 11 Abs. 2 Satz 3 Nr. 2). Darüber hinaus muss die Angebotsunterlage Angaben über Geldleistungen oder andere geldwerte Vorteile, die einem Mitglied des Vorstands oder des Aufsichtsrats gewährt oder in Aussicht gestellt werden, enthalten (§ 11 Abs. 2 Satz 3 Nr. 3). Auch hat der Bieter in seine Angebotsunterlage die ergänzenden Angaben aufzunehmen, die im einzelnen in § 2 WpÜG-AngV enthalten sind. Von diesen sind insbesondere hervorzuheben: (i) Maßnahmen, die der Empfänger des Angebots ergreifen muss, um die Annahme zu erklären und um die Gegenleistung für die Aktien zu erhalten, (ii) die Anzahl der Wertpapiere, die der Bieter und mit ihm gemeinsam handelnde Personen und deren Tochterunternehmen an der Zielgesellschaft bereits halten, (iii) Art und Umfang der für den Erwerb von Wertpapieren der Zielgesellschaft innerhalb von sechs Monaten vor der Veröffentlichung der Entscheidung zur Abgabe eines Angebots oder vor der Veröffentlichung der Angebotsunterlage gewährten oder vereinbarten Gegenleistung sowie (iv) Angaben zum Erfordernis und Stand insbesondere kartellrechtlicher Verfahren im Zusammenhang mit dem Erwerb der Wertpapiere der Zielgesellschaft. 42

g) Haftung für die Angebotsunterlage. § 12 regelt in Anlehnung an die Prospekthaftung nach dem Börsengesetz Haftungsansprüche, die aufgrund einer fehlerhaften Angebotsunterlage bestehen. Eine fehlerhafte Angebotsunterlage liegt dann vor, wenn die Angaben in der Angebotsunterlage entweder **unrichtig** oder **unvollständig** sind. Hierfür ist es ohne Bedeutung, ob die Angebotsunterlage zuvor von der BaFin gebilligt wurde.[46] Die Voraussetzung für eine Haftung nach § 12 ist, dass die unvollständigen oder unrichtigen An- 43

---

[45] *Pötzsch/Möller* WM 2000 Sonderbeilage 2, 1, 20.
[46] BT-Drucks. 14/7034, 42.

gaben für die Beurteilung der Wertpapiere von **wesentlicher** Bedeutung sind. Eine Inanspruchnahme scheidet aus, wenn der für die Angebotsunterlage Verantwortliche nachweisen kann, dass er die Unrichtigkeit oder Unvollständigkeit der Angaben nicht gekannt hat und diese Unkenntnis nicht auf grober Fahrlässigkeit beruht (§ 12 Abs. 2). Ein Anspruch nach § 12 Abs. 1 verjährt in einem Jahr seit dem Zeitpunkt, zu dem derjenige, der das Angebot angenommen hat oder dessen Aktien dem Bieter nach § 39a übertragen worden sind, von der Unrichtigkeit oder Unvollständigkeit der Angaben in der Angebotsunterlage Kenntnis erlangt hat, spätestens jedoch in drei Jahren seit der Veröffentlichung der Angebotsunterlage (§ 12 Abs. 4).

44 **h) Gegenleistung des Bieters. aa) Angemessenheit.** Im Falle eines öffentlichen Angebots auf Erwerb von Wertpapieren einer Zielgesellschaft, das nicht auf die Erlangung der Kontrolle gerichtet ist, oder das aus einer bereits bestehenden Kontrollstellung heraus erfolgt, ist der Bieter bei der Wahl der Gegenleistung frei. Beschränkungen bestehen aber bei Übernahmeangeboten (§ 29) sowie Pflichtangeboten (§ 35). Für diese Angebote bestimmt § 31 Abs. 1, dass der Bieter den Aktionären eine **angemessene Gegenleistung** anzubieten hat. Die Angemessenheit ist gewahrt, wenn sich der Wert der Gegenleistung am durchschnittlichen Börsenkurs der Aktien der Zielgesellschaft sowie an den im Vorfeld einer beabsichtigten Übernahme gezahlten Preisen für Aktien der Zielgesellschaft durch den Bieter, mit ihm gemeinsam handelnder Personen und deren Tochterunternehmen orientiert (§ 31 Abs. 1 Satz 2). Einzelheiten zur Bestimmung der Angemessenheit der Gegenleistung bei Übernahmeangeboten und Pflichtangeboten finden sich in den §§ 3 ff. WpÜG-AngV, die auf der Grundlage von § 31 Abs. 7 erlassen wurde. Während § 3 WpÜG-AngV allgemeine Grundsätze regelt, bestimmen die §§ 4–6 WpÜG-AngV Mindestwerte, die bei Übernahmeangeboten und Pflichtangeboten nicht unterschritten werden dürfen. Hierbei werden sowohl börsliche als auch außerbörsliche Vorerwerbe des Bieters berücksichtigt. Hat der Bieter während eines Zeitraums von sechs Monaten vor der Veröffentlichung vor Veröffentlichung der Angebotsunterlage Wertpapiere der Zielgesellschaft erworben, muss seine Gegenleistung mindestens dem durchschnittlichen Börsenkurs der letzten drei Monate entsprechen. Die Gegenleistung des Bieters hat in einer Geldleistung in Euro oder in liquiden Aktien zu bestehen, die zum Handel an einem organisierten Markt zugelassen sind (§ 31 Abs. 2 Satz 1).

45 **bb) Zwingende Geldleistung.** In Konkretisierung des Gleichbehandlungsgrundsatzes gem. § 3 Abs. 1 ist zwingend eine Geldleistung in Euro als Gegenleistung anzubieten, wenn der Bieter, mit ihm gemeinsam handelnde Personen oder deren Tochtergesellschaften in den sechs Monaten vor der Veröffentlichung der Entscheidung zur Abgabe eines Angebots bis zum Ablauf der Annahmefrist insgesamt mindestens 5% der Aktien oder Stimmrechte an der Zielgesellschaft gegen Zahlung einer Geldleistung erworben haben. Hierdurch soll unter anderem ein Anschleichen an die Zielgesellschaft unter Ausgrenzung der Minderheitsaktionäre verhindert werden, gleichzeitig erlaubt das Gesetz dem Bieter aber Ankäufe in geringem Ausmaß.[47] Der Er-

[47] BT-Drucks. 14/7034, 55.

werb von Aktien während des Angebotsverfahrens soll auch den anderen Aktionären zu Gute kommen.[48]

cc) Nachbesserung. Ferner ist der Bieter gemäß § 31 Abs. 4 und 5 zur Nachbesserung seiner Gegenleistung verpflichtet, sofern er, mit ihm gemeinsam handelnde Personen oder deren Tochterunternehmen Aktien der Zielgesellschaft im zeitlichen Zusammenhang mit dem Übernahmeverfahren zu einer **wertmäßig höheren** als der in der Angebotsunterlage genannten Gegenleistung erwerben. Auch diese Regelungen sind Konkretisierung des in § 3 Abs. 1 verankerten allgemeinen Gleichheitsgrundsatzes und sollen eine bevorzugte Behandlung einzelner Aktionäre verhindern.[49] Voraussetzung für die Anwendbarkeit der beiden Bestimmungen ist aber stets ein bestehender bzw. bereits erfüllter Anspruch auf Gegenleistung. In Fällen, in denen ein Übernahmeangebot zB mangels Erreichens einer bestimmten Mindestbeteiligungsquote scheitert und somit ein Anspruch auf die Gegenleistung nicht (mehr) besteht, ist weder Abs. 4 noch Abs. 5 anwendbar. Abs. 4 regelt Erwerbsvorgänge **zwischen** der Veröffentlichung der Angebotsunterlage und der Veröffentlichung des Ergebnisses des Übernahmeangebots nach Ablauf der Annahmefrist. Abs. 5 dagegen erfasst Erwerbe außerhalb der Börse innerhalb **eines Jahres nach Veröffentlichung des Ergebnisses** des Übernahmeangebots. Gemäß § 31 Abs. 5 Satz 2 besteht keine Verpflichtung zur Nachbesserung der Gegenleistung, sofern Aktien der Zielgesellschaft im Zusammenhang mit einer gesetzlichen Verpflichtung zur Gewährung einer Abfindung an die Aktionäre innerhalb der Jahresfrist erworben wurden, wie zB im Rahmen von Abfindungen bei Beherrschungs- und Gewinnabführungsverträgen (§ 305 AktG), bei Eingliederungen (§ 320b AktG) sowie bei einem Squeeze-out (§ 327a AktG).[50] 46

i) Annahmefrist. Mit der Veröffentlichung der Angebotsunterlage beginnt die Annahmefrist zu laufen (§ 16 Abs. 1 Satz 2). Diese darf nicht weniger als vier Wochen und höchstens zehn Wochen betragen (§ 16 Abs. 1 Satz 1). Fristverlängerungen können sich durch Änderungen des Angebots (§ 21 Abs. 5) sowie die Abgabe eines konkurrierenden Angebots gemäß § 22 Abs. 2 ergeben. Während der Annahmefrist hat der Bieter kontinuierlich, zunächst wöchentlich und in der letzten Woche der Annahmefrist täglich über die Akzeptanz seines Angebots zu berichten (§ 23 Abs. 1) („Wasserstandsmeldungen"). Diese Konkretisierung des Transparenzgebotes dient der Information der Aktionäre der Zielgesellschaft über das Annahmeverhalten der übrigen Aktionäre. Sie ermöglicht es zögernden Aktionären, ihre Entscheidung über die Annahme des Angebots am Erfolg des öffentlichen Angebots zu orientieren; dies spielt insbesondere in den Fällen eine Rolle, in denen das Angebot unter der Bedingung einer bestimmten Annahmequote steht.[51] 47

Das Angebotsverfahren wird mit **Ablauf der Annahmefrist** beendet. Der Bieter ist dann verpflichtet, die Aktionäre gemäß § 23 Abs. 1 Nr. 2 über des- 48

---

[48] BT-Drucks. 14/7034, 55, 56.
[49] BT-Drucks. 14/7034, 56.
[50] BT-Drucks. 14/7034, 56.
[51] *Land* DB 2001, 1707, 1713.

sen Ausgang zu unterrichten. War das Angebot erfolgreich, gewährt § 16 Abs. 2 bei Übernahmeangeboten den in der Zielgesellschaft verbliebenen Aktionären, die bis dato das Angebot noch nicht angenommen hatten, das Recht, noch innerhalb einer Nachfrist von zwei Wochen nach Ablauf der Annahmefrist ihre Aktien anzudienen. Diese sog. Zaunkönigregelung erlaubt es dem Aktionär, das Ergebnis eines auf die Erlangung der Kontrolle gerichteten Angebots zunächst abzuwarten und dann bei erfolgreicher Übernahme zu den Konditionen derjenigen Aktionäre, die das Angebot frühzeitig angenommen haben, aus der Gesellschaft auszuscheiden.[52] Hierdurch wird der Situation von Minderheitsaktionären Rechnung getragen, denen ein koordiniertes Verhalten bei der Entscheidung über das Übernahmeangebot faktisch nicht möglich ist. Auch können zB Aktionäre, die dem Angebot zunächst kritisch gegenüberstanden und ursprünglich an ihrer Aktie festhalten oder zunächst den Verlauf des Verfahrens abwarten wollten, in Kenntnis eines nun sicher bevorstehenden Kontrollwechsels ihre Anteile dem Bieter verkaufen.[53]

8. Pflichtangebot

49 **a) Überblick.** § 35 verpflichtet denjenigen, der unmittelbar oder mittelbar die Kontrolle, dh mindestens **30 % der Stimmrechte,** über eine Zielgesellschaft erlangt, unverzüglich, dh spätestens innerhalb von sieben Tagen, die Höhe seines Beteiligungsbesitzes zu veröffentlichen und innerhalb von vier Wochen nach der Veröffentlichung der Erlangung der Kontrolle der BaFin eine Angebotsunterlage für alle Aktien der Zielgesellschaft zu übermitteln und dieses Angebot entsprechend § 14 Abs. 2 Satz 1 zu veröffentlichen. Hintergrund dieser Regelung ist, dass derjenige, der die Kontrolle über eine Zielgesellschaft erlangt, auch verpflichtet sein soll, allen anderen Aktionären der Zielgesellschaft ein Angebot zur Übernahme ihrer Aktien zu unterbreiten, da mit einem Kontrollwechsel idR grundlegende Änderungen in der Unternehmenspolitik einhergehen, die erhebliche Auswirkungen auf die Ertragsaussichten und somit das Risiko des Investments haben können.[54] Hat der Erwerber die Kontrolle allerdings aufgrund eines vorangegangenen Übernahmeangebots erworben, muss er kein Pflichtangebot mehr abgeben (§ 35 Abs. 3), weil das Übernahmeangebot bereits als Vollangebot gegenüber allen Aktionären abzugeben war.

50 Unerheblich ist hierbei, auf welche Weise die Kontrolle erlangt wurde. Sowohl der rechtsgeschäftliche börsliche oder außerbörsliche Erwerb von stimmberechtigten Aktien als auch der Erwerb aufgrund Zurechnung gemäß § 30 können zur Erreichung der Kontrollschwelle führen und somit die Verpflichtung zur Abgabe eines Pflichtangebots auslösen.[55]

51 **b) Zurechnung von Stimmrechten.** Die Kontrolle kann nicht nur unmittelbar, sondern aufgrund der in § 30 geregelten Zurechnung von Stimmrechten auch mittelbar erlangt werden. Nach dieser Vorschrift werden dem

[52] *Liebscher* ZIP 2001, 853, 865.
[53] BT-Drucks. 14/7034, 46.
[54] *Liebscher* ZIP 2001, 853, 866.
[55] BT-Drucks. 14/7034, 59.

Bieter unter anderem im Eigentum eines Tochterunternehmens stehende, von einem Dritten für Rechnung des Bieters gehaltene oder dem Bieter anvertraute Aktien der Zielgesellschaft zugerechnet (§ 30 Abs. 1 Nr. 1, 2, 6). Ferner werden durch § 30 Abs. 2 dem Bieter auch Stimmrechte eines Dritten aus Aktien der Zielgesellschaft zugerechnet, mit dem der Bieter oder sein Tochterunternehmen sein Verhalten in Bezug auf die Zielgesellschaft abgestimmt hat *(acting in concert).*

c) Befreiungen. Auf Antrag des Bieters können in den in § 36 abschlie- 52
ßend aufgezählten Fällen Stimmrechte, insbesondere aufgrund konzerninterner Umstrukturierungen erlangte Stimmrechte, unberücksichtigt bleiben. § 37 ermöglicht es der BaFin, den Bieter auf Antrag von der Abgabe eines Pflichtangebots zu befreien, wenn entweder aus Gründen des Anlegerschutzes ein solches nicht zwingend geboten erscheint oder wenn das Pflichtangebot für den Bieter eine unzumutbare oder jedenfalls unerwünschte Härte bedeuten würde. Hier sind zahlreiche unterschiedliche Konstellationen denkbar, Hauptanwendungsfall dürften bisher Sanierungsfälle gewesen sein.

9. Vorstand und Aufsichtsrat der Zielgesellschaft

a) Übersicht. Von zentraler Bedeutung sind die Handlungsmöglichkeiten 53
von Vorstand und Aufsichtsrat der Zielgesellschaft während eines Übernahmeverfahrens. Eine europaweit einheitliche Neutralitätspflicht der Leitungsorgane im Übernahmefall erscheint politisch nicht durchsetzbar, solange für Unternehmen aus verschiedenen Mitgliedstaaten der Europäischen Union keine einheitlichen Ausgangsbedingungen herrschen. Die einzelnen Mitgliedstaaten ermöglichen ihren Gesellschaften die Implementierung unterschiedlicher gesellschaftsrechtlicher Übernahmehindernisse, wie zB Mehr- oder Höchststimmrechte, *Golden Shares* oder Vinkulierungen. Die Übernahmerichtlinie regelt in Art. 9 ein striktes Verhinderungsverbot für die Leitung der Zielgesellschaft und in Art. 11 die mögliche Durchbrechung gesellschaftsrechtlicher Übernahmehindernisse der Zielgesellschaft durch den Bieter. Den Mitgliedstaaten bleibt es aber überlassen, von der Umsetzung dieser übernahmefreundlichen europäischen Regelungen in nationales Recht abzusehen *(Opt out),* wenn den Gesellschaften in diesem Fall die Möglichkeit eröffnet wird, selbst das Verhinderungsverbot und/oder die Durchbrechungsregel anzuwenden *(Opt in).* Der deutsche Gesetzgeber hat – neben anderen Mitgliedstaaten[56] – von dem *Opt out* Gebrauch gemacht, da die Umsetzung des Verhinderungsverbots und der Durchbrechungsregel eine Benachteiligung deutscher Unternehmen gegenüber ausländischen Unternehmen zur Folge hätte, sofern diesen nach ihrem Recht weitergehende Abwehrmechanismen zur Verfügung stehen.

b) Verhinderungsverbot. aa) Grundsatz. Vom Zeitpunkt der Veröf- 54
fentlichung der Entscheidung zur Abgabe eines Übernahmeangebots bis zur Veröffentlichung des Ergebnisses nach Ablauf der Annahmefrist darf der Vorstand der Zielgesellschaft keine Handlungen vornehmen, durch die der Erfolg des Angebots verhindert werden könnte (§ 33 Abs. 1 Nr. 1). Durch dieses

[56] *Fischer zu Cramburg* NZG 2007, 298.

übernahmerechtliche Behinderungsverbot[57] soll den angesprochenen Aktionären die Möglichkeit gegeben werden, eigenständig über das Übernahmeangebot zu entscheiden. Diese Entscheidungsfreiheit würde eingeschränkt, wenn Vorstand oder Aufsichtsrat der Zielgesellschaft durch eigenständiges Handeln den Erfolg eines Übernahmeangebots verhindern könnten.[58]

55 **bb) Erlaubte Maßnahmen.** Von § 33 Abs. 1 Satz 1 ausgenommen sind nach § 33 Abs. 1 Satz 2 aber solche Handlungen, die auch ein ordentlicher und gewissenhafter Geschäftsleiter einer Gesellschaft, die nicht von einem Übernahmeangebot betroffen ist, vorgenommen hätte, für die Suche nach einem konkurrierenden Angebot *(white knight)* sowie für Handlungen, denen der Aufsichtsrat der Zielgesellschaft zugestimmt hat.

56 **cc) Maßnahmen aufgrund von Hauptversammlungsbeschlüssen.** Zulässig sind darüber hinaus Abwehrmaßnahmen, zu denen der Vorstand durch Beschlüsse der Hauptversammlung ermächtigt wird. Diese Beschlüsse können anlässlich eines aktuellen Angebots erfolgen; möglich sind jedoch auch Vorratsbeschlüsse, durch die die Hauptversammlung den Vorstand zur Durchführung von Abwehrmaßnahmen ermächtigt, ohne dass ein öffentliches Angebot vorliegt (§ 33 Abs. 2). Die von der Hauptversammlung gefassten Beschlüsse dürfen nicht zu einer Schädigung der Zielgesellschaft führen, weil auch die Hauptversammlung nicht befugt ist, das Gesellschaftsvermögen zu verringern, um dadurch auf den Bestand der jeweiligen Beteiligungsverhältnisse Einfluss zu nehmen.[59] § 33 Abs. 2 Satz 1 hält fest, dass die Hauptversammlung aber nur in den Fällen Beschlüsse fassen kann, die in ihre Zuständigkeit fallen; außerdem sind Handlungen, zu denen der Vorstand ermächtigt werden soll, in dem Beschluss der Art nach zu bestimmen. Eine Ermächtigung des Vorstands kann für höchstens 18 Monate erteilt werden. Handlungen des Vorstands aufgrund einer Ermächtigung der Hauptversammlung bedürfen ferner der Zustimmung des Aufsichtsrats (§ 33 Abs. 2 Satz 4).

57 **dd) Verbot der Vorteilszusage und Vorteilsannahme.** Dem Bieter und mit ihm gemeinsam handelnden Personen ist es verboten, Vorstands- oder Aufsichtsratsmitgliedern der Zielgesellschaft im Zusammenhang mit dem Angebot ungerechtfertigte Geldleistungen oder andere ungerechtfertigte geldwerte Vorteile zu gewähren oder in Aussicht zu stellen (§ 33d). Ungerechtfertigt sind dabei Zusagen, mit denen Organe der Zielgesellschaft zu einem nicht an den Interessen ihrer Gesellschaft orientierten Verhalten bewegt werden sollen. Gerechtfertigt können aber Zusagen sein, die auch aus Sicht der Zielgesellschaft und ihrer Anteilseigner aus sachlich nachvollziehbaren Erwägungen gewährt werden. So kann es zum Beispiel gerechtfertigt sein, dem Vorstand der Zielgesellschaft eine Weiterbeschäftigung in Aussicht zu stellen.[60]

58 **c) Europäisches Verhinderungsverbot. aa) Grundsatz.** § 33a Abs. 1 eröffnet der Zielgesellschaft die Möglichkeit, die Anwendbarkeit des deutschen Verhinderungsverbots in § 33 durch eine entsprechende Satzungsbe-

[57] *Mülbert/Birke* WM 2001, 705 ff.
[58] BT-Drucks. 14/7034, 57.
[59] *Altmeppen* ZIP 2001, 1073, 1079.
[60] BT-Drucks. 14/7034, 59.

stimmung auszuschließen und stattdessen das europäische Verhinderungsverbot nach § 33a Abs. 2 anzuwenden. Für Gesellschaften, die von diesem *Opt in* keinen Gebrauch machen, verbleibt es bei den allgemeinen Bestimmungen des § 33 hinsichtlich der Neutralitätspflicht des Vorstands. Im Gegensatz zu dem deutschen Verhinderungsverbot (§ 33) richtet sich das europäische Verhinderungsverbot sowohl an Vorstand als auch Aufsichtsrat.[61] Im Grundsatz verbietet es in dem Zeitraum zwischen der Veröffentlichung der Entscheidung zur Abgabe eines Angebots und der Veröffentlichung des Ergebnisses nach § 23 Abs. 1 Satz 2 Nr. 2 alle Handlungen, durch die der Erfolg des Angebots verhindert werden könnte.

bb) Erlaubte Maßnahmen. Dieser Grundsatz des Verhinderungsverbots 59
wird jedoch durch Ausnahmetatbestände durchbrochen, die enger gefasst sind als die vergleichbaren Ausnahmetatbestände des § 33. Handlungen innerhalb des normalen Geschäftsbetriebs sind vom Verhinderungsverbot ausgenommen (§ 33a Abs. 2 Nr. 1). Anders als § 33 lässt § 33a demnach außergewöhnliche Maßnahmen nur dann zu, wenn sie sich als Weiterverfolgung bereits eingeschlagener Unternehmensstrategien darstellen oder der Umsetzung von Entscheidungen dienen, welche vor Veröffentlichung der Angebotsentscheidung getroffen wurden (§ 33a Abs. 2 Nr. 3). Die Suche nach einem konkurrierenden Angebot bleibt ebenfalls zulässig (§ 33a Abs. 2 Nr. 4).

cc) Maßnahmen aufgrund von Hauptversammlungsbeschlüssen. 60
Ein Hauptversammlungsbeschluss kann Abwehrmaßnahmen nur dann zulassen, wenn er nach Veröffentlichung der Entscheidung zur Abgabe des Angebots erfolgt (§ 33a Abs. 2 Nr. 1); Vorratsbeschlüsse – wie nach § 33 Abs. 2 erlaubt – sind demnach unzulässig.[62]

d) Europäische Durchbrechungsregel. Die Gesellschaften können des 61
Weiteren für die Anwendung der europäischen Durchbrechungsregel optieren, wonach bestimmte Übernahmehindernisse während eines Übernahmeverfahrens keine Anwendung finden (§ 33b). Nach der europäischen Durchbrechungsregel werden bestimmte gesellschaftsrechtliche Übernahmehindernisse während der Annahmefrist eines Übernahmeangebots sowie in der ersten Hauptversammlung nach einem erfolgreichen Übernahmeangebot ausgesetzt.

aa) Durchbrechung während der Annahmefrist. Satzungsmäßige und 62
vertragliche Übertragungsbeschränkungen gelten bei Anwendung der europäischen Durchbrechungsregel während der Annahmefrist nicht gegenüber dem Bieter (§ 33b Abs. 2 Nr. 1). Dies betrifft vor allem vinkulierte Namensaktien gem. § 68 Abs. 2 AktG, deren Übertragung im Falle der Durchbrechung nicht der Zustimmung der Gesellschaft bedarf. Soweit auch vertragliche Vereinbarungen durchbrochen werden (zB Haltevereinbarungen in Gesellschaftervereinbarungen), führt die Durchbrechungsregel zu einem Eingriff in die Privatautonomie. Altverträge aus der Zeit vor dem 22.5.2004 (Tag der Unterzeichnung der Übernahmerichtlinie) werden aus Vertrauensschutzgründen daher nicht erfasst.[63] Des Weiteren finden in der Hauptver-

---

[61] *Friedl* NZG 2006, 422ff.

[62] *Knott* NZG 2006, 849, 850.

[63] *Weber* NJW 2006, 3685, 3690; *Knott* NZG 2006, 849, 851.

sammlung, welche während der Annahmefrist über das Ergreifen von Abwehrmaßnahmen entscheidet, Stimmrechtsbeschränkungen keine Anwendung und es entfalten Stimmbindungsverträge keine Wirkung (§ 33b Abs. 2 Nr. 2).

63 **bb) Durchbrechung auf der ersten Hauptversammlung nach erfolgreichem Übernahmeangebot.** Während der zweiten Phase, nämlich der ersten Hauptversammlung, die auf Verlangen eines Bieters zur Satzungsänderung (zB Aufhebung von Mehrstimmrechten) oder zur Neubesetzung des Aufsichtsrats einberufen wird, finden satzungsmäßige und vertragliche Stimmrechtsbeschränkungen sowie satzungsmäßige Entsendungsrechte keine Anwendung, sofern der Bieter nach dem Angebot über mindestens 75% der Stimmrechte der Zielgesellschaft verfügt (§ 33b Abs. 2 Nr. 3).

64 **cc) Entschädigung.** Werden Aktionären aufgrund der Anwendung der europäischen Durchbrechungsregel Rechte entzogen, so ist ihnen von dem Bieter eine angemessene Entschädigung in Geld zu leisten (§ 33b Abs. 5).

65 **e) Vorbehalt der Gegenseitigkeit.** Zielgesellschaften, die von den *Opt in*-Möglichkeiten Gebrauch gemacht haben, können sich gegen Übernahmeversuche solcher Bieter schützen, die sich ihrerseits nicht den übernahmefreundlichen europäischen Regelungen unterstellen. Die Hauptversammlung kann für jeweils maximal 18 Monate beschließen, dass das (grundsätzlich anwendbare) europäische Verhinderungsverbot und die europäische Durchbrechungsregel keine Anwendung finden und stattdessen wieder § 33 gilt, wenn sich ein Bieter seinerseits nicht dem europäischen Verhinderungsverbot und der europäischen Durchbrechungsregel unterworfen hat.[64]

10. Übernahmerechtliches Ausschluss- und Andienungsrecht

66 Die §§ 39a ff. – eingefügt in Umsetzung von Art. 15 der Übernahmerichtlinie – räumen dem Bieter ein selbständiges Ausschlussrecht sowie Minderheitsaktionären ein Andienungsrecht ein, wenn der Bieter aufgrund eines vorausgegangenen Übernahme- oder Pflichtangebots eine bestimmte Beteiligungshöhe erreicht.

67 **a) Ausschlussrecht.** Auf Antrag werden gem. § 39a Abs. 1 Satz 1 einem Bieter, dem nach einem vorausgegangenen Übernahme- oder Pflichtangebot Aktien in Höhe von mindestens 95% des stimmberechtigten Grundkapitals der Zielgesellschaft gehören oder nach § 16 Abs. 2, 4 AktG zuzurechnen sind, die übrigen stimmberechtigten Aktien der Zielgesellschaft gegen eine angemessene Abfindung übertragen. Die Übertragung erfolgt durch gerichtlichen Beschluss. Des Weiteren kann der Bieter Vorzugsaktionäre mit stimmrechtslosen Aktien ausschließen, wenn ihm zugleich Aktien in Höhe von 95% des gesamten Grundkapitals (stimmberechtigte und stimmrechtslose Aktien) gehören (§ 39a Abs. 1 Satz 2).

68 Der ausgeschlossene Minderheitsaktionär hat Anspruch auf angemessene Abfindung gegen den Bieter. Die Art der Abfindung richtet sich gem. § 39a Abs. 3 Satz 1 nach der Gegenleistung des vorausgegangenen Übernahme- oder Pflichtangebots, wobei der Bieter gem. Satz 2 als Abfindung stets wahl-

---

[64] *Harbarth* ZGR 2007, 37, 62 ff.

weise auch eine Geldleistung anzubieten hat. Unwiderleglich vermutet[65] wird durch § 39a Abs. 3 Satz 3, dass die im Rahmen des Übernahme- oder Pflichtangebots gewährte Gegenleistung angemessen ist, wenn der Bieter aufgrund dieses Angebots Aktien in Höhe von 90% des vom Angebot betroffenen Grundkapitals erworben hat.

b) Verfahren. Das Ausschlussrecht ist im Verfahren nach dem FamFG geltend zu machen (§ 39b Abs. 1). Ausschließlich sachlich und örtlich zuständig ist gem. § 39a Abs. 5 Satz 1 iVm § 66 Abs. 2 eine Handelskammer des Landgerichts Frankfurt am Main. Erst mit Rechtskraft des Übertragungsbeschlusses, gegen den die sofortige Beschwerde zum Oberlandesgericht gegeben ist, gehen alle Aktien der auszuschließenden Minderheitsaktionäre auf den Bieter über.[66] 69

c) Andienungsrecht. Ebenfalls nur im Anschluss an ein vorausgegangenes Übernahme- oder Pflichtangebot können Minderheitsaktionäre der Zielgesellschaft, die im Angebotsverfahren das Angebot des Bieters nicht angenommen haben, gem. § 39c Satz 1 dies freiwillig noch nach Ablauf der Annahmefrist innerhalb von drei Monaten nachholen, sofern der Bieter ein Ausschlussrecht gem. § 39a hat. 70

11. Aufsicht der BaFin

Die Überwachung der für öffentliche Angebote nach dem Gesetz geltenden Regelungen obliegt der BaFin (§ 4). Bei der BaFin wird ein **Beirat** gebildet, der sich unter anderem aus Vertretern der Emittenten, Vertretern von institutionellen und privaten Anlegern und Wertpapierdienstleistungsunternehmen sowie Vertretern der Arbeitnehmer und der Wissenschaft zusammensetzt. Aufgabe des Beirats ist es, bei der Aufsicht mitzuwirken und die BaFin beim Erlass von Rechtsverordnungen zu beraten (§ 5 Abs. 1 und 3). Die Mitglieder des Beirats werden vom Bundesministerium der Finanzen für jeweils fünf Jahre bestellt. Sie müssen fachlich besonders geeignet sein, insbesondere über Kenntnisse über die Funktionsweise der Kapitalmärkte sowie auf dem Gebiet des Gesellschaftsrechts, des Bilanzwesens und des Arbeitsrechts verfügen (§ 5 Abs. 1 Satz 3). 71

12. Rechtsschutz

Die zügige Durchführung von öffentlichen Angeboten kann nur bei einer entsprechenden Ausgestaltung des Rechtswegs gegen Maßnahmen der BaFin gelingen. Das Gesetz sieht deshalb eine Beschleunigung des Rechtswegs unter Wahrung des Verfassungsgebots des effektiven Rechtsschutzes durch einen einzügigen Rechtsweg und durch die Konzentration verwaltungsrechtlicher und bußgeldrechtlicher Entscheidungen bei **einem** Gericht vor.[67] Die Entscheidung über die Rechtmäßigkeit hoheitlicher Maßnahmen der BaFin sowie der Maßnahmen im Rahmen der Verwaltungsvollstreckung und Buß- 72

---

[65] BT-Drucks. 16/1003, 21.
[66] *Schüppen* BB 2006, 165, 168.
[67] *Pötzsch/Möller* WM 2000 Sonderbeilage 2, 1, 29.

geldbescheide obliegt dabei dem OLG am Sitz der BaFin, derzeit Frankfurt am Main (§ 48 Abs. 4, § 62 Abs. 1).

73 Gegen Verfügungen der BaFin ist die **Beschwerde** zulässig. Hierbei kann die Beschwerde sich auch gegen die Unterlassung einer beantragten Verfügung richten (§ 48 Abs. 1 Satz 1 und Abs. 3 Satz 1). Vor Einlegung einer Beschwerde sind Recht- und Zweckmäßigkeit einer Verfügung der BaFin in einem Widerspruchsverfahren nachzuprüfen (§ 41 Abs. 1 Satz 1). Die BaFin hat innerhalb von zwei Wochen ab Eingang des Widerspruchs zu entscheiden (§ 41 Abs. 2 Satz 1).

13. Gerichtliche Zuständigkeit für bürgerliche Rechtsstreitigkeiten

74 § 66 Abs. 1 regelt die gerichtliche Zuständigkeit für bürgerliche Rechtsstreitigkeiten, die sich aus dem Gesetz ergeben können und weist diese ausschließlich den Landgerichten zu. Diese Zuweisung gilt auch für sämtliche Ansprüche im Zusammenhang mit fehlerhaften Angebotsunterlagen (§ 12 Abs. 6) und fehlerhaften Finanzierungsbestätigungen (§ 13 Abs. 2 und 3, § 12 Abs. 6).[68] Die Rechtsstreitigkeiten stellen Handelssachen im Sinne der §§ 93–114 GVG dar. Für den Beschluss über den Antrag auf Ausschluss der Minderheitsaktionäre gem. § 39a Abs. 1 ist ausschließlich das Landgericht Frankfurt am Main zuständig. Neben dieser speziellen durch das WpÜG selbst vorgesehenen örtlichen Zuständigkeitskonzentration werden die Landesregierungen durch § 66 Abs. 3 ermächtigt, mittels Rechtsverordnung Rechtsstreitigkeiten im Sinne des § 66 Abs. 1 ebenfalls bei einem Landgericht für mehrere Landgerichtsbezirke zu bündeln. Parallel hierzu ist auch für Berufungs- und Beschwerdeverfahren eine solche Zuständigkeitskonzentration zu einem oder mehreren Oberlandesgerichten möglich.

---

[68] *Möller/Pötzsch* ZIP 2001, 1256, 1261.

Kommentierung

Gesetz zur Regelung von öffentlichen Angeboten zum Erwerb von Wertpapieren und von Unternehmensübernahmen

Artikel 1
Wertpapiererwerbs- und Übernahmegesetz (WpÜG)

Abschnitt 1. Allgemeine Vorschriften

§ 1 Anwendungsbereich

(1) **Dieses Gesetz ist anzuwenden auf Angebote zum Erwerb von Wertpapieren, die von einer Zielgesellschaft ausgegeben wurden und zum Handel an einem organisierten Markt zugelassen sind.**

(2) **Auf Übernahme- und Pflichtangebote zum Erwerb von Aktien einer Zielgesellschaft im Sinne des § 2 Abs. 3 Nr. 1, deren stimmberechtigte Aktien nicht im Inland, jedoch in einem anderen Staat des Europäischen Wirtschaftsraums zum Handel an einem organisierten Markt zugelassen sind, ist dieses Gesetz nur anzuwenden, soweit es die Kontrolle, die Verpflichtung zur Abgabe eines Angebots und hiervon abweichende Regelungen, die Unterrichtung der Arbeitnehmer der Zielgesellschaft oder des Bieters, Handlungen des Vorstands der Zielgesellschaft, durch die der Erfolg eines Angebots verhindert werden könnte, oder andere gesellschaftsrechtliche Fragen regelt.**

(3) **Auf Angebote zum Erwerb von Wertpapieren einer Zielgesellschaft im Sinne des § 2 Abs. 3 Nr. 2 ist dieses Gesetz vorbehaltlich § 11a nur unter folgenden Voraussetzungen anzuwenden:**

1. **es handelt sich um ein europäisches Angebot zum Erwerb stimmberechtigter Wertpapiere, und**
2. **a) die stimmberechtigten Wertpapiere sind nur im Inland zum Handel an einem organisierten Markt zugelassen, oder**
   b) die stimmberechtigten Wertpapiere sind sowohl im Inland als auch in einem anderen Staat des Europäischen Wirtschaftsraums, jedoch nicht in dem Staat, in dem die Zielgesellschaft ihren Sitz hat, zum Handel an einem organisierten Markt zugelassen, und
      aa) die Zulassung erfolgte zuerst zum Handel an einem organisierten Markt im Inland, oder
      bb) die Zulassungen erfolgten gleichzeitig, und die Zielgesellschaft hat sich für die Bundesanstalt für Finanzdienstleistungsaufsicht (Bundesanstalt) als zuständige Aufsichtsbehörde entschieden.

Liegen die in Satz 1 genannten Voraussetzungen vor, ist dieses Gesetz nur anzuwenden, soweit es Fragen der Gegenleistung, des Inhalts der Angebotsunterlage und des Angebotsverfahrens regelt.

(4) **Das Bundesministerium der Finanzen wird ermächtigt, durch Rechtsverordnung, die nicht der Zustimmung des Bundesrates bedarf, nähere Bestimmungen darüber, in welchem Umfang Vorschriften dieses Gesetzes in den Fällen des Absatzes 2 und des Absatzes 3 anwendbar sind, zu erlassen.**

(5) **Eine Zielgesellschaft im Sinne des § 2 Abs. 3 Nr. 2, deren stimmberechtigte Wertpapiere gleichzeitig im Inland und in einem anderen Staat des Europäischen Wirtschaftsraums, jedoch nicht in dem Staat, in dem sie ihren Sitz hat, zum Handel an einem organisierten Markt zugelassen worden sind, hat zu entscheiden, welche der betroffenen Aufsichtsstellen für die Beaufsichtigung eines europäischen Angebots zum Erwerb stimmberechtigter Wertpapiere zuständig sein soll. Sie hat ihre Entscheidung der Bundesanstalt mitzuteilen und zu veröffentlichen. Das Bundesministerium der Finanzen wird ermächtigt, durch Rechtsverordnung, die nicht der Zustimmung des Bundesrates bedarf, nähere Bestimmungen über den Zeitpunkt sowie Inhalt und Form der Mitteilung und der Veröffentlichung nach Satz 2 zu erlassen. Das Bundesministerium der Finanzen kann die Ermächtigung durch Rechtsverordnung auf die Bundesanstalt übertragen.**

Verordnung über die Anwendbarkeit von Vorschriften betreffend Angebote im Sinne des § 1 Abs. 2 und 3 des Wertpapiererwerbs- und Übernahmegesetzes (WpÜG-Anwendbarkeitsverordnung) vom 17. Juli 2006 (BGBl. I S. 1698)

§ 1 Vorschriften betreffend Angebote im Sinne des § 1 Abs. 2 des Wertpapiererwerbs- und Übernahmegesetzes

Auf Angebote im Sinne des § 1 Abs. 2 des Wertpapiererwerbs- und Übernahmegesetzes sind die folgenden Vorschriften dieses Gesetzes sinngemäß anzuwenden, soweit nicht das ausländische Recht Abweichungen nötig macht:

1. *die §§ 1 bis 9,*
2. *§ 29,*
3. *§ 30,*
4. *§ 33,*
5. *§ 33a,*
6. *§ 33b,*
7. *§ 33c,*
8. *§ 33d,*
9. *§ 34,*
10. *§ 35 Abs. 1 Satz 4 in Verbindung mit § 10 Abs. 5 Satz 2 und 3,*
11. *§ 35 Abs. 2 Satz 1 hinsichtlich der Verpflichtung zur Abgabe eines Angebots,*
12. *§ 35 Abs. 2 Satz 2 in Verbindung mit § 14 Abs. 4 Satz 2 und 3,*
13. *§ 35 Abs. 2 Satz 3,*
14. *§ 35 Abs. 3,*
15. *§ 36,*
16. *§ 37,*
17. *§ 38,*
18. *§ 39,*
19. *§ 39a,*
20. *§ 39b,*
21. *§ 39c und*
22. *die §§ 40 bis 68.*

§ 2 Vorschriften betreffend Angebote im Sinne des § 1 Abs. 3 des Wertpapiererwerbs- und Übernahmegesetzes

Auf Angebote im Sinne des § 1 Abs. 3 des Wertpapiererwerbs- und Übernahmegesetzes sind die folgenden Vorschriften dieses Gesetzes sinngemäß anzuwenden, soweit nicht das ausländische Recht Abweichungen nötig macht:

1. *die §§ 1 bis 9,*
2. *§ 31,*
3. *§ 32,*
4. *§ 33d,*
5. *§ 34,*
6. *§ 35 Abs. 1 Satz 1 bis 3, Satz 4 in Verbindung mit § 10 Abs. 2, 3 Satz 3, Abs. 4, 5 Satz 1 und Abs. 6,*
7. *§ 35 Abs. 2 Satz 1 hinsichtlich der Verpflichtung zur Übermittlung und Veröffentlichung,*
8. *§ 35 Abs. 2 Satz 2 in Verbindung mit § 14 Abs. 2 Satz 2, Abs. 3 und 4 Satz 1,*
9. *§ 38,*
10. *§ 39 und*
11. *die §§ 40 bis 68.*

§ 3 Inkrafttreten

Diese Verordnung tritt am Tage nach der Verkündung in Kraft.

Verordnung über den Zeitpunkt sowie den Inhalt und die Form der Mitteilung und der Veröffentlichung der Entscheidung einer Zielgesellschaft nach § 1 Abs. 5 Satz 1 und 2 des Wertpapiererwerbs- und Übernahmegesetzes (WpÜG-Beaufsichtigungsmitteilungsverordnung) vom 13. Oktober 2006 (BGBl. I S. 2266)

§ 1 Mitteilung

(1) Die Zielgesellschaft hat ihre Entscheidung nach § 1 Abs. 5 Satz 1 des Wertpapiererwerbs- und Übernahmegesetzes der Bundesanstalt für Finanzdienstleistungsaufsicht spätestens am ersten Tag des Handels ihrer stimmberechtigten Wertpapiere an einem organisierten Markt im Inland mitzuteilen.

(2) Die Mitteilung hat zu enthalten:

1. *Firma, Sitz, Rechtsform und Geschäftsanschrift der Zielgesellschaft,*
2. *Angabe der Staaten des Europäischen Wirtschaftsraums, in welchen die stimmberechtigten Wertpapiere der Zielgesellschaft zum Handel an einem organisierten Markt zugelassen sind, sowie die Bezeichnung der organisierten Märkte,*
3. *Tag der Zulassung der stimmberechtigten Wertpapiere zum Handel an einem organisierten Markt im Inland und den jeweiligen Tag der Zulassung der stimmberechtigten Wertpapiere zum Handel an einem organisierten Markt in anderen Staaten des Europäischen Wirtschaftsraums und*
4. *Erklärung darüber, welche der betroffenen Aufsichtsstellen für die Beaufsichtigung eines europäischen Angebots zum Erwerb stimmberechtigter Wertpapiere zuständig sein soll.*

(3) Die Mitteilung hat schriftlich zu erfolgen.

§ 2 Veröffentlichung

(1) Die Zielgesellschaft hat ihre Entscheidung nach § 1 Abs. 5 Satz 1 des Wertpapiererwerbs- und Übernahmegesetzes mit dem in § 2 Abs. 2 vorgesehenen Inhalt unverzüglich nach der Zulassung der stimmberechtigten Wertpapiere zum Handel an einem organisierten Markt im Inland zu veröffentlichen.*

(2) Die Veröffentlichung der Entscheidung ist

---

* Gemeint ist § 1 Abs. 2, vgl. Rn. 117.

1. durch Bekanntgabe im Internet und

2. über ein elektronisch betriebenes Informationsverbreitungssystem, das bei Kreditinstituten, Finanzdienstleistungsinstituten, nach § 53 Abs. 1 des Kreditwesengesetzes tätigen Unternehmen, anderen Unternehmen, die ihren Sitz im Inland haben und an einer inländischen Börse zur Teilnahme am Handel zugelassen sind, und Versicherungsunternehmen weit verbreitet ist,

in deutscher Sprache vorzunehmen. Eine Veröffentlichung in anderer Weise darf nicht vor der Veröffentlichung nach Satz 1 vorgenommen werden.

§ 3 Inkrafttreten

Diese Verordnung tritt am Tage nach der Verkündung in Kraft.

Schrifttum: *Baum,* „Öffentlichkeit“ eines Erwerbsangebots als Anwendungsvoraussetzung des Übernahmerechts, AG 2003, 144; *Diekmann,* Änderungen im Wertpapiererwerbs- und Übernahmegesetz anlässlich der Umsetzung der EU-Übernahmerichtlinie in das deutsche Recht, NJW 2007, 17; *Ekkenga/Hofschroer,* Das Wertpapiererwerbs- und Übernahmegesetz (Teil I), DStR 2002, 724; *Geibel/Süßmann,* Erwerbsangebote nach dem Wertpapiererwerbs- und Übernahmegesetz, BKR 2002, 52; *Grabbe/Fett,* Pflichtangebot im Zuge von Verschmelzungen?, NZG 2003, 755; *von Hein,* Zur Kodifikation des europäischen Übernahmekollisionsrechts, ZGR 2005, 528; *Hippeli,* Genehmigung von Auslandsdirektinvestitionen seitens chinesischer Staatskonzerne, AG 2014, 267; *Hippeli/Diesing,* Business Combination Agreements bei M&A Transaktionen, AG 2015, 185; *Holzborn/Peschke,* Europäische Neutralitätspflicht und Übernahme Squeeze-Out – Die Implementierung der Übernahmerichtlinie im WpÜG, BKR 2007, 101; *Hopt/Mülbert/Kumpan,* Reformbedarf im Übernahmerecht, AG 2005, 109; *Josenhans,* Das neue Übernahmekollisionsrecht, ZBB 2006, 269; *van Kann/Just,* Der Regierungsentwurf zur Umsetzung der europäischen Übernahmerichtlinie, DStR 2006, 328; *Krause,* Das neue Übernahmerecht, NJW 2002, 705; *Lenz/Behnke,* Das WpÜG im Praxistest – Ein Jahr Angebotsverfahren unter der Regie des neuen Gesetzes, BKR 2003, 43; *Lenz/Linke,* Rückkauf eigener Aktien nach dem Wertpapiererwerbs- und Übernahmegesetz, AG 2002, 420; *Meyer,* Änderungen im WpÜG durch die Umsetzung der EU-Übernahmerichtlinie, WM 2006, 1135; *Mülbert,* Übernahmerecht zwischen Kapitalmarktrecht und Aktien(konzern)recht – die konzeptionelle Schwachstelle des RegE WpÜG, ZIP 2001, 1221; *ders.,* Umsetzungsfragen der Übernahmerichtlinie – erheblicher Änderungsbedarf bei den heutigen Vorschriften des WpÜG, NZG 2004, 633; *Paefgen,* Die Gleichbehandlung beim Aktienrückerwerb im Schnittfeld von Gesellschafts- und Übernahmerecht, ZIP 2002, 1509; *Scholz,* Das Übernahme- und Pflichtangebot bei der KGaA, NZG 2006, 445; *Schüppen,* WpÜG-Reform: Alles Europa, oder was?, BB 2006, 165; *Seibt/Heiser,* Analyse des Übernahmerichtlinie-Umsetzungsgesetzes (Regierungsentwurf), AG 2006, 301; *Seibt,* Übernahmerecht: Update 2010/2011, CFl 2011, 213.

Übersicht

I. Allgemeines

1 § 1 regelt den Anwendungsbereich des Gesetzes und damit zugleich die Zuständigkeit der BaFin, die gemäß § 4 Abs. 1 Satz 1 „die Aufsicht bei Angeboten nach den Vorschriften dieses Gesetzes" ausübt. Der Anwendungsbereich des Gesetzes knüpft zum einen an den Sitz der Zielgesellschaft und zum anderen an die Börsenzulassung der von ihr emittierten Wertpapiere an (Doppelanknüpfung).

2 Die entscheidenden von § 1 Abs. 1 verwandten Begriffe sind in § 2 definiert: „Angebote" in § 2 Abs. 1, „europäische Angebote" in § 2 Abs. 1a, „Wertpapiere" in § 2 Abs. 2, „Zielgesellschaften" in § 2 Abs. 3 und „organisierter Markt" in § 2 Abs. 7. § 2 ist somit für die Bestimmung des Anwendungsbereichs des WpÜG gemäß § 1 notwendig mit heranzuziehen.

3 Die Absätze 2 bis 5 des § 1 wurden im Zuge des Übernahmerichtlinie-Umsetzungsgesetzes eingefügt. Sie dienen der Bestimmung des Anwendungsbereichs bei grenzüberschreitenden Sachverhalten.

4 Das Gesetz ist in jedem Fall nur dann anwendbar, wenn die Voraussetzungen des Absatzes 1 kumulativ vorliegen. Die Absätze 2 und 3 schränken den Anwendungsbereich ein, Absatz 2 bei Zielgesellschaften mit Sitz in Deutschland und Absatz 3 bei Zielgesellschaften mit Sitz in einem anderen EWR-Staat.

5 Absatz 4 enthält eine Verordnungsermächtigung an das Bundesministerium der Finanzen zur Konkretisierung der Absätze 2 und 3.

6 Absatz 5 regelt die Wahl der Aufsichtsbehörde durch Zielgesellschaften mit Sitz in einem anderen EWR-Staat, wenn die Aktien der Zielgesellschaft nicht im Sitzstaat, aber in mehreren anderen Staaten des Europäischen Wirtschaftsraums zum Handel an einem organisierten Markt zugelassen sind.

II. Tatbestandsmerkmale des § 1 Abs. 1

1. Auf Angebote

7–8 Gemäß § 1 ist das Gesetz „auf Angebote" anzuwenden. „Angebote" sind nach der Legaldefinition des § 2 Abs. 1 alle öffentlichen Kauf- und Tauschangebote zum (dinglichen[1]) Erwerb von Wertpapieren einer Zielgesellschaft. Angebote zum Abschluss des schuldrechtlichen Grundgeschäfts reichen aus.[2] Die Anwendbarkeit des Gesetzes „auf" solche Angebote ist im weitesten Sinne zu verstehen. Vom Anwendungsbereich des Gesetzes werden alle Handlungen und Unterlassungen im Zusammenhang mit Angeboten der vorgenannten Art iSv § 145 BGB erfasst, insbesondere auch im Vorfeld von solchen Angeboten.[3]

Dies ergibt sich aus den einzelnen Vorschriften des Gesetzes. Beispielsweise ist gemäß § 17 eine öffentliche invitatio ad offerendum, obwohl selbst noch kein Angebot gemäß § 145 BGB, unzulässig. Auch muss gemäß § 10 Abs. 1 Satz 1 die Entscheidung zur Abgabe eines Angebots, die selbst noch kein Angebot gemäß § 145 BGB, sondern lediglich die Mitteilung einer inneren Tatsache und darüber hinaus allenfalls die Ankündigung eines Angebots ist, veröffentlicht werden. Die Werbung für oder gegen ein Angebot kann gemäß § 28 verboten werden, obwohl sie selbst kein Angebot darstellt. Auch die Verpflichtung, gemäß § 35 Abs. 1 Satz 1 den Erwerb der Kontrolle über eine Zielgesellschaft zu veröffentlichen, ist der Abgabe eines Pflichtangebots vorgelagert. 9

Zu den einzelnen Angebotsarten:

a) Freiwillige Angebote. Das Gesetz erfasst zunächst alle freiwilligen öffentlichen Angebote zum Erwerb von Wertpapieren einer Zielgesellschaft, sowohl Übernahmeangebote gemäß §§ 29ff., also Angebote, die auf den Erwerb der Kontrolle gerichtet sind, als auch alle sonstigen Erwerbsangebote gemäß §§ 10ff., die nicht auf den Erwerb der Kontrolle gerichtet und daher keine Übernahmeangebote sind. 10

Freiwillig sind solche Angebote, zu deren Abgabe keine gesetzliche Verpflichtung besteht,[4] also auch Angebote, die aufgrund wirtschaftlicher Zwänge oder vertraglicher Verpflichtungen abgegeben werden.[5] Ein Angebot, das durch Verwaltungsakt angeordnet wird, ist kein freiwilliges Angebot,[6] ebenso wenig ein Angebot, das aufgrund eines ausländischen Gesetzes abgegeben werden muss.[7] Die Grenze des Wortlauts ist zu beachten. 11

Der Anwendungsbereich des Gesetzes bleibt also insoweit nicht hinter dem des Übernahmekodexes zurück. Die Einbeziehung schlichter Erwerbsangebote entspricht dem Befund, dass diese nicht selten vorkommen (2011–2014 gab es 15 solcher Angebote)[8] und zum anderen bei den sonstigen öffentlichen 12

---

[1] Vgl. *Pötzsch/Favoccia* in Assmann/Pötzsch/Schneider, § 2 Rn. 18; *Schüppen* in Frankfurter Komm., § 2 Rn. 8.

[2] *Versteegen* in KK-WpÜG, § 2 Rn. 38f.; *Pötzsch/Favoccia* in Assmann/Pötzsch/Schneider, § 2 Rn. 19.

[3] Vgl. *Versteegen* in KK-WpÜG, § 1 Rn. 26.

[4] *Pötzsch/Favoccia* in Assmann/Pötzsch/Schneider, § 2 Rn. 11; *Versteegen* in KK-WpÜG, § 2 Rn. 70.

[5] *Pötzsch/Favoccia* in Assmann/Pötzsch/Schneider, § 2 Rn. 11; *Versteegen* in KK-WpÜG, § 2 Rn. 75; aA für Verpflichtungen aus öffentlich-rechtlichen Verträgen *Schüppen* in Frankfurter Komm., § 2 Rn. 17.

[6] *Versteegen* in KK-WpÜG, § 2 Rn. 74; aA *Pötzsch/Favoccia* in Assmann/Pötzsch/Schneider, § 2 Rn. 16.

[7] AA *Versteegen* in KK-WpÜG, § 2 Rn. 73.

[8] Vgl. BaFin-Jahresbericht 2014, S. 233.

Erwerbsangeboten ein gleichartiges Bedürfnis für einen Schutz der Zielgesellschaft und von deren Aktionären besteht wie bei Übernahmeangeboten.

13 Unter das Gesetz fallen damit auch alle **Teilangebote,** die dem Bieter die Kontrolle an der Zielgesellschaft (mehr als 30% der Stimmrechte an der Zielgesellschaft, vgl. § 29 Abs. 2) nicht verschaffen können und sollen und deshalb keine Übernahmeangebote sind. Dies gilt sowohl für **Einstiegsangebote** (Beispiel: Der Bieter hält 0% an der Zielgesellschaft und gibt ein Angebot zum Erwerb von 25% ab) als auch für sonstige Teilangebote (Beispiel: Der Bieter hält bereits 10% an der Zielgesellschaft und gibt ein Angebot zum Erwerb weiterer 15% ab).

14 Ferner gilt das Gesetz auch für alle **Aufstockungsangebote,** dh solche Erwerbsangebote, bei denen der Bieter das Angebot aus einer bereits bestehenden Kontrollstellung heraus abgibt, um seinen Aktienanteil zu vergrößern, etwa bei einem beabsichtigten Squeeze-out. Weil der Bieter die Kontrolle bereits innehat, muss er kein Pflichtangebot abgeben. Aus dem gleichen Grund ist sein Angebot auch nicht als Übernahmeangebot zu qualifizieren. Beispiele: Der Bieter hält bereits 40% der Aktien an der Zielgesellschaft und gibt ein Angebot zum Erwerb von weiteren 11% (zum Erwerb der absoluten Mehrheit), von weiteren 35% (zum Erwerb der 3/4 Mehrheit) oder zum Erwerb aller ausstehenden Aktien (zur Ermöglichung eines Squeeze-outs) ab.

15 Kein Angebot ist demgegenüber das **standing in the market,** also die Ankündigung, in erheblichem Umfang Aktien über die Börse zu kaufen, weil eine solche Ankündigung selbst noch nicht die Voraussetzungen des § 145 BGB erfüllt.[9] Auch die Umsetzung, der Erwerb von Aktien über die Börse, fällt nicht unter das Gesetz[10], ebenso wenig die Ankündigung, von einem bestimmten Großaktionär ein Aktienpaket zu erwerben.[11]

16 **b) Pflichtangebote.** Das Gesetz ist aber insbesondere auch auf solche Angebote anzuwenden, die „auf Grund einer Verpflichtung nach diesem Gesetz" abgegeben werden. Gemeint sind damit die Pflichtangebote gemäß §§ 35 ff., also jene öffentlichen Erwerbsangebote, die bei Erreichung der Kontrolle über eine Zielgesellschaft in anderer Weise als durch ein Übernahmeangebot abzugeben sind.[12] Wie bereits erwähnt,[13] ist die Anwendbarkeit des Gesetzes „auf" Pflichtangebote so zu verstehen, dass auch die Regelungen darüber, wann überhaupt ein Pflichtangebot abzugeben ist, und welche einem Pflichtangebot vorgelagerten Verpflichtungen bestehen, dem Anwendungsbereich des Gesetzes unterfallen.[14]

---

[9] Zutreffend *Versteegen* in KK-WpÜG, § 2 Rn. 33, *Pötzsch/Favoccia* in Assmann/Pötzsch/Schneider, § 2 Rn. 36 (aber: unzulässige invitatio ad offerendum); aA *Wackerbarth* in MüKoAktG, § 2 WpÜG Rn. 14a; *Santelmann* in Steinmeyer, § 1 Rn. 17; *Noack/Holzborn* in *Schwark,* KapitalmarktR, § 2 Rn. 10.

[10] → Rn. 28.

[11] *Versteegen* in KK-WpÜG, § 2 Rn. 33.

[12] Vgl. § 35 Abs. 1 Satz 1, § 35 Abs. 2 Satz 1 und § 35 Abs. 3.

[13] → Rn. 9.

[14] Vgl. dazu § 35 Abs. 1 Satz 1 und § 35 Abs. 2 Satz 1.

Da es sich um eine Verpflichtung „nach **diesem** Gesetz" handeln muss, fallen allerdings Erwerbsangebote, die aufgrund von Verpflichtungen nach **anderen** Gesetzen abgegeben werden müssen (zB nach den §§ 305, 320b AktG oder den §§ 29, 207 UmwG), nicht darunter. Dies gilt auch dann, wenn es sich um ausländische Gesetze handelt. 17

Eine andere Frage ist allerdings, ob ein Pflichtangebot abgeben muss, wer durch umwandlungsrechtliche Vorgänge die Kontrolle über eine Zielgesellschaft erlangt. Diese Frage ist zu bejahen.[15] 18

Auf Angebote, die nach der Macrotron-Entscheidung des BGH [16] als Voraussetzung für ein Delisting erforderlich waren, bevor der BGH seine Rechtsprechung mit der Frosta-Entscheidung 2013 änderte,[17] war das Gesetz nach zutreffender herrschender Meinung nicht anwendbar.[18] Durch das Gesetz zur Umsetzung der Transparenzrichtlinie-Änderungsrichtlinie vom 20. November 2015[19] wurde § 39 BörsG dahingehend geändert, dass ein vollständiges Delisting nur noch stattfinden darf, wenn vorher ein Angebot zum Erwerb aller Wertpapiere, die delisted werden sollen, entsprechend den Vorschriften des WpÜG veröffentlicht wurde. Auf das Angebot ist § 31 WpÜG mit der Maßgabe entsprechend anzuwenden, dass die Gegenleistung in einer Geldleistung in Euro bestehen und mindestens dem gewichteten durchschnittlichen inländischen Börsenkurs der Wertpapiere während der letzten sechs Monate vor der Veröffentlichung nach § 10 Abs. 1 Satz 1 oder § 35 Abs. 1 Satz 1 WpÜG entsprechen muss. 19

c) Öffentliche Angebote. Gemäß § 2 Abs. 1 muss es sich immer um ein **öffentliches** Angebot handeln. Relevant ist dieses Abgrenzungskriterium allerdings nur bei einfachen Erwerbsangeboten und Übernahmeangeboten, nicht bei Pflichtangeboten.[20] Eine Legaldefinition für den Begriff „öffentlich" fehlt. In der Regierungsbegründung[21] wird dies damit gerechtfertigt, dass eine Definition „angesichts der Vielgestaltigkeit der möglichen Sachverhalte kaum möglich" sei und der Verzicht darauf „zudem die ansonsten bestehende Gefahr von Umgehungsmöglichkeiten" vermeide. Angesichts dessen müssen teleologische Gesichtspunkte für die Auslegung des Begriffs „öffentliches Angebot" ausschlaggebend sein. 20

Der Anwendungsbereich des Wertpapierprospektgesetzes ist gemäß § 1 Abs. 1 WpPG auf „Wertpapiere, die öffentlich angeboten ... werden" beschränkt. Entsprechendes gilt für den US-amerikanischen Securities Act of 1933, der gemäß seinem § 4 (2) nicht auf „transactions by an issuer not involving any public offering" anzuwenden ist. Obwohl es bei § 2 Abs. 1 nicht wie bei den vorgenannten Vorschriften um öffentliche **Verkaufs**angebote, 21

---

[15] *Seibt/Heiser* ZHR 165 (2001), 466, 468; *Kleindiek* ZGR 2002, 546, 568; aA *Vetter* WM 2002, 1999 ff.; *Grabbe/Fett* NZG 2003, 755, 763.

[16] BGHZ 154, 47 ff.

[17] BGH NJW 2014, 146.

[18] *Santelmann* in Steinmeyer, § 2 Rn. 5; *Schüppen* in Frankfurter Komm., § 2 Rn. 16; *Pluskat* BKR 2007, 54, 57.

[19] BGBl. I 2029.

[20] Vgl. *Pötzsch/Favoccia* in Assmann/Pötzsch/Schneider, § 2 Rn. 25.

[21] BT-Drucks. 14/7034, 33.

sondern um öffentliche **Erwerbs**angebote geht, liegt es doch nahe, bei der Auslegung des Tatbestandsmerkmals „öffentliches Angebot" gemäß § 2 Abs. 1 die dazu entwickelten Grundsätze zu berücksichtigen,[22] was nicht heißen soll, dass diese unreflektiert und unverändert zu übernehmen sind.

22 Der Begriff „öffentliches Angebot von Wertpapieren" ist in § 2 Nr. 4 WpPG legal definiert als „eine Mitteilung an das Publikum in jedweder Form und auf jedwede Art und Weise, die ausreichende Informationen über die Angebotsbedingungen und die anzubietenden Wertpapiere enthält, um einen Anleger in die Lage zu versetzen, über den Kauf oder die Zeichnung dieser Wertpapiere zu entscheiden". Bei der Auslegung des Begriffs „öffentliches Angebot" im früheren § 1 VerkProspG (der Vorgängerregelung zu § 1 WpPG) wurde darauf abgestellt, ob die Aufklärung durch einen Prospekt im Hinblick auf das Informationsbedürfnis der betroffenen Anleger erforderlich ist,[23] also darauf, ob die Angebotsadressaten typischerweise schutzbedürftig sind. In gleicher Weise wird § 4 (2) des US-amerikanischen Securities Act of 1933 ausgelegt. Nach der grundlegenden Entscheidung des US Supreme Court im Fall SEC vs. Ralston Purina, 346 U.S. 119 (1953), kommt es für das Vorliegen eines „public offering" darauf an, ob die Angebotsadressaten den Schutz des Gesetzes benötigen („need the protection of the Act").

23 Dieser Ansatz ist in modifizierter Form auch für die Auslegung des Tatbestandsmerkmals „öffentliches Angebot" iSv § 2 Abs. 1 zutreffend. Entsprechend der Legaldefinition des § 2 Nr. 4 WpPG ist ein „öffentliches Angebot" iSv § 2 Abs. 1 eine Mitteilung an das Publikum in jedweder Form und auf jedwede Art und Weise, die ausreichende Informationen über das Erwerbsangebot und die Wertpapiere, die der Bieter erwerben will, enthält, um einen Anleger in die Lage zu versetzen, über die Veräußerung seiner Wertpapiere zu entscheiden.

24 Die entscheidende Frage ist allerdings, was unter „Mitteilung an das Publikum" zu verstehen ist. Das Gesetz will die Aktionäre von Zielgesellschaften davor schützen, ohne die erforderlichen Informationen oder unter Zeitdruck über die Annahme von Angeboten entscheiden zu müssen (vgl. § 3 Abs. 2). Es ist daher danach zu fragen, ob den Adressaten eines Erwerbsangebots iSd Gesetzes unter Berücksichtigung ihrer Kenntnisse und Erfahrungen ausreichende Informationen über den Bieter und die Zielgesellschaft oder ausreichende Ressourcen zur Beschaffung entsprechender Informationen zur Verfügung stehen, um das Angebot beurteilen zu können, und ob den Angebotsempfängern unter Berücksichtigung ihrer Kenntnisse und Erfahrungen ausreichend Zeit für die Entscheidung über das Angebot zur Verfügung steht.[24] Bei der Antwort auf diese Fragen kommt es auf die konkreten Umstände des Einzelfalls an.

---

[22] Ebenso *Schüppen* in Frankfurter Komm., § 2 Rn. 10; aA *Baums/Hecker* in Baums/Thoma, § 2 Rn. 23 ff.; *Versteegen* in KK-WpÜG, § 2 Rn. 50.

[23] *Hamann* in Schäfer/Hamann, § 1 VerkProspG Rn. 13.

[24] Vgl. *Pötzsch/Favoccia* in Assmann/Pötzsch/Schneider, § 2 Rn. 34; *Oechsler* in Ehricke/Ekkenga/Oechsler, § 2 Rn. 3; aA *Versteegen* in KK-WpÜG, § 2 Rn. 55, der darauf abstellen will (Rn. 57), ob der Angebotsadressat „nach den Umständen annehmen muss, dass neben ihm weiteren Wertpapierinhabern die Möglichkeit zu einer Veräußerung angeboten wird und der Erfolg der Transaktion von seinem eigenen An-

Auf die Ungleichbehandlung der Wertpapierinhaber kann es demgegenüber für die Frage, ob ein Angebot als öffentlich zu qualifizieren ist, nicht ankommen, weil sonst jedes Angebot ein öffentliches Angebot wäre: Entweder es ist an alle Wertpapierinhaber gerichtet und deshalb öffentlich oder es ist nicht an alle Wertpapierinhaber gerichtet, so dass die Wertpapierinhaber ungleich behandelt werden.[25] 25

Wird ein Erwerbsangebot abgegeben, das von einem unbestimmten, individuell weder begrenzten noch begrenzbaren Personenkreis empfangen wird, das zB über Tageszeitungen, Rundfunk, Fernsehen, allgemein zugängliche Internetadressen oder massenweise ungezielte Postwurfsendungen verbreitet wird, oder wird ein Erwerbsangebot bei Publikumsgesellschaften als Serienschreiben per Brief, Telefax oder E-Mail an alle Aktionäre (also an einen begrenzten Personenkreis) geschickt, erfolgt dieses Angebot durch eine „Mitteilung an das Publikum" und ist daher „öffentlich" iSv § 2 Abs. 1.[26] 26

Gleiches gilt, wenn ein Erwerbsangebot über das System der Wertpapier-Mitteilungen den Kreditinstituten zugeleitet wird, denn diese müssen dann nach ihren allgemeinen Geschäftsbedingungen alle ihre Kunden, welche die fraglichen Aktien im Depot haben, über das Angebot informieren.[27] 27

Umgekehrt ist ein briefliches Angebot, das sich lediglich an einen institutionellen Investor richtet, sicher kein öffentliches Angebot. Nichts anderes gilt für den Erwerb von Aktien über die Börse.[28] 28

Schwieriger sind Fälle zu beurteilen, die zwischen diesen Extremen liegen. Hier muss die Entscheidung anhand einer typologischen Betrachtungsweise erfolgen.[29] Von folgenden Auslegungskriterien kann dabei ausgegangen werden: 29

aa) Institutionelle Investoren. Anleger, die zumindest über die Ressourcen bzw. die Verhandlungsmacht verfügen, um sich die für die Beurteilung des Angebots erforderlichen Informationen zu beschaffen, also insbesondere Kreditinstitute und Versicherungen, benötigen den Schutz des Gesetzes in weit geringerem Umfang als andere Anleger. Von institutionellen Investoren kann typischerweise erwartet werden, dass sie sich die für ihre Entscheidung über die Annahme des Angebots erforderlichen Informationen ggf. selbst beschaffen und dass sie mit Zeitdruck umgehen können. Ein Angebot, das ausschließlich an einen Kreis von institutionellen Investoren geschickt wird, ist daher kein öffentliches Angebot iSv § 2 Abs. 1.[30] 30

---

nahmeverhalten unabhängig ist" – das ist zu weit; wieder anders *Wackerbarth* in MüKoAktG, § 2 WpÜG Rn. 17, wonach es für die Frage der Öffentlichkeit vorrangig auf den Willen des Bieters ankommt – das ist zu eng.

[25] AA *Baums/Hecker* in Baums/Thoma, § 2 Rn. 36; *Pötzsch/Favoccia* in Assmann/Pötzsch/Schneider, § 2 Rn. 32.

[26] Vgl. *Baums/Hecker* in Baums/Thoma, § 2 Rn. 34; *Schüppen* in Frankfurter Komm., § 2 Rn. 13.

[27] Vgl. zB Nr. 16 der Sonderbedingungen für Wertpapiergeschäfte der Banken.

[28] *Pötzsch/Favoccia* in Assmann/Pötzsch/Schneider, § 2 Rn. 36; *Versteegen* in KK-WpÜG, § 2 Rn. 61; *Baums/Hecker* in Baums/Thoma, § 2 Rn. 46; *Schüppen* in Frankfurter Komm., § 2 Rn. 14.

[29] Vgl. zum von der SEC entwickelten „eight factor test" *Pötzsch/Favoccia* in Assmann/Pötzsch/Schneider, § 2 Rn. 29.

[30] AA *Versteegen* in KK-WpÜG, § 2 Rn. 61.

31 **bb) Privatanleger.** Privatanleger verfügen demgegenüber typischerweise nicht über die erforderlichen Informationen zur Beurteilung des Erwerbsangebots oder die Ressourcen bzw. Verhandlungsmacht, sich diese zu beschaffen. Dies gilt allerdings nicht ausnahmslos. Je größer der Umfang der von einem Privatanleger gehaltenen Beteiligung ist, desto stärker ist seine Verhandlungsposition und desto eher kann von ihm erwartet werden, sich vor seiner Entscheidung über die Annahme des Angebots ggf. vom Bieter detailliert über das Angebot informieren zu lassen. In besonderem Maße gilt dies für die Gründer der Zielgesellschaft, die diese bestens kennen. Wenn der Bieter gezielt einzelne Privatanleger anspricht, die erhebliche Beteiligungen an der Zielgesellschaft halten, insbesondere deren Gründer, ist das Gesetz daher nicht anwendbar.[31]

32 **cc) Persönliche Beziehungen.** Auch wenn eine persönliche Beziehung zwischen dem Bieter und den Angebotsempfängern besteht, die ihrer Art und Intensität nach einen ausreichenden Informationsfluss gewährleistet, und die Adressaten individuell, dh unter Berücksichtigung ihrer persönlichen Verhältnisse, angesprochen werden, liegt kein öffentliches Angebot vor.[32] Auch von solchen Adressaten kann typischerweise erwartet werden, dass sie sich die für ihre Entscheidung über die Annahme des Angebots erforderlichen Informationen ggf. selbst beim Bieter beschaffen. Anders liegt es demgegenüber, wenn ein Kreditinstitut ein Erwerbsangebot an alle Kunden weiterleitet, welche die fraglichen Aktien bei ihm im Depot haben, denn die Tatsache allein, dass diese Kunden bei dem Kreditinstitut ein Depotkonto eröffnet haben, schafft noch nicht die erforderliche persönliche Beziehung, und schon gar nicht zum Bieter.

33 **dd) Anzahl der Adressaten.** Die von der Gesetzesbegründung[33] in den Vordergrund gestellte Anzahl der Angebotsempfänger (Vielzahl von Aktionären oder nur ein begrenzter Personenkreis?) ist demgegenüber nicht per se entscheidend, weil sie über die Schutzbedürftigkeit der Adressaten nichts aussagt. So ist etwa ein Angebot, das sich an alle Ärzte oder alle Rechtsanwälte einer Stadt richtet, also an einen begrenzten Personenkreis, trotzdem „öffentlich" iSv § 2 Abs. 1,[34] weil Ärzte und Rechtsanwälte typischerweise nicht über die zur Beurteilung des Angebots erforderlichen Informationen verfügen. Auch Erwerbsangebote, die in bestimmten Stadtteilen bestimmter Städte von Beauftragten des Bieters, die von Haustür zu Haustür ziehen, unterbreitet werden, sind öffentliche Angebote iSv § 2 Abs. 1. Richtig ist, dass mit der Anzahl der Angebotsempfänger auch die Wahrscheinlichkeit steigt, dass die Adressaten den Schutz des Gesetzes benötigen. Deshalb trifft es zu, dass ein Angebot umso eher als öffentlich zu qualifizieren ist, je größer der angesprochene Personenkreis ist.[35]

34 **d) Kauf- oder Tauschangebote.** Da das Gesetz nach dem ausdrücklichen Wortlaut von § 2 Abs. 1 für „Kauf- oder Tauschangebote" gilt, ist es unabhän-

---

[31] AA *Versteegen* in KK-WpÜG, § 2 Rn. 61.

[32] Vgl. zum (inzwischen aufgehobenen) Verkaufsprospektgesetz *Hamann* in Schäfer/Hamann, § 1 VerkProspG Rn. 16 iVm Rn. 14.

[33] BT-Drucks. 14/7034, 33.

[34] Vgl. zum WpPG *Groß,* § 2 WpPG Rn. 18.

[35] Vgl. *Pötzsch/Favoccia* in Assmann/Pötzsch/Schneider, § 2 Rn. 31.

gig davon anwendbar, ob der Bieter den Aktionären der Zielgesellschaft für ihre Wertpapiere Geld (cash offer) oder andere Wertpapiere (exchange offer) anbietet (vgl. § 31 Abs. 2 Satz 1). Die Begriffe „Kauf" und „Tausch" sind nicht nur im bürgerlich-rechtlichen Sinne zu verstehen, sondern weiter.[36] Auch Angebote, bei denen die Wertpapiere, auf die sie sich beziehen, als Sacheinlage in die Bietergesellschaft eingebracht werden sollen, und bei denen die Angebotsempfänger dann neue Aktien an der Bietergesellschaft erhalten, sind Tauschangebote im Sinne des Gesetzes,[37] ebenso Angebote, bei denen als Gegenleistung Dienstleistungen angeboten werden.[38] Es ist für den Begriff „Tausch" im Sinne von § 2 irrelevant, welche andere Gegenleistung als Geld angeboten wird.[39] Angebote, bei denen den Wertpapierinhabern keine Gegenleistung angeboten wird, fallen allerdings nicht darunter,[40] weil dies die Grenze des Gesetzeswortlauts zu Lasten des Bieters überschreiten würde.

e) Aufbau des Gesetzes. Der Aufbau des Gesetzes folgt der Dreiteilung in „Pflichtangebote" (Abschnitt 5, §§ 35–39), „Übernahmeangebote" (Abschnitt 4, §§ 29–34) und sonstige freiwillige Erwerbsangebote (Abschnitt 3, überschrieben mit „Angebote zum Erwerb von Wertpapieren", §§ 10–28). Hinzu kommen die allgemeinen Vorschriften (Abschnitt 1, §§ 1–3), die Regelungen betreffend die Zuständigkeit der BaFin (Abschnitt 2, §§ 4–9), die Vorschriften zu Ausschluss und Andienungsrecht (Abschnitt 5a, §§ 39a–39c), die Verfahrensvorschriften (Abschnitt 6, §§ 40–47), die Vorschriften über Rechtsmittel (Abschnitt 7, §§ 48–58) und über Sanktionen bei Rechtsverletzungen (Abschnitt 8, §§ 59–65) sowie der Abschnitt 9 mit Vorschriften betreffend die gerichtliche Zuständigkeit und Übergangsregelungen (§§ 66–68). 35

Der materielle Kern des Gesetzes, der dritte bis fünfte Abschnitt, ist nach dem aus dem Umwandlungsgesetz bekannten **Baukastenprinzip** strukturiert. Im dritten Abschnitt sind diejenigen Vorschriften enthalten, die für sämtliche freiwilligen Angebote zum Erwerb von Wertpapieren gelten (§§ 10–28). Es folgen Sondervorschriften für Übernahmeangebote im vierten Abschnitt (§§ 29–34), für die im Übrigen gemäß § 34 die Vorschriften des dritten Abschnitts gelten. Im fünften Abschnitt (§§ 35–39) sind Sondervorschriften für Pflichtangebote enthalten, auf die im Übrigen gemäß § 39 ergänzend die Vorschriften des dritten und vierten Abschnitts anwendbar sind. 36

Es gelten also im Grundsatz für Pflichtangebote die Vorschriften des dritten, vierten und fünften Abschnitts, für Übernahmeangebote die Vorschriften des dritten und vierten Abschnitts und für sonstige freiwillige Angebote zum Erwerb von Wertpapieren die Vorschriften des dritten Abschnitts. 37

2. Zum Erwerb von Wertpapieren

Das Gesetz regelt nur solche Angebote, die den Erwerb von Wertpapieren zum Gegenstand haben. Wie sich aus der Legaldefinition des Begriffs „Wertpapiere" in § 2 Abs. 2 ergibt, sind Angebote gemeint, die auf den Erwerb von 38

---

[36] *Versteegen* in KK-WpÜG, § 2 Rn. 45.
[37] *Baums/Hecker* in Baums/Thoma, § 2 Rn. 6.
[38] *Versteegen* in KK-WpÜG, § 2 Rn. 46.
[39] *Versteegen* in KK-WpÜG, § 2 Rn. 46.
[40] AA *Versteegen* in KK-WpÜG, § 2 Rn. 47.

– Aktien (§ 2 Abs. 2 Nr. 1),
– mit diesen vergleichbaren Wertpapieren (§ 2 Abs. 2 Nr. 1),
– Zertifikaten, die Aktien vertreten (§ 2 Abs. 2 Nr. 1), oder
– Wertpapieren, die den Erwerb von Aktien, mit diesen vergleichbaren Wertpapieren oder Zertifikaten, die Aktien vertreten, zum Gegenstand haben (§ 2 Abs. 2 Nr. 2),

gerichtet sind.

39 **a) Aktien.** Der Begriff der Aktie iSd Gesetzes umfasst Aktien aller Art. Er umfasst Stamm- und Vorzugsaktien mit und ohne Stimmrecht, während der Übernahmekodex für stimmrechtslose Vorzugsaktien lediglich analog galt. Zu den Aktien gehören sowohl Inhaberaktien als auch Namensaktien (§ 68 Abs. 1 AktG), auch vinkulierte Namensaktien (§ 68 Abs. 2 AktG), die unter bestimmten Voraussetzungen ebenfalls an der Börse gehandelt werden können (§ 5 Abs. 2 Nr. 2 BörsZulV), sowie Stück- und Nennbetragsaktien (§ 8 Abs. 1 AktG).

40 **b) Mit Aktien vergleichbare Wertpapiere.** Mit Aktien vergleichbare Wertpapiere sind solche, die ebenfalls die Mitgliedschaft in einer Aktiengesellschaft verbriefen. Gedacht hat der Gesetzgeber an Zwischenscheine (§ 8 Abs. 6 AktG), die allerdings nie „zum Handel an einem organisierten Markt zugelassen" sind, weshalb das Gesetz auf Zwischenscheine trotzdem nicht anwendbar ist. Ebenso wenig gehören Nebenpapiere zu Aktien, wie etwa Couponbögen, einzelne Coupons (= Dividendenscheine, Gewinnanteilsscheine) oder Erneuerungsscheine (= Talons) hierher.

41 **c) Zertifikate, die Aktien vertreten.** Aktien vertretende Zertifikate sind beispielsweise Urkunden, die auf Veranlassung der Zielgesellschaft ausgestellt wurden, um die Handelbarkeit von Aktien zu erleichtern. Die Gesetzesbegründung[41] nennt als Beispiel die Depositary Receipts. Das mag für Crest Depositary Interests zutreffen, die an einem organisierten Markt zugelassen sind. American Depositary Receipts (ADR)[42] fallen aber im Ergebnis nie unter das WpÜG,[43] weil diese an einer US-amerikanischen Börse und nicht an einem organisierten Markt zugelassen sind wie von § 1 Abs. 1 vorausgesetzt.

42 **d) Wertpapiere, die den Erwerb von Aktien, mit diesen vergleichbaren Wertpapieren oder Zertifikaten, die Aktien vertreten, zum Gegenstand haben.** Gemäß § 2 Abs. 2 Nr. 2 zählen zu den Wertpapieren iSd Gesetzes auch solche, die den Erwerb der in § 2 Abs. 2 Nr. 1 genannten Wertpapiere zum Gegenstand haben. Unter die Wertpapiere gemäß § 2 Abs. 2 Nr. 2 fallen insbesondere Optionsanleihen, soweit der Optionsschein noch nicht abgetrennt ist (Optionsanleihen „cum"), Wandelschuldverschreibungen, Optionsscheine und Wandelgenussscheine. Auch Bezugsrechte und Aktienoptionen können dazugehören, weil sie ebenfalls ein Recht zum Erwerb von Aktien gewähren;[44] allerdings fehlt insoweit in aller Regel, zB bei an Arbeitnehmer

---

[41] BT-Drucks. 14/7034, 34.
[42] Näher zu ADR *Wieneke* AG 2001, 504 ff.
[43] AA *Santelmann* in Steinmeyer, § 1 Rn. 32.
[44] Vgl. *Wackerbarth* in MüKoAktG, § 2 WpÜG Rn. 22; aA *Baums/Hecker* in Baums/Thoma, § 2 Rn. 64.

und Geschäftsleiter ausgegebenen Aktienoptionen, die ebenfalls erforderliche Tatbestandsvoraussetzung „zum Handel an einem organisierten Markt zugelassen."[45] Keine Wertpapiere sind auch von dritten Emittenten ohne Veranlassung durch die Zielgesellschaft ausgegebene Wertpapiere, die zum Bezug von Wertpapieren der Zielgesellschaft berechtigen (zB Umtauschanleihen), denn diese sind nicht von der Zielgesellschaft ausgegeben wie es der Wortlaut von § 1 Abs. 1 voraussetzt.[46] Über den Wortlaut zu Lasten des Bieters hinauszugehen, ist aber verfassungsrechtlich unzulässig (Verstoß gegen das Rechtsstaatsprinzip). Bei allen Wertpapieren gemäß § 2 Abs. 2 kommt es für die Frage der Börsenzulassung gemäß § 1 Abs. 1 ausschließlich auf diese selbst an, also zB bei Zwischenscheinen, Aktienoptionen und Wandelschuldverschreibungen darauf, ob diese zum Handel an einem organisierten Markt zugelassen sind.[47]

e) Keine Wertpapiere. Nicht zu den Wertpapieren gemäß § 2 Abs. 2 gehören ferner **Schuldverschreibungen** (zB Bundesanleihen, ex-Anleihen, Schatzanweisungen, asset backed securities, Namensschuldverschreibungen, Pfandbriefe und Kommunalobligationen). Ebenfalls nicht hierher gehören alle Arten von **Genussscheinen** mit Ausnahme der Wandelgenussscheine. Diese können zwar aktienähnlichen Inhalt haben, sind jedoch schuldrechtlicher, nicht korporationsrechtlicher Natur und begründen deshalb keine Mitgliedschaftsrechte.[48] Auch keine Wertpapiere iSv § 2 Abs. 2 sind solche Anleihen, die nach Wahl des Schuldners in Aktien getilgt werden können, weil sie dem Erwerber kein Recht zum Bezug von Aktien geben.[49] 43

Anteile an Investmentvermögen im Sinne des § 1 Abs. 1 Satz 1 KAGB sind ebenfalls keine Wertpapiere iSv § 2 Abs. 2. Auch auf den „Erwerb" lediglich von Stimmrechten, soweit das überhaupt möglich ist, ist das WpÜG nicht anwendbar.[50] 44

f) Verbriefung. Nach dem ausdrücklichen Wortlaut von § 2 Abs. 2 ist die Qualifizierung als Wertpapier iSv § 2 Abs. 2 davon unabhängig, ob die jeweiligen Rechte urkundlich verbrieft sind. Es ist also nicht nur eine Einzelverbriefung oder die Verbriefung in einer Mehrfach-Urkunde entbehrlich, sondern auch eine Globalurkunde. Letzteres spielt allerdings bei in Deutschland notierten Wertpapieren inländischer Emittenten keine Rolle, weil diese, um börsenfähig zu sein, in Urkunden verbrieft sein müssen.[51] Im Ausland gibt es demgegenüber bereits nur noch elektronisch existente Wert„papiere".[52] 45

---

[45] Zutreffend *Versteegen* in KK-WpÜG, § 2 Rn. 96; *Santelmann* in Steinmeyer, § 1 Rn. 26.

[46] AA noch die Vorauflage; ebenfalls aA *Versteegen* in KK-WpÜG, § 1 Rn. 32; *Pötzsch/Favoccia* in Assmann/Pötzsch/Schneider, § 1 Rn. 29; *Wackerbarth* in MüKoAktG, § 2 WpÜG Rn. 45.

[47] AA *Meyer* GS für Ulrich Bosch, 2006, 133, 142.

[48] Vgl. RG, RGZ 83, 295, 298; BGH v. 9.11.1992, BGHZ 120, 141, 146f.

[49] Ebenso *Assmann* in Assmann/Pötzsch/Schneider, § 2 Rn. 54; aA *Baums/Hecker* in Baums/Thoma, § 2 Rn. 63.

[50] *Pötzsch/Favoccia* in Assmann/Pötzsch/Schneider, § 2 Rn. 18; aA *Wackerbarth* in MüKoAktG, § 2 WpÜG Rn. 20.

[51] *Groß*, § 32 BörsG Rn. 12.

[52] Vgl. *Schäfer* in Schäfer/Hamann, § 2 WpHG Rn. 8.

3. Die von einer Zielgesellschaft ausgegeben wurden

46 Das Gesetz ist nach dem ausdrücklichen Wortlaut von § 1 Abs. 1 nur auf Erwerbsangebote für solche Wertpapiere anwendbar, die von einer Zielgesellschaft ausgegeben wurden. Warum teilweise in der Literatur vertreten wird, dass die Wertpapiere nicht von einer Zielgesellschaft ausgegeben worden sein müssten,[53] ist daher unerfindlich. Der Begriff der Zielgesellschaft wird in § 2 Abs. 3 definiert. Darunter fallen Aktiengesellschaften und Kommanditgesellschaften auf Aktien[54] mit Sitz im Inland (§ 2 Abs. 3 Nr. 1) und Gesellschaften mit Sitz in einem anderen EWR-Staat (§ 2 Abs. 3 Nr. 2). Beiden Varianten gemeinsam ist die Bezugnahme auf den „Sitz“:

47 **a) Der „Sitz“ im Sinne von § 2 Abs. 3.** Die Frage, was der von § 2 Abs. 3 verwendete Begriff „Sitz“ bedeutet, ist umstritten. Es wird zum einen die Auffassung vertreten, dass der tatsächliche Sitz der Hauptverwaltung gemeint ist.[55] Die herrschende Gegenauffassung stellt auf den Satzungssitz gemäß § 5 AktG bzw. den von den Gründern bei der Gründung der Gesellschaft festgelegten Sitz ab.[56] Wieder anders plädiert *Wackerbarth*[57] für einen „WpÜG-spezifischen“ Sitzbegriff.

48 Es lässt sich nicht verkennen, dass im Anschluss an die Urteile „Überseering“[58] und „Inspire Art“[59] des Europäischen Gerichtshofs die Sitztheorie zur Bestimmung des Gesellschaftsstatus aus der Mode gekommen ist. Es wurde gar behauptet, es sei im Hinblick auf die beiden Urteile mit dem Gemeinschaftsrecht nicht zu vereinbaren, unter „Sitz“ im Sinne von § 2 Abs. 3 den tatsächlichen Verwaltungssitz zu verstehen.[60]

49 Richtig ist, dass es nahe liegt, den Sitzbegriff in § 2 Abs. 3 entsprechend der im internationalen Privatrecht zur Bestimmung des Gesellschaftsstatuts herrschenden Theorie zu bestimmen, weil über den Begriff der Zielgesellschaft auch der internationale Anwendungsbereich des Gesetzes festgelegt wird. Hierdurch wird ein Gleichlauf der Anwendung des Gesetzes und der sonstigen auf die Zielgesellschaft anzuwendenden Gesetze erreicht und eine Aufspaltung der lex societatis verhindert.[61] Dass der Europäische Gerichtshof sich dafür entschieden hat, das Gesellschaftsstatut nach der Gründungstheorie und nicht nach der Sitztheorie zu bestimmen, spricht daher gegen die Relevanz des tatsächlichen Verwaltungssitzes bei der Bestimmung des Sitzes gemäß § 2 Abs. 3.

---

[53] So *Versteegen* in KK-WpÜG, § 2 Rn. 99.

[54] Zu letzteren vgl. *Scholz* NZG 2006, 445 ff.

[55] *Hahn* RIW 2002, 741 f.; *Oechsler* in Ehricke/Ekkenga/Oechsler, § 1 Rn. 6.

[56] *von Hein* ZGR 2005, 528, 545 ff., *Baums/Hecker* in Baums/Thoma, § 2 Rn. 88; *Versteegen* in KK-WpÜG, § 2 Rn. 112; *Santelmann* in Steinmeyer, § 1 Rn. 34; *Pötzsch/Favoccia* in Assmann/Pötzsch/Schneider, § 2 Rn. 69; *Schüppen* in Frankfurter Komm., § 2 Rn. 35; *Noack/Holzborn* in Schwark, KapitalmarktR, § 2 Rn. 20.

[57] In MüKoAktG, § 1 Rn. 16 ff.

[58] EuGH NJW 2002, 3614.

[59] EuGH NJW 2003, 3331.

[60] *Josenhans* ZBB 2006, 269, 276.

[61] Vgl. erste Auflage, § 1 Rn. 40.

Die Sitztheorie hat allerdings ihre Vorteile. Ua spricht dafür die effektivere Aufsicht des Sitzstaates.[62] Auch stellt sich die Frage, welchen Sinn das Tatbestandsmerkmal „Sitz im Inland" in § 2 Abs. 3 Nr. 1 denn haben soll, wenn damit der Satzungssitz gemeint ist. Der Satzungssitz liegt bei deutschen Gesellschaften nämlich zwingend immer in Deutschland und § 2 Abs. 3 Nr. 1 gilt ohnehin nur für deutsche Gesellschaften.[63] Ebenso wenig nahe liegend erscheint die ausschließliche Maßgeblichkeit des Satzungssitzes im Hinblick darauf, dass es einen solchen mitnichten bei allen Gesellschaften im Europäischen Wirtschaftsraum gibt, § 2 Abs. 3 Nr. 2 aber den Begriff „Sitz" für alle Gesellschaften im Europäischen Wirtschaftsraum verwendet. 50

Dennoch sprechen zumindest nach Inkrafttreten des Übernahmerichtlinie-Umsetzungsgesetzes die besseren Argumente dafür, den von den Gründern bei Gründung der Gesellschaft festgelegten Ort als maßgeblich anzusehen, bei deutschen Gesellschaften also den Satzungssitz gemäß § 5 AktG und zB bei einer englischen public limited company (plc) den „registered seat". § 2 Abs. 3 unterscheidet nämlich jetzt „Aktiengesellschaften und Kommanditgesellschaften auf Aktien mit Sitz im Inland" (Nr. 1) und „Gesellschaften mit Sitz in einem anderen Staat des Europäischen Wirtschaftsraums" (Nr. 2). Wäre die Sitztheorie maßgebend, wäre eine englische plc mit Verwaltungssitz in Deutschland keine Zielgesellschaft im Sinne des WpÜG (weil eine englische plc keine deutsche Aktiengesellschaft ist), eine englische plc mit Verwaltungssitz im Vereinigten Königreich jedoch sehr wohl (weil es sich dabei um eine Gesellschaft mit Sitz in einem anderen EWR-Staat handelt) – ein offensichtlich vom Gesetzgeber nicht gewolltes Ergebnis. 51

b) Aktiengesellschaften oder Kommanditgesellschaften auf Aktien mit Sitz im Inland (§ 2 Abs. 3 Nr. 1). Gemeint sind deutsche Aktiengesellschaften iSd §§ 1 ff. AktG und deutsche Kommanditgesellschaften auf Aktien iSd §§ 278 ff. AktG.[64] Gleichzustellen ist gemäß Art. 10 der Verordnung (EG) Nr. 2157/2001 des Rates vom 8. Oktober 2001 über das Statut der Europäischen Gesellschaft die societas europaea. Auch Europäische Gesellschaften sind daher Zielgesellschaften im Sinne des Gesetzes.[65] Nichts anderes gilt für REIT-Aktiengesellschaften[66] und für Investmentaktiengesellschaften mit fixem Kapital (§§ 140 ff. KAGB). Demgegenüber sind Investmentaktiengesellschaften mit veränderlichem Kapital (§§ 108 ff. KAGB) keine Zielgesellschaften im Sinne des WpÜG.[67] 52

Nach dem oben[68] zum Sitzbegriff Gesagten kommt es bei der Auslegung des Tatbestandsmerkmals „Sitz im Inland" von § 2 Abs. 3 Nr. 1 lediglich 53

[62] Vgl. *von Hein* ZGR 2005, 528, 547 f.

[63] → Rn. 52.

[64] *Pötzsch/Favoccia* in Assmann/Pötzsch/Schneider, § 2 Rn. 67; aA *Wackerbarth* in MüKoAktG, § 1 WpÜG Rn. 13: auch vergleichbare Gesellschaften ausländischen Rechts, zB US-amerikanische corporations.

[65] Vgl. die Gesetzesbegründung zum Übernahmerichtlinie-Umsetzungsgesetz, BT-Drucks. 16/1003, 17.

[66] § 1 Abs. 3 REITG.

[67] § 108 Abs. 5 KAGB.

[68] → Rn. 47 ff.

darauf an, dass der Satzungssitz gemäß § 5 AktG in Deutschland liegt.[69] Irrelevant ist dagegen der Ort des tatsächlichen Sitzes der Hauptverwaltung.

54 Auf Angebote zum Erwerb von Wertpapieren einer Zielgesellschaft gemäß § 2 Abs. 3 Nr. 1 ist das WpÜG gemäß § 1 Abs. 1 grundsätzlich in vollem Umfang anwendbar. Eine Ausnahme gilt nur für Übernahme- und Pflichtangebote zum Erwerb von Aktien an solchen Zielgesellschaften gemäß § 2 Abs. 3 Nr. 1, deren stimmberechtigte Aktien ausschließlich in einem anderen Staat des Europäischen Wirtschafsraums zugelassen sind. Auf solche Angebote ist das WpÜG gemäß § 1 Abs. 2 nur anzuwenden, soweit es die Kontrolle, die Verpflichtung zur Abgabe eines Angebots und hiervon abweichende Regelungen, die Unterrichtung der Arbeitnehmer der Zielgesellschaft oder des Bieters, Handlungen des Vorstands der Zielgesellschaft, durch die der Erfolg eines Angebots verhindert werden könnte, oder andere gesellschaftsrechtliche Fragen regelt. Im Hinblick auf die BaFin-Praxis zu § 1 Abs. 3 (siehe dazu Rn. 57) sollte in der Angebotsunterlage in allgemeiner Weise auf den Regelungsinhalt des § 1 Abs. 2 WpÜG hingewiesen werden.

55 **c) Gesellschaften mit Sitz in einem anderen EWR-Staat (§ 2 Abs. 3 Nr. 2).** Das Übernahmerichtlinie-Umsetzungsgesetz hat eine Ausweitung des Anwendungsbereichs des WpÜG auf ausländische Zielgesellschaften mit sich gebracht. Die Definition der Verbände, die Zielgesellschaft sein können, ist mit „Gesellschaften" denkbar weit. Hierunter fallen alle denkbaren Gesellschaftsformen. Allerdings ist gemäß § 1 Abs. 1 weiter Voraussetzung, dass die Wertpapiere der Zielgesellschaft zum Handel an einem organisierten Markt zugelassen sind, so dass letztlich nur Kapitalgesellschaften in Betracht kommen.[70]

56 Bei der Auslegung des Tatbestandsmerkmals „Sitz in einem anderen Staat des Europäischen Wirtschaftsraums" von § 2 Abs. 3 Nr. 2 kommt es nach den vorstehenden Ausführungen zum Sitzbegriff[71] lediglich darauf an, dass der statutarische Sitz bzw. der von den Gründern bei der Gründung festgelegte Sitz (Beispiel: „registered office" einer englischen public limited company) in einem EWR-Staat liegt.[72] Dies trifft zB auf eine US-amerikanische corporation nicht zu, weil bei dieser der statutarische Sitz notwendigerweise in den USA liegt, so dass diese keine Zielgesellschaft im Sinne des WpÜG sein kann.[73] Irrelevant ist auch bei Zielgesellschaften gemäß § 2 Abs. 3 Nr. 2 der Ort des tatsächlichen Sitzes der Hauptverwaltung.

57 Auf Angebote zum Erwerb von Wertpapieren einer Zielgesellschaft gemäß § 2 Abs. 3 Nr. 2 ist das WpÜG gemäß § 1 Abs. 3 nur dann anwendbar, wenn es sich um ein europäisches Angebot zum Erwerb von stimmberechtigten Wertpapieren handelt und die stimmberechtigten Wertpapiere entweder nur in Deutschland zum Handel an einem organisierten Markt zugelassen sind

---

[69] Ebenso *Santelmann* in Steinmeyer, § 2 Rn. 10.

[70] Vgl. die Gesetzesbegründung zum Übernahmerichtlinie-Umsetzungsgesetz, BT-Drucks. 16/1003, 17.

[71] → Rn. 47 ff.

[72] Ebenso *Pötzsch/Favoccia* in Assmann/Pötzsch/Schneider, § 2 Rn. 73; *Santelmann* in Steinmeyer, § 2 Rn. 11; *Schüppen* in Frankfurter Komm., § 2 Rn. 37.

[73] So auch *Santelmann* in Steinmeyer, § 1 Rn. 59.

oder die stimmberechtigten Wertpapiere sowohl in Deutschland als auch in einem anderen EWR-Staat, jedoch nicht in dem Staat, in dem die Zielgesellschaft ihren Sitz hat, zum Handel an einem organisierten Markt zugelassen sind und die Zulassung zum Handel an einem organisierten Markt im Inland zuerst erfolgte oder die Zulassungen gleichzeitig erfolgten und die Zielgesellschaft sich für die BaFin als zuständige Aufsichtsbehörde entschieden hat. Ist danach der Anwendungsbereich des WpÜG grundsätzlich eröffnet, ist es gemäß § 1 Abs. 3 Satz 2 nur anzuwenden, soweit es Fragen der Gegenleistung, des Inhalts der Angebotsunterlage und des Angebotsverfahrens regelt. Nach der BaFin-Praxis ist in der Angebotsunterlage in allgemeiner Weise auf den Regelungsinhalt des § 1 Abs. 3 WpÜG hinzuweisen.[74]

4. Zum Handel an einem organisierten Markt zugelassen

Schließlich ist das Gesetz nur auf solche Erwerbsangebote anwendbar, die den Erwerb von Wertpapieren zum Gegenstand haben, welche zum Handel an einem organisierten Markt zugelassen sind. **58**

Der Begriff „organisierter Markt" entspricht, wie sich aus § 2 Abs. 7 ergibt, dem des „geregelten Markts" früher iSv Art. 1 Nr. 13 der Wertpapierdienstleistungsrichtlinie und jetzt iSv Art. 4 Abs. 1 Nr. 14 der Richtlinie 2004/39/EG des Europäischen Parlaments und des Rates vom 21. April 2004.[75] Die vom Gesetzgeber gewählte abweichende Bezeichnung ist darauf zurückzuführen, dass der Begriff des geregelten Marktes bei Inkrafttreten des WpÜG am 1. Januar 2002 bereits zur Bezeichnung eines Börsensegments verwendet wurde (vgl. §§ 71 ff. BörsG aF) und mögliche Irreführungen ausgeschlossen werden sollten. Heute gibt es den geregelten Markt nicht mehr, sondern nur noch den regulierten Markt (vgl. §§ 32 ff. BörsG nF). Der Begriff „organisierter Markt" wurde dennoch beibehalten. **59**

Wie sich aus dem Wortlaut von § 1 ergibt, kommt es auf die Börsen**zulassung** an, also die Erlaubnis, für den Handel mit den Wertpapieren die Börseneinrichtungen zu benutzen. Ob die Zulassung auch ausgenutzt wird, also tatsächlich ein Börsen**handel** mit den Wertpapieren stattfindet, ist demgegenüber für den Anwendungsbereich des Gesetzes ebenso irrelevant wie die Börsen**einführung** und die Börsen**notierung.**[76] **60**

Betreffend den Zeitpunkt der Börsenzulassung kommt es darauf an, ob diese vorliegt, wenn erstmals Rechtfolgen nach dem WpÜG in Rede stehen. Maßgebend ist daher bei Übernahmeangeboten und sonstigen freiwilligen Angeboten, ob eine Börsenzulassung zum Zeitpunkt der Entscheidung zur Abgabe eines Angebots vorliegt (vgl. § 10 Abs. 1 Satz 1).[77] Bei Pflichtangeboten kommt es dementsprechend darauf an, ob eine Börsenzulassung zum Zeitpunkt des Kontrollerwerbs (§ 35 Abs. 1 Satz 1) besteht.[78] **61**

---

[74] Vgl. *Seibt* CFl 2011, 213, 223.

[75] ABl. EU Nr. L 145, 1.

[76] Ebenso *Assmann/Favoccia* in Assmann/Pötzsch/Schneider, § 2 Rn. 131.

[77] Ebenso *Assmann/Favoccia* in Assmann/Pötzsch/Schneider, § 2 Rn. 131.

[78] *Versteegen* in KK-WpÜG, § 1 Rn. 45; *Assmann/Favoccia* in Assmann/Pötzsch/Schneider, § 2 Rn. 131.

62 Ein späterer Wegfall der Börsenzulassung ändert an der Anwendbarkeit des Gesetzes nichts mehr.[79] Dies gebietet das Vertrauen der Angebotsadressaten und der Öffentlichkeit darauf, dass ein einmal durch eine entsprechende Veröffentlichung angelaufenes Angebotsverfahren weiterhin den Regelungen des Gesetzes unterfällt.

63 Die Kehrseite der Medaille ist, dass eine nach den vorgenannten Zeitpunkten erfolgende Börsenzulassung nichts mehr an der Unanwendbarkeit des Gesetzes auf dieses Angebot ändert.[80] Liegt die Börsenzulassung nicht zu Beginn des Angebotsverfahrens vor, ist sie irrelevant. Anderenfalls würde eine erhebliche Rechtsunsicherheit darüber bestehen, welche Vorschriften des WpÜG denn auf ein bereits laufendes Angebotsverfahren noch anwendbar sein sollen, und zwar jeweils abhängig davon, wann die Börsenzulassung während des Angebotsverfahrens erfolgt.

Zu den erfassten Börsensegmenten im Einzelnen:

64 **a) Regulierter Markt im Inland.** Nach dem insoweit klaren Wortlaut des Gesetzes ist der **regulierte Markt** (vgl. §§ 32ff. BörsG) an einer Börse im Inland ein organisierter Markt iSv § 2 Abs. 7. Dies gilt unabhängig davon, ob gleichzeitig eine Zulassung zu einem Marktsegment mit weiteren Zulassungsfolgepflichten erfolgt (wie zB beim Prime Standard der Frankfurter Wertpapierbörse) oder nicht (wie zB beim General Standard der Frankfurter Wertpapierbörse). Ebenso irrelevant ist, ob die Aktien in Auswahlindices (zB DAX®, MDAX®, TecDAX® oder SDAX®) enthalten sind.

65 **b) Freiverkehr im Inland.** Nach dem insoweit ebenfalls eindeutigen Wortlaut von § 2 Abs. 7 gehört der inländische Freiverkehr dagegen nicht zu den organisierten Märkten, weil (ausschließlich) im Freiverkehr gehandelte Wertpapiere in Deutschland nicht zum regulierten Markt zugelassen sind. Der Open Market der Frankfurter Wertpapierbörse ist nur eine andere Bezeichnung für den dortigen Freiverkehr und daher ebenso wenig ein organisierter Markt wie das Marktsegment Entry Standard der Frankfurter Wertpapierbörse, das einen Teilbereich des Freiverkehrs mit gewissen Transparenzanforderungen darstellt. Die MAR ändert hieran nichts.

66 **c) Ausländische organisierte Märkte.** Zu den organisierten Märkten iSv § 2 Abs. 7 gehören ferner alle geregelten Märkte iSv Art. 4 Abs. 1 Nr. 14 der Richtlinie 2004/39/EG des Europäischen Parlaments und des Rates vom 21. April 2004[81] in anderen Staaten des Europäischen Wirtschaftsraums. Der Begriff des Europäischen Wirtschaftsraums ist in § 2 Abs. 8 legal definiert.

67 Eine Datenbank mit den organisierten Märkten in der Europäischen Union, welche die Rechtsauffassung der Börsen in den Mitgliedstaaten der Europäischen Union zur Frage wiedergibt, ob es sich bei einzelnen Marktsegmenten um geregelte Märkte iSv Art. 4 Abs. 1 Nr. 14 der Richtlinie 2004/39/EG handelt, ist im Internet unter dem folgenden Link zu finden: https://registers.esma.europa.eu/publication/searchRegister?core=esma_registers_mifid_rma.

---

[79] Ebenso *Assmann/Favoccia* in Assmann/Pötzsch/Schneider, § 2 Rn. 131.
[80] Ebenso *Assmann/Favoccia* in Assmann/Pötzsch/Schneider, § 2 Rn. 131.
[81] ABl. EU Nr. L 145, 1

d) Fallgruppen. Im Hinblick auf die Frage, wie sich das Erfordernis der Zulassung zum Handel an einem organisierten Markt auf den Anwendungsbereich des Gesetzes auswirkt, sollen nachfolgend einige ausgewählte Fallgruppen näher betrachtet werden. 68

aa) Teilweise Zulassung zum Handel an einem organisierten Markt. Wenn nur ein Teil der ausgegebenen Aktien der Zielgesellschaft zum Handel an einem organisierten Markt zugelassen ist, ist für die Frage der Anwendbarkeit des Gesetzes zwischen freiwilligen Angeboten (= einfachen Erwerbsangeboten und Übernahmeangeboten) und Pflichtangeboten zu differenzieren: 69

(1) Freiwillige Angebote. Bei den freiwilligen Angeboten sind zwei verschiedene Fallgruppen denkbar: 70

(a) Das Angebot beschränkt sich auf nicht zugelassene Aktien. Auf ein in der vorgenannten Konstellation abgegebenes freiwilliges Angebot, das sich auf die Teilmenge der nicht zugelassenen Aktien beschränkt, findet das Gesetz gemäß § 1 keine Anwendung.[82] Ein solches Angebot bezieht sich nicht, nicht einmal teilweise, auf den Erwerb von Wertpapieren, die zum Handel an einem organisierten Markt zugelassen sind. Für andere Wertpapiere gemäß § 2 Abs. 2 gilt dies entsprechend. 71

Dies ermöglicht zB bei Gesellschaften, bei denen nur die Vorzugsaktien zum Börsenhandel zugelassen sind, einem Bieter, ein auf den Erwerb aller Stammaktien und damit der Kontrolle an der Zielgesellschaft gerichtetes (und beschränktes) Angebot abzugeben, ohne die Vorschriften des Gesetzes betreffend Übernahmeangebote beachten zu müssen. Allerdings muss er anschließend ein Pflichtangebot, gerichtet auf den Erwerb aller Stamm- und Vorzugsaktien, abgeben.[83] 72

Die Gesetzesbegrundung zu § 32, wonach sich ein Übernahmeangebot auf den Erwerb aller von der Zielgesellschaft emittierten Aktien richten, „dh sowohl Stamm- als auch Vorzugsaktien" erfassen muss, spricht dafür, dass der Gesetzgeber in solchen Fällen die Anwendung des Gesetzes bereits auf das Übernahmeangebot gewollt hätte. 73

Allerdings hat dieser Wille im Wortlaut des § 1 keinen Ausdruck gefunden, und eine analoge Anwendung des Gesetzes zulasten des Bieters ist nicht möglich. Deshalb ist de lege lata davon auszugehen, dass das Gesetz auf solche Übernahmeangebote unanwendbar ist. 74

(b) Das Angebot erfasst auch zugelassene Aktien. Anders ist die Rechtslage bei Übernahmeangeboten und sonstigen freiwilligen Angeboten, die sich ausdrücklich auf börsenzugelassene und nicht-börsenzugelassene Aktien erstrecken oder nicht ausdrücklich auf nicht-börsenzugelassene Aktien beschränkt sind. In diesen Fällen ist das Gesetz ohne Einschränkungen anwendbar, und zwar nicht nur im Hinblick auf die zum Handel zugelassenen Aktien.[84] 75

---

[82] Ebenso *Pötzsch/Favoccia* in Assmann/Pötzsch/Schneider, § 1 Rn. 35; *Santelmann* in Steinmeyer, § 1 Rn. 31.

[83] → Rn. 81 f. und 86.

[84] Ebenso *Schüppen* in Frankfurter Komm., § 1 Rn. 35; weitgehend ebenso *Pötzsch/Favoccia* in Assmann/Pötzsch/Schneider, § 1 Rn. 37; aA *Baums/Hecker* in Baums/

76 Dies ergibt sich daraus, dass dann der Wortlaut des § 1 einer Anwendung des Gesetzes nicht mehr entgegensteht, denn es liegt in dieser Fallkonstellation ein Angebot (auch) für börsenzugelassene Wertpapiere vor. Dadurch wird die Schranke des § 1 hochgezogen und es gilt § 3 Abs. 1, wonach die Inhaber von Wertpapieren der Zielgesellschaft, die der gleichen Gattung angehören, vom Bieter gleich zu behandeln sind. Die Börsenzulassung führt gemäß § 11 Satz 2 AktG nicht zur Gattungsverschiedenheit, weil sie sich nicht auf die aus den börsenzugelassenen Aktien resultierenden Mitgliedschaftsrechte auswirkt. Bei Übernahmeangeboten wird zusätzlich § 32 anwendbar, der überdies eine Differenzierung zwischen Stamm- und Vorzugsaktien verbietet.

77 Hiergegen ist eingewandt worden, es lägen bei einem Angebot dieser Art in Wahrheit zwei Angebote vor, nämlich ein Angebot zum Erwerb der börsenzugelassenen Aktien, das den Vorschriften des WpÜG genügen müsse, und ein Angebot zum Erwerb der nicht-börsenzugelassenen Aktien, das diesen Vorschriften nicht gerecht werden müsse.[85] Die BaFin müsse ihre Prüfung der Angebotsunterlage auf das Angebot für die zugelassenen Aktien beschränken, dürfe diese aber nur dann freigeben, wenn das Angebot, das sich auf die nicht-börsenzugelassenen Wertpapiere beziehe, formal von dem Angebot zum Erwerb der börsenzugelassenen Wertpapiere abgegrenzt sei und die Angebotsunterlage überdies einen Hinweis enthalte, dass die Angebotsunterlage insoweit nicht dem WpÜG entsprechen müsse und auch nicht von der BaFin geprüft worden sei.[86]

78 Dieser Vorschlag ist praxisfern und gekünstelt. Es ist auch kein Grund für ein Verbot, ein Angebot für börsenzugelassene und nicht-börsenzugelassene Aktien zusammenzufassen, ersichtlich. Für die meisten Fälle ergibt sich die Anwendbarkeit des WpÜG auf solche Angebote insgesamt bereits aus den §§ 3 Abs. 1, 32 WpÜG,[87] für die wenigen verbleibenden Fälle daraus, dass der Bieter sich für ein einheitliches Angebotsverfahren entschieden hat, das sich dann auch einheitlich am höchsten darauf anwendbaren Standard messen lassen muss.[88]

79 Darüber hinaus ist die von *Baums/Hecker* vertretene Auffassung widersprüchlich: Einerseits soll das WpÜG bei Übernahmeangeboten nur anwendbar sein, „soweit sich das Übernahmeangebot auf die börsenzugelassenen Akien bezieht",[89] andererseits soll ein Übernahmeangebot auf den Erwerb sämtlicher Aktien der Zielgesellschaft zu richten sein, „und zwar unabhängig von ihrer Zulassung zum Handel an einem organisierten Markt".[90] Letzeres kann ja wohl nur bedeuten, dass das WpÜG einheitlich auf Übernahmeange-

---

Thoma, § 1 Rn. 17f. und 33; *Santelmann* in Steinmeyer, § 1 Rn. 31; *Versteegen* in KK-WpÜG, § 1 Rn. 46.

[85] *Baums/Hecker* in Baums/Thoma, § 1 Rn. 17f.

[86] *Baums/Hecker* in Baums/Thoma, § 1 Rn. 18f.

[87] Ebenso *Pötzsch/Favoccia* in Assmann/Pötzsch/Schneider, § 1 Rn. 37; *Schüppen* in Frankfurter Komm., § 1 Rn. 35.

[88] Vgl. *Schüppen* in Frankfurter Komm., § 1 Rn. 35.

[89] *Baums/Hecker* in Baums/Thoma, § 1 Rn. 33.

[90] *Baums/Hecker* in Baums/Thoma, § 1 Rn. 41.

bote anwendbar ist, die teilweise auf börsenzugelassene und teilweise auf nicht-börsenzugelassene Aktien gerichtet sind.

(2) Pflichtangebote. Im Hinblick auf Pflichtangebote muss demgegenüber in Fällen der vorliegenden Art nicht differenziert werden. § 35 Abs. 1 Satz 1 und § 35 Abs. 2 Satz 1 sowie die übrigen Regelungen des Gesetzes betreffend Pflichtangebote sind vielmehr stets vollumfänglich anzuwenden. 80

§ 1 ist im vorliegenden Kontext wie folgt zu verstehen: Die Vorschriften über Pflichtangebote sind anwendbar, wenn ein unterstelltes ordnungsgemäßes Pflichtangebot des Bieters auf den Erwerb von Aktien an der Zielgesellschaft gerichtet wäre, die zum Handel an einem organisierten Markt zugelassen sind. Dies ist in Fällen der hier behandelten Art zu bejahen, weil ein unterstelltes ordnungsgemäßes Pflichtangebot auf alle Aktien an der Zielgesellschaft gerichtet wäre und damit notwendigerweise **auch** börsenzugelassene Aktien an der Zielgesellschaft erfassen würde. 81

Damit ist die Schranke des § 1 hochgezogen und § 3 Abs. 1 sowie § 39 iVm § 32 werden anwendbar, mit der Folge, dass eine Differenzierung zwischen den börsenzugelassenen und den nicht-börsenzugelassenen Aktien und zwischen Stamm- und Vorzugsaktien unzulässig ist. Das Pflichtangebot muss also **alle** Aktien an der Zielgesellschaft erfassen, auch die nicht zum Börsenhandel zugelassenen.[91] 82

(a) Zulassung zum Handel an einem organisierten Markt und gleichzeitige Zulassung zum Handel an einem nicht-organisierten Markt (Doppelzulassung). Soweit alle von einer Zielgesellschaft emittierten Wertpapiere sowohl zum Handel an einem organisierten Markt als auch an einem nicht-organisierten Markt zugelassen sind (Doppelzulassung), sind sämtliche Wertpapiere, auf die ein Angebot denkbarerweise gerichtet sein kann, stets notwendigerweise auch zum Handel an einem organisierten Markt zugelassen. Das Gesetz ist deshalb stets anwendbar.[92] Dies gilt für freiwillige Angebote und für Pflichtangebote gleichermaßen. 83

(b) Ausschließliche Zulassung zum Handel an einem organisierten Markt in anderen Staaten des Europäischen Wirtschaftsraums. Aus § 1 Abs. 2 und § 2 Abs. 7 ergibt sich, dass es nicht erforderlich ist, dass die von einer Zielgesellschaft mit Sitz in Deutschland emittierten Wertpapiere zum Handel an einem organisierten Markt in Deutschland zugelassen sind. Auch dann, wenn die Aktien an einer im Inland ansässigen deutschen Zielgesellschaft ausschließlich zum Handel an organisierten Märkten anderer Staaten des Europäischen Wirtschaftsraums zugelassen sind, etwa an der Borsa Italiana oder der Luxembourg Stock Exchange, ist das Gesetz anwendbar, ohne dass es darauf ankommt, ob es sich um ein freiwilliges Angebot oder ein Pflichtangebot handelt. Der Anwendungsbereich des Gesetzes ist in diesen Fällen allerdings gemäß § 1 Abs. 2 beschränkt. 84

(c) Beispiele. Die Hälfte der Aktien an einer deutschen Zielgesellschaft, die ausschließlich Stammaktien ausgegeben hat, ist zum Handel am regulier- 85

---

[91] Ebenso *Baums/Hecker* in Baums/Thoma, § 1 Rn. 66; *Schüppen* in Frankfurter Komm., § 1 Rn. 36; nunmehr auch *Wackerbarth* in MüKoAktG, § 1 WpÜG Rn. 40 Fn. 50; aA immer noch *Versteegen* in KK-WpÜG, § 1 Rn. 46.

[92] Ebenso *Versteegen* in KK-WpÜG, § 1 Rn. 43.

ten Markt einer deutschen Börse zugelassen. Die andere Hälfte der Aktien an der Gesellschaft ist nicht börsenzugelassen. **Fall 1:** Ein Bieter gibt ein freiwilliges Angebot ab, das ausdrücklich auf die nicht börsenzugelassenen Aktien an der Gesellschaft beschränkt ist. Das Gesetz ist nicht anwendbar (der Bieter muss allerdings anschließend ein Pflichtangebot abgeben, wenn er auf diese Weise 30% der Stimmrechte oder mehr erwirbt, siehe Fall 3). **Fall 2:** Der Bieter gibt ein Angebot zum Erwerb aller Aktien an der Zielgesellschaft ab. Das Gesetz ist auf das gesamte Angebot anwendbar. **Fall 3:** Der Bieter erwirbt die Kontrolle über die Gesellschaft. Er muss nach den Vorschriften des Gesetzes den Kontrollerwerb veröffentlichen und ein Pflichtangebot für alle Aktien (auch die nicht-börsenzugelassenen Aktien) abgeben.

86 Die Vorzugsaktien an einer deutschen Zielgesellschaft sind zum Handel am regulierten Markt an einer deutschen Börse zugelassen. Die Stammaktien an der Gesellschaft sind nicht zum Börsenhandel zugelassen. **Fall 1:** Ein Bieter gibt ein freiwilliges Angebot ab, das ausdrücklich auf die Stammaktien beschränkt ist. Das Gesetz ist nicht anwendbar (der Bieter muss allerdings anschließend ein Pflichtangebot abgeben, wenn er auf diese Weise 30% der Stimmrechte oder mehr erwirbt, siehe Fall 3). **Fall 2:** Der Bieter gibt ein Angebot zum Erwerb aller Aktien an der Zielgesellschaft ab. Das Gesetz ist auf das gesamte Angebot anwendbar. **Fall 3:** Der Bieter erwirbt die Kontrolle über die Gesellschaft. Er muss nach den Vorschriften des Gesetzes den Kontrollerwerb veröffentlichen und ein Pflichtangebot für alle Aktien (die börsenzugelassenen Vorzugsaktien und die nicht börsenzugelassenen Stammaktien) abgeben.

87 Die von einer deutschen Zielgesellschaft emittierten Aktien sind ausschließlich an der NASDAQ zum Handel zugelassen. **Fall 1:** Ein Bieter gibt ein freiwilliges Erwerbsangebot ab. Das Gesetz ist nicht anwendbar.[93] Es sind aber die US-amerikanischen Vorschriften zu beachten. **Fall 2:** Der Bieter erwirbt die Kontrolle an der Gesellschaft. Er muss nach den Vorschriften des Gesetzes weder den Kontrollerwerb veröffentlichen noch ein Pflichtangebot abgeben.

88 Die Aktien an einer deutschen Zielgesellschaft sind zum Handel am regulierten Markt einer deutschen Börse zugelassen. Außerdem sind American Depositary Receipts (ADR) für Aktien an der Zielgesellschaft an der New York Stock Exchange zum Handel zugelassen. **Fall 1:** Der Bieter gibt ein freiwilliges Angebot ab, das sich auf die ADR beschränkt. Da es sich bei den ADR um eigenständige Wertpapiere handelt[94] ist das Gesetz nicht anwendbar.[95] Es sind aber die US-amerikanischen Vorschriften zu beachten. **Fall 2:** Der Bieter gibt ein Angebot zum Erwerb aller Aktien an der Zielgesellschaft ab. Das Gesetz ist anwendbar. Das Angebot ist nicht auf die ADR zu erstrecken.[96] **Fall 3:** Der Bieter erwirbt die Kontrolle an der Gesellschaft. Er muss nach den Vorschriften des Gesetzes den Kontrollerwerb veröffentlichen und ein Pflichtangebot für alle Aktien abgeben. Auf die ADR muss sich das Pflichtangebot nicht erstrecken.[97]

---

[93] Vgl. *Mülbert* ZIP 2001, 1221, 1229.

[94] → Rn. 41.

[95] AA *Baums/Hecker,* § 1 Rn. 12–14.

[96] AA *Baums/Hecker,* § 1 Rn. 42.

[97] AA *Baums/Hecker,* § 1 Rn. 69.

Die Aktien an einer inländischen Aktiengesellschaft sind an einer deutschen Börse zum Handel am regulierten Markt und zugleich zum Handel an der New York Stock Exchange zugelassen (Doppelzulassung). **Fall 1:** Der Bieter gibt ein freiwilliges Erwerbsangebot ab. Das Gesetz ist anwendbar. **Fall 2:** Der Bieter erwirbt die Kontrolle an der Gesellschaft. Er muss nach den Vorschriften des Gesetzes den Kontrollerwerb veröffentlichen und ein Pflichtangebot abgeben. 89

III. Die Einschränkungen des Anwendungsbereichs gemäß § 1 Abs. 2–5

Die neuen Absätze 2–5 des § 1 beruhen auf der Umsetzung von Art. 4 der Übernahmerichtlinie und sind durch das Übernahmerichtlinie-Umsetzungsgesetz in das WpÜG eingefügt worden. Sie enthalten Sonderregelungen betreffend das anwendbare Recht bei Übernahmen mit grenzüberschreitendem Bezug. 90

Das WpÜG ist bei Zielgesellschaften mit Sitz im Inland, deren Wertpapiere ausschließlich im Ausland zum Handel an einem organisierten Markt zugelassen sind, nur hinsichtlich der gesellschaftsrechtlichen Fragen anwendbar (§ 1 Abs. 2). 91

Die Vorschriften betreffend das Angebotsverfahren gelten in bestimmten Fällen jetzt auch für Zielgesellschaften mit Sitz in einem anderen EWR-Staat (§ 1 Abs. 3). Für den Fall, dass die Wertpapiere einer ausländischen Zielgesellschaft in mehreren Staaten des Europäischen Wirtschaftsraums, nicht aber im Sitzstaat, zum Börsenhandel an einem organisierten Markt zugelassen sind, bestimmt sich die Frage, ob das WpÜG auf das Angebotsverfahren anwendbar ist, nach der Erstzulassung oder der Entscheidung der Zielgesellschaft (§ 1 Abs. 3). 92

§ 1 Abs. 4 enthält eine Verordnungsermächtigung für das Bundesministerium der Finanzen zur Konkretisierung von § 1 Abs. 2 und § 1 Abs. 3. Am 17. Juli 2006 (BGBl. I S. 1698) wurde die WpÜG-AnwendbkV vom Bundesministerium der Finanzen erlassen. 93

§ 1 Abs. 5 Satz 3 und 4 enthält eine Verordnungsermächtigung für das Bundesministerium der Finanzen mit Weiterdelegationsbefugnis an die BaFin zur Konkretisierung von § 1 Abs. 5 Satz 2. Am 13. Oktober 2006 (BGBl. I S. 2266) wurde die WpÜG-BeaufsMittV von der BaFin erlassen. 94
Im Einzelnen:

1. Die Einschränkungen bei deutschen Zielgesellschaften durch § 1 Abs. 2

§ 1 Abs. 2 setzt Art. 4 Abs. 2 lit. e iVm lit. b der Übernahmerichtlinie um. Die Vorschrift schränkt den Anwendungsbereich des WpÜG bei solchen deutschen Zielgesellschaften ein, deren stimmberechtigte Aktien nicht im Inland, sondern in einem anderen EWR-Staat zum Handel an einem organisierten Markt zugelassen sind. Vor Inkrafttreten des Übernahmerichtlinie-Umsetzungsgesetzes war das WpÜG in solchen Fällen vollumfänglich anwendbar. 95

In den Fällen des § 1 Abs. 2 ist das Gesetz auf Übernahme- und Pflichtangebote nur anzuwenden, soweit es die Kontrolle, die Verpflichtung zur Abgabe eines Angebots und hiervon abweichende Regelungen, die Unterrichtung 96 der Arbeitnehmer der Zielgesellschaft oder des Bieters, Handlungen des Vorstands der Zielgesellschaft, durch die der Erfolg eines Angebots verhindert werden könnte, oder andere gesellschaftsrechtliche Fragen regelt. Auf sonstige freiwillige Erwerbsangebote ist das WpÜG nach wie vor auch in den Fällen des § 1 Abs. 2 vollumfänglich anwendbar.[98]

97 **a) Zulassung der Aktien ausschließlich in einem anderen EWR-Staat.** Nach dem ausdrücklichen Wortlaut von § 1 Abs. 2 ist die Vorschrift nur dann einschlägig, wenn die stimmberechtigten Aktien der deutschen Zielgesellschaft ausschließlich in einem anderen EWR-Staat börsenzugelassen sind. Die Vorschrift greift daher zB dann nicht ein, wenn stimmrechtslose Vorzugsaktien der Zielgesellschaft im Ausland börsenzugelassen sind und die Stammaktien der Zielgesellschaft entweder in Deutschland oder überhaupt nicht[99] zum Börsenhandel an einem organisierten Markt zugelassen sind. Sind dagegen alle Stammaktien der Zielgesellschaft in einem anderen EWR-Staat börsenzugelassen und die Vorzugsaktien in Deutschland, ist dies ein Fall des § 1 Abs. 2.[100]

98 Der Tatbestand des § 1 Abs. 2 ist nicht erfüllt, wenn die Stammaktien der Zielgesellschaft in einem Staat, der nicht zum Europäischen Wirtschaftsraum gehört, zum Börsenhandel zugelassen sind. In solchen Fällen bleibt es vielmehr dabei, dass das WpÜG gemäß § 1 Abs. 1 insgesamt nicht anwendbar ist.[101]

99 **b) Rechtsfolge des § 1 Abs. 2.** Welche Vorschriften des WpÜG gemäß § 1 Abs. 2 anwendbar sind, richtet sich nach § 1 der aufgrund § 1 Abs. 4 vom Bundesministerium der Finanzen am 17. Juli 2006 erlassenen WpÜG-AnwendbkV.

100 **aa) Regelungstechnik der WpÜG-AnwendbkV.** Sinn und Zweck der Verordnungsermächtigung und der auf ihrer Grundlage erlassenen WpÜG-AnwendbkV ist die Konkretisierung der in den Fällen der Absätze 2 und 3 anwendbaren Vorschriften des WpÜG.[102] Sinnvoll wäre daher eine abschließende Aufzählung der anwendbaren Vorschriften in der WpÜG-AnwendbkV gewesen. Diese ist jedoch nicht erfolgt.

101 ZB ist § 11 (Angebotsunterlage) nicht in § 2 der WpÜG-AnwendbkV genannt, obwohl gemäß § 1 Abs. 3 Satz 2 das WpÜG anwendbar sein soll, „soweit es Fragen des Inhalts der Angebotsunterlage" regelt. Mehr noch: Keine einzige Vorschrift aus dem dritten Abschnitt des WpÜG ist in § 2 der WpÜG-AnwendbkV erwähnt.[103] Ein weiteres Beispiel für die Unvollständigkeit der WpÜG-AnwendbkV ist das Fehlen von § 20 im Katalog ihres § 1.

---

[98] Vgl. die Gesetzesbegründung zum Übernahmerichtlinie-Umsetzungsgesetz, BT-Drucks. 16/1003, S. 16; ebenso *Versteegen* in KK-WpÜG, § 1 Rn. 50.

[99] Ebenso *Versteegen* in KK-WpÜG, § 1 Rn. 50; *Pötzsch/Favoccia* in Assmann/Pötzsch/Schneider, § 1 Rn. 39.

[100] Vgl. *Santelmann* in Steinmeyer, § 1 Rn. 37; ebenso *Pötzsch/Favoccia* in Assmann/Pötzsch/Schneider, § 1 Rn. 39.

[101] Ebenso *Pötzsch/Favoccia* in Assmann/Pötzsch/Schneider, § 1 Rn. 39.

[102] Vgl. die Gesetzesbegründung zum Übernahmerichtlinie-Umsetzungsgesetz, BT-Drucks. 16/1003, 17.

[103] Vgl. die Stellungnahme des Handelsrechtsausschusses des Deutschen Anwaltsvereins zum Diskussionsentwurf eines Gesetzes zur Umsetzung der Übernahmerichtlinie, NZG 2006, 177 und *Josenhans* ZBB 2006, 269, 279f.

102 Wenn man auf dem Standpunkt steht, dass eine eindeutige Zuordnung der materiellen Vorschriften des WpÜG zu den Rechtsgebieten Gesellschaftsrecht (§ 1 der WpÜG-AnwendbkV) oder Kapitalmarktrecht (§ 2 der WpÜG-AnwendbkV) erforderlich ist,[104] ist die Nennung des § 33d sowohl in § 1 als auch in § 2 der Verordnung nicht nachvollziehbar.

103 Unklar ist auch der Sinn der Aufnahme der §§ 34 und 39 sowohl in § 1 als auch in § 2 der WpÜG-AnwendbkV.[105] Gemeint kann damit aber jedenfalls nicht sein, dass alle Vorschriften, auf welche die §§ 34 und 39 verweisen, anwendbar sein sollen, denn dies würde den Rahmen der Ermächtigungsgrundlage (§ 1 Abs. 4) sprengen.

104 Eine sinnvolle Handhabung von § 1 Abs. 2 bis 4 iVm den §§ 1 und 2 der WpÜG-AnwendbkV ist, dass lediglich die Vorschriften des WpÜG gemäß §§ 1 bzw. 2 der WpÜG-AnwendbkV anzuwenden sind, welche die Voraussetzungen des § 1 Abs. 2 bzw. 3 WpÜG erfüllen, weil §§ 1 und 2 der WpÜG-AnwendbkV im Übrigen nicht von der Verordnungsermächtigung gedeckt sind.[106] Umgekehrt sind auch solche Vorschriften des WpÜG (direkt gemäß § 1 Abs. 2 bzw. Abs. 3 WpÜG) anzuwenden, die unter § 1 Abs. 2 bzw. 3 WpÜG zu subsumieren sind, aber nicht in den §§ 1 und 2 der WpÜG-AnwendbkV genannt sind. Die in §§ 1 und 2 der WpÜG-AnwendbkV enthaltenen Kataloge enthalten also einerseits Vorschriften, die nicht anwendbar sind, und andererseits Vorschriften nicht, die anwendbar sind. ZB ist die Aufnahme der §§ 34 und 39 in diese Kataloge so zu verstehen, dass von den Vorschriften des dritten Abschnitts des WpÜG nur diejenigen Vorschriften anwendbar sind, welche die in den § 1 Abs. 2 bzw. § 1 Abs. 3 genannten Voraussetzungen erfüllen, und zwar über § 34 bei Übernahmeangeboten bzw. über die §§ 34 und 39 bei Pflichtangeboten.[107] Andererseits ist zB auch § 20 gemäß § 1 Abs. 2 und auch § 11 gemäß § 1 Abs. 3 anwendbar.[108] Ferner sind gemäß § 1 Abs. 2 zB auch die §§ 3 Abs. 3 und 16 Abs. 4 anwendbar[109] und gemäß § 1 Abs. 3 zB auch die §§ 3 Abs. 1, 10, 14, 17, 18 und 22.[110]

105 **bb) Gemäß § 1 der WpÜG-AnwendbkV anwendbare Vorschriften.** Nach § 1 der WpÜG-AnwendbkV sind folgende Vorschriften des WpÜG anzuwenden, soweit nicht das ausländische Recht Abweichungen nötig macht: §§ 1–3 (Allgemeine Vorschriften), §§ 4–9 (Zuständigkeit der BaFin), § 29 (Definition von „Übernahmeangebote" und „Kontrolle"), § 30 (Zurechnung von Stimmrechten), § 33 (Handlungen des Vorstands der Zielgesellschaft), § 33a (Europäisches Verhinderungsverbot), § 33b (Europäische Durchbrechungsregel), § 33c (Vorbehalt der Gegenseitigkeit), § 33d (Verbot der Gewährung ungerechtfertigter Leistungen), § 34 (Anwendung der Vor-

[104] So *Josenhans* ZBB 2006, 269, 279.
[105] Vgl. *Santelmann* in Steinmeyer, § 1 Rn. 39 und 49.
[106] *Versteegen* in KK-WpÜG, § 1 Rn. 54; *Pötzsch/Favoccia* in Assmann/Pötzsch/Schneider, § 1 Rn. 42.
[107] Ähnlich *Wackerbarth* in MüKoAktG, § 1 WpÜG Rn. 32; *Steinmeyer*, § 1 Rn. 38 und 48.
[108] Ebenso *Santelmann* in Steinmeyer, § 1 Rn. 38 und 48.
[109] Vgl. *Josenhans* ZBB 2006, 269, 280.
[110] Vgl. *Josenhans* ZBB 2006, 269, 280, Fn. 94.

schriften über einfache Erwerbsangebote auf Übernahmeangebote), § 35 Abs. 1 Satz 4 iVm § 10 Abs. 5 Satz 2 und 3 (Unterrichtung des Betriebsrats bzw. der Arbeitnehmer über einen Kontrollerwerb), § 35 Abs. 2 Satz 1 hinsichtlich der Verpflichtung zur Abgabe eines Angebots, § 35 Abs. 2 Satz 2 iVm § 14 Abs. 4 Satz 2 und 3 (Übermittlung der Angebotsunterlage an den Betriebsrat bzw. die Arbeitnehmer bei Pflichtangeboten), § 35 Abs. 2 Satz 3 (Ausnahmen von der Verpflichtung, ein Angebot abzugeben, für bestimmte Aktien), § 35 Abs. 3 (Ausnahme von der Verpflichtung, ein Angebot abzugeben, bei Kontrollerwerb durch ein Übernahmeangebot), § 36 (Nichtberücksichtigung von Stimmrechten), § 37 (Befreiung von der Verpflichtung, ein Angebot abzugeben), § 38 (Anspruch auf Zinsen bei Verstößen gegen die Verpflichtung, ein Angebot abzugeben), § 39 (Anwendung der Vorschriften über Übernahmeangebote und einfache Erwerbsangebote auf Pflichtangebote), § 39a–§ 39c (Ausschluss der übrigen Aktionäre und Andienungsrecht), §§ 40–47 (Verfahren), §§ 48–58 (Rechtsmittel), §§ 59–65 (Sanktionen), §§ 66–67 (gerichtliche Zuständigkeit) und § 68 (Übergangsregelungen). Ferner sind zB die §§ 3 Abs. 3, 16 Abs. 4 und 20 anwendbar.[111]

106 Soweit in den in § 1 der WpÜG-AnwendbkV genannten Vorschriften Sanktionen für Verstöße gegen Vorschriften des WpÜG vorgesehen sind, die nicht anwendbar sind (Beispiel: Nr. 1 und Nr. 3 von § 38), sind diese Sanktionsvorschriften natürlich ebenfalls nicht anwendbar. Auch im Übrigen sind die Verweisungen in § 1 der WpÜG-AnwendbkV teilweise zu pauschal (zB die pauschale Verweisung auf § 68, obwohl die Absätze 2 und 3 der Vorschrift im Kontext des § 1 der WpÜG-AnwendbkV offensichtlich irrelevant sind).

2. Die Einschränkungen bei ausländischen Zielgesellschaften durch § 1 Abs. 3

107 § 1 Abs. 3 setzt Art. 4 Abs. 2 lit. e iVm lit. b–d der Übernahmerichtlinie um. Die Vorschrift schränkt den Anwendungsbereich des WpÜG auf Zielgesellschaften mit Sitz in einem anderen EWR-Staat (§ 2 Abs. 2 Nr. 2) ein. Vor Inkrafttreten des Übernahmerichtlinie-Umsetzungsgesetzes war das WpÜG in solchen Fällen überhaupt nicht anwendbar.

108 **a) Europäisches Angebot zum Erwerb stimmberechtigter Wertpapiere.** Erforderlich ist gemäß § 1 Abs. 3 Satz 1 Nr. 1 zunächst, dass ein europäisches Angebot zum Erwerb stimmberechtigter Wertpapiere vorliegt. Das europäische Angebot ist in § 2 Abs. 1a legal definiert. Danach sind europäische Angebote solche Angebote zum Erwerb von Wertpapieren einer Zielgesellschaft im Sinne des § 1 Abs. 2 Nr. 2, die nach dem Recht des Staates des Europäischen Wirtschaftsraums, in dem die Zielgesellschaft ihren Sitz hat, als Angebote iSv Art. 2 Abs. 1 lit. a der Übernahmerichtlinie anzusehen sind.

109 Art. 2 Abs. 1 lit. a der Übernahmerichtlinie lautet: „‚Übernahmeangebot' oder ‚Angebot' ist ein an die Inhaber der Wertpapiere einer Gesellschaft gerichtetes (und nicht von der Zielgesellschaft selbst abgegebenes) öffentliches Pflicht- oder freiwilliges Angebot zum Erwerb eines Teils oder aller dieser Wertpapiere, das sich an den Erwerb der Kontrolle der Zielgesellschaft im Sinne des einzelstaatlichen Rechts anschließt oder diesen Erwerb zum Ziel hat."

---

[111] → Rn. 104.

110 Ein einfaches Erwerbsangebot kann daher kein europäisches Angebot sein, sondern nur ein Übernahme- oder Pflichtangebot. Der Grund dafür ist, dass dem deutschen Gesetzgeber nach der Übernahmerichtlinie keine Regelungsbefugnis für einfache Erwerbsangebote betreffend Zielgesellschaften mit Sitz im Ausland zusteht.[112]

111 **b) Zulassung der Wertpapiere zum Börsenhandel in Deutschland.** § 1 Abs. 3 Satz 1 Nr. 2a) und b) enthalten weitere Voraussetzungen für die Anwendbarkeit des Gesetzes auf Zielgesellschaften mit Sitz in einem anderen EWR-Staat, die lediglich alternativ vorliegen müssen: Entweder sind die Wertpapiere der Zielgesellschaft im Europäischen Wirtschaftsraum nur in Deutschland zum Handel an einem organisierten Markt zugelassen (§ 1 Abs. 3 Satz 1 Nr. 2a) – weitere Zulassungen außerhalb des Europäischen Wirtschaftsraums sind unschädlich[113]) oder sie sind sowohl in Deutschland als auch in einem anderen EWR-Staat, jedoch nicht in dem Staat, in dem die Zielgesellschaft ihren Sitz hat, zum Handel an einem organisierten Markt zugelassen (§ 1 Abs. 3 Satz 1 lit. b)). Im Fall der Mehrfachzulassung muss hinzukommen, dass die erste Zulassung zum Handel an einem organisierten Markt in Deutschland erfolgte (§ 1 Abs. 3 Satz 1 lit. b) aa)) oder die Zulassungen gleichzeitig erfolgten und die Zielgesellschaft sich für die BaFin als zuständige Aufsichtsbehörde entschieden hat (§ 1 Abs. 3 Satz 1 lit. b) bb)).

112 **c) Wahl der zuständigen Aufsichtsstelle durch die Zielgesellschaft bei Mehrfachzulassung.** Gemäß § 1 Abs. 5 Satz 1 ist eine Zielgesellschaft im Sinne des § 2 Abs. 3 Nr. 2, deren stimmberechtigte Wertpapiere gleichzeitig in Deutschland und in einem anderen EWR-Staat, jedoch nicht in dem Staat, in dem sie ihren Sitz hat, zum Handel an einem organisierten Markt zugelassen worden sind, verpflichtet, sich zu entscheiden, welche der betroffenen Aufsichtsstellen für die Beaufsichtigung eines europäischen Angebots zum Erwerb stimmberechtigter Wertpapiere zuständig sein soll. Gemäß § 1 Abs. 5 Satz 2 hat die Zielgesellschaft ihre Entscheidung der BaFin mitzuteilen und zu veröffentlichen.

113 In § 1 Abs. 5 Satz 3 und 4 ist eine Verordnungsermächtigung für das Bundesministerium der Finanzen mit Weiterdelegationsbefugnis an die BaFin enthalten, nähere Bestimmungen über den Zeitpunkt sowie Inhalt und Form der Mitteilung und der Veröffentlichung gemäß § 1 Abs. 5 Satz 2 durch Rechtsverordnung zu erlassen. Die BaFin hat von der ihr danach eingeräumten Ermächtigung Gebrauch gemacht und am 13. Oktober 2006 (BGBl. I S. 2266) die WpÜG-BeaufsMittV erlassen.

114 § 1 Abs. 1 der WpÜG-BeaufsMittV sieht vor, dass die Zielgesellschaft ihre Entscheidung, welche der betroffenen Aufsichtsstellen für die Beaufsichtigung eines europäischen Angebots zum Erwerb ihrer stimmberechtigten Wertpapiere zuständig sein soll, der BaFin spätestens am ersten Tag des Handels ihrer stimmberechtigten Wertpapiere an einem organisierten Markt im Inland mitzuteilen hat.

---

[112] Vgl. die Gesetzesbegründung zum Übernahmerichtlinie-Umsetzungsgesetz, BT-Drucks. 16/1003, 16.

[113] Vgl. *Santelmann* in Steinmeyer, § 1 Rn. 45.

115 Gemäß § 1 Abs. 3 der WpÜG-BeaufsMittV muss die Mitteilung an die BaFin schriftlich erfolgen und die in § 1 Abs. 2 der Verordnung aufgelisteten Formalangaben enthalten.

116 § 2 Abs. 1 der WpÜG-BeaufsMittV sieht vor, dass die Zielgesellschaft ihre Entscheidung, welche der betroffenen Aufsichtsstellen für die Beaufsichtigung eines europäischen Angebots zum Erwerb ihrer stimmberechtigten Wertpapiere zuständig sein soll, unverzüglich nach der Zulassung ihrer stimmberechtigten Wertpapiere zum Handel an einem organisierten Markt in Deutschland veröffentlichen muss.

117 Die Veröffentlichung soll gemäß § 2 Abs. 1 der Verordnung „mit dem in § 2 Abs. 2 vorgesehenen Inhalt" erfolgen. Dies ergibt keinen Sinn, denn § 2 Abs. 2 der Verordnung regelt die Art der Veröffentlichung und sagt nichts über den Inhalt der Mitteilung oder deren Veröffentlichung. Es handelt sich offensichtlich um ein Redaktionsversehen. Gemeint ist, dass die Veröffentlichung die in § 1 Abs. 2 der Verordnung für die Mitteilung vorgesehenen Angaben enthalten muss.[114]

118 Die Veröffentlichung hat gemäß § 2 Abs. 2 der WpÜG-BeaufsMittV in gleicher Weise wie die Veröffentlichung der Entscheidung zur Abgabe eines Angebots (vgl. § 10 Abs. 3 Satz 1) zu erfolgen. Eine andere Veröffentlichung ist vorher verboten.

119 **d) Übergangsregelungen.** Eine Übergangsregelung für die Anwendung von § 1 Abs. 3 Satz 1 Nr. 2b) bb) auf Altfälle enthält § 68 Abs. 2.

120 **e) Vorbehalt zugunsten des § 11 a.** Der Vorbehalt zugunsten des § 11a in § 1 Abs. 3 Satz 1 stellt klar, dass § 1 Abs. 3 die Geltung des europäischen Passes nicht einschränken will.

121 **f) Rechtsfolge des § 1 Abs. 3.** Rechtsfolge des Eingreifens des § 1 Abs. 3 Satz 1 ist gemäß § 1 Abs. 3 Satz 2, dass das WpÜG anzuwenden ist, soweit es Fragen der Gegenleistung, des Inhalts der Angebotsunterlage und des Angebotsverfahrens regelt. Welche Vorschriften des WpÜG gemäß § 1 Abs. 3 Satz 2 anwendbar sind, richtet sich nach § 2 der aufgrund § 1 Abs. 4 vom Bundesministerium der Finanzen am 17. Juli 2006 (BGBl. I S. 1698) erlassenen WpÜG-AnwendbkV. Zur Regelungstechnik der WpÜG-AnwendbkV, insbesondere im Hinblick auf die Bedeutung der in den §§ 1 und 2 der Verordnung genannten §§ 34 und 39, siehe oben, Rn. 100–104.

122 Nach § 2 der WpÜG-AnwendbkV sind folgende Vorschriften des WpÜG anzuwenden, soweit nicht das ausländische Recht Abweichungen nötig macht: §§ 1–3 (Allgemeine Vorschriften), §§ 4–9 (Zuständigkeit der BaFin), § 31 (Gegenleistung), § 32 (Unzulässigkeit von Teilangeboten), § 33d (Verbot der Gewährung ungerechtfertigter Leistungen), § 34 (Anwendung der Vorschriften über einfache Erwerbsangebote auf Übernahmeangebote), § 35 Abs. 1 Satz 1–3 (Verpflichtung zur Veröffentlichung der Erlangung der Kontrolle), § 35 Abs. 1 Satz 4 iVm § 10 Abs. 2, Abs. 3 Satz 3, Abs. 4, Abs. 5 Satz 1 und Abs. 6 (Mitteilung des Kontrollerwerbs an die betroffenen Börsen und die BaFin, keine Vor-Veröffentlichung des Kontrollerwerbs, Verpflichtung zur Übersendung der Veröffentlichung des Kontrollerwerbs an die be-

[114] Zustimmend *Pötzsch/Favoccia* in Assmann/Pötzsch/Schneider, § 1 Rn. 53.

troffenen Börsen und die BaFin, Verpflichtung zur Mitteilung des Kontrollerwerbs an den Vorstand der Zielgesellschaft, Nichtgeltung von § 15 WpHG für den Kontrollerwerb), § 35 Abs. 2 Satz 1 (Verpflichtung zur Übermittlung der Angebotsunterlage an die BaFin und deren Veröffentlichung bei Pflichtangeboten), § 35 Abs. 2 Satz 2 iVm § 14 Abs. 2 Satz 2, Abs. 3 und Abs. 4 Satz 1 (keine Vor-Veröffentlichung der Angebotsunterlage, Art der Veröffentlichung der Angebotsunterlage, Verpflichtung zur Übermittlung der Angebotsunterlage an den Vorstand der Zielgesellschaft), § 38 (Anspruch auf Zinsen bei Verstoß gegen die Verpflichtung zur Veröffentlichung der Erlangung der Kontrolle), § 39 (Anwendung der Vorschriften über Übernahmeangebote und einfache Erwerbsangebote auf Pflichtangebote), §§ 40–47 (Verfahren), §§ 48–58 (Rechtsmittel), §§ 59–65 (Sanktionen), §§ 66–67 (gerichtliche Zuständigkeit) und § 68 (Übergangsregelungen). Ferner sind zB die §§ 3 Abs. 1, 10, 11, 14, 17, 18 und 22 anwendbar.[115]

Hinsichtlich der in § 2 der WpÜG-AnwendbkV genannten Vorschriften, die Sanktionen für Verstöße gegen Vorschriften des WpÜG vorsehen, die nicht anwendbar sind, und der auch im Übrigen teilweise zu pauschalen Verweisungen gelten die Ausführungen zu § 1 der WpÜG-AnwendbkV in Rn. 106 entsprechend. 123

3. § 1 Abs. 4

Im Hinblick auf § 1 Abs. 4 und die WpÜG-AnwendbkV wird auf die Rn. 99–106 und 121–123 verwiesen. 124

4. § 1 Abs. 5

Im Hinblick auf § 1 Abs. 5 und die WpÜG-BeaufsMittV wird auf die Rn. 112–118 verwiesen. Eine spätere Änderung der zuständigen Aufsichtsbehörde im Einvernehmen mit der ursprünglichen und der neuen Aufsichtsbehörde ist zulässig,[116] muss aber ebenso veröffentlicht werden wie die ursprüngliche Auswahl. 125

IV. Sitz und Staatsbürgerschaft des Bieters und der Angebotsadressaten

Wie sich aus dem Wortlaut von § 1 ergibt, ist das Gesetz unabhängig davon anwendbar, wo der Bieter seinen Sitz bzw. Wohnsitz hat und wo die Angebotsadressaten, die Wertpapierinhaber der Zielgesellschaft, ansässig sind. Ebenso wenig kommt es auf die Staatsbürgerschaft der vorgenannten Personen an. 126

V. Erwerb eigener Aktien

Die Frage, ob auch der Erwerb eigener Aktien durch eine Zielgesellschaft im Wege des öffentlichen Angebots in den Anwendungsbereich des Gesetzes 127

[115] → Rn. 104; vgl. auch *Pötzsch/Favoccia* in Assmann/Pötzsch/Schneider, § 1 Rn. 47.

[116] *Pötzsch/Favoccia* in Assmann/Pötzsch/Schneider, § 1 Rn. 54; *Schüppen* in Frankfurter Komm., § 1 Rn. 20.

fällt, wenn die Aktien an der Gesellschaft zum Handel an einem organisierten Markt zugelassen sind, war früher sehr umstritten. Die bereits in der ersten Auflage[117] vertretene Auffassung, dass diese Frage zu verneinen ist und das WpÜG auch nicht teilweise auf den Rückerwerb eigener Aktien anwendbar ist,[118] hat sich inzwischen durchgesetzt und entspricht nunmehr auch der Auffassung der BaFin.[119] Damit ist die Frage für die Praxis geklärt.

VI. Freiwillige Unterstellung unter das Gesetz?

128 Soweit das Gesetz nicht anwendbar ist, zB bei Gesellschaften, deren Aktien im Freiverkehr[120] gehandelt werden, stellt sich die Frage, ob sich der Bieter und/oder die Zielgesellschaft freiwillig dem Anwendungsbereich des Gesetzes unterstellen können (opting-in).

129 Diese Möglichkeit ist im Gesetz nicht vorgesehen. Da es sich um öffentlich-rechtliche Regelungen handelt, können sie aufgrund eines bloßen opting-in nicht verbindlich werden, insbesondere keine Eingriffsbefugnisse für die BaFin begründen, ganz abgesehen von der Frage, wem gegenüber ein solches opting-in denn erklärt werden sollte.

130 Das Gesetz wird also durch ein etwaiges opting-in nicht anwendbar. Dies hindert den Bieter und/oder die Zielgesellschaft natürlich nicht daran, die Vorschriften des Gesetzes soweit wie ohne Beteiligung der BaFin möglich freiwillig einzuhalten. Auch bei nicht unter das Gesetz fallenden Angeboten darf selbstverständlich zB der Bieter das Angebot mit dem von § 11 Abs. 2 WpÜG und § 2 WpÜG-AngV vorgeschriebenen Inhalt veröffentlichen und die Zielgesellschaft dazu mit dem von § 27 geforderten Inhalt Stellung nehmen.[121]

131 Die BaFin ist aber nicht verpflichtet, eine dort freiwillig eingereichte Angebotsunterlage zu prüfen.[122]

§ 2 Begriffsbestimmungen

(1) **Angebote sind freiwillige oder auf Grund einer Verpflichtung nach diesem Gesetz erfolgende öffentliche Kauf- oder Tauschangebote zum Erwerb von Wertpapieren einer Zielgesellschaft.**

(1a) **Europäische Angebote sind Angebote zum Erwerb von Wertpapieren einer Zielgesellschaft im Sinne des Absatzes 3 Nr. 2, die nach**

---

[117] Dort Rn. 99–102.

[118] Ebenso *Süßmann* AG 2002, 424ff.; *Koch* NZG 2003, 61ff.; *Berrar/Schnorbus* ZGR 2003, 59, 68ff.; *Baum* ZHR 167 (2003), 580ff.; *Versteegen* in KK-WpÜG, § 1 Rn. 64; *Schüppen* in Frankfurter Komm., § 1 Rn. 33; *Möller,* Rückerwerb eigener Aktien, 2005, Rn. 264; aA *Lenz/Linke* AG 2002, 420ff.; *Pötzsch/Favoccia* in Assmann/Pötzsch/Schneider, § 2 Rn. 42; *Oechsler* in Ehricke/Ekkenga/Oechsler, § 2 Rn. 6ff.; *Wackerbarth* in MüKoAktG, § 2 WpÜG Rn. 25ff.

[119] Bekanntmachung vom 9. August 2006, www.bafin.de/bekanntmachungen/060809.htm.

[120] → Rn. 65.

[121] Vgl. *Pötzsch/Favoccia* in Assmann/Pötzsch/Schneider, § 1 Rn. 55.

[122] Vgl. *Santelmann* in Steinmeyer, § 1 Rn. 56; *Pötzsch/Favoccia* in Assmann/Pötzsch/Schneider, § 1 Rn. 56; aA *Baums/Hecker* in Baums/Thoma, § 1 Rn. 79.

dem Recht des Staates des Europäischen Wirtschaftsraums, in dem die Zielgesellschaft ihren Sitz hat, als Angebote im Sinne des Artikels 2 Abs. 1 Buchstabe a der Richtlinie 2004/25/EG des Europäischen Parlaments und des Rates vom 21. April 2004 betreffend Übernahmeangebote (ABl. EU Nr. L 142 S. 12) gelten.

(2) **Wertpapiere sind, auch wenn für sie keine Urkunden ausgestellt sind,**

1. **Aktien, mit diesen vergleichbare Wertpapiere und Zertifikate, die Aktien vertreten,**
2. **andere Wertpapiere, die den Erwerb von Aktien, mit diesen vergleichbaren Wertpapieren oder Zertifikaten, die Aktien vertreten, zum Gegenstand haben.**

(3) **Zielgesellschaften sind**

1. **Aktiengesellschaften oder Kommanditgesellschaften auf Aktien mit Sitz im Inland und**
2. **Gesellschaften mit Sitz in einem anderen Staat des Europäischen Wirtschaftsraums.**

(4) **Bieter sind natürliche oder juristische Personen oder Personengesellschaften, die allein oder gemeinsam mit anderen Personen ein Angebot abgeben, ein solches beabsichtigen oder zur Abgabe verpflichtet sind.**

(5) **Gemeinsam handelnde Personen sind natürliche oder juristische Personen, die ihr Verhalten im Hinblick auf ihren Erwerb von Wertpapieren der Zielgesellschaft oder ihre Ausübung von Stimmrechten aus Aktien der Zielgesellschaft mit dem Bieter auf Grund einer Vereinbarung oder in sonstiger Weise abstimmen. Mit der Zielgesellschaft gemeinsam handelnde Personen sind natürliche oder juristische Personen, die Handlungen zur Verhinderung eines Übernahme- oder Pflichtangebots mit der Zielgesellschaft auf Grund einer Vereinbarung oder in sonstiger Weise abstimmen. Tochterunternehmen gelten mit der sie kontrollierenden Person und untereinander als gemeinsam handelnde Personen.**

(6) **Tochterunternehmen sind Unternehmen, die als Tochterunternehmen im Sinne des § 290 des Handelsgesetzbuchs gelten oder auf die ein beherrschender Einfluss ausgeübt werden kann, ohne dass es auf die Rechtsform oder den Sitz ankommt.**

(7) **Organisierter Markt sind der regulierte Markt an einer Börse im Inland und der geregelte Markt im Sinne des Artikels 4 Abs. 1 Nr. 14 der Richtlinie 2004/39/EG des Europäischen Parlaments und des Rates vom 21. April 2004 über Märkte für Finanzinstrumente, zur Änderung der Richtlinien 85/611/EWG und 93/6/EWG des Rates und der Richtlinie 2000/12/EG des Europäischen Parlaments und des Rates und zur Aufhebung der Richtlinie 93/22/EWG des Rates (ABl. EU Nr. L 145 S. 1) in einem anderen Staat des Europäischen Wirtschaftsraums.**

(8) **Der Europäische Wirtschaftsraum umfasst die Staaten der Europäischen Gemeinschaften sowie die Staaten des Abkommens über den Europäischen Wirtschaftsraum.**

Schrifttum: Siehe Schrifttum zu § 1.

Übersicht

I. Allgemeines

1 In § 2 werden die wichtigsten Begriffe des Gesetzes definiert, und zwar für alle Angebotsarten.

II. Begriffe

1. Angebote

2 Betreffend den Begriff „Angebote" iSv § 2 Abs. 1 wird auf die Kommentierung zu § 1 (Rn. 7–37) verwiesen.

2. Europäische Angebote

3 Betreffend den Begriff „europäische Angebote" iSv § 2 Abs. 1a wird auf die Kommentierung zu § 1 (Rn. 108–110) verwiesen.

3. Wertpapiere

Betreffend den Begriff „Wertpapiere" iSv § 2 Abs. 2 wird auf die Kommentierung zu § 1 (Rn. 38–45) verwiesen. 4

4. Zielgesellschaften

Betreffend den Begriff „Zielgesellschaften" iSv § 2 Abs. 3 wird auf die Kommentierung zu § 1 (Rn. 46–57) verwiesen. 5

5. Bieter

Bieter sind gemäß § 2 Abs. 4:

a) Natürliche Personen. Bieter iSv § 2 Abs. 4 können zunächst natürliche Personen sein. 6

b) Juristische Personen. Der Begriff umfasst sowohl juristische Personen des Privatrechts (zB AG, Europäische Gesellschaft, GmbH, KGaA, VVaG, eV, eingetragene Genossenschaft) als auch solche des öffentlichen Rechts (öffentlich-rechtliche Körperschaften oder Anstalten), und zwar jeweils in- und ausländische. 7

c) Personengesellschaften. Zu den Personengesellschaften iSd § 2 Abs. 4 gehören zunächst alle Außen-Personengesellschaften, dh alle Personengesellschaften, die nach außen auftreten und daher als Gesamthandsgemeinschaften einzuordnen sind. Hierzu gehören die GbR, sofern es sich nicht um eine reine Innengesellschaft handelt, die oHG, die KG, die Partenreederei, die freiberufliche Partnerschaft und die Europäische Wirtschaftliche Interessenvereinigung. Da auf den nichtrechtsfähigen Verein gemäß § 54 BGB die Vorschriften über GbRs anwendbar sind, ist er ebenfalls als Personengesellschaft im Sinne des § 2 Abs. 4 einzuordnen.[1] 8

Die Einfügung der Personengesellschaften in § 2 Abs. 4 erfolgte auf Anregung des Handelsrechtsausschusses des Deutschen Anwaltsvereins.[2] Sie ist insofern konsequent, als Gesamthandsgemeinschaften ebenso rechtsfähig sind wie juristische Personen.[3] Nachdem der BGH sich dieser Auffassung ausdrücklich angeschlossen hat,[4] ist hiervon auch für die Praxis auszugehen.[5] 9

Ausländische Personengesellschaften fallen ebenfalls unter den Begriff der Personengesellschaft iSv § 2 Abs. 4, sofern sie rechtsfähig sind und daher Adressaten des Gesetzes sein können. 10

Nicht zu den Personengesellschaften iSd § 2 Abs. 4 gehören die stille Gesellschaft und diejenigen GbR, die sich auf eine reine Innengesellschaft beschränken.[6] Diese Gesellschaften sind keine Gesamthandsgemeinschaften und 11

---

[1] Vgl. *Baums/Hecker* in Baums/Thoma, § 2 Rn. 97.

[2] NZG 2001, 420.

[3] Grundlegend *Flume* ZHR 136, 177 ff.; vgl. ferner *Ulmer* in MüKoBGB, § 705 Rn. 160 und 296 ff.

[4] BGH NJW 2001, 1056 ff.

[5] Vgl. *Karsten Schmidt* NJW 2001, 993 ff.

[6] Ebenso *Baums/Hecker* in Baums/Thoma, § 2 Rn. 101; *Pötzsch/Favoccia* in Assmann/Pötzsch/Schneider, § 2 Rn. 82.

nicht rechtsfähig, können also weder Träger von Rechten noch Adressaten von Pflichten sein,[7] daher auch nicht als Bieter auftreten.

12 Erbengemeinschaften und sonstige Gemeinschaften, insbesondere die Bruchteilsgemeinschaft, sind keine „Personengesellschaften" im Sinne des § 2 Abs. 4. Gibt eine solche Gemeinschaft ein Angebot ab oder beabsichtigt ein solches, ist das Gesetz trotzdem anwendbar, weil nach den Vorstellungen des Gesetzgebers dann die einzelnen Mitglieder der Gemeinschaft „gemeinsam mit anderen Personen" iSd § 2 Abs 4 handeln und alle Mitglieder selbst Bieter sind.[8] Entsprechend ist ein Mitglied der Gemeinschaft verpflichtet, ein Pflichtangebot abzugeben, wenn die Gemeinschaft die Kontrolle über eine Zielgesellschaft erwirbt, sofern dadurch auch dieses Mitglied der Gemeinschaft, zB wegen einer Stimmrechtszurechnung, die Kontrolle erwirbt.[9]

13 **d) Bieter und Angebot.** Als Bieter bezeichnet das Gesetz zunächst diejenigen Rechtssubjekte, die ein Angebot gemäß § 2 Abs. 1 abgeben, beabsichtigen oder zur Abgabe eines solchen Angebots verpflichtet sind.

14 Infolge dieser weiten Definition sind auch Adressaten der Pflichten aus § 10 Abs. 1 Satz 1 (Verpflichtung zur unverzüglichen Veröffentlichung der Entscheidung zur Abgabe eines Angebots), § 35 Abs. 1 Satz 1 (Verpflichtung zur Veröffentlichung des Kontrollerwerbs) und § 35 Abs. 2 Satz 1 (Verpflichtung zur Abgabe eines Angebots) Bieter iSd Gesetzes.

15 Die Bietereigenschaft beginnt bei freiwilligen Angeboten mit der Entscheidung zur Abgabe eines Angebots iSd § 10 Abs. 1 Satz 1 und nicht zu einem früheren Zeitpunkt.[10]

16 Wird, wie üblich, eine separate Erwerbsgesellschaft gegründet, um ein freiwilliges Angebot abzugeben, ist nur diese Bieter und nicht etwa auch der oder die Gesellschafter[11] oder gar dritte Initiatoren.[12]

17 Wer Kenntnis davon hat oder nach den Umständen haben musste, dass er die Kontrolle über eine Zielgesellschaft erlangt hat, ist ebenfalls Bieter im Sinne des § 2 Abs. 4, weil er dann zur Abgabe eines Pflichtangebots verpflichtet ist.[13] Erlangen, zB aufgrund einer Zurechnung gemäß § 30, mehrere die Kontrolle über eine Zielgesellschaft, und ist ihnen dies bekannt oder musste dies ihnen nach den Umständen bekannt sein, sind sie alle Bieter

---

[7] Vgl. *Karsten Schmidt,* S. 1837 und S. 1696.

[8] Vgl. *Versteegen* in KK-WpÜG, § 2 Rn. 129; *Pötzsch/Favoccia* in Assmann/Pötzsch/Schneider, § 2 Rn. 83 und 91; aA *Santelmann* in Steinmeyer, § 2 Rn. 13, der davon ausgeht, Gemeinschaften könnten „in ihrer gemeinschaftlichen Bindung" ein freiwilliges Angebot abgeben.

[9] Vgl. *Versteegen* in KK-WpÜG, § 2 Rn. 144 und 146; *Schneider/Favoccia* in Assmann/Pötzsch/Schneider, § 2 Rn. 93; *Baums/Hecker* in Baums/Thoma, § 2 Rn. 99f.; letztere gehen allerdings zu Unrecht davon aus, dass eine unternehmenstragende Erbengemeinschaft dann selbst Bieter ist.

[10] *Pötzsch/Favoccia* in Assmann/Pötzsch/Schneider, § 2 Rn. 89; *Versteegen* in KK-WpÜG, § 2 Rn. 131; aA *Baums/Hecker* in Baums/Thoma, § 2 Rn. 104.

[11] *Versteegen* in KK-WpÜG, § 2 Rn. 142; *Santelmann* in Steinmeyer, § 2 Rn. 15; *Pötzsch/Favoccia* in Assmann/Pötzsch/Schneider, § 2 Rn. 88.

[12] *Versteegen* in KK-WpÜG, § 2 Rn. 137; *Santelmann* in Steinmeyer, § 2 Rn. 15.

[13] Vgl. *Oechsler* in Ehricke/Ekkenga/Oechsler, § 2 Rn. 11.

iSd § 2 Abs. 4,[14] bilden aber nicht notwendigerweise eine Bietergemeinschaft.[15]

e) Bietergemeinschaften. Gemäß § 2 Abs. 4 sind Bieter auch solche Rechtssubjekte, die gemeinsam mit anderen ein Angebot abgeben, ein solches beabsichtigen oder zur Abgabe verpflichtet sind. Eine gemeinsame Verpflichtung zur Abgabe eines Angebots dürfte die Ausnahme sein, weil eine parallele Verpflichtung dazu nicht ausreicht.[16] Es ist vielmehr ein Zusammenwirken der Verpflichteten erforderlich. 18

Mitglied einer Bietergemeinschaft gemäß § 2 Abs. 4 ist nur, wer auch ohne die anderen Bieter, mit denen er gemeinsam handelt, selbst Bieter wäre, also zB selbst ein Angebot abgibt und nicht lediglich das Angebot eines anderen in sonstiger Weise unterstützt.[17] Der Gesetzgeber wollte mit § 2 Abs. 4 klarstellen, dass die Verpflichtungen des Gesetzes in solchen Fällen jedes Mitglied der Bietergemeinschaft treffen.[18] 19

Gibt eine Personengesellschaft iSd § 2 Abs. 4 ein Angebot ab, ist dies zB nicht der Fall: Bieter ist dann nur die Personengesellschaft und deren Gesellschafter bilden keine Bietergemeinschaft.[19] Ein Gegenbeispiel ist die Erbengemeinschaft, die nicht selbst Bieter ist: Bieter sind hier nur ihre Mitglieder. 20

Es empfiehlt sich bei Bietergemeinschaften ggf., dass diese sich abstimmen und ein Mitglied auswählen, das für sich selbst im eigenen Namen und zugleich für die übrigen Mitglieder der Bietergemeinschaft als Stellvertreter im fremden Namen die Verpflichtungen nach dem Gesetz ganz oder teilweise erfüllt. Dabei ist natürlich auf eine entsprechende (schriftliche) Bevollmächtigung zu achten. 21

6. Gemeinsam handelnde Personen

Der Begriff „gemeinsam handelnde Personen" gemäß § 2 Abs. 5 Satz 1 ist demgegenüber weiter. Es ist nicht erforderlich, dass jede einzelne der gemeinsam handelnden Personen bei Hinwegdenken der übrigen gemeinsam handelnden Personen selbst Bieter ist. Daher bestehen zwar alle Bietergemeinschaften gemäß § 2 Abs. 4 aus gemeinsam handelnden Personen gemäß § 2 Abs. 5, nicht aber sind umgekehrt alle gemeinsam handelnden Personen auch Bietergemeinschaften gemäß § 2 Abs. 4.[20] 22

Der in § 2 Abs. 5 Satz 1 definierte Begriff der „gemeinsam handelnden Personen" wird im Gesetz häufig verwendet, zB in § 18 Abs. 1, § 20 Abs. 2, § 23 Abs. 1 Satz 1, § 23 Abs. 2 Satz 1, § 31 Abs. 1 Satz 2, § 31 Abs. 3, § 31 23

[14] Vgl. *Schüppen* in Frankfurter Komm., § 2 Rn. 43; *Pötzsch/Favoccia* in Assmann/Pötzsch/Schneider, § 2 Rn. 90.

[15] *Schneider/Favoccia* in Assmann/Pötzsch/Schneider, § 2 Rn. 93; *Versteegen* in KK-WpÜG, § 2 Rn. 144.

[16] *Schneider/Favoccia* in Assmann/Pötzsch/Schneider, § 2 Rn. 93.

[17] Zu den Voraussetzungen, unter denen Bietergemeinschaften, bei denen das eine Mitglied ein Pflichtangebot und das andere ein Übernahmeangebot abgibt, zulässig sind, vgl. *Seibt* CFl 2011, 213, 223.

[18] Ebenso *Versteegen* in KK-WpÜG, § 2 Rn. 146.

[19] Ebenso *Schneider/Favoccia* in Assmann/Pötzsch/Schneider, § 2 Rn. 92.

[20] Ebenso *Schneider/Favoccia* in Assmann/Pötzsch/Schneider, § 2 Rn. 94.

Abs. 4, § 31 Abs. 5 Satz 1 und § 59 Satz 1. Er findet sich darüber hinaus mehrfach in der WpÜG-AngV.

24 Der Begriff wird verwendet, um in bestimmten Konstellationen die Markttransparenz zu erhöhen oder Umgehungen des Gesetzes zu verhindern, die dann möglich wären, wenn alleine auf den Bieter abgestellt würde. Dies sichert die Verwirklichung des Gesetzeszwecks.

25 Zur Zurechnung von Stimmrechten Dritter zum Bieter wird der Begriff „gemeinsam handelnde Personen" demgegenüber vom Gesetz nicht verwendet. Die Stimmrechtszurechnung ist die alleinige Aufgabe von § 30. § 2 Abs. 5 und § 30 Abs. 2 sind auch keineswegs inhaltlich deckungsgleich.[21]

26 Der in § 2 Abs. 5 Satz 2 definierte Begriff „mit der Zielgesellschaft gemeinsam handelnde Personen" („natürliche oder juristische Personen, die Handlungen zur Verhinderung eines Übernahme- oder Pflichtangebots mit der Zielgesellschaft auf Grund einer Vereinbarung oder in sonstiger Weise abstimmen") kommt im Gesetz sonst nicht vor, findet sich aber in § 2 Nr. 1 WpÜG-AngV. Die Vorschrift wurde in Umsetzung von Art. 2 Abs. 1 lit. d) der Übernahmerichtlinie eingefügt.[22]

27 **a) Natürliche und juristische Personen.** Gemäß § 2 Abs. 5 können gemeinsam handelnde Personen sowohl natürliche als auch juristische Personen sein (vgl. dazu oben, Rn. 6f.).

28 **b) Personengesellschaften.** Anders als in § 2 Abs. 4 sind in § 2 Abs. 5 Personengesellschaften nicht erwähnt. Dabei handelt es sich um ein Redaktionsversehen des Gesetzgebers. Da sich Außen-Personengesellschaften, also in Deutschland solche Personengesellschaften, die Gesamthandsgemeinschaften sind, wie bereits erwähnt (Rn. 9) im Hinblick auf ihre Rechtssubjektivität nicht von den natürlichen und juristischen Personen unterscheiden, ist für eine unterschiedliche Behandlung kein Grund ersichtlich. Gleichwohl ist de lege lata davon auszugehen, dass Personengesellschaften nicht zu den „gemeinsam handelnden Personen" iSd § 2 Abs. 5 gehören können, denn eine analoge Anwendung des Gesetzes zulasten seiner Adressaten kommt nach dem Rechtsstaatsprinzip nicht in Betracht.[23] Im Hinblick auf die Gegenauffassung und die gängige Praxis, auch Personengesellschaften als gemeinsam handelnde Personen einzuordnen, empfiehlt es sich allerdings, bei der praktischen Anwendung des Gesetzes vorsichtshalber davon auszugehen, dass auch Personengesellschaften unter § 2 Abs. 4 fallen.

29 **c) Verhaltensabstimmung.** Wesentlich für den Begriff der „gemeinsam handelnden Personen" ist die bewusste Verhaltensabstimmung zwischen mehreren Rechtssubjekten im Hinblick auf „ihren Erwerb von Wertpapieren der Zielgesellschaft oder ihre Ausübung von Stimmrechten aus Aktien der Zielgesellschaft". Die Verhaltensabstimmung muss im Zusammenhang mit einem

---

[21] Vgl. *Wackerbarth* in MüKoAktG, § 2 WpÜG Rn. 55; *Schneider/Favoccia* in Assmann/Pötzsch/Schneider, § 2 Rn. 97.

[22] Näher dazu *Schüppen* in Frankfurter Komm., § 2 Rn. 48f.

[23] AA *Schüppen* in Frankfurter Komm., § 2 Rn. 46; *Baums/Hecker* in Baums/Thoma, § 2 Rn. 120; *Schneider/Favoccia* in Assmann/Pötzsch/Schneider, § 2 Rn. 98; *Versteegen* in KK-WpÜG, § 2 Rn. 166.

(beabsichtigten) Angebot eines Bieters stehen.[24] Die Zielgesellschaft kann keine mit dem Bieter gemeinsam handelnde Person sein.[25] Nach Auffassung der BaFin sind chinesische Staatsunternehmen und die chinesischen Behörden gemeinsam handelnde Personen, so dass ein Übernahmeangebot eines chinesischen Staatsunternehmens gemäß § 18 WpÜG nicht unter der Bedingung der Zustimmung chinesischer Behörden abgegeben werden darf.[26]

Jede Verhaltensabstimmung im Hinblick auf Stimmrechte reicht allerdings nicht aus, vielmehr sind nur solche erfasst, die dazu dienen, Einfluss auf die Unternehmensleitung der Zielgesellschaft im Sinne einer nachhaltigen und beständigen Interessenkoordination zu gewinnen.[27] Vollständig muss die Abstimmung nicht sein.[28] Die Vereinbarung, dass jemand wiederholt Aktien an der Zielgesellschaft für Rechnung des Bieters erwerben soll, reicht zB aus.[29] 30

Vereinbarungen und Verabredungen lediglich über einzelne Maßnahmen, zB eine Kapitalmaßnahme, die Beschlussfassung über eine Verschmelzung oder die Abberufung eines Aufsichtsratsmitglieds, erfüllen den Tatbestand allerdings nicht.[30] Dies gilt auch für eine einmalige Absprache über die Wahl eines Aufsichtsratsmitglieds.[31] 31

Vereinbarungen, worin sich die Vertragspartner verpflichten, ihre Beteiligungen an einer Zielgesellschaft nicht zu erhöhen und nicht darüber zu verfügen, (stand still agreements) fallen grundsätzlich ebenfalls nicht unter § 2 Abs. 5 Satz 1.[32] Anders ist dies nur dann zu beurteilen, wenn das stand still agreement gerade dazu dienen soll, zum Erfolg des Angebots beizutragen.[33] Auch Vereinbarungen, worin sich der andere Teil gegenüber dem Bieter verpflichtet, seine Stimmrechte aus Aktien an der Zielgesellschaft nicht auszuüben, fallen unter § 2 Abs. 5 Satz 1, weil sie die Stimmrechtsmacht des Bieters stärken.[34] Vereinbarungen, wonach ein bevorstehendes Angebot nicht 32

---

[24] *Baums/Hecker* in Baums/Thoma, § 2 Rn. 121.

[25] *Schneider/Favoccia* in Assmann/Pötzsch/Schneider, § 2 Rn. 100; aA *Hippeli* AG 2015, 185, 189.

[26] Vgl. dazu *Hippeli* AG 2014, 267 ff.

[27] *Schneider/Favoccia* in Assmann/Pötzsch/Schneider, § 2 Rn. 109 und 114; *Versteegen* in KK-WpÜG, § 2 Rn. 179 („auf eine gewisse Dauer angelegt" und „breitflächig"); vgl. auch OLG Frankfurt, AG 2004, 617, 618 zu § 30 Abs. 2; aA OLG Frankfurt, NZG 2007, 553, 557.

[28] *Versteegen* in KK-WpÜG, § 2 Rn. 181.

[29] Ebenso *Santelmann* in Steinmeyer, § 2 Rn. 24 und *Noack/Holzborn* in *Schwark*, KapitalmarktR, § 2 Rn. 39 für den Erwerb im Vorfeld des Angebots (Warehousing); aA *Versteegen* in KK-WpÜG, § 2 Rn. 177.

[30] *Versteegen* in KK-WpÜG, § 2 Rn. 180; *Schneider/Favoccia* in Assmann/Pötzsch/Schneider, § 2 Rn. 113; aA OLG Frankfurt v. 14.11.2006, NZG 2007, 553, 557; *Baums/Hecker* in Baums/Thoma, § 2 Rn. 117 und 127.

[31] *Schneider/Favoccia* in Assmann/Pötzsch/Schneider, § 2 Rn. 115; vgl. auch BGH v. 18.9.2006, NZG 2006, 945, 947 f. zu § 30 Abs. 2.

[32] *Baums/Hecker* in Baums/Thoma, § 2 Rn. 125; *Schneider/Favoccia* in Assmann/Pötzsch/Schneider, § 2 Rn. 116; aA *Versteegen* in KK-WpÜG, § 2 Rn. 179; vgl. auch BGH v. 18.9.2006, NZG 2006, 945, 947 f. zu § 30 Abs. 2.

[33] Vgl. *Versteegen* in KK-WpÜG, § 2 Rn. 179.

[34] *Versteegen* in KK-WpÜG, § 2 Rn. 179; aA *Schneider/Favoccia* in Assmann/Pötzsch/Schneider, § 2 Rn. 117.

angenommen werden soll, fallen demgegenüber nicht unter § 2 Abs. 5 Satz 1.[35]

33 Berater (zB Rechtsanwälte, Wirtschaftsprüfer, Investmentbanken) gehören schon deshalb nicht zu den mit dem Bieter gemeinsam handelnden Personen, weil sie ihr Verhalten weder im Hinblick auf „ihren" Erwerb von Wertpapieren noch im Hinblick auf „ihre" Ausübung von Stimmrechten mit dem Bieter abstimmen.[36] Das Gleiche gilt für Abwicklungstreuhänder.[37]

Die erforderliche Abstimmung muss zu dem Zeitpunkt, auf den es für die Tatbestandsverwirklichung ankommt, (noch) vorliegen[38] und kann auf verschiedene Weise erfolgen:

34 **aa) Vereinbarung.** Unter § 2 Abs. 5 fällt zunächst eine Abstimmung durch Vereinbarung. Unter Vereinbarung ist dabei jede förmliche oder formlose, ausdrückliche oder stillschweigende Willenseinigung zwischen zwei oder mehreren Rechtssubjekten zu verstehen. Nicht ausreichend sind ein Vorvertrag oder eine aufschiebend bedingte Vereinbarung. Die Vereinbarung muss in Kraft getreten sein.

35 Genügend wäre daher zB ein umfassender Stimmbindungsvertrag oder eine Abrede darüber, wer wann wie viele von der Zielgesellschaft emittierte Wertpapiere erwirbt oder einen auf den Erwerb gerichteten Anspruch begründet, nicht aber eine mit dem Bieter getroffene Vereinbarung über den Verkauf bestimmter Wirtschaftsgüter oder Betriebsabteilungen der Zielgesellschaft für den Fall einer erfolgreichen Übernahme oder über die Erbringung von Dienstleistungen im Zusammenhang mit dem Angebot.

36 Auch eine Vereinbarung des Bieters mit einem Dritten, wonach der Dritte vom Bieter nach erfolgreicher Übernahme Aktien der Zielgesellschaft erwirbt, fällt nicht unter § 2 Abs. 5 Satz 1.[39]

37 **bb) In sonstiger Weise.** Wie sich aus dem Wortlaut des § 2 Abs. 5 ergibt, ist eine Verhaltensabstimmung im Wege einer Vereinbarung jedoch nicht erforderlich, es reicht vielmehr auch eine Abstimmung „in sonstiger Weise" aus.

38 Die Regierungsbegründung[40] führt hierzu lediglich aus, dass ein abgestimmtes Verhalten in sonstiger Weise „beispielsweise durch ein gleichgerichtetes Abstimmungsverhalten in der Hauptversammlung geschehen" könne. Dies ist missverständlich, weil dadurch der Eindruck erweckt wird, ein bloßes Parallelverhalten reiche aus, was unzutreffend ist, weil bei einem bloßen Parallelverhalten von einer „gemeinsamen" Handlung keine Rede sein kann.[41]

---

[35] *Noack/Holzborn* in Schwark, KapitalmarktR, § 2 Rn. 39.

[36] *Santelmann* in Steinmeyer, § 2 Rn. 22; *Versteegen* in KK-WpÜG, § 2 Rn. 177; *Schneider/Favoccia* in Assmann/Pötzsch/Schneider, § 2 Rn. 109.

[37] *Schneider/Favoccia* in Assmann/Pötzsch/Schneider, § 2 Rn. 112.

[38] *Versteegen* in KK-WpÜG, § 2 Rn. 182.

[39] *Oechsler* in Ehricke/Ekkenga/Oechsler, § 2 Rn. 14; *Schneider/Favoccia* in Assmann/Pötzsch/Schneider, § 2 Rn. 112.

[40] BT-Drucks. 14/7034, 34.

[41] Ebenso *Versteegen* in KK-WpÜG, § 2 Rn. 170; *Schneider/Favoccia* in Assmann/Pötzsch/Schneider, § 2 Rn. 106.

In Anlehnung an die Grundsätze, die für die Auslegung des Begriffs der „aufeinander abgestimmten Verhaltensweisen“ iSd § 1 GWB gelten, wird man auch von „gemeinsam handelnden Personen“ nur bei einer bewussten praktischen Zusammenarbeit sprechen können.[42] 39

Damit ist zum einen ein Minimum an gegenseitigem Kontakt erforderlich und zum anderen, dass zumindest jeder seine Absichten dem anderen bewusst zu erkennen gibt und in Kenntnis und mit Rücksicht auf die übereinstimmende Absicht des anderen handelt.[43] Ausreichend ist eine gegenseitige Koordinierung der Verhaltensweisen aufgrund eines bewussten geistigen Kontakts.[44] Der gegenseitige Kontakt muss dabei nicht notwendigerweise unmittelbar sein, ausreichend ist auch, wenn die Abstimmung unter Einschaltung eines Mittelsmannes herbeigeführt wird.[45] Ob der Bieter sein Verhalten mit einem anderen abstimmt oder dieser andere sein Verhalten mit dem des Bieters, ist irrelevant – es kommt nur auf die Abstimmung als solche an.[46] 40

Sog. Gentlemen's Agreements, also Absprachen, bei denen im Fall der Nichteinhaltung keine rechtlichen, aber moralische und/oder wirtschaftliche Sanktionen drohen, reichen also aus,[47] während alle Verhaltensweisen, die ein Rechtssubjekt für sich selbständig und unabhängig von anderen festlegt, aus dem Anwendungsbereich von § 2 Abs. 5 ausscheiden. 41

Daher ist das bloße – bewusste oder unbewusste – Parallelverhalten ohne Mitwirkung der anderen Seite kein gemeinsames Handeln iSv § 2 Abs. 5 und scheidet beim bewussten Nachahmen des Marktverhaltens eines anderen, zB dem Kauf bestimmter Aktien, ein gemeinsames Handeln aus.[48] Auch das bloße Einbringen von Aktien an der Zielgesellschaft in eine gemeinsame Zwischenholding macht die Gesellschafter der Zwischenholding noch nicht zu gemeinsam handelnden Personen.[49] 42

d) Tochterunternehmen. Gemäß § 2 Abs. 5 Satz 3 wird unwiderleglich vermutet,[50] dass Tochterunternehmen (vgl. § 2 Abs. 6) mit der sie kontrollierenden Person und untereinander gemeinsam handelnde Personen sind. Die Erweiterung der Vermutung für Schwestergesellschaften erfolgte durch das Übernahmerichtlinie-Umsetzungsgesetz in Umsetzung von Art. 2 Abs. 1 lit. (a) der Übernahmerichtlinie. Die Vermutung erstreckt sich lediglich darauf, dass ein Tochterunternehmen eine mit dem Mutterunternehmen ge- 43

---

[42] Vgl. *Bechtold,* § 1 GWB Rn. 15; *Bunte* in Langen/Bunte, § 1 GWB Rn. 62.

[43] Vgl. auch *Schneider/Favoccia* in Assmann/Pötzsch/Schneider, § 2 Rn. 106: „Kommunikation zwischen den Beteiligten dahingehend, im Hinblick auf künftiges Verhalten koordiniert zusammenzuwirken“ und *Santelmann* in Steinmeyer, § 2 Rn. 25 „kommunikative Verbindung“.

[44] Vgl. BGH NZG 2006, 945, 946 zu § 30 Abs. 2.

[45] Ebenso *Baums/Hecker* in Baums/Thoma, § 2 Rn. 123; *Versteegen* in KK-WpÜG, § 2 Rn. 171; *Schneider/Favoccia* in Assmann/Pötzsch/Schneider, § 2 Rn. 106.

[46] AA *Versteegen* in KK-WpÜG, § 2 Rn. 174.

[47] Ebenso *Versteegen* in KK-WpÜG, § 2 Rn. 169; *Schneider/Favoccia* in Assmann/Pötzsch/Schneider, § 2 Rn. 105.

[48] Vgl. auch *Schneider/Favoccia* in Assmann/Pötzsch/Schneider, § 2 Rn. 107: gleichförmiges Abstimmungsverhalten in der Hauptversammlung reicht nicht.

[49] *Versteegen* in KK-WpÜG, § 2 Rn. 172.

[50] Ebenso *Versteegen* in KK-WpÜG, § 2 Rn. 187.

meinsam handelnde Person ist, nicht aber auch darauf, dass das Mutterunternehmen mit dem Tochterunternehmen eine gemeinsam handelnde Person ist.[51] Letzteres widerspräche jeder Lebenserfahrung. Allerdings kann das Mutterunternehmen durch Abstimmung mit seinem Tochterunternehmen zur gemeinsam mit seinem Tochterunternehmen handelnden Person werden.[52]

44 In der Gesetzesbegründung[53] heißt es, aufgrund der Einflussmöglichkeiten des Bieters auf seine Tochterunternehmen sei es sachgerecht, dem Bieter das Verhalten seiner Tochterunternehmen zuzurechnen. Ob dies angesichts des weiten Begriffs des Tochterunternehmens gemäß § 2 Abs. 6 zutrifft, darf bezweifelt werden, zumal die Regelung in bestimmten Fällen gravierende Konsequenzen hat. Dies gilt etwa für die Verpflichtung, anstelle eines Tauschangebots zwingend eine Geldleistung anbieten zu müssen (§ 31 Abs. 3) oder bei Parallel- oder Nacherwerben zu höheren Preisen als dem Angebotspreis nach Veröffentlichung der Angebotsunterlage allen Aktionären, die das Angebot angenommen haben, eine Nachbesserung gewähren zu müssen (§ 31 Abs. 4 und 5). Daher empfiehlt sich für den Bieter, interne Kontrollverfahren zu schaffen, um für ihn nachteilige Geschäfte seiner Tochterunternehmen zu verhindern.

45 Von Tochterunternehmen der mit dem Bieter gemeinsam handelnden Personen wird nicht gemäß § 2 Abs. 5 Satz 3 vermutet, dass sie mit dem Bieter gemeinsam handelnde Personen sind.[54] Dies ist als „befremdlich" bezeichnet worden,[55] verhindert aber eine noch weitere Ausuferung des Begriffs der gemeinsam handelnden Personen. Im Übrigen werden die Tochtergesellschaften von gemeinsam handelnden Personen diesen teilweise vom Gesetz ausdrücklich gleichgestellt (zB in § 23 Abs. 1 und in § 31 Abs. 4).

7. Tochterunternehmen

46 Der Begriff des Tochterunternehmens ist in § 2 Abs. 6 definiert, und zwar in Übereinstimmung mit der in § 22a Abs. 1 WpHG verwandten Definition.

47 Tochterunternehmen gemäß § 2 Abs. 6 sind zunächst Tochterunternehmen gemäß § 290 Abs. 1 Satz 1 HGB. Diese Vorschrift lautet: „Die gesetzlichen Vertreter einer Kapitalgesellschaft (Mutterunternehmen) haben in den ersten fünf Monaten des Konzerngeschäftsjahrs für das vergangene Konzerngeschäftsjahr einen Konzernabschluss und einen Konzernlagebericht aufzustellen, wenn diese auf ein anderes Unternehmen (Tochterunternehmen) unmittel- oder mittelbar einen beherrschenden Einfluss ausüben kann." Dar-

---

[51] *Wackerbarth* in MüKoAktG, § 2 WpÜG Rn. 64; *Noack/Holzborn* in Schwark, KapitalmarktR, § 2 Rn. 36, aA *Versteegen* in KK-WpÜG, § 2 Rn. 189; zweifelnd *Schneider/Favoccia* in *Assmann/Pötzsch/Schneider,* § 2 Rn. 121.

[52] Vgl. *Noack/Holzborn* in Schwark, KapitalmarktR, § 2 Rn. 36.

[53] BT-Drucks. 14/7034, 34.

[54] *Baums/Hecker* in Baums/Thoma, § 2 Rn. 130; *Oechsler* in Ehricke/Ekkenga/Oechsler, § 2 Rn. 17; *Versteegen* in KK-WpÜG, § 2 Rn. 191; *Schneider/Favoccia* in Assmann/Pötzsch/Schneider, § 2 Rn. 122; *Santelmann* in Steinmeyer, § 2 Rn. 29; *Schüppen* in Frankfurter Komm., § 2 Rn. 50; *Seibt* CFl 2011, 213, 230; aA *Wackerbarth* in MüKoAktG, § 2 WpÜG Rn. 63.

[55] *Oechsler* NZG 2001, 817, 819.

über hinaus sind Tochterunternehmen gemäß § 2 Abs. 6 solche Unternehmen, „auf die ein beherrschender Einfluss ausgeübt werden kann". Trotz der fast identischen Formulierung gibt es Unterschiede zwischen den beiden Alternativen.

Auf Rechtsform und Sitz eines Unternehmens kommt es für die Einordnung als Tochterunternehmen nicht an.[56] Natürliche Personen können allerdings keine Tochterunternehmen sein.[57] 48

Für die Frage, ob ein Rechtssubjekt Tochterunternehmen ist, sind auch Rechtsform und Sitz des mutmaßlichen Mutterunternehmens irrelevant.[58] Auch natürliche Personen können Mutterunternehmen sein.[59] 49

Ebenso wenig kommt es für § 2 Abs. 6 auf einen unternehmerischen Interessenkonflikt zwischen Mutter und Tochter an. Die Mutter muss daher kein „Unternehmen" im Sinne des Konzernrechts sein.[60] 50

a) Tochterunternehmen gemäß § 290 HGB. Die Eigenschaft als Tochterunternehmen kann sich zunächst aus § 290 HGB ergeben. 51

Gemäß § 290 Abs. 1 Satz 1 HGB kommt es dafür darauf an, ob das mutmaßliche Mutterunternehmen auf das mutmaßliche Tochterunternehmen „unmittel- oder mittelbar einen beherrschenden Einfluss ausüben kann". Beherrschender Einfluss ist zu bejahen, wenn ein Unternehmen die Möglichkeit hat, die Finanz- und Geschäftspolitik eines anderen Unternehmens dauerhaft zu bestimmen, um aus dessen Tätigkeit Nutzen zu ziehen.[61] 52

Gemäß § 290 Abs. 2 HGB besteht ein beherrschender Einfluss „stets" (unwiderlegliche Vermutung) in den dort genannten vier Fallgruppen (Nr. 1 bis Nr. 4): 53

aa) § 290 Abs. 2 **Nr. 1** HGB – Beherrschender Einfluss ist zunächst bei einer Stimmrechtsmehrheit zu bejahen. Dabei kommt es auf die Mehrheit aller existierender Stimmrechte an und nicht auf die Präsenzmehrheit.[62] Wenn die Stimmrechte vorübergehend nicht ausgeübt werden können, zB gemäß § 28 WpHG, ist dies für die Anwendung des § 290 Abs. 2 Nr. 1 HGB irrelevant.[63] 54

bb) § 290 Abs. 2 **Nr. 2** HGB – Beherrschender Einfluss liegt ferner vor, wenn einem anderen Unternehmen das Recht zusteht, die Mehrheit der Mitglieder des die Finanz- und Geschäftspolitik bestimmenden Verwaltungs-, Leitungs- oder Aufsichtsorgans zu bestellen oder abzuberufen, und es gleichzeitig Gesellschafter ist, zB bei entsprechenden Entsendungsrechten in den 55

---

[56] *Versteegen* in KK-WpÜG, § 2 Rn. 200f.

[57] *Baums/Hecker* in Baums/Thoma, § 2 Rn. 133; *Santelmann* in Steinmeyer, § 2 Rn. 37 Fn. 55; *Versteegen* in KK-WpÜG, § 2 Rn. 199; *Schneider/Favoccia* in Assmann/Pötzsch/Schneider, § 2 Rn. 128.

[58] Vgl. *Santelmann* in Steinmeyer, § 2 Rn. 37; *Versteegen* in KK-WpÜG, § 2 Rn. 200f.

[59] *Baums/Hecker* in Baums/Thoma, § 2 Rn. 134 iVm 95; *Santelmann* in Steinmeyer, § 2 Rn. 38; *Versteegen* in KK-WpÜG, § 2 Rn. 199a; aA *Seibt* ZIP 2005, 729, 730f.

[60] *Versteegen* in KK-WpÜG, § 2 Rn. 199a; *Baums/Hecker* in Baums/Thoma, § 2 Rn. 134; *Schneider/Favoccia* in Assmann/Pötzsch/Schneider, § 2 Rn. 128.

[61] BT-Drucks. 16/12407, 89.

[62] *Santelmann* in Steinmeyer, § 2 Rn. 34; *Versteegen* in KK-WpÜG, § 2 Rn. 205.

[63] *Versteegen* in KK-WpÜG, § 2 Rn. 205.

Vorstand oder Aufsichtsrat einer AG aufgrund einer Satzungsbestimmung oder einer Vereinbarung mit den anderen Gesellschaftern.[64]

56 **cc)** § 290 Abs. 2 **Nr. 3** HGB – Beherrschender Einfluss liegt weiter vor, wenn einem Unternehmen das Recht zusteht, die Finanz- und Geschäftspolitik auf Grund eines mit einem anderen Unternehmen geschlossenen Beherrschungsvertrages (§§ 291 Abs. 1 Satz 1, 308ff. AktG) oder auf Grund einer Bestimmung in der Satzung des anderen Unternehmens (wo zB Weisungsrechte des Unternehmens gegenüber der Geschäftsführung des anderen Unternehmens eingeräumt werden) zu bestimmen.

57 **dd)** § 290 Abs. 2 **Nr. 4 Satz 1** HGB – Beherrschender Einfluss ist schließlich auch zu bejahen, wenn ein anderes Unternehmen bei wirtschaftlicher Betrachtung die Mehrheit der Risiken und Chancen eines Unternehmens trägt, das zur Erreichung eines eng begrenzten und genau definierten Ziels des anderen Unternehmens dient (Zweckgesellschaft).[65] Ausgenommen von den Zweckgesellschaften sind gemäß § 290 Abs. 2 Nr. 4 Satz 2 HGB Spezial-Sondervermögen im Sinne des § 2 Absatz 3 InvG oder vergleichbare ausländische Investmentvermögen oder als Sondervermögen aufgelegte offene inländische Spezial-AIF mit festen Anlagebedingungen im Sinn des § 284 KAGB oder vergleichbare EU-Investmentvermögen oder ausländische Investmentvermögen, die den als Sondervermögen aufgelegten offenen inländischen Spezial-AIF mit festen Anlagebedingungen im Sinn des § 284 KAGB vergleichbar sind.

58 Es ist möglich, dass ein Unternehmen gemäß § 290 Abs. 2 HGB als Tochterunternehmen mehrerer voneinander unabhängiger Mutterunternehmen anzusehen ist.[66] Ein Entherrschungsvertrag hilft, anders als bei der zweiten Alternative von § 2 Abs. 6, bei § 290 Abs. 2 HGB nicht.[67]

59 Als Rechte, die einem Mutterunternehmen gemäß § 290 Abs. 2 HGB zustehen, gelten gemäß § 290 Abs. 3 Satz 1 und 2 HGB auch die einem anderen Tochterunternehmen zustehenden Rechte und die den für Rechnung des Mutterunternehmens oder von Tochterunternehmen handelnden Personen zustehenden Rechte und ferner solche Rechte, über die das Mutterunternehmen selbst oder eines seiner Tochterunternehmen auf Grund einer Vereinbarung mit anderen Gesellschaftern dieses Unternehmens verfügen kann.

60 Nicht zu berücksichtigen sind gemäß § 290 Abs. 3 Satz 3 HGB Rechte, die mit Anteilen verbunden sind, die von dem Mutterunternehmen oder von dessen Tochterunternehmen für Rechnung einer anderen Person gehalten

---

[64] *Versteegen* in KK-WpÜG, § 2 Rn. 207.

[65] So auch *Santelmann* in Steinmeyer, § 2 Rn. 34; aA *Versteegen* in KK-WpÜG, § 2 Rn. 209 und *Schneider/Favoccia* in Assmann/Pötzsch/Schneider, § 2 Rn. 124, die meinen, dass § 2 Abs. 6 teleologisch dahingehend zu reduzieren ist, dass die Eigenschaft als Zweckgesellschaft nicht für die Bejahung der Eigenschaft als Tochtergesellschaft im Sinne des WpÜG ausreicht.

[66] Vgl. *Santelmann* in Steinmeyer, § 2 Rn. 35; *Versteegen* in KK-WpÜG, § 2 Rn. 213; *Schneider/Favoccia* in Assmann/Pötzsch/Schneider, § 2 Rn. 124.

[67] *Santelmann* in Steinmeyer, § 2 Rn. 34; *Schneider/Favoccia* in Assmann/Pötzsch/Schneider, § 2 Rn. 127.

werden, ferner Rechte, die mit Anteilen verbunden sind, die als Sicherheit gehalten werden, sofern diese Rechte nach Weisung des Sicherungsgebers oder, wenn ein Kreditinstitut die Anteile als Sicherheit für ein Darlehen hält, im Interesse des Sicherungsgebers ausgeübt werden.

§ 290 Abs. 4 HGB bestimmt, welcher Teil der Stimmrechte einem Unternehmen zusteht. Für die Berechnung der Mehrheit gemäß § 290 Abs. 2 Nr. 1 ist das Verhältnis der Zahl der Stimmrechte, die es aus den ihm gehörenden Anteilen ausüben kann, zur Gesamtzahl aller Stimmrechte maßgebend. Von der Gesamtzahl aller Stimmrechte sind die Stimmrechte aus eigenen Anteilen abzuziehen, die dem Tochterunternehmen selbst, einem seiner Tochterunternehmen oder einer anderen Person für Rechnung dieser Unternehmen gehören. Bei der Bestimmung der „Zahl der Stimmrechte, die es aus den ihm gehörenden Anteilen ausüben kann" sind gemäß § 290 Abs. 3 HGB zuzurechnende Stimmrechte Dritter zu berücksichtigen.[68] 61

b) Unternehmen, auf die ein beherrschender Einfluss ausgeübt werden kann. Tochterunternehmen gemäß § 2 Abs. 6 sind unabhängig von der Anwendung des § 290 HGB auch solche Unternehmen, auf die unmittelbar oder mittelbar[69] ein beherrschender Einfluss ausgeübt werden kann, also abhängige Unternehmen iSv § 17 Abs. 1 AktG. Bei Mehrheitsbeteiligungen wird gemäß § 17 Abs. 2 AktG ein beherrschender Einfluss vermutet.[70] 62

Im Übrigen ist ein Einfluss dann als beherrschend zu qualifizieren, wenn er seiner Art nach dem Einflusspotential einer Mehrheitsbeteiligung entspricht.[71] Es kommt darauf an, dass das herrschende Unternehmen über Mittel verfügt, die es ihm ermöglichen, seinen Willen bei der Geschäftsführung des abhängigen Unternehmens durchzusetzen.[72] 63

Dies kann zB bei einer Minderheitsbeteiligung und dauerhaft niedrigen Hauptversammlungspräsenzen der Fall sein.[73] Das herrschende Unternehmen muss das abhängige Unternehmen zu positivem Handeln veranlassen können, weshalb die Fähigkeit, auf Grund einer Sperrminorität wichtige Entscheidungen blockieren zu können, nicht ausreicht.[74] 64

Auch ein maßgeblicher Einfluss auf die personelle Besetzung der Verwaltungsorgane kann für sich allein ausreichen[75] oder aber das durch Treuhand- oder Stimmbindungsvereinbarungen vermittelte Recht, die Ausübung von Stimmrechten in einer Gesellschaft zu bestimmen.[76] Die einzige 65

---

[68] *Versteegen* in KK-WpÜG, § 2 Rn. 212.

[69] *Schneider/Favoccia* in Assmann/Pötzsch/Schneider, § 2 Rn. 126.

[70] Vgl. *Baums/Hecker* in Baums/Thoma, § 2 Rn. 138; *Wackerbarth* in MüKoAktG, § 2 WpÜG Rn. 67; *Santelmann* in Steinmeyer, § 2 Rn. 41; *Schneider/Favoccia* in Assmann/Pötzsch/Schneider, § 2 Rn. 126; aA *Liebscher* ZIP 2002, 1005, 1011; *Noack/Holzborn* in Schwark, KapitalmarktR, § 2 Rn. 45.

[71] Vgl. *Windbichler* in GroßKommAktG, § 17 Rn. 11.

[72] *Versteegen* in KK-WpÜG, § 2 Rn. 216.

[73] Vgl. *Schüppen* in Frankfurter Komm., § 2 Rn. 51; *Versteegen* in KK-WpÜG, § 2 Rn. 221; *Schneider/Favoccia* in Assmann/Pötzsch/Schneider, § 2 Rn. 126.

[74] Ebenso *Versteegen* in KK-WpÜG, § 2 Rn. 216.

[75] Vgl. *Versteegen* in KK-WpÜG, § 2 Rn. 221.

[76] *Baums/Hecker* in Baums/Thoma, § 2 Rn. 139.

Komplementärin einer GmbH & Co. KG beherrscht die Kommanditgesellschaft, auch wenn sie nicht am Kapital der Kommanditgesellschaft beteiligt ist.[77]

66 Wie sich aus dem Wortlaut des § 2 Abs. 6 ergibt, ist es nicht erforderlich, dass der Einfluss tatsächlich ausgeübt wird. Es genügt vielmehr die Möglichkeit der tatsächlichen Ausübung eines beherrschenden Einflusses, sofern diese beständig, umfassend und gesellschaftsrechtlich fundiert ist.[78] Die Möglichkeit zu lediglich punktueller Einflussnahme genügt nicht.[79]

67 Schuldrechtliche oder faktische Abhängigkeiten, zB im Rahmen von Kredit- oder Lieferbeziehungen, reichen demgegenüber nicht aus,[80] ebenso wenig der faktische Einigungszwang bei paritätischen Gemeinschaftsunternehmen.[81]

8. Organisierter Markt

68 Betreffend den Begriff „organisierter Markt“ iSd § 2 Abs. 7 wird auf die Kommentierung zu § 1 (Rn. 58–89) verwiesen.

9. Europäischer Wirtschaftsraum

69 Mit dem Begriff „Europäischer Wirtschaftsraum“, den § 2 Abs. 8 definiert, wird auf die jeweiligen Vertragsstaaten des 1992 zwischen der EU und den EFTA-Ländern im portugiesischen Porto abgeschlossenen Abkommens über den Europäischen Wirtschaftsraum (EWR) Bezug genommen, das am 1.1.1994 (in Liechtenstein: am 1.5.1995) in Kraft trat.[82]

70 1992 gehörten der EFTA Österreich, Finnland, Norwegen, Island, Schweden, die Schweiz und Liechtenstein an. Die Schweiz wurde allerdings niemals Mitglied des EWR, weil die Schweizer sich in einem Referendum gegen den Betritt entschieden. Nach dem Beitritt von Finnland, Österreich und Schweden zur EU zum 1.1.1997 gilt das multilaterale EWR-Abkommen nur noch für die in der EFTA verbliebenen Länder Island, Liechtenstein und Norwegen.

71 Derzeit gehören somit folgende 31 Länder zum EWR: Belgien, Bulgarien, Dänemark, Deutschland, Estland, Finnland, Frankreich, Griechenland, Irland, Island, Italien, Kroatien, Lettland, Liechtenstein, Litauen, Luxemburg, Malta, Niederlande, Norwegen, Österreich, Polen, Portugal, Rumänien, Schweden, Slowakei, Slowenien, Spanien, Tschechische Republik, Ungarn, Vereinigtes Königreich und Zypern.

---

77 *Santelmann* in Steinmeyer, § 2 Rn. 33; *Versteegen* in KK-WpÜG, § 2 Rn. 229.

78 Vgl. *Schneider/Favoccia* in Assmann/Pötzsch/Schneider, § 2 Rn. 126.

79 *Versteegen* in KK-WpÜG, § 2 Rn. 216.

80 Vgl. BGH, BGHZ 90, 381, 395 f. – BuM/WestLB; *Schneider/Favoccia* in Assmann/Pötzsch/Schneider, § 2 Rn. 126.

81 *Baums/Hecker* in Baums/Thoma, § 2 Rn. 139; *Versteegen* in KK-WpÜG, § 2 Rn. 226; aA *Santelmann* in Steinmeyer, § 2 Rn. 40; *Schneider/Favoccia* in Assmann/Pötzsch/Schneider, § 2 Rn. 126.

82 ABl. 1994, L 1/1.

§ 3 Allgemeine Grundsätze

(1) **Inhaber von Wertpapieren der Zielgesellschaft, die derselben Gattung angehören, sind gleich zu behandeln.**

(2) **Inhaber von Wertpapieren der Zielgesellschaft müssen über genügend Zeit und ausreichende Informationen verfügen, um in Kenntnis der Sachlage über das Angebot entscheiden zu können.**

(3) **Vorstand und Aufsichtsrat der Zielgesellschaft müssen im Interesse der Zielgesellschaft handeln.**

(4) **Der Bieter und die Zielgesellschaft haben das Verfahren rasch durchzuführen. Die Zielgesellschaft darf nicht über einen angemessenen Zeitraum hinaus in ihrer Geschäftstätigkeit behindert werden.**

(5) **Beim Handel mit Wertpapieren der Zielgesellschaft, der Bietergesellschaft oder anderer durch das Angebot betroffener Gesellschaften dürfen keine Marktverzerrungen geschaffen werden.**

Schrifttum: *van Aubel,* Vorstandspflichten bei Übernahmeangeboten, 1996; *Böckmann/Kießling,* Möglichkeiten der BaFin zur Beendigung von Übernahmeschlachten nach dem WpÜG, DB 2007, 1796; *Fleischer,* Konkurrenzangebote und Due Diligence, ZIP 2002, 651; *Grobys,* Arbeitsrechtliche Aspekte des Wertpapiererwerbs- und Übernahmegesetzes, NZA 2002, 1; *ders.,* Arbeitsrechtliche Aspekte des geplanten Übernahmegesetzes, GmbHR 2000, R 389; *Hopt,* Verhaltenspflichten des Vorstands der Zielgesellschaft bei feindlichen Übernahmen, in: FS Lutter, 2000, S. 1361; *Kainer,* Unternehmensübernahmen im Binnenmarktrecht. Zugleich ein Beitrag zur Privatrechtswirkung der Grundfreiheiten, 2003; *ders.,* Grundsatz- und Praxisprobleme nach dem Wertpapiererwerbs- und Übernahmegesetz, ZHR 166 (2002) 383; *Lange,* Das Unternehmensinteresse der Zielgesellschaft und sein Einfluss auf die Rechtsstellung der die Übernahme fördernden Aufsichtsratsmitglieder, WM 2002, 1737; *Liekefett,* Bietergleichbehandlung bei öffentlichen Übernahmeangeboten, AG 2005, 802; *Linker/Zinger,* Rechte und Pflichten der Organe einer Aktiengesellschaft bei der Weitergabe vertraulicher Unternehmensinformationen, NZG 2002, 497; *Möllers,* Verfahren, Pflichten und Haftung, insbesondere der Banken, bei Übernahmeangeboten, ZGR 2002, 664; *ders.,* Interessenkonflikte von Vertretern des Bieters bei Übernahme eines Aufsichtsratsmandats der Zielgesellschaft, ZIP 2006, 1615; *v. Nußbaum,* Die Aktiengesellschaft als Zielgesellschaft eines Übernahmeangebots, 2003; *Oechsler,* Rechtsgeschäftliche Anwendungsprobleme bei öffentlichen Übernahmeangeboten, ZIP 2003, 1330; *v. Riegen,* Rechtsverbindliche Zusagen zur Annahme von Übernahmeangeboten, ZHR 167 (2003) 702; *Seibt,* Arbeitsrechtliche Aspekte des Wertpapiererwerbs- und Übernahmegesetzes, DB 2002, 529; *von Thunen,* Aktientausch nur für ausgewählte Aktionäre?, NZG 2008, 925; *Winter/Harbarth,* Verhaltenspflichten von Vorstand und Aufsichtsrat der Zielgesellschaft bei feindlichen Übernahmeangeboten nach dem WpÜG, ZIP 2002, 1; *dies.,* Corporate Governance und Unternehmensübernahmen: Anforderungen an das Verhalten von Vorstand und Aufsichtsrat des Bieters und der Zielgesellschaft, in: *Hommelhoff/Hopt/v. Werder,* Handbuch Corporate Governance, 2003, 475.

Übersicht

I. Einführung

1 § 3 enthält allgemeine Grundsätze, die bei jedem Angebot zum Erwerb von Wertpapieren zu beachten sind. Die allgemeinen Grundsätze dienen der Durchsetzung der Ziele des Gesetzes, nämlich Leitlinien für ein faires und geordnetes Angebotsverfahren zu schaffen, ohne Unternehmensübernahmen zu fördern oder zu verhindern, Information und Transparenz für die betroffenen Wertpapierinhaber und Arbeitnehmer zu verbessern sowie die rechtliche Stellung von Minderheitsaktionären bei Unternehmensübernahmen zu

stärken.[1] Die allgemeinen Grundsätze sind anwendbar, sofern das WpÜG nicht einzelne Lebenssachverhalte abschließend regelt.[2] Sie geben zugleich Wertungen des Gesetzgebers wieder, die bei der Auslegung einzelner Vorschriften des Gesetzes heranzuziehen sind.[3]

II. Einzelne Grundsätze

1. Gleichbehandlungsgrundsatz (Absatz 1)

a) Allgemeines. Nach Absatz 1 sind alle Inhaber von Wertpapieren der Zielgesellschaft, die derselben Gattung angehören, gleich zu behandeln. Abs. 1 statuiert damit für Übernahmeangebote einen besonderen **übernahmerechtlichen Gleichbehandlungsgrundsatz.** 2

Der Gleichbehandlungsgrundsatz stellt ein zentrales Prinzip des Übernahmerechts dar **(„Magna Charta des Übernahmerechts“).**[4] Er schützt einerseits das Vertrauen der Aktionäre darauf, vom Bieter alle Informationen zu erlangen, die für die Beurteilung des Angebots erforderlich sind,[5] andererseits das Interesse der Aktionäre, vom Zielunternehmen in der Angebotsphase gleich behandelt zu werden.[6] Besondere Ausprägungen des Gleichbehandlungsgrundsatzes finden sich beispielsweise in §§ 19, 31 und 32. Ein allgemeiner **übernahmerechtlicher Gleichbehandlungsgrundsatz** ist in der Literatur bereits vor Inkrafttreten des Gesetzes postuliert worden.[7] Über den aktienrechtlichen Gleichbehandlungsgrundsatz des § 53a AktG geht Abs. 1 hinaus, da er nicht nur das Verhältnis zwischen dem Zielunternehmen und seinen Aktionären, sondern auch das zu den Inhabern anderer Wertpapiere sowie das Verhältnis des Bieters zu den Aktionären der Zielgesellschaft regelt. 3

Der Gleichbehandlungsgrundsatz richtet sich sowohl an den Bieter als auch an die Verwaltung der Zielgesellschaft.[8] Dem gegenüber war nach Art. 1 Übernahmekodex die Pflicht zur Gleichbehandlung allein auf den Bieter bezogen. 4

b) Pflichten des Bieters. Abs. 1 untersagt dem Bieter, willkürliche Differenzierungen im Hinblick auf Wertpapierinhaber der Zielgesellschaft vor- 5

---

[1] BT-Drucks. 14/7034, 29.

[2] *Baums/Hecker* in Baums/Thoma § 3 Rn. 2, 3; *Versteegen* in KK-WpÜG, § 3 Rn. 4; differenzierend *Stephan* in Assmann/Pötzsch/Schneider, § 3 Rn. 3.

[3] BT-Drucks. 14/7034, 35; *Versteegen* in KK-WpÜG, § 3 Rn. 3.

[4] *Peltzer* in Assmann/Basaldua/Bozenhardt/Peltzer, S. 187; vgl. *Assmann* AG 1995, 566; *Berger* ZIP 1991, 1651; *Krause* WM 1996, 845, 893; *Reul,* S. 272 ff., 303; *Roos* WM 1996, 2182; *Habersack* ZIP 2003, 1124.

[5] *Peltzer* in Assmann/Basaldua/Bozenhardt/Peltzer, S. 189 ff.

[6] *Dimke/Heiser* NZG 2001, 253.

[7] *Hopt* FS Rittner, 1991, S. 198; *Hopt* ZHR 161 (1997) 411; *Hopt* FS Lutter, 2000, S. 1398; *Merkt* ZHR 165 (2001) 249 mwN in Fn. 122; zur bisherigen Geltung des kapitalmarktrechtlichen Gleichbehandlungsgrundsatzes *Koller* in Assmann/Schneider, WpHG, § 31 Rn. 47 f.

[8] *Wackerbarth* in MüKoAktG, § 3 WpÜG Rn. 5; aA (gilt nur für Bieter) *Stephan* in Assmann/Pötzsch/Schneider, Rn. 8; *Baums/Hecker* in Baums/Thoma, § 3 Rn. 5 ff.; *Schüppen* in Frankfurter Komm., § 3 Rn. 7; *Versteegen* in KK-WpÜG, § 3 Rn. 16.

zunehmen.[9] Dieses Differenzierungsverbot besteht jeweils gegenüber Wertpapierinhabern gleicher Gattung.[10] Seine Geltung wurde bereits vor Inkrafttreten des Gesetzes teilweise aus einer vorwirkenden Treuepflicht des Bieters gegenüber den (Minderheits-)Aktionären der Zielgesellschaft[11] bzw. aus allgemeinen vorvertraglichen Pflichten[12] oder deliktsrechtlichen Grundsätzen hergeleitet.[13]

6 **aa) Angebotsbedingungen.** Der Gleichbehandlungsgrundsatz gebietet, dass alle Wertpapierinhaber der Zielgesellschaft, an die sich das Angebot richtet, innerhalb der Annahmefrist die Möglichkeit haben, das Angebot zu gleichen Bedingungen anzunehmen.[14] Wertpapierinhaber unterschiedlicher Gattungen kann der Bieter unterschiedlich behandeln.[15]

7 **Zulässig** ist es, dass der Bieter das Angebot auf Stammaktien der Zielgesellschaft beschränkt und die Vorzugsaktien der Zielgesellschaft ohne Stimmrecht von seinem Angebot ausnimmt, solange weder ein Übernahmeangebot noch ein Pflichtangebot gegeben ist (§§ 32, 39). Zulässig ist es auch, die Inhaber von Schuldverschreibungen mit Wandlungs- oder Umtauschrechten in Aktien des Zielunternehmens von einem Angebot auszunehmen. Auch ein Übernahmeangebot muss sich nämlich nach § 32 nur auf die Aktien der Zielgesellschaft erstrecken. Zulässig ist ferner nach § 24, dass der Bieter mit Zustimmung der BaFin die Inhaber von Aktien von dem Angebot ausnimmt, die in Ländern außerhalb des Europäischen Wirtschaftsraums ansässig sind, deren für das Angebot geltende Vorschriften einzuhalten dem Bieter nicht zumutbar wäre. Zulässig ist es auch, wenn der Bieter mit einzelnen Aktionären Absprachen über die Annahme oder Nichtannahme des Angebots trifft.[16]

8 **Unzulässig** ist es, wenn der Bieter die Höhe der Gegenleistung vom Zeitpunkt der Annahmeerklärung abhängig macht (§ 19; sog. **„Windhundrennen"**)[17] oder wenn die Gegenleistung nach der Zahl der angedienten Wertpapiere gestaffelt wird.[18] Unzulässig sind auch die Annahme angedienter Aktien nach der zeitlichen Reihenfolge ihres Angebots an den Bieter,[19] unterschiedliche Annahmefristen für institutionelle Investoren und Privatanle-

---

[9] Wie hier *Schüppen* in Frankfurter Komm., § 3 Rn. 6; *v. Thunen* NZG 2008, 925 (926); weitergehend (Verbot auch sachlich gerechtfertigter Differenzierungen) *Stephan* in *Assmann/Pötzsch/Schneider,* § 3 Rn. 9; *Versteegen* in KK-WpÜG, § 3 Rn. 14.

[10] *Stephan* in Assmann/Pötzsch/Schneider, § 3 Rn. 9, 11; *Schüppen* in Frankfurter Komm., § 3 Rn. 7.

[11] So *Kuhr,* S. 54 ff.; *Peltzer* in Assmann/Basaldua/Bozenhardt/Peltzer, S. 189.

[12] *Grunewald* WM 1989, 1236; *Heinsius* in Schmitthoff/Goré/Heinsius, S. 49; kritisch *Kuhr,* S. 67 ff.

[13] *Reul,* S. 272 ff. mwN, kritisch *Kuhr,* S. 66 f.

[14] *Krause* WM 1996, 847 ff.

[15] *Tuttlies/Bredow* BB 2008, 911.

[16] *Baums/Hecker* in Baums/Thoma, § 3 Rn. 17; *v. Riegen* ZHR 167 (2003) 708 ff.; aA *Oechsler* ZIP 2003, 1333.

[17] BT-Drucks. 14/7034, 35; *Stephan* in Assmann/Pötzsch/Schneider, § 3 Rn. 13, 14; *Baums/Hecker* in Baums/Thoma, § 3 Rn. 16.

[18] *Baums/Hecker* in Baums/Thoma, § 3 Rn. 19.

[19] *Krause* WM 1996, 848; für einfache Erwerbsangebote ergibt sich dies unmittelbar aus § 19, so zutr. *Baums/Hecker* in Baums/Thoma, § 3 Rn. 22, 23.

ger,[20] Zusagen, das Angebot nachzubessern, die nur gegenüber institutionellen Investoren abgegeben werden, sowie die Zahlung eines höheren Preises an Aktionäre, die ihre Aktien über einen bestimmten Vertriebsweg dem Bieter andienen.[21]

bb) Informationen. Der Gleichbehandlungsgrundsatz verpflichtet den Bieter, allen Wertpapierinhabern der Zielgesellschaft die gleichen Informationen zukommen zu lassen. Eine sachliche Differenzierung zwischen unterschiedlichen Klassen von Wertpapieren oder nach der Größe des gehaltenen Anteils an der Zielgesellschaft lässt Abs. 1 nicht zu.[22] Im Rahmen von Werbeveranstaltungen für institutionelle Investoren offen gelegte Informationen, die für die Entscheidung über die Annahme oder Ablehnung des Angebots erheblich sein können, sind den übrigen Wertpapierinhabern der Zielgesellschaft in geeigneter Form zugänglich zu machen.[23] 9

cc) Einzelne Regelungen. Besondere Ausprägungen des allgemeinen Gleichbehandlungsgrundsatzes finden sich an verschiedenen Stellen des Gesetzes. So bestimmt § 19, dass bei einem Teilangebot die Annahmeerklärungen verhältnismäßig zu berücksichtigen sind, wenn die Anzahl der Wertpapiere, die der Bieter erwerben kann, höher ist als die Anzahl der Wertpapiere, die der Bieter zu erwerben sich verpflichtet hat. Nach § 31 Abs. 3 hat der Bieter allen Aktionären der Zielgesellschaft ein Barangebot zu machen, wenn der Bieter in den drei Monaten vor der Veröffentlichung der Entscheidung über die Abgabe eines Angebots mindestens 5% der Aktien der Zielgesellschaft gegen Geldzahlung erworben hat. Nach § 32 ist ein Übernahmeangebot, das sich nur auf einen Teil der Aktionäre der Zielgesellschaft erstreckt, grundsätzlich unzulässig. Schließlich dienen auch die Regelungen über das Pflichtangebot (§§ 35 ff.) der Gleichbehandlung der Aktionäre der Zielgesellschaft durch den Bieter. 10

c) Pflichten des Vorstands der Zielgesellschaft. Der übernahmerechtliche Gleichbehandlungsgrundsatz nach Abs. 1 soll sich auch an den Vorstand der Zielgesellschaft richten. Dieser ist ohnehin aus § 53a AktG verpflichtet. 11

aa) Information der Wertpapierinhaber der Zielgesellschaft. Der Vorstand der Zielgesellschaft ist dazu verpflichtet, alle Aktionäre der Zielgesellschaft und sonstige Wertpapierinhaber während des Angebots mit den gleichen Informationen zu versorgen. Der Gleichbehandlungsgrundsatz nach Abs. 1 wäre verletzt, wenn nur einzelnen Aktionären bestimmte Informationen zur Verfügung gestellt würden. 12

bb) Information des Bieters? Fraglich ist, ob der Vorstand berechtigt ist, vor Veröffentlichung der Entscheidung über die Abgabe eines Angebots oder während der Annahmefrist dem Bieter Informationen über die Zielgesell- 13

---

[20] *Baums/Hecker* in Baums/Thoma, § 3 Rn. 16; *Versteegen* in KK-WpÜG, § 3 Rn. 14; aA *Schüppen* in Frankfurter Komm., § 3 Rn. 7.

[21] AA für einfache Erwerbsangebote *Baums/Hecker* in Baums/Thoma, § 3 Rn. 22; *Versteegen* in KK-WpÜG, § 3 Rn. 23; weitere Beispiele für Ungleichbehandlungen aus der früheren englischen Praxis bei *Krause,* S. 52 ff.

[22] Vgl. *Stephan* in Assmann/Pötzsch/Schneider, § 3 Rn. 15.

[23] AA *Baums/Hecker* in Baums/Thoma, § 3 Rn. 18; *Schüppen* in Frankfurter Komm., § 3 Rn. 7.

schaft zukommen zu lassen. **Übernahmerechtlich** ist der Vorstand **nach** Veröffentlichung der Entscheidung über die Abgabe eines Angebots nur berechtigt, dem Bieter Informationen zur Verfügung zu stellen, wenn diese zeitgleich den Aktionären der Zielgesellschaft in geeigneter Weise zugänglich gemacht werden.[24] Der Gleichbehandlungsgrundsatz nach Abs. 1 ist verletzt, wenn solche Informationen nur dem Bieter gegeben werden.[25] **Aktienrechtlich** ist der Vorstand im Rahmen seiner Pflicht zur ordnungsgemäßen Geschäftsführung und Verschwiegenheit (§§ 76, 93 AktG) berechtigt, **vor** Veröffentlichung der Entscheidung über die Abgabe eines Angebots sind dem Bieter im Rahmen einer **Due Diligence** Informationen zur Verfügung zu stellen, wenn die Gesellschaft ein erhebliches wirtschaftliches Interesse am Erfolg des Angebots hat. Die befugte Informationsweitergabe nach § 14 Abs. 1 Nr. 2 WpHG verlangt ebenfalls ein wirtschaftliches Interesse der Zielgesellschaft an dem Angebot. Außerdem wird verlangt, dass der Bieter sich sachkundiger, zur Berufsverschwiegenheit verpflichteter Berater bedient und dass die vertraulichen Informationen nicht dem Bieter selbst, sondern nur seinen Beratern zur Verfügung gestellt werden. Die Berater müssen sich darüber hinaus verpflichten, nicht die vertraulichen Informationen der Zielgesellschaft weiterzugeben, sondern nur einen abgekürzten Bericht mit der Auswertung ihrer Ergebnisse.[26] **Nach** Beginn der Annahmefrist ist die Überlassung von Informationen an den Bieter, ohne sie gleichzeitig den Aktionären der Zielgesellschaft zukommen zu lassen, auch aktienrechtlich unzulässig. Der Vorstand würde seine Pflicht zur Gleichbehandlung aus § 53a AktG verletzen, wenn er den Bieter als (Nicht-)Aktionär besser behandelt als die auf Information angewiesenen Aktionäre. Eine Information des Bieters kann auch nicht durch nachträgliche Auskunftserteilung in der nächsten Hauptversammlung der Zielgesellschaft (§ 131 Abs. 4 AktG) gerechtfertigt werden. Diese nachträgliche Information der Aktionäre reicht nicht aus, weil die Auskunft nicht mehr rechtzeitig erteilt würde, um vom Aktionär zur Beurteilung des Angebots genutzt werden zu können.

14 **cc) Information eines konkurrierenden Bieters?** Hat die Zielgesellschaft dem Bieter vor der Veröffentlichung der Entscheidung zur Abgabe eines Angebots Informationen zur Verfügung gestellt, die dem Angebot zugrunde gelegt wurden, dann kann aus dem Gleichbehandlungsgrundsatz nach Abs. 1 im Einzelfall auch die Pflicht folgen, nach Veröffentlichung der Entscheidung über die Abgabe eines Angebots einem Dritten dieselben In-

---

[24] Die Zugänglichmachung in der Stellungnahme nach § 27 wird vorgeschlagen von *Baums/Hecker* in Baums/Thoma, § 3 Rn. 9.

[25] Vgl. *Lutter* ZIP 1997, 616; aA *Baums/Hecker* in Baums/Thoma, § 3 Rn. 9 und *Versteegen* in KK-WpÜG, § 3 Rn. 16 (nur, wenn Bieter bereits Wertpapiere der Zielgesellschaft hält).

[26] *Lutter* ZIP 1997, 618; *Meincke* WM 1998, 751; *Müller* NJW 2000, 3455; *Schroeder* DB 1997, 2163; *Stoffels* ZHR 165 (2001), 376 f.; *Ziemons* AG 1999, 495; *Brandi/Süßmann* AG 2004, 642 (647 f.); vgl. auch *Harrer/Erbacher* in von Rosen/Seifert, S. 254; zur Due Diligence bei Unternehmenskäufen im einzelnen *Hopt/Roth* in Großkomm., § 93 Rn. 213; *Hüffer/Koch,* § 93 Rn. 8; *Kiethe* NZG 1999, 976; *K. Mertens* AG 1999, 541; *Roschmann/Frey* AG 1996, 449; *Ziemons* AG 1999, 492; insgesamt stark einschränkend *Lutter* ZIP 1997, 617.

formationen wie dem Bieter zur Verfügung zu stellen (Grundsatz der sog. Bietergleichbehandlung).[27]

15 **dd) Aktienrechtliches Gleichbehandlungsgebot (§ 53a AktG).** Auch während eines Angebotsverfahrens gilt das aktienrechtliche Gleichbehandlungsgebot (§ 53a AktG). Dieses verpflichtet die Verwaltung der Zielgesellschaft, ihre Aktionäre gleichmäßig zu behandeln. Den Bieter treffende Pflichten entfaltet das aktienrechtliche Gleichbehandlungsgebot grundsätzlich nicht.[28] Dies gilt auch dann, wenn der Bieter bereits Aktionär des Zielunternehmens ist, da das aktienrechtliche Gleichbehandlungsgebot zwischen den Aktionären keinerlei Verpflichtungen begründet.[29] Das aktienrechtliche Gleichbehandlungsgebot kann im Vorfeld eines Angebots die Möglichkeiten der Verwaltung der Zielgesellschaft beschränken, dem Bieter Informationen über das Zielunternehmen zur Verfügung zu stellen (Rn. 13). Nach Veröffentlichung der Entscheidung über die Abgabe eines Angebots verbietet das aktienrechtliche Gleichbehandlungsgebot, den Bieter mit Informationen zu versorgen, die nicht gleichzeitig den Aktionären der Zielgesellschaft zur Verfügung gestellt werden.

16 **ee) Kapitalmarktrechtliches Gleichbehandlungsgebot (§ 30a Abs. 1 Nr. 1 WpHG).** Das kapitalmarktrechtliche Gleichbehandlungsgebot verpflichtet wie § 53a AktG ausschließlich die Zielgesellschaft. Allerdings gilt es anders als das aktienrechtliche Gleichbehandlungsgebot aus § 53a AktG nicht nur für die Aktionäre, sondern für alle Inhaber von Schuldverschreibungen und Wertpapieren der Zielgesellschaft, die ausschließlich Gläubigerrechte verbriefen.[30]

2. Transparenzgrundsatz (Absatz 2)

17 Absatz 2 statuiert ein allgemeines **übernahmerechtliches Transparenzgebot** (Transparenzgrundsatz). Ziel des Gesetzes ist es, Transparenz für die Beteiligten eines Angebotsverfahrens, insbesondere bei Unternehmensübernahmen zu schaffen.[31] Eine entsprechende Regelung enthält Art. 3 Abs. 1 lit. (b) Übernahmerichtlinie.

18 In Ausprägung des allgemeinen Transparenzgrundsatzes treffen sowohl den Bieter als auch den Vorstand der Zielgesellschaft Informationspflichten. Die Informationen, die Bieter und Vorstand der Zielgesellschaft zur Verfügung stellen, bilden nach der Konzeption des Gesetzes die Grundlage, auf der die

[27] Mit im Einzelfall unterschiedlicher Begründung vertreten von *Fleischer* ZIP 2002, 651; *Hopt* ZGR 2002, 358; *Liekefett* AG 2005, 806 ff. (folgt aus § 3 Abs. 3); *Grunewald* in Baums/Thoma, § 33 Rn. 52; *Ekkenga* in Ehricke/Ekkenga/Oechsler, § 33 Rn. 54; *Röh* in Frankfurter Komm. § 33 Rn. 145; *Noack/Zetzsche* in Schwark/Zimmer, KapitalmarktR, § 33 WpÜG Rn. 12; *Schlitt/Ries* in MüKoAktG, § 33 WpÜG Rn. 158; aA *Baums/Hecker* in Baums/Thoma, § 3 Rn. 9 (greift nur, wenn Bieter bereits Wertpapiere der Zielgesellschaft hält); *Stephan* in Assmann/Pötzsch/Schneider, § 3 Rn. 16 (§ 3 Abs. 1 verpflichtet nur Bieter).

[28] *Beckmann* DB 1995, 2407.

[29] Vgl. *Hüffer/Koch,* § 53a Rn. 4 mwN.

[30] *Stephan* in Assmann/Pötzsch/Schneider, § 3 Rn. 8; *Heidelbach* in Schwark/Zimmer, KapitalmarktR, § 30a WpHG Rn. 3.

[31] BT-Drucks. 14/7034, 29.

Wertpapierinhaber der Zielgesellschaft über die Annahme des Angebots oder seine Ablehnung entscheiden. Ihnen soll die Möglichkeit gegeben werden, die häufig umfangreichen Angebotsunterlagen zu prüfen und eine sachlich fundierte Entscheidung zu treffen. Der Transparenzgrundsatz steht in engem Zusammenhang mit dem Gleichbehandlungsgrundsatz. Transparenz eines Angebotsverfahrens ist nur gewährleistet, wenn alle Wertpapierinhaber der Zielgesellschaft, an die sich das Angebot richtet, gleiche Informationen erhalten. Aufgrund der umfangreichen Detailregelungen des Gesetzes zu Publizität und Verfahrensfristen (§§ 10–12, 16, 21, 23, 27, 28 und 32) kommt dem Transparenzgrundsatz allenfalls gesetzeserläuternde Bedeutung zu, ohne unmittelbar Handlungspflichten des Bieters oder der Zielgesellschaft zu begründen.[32]

19 **a) Information durch den Bieter.** Nach dem Transparenzgrundsatz ist der Bieter verpflichtet, seine Entscheidung zur Abgabe des Angebots unverzüglich zu veröffentlichen und eine Angebotsunterlage zu erstellen, in der er in deutscher Sprache das Angebot umfassend darstellt (§ 11). Mit der Pflicht, die Angebotsunterlage in deutscher Sprache zu veröffentlichen, trägt der Gesetzgeber dem Umstand Rechnung, dass in fremden Sprachen abgefasste Unterlagen für den durchschnittlichen Wertpapierinhaber schwer verständlich sein können.[33] Ohne Information in deutscher Sprache ist eine sachgerechte Willensbildung in der Regel nicht möglich.

20 Als Ausformung des allgemeinen Transparenzgrundsatzes stellt sich die Verpflichtung des Bieters dar, in regelmäßigen Abständen während des Verfahrens sowie unverzüglich nach Ablauf der Annahmefrist über seine Beteiligung an der Zielgesellschaft zu informieren (§ 23 Abs. 1, sog **Wasserstandsmeldungen**).[34] Der Transparenz dient auch die Pflicht des Bieters, seine Transaktionen der Aktien der Zielgesellschaft während des Verfahrens oder innerhalb des auf die Übernahme folgenden Jahres zu veröffentlichen (§ 23 Abs. 2). Da das WpÜG die Informationspflichten des Bieters umfassend regelt, lassen sich aus § 3 Abs. 2 im Einzelfall keine zusätzlichen Informationspflichten begründen.[35] Insbesondere ist § 3 Abs. 2 nicht dazu geeignet, eine Pflicht zur **Angebotsaktualisierung** zu begründen.

21 **b) Information durch die Verwaltung der Zielgesellschaft.** Eine Ausprägung des Transparenzgrundsatzes ist die Verpflichtung der Verwaltung der Zielgesellschaft, eine Stellungnahme zu dem Angebot und seinen Folgen für die Zielgesellschaft abzugeben (§ 27). Aus dem Transparenzgebot resul-

---

[32] *Assmann/Stephan* in Assmann/Pötzsch/Schneider, § 3 Rn. 22; *Baums/Hecker* in Baums/Thoma, § 3 Rn. 29; *Noack/Holzborn* in Schwark/Zimmer, KapitalmarktR, § 3 WpÜG Rn. 13; *Schüppen* in Frankfurter Komm., § 3 Rn. 8; *Versteegen* in KK-WpÜG, § 3 Rn. 30.

[33] Vgl. LG München I v. 3.5.2001, BB 2001, 1648.

[34] Dazu de lege ferenda *Witt,* S. 229; *Witt* NZG 2000, 809; Beispiele zu Verletzungen des Transparenzgrundsatzes bei früheren Übernahmeversuchen bei *Burgard* AG 1992, 41 ff.; *Witt,* S. 97 ff.

[35] So zu Recht *Assmann/Stephan* in Assmann/Pötzsch/Schneider, § 3 Rn. 21; *Baums/Hecker* in Baums/Thoma, § 3 Rn. 29; *Steinhardt* in Steinmeyer, § 3 Rn. 10; gegen die von *Santelmann* AG 2002, 500 f. und *Steinmeyer/Häger* in der ersten Auflage zu § 29 Rn. 13 geforderte Angabe von Mindesterwerbsschwellen bei allen Angeboten nach dem WpÜG.

tiert insbesondere die Verpflichtung des Vorstandes, die Angaben in der Angebotsunterlage zu prüfen und seine Stellungnahme zu dem Angebot mit Gründen zu versehen. Diese Prüfung hat der Vorstand mit der Sorgfalt eines ordentlichen Geschäftsleiters (§§ 76, 93 AktG) vorzunehmen. Bei der Bemessung der erforderlichen Sorgfalt ist zu berücksichtigen, dass der Vorstand der Zielgesellschaft aufgrund des Beschleunigungsgrundsatzes (Abs. 4) unter erheblichem, durch die Begrenzung der Angebotsfrist begründeten Zeitdruck steht. Zur Steigerung der Transparenz kann der Vorstand der Zielgesellschaft über die Stellungnahme hinaus berechtigt sein, zur Verbesserung des Informationsstandes der Wertpapierinhaber der Zielgesellschaft durch Präsentationen, Road-Shows, Pressekonferenzen und Mitteilungen sowie durch Werbung während des laufenden Übernahmeverfahrens beizutragen (§ 28 Rn. 10). Der Transparenz des Verfahrens dient auch die Verpflichtung des Vorstands und des Aufsichtsrats der Zielgesellschaft offen zu legen, ob ihre Mitglieder mit den von ihnen selbst gehaltenen Aktien das Angebot annehmen oder ablehnen wollen (§ 27 Abs. 1 Nr. 3). Schließlich sind dem Vorstand der Zielgesellschaft im Zusammenhang mit der Übernahme gewährte Vorteile oder gemachte Zusagen offen zu legen (§§ 11 Abs. 2 Satz 3 Nr. 3, 40).

3. Handeln im Interesse der Zielgesellschaft (Absatz 3)

a) Allgemeines, Verhältnis zu § 33. Abs. 3 stellt klar, dass auch während eines Angebotsverfahrens Vorstand und Aufsichtsrat der Zielgesellschaft dem Unternehmensinteresse verpflichtet sind. Durch das Gesetz werden die allgemeinen gesellschaftsrechtlichen Pflichten dieser Organe nicht suspendiert.[36] Auch im Falle eines Übernahmeangebots bleiben die aktiven rechtlichen Zuständigkeiten von Vorstand, Aufsichtsrat und Hauptversammlung unverändert bestehen.[37] Die in § 33 Abs. 1 Satz 1 Regierungsentwurf ursprünglich vorgesehene Regelung, wonach bestimmte Geschäftsführungsmaßnahmen vom Vorstand während der Angebotsfrist nur mit Zustimmung der Hauptversammlung vorgenommen werden sollten, wurde in der Beschlussempfehlung des Finanzausschusses gestrichen. Das Gesetz hat sich insoweit für einen **Vorrang des Aktienrechts** auch während eines Übernahmeverfahrens entschieden.[38] Während des gesamten Übernahmeverfahrens ist das Management der Zielgesellschaft uneingeschränkt zur Wahrnehmung der in der Gesellschaft zusammentreffenden Interessen der Aktionäre, der Arbeitnehmer und des Gemeinwohls verpflichtet.[39] Eine entsprechende Regelung enthält Art. 3 Abs. 1 lit. (c) Übernahmerichtlinie. 22

---

[36] BT-Drucks. 14/7034, 35; *Baums/Hecker* in Baums/Thoma, § 3 Rn. 30; *Kraus/Pötzsch/Stephan* in Assmann/Pötzsch/Schneider, § 3 Rn. 31; *Versteegen* in KK-WpÜG, § 3 Rn. 35; *Wackerbarth* in MüKoAktG, § 3 WpÜG Rn. 18; aA *v. Nussbaum,* S. 189ff. (Modifikation des AktG durch WpÜG).

[37] BT-Drucks. 14/7477, 69.

[38] *Baums/Hecker* in Baums/Thoma, § 3 Rn. 39; *Kraus/Pötzsch/Stephan* in Assmann/Pötzsch/Schneider, § 3 Rn. 33; *Noack/Holzborn* in Schwark/Zimmer, KapitalmarktR, § 3 WpÜG Rn. 15; *Schüppen* in Frankfurter Komm., § 3 Rn. 14; *Versteegen* in KK-WpÜG, § 3 Rn. 35f.

[39] Regierungsbegründung zu § 33 Abs. 1 Satz 2, BT-Drucks. 14/7034, S. 58, und zu § 27 Abs. 1, aaO S. 52.

23 Eine spezielle Ausprägung des Grundsatzes, dass die Verwaltung im Interesse der Zielgesellschaft zu handeln hat, findet sich in § 33, der in seinem Anwendungsbereich eine abschließende Sonderregelung zu § 3 Abs. 3 darstellt.[40] § 33 ist das Ergebnis einer Abwägung zwischen dem Unternehmensinteresse und dem Interesse der Aktionäre der Zielgesellschaft, unbehindert über die Annahme oder Ablehnung des Angebots zu entscheiden. § 33 Abs. 1 und Abs. 2 lösen den möglichen Konflikt zwischen beiden Interessen[41] dahingehend auf, dass bestimmte, im Unternehmensinteresse gebotene Maßnahmen nur aufgrund Ermächtigung der Hauptversammlung oder mit Zustimmung des Aufsichtsrats vorgenommen werden können. Ein übernahmerechtlicher Vorrang des Unternehmensinteresses[42] oder des Interesses der Aktionäre der Zielgesellschaft an der Veräußerung ihrer Aktien[43] ist dem Gesetz nicht zu entnehmen.

24 **b) Interesse der Zielgesellschaft.** Vorstand und Aufsichtsrat sind in erster Linie Organe der Gesellschaft und dieser zu Sorgfalt und Treue verpflichtet.[44] Dabei dürfen das **Unternehmensinteresse** und das Interesse der Aktionäre als Gesellschafter nicht miteinander verwechselt werden. Der Vorstand ist gegenüber der Gesellschaft als juristischer Person zur Gewinnerzielung und Gewinnmaximierung verpflichtet. Der Bestand der Gesellschaft als Wirtschaftseinheit und ihre Rentabilität sind vorrangig.[45] Das Interesse der Gesellschaft schlägt sich in der Bestandssicherungspflicht nach § 91 Abs. 2 AktG nieder und wiegt bei einer erforderlichen Abwägung auch schwerer als die Interessen der Minderheitsaktionäre.[46]

25 **Aktionärsinteressen** sind nur dort den Gesellschaftsinteressen uneingeschränkt übergeordnet, wo das Gesetz Investitions-, Desinvestitions- und Strukturentscheidungen in die Kompetenz der Hauptversammlung gelegt hat.[47] Ansonsten haben die Interessen der Aktionäre als Gesamtheit keinen Vorrang vor dem Interesse des Unternehmens an seiner langfristigen Rentabilität und an der

[40] *Stephan* in Assmann/Pötzsch/Schneider, § 3 Rn. 9; *Oechsler* in Ehricke/Ekkenga/Oechsler, § 3 Rn. 23; *Versteegen* in KK-WpÜG, § 3 Rn. 37; wohl auch *Noack/Holzborn* in Schwark/Zimmer, KapitalmarktR, § 3 WpÜG Rn. 15 und *Schüppen* in Frankfurter Komm., § 3 Rn. 22.

[41] Dazu *Land/Hasselbach* DB 2000, 1747, 1748.

[42] So *Mülbert* IStR 1999, 85, kritisch *Merkt* ZHR 165 (2001), 241 mit Fn. 79.

[43] So *Dimke/Heiser* NZG 2001, 244 ff.; *Wackerbarth* in MüKoAktG, § 3 WpÜG Rn. 19ff; aA *Baums/Hecker* in Baums/Thoma, § 3 Rn. 38; *Kraus/Pötzsch/Stephan* in Assmann/Pötzsch/Schneider, § 3 Rn. 34.

[44] HM, vgl. *Mertens/Cahn* in KölnKomm., § 93 Rn. 64 ff. und § 113 Rn. 22 ff.; *Hüffer/Koch,* § 84 Rn. 9, 10 und § 116 Rn. 7; *Lutter* ZHR 162 (1998), 178; *Lutter* AG 2001, 351.

[45] OLG Hamm, AG 1995, 514; *Mertens/Cahn* in KölnKomm., § 76 Rn. 21; *Dimke/Heiser* NZG 2001, 244 f. mwN; *Lammers,* S. 132; *Schander/Posten* ZIP 1997, 1535; *v. Nussbaum,* S. 60, 66 ff.; so wohl auch *Schüppen* in Frankfurter Komm., § 3 Rn. 24, 25.

[46] BGH v. 9.2.1998, BGHZ 138, 71, 81 – Sachsenmilch; *Kort* FS Lutter, 2000, S. 1442; *W. Müller* FS Semler, 1993, S. 208 f.; aA *Krause/Pötzsch/Stephan* in Assmann/Pötzsch/Schneider, § 3 Rn. 34.

[47] *W. Müller* FS Semler, 1993, S. 208 f.; *Mertens/Cahn* in KölnKomm., § 76 Rn. 23; aA *Joussen* BB 1992, 1077.

Sicherung seines Bestands.[48] Die Vorrangigkeit des Unternehmensinteresses ändert nichts daran, dass der Vorstand und der Aufsichtsrat mit dem Vermögen der Gesellschaft auch das Vermögen der Aktionäre verwalten und insoweit deren Treuhänder sind.[49] Daraus kann zwar nicht der Schluss gezogen werden, das Unternehmensinteresse sei dem Aktionärsinteresse gleich zu setzen[50] und die Gesellschaftsinteressen seien nur „überindividuell aggregierte Anteilseignerinteressen".[51] Soweit dies der Verwaltung unter Berücksichtigung des vorrangigen Interesses an Bestand und Rentabilität des Unternehmens möglich ist, muss aber dem Interesse der Anteilseigner an der **Steigerung des Unternehmenswerts** bei der Abwägung Rechnung getragen werden.[52]

Streitig ist, in wieweit im Rahmen des Unternehmensinteresses **Arbeitnehmer- und Drittinteressen** zu berücksichtigen sind.[53] Das Gesetz bringt an mehreren Stellen zum Ausdruck, dass die Interessen der Arbeitnehmer nach Möglichkeit Berücksichtigung finden sollen (vgl. §§ 5 Abs. 1 Nr. 4, 10 Abs. 5, 11 Abs. 2 Satz 2 Nr. 2, 14 Abs. 4, 27 Abs. 1 Nr. 1, Abs. 2, Abs. 3). Gleichwohl stellt das Gesetz durch die in § 33 allein zwischen dem Unternehmensinteresse und dem Veräußerungsinteresse der Aktionäre vorgenommene Abwägung klar, dass neben dem Interesse der Gesellschaft vorrangig die Aktionärsinteressen zu berücksichtigen sind. Der Schutz von Gläubiger- oder Arbeitnehmerinteressen wird nicht primär durch das Aktienrecht oder das Gesetz, sondern durch das allgemeine Zivilrecht einschließlich Insolvenzrecht und durch das (kollektive) Arbeitsrecht gewährleistet.[54] 26

Keine Berücksichtigung im Rahmen einer Abwägung für und gegen eine unternehmerische Entscheidung finden **Eigeninteressen des Vorstands** bzw. des Aufsichtsrats an der Bewahrung ihrer durch ein Übernahmeangebot möglicherweise gefährdeten Position. Der Vorstand ist als Wahrer der Interessen der Gesellschaft und ihrer Aktionäre ausschließlich Vertreter fremder Interessen, so dass bereits im Falle eines potentiellen Konflikts mit dem Gesellschafts- oder Aktionärsinteresse ihr Eigeninteresse zurückzutreten hat.[55] 27

c) Pflichten des Vorstands. aa) Pflichten im Vorfeld eines Übernahmeangebots. Der Vorstand kann verpflichtet sein, im Rahmen der ord- 28

[48] *Weisser,* S. 200ff.; aA *Adams* AG 1990, 246f.; *Kirchner* WM 2000, 1822; *Maier-Reimer* ZHR 165 (2001), 261; *Mülbert* IStR 1999, 84.

[49] *Lutter* AG 2001, 351.

[50] So aber *Horn* ZIP 2000, 481; *Wackerbarth* WM 2001, 1744.

[51] *Mülbert* ZGR 1997, 140ff.; *Mülbert* IStR 1999, 84.

[52] *Hüffer/Koch,* § 93 Rn. 8; *Koch* ZHR 161 (1997), 217f.; zum Shareholder Value-Gedanken *Groh* DB 2000, 2153ff.; *Mülbert* ZGR 1997, 156ff.; *von Werder* ZGR 1998, 77ff.; kritisch zur einseitigen Orientierung am Börsenkurs *Kort* FS Lutter, 2000, S. 1441.

[53] Keine Berücksichtigung von Gruppeninteressen: *Hopt* ZGR 1993, 551f.; *Hopt/Roth* in Großkomm., § 93 Rn. 124; *Mülbert* IStR 1999, 84; *Mülbert/Birke* WM 2001, 715: *Merkt* ZHR 165 (2001), 240; nachrangige Berücksichtigung nach Aktionärsinteressen: *Horn* ZIP 2000, 481; *Kirchner* WM 2000, 1824; *Kort* FS Lutter, 2000, S. 1435.

[54] *Horn* ZIP 2000, 481; *Kirchner* WM 2000, 1822; *Wiese/Demisch* DB 2001, 851.

[55] *Baums/Hecker* in Baums/Thoma, § 3 Rn. 35, 37; *Adams* AG 1990, 246; *Dimke/Heiser* NZG 2001, 245; *Ebenroth/Daum* DB 1991, 1158; *Hopt* ZGR 1993, 541; *Kirchner* WM 2000, 1822; *Martens* FS Beusch, 1993, 530; *Wiese/Demisch* DB 2001, 850.

nungsgemäßen Geschäftsführung (§§ 76, 93 AktG) bereits im Vorfeld eines Übernahmeangebots Informationen über potentielle Bieter zu beschaffen. Diese Informationen braucht der Vorstand zur Erfüllung seiner eigenen Informationspflichten gegenüber dem Aufsichtsrat und der Hauptversammlung.[56] Die Pflicht setzt voraus, dass dem Vorstand konkrete Anhaltspunkte für eine Übernahmeabsicht eines Dritten vorliegen. Eine darüber hinausgehende Pflicht zur Informationsbeschaffung besteht dagegen nicht.

29 **bb) Geschäftsführung der Zielgesellschaft.** Von dem Angebotsverfahren unberührt bleiben die aktienrechtlichen Pflichten des Vorstands und des Aufsichtsrats. Der Vorstand hat auch während des Übernahmeverfahrens die Geschäfte der Zielgesellschaft zu führen. Diese Geschäftsführungspflicht wird in § 33 Abs. 1 Satz 2 anerkannt. Soweit es sich nicht um laufende Geschäfte der Zielgesellschaft handelt, kann der Vorstand nach § 33 Abs. 1 Satz 2 verpflichtet sein, für einzelne Geschäfte die Zustimmung des Aufsichtsrats einzuholen. Darüber hinaus kann sich aus § 90 Abs. 1 Satz 2 AktG eine Pflicht des Vorstands zur Information des Vorsitzenden des Aufsichtsrats ergeben, wenn der Vorstand nach pflichtgemäßer Prüfung ein Übernahmeangebot für unmittelbar bevorstehend hält.[57]

30 **cc) Verschwiegenheitspflicht (§ 93 Abs. 1 Satz 2 AktG).** Auch bei einem unerwünschten Übernahmeangebot gilt die aktienrechtliche **Verschwiegenheitspflicht des Vorstands** (§ 93 Abs. 1 Satz 2 AktG) und des Aufsichtsrats (§ 116 AktG). Der Vorstand der Zielgesellschaft darf auch Umstände, die für die Annahme des Angebots entscheidungsrelevant sein können, nicht den Aktionären oder dem Bieter offenbaren, wenn deren Veröffentlichung der Gesellschaft erhebliche Nachteile zufügen würde.[58] Dies ergibt sich aus dem Rechtsgedanken des § 131 Abs. 3 Nr. 1 AktG, der das Informationsrecht auch der Aktionäre entsprechend begrenzt. Zu den geheimhaltungsbedürftigen Tatsachen können Vertragsverhandlungen mit Dritten über Kauf oder Veräußerung von Unternehmensteilen[59] sowie Informationen über ein bevorstehendes Übernahmeangebot gehören, die der Vorstand vorab in geheimer Form erhält,[60] außerdem Gespräche des Bieters mit der Zielgesellschaft im Vorfeld eines Angebots.[61]

31 Die aktienrechtliche Verschwiegenheitspflicht kann auch die Weitergabe von Informationen an einen **weißen Ritter** (Konkurrenzangebot) einschränken.[62] Da das Gesetz die Suche nach dem weißen Ritter in § 33 Abs. 1 Satz 2 ausdrücklich für zulässig erklärt, stellt sich die Frage, ob der Vorstand der Zielgesellschaft berechtigt ist, im Rahmen einer Due Diligence einem konkurrierenden Bieter Unternehmensinformationen zur Verfügung zu stellen,

---

[56] *Kort* FS Lutter, 2001, S. 1438 mN in Fn. 52; *Krause/Pötzsch/Stephan* in Assmann/Pötzsch/Schneider, § 3 Rn. 41.

[57] *Lammers,* S. 112 ff.; *Krause/Pötzsch/Stephan* in Assmann/Pötzsch/Schneider, § 3 Rn. 43.

[58] *Herrmann,* S. 90 ff.

[59] *Herrmann,* S. 91 f.

[60] *Hopt* FS Lutter 2000, 1394; *Herrmann,* S. 90 f.

[61] *Lammers,* S. 111; *Krause/Pötzsch/Stephan* in Assmann/Pötzsch/Schneider, § 3 Rn. 44.

[62] Vgl. *Hopt* FS Lutter, 2000, 1383 f.

über die der ursprüngliche Bieter nicht verfügt. Hier wird man danach differenzieren müssen, ob die Abwehr des Übernahmeangebots des ursprünglichen Bieters ausnahmsweise zur Abwendung von Gefahren für das Unternehmen erforderlich ist. Ist dies der Fall, dann ist es gerechtfertigt, ohne Verletzung des kapitalmarktrechtlichen Gleichbehandlungsgebots (Abs. 1) und ohne Verletzung des insiderrechtlichen Weitergabeverbots aus § 14 Abs. 1 Nr. 2 WpHG dem konkurrierenden Bieter weiterführende Unternehmensinformationen zugänglich zu machen.[63] Dabei sind die sonst bei einer Due Diligence geltenden Schranken zu beachten (vgl. oben Rn. 13).

dd) Abwehr von Gefahren für Zielgesellschaft. Im Rahmen seiner Geschäftsführungsaufgabe ist der Vorstand verpflichtet, Gefahren von der Zielgesellschaft abzuwenden, insbesondere wenn diese deren Bestand (§ 91 Abs. 2 AktG) bedrohen. Soweit es sich um Gefahren für die Zielgesellschaft handelt, die von dem Bieter im Falle eines erfolgreichen Angebots ausgehen, ergibt sich hieraus keine Befugnis zu Maßnahmen, die auf eine Abwehr des Angebots des Bieters hinzielen.[64] Die Pflicht des Vorstands zur Abwehr von Gefahren, die von dem Bieter ausgehen, ändert an der durch § 33 Abs. 1 begründeten Pflicht zur Einschaltung der Hauptversammlung vor der Durchführung von Abwehrmaßnahmen nichts. In einem solchen Fall kann sich die übernahmerechtliche Befugnis, Abwehrmaßnahmen mit Zustimmung der Hauptversammlung durchzuführen, zu einer Pflicht verdichten, die Hauptversammlung einzuberufen und dieser geeignete Abwehrmaßnahmen vorzuschlagen. 32

ee) Pflichten gegenüber Arbeitnehmern. Übernahmen oder Kontrollerwerbe können Auswirkungen auf die Arbeitnehmer der Zielgesellschaft, teilweise auch des Bieter-Konzerns haben. Das Gesetz sieht daher die Pflicht zur Offenlegung des Übernahmevorgangs gegenüber den Beschäftigten der Zielgesellschaft und gegenüber den Beschäftigten des Bieters, soweit der Bieter entgegen der Üblichkeit, keine Zweckgesellschaft ist, vor.[65] Die Vorschriften des Gesetzes zielen dagegen nicht auf eine Erweiterung oder Einschränkung individual- oder kollektivrechtlicher Beteiligungsrechte ab, die aufgrund anderer Rechtsvorschriften bestehen.[66] Das Gesetz soll vielmehr **Transparenz** schaffen und für die **Information** der Arbeitnehmer sorgen.[67] Abgesehen von der Pflicht des Vorstands der Zielgesellschaft, eine von den Arbeitnehmern erstellte Stellungnahme zum Angebot zu veröffentlichen, enthält das Gesetz keine übernahmerechtlichen Mitwirkungsrechte der Arbeitnehmer. 33

Arbeitsrechtlicher Kerngehalt des Gesetzes ist die **Unterrichtung** des Betriebsrats der Zielgesellschaft oder, sofern ein Betriebsrat nicht besteht, unmittelbar der Arbeitnehmer, über das laufende Verfahren seitens des Vorstands der Zielgesellschaft. Mit dem **Übernahmerichtlinie-Umsetzungsgesetz** 34

---

63 *Hopt* FS Lutter, 2000, 1384; vgl. *Krause/Pötzsch/Stephan* in Assmann/Pötzsch/Schneider, § 3 Rn. 45.

64 *Hopt* FS Lutter, 2000, 1392; ihm folgend *Baums/Hecker* in Baums/Thoma, § 3 Rn. 37; *Krause/Pötzsch/Stephan* in Assmann/Pötzsch/Schneider, § 3 Rn. 46.

65 Dazu *Seibt* DB 2002, 529, 531.

66 *Krause/Pötzsch/Stephan* in Assmann/Pötzsch/Schneider, § 3 Rn. 47.

67 BT-Drucks. 14/7034, 28, 40; *Hirte* in KK-WpÜG, § 10 Rn. 83.

wurden die einschlägigen Vorschriften auch auf das **Bieterunternehmen** erstreckt und damit im Ergebnis „perspektivisch erweitert".[68] Damit soll dem Umstand Rechnung getragen werden, dass Unternehmensübernahmen – zB im Fall einer räumlichen und organisatorischen Einordnung der Zielgesellschaft in den Konzern des Bieters – regelmäßig auch Auswirkungen auf die Belegschaft des Bieters haben können.[69] Das Unterrichtungserfordernis bezieht sich auf die vom Bieter veröffentlichte Entscheidung zur Abgabe eines Angebots (§ 10 Abs. 5 Satz 2 und 3) sowie die vom Bieter eingereichte Angebotsunterlage (§ 14 Abs. 4 Satz 2 und 3). Daneben muss die Angebotsunterlage Angaben zu den Auswirkungen der Übernahme auf die Geschäftstätigkeit der Zielgesellschaft und, soweit von dem Angebot betroffen, des Bieters, insbesondere hinsichtlich der Beschäftigungsbedingungen und Arbeitnehmervertretungen, enthalten (§ 11 Abs. 2 Satz 3 Nr. 2). Allerdings **haftet** der Bieter gegenüber den Arbeitnehmern nicht für die Richtigkeit der erstellten Angebotsunterlage (arg. § 12 Abs. 1). Der Betriebsrat oder die Arbeitnehmer der Zielgesellschaft können eine eigene **Stellungnahme** zu dem Angebot abgeben (§ 27 Abs. 2). Ein vergleichbares Recht der Beschäftigten des *Bieters* besteht nicht und wäre auch nicht begründbar. Die praktische Bedeutung der Arbeitnehmerunterrichtung ist gering, da in aller Regel kein Bieter im Zeitpunkt der Veröffentlichung der Angebotsunterlage bereits Absichten hat bzw. äußert.

35 Die Vorschriften zur Information des Betriebsrats bzw. der Arbeitnehmer haben daher mehr deklaratorischen Charakter[70] und das Gesetz ist **kein arbeitsrechtliches Schutzgesetz.**[71] Es räumt weder Betriebsräten noch Arbeitnehmern subjektive Rechte ein und nimmt daher im Vergleich zu anderen arbeitsrechtlichen Schutzbestimmungen, etwa dem KSchG oder dem BetrVG, eine Sonderstellung ein. Das liegt in erster Linie am Gesetzeszweck, der vorrangig auf den Schutz der Funktionsfähigkeit des Kapitalmarkts gerichtet ist.[72] Eine Begünstigung der Arbeitnehmer entsteht primär durch **„Teilhabe an Information".** Weitergehende Forderungen der Gewerkschaften, zB nach einer Sicherung der Unternehmensmitbestimmung, erweiterten Mitspracherechten oder Haftungsansprüchen der Belegschaft[73], hat der Gesetzgeber nicht berücksichtigt. Damit wird dem Ziel des Gesetzes Rechnung getragen, ein faires und geordnetes Angebotsverfahren zu schaffen und Unternehmensübernahmen nicht zu verhindern.

36 **d) Pflichten des Aufsichtsrats.** Auch die Pflichten des Aufsichtsrats gegenüber der Zielgesellschaft werden durch das Angebotsverfahren nicht suspendiert. Der Aufsichtsrat ist auch während eines Übernahmeverfahrens verpflichtet, den Vorstand zu überwachen (§ 111 Abs. 1 AktG) und sich ggf. Berichte über den Ablauf des Übernahmeverfahrens erstatten zu lassen (§ 90

---

[68] *Seibt* in Henssler/Willemsen/Kalb, WpÜG Rn. 2a.
[69] BT-Drucks. 16/1003, 18.
[70] AA *Berger* Bank 2000, 562, 563.
[71] *Grobys* NZA 2002, 1, 6; *Seibt* DB 2002, 529, 535f.
[72] Vgl. BT-Drucks. 14/7034, 27f.
[73] Dazu etwa Stellungnahme des DGB, S. 3ff.; Gewerkschaftliche Position der IG Metall, S. 15.

AktG).[74] Der Aufsichtsrat ist bei einem Angebot nach § 27 zur Stellungnahme verpflichtet. Der Aufsichtsrat kann an einer Entscheidung des Vorstands der Zielgesellschaft zur Abwehr von Übernahmeversuchen zu beteiligen sein (§ 33 Abs. 1 Satz 2, Abs. 2 Satz 4). Allerdings darf der Aufsichtsrat in die Geschäftsführung auch im Falle einer drohenden Übernahme selbst nicht eingreifen.[75]

Durch das Angebot wird auch die **Verschwiegenheitspflicht der Mitglieder des Aufsichtsrats** der Zielgesellschaft nicht suspendiert. Dies gilt auch dann, wenn ein Aufsichtsratsmitglied vom Bieter entsandt wurde oder dem Lager des Bieters zuzurechnen ist. Mit dem Grundsatz der Höchstpersönlichkeit des Aufsichtsratsmandats ist auch in diesen Fällen die Weitergabe von Unternehmensinformationen an den Bieter oder an Dritte nicht vereinbar.[76] Die Verschwiegenheitspflicht des Aufsichtsrats stellt das notwendige Gegenstück zur Befugnis dar, sich im Rahmen von § 90 AktG fortlaufend durch Berichte des Vorstands informieren zu lassen und den Vorstand im Rahmen der Überwachungspflicht nach § 111 Abs. 1 AktG um Auskünfte zu ersuchen. Das schließt nicht aus, dass sich im Einzelfall in Übernahmefällen Rollenkonflikte ergeben können.[77] 37

e) Pflichten nach Erfolg eines Übernahmeangebots. Nach dem Erfolg eines Übernahmeangebots haben Vorstand und Aufsichtsrat sicherzustellen, dass die mit dem Kontrollwechsel verbundenen Reibungsverluste so gering wie möglich ausfallen.[78] Allerdings ändert auch der Kontrollwechsel nichts daran, dass der Vorstand und der Aufsichtsrat, so lange kein Beherrschungsvertrag geschlossen ist, zur eigenverantwortlichen Leitung der Gesellschaft verpflichtet bleiben. Der Vorstand ist im Rahmen seiner Leitungsfunktion weiterhin verpflichtet, Gesetzesverstöße und Gefahren für das Unternehmen am Markt abzuwehren.[79] Dies gilt auch dann, wenn die Gefahren vom Bieter ausgehen. Im Fall unlösbarer Konflikte ist der Vorstand berechtigt, sein Amt niederzulegen.[80] 38

4. Durchführung des Verfahrens

a) Beschleunigungsgrundsatz (Satz 1). Bieter und Zielgesellschaft sind nach Satz 1 verpflichtet, das Angebotsverfahren rasch durchzuführen, um den durch das Angebot entstehenden Schwebezustand und die damit verbundene Unsicherheit auf einen möglichst kurzen Zeitraum zu beschränken. Diese Verpflichtung besteht sowohl im Interesse des Bieters als auch der Zielgesell- 39

---

[74] *Lammers,* S. 112ff.; 193ff.; *Krause/Pötzsch/Stephan* in Assmann/Pötzsch/Schneider, § 3 Rn. 51.

[75] Dazu näher *Kort* FS Lutter, 2000, S. 1444ff.

[76] *Hüffer/Koch,* § 116 AktG Rn. 9, 10, 11; *Hirte/Schander* in von Rosen/Seifert, S. 369.

[77] *Herkenroth* AG 2001, 33ff.; *Krause/Pötzsch/Stephan* in Assmann/Pötzsch/Schneider, § 3 Rn. 52.

[78] *Hopt/Roth* in Großkomm., § 93 Rn. 132, *Roth* FS Lutter, 2000, 1400 mwN; *Krause/Pötzsch/Stephan* in Assmann/Pötzsch/Schneider, § 3 Rn. 50.

[79] *Hopt* FS Lutter, 2000, 1400.

[80] *Hopt* FS Lutter, 2000, 1400.

schaft, deren Wertpapierinhabern und im Interesse des gesamten Kapitalmarkts.[81] Spezielle Ausprägungen dieses **Beschleunigungsgrundsatzes** finden sich an mehreren Stellen des Gesetzes.[82] Der Bieter hat die vollständige Angebotsunterlage der BaFin innerhalb von vier Wochen nach Veröffentlichung der Entscheidung zur Abgabe eines Angebots zu übermitteln (§ 14 Abs. 1). Die Angebotsunterlage ist im Anschluss an die Prüfung durch die BaFin unverzüglich zu veröffentlichen (§ 14 Abs. 2). Der Vorstand und der Aufsichtsrat der Zielgesellschaft sind verpflichtet, ihre Stellungnahme zu dem Angebot unverzüglich abzugeben (§ 27). Die Annahmefrist ist grundsätzlich auf maximal zehn Wochen begrenzt (§ 16 Abs. 1). Über Rechtsbehelfe gegen Maßnahmen der BaFin wird in einem beschleunigten Verfahren entschieden. Der Beschleunigung dient, die Beteiligung des Widerspruchsausschusses auf Verfügungen auf Grund von Rechtsgrundlagen, die in § 6 Abs. 1 genannt sind, zu beschränken,[83] die beschleunigte Bescheidung von Widersprüchen (§ 40 Abs. 2) und die Präklusion verspäteten Vortrags (§ 40 Abs. 3).

40 **b) Geringstmögliche Behinderung der Zielgesellschaft (Satz 2).** Angebotsverfahren stellen in der Regel eine erhebliche Belastung für die Tätigkeit der Zielgesellschaft dar. Bei Übernahmeangeboten unterliegt die Geschäftsführung der Zielgesellschaft den Beschränkungen des § 33. Deshalb ordnet Satz 2 an, dass die Zielgesellschaft nicht über einen angemessenen Zeitraum hinaus in ihrer Geschäftstätigkeit behindert werden darf. Eine entsprechende Regelung enthält Art. 3 Abs. 1 lit. (f) Übernahmerichtlinie. Nach der Gesetzesbegründung soll der Grundsatz der geringst möglichen Behinderung der Zielgesellschaft[84] auch der Gefahr vorbeugen, dass Übernahmeverfahren als Mittel der Wettbewerbsverhinderung eingesetzt werden.[85] Dem ist in zweierlei Hinsicht Rechnung zu tragen: Einmal kann die BaFin rechtsmissbräuchliche Angebote mit Anordnungen nach § 4 Abs. 1 Satz 2 untersagen. Auf der anderen Seite lösen offensichtlich rechtsmissbräuchliche Übernahmeangebote nach richtiger Ansicht die Beschränkungen des § 33 nicht aus.

5. Keine Marktverzerrung (Abs. 5)

41 **a) Allgemeines.** Das Verbot der Marktverzerrung beruht darauf, dass unrichtige oder unvollständige Informationen oder Gerüchte in Zusammenhang mit einem Angebot sowie in spekulativer Absicht bewirkte Kursschwankungen die Inhaber von Wertpapieren der Zielgesellschaft zu sachlich ungerechtfertigten Entscheidungen verleiten können.[86] Aus diesem Grund verbietet

---

[81] BT-Drucks. 14/7034, 35.

[82] *Krause/Pötzsch/Stepahn* in Assmann/Pötzsch/Schneider, § 3 Rn. 56 zählt 23 Stellen, an denen das WpÜG „unverzügliche" Erfüllung von Pflichten verlangt.

[83] BT-Drucks. 14/7034, 37.

[84] Vgl. *Baums/Hecker* in Baums/Thoma, § 3 Rn. 46; *Versteegen* in KK-WpÜG, § 3 Rn. 41, nach denen Abs. 4 lediglich zum Inhalt haben soll, dass die Zielgesellschaft nicht über die für den Bieter vorgeschriebenen Fristen hinaus behindert werden darf.

[85] BT-Drucks. 14/7034, 35; vgl. zu Scheinangeboten auch *Baums/Hecker* in Baums/Thoma, § 3 Rn. 49.

[86] BT-Drucks. 14/7034, 35; *Krause/Pötzsch/Stephan* in Assmann/Pötzsch/Schneider, § 3 Rn. 60.

Abs. 5 Marktverzerrungen durch künstliche Beeinflussung der Wertpapierkurse und durch Verfälschung des normalen Funktionierens der Märkte. Abs. 5 basiert auf Art. 3 Abs. 1 lit. d Übernahmerichtlinie. Im Interesse der Transparenz und der fairen Behandlung aller Marktteilnehmer wird dieser Grundsatz auf alle Angebotsverfahren nach dem Gesetz erweitert. Spezialgesetzliche Konkretisierungen des Manipulationsverbots finden sich im Gesetz selbst in §§ 10 Abs. 1 Satz 3, 33 Abs. 1 Satz 1, 60 Abs. 1 Nr. 8. Abs. 5 gilt neben den bereits vor Inkrafttreten des Gesetzes geschaffenen Bestimmungen der §§ 14, 15, 20a, 38 WpHG.[87] Darüber hinaus gilt Abs. 5 auch für Dritte, die nicht Verfahrensbeteiligte nach dem Gesetz sind.[88] Als „Marktverzerrung" sind dabei Verhaltensweisen anzusehen, die den Handel mit Wertpapieren der Zielgesellschaft, des Bieters oder anderer durch das Angebot betroffener Gesellschaften beeinflussen und dadurch über die Vorteilhaftigkeit der Gegenleistung für ein eigenes oder fremdes Angebot irreführen,[89] wobei die Marktbeeinflussung erheblich sein muss.[90] Als Beispiele marktverzerrender Einwirkungen gelten Scheinangebote, fiktive Geschäfte, Leerverkäufe oder Käufe des Bieters während der Angebotsfrist.[91]

b) Insiderhandelsverbot (§ 14 WpHG). Die Absicht, ein Angebots- 42
oder Übernahmeverfahren durchzuführen, kann eine Insiderinformation iS des § 13 WpHG darstellen, deren Weitergabe oder Ausnutzung gegen § 14 WpHG verstoßen kann.

aa) Zielgesellschaft. Die Verwaltung der Zielgesellschaft hat das Insider- 43
handelsverbot bei Übernahmeangeboten zu beachten.[92] Verboten ist insbesondere der Erwerb von Wertpapieren der Zielgesellschaft in Ausnutzung der Kenntnis eines unmittelbar bevorstehenden Angebots sowie die Veräußerung von Wertpapieren in Ausnutzung der Kenntnis eines bevorstehenden Scheiterns eines Angebots.[93] Im Rahmen der Pflicht zur ordnungsgemäßen Unternehmensführung sowie aufgrund des insiderrechtlichen Weitergabeverbots des § 14 Abs. 1 Nr. 2 WpHG kann die Verwaltung der Zielgesellschaft in Einzelfällen verpflichtet sein, uU durch geeignete organisatorische Vorkehrungen die unbefugte Ausnutzung von Insiderinformationen durch Mitarbeiter der Zielgesellschaft zu verhindern.[94] Jedoch kann eine solche Pflicht nicht allgemein angenommen werden, da dem die ausdrückliche Entscheidung des Gesetzgebers in § 33 Abs. 1 Nr. 3 WpHG entgegensteht.

---

[87] Vgl *Krause/Pötzsch/Stephan* in Assmann/Pötzsch/Schneider, § 3 Rn. 60f.

[88] *Krause/Pötzsch/Stephan* in Assmann/Pötzsch/Schneider, § 3 Rn. 63.

[89] Vgl. *Krause/Pötzsch/Stephan* in Assmann/Pötzsch/Schneider, § 3 Rn. 66; *Baums/Hecker* in Baums/Thoma, § 3 Rn. 54.

[90] *Krause/Pötzsch/Stephan* in Assmann/Pötzsch/Schneider, § 3 Rn. 66; ähnlich *Oechsler* in Ehricke/Ekkenga/Oechsler, § 3 Rn. 33; *Versteegen* in KK-WpÜG, § 3 Rn. 49.

[91] Vgl. *Baums/Hecker* in Baums/Thoma, § 3 Rn. 58.

[92] Zur Insiderproblematik bei Übernahmeangeboten *Assmann* AG 1994, 252f.; *Assmann/Cramer* in Assmann/Schneider, § 14 Rn. 77ff.; *Cahn* ZHR 162 (1998), 18; *Hopt* ZGR 1991, 32f., 37f.; *Hopt* FS Heinsius, 1991, S. 310ff.; *Kort* FS Lutter, 2000, S. 1443; *Lammers,* S. 116ff.; *Wittich* in *von Rosen/Seifert,* S. 377ff.

[93] *Hopt* FS Lutter, 2000, S. 1395.

[94] *Mertens/Cahn* in KölnKomm., § 93 Rn. 79; *Kort* FS Lutter, 2000, S. 1443.

44 Verstöße gegen das Insiderhandelsverbot sind auch denkbar bei der Suche nach einem konkurrierenden Bieter. Ein Verstoß gegen das Insiderhandelsverbot kann dann vorliegen, wenn das Zielunternehmen in Kenntnis von einem bevorstehenden Angebot, aber noch vor seiner Veröffentlichung, ein befreundetes Unternehmen zum Erwerb von Aktien des Zielunternehmens (sog. **Warehousing**) auffordert.[95] Dies gilt auch dann, wenn der Dritte als konkurrierender Bieter **(Weisser Ritter)** selbst ein Angebot unterbreiten soll.[96] Die Einschaltung eines Dritten ist erst zulässig, wenn das Zielunternehmen die Öffentlichkeit von dem beabsichtigten Angebot in Kenntnis gesetzt hat.[97]

45 **bb) Bieter.** Auf der Seite des Bieters sind ebenfalls Insiderhandelsverstöße möglich. Allerdings stellt es **kein Ausnutzen einer Insiderinformation** dar, wenn der Bieter in der Absicht, ein Unternehmen zu übernehmen, Anteile des Unternehmens erwirbt. Der Bieter setzt dann lediglich seine innere Absicht in die Tat um. Er ist nicht gehindert, in Ausführung dieser Absicht Aktien zu erwerben.[98] Dies gilt allerdings nur für den Erwerb von Wertpapieren des Zielunternehmens durch den Bieter selbst. Der Erwerb durch Organmitglieder oder Mitarbeiter des Bieters für eigene Rechnung oder die Weitergabe der Information über das beabsichtigte Angebot an Dritte, die nicht im Auftrag und für Rechnung des Bieters handeln, stellen Insiderhandelsverstöße dar.[99] Insiderhandelsverstöße sind auch der Erwerb von Anteilen über den ursprünglichen Plan hinaus (sog. **Along Side**-Geschäfte).[100] Ob Käufe, die nach Überschreitung einer Beteiligungsschwelle ohne die erforderliche Mitteilung nach §§ 21ff. WpHG getätigt werden, Insidergeschäfte darstellen, ist dagegen fraglich.[101]

46 **c) Ad-hoc-Publizität (§ 15 WpHG).** Hier gelten die Ausführungen zu § 10 Rn. 115ff.

6. Haftung bei Pflichtverstößen

47 Verletzungen der Pflichten aus § 3 sind in § 61 selbst nicht mit Bußgeld bewehrt. Da bereits die allgemeinen Verhaltenspflichten des § 3 im Gesetz näher konkretisiert sind, verwirklicht die Verletzung der Konkretisierungsvorschrift uU den Tatbestand einer Ordnungswidrigkeit nach § 61. Sanktionen für die Verletzung sonstiger Verhaltenspflichten, die außerhalb des WpÜG begründet sind, ergeben sich aus der jeweils verletzten Vorschrift.[102]

---

[95] *Assmann/Cramer* in Assmann/Schneider, § 14 Rn. 84, 88; *Wittich* in von Rosen/Seifert, S. 382; aA *Süßmann* AG 1999, 169f. und wohl auch *Hopt* FS Lutter, 2000, 1395.

[96] *Assmann/Cramer* in Assmann/Schneider, § 14 Rn. 84; aA *Süßmann* AG 1999, 170f.

[97] Zweifelnd *Hopt* FS Lutter, 2000, 1396.

[98] *Assmann/Cramer* in Assmann/Schneider, § 14 Rn. 82; *Hopt* FS Lutter, 2000, 1395; *Wittich* von Rosen/Seifert, S. 381 m. Nachw. in Fn. 7.

[99] Vgl. *Assmann/Cramer* in Assmann/Schneider, § 14 Rn. 142ff.

[100] Vgl. *Assmann/Cramer* in Assmann/Schneider, § 14 Rn. 165.

[101] So aber *Assmann/Cramer* in Assmann/Schneider, § 14 Rn. 46.

[102] *Baums/Hecker* in Baums/Thoma, § 3 Rn. 59; *Versteegen* in KK-WpÜG, § 3 Rn. 41.

7. Kein Schutzgesetzcharakter

Ansprüche Beteiligter gegeneinander lassen sich aus § 3 nicht herleiten. 48
Die allgemeinen Grundsätze stellen keine Schutzgesetze zugunsten Dritter dar, da sie nicht den Schutz einzelner Beteiligter, sondern die Regelung des Verfahrens im Interesse der Funktionsfähigkeit des Kapitalmarktes als Institution zum Gegenstand haben.[103]

---

[103] *Stephan* in Assmann/Pötzsch/Schneider, § 3 Rn. 4; *Baums/Hecker* in Baums/Thoma, § 3 Rn. 62; *Versteegen* in KK-WpÜG, § 3 Rn. 58f.

Abschnitt 2. Zuständigkeit der Bundesanstalt für Finanzdienstleistungsaufsicht

§ 4 Aufgaben und Befugnisse

(1) **Die Bundesanstalt übt die Aufsicht bei Angeboten nach den Vorschriften dieses Gesetzes aus. Sie hat im Rahmen der ihr zugewiesenen Aufgaben Missständen entgegenzuwirken, welche die ordnungsmäßige Durchführung des Verfahrens beeinträchtigen oder erhebliche Nachteile für den Wertpapiermarkt bewirken können. Die Bundesanstalt kann Anordnungen treffen, die geeignet und erforderlich sind, diese Missstände zu beseitigen oder zu verhindern.**

(2) **Die Bundesanstalt nimmt die ihr nach diesem Gesetz zugewiesenen Aufgaben und Befugnisse nur im öffentlichen Interesse wahr.**

Schrifttum: *Binder,* Staatshaftung für fehlerhafte Bankenaufsicht gegenüber Bankeinlegern? WM 2005, 1781; *Cahn,* Die Verwaltungsbefugnisse der Bundesanstalt für Finanzdienstleistungsaufsicht und Rechtsschutz Betroffener, ZHR 167 (2003) 262; *Gratias,* Bankenaufsicht, Einlegerschutz und Staatshaftung, NJW 2000, 786; *Heusel,* Das Instrumentarium zur Durchsetzung unterlassener Pflichtangebote im Lichte der BKN-Entscheidung des BGH, AG 2014, 232; *Rohlfing,* Wirtschaftsaufsicht und amtshaftungsrechtlicher Drittschutz, WM 2005, 311; *Schenke/Ruthig,* Amtshaftungsansprüche von Bankkunden bei der Verletzung staatlicher Bankenaufsichtspflichten, NJW 1994, 2324.

Übersicht

I. Einführung

1 § 4 weist die Überwachung öffentlicher Angebotsverfahren der BaFin zu und begründet hierfür eine staatliche Aufsicht. Das zuvor in Deutschland praktizierte und in England weiterhin favorisierte Modell der Selbstregulierung durch eine nichtstaatliche Stelle wie die Übernahmekommission oder das Takeover Panel hat das Gesetz nicht beibehalten.

2 § 4 ist § 4 Abs. 1 WpHG und § 4 Abs. 4 FinDAG nachgebildet. Teilweise weitergehende Aufgabenzuweisungen und Befugnisnormen finden sich für die Bank- und Versicherungsaufsicht in den §§ 6 KWG, 294 VAG.

II. Aufgaben und Befugnisse (Abs. 1)

1. Aufgabenzuweisung (Satz 1)

Nach Satz 1 wird die BaFin bei Angeboten nach diesem Gesetz tätig. Damit weist das Gesetz der BaFin die **Aufgabe** zu, bei Angebotsverfahren auf die Erreichung der Ziele des Gesetzes und der Einhaltung seiner Bestimmungen hinzuwirken und die ihm nach dem Gesetz im Einzelnen zugewiesenen Befugnisse auszuüben. Andererseits dient Satz 1 auch der Klarstellung, dass sich die Aufsichtstätigkeit der BaFin bei der Überwachung des Ablaufs öffentlicher Angebotsverfahren allein nach den Vorschriften des Gesetzes richtet.[1] Für Angebotsverfahren sind die der BaFin durch das Gesetz zugewiesenen Aufgaben und Befugnisse abschließend. Soweit die BaFin darüber hinausgehend tätig werden will, sind hierfür Aufgabenzuweisungen in anderen Gesetzen, zB dem WpHG oder dem WpPG, notwendig. 3

2. Missstandsaufsicht (Satz 2)

Satz 2 konkretisiert die allgemeine Aufgabenzuweisung in Satz 1 im Sinne einer **Missstandsaufsicht.**[2] Die BaFin hat die Aufgabe, Maßnahmen zu ergreifen, um einem Missstand zu begegnen oder Missständen vorzubeugen. Zu den Handlungsformen, in denen die BaFin Maßnahmen nach Satz 2 ergreifen kann, gehören allgemeine Bekanntmachungen, Rundschreiben, Mitteilungen und Verlautbarungen, die Aufstellung von Richtlinien und Schreiben an die beteiligten Verbände.[3] Zum Erlass von Verwaltungsakten ist die BaFin nur nach Maßgabe von Satz 3 befugt. 4

a) Begriff des Missstands. Ein **Missstand** ist gegeben, wenn bestimmte, vom Gesetz nicht unmittelbar gebotene oder verbotene Handlungsweisen die ordnungsgemäße Durchführung des Verfahrens beeinträchtigen oder erhebliche Nachteile für den Wertpapiermarkt bewirken können.[4] Ein Missstand setzt dabei einen erheblichen, dauerhaften oder wiederholten Regelverstoß voraus.[5] Einen Missstand, gegen den die BaFin nach § 4 vorgehen kann, kann auch ein offensichtlich missbräuchliches Angebot darstellen. 5

---

[1] Regierungsbegründung, BT-Drucks. 14/7034, 36; vgl. für § 4 Abs. 2 WpHG *Döhmel* in Assmann/Schneider, § 4 Rn. 1.

[2] BT-Drucksache 14/7034, 36.

[3] Vgl. für § 4 WpHG *Döhmel* in Assmann/Schneider, § 4 Rn. 17; *Geibel* in Schäfer, § 4 WpHG Rn. 19ff.

[4] Ähnlich *Döhmel* in Assmann/Pötzsch/Schneider, § 4 Rn. 11; *Giesberts* in KK-WpÜG, § 4 Rn. 17; *Noack/Zetzsche* in Schwark/Zimmer, KapitalmarktR, § 4 WpÜG Rn. 5; *Oechsler* in Ehricke/Ekkenga/Oechsler, § 4 Rn. 4; vgl. für § 4 WpHG *Döhmel* in Assmann/Schneider, § 4 Rn. 16; weitergehend (jeder beliebige Verstoß gegen das WpÜG) *Wackerbarth/Kreße* in MüKoAktG, § 4 WpÜG Rn. 11; *Klepsch* in Steinmeyer, § 4 Rn. 6; *Linke* in Frankfurter Komm., § 4 Rn. 28; *Oechsler* in Ehricke/Ekkenga/Oechsler, § 4 Rn. 4.

[5] Vgl. *Findeisen* WM 1998, 2410, 2411; Erheblichkeit verlangt auch *Döhmel* in Assmann/Pötzsch/Schneider, § 4 Rn. 15. Gemeint ist, dass der Verstoß entweder erheblich oder dauerhaft oder wiederholt ist, dies verkennen *Döhmel* in Assmann/Pötzsch/Schneider, § 4 Rn. 13) und *Ritz* in Baums/Thoma, § 4 Rn. 11.

6 **b) Beseitigung von Missständen.** Aufgabe der BaFin ist es gemäß Satz 2, Missständen **„entgegenzuwirken"**. Dies bedeutet zunächst, dass die BaFin im Rahmen ihres pflichtgemäßen Ermessens zum Einschreiten gegen bereits aufgetretene Missstände verpflichtet sein kann. Dies ist der Fall, wenn bereits Verstöße gegen das Gesetz erfolgt sind.

7 **c) Vorbeugung von Missständen.** Ein Einschreiten der BaFin setzt nicht voraus, dass bestimmte Missstände bereits eingetreten sind. Die BaFin kann auch zu **vorbeugenden Maßnahmen** berechtigt sein.[6]

3. Befugnis zu Anordnungen (Satz 3)

8 Satz 3 räumt der BaFin neben der Missstandsaufsicht nach Satz 2 eine **allgemeine Anordnungskompetenz** zum Erlass von gegen Beteiligte an öffentlichen Angebotsverfahren gerichteten Verwaltungsakten ein.[7] Die Vorschrift entspricht § 4 Abs. 1 Satz 3 WpHG und ist an andere Anordnungskompetenzen (§§ 6 Abs. 3 KWG, 3 Abs. 1 Satz 2 BausparkG, 298 VAG für die BaFin, § 3 Abs. 5 BörsG für die Börsenaufsichtsbehörden der Länder) angelehnt. Satz 3 gilt für auf den Einzelfall bezogene Anordnungen; die Zulässigkeit von allgemeinen Bekanntmachungen, Rundschreiben, Mitteilungen und Verlautbarungen ergibt sich bereits aus Satz 2.[8] Obwohl die umstrittene Frage, ob ein unterlassenes Pflichtangebot nach § 35 Abs. 2 durch die BaFin behördlich angeordnet und durchgesetzt werden kann, in der BKN-Entscheidung[9] des BGH noch offen gelassen wurde, besteht trotz Fehlens einer spezifischen Ermächtigungsgrundlage weitgehend Einigkeit darüber, dass der BaFin diese Befugnis im Rahmen der allgemeinen Missstandsaufsicht nach § 4 Abs. 1 S. 3 zusteht.[10]

9 Im Geltungsbereich speziellerer Eingriffsbefugnisse nach dem Gesetz ist ein Rückgriff auf die allgemeine Befugnisnorm nach Satz 3 ausgeschlossen.[11] Soweit der Gesetzgeber der BaFin spezielle Eingriffsbefugnisse zugewiesen hat, sind diese jeweils für ihren Bereich abschließend. Durch die besondere Befugnisnorm nicht zugewiesene Befugnisse können nicht durch Rückgriff auf die allgemeine Befugnisnorm ersetzt werden.[12] Abschließende Regelun-

---

[6] Vgl. Regierungsbegründung zu § 28, BT-Drucks. 14/7034, S. 52; *Döhmel* in Assmann/Pötzsch/Schneider, § 4 Rn. 9; *Klepsch* in Steinmeyer, § 4 Rn. 7; *Oechsler* in Ehricke/Ekkenga/Oechsler, § 4 Rn. 6.

[7] Satz 2 enthält selbst keine Anordnungskompetenz, vgl. *Döhmel* in Assmann/Pötzsch/Schneider, § 4 Rn. 10; *Noack/Zetzsche* in Schwark/Zimmer, KapitalmarktR, § 4 WpÜG Rn. 3; *Ritz* in Baums/Thoma, § 4 Rn. 13.

[8] Nach *Döhmel* in Assmann/Pötzsch/Schneider, § 4 Rn. 13 können auch nicht einzelfallbezogene Anordnungen auf Satz 3 gestützt werden.

[9] BGH, AG 2013, 634.

[10] *Heusel* AG 2014, 232, 237; *Habersack* AG 2008, 817, 819; *Krause/Pötzsch* in Assmann/Pötzsch/Schneider, § 35 Rn. 248; *Noack/Zetzsche* in Schwark/Zimmer, KapitalmarktR, § 35 WpÜG Rn. 51.

[11] *Döhmel* in Assmann/Pötzsch/Schneider, § 4 Rn. 16; *Giesberts* in KK-WpÜG, § 4 Rn. 14; *Klepsch* in *Steinmeyer,* § 4 Rn. 4; *Linke* in Frankfurter Komm., § 4 Rn. 32; *Ritz* in Baums/Thoma, § 4 Rn. 13.

[12] Vgl. zu § 4 WpHG *Geibel* in Schäfer, § 4 WpHG Rn. 18; weitergehend *Döhmel* in Assmann/Pötzsch/Schneider, § 4 Rn. 16.

gen besonderer Eingriffsbefugnisse finden sich etwa in §§ 15 Abs. 1 und 2, 28 Abs. 1 oder 40 Abs. 1 bis 4.

Auch wenn das Gesetz selbst eine Frage in einer bestimmten Weise abschließend beantwortet hat, kann die BaFin über die allgemeine Befugnisnorm nach Satz 3 keine davon abweichenden Anordnungen treffen. So kann die BaFin nach Satz 3 zB nicht die Sperrfrist (§ 26 Abs. 1) verlängern. Allerdings ist denkbar, dass die BaFin durch eine Anordnung nach Satz 3 einer Umgehung der Sperrfrist vorbeugt, die darin liegt, dass statt des gesperrten Bieters eine Tochtergesellschaft des Bieters das Angebot wiederholt, die formal der Sperrfrist nicht unterfällt. 10

III. Wahrnehmung im öffentlichen Interesse (§ 4 Abs. 2)

Abs. 2 stellt entsprechend § 4 Abs. 4 FinDAG klar, dass die BaFin die ihr vom Gesetz zugewiesenen Aufgaben und Befugnisse nur im öffentlichen Interesse ausübt. Die Überwachung der Einhaltung der Vorschriften des Gesetzes durch die BaFin erfolgt nicht im Interesse der Teilnehmer an öffentlichen Angebotsverfahren, sondern zur Erhaltung der Funktionsfähigkeit der Kapitalmärkte insgesamt durch Sicherung des Vertrauens der Investoren in eine ordnungsgemäße Abwicklung von öffentlichen Angeboten zum Erwerb von Wertpapieren und von Unternehmensübernahmen.[13] Aus Abs. 2 folgt damit zugleich, dass Bietern, Zielunternehmen, Wertpapierinhabern der Zielgesellschaft oder sonstigen Interessengruppen kein subjektives Recht auf ein Einschreiten der BaFin gegen Missstände zusteht. Insofern kommt § 4 Abs. 2 keine drittschützende Wirkung zu.[14] 11

Abs. 2 bezweckt den gesetzlichen **Ausschluss drittgerichteter Amtspflichten** der BaFin bei der Wahrnehmung der ihm durch das Gesetz zugewiesenen Aufgaben.[15] Der gesetzliche Ausschluss drittgerichteter Amtspflichten iSv § 839 BGB schließt einen Amtshaftungsanspruch wegen Fehler der allgemeinen Überwachungstätigkeit oder bei pflichtwidriger Untätigkeit der BaFin aus, auch wenn dadurch der Bieter, das Zielunternehmen oder einzelne Wertpapierinhaber mittelbar betroffen sind. § 4 Abs. 2 geht wie die Parallelvorschriften der §§ 4 Abs. 4 FinDAG, 3 Abs. 3 BörsG auf das Vorbild des früheren § 6 Abs. 4 KWG zurück, der vom Gesetzgeber nach Diskussionen über Ansprüche von geschädigten Einlegern aus Amtshaftung (§ 839 BGB i. V. mit Art. 34 GG) wegen unzureichender Beaufsichtigung der **Herstatt-Bank** durch das frühere Bundesaufsichtsamt für das Kreditwesen und den in zeitlichem Zusammenhang ergangenen Entscheidungen des BGH vom 15.2.1979[16] und 12.7.1979[17] durch die 3. KWG-Novelle von 1984 eingefügt worden war und an dessen Stelle § 4 Abs. 4 FinDAG getreten ist.[18] 12

---

[13] Regierungsbegründung, BT-Drucks. 14/7034, 36.

[14] OLG Frankfurt, AG 2012, 335; OLG Frankfurt, AG 2003, 516. Diesbezüglich hat sich auch aufgrund der EU-Übernahmerichtlinie keine Änderung ergeben, vgl. OLG Frankfurt, AG 2012, 335, 336.

[15] Vgl. Regierungsbegründung zu § 6 Abs. 4 KWG, BT-Drucks. 10/1441, S. 20; *Döhmel* in Assmann/Pötzsch/Schneider, § 4 Rn. 27.

[16] BGHZ 74, 144 = WM 1979, 482 = NJW 1979, 1354 – Wetterstein.

[17] BGHZ 75, 120 = WM 1979, 1364 = NJW 1979, 1879 – Herstatt.

[18] Dazu näher *Schäfer* in Boos/Fischer/Schulte-Mattler, § 6 Rn. 71 mwN.

13 Die Verfassungsmäßigkeit des früheren § 6 Abs. 4 KWG ist – wie die des auf ihm fußenden § 4 Abs. 2 WpHG – gelegentlich angezweifelt worden, da Aufsichtspflichten in aller Regel eine Konkretisierung grundrechtlicher Schutzpflichten darstellen und der Staat sich nicht mittelbar von der effektiven Ausgestaltung von Schutzpflichten freistellen könne, außerdem der Ausschluss der Haftung europarechtswidrig sei.[19] Diese Bedenken, deren Berechtigung im Bereich der Bankenaufsicht umstritten ist,[20] greifen gegen Abs. 2 nicht durch. Der Gesetzgeber hat bei der Frage, wie eine staatliche Schutzpflicht erfüllt wird, einen weiten Gestaltungsspielraum. Er kann eine effektive Aufsicht durch geeignete Gestaltung der Befugnisse der BaFin und Transparenz des Angebotsverfahrens gewährleisten, ohne zugleich durch Zulassung von Amtshaftungsansprüchen einen umfassenden Vermögensschutz aller Beteiligten an einem Angebotsverfahren sicherzustellen. Eine Ausweitung der Haftung würde außerdem zwangsläufig eine personelle und sachliche Ausweitung der Aufsicht nach sich ziehen, und zu einer stärkeren Bürokratisierung von Angebotsverfahren führen. Schließlich unterliegen öffentliche Angebote in wesentlich schärferer Form als die organisatorische Ausgestaltung einzelner Kredit- oder Finanzdienstleistungsinstitute, um deren Überwachung es in der bisherigen Diskussion vor allem ging, der öffentlichen Kontrolle durch den Kapitalmarkt, so dass es daneben der Zulassung einer Staatshaftung nicht bedarf. Auch hat der EuGH klargestellt, dass EU-Recht einer § 6 Abs. 4 KWG entsprechenden Regelung nicht entgegensteht.[21]

14 Von Abs. 2 **unberührt** bleiben die Ansprüche von Personen oder Unternehmen, denen gegenüber nach dem Gesetz Eingriffsbefugnisse bestehen, aus fehlerhaften Maßnahmen oder Entscheidungen der BaFin. Diesen gegenüber ist die BaFin bei der Ausübung von Befugnissen ungeachtet des Abs. 2 zu rechtmäßiger Amtsführung verpflichtet. Entsteht von solchen Maßnahmen unmittelbar Betroffenen durch rechtswidriges Verhalten der BaFin ein Schaden, dann schließt Abs. 2 die Geltendmachung von Schadensersatzansprüchen gegen die Bundesrepublik Deutschland nicht aus.[22]

§ 5 Beirat

(1) **Bei der Bundesanstalt wird ein Beirat gebildet. Der Beirat besteht aus**

1. **vier Vertretern der Emittenten,**
2. **je zwei Vertretern der institutionellen und der privaten Anleger,**
3. **drei Vertretern der Wertpapierdienstleistungsunternehmen im Sinne des § 2 Abs. 4 des Wertpapierhandelsgesetzes,**

---

[19] Vgl. zu § 6 Abs. 4 KWG *Gratias* NJW 2000, 788; *Schenke/Ruthig* NJW 1994, 2324; zu § 4 Abs. 2 WpHG *Geibel* in Schäfer, § 4 WpHG Rn. 26.

[20] Dagegen für § 6 Abs. 4 KWG OLG Köln, WM 2001, 1372; *Fülbier* in Boos/Fischer/Schulte-Mattler, § 6 Rn. 73.

[21] EUGH WM 2005, 365 = ZIP 2004, 2039; zust. *Döhmel* in Assmann/Pötzsch/Schneider, § 4 Rn. 39.

[22] Regierungsbegründung, BT-Drucks. 14/7034, 36; *Döhmel* in Assmann/Pötzsch/Schneider, § 4 Rn. 26; *Oechsler* in Ehricke/Ekkenga/Oechsler, § 4 Rn. 8; vgl. zu § 4 Abs. 2 WpHG; *Geibel* in Schäfer, § 4 WpHG Rn. 24, zu § 6 Abs. 4 KWG.

4. zwei Vertretern der Arbeitnehmer,

5. zwei Vertretern der Wissenschaft.

Die Mitglieder des Beirates werden vom Bundesministerium der Finanzen für jeweils fünf Jahre bestellt; die Bestellung der in Satz 2 Nr. 1 bis 4 genannten Mitglieder erfolgt nach Anhörung der betroffenen Kreise. Die Mitglieder des Beirates müssen fachlich besonders geeignet sein; insbesondere müssen sie über Kenntnisse über die Funktionsweise der Kapitalmärkte sowie über Kenntnisse auf dem Gebiet des Gesellschaftsrechts, des Bilanzwesens oder des Arbeitsrechts verfügen. Die Mitglieder des Beirates verwalten ihr Amt als unentgeltliches Ehrenamt. Für ihre Teilnahme an Sitzungen erhalten sie Tagegelder und Vergütung der Reisekosten nach festen Sätzen, die das Bundesministerium der Finanzen bestimmt. An den Sitzungen können Vertreter der Bundesministerien der Finanzen, der Justiz und für Verbraucherschutz sowie für Wirtschaft und Energie teilnehmen.

(2) **Das Bundesministerium der Finanzen kann durch Rechtsverordnung, die nicht der Zustimmung des Bundesrates bedarf, nähere Bestimmungen über die Zusammensetzung des Beirates, die Einzelheiten der Bestellung seiner Mitglieder, die vorzeitige Beendigung der Mitgliedschaft, das Verfahren und die Kosten erlassen. Das Bundesministerium der Finanzen kann die Ermächtigung durch Rechtsverordnung auf die Bundesanstalt übertragen.**

(3) **Der Beirat wirkt bei der Aufsicht mit. Er berät die Bundesanstalt, insbesondere bei dem Erlass von Rechtsverordnungen für die Aufsichtstätigkeit der Bundesanstalt. Er unterbreitet mit Zustimmung von zwei Dritteln seiner Mitglieder Vorschläge für die ehrenamtlichen Beisitzer des Widerspruchsausschusses und deren Vertreter.**

(4) **Der Präsident der Bundesanstalt lädt zu den Sitzungen des Beirates ein. Die Sitzungen werden vom Präsidenten der Bundesanstalt oder einem von ihm beauftragten Exekutivdirektor oder Beamten geleitet.**

(5) **Der Beirat gibt sich eine Geschäftsordnung.**

Übersicht

I. Bildung des Beirats (Abs. 1)

Bei der BaFin ist nach Abs. 1 Satz 1 ein Beirat zu bilden (siehe auch § 5 WpHG). Der Beirat ist ein ehrenamtliches Gremium, dem Vertreter der 1

Wirtschaft (einschließlich der Emittenten) und der Arbeitnehmer sowie weitere Experten angehören. Mit der Schaffung eines Beirats bezweckt der Gesetzgeber, im Interesse einer sachgerechten Ausgestaltung von öffentlichen Angebotsverfahren und einer wirkungsvollen Aufsicht, der BaFin bei der Wahrnehmung ihrer Aufgaben den Sachverstand der Wirtschaft und anderer betroffener Kreise zu erschließen. Außerdem soll der Beirat die Akzeptanz von Entscheidungen der BaFin fördern.[1]

2 Der Beirat ist hingegen nicht dem Börsenrat gemäß § 12 BörsG vergleichbar, letzterer erlässt etwa auch Satzungen und überwacht die Geschäftsführung (§ 12 Abs. 2 BörsG).

1. Mitglieder

3 Der Beirat besteht aus den in Abs. 1 Satz 2 aufgeführten 15 Mitgliedern, die die von Angebotsverfahren Betroffenen mit ihren regelmäßig sehr unterschiedlichen Interessenlagen möglichst umfassend repräsentieren sollen. Die Mitgliederzahl schien dem Gesetzgeber auch im Interesse einer effizienten Arbeitsweise noch vertretbar.[2] Zu den Lebensbereichen, aus denen die Mitglieder des Beirats auszuwählen sind, gehören gemäß Abs. 1 Satz 2 Nr. 1–5 die börsennotierten Aktiengesellschaften (Emittenten), die institutionellen und privaten Anleger, die Wertpapierdienstleistungsunternehmen, die Arbeitnehmer und die Wissenschaft. Nicht dazu gehören die Angehörigen der beratenden Berufe wie zB Rechtsanwälte. Im Gegensatz zum Wertpapierrat nach § 5 WpHG gehören keine Mitglieder der **Deutsche Bundesbank** dazu, da bei den Unternehmensübernahmen die Aufsichtstätigkeit der Deutsche Bundesbank nicht berührt wird.

Die Mitglieder werden vom Bundesministerium der Finanzen für jeweils fünf Jahre bestellt (Abs. 1 Satz 3). Über die Bestellung von Vertretern der Wissenschaft entscheidet das Bundesministerium der Finanzen ohne vorherige Anhörung Dritter. In den Fällen des Abs. 1 Satz 2 Nr. 1–4 geht der Bestellung eine Anhörung der betroffenen Kreise voraus. Dies soll eine ausgewogene und kompetente Besetzung des Beirats sicherstellen. Das Bundesministerium der Finanzen ist an die Ergebnisse der Anhörung allerdings nicht gebunden.[3]

2. Besondere fachliche Eignung

4 Gemäß Abs. 1 Satz 4 müssen die zu bestellenden Personen fachlich besonders geeignet sein. Aufgrund der regelmäßig erheblichen Auswirkungen öffentlicher Angebote auf die börsennotierten Wertpapiere der Zielgesellschaft und ggf. anderer Unternehmen sind stets Kenntnisse über die Funktionsweise der Kapitalmärkte erforderlich. Zusätzlich werden von Abs. 1 Satz 4 Kenntnisse auf dem Gebiet des Gesellschaftsrechts, des Bilanzwesens oder des Arbeitsrechts gefordert.[4]

Als **Sachverständige** vertreten die Beiratsmitglieder nicht die Interessen bestimmter Unternehmen oder Gruppen von Unternehmen, Berufen oder

[1] BT-Drucks. 14/7034, 36.
[2] BT-Drucks. 14/7034, 36.
[3] BT-Drucks. 14/7034, 36.
[4] BT-Drucks. 14/7034, 36.

Kreisen. Sie sollen vielmehr im Rahmen der Beaufsichtigung von öffentlichen Angeboten ihre besondere Erfahrung einbringen, die sie sich in ihrem Berufs- oder Lebenskreis erworben haben.[5]

3. Unentgeltliches Ehrenamt

Die Mitgliedschaft im Beirat ist ein unentgeltliches **Ehrenamt** (Abs. 1 5
Satz 5). Die Beiratsmitglieder erhalten allerdings Tagegelder und eine Reisekostenerstattung nach den Richtlinien des Bundesministeriums der Finanzen (Abs. 1 Satz 6; § 6 WpÜG-BeiratsV).[6] Eine ähnliche Regelung findet sich für den Versicherungsbeirat in § 92 Abs. 3 VAG.

4. Teilnahme an den Sitzungen

Gemäß Abs. 1 Satz 7 können an den Sitzungen des Beirates **Vertreter** von 6
den **Bundesministerien** der Finanzen, der Justiz sowie für Wirtschaft und Technologie teilnehmen. Diese sind bei den Beratungen jedoch nur Gäste und als solche im Falle von Abstimmungen nicht stimmberechtigt.[7]

5. Weitere Regelungen durch Rechtsverordnung (Abs. 2)

Das Bundesministerium der Finanzen ist nach Abs. 2 Satz 1 zum Erlass ei- 7
ner Rechtsverordnung ermächtigt, in der Einzelheiten der Besetzung des Beirats, der Bestellung seiner Mitglieder, der vorzeitigen Beendigung der Mitgliedschaft, des Verfahrens und der Kosten geregelt werden Die Ermächtigung zum Erlass der Verordnungen kann auf die BaFin übertragen werden (Abs. 2 Satz 2).

II. Aufgaben des Beirats (Abs. 3)

1. Mitwirkung bei der Aufsicht

Der Beirat wirkt gemäß Abs. 3 Satz 1 bei der Aufsicht bei Angeboten nach 8
den Vorschriften des Gesetzes mit. Die Mitwirkung beschränkt sich auf die Beratung der BaFin (Abs. 3 Satz 2). Zum Erlass von Verfügungen ist der Beirat nicht befugt. Zwar wäre es zumindest dem Wortlaut nach („insbesondere") nicht ausgeschlossen, den Beirat auch zur Beratung im Zusammenhang mit dem Erlass von Verwaltungsakten, dies könnten auch Allgemeinverfügungen sein, hinzuziehen. Die BaFin macht hiervon jedoch keinen Gebrauch.[8] Ferner ist der Beirat bei Erlass allgemeiner Anordnungen gegen Missstände in der Werbung zu hören (§ 28 Abs. 2).

Aus der auf die Beratung beschränkten Funktion des Beirats ergibt sich, 9
dass die BaFin an die Auffassung des Beirats nicht gebunden ist. Das „Ob" oder „Wie" der Mitwirkung des Beirats hat auch keinen Einfluss auf die Wirksamkeit der entsprechenden Maßnahme der BaFin. Nach Sinn und

---

[5] BT-Drucks. 14/7034, 36.
[6] Zur Anwendbarkeit der §§ 88 ff. VwVfG *Ritz* in Baums/Thoma, § 5 Rn. 12 ff.
[7] Vgl. für § 5 Abs. 1 Satz 4 WpHG *Döhmel* in Assmann/Schneider, § 5 Rn. 4.
[8] *Ritz* in Baums/Thoma, § 5 Rn. 20; *Klepsch* in Steinmeyer, § 5 Rn. 8.

Zweck des Abs. 3 Satz 2 ist die BaFin jedoch grundsätzlich gehalten, den Beirat anzuhören. Nur so kann sichergestellt werden, dass der Beirat tatsächlich ein Mehr an Sachkenntnis und Akzeptanz zum Verfahren beiträgt. Um die Mitwirkung des Beirats sicherzustellen, war vom Handelsrechtsausschuss des DAV im April 2001 vorgeschlagen worden, die Anhörung des Beirats vor Erlass einer Rechtsverordnung als gesetzliche Pflicht zu verankern.[9] Diesem Anliegen ist der Gesetzgeber jedoch nicht gefolgt.

2. Vorschlag der ehrenamtlichen Beisitzer des Widerspruchsausschusses

10 Der Beirat schlägt mit 2/3-Mehrheit seiner Mitglieder die ehrenamtlichen Beisitzer des Widerspruchsausschusses sowie deren Vertreter vor (Abs. 3 Satz 3). Die Beisitzer des Widerspruchsausschusses müssen keine Mitglieder des Beirats, können es aber sein.[10] Die Bestellung der ehrenamtlichen Beisitzer gehört in die Zuständigkeit des Präsidenten der BaFin (§ 6 Abs. 3). Dass Abs. 3 Satz 3 Vertreter für die ehrenamtlichen Beisitzer vorsieht, nicht aber § 6 Abs. 3, ist ein Redaktionsversehen des Gesetzgebers, der die Worte „und deren Vertreter" in § 6 Abs. 3 vergessen hat. Aus der WpÜG-WiderspruchsausschussV (Anhang 3) ergibt sich, dass für ausscheidende Mitglieder neue Mitglieder bestellt werden (§ 2 der VO).

III. Sitzungen des Beirats (Abs. 4)

11 Der Präsident der BaFin lädt zu den Sitzungen des Beirats ein (Abs. 4 Satz 1). Es besteht die Möglichkeit für den Präsidenten, Beamte mit der Leitung der Sitzung zu beauftragen (Abs. 4 Satz 2). Die Sitzungen finden **nicht öffentlich** statt, wodurch grundsätzlich ein jederzeitiges Zusammentreten möglich ist.[11]

IV. Geschäftsordnung des Beirats (Abs. 5)

12 Der Beirat ist verpflichtet, sich eine Geschäftsordnung zu geben (Abs. 5). Darin soll insbesondere die Ausgestaltung des Verfahrens (zB bezüglich Anträgen, Vorlagen, Sitzungsansetzung und -durchführung) geregelt wird.

§ 6 Widerspruchsausschuss

(1) **Bei der Bundesanstalt wird ein Widerspruchsausschuss gebildet. Dieser entscheidet über Widersprüche gegen Verfügungen der Bundesanstalt nach § 4 Abs. 1 Satz 3, § 10 Abs. 1 Satz 3, Abs. 2 Satz 3, § 15 Abs. 1 und 2, § 20 Abs. 1, §§ 24, 28 Abs. 1, §§ 36 und 37.**

(2) **Der Widerspruchsausschuss besteht aus**

1. **dem Präsidenten der Bundesanstalt oder einem von ihm beauftragten Exekutivdirektor oder Beamten, der die Befähigung zum Richteramt hat, als Vorsitzendem,**

---

[9] NZG 2001, 420, 422.
[10] BT-Drucks. 14/7034, 37.
[11] BT-Drucks. 14/7034, 37.

2. zwei vom Präsidenten der Bundesanstalt beauftragten Beamten als Beisitzern,

3. drei vom Präsidenten der Bundesanstalt bestellten ehrenamtlichen Beisitzern.

Bei Stimmengleichheit entscheidet der Vorsitzende.

(3) **Die ehrenamtlichen Beisitzer werden vom Präsidenten der Bundesanstalt für fünf Jahre als Mitglieder des Widerspruchsausschusses bestellt.**

(4) **Das Bundesministerium der Finanzen kann durch Rechtsverordnung, die nicht der Zustimmung des Bundesrates bedarf, nähere Bestimmungen über das Verfahren, die Einzelheiten der Bestellung der ehrenamtlichen Beisitzer, die vorzeitige Beendigung und die Vertretung erlassen. Das Bundesministerium der Finanzen kann die Ermächtigung durch Rechtsverordnung auf die Bundesanstalt übertragen.**

Übersicht

I. Bildung eines Widerspruchsausschusses (Abs. 1)

1. Widerspruchsausschuss

Der Widerspruchsausschuss ist ein besonderes Entscheidungsgremium zur Entscheidung über Widersprüche gegen die in Abs. 1 Satz 2 genannten Verfügungen der BaFin, das gemäß Abs. 1 Satz 1 bei der BaFin gebildet wird. 1

2. Zuständigkeit

Gegenstand der Entscheidungen des **Widerspruchsausschusses** sind Widersprüche über die in Abs. 1 Satz 2 abschließend aufgeführten Verfügungen der BaFin im Rahmen von Angebotsverfahren, nämlich Anordnungen an einzelne Teilnehmer eines Angebotsverfahrens zur Bekämpfung von Missständen gemäß § 4 Abs. 1 Satz 3, die Gestattung der Veröffentlichung erst nach dem Beschluss der Gesellschafterversammlung gemäß § 10 Abs. 1 Satz 3, die Gestattung der gleichzeitigen Mitteilung und Veröffentlichung gemäß § 10 Abs. 2 Satz 3 für ausländische Bieter, die Untersagung des Angebots gemäß § 15 Abs. 1 oder Abs. 2, die Entscheidung über die Nichtberücksichtigung des Handelsbestandes insbesondere für die Berechnung des Stimmrechtsanteils und die Bestimmung der Gegenleistung gemäß § 20 Abs. 1, die Gestattung, bei grenzüberschreitenden Angeboten bestimmte Inhaber von 2

Wertpapieren von dem Angebot auszunehmen, gemäß § 24, die Untersagung von bestimmten Arten der Werbung gemäß § 28 Abs. 1, die Entscheidung über die Nichtberücksichtigung von Stimmrechten gemäß § 36 oder die Befreiung von der Verpflichtung zur Veröffentlichung und zur Abgabe eines Angebots gemäß § 37. Für die Entscheidung über Widersprüche gegen die in Abs. 1 Satz 2 aufgezählten Verfügungen der BaFin ist der Widerspruchsausschuss ausschließlich zuständig.

3 Dass die Aufzählung in Abs. 1 Satz 2 abschließend ist, bedeutet nicht, dass sonst kein Widerspruch eröffnet ist. Ein Widerspruchsverfahren findet vielmehr gemäß § 41 Abs. 1 auch gegen alle anderen Verfügungen der BaFin statt, nur entscheidet darüber nicht der Widerspruchsausschuss. Dies gilt etwa für Verfügungen, die im Rahmen der Sachverhaltsermittlung nach § 40 Abs. 1–4 ergehen sowie für Gebührenbescheide. Derartige Verwaltungsakte dienen lediglich der Vorbereitung oder Vollziehung anderer Entscheidungen oder bedürfen, wie Kostenbescheide, nicht der Zuziehung ehrenamtlicher Mitglieder. Von solchen – weniger wichtigen – Widerspruchsentscheidungen wollte der Gesetzgeber die ehrenamtlichen Beisitzer entlasten.[1]

3. Kollegiale Einrichtung

4 Der Widerspruchsausschuss ist eine kollegiale Einrichtung im Sinne der §§ 88 ff. VwVfG, die damit auf den Widerspruchsausschuss ergänzend anwendbar sind. Er ist in die BaFin eingegliedert und damit keine eigenständige Behörde iSd § 1 Abs. 4 VwVfG. Vielmehr werden seine Entscheidungen der BaFin zugerechnet.[2]

II. Zusammensetzung des Widerspruchsausschusses (Abs. 2)

1. Zusammensetzung

5 Der Widerspruchsausschuss setzt sich gemäß Abs. 2 Nr. 1–3 aus dem Präsidenten der BaFin als Vorsitzendem, zwei vom **Präsidenten der BaFin** beauftragten Beamten der BaFin[3] als Beisitzern und drei **ehrenamtlichen Beisitzern,** die vom Präsidenten der BaFin bestellt werden, zusammen. Statt des Präsidenten der BaFin kann auch ein vom Präsidenten beauftragter Beamter als Vorsitzender des Widerspruchsausschusses fungieren, wenn dieser die Befähigung zum Richteramt hat.

6 Die ehrenamtlichen Beisitzer werden auf Grundlage der Vorschläge des Beirats bestellt (§ 5 Abs. 3 Satz 3), denen der Präsident jedoch nicht zu folgen braucht. Dies ergibt sich schon aus dem Wortlaut („Vorschläge"). Anders als § 5 Abs. 3 sieht § 6 Abs. 3 keine Bestellung von Vertretern der ehrenamtlichen Beisitzer des Widerspruchsausschusses durch den Beirat vor; dabei dürfte es sich um ein Redaktionsversehen des Gesetzgebers handeln (vgl § 5 Rn. 10), da nach der Gesetzesbegründung das Verfahren (das „Wie") der Bestellung von Vertre-

---

[1] BT-Drucks. 14/7034, 37; *Döhmel* in Assmann/Pötzsch/Schneider, § 6 Rn. 5.

[2] BT-Drucks. 14/7034, 37; *Döhmel* in Assmann/Pötzsch/Schneider, § 6 Rn. 3.

[3] Die Ernennung Beamter anderer Ämter macht wegen der Rechtsmaterie wenig Sinn, wie hier *Klepsch* in Steinmeyer, § 6 Rn. 6; *Ritz* in Baums/Thoma, § 6 Rn. 11; aA *Holst* in KK-WpÜG, § 6 Rn. 18.

tern in der Rechtsverordnung nach Abs. 4 geregelt werden soll, die in Abs. 4 auch ausdrücklich erwähnt werden („die Vertretung").[4]

7 Der Sinn der Besetzung des Widerspruchsausschusses mit drei ehrenamtlichen Beisitzern entspricht der Einbeziehung des Beirats in die Aufsicht gemäß § 4 Abs. 1 Satz 1. Mit den ehrenamtlichen Beisitzern soll die besondere **Fachkenntnis** der betroffenen Wirtschaftskreise und Interessengruppen genutzt werden. Ferner soll die Besetzung des Widerspruchsausschusses mit Externen die Akzeptanz seiner Entscheidungen bei den Betroffenen und der Öffentlichkeit stärken und wiederum zu einer zügigen Abwicklung des Verfahrens beigetragen werden.[5]

8 Der Widerspruchsausschuss kann in unterschiedlicher Besetzung entscheiden, wenn dabei jeweils Abs. 2 beachtet wird. Der Präsident der BaFin kann daher mehr als zwei beamtete Beisitzer und mehr als drei ehrenamtliche Beisitzer ernennen, um die Handlungsfähigkeit des Widerspruchsausschusses im Falle der Notwendigkeit einer gleichzeitigen Behandlung von mehreren Widersprüchen in verschiedenen Verfahren zu gewährleisten, und sollte nach den Vorstellungen des Gesetzgebers auch so verfahren.[6]

2. Entscheidungen

9 Die Entscheidungen im Widerspruchsausschuss werden mit der **Mehrheit der Stimmen** getroffen (§ 91 Satz 1 VwVfG). Bei **Stimmengleichheit** entscheidet der Vorsitzende (Abs. 2 Satz 2), das heißt, der BaFin-Präsident kann sich im Falle der Stimmengleichheit immer durchsetzen. Weisungen des Beirats sind der Widerspruchsausschuss oder seine Mitglieder nicht unterworfen.[7]

10 Die Entscheidung ergeht durch Widerspruchsbescheid (§ 41 Abs. 1 iVm § 73 Abs. 1 VwGO), wenn dem Widerspruch nicht abgeholfen wird (§ 41 Abs. 1 iVm § 72 VwGO).

11 Gemäß § 41 Abs. 4 kann der Widerspruchsausschuss in Fällen, die keine grundsätzliche Bedeutung haben und keine wesentlichen Schwierigkeiten in tatsächlicher und rechtlicher Hinsicht aufweisen, das Verfahren dem Vorsitzenden durch unanfechtbaren Beschluss ohne mündliche Verhandlung zur **alleinigen Entscheidung** übertragen.

III. Dauer der Bestellung der Mitglieder des Widerspruchsausschusses (Abs. 3)

12 Die Dauer der Bestellung der Beisitzer beträgt **fünf Jahre,** was ein Mindestmaß an Kontinuität gewährleisten soll. Die Einzelheiten hierzu sind in der gemäß Abs. 4 erlassenen WpÜG-Widerspruchsausschuss-Verordnung bestimmt. Auch die Amtszeit der beauftragten Beamten kann vom Präsidenten der BaFin nur aufgrund wichtigen Grunds vorzeitig beendet werden.[8] Im Fall

---

[4] BT-Drucks. 14/7034, S. 37.

[5] BT-Drucks. 14/7034, S. 37.

[6] BT-Drucks. 14/7034, S. 37.

[7] BT-Drucks. 14/7034, S. 37.

[8] *Döhmel* in Assmann/Pötzsch/Schneider, § 6 Rn. 8; aA *Linke* in Frankfurter Komm., § 6 Rn. 12: „jederzeitiges Auswechseln".

von Interessenkonflikten gilt § 4 WpÜG-WiderspruchsausschussV und ergänzend gelten die §§ 20, 21 VwVfG.[9] Die ehrenamtlichen Beisitzer können entsprechend § 86 VwVfG aus wichtigem Grund abberufen werden (§ 2 WpÜG-WiderspruchsausschussV). Aus der Rechtsgrundlage der WpÜG-WiderspruchsausschussV (Abs. 4) folgt, dass „Beisitzer" in § 2 WpÜG-WiderspruchsausschussV nur die ehrenamtlichen Beisitzer meint.[10]

IV. Konkretisierung durch Rechtsverordnung (Abs. 4)

13 Abs. 4 Satz 1 enthält für das Bundesministerium der Finanzen eine Verordnungsermächtigung zur Regelung weiterer Einzelheiten betreffend das Verfahren vor dem Widerspruchsausschuss, die Bestellung der ehrenamtlichen Beisitzer, die Vertretung der Mitglieder des Widerspruchsausschusses und die vorzeitige Beendigung ihrer Mitgliedschaft. Das vorgegebene Besetzungsverfahren nach Reihenfolge und Turnus (§ 3 WpÜG-WV) gewährleistet, dass die ehrenamtlichen Beisitzer nicht von Fall zu Fall „passend" ausgesucht werden.

§ 7 Zusammenarbeit mit Aufsichtsbehörden im Inland

(1) **Das Bundeskartellamt und die Bundesanstalt haben einander die für die Erfüllung ihrer Aufgaben erforderlichen Informationen mitzuteilen. Die Bundesanstalt übermittelt dem Bundesministerium für Wirtschaft und Energie die ihr nach § 10 Abs. 2 Satz 1 Nr. 3 und § 35 Abs. 1 Satz 4 mitgeteilten Informationen und auf Ersuchen dieser Behörde die ihr nach § 14 Abs. 1 Satz 1 oder § 35 Abs. 2 Satz 1 übermittelte Angebotsunterlage. Bei der Übermittlung personenbezogener Daten ist § 15 des Bundesdatenschutzgesetzes anzuwenden.**

(2) **Die Bundesanstalt kann sich bei der Durchführung ihrer Aufgaben nach diesem Gesetz privater Personen und Einrichtungen bedienen.**

Übersicht

I. Mitteilungen an andere Aufsichtsbehörden (Abs. 1)

1. Informationsaustausch

1 Abs. 1 regelt explizit den Informationsaustausch mit dem Bundeskartellamt bei Fragestellungen, die sich im Zusammenhang mit öffentlichen Angeboten

[9] *Döhmel* in Assmann/Pötzsch/Schneider, § 6 Rn. 18; *Ritz* in Baums/Thoma, § 6 Rn. 13.

[10] *Döhmel* in Assmann/Pötzsch/Schneider, § 6 Rn. 7.

nach dem Gesetz ergeben können. Danach haben die BaFin und das Bundeskartellamt einander jeweils die für die Erfüllung der Aufgaben des Adressaten erforderlichen Informationen mitzuteilen. Hintergrund ist, dass die Probleme im Zuge des Übernahmeverfahrens zB mit denen bei der Fusionskontrolle (§§ 35ff. GWB) oder dem Erwerb maßgeblicher Beteiligungen (§ 21 WpHG, § 2c KWG, § 7a Abs. 2 und § 104 VAG) vielfach Berührungspunkte aufweisen. Angesichts der Tatsache, dass die BaFin nach allgemeinen Regeln Informationen mit anderen öffentlichen Stellen austauscht und sich gemäß Abs. 2 auch privater Dritter zur Erfüllung ihrer Aufgaben bedienen kann, ist die Überschrift von § 7 („Zusammenarbeit mit Aufsichtsbehörden im Inland") teilweise missverständlich. Mit dem Dreizehnten Gesetz zur Änderung des Außenwirtschaftsgesetzes und der Außenwirtschaftsverordnung[1] wurde das Bundesministerium für Wirtschaft und Technologie zur Überwachung von § 55 AWV einbezogen, obwohl dieses sich die in Frage kommenden Unterlagen selbst beschaffen könnte.

Bei der Mitteilungspflicht des § 7 Abs. 1 Satz 1 handelt es sich um eine **Initiativpflicht,** dh das Bundeskartellamt oder die BaFin, das/die im Besitz von Informationen ist, die für eine andere Aufsichtsbehörde von Interesse sind, muss diese von sich aus der anderen Aufsichtsbehörde mitteilen und darf nicht auf eine Anfrage warten.[2] Der Grund dafür ist, dass eine Aufsichtsbehörde in aller Regel keine Kenntnis vom Vorliegen relevanter Informationen bei der anderen Aufsichtsbehörde haben dürfte, obgleich beide Behörden zumindest die veröffentlichten Mitteilungen über beabsichtigte Angebote oder das Erlangen der Kontrolle sowie die angemeldeten Zusammenschlussvorhaben von Zeit zu Zeit einsehen könnten. 2

Im Gesetz nicht angesprochen wird die Frage des **Informationsflusses** innerhalb der BaFin selbst, namentlich, ob zwischen den für Aufgaben nach dem Gesetz einerseits und für Aufgaben nach dem WpHG andererseits zuständigen Abteilungen der BaFin ein ungehinderter Informationsfluss stattfinden darf.[3] Dies ist mit Rücksicht auf das Schutzbedürfnis der Betroffenen zu verneinen. 3

Gemäß Abs. 1 ist das Bundeskartellamt befugt, Informationen zu übermitteln. Der Begriff „Informationen" ist weit auszulegen. In § 6 Abs. 3 WpHG hat der Gesetzgeber die – engere – Formulierung „Beobachtungen und Feststellungen einschließlich personenbezogener Daten" gewählt, in § 8 Abs. 2 Satz 1 den – ebenfalls engeren – Begriff „Tatsachen". So erfasst § 7 Abs. 1 im Unterschied zu § 8 Abs. 2 Satz 1 und zu § 6 Abs. 3 WpHG etwa auch Werturteile aller Art. 4

2. Anwendung des § 15 BDSG

Gemäß Abs. 1 Satz 3 ist bei der Übermittlung **personenbezogener Daten** § 15 BDSG anzuwenden. Nach § 15 Abs. 1 BDSG ist die Übermittlung personenbezogener Daten an öffentliche Stellen zulässig, wenn sie zur Erfül- 5

[1] BGBl. I 2009, 770.
[2] *Döhmel* in Assmann/Pötzsch/Schneider, § 7 Rn. 1.
[3] *Döhmel* in Assmann/Pötzsch/Schneider, § 7 Rn. 1.

lung der in der Zuständigkeit der übermittelnden Stelle oder des Empfängers liegenden Aufgaben erforderlich ist und die Voraussetzungen vorliegen, die eine Nutzung nach § 14 BDSG zulassen würden. Gemäß § 14 Abs. 1 Satz 1 BDSG ist das Nutzen personenbezogener Daten durch die Empfängerbehörde zulässig, wenn es für die Zwecke erfolgt, für welche die Daten erhoben worden sind. § 14 Abs. 1 Satz 2 BDSG ordnet für den Fall, dass keine Erhebung vorausgegangen ist, an, dass Daten nur für die Zwecke genutzt werden dürfen, für die sie gespeichert worden sind. § 14 Abs. 2 BDSG sieht in einem Ausnahmekatalog Fälle vor, nach denen das Nutzen der Daten für andere Zwecke zulässig sein kann.

II. Einschaltung privater Personen und Einrichtungen (Abs. 2)

6 Zur Durchführung seiner Aufgaben kann sich die BaFin **privater Personen** und Einrichtungen bedienen, Abs. 2. Die Regelung ist an § 6 Abs. 1 WpHG und § 8 Abs. 1 KWG angelehnt, jedoch enger, weil dort nicht von „anderen" (= öffentlichen und privaten), sondern nur von „privaten" Personen und Einrichtungen die Rede ist. Hinsichtlich der öffentlichen Personen und Einrichtungen ergibt sich das Gleiche bereits aus Art. 35 Abs. 1 GG. Die Ermächtigung zur Einschaltung Privater ist insoweit sinnvoll, als sie der BaFin die Vorhaltung eigener Mitarbeiter erspart, die ggf. nur gelegentlich oder für Sonderaufgaben gebraucht werden. Als Dritte, die nach Abs. 2 eingeschaltet werden können, nennt die Gesetzesbegründung beispielhaft Wirtschaftsprüfer.[4] Die Beauftragung Privater soll davon abhängig sein, dass die BaFin die Aufgabe nicht selbst durchführen kann.[5] Bereits Personalengpässe dürften das Beauftragen Privater rechtfertigen.[6]

7 Private Personen und Einrichtungen sind nicht verpflichtet, einem Ersuchen der BaFin gemäß Abs. 2 Folge zu leisten und die BaFin zu unterstützen. Sie werden im Regelfall aufgrund eines privatrechtlichen Vertrages mit der BaFin tätig. Eine Einschaltung ist grundsätzlich in allen Angelegenheiten möglich, scheidet jedoch im Bereich der Wahrnehmung originär hoheitlichen Handels – von einer Tätigkeit als Verwaltungshelfer abgesehen – aus. Hat die BaFin gemäß Abs. 2 Private eingeschaltet, dann unterliegen diese der Verschwiegenheitspflicht des § 9.

III. Informationsaustausch mit anderen Behörden

8 Nicht erwähnt ist der allgemeine Verpflichtung der Behörden zur gegenseitigen Amts- und Rechtshilfe nach Art. 35 GG und §§ 4 VwVfG. Andere Behörden, soweit sachlich zuständig, sind daher verpflichtet, der BaFin Amtshilfe- und Rechtshilfe zu leisten, insbesondere Auskünfte zu erteilen. Die Datenschutzgesetze sind zu beachten.[7] Soweit die BaFin von anderen Behörden um Auskünfte gebeten wird, gilt die weitgehende Sperre des § 9.

---

[4] BT-Drucks. 14/7034, 38.

[5] *Schäfer* in KK-WpÜG, § 7 Rn. 24; *Ritz* in Baums/Thoma, § 7 Rn. 12.

[6] *Döhmel* in Assmann/Pötzsch/Schneider, § 7 Rn. 11.

[7] *Ritz* in Baums/Thoma, § 7 Rn. 13 ff. mit weiteren Einzelheiten.

§ 8 Zusammenarbeit mit zuständigen Stellen im Ausland

(1) **Der Bundesanstalt obliegt die Zusammenarbeit mit den für die Überwachung von Angeboten zum Erwerb von Wertpapieren, Börsen oder anderen Wertpapier- oder Derivatemärkten sowie den Handel in Wertpapieren und Derivaten zuständigen Stellen anderer Staaten.**

(2) **Im Rahmen der Zusammenarbeit nach Absatz 1 darf die Bundesanstalt Tatsachen übermitteln, die für die Überwachung von Angeboten zum Erwerb von Wertpapieren oder damit zusammenhängender Verwaltungs- oder Gerichtsverfahren erforderlich sind; hierbei kann sie von ihren Befugnissen nach § 40 Abs. 1 und 2 Gebrauch machen. Bei der Übermittlung personenbezogener Daten hat die Bundesanstalt den Zweck zu bestimmen, für den diese verwendet werden dürfen. Der Empfänger ist darauf hinzuweisen, dass die Daten nur zu dem Zweck verarbeitet oder genutzt werden dürfen, zu dessen Erfüllung sie übermittelt wurden. Eine Übermittlung unterbleibt, soweit Grund zu der Annahme besteht, dass durch sie gegen den Zweck eines deutschen Gesetzes verstoßen wird. Die Übermittlung unterbleibt außerdem, wenn durch sie schutzwürdige Interessen des Betroffenen beeinträchtigt würden, insbesondere wenn im Empfängerland ein angemessener Datenschutzstandard nicht gewährleistet wäre.**

(3) **Werden der Bundesanstalt von einer Stelle eines anderen Staates personenbezogene Daten mitgeteilt, so dürfen diese nur unter Beachtung der Zweckbestimmung durch diese Stelle verarbeitet oder genutzt werden. Die Bundesanstalt darf die Daten unter Beachtung der Zweckbestimmung den Börsenaufsichtsbehörden und den Handelsüberwachungsstellen der Börsen mitteilen.**

(4) **Die Regelungen über die internationale Rechtshilfe in Strafsachen bleiben unberührt.**

Übersicht

I. Zusammenarbeit der BaFin mit ausländischen Überwachungsstellen (Abs. 1)

1. Allgemeines

1 § 8 räumt der BaFin umfassende Befugnisse zur Zusammenarbeit mit den zuständigen Stellen anderer Staaten ein. Die Zusammenarbeit ist notwendig, da die grenzüberschreitenden Sachverhalte bei Unternehmensübernahmen im Zuge der Internationalisierung und Globalisierung immer mehr zuneh-

men.[1] Ausländische Behörden haben ggf. eine andere Struktur und Gliederung als die entsprechenden Behörden in Deutschland. Das Gesetz beschreibt daher die ausländischen Behörden, mit denen die BaFin zusammenarbeiten soll, allgemein als diejenigen Stellen anderer Staaten, die für die Überwachung von Angeboten zum Erwerb von Wertpapieren, Börsen oder anderen Wertpapier- oder Derivatemärkten sowie den Handel in Wertpapieren und Derivaten zuständig sind. Eine ähnliche Regelung enthält § 7 Abs. 1 Satz 1 WpHG. Infolge der teilweisen Erweiterung des Anwendungsbereichs des Gesetzes auch auf Zielgesellschaften mit Sitz in einem anderen EWR-Staat (§ 1 Abs. 3) oder auf inländische Zielgesellschaften, deren Aktien nur in anderen EWR-Staaten zugelassen sind (§ 1 Abs. 2), hat die internationale Zusammenarbeit größere Bedeutung erlangt.[2]

2. Memoranda of Understanding

2 In der Praxis werden zu Zwecken der Zusammenarbeit zwischen nationalen Aufsichtsbehörden häufig sogenannte Memoranda of Understanding abgeschlossen. In diesen Vereinbarungen werden die Verfahrensweise und die Voraussetzungen für den Austausch von Informationen geregelt, vor allem die Standardisierung von Auskunftsersuchen und die Festlegung von Kommunikationskanälen. Den Abschluss derartiger Vereinbarungen lässt Abs. 1 zu. Bislang existieren solche Vereinbarungen für den Bereich des Übernahmerechts allerdings noch nicht.[3]

II. Übermittlung von Tatsachen durch die BaFin (Abs. 2)

3 Abs. 2 enthält Regelungen über die konkrete Form der Zusammenarbeit der BaFin mit den ausländischen Stellen und regelt die Übermittlung von Tatsachen durch die BaFin. Der Gesetzgeber hat hier nicht den Begriff „Information" wie in § 7 Abs. 1 für die Mitteilung an inländische Behörden gewählt, sondern den engeren Begriff „Tatsachen" (vgl. § 7 Rn. 5), sachlich dürfte kaum ein Unterschied bestehen.[4] Damit ist die BaFin nicht befugt, ausländischen Stellen Werturteile mitzuteilen.[5] Gemäß Abs. 2 Satz 1 Halbsatz 2 kann die BaFin von ihren Ermittlungsbefugnissen gemäß § 40 Abs. 1 und 2 Gebrauch machen, falls dies zur Erfüllung eines Auskunftsersuchens einer ausländischen zuständigen Stelle erforderlich ist.

4 Bei der Übermittlung von Tatsachen an ausländische Stellen nach Satz 1 sind die Bestimmungen in den Sätzen 2 bis 5 zu beachten, durch die den Belangen des Datenschutzes Rechnung getragen werden soll.[6] Eine zusätzliche Beschränkung der Befugnis zur Tatsachen-Übermittlung ergibt sich aus § 9 Abs. 1 Satz 5, der eine Weitergabe nur zulässt, wenn die empfangen-

---

[1] BT-Drucks. 14/7034, 38.

[2] Ähnlich *Klepsch* in Steinmeyer, § 8 Rn. 1.

[3] *Klepsch* in Steinmeyer, § 8 Rn. 4.

[4] *Ritz* in Baums/Thoma, § 8 Rn. 10: *Klepsch* in Steinmeyer, § 8 Rn. 5; zur Abgrenzung bei „Absichten" *Döhmel* in Assmann/Pötzsch/Schneider, § 8 Rn. 7.

[5] *Linke* in Frankfurter Kom, § 8 Rn. 12.

[6] BT-Drucks. 14/7034, 38.

de ausländische Stelle sowie die von ihr beauftragten Personen einer § 9 Abs. 1 Sätze 1–3 entsprechenden **Verschwiegenheitsverpflichtung** unterliegen. Sind die Sätze 2 bis 5 sowie § 9 Abs. 1 Satz 5 beachtet, dann treten bei einer Abwägung der schutzwürdigen Belange des Betroffenen diese Belange hinter das von der Gesetzesbegründung hervorgehobene Interesse einer effektiven Kooperation der BaFin mit den zuständigen Stellen im Ausland zurück.[7]

Nach Satz 2 hat die BaFin bei der Übermittlung zunächst den Zweck zu bestimmen, zu dem der Empfänger die übermittelten Tatsachen (nur) verwenden darf. Nach Satz 3 ist der Empfänger auf die eingeschränkte Verwendbarkeit hinzuweisen.[8] Nach seinem Wortlaut gilt Satz 2 nur für personenbezogene Daten. Satz 2 weicht damit zB von der Parallelvorschrift § 7 Abs. 2 Satz 2 WpHG ab, der für alle Tatsachen gilt. Diese Beschränkung läuft Sinn und Zweck des Gesetzes zuwider. Gewollt ist offensichtlich der Schutz sensibler Daten vor einem zweckwidrigen Gebrauch. Personenbezogene Daten kann es gemäß § 3 Abs. 1 BDSG aber nur bei natürlichen Personen geben. **Betriebs- und Geschäftsgeheimnisse** juristischer Personen fallen nicht darunter. Wendete man daher Satz 2 seinem Wortlaut nach an, wäre zB bei der Übermittlung von Betriebs- und Geschäftsgeheimnissen deutscher juristischer Personen an ausländische Stellen keine Zweckbestimmung anzugeben. Auch der Hinweis nach Satz 3 würde entfallen. Die Betroffenen wären nicht ausreichend geschützt, da alle Tatsachen, die keine personenbezogenen Daten darstellen, von der ausländischen Empfängerbehörde zu beliebigen Zwecken verwendet werden könnten. Nach dem Regelungsplan des Gesetzes sind daher Sätze 2 und 3 entgegen ihrem Wortlaut auf alle Tatsachen anzuwenden, die an ausländische Stellen übermittelt werden.[9] 5

Besteht Grund zu der Annahme, dass durch eine Übermittlung von Tatsachen an eine ausländische Stelle gegen den Zweck eines deutschen Gesetzes verstoßen würde, hat die Übermittlung nach Satz 4 zu unterbleiben. 6

Ebenso hat die Übermittlung zu unterbleiben, wenn dadurch schutzwürdige Interessen des Betroffenen beeinträchtigt würden, was insbesondere dann der Fall ist, wenn im Empfängerland kein **angemessener Datenschutzstandard** gewährleistet ist (Satz 5). 7

In den Fällen der Sätze 4 und 5 ist fraglich, ob sich das Übermittlungsverbot auf alle Tatsachen (Abs. 2 Satz 1) oder nur auf personenbezogene Daten (Abs. 2 Satz 2) bezieht. Dem Schutzzweck der Norm entsprechend müssen die Regelungen für alle Fälle der Tatsachen-Übermittlung gelten, da Satz 4 sonst einen Verstoß gegen den Zweck deutscher Gesetze ermöglichen würde, nämlich bei nicht-personenbezogenen Daten. 8

Soweit Abs. 2 Regelungen zum Schutz personenbezogener Daten enthält, sind diese lex specialis zum BDSG. Das BDSG ist aber ergänzend, auch zur Auslegung des Abs. 2, heranzuziehen. Dies gilt insbesondere für die §§ 4b und 4c BDSG, die gesetzliche Vorgaben zur Beurteilung von Datenschutzstandards im Ausland enthalten. 9

---

[7] Vgl. für § 7 WpHG *Döhmel* in Assmann/Schneider, § 7 Rn. 20.
[8] *Klepsch* in Steinmeyer, § 8 Rn. 8.
[9] Wie hier *Ritz* in Baums/Thoma, § 8 Rn. 15; *Schäfer* in KK-WpÜG, § 8 Rn. 23.

III. Mitgeteilte personenbezogene Daten (Abs. 3)

10 Die BaFin hat die Befugnis zur Verarbeitung und Nutzung der von einer ausländischen Stelle übermittelten personenbezogenen Daten nur bei Beachtung der Zweckbestimmung der übermittelnden Stelle (Abs. 3 Satz 1).

11 Auch hier besteht eine Lücke hinsichtlich nicht-personenbezogener Daten, die dem Wortlaut nach für beliebige Zwecke verwendet werden dürfen, und ist – wie im umgekehrten Fall der Datenübermittlung (vgl. Rn. 5) – eine erweiternde Auslegung dahingehend erforderlich, dass die Vorschrift auch für nicht-personenbezogene Daten gilt.

12 Unter Beachtung der Zweckbestimmung der erhaltenen Daten darf die BaFin die von einer ausländischen Stelle erhaltenen Daten den Handelsüberwachungsstellen der Börsen mitteilen (Abs. 3 Satz 2).

IV. Internationale Rechtshilfe in Strafsachen (Abs. 4)

13 Abs. 4 bestimmt, dass die Regelungen über die internationale Rechtshilfe in Strafsachen unberührt bleiben. Hierbei handelt es sich lediglich um eine Klarstellung des Gesetzgebers,[10] die § 7 Abs. 4 WpHG entspricht.

14 Der in Abs. 4 ausdrücklich bestimmte Vorrang des **Gesetzes über die internationale Rechtshilfe in Strafsachen (IRG)** findet seine Entsprechung in § 7 Abs. 4 WpHG, bildet lediglich eine Klarstellung und hindert die BaFin, Auskunftsersuchen fremder Staaten zu erfüllen, wenn Grund zu der Annahme besteht, dass das Auskunftsersuchen im Zusammenhang mit einer strafrechtlichen Angelegenheit (§ 1 Abs. 1, 2 IRG) steht; solchenfalls gelten die §§ 59ff., 73ff. IRG und die Richtlinien für den Verkehr mit dem Ausland in strafrechtlichen Angelegenheiten (RiVASt). Die BaFin ist durch den Bundesminister der Finanzen aufgrund der in § 74 Abs. 1 Satz 3 IRG enthaltenen Ermächtigung inzwischen befugt, über Rechtshilfeersuchen eigenständig zu entscheiden.[11]

§ 9 Verschwiegenheitspflicht

(1) **Die bei der Bundesanstalt und bei Einrichtungen nach § 7 Abs. 2 Beschäftigten, die Personen, derer sich die Bundesanstalt nach § 7 Abs. 2 bedient, sowie die Mitglieder des Beirates und Beisitzer des Widerspruchsausschusses dürfen ihnen bei ihrer Tätigkeit bekannt gewordene Tatsachen, deren Geheimhaltung im Interesse eines nach diesem Gesetz Verpflichteten oder eines Dritten liegt, insbesondere Geschäfts- und Betriebsgeheimnisse, sowie personenbezogene Daten auch nach Beendigung ihres Dienstverhältnisses oder ihrer Tätigkeit nicht unbefugt offenbaren oder verwerten. Dies gilt auch für andere Personen, die durch dienstliche Berichterstattung Kenntnis von den in Satz 1 bezeichneten Tatsachen erhalten. Ein unbefugtes Offenbaren oder Verwerten im Sinne des Satzes 1 liegt insbesondere nicht vor, wenn Tatsachen weitergegeben werden an**

[10] Vgl. BT-Drucks. 14/7034, 38.

[11] *Klepsch* in Steinmeyer, § 8 Rn. 12.

1. Strafverfolgungsbehörden oder für Straf- und Bußgeldsachen zuständige Gerichte,

2. Stellen, die kraft Gesetzes oder im öffentlichen Auftrag mit der Bekämpfung von Wettbewerbsbeschränkungen, der Überwachung von Angeboten zum Erwerb von Wertpapieren oder der Überwachung von Börsen oder anderen Wertpapier- oder Derivatemärkten, des Wertpapier- oder Derivatehandels, von Kreditinstituten, Finanzdienstleistungsinstituten, Investmentgesellschaften, Finanzunternehmen oder Versicherungsunternehmen betraut sind, sowie von solchen Stellen beauftragte Personen,

3. das Bundesministerium für Wirtschaft und Technologie,

soweit die Tatsachen für die Erfüllung der Aufgaben dieser Stellen oder Personen erforderlich sind. Für die bei den in Satz 3 genannten Stellen beschäftigten oder von ihnen beauftragten Personen gilt die Verschwiegenheitspflicht nach den Sätzen 1 bis 3 entsprechend. An eine ausländische Stelle dürfen die Tatsachen nur weitergegeben werden, wenn diese Stelle und die von ihr beauftragten Personen einer den Sätzen 1 bis 3 entsprechenden Verschwiegenheitspflicht unterliegen.

(2) **Die §§ 93, 97 und 105 Absatz 1, § 111 Absatz 5 in Verbindung mit § 105 Absatz 1 sowie § 116 Absatz 1 der Abgabenordnung gelten für die in Absatz 1 Satz 1 und 2 bezeichneten Personen nur, soweit die Finanzbehörden die Kenntnisse für die Durchführung eines Verfahrens wegen einer Steuerstraftat sowie eines damit zusammenhängenden Besteuerungsverfahrens benötigen. Die in Satz 1 genannten Vorschriften sind jedoch nicht anzuwenden, soweit Tatsachen betroffen sind,**

1. die den in Absatz 1 Satz 1 oder Satz 2 bezeichneten Personen durch eine Stelle eines anderen Staates im Sinne von Absatz 1 Satz 3 Nummer 2 oder durch von dieser Stelle beauftragte Personen mitgeteilt worden sind oder,

2. von denen bei der Bundesanstalt beschäftigte Personen dadurch Kenntnis erlangen, dass sie an der Aufsicht über direkt von der Europäischen Zentralbank beaufsichtigte Institute mitwirken, insbesondere in gemeinsamen Aufsichtsteams nach Artikel 2 Nummer 6 der Verordnung (EU) Nr. 468/2014 der Europäischen Zentralbank vom 16. April 2014 zur Einrichtung eines Rahmenwerks für die Zusam menarbeit zwischen der Europäischen Zentralbank und den nationalen zuständigen Behörden und den nationalen benannten Behörden innerhalb des einheitlichen Aufsichtsmechanismus (SSM-Rahmenverordnung) (EZB/2014/17) (ABl. L 141 vom 14.5.2014, S. 1), und die nach den Regeln der Europäischen Zentralbank geheim sind.

(3) **Die Mitglieder des Beirates und die ehrenamtlichen Beisitzer des Widerspruchsausschusses sind nach dem Verpflichtungsgesetz vom 2. März 1974 (BGBl. I S. 469, 547), geändert durch § 1 Nr. 4 des Gesetzes vom 15. August 1974 (BGBl. I S. 1942), in der jeweils geltenden Fassung von der Bundesanstalt auf eine gewissenhafte Erfüllung ihrer Obliegenheiten zu verpflichten.**

Übersicht

I. Verschwiegenheitspflicht (Abs. 1)

1. Allgemeines

1 Abs. 1 ordnet eine Geheimhaltungsverpflichtung und ein Verwertungsverbot (zusammenfassend in Abs. 1 „Verschwiegenheitspflicht“ genannt) an, und zwar für die bei der BaFin und bei Einrichtungen gemäß § 7 Abs. 2 Beschäftigten, die von der BaFin gemäß § 7 Abs. 2 eingeschalteten Personen, die Beiratsmitglieder und die Beisitzer des Widerspruchsausschusses. Ähnliche Regelungen finden sich in § 8 Abs. 1 WpHG und § 9 Abs. 1 KWG. Da in vielen Fällen die BaFin lediglich die Angebotsunterlage zur Gestattung und Veröffentlichungen als Belegexemplare erhält, dürfte die Vorschrift keinen praktisch relevanten Anwendungsbereich haben.

2 **a) Normzweck.** Der Zweck der Regelung ist insbesondere der Schutz von **Geschäfts- und Betriebsgeheimnissen** der am Verfahren beteiligten Unternehmen, von denen die vorgenannten Personen im Laufe des Angebotsverfahrens Kenntnis erlangen. Eine besondere gesetzliche **Geheimhaltungsverpflichtung** und ein besonderes gesetzliches **Verwertungsverbot,** das die Ausnutzung amtlich gewonnener Erkenntnisse für private Zwecke verbietet, sind erforderlich, um das notwendige Vertrauen in die Integrität der Aufsichtspraxis sicherzustellen.[1]

3 **b) Gegenstand der Verschwiegenheitspflicht.** Satz 1 erklärt das unbefugte Offenbaren oder Verwerten von Tatsachen für unzulässig, deren Geheimhaltung im Interesse eines nach dem Gesetz Verpflichteten (zB des Bieters) oder eines Dritten liegt. Dazu gehören insbesondere Geschäfts- und Betriebsgeheimnisse sowie personenbezogene Daten.

4 **Tatsachen** sind gegenwärtige oder vergangene Verhältnisse, Zustände oder Geschehnisse.[2] Der Begriff „Tatsachen“ (siehe auch § 8) ist hier weit auszulegen.[3]

5 Die Tatsachen müssen den in Abs. 1 genannten Personen aufgrund ihrer Tätigkeit bekannt geworden sein. Hierzu zählen auch Tatsachen, welche die

---

[1] BT-Drucks. 14/7034, 38.

[2] Vgl. *Perron* in Schönke/Schröder, § 263 Rn. 8; *Fischer,* § 263 Rn. 2.

[3] *Ritz* in Baums/Thoma, § 9 Rn. 8; *Döhmel* in Assmann/Pötzsch/Schneider, § 9 Rn. 8.

Personen etwa von anderen Mitarbeitern der BaFin aufgrund üblicher Gespräche innerhalb der BaFin erhalten haben.[4]

Ein Geheimhaltungsinteresse nach Satz 1 ist zB bei Tatsachen, die öffentlich bekannt oder öffentlich zugänglich sind, zu verneinen, und zB bei Tatsachen, die der Betroffene nicht der Allgemeinheit oder Außenstehenden zugänglich gemacht hätte, zu bejahen. Im Übrigen ist unter Abwägung aller Umstände des Einzelfalles mit Rücksicht auf die Verkehrsanschauung zu entscheiden, ob ein Geheimhaltungsinteresse vorliegt.[5] 6

c) Zur Verschwiegenheit verpflichtete Personen. Zur Verschwiegenheit verpflichtet sind gemäß Satz 1 die bei der BaFin oder Einrichtungen gemäß § 7 Abs. 2 Beschäftigten und diejenigen privaten Personen, die gemäß § 7 Abs. 2 von der BaFin beauftragt wurden. Ferner unterliegen gemäß Satz 2 diejenigen Personen der Verschwiegenheitspflicht, die durch dienstliche Berichterstattung Kenntnisse über Tatsachen erhalten haben, die der Geheimhaltungspflicht unterliegen, wozu insbesondere die Bediensteten des Bundesministeriums der Finanzen, das für die Dienst- und Fachaufsicht über die BaFin zuständig ist, gehören. 7

2. Unbefugtes Offenbaren oder Verwerten (Sätze 1 und 2)

Offenbaren iSv Satz 1 ist jedes Verhalten, aufgrund dessen einem anderen geheimhaltungsbedürftige Tatsachen bekannt werden oder bekannt werden könnten.[6] Erfasst sind Tätigkeiten wie die schriftliche oder elektronische Weitergabe von Schriftstücken und Unterlagen, aber auch zB das Einsicht nehmen lassen in Akten.[7] 8

Unter Verwertung ist jede Verwendung zu eigenem oder fremdem Vorteil zu verstehen. 9

Unbefugt ist das Offenbaren oder Verwerten dann, wenn kein Rechtfertigungsgrund eingreift, zB der Betroffene dem Offenbaren bzw. Verwerten zustimmt.[8] 10

3. Ausnahmen (Satz 3)

An die Statuierung der Geheimhaltungsverpflichtung und des Verwertungsverbots in den Sätzen 1 und 2 schließt sich eine beispielhafte und nicht abschließende Beschreibung von Fällen an, in denen bei Weitergabe von Tatsachen an andere Behörden kein unbefugtes Offenbaren oder Verwerten vorliegt (Satz 3). Durch diese Ausnahmen wird der Schutzzweck des § 9 nicht ausgehöhlt, da die in Abs. 1 Satz 3 genannten Stellen ihrerseits einer Verschwiegenheitspflicht unterliegen und die Informationen nur zur Erfüllung ihrer eigenen Aufgaben nutzen dürfen.[9] Auch nach Satz 5 ist eine Weitergabe 11

---

4 So ausdrücklich *Ritz* in Baums/Thoma, § 9 Rn. 10; *Klepsch* in Steinmeyer, § 9 Rn. 6; *Döhmel* in Assmann/Pötzsch/Schneider, § 9 Rn. 10 f.

5 *Ritz* in Baums/Thoma, § 9 Rn. 8.

6 *Döhmel* in Assmann/Pötzsch/Schneider, § 9 Rn. 14.

7 *Ritz* in Baums/Thoma, § 9 Rn. 11.

8 *Döhmel* in Assmann/Pötzsch/Schneider, § 9 Rn. 16.

9 BT-Drucks. 14/7034, 39; *Döhmel* in Assmann/Pötzsch/Schneider, § 9 Rn. 18.

von Tatsachen an Stellen im Ausland nur dann zulässig, wenn diese Stelle sowie die von ihr beauftragten Personen einer entsprechenden Verschwiegenheitspflicht unterliegen. Auskunftsansprüche nach den Landespressegesetzen können in Einzelfällen das Offenbaren rechtfertigen.[10] Auskunftsansprüche nach § 1 IFG sind hingegen nach § 5 IFG grundsätzlich beschränkt auf die Namen der am Angebotsverfahren beteiligten Personen,[11] diese Daten sollten anhand der Miteilungen und der Informationen in der Angebotsunterlage sowieso öffentlich bekannt sein. Warum eine Weitergabe an das Bundesministerium für Wirtschaft und Technologie zulässig sein soll, ist nicht ersichtlich, kann sich doch das Ministerium die Informationen über eine Unternehmensübernahme seitens Gebietsfremder[12] nach §§ 10, 14 selbst beschaffen.

II. Keine Auskunftspflicht gegenüber Finanzbehörden (Abs. 2)

1. Grundsatz (Satz 1)

12 Soweit Behörden oder Personen im Rahmen des Gesetzes tätig werden, gelten für sie § 93 AO (Auskunftspflicht der Beteiligten und anderer Personen), § 97 AO (Vorlage von Urkunden), § 105 Abs. 1 AO (Verhältnis der Auskunfts- und Vorlagepflicht zur Schweigepflicht öffentlicher Stellen), § 111 Abs. 5 AO iVm § 105 Abs. 1 AO (dito) sowie § 116 Abs. 1 AO (Anzeige von Steuerstraftaten) nicht. Die Nichtgeltung dieser Vorschriften bei der Beaufsichtigung von Angeboten dient dem Interesse der Effektivität dieser Aufsicht, hinter dem das öffentliche Interesse an einer gleichmäßigen Besteuerung zurücktritt.[13] Hintergrund ist, dass die BaFin bei ihrer Tätigkeit in hohem Maße auf die Kooperationsbereitschaft der an einem Angebotsverfahren beteiligten Personen und Unternehmen angewiesen ist. Ohne das Verwertungsverbot des § 9 Abs. 2 wäre diese Kooperationsbereitschaft vielfach fraglich, was eine wirksame Aufsicht unmöglich machen würde. Auch ist zu erwarten, dass die zuständigen Stellen in anderen Staaten vielfach nur unter dem Vorbehalt der steuerlichen Nichtverwertung zur Übermittlung von Informationen an die BaFin bereit sein werden.[14]

2. Ausnahmen (Satz 2)

13 Satz 1 wurde mit dem AbwMechG[15] (Art. 9) geändert, um insbesondere den Finanzbehörden einen breiteren Zugriff auf die BaFin-Daten zu verschaffen. Eines zwingenden öffentlichen Interesses an der Durchführung eines **Steuerstrafverfahrens** (nicht: eines Bußgeldverfahrens wegen Steuerordnungswidrigkeiten) und dem damit zusammenhängenden Besteuerungsverfahren bedarf es gemäß Satz 1 nicht mehr.[16] Im Ergebnis wird die BaFin da-

---

[10] *Klepsch* in Steinmeyer, § 9 Rn. 11; *Ritz* in Baums/Thoma, § 9 Rn. 15; *Döhmel* in Assmann/Pötzsch/Schneider, § 9 Rn. 29.
[11] Ähnlich *Klepsch* in Steinmeyer, § 9 Rn. 11.
[12] BT-Drucks. 16/10730, 15
[13] BT-Drucks. 14/7034, 39.
[14] BT-Drucks. 14/7034, 39.
[15] BGBl. I 2015, 1884
[16] BT-Drucks. 18/5009, 71.

nach grundsätzlich ebenso behandelt wie andere Behörden auch, welche nach der Abgabenordnung Anhaltspunkte für Steuerstraftaten melden müssen.

Das Verbot der Weitergabe für Informationen von ausländischen Stellen bleibt jedoch aufrechterhalten (Satz 2 Nr. 1). Solche Informationen dürften nach der CRD IV (Art. 55 Absatz 2) nur mit ausdrücklicher Zustimmung der ausländischen Behörden und nur für Zwecke weitergegeben werden, denen diese Behörden zugestimmt haben. Der damit verbundene erhebliche Verwaltungsaufwand stünde außer Verhältnis zu dem erwartbaren Nutzen. 14

Satz 2 Nr. 2 schränkt die Weitergabe von iRd. Bankaufsicht erhaltenen Informationen ein. Die CRD IV legt abschließend fest, wozu die Bankenaufsicht Informationen verwenden kann. Sie sieht zwar eine Weitergabe von Informationen zur Verwendung in Besteuerungsverfahren nicht vor. Jedoch erlaubt sie in ihrem Art 53 Absatz 1 eine Weitergabe in Fällen, die unter das Strafrecht fallen. Dieser Rahmen wird nunmehr ausgeschöpft, indem die bisherige Voraussetzung eines zwingenden öffentlichen Interesses an der Strafverfolgung oder vorsätzlicher falscher Angaben entfällt.[17] 15

Weiterhin gilt eine Ausnahme von der Weitergabepflicht für solche Informationen, welche Mitarbeiter der BaFin bei der Mitwirkung an der Aufsicht über direkt von der ERB beaufsichtigte Institute, vor allem in den dortigen gemeinsamen Aufsichtsteams, erlangen und die nach den Regeln der EZB geheim sind. 16

III. Förmliche Verpflichtung (Abs. 3)

Gemäß Abs. 3 sind die Mitglieder des Beirates und die ehrenamtlichen Beisitzer des Widerspruchsausschusses von der BaFin nach dem Gesetz über die förmliche Verpflichtung nichtbeamteter Personen (Gesetz v. 2.3.1974, BGBl. I S. 469, 547, geändert durch § 1 Nr. 4 des Gesetzes v. 15.8.1974, BGBl. I S. 1942) auf eine gewissenhafte Erfüllung ihrer Obliegenheiten zu verpflichten.[18] Dem Vorschlag des Handelsrechtsausschusses des DAV, diese förmliche Verpflichtung über den genannten Personenkreis hinaus auf die nach § 7 Abs. 2 genannten Personen und die Mitarbeiter der nach § 7 Abs. 2 beauftragten Einrichtungen zu erstrecken,[19] ist der Gesetzgeber nicht gefolgt. 17

IV. Rechtsfolgen bei Verletzung der Verschwiegenheitspflicht

1. Zivilrechtliche Konsequenzen

Als zivilrechtlicher Anspruch kommt, wenn ein Beamter gegen § 9 verstoßen hat, ein Amtshaftungsanspruch aus § 839 BGB in Verbindung mit Art. 34 GG in Betracht, da die Geheimhaltungsverpflichtung und das Verwertungsverbot gemäß § 9 Amtspflichten im Sinne des § 839 BGB darstellen.[20] 18

Im Übrigen können sich zivilrechtliche Ansprüche aus § 823 Abs. 2 BGB ergeben, da § 9 als Schutzgesetz im Sinne des § 823 Abs. 2 BGB anzusehen ist.[21]

---

[17] BT-Drucks. 18/5009, 71.
[18] *Klepsch* in Steinmeyer, § 9 Rn. 19.
[19] NZG 2001, 420, 422.
[20] *Ritz* in Baums/Thoma, § 9 Rn. 21.
[21] *Ritz* in Baums/Thoma, § 9 Rn. 22.

2. Strafrechtliche Konsequenzen

19 Die Verletzung der Geheimhaltungsverpflichtung ist gemäß § 203 Abs. 2 StGB strafbewehrt. Es droht eine Freiheitsstrafe bis zu einem Jahr (zwei Jahren bei Handeln gegen Entgelt, in Bereicherungsabsicht oder in Schädigungsabsicht) oder eine Geldstrafe. Ergänzend sanktioniert § 204 StGB die unbefugte Verwertung von Betriebs- oder Geschäftsgeheimnissen durch einen gemäß § 203 StGB Verpflichteten. §§ 203 und 204 StGB sind Antragsdelikte (§ 205 StGB). In einzelnen Fällen kann sich eine Strafbarkeit auch aus § 353b StGB (Verletzung des Dienstgeheimnisses und einer besonderen Geheimhaltungspflicht), § 331 StGB (Vorteilsannahme) und § 332 StGB (Bestechlichkeit) ergeben.

Abschnitt 3. Angebote zum Erwerb von Wertpapieren

§ 10 Veröffentlichung der Entscheidung zur Abgabe eines Angebots

(1) Der Bieter hat seine Entscheidung zur Abgabe eines Angebots unverzüglich gemäß Absatz 3 Satz 1 zu veröffentlichen. Die Verpflichtung nach Satz 1 besteht auch, wenn für die Entscheidung nach Satz 1 der Beschluss der Gesellschafterversammlung des Bieters erforderlich ist und ein solcher Beschluss noch nicht erfolgt ist. Die Bundesanstalt kann dem Bieter auf Antrag abweichend von Satz 2 gestatten, eine Veröffentlichung erst nach dem Beschluss der Gesellschafterversammlung vorzunehmen, wenn der Bieter durch geeignete Vorkehrungen sicherstellt, dass dadurch Marktverzerrungen nicht zu befürchten sind.

(2) Der Bieter hat die Entscheidung nach Absatz 1 Satz 1 vor der Veröffentlichung

1. den Geschäftsführungen der Börsen, an denen Wertpapiere des Bieters, der Zielgesellschaft und anderer durch das Angebot unmittelbar betroffener Gesellschaften zum Handel zugelassen sind,
2. den Geschäftsführungen der Börsen, an denen Derivate im Sinne des § 2 Abs. 2 des Wertpapierhandelsgesetzes gehandelt werden, sofern die Wertpapiere Gegenstand der Derivate sind, und
3. der Bundesanstalt

mitzuteilen. Die Geschäftsführungen dürfen die ihnen nach Satz 1 mitgeteilten Entscheidungen vor der Veröffentlichung nur zum Zwecke der Entscheidung verwenden, ob die Feststellung des Börsenpreises auszusetzen oder einzustellen ist. Die Bundesanstalt kann gestatten, dass Bieter mit Wohnort oder Sitz im Ausland die Mitteilung nach Satz 1 gleichzeitig mit der Veröffentlichung vornehmen, wenn dadurch die Entscheidungen der Geschäftsführungen über die Aussetzung oder Einstellung der Feststellung des Börsenpreises nicht beeinträchtigt werden.

(3) Die Veröffentlichung der Entscheidung nach Absatz 1 Satz 1 ist

1. durch Bekanntgabe im Internet und
2. über ein elektronisch betriebenes Informationsverbreitungssystem, das bei Kreditinstituten, Finanzdienstleistungsinstituten, nach § 53 Abs. 1 des Gesetzes über das Kreditwesen tätigen Unternehmen, anderen Unternehmen, die ihren Sitz im Inland haben und an einer inländischen Börse zur Teilnahme am Handel zugelassen sind, und Versicherungsunternehmen weit verbreitet ist,

in deutscher Sprache vorzunehmen. Dabei hat der Bieter auch die Adresse anzugeben, unter der die Veröffentlichung der Angebotsunterlage im Internet nach § 14 Abs. 3 Satz 1 Nr. 1 erfolgen wird. Eine Veröffentlichung in anderer Weise darf nicht vor der Veröffentlichung nach Satz 1 vorgenommen werden.

(4) Der Bieter hat die Veröffentlichung nach Absatz 3 Satz 1 unverzüglich den Geschäftsführungen der in Absatz 2 Satz 1 Nr. 1 und 2 erfassten Börsen und der Bundesanstalt zu übersenden. Dies gilt nicht, soweit die Bundesanstalt nach Absatz 2 Satz 3 gestattet hat, die Mitteilung nach Absatz 2 Satz 1 gleichzeitig mit der Veröffentlichung vorzunehmen.

(5) **Der Bieter hat dem Vorstand der Zielgesellschaft unverzüglich nach der Veröffentlichung nach Absatz 3 Satz 1 die Entscheidung zur Abgabe eines Angebots schriftlich mitzuteilen. Der Vorstand der Zielgesellschaft unterrichtet den zuständigen Betriebsrat oder, sofern ein solcher nicht besteht, unmittelbar die Arbeitnehmer, unverzüglich über die Mitteilung nach Satz 1. Der Bieter hat die Entscheidung zur Abgabe eines Angebots ebenso seinem zuständigen Betriebsrat oder, sofern ein solcher nicht besteht, unmittelbar den Arbeitnehmern unverzüglich nach der Veröffentlichung nach Absatz 3 Satz 1 mitzuteilen.**

(6) **§ 15 des Wertpapierhandelsgesetzes gilt nicht für Entscheidungen zur Abgabe eines Angebots.**

Schrifttum (teilweise auch zu §§ 11 bis 19): *Assmann,* Erwerbs-, Übernahme- und Pflichtangebote nach dem Wertpapiererwerbs- und Übernahmegesetz aus der Sicht der Bietergesellschaft, AG 2002, 114; *ders.,* Übernahmeangebote im Gefüge des Kapitalmarktrechts, insbesondere im Lichte des Insiderrechts, der Ad-hoc-Publizität und des Manipulationsverbots, ZGR 2002, 697; *Brandi/Süßmann,* Neue Insiderregeln und Ad-hoc-Publizität – Folgen für Ablauf und Gestaltung von M&A-Transaktionen, AG 2004, 642; *Cascante/Tyrolt,* 10 Jahre WpÜG – Reformbedarf im Übernahmerecht?, AG 2012, 97; *Diekmann,* Änderungen im Wertpapiererwerbs- und Übernahmegesetz anlässlich der Umsetzung der EU-Übernahmerichtlinie in das deutsche Recht, NJW 2007, 17; *Ekkenga,* Änderungs- und Ergänzungsvorschläge zum Regierungsentwurf eines neuen Wertpapierprospektgesetzes, BB 2005, 561; *Geibel/Süßmann,* Erwerbsangebote nach dem Wertpapiererwerbs- und Übernahmegesetz, BKR 2002, 52; *Grobys,* Arbeitsrechtliche Aspekte des geplanten Übernahmegesetzes, GmbHR 2000, R389; *ders.,* Arbeitsrechtliche Aspekte des Wertpapiererwerbs- und Übernahmegesetzes, NZA 2002, 1; *Hopt,* Grundsatz- und Praxisprobleme nach dem WpÜG, ZHR 166 (2002), 383; *ders.,* Übernahmen, Geheimhaltung und Interessenkonflikte: Probleme für Vorstände, Aufsichtsräte und Banken, ZGR 2002, 333; *Hopt/Mülbert/Kumpan,* Reformbedarf im Übernahmerecht, AG 2005, 109; *Lenz/Behnke,* Das WpÜG im Praxistest, BKR 2003, 43; *Leyendecker-Langner,* Die Aufstockungsabsicht nach § 27a Abs. 1 Satz 3 Nr. 2 WpHG im Kontext von öffentlichen Übernahmen, AG 2015, 560; *Oechsler,* Rechtsgeschäftliche Anwendungsprobleme bei öffentlichen Übernahmeangeboten, ZIP 2003, 1330; *Pluskat,* Das kalte Delisting, BKR 2007, 54; *Riehmer/Schröder,* Praktische Aspekte bei der Planung, Durchführung und Abwicklung eines Übernahmeangebots, BB 2001, Beilage 5; *Uwe H. Schneider,* Die Zielgesellschaft nach Abgabe eines Übernahme- oder Pflichtangebots, AG 2002, 125; *Scholl/Siekmann,* Rechtsgeschäftliche Probleme im Übernahmerecht, BKR 2013, 316; *Seibt,* Arbeitsrechtliche Aspekte des Wertpapiererwerbs- und Übernahmegesetzes, DB 2002, 529; *Stöcker,* Widerruf oder Rücktritt von Angebotsankündigungen, NZG 2003, 993; *Vaupel/Uhl,* Insiderrechtliche Aspekte bei der Übernahme börsennotierter Unternehmen, WM 2003, 2126; *von Riegen,* Rechtsverbindliche Zusagen zur Annahme von Übernahmeangeboten (sog. „irrevocable undertakings"), ZHR 167 (2003), 702; *Widder/Bedkowski,* Ad-hoc-Publizität im Vorfeld öffentlicher Übernahmen – Kritische Überlegungen zu § 15 WpHG im übernahmerechtlichen Kontext, BKR 2007, 405.

Übersicht

I. Allgemeines

1. Überblick

1 Der **dritte Abschnitt des Gesetzes** (§§ 10 bis 28) enthält – gleichsam vor die Klammer gezogen – diejenigen Regelungen, die grundsätzlich für sämtliche öffentlichen Angebote Anwendung finden: Diese Vorschriften gelten uneingeschränkt für alle „einfachen", dh nicht auf den Erwerb der Kontrolle gerichteten Erwerbsangebote (ausgenommen § 16 Abs. 2 (weitere Annahmefrist) und § 23 Abs. 1 Satz 1 Nr. 3 (Ergebnisveröffentlichung nach Ablauf der weiteren Annahmefrist), die jeweils nur Übernahmeangebote iSd § 29 Abs. 1 betreffen und § 23 Abs. 2 (Veröffentlichung von Aktienerwerben außerhalb des Angebotsverfahrens), der sich nur auf Übernahmeangebote so-

wie Pflichtangebote iSd § 35 erstreckt).[1] Für Übernahme- und Pflichtangebote kommt der dritte Abschnitt des WpÜG infolge der Verweisungen im vierten Abschnitt (dort § 34) bzw. im fünften Abschnitt (dort § 39) mit den jeweils dort genannten Ausnahmen zur Anwendung.

Mit der Veröffentlichung der Entscheidung des Bieters zur Abgabe eines Angebots gemäß Abs. 1 Satz 1 iVm Abs. 3 Satz 1, die der Bieter dem Vorstand der Zielgesellschaft und seinem eigenen Betriebsrat bzw. den Arbeitnehmern und der Vorstand der Zielgesellschaft dem zuständigen Betriebsrat bzw. den Arbeitnehmern mitzuteilen hat (Abs. 5), wird das **Angebotsverfahren** eingeleitet. Im Anschluss daran hat der Bieter vier Wochen (vorbehaltlich einer in bestimmten Fällen möglichen Fristverlängerung, § 14 Abs. 1 Satz 3) Zeit, um eine Angebotsunterlage, die den Inhalt des Angebots und ergänzende Angaben enthält (§ 11 iVm § 2 WpÜG-AngV), zu erstellen und an die BaFin zu übermitteln (§ 14 Abs. 1 Satz 1). Die BaFin hat die Angebotsunterlage nach deren Eingang innerhalb eines Zeitraums von grundsätzlich maximal zehn Werktagen auf ihre Vollständigkeit und auf offensichtliche Verstöße gegen das Gesetz und die WpÜG-AngV zu prüfen (§ 14 Abs. 2 Satz 1 iVm § 15 Abs. 1). Fällt die Prüfung positiv aus, hat der Bieter die Angebotsunterlage unverzüglich zu veröffentlichen (§ 14 Abs. 2 Satz 1). Die Veröffentlichung markiert zugleich den Beginn der Annahmefrist (§ 16 Abs. 1 Satz 2), die mindestens vier Wochen und höchstens zehn Wochen betragen darf (§ 16 Abs. 1 Satz 1). Vorbehaltlich einer gesetzlichen Verlängerung der Annahmefrist bei Änderungen des Angebots nach § 21 oder bei Abgabe eines konkurrierenden Angebots durch einen Dritten nach § 22 oder dadurch, dass der Vorstand der Zielgesellschaft gemäß § 16 Abs. 3 eine Hauptversammlung der Zielgesellschaft einberuft, endet das eigentliche Verfahren mit dem Ende der Annahmefrist und dem im Anschluss daran zu veröffentlichenden Ergebnis des Angebots nach § 23 Abs. 1 Satz 1 Nr. 2. An diese Ergebnismitteilung schließt sich bei einem Übernahmeangebot idR eine weitere Annahmefrist von zwei Wochen an, deren Ergebnis wiederum zu veröffentlichen ist (§ 23 Abs. 1 Satz 1 Nr. 3). Mit der technischen Abwicklung im Hinblick auf die eingereichten Aktien im Anschluss an die veröffentlichte zweite Mitteilung ist das Angebotsverfahren grundsätzlich beendet. Ggf. kann sich an ein Übernahme- oder Pflichtangebot bei Erreichen der Schwelle von 95 Prozent des stimmberechtigten Grundkapitals noch ein übernahmerechtliches Squeeze-out Verfahren nach § 39a f. bzw. ein Andienungsverfahren nach § 39c anschließen. 2

§ 10 wurde seit dem erstmaligen Inkrafttreten des WpÜG zweimal geändert. Nach eher technischen Änderungen in Folge von Bezeichnungsanpassungen – Ersetzung des Bundesaufsichtsamtes für den Wertpapierhandel durch die BaFin[2] – wurde mit dem Übernahmerichtlinie-Umsetzungsgesetz das für Veröf- 3

[1] Kritisch zur Regelungsdichte des WpÜG in Bezug auf einfache Erwerbsangebote die Stellungnahme des Handelsrechtsausschusses des DAV v. September 2001, NZG 2001, 1003.

[2] Änderung von Abs. 1 Satz 3, Abs. 2 Satz 1 Nr. 3, Satz 3 und Abs. 4 durch die Erste Verordnung zur Anpassung von Bezeichnungen nach dem Finanzdienstleistungsaufsichtsgesetz vom 29.4.2002, BGBl. I 1495.

fentlichungen zugelassene Nachrichtenmedium des „überregionalen Börsenpflichtblattes“ mit dem Internet ersetzt (Abs. 3 Satz 1 Nr. 1 nF). Ferner wurden – ebenfalls mit dem Übernahmerichtlinie-Umsetzungsgesetz – weitere Mitteilungspflichten des Bieters, und zwar gegenüber seinen Arbeitnehmervertretern bzw. seinen Arbeitnehmern, gesetzlich verankert (Abs. 5 Satz 3).

2. Regelungsgegenstand und Zweck

4 Wesentlicher Inhalt von § 10 ist die für den Bieter normierte Verpflichtung, seine getroffene Entscheidung zur Abgabe eines öffentlichen Angebots unverzüglich zu veröffentlichen. Die Vorschrift, die hinsichtlich des bei der Veröffentlichung einzuhaltenden Verfahrens der Regelung des § 15 WpHG nachgebildet ist, zielt darauf ab, die Öffentlichkeit möglichst frühzeitig über **marktrelevante Daten** zu informieren, um damit das Ausnutzen von Spezialwissen zu verhindern.[3] In Ergänzung des § 15 WpHG (Art. 17 MAR) soll mit der Pflicht zur unverzüglichen Veröffentlichung der Gefahr des Insiderhandels vorgebeugt werden.[4]

5 Vor Inkrafttreten des WpÜG war es üblich, das Angebot vor der Veröffentlichung – in aller Regel bereits unter Angabe des Erwerbspreises – öffentlich anzukündigen, um dadurch der Spekulation in den Wertpapieren der Zielgesellschaft keinen Spielraum zu lassen.

3. Gemeinschaftsrechtliche Vorgaben

6 Die gemeinschaftsrechtliche Vorgabe für § 10 enthält Art. 6 Abs. 1 Satz 1 der Übernahmerichtlinie, wonach die Mitgliedstaaten sicherzustellen haben, dass die Entscheidung zur Abgabe eines Angebots unverzüglich bekannt gemacht und die Aufsichtsstelle über das Angebot unterrichtet wird. Die in § 10 Abs. 4 vorgesehene Pflicht zur Übersendung der Veröffentlichung ist hingegen gemeinschaftsrechtlich nicht zwingend angeordnet (Art. 6 Abs. 1 Satz 2 der Übernahmerichtlinie). Zwingend durch die Übernahmerichtlinie vorgegeben ist hingegen die in § 10 Abs. 5 normierte Pflicht zur Unterrichtung der Arbeitnehmervertreter bzw. der Arbeitnehmer durch die Leitungs- bzw. Verwaltungsorgane von Bieter und Zielgesellschaft (Art. 6 Abs. 1 Satz 3 der Übernahmerichtlinie). Schließlich enthält Art. 8 Abs. 2 der Übernahmerichtlinie (allerdings eher allgemein gehaltene) Vorgaben für die Art und Weise der Bekanntmachung der Entscheidung zur Angebotsabgabe.

II. Pflicht zur Veröffentlichung der Entscheidung zur Abgabe eines Angebots (§ 10 Abs. 1)

1. Veröffentlichung der Entscheidung des Bieters (§ 10 Abs. 1 Satz 1)

7 **a) Anwendungsbereich.** Abs. 1 Satz 1 verpflichtet den Bieter, seine Entscheidung, ein Angebot abzugeben, unverzüglich zu veröffentlichen. Mit

[3] BT-Drucks. 14/7034, 39.

[4] *Wackerbarth* in MüKoAktG, § 10 WpÜG Rn. 3.

dieser Veröffentlichung wird das Angebotsverfahren eingeleitet. Die Vorschrift gilt nur für **Übernahmeangebote** und für **sonstige freiwillige Angebote.** Für **Pflichtangebote** kommt Abs. 1 Satz 1 hingegen nicht zur Anwendung (§ 39). Dort tritt an die Stelle der Veröffentlichung der Entscheidung zur Abgabe eines Angebots die Veröffentlichung der erlangten Kontrolle über die Zielgesellschaft (§ 35 Abs. 1 Satz 1).

b) Rechtscharakter der Entscheidung. Die Entscheidung iSv Abs. 1 Satz 1 umschreibt eine innere Tatsache. Sie ist eingetreten, wenn der **interne Willensbildungsprozess** des Bieters, also die Frage, **ob** ein Angebot abgegeben wird, zum Abschluss gekommen ist. Eine Entscheidung über die Ausgestaltung der Angebotskonditionen im Einzelnen (das **„Wie“**) muss hingegen noch nicht getroffen sein. Aus diesem Grunde stellt die Entscheidung noch nicht die Abgabe des Angebots iSd § 145 BGB, sondern lediglich eine **Vorbereitungshandlung** zur Abgabe des Angebots dar; das Angebot wird erst mit der Veröffentlichung der Angebotsunterlage nach § 14 Abs. 2 Satz 1, Abs. 3 Satz 1 abgegeben.[5] 8

c) Vorbereitung der Entscheidung. Der Entscheidung des Bieters geht im Regelfall ein **mehrstufiger Prozess der Entscheidungsfindung** voraus, der mit der Identifizierung der Zielgesellschaft beginnt und in dessen Verlauf die Zielgesellschaft und das Marktumfeld, in dem sie agiert, auf Chancen und Risiken analysiert und bewertet wird, Synergiepotentiale ausgelotet werden, die Struktur der Wertpapierinhaber der Zielgesellschaft untersucht wird, Strategien und Absichten in Bezug auf die Zielgesellschaft entwickelt werden, kartellrechtliche und sonstige Genehmigungsfragen im Vorfeld vorgeprüft werden und nicht zuletzt auch die Frage der Finanzierbarkeit abgeklärt wird.[6] Bei einem sog. freundlichen Übernahme- oder Pflichtangebot gehen der Entscheidung des Bieters regelmäßig Gespräche mit der Zielgesellschaft voraus; häufig wird eine mehr oder weniger umfangreiche **Due Diligence Prüfung** bei der Zielgesellschaft durchgeführt.[7] Derartige Maßnahmen bereiten die Entscheidung zur Abgabe eines Angebots lediglich vor, können mithin eine Veröffentlichungspflicht nach Abs. 1 Satz 1 noch nicht auslösen. 9

d) Zeitpunkt der Veröffentlichungspflicht. aa) Grundsätze. Allerdings ist aufgrund des Umstands, dass das Gesetz mit Ausnahme der Vorgabe, die Entscheidung unverzüglich zu veröffentlichen, keine spezifische Regelung enthält, wann die Veröffentlichungspflicht eintritt, im Schrifttum vereinzelt gefolgert worden, dass die Verfahrenseröffnung nicht im Ermessen des Bieters 10

---

[5] *Liebscher* ZIP 2001, 853, 862.

[6] Hierzu *Knott/Mielke,* Rn. 10; *Liebscher* ZIP 2001, 853, 860; zur Planung auch *Riehmer/Schröder* BB 2001, Beil. 5, 1 ff.

[7] Zur Frage der Zulässigkeit einer Due Diligence Prüfung aus Sicht der Zielgesellschaft siehe *Roschmann/Frey* AG 1996, 449; *Mertens* AG 1997, 541; *Schroeder* DB 1997, 2161; *Kiethe* NZG 1999, 976; *Ziegler* DStR 2000, 249, 252; *Werner* ZIP 2000, 989; sehr restriktiv *Lutter* ZIP 1997, 613, 619 ff.; zur Frage der Erforderlichkeit einer Due Diligence Prüfung aus Sicht des Bieters siehe *Loges* DB 1997, 965, 968; *Werner* ZIP 2000, 989, 990 f.; *Hopt/Roth* in GroßKomm., § 93 Rn. 304; *Kiethe* NZG 1999, 976, 981; *Fleischer/Körber* BB 2001, 841, 844 f.; *Knott/Mielke,* Rn. 26 ff.

stehe, sondern der Bieter zur Veröffentlichung verpflichtet sei, wenn er die Entscheidung **„hinreichend sicher"** getroffen habe; es genüge, dass sich die Übernahmeabsicht dermaßen verdichtet habe, dass gerade auch unter wirtschaftlichen Gesichtspunkten ein Abrücken von den Plänen nicht mehr ernstlich in Betracht komme, so dass die entsprechende Entscheidung mit der gebotenen Zügigkeit und Konsequenz herbeigeführt werden müsse.[8]

11 Diese Auffassung erscheint im Grundsatz bedenklich. Dabei wird nicht hinreichend berücksichtigt, dass der Bieter nach Veröffentlichung der Entscheidung **nicht alleiniger Herr des Angebotsverfahrens** ist. Vielmehr löst die Entscheidungsveröffentlichung für den Bieter Folgepflichten aus, denen er sich nach dem Gesetz nicht mehr entziehen kann: So ist der Bieter **verpflichtet,** innerhalb von vier Wochen (vorbehaltlich einer Fristverlängerung) nach Veröffentlichung der Entscheidung eine Angebotsunterlage zu erstellen und an die BaFin zu übermitteln (§ 14 Abs. 1 Satz 1) und **muss** im Anschluss an die Überprüfungsfrist des § 14 Abs. 2 Satz 1 das Angebot veröffentlichen, sofern es nicht von der BaFin untersagt wird. Die Lösung von öffentlich-rechtlich bestehenden Bindungspflichten ist im Gesetz nicht vorgesehen. Verstöße gegen diese Pflichten werden als Ordnungswidrigkeiten geahndet (§ 60 Abs. 1 Nr. 1a), Nr. 2a)). Ebenso wenig darf der Bieter das Angebot von Bedingungen abhängig machen, die er ausschließlich selbst beeinflussen kann (§ 18 Abs. 1; Ausnahme § 25). Auch die Zielgesellschaft unterliegt ab diesem Zeitpunkt (im Falle eines Übernahmeangebots) bestimmten Verhaltenspflichten (vgl. § 33 Abs. 1 Satz 1, ggf. § 33a Abs. 2 Satz 1). Insoweit unterscheiden sich die Rechtsfolgen einer Veröffentlichung nach § 10 fundamental von einer solchen nach § 15 WpHG, die für den Emittenten keine Folgepflichten nach sich zieht. Die zu § 15 WpHG vor Inkrafttreten des Anlegerschutzverbesserungsgesetzes[9] entwickelten Grundsätze, nach denen eine Pflicht zur Ad-hoc-Veröffentlichung einer Tatsache zu dem Zeitpunkt entsteht, zu dem der betreffende Sachverhalt eine ausreichende Realisierungswahrscheinlichkeit erreicht hat[10], können daher im Rahmen von § 10 nicht herangezogen werden; das gilt unverändert ungeachtet des Umstandes, dass durch das Anlegerschutzverbesserungsgesetz in Folge der Bezugnahme des § 15 WpHG (Art. 17 MAR) auf Insiderinformationen iSd § 13 Abs. 1 WpHG auch Umstände, für deren Eintreten eine hinreichende Wahrscheinlichkeit besteht, dem Grunde nach bereits ad-hoc-publizitätspflichtig sind.[11] Wenn das Gesetz dem Bieter nach Veröffentlichung seiner Entscheidung (öffentlich-rechtlich gesehen) keine Rückzugsmöglichkeit eröffnet, muss der Bieter uneingeschränkt **Herr des Zeitpunkts seiner Entscheidung** sein können. Dies verträgt sich nicht mit einer (ohnehin kaum

[8] *Liebscher* ZIP 2001, 853, 859.

[9] Gesetz zur Verbesserung des Anlegerschutzes (Anlegerschutzverbesserungsgesetz – AnsVG) v. 28. Oktober 2004, BGBl. I 2004, S. 2629.

[10] Hierzu *Caspari* in Baetge, Insiderrecht und Ad-hoc-Publizität, S. 65, 77; *Geibel/Schäfer* in Schäfer/Hamann, § 15 WpHG Rn. 58; *Kiem/Kotthoff* DB 1995, 1999, 2003; *Wölk* AG 1997, 73, 78; *Fürhoff/Wölk* WM 1997, 449, 453.

[11] Hierzu ausführlich *Geibel/Schäfer* in Schäfer/Hamann, § 15 WpHG Rn. 58 ff.; siehe auch Emittentenleitfaden Ziff. IV.2.2.7.

justitiablen) Verpflichtung, die Entscheidung zügig und mit der gebotenen Konsequenz herbeizuführen. Wegen der weitreichenden Konsequenzen einer Entscheidungsveröffentlichung für den Bieter kann eine rechtlich verbindliche Pflicht, die Entscheidung zu treffen und zu veröffentlichen, daher nur bestehen, wenn aus der insoweit allein maßgeblichen **Sicht des Bieters** mit Ausnahme eines ggf. erforderlichen Beschlusses der Gesellschafterversammlung des Bieters (Abs. 1 Satz 2) keinerlei Zweifel mehr bestehen, dass es zur Abgabe des Angebots kommen wird.[12] Ausnahmen von diesem Grundsatz können allenfalls bei einer vor dem Hintergrund von § 4 Satz 1 WpÜG-AngV missbräuchlichen Entscheidungsverzögerung im Zusammenhang mit Paketerwerben vor Abgabe des Angebots gerechtfertigt sein.

12 Da die Entscheidung zur Abgabe eines Angebots nach deren Veröffentlichung grundsätzlich nicht mehr ohne nachteilige Konsequenzen zurückgenommen werden kann, wird die Entscheidung, ein Angebot abzugeben, regelmäßig nur dann im vorgenannten Sinne definitiv sein, wenn auch die **Finanzierung** des Angebots sichergestellt ist, denn ein Bieter wird sich zur Abgabe eines Angebots seriöser Weise nur entschließen, wenn er weiß, dass er das Angebot auch zu finanzieren in der Lage ist. Aus diesem Grunde stellen sich die im Schrifttum vereinzelt geäußerten Bedenken, dass der Zeitraum von vier Wochen zwischen der Veröffentlichung der Entscheidung nach Abs. 1 Satz 1 und der Übermittlung der Angebotsunterlage nach § 14 Abs. 1 Satz 1 uU zu knapp bemessen sei, um die Finanzierungsfragen, namentlich die Beschaffung der bei Barangeboten von einem unabhängigen Wertpapierdienstleistungsunternehmen abzugebenden Bestätigung nach § 13 Abs. 1 Satz 2, zu klären[13], für die Praxis nicht. Abgesehen davon ist im Laufe des Gesetzgebungsverfahrens § 14 Abs. 1 ohnehin dahingehend nachgebessert worden, dass in bestimmten Fällen (grenzüberschreitende Angebote, beim Bieter erforderliche Kapitalmaßnahmen) die Frist für die Übermittlung der Angebotsunterlage um bis zu vier Wochen verlängert werden kann (§ 14 Abs. 1 Satz 3).

13 **bb) Zustimmung von Überwachungsgremien.** Im Zusammenhang mit dem Zeitpunkt des Abschlusses des Entscheidungsfindungsprozesses wirft Abs. 1 Satz 1 im Falle von **Bietergesellschaften** (Personen- oder Kapitalgesellschaften), nach deren interner Gesellschaftsverfassung die Entscheidung der Geschäftsleitung zur Abgabe eines Angebots der Zustimmung anderer Gremien bedarf (sog. **mehrstufiger Entscheidungsprozess**), die Frage auf, ob hinsichtlich des Zeitpunktes der Veröffentlichungspflicht diese Zustim-

[12] Wohl aA *Hirte* in KK-WpÜG, § 10 Rn. 30 ff., der ua unter dem Blickwinkel der Unterbindung des Insiderhandels eine frühzeitige Veröffentlichung fordert, selbst wenn die Entscheidung ggf. noch von externen Faktoren abhängt; zT aA auch *Wackerbarth* in MüKoAktG, § 10 WpÜG Rn. 23: Betrachtung aus der Perspektive eines unabhängigen Dritten maßgeblich; so sollen endgültig geheim gebliebene Entscheidungen des Bieters nicht zur Veröffentlichungspflicht nach § 10 führen; ähnlich auch *Santelmann/ Steinhardt* in Steinmeyer, § 10 Rn. 10; *Thoma* in Baums/Thoma, § 10 Rn. 18 geht von einer Veröffentlichungspflicht selbst dann aus, wenn die Unsicherheit nicht aus dem Einflussbereich des Bieters resultiert.

[13] *Riehmer* NZG 2000, 820, 821; *Oechsler* NZG 2001, 817, 820.

mung abgewartet werden darf. Aus Abs. 1 Satz 2 kann insoweit entnommen werden, dass die Zustimmung der Gesellschafterversammlung nicht maßgeblich sein kann.

14 Für **Überwachungsgremien** wie den **Aufsichtsrat** enthält das Gesetz jedoch keine ausdrückliche Regelung. Im Bereich der Ad-hoc-Publizität gilt, dass der Veröffentlichungszeitpunkt auf den Zeitpunkt des Vorstandsbeschlusses vorverlagert wird, dass aber der Emittent unter den Voraussetzungen des § 15 Abs. 3 Satz 1 WpHG (Art. 17 Abs. 4 MAR) berechtigt ist, die Ad-hoc-Veröffentlichung bis zur Zustimmung des Aufsichtsgremiums aufzuschieben; das Ausstehen der Zustimmung eines anderen Organs des Emittenten wird insoweit in § 6 Satz 2 Nr. 2 WpAIV ausdrücklich als berechtigtes Interesse an einem Aufschub der Veröffentlichung anerkannt.[14]

15 Die (allerdings lange vor Inkrafttreten des Anlegerschutzverbesserungsgesetzes verfasste) Gesetzesbegründung zu § 10 geht davon aus, dass zur Ermittlung des Zeitpunktes der Veröffentlichungspflicht insoweit auf die zu § 15 WpHG entwickelten Grundsätze zurückgegriffen werden und demzufolge auf den Zeitpunkt der **Zustimmung des Aufsichtsrats** abgestellt werden könne, sofern eine solche Zustimmung gesellschaftsrechtlich erforderlich sei.[15] Die von der ESMA zu erstellenden Leitlinien (Art. 17 Abs. 11 MAR) bleiben abzuwarten.

16 Mit der Bezugnahme der Gesetzesbegründung auf die zu § 15 WpHG entwickelten Grundsätze ist es in Folge der Vorverlagerung der Ad-hoc-Publizität durch das Anlegerschutzverbesserungsgesetz fraglich geworden, ob entsprechendes auch für den Zeitpunkt der Entscheidung des Bieters zu gelten hat, dh ob auch insoweit bereits der Zeitpunkt des Vorstandsbeschlusses über die Entscheidung zur Angebotsabgabe das die Veröffentlichungspflicht auslösende Ereignis darstellt.

17 Diese Auffassung ist zu verneinen, denn der Gesetzesbegründung zu § 10 ist nur im Ergebnis, nicht auch in der Begründung, dh der Bezugnahme auf die zu § 15 WpHG entwickelten Grundsätze, zuzustimmen. Zum einen ist zu berücksichtigen, dass § 10 – anders als § 15 WpHG – keine Möglichkeit enthält, die Entscheidungsveröffentlichung ähnlich dem Konzept des § 15 Abs. 3 Satz 1 WpHG, § 6 Satz 2 Nr. 2 WpAIV bis zur Beschlussfassung durch den Aufsichtsrat aufzuschieben.

18 Zum anderen ist zu bedenken, dass eine Veröffentlichung nach § 10 – anders als eine solche nach § 15 WpHG – Rechtspflichten für den Bieter auslöst, mit denen es sich nicht verträgt, wenn eine nach der Innenverfassung der Bietergesellschaft erforderliche Zustimmung eines Überwachungsgremiums noch aussteht. Es kann daher in keinem Fall darauf ankommen, ob die erforderliche Zustimmung des Überwachungsgremiums wahrscheinlich, in hohem

---

[14] Vgl. auch BT-Drucks. 15/3174, 35; zum Ganzen *Geibel/Schäfer* in Schäfer/Hamann, § 15 WpHG Rn. 66, 133; siehe auch *Brandi/Süßmann* AG 2004, 642, 649; *Assmann* in Assmann/Schneider, § 15 Rn. 141.

[15] BT-Drucks. 14/7034, 39; ebenso *Pötzsch/Möller* WM 2000 Sonderbeil. Nr. 2, 1, 16; *Hirte* in KK-WpÜG, § 10 Rn. 35; deutlich enger aber *Land/Hasselbach* DB 2000 1747, 1749: eine Veröffentlichungspflicht bestehe bereits dann, wenn unter normalen Umständen von der Zustimmung des Aufsichtsrats auszugehen sei.

Maße wahrscheinlich oder nahezu sicher zu erwarten ist.[16] Eine Veröffentlichungspflicht nach Abs. 1 Satz 1 kann daher erst mit der erteilten erforderlichen Zustimmung des Überwachungsgremiums entstehen, sofern die Zustimmung nicht bereits im Vorfeld des Entscheidungsfindungsprozesses erteilt worden ist.[17]

Eine **Vorverlagerung von Informationspflichten** gegenüber dem Kapitalmarkt, insbesondere in Fällen, in denen es am Markt bereits zu Spekulationen im Hinblick auf ein bevorstehendes Angebot gekommen ist, kann daher nicht mit einer extensiven Anwendung des § 10, sondern allenfalls mit einer extensiven Anwendung von § 15 WpHG (und einer entsprechenden restriktiven Anwendung von § 10 Abs. 6) begründet werden. Dies setzt jedoch voraus, dass der Bieter Emittent iSd § 15 Abs. 1 Satz 1 WpHG ist. 19

cc) Entscheidungsveröffentlichung und Paketerwerb. Nicht selten wird ein öffentliches Angebot, insbesondere ein Übernahmeangebot, von einem **außerbörslichen Paketerwerb** begleitet und regelmäßig hängt in diesem Zusammenhang die verbindliche Entscheidung des Bieters, ein öffentliches Angebot für die Wertpapiere der Zielgesellschaft abzugeben, davon ab, dass der außerbörsliche Paketerwerb gelingt. In Bezug auf die Veröffentlichungspflicht nach Abs. 1 Satz 1 können demzufolge verschiedene Konstellationen auftreten. Wird der Paketerwerb sofort nach Unterzeichnung der schuldrechtlichen Verträge vollzogen, entfällt eine Verpflichtung nach Abs. 1 Satz 1, wenn der Bieter bereits durch den Paketerwerb die Kontrollmehrheit iSd § 29 Abs. 2 an der Zielgesellschaft erlangt. Er hat dann stattdessen den Kontrollerwerb nach § 35 Abs. 1 Satz 1 zu veröffentlichen und im Anschluss daran ein Pflichtangebot abzugeben.[18] 20

Wird die Kontrollmehrheit aufgrund des Paketerwerbs noch nicht erlangt oder der dingliche Erwerb des Pakets noch nicht vollzogen, ohne dass es bereits zu einer Zurechnung von Stimmrechten beim Bieter nach § 30 kommt, würde in den Fällen, in denen der außerbörsliche Erwerb Bestandteil einer **von vornherein festgelegten Gesamtstrategie** des Bieters ist (zB wenn der Vollzug des Paketerwerbs vom Erfolg oder einem bestimmten Mindesterfolg eines sich daran anschließenden Übernahmeangebots abhängig gemacht wird), im Regelfall mit Abschluss der entsprechenden außerbörslich getroffenen Vereinbarungen auch der Zeitpunkt der Entscheidungsveröffentlichung nach Abs. 1 Satz 1 konkretisiert. Daran wird der Bieter jedoch dann kein Interesse haben, wenn er für den außerbörslichen Paketkauf einen Zuschlag auf den aktuellen Börsenkurs gezahlt hat, weil er diesen Preis bei einem Übernahmeangebot den außenstehenden Aktionären als Mindestpreis ebenfalls gewähren müsste (§ 31 Abs. 1 Satz 1 iVm Abs. 7, § 4 Satz 1 WpÜG-AngV). Dies wirft die Frage auf, inwieweit der Bieter berechtigt ist, die Ent- 21

---

[16] So aber *Santelmann/Steinhardt* in Steinmeyer § 10 Rn. 16.

[17] Im Ergebnis ebenso *Brandi/Süßmann* AG 2004, 642, 652; aA *Wackerbarth* in MüKoAktG, § 10 WpÜG Rn. 39: nur Willensbildung des Vertretungsorgans entscheidend.

[18] Vgl. zu weiteren Fallkonstellationen im Verhältnis Übernahme- und Pflichtangebot BaFin – Merkblatt zur Auslegung des § 35 Abs. 3 WpÜG v. 12. Juli 2007; http://www.bafin.de.

scheidung zur Abgabe eines Angebots bis zu dem Zeitpunkt zu verzögern, ab dem Vorerwerbe nach § 4 Satz 1 WpÜG-AngV bei der Bemessung der Mindestgegenleistung nicht mehr berücksichtigt werden. Aufgrund des Schutzcharakters des § 4 Satz 1 WpÜG-AngV und unter Berücksichtigung von § 31 Abs. 6, der die Verhinderung von Umgehungsgeschäften zum Ziel hat, erscheint in den Fällen, in denen in der Absicht, § 4 Satz 1 WpÜG-AngV zu umgehen, **ausschließlich aus formalen Gründen** die Entscheidung des Bieters zur Abgabe eines Angebots verzögert wird, eine **sofortige Veröffentlichungspflicht** nach Abs. 1 Satz 1 gerechtfertigt.[19] Stehen einer sofortigen Entscheidung jedoch außer formalen auch inhaltliche Gründe entgegen, zB weil die Finanzierung des Erwerbs der Aktien der außenstehenden Aktionäre noch nicht gesichert ist, kann ein Missbrauchsvorwurf darauf nicht gestützt werden. Allerdings dürfte sich die Streitfrage in der Praxis wegen der Meldepflichten nach §§ 21, 25 WpHG erledigt haben.

22 **dd) Dokumentationspflichten.** Auch wenn § 10 keine ausdrückliche Verpflichtung für den Bieter enthält, den Zeitpunkt der von ihm getroffenen Entscheidung zur Abgabe eines Angebots zu dokumentieren, empfiehlt es sich vor dem Hintergrund der gesetzlichen Sanktionen bei verzögerter Veröffentlichung (§ 60 Abs. 1 Nr. 1a)), den Zeitpunkt der Entscheidung in nachprüfbarer Weise festzuhalten.[20]

23 **e) Entscheidungsveröffentlichung bei Bietergemeinschaften.** Beabsichtigt eine Bietergemeinschaft ein Angebot abzugeben, so trifft die Veröffentlichungspflicht nach Abs. 1 Satz 1 **jedes Mitglied der Bietergemeinschaft.**[21] Die Bietergemeinschaft kann jedoch ein Mitglied der Gemeinschaft bevollmächtigen, die Entscheidung nach Abs. 1 Satz 1 mit Wirkung für alle Mitglieder der Bietergemeinschaft zu veröffentlichen. Einer gesonderten Veröffentlichung durch die vertretenen Mitglieder bedarf es dann nicht mehr.[22]

2. Vorbehalt der Beschlussfassung der Gesellschafterversammlung (§ 10 Abs. 1 Satz 2)

24 Handelt es sich bei dem Bieter, wie im Regelfall, um eine Gesellschaft, ordnet Abs. 1 Satz 2 an, dass die Entscheidung nach Abs. 1 Satz 1 ungeachtet eines noch ausstehenden erforderlichen **Beschlusses der Gesellschafterversammlung** zu veröffentlichen ist. Korrespondierend dazu räumt § 25 – insoweit abweichend von § 18 Abs. 1 – dem Bieter ein, das Angebot unter die Bedingung des Beschlusses der Gesellschafterversammlung zu stellen, sofern dieser Beschluss bis zum fünften Werktag vor Ablauf der Annahmefrist herbeigeführt wird.

25 Die Durchbrechung der nach der Innenverfassung der Bietergesellschaft vorgesehenen Entscheidungskompetenzen wird vom Gesetzgeber damit gerechtfertigt, dass bei Gesellschaften mit **großem Gesellschafterkreis,** namentlich bei Aktiengesellschaften, durch die Einberufung der Hauptver-

---

[19] Im Ergebnis ebenso *Liebscher* ZIP 2001, 853, 861; *Hirte* in KK-WpÜG, § 10 Rn. 27; *Thoma* in Baums/Thoma, § 10 Rn. 24.

[20] Ebenso *Hirte* in KK-WpÜG, § 10 Rn. 26.

[21] BT-Drucks. 14/7034, 34; *Hirte* in KK-WpÜG, § 10 Rn. 16 und 45, siehe dort auch zur Frage des Zeitpunkts der Veröffentlichungspflicht.

[22] Vgl. BT-Drucks. 14/7034, 34.

sammlung die Absicht zur Abgabe eines öffentlichen Angebots gegenüber allen Aktionären bekannt gemacht werden müsste und damit im Vorfeld eines öffentlichen Angebots Marktverzerrungen in den Wertpapieren der Zielgesellschaft oder des Bieters zu befürchten wären.[23]

Das gesetzgeberische Konzept ist im Schrifttum auf Kritik gestoßen, weil es letzten Endes dem Bieter entgegen der gesetzgeberischen Intention ermöglicht würde, sich von seinem Angebot dadurch zu lösen, dass die Gesellschafterversammlung rechtzeitig vor Ablauf der Frist des § 25 dem Angebot nicht zustimmt.[24] Diese Kritik erscheint jedoch nicht gerechtfertigt, weil zum einen ein Alternativkonzept vorsehen müsste, dass die Zustimmung der Gesellschafterversammlung dann im Vorfeld eingeholt werden müsste (und dadurch bei Gesellschaften mit großem Gesellschafterkreis die Auswirkungen hätte, die nach der Gesetzesbegründung gerade vermieden werden sollen) und zum anderen den durch Abs. 1 Satz 2 eröffneten potentiellen Missbrauchsmöglichkeiten durch eine an Sinn und Zweck orientierte Auslegung des § 18 Abs. 1 wirksam begegnet werden kann. 26

3. Zeitweise Befreiung von der Veröffentlichungspflicht (§ 10 Abs. 1 Satz 3)

a) Grundsatz. Abs. 1 Satz 3 sieht die Möglichkeit vor, von der Verpflichtung zur Veröffentlichung der Entscheidung bis zum Vorliegen eines Beschlusses der Gesellschafterversammlung unter bestimmten Voraussetzungen zu **befreien.** Die Befreiung ist **antragsbezogen** ausgestaltet. Damit soll insbesondere den Bedürfnissen bei Personengesellschaften und Gesellschaften mit beschränkter Haftung Rechnung getragen werden, bei denen die Anzahl der Gesellschafter überschaubar und zur Gesellschafterversammlung nicht durch öffentliche Bekanntmachung einzuladen ist.[25] 27

b) Voraussetzungen. aa) Erfordernis der Zustimmung der Gesellschafterversammlung. Infolge der Bezugnahme auf Abs. 1 Satz 2 kommt eine zeitweise Befreiung von der Veröffentlichungspflicht nur dann in Betracht, wenn nach der Verfassung der Bietergesellschaft die Zustimmung der Gesellschafterversammlung **erforderlich** ist, nicht hingegen, wenn die Geschäftsleitung der Bietergesellschaft ihre Entscheidung aufgrund eines freiwilligen Entschlusses von der Zustimmung der Gesellschafterversammlung abhängig macht.[26] Ein solches Erfordernis kann sich zum einen aus ausdrücklichen Bestimmungen der Satzung oder des Gesellschaftsvertrags der Bietergesellschaft, zum anderen auch aus den für die Bietergesellschaft geltenden inländischen oder ausländischen gesetzlichen Vorschriften ergeben.[27] 28

---

[23] BT-Drucks. 14/7034, 39.

[24] *Land/Hasselbach* DB 2000, 1747, 1751; *Oechsler* NZG 2001, 817, 821; vgl. auch *Peltzer* in Assmann/Basaldua/Bozenhardt/Peltzer, S. 203.

[25] BT-Drucks. 14/7034, 39.

[26] ZT aA *Hirte* in KK-WpÜG, § 10 Rn. 39, soweit es um freiwillige Entschlüsse geht; gänzlich aA *Wackerbarth* in MüKoAktG, § 10 WpÜG Rn. 45, wonach bei mehrstufigen Entscheidungsprozessen ausschließlich das Außenverhältnis (Vertretungsmacht) maßgeblich sein soll, nicht hingegen das Innenverhältnis (Geschäftsführungsbefugnis).

[27] *Santelmann/Steinhardt* in Steinmeyer, § 10 Rn. 16.

29 Dabei hängt die Möglichkeit einer Befreiung nicht von der **Rechtsform** der Bietergesellschaft ab. Entscheidend ist nach Sinn und Zweck der Befreiungsvorschrift vielmehr, ob der Kreis der Gesellschafter überschaubar ist und die Gesellschafterversammlung nicht mittels öffentlicher Bekanntmachung einzuladen ist. Eine Befreiung kommt daher dem Grundsatz nach auch für eine nicht börsennotierte Bietergesellschaft in der Rechtsform der Aktiengesellschaft in Betracht, bei der dem Vorstand alle Aktionäre namentlich bekannt sind (§ 121 Abs. 4 AktG).

30 Bei Bietergesellschaften in der Rechtsform einer **Personengesellschaft** wird im Regelfall bereits anhand des Gesellschaftsvertrags zu beantworten sein, ob der Erwerb einer Beteiligung aufgrund eines öffentlichen Angebots die Zustimmung der Gesellschafter erfordert. Sieht der Gesellschaftsvertrag keine Regelung vor, so lässt sich für die **GbR** aus § 709 Abs. 1 BGB ein gesetzliches Erfordernis zur Herbeiführung der Zustimmung aller geschäftsführungsbefugten Gesellschafter ableiten; die Zustimmung nicht geschäftsführungsbefugter Gesellschafter ist hingegen selbst bei außergewöhnlichen Geschäften nicht erforderlich, vorausgesetzt, das Geschäft hält sich im Rahmen der Förderung des Gesellschaftszwecks und führt nicht zu einer Änderung der Vertragsgrundlagen.[28] Bei **oHG und KG** ist die Zustimmung aller Gesellschafter nur bei ungewöhnlichen Geschäften erforderlich (§ 116 Abs. 2, § 164 Satz 1 Hs. 2 HGB). Ob der Beteiligungserwerb durch ein öffentliches Angebot hiernach als ungewöhnliches Geschäft zu qualifizieren ist, hängt davon ab, ob dieses Geschäft Ausnahmecharakter hat, weil es nach Art und Zweck oder nach seiner Bedeutung und den damit verbundenen Risiken über den gewöhnlichen Rahmen des Geschäftsbetriebs der Gesellschaft hinausgeht.[29] Obschon ein Beteiligungserwerb hiernach potentiell ein ungewöhnliches Geschäft sein kann[30], lässt sich die Frage dennoch nicht generell, sondern nur für den jeweiligen Einzelfall unter Berücksichtigung der konkreten Umstände beantworten; so kann zB bei einem Private Equity Fonds ein solches Geschäft mitunter noch als gewöhnliches Geschäft zu qualifizieren sein.

31 Bei Bietergesellschaften in der Rechtsform der **GmbH** ist nach herrschender Auffassung die Zustimmung der Gesellschafterversammlung bei ungewöhnlichen Geschäftsführungsmaßnahmen erforderlich.[31] Auch hier rechnen Geschäfte, die wegen ihrer Bedeutung und den mit ihnen verbundenen Gefahren Ausnahmecharakter haben, zu den ungewöhnlichen Maßnahmen.[32] Wenngleich auch hier die konkreten Umstände des Einzelfalls maßgeblich sind, wird hiernach in der Mehrzahl der Fälle der Erwerb von Beteiligungen,

---

[28] *Schäfer* in MüKoBGB, § 709 Rn. 10, 23 f.

[29] Vgl. *Emmerich* in Heymann, § 116 Rn. 3; *Haas* in Röhricht/Graf von Westphalen, § 116 Rn. 1.

[30] *Roth* in Baumbach/Hopt, § 116 Rn. 2.

[31] *Uwe H. Schneider/Sven H. Schneider* in Scholz, § 37 Rn. 15.; *Kleindiek* in Lutter/Hommelhoff, § 37 Rn. 10, 11; *Altmeppen* in Roth/Altmeppen, § 37 Rn. 22; zT abweichend *Zöllner/Noack* in Baumbach/Hueck, § 37 Rn. 10: (ua) nur wenn mit Widerspruch der Gesellschafter zu rechnen oder die Einberufung der Gesellschafterversammlung im Interesse der Gesellschaft erforderlich ist.

[32] *Uwe H. Schneider/Sven H. Schneider* in Scholz, § 37 Rn. 15.

insbesondere aufgrund eines öffentlichen Angebots zu den zustimmungspflichtigen Maßnahmen zu zählen sein.[33]

Nach wie vor nicht abschließend geklärt ist die Rechtslage für Bietergesellschaften in der Rechtsform der **Aktiengesellschaft.** Hier hängt die Frage des Zustimmungserfordernisses der Hauptversammlung davon ab, ob in Fortentwicklung der vom BGH in der sog. **Holzmüller-Entscheidung**[34] und den im Anschluss hieran ergangenen **Gelatine-Entscheidungen**[35] entwickelten Grundsätze zur Entscheidungskompetenz der Hauptversammlung bei grundlegenden Entscheidungen, die mit schwerwiegenden Eingriffen in die Rechte und Interessen der Aktionäre verbunden sind, ein Beteiligungserwerb durch die Bietergesellschaft einem solchen schwerwiegenden Eingriff gleichkommt. Hierzu werden im Schrifttum kontroverse Auffassungen vertreten. Während einige Vertreter die Anwendung der Holzmüller-Grundsätze auf den Beteiligungserwerb im Sinne einer allgemeinen **Konzernbildungskontrolle** generell oder zumindest mit Einschränkungen befürworten[36], lehnt die Gegenauffassung die Anwendung dieser Grundsätze auf den Beteiligungserwerb nicht zuletzt unter Hinweis auf das verglichen mit dem Fall einer Ausgliederung geringere Schutzbedürfnis der Aktionäre ab.[37] Auch der BGH hat in der Holzmüller-Entscheidung zum gewöhnlichen Rahmen von Handlungen der Geschäftsführung „gemeinhin" auch den Erwerb einer Tochtergesellschaft gerechnet.[38] Auch wenn mit den Gelatine-Entscheidungen klargestellt wurde, dass Mitwirkungsbefugnisse der Hauptversammlung nur ausnahmsweise und in engen Grenzen anzuerkennen sind, muss die Frage, ob der Beteiligungserwerb hierzu rechnet, nach wie vor als offen angesehen werden. Keine Rolle kann es in diesem Zusammenhang aber spielen, ob der Beteiligungserwerb auf einem sukzessiven Zukauf über die Börse, über einen Paketerwerb oder aufgrund eines öffentlichen Angebots beruht.[39] 32

bb) Vermeidung von Marktverzerrungen. Eine Befreiung nach Abs. 1 Satz 3 setzt ferner voraus, dass der Bieter durch geeignete Vorkehrungen sicherstellt, dass Marktverzerrungen nicht zu befürchten sind. Mit diesem Erfordernis muss namentlich die **gebotene Vertraulichkeit** der Absicht zur Abgabe eines Angebots gewährleistet sein, was in den Fällen möglich erscheint, in denen die Anzahl der Gesellschafter überschaubar ist und zur Gesellschafterversammlung nicht durch öffentliche Bekanntmachung einzuladen 33

---

[33] *Koppensteiner* in Rowedder, § 37 Rn. 13; siehe auch *Hirte* in von Rosen/Seifert, S. 341, 372.

[34] BGH, BGHZ 83, 122.

[35] BGH, BGHZ 159, 30; BGH, ZIP 2004, 1001.

[36] *Habersack* in Emmerich/Habersack, vor § 311 Rn. 15, 21; *Geßler* FS Stimpel, 1985, S. 771, 786 f.; *Lutter* FS Stimpel, 1985, S. 825, 850 f.; *Emmerich* in Scholz, Anhang § 13 Konzernrecht Rn. 63; *Koppensteiner* in KK-AktG, Vorb § 291 Rn. 62; *Hirte* in von Rosen/Seifert, S. 341, 371, mit der Begründung, dass (und falls) wesentliche Barmittel für den Erwerb aufzuwenden sind; in einem obiter dictum auch LG Stuttgart, AG 1992, 236, 237 f.

[37] *Semler* BB 1983, 1566 f.; *Groß* AG 1994, 266, 273 ff.

[38] BGHZ 83, 122, 132.

[39] *Assmann/Bozenhardt* in Assmann/Basaldua/Bozenhardt/Peltzer, S. 1, 64 f.; *Ebenroth/Daum* DB 1991, 1105, 1109; *Knott* in Knott/Mielke, Rn. 385 ff.

ist.[40] Bei börsennotierten Bietergesellschaften kommt daher die Befreiung von vornherein nicht in Betracht. Zu den geeigneten Vorkehrungen im Sinne der Vorschrift dürfte demnach gehören, dass die Geschäftsleitung der Bietergesellschaft persönlich/vertraulich zur Gesellschafterversammlung einlädt und die eingeladenen Gesellschafter, die aufgrund der Einladung in ihrer Position als Gesellschafter bestimmungsgemäß von der als Insiderinformation zu qualifizierenden Absicht der Abgabe eines Angebots für die Wertpapiere der Zielgesellschaft Kenntnis erlangen und demzufolge den Verboten des § 14 Abs. 1 WpHG unterliegen, ausdrücklich auf die Sicherstellung der Vertraulichkeit des Inhalts der Tagesordnung der Gesellschafterversammlung und auf die entsprechenden Erwerbs-/Veräußerungs-, Weitergabe- und Empfehlungs-/Verleitungsverbote des § 14 Abs. 1 WpHG hinweist.[41]

34 **c) Entscheidung über den Antrag.** Beabsichtigt der Bieter, einen Befreiungsantrag nach Abs. 1 Satz 3 zu stellen, genügt es, wenn der Bieter nur die BaFin von der getroffenen Entscheidung nach Abs. 2 Satz 1 Nr. 3 in Kenntnis setzt. Die Geschäftsführungen der Börsen müssen in diesem Fall noch nicht informiert werden (siehe Rn. 46). Bis zur Entscheidung über den Befreiungsantrag ist die Pflicht zur Veröffentlichung suspendiert.[42] Wird der Befreiungsantrag abgelehnt, muss der Bieter die Entscheidung veröffentlichen.

35 Die Entscheidung über den Antrag steht im **Ermessen** („kann“) der BaFin. Bei der Entscheidung hat die BaFin zwischen dem Wunsch des Bieters nach Herbeiführung einer gesellschaftsrechtlich verbindlichen Entscheidungssituation und dem Informationsinteresse der Wertpapierinhaber und des Kapitalmarktes abzuwägen. Maßgebende Kriterien können hierbei auf Seite des Bieters die bestehenden Mehrheitsverhältnisse sein, die eine Entscheidung in eine bestimmte Richtung sicher erwarten lassen. So dürfte eine Befreiung beispielsweise nicht in Betracht kommen, wenn das Angebot von einem Bieter abgegeben wird, der zu 100% von einem Mutterunternehmen kontrolliert wird und daher davon ausgegangen werden kann, dass der Bieter im Einvernehmen mit dem Alleingesellschafter handelt. Demgegenüber steht das Interesse der Wertpapierinhaber und der Marktteilnehmer an möglichst frühzeitigen Informationen, insbesondere in Anbetracht des Umstands, dass die Ankündigung eines öffentlichen Angebots in Erwartung einer voraussichtlichen oder bereits bei Veröffentlichung offen gelegten Prämie auf den aktuellen Börsenkurs für die Wertpapiere der Zielgesellschaft umgehend dazu führt, dass sich der Börsenpreis für die Wertpapiere der Zielgesellschaft auf einem höherem Niveau einpendeln wird. Dieses Interesse wird allerdings in den Fällen nivelliert, in denen die Veröffentlichung einer Entscheidung unter dem Vorbehalt der Zustimmung der Gesellschafterversammlung des Bieters steht, bei der aufgrund der Mehrheitsverhältnisse in der Bietergesellschaft nicht hinreichend vorhersehbar ist, ob die erforderliche Zustimmung erteilt werden

---

[40] BT-Drucks. 14/7034, 39.

[41] Ähnlich *Hirte* in KK-WpÜG, § 10 Rn. 41.

[42] Ebenso zur vergleichbaren Vorschrift des früheren § 15 Abs. 1 Satz 2 (später Abs. 1 Satz 5) WpHG aF: *Hopt* ZHR 159 (1995), 135, 158; *Assmann* in Assmann/Schneider, § 15 Rn. 129; *Schneider* BB 2001, 1214, 1216.

wird. Ein signifikanter Gewinn an Information ist dann bei einer frühzeitigen Entscheidungsveröffentlichung nicht zu erwarten, so dass in derartigen Fällen die Erteilung einer Befreiung umso eher in Betracht kommen wird.

Bei dem Tatbestandsmerkmal der „Befürchtung von Marktverzerrungen" handelt es sich um einen **unbestimmten Rechtsbegriff,** der ein **Prognoseelement** enthält. Dies wirft die Frage auf, ob der BaFin im Rahmen ihrer Entscheidung über den Befreiungsantrag insoweit ein nicht der gerichtlichen Überprüfung unterliegender Beurteilungsspielraum zusteht.[43] Die Rechtsprechung hat derartige Beurteilungsspielräume bei Prognoseentscheidungen in bestimmten Fällen bejaht.[44] Andererseits hat die Rechtsprechung des BVerfG einen begrenzten Entscheidungsfreiraum der Verwaltung nur dann zugebilligt, wenn unbestimmte Rechtsbegriffe wegen der hohen Komplexität und der besonderen Dynamik der geregelten Materie so vage und ihre Konkretisierung im Nachvollzug der Verwaltungsentscheidung so schwierig seien, dass die gerichtliche Kontrolle an die Funktionsgrenzen der Rechtsprechung stößt.[45] Der unbestimmte Rechtsbegriff der „Befürchtung von Marktverzerrungen", der letztlich an der Frage der Sicherstellung der gebotenen Vertraulichkeit festgemacht werden kann, erscheint vor diesem Hintergrund nicht so komplex, als dass er die Gerichte bei der Nachprüfung der Verwaltungsentscheidung überfordern würde. Ein nicht justiziabler Beurteilungsspielraum zugunsten der BaFin kann daher insoweit nicht angenommen werden.[46] 36

Die BaFin kann die Entscheidung über eine zeitweise Befreiung von der Veröffentlichungspflicht mit einem **Widerrufsvorbehalt** nach § 36 Abs. 2 Nr. 3 VwVfG für den Fall versehen, dass nach Befreiung Anzeichen für Marktverzerrungen erkennbar werden.[47] 37

4. Pflicht zur unverzüglichen Veröffentlichung

Der Bieter muss die getroffene Entscheidung zur Abgabe eines Angebots **unverzüglich** veröffentlichen. Unverzüglich bedeutet ohne schuldhaftes Zögern (§ 121 Abs. 1 Satz 1 BGB). Die Frage, welcher Zeitraum dem Bieter bis zur Veröffentlichung zugebilligt wird, kann, nachdem das Gesetz hierzu keine nähere Festlegung enthält, nur anhand von Sinn und Zweck der Veröffentlichungspflicht beantwortet werden. Eine Ad-hoc-Tatsache ist, wenn sie im Verlauf eines Handelstags eintritt, noch während dieses Handelstags und auch während der Handelszeiten zu veröffentlichen; trete die Tatsache nach Handelsschluss ein, dürfe mit der Mitteilung und Veröffentlichung nicht bis zum nächsten Börsenhandelstag zugewartet werden.[48] Dieselben Grundsätze gelten 38

---

[43] Vgl. zur Lehre vom Beurteilungsspielraum *Maurer,* § 7 Rn. 31 ff.

[44] ZB BVerwGE 79, 208, 213 ff.; BVerwGE 82, 295, 299 ff.

[45] BVerfGE 84, 34, 50.

[46] Vgl. zu § 15 WpHG aF und der ähnlich gelagerten Frage des Begriffs der „berechtigten Interessen" *Fürhoff/Wölk* WM 1997, 449, 457; *Cahn* WM 1998, 272, 273; *Geibel/Schäfer* in Schäfer/Hamann, § 15 WpHG Rn. 130 ff.; *Assmann* in Assmann/Schneider, § 15 Rn. 152; *Hirte* in KK-WpÜG, § 10 Rn. 43.

[47] So bereits die Verwaltungspraxis zu Befreiungsanträgen nach § 15 Abs. 1 Satz 2 WpHG aF, siehe *Fürhoff/Wölk* WM 1997, 449, 459; *Geibel* in Schäfer, 1. Aufl., § 15 WpHG Rn. 117.

[48] Vgl. Emittentenleitfaden Ziff. IV.6.3.

auch für eine Veröffentlichung nach Abs. 1 Satz 1. Insbesondere bei Gesellschaften, deren Wertpapiere weltweit an Börsenplätzen in unterschiedlichen Zeitzonen gehandelt werden, wäre ein Zuwarten bis zum Ende der Börsenhandelszeiten in Deutschland sachlich nicht gerechtfertigt. Hinzu kommt außerdem, dass mittlerweile auch Privatanleger viele börsennotierte Werte nachbörslich im außerbörslichen Handel ordern können. Nachdem allerdings der Bieter den Zeitpunkt seiner Entscheidung zur Abgabe eines Angebots, von Missbrauchsfällen abgesehen, selbst bestimmen kann, kann er de facto die Entscheidung auch zu einer Tageszeit treffen, zu der der Börsenhandel im Inland bereits beendet ist. Die Entscheidung ist dann sofort, nachdem sie getroffen wurde, zu veröffentlichen.[49]

5. Inhalt der Veröffentlichung

39 Der gesetzlich vorgeschriebene **Mindestinhalt** der Veröffentlichung nach Abs. 1 Satz 1 umfasst lediglich den Umstand, dass der Bieter die Entscheidung getroffen hat, ein Angebot für die Wertpapiere der Zielgesellschaft abzugeben; die **Wertpapiere** und die **Zielgesellschaft** sind zu benennen,[50] einschließlich der Kennnummer (ISIN).[51] Nicht erforderlich ist es, bereits die einzelnen Angebotskonditionen zu veröffentlichen. In der Praxis ist es jedoch üblich und empfehlenswert, **Art und Höhe der Gegenleistung** bereits bei Veröffentlichung der Entscheidung ebenfalls zu nennen, um hierdurch der Spekulation in den Wertpapieren der Zielgesellschaft und ggf. des Bieters die Grundlage zu entziehen. Nicht erforderlich – wenngleich in der Praxis üblich – ist die Angabe, ob es sich um ein **Übernahmeangebot** oder ein **sonstiges freiwilliges Angebot** handelt.[52] Zu benennen ist, wie sich aus Abs. 3 Satz 2 ergibt, schließlich auch die **Internetadresse,** unter der das Angebot veröffentlicht werden wird.

6. Bedeutung des Veröffentlichungszeitpunkts für das Angebotsverfahren

40 Der Zeitpunkt der Veröffentlichung der Entscheidung nach Abs. 1 Satz 1 und Abs. 3 Satz 1 ist im Rahmen des WpÜG an vielen Stellen von Bedeutung. Er bringt zum einen die Verpflichtung des Bieters zum Entstehen, die Entscheidung unverzüglich dem Vorstand der Zielgesellschaft zu übermitteln (Abs. 5 Satz 1). Ferner setzt er die (ggf. verlängerbare) Frist von vier Wochen in Gang, innerhalb der eine Angebotsunterlage zu erstellen und an die BaFin zu übermitteln ist (§ 14 Abs. 1 Satz 1; für Pflichtangebote gilt insoweit § 35 Abs. 1 Satz 1, Abs. 2 Satz 1). Nach ihm berechnen sich die Fristen, innerhalb derer der Bieter bei Übernahme- und Pflichtangeboten den außenstehenden

---

[49] Ähnlich *Wackerbarth* in MüKoAktG, § 10 WpÜG Rn. 28 f.; *Santelmann/Steinhardt* in Steinmeyer, § 10 Rn. 20.

[50] BT-Drucks. 14/7034, 39.

[51] *Noack/Holzborn* in Schwark/Zimmer, KapitalmarktR, § 10 WpÜG Rn. 27.

[52] *Noack/Holzborn* in Schwark/Zimmer, KapitalmarktR, § 10 WpÜG Rn. 27; aA *Thoma* in Baums/Thoma, § 10 Rn. 56; *Santelmann/Steinhardt* in Steinmeyer, § 10 Rn. 22.

Aktionären ggf. eine Geldleistung anbieten (§ 31 Abs. 3), ggf. bestimmte zusätzliche Angaben in die Angebotsunterlage aufnehmen (§ 2 Nr. 7 WpÜG-AngV) oder Börsenkurse der Zielgesellschaft bei der Bemessung der Mindestgegenleistung berücksichtigen muss (siehe §§ 5 Abs. 1 und 2, 6 Abs. 1 und 2 WpÜG-AngV). Ab dem Zeitpunkt der Veröffentlichung der Entscheidung gelten für den Vorstand der Zielgesellschaft bei Übernahmeangeboten grundsätzlich Vereitelungs- und Behinderungsverbote (§ 33 Abs. 1, ggf. § 33a Abs. 2). Schließlich ist der Zeitpunkt der Entscheidungsveröffentlichung auch für etwaige Entschädigungspflichten des Bieters in den Fällen des Rechtsentzugs gemäß § 33b Abs. 5 Satz 1 von Bedeutung.

III. Mitteilungs- und Veröffentlichungspflichten (§ 10 Abs. 2 bis 4)

1. Überblick

Ähnlich der Regelung in § 15 WpHG (Art. 17 MAR) ist für die Veröffentlichung der Entscheidung zur Abgabe eines öffentlichen Angebots ein **mehrstufiges Verfahren** vorgesehen. Während das Verfahren nach § 15 WpHG (Art. 17 MAR) allerdings lediglich dreistufig ausgestaltet ist (Mitteilung der bevorstehenden Veröffentlichung, Veröffentlichung, Mitteilung der Veröffentlichung), ist bei der Veröffentlichung der Entscheidung nach § 10 ein insgesamt fünfstufiges Verfahren einzuhalten. Zunächst muss der Bieter die Geschäftsführungen der Börsen, an denen die Wertpapiere des Bieters und der Zielgesellschaft sowie anderer unmittelbar betroffener Gesellschaften zum Handel zugelassen sind und/oder Derivate auf diese Wertpapiere gehandelt werden sowie die BaFin unterrichten. Im Anschluss daran ist die Bereichsöffentlichkeit herzustellen, dh die Entscheidung zur Angebotsabgabe über bestimmte Nachrichtenkanäle zu verbreiten. In einem dritten Schritt ist die BaFin von der Veröffentlichung zu unterrichten. Sodann muss der Bieter den Vorstand der Zielgesellschaft über die Entscheidung zur Angebotsabgabe informieren. In einem fünften Schritt schließlich hat der Vorstand der Zielgesellschaft die Arbeitnehmer, ggf. über den Betriebsrat, von der Entscheidung des Bieters in Kenntnis zu setzen. Gleiches gilt für den Bieter in Bezug auf seinen zuständigen Betriebsrat bzw. seine Arbeitnehmer. 41

Die für Ad-hoc-Veröffentlichungen nach § 15 WpHG (nach Art. 17 Abs. 10 Nr. 1 MAR von der ESMA noch zu bestimmen) angeordnete Verpflichtung zur Übersendung an Medien, die geeignet sind, die Informationen in der EU und im EWR zu verbreiten (§ 15 Abs. 1, Abs. 7 Satz 1 Nr. 1 WpHG iVm § 3a WpAIV) besteht im Rahmen des WpÜG nicht. 42

Ebenso wenig ordnet das WpÜG – anders als im Rahmen der Ad-hoc-Publizität (vgl. § 15 Abs. 1 Satz 1 Hs. 2 WpHG) – eine ausdrückliche Verpflichtung zur Übermittlung der veröffentlichten Entscheidung an das **Unternehmensregister** (§ 8b HGB) zum Zwecke der Speicherung an. Allerdings sieht § 8b Abs. 2 Nr. 10 HGB iVm § 8b Abs. 3 Satz 1 Nr. 2 HGB[53] 43

---

[53] § 8b Abs. 2 Nr. 7 HGB greift nicht ein, da diese Vorschrift sich nur auf Veröffentlichungen im Bundesanzeiger erstreckt.

eine **Übermittlungspflicht** für Mitteilungen über kapitalmarktrechtliche Veröffentlichungen an die BaFin (hier nach Abs. 2 Satz 1 Nr. 3) vor. Die Mitteilung, die auch von einem vom Veröffentlichungspflichtigen mit der Veranlassung der Veröffentlichung beauftragten Dritten vorgenommen werden kann, ist nach § 11 Satz 1 URV unverzüglich zu übermitteln.

2. Mitteilung an die Börsengeschäftsführungen und die BaFin (§ 10 Abs. 2)

44 Bevor der Bieter die Entscheidung über die Angebotsabgabe veröffentlichen darf, hat er die Entscheidung zunächst den Börsengeschäftsführungen und der BaFin mitzuteilen.

45 Mitzuteilen ist die „Entscheidung nach Abs. 1 Satz 1". Hat die BaFin dem Bieter auf entsprechenden Antrag gestattet, die Entscheidung erst nach einem Beschluss der Gesellschafterversammlung des Bieters abzugeben (vgl. Abs. 1 Satz 3), ist auch die **Mitteilungspflicht** bis zum Zeitpunkt der Beschlussfassung durch die Gesellschafterversammlung **suspendiert.**[54]

46 Abs. 2 schreibt dem Bieter keine bestimmte Reihenfolge bei der Erfüllung der Mitteilungspflichten vor. Falls der Bieter einen **Antrag auf Suspendierung** der Entscheidungsveröffentlichung gemäß Abs. 1 Satz 3 zu stellen beabsichtigt, empfiehlt es sich, zunächst nur die BaFin in Kenntnis zu setzen. Falls die BaFin antragsgemäß entscheidet, entfällt eine sofortige Mitteilungspflicht gegenüber den Börsengeschäftsführungen ohnehin.[55]

47 **a) Mitteilung an die Börsengeschäftsführungen (§ 10 Abs. 2 Satz 1 Nr. 1 und 2).** Die Mitteilung gegenüber den Börsengeschäftsführungen dient einzig und allein dem Zweck, dass diese darüber entscheiden können, ob angesichts der getroffenen Entscheidung die Ermittlung des Börsenpreises der von der Entscheidung betroffenen Wertpapiere **auszusetzen** oder **einzustellen** ist.

48 **aa) Adressaten der Mitteilung.** Die Mitteilung ist ausschließlich gegenüber den Börsengeschäftsführungen derjenigen **inländischen Börsen,** an denen von der Entscheidung betroffene Wertpapiere zum Handel zugelassen sind, abzugeben. Dies folgt aus dem verwaltungsrechtlichen Charakter der Vorschrift, da die Entscheidung, ob die Ermittlung des Börsenpreises auszusetzen oder einzustellen ist, ein Verwaltungsakt iSd § 35 VwVfG ist.[56] Sofern von der Entscheidung betroffene Wertpapiere auch an anderen organisierten Märkten im EWR zum Handel zugelassen sind, hat der Bieter im Einzelfall die dort geltenden Mitteilungs- und Veröffentlichungspflichten einzuhalten.

49 Mitteilungspflichten bestehen jedenfalls gegenüber denjenigen Börsen, an denen die betroffenen Wertpapiere zum Handel im **regulierten Markt zugelassen** sind (vgl. § 32 Abs. 1 BörsG). Hingegen besteht keine Mitteilungspflicht gegenüber denjenigen Börsen, an denen betroffene Wertpapiere zusätzlich lediglich in den **Freiverkehr** (vgl. § 48 BörsG) einbezogen sind.

---

[54] *Noack/Holzborn* in Schwark/Zimmer, KapitalmarktR, § 10 WpÜG Rn. 19.

[55] So zu § 15 Abs. 1 Satz 2 (später Abs. 1 Satz 5) WpHG aF *Fürhoff/Wölk* WM 1997, 449, 457; *Geibel* in Schäfer, 1. Aufl., § 15 WpHG Rn. 124.

[56] BT-Drucks. 14/7034, 40.

Nicht ganz eindeutig ist, ob eine Mitteilungspflicht auch gegenüber denjenigen Börsen besteht, an denen die betroffenen Wertpapiere lediglich auf Antrag eines Handelsteilnehmers oder von Amts wegen durch die Geschäftsführung zum Börsenhandel gemäß § 33 BörsG in den **regulierten Markt einbezogen** wurden.[57] Gegen eine Erfassung der lediglich „einbezogenen" Wertpapiere spricht zum einen, dass der Gesetzgeber im BörsG trennscharf zwischen der Zulassung von Wertpapieren und der Einbeziehung differenziert (vgl. zB § 32 Abs. 2, § 33 Abs. 1 BörsG). Insoweit kann die Einbeziehung in den regulierten Markt der Zulassung nicht ohne weiteres gleichgesetzt werden.[58] **50**

Zum anderen ist auch folgender Aspekt zu berücksichtigen: Wertpapiere können in den regulierten Markt auch ohne Zustimmung des Emittenten einbezogen werden (vgl. § 33 Abs. 1 BörsG). Ein Widerspruchsrecht des Emittenten gegen die Einbeziehung soll nicht bestehen. Weil sich ein Emittent solcher Wertpapiere nicht gegen die Einbeziehung wehren kann, ordnet konsequenter Weise Art. 40 Abs. 5 Satz 3 der Finanzmarktrichtlinie an, dass ein Emittent von den daraus folgenden kapitalmarktrechtlichen Pflichten befreit ist. Der Wegfall derartiger Veröffentlichungspflichten fällt regelmäßig nicht ins Gewicht, weil eine Einbeziehung voraussetzt, dass die Wertpapiere an einem anderen regulierten Markt im Inland, im EU- oder EWR-Ausland oder an einem Markt in einem Drittstaat, der hinsichtlich der Melde- und Transparenzpflichten vergleichbaren Regelungen unterliegt, zugelassen sind (vgl. § 33 Abs. 1 Nr. 1 BörsG). Diese für die Freistellung des Emittenten von der Veröffentlichungspflicht geltenden Erwägungen müssen deshalb auch in gleicher Weise für einen Bieter in Bezug auf die betreffenden Wertpapiere gelten. **51**

Schließlich ist zu beachten, dass Verstöße gegen § 10 Abs. 2 als Ordnungswidrigkeit geahndet werden (vgl. § 60 Abs. 1 Nr. 2a)); insoweit setzt das auch für Bußgeldtatbestände geltende Analogieverbot einer Erweiterung des Tatbestands Grenzen.[59] **52**

Auch wenn nicht zu verkennen ist, dass nach Sinn und Zweck der Mitteilungspflicht eine Mitteilung auch gegenüber denjenigen Börsengeschäftsführungen, an deren Börsen die betroffenen Wertpapiere in den regulierten Markt lediglich einbezogen werden[60], zweckmäßig sein mag, sprechen die gewichtigeren Argumente gegen eine de lege lata bestehende Mitteilungspflicht in diesen Fällen. **53**

bb) Betroffene Wertpapiere. Zu unterrichten sind diejenigen Börsen, an denen **Wertpapiere** des **Bieters** oder der **Zielgesellschaft** zum Handel zugelassen sind, ferner diejenigen Börsen, an denen Wertpapiere **anderer** „durch das Angebot" (gemeint ist das bevorstehende Angebot) unmittelbar **54**

---

[57] Für eine Erfassung der nach § 49 Abs. 1 BörsG aF einbezogenen Wertpapiere *Thoma* in Baums/Thoma, § 10 Rn. 72.

[58] Im Ergebnis ebenso zur vergleichbar gelagerten Frage bei § 15 WpHG aF *Assmann* in Assmann/Schneider, § 15 Rn. 43; *Zimmer/Kruse* in Schwark/Zimmer, KapitalmarktR, § 15 WpHG Rn. 25, sowie Emittentenleitfaden Ziff. IV.2.1.1.

[59] Vgl. hierzu *Gürtler* in Göhler, § 3 Rn. 9.

[60] Dies betonend *Thoma* in Baums/Thoma, § 10 Rn. 72.

betroffener **Gesellschaften** zum Handel zugelassen sind. Zu den letztgenannten Gesellschaften zählen beispielsweise Gesellschaften, deren Aktien der Bieter als Gegenleistung für den Erwerb von Aktien an der Zielgesellschaft anbietet, nicht jedoch zB börsennotierte Tochterunternehmen des Bieters oder der Zielgesellschaft, da diese vom Angebot regelmäßig nicht unmittelbar betroffen sind.[61] Der Wertpapierbegriff richtet sich im Übrigen nach § 2 Abs. 2, umfasst also nicht nur Aktien, sondern zB auch Wandelschuldverschreibungen und Optionsanleihen. Zu unterrichten sind schließlich auch diejenigen Börsen, an denen Derivate iSd § 2 Abs. 2 WpHG (als Kauf, Tausch oder anderweitig ausgestaltete Festgeschäfte oder Optionsgeschäfte mit zeitlich verzögerter Erfüllung und unmittelbarer oder mittelbarer Abhängigkeit von einem Basiswert) gehandelt werden, sofern die betreffenden Wertpapiere Gegenstand der Derivate sind.

55 **cc) Verwertung der Mitteilung (§ 10 Abs. 2 Satz 2).** Die unterrichteten Börsengeschäftsführungen dürfen die Mitteilung ausschließlich zum Zwecke der Entscheidung verwenden, ob die **Feststellung des Börsenpreises auszusetzen** oder **einzustellen** ist (Abs. 2 Satz 2). Damit soll in vergleichbarer Weise wie bei § 15 Abs. 4 WpHG vermieden werden, dass privatrechtliche Träger der öffentlich-rechtlich organisierten Börsen, die ggf. neben anderen Mitbewerbern einen Informationsverbreitungsdienst anbieten, einen unzulässigen Wettbewerbsvorteil erlangen.[62]

56 Eine **Aussetzung der Ermittlung** des Börsenpreises kommt gemäß § 25 Abs. 1 Satz 1 Nr. 1, ggf. iVm § 33 Abs. 4 Satz 1 BörsG in Betracht, wenn ein ordnungsgemäßer Börsenhandel zeitweilig gefährdet oder wenn dies zum Schutz des Publikums geboten erscheint. Die Aussetzung der Ermittlung bedeutet eine **zeitlich befristete Beendigung** des Börsenhandels in dem betreffenden Wertpapier.[63] Sie hat primär die Warnfunktion, den Markt auf plötzlich eingetretene neue Umstände hinzuweisen,[64] dient aber nicht nur dem ordnungsgemäßen Handel, sondern auch dem Anlegerschutz. Sie hat nicht nur die Einstellung der an der Börse getätigten Geschäfte in dem betreffenden Wertpapier zur Folge (außerhalb der Börse, aber nicht im Börsensaal,[65] können hingegen ohne Bildung von Börsenpreisen weiter Geschäftsabschlüsse getätigt werden),[66] sondern bewirkt indirekt grundsätzlich auch das **Erlöschen** sämtlicher an der betreffenden Börse auszuführenden **schwebenden Kundenaufträge** gemäß den produktbezogenen Geschäftsbedingungen für Wertpapiergeschäfte deutscher Kreditinstitute, sofern die Bedingungen des jeweiligen Ausführungsplatzes dies vorsehen.

---

[61] Zum Teil aA *Noack/Holzborn* in Schwark/Zimmer, KapitalmarktR, § 10 WpÜG Rn. 20; aA *Hirte* in KK-WpÜG, § 10 Rn. 55: verbundene Unternehmen sollen stets unmittelbar betroffen sein; ähnlich *Santelmann/Steinhardt* in Steinmeyer, § 10 Rn. 28.

[62] Beschlussempfehlung und Bericht des Finanzausschusses zum Zweiten Finanzmarktförderungsgesetz, BT-Drucks. 12/7918, 101.

[63] Regierungsbegründung zum Börsenzulassungsgesetz, BT-Drucks. 10/4296, 15.

[64] *Schwarze* in Baetge, Insiderrecht und Ad-hoc-Publizität, S. 67, 105.

[65] Str., siehe *Jaskulla* WM 2002, 1093, 1094.

[66] Siehe *Groß,* § 25 BörsG Rn. 4; *Beck* in Schwark/Zimmer, KapitalmarktR, § 25 Rn. 12.

58 Ferner ist die Kursaussetzung von der **Streichung** oder vom **Hinausschieben der Notierung** zu unterscheiden. Bei diesen Maßnahmen handelt es sich nicht um Maßnahmen der Börsengeschäftsführung, sondern um Maßnahmen des Skontroführers im Rahmen der Ermittlung des Börsenpreises in den ihm zur Skontroführung zugewiesenen Wertpapieren (§ 28 BörsG).[67]

59 Die Kursaussetzung erlaubt es dem Anleger, im Lichte der Veröffentlichung der Entscheidung nach Abs. 1 Satz 1 seine Kauf- oder Verkaufsentscheidung neu zu überdenken. Andernfalls liefe der Verkäufer Gefahr, dass er bei einer Veräußerung des betreffenden Wertpapiers nicht den Preis erhält, der angesichts der zu veröffentlichenden Entscheidung zur Abgabe eines Angebots dann angemessen wäre; der Käufer liefe Gefahr, die betreffenden Wertpapiere zu einem Preis zu erwerben, den er nicht finanzieren kann oder den er bei seiner Kaufentscheidung nicht in Erwägung gezogen hat.

60 Die Verfügung einer Kursaussetzung steht im **Ermessen** der Börsengeschäftsführung. Ob hiernach eine Kursaussetzung verfügt wird, hängt ab von einer **Güterabwägung** zwischen den Nachteilen, die eine Kursaussetzung mit sich bringt, namentlich der dem Zweck der Börse als Handelsforum zuwiderlaufenden Unterbrechung des Börsenhandels auf der einen Seite und dem Schutzbedürfnis der Marktteilnehmer, aber auch des breiten Anlegerpublikums auf der anderen Seite. Da die Entscheidung zur Abgabe eines Angebots regelmäßig erhebliche Kursrelevanz aufweisen wird und das breite Anlegerpublikum, anders als die professionellen Marktteilnehmer, nicht in gleicher Weise über den Zugang zu den Nachrichtenmedien verfügt, über die die Entscheidung veröffentlicht wird, wird zumindest eine kurzzeitige Kursaussetzung mit dem Zweck, hierdurch mittelbar die schwebenden Kauf- und Verkaufsaufträge des Publikums auf Grund der einschlägigen produktbezogenen Geschäftsbedingungen in Verbindung mit den Regelungen der Börsenordnungen zum Erlöschen zu bringen, regelmäßig geboten erscheinen.

61 Eine **Einstellung** der Feststellung des Börsenpreises kann nach § 25 Abs. 1 Satz 1 Nr. 2, ggf. iVm § 33 Abs. 4 Satz 1 BörsG verfügt werden, wenn ein ordnungsgemäßer Börsenhandel für die Wertpapiere nicht mehr gewährleistet erscheint. Dabei handelt es sich im Gegensatz zur Aussetzung um eine auf längere Sicht gerichtete Maßnahme.[68] Eine solche Maßnahme dürfte im Zusammenhang mit einer Entscheidungsveröffentlichung nach Abs. 1 Satz 1 allerdings wohl kaum je in Betracht kommen.

62 **b) Mitteilung an die BaFin (§ 10 Abs. 2 Satz 1 Nr. 3).** Die nach Abs. 2 Satz 1 Nr. 3 vorgeschriebene vorherige Mitteilung an die BaFin bezweckt, sie in die Lage zu versetzen, die Einhaltung der Veröffentlichungspflicht nach Abs. 1 Satz 1 wirksam kontrollieren zu können.[69]

63 **c) Gleichzeitige Mitteilung und Veröffentlichung bei Pflichtenkollision (§ 10 Abs. 2 Satz 3).** Ausländische Bieter können im Zusammenhang mit der Erfüllung der Mitteilungspflichten nach Abs. 2 Satz 1 in eine Pflichtenkollision geraten, wenn sie aufgrund der Vorschriften ihres Herkunftslandes gezwungen sind, Mitteilungen und Veröffentlichungen zeitlich

---

[67] Vgl. *Beck* in Schwark/Zimmer, KapitalmarktR, § 25 Rn. 9.

[68] *Groß,* § 25 BörsG Rn. 8.

[69] Vgl. BT-Drucks. 14/7034, 40.

vor Mitteilungen und Veröffentlichungen an (aus Sicht ihres Herkunftslands) ausländischen Börsen vorzunehmen. Zur Vermeidung dieser Konflikte kann die BaFin gestatten, die Mitteilung nach Abs. 2 Satz 1 gleichzeitig mit der Veröffentlichung vorzunehmen, wenn dadurch die Entscheidung der Geschäftsführung über die Aussetzung oder Einstellung der Feststellung des Börsenpreises nicht beeinträchtigt wird. Dies würde es einem ausländischen Bieter ermöglichen, eine Entscheidung nach Abs. 1 Satz 1 über ein weltweit operierendes elektronisches Informationssystem zu verbreiten, ohne vorab die Börsengeschäftsführungen oder die BaFin informieren zu müssen. Eine Beeinträchtigung wird nicht angenommen, wenn die Heimatbörse des ausländischen Bieters die Informationen unverzüglich an die deutschen Börsen übermittelt, an denen die Wertpapiere des ausländischen Bieters und der deutschen Zielgesellschaft notiert werden.[70] Eine allgemeine Gestattung, etwa in Gestalt einer Allgemeinverfügung, hat die BaFin bisher nicht vorgenommen. Die Gestattung ist deshalb (einzel-)antragsbezogen. Das Antragsverfahren ist gebührenpflichtig (§ 2 Abs. 1 Nr. 1, Abs. 2 WpÜG-GebV).

3. Art und Weise der Veröffentlichung (§ 10 Abs. 3)

64 **a) Zugelassene Nachrichtenmedien (§ 10 Abs. 3 Satz 1).** Abs. 3 Satz 1 lehnt sich hinsichtlich der Art und Weise der Veröffentlichung an der Vorschrift des § 15 Abs. 4 und 5 WpHG iVm § 5 WpAIV an, ohne freilich die einzelnen Verpflichtungen der WpAIV zu übernehmen. Zu veröffentlichen ist kumulativ mittels Bekanntgabe im Internet und über elektronisch betriebene Informationssysteme.

65 Ziel der Veröffentlichung nach Abs. 3 Satz 1 ist die Herstellung der sog. **Bereichsöffentlichkeit.** Darunter sind die professionellen Handelsteilnehmer in ihrer Gesamtheit zu verstehen.[71] Aufgrund der Kanalisierung der Informationen über die vorgegebenen Medien soll die unkontrollierte Verbreitung von Informationen verhindert und damit dem Insiderhandel entgegengewirkt werden. Konsequenterweise darf demzufolge eine Veröffentlichung in anderer Weise nicht vorgenommen werden, bevor nicht die Bereichsöffentlichkeit hergestellt worden ist (Abs. 3 Satz 3).

66 **aa) Internet.** Die Pflicht zur Veröffentlichung der Entscheidung im Internet gibt nur sehr allgemein gehaltene Vorgaben für die Informationsverbreitung – die Informationen müssen hiernach „umgehend zur Verfügung stehen". Der Gleichlauf der Veröffentlichungswege von Ad-hoc-Mitteilungen, die gemäß § 5 Satz 1 Nr. 2 WpAIV (ua) über das Internet mitzuteilen sind, und der Entscheidungen nach § 10 ist zu begrüßen.

68 Unter dem Internet soll ausschließlich die Teilmenge „World Wide Web" zu verstehen sein.[72] Die Entscheidung nach § 10 muss jedoch nicht notwendigerweise auf der Webseite des Bieters bekannt gegeben werden. Das Gesetz lässt den Ort der Bekanntgabe ausdrücklich offen, nicht zuletzt, um

[70] BT-Drucks. 14/7034, 40.

[71] Vgl. zu § 15 WpHG Beschlussempfehlung und Bericht des Finanzausschusses zum 2. Finanzmarktförderungsgesetz, BT-Drucks. 12/7918, 101.

[72] *Noack/Holzborn* in Schwark/Zimmer, KapitalmarktR, § 10 WpÜG Rn. 26, § 14 WpÜG Rn. 16.

technologischen Neuerungen Rechnung zu tragen. Gleichwohl sollte aus Gründen der Zweckmäßigkeit auf der Webseite des Bieters veröffentlicht werden.[73]

Das Gesetz enthält im Übrigen weder Angaben dazu, wie lange die Information im Internet verfügbar gehalten werden muss noch Vorschriften zur Reihenfolge der Veröffentlichung nach Abs. 3 Satz 1 Nr. 1 und Abs. 3 Satz 1 Nr. 2. Im Gegensatz dazu schreibt beispielsweise § 5 Satz 1 Nr. 2 WpAIV die Dauer (mindestens ein Monat) und § 5 Satz 2 WpAIV die Reihenfolge (im Internet darf nicht vor der Veröffentlichung im elektronisch betriebenen Informationsverbreitungssystem veröffentlicht werden) vor. Was die Dauer betrifft, entspricht es Sinn und Zweck der Vorschrift, dass die Information jedenfalls so lange verfügbar gehalten wird wie sie für das angekündigte Angebotsverfahren von Bedeutung ist. 69

bb) Elektronisch betriebenes Informationsverbreitungssystem. Der Bieter muss kumulativ zur Bekanntgabe im Internet auch ein elektronisch betriebenes weit verbreitetes Informationssystem wählen (zB Reuters, Bloomberg).[74] Die mit der technischen Durchführung der Veröffentlichung zusammenhängenden Dienstleistungen werden in Deutschland von verschiedenen Servicegesellschaften angeboten. 70

An dem gesetzgeberischen Konzept der Herstellung der Bereichsöffentlichkeit ist seinerzeit bei Inkrafttreten des Zweiten Finanzmarktförderungsgesetzes im Schrifttum Kritik geübt worden, weil sie institutionelle Kapitalmarktteilnehmer gegenüber dem Privatanleger einseitig bevorzuge und wegen der hierdurch bedingten **asymmetrischen Informationsverteilung** die Marktteilnehmer in Marktinsider und Privatanleger segmentiere.[75] Diese Bedenken sind jedoch nicht gerechtfertigt, da zum einen die Herstellung einer breiten Öffentlichkeit ggf. mit längeren – im internationalen Wettbewerb schädlichen – Handelsunterbrechungen erkauft werden müsste, um andernfalls möglichen Insiderhandel der professionellen Marktteilnehmer zu unterbinden, und zum anderen zwischenzeitlich auch Privatanleger über das Internet auf die entsprechenden Mitteilungen zeitnah zugreifen können oder sich über die Videotextseiten vieler Nachrichtensender rasch über die relevanten Informationen Kenntnis verschaffen können. 71

Über das elektronisch betriebene Informationsverbreitungssystem soll im Regelfall nicht früher (aber auch nicht später) als **30 Minuten** nach der Mitteilung an die Börsengeschäftsführungen veröffentlicht werden; diese Frist darf nur mit Zustimmung derjenigen Börse abgekürzt werden, die als sog. Heimatbörse des Emittenten bezeichnet wird.[76] Diese Zeitspanne reicht aus, um den Börsengeschäftsführungen eine sachgerechte Entscheidung über die Frage der Kursaussetzung zu ermöglichen. 72

b) Veröffentlichung in deutscher Sprache. Abs. 3 Satz 1 schreibt vor, dass die Entscheidung zur Abgabe eines Angebots zwingend in **deutscher Sprache** veröffentlicht werden muss. Auch **ausländische Bieter** müssen, 73

---

[73] BT-Drucks. 16/1003, 18.
[74] Vgl. OLG Frankfurt AG 2010, 296.
[75] *Schneider* DB 1993, 1429 ff.; kritisch auch *Möllers* ZGR 1997, 334, 359.
[76] Vgl. zu § 15 WpHG Emittentenleitfaden Ziff. IV.5.1.

anders als bei Veröffentlichungen nach § 15 WpHG[77] die Entscheidung in deutscher Sprache veröffentlichen. Dies wird damit gerechtfertigt, dass die Entscheidungsveröffentlichung nach Abs. 1 Satz 1 die Öffentlichkeit, die deutschen Aktionäre und die Arbeitnehmer der Zielgesellschaft unterrichten solle, weswegen die ausschließliche Verwendung der deutschen Sprache geboten sei.[78] Der Bieter hat jedoch die Möglichkeit, die Entscheidungsveröffentlichung zusätzlich in anderen Sprachen vorzunehmen.[79] Freilich darf dadurch die Veröffentlichung nicht verzögert werden.

74 **c) Angabe der Internetadresse (§ 10 Abs. 3 Satz 2).** Abs. 3 Satz 2 verlangt vom Bieter, bereits bei der Veröffentlichung der Entscheidung anzugeben, unter welcher **Internetadresse** die Angebotsunterlage später veröffentlicht wird. Diese Verpflichtung, die einen unmittelbaren und raschen Zugriff auf die für die Beurteilung des Angebots maßgeblichen Daten ermöglichen soll, korrespondiert mit der Regelung des § 14 Abs. 3 Satz 1 Nr. 1, die zwingend die Veröffentlichung der Angebotsunterlage (auch) im Internet vorsieht.

4. Übersendung der Veröffentlichung (§ 10 Abs. 4)

75 Zum Zwecke der Überwachung der Veröffentlichungspflicht des Bieters enthält Abs. 4 für den Bieter die Verpflichtung, den Geschäftsführungen der Börsen, an denen von dem Angebot betroffene Wertpapiere und Derivate gehandelt werden, sowie der BaFin die Veröffentlichung zu übersenden. Lediglich bei ausländischen Bietern, denen die BaFin gestattet hat, die Mitteilung nach Abs. 2 gleichzeitig mit der Veröffentlichung vorzunehmen, entfällt eine gesonderte Übersendung der Veröffentlichung, weil diese ohnehin inhaltlich mit der zeitgleichen Mitteilung identisch wäre. Die Regelung entspricht inhaltlich der vergleichbaren Vorschrift des § 15 Abs. 5 Satz 2 WpHG.

IV. Unterrichtung der Zielgesellschaft (§ 10 Abs. 5)

1. Unterrichtung des Vorstands (§ 10 Abs. 5 Satz 1)

76 Abs. 5 Satz 1 schreibt vor, dass der Bieter die Entscheidung zur Abgabe eines Angebots nach der Veröffentlichung dem Vorstand der Zielgesellschaft **schriftlich mitzuteilen** hat. Die gesonderte Unterrichtung dient dazu, den Vorstand in die Lage zu versetzen, seinerseits den zuständigen Betriebsrat bzw. unmittelbar die Arbeitnehmer, sofern ein Betriebsrat nicht besteht, von der Entscheidung des Bieters zu unterrichten. Darüber hinaus dürfte die Unterrichtungspflicht im Falle eines Übernahmeangebots auch der Verdeutlichung des Bestehens des Vereitelungs- und Behinderungsverbots nach § 33 Abs. 1 für den Vorstand dienen.

---

[77] Vgl. § 15 Abs. 7 Satz 1 WpHG iVm § 3b Abs. 1 WpAIV.

[78] BT-Drucks. 14/7034, 40; diese Regelung als protektionistisch kritisierend *Hirte* in KK-WpÜG, § 10 Rn. 72; kritisch wegen temporärer Informationsdisparitäten auch *Noack/Holzborn* in Schwark/Zimmer, KapitalmarktR, § 10 WpÜG Rn. 29.

[79] *Santelmann/Steinhardt* in Steinmeyer, § 10 Rn. 36.

Adressat der Übermittlung ist ausschließlich der Vorstand, nicht auch der Aufsichtsrat der Zielgesellschaft. Dessen Unterrichtung durch den Vorstand ergibt sich aus den allgemeinen Vorschriften.[80] Die Entscheidung des Bieters muss nicht sämtlichen Vorstandsmitgliedern zugehen. Vielmehr genügt die Unterrichtung als geschäftsähnliche Handlung gegenüber einem Vorstandsmitglied analog § 78 Abs. 2 Satz 2 AktG.[81] 77

Anders als § 14 Abs. 4 sieht Abs. 5 Satz 1 für die Form der Unterrichtung ausdrücklich die **Schriftform** vor. Da es sich hierbei um ein gesetzliches Formerfordernis handelt, kann die Form nicht durch die Übermittlung per Telefax oder Computerfax, allerdings durch Wahrung der elektronischen Form (§ 126 Abs. 3 BGB) gewahrt werden.[82] Soweit die herrschende Meinung auf Wertungswidersprüche verweist, dass für die Übermittlung der Entscheidung zur Angebotsabgabe nicht strengere Formvorschriften gelten könnten als für die Übermittlung der Angebotsunterlage selbst,[83] ist dem entgegenzuhalten, dass der Vorstand der Zielgesellschaft bereits vom Zeitpunkt der Entscheidungsveröffentlichung an Bindungen wie dem Vereitelungs- und Behinderungsverbot (§ 33 Abs. 1, ggf. § 33a Abs. 2) unterliegt. Dies rechtfertigt es, bei der Übermittlung nach § 10 Abs. 5 einen strengeren Maßstab an das Formerfordernis anzulegen als beispielsweise bei der Übermittlung nach § 14 Abs. 4. 78

2. Unterrichtung der Arbeitnehmer durch den Vorstand (§ 10 Abs. 5 Satz 2)

a) Zweck der Regelung. Mit der Unterrichtung sollen der Betriebsrat und die von dem Angebot betroffenen Arbeitnehmer frühzeitig über das angekündigte Angebot unterrichtet werden. Nach der Gesetzesbegründung stellt die Vorschrift damit sicher, dass die Vertretung der Arbeitnehmer oder die Arbeitnehmer selbst in die Lage versetzt werden, ihre Rechte wahrzunehmen.[84] Allerdings werden in der Ankündigung nicht die Erwägungen oder Absichten des Bieters mitgeteilt, so dass Sinn und Zweck der Unterrichtung eher fraglich erscheinen. 79

Der Umfang **arbeitsrechtlicher Rechte,** die während eines Angebotsverfahrens wahrgenommen werden können, ist begrenzt. Der Betriebsrat kann zB eine außerordentliche Betriebs- oder Abteilungsversammlung einberufen (vgl. § 43 Abs. 1 Satz 4 BetrVG), um die erhaltenen Informationen an die Belegschaft weiterzugeben. Sofern ein Betriebsrat nicht besteht, können die 80

---

[80] § 90 AktG; hier in Form der Unterrichtung des Aufsichtsratsvorsitzenden aus wichtigem Anlass, § 90 Abs. 1 Nr. 4 Satz 2 AktG; hierzu *Hüffer/Koch,* § 90 AktG Rn. 8.

[81] Vgl. *Hüffer/Koch,* § 78 Rn. 13; *Wiesner* in MHdB AG, § 23 Rn. 12.

[82] Siehe BGHZ 121, 224; *Ellenberger* in Palandt, § 126 Rn. 12; aA aber die hM, so *Hirte* in KK-WpÜG, § 10 Rn. 81, analog § 45 solle elektronische Datenfernübertragung möglich sein; *Oechsler* in Ehricke/Ekkenga/Oechsler, § 10 Rn. 65, *Thoma* in Baums/Thoma, § 10 Rn. 104; *Santelmann/Steinhardt* in Steinmeyer, § 10 Rn. 40 (Telefax zulässig, nicht jedoch Übermittlung per E-mail).

[83] So jedenfalls *Hirte* in KK-WpÜG, § 10 Rn. 81.

[84] BT-Drucks. 14/7034, 40, 45.

Arbeitnehmer eine Betriebsratswahl einleiten, um von den betriebsverfassungsrechtlichen Mitspracherechten zu profitieren.

81 Die Unterrichtung der Belegschaft über die Entscheidung des Bieters zur Abgabe eines Angebots dient daher in erster Linie der Herstellung größtmöglicher **Transparenz** im Vorfeld der Veröffentlichung der Angebotsunterlage und einer **Sensibilisierung** der davon betroffenen Arbeitnehmer und ihrer Betriebsräte,[85] obgleich zu diesem frühen Zeitpunkt außer der in der Mitteilung nach § 10 Abs. 1 offengelegten Erwerbsabsicht, der Identität des Bieters und einem Angebotspreis in aller Regel nichts öffentlich bekannt gegeben wird.

82 **b) Adressat.** Das Gesetz differenziert nach einer Unterrichtung des zuständigen Betriebsrats und, sofern ein Betriebsrat nicht besteht, einer unmittelbaren Unterrichtung der Arbeitnehmer.

83 **aa) Betriebsrat.** Nach dem Gesetzeswortlaut hat der Vorstand vorrangig den „zuständigen" Betriebsrat zu unterrichten. Die **Zuständigkeit** richtet sich nach den Vorschriften des Betriebsverfassungsrechts.[86] Je nach Unternehmensverfassung der Zielgesellschaft kommt eine Unterrichtung des Konzernbetriebsrats, Gesamtbetriebsrats oder der örtlichen Betriebsräte in Betracht.[87] Folgende Fallkonstellationen sind zu unterscheiden:

84 – Unterhält die Zielgesellschaft lediglich **einen Betrieb,** ist der dort gewählte **Betriebsrat** zuständiger Adressat der Unterrichtung.

85 – Handelt es sich bei der Zielgesellschaft um ein **Unternehmen** mit mehreren Betrieben, ist der **Gesamtbetriebsrat** gemäß § 50 Abs. 1 BetrVG für die Entgegennahme der Informationen zuständig, da der Bieter die Zielgesellschaft als Rechtsperson nur mit sämtlichen Betrieben übernehmen kann.[88]

86 Haben die einzelnen Betriebsräte pflichtwidrig einen **Gesamtbetriebsrat nicht errichtet,** ist ein „zuständiger" Betriebsrat als Adressat für die Unterrichtungspflicht an sich nicht vorhanden. Nach betriebsverfassungsrechtlichen Grundsätzen fällt die Regelungskompetenz des (fehlenden) Gesamtbetriebsrats nicht an die Einzelbetriebsräte zurück.[89] Dann müssten die Arbeitnehmer unmittelbar zu unterrichten sein. In größeren Unternehmen verursachte dies allerdings einen erheblichen Aufwand, obwohl uU die gesamte Belegschaft aufgrund örtlicher Betriebsräte vertreten ist. Das Gesetz will aber keine Konkurrenz zwischen Betriebsräten und Beschäftigten. Die Arbeitnehmer sollen lediglich keinen Nachteil erleiden, sofern eine betriebsverfassungsrechtliche Repräsentation für sie nicht besteht. Da der Betriebsrat die Belegschaft umfassend und rechtzeitig über die von ihm wahrgenommenen Aufgaben zu informieren hat[90], bedarf es nach Sinn und Zweck des Gesetzes einer Pflicht

---

[85] BT-Drucks. 14/7034, 28 f.

[86] Dies dürfte im Ansatz unstr. sein, *Wackerbarth* in MüKoAktG, § 10 WpÜG Rn. 74.

[87] Vgl. BT-Drucks. 14/7034, 40.

[88] Im Ergebnis ebenso BT-Drucks. 14/7034, 40.

[89] Str., vgl. BAG AP Nr. 2 zu § 50 BetrVG 1972; BAG, AP Nr. 81 zu § 7 BetrAVG; *Koch* in ErfK, § 50 BetrVG Rn. 2; aA *Trittin* in Däubler/Kittner/Klebe, § 47 Rn. 9.

[90] BAG AP Nr. 15 zu § 40 BetrVG 1972.

zur unmittelbaren Unterrichtung der Arbeitnehmer nicht, wenn ihre Belange durch ein von ihnen gewähltes Betriebsratsgremium wahrgenommen werden können. In Unternehmen, in denen ein Gesamtbetriebsrat pflichtwidrig nicht errichtet wurde, nehmen die **Einzelbetriebsräte** die Interessen wahr. Sie sind insoweit zuständige Adressaten nach Abs. 5 Satz 2.[91]

Ist die Zielgesellschaft das herrschende Unternehmen eines **Unterordnungskonzerns** iSv § 18 Abs. 1 AktG, besteht eine originäre Zuständigkeit des **Konzernbetriebsrats** gemäß § 58 Abs. 1 BetrVG, da der Bieter mit der Übernahme der Zielgesellschaft mittelbar die Kontrolle über sämtliche abhängigen Unternehmen erlangte und die Übernahme somit zwangsläufig die Interessen *aller* Beschäftigten berührte.[92] Wurde ein Konzernbetriebsrat **nicht errichtet,** ist im Betriebsverfassungsrecht umstritten, ob eine Verlagerung der Zuständigkeit auf die Gesamtbetriebsräte eintritt.[93] Für das WpÜG gelten in solchen Fällen die für einen fehlenden Gesamtbetriebsrat entwickelten Grundsätze sinngemäß. Der Vorstand ist daher in diesem Fall zur Unterrichtung sämtlicher bestehender Gesamtbetriebsräte und – wo Gesamtbetriebsräte nicht bestehen – etwaiger Einzelbetriebsräte der abhängigen Tochterunternehmen verpflichtet. 87

In anderen **Unternehmensverbindungen,** die nicht konzernbetriebsratsfähig sind (zB Gleichordnungskonzerne, Gemeinschaftsunternehmen, Widerlegung der Konzernvermutung nach § 18 Abs. 1 Satz 3 AktG)[94] erstreckt sich die Unterrichtungspflicht des Vorstands grundsätzlich nicht auf Betriebsräte oder Arbeitnehmer anderer Unternehmen, da es in solchen Fällen an der für einen Unterordnungskonzern typischen Abhängigkeit der Tochterunternehmen fehlt, die als Legitimation für eine Ausweitung der Mitbestimmung über die Grenzen des jeweiligen Arbeitgeberunternehmens hinaus dient, und der Bieter mit der Übernahme keinen beherrschenden Einfluss auf die anderen Unternehmen erlangt. 88

Unabhängig von der Unternehmensform besteht die Unterrichtungspflicht nur gegenüber dem jeweils **ranghöchsten Gremium.**[95] Ist ein Konzernbetriebsrat vorhanden, bedarf es daneben keiner zusätzlichen Unterrichtung weiterer Betriebsrate, etwa der Gesamtbetriebsräte oder der Betriebsräte einzelner Tochtergesellschaften. Ebenso genügt eine Zielgesellschaft, die mehrere 89

---

[91] Im Ergebnis auch *Hirte* in KK-WpÜG, § 10 Rn. 87; *Seibt* DB 2002, 529, 532; *Melchior* GmbHR 1996, 833, 834, für Unternehmensumwandlungen; wohl auch BT-Drucks. 14/7034, S. 40.

[92] Vgl. BT-Drucks. 14/7034, S. 40; ebenso *Assmann* in Assmann/Pötzsch/Schneider, § 10 Rn. 75; *Wackerbarth* in MüKoAktG, § 10 WpÜG Rn. 75; *Müller* DB 1997, 713, 715, für Verschmelzungen unter Beteiligung des herrschenden Unternehmens; aA *Hirte* in KK-WpÜG, § 10 Rn. 88; *Seibt* DB 2002, 529, 532, die als Adressat nur den (Gesamt-)Betriebsrat der Zielgesellschaft ansehen wollen. Dies scheint aber zu formalistisch und wird dem Gesetzeszweck kaum gerecht; auch die Angebotsunterlage muss ggf. auf beabsichtigte konzernweite Veränderungen eingehen.

[93] Dazu BAG, AP Nr. 81 zu § 7 BetrAVG; *Koch* in ErfK, § 58 BetrVG Rn. 2.

[94] Hierzu *Joost* in MüKoArbR, § 227 Rn. 17 ff.; *Annuß* in Richardi, § 54 Rn. 3 ff.; *Trittin* in Däubler/Kittner/Klebe, § 54 Rn. 15.

[95] Ebenso *Assmann* in Assmann/Pötzsch/Schneider, § 10 Rn. 75; *Hirte* in KK-WpÜG, § 10 Rn. 85.

Betriebe unterhält, ihren Verpflichtungen durch eine Unterrichtung des Gesamtbetriebsrats. Dies folgt nicht nur aus betriebsverfassungsrechtlichen Grundsätzen, wonach eine „Parallelzuständigkeit" von Konzern-, Gesamt- und Einzelbetriebsräten ausgeschlossen ist.[96] Da das jeweils ranghöhere Gremium zur Weitergabe der erhaltenen Informationen an die untergeordneten Organe, ggf. im Rahmen einer Betriebsräteversammlung gemäß §§ 53, 59 Abs. 1, 51 Abs. 6 BetrVG[97], verpflichtet ist, würde andernfalls eine bloße Verdoppelung des Informationsflusses ohne zusätzlichen Nutzen für die betroffenen Arbeitnehmer eintreten. Zudem spricht das Gesetz von „Betriebsrat" und nicht von „Betriebsräten". Im Hinblick auf die im Umwandlungsrecht ähnlich gelagerte Problematik[98] ist dem Vorstand der Zielgesellschaft allerdings anzuraten, bis zu einer verbindlichen Klärung der Frage vorsorglich sämtliche im Konzern bzw. dem Unternehmen existierenden Betriebsratsgremien in die Unterrichtung einzubeziehen. Dies kann zum Beispiel geschehen, indem sämtliche Gremien formlos eine Abschrift der Information des zuständigen Betriebsrats erhalten.

90 Dieser Grundsatz gilt auch in umgekehrter Richtung. Ist die **Zielgesellschaft** zum Beispiel **abhängiges Unternehmen** eines Unterordnungskonzerns, muss der Vorstand lediglich den für sein Unternehmen zuständigen Gesamtbetriebsrat (gegebenenfalls Betriebsrat), nicht aber einen bei der Konzernobergesellschaft errichteten Konzernbetriebsrat von dem Angebot informieren.[99] Dies gilt entsprechend für eine Unterrichtung der Arbeitnehmer, sofern ein Betriebsrat nicht besteht.

91 Ein **Europäischer Betriebsrat** ist nicht für die Entgegennahme der mitteilungspflichtigen Informationen „zuständig".[100] Auch der Gesetzgeber geht davon aus, dass lediglich die im BetrVG genannten Gremien potentielle Adressaten der Unterrichtung sind.[101] Dies steht mit Sinn und Zweck der Vorschrift in Einklang, den Belegschaftsorganen eine Wahrnehmung ihrer Rechte und der Rechte der Arbeitnehmer zu ermöglichen. Da die europäische Betriebsverfassung echte Mitbestimmungsrechte nicht kennt, könnte eine (ausschließlich) auf den Europäischen Betriebsrat abzielende Informationspflicht diesem Zweck nicht unmittelbar dienen. Der Europäische Betriebsrat ist in seiner Funktion vielmehr einem Wirtschaftsausschuss angenähert.[102] Das Gesetz über Europäische Betriebsräte greift daher nicht in die im BetrVG vorgesehene Kompetenzordnung ein. Daraus folgt zugleich, dass nationale Rechtsvorschriften keine Zuständigkeit des Europäischen Betriebsrates begründen können, die das jeweilige nationale System der betrieblichen Inte-

---

[96] BAG NZA 2007, 399; BAG AP Nr. 2 zu § 50 BetrVG 1972; *Kreutz* in GK-BetrVG, § 50 Rn. 18 mwN, § 58 Rn. 8 mwN.

[97] Vgl. dazu BAG AP Nr. 4 zu § 50 BetrVG 1972.

[98] Vgl. *Wlotzke* DB 1995, 40, 45; differenzierend *Müller* DB 1997, 713, 715: Mehrfachzuleitung nur bei Konzernumwandlungen erforderlich.

[99] So auch *Thoma* in Baums/Thoma, § 10 Rn. 107.

[100] Wie hier *Thoma* in Baums/Thoma, § 10 Rn. 107; aA *Wackerbarth* in MüKo-AktG, § 10 WpÜG Rn. 75, der aber die besondere (beschränkte) Funktion des Gremiums nicht ausreichend berücksichtigt.

[101] Vgl. BT-Drucks. 14/7034, 40.

[102] *Koch* in Schaub, § 256 Rn. 2.

ressenvertretung verdrängen. Folgt man der oben vertretenen Auffassung, wonach nur gegenüber dem jeweils ranghöchsten, dh an der Spitze der Zielgesellschaft stehenden, Betriebsratsgremium zu unterrichten ist, ist der vom Gesetzgeber gewählte Begriff „Betriebsrat" zwangsläufig auf die im Betriebsverfassungsrecht vorgesehenen Organe Konzernbetriebsrat, Gesamtbetriebsrat und Betriebsrat beschränkt. Dies schließt nicht aus, eine Unterrichtungspflicht gegenüber dem Europäischen Betriebsrat nach **allgemeinen Rechtsgrundsätzen** anzunehmen.

bb) Arbeitnehmer. Der Vorstand hat die Arbeitnehmer unmittelbar zu 92
unterrichten, wenn ein Betriebsrat nicht besteht. Die Unterrichtungspflicht bezieht sich auf sämtliche Arbeitnehmer, deren Belange nicht von einem Konzernbetriebsrat, Gesamtbetriebsrat oder Einzelbetriebsrat wahrgenommen werden.

Die Unterrichtungspflicht der Zielgesellschaft beschränkt sich nicht auf 93
ihre **eigenen** Arbeitnehmer. Sie erstreckt sich ggf. auch auf die Arbeitnehmer der abhängigen Tochterunternehmen, sofern ein Betriebsrat oder Gesamtbetriebsrat für sie nicht zuständig ist. Da ein potentieller Konzernbetriebsrat zur Weiterleitung der erhaltenen Informationen an die Belegschaften der abhängigen Unternehmen verpflichtet wäre, bedarf es für den Fall, dass ein Konzernbetriebsrat nicht besteht, einer entsprechenden Unterrichtungspflicht des Vorstands über die Grenzen der Zielgesellschaft hinaus, sofern eine betriebsverfassungsrechtliche Repräsentation der Belegschaften einzelner Tochterunternehmen nicht vorhanden ist.[103]

Die Unterrichtungspflicht besteht nur gegenüber **Arbeitnehmern** im 94
Sinne des Arbeitsrechts, dh die bei der Zielgesellschaft und ggf. ihren abhängigen Tochtergesellschaften angestellten Personen.[104] Vom Arbeitnehmerbegriff werden auch leitende Angestellte umfasst, obwohl diese durch den „an sich" zu unterrichtenden Betriebsrat nicht (mit-)vertreten werden. Auf die Art und Weise der Beschäftigung (Vollzeit, Teilzeit, ausgeübte Funktion) sowie die Dauer des Arbeitsverhältnisses kommt es nicht an. Freie Mitarbeiter, Leiharbeitnehmer und im Rahmen von Werkverträgen tätige Personen fallen nicht unter das Gesetz.

cc) Sonstige Adressaten. Abs. 5 Satz 2 bezieht neben dem Betriebsrat 95
oder den Arbeitnehmern keine weiteren Gremien in die Unterrichtungspflicht ein.[105] Der eindeutige Gesetzeswortlaut und die Entstehungsgeschichte verbieten eine erweiternde oder analoge Anwendung der Vorschrift auf andere Organe der Unternehmensverfassung oder des Betriebsverfassungsrechts, zB Sprecherausschüsse, Wirtschaftsausschuss oder Europäischer Betriebsrat. Eine Information dieser Gremien kommt nur nach **allgemeinen Grundsätzen** in Betracht (vgl. § 32 Abs. 1 SprAuG, § 106 Abs. 3 Nr. 9a BetrVG, § 30 EBRG).

---

[103] *Wackerbarth* in MüKoAktG, § 10 WpÜG Rn. 75; aA von seinem Standpunkt aus (Verneinung der Zuständigkeit des Konzernbetriebsrats) zu Recht *Hirte* in KK-WpÜG, § 10 Rn. 92.

[104] Zum Arbeitnehmerbegriff ausführlich *Vogelsang* in Schaub, § 8 Rn. 3 ff.

[105] So auch *Hirte* in KK-WpÜG, § 10 Rn. 89; aA für den Europäischen Betriebsrat und Sprecherausschüsse *Wackerbarth* in MüKoAktG, § 10 WpÜG Rn. 75 f.

96 **dd) Auslandsbezug.** Die Normsetzungsbefugnis des deutschen Gesetzgebers besteht grundsätzlich nur innerhalb der Grenzen der Bundesrepublik Deutschland. Gleichwohl ist denkbar, dass die Zielgesellschaft ausländische Tochterunternehmen oder eigene Betriebsstätten im Ausland hat, oder inländische Arbeitnehmer im Ausland beschäftigt. Für die Unterrichtungspflicht nach Abs. 5 Satz 2 ist dann entscheidend, ob die entsprechenden Sachverhalte und Rechtsverhältnisse deutschem (Arbeits-)Recht unterliegen. Folgende Fallkonstellationen sind denkbar:

97 – Ausländisches abhängiges Tochterunternehmen ohne Betriebsstätte in Deutschland: Eine Verpflichtung zur Unterrichtung von Arbeitnehmervertretungen, die nach ausländischen Rechtsvorschriften bei dem Tochterunternehmen errichtet wurden, oder von Arbeitnehmern, die bei dem Tochterunternehmen angestellt sind, besteht nicht. Die ausländischen Belegschaften werden von den jeweils anwendbaren nationalen Rechtsvorschriften geschützt.[106]

98 – Ausländische (unselbstständige) Niederlassung: Hat die Zielgesellschaft selbst oder eine ihrer Tochtergesellschaften eine ausländische Niederlassung ohne eigene Rechtspersönlichkeit, gelten die Vorschriften des WpÜG grundsätzlich nicht für dort bestehende Arbeitnehmervertretungen.[107] Allerdings können dort tätige Arbeitnehmer mit „deutschem“ Arbeitsvertrag unmittelbar zu informieren sein.

99 – Ausländisches abhängiges Tochterunternehmen mit inländischer Betriebsstätte: Nach dem so genannten „Territorialitätsprinzip“ werden vom Geltungsbereich des BetrVG auch im Inland gelegene Betriebe ausländischer Unternehmen erfasst.[108] Die in solchen Betriebsstätten beschäftigten Arbeitnehmer können daher unter den Voraussetzungen der §§ 1 ff. BetrVG Betriebsräte nach deutschem Recht wählen. Diese Betriebsräte können sich auch an der Errichtung eines Konzernbetriebsrats bei der (inländischen) Muttergesellschaft beteiligen. Bei einer Übernahme der Muttergesellschaft ist ihre Einbindung in das Angebotsverfahren damit gewährleistet. Besteht kein Konzernbetriebsrat, ist der Vorstand zur unmittelbaren Unterrichtung der (inländischen) Betriebsräte verpflichtet. Wurden überhaupt keine Betriebsräte errichtet, besteht die Unterrichtungspflicht gegenüber den in der deutschen Betriebsstätte beschäftigten Arbeitnehmern, sofern ihre Arbeitsverhältnisse dem deutschen (Arbeits-)Recht unterliegen (Art. 27 ff. EGBGB).[109]

100 – Auslandsentsendung: Bei der Zielgesellschaft oder einem deutschen Tochterunternehmen angestellte und vorübergehend oder dauerhaft im Ausland eingesetzte Arbeitnehmer können grundsätzlich der betriebsverfassungsrechtlichen „Ausstrahlung“ eines inländischen Betriebs unterliegen.[110] Ist dies der Fall, bedarf es einer besonderen Unterrichtung nicht, wenn für die

---

[106] Vgl. *Richardi* in Richardi, Einl. Rn. 66 ff.

[107] *Hirte* in KK-WpÜG, § 10 Rn. 96.

[108] HM, *Fitting,* § 1 Rn. 13 f. mwN.

[109] Vgl. dazu BAG NZA 1990, 841; BAG NZA 1993, 743.

[110] Zu den Voraussetzungen der Ausstrahlung BAG AP Nr. 27 zu § 102 BetrVG 1972 Internationales Privatrecht; *Fitting,* § 1 Rn. 22 ff. mwN.

ausstrahlende Betriebsstätte ein Betriebsrat (Konzernbetriebsrat, Gesamtbetriebsrat, Betriebsrat) zuständig ist. Existiert kein zuständiger Betriebsrat für den ausstrahlenden Betrieb oder liegt eine Ausstrahlung *nicht* vor, sind die entsandten Arbeitnehmer nach den gleichen Grundsätzen unmittelbar zu unterrichten wie die Beschäftigten im Inland, sofern ihre Arbeitsverhältnisse dem deutschen (Arbeits-) Recht unterliegen (Art. 27 ff. EGBGB).

c) Form und Frist, Inhalt der Unterrichtung. aa) Form. Das Gesetz schreibt keine bestimmte Form der Unterrichtung vor. Daher kann unabhängig vom Adressatenkreis auf **beliebigem Wege** informiert werden (zB schriftlich, mündlich, per E-Mail, Telefax oä).[111] 101

Der **Betriebsrat** wird zweckmäßigerweise in Form eines kurzen Anschreibens, welches die vom Bieter in der Veröffentlichung mitgeteilten wenigen Informationen enthält, unterrichtet. Zuständig für die Entgegennahme ist grundsätzlich der Vorsitzende des jeweiligen Gremiums (§§ 26 Abs. 3 Satz 2, 51 Abs. 1, 59 Abs. 1 BetrVG).[112] Darin sollte ggf. auch der Hinweis enthalten sein, ob und inwieweit andere Gremien bzw. Arbeitnehmer über die Mitteilung in Kenntnis gesetzt wurden. 102

Das Gesetz enthält keine Hinweise, in welcher Art und Weise die **Arbeitnehmer** zu unterrichten sind. Denkbar wäre, den tatsächlichen Zugang der vom Gesetz geforderten Mitteilung bei jedem einzelnen Arbeitnehmer zu fordern. Die Rechtsprechung hat insoweit vereinzelt bei „kollektiven" Erklärungen des Arbeitgebers (zB dem Widerruf freiwilliger Zahlungen) eine Verpflichtung des Arbeitgebers angenommen, für den tatsächlichen Zugang der Widerrufserklärung bei den einzelnen Arbeitnehmern zu sorgen.[113] Die Vorschriften über Willenserklärungen, insbesondere § 131 BGB, finden auf die Mitteilungspflichten des Vorstandes nach Abs. 5 Satz 2 allerdings keine Anwendung, da die Unterrichtung nicht auf eine Herbeiführung bestimmter Rechtsfolgen gerichtet ist. Es handelt sich um eine bloße „Wissenserklärung", deren (rechtliche) Existenz einen Zugang beim Empfänger nicht voraussetzt. Die **individuelle Unterrichtung** sämtlicher Arbeitnehmer würde unabhängig davon praktisch nicht lösbare Schwierigkeiten aufwerfen, etwa weil die Erreichbarkeit sämtlicher Arbeitnehmer nicht gewährleistet ist. 103

Der Gesetzgeber hält bei vergleichbaren Vorgängen, die das Informationsinteresse einer Vielzahl von Arbeitnehmern betreffen, regelmäßig eine **Zugänglichmachung** der Information an geeigneter Stelle im Betrieb für ausreichend. Dies gilt insbesondere für die im Rahmen des Verfahrens zur Wahl eines Betriebsrats oder Aufsichtsrats gegenüber der Belegschaft bekannt zu gebenden Erklärungen (vgl. § 2 Abs. 4 WO BetrVG; § 2 Abs. 1 und Abs. 2 3. WO MitbestG). Die Unterrichtung über die Entscheidung des Bieters zur Abgabe eines Angebots bzw. die Pflicht zur Weiterleitung der veröffentlichten Angebotsunterlage gehen in ihrer Bedeutung nicht über diese Fälle hinaus. Im Sinne einer wohl verstandenen Abwägung der beiderseitigen Interessen liegt eine ordnungsgemäße Unterrichtung daher vor, wenn sämtliche betrof- 104

---

[111] *Assmann* in Assmann/Pötzsch/Schneider, § 10 Rn. 76; *Hirte* in KK-WpÜG, § 10 Rn. 90, 94.

[112] Zur Empfangszuständigkeit anderer Personen *Fitting,* § 26 Rn. 38 ff.

[113] LAG Rheinland-Pfalz NZA-RR 2000, 409.

fenen Arbeitnehmer von der gesetzlich geforderten Mitteilung in **zumutbarer Weise Kenntnis** nehmen können.[114] Eine tatsächliche Kenntnisnahme ist nicht erforderlich. Vielmehr reicht die objektive Möglichkeit zur Kenntnisnahme unter gewöhnlichen Umständen aus. Welche Maßnahmen und Vorkehrungen der Vorstand der Zielgesellschaft im Einzelnen treffen muss, um diese Anforderung zu erfüllen, richtet sich in erster Linie nach den im Unternehmen oder Betrieb vorhandenen und üblicherweise belegschaftsweit genutzten Kommunikationsmitteln und Informationskanälen. Hierbei kommt im Einzelfall auch ein Aushang am **Schwarzen Brett** in Betracht.[115] Denkbar sind daneben, in Abhängigkeit von den Umständen des Einzelfalls, vom Arbeitgeber einberufene Belegschaftsversammlungen, Rundschreiben, Mitteilungen über E-Mail/Intranet oä. In der Praxis sollten insoweit die im Betrieb am häufigsten genutzten Kommunikationswege für die Unterrichtung gewählt werden.

105 Auch soweit die Pflicht zur Unterrichtung unmittelbar gegenüber den Arbeitnehmern besteht, ist diese grundsätzlich nur in deutscher Sprache vorzunehmen (vgl. Abs. 3 Satz 1).[116] Dies gilt auch in Fällen, in denen die Belegschaft zu einem großen Teil aus ausländischen Arbeitnehmern besteht. Diese müssen sich im Rahmen des deutschen Arbeitsverhältnisses vielfach mit deutschsprachigen Texten wie Arbeitsverträgen und Arbeitsanweisungen auseinandersetzen. Soweit der Gesetzgeber im Einzelfall die Beifügung von Übersetzungen für erforderlich hält, hat er eine entsprechende Rechtspflicht des Arbeitgebers ausdrücklich vorgesehen, zB in § 11 Abs. 2 Satz 2 AÜG oder in § 2 Abs. 5 WO BetrVG. Das Sprachrisiko trifft daher grundsätzlich den ausländischen Arbeitnehmer.[117] Soweit dennoch aus der allgemeinen Fürsorgepflicht des Arbeitgebers bisweilen eine Pflicht zur Übersetzung bestimmter Erklärungen angenommen wird,[118] betrifft dies lediglich Fallgestaltungen, in denen dem ausländischen Arbeitnehmer unmittelbar ein materieller Rechtsverlust droht oder der Arbeitgeber gegenüber einem Deutsch sprechenden Arbeitnehmer zu einem besonderen Hinweis verpflichtet wäre.[119] Beide Fallgestaltungen liegen, bezogen auf die Unterrichtungspflicht nach Abs. 5 Satz 2, nicht vor.

106 **bb) Frist.** Der Vorstand der Zielgesellschaft hat den Betriebsrat oder die Arbeitnehmer „unverzüglich“, dh **ohne schuldhaftes Zögern** (§ 121 Abs. 1 Satz 1 BGB), zu unterrichten. Dies setzt zunächst voraus, dass der Vorstand vom Bieter eine schriftliche Mitteilung über die Veröffentlichung nach Abs. 5 Satz 1 erhalten hat. Eine unverzügliche Unterrichtung wäre nur gegeben, wenn Betriebsrat oder Arbeitnehmer binnen weniger Tage über die Übernahmeabsicht unterrichtet werden. Hierbei wird es nicht nur auf den jeweiligen Adressaten (Betriebsrat oder Arbeitnehmer), sondern auch die Unternehmens-

---

[114] Im Ergebnis auch *Hirte* in KK-WpÜG, § 10 Rn. 89; *Seibt* DB 2002, 529,531.

[115] *Assmann* in Assmann/Pötzsch/Schneider, § 10 Rn. 76; weitere Beispiele bei *Hirte* in KK-WpÜG, § 10 Rn. 95.

[116] Ebenso *Hirte* in KK-WpÜG, § 10 Rn. 95; *Seibt* DB 2002, 529, 532

[117] LAG Hamm DB 1973, 1403; kritisch *Koch* in Schaub, § 27 Rn. 35.

[118] *Koch* in Schaub, § 27 Rn. 35.

[119] Vgl. LAG Frankfurt BB 1975, 788.

größe und den damit verbundenen Unterrichtungsaufwand ankommen.[120] Im Zweifel berichtet zumindest die örtliche Presse über die Übernahmeabsicht, so dass bereits schnell Transparenz hergestellt sein wird.

cc) Inhalt. Der Vorstand hat den zuständigen Adressaten „über die Mitteilung nach Satz 1“ zu unterrichten. Gemeint ist hiermit eine Weitergabe der vom Bieter **konkret veröffentlichten Informationen.** Die Mitteilung nach § 10 enthält in aller Regel sowieso nur die Mitteilung der Übernahmeabsicht und einen Angebotspreis oder zumindest die Preisermittlungsmethode. **107**

d) Beratungspflichten. Abs. 5 Satz 2 verpflichtet den Vorstand der Zielgesellschaft nicht, den Inhalt der veröffentlichten Angebotsentscheidung mit dem Betriebsrat oder den Arbeitnehmern zu erörtern,[121] wofür angesichts der geringen Informationen aus der Mitteilung auch kein Bedürfnis entstehen kann. Eine derartige Rechtsfolge hätte einer ausdrücklichen Anordnung des Gesetzgebers bedurft, so wie sie in zahlreichen Vorschriften des BetrVG enthalten ist (vgl. §§ 90 Abs. 2 Satz 1, 92 Abs. 1 Satz 2, 92a Abs. 2, 96 Abs. 1 Satz 2, 108 Abs. 5 BetrVG). Im Einzelfall kann der Vorstand aber zur Beantwortung **sachlicher Rückfragen** gegenüber dem Betriebsrat verpflichtet sein.[122] Der Inhalt von Gesprächen des Vorstands der Zielgesellschaft mit dem Bieter im Vorfeld der Bekanntgabe der Übernahmeabsicht sind gegenüber dem Betriebsrat bzw. den Arbeitnehmern nicht offenzulegen. **108**

3. Unterrichtung der Beschäftigten des Bieters (§ 10 Abs. 5 Satz 3)

a) Allgemeines. Neben den Beschäftigten der Zielgesellschaft müssen auch die Arbeitnehmer bzw. Arbeitnehmervertretungen des Bieters über die Entscheidung zur Abgabe des Angebots unterrichtet werden. Hinsichtlich des Informationsflusses zur Übernahmeabsicht werden die Belegschaften von Zielgesellschaft und Bieter damit auf den gleichen Stand gebracht. Mögliche Unterrichtungspflichten des Bieters nach allgemeinen (arbeitsrechtlichen) Vorschriften (etwa § 106 BetrVG oder § 30 EBRG) verlieren damit weitgehend an Bedeutung. **109**

Trotz des leicht abweichenden Wortlauts („mitteilen“ statt „unterrichten“) muss davon ausgegangen werden, dass für die Mitteilung (insbesondere bezüglich Adressatenkreis, Form, Frist und Inhalt) die **gleichen Grundsätze** gelten, die für eine Weitergabe der Information an die Beschäftigten der Zielgesellschaft durch deren Vorstand maßgeblich sind. Es ist nicht ersichtlich, dass der Gesetzgeber diesbezüglich abweichende Anforderungen aufstellen wollte.[123] Hinsichtlich des **zeitlichen Ablaufs** tritt allerdings an die Stelle der Unterrichtung der Zielgesellschaft über das Angebot (Satz 2) der Zeitpunkt **110**

---

[120] Zu restriktiv, vor allem bei größeren Unternehmen, *Wackerbarth* in MüKoAktG, § 10 WpÜG Rn. 79, nach dessen Meinung regelmäßig „1 oder 2 Werktage“ genügen sollen, allerdings mit der Einschränkung der Möglichkeit der ausschließlichen Nutzung elektronischer Kommunikation.

[121] *Seibt* DB 2002, 529, 531.

[122] *Grobys* GmbHR 2000, R 389.

[123] BT-Drucks. 16/1003, 18: „in gleicher Weise … zu unterrichten wie die Arbeitnehmer der Zielgesellschaft.“

der Veröffentlichung der Entscheidung zur Abgabe des Angebots nach Abs. 3. Dieser Zeitpunkt bildet den maßgeblichen „Auslöser" für die unverzügliche Unterrichtung des Vorstands der Zielgesellschaft (Satz 1) sowie der Beschäftigten des Bieters (Satz 3).

111 **b) Ausländisches Bieterunternehmen.** In der Praxis werden als Bieter häufig ausländische Gesellschaften tätig, etwa Private-Equity-Fonds oder Konzern(zwischen)gesellschaften, die speziell für den Fall der Übernahme als Transaktionsvehikel gegründet werden. Grundsätzlich müssen auch im Ausland ansässige Unternehmen, die auf deutschem Territorium tätig werden, die (arbeitsrechtlichen) Vorschriften des WpÜG beachten. Eine wortgetreue Anwendung des Gesetzes scheitert allerdings schon daran, dass die Bildung von „Betriebsräten" (als potentielle Adressaten der Mitteilung) im Ausland nicht möglich ist. Zudem sieht Art. 6 Abs. 1 Satz 3 der Übernahmerichtlinie für alle Mitgliedstaaten die Einführung entsprechender Informationsvorschriften vor. Vor diesem Hintergrund wird wie folgt zu differenzieren sein:

112 – Hat der Bieter seinen Sitz in einem Staat, der dem **Anwendungsbereich der Übernahmerichtlinie** unterliegt, sind die Interessen der Beschäftigten aufgrund des jeweils anwendbaren nationalen Rechts gewahrt und die deutschen Vorschriften werden verdrängt.

113 – Hat der Bieter seinen Sitz **außerhalb des Anwendungsbereichs** der Übernahmerichtlinie, ist die Anwendung von Abs. 5 Satz 3 nicht von vornherein ausgeschlossen. Sieht die am Sitz des Bieters anwendbare nationale Rechtsordnung die Bildung von Arbeitnehmervertretungen vor, die mit Betriebsräten nach deutschem Betriebsverfassungsrecht **vergleichbar** sind, hat der Bieter nach Sinn und Zweck von Abs. 5 Satz 3 diese Vertretungen in entsprechender Anwendung der oben entwickelten Grundsätze zu informieren. Für die Vergleichbarkeit dürfte vor allem maßgeblich sein, ob die Vertretung als Repräsentationsorgan aller Arbeitnehmer angesehen werden kann und gegenüber dem Arbeitgeber (Bieter) ein gesetzlicher Auftrag zur Wahrnehmung kollektiver Belegschaftsinteressen besteht. Sieht die am Sitz des Bieters anwendbare nationale Rechtsordnung keine Bildung von „betriebsratsgleichen" Arbeitnehmervertretungen vor, sind unmittelbar die „Arbeitnehmer" bzw. die einem Arbeitnehmer nach dem jeweiligen Recht gleichzustellenden Personen zu informieren. Beschäftigt der Bieter – abgesehen von seinen Organmitgliedern – keine eigenen Arbeitnehmer und kommt auch eine Konzernzurechnung anderer Belegschaften nicht in Betracht, findet das Gesetz faktisch keine Anwendung.

V. Verhältnis von § 10 zur Ad-hoc-Publizitätspflicht nach § 15 WpHG (§ 10 Abs. 6)

1. Grundsatz: Nichtanwendbarkeit von § 15 WpHG

114 Abs. 6 ordnet ausdrücklich an, dass die in § 15 WpHG geregelte Pflicht zur Ad-hoc-Publizität nicht für die Veröffentlichung der Entscheidung zur Abgabe eines Angebots gilt. § 10 genießt insoweit **Vorrang** gegenüber § 15 WpHG. Mit dieser Regelung wird die Frage des Rangverhältnisses von § 10 zu § 15 WpHG (Art. 17 MAR) allerdings nur sehr unvollkommen beantwor-

tet. So führt die Gesetzesbegründung aus, dass der Vorrang des § 10 vor dem § 15 WpHG (Art. 17 MAR) von dem Inhalt der nach § 10 veröffentlichten Entscheidung abhänge. Insbesondere dann, wenn im Rahmen der Veröffentlichung nach § 10 nicht die Eckdaten des beabsichtigten Angebotes bekannt gegeben werden, solle, sobald diese vorliegen, eine Veröffentlichungspflicht nach § 15 WpHG bestehen, sofern die Informationen die Qualität einer Ad-hoc-Mitteilung haben.[124]

Die BaFin geht in regelmäßiger Verwaltungspraxis davon aus, dass die Veröf- 115
fentlichungspflichten nach dem WpÜG keine Vorrangstellung gegenüber der Publizitätspflicht nach § 15 WpHG (Art. 17 MAR) haben, dh dass Emittenten in allen Fällen immer dann, wenn nicht ausdrücklich die Nichtanwendung des § 15 WpHG (Art. 17 MAR) angeordnet ist, die Frage der Ad-hoc-Publizitätspflicht nach § 15 WpHG (Art. 17 MAR) zusätzlich zu prüfen haben.[125]

In der Praxis wird sich die Frage einer (zusätzlichen) Ad-hoc-Mitteilung 116
für den Bieter regelmäßig nicht stellen, weil er schon im eigenen Interesse bei Veröffentlichung der Entscheidung zur Abgabe eines Angebots die Höhe der angebotenen **Gegenleistung** nennen wird, um der Spekulation in den Wertpapieren der Zielgesellschaft (und ggf. den Wertpapieren des Bieters) den Boden zu entziehen.

2. Ausnahme: Anwendungsfälle von § 15 WpHG

Bei der Beantwortung der Frage, ob ein öffentliches Angebot im Sinne des 117
Gesetzes eine Verpflichtung zur Ad-hoc-Publizität auszulösen kann, ist zunächst zwischen der **Ebene der Bietergesellschaft** und der **Ebene der Zielgesellschaft** zu unterscheiden.

a) Ad-hoc-Publizitätspflicht der Bietergesellschaft. Soweit die Bieter- 118
gesellschaft betroffen ist, setzt eine Ad-hoc-Publizitätspflicht zunächst voraus, dass der Bieter eine Gesellschaft ist, die zum Kreis der **Inlandsemittenten** iSd § 2 Abs. 7, § 15 Abs. 1 Satz 1 WpHG zu rechnen ist. Ist die Bietergesellschaft kein Emittent,[126] kommt eine Ad-hoc-Publizitätspflicht schon aus diesem Grunde grundsätzlich (Ausnahme: § 15 Abs. 1 Satz 4 WpHG, Art. 17 Abs. 1 MAR) nicht in Betracht; Auf die Wertpapiere der Zielgesellschaft kommt es insoweit nicht an.

Ist die Bietergesellschaft Inlandsemittent, ist nicht ernstlich zweifelhaft, dass 119
ein von ihr abgegebenes öffentliches Angebot sie **unmittelbar betrifft.** Ebenso wenig erscheint fraglich, dass die Information über die getroffene Entscheidung, ein Angebot abzugeben, eine Insiderinformation iSd § 13 WpHG darstellt, dh in aller Regel geeignet ist, im Falle ihres öffentlichen Bekanntwerdens den Börsen- oder Marktpreis der Wertpapiere der Bietergesellschaft und der Zielgesellschaft erheblich zu beeinflussen.[127] Entscheidend ist dabei, ob ein verständiger

---

[124] BT-Drucks. 14/7034, 40f.; zustimmend Stellungnahme des Handelsrechtsausschusses des DAV v. September 2001, NZG 2001, 1003f.; *Assmann* in Assmann/Schneider, § 15 Rn. 75; anders noch *Assmann* ZGR 2002, 712f.

[125] Emittentenleitfaden Ziff. IV.2.2.8.

[126] Zu dieser Voraussetzung siehe *Geibel/Schäfer* in Schäfer/Hamann, § 15 WpHG Rn. 28ff.

[127] Emittentenleitfaden Ziff. III.2.1.4; *Schander/Lucas* DB 1997, 2109, 2111.

Anleger[128] die Information bei seiner Anlageentscheidung berücksichtigen würde (§ 13 Abs. 1 Satz 2 WpHG), ob er also bei Kenntnis der Übernahme Aktien der Bietergesellschaft erwerben oder veräußern würde.[129]

120 Trotz der Vorrangregelung des § 10 Abs. 6 könnte für eine Bietergesellschaft gleichwohl eine Veröffentlichungspflicht nach § 15 WpHG (Art. 17 MAR) bestehen, wenn für die Entscheidung zur Angebotsabgabe nicht nur die Entscheidung des Überwachungsorgans (zB Vorstand), sondern auch des Überwachungsgremiums (zB Aufsichtsrat) erforderlich ist und die Entscheidung des Aufsichtsrats noch aussteht. In diesem Falle bestünde entsprechend der zuvor vertretenen Auffassung noch keine Verpflichtung zur Entscheidungsveröffentlichung nach § 10. Jedoch kann wegen der zeitlichen Vorverlagerung der Ad-hoc-Publizitätspflicht bereits zu diesem Zeitpunkt eine Veröffentlichungspflicht nach § 15 WpHG (Art. 17 MAR) bestehen, da die noch einzuholende Zustimmung des Aufsichtsrats den Veröffentlichungszeitpunkt nicht hinausschiebt (arg. § 6 Satz 2 Nr. 2 WpAIV e contrario). Darüber hinaus sind Sachverhalte denkbar (insbesondere bei sog. freundlichen Übernahmeangeboten), bei denen zB durch Abschluss eines Letter of Intent mit der Zielgesellschaft der ernsthafte Einigungswille dokumentiert wird, so dass zu diesem Zeitpunkt trotz fehlenden Vorstandsbeschlusses im Einzelfall bereits eine Insiderinformation vorliegen kann.[130]

121 Im Regelfall wird in diesen Fällen für die Bietergesellschaft eine (Selbst-)befreiung von der Veröffentlichungspflicht nach § 15 Abs. 3 Satz 1 WpHG, § 6 WpAIV in Betracht kommen. Sofern die hierfür bestehenden Voraussetzungen im Einzelfall jedoch nicht erfüllt sind (zB wegen einer entstandenen Vertraulichkeitslücke aus dem Herrschaftsbereich des Inlandsemittenten/Bieters)[131] müsste die Bietergesellschaft die Entscheidung bereits nach § 15 WpHG trotz ausstehenden Gremienbeschlusses veröffentlichen. Ein solches Ergebnis erschiene nicht sachgerecht: Eine derartige Veröffentlichung würde am Kapitalmarkt womöglich die ökonomische Wirkung einer Entscheidungsveröffentlichung nach § 10 zeitigen ohne jedoch zugleich die Rechtswirkungen einer Entscheidung nach § 10 (insbesondere die Ingangsetzung der Frist zur Abgabe eines Angebots) auszulösen. Dadurch besteht die Gefahr, dass die sachgerechte Bewertung der Information durch die Kapitalmarktteilnehmer gefährdet wird. Deshalb verdient die Auffassung den Vorzug, dass die Vorrangregelung des § 10 Abs. 6 grundsätzlich auch dann eingreift, wenn ein Verfahren eingeleitet ist, das darauf gerichtet ist, in eine Entscheidung nach § 10 zu münden, die entsprechende Entscheidung oder Entscheidungen jedoch noch ausstehen.[132]

122 Fraglich ist, ob der Bieter nach § 15 WpHG (Art. 17 MAR) verpflichtet sein kann, in Fällen, in denen es zu erheblichen **Kursbewegungen** oder **Ge-**

---

[128] Zum Begriff *Assmann* in Assmann/Schneider, § 13 Rn. 56 ff.

[129] *Fürhoff/Wölk* WM 1997, 449, 455; *Burgard* ZHR 162 (1998), 51, 69; *Wittich* in von Rosen/Seifert, S. 377, 384; *Assmann* in Assmann/Schneider, § 13 Rn. 64.

[130] Vgl. Emittentenleitfaden Ziff. IV.2.2.14.

[131] Siehe hierzu *Assmann* in Assmann/Schneider, § 15 Rn. 168.

[132] Wohl aA Emittentenleitfaden Ziff. IV.2.2.14; aA auch *Santelmann/Steinhardt* in Steinmeyer, § 10 Rn. 53; ähnlich wie hier hingegen *Widder/Bedkowski* BKR 2007, 405, 406 ff.

rüchten und **Spekulationen** in Bezug auf ein möglicherweise bevorstehendes Angebot kommt und anzunehmen ist, dass diese Gerüchte auf die Vorbereitung des Angebots oder auf entsprechende Überlegungen des Bieters zurückzuführen sind, seine Absichten bekannt zu geben. Zu §§ 13 (Art. 7 MAR), 15 WpHG (Art. 17 MAR) wird vertreten, dass auch Gerüchte Insiderinformationen im Rechtssinne sein können, sofern sie einen Tatsachenkern enthalten.[133] Der Emittent sei zwar grundsätzlich nicht verpflichtet, zu Gerüchten im Markt Stellung zu nehmen oder diese richtig zu stellen.[134] Ausnahmen bestünden jedoch dann, wenn die Gerüchte der Sphäre des Emittenten zuzuordnen sind, zB infolge von missverständlichen Äußerungen aus dem Unternehmen des Emittenten.[135] Eine Veröffentlichungspflicht nach § 15 WpHG (Art. 17 MAR) könnte demzufolge vor dem Hintergrund eines beabsichtigten öffentlichen Angebots allenfalls dann zu bejahen sein, wenn die Ursache für die Gerüchte in einer unzureichenden Geheimhaltung des Vorhabens in der Sphäre des Bieters zu suchen ist.[136]

b) Ad-hoc-Publizitätspflicht der Zielgesellschaft. Die Frage, ob die Zielgesellschaft hinsichtlich eines auf die an ihr bestehenden Aktien der Ad-hoc-Publizitätspflicht unterliegt, wird im Schrifttum kontrovers diskutiert. Bis zum Inkrafttreten des Anlegerschutzverbesserungsgesetzes bestand insoweit weitgehend Einigkeit, dass bei einem feindlichen Übernahmeangebot eine Veröffentlichungspflicht nicht angenommen wurde, weil die Tatsache nicht im Tätigkeitsbereich des Emittenten eingetreten sei,[137] während bei sog. freundlichen Übernahmeangeboten, bei denen das Management der beteiligten Gesellschaften entsprechende Vereinbarungen unter dem Vorbehalt der Zustimmung des Aufsichtsrats abgeschlossen hat, zum Teil vertreten wurde, dass bereits mit Abschluss der entsprechenden Vereinbarungen auf Vorstandsebene der Zielgesellschaft für diese eine Publizitätspflicht begründet werden konnte[138]; letzteres war freilich umstritten. Mit der Änderung aufgrund des 123

[133] Hessischer VGH AG 1998, 436, mit Anmerkung *Assmann;* Emittentenleitfaden Ziff. III.2.1.1.2.

[134] *Hopt* ZHR 159 (1995), 135, 153; *Fürhoff/Wölk* WM 1997, 449, 455; *Hirte* in KK-WpÜG, § 10 Rn. 109.

[135] *Hopt* in Baetge, Insiderrecht und Ad-hoc-Publizität, S. 146; *Geibel/Schäfer* in Schäfer/Hamann, § 15 WpHG Rn. 57; noch weitergehend *Gehrt,* S. 122 f., wonach eine Aufklärungspflicht bei zutreffenden Gerüchten, die sich auf fest umrissene Vorgänge konkretisieren und verdichten, bestehen soll, selbst wenn die Aufklärung lediglich den status quo wiedergibt.

[136] *Wackerbarth* in MüKoAktG, § 10 WpÜG Rn. 83.

[137] *Kümpel* AG 1997, 66, 67; BaFin, Jahresbericht 1997, S. 28; *Fürhoff/Wölk* WM 1997, 449, 452; *Schander/Lucas* DB 1997, 2109, 2112; *Geibel* in Schäfer, 1. Aufl., § 15 WpHG Rn. 41; *Hirte* in KK-WpÜG, § 10 Rn. 103; differenzierend *Happ/Semler* NZG 1998, 116, 139 f.

[138] So *Caspari* in *Baetge,* Insiderrecht und Ad-hoc-Publizität, S. 65, 77; *Hopt* ZHR 159 (1995), 135, 153 (Fn. 75) mit der Begründung, dass auf Seiten des Emittenten Entscheidungen getroffen wurden; *Riehmer/Schröder* BB 2001, Beil. 5, 1, 16; unentschieden *Kümpel* in Assmann/Schneider, § 15 Rn. 40a; *Oechsler* in Ehricke/Ekkenga/Oechsler, § 10 Rn. 27; aA *Assmann* AG 1994, 237, 253; *Fürhoff/Wölk* WM 1997, 449, 452; *Geibel* in Schäfer, 1. Aufl., § 15 Rn. 43; im Ergebnis wohl auch *Wittich* in von

Anlegerschutzverbesserungsgesetzes, mit dem das Merkmal „im Tätigkeitsbereich des Emittenten" mit dem Merkmal des unmittelbaren Betroffenseins ersetzt wurde, ist die Differenzierung zwischen feindlichen und freundlichen Angeboten zumindest unter diesem Gesichtspunkt nicht mehr haltbar.

124 Verschiedentlich wird die Auffassung vertreten, der Rechtsgedanke des § 10 Abs. 6 sei auf die Zielgesellschaft übertragbar mit der Folge, dass sie erst publizitätspflichtig werde, wenn der Bieter seine Entscheidung nach § 10 veröffentlicht habe.[139] Im Ergebnis würde diese Auffassung bedeuten, dass die Publizitätspflicht entfiele, denn sobald der Bieter seiner Veröffentlichungspflicht nach dem in § 10 vorgesehenen Verfahren nachgekommen ist, hat die Entscheidung ihren Charakter als Insiderinformation bereits verloren.[140] Eine Veröffentlichung der Zielgesellschaft wäre dann nicht nur nicht erforderlich, sondern grundsätzlich wegen § 15 Abs. 2 Satz 1 WpHG auch nicht zulässig.

125 Dieser Auffassung ist jedoch durch das Anlegerschutzverbesserungsgesetz die Grundlage entzogen, denn ausweislich der Gesetzesbegründung sollte die Änderung des § 15 WpHG (Art. 17 MAR) gerade zur Folge haben, dass auch die Übermittlung eines Übernahmeangebots an die Zielgesellschaft dem Anwendungsbereich der Ad-hoc-Publizität unterfällt.[141]

126 Demzufolge kann das Führen von Übernahmegesprächen mit dem Bieter für die Zielgesellschaft, insbesondere bei Vereinbarung von Exklusivität und dem Abschluss eines Letter of Intent, zum Vorliegen einer Insiderinformation führen.[142] Zwar wird es regelmäßig zweckmäßig sein, nach dem Verfahren des § 15 Abs. 3 WpHG (Art. 17 Abs. 4 MAR) einen Aufschub der Ad-hoc-Publizitätspflicht herbeizuführen. Für den Fall allerdings, in denen die Zielgesellschaft im Laufe der Verhandlungen mit dem Bieter zum Ergebnis kommt, die Gespräche nicht weiterführen zu wollen, der Bieter jedoch seine Absichten weiterverfolgen will (das Angebot damit „feindlich" wird), erhält das Management der Zielgesellschaft über die Ad-hoc-Publizitätspflicht und die damit verbundene Möglichkeit, das Angebot für den Bieter in Folge des Bekanntwerdens der Bieterabsichten womöglich zu verteuern, gleichsam ein Abwehrmittel gegen das Angebot an die Hand.[143]

3. Exkurs: Verhältnis von § 10 zu § 27a WpHG

127 Abschließend soll das Verhältnis zwischen § 10 Abs. 1 und § 27a Abs. 1 Satz 3 Nr. 2 WpHG skizziert werden.[144] Praxisrelevant wird dieses Verhältnis

---

Rosen/Seifert, S. 377, 387, der allerdings darauf verweist, dass Feststellungen, die die Zielgesellschaft bei einer bei ihr durchgeführten Due Diligence Prüfung trifft, ggf. ad-hoc-publizitätspflichtig sein können.

[139] *Hopt* ZGR 2002, 333, 345 ff.; *Hirte* in KK-WpÜG, § 10 Rn. 99; *von Riegen,* ZHR 167 (2003), 702, 730; noch weitergehender *Dreyling/Schäfer,* Rn. 468, wonach aus § 10 generell eine Einschränkung der Publizitätspflicht für die Zielgesellschaft folge.

[140] Ähnlich *Noack/Holzborn* in Schwark/Zimmer, KapitalmarktR, § 10 WpÜG Rn. 46.

[141] BT-Drucks. 15/3174, S. 35; *Assmann* in Assmann/Schneider, § 15 Rn. 77 f.

[142] Emittentenleitfaden Ziff. IV.2.2.14.

[143] In diesem Sinne *Brandi/Süßmann* AG 2004, 642, 654.

[144] Vgl. *Leyendecker-Langer/Huthmacher* AG 2015, 560 ff.

in Fällen einer öffentlichen Übernahme, bei denen der mögliche Bieter tatsächlich bereits über eine erhebliche Beteiligung an der Gesellschaft verfügt und eine Erhöhung der Beteiligung gemäß § 27a Abs. 1 Satz 3 Nr. 2 WpHG veröffentlichen müsste. Da eine solche Veröffentlichung negative Konsequenzen für die Übernahme nach sich ziehen kann, stellt sich die Frage nach der Anwendbarkeit des § 27a WpHG bei öffentlichen Übernahmen. Eine gesetzliche Regelung hinsichtlich dieses Verhältnisses existiert bislang nicht. Während § 27a Abs. 1 Satz 3 Nr. 2 WpHG an den Zeitpunkt der Zielerreichungsabsicht anknüpft, stellt § 10 Abs. 1 auf die Entscheidung zur Abgabe eines Angebots ab. In der Regel ist davon auszugehen, dass der Zeitpunkt der Zielerreichung nach § 27a Abs. 1 Satz 3 Nr. 2 WpHG der nach § 10 Abs. 1 WpHG maßgeblichen Abgabeentscheidung zeitlich vorgelagert ist.[145] Vor dem Hintergrund der mit einer vorzeitigen Veröffentlichung nach § 27a Abs. 1 Satz 3 Nr. 2 WpHG verbundenen Nachteile sprechen gute Argumente in Ermangelung einer gesetzgeberischen Klarstellung für eine Suspendierung des § 27a Abs. 1 Satz 3 Nr. 2 WpHG für die Zeit der Vorbereitung eines konkreten Übernahmeangebots.[146] Für die Praxis ist angesichts der unsicheren Rechtslage zu empfehlen, dass die gesellschaftsinternen Entscheidungsvorgänge bezüglich des Übernahmeangebots präzise dokumentiert werden und die Aufstockungsabsicht unter den Vorbehalt der erfolgreichen Übernahme gestellt wird.[147]

VI. Rechtsfolgen bei Pflichtverletzungen

1. Pflichtverletzungen des Bieters

a) Zivilrechtliche Konsequenzen (außer Arbeitsrecht). Verstöße gegen die Pflichten des Bieters nach § 10 werfen die Frage auf, ob hierdurch zugunsten der Wertpapierinhaber ggf. zivilrechtliche Schadensersatzansprüche ausgelöst werden können. Mangels eines bereits angebahnten Vertragsverhältnisses zwischen Bieter und Wertpapierinhabern kommen insoweit allenfalls Ersatzansprüche nach Deliktsrecht in Betracht.[148] Verstößt der Bieter gegen die Pflicht zur unverzüglichen Veröffentlichung der Entscheidung nach Abs. 1 Satz 1, kommt § 823 Abs. 2 BGB in Betracht, sofern man Abs. 1 Satz 1 als Schutzgesetz ansieht. § 10 enthält keine Regelung, die den Schutzgesetzcharakter der Vorschrift ausdrücklich ausschlösse. Gleichwohl muss nach der Intention des Abs. 1 Satz 1 davon ausgegangen werden, dass die Vorschrift keinen individualschützenden Charakter hat. Ausweislich der Gesetzesbegründung soll die Entscheidungsveröffentlichung nach Abs. 1 Satz 1 nicht nur der Information der Wertpapierinhaber der Zielgesellschaft dienen, sondern ebenso wie § 15 WpHG dafür Sorge tragen, dass die Öffentlichkeit frühzeitig über marktrelevante Daten informiert wird, um die Ausnutzung von Insiderwissen zu verhindern.[149] Schutzgut des § 10 ist somit in aller erster Linie 128

[145] So auch *Leyendecker-Langer/Huthmacher* AG 2015, 560 (564).
[146] *Leyendecker-Langer/Huthmacher* AG 2015, 560 (564).
[147] *Leyendecker-Langer/Huthmacher* AG 2015, 560 (564).
[148] ZT aA *Hirte* in KK-WpÜG, § 10, Rn. 46, wonach bei Verstößen gegen § 10 auch Ansprüche nach §§ 37b, 37c WpHG in Betracht kommen sollen.
[149] BT-Drucks. 14/7034, 39.

ebenso wie § 15 WpHG (Art. 17 MAR) die Sicherung der Funktionsfähigkeit des Kapitalmarktes.[150]

129 Im Übrigen ist die Charakterisierung von Abs. 1 Satz 1 als Schutzgesetz auch deshalb nicht geboten, weil schützenswerte Individualinteressen der Wertpapierinhaber im WpÜG in ausreichender Weise abgesichert sind.[151] Die BaFin ist nach dem WpÜG mit umfangreichen Überwachungs- und Sanktionsbefugnissen ausgestattet, die eine effiziente Einhaltung der für den Bieter bestehenden Verpflichtungen nach dem Gesetz sicherstellen können. Auch kann die BaFin den Bieter als Normadressaten zur Vornahme der Handlung auffordern und diese Verfügung ggf. mit Zwangsmitteln nach § 46 iVm dem VwVG durchsetzen. Demgegenüber sähe sich der Bieter bereits bei einer bloß fahrlässigen Verletzung der Veröffentlichungspflicht einer Vielzahl von Schadensersatzansprüchen ausgesetzt, die letztlich das gesetzgeberische Ziel, international wettbewerbsfähige Übernahmeregeln zu schaffen[152], konterkarieren könnten.

130 Hat der Bieter eine Entscheidung zur Abgabe eines Angebots veröffentlicht, obwohl die Entscheidung zur Abgabe eines Angebotes nicht ernst gemeint war und nur das Ziel der Kursbeeinflussung verfolgte, dürfte eine Schadensersatzpflicht des Bieters nach § 823 Abs. 2 BGB iVm § 263 StGB oder § 826 BGB in Betracht kommen können. Ob in derartigen Fällen auch § 823 Abs. 2 BGB iVm § 20a WpHG eine taugliche Anspruchsgrundlage darstellt, erscheint hingegen zweifelhaft.

131 **b) Arbeitsrechtliche Konsequenzen.** Aufgrund des weitgehend identischen Normzwecks von Abs. 5 Satz 2 und Satz 3 richten sich die arbeitsrechtlichen, zivilrechtlichen und betriebsverfassungsrechtlichen Konsequenzen für den Bieter im Fall der Missachtung des Mitteilungserfordernisses nach denselben Grundsätzen, die für vergleichbares Fehlverhalten des Vorstands der Zielgesellschaft gelten.

132 **c) Öffentlich-rechtliche Sanktionen.** Die schuldhafte, dh vorsätzliche oder leichtfertige Verletzung der in § 10 normierten Anforderungen an den Bieter ist öffentlich-rechtlich sanktioniert. Verstöße gegen die Verhaltenspflichten stellen Ordnungswidrigkeiten iSd § 1 Abs. 1 OWiG dar, die gemäß § 60 in Abhängigkeit von der Art des Verstoßes mit gestaffelten Bußgeldrahmen geahndet werden können.

133 Mit einer Geldbuße bis zu einer 1 000 000 Euro ist die nicht, nicht richtige, nicht vollständige, nicht in der vorgeschriebenen Weise oder die nicht rechtzeitige Veröffentlichung der vom Bieter getroffenen Entscheidung zur Abgabe eines öffentlichen Angebots iSd Abs. 1 Satz 1 belegt (§ 60 Abs. 1 Nr. 1a), Abs. 3). Der gleiche Bußgeldrahmen kommt zur Anwendung, wenn der Bieter entgegen Abs. 3 Satz 3 eine Veröffentlichung in anderer Weise (zB über das Internet) vor der Veröffentlichung über die zugelassenen Nachrichtenme-

---

[150] Vgl. zum WpHG Beschlussempfehlung und Bericht des Finanzausschusses, BT-Drucks. 12/7918, S. 102; *Assmann* in Assmann/Schneider, § 15 Rn. 307; *Geibel/Schäfer* in Schäfer/Hamann, § 15 WpHG Rn. 196.

[151] Zum Erfordernis der ausreichenden Absicherung siehe BGH VersR 1980, 457, 458; BGHZ 84, 312, 317; BGH WM 1991, 2090, 2092.

[152] Vgl. BT-Drucks. 14/7034, 27.

dien vornimmt (§ 60 Abs. 1 Nr. 3, Abs. 3). Mit einer Geldbuße von bis zu 500 000 Euro wird die nicht, nicht richtige, nicht vollständige, nicht in der vorgeschriebenen Weise oder nicht rechtzeitige Vorabmitteilung an die Börsengeschäftsführungen und die BaFin gemäß Abs. 2 Satz 1 geahndet (§ 60 Abs. 1 Nr. 2a), Abs. 3). Entsprechendes gilt für die nicht, nicht richtige, nicht vollständige oder nicht rechtzeitige Übersendung der Veröffentlichung der Entscheidung an die Börsengeschäftsführungen und die BaFin nach Abs. 4 Satz 1 (§ 60 Abs. 1 Nr. 4, Abs. 3). Ebenso mit bis zu 500 000 Euro Geldbuße belegt werden können Verstöße des Bieters gegen seine aufgrund Abs. 5 Satz 1 bestehende Unterrichtungspflicht gegenüber der Zielgesellschaft (§ 60 Abs. 1 Nr. 2b), Abs. 3).

Konkurrenzen zwischen den Ordnungswidrigkeitentatbeständen des § 60, **134** die auf § 10 Bezug nehmen, und denjenigen Ordnungswidrigkeitentatbeständen des § 39 WpHG, die Verstöße im Zusammenhang mit der Ad-hoc-Publizitätspflicht betreffen, können nicht auftreten, da Abs. 6 die Nichtanwendbarkeit von § 15 WpHG für Entscheidungen nach § 10 ausdrücklich anordnet. Auch soweit im Einzelfall eine Ad-hoc-Publizitätspflicht nach Entscheidungsveröffentlichung aufgrund erst späterer kursrelevanter Eckdaten in Betracht kommen sollte (vgl. hierzu oben Rn. 117 aE), kann sich die Frage der Normenkonkurrenz nicht stellen, weil in diesem Fall etwaige Verstöße ausschließlich anhand des § 39 WpHG, und nicht nach § 60 zu beurteilen sind.

2. Pflichtverletzungen des Vorstands der Zielgesellschaft

a) Arbeitsrechtliche Konsequenzen. Abgesehen von öffentlich-recht- **135** lichen Sanktionen (zB Bußgeld nach § 60 Abs. 1 Nr. 2b)) und möglichen aufsichtsbehördlichen Maßnahmen nach § 4 Abs. 1 Satz 3 zieht eine verspätete oder unterlassene Unterrichtung durch den Vorstand **keine arbeitsrechtlichen Folgen** nach sich. Die Pflichtverletzung schränkt insbesondere nicht die Befugnisse des Bieters oder der Zielgesellschaft zur Umsetzung unternehmerischer Maßnahmen nach einer erfolgreichen Übernahme ein.[153]

Im Übrigen stellt sich die Frage, ob der Betriebsrat oder einzelne Arbeit- **136** nehmer die **Erfüllung** der dem Vorstand der Zielgesellschaft auferlegten Unterrichtungspflicht gerichtlich erzwingen können. Dafür ist entscheidend, ob das WpÜG dem Betriebsrat oder einzelnen Arbeitnehmern subjektive Rechte einräumt. Im Ergebnis ist dies zu verneinen. Schon nach dem Gesetzeswortlaut besteht kein Anspruch des einzelnen Arbeitnehmers, die vorgesehene Mitteilung persönlich zu erhalten. Das folgt aber auch aus Sinn und Zweck sowie der Zielrichtung des Gesetzes. Die Unterrichtungspflicht ist nach ihrer Konzeption in erster Linie eine Verhaltensanforderung an den Vorstand. Sie zielt nicht unmittelbar auf den Schutz bestimmter, namentlich genannter Arbeitnehmerinteressen. Daher sieht das Gesetz auch nur für die das Angebot annehmenden Aktionäre ausdrücklich eine Haftung für fehlerhafte Angaben in der Angebotsunterlage vor (vgl. § 12 Abs. 1). Der Gesetzgeber geht also offensichtlich davon aus, dass durch eine Verletzung der übernah-

---

[153] Vgl. *Grobys* GmbHR 2000, R 389f.

merechtlichen Vorschriften weder der Betriebsrat noch die Arbeitnehmer unmittelbar geschädigt oder nach den Vorschriften des WpÜG Ersatzberechtigte sind.[154] Daneben enthält das Gesetz eine Reihe öffentlich-rechtlicher Sanktionen, die der Durchsetzung seiner Verhaltenspflichten dienen und damit den Schutz berechtigter Informationsinteressen der Belegschaft sichern. Soweit das Gesetz mit der Information der Arbeitnehmer erst die Voraussetzungen zur Wahrnehmung (weiterer) Rechte schaffen will, zielt es lediglich auf eine tatsächliche und nicht auf eine rechtliche Begünstigung als Reflexwirkung des objektiven Rechts. Die von der Rechtsnorm Begünstigten (Betriebsrat, Arbeitnehmer) können daher vom Vorstand nicht selbst die Erfüllung der Informationspflicht verlangen. Es handelt sich bei dieser Pflicht praktisch um eine **„Obliegenheit"**, der kein einklagbarer Anspruch gegenübersteht.[155] Solche Obliegenheiten sind dem geltenden Arbeitsrecht nicht fremd. Gerade im Bereich der Betriebsänderung, die regelmäßig für die Arbeitnehmer weit reichende Folgen hat, nimmt das Bundesarbeitsgericht an, dass der Betriebsrat den Abschluss und die Einhaltung eines Interessenausgleiches nicht gerichtlich erzwingen kann.[156]

137 **b) Sonstige zivilrechtliche Konsequenzen.** Auch Abs. 5 Satz 2 ist kein **Schutzgesetz** iSv § 823 Abs. 2 BGB.[157] Da das WpÜG nicht unmittelbar auf den Schutz bestimmter Rechte des Betriebsrats oder der Arbeitnehmer abzielt, fehlt es für den Fall einer Gesetzesverletzung an einem rechtserheblichen Betroffensein dieser Personen bzw. Personengruppe. Es ist insbesondere nicht erkennbar, dass die dem Vorstand auferlegten Verhaltenspflichten unmittelbar dem Schutz der Vermögensinteressen einzelner Arbeitnehmer dienen. Die Norm richtet sich gerade nicht gegen eine bestimmte Art der Schädigung eines im Gesetz näher definierten Rechtsguts.[158] Es verfolgt, abgesehen von allgemeinen Informationsinteressen, auch keinen besonderen Individualzweck. Soweit dadurch ein möglicher Rechtsverlust im Hinblick auf die Wahrnehmung anderer Rechte verhindert wird, ist dies lediglich ein Reflex der tatsächlichen Begünstigung, nämlich des durch die Norm geschützten Informationsinteresses. Eine Anspruchsberechtigung des Betriebsrats käme unabhängig davon aufgrund seiner lediglich partiellen Rechtsfähigkeit[159] nicht in Betracht.

138 **c) Betriebsverfassungsrechtliche Sanktionen.** Die Anwendung **betriebsverfassungsrechtlicher Sanktionsbestimmungen,** zB § 23 Abs. 3 BetrVG, ist im Hinblick auf den besonderen Rechtscharakter der übernah-

---

[154] Ebenso Stellungnahme des DGB, S. 3 f.; Stellungnahme der ULA, S. 3.

[155] AA *Hirte* in KK-WpÜG, § 10 Rn. 98, der jedenfalls einen Informationsanspruch betriebsverfassungsrechtlicher Gremien annehmen will; wie hier dagegen *Seydel* in KK-WpÜG, § 14 Rn. 82.

[156] Vgl. BAG NZA 1992, 41, 42; zustimmend *Preis/Bender* in Wlotzke/Preis, § 111 Rn. 1, 38; aA LAG München ArbuR 1998, 89 mwN; kritisch auch *Däubler* in Däubler/Kittner/Klebe, §§ 112, 112a Rn. 15 ff.

[157] *Assmann* in Assmann/Pötzsch/Schneider, § 10 Rn. 88; *Seibt* DB 2002, 529, 536, für sämtliche Mitteilungsvorschriften des WpÜG.

[158] Dazu *Wagner* in MüKoBGB § 823 Rn. 344 ff.

[159] Dazu *Preis* in Wlotzke/Preis, § 1 Rn. 44 mwN.

merechtlichen Informations- und Beteiligungsvorschriften nicht möglich.[160] Die Sicherung des geschützten Informationsinteresses obliegt allein den zuständigen Behörden (vgl. § 4 Abs. 1). Aus diesem Grund kann auch die Rechtsprechung zum **Unterlassungsanspruch** des Betriebsrats gegen mitbestimmungswidrige Maßnahmen des Arbeitgebers[161] nicht auf das Angebotsverfahren übertragen werden. Zum einen fehlt es für den Fall einer Gesetzesverletzung an einem Eingriff in subjektive Rechte des Betriebsrats oder der Arbeitnehmer. Darüber hinaus erfordert der Gesetzeszweck einen Unterlassungsanspruch nicht, da die Übernahme selbst nicht zu einer Beeinträchtigung materieller Arbeitnehmerrechte führen kann.[162]

VII. Abbruch des Angebotsverfahrens nach Entscheidungsveröffentlichung

1. Zivilrechtliche Handlungsfreiheit

Das Gesetz enthält keine Regelungen, ob und unter welchen Voraussetzungen es dem Bieter ermöglicht wird, sich vom Angebotsverfahren zurückzuziehen, dh keine Angebotsunterlage zu erstellen, nachdem er seine Entscheidung zur Abgabe eines Angebots veröffentlicht hat (ausgenommen der gesetzlich vorgesehene und grundsätzlich zulässige Vorbehalt, das Angebot von der Zustimmung der Gesellschafterversammlung des Bieters abhängig zu machen, § 10 Abs. 1 Satz 2, § 18 Abs. 1, § 25). Die Frage ist im Schrifttum umstritten, soweit die **öffentlich-rechtlichen Sanktionen** eines solchen Abstandnehmens vom Angebot angesprochen sind. Soweit es um die **zivilrechtlichen Folgen** geht, besteht hingegen Einigkeit, dass aus dem WpÜG keine (geschweige denn von Wertpapierinhabern einklagbare) Verpflichtung des Bieters hergeleitet werden kann, ein Angebot abzugeben, das er nicht weiterverfolgen möchte. Insoweit besteht zivilrechtlich keine Durchführungspflicht.[163] 139

2. Öffentlich-rechtliche Bindungspflichten?

Hinsichtlich der öffentlich-rechtlichen Konsequenzen soll der Bieter nach einer Auffassung seine Entscheidung für ein Angebot grundsätzlich ohne weitere Voraussetzungen zurücknehmen können.[164] Die daraus folgenden 140

---

[160] Für die Verletzung umwandlungsrechtlicher Vorschriften ebenso *Düwell* NZA 1996, 393, 397; *Engelmeyer* DB 1996, 2542, 2545; *Gaul* DB 1995, 2265, 2266; aA wohl *Bachner* NJW 1995, 2881, 2886.

[161] Grundlegend BAG v. 3.5.1994, NZA 1995, 40, zu § 87 BetrVG; BAG NZA 1998, 559, zu § 78 BetrVG; ferner *Klebe* in Däubler/Kittner/Klebe, § 87 Rn. 316 mwN.

[162] Siehe aber *Bachner* NJW 1995, 2881, 2886, der bei Unternehmensumwandlungen von einer „Vorverlagerung" der wirtschaftlichen Mitbestimmungsrechte des Betriebsrats in den gesellschaftsrechtlichen Vorgang hinein ausgehen will.

[163] Ganz hM, vgl. *Hirte* in KK-WpÜG, § 10 Rn. 2, 20; *Wackerbarth* in MüKoAktG, § 10 Rn. 6f.; *Noack/Holzborn* in Schwark/Zimmer, KapitalmarktR, § 10 WpÜG Rn. 2; *Assmann* in Assmann/Pötzsch/Schneider, § 10 Rn. 51; *Santelmann/Steinhardt* in Steinmeyer, § 10 Rn. 45.

[164] So insbesondere *Assmann* in Assmann/Pötzsch/Schneider, § 10 Rn. 50ff.

Sanktionen würden sich insoweit in der Untersagung des Angebots (§ 15 Abs. 1 Nr. 3) mit der Folge der Sperrfrist (§ 26) erschöpfen; bußgeldrechtliche Konsequenzen (namentlich in Gestalt einer Ordnungswidrigkeit nach § 60 Abs. 1 Nr. 2a)) sollen hiernach nicht in Betracht kommen.[165]

141 Diese Auffassung wird der Systematik des WpÜG und der vom Gesetz intendierten Bindungswirkung für den Bieter, sobald er das Verfahren mit der Entscheidungsveröffentlichung nach § 10 in Gang gesetzt hat, nicht gerecht. Das Gesetz sieht vom Zeitpunkt des Abs. 1 Satz 1 an ein geordnetes Angebotsverfahren vor, das nicht durch willkürliche Bieterentscheidungen jederzeit soll wieder beendet werden können. Insbesondere ist hierbei zu bedenken, dass mit dem Zeitpunkt der Entscheidungsveröffentlichung die Zielgesellschaft in ihren Handlungsmöglichkeiten beschränkt wird (§ 33 Abs. 1, ggf. § 33a Abs. 2).[166]

142 Von daher verdient die Auffassung den Vorzug, wonach der Bieter seine Entscheidung (öffentlich-rechtlich) grundsätzlich nicht zurücknehmen kann ohne eine Ordnungswidrigkeit nach § 60 Abs. 1 Nr. 2a) in Gestalt der Nichteinreichung einer Angebotsunterlage zu begehen.[167] Der vereinzelte Hinweis, einer Sanktion nach § 60 Abs. 1 Nr. 2a) bedürfe es nicht, weil die mit der Eröffnung des Angebotsverfahrens regelmäßig verbundenen Marktverzerrungen schon über den Straftatbestand des § 20a WpHG iVm § 39 Abs. 1 Nr. 1 und 2, Abs. 2 Nr. 11, § 38 Abs. 2 WpHG ausreichend geahndet werden und darüber hinaus deliktsrechtliche Ansprüche der Zielgesellschaft nach § 823 Abs. 1, § 826 BGB in Betracht kommen[168], überzeugt nicht, weil Schutzzweck des § 20a WpHG ausschließlich der Schutz der Zuverlässigkeit und Wahrheit der Preisbildung oder ggf. darüber hinaus der Schutz des Vermögens der Anleger ist[169] und zivilrechtliche Schadenersatzansprüche kein Ersatz für öffentlich-rechtliche Sanktionen sind. Abgesehen davon wird eine Entscheidungsrücknahme in Verbindung mit der vorangegangenen Entscheidungsveröffentlichung nicht ohne weiteres die Voraussetzungen des § 20a erfüllen.

143 Keinesfalls kann die BaFin die Abgabe eines Angebots mit den Mitteln des Verwaltungszwanges (dh ggf. eines Zwangsgeldes) durchsetzen.[170] Dies folgt daraus, dass die Nichtübermittlung (gleiches gilt für die nicht rechtzeitige Übermittlung[171]) einer Angebotsunterlage nach § 15 Abs. 1 Nr. 3 zwingend die Untersagung des Angebots zur Folge hat. Insoweit ist – jedenfalls außerhalb von Pflichtangeboten – für Zwangsmaßnahmen kein Raum.[172]

---

[165] *Hirte* in KK-WpÜG, § 10 Rn. 19; *Assmann* in Assmann/Pötzsch/Schneider, § 10 Rn. 50 ff.

[166] Vgl. BT-Drucks. 14/7034, 45.

[167] *Thoma* in Baums/Thoma, § 10 Rn. 61; wohl auch *Thaeter* in Thaeter/Brandi, Teil 2 Rn. 65; *Oechsler* in Ehricke/Ekkenga/Oechsler, § 10 Rn. 11, der allerdings für den Regelfall bei kaufmännisch nachvollziehbaren Gründen von fehlendem Verschulden ausgeht; aA *Scholl/Siekmann* BKR 2013, 316.

[168] So *Assmann* in Assmann/Pötzsch/Schneider, § 10 Rn. 52.

[169] Ausführlich zum Schutzzweck *Vogel* in *Assmann/Schneider,* § 20a Rn. 27 ff.

[170] *Santelmann/Steinhardt* in Steinmeyer, § 10 Rn. 45.

[171] Siehe § 15 Rn. 25 sowie *Thoma* in Baums/Thoma, § 15 Rn. 28.

[172] Für Pflichtangebote ist die Möglichkeit der Anwendung von Zwangsmitteln umstritten, vgl. einerseits *Hasselbach* in KK-WpÜG, § 35 Rn. 257 f.; *Ekkenga/Schulz*

Ungeachtet der nach hier vertretener Auffassung bestehenden öffentlich-rechtlichen Verpflichtung, ein Angebot nach Entscheidungsveröffentlichung abzugeben, müssen dem Bieter in Sondersituationen Rückzugsrechte gestattet sein, ohne dass dies zu nachteiligen öffentlich-rechtlichen Konsequenzen führt. Möglichkeiten für den Bieter, sich hiernach von seiner Entscheidung zu lösen, bestehen zum einen dann, wenn für die Entscheidung die Zustimmung seiner Gesellschafterversammlung erforderlich war und diese Zustimmung bereits vor Übermittlung der Angebotsunterlage an die BaFin (§ 14 Abs. 1 Satz 1) verweigert worden ist. In diesem Fall wäre es sinnlos, ein Angebotsverfahren fortzuführen, das aufgrund der verweigerten Zustimmung der Gesellschafterversammlung von vornherein keine Wirksamkeit erlangen kann.[173] 144

Weitere Rückzugsrechte müssen dem Bieter in solchen Fällen zugebilligt werden, in denen er bei sinngemäßer Anwendung der allgemeinen Grundsätze über die Störung der Geschäftsgrundlage (§ 313 BGB) (zivilrechtlich) ein Recht zum Rücktritt vom Vertrag haben würde, also namentlich Fälle, in denen der Vorstand der Zielgesellschaft zu Abwehrmaßnahmen greift, insbesondere die Struktur der Zielgesellschaft wesentlich verändert, Fälle, in denen nach Veröffentlichung der Entscheidung des Bieters ein mit dem Bieter konkurrierender Dritter auftritt sowie bei einer nach Veröffentlichung der Entscheidung auftretenden schweren Äquivalenzstörung, namentlich der Insolvenz der Zielgesellschaft. In derartigen Konstellationen kann der Bieter nicht öffentlich-rechtlich gehalten sein, ein Angebotsverfahren fortzuführen, das zivilrechtlich nicht von Bestand bleiben würde. 145

In den vorgenannten beiden Fallkonstellationen ist konsequenter Weise, da die Übermittlung einer Angebotsunterlage hier zu Recht unterbleibt, eine Untersagung des Angebots und demzufolge eine hieraus resultierende Sperrfrist (§ 26) nicht gerechtfertigt.[174] 146

3. Veröffentlichungspflichten

Eine ausdrückliche Pflicht zur Veröffentlichung der Entscheidung, das Angebotsverfahren abzubrechen, sieht das Gesetz nicht vor. Gleichwohl ist allgemein anerkannt, dass es schon zur Vermeidung eines Anscheins der Marktmanipulation (§ 20a WpHG) erforderlich ist, dass der Bieter die Entscheidung zum Abbruch des Angebotsverfahrens veröffentlicht. Da die Entscheidung zum Abbruch gleichsam der *actus contrarius* zur Entscheidung zur Durchführung des Angebotsverfahrens ist, verdient diejenige Auffassung Zustimmung, die eine Veröffentlichung analog des in § 10 vorgesehenen Verfahrens verlangt.[175] Für eine daneben oder stattdessen bestehende Pflicht ei- 147

in Ehricke/Ekkenga/Oechsler, § 35 Rn. 73; *Krause/Pötzsch* in Assmann/Pötzsch/Schneider, § 35 Rn. 248 (Zwangsmittel möglich); andererseits *Habersack* ZHR 166 (2002), 619, 621 f.; *Baums/Hecker* in Baums/Thoma, § 35 Rn. 295 (Zwangsmittel nicht möglich).

[173] AA *Santelmann/Steinhardt* in Steinmeyer, § 10 Rn. 47.

[174] Wohl aA *Hirte* in KK-WpÜG, § 10 Rn. 20.

[175] *Hirte* in KK-WpÜG, § 10 Rn. 21; *Noack/Holzborn* in Schwark/Zimmer, KapitalmarktR, § 10 WpÜG Rn. 4.

ner Veröffentlichung nach § 15 WpHG (Art. 17 MAR) ist insoweit kein Raum.[176]

§ 11 Angebotsunterlage

(1) **Der Bieter hat eine Unterlage über das Angebot (Angebotsunterlage) zu erstellen und zu veröffentlichen. Die Angebotsunterlage muss die Angaben enthalten, die notwendig sind, um in Kenntnis der Sachlage über das Angebot entscheiden zu können. Die Angaben müssen richtig und vollständig sein. Die Angebotsunterlage ist in deutscher Sprache und in einer Form abzufassen, die ihr Verständnis und ihre Auswertung erleichtert. Sie ist von dem Bieter zu unterzeichnen.**

(2) **Die Angebotsunterlage hat den Inhalt des Angebots und ergänzende Angaben zu enthalten. Angaben über den Inhalt des Angebots sind**

1. Name oder Firma und Anschrift oder Sitz sowie, wenn es sich um eine Gesellschaft handelt, die Rechtsform des Bieters,

2. Firma, Sitz und Rechtsform der Zielgesellschaft,

3. die Wertpapiere, die Gegenstand des Angebots sind,

4. Art und Höhe der für die Wertpapiere der Zielgesellschaft gebotenen Gegenleistung,

4a. die Höhe der für den Entzug von Rechten gebotenen Entschädigung nach § 33b Abs. 4,

5. die Bedingungen, von denen die Wirksamkeit des Angebots abhängt,

6. der Beginn und das Ende der Annahmefrist.

Ergänzende Angaben sind

1. Angaben zu den notwendigen Maßnahmen, die sicherstellen, dass dem Bieter die zur vollständigen Erfüllung des Angebots notwendigen Mittel zur Verfügung stehen, und zu den erwarteten Auswirkungen eines erfolgreichen Angebots auf die Vermögens-, Finanz- und Ertragslage des Bieters,

2. Angaben über die Absichten des Bieters im Hinblick auf die künftige Geschäftstätigkeit der Zielgesellschaft, sowie, soweit von dem Angebot betroffen, des Bieters, insbesondere den Sitz und den Standort wesentlicher Unternehmensteile, die Verwendung des Vermögens, künftige Verpflichtungen, die Arbeitnehmer und deren Vertretungen, die Mitglieder der Geschäftsführungsorgane und wesentliche Änderungen der Beschäftigungsbedingungen einschließlich der insoweit vorgesehenen Maßnahmen,

3. Angaben über Geldleistungen oder andere geldwerte Vorteile, die Vorstands- oder Aufsichtsratsmitgliedern der Zielgesellschaft gewährt oder in Aussicht gestellt werden,

4. die Bestätigung nach § 13 Abs. 1 Satz 2 unter Angabe von Firma, Sitz und Rechtsform des Wertpapierdienstleistungsunternehmens.

(3) **Die Angebotsunterlage muss Namen und Anschrift, bei juristischen Personen oder Gesellschaften Firma, Sitz und Rechtsform, der**

---

[176] AA *Oechsler* in Ehricke/Ekkenga/Oechsler, § 10 Rn. 12; möglicherweise auch *Santelmann/Steinhardt* in Steinmeyer, § 10 Rn. 49.

Personen oder Gesellschaften aufführen, die für den Inhalt der Angebotsunterlage die Verantwortung übernehmen; sie muss eine Erklärung dieser Personen oder Gesellschaften enthalten, dass ihres Wissens die Angaben richtig und keine wesentlichen Umstände ausgelassen sind.

(4) **Das Bundesministerium der Finanzen kann durch Rechtsverordnung, die nicht der Zustimmung des Bundesrates bedarf,**

1. **nähere Bestimmungen über die Gestaltung und die in die Angebotsunterlage aufzunehmenden Angaben erlassen und**
2. **weitere ergänzende Angaben vorschreiben, soweit dies notwendig ist, um den Empfängern des Angebots ein zutreffendes und vollständiges Urteil über den Bieter, die mit ihm gemeinsam handelnden Personen und das Angebot zu ermöglichen.**

(5) **Das Bundesministerium der Finanzen kann die Ermächtigung nach Absatz 4 durch Rechtsverordnung auf die Bundesanstalt übertragen.**

§ 2 WpÜG-AngV. Ergänzende Angaben der Angebotsunterlage

Der Bieter hat in seine Angebotsunterlage folgende ergänzende Angaben aufzunehmen:

1. *Name oder Firma und Anschrift oder Sitz der mit dem Bieter und der Zielgesellschaft gemeinsam handelnden Personen und der Personen, deren Stimmrechte aus Aktien der Zielgesellschaft nach § 30 des Wertpapiererwerbs- und Übernahmegesetzes Stimmrechten des Bieters gleichstehen oder ihm zuzurechnen sind, sowie, wenn es sich bei diesen Personen um Gesellschaften handelt, die Rechtsform und das Verhältnis der Gesellschaften zum Bieter und zur Zielgesellschaft;*
2. *Angaben nach § 7 des Wertpapierprospektgesetzes in Verbindung mit der Verordnung (EG) Nr. 809/2004 der Kommission vom 29. April 2004 zur Umsetzung der Richtlinie 2003/71/EG des Europäischen Parlaments und des Rates betreffend die in Prospekten enthaltenen Angaben sowie die Aufmachung, die Aufnahme eines Verweises und die Veröffentlichung solcher Prospekte und die Verbreitung von Werbung (ABl. EU Nr. L 149 S. 1, Nr. L 215 S. 3) in der jeweils geltenden Fassung, sofern Wertpapiere als Gegenleistung angeboten werden; wurde für die Wertpapiere vor Veröffentlichung der Angebotsunterlage ein Prospekt, auf Grund dessen die Wertpapiere öffentlich angeboten oder zum Handel an einem organisierten Markt zugelassen worden sind, im Inland in deutscher Sprache veröffentlicht und ist für die als Gegenleistung angebotenen Wertpapiere während der gesamten Laufzeit des Angebots ein gültiger Prospekt veröffentlicht, genügt die Angabe, dass ein Prospekt veröffentlicht wurde und wo dieser jeweils erhältlich ist;*

2a. *§ 7 des Vermögensanlagengesetzes in Verbindung mit der Vermögensanlagen-Verkaufsprospektverordnung, sofern Vermögensanlagen im Sinne des § 1 Absatz 2 des Vermögensanlagengesetzes als Gegenleistung angeboten werden; wurde für die Vermögensanlagen innerhalb von zwölf Monaten vor Veröffentlichung der Angebotsunterlage ein Verkaufsprospekt im Inland in deutscher Sprache veröffentlicht, genügt die Angabe, dass ein Verkaufsprospekt veröffentlicht wurde und wo dieser erhältlich ist, sowie die Angabe der seit der Veröffentlichung des Verkaufsprospekts eingetretenen Änderungen;*

3. *die zur Festsetzung der Gegenleistung angewandten Bewertungsmethoden und die Gründe, warum die Anwendung dieser Methoden angemessen ist, sowie die Angabe, welches Umtauschverhältnis oder welcher Gegenwert sich bei der Anwendung verschiedener Methoden, sofern mehrere angewandt worden sind, jeweils ergibt; zugleich ist darzulegen, welches Gewicht den verschiedenen Methoden bei der Bestimmung des Umtauschverhältnisses oder des Gegenwerts und der ihnen zugrunde liegenden Werte beigemessen worden ist, welche Gründe für die Gewichtung bedeutsam waren, und welche besonderen Schwierigkeiten bei der Bewertung der Gegenleistung aufgetreten sind;*

3a. *die zur Berechnung der Entschädigung nach § 33b Abs. 5 des Wertpapiererwerbs- und Übernahmegesetzes angewandten Berechnungsmethoden, sowie die Gründe, warum die Anwendung dieser Methoden angemessen ist;*

4. *die Maßnahmen, die die Adressaten des Angebots ergreifen müssen, um dieses anzunehmen und um die Gegenleistung für die Wertpapiere zu erhalten, die Gegenstand des Angebots sind, sowie Angaben über die mit diesen Maßnahmen für die Adressaten verbundenen Kosten und den Zeitpunkt, zu dem diejenigen, die das Angebot angenommen haben, die Gegenleistung erhalten;*

5. *die Anzahl der vom Bieter und von mit ihm gemeinsam handelnden Personen und deren Tochterunternehmen bereits gehaltenen Wertpapiere sowie die Höhe der von diesen gehaltenen Stimmrechtsanteile unter Angabe der ihnen jeweils nach § 30 des Wertpapiererwerbs- und Übernahmegesetzes zuzurechnenden Stimmrechtsanteile getrennt für jeden Zurechnungstatbestand sowie die Höhe der nach den §§ 25 und 25a des Wertpapierhandelsgesetzes mitzuteilenden Stimmrechtsanteile*

6. *bei Teilangeboten der Anteil oder die Anzahl der Wertpapiere der Zielgesellschaft, die Gegenstand des Angebots sind, sowie Angaben über die Zuteilung nach § 19 des Wertpapiererwerbs- und Übernahmegesetzes;*

7. *Art und Umfang der von den in Nummer 5 genannten Personen und Unternehmen jeweils für den Erwerb von Wertpapieren der Zielgesellschaft gewährten oder vereinbarten Gegenleistung, sofern der Erwerb innerhalb von drei Monaten vor der Veröffentlichung gemäß § 10 Abs. 3 Satz 1 des Wertpapiererwerbs- und Übernahmegesetzes oder vor der Veröffentlichung der Angebotsunterlage gemäß § 14 Abs. 3 Satz 1 des Wertpapiererwerbs- und Übernahmegesetzes erfolgte; dem Erwerb gleichgestellt sind Vereinbarungen, auf Grund derer die Übereignung der Wertpapiere verlangt werden kann;*

7a. *bei Angeboten nach § 39 Absatz 2 Satz 3 Nummer 1 des Börsengesetzes Angaben zu dem bevorstehenden Antrag der Zielgesellschaft auf einen Widerruf der Zulassung der betroffenen Wertpapiere zum Handel im regulierten Markt; die Angaben müssen einen ausdrücklichen Hinweis auf mögliche Einschränkungen der Handelbarkeit der betroffenen Wertpapiere als Folge des Widerrufs und die damit einhergehende Möglichkeit von Kursverlusten enthalten;*

8. *Angaben zum Erfordernis und Stand behördlicher, insbesondere wettbewerbsrechtlicher Genehmigungen und Verfahren im Zusammenhang mit dem Erwerb der Wertpapiere der Zielgesellschaft;*

9. *der Hinweis auf die Annahmefrist im Falle einer Änderung des Angebots nach § 21 Abs. 5 des Wertpapiererwerbs- und Übernahmegesetzes und die Annahmefrist im Falle konkurrierender Angebote nach § 22 Abs. 2 des Wertpapiererwerbs- und Übernahmegesetzes sowie im Falle von Übernahmeangeboten der Hinweis auf die weitere Annahmefrist nach § 16 Abs. 2 des Wertpapiererwerbs- und Übernahmegesetzes;*

10. *der Hinweis, wo die Angebotsunterlage gemäß § 14 Abs. 3 Satz 1 des Wertpapiererwerbs- und Übernahmegesetzes veröffentlicht wird;*

11. *der Hinweis auf das Rücktrittsrecht nach § 21 Abs. 4 und § 22 Abs. 3 des Wertpapiererwerbs- und Übernahmegesetzes und*

12. *Angaben darüber, welchem Recht die sich aus der Annahme des Angebots ergebenden Verträge zwischen dem Bieter und den Inhabern der Wertpapiere der Zielgesellschaft unterliegen, und die Angabe des Gerichtsstands.*

Schrifttum: *Grobys,* Arbeitsrechtliche Aspekte des Wertpapiererwerbs- und Übernahmegesetzes, NZA 2002, 1; *Hamman,* Die Angebotsunterlage nach dem WpÜG – Ein praxisorientierter Überblick, ZIP 2001, 2249; *Houben,* Die Gestaltung des Pflichtangebots unter dem Aspekt des Minderheitenschutzes und der effizienten Allokation der Unternehmenskontrolle, WM 2000, 1873; *Kiesewetter/Kiefner,* Praxisrelevante Aspekte der Finanzierungssicherstellung bei öffentlichen Übernahmen, CFL 2011,

284; *Liebscher,* Das Übernahmeverfahren nach dem neuen Übernahmegesetz, ZIP 2001, 853; *Seibt,* Arbeitsrechtliche Aspekte des Wertpapiererwerbs- und Übernahmegesetzes, DB 2002, 529 siehe im Übrigen auch die Angaben zum Schrifttum bei § 10.

Übersicht

[1] ABl. EU 2005 L 186, 3.

I. Überblick

1 § 11 enthält die grundlegenden Vorgaben an den **Inhalt** und die **Gestaltung** der Unterlage über das Angebot (in Abs. 1 Satz 1 legal definiert als Angebotsunterlage). Die vom Bieter gemäß Abs. 1 Satz 1 zu erstellende und zu veröffentlichende **Angebotsunterlage** stellt die wesentliche Informationsquelle für die von dem Angebot Betroffenen, die Öffentlichkeit und die Aufsichtsbehörde dar. Die Wertpapierinhaber sollen eine hinreichende Grundlage für ihre Entscheidung über die Annahme des Angebots erhalten.[2] Abs. 1 enthält im Sinne einer Generalklausel die Grundaussage, dass die Angebotsunterlage die Angaben enthalten muss, die notwendig sind, um in Kenntnis der Sachlage über das Angebot entscheiden zu können. Zur näheren Ausfüllung dieser Generalnorm enthält Abs. 2, 4 und 5 iVm § 2 WpÜG-AngV einen Katalog von Angaben, die in die Angebotsunterlage aufzunehmen sind. Abs. 3 schließlich verlangt die Angabe der für den Inhalt der Angebotsunter-

[2] BT-Drucks. 14/7034, 41.

lage verantwortlichen Personen und bildet dadurch eine Grundlage für die Haftung nach § 12.

II. Erstellung und Veröffentlichung der Angebotsunterlage (§ 11 Abs. 1)

1. Rechtliche Qualifikation

a) Allgemeines. Öffentliche Angebote iSd Gesetzes bezwecken den Abschluss einer Vielzahl einzelner Kauf- und/oder Tauschverträge mit den angesprochenen Wertpapierinhabern der Zielgesellschaft und sind insoweit nach den allgemeinen Bestimmungen des bürgerlichen Rechts zu qualifizieren. Die Veröffentlichung der vom Bieter zu erstellenden Angebotsunterlage ist als Abgabe eines bindenden **Angebots iSd § 145 BGB** des Bieters an die Wertpapierinhaber der Zielgesellschaft zu qualifizieren.[3] Das Gesetz lässt eine Ausgestaltung im Sinne einer invitatio ad offerendum nicht zu (§ 17). 2

b) Allgemeine Geschäftsbedingungen. Grundsätzlich dürfte die Angebotsunterlage dem Anwendungsbereich der §§ 305 ff. BGB für Allgemeine Geschäftsbedingungen unterfallen.[4] Unbestreitbar ist, dass die für eine Vielzahl von Verträgen einseitig vorformulierten Angebotsbedingungen der Angebotsunterlage den Begriff der Allgemeinen Geschäftsbedingungen in § 305 Abs. 1 Satz 1 BGB erfüllen. Die Anwendung der für Allgemeine Geschäftsbedingungen geltenden Vorschriften wird im Schrifttum unter Hinweis darauf, dass die Bereichsausnahme des § 310 Abs. 4 BGB nicht eingreift, bejaht, weil die aufgrund des Angebots geschlossenen Verträge keine Verträge auf dem Gebiet des Gesellschaftsrechts seien.[5] Andererseits setze der Bieter keine Marktmacht ein und würde, um den Erfolg seines Angebots sicherzustellen, keine überraschenden Klauseln benutzen, so dass auf die Angebotsbedingungen keinesfalls §§ 305 ff. BGB anwendbar seien.[6] Da es auch öffentliche Angebote gibt, bei denen der Bieter der Gestaltung der Konditionen nach erkennbar keine Aktien über die bereits gehaltenen Aktien hinaus im Rahmen des öffentlichen Angebots hinzu erwerben möchte, überzeugt die letzte Ansicht jedoch nicht. 3

2. Allgemeiner Inhalt und Gestaltung der Angebotsunterlage (§ 11 Abs. 1 Sätze 2 bis 5)

a) Generalklausel, Richtigkeits- und Vollständigkeitsgebot. Die in Abs. 1 Satz 2 enthaltene **Generalklausel,** dass die Angebotsunterlage die Angaben enthalten muss, die notwendig sind, um in Kenntnis der Sachlage über das Angebot entscheiden zu können, sowie das **Richtigkeits- und Vollständigkeitsgebot** nach Abs. 1 Satz 3 stehen in einem inneren Zusam- 4

---

[3] Vgl. *Liebscher* ZIP 2001, 853, 862; *Thoma* in Baums/Thoma, § 11 Rn. 7.

[4] *Seydel* in KK-WpÜG, § 11 Rn. 22.

[5] Siehe *Assmann/Bozenhardt* in Assmann/Basaldua/Bozenhardt/Peltzer, S. 1, 83; *Steinhardt/Nestler* in Steinmeyer, § 11 Rn. 6; *Oechsler* NZG 2001, 817, 821; aA *Scholl/Siekmann* BKR 2013, 316, 322.

[6] *Meyer* in Assmann/Pötzsch/Schneider, § 11 Rn. 29 f.

menhang mit der Haftung für die Angebotsunterlage nach § 12. Die Haftung tritt ein, wenn wesentliche Angaben der Angebotsunterlage unrichtig oder unvollständig sind.

5 **b) Sprache.** Die zwingende Vorgabe, die Angebotsunterlage in **deutscher Sprache** zu erstellen, soll nach der Gesetzesbegründung den Interessen der Wertpapierinhaber der deutschen Zielgesellschaft und ihrer Arbeitnehmer dienen.[7] Eine Öffnungsklausel für fremde Sprachen, wie sie zB § 19 WpPG für Wertpapierprospekte zum Teil kennt, hat der Gesetzgeber aufgrund des angenommenen Schutzbedürfnisses der Adressaten des Angebots und der Arbeitnehmer der Zielgesellschaft nicht vorgesehen. Dies bedeutet, dass auch prospektähnliche Bieterbeschreibungen aufgrund von Wertpapierprospekten ausländischer Bieter für die Zulassung der neuen Aktien im Heimatmarkt, welche innerhalb der EU von einer zuständigen Stelle gebilligt wurden und im Wege des Notifzierungsverfahrens (§ 18 WpPG) in Deutschland ohne weitere Billigung durch die BaFin verwendet werden können, gegebenenfalls vollständig in die deutsche Sprache übersetzt werden müssen.

6 **c) Form.** Die Angebotsunterlage ist in einer **Form** abzufassen, die ihr Verständnis und ihre Auswertung erleichtert. Diese nur schwer zu fassende Bestimmung wird im Ergebnis wohl nur Gestaltungen ausschließen, die es einem durchschnittlichen Wertpapierinhaber schlechterdings unmöglich macht, die Angebotsunterlage zu verstehen oder im Hinblick auf eine informierte Annahmeentscheidung auszuwerten.[8]

7 **d) Unterzeichnung.** Abs. 1 Satz 4 schreibt die **Unterzeichnung** der Angebotsunterlage durch den oder die Bieter vor. Mit der Unterschrift gibt der Bieter zu erkennen, dass er die Verantwortung für die Angebotsunterlage übernimmt und für eine unrichtige Angebotsunterlage haftet.[9] Dies gilt selbst dann, wenn der Bieter nicht als Verantwortlicher iSd Abs. 3 aufgeführt werden sollte, denn die Unterzeichnung der Angebotsunterlage stellt die intensivste Form der Übernahme von Verantwortung dar. Nur die bei der BaFin eingereichte Angebotsunterlage bedarf der Unterschrift, die zu veröffentlichenden Exemplare bedürfen weder einer Kopie der Unterschriftsseite noch Faksimile-Unterschriften,[10] allerdings erwartet die BaFin in der Angebotsunterlage eine Kopie der Unterschriftsseite.

III. Angaben zum Inhalt und ergänzende Angaben (§ 11 Abs. 2, 4, 5 iVm § 2 WpÜG-AngV)

1. Allgemeines

8 **a) Angaben, ergänzende Angaben.** Das Gesetz unterscheidet in Abs. 2 Satz 2 und 3 zwischen Angaben und ergänzenden Angaben, ohne dass dieser Unterscheidung für das WpÜG eine materiellrechtliche Bedeutung zukommt. Insbesondere die Haftung nach § 12 wegen Unrichtigkeit oder Un-

---

[7] BT-Drucks. 14/7034, 41.
[8] *Meyer* in Assmann/Pötzsch/Schneider, § 11 Rn. 59.
[9] BT-Drucks. 14/7034, 41; *Meyer* in Assmann/Pötzsch/Schneider, § 11 Rn. 62.
[10] *Meyer* in Assmann/Pötzsch/Schneider, § 11 Rn. 61.

vollständigkeit wesentlicher Angaben der Angebotsunterlage hängt nicht davon ab, ob es sich bei diesen wesentlichen Angaben um Angaben nach Abs. 2 Satz 2 oder um ergänzende Angaben nach Abs. 2 Satz 3 handelt. Bei den Angaben nach Abs. 2 Satz 2 handelt es sich gewissermaßen um die wesentlichen Angaben des Angebots,[11] während die ergänzenden Angaben zusätzliche Informationen zum Bieter, zur Sicherstellung der Finanzierung, zum Gegenstand des Angebots, zur Gegenleistung, zu den sonstigen Angebotsbedingungen sowie sonstige Informationen zur Unterrichtung der Adressaten enthalten.[12]

b) Verordnungsermächtigung (§ 11 Abs. 4 und 5). § 11 regelt die Gestaltung der Angebotsunterlage, den Inhalt der darin aufzunehmenden Angaben sowie den Umfang der aufzunehmenden Angaben nicht erschöpfend. Im Hinblick auf die Zweckdienlichkeit weiterer ggf. erforderlicher Angaben sowie zum Zwecke der raschen Umsetzung der mit öffentlichen Angeboten gewonnenen Erfahrungen enthält Abs. 4 eine Verordnungsermächtigung zugunsten des Bundesministeriums der Finanzen. Das Bundesministerium der Finanzen hat von der Ermächtigung mit Erlass der WpÜG-AngV vom 27. Dezember 2001 Gebrauch gemacht. 9

c) Weitere Angaben. Die Generalklausel des § 11 Abs. 1 Satz 2 sowie das Richtig- und Vollständigkeitsgebot (§ 11 Abs. 1 Satz 3) berechtigen die BaFin nicht, weitere, über § 11 und § 2 WpÜG-AngV hinausgehende Angaben zu verlangen.[13] Schon der Wortlaut legt nahe, dass es sich eine abschließende Aufzählung der inhaltlichen Anforderungen handelt.[14] Wäre anderes gewollt, hätte, wie etwa in § 5 Abs. 1 Satz 2 WpPG, ein „insbesondere" eine nicht abschließende Aufzählung der inhaltlichen Anforderungen anzeigen müssen.[15] Andererseits gibt es keine Anhaltspunkte dafür, dass die Angebotsunterlage in bestimmten Fällen geringeren Anforderungen genügen könnte. 10

2. Angaben zum Inhalt (§ 11 Abs. 2 Satz 2)

a) Bieter (§ 11 Abs. 2 Satz 2 Nr. 1). Zum Bieter verlangt das Gesetz die Angabe von **Name** (§ 12 BGB) oder **Firma** (§§ 17 ff. HGB) und zusätzlich die (vollständige) **Anschrift** oder den **Sitz.** Beim Sitz ist auf den Sitz laut Satzung oder Gesellschaftsvertrag abzustellen. Ausländische, insbesondere US-amerikanische Unternehmen, kennen keinen ausdrücklichen Sitz. Auf den Gründungsort, meist in Delaware, abzustellen, wäre irritierend. Jedoch genügt ausdrücklich die Angabe der Anschrift, der Sitz muss dann nicht genannt werden.[16] Bei Bietergesellschaften ist zusätzlich deren **Rechtsform** anzugeben. 11

---

[11] Vgl. *Liebscher* ZIP 2001, 853, 862.

[12] Kritisch zur Regelungstechnik *Schüppen* WPg 2001, 958, 961.

[13] AA in Auslegung des Vollständigkeitsgebots *Thoma* in Baums/Thoma, § 11 Rn. 36.

[14] OLG Frankfurt AG 2007, 749.

[15] *Meyer* in Assmann/Pötzsch/Schneider, § 11 Rn. 44; *Seydel* in KK-WpÜG, § 11 Rn. 27.

[16] Anders hingegen das Meldeformular nach der Anlage zu § 17 Abs. 1 bis 3 WpHG Anzeige-InsiderverzeichnisVO.

12 **b) Zielgesellschaft (§ 11 Abs. 2 Satz 2 Nr. 2).** Die Rechtsform der Zielgesellschaft soll nach Meinung der BaFin mit ihren etwaigen Besonderheiten (etwa KGaA) beschrieben werden. Der klare Gesetzeswortlaut trägt dies nicht, und einen Anlass für eine solche Beschreibung gibt es nicht, die Aktionäre der Zielgesellschaft sollten deren Rechtsform kennen. Soweit das WpÜG nach der Grundregel des § 2 Abs. 3 Nr. 2 iVm § 1 Abs. 3 auch auf ausländische Zielgesellschaften Anwendung findet, verlangt die BaFin die ausländischen Rechtsformen zu beschreiben. Auch hier gilt das Vorgesagte. Obgleich nicht im Gesetz erwähnt, ist die Handelsregisternummer oder eine vergleichbare ausländische Eintragung zur besseren Identifizierung der Zielgesellschaft üblich und dürfte von der BaFin auch verlangt werden. Hierfür gibt es aber kein Bedürfnis, spätestens die Angaben zu den Wertpapieren mit deren Kennnummern (Abs. 2 Satz 2 Nr. 3) schließen jede Verwechslungsgefahr aus. Nicht verlangt, da den Aktionären der Zielgesellschaft diese bekannt sein sollte, aber allgemein üblich sind eine kurze Beschreibung der Geschäftstätigkeit der Zielgesellschaft und die Wiedergabe deren wesentlicher Kennzahlen aus dem letzten Jahres- oder Zwischenabschluss.[17]

13 **c) Wertpapiere (§ 11 Abs. 2 Satz 2 Nr. 3).** Die Wertpapiere, die Gegenstand des Angebots sind, sind so genau zu bezeichnen, dass eine eindeutige Identifikation möglich ist. Dabei ist auch die **ISIN** anzugeben; soweit neue Aktien mit abweichender Gewinnanteilberechtigung oder Aktien anderer Gattung ausgegeben sind, sind die Angaben auch für diese Aktien zu machen.[18]

14 **d) Gegenleistung (§ 11 Abs. 2 Satz 2 Nr. 4).** Anzugeben ist zum einen die **Art** der Gegenleistung, dh ob sie in Geld (Barangebot) oder in anderen Vermögensgegenständen (insbesondere in Aktien des Bieters oder eines dritten Emittenten, Tauschangebot) besteht. Bei Übernahme- und Pflichtangeboten müssen, wenn keine Geldleistung (siehe aber § 31 Abs. 3) angeboten wird, liquide Aktien geboten werden, die an einem organisierten Markt zugelassen sind (§ 31 Abs. 2 Satz 1); zu den bei Tauschangeboten in Bezug auf die angebotene Gegenleistung zusätzlich erforderlichen Angaben siehe § 2 Nr. 2 WpÜG-AngV.

15 Bei der Angabe der **Höhe** der Gegenleistung sind in Bezug auf deren Festlegung bei Übernahme- und Pflichtangeboten die Mindestpreisregeln des § 31 Abs. 1 iVm §§ 4 bis 6 WpÜG-AngV zu beachten; Geldleistungen müssen dabei in Euro beziffert werden (§ 31 Abs. 2 Satz 1). Bei Tauschangeboten ist der Umfang der gewährten Gegenleistung anzugeben. Eine wertmäßige Umrechnung in Euro ist hingegen nicht vorgeschrieben, wenngleich dies zur Beurteilung der Angemessenheit zweckmäßig sein kann (siehe zur Bewertung § 2 Nr. 3 WpÜG-AngV).

16 **e) Bedingungen (§ 11 Abs. 2 Satz 2 Nr. 5).** Bei der Formulierung von Bedingungen sind die sich aus § 18 Abs. 1, § 25 ergebenden Beschränkungen zu beachten. Außerdem dürfen Bedingungen nicht gegen andere Vorgaben des Gesetzes (zB Finanzierungsvorbehalte, § 13 Abs. 1 Satz 1) oder die Grundsätze des § 3 verstoßen.

---

[17] *Seydel* in KK-WpÜG, § 11 Rn. 50.
[18] *Seydel* in KK-WpÜG, § 11 Rn. 51.

f) Annahmefrist (§ 11 Abs. 2 Satz 2 Nr. 6). Anzugeben ist ferner der **Beginn** und das **Ende** der Annahmefrist mit Uhrzeit (legal definiert in § 16 Abs. 1 Satz 1), innerhalb der die Wertpapierinhaber das Angebot annehmen können (§ 148 BGB). Die Festlegung des Beginns der Annahmefrist steht nicht im Belieben des Bieters, sondern richtet sich zwingend nach dem Datum der Veröffentlichung der Angebotsunterlage (§ 16 Abs. 1 Satz 2 iVm § 14 Abs. 3 Satz 1). Der Bieter muss somit den Veröffentlichungszeitpunkt kennen, um den Beginn der Frist zutreffend angeben zu können. Daraus ergibt sich zugleich, dass der Bieter auch Vorsorge in organisatorischer Hinsicht treffen muss, dass die Wertpapierinhaber das Angebot auch sofort nach der Veröffentlichung der Angebotsunterlage annehmen können. 17

Bei der Festlegung des Endes der Annahmefrist hat der Bieter einen Gestaltungsspielraum: Die Frist muss mindestens **vier Wochen** und darf höchstens **zehn Wochen** betragen (§ 16 Abs. 1 Satz 1). Innerhalb des nach § 16 Abs. 1 Satz 1 zulässigen Zeitrahmens muss das Fristende nicht notwendigerweise auf das Ende eines Kalendertages festgelegt werden, sondern kann auch auf eine bestimmte Uhrzeit an einem bestimmten Kalendertag lauten. In vielen Fällen ist dies wegen der engen Frist des § 21 Abs. 1 nicht anzuraten. 18

Die Annahmefrist kann, sofern nicht besondere gesetzliche Ausnahmetatbestände greifen (§ 16 Abs. 3 Satz 1, § 21 Abs. 5 Satz 1, § 22 Abs. 2), nachdem der Bieter die Festlegung einmal getroffen hat, nachträglich von ihm nicht mehr einseitig geändert werden. 19

3. Ergänzende Angaben (§ 11 Abs. 2 Satz 3, § 2 WpÜG-AngV)

a) Sicherstellung der Finanzierung und finanzielle Auswirkungen des Angebots (§ 11 Abs. 2 Satz 3 Nr. 1). Die Angebotsunterlage muss Angaben zu den vom Bieter getroffenen **notwendigen Maßnahmen** enthalten, die sicherstellen, dass ihm die zur Erfüllung des Angebots notwendigen Mittel zur Verfügung stehen (vgl. § 13 Abs. 1 Satz 1). Diese Maßnahmen, die bereits vor Veröffentlichung der Angebotsunterlage getroffen worden sein müssen, sind zu beschreiben. Dadurch sollen die Adressaten sowie die Zielgesellschaft in die Lage versetzt werden, zu beurteilen, ob das Angebot des Bieters auf einer wirtschaftlich vertretbaren Grundlage steht.[19] Bei **Barangeboten** ist also darzulegen, dass der Bieter zB über ausreichende frei verfügbare Eigenmittel verfügt, dass er sich Fremdmittel zB über die Begebung längerfristiger Anleihen beschaffen kann oder dass er die Finanzierung über verbindlich zugesagte Kreditmittel oder unwiderrufliche Zahlungsgarantien eines Kreditinstituts oder Konsortiums sichergestellt hat. Nicht erforderlich ist, dass die Mittel bereits zu Beginn der Annahmefrist schon ausgezahlt sind.[20] Bei **Tauschangeboten,** bei denen die Gegenleistung in Aktien des Bieters besteht, ist darzulegen, dass die Ausgabe dieser Aktien sichergestellt ist, etwa weil der Bieter über ein ausreichendes genehmigtes Kapital verfügt, das unter Ausschluss des Bezugsrechts der Aktionäre ausgenutzt werden kann und die zuständigen Organe die Kapitalerhöhung unter Ausnutzung dieses genehmigten Kapitals bereits beschlossen haben, oder ob die Hauptversammlung des Bieters eine Sachkapitalerhöhung beschlossen hat. 20

---

[19] BT-Drucks. 14/7034, 41.

[20] *Meyer* in Assmann/Pötzsch/Schneider, § 11 Rn. 91.

21 In keinem Fall genügend ist es, wenn der Bieter in der Angebotsunterlage lediglich auf die von dem unabhängigen Wertpapierdienstleistungsunternehmen abgegebene Finanzierungsbestätigung verweist[21], da in diesem Fall nicht erkennbar wird, welche Maßnahmen der Bieter überhaupt getroffen hat. Andererseits wird der Aktionär anhand dieser Angaben nicht die Solvenz und Bonität des Bieters prüfen können.[22] So müssen etwa Einzelheiten zu den Eigenmitteln gerade nicht offengelegt werden. Nur das die Finanzierungsbestätigung ausstellende Wertpapierdienstleistungsunternehmen kann überprüfen, ob tatsächlich liquide Eigenmittel zur Verfügung stehen.

22 Anzugeben sind ferner die erwarteten Auswirkungen eines erfolgreichen Angebots auf die **Vermögens-, Finanz- und Ertragslage** des Bieters. Dabei soll es sich der Begründung des Referenten zu dem Gesetzesentwurf nach um Angaben zu den finanziellen **Belastungen** durch das Angebot handeln.[23] Der einzig maßgebliche Gesetzestext gibt aber keinen Anlass zu dieser Auslegung. Damit soll sichergestellt werden, dass ein Bieter nicht infolge der Übernahme in finanzielle Schwierigkeiten gerät und unter Umständen sogar den Geschäftsbetrieb einstellen muss;[24] sie soll angeblich aber auch unseriöse Finanzierungstechniken erschweren[25], was aber aus der Aufaddierung der Kennzahlen des Bieters mit denjenigen der Zielgesellschaft gerade nicht ersichtlich wird. Eine Darstellung der vom Bieter erwarteten positiven Synergieeffekte eines erfolgreichen Angebots ist nicht erforderlich und wäre in seriöser Weise auch nicht darstellbar. Erforderlich sind nach BaFin-Ansicht Als-ob Abschlüsse[26] (Bilanz und Gewinn- und Verlustrechnung unter Einbeziehung der Zielgesellschaft als künftigem Tochterunternehmen). Eine Als-ob Kapitalflussrechnung wird nicht erwartet.[27] Bei der Aufstellung ist von einem Erwerb sämtlicher Aktien der Zielgesellschaft auszugehen. Grundlage der Als-ob Abschlüsse sind die letzten verfügbaren Abschlüsse von Bieter und Zielgesellschaft, wobei deren Abschlüsse immer öffentlich verfügbar sind.[28] Die Als-Ob Abschlüsse müssen sich nicht nur auf den Bieter, sondern auch, wenn dieser Teil eines Konzerns ist, auf den Konzernabschluss oder auf die kontrollierenden Gesellschafter beziehen.[29] Aussagen zu Auswirkungen auf die Ertragslage sind in gleicher Weise gefordert.[30] Der Bieter sollte in geeigneter Form darauf hinweisen, dass die den Berechnungen zugrunde liegenden Zahlen der Zielgesellschaft den veröffentlichten Abschlüssen ent-

---

[21] *Seydel* in KK-WpÜG, § 11 Rn. 58.

[22] So aber *Steinhardt/Nestler* in Steinmeyer, § 11 Rn. 64.

[23] BT-Drucks. 14/7034, 41; *Schuster* in Zschocke/Schuster, Teil C Rn. 96.

[24] *Pötzsch/Möller* WM Sonderbeilage 2/2000, 1, 20.

[25] So *Liebscher* ZIP 2001, 853, 863.

[26] Der Terminus „Pro-Forma Abschluss" ist nach BaFin-Ansicht Wertpapierprospekten nach dem WpPG vorbehalten

[27] AA *Wackerbarth* in MüKoAktG, § 11 Rn. 42.

[28] So dass eine von *Lenz/Linke* AG 2002, 361, 363 verlangte Unterscheidung der Tiefe der Darstellung nach dem Merkmal, ob es sich um ein „freundliches" oder „feindliches" Angebot handelt, nicht nachvollziehbar ist.

[29] *Thoma* in Baums/Thoma, § 11 Rn. 73f.; *Lenz/Behnke* BKR 2003, 43, 46; aA *Schuster* in Zschocke/Schuster, Teil C Rn. 97.

[30] *Meyer* in Assmann/Pötzsch/Schneider, § 11 Rn. 106; zu Einzelheiten der Aufstellung *Seydel* in KK-WpÜG, § 11 Rn. 64.

nommen sind und der Bieter insoweit nicht haften kann.[31] Ferner sind nach BaFin-Ansicht die Transaktionskosten einzubeziehen, obwohl hierfür keine rechtliche Grundlage erkennbar ist.[32] Ob jedoch anhand dieser Angaben eine eventuelle Überforderung des Bieters erkennbar werden kann,[33] erscheint hingegen mehr als zweifelhaft.[34]

Das Gesetz geht hier über die Anforderungen der Übernahmerichtlinie hinaus, die in Art. 6 Abs. 3 keine Angaben zu den Auswirkungen des Angebots auf den Bieter verlangt. Die Anforderungen der BaFin an eine Als-Ob Darstellung dürften wohl einzigartig in der Welt sein. Die Angaben sind vollkommen unnötig und das Verlangen dieser Angaben daher evident unverhältnismäßig und damit auch rechtswidrig. Der Aktionär, der seine Aktien angedient hat, erhält die Gegenleistung. Wie sich die Übernahme auf den Bieter und den Bieterkonzern auswirkt, ist dem Aktionär völlig gleichgültig, solange er die Gegenleistung erhält. Werden Wertpapiere als Gegenleistung angeboten, enthält die prospektähnliche Darstellung (§ 2 Nr. 2 WpÜG-AngV) zwingend eine sogar bestätigte Pro-Forma Darstellung (EU-Prospektverordnung Anhang II – Modul für Proforma-Finanzinformationen) und damit die erforderlichen Angaben. Die Information ist auch für diejenigen Aktionäre der Zielgesellschaft, welche das Angebot nicht annehmen, ohne Bedeutung. Gelangt der Bieter infolge der Übernahme in wirtschaftliche Schwierigkeiten, sorgt bereits das Konzern- und Gesellschaftsrecht dafür, dass der Bieter sich nicht einfach Mittel der Zielgesellschaft aneignen kann oder diese einfach „zerschlägt" (so die Terminologie in § 292 KAGB). Die nicht vertretbare BaFin-Auslegung kann auch nicht dem Schutz der Arbeitnehmer der Zielgesellschaft dienen, erhalten diese schließlich bei nicht WpÜG-relevanten Transaktionen keine entsprechenden Angaben. Dass sich der Bieter mit der Übernahme nicht überfordert, ist durch sein Management im Rahmen der Business Judgment Rule zu prüfen, nicht aber durch die Aktionäre der Zielgesellschaft oder gar die BaFin. 23

b) Absichten des Bieters (§ 11 Abs. 2 Satz 3 Nr. 2). aa) Allgemeines. Im Interesse der Wertpapierinhaber und der Arbeitnehmer der Zielgesellschaft hat der Bieter ferner seine Absichten in Bezug auf die Zielgesellschaft offen zu legen. Bei der Offenlegung der Absichten kann es sich naturgemäß nur um die Darstellung der **subjektiven Vorstellungen** des Bieters handeln. Einklagbare Ansprüche der Wertpapierinhaber oder der Arbeitnehmer der Zielgesellschaft können hieraus nicht erwachsen. Ebenso wenig erwachsen dem Bieter aus diesen unverbindlichen Absichtserklärungen gesellschaftsrechtliche Pflichten.[35] Da der Bieter immer nur als Aktionär und damit ausschließlich über die Möglichkeit der Wahl und 24

[31] *Meyer* in Assmann/Pötzsch/Schneider, § 11 Rn. 105; *Schuster* in Zschocke/Schuster, Teil C Rn. 98 ff.

[32] Wie hier *Mayer-Uellner* AG 2012, 399, 402; für die alleine mit dem Übernahmeangebot verbundenen Kosten *Kiesewetter/Kiefner* CFL 2011, 284, 286

[33] *Lenz/Behnke* BKR 2003, 43, 46; *Steinhardt/Nestler* in Steinmeyer, § 11 Rn. 67.

[34] *Seydel* in KK-WpÜG, § 11 Rn. 63.

[35] *Meyer* in Assmann/Pötzsch/Schneider, § 11 Rn. 110; *Liebscher* ZIP 2001, 853, 868, der zur Vermeidung falscher Eindrücke dafür plädiert, in der Angebotsunterlage auf die Unverbindlichkeit der Absichtserklärungen hinzuweisen.

Abwahl von Aufsichtsratsmitglieder nur sehr mittelbar Einfluss auf die Geschäftstätigkeit der Zielgesellschaft nehmen kann, muss die Frage der Sinnhaftigkeit der Darstellung der Absichten gestellt werden. Regelmäßig muss jeder Bieter das Bestehen etwaiger Absichten bereits aus diesem Grund verneinen.

25 **bb) Künftige Geschäftstätigkeit.** Angaben sind erforderlich im Hinblick auf die künftige Geschäftstätigkeit der Zielgesellschaft, insbesondere zu **Sitz** und **Standort wesentlicher Unternehmensteile,** also zB die Planung, den Sitz der Zielgesellschaft oder einzelne Standorte zu verlegen, Standorte der Zielgesellschaft mit eigenen Standorten des Bieters zusammenzulegen, Standorte zu schließen, die Konzentration auf Kerngeschäftsfelder, die weitere Investitions- und Wachstumspolitik ua m. Anzugeben sind jedoch nur konkrete Absichten,[36] weshalb regelmäßig dieser Abschnitt den Aktionären der Zielgesellschaft, die über ein Verbleiben in der Zielgesellschaft nachdenken, wenig Entscheidungshilfen vermittelt.

26 **cc) Verwendung des Vermögens.** Die Absichten zur Verwendung des Vermögens der Zielgesellschaft umfassen beispielsweise Angaben, ob Unternehmensteile der Zielgesellschaft veräußert, ausgegliedert oder abgespalten werden sollen, ob die Zielgesellschaft mit einem anderen Unternehmen verschmolzen werden soll, ferner Angaben, ob das Vermögen der Zielgesellschaft zB für künftige Unternehmensakquisitionen verwendet werden soll, ob eine Veränderung der Kapitalstruktur, zB durch einen Abbau von Verbindlichkeiten der Zielgesellschaft, vorgesehen ist.

27 **dd) Künftige Verpflichtungen.** Angaben zu den Absichten in Bezug auf künftige Verpflichtungen der Zielgesellschaft schließen insbesondere geplante **konzernrechtliche Maßnahmen** (Abschluss von Beherrschungs- und Ergebnisabführungsverträgen, sonstige Unternehmensverträge, Eingliederung der Zielgesellschaft) ein, können aber zB auch Verpflichtungen im Rahmen des Lieferungs- und Leistungsverkehrs, zB bei wesentlichen Änderungen der Vertriebsstrukturen, erfassen.

28 **ee) Arbeitnehmer und deren Vertretungen.** Der Bieter hat sich auch zu seinen Absichten im Hinblick auf die Arbeitnehmer und ihre Vertretungen sowie wesentliche Änderungen der Beschäftigungsbedingungen einschließlich der insoweit vorgesehenen Maßnahmen zu äußern. Wie bei den anderen Punkten auch, sind entsprechende Angaben sowohl hinsichtlich der **Zielgesellschaft** als auch hinsichtlich des eigenen **Unternehmens des Bieters** zu machen. Der Bieter muss allerdings nicht generell zu seiner (künftigen) Personalpolitik oder zu allgemeinen (absehbaren) arbeitsrechtlichen Entwicklungen Stellung nehmen, soweit diese nicht unmittelbar mit dem Angebot zusammenhängen.[37] Die Vorschrift erinnert an §§ 5 Abs. 1 Nr. 9, 126 Abs. 1 Nr. 11, 194 Abs. 1 Nr. 7 UmwG, die eine Darstellung der Umwandlungsfolgen für die Arbeitnehmer und ihre Vertretungen im Verschmelzungs- oder Spaltungsvertrag bzw. Umwandlungsbeschluss vorschrei-

[36] *Meyer* in Assmann/Pötzsch/Schneider, 11 Rn. 113; *Thoma* in Baums/Thoma, § 11 Rn. 77; zum Versuch einer Definition von „Absichten" *Steinhardt/Nestler* in Steinmeyer, § 11 Rn. 73f.

[37] BT-Drucks. 16/1342, 1; BT-Drucks. 16/1541, 18.

ben.[38] Aufgrund des abweichenden Gesetzeswortlauts und der abweichenden Rechtsfolgen sind Schlussfolgerungen aus dem Umwandlungsrecht allerdings nur eingeschränkt zulässig. Anders als bei den umwandlungsrechtlichen Rechtsakten muss die Angebotsunterlage lediglich Angaben über die „Absichten" des Bieters im Hinblick auf die Beschäftigten und Beschäftigungsbedingungen der Zielgesellschaft enthalten.

Eine streng am Wortlaut orientierte Auslegung könnte daher zu dem Ergebnis führen, dass eine Beschreibung der **rechtlichen Folgen,** die anlässlich der Realisierung der geplanten Maßnahmen eintreten nicht in die Angebotsunterlage aufzunehmen ist. Bei einer solchen Auslegung hätte es allerdings einer ausdrücklichen Erwähnung der Arbeitnehmervertretungen im Gesetz nicht bedurft, da ihre Existenz der Disposition des Bieters entzogen ist. Der Fortfall von Betriebsräten oder anderen Vertretungen kann sich vielmehr stets nur als Rechtsfolge einer tatsächlich beabsichtigten und entsprechend umgesetzten Umstrukturierung ergeben. Um die Vorschrift insoweit nicht leer laufen zu lassen, ist jedenfalls eine **schlagwortartige Angabe** der (rechtlichen) Auswirkungen vom Bieter beabsichtigter Maßnahmen auf die Vertretungen der Arbeitnehmer erforderlich (zB Fortfall von Betriebsräten durch Betriebszusammenführung). Bis zu einer Klärung der Frage ist dem Bieter darüber hinaus zu empfehlen, sämtliche Rechtsfolgen, die mit der Umsetzung seiner Absichten verbunden sind, jedenfalls kurz in der Angebotsunterlage aufzuzeigen.[39] 29

Die Angabepflicht des Bieters beschränkt sich auf seine „Absichten" und die „insoweit vorgesehenen Maßnahmen", dh auf die aus seiner Sicht zum Zeitpunkt der Abfassung der Angebotsunterlage tatsächlich gewollten **arbeitsrechtlichen Vorhaben** und die im Hinblick auf ihre Auswirkungen geplanten **Ausgleichsmaßnahmen.** Hierfür ist erforderlich, dass diese Vorhaben und Maßnahmen bereits ein konkretes Planungsstadium erreicht haben und ihre Umsetzung für den Fall einer erfolgreichen Übernahme vom Bieter angestrebt wird.[40] Daraus folgt, dass der Bieter zu arbeitsrechtlichen Vorgängen, deren Inhalt er bei Erstellung der Angebotsunterlage nicht absehen kann, keine Angaben machen muss (zB Ergebnis von Sozialplanverhandlungen anlässlich einer Umstrukturierung; mögliche Entwicklung der Beschäftigungsbedingungen in veräußerten Unternehmensteilen; Eigenkündigungen von Know-how-Trägern der Zielgesellschaft infolge der Übernahme usw.). Hierzu gehören auch Maßnahmen, deren abschließende Planung und Umsetzung den Geschäftsleitungen einzelner Tochterunternehmen vorbehalten bleiben soll. 30

Bei der Übernahme eines herrschenden Unternehmens eines Unterordnungskonzerns iSv § 18 Abs. 1 AktG bezieht sich die Angabepflicht nicht nur auf die Arbeitnehmer der Zielgesellschaft, sondern auch auf die Beschäftigten der **abhängigen Gesellschaften** und ihre Vertretungen, da der Bieter mit 31

[38] Dazu ausführlich *Boecken,* Rn. 308 ff.; *Mayer* in Widmann/Mayer, § 5 UmwG Rn. 176 ff.; *Willemsen* in Kallmeyer, § 5 Rn. 47 ff.

[39] In diesem Sinne auch *Meyer* in Assmann/Pötzsch/Schneider, § 11 Rn. 118; *Seibt* DB 2002, 529, 533; *Seydel* in KK-WpÜG, § 11 Rn. 72.

[40] *Seibt* DB 2002, 529, 533.

der Zielgesellschaft mittelbar auch die Kontrolle über die abhängigen Unternehmen erwirbt.[41] Andernfalls würde die Angabepflicht in vielen Fällen leer laufen, da gerade in Unternehmensverbindungen das operative Geschäft und der damit verbundene Personaleinsatz häufig nicht auf der obersten Konzernebene angesiedelt ist. Jedenfalls wären entsprechende Angaben nach der Generalklausel des Abs. 1 Satz 2 geboten. Dies soll in gleicher Weise für etwaige Auswirkungen des Angebots auf mit dem **Bieter** verbundene (Konzern-)Unternehmen gelten.

32 Als **Vertretungen der Arbeitnehmer** kommen sämtliche Gremien in Betracht, die kraft Gesetzes unmittelbar mit der Wahrnehmung von Arbeitnehmerinteressen befasst sind, zB Konzern-, Gesamt- und Einzelbetriebsräte, Sprecherausschüsse, Jugend- und Auszubildendenvertretungen, Schwerbehindertenvertretungen, Europäischer Betriebsrat (Umkehrschluss aus §§ 10 Abs. 5 Satz 2, 14 Abs. 4 Satz 2, 27 Abs. 2 und Abs. 3).

33 Angaben zur **wesentlichen Änderung von Beschäftigungsbedingungen** sind nur erforderlich, wenn der Bieter zum Zeitpunkt der Erstellung der Angebotsunterlage eine wesentliche Änderung der Arbeitsbedingungen bei der Zielgesellschaft oder, aufgrund des Angebots, in seinem eigenen Unternehmen plant. Hierfür ist erforderlich, dass die angestrebten Veränderungen Teil eines vom Bieter entwickelten unternehmerischen Konzeptes sind, das zu einer nicht unerheblichen Umgestaltung des bestehenden Lohn- oder Gehaltsgefüges oder sonstiger Arbeitsbedingungen (zB Einführung von Schichtarbeit, Einführung neuer Produktionsmethoden) führen soll. Erfasst werden also Änderungen **rechtlicher** wie **tatsächlicher** Art.[42] Unerheblich ist, auf welche Weise der Bieter die Änderungen durchsetzen will (zB individuelle Änderungskündigung, Austritt aus dem Arbeitgeberverband, Tarifwechsel infolge Branchenwechsel, Kündigung von Betriebsvereinbarungen usw.). Eine Verpflichtung zu Angaben über die Entwicklung von Beschäftigungsbedingungen infolge allgemeiner wirtschaftlicher Ursachen (zB drohender Rezession) besteht selbst dann nicht, wenn hieraus wesentliche Auswirkungen für die Beschäftigten resultieren, da der Bieter auf solche Entwicklungen keinen Einfluss hat. Dies gilt auch für das Ergebnis etwaiger Sozialplanverhandlungen, die aufgrund der geplanten Maßnahmen erforderlich werden.

34 **Beispiele:** Zu den für die Arbeitnehmer, ihre Vertretungen und Arbeitsbedingungen relevanten Bieterabsichten können zB gehören: Auswirkung einer geplanten Veräußerung oder Verlagerung von Unternehmen und Unternehmensteilen (ggf. auch in das Ausland) sowie einer möglichen Integration von Unternehmens- oder Konzernteilen (zB Zusammenlegung von Leitungszentralen der Zielgesellschaft und des Bieters) auf die Existenz von Betriebsräten, Sprecherausschüssen und mitbestimmten Aufsichtsräten; wesentliche Veränderungen tariflicher Strukturen durch strategische und operative Neuausrichtung des Geschäfts (zB Produktwechsel, Konzentration auf Kerngeschäftsbereiche); geplanter Personalabbau zur Realisierung von Synergieeffekten; konzernweite Vereinheitlichung von Beschäftigungsbedingungen

---

[41] Wohl auch *Seydel* in KK-WpÜG, § 11 Rn. 73.
[42] *Meyer* in Assmann/Pötzsch/Schneider, § 11 Rn. 119.

mit wesentlichen Auswirkungen für die Arbeitnehmer; Maßnahmen zur Abmilderung sozialer Härten in den vorgenannten Fällen.

35 Mögliche arbeitsrechtliche Angaben können demnach zB folgenden Inhalt haben: „Nach einer erfolgreichen Übernahme ist eine Ausgliederung der Unternehmenssparten XY des Unternehmens Z auf eine rechtlich selbständige Gesellschaft, deren Gesellschaftsanteile von Z gehalten werden sollen, beabsichtigt. Beruht der Betriebsübergang auf einer Ausgliederung, werden die Beschäftigungsbedingungen der davon betroffenen Arbeitnehmer unberührt bleiben (§ 613a BGB). Eine Mitgliedschaft im Arbeitgeberverband ist für die neue Gesellschaft nicht beabsichtigt. Die Tarifbindung von Z soll bestehen bleiben. Im Übrigen ist eine wesentliche Änderung der Beschäftigungsbedingungen nicht geplant. Soweit erforderlich, wird mit dem zuständigen Betriebsrat ein Interessenausgleich und Sozialplan gemäß §§ 111 ff. BetrVG abgeschlossen werden. Der Betriebsrat hätte für die ausgegliederten Betriebsteile ein Übergangsmandat nach § 21a BetrVG. Der bei Z bestehende mitbestimmte Aufsichtsrat würde weiter bestehen bleiben."

36 Beabsichtigt der Bieter wie ganz allgemein üblich keinerlei Maßnahmen, die sich auf die arbeitsrechtliche Situation auswirken, so verlangt die BaFin jeweils und zu jedem Punkt ausdrücklich ein **Negativattest** in der Angebotsunterlage. Warum keine allgemein verneinende Aussage zu sämtlichen zu berücksichtigenden Punkten zulässig ist, verschließt sich jeder vernünftigen Beurteilung.

37 Da das Gesetz die Angaben auf die „Absichten" des Bieters beschränkt, ist damit grundsätzlich **keine Bindung** gegenüber Arbeitnehmern oder Betriebsräten der Zielgesellschaft oder des Bieters verbunden. Die Angebotsunterlage soll den Beschäftigten nur eine Informationsgrundlage verschaffen, damit sie mögliche Entwicklungen frühzeitig erkennen und zu gegebener Zeit ihre eigenen Rechte wahrnehmen können.[43] Da das WpÜG die unternehmerische Freiheit nicht beschränkt und der Schutz individueller und kollektiver Arbeitnehmerinteressen spezialgesetzlich abschließend geregelt ist (vgl. etwa §§ 111 ff. BetrVG, § 613a BGB), können weder Arbeitnehmer noch Betriebsräte aus der Angebotsunterlage **Erfüllungs- oder Schadensersatzansprüche** herleiten, wenn der Bieter die zunächst geplanten Maßnahmen gar nicht oder in veränderter Form durchführt.[44] Es scheint allerdings nicht völlig undenkbar, der Angebotsunterlage im Einzelfall auch (rechtsgeschäftlich) verbindlichen Charakter beizumessen (etwa hinsichtlich einer Standortgarantie), sofern eine Auslegung nach allgemeinen Grundsätzen die Annahme eines entsprechenden Bieterwillens erlaubt (vgl. § 328 Abs. 1[45] oder § 242 BGB). Zur Vermeidung von Missverständnissen empfiehlt sich daher in der Praxis jedenfalls bei Aussagen mit zweifelhaftem Gehalt eine Klarstellung hinsichtlich ihrer Unverbindlichkeit.

38 **ff) Mitglieder der Geschäftsführungsorgane.** Offenlegen muss der Bieter ferner Absichten im Hinblick auf die Mitglieder der Geschäftsfüh-

---

[43] Vgl. BT-Drucks. 14/7034, 41, 45.

[44] Ebenso *Seydel* in KK-WpÜG, § 11 Rn. 74; vgl. auch *Grobys* GmbHR 2000, R 389.

[45] So etwa BAG NZA 2006, 281, 282 f., für einen Unternehmenskaufvertrag.

rungsorgane der Zielgesellschaft. Dies umfasst insbesondere Angaben, ob und inwieweit das bisherige Management der Zielgesellschaft ausgetauscht werden soll. Daraus, dass § 11 Abs. 2 Satz 3 Nr. 2 von „Geschäftsführungsorgane" spricht, kann aber nicht gefolgert werden, dass auch Aussagen zu den Absichten im Hinblick auf die Geschäftsführungsorgane der Tochtergesellschaften der Zielgesellschaft erforderlich seien,[46] denn § 11 verlangt in Abs. 2 Satz 3 Nr. 2 nur Angaben im Hinblick auf die Zielgesellschaft. Es dürfte sich von selbst verstehen, dass der Bieter, wenn er Einfluss auf die Geschäftsführung der Zielgesellschaft nehmen will, zugleich Einfluss auf die Organe der Tochtergesellschaften nehmen könnte. Gegen die Auslegung der Erstreckung auf Tochtergesellschaften spricht auch, dass der Bieter in der Regel die Geschäftsführung der meisten Tochtergesellschaft gar nicht kennen kann, selbst bei intensivster Unternehmensprüfung.

39 **gg) Keine bestehenden Absichten.** Hat der Bieter in Bezug auf die Zielgesellschaft und hinsichtlich der Geschäftsführung und der Arbeitnehmer noch keine Absichten, was ausweislich der bislang veröffentlichten Angebotsunterlagen überwiegend der Fall ist, muss in der Angebotsunterlage ein Hinweis, das noch keine entsprechenden Absichten bestehen, aufgenommen werden.[47]

40 **hh) Absichten im Hinblick auf den Bieter.** Die Erstreckung der vorgenannten Angaben auf den Bieter erfolgte in Umsetzung von Art. 6 Abs. 3i) Übernahmerichtlinie. Der Bieter hat auch Absichten hinsichtlich seiner künftigen Geschäftstätigkeit offen zu legen. Umfasst werden alle die Informationen, die bezüglich der Zielgesellschaft gefordert werden. Die Angaben zur beabsichtigten künftigen Geschäftstätigkeit müssen sich vor allem auf die strategische Planung des Bieters im Hinblick auf den Erwerb der Wertpapiere der Zielgesellschaft, den Einfluss des Erwerbs auf seine Geschäftstätigkeit, die künftige Finanzierung der Geschäftstätigkeit und die mögliche Einordnung der Zielgesellschaft in den Bieterkonzern beziehen.[48] Der Bieter ist bereits verpflichtet, die Entscheidung zur Abgabe eines Angebots bzw. die Anzeige der Kontrollerlangung seinem Betriebsrat bzw. seinen Arbeitnehmern zu übermitteln (§ 10 Abs. 5 Satz 3). Die Pflicht zur Darstellung der Auswirkungen auf den Bieter soll insbesondere dem Schutz von dessen Arbeitnehmern dienen. Eine Pflicht zur Abgabe einer Stellungnahme des Betriebsrats/der Arbeitnehmer des Bieters besteht aber nicht.[49]

41 **c) Geldleistungen und geldwerte Vorteile an Organmitglieder der Zielgesellschaft (§ 11 Abs. 2 Satz 3 Nr. 3).** Anzugeben sind hier alle an Mitglieder des Vorstands oder des Aufsichtsrats der Zielgesellschaft **gewährten oder in Aussicht gestellte Geldleistungen** und andere **geldwerte Vorteile.** Der Zweck dieser Angaben besteht darin, die Adressaten des Angebots über hieraus resultierende potentielle Interessenkonflikte des Manage-

---

[46] So aber *Thoma* in Baums/Thoma, § 11 Rn. 89; *Seydel* in KK-WpÜG, § 11 Rn. 75.

[47] *Schuster* in Zschocke/Schuster, Teil C Rn. 102; BT-Drucks. 14/7034, S. 41; vgl. auch → Rn. 36.

[48] BT-Drucks. 16/1003, 18.

[49] *Seibt/Heiser* AG 2006, 301, 306.

ments in Kenntnis zu setzen, insbesondere vor dem Hintergrund, dass Vorstand und Aufsichtsrat der Zielgesellschaft eine Stellungnahme zu dem Angebot abzugeben haben.[50]

42 Die Vorschrift ist insbesondere vor dem Hintergrund des § 33d zu sehen, wonach es dem Bieter und mit ihm gemeinsam handelnden Personen verboten ist, Vorstands- oder Aufsichtsratsmitgliedern der Zielgesellschaft im Zusammenhang mit dem Angebot ungerechtfertigte Geldleistungen oder andere ungerechtfertigte geldwerte Vorteile zu gewähren oder in Aussicht zu stellen.[51] Gleichwohl ist die Angabepflicht nicht auf Übernahme- oder Pflichtangebote beschränkt, für die § 33 Abs. 3 bzw. § 39 iVm § 33d gilt, sondern besteht auch bei sonstigen freiwilligen Angeboten.

43 Da der Zweck der Vorschrift im Aufdecken potentieller Interessenkonflikte liegt, besteht die Angabepflicht unabhängig davon, ob die Vorteilsgewährung zulässig oder – zB weil ein Verstoß gegen § 33d vorliegt – unzulässig ist. Anzugeben sind dabei sowohl Art als auch Höhe der gewährten Vorteile. Werden Vorteile im Sinne der Vorschrift nicht gewährt, genügt in der Angebotsunterlage ein entsprechender kurzer Hinweis.

44 **d) Finanzierungsbestätigung (§ 11 Abs. 2 Satz 3 Nr. 4).** In die Angebotsunterlage aufzunehmen ist ferner die von einem vom Bieter **unabhängigen Wertpapierdienstleistungsunternehmen** abgegebene Finanzierungsbestätigung nach § 13 Abs. 1 Satz 2. Die damit im Zusammenhang stehende Verpflichtung, Firma, Sitz und Rechtsform des Wertpapierdienstleistungsunternehmens anzugeben, soll gewährleisten, dass Wertpapierinhaber die Möglichkeit haben, ihre Ansprüche gegen das Wertpapierdienstleistungsunternehmen wegen fehlerhafter Finanzierungsbestätigung nach § 13 Abs. 2 auch durchzusetzen.[52]

45 Aufgrund der Formulierung von Abs. 2 Satz 3 Nr. 4 handelt es sich bei der Finanzierungsbestätigung dem Grundsatz nach nicht um eine ergänzende Angabe des Bieters in der Angebotsunterlage. Vielmehr stellt die Finanzierungsbestätigung, die als Bestandteil der Angebotsunterlage veröffentlicht wird, die an die Adressaten des Angebots gerichtete **öffentliche Erklärung** des Wertpapierdienstleistungsunternehmens selbst dar.

46 **e) Gemeinsam handelnde Personen und Zurechnung von Stimmrechten (§ 2 Nr. 1 WpÜG-AngV).** Zum Zwecke der umfassenden Information über die Einflussmöglichkeiten des Bieters bei der Zielgesellschaft sind in gleicher Weise wie beim Bieter selbst (siehe Abs. 2 Satz 2 Nr. 1) Name oder Firma und Anschrift oder Sitz sowie ggf. die Rechtsform der mit dem Bieter gemeinsam handelnden Personen (§ 2 Abs. 5) anzugeben. Gleiches gilt hinsichtlich aller Personen, deren Stimmrechte aus Aktien der Zielgesellschaft nach § 30 Stimmrechten des Bieters gleichstehen oder ihm zuzurechnen sind. Zusätzlich anzugeben ist das Verhältnis der Gesellschaften zum Bieter und zur Zielgesellschaft. Regelmäßig geschieht dies in einer Unterteilung in Tochterunternehmen des Bieters und anderen gemeinsam handelnden Personen.

---

[50] BT-Drucks. 14/7034, 41.
[51] Vgl. auch BT-Drucks. 14/7477, 67.
[52] BT-Drucks. 14/7034, 42.

47 Auch die mit der Zielgesellschaft gemeinsam handelnden Personen und deren Verhältnis zum Bieter und zur Zielgesellschaft sind in der Angebotsunterlage aufzuführen. Die Regelung ist Konsequenz der Einbeziehung der Zielgesellschaft in § 2 Abs. 5 in Umsetzung von Art. 2 Abs. 1b) Übernahmerichtlinie. Sinn und Zweck dieser Angaben sind nicht ersichtlich. Für den Aktionär sind die Angaben über sämtliche Tochter- und Schwestergesellschaften des Bieters und der Zielgesellschaft erkennbar irrelevant. Trat zum Zeitpunkt der Veröffentlichung der Angebotsunterlage noch kein Kontrollwechsel ein, sind auch die die Zielgesellschaft beherrschenden Personen/Gesellschaften hier zu benennen. Daraus wird deutlich, dass die Angaben immer unter dem Vorbehalt, dass diese auf allgemein zugänglichen Informationen beruhen, stehen müssen.

48 Bei einer Vielzahl gemeinsam mit dem Bieter oder der Zielgesellschaft handelnden Personen ist es üblich, diese teilweise sehr umfangreichen Angaben in Anhängen zur Angebotsunterlage aufzuführen.

49 **f) Angaben nach dem WpPG iVm der EU-Prospektverordnung (§ 2 Nr. 2 WpÜG-AngV). aa) Verhältnis von WpÜG und WpÜG-AngV zum VerkProspG.** § 2 Nr. 2 WpÜG-AngV verlangt bei **Tauschangeboten,** bei denen Wertpapiere als Gegenleistung angeboten werden, zusätzlich die Aufnahme aller Angaben, die nach § 7 WpPG iVm der EU-Prospektverordnung erforderlich sind. Der Hintergrund dieser Regelung ist darin zu sehen, dass aufgrund der ausdrücklichen Ausnahmebestimmung des § 4 Abs. 1 Nr. 2, Abs. 2 Nr. 3 WpPG die Erstellung eines Wertpapierprospektes für das Angebot der Wertpapiere und deren Zulassung zum Börsenhandel nicht erforderlich ist, wenn Wertpapiere als Gegenleistung im Rahmen eines Angebots nach dem WpÜG angeboten werden. Nach der Gesetzessystematik ersetzt insoweit die im Einklang mit dem WpÜG und der WpÜG-AngV erstellte Angebotsunterlage den Wertpapierprospekt.

50 **bb) Angebot von Wertpapieren.** Aus der Bezugnahme auf § 7 WpPG folgt, dass der in § 2 Nr. 2 WpÜG-AngV verwendete Begriff des **Wertpapiers** hier ausnahmsweise nicht im Sinne der engen Definition in § 2 Abs. 2 des Gesetzes ausgelegt werden kann, sondern vielmehr alle Wertpapiere iSd § 2 Nr. 1 WpPG erfasst, also alle vertretbaren Wertpapiere und Wertrechte, die ihrer Natur nach auf einem Markt gehandelt werden können, dh fungibel und umlauffähig sind. Besteht die Gegenleistung des Bieters ausschließlich in Wertpapieren, sind bei Übernahme- und Pflichtangeboten allerdings die Beschränkungen des § 31 Abs. 2 (nur liquide an einem organisierten Markt zugelassene Aktien) zu beachten.

51 Für die Angabepflicht nach § 2 Nr. 2 WpÜG-AngV spielt es keine Rolle, ob die Gegenleistung in Wertpapieren des **Bieters** oder eines **dritten Emittenten** gewährt wird, da das Informationsbedürfnis der angesprochenen Wertpapierinhaber in beiden Fällen in gleicher Weise besteht. Um bei einem Angebot von Wertpapieren dritter Emittenten die erforderlichen Angaben in die Angebotsunterlage aufnehmen zu können, wird der Bieter regelmäßig auf die Kooperationsbereitschaft des dritten Emittenten angewiesen sein.

52 **cc) § 7 VermAnlG iVm Vermögensanlagen-VerkaufsprospektVO.** Für den eher sehr seltenen und auf freiwillige Erwerbsangebote beschränkten

Fall (§ 31 Abs. 2), dass andere Unternehmensanteile als Aktien, etwa KG-Anteile, zum Tausch angeboten werden, muss die Angebotsunterlage die Angaben nach **§ 7 VermAnlG iVm Vermögensanlagen-Verkaufsprospekt-VO** enthalten.

dd) Inhaltliche Angaben. Die bei Tauschangeboten erforderlichen Angaben zu den als Gegenleistung angebotenen Wertpapieren richten sich nach **§ 7 WpPG iVm der EU-Prospektverordnung,** wobei hier nur Anhänge I bis III EU-Prospektverordnung in Betracht kommen können. Dabei dürfte es zur Vermeidung von **Informationsredundanzen** genügen, nur solche Angaben aufzunehmen, die nicht ohnehin nach § 11 Abs. 2 und § 2 WpÜG-AngV in die Angebotsunterlage aufzunehmen sind. 53

Bei der Verweisung auf § 7 WpPG handelt es sich um eine **Rechtsfolgenverweisung,** so dass es nicht darauf ankommt, ob für die als Gegenleistung angebotenen Wertpapiere ein Antrag auf Zulassung an einer inländischen Börse zum regulierten Markt bereits gestellt ist. Die prospektähnliche Darstellung ist immer erforderlich, unabhängig davon, ob die zum Tausch angebotenen Wertpapiere bereits zum Börsenhandel zugelassen sind. Die prospektähnliche Darstellung sichert jedoch zugleich die Zulassungsvoraussetzungen für die anlässlich der Übernahme auszugebenden neuen Aktien (§ 4 Abs. 2 Nr. 3 WpPG bzw. Art. 4 Abs. 2 (c) EU-Prospektrichtlinie). Überlegungen zur Sicherstellung der späteren Zulassung dieser Aktien[53] sind damit ebenfalls obsolet. 54

ee) Ausnahmen von der Angabepflicht. Ausnahmen von der Angabepflicht sind nach § 2 Nr. 2 Hs. 2 WpÜG-AngV zugelassen, wenn für die angebotenen Wertpapiere **innerhalb von zwölf Monaten** – nur dann ist der Wertpapierprospekt gültig, § 9 Abs. 1 WpPG – vor Veröffentlichung der Angebotsunterlage im Inland ein Wertpapierprospekt in deutscher Sprache veröffentlicht wurde und wenn dieser zudem gemäß § 16 WpPG aktualisiert wurde. In diesen Fällen genügt es, in der Angebotsunterlage einen Hinweis auf den veröffentlichten Wertpapierprospekt mit den erforderlichen Nachträgen sowie auf dessen Verfügbarkeit aufzunehmen. 55

g) Angemessenheit der Bewertungsmethoden (§ 2 Nr. 3 WpÜG-AngV). aa) Anwendungsbereich. In der Angebotsunterlage muss der Bieter ferner Angaben über die zur Festsetzung der Gegenleistung angewandten Bewertungsmethoden machen. Die Vorschrift gilt nicht nur für **Übernahme- und Pflichtangebote,** sondern auch für alle **sonstigen freiwilligen Angebote.**[54] Die Regelung ist § 12 Abs. 2 Satz 2 UmwG (Angaben zu den Bewertungsmethoden zum Zwecke der Bestimmung der Angemessenheit des Umtauschverhältnisses bei Verschmelzungen) nachgebildet; gleichwohl gilt die Vorschrift ihrem Wortlaut nach für alle Formen der Gegenleistung, also auch für Geldleistungen. 56

bb) Inhalt der Angabepflicht. Die Angaben des Bieters erstrecken sich auf die Angabe der **gewählten Bewertungsmethode** einschließlich der Begründung für deren **Angemessenheit** sowie bei mehreren Bewertungsmethoden auf deren sich jeweils ergebende **Auswirkungen,** auf deren **Ge-** 57

[53] *Thoma* in Baums/Thoma, § 11 Rn. 103.

[54] Kritisch hierzu Stellungnahme des Handelsrechtsausschusses des DAV vom April 2001, NZG 420, 423.

wichtung und die Gründe für deren Gewichtung sowie auf die **aufgetretenen Schwierigkeiten** bei der Wertfeststellung.[55] Die Vorschrift verlangt jedoch keine Angaben des Bieters, ob und warum die gewährte Gegenleistung angemessen ist, selbst dann nicht, wenn wie bei Übernahme- und Pflichtangeboten eine angemessene Gegenleistung (§ 31 Abs. 1 Satz 1) angeboten werden muss.

58 **(1) Bewertung anhand Börsenkurs.** Wird als Gegenleistung ausschließlich eine **Geldleistung** angeboten, so dürfte in Fortführung der bereits unter dem Übernahmekodex vielfach geübten Praxis regelmäßig eine Bezugnahme auf das Verhältnis zum aktuellen bzw. zum letzten vor Veröffentlichung der Entscheidung zur Abgabe des Angebots festgestellten **Börsenkurs** sowie auf das Verhältnis zum durchschnittlichen Börsenkurs der Wertpapiere während des **dreimonatigen Referenzzeitraums** nach §§ 5 Abs. 1, 6 Abs. 1 WpÜG-AngV genügen. Die Angemessenheit der Methode, auf den Börsenkurs Bezug zu nehmen, folgt bereits daraus, dass der Verkehrswert der Aktie in aller Regel mit dem Börsenwert identisch ist.[56]

59 Nur dann, wenn über einen längeren Zeitraum mit Aktien der Zielgesellschaft praktisch **kein Handel** stattgefunden hat, aufgrund einer **Marktenge** der einzelne Aktionär nicht in der Lage ist, seine Aktien zum Börsenpreis zu veräußern oder der Börsenpreis **manipuliert** worden ist, kann der Börsenkurs bei der Wertermittlung nicht in Betracht gezogen werden, § 5 Abs. 4 WpÜG-AngV.[57]

60 Liegen die zuletzt genannten Ausnahmefälle nicht vor, genügt im Rahmen der Angabe zur Begründung der Bewertungsmethode grundsätzlich der kurze Hinweis, dass es sich bei den Wertpapieren der Zielgesellschaft, auf die sich das Angebot erstreckt, um **liquide Wertpapiere** handelt. Dies gilt jedenfalls uneingeschränkt bei **sonstigen freiwilligen Angeboten,** da bei diesen nicht vorgeschrieben ist, dass die Gegenleistung angemessen sein muss. Ob bei **Übernahme- und Pflichtangeboten** vor dem Hintergrund der Pflicht zur Leistung einer angemessenen Gegenleistung (§ 31 Abs. 1 Satz 1) allein deshalb **weitergehende Angaben zur Begründung** und ggf. auch die Darlegung anderer Bewertungsmethoden und deren Auswirkungen nach § 2 Nr. 3 WpÜG-AngV erforderlich sind, erscheint zweifelhaft. Zwar hat es der Gesetzgeber bewusst vermieden, den Begriff der Angemessenheit näher zu definieren[58] und die nähere Ausgestaltung dem Verordnungsgeber überlassen;[59] jedoch enthalten auch §§ 3ff. WpÜG-AngV insoweit keine abschließenden Aussagen, sondern legen nur Mindestwerte für die Gegenleistung fest. Eben-

---

[55] Diese Angabepflichten als überzogen kritisierend Stellungnahme des Handelsrechtsausschusses des DAV v. September 2001, NZG 2001, 1003, 1004; *Schüppen* WPg 2001, 958, 962.

[56] BVerfG ZIP 1999, 1436, 1441.

[57] Vgl. BVerfG ZIP 1999, 1436, 1442; BGH ZIP 2001, 734, 736; siehe im Übrigen §§ 5 Abs. 4, 6 Abs. 6 WpÜG-AngV, die allerdings Fälle der Kursmanipulation in ihrem Tatbestand nicht berücksichtigen.

[58] BT-Drucks. 14/7034, 55.

[59] Die Verfassungskonformität eines solchen Vorgehens unter dem Blickwinkel von Art. 80 GG bezweifelnd *Schüppen* WPg 2001, 958, 976.

so hat die Rechtsprechung des BVerfG im Grundsatz nur dazu Stellung genommen, dass bei Abfindungszahlungen der Börsenkurs (sofern er nicht ausnahmsweise außer Betracht bleiben kann) jedenfalls nicht unterschritten werden darf.[60] Die Ertragswertmethode gilt insoweit nach wie vor als anerkannter Standard bei der Unternehmensbewertung.[61] Eine undifferenzierte Übertragung dieser Grundsätze auf das Angebotsverfahren in dem Sinne, dass der Bieter zur Überprüfung der Angemessenheit stets auch Ausführungen zum Ertragswert oder anderen Bewertungsmethoden zu machen hätte, verbietet sich gleichwohl. Dies rechtfertigt sich zum einen aus der Überlegung, dass der Aktionär der Zielgesellschaft, der vor der Entscheidung steht, durch Annahme des Angebots sein Investment zu beenden, auch bei einer Veräußerung über die Börse immer nur den Wert realisieren könnte, der sich im Börsenkurs widerspiegelt, unabhängig davon, wie hoch der wahre Wert[62] der Aktien der Zielgesellschaft auch sein mag.[63] Zweitens hat der BGH, auch wenn er den Börsenkurs als Bewertungsuntergrenze ansieht, immerhin der Bewertung anhand des an der Börse gebildeten Verkehrswerts den **Vorrang** eingeräumt;[64] schon insoweit sollte, da § 2 Nr. 3 WpÜG-AngV nur auf die Angemessenheit der Bewertungsmethode Bezug nimmt, die Angabe weiterer Methoden, nicht gefordert werden können. Zum dritten stellen §§ 4 bis 6 WpÜG-AngV, auch wenn sie nur Mindestwerte festlegen, in Verbindung mit den Preiserhöhungs- und Nachbesserungsregeln sowie dem Umgehungsschutz nach § 31 Abs. 4 bis 6 ein ausreichendes Schutzsystem zugunsten der Aktionäre bereit. Schließlich wäre, jedenfalls bei Übernahmeangeboten, bei denen der Bieter die Zielgesellschaft noch nicht kontrolliert, die Durchführung einer Unternehmensbewertung vielfach gar nicht praktisch durchführbar.[65]

Tatsächlich muss zur Begründung der Angemessenheit der Verweis darauf, **61**
dass die angebotene Gegenleistung der gesetzlichen (§ 31) Mindestgegenleistung entspricht oder diese übersteigt, genügen. All dies spricht dafür, dass es auch bei Übernahme- und Pflichtangeboten bei der Bezugnahme auf den Börsenkurs und der Begründung, dass es sich bei den Wertpapieren, auf die sich das Angebot erstreckt, um liquide Aktien handelt, bewenden kann, auch wenn die BaFin oftmals eine darüber hinausgehende Begründung verlangt. Mit dem WpÜG ist dieses Verlangen nicht zu vereinbaren. Keinesfalls erforderlich ist das Offenlegen der Bieter-internen Kalkulation zu seiner Beurteilung der Höhe der Gegenleistung.[66]

---

[60] Zur Interpretation der Entscheidung siehe *Wilm* NZG 2000, 234, 235; *Piltz* ZGR 2001, 185, 195 f.

[61] Etwa OLG Stuttgart ZIP 2010, 274; *Stratz* in Schmitt/Hörtnagl/Stratz, § 5 UmwG Rn. 16.

[62] Kritisch zu diesem Begriff *Piltz* ZGR 2001, 185, 193 f.; *Luttermann* ZIP 2001, 869, 871; dagegen jedoch *Hüttemann* ZGR 2001, 454, 466 f.

[63] *Piltz* ZGR 2001, 185, 195 f.; *Riegger* DB 1999, 1889, 1890; mit Einschränkungen auch *Krieger* in MHdB AG, § 70 Rn. 106; *Hüttemann* ZGR 2001, 454, 475 ff.; aA jedoch *Reuter* DB 2001, 2483, 2484 f.

[64] BGH ZIP 2001, 734, 736.

[65] Darauf weist zu Recht die Stellungnahme des Handelsrechtsausschusses des DAV v. April 2001, NZG 2001, 420, 428 hin.

[66] AA *Wackerbarth* in MüKoAktG, § 11 Rn. 71.

62 Nur in den Fällen, in denen der Rückgriff auf den **Börsenkurs nicht gerechtfertigt** ist (dh in den Fällen von §§ 5 Abs. 4, 6 Abs. 6 WpÜG-AngV), werden Ausführungen zu anderen Bewertungsmethoden, deren Auswirkungen und deren Gewichtung erforderlich. Legt der Bieter weitere angemessene Bewertungsmethoden offen, ohne dass die Voraussetzungen von §§ 5 Abs. 4, 6 Abs. 6 WpÜG-AngV vorliegen (zB weil der Bieter den Kurs der Zielgesellschaft für manipuliert hält) dürfen allerdings bei Übernahme- und Pflichtangeboten auch dann, wenn das Ergebnis der danach durchzuführenden Bewertung zu einem niedrigeren Wert für die Aktien der Zielgesellschaft führt, die Mindestwerte nach dem Wortlaut von §§ 4 bis 6 WpÜG-AngV nicht unterschritten werden.

63 Abzulehnen sind hingegen Forderungen, dass der Bieter zur Begründung der Angemessenheit seine interne Bewertung, erstellt auf den Erkenntnissen einer Due Diligence bei der Zielgesellschaft, offen legen müsse, um Informationsgleichheit herzustellen.[67] Gegen eine solche Pflicht spricht bereits, dass es je nach Erwerbssituation offen ist, in welchem Umfang und in welcher Tiefe der Bieter eine Unternehmensprüfung bei der Zielgesellschaft überhaupt durchführen kann. Dem Bieter bleibt es hingegen unbenommen, als freiwillige Angabe Ergebnisse einer umfänglichen Unternehmensbewertung wiederzugeben, etwa um den Aktionären der Zielgesellschaft anzuzeigen, dass bei späteren Strukturierungsmaßnahmen die gesetzliche verlangte Abfindung nach dem Unternehmenswert (etwa § 29 UmwG, §§ 305, 327b AktG) kein höherer Betrag als der Angebotspreis gezahlt wird.

64 Besteht die Gegenleistung in **börsennotierten Wertpapieren,** ist zur Bewertung ebenfalls ein Rückgriff auf den Börsenkurs angezeigt. Der Rückgriff auf den Börsenkurs rechtfertigt sich hier aus der Überlegung, dass eine zutreffende Ermittlung des Umtauschverhältnisses grundsätzlich nur möglich ist, wenn Leistung und Gegenleistung nach **einheitlichen Grundsätzen** bewertet werden,[68] denn andernfalls werden „Äpfel mit Birnen" verglichen Bei Übernahme- und Pflichtangeboten, bei denen die Gegenleistung in liquiden, an einem organisierten Markt zugelassenen Aktien bestehen muss, müsste für die Bieteraktien auch immer ein in einem liquiden Markt zustande gekommenen Börsenkurs verfügbar sein (§ 31 Abs. 2 Satz 1), so dass nur der Wert der Aktien der Zielgesellschaft wegen §§ 5 Abs. 4, 6 Abs. 6 WpÜG-AngV auf Grundlage einer Unternehmensbewertung ermittelt werden müsste. Gewährt der Bieter bei einem Vorerwerb dem Verkäufer Bieter-Aktien, muss nach Ansicht der BaFin der Börsenkurs der Gegenleistungsaktien nicht nur im Zeitpunkt des Vorerwerbs sondern auch noch einmal zum späteren Zeitpunkt des Vollzugs des Vorerwerbs mit dem Börsenkurs der Aktien der Zielgesellschaft verglichen und etwaige Differenzen zugunsten der Aktionäre der Zielgesellschaft ausgeglichen werden.[69] In einem solchen Fall dürfte eine ergänzende Barzahlung in Betracht kommen.

---

[67] So *Wackerbarth* in MüKoAktG, § 11 Rn. 70.

[68] Vgl. BGH ZIP 2001, 734, 738; LG Dortmund ZIP 2001, 739, 743; *Vetter* AG 1999, 569, 572; *Behnke* NZG 1999, 934; *Wilm* NZG 2000, 234, 235; *Bungert/Eckert* BB 2000, 1845, 1846; *Piltz* ZGR 2001, 185, 203 f.; *Hüttemann* ZGR 2001, 454, 465.

[69] BaFin-Jahresbericht 2011, S. 226 f.

(2) Andere Bewertungsmethoden. Ist ein Rückgriff auf den Börsenkurs nicht gerechtfertigt, nicht möglich oder werden mehrere Bewertungsmethoden nebeneinander angewandt, sind diese Bewertungsmethoden in der Angebotsunterlage darzustellen. Soweit die Ertragswertmethode angewendet wurde, genügt es, darauf hinzuweisen. 65

Soweit satzungsgemäße Rechte gemäß § 33b Abs. 2 nach Veröffentlichung der Angebotsunterlage entzogen werden, sind die Höhe der angebotenen Entschädigung nach § 33b Abs. 5 (§ 11 Abs. 2 Nr. 4a) sowie die angewandten Berechnungsmethoden und die Gründe für die Angemessenheit der angewandten Methode anzugeben (§ 2 Abs. 3a WpÜG-AngV). Der Verweis in § 11 Abs. 2 Nr. 4a auf § 33b Abs. 4 und nicht auf den Abs. 5 des § 33b dürfte als Redaktionsversehen anzusehen sein.[70] 66

h) Mitwirkungshandlungen der Angebotsempfänger, Kosten, Zeitpunkt (§ 2 Nr. 4 WpÜG-AngV). Nach § 2 Nr. 4 WpÜG-AngV muss die Angebotsunterlage verschiedene Angaben zum Angebotsverfahren und zur **technischen Abwicklung** des Angebots enthalten. 67

Zu den Angaben betreffend die Maßnahmen, die die Adressaten ergreifen müssen, um das Angebot anzunehmen und um die Gegenleistung für die Wertpapiere zu erhalten, gehört die Angabe, gegenüber welcher Stelle die Annahme des Angebots erklärt werden muss sowie in welcher Weise und bei welchen Stellen sie die Wertpapiere, die Gegenstand des Angebots sind, (ggf. mit Gewinnanteilscheinen und Erneuerungsschein) einreichen oder zur Verfügung stellen müssen; ferner, wie der Kauf- oder Tauschvertrag zwischen Bieter und annehmendem Aktionär zustande kommt und die Übereignung der eingereichten Wertpapiere stattfindet. 68

Die Angaben zu den **Kosten** (zB Provisionen, Spesen, Gebühren von Depotbanken, ggf. ausländische Börsenumsatz- und Stempelsteuern) umfassen auch die Angabe, dass, falls dies zutrifft, der Verkauf oder Tausch für die Aktionäre provisions- und spesenfrei ist. Eine Verpflichtung des Bieters, die Kosten zu übernehmen, wird durch das WpÜG nicht begründet, wenngleich es in der Praxis zur Erreichung einer möglichst hohen Akzeptanz des Angebots üblich ist, die Adressaten von den entsprechenden Kosten freizustellen. 69

Hinsichtlich der Angabe des **Zeitpunkts,** zu dem die das Angebot annehmenden Wertpapierinhaber die Gegenleistung erhalten, enthält das Gesetz keine speziellen Vorgaben. Im Grundsatz können die aufgrund der eingegangenen Annahmeerklärungen zur Verfügung gestellten Aktien während der Laufzeit des Angebots bereits sofort nach Eingang abgewickelt werden, sofern der Wirksamkeit des Angebots keine Bedingungen entgegenstehen. Dies ist in der Praxis jedoch gänzlich unüblich. Vielmehr werden im Regelfall die zur Verfügung gestellten Wertpapiere einheitlich erst nach Ende der Annahmefrist oder weiteren Annahmefrist technisch abgewickelt. Da der Bieter bei Veröffentlichung der Angebotsunterlage nicht sicher voraussehen kann, ob sich nicht die Annahmefrist kraft Gesetzes verlängert (siehe §§ 16 Abs. 3 Satz 1, 21 Abs. 5 Satz 1, 22 Abs. 2 Satz 1), muss der anzugebende Zeitpunkt nicht auf ein exaktes Kalenderdatum lauten, sondern kann auch auf einen voraussichtlichen Zeitpunkt relativ zum Ende der Annahmefrist bezogen werden. 70

---

[70] *Steinhardt/Nestler* in Steinmeyer, § 11 Rn. 32, Fn. 54.

71 **i) Eigene und zuzurechnende Stimmrechte, Finanzinstrumente (§ 2 Nr. 5 WpÜG-AngV).** Die Angaben nach § 2 Nr. 5 WpÜG-AngV dienen dazu, ein umfassendes Bild über die **Eigentumsverhältnisse** an der Zielgesellschaft zu vermitteln.[71]

72 Anzugeben ist zum einen die Anzahl der vom Bieter und von mit ihm gemeinsam handelnden Personen und deren Tochterunternehmen bereits **gehaltenen Wertpapiere.** Bei dieser Angabe kommt es nicht darauf an, ob die gehaltenen Wertpapiere Stimmrechte an der Zielgesellschaft vermitteln. Stimmrechtslose Vorzugsaktien an der Zielgesellschaft sind daher ebenso einzubeziehen wie auch alle anderen Wertpapiere iSd § 2 Abs. 2, die keine Stimmrechte vermitteln und zum Erwerb neuer Aktien der Zielgesellschaft berechtigen (Optionsanleihen cum, Wandelschuldverschreibungen, Umtauschanleihen u.ä.). Weiterhin sind eigene und indirekt gehaltene Finanzinstrumente gemäß § 25 WpHG offenzulegen. Der Verweis auf § 25a WpHG macht seit der Änderung des WpHG durch das Gesetz zur Umsetzung der Transparenzrichtlinie-Änderungsrichtlinie keinen Sinn mehr.

73 Nach der Formulierung der Verordnung[72] ist allerdings nicht eindeutig, ob auch hier, ebenso wie bei der Angabe der zuzurechnenden Stimmrechte, die Stimmrechte auf den Bieter, die mit ihm gemeinsam handelnden Personen und deren Tochterunternehmen aufzuteilen sind. Gegen eine Pflicht zur getrennten Angabe der gehaltenen Wertpapiere spricht, dass nach dem Wortlaut die gehaltenen Wertpapiere anzugeben sind und das Wort „jeweils" sich ausdrücklich nur auf die zuzurechnenden Stimmrechtsanteile bezieht.

74 Angaben sind außerdem zu den dem Bieter und den mit ihm gemeinsam handelnden Personen und deren Tochterunternehmen nach § 30 **zuzurechnenden Stimmrechtsanteilen** getrennt für jeden Zurechnungstatbestand zu machen. Bei entsprechendem Antrag nach § 20 Abs. 1 kann der Handelsbestand hier ausgenommen werden.[73] Die erforderlichen Angaben entsprechen somit dem Inhalt der Mitteilungspflichten nach § 21 Abs. 1, 1a iVm § 22 WpHG bei Erreichen, Überschreiten oder Unterschreiten der Schwellenwerte des § 21 Abs. 1 Satz 1 WpHG. Gleichwohl bleiben die Mitteilungspflichten nach §§ 21ff. WpHG hiervon schon deshalb unberührt, weil diese Mitteilungspflichten gegenüber der Gesellschaft zu erfüllen sind und dort auch noch weitere Angaben zu machen sind (siehe § 21 Abs. 1 Satz 1 WpHG). Soweit die erforderlichen Angaben bereits Bestandteil einer Mitteilung nach § 21 WpHG waren, sind sie im Interesse einer vollständigen Information in der Angebotsunterlage lediglich zu wiederholen und ggf. zu aktualisieren.[74]

75 **j) Teilangebot und Zuteilungsverfahren (§ 2 Nr. 6 WpÜG-AngV).** Soweit das Angebot zulässigerweise (siehe § 32 bzw. § 39 iVm § 32) als **Teilangebot** ausgestaltet ist, dh bei sonstigen freiwilligen Angeboten, ist der Anteil bzw. die Anzahl der Wertpapiere, die Gegenstand des Angebots sind, zu beziffern.

---

[71] BT-Drucks. 14/7034, 78f.

[72] Ebenso wenig nach der Begründung, BT-Drucks. 14/7034, 78f.

[73] BT-Drucks. 14/7034, 78.

[74] BT-Drucks. 14/7034, 79.

Anzugeben ist in diesem Fall außerdem das Verfahren für die geplante **Zuteilung** (§ 19), insbesondere, aber nicht nur dann, wenn Ausnahmen vom Grundsatz der verhältnismäßigen Berücksichtigung aller eingegangenen Annahmeerklärungen beabsichtigt sind. 76

k) Gegenleistung bei Vorerwerben (§ 2 Nr. 7 WpÜG-AngV). Die nach § 2 Nr. 7 WpÜG-AngV erforderlichen Angaben zu Art und Umfang von gewährten oder vereinbarten Gegenleistungen bei Vorerwerben einschließlich abgeschlossener Vereinbarungen nach § 31 Abs. 6 (siehe § 4 WpÜG-AngV) durch den Bieter, die mit ihm gemeinsam handelnden Personen und deren Tochterunternehmen dienen bei **Übernahme- und Pflichtangeboten** den Adressaten des Angebots insbesondere dazu, beurteilen zu können, ob die angebotene Gegenleistung den vorgeschriebenen Mindestwert nach § 4 WpÜG-AngV berücksichtigt. Referenzzeitraum ist hierbei der Zeitraum von sechs Monaten vor Veröffentlichung der Angebotsunterlage (§ 4 Satz 1 WpÜG-AngV). Darüber hinaus dienen die Angaben auch der Überprüfung, ob der Bieter ggf. eine Geldleistung anbieten muss (§ 31 Abs. 3 Nr. 1). Wegen des insoweit geltenden anderen Referenzzeitraumes müssen daher auch Vorerwerbe und gleichgestellte Vereinbarungen nach § 31 Abs. 6 angegeben werden, die innerhalb von sechs Monaten vor der Veröffentlichung nach § 10 Abs. 3 Satz 1 (dh bei Übernahmeangeboten vor Veröffentlichung der Entscheidung zur Abgabe eines Angebots, bei Pflichtangeboten vor Veröffentlichung des Kontrollerwerbs, § 35 Abs. 1 Satz 1) stattgefunden haben. 77

Die nach § 2 Nr. 7 WpÜG-AngV erforderlichen Angaben sind auch bei **sonstigen freiwilligen Angeboten** zu machen, für die § 31 Abs. 1 Nr. 1 und § 4 WpÜG-AngV nicht zur Anwendung kommen. Die Angaben sind gleichwohl erforderlich, denn die Kenntnis der Adressaten von derartigen Transaktionen im Vorfeld des Angebots ist zu dessen Beurteilung von erheblicher Bedeutung.[75] 78

l) Hinweise auf einen Widerruf der Börsenzulassung (§ 2 Nr. 7a WpÜG-AngV). Nach § 2 Nr. 7a WpÜG-AngV ist, soweit beabsichtigt, auf einen bevorstehenden Antrag der Zielgesellschaft, den Widerruf der Zulassung nach § 39 Abs. 2 BörsG zu beantragen, und dessen Folgen, hinzuweisen. Die Regelung ist jedoch nicht auf eigenständige Angebote nach § 39 Abs. 2 Satz 3 BörsG als quasi vierte Angebotsart neben Pflicht-, Übernahme- oder freiwilligem Angebot beschränkt.[76] Das für einen Widerruf der Börsenzulassung erforderliche Barangebot kann daher auch mit einem Übernahme-, Pflicht- oder freiwilligen Angebot erbracht werden. Die Bestimmung geht auf die Ergänzung des Börsengesetzes um ein Delisting-Verfahren mit Abfindungsansprüchen der Aktionäre in § 39 BörsG zurück.[77] Soweit Bieter und Zielgesellschaft bei dem Angebot in rechtlich zulässiger Weise zusammenwirken und das Angebot nicht von Bedingungen abhängig ist[78], dürfte der Bieter 79

[75] BT-Drucks. 14/7034, 79.

[76] So könnte allerdings *Groß* AG 2015, 812, 817 zu verstehen sein.

[77] BGBl. I 2015, 2029; BT-Drucks. 18/6220, 91; hierzu *Bayer* NZG 2015, 1169.

[78] Siehe *Groß* AG 2015, 812, 617; *Bungert/Leyendecker-Langner* ZIP 2016, 49, 53; aA, mindestens die Zulässigkeit der Bedingung des Stellens des Widerrufantrags bejahend *Kocher/Seitz* DB 2016, 153, 156.

regelmäßig den Hinweis in die Angebotsunterlage aufnehmen, um im Zusammenhang mit dem Angebot oder kurze Zeit danach[79] bei einem Widerruf der Zulassung nicht erneut ein Erwerbsangebot unterbreiten zu müssen. Die Mindestgegenleistung bestimmt sich dann jedoch nach dem 6-Monats gewichteten Durchschnittskurs der Zielgesellschaft vor der Veröffentlichung nach §§ 10, 35 oder Vorerwerbspreisen in diesem Zeitraum (§ 39 Abs. 3 BörsG).

80 **m) Genehmigungserfordernisse, Stand behördlicher Verfahren (§ 2 Nr. 8 WpÜG-AngV).** Die Angaben zu § 2 Nr. 8 WpÜG-AngV werden sich in aller Regel auf das Erfordernis und den Stand **kartellrechtlich relevanter Zusammenschlussvorhaben** nach dem GWB oder der FKVO und/oder anderen ausländischen Kartellrechtsvorschriften beziehen. Sofern kartellrechtliche Verfahren nicht schon vor Veröffentlichung der Angebotsunterlage abgeschlossen sind, empfiehlt es sich schon wegen § 41 Abs. 1 Satz 1 GWB, Art. 7 Abs. 1 FKVO die Wirksamkeit des Angebots unter die aufschiebende Bedingung der Freigabe des Zusammenschlussvorhabens durch die zuständigen Kartellbehörden zu stellen.

81 Andere behördliche Verfahren, zu denen Angaben im Zusammenhang mit dem Erwerb der Zielgesellschaft erforderlich sind, betreffen zB den Erwerb bedeutender Beteiligungen an einem **Kredit- oder Finanzdienstleistungsinstitut** (§ 2c KWG) oder an einem **Versicherungsunternehmen.**

82 Im Zusammenhang mit den Angaben über den Stand behördlicher Verfahren wird in der Anwendungspraxis in der Angebotsunterlage auf deren Billigung durch die BaFin hingewiesen und der Tag der Billigung genannt. Auf den eingeschränkten Prüfungsumfang, nämlich die Prüfung der Angebotsunterlage auf ihre **Vollständigkeit** sowie auf **offensichtliche Verstöße** gegen das WpÜG und die WpÜG-AngV (vgl. § 15 Abs. 1), wird hingegen nicht hingewiesen. Auch die Wertpapierprospekte nach dem WpPG enthalten regelmäßig, ohne dass dies in der EU-Prospektverordnung explizit verlangt wird, einen Hinweis auf die Billigung der BaFin.

83 **n) Hinweise zur verlängerten und weiteren Annahmefrist (§ 2 Nr. 9 WpÜG-AngV).** Der Bieter muss in der Angebotsunterlage ferner Angaben zur gesetzlichen **Verlängerung der Annahmefrist** nach § 21 Abs. 5 und § 22 Abs. 2 machen. Bei den entsprechenden Angaben handelt es sich notwendigerweise um abstrakte Hinweise, da zum Zeitpunkt der Veröffentlichung der Angebotsunterlage nicht bekannt sein kann, ob es zu einer Verlängerung der Annahmefrist überhaupt kommen wird.

84 Bei einem Übernahmeangebot ist darüber hinaus auch auf die **weitere Annahmefrist** des § 16 Abs. 2 hinzuweisen. Auch hier handelt es sich aus den vorgenannten Gründen um einen abstrakten Hinweis, da diese Frist erst mit der Ergebnismitteilung nach § 23 Abs. 1 Satz 1 Nr. 2 beginnt.

85 Ein vorsorglicher Hinweis auf eine ggf. erforderliche Verlängerung der **Annahmefrist bei Einberufung der Hauptversammlung** der Zielgesellschaft nach § 16 Abs. 3 Satz 1 ist hingegen nicht vorgeschrieben. Dem In-

[79] AA *Groß* AG 2015, 812, 817; *Bungert/Leyendecker-Langner* ZIP 2016, 49, 52, die jeweils einen Antrag auf Widerruf der Zulassung vor Ende der Annahmefrist verlangen.

formationsbedürfnis der Wertpapierinhaber wird in diesem Falle jedoch dadurch Rechnung getragen, dass der Bieter die Mitteilung über die neue Annahmefrist nach § 16 Abs. 3 Satz 3 im Bundesanzeiger veröffentlichen muss (siehe § 16 Rn. 69ff.).

o) Fundstelle für Veröffentlichung (§ 2 Nr. 10 WpÜG-AngV). Um den Zugriff auf die Angebotsunterlage zu erleichtern, muss der Bieter den Hinweis aufnehmen, wo die Angebotsunterlage gemäß § 14 Abs. 3 Satz 1 veröffentlicht wird. Der Hinweis muss sowohl die Angabe der **Internet-Adresse** als auch den **Bundesanzeiger** oder die **Stelle,** bei der die Angebotsunterlage zur kostenlosen Ausgabe bereitgehalten wird, enthalten. Der Sinn dieser Angaben ist fraglich, denn wer den Hinweis liest, muss die Angebotsunterlage bereits erhalten haben und bedarf keines Hinweises, wo die Angebotsunterlage zu finden ist.[80] 86

p) Rücktrittsrechte (§ 2 Nr. 11 WpÜG-AngV). Um die Wertpapierinhaber der Zielgesellschaft über ihre gesetzlichen Rücktrittsrechte umfassend zu informieren, ist ein entsprechender (abstrakter) Hinweis für den Fall einer Änderung des Angebots nach § 21 und den Fall der Abgabe eines konkurrierenden Angebots eines Dritten während der Annahmefrist erforderlich. 87

q) Anwendbares Recht (§ 2 Nr. 12 WpÜG-AngV). Damit die Wertpapierinhaber der Zielgesellschaft die rechtlichen Konsequenzen, die sich aus einer Annahme des Angebots und der Geltendmachung eventueller Ansprüche ergeben, abschätzen können,[81] ist schließlich anzugeben, welchem Recht die infolge der Annahme des Angebots zustande kommenden Verträge zwischen Bieter und den Wertpapierinhabern unterliegen und welcher **Gerichtsstand** gilt. Die Wahl deutschen Rechts ist mithin nicht zwingend erforderlich. Ebenso wenig ist bei einer Wahl ausländischen Rechts erforderlich, die sich aus der Anwendung ausländischen Rechts für das Angebotsverfahren ergebenden möglichen Konsequenzen im Einzelnen zu beschreiben. Die Angabe des Gerichtsstands dient der Aufklärung und Unterrichtung darüber, dass Ansprüche gegebenenfalls bei ausländischen Gerichten durchgesetzt werden müssen. Allerdings kann der Wertpapierinhaber der Zielgesellschaft den Bieter immer auch bei dem für die Zielgesellschaft zuständigen Landgericht verklagen (§ 66 Abs. 1 Satz 3). Nur wenn die Zielgesellschaft ausnahmsweise eine ausländische ist, auf die das WpÜG anwendbar ist (§ 1 Abs. 3), kann ein ausschließlich ausländischer Gerichtsstand in Betracht kommen. 88

IV. Prospektverantwortung (§ 11 Abs. 3)

Nach Abs. 3 Hs. 1 muss in der Angebotsunterlage angegeben werden, wer die **Verantwortung** für den Inhalt der Angebotsunterlage übernimmt. Um denjenigen Wertpapierinhabern, die das Angebot angenommen haben, die Durchsetzung von ggf. entstehenden Haftungsansprüchen nach § 12 zu ermöglichen, muss die Angebotsunterlage dabei die entsprechenden Angaben zu Namen und Anschrift bzw. Firma, Sitz und Rechtsform der Verantwortli- 89

[80] *Schwark/Zimmer* in Schwark, KapitalmarktR, § 11 WpÜG Rn. 28.
[81] BT-Drucks. 14/7034, 79.

chen enthalten. Die Vorschrift ist § 5 Abs. 4 WpPG nachgebildet. Der Bieter kann die Verantwortung nicht ablehnen.[82]

90 Abs. 3 Hs. 1 stellt zwar für sich genommen **keine materielle Haftungsnorm** dar.[83] Gleichwohl haben die als Verantwortliche genannten Personen gemäß § 12 Abs. 1 Nr. 1 für die Richtigkeit und Vollständigkeit der Angebotsunterlage einzustehen.

91 Regelmäßig Verantwortlicher iSd Abs. 3 Hs. 1 wird der **Bieter** als Unterzeichner der Angebotsunterlage (Abs. 1 Satz 5) sein. Der Bieter haftet für die Richtigkeit und Vollständigkeit der Angebotsunterlage bereits aufgrund der Unterzeichnung der Angebotsunterlage.

92 Abs. 3 Hs. 2 fordert von den Prospektverantwortlichen schließlich eine in die Angebotsunterlage aufzunehmende Erklärung, dass die Angaben in der Angebotsunterlage ihres Wissens **richtig** sind und keine **wesentlichen Umstände** ausgelassen sind.

§ 11a Europäischer Pass

Die von der zuständigen Aufsichtsstelle eines anderen Staates des Europäischen Wirtschaftsraums gebilligte Angebotsunterlage über ein europäisches Angebot zum Erwerb von Wertpapieren einer Zielgesellschaft im Sinne des § 2 Abs. 3 Nr. 2, deren Wertpapiere auch im Inland zum Handel an einem organisierten Markt zugelassen sind, wird im Inland ohne zusätzliches Billigungsverfahren anerkannt.

Übersicht

I. Einleitung

1 Die Regelung setzt Art. 6 Abs. 2 Unterabs. 2 der Übernahmerichtlinie um. Angebotsunterlagen, die im Rahmen eines **europäischen Angebots** (§ 2 Abs. 1a) veröffentlicht werden, bedürfen, um das Angebotsverfahren auch in Deutschland durchzuführen, zu ihrer Veröffentlichung keiner Billigung der BaFin.

II. Anwendungsbereich

2 Die Regelung findet nur Anwendung auf Übernahme- oder Pflichtangebote an die Aktionäre einer Gesellschaft mit Sitz in einem anderen EWR-Staat (§ 2 Abs. 1a), deren Aktien zu einem organisierten Markt in einem anderen EWR-Staat und zugleich zum regulierten Markt einer inländischen Börse zugelassen sind.

[82] *Meyer* in Assmann/Pötzsch/Schneider, § 11 Rn. 132.
[83] Siehe zur vergleichbaren Regelung in § 5 WpPG *Schlitt/Schäfer* in Assmann/Schlitt/von Kopp-Colomb, § 5 WpPG Rn. 6.

Zwar ist *Klepsch*[1] im Grundsatz zuzugeben, dass es der Regelung in § 11a in der Regel nicht bedarf, da die BaFin nur nach § 1 Abs. 3 Nr. 2 lit. b eine Zuständigkeit zur Prüfung einer Angebotsunterlage für ein in Deutschland veröffentlichtes Angebot an die Aktionäre einer ausländischen Gesellschaft, deren Aktien auch im Inland zugelassen sind, hat. Dies ist jedoch nur für öffentliche Angebot in Form von Barangeboten richtig. Im Falle eines Tauschangebots hätte hingegen die Angebotsunterlage als Angebot von Wertpapieren vor ihrer Veröffentlichung von der BaFin gemäß § 13 WpPG gebilligt werden müssen. Nunmehr bedarf es jedoch nach § 11a auch für die Durchführung eines Tauschangebots keiner Billigung der BaFin, da die Regelung als Spezialvorschrift dem § 1 Abs. 1 WpPG vorgeht, dh, die BaFin die Angebotsunterlage für das Tauschangebot nicht nach § 13 WpPG zu billigen hat. 3

Aus § 2 Abs. 1a und Art. 2 Abs. 1 lit. a Übernahmerichtlinie ergibt sich, dass die Regelung nur auf im Zusammenhang mit Übernahme- oder Pflichtangeboten veröffentlichte Angebotsunterlagen Anwendung finden kann,[2] also nicht auf einfache Erwerbsangebote. 4

Die Regelung erlaubt hingegen nicht die Verwendung der Angebotsunterlage zur Durchführung eines öffentlichen Angebots an die Aktionäre einer inländischen Zielgesellschaft in anderen EWR-Staaten. Angesichts der klaren Beschränkung des § 11a auf Angebote an Aktionäre einer Gesellschaft mit Sitz in einem anderen EWR-Staat, deren Aktien zugleich zum regulierten Markt einer inländischen Börse zugelassen sind, ist die von der BaFin vertretene und bei der Billigung von Angebotsunterlagen ständig durchgesetzte Ansicht, dass die Angebotsunterlage ohne rechtliche Bedenken in den anderen EWR-Staaten verbreitet werden dürfte, unhaltbar. 5

Der Gesetzgeber hat von der von der Übernahmerichtlinie eingeräumten Möglichkeit, eine Übersetzung der Angebotsunterlage oder die Aufnahme ergänzender Angaben zu verlangen, abgesehen.[3] Gleichwohl dürfte es für den Bieter zum Zweck der Erhöhung der Akzeptanz empfehlenswert sein, zumindest die Bedingungen zur Annahme und Abwicklung seines europäischen Angebots in deutscher Sprache zu ergänzen. 6

§ 12 Haftung für die Angebotsunterlage

(1) **Sind für die Beurteilung des Angebots wesentliche Angaben der Angebotsunterlage unrichtig oder unvollständig, so kann derjenige, der das Angebot angenommen hat oder dessen Aktien dem Bieter nach § 39a übertragen worden sind,**

1. von denjenigen, die für die Angebotsunterlage die Verantwortung übernommen haben, und

2. von denjenigen, von denen der Erlass der Angebotsunterlage ausgeht,

als Gesamtschuldnern den Ersatz des ihm aus der Annahme des Angebots oder Übertragung der Aktien entstandenen Schadens verlangen.

---

[1] So auch *Klepsch* in Steinmeyer, § 11a Rn. 5.

[2] *Klepsch* in Steinmeyer, § 11a Rn. 2.

[3] *Klepsch* in Steinmeyer, § 11a Rn. 3.

(2) **Nach Absatz 1 kann nicht in Anspruch genommen werden, wer nachweist, dass er die Unrichtigkeit oder Unvollständigkeit der Angaben der Angebotsunterlage nicht gekannt hat und die Unkenntnis nicht auf grober Fahrlässigkeit beruht.**

(3) **Der Anspruch nach Absatz 1 besteht nicht, sofern**

1. die Annahme des Angebots nicht auf Grund der Angebotsunterlage erfolgt ist,

2. derjenige, der das Angebot angenommen hat, die Unrichtigkeit oder Unvollständigkeit der Angaben der Angebotsunterlage bei der Abgabe der Annahmeerklärung kannte oder

3. vor der Annahme des Angebots in einer Veröffentlichung nach § 15 Abs. 3 des Wertpapierhandelsgesetzes oder einer vergleichbaren Bekanntmachung eine deutlich gestaltete Berichtigung der unrichtigen oder unvollständigen Angaben im Inland veröffentlicht wurde.

(4) **Der Anspruch nach Absatz 1 verjährt in einem Jahr seit dem Zeitpunkt, zu dem derjenige, der das Angebot angenommen hat oder dessen Aktien dem Bieter nach § 39a übertragen worden sind, von der Unrichtigkeit oder Unvollständigkeit der Angaben der Angebotsunterlage Kenntnis erlangt hat, spätestens jedoch in drei Jahren seit der Veröffentlichung der Angebotsunterlage.**

(5) **Eine Vereinbarung, durch die der Anspruch nach Absatz 1 im Voraus ermäßigt oder erlassen wird, ist unwirksam.**

(6) **Weitergehende Ansprüche, die nach den Vorschriften des bürgerlichen Rechts auf Grund von Verträgen oder vorsätzlichen unerlaubten Handlungen erhoben werden können, bleiben unberührt.**

Schrifttum: *Assmann,* Die Haftung für die Richtigkeit und Vollständigkeit der Angebotsunterlage nach § 12 WpÜG, AG 2002, 153; *Huber,* Haftung für Angebotsunterlagen nach dem Wertpapiererwerbs- und Übernahmegesetz, 2002; *Möllers,* Verfahren, Pflichten und Haftung, insbesondere der Banken, bei Übernahmeangeboten, ZGR 2002, 664; *Pfüller/Detweiler,* Die Haftung der Banken bei öffentlichen Übernahmen nach dem WpÜG, BKR 2004, 383; *Santelmann,* Angebotsunterlagenhaftung: Die Haftung für fehlerhafte Angebotsunterlagen bei öffentlichen Wertpapiererwerbs- und Übernahmeangeboten nach § 12 WpÜG im Kontext konkurrierender Anspruchsgrundlagen und im Vergleich zu anderen Rechtsordnungen, 2003; *Stephan,* Angebotsaktualisierung, AG 2003, 551; *Vaupel,* Die Haftung der Banken für die Richtigkeit der Angebotsunterlage bei Umtauschangeboten, WM 2002, 1170.

Übersicht

I. Einführung

§ 12 regelt in Anlehnung an die börsengesetzliche Prospekthaftung (§§ 21 WpPG, 20 VermAnlG, 306 KAGB) die Haftung für eine fehlerhafte Angebotsunterlage. Zur allgemeinen börsengesetzlichen Prospekthaftung oder zur zivilrechtlichen Prospekthaftung ist § 12 für die Angebotsunterlage eine abschließende Sonderregelung.[1] Die Bestimmung trägt dem Umstand Rechnung, dass es sich bei der Angebotsunterlage um eine prospektähnliche Form der Information des Kapitalmarkts und der Wertpapierinhaber der Zielgesellschaft handelt.[2] 1

§ 12 privilegiert den Bieter teilweise gegenüber der allgemeinen zivilrechtlichen Prospekthaftung. Ohne ausdrückliche Regelung im Gesetz käme eine Haftung nach der allgemeinen zivilrechtlichen Prospekthaftung in Betracht, die bereits bei einfacher Fahrlässigkeit greift.[3] Voraussetzung der Privilegierung ist die Veröffentlichung der Angebotsunterlage nach Maßgabe von § 14 Abs. 2. Wird eine von der BaFin nicht gebilligte Angebotsunterlage verwendet oder veröffentlicht, haftet der Verwender neben den allgemeinen Vorschriften (Abs. 6) auch nach den Grundsätzen der zivilrechtlichen Prospekthaftung.[4] 2

[1] BT-Drucks. 14/7034, S. 43; *Assmann* in Assmann/Pötzsch/Schneider, § 12 Rn. 9; *Thoma* in Baums/Thoma, § 12 Rn. 2.

[2] *Hopt* FS Koppensteiner, 2001, S. 78; *Assmann* in Assmann/Pötzsch/Schneider, § 12 Rn. 3.

[3] *Hopt* FS Koppensteiner, 2001, S. 78; vgl. zur weitergehenden Haftung für die Angebotsunterlage nach englischem Recht *Zinser* NZG 2001, 394 Fn. 37; zur rechtspolitischen Diskussion der Haftungsbegrenzung auf grobe Fahrlässigkeit näher *Grundmann/Selbherr* WM 1996, 986; *Hamann* in Schäfer, §§ 45, 46 BörsG aF Rn. 96, jeweils mwN.

[4] *Assmann* in Assmann/Pötzsch/Schneider, § 12 Rn. 7; *Oechsler* in Ehricke/Ekkenga/Oechsler, § 12 Rn. 2.

II. Haftung für die fehlerhafte Angebotsunterlage (Abs. 1)

1. Fehlerhaftigkeit

3 Voraussetzung für einen Anspruch aus § 12 ist zunächst, dass Angaben in der Angebotsunterlage unrichtig oder unvollständig sind. Maßgeblich ist die von der BaFin nach § 14 Abs. 2 gebilligte und tatsächlich veröffentlichte Angebotsunterlage. Wird eine Angebotsunterlage entweder nicht erstellt oder nicht veröffentlicht, scheidet eine Haftung aus § 12 aus.[5] Ebenso scheidet eine Haftung für Veröffentlichungen außerhalb der Angebotsunterlage grundsätzlich aus.[6] Da die BaFin bei Fehlen eines Prospekts das Angebot nach § 15 Abs. 1 Nr. 3 und 5 untersagen muss und bereits vorgenommene Rechtsgeschäfte nach § 15 Abs. 3 Satz 2 nichtig sind, ist für eine entsprechende Anwendung der Grundsätze des § 21 VermAnlG bei Fehlen einer von der BaFin gebilligten Angebotsunterlage kein Raum.[7]

4 **a) Unrichtigkeit.** Unrichtig ist eine Angabe, wenn im Hinblick auf den erforderlichen Inhalt der Angebotsunterlage und unter Berücksichtigung des maßgeblichen Kenntnisstandes eines durchschnittlich vorgebildeten Wertpapierinhabers der Zielgesellschaft sowie des Gesamteindrucks der Angebotsunterlage falsche Vorstellungen über den Bieter, die Folgen des Angebots für die Vermögens-, Finanz- und Ertragslage des Bieters, den Wert der Wertpapiere der Zielgesellschaft, auf die sich das Angebot bezieht, oder über die künftige Geschäftstätigkeit der Zielgesellschaft geweckt werden.[8] **Tatsachen** sind unrichtig, wenn die Angaben nicht mit den wirklichen Verhältnissen übereinstimmen. **Prognosen** sind unrichtig, wenn sie nicht ausreichend durch Tatsachen gestützt und kaufmännisch nicht vertretbar sind.[9] Maßgeblich ist der Zeitpunkt der Veröffentlichung der Angebotsunterlage.[10]

5 Die Unrichtigkeit kann beispielsweise in der unzutreffenden Darstellung der zu erwartenden Auswirkungen des Angebots auf die Vermögens-, Finanz- und

---

[5] *Assmann* in Assmann/Pötzsch/Schneider, § 12 Rn. 6; *Steinhardt* in Steinmeyer, § 12 Rn. 4; *Thoma* in Baums/Thoma, § 12 Rn. 11.

[6] OLG Frankfurt AG 2007, 749 (751); vgl. auch die Anmerkungen von *Widder/Bedkowksi* BB 2008, 17 f.

[7] *Steinhardt* in Steinmeyer, § 12 Rn. 4; *Renner* in Frankfurter Komm., § 12 Rn. 12; für Anwendung der zivilrechtlichen Prospekthaftung bei Verwendung einer erstellten, aber von der BaFin nicht gebilligten Angebotsunterlage *Thoma* in Baums/Thoma, § 12 Rn. 12.

[8] *Assmann* in Assmann/Pötzsch/Schneider, § 12 Rn. 23; vgl. zur börsengesetzlichen Prospekthaftung *Hamann* in Schäfer, §§ 45, 46 BörsG aF Rn. 77.

[9] BGH WM 1982, 865 = AG 1982, 278 (Beton- und Monierbau); *Assmann* in Assmann/Pötzsch/Schneider, § 12 Rn. 24; *Möllers* in KK-WpÜG, § 12 Rn. 36; *Oechsler* in Ehricke/Ekkenga/Oechsler, § 12 Rn. 5; *Renner* in Frankfurter Komm., § 12, Rn. 25; *Steinhardt* in Steinmeyer, § 12 Rn. 9; *Thoma* in Baums/Thoma, § 12 Rn. 22; vgl. auch *Assmann* in Assmann/Lenz/Ritz, § 13 Rn. 28.

[10] *Assmann* in Assmann/Pötzsch/Schneider, § 12 Rn. 23; *Möllers* in KK-WpÜG, § 12 Rn. 72 (anders aber Rn. 53); *Oechsler* in Ehricke/Ekkenga/Oechsler, § 12 Rn. 4; *Renner* in Frankfurter Komm., § 12 Rn. 24; *Steinhardt* in Steinmeyer, § 12 Rn. 8; *Stephan* AG 2003, 552; vgl. auch *Assmann* in Assmann/Lenz/Ritz, § 13 Rn. 29; *Thoma* in Baums/Thoma, § 12 Rn. 29; aA *Santelmann,* S. 159 (Annahme des Angebots).

Ertragslage des Bieters oder einer fehlerhaften Angabe über den Stand eines wettbewerbsrechtlichen Verwaltungsverfahrens liegen.[11] Eine Haftung kann aus fehlerhaften Prognosen in der Angebotsunterlage resultieren.[12] Darüber hinaus kann sich eine Unrichtigkeit entsprechend den Regeln der börsengesetzlichen Prospekthaftung auch aus einem unzutreffenden Gesamteindruck der Angebotsunterlage in Bezug auf die Vermögens-, Finanz- und Ertragslage des Bieters oder die künftige Geschäftstätigkeit der Zielgesellschaft ergeben.[13]

Maßgeblich für den **Verständnishorizont** der Adressaten der Angebots- 6
unterlage sind wie bei der börsengesetzlichen Prospekthaftung die Verständnismöglichkeiten eines durchschnittlich gebildeten Wertpapierinhabers der Zielgesellschaft, der über kein überdurchschnittliches Fachwissen verfügt.[14] Ob zu den Kenntnissen eines durchschnittlichen Wertpapierinhabers das Lesen einer Bilanz gehört, wie dies der BGH und das OLG Frankfurt angenommen haben, ist zweifelhaft.[15]

Eine Angebotsunterlage kann auch dann unvollständig sein, wenn sie formal 7
alle nach § 11, § 2 WpÜG-AngV erforderlichen Angaben enthält.[16] Eine Unrichtigkeit oder Unvollständigkeit kann unabhängig davon vorliegen, ob die BaFin die Veröffentlichung der Angebotsunterlage nach § 14 Abs. 2 gestattet hat.[17] Die BaFin haftet für die Ergebnisse ihrer Prüfung gegenüber den Adressaten der Angebotsunterlage nicht (§ 4 Abs. 2). Auch eine unzutreffende Billigung der Angebotsunterlage seitens der BaFin schließt Ansprüche der Wertpapierinhaber der Zielgesellschaft, an die sich das Angebot richtet, gegen die

---

[11] BT-Drucks. 14/7034, 42.

[12] Vgl. *Siebel/Gebauer* WM 2001, 183 f., 187.

[13] *Assmann* in Assmann/Pötzsch/Schneider, § 12 Rn. 27; *Möllers* in KK-WpÜG, § 12 Rn. 47 f.; *Noack/Holzborn* in Schwark/Zimmer, KapitalmarktR, § 12 WpÜG Rn. 8; *Renner* in Frankfurter Komm., § 12, Rn. 30; *Oechsler* in Ehricke/Ekkenga/Oechsler, § 12 Rn. 6; *Thoma* in Baums/Thoma, § 12 Rn. 26; *Hopt* ZHR 166 (2002) 403; vgl. zur börsengesetzlichen Prospekthaftung *Assmann* in Assmann/Schütze, § 7 Rn. 68; *Hamann* in Schäfer, §§ 45, 46 BörsG Rn. 86; zur Haftung für Verkaufsprospekte *Assmann* in Assmann/Lenz/Ritz, § 13 Rn. 31.

[14] *Assmann* in Assmann/Pötzsch/Schneider, § 12 Rn. 23; *Möllers* in KK-WpÜG, § 12 Rn. 35; *Renner* in Frankfurter Komm., § 12 Rn. 22; *Thoma* in Baums/Thoma, § 12 Rn. 20; Vgl. BGH, WM 1982, 862, 863 – Beton- und Monierbau; OLG Frankfurt WM 1994, 291, 295 – Bond; *Hamann* in Schäfer, §§ 45, 46 BörsG aF Rn. 83; *Schwark* in Schwark/Zimmer, KapitalmarktR, § 45 BörsG aFRn. 21.

[15] Dagegen zu Recht *Assmann* in Assmann/Schütze, § 7 Rn. 64; *Assmann* in Assmann/Lenz/Ritz, § 13 Rn. 23; *Hamann* in Schäfer, §§ 45, 46 BörsG aF Rn. 84 f., *Schwark* in Schwark/Zimmer, KapitalmarktR, § 45 BörsG aF Rn. 22, jeweils mwN.

[16] *Assmann* in Assmann/Pötzsch/Schneider, § 12 Rn. 26; *Noack/Holzborn* in Schwark/Zimmer, KapitalmarktR, § 12 WpÜG Rn. 10; *Renner* in Frankfurter Komm., § 12 Rn. 28; *Steinhardt* in Steinmeyer, § 12 Rn. 20; aA *Möllers* in KK-WpÜG, § 12 Rn. 42 ff.

[17] BT-Drucks. 14/7034, S. 42; *Assmann* in Assmann/Pötzsch/Schneider, § 12 Rn. 29; *Möllers* in KK-WpÜG, § 12 Rn. 74; *Oechsler* in Ehricke/Ekkenga/Oechsler, § 12 Rn. 7; *Renner* in Frankfurter Komm., § 12 Rn. 37; *Steinhardt* in Steinmeyer, § 12 Rn. 5; *Thoma* in Baums/Thoma, § 12 Rn. 28; für Börsenzulassungsprospekte vgl. OLG Frankfurt, WM 1994, 291, 297 f. – Bond; *Hamann* in Schäfer, §§ 45, 46 BörsG aF Rn. 58; *Schwark* in Schwark/Zimmer, KapitalmarktR, § 45 BörsG aF Rn. 54; für Verkaufsprospekt *Assmann* in Assmann/Lenz/Ritz,, § 13 Rn. 16.

BaFin aus, da diese allein im öffentlichen Interesse prüft. Zudem beschränkt sich die BaFin auf eine formale Prüfung der Angebotsunterlage. Da der Bieter die Angebotsunterlage wie einen Verkaufsprospekt nach dem VermAnlG oder Wertpapierprospekt nach dem WpPG idR ohne begleitende weitere Unterlagen einzureichen hat, verfügt die BaFin selbst im Falle materieller Mängel nur über eine wesentlich geringere Tatsachengrundlage als Bieter und Zielgesellschaft, auf deren Basis die Angebotsunterlage geprüft werden könnte.

8 **b) Unvollständigkeit.** Bei der Unvollständigkeit handelt es sich um einen Unterfall der Unrichtigkeit. Eine unvollständige Angebotsunterlage ist zugleich auch immer unrichtig. Nach der Gesetzesbegründung wurde die Unvollständigkeit wegen ihrer Praxisrelevanz gesondert erwähnt.[18] Der Sache nach handelt es sich um ein historisches Überbleibsel aus der Zeit vor dem 3. FiFöG, als in den als Vorbild dienenden §§ 21 WpPG, 20 VermAnlG für Unrichtigkeit und Unvollständigkeit unterschiedliche Haftungsmaßstäbe galten.[19]

9 **c) Wesentliche Angaben.** Voraussetzung einer Haftung nach Abs. 1 ist weiterhin, dass die unvollständigen oder unrichtigen Angaben für die Beurteilung des Angebots von wesentlicher Bedeutung sind (vgl. §§ 21 Abs. 1 S. 1 WpPG, 20 VermAnlG, 306 KAGB). **Wesentlich** ist eine Angabe, wenn sich im konkreten Fall bei einer ordnungsgemäßen Angabe die für eine Beurteilung der Wertpapiere der Zielgesellschaft, auf die sich das Angebot bezieht, wesentlichen rechtlichen oder tatsächlichen Verhältnisse ändern würden.[20] Dabei kommt es wie bei der börsengesetzlichen Prospekthaftung darauf an, ob ein durchschnittlich verständiger Wertpapierinhaber der Zielgesellschaft die Angabe „eher als nicht" bei seiner Entscheidung berücksichtigen würde.[21] Eine Vermutung, dass eine in die Angebotsunterlage aufgenommene Information wesentlich ist, besteht nicht.[22] Zu den wesentlichen Informationen gehören jedenfalls:

- die Gegenleistung;[23] im Falle eines Tauschangebots die zur Beurteilung des Emittenten und der als Gegenleistung angebotenen Wertpapiere erforderlichen Angaben (§ 2 Nr. 2 WpÜG-AngV);[24]
- die für die Ermittlung der Gegenleistung angewandten Bewertungsmethoden (§ 2 Nr. 3 WpÜG-AngV);[25]
- die Angaben über die vom Bieter oder Dritten für seine Rechnung gehaltenen Wertpapiere der Zielgesellschaft sowie über die hierfür erbrachte Ge-

[18] BT-Drucks. 14/7034, 42.

[19] *Assmann* in Assmann/Lenz/Ritz, § 13 Rn. 16.

[20] So die Formulierung in der Regierungsbegründung, BT-Drucks. 14/7034, 42; ähnlich *Möllers* in KK-WpÜG, § 12 Rn. 77 (alle wertbildenden Faktoren, welche den Wertpapierinhaber der Zielgesellschaft bei seiner Entscheidung bestimmen).

[21] *Assmann* in Assmann/Pötzsch/Schneider, § 12 Rn. 11; *Oechsler* in Ehricke/Ekkenga/Oechsler, § 12 Rn. 3; *Renner* in Frankfurter Komm., § 12 Rn. 35; *Thoma* in Baums/Thoma, § 12 Rn. 18; vgl. auch *Assmann* in Assmann/Schütze, § 7 Rn. 66; *Assmann* in Assmann/Lenz/Ritz, § 13 Rn. 25; *Hamann* in Schäfer, §§ 45, 46 BörsG aF Rn. 76.

[22] *Assmann* in Assmann/Pötzsch/Schneider, § 12 Rn. 11; *Möllers* in KK-WpÜG, § 12 Rn. 78.

[23] *Assmann* in Assmann/Pötzsch/Schneider, § 12 Rn. 14; *Oechsler* in Ehricke/Ekkenga/Oechsler, § 12 Rn. 3.

[24] *Assmann* in Assmann/Pötzsch/Schneider, § 12 Rn. 22.

[25] *Assmann* in Assmann/Pötzsch/Schneider, § 12 Rn. 22.

genleistung für einen Aktienerwerb in den letzten sechs Monaten vor der Veröffentlichung der Angebotsunterlage nach § 14 Abs. 3 Satz 1 (§ 2 Nr. 5, 7 WpÜG-AngV);[26]
– die Finanzierung des Angebots;[27]
– die Absichten des Bieters im Hinblick auf die Zielgesellschaft;[28]
– Angaben zum Erfordernis und Stand behördlicher Genehmigungen und Verfahren, die für die Umsetzung des Angebots erforderlich sind (vgl. § 2 Nr. 8 WpÜG-AngV), insbesondere der Stand fusionskontrollrechtlicher Verfahren;[29]
– die erwarteten Auswirkungen des Angebots auf die Vermögens-, Finanz- oder Ertragslage des Bieters.[30]

Als wesentlich dürften auch zahlreiche den Bieter beschreibende Angaben, die bei einem Aktientauschangebot **anstelle eines Wertpapierprospekts** (§ 2 Nr. 2 WpÜG-AngV) nunmehr in die Angebotsunterlage aufzunehmen sind, zu bewerten sein, insbesondere der Abschnitt „Jüngster Geschäftsgang und Geschäftsaussichten" (§ 5 WpPG iVm Anhang I Ziff. 11 EU Verordnung vom 29. April 2004 über den Inhalt der Wertpapierprospekte).

Nicht wesentlich können auch einzelne der nach § 11 Abs. 2 oder der 10
Rechtsverordnung nach Abs. 4 vorgeschriebenen Informationen in der Angebotsunterlage sein. Als unwesentlich führt die Regierungsbegründung zB die fehlerhafte Angabe der Anschrift einer mit dem Bieter gemeinsam handelnden Person an.[31]

d) Vermutete Kausalität. Wie bei der börsengesetzlichen Prospekt- 11
haftung kommt es für die Haftung auf den Nachweis der Kausalität der fehlerhaften Angaben für den Entschluss zur Annahme des Angebots nicht an. Der Ursachenzusammenhang zwischen der fehlerhaften wesentlichen Angabe und der Kaufentscheidung des Adressaten der Angebotsunterlage wird gesetzlich vermutet, sofern nicht dem Verantwortlichen nach Abs. 3 Nr. 1 der Gegenbeweis fehlender Kausalität gelingt (Rn. 30 ff.).[32] Dies entspricht der börsengesetzlichen Regelung des § 23 Abs. 2 Nr. 1 WpPG.[33]

---

[26] *Assmann* in Assmann/Pötzsch/Schneider, § 12 Rn. 22.

[27] *Assmann* in Assmann/Pötzsch/Schneider, § 12 Rn. 14; *Möllers* in KK-WpUG, § 12 Rn. 77; *Oechsler* in Ehricke/Ekkenga/Oechsler, § 12 Rn. 3; *Renner* in Frankfurter Komm., § 12 Rn. 36; *Thoma* in Baums/Thoma, § 12 Rn. 19.

[28] *Assmann* in Assmann/Pötzsch/Schneider, § 12 Rn. 16; *Thoma* in Baums/Thoma, § 12 Rn. 27; einschränkend *Oechsler* in Ehricke/Ekkenga/Oechsler, § 12 Rn. 3 (nur, wenn Kontrolle der Zielgesellschaft angestrebt wird).

[29] BT-Drucks. 14/7034, S. 42; *Assmann* in Assmann/Pötzsch/Schneider, § 12 Rn. 15.

[30] BT-Drucks. 14/7034, S. 42; *Möllers* in KK-WpÜG, § 12 Rn. 77; *Steinhardt* in Steinmeyer, § 12 Rn. 11; *Thoma* in Baums/Thoma, § 12 Rn. 19, einschränkend *Assmann* in Assmann/Pötzsch/Schneider, § 12 Rn. 22 und *Oechsler* in Ehricke/Ekkenga/Oechsler, § 12 Rn. 3 (allenfalls bei Tauschangeboten).

[31] BT-Drucks. 14/7034, 42.

[32] BT-Drucks. 14/7034, 43; *Assmann* in Assmann/Pötzsch/Schneider, § 12 Rn. 45; *Thoma* in Baums/Thoma, § 12 Rn. 58.

[33] Dazu *Hamann* in Schäfer, §§ 45, 46 BörsG nF Rn. 29 und §§ 45, 46 BörsG aF Rn. 64 ff.

12 **e) Aktualisierungspflicht?** Während in der Sache Einigkeit über die Haftung für eine im Zeitpunkt ihrer Veröffentlichung unrichtige oder unvollständige Angebotsunterlage besteht, ist die Frage einer Haftung für eine zunächst richtige und vollständige, aber während der Angebotsfrist unrichtig oder unvollständig werdende Angebotsunterlage umstritten.

aa) Für eine Aktualisierungspflicht wird angeführt, dass die Wertpapierinhaber der Zielgesellschaft typischerweise am Ende der Angebotsfrist über die Annahme oder Ablehnung des Angebots entscheiden und daher ein gesteigertes Interesse daran besitzen, dass Fehlinformationen in der Angebotsunterlage berichtigt werden. Daher sei von einer Pflicht zur nachträglichen Aktualisierung auszugehen, wobei die Aktualisierungspflicht im Einzelnen unterschiedlich begründet wird.[34] Die Aktualisierung soll keine Änderung des Angebots nach § 21 darstellen[35] und erfordert keine erneute Prüfung der BaFin.[36] Teilweise wird auch vertreten, dass der Bieter zwar nicht zur Aktualisierung der Angebotsunterlage verpflichtet sei, aber nur durch eine Berichtigung nach Abs. 3 Nr. 3 einer Haftung wegen nachträglicher Fehlerhaftigkeit der Angebotsunterlage entgehen könne.[37]

bb) Gegen eine Aktualisierungspflicht spricht, dass das Gesetz die Haftung nach § 12 ausdrücklich an den „Angaben in der Angebotsunterlage" anknüpft, die sich notwendigerweise nur nach dem Zeitpunkt der Veröffentlichung richten können.[38] Typischerweise werden auch nicht die wesentlichen Bestandteile des Angebots (Person des Bieters, Gegenstand des Angebots, Gegenleistung, Bedingungen und Annahmefrist) unrichtig (deren Änderung nur nach Maßgabe von § 21 möglich ist), sondern nur die ergänzenden Angaben. Auch hat das Gesetz nach der Veröffentlichung der Angebotsunterlage dem Bieter obliegende Informationspflichten in § 23 geregelt.[39] Wenn der Gesetzgeber in Kenntnis der Bestimmungen der §§ 16 WpPG, 11 Satz 1 VermAnlG die ausdrückliche Anordnung einer Aktualisierungspflicht unterlassen hat, dann spricht dies nicht für eine planwidrige Gesetzeslücke, sondern für ein beredtes Schweigen des Gesetzes. Für eine Aktualisierungspflicht

[34] Analogie zu § 11 VermAnlG bzw. § 16 WpPG: *Assmann* in Assmann/Pötzsch/Schneider, § 12 Rn. 32; *Assmann* AG 2002, 157; *Hasselbach* in KK-WpÜG, § 21 Rn. 34; *Hopt* ZHR 166 (2002) 408; *Thoma* in Baums/Thoma, § 12 Rn. 36; Pflicht zur richtigen und vollständigen Aufstellung nach § 11 Abs. 1 S. 3 besteht über den Zeitpunkt der Veröffentlichung der Angebotsunterlage hinaus: *Möllers* in KK-WpÜG, § 12 Rn. 53, 68; *Oechsler* in Ehricke/Ekkenga/Oechsler, § 12 Rn. 13; *Oechsler* NZG 2001, 823 f.; *Steinhardt/Nestler* in Steinmeyer, § 11 Rn. 16; *Huber,* S. 193; Pflicht zur Berichtigung aus analoger Anwendung von § 12 Abs. 3 Nr. 3: *Oechsler* in Ehricke/Ekkenga/Oechsler, § 12 Rn. 13; *Oechsler* NZG 2001, 823 f.

[35] Gegen Anwendung des § 21 auf Berichtigung *Möllers* in KK-WpÜG, § 12 Rn. 65; *Oechsler* in Ehricke/Ekkenga/Oechsler, § 12, § 11 Rn. aA *Aha* AG 2002, 165 f.

[36] *Möllers* in KK-WpÜG, § 12 Rn. 66; *Oechsler* in Ehricke/Ekkenga/Oechsler, § 11 Rn. 13 und *Oechsler* ZIP 2003, 1331; wohl auch *Steinhardt/Nestler* in Steinmeyer, § 11 Rn. 16.

[37] *Santelmann,* S. 160 unter Berufung auf *Assmann* AG 2002, 156.

[38] *Stephan* AG 2003, 553.

[39] *Hamann* ZIP 2001, 2257.

bleibt damit kein Raum.[40] Allenfalls ließe sich bei Tauschangeboten an eine Aktualisierungspflicht denken, da die Angebotsunterlage bezüglich der als Gegenleistung angebotenen Wertpapieren den für ein öffentliches Angebot dieser Wertpapiere erforderlichen Prospekt ersetzt und die Angaben zur Gegenleistung im Zeitpunkt der vollständigen Erfüllung des Angebots (§ 13 Abs. 1) aktuell sein müssen.[41] Ein Bedürfnis, bei Barangeboten die Angaben zur Leistungsfähigkeit des Bieters zu aktualisieren besteht dagegen nicht, da die Wertpapierinhaber der Zielgesellschaft durch die Finanzierungsbestätigung nach § 13 Abs. 1 abgesichert sind.[42]

2. Anspruchsberechtigte

Anspruchsberechtigt sind nach Abs. 1 diejenigen, die das Angebot **angenommen** haben. Wer auf Grund einer fehlerhaften Angabe in der Angebotsunterlage das Angebot nicht angenommen hat, kann den Anspruch aus Abs. 1 nicht geltend machen.[43] Auch bei der börsengesetzlichen Prospekthaftung wird derjenige nicht geschützt, der in Folge der Fehlerhaftigkeit eines Prospektes keine Vermögensverfügung trifft, sondern nur derjenige, der auf Grund des Prospektes eine konkrete Kaufentscheidung gefällt hat. 13

In gleicher Weise anspruchsberechtigt sind diejenigen Aktionäre, welche im Rahmen des übernahmerechtlichen Ausschlusses gemäß § 39a ihre Aktien mit Rechtswirksamkeit der gerichtlichen Entscheidung auf den Bieter übertragen haben. Nach dem klaren Gesetzeswortlaut erlangen jedoch diejenigen Aktionäre, welche das insoweit gesetzlich nachwirkende Angebot in Ausübung des Andienungsrechts (§ 39c) angenommen haben, keine Ansprüche aus § 12. 14

3. Schaden

Der Anspruch nach Abs. 1 richtet sich auf den Ersatz des dem Anspruchsberechtigten aus der Annahme des Angebots entstandenen Schadens. Nach der Regierungsbegründung kann der Wertpapierinhaber verlangen, so gestellt zu werden, als hätte er die wahre Sachlage gekannt. Der Schadensersatzanspruch wird bei Verschweigen wesentlicher Informationen über den Bieter idR auf das negative Interesse gerichtet sein, dh, der Anspruchsberechtigte kann verlangen so gestellt zu werden, als wenn er das Angebot nicht angenommen hätte. Der Anspruchsberechtigte kann Rückübertragung der dem Bieter übertragenen Wertpapiere Zug um Zug gegen Erstattung der Gegenleistung des Bieters verlangen.[44] Auf vom Bieter als Gegenleistung gewährte 15

---

[40] *Renner* in Frankfurter Komm., § 12 Rn. 33; *Hamann* ZIP 2001, 2257; differenzierend *Stephan* AG 2003, 553 ff.; gegen Herleitung einer Aktualisierungspflicht aus § 3 Abs. 2 *Baums/Hecker* in Baums/Thoma, § 3 Rn. 33.

[41] Vgl. *Renner* in Frankfurter Komm., § 12 Rn. 34; *Stephan* AG 2003, 553 ff. (der eine Aktualisierung auch bei Barangeboten bezüglich der Gegenleistung für notwendig hält).

[42] *Renner* in Frankfurter Komm., § 12 Rn. 33; so aber *Stephan* AG 2003, 554 f.

[43] Vgl. *Assmann* in Assmann/Pötzsch/Schneider, § 12 Rn. 41; *ders.* AG 2002, 157; *Möllers* in KK-WpÜG, § 12 Rn. 82; *Renner* in Frankfurter Komm., § 12 Rn. 20; *Thoma* in Baums/Thoma, § 12 Rn. 47.

[44] *Assmann* in Assmann/Pötzsch/Schneider, § 12 Rn. 58; *Möllers* in KK-WpÜG, § 12 Rn. 132; *Oechsler* in Ehricke/Ekkenga/Oechsler, § 12 Rn. 17; *Steinhardt* in Steinmeyer, § 12 Rn. 45 ff.; *Thoma* in Baums/Thoma, § 12 Rn. 77.

Wertpapiere gezahlte Dividenden sind im Wege des Vorteilsausgleichs anzurechnen.[45] Ein Anspruch auf das positive Interesse besteht nicht, dh der Anspruchsberechtigte muss nicht so gestellt werden, wie er stände, wenn die fehlerhaften Angaben richtig gewesen wären.[46]

16 Dem Schadensersatzanspruch des Berechtigten kann der **Einwand des Mitverschuldens** nur im Rahmen von Abs. 3 Nr. 2 entgegen gehalten werden. Außerhalb des Anwendungsbereichs von Abs. 3 Nr. 2 ist wie im Bereich der börsengesetzlichen Prospekthaftung der Einwand des Mitverschuldens ausgeschlossen, da es sich bei Abs. 3 Nr. 2 um eine gesetzliche Sonderregelung des Mitverschuldens des Anspruchstellers handelt.[47]

4. Kreis der Haftenden

17 In Übereinstimmung mit §§ 5, 21 Abs. 1 Satz 1 WpPG und § 20 VermAnlG sind für die Angebotsunterlage diejenigen verantwortlich, welche für die Angebotsunterlage die Verantwortung übernommen haben, sowie diejenigen, von denen der Erlass der Angebotsunterlage ausgeht.

18 **a) Erlasser der Angebotsunterlage (Nr. 1).** Die Angebotsunterlage erlässt, wer nach außen hin erkennbar die Verantwortung für sie übernimmt.[48] Dies sind die Personen, die nach § 11 Abs. 3 für die Angebotsunterlage die Verantwortung übernommen haben, indem sie die Angebotsunterlage unterschrieben haben.[49]

19 **b) Veranlasser der Angebotsunterlage (Nr. 2).** Nr. 2 erfasst diejenigen, die hinter der Angebotsunterlage stehen und so die tatsächlichen **Urheber der Angebotsunterlage** sind.[50] Erfasst werden alle Personen, die an dem Erfolg des Angebots ein eigenes wirtschaftliches Interesse haben. Dies schließt die mit dem Bieter gemeinsam handelnden Personen ein.[51] Bei öffentlichen Übernahmen unter Beteiligung von Private Equity-Investoren sollen auch die unmittelbaren und mittelbaren Mutterunternehmen des Bietervehikels umfasst sein.[52] Die Unterscheidung zwischen Erlasser der Angebotsunter-

---

[45] *Assmann* in Assmann/Pötzsch/Schneider, § 12 Rn. 58.

[46] *Assmann* in Assmann/Pötzsch/Schneider, § 12 Rn. 57; *Möllers* in KK-WpÜG, § 12 Rn. 131; *Noack/Holzborn* in Schwark/Zimmer, KapitalmarktR, WpÜG, § 12 Rn. 15; *Thoma* in Baums/Thoma, § 12 Rn. 77.

[47] BT-Drucks. 14/7034, S. 43; *Assmann* in Assmann/Pötzsch/Schneider, § 12 Rn. 54; *Möllers* in KK-WpÜG, § 12 Rn. 119; *Renner* in Frankfurter Komm., § 12 Rn. 58; *Steinhardt* in Steinmeyer § 12 Rn. 38; vgl. auch *Assmann* in Assmann/Lenz/Ritz, § 13 Rn. 59; *Hamann* in Schäfer, §§ 45, 46 BörsG nF Rn. 42.

[48] *Assmann* in Assmann/Pötzsch/Schneider, § 12 Rn. 35; *Renner* in Frankfurter Komm., § 12 Rn. 15; vgl. *Assmann* in Assmann/Lenz/Ritz, § 13 Rn. 48f.; *Hamann* in Schäfer, §§ 45, 46 BörsG aF Rn. 38.

[49] *Thoma* in Baums/Thoma, § 12 Rn. 49.

[50] *Renner* in Frankfurter Komm., § 12 Rn. 16; *Thoma* in Baums/Thoma, § 12 Rn. 50; *Möllers* in KK-WpÜG,, § 12 Rn. 92; vgl. *Hamann* in Schäfer, §§ 45, 46 BörsG aF Rn. 42; einschränkend *Assmann* in Assmann/Pötzsch/Schneider, § 12 Rn. 37ff; *Assmann* in Assmann/Lenz/Ritz, § 13 Rn. 50.

[51] BT-Drucks. 14/7034, 42.

[52] So *Mayer-Uellner* AG 2013, 828 (837).

lage und Veranlasser der Angebotsunterlage kann im Einzelfall schwierig sein, da die Grenzen fließend sind.[53]

Nicht erfasst werden diejenigen, die kein eigenes wirtschaftliches Interesse gerade an dem Erfolg des Angebots haben. Ein eigenes wirtschaftliches Interesse hat etwa nicht, wer den Bieter bei der Abwicklung des Angebots wirtschaftlich oder rechtlich berät oder organisatorische oder technische Dienstleistungen erbringt, auch wenn diese Leistungen erfolgsabhängig honoriert werden.[54] Daher gilt Nr. 2 nicht für diejenigen, die nur Material zur Erstellung der Angebotsunterlage geliefert haben,[55] und nicht für ein das Angebot als Abwicklungsstelle begleitendes Kreditinstitut oder Wertpapierdienstleistungsunternehmen.[56] 20

Nr. 2 erfasst auch nicht Dritte, die im Falle eines Tauschangebots **(share offer)** Aktien im Wege der Aktienleihe zur Verfügung stellen.[57] Die geliehenen und bereits zugelassenen Aktien werden den Aktionären der Zielgesellschaft als Gegenleistung zur Verfügung gestellt. Dies vermeidet bei inländischen Bietern eventuelle Probleme aus der Eintragung der Kapitalerhöhung im Handelsregister. Die neuen Aktien erhält der Dritte später zur Rückführung der Leihe zurück. 21

Im Einzelfall kann dies aus praktischen Gründen zu Abgrenzungsproblemen führen. Da der Bieter eigene, bereits ausgegebene Aktien im Fall der Leihe nicht selbst anbieten kann, muss ein weiterer „technischer" Bieter mit auftreten. Eine Mithaftung dieses technischen (Mit-)Bieters nach Nr. 2 ist sachlich nicht gerechtfertigt, wenn dieser mit dem Angebot außer der technischen Abwicklung nichts zu tun hat und die Angaben in der Angebotsunterlage nicht überprüfen kann.[58] Die Haftung wird in diesen Fällen aber bereits nach Nr. 1 zwingend gegeben sein, da auch der technische Mitbieter in der Angebotsunterlage genannt werden muss.[59] Aus diesem Grund kann es sich empfehlen, anstelle des verleihenden Großaktionärs als technischen Mitbieter die Aktien an eine mit dem Verleiher nicht verbundene Zweckgesellschaft zu verleihen, die dann als technischer Mitbieter auftritt, um die Haftung der Höhe nach auf das Grund- oder Stammkapital der Zweckgesellschaft zu beschränken. 22

---

[53] Vgl. *Hamann* in Schäfer, §§ 45, 46 BörsG aF Rn. 45 mwN.

[54] *Assmann* in Assmann/Pötzsch/Schneider, § 12 Rn. 39; *Möllers* in KK-WpÜG, § 12 Rn. 92; *Renner* in Frankfurter Komm., § 12 Rn. 17; *Thoma* in Baums/Thoma, § 12 Rn. 54.

[55] *Assmann* in Assmann/Pötzsch/Schneider, § 12 Rn. 38; *Möllers* in KK-WpÜG, § 12 Rn. 92; *Noack/Holzborn* in Schwark/Zimmer, KapitalmarktR, WpÜG, § 12 Rn. 6; *Renner* in Frankfurter Komm., § 12 Rn. 17; *Steinhardt* in Steinmeyer, § 12 Rn. 26; *Thoma* in Baums/Thoma, § 12 Rn. 51; vgl. *Assmann* in Assmann/Lenz/Ritz, § 13 Rn. 50; *Hamann* in Schäfer, §§ 45, 46 BörsG aF Rn. 44; *Schwark* in Schwark/Zimmer, KapitalmarktR, § 45 BörsG aF Rn. 9.

[56] *Assmann* in Assmann/Pötzsch/Schneider, § 12 Rn. 38; *Thoma* in Baums/Thoma, § 12 Rn. 51; *Vaupel* WM 2002, 1171.

[57] *Assmann* in Assmann/Pötzsch/Schneider, § 12 Rn. 40; *Thoma* in Baums/Thoma, § 12 Rn. 51.

[58] *Assmann* in Assmann/Pötzsch/Schneider, § 12 Rn. 40.

[59] So auch *Möllers* in KK-WpÜG, § 12 Rn. 92; aA *Assmann* in Assmann/Pötzsch/Schneider, § 12 Rn. 40.

23 **c) Gesamtschuldnerische Haftung.** Die für die Angebotsunterlage nach Nr. 1 und Nr. 2 Verantwortlichen haften als Gesamtschuldner (§§ 421 ff. BGB). Abweichende Vereinbarungen im Innenverhältnis berühren die Haftung nach außen nicht.[60]

24 **d) Haftung Dritter?** Neben dem Bieter und den nach Nr. 1 und Nr. 2 haftenden Personen kommt eine Haftung Dritter nur in Ausnahmefällen in Betracht.

25 **aa) Finanzierende Bank.** Eine Haftung der finanzierenden Bank nach § 12 kann bestehen. Allerdings ist für eine Haftung aus § 12 ein über das Zins- und Provisionsinteresse hinausgehendes wirtschaftliches Interesse der finanzierenden Bank erforderlich. Die bloße Nennung in der Angebotsunterlage reicht nicht aus. Auch die Ausstellung der Finanzierungsbestätigung führt nicht zu einer Haftung nach § 12, sofern das ausstellende Wertpapierdienstleistungsinstitut nicht aus anderen Gründen zum Kreis der Angebotsverantwortlichen gehört; die Haftung für die Finanzierungsbestätigung richtet sich nach § 13 Abs. 3.[61]

26 **bb) Bundesanstalt.** Eine Haftung der BaFin nach § 12 ist ausgeschlossen, auch wenn die BaFin die Angebotsunterlage geprüft hat.[62] Dies ergibt sich aus § 4 Abs. 2, nach dem die BaFin die Angebotsunterlage nur im öffentlichen Interesse prüft und daher keine Haftung gegenüber einzelnen Wertpapierinhabern der Zielgesellschaft auslösen kann.

III. Ausschluss der Haftung (Abs. 2)

27 Nach Abs. 2 ist der Anspruch ausgeschlossen, sofern der nach Abs. 1 Nr. 1 oder Nr. 2 Verantwortliche keine Kenntnis von der Fehlerhaftigkeit der Angaben in der Angebotsunterlage gehabt hat und die Unkenntnis nicht auf grober Fahrlässigkeit beruht. Die Regelung ist § 23 WpPG sowie § 306 Abs. 3 Satz 1 KAGB[63] nachgebildet.

1. Keine Kenntnis von Fehlerhaftigkeit

28 Der Verantwortliche muss zunächst nachweisen, dass ihm die Fehlerhaftigkeit der entsprechenden Angebotsunterlage nicht bekannt war.

2. Keine grobe Fahrlässigkeit

29 Der Verantwortliche muss außerdem nachweisen, dass seine Unkenntnis von der Fehlerhaftigkeit nicht auf grober Fahrlässigkeit beruhte. **Grobe Fahrlässigkeit** liegt vor, wenn die im Verkehr erforderliche Sorgfalt in besonders schwerem Maße verletzt worden ist, indem schon einfachste, ganz naheliegende Überlegungen nicht angestellt werden.[64] Grobe Fahrlässigkeit

---

[60] BT-Drucks. 14/7034, 42 f.; *Assmann* in Assmann/Pötzsch/Schneider, § 12 Rn. 35; *Möllers* in KK-WpÜG, § 12 Rn. 141; *Thoma* in Baums/Thoma, § 12 Rn. 57.

[61] *Assmann* in Assmann/Pötzsch/Schneider, § 12 Rn. 38; *Thoma* in Baums/Thoma, § 12 Rn. 51, 53; *Vaupel* WM 2002, 1171.

[62] *Renner* in Frankfurter Komm., § 12 Rn. 18; *Thoma* in Baums/Thoma, § 12 Rn. 56.

[63] Früher §§ 20 Abs. 3 KAGG aF, 12 Abs. 3 AuslInvestmG aF.

[64] *Assmann* in Assmann/Pötzsch/Schneider, § 12 Rn. 49; *Möllers* in KK-WpÜG, § 12 Rn. 105; *Oechsler* in Ehricke/Ekkenga/Oechsler, § 12 Rn. 10; *Renner* in Frank-

liegt dann vor, wenn die Fehlerhaftigkeit sich aus den Verantwortlichen vorliegenden Unterlagen oder Informationen ergibt oder durch Vergleich mit öffentlich bekannten oder zugänglichen Informationen hätte ermittelt werden können. Grobe Fahrlässigkeit kann entsprechend den Regeln der börsengesetzlichen Prospekthaftung insbesondere auch dann gegeben sein, wenn sich dem Verantwortlichen aufdrängen muss, dass die Angebotsunterlage zu ungerechtfertigten Schlüssen verleitet.[65]

3. Verschulden Dritter

Bedient sich der Verantwortliche bei der Erstellung der Angebotsunterlage 30
der Hilfe Dritter, dann muss der Veranwortliche die Beiträge Dritter einer Plausibilitäts- und Stimmigkeitskontrolle im Hinblick auf die Angebotsunterlage als Ganzes unterziehen. Erfüllt der Verantwortliche diese Pflicht, dann wird ein Verschulden des Dritten, der einzelne Teile zur Angebotsunterlage beigesteuert hat, dem Verantwortlichen nicht nach § 278 BGB zugerechnet.[66] Ist der Dritte selbst nicht ein nach § 12 Verantwortlicher, dann scheiden zivilrechtliche Ansprüche gegen den Dritten in der Regel aus. Dies kann zu Schutzlücken führen, die aber vom Gesetzgeber bewusst in Kauf genommen sind.[67]

4. Beweislast

Die Beweislast für die Unkenntnis bzw. nicht grob fahrlässige Unkenntnis 31
trifft den Verantwortlichen.[68] Der Verantwortliche muss nachweisen, dass er keine tatsächlichen Kenntnisse gehabt und dass er alle sich aufdrängenden Vorkehrungen getroffen hat, um die Angaben in der Angebotsunterlage zu überprüfen und mit öffentlich zugänglichen oder dem Verantwortlichen sonst verfügbaren Informationen abzugleichen.[69]

IV. Ausschluss der Haftung wegen mangelnder Kausalität (Abs. 3)

1. Allgemeines

Abs. 3 schließt einen Anspruch in den Fällen aus, in denen keine Kausalität 32
zwischen den fehlerhaften Angaben und der Entscheidung des Anspruchsbe-

---

furter Komm., § 12 Rn. 47; *Steinhardt* in Steinmeyer, § 12 Rn. 31; *Thoma* in Baums/Thoma, § 12 Rn. 73; vgl. für die börsengesetzliche Prospekthaftung *Hamann* in Schäfer, §§ 45, 46, BörsG aF Rn. 95.

[65] Vgl. OLG Frankfurt, WM 1994, 291, 297 – Bond; *Hamann,* §§ 45, 46 BörsG aF Rn. 95; *Assmann* in Assmann/Schütze, § 7 Rn. 217 ff.

[66] *Assmann* in Assmann/Pötzsch/Schneider, § 12 Rn. 52 f.; *Renner* in Frankfurter Komm., § 12 Rn. 51; *Steinhardt* in Steinmeyer, § 12 Rn. 32; aA *Möllers* in KK-WpÜG, § 12 Rn. 107; *Thoma* in Baums/Thoma, § 12 Rn. 74 f.

[67] *Renner* in Frankfurter Komm., § 12 Rn. 52.

[68] *Assmann* in Assmann/Pötzsch/Schneider, § 12 Rn. 49; *Möllers* in KK-WpÜG, § 12 Rn. 109; *Renner* in Frankfurter Komm., § 12 Rn. 46.

[69] BT-Drucks. 14/7034, S. 43; *Assmann* in Assmann/Pötzsch/Schneider, § 12 Rn. 49.

rechtigten gegeben ist. Die Beweislast für das Fehlen der Kausalität zwischen der veröffentlichten Angebotsunterlage und der Annahme des Angebots durch den Anspruchsberechtigten obliegt dem Verpflichteten. Nach der Gesetzesbegründung gelten hierfür die im Rahmen der Neuregelung zu § 21 WpPG in Anlehnung an die Rechtsprechung entwickelten Grundsätze zur Beweislastumkehr entsprechend.[70] Die Beweislastumkehr beruht auf der Überlegung, dass es dem Wertpapierinhaber der Zielgesellschaft idR seinerseits nicht möglich ist, den Nachweis zu führen, dass die Annahme auf der fehlerhaften Angebotsunterlage beruht.[71]

2. Annahme nicht auf Grund Angebotsunterlage (Nr. 1)

33 Der Verpflichtete muss zum Ausschluss der Haftung nach Nr. 1 den Nachweis führen, dass das Angebot nicht auf Grund der Angebotsunterlage angenommen wurde. Der Nachweis setzt voraus, dass der Wertpapierinhaber der Zielgesellschaft die Angebotsunterlage nicht gekannt hat.

3. Kenntnis der Fehlerhaftigkeit (Nr. 2)

34 Nach Nr. 2 ist ein Anspruch ausgeschlossen, wenn der Wertpapierinhaber der Zielgesellschaft, der die Annahme erklärt hat, bei Abgabe der Annahmeerklärung die Unrichtigkeit oder Unvollständigkeit der Angebotsunterlage kannte. In Übereinstimmung mit den zu § 23 WpPG, § 306 KAGB entwickelten Grundsätzen schadet grob fahrlässige Unkenntnis nicht.[72] Aus diesem Grund ist auch der Einwand des Mitverschuldens wegen fahrlässiger oder grob fahrlässiger Unkenntnis der Fehlerhaftigkeit der Angebotsunterlage ausgeschlossen (vgl. oben Rn. 15).

4. Rechtzeitige Berichtigung der fehlerhaften Angaben (Nr. 3)

35 Erkennt der für die Angebotsunterlage Verantwortliche die Fehlerhaftigkeit der Angebotsunterlage, dann ist seine Haftung nach Nr. 3 ausgeschlossen, wenn es ihm gelingt, noch vor Abgabe der Annahmeerklärung durch den Wertpapierinhaber der Zielgesellschaft die Unrichtigkeit der Angabe zu berichtigen. Zum Zeitpunkt der Berichtigung entstandene Ansprüche nach Abs. 1 bleiben hiervon unberührt.[73] Wird die Angebotsunterlage berichtigt, dann ist ein Anspruch nach Abs. 1 auch dann ausgeschlossen, wenn der Erwerber keine Kenntnis von der Berichtigung hatte. Auf Nachweis der Kenntnis von der Berichtigung wird verzichtet, da bereits auf den Nachweis der Kenntnis der Angebotsunterlage verzichtet wurde.[74] Außerdem lässt sich die

---

[70] BT-Drucks. 14/7034, 43; *Assmann* in Assmann/Pötzsch/Schneider, § 12 Rn. 45; *Thoma* in Baums/Thoma, § 12 Rn. 59.

[71] *Thoma* in Baums/Thoma, § 12 Rn. 59.

[72] BT-Drucks. 14/7034, S. 43; *Assmann* in Assmann/Pötzsch/Schneider, § 12 Rn. 54; *Möllers* in KK-WpÜG, § 12 Rn. 118.

[73] BT-Drucks. 14/6034, S. 43; *Assmann* in Assmann/Pötzsch/Schneider, § 12 Rn. 46; *Möllers* in KK-WpÜG, § 12 Rn. 122; *Oechsler* in Ehricke/Ekkenga/Oechsler, § 12 Rn. 16; *Thoma* in Baums/Thoma, § 12 Rn. 64.

[74] BT-Drucks. 14/7034, S. 43; *Assmann* in Assmann/Pötzsch/Schneider, § 12 Rn. 46; *Thoma* in Baums/Thoma, § 12 Rn. 63; *Stephan* AG 2003, 11.

Irrelevanz einer konkreten Kenntnisnahme dadurch begründen, dass die Berichtigung auch ohne Kenntnis des einzelnen Wertpapierinhabers im Markt zu einer entsprechenden Anpassung des Preises der Wertpapiere führen wird.[75] Eine Pflicht zur nachträglichen Berichtigung lässt sich Nr. 3 nicht entnehmen (vgl. oben Rn. 12). Nr. 3 bezieht sich dem Wortlaut nach nur auf die ursprüngliche Fehlerhaftigkeit der Angebotsunterlage.[76] Allerdings wird man dem Bieter auch ohne Anerkennung einer Aktualisierungspflicht gestatten müssen, aufgrund nach Veröffentlichung der Angebotsunterlage eintretender Umstände unrichtig gewordene Angaben im Weg der Bekanntmachung nach Abs. 3 Nr. 3 zu berichtigen.[77]

Für die **Form der Berichtigung** sieht Nr. 3 zwei Wege vor. Zum einen kann der für die Angebotsunterlage Verantwortliche die Berichtigung im Wege der Ad-hoc-Veröffentlichung nach § 15 Abs. 1 WpHG oder in anderen EWR-Staaten nach Umsetzung der Transparenzrichtlinie geltenden entsprechenden Veröffentlichungspflichten vornehmen. Die Berichtigung muss deutlich gestaltet sein, dh in einer Form, die es dem Adressaten ohne aufwendige Nachforschung ermöglicht, davon Kenntnis zu nehmen, dass die Berichtigung von der Angebotsunterlage abweichende Angaben erhält.[78] Dazu gehört auch ein Hinweis auf die Angaben in der Angebotsunterlage, die berichtigt werden sollen.[79] 36

V. Verjährung

Nach Abs. 4 verjährt der Anspruch nach Abs. 1 in einem Jahr nach dem Zeitpunkt, zu dem derjenige, der das Angebot angenommen hat, Kenntnis von der Unrichtigkeit oder Unvollständigkeit der Angaben der Angebotsunterlage erlangt hat, spätestens jedoch in 3 Jahren seit der Veröffentlichung der Angebotsunterlage. Die Regelung entsprach §§ 46 BörsG aF, 127 InvG aF, die zugunsten der allgemeinen Verjährungsvorschriften des BGB (§§ 195, 199 BGB) gestrichen wurden.[80] Wie bei der börsengesetzlichen Prospekthaftung hält es der Gesetzgeber demjenigen, der das Angebot angenommen hat, für zumutbar, innerhalb dieser Fristen die erforderlichen Schritte zur Durchsetzung seiner Ansprüche einzuleiten.[81] Die Dreijahresfrist beginnt mit dem Zeitpunkt der Veröffentlichung der Angebotsunterlage, da zu diesem Zeit- 37

[75] Vgl. *Hamann* in Schäfer, §§ 45, 46 BörsG nF Rn. 43.

[76] *Möllers* in KK-WpÜG, § 12 Rn. 120; *Renner* in Frankfurter Komm., § 12 Rn. 59.

[77] So von den Vertretern der Aktualisierungspflicht (Rn. 11a) *Möllers* in KK-WpÜG, § 12 Rn. 66; *Möllers* ZGR 2002, 676; *Steinhardt* in Steinmeyer § 12 Rn. 22; *Stephan* AG 2003, 560; aA *Assmann* in Assmann/Pötzsch/Schneider, § 12 Rn. 33 (Veröffentlichung der Korrektur der Angebotsunterlage in der gleichen Weise wie Angebotsunterlage selbst); *Oechsler* in Ehricke/Ekkenga/Oechsler, § 12 Rn. 14; dagegen empfiehlt *Thoma* in Baums/Thoma, § 12 Rn. 38 „vorsichtshalber" eine Berichtigung in Form eines Nachtrags gem. § 14 Abs. 3 Satz 1 Nr. 2.

[78] BT-Drucks. 14/7034, S. 43.

[79] *Renner* in Frankfurter Komm., § 12 Rn. 62; *Thoma* in Baums/Thoma, § 12 Rn. 67; aA *Assmann* in Assmann/Pötzsch/Schneider, § 12 Rn. 47; *Möllers* in KK-WpÜG, § 12 Rn. 127.

[80] *Groß* in Groß, Kapitalmarktrecht, § 21 WpPG Rn. 91.

[81] BT-Drucks. 14/7034, 43; kritisch *Zinser* ZRP 2001, 365.

punkt erstmalig ein unzutreffender Eindruck über den Inhalt der Angebotsunterlage erzeugt wurde.[82] Auf den Zeitpunkt der Kenntnisnahme oder der Abgabe der Annahmeerklärung durch den Angebotsempfänger kommt es nicht an. Damit ist die maximale Dauer der Verjährungsfrist einheitlich für alle geregelt, die die Annahme erklärt haben.

VI. Erlass von Ansprüchen (Abs. 5)

38 Nach Abs. 1 begründete Ansprüche können nicht vor ihrem Entstehen abbedungen werden. Ist der Anspruch entstanden, können die Beteiligten hierüber beliebig verfügen.[83] Die Bestimmung entspricht § 25 Abs. 1 WpPG. Sie schließt insbesondere eine Freizeichnung für die Haftung oder Haftungsbeschränkungen in der Angebotsunterlage aus.[84]

VII. Ansprüche aus anderen Rechtsvorschriften (Abs. 6)

39 Abs. 6 entspricht § 25 Abs. 2 WpPG.[85] Nach Abs. 6 werden Ansprüche auf Grund bestehender schuldrechtlicher Sonderverbindungen nach bürgerlichem Recht durch § 12 nicht berührt. Gleiches gilt im Hinblick auf vorsätzliche unerlaubte Handlungen. Dagegen sind Ansprüche aus allgemeiner zivilrechtlicher Prospekthaftung im Anwendungsbereich des § 12 im Rahmen eines öffentlichen Angebots ausgeschlossen, da § 12 insoweit eine abschließende Sonderregelung darstellt.[86]

§ 13 Finanzierung des Angebots

(1) **Der Bieter hat vor der Veröffentlichung der Angebotsunterlage die notwendigen Maßnahmen zu treffen, um sicherzustellen, dass ihm die zur vollständigen Erfüllung des Angebots notwendigen Mittel zum Zeitpunkt der Fälligkeit des Anspruchs auf die Gegenleistung zur Verfügung stehen. Für den Fall, dass das Angebot als Gegenleistung die Zahlung einer Geldleistung vorsieht, ist durch ein vom Bieter unabhängiges Wertpapierdienstleistungsunternehmen schriftlich zu bestätigen, dass der Bieter die notwendigen Maßnahmen getroffen hat, um sicherzustellen, dass die zur vollständigen Erfüllung des Angebots notwendigen Mittel zum Zeitpunkt der Fälligkeit des Anspruchs auf die Geldleistung zur Verfügung stehen.**

(2) **Hat der Bieter die nach Absatz 1 Satz 2 notwendigen Maßnahmen nicht getroffen und stehen ihm zum Zeitpunkt der Fälligkeit des Anspruchs auf die Geldleistung aus diesem Grunde die notwendigen Mittel**

---

[82] BT-Drucks. 14/7034, 43.

[83] BT-Drucks. 14/7034, 43.

[84] *Renner* in Frankfurter Komm., § 12 Rn. 66.

[85] Dazu näher *Assmann* in Assmann/Lenz/Ritz, § 13 Rn. 70 ff.; *Hamann* in Schäfer, § 48 BörsG nF Rn. 3 ff.

[86] BT-Drucks. 14/7034, S. 44; *Assmann* in Assmann/Pötzsch/Schneider, § 12 Rn. 68; *Möllers* in KK-WpÜG, § 12 Rn. 149; *Renner* in Frankfurter Komm., § 12 Rn. 68; *Thoma* in Baums/Thoma, § 12 Rn. 84.

nicht zur Verfügung, so kann derjenige, der das Angebot angenommen hat, von dem Wertpapierdienstleistungsunternehmen, das die schriftliche Bestätigung erteilt hat, den Ersatz des ihm aus der nicht vollständigen Erfüllung entstandenen Schadens verlangen.

(3) **§ 12 Abs. 2 bis 6 gilt entsprechend.**

Schrifttum: *Berrar,* Die Finanzierungsbestätigung nach § 13 WpÜG, ZBB 2002, 174; *Gei/Kiesewetter,* Praxisrelevante Aspekte öffentlicher Übernahmen in Zeiten volatiler Märkte, AG 2012, 741; *Georgieff/Hauptmann,* Die Finanzierungsbestätigung nach § 13 WpÜG: Rechtsfragen in Zusammenhang mit überwiegend fremdfinanzierten öffentlichen Barangeboten, AG 2005, 277; *Häuser,* Die Finanzierungsbestätigung nach § 13 Abs. 1 Satz 2 WpÜG, FS Hadding, S. 833; *Kiesewetter/Kiefner,* Praxisrelevante Aspekte der Finanzierungssicherstellung bei öffentlichen Übernahmen, CFL 2011, 284; *Mayer-Uellner,* Die Finanzierung öffentlicher Übernahmen im Lichte des Vollangebotsgrundsatzes, AG 2012, 399; *Noack,* Fragen der Finanzierungsbestätigung, FS Hadding S. 991; *Singhof/Weber,* Bestätigung der Finanzierungsmaßnahmen und Barabfindungsgewährleistung nach dem Wertpapiererwerbs- und Übernahmegesetz, WM 2002, 1158; *Vogel,* Finanzierung von Übernahmeangeboten – Testat und Haftung des Wertpapierdienstleistungsunternehmens nach § 13 WpÜG.

Übersicht

I. Einleitung

1 Die Fähigkeit des Bieters, für den Erwerb der Wertpapiere der Zielgesellschaft die Gegenleistung zum Zeitpunkt der Abwicklung des Angebots nach Ablauf der Angebotsfrist sicherzustellen, also entweder den angebotenen Geldbetrag zu finanzieren oder die angebotenen Wertpapiere auszugeben bzw. bereitzuhalten, ist von entscheidender Bedeutung für das Angebot.[1] Die Regelung dient der Verhinderung unseriöser, weil wirtschaftlich nicht erfüllbarer Übernahmeversuche und der Information der Aktionäre der Zielgesellschaft über die Werthaltigkeit der angebotenen Gegenleistung.[2] Die Übernahmerichtlinie macht keine Vorgaben zur Sicherstellung der Erfüllung des Angebots; die Übernahmerichtlinie belässt es bei einer mit § 13 Abs. 1 Satz 1 vergleichbaren Regelung, allerdings mit dem Unterschied, dass der Bieter bereits im Zeitpunkt der Ankündigung seines Angebots Maßnahmen zur Sicherstellung der Finanzierung zu treffen hat (Art. 3 Abs. 1e)). Auch wenn § 13 insoweit nicht an den Wortlaut der Übernahmerichtlinie herangeführt worden ist, ist jedem Bieter zu empfehlen, bereits vor Ankündigung seines Übernahmeangebots oder der Erlangung der Kontrolle die erforderlichen Finanzierungsmaßnahmen soweit vorbereitet zu haben, dass diese vor Beginn der Annahmefrist ohne weitere Schwierigkeiten abgeschlossen werden können.

2 *Thaeter/Barth*[3] fordern als Alternative zu der **Finanzierungsbestätigung,** dass die Annahme eines Übernahmeangebots an die Bedingung der vollständigen Erfüllung der Gegenleistung geknüpft wird. Allerdings erhielte dann der Bieter, da die Bereitstellung der Finanzierung in seiner Hand liegt und damit von ihm abhängig ist, entgegen der grundsätzlichen Regelung in § 18 Abs. 1, dass das Angebot nicht von Bedingungen abhängig gemacht werden darf, deren Eintritt der Bieter selbst herbeiführen kann, im Ergebnis eine Möglichkeit, von dem Angebot Abstand zu nehmen. Der Bieter wäre dann, wenn er die Erfüllung verweigerte, zu einem Abbruch bzw. Rücktritt von dem Angebot berechtigt. Auch die weiter von *Thaeter/Barth*[4] diskutierte Alternative, dass den Aktionären ein Rücktrittsrecht in Verbindung mit einem **Schadensersatzanspruch** eingeräumt werden könnte, stellte nicht sicher, dass die Aktionäre der Zielgesellschaft tatsächlich geschützt werden, da sich ein solcher Schadensersatzanspruch gegen den Bieter richtete, der aber gerade dann, wenn die Aktionäre zurücktreten könnten, nicht über ausreichende finanzielle Mittel zur Leistung von Schadensersatz verfügte. Daher ist die Lösung des Gesetzes, dass ein unabhängiges Wertpapierdienstleistungsunternehmen für die Erfüllung einstehen muss, im Sinne des Schutzes der Aktionäre der Zielgesellschaft vorzugswürdig. Die Bestätigung darf jedoch nicht dahin verstanden werden, dass das bestätigende Wertpapierdienstleistungsunternehmen selbst die Mittel zur Verfügung stellt oder der Bieter zum Zeitpunkt der

---

[1] BT-Drucks. 14/7034, 44.

[2] *Liebscher* NZG 2001, 853, 863; kritisch hierzu und die Folgen einer Insolvenz des Bieters nach der InsO beschreibend *Wackerbarth* in MüKoAktG, § 13 WpÜG Rn. 4.

[3] NZG 2001, 545, 548.

[4] NZG 2001, 545, 548.

Veröffentlichung der Angebotsunterlage über die Mittel verfügt.[5] Die Finanzierungsbestätigung bezieht sich auch nur auf das Angebot. Wird der Bieter aus anderen Gründen insolvent, haftet das Wertpapierdienstleistungsunternehmen nicht.[6]

II. Anwendungsbereich

1. Gegenleistung

Nach Satz 1 muss der Bieter die notwendigen Maßnahmen treffen, um zum Zeitpunkt der Erfüllung des Angebots, also der Abwicklung nach Ablauf der Annahmefrist, über die notwendigen Mittel für die Gegenleistung zu verfügen. Diese Verpflichtung besteht unabhängig davon, ob der Bieter eine Geld- oder Sachleistung anbietet.[7] Das Gesetz definiert den Begriff **„Mittel"** nicht. § 31 regelt die Bestimmung der Gegenleistung. Die Gegenleistung kann bei Übernahme- und Pflichtangeboten entweder in Geld oder in Aktien des Bieters bestehen und muss mindestens eine dieser Gegenleistungen enthalten (siehe § 31 Rn. 7). § 13 Abs. 1 Satz 1 ist daher nicht nur auf Bar-, sondern auch auf Aktientauschangebote anwendbar. 3

2. Zeitpunkt

Der Bieter muss die notwendigen Maßnahmen zur Sicherstellung der Gegenleistung vor Veröffentlichung der Angebotsunterlage (§ 11) treffen, damit vor Beginn der Annahmefrist. Zu diesem Zeitpunkt muss die Finanzierung des Angebots vom Bieter sichergestellt sein. Der Bieter kann für das Barangebot eigene Mittel aufwenden oder **Darlehen** aufnehmen. Die entsprechenden Vereinbarungen müssen vor Abgabe des Angebots getroffen sein. 4

Soll die Gegenleistung in Aktien des Bieters erbracht werden, muss nach Satz 1 auch zu diesem Zeitpunkt nach dem Wortlaut des Gesetzes die Gegenleistung, also die **Ausgabe von Aktien,** sichergestellt sein. Bei einem Umtauschangebot muss daher der Bieter vor Beginn des Angebots über ein ausreichendes, noch nicht ausgenutztes genehmigtes Kapital verfügen, das zur Ausgabe der als Gegenleistung anzubietenden neuen Aktien genutzt werden kann. Das genehmigte Kapital muss unter Ausschluss des Bezugsrechts der Aktionäre ausgenutzt werden können. Verfügt der Bieter über kein ausreichendes genehmigtes Kapital, muss der Bieter aufgrund eines Hauptversammlungsbeschlusses in der Lage sein, eine Kapitalerhöhung durchzuführen. Gemäß § 14 Abs. 1 Satz 3 kann die Frist zur Übermittlung der Angebotsunterlage an die BaFin von vier Wochen um bis zu weitere vier Wochen verlängert werden, wenn dem Bieter die Einhaltung der Frist wegen erforderlicher Kapitalmaßnahmen nicht möglich ist. Nach der Gesetzesbegründung bedarf es einer längeren Frist, damit der Bieter einen Kapitalerhöhungsbeschluss der Hauptversammlung herbeiführen kann.[8] Das Gesetz geht daher davon aus, 5

[5] *Noack* FS Hadding, 994.
[6] *Möllers* in KK-WpÜG, § 13 Rn. 95.
[7] BT-Drucks. 14/7034, 44.
[8] BT-Drucks. 14/7477, 67.

dass der Bieter einen notwendigen **Kapitalerhöhungsbeschluss** bereits vor Veröffentlichung der gestatteten Angebotsunterlage herbeigeführt hat und dieser Hauptversammlungsbeschluss nicht mehr einer erst im Verlaufe der Angebotsfrist durchzuführenden Hauptversammlung vorbehalten ist. Im Sinne einer Sicherstellung der Gegenleistung nach Abs. 1 Satz 1 muss daher der Bieter den notwendigen Kapitalerhöhungsbeschluss vor Angebotsbeginn gefasst haben, ansonsten die BaFin die Veröffentlichung der Angebotsunterlage wegen offensichtlichen Fehlens der Voraussetzung der Sicherstellung der Gegenleistung mit der Ausgabe neuer Aktien untersagen müsste. Der Bieter kann vor Beginn der Angebotsfrist binnen der bis zu achtwöchigen Frist die Hauptversammlung einberufen und die Hauptversammlung über einen „bis zu"-Kapitalerhöhungsbeschluss [9] beschließen lassen. Diese Auslegung hat zugleich den Vorteil, dass der Bieter das laufende Angebotsverfahren nicht etwa mit einem ablehnenden Beschluss der Hauptversammlung über die Kapitalerhöhung oder einer Vertagung der Hauptversammlung entgegen § 18 Abs. 1 beeinflussen kann. Auch wenn gegen den Kapitalerhöhungsbeschluss Widerspruch oder Anfechtungsklage erhoben wurde, ist die Voraussetzung, dass der Kapitalerhöhungsbeschluss vor Beginn der Angebotsfrist gefasst sein muss, erfüllt.[10] Einer Eintragung des Kapitalerhöhungsbeschlusses (noch nicht deren Durchführung), um dessen Bestand zu zeigen, bedarf es hingegen nicht.[11] Genauso wenig muss vor Beginn der Annahmefrist die Sacheinlageprüfung abgeschlossen sein.[12] Anderenfalls könnte der Bieter etwa den Zeitpunkt, wann er mit dem Angebot „loslegen" kann, nicht bestimmen sondern wäre vom Handelsregister abhängig und ein Widerspruch in der beschließenden Hauptversammlung verhinderte gerade die zügige Eintragung des Beschlusses. Auch der BaFin genügt der gefasste Hauptversammlungsbeschluss.[13]

6 Der Bieter, dem an einer Beschleunigung des Verfahrens zwischen der Veröffentlichung der Entscheidung, ein Angebot abzugeben (§ 10), und dem Beginn der Angebotsfrist gelegen ist, und dem zur Ausgabe neuer Aktien als Gegenleistung kein genehmigtes Kapital zur Verfügung steht, wird bereits vor Veröffentlichung der Entscheidung zur Abgabe eines Angebots eine Hauptversammlung mit dem Tagesordnungspunkt, das Kapital zum Zwecke der Übernahme einer anderen Gesellschaft erhöhen zu wollen, veröffentlichen können. In dieser Einladung kann und darf jedoch die Zielgesellschaft nicht genannt werden, da zu diesem Zeitpunkt zum einen die Entscheidung zur Abgabe eines Angebots nicht feststehen darf, ohne dass dies zuvor veröffentlicht werden müsste, und zum anderen würde der Bieter in diesem Fall die mögliche Insidertatsache der Absicht der Abgabe eines Angebots unbefugt veröffentlichen. Die Zielgesellschaft darf also in der Hauptversammlungsein-

[9] Zur Zulässigkeit etwa *Lutter* in KölnKomm, § 182 Rn. 17; *Hüffer/Koch,* § 182 Rn. 12.

[10] *Krause* in Assmann/Pötzsch/Schneider, § 13 Rn. 67; *Marsch-Barner/Oppenhoff* in Baums/Thoma, § 13 Rn. 93.

[11] So aber *Wackerbarth* in MüKoAktG, § 13 WpÜG Rn. 13.

[12] So aber *Vogel* in Frankfurter Komm., § 13 Rn. 88.

[13] Diese Praxis übersehend *Kiesewetter/Kiefner* CFL 2011, 284, 289.

ladung erst genannt werden, wenn die Entscheidung zur Abgabe eines Angebots gemäß § 10 Abs. 3 veröffentlicht worden ist.

Ausländische Bieter könnten mit dieser Anforderung begünstigt werden, wenn deren Rechtsordnung ein leicht auszunutzendes autorisiertes Kapital, etwa ohne § 202 AktG vergleichbare Beschränkungen, vorsieht. 7

3. Wertpapierleihe

Einer Wertpapierleihe, um zügig börsenzugelassene Aktien an die das Angebot annehmenden Aktionäre ausgeben zu können, bedarf nicht. Angesichts der Prospektbefreiung nach § 4 Abs. 2 Nr. 3 WpPG und der zügigen Durchführung des insoweit nur noch mehr formalen Börsenzulassungsverfahrens durch die Geschäftsführung der Börse (§ 50 BörsZulV) können die als Gegenleistung auszugebenden Aktien am Tag ihrer rechtswirksamen Ausgabe bereits zugelassen werden. 8

4. Umfang

a) Volle Annahmequote. Bei der Sicherstellung der Finanzierung bzw. des Bereitstellens neuer Aktien muss der Bieter eine hundertprozentige Annahmequote seines Angebots zugrunde legen, da er andernfalls die Gegenleistung für einen Teil der Aktionäre, die das Angebot akzeptieren wollen, nicht erbringen könnte. Aktien, die aufgrund von ausgegebenen Options- und Wandlungsrechten während der Annahmefrist des Angebots aufgrund Erreichens oder Überschreitens des Bezugspreises ausgegeben werden können, sind bei der Bemessung der Höhe der maximalen Gegenleistung ebenfalls zu berücksichtigen.[14] Dabei sind auch die mittlerweile üblichen Herabsetzungen des Wandlungs- oder Optionspreises bei Abgabe eines Pflicht- oder Übernahmeangebots zu beachten. Der Verhinderungszweck dieser Klauseln ist offenkundig, aber da vor Bekanntgabe eines Angebots vereinbart, nicht von § 33 erfasst. Erklärungen von Aktionären der Zielgesellschaft mit der Verpflichtung, dass sie mit ihren Aktien das Angebot nicht annehmen werden, sind unbeachtlich. Nur Aktien, die im Einflussbereich des Bieters sind, sei es aufgrund eines Aktienkaufvertrags oder weil die Aktien von gemeinsam handelnden Personen gehalten werden, bleiben bei der Bemessung der maximalen Gegenleistung außer Betracht.[15] Die abweichende BaFin-Praxis widerspricht dem Begriff und Sinn und Zweck der gemeinsam handelnden Personen. Ferner meinen einige Autoren, es müsse sichergestellt sein, dass der Bieter auch über die Mittel zur Zahlung der mit dem Angebot verbundenen voraussichtlichen Transaktionskosten verfügen wird,[16] obgleich hierfür eine rechtliche Grundlage fehlt.[17] Nicht erforderlich ist hingegen, zu prüfen, ob 9

[14] *Singhof/Weber* WM 2002, 1158, 1161; wenn „im Geld" *Marsch-Barner* in Baums/Thoma, § 13 Rn. 75; BaFin-Praxis; *Mayer-Uellner* AG 2012, 399, 402.

[15] Siehe auch *Krause* in Assmann/Pötzsch/Schneider, § 13 Rn. 17a; anders hingegen *Marsch-Barner/Oppenhoff* in Baums/Thoma, § 13 Rn. 56.

[16] *Marsch-Barner/Oppenhoff* in Baums/Thoma, § 13 Rn. 19; *Steinhardt* in Steinmeyer, § 13 Rn. 3.

[17] *Mayer-Uellner* AG 2012, 399, 402.

der Bieter über ausreichende Mittel verfügt, um bei der Zielgesellschaft etwa aufgrund des Kontrollwechsels **vorzeitig fällig werdende Verbindlichkeiten** ablösen zu können.[18] Weiterhin soll sich bei Übernahmeangebot nach BaFin-Praxis die Annahmequote auch auf eigene Aktien der Zielgesellschaft erstrecken, da eben noch keine Kontrolle bestehe.[19] Dies ist schon deshalb abzulehnen, weil keine Rückkaufermächtigung bekannt ist, die zur Annahme eines Angebots ermächtigte.

10 **b) Bietergemeinschaft.** Hat ein Angebot mehrere Bieter in Form einer Bietergemeinschaft, muss die Finanzierung nicht die von den Mitbietern gehaltenen Aktien umfassen, da eben nur die Aktien zählen, die nicht von dem Bieter oder den Bietern gehalten werden.[20] Bietergemeinschaften können sich daher insbesondere bei Pflichtangeboten anbieten.

11 **c) Angebotsverbesserungen.** Das Wertpapierdienstleistungsunternehmen muss bei der Finanzierungsbestätigung (hierzu Rn. 18 ff.) mögliche **Angebotsverbesserungen** (§ 21 Abs. 1), etwa aus einer Erhöhung der Gegenleistung oder der Erhöhung des Mindestanteils bzw. der Mindestanzahl der Wertpapiere, die der Bieter zu erwerben beabsichtigt, nicht berücksichtigen, denn die Finanzierungsbestätigung muss nach Abs. 1 vor der Veröffentlichung der Angebotsunterlage abgegeben werden. Demzufolge kann das bestätigende Wertpapierdienstleistungsunternehmen auch nur diejenigen Bedingungen des Angebots hinsichtlich der Höhe der Gegenleistung und der maximal möglichen Anzahl der Wertpapiere berücksichtigen, die nach den Plänen des Bieters erworben werden sollen.

12 Allerdings muss der Bieter bei einer **Erhöhung der Gegenleistung** (§ 21 Abs. Nr. 1) eine weitere, zusätzliche Finanzierungsbestätigung vorlegen, da nach § 21 Abs. 3 die Vorschrift des § 13 entsprechend gilt. Daher kann der Bieter in die Situation geraten, dass er für eine beabsichtigte Angebotsverbesserung, sei es zur Erhöhung der Attraktivität des Angebots nach schleppender Annahme, sei es wegen eines konkurrierenden Angebots (§ 22), keine weitere Finanzierungsbestätigung erhält. Verweigert das Wertpapierdienstleistungsunternehmen eine weitere Finanzierungsbestätigung und erhöht der Bieter trotzdem die Gegenleistung, kann das Wertpapierdienstleistungsunternehmen nicht gegenüber den annehmenden Aktionären für den Erhöhungsbetrag haften. Allerdings wird in diesem Fall die BaFin bei fehlender Finanzierungsbestätigung für den Erhöhungsbetrag die Änderung des Angebots ohnehin untersagen. Daher wird die Gegenleistung regelmäßig im Wege eines Parallelerwerbs zu dem vom Bieter gewünschten Angebotspreis (Festpreisgeschäft) erhöht.

13 Erwirbt der Bieter bei einem Tauschangebot nach der Veröffentlichung der Entscheidung zur Abgabe eines Angebots bis zum Angebotsende mindestens 1% der Aktien der Zielgesellschaft gegen Barzahlung, muss er zwingend eine Gegenleistung in Euro anbieten (§ 31 Abs. 3 Nr. 2). Hindurch wird er zu

---

[18] *Marsch-Barner/Oppenhoff* in Baums/Thoma, § 13 Rn. 24; *Krause* in Assmann/Pötzsch/Schneider, § 13 Rn. 20; aA *Möllers* in KK-WpÜG, § 13 Rn. 54.

[19] *Kiesewetter/Kiefner* CFL 2011, 284.

[20] *Krause* in Assmann/Pötzsch/Schneider, § 13 Rn. 17b; *Marsch-Barner/Oppenhoff* in Baums/Thoma, § 13 Rn. 60; *Mayer-Uellner* AG 2012, 399, 403.

einer Angebotsänderung gezwungen, wobei § 21 Abs. 3 mit dem Erfordernis der Finanzierungsbestätigung zur Anwendung gelangt. Dies ist auch sachgerecht, da anders als bei einem Nachbesserungsanspruch aufgrund von Parallel- oder Nacherwerben iSv § 31 Abs. 4, 5 die Aktionäre der Zielgesellschaft hinsichtlich der gesamten Höhe der Gegenleistung geschützt werden müssen.

d) Nachbesserung. Erwirbt der Bieter während der Annahmefrist Aktien der Zielgesellschaft zu einem höheren als dem Angebotspreis, ist er den annehmenden Aktionären zur Nachbesserung verpflichtet (§ 31 Abs. 4). Die Finanzierungsbestätigung umfasst den Betrag aus der Nachbesserungspflicht mangels eines § 21 Abs. 3 ähnlichen Verweises in § 31 nicht.[21] Demzufolge haftet das Wertpapierdienstleistungsunternehmen, welches die Finanzierungsbestätigung ausgestellt hat, den annehmenden Aktionären nicht für den Betrag aus dem Nachbesserungsanspruch. Zugleich kann der Bieter im Wege des Erwerbs der Aktien der Zielgesellschaft zu höheren Preisen sein Angebot erhöhen, ohne eine weitere Finanzierungsbestätigung vorlegen zu müssen. Nach der Systematik des Gesetzes ist dies hinzunehmen, da für das Angebot bereits eine Finanzierungsbestätigung gegeben wurde und es sich daher nicht um ein unseriöses Angebot handelt. 14

Ist der Bieter auf Grund außerbörslicher Erwerbe binnen eines Jahres nach Veröffentlichung der Anzahl der erworbenen Wertpapiere (§ 23 Abs. 1 Satz 1 Nr. 2) zu einer Nachbesserung verpflichtet (§ 31 Abs. 5), haftet das Wertpapierdienstleistungsunternehmen ebenfalls nicht für den Erhöhungsbetrag. 15

e) Abwehrmaßnahmen. Die Finanzierungsbestätigung kann sich mangels Vorhersehbarkeit von Abwehrmaßnahmen der Zielgesellschaft nicht auf die hierzu ausgegebenen **neuen Aktien,** die der Bieter bei einem Übernahme- oder Pflichtangebot erwerben müsste, beziehen. Nach § 21 Abs. 1 sind vor der Veröffentlichung des Angebots die notwendigen Maßnahmen zur Sicherstellung der Finanzierung zu treffen; etwaige Abwehrmaßnahmen muss der Bieter nicht berücksichtigen. 16

III. Finanzierungsbestätigung

Im Falle eines, auch teilweisen oder alternativen, **Barangebots** muss ein vom Bieter unabhängiges Wertpapierdienstleistungsunternehmen schriftlich bestätigen, dass der Bieter bei ungestörtem Geschehensablauf die notwendigen Maßnahmen getroffen hat, die sicherstellen, dass ihm die zur vollständigen Erfüllung des Angebots notwendigen Mittel zum Zeitpunkt der Fälligkeit des Anspruchs zur Verfügung stehen. Das Wertpapierdienstleistungsunternehmen muss hierbei berücksichtigen, dass es im Falle eines möglichen Scheiterns des Angebots, weil der Bieter aufgrund unzureichender Maßnahmen nicht über die notwendigen Mittel verfügt, den Aktionären der Zielgesellschaft zum Schadensersatz verpflichtet ist (Abs. 2). Einschränkungen und Qualifikationen der Finanzierungsbestätigung, ähnlich etwa bei üblichen Darlehensverträgen, darf die Finanzierungsbestätigung nach dem insoweit klaren 17

---

[21] Ebenso *Oechsler* NZG 2001, 817, 826; aA, wegen eines Schutzbedürfnisses der Aktionäre, *Häuser* FS Hadding, S. 853.

Gesetzeswortlaut nicht enthalten. In der Regel orientiert sich der Wortlaut der Finanzierungsbestätigung am Gesetzeswortlaut.[22]

1. Darlehen

18 Es reicht aus und ist übliche Praxis, dass das Wertpapierdienstleistungsunternehmen dem Bieter ein Darlehen gewährt, und daraufhin die Finanzierungsbestätigung ausstellt. Dass das Darlehen, insbesondere aus wichtigem Grund, vom Wertpapierdienstleistungsunternehmen oder Bieter gekündigt werden könnte und daher nach Ablauf der Angebotsfrist gerade nicht die Mittel zur Annahme des Angebots zur Verfügung stünden, steht der Bekundung, dass der Bieter alles Ausreichende zur Finanzierung des Angebots getan hat, nicht entgegen.[23] Die Anforderungen, wann ein **material adverse change** vorliegt und deshalb der Darlehensvertrag gekündigt werden kann, sollten tunlichst an die nach § 18 zulässigen Bedingungen des Angebots angepasst werden, also objektivierbar sein,[24] auch wenn die BaFin im Billigungsverfahren den zugrunde liegenden Darlehensvertrag nicht prüft. Dass Wertpapierdienstleistungsunternehmen darf, etwa aufgrund einer Leveraged-Buy-Out Struktur, keine Zweifel an der Rechtswirksamkeit und Durchführbarkeit des Darlehensvertrags haben.[25] Insoweit sollten die Darlehensverträge nach dem certain funds-Prinzip nur geringe Auszahlungsvoraussetzungen vorsehen.[26]

2. Anleihen

19 Beabsichtigt der Bieter, das Angebot durch die Ausgabe und Platzierung von Anleihen zu finanzieren, muss das Wertpapierdienstleistungsunternehmen prüfen und abschätzen, ob die Anleihe erst zum Ende der Annahmefrist in dem erforderlichen Volumen im Markt platziert werden kann.[27] Daher sollte im Zeitpunkt der Abgabe der Finanzierungsbestätigung bereits ein Übernahmevertrag mit einer Festabnahmeverpflichtung („hard underwriting“) abgeschlossen sein,[28] so dass das Wertpapierdienstleistungsunternehmen die Anleihe notfalls selbst übernehmen muss.

3. Garantie

20 Das Wertpapierdienstleistungsunternehmen könnte dem Bieter eine **unwiderrufliche Zahlungsgarantie** geben.[29] Mit einer solchen Garantie verpflichtete sich das Wertpapierdienstleistungsunternehmen für den Eintritt eines bestimmten Erfolgs, nämlich die Auszahlung der notwendigen Mittel, einzustehen.[30] Zahlte der Bieter nicht, würde das Wertpapierdienstleistungs-

---

[22] *Steinhardt* in Steinmeyer, § 13 Rn. 10.
[23] AA *Georgieff/Hauptmann* AG 2005, 277, 281.
[24] *Häuser* FS Hadding, 850.
[25] *Marsch-Barner/Oppenhoff* in Baums/Thoma, § 13 Rn. 113.
[26] *Marsch-Barner/Oppenhoff* in Baums/Thoma, § 13 Rn. 104.
[27] *Häuser* FS Hadding, 850.
[28] *Vogel* in Frankfurter Komm., § 13 Rn. 86.
[29] Hierzu *Thomas* in Palandt, Einf. v. § 783 Rn. 16.
[30] *Nobbe* in Bankrechts-Handbuch, § 92 Rn. 1.

unternehmen aus der Garantie von den Aktionären der Zielgesellschaft in Anspruch genommen. Erforderlich ist eine solche Garantie aber nicht.

4. Eigene Mittel

Verfügt der Bieter über ausreichende eigene Mittel, bietet es sich an, dass das Wertpapierdienstleistungsunternehmen diese Mittel auf einem Sonderkonto sperrt und danach die Bestätigung abgibt. Ohne eine solche **Kontosperre** wäre nicht sichergestellt, dass der Bieter nicht anderweitig über die Mittel verfügt. Allerdings wäre ein solches Sperrkonto nicht vor dem Vollstreckungszugriff von Gläubigern des Bieters geschützt. Das Wertpapierdienstleistungsunternehmen muss sich daher zusätzlich sichern, etwa mit Einräumung eines erstrangigen Pfandrechts für einen möglichen Rückgriffsanspruch aus der Finanzierungsbestätigung nach § 13 (§ 50 Abs. 1 InsO). Nicht ersichtlich ist, warum die Aussage „aus erwartetem Cash Flow“ nicht genügen soll,[31] das Wertpapierdienstleistungsunternehmen kann schließlich die Plausibilität der Planung prüfen. 21

Beabsichtigt der Bieter, die Mittel zur Durchführung des Angebots aus einer Kapitalerhöhung oder der Begebung von Schuldverschreibungen zu erhalten, müssen nicht nur die erforderlichen Beschlüsse gefasst und gegebenenfalls Ermächtigungen bestehen, sondern auch Zeichnungs- bzw. Übernahmegarantien für die auszugebenden Finanzinstrumente vorliegen und damit das Platzierungsrisiko ausgeschlossen sein.[32] 22

5. Non-tender Agreement

Bindende Erklärungen anderer Aktionäre, mit ihren Aktien das Angebot nicht anzunehmen, befreien nicht von dem Nachweis ausreichender Mittel für diese Aktien. Selbst wenn die Verpflichtung mit einer Depotsperre abgesichert ist, lässt die BaFin dies nicht genügen, da diese Verpflichtungen und Sperre umgangen werden könnten. Verpflichtet sich der Aktionär, im Falle einer vertragswidrigen Annahme des Angebots eine Vertragsstrafe in Höhe der Angebotsgegenleistung für jede getenderte Aktie zu zahlen, ist damit zugleich die Finanzierung für diese Aktien gesichert.[33] Bonitätsnachweise des Aktionärs werden nicht verlangt. Weiterhin verlangt die BaFin das Buchen der Aktien auf einem Sperrdepot.[34] 23

6. Einfluss auf das Angebot

Bestätigt das Wertpapierdienstleistungsunternehmen dem Bieter, dass es die zur Annahme des Angebots notwendigen Mittel bereitstellt, ist es den Aktionären der Zielgesellschaft gegenüber, die das Angebot annehmen, zum 24

---

[31] So aber *Kiesewetter/Kiefner* CFL 2011, 284, 287.

[32] *Krause* in Assmann/Pötzsch/Schneider, § 13 Rn. 47; *Marsch-Barner/Oppenhoff* in Baums/Thoma, § 13 Rn. 92.

[33] *Krause* in Assmann/Pötzsch/Schneider, § 13 Rn. 79a; *Mayer-Uellner* AG 2012, 399, 405; *Kiesewetter/Kiefner* CFL 2011, 284, 290; *Gei/Kiesewetter* AG 2012, 741, 742, 746.

[34] *Hasselbach* BB 2015, 1033, 1037.

Schadensersatz verpflichtet. Der Bieter wird wahrscheinlich eine nicht unerhebliche Prämie für die Übernahme dieses Risikos dem Wertpapierdienstleistungsunternehmen bezahlen müssen. Das dies dazu führe, dass Barangebote gegenüber Tauschangeboten in den Hintergrund rücken,[35] trifft allerdings nicht zu, dies bereits wegen des hohen Dokumentationsaufwands für aktienbasierte Angebote.

25 Die Finanzierungsbestätigung kann nicht an bestimmte Handlungsbeschränkungen geknüpft werden. Gegenüber den geschützten Aktionären der Zielgesellschaft, die das Angebot annehmen, bleiben solche Einschränkungen sowieso unbeachtlich.

IV. Einzelheiten

1. Wertpapierdienstleistungsunternehmen

26 Das Gesetz definiert den Begriff „Wertpapierdienstleistungsunternehmen" nicht. Die Gesetzesbegründung[36] verweist zur Definition des Begriffes auf § 2 Abs. 4 WpHG. Nach § 2 Satz 4 WpHG sind Wertpapierdienstleistungsunternehmen **Kreditinstitute,** Finanzdienstleistungsinstitute und die nach § 53 Abs. 1 Satz 1 KWG tätigen Unternehmen, die Wertpapierdienstleistungen gewerbsmäßig erbringen. Dieser Definition folgend wären daher sämtliche inländischen Kredit- und **Finanzdienstleistungsinstitute** sowie die entsprechenden ausländischen Institute, die mit eigenständigen Niederlassungen im Inland Wertpapierdienstleistungen (§ 2 Abs. 3 WpHG) erbringen, geeignete Dienstleistungsunternehmen. Die Anwendungspraxis der BaFin zeigt, dass es genügt, dass die Finanzierungsbestätigung von einem Wertpapierdienstleistungsunternehmen mit Sitz in einem EWR-Staat abgegeben wird, einer inländischen Niederlassung bedarf es nicht. Würde die Auslegung des Begriffes „Wertpapierdienstleistungen" auf diesen Kreis von möglichen Instituten beschränkt, wäre ein hoher Überwachungsstandard für die bestätigenden Unternehmen aufgrund weitgehend einheitlicher Aufsichtsregeln in den EWR-Staaten gewährleistet.[37] Damit würde ein Kreditinstitut aus einem nicht dem EWR angehörigen Staat (beispielhaft USA, Schweiz) nicht als geeignetes Institut zur Erbringung der Bestätigung anerkannt.[38]

27 Andererseits ist der in § 2 Abs. 4 WpHG definierte Begriff des Wertpapierdienstleistungsunternehmens schon dem Wortlaut dieser Norm nach nur auf die Anwendung des WpHG beschränkt, so dass Zweifel bestehen könnten, ob die BaFin bei der Prüfung und Gestattung des Angebots nicht auch eine Finanzierungsbestätigung einer ausländischen Bank ohne Niederlassung aus einem Nicht-EWR-Staat, etwa aus der Schweiz, anerkennen muss.

---

[35] *Thaeter/Barth* NZG 2001, 545, 548.

[36] BT-Drucks. 14/7034, 44.

[37] BT-Drucks. 14/7034, 44.

[38] So *Steinhardt* in Steinmeyer, § 13 Rn. 9; *Wackerbarth* in MüKoAktG, § 13 Rn. 20; *Häuser* FS Hadding, 849; darauf abstellend, ob das Nicht-EWR Institut im Inland Geschäfte nach § 53 Abs. 1 KWG erbringen darf, was dann nach § 53 KWG eine Niederlassung in Deutschland verlangte, *Marsch-Barner* in Baums/Thoma, § 13 Rn. 23; *Singhof/Weber* WM 2002, 1158, 1160

2. Unabhängigkeit vom Bieter

a) Grundsatz. Mit dem Merkmal der Unabhängigkeit vom Bieter soll verhindert werden, dass es aufgrund einer gesellschaftsrechtlichen Verbindung zwischen Bieter und Wertpapierdienstleistungsunternehmen zu einer Einflussnahme auf das bestätigende Dienstleistungsunternehmen kommt und das Wertpapierdienstleistungsunternehmen Gefälligkeitsbescheinigungen ausstellt.[39] Ein Wertpapierdienstleistungsunternehmen ist daher im Sinne des Gesetzes unabhängig, wenn es keiner gesellschaftsrechtlichen Bindung zu dem Bieter unterliegt, aufgrund derer der Bieter Einfluss auf die Entscheidung der zuständigen Organe des Wertpapierdienstleistungsunternehmens nehmen könnte. 28

b) Tochtergesellschaften. Wertpapierdienstleistungsunternehmen, die Tochtergesellschaften des Bieters sind, scheiden als geeignete Unternehmen zur Ausstellung der Finanzierungsbestätigung aus. Die Definition der gemeinsamen handelnden Personen (§ 2 Abs. 5 Satz 3) schließt aus, eine Muttergesellschaft des Bieters als geeignetes unabhängiges Wertpapierdienstleistungsunternehmen, welches die Finanzierungsbestätigung auszustellen könnte, anzusehen.[40] Dieses Ergebnis wird auch dadurch bestätigt, dass es einer Tochtergesellschaft nur unter engen Voraussetzungen überhaupt möglich wäre, der Muttergesellschaft ein Darlehen zu gewähren bzw. für die Muttergesellschaft eine Garantie zu übernehmen.[41] 29

c) Schwestergesellschaften. Fraglich ist, ob auch eine Schwestergesellschaft des Bieters die Finanzierungsbestätigung abgeben kann. Zwischen den beiden Schwesterunternehmen besteht kein Abhängigkeitsverhältnis, gleichwohl könnte eine **mittelbare Abhängigkeit** der anderen Schwestergesellschaft, welche die Finanzierungsbestätigung abgeben soll, vorliegen. Dies wäre nämlich dann der Fall, wenn die Muttergesellschaft, was regelmäßig vermutet werden muss, auch ein Interesse an der Durchführung des Übernahmeangebots der anderen Tochtergesellschaft hat. Hier könnte es zu der Konstellation kommen, dass die Schwestergesellschaft aufgrund des beherrschenden Einflusses der Muttergesellschaft veranlasst wird, für die andere Schwestergesellschaft die Finanzierungsbestätigung abzugeben. Dies will § 13 Abs. 1 mit der Forderung nach der Unabhängigkeit des Wertpapierdienstleistungsunternehmens vermeiden. Daher kann eine Schwestergesellschaft keine Finanzierungsbestätigung abgeben.[42] Hiervon zu trennen ist die Frage, ob die BaFin bei der Prüfung der Angebotsunterlage in jedem Einzelfall sämtliche gesellschaftsrechtlichen Verbindungen zwischen Bieter und bestätigendem Wertpapierdienstleistungsunternehmen überblicken kann. 30

d) Aufsichtsratsmitglied. Die Unabhängigkeit des bestätigenden Kreditinstituts kann auch dann in Frage stehen, wenn ein Mitglied des Vorstands des Kreditinstituts zugleich Mitglied des Aufsichtsrats des Bieters ist, da dann zu- 31

---

[39] BT-Drucks. 14/7034, 44.

[40] So schon zur früheren Rechtslage *Singhof/Weber* WM 2002, 1158, 1160; *Georgieff/Hauptmann* AG 2005, 277, 282; *Vogel* ZIP 2002, 1421, 1425; *Krause* in Assmann/Pötzsch/Schneider, § 13 Rn. 94.

[41] Hierzu *Fahrholz,* 57 ff.

[42] *Häuser* FS Hadding, 845.

mindest ein Interessenkonflikt besteht. In nicht wenigen Fällen wird der Aufsichtsrat für die Abgabe der Finanzierungsbestätigung und der damit verbundenen Maßnahmen nicht beteiligt werden. Soweit er zu beteiligen ist, wird zwar verlangt werden können, dass sich dieses Aufsichtsratsmitglied der Entscheidungsfindung auf Seiten des Kreditinstituts über die Gewährung der Finanzierungsbestätigung enthält, ein Ausschluss des Kreditinstituts mangels Unabhängigkeit wird jedoch nicht begründet werden können.[43] Ist ein Mitglied der Geschäftsführung des Bieters Mitglied im Aufsichtsrat des Wertpapierdienstleistungsunternehmens, soll dies die Unabhängigkeit des Wertpapierdienstleistungsunternehmens ausschließen,[44] obwohl dieses Mitglied sich entweder in der entsprechenden Abstimmung sich der Stimme enthält oder sowieso überstimmt wird.

3. Inhalt

32 Die Angebotsunterlage muss nach § 11 Abs. 2 Satz 3 Nr. 4 die Finanzierungsbestätigung unter Angabe von Firma, Sitz und Rechtsform des ausstellenden Wertpapierdienstleistungsunternehmens wiedergeben. Rechtlich ist die Finanzierungsbestätigung eine Wissenserklärung, jedoch keine Zahlungszusage des Wertpapierdienstleistungsunternehmens.[45]

33 Treten nach Veröffentlichung der Angebotsunterlage Umstände ein, aufgrund derer das Wertpapierdienstleistungsunternehmen zu dem Schluss gelangt, dass die Finanzierung nicht mehr gewährleistet ist, etwa weil die Auszahlungsvoraussetzungen eines Darlehens nicht mehr vorliegen, soll das Wertpapierdienstleistungsunternehmen verpflichtet sein, die Bestätigung zu aktualisieren.[46] Da das Gesetz explizit keine Regelungen zur **Aktualisierung** der Angebotsunterlage und dem Verfahren hierzu enthält, ist offen, auf welche Weise das Wertpapierdienstleistungsunternehmen seine Aktualisierung veröffentlichen soll.[47]

V. Schadensersatz

34 Nach Abs. 2 kann der Aktionär der Zielgesellschaft, wenn die Abwicklung des Angebots, nämlich der Erwerb der Aktien der Zielgesellschaft gegen Zahlung des Angebotspreises, daran scheitert, dass dem Bieter die notwendigen

---

[43] *Oechsler* NZG 2001, 817, 824.

[44] So wegen des Verdachts der Beeinflussung, obwohl der Aufsichtsrat nicht die Geschäfte führt, die BaFin-Handhabung; anders hingegen *Singhof/Weber* WM 2002, 1158, 1160, *Krause* in Assmann/Pötzsch/Schneider, § 13 Rn. 96; *Marsch-Barner/Oppenhoff* in Baums/Thoma, § 13 Rn. 171.

[45] *Singhof/Weber* WM 2002, 1158, 1161; *Wackerbarth* in MüKoAktG, § 13 WpÜG Rn. 25; *Krause* in Assmann/Pötzsch/Schneider, § 13 Rn. 82; im Sinne einer Einstandspflicht hingegen *Steinhardt* in Steinmeyer, § 13 Rn. 7 „dass Maßnahmen tatsächlich dazu führen, dass … die Geldmittel zur Verfügung stehen".

[46] *Noack* FS Hadding, 999.

[47] *Marsch-Barner/Oppenhoff* in Baums/Thoma, § 13 Rn. 199 schlägt eine Mitteilung des Wertpapierdienstleistungsunternehmens analog § 15 WpHG vor; die BaFin müsse sodann mangels uneingeschränkter Finanzierungsbestätigung das Fortführen des Angebots untersagen.

Mittel nicht zur Verfügung stehen, von dem Wertpapierdienstleistungsunternehmen, welches die schriftliche Bestätigung erteilt hat, den aus der nicht vollständigen Erfüllung entstandenen Schaden verlangen. Nach der Gesetzesbegründung[48] ist der **geschädigte Aktionär** der Zielgesellschaft so zu stellen, als hätte der Bieter ordnungsgemäß erfüllt. Da die Angebotsbedingungen regelmäßig vorsehen, dass die Aktien, für die das Angebot angenommen wurde, Zug-um-Zug gegen Zahlung des Angebotspreises auf den Bieter übertragen werden, dürfte der Vollzug scheitern, wenn der Bieter nach Ablauf der Annahmefrist bzw. weiteren Annahmefrist nicht über ausreichende Mittel zur Übertragung aller oder eines Teils der Aktien verfügt.

Allerdings verlangt die Haftung des die Finanzierungsbestätigung ausstel- **35**
lenden Wertpapierdienstleistungsunternehmens, wie auch die Haftung für die Vollständigkeit und Richtigkeit der Angebotsunterlage (§ 12), ein Verschulden des Wertpapierdienstleistungsunternehmens bei der Ausstellung der Bestätigung. Die Finanzierungsbestätigung des ausstellenden Wertpapierdienstleistungsunternehmens begründet keine Garantiehaftung. Das Wertpapierdienstleistungsunternehmen kann ggf. die Haftung vermeiden, wenn es nachweisen kann, dass es die Unrichtigkeit der Finanzierungsbestätigung nicht gekannt hat und die Unkenntnis nicht auf grober Fahrlässigkeit beruhte (§ 13 Abs. 3 iVm § 12 Abs. 2). Weiterhin wird verlangt, dass gerade das Nichtergreifen von Maßnahmen ursächlich für das Fehlen der finanziellen Mittel zur Übernahme der angebotenen Aktien war. Das Wertpapierdienstleistungsunternehmen wird sich auf einen fehlenden **Kausalitätsnachweis** mit dem Hinweis, zum Zeitpunkt der Ausstellung seien die Maßnahmen getroffen gewesen, zum späteren Fälligkeitszeitpunkt sei es wegen einer Vielzahl von Ereignissen aber zum Ausbleiben der Mittel gekommen, berufen können, solange diese Änderungen im Zeitpunkt der Ausstellung nicht vorhersehbar waren.[49]

Das Wertpapierdienstleistungsunternehmen wird den Aktionären, die das **36**
Angebot angenommen haben, den Angebotspreis entweder ganz oder teilweise, je nachdem in welchem Umfang dem Bieter die Mittel fehlen, leisten müssen, ohne die Aktien der Zielgesellschaft zu erhalten.[50] Der Kaufvertrag zwischen Bieter und dem das Angebot annehmenden Aktionär bleibt auch bei sich als unzureichend erweisender Finanzierung bestehen.[51] Sind die Aktionäre, welche das Angebot angenommen haben, wegen Verzugs von dem Kaufvertrag mit dem Bieter zurückgetreten, verpflichtet das Gesetz das Wertpapierdienstleistungsunternehmen, den Aktionären, die ihre Aktien an den Bieter im Rahmen des öffentlichen Angebots verkaufen wollten, den **Unterschiedsbetrag** zwischen dem Börsenpreis nach Scheitern des öffentlichen Angebots und dem Angebotspreis zu erstatten. Das Wertpapierdienstleistungsunternehmen kann die zum Verkauf angemeldeten Aktien auch anstelle des Bieters erwerben.[52]

---

[48] BT-Drucks. 14/7034, 44.
[49] *Krause* in Assmann/Pötzsch/Schneider, § 13 Rn. 115.
[50] *Thaeter* in Thaeter/Brandi, Teil 2 Rn. 385f.
[51] *Krause* in Assmann/Pötzsch/Schneider, § 13 Rn. 108.
[52] *Thaeter/Barth* NZG 2001, 545, 548.

37 Jedoch sind noch viele Einzelheiten offen. So bleibt es ungeregelt, ob der unmittelbar nach Bekanntwerden des Scheiterns des öffentlichen Angebots aufgrund mangelnder Finanzierung festgestellte Börsenpreis der Zielgesellschaft Einfluss auf die Höhe des Schadensersatzes hat, oder ob der Aktionär der Zielgesellschaft noch einige Tage zuwarten kann, bevor er einen Schadensersatzanspruch infolge fallender Kurse der Zielgesellschaft geltend macht.

VI. Entsprechende Anwendung von § 12 Abs. 2 bis 6

38 Für die Haftung des Wertpapierdienstleistungsunternehmens gemäß Abs. 2 gelten die Absätze 2 bis 6 von § 12 entsprechend (§ 13 Abs. 3).

§ 14 Übermittlung und Veröffentlichung der Angebotsunterlage

(1) **Der Bieter hat die Angebotsunterlage innerhalb von vier Wochen nach der Veröffentlichung der Entscheidung zur Abgabe eines Angebots der Bundesanstalt zu übermitteln. Die Bundesanstalt bestätigt dem Bieter den Tag des Eingangs der Angebotsunterlage. Die Bundesanstalt kann die Frist nach Satz 1 auf Antrag um bis zu vier Wochen verlängern, wenn dem Bieter die Einhaltung der Frist nach Satz 1 auf Grund eines grenzüberschreitenden Angebots oder erforderlicher Kapitalmaßnahmen nicht möglich ist.**

(2) **Die Angebotsunterlage ist gemäß Absatz 3 Satz 1 unverzüglich zu veröffentlichen, wenn die Bundesanstalt die Veröffentlichung gestattet hat oder wenn seit dem Eingang der Angebotsunterlage zehn Werktage verstrichen sind, ohne dass die Bundesanstalt das Angebot untersagt hat. Vor der Veröffentlichung nach Satz 1 darf die Angebotsunterlage nicht bekannt gegeben werden. Die Bundesanstalt kann vor einer Untersagung des Angebots die Frist nach Satz 1 um bis zu fünf Werktage verlängern, wenn die Angebotsunterlage nicht vollständig ist oder sonst den Vorschriften dieses Gesetzes oder einer auf Grund dieses Gesetzes erlassenen Rechtsverordnung nicht entspricht.**

(3) **Die Angebotsunterlage ist zu veröffentlichen durch**

1. **Bekanntgabe im Internet und**
2. **Bekanntgabe im Bundesanzeiger oder durch Bereithalten zur kostenlosen Ausgabe bei einer geeigneten Stelle im Inland; im letzteren Fall ist im Bundesanzeiger bekannt zu machen, bei welcher Stelle die Angebotsunterlage bereit gehalten wird und unter welcher Adresse die Veröffentlichung der Angebotsunterlage im Internet nach Nummer 1 erfolgt ist.**

Der Bieter hat der Bundesanstalt die Veröffentlichung nach Satz 1 Nr. 2 unverzüglich mitzuteilen.

(4) **Der Bieter hat die Angebotsunterlage dem Vorstand der Zielgesellschaft unverzüglich nach der Veröffentlichung nach Absatz 3 Satz 1 zu übermitteln. Der Vorstand der Zielgesellschaft hat die Angebotsunterlage unverzüglich dem zuständigen Betriebsrat oder, sofern ein solcher nicht besteht, unmittelbar den Arbeitnehmern zu übermitteln. Der Bie-**

ter hat die Angebotsunterlage ebenso seinem zuständigen Betriebsrat oder, sofern ein solcher nicht besteht, unmittelbar den Arbeitnehmern unverzüglich nach der Veröffentlichung nach Absatz 3 Satz 1 zu übermitteln.

Übersicht

I. Überblick

1 § 14 regelt iVm § 15 Abs. 1 das Verfahren für die **Prüfung** und die **Veröffentlichung** der Angebotsunterlage. Abs. 1 legt einen Zeitraum von grundsätzlich vier Wochen fest, innerhalb dessen der Bieter nach Veröffentlichung der Entscheidung zur Abgabe eines Angebots gemäß § 10 Abs. 3 Satz 1 die Angebotsunterlage an die BaFin zu übermitteln hat. Nach Übermittlung prüft die BaFin gemäß Abs. 2 iVm § 15 Abs. 1 die Angebotsunterlage auf ihre **Vollständigkeit** sowie auf **offensichtliche Verstöße** gegen die Vorschriften des WpÜG und der WpÜG-AngV. Dieses Prüfungsverfahren ist dem Verfahren nach §§ 13f. WpPG nachgebildet, wobei allerdings ein struktureller Unterschied zum Prüfungsverfahren nach dem WpPG besteht: Während dort die Prüfung insofern freiwillig ist als der Anbieter von Wertpapieren das öffentliche Angebot von prospektpflichtigen Wertpapieren jederzeit absagen kann, sind die entsprechenden Handlungspflichten für den Bieter nach dem WpÜG öffentlich-rechtlich **zwingend.** Wenn die Prüfung der Angebotsunterlage positiv ausfällt und die BaFin die Veröffentlichung ausdrücklich gestattet oder das Angebot innerhalb der (ggf. verlängerbaren) Frist von zehn Werktagen nach Eingang der Angebotsunterlage bei der BaFin nicht untersagt wird, darf und muss der Bieter nach Abs. 2 die Angebotsunterlage unverzüglich veröffentlichen. Abs. 3 enthält Vorgaben, in welcher Art und Weise die Angebotsunterlage veröffentlicht werden muss. Schließlich verpflichtet Abs. 4 den Bieter bzw. den Vorstand der Zielgesellschaft, die Zielgesellschaft bzw. die Arbeitnehmer oder Arbeitnehmervertreter der Zielgesellschaft und der Bietergesellschaft von dem Angebot durch Übermittlung der Angebotsunterlage zu unterrichten.

2 § 14 findet auf **Übernahmeangebote** sowie auf **sonstige freiwillige Angebote** Anwendung. Für **Pflichtangebote** gilt § 14 über die Verweisun-

gen in § 35 Abs. 2 Satz 1 und 2 sowie § 39. Keine Anwendung findet dabei Abs. 1 Satz 1 (Übermittlung der Angebotsunterlage an die BaFin), weil § 35 Abs. 2 Satz 1 infolge der Natur des Pflichtangebots insoweit eine eigenständige Regelung trifft. Die Anwendung von Abs. 1 Satz 2 (Eingangsbestätigung) und von Abs. 2 Satz 3 (Möglichkeit der Nachfrist) auf Pflichtangebote ist zwar in § 35 Abs. 2 nicht ausdrücklich angeordnet. Gleichwohl ist davon auszugehen, dass diese Vorschriften jedenfalls über § 39 ebenfalls Anwendung finden, denn sachlich begründete Unterschiede zu den anderen Angebotsarten bestehen in diesen Punkten nicht. Ob jedoch die in § 14 Abs. 1 Satz 3 eröffnete Fristverlängerungsmöglichkeit in den dort genannten Fällen auch für Pflichtangebote gilt, ist zweifelhaft, wenngleich im Ergebnis zu bejahen; eine Klarstellung durch den Gesetzgeber erscheint wünschenswert.

II. Übermittlung der Angebotsunterlage, Eingangsbestätigung und Fristverlängerung (§ 14 Abs. 1)

1. Übermittlung (§ 14 Abs. 1 Satz 1)

a) Funktionen der Übermittlung. Abs. 1 schreibt iVm Abs. 2 vor, dass der Bieter die Angebotsunterlage vor deren Veröffentlichung an die BaFin zu übermitteln hat. Die Übermittlung erfüllt zwei Funktionen. Zum einen übernimmt hierdurch die BaFin als die für das Verfahren zuständige Aufsichtsbehörde die Funktion einer Sammelstelle (Evidenzzentrale) für sämtliche nach dem WpÜG eingereichten Angebote. Aufgrund der Funktion als zentraler Ansprechpartner wird die in- und ausländische Zusammenarbeit mit anderen Aufsichtsbehörden erleichtert.[1] Zum anderen obliegt der BaFin, wie sich aus Abs. 2 iVm § 15 Abs. 1 ergibt, eine eingeschränkte Prüfung der übermittelten Angebotsunterlage. Die Prüfung erstreckt sich dabei nicht nur auf die formelle Vollständigkeit der nach § 11 Abs. 2 und 4 iVm § 2 WpÜG-AngV vorgeschriebenen Angaben (§ 15 Abs. 1 Nr. 1), sondern (in materieller Hinsicht) auch auf offensichtliche Verstöße gegen das WpÜG oder die WpÜG-AngV. 3

b) Adressat der Übermittlungspflicht. Die Pflicht zur Übermittlung der Angebotsunterlage trifft den **Bieter.** Der Bieter muss diese Pflicht jedoch nicht in eigener Person erfüllen, sondern kann sie auch von einem Bevollmächtigte, insbesondere durch Rechtsanwälte oder andere im Zusammenhang mit dem Angebot für den Bieter tätige Berater wahrnehmen lassen. 4

c) Form der Übermittlung. Hinsichtlich der Form der Übermittlung ist zu beachten, dass § 11 Abs. 1 Satz 5 die Unterzeichnung der Angebotsunterlage durch den Bieter vorschreibt. Mit der Unterschrift erklärt der Bieter insbesondere, dass er für den Inhalt der Angebotsunterlage die Verantwortung übernimmt und dass seines Wissens die Angaben richtig und keine wesentlichen Umstände ausgelassen sind (§ 11 Abs. 3).[2] Dementsprechend setzt eine ordnungsgemäße Übermittlung grundsätzlich den Eingang der mit der **Originalunterschrift** des Bieters versehenen Angebotsunterlage voraus. Da allerdings 5

[1] Vgl. BT-Drucks. 14/7034, 44.
[2] Vgl. BT-Drucks. 14/7034, 41.

durch das Gesetz zur Anpassung der Formvorschriften des Privatrechts und anderer Vorschriften an den modernen Rechtsverkehr v. 13.7.2001[3] die schriftliche Form mit der elektronischen Form ersetzt werden kann (§ 126 Abs. 3 BGB), genügte es mithin auch, wenn der Bieter der Angebotsunterlage seinen Namen hinzufügt und das elektronische Dokument mit einer qualifizierten elektronischen Signatur nach dem SigG versieht und in dieser **elektronischen Form** übersendet (§ 126a Abs. 1 BGB), zumal im Übrigen § 45 Satz 2 die Nutzung elektronischer Datenfernübertragung für die Kommunikation mit der BaFin ausdrücklich zulässt.[4] Dies entspricht aber nicht der BaFin-Praxis.

6 Eine Übermittlung per Telefax oder Computerfax oder durch eine andere Textform (§ 126b BGB) erfüllt hingegen in keinem Fall die Anforderungen an eine formell ordnungsgemäße Übermittlung. Davon zu trennen ist allerdings die Frage, ob eine Übermittlung per Telefax mit anschließender unverzüglicher Übermittlung des Originals der Angebotsunterlage auf dem Postweg oder in elektronischer Form die Frist des Abs. 1 Satz 1 wahrt.

7 **d) Übermittlungsfrist.** Abs. 1 Satz 1 legt einen Zeitraum von **vier Wochen** fest, innerhalb dessen der Bieter die Angebotsunterlage vor deren Veröffentlichung an die BaFin zu übermitteln hat. Der Zeitraum von vier Wochen ist unter den Voraussetzungen von Abs. 1 Satz 3 verlängerbar; damit hat der Gesetzgeber dahingehenden Forderungen der Praxis[5] zumindest teilweise entsprochen.

8 Die vierwöchige Übermittlungsfrist **beginnt** mit der Veröffentlichung der Entscheidung zur Abgabe eines Angebots gemäß § 10 Abs. 1 Satz 1, Abs. 3 Satz 1. Für die Fristberechnung gelten § 31 Abs. 1 VwVfG iVm §§ 187 Abs. 1, 188 Abs. 2 Alt. 1 BGB.

9 Während für den Regelfall, dass die Veröffentlichungen nach § 10 Abs. 3 Satz 1 taggleich bekannt zu machen sind, die Bestimmung des Fristbeginns keine Schwierigkeiten bereitet, stellt sich in Folge der Änderung der Veröffentlichungsvorschrift des § 10 Abs. 3 Satz 1 durch das Übernahmerichtlinie-Umsetzungsgesetz die Frage, auf welchen Zeitpunkt abzustellen ist, wenn die Veröffentlichungen nach § 10 Abs. 3 Satz 1 ausnahmsweise **nicht taggleich** veröffentlicht werden.[6] Da die Bekanntgabe im Internet und die Veröffentlichung über ein elektronisch betriebenes Informationssystem kumulativ vorgeschrieben sind, gibt der Gesetzgeber zu erkennen, dass beide Veröffentlichungen vorgenommen worden sein müssen, um von einer Veröffentlichung im Rechtssinne ausgehen zu können.[7] Insoweit kommt der Bekanntgabe im Internet nicht

---

[3] BGBl. I 2001, 1542.

[4] Wie hier *Thoma* in Baums/Thoma, § 14 Rn. 18; *Holzborn* in Schwark, KapitalmarktR, § 11 WpÜG Rn. 7; *Assmann* in Assmann/Pötzsch/Schneider, § 14 Rn. 14; aA *Wackerbarth* in MüKoAktG, § 14 WpÜG Rn. 5, der jedoch nicht berücksichtigt, dass auch dann, wenn das Gesetz die eigenhändige Unterzeichnung anordnet, die Unterschrift in entsprechender Anwendung von § 126 Abs. 3 BGB durch die elektronische Form ersetzt werden kann (so ausdrücklich *Ellenberger* in Palandt, § 126 Rn. 14).

[5] Siehe Stellungnahme des Handelsrechtsausschusses des DAV v. April 2001, NZG 2001, 420, 424 und vom September 2001, NZG 2001, 1003, 1004.

[6] Unbeschadet dessen, dass eine unverzügliche Veröffentlichung regelmäßig nur bei taggleicher Veröffentlichung in den genannten Informationsmedien vorliegt.

[7] Vgl. BT-Drucks. 16/1003, 18.

bloße Dokumentationsfunktion zu. Es gelten daher für die Bestimmung des Beginns der Übermittlungsfrist die gleichen Grundsätze wie für die Bestimmung des Beginns der Annahmefrist. Mithin ist das für den Fristbeginn nach § 31 Abs. 1 VwVfG iVm § 187 Abs. 1 BGB maßgebende Ereignis die Veröffentlichung in dem zeitlich später erscheinenden bzw. freigeschalteten Informationsmedium.[8] Die Zeitpunkte fallen jedoch dann nicht auseinander, wenn, was praktisch nicht zu vermeiden ist, der Bieter die Veröffentlichung nach § 10 bzw. § 35 über Serviceprovider, die Zugang zu den elektronisch betriebenen Informationssystemen haben, vornehmen lässt. Im Moment der Bekanntgabe über elektronisch betriebene Informationssysteme ist die Veröffentlichung zugleich auf der Webseite des gewählten Anbieters und damit im Internet erhältlich.

Der Bieter muss hingegen die Veröffentlichung nach § 10 bzw. § 35 kei- **10**
nesfalls auf der für die Veröffentlichung der Angebotsunterlage vorgesehenen Webseite einstellen. Da die Internetadresse erst in der Veröffentlichung nach § 10 bzw. § 35 bekannt gegeben wird, könnte ein Aktionär diese Veröffentlichung erst finden, wenn er bereits Kenntnis der Veröffentlichung nach § 10 bzw. § 35 hätte. Von der BaFin geäußerte Anforderungen, die Veröffentlichung auch auf der Webseite des Bieters als Veröffentlichung im Internet einzustellen, entbehren daher jeder Grundlage.

Wird die Entscheidung zur Abgabe eines Angebots zB am 14.3. veröffent- **11**
licht, muss die Angebotsunterlage spätestens bis zum 11.4. 24.00 Uhr an die BaFin übermittelt werden. Maßgebend ist hierbei nicht der Tag der Absendung, sondern der **Tag des Eingangs** der Angebotsunterlage bei der BaFin.[9] Fällt das Ende der Frist auf einen Samstag, Sonntag oder gesetzlichen Feiertag, endet sie mit Ablauf des nächstfolgenden Werktags (§ 31 Abs. 3 Satz 1 VwVfG). Das Fristende wird jedoch nur dann hinausgeschoben, wenn der betreffende Tag an dem Ort, an dem die Handlung vorzunehmen ist, ein nach Bundes- oder Landesrecht gesetzlicher Feiertag ist;[10] dass er am Ort der Absendung ein gesetzlicher Feiertag ist, genügt nicht.[11] In Anbetracht des Umstandes, dass die BaFin über einen Doppelsitz in Bonn und Frankfurt am Main verfügt (§ 1 Abs. 2 FinDAG), ist fraglich, auf welchen Handlungsort insoweit abzustellen ist. Im Hinblick darauf, dass die maßgebliche Organisationseinheit Wertpapieraufsicht/Asset-Management, dem der Bereich Unternehmensübernahmen zugeordnet ist (Abteilung WA 1), seinen Dienstsitz in Frankfurt am Main hat, dürfte deshalb ausschließlich auf den Handlungsort Frankfurt am Main abzustellen sein, dh neben bundeseinheitlichen Feiertagen schieben ausschließlich Feiertage des Landes Hessen das Fristende hinaus.[12]

---

[8] Ganz hM für die Fristberechnung nach § 16 Abs. 1 Satz 2, vgl. *Hasselbach* in KK-WpÜG, § 16 Rn. 29; *Oechsler* in Ehricke/Ekkenga/Oechsler, § 16 Rn. 3; *Seiler* in Assmann/Pötzsch/Schneider, § 16 Rn. 20; zu § 14 jedoch aA *Santelmann* in Steinmeyer, § 14 Rn. 7.

[9] Ebenso *Seydel* in KK-WpÜG, § 14 Rn. 24.

[10] *Kopp/Ramsauer,* § 31 Rn. 30.

[11] Vgl. BAG NJW 1989, 1181.

[12] Str., wie hier *Seydel* in KK-WpÜG, § 14 Rn. 24; *Wackerbarth* in MüKoAktG, § 14 WpÜG Rn. 7; *Thoma* in Baums/Thoma, § 14 Rn. 23; *Santelmann* in Steinmeyer, § 14 Rn. 8 (auch lokale Feiertage in Nordrhein-Westfalen sollen zu berücksichtigen sein).

12 Die Frist nach Abs. 1 Satz 1 wird auch dann gewahrt, wenn die Angebotsunterlage zunächst per Telefax übermittelt wird, wobei die per Fax übermittelte Angebotsunterlage der Originalangebotsunterlage entsprechen und insbesondere die Unterschrift enthalten muss und die Angebotsunterlage mit der Originalunterschrift (oder in elektronischer Form nach §§ 126 Abs. 3, 126a Abs. 1 BGB) unverzüglich nachgereicht wird.[13]

13 Ein **wesentliches Unterschreiten** der Vierwochenfrist soll nach von Vertretern der BaFin geäußerter Auffassung die Vermutung nahe legen, dass gegen die aus § 10 Abs. 1 Satz 1 bestehende Verpflichtung zur unverzüglichen Veröffentlichung der Entscheidung zur Abgabe eines Angebots verstoßen wurde.[14] Diese Auffassung ist abzulehnen. Ausgehend davon, dass der Bieter Herr über den Zeitpunkt seiner Entscheidung zur Angebotsabgabe bleibt, wird ein sorgfältig planender Bieter sichergehen, die engen Fristen des WpÜG einhalten zu können und deshalb schon parallel zum Entscheidungsfindungsprozess eine Angebotsunterlage vorbereiten. Deshalb ist die Schlussfolgerung ungerechtfertigt, ein Nichtausschöpfen der Vierwochenfrist lasse einen Pflichtverstoß nach § 10 Abs. 1 Satz 1 vermuten; insoweit wären auch allein auf eine solche Schlussfolgerung gestützte Ermittlungshandlungen nach § 40 ermessensfehlerhaft.

14 **e) Informelle Vorababstimmung der Angebotsunterlage?** Angesichts der knapp bemessenen Fristen besteht in der Praxis unbeschadet der Möglichkeit der Fristverlängerung nach Abs. 1 Satz 3 ein Bedürfnis, Angebotsunterlagen schon vor ihrer Einreichung, ggf. sogar schon im Vorfeld der Veröffentlichung der Entscheidung zur Abgabe eines Angebots, **informell** mit der BaFin **abzustimmen.** Dadurch lässt sich dem Grundsatz der raschen Durchführung von Angebotsverfahren (§ 3 Abs. 4 Satz 1) in besonderer Weise Rechnung tragen. Gleichwohl lehnt es die BaFin in ständiger Verwaltungspraxis ab, Angebotsunterlagen bereits im Vorfeld abzustimmen. Dessen ungeachtet ist es möglich, im Vorfeld der Einreichung einer Angebotsunterlage konkrete Zweifelsfragen, die sich bei der Erstellung der Angebotsunterlage ergeben, im Rahmen von Vorgesprächen mit der BaFin abzustimmen.[15] Die BaFin hat hierbei ihre Pflicht zur Neutralität zu beachten.[16] Für eine solche Vorabstimmung müssen die Beteiligten der BaFin regelmäßig den Sachverhalt umfassend darlegen und ein rechtliches Votum abgeben.[17] Sollte ein solches informelles Gespräch vor Veröffentlichung der Entscheidung zur Abgabe eines Angebots stattfinden, müssten die Beteiligten ggf. darlegen, dass die Entscheidung zur Abgabe eines Angebots noch nicht endgültig gefallen ist, da andernfalls der Bieter diese Entscheidung (vorbehaltlich von § 10 Abs. 1 Satz 3) unverzüglich nach § 10 Abs. 1 Satz 1, Abs. 3 Satz 1 veröffentlichen müsste.[18]

---

[13] *Thoma* in Baums/Thoma, § 14 Rn. 24 (3 Werktage); *Wackerbarth* in MüKoAktG, § 14 WpÜG Rn. 5; *Assmann* in Assmann/Pötzsch/Schneider, § 14 Rn. 7.

[14] *Lenz/Behnke* BKR 2003, 43, 44.

[15] Vgl. *Assmann* in Assmann/Pötzsch/Schneider, § 14 Rn. 21.

[16] *Lenz/Linke* AG 2002, 361, 363.

[17] *Lenz/Behnke* BKR 2003, 43, 45.

[18] Ebenso *Thoma* in Baums/Thoma, 14 Rn. 26.

f) Ausnahmen von der Übermittlungspflicht. Das Gesetz sieht keine Ausnahmen von der Übermittlungspflicht vor. Daraus folgt, dass der Gesetzgeber den Bieter nicht nur an dessen Angebot festhalten will, was insbesondere durch § 17 und § 18 zum Ausdruck kommt,[19] sondern bereits an dessen veröffentlichter Entscheidung zur Abgabe eines Angebots. Gleichwohl gibt es Fallkonstellationen, in denen der Bieter zulässigerweise die Entscheidung nach § 10 **revidieren** darf. In diesen Fällen muss dann konsequenterweise auch öffentlich-rechtlich die Verpflichtung zur Übermittlung einer Angebotsunterlage entfallen. 15

g) Folgen der Übermittlung. Mit dem Eingang der Angebotsunterlage bei der BaFin wird der **Lauf der Frist** nach Abs. 2 Satz 1 in Gang gesetzt. Mit der Übermittlung beantragt der Bieter entweder ausdrücklich (in einem Begleitschreiben) oder zumindest konkludent die Prüfung der Angebotsunterlage und die Gestattung deren Veröffentlichung.[20] Aus den dargestellten Erwägungen folgt, dass der Bieter berechtigt ist, den Antrag auf Prüfung und Gestattung der Veröffentlichung zurückzunehmen, wenn er zulässigerweise seine Entscheidung nach § 10 revidieren darf. 16

h) Folgen bei Fristversäumnis. Bei der Übermittlungsfrist nach Abs. 1 Satz 1 handelt es sich um eine Ausschlussfrist. Wird sie versäumt ohne dass vorher rechtzeitig ein Fristverlängerungsantrag nach Abs. 1 Satz 3 gestellt wird, ist der zur Untersagung des Angebots führende Tatbestand des § 15 Abs. 1 Nr. 3 erfüllt.[21] 17

i) Konkurrenzverhältnis zu WpPG bzw. VerkProspG. Handelt es sich bei dem Angebot des Bieters um ein Tauschangebot, bei dem die Gegenleistung in Aktien des Bieters oder eines dritten Emittenten besteht, stellt sich die Frage nach dem Konkurrenzverhältnis zwischen dem Prüfungsverfahren nach §§ 14, 15 Abs. 1 einerseits und den Prüfungsverfahren nach dem WpPG anderseits. Aus der Systematik der Befreiungsvorschriften von § 4 Abs. 1 Nr. 2, Abs. 2 Nr. 3 WpPG einerseits und § 2 Nr. 2 und 2a WpÜG-AngV andererseits folgt, dass §§ 14, 15 Abs. 1 der **Vorrang** eingeräumt wird, die Hinterlegungs- und Prüfungs- bzw. Gestattungsvorschriften nach dem WpPG kommen mithin nicht zur Anwendung. 18

Zweifelsfragen können sich allerdings daraus ergeben, dass § 4 Abs. 1 Nr. 2, Abs. 2 Nr. 3 WpPG tatbestandlich nur die „Übernahme im Wege eines Tauschangebots" erfasst. Dies könnte darauf hindeuten, dass die entsprechenden Ausnahmevorschriften nach dem WpPG nur für Übernahme- und Pflichtangebote, nicht jedoch für sonstige öffentliche Erwerbsangebote gelten. Im Hinblick auf den Sinn und Zweck des Gesetzes, überflüssige Doppelprüfungen zu vermeiden, erscheint es jedoch sachgerecht, den Begriff der „Übernahme" in § 4 Abs. 1 Nr. 2, Abs. 2 Nr. 3 WpPG untechnisch zu verstehen, so dass immer dann, wenn eine Angebotsunterlage bei einem Tauschangebot den nach § 2 Nr. 2 und 2a WpÜG-AngV erforderlichen zusätzlichen 19

---

[19] Vgl. BT-Drucks. 14/7034, 47.

[20] Ebenso *Thoma* in Baums/Thoma, § 14 Rn. 15.

[21] *Scholz* in Frankfurter Komm., § 14 Rn. 30; *Assmann* in Assmann/Pötzsch/Schneider, § 14 Rn. 5.

Angaben entspricht, eine zusätzliche Prüfung nach dem WpPG entbehrlich ist.

20 Wenngleich die Angebotsunterlage im Fall eines Tauschangebots ua auch sämtliche Angaben nach § 2 Nr. 2 und 2a WpÜG-AngV enthalten muss, gelten für die Übermittlung der Unterlage und die Überprüfung der Angaben ausschließlich die Vorschriften des WpÜG. Demgemäß können auch Untersagungs- und Ermittlungsbefugnisse in Bezug auf diese Angaben ausschließlich auf das WpÜG gestützt werden.

2. Eingangsbestätigung (§ 14 Abs. 1 Satz 2)

21 Die BaFin hat gemäß Abs. 1 Satz 2 dem Bieter den Tag des Eingangs der Angebotsunterlage zu bestätigen. Die Bestätigung des Eingangstages soll den Bieter vor dem Hintergrund, dass Abs. 2 Satz 1 eine Veröffentlichung der Angebotsunterlage unverzüglich nach Ablauf von zehn Werktagen ab Eingang der Angebotsunterlage vorschreibt (vorbehaltlich einer Angebotsuntersagung oder einer ggf. schon früheren Gestattung der Veröffentlichung), in die Lage versetzen, die Frist genau berechnen zu können.[22] In der Praxis wird der Eingang von der BaFin per Telefax bestätigt.[23]

3. Fristverlängerung (§ 14 Abs. 1 Satz 3)

22 Im Hinblick auf die im Einzelfall knapp bemessene vierwöchige Übermittlungsfrist des Abs. 1 Satz 1 hat der Gesetzgeber – Vorschläge aus der Praxis aufgreifend[24] – in Abs. 1 Satz 3 die Möglichkeit einer maximal vierwöchigen Verlängerung der Übermittlungsfrist geschaffen. Eine Fristverlängerung setzt neben einem entsprechenden Antrag des Bieters voraus, dass dem Bieter die Einhaltung der vierwöchigen Regelfrist des Abs. 1 Satz 1 auf Grund eines grenzüberschreitenden Angebots oder erforderlicher Kapitalmaßnahmen nicht möglich ist. Für die Form des Antrags gilt § 45.[25]

23 **a) Grenzüberschreitendes Angebot.** Ein grenzüberschreitendes Angebot ist jedes Erwerbsangebot, das sich auf den Erwerb von Wertpapieren einer Zielgesellschaft mit zumindest auch solchen Anteilseignern richtet, die ihren Sitz bzw. Wohnsitz oder ihren gewöhnlichen Aufenthalt außerhalb Deutschlands haben.[26] Die BaFin hingegen geht davon aus, dass die Angebotsunterlage ohne Weiteres in allen Staaten des Europäischen Wirtschaftsraums verbreitet werden darf und daher eine Veröffentlichung in diesen Staaten keiner Aufsicht der dortigen Aufsichtsbehörden bedürfe noch eine Fristverlängerung

[22] BT-Drucks. 14/7034, 44.

[23] *Lenz/Behnke* BKR 2003, 43, 45.

[24] Siehe insbesondere die Stellungnahme des Handelsrechtsausschusses des DAV v. September 2001, NZG 2001, 1003, 1004.

[25] *Thoma* in Baums/Thoma, § 14 Rn. 44.

[26] *Thoma* in Baums/Thoma, § 14 Rn. 36; weitergehend *Behncke* WM 2002, 2229, 2232: auch Anteilseigner, die sich im Ausland befinden; noch weitergehender *Assmann* in Assmann/Pötzsch/Schneider, § 14 Rn. 11: auch Sachverhalte, bei denen die Wertpapiere auch in anderen Staaten zum Handel zugelassen sind oder der Bieter seinen Sitz im Ausland hat, sollen erfasst sein.

rechtfertige. Da auf ESMA-Ebene hierzu keine identische gemeinsame Ansicht besteht, erscheint diese Auslegung als höchst fragwürdig. Der übernahmerechtliche Gleichbehandlungsgrundsatz (§ 3 Abs. 1) gestattet, wie die Regelung des § 24 zeigt, nur in bestimmten Fällen eine Ausnahme ausländischer Wertpapierinhaber, und nur außerhalb des Europäischen Wirtschaftsraumes, von dem Angebot, so dass in der Praxis nahezu jedes Erwerbsangebot als grenzüberschreitendes Angebot zu werten ist. Eine Fristverlängerung bei grenzüberschreitenden Angeboten kommt allerdings gleichwohl nur dann in Betracht, wenn dem Bieter die Einhaltung der Regelfrist nicht möglich ist. Letzteres setzt voraus, dass der Bieter wegen des Angebots ausländische Rechtsvorschriften, namentlich Fristen, zu beachten hat, die mit den Fristen des WpÜG nicht vereinbar sind.[27] Dies ist vom Bieter in seinem Fristverlängerungsantrag darzulegen und zu begründen. Fälle subjektiver Unmöglichkeit, dh solcher Umstände, die dem Verantwortungsbereich des Bieters zuzuordnen sind (zB mangelnde Ressourcen) berechtigen nicht zu einer Fristverlängerung.[28]

Ein Rangverhältnis zwischen der Fristverlängerung nach Abs. 1 Satz 3 und dem weitergehenden Antrag auf generellen Ausschluss von Wertpapierinhabern von dem Angebot nach § 24 besteht insoweit, als ein Fristverlängerungsantrag grundsätzlich Vorrang vor einer Beschränkung des Adressatenkreises hat. Das bedeutet, dass der Bieter nicht sogleich eine Gestattung nach § 24 beantragen kann, wenn im Falle einer Fristverlängerung nach Abs. 1 Satz 3 eine Einhaltung der entsprechenden ausländischen Rechtsvorschriften möglich wäre. Dementsprechend kann ein solcher Fristverlängerungsantrag nicht durch Verweis auf einen möglichen Antrag nach § 24 zurückgewiesen werden.[29] 24

b) Erforderliche Kapitalmaßnahmen. Eine Fristverlängerung kommt auch im Falle erforderlicher Kapitalmaßnahmen des Bieters in Betracht. Ausweislich der Gesetzesbegründung ist hierbei an Angebote gedacht, bei denen der Bieter Wertpapiere als Gegenleistung anbieten will (Tauschangebote).[30] Diese Einschränkung hat im Gesetzeswortlaut jedoch keinen Niederschlag gefunden. Sie wäre auch nicht sachgerecht. Auch bei einer zur Finanzierung des Angebots erforderlichen Barkapitalerhöhung kann sich für den Bieter, zB weil er über kein genehmigtes Kapital verfügt, die Notwendigkeit ergeben, einen Fristverlängerungsantrag zu stellen, wenn er, insbesondere bei Bietern in der Rechtsform der Aktiengesellschaft, aufgrund der Fristen für die Einberufung der Hauptversammlung (§ 123 Abs. 1 AktG), den erforderlichen Beschluss der Gesellschafter nicht vor Ablauf der Übermittlungsfrist des Abs. 1 Satz 1 herbeiführen kann.[31] 25

c) Entscheidung über den Fristverlängerungsantrag. Die Entscheidung über den Antrag auf Fristverlängerung steht im Ermessen der BaFin 26

[27] Vgl. BT-Drucks. 14/7477, 67.
[28] *Seydel* in KK-WpÜG, § 14 Rn. 30.
[29] *Thoma* in Baums/Thoma, § 14 Rn. 38.
[30] BT-Drucks. 14/7477, 67.
[31] HM, wie hier zB *Oechsler* in Ehricke/Ekkenga/Oechsler, § 14 Rn. 6; *Assmann* in Assmann/Pötzsch/Schneider, § 14 Rn. 12 mwN; aA *Seydel* in KK-WpÜG, § 14 Rn. 31.

(„kann"). Bei einem strukturell unauflösbaren Konflikt mit anwendbaren ausländischen Rechtsvorschriften wird allerdings die BaFin dem begründeten Fristverlängerungsantrag stattgeben müssen (Ermessensreduzierung auf Null), da dem Bieter ein Verstoß gegen ausländisches Recht nicht zugemutet werden kann und andernfalls das Angebot bei Nichteinhaltung der Übermittlungsfrist des Abs. 1 Satz 1 nach § 15 Abs. 1 Nr. 3 zwingend untersagt werden müsste. Bei der Entscheidung über eine Fristverlängerung wegen erforderlicher Kapitalmaßnahmen dürfte eine Ermessensreduzierung auf Null hingegen nicht angenommen werden können. Vielmehr wird die BaFin im Rahmen der erforderlichen Interessenabwägung prüfen, ob das Interesse des Bieters an der Aufbringung der erforderlichen Finanzierung das Gebot der raschen Verfahrensdurchführung (§ 3 Abs. 4 Satz 1), die Interessen der Zielgesellschaft an einer möglichst kurzen Einschränkung ihrer Handlungsmöglichkeiten (§ 3 Abs. 4 Satz 2, § 33) und des Kapitalmarktes an einer möglichst kurzen Beeinträchtigung des Börsenhandels (§ 3 Abs. 5) überwiegt. Gegen eine ablehnende Entscheidung der BaFin ist als Rechtsbehelf der Verpflichtungswiderspruch nach § 41 und bei Nichtabhilfe die Verpflichtungsbeschwerde nach § 48 Abs. 3 statthaft.[32]

27 **d) Anwendung von Abs. 1 Satz 3 auf Pflichtangebote?** Für Pflichtangebote enthält § 35 Abs. 2 Satz 1 die Bestimmung, eine Angebotsunterlage innerhalb von vier Wochen nach Veröffentlichung der Erlangung der Kontrolle an die BaFin zu übermitteln; die Möglichkeit einer Fristverlängerung ist dort nicht vorgesehen. Die Regelfrist des Abs. 1 Satz 1 ist dementsprechend auf Pflichtangebote nicht anwendbar (§ 39), allerdings ist die Übermittlungsfrist für Pflichtangebote identisch (§ 35 Abs. 2 Satz 2). Abs. 1 Satz 3 ist hingegen in § 39 von der allgemeinen Verweisung nicht ausdrücklich ausgenommen. Gleichwohl lässt die dort unterbliebene Erwähnung von Abs. 1 Satz 3 nicht ohne weiteres den Schluss zu, dass sie auf Pflichtangebote ebenfalls Anwendung findet, weil sie nach ihrem Wortlaut ausdrücklich auf den für Pflichtangebote ohnehin nicht anwendbaren Abs. 1 Satz 1 Bezug nimmt. Für die entsprechende Anwendung von Abs. 1 Satz 3 auch auf Pflichtangebote besteht jedoch ein praktisches Bedürfnis. Insbesondere im Zusammenhang mit außerbörslichen Paketerwerben hängt der Charakter eines im Zusammenhang damit abgegebenen Angebots als Übernahme- oder Pflichtangebot lediglich davon ab, ob der Kontrollwechsel durch den Paketerwerb zum Zeitpunkt der Angebotsabgabe bereits vollzogen ist oder nicht. Daher befindet sich der Bieter auch bei einem Pflichtangebot in einer mit einem Übernahmeangebot oder sonstigen freiwilligen Angebot im Hinblick auf die Vorbereitung des Angebots vergleichbaren Situation. Insofern dürfte eine entsprechende Anwendung von Abs. 1 Satz 3 auf Pflichtangebote gerechtfertigt sein.[33] Bis zu einer Klarstellung durch den Gesetzgeber erscheint es gleichwohl für die Praxis empfehlenswert, bei sich abzeichnenden Konflikten mit der Frist für die Übermittlung der Angebotsunterlage dort, wo es möglich ist,

[32] *Seydel* in KK-WpÜG, § 14 Rn. 34; *Assmann* in Assmann/Pötzsch/Schneider, § 14 Rn. 13.

[33] Ebenso *Santelmann* in Steinmeyer, § 14 Rn. 10; *Wackerbarth* in MüKoAktG, § 14 WpÜG Rn. 8.

Angebote als Übernahmeangebote und nicht als Pflichtangebote abzugeben, dh den Zeitpunkt des Kontrollwechsels ggf. zeitlich nach hinten zu verlagern.

III. Prüfung und Veröffentlichung der Angebotsunterlage (§ 14 Abs. 2)

1. Prüfung als Veröffentlichungsvoraussetzung (§ 14 Abs. 2 Satz 1)

a) Allgemeines. Abs. 2 setzt für die Veröffentlichung der Angebotsunterlage alternativ die Gestattung der Veröffentlichung durch die BaFin oder das Verstreichen eines Zeitraums von zehn Werktagen (vorbehaltlich einer Verlängerung) nach Eingang der Angebotsunterlage voraus, ohne dass die BaFin das Angebot untersagt hat. Die Vorschrift ist im Zusammenhang mit § 15 Abs. 1 zu lesen. Zweck der Vorschrift ist es, der BaFin einen ausreichenden Zeitrahmen zur Verfügung zu stellen, innerhalb dessen sie die eingegangene Angebotsunterlage auf ihre **Vollständigkeit** (formelle Kontrolle; § 15 Abs. 1 Nr. 1) und auf **offensichtliche Verstöße** gegen das WpÜG oder die WpÜG-AngV (eingeschränkte materielle Kontrolle; § 15 Abs. 1 Nr. 2) zu prüfen hat. Das Prüfungsverfahren erstreckt sich ausschließlich auf die Angebotsunterlage nach § 11. Ändert der Bieter später sein Angebot nach § 21, unterliegt die Änderung vor ihrer Veröffentlichung keiner Prüfung seitens der BaFin (arg. § 21 Abs. 2).[34] Die Möglichkeit zur Untersagung bleibt hiervon unberührt (§ 21 Abs. 3 iVm § 15 Abs. 1 Nr. 2). Ebenso wenig findet eine nachträgliche Prüfung statt, wenn der Bieter nach Veröffentlichung der Angebotsunterlage eine Berichtigung unrichtiger oder unvollständiger Angaben gemäß § 15 WpHG oder einer vergleichbaren Bekanntmachung veröffentlicht (§ 12 Abs. 3 Nr. 3).[35] 28

Die Überprüfung dient nicht ausschließlich dem **Schutz der Wertpapierinhaber,** sondern auch dem **Schutz der Zielgesellschaft** und deren **Arbeitnehmer.** Die Vollständigkeitsprüfung soll sicherstellen, dass die Wertpapierinhaber ihre Entscheidung, ob sie das Angebot annehmen wollen, auf Grundlage möglichst umfassender Informationen treffen und dass die Arbeitnehmer der Zielgesellschaft, aber auch die Zielgesellschaft selbst, über die Absichten des Bieters in Bezug auf die Zielgesellschaft und die Arbeitnehmer möglichst umfassend im Sinne des Gesetzes informiert werden. Die Überprüfung auf offensichtliche Verstöße (zB nach § 18 offensichtlich unzulässige Bedingungen oder Rücktrittsvorbehalte, Verstöße gegen die Mindestgegenleistung nach § 31) soll ferner gewährleisten, dass die das Angebotsverfahren tragenden grundlegenden Wertungen des Gesetzgebers (§ 3) eingehalten werden. 29

b) Umfang der Überprüfung. Soweit es um den Aspekt der formellen Vollständigkeitsüberprüfung geht, so ähnelt die Prüfung der BaFin der Prüfung des Betreibers des Bundesanzeigers (früher des Registergerichts) bei der Einreichung von Jahres- und Konzernabschlüssen nach § 329 Abs. 1 Satz 1 30

[34] Ebenso *Seydel* in KK-WpÜG, § 14 Rn. 14.

[35] Im Ergebnis auch *Seydel* in KK-WpÜG, § 14 Rn. 15; kritisch *Oechsler* NZG 2001, 817, 823.

HGB, dh es wird geprüft, ob es sich überhaupt um die einzureichenden Unterlagen handelt, ob diese **vollständig** und **vollzählig** sind und ob die Angebotsunterlage alle von § 11 Abs. 2 und § 2 WpÜG-AngV geforderten Angaben enthält; eine inhaltliche Überprüfung dieser Angaben sollte insoweit nicht stattfinden.[36]

31 Über die formelle Vollständigkeitskontrolle hinaus findet jedoch auch eine **eingeschränkte inhaltliche Überprüfung** statt, die sich gemäß § 15 Abs. 1 Nr. 2 jedoch lediglich auf offensichtliche Verstöße der Angaben in der Angebotsunterlage gegen das WpÜG oder die WpÜG-AngV erstreckt.[37] Im Rahmen dieser Prüfung kann die BaFin nicht nur Rechtsverstöße beanstanden, die aus der Angebotsunterlage selbst erkennbar werden, sondern auch alle sonstigen Erkenntnisse verwerten, die entweder allgemein zugänglich sind oder die ihr zB im Rahmen von Ermittlungen nach § 40 zur Kenntnis gelangt sind.[38] Die BaFin wird jedoch nicht zu umfangreichen Nachforschungen beim Bieter verpflichtet, denn Erkenntnisse, die erst durch solche Prüfungshandlungen gewonnen werden könnten, sind nicht offensichtlich iSd § 15 Abs. 1 Nr. 2. Eine weitergehende materielle Prüfung der Richtigkeit der einzelnen Angaben in der Angebotsunterlage ist vom WpÜG nicht intendiert.[39] In der Praxis geht die Prüfung der BaFin, insbesondere bei den Angaben zu den Auswirkungen und der Finanzierung des Angebots, – zT in bedenklicher Weise – über den vom Gesetz vorgezeichneten Prüfungsumfang hinaus. So wird von ihr nicht nur die Darstellung und der Aussagewert einzelner Angaben beurteilt, sondern ua auch eine detaillierte und schlüssige Darstellung der wesentlichen betriebswirtschaftlichen Kennzahlen gefordert, die mit konkreten Zahlenangaben belegt werden müssen.[40] Eine inhaltliche Überprüfung findet also statt.

32 **c) Ausdrückliche Gestattung der Veröffentlichung. aa) Gestattung innerhalb 10-Tages-Frist.** Hat die BaFin vor Ablauf der Frist von zehn Werktagen (vorbehaltlich einer Verlängerung nach Abs. 2 Satz 3) die Überprüfung der Angebotsunterlage mit positivem Ergebnis abgeschlossen, gestattet sie dem Bieter die Veröffentlichung der Angebotsunterlage. Bei der Gestattung handelt es sich um einen gebundenen Verwaltungsakt; ein Ermessen steht der BaFin bei ihrer Entscheidung nicht zu.[41] Liegen die Voraussetzungen für eine Gestattung bereits vor Ablauf der 10-Tages-Frist vor, hat der Bieter auf die unverzügliche Gestattung einen Rechtsanspruch; er kann nicht auf den Ablauf der 10-Tages-Frist verwiesen werden. Dieser Fall wird in der Praxis jedoch nicht vorkommen, da dann die Darstellung der Annahmefrist in der Angebotsunterlage, die immer anhand der 10-Tages-Frist ermittelt und dargestellt wird, nicht mehr mit der zur Gestattung eingereichten unterzeichneten Version der Angebotsunterlage übereinstimmt und erst eine in den

---

[36] Vgl. zum HGB *Merkt* in Baumbach/Hopt, § 329 HGB Rn. 1.

[37] BT-Drucks. 14/7034, 45.

[38] *Seydel* in KK-WpÜG, § 14 Rn. 38.

[39] In diesem Sinne wohl auch BT-Drucks. 14/7034, 45.

[40] *Lenz/Linke* AG 2002, 361, 362f.; siehe auch *Assmann* in Assmann/Pötzsch/Schneider, § 14 Rn. 19f.

[41] Ebenso *Thoma* in Baums/Thoma, § 14 Rn. 57.

Daten geänderte unterschriebene Fassung vorgelegt werden müsste. Eine vor Ablauf der gesetzlichen Frist abgeschlossene Prüfung fördert daher eine rasche Durchführung des Angebotsverfahrens (§ 3 Abs. 4 Satz 1) nicht.

bb) Gestattung nach Fristverlängerung (§ 14 Abs. 2 Satz 3). Stellt 33 die BaFin bei ihrer Überprüfung fest, dass gesetzlich vorgeschriebene Angaben in der Angebotsunterlage fehlen und/oder ein offensichtlicher Verstoß gegen das WpÜG oder die WpÜG-AngV vorliegt, hat sie grundsätzlich das Angebot zu untersagen (§ 15 Abs. 1; gebundene Entscheidung) oder aber die Möglichkeit, die **Frist** des Abs. 2 Satz 1 um bis zu fünf Werktage zu **verlängern,** um die beanstandeten Mängel beseitigen zu lassen.[42] Die Gesetzesbegründung geht davon aus, dass die Frist nur einmal verlängert werden kann.[43] Diese Einschränkung ist dem Wortlaut jedoch nicht zu entnehmen. Vielmehr ist es der BaFin auch gestattet, die Frist mehrmals zu verlängern (zB zunächst um drei Werktage und dann nochmals um zwei Werktage), vorausgesetzt jedoch, dass insgesamt die Nachfrist nicht fünf Werktage überschreitet.[44]

Mit der Möglichkeit der Nachfrist soll den Interessen des Bieters und der 34 Zielgesellschaft angemessen Rechnung getragen werden. Vor dem Hintergrund, dass in der Angebotsunterlage häufig komplexe Sachverhalte darzustellen sind, wäre es nicht sachgerecht, wegen Mängeln der Angebotsunterlage, die kurzfristig beseitigt werden können, das Angebot zu untersagen, wozu die BaFin andernfalls verpflichtet wäre,[45] zumal eine Untersagung regelmäßig (ausgenommen bei Pflichtangeboten) die gravierende Folge der Sperrfrist nach § 26 Abs. 1 Satz 1 nach sich zöge.

Bei der Entscheidung über die Verlängerung der Frist handelt es sich um 35 einen **Ermessensverwaltungsakt,** auf dessen Erlass der Bieter keinen Rechtsanspruch hat, sondern nur darauf, dass das Ermessen fehlerfrei ausgeübt wird. Bei der Ausübung des Ermessens hat die BaFin insbesondere abzuwägen, ob die beanstandeten Mängel innerhalb der ggf. verlängerten Frist behebbar wären, so dass eine sofortige Untersagung mit der Folge der einjährigen Sperrfrist unverhältnismäßig erscheint und im Vergleich dazu die aus einer Fristverlängerung resultierende, dem Grundsatz der raschen Verfahrensdurchführung (§ 3 Abs. 4 Satz 1) zuwiderlaufende, Verzögerung des Angebotsverfahrens nicht entscheidend ins Gewicht fallen würde. Hat der Bieter allerdings schon zu erkennen gegeben, dass er zu einer Beseitigung einer Beanstandung nicht bereit ist (zB weil er insoweit eine andere Rechtsauffassung als die BaFin vertritt) dürfte eine Fristverlängerung nicht in Betracht kommen. Von Abs. 2 Satz 3 unberührt bleibt die Möglichkeit der BaFin, den Bieter bereits innerhalb der 10-Tages-Frist des Abs. 2 Satz 1 zur Ergänzung bzw. Überarbeitung der Angebotsunterlage bis zum Ablauf der 10-Tages-Frist aufzufordern.

d) Gestattung der Veröffentlichung infolge Fristablaufes. aa) Grundsatz. Sind seit Eingang der Angebotsunterlage **zehn Werktage** verstrichen, 36

---

[42] In der Praxis ist die Regel geworden, dass die BaFin die von ihr wohl immer verlangten Änderungen der Angebotsunterlage so frühzeitig mit dem Bieter bespricht, dass eine Fristverlängerung für die Gestattung nicht mehr erforderlich wird.

[43] BT-Drucks. 14/7034, 45.

[44] Ebenso *Seydel* in KK-WpÜG, § 14 Rn. 48.

[45] Vgl. BT-Drucks. 14/7034, 45.

ohne dass die BaFin das Angebot untersagt (oder die Veröffentlichung der Angebotsunterlage gestattet) hat, darf und muss der Bieter nach Abs. 2 Satz 1 die Angebotsunterlage veröffentlichen. Dies gilt allerdings dann nicht, wenn die BaFin die Frist vor Ablauf von zehn Werktagen wegen Mängeln der Angebotsunterlage verlängert hat (Abs. 2 Satz 3). In diesem Fall wird das Recht und die Pflicht zur Veröffentlichung erst mit Ablauf der verlängerten Frist begründet, es sei denn, die BaFin hat die Veröffentlichung schon vorher innerhalb der verlängerten Frist ausdrücklich gestattet oder aber das Angebot (endgültig) untersagt. Im Ergebnis handelt es sich bei der Regelung um eine **gesetzliche Fiktion** der Gestattung infolge Fristablaufes.[46]

37 **bb) Fristberechnung.** Für die Berechnung der Frist gilt § 31 Abs. 1 VwVfG iVm §§ 187 Abs. 1, 188 Abs. 1 BGB, wobei hier jedoch nicht Kalendertage, sondern ausschließlich **Werktage** zu berücksichtigen sind. „Werktag" im Sinne von Abs. 2 Satz 1 schließt nach allgemeinem Verständnis nicht nur die Wochentage von Montag bis Freitag, sondern auch den Samstag ein.[47] Abweichend von § 31 Abs. 3 Satz 1 VwVfG wird das Ende der Frist jedoch nicht hinausgeschoben, wenn der letzte Tag der Frist auf einen Samstag fällt (anders bei Sonn- und Feiertagen), denn bei der Frist nach Abs. 2 Satz 1 handelt es sich unbeschadet der Sonderregelung in Abs. 2 Satz 3 um eine **uneigentliche Frist,**[48] die das Gesetz der Behörde als Verfahrensträgerin setzt. Geht zB die Angebotsunterlage am Montag, den 2. 3. ein, so endet die Frist mit Ablauf des Freitags, den 13. 3. Je nachdem, ob in den Lauf der Frist ein oder zwei Wochenenden fallen, beträgt die Frist mithin stets entweder **11 oder 12 Kalendertage** (vorbehaltlich von in den Fristlauf fallenden gesetzlichen Feiertagen).

38 Hat die BaFin die Frist des Abs. 2 Satz 1 gemäß Abs. 2 Satz 3 verlängert, so wird die neue Frist vom Ablauf der vorigen Frist an berechnet (§ 31 Abs. 1 VwVfG iVm § 190 BGB). Ungeachtet dessen, dass die verlängerte Frist nicht kraft Gesetzes, sondern von der BaFin als Behörde verlängert wird, bleibt auch die verlängerte Frist eine uneigentliche Frist, da die ursprüngliche Frist keine Frist ist, die von einer Behörde gesetzt wurde (vgl. § 38 Abs. 7 Satz 1 VwVfG).[49] Demzufolge gelten die Ausführungen zum Fristablauf am Samstag in gleicher Weise auch für die verlängerte Frist.

39 **e) Untersagung der Veröffentlichung.** Ist die Angebotsunterlage unvollständig und/oder enthält sie offensichtliche Verstöße gegen das WpÜG oder die WpÜG-AngV und werden die Mängel auch innerhalb einer von der BaFin ggf. gewährten Fristverlängerung nach Abs. 2 Satz 3 nicht behoben, so ist das Angebot von der BaFin zu **untersagen** (§ 15 Abs. 1).

2. Pflicht zur unverzüglichen Veröffentlichung

40 Hat die BaFin entweder die Veröffentlichung der Angebotsunterlage ausdrücklich gestattet oder ist die Veröffentlichung aufgrund Fristablaufes gestat-

[46] Ebenso *Seydel* in KK-WpÜG, § 14 Rn. 51.
[47] Ebenso *Lenz/Behnke* BKR 2003, 43, 45.
[48] Zum Begriff siehe *Kopp/Ramsauer,* § 31 Rn. 8.
[49] *Kopp/Ramsauer,* § 31 Rn. 8.

tet, ohne dass das Angebot untersagt worden wäre, ist der Bieter nach Abs. 2 Satz 1 zur Veröffentlichung der Angebotsunterlage verpflichtet. Diese gesetzliche Verpflichtung unterstreicht die vom Gesetz gewollte Bindungswirkung des Bieters an seine einmal getroffene Entscheidung zur Abgabe eines Angebots, von der er (öffentlich-rechtlich gesehen) nicht mehr abrücken können soll. Die Veröffentlichung muss **unverzüglich** (ohne schuldhaftes Zögern, § 121 Abs. 1 Satz 1 BGB) vorgenommen werden, einen festen Zeitrahmen gibt das Gesetz hierfür nicht an. Der Zeitrahmen, bis zu dem die Veröffentlichung stattfinden muss, dürfte im Ergebnis wohl davon bestimmt werden, ob der Bieter als Veröffentlichungsform neben der Bekanntgabe im Internet die Bekanntgabe der Angebotsunterlage im Bundesanzeiger oder die Schalterpublizität wählt, da in letzterem Fall die Angebotsunterlage in ggf. hoher Auflage gedruckt und vervielfältigt werden muss, was auch bei entsprechender organisatorischer Vorbereitung eine gewisse Zeit beansprucht. Eine Vervielfältigung vor Gestattung der Veröffentlichung oder vor Fristablauf ist dem Bieter regelmäßig nicht zumutbar, solange er nicht hinreichend sicher davon ausgehen kann, dass die BaFin die Angebotsunterlage nicht beanstanden wird. Ganz üblich ist neben der Veröffentlichung im Internet die Schalterpublizität. Die BaFin erwartet die Veröffentlichung an dem der Gestattung folgenden Erscheinungstag des Bundesanzeigers.

3. Verbot vorheriger Bekanntgabe (§ 14 Abs. 2 Satz 2)

Abs. 2 Satz 2 untersagt es, die Angebotsunterlage vor ihrer Veröffentlichung bekannt zu geben. Mit dem Bekanntgabeverbot werden im Wesentlichen zwei Ziele verfolgt. Zum einen soll es verhindern, dass Wertpapierinhaber bereits aufgrund der vorgelegten ungeprüften Angebotsunterlage **Entscheidungen von rechtlicher und wirtschaftlicher Tragweite** treffen, ohne dass gewährleistet ist, dass die Angebotsunterlage als einziger Entscheidungsgrundlage für die Wertpapierinhaber vollständig ist und im Einklang mit dem WpÜG steht. Zum anderen wird mit dem Bekanntgabeverbot gewissermaßen auch das **insiderrechtliche Weitergabeverbot** (§ 14 Abs. 1 Nr. 2 WpHG) verdeutlicht bzw. ergänzt: Mit der Veröffentlichung der Entscheidung zur Abgabe eines Angebots sind nicht notwendigerweise bereits alle kurserheblichen Rahmendaten des Angebots bekannt, wenngleich es in der Praxis empfehlenswert und auch üblich ist, bereits bei Ankündigung des Angebots die entsprechenden Eckdaten bekannt zu geben, um der Spekulation in den Wertpapieren der Zielgesellschaft und ggf. des Bieters die Grundlage zu entziehen. Demzufolge soll mit Abs. 2 Satz 2 auch verhindert werden, dass sich kurserhebliche Informationen uU unkontrolliert verbreiten. 41

Die Vorschrift nennt keinen Adressaten des Bekanntgabeverbotes. Gleichwohl kann daraus nicht zwangsläufig gefolgert werden, dass sich deshalb das Bekanntgabeverbot gegen jedermann richtete.[50] Die Vorschrift ist Bestandteil des Verwaltungsverfahrens über die Prüfung der Angebotsunterlage und die Gestattung deren Veröffentlichung. Wie ein Vergleich mit Satz 1 desselben 42

[50] So aber die hM, vgl. *Assmann* in Assmann/Pötzsch/Schneider, § 14 Rn. 28 mwN.

Absatzes 2 zeigt, enthält auch jene Vorschrift keinen Normadressaten („Die Angebotsunterlage ist unverzüglich zu veröffentlichen“). Gerade dort zeigt sich jedoch deutlich, dass sich die Veröffentlichungspflicht der Natur der Sache nach nur gegen den Bieter bzw. denjenigen, der in Vertretung des Bieters die Angebotsunterlage an die BaFin übermittelt und damit das Verwaltungsverfahren eingeleitet hat, richten kann. Da ein Wechsel des Adressatenkreises zwischen Satz 1 und Satz 2 im Gesetzeswortlaut nicht angelegt ist und einen Bruch systematischer Auslegungsprinzipien darstellte, kann deshalb auch das vorzeitige Bekanntgabeverbot des Satzes 2 nur gegen den Bieter bzw. dessen Vertreter im Verwaltungsverfahren gerichtet sein.

43 Das Verbot vorheriger Bekanntgabe schließt jedoch nicht aus, die Angebotsunterlage bereits **im Vorfeld** ihrer Veröffentlichung dem Vorstand und ggf. dem Aufsichtsrat der Zielgesellschaft zuzuleiten. Dies kann sinnvoll sein, wenn dem Angebot Verhandlungen zwischen Bieter und Zielgesellschaft vorausgegangen sind und der Vorstand der Zielgesellschaft den Wertpapierinhabern die Annahme des Angebots empfehlen will.[51] In diesem Fall darf der Vorstand die Angebotsunterlage, wenn kein Betriebsrat besteht, allerdings noch nicht an die Arbeitnehmer weiterleiten, denn hierdurch wäre der Kreis der Informationsempfänger bereits so groß, dass dies einer Bekanntgabe der Angebotsunterlage gleichkäme. Die BaFin hält eine solche Vorab-Übermittlung hingegen, ohne Gründe, für unzulässig.

IV. Art und Weise der Veröffentlichung (§ 14 Abs. 3)

1. Allgemeines

44 Abs. 3 legt die Art und Weise der Veröffentlichung der Angebotsunterlage fest. Die Angebotsunterlage muss über bestimmte Nachrichtenmedien veröffentlicht werden. Neben den wahlweise möglichen Veröffentlichungsarten in Form der Bekanntgabe im **Bundesanzeiger** oder im Wege der sog. **Schalterpublizität** ist zusätzlich („und“) die Bekanntgabe im Internet erforderlich. Mit der Bekanntgabe im **Internet,** die mit Inkrafttreten des WpÜG erstmals in einem kapitalmarktrechtlichen Gesetz als Veröffentlichungsform zwingend vorgeschrieben wurde, wird ein möglichst schneller und unmittelbarer Zugriff auf die Angebotsunterlage und eine hohe Breitenwirkung bezweckt.[52]

45 Die Veröffentlichung der Angebotsunterlage nach Abs. 3 Satz 1 stellt die **Abgabe des Angebots** im Rechtssinne dar und setzt, wenn sie ordnungsgemäß vollzogen ist, die Annahmefrist in Gang (§ 16 Abs. 1 Satz 2). Darüber hinaus knüpfen folgende Vorschriften des WpÜG und der WpÜG-AngV tatbestandsmäßig an den Zeitpunkt der Veröffentlichung der Angebotsunterlage an: Abs. 4 Satz 3, § 12 Abs. 4 Alt. 2, § 13 Abs. 1 Satz 1, § 16 Abs. 3, § 23 Abs. 1 Satz 1 Nr. 1, § 31 Abs. 4, § 33b Abs. 2, § 68 Abs. 1; ferner § 2 Nr. 2, 2a und 7, § 4 WpÜG-AngV.

---

[51] BT-Drucks. 14/7034, 52; *Thoma* in Baums/Thoma, § 14 Rn. 75; aA *Thaeter* in Thaeter/Brandi, Teil 2 Rn. 232.

[52] Vgl. BT-Drucks. 14/7034, 45.

2. Bekanntgabe im Internet (§ 14 Abs. 3 Satz 1 Nr. 1)

Nach Abs. 3 Satz 1 Nr. 1 muss der Bieter die Angebotsunterlage im Internet bekannt geben. Nähere Vorgaben enthält das Gesetz hierzu nicht. Mit der Bekanntgabe im Internet ist gemeint, dass der Bieter die Angebotsunterlage über dieses Medium **allgemein zugänglich** zu machen hat. Zweckmäßigerweise geschieht dies mit Einstellen auf der Webseite des Bieters, wenngleich der Bieter nicht gehindert ist, auch eine Internetadresse eines Dritten zu verwenden. Der Bieter muss seine Wahl, unter welcher Internetadresse die Angebotsunterlage veröffentlicht wird, allerdings bereits bei Veröffentlichung der Entscheidung zur Abgabe eines Angebots treffen, denn im Rahmen dieser Veröffentlichung ist auch anzugeben, unter welcher Internetadresse die Angebotsunterlage veröffentlicht wird (§ 10 Abs. 3 Satz 2, 35 Abs. 1 Satz 1). Ferner muss auch die Angebotsunterlage selbst einen – hier sinnlosen – Hinweis auf die Internetadresse enthalten. 46

Aus der Verpflichtung, die Angebotsunterlage über die Bekanntgabe im Internet allgemein zugänglich zu machen, folgt, dass die Lesbarkeit der entsprechenden Daten nicht erschwert werden darf. Das gewählte **Format** muss bei Internetbenutzern **allgemein verbreitet** sein und auch einen Ausdruck der Unterlage beim Benutzer erlauben.[53] Die Verpflichtung, darüber hinausgehend auch einen Download der Angebotsunterlage zu ermöglichen, dürfte sich hingegen aus der Vorschrift nicht ableiten lassen,[54] wenngleich die Verfügbarmachung in Form einer elektronischen Datei wünschenswert erscheint. Eine Verpflichtung, die Angebotsunterlage auch in einer anderen Sprache als der deutschen Sprache (vgl. § 11 Abs. 1 Satz 4) zu veröffentlichen, besteht nach dem WpÜG nicht, wenngleich es bei Zielgesellschaften mit einem hohen Anteil an ausländischen Aktionären zweckmäßig sein kann, eine Übersetzung zumindest auch in englischer Sprache vorzuhalten. 47

Aus der Natur des Mediums Internet folgt, dass anders als bei einer Veröffentlichung über Printmedien die Informationen nicht in physisch verkörperter Form vorliegen. Es stellt sich somit die Frage, wie lange der Bieter verpflichtet ist, die Angebotsunterlage unter der benannten Internetadresse verfügbar zu halten. Eine Regelung wie sie zB § 13 Abs. 4 WpPG für die Zugänglichmachung gebilligter Prospekte durch die BaFin enthält (zwölf Monate) enthält das WpÜG nicht. Sachgerecht erscheint es, den Bieter zum Zugänglichmachen der Informationen zumindest bis zu dem Zeitpunkt verpflichtet zu halten, zu dem Wertpapierinhaber das Angebot letztmals annehmen können, dh bis zum Ende der (ggf. weiteren oder verlängerten) Annahmefrist.[55] 48

Fraglich ist, ob der Bieter berechtigt ist, den über das Internet eröffneten Informationszugriff auf die Angebotsunterlage zu **beschränken.** Grundsätzlich muss die Angebotsunterlage allgemein zugänglich gemacht werden. Für 49

---

[53] Wie hier *Thoma* in Baums/Thoma, § 14 Rn. 83; *Santelmann* in Steinmeyer, § 14 Rn. 30; aA *Oechsler* in Ehricke/Ekkenga/Oechsler, § 14 Rn. 11 (Möglichkeit der Lektüre am Bildschirm genügt).

[54] Wie hier *Seydel* in KK-WpÜG, § 14 Rn. 64.

[55] Weitergehend *Seydel* in KK-WpÜG, § 14 Rn. 66: bis zu dem Zeitpunkt, bis zu dem aufschiebende Bedingungen eintreten oder Rücktrittsrechte bestehen können.

eine Beschränkung kann jedoch ein praktisches Bedürfnis bestehen, wenn Wertpapierinhaber in anderen Staaten zulässigerweise nach § 24 vom Angebot ausgenommen werden, weil der Bieter andernfalls in Konflikt mit dem ausländischen Recht geraten würde.[56] In diesen Fällen muss es dem Bieter gestattet sein, für Wertpapierinhaber in den betreffenden Staaten den Zugriff auf die Angebotsunterlage über das Internet zu sperren, wenn die Gefahr besteht, dass andernfalls für den Bieter Rechtsfolgen nach ausländischem Recht ausgelöst würden, die gerade der Grund für die Befreiung nach § 24 waren. Ein Verstoß gegen Abs. 3 Satz 1 Nr. 1 liegt in einem solchen Fall daher nicht vor.

3. Bekanntgabe im Bundesanzeiger (§ 14 Abs. 3 Satz 1 Nr. 2 Alt. 1)

50 Wählt der Bieter als zusätzliche („und") Veröffentlichungsform nicht die sog. Schalterpublizität muss er die Angebotsunterlage in vollem Umfang im Bundesanzeiger veröffentlichen.

4. Schalterpublizität (§ 14 Abs. 3 Satz 1 Nr. 2 Alt. 2)

51 Wahlweise zur Bekanntgabe im Bundesanzeiger genügt es (zusätzlich zur Bekanntgabe im Internet) für die Veröffentlichung auch, dass die Angebotsunterlage zur kostenlosen Ausgabe bei einer geeigneten Stelle im Inland bereit gehalten wird (Abs. 3 Satz 1 Nr. 2 Alt. 2; sog. **Schalterpublizität**). Die Schalterpublizität hat sich als zweckmäßige Veröffentlichungsform bewährt, da seit Inkrafttreten des WpÜG Angebotsunterlagen erheblich umfangreicher geworden sind, insbesondere bei Tauschangeboten, bei denen die Angebotsunterlage (vorbehaltlich eines Befreiungstatbestandes) sämtliche Angaben eines Prospekts nach § 7 WpPG iVm der EU-Prospektverordnung enthalten muss (§ 2 Nr. 2 WpÜG-AngV). Anders als § 9 Abs. 2 Satz 1 VerkProspG und § 14 Abs. 2 Nr. 2 WpPG schreibt Abs. 3 Satz 1 Nr. 2 Alt. 2 jedoch nicht bestimmte Stellen vor, bei denen die Angebotsunterlage bereitgehalten werden muss. Vielmehr kommt hier jede Stelle in Betracht, die den Versand der Angebotsunterlage organisatorisch bewältigen kann, zB die Zentrale des das Angebotsverfahren begleitenden Kreditinstituts.[57]

52 Zusätzlich ist im Bundesanzeiger bekannt zu machen, bei welcher Stelle die Angebotsunterlage bereit gehalten wird (Abs. 3 Satz 1 Nr. 2 Hs. 2). Dabei muss eine Adresse oder zumindest eine Telefonnummer genannt werden, unter welcher der Interessent die Unterlage kostenlos erhalten kann.

53 Fraglich ist, ob es im Rahmen der Schalterpublizität genügen würde, dass die Angebotsunterlage **ausschließlich über das Internet** verfügbar gemacht wird. Dies ist zu verneinen. Ein zumindest nicht unbeachtlicher Kreis von Anlegern verfügt nicht notwendigerweise über einen (privat nutzbaren) Internetzugang, so dass dieser Kreis vom Informationszugang ausgeschlossen würde. Wegen § 3 Abs. 1 muss sich das Angebot vorbehaltlich einer zulās-

---

[56] Auf potentielle Konflikte mit der US-amerikanischen SEC hinweisend *Riehmer/Schröder* BB 2001, Beilage 5, 1, 8 (Fn. 26).

[57] *Thoma* in Baums/Thoma, § 14 Rn. 89.

sigen Einschränkung gemäß § 24 und unbeschadet der Möglichkeit von Teilangeboten (siehe aber § 32) jedoch an alle Wertpapierinhaber richten. Die Argumente, die bei der Veröffentlichung von Verkaufsprospekten dafür sprachen, dass eine ausschließliche Veröffentlichung über das Internet in bestimmten Fällen ausreichen kann,[58] kommen daher im Rahmen des WpÜG nicht zum Tragen.

Im Rahmen der Schalterpublizität ist es jedoch ausreichend, wenn der Bieter oder eine im Auftrag des Bieters handelnde Stelle auf Verlangen des Interessenten die Angebotsunterlage aus dem Internet **ausdruckt** und dem Interessenten in Papierform aushändigt, vorausgesetzt allerdings, dass der Bieter die jederzeitige Verfügbarkeit von Ausdrucken gewährleistet und dem Interessenten bekannt ist, wo er Ausdrucke erhalten kann. Eine diesem Verfahren in etwa vergleichbare Regelung ist beispielsweise in § 14 Abs. 5 WpPG gesetzlich verankert. 54

5. Bekanntgabe der Internetadresse (§ 14 Abs. 3 Satz 1 Nr. 2 Alt. 2)

Im Rahmen der Schalterpublizität ist verbindlich vorgeschrieben, dass auch die Internetadresse anzugeben ist, unter der die Unterlage für den Interessenten zugänglich ist. 55

6. Unterrichtung durch depotführende Kreditinstitute

Die Unterrichtung der Wertpapierinhaber vom Angebot des Bieters wird durch Ziff. 16 der Sonderbedingungen für Wertpapiergeschäfte der deutschen Banken flankiert, wonach ua in den Wertpapier-Mitteilungen (WM) veröffentlichte Informationen, zu denen namentlich gesetzliche und freiwillige Kauf- und Umtauschangebote gehören, die Wertpapiere des Kunden betreffen, dem Kunden durch die Bank zur Kenntnis zu geben sind. Dabei ist die Bank zur vollständigen Weiterleitung der Angebotsdokumentation in der Form verpflichtet, in der sie diese über das WM-System erhalten hat; zu einer Zusammenfassung ist die Bank nicht berechtigt.[59] Um eine möglichst hohe Breitenwirkung zu erzielen, empfiehlt es sich daher für den Bieter, zu veranlassen, dass der wesentliche Inhalt der Angebotsunterlage, dies sind ausschließlich die Angebotsbedingungen, zusätzlich zu den gesetzlich vorgeschriebenen Medien auch über das WM-System verbreitet wird. 56

7. Mitteilung der Veröffentlichung (§ 14 Abs. 3 Satz 2)

Abs. 3 Satz 2 verpflichtet den Bieter, die Veröffentlichung im Bundesanzeiger der BaFin unverzüglich mitzuteilen. Mitzuteilen ist lediglich der entsprechende Link auf die Veröffentlichung.[60] Grundsätzlich soll die BaFin durch die Mitteilungspflicht in die Lage versetzt werden, die Einhaltung der Veröffentlichungspflichten wirksam kontrollieren zu können.[61] Gleichwohl ist 57

---

[58] Siehe *Assmann* FS Schütze, S. 15, 42 f.; *Weber* MMR 1999, 385, 388.
[59] *Riehmer/Schröder* BB 2001, Beilage 5, 1, 8.
[60] BT-Drucks. 16/1003, S. 18.
[61] BT-Drucks. 14/7034, S. 45.

hinsichtlich der Bekanntgabe im Internet kein Nachweis und keine Mitteilungspflicht vorgeschrieben, wenngleich es für den Bieter empfehlenswert sein dürfte, intern zu dokumentieren, wann der Zugang auf die Angebotsunterlage freigeschaltet wurde. Soweit bekannt kontrolliert jedoch die BaFin, ob die Angebotsunterlage tatsächlich rechtzeitig unter der angegebenen Internetadresse verfügbar gemacht wird, obgleich etwa außereuropäische Bieter wegen der Zeitverschiebung oftmals nicht in der Lage sind, die Angebotsunterlage im Zeitpunkt der Veröffentlichung im Bundesanzeiger (gegen 15 Uhr) sogleich auf der Webseite verfügbar zu machen. In solchen Fällen dürfte die Angebotsunterlage bereits zeitlich vor der Hinweisbekanntmachung auf der Webseite eingestellt werden.

V. Übermittlung an Zielgesellschaft (§ 14 Abs. 4)

1. Übermittlung an Vorstand der Zielgesellschaft (§ 14 Abs. 4 Satz 1)

58 **a) Zweck der Regelung.** Nach Abs. 4 Satz 1 ist der Bieter verpflichtet, die Angebotsunterlage dem Vorstand der Zielgesellschaft unverzüglich nach Veröffentlichung gemäß Abs. 3 Satz 1 zu übermitteln. Die Übermittlung dient dazu, dem Vorstand die Stellungnahme zu dem Angebot (§ 27) zu ermöglichen. Außerdem soll der Vorstand in die Lage versetzt werden, seinerseits die Angebotsunterlage an den zuständigen Betriebsrat bzw. unmittelbar den Arbeitnehmern, wenn kein Betriebsrat vorhanden ist, zu übermitteln.[62]

59 **b) Adressat.** Adressat der Übermittlung ist ausschließlich der **Vorstand,** nicht auch der Aufsichtsrat der Zielgesellschaft. Dessen Unterrichtung seitens des Vorstands ergibt sich aus den allgemeinen Vorschriften.[63] Die Angebotsunterlage muss nicht sämtlichen Vorstandsmitgliedern übermittelt werden. Vielmehr genügt die Übermittlung als geschäftsähnliche Handlung gegenüber einem Vorstandsmitglied analog § 78 Abs. 2 Satz 2 AktG.[64]

60 **c) Übermittlungsfrist.** Das Gesetz verlangt, dass die Angebotsunterlage unverzüglich (ohne schuldhaftes Zögern, § 121 Abs. 1 Satz 1 BGB) nach Veröffentlichung übermittelt werden muss. Hat der Vorstand die Angebotsunterlage allerdings schon vor deren Veröffentlichung erhalten, was im Gegensatz zur Auffassung der BaFin (→ Rn. 43) weder durch Abs. 2 Satz 2, Abs. 4 Satz 1 noch durch § 27 ausgeschlossen wird[65] und wird die Stellungnahme fast gleichzeitig mit der Angebotsunterlage veröffentlicht, erscheint es als überflüssige Leerform, wenn der Bieter die Angebotsunterlage nach deren Veröffentlichung nochmals übermitteln müsste, vorausgesetzt allerdings, dass der Inhalt der veröffentlichten Angebotsunterlage mit dem an den Vorstand vorab übermittelten Inhalt in jeder Hinsicht identisch ist und der Bieter den Vorstand unverzüglich von der Veröffentlichung unterrichtet, so dass der Vor-

---

[62] BT-Drucks. 14/7034, S. 45.

[63] § 90 AktG; hier in Form der Unterrichtung des Aufsichtsratsvorsitzenden aus wichtigem Anlass, § 90 Abs. 1 Satz 3 AktG; hierzu *Hüffer/Koch,* § 90 Rn. 8.

[64] Vgl. *Hüffer/Koch,* § 78 Rn. 13.

[65] BT-Drucks. 14/7034, 52.

stand seiner unverzüglichen Weiterleitungspflicht an den zuständigen Betriebsrat bzw. die Arbeitnehmer nachkommen kann.

d) Form der Übermittlung. Eine bestimmte Form für die Übermittlung ist nicht vorgeschrieben. Die Erwägungen, die für die Form der Übermittlung nach Abs. 1 Satz 1 gelten, sind im Rahmen von Abs. 4 nicht maßgebend. Insofern reicht im Rahmen von Abs. 4 neben der Schriftform und der elektronischen Form auch eine Übermittlung in Textform (zB Telefax, Computerfax) aus.[66] Darüber hinaus müsste es nach dem Sinn und Zweck der Vorschrift für eine Übermittlung auch genügen, dass der Bieter dem Vorstand lediglich eine Nachricht übermittelt, die einen Hinweis auf die Internetadresse enthält, unter der dieser die Angebotsunterlage einsehen und über seine EDV ausdrucken kann.[67] 61

2. Übermittlung an Betriebsrat/Arbeitnehmer (§ 14 Abs. 4 Satz 2 und 3)

a) Zweck der Regelung. Die Vorschrift setzt die in § 10 Abs. 5 Satz 2 und 3 normierte Pflicht zur Offenlegung des Angebots gegenüber den Belegschaften der Zielgesellschaft und des Bieters systematisch fort. Neben dem Vorstand der **Zielgesellschaft** (Abs. 4 Satz 2) hat nunmehr auch der **Bieter** die Angebotsunterlage an seinen Betriebsrat bzw. an seine Arbeitnehmer weiterzuleiten (Abs. 4 Satz 3). Die Frage, inwieweit sich eine entsprechende Verpflichtung des Bieters aus allgemeinen (arbeitsrechtlichen) Grundsätzen ergeben kann, verliert damit weitgehend an Bedeutung. Durch die Vorlage der Angebotsunterlage sollen die Beschäftigten in die Lage versetzt werden, mögliche Folgen durch die Änderung der Beteiligungsverhältnisse **frühzeitig zu erkennen** und ihre Interessen sowie die ihnen gesetzlich zustehenden Rechte wahrzunehmen.[68] Aufgrund der weitgehend übereinstimmenden Formulierungen in Satz 2 und Satz 3 und der einheitlichen gesetzgeberischen Zielsetzung werden für die Zielgesellschaft und den Bieter bei der Übermittlung der Angebotsunterlage – ebenso wie bei der Unterrichtung über das Angebot – weitgehend die gleichen Maßstäbe anzulegen sein. 62

b) Adressaten. Für die Frage, welche Betriebsräte bei der Zielgesellschaft und dem Bieter zuständig sind, gelten die gleichen Grundsätze wie zu § 10 Abs. 5 Satz 2 und Satz 3. Das gilt auch für die Übermittlung der Angebotsunterlage an die Arbeitnehmer, sofern ein Betriebsrat nicht besteht. Die Unterrichtung sonstiger Gremien, zB Wirtschaftsausschuss, Sprecherausschuss oder Europäischer Betriebsrat, richtet sich ausschließlich nach allgemeinen Rechtsgrundsätzen. Für Fälle mit Auslandsbezug gelten gegenüber der Unterrichtung nach § 10 Abs. 5 Satz 2 und Satz 3 ebenfalls keine Besonderheiten. 63

---

[66] *Seydel* in KK-WpÜG, § 14 Rn. 70; *Noack/Zimmer* in Schwark, KapitalmarktR, § 14 WpÜG Rn. 23.

[67] Str., in diesem Sinne *Seydel* in KK-WpÜG, § 14 Rn. 70; im Ergebnis auch *Wackerbarth* in MüKoAktG, § 14 WpÜG Rn. 24; unentschieden *Thoma* in Baums/Thoma, § 14 Rn. 104; aA *Assmann* in Assmann/Pötzsch/Schneider, § 14 Rn. 48; *Santelmann* in Steinmeyer, § 14 Rn. 36.

[68] BT-Drucks. 14/7034, 45 sowie BT-Drucks. 16/1003, 18.

64 **c) Übermittlungsfrist.** Auch hier verlangt das Gesetz, dass die Angebotsunterlage unverzüglich übermittelt werden muss. Hat der Vorstand der Zielgesellschaft die Angebotsunterlage allerdings schon vor deren Veröffentlichung erhalten, ist eine sofortige Weiterleitung an den Betriebsrat bzw. die Arbeitnehmer nicht geboten oder wäre sogar unzulässig.[69] Dies gilt für den Bieter entsprechend.

65 **d) Form der Übermittlung.** Grundsätzlich gelten für die Form der Übermittlung die entsprechenden Erwägungen. Eine Verpflichtung zur **Übersetzung** der Angebotsunterlage in eine Fremdsprache besteht weder unter übernahmerechtlichen (arg. § 11 Abs. 1 Satz 4) noch unter allgemeinen arbeitsrechtlichen Gesichtspunkten. Das gilt selbst dann, wenn der Bieter eine **ausländische Gesellschaft** ist. Sonderregeln für diese Fallgruppe hat der Gesetzgeber insoweit nicht getroffen. Eine Übersetzungspflicht kann sich daher für ein ausländisches Bieterunternehmen allenfalls aus der jeweils anwendbaren nationalen Rechtsordnung ergeben.

66 Sofern ein **Betriebsrat** besteht, ist die Übermittlung vollzogen, sobald ein Exemplar der Angebotsunterlage an den Betriebsratsvorsitzenden oder eine sonstige empfangszuständige Person gelangt. Hat der Bieter nach Sinn und Zweck der Übermittlungsvorschriften ein **„betriebsratsgleiches" Gremium** zu beteiligen, müssen insoweit die Zugangsvoraussetzungen der jeweils einschlägigen nationalen Rechtsordnung vorliegen. Nach Sinn und Zweck der Vorschrift dürfte auch der bloße Hinweis auf die einschlägige Internetadresse genügen, sofern die Arbeitnehmervertretung – wie in der Praxis üblich – über einen eigenen Internetzugang verfügt. Ist eine Übermittlung unmittelbar an die **Arbeitnehmer** erforderlich, kommt es darauf an, dass die Beschäftigten in zumutbarer Weise von dem Inhalt der Angebotsunterlage Kenntnis nehmen können. Das ist zB der Fall, wenn auf die Angebotsunterlage per Rundschreiben oder Aushang im Betrieb (ggf. Unternehmen, Konzernunternehmen) **hingewiesen** wird und ein oder mehrere Exemplar(e) der Angebotsunterlage an einer oder mehreren geeigneten, den Arbeitnehmern allgemein zugänglichen Stelle(n) (zB Personalbüro, Aufenthaltsräume, Ein- und Ausgangsbereiche, Vorgesetzte) **zur Einsichtnahme** ausliegen. Eine Vervielfältigung und Versendung der Angebotsunterlage an jeden einzelnen Arbeitnehmer ist in keinem Fall erforderlich.[70] Dies wäre mit einem unzumutbaren Aufwand verbunden und ist nach dem Sinn und Zweck der Unterrichtungspflicht auch nicht geboten. Auf der anderen Seite würde es jedoch nicht ausreichen, die Arbeitnehmer lediglich darauf zu verweisen, sich die Angebotsunterlage über das Internet selbst zu beschaffen, wenn nicht alle Arbeitnehmer über einen Internetzugang verfügen.

67 **e) Keine Beratungspflicht.** Zielgesellschaft und Bieter sind nicht verpflichtet, den Inhalt der Angebotsunterlage mit dem Betriebsrat oder den Arbeitnehmern zu beraten.[71] Eine Pflicht zur Beantwortung von Rückfragen gegenüber dem Betriebsrat kann nur ausnahmsweise unter dem Gesichts-

---

[69] Ebenso *Seydel* in KK-WpÜG, § 14 Rn. 71.

[70] Vgl. *Assmann* in Assmann/Pötzsch/Schneider, § 14 Rn. 49.

[71] *Seydel* in KK-WpÜG, § 14 Rn. 72; *Seibt* DB 2002, 529, 531 iVm 533; *Grobys* NZA 2002, 1, 4.

punkt der vertrauensvollen Zusammenarbeit bestehen.[72] Gegenüber den einzelnen Arbeitnehmern wird die allgemeine Fürsorgepflicht insoweit durch den Maßstab der Zumutbarkeit begrenzt. Für ausländische Bieterunternehmen gelten ergänzend die allgemeinen Vorschriften des jeweiligen nationalen (Arbeits-)Rechts.

VI. Rechtsfolgen bei Verstößen

1. Auswirkungen auf das Angebot

Das Unterlassen der Übermittlung der Angebotsunterlage an die BaFin nach Abs. 1 Satz 1 verpflichtet die BaFin zur **Untersagung** des Angebots (§ 15 Abs. 1 Nr. 3). Dies gilt auch bei nicht rechtzeitiger Übermittlung.[73] Ebenfalls zwingend die Untersagung zur Folge hat die Nichtveröffentlichung der Angebotsunterlage (§ 15 Abs. 1 Nr. 4). Ist hingegen die Angebotsunterlage zwar veröffentlicht worden, jedoch nicht in der vorgeschriebenen Form des Abs. 3 Satz 1, steht die Untersagung des Angebots im Ermessen der BaFin (§ 15 Abs. 2). Der Verstoß gegen das Verbot der Bekanntgabe vor Veröffentlichung (Abs. 2 Satz 2) führt hingegen, da die Untersagungstatbestände des § 15 abschließend geregelt sind, für sich genommen nicht zur Untersagung des Angebots.[74] Gleiches gilt für Verstöße gegen die Pflicht zur Mitteilung der Veröffentlichung (Abs. 3 Satz 2) und die Übermittlungspflichten nach Abs. 4. 68

Soweit die Verstöße nicht die Untersagung des Angebots zur Folge haben und die unterlassene Handlung nachgeholt werden kann, kann die BaFin den Normadressaten zur Vornahme der Handlung **auffordern** und diese Verfügung ggf. mit **Zwangsmitteln** nach § 46 iVm dem VwVG durchsetzen. 69

2. Sanktionen

a) Ordnungswidrigkeiten. Schuldhafte Verstöße gegen die in § 14 normierten Pflichten stellen Ordnungswidrigkeiten iSd § 1 Abs. 1 OWiG dar und sind mit Geldbußen, deren Bußgeldrahmen von der Bedeutung des betreffenden Verstoßes für das Angebotsverfahren abhängt, sanktioniert (§ 60 Abs. 1 Nr. 1a), Nr. 2a) und b), Nr. 3 und 5 sowie Abs. 3; zu den Einzelheiten siehe die dortige Kommentierung). 70

b) Strafrecht. Strafrechtliche Konsequenzen für den Bieter können bei Verletzung der Pflichten nach § 14 dann in Betracht kommen, wenn sich herausstellt, dass die Entscheidung zur Abgabe eines Angebots nicht ernst gemeint war und lediglich den Zweck verfolgte, den Kurs der Aktien der von dem Angebot betroffenen Wertpapiere zu beeinflussen. Ein solches Verhalten 71

---

[72] *Grobys* NZA 2002, 1, 4.

[73] *Scholz* in Frankfurter Komm., § 14 Rn. 30; *Assmann* in Assmann/Pötzsch/Schneider, § 14 Rn. 5.

[74] Wie hier *Thoma* in Baums/Thoma, § 14 Rn. 77; *Wackerbarth* in MüKoAktG, § 14 WpÜG Rn. 35; aA *Seydel* in KK-WpÜG, § 14 Rn. 74; *Santelmann* in Steinmeyer, § 14 Rn. 26 (Untersagung ggf. im Rahmen der allgemeinen Missstandsaufsicht möglich).

kann den Tatbestand der vorsätzlichen verbotenen Marktmanipulation (§§ 20a, 38 Abs. 2 WpHG iVm § 39 Abs. 1 Nr. 2, Abs. 2 Nr. 11 WpHG) erfüllen.

72 **c) Zivilrecht (außer Arbeitsrecht).** Handelt es sich bei dem abzugebenden Angebot um ein Pflichtangebot, führt die unterlassene Veröffentlichung des Angebots neben der Verpflichtung, den Aktionären der Zielgesellschaft gemäß § 38 Zinsen auf die Gegenleistung zu bezahlen, zum zeitweiligen Verlust der Rechte aus den dem Bieter und dem ihm zuzurechnenden Personenkreis gehörenden Aktien (§ 59 Satz 1). Bei Übernahmeangeboten und sonstigen freiwilligen Angeboten stellt sich die Frage, ob den Wertpapierinhabern bei Unterlassung der Abgabe eines Angebots Schadenersatzansprüche zustehen können. Als Anspruchsgrundlage kommen zum einen die **Grundsätze der c.i.c.** (§ 311 Abs. 2 iVm § 280 BGB) in Betracht. Im Ergebnis wird eine Schadenersatzpflicht hiernach jedoch zu verneinen sein, da das durch die Veröffentlichung der Entscheidung zur Abgabe eines Angebots geweckte Vertrauen der Wertpapierinhaber nicht schützenswert erscheint: So kann die Abgabe eines Angebots noch von einem Beschluss der Gesellschafterversammlung des Bieters abhängen (vgl. § 10 Abs. 1 Satz 2), das beabsichtigte Angebot könnte an Bedingungen geknüpft sein, der mit dem beabsichtigten Angebot bezweckte Zusammenschluss könnte von Kartellbehörden untersagt werden etc. Bereits dies spricht unabhängig davon, ob man die Entscheidungsveröffentlichung überhaupt der Aufnahme von Vertragsverhandlungen, der Anbahnung eines Vertrags oder einem ähnlichen geschäftlichen Kontakt gleichstellen kann, dafür, eine Haftung des Bieters aus § 311 Abs. 2 iVm § 280 BGB zu verneinen. In Betracht kommen Schadenersatzansprüche bei vorsätzlicher Unterlassung der Abgabe eines Angebots ferner dann, wenn die aus der Veröffentlichung der Entscheidung zur Abgabe eines Angebots resultierende Pflicht zur Veröffentlichung des Angebots als **Schutzgesetz** iSd § 823 Abs. 2 BGB zu qualifizieren wäre. Auch dies ist im Ergebnis abzulehnen. Es entspricht nicht der Zielrichtung des § 14, den einzelnen Wertpapierinhaber davor zu schützen, dass sich der Bieter vorsätzlich seinen Pflichten entzieht. Die Vorschrift dient vielmehr der geordneten, transparenten und zügigen Verfahrensdurchführung im Allgemeinen.

73 Ob eine Schadenersatzpflicht des Bieters gemäß § 823 Abs. 2 BGB auch dann noch verneint werden kann, wenn er ein Angebot nur deshalb nicht veröffentlicht hat, weil die Entscheidung zur Abgabe eines Angebots nicht ernst gemeint war und nur das Ziel der **verbotenen Marktmanipulation** verfolgte (§§ 20a, 38 Abs. 2 WpHG iVm § 39 Abs. 1 Nr. 2, Abs. 2 Nr. 11 WpHG), ist zweifelhaft. § 20a WpHG hat nicht der Charakter eines Schutzgesetzes iSd § 823 Abs. 2 BGB, da die Norm lediglich das Vertrauen im Hinblick auf die Zuverlässigkeit und Wahrheit der Preisbildung an Börsen und Märkten und somit den einzelnen Anleger nur mittelbar in Form eines Rechtsreflexes schützt.[75] In Betracht kommen kann in derartigen Fällen allenfalls eine Schadenersatzverpflichtung nach § 826 BGB.[76]

---

[75] BGH BGHZ 192, 90; OLG Stuttgart WM 2015, 875; *Schäfer* in Schäfer/Hamann, § 20a WpHG Rn. 13 ff., 85.

[76] *Assmann* in Assmann/Pötzsch/Schneider, § 14 Rn. 55.

d) Arbeitsrecht. Ebenso wie bei einer fehlerhaften oder unterlassenen Unterrichtung nach § 10 Abs. 5 Satz 2 und Satz 3 wirken sich Pflichtverletzungen der Zielgesellschaft oder des Bieters im Zusammenhang mit der Übermittlung der Angebotsunterlage nicht auf kollektiv- oder individualrechtliche Maßnahmen aus, die dem Angebotsverfahren nachfolgen (zB Betriebsänderungen, Kündigungen, Versetzungen usw.). Die Rechte der Arbeitnehmer sollen nach dem Willen des Gesetzgebers von den Vorschriften des WpÜG unberührt bleiben.[77] Abs. 4 Satz 2 und Satz 3 verleihen den Betriebsräten oder Arbeitnehmern keine subjektiven Rechte.[78] Auch insoweit stellen die Vorschriften kein Schutzgesetz iSv § 823 Abs. 2 BGB dar. Ihre Verletzung berechtigt den Betriebsrat nicht zur Durchführung eines Verfahrens wegen grober Pflichtverletzung gemäß § 23 Abs. 3 BetrVG oder eines vorläufigen Rechtsschutzverfahrens zur Unterbindung des weiteren Angebotsverfahrens. 74

§ 15 Untersagung des Angebots

(1) **Die Bundesanstalt untersagt das Angebot, wenn**

1. **die Angebotsunterlage nicht die Angaben enthält, die nach § 11 Abs. 2 oder einer auf Grund des § 11 Abs. 4 erlassenen Rechtsverordnung erforderlich sind,**
2. **die in der Angebotsunterlage enthaltenen Angaben offensichtlich gegen Vorschriften dieses Gesetzes oder einer auf Grund dieses Gesetzes erlassenen Rechtsverordnung verstoßen,**
3. **der Bieter entgegen § 14 Abs. 1 Satz 1 der Bundesanstalt keine Angebotsunterlage übermittelt oder**
4. **der Bieter entgegen § 14 Abs. 2 Satz 1 die Angebotsunterlage nicht veröffentlicht hat.**

(2) **Die Bundesanstalt kann das Angebot untersagen, wenn der Bieter die Veröffentlichung nicht in der in § 14 Abs. 3 Satz 1 vorgeschriebenen Form vornimmt.**

(3) **Ist das Angebot nach Absatz 1 oder 2 untersagt worden, so ist die Veröffentlichung der Angebotsunterlage verboten. Ein Rechtsgeschäft auf Grund eines nach Absatz 1 oder 2 untersagten Angebots ist nichtig.**

Schrifttum: *Aha,* Rechtsschutz der Zielgesellschaft bei mangelhaften Übernahmeangeboten, AG 2002, 160; *Berding,* Subjektive öffentliche Rechte Dritter im WpÜG, Der Konzern, 2004, 771; *Cahn,* Verwaltungsbefugnisse der Bundesanstalt für Finanzdienstleistungsaufsicht im Übernahmerecht und Rechtsschutz Betroffener, ZHR 167 (2003), 262; *Geibel/Süßmann,* Erwerbsangebote nach dem Wertpapiererwerbs- und Übernahmegesetz, BKR 2002, 52; *Lenz,* Das Wertpapiererwerbs- und Übernahmegesetz in der Praxis der Bundesanstalt für Finanzdienstleistungsaufsicht, NJW 2003, 2073; *Lenz/Behnke,* Das WpÜG im Praxistest – Ein Jahr Angebotsverfahren unter der Regie des neuen Gesetzes, BKR 2003, 43; *Lenz/Linke,* Die Handhabung des WpÜG in der aufsichtsrechtlichen Praxis, AG 2002, 361; *Nietsch,* Rechtsschutz der Aktionäre der Zielgesellschaft im Übernahmeverfahren, BB 2003, 2581; *Scholl/Siekmann,* Rechtsgeschäftliche Probleme im Übernahmerecht, BKR 2013, 316ff.; *Stöcker,* Widerruf oder Rücktritt von Angebotsankündigungen, NZG 2003, 993.

[77] BT-Drucks. 14/7034, 40, 45.
[78] So auch *Seydel* in KK-WpÜG, § 14 Rn. 82.

Übersicht

I. Allgemeines

1. Inhalt

1 § 15 ermächtigt die BaFin zur Untersagung von Angeboten iSv § 2 Abs. 1. Die Vorschrift gilt über die §§ 34, 39 grundsätzlich auch für Übernahme- und Pflichtangebote. Bei Pflichtangeboten sind allerdings Besonderheiten zu

beachten.[1] Eine Angebotsuntersagung hat zu erfolgen, wenn die Angebotsunterlage **unvollständig** ist (§ 15 Abs. 1 Nr. 1), die Angaben in der Angebotsunterlage **offensichtlich unzulässig** sind (§ 15 Abs. 1 Nr. 2) oder der Bieter die Angebotsunterlage **nicht rechtzeitig der BaFin übermittelt** (§ 15 Abs. 1 Nr. 3) oder **nicht unverzüglich veröffentlicht** (§ 15 Abs. 1 Nr. 4). Die Untersagung kann erfolgen, wenn der Bieter die Angebotsunterlage **nicht ordnungsgemäß veröffentlicht** (§ 15 Abs. 2). Die Vorschrift regelt ferner die Rechtsfolgen der Angebotsuntersagung (§ 15 Abs. 3).

2. Gesetzeszweck

§ 15 soll den Bieter dazu veranlassen, seinen Verpflichtungen zur Information der Aktionäre und der BaFin ordnungsgemäß nachzukommen. Die Vorschrift stellt damit eine Ausprägung des in § 3 Abs. 2 geregelten Grundsatzes dar, dass die Inhaber von Wertpapieren der Zielgesellschaft über **ausreichende Informationen** verfügen müssen, um in Kenntnis der Sachlage über das Angebot entscheiden zu können. Auch Vorstand und Aufsichtsrat der Zielgesellschaft sollen die vom Gesetz vorgesehenen Informationen zur Verfügung stehen, damit sie zB informiert über mögliche Abwehrmaßnahmen entscheiden können. 2

Daneben stellt die Vorschrift, indem sie auch die verspätete Übermittlung der Angebotsunterlage an die BaFin und die verspätete Veröffentlichung der Angebotsunterlage sanktioniert, einen Anwendungsfall des in § 3 Abs. 4 statuierten Grundsatzes dar, dass der Bieter das Verfahren **rasch durchzuführen** hat und die Zielgesellschaft nicht über einen angemessenen Zeitraum hinaus in ihrer Geschäftstätigkeit behindert werden darf. Dies trägt der Tatsache Rechnung, dass Zeit und Aufmerksamkeit des Managements der Zielgesellschaft durch öffentliche Angebote in aller Regel erheblich in Anspruch genommen werden und darunter ihre Geschäftsleitungstätigkeit leidet. Bei Übernahme- und Pflichtangeboten kommen die in § 33 enthaltenen besonderen Handlungspflichten für den Vorstand und den Aufsichtsrat der Zielgesellschaft hinzu. Es ist daher nicht gerechtfertigt, dass der Bieter ohne Folgen den Geschäftsbetrieb der Zielgesellschaft durch eine Veröffentlichung nach § 10 Abs. 1 Satz 1 beeinträchtigt, wenn er nicht anschließend zügig ein Angebot abgibt. § 15 Abs. 1 Nr. 3 und 4 sehen deshalb in solchen Fällen eine Angebotsuntersagung vor. 3

3. Verhältnis zu anderen Rechtsvorschriften

Gemäß § 4 Abs. 1 Satz 3 kann die BaFin Anordnungen treffen, die geeignet und erforderlich sind, um Missstände, welche die ordnungsgemäße Durchführung des Angebotsverfahrens beeinträchtigen oder erhebliche Nachteile auf dem Wertpapiermarkt bewirken können, zu beseitigen oder zu verhindern. § 15 ist lex specialis zu dieser Vorschrift. Dies bedeutet, dass die Untersagung eines Angebots nur gemäß § 15 und nicht gemäß § 4 Abs. 1 Satz 3 möglich ist.[2] 4

---

[1] → Rn. 27, Rn. 30 und Rn. 42.

[2] Vgl. *Meyer* in Assmann/Pötzsch/Schneider, § 15 Rn. 4; *Thoma* in Baums/Thoma, § 15 Rn. 8; *Seydel* in KK-WpÜG, § 15 Rn. 15; *Steinhardt* in Steinmeyer, § 15 Rn. 15.

Dies gilt aber nur dann, wenn der Bieter seine Entscheidung zur Abgabe eines Angebots gemäß § 10 Abs. 3 Satz 1 veröffentlicht hat. Da § 15 Abs. 1 Nr. 3 über § 14 Abs. 1 Satz 1 an die Veröffentlichung gemäß § 10 Abs. 3 Satz 1 anknüpft, wären der BaFin ansonsten die Hände gebunden. Das kann nicht richtig sein. In solchen Fällen ist daher eine Angebotsuntersagung gemäß § 4 Abs. 1 Satz 3 möglich.[3]

II. Untersagungsverfahren

5 Das Untersagungsverfahren gemäß § 15 ist ein Verwaltungsverfahren im Sinne der §§ 40ff. Ergänzend sind die Anforderungen des VwVfG und des VwZG zu beachten. Einzelheiten:

1. Vorbereitung der Entscheidung durch die BaFin

6 Gemäß § 40 Abs. 1 kann die BaFin zur Vorbereitung ihrer Entscheidung über die Untersagung von jedermann Auskünfte, die Vorlage von Unterlagen und die Überlassung von Kopien verlangen sowie Personen laden und vernehmen. Vor der Untersagung ist dem Bieter gemäß § 28 Abs. 1 VwVfG Gelegenheit zur Stellungnahme zu geben.[4]

2. Beteiligung Dritter am Untersagungsverfahren

7 Bei dem Verfahren gemäß § 15 handelt es sich um ein **Amtsverfahren.** Die BaFin nimmt auch die Aufgabe der Angebotsuntersagung gemäß § 4 Abs. 2 allein im **öffentlichen Interesse** wahr, nicht aber im Interesse Einzelner. § 15 ist keine drittschützende Norm. Dritte haben daher weder einen Anspruch auf ein Tätigwerden der BaFin noch eine Widerspruchs- oder Beschwerdebefugnis im Hinblick auf Untersagungsverfügungen.[5] Dies ändert nichts daran, dass die BaFin ein Untersagungsverfahren auf Anregung eines Dritten einleiten kann. Dadurch wird der Dritte aber nicht zum Beteiligten am Untersagungsverfahren gemäß § 13 VwVfG.[6]

3. Inhalt des Untersagungsbescheides

8 Gemäß § 37 Abs. 1 VwVfG muss die Untersagungsverfügung inhaltlich so bestimmt sein, dass der Bieter erkennen kann, was von ihm verlangt wird. Das untersagte Angebot ist darin nach Bieter, Zielgesellschaft und Wertpapieren zu konkretisieren.[7]

9 Ferner muss der Untersagungsverfügung gemäß § 39 Abs. 1 Satz 1 und 2 VwVfG eine schriftliche Begründung beigefügt sein, aus der sich die wesent-

---

[3] Vgl. *Wackerbarth* in MüKoAktG, § 15 WpÜG Rn. 11f.; *Steinhardt* in Steinmeyer, § 15 Rn. 15 Fn. 33.

[4] *Scholz* in Frankfurter Komm., § 15 Rn. 18; *Wackerbarth* in MüKoAktG, § 15 WpÜG Rn. 7.

[5] OLG Frankfurt NZG 2015, 230, 231; *Cahn* ZHR 167 (2003), 262, 292f.; *Meyer* in Assmann/Pötzsch/Schneider, § 15 Rn. 30; *Scholz* in Frankfurter Komm., § 15 Rn. 71; aA *Aha* AG 2002, 160, 162.

[6] Vgl. OLG Frankfurt BB 2003, 2589ff.

[7] → Rn. 55.

lichen tatsächlichen und rechtlichen Gründe ergeben, welche die BaFin zu ihrer Entscheidung bewogen haben. Die Begründung von Ermessensentscheidungen gemäß § 15 Abs. 2 muss gemäß § 39 Abs. 1 Satz 3 VwVfG darüber hinaus die Gesichtspunkte erkennen lassen, von denen die Behörde bei der Ausübung ihres Ermessens ausgegangen ist.

4. Bekanntgabe und Zustellung des Untersagungsbescheides

Die Bekanntgabe und Zustellung von Untersagungsverfügungen bei Bietern mit Wohnsitz bzw. Sitz im Ausland regelt § 43. Im Übrigen gelten § 41 VwVfG und das VwZG. 10

5. Kosten des Untersagungsverfahrens

Gemäß § 47 Satz 1 erhebt die BaFin für Amtshandlungen aufgrund von § 15 Abs. 1 Kosten (Gebühren und Auslagen). Kostenschuldner ist der Bieter. Die Kostentatbestände im Einzelnen und die Höhe der Kosten sind in der WpÜG-GebV festgelegt (vgl. § 47 Satz 2 und 3), die im **Anhang 2** abgedruckt ist. Gemäß § 4 Abs. 1 Nr. 5 WpÜG-GebV beträgt die Gebühr für die Untersagung zwischen 10 000 Euro und 100 000 Euro. Für Widersprüche gegen einen Untersagungsbescheid werden gemäß § 4 Abs. 2 Nr. 5 WpÜG-GebV Gebühren zwischen 20 000 Euro und 200 000 Euro erhoben. 11

III. Arten der Untersagung

Die Frage der Untersagung kann sich sowohl im Hinblick auf das ursprüngliche Angebot als auch im Hinblick auf Angebotsänderungen stellen. 12

1. Untersagung des ursprünglichen Angebots

Bei der Untersagung des ursprünglichen Angebots ist zwischen der Untersagung gemäß § 15 Abs. 1 und der Untersagung gemäß § 15 Abs. 2 zu unterscheiden. 13

a) Untersagung gemäß § 15 Abs. 1. aa) Voraussetzungen. Es gibt vier Fallgruppen der Untersagung gemäß § 15 Abs. 1: 14

(1) Unvollständige Angebotsunterlage. Gemäß § 15 Abs. 1 **Nr. 1** untersagt die BaFin ein Angebot (auch ein Pflichtangebot[8]), wenn die Angebotsunterlage in dem Sinne unvollständig ist, dass sie nicht alle Angaben enthält, die gemäß § 11 Abs. 2 oder gemäß § 2 WpÜG-AngV vorgeschrieben sind.[9] Um dies festzustellen, nimmt die BaFin eine formelle Prüfung vor.[10] Wie sich aus § 15 Abs. 1 Nr. 2 ergibt, fallen bei Verstößen gegen § 11 Abs. 2 oder § 2 WpÜG-AngV unter § 15 Abs. 1 Nr. 1 lediglich diejenigen Fälle, in denen für die Angebotsunterlage vorgeschriebene Angaben dort überhaupt nicht enthalten sind. Soweit sich demgegenüber in der Angebotsunterlage 15

---

[8] *Wackerbarth* in MüKoAktG, § 15 WpÜG Rn. 5.

[9] Keine Untersagung ist möglich, wenn lediglich Angaben fehlen, die gemäß § 11 Abs. 1 oder § 11 Abs. 3 erforderlich sind, vgl. *Thoma* in Baums/Thoma, § 15 Rn. 13.

[10] Gesetzesbegründung, BT-Drucks. 14/7034, 45.

solche – wenn auch ggf. unzureichende – Angaben finden, kann allenfalls ein Fall von § 15 Abs. 1 Nr. 2 vorliegen. In der Praxis dürfte es daher ohne weiteres möglich sein, einen Verstoß gegen § 15 Abs. 1 Nr. 1 zu vermeiden. Ggf. empfehlen sich ausdrückliche Negativangaben.[11] Die BaFin kann dem Bieter gemäß § 4 Abs. 1 Satz 3 aufgeben, die Angebotsunterlage zu ergänzen. Nach einer ordnungsgemäßen Ergänzung der Angebotsunterlage durch den Bieter ist eine Untersagung gemäß § 15 Abs. 1 Nr. 1 nicht mehr möglich.[12]

16 **(2) Offensichtlich unzulässige Angebotsunterlage.** Ein Angebot (auch ein Pflichtangebot[13]) wird nach § 15 Abs. 1 **Nr. 2** untersagt, wenn die in der Angebotsunterlage enthaltenen Angaben offensichtlich gegen Vorschriften des Gesetzes oder einer aufgrund des Gesetzes erlassenen Rechtsverordnung verstoßen, sei es, weil sie falsch sind (Beispiel: Angabe der falschen Anzahl der vom Bieter und von mit ihm gemeinsam handelnden Personen und deren Tochterunternehmen bereits gehaltenen Wertpapiere) oder sei es, weil sie nicht mit dem WpÜG vereinbar sind (Beispiel: invitatio ad offerendum).[14] Ein Verstoß gegen sonstige Rechtsvorschriften ist nach dem klaren Wortlaut des § 15 Abs. 1 Nr. 2 nicht ausreichend.[15] Insoweit nimmt daher die BaFin nicht nur eine formelle, sondern auch eine materielle Überprüfung der Angebotsunterlage vor. Diese materielle Prüfung beschränkt sich jedoch auf offensichtliche Mängel bzw. Zuwiderhandlungen gegen die gesetzlichen Bestimmungen. Eine umfassende materielle Prüfung findet nicht statt, so dass auch keine Pflicht besteht, der BaFin neben der Angebotsunterlage unaufgefordert andere Unterlagen und Dokumente vorzulegen.[16]

17 Das Prüfungsverfahren der BaFin bietet wegen der Beschränkung auf offensichtliche und formelle Fehler den Aktionären der Zielgesellschaft nur eine begrenzte Sicherheit. Für einen ergänzenden Schutz sorgen die zivilrechtlichen Haftungsansprüche gemäß § 12.

18 Eine offensichtliche Unzulässigkeit ist jedenfalls dann anzunehmen, wenn der Gesetzesverstoß unmittelbar aus der Angebotsunterlage selbst zu erkennen ist.[17] Daneben hat die BaFin Umstände, die ihr anderweitig bekannt geworden sind, zu berücksichtigen.[18] Wenn der BaFin konkrete Anhaltspunkte[19] für einen Gesetzesverstoß vorliegen, zB aus Pressemeldungen oder einer Mitteilung der Zielgesellschaft, muss sie diesen nachgehen und dabei von ihren Befugnissen gemäß § 40 Abs. 1 Gebrauch machen, soweit ihr dies innerhalb des ihr zur Verfügung stehenden kurzen Prüfungszeitraums möglich

---

[11] *Seydel* in KK-WpÜG, § 15 Rn. 21; *Thoma* in Baums/Thoma, § 15 Rn. 12.

[12] *Wackerbarth* in MüKoAktG, § 15 WpÜG Rn. 37.

[13] *Wackerbarth* in MüKoAktG, § 15 WpÜG Rn. 5.

[14] *Seydel* in KK-WpÜG, § 15 Rn. 24.

[15] *Wackerbarth* in MüKoAktG, § 15 WpÜG Rn. 19; *Seydel* in KK-WpÜG, § 15 Rn. 24; aA *Oechsler* in Ehricke/Ekkenga/Oechsler, § 15 Rn. 6.

[16] Ebenso *Seydel* in KK-WpÜG, § 15 Rn. 28.

[17] § 14 Rn. 24; *Geibel/Süßmann* BKR 2002, 52, 56; *Thoma* in Baums/Thoma, § 15 Rn. 21; vgl. auch *Scholz* in Frankfurter Komm., § 15 Rn. 28 („in der Regel").

[18] *Steinhardt* in Steinmeyer, § 15 Rn. 6; vgl. auch § 14 Rn. 31.

[19] Pauschale Behauptungen oder bloße Vermutungen reichen nicht, vgl. *Seydel* in KK-WpÜG, § 15 Rn. 29; *Thoma* in Baums/Thoma, § 15 Rn. 21.

ist.[20] Wenn die BaFin nachfragt, muss der Bieter antworten. Er kann die Auskunft nicht mit dem Hinweis darauf verweigern, es lägen keine konkreten Anhaltspunkte für einen Gesetzesverstoß vor.[21] Steht die Unrichtigkeit der Angebotsunterlage fest, ist außerdem der Einwand, diese sei nicht offensichtlich, unzulässig.[22]

Rechtsfragen darf die BaFin weder offen lassen noch nur kursorisch prüfen, auch dann nicht, wenn diese schwierig zu beantworten sind.[23] 19

Gedacht ist bei § 15 Abs. 1 Nr. 2 zB an Fälle, in denen der Bieter sein Angebot von Bedingungen abhängig macht, die offensichtlich gegen § 18 verstoßen,[24] etwa sein Angebot unter Verstoß gegen § 18 Abs. 2 unter dem Vorbehalt des Widerrufs oder des Rücktritts abgibt. 20

Weitere Beispiele: Die Angebotsunterlage enthält eine offensichtlich gemäß § 17 unzulässige invitatio ad offerendum oder bei einem Übernahmeangebot entspricht die angebotene Gegenleistung nicht mindestens dem gewichteten durchschnittlichen inländischen Börsenkurs der Aktien während der letzten drei Monate vor der Veröffentlichung der Entscheidung zur Abgabe des Angebots (§ 5 WpÜG-AngV). 21

Auch bei einer Angebotsunterlage, die entgegen § 16 Abs. 1 eine Angebotsfrist von weniger als vier oder mehr als 10 Wochen vorsieht, bei einem offensichtlich gegen den Grundsatz des Vollangebots gemäß § 32 verstoßenden Übernahmeangebot oder bei falscher Anwendung der Vorschriften über die Gegenleistung bei Übernahme- und Pflichtangeboten (§ 39 iVm § 31 oder § 31, jeweils iVm §§ 3–7 WpÜG-AngV) kann der Tatbestand des § 15 Abs. 1 Nr. 2 vorliegen. Nichts anderes gilt bei floskelhaften und unsubstantiierten[25] oder widersprüchlichen[26] Angaben in der Angebotsunterlage. 22

Wie sich aus § 15 Abs. 1 Nr. 1 ergibt, fallen bei Verstößen gegen § 11 Abs. 2 oder § 2 WpÜG-AngV unter § 15 Abs. 1 Nr. 2 nur diejenigen Fälle, in denen für die Angebotsunterlage vorgeschriebene Angaben dort zwar enthalten, aber offensichtlich fehlerhaft sind. Fehlen demgegenüber gemäß § 11 Abs. 2 oder § 2 WpÜG-AngV vorgeschriebene Angaben in der Angebotsunterlage vollständig, kann allenfalls § 15 Abs. 1 Nr. 1 eingreifen. 23

Sofern in der Angebotsunterlage Angaben zu machen sind, die aufgrund der Komplexität des zugrunde liegenden Sachverhalts diffizil sind, werden Fälle einer offensichtlichen Unrichtigkeit selten sein. Liegen der BaFin widersprüchliche Informationen vor, etwa seitens des Bieters und seitens eines Dritten, ohne dass die BaFin feststellen kann, welche Sachverhaltsversion zutreffend ist, wird man eine offensichtliche Unrichtigkeit ebenfalls nicht an- 24

---

[20] *Thoma* in Baums/Thoma, § 15 Rn. 22; *Seydel* in KK-WpÜG, § 15 Rn. 29; *Meyer* in Assmann/Pötzsch/Schneider, § 15 Rn. 11; *Scholz* in Frankfurter Komm., § 15 Rn. 31; vgl. auch § 14 Rn. 31.

[21] *Seydel* in KK-WpÜG, § 15 Rn. 31.

[22] *Wackerbarth* in MüKoAktG, § 15 WpÜG Rn. 18; *Meyer* in Assmann/Pötzsch/Schneidder, § 15 Rn. 13.

[23] *Seydel* in KK-WpÜG, § 15 Rn. 33 f.; *Meyer* in Assmann/Pötzsch/Schneidder, § 15 Rn. 13; jetzt auch *Thoma* in Baums/Thoma, § 15 Rn. 25 f.

[24] Gesetzesbegründung, BT-Drucks. 14/7034, 45.

[25] Vgl. *Oechsler* in Ehricke/Ekkenga/Oechsler, § 15 Rn. 5.

[26] *Thoma* in Baums/Thoma, § 15 Rn. 21.

nehmen können. Die BaFin kann dem Bieter gemäß § 4 Abs. 1 Satz 3 aufgeben, die Angebotsunterlage zu korrigieren.[27] Nach einer ordnungsgemäßen Korrektur der Angebotsunterlage durch den Bieter ist eine Untersagung gemäß § 15 Abs. 1 Nr. 2 nicht mehr möglich.[28]

25 **(3) Fehlende Übermittlung der Angebotsunterlage an die BaFin.** Ein weiterer Fall der Untersagung des Angebots ist gemäß § 15 Abs. 1 **Nr. 3,** wenn der Bieter seiner Verpflichtung gemäß § 14 Abs. 1 Satz 1 nicht nachkommt und der BaFin nicht innerhalb von vier Wochen nach Veröffentlichung seiner Entscheidung zur Abgabe eines Angebots die Angebotsunterlage übermittelt. Auch geringfügige Fristüberschreitungen führen zur Untersagung.[29] Die Vierwochenfrist muss daher unbedingt beachtet werden, wenn keine Fristverlängerung gemäß § 14 Abs. 1 Satz 3 erfolgt ist.

26 Ebenfalls gemäß § 15 Abs. 1 Nr. 3 zu untersagen ist das Angebot, wenn der Bieter die Angebotsunterlage nach deren fristgerechter Vorlage bei der BaFin wieder zurückzieht und innerhalb der Vierwochenfrist des § 14 Abs. 1 Satz 1 keine neue Angebotsunterlage einreicht.[30] Etwas anderes gilt nur dann, wenn das Zurückziehen ausnahmsweise einmal zulässig war.[31] Hat die BaFin die Frist verlängert, erfolgt eine Untersagung gemäß § 15 Abs. 1 Nr. 3, wenn die verlängert Frist nicht eingehalten wird.

27 Bei Pflichtangeboten kommt es nicht auf die Übermittlung gemäß § 14 Abs. 1 Satz 1 an, weil diese Vorschrift gemäß § 39 auf Pflichtangebote nicht anwendbar ist, sondern auf die Übermittlung gemäß § 35 Abs. 2 Satz 1.[32] Wie § 38 Nr. 3 belegt, können auch Pflichtangebote gemäß § 15 Abs. 1 Nr. 3 untersagt werden.[33] Die Untersagung bewirkt gemäß § 38 Nr. 3, dass der Bieter bis zur Einreichung der Angebotsunterlage zur Zahlung von Zinsen auf die Gegenleistung in Höhe von fünf Prozentpunkten auf das Jahr über dem jeweiligen Basiszinssatz gemäß § 247 des Bürgerlichen Gesetzbuchs verpflichtet ist[34] und dass die BaFin bei Veröffentlichung des untersagten Angebots ein Bußgeld gemäß § 60 Abs. 1 Nr. 6 verhängen kann, ändert aber nichts daran, dass der Bieter zur Einreichung der Angebotsunterlage verpflichtet bleibt. Ohne die Untersagung gemäß § 15 Abs. 1 Nr. 3 gäbe es keine Verzinsung gemäß § 38.[35]

28 Wenn der Bieter die Angebotsunterlage zwar gemäß § 14 Abs. 1 Satz 1 der BaFin übermittelt und auch die Angebotsunterlage gemäß § 14 Abs. 3 Satz 1 veröffentlicht, die Veröffentlichung aber erfolgt, bevor sie dem Bieter von der

---

[27] *Thoma* in Baums/Thoma, § 15 Rn. 14.

[28] *Wackerbarth* in MüKoAktG, § 15 WpÜG Rn. 37.

[29] *Scholz* in Frankfurter Komm., § 15 Rn. 42; *Thoma* in Baums/Thoma, § 15 Rn. 30; *Seydel* in KK-WpÜG, § 15 Rn. 39.

[30] *Scholz* in Frankfurter Komm., § 15 Rn. 23f.

[31] Vgl. die Kommentierung zu § 10; *Thoma* in Baums/Thoma, § 15 Rn. 31; aA *Steinhardt* in Steinmeyer, § 15 Rn. 8 Fn. 19.

[32] *Meyer* in Assmann/Pötzsch/Schneider, § 15 Rn. 8.

[33] *Thoma* in Baums/Thoma, § 15 Rn. 6; *Scholz* in Frankfurter Komm., § 15 Rn. 44; aA *Seydel* in KK-WpÜG, § 15 Rn. 13; *Wackerbarth* in MüKoAktG, § 15 WpÜG Rn. 6.

[34] → Rn. 68.

[35] AA *Wackerbarth* in MüKoAktG, § 15 WpÜG Rn. 6.

BaFin gestattet wurde und bevor die zehntägige Prüfungsfrist der BaFin gemäß § 14 Abs. 2 Satz 1 verstrichen ist, kann die BaFin das Angebot nicht gemäß § 15 Abs. 1 untersagen.[36] Mit dem Wortlaut der Vorschrift ließe sich eine Untersagung in diesem Fall nicht vereinbaren. Weil § 15 grundsätzlich lex specialis zu § 4 Abs. 1 Satz 3 ist,[37] kann auch keine Untersagung gemäß § 4 Abs. 1 Satz 3 erfolgen.[38] Allerdings kann die BaFin gemäß § 60 Abs. 1 Nr. 3 ein Bußgeld gegen den Bieter verhängen. Sofern die Angebotsunterlage inhaltlich in Ordnung ist, besteht auch kein Grund für eine Untersagung. Ist die Angebotsunterlage inhaltlich nicht in Ordnung, kann sie gemäß § 15 Abs. 1 Nr. 1 oder 2 untersagt werden.

(4) Fehlende Veröffentlichung der Angebotsunterlage. Schließlich hat die BaFin das Angebot gemäß § 15 Abs. 1 **Nr. 4** zu untersagen, wenn der Bieter die Angebotsunterlage nicht gemäß § 14 Abs. 2 Satz 1 unverzüglich nach der Gestattung zur Veröffentlichung durch die BaFin oder nach Ablauf von 10 Werktagen nach dem Eingang der Angebotsunterlage veröffentlicht hat. **29**

Bei Pflichtangeboten wäre eine solche Untersagung offensichtlich unsinnig. § 15 Abs. 1 Nr. 4 ist daher teleologisch dahingehend zu reduzieren, dass die Vorschrift für Pflichtangebote nicht gilt.[39] Die durch § 38 Nr. 2 angeordnete Verzinsung wird den Bieter im Übrigen ohnehin zur zügigen Veröffentlichung veranlassen. **30**

Obwohl § 14 Abs. 2 Satz 1 auf § 14 Abs. 3 Satz 1 verweist, rechtfertigt ein Verstoß gegen § 14 Abs. 3 Satz 1 gleichwohl **keine** Untersagungsverfügung gemäß § 15 Abs. 1 Nr. 4.[40] Dies ergibt sich aus dem Wortlaut des § 15 Abs. 1 Nr. 4 („nicht veröffentlicht“) und aus § 15 Abs. 2, der sonst keinen Anwendungsbereich hätte und überflüssig wäre. Erforderlich ist deshalb, dass der Bieter die Angebotsunterlage innerhalb der vorgenannten Frist **überhaupt nicht** veröffentlicht hat. Erfolgt die Veröffentlichung nach Fristablauf, fällt dies demgegenüber unter § 15 Abs. 1 Nr. 4. **31**

Kein Fall des § 15 Abs. 1 Nr. 4 ist es, wenn der Bieter die Angebotsunterlage nach deren fristgerechter Vorlage bei der BaFin wieder zurückzieht, innerhalb der Vierwochenfrist des § 14 Abs. 1 Satz 1 keine neue Angebotsunterlage einreicht und keine Angebotsunterlage veröffentlicht, wenn das Zurückziehen ausnahmsweise einmal zulässig war.[41] **32**

Weil § 14 Abs. 2 Satz 1 den unbestimmten Rechtsbegriff „unverzüglich“ (= ohne schuldhaftes Zögern, vgl. § 121 Abs. 1 Satz 1 BGB) verwendet, ist die Frage, wann ein Verstoß gegen § 14 Abs. 2 Satz 1 vorliegt, von den jeweiligen Umständen des Einzelfalls abhängig.[42] Dem Bieter ist aber in jedem **33**

---

[36] *Wackerbarth* in MüKoAktG, § 15 WpÜG Rn. 25; aA *Seydel* in KK-WpÜG, § 15 Rn. 25 und 39; *Scholz* in Frankfurter Komm., § 15 Rn. 43.

[37] → Rn. 4.

[38] AA *Meyer* in Assmann/Pötzsch/Schneider, § 15 Rn. 16.

[39] *Wackerbarth* in MüKoAktG, § 15 WpÜG Rn. 5; vgl. auch *Seydel* in KK-WpÜG, § 15 Rn. 13; *Thoma* in Baums/Thoma, § 15 Rn. 7; *Meyer* in Assmann/Pötzsch/Schneider,§ 15 Rn. 17.

[40] Ebenso *Seydel* in KK-WpÜG, § 15 Rn. 41.

[41] *Thoma* in Baums/Thoma, § 15 Rn. 37.

[42] Vgl. die Kommentierung zu § 14.

Falle zu raten, die Veröffentlichung soweit wie möglich zu beschleunigen, denn für die in der Literatur vertretenen Einschränkungen des § 15 Abs. 1 Nr. 4 (Untersagung nur bei evidenter Fristüberschreitung,[43] nur nach Nachfristsetzung durch die BaFin[44] und keine Untersagung, wenn vorher die Veröffentlichung der Angebotsunterlage, wenn auch verspätet, erfolgt ist[45]) gibt es weder eine gesetzliche Grundlage noch im Hinblick auf den Normzweck des § 14 Abs. 2 Satz 1, eine unverzügliche Veröffentlichung der Angebotsunterlage sicherzustellen, und die Tatsache, dass es sich bei der Untersagung gemäß § 15 Abs. 1 Nr. 4 um eine gebundene Entscheidung der BaFin handelt, Veranlassung. Diese Einschränkungen sind daher abzulehnen.

34 **bb) Folgen des Vorliegens der Voraussetzungen des § 15 Abs. 1.** Wenn die Voraussetzungen einer der vorgenannten vier Fallgruppen des § 15 Abs. 1 erfüllt sind, gilt für die Konsequenzen folgendes:

35 **(1) Untersagung des Angebots.** Rechtsfolge des Vorliegens der Voraussetzungen des § 15 Abs. 1 ist, dass die BaFin **das Angebot** untersagt. Es wird also nicht lediglich die konkret beanstandete Angebotsunterlage verboten, sondern das Angebot als solches, konkretisiert durch Bieter, Zielgesellschaft und Wertpapiere.[46] Der Bieter kann damit vor Ablauf der Sperrfrist gemäß § 26 Abs. 1 Satz 1[47] das Angebotsverfahren **nicht** durch Einreichung einer neuen Angebotsunterlage bei der BaFin neu beginnen.

36 **(2) Gebundene Entscheidung.** Wie bereits der Wortlaut des § 15 Abs. 1 klarstellt und die Gesetzesbegründung[48] bestätigt, handelt es sich bei den Fällen des Abs. 1 um gebundene Entscheidungen der BaFin. Die BaFin hat in diesen Fällen also kein Ermessen.

37 **(3) Nachfristsetzung zur Mängelbeseitigung.** Stellt die BaFin bei ihrer Überprüfung der Angebotsunterlage fest, dass diese nicht vollständig ist oder offensichtliche Unrichtigkeiten enthält, **kann** sie dem Bieter vor einer Untersagung des Angebots Nachfristen von insgesamt bis zu fünf Werktagen zur Nachbesserung der Angebotsunterlage einräumen (§ 14 Abs. 2 Satz 3)[49]. Die Nachfristsetzung steht also im Ermessen der BaFin. Durch § 14 Abs. 2 Satz 3 wird zum einen der Tatsache Rechnung getragen, dass die Angebotsunterlage ein sehr komplexes Dokument sein kann, so dass sich Fehler und Meinungsverschiedenheiten mit der BaFin nicht immer vermeiden lassen, und zum anderen der BaFin eine flexible Reaktion auf erkannte Fehler ermöglicht.

38 Sofern keine außergewöhnlichen Umstände vorliegen, die Angebotsunterlage zB eine Vielzahl von gravierenden Auslassungen und Fehlern enthält, die den Bieter und sein Angebot unseriös erscheinen lassen, dürfte im Hinblick

---

[43] *Thoma* in Baums/Thoma, § 15 Rn. 35 f.; *Seydel* in KK-WpÜG, § 15 Rn. 42.

[44] *Steinhardt* in Steinmeyer, § 15 Rn. 9 („regelmäßig"); aA *Scholz* in Frankfurter Komm., § 15 Rn. 50; *Thoma* in Baums/Thoma, § 15 Rn. 35.

[45] *Meyer* in Assmann/Pötzsch/Schneider, § 15 Rn. 17; *Seydel* in KK-WpÜG, § 15 Rn. 43; aA *Thoma* in Baums/Thoma, § 15 Rn. 36; zweifelnd *Wackerbarth* in MüKo-AktG, § 15 WpÜG Rn. 24.

[46] Enger *Seydel* in KK-WpÜG, § 15 Rn. 58: auch im Hinblick auf die Gegenleistung; vgl. auch Rn. 55.

[47] → Rn. 66.

[48] BT-Drucks. 14/7034, 45.

[49] Vgl. die Kommentierung zu § 14.

auf den Grundsatz der Verhältnismäßigkeit in den Fällen des § 15 Abs. 1 Nr. 1 und 2 in aller Regel von einer Ermessensreduzierung auf Null auszugehen sein, mit der Folge, dass die BaFin verpflichtet ist, dem Bieter vor einer Angebotsuntersagung zunächst die Möglichkeit der Nachbesserung einzuräumen.[50] Dies gilt insbesondere bei bloßen Flüchtigkeitsfehlern und Differenzen mit der BaFin über die Auslegung des Gesetzes und der WpÜG-AngV.

Die Möglichkeit der Einräumung einer Nachbesserungsfrist besteht nur in den Fällen des § 15 Abs. 1 Nr. 1 und 2, also bei Auslassungen und Unrichtigkeiten, nicht auch in den Fällen des § 15 Abs. 1 Nr. 3 und 4, also bei nicht rechtzeitiger Übermittlung der Angebotsunterlage an die BaFin oder nicht rechtzeitiger Veröffentlichung der Angebotsunterlage. Anders als in den Fällen des § 15 Abs. 1 Nr. 1 und 2 sind in den Fällen des § 15 Abs. 1 Nr. 3 und 4 die Interessen der Aktionäre der Zielgesellschaft und der Zielgesellschaft zumindest durch eine Verzögerung des Angebotsverfahrens bereits beeinträchtigt worden und lässt sich diese Beeinträchtigung durch eine Nachfrist nicht mehr beseitigen. Die nicht rechtzeitige Übermittlung der Angebotsunterlage an die BaFin oder die nicht rechtzeitige Veröffentlichung der Angebotsunterlage führen daher stets zwingend zur Angebotsuntersagung.[51] 39

(4) Untersagung nach Gestattung der Angebotsunterlage. Bemerkt die BaFin nach Gestattung der Angebotsunterlage oder nach Ablauf von zehn Werktagen seit dem Eingang der Angebotsunterlage, dass sie das Angebot eigentlich gemäß § 15 Abs. 1 Nr. 1, 2 oder 3 hätte untersagen müssen, ist die Gestattung rechtswidrig und kann gemäß § 48 VwVfG von der BaFin zurückgenommen[52] werden, verbunden mit einer Untersagung des Angebots gemäß § 15 Abs. 1 Nr. 1, 2 oder 3.[53] Da die Rücknahme der Gestattung gemäß § 48 VwVfG eine Ermessensentscheidung ist, kommt statt der Untersagung als milderes Mittel in geeigneten Fällen auch die Anordnung der Veröffentlichung einer Berichtigung der Angebotsunterlage gemäß § 4 Abs. 1 Satz 3 in Betracht.[54] Ein Widerruf der Gestattung gemäß § 49 Abs. 2 Satz 1 Nr. 3 VwVfG (falls die BaFin aufgrund nachträglich eingetretener Tatsachen 40

---

[50] Ebenso *Seydel* in KK-WpÜG, § 15 Rn. 45; *Oechsler* in Ehricke/Ekkenga/Oechsler, § 15 Rn. 9a; *Meyer* in Assmann/Pötzsch/Schneider, § 15 Rn. 22.

[51] AA *Thoma* in Baums/Thoma, § 15 Rn. 7f.; *Scholz* in Frankfurter Komm., § 15 Rn. 50; vgl. auch Rn. 25 und 33.

[52] AA *Scholz* in Frankfurter Komm., § 15 Rn. 37, der meint, es komme nur ein Widerruf gemäß § 49 Abs. 2 VwVfG in Betracht, und *Oechsler* in Ehricke/Ekkenga/Oechsler, § 15 Rn. 10, der meint, die BaFin könne nach der Gestattung nur noch gemäß § 4 Abs. 1 Satz 3 vorgehen; noch anders *Wackerbarth* in MüKoAktG, § 15 WpÜG Rn. 8, der meint, eine Untersagung könne auch noch nach erfolgter Gestattung der Angebotsunterlage durch die BaFin erfolgen; dies trifft indes wegen der Bindungswirkung von bestandskräftigen Verwaltungsakten nicht zu.

[53] *Steinhardt* in Steinmeyer, § 15 Rn. 16; *Meyer* in Assmann/Pötzsch/Schneider, § 15 Rn. 14; jetzt auch *Thoma* in Baums/Thoma, § 15 Rn. 27 und Rn. 45; aA *Seydel* in KK-WpÜG, § 15 Rn. 38 für § 15 Abs. 1 Nr. 2.

[54] Die Möglichkeit einer solchen Anordnung bejahen auch *Meyer* in Assmann/Pötzsch/Schneider, § 15 Rn. 14; *Seydel* in KK-WpÜG, § 15 Rn. 38; *Scholz* in Frankfurter Komm., § 15 Rn. 37; *Thoma* in Baums/Thoma, § 15 Rn. 45.

berechtigt wäre, das Angebot zu untersagen, und ohne die Untersagung das öffentliche Interesse gefährdet würde), verbunden mit einer Untersagung des Angebots gemäß § 15 Abs. 1 Nr. 1, 2 oder 3,[55] dürfte allenfalls in Extremfällen in Betracht kommen. Eine Untersagung gemäß § 15 Abs. 1 Nr. 4 ist naturgemäß auch nach der Gestattung möglich, weil die Veröffentlichungspflicht erst mit der Gestattung einsetzt.

41 In den Fällen des § 15 Abs. 1 Nr. 4 erfolgt die Untersagung notwendigerweise nach Gestattung der Angebotsunterlage. Eine vorherige Rücknahme der Gestattung ist insoweit nicht erforderlich, weil die Frage, ob der Bieter die Angebotsunterlage entgegen § 14 Abs. 2 Satz 1 nicht veröffentlicht hat, im Gestattungsverfahren, anders als die Frage, ob eine Untersagung gemäß § 15 Abs. 1 Nr. 1–3 zu erfolgen hat, nicht geprüft werden kann.

42 **b) Untersagung gemäß § 15 Abs. 2.** Wenn der Bieter die Angebotsunterlage zwar gemäß § 14 Abs. 2 Satz 1 rechtzeitig veröffentlicht hat, dies jedoch nicht in der in § 14 Abs. 3 Satz 1 vorgeschriebenen Form (Bekanntgabe im Internet und Bekanntgabe im Bundesanzeiger oder Bereithalten zur kostenlosen Ausgabe bei einer geeigneten Stelle im Inland und Bekanntgabe im Bundesanzeiger, bei welcher Stelle die Angebotsunterlage bereit gehalten wird und unter welcher Adresse die Veröffentlichung der Angebotsunterlage im Internet erfolgt ist) geschah, **kann** die BaFin das Angebot untersagen. Bei Pflichtangeboten wäre eine solche Untersagung offensichtlich unsinnig. § 15 Abs. 2 ist daher teleologisch dahingehend zu reduzieren, dass die Vorschrift für Pflichtangebote nicht gilt.[56] Die durch § 38 Nr. 2 angeordnete Verzinsung wird den Bieter im Übrigen ohnehin zur zügigen Veröffentlichung veranlassen.

43 Die Untersagung steht in diesen Fällen im **Ermessen** der BaFin. Grund dafür ist, dass es in den Fällen des § 15 Abs. 2 lediglich um formal nicht ordnungsgemäße Veröffentlichungen geht, die nicht in jedem Einzelfall undifferenziert eine Untersagung des Angebots rechtfertigen, sondern vielmehr eine Abwägung aller Umstände durch die BaFin im Einzelfall geboten erscheinen lassen.

44 Bei ihrer Ermessensentscheidung, ob im Fall des § 15 Abs. 2 eine Untersagung erfolgen soll, hat die BaFin gemäß § 40 VwVfG zu berücksichtigen, ob der gewählte Veröffentlichungsweg trotz des Verstoßes gegen § 14 Abs. 3 Satz 1 eine annähernd gleichwertige Information der Öffentlichkeit zur Folge hat wie die gesetzlich vorgeschriebene Form der Information. Ferner ist zu berücksichtigen, wann die Annahmefrist abläuft und ob die Mindestannahmefrist gemäß § 16 Abs. 1 Satz 1 bei Nachholung der ordnungsgemäßen Veröffentlichung gewahrt werden kann. Ebenfalls relevant für die Abwägung der BaFin ist, ob die formgerechte Veröffentlichung bereits nachgeholt wurde und wann.[57] Es ist aber nicht so, dass dann die Untersagung stets zwingend zu unterbleiben hat.[58]

---

[55] Vgl. *Meyer* in Assmann/Pötzsch/Schneider, § 15 Rn. 14; *Steinhardt* in Steinmeyer, § 15 Rn. 16; *Scholz* in Frankfurter Komm., § 15 Rn. 37.

[56] *Wackerbarth* in MüKoAktG, § 15 WpÜG Rn. 5.

[57] Vgl. *Thoma* in Baums/Thoma, § 15 Rn. 41; *Meyer* in Assmann/Pötzsch/Schneider, § 15 Rn. 18.

[58] AA *Seydel* in KK-WpÜG, § 15 Rn. 50; *Meyer* in Assmann/Pötzsch/Schneider, § 15 Rn. 18.

Statt der Untersagung gemäß § 15 Abs. 2 kann die BaFin, gestützt auf § 4 Abs. 1 Satz 3,[59] dem Bieter eine Nachfrist zur ordnungsgemäßen Veröffentlichung setzen und ihm für den Fall des fruchtlosen Fristablaufs die Untersagung androhen, wenn dieses mildere Mittel im Einzelfall geeignet ist, dem Normzweck des § 15 Abs. 2 und dem Grundsatz des § 3 Abs. 2 ausreichend Rechnung zu tragen.[60] Sie kann dem Bieter dabei auch aufgeben, die Angebotsfrist zu verlängern.[61] **45**

Hat der Bieter dagegen die Angebotsunterlage innerhalb der Frist des § 14 Abs. 2 Satz 1 **überhaupt nicht** veröffentlicht, liegt kein Fall der Untersagung gemäß § 15 Abs. 2, sondern ein Fall der Untersagung gemäß § 15 Abs. 1 Nr. 4 vor.[62] **46**

Auch eine Untersagung gemäß § 15 Abs. 2 hat **das Angebot** als solches, konkretisiert durch Bieter, Zielgesellschaft und Wertpapiere, zum Gegenstand, so dass der Bieter der Untersagung vor Ablauf der Sperrfrist gemäß § 26 Abs. 1 Satz 1 nicht dadurch entgehen kann, dass er eine neue Angebotsunterlage bei der BaFin einreicht.[63] **47**

2. Untersagung von Angebotsänderungen

Nicht nur das ursprüngliche Angebot kann untersagt werden, sondern auch eine Angebotsänderung, allerdings nur in den Fällen des § 15 **Abs. 1 Nr. 2.** Dies ergibt sich daraus, dass **nur** diese Vorschrift in § 21 Abs. 3 bei Angebotsänderungen für entsprechend anwendbar erklärt wird. Auch in der Regierungsbegründung[64] heißt es dementsprechend lediglich, die BaFin habe „die Änderung nach § 15 Abs. 1 Nr. 2 zu untersagen, falls diese offensichtlich gegen Vorschriften dieses Gesetzes verstößt", ohne dass dort auf die anderen Alternativen des § 15 eingegangen wird. **48**

Dies ist im Hinblick auf den damit verbundenen Ausschluss der Anwendung von § 15 **Abs. 1 Nr. 3** konsequent, denn ein § 14 Abs. 1 Satz 1 entsprechender Fall ist bei Angebotsänderungen nicht denkbar, weil diese nicht vor ihrer Veröffentlichung an die BaFin übermittelt werden müssen. **49**

Konsequent ist ferner, dass § 21 Abs. 3 auch § 15 **Abs. 1 Nr. 1** für unanwendbar erklärt. § 2 Nr. 9 und 11 WpÜG-AngV schreiben zwar im Hinblick auf Angebotsänderungen besondere Angaben vor, nämlich Hinweise auf das Ende der Annahmefrist gemäß § 21 Abs. 5 und das Rücktrittsrecht gemäß § 21 Abs. 4, diese müssen aber lediglich in der ursprünglichen Angebotsunterlage abgedruckt werden, nicht auch in der Veröffentlichung einer Angebotsänderung. **50**

Nicht nachvollziehbar ist demgegenüber, warum § 21 Abs. 3 nicht auch § 15 **Abs. 1 Nr. 4** und § 15 **Abs. 2** bei Angebotsänderungen für entspre- **51**

[59] AA *Wackerbarth* in MüKoAktG, § 15 WpÜG Rn. 28, der § 15 Abs. 2 für die richtige Ermächtigungsgrundlage solcher Anordnungen hält.

[60] Vgl. auch *Seydel* in KK-WpÜG, § 15 Rn. 50; *Scholz* in Frankfurter Komm., § 15 Rn. 54; *Oechsler* in Ehricke/Ekkenga/Oechsler, § 15 Rn. 11; *Thoma* in Baums/Thoma, § 15 Rn. 41.

[61] *Wackerbarth* in MüKoAktG, § 15 WpÜG Rn. 33.

[62] → Rn. 31.

[63] → Rn. 35.

[64] BT-Drucks. 14/7034, 49.

chend anwendbar erklärt.[65] Wie ursprüngliche Angebote (§ 14 Abs. 2 Satz 1) müssen gemäß § 21 Abs. 2 Satz 1 nämlich auch Angebotsänderungen unverzüglich in der Form des § 14 Abs. 3 Satz 1 veröffentlicht werden. Dass die Angebotsänderung bei nicht ordnungsgemäßer Veröffentlichung nicht gegenüber jedermann wirksam wird,[66] ist in diesem Zusammenhang irrelevant,[67] weil es dem Bieter gemäß § 3 Abs. 1 verboten ist, nur einzelnen Wertpapierinhabern der Zielgesellschaft bessere Konditionen einzuräumen, was möglich wäre, wenn die Angebotsänderung nicht jedermann bekannt und nicht gegenüber jedermann wirksam wäre. Außerdem läuft ein nicht oder nicht ordnungsgemäß veröffentlichtes Angebot dem Grundsatz des § 3 Abs. 2 zuwider, wonach Inhaber von Wertpapieren der Zielgesellschaft über ausreichende Informationen verfügen sollen. Da eine analoge Anwendung von Vorschriften des Gesetzes zu Lasten des Bieters nicht in Betracht kommt, ist dies gleichwohl bei der Rechtsanwendung zu beachten, so dass eine Untersagung in diesen Fällen nicht erfolgen darf.

52 Unter § 21 Abs. 3 iVm § 15 Abs. 1 Nr. 2 zu subsumieren wäre es beispielsweise, wenn der Bieter das Ende der Annahmefrist unter Verstoß gegen § 21 Abs. 5 festlegt oder das Angebot in anderer Hinsicht ändert als durch § 21 Abs. 1 zugelassen.

53 Wird eine Angebotsänderung untersagt, bezieht sich die Untersagung nur auf diese, dh das ursprüngliche Angebot bleibt von der Untersagung unberührt.[68]

IV. Rechtsfolgen der Untersagung

54 Die Untersagung des Angebots gemäß § 15 Abs. 1 oder 2 hat verschiedene Rechtsfolgen, die nicht nur bei Untersagung des ursprünglichen Angebots, sondern auch bei Untersagung einer Angebotsänderung (vgl. § 21 Abs. 3) eintreten. Die Untersagung muss für den Eintritt dieser Rechtsfolgen lediglich bestandskräftig sein; darauf, ob sie auch rechtmäßig ist, kommt es nicht an.[69]

1. Gesetzliches Verbot der Veröffentlichung

55 Gemäß § 15 Abs. 3 Satz 1 hat die Untersagung des Angebots zur Folge, dass die Veröffentlichung jeder Angebotsunterlage verboten ist, die im Hinblick auf den Bieter, die Zielgesellschaft und die Wertpapiere mit dem untersagten Angebot identisch ist.[70] Das Verbot gilt nicht nur für den Bieter, son-

---

[65] AA *Wackerbarth* in MüKoAktG, § 15 WpÜG Rn. 38: Eine Untersagung nicht veröffentlichter Angebotsänderungen sei nicht erforderlich.

[66] Vgl. die Kommentierung zu § 21.

[67] AA *Meyer* in Assmann/Pötzsch/Schneider, § 15 Rn. 20; *Scholz* in Frankfurter Komm., § 15 Rn. 61; *Thoma* in Baums/Thoma, § 15 Rn. 49 f.

[68] Ebenso *Seydel* in KK-WpÜG, § 15 Rn. 54.

[69] Vgl. auch *Thoma* in Baums/Thoma, § 15 Rn. 61.

[70] Enger *Seydel* in KK-WpÜG, § 15 Rn. 66, *Meyer* in Assmann/Pötzsch/Schneider, § 15 Rn. 25, und *Thoma* in Baums/Thoma, § 15 Rn. 55: auch im Hinblick auf die Gegenleistung; dies überzeugt nicht, weil in der Veröffentlichung gemäß § 10 Abs. 1 Satz 1 die Gegenleistung nicht genannt werden muss und daher jedenfalls in den Fällen

dern für jedermann.[71] Bei Untersagung einer Angebotsänderung bezieht sich das Veröffentlichungsverbot lediglich auf diese, nicht aber auch auf das ursprüngliche Angebot. Zweck des § 15 Abs. 3 Satz 1 ist es, zu verhindern, dass der Bieter unter Umgehung eines ordnungsgemäßen Verfahrens Wertpapiere der Zielgesellschaft erwirbt.

Fraglich ist, was mit dem Begriff „Veröffentlichung" iSd § 15 Abs. 3 Satz 1 56
gemeint ist. Verstünde man darunter nur die erstmalige Veröffentlichung der Angebotsunterlage gemäß § 14 Abs. 3 Satz 1, wofür die Differenzierung zwischen „Veröffentlichung nach Satz 1" und „bekannt geben" in § 14 Abs. 2 Satz 2 spricht, ginge das gesetzliche Verbot der Veröffentlichung ins Leere, wenn der Bieter die Angebotsunterlage zum Zeitpunkt der Untersagung bereits gemäß § 14 Abs. 3 Satz 1 veröffentlicht hatte. Dann wäre trotz der Untersagung des Angebots eine nochmalige bzw. weitere öffentliche Verbreitung der Angebotsunterlage, auch zB im Internet, zulässig.

Da § 15 Abs. 3 Satz 1 bezweckt, möglichst zu verhindern, dass Aktionäre 57
ein untersagtes Angebot annehmen, sprechen teleologische Erwägungen dafür, den Begriff der „Veröffentlichung" iSd § 15 Abs. 3 Satz 1 stattdessen weit auszulegen und darunter jedes (ggf. nochmaliges bzw. weiteres) Verbreiten in der Öffentlichkeit zu verstehen.[72]

Um sich an das Veröffentlichungsverbot zu halten, kann ein aktives Tun er- 58
forderlich sein, zB das Entfernen der Angebotsunterlage von einer Internetseite.[73]

2. Nichtigkeit von Rechtsgeschäften

Rechtsgeschäfte, die auf Grund eines nach § 15 Abs. 1 oder 2 untersagten 59
Angebots abgeschlossen wurden, sind gemäß § 15 Abs. 3 Satz 2 nichtig. Solche Rechtsgeschäfte dürfte es jedenfalls betreffend ein gemäß § 15 Abs. 1 Nr. 4 untersagtes Angebot kaum geben.[74] Die Nichtigkeitsfolge tritt auch dann ein, wenn die Verträge über den Erwerb der Wertpapiere ausländischem Recht unterfallen.[75]

„Auf Grund" eines untersagten Angebots können sowohl Verpflichtungs- 60
geschäfte (durch Annahme des Angebots durch einen Aktionär) als auch dingliche Rechtsgeschäfte (Übereignung der verkauften Aktien) abgeschlos-

---

des § 15 Abs. 1 Nr. 3 das Veröffentlichungsverbot von der Gegenleistung unabhängig sein muss; noch enger *Wackerbarth* in MüKoAktG, § 15 WpÜG Rn. 39: Nur die Veröffentlichung der konkreten Angebotsunterlage sei verboten; die Veröffentlichung teilidentischer Angebotsunterlagen sei ausschließlich eine Frage von § 26 – auch diese Auffassung funktioniert in den Fällen des § 15 Abs. 1 Nr. 3 aber nicht; vgl. auch *Meyer* in Assmann/Pötzsch/Schneider, § 15 Rn. 21: Auf die Frage, ob der Umgehungsschutz gemäß § 15 Abs. 3 Satz 1 oder § 26 erfolgt, komme es nicht entscheidend an.

[71] Ebenso *Seydel* in KK-WpÜG, § 15 Rn. 65; *Thoma* in Baums/Thoma, § 15 Rn. 53; *Scholz* in Frankfurter Komm., § 15 Rn. 63.

[72] Ebenso *Meyer* in Assmann/Pötzsch/Schneider, § 15 Rn. 21; *Thoma* in Baums/Thoma, § 15 Rn. 57 f.; *Seydel* in KK-WpÜG, § 15 Rn. 67.

[73] *Wackerbarth* in MüKoAktG, § 15 WpÜG Rn. 39.

[74] *Thoma* in Baums/Thoma, § 15 Rn. 60.

[75] *Thoma* in Baums/Thoma, § 15 Rn. 58; *Scholz* in Frankfurter Komm., § 15 Rn. 64; *Steinhardt* in Steinmeyer, § 15 Rn. 18.

sen werden. Zwar ergibt sich aus dem Abstraktionsprinzip, dass die Nichtigkeit eines Kausalgeschäfts nicht notwendigerweise auch die **Erfüllungsgeschäfte** erfassen muss,[76] doch kann der Gesetzgeber auch anordnen, dass die Nichtigkeit umfassend sein soll.

61 So ist es nach dem klaren Wortlaut des § 15 Abs. 3 Satz 2 hier. Die Vorschrift erklärt daher nicht nur auf Grund eines untersagten Angebots abgeschlossene Kaufverträge über Aktien, sondern auch die zur Erfüllung solcher Kaufverträge abgeschlossenen Rechtsgeschäfte (Übereignung der verkauften Aktien) für nichtig.[77]

62 Problematisch ist, wie der Fall zu behandeln ist, dass der Bieter die Angebotsunterlage veröffentlicht und diese nicht vorher der BaFin gemäß § 14 Abs. 1 Satz 1 zur Prüfung übermittelt hatte. Die BaFin kann dann zwar, sobald sie von einer solchen Veröffentlichung erfährt, das Angebot gemäß § 15 Abs. 1 Nr. 3 untersagen, mit der Folge, dass alle anschließend abgeschlossenen Rechtsgeschäfte gemäß § 15 Abs. 3 Satz 2 nichtig sind. Sind aber auch vorher zustande gekommene Rechtsgeschäfte nichtig?

63 Wenn man dies verneinte, stünde ein Bieter, der die Angebotsunterlage der BaFin nicht vor ihrer Veröffentlichung übermittelt, besser als ein Bieter, der seine diesbezüglichen Verpflichtungen erfüllt und dessen Angebotsunterlage aufgrund von inhaltlichen Mängeln untersagt wird. Dies wäre ein Ergebnis, das der Gesetzgeber nicht gewollt haben kann.

64 Sachgerecht ist deshalb allein die Lösung, dass auch dann, wenn der Bieter die Angebotsunterlage veröffentlicht, ohne sie vorher der BaFin zuzuleiten, und die BaFin deshalb das Angebot untersagt, alle Kauf- und Übertragungsverträge, die der Bieter mit den Aktionären der Zielgesellschaft über deren Aktien schließt bzw. geschlossen hat, gemäß § 15 Abs. 3 Satz 2 unwirksam sind.[78] Auch in diesen Fällen ist der Absicht des Gesetzgebers Rechnung zu tragen, den Aktionär der Zielgesellschaft vor einer Veräußerung seiner Aktien aufgrund eines untersagten Angebots möglichst zu schützen. Mit dem Wortlaut des § 15 Abs. 3 Satz 2 ist dieses Ergebnis ebenfalls vereinbar.[79]

65 Wird zunächst gemäß § 50 Abs. 3 die aufschiebende Wirkung der Untersagung angeordnet, die Untersagung aber gleichwohl bestandskräftig, gilt nichts anderes: Auch dann sind alle im Zuge des untersagten Angebots abgeschlossenen Kauf- und Übertragungsverträge nichtig, egal, wann sie abgeschlossen wurden.[80] Die Gegenauffassung[81] kann zu einer mit § 3 Abs. 1 nicht vereinbaren Ungleichbehandlung der Wertpapierinhaber führen: Die

---

[76] Vgl. *Sack* in Staudinger, BGB, § 134 Rn. 116.

[77] Ebenso *Seydel* in KK-WpÜG, § 15 Rn. 69; *Steinhardt* in Steinmeyer, § 15 Rn. 18; *Meyer* in Assmann/Pötzsch/Schneider, § 15 Rn. 27; aA *Wackerbarth* in MüKoAktG, § 15 WpÜG Rn. 41.

[78] Ebenso *Meyer* in Assmann/Pötzsch/Schneider, § 15 Rn. 27; *Seydel* in KK-WpÜG, § 15 Rn. 72; *Thoma* in Baums/Thoma, § 15 Rn. 59.

[79] Ebenso *Seydel* in KK-WpÜG, § 15 Rn. 72; aA insoweit *Thoma* in Baums/Thoma, § 15 Rn. 59.

[80] So jetzt auch *Wackerbarth* in MüKoAktG, § 15 WpÜG Rn. 42; *Meyer* in Assmann/Pötzsch/Schneider, § 15 Rn. 28.

[81] *Oechsler* in Ehricke/Ekkenga/Oechsler, § 15 Rn. 13; vgl. auch *Seydel* in KK-WpÜG, § 15 Rn. 73.

während der Zeit der Suspendierung abgeschlossenen Rechtsgeschäfte wären wirksam, die danach abgeschlossenen Rechtsgeschäfte nichtig.

3. Sperrfrist

Weitere Rechtsfolge der Untersagung des Angebots gemäß § 15 Abs. 1 oder 2 ist, dass ein erneutes Angebot des Bieters vor Ablauf eines Jahres unzulässig ist (§ 26 Abs. 1 Satz 1[82]). 66

4. Veröffentlichung der Untersagungsverfügung

Gemäß § 44 kann die BaFin eine Untersagungsverfügung auf Kosten des Adressaten der Verfügung im Bundesanzeiger veröffentlichen. 67

5. Zinszahlungspflicht bei Pflichtangeboten

Wenn ein Pflichtangebot gemäß § 15 Abs. 1 Nr. 1–3 untersagt wird, ist der Bieter gemäß § 38 Nr. 3 verpflichtet, den Aktionären der Zielgesellschaft für die Dauer des Verstoßes Zinsen auf die Gegenleistung in Höhe von fünf Prozentpunkten über dem jeweiligen Basiszinssatz gemäß § 247 BGB p.a. zu zahlen. 68

V. Sanktionen bei Nichtbeachtung der Untersagungsverfügung

1. Zwangsmittel

§ 46 Satz 1 bestimmt, dass die BaFin Untersagungsverfügungen nach den Bestimmungen des VwVG durchsetzen kann, wobei die Höhe des Zwangsgeldes bis zu 500 000 Euro beträgt (§ 46 Satz 4). 69

2. Geldbuße

Außerdem stellt eine Zuwiderhandlung gegen eine Angebotsuntersagung gemäß § 60 Abs. 1 Nr. 6 einen Bußgeldtatbestand dar, der durch die BaFin (§ 61) mit einer Geldbuße in Höhe von bis zu 1 000 000 Euro geahndet werden kann (§ 60 Abs. 3). 70

VI. Rechtsschutz

1. Gegen Untersagungsverfügungen

a) Widerspruch. Gegen Untersagungsverfügungen kann gemäß § 41 Widerspruch eingelegt werden. Der Widerspruch ist innerhalb eines Monats, nachdem die Untersagungsverfügung dem Bieter zugestellt worden ist, schriftlich bei der BaFin einzureichen (§ 41 Abs. 1 Satz 3 iVm § 70 Abs. 1 Satz 1 VwGO). Ein Widerspruch gegen eine Untersagungsverfügung hat gemäß § 42 keine aufschiebende Wirkung. Das Beschwerdegericht kann die aufschiebende Wirkung aber gemäß § 50 Abs. 3 anordnen. 71

[82] Näher die Kommentierung zu § 26.

72 **b) Beschwerde.** Wird dem Widerspruch nicht abgeholfen, ist gegen die Widerspruchsentscheidung die Beschwerde gemäß § 48 Abs. 1 eröffnet. Sie ist binnen einer Notfrist von einem Monat nach Zustellung des Widerspruchsbescheids schriftlich beim Beschwerdegericht einzureichen (§ 51 Abs. 1). Wie sich e contrario aus § 49 ergibt, hat auch die Beschwerde gegen eine Untersagungsverfügung gemäß § 15 keine aufschiebende Wirkung. Das Beschwerdegericht kann die aufschiebende Wirkung allerdings gemäß § 50 Abs. 3 anordnen. Dann hat der Bieter aber immer noch keine Gestattung der Veröffentlichung.

2. Gegen Zwangsmittel

73 Gegen die Androhung und Festsetzung von Zwangsmitteln durch die BaFin wegen Verstoßes gegen eine Untersagungsverfügung gemäß §§ 13 und 14 VwVG iVm § 46 Satz 1 kann sich der Bieter gemäß § 18 Abs. 1 Satz 1 VwVG ebenfalls mit Widerspruch (§ 41) bzw. Beschwerde (§ 48 Abs. 1) zur Wehr setzen. Gemäß § 46 Satz 3 haben solche Widersprüche und Beschwerden keine aufschiebende Wirkung. Auch insoweit ist aber die Anordnung der aufschiebenden Wirkung durch das Beschwerdegericht gemäß § 50 Abs. 3 möglich.

§ 16 Annahmefristen; Einberufung der Hauptversammlung

(1) **Die Frist für die Annahme des Angebots (Annahmefrist) darf nicht weniger als vier Wochen und unbeschadet der Vorschriften des § 21 Abs. 5 und § 22 Abs. 2 nicht mehr als zehn Wochen betragen. Die Annahmefrist beginnt mit der Veröffentlichung der Angebotsunterlage gemäß § 14 Abs. 3 Satz 1.**

(2) **Bei einem Übernahmeangebot können die Aktionäre der Zielgesellschaft, die das Angebot nicht angenommen haben, das Angebot innerhalb von zwei Wochen nach der in § 23 Abs. 1 Satz 1 Nr. 2 genannten Veröffentlichung (weitere Annahmefrist) annehmen. Satz 1 gilt nicht, wenn der Bieter das Angebot von dem Erwerb eines Mindestanteils der Aktien abhängig gemacht hat und dieser Mindestanteil nach Ablauf der Annahmefrist nicht erreicht wurde.**

(3) **Wird im Zusammenhang mit dem Angebot nach der Veröffentlichung der Angebotsunterlage eine Hauptversammlung der Zielgesellschaft einberufen, beträgt die Annahmefrist unbeschadet der Vorschriften des § 21 Abs. 5 und § 22 Abs. 2 zehn Wochen ab der Veröffentlichung der Angebotsunterlage. Der Vorstand der Zielgesellschaft hat die Einberufung der Hauptversammlung der Zielgesellschaft unverzüglich dem Bieter und der Bundesanstalt mitzuteilen. Der Bieter hat die Mitteilung nach Satz 2 unter Angabe des Ablaufs der Annahmefrist unverzüglich im Bundesanzeiger zu veröffentlichen. Er hat der Bundesanstalt unverzüglich die Veröffentlichung mitzuteilen.**

(4) **Die Hauptversammlung nach Absatz 3 ist mindestens 14 Tage vor der Versammlung einzuberufen. Der Tag der Einberufung ist nicht mitzurechnen. § 121 Abs. 7 des Aktiengesetzes gilt entsprechend. Abweichend von § 121 Abs. 5 des Aktiengesetzes und etwaigen Bestimmungen der Satzung ist die Gesellschaft bei der Wahl des Versammlungsortes**

frei. Wird die Frist des § 123 Abs. 1 des Aktiengesetzes unterschritten, so müssen zwischen Anmeldung und Versammlung mindestens vier Tage liegen und sind Mitteilungen nach § 125 Abs. 1 Satz 1 des Aktiengesetzes unverzüglich zu machen; § 121 Abs. 7, § 123 Abs. 2 Satz 4 und § 125 Abs. 1 Satz 2 des Aktiengesetzes gelten entsprechend. Die Gesellschaft hat den Aktionären die Erteilung von Stimmrechtsvollmachten soweit nach Gesetz und Satzung möglich zu erleichtern. Mitteilungen an die Aktionäre, ein Bericht nach § 186 Abs. 4 Satz 2 des Aktiengesetzes und fristgerecht eingereichte Anträge von Aktionären sind allen Aktionären zugänglich und in Kurzfassung bekannt zu machen. Die Zusendung von Mitteilungen kann unterbleiben, wenn zur Überzeugung des Vorstands mit Zustimmung des Aufsichtsrats der rechtzeitige Eingang bei den Aktionären nicht wahrscheinlich ist.

Übersicht

I. Allgemeines

1. Überblick

§ 16 umfasst, wie bereits aus seiner Überschrift hervorgeht, zwei auf den ersten Blick gänzlich **verschiedene Regelungsgegenstände:** Zum einen enthalten die Abs. 1 bis 3 Rahmenvorgaben für die Bemessung der zulässigen **Frist** für die Annahme des Angebots (in Abs. 1 Satz 1 legal definiert als Annahmefrist). Zum anderen enthält Abs. 4 wesentliche **Erleichterungen** von den aktienrechtlichen Bestimmungen für die Einberufung und Vorbereitung einer **Hauptversammlung.** Die sachliche Klammer zwischen den beiden Regelungsgegenständen – und damit gleichsam die Rechtfertigung dafür, beide Gegenstände in einer Vorschrift zusammenzufassen – bildet der innere Zusammenhang zwischen Angebot und Einberufung der Hauptversammlung einerseits und der hieraus resultierenden Folge für die Dauer der Annahmefrist andererseits (Abs. 3 Satz 1). 1

Die dem Bieter bei der Bemessung der Annahmefrist grundsätzlich zukommende Gestaltungsfreiheit wird durch § 16 in mehrfacher Hinsicht beschränkt. Zunächst legt Abs. 1 Satz 1 durch die Vorgabe einer **vierwöchigen Mindest- und einer zehnwöchigen Höchstfrist** zunächst ein allgemeines Zeitfenster fest, innerhalb dessen der Bieter den Wertpapierinhabern die Möglichkeit geben muss, das Angebot anzunehmen. Der insoweit bereits begrenzte Gestaltungsspielraum für den Bieter wird ihm gänzlich verwehrt, wenn im Zusammenhang mit dem Angebot eine Hauptversammlung der Zielgesellschaft einberufen wird: Hier beträgt die Annahmefrist vorbehaltlich von Fristverlängerungen aufgrund von Angebotsänderungen oder konkurrierenden Angeboten **zwingend stets zehn Wochen** (Abs. 3 Satz 1). Im Falle eines Übernahmeangebots haben die Wertpapierinhaber darüber hinaus mit der weiteren Annahmefrist eine **zweiwöchige gesetzliche Zusatzfrist,** innerhalb der sie in Kenntnis des Ergebnisses des Übernahmeangebots (§ 23 Abs. 1 Satz 1 Nr. 2) nach Ablauf der Annahmefrist das Angebot gleichwohl noch annehmen können (sog. **„Zaunkönigregelung“,** Abs. 2 Satz 1). Mit Abs. 4 schließlich werden insbesondere aktienrechtliche Einberufungs-, Anmelde- und Mitteilungsfristen für im Zusammenhang mit dem Angebot stattfindende Hauptversammlungen der Zielgesellschaft auf ein Mindestmaß verkürzt. Diese kurzen Fristen gelten gemäß § 33b Abs. 4 auch für etwaige vom Bieter einberufene Hauptversammlungen nach § 33b Abs. 2 Satz 1 Nr. 3, sofern die Satzung der Zielgesellschaft vorsieht, dass § 33 keine Anwendung findet (§ 33b Abs. 1). 2

2. Normzweck

Mit den durch die Abs. 1 bis 3 vorgegebenen Mindest-, Höchst- und festen Annahmefristen zielt der Gesetzgeber auf einen **angemessenen Interessenausgleich** zwischen dem Bieter, den Wertpapierinhabern und der Zielgesellschaft ab. Während der Bieter häufig ein Interesse daran haben wird, den Wertpapierinhabern möglichst lange Gelegenheit zu geben, das Angebot anzunehmen (bei „unfreiwilligen“ Pflichtangeboten kann das Interesse des Bie- 4 ters im Einzelfall allerdings genau entgegengesetzt auf eine möglichst kurze Annahmefrist gerichtet sein!), kommt es den Wertpapierinhabern darauf an, ausreichend Zeit zu haben, um in Kenntnis der Sachlage über das Angebot entscheiden zu können (vgl. § 3 Abs. 2). Auch die Zielgesellschaft hat, insbesondere bei Angeboten, denen keine Gespräche zwischen Bieter und Zielgesellschaft vorausgegangen sind, ein Interesse an einer angemessenen Informations-, Überlegungs- und Entscheidungsfrist für ihre Stellungnahme zu dem Angebot (unbeschadet ihrer Verpflichtung zur unverzüglichen Abgabe, § 27 Abs. 3), andererseits aber auch an einer möglichst kurzen Einschränkung ihrer Handlungsmöglichkeiten (§ 3 Abs. 4 Satz 2, § 33). Insbesondere für den Fall beabsichtigter Abwehrmaßnahmen, soweit für diese die Zuständigkeit der Hauptversammlung begründet ist, muss sie schließlich ausreichende Zeit zur Vorbereitung und Einberufung der Hauptversammlung haben; letzterem dient spezifisch auch die Verkürzung aktienrechtlicher Einberufungs-, Anmelde- und Mitteilungsfristen (Abs. 4). Des Weiteren soll als Ausfluss des Grundsatzes der Vermeidung von Marktverzerrungen (§ 3 Abs. 5) auch der Börsenhandel nicht über Gebühr beeinträchtigt werden. All diesen unterschiedlichen Interessen soll mit § 16 angemessen Rechnung getragen werden.[1]

3. Gemeinschaftsrechtliche Vorgaben

5 Art. 7 der Übernahmerichtlinie enthält gemeinschaftsrechtliche Vorgaben für den zeitlichen Rahmen, innerhalb dessen die Annahmefrist gestaltet werden darf. Ferner räumt Art. 9 Abs. 4 der Übernahmerichtlinie den Mitgliedstaaten die Möglichkeit zur Verkürzung der Einberufungsfrist für die Hauptversammlung ein. Die Frist darf allerdings nicht kürzer als zwei Wochen ab der Einberufung sein.

4. Bedeutung der Annahmefrist im Angebotsverfahren

6 Die Annahmefrist bzw. der Zeitpunkt ihres Ablaufes ist für zahlreiche **Prozessschritte** im WpÜG von zentraler Bedeutung: Sie entscheidet nicht nur darüber, bis zu welchem Zeitpunkt der Wertpapierinhaber das Angebot des Bieters annehmen kann. Vom Zeitpunkt des Ablaufes der Annahmefrist hängt ab bzw. berechnet sich, bis zu welchem Zeitpunkt der Bieter sein Angebot ändern kann (§ 21 Abs. 1), Wertpapierinhaber bei Angebotsänderungen oder bei konkurrierenden Angeboten vom Vertrag mit dem Bieter zurücktreten können (§ 21 Abs. 4, § 22 Abs. 3), ob sich die Annahmefrist bei Angebotsänderungen oder konkurrierenden Angeboten ggf. kraft Gesetzes verlängert (§ 21 Abs. 5, § 22 Abs. 2), ob das Erwerbsangebot eines Dritten als konkurrierendes Angebot anzusehen ist (§ 22 Abs. 1), ferner die Veröffentlichungsdichte und der Zeitpunkt von Ergebnismitteilungen (§ 23 Abs. 1 Satz 1 Nr. 1 und 2) sowie der Zeitpunkt, bis zu dem ein ggf. erforderlicher Beschluss der Gesellschafterversammlung des Bieters herbeigeführt sein muss (§ 25). Darüber hinaus bildet bei Übernahme- und Pflichtangeboten der Ablauf der Annahmefrist den letzten Zeitpunkt innerhalb des drei Monate vor Veröffent-

[1] Vgl. auch *Seiler* in Assmann/Pötzsch/Schneider, § 16 Rn. 3.

lichung der Entscheidung über die Abgabe des Angebots beginnenden Zeitraums, innerhalb dessen der Bieter unter bestimmten weiteren Voraussetzungen ggf. eine Geldleistung anbieten muss (§ 31 Abs. 3). Schließlich bestimmt die Annahmefrist den Endpunkt für die ggf. anwendbare satzungsgemäße Aufhebung von Übertragungsbeschränkungen, Stimmbindungen und Mehrfachstimmrechten bei der Zielgesellschaft (§ 33b Abs. 2 Nr. 1 und 2). Endlich beginnt im Falle eines Übernahme- oder Pflichtangebotes mit Ablauf der Annahmefrist die Frist für den Antrag auf Ausschluss der übrigen Aktionäre gemäß § 39a bzw. grundsätzlich auch die Frist für die Ausübung des Rechtes zur Andienung der Aktien durch die Aktionäre, die das Übernahme- oder Pflichtangebot nicht angenommen haben, zu laufen (§ 39a Abs. 4 Satz 1 bzw. § 39c Satz 1; Ausnahme § 39c Satz 2).

II. Annahmefrist

1. Mindest- und Höchstfrist (§ 16 Abs. 1 Satz 1)

§ 16 Abs. 1 Satz 1 setzt für die Annahmefrist eine **Mindestfrist von vier Wochen** und eine **Höchstfrist von zehn Wochen** fest. Sie geht damit über die in Art. 7 Abs. 1 der Übernahmerichtlinie vorgesehene zweiwöchige Mindestfrist hinaus. Die Höchstfrist hält sich aber an die in Art. 7 Abs. 1 der Übernahmerichtlinie geregelte Höchstfrist von ebenfalls zehn Wochen. Während jedoch die Übernahmerichtlinie für die Mitgliedstaaten die Möglichkeit einräumt, im Rahmen der Grenzen des Behinderungsverbots der Zielgesellschaft eine längere Annahmefrist vorzusehen, vorausgesetzt, dass der Bieter seine Absicht zur Schließung des Angebots mindestens zwei Wochen vorher bekannt gibt (Art. 7 Abs. 1 Satz 2 Übernahmerichtlinie), hat der deutsche Gesetzgeber von dieser Möglichkeit keinen Gebrauch gemacht. Aufgrund der Beschränkung auf maximal zehn Wochen wird insbesondere dem Grundsatz der **raschen Verfahrensdurchführung** (§ 3 Abs. 4 Satz 1) Rechnung getragen.[2] 7

Den durch die Mindest- und Höchstfrist bestimmten Zeitrahmen kann der Bieter – vorbehaltlich der gemäß Abs. 3 Satz 1 sowie § 21 Abs. 5 und § 22 Abs. 2 geltenden Sonderregelungen – nach freiem Belieben in die eine oder andere Richtung ausschöpfen. So ist es dem Bieter zB auch bei einem „ungewollten" Pflichtangebot unbenommen, lediglich die Mindestannahmefrist einzuräumen. Die Annahmefrist (nur deren Beginn und Ende, nicht deren Dauer) ist in der zu veröffentlichenden Angebotsunterlage anzugeben (§ 11 Abs. 2 Satz 2 Nr. 6). Soll das Angebot von Personen, die bei der Zielgesellschaft Führungsaufgaben wahrnehmen, angenommen werden können, sollten bei der Festlegung der Dauer der Annahmefrist die geschlossenen Zeiträume nach Art. 19 Abs. 11 MAR berücksichtigt werden. Art. 19 Abs. 12 MAR sieht keine Ausnahmen für öffentliche Angebote vor.[3] 8

2. Änderung der ursprünglichen Annahmefrist

a) Änderung kraft Gesetzes. Eine kraft Gesetzes eintretende Änderung der vom Bieter in der Angebotsunterlage bestimmten Annahmefrist ist im 9

[2] *Hasselbach* in KK-WpÜG, § 16 Rn. 1.
[3] *Kraack* ZIP 2016, 57, 67.

WpÜG lediglich in drei Fällen vorgesehen: **Einberufung der Hauptversammlung der Zielgesellschaft** im Zusammenhang mit dem Angebot (Abs. 3, Folge: Verlängerung der Annahmefrist auf zehn Wochen, sofern die ursprüngliche Annahmefrist kürzer war); **Änderung des Angebots** innerhalb der letzten zwei Wochen vor Ablauf der Annahmefrist (§ 21 Abs. 5, Folge: Verlängerung der Annahmefrist um zwei Wochen); **Abgabe eines konkurrierenden Angebots** durch einen Dritten während des Laufes der Annahmefrist und späterem Ablauf der Annahmefrist für das konkurrierende Angebot (§ 22 Abs. 2, Folge: Verlängerung der Annahmefrist bis zum Ablauf der Annahmefrist für das konkurrierende Angebot).

10 **b) Änderung aufgrund Bieterentscheidung.** Das WpÜG – abgesehen von den vorstehend genannten gesetzlichen Ausnahmen – enthält keine ausdrückliche Regelung für eine Änderung (Verkürzung oder Verlängerung) der ursprünglichen Annahmefrist.

11 Eine **nachträgliche Änderung** der in der veröffentlichten Angebotsunterlage bestimmten Annahmefrist seitens des Bieters dürfte **nicht zulässig** sein, selbst dann nicht, wenn sich die beabsichtigte Friständerung noch in dem durch Abs. 1 Satz 1 gezogenen Zeitrahmen halten würde: Eine nachträgliche **Verkürzung** scheidet schon nach allgemeinen zivilrechtlichen Grundsätzen[4] aus[5] und zwar selbst dann, wenn sich die Fristverkürzung lediglich auf einzelne Angebotsalternativen erstrecken würde. Auch eine nachträgliche **Verlängerung** der Annahmefrist dürfte – abweichend von dem allgemeinen zivilrechtlichen Grundsatz, dass der Antragende die Frist für die Annahme seines Antrags einseitig jederzeit verlängern kann[6] – dem Bieter unter Berücksichtigung der Interessen der übrigen Betroffenen, namentlich der Zielgesellschaft und der Börsenhandelsteilnehmer, die sich auf fest bestimmte Fristen sollen einstellen können, nicht möglich sein; insoweit erschiene es auch nicht sachgerecht, dass sich der Bieter die Verlängerung der Annahmefrist in der Angebotsunterlage vorbehalten könnte.[7] Ferner spricht gegen eine nachträgliche Verlängerung der Annahmefrist, dass Beginn und Ende der Annahmefrist gemäß § 11 Abs. 2 Satz 2 Nr. 6 ausdrücklich zum „Inhalt des Angebots" gehören (nicht lediglich zum sonstigen Inhalt (ergänzende Angaben) der Angebotsunterlage). Eine Verlängerung der ursprünglichen Annahmefrist durch den Bieter wäre demnach als eine Änderung des Angebots iSd § 21 anzusehen und insoweit nur gestattet, wenn sie dort ausdrücklich für zulässig erklärt worden wäre, was nicht der Fall ist (arg. § 21 Abs. 1 Satz 1e contrario).[8] Auch die BaFin kann dem Bieter in Ermangelung

---

[4] Vgl. *Ellenberger* in Palandt, § 148 Rn. 2.

[5] AllgM, vgl. *Oechsler* in Ehricke/Ekkenga/Oechsler, § 16 Rn. 7; *Merkner/Sustmann* in Baums/Thoma, § 16 Rn. 12.

[6] Vgl. *Ellenberger* in Palandt, § 148 Rn. 2; *Busche* in MüKoBGB, § 148 Rn. 7.

[7] *Steinmeyer* in Steinmeyer, § 16 Rn. 4; aA *Hasselbach* in KK-WpÜG, § 16 Rn. 23; *Seiler* in Assmann/Pötzsch/Schneider, § 16 Rn. 17.

[8] Sehr str., wie hier *Oechsler* in Ehricke/Ekkenga/Oechsler, § 16 Rn. 7; *Noack* in Schwark, KapitalmarktR, § 16 Rn. 10; *Steinmeyer* in Steinmeyer, § 16 Rn. 4; aA (Verlängerung bis zur Grenze der Zehnwochenfrist des § 16 Abs. 1 Satz 1 möglich): *Hasselbach* in KK-WpÜG, § 16 Rn. 22; *Merkner/Sustmann* in Baums/Thoma, § 16 Rn. 13 ff.,

einer vorhandenen Anordnungskompetenz keine Verlängerung der ursprünglichen Annahmefrist gestatten.

Möchte der Bieter eine – von Sonderkonstellationen im Zusammenhang mit konkurrierenden Angeboten abgesehen allerdings nur einmal mögliche – zeitlich begrenzte Verlängerung der Annahmefrist erreichen, bleibt ihm insoweit die Möglichkeit, sein Angebot innerhalb der letzten zwei Wochen vor Ablauf der Annahmefrist durch eine der im Katalog des § 21 Abs. 1 Satz 1 genannten Maßnahmen zu verbessern, da sich in diesem Fall – und nur in diesem – die Annahmefrist kraft Gesetzes um zwei Wochen verlängert (§ 21 Abs. 5 Satz 1). 12

3. Beginn der Annahmefrist (§ 16 Abs. 1 Satz 2)

a) Zweck der Regelung. Der Beginn der Annahmefrist ist durch Abs. 1 Satz 2 kraft Gesetzes festgelegt. Die gesetzliche Festlegung hat insbesondere zum Zweck, den **Grundsatz der raschen Durchführung** des Angebots (§ 3 Abs. 4 Satz 1) zu verwirklichen. Dem Bieter wird dadurch eine Gestaltungsmöglichkeit verwehrt, das Angebot erst einige Zeit nach der Veröffentlichung der Angebotsunterlage beginnen zu lassen und hierdurch ggf. die Zielgesellschaft und den Börsenhandel länger als erforderlich zu behindern bzw. zu beeinträchtigen. 13

b) Fristbeginn. aa) Allgemeines. Die Annahmefrist beginnt mit der **Veröffentlichung der Angebotsunterlage** nach § 14 Abs. 3 Satz 1 (Bekanntgabe im Internet und im Bundesanzeiger bzw. Hinweisbekanntmachung und Bereithalten der Angebotsunterlage (Schalterpublizität)). Das Datum, an dem die Angebotsunterlage veröffentlicht wird, ist als Beginn der Annahmefrist in der Angebotsunterlage (§ 11 Abs. 2 Satz 2 Nr. 6) anzugeben, denn ab diesem Zeitpunkt können Wertpapierinhaber, die von dem Angebot und seinen Konditionen unmittelbar nach dessen Veröffentlichung Kenntnis erlangt haben, das Angebot annehmen. Daraus folgt mittelbar, dass der Bieter auch die erforderlichen organisatorischen Vorkehrungen treffen muss, dass das Angebot auch sofort nach dessen Veröffentlichung angenommen werden kann. 14

Für den Regelfall, dass die Veröffentlichungen nach § 14 Abs. 3 Satz 1 Nr. 1 und Nr. 2 taggleich stattfinden, bereitet die Bestimmung des Fristbeginns keine Schwierigkeiten. Fragen wirft der Zeitpunkt des Beginns der Annahmefrist jedoch dann auf, wenn die Angebotsunterlage im Internet einerseits und im Bundesanzeiger bzw. die Veröffentlichung im Wege der Schalterpublizität andererseits **an verschiedenen Tagen** bekannt gemacht werden, da der Gesetzgeber es versäumt hat, zu diesem Punkt klare Regelungen zu treffen. 15

bb) Fristbeginn bei nicht taggleichen Veröffentlichungen. (1) Internet und Bundesanzeiger. Wählt der Bieter als Veröffentlichungsmedium 16

---

die jeweils die Annahmefrist nicht zu den Bestandteilen des unter den Änderungsbeschränkungen des § 21 stehenden Angebots rechnen; *Wackerbarth* in MüKoAktG, § 21 WpÜG Rn. 34, unter Anwendung eines sog. „Günstigkeitsprinzips"; *Seiler* in Assmann/Pötzsch/Schneider, § 16 Rn. 14 ff.

bzw. -form neben dem Internet die Bekanntgabe im Bundesanzeiger (§ 14 Abs. 3 Satz 1 Nr. 2 Alt. 1) und erscheint die Veröffentlichung im Bundesanzeiger an einem früheren oder späteren Tag als dem Tag der Bekanntgabe der Angebotsunterlage im Internet, so dürfte die Frist iSd Abs. 1 Satz 2 erst beginnen, wenn die Angebotsunterlage in dem Medium veröffentlicht ist, das **zeitlich später** als das andere erscheint bzw. freigeschaltet wird. Dafür spricht, dass die Bekanntmachungen in den in § 14 Abs. 3 Satz 1 genannten Nachrichtenmedien kumulativ („und") vorgenommen werden müssen, damit eine Veröffentlichung im Sinne der Vorschrift vorliegt, denn mit der Veröffentlichung in mehr als nur einem Medium zielt der Gesetzgeber auf eine möglichst hohe Breitenwirkung ab.[9]

17 Für den Beginn der Annahmefrist ist es jedoch unerheblich, wenn der Bieter das Angebot **freiwillig** auch noch in einem oder mehreren weiteren Veröffentlichungsmedien (insbesondere Printmedien wie überregionale Börsenpflichtblätter iSd § 32 Abs. 5 Satz 1 BörsG) bekannt macht und diese weiteren Veröffentlichungen zu einem späteren Zeitpunkt erscheinen als die Erstveröffentlichung. § 14 Abs. 3 Satz 1 Nr. 2 Alt. 1 lässt die Bekanntmachung im Bundesanzeiger für die Veröffentlichung ausreichen.[10]

18 **(2) Internet und Schalterpublizität.** Zweifelhaft kann der Zeitpunkt des Fristbeginns iSd Abs. 1 Satz 2 in den Fällen der sog. **Schalterpublizität** sein, dh in den Fällen, in denen die Angebotsunterlage zur kostenlosen Ausgabe bereit gehalten und nach § 14 Abs. 3 Satz 1 Nr. 2 Hs. 2 im Bundesanzeiger bekannt gemacht wird, wo die Angebotsunterlage erhältlich ist. Auch hier können die Zeitpunkte der erstmaligen Verfügbarkeit der Angebotsunterlage und der **Hinweisbekanntmachung** auseinander fallen. Den Wertpapierinhabern ist mit dem bloßen Bereithalten der Angebotsunterlage nicht gedient, wenn ihnen nicht bekannt ist, wo sie diese Angebotsunterlage erhalten können. Der Gesetzgeber hat mit den kumulativ zu erfüllenden Bekanntgabepflichten in § 14 Abs. 3 Satz 1 zum Ausdruck gebracht, dass das Bereithalten der Angebotsunterlage im Internet gerade nicht ausreicht. Außerdem ist, wie die Eingangsworte in § 14 Abs. 3 Satz 1 deutlich machen („Die Angebotsunterlage ist zu veröffentlichen durch"), die Hinweisbekanntmachung **integraler Bestandteil der Veröffentlichung** der Angebotsunterlage. Schließlich soll nach Sinn und Zweck der gesetzlichen Mindestfrist des Abs. 1 Satz 1 den Wertpapierinhabern eine ausreichende Überlegungsfrist eingeräumt werden. Diese Frist würde bei verspäteter Hinweisbekanntmachung in unzulässiger Weise verkürzt, würde man für den Fristbeginn schon das bloße Bereithalten der Angebotsunterlage (und der Bekanntgabe im Internet) für ausreichend ansehen. Folglich sprechen die besseren Gründe dafür, dass im Falle der Schalterpublizität die Annahmefrist erst mit der ggf. späteren Veröffentlichung der Hinweisbekanntmachung beginnt.[11] Umgekehrt bedeu-

---

[9] Mittlerweile hM; wie hier zB *Hasselbach* in KK-WpÜG, § 16 Rn. 29; *Merkner/Sustmann* in Baums/Thoma, § 16 Rn. 23; *Seiler* in Assmann/Pötzsch/Schneider, § 16 Rn. 20.

[10] Ebenso *Hasselbach* in KK-WpÜG, § 16 Rn. 31.

[11] Wie hier *Hasselbach* in KK-WpÜG, § 16 Rn. 24; *Seiler* in Assmann/Pötzsch/Schneider, § 16 Rn. 14.

tet dies, dass für den Fall, dass die Angebotsunterlage erst nach der Hinweisbekanntmachung bereitgehalten wird, konsequenter Weise der Zeitpunkt des erstmaligen Bereithaltens das fristauslösende Ereignis ist.[12] Im Übrigen bleibt es dem Bieter unbenommen, die Hinweisbekanntmachung bereits im Vorgriff auf das erstmalige Bereithalten der Angebotsunterlage zu veröffentlichen.

c) Folgen für den Bieter. Um nicht in einen möglichen Konflikt mit 19
der vierwöchigen Mindestfrist des Abs. 1 Satz 1 zu geraten, muss der Bieter die Publikationszeiten in den in § 14 Abs. 3 Satz 1 genannten jeweiligen Medien bei der Bemessung der Annahmefrist einkalkulieren. Der Bieter muss diese Termine ohnehin kennen, da er den Beginn der Annahmefrist in der Angebotsunterlage angeben muss (§ 11 Abs. 2 Satz 2 Nr. 6). Erweist sich, dass die Annahmefrist wegen nicht taggleicher Veröffentlichung tatsächlich erst später begonnen hat, muss der Bieter die entsprechenden Angaben berichtigen. Für die Veröffentlichung der Berichtigung dürfte § 12 Abs. 3 Nr. 3 gelten, wonach die Berichtigung nach § 15 WpHG oder im Wege einer vergleichbaren Bekanntmachung zu veröffentlichen ist.[13]

4. Fristberechnung und Fristende

Die Berechnung der Mindest- und Höchstfristen nach Abs. 1 Satz 1 richtet 20
sich nach §§ 187 Abs. 1, 188 Abs. 2 Alt. 1, 193 BGB. Die Veröffentlichung der Angebotsunterlage ist ein **Ereignis** iSd § 187 Abs. 1 BGB; der Kalendertag, an dem die Veröffentlichung erfolgt, ist daher bei der Fristberechnung nicht mitzuzählen (unbeschadet des Umstandes, dass dieses Datum wegen Satz 2 als Beginn der Annahmefrist in der Angebotsunterlage anzugeben ist).[14] Wird beispielsweise die Angebotsunterlage am 1.7. veröffentlicht, so endet die vierwöchige Mindestfrist nach Abs. 1 Satz 1 folglich gemäß § 188 Abs. 2 Alt. 1 iVm § 187 Abs. 1 am 29.7., die zehnwöchige Höchstfrist am 9.9.

Die Fristberechnung dürfte sich auch dann nach § 187 Abs. 1 BGB rich- 21
ten, wenn das die Frist auslösende Ereignis im Einzelfall durch den Zeitpunkt des erstmaligen Bereithaltens der Angebotsunterlage bestimmt wird (also in denjenigen Fällen, in denen die Bekanntgabe der Angebotsunterlage im Internet und die Hinweisbekanntmachung gemäß § 14 Abs. 3 Satz 1 Nr. 2 Hs. 2 zeitlich vor dem erstmaligen Bereithalten der Angebotsunterlage liegen). Zwar wird unter Berufung auf den Beschluss des Gemeinsamen Senats der Obersten Gerichtshöfe des Bundes vom 6.7.1972[15] vertreten, dass das Bereithalten von Unterlagen zur kostenlosen Abgabe ein länger andauernder Zustand und daher kein Ereignis sei, so dass in diesem Falle § 187 Abs. 2 BGB anzuwenden sei. Dem ist jedoch für die Berechnung der Annahmefrist nach dem WpÜG aus den vorgenannten Gründen nicht zuzustimmen. Wird

---

[12] Str., wie hier *Merkner/Sustmann* in Baums/Thoma, § 16 Rn. 23; aA Hasselbach in KK-WpÜG, § 16 Rn. 30; *Seiler* in Assmann/Pötzsch/Schneider, § 16 Rn. 20.

[13] Kritisch zu diesem Verfahren *Oechsler* NZG 2001, 817, 823.

[14] Ganz hM, vgl. *Seiler* in Assmann/Pötzsch/Schneider, § 16 Rn. 22.

[15] BGHZ 59, 396; die Entscheidung ist zur Frage des Fristbeginns bei der Auslegung von Unterlagen nach dem BBauG ergangen.

die Hinweisbekanntmachung zeitlich später als das erstmalige Bereithalten der Angebotsunterlage veröffentlicht, stellt sich nach der oben vertretenen Auffassung die Streitfrage nicht, weil die Veröffentlichung erst mit der Hinweisbekanntmachung vollendet ist.

22 Unbeschadet dessen, dass sich öffentliche Erwerbsangebote vorbehaltlich der nach § 24 zulässigen Beschränkungen an Wertpapierinhaber weltweit richten, berechnen sich die Mindest- und Höchstfristen des Abs. 1 ausschließlich nach dem BGB. Für den Fristablauf ist insoweit alleine die mitteleuropäische Zeit bzw. die mitteleuropäische Sommerzeit maßgebend.

23 Fällt das Ende der Annahmefrist auf einen Samstag, Sonntag oder einen staatlich anerkannten Feiertag, so läuft die Annahmefrist erst am nächsten Werktag ab (§ 193 BGB). Staatlich anerkannte Feiertage sind, auch bei globalen Angeboten, nur gesetzliche Feiertage in Deutschland.[16] Bei der Ermittlung des Endes der Annahmefrist sind nicht ausschließlich bundeseinheitliche Feiertage zu berücksichtigen. Vielmehr kommt es gemäß § 193 BGB darauf an, ob das Ende der Annahmefrist am **Erklärungsort** (dh an dem Ort, an dem die auf Annahme des Angebots gerichtete Willenserklärung des Wertpapierinhabers wirksam wird)[17] ein staatlich anerkannter Feiertag ist; welcher Erklärungsort hierbei maßgeblich ist, hängt insoweit von den diesbezüglich vorgesehenen Regelungen in der Angebotsunterlage ab (§ 2 Nr. 4 WpÜG-AngV). Im Interesse der Vereinheitlichung der Angabe des Endes der Annahmefrist in der Angebotsunterlage (§ 11 Abs. 2 Satz 2 Nr. 6) dürfte es jedoch gerechtfertigt sein, nur diejenigen Feiertage zu berücksichtigen, die an demjenigen Erklärungsort, an dem voraussichtlich die meisten Annahmeerklärungen wirksam werden, staatlich anerkannt sind.[18] Die Vertreter der Gegenauffassung, die aus Vereinheitlichungs- und Gleichbehandlungsgründen entweder nur in ganz Deutschland gesetzlich anerkannte Feiertage[19] oder aber sämtliche lokale Feiertage am Sitz des Bieters als auch an den Börsenhandelsplätzen der Zielgesellschaft[20] berücksichtigen wollen, lösen sich damit von der gesetzlichen Regelung des § 193 BGB, die ausdrücklich nur staatlich anerkannte Feiertage am Erklärungsort berücksichtigt. Der Hinweis auf den Gleichbehandlungsgrundsatz überzeugt schon deshalb nicht, da sich auch im Ausland ansässige Wertpapierinhaber auf diesen Grundsatz berufen können und in Konsequenz dessen auch sämtliche ausländischen Feiertage bei der Bestimmung des Endes der Annahmefrist berücksichtigt werden müssten.[21]

---

[16] Zu den staatlich anerkannten Feiertagen siehe die Aufstellung bei *Grothe* in MüKoBGB, § 193 Rn. 11 f.

[17] Vgl. *Jauernig,* § 193 Rn. 1.

[18] Str., wie hier *Merkner/Sustmann* in Baums/Thoma, § 16 Rn. 25.

[19] So *Hasselbach* in KK-WpÜG, § 16 Rn. 34; *Noack* in Schwark, KapitalmarktR, § 16 Rn. 8.

[20] So *Seiler* in Assmann/Pötzsch/Schneider, § 16 Rn. 23; ähnlich *Wackerbarth* in MüKoAktG, § 16 WpÜG Rn. 10 für den theoretischen Fall, dass die Annahmeerklärungen an den Bieter zu richten sind.

[21] Konsequent insoweit nur *Oechsler* in Ehricke/Ekkenga/Oechsler, § 16 Rn. 3, der § 193 BGB für nicht anwendbar erklärt, wobei offen gelassen wird, welche Rechtsfolgen sich hieraus für den Fristablauf ergeben sollen.

5. Rechtsfolgen bei verspätet zugegangenen Annahmeerklärungen

24 Gehen Annahmeerklärungen erst **nach Ablauf der Annahmefrist** ein, können sie im Rahmen des Angebots grds. nicht mehr berücksichtigt werden, es sei denn, der Zugang der Erklärung gilt gemäß § 149 BGB als nicht verspätet. Hiervon kann ausgegangen werden, wenn von depotführenden Kreditinstituten weitergeleitete Annahmeerklärungen erst kurze Zeit nach Ende der Annahmefrist bei der von dem Bieter in der Angebotsunterlage benannten Stelle eingehen, die Angebotsadressaten jedoch unter normalen Umständen von einem rechtzeitigen Zugang der Annahmeerklärungen ausgehen durften.[22]

25 Um die Risiken von Verzögerungen bei der Weiterleitung von Annahmeerklärungen seitens der depotführende Kreditinstitute im Hinblick auf die Rechtzeitigkeit des Zugangs zu vermeiden, kann in der Angebotsunterlage vorgesehen werden, dass für die Einhaltung der Annahmefrist der Zugang der Annahmeerklärung bei dem depotführenden Kreditinstitut maßgeblich ist. Gegen derartige rechtsgeschäftliche Vereinbarungen bestehen keine Bedenken.[23]

III. Weitere Annahmefrist (§ 16 Abs. 2)

1. Normzweck, Überblick und Bedeutung

26 **a) Normzweck und Überblick.** Bei Übernahmeangeboten (§ 29 Abs. 1) räumt Abs. 2 den Aktionären der Zielgesellschaft, die die Annahmefrist haben verstreichen lassen, ohne das Angebot des Bieters anzunehmen, eine **weitere zweiwöchige Überlegungsfrist** ein, die mit der Veröffentlichung der Mitteilung des Ergebnisses des Übernahmeangebots (§ 23 Abs. 1 Satz 1 Nr. 2) beginnt. Diese auch als **„Zaunkönigregelung“** bezeichnete Vorschrift soll der besonderen Situation Rechnung tragen, in der sich Minderheitsaktionäre befinden, denen ein koordiniertes Verhalten bei der Entscheidung über das Übernahmeangebot de facto nicht möglich ist.[24]

27 Mit der Zaunkönigregelung greift der Gesetzgeber Erkenntnisse der Spieltheorie auf: Die Entscheidungslage, in der sich Minderheitsaktionäre bei einem öffentlichen Übernahmeangebot befinden, ist in der Spieltheorie unter dem Begriff **„Prisoner's Dilemma“** bekannt. Allgemein bezeichnet der Begriff eine Situation, in der sich Personen befinden, die ein drohendes Übel gemeinsam abwenden oder eine Entscheidungssituation gemeinsam optimieren könnten, jedoch mangels Absprache-, Koordinations- und Kooperationsmöglichkeiten sich jeweils zu einem geringeren Übel entschließen, um nicht das größtmögliche Übel auf sich zu ziehen. Übertragen auf die Situation eines Übernahmeangebots könnten sich die Minderheitsaktionäre theo-

---

[22] *Merkner/Sustmann* in Baums/Thoma, § 16 Rn. 27; aA *Hasselbach* in KK-WpÜG, § 16 Rn. 37, der die Anwendung des § 149 BGB auf Grund mangelnder Kontrollmöglichkeiten des Bieters nur in seltenen Ausnahmefällen für möglich hält.

[23] *Seiler* in Assmann/Pötzsch/Schneider, § 16 Rn. 25.

[24] BT-Drucks. 14/7034, 46.

retisch solidarisieren und den Übernahmeversuch gemeinsam abwehren oder mit dem Bieter günstigere Konditionen aushandeln. Da dies aber in der Realität bei einer Vielzahl von Minderheitsaktionären nahezu unmöglich ist, muss jeder einzelne Minderheitsaktionär damit rechnen, dass seine Mitaktionäre das einseitige Angebot des Bieters annehmen und er in der Minderheitenposition zurückbleibt. Um dies zu verhindern, nimmt der Minderheitsaktionär das Angebot an.[25]

28 Die durch Abs. 2 Satz 1 ermöglichte „Befreiung" aus dem Prisoner's Dilemma wird allerdings durch Satz 2 der Vorschrift in den Fällen, in denen ein vom Bieter vorgegebener Mindestanteil an Aktien während der Dauer der regulären Annahmefrist nicht erreicht wird, wieder eingeschränkt. In diesem Fall wird die weitere Annahmefrist nicht gewährt. Dadurch ist bei Übernahmeangeboten, die das **Erreichen einer Mindestquote** zur Bedingung haben, das Einnehmen einer abwartenden Haltung mit spekulativen Risiken behaftet.

29 Für den Bieter eröffnet die weitere Annahmefrist die Möglichkeit, seine Beteiligung an der Zielgesellschaft nach erfolgreichem Kontrollerwerb weiter zu erhöhen.[26] Unter Berücksichtigung der Interessenlage des Bieters ist die Vorschrift jedoch nicht so unproblematisch, wie es nach der Gesetzesbegründung den Anschein hat, da der Bieter nicht nur an Planungssicherheit verliert, sondern nach Lage des Einzelfalles uU auch durch die öffentliche Berichterstattung über das Angebot beeinträchtigt werden kann: Durch die Gewährung einer weiteren Annahmefrist hat sich die bei öffentlichen Übernahmeangeboten ohnehin schon früher beobachtete Tendenz zum **Attentismus** insbesondere bei institutionellen Anlegern, die ihre Entscheidung häufig erst gegen Ende der Frist treffen,[27] verstärkt. Wenn aufgrund des durch Abs. 2 Satz 1 geförderten abwartenden Verhaltens bis zur Schlussphase Annahmeerklärungen nur in spärlichem Umfang eingehen, ist die öffentliche Wirkung von laufenden Ergebnismitteilungen (§ 23 Abs. 1 Satz 1 Nr. 1) jedenfalls bei solchen Angeboten, die im Blickfeld der Öffentlichkeit stehen, nicht zu unterschätzen. Sie kann erhöhte Werbemaßnahmen des Bieters erforderlich machen.

30 **b) Sonstige Bedeutung der weiteren Annahmefrist.** Anders als die reguläre Annahmefrist nach Abs. 1 zieht die weitere Annahmefrist mit Ausnahme der in Abs. 2 erfassten Regelungen (und der daran anknüpfenden erforderlichen weiteren Ergebnismitteilung nach § 23 Abs. 1 Satz 1 Nr. 3) keine weiteren Folgen für das Angebotsverfahren nach sich. Insbesondere führt sie nicht dazu, dass ein während ihres Laufes etwa abgegebenes konkurrierendes Angebot (§ 22) eine weitere Fristverlängerung zur Folge hat.[28] Ebenso wenig hat sie Einfluss auf den Lauf von Nachbesserungspflichten (§ 31 Abs. 4 und 5).

---

[25] *Liebscher* ZIP 2001, 853, 856; *Assmann/Bozenhardt* in Assmann/Basaldua/Bozenhardt/Peltzer, S. 1, 11 f.; *Weimar/Breuer* BB 1991, 2307, 2310 (Fn. 7); *Witt* NZG 2000, 809, 811 ff. mwN auch zur Spieltheorie.

[26] BT-Drucks. 14/7034, 46.

[27] Vgl. *Liebscher* ZIP 2001, 853, 865.

[28] *Scholz* in Frankfurter Komm., § 22 Rn. 12.

2. Anwendungsbereich

a) Übernahmeangebot mit tatsächlichem Kontrollerwerb. Abs. 2 gilt nach seinem Wortlaut ausschließlich für Übernahmeangebote. Auf Pflichtangebote und sonstige Erwerbsangebote findet die Vorschrift hingegen keine – auch keine entsprechende – Anwendung (für Pflichtangebote ist dies in § 39 ausdrücklich bestimmt).[29] Dies ist insofern gerechtfertigt, als die besondere Entscheidungssituation, in der sich die Minderheitsaktionäre befinden, nur bei Angeboten gegeben ist, die auf den **Erwerb der Kontrolle** an der Zielgesellschaft gerichtet sind. Bei Pflichtangeboten besteht bereits definitionsgemäß eine Kontrollmehrheit (§ 35 Abs. 1 Satz 1). Bei sonstigen Erwerbsangeboten ist ein Erwerb der Kontrolle entweder nicht angestrebt oder es besteht ebenfalls bereits eine Kontrollmehrheit iSd § 29 Abs. 2. 31

Die besondere Entscheidungssituation, dh die Unsicherheit über den bevorstehenden Kontrollwechsel, besteht an und für sich nicht mehr, wenn sich bereits während der regulären Annahmefrist aufgrund der laufenden Ergebnisveröffentlichungen nach § 23 Abs. 1 Satz 1 Nr. 1 herausstellt, dass der Bieter die Kontrolle über die Zielgesellschaft erlangt hat oder sicher erlangen wird (und ggf. eine im Angebot etwa vorgesehene Mindestbeteiligungsquote bereits erreicht ist). Gleichwohl bleibt Abs. 2 Satz 1 auch in diesem Falle anwendbar,[30] wenngleich unter Berücksichtigung der Interessenlage des Bieters (vgl. Rn. 31) eine teleologische Reduktion der Vorschrift nicht ganz fernliegend erscheint (wobei dann allerdings gewährleistet sein müsste, dass den Minderheitsaktionären entsprechend dem Rechtsgedanken von Abs. 2 Satz 1 (eine insoweit vergleichbare Regelung findet sich auch in § 21 Abs. 5 Satz 1) in jedem Falle mindestens noch eine zweiwöchige Annahmefrist nach der entsprechenden Veröffentlichung verbleibt). 32

Fraglich ist, ob Abs. 2 Satz 1 auch dann anwendbar ist, wenn die Kontrolle aufgrund eines **planvollen Vorgehens** des Bieters aufgrund eines im Vorfeld des Übernahmeangebots eingeleiteten, aber erst während dessen Laufzeit vollzogenen **Paketerwerb** wechselt. Ein solcher Fall kann typischerweise dann eintreten, wenn der Bieter entsprechend seinem vorgefassten Gesamtplan ein Aktienpaket in einer die Kontrollschwelle des § 29 Abs. 2 überschreitenden Größenordnung vor der Abgabe des Übernahmeangebots unter aufschiebenden Bedingungen kauft und die Bedingungen innerhalb oder vor Beginn der Annahmefrist eintreten und der Vorerwerb damit unbedingt wird. Das in Vollzug des vorgefassten Gesamtplanes abgegebene Erwerbsangebot ist gleichwohl ein Übernahmeangebot iSd § 29 Abs. 1 (und kein Pflichtangebot), auch wenn wörtlich genommen nicht das Angebot, sondern der eingeleitete Paketerwerb auf den Kontrollerwerb gerichtet ist. Unabhängig von der Frage, ob und unter welchen Voraussetzungen in einem solchen Fall nach Vollzug des Kontrollwechsels § 35 Abs. 3 der Bieter von der Abgabe eines Pflichtangebots befreit ist. kommen die Aktionäre auch hier noch in den Genuss der weiteren Annahmefrist von Abs. 2 Satz 1.[31] 33

---

[29] *Oechsler* in Ehricke/Ekkenga/Oechsler, § 16 Rn. 9; aA *Land* DB 2001, 1707, 1709.

[30] Vgl. *Merkner/Sustmann* in Baums/Thoma, § 16 Rn. 38; *Seiler* in Assmann/Pötzsch/Schneider, § 16 Rn. 33.

[31] Vgl. *Hasselbach* in KK-WpÜG, § 16 Rn. 43.

34 **b) Übernahmeangebot ohne tatsächlichen Kontrollerwerb.** Wenngleich der Gesetzgeber bei der weiteren Annahmefrist vor Augen hatte, Minderheitsaktionäre aus dem Dilemma der Unsicherheit über das Bevorstehen eines Kontrollwechsels oder das Entstehen einer Kontrollsituation zu befreien,[32] hat er dies in Abs. 2 Satz 1 nur unzulänglich zum Ausdruck gebracht. Wie sich insbesondere durch das Zusammenwirken mit Satz 2 sowie aus der Definition des § 29 Abs. 1 ergibt, wäre die Anwendung der Vorschrift nach ihrem Wortlaut nicht auf den Fall beschränkt, dass das Übernahmeangebot nach Ablauf der Annahmefrist **tatsächlich zum Kontrollwechsel** oder zum Entstehen einer Kontrollsituation geführt hat, denn ein Übernahmeangebot verliert seinen Rechtscharakter nicht dadurch, dass im Ergebnis die Kontrolle nicht erreicht wird.[33] Hat der Bieter im Falle eines Übernahmeangebots keinen Mindestanteil iSv Abs. 2 Satz 2 bestimmt, so würde die erweiterte Annahmefrist nach dem Gesetzeswortlaut auch dann gewährt, wenn der Kontrollerwerb misslingt, was BaFin-Praxis ist.

35 Auf diese Weise würde die Vorschrift in ihr **Gegenteil verkehrt** werden. Das Prisoner's Dilemma, von dem Abs. 2 Satz 1 gerade befreien will, würde hierdurch gerade erst begründet, denn nur aufgrund der nunmehr erweiterten Annahmefrist würden die Aktionäre in die für sie nachteilige besondere Entscheidungssituation geraten. Das Prisoner's Dilemma würde sogar noch verstärkt, da – anders als während der Schlussphase der regulären Annahmefrist – während des Laufes der weiteren Annahmefrist keine täglichen Ergebnismitteilungen vorgeschrieben sind (vgl. § 23 Abs. 1 Satz 1 Nr. 3), so dass die Aktionäre uU bis zuletzt über den Kontrollwechsel im Unklaren gelassen werden. Solange der Gesetzgeber keine klare Regelung schafft, muss dieser **evidente Wertungswiderspruch** hingenommen werden; eine teleologische Reduzierung des § 16 Abs. 2 Satz 1[34] verbietet sich bei Eingriffsgesetzen wie dem WpÜG.

36 **c) Sonstige Erwerbsangebote mit faktischem Kontrollerwerb.** Konträr zur überschießenden Innentendenz des Abs. 2 Satz 1 in einigen Fallkonstellationen weist die Vorschrift jedoch auch Lücken auf, da die gesetzgeberische Intention infolge der Beschränkung auf Übernahmeangebote nur teilweise verwirklicht wird. Auch **sonstige freiwillige Angebote** können de facto auf den Erwerb der Kontrolle zielen. Hatte beispielsweise der Bieter die Kontrollmehrheit des § 29 Abs. 2 bereits vor Inkrafttreten des WpÜG erreicht (sog. Altfall), kann er eine Kontrolle jedoch nicht ausüben, weil zB ein Dritter über einen höheren Stimmrechtsanteil verfügt oder aufgrund der Präsenzmehrheiten in den letzten ordentlichen Hauptversammlungen der Zielgesellschaft nicht zu erwarten ist, dass der Bieter die Kontrolle tatsächlich ausüben kann (§ 9 Satz 2 Nr. 1 und 2 WpÜG-AngV), ist ein vom Bieter

---

[32] In diesem Sinne wohl BT-Drucks. 14/7034, 46.

[33] Missverständlich daher BT-Drucks. 14/7034, 46, wo auf den Erfolg des Angebots abgestellt wird.

[34] So *Geibel/Süßmann* BKR 2002, 52, 61; *Ekkenga/Hofschroer* DStR 2002, 768, 770; *Merkner/Sustmann* in Baums/Thoma, § 16 Rn. 43; *Wackerbarth* in MüKoAktG, § 16 WpÜG Rn. 24; *Noack* in Schwark, KapitalmarktR, § 16 Rn. 17; *Seiler* in Assmann/Pötzsch/Schneider, § 16 Rn. 34; aA *Hasselbach* in KK-WpÜG, § 16 Rn. 44.

abgegebenes öffentliches Erwerbsangebot ein sonstiges freiwilliges Angebot, für das Abs. 2 Satz 1 nicht gilt. Obwohl sich die Minderheitsaktionäre hier in einer in jeder Hinsicht mit einem Übernahmeangebot vergleichbaren Entscheidungssituation befinden, weil mit dem sonstigen freiwilligen Angebot ein echter Kontrollwechsel beabsichtigt wird, wird ihnen hier die weitere Annahmefrist **versagt.**[35] Dieser insoweit bestehende Wertungswiderspruch muss nach dem geltenden Recht jedoch hingenommen werden.[36] Er beruht auf der nicht unumstrittenen Grundentscheidung des Gesetzgebers, sämtliche sogenannten **Altfälle** von den für Übernahme- und Pflichtangebote geltenden Sondervorschriften des Vierten und Fünften Abschnitts generell auszunehmen, ohne danach zu differenzieren, ob eine Kontrollsituation zum Zeitpunkt des Inkrafttretens des Gesetzes am 1.1.2002 tatsächlich (und nicht lediglich abstrakt typisierend, § 29 Abs. 2) bereits bestand.

3. Weitere Tatbestandsmerkmale (Abs. 2 Satz 1)

a) Aktionäre der Zielgesellschaft. Das Gesetz räumt die weitere Annahmefrist allen Aktionären der Zielgesellschaft ein. Begünstigt sind somit nicht nur **Kleinaktionäre,** sondern ua auch **institutionelle Anleger,**[37] unabhängig von ihrer Beteiligungsquote. Der Begünstigte muss jedoch stets **Aktionär** sein.[38] Erstreckt sich ein Übernahmeangebot nicht nur auf Aktien, sondern darüber hinaus auch auf andere, (noch) keine Mitgliedsrechte verkörpernden Wertpapiere an der Zielgesellschaft (insbesondere Wandel- oder Optionsanleihen),[39] wobei eine Verpflichtung des Bieters, auch solche Wertpapiere zu erwerben, durch § 32 jedoch nicht begründet wird, so kommt zugunsten der betreffenden Wertpapierinhaber die weitere Annahmefrist gleichwohl nicht zur Anwendung, wenn und soweit sie die betreffenden Wertpapiere nicht rechtzeitig vor Ablauf der regulären Annahmefrist in Aktien umgetauscht bzw. ihre entsprechenden Bezugsrechte ausgeübt haben.[40] Bei Wandel- und Optionsanleihen werden Mitgliedsrechte erst mit Wirksamwerden der insoweit vorgesehenen Kapitalmaßnahmen begründet (bei regulärer Kapitalerhöhung oder der Ausnutzung genehmigten Kapitals: Handelsregistereintragung der Durchführung der Kapitalerhöhung gemäß § 189 AktG, bei Verwendung von bedingtem Kapital: Ausgabe der Bezugsaktien gemäß § 200 AktG). 37

b) Nichtannahme des Angebots. Abs. 2 Satz 1 setzt voraus, dass ein Aktionär das Angebot „nicht angenommen" hat. Der Wortlaut könnte darauf hindeuten, dass der Aktionär nur bei **vollständiger Nichtannahme** wäh- 38

---

[35] *Hasselbach* in KK-WpÜG, § 16 Rn. 43.

[36] Vgl. auch *Seiler* in Assmann/Pötzsch/Schneider, § 16 Rn. 36.

[37] *Liebscher* ZIP 2001, 853, 865.

[38] Ganz hM, vgl. *Merkner/Sustmann* in Baums/Thoma, § 16 Rn. 46; *Noack* in Schwark, KapitalmarktR, § 16 WpÜG Rn. 18; *Seiler* in Assmann/Pötzsch/Schneider, § 16 Rn. 38; *Steinmeyer* in Steinmeyer, § 16 Rn. 5; aA (ohne Begründung) *Wackerbarth* in MüKoAktG, § 16 WpÜG Rn. 29.

[39] Zum dort fehlenden Mitgliedschaftscharakter siehe *Hüffer/Koch,* § 221 Rn. 5, 56.

[40] Wie hier *Merkner/Sustmann* in Baums/Thoma, § 16 Rn. 46; aA *Wackerbarth* in MüKoAktG, § 16 WpÜG Rn. 29.

rend der regulären Annahmefrist die weitere Überlegungsfrist erhält, während eine teilweise Annahme des Angebots schädlich ist. Dafür spricht, dass nach Sinn und Zweck der Aktionär, der keine Entscheidung über Annahme oder Nichtannahme getroffen hat, geschützt werden soll, während der Aktionär, der durch Abgabe nur eines Teilbestandes seiner Aktien eine bewusste Entscheidung trifft, nicht in gleicher Weise schutzbedürftig erscheint. Gleichwohl wird man schon aus abwicklungstechnischen Gründen davon auszugehen haben, dass auch Aktionäre, die das Angebot nur teilweise annehmen, ebenfalls in den Genuss der weiteren Annahmefrist kommen: Die Abwicklung eines Übernahmeangebots ist ein standardisiertes Massenverfahren und weder das mit der Abwicklung beauftragte Kreditinstitut noch der Bieter haben technisch oder rechtlich die Möglichkeit, festzustellen, ob die zu verschiedenen Zeitpunkten zur Verfügung gestellten Aktienbestände aus ein und derselben Hand kommen.[41]

39 Diese Erwägungen gelten in gleicher Weise für einen Aktionär, der erst **nach Veröffentlichung** der Angebotsunterlage für das Übernahmeangebot Aktien der Zielgesellschaft über die Börse erwirbt (zB weil er darauf spekuliert, dass der Bieter im Laufe des Angebotsverfahrens sein Angebot verbessert oder darauf hofft, dass ein besseres konkurrierendes Angebot abgegeben wird). Ein solcher Aktionär bedarf im Grunde genommen nicht des Schutzes des Abs. 2 Satz 1. Jedoch wird auch ein solcher Aktionär infolge des anonymen Abwicklungsprozesses de facto in den Genuss einer weiteren Überlegungsfrist gelangen.[42]

4. Beginn und Ende der weiteren Annahmefrist

40 Die weitere Annahmefrist beginnt mit der **Veröffentlichung des Ergebnisses** des Übernahmeangebots nach § 23 Abs. 1 Satz 1 Nr. 2 iVm § 14 Abs. 3 Satz 1 und endet kraft Gesetzes zwei Wochen später. Zur Fristberechnung gelten die zur Fristberechnung der Mindest- und Höchstfristen dargelegten Grundsätze entsprechend; § 190 BGB findet keine Anwendung, da sich der Beginn der weiteren Annahmefrist nicht unmittelbar an den Ablauf der Annahmefrist anschließt. Dadurch bleibt allerdings ungeregelt, was für den Zeitraum zwischen dem Ablauf der Annahmefrist und dem Beginn der weiteren Annahmefrist gelten soll. Annahmeerklärungen, die in diesem Zwischenzeitraum abgegeben werden, kann ohne weiteres der konkludente Erklärungsgehalt beigemessen werden, dass sie auf den Zeitpunkt des Beginns der weiteren Annahmefrist abgegeben werden. Richtigerweise sind daher nach herrschender Auffassung Annahmeerklärungen, die in diesem Zeitraum eingehen, als fristgemäß zu berücksichtigen.[43]

41 Eine **Veröffentlichung** des Beginns und des Endes der weiteren Annahmefrist durch den Bieter ist im Gesetz nicht vorgesehen. Der Bieter wird durch das Gesetz lediglich verpflichtet, bei einem Übernahmeangebot in der

---

[41] Vgl. auch *Hasselbach* in KK-WpÜG, § 16 Rn. 48.

[42] Auf die mangelnde Praktikabilität eines anderen Ergebnisses hinweisend auch *Seiler* in Assmann/Pötzsch/Schneider, § 16 Rn. 39.

[43] *Hasselbach* in KK-WpÜG, § 16 Rn. 51; *Seiler* in Assmann/Pötzsch/Schneider, § 16 Rn. 41.

Angebotsunterlage allgemein auf die weitere Annahmefrist hinzuweisen (§ 2 Nr. 9 WpÜG-AngV). Gleichwohl erscheint es zweckmäßig, zusammen mit der Veröffentlichung der Ergebnismitteilung nach § 23 Abs. 1 Satz 1 Nr. 2 auch den Beginn und das Ende der weiteren Annahmefrist nach § 14 Abs. 3 Satz 1 zu veröffentlichen,[44] und dies wird von der BaFin auch so verlangt.

5. Fehlgeschlagenes Übernahmeangebot (Abs. 2 Satz 2)

a) Allgemeines. Durch Satz 2 wird der Anwendungsbereich der weiteren Annahmefrist eingeschränkt: Hat der Bieter sein Übernahmeangebot mit der Bedingung versehen, dass er einen **Mindestanteil** der Aktien erreicht und wird dieser Mindestanteil nicht erreicht, können die Aktionäre der Zielgesellschaft nach Ablauf der regulären Annahmefrist das Übernahmeangebot nicht mehr annehmen. Nach der Gesetzesbegründung ist die gesetzliche Einschränkung vor dem Hintergrund gerechtfertigt, dass in einem solchen Fall kein Kontrollwechsel stattgefunden hat.[45] Für die Aktionäre hat dies zur Folge, dass das Spekulieren auf die Zaunkönigregelung des Satzes 1 riskant sein kann [46] 42

b) Nichterreichen eines Mindestanteils. Die Abhängigkeit vom Erwerb eines Mindestanteils hat nicht zur Folge, dass unter dem „Erwerb" iSv von Satz 2 die Erlangung des sachenrechtlichen Eigentums verstanden werden könnte; insoweit weicht der in Abs. 2 Satz 2 verwendete Erwerbsbegriff vom sonst dem WpÜG zugrunde gelegten Erwerbsbegriff[47] ab. Für das Erreichen des Mindestanteils ist vielmehr der Zugang von Annahmeerklärungen in der Zahl, wie sie vom Bieter in der Angebotsunterlage festgelegt worden ist, maßgeblich.[48] Die unterschiedliche Auslegung des Erwerbsbegriffs ist im Rahmen von Abs. 2 Satz 2 ausnahmsweise geboten, weil andernfalls diejenigen Fallgestaltungen nicht sachgerecht lösbar sind, in denen das Eigentum zum Zeitpunkt der Ergebnismitteilung nach § 23 Abs. 1 Satz 1 Nr 2 – und damit zu dem Zeitpunkt, an den der Beginn der weiteren Annahmefrist anknüpft – wegen noch nicht eingetretener aufschiebender Bedingungen (wie zB der Abschluss kartellrechtlicher Freigabeverfahren) noch nicht erworben worden ist. 43

Der Anwendungsbereich von Satz 2 ist dabei nicht auf den Fall beschränkt, in dem der Mindestanteil ausschließlich durch den Erwerb von Aktien aufgrund des Übernahmeangebots erreicht oder nicht erreicht wird. Vielmehr können bei der Feststellung auch Aktienerwerbe des Bieters aufgrund individueller Vereinbarungen mit anderen Aktionären oder aufgrund von Aktienkäufen des Bieters über die Börse zu berücksichtigen sein. Insoweit kommt es letztlich darauf an, wie die Angebotsbedingungen des Bieters formuliert sind. Der Bieter ist hier in der Ausformulierung seiner Bedingungen unter Beachtung gewisser Grenzen frei.[49] 44

---

[44] *Merkner/Sustmann* in Baums/Thoma, § 16 Rn. 47.

[45] BT-Drucks. 14/7034, 46.

[46] *Liebscher* ZIP 2001, 853, 865.

[47] Vgl. Gesetzesbegründung zu § 30, BT-Drucks. 14/7034, 54.

[48] Vgl. *Hasselbach* in KK-WpÜG, § 16 Rn. 53; *Wackerbarth* in MüKoAktG, § 16 WpÜG Rn. 28; *Seiler* in Assmann/Pötzsch/Schneider, § 16 Rn. 43.

[49] Ähnlich *Merkner/Sustmann* in Baums/Thoma, § 16 Rn. 53.

45 **c) Maßgeblicher Zeitpunkt.** Nach Satz 2 darf der Mindestanteil nach Ablauf der Annahmefrist nicht erreicht worden sein. Das Gesetz stellt nicht auf den Ablaufzeitpunkt der Annahmefrist ab (sonst müsste es „mit Ablauf" heißen), sondern auf einen in Satz 2 nicht definierten – und deshalb auslegungsbedürftigen[50] – späteren Zeitpunkt. Da dem Bieter mit Ablauf der Annahmefrist noch nicht notwendigerweise bekannt ist, wie viele Annahmeerklärungen ihm zugegangen sind, kann der Bieter erst bei Auswertung der eingegangenen Erklärungen feststellen, ob der Mindestanteil erreicht ist.

46 Daraus folgt, dass der maßgebliche Zeitpunkt, zu dem der Mindestanteil spätestens erreicht werden muss, grundsätzlich aus dem Zusammenwirken von Abs. 2 Satz 1 und § 23 Abs. 1 Satz 1 Nr. 2 zu bestimmen ist: Da die weitere Annahmefrist mit der Ergebnisveröffentlichung, die unverzüglich zu veröffentlichen ist, zu laufen beginnt, muss **spätestens mit der Ergebnisveröffentlichung** feststehen, ob der Mindestanteil auch tatsächlich erreicht wurde.[51] Börsliche und außerbörsliche Aktienerwerbe, die der Bieter nach Ablauf der Annahmefrist bis zu diesem Zeitpunkt noch getätigt hat, dürften hierbei im Regelfall noch einzubeziehen sein, wobei es auch hier letztlich auf die genaue Formulierung der entsprechenden Bedingung in der Angebotsunterlage ankommt.[52]

47 **d) Feststellung und Veröffentlichung.** Die Feststellung, ob der Bieter den Mindestanteil, von dem er sein Übernahmeangebot abhängig gemacht hat, erreicht oder nicht erreicht hat, ist spätestens mit der Ergebnismitteilung nach § 23 Abs. 1 Satz 1 Nr. 2 über die in § 14 Abs. 3 Satz 1 genannten Nachrichtenmedien zu veröffentlichen, sofern nicht bereits aufgrund vorangegangener Ergebnismitteilungen nach § 23 Abs. 1 Satz 1 Nr. 1 feststeht, dass der Bieter den Mindestanteil bereits erreicht hat.

48 **e) Bedingungsänderung und -verzicht. Verzichtet** der Bieter während des Laufes des Übernahmeangebots auf die Bedingung des Erwerbs eines Mindestanteils (vgl. § 21 Abs. 1 Satz 1 Nr. 4), wird durch den hieraus resultierenden Wegfall der Einschränkung von Abs. 2 Satz 2 die Ungewissheit hinsichtlich der Gewährung der weiteren Annahmefrist beseitigt.[53] Wird in den letzten zwei Wochen rechtzeitig gemäß § 21 Abs. 1 Satz 1 vor Ablauf der Annahmefrist auf die Mindestanteilsquote verzichtet oder **verringert** der Bieter die Mindestanteilsquote (§ 21 Abs. 1 Satz 1 Nr. 3) in diesem Zeitraum, so verlängert sich zunächst gemäß § 21 Abs. 5 die Annahmefrist um zwei Wochen. Erst danach beginnt die weitere Annahmefrist, so dass das Übernahmeangebot im Maximalfall etwas über 14 Wochen (im Falle zwischenzeitlich abgegebener konkurrierender Angebote (§ 22) sogar noch erheblich länger) laufen kann.

---

[50] So mit Recht *Wackerbarth* in MüKoAktG, § 16 WpÜG Fn. 28, gegen *Hasselbach* in KK-WpÜG, § 16 Fn. 55.

[51] Ebenso *Wackerbarth* in MüKoAktG, § 16 WpÜG Rn. 28; *Seiler* in Assmann/Pötzsch/Schneider, § 16 Rn. 43; aA *Hasselbach* in KK-WpÜG, § 16 Rn. 54; *Merkner/Sustmann* in Baums/Thoma, § 16 Rn. 54.

[52] *Merkner/Sustmann* in Baums/Thoma, § 16 Rn. 57.

[53] Vgl. auch *Seiler* in Assmann/Pötzsch/Schneider, § 16 Rn. 45.

IV. Verlängerung der Annahmefrist bei Einberufung der Hauptversammlung (Abs. 3)

1. Allgemeines

Durch Abs. 3 wird die Annahmefrist abweichend von Abs. 1 Satz 1 und unabhängig von der Festlegung des Bieters in der Angebotsunterlage in den Fällen, in denen im Zusammenhang mit dem Angebot nach dessen Veröffentlichung eine Hauptversammlung der Zielgesellschaft einberufen wird, zwingend auf die gesetzliche Maximaldauer von **zehn Wochen** festgelegt.[54] Mit Hilfe der Vorschrift soll es dem Vorstand der Zielgesellschaft ermöglicht werden, während des laufenden Angebotsverfahrens kurzfristig einen **Beschluss der Hauptversammlung** herbeizuführen, um den Erfolg des Angebots zu verhindern.[55] Die Festlegung auf zehn Wochen soll dabei sicherstellen, dass etwaige Beschlüsse der Hauptversammlung vom Vorstand noch umgesetzt werden können.[56] Allerdings hat der Gesetzgeber von der in Art. 7 Abs. 2 Satz 2 der Übernahmerichtlinie vorgesehenen Möglichkeit, die Aufsichtsstelle (BaFin) zu ermächtigen, eine Fristverlängerung zu gestatten, damit die Zielgesellschaft zur Prüfung des Angebots eine Hauptversammlung der Aktionäre einberufen kann, keinen Gebrauch gemacht. Es bleibt damit auch dann bei der Maximaldauer von zehn Wochen für die Annahmefrist, wenn die Durchführung einer Hauptversammlung im Einzelfall innerhalb dieser Frist nicht möglich sein sollte. 49

Die Vorschrift war ebenso wie Abs. 4, der Erleichterungen von den aktienrechtlichen Einberufungs-, Anmelde- und Mitteilungsfristen enthält, in gewisser Hinsicht komplementär zur im Regierungsentwurf zum WpÜG ursprünglich enthaltenen Fassung des § 33 Abs. 1, wonach Handlungen von Vorstand und Aufsichtsrat der Zielgesellschaft, durch die der Erfolg des Angebots verhindert werden könnte, der Ermächtigung durch die Hauptversammlung bedurft hätten. Der ursprüngliche Entwurf des § 33 Abs. 1 ist jedoch zugunsten des Managements der Zielgesellschaft während des Gesetzgebungsverfahrens erheblich „entschärft" worden, indem die ursprünglich vorgesehene übernahmerechtliche Zuständigkeit der Hauptversammlung für die Zustimmung zu Abwehrmaßnahmen auf den Aufsichtsrat übertragen wurde (§ 33 Abs. 1 Satz 2). Dadurch wird im Zusammenhang mit Abwehrmaßnahmen eine Hauptversammlung der Zielgesellschaft nur noch dann erforderlich, wenn die Hauptversammlung hierfür aktienrechtlich ausdrücklich (§ 119 Abs. 1 AktG) oder kraft ungeschriebener Zuständigkeitsregelung[57] oder aufgrund eines Vorstandsverlangens (§ 119 Abs. 2 AktG)[58] zuständig ist, sofern der Vorstand die betreffende Maßnahme nicht bereits aufgrund eines 50

---

[54] Die Möglichkeit, dem Bieter durch Einberufung einer Hauptversammlung eine zehnwöchige Annahmefrist aufzuzwingen, wird von *Wackerbarth* in MüKoAktG, § 16 WpÜG Rn. 38, für verfassungswidrig gehalten.

[55] BT-Drucks. 14/7034, 46.

[56] BT-Drucks. 14/7034, 46; *Merkner/Sustmann* in Baums/Thoma, § 16 Rn. 74.

[57] BGHZ 83, 122 (Holzmüller); BGHZ 159, 30 (Gelatine).

[58] Siehe hierzu BGH ZIP 2001, 416 (Altana/Milupa).

Vorratsbeschlusses nach § 33 Abs. 2 durchführen kann, oder aber – wegen § 33a Abs. 2 – soweit Zielgesellschaften betroffen sind, in deren Satzung die Anwendung des § 33 ausgeschlossen wurde (vgl. § 33a Abs. 1) und der Vorstand eine Ermächtigung nach § 33a Abs. 2 Satz 2 Nr. 1 anstrebt. Ungeachtet dessen, dass § 33 nur für Übernahme- und über § 39 auch für Pflichtangebote gilt, finden Abs. 3 und 4 **bei sämtlichen öffentlichen Erwerbsangeboten** – einschließlich von Pflichtangeboten und sonstigen freiwilligen Erwerbsangeboten – Anwendung.[59] Letzteres wird vom Gesetzgeber damit gerechtfertigt, dass auch bei einem Angebot, das zwar nicht den Erwerb der Kontrolle, jedoch einen gewichtigen Einfluss vermitteln würde, der Vorstand die Möglichkeit erhalten soll, mit Hilfe eines Hauptversammlungsbeschlusses den Erfolg des Angebots zu verhindern.[60] Häufig wird der Bieter jedoch bereits über einen nicht unerheblichen Stimmrechtsanteil verfügen, der es ihm ermöglicht, Beschlüsse zu verhindern, die eine qualifizierte Mehrheit verlangen.[61]

2. Voraussetzungen und Rechtsfolgen (Abs. 3 Satz 1)

51 **a) Hauptversammlung im Zusammenhang mit dem Angebot.** Eine Verlängerung der Annahmefrist nach Satz 1 erfordert, dass eine Hauptversammlung der Zielgesellschaft einberufen wird. Nach dem Wortlaut kommt es nicht darauf an, ob die Hauptversammlung (was allerdings der Regelfall sein wird) auf Initiative des Vorstands einberufen wird oder auf Verlangen einer Minderheit von Aktionären gemäß § 122 Abs. 1 AktG.[62] Ferner muss zwischen der Einberufung der Hauptversammlung und dem Angebot des Bieters ein **Zusammenhang** bestehen, der sowohl in **sachlicher** als auch in **zeitlicher** Hinsicht herzuleiten sein muss.[63]

52 **aa) Sachlicher Zusammenhang.** In sachlicher Hinsicht erfordert der Zusammenhang mit dem Angebot nach Sinn und Zweck der Regelung, dass eine Hauptversammlung einberufen wird, der Beschlussvorschläge unterbreitet werden, die im Falle ihrer Annahme durch die Hauptversammlung zumindest **objektiv geeignet** sind, den Erfolg des Angebots zu verhindern; auf eine Verhinderungsabsicht kommt es dagegen nicht an (arg. § 33 Abs. 1, § 33a Abs. 2 Satz 2 Nr. 1).[64] Zu den hiernach für eine Beschlussfassung in

---

[59] Ganz hM; vgl. *Seiler* in Assmann/Pötzsch/Schneider, § 16 Rn. 49; aA *Oechsler* in Ehricke/Ekkenga/Oechsler, § 16 Rn. 14, der sich für eine teleologische Reduzierung der Vorschrift auf Übernahmeangebote ausspricht.

[60] BT-Drucks. 14/7034, 46; kritisch hierzu *Oechsler* NZG 2001, 817, 824.

[61] *Schneider/Burgard* DB 2001, 963, 968.

[62] Wie hier *Wackerbarth* in MüKoAktG, § 16 WpÜG Rn. 35; *Steinmeyer* in Steinmeyer, § 16 Rn. 18 ff.

[63] *Hasselbach* in KK-WpÜG, § 16 Rn. 60 ff.; *Seiler* in Assmann/Pötzsch/Schneider, § 16 Rn. 49, 53; aA *Wackerbarth* in MüKoAktG, § 16 WpÜG Rn. 33 (nur sachlicher Zusammenhang erforderlich).

[64] Vgl. BT-Drucks. 14/7034, 57; *Merkner/Sustmann* in Baums/Thoma, § 16 Rn. 64; aA *Stohlmeier* in Semler/Volhard, § 40 Rn. 42 sowie *Wackerbarth* in MüKoAktG, § 16 Rn. 34, die einen Zusammenhang auch bei beabsichtigter Förderung des Erfolgs des Angebots bejahen.

Betracht kommenden Maßnahmen gehören ua: die Ausgabe von Stamm- oder Vorzugsaktien der Zielgesellschaft mit oder ohne Ausschluss des Bezugsrechts, die Ausgabe von Wandel- oder Optionsanleihen, der Rückerwerb eigener Aktien durch die Zielgesellschaft, die Veräußerung wesentlicher Bestandteile des Gesellschaftsvermögens („crown jewels"), die Schaffung kartellrechtlicher Probleme für den Bieter, die Verankerung eines höheren Mehrheitserfordernisses für die Wahl von Aufsichtsratsmitgliedern sowie die Erschwerung der vorzeitigen Abberufung von Aufsichtsratsmitgliedern durch höhere als die nach § 103 Abs. 1 Satz 2 AktG vorgesehenen Mehrheiten. Dabei dürfen an das objektive Erfordernis allerdings keine allzu hohen Anforderungen gestellt werden.[65]

Fraglich ist, ob auch sog. **beschlusslose** Hauptversammlungen, die allein der Erörterung, Information und Meinungsbildung in Bezug auf das Angebot dienen,[66] geeignet sind, die Verlängerung der Annahmefrist herbeizuführen. Aus Abs. 4 Satz 4, der für eine nach Abs. 3 einberufene Hauptversammlung eine Pflicht zur Erleichterung der Erteilung von **Stimmrechtsvollmachten** vorsieht, könnte gefolgert werden, dass Abs. 3 sich nur auf beschlussorientierte Hauptversammlungen beziehen soll.[67] Dadurch würde jedoch nicht hinreichend berücksichtigt, dass eine solche Hauptversammlung in besonderer Weise die Kommunikation der von dem Angebot betroffenen Aktionäre ermöglicht und damit deren Interessen dient.[68] Auch Ziff. 3.7 Unterabsatz 3 DCGK geht mit der dort enthaltenen Anregung, in Fällen, in denen dies angezeigt ist, eine außerordentliche Hauptversammlung einzuberufen, in der die Aktionäre über das Übernahmeangebot beraten und „ggf." über gesellschaftsrechtliche Maßnahmen beschließen, offenkundig von der Zulässigkeit einer beschlusslosen Hauptversammlung aus. Abgesehen davon können ggf. im Rahmen von § 122 Abs. 2, § 124 Abs. 1 Satz 2 AktG von Aktionärsseite Gegenstände bzw. Anträge zur Beschlussfassung eingebracht werden, soweit dies nach den zwingenden aktienrechtlichen Fristen möglich ist. Insofern muss eine ursprünglich als beschlusslos konzipierte Hauptversammlung nicht notwendigerweise auch beschlusslos enden. Daher führen auch Hauptversammlungen, die ohne konkrete Vorschläge zur Beschlussfassung einberufen werden, zur Anwendung von Abs. 3. 53

Satz 1 regelt nicht eindeutig, ob **bei Gelegenheit** einer Hauptversammlung, die im Zusammenhang mit dem Angebot einberufen wird, **zusätzlich** auch Gegenstände auf die Tagesordnung gesetzt werden können, die objektiv nicht geeignet sind, den Erfolg des Angebots zu verhindern (zB sonstige Satzungsänderungen, Wahl des Abschlussprüfers u. ä.). Im Lichte von § 16 Abs. 3 und 4 einerseits und den aktienrechtlichen Einberufungs-, Anmelde- und Mittei- 54

---

[65] *Steinmeyer* in Steinmeyer, § 16 Rn. 16.

[66] Zur allgemeinen aktienrechtlichen Zulässigkeit solcher Hauptversammlungen (jedenfalls dann, wenn sie von dem Aufsichtsrat einberufen werden) siehe *Semler* in MHdB AG, § 35 Rn. 9.

[67] In diese Richtung möglicherweise *Uwe H. Schneider* AG 2002, 125, 131.

[68] Für die Zulässigkeit deshalb mit Recht *Stohlmeier* in Semler/Volhard, § 40 Rn. 42; *Merkner/Sustmann* in Baums/Thoma, § 16 Rn. 71; *Steinmeyer* in Steinmeyer, § 16 Rn. 17.

lungsfristen der §§ 123 ff. AktG andererseits ist diese Frage differenziert zu beantworten. Werden bei der Einberufung einer Hauptversammlung neben Beschlussgegenständen, die im Zusammenhang mit dem Angebot stehen, auch Beschlussgegenstände aufgenommen, die keinen Zusammenhang mit dem Angebot aufweisen, so findet Abs. 3 Satz 1 mit der Folge der gesetzlichen Verlängerung der Annahmefrist dennoch uneingeschränkt Anwendung. Hingegen kann Abs. 4 in diesem Falle **nicht** angewendet werden: Die aktienrechtlich grundsätzlich zwingende 30-Tages-Frist für die Einberufung einer Hauptversammlung (§ 123 Abs. 1 AktG) soll dazu dienen, dass sich die Aktionäre nicht nur auf den Termin einrichten, sondern darauf auch sachlich vorbereiten können **(Dispositionsschutz).**[69] Demgegenüber soll die durch Abs. 4 gestattete Abkürzung der Einberufungsfrist der Zielgesellschaft eine **rasche Reaktion** auf ein Angebot – insbesondere ein Übernahmeangebot – ermöglichen.[70] Eine Einschränkung des Dispositionsschutzes ist daher im Falle der Aufnahme weiterer, nicht im Zusammenhang mit dem Angebot stehender, Tagesordnungspunkte nicht gerechtfertigt. Die aktienrechtlichen Einberufungs-, Anmelde- und Mitteilungsfristen der §§ 123 ff. AktG gelten deshalb in diesem Fall uneingeschränkt. Im Ergebnis bedeutet dies, dass der Vorstand der Zielgesellschaft zwar nicht gehindert ist, in einer nach Abs. 3 einberufenen Hauptversammlung auch andere, nicht im Zusammenhang mit dem Angebot stehende Beschlussgegenstände auf die Tagesordnung zu setzen. Er muss dann jedoch für die gesamte Hauptversammlung die Einberufungs-, Anmelde- und Mitteilungsfristen der §§ 123 ff. AktG ohne Berücksichtigung des Abs. 4 beachten.[71]

55 Die Einberufung der **ordentlichen Hauptversammlung** während der Laufzeit des Angebots ist angesichts der zur Beschlussfassung anstehenden Gegenstände (Verwendung des Bilanzgewinns, Entlastung der Mitglieder des Vorstands und des Aufsichtsrats, Wahl des Abschlussprüfers, ggf. Wahl von Aufsichtsratsmitgliedern) regelmäßig nicht geeignet, einen Zusammenhang mit dem Angebot iSv Abs. 3 Satz 1 zu begründen, so dass eine Verlängerung der Annahmefrist in diesem Fall nicht in Betracht kommt.[72] Etwas anderes kann allerdings dann gelten, wenn im Rahmen der Ergebnisverwendung Beträge aus den Gewinnrücklagen entnommen werden, um dadurch besonders hohe Ausschüttungen **(„Superdividende")** an die Aktionäre mit der Folge eines erheblichen Abflusses liquider Mittel zu ermöglichen, da letzteres objektiv als Abwehrmaßnahme angesehen werden kann. Werden für die ordentliche Hauptversammlung auch weitere Gegenstände zur Beschlussfassung in die Tagesordnung aufgenommen, die zur Verhinderung des Erfolges des Angebots objektiv geeignet sind, wird hierdurch der Zusammenhang mit dem Angebot hergestellt, so dass die vorgenannten Erwägungen in gleicher Weise gelten (dh Verlängerung der Annahmefrist, aber keine Inanspruchnahme der verfahrensrechtlichen Erleichterungen des Abs. 4).

---

[69] Siehe *Hüffer/Koch,* § 123 Rn. 1; *Kubis* in MüKoAktG, § 123 Rn. 1.

[70] BT-Drucks. 14/7034, 47.

[71] Ebenso *Stohlmeier* in Semler/Volhard, § 40 Rn. 46; *Brandi* in Thaeter/Brandi, Teil 3 Rn. 228; *Oechsler* in Ehricke/Ekkenga/Oechsler § 16 Rn. 15; *Steinmeyer* in Steinmeyer, § 16 Rn. 16.

[72] Ebenso *Seiler* in Assmann/Pötzsch/Schneider, § 16 Rn. 51.

bb) Zeitlicher Zusammenhang. In zeitlicher Hinsicht kommt eine Verlängerung der Annahmefrist nach Abs. 3 Satz 1 nur in Betracht, wenn die Hauptversammlung nach Veröffentlichung der Angebotsunterlage einberufen wird. Das die Fristverlängerung auslösende Ereignis ist insoweit der Zeitpunkt der Veröffentlichung der Einberufung im Bundesanzeiger gemäß § 121 Abs. 3 Satz 1, § 25 Satz 1 AktG.[73] Während hierdurch der frühestmögliche Zeitpunkt für eine Einberufung festgelegt wird, bleibt jedoch offen, bis zu welchem Zeitpunkt die Hauptversammlung einberufen werden kann, um die Rechtsfolgen des Satzes 1 auszulösen und die verfahrensrechtlichen Erleichterungen nach Abs. 4 in Anspruch nehmen zu können. Nach Sinn und Zweck der Regelung, die es dem Vorstand ermöglichen soll, mittels eines Hauptversammlungsbeschlusses den Erfolg des Angebots zu verhindern, dürfte der geforderte Zusammenhang mit dem Angebot nicht mehr bestehen, wenn die Hauptversammlung erst einberufen wird, nachdem die vom Bieter bestimmte Annahmefrist für das Angebot **bereits abgelaufen** ist.[74] Darüber hinaus dürfte auch dann kein Zusammenhang mehr bestehen, wenn die Hauptversammlung zwar vor Ablauf der vom Bieter gesetzten Annahmefrist einberufen wird, aber selbst unter Ausnutzung der nach Abs. 4 Satz 1 verkürzten Einberufungsfrist **nicht mehr rechtzeitig** vor Ablauf der auf zehn Wochen verlängerten Annahmefrist stattfinden könnte.[75] 56

b) Nach Veröffentlichung der Angebotsunterlage. Eine Verlängerung der Annahmefrist nach Satz 1 tritt nur dann ein, wenn die Hauptversammlung der Zielgesellschaft einberufen wird, **nachdem** die Angebotsunterlage veröffentlicht wurde, also dem Vorstand und den Aktionären bekannt ist.[76] War die Hauptversammlung hingegen schon vor Veröffentlichung der Angebotsunterlage einberufen, verbleibt es bei der vom Bieter gesetzten Annahmefrist, selbst wenn im Einzelfall die wesentlichen Eckdaten des Angebots schon mit der Veröffentlichung der Entscheidung zur Abgabe eines Angebots bekannt gegeben worden sein sollten.[77] 57

c) Rechtsfolgen. Wird die Hauptversammlung nach Abs. 3 Satz 1 einberufen, verlängert sich die Annahmefrist kraft Gesetzes auf **zehn Wochen,** wobei ebenso wie in Abs. 1 Satz 2 auch hier die Annahmefrist mit der Veröffentlichung der Angebotsunterlage beginnt. Mit der Bezugnahme auf § 21 Abs. 5 und § 22 Abs. 2 wird klargestellt, dass es sich bei der Zehnwochenfrist um eine **Mindestfrist** handelt, so dass im Falle einer Angebotsänderung durch den Bieter oder bei Abgabe eines konkurrierenden Angebots durch einen Dritten die Annahmefrist ggf. noch später abläuft.[78] 58

Abgesehen von der Verlängerung der Annahmefrist und den verfahrensrechtlichen Erleichterungsmöglichkeiten des Abs. 4 sind mit einer Einberufung der Hauptversammlung nach Abs. 3 Satz 1 keine weiteren Rechtsfolgen verbunden. Insbesondere wird es hierdurch den Wertpapierinhabern, die das 59

---

[73] *Merkner/Sustmann* in Baums/Thoma, § 16 Rn. 76.

[74] Ebenso *Merkner/Sustmann* in Baums/Thoma, § 16 Rn. 68.

[75] Ebenso *Wackerbarth* in MüKoAktG, § 16 WpÜG Rn. 36.

[76] BT-Drucks. 14/7034, 46.

[77] Ebenso *Seiler* in Assmann/Pötzsch/Schneider, § 16 Rn. 53.

[78] BT-Drucks. 14/7034, 46.

Angebot des Bieters bereits angenommen haben, anders als im Rahmen von § 21 und § 22 nicht ermöglicht, ihre Entscheidung im Lichte der Beschlussvorschläge für die einberufene Hauptversammlung zu überdenken und vom Vertrag mit dem Bieter zurückzutreten.[79]

60 **d) Absetzen der Hauptversammlung.** Vom Gesetz nicht erfasst wird der Fall, dass der Vorstand die einberufene Hauptversammlung wieder **absetzt.**[80] Durch eine Absetzung der Hauptversammlung verliert die gesetzliche Verlängerung der Annahmefrist ihre innere Rechtfertigung, so dass in Betracht kommt, dass hierdurch die ursprüngliche vom Bieter in der Angebotsunterlage gesetzte Annahmefrist wieder auflebt, soweit sie nicht bereits abgelaufen ist. Eine solche Rechtsfolge würde jedoch den Interessen derjenigen Wertpapierinhaber nicht gerecht, die auf die verlängerte Annahmefrist vertraut und daher das Angebot noch nicht angenommen haben. Unter Rückgriff auf den Rechtsgedanken von § 21 Abs. 5 Satz 2 und § 22 Abs. 2 Satz 2 erscheint es daher sachgerecht, dass es in einem solchen Fall bei der Zehnwochenfrist **verbleibt.**[81]

3. Mitteilungs- und Veröffentlichungspflichten (Abs. 3 Sätze 2 bis 4)

61 **a) Mitteilungspflicht des Vorstands (Abs. 3 Satz 2).** Gemäß Abs. 3 Satz 2 hat der Vorstand die **Einberufung** der Hauptversammlung sowohl dem Bieter als auch der BaFin unverzüglich (ohne schuldhaftes Zögern, § 121 Abs. 1 Satz 1 BGB) mitzuteilen. Die Mitteilungspflicht dient der **Transparenz** im Interesse eines ordnungsgemäßen Verfahrens.[82] Hingegen ist die Mitteilung der Absicht, eine Hauptversammlung der Zielgesellschaft einzuberufen, für Abs. 3 Satz 2 weder erforderlich noch genügend.[83]

62 **aa) Inhalt der Mitteilung.** Dem Bieter und der BaFin nach Abs. 3 Satz 2 mitzuteilen ist die „Einberufung der Hauptversammlung", und zwar grundsätzlich so, wie sie in den Gesellschaftsblättern bekannt gemacht ist (§ 121 Abs. 3 AktG).[84] Allerdings dürfte es nach Sinn und Zweck der Mitteilungspflicht des Abs. 3 Satz 2 und der daraus folgenden Veröffentlichungspflicht des Bieters nach Abs. 3 Satz 3 ausreichen, lediglich **Firma, Sitz der Gesellschaft und Zeit und Ort der Hauptversammlung** anzugeben, denn die Angabe der Bedingungen, von denen die Teilnahme an der Hauptversammlung und die Ausübung des Stimmrechts abhängen (§ 121 Abs. 3 Satz 2 AktG), erscheint nicht für die nachfolgende Pflichtveröffentlichung durch

---

[79] Ebenso *Seiler* in Assmann/Pötzsch/Schneider, § 16 Rn. 55.

[80] Zur Zulässigkeit der jederzeitigen Absetzung (Rücknahme der Einberufung) einer Hauptversammlung siehe *Hüffer/Koch,* § 121 Rn. 18; *Semler* in MHdB AG, § 35 Rn. 81.

[81] Wie hier *Merkner/Sustmann* in Baums/Thoma, § 16 Rn. 76; *Seiler* in Assmann/Pötzsch/Schneider, § 16 Rn. 54; siehe auch das Übernahmeverfahren Hawesko Holding AG im Dezember 2014.

[82] BT-Drucks. 14/7034, 46.

[83] Str., wie hier *Seiler* in Assmann/Pötzsch/Schneider, § 16 Rn. 56; aA *Oechsler* in Ehricke/Ekkenga/Oechsler § 16 Rn. 18.

[84] *Steinmeyer* in Steinmeyer, § 16 Rn. 30.

den Bieter nach Abs. 3 Satz 3 geeignet.[85] Darüber hinaus dürfte zum Inhalt der Mitteilung auch gehören, wann die Einberufung der Hauptversammlung erfolgt ist, um eine Überprüfung zu ermöglichen, ob die zeitlichen Voraussetzungen des Abs. 3 Satz 1 eingehalten worden sind. Die Mitteilung der Bekanntmachung der Tagesordnung dürfte ebenfalls erforderlich sein, um die Voraussetzungen des Abs. 4 zu überprüfen.[86]

bb) Form der Mitteilung. Für die Form der Mitteilung gegenüber dem Bieter enthält das Gesetz keine Aussage, wenngleich schon zu Dokumentationszwecken eine Mitteilung in **Schriftform oder elektronischer Form** ratsam ist. Für die Form der Mitteilung gegenüber der BaFin gilt § 45 (Schriftform oder ggf. Übermittlung im Wege der elektronischen Datenfernübertragung). 63

cc) Rechtsfolgen unterlassener Mitteilung. Ein Unterlassen der Mitteilung durch den Vorstand hat auf die Dauer der Annahmefrist nach Abs. 3 Satz 1 keine Auswirkung. Die Mitteilung kann jedoch von der BaFin ggf. mit den Mitteln des **Verwaltungszwangs** (§ 46 iVm dem VwVG) durchgesetzt werden, wobei allerdings eine Ersatzvornahme durch die Behörde selbst mangels vertretbarer Handlung ausscheidet. Ein Unterlassen der Mitteilung ist nicht als Ordnungswidrigkeit nach § 60 sanktioniert. 64

Allerdings kann ein Unterlassen der Mitteilung nach Abs. 3 Satz 2 in zivilrechtlicher Hinsicht – jedenfalls theoretisch – eine **Schadenersatzverpflichtung** des Vorstands nach § 93 Abs. 2 AktG gegenüber der Gesellschaft begründen, denn infolge der unterlassenen Mitteilung würde der Bieter nicht verpflichtet, die Verlängerung der Annahmefrist nach Abs. 3 Satz 3 zu veröffentlichen mit der Folge, dass Aktionäre in Unkenntnis der verlängerten Annahmefrist durch Annahme des Angebots dem Bieter möglicherweise zum Erfolg des Angebots verhelfen, der durch die Hauptversammlung gerade verhindert werden soll (siehe aber → Rn. 66). 65

b) Veröffentlichungspflicht des Bieters (Abs. 3 Satz 3). Abs. 3 Satz 3 verpflichtet den Bieter, die Mitteilung des Vorstands über die Einberufung der Hauptversammlung unter Angabe des Ablaufs der Annahmefrist unverzüglich im Bundesanzeiger zu veröffentlichen. Die Veröffentlichung dient in erster Linie der Information der Inhaber der Wertpapiere, die Gegenstand des Angebots sind, über den (neuen) Ablauf der Annahmefrist, und damit der **Transparenz des Angebotsverfahrens.**[87] Da die Aktionäre allerdings bereits nach den allgemeinen aktienrechtlichen Vorschriften über die Abhaltung einer Hauptversammlung informiert sind, bewirkt die Veröffentlichung des Bieters insoweit keine zusätzliche Transparenz, sondern nur eine unnötige Verdoppelung der Informationsmitteilung.[88] Die Pflicht zur Veröffentlichung wird erst mit Zugang der Mitteilung durch den Vorstand der Zielgesellschaft 66

[85] AA *Wackerbarth* in MüKoAktG, § 16 WpÜG Rn. 43, der bereits die schlichte Mitteilung an den Bieter, dass eine Hauptversammlung nach Abs. 3 Satz 1 einberufen wurde, für ausreichend hält.

[86] *Hasselbach* in KK-WpÜG, § 16 Rn. 68; *Seiler* in Assmann/Pötzsch/Schneider, § 16 Rn. 56; aA *Wackerbarth* in MüKoAktG, § 16 WpÜG Rn. 43.

[87] Vgl. BT-Drucks. 14/7034, 46.

[88] So zu Recht *Noack* in Schwark, KapitalmarktR, § 16 Rn. 27.

ausgelöst, denn infolge der Bezugnahme auf „die Mitteilung nach Satz 2" besteht keine Veröffentlichungspflicht, wenn der Bieter auf andere Weise als durch die Mitteilung des Vorstands von der Einberufung der Hauptversammlung Kenntnis erlangt.[89]

67 **aa) Inhalt der Veröffentlichung.** Der Bieter hat die Mitteilung des Vorstands sowie den Ablauf der Annahmefrist unverzüglich (ohne schuldhaftes Zögern, § 121 Abs. 1 Satz 1 BGB) nach Zugang der Mitteilung zu veröffentlichen. Grundsätzlich ist die Mitteilung mit ihrem dem Bieter zugegangenen Inhalt zu veröffentlichen. Insoweit handelt es sich bei der Veröffentlichung lediglich um eine **bloße Wiedergabe** des Inhaltes der Mitteilung des Vorstands, so dass dem Bieter die Hinzufügung von Ergänzungen oder die Vornahme von Korrekturen (mit Ausnahme offensichtlicher Unrichtigkeiten) verwehrt ist.[90] Da der Bieter über die Veröffentlichung der Mitteilung hinaus zur Veröffentlichung des auch ihn unmittelbar betreffenden Ablaufs der Annahmefrist verpflichtet ist, muss dem Bieter jedoch eine Prüfung auf offenkundige Verstöße gegen die gesetzlichen Voraussetzungen des Abs. 3 Satz 1 zugebilligt werden.[91]

68 Eine Veröffentlichung der Mitteilung des Vorstands sowie des Ablaufs der Annahmefrist durch den Bieter ist auch dann erforderlich, wenn die vom Bieter gesetzte Annahmefrist für das Angebot bereits der gesetzlichen Höchstfrist nach Abs. 1 Satz 1 entspricht, so dass die Einberufung der Hauptversammlung die Annahmefrist **im Ergebnis nicht verlängert.** Dies rechtfertigt sich aus der Überlegung, dass andernfalls im Markt Unsicherheiten über den genauen Fristablauf entstehen könnten.

69 **bb) Veröffentlichungsmedium.** Als Veröffentlichungsmedium ist nach Abs. 3 Satz 3 der Bundesanzeiger vorgesehen. Damit weicht Abs. 3 Satz 3 ohne ersichtlichen Grund vom ansonsten bestehenden gesetzlichen Veröffentlichungsleitbild des § 14 Abs. 3 Satz 1 ab, wonach zusätzlich zur Veröffentlichung im Bundesanzeiger die Bekanntgabe im Internet vorgeschrieben ist (§ 14 Abs. 3 Satz 1 Nr. 1).[92] Eine zusätzliche Bekanntgabe von Mitteilung und Ablauf der Annahmefrist im Internet erscheint gleichwohl in jedem Falle zweckmäßig.

70 **cc) Rechtsfolgen unterlassener Veröffentlichung.** Ein Unterlassen der Veröffentlichung der Mitteilung und des Ablaufs der Annahmefrist durch den Bieter bleibt auf den Lauf der durch Abs. 3 Satz 1 gesetzlich bestimmten Annahmefrist **ohne Einfluss.** Wie im Falle einer unterlassenen Mitteilung des Vorstands kann auch hier die Veröffentlichung von der BaFin ggf. mit den Mitteln des **Verwaltungszwangs** (§ 46 iVm dem VwVG), nicht jedoch im Wege der Ersatzvornahme durchgesetzt werden. Ein Unterlassen der Veröffentlichung kann jedoch nicht als Ordnungswidrigkeit nach § 60 geahndet werden, was wohl auf ein Versehen des Gesetzgebers zurückzuführen sein dürfte.

---

[89] *Merkner/Sustmann* in Baums/Thoma, § 16 Rn. 87.

[90] Ebenso *Wackerbarth* in MüKoAktG, § 16 WpÜG Rn. 44.

[91] Ebenso *Seiler* in Assmann/Pötzsch/Schneider, § 16 Rn. 58; ähnlich *Oechsler* in Ehricke/Ekkenga/Oechsler § 16 Rn. 19 (Rechtsgedanke des § 242 BGB).

[92] Kritisch zu den inkonsistenten Veröffentlichungswegen auch *Wackerbarth* in MüKoAktG, § 16 WpÜG Rn. 44 und *Noack* in Schwark, KapitalmarktR, § 16 Rn. 28.

71 Ein vorsätzliches oder fahrlässiges Unterlassen der Veröffentlichung des Ablaufs der (verlängerten) Annahmefrist kann zivilrechtlich – jedenfalls theoretisch (vgl. Rn. 66) – zu einer **Schadenersatzpflicht des Bieters** gegenüber der Zielgesellschaft und deren Aktionären führen, denn Abs. 3 Satz 3 dürfte als **Schutzgesetz** iSd § 823 Abs. 2 BGB anzusehen sein. Die Veröffentlichung des Ablaufs der (verlängerten) Annahmefrist dient nicht nur allgemein der Transparenz von öffentlichen Angebotsverfahren, sondern gerade auch dem Schutz der Zielgesellschaft und deren Aktionären, die autonom über Maßnahmen zur Verhinderung des Erfolgs des Angebots sollen beschließen können. Dieser Schutzzweck würde bei einem Unterlassen der Veröffentlichung des Ablaufs der verlängerten Annahmefrist unterlaufen, weil dadurch Aktionäre in Unkenntnis der verlängerten Annahmefrist dem Bieter uU durch vorzeitige Annahme bereits zum Erfolg des Angebots verhelfen könnten.

72 **c) Mitteilungspflicht des Bieters (Abs. 3 Satz 4).** Abs. 3 Satz 4 verpflichtet den Bieter, der BaFin unverzüglich die Veröffentlichung mitzuteilen.

V. Verfahrensrechtliche Besonderheiten für die Einberufung und Vorbereitung der Hauptversammlung (§ 16 Abs. 4)

1. Allgemeines

73 Um einerseits der Zielgesellschaft die Möglichkeit zu geben, insbesondere auf Übernahmeangebote rasch reagieren zu können und andererseits dem Grundsatz der raschen Verfahrensdurchführung (§ 3 Abs. 4 Satz 1) Rechnung zu tragen, enthält Abs. 4 im Hinblick auf die zwingenden aktienrechtlichen Einberufungs-, Anmelde- und Mitteilungsvorschriften eine Vielzahl von **Erleichterungen.** Insbesondere die bei der Einberufung und Vorbereitung einer Hauptversammlung geltenden **Fristen** werden durch Abs. 4 auf ein **Mindestmaß verkürzt.** Dabei setzt die Inanspruchnahme der Erleichterungen des Abs. 4 in allen Fällen voraus, dass eine Hauptversammlung „nach Abs. 3" einberufen wird, mithin also die Tatbestandsvoraussetzungen des Abs. 3 Satz 1 für die einzuberufende Hauptversammlung erfüllt werden. Sollen im Rahmen einer Hauptversammlung auch Gegenstände zur Beschlussfassung vorgesehen werden, die keinen Zusammenhang mit dem Angebot aufweisen, ist Abs. 4 insgesamt nicht anwendbar, denn eine Verkürzung der Vorbereitungszeit zu Lasten der Aktionäre ist in diesem Fall nicht gerechtfertigt.

2. Erleichterungen bei der Einberufung (Abs. 4 Satz 1 und 2)

74 **a) Verkürzung der Einberufungsfrist (Abs. 4 Satz 1).** Die für die Einberufung einer Hauptversammlung geltende 30-Tages-Frist des § 123 Abs. 1 AktG wird mit Abs. 4 Satz 1 auf **zwei Wochen** verkürzt. Der Vorstand der Zielgesellschaft wird jedoch, auch durch den Grundsatz der raschen Verfahrensdurchführung, nicht dazu angehalten, die Abkürzung der 30-Tages-Frist in Anspruch zu nehmen.[93] Besondere Vorgaben für den Fristbeginn enthält Abs. 4 Satz 1 nicht. Mit der Regelung für die Abkürzung der

[93] Ähnlich *Seiler* in Assmann/Pötzsch/Schneider, § 16 Rn. 63.

Einberufungsfrist hält sich der Gesetzgeber im Rahmen der Vorgabe nach Art. 9 Abs. 4 der Übernahmerichtlinie.

75 Abs. 4 Satz 1 hat **satzungsdurchbrechenden Charakter.** Ist in der Satzung der Zielgesellschaft ganz ausnahmsweise eine längere Einberufungsfrist als nach § 123 Abs. 1 AktG vorgesehen,[94] kann von der verkürzten Einberufungsfrist des Satzes 1 gleichwohl Gebrauch gemacht werden.[95] Die verkürzte Einberufungsfrist kann auch in Anspruch genommen werden, wenn die Satzung zwar eine Regelung zur Einberufungsfrist enthält, diese Regelung aber lediglich den Gesetzeswortlaut des § 123 Abs. 1 AktG wiederholt.[96]

76 **b) Fristberechnung.** Für die Berechnung der Einberufungsfrist gilt § 121 Abs. 7 AktG (Abs. 4 Satz 3).

77 **c) Zeitpunkt der Hauptversammlung.** Abs. 4 enthält – ebenso wenig wie das AktG – Bestimmungen über den Zeitpunkt der Hauptversammlung. Enthält auch die Satzung der Zielgesellschaft keine Regelungen, kann der Zeitpunkt der Hauptversammlung nach dem **Ermessen des Einberufenden** bestimmt werden, wobei allerdings der Zeitpunkt nicht so gewählt werden darf, dass den Aktionären eine Teilnahme unzumutbar ist.[97] Eine Einberufung auf einen Samstag ist zulässig.[98] Hingegen wird man selbst unter Berücksichtigung des Zweckes des Abs. 4, die Einberufung und Vorbereitung einer Hauptversammlung weitestgehend zu erleichtern, eine Einberufung auf einen Sonntag oder gesetzlichen Feiertag als unzulässig ansehen müssen.[99]

78 **d) Versammlungsort (Abs. 4 Satz 4).** Mit Abs. 4 Satz 4 wird der Gesellschaft ungeachtet von § 121 Abs. 5 AktG oder entgegenstehender Satzungsbestimmungen weitgehende **Flexibilität** bei der Wahl des Versammlungsortes eingeräumt. Die Regelung rechtfertigt sich vor dem Hintergrund, dass in der Kürze der zur Verfügung stehenden Zeit – insbesondere bei Zielgesellschaften mit einem großen Aktionärskreis – das Auffinden eines geeigneten Versammlungsraumes erhebliche praktische Schwierigkeiten bereiten kann.[100] Aufgrund dieser Erwägungen findet Abs. 4 Satz 4 auch Anwendung, wenn von der Abkürzung der Einberufungsfrist kein Gebrauch gemacht wird (arg. Abs. 4 Satz 5e contrario).[101]

79 Eine völlige Wahlfreiheit hinsichtlich des Versammlungsortes besteht jedoch gleichwohl nicht. Vielmehr hat die Gesellschaft bei der Auswahl den

---

[94] Was ohne weiteres zulässig ist: *Semler* in MHdB AG, § 35 Rn. 27; *Kubis* in MüKoAktG, § 123 Rn. 7.

[95] Str., wie hier Hasselbach in KK-WpÜG, § 16 Rn. 73; *Wackerbarth* in MüKoAktG, § 16 WpÜG Rn. 47; *Noack* in Schwark, KapitalmarktR, § 16 Rn. 31; *Seiler* in Assmann/Pötzsch/Schneider, § 16 Rn. 64; aA wohl *Merkner/Sustmann* in Baums/Thoma, § 16 Rn. 92.

[96] HM; vgl. *Wackerbarth* in MüKoAktG, § 16 WpÜG Rn. 47; *Merkner/Sustmann* in Baums/Thoma, § 16 Rn. 92.

[97] *Semler* in MHdB AG, § 35 Rn. 30.

[98] *Kubis* in MüKoAktG, § 121 Rn. 36.

[99] Vgl. *Kubis* in MüKoAktG, § 121 Rn. 36; aA *Seiler* in Assmann/Pötzsch/Schneider, § 16 Rn. 67.

[100] BT-Drucks. 14/7034, 47.

[101] Ebenso *Merkner/Sustmann* in Baums/Thoma, § 16 Rn. 97.

Grundsatz der Zumutbarkeit für die Aktionäre zu beachten, dh es ist ein Ort zu wählen, zu dem jeder Aktionär, der die Hauptversammlung besuchen will, freien Zutritt hat und den er ohne unverhältnismäßige Schwierigkeiten erreichen kann. Der Versammlungsort muss dabei nicht notwendigerweise in Deutschland liegen.[102] Allerdings ist bei der Wahl eines Versammlungsortes **im Ausland** neben dem Grundsatz der Zumutbarkeit (der allerdings bei einem hohen Anteil ausländischer Aktionäre zu einem gewissen Grade relativiert wird) insbesondere auch zu prüfen, ob dem **Erfordernis der notariellen Niederschrift** (§ 130 Abs. 1 Satz 1 AktG) genügt werden kann.[103]

3. Verkürzung von Anmelde- und Mitteilungsfristen (Abs. 4 Satz 5)

a) Anmeldefrist. Enthält die Satzung der Zielgesellschaft – wie im Regel- 80
fall – Teilnahmebedingungen in Gestalt von Anmeldebedingungen (§ 123 Abs. 2 Satz 1 AktG), so bestimmt Abs. 4 Satz 5 für diesen Fall, dass die Anmeldefrist **vier Tage** beträgt. Die Frist ist zwingend, geht also etwaigen anders lautenden Satzungsbestimmungen vor.[104] Dies gilt jedoch nur dann, wenn bei der Einberufung von der Verkürzung der Einberufungsfrist nach Abs. 4 Satz 1 Gebrauch gemacht wird.[105] Wird hingegen die 30-Tages-Frist des § 123 Abs. 1 AktG nicht unterschritten, verbleibt es bei der Anmeldefrist nach der Satzung (§ 123 Abs. 2 Satz 3 AktG) oder gemäß § 123 Abs. 2 Satz 2 AktG.

b) Mitteilungsfrist. Nach § 125 Abs. 1 Satz 1 AktG hat der Vorstand in- 81
nerhalb von 21 Tagen nach Bekanntmachung der Einberufung der Hauptversammlung im Bundesanzeiger den Kreditinstituten und Aktionärsvereinigungen, die in der letzten Hauptversammlung Stimmrechte für Aktionäre ausgeübt oder die die Mitteilung verlangt haben, die Einberufung der Hauptversammlung und die Bekanntmachung der Tagesordnung mitzuteilen. Abs. 4 Satz 5 verlangt eine unverzügliche Mitteilung, wenn die 30-Tages-Frist des § 123 Abs. 1 AktG unterschritten wird. Die Regelung soll in Anbetracht des nur kurzen bis zur Hauptversammlung zur Verfügung stehenden Zeitraums sicherstellen, dass die Mitteilungen, die von den Kreditinstituten und Aktionärsvereinigungen an deren Depotkunden bzw. Mitglieder unter den Voraussetzungen des § 128 AktG weiterzuleiten sind, die Aktionäre noch rechtzeitig vor der Hauptversammlung erreichen.

Sind die Mitteilungen unter den Voraussetzungen des § 125 Abs. 2 AktG 82
unmittelbar den im Aktienregister eingetragenen Aktionären zu machen, gilt für diese Mitteilungen ebenfalls die Pflicht zur unverzüglichen Mitteilung, welche hier, da die Depotbanken nicht zwischengeschaltet sein müssen, auch leichter erfüllbar ist.[106]

---

102 BGH NZG 2015, 18; *Hasselbach* in KK-WpÜG, § 16 Rn. 78.
103 BGH NZG 2015, 18.
104 BT-Drucks. 14/7034, 47.
105 Ebenso *Hasselbach* in KK-WpÜG, § 16 Rn. 83.
106 Vgl. zum Aktienrecht *Kubis* in MüKoAktG, § 125 Rn. 29.

4. Erleichterungen für Stimmrechtsvollmachten (Abs. 4 Satz 6)

83 Abs. 4 Satz 6 verpflichtet die Gesellschaft, den Aktionären die Erteilung von Stimmrechtsvollmachten soweit nach Gesetz und Satzung möglich zu erleichtern. Dadurch soll eine **möglichst hohe Hauptversammlungspräsenz** gefördert werden. Abs. 4 Satz 6 erstreckt sich ausschließlich auf die Fälle der **nicht organisierten Stimmrechtsvertretung,** da bei letzterer § 135 Abs. 1 Satz 2 AktG hinsichtlich der Vollmachtserteilung eine Sonderregelung enthält, die § 134 Abs. 3 Satz 2 AktG vorgeht.[107]

84 Allerdings setzt die Möglichkeit, eine Vollmacht in einer gegenüber der Textform (§ 134 Abs. 3 Satz 2 AktG) erleichterten Form zu erteilen, voraus, dass die **Satzung** der Gesellschaft eine entsprechende Erleichterung vorsieht. Fehlt eine entsprechende Satzungsbestimmung, läuft folglich Abs. 4 Satz 6 **ins Leere.** Die Vollmacht kann dann nur in Textform erteilt werden. Sieht die Satzung bestimmte Formerleichterungen vor, kann der Aktionär hiervon Gebrauch machen, ohne dass dazu eine besondere Gestattung durch die Gesellschaft erforderlich würde. Auch hier bleibt Abs. 4 Satz 6 ohne Bedeutung. Abs. 4 Satz 6 kann insoweit nur dann relevant werden, wenn die Satzung die Einzelheiten für die in Betracht kommenden Formerleichterungen der Gesellschaft überlässt. Abs. 4 Satz 6 verpflichtet die Gesellschaft dann, jede vernünftiger Weise in Betracht kommende Formerleichterung zuzulassen.[108] Da bereits die Textform kaum Anforderungen an die Aktionäre stellt, ist schwer vorstellbar, was insoweit in Betracht kommt. Mündlich erteilte Vollmachten sind nämlich nicht zulässig (→ Rn. 85).

85 Abs. 4 Satz 4 lässt es nicht zu, dass die Gesellschaft auf geeignete Nachweiserfordernisse verzichtet, denn ein geeigneter Nachweis der erteilten Vollmacht ist zur rechtssicheren Abhaltung der Hauptversammlung unabdingbar; für die Erteilung von Vollmachten an den von der Gesellschaft benannten Stimmrechtsvertreter ist dies sogar ausdrücklich festgeschrieben (§ 134 Abs. 3 Satz 5 AktG).[109] Lediglich mündlich oder in anderer nicht nachweisbarer Gestalt erteilte Vollmachten darf die Gesellschaft daher nicht akzeptieren.[110]

86 Von Bedeutung ist Abs. 4 Satz 6 auch für die Möglichkeit, vergleichbar dem im anglo-amerikanischen Rechtskreis bekannten **Proxy-Voting**[111] Stimmrechtsvollmachten an von der Gesellschaft benannte Stimmrechtsvertreter zu erteilen (§ 134 Abs. 3 Satz 5 AktG).[112] § 134 Abs. 3 Satz 5 AktG begründet aber keine Verpflichtung der Gesellschaft, auch entsprechende

---

[107] Gesetzesbegründung zum NaStraG, BT-Drucks. 14/4051, 15; siehe hierzu *Noack* ZIP 2001, 57.

[108] Wie hier *Merkner/Sustmann* in Baums/Thoma, § 16 Rn. 102; ähnlich *Noack* NZG 2003, 241, 246.

[109] Zum Nachweiserfordernis vgl. auch *Goedecke/Heuser* BB 2001, 369, 371.

[110] *Noack* ZIP 2001, 57, 58; zu den sich bei Namensaktien ergebenden Schwierigkeiten bei der Wahrnehmung von Aktionärsrechten durch nicht im Aktienregister eingetragene ausländische Aktionäre siehe *Preissler* WM 2001, 113.

[111] Hierzu *Spindler/Hüther* RIW 2000, 329; *Zätzsch/Gröning* NZG 2000, 393, 399 f.

[112] Hierzu *Noack* ZIP 2001, 57, 61 f.; *Seibert* ZIP 2001, 53, 55 f.; *Zetzsche* ZIP 2001, 682, 684 ff.

Stimmrechtsvertreter zu benennen. Demgegenüber muss aus Abs. 4 Satz 6 insoweit jedoch hergeleitet werden, dass die Zielgesellschaft in diesem Fall zur Benennung von Stimmrechtsvertretern **verpflichtet** ist.[113] Dies kommt insbesondere auch ausländischen Aktionären der Zielgesellschaft zugute. Dabei bietet es sich zur Erleichterung der Vollmachtserteilung insbesondere auch an, den Aktionären nach Identifizierung durch eine Aktionärsnummer die Erteilung formularmäßig auf der Homepage der Gesellschaft zu gestatten.[114]

5. Modifikationen der Mitteilungs- und Informationspflichten (Abs. 4 Sätze 7 und 8)

a) Allgemeines. Durch Abs. 4 Sätze 7 und 8 werden die aktienrechtlichen Mitteilungs- und Informationspflichten gegenüber den Aktionären, Aktionärsvereinigungen und Kreditinstituten teilweise modifiziert. Die Regelungen stehen im Kontext mit der in Abs. 4 Satz 5 vorgesehenen Verkürzung der Mitteilungsfrist nach § 125 Abs. 1 Satz 1 AktG. Demgemäß ist davon auszugehen, dass Abs. 4 Sätze 7 und 8 nur dann zur Anwendung kommen, wenn bei der Einberufung der Hauptversammlung der Zielgesellschaft die **30-Tages-Frist** des § 123 Abs. 1 AktG **unterschritten** wird. Wird hingegen die 30-Tages-Frist bei der Einberufung eingehalten, besteht für eine Modifikation der Mitteilungs- und Informationspflichten kein Anlass.[115] 87

b) Umfang und Form von Mitteilungen und Berichten (Abs. 4 Satz 7). aa) Umfang und Form von Mitteilungen. Abs. 4 Satz 5 modifiziert ua den Umfang der nach § 125 Abs. 1 und 2 AktG bestehenden aktienrechtlichen Mitteilungspflichten betreffend die **Einberufung der Hauptversammlung,** die **Bekanntmachung der Tagesordnung** einschließlich von **Minderheitenverlangen** (§§ 122 Abs. 2, 124 Abs. 1 Satz 2 AktG). Während es dem Vorstand grundsätzlich verwehrt ist, die Gegenstände, die Bestandteil der Mitteilung sind, inhaltlich zu kürzen,[116] gestattet Abs. 4 Satz 7 eine **Bekanntmachung in Kurzform.** Die Bekanntmachung in Kurzfassung kann dabei sehr knapp gefasst sein, wenn sie einen Hinweis auf die Fundstelle des vollständigen Textes auf der Webseite enthält.[117] Damit wird letztlich dem Umstand Rechnung getragen, dass die Erstellung umfangreicher Unterlagen in Anbetracht der sehr kurzen Mitteilungsfrist auf erhebliche technische Schwierigkeiten stoßen kann. 88

Abs. 4 Satz 7 schreibt ua die Bekanntmachung der dort genannten Unterlagen vor, enthält jedoch zur Form der Bekanntmachung keine spezifische Aussage. Dementsprechend gelten insoweit die im Rahmen von § 125 AktG möglichen Mitteilungsformen auch im Rahmen von Abs. 4 Satz 7. 89

Als Korrektiv zu der durch Mitteilungen in Kurzfassung bedingten Reduzierung des Informationsgehaltes besteht die Verpflichtung, die mitzuteilenden Gegenstände allen Aktionären in ungekürzter Fassung zugänglich zu ma- 90

---

[113] *Merkner/Sustmann* in Baums/Thoma, § 16 Rn. 104.

[114] Gesetzesbegründung zum NaStraG, BT-Drucks. 14/4051, 15.

[115] Ebenso *Hasselbach* in KK-WpÜG, § 16 Rn. 88; *Merkner/Sustmann* in Baums/Thoma, § 16 Rn. 105.

[116] Siehe *Hüffer/Koch,* § 125 Rn. 4; *Werner* in GroßKomm., § 125 Rn. 7.

[117] BT-Drucks. 14/7034, 47.

chen. **Zugänglich machen** bedeutet das Auslegen bei der Gesellschaft und das Einstellen auf der Webseite der Gesellschaft.[118]

91 **bb) Vorstandsbericht nach § 186 Abs. 4 Satz 2 AktG.** Ein Vorstandsbericht nach § 186 Abs. 4 Satz 2 AktG kann den Aktionären im Gegensatz zum Aktienrecht[119] in **Kurzfassung** bekannt gemacht werden. Mit dem Begriff der „Kurzfassung" führt der Gesetzgeber allerdings eine neue Terminologie ein, die die Frage aufwirft, ob hieraus Unterschiede zum Begriff des „wesentlichen Inhalts" (§ 124 Abs. 2 Satz 2 Alt. 2 AktG) herzuleiten sind. Da der Zweck der Bekanntmachungspflicht in einer frühzeitigen Information der Aktionäre besteht, die in Vorbereitung auf die Hauptversammlung in die Lage versetzt werden sollen, eine informierte Entscheidung (insbesondere im Falle der Erteilung von Weisungen an Stimmrechtsvertreter) zu treffen, muss demgemäß die Kurzfassung so beschaffen sein, dass kein wesentliches Element des Vorstandsberichtes ausgelassen wird. Der Sache nach dürften sich daher zwischen dem Begriff der Kurzfassung und dem Begriff des wesentlichen Inhalts keine Unterschiede ergeben.[120]

92 **cc) Sonstige Berichte, Verträge und andere Unterlagen.** Abs. 4 Satz 7 enthält mit Ausnahme des Vorstandsberichts nach § 186 Abs. 4 Satz 2 AktG keine Aussagen zu den Informationspflichten in Bezug auf andere Berichte, Verträge und Unterlagen, die im Zusammenhang mit einem Beschlussgegenstand einer nach Abs. 3 einberufenen Hauptversammlung ggf. bekannt zu machen sind. In Betracht kommen hier insbesondere Unternehmensverträge nach §§ 291 ff. AktG, Verschmelzungsverträge (§§ 13, 60 ff. UmwG), auf Übertragung des ganzen oder des wesentlichen Teils des Gesellschaftsvermögens gerichtete Verträge (§ 179a AktG) sowie bekanntmachungspflichtige Unterlagen im Zusammenhang mit der Herbeiführung eines Beschlusses der Hauptversammlung auf Verlangen des Vorstands nach § 119 Abs. 2 AktG.[121]

93 **c) Unterbleiben der Zusendung von Mitteilungen (Abs. 4 Satz 8). aa) Anwendungsbereich.** Abs. 4 Satz 8 gestattet dem Vorstand, mit Zustimmung des Aufsichtsrats von der Zusendung von Mitteilungen abzusehen, wenn er davon **überzeugt** ist, dass der rechtzeitige Eingang bei den Aktionären nicht wahrscheinlich ist, denn in einem solchen Fall wäre die Zusendung von Mitteilungen zur Vorbereitung auf die Hauptversammlung sinnentleert. Die Vorschrift erstreckt sich auf alle Mitteilungen, die vom Vorstand grundsätzlich nach § 125 Abs. 1 bis 3 AktG vorzunehmen sind.

94 Abs. 4 Satz 8 verwendet den Begriff der „Zusendung" und bezieht sich damit in erster Linie auf die postalische Übermittlung schriftlicher Dokumente.[122]

---

[118] BT-Drucks. 14/7034, 47.

[119] *Hüffer/Koch,* § 186 Rn. 23.

[120] Insoweit offenbar aA BT-Drucks. 14/7034, S. 47, wonach eine „sehr knapp gefasste" Bekanntmachung zulässig sein soll, wenn sie einen Hinweis auf die Fundstelle des vollständigen Textes auf der Webseite enthält; im Ergebnis wie hier hingegen *Haselbach* in KK-WpÜG, § 16 Rn. 91; *Merkner/Sustmann* in Baums/Thoma, § 16 Rn. 108.

[121] Siehe hierzu BGH WM 2001, 569.

[122] BT-Drucks. 14/7034, 47.

bb) Voraussetzungen. Ein Unterbleiben der Zusendung von Mitteilungen setzt voraus, dass der rechtzeitige Eingang bei den Aktionären **nicht wahrscheinlich** ist. Für die Frage des rechtzeitigen Eingangs dürfte es dabei nicht darauf ankommen, dass die Unterlagen bei den Aktionären zu irgendeinem Zeitpunkt vor der Hauptversammlung eingehen. Setzt die Satzung, wie im Regelfall, die Anmeldung der Aktien voraus, muss der Eingang der Unterlagen zu einem Zeitpunkt zu erwarten sein, zu dem Aktionäre die Bedingungen für die Teilnahme an der Hauptversammlung noch erfüllen können. 95

Nach dem Wortlaut von Abs. 4 Satz 8 („den Aktionären") ist der dabei anzulegende Maßstab nicht der einzelne Aktionär, ohne dass dabei allerdings deutlich wird, auf wie viele Aktionäre insgesamt abzustellen ist. Nach der Gesetzesbegründung soll es darauf ankommen, ob der Zugang bei einem „nicht unerheblichen Teil" der Aktionäre nicht wahrscheinlich ist.[123] Dieser negativ formulierte Ansatz ist jedoch verfehlt und nach dem Zweck der Vorschrift unter Abwägung mit den Informationsinteressen der Aktionäre auch nicht gerechtfertigt, denn es ist nicht einzusehen, weshalb Mitteilungen selbst dann unterbleiben dürfen, wenn damit gerechnet werden kann, dass sie einen **erheblichen Teil von Aktionären** noch rechtzeitig erreichen werden. Letztlich kommt es darauf an, bei welcher Grenze die Erheblichkeitsschwelle zu ziehen ist. Würde man sie bei 50% ziehen, würde dies bedeuten, dass das Unterbleiben der Mitteilung und das Informationsbedürfnis der Aktionäre nahezu gleich gewichtet würden, was im Ergebnis nicht sachgerecht erscheint. Das rechtfertigt es auch, bei 75% die Grenze zu ziehen und auf die Kopfzahl der betreffenden Aktionäre abzustellen (wobei der Vorstand hier bei Inhaberaktien auf eigene Schätzungen bzw. Erhebungen zurückgreifen darf), nicht auf den Anteil bzw. die Anzahl der von diesen gehaltenen Aktien. 96

Bei der erforderlichen **Wahrscheinlichkeitsprognose** hat der Vorstand einen **Einschätzungsspielraum.**[124] Bei der anzustellenden Prognose ist insbesondere die unter Berücksichtigung aller zumutbaren organisatorischen Anstrengungen benötigte Zeit für den Druck der Unterlagen, für Versandarbeiten, die übliche Postlaufzeit (insbesondere wenn Unterlagen für eine nicht unerhebliche Anzahl von Aktionären über die Depotbanken als Informationsmittler weiterzuleiten oder in das Ausland zu versenden sind) einzubeziehen. 97

Der Vorstand muss vom wahrscheinlich nicht rechtzeitigen Zugang der Unterlagen überzeugt sein. Es reicht mithin nicht aus, dass er den nicht rechtzeitigen Zugang lediglich für möglich hält. Da es sich bei der Überzeugung um eine innere Tatsache handelt, lässt sich in der Praxis kaum nachweisen, ob diese Voraussetzung im Einzelfall erfüllt ist. Konsequenterweise – und um Missbräuchen zu begegnen – bindet daher Abs. 4 Satz 8 die Entscheidung, die Zusendung von Mitteilungen zu unterlassen, an die **Zustimmung des Aufsichtsrats.** 98

d) Folgen von Verstößen gegen die Mitteilungspflichten. Für Verstöße gegen die Mitteilungspflichten nach Abs. 4 gelten die allgemeinen Grundsätze des Aktienrechts. Hat der Vorstand die Mitteilungsfrist nach 99

[123] BT-Drucks. 14/7034, 47.

[124] *Hasselbach* in KK-WpÜG, § 16 Rn. 97; BT-Drucks. 14/7034, 47.

Abs. 4 versäumt, ohne dass die Voraussetzungen von Abs. 4 Satz 8 vorliegen, führt dies zur **Anfechtbarkeit** der gefassten Hauptversammlungsbeschlüsse (§ 243 Abs. 1 AktG) und regelmäßig auch zur **Relevanz des Verfahrensfehlers.**[125] Wurde allerdings lediglich die Mitteilungsfrist überschritten und die Mitteilung unverzüglich nachgeholt, kann ggf. die Relevanz des Verfahrensfehlers für das Beschlussergebnis fehlen.[126] Sind hingegen Mitteilungen an die Aktionäre nach Abs. 4 Satz 8 unterblieben, weil deren rechtzeitiger Eingang bei den Aktionären nicht wahrscheinlich war, kann auf das Unterbleiben der Mitteilungen keine Anfechtungsklage gestützt werden.[127] Etwaige Verstöße von Kreditinstituten bei der Weiterleitung von Mitteilungen nach § 128 AktG führen in keinem Fall zur Anfechtbarkeit (§ 243 Abs. 3 Nr. 2 AktG).

§ 17 Unzulässigkeit der öffentlichen Aufforderung zur Abgabe von Angeboten

Eine öffentliche auf den Erwerb von Wertpapieren der Zielgesellschaft gerichtete Aufforderung des Bieters zur Abgabe von Angeboten durch die Inhaber der Wertpapiere ist unzulässig.

Schrifttum: siehe die Schrifttumsübersicht bei § 10.

Übersicht

I. Regelungsgegenstand und Zweck, EU-Recht

1 § 17 soll dem das WpÜG prägenden Grundprinzip Geltung verschaffen, den Bieter an seinem veröffentlichten Angebot **festzuhalten** und ihm **keine Rückzugsmöglichkeit** zu eröffnen. Die für alle öffentlichen Angebote (also nicht nur für Übernahme- und Pflichtangebote) geltende[1] Vorschrift wird insoweit flankiert durch § 18, wonach vorbehaltlich § 25 Angebotsbedingungen, deren Eintritt der Bieter, mit ihm gemeinsam handelnde Personen oder deren Tochterunternehmen sowie im Lager des Bieters oder des ihm zuzurechnenden Personenkreises stehende Berater selbst herbeiführen können, sowie Widerrufs- und Rücktrittsvorbehalte für unzulässig erklärt werden. Dem gleichen Zweck dient auch § 21, der die Änderung von Angebotsbe-

---

[125] *Hüffer/Koch,* § 125 Rn. 19; § 243 Rn. 14f.

[126] *Hüffer/Koch,* § 243 Rn. 16.

[127] BT-Drucks. 14/7034, S. 47; differenzierend *Merkner/Sustmann* in Baums/Thoma, § 16 Rn. 116 (Anfechtungsklage möglich, wenn Unterbleiben der Zusendung vom Einschätzungsspielraum des Vorstands nicht mehr gedeckt ist).

[1] *Hasselbach* in KK-WpÜG, § 17 Rn. 2; *Steinmeyer* in Steinmeyer, § 17 Rn. 1; *Merkner/Sustmann* in Baums/Thoma, § 17 Rn. 8.

dingungen nur bei einer Verbesserung für die Wertpapierinhaber, und selbst dies nicht beliebig oft, gestattet. International fand und findet diese Form der Angebotsgestaltung keine Entsprechung.[2]

Die **Übernahmerichtlinie** enthält im Hinblick auf die Zulässigkeit oder Unzulässigkeit der Ausgestaltung eines Erwerbsangebotes als *invitatio ad offerendum* keine ausdrückliche Vorgabe an den deutschen Gesetzgeber. Vielmehr hat sie, wie Art. 13 der Übernahmerichtlinie entnommen werden kann, die Regelung von Fragen der Bindungswirkung wie insbesondere die Hinfälligkeit von Angeboten (Art. 13 lit. a)) und die Unwiderruflichkeit der Angebote und von zulässigen Bedingungen (Art. 13 lit. e)) den Mitgliedstaaten überlassen. 2

II. Einzelheiten

Bei einer öffentlichen Aufforderung an die Wertpapierinhaber zur Abgabe von Angeboten ***(invitatio ad offerendum)*** will sich der Bieter durch sein „Angebot" noch nicht rechtlich binden. Das „Angebot" ist insoweit mangels Rechtsbindungswillen noch kein Angebot iSd § 145 BGB.[3] Das Angebot im Rechtssinne wird in diesem Fall vielmehr von den Wertpapierinhabern abgegeben, das der Bieter dann seinerseits annehmen kann. Könnte sich der Bieter die Annahme des Angebots vorbehalten, würde ihm dadurch eine vom Gesetz nicht gewollte Rückzugsmöglichkeit eröffnet. 3

Das Verbot, ein „Angebot" als *invitatio ad offerendum* auszugestalten, findet seine Rechtfertigung insbesondere darin, dass die Veröffentlichung eines öffentlichen Angebots anderen Rechtssubjekten Rechtspflichten auferlegt. So sind der Vorstand und der Aufsichtsrat der Zielgesellschaft verpflichtet, eine begründete Stellungnahme zu dem Angebot abzugeben und der Vorstand hat die Arbeitnehmer zu unterrichten (§ 10 Abs. 5, § 14 Abs. 4, § 27). Darüber hinaus wird im Falle eines Übernahme- oder Pflichtangebots der Vorstand der Zielgesellschaft in seinen Handlungsmöglichkeiten beschränkt (§ 33, ggf. § 33a) oder es werden uU bestimmte Satzungsbestimmungen bzw. Vereinbarungen gemäß § 33b Abs. 2 temporär außer Kraft gesetzt. Das Auferlegen derartiger gesetzlicher Verhaltenspflichten ist sachlich nur gerechtfertigt, wenn andererseits sichergestellt ist, dass der Bieter an sein Angebot auch tatsächlich gebunden ist. Insoweit kann § 17 iVm § 3 Abs. 4 Satz 2 als **angemessener Interessenausgleich** zwischen Bieter und Zielgesellschaft verstanden werden.[4] 4

Das umfassende Verbot, öffentliche Erwerbsangebote als *invitatio ad offerendum* auszugestalten, ist im Schrifttum vereinzelt auf Kritik gestoßen: So wurde gefordert, das Verbot der *invitatio ad offerendum* auf Übernahme- und Pflichtangebote zu beschränken, da nur in diesen Fällen durch § 33 die Handlungs- 5

---

[2] *Hasselbach* in KK-WpÜG, § 17 Rn. 1; Hinweise zu ausländischem Recht bei *Merkner/Sustmann* in Baums/Thoma, § 17 Rn. 13ff. und *Scholz* in Frankfurter Komm., § 17 Rn. 11ff.

[3] Vgl. *Ellenberger* in Palandt, § 145 Rn. 2.

[4] Vgl. BT-Drucks. 14/7034, S. 47; ebenso *Merkner/Sustmann* in Baums/Thoma, § 17 Rn. 6; *Steinmeyer* in Steinmeyer, § 17 Rn. 2; aA *Wackerbarth* in MüKoAktG, § 18 WpÜG Rn. 4.

möglichkeiten der Zielgesellschaft beschnitten werden.[5] Dabei wird jedoch verkannt, dass auch sonstige freiwillige Angebote erhebliche Folgen für die Zielgesellschaft haben können. Der Veröffentlichung eines sonstigen freiwilligen Angebots kann erhebliches Kursbeeinflussungspotential innewohnen. Daher ist schon unter dem Gesichtspunkt einer präventiven Verhinderung von Kursmanipulationen auch bei sonstigen freiwilligen Angeboten eine rechtliche Bindung des Bieters an sein Angebot angezeigt.[6]

6 Die Aufforderung zur Abgabe eines Angebots muss **öffentlich** sein. Für den Begriff der Öffentlichkeit gelten die allgemeinen Grundsätze für öffentliche Angebote iSd § 2 Abs. 1, auf die insoweit verwiesen werden kann.[7] Von daher begegnet beispielsweise die selektive Kontaktaufnahme eines Bieters mit institutionellen Investoren mit dem Ziel, diese außerhalb eines Angebotsverfahrens zur Abgabe eines Angebots von Wertpapieren der Zielgesellschaft an den Bieter zu bewegen, unter dem Blickwinkel des § 17 keinen Bedenken.[8]

7 Eine **Aufforderung** zur Angebotsabgabe liegt nicht schon bei jeder Äußerung eines Bieters vor, er sei an einem Erwerb von Wertpapieren einer Zielgesellschaft interessiert.[9] Vielmehr bedarf es der Bekundung einer konkreten Erwerbsabsicht, die bereits alle wesentlichen Elemente eines Angebots mit Ausnahme des fehlenden Rechtsbindungswillens enthält.[10] Auch Anträge iSd § 145 Hs. 2 BGB stellen daher Aufforderungen iSd § 17 dar.[11]

8 § 17 steht einem Angebotsverfahren, das als sog. ***dutch auction*** ausgestaltet wird, bei dem also der Bieter eine Preisspanne vorgibt, innerhalb der er zum Erwerb bereitet ist und die Wertpapierinhaber in ihren Annahmeerklärungen bestimmen, welchen Preis sie als Untergrenze akzeptieren, nicht entgegen – bei Übernahme- und Pflichtangeboten allerdings vorbehaltlich der Einhaltung der Bestimmungen über die (Mindest-)Gegenleistung (§ 31, §§ 3ff. WpÜG-AngV) – weil der Bieter sich insoweit den Preisvorstellungen der Wertpapierinhaber ausliefert und deshalb auch ein solches Angebot Bindungswirkung für ihn erzeugt.[12] Allerdings wird ein Angebot, bei dem der

---

[5] Stellungnahme des Handelsrechtsausschusses des DAV vom April 2001, NZG 2001, 420, 424, sowie vom September 2001, NZG 2001, 1003, 1004.

[6] Zustimmend auch *Merkner/Sustmann* in Baums/Thoma, § 17 Rn. 11; *Meyer* in Assmann/Pötzsch/Schneider, § 17 Rn. 7; *Scholz* in Frankfurter Komm., § 17 Rn. 24.

[7] Zu den Einzelheiten des im WpÜG verwendeten Öffentlichkeitsbegriffs siehe § 1 Rn. 20ff.; *Noack* in Schwark/Holzborn, KapitalmarktR, § 17 Rn. 2.

[8] Vgl. § 1 Rn. 30; in diesem Sinne wohl auch *Oechsler* in Ehricke/Ekkenga/Oechsler, § 17 Rn. 2; *Wackerbarth* in MüKoAktG, § 18 WpÜG Rn. 9; zum Ganzen auch *von Riegen* ZHR 167 (2003), 702, 708ff.

[9] *Noack/Holzborn* in Schwark, KapitalmarktR, § 17 Rn. 4.

[10] Ähnlich *Scholz* in Frankfurter Komm., § 17 Rn. 19.

[11] *Merkner/Sustmann* in Baums/Thoma, § 17 Rn. 2; *Wackerbarth* in MüKoAktG, § 17 WpÜG Rn. 11; *Scholz* in Frankfurter Komm., § 17 Rn. 16; zur Abgrenzung von Anträgen ohne Rechtsbindungswillen iSd § 145 Hs. 2 BGB von der *invitatio ad offerendum* siehe *Kramer* in MüKoBGB, § 145 Rn. 7.

[12] *Steinmeyer* in Steinmeyer, § 17 Rn. 4; aA *Wackerbarth* in MüKoAktG, § 17 WpÜG Rn. 15; *Scholz* in Frankfurter Komm., § 17 Rn. 25; *Baum* ZHR 167 (2003), 580, 605f.; wohl auch *Leuering* AG 2007, 435, 440.

Bieter keine für ihn in jedem Fall verbindliche Preisuntergrenze angibt – wie bei einem (umgekehrten) Bookbuilding-Verfahren ohne Angabe eines Mindestpreises – allgemein wegen Verstoßes gegen § 17 für unzulässig gehalten.[13]

9 Die Unzulässigkeit eines Angebots ohne **Mindestpreisfestlegung** ergibt sich jedoch nicht aus § 17, da es dabei gerade *nicht* um die Frage der Bindungswirkung geht: Wie § 315 Abs. 1 BGB zeigt, kann die Leistungsbestimmung auch einseitig einer Partei überlassen werden, sogar in deren freies Belieben (vgl. § 319 Abs. 2 BGB) gestellt werden. Eine solche Freiheit hindert daher nicht die Annahme einer vertraglichen Bindung.[14] Ein Angebot ohne Festlegung eines Mindestpreises, zu dem der Bieter zum Erwerb bereit ist, ist jedoch bereits wegen Verstoßes gegen § 11 Abs. 2 Satz 2 Nr. 4 (fehlende Angabe über die Höhe der Gegenleistung) gemäß § 15 Abs. 1 Nr. 1 von der BaFin zu untersagen.

10 Die praktische **Bedeutung** von § 17 dürfte **gering** sein. Bereits unter dem ehemaligen Übernahmekodex waren trotz der Zulässigkeit der *invitatio ad offerendum* öffentliche Übernahmeangebote in den weitaus überwiegenden Fällen als Angebote iSd § 145 BGB ausgestaltet, zumal die Übernahmekommission solchen unverbindlichen Aufforderungen zuletzt kritisch gegenüberstand.[15]

III. Rechtsfolgen

11 Ein als *invitatio ad offerendum* ausgestaltetes Erwerbsangebot ist ausnahmslos unzulässig. Wird es gleichwohl abgegeben, ist es von der BaFin zwingend nach § 15 Abs. 1 Nr. 2 (offensichtlicher Gesetzesverstoß) zu untersagen,[16] und zwar ungeachtet dessen, dass ggf. keine Angebotsunterlage vorliegt.[17] Die auf Grund einer solchen Untersagung folgende Nichtigkeit von auf Grund des Angebots gleichwohl abgeschlossenen Rechtsgeschäften ergibt sich aus § 15 Abs. 3 Satz 2.[18]

§ 18 Bedingungen; Unzulässigkeit des Vorbehalts des Rücktritts und des Widerrufs

(1) **Ein Angebot darf vorbehaltlich § 25 nicht von Bedingungen abhängig gemacht werden, deren Eintritt der Bieter, mit ihm gemeinsam handelnde Personen oder deren Tochterunternehmen oder im Zusam-**

---

[13] *Oechsler* in Ehricke/Ekkenga/Oechsler, § 17 Rn. 3; *Merkner/Sustmann* in Baums/Thoma, § 17 Rn. 2; *Steinmeyer* in Steinmeyer, § 17 Rn. 4; *Scholz* in Frankfurter Komm., § 17 Rn. 26.

[14] *Würdinger* in MüKoBGB, § 315 Rn. 33.

[15] *Hasselbach* in KK-WpÜG, § 17 Rn. 4.

[16] *Steinmeyer* in Steinmeyer, § 17 Rn. 7; *Scholz* in Frankfurter Komm., § 17 Rn. 27 und *Merkner/Sustmann* in Baums/Thoma, § 17 Rn. 12, die darüber hinaus auch eine Untersagung nach § 15 Abs. 1 Nr. 1 für möglich halten; aA für Pflichtangebote *Wackerbarth* in MüKoAktG, § 17 WpÜG Rn. 16.

[17] *Noack/Holzborn* in Schwark, KapitalmarktR, § 17 Rn. 6.

[18] *Scholz* in Frankfurter Komm., § 17 Rn. 28; aA *Noack/Holzborn* in Schwark, KapitalmarktR, § 17 Rn. 7.

menhang mit dem Angebot für diese Personen oder Unternehmen tätige Berater ausschließlich selbst herbeiführen können.

(2) **Ein Angebot, das unter dem Vorbehalt des Widerrufs oder des Rücktritts abgegeben wird, ist unzulässig.**

Schrifttum: *Badura,* MAC-Klauseln in Angeboten nach dem Wertpapiererwerbs- und Übernahmegesetz, 2010; *Berger/Filgut,* Material-Adverse-Change Klauseln in Wertpapiererwerbs- und Übernahmeangeboten, WM 2005, 253; *Busch,* Bedingungen in Übernahmeangeboten, AG 2002, 145; *Fleischer,* Schnittmengen des WpÜG mit benachbarten Rechtsmaterien – eine Problemskizze, NZG 2002, 545; *Gei/Kiesewetter,* Praxisrelevante Aspekte öffentlicher Übernahmen in Zeiten volatiler Märkte, AG 2012, 741; *Hasselbach/Wirtz,* Die Verwendung von MAC-Klauseln in Angeboten nach dem WpÜG, BB 2005, 842; *Holzborn/Israel,* Einflüsse wettbewerbsrechtlicher Regelungen auf das Übernahmerecht, BKR 2002, 982; *Hornuf/Zanconato,* MAC-Klauseln in deutschen Übernahmeangeboten; Eine rechtstatsächliche Untersuchung, ZBB 2011, 412; *A. Meyer,* Bindung an Übernahmeangebote in volatilen Märkten und Ausweichstrategien, in: *Mülbert/Kiem/Wittig,* 10 Jahre Wertpapiererwerbs- und Übernahmegesetz (WpÜG), 2011, 226; *Picot/Duggal,* Unternehmenskauf: Schutz vor wesentlich nachteiligen Veränderungen der Grundlagen der Transaktion durch sog. MAC-Klauseln, DB 2003, 2635; *Stöcker,* Widerruf oder Rücktritt von Angebotsankündigungen, NZG 2003, 993; siehe außerdem die Schrifttumsübersicht bei § 10.

Übersicht

I. Regelungsgegenstand, Zweck und Anwendungsbereich

1. Regelungsgegenstand und Zweck

1 § 18 untersagt dem Bieter, sein Angebot von Bedingungen abhängig zu machen, deren Eintritt er selbst, die gemeinsam mit ihm handelnden Personen oder deren Tochterunternehmen selbst herbeiführen kann. Diese Beschränkung sowie das Verbot von Widerrufs- und Rücktrittsvorbehalten (Abs. 2) soll sicherstellen, dass der Bieter an sein Angebot **gebunden** bleibt.[1] § 18 flankiert damit die Vorschriften von § 17 (Unzulässigkeit der *invitatio ad offerendum*) und § 21 (nur begrenzte Zulässigkeit von Angebotsänderungen), die das gleiche Regelungsziel verfolgen, und stellt insoweit auch eine konsequente Fortsetzung von § 14 Abs. 1 Satz 1 (Verpflichtung zur Übermittlung der Angebotsunterlage) sowie § 14 Abs. 2 Satz 1 (Verpflichtung zur Veröffentlichung der Angebotsunterlage) dar. Im Ergebnis wird dadurch erreicht,

[1] BT-Drs. 14/7034, 47.

dass der Bieter mit der Entscheidung zur Abgabe eines Angebots von dieser Entscheidung nicht mehr sanktionslos **durch eigene Willensentscheidung** abrücken kann.[2]

2 Die **Übernahmerichtlinie** enthält im Hinblick auf die Zulässigkeit von Bedingungen und von Widerrufs- und Rücktrittsvorbehalten keine ausdrückliche Vorgabe an den deutschen Gesetzgeber.[3] Nach deren Art. 13 lit. e) bleibt die Regelung von Fragen der Unwiderruflichkeit von Angeboten und von zulässigen Bedingungen den Mitgliedstaaten vorbehalten.

3 Die vom Gesetz bezweckte feste Bindung des Bieters an sein Angebot lässt sich vor dem Hintergrund der durch ein Angebot betroffenen **Interessen der Beteiligten** rechtfertigen.[4] Die Aktionäre der Zielgesellschaft und die Arbeitnehmer der Zielgesellschaft sollen sich ebenso wie die Marktteilnehmer auf eindeutige transparente Verhältnisse einstellen können. Gleiches gilt für die Zielgesellschaft selbst und deren Vorstand, der durch das Gesetz (vgl. § 27 sowie bei Übernahme- und Pflichtangeboten §§ 33, 33a bzw. § 39 iVm §§ 33, 33a) besonderen Pflichten und Verhaltensweisen unterworfen wird. Hiermit wäre es nicht vereinbar, wenn die Durchführung des Angebotsverfahrens letztlich von willkürlichen Entscheidungen des Bieters abhängig gemacht werden könnte.

4 Gleichwohl begegnet die vom Gesetz angeordnete strikte Bindung des Bieters, insbesondere der ohne jede Ausnahme vorgesehene Ausschluss von Widerrufs- und Rücktrittsvorbehalten, der Kritik. Der Gesetzgeber geht damit nicht nur über den ursprünglichen Vorschlag der Kommission für eine 13. Richtlinie auf dem Gebiet des Gesellschaftsrechts hinaus, der in Art. 13 verschiedene Sachverhalte regelte, bei deren Vorliegen das Angebot zurückgezogen werden konnte,[5] sondern griff auch die in der vom Vermittlungsausschuss am 6.6.2001 gebilligten Fassung des zunächst gescheiterten ursprünglichen EU-Übernahmerichtlinienentwurfes enthaltene Vorschrift des Art. 10 lit. a), die den Mitgliedstaaten aufgab, Regelungen über die Hinfälligkeit des Angebots vorzusehen,[6] nicht auf. Dadurch ist es dem Bieter nur durch Ausformulierung umfassender Bedingungen möglich, auf **Abwehrmaßnahmen der Zielgesellschaft** oder auf **konkurrierende Angebote** angemessen reagieren zu können.

2. Anwendungsbereich

5 § 18 gilt in den Grenzen des Anwendungsbereiches des § 1 für alle **freiwilligen Angebote** (Übernahmeangebote und sonstige freiwillige Angebote.[7] Auf

[2] Vgl. auch *Merkner/Sustmann* in Baums/Thoma, § 18 Rn. 2.

[3] *Steinmeyer* in Steinmeyer, § 18 Rn. 2.

[4] Zu den betroffenen Interessen siehe *Assmann/Bozenhardt* in Assmann/Basaldua/Bozenhardt/Peltzer, S. 1, 14 ff.

[5] Hierzu *Peltzer* in Assmann/Basaldua/Bozenhardt/Peltzer, S. 179, 203 f.

[6] Zum Vermittlungsverfahren siehe *Neye* ZIP 2001, 1120; zum Scheitern der Richtlinie siehe *Pluskat* WM 2001, 1937 ff.

[7] *Steinmeyer* in Steinmeyer, § 18 Rn. 3; zur Einbeziehung sonstiger freiwilliger Angebote kritisch Stellungnahme des Handelsrechtsausschusses des DAV vom April 2001, NZG 2001, 420, 424, sowie vom September 2001, NZG 2001, 1003, 1004 f.

Pflichtangebote findet nur Abs. 2, nicht hingegen Abs. 1 Anwendung (§ 39). Dies bedeutet jedoch nicht, dass der Bieter ein Pflichtangebot von Bedingungen, die ausschließlich von ihm selbst beeinflusst werden können, abhängig machen könnte. Vielmehr folgt bereits aus der Natur des Pflichtangebots, dass es per se bedingungsfeindlich ist.[8] Gleichwohl sind auch im Zusammenhang mit Pflichtangeboten solche Bedingungen (im Wesentlichen „Vollzugsbedingungen“) zulässig, die der Einhaltung zwingenden Rechts Rechnung tragen.[9]

§ 18 würde auf Grund des in § 1 Nr. 9, § 2 Nr. 5 WpÜG-AnwendbkV für uneingeschränkt anwendbar erklärten § 34, der seinerseits die allgemeine Anwendung des Abschnitts 3 (§§ 10 bis 28) anordnet, vollumfänglich auf Angebote iSd § 1 Abs. 2 und Abs. 3 Anwendung finden. Soweit allerdings Angebote iSd § 1 Abs. 2 (inländische Zielgesellschaften mit ausschließlicher Handelszulassung der Aktien an einem organisierten Markt im EU-Ausland) betroffen sind, verstößt § 1 Nr. 9 WpÜG-AnwendbkV gegen die eindeutigen Vorgaben des § 1 Abs. 2, der die Anwendung des WpÜG nur auf die dort genannten gesellschaftsrechtlichen Fragen vorsieht.[10] Eine Ausdehnung des Anwendungsbereichs des § 1 Abs. 2 ist von der Ermächtigung des § 1 Abs. 4 nicht gedeckt. § 1 Nr. 9 WpÜG-AnwendbkV verstößt daher insoweit gegen den Vorrang des Gesetzes (Art. 20 Abs. 3 GG) und muss insoweit als nichtig angesehen werden.[11] § 18 gilt deshalb nicht für Angebote iSd § 1 Abs. 2. 6

§ 2 Nr. 5 WpÜG-AnwendbkV, der die Anwendung des § 34 auf Angebote iSd § 1 Abs. 3 anordnet, hält sich hingegen wegen § 1 Abs. 3 Satz 2 im Rahmen der Ermächtigung des § 1 Abs. 4. Angebote nach § 1 Abs. 3 können in Folge der Bezugnahme auf europäische Angebote iSd § 2 Abs. 1a allerdings keine sonstigen freiwilligen Erwerbsangebote sein. 7

II. Bedingungen (§ 18 Abs. 1)

1. Allgemeines

Abs. 1 beschränkt die Freiheit des Bieters, sein Angebot von Bedingungen abhängig zu machen. Untersagt sind (vorbehaltlich § 25) solche Bedingungen, deren Eintritt im ausschließlichen Einflussbereich des Bieters, der mit ihm gemeinsam handelnden Personen oder deren Tochterunternehmen liegt. Ebenso zu behandeln ist sind Fälle, in denen der Bieter zwar auf den Eintritt des Ereignisses keinen Einfluss hat, aber die Beurteilung von dessen Eintritt in sein Ermessen gestellt ist (zB die Beurteilung, ob sich die wirtschaftlichen Verhältnisse der Zielgesellschaft erheblich verschlechtert haben).[12] Im Umkehrschluss folgt daraus, dass sämtliche Bedingungen zulässig bleiben, auf de- 8

[8] Vgl. BT-Drucks. 14/7034, 62; *Merkner/Sustmann* in Baums/Thoma, § 18 Rn. 4; kritisch zur Gesetzestechnik und Zweifel an der Rechtsfolge äußernd Stellungnahme des Handelsrechtsausschusses des DAV vom April 2001, NZG 2001, 420, 424, sowie vom September 2001, NZG 2001, 1003, 1007.

[9] *Merkner/Sustmann* in Baums/Thoma, § 18 Rn. 4.

[10] Vgl. *Holzborn/Peschke* BKR 2007, 101, 102.

[11] Zur Rechtsfolge der Nichtigkeit vgl. *Pieroth* in Jarass/Pieroth, Art. 80 Rn. 20.

[12] *Steinmeyer* in Steinmeyer, § 18 Rn. 5.

ren Eintritt der Bieter oder der der Sphäre des Bieters zuzurechnende Personenkreis keinen **ausschließlichen** Einfluss hat,[13] vorausgesetzt allerdings, dass derartige Bedingungen nicht gegen sonstige Vorgaben des Gesetzes (zB § 13 Abs. 1 Satz 1 oder das Gleichbehandlungs-,[14] Transparenz- oder Bestimmtheitsgebot (§ 3 Abs. 1 und 2)) verstoßen.

9 Umstritten ist, ob Abs. 1 über seinen Wortlaut hinaus insoweit analog anzuwenden ist als er auch solche Bedingungen verbietet, deren Eintritt der Bieter ausschließlich selbst verhindern kann.[15] Für eine analoge Anwendung der Vorschrift auf die Fälle der **Verhinderung des Eintritts** besteht mangels planwidriger Regelungslücke kein Bedürfnis: Nach allgemeinem Zivilrecht gilt, dass die Verhinderung des Bedingungseintritts wider Treu und Glauben von der Partei, zu deren Nachteil er gereichen würde, dazu führt, dass die Bedingung als eingetreten gilt (§ 162 Abs. 1 BGB). Zwar gilt die Vorschrift grundsätzlich nur für Bedingungen iSd § 158 BGB, nicht jedoch für Rechtsbedingungen[16] und auch nicht für behördliche Genehmigungen.[17] Gleichwohl gilt auch in den beiden letztgenannten Fällen, dass bei Rechtsgeschäften, die ansonsten wirksam sind, die Parteien nach dem im Rechtsgedanken des § 162 Abs. 1 verankerten Prinzip von Treu und Glauben verpflichtet sind, alles zu tun, um den Bedingungseintritt bzw. die Genehmigung herbeizuführen.[18]

10 Entsprechend dem verfolgten Regelungsziel ist das Tatbestandsmerkmal der „Bedingung" weit auszulegen. Erfasst sind zum einen **Bedingungen iSd § 158 BGB,** und zwar sowohl in Gestalt der aufschiebenden Bedingung, bei der das Angebot erst mit Eintritt eines zukünftigen ungewissen Ereignisses wirksam wird (§ 158 Abs. 1 BGB) als auch in Form der auflösenden Bedingung, bei der die Wirksamkeit des Angebots mit Eintritt eines zukünftigen ungewissen Ereignisses endet (§ 158 Abs. 2 BGB),[19] wobei für § 18 jeweils hinzukommen muss, dass der Eintritt einer solchen Bedingung ausschließlich vom Willensentschluss des Bieters oder des ihm zuzurechnenden Personen-

---

[13] AA *Hasselbach* in KK-WpÜG, § 18 Rn. 19, der in bestimmten Fällen auch nicht ausschließlich beeinflussbare Bedingungen für unzulässig hält.

[14] Dadurch soll die Abhängigkeit des Angebots bei vorausgesetzter Annahme durch einen bestimmten (Groß-)aktionär unzulässig sein, vgl. *Krause/Favoccia* in Assmann/Pötzsch/Schneider, § 18 Rn. 35; hiergegen *Hasselbach/Wirtz* BB 2005, 842, 845 sowie die Praxis der BaFin.

[15] Eine analoge Anwendung grundsätzlich bejahend *Hasselbach* in KK-WpÜG, § 18 Rn. 21; *Merkner/Sustmann* in Baums/Thoma, § 18 Rn. 42; *Wackerbarth* in MüKo-AktG, § 18 WpÜG Rn. 13; hiergegen *Steinmeyer* in Steinmeyer, § 18 Rn. 6; im Ergebnis auch *Scholz* in Frankfurter Komm., § 18 Rn. 22; differenzierend *Krause/Favoccia* in Assmann/Pötzsch/Schneider, § 18 Rn. 29f.

[16] BGH NJW 1996, 3338, 3340.

[17] *Ellenberger* in Palandt, § 162 Rn. 1.

[18] BGH BGHZ 67, 34, 35; *Grüneberg* in Palandt, § 242 Rn. 33; vgl. auch BGH NJW 1996, 3338, 3340.

[19] *Scholz* in Frankfurter Komm., § 18 Rn. 21; im Ergebnis auch *Thaeter* in Thaeter/Brandi, Teil 2 Rn. 174f., der jedoch wegen § 11 Abs. 2 Satz 2 Nr. 5 (Abhängigkeit von der Wirksamkeit des Angebots) § 18 Abs. 1 auf auflösende Bedingungen nur analog anwenden will.

kreises abhängt (sog. **Potestativbedingung**). Im Grundsatz ebenso erfasst ist die reine **Wollensbedingung,**[20] bei der der Eintritt der „Bedingung" von der noch ausstehenden Erklärung des Bieters abhängt, das Angebot gelten lassen zu wollen; die Wollensbedingung ist allerdings letztlich ein Fall mangelnder Bindungswirkung des Angebots und deshalb schon nach § 17 unzulässig. Im Grundsatz erfasst der Begriff der Bedingung darüber hinaus auch **Rechtsbedingungen,** dh die gesetzlichen Voraussetzungen für das Zustandekommen und die Wirksamkeit der aufgrund des Angebots zustande kommenden Rechtsgeschäfte[21] wie insbesondere die Genehmigung durch Dritte oder durch Behörden. Die Anwendung von Abs. 1 wird allerdings regelmäßig daran scheitern, dass der Eintritt einer solchen Rechtsbedingung nicht im ausschließlichen Einflussbereich des Bieters liegt.

Von Abs. 1 nicht erfasst werden hingegen **Vertragsbedingungen,**[22] die den Inhalt des Angebots näher umgrenzen. Zu letzteren gehören auch Bedingungen über die Höchstmenge an Wertpapieren, zu deren Erwerb sich der Bieter verpflichtet: Die „Bedingung" einer Höchstmenge ist keine Bedingung, von der das Angebot abhängt, sondern legt vielmehr den Umfang des Angebots von vornherein fest. Es handelt sich dann um ein sog. Teilangebot. 11

2. Bedingungsabhängigkeit des Angebots

a) Reichweite. Abs. 1 bezieht sich nur auf solche Bedingungen, von denen die **Wirksamkeit des Angebots als solches** abhängt (arg e § 11 Abs. 2 Satz 2 Nr. 5). Hingegen unterfallen einzelne vom Bieter beeinflussbare Angebotsbedingungen, sofern diese die Wirksamkeit des Angebots als solches nicht berühren, nicht den Beschränkungen von Abs. 1. So dürfte es dem Bieter zB nicht verwehrt sein, **wahlweise** zu einer angebotenen Geldleistung eine andere Gegenleistung in Form von Aktien, Genussscheinen etc. anzubieten und die Verfügbarkeit dieser wahlweise angebotenen anderen Gegenleistung an von ihm ausschließlich selbst beeinflussbare Bedingungen wie den Umstand, dass diese erst noch durch entsprechende gesellschaftsrechtliche Maßnahmen oder durch den Abschluss entsprechender Deckungsgeschäfte bereitgestellt werden müssen, zu knüpfen. § 13 Abs. 1 Satz 1 steht dem nicht entgegen, solange zumindest die Finanzierung der Geldleistung sichergestellt ist. 12

b) Einflussnehmender Personenkreis. aa) Bieter, gemeinsam handelnde Personen, Tochterunternehmen. Zu den in Abs. 1 genannten Begriffen „Bieter", „gemeinsam handelnde Personen" und „Tochterunternehmen" siehe die Legaldefinitionen in § 2 Abs. 4 bis 6. 13

bb) Organe des Bieters. In Konsequenz der zu § 10 vertretenen Auffassung zur Verbindlichkeit der Entscheidung des Bieters zur Abgabe eines Angebots im Falle mehrstufiger Entscheidungsprozesse sind dem Bieter und dem 14

---

[20] Zum Begriff siehe *Larenz/Wolf,* § 25 I; die Terminologie ist allerdings nicht einheitlich, im Schrifttum wird teilweise zwischen Wollensbedingungen und Potestativbedingungen begrifflich nicht scharf unterschieden (zB *Ellenberger* in Palandt, Einf. v. § 158 Rn. 10).

[21] Zum Begriff siehe *Ellenberger* in Palandt, Einf. v. § 158 Rn. 5; *Westermann* in MüKoBGB, § 158 Rn. 54; aA *Merkner/Sustmann* in Baums/Thoma, § 18 Rn. 23.

[22] Zum Begriff siehe *Ellenberger* in Palandt, Einf. v. § 158 Rn. 3.

ihm zuzurechnenden Personenkreis auch deren **Überwachungsorgane,** namentlich der **Aufsichtsrat,** zuzurechnen. Hingegen kann das Organ der Gesellschafterversammlung, wie sich aus der in Abs. 1 enthaltenen Bezugnahme auf § 25 sowie mittelbar aus § 10 Abs. 1 Satz 2 (Zwang zur Veröffentlichung der Entscheidung trotz ausstehenden Beschlusses der Gesellschafterversammlung) ergibt, ungeachtet dessen, dass die Gesellschafterversammlung ein Organ des Bieters ist, nicht zu dem dem Bieter für Zwecke des Abs. 1 zuzurechnenden Personenkreis gerechnet werden, denn die Entscheidungsfreiheit der Gesellschafter des Bieters wird durch das Gesetz in keiner Weise eingeschränkt.[23] Streng davon zu unterscheiden ist allerdings die Frage, ob im Einzelfall eine Angebotsbedingung, die unter den Vorbehalt der Entscheidung der Gesellschafterversammlung des Bieters gestellt ist, gleichwohl nach Abs. 1 unzulässig ist, weil das Management des Bieters im Einvernehmen mit dem Mehrheitsgesellschafter handelt und daher die Bedingung im Sinne der Vorschrift „ausschließlich selbst herbeiführen" kann.

15 **cc) Berater.** Über den vorgenannten Personenkreis hinaus bezieht das Gesetz auch **Berater** ein. Mit dieser Erweiterung soll eine Umgehung von Abs. 1 verhindert werden, die darin bestünde, durch entsprechende Gestaltung der Angebotsbedingungen die Entscheidung über die Wirksamkeit des Angebots letztlich Personen zu übertragen, die im „Lager" des Bieters oder des ihm zuzurechnenden Personenkreises stehen.

16 Der terminologisch mangels eines klar umrissenen Berufsbildes unscharfe Begriff des Beraters ist im Gesetz nicht näher definiert. Bei einer am Gesetzeszweck orientierten weiten Auslegung sind hiervon alle Personen erfasst, die aufgrund entsprechender schuldvertraglicher Abreden für den Bieter oder den ihm zuzurechnenden Personenkreis **Dienstleistungen** in Form von Beratungsleistungen erbringen.[24] Typischerweise wird es sich hierbei um in- und/oder ausländische Rechtsberater, Steuerberater, Wirtschaftsprüfer, Gutachter, freie Mitarbeiter/Unternehmensberater und Investmentbanken handeln. Kreditinstitute, die das Angebot lediglich technisch abwickeln, dürften nur dann zu den einbezogenen Beratern zu rechnen sein, wenn sie den Bieter oder den ihm zuzurechnenden Personenkreis in Bezug auf die entsprechenden abwicklungstechnischen Angaben in der Angebotsunterlage beraten. Das

---

[23] Wie hier BT-Drucks. 14/7034, 48 und *Schröder* in Frankfurter Komm., § 25 Rn. 6; aA jedoch die hM unter Verweis auf § 25, vgl. *Hasselbach* in KK-WpÜG, § 18 Rn. 73; *Merkner/Sustmann* in Baums/Thoma, § 18 Rn. 37; *Wackerbarth* in MüKo-AktG, § 18 WpÜG Rn. 29; die Vertreter der hM übersehen allerdings, dass § 25 den Bedingungsvorbehalt nicht zulässt, sondern in seinem Tatbestand bereits als zulässig voraussetzt; dessen Zulässigkeit kann sich deshalb nur durch restriktive Interpretation des § 18 ergeben. Letztlich dürfte dem Meinungsstreit für die Praxis jedoch nur weitgehend akademische Bedeutung zukommen.

[24] Wie hier *Noack/Holzborn* in Schwark, KapitalmarktR, § 18 Rn. 3; *Scholz* in Frankfurter Komm., § 18 Rn. 4; aA *Thaeter* in Thaeter/Brandi, Teil 2 Rn. 179; *Steinmeyer* in Steinmeyer, § 18 Rn. 8, die eine vertragliche Leistungsbeziehung nicht für erforderlich halten. Ohne ein wie auch immer geartetes Vertragsverhältnis zwischen dem Bieter bzw. dem ihm zuzurechnenden Personenkreis einerseits und dem Berater andererseits wird jedoch nicht ersichtlich, weshalb der Berater in diesem Fall dem Einflussbereich des Bieters zuzurechnen sein sollte.

die nach § 13 erforderliche Finanzierungsbestätigung abgebende vom Bieter unabhängige Wertpapierdienstleistungsunternehmen ist nicht zum Kreis der Berater zu rechnen, es sei denn, es hat den Bieter oder den ihm zuzurechnenden Personenkreis im Zusammenhang mit der Finanzierungsbestätigung konkret bei der Finanzierung des Angebots beraten (was zulässig wäre[25]).

c) Zusammenhang mit dem Angebot. Ein Berater ist dem Bieter oder dem ihm zuzurechnenden Personenkreis nur dann zuzurechnen, wenn er im Zusammenhang mit dem Angebot beraten hat. Infolge der Bezugnahme auf „das Angebot" muss die Beratungsleistung im Zusammenhang mit dem konkret abgegebenen Angebot stehen, wobei ein **zeitlicher und sachlicher Zusammenhang** mit dem Angebot erforderlich, aber auch genügend ist. Personen, die den Bieter oder den ihm zuzurechnenden Personenkreis lediglich allgemein über Voraussetzungen und Folgen von Angeboten im Sinne des Gesetzes beraten, sind von Abs. 1 nicht erfasst. Ebenso wenig erfasst sein dürften Personen, die den Bieter ausschließlich im Zusammenhang mit einer Transaktion im Vorfeld des Angebots, aber ohne Bezug auf das Angebot, beraten haben wie zB bei einem dem Angebot vorausgehenden außerbörslichen Paketerwerb, selbst wenn das Angebot aufgrund eines von vornherein gefassten Gesamtplans des Bieters dann als Folge der durchgeführten Transaktion abgegeben wird.[26] 17

d) Herbeiführen des Bedingungseintritts. aa) Durch Bieter und ihm zuzurechnenden Personenkreis. Abs. 1 untersagt lediglich solche Bedingungen, die der Bieter oder der ihm zuzurechnende Personenkreis **ausschließlich** selbst herbeiführen kann. Durch das Merkmal der Ausschließlichkeit werden lediglich diejenigen Bedingungen erfasst, deren Eintritt **einzig und allein** von einem Verhalten des Bieters oder des ihm zuzurechnenden Personenkreises abhängt (Potestativ- und Wollensbedingungen). Nach Sinn und Zweck der Regelung, wenngleich aus dem Wortlaut nicht klar hervorgehend, gilt dies auch, wenn der Bedingungseintritt **kumulativ** durch den **Bieter** und eine andere Person aus dem ihm **zuzurechnenden Personenkreis** herbeigeführt werden kann.[27] 18

bb) Mitwirkung anderer Personen und Stellen. Mit dem Erfordernis der Ausschließlichkeit bleibt Abs. 1 lückenhaft und schafft Raum für Umgehungsmöglichkeiten. Alle Bedingungen, die ein Ereignis zum Gegenstand haben, dessen Eintritt kumulativ zum Verhalten des Bieters oder des ihm zuzurechnenden Personenkreises eine Mitwirkungshandlung anderer Personen oder Stellen erfordert, fallen dadurch aus dem Anwendungsbereich von Abs. 1 heraus. Werden beispielsweise im Zusammenhang mit einem **kartell- oder aufsichtsrechtlichen Genehmigungsverfahren** nach Abgabe des Angebots weitere Mitwirkungshandlungen des Bieters erforderlich, kann der Bieter den Eintritt des Ereignisses (Erteilung der Genehmigung) unmittelbar beeinflussen, indem er einen vorgeschriebenen Antrag nicht stellt oder verlangte Auskünfte nicht oder nur unvollständig erteilt. Eine spezifische 19

[25] BT-Drucks. 14/7034, 44.

[26] *Scholz* in Frankfurter Komm., § 18 Rn. 4; aA *Thaeter* in Thaeter/Brandi, Teil 2 Rn. 181.

[27] Wie hier *Krause/Favoccia* in Assmann/Pötzsch/Schneider, § 18 Rn. 27.

Rechtsgrundlage, die die BaFin ermächtigte, einem solchen Verhalten des Bieters entgegenzutreten, stellt das Gesetz nicht bereit. Ebenso wenig könnte die BaFin den Bieter unter dem Gesichtspunkt der raschen Durchführung von Angebotsverfahren (§ 3 Abs. 4 Satz 1) und der hinter Abs. 1 stehenden Wertung des Gesetzgebers unter Rückgriff auf die allgemeine Anordnungskompetenz des § 4 Abs. 1 Satz 3 zur Stellung von Anträgen, der Erteilung von Auskünften etc., die ein anderes Verwaltungsverfahren betreffen, verpflichten.[28] Allerdings folgt aus allgemeinen zivilrechtlichen Grundsätzen, dass bei einem Rechtsgeschäft, das im Übrigen wirksam ist, die Parteien (hier allerdings regelmäßig nur der Bieter) verpflichtet sind, alles zu tun, um die Genehmigung herbeizuführen.[29] Bei Verletzung dieser Pflicht kommen Schadensersatzansprüche der Wertpapierinhaber gegen den Bieter nach § 311 Abs. 2 iVm §§ 241 Abs. 2, 280 Abs. 1 BGB in Betracht.[30]

20 **cc) Vorbehalt der Zustimmung der Gesellschafterversammlung.** Wie dargestellt, kann das Organ der Gesellschafterversammlung des Bieters diesem nicht zugerechnet werden, so dass Abs. 1 grundsätzlich eine Bedingung zulässt, wonach die Wirksamkeit des Angebots als solches von der **Zustimmung der Gesellschafterversammlung** des Bieters, deren Entscheidung das Gesetz nicht vorgreift, abhängt (§ 25).[31] Sie muss dem Bieter grundsätzlich gestattet sein, da das Gesetz den Bieter in § 10 Abs. 1 Satz 2 verpflichtet, seine Entscheidung zur Abgabe eines Angebots (vorbehaltlich der Möglichkeit eines Befreiungsantrages nach § 10 Abs. 1 Satz 3) auch dann zu veröffentlichen, wenn ein hierfür erforderlicher Beschluss der Gesellschafterversammlung des Bieters noch nicht vorliegt. Der Schutz der außenstehenden Wertpapierinhaber wird dadurch gewährleistet, dass in derartigen Fällen § 25 dem Bieter vorschreibt, den erforderlichen Zustimmungsbeschluss unverzüglich, spätestens bis zum fünften Werktag vor Ablauf der Annahmefrist, herbeizuführen, so dass rechtzeitig vor Ablauf der Annahmefrist der Eintritt bzw. Nichteintritt der Bedingung feststeht.

21 Von anderen Beschlussgegenständen der Gesellschafterversammlung, die im Zusammenhang mit dem Angebot stehen, soll das Angebot nach verschiedentlich vertretener Auffassung nicht abhängig gemacht werden dürfen.[32] Während dies im Hinblick auf Kapitalmaßnahmen, die zur Finanzierung des Angebots erst noch beschlossen werden müssten, wegen § 13 unmittelbar einsichtig ist, ist diese Einschränkung (zB in Bezug auf **sonstige Satzungsänderungen** der Gesellschaft des Bieters) nicht folgerichtig: Wenn das Gesetz sogar die extremste Form der Subjektivität, die Wollensbedingung, in Bezug auf die Entscheidung der Gesellschafterversammlung zulässt, dann muss *(ar-*

---

[28] Nicht eindeutig BT-Drucks. 14/7034, 48.

[29] BGH BGHZ 67, 34, 35; *Grüneberg* in Palandt, § 242 Rn. 33.

[30] Allgemein zur Haftungsgrundlage *Kroppenberg* WM 2001, 844, 846ff.; an der Durchsetzbarkeit dieser Ansprüche im Hinblick auf die Darlegungs- und Beweislast zweifelnd *Thaeter* in Thaeter/Brandi, Teil 2 Rn. 185.

[31] Vgl. auch BT-Drucks. 14/7034, 48; der Gesetzgeber hat dies im Laufe des Gesetzgebungsverfahrens ausdrücklich klargestellt, BT-Drucks. 14/7477, S. 68.

[32] *Stöcker* NZG 2003, 993, 997; *Merkner/Sustmann* in Baums/Thoma, § 18 Rn. 85; *Steinmeyer* in Steinmeyer, § 18 Rn. 12.

gumentum a maiore ad minus) erst recht eine Bedingung zulässig sein, bei der die Gesellschafterversammlung des Bieters nur mittelbar über die Zustimmung zum Angebot entscheidet (zB über die Vornahme einer Satzungsänderung (ausgenommen Kapitalmaßnahmen zur Angebotsfinanzierung)), ohne die andernfalls das Angebot nicht durchgeführt werden könnte.

Im Einzelfall kann der Vorbehalt des Bieters zur Einholung der Zustim- 22
mung der Gesellschafterversammlung **unzulässig** sein, insbesondere dann, wenn beim Bieter **übersichtliche Mehrheitsverhältnisse** herrschen, die Verwaltung des Bieters im Einvernehmen mit dem Mehrheitsgesellschafter handelt (insbesondere dann, wenn der Mehrheitsgesellschafter als eigentlicher Interessent das Angebot durch ein zu 100% von ihm kontrolliertes Tochterunternehmen abgeben lässt) und die Herbeiführung eines Beschlusses der Gesellschafter entweder bereits bei Veröffentlichung der Entscheidung zur Abgabe eines Angebots oder jedenfalls noch vor Veröffentlichung des Angebots unter Wahrung der Vertraulichkeit möglich gewesen wäre.[33] Bei einer am Sinn und Zweck des Abs. 1 orientierten Auslegung besteht eine solche Umgehungsmöglichkeit jedoch nicht, weil dann, wenn aufgrund der Entscheidungslage des Mehrheitsgesellschafters des Bieters und der Mehrheitsverhältnisse und -erfordernisse in der Gesellschaft des Bieters die Zustimmung der Gesellschafterversammlung bloße Formsache ist, das Management des Bieters im Sinne von Abs. 1 die Bedingung letztlich „ausschließlich selbst herbeiführen" kann. Eine gleichwohl aufgenommene Angebotsbedingung wäre nach Abs. 1 unzulässig.[34]

Zulässig ist es hingegen regelmäßig, wenn der Bieter sein Angebot von der 23
Zustimmung der Gesellschafterversammlung des den Bieter beherrschenden Unternehmens abhängig macht und diese Zustimmung keine bloße Formsache ist (zB weil das herrschende Unternehmen eine **Publikumsgesellschaft** ist; anders ist dies ggf., wenn mehrere Erwerbsgesellschaften hintereinander geschaltet werden).[35]

Die Ausführungen in Rn. 22 gelten entsprechend, wenn das Management 24
des Bieters die Zustimmung zu dem Angebot aufgrund **freiwilliger eigener Entscheidung** unter den Vorbehalt der Gesellschafterversammlung stellt, obwohl es hierzu weder nach der Innenverfassung der Bietergesellschaft noch nach allgemeinen Rechtsgrundsätzen (zB den Grundsätzen der Holzmüller/Gelatine-Entscheidungen[36]) *verpflichtet* wäre. Macht zB der Vorstand einer Bietergesellschaft in der Rechtsform der Aktiengesellschaft von seinem nach § 119 Abs. 2 AktG bestehenden Recht Gebrauch, die Hauptversammlung

---

[33] BT-Drucks. 14/7034, 48; kritisch zu den Umgehungsstrategien auch *Land/Hasselbach* DB 2000, 1747, 1751; Stellungnahme des Handelsrechtsausschusses des DAV v. April 2001, NZG 2001, 420, 425; *Oechsler* NZG 2001, 817, 821.

[34] Wohl ebenso BT-Drucks. 14/7034, 48, wo davon die Rede ist, dass derartige Sachverhalte von der BaFin auf Grundlage der allgemeinen Missstandsaufsicht aufgegriffen werden können; im Ergebnis ebenso *Merkner/Sustmann* in Baums/Thoma, § 18 Rn. 89; *Krause/Favoccia* in Assmann/Pötzsch/Schneider, § 18 Rn. 61 ff.

[35] Ähnlich *Merkner/Sustmann* in Baums/Thoma, § 18 Rn. 85; im Ergebnis auch *Wackerbarth* in MüKoAktG, § 18 WpÜG Rn. 33.

[36] BGH BGHZ 83, 122; BGH BGHZ 159, 30.

über die Zustimmung zum Angebot entscheiden zu lassen, so führt er dadurch erst eine Entscheidungssituation herbei, die zur Aufnahme einer entsprechenden Angebotsbedingung berechtigen würde. Die vom Gesetz bezweckte rechtliche Bindung des Bieters an sein Angebot würde durch eine derartige Entscheidung des Vorstands unterlaufen werden. Demzufolge wäre eine Bedingung, die die Zustimmung der Hauptversammlung zum Angebot zum Gegenstand hat, nach Abs. 1 unzulässig, wenn die Hauptversammlung lediglich aufgrund des eigenverantwortlichen Entschlusses des Vorstands gemäß § 119 Abs. 2 AktG zur Entscheidung über die Zustimmung zum Angebot befugt ist.[37] Ist der Vorstand hingegen nach den Grundsätzen der Holzmüller/Gelatine-Entscheidungen[38] zur Einholung der Zustimmung verpflichtet, ist eine entsprechend aufgenommene Angebotsbedingung ohne weiteres zulässig. Soweit zweifelhaft ist, ob eine Verpflichtung zur Einholung der Zustimmung besteht, dürfen solche Zweifel freilich nicht zu Lasten des Bieters gehen.[39] Für in- und ausländische Bietergesellschaften in anderen Rechtsformen gelten die vorstehenden Erwägungen entsprechend.

25 Zustimmungsvorbehalte **anderer Gremien** des Bieters als der Gesellschafterversammlung können hingegen nicht zum Gegenstand zulässiger Bedingungen gemacht werden (§ 10 Abs. 1 Satz 2, § 25e contrario).[40]

3. Katalog einzelner Bedingungen

26 **a) Allgemeines.** Grundsätzlich ohne Einschränkungen nach Abs. 1 zulässig bleiben alle Bedingungen, die der Bieter oder der ihm zuzurechnende Personenkreis nicht ausschließlich selbst herbeiführen kann, sofern der Inhalt der Bedingungen nicht gegen andere Vorgaben des Gesetzes (zB § 13) oder die allgemeinen Grundsätze des § 3[41] verstößt. Dabei gilt insbesondere unter dem Blickwinkel des **Transparenzgebots** (§ 3 Abs. 2), dass alle Bedingungen hinreichend bestimmt und so formuliert sein müssen, dass die Wertpapierinhaber an Hand der Angebotsunterlage zweifelsfrei erkennen können, unter welchen Voraussetzungen das Angebot wirksam wird oder bleibt.[42] Dazu gehören auch Angaben, die eine Beurteilung der Wahrscheinlichkeit des Eintritts oder Nichteintritts der Bedingung ermöglichen. Zu beachten ist in diesem Zusammenhang auch die **zeitliche Grenze** für einen späteren Verzicht auf Angebotsbedingungen. Daraus folgt, dass sich der Bieter nicht

---

[37] Sehr str., wie hier *Hasselbach* in KK-WpÜG, § 18 Rn. 76; *Oechsler* in Ehricke/Ekkenga/Oechsler, § 18 Rn. 11; *Scholz* in Frankfurter Komm., § 18 Rn. 43; aA *Thaeter* in Thaeter/Brandi, Teil 2 Rn. 189ff. unter Hinweis auf die unscharfen Voraussetzungen eines „Holzmüller-Falles"; *Krause/Favoccia* in Assmann/Pötzsch/Schneider, § 18 Rn. 60; *Wackerbarth* in MüKoAktG, § 18 WpÜG Rn. 31; *Steinmeyer* in Steinmeyer, § 18 Rn. 12.

[38] BGH BGHZ 83, 122; BGH BGHZ 159, 30.

[39] Zu Recht *Hasselbach* in KK-WpÜG, § 18 Rn. 74. Für Bieter in der Rechtsform der AG haben sich durch die Gelatine-Entscheidung (siehe Fn. 40) die Zweifel allerdings mittlerweile erheblich entschärft.

[40] *Oechsler* in Ehricke/Ekkenga/Oechsler, § 18 Rn. 4; im Ergebnis auch *Thaeter* in Thaeter/Brandi, Teil 2 Rn. 202.

[41] *Liebscher* ZIP 2001, 853, 862.

[42] *Steinmeyer* in Steinmeyer, § 18 Rn. 9.

beliebig vorbehalten darf, bei Nichteintritt einer aufschiebenden Bedingung oder bei Eintritt einer auflösenden Bedingung das Angebot gleichwohl als wirksam gelten zu lassen. Der Bieter muss dann vielmehr rechtzeitig vor Ablauf der Annahmefrist auf die entsprechende Bedingung verzichten (§ 21 Abs. 1 Satz 1 Nr. 4). Dabei soll der Bieter, wenn er sich in der Angebotsunterlage den Bedingungsverzicht vorbehalten hat, auch dann noch auf die Bedingung verzichten können, wenn deren Eintritt oder Ausfall bereits feststeht.[43]

Zur Aufnahme von Bedingungen, die den vorgenannten Grundsätzen ent- 27
sprechen, bedarf es **keines sachlichen Rechtfertigungsgrundes.**[44] Ebenso wenig kann dem Gesetz entnommen werden, dass der Bieter auflösende Bedingungen nur verwenden dürfe, wenn der entsprechende Sachverhalt nicht durch aufschiebende Bedingungen abgefasst werden kann.

In der Praxis hat sich mittlerweile eine gewisse Typologie für bestimmte 28
Arten von Bedingungen herausgebildet. Diese umfasst unter anderem: **konkret auf den Wertpapiererwerb im Angebotsverfahren gerichtete Bedingungen** (zB Mindestmengen (Mindesterwerbsschwellen), Wirksamkeit eines neben dem Angebotsverfahren stattfindenden parallelen Paketerwerbs, Nichtabgabe von konkurrierenden Angeboten), **Ereignisse in der Sphäre der Zielgesellschaft** (zB wesentliche Verschlechterung der wirtschaftlichen Verhältnisse *(sog. material adverse change (MAC)),* Insolvenzverfahren, Abwehrmaßnahmen), **Ereignisse in der Sphäre des Bieters** (zB Zustimmung der Gesellschafterversammlung, Eintragung von Kapitalmaßnahmen in öffentlichen Registern, Börsenzulassung der als Gegenleistung angebotenen Wertpapiere), **gesamtwirtschaftliche Ereignisse** (zB wesentliche Verschlechterung gesamtwirtschaftlicher Rahmenbedingungen), **Genehmigungs-/Mitwirkungsvorbehalte öffentlicher Stellen** (zB kartellrechtliche, bankaufsichtsrechtliche oder sonstige öffentlich-rechtliche Genehmigungsvorbehalte).

b) Mindestmengen. Zu den zulässigen Angebotsbedingungen gehören 29
Bedingungen über die **Mindestmenge an Wertpapieren (Mindesterwerbsschwelle),** zu deren Erwerb sich der Bieter verpflichtet. Für derartige Bedingungen enthält das Gesetz keinerlei Einschränkungen, so dass die Mindesterwerbsschwelle vom Bieter grundsätzlich beliebig festgesetzt werden kann.[45] Indirekt zu beachten ist in diesem Zusammenhang allerdings § 35 Abs. 3, wonach die Verpflichtung zur Abgabe eines Pflichtangebots nur dann entfällt, wenn die Kontrolle über die Zielgesellschaft auf Grund eines Übernahmeangebots erworben wurde. Setzt der Bieter im Zusammenhang mit einem noch nicht vollzogenen anderweitigen Kontrollerwerb (zB durch Paketerwerb von anderen Aktionären) die Mindesterwerbsschwelle bei einem Übernahmeangebot so hoch an, dass sein Übernahmeangebot aufgrund der nicht in genügender Anzahl eingegangenen Annahmeerklärungen nicht wirksam wird, vollendet sich der Kontrollerwerb aufgrund der anderweitig erworbenen Aktien jedoch gleichwohl, muss der Bieter im Anschluss an den

---

[43] *Wackerbarth* in MüKoAktG, § 18 WpÜG Rn. 26.

[44] *Oechsler* in Ehricke/Ekkenga/Oechsler, § 18 Rn. 2; *Hasselbach* in KK-WpÜG, § 18 Rn. 22.

[45] *Krause/Favoccia* in Assmann/Pötzsch/Schneider, § 18 Rn. 34.

vollzogenen Kontrollerwerb ein Pflichtangebot abgeben. Von daher ist bei der Festlegung einer zu hohen Mindesterwerbsschwelle im Zusammenhang mit einem Übernahmeangebot Vorsicht geboten. Darüber hinaus soll eine zu hohe Mindesterwerbsschwelle (diskutiert werden Fälle oberhalb von 95% des Grundkapitals; eine **Mindesterwerbsschwelle von 95 %** dürfte im Hinblick auf einen vom Bieter erstrebten Squeeze-out (§§ 327a ff. AktG, §§ 39a ff.) noch zulässig sein[46]) als missbräuchlich anzusehen sein, weil ein solches Angebot in Kombination mit einer nach § 21 Abs. 1 Satz 1 Nr. 3 möglichen Herabsetzung des Schwellenwertes im Ergebnis einer nach § 17 unzulässigen *invitatio ad offerendum* gleichkäme.[47] Diese Fälle lassen sich allerdings auch über eine entsprechende Anwendung von § 18 Abs. 2 lösen.

30 **c) Verknüpfung mit Paketerwerb außerhalb des Angebotsverfahrens.** Grundsätzlich für zulässig gehalten wird bei Übernahmeangeboten die Bedingung, durch die das Angebot von der Wirksamkeit des Erwerbs eines bestimmten Aktienpaketes im Rahmen eines (bereits abgeschlossenen) Paketkaufvertrages außerhalb des Angebotsverfahrens vor Ablauf der Annahmefrist abhängig gemacht wird. Dies gilt auch dann, wenn dies zur Folge hat, dass im Ergebnis das Angebot vom Erwerb von einem bestimmten Großaktionär abhängt.[48] Enthält ein solcher Paketkaufvertrag allerdings Bestimmungen, die die Wirksamkeit des Vertrages vom **Nichteintritt wesentlicher nachteiliger Veränderungen** *(material adverse change (MAC))* abhängig machen, soll dies nur dann gelten, wenn der Inhalt dieser Bestimmungen den Anforderungen entspricht, die ansonsten an MAC-Klauseln in Erwerbsangeboten gestellt werden. Im Ergebnis muss in diesem Fall der Inhalt der MAC-Klausel aus dem Paketkaufvertrag in der Angebotsunterlage wiedergegeben werden.[49]

31 **d) Höchstmengen?** Wie dargestellt, gehört die Festlegung von Höchstmengen nicht zu den von Abs. 1 erfassten Bedingungen, sondern grenzt den Umfang des Angebots als sog. **Teilangebot** von vornherein ab (Vertragsbedingung). Insoweit ergibt sich die Zulässigkeit oder Unzulässigkeit von Teilangeboten allein aus dem Charakter des Angebots als sonstiges freiwilliges Angebot (Teilangebot zulässig) oder als Übernahme- oder Pflichtangebot (Teilangebot unzulässig, § 32 bzw. § 39 iVm § 32).

32 **e) Kartellvorbehalte.** Einschränkungslos zulässig (und ggf. auch erforderlich) sind Bedingungen, die an die Erteilung noch ausstehender **kartellrechtlicher Genehmigungen** anknüpfen.[50] Zwar kann der Bieter auf den Eintritt bzw. Nichteintritt dieser Bedingungen in gewisser Weise Einfluss nehmen, zB dadurch, dass er einen vorgeschriebenen Antrag nicht stellt oder verlangte Auskünfte nicht erteilt. Gleichwohl kann er den Eintritt derartiger Bedingungen nicht iSd Gesetzes „ausschließlich selbst" herbeiführen. Ein derartiger Kartellvorbehalt muss schon deshalb zulässig sein, weil bei einem Zusammen-

---

[46] *Busch* AG 2002, 145, 146f.; *Hasselbach* in KK-WpÜG, § 18 Rn. 26; *Noack/Holzborn* in Schwark, KapitalmarktR, § 18 Rn. 10.

[47] *Krause/Favoccia* in Assmann/Pötzsch/Schneider, § 18 Rn. 36.

[48] *Hasselbach/Wirtz* BB 2005, 842, 845; im Ergebnis auch *Scholz* in Frankfurter Komm., § 18 Rn. 33.

[49] *Merkner/Sustmann* in Baums/Thoma, § 18 Rn. 120.

[50] BT-Drucks. 14/7034, 47.

schlussvorhaben, soweit es den Vorschriften des **GWB** unterliegt, der Zusammenschluss wegen § 41 Abs. 1 Satz 1 GWB nicht vor Freigabe durch das Bundeskartellamt oder vor Ablauf der Einmonats- bzw. Viermonatsfristen des § 40 Abs. 1 Satz 1, Abs. 2 Satz 2 GWB vollzogen werden darf.[51] Zulässig sind dabei sowohl einfache Kartellvorbehalte als auch qualifizierte Vorbehalte, etwa dergestalt, dass die kartellrechtliche Freigabe auflagenfrei erteilt wird.[52] Soweit im Schrifttum vertreten wird, dass der Kartellvorbehalt nur zulässig sei, wenn die Kartellanmeldung bei Veröffentlichung der Angebotsunterlage bereits eingereicht ist,[53] ist diese Einschränkung aus dem Gesetz nicht zu entnehmen: Da auch ein gestellter Antrag zurückgenommen werden könnte, kann aus Abs. 1 nicht abgeleitet werden, dass ein bereits gestellter Antrag Voraussetzung der Zulässigkeit der Bedingung ist.

Bei Zusammenschlussvorhaben, die ausschließlich dem Geltungsbereich **33**
der **FKVO** unterfallen, gilt für das Vollzugsverbot grds. Entsprechendes (siehe Art. 7 Abs. 1 FKVO), Art. 7 Abs. 2 FKVO bietet unter bestimmten Voraussetzungen – namentlich der Voraussetzung der unverzüglichen Anmeldung des Zusammenschlusses und der Nichtausübung von Stimmrechten durch den Erwerber – die Möglichkeit, bei öffentlichen Übernahmeangeboten oder bei mehreren Wertpapiererwerben über die Börse einen Zusammenschluss zu verwirklichen. Bei entsprechender Freistellung durch die Kommission gemäß Art. 7 Abs. 3 FKVO dürfen Stimmrechte dabei sogar ausgeübt werden, soweit dies zur Erhaltung des vollen Wertes der Investition erforderlich ist. Unabhängig davon kann die EU-Kommission auch in anderen Fällen gemäß Art. 7 Abs. 3 FKVO vom Vollzugsverbot befreien.

Unabhängig davon, dass die FKVO in den vorstehend genannten Fällen **34**
gewisse Ausnahmen vom Vollzugsverbot enthält, wird man dem WpÜG keine Verpflichtung für den Bieter entnehmen können, sich im Vorfeld eines Angebots um die Erlangung eines Ausnahmetatbestands zu bemühen. Die Aufnahme eines Kartellvorbehalts in den Angebotsbedingungen bleibt deshalb auch in den Fällen im Anwendungsbereich der FKVO ungeachtet von Art. 7 Abs. 2 und 3 FKVO zulässig.

f) Sonstige behördliche Genehmigungs- und Untersagungsvorbe- **35**
halte. Die oben Rn. 33 dargestellten Erwägungen für die Zulässigkeit von Kartellvorbehalten gelten in ähnlicher Weise für sonstige behördliche Genehmigungsvorbehalte oder behördliche Untersagungsbefugnisse, die im Zusammenhang mit einem Angebot ggf. zu beachten sind.[54] In Betracht kommen hier insbesondere **aufsichtsrechtliche Untersagungsbefugnisse** im Bereich der Aufsicht über Kredit- und Finanzdienstleistungsinstitute, Versicherungsunternehmen oder Träger einer Börse wie zB § 2c KWG, § 104

---

[51] *Fleischer* NZG 2002, 545, 550; Zum Begriff des Vollzuges siehe *Thomas* in Immenga/Mestmäcker, § 41 Rn. 16 ff.

[52] Ausführlich zur Ausgestaltung des Kartellvorbehalts *Krause/Favoccia* in Assmann/Pötzsch/Schneider, § 18 Rn. 47 ff.; im Ergebnis grundsätzlich auch *Holzborn/Israel* BKR 2002, 982, 985 f.

[53] *Krause/Favoccia* in Assmann/Pötzsch/Schneider, § 18 Rn. 43; aA *Merkner/Sustmann* in Baums/Thoma, § 18 Rn. 65.

[54] Vgl. BT-Drucks. 14/7034, 47; *Merkner/Sustmann* in Baums/Thoma, § 18 Rn. 75.

iVm § 7a VAG, § 6 BörsG und § 19 KAGB (Erwerb bedeutender Beteiligungen an einem Kredit- oder Finanzdienstleistungsinstitut, Versicherungsunternehmen bzw. Börsenträger bzw. einer Kapitalverwaltungsgesellschaft), auch wenn im Einzelfall der Vollzug des Erwerbs innerhalb der laufenden Untersagungsfrist den Erwerb weder endgültig noch schwebend unwirksam macht, sondern ggf. nur zum **Verbot der Stimmrechtsausübung** (vgl. § 2c Abs. 2 Satz 1 KWG, § 104 Abs. 2 Satz 2 VAG, § 6 Abs. 4 Satz 1 BörsG und § 19 Abs. 3 KAGB) oder ggf. zur Verpflichtung der Wiederveräußerung der erlangten Beteiligung (vgl. § 2c Abs. 2 Satz 3 KWG, § 104 Abs. 2 Satz 5 VAG und § 6 Abs. 4 Satz 3 BörsG) führt.

36 Auch Vorbehalte **medienrechtlicher** Art (Unbedenklichkeitsbestätigung nach §§ 29 Satz 3 iVm 26 RStV) können zulässiger Weise Gegenstand von Bedingungen nach Abs. 1 sein. Zwar führt die nicht erteilte Unbedenklichkeitsbestätigung nicht zu einem Vollzugsverbot, sie führt jedoch gemäß § 29 Satz 4 RStV zu einem Widerruf der Zulassung, wenn die Veränderung der Beteiligungsverhältnisse nicht als unbedenklich bestätigt werden kann.[55]

37 **g) Ereignisse in der Sphäre der Zielgesellschaft. aa) Kapitalmaßnahmen.** Nach der Gesetzesbegründung ohne weiteres zulässig – und insbesondere bei unfreundlichen Übernahmeangeboten angezeigt – sind Bedingungen, die die Wirksamkeit des Angebots davon abhängig machen, dass während des Angebotsverfahrens nicht bestimmte **Änderungen bei der Zielgesellschaft** herbeigeführt werden.[56] So kann das Angebot zB eine Bedingung des Inhalts enthalten, dass es während der Dauer des Angebots nicht zu Kapitalmaßnahmen bei der Zielgesellschaft kommt.[57] Bei Übernahmeangeboten, bei denen der Bieter entsprechende Kapitalmaßnahmen, insbesondere Kapitalerhöhungen, bei der Zielgesellschaft nicht verhindern kann, weil er entweder über die erforderliche Sperrminorität nicht verfügt oder aber der Vorstand der Zielgesellschaft aufgrund der Ausnutzung eines genehmigten Kapitals verbunden mit der Zustimmung des Aufsichtsrats (§ 33 Abs. 1 sowie § 202 Abs. 3 Satz 2 AktG) oder eines Vorratsbeschlusses nach § 33 Abs. 2 mit Zustimmung des Aufsichtsrats oder aufgrund der Durchführung laufender Geschäfte nach § 33 Abs. 1 Satz 2 die entsprechenden Maßnahmen durchführen kann, würde sich durch Erhöhung des Kapitals das Angebot für den Bieter ggf. erheblich verteuern. Da das Gesetz einen Widerrufs- oder Rücktrittsvorbehalt des Bieters ohne Ausnahme für unzulässig erklärt (Abs. 2), wird der Bieter bei einem Übernahmeangebot in Anbetracht der Tatsache, dass das Ausmaß einer bei der Zielgesellschaft ggf. vorgenommenen Kapitalerhöhung für ihn nicht von vornherein abgeschätzt werden kann, schon um seiner Verpflichtung nach § 13 Abs. 1 Satz 1 genügen zu können, eine entsprechende Angebotsbedingung aufnehmen wollen bzw. müssen.[58]

---

[55] Zu weiteren Einzelheiten *Hasselbach* in KK-WpÜG, § 18 Rn. 51.

[56] BT-Drucks. 14/7034, 47 f.; *Riehmer/Schröder* BB 2001, Beilage 5, S. 1, 6; *Wackerbarth* in MüKoAktG, § 18 WpÜG Rn. 42; *Scholz* in Frankfurter Komm., § 18 Rn. 43.

[57] Ebenso *Busch* AG 2002, 145, 148f; *Krause/Favoccia* in Assmann/Pötzsch/Schneider, § 18 Rn. 83.

[58] *Scholz* in Frankfurter Komm., § 18 Rn. 61.

38 Bei der Ausformulierung der Angebotsbedingungen im Zusammenhang mit Kapitalmaßnahmen der Zielgesellschaft können sich allerdings **wirtschaftliche Risiken** für den Bieter ergeben. Ist die Angebotsbedingung so formuliert, dass jede Kapitalmaßnahme der Zielgesellschaft die Wirksamkeit des Angebots entfallen lässt, so ist dem Bieter hiermit bei relativ geringfügigen Kapitalerhöhungen der Zielgesellschaft nicht immer gedient. Ein entsprechender Vorbehalt darf aber wegen Abs. 2 nicht aufgenommen werden. Dem Bieter bleibt dann nur übrig, gemäß 21 Abs. 1 Satz 1 Nr. 4 auf die Bedingung zu **verzichten.** Ein wirksamer Bedingungsverzicht muss jedoch bis zu einem Werktag vor Ablauf der Annahmefrist veröffentlicht werden. Da eine ordnungsgemäße Veröffentlichung nach § 21 Abs. 2 Satz 1 iVm § 14 Abs. 3 Satz 1 auch einen organisatorischen Vorlauf erfordert, bestünde bei einem Verzicht für den Bieter das Risiko, dass nach der Veröffentlichung, aber vor Ablauf der Annahmefrist eine Kapitalmaßnahme bei der Zielgesellschaft – insbesondere im Wege der Ausnutzung eines genehmigten Kapitals – durch Eintragung im Handelsregister (vgl. § 189 AktG) **wirksam** wird, der Bieter bei einem Vollangebot mithin auch zum Erwerb der neuen Aktien verpflichtet würde (sofern die Annahme für die neuen Aktien noch vor Ablauf der Annahmefrist erklärt wird), ohne dass der Bieter die Möglichkeit zu einer entsprechenden Reaktion hätte. Ein übernahme- oder aktienrechtlicher Auskunftsanspruch des Bieters gegenüber der Zielgesellschaft über beabsichtigte oder in Durchführung befindliche Kapitalerhöhungen besteht ebenso wenig wie über Einsichtsrechte nach § 9 HGB hinausgehende Auskunftsansprüche gegenüber dem Handelsregister zu im Gange befindlichen Eintragungsvorgängen.[59] Zwar ist im Regelfall der Vorstand bei der Vornahme entsprechender Kapitalmaßnahmen zur Abgabe einer **Ad-hoc-Mitteilung** nach § 15 WpHG verpflichtet,[60] nicht jedoch bei solchen mit sehr geringem Umfang (etwa unter 3% des Grundkapitals), da hiervon nach allen Gesichtspunkten wegen der ganz geringen Verwässerung keine erhebliche Börsenpreisänderung ausgehen kann. Eine solche Mitteilung kann insbesondere bei Ausnutzung eines Vorratsbeschlusses nach § 33 Abs. 2 im Extremfall für den Bieter aber zu spät kommen. Außerdem dürfte es in Anbetracht des vom Bieter fixierten Angebotspreises regelmäßig am Tatbestandsmerkmal der erheblichen Beeinflussung des Börsenpreises fehlen,[61] so dass für den Vorstand eine Veröffentlichungspflicht nach § 15 WpHG in diesem Fall ohnehin nicht bestünde. Im Ergebnis bleibt damit ein kurz vor Ablauf der Annahmefrist erklärter Verzicht des Bieters mit wirtschaftlichen Risiken behaftet, wenngleich in extrem gelagerten Grenzfällen die Anwendung von **§ 826 BGB** in Erwägung gezogen werden könnte.[62]

39 Die beschriebenen wirtschaftlichen Risiken im Zusammenhang mit Kapitalmaßnahmen der Zielgesellschaft können für den Bieter noch in erheblich

[59] *Roth* in Koller/Kindler/Roth/Morck, § 9 Rn. 10.

[60] *Assmann* in Assmann/Schneider, § 13 Rn. 68.

[61] Hierzu *Schäfer* in Schäfer/Hamann, § 13 WpHG Rn. 53ff.; *Assmann* in Assmann/Schneider, § 13 Rn. 62ff.

[62] Siehe *Thümmel* DB 2000, 461, 464; dort allerdings nur bezogen auf Ansprüche des Bieters aufgrund einer gescheiterten Übernahme; siehe auch → § 33 Rn. 92.

stärkerem Maße bei **Pflichtangeboten** bestehen, weil dem Bieter, anders als bei Übernahmeangeboten und sonstigen freiwilligen Angeboten, hier grundsätzlich jede Möglichkeit versagt ist, sein Angebot von Bedingungen abhängig zu machen.[63] Zwar kann der Bieter Kapitalmaßnahmen aufgrund von Hauptversammlungsbeschlüssen regelmäßig schon aufgrund seines Stimmrechtsgewichtes verhindern,[64] ein **Stimmverbot** besteht insoweit nicht.[65] Verfügt der Vorstand der Zielgesellschaft jedoch zB über genehmigtes Kapital aufgrund eines Vorratsbeschlusses nach § 33 Abs. 2 oder über sonstiges genehmigtes Kapital aufgrund früherer Hauptversammlungsbeschlüsse, kann der Bieter in seiner Stellung als Aktionär der Zielgesellschaft auf dessen Ausnutzung keinen Einfluss nehmen. Müsste der Bieter einschränkungslos auch die aufgrund der Ausnutzung von genehmigtem Kapital geschaffenen Aktien erwerben, würde dies zu unabsehbaren finanziellen Risiken für den Bieter, im Extremfall bis zur Insolvenz, führen.

40 Ein solches untragbares Ergebnis kann vom Gesetzgeber nicht gewollt sein. Bei der Suche nach einer sachgerechten Lösung könnte an eine **Einschränkung des Anwendungsbereiches** von § 33 gedacht werden: Eine Kapitalerhöhung der Zielgesellschaft kann insofern nicht zweckorientiert auf die Verhinderung des Erfolges des Angebots gerichtet sein (§ 33 Abs. 1 Satz 1, Abs. 2 Satz 1) als nach dem Wortlaut des Gesetzes der Bieter die neu geschaffenen Aktien zwingend (§ 32) übernehmen muss. Man könnte hieraus ableiten, dass in einem solchen Fall ein Vorratsbeschluss nach § 33 Abs. 2 oder eine Kapitalmaßnahme nach § 33 Abs. 1 Satz 1 auch mit Zustimmung des Aufsichtsrats vom Vorstand nicht ausgenutzt werden darf, weil es in Wahrheit nicht um eine Verhinderung des Erfolges des Angebots, sondern lediglich um dessen **Verteuerung** geht. Damit bliebe aber zum einen die Frage unbeantwortet, welche Konsequenzen die Ausnutzung eines aufgrund eines anderweitigen Hauptversammlungsbeschlusses außerhalb von § 33 Abs. 2 genehmigten Kapitals für das Angebotsverfahren hat (das der Vorstand im Einzelfall aufgrund der Durchführung zulässiger Geschäftsführungsmaßnahmen nach § 33 Abs. 1 Satz 2 auch ausnutzen darf). Zum anderen kann eine Kapitalmaßnahme nach § 33 Abs. 1 Satz 1 oder Abs. 2 in Fällen, in denen der Bieter eine Beteiligung an der Zielgesellschaft nur geringfügig oberhalb der Kontrollschwelle des § 29 Abs. 2 hält, durchaus auch zum Gegenstand haben, eine Ausdehnung der Kontrolle des Bieters zu verhindern, etwa weil andere Aktionäre mit bedeutenden Beteiligungen bereits zu erkennen gegeben haben, dass sie ihre Aktien an der Zielgesellschaft nicht abgeben werden und zusätzlich bereit sind, neue Aktien über ihr Bezugsrecht hinaus zu zeichnen.[66] Faktisch wird der Vorstand der Zielgesellschaft aufgrund der bereits bestehenden Kontrolle des Bieters von Kapitalmaßnahmen bis zum Ablauf der Annahmefrist absehen.

---

[63] Zweifelnd Stellungnahme des Handelsrechtsausschusses des DAV vom September 2001, NZG 2001, 1003, 1007.

[64] *Schneider/Burgard* DB 2001, 963, 968.

[65] Str., *Kiem* ZIP 2000, 1512; ein Stimmverbot bejahend *Maier-Reimer* ZHR 165 (2001), 276.

[66] Zu den Auswirkungen auf das Zuteilungsverfahren siehe *Hüffer/Koch,* § 185 Rn. 25; *Lutter* in KölnKomm, § 185 Rn. 26.

41 **bb) Sonstige Strukturveränderungen.** In gleicher Weise wie bei Kapitalmaßnahmen der Zielgesellschaft zulässig sind Bedingungen, die ein Angebot davon abhängig machen, dass es nicht zu Strukturveränderungen bei der Zielgesellschaft kommt, insbesondere, dass nicht die für den Bieter interessanten **Unternehmensteile veräußert** werden.[67] Voraussetzung ist, dass die entsprechenden Maßnahmen konkret bezeichnet werden.[68] Bei einem Pflichtangebot ist eine entsprechende Bedingung jedoch auch hier unzulässig, selbst wenn dies zu gravierenden Nachteilen für den Bieter führen kann.

42 **cc) Wesentliche Verschlechterungen *(target MAC)*.** Unter einer „Material Adverse Change-Klausel" versteht man eine Regelung, die den Fortbestand eines Rechtsgeschäfts vom Fortbestand bestimmter wirtschaftlicher Grundlagen bzw. vom Ausbleiben bestimmter wesentlicher Verschlechterungen der Verhältnisse abhängig macht.[69] Derartige Regelungen sind in Bezug auf die Verhältnisse der Zielgesellschaft (sog. *target MAC*) als Angebotsbedingungen grundsätzlich zulässig (und in Anbetracht des Meinungsstreits über die Zulässigkeit der Berufung auf eine Störung der Geschäftsgrundlage auch ggf. empfehlenswert), sofern sie den tragenden Wertungen des WpÜG (Transparenz- und Bestimmtheitsgebot (§ 3 Abs. 2), Gebundenheit an das Angebot (§§ 17, 18)) nicht zuwiderlaufen.[70] Sie müssen demnach die Voraussetzung erfüllen, dass der Bedingungseintritt vom Bieter oder dem ihm zurechenbaren Personenkreis nicht ausschließlich selbst herbeigeführt werden darf und dass er sich ohne eigenen Beurteilungs- oder Ermessensspielraum des Bieters oder des ihm zurechenbaren Personenkreises **objektiv und rechtssicher feststellen** lässt.[71] Darüber hinaus wird es für erforderlich gehalten, dass die nachteilige Veränderung, von der das Angebot abhängig gemacht wird, eine **gewisse Erheblichkeit** besitzt.[72] Letzteres Erfordernis rechtfertigt sich vor dem Hintergrund, dass das Erwerbsangebot des Bieters anderen Rechtssubjekten Rechtspflichten auferlegt. Insoweit erscheint ein Eingriff in die Privatautonomie des Bieters gerechtfertigt, dessen Angelegenheit es im Übrigen allein ist, zu bestimmen, ob und in welchem Umfang er derartige Bedingungen in sein Angebot aufnimmt.[73] In diesem Zusammenhang kann es deshalb auch nicht darauf ankommen, ob der Bieter bei Anwendung ver-

---

[67] BT-Drucks. 14/7034, 47 f.

[68] *Steinmeyer* in Steinmeyer, § 18 Rn. 27.

[69] Ausführlich zu MAC-Klauseln in Unternehmenskaufverträgen *Picot/Duggal* DB 2003, 2635 ff.

[70] *Busch* AG 2002, 145, 150; *Steinmeyer* in Steinmeyer, § 18 Rn. 25; ausführlich zu MAC-Klauseln *Hasselbach/Wirtz* BB 2005, 842 ff., auch mit einer statistischen Auswertung öffentlicher Erwerbsangebote; sowie *Hornuf/Zanconato* ZBB 2011, 412.

[71] *Berger/Filgut* WM 2005, 253, 256; *Hasselbach/Wirtz* BB 2005, 842, 843; siehe auch *Gei/Kiesewetter* AG 2012, 741, 742, 747.

[72] Zu weitgehend und den Grundsatz der Privatautonomie außer Acht lassend aber *Hasselbach/Wirtz* BB 2005, 842, 844, die fordern, dass die Verschlechterung einem Fall der Störung der Geschäftsgrundlage zumindest nahe kommen muss; nach *Busch* AG 2002, 145, 151, muss die nachteilige Veränderung von wesentlichem Gewicht und längerfristiger Natur sein.

[73] Zu Recht *Krause/Favoccia* in Assmann/Pötzsch/Schneider, § 18 Rn. 90, der eine materielle Inhaltskontrolle von MAC-Klauseln ablehnt.

kehrsüblicher Sorgfalt vor Übermittlung bzw. Veröffentlichung der Angebotsunterlage hätte erkennen können, dass die Verhältnisse, von denen er im Hinblick auf die Zielgesellschaft ausgegangen ist, unzutreffend waren.[74]

43 Unter dem Blickwinkel des Transparenz- und Bestimmtheitsgebotes können im Rahmen von target MAC-Klauseln grundsätzlich **konkrete Kennzahlen** oder andere gesetzlich definierte oder anderweitig eindeutig feststellbare Umstände Gegenstand der Anknüpfung sein.[75] So wurden ua Kennzahlen wie das Netto-Eigenkapital in der Konzernbilanz, das Konzernergebnis vor Steuern, das EBIT oder das EBITDA als geeignete Kennzahlen in Angeboten zugelassen.[76] Generell dürften keine Bedenken bestehen, an all diejenigen Kennzahlen anzuknüpfen, die gemäß § 15 Abs. 1 Satz 6 WpHG auch in einer Ad-hoc-Mitteilung veröffentlicht werden könnten (zB Umsatz, Ergebnis pro Aktie, Ergebnismarge, Jahresüberschuss etc.).[77] Soweit allerdings vereinzelt gefordert wird, dass die nachteilige Veränderung der Verhältnisse von der Zielgesellschaft *tatsächlich* als Ad-hoc-Mitteilung veröffentlicht wurde,[78] ist dem nicht zuzustimmen, da es Gründe geben mag, warum die Zielgesellschaft (zB im Falle des § 15 Abs. 3 WpHG) von einer Veröffentlichung bis zum Ablauf der Annahmefrist absieht, oder aber die Zielgesellschaft hat möglicherweise sogar unter Verstoß gegen § 15 WpHG eine Veröffentlichung unterlassen. In diesem Fall muss allerdings anderweitig vor Ablauf der Annahmefrist objektiv (und unbeeinflusst durch den Bieter) feststellbar sein, ob die Verschlechterung eingetreten ist. Hierzu muss der Bieter regelmäßig einen unabhängigen Wirtschaftsprüfer mit einem Gutachten beauftragen, wenn ein möglicher target MAC eingetreten sein sollte. Der Gutachter muss bereits in der Angebotsunterlage genannt werden.

44 Nicht zulässig, da im Einzelfall vom Bieter oder den ihm zuzurechnenden Personenkreis zu leicht beeinflussbar und daher nicht hinreichend transparent, dürfte hingegen eine Bezugnahme auf die Entwicklung des **Börsenkurses der Zielgesellschaft** sein.[79]

45 Bedingungen, die auf ein Ausbleiben der Kündigung oder anderweitigen Beendigung wichtiger Verträge der Zielgesellschaft in den Fällen des **Kontrollwechsels** (sog. *change of control*) abstellen, sind, sofern hinreichend genau beschrieben, zulässig.[80]

46 **dd) Compliance-Verletzungen.** Mittlerweile anerkannt sind auch Bedingungen, wonach bei der Zielgesellschaft keine **Compliance-Verletzungen** eingetreten sind, was wiederum ein unabhängiger in der Angebotsunterlage zu benennender Gutachten während der Annahmefrist feststellen muss.[81] Die in Betracht kommenden Rechtsnormen sind zu bezeichnen.[82] Die Sinn-

---

[74] So aber *Merkner/Sustmann* in Baums/Thoma, § 18 Rn. 117.

[75] *Hasselbach/Wirtz* BB 2005, 842, 843.

[76] *Krause/Favoccia* in Assmann/Pötzsch/Schneider, § 18 Rn. 91.

[77] Siehe Emittentenleitfaden, Ziff. IV.2.2.10; hierzu *Geibel/Schäfer* in Schäfer/Hamann, § 15 WpHG Rn. 166f.

[78] *Steinmeyer* in Steinmeyer, § 18 Rn. 28.

[79] *Hasselbach/Wirtz* BB 2005, 842, 844, dort auch zur Verwaltungspraxis der BaFin.; aA *Oechsler* in Ehricke/Ekkenga/Oechsler, § 18 Rn. 7.

[80] *Hasselbach* in KK-WpÜG, § 18 Rn. 57.

[81] *Merkner/Sustmann* in Baums/Thoma, § 18 Rn. 128.

[82] *Krause/Favoccia* in Assmann/Pötzsch/Schneider, § 18 Rn. 97a.

haftigkeit einer solchen Bedingung muss aber bezweifelt werden, schließlich kann der vom Bieter beauftragte Gutachter nicht in investigativer Weise bei der Zielgesellschaft Untersuchungen anstellen. Veröffentlicht die Zielgesellschaft während der Annahmefrist keine Ad-hoc-Mitteilung über bedeutende Compliance-Verletzungen, wird die Bedingung ihren Zweck verfehlen. Mit einer solchen Bedingung wollen Bieter wohl signalisieren, Maßnahmen zum Schutz gegen Compliance-Verstöße getroffen zu haben.

47 **ee) Insolvenz.** Mittlerweile geklärt ist, dass – gewissermaßen als Extremfall eines target MAC – auch eine Bedingung des Inhalts zulässig ist, dass über das Vermögen der Zielgesellschaft während der Dauer des Angebots nicht ein **Insolvenzverfahren eröffnet oder beantragt** wird. Dass ein Antrag gestellt oder eröffnet wurde, muss objektiv nachweisbar sein, etwa aufgrund einer Ad-hoc-Mitteilung der Zielgesellschaft oder einer Bekanntmachung unter www.insolvenzbekanntmachungen.de. Gehört der Bieter oder jemand aus dem ihm zuzurechnenden Personenkreis allerdings zu den Gläubigern der Zielgesellschaft, muss bei der Formulierung der Angebotsbedingung ausgeschlossen sein, dass ein möglicher Insolvenzantrag von dem Bieter oder einer Person aus den ihm zuzurechnenden Personenkreis gestellt wird (vgl. § 13 Abs. 1 InsO), da es sich dann um eine Bedingung handeln würde, die der Bieter oder der ihm zuzurechnende Personenkreis ausschließlich selbst herbeiführen könnte.[83]

48 **ff) Due Diligence-Vorbehalt.** Ob der Bieter jenseits der Verwendung von target MAC-Klauseln einen generellen Vorbehalt aufnehmen darf, dass ihm der Vorstand der Zielgesellschaft die Durchführung einer Due Diligence gestattet, erscheint fragwürdig.[84] Abgesehen davon, dass hierfür gerade im Hinblick auf die Möglichkeit der Verwendung von target MAC-Klauseln kaum ein praktisches Bedürfnis besteht, würde der Verwaltung der Zielgesellschaft hierdurch andernfalls ein durchschlagendes Abwehrmittel zur Verfügung stehen, das ihr – jedenfalls bei Übernahmeangeboten – entsprechend der Konzeption des § 33 im Hinblick auf den Schutz ihrer Aktionäre gerade nicht zukommen soll.[85] Eine solche Bedingung dürfte auch deshalb unzulässig sein, weil keine Möglichkeit des objektiven Nachweises des Eintritts der Bedingung vorstellbar ist.

49 **gg) Stellungnahme der Verwaltung zum Erwerbsangebot.** Umstritten ist, ob die Abgabe einer positiven Stellungnahme der Verwaltung der Zielgesellschaft zum Erwerbsangebot bzw. das Ausbleiben einer negativen Stellungnahme zur zulässigen Bedingung eines Erwerbsangebots gemacht werden darf. Die Befürworter einer solchen Bedingung verweisen darauf, dass ein objektiv nachvollziehbares Interesse des Bieters an einer solchen Bedingung besteht, da andernfalls die Durchführung des Angebots erheblich erschwert werden kann.[86] Gegen die Zulässigkeit einer solchen Bedingung bestehen keine Bedenken.

---

[83] *Steinmeyer* in Steinmeyer, § 18 Rn. 27.

[84] Befürwortend *Scholz* in Frankfurter Komm., § 18 Rn. 62; *Steinmeyer* in Steinmeyer, § 18 Rn. 31.

[85] Zweifelnd auch *Krause/Favoccia* in Assmann/Pötzsch/Schneider, § 18 Rn. 99.

[86] *Hasselbach* in KK-WpÜG, § 18 Rn. 71; *Oechsler* in Ehricke/Ekkenga/Oechsler, § 18 Rn. 8; *Scholz* in Frankfurter Komm., § 18 Rn. 56.

50 **hh) Zustimmungsvorbehalt bei Vinkulierung.** Sind vinkulierte Namensaktien Gegenstand des Angebots, ist eine Bedingung zulässig und ggf. zweckmäßig, die die Wirksamkeit der aufgrund des Angebots abgeschlossenen Kaufverträge von der **Zustimmung der Zielgesellschaft** zur Übertragung der Aktien (§ 68 Abs. 2 AktG) abhängig macht.[87] Dies gilt nicht beim Management Buy-out.[88]

51 **h) Konkurrierende Angebote.** Abs. 1 gestattet auch eine Angebotsbedingung des Inhalts, dass während der Dauer der Annahmefrist kein **konkurrierendes Angebot eines Dritten** (§ 22 Abs. 1) abgegeben wird.[89] Die Aufnahme einer solchen Bedingung ist allerdings zweischneidig. Da sich der Bieter für den Fall des Bedingungseintritts die Wirksamkeit des Angebots nicht vorbehalten darf, könnte er in einem solchen Fall auf ein Konkurrenzangebot nicht mehr durch Verbesserung seines eigenen Angebots reagieren. Ohne eine entsprechende Bedingung bleibt er jedoch dem Risiko ausgesetzt, dass er die Wertpapiere derjenigen Inhaber, die sein Angebot bereits angenommen und nicht von ihrem Rücktrittsrecht nach § 22 Abs. 3 Gebrauch gemacht haben, mangels eines ihm zustehenden eigenen Rücktrittsrechts abnehmen muss, obwohl sich die wirtschaftlichen Kalkulationsgrundlagen uU erheblich verändert haben.[90]

52 **i) Bedingungen in Bezug auf die Gegenleistung. aa) Kapitalmaßnahmen beim Bieter.** Unzulässig ist eine Angebotsbedingung, wonach die Wirksamkeit des Angebots von einem **Kapitalerhöhungsbeschluss der Gesellschafterversammlung** des Bieters zur Finanzierung der gebotenen Gegenleistung (Geldleistung oder Sachleistung, zB in Gestalt von Aktien des Bieters) abhängig gemacht wird. Dies lässt sich der Wertung des § 13 Abs. 1 Satz 1 entnehmen, wonach der Bieter schon vor der Veröffentlichung der Angebotsunterlage alle notwendigen Finanzierungsmaßnahmen für die Erfüllung der Ansprüche der Wertpapierinhaber sichergestellt haben muss.[91] Bei Geldleistungen **(Barangeboten)** wird allerdings schon das die Finanzierungsbestätigung nach § 13 Abs. 1 Satz 2 abgebende Wertpapierdienstleistungsunternehmen mit Blick auf seine Haftung (§ 13 Abs. 2) darauf achten, dass der Bieter die entsprechenden Maßnahmen getroffen hat, so dass sich die Frage der Aufnahme einer entsprechenden Angebotsbedingung hier regelmäßig nicht stellt. Eine entsprechende Bedingung darf jedoch auch bei **Tauschangeboten** nicht aufgenommen werden.[92] Außer aus der Wertung des § 13 Abs. 1 Satz 1 folgt dies auch daraus, dass der Bieter bei der BaFin beantragen kann, die Frist für die Veröffentlichung der Angebotsunterlage um bis zu vier Wochen zu verlängern (§ 14

---

[87] *Scholz* in Frankfurter Komm., § 18 Rn. 52.

[88] *Krause/Favoccia* in Assmann/Pötzsch/Schneider, § 18 Rn. 87.

[89] *Hasselbach* in KK-WpÜG, § 18 Rn. 72.

[90] *Oechsler* NZG 2001, 817, 822.

[91] *Stöcker* NZG 2003, 993, 997.

[92] *Merkner/Sustmann* in Baums/Thoma, § 18 Rn. 143; *Steinmeyer* in Steinmeyer, § 18 Rn. 22; *Krause/Favoccia* in Assmann/Pötzsch/Schneider, § 18 Rn. 72; *Stöcker* NZG 2003, 993, 997; siehe auch § 13 Rn. 5; kritisch *Land/Hasselbach* DB 2000, 1747, 1751; *Oechsler* NZG 2001, 817, 821, sowie *Peltzer* in Assmann/Basaldua/Bozenhardt/Peltzer, S. 179, 203.

Abs. 1 Satz 3). Damit soll gerade dem Umstand Rechnung getragen werden, dass die vierwöchige Regelfrist nach § 14 Abs. 1 Satz 1 für die Herbeiführung des Kapitalerhöhungsbeschlusses häufig nicht ausreichen wird.[93] Zweifellos zulässig sein muss bei einem Tauschangebot, bei dem die Gegenleistung in durch eine Sachkapitalerhöhung zu schaffenden Aktien des Bieters besteht, hingegen eine Bedingung des Inhalts, dass die **Durchführung der Sachkapitalerhöhung im Handelsregister** eingetragen wird.[94] Verlangte man, dass die als Gegenleistung gewährten neuen Aktien schon rechtlich existent sind, wäre es einer Bietergesellschaft in der Rechtsform der Aktiengesellschaft rechtlich unmöglich, ein entsprechendes Tauschangebot abzugeben (vgl. § 188 Abs. 2 Satz 1 iVm § 36a Abs. 2, § 189 AktG).[95]

bb) Börsenzulassung der neuen Aktien. Besteht die Gegenleistung des Bieters in Aktien, die zum Zeitpunkt der Veröffentlichung der Angebotsunterlage noch nicht an einem organisierten Markt iSd § 2 Abs. 7 zugelassen sind, ist, wie der Gesetzesbegründung zu § 31 indirekt entnommen werden kann,[96] auch eine Bedingung zulässig, die die Wirksamkeit des Angebots an die **Börsenzulassung** knüpft.[97] 53

cc) Sonstige Finanzierungsvorbehalte. Der Wertung des § 13 ist zu entnehmen, dass eine Bedingung des Inhalts, dass dem Bieter die notwendigen Mittel zur Finanzierung des Angebots rechtzeitig zur Verfügung stehen, ausnahmslos unzulässig ist.[98] Aus demselben Grund ist es ebenso unzulässig, eine auflösende Bedingung aufzunehmen, dass die Vereinbarungen mit den Finanzierungsgebern von letzteren **nicht gekündigt** werden.[99] Eine solche Bedingung wäre überdies im Hinblick auf die in den zugrunde liegenden Finanzierungsvereinbarungen enthaltenen mitunter sehr umfangreichen Vertragsklauseln regelmäßig nicht hinreichend objektivierbar (Verstoß gegen das Transparenzgebot, § 3 Abs. 2).[100] Im Übrigen rechtfertigt sich ein solches Verbot auch deshalb, weil die BaFin im Rahmen der Prüfung der Angebotsunterlage die Finanzierungsverträge mit den Finanzierungsgebern nicht prüft. Eine streng davon zu unterscheidende Frage ist allerdings, ob etwa einzelne 54

---

[93] Vgl. BT-Drucks. 14/7477, 67.

[94] Wie hier *Busch* AG 2002, 145, 147 f.; *Merkner/Sustmann* in Baums/Thoma, § 18 Rn. 143.; *Krause/Favoccia* in Assmann/Pötzsch/Schneider, § 18 Rn. 72; *Noack/Holzborn* in Schwark, KapitalmarktR, § 18 Rn. 9; aA *Wackerbarth* in MüKoAktG, § 18 WpÜG Rn. 37.

[95] Zum (strittigen) Leistungszeitpunkt bei Sacheinlageverpflichtungen vgl. *Hüffer/Koch,* § 36a Rn. 4 sowie § 188 Rn. 9; *Hoffmann-Becking* in MHdB AG, § 4 Rn. 37.

[96] BT-Drucks. 14/7034, 55.

[97] Ebenso *Krause/Favoccia* in Assmann/Pötzsch/Schneider, § 18 Rn. 73; *Noack/Holzborn* in Schwark, KapitalmarktR, § 18 Rn. 9; grundsätzlich kritisch *Peltzer* in Assmann/Basaldua/Bozenhardt/Peltzer, S. 179, 203: alternatives Barangebot erforderlich; kritisch auch *Oechsler* NZG 2001, 817, 822, dort allerdings nur unter dem Aspekt der Störung der Geschäftsgrundlage.

[98] *Noack/Holzborn* in Schwark, KapitalmarktR, § 18 Rn. 22.

[99] AA *Thaeter* in Thaeter/Brandi, Teil 2 Rn. 205.

[100] Abzulehnen daher *Thaeter* in Thaeter/Brandi, Teil 2 Rn. 205, sowie *Steinmeyer* in Steinmeyer, § 18 Rn. 21, die derartige Bedingungen in Gestalt auflösender Bedingungen für zulässig halten.

MAC-Klauseln in Finanzierungsverträgen, die eine Kündigungsmöglichkeit wegen wesentlicher Verschlechterungen der Situation der Zielgesellschaft oder der gesamtwirtschaftlichen Lage gestatten, auch – insoweit aber losgelöst von der Finanzierung des Angebots(!) – als zulässige Bedingungen für das Angebot aufgenommen werden dürfen.[101]

55 **j) Börsenkurs der Aktien des Bieters.** Ein Abstellen auf Veränderungen des Börsenkurses der Aktien des Bieters ist zulässig, da sich ein Bieter bei Aktientauschangeboten absichern können muss.[102] Da der Bieter nur unter engen Bedingungen eigene Aktien kaufen oder verkaufen darf, dürfte eine Kursbeeinflussungsmöglichkeit weitgehend auszuschließen sein. Allerdings wird ein angemessener Abschlag auf den Börsenpreis zum Zeitpunkt der Gestattung der Angebotsunterlage zu fordern sein, um die notwendige Bindungswirkung des Angebots zu schaffen.

56 **k) Gesamtwirtschaftliche Ereignisse** ***(economy MAC, market MAC).*** Grundsätzlich bestehen unter dem Blickwinkel der Privatautonomie und unter Einhaltung von Transparenzgebot und Bindungswirkung keine Bedenken dagegen, die Wirksamkeit des Angebots vom Fortbestand bestimmter **gesamtwirtschaftlicher Grundlagen** bzw. **Marktverhältnisse** bzw. vom Ausbleiben bestimmter wesentlicher gesamtwirtschaftlicher Ereignisse abhängig zu machen. Hierzu gehören beispielsweise auch Bedingungen wie die Nichtverhängung eines allgemeinen Banken- oder Börsenmoratoriums (§ 46g KWG), die Nichteinführung von Währungs- oder Devisenkontrollen oder das Ausbleiben eines erheblichen Absinkens allgemein verwendeter Börsenindices.[103]

57 **l) Bedingungen bei Pflichtangeboten.** Pflichtangebote sind grundsätzlich bedingungsfeindlich.[104] Gleichwohl müssen auch bei Pflichtangeboten in bestimmten Fällen Bedingungen zulässig sein, wenn der Bieter andernfalls in eine **unauflösbare Kollision** mit anderen **zwingenden gesetzlichen Vorschriften** geriete.[105] Insbesondere kommen hier Kartellvorbehalte[106] sowie öffentlich-rechtliche Genehmigungserfordernisse oder Untersagungsvorbehalte (zB § 2c KWG, §§ 7a und 104 VAG) in Betracht. Ebenso ist es bei einem sich auf vinkulierte Namensaktien erstreckenden Pflichtangebot grundsätzlich zulässig, das Angebot unter die Bedingung der Zustimmung der Zielgesellschaft zu stellen, wobei es sich von selbst versteht, dass sich der Bieter jeder Einwirkung auf den Vorstand im Sinne einer Verweigerung der Zustimmung zu enthalten hat.[107]

---

[101] In diesem Sinne wohl auch *Busch* AG 2002, 145, 147; *Krause/Favoccia* in Assmann/Pötzsch/Schneider, § 18 Rn. 68.

[102] *Oechsler* in Ehricke/Ekkenga/Oechsler, § 18 Rn. 7; *Noack/Holzborn* in Schwark, KapitalmarktR, § 18 Rn. 19; *Krause/Favoccia* in Assmann/Pötzsch/Schneider, § 18 Rn. 76.

[103] Wohl auch *Krause/Favoccia* in Assmann/Pötzsch/Schneider, § 18 Rn. 92.

[104] *Hasselbach/Wirtz* BB 2005, 842, 846.

[105] Siehe BT-Drucks. 14/7034, S. 62; *Fleischer* NZG 2002, 545, 551; im Ergebnis, wenngleich kritisch, auch *Holzborn/Israel* BKR 2002, 982, 986 f.

[106] *Merkner/Sustmann* in Baums/Thoma, § 18 Rn. 4; aA *Wackerbarth* in MüKoAktG, § 18 WpÜG Rn. 48.

[107] AA *Krause/Favoccia* in Assmann/Pötzsch/Schneider, § 18 Rn. 7, deren Auffassung (Zustimmung der Zielgesellschaft muss vorab eingeholt werden) allerdings dazu

4. Zeitpunkt des Bedingungseintritts

Das Gesetz enthält, vom Sonderfall des § 25 abgesehen, keine Aussage, bis zu welchem Zeitpunkt eine zulässige Bedingung, an deren Eintritt die Wirksamkeit eines Angebots geknüpft ist, eingetreten sein muss. Unter dem Gesichtspunkt der raschen Verfahrensdurchführung (§ 3 Abs. 4 Satz 1) und der Beseitigung rechtlicher Schwebezustände wird man davon auszugehen haben, dass der Eintritt der Bedingung im Regelfall **bis zum Ablauf der Annahmefrist** feststehen muss.[108] Dies gilt insbesondere für solche Bedingungen, deren Eintritt oder Nichteintritt von einer wertenden Betrachtung abhängt, wie im Falle der nachteiligen Veränderung der Verhältnisse *(target MAC)* bei der Zielgesellschaft.[109] Der Zeitpunkt des Ablaufs der Annahmefrist kann allerdings nicht für alle in Betracht kommenden Bedingungen maßgeblich sein. Insbesondere kartellrechtliche Prüfungsverfahren oder andere behördliche Genehmigungs- oder Untersagungsverfahren oder die Eintragung von Kapitalmaßnahmen des Bieters im Handelsregister und eine etwa vorhergehende Abwehr von Anfechtungsklagen gegen den Kapitalerhöhungsbeschluss können über den Zeitpunkt des Ablaufes der Annahmefrist hinaus andauern.[110] Praxisfern ist die Einschätzung, Verfahren nach § 3c KWG bzw. § 104 VAG könnten bei entsprechender Vorbereitung binnen der Annahmefrist mit der Aufsichtsbehörde geklärt werden.[111] In diesen Fällen wäre es nicht gerechtfertigt, den Nichteintritt der Bedingung während der Dauer der Annahmefrist als endgültigen Ausfall der Bedingung zu werten. 58

Der aufgrund der Ungewissheit des Bedingungseintritts bedingte Schwebezustand eines Angebotsverfahrens darf jedoch nicht auf unbestimmte Zeit fortdauern, da dies den Interessen aller von einem Angebot Betroffenen zuwiderliefe.[112] In Ermangelung einer gesetzlichen Regelung kommt dabei nur ein Rückgriff auf die **allgemeinen zivilrechtlichen Grundsätze** in Betracht. Danach gilt eine Bedingung nicht nur dann als ausgefallen, wenn feststeht, dass sie nicht mehr eintreten kann,[113] sondern auch dann, wenn der Zeitraum verstrichen ist, innerhalb dessen der Bedingungseintritt zu erwarten war.[114] Allerdings ist mit Blick auf den Grundsatz der raschen Verfahrensdurchführung zu fordern, dass der Bedingungseintritt zeitnah nach Ablauf der Annahmefrist feststeht.[115] 59

---

führen würde, dass der Bieter bei ausbleibender Zustimmung das Pflichtangebot uU nicht durchführen kann.

[108] *Steinmeyer* in Steinmeyer, § 18 Rn. 33.

[109] *Berger/Filgut* WM 2005, 253, 257; *Hasselbach/Wirtz* BB 2005, 842, 846; *Steinmeyer* in Steinmeyer, § 18 Rn. 10; weitergehend *Wackerbarth* in MüKoAktG, § 18 WpÜG Rn. 52, der entsprechend § 446 BGB auf den Zeitpunkt des Vollzugs der Geschäfte abstellen will.

[110] Für Kapitalmaßnahmen *Merkner/Sustmann* in Baums/Thoma, § 18 Rn. 49.

[111] So aber *Krause/Favoccia* in Assmann/Pötzsch/Schneider, § 18 Rn. 55.

[112] Vgl. BT-Drucks. 14/7034, 35.

[113] *Ellenberger* in Palandt, § 158 Rn. 3.

[114] BGH NJW 1985, 1556, 1557; zu Verzögerungen bei behördlichen Genehmigungsverfahren siehe BGH NJW 1978, 1262, 1263; BGH BGHZ 93, 165, 168.

[115] *Liebscher* ZIP 2001, 853, 862.

60 Gleichwohl verbietet sich wegen der Vielschichtigkeit möglicher Bedingungen die Festlegung einer starren zeitlichen Obergrenze.[116] Daher ist der Bieter unter dem Blickwinkel des Transparenzgebots verpflichtet, für den Bedingungseintritt eine **angemessene Frist** zu bestimmen. Bei der Angemessenheit ist der jeweiligen Bedingung und dem Grundsatz der raschen Verfahrensdurchführung Rechnung zu tragen.[117] So wird es insbesondere in komplexen öffentlich-rechtlichen Genehmigungsverfahren, vor allem bei Kartellverfahren, für zulässig erachtet, auf die im jeweiligen Verwaltungsverfahren vorgesehenen Fristen abzustellen.[118] Weiterhin muss es grundsätzlich sein, bei Anfechtungsklagen gegen einen Hauptversammlungsbeschluss des Bieters die Frist bis zum Zeitpunkt der Beendigung eines Freigabeverfahrens nach § 246a AktG festzusetzen, weil sonst Aktientauschangebote inländischer Bieter weitgehend unmöglich würden.

61 Um den Schwebezustand nach Ende der Annahmefrist zu vermeiden, ist es für die Praxis empfehlenswert, den Wertpapierinhabern ein **Rücktrittsrecht** einzuräumen, wenn die Bedingungen nicht bis zu einem bestimmten Zeitpunkt nach Ablauf der Annahmefrist eingetreten sind.

5. Veröffentlichung des Bedingungseintritts

62 Das Gesetz enthält keine ausdrückliche Bestimmung, die den Bieter verpflichten würde, den Eintritt von Angebotsbedingungen während der Dauer des Angebotsverfahrens zu veröffentlichen, wenngleich der allgemeine Transparenzgrundsatz (§ 3 Abs. 2) eine solche Veröffentlichung jedenfalls nahe legen würde.[119] Eine Veröffentlichung des Bedingungseintritts wird zweckmäßigerweise wie eine Wasserstandsmeldung veröffentlicht oder mit einer Wasserstandsmeldung (§ 23) verbunden.

6. Nachträgliche Änderungen von Bedingungen

63 Wie aus § 21 folgt, ist dem Bieter eine nachträgliche Änderung von Bedingungen nur dann gestattet, wenn er bei Bedingungen über eine Mindestmenge von zu erwerbenden Wertpapieren den **Mindestanteil verringert** oder auf Bedingungen **verzichtet** (§ 21 Abs. 1 Satz 1 Nr. 3 und 4).[120] Änderungen und Verzichtserklärungen müssen bis spätestens **einen Werktag** vor Ablauf der Annahmefrist veröffentlicht werden (§ 21 Abs. 1, Abs. 2 Satz 1).

7. Rechtsfolgen unzulässiger Bedingungen

64 Die vom Bieter vorgesehenen und in der Angebotsunterlage offenzulegenden Bedingungen unterliegen der (eingeschränkten) inhaltlichen Überprü-

---

[116] *Krause/Favoccia* in Assmann/Pötzsch/Schneider, § 18 Rn. 110; *Scholz* in Frankfurter Komm., § 18 Rn. 65.

[117] *Hasselbach* in KK-WpÜG, § 18 Rn. 91.

[118] *Hasselbach* in KK-WpÜG, § 18 Rn. 92; *Berger/Filgut* WM 2005, 253, 258; *Krause/Favoccia* in Assmann/Pötzsch/Schneider, § 18 Rn. 54, die diese Ausnahme jedoch nicht auf sonstige öffentlich-rechtliche Genehmigungsverfahren ausdehnen wollen.

[119] Ebenso *Scholz* in Frankfurter Komm., § 18 Rn. 65; hinsichtlich der Veröffentlichungspflicht auf eine Analogie zu § 23 Abs. 1 abstellend *Oechsler* in Ehricke/Ekkenga/Oechsler, § 18 Rn. 14.

[120] Ebenso *Hasselbach* in KK-WpÜG, § 18 Rn. 93.

fung durch die BaFin (§ 14 Abs. 2 iVm § 15 Abs. 1 Nr. 2). Im Rahmen der Inhaltskontrolle ist die BaFin demgemäß insbesondere zur Prüfung berechtigt, ob die vom Bieter vorgesehenen Bedingungen sich in dem von Abs. 1 gezogenen Rahmen halten. Die Prüfung der BaFin sollte sich hierbei auf **offensichtliche Verstöße** beschränken, was aber nicht der Verwaltungspraxis entspricht.

III. Widerrufs- und Rücktrittsvorbehalt (§ 18 Abs. 2)

1. Allgemeines

65 Die Unzulässigkeit von Widerrufs- und Rücktrittsvorbehalten nach Abs. 2 unterstreichen die vom Gesetz gewollte Bindung des Bieters an sein Angebot. Sie soll ferner **Umgehungsmöglichkeiten** ausschalten, die darin bestünden, eine nach Abs. 1 unzulässige Bedingung als Widerrufs- oder Rücktrittsvorbehalt auszugestalten.[121] Dass der Gesetzgeber dabei keine Ausnahmen für den Bieter zugelassen hat, selbst wenn sich zB aufgrund von Abwehrmaßnahmen der Zielgesellschaft die wirtschaftlichen Rahmenbedingungen für das Angebot entscheidend verändert haben, begegnet der Kritik. Bis zu einer Nachbesserung seitens des Gesetzgebers bleibt dem Bieter insoweit nichts anderes übrig als derartige Fallkonstellationen über die präzise Ausformulierung **geeigneter Angebotsbedingungen** abzufangen.[122]

2. Widerruf

66 Ausnahmslos unzulässig nach Abs. 2 ist ein Angebot, das unter dem Vorbehalt des Widerrufs abgegeben wird. Im Gegensatz zum Rücktrittsvorbehalt erstreckt sich das Verbot auf den Vorbehalt des Widerrufs der auf den Abschluss von Kaufverträgen gerichteten Willenserklärung des Bieters.

3. Rücktritt

67 **a) Verbot des Rücktrittsvorbehalts.** Nach Abs. 2 ist es dem Bieter auch verwehrt, sich den Rücktritt vom Angebot vorzubehalten. Ausnahmen von diesem Grundsatz sind weder nach Abs. 2 noch sonst im Gesetz vorgesehen. Dies gilt auch dann, wenn der Sachverhalt, der den Rücktrittsgrund bildet, für sich genommen Gegenstand einer aufschiebenden Bedingung sein dürfte.[123]

68 Eine entsprechende Anwendung von Abs. 2 kommt in Betracht, wenn ein Angebot bei objektiver Betrachtung zwar nicht von vornherein unmöglich zu erfüllende, aber **praktisch unerfüllbare aufschiebende Bedingungen** enthält (wie zB das Abstellen auf eine Mindestannahmequote von 99%). In

---

[121] BT-Drucks. 14/7034, 48.

[122] AA *Stöcker* NZG 2003, 993, 994, der eine einschränkende Anwendung der Vorschrift auf diejenigen Vorbehalte befürwortet, die sich auf Umstände beziehen, deren Eintritt der Bieter oder der ihm zuzurechnende Personenkreis ausschließlich selbst herbeiführen kann.

[123] *Hasselbach* in KK-WpÜG, § 18 Rn. 97; *Berger/Filgut* WM 2005, 253, 259f.; aA *Stöcker* NZG 2003, 993, 994f.

diesem Falle hätte es der Bieter in Kombination mit der Möglichkeit des Bedingungsverzichts in der Hand, jedenfalls bis zu dem in § 21 Abs. 1 Satz 1 genannten spätestmöglichen Zeitpunkt entgegen §§ 17, 18 die Wirksamkeit des Angebots nach freiem Belieben herbeizuführen.[124]

69 Hingegen führen Bedingungen, bei denen von vornherein feststeht, dass deren **Erfüllung unmöglich** ist, zur Unwirksamkeit des Rechtsgeschäfts, wenn es sich um aufschiebende Bedingungen handelt, andernfalls (dh bei auflösenden Bedingungen) zur sofortigen Wirksamkeit.[125]

70 **b) Störung der Geschäftsgrundlage.** Möglichkeiten für den Bieter, sich vom Angebot zu lösen, können sich auf Grund der Beschränkungen durch Abs. 2 nur bei Anwendung der allgemeinen Grundsätze über die Störung der Geschäftsgrundlage (§ 313 BGB) ergeben.[126] Dabei wird aufgrund der Besonderheiten des öffentlichen Angebotsverfahrens als Rechtsfolge in aller Regel nur der **Rücktritt** (§ 313 Abs. 3 Satz 1 BGB), nicht aber eine Anpassung der Angebotsbedingungen in Betracht kommen, weil dem Bieter kein konkreter Vertragspartner gegenüber tritt, mit dem über eine Anpassung der Vertragsbedingungen verhandelt werden könnte; die BaFin kann diese Funktion schlechterdings nicht übernehmen.[127]

71 Nach anderer Auffassung soll es dem Bieter hingegen generell verwehrt sein, sich auf die Regelungen zur Störung der Geschäftsgrundlage zu berufen.[128] Dies soll sich aus der vom Gesetz intendierten Bindungswirkung des Bieters an das Angebot ergeben. Dieses Argument ist aber schon deshalb nicht stichhaltig, weil das Institut der Störung der Geschäftsgrundlage gerade eine Ausnahme von dem allgemeinen Rechtsgrundsatz der Vertragsbindung darstellt. Die Gegner der Anwendung der Lehre von der Störung der Geschäftsgrundlage wenden ferner ein, dass der Bieter ja die Möglichkeit habe, sein Angebot unter entsprechende Bedingungen zu stellen, so dass dieses Rechtsinstitut entbehrlich sei.[129] Dabei wird allerdings nicht hinreichend gewürdigt, dass es der Natur dieses Rechtsinstituts entsprechend für den Bieter unmöglich ist, sämtliche Anwendungsfälle als Angebotsbedingungen zu erfassen.

---

[124] *Hasselbach* in KK-WpÜG, § 18 Rn. 98; *Krause/Favoccia* in Assmann/Pötzsch/Schneider, § 18 Rn. 119; *Steinmeyer* in Steinmeyer, § 18 Rn. 38.

[125] *Westermann* in MüKoBGB, § 158 Rn. 48.

[126] Mittlerweile wohl hM; eine solche Möglichkeit jedenfalls bejahend auch *Oechsler* in Ehricke/Ekkenga/Oechsler, § 11 Rn. 53; *Thaeter* in Thaeter/Brandi, Teil 2 Rn. 212 ff.; *Scholz* in Frankfurter Komm., § 18 Rn. 77; *Berger/Filgut* WM 2005, 253, 256.

[127] *Thaeter* in Thaeter/Brandi, Teil 2 Rn. 216; *Scholl/Siekmann* BKR 2013, 316, 322.

[128] Vgl. etwa *Hasselbach* in KK-WpÜG, § 18 Rn. 100; die von ihm für möglich gehaltene Anwendung bei „extremen Ausnahmefällen" kommt allerdings eines Zirkelbeweises gleich, weil das Institut der Störung der Geschäftsgrundlage regelmäßig solche extremen Ausnahmefälle ohnehin voraussetzt; wie *Hasselbach* im Ergebnis auch *Noack/Holzborn* in Schwark, KapitalmarktR, § 18 Rn. 24; *Steinmeyer* in Steinmeyer, § 18 Rn. 35, die keinen bzw. kaum Raum für die Anwendung dieses Rechtsinstituts sehen.

[129] *Scholz* in Frankfurter Komm., § 18 Rn. 50.

In sinngemäßer Anwendung der Grundsätze der Störung der Geschäftsgrundlage kommt ein Rücktrittsrecht des Bieters bei entscheidender Veränderung der Umstände nach Veröffentlichung der Angebotsunterlage in Betracht, vorausgesetzt, dass diese Umstände nicht Inhalt der Angebotsunterlage geworden sind, Bieter und Wertpapierinhaber, wenn sie die Änderung vorausgesehen hätten, die aufgrund des Angebots geschlossenen Verträge nicht oder mit anderem Inhalt geschlossen hätten und für den Bieter unter Berücksichtigung aller Umstände des Einzelfalls, insbesondere unter Berücksichtigung der gesetzlichen **Risikoverteilung** eine Bindung an das Angebot unzumutbar wäre.[130] Daraus ergibt sich zunächst, dass eine Störung der Geschäftsgrundlage nur bei Übernahmeangeboten und sonstigen freiwilligen Angeboten in Betracht kommen kann. Bei einem **Pflichtangebot** widerspräche es dem gesetzlichen Minderheitenschutzprinzip, wenn sich der Bieter auf eine Störung der Geschäftsgrundlage berufen könnte. Im Einzelnen lassen sich folgende Fallkonstellationen unterscheiden: 72

aa) Abwehrmaßnahmen der Zielgesellschaft. Eine **wesentliche Strukturveränderung** bei der Zielgesellschaft, insbesondere der Verkauf von für den Bieter interessanten Unternehmensteilen, kann eine Störung der Geschäftsgrundlage begründen. Dabei wird man allerdings verlangen müssen, dass das Interesse des Bieters an den betreffenden Unternehmensteilen aus der Angebotsunterlage für die Wertpapierinhaber klar erkennbar hervorgeht. **Kapitalmaßnahmen** der Zielgesellschaft, die auf die Verhinderung des Erfolges eines Übernahmeangebots abzielen, können im Einzelfall ebenfalls eine Störung der Geschäftsgrundlage bewirken. Zwar lässt sich nach der hier vertretenen Auffassung über eine teleologische Reduktion von § 32 erreichen, dass der Bieter bei einem Übernahmeangebot nicht zum Erwerb der betreffenden Aktien aus der Kapitalerhöhung verpflichtet ist. Wenn allein deshalb jedoch die vom Bieter intendierte und für die Aktionäre erkennbar gewollte Übernahme der Zielgesellschaft scheitert, kann dem Bieter ein Festhalten an seinem Angebot nicht zugemutet werden. Im Übrigen wäre es auch mit den Grundsätzen von **Treu und Glauben** schlechterdings nicht vereinbar, den Bieter an einem Angebot festhalten zu wollen, dessen Erfolg nach § 33 gerade verhindert werden soll.[131] 73

bb) Schwere Äquivalenzstörung. Vertreten wird, dem Bieter ein Lösungsrecht einzuräumen, wenn auf Grund unvorhersehbarer Ereignisse das Verhältnis von Leistung und Gegenleistung **fundamental verändert** wird.[132] Zu einer solchen schweren Äquivalenzstörung kann es zB bei einer während der Laufzeit des Angebots eintretenden **Insolvenz** der Zielgesellschaft kommen.[133] 74

---

[130] Siehe allgemein zu den Voraussetzungen bei Störung der Geschäftsgrundlage Gesetzesbegründung zum Entwurf eines Gesetzes zur Modernisierung des Schuldrechts, BT-Drucks. 14/6040, 174 f.; *Grüneberg* in Palandt, § 313 Rn. 17 ff.

[131] Str., im Ergebnis wohl auch *Peltzer* in Assmann/Basaldua/Bozenhardt/Peltzer, S. 179, 204; aA *Hasselbach* in KK-WpÜG, § 18 Rn. 100.

[132] *Oechsler* NZG 2001, 817, 821.

[133] Insoweit jedoch einschränkend *Oechsler* NZG 2001, 817, 821, wonach das Insolvenzrisiko nicht auf solche Aktionäre soll abgewälzt werden können, die das Angebot des Bieters bereits angenommen haben.

IV. Rechtsfolgen

75 Enthält ein Angebot eine nach Abs. 1 unzulässige Bedingung oder einen nach Abs. 2 unzulässigen Widerrufs- oder Rücktrittsvorbehalt, ist das Angebot zwingend von der BaFin nach § 15 Abs. 1 Nr. 2 zu untersagen mit der Folge der Nichtigkeit der auf Grund des untersagten Angebots abgeschlossenen Rechtsgeschäfte.

76 Fraglich ist, was zu gelten hat, wenn das Angebot nicht untersagt wird, etwa weil eine unzulässige Bedingung von der BaFin übersehen oder ein unzulässiger Rücktrittsvorbehalt aufgenommen wird. Was unzulässige Bedingungen betrifft, wird verschiedentlich vertreten, dass die in der Folge abgeschlossenen Verträge im Zweifel nichtig sein sollen.[134] Nach anderer Auffassung sollen solche Bedingungen gemäß §§ 134, 139 BGB unwirksam und daher die Verträge als unbedingt geschlossen anzusehen sein.[135] Letztere Ansicht verdient im Ergebnis, nicht jedoch in der Begründung Zustimmung. Die Begründung überzeugt nicht, weil § 18 seiner Konzeption nach ein Fall des mangelnden Bindungswillens des Bieters ist, so dass die nach § 139 BGB nur ausnahmsweise als Rechtsfolge vorgesehene geltungserhaltende Reduktion regelmäßig nicht passt.

77 Da jedoch Angebotsbedingungen regelmäßig als Allgemeine Geschäftsbedingungen anzusehen sind[136] und man das im WpÜG in vielen Vorschriften angelegte Konzept der Bindung des Bieters als wesentlichen Grundgedanken der gesetzlichen Regelung iSd § 307 Abs. 2 Nr. 1 BGB ansehen muss, folgt daraus – jedenfalls im Anwendungsbereich Allgemeiner Geschäftsbedingungen (§ 310 BGB) – gemäß § 306 Abs. 1 BGB die **Wirksamkeit der Verträge** ohne Einbeziehung der betreffenden Bedingung.[137]

78 Soweit manche Autoren unter Bezugnahme auf die allgemeine Anordnungskompetenz nach § 4 Abs. 1 Satz 3 der BaFin ein einseitiges, noch dazu mit den Mitteln des Verwaltungszwanges durchsetzbares Gestaltungsrecht einräumen wollen, den Bieter zum Verzicht auf nach Auffassung der BaFin unzulässige Angebotsbedingungen – und damit zur Abgabe eines Angebots, das der Bieter so nicht abgeben wollte – zu zwingen[138], ist dies schon wegen des damit verbundenen schwerwiegenden Grundrechtseingriffs strikt abzulehnen. Der BaFin stehen mit der Möglichkeit der Angebotsuntersagung insoweit ausreichende Eingriffsmittel zur Verfügung. Ein Zwang zur Durchführung eines Angebots ist dem WpÜG – unbeschadet der Regelungen zu Pflichtangeboten – hingegen fremd.[139] Er wäre auch verfassungsrechtlich höchst problematisch.

---

[134] *Merkner/Sustmann* in Baums/Thoma, § 18 Rn. 163; *Favoccia/Krause* in Assmann/Pötzsch/Schneider, § 18 Rn. 115.

[135] *Steinmeyer* in Steinmeyer, § 18 Rn. 41; im Ergebnis auch *Hasselbach* in KK-WpÜG, § 18 Rn. 95; *Scholz* in Frankfurter Komm., § 18 Rn. 80.

[136] Siehe → § 11 Rn. 3.

[137] So mit Recht *Wackerbarth* in MüKoAktG, § 18 WpÜG Rn. 57.

[138] *Oechsler* in Ehricke/Ekkenga/Oechsler, § 18 Rn. 14; *Steinmeyer* in Steinmeyer, § 18 Rn. 42.

[139] Zu Recht *Scholz* in Frankfurter Komm., § 18 Rn. 85.

Über Streitigkeiten zwischen dem Bieter und den Wertpapierinhabern über die Zulässigkeit von Bedingungen, ihren Eintritt bzw. Nichteintritt entscheiden die Landgerichte gemäß § 66.[140] Die Gestattung der BaFin zur Veröffentlichung der Angebotsunterlage hat keine präjudizielle Wirkung für die rechtliche Beurteilung der Zulässigkeit von Bedingungen.[141] 79

§ 19 Zuteilung bei einem Teilangebot

Ist bei einem Angebot, das auf den Erwerb nur eines bestimmten Anteils oder einer bestimmten Anzahl der Wertpapiere gerichtet ist, der Anteil oder die Anzahl der Wertpapiere, die der Bieter erwerben kann, höher als der Anteil oder die Anzahl der Wertpapiere, die der Bieter zu erwerben sich verpflichtet hat, so sind die Annahmeerklärungen grundsätzlich verhältnismäßig zu berücksichtigen.

Übersicht

I. Regelungsgegenstand und Zweck

§ 19 enthält Vorgaben für das Zuteilungsverfahren bei Angeboten, die sich nicht auf alle, sondern von vornherein nur auf eine bestimmte Höchstmenge an Wertpapieren der Zielgesellschaft erstrecken **(Teilangebote).** Mit der Verpflichtung zur verhältnismäßigen Berücksichtigung aller Annahmeerklärungen stellt § 19 dabei eine spezifische Ausprägung des **übernahmerechtlichen Gleichbehandlungsgrundsatzes** dar (§ 3 Abs. 1). 1

Das in § 19 vorgesehene Zuteilungsverfahren entspricht weitgehend dem früheren Art. 10 Übernahmekodex, der bei Teilangeboten ebenfalls den Grundsatz der anteiligen Berücksichtigung der eingegangenen Annahmeerklärungen enthielt. 2

§ 19 findet keine unmittelbare Entsprechung in der Übernahmerichtlinie. Die Übernahmerichtlinie erwähnt zwar in Art. 2 Abs. 1 lit. a) und in Art. 6 Abs. 3 lit. f) Teilangebote, sie enthält aber keine spezifischen Regelungen zur Zuteilung. Es findet sich insoweit lediglich die Anordnung des allgemeinen Gleichbehandlungsgrundsatzes (Art. 3 Abs. 1 lit. a) der Übernahmerichtlinie). Dieser Anforderung genügt § 19 zweifellos.[1] 3

---

[140] *Noack/Holzborn* in Schwark, KapitalmarktR, § 18 Rn. 25.
[141] *Krause/Favoccia* in Assmann/Pötzsch/Schneider, § 18 Rn. 115.
[1] *Scholz* in Frankfurter Komm., § 19 Rn. 19.

4 § 19 begründet nicht die allgemeine Zulässigkeit von Teilangeboten, sondern setzt deren Zulässigkeit in seinem Tatbestand voraus. Die Vorschrift ist demnach nur anwendbar auf (1) alle einfachen, nicht auf den Erwerb der Kontrolle gerichteten Angebote (zT im Schrifttum als **„Einstiegsangebote"** bezeichnet)[2] sowie auf (2) Angebote, die aus einer bereits bestehenden Kontrollstellung heraus abgegeben werden (auch als **„Aufstockungsangebote"** bezeichnet). Darüber hinaus greift die Vorschrift auch bei Teilangeboten ein, die auf andere Wertpapiere als Aktien gerichtet sind (insbesondere Wandelschuldverschreibungen oder Optionsanleihen).[3] Keine Anwendung findet § 19 hingegen bei Übernahmeangeboten und Pflichtangeboten, da bei diesen Angebotsarten Teilangebote generell unzulässig sind (§ 32 bzw. § 39 iVm § 32).

5 Die zwingenden Vorgaben für die bei der Zuteilung von Teilangeboten zu berücksichtigenden Kriterien sollen neben der Verwirklichung des übernahmerechtlichen Gleichbehandlungsgrundsatzes sicherstellen, dass die Inhaber von Wertpapieren der Zielgesellschaft über genügend Zeit verfügen, um in Kenntnis der Sachlage über das Angebot entscheiden zu können (vgl. § 3 Abs. 2). Mit diesem Grundsatz wäre beispielsweise eine Zuteilung nach dem **Windhundverfahren,** dh eine Berücksichtigung der Annahmeerklärungen nach dem Zeitpunkt ihres Eingangs (Prioritätsprinzip) unvereinbar,[4] weil auf diese Weise ein Zeitdruck auf die Wertpapierinhaber ausgeübt und damit deren Entscheidungsfindung beeinträchtigt würde.[5]

6 § 19 kann nicht in der Weise verstanden werden, dass jede Annahmeerklärung bei einem Teilangebot unter der gesetzlichen Bedingung der Nicht-Überzeichnung steht und für den Fall der Überzeichnung kraft Gesetzes modifiziert wird.[6] Vielmehr ist eine Annahmeerklärung, die aufgrund eines veröffentlichten Teilangebots – das Angebot des Bieters stellt insoweit (ebenso wie jedes Vollangebot) einen Antrag nach § 145 BGB dar[7] – abgegeben wird, schon nach ihrem **objektiven Erklärungsinhalt** so auszulegen, dass der Erklärende für den Fall der nicht vollständigen Zuteilung auch mit einer geringeren Zuteilung einverstanden ist, es sei denn, er gibt bei Abgabe seiner Annahmeerklärung zu erkennen, dass er für diesen Fall zur Abgabe seiner Wertpapiere nicht bereit ist.[8] Letzteres erscheint angesichts der technischen

---

[2] *Thoma* in Baums/Thoma, § 19 Rn. 7.

[3] *Thoma* in Baums/Thoma, § 19 Rn. 7; *Steinmeyer* in Steinmeyer, § 19 Rn. 3.

[4] Vgl. BT-Drucks. 14/7034, 48.

[5] Ebenso *Hasselbach* in KK-WpÜG, § 19 Rn. 3; *Thoma* in Baums/Thoma, § 19 Rn. 5; offenbar aA *Scholz* in Frankfurter Komm., § 19 Rn. 4.

[6] In diesem Sinne aber *Steinmeyer* in Steinmeyer, § 19 Rn. 7, die von einer Novation kraft Gesetzes ausgehen, und *Hasselbach* in KK-WpÜG, § 19 Rn. 14.

[7] AA *Oechsler* in Ehricke/Ekkenga/Oechsler, § 19 Rn. 2 und ZIP 2003, 1330, 1335, wonach das zulässige Teilangebot des Bieters als ein einseitiges Rechtsgeschäft eigener Art, vergleichbar einem Vorvertrag auszulegen sei; zu Recht gegen diese Auffassung *Thoma* in Baums/Thoma, § 19 Rn. 14; abweichend, da von einem anderen Begriffsverständnis der Annahmeerklärung ausgehend *Wackerbarth* in MüKoAktG, § 19 WpÜG Rn. 37.

[8] Ebenso *Thoma* in Baums/Thoma, § 19 Rn. 13, der zu Recht darauf hinweist, dass die Angebotsunterlage gemäß § 2 Nr. 6 WpÜG-AngV ohnehin Angaben über die

Abwicklung bei öffentlichen Angeboten allerdings wohl nur theoretisch denkbar.[9]

II. Zuteilungsverfahren

1. Einzubeziehende Wertpapiere

Zu einer Zuteilung im hier verstandenen Sinne kann es nur kommen, 7
wenn bei einem Teilangebot der Anteil oder die Anzahl der Wertpapiere, die dem Bieter angedient werden, größer ist als der Anteil oder die Anzahl der Wertpapiere, die Gegenstand des Teilangebots sind. In die Zuteilung einzubeziehen sind **sämtliche Wertpapiere,** für die dem Bieter innerhalb der (ggf. verlängerten) Annahmefrist Annahmeerklärungen zugehen.[10] Nach Ablauf der Annahmefrist eingehende Annahmeerklärungen bleiben ebenso unberücksichtigt wie die Annahmeerklärungen derjenigen Wertpapierinhaber, die vom Vertrag zulässigerweise bis zum Ablauf der Annahmefrist gemäß § 21 Abs. 4 oder § 22 Abs. 3 zurückgetreten sind. Die weitere Annahmefrist des § 16 Abs. 2 kann in diesem Zusammenhang keine Bedeutung erlangen, da sie ausschließlich für Übernahmeangebote gilt, bei denen ein Teilangebot wegen § 32 von vornherein unzulässig ist.

Annahmeerklärungen sind im Rahmen der Zuteilung nur dann zu berück- 8
sichtigen, wenn sie sich auf Wertpapiere beziehen, zu deren Erwerb sich der Bieter verpflichtet hat. Beschränkt sich beispielsweise das Erwerbsangebot des Bieters nur auf eine bestimmte Gattung[11] von Wertpapieren (zB Stammaktien), so sind Wertpapiere einer anderen Gattung, die dem Bieter angedient werden (zB Vorzugsaktien), bei der Zuteilung von vornherein nicht zu berücksichtigen. Aus § 19 kann im übrigen auch nicht indirekt gefolgert werden, dass ein Bieter bei einem Teilangebot Inhaber aller Wertpapiergattungen ansprechen müsste, denn der übernahmerechtliche Gleichbehandlungsgrundsatz des § 3 Abs. 1, auf dem § 19 beruht, ist gattungsbezogen ausgestaltet.

Erstreckt sich das Erwerbsangebot des Bieters auf mehrere Wertpapiergattun- 9
gen, so ist das Zuteilungsverfahren **für jede Wertpapiergattung gesondert** durchzuführen (arg e § 3 Abs. 1).[12] Innerhalb einer Wertpapiergattung findet jedoch stets nur ein einheitliches Zuteilungsverfahren statt. Insbesondere kann im Rahmen der Zuteilung somit nicht differenziert werden zwischen Wertpapieren mit unterschiedlichen Nennwerten (die Zuteilung ist insoweit einheitlich am Gesamtnennwert der angebotenen Wertpapiere auszurichten), Inhaber-

---

Zuteilung enthalten muss; *Favoccia* in Assmann/Pötzsch/Schneider, § 19 Rn. 16; *Scholz* in Frankfurter Komm. § 19 Rn. 26.

[9] Weitergehend *Hasselbach* in KK-WpÜG, § 19 Rn. 16, der dem Wertpapierinhaber die Berechtigung abspricht, sich von der Zuteilungsregel zu lösen und sich den Rücktritt von der Annahmeerklärung vorzubehalten.

[10] Das soll nach *Steinmeyer* in Steinmeyer, § 19 Rn. 9 auch dann gelten, wenn ein Wertpapierinhaber die Annahme für mehr Wertpapiere erklärt als ihm tatsächlich zur Verfügung stehen *(tendering short);* hiergegen *Oechsler* in Ehricke/Ekkenga/Oechsler, § 19 Rn. 5.

[11] Zum Gattungsbegriff vgl. § 11 AktG.

[12] Ebenso *Hasselbach* in KK-WpÜG, § 19 Rn. 21; *Thoma* in Baums/Thoma, § 19 Rn. 24; *Favoccia* in Assmann/Pötzsch/Schneider, § 19 Rn. 10; *Scholz* in Frankfurter Komm. § 19 Rn. 28.

oder Namensaktien oder Aktien mit besonderen Entsendungsrechten (vgl. § 101 Abs. 2 Satz 3 AktG), weil die insoweit jeweils bestehende unterschiedliche Ausgestaltung der Wertpapiere keine eigene Gattung im Rechtssinne begründet.[13]

2. Grundsatz der verhältnismäßigen Berücksichtigung

10 Annahmeerklärungen sind grundsätzlich **verhältnismäßig** zu berücksichtigen. Infolge der Bezugnahme des Gesetzes auf „Anteil" oder „Anzahl" orientiert sich der Verhältnismaßstab ausschließlich an der **Menge** der angedienten Wertpapiere, nicht hingegen an der Kopfzahl der andienungswilligen Wertpapierinhaber. Somit ist die vom Bieter vorgegebene Höchstmenge an Wertpapieren, zu deren Erwerb er sich verpflichtet hat, in das Verhältnis zur Menge aller angedienten Wertpapieren der betreffenden Gattung zu setzen. Erstreckt sich das Erwerbsangebot zB auf 500 000 Stück Stammaktien, gehen dem Bieter jedoch Annahmeerklärungen für 1 000 000 Stück Stammaktien zu, sind alle Wertpapierinhaber mit 50% ihres jeweils angedienten Wertpapierbestandes zu berücksichtigen. Auch wenn das Gesetz keine ausdrücklichen Rundungsregeln enthält, dürften Auf- und Abrundungen auf ganze Aktien ohne weiteres zulässig sein.[14] Andernfalls würden wegen des Grundsatzes der Unteilbarkeit von Aktien (§ 8 Abs. 5 AktG) weder vom Bieter noch vom andienenden Anteilsinhaber gewollte Rechtsgemeinschaften an einer Aktie (§ 69 AktG) entstehen.

3. Ausnahmen

11 Ausnahmen vom Grundsatz der verhältnismäßigen Berücksichtigung sind nur in engen Grenzen zulässig. Solche Ausnahmen müssen stets unter dem Blickwinkel des übernahmerechtlichen Gleichbehandlungsgrundsatzes (§ 3 Abs. 1) und nach Sinn und Zweck des § 19 (vgl. → Rn. 1 ff.) **sachlich gerechtfertigt** sein. Das breite Spektrum von möglichen Zuteilungsverfahren, das beispielsweise bei der Zuteilung von Aktienemissionen an Privatanleger für zulässig erachtet wird,[15] steht somit im Rahmen des WpÜG nicht zur Verfügung.

12 Ein sachlicher Rechtfertigungsgrund für eine Ausnahme vom Grundsatz der quotalen Berücksichtigung besteht zB, wenn bei Anwendung des allgemeinen Zuteilungsmaßstabes eine Vielzahl von **Splitterbeteiligungen** zurückbleiben würde, deren Veräußerung für den Wertpapierinhaber im Vergleich zum Wert der Beteiligung unverhältnismäßig hohe Transaktionskosten nach sich ziehen

---

[13] Vgl. *Hüffer/Koch,* § 11 Rn. 7.

[14] Ebenso *Hasselbach* in KK-WpÜG, § 19 Rn. 19; *Thoma* in Baums/Thoma, § 19 Rn. 26, der bei entsprechender Angabe in der Angebotsunterlage sogar eine individuelle Entscheidung des Bieters für jeden Wertpapierinhaber, auf den Bruchteile entfallen, für zulässig hält; einschränkend *Steinmeyer* in Steinmeyer, § 19 Rn. 11, wonach ein individuelles Abrunden unzulässig sein soll, wenn die einzelnen Wertpapiere einen erheblichen Wert haben.

[15] Vgl. Art. 12 der von der Börsensachverständigenkommission beim Bundesministerium der Finanzen herausgegebenen Grundsätze für die Zuteilung von Aktienemissionen an Privatanleger vom 7.6.2000; hierzu *Schuster/Rudolf* in Kümpel/Hammen/Ekkenga, Kz. 240 S. 9 ff.; *Kümpel* in Kümpel/Hammen/Ekkenga, Kz. 240, S. 25 ff.

würde. Aus Praktikabilitätsgründen wird es hier zugelassen, solche Klein- und Kleinstbestände vollständig zu bedienen.[16] Bei der Ermittlung des Schwellenwertes, bis zu dem abweichend von der allgemeinen Zuteilungsquote eine **vollständige Berücksichtigung** erfolgt, ist entsprechend dem Sinn und Zweck der Ausnahmeregelung nicht auf eine absolute Mengengröße, sondern auf den zum Börsenpreis bewerteten Wert des Restbestandes abzustellen. Über die Bevorzugung von Klein- und Kleinstbeständen hinaus dürfte eine weitere Aufsplitterung des Zuteilungsmaßstabes gestaffelt nach Größenklassen der angedienten Wertpapiere nicht zulässig sein. Umgekehrt dürfte es nicht zulässig sein, Kleinbestände von der Zuteilung auszunehmen.[17]

Keine sachlichen Rechtfertigungsgründe bestehen für Zuteilungen nach 13
dem **Zeitpunkt des Eingangs** der Annahmeerklärungen („Windhundrennen"; vgl. Rn. 6). Eine Zuteilung nach dem **Losverfahren,** bei dem die angedienten Wertpapiere durch Los unter den verkaufsbereiten Wertpapierinhabern nach einem für alle Verkaufswilligen identischen Losschema oder nach verschiedenen Losgrößen ausgewählt werden, dürfte ebenfalls grundsätzlich unzulässig sein.[18] In extrem gelagerten Ausnahmefällen kann das Losverfahren jedoch sachgerecht sein, zB wenn bei einem sonstigen freiwilligen Angebot die vom Bieter vorgegebene Höchstmenge bereits durch die vollständige Berücksichtigung von Klein- und Kleinstbeständen ausgeschöpft oder nahezu ausgeschöpft würde, so dass von den verbleibenden Beständen nur geringe Stückzahlen zugeteilt werden könnten.

Andere Aspekte wie zB die regionale Herkunft der Wertpapierinhaber, be- 14
stehende Bindungen (zB Kundenbindungen) zum Bieter oder zur Zielgesellschaft oder die Stellung von Wertpapierinhabern als Belegschaftsaktionäre dürfen im Zuteilungsverfahren keine Berücksichtigung finden.[19]

Unbenommen bleibt es dem Bieter, mit einzelnen Aktionären außerhalb 15
des Angebotsverfahrens Individualvereinbarungen zu treffen, deren Aktien nicht zu erwerben. § 19 bzw. der übernahmerechtliche Gleichbehandlungsgrundsatz des § 3 Abs. 1 steht dem nicht entgegen, da sich dieser nur auf das öffentliche Angebotsverfahren bezieht.[20]

4. Behandlung der bei der Zuteilung nicht berücksichtigten Wertpapiere

Dem Bieter angediente Wertpapiere, die bei der Zuteilung nicht berücksich- 16
tigt wurden, verbleiben bei den betreffenden Wertpapierinhabern. Ebenso wie es dem Bieter untersagt ist, während des laufenden Angebotsverfahrens die An-

[16] Regierungsbegründung, BT-Drucks. 14/7034, 48; ebenso *Hasselbach* in KK-WpÜG, § 19 Rn. 23.

[17] *Thoma* in Baums/Thoma, § 19 Rn. 30; *Steinmeyer* in Steinmeyer, § 19 Rn. 15; aA *Hasselbach* in KK-WpÜG, § 19 Rn. 30.

[18] Ebenso *Hasselbach* in KK-WpÜG, § 19 Rn. 26; *Thaeter* in Thaeter/Brandi, Teil 2 Rn. 265; *Thoma* in Baums/Thoma, § 19 Rn. 31.

[19] Ebenso *Thaeter* in Thaeter/Brandi, Teil 2 Rn. 265; *Thoma* in Baums/Thoma, § 19 Rn. 33.

[20] Vgl. *Versteegen* in KK-WpÜG, § 3 Rn. 26; offenbar aA *Oechsler* in Ehricke/Ekkenga/Oechsler, § 24 Rn. 9.

zahl oder den Anteil der Wertpapiere zu erhöhen, auf deren Erwerb sich sein Angebot richtet, oder gar von einem Teil- zu einem Vollangebot überzugehen,[21] muss es ihm nach Sinn und Zweck der vom Gesetz (insbesondere von §§ 17, 18 und 21) intendierten Bindungswirkung an abgegebene Erwerbsangebote verwehrt bleiben, diese Wertpapiere zu den – abgesehen von der Beschränkung auf die Höchstmenge – identischen Konditionen seines Teilangebots zu erwerben, ohne ein neues Erwerbsangebot nach den Bestimmungen des WpÜG zu unterbreiten. Andernfalls wäre es dem Bieter ein Leichtes, die gesetzlich angeordnete Bindungswirkung öffentlicher Erwerbsangebote durch ein auf eine minimale Anzahl von Wertpapieren gerichtetes Teilangebot zu umgehen und sich den Erwerb weiterer Wertpapiere bei dem zu erwartenden Eingang überschießender Annahmeerklärungen vorzubehalten.[22]

III. Transparenz des Zuteilungsverfahrens

17 Im Falle eines Teilangebots sind Angaben zum Zuteilungsverfahren ebenso wie die Angaben zum Anteil oder der Anzahl der Wertpapiere, zu deren Erwerb sich der Bieter verpflichtet hat, gemäß § 11 Abs. 4 Nr. 2 iVm § 2 Nr. 6 WpÜG-AngV als **ergänzende Angaben** in die Angebotsunterlage nach § 11 aufzunehmen. Die Angaben müssen es in Verbindung mit den Angaben zu den vom Bieter und den mit ihm gemeinsam handelnden Personen bereits gehaltenen bzw. dem Bieter zuzurechnenden Aktien oder sonstigen Wertpapieren der Zielgesellschaft der BaFin ermöglichen, unter anderem auch nachzuprüfen, ob ein zulässiges, nicht auf einen Kontrollerwerb gerichtetes Teilangebot vorliegt.[23] Sind derartige Angaben in der Angebotsunterlage nicht enthalten, ist das Angebot von der BaFin zu untersagen (§ 15 Abs. 1 Nr. 1).

18 Die Ausgestaltung des in der Angebotsunterlage offen zu legenden Zuteilungsverfahrens unterliegt neben der Vollständigkeitsprüfung außerdem der (eingeschränkten) **inhaltlichen Überprüfung** durch die BaFin. Dies folgt aus § 15 Abs. 1 Nr. 2, wonach das Angebot bei offensichtlichen Gesetzesverstößen zu untersagen ist. Im Rahmen der Inhaltskontrolle ist die BaFin demgemäß insbesondere zur Prüfung berechtigt, ob ein vom Bieter angenommener Ausnahmefall vom Grundsatz der verhältnismäßigen Zuteilung vorliegt. Von daher empfiehlt es sich für die Praxis, beabsichtigte Abweichungen vom allgemeinen Zuteilungsmaßstab des § 19 bereits im Vorfeld der Veröffentlichung mit der BaFin zu erörtern.

IV. Änderung des Zuteilungsverfahrens nach Veröffentlichung?

19 Der Bieter ist nach Sinn und Zweck des Transparenzgebotes (§ 3 Abs. 2) an seine mit der Angebotsunterlage veröffentlichten Zuteilungsgrundsätze

[21] *Thoma* in Baums/Thoma, § 19 Rn. 4.

[22] HM, wie hier (wenn zT auch mit anderen Begründungen) *Oechsler* in Ehricke/Ekkenga/Oechsler, § 19 Rn. 8; *Thoma* in Baums/Thoma, § 19 Rn. 36; *Favoccia* in Assmann/Pötzsch/Schneider, § 19 Rn. 15; *Wackerbarth* in MüKoAktG, § 19 WpÜG Rn. 39; *Scholz* in Frankfurter Komm., § 19 Rn. 33; aA *Hasselbach* in KK-WpÜG, § 19 Rn. 32, der selbst wenn die Kontrollschwelle des § 29 Abs. 2 überschritten würde, den Hinzuerwerb für zulässig hält.

[23] *Hasselbach* in KK-WpÜG, § 19 Rn. 35.

gebunden. Das Gesetz enthält jedoch keine Aussage, ob eine **Änderung des vorgesehenen Zuteilungsverfahrens** nach Veröffentlichung der Angebotsunterlage zulässig ist. Hierfür kann im Einzelfall ein praktisches Bedürfnis bestehen, so zB wenn sich während des Laufes der Annahmefrist herausstellt, dass wider Erwarten von den Wertpapierinhabern eine Vielzahl von Klein- und Kleinstbeständen angedient wird, eine bevorzugte Berücksichtigung dieser Bestände nach den veröffentlichten Zuteilungsgrundsätzen jedoch nicht vorgesehen ist. Im Ergebnis sollte eine Änderung des Zuteilungsverfahrens auch nach Veröffentlichung der Angebotsunterlage bis zum Ende der Annahmefrist in besonders gelagerten Ausnahmefällen zulässig sein, sofern hierfür ein sachlicher Rechtfertigungsgrund besteht und die geänderten Grundsätze analog § 14 Abs. 3 Satz 1 veröffentlicht werden. Eine solche Änderung stellt *keine* Änderung des Angebots iSd § 21 dar, da das *Angebot* selbst vom gewählten Zuteilungsverfahren unberührt bleibt. Als Beleg hierfür kann angeführt werden, dass die Zuteilung gemäß § 11 Abs. 4 Nr. 2 iVm § 2 Nr. 6 WpÜG-AngV lediglich als ergänzende Angabe in der Angebots*unterlage* zu beschreiben ist und somit, wie § 11 Abs. 2 Satz 2 entnommen werden kann, gerade *nicht* zum Inhalt des Angebots gehört; insoweit ist die Nichterwähnung von Änderungen des Zuteilungsverfahren im Rahmen der Angebotsänderung nach § 21 folgerichtig).[24] In eine gesicherte Rechtsposition der Wertpapierinhaber wird mit einer Änderung des Zuteilungsverfahrens nicht eingegriffen, da diese bei Teilangeboten bis zum Ende der Annahmefrist ohnehin nicht wissen können, in welchem Umfang ihre Annahmeerklärungen berücksichtigt werden.

V. Rechtsfolgen bei Verstößen im Rahmen der Zuteilung

Verstößt der Bieter bei der Zuteilung gegen die veröffentlichten Zuteilungsgrundsätze dadurch, dass er Wertpapierinhaber nicht oder nicht in dem durch die veröffentlichten Grundsätze vorgegebenen Umfang berücksichtigt, bleibt er den übergangenen Wertpapierinhabern zur Abnahme und Bezahlung der angedienten Wertpapiere in dem Umfang verpflichtet, in dem diese Wertpapierinhaber bei Einhaltung der Zuteilungsgrundsätze berücksichtigt worden wären.[25] Darüber hinaus können die Wertpapierinhaber bei Annahmeverzug des Bieters (§§ 293ff. BGB) Schadenersatzansprüche und die Zahlung von Verzugszinsen verlangen.[26] Ob übergangene Wertpapierinhaber darüber hinaus aus § 3 Abs. 1 gegen den Bieter einen unmittelbaren Anspruch auf **aktive Gleichbehandlung** herleiten können, dh unter Hinweis darauf, dass einzelne Wertpapierinhaber Mehrzuteilungen erhalten haben, verlangen können, in gleicher Weise behandelt zu werden, erscheint im Hinblick auf die damit für den Bieter uU verbundenen gravierenden wirtschaftlichen Auswirkungen dagegen zweifelhaft. Praktische Fälle einer Ungleichbehandlung Wertpapierinhaber sind anlässlich der zwingenden Abwicklung über den 20

[24] Anders allerdings die hM, vgl. *Hasselbach* in KK-WpÜG, § 19 Rn. 33; *Thoma* in Baums/Thoma, § 19 Rn. 20; *Scholz* in Frankfurter Komm., § 19 Rn. 36; *Wackerbarth* in MüKoAktG, § 19 WpÜG Rn. 47.

[25] Ebenso *Thaeter* in Thaeter/Brandi, Teil 2 Rn. 269.

[26] *Hasselbach* in KK-WpÜG, § 19 Rn. 34.

Zentralverwahrer und die Depotbanken, welche die Aktienbestände nur nach den veröffentlichten Zuteilungsgrundsätzen abwickeln und die Angebotsgegenleistung zubuchen können.

§ 20 Handelsbestand

(1) **Das Bundesaufsichtsamt lässt auf schriftlichen Antrag des Bieters zu, dass Wertpapiere der Zielgesellschaft bei den ergänzenden Angaben nach § 11 Abs. 4 Nr. 2, den Veröffentlichungspflichten nach § 23, der Berechnung des Stimmrechtsanteils nach § 29 Abs. 2 und der Bestimmung der Gegenleistung nach § 31 Abs. 1, 3 und 4 und der Geldleistung nach § 31 Abs. 5 unberücksichtigt bleiben.**

(2) **Ein Befreiungsantrag nach Absatz 1 kann gestellt werden, wenn der Bieter, die mit ihm gemeinsam handelnden Personen oder deren Tochterunternehmen**

1. **die betreffenden Wertpapiere halten oder zu halten beabsichtigen, um bestehende oder erwartete Unterschiede zwischen dem Erwerbspreis und dem Veräußerungspreis kurzfristig zu nutzen und**
2. **darlegen, dass mit dem Erwerb der Wertpapiere, soweit es sich um stimmberechtigte Aktien handelt, nicht beabsichtigt ist, auf die Geschäftsführung der Gesellschaft Einfluss zu nehmen.**

(3) **Stimmrechte aus Aktien, die auf Grund einer Befreiung nach Absatz 1 unberücksichtigt bleiben, können nicht ausgeübt werden, wenn im Falle ihrer Berücksichtigung ein Angebot als Übernahmeangebot abzugeben wäre oder eine Verpflichtung nach § 35 Absatz 1 Satz 1 und Absatz 2 Satz 1 bestünde.**

(4) **Beabsichtigt der Bieter Wertpapiere, für die eine Befreiung nach Absatz 1 erteilt worden ist, nicht mehr zu den in Absatz 1 Nr. 1 genannten Zwecken zu halten oder auf die Geschäftsführung der Gesellschaft Einfluss zu nehmen, ist dies dem Bundesaufsichtsamt unverzüglich mitzuteilen. Die Bundesanstalt kann die Befreiung nach Absatz 1, außer nach den Vorschriften des Verwaltungsverfahrensgesetzes widerrufen, wenn die Verpflichtung nach Satz 1 nicht erfüllt worden ist.**

Übersicht

I. Sinn und Zweck der Vorschrift

1 Auf Antrag des Bieters sollen Stimmrechte aus vom Bieter, gemeinsam handelnden Personen und deren Tochtergesellschaften gehaltenen Aktien

insbesondere bei der Feststellung, ob die Kontrolle nach § 29 Abs. 2 erlangt ist, unberücksichtigt bleiben können, wenn mit diesen Aktien die Ausnutzung kurzfristiger Preisunterschiede beabsichtigt ist oder die Aktien von einem Wertpapierdienstleistungsunternehmen in einem Handelsbestand gehalten werden und der Bieter darlegt, dass mit den Stimmrechten aus diesen Aktien nicht beabsichtigt ist, auf die Geschäftsführung der Zielgesellschaft Einfluss zu nehmen. Praktische Relevanz kommt der Befreiungsmöglichkeit insbesondere dann zu, wenn der Bieter selbst und seine Tochtergesellschaften Aktien zumindest teilweise zu den vorgenannten Zwecken halten und vermieden werden soll, dass aufgrund der Zurechnung im Konzern die Schwelle von 30% (§ 29 Abs. 2) erreicht oder überschritten wird, ohne dass eine das Pflichtangebot auslösende Einflussnahme auf die Zielgesellschaft gewollt ist.

II. Voraussetzungen der Befreiung

1. Handel mit den Aktien

Nach dem Gesetzeswortlaut ist Voraussetzung, dass der Bieter, die gemeinsam handelnden Personen oder deren Tochterunternehmen die betreffenden Aktien halten oder zu halten beabsichtigen, um bestehende oder erwartete Unterschiede zwischen dem Erwerbspreis und dem Veräußerungspreis kurzfristig zu nutzen (so genannte **Spekulationsgeschäfte**). Ferner muss der Bieter darlegen, dass er bzw. die gemeinsam handelnden Personen oder deren Tochterunternehmen, welche die Aktien halten, nicht beabsichtigen, mit den Stimmrechten aus dem zu befreienden Aktienbestand Einfluss auf die Geschäftsführung der Zielgesellschaft zu nehmen. 2

Die Befreiung ist nicht auf Wertpapierdienstleistungsunternehmen, wie etwa in der ähnlichen Vorschrift des § 23 WpHG, beschränkt. Grundsätzlich kann der Bieter für sich oder für die gemeinsam handelnden Personen und deren Tochterunternehmen, soweit Aktien zu Spekulationszwecken gehalten werden oder dies beabsichtigt ist, den Befreiungsantrag stellen. 3

Die Aktien müssen gehalten werden, um kurzfristig auf Kursschwankungen reagieren zu können. Das Merkmal der **Kurzfristigkeit** bezieht sich auf die Dauer des Haltens der Aktien, erforderlich ist also die Absicht, die Aktien nur kurzfristig halten zu wollen. Welcher Zeitraum in diesem Sinne als kurzfristig angesehen werden kann, ist umstritten. Einerseits wird ein Zeitraum von drei Monaten zugrunde gelegt, wobei der Dreimonatszeitraum wohl entsprechend der Bestimmung der Mindestgegenleistung nach § 4 WpÜGAngV hergeleitet wird.[1] Gerade bei wenig liquide gehandelten Aktien kann ein Zeitraum von drei Monaten zu kurz sein, um Spekulationsabsichten ausnutzen zu können.[2] Die besseren Gründe sprechen dafür, eine Haltedauer von bis zu einem Jahr noch als kurzfristig anzusehen.[3] Sollte es aus verschiedenen Gründen nicht zu 4

[1] *Oechsler* in Ehricke/Ekkenga/Oechsler, § 20 Rn. 2; *Holzborn/Friedhoff* WM 2002, 948, 949; *Wackerbarth* in MüKoAktG, § 20 WpÜG Rn. 15 mit dem Argument der Vermeidung der Umgehung.

[2] *Vogel* in Frankfurter Komm., § 20 Rn. 20.

[3] Unter Hinweis auf die Besteuerung von Spekulationsgeschäften *Seiler* in Assmann/Pötzsch/Schneider, § 20 Rn. 26; ebenso *Diekmann* in Baums/Thoma, § 20 Rn. 27.

einem Verkauf binnen eines Jahres kommen, führt dies nicht zu einer Umwidmung in den Dauerbestand; der Bieter ist also nicht zu Notgeschäften um jeden Preis gezwungen, um die Befreiung aufrecht zu erhalten. Erforderlich bleibt jedoch die Veräußerungsabsicht.[4]

5 Der Wortlaut des Abs. 2 Nr. 1, der ausschließlich auf Spekulationsgeschäfte abstellt, muss jedoch erweiternd ausgelegt werden auf Aktien, die im Handelsbestand von Wertpapierdienstleistungsunternehmen gehalten werden.[5] Zwar scheint der Gesetzeswortlaut gegen eine erweiternde Auslegung zu sprechen und die Überschrift „Handelsbestand" könnte eher ein Versehen sein.[6] Nachdem jedoch die Bundesregierung den Vorschlag des Bundesrats, im Übernahmerichtlinie-Umsetzungsgesetz den Wortlaut die Norm explizit auch auf den Handelsbestand zu erstrecken, mit der Begründung ablehnte, eine solche Ergänzung hätte nur klarstellenden Charakter,[7] dürfte sich eine enge, wortlautgetreue Auslegung nicht länger rechtfertigen lassen. So halten Wertpapierdienstleistungsunternehmen Aktien im eigenen Bestand nicht nur zur Ausführung von Spekulationsgeschäften, sondern vor allem auch zum Zweck von so genannten Eigengeschäften, also dem Erwerb oder der Veräußerung von Wertpapieren an oder von Kunden (§ 1 Abs. 1a Nr. 4 KWG) oder zu Zwecken des Market Making oder des Eingehens von Wertpapierdarlehensgeschäften in einer Geberposition. In all diesen Fällen ist schon der Natur der Geschäfte nach weder beabsichtigt, kurzfristige Preisunterschiede aus dem Handel der Aktie zu nutzen, noch werden Stimmrechte aus zu diesen Zwecken gehaltenen Aktien ausgeübt, um Einfluss auf die Zielgesellschaft zu nehmen. Es wäre gleichfalls nicht zu rechtfertigen, wenn eine Konzernobergesellschaft, deren Tochterunternehmen etwa als Market Maker tätig ist, nur wegen dieser Tätigkeit ein Pflichtangebot abgeben müsste oder dass Geschäfte im Rahmen des Market Making Einfluss haben sollten auf die Mindestgegenleistung nach § 31 vor und während des Angebotsverfahrens. Daher müssen Aktien, die entsprechend diesen Regelungen als Handelsbestand (Definition etwa in § 340e Abs. 1 Satz 1 HGB) gehalten werden, bei der Berücksichtigung der in Abs. 1 genannten Schwellen und Angaben auf Antrag ebenfalls unberücksichtigt bleiben.

2. Nichtausübung der Stimmrechte

6 Der Bieter darf nicht die Absicht haben, auf die Geschäftsführung der Zielgesellschaft Einfluss zu nehmen (sog. **Zölibatserklärung**), was insbesondere durch Ausübung der Stimmrechte aus den Aktien geschähe. Die Formulierung, dass der Bieter nicht beabsichtigt, auf die Gesellschaft Einfluss zu nehmen, ist missverständlich, da im deutschen Aktienrecht der Aktionär Einfluss nur über die Hauptversammlung und nur mittelbar über die Wahl bzw. Abwahl von Aufsichtsratsmitgliedern überhaupt nehmen

---

[4] *Diekmann* in Baums/Thoma, § 20 Rn. 28.

[5] *Vogel* NZG 2005, 537, 539; *Seiler* in Assmann/Pötzsch/Schneider, § 20 Rn. 15 ff.

[6] Daher eine solche Auslegung ablehnend *Diekmann* in Baums/Thoma, § 20 Rn. 40; *Klepsch* in Steinmeyer, § 20 Rn. 15; *Wackerbarth* in MüKoAktG, § 20 WpÜG Rn. 9; *A. Meyer* GS Bosch, S. 133, 142.

[7] BT-Drucks. 16/1342, 1, 5.

kann.[8] Neben der Ausübung der Stimmrechte muss der Bieter auch der sonstigen Einflussnahme auf die Geschäftsführung der Zielgesellschaft, wie etwa Gespräche mit oder Anregungen an die Geschäftsführung, unterlassen und dieses beabsichtigte Unterlassen darlegen. Hingegen soll das Fragerecht in der Hauptversammlung unberührt bleiben.[9]

III. Verfahrensfragen

1. Antrag

Die Befreiung wird nur auf Antrag erteilt, der der Schriftform genügen 7
muss. Der Antrag kann nach dem insoweit klaren Gesetzeswortlaut nur von dem Bieter, auch wenn nicht er, sondern mit ihm gemeinsam handelnde Personen oder deren Tochterunternehmen die Aktien halten, gestellt werden, schließlich gilt die Befreiung auch nur zugunsten des Bieters.[10] In dem Antrag sind die Aktien, für die die Befreiung beantragt wird, zu bezeichnen und die Antragsvoraussetzungen sind darzulegen. Die Angabe der Anzahl der Aktien kann nicht verlangt werden, da sich der zu befreiende Aktienbestand, etwa bei einem **Market Maker,** täglich ändern kann.[11] Um die Befreiung bei Vorliegen der übrigen Voraussetzungen zu erteilen, bedarf es auch nicht der Festlegung einer Aktienanzahl.[12] Die Befreiung kann sowohl für den gegenwärtigen als auch für den zukünftigen Bestand an Aktien beantragt werden. Eine generelle Befreiung eines Handels- bzw. Spekulationsbestands wie sie § 23 Abs. 1 WpHG kennt, ist zur Vermeidung von Missbräuchen ausgeschlossen.[13]

2. Darlegung und Unterlagen

Bei Antragstellung hat der Bieter die grundsätzliche Anlagestrategie, beim 8
Spekulationsbestand das Ausnutzen von Preisunterschieden binnen eines Jahres und beim Handelsbestand die Gründe für das Halten der Aktien im Handelsbestand darzulegen. Für Aktien im Spekulationsbestand muss, um einfache Umgehungen des § 29 Abs. 2 zu vermeiden, eine Dokumentation der Spekulationsabsicht gefordert werden.[14] Der Bieter muss ferner mit dem Antrag darlegen, dass er nicht die Absicht hat, auf die Geschäftsführung der Gesellschaft Einfluss zu nehmen, was insbesondere durch Ausübung der Stimmrechte aus den Aktien geschähe. Soweit der Bieter den Antrag für Aktien, die von gemeinsam handelnden Personen oder deren Tochterunternehmen

[8] *Seiler* in Assmann/Pötzsch/Schneider, § 20 Rn. 30; *Hirte* in KK-WpÜG, § 20 Rn. 24.

[9] *Hirte* in KK-WpÜG, § 20 Rn. 79.

[10] *Diekmann* in Baums/Thoma, § 20 Rn. 18; *Hirte* in KK-WpÜG, § 20 Rn. 19.

[11] Ebenso *Diekmann* in Baums/Thoma, § 20 Rn. 21; für „ein bestimmtes Bestandsvolumen" *Seiler* in Assmann/Pötzsch/Schneider, § 20 Rn. 40; aA *Klepsch* in Steinmeyer, § 20 Rn. 30.

[12] *Hirte* in KK-WpÜG, § 20 Rn. 38.

[13] *Hirte* in KK-WpÜG, § 20 Rn. 38.

[14] *Wackerbarth* in MüKoAktG, § 20 WpÜG Rn. 11.

gehalten werden, stellt, muss er entsprechende Erklärungen dieser Personen seinem Antrag beifügen.[15] Der Antrag muss daher enthalten:
- Nachweis der Antragsberechtigung, insbesondere, soweit Aktien nicht vom Bieter gehalten werden, Darlegen der Kontrolle über den Aktieninhaber,
- Angabe der Aktien und des Befreiungszeitraums; die Angabe der derzeit gehaltenen Aktien ist hilfreich,
- soweit sich der Antrag auf noch zu erwerbende Aktien bezieht, deren voraussichtlicher Erwerbszeitpunkt,
- Glaubhaftmachen der Spekulationsabsicht oder des Handelbestands und, wenn erforderlich, Vorlage geeigneter Unterlagen oder Erklärungen Dritter,
- Versicherung, keinen Einfluss auf die Gesellschaft zu nehmen.[16]

IV. Entscheidung der BaFin

9 Sind die Voraussetzungen des Abs. 1 dargelegt, hat die BaFin die Befreiung zu erteilen; der BaFin steht kein Ermessen zu. Die Beweis- und Feststellungslast dafür, dass die Aktien, für die die Befreiung beantragt wird, zum Handels- bzw. Spekulationsbestand gehören, obliegt hingegen dem Bieter als Antragsteller. **Unaufklärbare Zweifel** gehen zu seinen Lasten.[17]

V. Rechtsfolgen

10 Soweit die Befreiung erteilt wird, bleiben die Aktien der Zielgesellschaft bei sämtlichen der in Abs. 1 genannten Pflichten bzw. Angaben unberücksichtigt. Sie bleiben daher bei der Ermittlung der Mindestgegenleistung nach Vorerwerben und damit auch bei der Beschreibung der in dem Sechsmonatszeitraum erworbenen Aktien in der Angebotsunterlage (§ 11 Abs. 2 Nr. 4, § 31 Abs. 1, 3 und 4) unberücksichtigt. Gleichfalls unberücksichtigt bleiben die Aktien bei der Feststellung, ob der Bieter gemäß § 31 Abs. 5 das Angebot gegen Gewährung einer Bar- oder einer Gegenleistung in Wertpapieren machen darf. Vor allem bleiben die Aktien im Falle der Befreiung bei der Ermittlung, ob die Kontrollschwelle des § 29 Abs. 2 erreicht oder überschritten ist, unberücksichtigt. Ferner bleiben die Aktien bei den so genannten Wasserstandsmeldungen nach § 23 und den nachwirkenden Veröffentlichungspflichten gemäß dessen Absatz 2 außer Betracht.

11 Stimmrechte aus den Aktien, für welche die Befreiung gewährt wurde, dürfen nicht ausgeübt werden (Abs. 3). Der Wortlaut, wonach nur die Stimmrechte aus Aktien, bei deren Berücksichtigung die Kontrollschwelle erreicht oder überschritten würde, nicht ausgeübt werden können,[18] spricht dagegen, dass der Bieter die Stimmrechte aus sämtlichen Aktien, für die die Befreiung bean-

---

[15] *Klepsch* in Steinmeyer, § 20 Rn. 20.

[16] *Vogel* in Frankfurter Komm., § 20 Rn. 27.

[17] *Seiler* in Assmann/Pötzsch/Schneider, § 20 Rn. 43.

[18] Sog. „kleine Lösung", *Seiler* in Assmann/Pötzsch/Schneider, § 20 Rn. 50; *Diekmann* in Baums/Thoma, § 20 Rn. 55.

tragt und erteilt worden ist, nicht ausüben darf **(„große Lösung").**[19] Da der Befreiungsantrag aus den vorgenannten Gründen nicht die genaue Anzahl der Aktien, für welche die Stimmrechte unberücksichtigt bleiben sollen, bezeichnen muss, sprechen Belange des Überwachens des Einhaltens der Befreiung gegen diese Lösung.[20] Unberücksichtigt bleiben daher nur die Aktien, unter deren Berücksichtigung der Bieter die 30%-Schwelle erreichte oder überschritte **(„kleine Lösung").** Für die Berechnung ist eine konsolidierte Betrachtung vorzunehmen, dh zu berücksichtigen sind sämtliche Aktien, die dem Bieter gemäß § 30 zuzurechnen sind.

Das Stimmverbot dürfte hingegen nur die insoweit befreiten Aktien betreffen, die der Bieter selbst hält; eine Einflussnahmepflicht auf Tochterunternehmen oder gar auf gemeinsam handelnde Personen besteht nicht.[21] **12**

Stimmrechte aus dem befreiten Aktienbestand können nicht ausgeübt werden (Abs. 3). Daraus wird gefolgert, dass ein Rechtsverlust ähnlich § 59 eintritt und daher ein mit den Stimmrechten aus dem befreiten Aktienbestand gefasster Beschluss der Hauptversammlung der Zielgesellschaft anfechtbar ist.[22] Dies kann jedoch entsprechend der „kleinen Lösung" nur für die Stimmrechte gelten, bei deren Berücksichtigung die Schwelle von 30% erreicht oder überschritten wurde. **13**

VI. Ende der Befreiung

Der Bieter oder die gemeinsam handelnden Personen oder deren Tochtergesellschaften können jederzeit ihre Absicht, die Wertpapiere im Handels- oder Spekulationsbestand zu halten oder die Stimmrechte nicht ausüben zu wollen, ändern. Der Bieter ist in einem solchen Fall nach Absatz 4 schon im Zeitpunkt der entsprechenden Änderung seiner Absicht verpflichtet, dies der BaFin unverzüglich mitzuteilen. Wird diese unverzügliche Anzeige unterlassen, kann die BaFin die Befreiung bereits aus diesem Grund widerrufen (Abs. 4 Satz 2). Im Übrigen kann die BaFin die Befreiung nach den Regelungen der §§ 48, 49 VwVfG zurücknehmen oder widerrufen. Allerdings kann, solange die Befreiung nicht aufgehoben bzw. widerrufen worden ist, der Bieter nicht verpflichtet sein, das Erlangen der Kontrolle nach § 35 Abs. 2 anzuzeigen, da eben die Befreiung bis zur Aufhebung wirksam ist. Ein Bußgeld wegen verzögerter Veröffentlichung der Kontrollerlangung droht daher in diesem Fall nicht.[23] **14**

Der Bieter kann Widerspruch (§ 41) gegen eine Rücknahme oder den Widerruf der Befreiung einlegen. Widerspruch und evtl. nachfolgende Beschwerde haben regelmäßig aufschiebende Wirkung (arg. § 42), sodass der Bieter bis zur Bestandskraft des Widerrufs oder der Rücknahme die Befreiung innehat. **15**

---

[19] Für die „große Lösung" *Hirte* in KK-WpÜG, § 20 Rn. 48; *Klepsch* in Steinmeyer, § 20 Rn. 23.

[20] Ebenso *Vogel* NZG 2005, 537, 540.

[21] *Hirte* in KK-WpÜG, § 20 Rn. 45.

[22] *Klepsch* in Steinmeyer, § 20 Rn. 25; *Hirte* in KK-WpÜG, § 20 Rn. 49.

[23] *Hirte* in KK-WpÜG, § 20 Rn. 85; nunmehr auch *Klepsch* in Steinmeyer, § 20 Rn. 26.

§ 21 Änderung des Angebots

(1) **Der Bieter kann bis zu einem Werktag vor Ablauf der Annahmefrist**

1. die Gegenleistung erhöhen,

2. wahlweise eine andere Gegenleistung anbieten,

3. den Mindestanteil oder die Mindestzahl der Wertpapiere oder den Mindestanteil der Stimmrechte, von dessen Erwerb der Bieter die Wirksamkeit seines Angebots abhängig gemacht hat, verringern oder

4. auf Bedingungen verzichten.

Für die Wahrung der Frist nach Satz 1 ist auf die Veröffentlichung der Änderung nach Absatz 2 abzustellen.

(2) **Der Bieter hat die Änderung des Angebots unter Hinweis auf das Rücktrittsrecht nach Absatz 4 unverzüglich gemäß § 14 Abs. 3 Satz 1 zu veröffentlichen. § 14 Abs. 3 Satz 2 und Abs. 4 gilt entsprechend.**

(3) **§ 11 Abs. 1 Satz 2 bis 5, Abs. 3, §§ 12, 13 und 15 Abs. 1 Nr. 2 gelten entsprechend.**

(4) **Im Falle einer Änderung des Angebots können die Inhaber von Wertpapieren der Zielgesellschaft, die das Angebot vor Veröffentlichung der Änderung nach Absatz 2 angenommen haben, von dem Vertrag bis zum Ablauf der Annahmefrist zurücktreten.**

(5) **Im Falle einer Änderung des Angebots verlängert sich die Annahmefrist um zwei Wochen, sofern die Veröffentlichung der Änderung innerhalb der letzten zwei Wochen vor Ablauf der Angebotsfrist erfolgt. Dies gilt auch, falls das geänderte Angebot gegen Rechtsvorschriften verstößt.**

(6) **Eine erneute Änderung des Angebots innerhalb der in Absatz 5 genannten Frist von zwei Wochen ist unzulässig.**

Schrifttum: *Busch,* Die Frist für den Bedingungsverzicht nach § 21 Abs. 1 WpÜG, ZIP 2003, 102; *Cascante/Tyrolt,* 10 Jahre WpÜG – Reformbedarf im Übernahmerecht?, AG 2012, 97; *Liebscher,* Das Übernahmeverfahren nach dem neuen Übernahmegesetz, ZIP 2001, 853; *Riehmer/Schröder,* Der Entwurf des Übernahmegesetzes im Lichte von Vodafone/Mannesmann, NZG 2000, 820; *Rothenfußer/Friese-Dormann/Rieger,* Rechtsprobleme konkurrierender Übernahmeangebote nach dem WpÜG, AG 2007, 137.

Übersicht

I. Gesetzeszweck

Die Regelungen in § 21 sollen einen ordnungsgemäßen Prozess für die Durchführung von Änderungen öffentlicher Angebote gewährleisten, um einerseits unzulässige Benachteiligungen einzelner Wertpapierinhaber zu verhindern, zugleich jedoch dem Bieter eine ausreichende Flexibilität zu gewähren, sein Angebot an veränderte Umstände anzupassen. 1

Die Übernahmerichtlinie enthält nur eine allgemeine Bestimmung über die Aufnahme von Regelungen über Angebotsänderungen. Entsprechend hat das Übernahmerichtlinie-Umsetzungsgesetz die Bestimmung unberührt gelassen.

II. Anwendungsbereich

1. Zeitlicher Anwendungsbereich

Der Anwendungsbereich der Vorschrift ist zunächst in zeitlicher Hinsicht einzugrenzen. Er erfasst sämtliche Änderungen eines nach § 14 veröffentlich- 2 ten Angebots.[1] Zum Teil wird darüber hinaus vertreten, die Vorschrift sei bereits **vor Veröffentlichung einer Angebotsunterlage** anzuwenden, wenn der Bieter – was nicht verlangt ist – in seiner Entscheidung über die Abgabe eines Angebotes nach § 10 inhaltliche Ausführungen zu seinem (erst kommenden) Angebot gemacht habe.[2] Dann habe die Angebotsunterlage die wesentlichen kommerziellen Eckpunkte aus der Veröffentlichung nach § 10 zu enthalten, soweit nicht § 21 (ausnahmsweise) eine Änderung zulasse. Einer solchen extensiven Auslegung oder analogen Anwendung von § 21 ist zuzugestehen, dass es wünschenswert wäre, wenn sich der Bieter im Rahmen seiner Vorankündigung halten würde, um Marktirritationen zu vermeiden.

3 Gleichwohl entsteht eine Bindung des Bieters an sein Angebot erst mit der Veröffentlichung des Angebots. Soweit man mit einer umstrittenen Ansicht die Möglichkeit des Bieters bejaht, sich nach Veröffentlichung der Entscheidung zur Abgabe eines Angebotes anders zu entscheiden und kein Angebot abzugeben,[3] ergibt sich daraus zwanglos, dass ein Vertrauen der Wertpapierinhaber in die Durchführung des Angebots zu den angekündigten Bedingungen durch die Veröffentlichung nicht begründet wird. Sieht man den Bieter als grundsätzlich verpflichtet an, das Angebot durchzuführen,[4] gilt nichts anderes. Denn die für das Angebotsverfahren verbindlichen Bedingungen werden erst mit der Angebotsunterlage wirksam. Angaben in der Veröffentlichung nach § 10 entfalten insofern keine Bindungen für den Inhalt des Angebots.[5] Auch der klare Wortlaut der Bestimmung legt nahe, dass zunächst ein Angebot vorliegen muss, erst dann kann eine Änderung des Angebots in Betracht kommen. Eine erweiternde Anwendung von § 21 ist daher abzulehnen, da es insofern ein schutzwürdiges Vertrauen des Marktes in bestimmte Konditionen vor Veröffentlichung des Angebots noch nicht gibt.[6]

2. Aktualisierungen und Berichtigungen

4 Änderungen sind weiter von bloßen Berichtigungen und Aktualisierungen der Angebotsunterlage abzugrenzen. Eine **Aktualisierung** liegt vor, wenn die Angebotsunterlage an Veränderungen im tatsächlichen Bereich angepasst werden soll, ohne das Angebot als solches und damit den Inhalt der mit den annehmenden Wertpapierinhabern zustande kommenden Verträge zu ändern. Erfasst werden damit etwa Absichten und Pläne des Bieters mit der Zielgesellschaft oder Aussagen über den Bieter.

---

[1] Unstreitig, vgl. nur *Seiler* in Assmann/Pötzsch/Schneider, § 21 Rn. 10.

[2] *Hasselbach* in KK-WpÜG, § 21 Rn. 11.

[3] *Assmann* in Assmann/Pötzsch/Schneider, § 10 Rn. 50; *Thoma* in Baums/Thoma, § 10 Rn. 61; ausführlich *Meyer* ZHR-Sonderheft 76 (2011), 231 ff.; *Scholl/Siekmann* BKR 2013, 316.

[4] *Geibel/Süßmann* BKR 2002, 52, 56.

[5] Davon zu unterscheiden ist die Frage, ob spätere Änderungen im Einzelfall als Marktmanipulation (§ 20a WpHG) oder bei Zukäufen nach Verlautbarung einer niedrigeren Gegenleistung als in der Angebotsunterlage genanten als Insiderhandel (§ 14 WpHG) zu werten sind.

[6] Ebenso *Oechsler* in Ehricke/Ekkenga/Oechsler, § 21 Rn. 1a; *Seiler* in Assmann/Pötzsch/Schneider, § 21 Rn. 16; *Santelmann* in Steinmeyer, § 21 Rn. 5; hierzu auch *Wollburg* ZHR-Sonderheft 76 (2011), 306, 309.

Berichtigungen sind Änderungen in der Angebotsunterlage, die darauf beruhen, dass die ursprünglichen Angaben in der Angebotsunterlage fehlerhaft gewesen sind. Im Unterschied zu der Aktualisierung hat sich bei einer Berichtigung daher in tatsächlicher Hinsicht keine Änderung ergeben. 5

Berichtigungen und Aktualisierungen sind auch außerhalb der engen Grenzen von § 21 zulässig.[7] Begründet wird dies im Wesentlichen damit, dass sich der Inhalt der infolge einer Annahme des Angebots zustande kommenden Wertpapierkaufverträge nicht ändert. Umstritten ist allerdings, ob die Schutzvorschriften der Abs. 4 bis 6 auf Aktualisierungen und Berichtigungen analog anzuwenden sind.[8] 6

3. Automatische Anpassung nach § 31 Abs. 4 bei Parallelerwerben

§ 31 Abs. 4 sieht im Falle von Parallelerwerben zu einer höheren als der im Angebot festgelegten Vergütung eine Anpassung der Gegenleistung vor. Anders als bei § 31 Abs. 3 erfolgt bei § 31 Abs. 4 eine automatische Anpassung der Gegenleistung. § 31 Abs. 4 verlangt also nicht, dass der Bieter (etwa im Wege einer Angebotsänderung) tätig werden muss. Ebenfalls finden die Schutzregelungen von § 21 Abs. 2, 4 und 5 keine Anwendung.[9] 7

III. Zulässige Änderungen

Das Gesetz geht davon aus, dass der Bieter ein verbindliches Angebot abgeben muss. § 21 Abs. 1 enthält in Abweichung von diesem Grundsatz vier Fallgruppen, in denen der Bieter sein Angebot ändern kann. Sämtlichen dieser Fallgruppen ist gemeinsam, dass die jeweilige Änderung im Ergebnis eine **Verbesserung des Angebots** aus der Sicht des Wertpapierinhabers darstellt.[10] 8

1. Erhöhung der Gegenleistung

Der Bieter kann nach § 21 Abs. 1 Satz 1 Nr. 1 sein Angebot in der Weise ändern, dass er die von ihm ursprünglich für die Wertpapiere angebotene Gegenleistung **erhöht.** Bei einem Barangebot ist dementsprechend der angebotene Geldbetrag zu erhöhen; sofern die Gegenleistung in Wertpapieren besteht, muss eine größere Anzahl dieser Wertpapiere angeboten werden. Zulässig ist auch, **zusätzlich** zu einem bestehenden Barangebot als Gegenleistung Wertpapiere anzubieten[11] bzw. ein Tauschangebot mit einer Zuzahlung in bar 9

[7] Allgemeine Ansicht, vgl. etwa *Hasselbach* in KK-WPÜG, § 21 Rn. 36; *Seiler* in Assmann/Pötzsch/Schneider, § 21 Rn. 36; *Oechsler* in Ehricke/Ekkenga/Oechsler, § 21 Rn. 1; *Schröder* in Frankfurter Komm., § 21 Rn. 11; *Diekmann* in Baums/Thoma, § 21 Rn. 11; ausführlich *Wackerbarth* in MüKoAktG, § 21 WpÜG Rn. 6f.; und *Rahlfs* in Bad Homburger Handbuch, Teil C Rn. 378.

[8] So etwa *Wackerbarth* in MüKoAktG, § 21 WpÜG Rn. 7; *Aha* AG 2002, 160, 165f.

[9] *von Bühlow* ZHR-Heiheft 76 (2011), 9, 27; *Bachmann* ZHR-Sonderheft 76 (2011), 191, 206 mit weiteren Nachweisen auch auf die Regulierungspraxis; *Drinkuth* in Marsch-Barner/Schäfer, Handbuch börsennotierte AG, § 60 Rn. 150; aA aber etwa *Rothenfußer/Friese-Dormann/Rieger* AG 2007, 137, 153.

[10] So auch die Gesetzesbegründung, BT-Drucks. 14/7034, 49.

[11] Zweifelnd *Wackerbarth* in MüKoAktG, § 21 WpÜG Rn. 23 unter dem Gesichtspunkt mangelnder Veröffentlichung von Informationen nach § 2 Abs. 2 WpÜG-AngV.

zu versehen.[12] Zulässig ist dementsprechend auch, dass der Bieter Kosten übernimmt, die ursprünglich die Wertpapierinhaber selbst tragen sollten.[13]

10 Unzulässig ist hingegen ein Übergang von einem Bar- zu einem Tauschangebot oder die Verminderung der bisherigen Gegenleistung unter Gewährung einer **wertmäßig höheren** weiteren Gegenleistungskomponente,[14] selbst wenn wirtschaftlich zum Zeitpunkt der Änderung die neu angebotene Gegenleistung einen höheren Wert als die ursprüngliche Gegenleistung besitzt.[15] Denn § 21 Abs. 1 Satz 1 Nr. 1 spricht von einer Erhöhung der Gegenleistung, nicht von einer erhöhten Gegenleistung. Zudem wollte der Gesetzgeber im Rahmen von § 21 wohl keine komplexen Bewertungsfragen aufwerfen, was die Unsicherheit der Zulässigkeit einer Angebotsänderung aufgeworfen hätte.[16]

11 Die von Nr. 1 erfassten Änderungen beziehen sich ausschließlich auf Änderungen des Angebots selbst. Sofern der Bieter nicht bereits in seiner Angebotsunterlage eine automatische Anpassung der Gegenleistung bei Wertveränderungen in den Wertpapieren der Zielgesellschaft, etwa Vorschlag der Ausschüttung einer Sonderdividende, vorsieht oder die Gegenleistung statt in einem festen Betrag in einer Formel ausdrückt oder sein Angebot mit der Bedingung des Ausbleibens solcher Maßnahmen der Zielgesellschaft versieht, bleibt er an sein ursprüngliches Angebot gebunden. Die vorgenannten automatischen Anpassungen stellen jedenfalls keine Änderung des Angebotes dar, da sich der Inhalt der Willenserklärung des Bieters nicht ändert, sondern nur die wirtschaftlichen Auswirkungen.[17]

12 Die insbesondere im US-amerikanischen Rechtskreis entwickelten Methoden des sog. **Low Ball Offer** und der sog. **Planned Revision,** dh der Beginn des Angebots mit einem geringen Angebotspreis und der nachträglichen Erhöhung je nach Akzeptanz des Angebots im Markt, sind daher mit den zur Verfügung stehenden Änderungsmöglichkeiten nach dem Gesetz ebenfalls grundsätzlich umsetzbar.[18]

2. Erweiterung des Angebots um andere Gegenleistung

13 Gleichfalls zulässig ist nach § 21 Abs. 1 Satz 1 Nr. 2, dass der Bieter den Wertpapierinhabern wahlweise neben der ursprünglich angebotenen Gegen-

---

[12] *Schröder* in Frankfurter Komm., § 21 Rn. 12; *Hasselbach* in KK-WpÜG, § 21 Rn. 22; *Seiler* in Assmann/Pötzsch/Schneider, § 21 Rn. 22.

[13] Ebenso *Wackerbarth* in MüKoAktG, § 21 WpÜG Rn. 34, der allerdings allgemein verbessernde Änderungen zulassen will.

[14] *Santelmann* in Steinmeyer, § 21 Rn. 15.

[15] Ebenso *Seiler* in Assmann/Pötzsch/Schneider, § 21 Rn. 23; *Santelmann* in Steinmeyer, § 21 Rn. 2; missverständlich *Diekmann* in Baums/Thoma, § 21 Rn. 15, der von einer wirtschaftlichen Betrachtung spricht, im Ergebnis allerdings mit gleicher Folgerung für die beschriebene Konstellation bei Rn. 17, wo er eine rein formale Betrachtung als Entscheidungskriterium benennt.

[16] *Seiler* in Assmann/Pötzsch/Schneider, § 21 Rn. 23; *Oechsler* in Ehricke/Ekkenga/Oechsler, § 21 Rn. 2; *Wackerbarth* in MüKoAktG, § 21 WpÜG Rn. 28.

[17] *Hasselbach* in KK-WpÜG, § 21 Rn. 25; *Diekmann* in Baums/Thoma, § 21 Rn. 19; *Seiler* in Assmann/Pötzsch/Schneider, § 21 Rn. 25.

[18] Ebenso *Liebscher* ZIP 2001, 865; *Seiler* in Assmann/Pötzsch/Schneider, § 21 Rn. 22.

leistung zusätzlich eine andere Gegenleistung anbietet. Voraussetzung ist jedoch, dass dem Wertpapierinhaber die Möglichkeit verbleibt, die ursprüngliche Gegenleistung weiter anzunehmen bzw. (soweit er das ursprüngliche Angebot bereits angenommen hatte) daran festhalten zu können. Denn nur durch die **Eröffnung einer (zusätzlichen) Wahlmöglichkeit** des Wertpapierinhabers wird das Angebot aus dessen Sicht verbessert, was Voraussetzung für die Zulässigkeit der Änderung ist. Zugleich kann der Bieter durch eine solche Änderung das Interesse der Wertpapierinhaber an einer Annahme des Angebots erhöhen, insbesondere wenn sich im Rahmen des Angebotsverfahrens gezeigt hat, dass einzelne Gruppen von Wertpapierinhabern (etwa institutionelle Anleger) eine andere als die ursprünglich angebotene Gegenleistung erwarten.

14 Da dem Wertpapierinhaber die Möglichkeit verbleibt, die **ursprüngliche Gegenleistung weiter anzunehmen,** ist es nicht erforderlich, dass die neue Gegenleistung einen höheren Wert hat oder anderweitig besser ist.[19] Dies setzt allerdings weiter voraus, dass der Wertpapierinhaber über die ganze Laufzeit der Annahmefrist (einschließlich der weiteren Annahmefrist) jedenfalls die ursprüngliche Gegenleistung annehmen kann. Eine zeitliche Befristung der wahlweise angebotenen Gegenleistung würde damit zwar nicht unter dem Gesichtspunkt einer zusätzlichen Wahlmöglichkeit des Wertpapierinhabers bedenklich sein, jedoch mit dem Konzept einer einheitlichen Annahmefrist kollidieren, und ist daher unzulässig.[20]

3. Herabsetzung der Mindestannahmeschwelle

15 Hat der Bieter zulässigerweise sein Angebot davon abhängig gemacht, dass er einen bestimmten Mindestanteil oder eine bestimmte Mindestanzahl der Wertpapiere oder der Stimmrechte an der Zielgesellschaft erreicht, sieht § 21 Abs. 1 Satz 1 Nr. 3 vor, dass der Bieter diese Annahmeschwelle reduzieren kann.[21]

16 **a) Umfang der Absenkung.** Der Gesetzgeber[22] geht offensichtlich davon aus, dass mit der Herabsetzung der Akzeptanzschwelle regelmäßig die **Verbindlichkeit des Angebots** für den Wertpapierinhaber hergestellt wird. Dies wäre allerdings nur dann der Fall, wenn der Bieter die Mindestannahmeschwelle soweit herabsetzt, dass diese zu diesem Zeitpunkt die vom Bieter erworbenen und bereits angedienten Wertpapiere unterschreitet. Dies käme einem Verzicht auf die Bedingung der Akzeptanzschwelle gleich.

17 Dies verlangt § 21 Abs. 1 Satz 1 Nr. 3 nicht. Eine Reduzierung genügt. Es ist daher dem Bieter möglich, die Mindestannahmeschwelle auf jedes beliebiges Wert zu senken, also auch auf einen Wert der noch oberhalb der zu

---

[19] *Seiler* in Assmann/Pötzsch/Schneider, § 21 Rn. 27; *Oechsler* in Ehricke/Ekkenga/Oechsler, § 21 Rn. 4.

[20] *Seiler* in Assmann/Pötzsch/Schneider, § 21 Rn. 26; *Oechsler* in Ehricke/Ekkenga/Oechsler, § 21 Rn. 3 und 6.

[21] AA *Wackerbarth* in MüKoAktG, § 21 WpÜG Rn. 32, der wie auch bei einem Verzicht auf Bedingungen einen ausdrücklichen Vorbehalt in der Angebotsunterlage verlangt.

[22] BT-Drucks. 14/7034, 49.

diesem Zeitpunkt bereits erreichten Annahmequote liegen kann,[23] anderenfalls er auf diese komplett verzichtete; die Regelung in Nr. 3 wäre überflüssig.

18 **b) De facto Rücktrittsrecht.** Es ist im Rahmen des Gesetzgebungsverfahrens und insbesondere auch in den vorgeschalteten Anhörungen kritisiert worden, dass durch eine beliebige einseitige Änderungsmöglichkeit der Akzeptanzschwelle dem Bieter ein dem Gesetz fremdes, quasi umgekehrtes **einseitiges Rücktrittsrecht** eingeräumt würde. So könne der Bieter zunächst die Akzeptanzschwelle so hoch ansetzen, dass deren Erreichung (und damit die Verbindlichkeit des Angebots) sehr unwahrscheinlich ist, um erst im weiteren Verlauf des Angebotsverfahrens durch eine Änderung des Angebots zu entscheiden, die Annahmequote so weit herabzusetzen, dass diese erreicht wird bzw. werden kann und damit sein Angebot verbindlich zu machen **(Planned Revision).** Dies nimmt der Gesetzgeber hin;[24] kein Bieter wird ein Übernahmeangebot mit den damit verbundenen Aufwendungen abgeben, wenn dessen Ernsthaftigkeit nicht gewollt wäre. Es ließe sich im Übrigen von außen gar keine „unzulässig hohe" Schwelle feststellen, da die aus Bietersicht richtige Schwelle insbesondere von den internen Planungen und Überlegungen des Bieters abhängt. Jedenfalls ein Anknüpfen an eine Schwelle von 95% dürfte im Hinblick auf die Squeeze-Out-Vorschriften immer zulässig sein.[25]

4. Verzicht auf Bedingungen

19 Auch der Verzicht auf Bedingungen, der in § 21 Abs. 1 Satz 1 Nr. 4 zugelassen ist, stellt eine Änderung des Angebots im Interesse der Wertpapierinhaber dar, da er Hindernisse für die endgültige Wirksamkeit des Angebots beseitigt.[26] Anders als bei der Herabsetzung der Annahmeschwelle kann auf die Bedingung nur insgesamt verzichtet werden, eine für den Wertpapierinhaber günstige Änderung der Bedingung reicht nicht.[27] Obwohl nach der Rechtsprechung des BGH bei Verpflichtungsgeschäften der Verzicht auf Bedingungen einen Änderungsvertrag erfordert,[28] ermöglicht das Gesetz inso-

---

[23] *Hasselbach* in KK-WpÜG, § 21 Rn. 29; *Schröder* in Frankfurter Komm., § 21 Rn. 18; *Diekmann* in Baums/Thoma, § 21 Rn. 25; *Santelmann* in Steinmeyer, § 21 Rn. 20; *Seiler* in Assmann/Pötzsch/Schneider, § 21 Rn. 29; *Noack/Holzborn* in Schwark/Zimmer, KapitalmarktR, § 21 WpÜG Rn. 10; *Rahlfs* in Bad Homburger Hdb., Rn. 373.

[24] Str., s. etwa *Seiler* in Assmann/Pötzsch/Schneider, § 21 Rn. 30; *Scholl/Siekmann* BKR 2013, 318 „sachlicher Grund"; *Santelmann* in Steinmeyer, § 21 Rn. 21, der dies eher für eine theoretische Diskussion hält; de lege ferenda wollen *Cascante/Tyrolt* AG 2012, 97, 101f. die Reaktionsmöglichkeiten des Bieters bei drohenden Ausfall der Bedingung sogar weiter stärken.

[25] *Seiler* in Assmann/Pötzsch/Schneider, § 21 Rn. 30: „in aller Regel zulässig"; offenbar auf den Einzelfall abstellend *Diekmann* in Baums/Thoma, § 21 Rn. 24; *Hasselbach* in KK-WpÜG, § 21 Rn. 30.

[26] BT-Drucks. 14/7034, 49: Beseitigung „rechtlicher Schwebezustände".

[27] *Drinkuth* in Marsch-Barner/Schäfer, Handbuch börsennotierte AG, § 60, Rn. 150.

[28] *Heinrichs* in Palandt, § 158 Rn. 3; vgl. dazu auch *H. P. Westermann* in MüKoBGB, § 158 Rn. 44 mN.

fern dem Bieter eine einseitige Änderung des bereits angenommenen Angebots. Der Wertpapierinhaber wird insoweit dadurch geschützt, dass das Gesetz dem Wertpapierinhaber bei Änderungen des Angebots wie dem Verzicht auf Bedingungen ein Rücktrittsrecht einräumt (dazu → Rn. 52ff.).

Umstritten ist die Frage, ob auf eine Bedingung auch noch verzichtet werden kann, wenn die **Bedingung ausgefallen** bzw. bei einer auflösenden Bedingung eingetreten ist. Eine Ansicht in der Literatur[29] bejaht dies aus übernahmerechtlicher Sicht. Die allgemeinen Bestimmungen des Vertragsrechts seien auf die übernahmerechtliche Situation nicht anwendbar. Die hierdurch in das Belieben des Bieters gestellte Entscheidung, seinem Angebot doch noch zur Wirksamkeit zu verhelfen, also diesem einen faktischen Wirksamkeitsvorbehalt einzuräumen,[30] sei *de lege lata* zu akzeptieren. 20

Eine von *Wackerbarth*[31] vertretende vermittelnde Ansicht möchte einen solchen nachträglichen Verzicht nur zulassen, wenn sich der Bieter dies in der Angebotsunterlage ausdrücklich vorbehalten habe. 21

Die Gegenansicht will in Fällen, dass eine aufschiebende Bedingung ausgefallen oder eine auflösende Bedingung eingetreten ist, entsprechend der Regelung im allgemeinen Vertragsrecht das **Angebot endgültig unwirksam** werden lassen. Die rechtlichen Wirkungen eines Bedingungseintritts bzw. -ausfalls können nach dieser Ansicht nicht nachträglich einseitig beseitigt werden. Ein solcher nachträglicher Bedingungsverzicht sei im Übrigen auch nicht mit den Wertungen des § 18 Abs. 2 vereinbar, da der Bieter dann in Kenntnis der eingetretenen Ereignisse autonom darüber entscheiden könne, ob er dem Angebot zur Wirksamkeit verhelfe.[32] Da die Grundkonzeption des Gesetzes darauf ausgelegt ist, Bedingungen nur in einem eng umgrenzten, von einem Bietereinfluss unabhängigen Bereich zuzulassen, ist es dem Bieter zuzumuten, sich bereits bei der Gestaltung der Angebotsunterlage umfassend Gedanken darüber zu machen, wie die für sein Angebot wirkenden Bedingungen auszusehen haben.[33] Es ist mit der Wertung von § 18 nicht zu vereinbaren, wenn sich der Bieter etwa zunächst pauschal vor Abwehrmaßnahmen der Zielgesellschaft mittels einer Bedingung schützen möchte, um sich erst bei Eintritt der Abwehrmaßnahme Gedanken zu machen, ob er das Angebot doch wirksam werden lassen möchte. 22

5. Sonstige Änderungen

Weitere Änderungen lässt § 21 seinem Wortlaut nach nicht zu. Es stellt sich somit die Frage, ob gleichwohl andere Änderungen, welche die Position des Wertpapierinhabers zu dessen Vorteil ändern, § 21 unterfallen und daher 23

[29] *Seiler* in Assmann/Pötzsch/Schneider, § 21 Rn. 34; *Hasselbach* in KK-WpÜG, § 21 Rn. 33; *Diekmann* in Baums/Thoma, § 21 Rn. 28; *Santelmann* in Steinmeyer, § 21 Rn. 24 „lex specialis" für das Übernahmerecht.

[30] So *Hasselbach* in KK-WpÜG, § 21 Rn. 33.

[31] *Wackerbarth* in MüKoAktG, § 21 WpÜG Rn. 32.

[32] Vgl. etwa *Noack/Holzborn* in Schwark/Zimmer, KapitalmarktR, § 21 WpÜG Rn. 13; hierzu auch *von Bülow* ZHR-Heiheft 76 (2011), 9, 17.

[33] hierzu *Santelmann* in Steinmeyer, § 21 Rn. 25 mit weiteren Ausführungen zum Fall von sog. MAC-Klauseln und qualifizierten Kartellvorbehalten.

zulässigerweise vorgenommen werden können[34] oder ob der Katalog des § 21 Abs. 1 abschließend ist.[35]

24 **a) Übergang vom freiwilligen Erwerbs- zum Übernahmeangebot.** Eine Fallgruppe könnte der Übergang von einem freiwilligen Erwerbsangebot auf ein Übernahmeangebot sein. Dies wird etwa dann relevant sein, wenn ein Bieter zunächst noch keine Kontrolle erwerben wollte, während des Laufs der Annahmefrist allerdings feststellt, dass die Wertpapierinhaber sein Angebot in einem so großen Maße annehmen, dass er das Angebot nun als Übernahmeangebot durchführen möchte.

25 Eine solche Änderung ist nach § 21 unzulässig.[36] Dies ist auch sachgerecht, da die in der Angebotsunterlage beschriebene Strategie und Auswirkungen eines Angebots in einem solchen Fall nicht mehr zutreffend sind. Der Bieter müsste wegen der daraus bedingten erheblichen Änderungen sowieso eine neue Angebotsunterlage veröffentlichen.

26 **b) Änderung der Zuteilungsregelungen im Rahmen eines Teilangebots.** Eine weitere Maßnahme, die ein Bieter beabsichtigen könnte, wäre die Änderung der Zuteilungsregelung bei Teilangeboten, auch wenn dieser bereits in der Angebotsunterlage mitgeteilt werden muss (vgl. insofern § 11 Abs. 4 iVm § 2 Nr. 6 WpÜG-AngV). Eine solche Änderung stellt bereits keine Änderung des Angebots dar, da nicht der Inhalt des Angebots geändert wird, sondern lediglich die Zuteilung bei einem Überschreiten der Annahmeerklärungen über den Anteil des Teilangebots. Eine solche Änderung der Zuteilungsregelungen ist daher keine von § 21 erfasste Änderung des Angebots selbst.[37]

27 **c) Verlängerung der Annahmefrist.** Einige Stimmen in der Literatur halten eine einseitige Verlängerung der Annahmefrist durch den Bieter für zulässig.[38] Begründet wird dies zum einen mit der allgemeinen Feststellung, dass die Verlängerung der Annahmefrist für den Wertpapierinhaber **keine Nachteile** bringe. Auch sei schon begrifflich die Verlängerung der Annahmefrist keine Änderung des Angebots. Dieser Ansicht ist nicht zu folgen. Die Annahmefrist stellt einen wesentlichen Eckpunkt des Angebotsverfahrens dar.

---

[34] So etwa *Wackerbarth* in MüKoAktG, § 21 WpÜG Rn. 34 und bei Rn. 12ff.

[35] Vgl. bei Fn. 36.

[36] Ebenso *Hasselbach* in KK-WpÜG, § 21 Rn. 20, der insoweit allerdings eine faktische Umgehungsmöglichkeit durch Erwerb weiterer Aktien anerkennt; *Seiler* in Assmann/Pötzsch/Schneider, § 21 Rn. 37; *Noack/Holzborn* in Schwark/Zimmer, KapitalmarktR, § 21 WpÜG Rn. 15; unklar *Wackerbarth* in MüKoAktG, § 21 WpÜG Rn. 34, der eine Erhöhung des Teilangebots wohl nur bis zur Kontrollschwelle zulassen will.

[37] Ebenso *Noack/Holzborn* in Schwark/Zimmer, KapitalmarktR, § 21 WpÜG Rn. 19; aA aber die hM, vgl. *Wackerbarth* in MüKoAktG, § 21 WpÜG Rn. 35; *Thoma,* in Baums/Thoma, § 19 Rn. 20; *Scholz* in Frankfuter Kom. § 19, Rn. 36; *Hasselbach* in KK-WpÜG, § 19 Rn. 33, *Scholz* in Frankfurter Komm., § 19 Rn. 36.

[38] *Hasselbach* in KK-WpÜG, § 21 Rn. 37; *Wackerbarth* in MüKoAktG, § 21 WpÜG Rn. 34; *Sohbi* in Heidel, § 21 Rn. 2; *Diekmann* in Baums/Thoma, § 21 Rn. 10 mit der zusätzlichen Anforderung, dass der Bieter auf eine Verlängerung bereits in der Angebotsunterlage hingewiesen haben muss; vgl. auch *Hasselbach* in KK-WpÜG, § 16 Rn. 20ff.

Eine Disposition des Bieters hierüber besteht nach Festlegung in der Angebotsunterlage nicht, wie sich auch aus § 21 Abs. 6 ergibt.[39]

d) Unzulässigkeit sonstiger Änderungen. Wegen der eindeutigen gesetzlichen Regelung, die enumerativ die Fälle aufzählt, in denen das Angebot geändert werden kann, verbietet es sich, diesen Katalog auf sonstige Fälle einer Änderung des Angebots auszudehnen, selbst wenn dieses dadurch verbessert oder für die Wertpapierinhaber nicht verschlechtert wird. Der Katalog in § 21 ist abschließend.[40] Auch die BaFin hat in solchen Fällen mangels Rechtsgrundlage nicht die Möglichkeit, die Änderung zuzulassen, selbst wenn unter keinem denkbaren Gesichtspunkt die durch einen Bieter beabsichtigte Änderung zu einer Verschlechterung des Angebots für die Wertpapierinhaber führen könnte. 28

6. Selbstbindung des Bieters

Fraglich ist, ob der Bieter sein Angebot auch dann ändern kann, wenn er in der Angebotsunterlage mitgeteilt hat, dass er sein **Angebot nicht verbessern** werde, insbesondere die angebotene Gegenleistung nicht erhöhen werde. Zu berücksichtigen ist, dass auch die sonstigen von § 21 zugelassenen Änderungen eine Abweichung von dem grundsätzlich bindenden Charakter eines Angebots darstellen.[41] Zudem kann eine nachträgliche Änderung in Übereinstimmung mit § 21 Abs. 1 nur zu einer Verbesserung des Angebots für den Wertpapierinhaber führen. Damit umfasst die im Gesetz zugelassene Verbesserung des Angebots in den konkret zugelassenen Fällen auch die Aufhebung einer durch den Bieter insofern erklärten Verbesserungssperre. Der Wertpapierinhaber erscheint insofern wegen des ihm zustehenden Rücktrittsrechts (§ 21 Abs. 4) nicht schutzbedürftig.[42] 29

IV. Verfahren

1. Veröffentlichung

a) Grundsatz. Die Angebotsänderung ist gemäß § 14 Abs. 3 Satz 1 zu veröffentlichen. Der Verweis auf § 14 Abs. 3 Satz 1 ist eine Rechtsfolgenverweisung, die klarstellt, wie die Änderung, um Wirksamkeit zu erlangen, veröffentlicht werden muss.[43] Eine ggf. nach WpHG erforderliche Ad-Hoc-Bekanntmachung wird durch die Veröffentlichung der Änderung nicht verdrängt.[44] 30

---

[39] Ebenso *Geibel/Süßmann* BKR 2002, 52, 60; *Seiler* in Assmann/Pötzsch/Schneider, § 21 Rn. 37; *Santelmann* in Steinmeyer, § 21 Rn. 5.

[40] Ebenso *Riehmer/Schröder* NZG 2000, 820, 823; *Diekmann* in Baums/Thoma, § 21 Rn. 10; *Seiler* in Assmann/Pötzsch/Schneider, § 21 Rn. 37; *Hasselbach* in KK-WpÜG, § 21 Rn. 20; *Scholl/Siekmann,* BKR 2013, 317.

[41] Vgl. *Heinrichs* in Palandt, § 145 Rn. 3f.

[42] AA *Wackerbarth* in MüKoAktG, § 21 WpÜG Rn. 36; *Santelmann* in Steinmeyer, § 21 Rn. 5; *Diekmann* in Baums/Thoma, § 21 Rn. 30f.; *Hasselbach* in KK-WpÜG, § 21 Rn. 25; im Ergebnis wie hier *Seiler* in Assmann/Pötzsch/Schneider, § 21 Rn. 24.

[43] Vgl. BT-Drucks. 14/7034, 49.

[44] *Santelmann* in Steinmeyer, § 21 Rn. 29; *Noack/Holzborn* in Schwark/Zimmer, KapitalmarktR, § 21 WpÜG Rn. 25.

31 **b) Form und Inhalt der Veröffentlichung.** Die Änderung ist in der gleichen Weise zu veröffentlichen wie die Angebotsunterlage. Gemäß § 21 Abs. 3, § 11 Abs. 1 Satz 4 ist die Änderung daher insbesondere in deutscher Sprache zu veröffentlichen und in einer verständlichen Form abzufassen. Sie ist entsprechend § 11 Abs. 1 Satz 5 von dem Bieter zu unterzeichnen.

32 Über § 11 Abs. 3, auf den § 21 Abs. 3 ebenfalls verweist, muss auch die Veröffentlichung der Änderung mit der Vollständigkeitserklärung sowie einer genauen Bezeichnung der Personen oder Gesellschaften, die für den Inhalt der Änderung die Verantwortung übernehmen, versehen sein. Die Haftung gemäß § 12 gilt insofern entsprechend.

33 Das Erfordernis der Vollständigkeit (vgl. § 11 Abs. 1 Satz 3) ist dabei dahingehend auszulegen, dass die Änderung selbst vollständig sein muss; hingegen ist **keine vollständige Neuveröffentlichung** der gesamten Angebotsunterlage erforderlich.[45] Das Vollständigkeitsgebot reicht nur, soweit die Änderung Auswirkungen auf die Angebotsunterlage hat.

34 Zweifelsfragen stellen sich bei der **Finanzierungsbestätigung.** Zwar hat der Bieter bei einer Erhöhung oder Ergänzung der Gegenleistung im Rahmen von § 13 eine erneute, ggf. geänderte Finanzierungsbestätigung zu beschaffen. Dass diese neue Finanzierungsbestätigung zusammen mit der Mitteilung über die Angebotsänderung zu veröffentlichen ist, ist hingegen nicht ausdrücklich verlangt, da in § 21 nicht auf den für die Veröffentlichung der Finanzierungsbestätigung maßgeblichen § 11 Abs. 2 Satz 2 Nr. 4 verwiesen wird. Insoweit dürfte es sich jedoch um ein Redaktionsversehen handeln.[46]

35 **c) Zeitpunkt.** Die Änderung ist spätestens einen Werktag vor Ablauf der Annahmefrist zu veröffentlichen, § 21 Abs. 1 Satz 1 und 2 iVm Abs. 3. Aus der Formulierung „bis zu einem Werktag vor Ablauf der Annahmefrist" folgt zunächst ohne weiteres, dass die Änderung nicht am letzten Tag der Annahmefrist veröffentlicht werden darf.[47] Denn die Änderung muss einen Werktag vor Ablauf der Annahmefrist erfolgen. Eine Veröffentlichung der Änderung am vorletzten Werktag der Annahmefrist genügt nicht in jedem Fall den Anforderungen des § 21 Abs. 1.[48]

36 Abzustellen ist wegen § 187 Abs. 2 BGB dementsprechend darauf, ob die Annahmefrist mit dem Ablauf des letzten Tages der Annahmefrist endet oder ein untertägiger Ablauf vorgesehen ist. Endet dementsprechend die Annahmefrist an einem Mittwoch, 24:00 Uhr, so ist nach § 187 Abs. 2 BGB dieser Tag

---

[45] *Hasselbach* in KK-WpÜG, § 21 Rn. 39; *Wackerbarth* in MüKoAktG, § 21 WpÜG Rn. 43; *Seiler* in Assmann/Pötzsch/Schneider, § 21 Rn. 41; *Schröder* in Frankfurter Komm., § 21 Rn. 24; *Diekmann* in Baums/Thoma, § 21 Rn. 40; *Noack/Holzborn* in Schwark/Zimmer, KapitalmarktR, § 21 WpÜG Rn. 29; aA *Sohbi* in Heidel, § 21 WpÜG Rn. 5 in Ausnahmefällen.

[46] Im Ergebnis ebenso *Diekmann* in Baums/Thoma, § 21 Rn. 37; *Hasselbach* in KK-WpÜG, § 21 Rn. 40; *Seiler* in Assmann/Pötzsch/Schneider, § 21 Rn. 41.

[47] Dies kritisierend *Diekmann* in Baums/Thoma, § 21 Rn. 1 und *Wackerbarth* in MüKoAktG, § 21 WpÜG Rn. 38; s. auch *Klemm/Reinhardt* NZG 2007, 281, 282 und ausführlich zum Reformbedarf *Cascante/Tyrolt* AG 2012, 97, 99f.

[48] *Hasselbach* in KK-WpÜG, § 21 Rn. 13; so auch *Land/Hasselbach* DB 2000, 1747, 1751.

mitzuzählen. Der letzte Werktag vor Ablauf der Annahmefrist ist dementsprechend Dienstag. Läuft hingegen die Annahmefrist am Mittwoch um 13:00 Uhr ab, ist der Tag für die Fristberechnung nicht mitzuzählen, § 187 Abs. 1 BGB, der letzte mögliche Tag für Änderungen ist dann Montag.[49] Eine Änderung während der weiteren Annahmefrist nach § 16 Abs. 2 ist nicht zulässig.[50]

Bei der Planung einer Änderung ist zu beachten, dass der Begriff „Werktag" durch unterschiedliche Feiertagsregelungen in den Bundesländern nicht einheitlich ist. Ein Werktag ist nur ein solcher Tag, der in jedem Bundesland ein **Werktag** ist. Dies beruht darauf, dass das Angebot nicht auf Wertpapierinhaber in einem bestimmten Bundesland beschränkt ist, sondern bundesweit gilt.[51] 37

Die Angebotsänderung ist unverzüglich zu veröffentlichen, Abs. 2. Abzustellen ist insofern auf den Zeitpunkt, in dem die Angebotsänderung beschlossen wird.[52] 38

d) Hinweis auf Rücktrittsrecht. Nach § 21 Abs. 2 Satz 1 hat der Bieter in seiner Veröffentlichung der Änderung auf das nach Abs. 4 bestehende Rücktrittsrecht hinzuweisen (siehe dazu im Einzelnen → Rn. 52ff.). 39

Der Hinweis umfasst nicht nur das Bestehen, sondern auch die **Fristgebundenheit** des Rücktritts sowie **weitere Einzelheiten über die Ausübung des Rücktritts,** da der Wertpapierinhaber in der Lage sein muss, sein Rücktrittsrecht auch ausüben zu können. Eine besondere drucktechnische Hervorhebung ist nicht veranlasst.[53] 40

e) Nachweis der Veröffentlichung. Der Bieter hat der BaFin unverzüglich einen Nachweis über die Veröffentlichung im Internet und im Bundesanzeiger zu übersenden. 41

2. Unterrichtung der Zielgesellschaft und der Arbeitnehmer

Der Bieter hat mit der Veröffentlichung der Änderung zusätzlich dem Vorstand der Zielgesellschaft unverzüglich die veröffentlichte Änderung **zuzuleiten.** Der Vorstand der Zielgesellschaft hat ebenso wie nach Veröffentlichung der Angebotsunterlage die Änderung dem zuständigen Betriebsrat bzw. unmittelbar den Arbeitnehmern zuzuleiten.[54] 42

---

[49] Vgl. ausführlich *Busch* ZIP 2003, 102ff.; ebenso *Diekmann* in Baums/Thoma, § 21 Rn. 34; *Wackerbarth* in MüKoAktG, § 21 WpÜG Rn. 39; *Seiler* in Assmann/Pötzsch/Schneider, § 21 Rn. 11f; aA *Hasselbach* in KK-WpÜG, § 21 Rn. 13, der § 187 BGB nicht für anwendbar hält.

[50] *Wackerbarth* in MüKoAktG, § 21 WpÜG Rn. 40; *Santelmann* in Steinmeyer, § 21 Rn. 6; so wohl auch *Seiler* in Assmann/Pötzsch/Schneider, § 21 Rn. 15.

[51] *Schröder* in Frankfurter Komm., § 21 Rn. 23; *Hasselbach* in KK-WpÜG, § 21 Rn. 13; *Noack/Holzborn* in Schwark/Zimmer, KapitalmarktR, § 21 WpÜG Rn. 20; aA *Diekmann* in Baums/Thoma, § 21 Rn. 35, der auf den Sitz der Zielgesellschaft abstellen will.

[52] *Diekmann* in Baums/Thoma, § 21 Rn. 41; *Santelmann* in Steinmeyer, § 21 Rn. 26.

[53] *Seiler* in Assmann/Pötzsch/Schneider, § 21 Rn. 41; *Hasselbach* in KK-WpÜG, § 21 Rn. 39.

[54] *Santelmann* in Steinmeyer, § 21 Rn. 28; *Schröder* in Frankfurter Komm., § 21 Rn. 25.

43 Vorstand und Aufsichtsrat der Zielgesellschaft sind verpflichtet, zu der veröffentlichten Änderung des Angebots eine weitere begründete Stellungnahme abzugeben und zu veröffentlichen (§ 27 Abs. 1 Satz 1).[55]

3. Zeitpunkt und Häufigkeit von Änderungen

44 Das Angebot kann im Rahmen des nach Abs. 1 Zulässigen während der Annahmefrist bis zu einem Werktag vor Ablauf der Annahmefrist geändert werden. Die **mögliche Zahl von Änderungen** ist nicht limitiert, so dass während der ursprünglichen Annahmefrist beliebig viele Änderungen vorgenommen werden können (vgl. insofern jedoch die Sperre bei einer durch eine Änderung verursachten Verlängerung der Annahmefrist, dazu → Rn. 59).[56]

4. Untersagung der Änderung

45 § 21 Abs. 3 verweist im Hinblick auf die Untersagungsmöglichkeiten der BaFin auf § 15 Abs. 1 Nr. 2. Danach hat die BaFin die Änderung zu untersagen, wenn die in der Änderung enthaltenen Angaben offensichtlich gegen Vorschriften dieses Gesetzes oder einer aufgrund dieses Gesetzes erlassenen Rechtsverordnung verstoßen. Beispiele sind andere Änderungen als die in § 21 Abs. 1 zugelassenen.[57] Wenn Angaben ganz fehlen, hat nach einer Ansicht die BaFin keine Untersagungsmöglichkeit, da auf § 15 Abs. 1 Nr. 1 insoweit nicht verwiesen werde und Nr. 2 daneben nicht angewendet werden könne, und Nr. 1 die Untersagungsmöglichkeit wegen Fehlens abschließend regele.[58] Dieser Ansicht kann, schon zum Schutz der Wertpapierinhaber, nicht gefolgt werden. Das vollständige Fehlen von vorgeschriebenen Angaben stellt auch einen Verstoß gegen Vorschriften des Gesetzes nach § 15 Abs. 1 Nr. 2 dar, zumindest ist eine analoge Anwendung für unvollständige Änderungen angezeigt.

46 § 21 Abs. 3 verweist nicht auf die übrigen Untersagungstatbestände nach § 15 Abs. 1 Nr. 1, 3 und 4 sowie Abs. 2. Der fehlende Verweis auf Nr. 3 und Nr. 4 ist darauf zurückzuführen, dass die Änderung der BaFin nicht vorab zu übermitteln ist.[59] Bei einem Verstoß gegen die Veröffentlichungsvorgaben des Abs. 2 dürfte der BaFin trotz der fehlenden Verweisung auf § 15 Abs. 2 gleichwohl die Möglichkeit der Untersagung, dann gestützt auf die allgemeine Missstandsaufsicht gemäß § 4 Abs. 1 Satz 3, zustehen.[60]

47 Unklar ist allerdings, warum die BaFin eine Änderung des Angebots nicht untersagen können soll, wenn sie nicht in der nach § 14 Abs. 3 Satz 1 **vorge-**

---

[55] Vgl. nur *Hasselbach* in KK-WpÜG, § 21 Rn. 41.

[56] *Santelmann* in Steinmeyer, § 21 Rn. 49; *Diekmann* in Baums/Thoma, § 21 Rn. 71; *Seiler* in Assmann/Pötzsch/Schneider, § 21 Rn. 57; *Schröder* in Frankfurter Komm., § 21 Rn. 41; *Land/Hasselbach* DB 2000, 1747, 1751 f.; *Assmann* AG 2002, 114, 123; *Oechsler* in Ehricke/Ekkenga/Oechsler, § 21 Rn. 12, die allerdings bei mehreren dicht aufeinander folgenden Änderungen eine Untersagungsmöglichkeit unter dem Gesichtspunkt der Marktverzerrung befürworten.

[57] *Diekmann* in Baums/Thoma, § 21 Rn. 46.

[58] *Diekmann* in Baums/Thoma, § 21 Rn. 48.

[59] So auch *Hasselbach* in KK-WpÜG, § 21 Rn. 45.

[60] *Santelmann* in Steinmeyer, § 21 Rn. 37; *Hasselbach* in KK-WpÜG, § 21 Rn. 45.

sehenen Form veröffentlicht wird. Denn § 14 Abs. 3 Satz 1 ist auch für die Veröffentlichung der Änderung verbindlich.

V. Folgen eines geänderten Angebots

1. Auswirkungen der Änderung auf das ursprüngliche Angebot

Umstritten ist, welche Auswirkungen eine zulässige Änderung des Angebots auf das bisherige Angebot hat. Nach einer Ansicht kommen die Wertpapierinhaber, die das ursprüngliche Angebot bereits angenommen haben, nur dann in den Genuss des verbesserten Angebots, wenn sie von ihrem **Rücktrittsrecht Gebrauch machen** und nachfolgend das geänderte Angebot annehmen. Folge hieraus ist, dass der Bieter mit den Wertpapierinhabern, die von ihrem Rücktrittsrecht nicht Gebrauch machen, weiterhin den Wertpapierkauf zu den bisherigen Bedingungen vereinbart hat. Eine automatische Anpassung der bereits abgeschlossenen Verträge kommt danach nur dann in Betracht, wenn der Bieter in seiner Angebotsunterlage die automatische Anpassung der bereits geschlossenen Verträge – vorbehaltlich des Rücktrittsrechts des Wertpapierinhabers – aufnimmt.[61] **48**

Nach einer vermittelnden Ansicht kommt es für die Frage, ob sich die bereits abgeschlossenen **Verträge automatisch ändern,** darauf an, welche Änderung der Bieter vorgenommen hat. Bei einer Erhöhung der Gegenleistung nach Abs. 1 Nr. 1 soll danach eine automatische Anpassung erfolgen, während bei den sonstigen Änderungen nach Nr. 2 bis Nr. 4 keine Anpassung erfolgt.[62] **49**

Die Gegenansicht[63] wendet die verbesserten Konditionen des geänderten Angebots **automatisch** auch auf die Wertpapierinhaber an, die das ursprüngliche Angebot bereits angenommen haben. Begründet wird dies im Wesentlichen mit dem Gleichbehandlungsgebot nach § 3 Abs. 1 und dem Hinweis darauf, dass der „Umweg" über die Ausübung des Rücktritts mit nachträglicher Annahme des geänderten Angebots zu umständlich sei und den Wertpapierinhaber auch nach Annahme des ursprünglichen Angebots zwinge, die weitere Entwicklung des Angebots im Auge zu behalten. **50**

Tatsächlich erhalten alle Aktionäre die verbesserten Konditionen. Dies folgt bereits aus dem Gebot der Gleichbehandlung. Auch bietet nur die automatische Anpassung an die neuen Konditionen – gerade bei mehrfachen Änderungen – die nötige Transparenz für die Wertpapierinhaber, welche Bedingungen **51**

---

[61] Vgl. Thaeter/Brandi, Teil 2, Rn. 295; *Schüppen* NZG., 2001, 391, 395; *Schröder* in Frankfurter Komm., § 21 Rn. 30, 34 ff., *Sohbi* in Heidel, § 21 WpÜG Rn. 9; *Rahlfs* in Bad Homburger Handbuch, Rn. 394; *Tröger* DZWiR 2002, 353, 361; *Ekkenga/Hofschroer* DStR 2002, 724, 729; *Schüppen* WPg 2001, 958, 964; so auch die Begründung zum Regierungsentwurf, vgl. BT-Drucks. 14/7034, 49.

[62] *Wackerbarth* in MüKoAktG, § 21 WpÜG Rn. 15 ff.

[63] *Seiler* in Assmann/Pötzsch/Schneider, § 21 Rn. 20 und Rn. 49; *Santelmann* in Steinmeyer, § 21 Rn. 9 ff.; *Noack/Holzborn* in Schwark/Zimmer, KapitalmartR, § 21 WpÜG; Rn. 45 f.; *Hasselbach* in KK-WpÜG, § 21 Rn. 17, 51; *Stephan* AG 2003, 551, 560; *Oechsler* in Ehricke/Ekkenga/Oechsler, § 21 Rn. 18; *Scholl/Siekmann* BKR 2013, 317.

gelten. Durch das bestehende Rücktrittsrecht sind die Wertpapierinhaber auch vor einer aufgedrängten Angebotsverbesserung ausreichend geschützt. Nur bei einer Änderung nach § 21 Abs. 1 Nr. 2 erfordert die Wahl der neuen Gegenleistung eine entsprechende Erklärung des Wertpapierinhabers.[64] Bei Übernahme- und Pflichtangeboten ergibt sich für Erhöhungen der Gegenleistung die automatische Anpassung schon aus § 31 Abs. 4, da der Erwerb zum höheren Preis nach Änderung des Angebots immer ein Parallelerwerb ist.

2. Rücktrittsrecht

52 **a) Grundsatz.** § 21 Abs. 4 gewährt den Inhabern von Wertpapieren, die das (ursprüngliche) Angebot vor Veröffentlichung der Änderung angenommen haben, ein Rücktrittsrecht. Dieses können sie bis zum Ablauf der (ggf. verlängerten) Annahmefrist ausüben. Hintergrund ist, dass als Ausfluss des Gleichbehandlungsgebots jeder Wertpapierinhaber das geänderte Angebot in gleicher Weise annehmen können soll.[65] Auch soweit eine automatische Anpassung der bereits abgeschlossenen Verträge an verbessernde Änderungen vertreten wird (vgl. den Streitstand bei → Rn. 48), wird die Notwendigkeit des Rücktrittsrechts vertreten, da sich kein Wertpapierinhaber eine Änderung aufzwingen lassen müsse.

53 Der Wertpapierinhaber kann seinen Rücktritt auf einen **Teil der Wertpapiere** beschränken.[66]

54 Ob das Rücktrittsrecht auch dann besteht, wenn der Bieter **Aktualisierungen oder Berichtigungen** der Angebotsunterlage vornimmt, ist umstritten. Während eine Ansicht grundsätzlich § 21 (und damit wohl auch die Schutzregelungen der Abs. 4 und 5) nicht auf Berichtigungen und Aktualisierungen anwenden möchte,[67] wird von der Gegenansicht die **analoge Anwendung** von Rücktrittsrecht und ggf. Verlängerung der Annahmefrist nach Abs. 4 befürwortet.[68] Da solche Aktualisierungen oder Berichtigungen zur Vermeidung einer Haftung zwar empfehlenswert, nicht jedoch gesetzlich verlangt sind, scheidet ein Rücktrittsrecht in analoger Anwendung aus.

55 Zu Einzelheiten der **Ausübung des Rücktrittsrechts** siehe die Kommentierung zu § 22, insbesondere zu Form, Fristen und Inhalt sowie möglichen Beschränkungen des Rücktrittsrechts durch den Bieter.

56 **b) Uneingeschränktes Rücktrittsrecht.** Nach dem Wortlaut des Abs. 4 ist die Annahme des geänderten Angebots nicht Voraussetzung für die Ausübung des Rücktrittsrechts. Unter dem Gesichtspunkt, dass ein solches

---

[64] *Noack/Holzborn* in Schwark/Zimmer, KapitalmarktR, § 21 WpÜG Rn. 37.

[65] Vgl. BT-Drucks. 14/7034, 49.

[66] Wie hier *Santelmann* in Steinmeyer, § 21 Rn. 45; *Diekmann* in Baums/Thoma, § 21 Rn. 64; *Seiler* in Assmann/Pötzsch/Schneider, § 21 Rn. 47; so nun auch *Wackerbarth* in MüKoAktG, § 21 WpÜG Rn. 48 und *Noack/Holzborn* in Schwark/Zimmer, KapitalmarktR, § 21 WpÜG Rn. 42; aA *Hasselbach* in KK-WpÜG, § 21 Rn. 47.

[67] Vgl. etwa *Diekmann* in Baums/Thoma, § 21 Rn. 32; *Seiler* in Assmann/Pötzsch/Schneider, § 21 Rn. 48.

[68] So etwa *Hasselbach* in KK-WpÜG, § 21 Rn. 34 ff.; *Oechsler* in Ehricke/Ekkenga/Oechsler, § 21 Rn. 19.

weitgehendes Rücktrittsrecht über die schutzwürdigen Interessen der Wertpapierinhaber hinausgehen und auch aus dem Gesichtspunkt des Gleichbehandlungsgebots nicht geboten sein könnte, wurde erwogen, die Ausübung des Rücktrittsrechts daran zu knüpfen, dass dies nur möglich ist, wenn zugleich das geänderte Angebot des Bieters angenommen wird.

Für eine solche Auslegung besteht kein Anlass. Hätte der Gesetzgeber ein solches Ergebnis gewollt, hätte er als Rechtsfolge einer Angebotsänderung die qua Gesetz eintretende Anpassung der bestehenden Vertragsverhältnisse angeordnet. Jeder Bieter muss also bei einer Angebotsänderung hinnehmen, dass von sämtlichen bis zu diesem Zeitpunkt abgegebenen Annahmeerklärungen zurückgetreten wird.[69] 57

Ohne Hinzutreten ganz außerordentlicher Umstände, die zu einem mit Treu und Glauben **unvereinbaren, schlechthin untragbaren Ergebnis** führten,[70] scheidet ein Rechtsmissbrauch regelmäßig aus.[71] Infolge der grundsätzlich anonymen Abwicklung der Angebote dürften etwaige Mißbrauchsfälle dem Bieter sowieso nicht bekannt werden. 58

3. Verlängerung der Annahmefrist

a) Grundsatz. Ausgehend von dem in § 3 Abs. 2 festgelegten Grundsatz, dass Wertpapierinhaber über ausreichend Zeit und Informationen verfügen sollen, um in Kenntnis der Sachlage über das Angebot entscheiden zu können, sieht § 21 Abs. 5 in bestimmten Fällen vor, dass sich die vom Bieter in seinem ursprünglichen Angebot bestimmte Annahmefrist um zwei Wochen verlängert.[72] Diese automatische Verlängerung tritt dann ein, wenn die Veröffentlichung der Änderung innerhalb der letzten **zwei Wochen** vor Ablauf der ursprünglichen „Angebotsfrist" erfolgt.[73] Soweit der Gesetzgeber von einer „Angebotsfrist" spricht, handelt es sich um ein bloßes Redaktionsversehen; gemeint ist die jeweilige Annahmefrist.[74] Damit wird dem Wertpapierinhaber eine Überlegungsfrist sowohl für die Ausübung seines Rücktrittsrechts nach Abs. 4 als auch für die Annahme des geänderten Angebots von mindestens zwei Wochen eingeräumt. 59

Die Verlängerung tritt **automatisch**[75] mit der Veröffentlichung der Änderung innerhalb der letzten zwei Wochen der Annahmefrist ein, ohne dass die Verlängerung der Annahmefrist selbst zwingend in der Veröffentlichung der Änderung enthalten sein müsste; allerdings ergibt sich die Pflicht zur Veröf- 60

[69] *Santelmann* in Steinmeyer, § 21 Rn. 41; *Seiler* in Assmann/Pötzsch/Schneider, § 21 Rn. 46f.; *Schröder* in Frankfurter Komm., § 21 Rn. 30.

[70] *Heinrichs* in Palandt, § 242 Rn. 50ff.

[71] *Hasselbach* in KK-WpÜG, § 21 Rn. 48 („niemals rechtsmissbräuchlich").

[72] Zu dieser Motivation auch *Santelmann* in Steinmeyer, § 21 Rn. 46; *Seiler* in Assmann/Pötzsch/Schneider, § 21 Rn. 51; *Schröder* in Frankfurter Komm., § 21 Rn. 39; *Oechsler* in Ehricke/Ekkenga/Oechsler, § 21 Rn. 24.

[73] Zu Details der Fristberechnung vgl. *Wackerbarth* in MüKoAktG, § 21 WpÜG Rn. 51.

[74] Siehe BT-Drucks. 14/7034, 50.

[75] Vgl. insofern auch *Liebscher* ZIP 2001, 865; *Schröder* in Frankfurter Komm., § 21 Rn. 40; *Seiler* in Assmann/Pötzsch/Schneider, § 21 Rn. 54; *Hasselbach* in KK-WpÜG, § 21 Rn. 55f.

fentlichung der Angabe der verlängerten Annahmefrist aus § 11. Zweckmäßigerweise wird die Veröffentlichung der Änderung einen Hinweis auf den neuen Fristablauf enthalten.

61 **b) Verlängerung bei Verstoß gegen Rechtsvorschriften.** Die Annahmefrist verlängert sich nach § 21 Abs. 5 Satz 2 ausdrücklich auch dann, wenn das geänderte Angebot gegen Rechtsvorschriften – auch solche anderer Gesetze[76] – verstößt. Hierdurch soll eine Unklarheit über die Länge der Annahmefrist verhindert werden, die durch einen Streit über die Zulässigkeit eines geänderten Angebots ausgelöst werden könnte.[77] Die Untersagungsmöglichkeiten der BaFin bleiben hiervon unberührt.

4. Folgen einer Untersagung

62 Verstößt eine Änderung eines Angebots offensichtlich gegen Vorschriften des Gesetzes oder der WpÜG-AngV, hat die BaFin die Änderung zu untersagen. Die Folgen einer Untersagung der Änderung oder eines Verstoßes der Änderung gegen Rechtsvorschriften legt § 21 dagegen nicht fest; es gelten die allgemeinen Grundsätze.

63 § 15 Abs. 3 Satz 2 stellt ausdrücklich klar, dass ein aufgrund eines nach § 15 Abs. 1 oder 2 untersagten Angebots abgeschlossenes Rechtsgeschäft nichtig ist. Gleiches gilt auch für eine untersagte Änderung. Sofern daher ein Wertpapierinhaber ein geändertes Angebot des Bieters bereits angenommen hat, bevor die BaFin diese Änderung untersagt, ist dieses Rechtsgeschäft nichtig. Dh, dass sämtliche Annahmen ab Veröffentlichung der Angebotsänderung bis zu deren Untersagung nichtig sind. Nach Untersagung der Angebotsänderung nehmen die Wertpapierinhaber das Angebot zu den unveränderten Konditionen an.

64 Auch wenn die BaFin die Änderung des Angebots untersagt, bleibt das durch die Veröffentlichung der Angebotsänderung entstandene Rücktrittsrecht unberührt. Der Wertpapierinhaber, der das ursprüngliche Angebot angenommen hat, kann daher hiervon zurücktreten bzw., sofern er den Rücktritt bereits erklärt hat, bleibt der Rücktritt wirksam.[78] Denn das Rücktrittsrecht stellt allein auf die formale Veröffentlichung der Angebotsänderung ab.

5. Verbot weiterer Änderungen nach Annahmefristverlängerung

65 Um zu verhindern, dass die in § 16 Abs. 1 Satz 1 vorgesehene maximale Annahmefrist von 10 Wochen durch ständige Änderungen der Angebote unbegrenzt verlängert wird, sieht § 21 Abs. 6 vor, dass innerhalb der ver-

---

[76] *Diekmann* in Baums/Thoma, § 21 Rn. 68; *Hasselbach* in KK-WpÜG, § 21 Rn. 56; *Seiler* in Assmann/Pötzsch/Schneider, § 21 Rn. 52.

[77] *Wackerbarth* in MüKoAktG, § 21 WpÜG Rn. 52; *Hasselbach* in KK-WpÜG, § 21 Rn. 56; *Diekmann* in Baums/Thoma, § 21 Rn. 68f.

[78] *Diekmann* in Baums/Thoma, § 21 Rn. 73; *Santelmann* in Steinmeyer, § 21 Rn. 42 und Rn. 53; aA wohl *Oechsler* in Ehricke/Ekkenga/Oechsler, § 21 Rn. 19 „zulässige Änderung" und *Seiler* in Assmann/Pötzsch/Schneider, § 21 Rn. 46; *Wackerbarth* in MüKoAktG, § 21 WpÜG Rn. 47.

längerten Annahmefrist eine erneute Änderung des Angebots unzulässig ist.[79] Aus dem Wortlaut von § 21 Abs. 6 folgt zwar nicht in eindeutiger Weise, ob sich „die in Absatz 5 genannte Frist von zwei Wochen" auf die nach Abs. 5 verlängerte Annahmefrist bezieht oder auf die letzten zwei Wochen vor deren Ablauf. Hingegen stellt die Gesetzesbegründung[80] klar, dass hiermit die verlängerte Annahmefrist gemeint ist. Innerhalb der letzten zwei Wochen der ursprünglichen Annahmefrist bleiben daher weitere Änderungen zulässig.

Erörtert wird, ob sich die Annahmefrist auch dann automatisch verlängert, **66**
wenn der Bieter entgegen der ausdrücklichen Verpflichtung in Abs. 6 gleichwohl in der um zwei Wochen verlängerten Frist erneut eine Änderung veröffentlicht. Die Änderung dürfte zwar regelmäßig nach § 15 Abs. 1 Nr. 2 durch die Bundesanstalt untersagt werden, Abs. 5 Satz 2 legt hingegen fest, dass sich die Annahmefrist auch dann verlängert, wenn das Angebot **gegen Rechtsvorschriften verstößt.** Wegen dieser ausdrücklichen gesetzlichen Wertung verlängert sich daher die Annahmefrist auch bei einer unzulässigen Änderung innerhalb der verlängerten Zwei-Wochen-Frist wohl nochmals um zwei Wochen.[81] Allerdings wären sämtliche Annahmeerklärungen, die in der insoweit nochmals verlängerten Frist erklärt werden, gemäß § 15 Abs. 3 Satz 2 nichtig,[82] so dass dies ein mehr theoretisches Problem bleibt.

§ 22 Konkurrierende Angebote

(1) **Konkurrierende Angebote sind Angebote, die während der Annahmefrist eines Angebots von einem Dritten abgegeben werden.**

(2) **Läuft im Falle konkurrierender Angebote die Annahmefrist für das Angebot vor Ablauf der Annahmefrist für das konkurrierende Angebot ab, bestimmt sich der Ablauf der Annahmefrist für das Angebot nach dem Ablauf der Annahmefrist für das konkurrierende Angebot. Dies gilt auch, falls das konkurrierende Angebot geändert oder untersagt wird oder gegen Rechtsvorschriften verstößt.**

(3) **Inhaber von Wertpapieren der Zielgesellschaft, die das Angebot angenommen haben, können bis zum Ablauf der Annahmefrist vom Vertrag zurücktreten, sofern der Vertragsschluss vor Veröffentlichung der Angebotsunterlage des konkurrierenden Angebots erfolgte.**

Schrifttum: *Bachmann,* Konkurrierende Angebote, ZHR-Sonderheft 76 (2011), 191; *Boeckmann/Kießling,* Möglichkeiten der BaFin zur Beendigung von Übernahmeschlachten nach dem WpÜG, DB 2007, 1796; *Heinrich,* Der weiße Ritter als Maßnahme zur Abwehr eines feindlichen Übernahmeangebots, 2009; *Lipuscek,* Konkurrierende Angebote nach dem WpÜG, 2003; *Rothenfußer/Friese-Dormann/Rieger,* Rechtsprobleme konkurrierender Übernahmeangebote nach dem WpÜG, AG 2007, 137.

---

[79] Vgl. *Land/Hasselbach* DB 2000, 1747, 1752; *Pötzsch/Möller* WM Sonderbeilage 2/2000, S. 1, 22; nicht ausgeschlossen sind allerdings automatische Änderungen nach § 31 Abs. 4, vgl. hierzu bei → Rn. 11.

[80] BT-Drucks. 14/7034, 50.

[81] So wohl auch *Seiler* in Assmann/Pötzsch/Schneider, § 21 Rn. 14, *Hasselbach* in KK-WpÜG, § 21 Rn. 14; aA *Santelmann* in Steinmeyer, § 21 Rn. 52.

[82] *Diekmann* in Baums/Thoma, § 21 Rn. 73.

Übersicht

I. Gesetzeszweck

1 § 22 regelt die Folgen der Abgabe weiterer Angebote während eines laufenden Angebotsverfahrens. Der Gesetzgeber hat sich für eine Regelung entschieden, die sowohl dem bisherigen Bieter wie auch den Wertpapierinhabern eine angemessene Reaktion auf das Vorliegen eines weiteren Angebots für die Wertpapiere ermöglicht. Das Zulassen von konkurrierenden Angeboten eröffnet den einzelnen Wertpapierinhabern die Wahl zwischen den verschiedenen Angeboten und ist als preiskontrollierendes Element unverzichtbar.[1] Die Übernahmerichtlinie sieht ebenfalls das Erfordernis vor, Regelungen für konkurrierende Angebote festzulegen, definiert die Anforderungen aber nicht näher.

II. Begriffsbestimmungen

2 Abs. 1 definiert den Begriff des konkurrierenden Angebots. Konkurrierende Angebote sind (weitere) Angebote, die während der Annahmefrist eines

---

[1] So *Assmann/Bozenhardt* in Assmann/Basaldua/Bozenhardt/Peltzer, S. 93, zu dieser Motivation auch *Schuster/Rudolf* in von Rosen/Seifert, S. 69.

(anderen) Angebots (nachfolgend auch als ursprüngliches Angebot bezeichnet) von einem Dritten abgegeben werden.

1. Angebot

Das weitere Angebot muss zunächst ein Angebot im Sinne des Gesetzes sein. Bezüglich der Definition des Begriffs des Angebots wird auf die Kommentierung zu § 1 verwiesen. 3

§ 22 setzt nicht voraus, dass die in dem konkurrierenden Angebot enthaltene Gegenleistung die Gegenleistung des bereits vorliegenden Angebots übersteigt, es ist also **kein „besseres Angebot"** erforderlich.[2] Ob ein bestimmtes Angebot besser ist als ein vorhergehendes, soll allein von den Wertpapierinhabern frei entschieden werden. Welches Angebot im Ergebnis „besser" ist, hängt nicht zuletzt von den individuellen Überlegungen der Wertpapierinhaber ab. Ein Belegschaftsaktionär wird andere Prioritäten setzen als ein rein finanziell interessierter Anleger. Auch sog. „verhindernde" konkurrierende Angebote, deren Zweck allein darauf gerichtet ist, das ursprüngliche Angebot zum Scheitern zu bringen, sind konkurrierende Angebote im Sinne von § 22.[3] 4

2. Von einem Dritten

Das weitere Angebot muss von einem Dritten abgegeben werden, um ein konkurrierendes Angebot im Sinne des § 22 zu sein. Wer in einem konkreten Fall Dritter in diesem Sinne ist, definiert das Gesetz nicht, und zwar weder im Rahmen des § 22 noch der allgemeinen Begriffsbestimmungen in § 2. In der Literatur ist umstritten, ob bei der Beurteilung des Begriffs des Dritten eine rein formale Betrachtung angezeigt ist oder eine wertende Betrachtung erforderlich ist. 5

a) Formale Betrachtung. Nach einer Ansicht in der Literatur ist für den Begriff des „Dritten" auf rein formale Kriterien abzustellen. Ein Dritter soll danach jede vom Bieter verschiedene natürliche oder juristische Person oder rechtsfähige Personenvereinigung sein.[4] Begründet wird dies vorrangig mit dem Schutz der Wertpapierinhaber, die das aus ihrer Sicht beste Angebot an nehmen können sollen. Weiterhin werden Unsicherheiten befürchtet, wenn nicht auf dem ersten Blick erkennbar ist, ob es sich bei dem Zweitangebot um ein konkurrierendes Angebot handelt.[5] Diese Stimmen möchten die nach § 21 für Änderungen vorgesehenen Einschränkungen bei Abgabe von konkurrierenden Angeboten durch gemeinsam handelnden Personen allein über die all- 6

[2] So schon *Assmann/Bozenhardt* in Assmann/Basaldua/Bozenhardt/Peltzer, S. 107; *Riehmer/Schröder* BB 2001, Beilage 5, S. 13; *Steinhardt* in Steinmeyer, § 22 Rn. 11 („Versteigerungssituation"); *Hasselbach* in KK-WpÜG, § 22 Rn. 16; *Diekmann* in Baums/Thoma, § 22 Rn. 22; aA *Kerber* WM 1988, Sonderbeilage 3, S. 11 f.; *Oechsler* in Ehricke/Ekkenga/Oechsler, § 22 Rn. 2.

[3] *Oechsler* in Ehricke/Ekkenga/Oechsler, § 22 Rn. 2; *Bachmann* ZHR-Sonderheft 76 (2011), 191, 217 f.

[4] So etwa *Diekmann* in Baums/Thoma, § 22 Rn. 15, *Steinhardt* in Steinmeyer, § 22 Rn. 5; *Krause* in Assmann/Pötzsch/Schneider, § 22 Rn. 17.

[5] Vgl. insbesondere *Diekmann* in Baums/Thoma, § 22 Rn. 17 f.

gemeine Missstandsaufsicht durchsetzen, etwa wenn das konkurrierende Angebot durch gemeinsam handelnde Personen die Regelungen zur maximalen Annahmefrist aushebeln soll. Diese Meinung kann sich im Übrigen auch darauf berufen, dass der Gesetzeswortlaut die gemeinsam handelnden Personen nicht als mögliche Konkurrenzbieter ausgenommen hat.

7 **b) Wertende Betrachtung.** Eine andere Ansicht möchte für die Beurteilung, ob ein Angebot durch einen Dritten abgegeben wurde, eine wertende Betrachtung zugrunde legen und nicht allein auf die formale Bestimmung abstellen, ob der neue Bieter vom bisherigen Bieter personenverschieden ist. Es soll unterschieden werden, ob das weitere Angebot tatsächlich mit dem Erstangebot konkurriert.[6]

8 Tochtergesellschaften können nach der hier vertretenen Meinung für Zwecke des § 22 nicht als Dritte angesehen werden. Da Tochterunternehmen von dem Bieter beherrscht werden (vgl. § 2 Abs. 6 sowie § 290 HGB), geben sie kein konkurrierendes Angebot ab. Die von ihnen erworbenen Aktien würden der Muttergesellschaft zugerechnet (§ 30 Abs. 1 Nr. 1).

9 Auch die mit einem Bieter gemeinsam handelnden Personen (§ 2 Abs. 5) sind keine Dritten in diesem Sinne.[7] Gegen die Qualifizierung solcher Personen als Dritte spricht, dass solche Angebote ebenfalls regelmäßig nicht als konkurrierend mit dem Angebot des Bieters angesehen werden können, da diese Dritten eben auch mit dem ersten Bieter gemeinsam handeln. Denn der Begriff der gemeinsam handelnden Person verlangt eine Abstimmung mit dem Bieter im Hinblick auf den Erwerb von Wertpapieren der Zielgesellschaft oder der Ausübung von Stimmrechten in Aktien der Zielgesellschaft. Allerdings könnten gemeinsam handelnde Personen, die sich mit dem Bieter ausschließlich hinsichtlich der Ausübung von Stimmrechten abgestimmt haben, gleichwohl ein mit dem Angebot des ursprünglichen Bieters im Wettbewerb stehendes Angebot abgeben. Jedoch sieht die Grundkonzeption des Gesetzes vor, dass regelmäßig sämtliche gemeinsam handelnden Personen mit dem Bieter als einheitliche Interessengruppe behandelt werden, so dass sie nicht als „Dritte" im Sinne des § 22 Abs. 1 eingeordnet werden können.[8]

3. Während der Annahmefrist eines Angebots

10 Zusätzlich setzt Abs. 1 für das Vorliegen eines konkurrierenden Angebots voraus, dass es während der Annahmefrist eines Angebots abgegeben wird. Auch bei diesem ursprünglichen Angebot muss es sich um ein Angebot im Sinne des Gesetzes handeln. Pflichtangebote sind Angebote in diesem Sinne.[9]

---

[6] *Hasselbach* in KK-WpÜG, § 22 Rn. 17 f. („widerlegbare Vermutung").

[7] Wohl verneinend Stellungnahme des Handelsrechtsausschusses des DAV v. April 2001, NZG 2001, 420, 425.

[8] *Schröder* in Frankfurter Komm., § 22 Rn. 14; *Oechsler* in Ehricke/Ekkenga/Oechsler, § 22 Rn. 5; grundsätzlich danach differenzierend, ob das Angebot mit dem Bieter abgestimmt ist *Wackerbarth* in MüKoAktG, § 22 WpÜG Rn. 8; *Rahlfs* in Bad Homburger Handbuch Übernahmerecht, Teil C, Rn. 408.

[9] *Schröder* in Frankfurter Komm., § 22 Rn. 11; *Oechsler* in Ehricke/Ekkenga/Oechsler, § 22 Rn. 2; *Wackerbarth* in MüKoAktG, § 22 WpÜG Rn. 2; *Bachmann* ZHR-Sonderheft 76 (2011), 191.

Die Abgabe des konkurrierenden Angebots liegt nicht bereits in der Veröffentlichung der Entscheidung zur Abgabe eines Angebots nach § 10, da hierdurch noch kein Angebot unterbreitet, vielmehr erst angekündigt wird. Die Abgabe erfolgt erst mit der **Veröffentlichung der Angebotsunterlage** nach § 14 Abs. 3. Diese Veröffentlichung muss innerhalb der Annahmefrist des ursprünglichen Angebots liegen.[10] 11

Die Annahmefrist des (ursprünglichen) Angebots beginnt mit der Veröffentlichung der Angebotsunterlage und endet mit Ablauf der durch den Bieter festgelegten Annahmefrist. Unklar ist, ob auch **die weitere Annahmefrist** im Sinne von § 16 Abs. 2 Satz 1 noch Teil der Annahmefrist im Sinne von § 22 ist. Dies ist von Bedeutung für die Frage, ob auch während der zweiwöchigen weiteren Annahmefrist noch ein konkurrierendes Angebot mit der Folge abgegeben werden kann, dass den Wertpapierinhabern, die das ursprüngliche Angebot angenommen haben, nach § 22 Abs. 3 ein Rücktrittsrecht zustehen kann. 12

Die systematischen Gründe und auch der Schutzzweck der weiteren Annahmefrist sprechen dagegen, die weitere Annahmefrist (§ 16 Abs. 2) für die Beurteilung eines konkurrierenden Angebots als Annahmefrist anzusehen.[11] In anderen Vorschriften des Gesetzes (vgl. etwa § 23 Abs. 1 Satz 1) wird ausdrücklich zwischen dem Ablauf der Annahmefrist und dem Ablauf der weiteren Annahmefrist unterschieden. Auch § 16 geht davon aus, dass die weitere Annahmefrist selbst nicht Teil der Annahmefrist ist. Zudem soll § 16 Abs. 2 nach seinem Sinn und Zweck das Angebot für die noch nicht entschlossenen Wertpapierinhaber offenhalten, nicht jedoch den schon gebundenen Wertpapierinhabern noch einen Rücktritt ermöglichen. 13

Dies bedeutet für den konkurrierenden Bieter, dass er spätestens am letzten Tag der Annahmefrist des ursprünglichen Angebots seine Angebotsunterlage veröffentlichen muss, damit die Wertpapierinhaber noch die Möglichkeit zum Rücktritt vom ursprünglichen Angebot nach § 22 Abs. 3 haben.[12] Wenn das bloß angekündigte, aber noch nicht veröffentlichte konkurrierende Angebot wirtschaftlich besser erscheint und damit die Wertpapierinhaber, die das ursprüngliche Angebot noch nicht angenommen haben, davon abhält, dieses anzunehmen, bleibt dem ursprünglichen Bieter (mangels automatischer Verlänge- 14

[10] Nach *Wackerbarth* in MüKoAktG, § 22 WpÜG Rn. 9, aE könne dann, wenn die Bundesanstalt die Prüfung der Angebotsunterlagen noch nicht abgeschlossen habe, erwogen werden, das Angebot unter Inkaufnahme einer Ordnungswidrigkeit gleichwohl zu veröffentlichen; zweifelnd *Krause* in Assmann/Pötzsch/Schneider, § 22 Rn. 43, der die Bundesanstalt für berechtigt ansieht, neben der Untersagung des konkurrierenden Angebots auch die Feststellung der Nichtverlängerung der Annahmefrist des ursprünglichen Angebots festzustellen, so auch *Wackerbarth* in MüKoAktG, § 22 WpÜG Rn. 14; kritisch *Klemm/Reinhardt* NZG 2007, 281 ff.

[11] *Diekmann* in Baums/Thoma, § 22 Rn. 24 f.; *Krause* in Assmann/Pötzsch/Schneider, § 22 Rn. 28; *Wackerbarth* in MüKoAktG, § 22 WpÜG Rn. 9; *Schröder* in Frankfurter Komm., § 22 Rn. 12; *Oechsler* in Ehricke/Ekkenga/Oechsler, § 22 Rn. 4, *Hasselbach* in KK-WpÜG, § 22 Rn. 13; *Rahlfs* in Bad Homburger Handbuch Übernahmerecht, Teil C, Rn. 407.

[12] Allg. Meinung, s. etwa *Steinhardt* in Steinmeyer, § 22 Rn. 6; Ebenso *Oechsler* NZG 2001, 817, 825.

rung seiner Annahmefrist über § 22 Abs. 2) nur, die Konditionen seines eigenen Angebotes durch eine entsprechende Angebotsänderung zu verbessern.[13]

15 Im Fall einer **taggleichen Veröffentlichung** mehrerer Angebote liegt ebenfalls ein konkurrierendes Angebot vor, da jedenfalls eines der Angebote während der Annahmefrist des anderen Angebots veröffentlicht sein wird.[14]

4. Kongruenz der Angebote

16 Ein Angebot muss sich zumindest auch auf **dieselbe Gattung** von Wertpapieren der Zielgesellschaft beziehen wie diejenige des ursprünglichen Angebots, um ein konkurrierendes zu sein. Die Gesetzesbegründung geht davon aus, dass das konkurrierende Angebot dem Wertpapierinhaber regelmäßig eine weitere Entscheidungsmöglichkeit eröffnet.[15]

17 Ein Angebot, welches sich nur auf den Erwerb von Vorzugsaktien richtet, ist also kein konkurrierendes Angebot zu einem auf Stammaktien zielenden Angebot. Hingegen sind zwei Teilangebote, die die gleichen Aktien zum Gegenstand haben, selbst dann konkurrierende Angebote, wenn sie nebeneinander erfolgreich sein können. Liegt hingegen keinerlei Überschneidung der Angebote vor, bedarf es hingegen der durch § 22 eingeführten Schutzvorschriften (Verlängerung der Annahmefrist, Rücktrittsrecht) nicht. Es muss also mindestens einen Wertpapierinhaber geben, der die Wahl zwischen den beiden Angeboten besitzt.[16]

III. Verlängerung der Annahmefrist

1. Grundsatz

18 Eine der wesentlichen Folgen der Veröffentlichung eines konkurrierenden Angebots ist nach § 22 Abs. 2 die Verlängerung der Annahmefrist für das ursprüngliche Angebot. Die Annahmefrist des ursprünglichen Angebots verlängert sich **automatisch** auf die längere Annahmefrist für das konkurrierende Angebot, dh um maximal zehn Wochen, ohne dass der Bieter des ursprünglichen Angebots diese Verlängerung verhindern kann. Ihm bleibt nur, sein ursprüngliches Angebot unter die Bedingung zu stellen, dass kein konkurrierendes Angebot abgeben wird.

---

[13] *Hasselbach* in KK-WpÜG, § 22 Rn. 14 sieht hier nur die Optionen eines neuen Angebots oder der Verbesserung der Konditionen über Parallelerwerbe.

[14] *Diekmann* in Baums/Thoma, § 22 Rn. 28; *Krause* in Assmann/Pötzsch/Schneider, § 22 Rn. 29, *Hasselbach* in KK-WpÜG, § 22 Rn. 14; *Oechsler* in Ehricke/Ekkenga/Oechsler, § 22 Rn. 4; *Noack/Holzborn* in Schwark/Zimmer, KapitalmarktR, § 22 WpÜG Rn. 3; *Oechsler* NZG 2001, 817, 825; *Wackerbarth* in MüKoAktG, § 22 WpÜG Rn. 10 meint hingegen, es läge kein konkurrierendes Angebot vor, will aber die relevanten Regelungen des § 22 analog anwenden. Zur Bestimmung des konkurrierenden Angebots und daraus folgend der Annahmefrist vgl. → Rn. 21.

[15] Vgl. BT-Drucks. 14/7034, 50.

[16] Allgemeine Ansicht, *Wackerbarth* in MüKoAktG, § 22 WpÜG Rn. 5; *Diekmann* in Baums/Thoma, § 22 Rn. 19ff.; *Krause* in Assmann/Pötzsch/Schneider, § 22 Rn. 14; *Steinhardt* in Steinmeyer, § 22 Rn. 5; *Schröder* in Frankfurter Komm., § 22 Rn. 11; *Hasselbach* in KK-WpÜG, § 22 Rn. 16 und Rn. 20.

Ob diese Synchronisierung der Annahmefristen auch im umgekehrten Fall gilt, wenn also das konkurrierende Angebot bewusst mit einer früher endenden Annahmefrist versehen wird, ist umstritten. Nach einer Meinung sei Grundprinzip des § 22, dass sich die Wertpapierinhaber bis zuletzt zwischen beiden Angeboten entscheiden können. Daraus folge, dass auch bei einer kürzer gewählten Annahmefrist eines konkurrierenden Angebots diese auf die längere Annahmefrist des ursprünglichen Angebots verlängert werde.[17] Hingegen weisen die Meinungen, die eine Verlängerung des konkurrierenden Angebots ablehnen, darauf hin, dass der Gesetzeswortlaut insofern eindeutig sei. Auch könne von einer irrtümlichen Regelungslücke des Gesetzgebers nicht die Rede sein, da bereits im Gesetzgebungsverfahren auf diese Lücke hingewiesen worden ist und der Gesetzgeber sich trotz dieser Stellungnahme letztlich gegen eine Verlängerung der Annahmefrist des konkurrierenden Angebots ausgesprochen hat.[18] Daher verbleibt es in diesem Fall bei der durch den konkurrierenden Bieter vorgesehenen kürzeren Annahmefrist.[19] 19

Eine Hinweisbekanntmachung des Bieters des ursprünglichen Angebots über die Verlängerung der Annahmefrist seines Angebots ist für die Verlängerung nicht konstitutiv.[20] 20

Wenn mehrere **Angebote am gleichen Tag veröffentlicht** werden, lässt sich möglicherweise im Einzelfall schwer abgrenzen, welches das ursprüngliche Angebot und welches das konkurrierende Angebot ist. Diese Abgrenzung ist zwar nicht für die Reichweite des Rücktrittsrechts erforderlich, da bei einer gleichzeitigen Veröffentlichung regelmäßig noch kein Wertpapierinhaber eines der Angebote angenommen hat.[21] Wenn die Angebote unterschiedlich lange Annahmefristen vorsehen, ist es sachgerecht, bei einer taggleichen Veröffentlichung das Angebot mit der längeren Annahmefrist als das 21

[17] So *Steinhardt* in Steinmeyer, § 22 Rn. 7 f.; Oechsler in Ehricke/Ekkenga/Oechsler, § 22 Rn. 7; *Noack/Holzborn* in Schwark/Zimmer, KapitalmarktR, § 22 WpÜG Rn. 12; *Bachmann* ZHR-Sonderheft 76 (2011), 191, 196.

[18] S. Stellungnahme des Handelsrechtsausschusses des DAV v. April 2001, NZG 2001, 420, 425; *Oechsler* NZG 2001, 817, 825; *Krause* in Assmann/Pötzsch/Schneider, § 22 Rn. 31; *Schröder* in Frankfurter Komm., § 22 Rn. 18; *Thaeter/Brandi,* Teil 2, Rn. 316, 318.

[19] Wie hier *Wackerbarth* in MüKoAktG, § 22 WpÜG Rn. 16; *Diekmann* in Baums/Thoma, § 22 Rn. 34; *Krause* in Assmann/Pötzsch/Schneider, § 22 Rn. 31; *Hasselbach* in KK-WpÜG, § 22 Rn. 22; *Rahlfs* in Bad Homburger Handbuch Übernahmerecht, Teil C, Rn. 411; zu den Auswirkungen eines nachfolgend geänderten ursprünglichen Angebots *Rothenfußer/Friese-Dormann/Rieger* AG 2007, 144.

[20] Allgemeine Ansicht, vgl. nur *Diekmann* in Baums/Thoma, § 22 Rn. 65; *Rahlfs* in Bad Homburger Handbuch Übernahmerecht, Teil C, Rn 413; ob der ursprüngliche Bieter im Übrigen verpflichtet ist, die Verlängerung seiner Annahmefrist bekannt zu machen, hängt letztlich von der Frage ab, ob man eine allgemeine Aktualisierungspflicht des Bieters annimmt. Diese Frage ist umstritten, vgl. exemplarisch *Diekmann* in Baums/Thoma, § 22 Rn. 40; *Krause* in Assmann/Pötzsch/Schneider, § 22 Rn. 46, und *Steinhardt* in Steinmeyer, § 22 Rn. 20 für Aktualisierungspflicht; aA insofern *Schröder* in Frankfurter Komm., § 22 Rn. 20.

[21] *Oechsler* NZG 2001, 817, 825 zur Frage, ob bei einer taggleichen Veröffentlichung überhaupt ein konkurrierendes Angebot vorliegt.

konkurrierende Angebot anzusehen, mit der Folge, dass die Annahmefrist des anderen Angebots sich entsprechend verlängert.[22]

2. Mehrere konkurrierende Angebote

22 Die Annahmefrist nach Abs. 2 kann sich auch mehrmals verlängern. Wenn im Laufe eines ursprünglich von einem Bieter betriebenen Angebotsverfahrens nacheinander weitere konkurrierende Bieter ihrerseits Angebote für Wertpapiere der Zielgesellschaft abgeben, verlängern sich sämtliche Annahmefristen der bereits vorliegenden Angebote gemäß dem in Rn. 18 dargestellten Grundsatz. Denn auch ein drittes abgegebenes Angebot stellt unter den unter → Rn. 2ff. genannten Voraussetzungen ein konkurrierendes Angebot im Sinne von Abs. 1 dar. Die Annahmefrist für das ursprünglich erste wie das zweite Angebot kann daher auch mehrmals auf das Ende der Annahmefrist des letzten konkurrierenden Angebots verlängert werden.[23]

3. Änderungen der Angebote

23 **a) Verlängerung der Annahmefristen. aa) Änderung des konkurrierenden Angebots.** Die automatische Verlängerung des ursprünglichen Angebots gilt nach Abs. 2 Satz 2 auch für den Fall, dass das konkurrierende Angebot geändert wird. Das bedeutet, dass sich im Falle einer Verlängerung der Annahmefrist für das konkurrierende Angebot nach § 21 Abs. 5 auch die Annahmefrist für das ursprüngliche Angebot entsprechend verlängert. Auch wenn ursprünglich die Annahmefrist des konkurrierenden Angebots vor der Annahmefrist des ursprünglichen Angebots geendet hätte und daher nicht synchronisiert gewesen wäre (vgl. → Rn. 19), jedoch aufgrund der Verlängerung des konkurrierenden Angebots die Annahmefrist des ursprünglichen Angebots dann doch überschritten wird, verlängert sich auch die Annahmefrist für das ursprüngliche Angebot entsprechend. Wird hingegen bei der Änderung des konkurrierenden Angebots die bisherige Laufzeit des ursprünglichen Angebots nicht überschritten, verbleibt es bei der oben dargestellten Wertung, dass keine Anpassung erfolgt.

24 **bb) Änderung des ursprünglichen Angebots.** Nicht geregelt ist in Abs. 2 der Fall, dass das ursprüngliche Angebot innerhalb der letzten zwei Wochen der (synchronisierten) Annahmefrist geändert wird. Aus § 21 Abs. 5 ergibt sich insofern zwar, dass die Annahmefrist des ursprünglichen Angebots entsprechend um zwei Wochen verlängert wird. Ob sich in einem solchen Fall die Annahmefrist des konkurrierenden Angebots ebenfalls verlängert, ist unklar[24] und umstritten.

---

[22] HM, so etwa *Diekmann* in Baums/Thoma, § 22 Rn. 37; *Krause* in Assmann/Pötzsch/Schneider, § 22 Rn. 32; *Oechsler* in Ehricke/Ekkenga/Oechsler, § 22 Rn. 7; *Hasselbach* in KK-WpÜG, § 22 Rn. 25; nur analoge Anwendung: *Wackerbarth* in MüKoAktG, § 22 WpÜG Rn. 10.

[23] *Schröder* in Frankfurter Komm., § 22 Rn. 16; *Diekmann* in Baums/Thoma, § 22 Rn. 43; *Krause* in Assmann/Pötzsch/Schneider, § 22 Rn. 33.

[24] Ebenso *Oechsler* NZG 2001, 817, 825.

25 Nach inzwischen herrschender Ansicht[25] wirkt sich die Verlängerung der Annahmefrist infolge einer Änderung des ursprünglichen Angebots auf die Annahmefrist des konkurrierenden Angebots aus, dieses verlängert sich gleichfalls. Der Wertpapierinhaber soll sich **in Kenntnis beider Angebote** frei zwischen den Angeboten entscheiden können. Anderenfalls würde dem ursprünglichen Bieter ein erheblicher strategischer Vorteil zukommen, indem er sein Angebot im letzten möglichen Moment der (ggf. synchronisierten) Annahmefrist noch ändert, ohne dass dem konkurrierenden Bieter hierauf eine angemessene Reaktionsmöglichkeit zustehen würde. Diese Ansicht widerspricht auch nicht der bei → Rn. 19 vertretenen Ansicht, dass der konkurrierende Bieter seine Annahmefrist kürzer fassen kann als diejenige des ursprünglichen Angebots.[26]

26 Dogmatisch könnte man dieses Ergebnis damit begründen, dass das geänderte Angebot des ursprünglichen Bieters ein neues Angebot darstellt und daher im Verhältnis zu dem bereits vorliegenden konkurrierenden Angebot ebenfalls wieder als ein neues konkurrierendes Angebot anzusehen ist. Tatsächlich stellt ein geändertes Angebot in der Begrifflichkeit des allgemeinen Zivilrechts ein neues Angebot dar. Da aber § 21 bei Änderungen vom Fortbestehen des ursprünglichen Angebots zu geänderten Bedingungen spricht (andernfalls wäre die Bezeichnung „Änderung des Angebots" unzutreffend), ist eine solche Begründung für sich genommen noch nicht ausreichend tragfähig. Nach Sinn und Zweck der Vorschriften zur Fristverlängerung bei Angebotsänderungen und bei konkurrierenden Angeboten, namentlich der Einräumung einer ausreichenden Überlegungsfrist für die Wertpapierinhaber, sich auf die veränderte Sachlage einstellen zu können, ist eine Verlängerung der Annahmefrist für das konkurrierende Angebot, korrespondierend mit einem entsprechenden Rücktrittsrecht der Wertpapierinhaber (hierzu → Rn. 34 ff.), geboten.[27]

27 **b) Mehrfache Änderungen.** Das Gesetz lässt ebenfalls offen, ob im Falle einer Angebotsänderung mit nachfolgender Verlängerung beider Annahmefristen einer der beiden Bieter seinerseits wieder die Möglichkeit hat, in der nach § 21 Abs. 5 und zugleich nach § 22 Abs. 2 verlängerten Annahmefrist sein Angebot zu ändern und dadurch ggf. wiederum eine nach § 21 Abs. 5 vorgesehene Verlängerung der (synchronisierten) Annahmefrist beider Angebote hervorzurufen.

28 Der Bieter, der mit seiner Angebotsänderung die Verlängerung der synchronisierten Annahmefrist um zwei Wochen herbeigeführt hat, kann sein Angebot innerhalb dieser verlängerten Annahmefrist nicht mehr ändern.

---

[25] *Diekmann* in Baums/Thoma, § 22 Rn. 36; *Wackerbarth* in MüKoAktG, § 22 WpÜG Rn. 16; *Oechsler* in Ehricke/Ekkenga/Oechsler, § 22 Rn. 9; *Krause* in Assmann/Pötzsch/Schneider, § 22 Rn. 36 f; *Hasselbach* in KK-WpÜG, § 22 Rn. 27; *Bachmann* ZHR-Sonderheft 76 (2011), 191, 199; so auch die Verwaltungspraxis der BaFin, vgl BaFin-Jahresbericht 2007, S. 191 (Techem AG).

[26] Ebenso *Diekmann* in Baums/Thoma, § 22 Rn. 36.

[27] Im Ergebnis ebenso *Oechsler* NZG 2001, 817, 825; *Diekmann* in Baums/Thoma, § 22 Rn. 36; *Wackerbarth* in MüKoAktG, § 22 WpÜG Rn. 16; *Oechsler* in Ehricke/Ekkenga/Oechsler, § 22 Rn. 9; *Krause* in Assmann/Pötzsch/Schneider, § 22 Rn. 36 f.

Denn § 21 Abs. 6 beabsichtigt gerade, eine **wiederholte Verlängerung** der Annahmefristen durch weitere Angebotsänderungen zu verhindern.[28] Ein Grund, hiervon wegen der Wettbewerbssituation mit dem konkurrierenden Angebot abzuweichen, ist nicht ersichtlich. Denn jeder Bieter hat insofern die Möglichkeit, sich unter Berücksichtigung des jeweils konkurrierenden Angebots und der jeweiligen Wasserstandsmeldungen über Art und Höhe seiner (insofern zunächst abschließenden) Angebotsänderung zu entscheiden.

29 Dagegen ist § 21 Abs. 6 bei konkurrierenden Angeboten nicht auf den Bieter anwendbar, der sein Angebot zuletzt nicht geändert hatte. Denn dieser soll gerade die Möglichkeit haben, sein Angebot im Hinblick auf ein verbessertes Angebot des anderen Bieters zu verbessern. Die Sperrwirkung des § 21 Abs. 6 tritt daher nur für den Bieter ein, der sein Angebot geändert hat. Dem anderen Bieter steht dann auch während der zusätzlichen zwei Wochen die Möglichkeit zu, sein Angebot zu ändern.[29] § 21 Abs. 6 sperrt daher dessen Änderung des Angebots nicht.

30 Werden entgegen der Bestimmung des § 21 Abs. 6 wegen des geänderten anderen Angebots Angebotsänderungen mehrfach zugelassen, könnte sich die jeweils synchronisierte Annahmefrist durch **mehrere wechselseitige Angebotsänderungen** auf ggf. unbestimmte Zeit verlängern. Dies wäre zwar einerseits, wie insbesondere § 3 Abs. 4 zeigt, ein Zielkonflikt mit dem Grundsatz der raschen Durchführung von Angebotsverfahren.[30] Allerdings stellte das gegenseitige Überbieten durch konkurrierende Bieter ein gerade erwünschtes Verhalten zu Gunsten der Wertpapierinhaber dar. Insofern könnte das Interesse der Zielgesellschaft hinter die Interessen der Aktionäre an einer Verbesserung der konkurrierenden Angebote zurückzustehen haben.[31]

31 Nach hier vertretener Ansicht ist ein wechselseitiges Überbieten der Bieter auch innerhalb der Frist des § 21 Abs. 6 zuzulassen. Zwar müssen Vorstand und Aufsichtsrat der Zielgesellschaft zu jeder Änderung des Angebots ebenfalls eine begründete Stellungnahme abgeben (§ 27 Abs. 1 Satz 1), so dass bei mehrfachen Angebotsänderungen die Organe der Zielgesellschaft ihre begründeten Stellungnahmen zu jeder Angebotsänderung eines Bieter neu abgeben müssten.[32] Eventuelle Missstände, die in den bisher vorliegenden konkurrierenden Übernahmeverfahren nicht aufgetreten sind, lassen sich

---

[28] Ebenso *Diekmann* in Baums/Thoma, § 22 Rn. 43; *Hasselbach* in KK-WpÜG, § 22 Rn. 28 f.; *Noack/Holzborn* in Schwark/Zimmer, KapitalmarktR, § 22 WpÜG Rn. 24; ausführlich *Krause* in Assmann/Pötzsch/Schneider, § 22 Rn. 38 ff.

[29] S. die bei Fn. 28 zitierten, aA allerdings *Wackerbarth* in MüKoAktG, § 22 WpÜG Rn. 30, der zwar ein gegenseitiges Überbieten zulassen möchte, jedoch die jeweiligen Annahmefristen dann nicht verlängern möchte, sowie *Rothenfußer/Friese-Dormann/Rieger* AG 2007, 146, die jedoch selbst (S. 149) darstellen, dass diese Ansicht zu einer Reihe von taktischen Überlegungen der Bieter führen könnten, die das Gesetz nach der hier vertretenen Ansicht durch die mehrfache Verlängerung der Annahmefrist gerade verhindern wollte; s. a. *Bachmann* ZHR-Sonderheft 76 (2011), 191, 208 f.

[30] Vgl. insoweit *Liebscher* ZIP 2001, 853, 859; *Thaeter/Barth* NZG 2001, 545, 548.

[31] *Böckmann/Kießling* DB 2007, 1796, 1798, plädieren zur Lösung des Konflikts analog englischem Recht für die Anordnung eines Auktionsverfahrens seitens der BaFin.

[32] Das Zusammenwirken mit § 27 Abs. 1 Satz 1 übersehen *Rothenfußer/Friese-Dormann/Rieger* AG 2007, 146.

sachgerecht durch Untersagungen nach § 4 in Extremfällen (etwa mehrfache Überbietungen mit Cent-Beträgen, ein gemeinsames kollusives Zusammenwirken der Bieter zur Schädigung des Zielunternehmens[33] oder sonstige „Belagerung" über eine unbestimmte Zeit,[34] insbesondere bei dadurch hervorgerufener Existenzgefährdung der Zielgesellschaft[35]) angemessen regeln. Der Fall wird jedoch selten praktisch relevant werden, da Erhöhungen des Angebotspreises regelmäßig mit passenden Parallelerwerben herbeigeführt werden.

4. Untersagung oder Verstoß gegen Rechtsvorschriften

Die Annahmefrist verlängert sich nach Abs. 2 Satz 2 auch dann, wenn das konkurrierende Angebot untersagt wird oder gegen Rechtsvorschriften verstößt. Hierdurch soll verhindert werden, dass ein Streit über die Zulässigkeit von konkurrierenden Angeboten zu Zweifelsfragen bei der Bestimmung des Ablaufs der Annahmefrist des ursprünglichen Angebots führt.[36] Auch wenn daher während des Laufs der nach Abs. 2 verlängerten Annahmefrist das konkurrierende Angebot untersagt wird, verbleibt es für das ursprüngliche Angebot bei der ggf. verlängerten Annahmefrist. Voraussetzung für die Verlängerung der Annahmefrist des ursprünglichen Angebots ist allerdings, dass das konkurrierende Angebot überhaupt nach § 14 veröffentlicht wurde, selbst bei fehlerhafter Veröffentlichung. Wird das konkurrierende Angebot hingegen bereits vor Veröffentlichung untersagt und damit das Angebot gar nicht veröffentlicht, fehlt es bereits an einem konkurrierenden Angebot, so dass eine Verlängerung ausscheidet.[37] 32

IV. Rücktrittsrecht

1. Grundsatz

Entsprechend der Regelung in § 21 Abs. 4 haben im Falle eines konkurrierenden Angebots die Wertpapierinhaber, die das ursprüngliche Angebot angenommen haben, bis zum Ablauf der Annahmefrist ein Rücktrittsrecht. Dies ist eine Grundvoraussetzung dafür, dass sich die Wertpapierinhaber frei zwischen mehreren Angeboten entscheiden können.[38] Hierdurch wird zudem auch die Eintrittsbarriere für konkurrierende Bieter gesenkt, da der konkurrierende Bieter in die Lage versetzt wird, auch diejenigen Wertpapiere erwer- 33

[33] So *Diekmann* in Baums/Thoma, § 22 Rn. 46.

[34] *Krause* in Assmann/Pötzsch/Schneider, § 22 Rn. 40.

[35] *Diekmann* in Baums/Thoma, § 22 Rn. 46; vergleichbar auch *Schröder* in Frankfurter Komm., § 22 Rn. 16.

[36] BT-Drucks. 14/7034, 50; *Schröder* in Frankfurter Komm., § 22 Rn. 19; *Hasselbach* in KK-WpÜG, § 22 Rn. 32; kritisch insofern Stellungnahme des Handelsrechtsausschusses des DAV v. April 2001, NZG 2001, 420, 426.

[37] *Schröder* in Frankfurter Komm., § 22 Rn. 15 und 19; *Krause* in Assmann/Pötzsch/Schröder, § 22 Rn. 42; *Diekmann* in Baums/Thoma, § 22 Rn. 42; *Wackerbarth* in MüKoAktG, § 22 WpÜG Rn. 13; so wohl auch *Hasselbach* in KK-WpÜG, § 22 Rn. 32.

[38] Vgl. hierzu *Assmann/Bozenhardt* in Assmann/Basaldua/Bozenhardt/Peltzer, S. 106 ff.; *Hasselbach* in KK-WpÜG, § 22 Rn. 34.

ben zu können, die bereits dem ursprünglichen Bieter angedient wurden.[39] Ohne ein solches Rücktrittsrecht hätte im Übrigen der ursprüngliche Bieter die Möglichkeit, die ihm bereits angedienten Anteile an den konkurrierenden Bieter zu veräußern und insofern (statt der ursprünglichen Wertpapierinhaber) von einem höheren konkurrierenden Angebot zu profitieren.[40] Allerdings müsste in einem solchen Fall dann der ursprüngliche Bieter im Falle eines danach erklärten Rücktritts der Aktionäre den Erwerb rückabwickeln und sich hierzu anderweitig die Aktien wieder verschaffen.

34 **a) Voraussetzung.** Das Rücktrittsrecht besteht nur, sofern der Wertpapierinhaber das ursprüngliche Angebot vor Veröffentlichung der Angebotsunterlage des konkurrierenden Angebots angenommen hat. Dies ist der Fall, wenn die Annahmeerklärung des Wertpapierinhabers dem Bieter oder dem in der Angebotsunterlage genannten Adressaten bereits zugegangen ist. Regelmäßig sehen die Angebotsbedingungen vor, dass das Angebot mit Umbuchung der Wertpapiere in eine andere, gesonderte Wertpapier-Identifikationsnummer angenommen ist.

35 Falls die Annahmeerklärung durch den Wertpapierinhaber zu dem Zeitpunkt der Veröffentlichung des Konkurrenzangebots **lediglich abgesendet** bzw. die Depotbank mit der Weiterleitung der Annahmeerklärung beauftragt war und die Erklärung dem Bieter bzw. der von ihm zum Empfang bevollmächtigten Person noch nicht zugegangen ist bzw., so im Regelfall, die Wertpapiere nicht in die gesonderte Wertpapier-Identifikationsnummer umgebucht worden sind, ist das Angebot noch nicht angenommen worden. Gleichwohl steht nach der hier vertretenen Ansicht dem Wertpapierinhaber auch dann ein Rücktrittsrecht zu. Andernfalls wäre der annehmende Wertpapierinhaber gegenüber jenen Anteilsinhabern, die noch nicht angenommen haben, benachteiligt, weil er nicht in voller Kenntnis der Sachlage entscheiden konnte. Gerade die freie Entscheidung zwischen beiden Angeboten soll nach der Gesetzesbegründung durch das Rücktrittsrecht gesichert werden.[41] Dementsprechend ist das Erfordernis der Annahme des ursprünglichen Angebots vor Veröffentlichung des konkurrierenden Angebots weit auszulegen.

36 Zum Teil ist gegen eine erweiternde Auslegung von § 22 Abs. 3 auf die Fälle einer bloß abgesandten Annahmeerklärung eingewandt worden, dass diese erweiternde Auslegung überflüssig sei. Denn dem Wertpapierinhaber stehe die Möglichkeit zu, seine Annahmeerklärung gem. § 130 BGB noch am Tag der Veröffentlichung des konkurrierenden Angebots zu widerrufen.[42] Nach anderer Ansicht soll der Erstbieter den Wertpapierinhabern die Ausübung des Rücktrittsrechtes zugestehen, ohne hierzu jedoch verpflichtet zu sein.[43] Hiergegen ist jedoch einzuwenden, dass der Wertpapierinhaber das Risiko des rechtzeitigen Widerrufs bzw. der Kulanz des ursprünglichen Bie-

[39] *Krause* in Assmann/Pötzsch/Schneider, § 22 Rn. 5; *Wackerbarth* in MüKoAktG, § 22 WpÜG Rn. 1.
[40] *Diekmann* in Baums/Thoma, § 22 Rn. 47.
[41] Vgl. BT-Drucks. 14/7034, 50.
[42] *Wackerbarth* in MüKoAktG, § 22 WpÜG Rn. 23.
[43] *Hasselbach* in KK-WpÜG, § 22 Rn. 36.

ters trüge. Die Schutzwürdigkeit des Wertpapierinhabers erfordert hingegen die analoge Anwendung.[44]

Soweit der Wortlaut von § 22 Abs. 3 nahelegt, dass der zurücktretende Wertpapierinhaber noch Eigentümer der Wertpapiere sein müsse („Inhaber von Wertpapieren"), also eine Übereignung das Rücktrittsrecht vernichte, so kann es nach dem Schutzzweck des § 22 Abs. 3 hierauf nicht ankommen.[45] **37**

b) Ausübung des Rücktrittsrechts. Der Rücktritt muss bis zum Ende der Annahmefrist ausgeübt werden. Er kann sich auch nur auf einen Teil der angedienten Wertpapiere beziehen.[46] **38**

aa) Rücktrittserklärung. Die Rücktrittserklärung ist eine einseitige, empfangsbedürftige Willenserklärung,[47] die daher dem Bieter zugehen muss. Der **Zugang** muss noch innerhalb der Annahmefrist erfolgen. **39**

bb) Form. Eine bestimmte Form ist für die Rücktrittserklärung im Gesetz nicht vorgesehen. Die Praxis verlangt nach den Ausgestaltungen der Bedingungen des Rücktrittsrechts in der Angebotsunterlage regelmäßig die Rückbuchung der angedienten Wertpapiere aus der gesonderten Wertpapier-Identifikationsnummer in die ursprüngliche Wertpapier-Identifikationsnummer. Die Depotbank des Aktionärs dürfte hierfür wohl überwiegend eine schriftliche Erklärung des Depotkunden verlangen. Auch hier reicht mit der oben bei Rn. 35 vertretenen Ansicht, dass vor Ablauf der Annahmefrist die entsprechende Erklärung des Wertpapierinhabers abgesandt wurde. **40**

Abgesehen von dieser üblichen und praktisch wohl einzig umsetzbaren Ausgestaltung der Annahme des Angebots und dessen eventuellen Rücktritts bestehen rechtliche Grenzen. Fraglich ist, ob der Bieter die Einhaltung einer besonderen Form für die Ausübung des Rücktritts vorschreiben kann. Dadurch könnte er einseitig **Hürden für die Ausübung** des Rücktrittsrechts aufstellen, während nach dem Gesetz die Erklärung des Rücktritts formfrei möglich ist.[48] Da dem Bieter allerdings auch nach § 2 Nr. 4 WpÜG-AngV möglich ist, die Einzelheiten zur Erklärung der Annahme der Wertpapierinhaber einseitig weiter auszugestalten, wird man auch bei der Gestaltung der Rücktrittserklärung das praktische Bedürfnis für weitere Einzelregelungen durch den Bieter anerkennen müssen. **41**

Jedenfalls dürfen solche Regelungen das Rücktrittsrecht des Wertpapierinhabers **nicht unangemessen beeinträchtigen.** Sobald die Erklärung des Rücktritts gegenüber der Erklärung der Annahme des Angebots erschwert ist, dürfte regelmäßig von einer unangemessenen Beeinträchtigung des Rück- **42**

---

[44] Ebenso *Diekmann* in Baums/Thoma, § 22 Rn. 52; *Steinhardt* in Steinmeyer, § 22 Rn. 14, *Oechsler* in Ehricke/Ekkenga/Oechsler, § 22 Rn. 11; *Krause* in Assmann/Pötzsch/Schneider, § 22 Rn. 50.

[45] *Krause* in Assmann/Pötzsch/Schneider, § 22 Rn. 48; *Diekmann* in Baums/Thoma, § 22 Rn. 48; *Noack/Holzborn* in Schwark/Zimmer, KapitalmarktR, § 22 WpÜG Rn. 17; *Steinhardt* in Steinmeyer, § 22 Rn. 16.

[46] *Diekmann* in Baums/Thoma, § 22 Rn. 53; So auch *Wackerbarth* in MüKoAktG, § 22 WpÜG Rn. 22, der es aber bei Rn. 25 für zulässig hält, einen Teilrücktritt in der Angebotsunterlage auszuschließen, ebenso *Krause* in Assmann/Pötzsch/Schneider, § 22 Rn. 57.

[47] Vgl. *Heinrichs* in Palandt, § 349 Rn. 1.

[48] Vgl. etwa *Heinrichs* in Palandt, § 349 Rn. 1.

trittsrechts des Wertpapierinhabers auszugehen sein.[49] Im Übrigen ist bei etwaigen Erschwerungen des Rücktrittsrechts auch § 309 Nr. 13 BGB zu beachten.

43 **cc) Empfänger.** Der Bieter kann im Rahmen der unter → Rn. 41 f. dargestellten Grundsätze auch die Stelle näher bezeichnen, an welche die Rücktrittserklärung zu richten ist. Auch hier ist eine unangemessene Beeinträchtigung des Rücktrittsrechts des Wertpapierinhabers unzulässig. Eine solche wird wegen des damit verbundenen Überraschungsmoments bereits dann angenommen, wenn Annahme und Rücktritt gegenüber unterschiedlichen Personen erklärt werden müssten.[50]

44 **c) Vertragliche Beschränkungen des Rücktrittsrechts.** Eine vertragliche Beschränkung des Rücktrittsrechts nach § 22 Abs. 3 durch Aufnahme entsprechender Regelungen in der Angebotsunterlage ist unzulässig.[51] Umstritten ist hingegen die Behandlung von außerhalb der Angebotsunterlage individuell, etwa mit Inhabern größerer Aktienpakete, vereinbarter Andienungspflichten (Tender Commitment, irrevocables) oder Paketerwerbe. Nach einer Ansicht gilt das Rücktrittsrecht nach Abs. 3 unmittelbar auch für diejenigen Aktionäre, die sich gegenüber dem Bieter zur Annahme des Angebots verpflichtet haben.[52] Umfasst werden sollen danach auch mittelbare Beschränkungen, etwa die Vereinbarung einer Vertragsstrafe, die der Wertpapierinhaber an den ursprünglichen Bieter zahlen muss, wenn er von seinem Rücktrittsrecht Gebrauch macht.[53]

45 Die Gegenansicht stellt auf die Schutzbedürftigkeit ab. Wer sich eben vertraglich zur Annahme des Angebots und Verzicht auf das Rücktrittsrecht verpflichte, könne das Rücktrittsrecht nicht ausüben.[54] Andererseits nehmen diese Aktionäre das Angebot eben an und sind daher wohl auch vom Schutz des § 22 Abs. 3 erfasst und es ist fraglich, ob dieses Recht überhaupt verzichtbar ist.[55] § 33b steht dem Verzicht auf das Rücktrittsrecht jedenfalls nicht entgegen.[56] Hielten die Personen nur kleinere Aktienpakete, könnte der Bie-

---

[49] *Diekmann* in Baums/Thoma, § 22 Rn. 55; *Hasselbach* in KK-WpÜG, § 22 Rn. 38.

[50] *Wackerbarth* in MüKoAktG, § 22 WpÜG Rn. 25.

[51] *Oechsler* in Ehricke/Ekkenga/Oechsler, § 22 Rn. 13 mwN.

[52] *Wackerbarth* in MüKoAktG, § 22 WpÜG Rn. 26 und 28; bei *Oechsler* in Ehricke/Ekkenga/Oechsler, § 22 Rn. 13, bleibt unklar, ob der Rücktrittsausschluss nur im Rahmen der Angebotsunterlage oder auch darüber hinaus unzulässig sein soll.

[53] Vgl. im Einzelnen zu den möglichen Gestaltungen *von Riegen* ZHR 167 (2003), 717f, *Bachmann* ZHR-Sonderheft 76 (2011), 191, 215 und ausführlich *Krause* in Assmann/Pötzsch/Schneider, § 22 Rn. 89 ff.

[54] vgl. ausführlich *Krause* in Assmann/Pötzsch/Schneider, § 22 Rn. 89 ff.; s. a. *von Riegen* ZHR 167 (2003), 713 zu konkurrierenden Angeboten und 707 ff. allgemein zur Zulässigkeit von Rücktrittsverzichten.

[55] *Bachmann* ZHR-Sonderheft 76 (2011), 191, 215 unter Hinweis auf den Schutz des konkurrierenden Bieters, über dessen Schutz der Wertpapierinhaber und der ursprüngliche Bieter nicht disponieren können.

[56] BT-Drucks. 16/1003, 20 („Schuldrechtliche Veräußerungsvorgänge werden von der Durchbrechungsregel nicht erfasst. Sie stellen keine Übertragungsbeschränkung dar.“); im Ergebnis, wenn auch mit anderer Begründung ebenso *Krause* in Assmann/Pötzsch/Schneider, § 22 Rn. 92.

ter aus abwicklungstechnischen Gründen nicht einmal erkennen, dass diese Personen gleichwohl ihr Rücktrittsrecht ausgeübt haben. Wenn der Bieter einen Rücktritt dieser Aktionäre im Fall eines konkurrierenden Angebots verhindern will, wird er sicherheitshalber statt des Tender Commitment einen Aktienkaufvertrag abschließen müssen.

2. Rücktrittsrecht bei Änderungen

Ob ein Rücktrittsrecht des Wertpapierinhabers auch besteht, wenn das Angebot zwar nicht vor Veröffentlichung der Angebotsunterlage des konkurrierenden Angebots, sondern erst danach angenommen wurde und danach das konkurrierende Angebot geändert wurde, ist unklar.[57] Eine entsprechende Frage stellt sich, wenn der Wertpapierinhaber das konkurrierende Angebot angenommen hat und danach das ursprüngliche Angebot geändert wird. **46**

a) Keine Anwendung von § 21 Abs. 4. Zunächst ist § 21 Abs. 4 nicht anwendbar, da diese Vorschrift nur den Rücktritt von dem Angebot regelt, welches geändert wird. In den unten genannten Fällen wird dagegen ein mit dem Angebot konkurrierendes Angebot geändert. **47**

b) Keine Anwendung von § 22 Abs. 3. Auch § 22 Abs. 3 ist nicht unmittelbar anwendbar, unabhängig davon, ob der Vertragsschluss nach Veröffentlichung der Angebotsunterlage für das konkurrierende Angebot erfolgte, dieses jedoch geändert wurde, oder der Wertpapierinhaber das konkurrierende Angebot vor einer Änderung des ursprünglichen Angebots angenommen hat. **48**

c) Stellungnahme. Dieses Ergebnis ist offensichtlich vom Gesetzgeber nicht gewollt. Vielmehr sollte dem Wertpapierinhaber ausdrücklich die Möglichkeit zustehen, sich bewusst **in Kenntnis aller Umstände** endgültig für eines der beiden Angebote zu entscheiden.[58] Dieses Ziel kann nur erreicht werden, wenn dem Wertpapierinhaber auch bei Änderung des einen Angebots der Rücktritt vom bereits angenommenen anderen Angebot ermöglicht wird. Das Rücktrittsrecht des § 22 Abs. 3 ist in diesen Fällen analog anzuwenden.[59] **49**

Andernfalls würde dies dazu führen, dass jeder Wertpapierinhaber zur Vermeidung von Rechtsnachteilen seine Annahme möglichst erst am letzten Tag einer laufenden Annahmefrist erklären würde, da erst dann sichergestellt werden kann, dass ein Angebot nicht mehr geändert wird. Das Rücktrittsrecht nach Abs. 3 ist dementsprechend auch bei Änderungen des jeweils anderen Angebots anwendbar.[60] **50**

---

[57] Zu diesem Problem auch *Oechsler* NZG 2001, 817, 825.

[58] BT-Drucks. 14/7034, 50.

[59] Ebenso *Oechsler* NZG 2001, 817, 825; *Steinhardt* in Steinmeyer, § 22 Rn. 17; so auch *Diekmann* in Baums/Thoma, § 22 Rn. 61; *Oechsler* in Ehricke/Ekkenga/Oechsler, § 22 Rn. 12, *Schröder* in Frankfurter Komm., § 22 Rn. 22 bei Fn. 27; *Hasselbach* in KK-WpÜG, § 22 Rn. 40; *Krause* in Assmann/Pötzsch/Schneider, § 22 Rn. 54f. (auch zur Umgehungsmöglichkeit durch Parallelerwerbe); *Rahlfs* in Bad Homburger Handbuch Übernahmerecht, Teil C, Rn. 415.

[60] So auch die Verwaltungspraxis der BaFin, vgl BaFin-Jahresbericht 2007, S. 192 (Techem AG).

3. Folgen der Ausübung des Rücktrittsrechts

51 Die Rückabwicklung bei Ausübung des Rücktritts erfolgt mangels anderweitiger Regelung im Gesetz gemäß den Vorschriften nach §§ 346ff. BGB. Da regelmäßig Leistungen des Bieters und des Wertpapierinhabers zum Zeitpunkt des Rücktritts noch nicht ausgetauscht sein dürften, erschöpft sich die Rechtsfolge regelmäßig in einer Aufhebung der ursprünglichen Verpflichtungen der Parteien. Wenn dagegen angedienten Wertpapiere bereits unmittelbar mit der Abgabe der Annahmeerklärung übertragen worden wären, wäre der Bieter zur unverzüglichen Rückübertragung (verbunden mit einer Rückbuchung in die ursprüngliche Wertpapier-Identifikationsnummer) Zug um Zug gegen Rückgabe einer ggf. bereits gezahlten Gegenleistung verpflichtet.

52 Nach einer in der Literatur vertretenen Ansicht könne der Bieter sich in der Angebotsunterlage vorbehalten, dass durch den Rücktritt entstehende Transaktionskosten, insbesondere dem Bieter entstandene Aufwendungen, von dem Wertpapierinhaber zu ersetzen sind.[61] Ausgangspunkt muss nach der hier vertretenen Ansicht die gesetzliche Regelung sein. Hat der Bieter nach den Grundsätzen der §§ 346ff. BGB Anspruch auf Erstattung von Kosten, kann er diese auch bei einem Rücktritt nach Abs. 3 geltend machen. Eine in der Angebotsunterlage festgelegte, hiervon zu Lasten des Wertpapierinhabers abweichende vertragliche Vereinbarung ist hingegen nicht möglich, da dies sonst zu einer unzulässigen Einschränkung des Rücktrittsrechts führen würde.

§ 23 Veröffentlichungspflichten des Bieters nach Abgabe des Angebots

(1) **Der Bieter ist verpflichtet, die Anzahl sämtlicher ihm, den mit ihm gemeinsam handelnden Personen und deren Tochterunternehmen zustehenden Wertpapiere der Zielgesellschaft einschließlich der Höhe der jeweiligen Anteile und der ihm zustehenden und nach § 30 zuzurechnenden Stimmrechtsanteile und die Höhe der nach den §§ 25 und 25a des Wertpapierhandelsgesetzes mitzuteilenden Stimmrechtsanteile sowie die sich aus den ihm zugegangenen Annahmeerklärungen ergebende Anzahl der Wertpapiere, die Gegenstand des Angebots sind, einschließlich der Höhe der Wertpapier- und Stimmrechtsanteile**

1. **nach Veröffentlichung der Angebotsunterlage wöchentlich sowie in der letzten Woche vor Ablauf der Annahmefrist täglich,**
2. **unverzüglich nach Ablauf der Annahmefrist,**
3. **unverzüglich nach Ablauf der weiteren Annahmefrist und**
4. **unverzüglich nach Erreichen der für den Ausschluss nach § 39a Abs. 1 und 2 erforderlichen Beteiligungshöhe**

gemäß § 14 Abs. 3 Satz 1 zu veröffentlichen und der Bundesanstalt mitzuteilen. § 14 Abs. 3 Satz 2 und § 31 Abs. 6 gelten entsprechend.

---

[61] *Diekmann* in Baums/Thoma, § 22 Rn. 67 unter Verweis auf *Hasselbach,* in KK-WpÜG, § 22 Rn. 35, der jedoch offensichtlich eine Beschränkung der Übernahme der Transaktionskosten des Wertpapierinhabers durch den Bieter im Falle eines Rücktritts meint.

(2) **Erwerben bei Übernahmeangeboten, bei denen der Bieter die Kontrolle über die Zielgesellschaft erlangt hat, und bei Pflichtangeboten der Bieter, mit ihm gemeinsam handelnde Personen oder deren Tochterunternehmen nach der Veröffentlichung der Angebotsunterlage und vor Ablauf eines Jahres nach der Veröffentlichung gemäß Absatz 1 Nr. 2 außerhalb des Angebotsverfahrens Aktien der Zielgesellschaft, so hat der Bieter die Höhe der erworbenen Aktien- und Stimmrechtsanteile unter Angabe der Art und Höhe der für jeden Anteil gewährten Gegenleistung unverzüglich gemäß § 14 Abs. 3 Satz 1 zu veröffentlichen und der Bundesanstalt mitzuteilen. § 31 Abs. 6 gilt entsprechend.**

Schrifttum: *Bartelt,* § 23 – Veröffentlichungspflichten des Bieters nach Abgabe des Angebots; *Kraack,* Directors' Dealings bei Erwerbs- und Übernahmeangeboten, AG 2016, 57; *Lebherz,* Publizitätspflichten bei der Übernahme börsennotierter Unternehmen, WM 2010, 154; *Leyendecker-Langner/Läufer,* Transaktionssicherheit und übernahmerechtliche Meldepflichten, NZG 2014, 161; *Neumann/Ogorek,* Reichweite und verfassungsrechtliche Grenzen der Veröffentlichungs- und Mitteilungspflichten des § 23 Abs. 2 S. 1 Alt. 1 WpÜG bei fehlendem Konntrollerwerb, BB 2010, 1297; *Witt,* Regelmäßige „Wasserstandsmeldungen" – unverzichtbarer Bestandteil eines künftigen Übernahmegesetzes, NZG 2000, 809.

Übersicht

I. Gesetzeszweck

1 § 3 Abs. 2 bestimmt als Grundsatz, dass dem jeweiligen Wertpapierinhaber ausreichende Informationen zur Verfügung stehen sollen, um qualifiziert über ein Angebot entscheiden zu können. Unterstützend regelt § 23 konkrete Veröffentlichungspflichten des Bieters im Hinblick auf die ihm zustehenden Wertpapier- bzw. Stimmrechtsanteile an der Zielgesellschaft. Durch regelmäßige sog. **„Wasserstandsmeldungen"** zu Beginn und während des Angebotsverfahrens sollen sämtlichen Beteiligten, insbesondere den Wertpapierinhabern, aber auch allgemein dem Kapitalmarkt, der Zielgesellschaft sowie Vertragspartnern der Zielgesellschaft aktuelle Informationen über den voraussichtlichen Erfolg des Angebots zugänglich gemacht werden. Eingeflossen in diese Bestimmung sind ua auch die Erfahrungen, die im Rahmen des Übernahmeangebots der Mannesmann AG durch die Vodafone AirTouch plc gesammelt wurden. Dabei trat als großes Problem zutage, dass weder das Zielunternehmen noch die Wertpapierinhaber während des Laufs des Angebotsverfahrens abschätzen konnten, wie viele Wertpapierinhaber das Angebot des Bieters bereits angenommen hatten.[1]

2 Zusätzlich soll durch diese Veröffentlichungspflichten das bestehende sog. Prisoner's Dilemma[2] (vgl. hierzu die Kommentierung zu § 16) der Wertpapierinhaber vermindert werden, da sich diese bereits während des laufenden Angebotsverfahrens einen Überblick über das Angebotsverhalten der übrigen Wertpapierinhaber verschaffen können.[3] Die Veröffentlichungspflichten in Abs. 2 dienen der Information über mögliche Nachbesserungsansprüche bei Parallel- und Nacherwerben nach § 31.

3 Die in § 23 enthaltenen Regelungen gehen über die Vorgaben der Übernahmerichtlinie hinaus. Nach Art. 13 lit. d der Übernahmerichtlinie ist lediglich eine Veröffentlichung des Ergebnisses eines Übernahme- oder Pflichtangebots vorgeschrieben. Der Gesetzgeber hat im Rahmen der Umsetzung des Übernahmerichtlinie-Umsetzungsgesetzes gleichwohl an den umfangreichen Veröffentlichungspflichten festgehalten. Einzige Ergänzung war die Aufnahme eines weiteren Veröffentlichungszeitpunkts in Abs. 1 Satz 2 Nr. 4; hierdurch soll Wertpapierinhabern die Möglichkeit gegeben werden, ihr Sell-out-Recht nach § 39c geltend zu machen. Ergänzend sind zum Zwecke des Vermeidens eines „Anschleichens" an die Zielgesellschaft nach § 25 WpHG mitzuteilende Instrumente gemäß § 23 Abs. 1 Satz 1 in die Veröffentlichung aufzunehmen. Dass noch auf § 25a WpHG verwiesen wird, obgleich aufgrund des Gesetzes zur Umsetzung der Transparenzrichtlinie-Änderungsrichtlinie[4] dessen Regelungsgehalt geändert wurde (Zusammenrechnung von Ak-

---

[1] Vgl. dazu *Burgard* WM 2000, 611, 612; vgl. auch *Strenger* WM 2000, 952: Erforderlichkeit eines „Transparenzgewinns für alle".

[2] Ausführliche Darstellung bei *Möllers* in KK-WpÜG, § 23 Rn. 2ff. und bei *Diekmann* in Baums/Thoma, § 23 Rn. 10ff.

[3] Vgl. zu dieser Motivation *Liebscher* ZIP 2001, 865; *Witt* NZG 2000, 809, 813; *Land* DB 2001, 1707, 1713; kritisch zu den psychologischen Effekten *Riehmer/Schröder* NZG 2000, 820, 823; ausführlich *Möllers* in KK-WpÜG, § 21 Rn. 2ff.

[4] BGBl. I 2015, 2029.

tien und Instrumenten), dürfte auf ein Redaktionsversehen zurück zu führen sein (siehe auch die Kommentierung zu § 11). § 25a WpHG in der geltenden Fassung definiert nämlich keine offenlegungspflichtigen Instrumente mehr. Gleichwohl zeigt die aktuelle Veröffentlichungspraxis, dass die Veröffentlichungen der Bieter immer noch „nach den §§ 25, 25a WpHG mitzuteilende Stimmrechte" enthalten, obgleich dies im Zusammenhang mit Wasserstandsmeldungen keinen Sinn ergibt, da die Bestände aus gehaltenen, zuzurechnenden Stimmrechten, Annahmeerklärungen (Instrumente nach § 25 WpHG, da nicht ohne zeitliche Verzögerung iSd. § 21 Abs. 1b WpHG zu erfüllen ist) und andere Instrumente nach § 25 WpHG detailliert offengelegt werden. Offenkundig hält die BaFin bzgl. der Formulierung der Wasserstandsmeldungen an dem fehlerhaften Gesetzeswortlaut fest.

II. Verhältnis zu den Mitteilungs- und Veröffentlichungspflichten nach dem WpHG

Neben den auf das Übernahmeverfahren zugeschnittenen Veröffentlichungspflichten des § 23 gelten insbesondere die §§ 21 ff. WpHG bei Erreichen oder Überschreiten bestimmter Schwellenwerte sowie dem Erwerb von bestimmten Instrumenten. Zusätzlich können auch Ad-hoc-Mitteilungspflichten nach § 15 WpHG[5] sowie Meldungen wegen Directors' Dealings nach § 15a WpHG[6] entstehen. Es stellt sich insofern die Frage, ob die auf das Übernahmeverfahren zugeschnittenen Veröffentlichungspflichten des § 23 die Mitteilungs- und Veröffentlichungspflichten des WpHG als lex specialis verdrängen oder nebeneinander stehen.[7] 4

§ 23 enthält **keine ausdrückliche Bestimmung,** ob die Regelungen des WpHG neben § 23 anzuwenden sind. Auch die Gesetzesbegründung äußert sich zu dem Verhältnis nicht. Dagegen ist in § 10 Abs. 6 für die Veröffentlichung der Entscheidung zur Abgabe eines Angebots ausdrücklich festgelegt, dass die Parallelregelung des § 15 WpHG zur Ad-hoc-Publizität im Anwendungsbereich der Vorschrift ausgeschlossen ist, und daher § 10 des Gesetzes insoweit für den Bieter eine abschließende Sonderregelung darstellt.[8] Auch die Pflicht, das Erreichen der Kontrollschwelle unverzüglich zu veröffentlichen (vgl. hierzu § 35 Abs. 1 Satz 1), geht insofern etwa bestehenden Ad-hoc-Mitteilungspflichten vor (vgl. § 35 Abs. 1 Satz 4). Schon dies spricht dafür, dass der Gesetzgeber in § 23 keine die WpHG-Vorschriften verdrängende Veröffentlichungspflicht gesehen hat, ansonsten eine ausdrückliche Klarstellung aufgenommen worden wäre. 5

Auch andere Gründe zeigen, dass die Veröffentlichungspflichten des § 23 neben denjenigen des WpHG **parallel anzuwenden** sind.[9] Sowohl die Reichweite und der Inhalt der Pflichten als auch die Rechtsfolgen und die Schutzrichtungen unterscheiden sich. So legen §§ 21ff. WpHG dem Bieter 6

---

[5] Vgl. hierzu im Einzelnen *Assmann* in Assmann/Schneider, § 15 WpHG Rn. 73 ff.

[6] Vgl hierzu ausführlich *Kraack* AG 2016, 57 ff.

[7] Ebenfalls eine Klarstellung anregend *Riehmer/Schröder* NZG 2000, 820, 823.

[8] Vgl. BT-Drucks. 14/7034, 39.

[9] *Riehmer/Schröder* BB 2001, Beilage 5, 1, 14 und *Witt* NZG 2000, 809, 810, *Steinhardt* in Steinmeyer, § 21 Rn. 35, s. a. *Kraack* AG 2016, 58 ff.

nur die Pflicht auf, das Erreichen der relevanten Schwelle bei Halten oder Zurechnung von Stimmrechten dem betroffenen Unternehmen mitzuteilen, während dieses dann die Veröffentlichung zu bewirken hat. Dagegen sieht § 23 eine eigene Veröffentlichungspflicht des Bieters vor. Auch der Inhalt der Veröffentlichung und die zeitlichen Rahmenbedingungen weichen deutlich voneinander ab.[10]

III. Anwendungsbereich

7 Die in § 23 geregelten Veröffentlichungspflichten unterscheiden zwischen allgemeinen Veröffentlichungspflichten während und nach dem Angebotsverfahren (Abs. 1, vgl. → Rn. 8 ff.)und besonderen Veröffentlichungspflichten bei Übernahme- und Pflichtangeboten (Abs. 2, vgl. → Rn. 35 ff.). Die Veröffentlichungspflichten des Abs. 1 betreffen in ihren Nr. 1 und Nr. 2 sämtliche Angebote, wohingegen die Pflichten nach Nr. 3 und Nr. 4 ausschließlich bei Übernahme- und Pflichtangeboten eingreifen[11]. Die Verpflichtung zu Wasserstandsmeldungen bei einfachen Erwerbsangeboten ist in der Literatur vereinzelt kritisiert worden, da das Prisoner's Dilemma sich allein bei Übernahmeangeboten stelle.[12]

IV. Allgemeine Veröffentlichungspflichten (Abs. 1)

1. Gegenstand der Veröffentlichungspflicht

8 Die Pflichten nach Abs. 1 lassen sich hinsichtlich des Gegenstandes der Veröffentlichung in zwei Bereiche teilen. Der Bieter wird zunächst verpflichtet, durch die Angabe seines gesamten Wertpapier- und Stimmrechtsbestandes an der Zielgesellschaft ein **umfassendes Bild über seine bereits bestehende Beteiligung** zu geben. Über die Verweisung auf § 25 WpHG werden neben der schon bestehenden Beteiligung des Bieters auch bestimmte Instrumente erfasst, etwa solche, die erst künftig einen Zugriff auf Stimmrechte der Zielgesellschaft ermöglichen. Weiterhin ist den Wertpapierinhabern und der Zielgesellschaft durch die Veröffentlichung der Anzahl und der Wertpapier- und Stimmrechtsanteile aus den dem Bieter zugegangenen Annahmeerklärungen ein aktuelles Bild über die **Akzeptanz des Angebotes** zu geben.[13]

9 Ausgehend von dieser Zweiteilung lässt sich der Inhalt der Veröffentlichungspflicht wie folgt strukturieren:

---

[10] Ebenso *Steinhardt* in Steinmeyer, § 21 Rn. 35; *Assmann* in Assmann/Pötzsch/Schneider, § 23 Rn. 51; *Diekmann* in Baums/Thoma, § 23 Rn. 25, 70 f.; *Wackerbarth* in MüKoAktG, § 21 WpÜG Rn. 4; *Oechsler* in Ehricke/Ekkenga/Oechsler, § 23 Rn. 13; *Schröder* in Frankfurter Komm., § 23 Rn. 9; ausführlich: *Möllers* in KK-WpÜG, § 23 Rn. 32 ff.

[11] Str. für Nr. 4, siehe näher bei → Rn. 35.

[12] Für eine allgemeine Beschränkung auf Übernahme- und Pflichtangebote Stellungnahme des Handelsrechtsausschusses des DAV v. April 2001 NZG 2001, 420, 426; so auch *Schröder* in Frankfurter Komm., § 23 Rn. 5 ff., der eine teleologische Reduktion diskutiert, aber zu Recht ablehnt, ausführlich zur Normkritik *Steinhardt* in Steinmeyer, § 23 Rn. 5 ff.

[13] *Steinhardt* in Steinmeyer, § 23 Rn. 11.

– Bestehende Beteiligung der Bieterseite
  – Anzahl der dem Bieter, dem mit ihm gemeinsam handelnden Personen und deren Tochterunternehmen zustehenden Wertpapiere der Zielgesellschaft
  – der mit den vorgenannten Wertpapieren verbundene Anteil an der jeweiligen Gattung oder am Grundkapital[14]
  – Stimmrechtsanteil aus den dem Bieter zustehenden Wertpapieren
  – Stimmrechtsanteil aus den dem Bieter nach § 30 zuzurechnenden Wertpapieren
  – die Höhe der nach § 25 WpHG mitzuteilenden Stimmrechte
– Akzeptanz des Angebots
  – Anzahl der Wertpapiere, für die das Angebot angenommen wurde
  – Anteil dieser Wertpapiere am Grundkapital
  – Anteil der Stimmrechte aus diesen Wertpapieren.

a) Bestehende Beteiligung der Bieterseite. aa) Wertpapiere. Die Veröffentlichungspflicht zu den bestehenden Beteiligungsverhältnissen der Bieterseite bezieht sich auf **sämtliche, von der Zielgesellschaft ausgegebene Wertpapiere** im Sinne von § 2 Abs. 2, nicht nur auf diejenigen, die Gegenstand des Angebots sind. Bezieht sich das Angebot etwa ausschließlich auf Stammaktien, hat der Bieter auch Informationen über die von ihm gehaltenen Vorzugsaktien und sonstige die Zielgesellschaft betreffende Wertpapiere zu veröffentlichen. Hierdurch soll dem einzelnen Wertpapierinhaber sowie dem Markt ein klarer und umfassender Überblick verschafft werden, welchen Einfluss der Bieter in der Zielgesellschaft bereits besitzt.[15] Dem Bieter steht jedoch die Möglichkeit zu, Wertpapiere aus dem Handelsbestand von den Veröffentlichungspflichten auszunehmen, vgl. bei § 20. 10

Weitere Voraussetzung ist, dass die Wertpapiere dem Bieter, den mit ihm gemeinsam handelnden Personen oder deren Tochterunternehmen zustehen. Dafür muss die betroffene Person Eigentum an den betreffenden Wertpapieren innehaben.[16] 11

Über die der Bieterseite zustehenden Wertpapiere hinaus sind gemäß der Verweisung in Satz 2 auf § 31 Abs. 6 auch diejenigen Wertpapiere zu berücksichtigen, für die die Bieterseite schuldrechtliche Erwerbsansprüche besitzt, also insbesondere Call Optionen oder Kaufverträge abgeschlossen hat, die noch nicht vollzogen sind.[17] Diese Erwerbsansprüche sind jedoch immer zugleich Instrumente nach § 25 WpHG[18] und aufgrund der gehaltenen Aktien oder der angedienten Aktien dürfte – soweit die Schwelle die Offenlegung auslöst – die mitteilungspflichtige Schwelle regelmäßig erreicht sein. 12

bb) Anteilshöhe und getrennte Angabe. Von diesen so bestimmten Wertpapieren sind sodann die Anzahl unter Benennung der und Aufteilung auf die jeweilige Wertpapiergattung, soweit verschiedene bestehen, sowie die Höhe der jeweiligen **Anteile** anzugeben. Von der wohl herrschenden An- 13

---

[14] Zum Streitstand bei → Rn. 14.
[15] *Steinhardt* in Steinmeyer, § 23 Rn. 11.
[16] AA *Wackerbarth* in MüKoAktG, § 23 WpÜG Rn. 7.
[17] *Assmann* in Assmann/Pötzsch/Schneider, § 23 Rn. 10.
[18] *Assmann* in Assmann/Pötzsch/Schneider, § 23 Rn. 11.

sicht wird der Begriff „Anteil" auf das Grundkapital bezogen[19] und eine getrennte Angabe für einzelne Wertpapiergattungen für nicht erforderlich gehalten.[20]

14 Die Angaben sind auch für gemeinsam handelnde Person und Tochterunternehmen vorzunehmen, und zwar getrennt von den Angaben der vom Bieter gehaltenen Wertpapiere. Begründet wird dies im Wesentlichen mit dem Wortlaut und Transparenzgesichtspunkten.[21]

15 **cc) Stimmrechtsanteile.** Zusätzlich zu den vorgenannten Angaben hat der Bieter weiterhin die Stimmrechtsanteile anzugeben, die ihm entweder selbst zustehen oder die ihm gemäß § 30 zuzurechnen sind. Einzubeziehen sind dabei wiederum diejenigen Wertpapiere, deren Übertragung der Bieter außerhalb des Angebots im Wege schuldrechtlicher Vereinbarung verlangen kann (vgl. hierzu bei → Rn. 12). Die Stimmrechtsanteile sind getrennt für die dem Bieter zustehenden und die ihm nur zuzurechnenden Anteile auszuweisen. Eine getrennte Ausweisung nach den einzelnen Zurechnungstatbeständen nach § 30 ist nämlich – anders als etwa in § 35 Abs. 1 Satz 3 – nicht vorgeschrieben.[22] Über den Wortlaut hinaus wird vertreten, auch diejenigen Stimmrechte anzugeben, die Tochterunternehmen und mit dem Bieter gemeinsam handelnden Personen zuzurechnen sind.[23]

16 **dd) Höhe der Stimmrechte aufgrund von Instrumenten nach § 25 WpHG.** Durch die Aufnahme der Veröffentlichungspflichten über Stimmrechte hinsichtlich Instrumenten gemäß § 25 WpHG soll die Transparenz für den Kapitalmarkt und die Aktionäre der Zielgesellschaft weiter erhöht werden und insbesondere ein **„Anschleichen" an die Zielgesellschaft** an das Licht der Öffentlichkeit gebracht werden. Ein versteckter Aufbau von Stimmrechtspositionen, die für die Entscheidung von Wertpapierinhabern hinsichtlich der Annahme des Angebots entscheidend sein kann, wird hierdurch deutlich schwieriger.[24] Gemäß dem Verweis auf § 25 WpHG sind die Stimmrechtsanteile aus nach § 25 WpHG meldepflichtigen Instrumenten anzugeben. Ob die Verweisung auf § 25 WpHG nur als Definition der mit-

---

[19] *Assmann* in Assmann/Pötzsch/Schneider, § 23 Rn. 13; *Schröder* in Frankfurter Komm., § 23 Rn. 23; *Oechsler* in Ehricke/Ekkenga/Oechsler, § 23 Rn. 4, wie hier *Schröder* in Frankfurter Komm., § 23 Rn. 23.

[20] Etwa *Wackerbarth* in MüKoAktG, § 23 WpÜG Rn. 8; *Assmann* in Assmann/Pötzsch/Schneider, § 23 Rn. 12.

[21] *Steinhardt* in Steinmeyer, § 23 Rn. 12; *Diekmann* in Baums/Thoma, § 23 Rn. 30; *Wackerbarth* in MüKoAktG, § 23 WpÜG Rn. 9; aA nur *Oechsler* in Ehricke/Ekkenga/Oechsler, § 23 Rn. 3.

[22] *Assmann* in Assmann/Pötzsch/Schneider, § 23 Rn. 16; *Diekmann* in Baums/Thoma, § 23 Rn. 32f.; *Möllers* in KK-WpÜG, § 23 Rn. 69; *Steinhardt* in Steinmeyer, § 23 Rn. 15, *Noack/Holzborn* in Schwark/Zimmer, KapitalmarktR, § 23 WpÜG Rn. 8.

[23] *Diekmann* in Baums/Thoma, § 23 Rn. 34 unter Verweis auf § 2 Abs. 5 S. 2 WpÜG-AngebV; nach *Möllers* in KK-WpÜG, § 23 Rn. 58 ist eine solche über den Wortlaut hinausgehende Lesart nicht erforderlich, da diese regelmäßig auch dem Bieter zuzurechnen sein werden; ebenso *Assmann* in Assmann/Pötzsch/Schneider, § 23 Rn. 16.

[24] Vgl. zu weiteren Details etwa *Möllers/Wenninger* NJW 2011, 1697, 1702.

teilungspflichtigen Instrumente zu verstehen ist[25] oder ob die Mindestschwelle von 5% erreicht sein muss, bevor die Instrumente in der Wasserstandsmeldung zu nennen sind[26], dürfte für die Praxis selten relevant sein. Die während der Annahmefrist angedienten Aktien sind immer zugleich über die übliche Abwicklungsfrist hinaus zu erfüllende Kaufverträge oder, bei Angebotsbedingungen, zugleich aufschiebend bedingte Kaufverträge und damit immer zugleich Instrumente gemäß § 25 WpHG.[27] Zudem sind bereits gehaltene Aktien bei dem Erreichen der 5%-Schwelle zu berücksichtigen (§ 25a WpHG). Ein Angebot, bei dem nicht über bereits gehaltene, zugerechnete und angediente Aktien mindestens 5% erreicht sind, dürfte eher selten sein. Im Rahmen des Erwerbsangebots angediente Aktien sind hingegen nicht über § 25 WpHG separat aufzuführen, insofern gehen die Offenlegungspflichten nach § 23 vor.[28]

b) Im Rahmen des Angebots angediente Wertpapiere. Hier ist die Anzahl der Aktien, für die das Angebot angenommen wurde, zu nennen. Aktien, die aufgrund anderer Vereinbarungen erworben werden können, dürfen hier nicht einbezogen werden.[29] Sollten während der Annahmefrist bereits angediente Aktien auf den Bieter gegen Zahlung des Angebotspreises übertragen worden sein,[30] werden auch diese Aktien weiterhin bei der Anzahl der angedienten Aktien berücksichtigt, um die Transparenz über die Annahmequote zu wahren. Zusätzlich ist die zwischenzeitliche Übertragung in den bereits gehaltenen Aktienbestand kenntlich zu machen.[31] 17

Soweit der Bieter während der Annahmefrist **Rücktrittserklärungen** erhält, etwa wegen Angebotsänderungen oder konkurrierender Angebote, so muss er die insoweit weggefallenen Annahmeerklärungen bei nachfolgenden Veröffentlichungen berücksichtigen. Ein separater Ausweis ist hingegen nicht erforderlich,[32] obwohl ein solcher für die Beurteilung des Erfolges des Angebots gerade bei konkurrierenden Angeboten sehr aussagekräftig sein könnte.[33] 18

2. Form der Veröffentlichung, Mitteilung an die BaFin

Zu veröffentlichen ist in der Art und Weise, in welcher auch die Angebotsunterlage veröffentlicht wurde (vgl. dazu im Einzelnen § 14 Abs. 3 Satz 1), also grundsätzlich mit einer Veröffentlichung im Internet und im 19

---

[25] So wohl *Assmann* in Assmann/Pötzsch/Schneider, § 23 Rn. 16.

[26] *Leyendecker-Langner/Läufer* NZG 2014, 161, 164.

[27] Siehe etwa die Wasserstandsmeldungen im Übernahmeverfahren Vonovia SE – Deutsche Wohnen AG, in welchem Instrumente nach § 25 WpHG von deutlich unter 5% neben den bereits gehaltenen und angedienten Aktien offengelegt werden.

[28] BaFin, FAQ zum Transparenzrichtlinie-Änderungsrichtlinie-Umsetzungsgesetz, Nr. 42, wonach im Rahmen des Erwerbsangebots eingereichte Aktien weiterhin nur nach § 23 offenzulegen sind.

[29] Etwa *Wackerbarth* in MüKoAktG, § 23 WpÜG Rn. 8.

[30] Was bei unbedingten Angeboten grundsätzlich möglich, aber unüblich wäre.

[31] *Noack/Holzborn* in Schwark/Zimmer, KapitalmarktR, § 23 WpÜG Rn. 14.

[32] AA *Steinhardt* in Steinmeyer, § 23 Rn. 18; wie hier *Diekmann* in Baums/Thoma, § 23 Rn. 43; *Wackerbarth* in MüKoAktG, § 21 WpÜG Rn. 14.

[33] So auch *Wackerbarth* in MüKoAktG, § 21 WpÜG Rn. 14.

Bundesanzeiger.[34] Auch bei der Veröffentlichung nach § 23 kann der Bieter die Möglichkeit der **Schalterpublizität** in Anspruch nehmen.[35] Weiter hat der Bieter der BaFin die Veröffentlichung mitzuteilen.

20 Dadurch, dass § 23 Abs. 1 Satz 1 insgesamt auf § 14 Abs. 3 Satz 1 verweist, kann die Veröffentlichung im Wege der Schalterpublizität auch so erfüllt werden, dass der Bieter nur einmal zu Beginn des Angebotsverfahrens durch Hinweisbekanntmachung nach § 14 Abs. 3 Satz 1 Nr. 2 Alt. 2 mitteilt, bei welcher Stelle die entsprechenden Veröffentlichungen nach § 23 Abs. 1 bereit gehalten werden, und die bereitgehaltenen Unterlagen wöchentlich bzw. täglich dort aktualisiert werden. Im Internet ist immer zu veröffentlichen. Die Veröffentlichung der Wasserstandsmeldungen im Internet ist bis zum Ablauf der weiteren Annahmefrist zugänglich zu halten.

3. Zeitpunkt der Veröffentlichung

21 **a) Während des Laufs der Annahmefrist.** Während der Annahmefrist sind die Angaben durch den Bieter zunächst **wöchentlich** zu veröffentlichen. Da die Annahmefrist mit der Veröffentlichung der Angebotsunterlage beginnt (§ 16 Abs. 1 Satz 2), hat gemäß § 188 Abs. 2 Alt. 1 daher die Veröffentlichung spätestens am gleichen Tag der darauffolgenden Woche zu erfolgen. Vorgeschrieben ist die Einhaltung einer Frist von genau einer Woche jedoch nicht. Vielmehr will die Vorschrift nur sicherstellen, dass zwischen zwei Veröffentlichungen nicht mehr als eine Woche liegt. Eine frühere Veröffentlichung ist daher zulässig.[36]

22 Während der letzten Woche vor Ablauf der Annahmefrist ist der Stand der gehaltenen und angedienten Aktien **täglich** zu veröffentlichen. Hintergrund ist, dass insbesondere bei Übernahmeangeboten viele Anleger regelmäßig erst kurze Zeit vor Ablauf der Annahmefrist ihre Entscheidung über die Annahme des Angebots treffen.[37] Eine Beschränkung auf Werktage ist insofern in der Vorschrift nicht enthalten. Andererseits steht einer Verpflichtung zur Veröffentlichung auch an Wochenenden die Vorschrift des § 193 BGB entgegen. Wegen der vorgeschriebenen Veröffentlichung im Bundesanzeiger ist eine Veröffentlichung an Sams-, Sonn- und Feiertagen ohnehin nicht möglich. Mithin ist für § 23 Abs. 1 Satz 1 Nr. 1 ausreichend, die Angaben börsentäglich zu veröffentlichen.[38]

---

[34] Kritisch zur Vorgängerregelung Stellungnahme des Handelsrechtsausschusses des DAV v. April 2001 NZG 2001, 420, 426, danach wird während der Annahmefrist eine Veröffentlichung im Internet für ausreichend erachtet.

[35] Vgl. dazu Assmann/Pötzsch/Schneider, § 23 Rn. 19.

[36] Zustimmend *Möllers* in KK-WpÜG, § 23 Rn. 74; *Wackerbarth* in MüKoAktG, § 23 Rn. 15; kritisch allerdings bei mehrfacher Änderung des Turnus unter Missbrauchsgesichtspunkten *Assmann* in Assmann/Pötzsch/Schneider, § 23 Rn. 21.

[37] *Pötzsch/Möller* WM Sonderbeilage 2/2000, 1, S. 22; BT-Drucks. 14/7034, 50; vgl. auch *Geibel/Süßmann* BKR 2002, 52, 61; aus diesem Grund die Veröffentlichungspflichten zu Beginn der Annahmefrist insgesamt kritisierend *Schröder* in Frankfurter Komm., § 23 Rn. 26 und *Riehmer/Schröder* NZG 2000, 820, 823; dagegen *Steinhardt* in Steinmeyer, § 23 Rn. 7.

[38] *Wackerbarth* in MüKoAktG, § 23 WpÜG Rn. 16; *Schröder* in Frankfurter Komm., § 21, Rn. 26; jetzt auch *Steinhardt* in Steinmeyer, § 23 Rn. 21; aA *Assmann* in Assmann/Pötzsch/Schneider, § 23 Rn. 22.

23 Nicht eindeutig geregelt ist, ab welchem Tag der Annahmefrist die tägliche Offenlegungspflicht beginnt. Dem Wortlaut nach beginnt in der letzten Woche vor Ende der Annahmefrist die tägliche Offenlegungspflicht. Demnach wäre, da Auslöser der siebtletzte Tag der Annahmefrist ist, am sechstletzten Tag über die Zahl der Annahmen bis zum siebtletzten Tag zu berichten. Die BaFin verlangt hingegen mit Assmann[39] eine Veröffentlichung am siebtletzten Tag mit dem Stand des achtletzten Tages und damit fünf Veröffentlichungen (ohne gesetzliche Feiertage, die weder Samstag noch Sonntag sind). Da der achtletzte Tag nicht in der letzten Woche der Annahmefrist liegt, überzeugt die Ansicht nicht. Die Praxis wird sich jedoch zwecks Vermeidung von Diskussionen mit der BaFin daran halten müssen.

24 Bei einer **Verlängerung der Annahmefrist** gem. § 22 Abs. 2 oder § 21 Abs. 5 ist für die täglichen Veröffentlichungspflichten der Ablauf der verlängerten Annahmefrist maßgebend.[40]

25 Während der **weiteren Annahmefrist** findet keine tägliche Veröffentlichung statt. Der Wortlaut des Gesetzes ist insofern eindeutig, für eine analoge Anwendung bleibt kein Raum.[41] Der Gesetzeszweck der weiteren Annahmefrist, den dem Angebot bisher noch nicht nähergetretenen Aktionären eine Annahme auch noch zu ermöglichen, wenn das Angebot des Bieters erfolgreich war, benötigt keine zusätzlichen Wasserstandsmeldungen; denn die Veröffentlichung des Ergebnisses des Angebots ist insofern ausreichende Grundlage für die Entscheidung über die Annahme durch die Aktionäre.[42]

26 Praktische Schwierigkeiten mag das Erfordernis hervorrufen, eine aktuelle Aufstellung über die zugegangenen[43] Annahmeerklärungen zu veröffentlichen. Bei der zwingenden Abwicklung der Annahmeerklärungen über die Clearstream Banking AG mit Umbuchung in eine andere ISIN ist der Stand der Annahmeerklärungen für den regelmäßig eingeschalteten Wertpapierdienstleister gut zugänglich. Nicht erfasst werden so allerdings Annahmeerklärungen, welche der depotführenden Bank zugegangen sind, aber von dieser noch nicht in die für die angedienten Aktien eingerichtete ISIN umgebucht wurden. Der Bieter hat jedoch keine Möglichkeit, diese Aktien zu erfassen.[44]

---

[39] *Assmann* in Assmann/Pötzsch/Schneider, § 23 Rn. 22; so wohl auch *Wackerbarth* in MüKoAktG, § 23 Rn. 16.

[40] *Wackerbarth* in MüKoAktG, § 23 WpÜG Rn. 17.

[41] Kritisch zu dieser Beschränkung unter dem Gesichtspunkt des Prisoner's Dilemma etwa *Witt* NZG 2000, 809, 817 sowie *Möllers* in KK-WpÜG § 23 Rn. 82, der eine analoge Anwendung in Fällen befürwortet, in denen die Mindestannahmeschwelle unter 50% liegt oder gar keine Schwelle vorgesehen ist; wie hier: *Steinhardt* in Steinmeyer, § 21, Rn. 23, der bei Rn. 7 dies gleichwohl für „unbefriedigend" hält; *Oechsler* in Ehricke/Ekkenga/Oechsler, § 21 Rn. 6; *Schröder* in Frankfurter Komm., § 23 Rn. 31.

[42] Abweichend *Witt* NZG 2000, 809, 817; kritisch insofern *Diekmann* in Baums/Thoma, § 23 Rn. 54 ff.; vgl. auch *Möllers* in KK-WpÜG, § 23 Rn. 82 ff.

[43] Vgl. insofern die Diskussion über die Stellung des Wertpapierdienstleistungsungernehmens als Empfangsbote oder Empfangsvertreter *Diekmann* in Baums/Thoma, § 23 Rn. 38 ff.; *Möllers* in KK-WpÜG, § 23 Rn. 60 und *Assmann* in Assmann/Pötzsch/Schneider, § 23 Rn. 17.

[44] *Schröder* in Frankfurter Komm., § 23 Rn. 28.

Der Bieter sollte den Stand (Datum und Uhrzeit) der veröffentlichten Zahlen angeben.[45]

27 **b) Nach Ablauf der Annahmefrist.** Weiterhin sind die genannten Informationen unverzüglich nach Ablauf der Annahmefrist zu veröffentlichen.

28 Welcher Zeitraum noch als **unverzüglich** (ohne schuldhaftes Zögern, § 121 Abs. 1 Satz 1 BGB) im Sinne von § 23 Abs. 1 Satz 1 Nr. 2 angesehen werden wird, hängt von den jeweiligen Umständen ab. Eine Veröffentlichung muss erfolgen, sobald die letzten Annahmeerklärungen einschließlich etwaiger Nachläufe eingegangen und ausgewertet sind. Da es bei der Feststellung des Ergebnisses nach Ablauf der Annahmefrist nicht nur auf Schnelligkeit, sondern insbesondere auch auf Richtigkeit ankommt, besteht insofern ein Zielkonflikt.

29 In jedem Fall wird man einen Zeitraum von maximal sieben Kalendertagen in normal gelagerten Fällen als **Obergrenze** anzusehen haben[46]. Denn wenn die Veröffentlichung der Kontrolle nach § 35 Abs. 1 Satz 1 bereits innerhalb einer Frist von sieben Kalendertagen ab Kenntnis oder Kennenmüssen vorgeschrieben ist, wird man nach Ablauf des Angebotsverfahrens regelmäßig keine längere Frist gelten können.

30 Soweit die Annahmequote im Einzelfall zugleich eine **nach § 15 WpHG publizitätspflichtige Tatsache** darstellt, ist unverzüglich die Ad-hoc-Mitteilung, regelmäßig vor der Veröffentlichung im Internet und im Bundesanzeiger vorzunehmen. Nach Abwicklung des Angebots gelten die §§ 21 ff. WpHG.

31 **c) Nach Ablauf der weiteren Annahmefrist.** Bei Übernahmeangeboten hat der Bieter gemäß § 23 Abs. 1 Satz 1 Nr. 2 die Mitteilung zusätzlich unverzüglich nach Ablauf der weiteren Annahmefrist im Sinne von § 16 Abs. 2 zu veröffentlichen. Hat der Bieter bei einem Übernahmeangebot das Angebot von dem Erwerb eines Mindestanteils abhängig gemacht, und wird der Mindestanteil nach Ablauf der Annahmefrist nicht erreicht, besteht auch keine Veröffentlichungspflicht nach § 23 Abs. 1 Nr. 3.[47]

32 **d) Nach Erreichen der Schwelle des § 39 a.** Mit dem Übernahmerichtlinie-Umsetzungsgesetz ist ein weiterer Veröffentlichungszeitpunkt in das Gesetz eingefügt worden. Danach sind die nach § 23 Abs. 1 vorgesehenen Informationen dann zu veröffentlichen, wenn die für den Ausschluss nach § 39a Abs. 1 und 2 erforderliche Beteiligungshöhe erreicht ist. Hiermit soll den Wertpapierinhabern die Informationen verschafft werden, welche diese zur Durchsetzung ihrer Sell-out-Rechte nach § 39c Satz 1 benötigen. Zudem beginnt erst durch die Veröffentlichung nach § 23 Abs. 1 Satz 1 Nr. 4 die Frist für die Geltendmachung der Sell-out-Rechte.

---

[45] *Wackerbarth* in MüKoAktG, § 23 WpÜG Rn. 16.

[46] Verbreitet wird auch auf fünf Börsentage abgestellt, vgl. etwa *Steinhardt* in Steinmeyer, § 21, Rn. 20; *Noack/Holzborn* in Schwark/Zimmer, KapitalmarktR, § 23 WpÜG Rn. 17; *Diekmann* in Baums/Thoma, § 23 Rn. 57 f. und *Möllers* in KK-WpÜG, § 23 Rn. 79 f. (fünf Börsentage und anschließendes Wochenende); strenger *Wackerbarth* in MüKoAktG, § 23 WpÜG Rn. 18a (2 Werktage als Maximum).

[47] Kritisch *Diekmann* in Baums/Thoma, § 23 Rn. 11 und 54 ff. für den Fall, dass der Bieter die Kontrolle innerhalb der ursprünglichen Annahmefrist nicht erreicht hat und keine Mindesterwerbsschwelle gesetzt hat.

Voraussetzung für die Veröffentlichungspflicht ist damit zunächst das Überschreiten der maßgeblichen Schwellenwerte nach § 39a durch den Bieter. Auch wenn diese Beteiligungsschwelle unter Berücksichtigung der Zurechnungsnormen nach § 16 Abs. 2, 4 AktG errechnet, sind für den Inhalt der Veröffentlichung weiterhin die übernahmerechtlichen Zurechnungsnormen maßgebend, welche allerdings die Fälle der Zurechnung nach § 16 Abs. 2, 4 AktG mit erfassen.[48] 33

Weiterhin ist für das Eingreifen der Veröffentlichungspflicht nach Nr. 4 das Vorliegen eines Übernahme- oder Pflichtangebots erforderlich.[49] Nur im Anschluss an ein solches besteht die Möglichkeit des übernahmerechtlichen Squeeze-out und der den Wertpapierinhabern spiegelbildlich eingeräumten Sell-out-Rechte. Die Veröffentlichungspflicht will daher im Wesentlichen die Information des Wertpapierinhabers über das ihm zustehende Sell-out-Recht sicherstellen. Die Gegenansicht, die die Veröffentlichungspflicht unabhängig von der Möglichkeit eines übernahmerechtlichen Squeeze-out bzw. eines Sell-out-Rechts der betroffenen Wertpapierinhaber allein an die Anteilshöhe anknüpfen wollte, würde dazu führen, dass auch noch Jahre nach dem Übernahmeverfahren eine entsprechende Veröffentlichung erfolgen müsste. Dies führt vor dem Hintergrund der in §§ 39a und 39c vorgesehenen 3-Monats-Frist zu Wertungswidersprüchen. 34

V. Besondere Veröffentlichungspflichten bei Übernahme- und Pflichtangeboten (Abs. 2)

1. Anwendbarkeit

Die in Abs. 2 vorgesehenen zusätzlichen Veröffentlichungspflichten gelten ausschließlich bei Übernahme- und Pflichtangeboten.[50] Voraussetzung für die Anwendung ist weiter, dass der Bieter zwischen der Veröffentlichung der Angebotsunterlage und dem Ablauf eines Jahres nach der Veröffentlichung des Ergebnisses im Sinne von Abs. 1 Satz 1 Nr. 2 Aktien der Zielgesellschaft (andere Wertpapiere genügen nicht[51]) außerhalb des Angebotsverfahrens erworben hat. Erwerb in diesem Sinne ist nicht als ausschließlich dinglicher Eigentumserwerb zu verstehen, sondern umfasst auch die in § 31 Abs. 6 genannten Vereinbarungen. 35

Die **Jahresfrist** wird nach § 188 Abs. 2 Alt. 1 BGB berechnet. 36

---

[48] AA etwa *Schröder* in Frankfurter Komm., § 23 Rn. 33a und *Schröder* in Frankfurter Komm., § 23 Rn. 33a; wie hier *Wackerbarth* in MüKoAktG, § 23 WpÜG Rn. 19.

[49] Str., aA etwa *Wackerbarth* in MüKoAktG, § 23 WpÜG Rn. 19, der auch eine Warnfunktion hinsichtlich des aktienrechtlichen Squeeze-out nach § 327a AktG erfüllt sieht; nur auf den Schutz hinsichtlich § 39c abstellend etwa *Steinhardt* in Steinmeyer, § 23 Rn. 24ff.

[50] *Schröder* in Frankfurter Komm., § 23 Rn. 35.

[51] Erweiternd auf vergleichbare Wertpapiere und Zertifikate, die Aktien vertreten, im Sinne von § 2 Abs. 2 Nr. 1 *Wackerbarth* in MüKoAktG, § 23 WpÜG Rn. 31; so auch *Schröder* in Frankfurter Komm., § 23 Rn. 38 und Fn. 42.

37 Die Vorschrift soll den Aktionären die notwendigen Informationen verschaffen, um festzustellen, ob ihnen ggf. eine höhere Gegenleistung nach § 31 Abs. 4 oder Abs. 5 zusteht. Nach § 31 Abs. 4 erhöht sich bei Parallelerwerben kraft Gesetzes die im Rahmen des Angebots gebotene Gegenleistung, § 31 Abs. 5 gewährt bei Nacherwerben einen Anspruch auf eine zusätzliche Geldleistung, sofern der Bieter innerhalb der dort genannten Referenzperiode außerbörslich Aktien der Zielgesellschaft für eine wertmäßig höhere als die im Angebot gewährte Gegenleistung erwirbt.[52] Die Veröffentlichungspflicht besteht unabhängig davon, ob die Gegenleistung tatsächlich wertmäßig höher als der Angebotspreis war.[53]

38 **a) Erfolg des Übernahmeangebots.** Abs. 2 knüpft nach seinem Wortlaut an einen Kontrollerwerb des Bieters an. Voraussetzung der Veröffentlichungspflicht nach Abs. 2 ist nach dem klaren Wortlaut, dass der Bieter die Kontrolle erlangt, also die Schwelle von 30% gemäß § 29 Abs. 2 überschritten hat. Hingegen ist nach § 31 Abs. 5 bei einem Nacherwerb eine Differenz zum Angebotspreis unabhängig davon, ob das Übernahmeangebot zum **Kontrollerwerb** geführt hat oder nicht, zu leisten, es sei denn, das Übernahmeangebot ist mangels Eintritts zulässiger Bedingungen nicht durchgeführt worden.

39 Warum Abs. 2 ausdrücklich nicht bei Übernahmeangeboten gelten soll, die zwar vollzogen wurden, bei denen der Bieter keine Kontrolle erlangt hat, bleibt unklar. Denn die in Abs. 2 statuierte Informationspflicht soll gerade die von einer Übernahme betroffenen Aktionäre im Hinblick auf den Nachbesserungsanspruch aus § 31 Abs. 5 schützen.[54]

40 Nach einer Ansicht soll diese Diskrepanz zwischen Veröffentlichungspflicht und Nachbesserungsanspruch hinzunehmen sein.[55] Ein Redaktionsversehen sei angesichts des klaren Wortlauts nicht feststellbar, so dass sich eine teleologische Reduktion verbiete. Zudem sei auch das Ziel des § 23 Abs. 2 nicht in erster Linie die Durchsetzung der Nachbesserungsansprüche.[56] Die Vertreter einer solchen wortlautgetreuen Auslegung werden jedoch schwer erklären können, wie eine Veröffentlichungspflicht bei Parallelerwerben entstehen soll, da während der Annahmefrist oftmals noch keine Kontrolle erlangt ist.[57]

---

[52] Zu dieser Motivation auch *Diekmann* in Baums/Thoma, § 23 Rn. 59.

[53] So auch *Assmann* in Assmann/Pötzsch/Schneider, § 23 Rn. 40; *Steinhardt* in Steinmeyer, § 23 Rn. 28; zweifelhaft insofern *Oechsler* in Ehricke/Ekkenga/Oechsler, § 23 Rn. 12, die den Bieter für berechtigt ansehen, sämtliche Erwerbe mit einer geringeren Gegenleistung erst am Ende der Jahresfrist zu veröffentlichen.

[54] Vgl. insofern *Pötzsch/Möller* WM 2000 Sonderbeilage 2, S. 22.

[55] *Assmann* in Assmann/Pötzsch/Schneider, § 23 Rn. 32; *Wackerbarth* in MüKoAktG, § 23 WpÜG Rn. 31; *Schröder* in Frankfurter Komm., § 23 Rn. 35 (ohne weitere Begründung); *Steinhardt* in Steinmeyer, § 23 Rn. 32, der die Informationslücke des Wertpapierinhabers hinnimmt.

[56] *Wackerbarth* in MüKoAktG, § 23 WpÜG Rn. 31.

[57] So aber *Steinhardt* in Steinmeyer, § 23 Rn. 34, der erst mit Feststehen des Erfolgs des Übernahmeangebots die Veröffentlichungspflicht annimmt; *Möllers* in KK-WpÜG, § 23 Rn. 58 („ab Erlangung der Kontrolle"); *Wackerbarth* in MüKoAktG, § 23 WpÜG Rn. 23 und *Assmann* in Assmann/Pötzsch/Schneider, § 23 Rn. 45 (Ablauf der ersten Annahmefrist).

41 Nach der Gesetzesbegründung soll § 23 das Durchsetzen des Nachbesserungsanspruchs erleichtern.[58] Ohne Unterrichtung über maßgebliche Nacherwerbe wäre dieses Ziel nicht zu erreichen.[59] Die Mitteilungspflicht soll daher nach dem Sinn und Zweck der Norm unabhängig von der Kontrollerlangung bestehen. Allerdings dürfte, trotz der Argumente einer entsprechenden Auslegung, ohne Korrektur des Gesetzgebers in diesem Fall jedoch keine Veröffentlichung des Bieters verlangt werden können. Eine solche Pflicht wäre nicht durchsetzbar, da ein Missachten nicht gemäß § 60 Abs. 1 Nr. 1b) als Ordnungswidrigkeit geahndet werden könnte. Einem Bußgeldverfahren stände der insoweit klare Gesetzeswortlaut entgegen.

42 **b) Erwerb außerhalb des Angebotsverfahrens.** Nach dem Gesetzeswortlaute sind sämtliche Nacherwerbe zu veröffentlichen. Da ein Nachbesserungsanspruch aus § 31 Abs. 5 nur bei außerbörslichen Zuerwerben besteht, engt die BaFin den Anwendungsbereich dahingehend ein, dass nur **außerbörsliche Nacherwerbe** veröffentlicht werden müssen.[60] Gleiches muss für Erwerbe des Bieters im Rahmen von **Umstrukturierungsmaßnahmen** gelten, für die nach § 31 Abs. 5 S. 2 kein Nachbesserungsanspruch besteht.[61] Für Parallelerwerbe bleibt es bei dem Grundsatz, dass auch börsliche Parallelerwerbe offengelegt werden müssen.[62]

2. Gegenstand der Veröffentlichung

43 Der Bieter hat neben der Höhe der erworbenen Aktien- und Stimmrechtsanteile auch die Art und die Höhe der für jeden Anteil gewährten Gegenleistung zu veröffentlichen. Hinsichtlich der Art ist entsprechend mitzuteilen, ob eine Barvergütung gezahlt wurde oder eine Sachleistung gewährt wurde; soweit Wertpapiere gewährt wurden, muss deren genaue Bezeichnung erfolgen.[63] Die Angabe der genauen Anzahl der erworbenen Aktien ist nicht erforderlich,[64] es sei denn, ohne diese Angabe könnte die gewährte Gegenleistung nicht berechnet werden.

---

[58] Dies bestreitet *Wackerbarth* in MüKoAktG, § 23 WpÜG Rn. 31, dem bei der Gesetzesbegründung der Hinweis fehlt, die Veröffentlichungspflicht diene „nur" der Durchsetzung der Nachbesserungsansprüche; vgl. im Übrigen die Gesetzesbegründung, BT-Drucks, 14/7034, 51.

[59] Wie hier *Diekmann* in Baums/Thoma, § 23 Rn. 59; *Oechsler* in Ehricke/Ekkenga/Oechsler, § 23 Rn. 11; *Möllers* in KK-WpÜG, § 23 Rn. 89, vgl. ausführlich *Neumann/Ogorek* BB 2010, 1297 ff., die eine analoge Anwendung befürworten, ebenso *Noack/Holzborn* in Schwark/Zimmer, KapitalmarktR, § 23 WpÜG Rn. 21.

[60] *Diekmann* in Baums/Thoma, § 23 Rn. 61; *Assmann* in Assmann/Pötzsch/Schneider, § 23 Rn. 37; *Noack/Holzborn* in Schwark/Zimmer, KapitalmarktR, § 23 WpÜG Rn. 24; aA hingegen *Steinhardt* in Steinmeyer, § 23 Rn. 33; *Wackerbarth* in MüKoAktG, § 23 WpÜG Rn. 31, unter Hinweis auf die abweichende BaFin-Praxis.

[61] Str., aA *Steinhardt* in Steinmeyer, § 23 Rn. 33 und *Wackerbarth* in MüKoAktG, § 23 WpÜG Rn. 31.

[62] So auch *Leyendecker-Langner/Läufer* NZG 2014, 165.

[63] Unklar *Oechsler* NZG 2001, 817, 826; wie hier *Assmann* in Assmann/Pötzsch/Schneider, § 23 Rn. 42.

[64] *Assmann* in Assmann/Pötzsch/Schneider, § 23 Rn. 41; *Steinhardt* in Steinmeyer, § 23 Rn. 29; aA *Wackerbarth* in MüKoAktG, § 23 WpÜG Rn. 27, *Schröder* in Frankfurter

44 Hinsichtlich der Höhe der Vergütung, die der Bieter zu veröffentlichen hat, ist unklar, ob sich die Höhe auf die Nennung der entsprechenden Vergütung (etwa: 35 Aktien der X-AG zu 1750 Euro) beschränkt oder aber konkret im Hinblick auf die Berechnungsvorschriften von § 31 sowie der WpÜG-AngV der **Wert** mitgeteilt werden muss, der sich aus der Anwendung der Berechnungsvorschriften ergibt.[65] Hierdurch würde dem Aktionär ein Vergleich der Vergütungshöhe zwischen der im Rahmen des Angebots geleisteten und der durch den Bieter im Rahmen des Parallel- oder Nacherwerbs gewährten Vergütung erleichtert. Im Ergebnis ist es, da Abs. 2 eine weitergehende Pflicht nicht statuiert, ausreichend, wenn der vormalige Wertpapierinhaber über die Anzahl der als Gegenleistung gewährten Wertpapiere informiert wird, sofern er danach die Höhe eines ihm zustehenden Nachbesserungsanspruch selbst ermitteln kann.[66]

45 Sofern die Gegenleistung in ausländischer Währung oder aber in börsennotierten Aktien besteht, wäre für eine Umrechnung der Vergütung (und damit einen Vergleich der Höhe der Vergütungen) erforderlich, auch den genauen **Zeitpunkt des Zuflusses der Vergütung** zu kennen. Dieser Zeitpunkt ist hingegen nicht zwingend anzugeben, auch wenn dies sinnvoll ist.

46 Abs. 2 spricht im Übrigen nur von einer „gewährten" Vergütung. Dagegen besteht der Nachbesserungsanspruch nach § 31 auch bei einer nur **vereinbarten Vergütung,** die zum Zeitpunkt des Ablaufs der Jahresfrist noch nicht gewährt sein muss. Da § 23 nach dem gesetzgeberischen Willen den Aktionär in die Lage versetzen soll, etwaige Nachbesserungsansprüche zu ermitteln, wird man Abs. 2 über den Wortlaut hinaus dahingehend auszulegen zu haben, dass auch eine nur vereinbarte Vergütung zu veröffentlichen ist.[67]

3. Einzelheiten der Veröffentlichung

47 Parallelerwerbe sind binnen zwei bis drei Werktagen nach Erwerb zu veröffentlichen, damit die Wertpapierinhaber ihre Überlegungen und Absichten im Hinblick auf die Annahme des Übernahme- oder Pflichtangebots einfließen lassen können.

48 Für Nacherwerbe dürfte bei der Auslegung der Unverzüglichkeit ebenfalls eine recht enge Frist gelten, angemessen erscheinen etwa drei Werktage.[68] Der von *Oechsler* vertretenen Ansicht,[69] sämtliche Nacherwerbe ohne Über-

---

Komm., § 23 Rn. 40, *Diekmann* in Baums/Thoma, § 23 Rn. 65 („redaktionelles Versehen") und *Noack/Holzborn* in Schwark/Zimmer, KapitalmarktR, § 23 WpÜG Rn. 27.

[65] So etwa *Steinhardt* in Steinmeyer, § 23 Rn. 30 (Angabe des Wertunterschieds); *Diekmann* in Baums/Thoma, § 23 Rn. 65 (sofern zur Berechnung des Nachbesserungsanspruches benötigt); *Möllers* in KK-WpÜG, § 23 Rn. 94.

[66] *Diekmann* in Baums/Thoma, § 23 Rn. 65; *Schröder* in Frankfurter Komm., § 23 Rn. 40 und bei Fn. 44.

[67] Allg. Ansicht, vgl. etwa *Wackerbarth* in MüKoAktG, § 23 WpÜG Rn. 28; *Diekmann* in Baums/Thoma, § 23 Rn. 66; *Steinhardt* in Steinmeyer, § 23 Rn. 30; *Möllers* in KK-WpÜG, § 23 Rn. 94; *Assmann* in Assmann/Pötzsch/Schneider, § 23 Rn. 42; *Schröder* in Frankfurter Komm., § 23 Rn. 40.

[68] *Noack/Holzborn* in Schwark/Zimmer, KapitalmarktR, § 23 WpÜG Rn. 28 und *Diekmann* in Baums/Thoma, § 23 Rn. 68: 2 Werktage bzw. Börsenhandelstage.

[69] *Oechsler* in Ehricke/Ekkenga/Oechsler, § 23 Rn. 12.

schreitung der im Angebot offerierten Gegenleistung könnten am Ende der Jahresfrist zusammen veröffentlicht werden und eine Veröffentlichungspflicht bestünde nicht unmittelbar, wenn der Bieter von einem baldigen Abschluss einer Vereinbarung mit noch höherer Gegenleistung wisse, kann nicht gefolgt werden. Sie findet keine Stütze im Gesetz und ist auch unter Schutzgesichtspunkten nicht sachgerecht.

Folgt man der bei → Rn. 39ff. vertretenen Ansicht, dass es nicht auf den Kontrollerwerb ankommt, ergibt sich zwanglos, dass der Bieter mit der Veröffentlichung nicht bis zum Kontrollerwerb abwarten darf. Ferner erscheint es zweifelhaft, dass das Erreichen einer eventuell angegebenen Mindesterwerbsschwelle abgewartet werden darf, bevor über Parallelerwerbe berichtet werden muss.[70] Konsequenterweise müssten die Vertreter dieser Ansicht dann auch das Eintreten etwaiger weiterer Bedingungen abwarten. Dies alles geben Gesetzeswortlaut und Sinn und Zweck der Norm nicht her. 49

Ob bei Nacherwerben die Veröffentlichung neben der Bekanntgabe im Internet im Wege der Schalterpublizität allein mit der Hinweisbekanntmachung bei Veröffentlichung der Angebotsunterlage ohne erneute spätere Hinweisbekanntmachung erfolgen kann (vgl. → Rn. 21), ist zweifelhaft. Während interessierte Wertpapierinhaber während der Annahmefrist die Wasserstandsmeldungen mehr oder weniger regelmäßig verfolgen werden, ist kaum anzunehmen, dass die Wertpapierinhaber die Veröffentlichung des Bieters auch bis zu einem Jahr nach Abschluss des eigentlichen Angebots daraufhin überprüfen, ob ein Nacherwerb stattgefunden hat. Unter dem Gesichtspunkt des Schutzzwecks der Norm erscheint daher in solchen Fällen eine **erneute Hinweisbekanntmachung** erforderlich. 50

VI. Sanktionen

Nimmt der Bieter nach Abs. 1 Satz 1 oder Abs. 2 Satz 1 vorgeschriebene Veröffentlichungen oder eine nach Abs. 1 Satz 2 oder Abs. 2 Satz 2 eine Mitteilung vorsätzlich oder fahrlässig nicht, nicht richtig, nicht in der vorgeschriebenen Weise oder nicht rechtzeitig vor, handelt es sich dabei um **Ordnungswidrigkeiten** nach § 60 Abs. 1 Nr. 1 bzw. Nr. 5), die hinsichtlich Veröffentlichungsfehlern mit einer Geldbuße bis 500 000 Euro und hinsichtlich Mitteilungsfehlern mit einer Geldbuße bis 200 000 Euro geahndet werden können, wobei über § 17 Abs. 4 OWiG auch dieses Höchstmaß noch überschritten werden kann. Als nicht richtige Veröffentlichung in diesem Sinne ist auch die bewusst oder leichtfertig **zu hoch angesetzte Angabe** der durch den Bieter erlangten Anteile und Stimmrechte anzusehen.[71] Diese Fälle hält *Witt* für weitaus wahrscheinlicher als eine zu niedrige Angabe, da der Bieter versucht sein könnte, durch eine zu hohe Angabe der bereits erlangten Annahmeerklärungen den Druck auf die bisher unentschlossenen 51

---

[70] *Schröder* in Frankfurter Komm., § 23 Rn. 39; *Assmann* in Assmann/Pötzsch/Schneider, § 23 Rn. 34; *Wackerbarth* in MüKoAktG, § 23 WpÜG Rn. 25, jeweils hinsichtlich des Überschreitens der Kontrollschwelle; *Steinhardt* in Steinmeyer, § 23 Rn. 34 Feststehen des Erfolgs des Übernahmeangebots.

[71] So *Witt* NZG 2000, 809, 819.

Wertpapierinhaber zu steigern.[72] Zusätzlich könnte in einer bewusst falschen Veröffentlichung auch ein zumindest versuchter **Betrug** nach § 263 StGB liegen.[73]

52 Umstritten ist, ob falsche Veröffentlichungen eine Haftung des Bieters auslösen können. Zum Teil wird eine **Haftung entsprechend § 12** bejaht.[74] Begründet wird dies damit, dass es sich bei der Veröffentlichung nach § 23 Abs. 1 um eine Aktualisierung der Angebotsunterlage handle, so dass auf Fehler bei der Veröffentlichung § 12 anzuwenden sei. Hiergegen wird eingewandt, dass § 12 schon nach seinem Wortlaut nicht anwendbar ist. Anders als in § 21 Abs. 3 hat der Gesetzgeber auch keine entsprechende Anwendung festgelegt. Im Übrigen dürfte die mit erheblichen Unsicherheiten belastete Veröffentlichungspflicht nach § 23 (→ Rn. 27) auch sonst mit der Angebotsunterlage nicht vergleichbar sein.[75] Dieser Ansicht ist zu folgen. Die Angebotsunterlage bietet, einem Prospekt vergleichbar, eine höhere Richtigkeitsgewähr. Die Veröffentlichung nach § 23 ist damit nicht vergleichbar.

53 Ebenso umstritten ist, ob die Veröffentlichungspflichten von § 23 **Schutzgesetz im Sinne von § 823 Abs. 2 BGB** darstellen. Nach einer Ansicht wird dies bejaht, da die Veröffentlichungspflichten auch dem schadensrechtlichen Individualschutz des Einzelnen dienen. Bei § 23 sei – insbesondere im Vergleich mit den allgemeinen kapitalmarktorientierten Veröffentlichungspflichten nach WpHG – der Individualbezug eindeutiger, da den einzelnen Angebotsempfängern insbesondere vor dem Hintergrund ihres Prisoner's Dilemma bzw. ihren individuellen Nachbesserungsansprüchen Informationen gewährt werden sollen.[76] Die Gegenansicht verneint hingegen einen individualschützenden Charakter der Veröffentlichungspflichten.[77] Eine vermittelnde Position nimmt *Assmann* ein, der nur Abs. 2 als individualschützend und daher als Schutzgesetz ansieht.[78] Denn hierdurch soll dem einzelnen Wertpapierinhaber gerade ermöglicht werden, seine individuelle Entscheidung über ein bestimmtes Angebot zu treffen. Anders als bei den abstrakten Veröffentlichungspflichten des WpHG hat § 23 daher konkret individualschützende Funktion.

---

[72] Ebenso *Möllers* in KK-WpÜG, § 23 Rn. 100.

[73] Vgl. hierzu *Witt* NZG 2000, 809, 819; so auch *Wackerbarth* in MüKoAktG, § 23 WpÜG Rn. 35.

[74] *Möllers* in KK-WpÜG, § 23 Rn. 99ff.; einschränkend für Veröffentlichungen während der Annahmefrist nach § 23 Abs. 1 im Hinblick auf Tatbestände des § 2 Nr. 5 WpÜG-AngebV *Diekmann* in Baums/Thoma, § 23 Rn. 75f, ebenso *Noack/Holzborn* in Schwark/Zimmer, KapitalmarktR, § 23 WpÜG Rn. 30.

[75] So *Steinhardt* in Steinmeyer, § 23 Rn. 42; *Assmann* in Assmann/Pötzsch/Schneider, § 23 Rn. 49; *Oechsler* in Ehricke/Ekkenga/Oechsler, § 23 Rn. 14.

[76] Vgl. ausführlich *Möllers* in KK-WpÜG, § 23 Rn. 104 und 106; *Diekmann* in Baums/Thoma, § 23 Rn. 77; wohl ebenso *Wackerbarth* in MüKoAktG, § 23 WpÜG Rn. 36, der allerdings auf Rechtsfolgenseite regelmäßig keinen Schaden sieht.

[77] *Oechsler* in Ehricke/Ekkenga/Oechsler, § 23 Rn. 14; *Steinhardt* in Steinmeyer, § 23 Rn. 40ff.; *Noack/Holzborn* in Schwark/Zimmer, KapitalmarktR, § 23 WpÜG Rn. 32.

[78] *Assmann* in Assmann/Pötzsch/Schneider, § 23 Rn. 50.

§ 24 Grenzüberschreitende Angebote

Hat der Bieter bei grenzüberschreitenden Angeboten zugleich die Vorschriften eines anderen Staates außerhalb des Europäischen Wirtschaftsraums einzuhalten und ist dem Bieter deshalb ein Angebot an alle Inhaber von Wertpapieren unzumutbar, kann die Bundesanstalt dem Bieter auf Antrag gestatten, bestimmte Inhaber von Wertpapieren mit Wohnsitz, Sitz oder gewöhnlichem Aufenthalt in dem Staat von dem Angebot auszunehmen.

Übersicht

I. Einleitung

1. Aktionäre im Ausland

a) Gründe. In vielen Fällen werden die Aktien der Zielgesellschaft oder andere Wertpapiere im Sinne des § 2 Abs. 2 von natürlichen oder juristischen Personen mit Wohnsitz oder Sitz im Ausland gehalten. Dies ist etwa dann der Fall, wenn die Wertpapiere der Zielgesellschaft oder aktienvertretende Zertifikate in anderen Staaten zugleich zum Börsenhandel zugelassen sind („Dual oder Secondary Listing").[1] Oftmals werden Aktien börsennotierter Unternehmen auch den Mitarbeitern dieses Unternehmens im In- und Ausland zum Erwerb angeboten. 1

Weiterhin können Wertpapiere der Zielgesellschaft in anderen Staaten, etwa in einem dem inländischen Freiverkehr ähnlichen Handel, an der Börse notiert sein. 2

b) Kenntnis. Der Bieter kann nicht wissen, in welchen Staaten Aktionäre der Zielgesellschaft ihren Wohnsitz, Sitz oder gewöhnlichen Aufenthalt haben. Hat die Zielgesellschaft Inhaberaktien emittiert, weiß weder die Zielgesellschaft noch der Bieter, in welchen Staaten sich die Aktionäre aufhalten. Aber auch im Falle der Ausgabe von Namensaktien verfügt der Bieter nicht 3

[1] BT-Drucks. 14/7034, 51.

über das Wissen, von welchen Aktionären in welchen Staaten Aktien gehalten werden. Dem Bieter darf weder bei einer gewollten noch bei einer ungewollten („feindlichen") Übernahme Einblick in das Aktienregister gewährt werden (§ 67 Abs. 7 AktG).[2] Auch die Zielgesellschaft wird nicht zuverlässig beurteilen können, in welchen Staaten sich ihre Aktionäre aufhalten, da oftmals lediglich die Depotbanken auf Wunsch des Aktionärs eingetragen sind (Eintragung im „street name").

2. Gleichbehandlungsgrundsatz

4 **a) Angebot an alle Aktionäre.** Der Bieter darf Inhaber von Wertpapieren der Zielgesellschaft, die derselben Gattung angehören, nicht ungleich behandeln (§ 3 Abs. 1). Der Bieter darf daher sein Angebot nicht dahingehend beschränken, dass es nur an die Inhaber der Wertpapiere der Zielgesellschaft in einem oder mehreren bestimmten Staaten gerichtet ist. Daher sah der Referentenentwurf zu § 24 noch vor, dass der Bieter die für ihn nach diesem Gesetz bestehenden Veröffentlichungspflichten entsprechend den dort geltenden Regelungen in jedem Staat zu erfüllen hätte.

5 **b) Internet.** Weiterhin muss der Bieter sein Angebot nach § 14 Abs. 3 durch eine Hinweisbekanntmachung im Bundesanzeiger, wo die Angebotsunterlage zu erhalten ist, oder dessen vollständige Wiedergabe im Bundesanzeiger, veröffentlichen und das Angebot zugleich im Internet zur Einsicht bekannt geben. Damit, insbesondere aufgrund der Veröffentlichung im Internet, kann jedes Erwerbs-, Übernahme- oder Pflichtangebot zugleich als weltweites öffentliches Angebot angesehen werden.

6 Im Gegensatz zu einem Verkaufsangebot kann jedoch bei einem Übernahmeangebot der Adressatenkreis, der per Internet von dem Angebot Kenntnis erlangt, nicht durch geeignete Vorkehrungen, etwa einen bestätigenden Hinweis, dass das Angebot sich nur an Personen mit Wohnsitz bzw. Sitz im Inland richtet (sogenannter **„Disclaimer"**), beschränkt werden, da dies im Widerspruch zu § 3 Abs. 1 stünde.

7 **c) Konflikt.** Der Bieter befindet sich daher in dem **Dilemma,** dass er zum einen den Kreis der Aktionäre, an die sich das Angebot richtet, nach § 3 Abs. 1 nicht räumlich beschränken kann, und zum anderen er nicht weiß, in welchen Staaten das Angebot von Aktionären der Zielgesellschaft angenommen wird und deshalb dort als öffentliches Angebot gewertet werden könnte.

8 Diese Unsicherheit beschränkt sich nicht nur auf Aktientauschangebote. Zwar dürfte in zahlreichen anderen Staaten zumindest das Anbieten von Geld als Gegenleistung nicht als öffentliches Angebot angesehen werden. In den USA werden nach der Rule „Cross-Border Tender and Exchange Offers, Business Combinations and Rights Offerings" jedoch alle Angebote, also auch solche mit Geld als Gegenleistung, als öffentliche Angebote angesehen und danach ist unter gewissen Voraussetzungen die Veröffentlichung eines Übernahmeangebots in den USA erforderlich.[3] Zwar existieren Ausnahmen dann, wenn nur eine geringe Anzahl Aktionäre betroffen ist (etwa betreffend

[2] *Riehmer/Schröder* BB 2001, Beilage 5, S. 2, 3.
[3] *von Hein* AG 2001, 213, 224.

die USA: Beteiligung von 10% oder weniger in den Händen von US-amerikanischen Aktionären (First Tier Exemption) oder eine Beteiligung von 40% oder weniger in den Händen von US-amerikanischen Aktionären (Second Tier Exemption)), doch wird der Bieter mangels Informationen über die Identität der Aktionäre diesen Nachweis eben kaum führen können.

II. Öffentliches Angebot

Jedes Erwerbs-, Übernahme- oder Pflichtangebot kann daher zugleich in anderen Staaten als öffentliches Angebot beurteilt werden, so dass der Bieter nicht nur die Vorschriften des Gesetzes für die Angebotsunterlage und deren Veröffentlichung zu beachten hätte, sondern zugleich die einschlägigen Vorschriften bezüglich des öffentlichen Anbietens der Gegenleistung in denjenigen Staaten, in denen Aktionäre der Zielgesellschaft ihren Sitz oder Wohnsitz haben. 9

III. Befreiung

1. Grundsatz

Soweit ein solcher Konflikt dazu führte, dass es dem Bieter unzumutbar würde, die Vorschriften des anderen Staates bezüglich des Anbietens der Gegenleistung zu beachten, kann die BaFin nach § 24 dem Bieter auf Antrag eine Befreiung dahingehend gewähren, dass bestimmte Inhaber von Wertpapieren mit Wohnsitz, Sitz oder gewöhnlichem Aufenthalt in Staaten außerhalb der EWR-Staaten von dem Angebot ausgenommen werden können. Hingegen kann die BaFin, schon mangels Anwendbarkeit deutschen Rechts, nicht von ausländischen Rechtsvorschriften, die etwa wegen der weiteren Börsenzulassung der Zielgesellschaft an einer ausländischen Börse auch in diesem Staat die Abgabe eines Übernahmeangebots verlangen, befreien. 10

Der Bieter hat die Befreiungsvoraussetzungen der BaFin eingehend darzustellen und zu belegen.[4] Die Befreiungsentscheidung steht im Ermessen der BaFin. 11

2. Angebot innerhalb der EWR-Staaten

Eine Befreiung nach § 24 kann jedoch nicht für diejenigen Aktionäre, die ihren Wohnsitz, Sitz oder gewöhnlichen Aufenthalt in einem der EWR-Staaten haben, gewährt werden. Das Gesetz scheint davon auszugehen, dass es dem Bieter zumutbar ist, seine Angebotsunterlage auch in den EWR-Staaten ungeachtet aufwändiger Übersetzungen zu veröffentlichen.[5] Die Anerkennungsregel des Art. 6 Abs. 2 Übernahmerichtlinie (umgesetzt in § 11a) verlangt jedoch eine weitere Zulassung der Wertpapiere der Zielgesellschaft in einem anderen EWR Staat. Allgemeine Notifizierungsregelungen, wie sie die 12

---

[4] BT-Drucks. 14/7034, 51.
[5] Siehe etwa *Holzborn* BKR 2002, 67, 68.

Prospektrichtlinie in Art. 17 bis 19 kennt, finden sich in der Übernahmerichtlinie hingegen nicht.

13 Gemäß § 2 Nr. 2 WpÜG-AngV muss im Falle eines Tauschangebots die Angebotsunterlage die nach der **Prospektrichtlinie** erforderliche Beschreibung des Emittenten der zum Tausch angebotenen Wertpapiere enthalten. Für ein solches Tauschangebot verlangt Art. 4 Abs. 1 (b) Prospektrichtlinie die Veröffentlichung eines Prospekts, es sei denn, ein Übernahmeangebot enthält eine einem Prospekt gleichwertige Beschreibung des Wertpapieremittenten. Daher muss in den EWR-Staaten neben der Angebotsunterlage zusätzlich die prospektähnliche Darstellung anlässlich der Veröffentlichung eines Übernahmeangebots, bei dem Wertpapiere der Zielgesellschaft als Gegenleistung angeboten werden, veröffentlicht werden.

3. Angebot außerhalb der EWR-Staaten

14 Der Bieter muss nachweisen, dass ihm ein grenzüberschreitendes Angebot an alle Wertpapierinhaber unzumutbar ist. Eine aus der grenzüberschreitenden Wirkung des Angebots resultierende finanzielle Mehrbelastung führt jedoch nicht bereits zur **Unzumutbarkeit.** Eine Unzumutbarkeit wird etwa dann angenommen, wenn die Mitwirkung ausländischer Aufsichtsbehörden und deren Entscheidungspraxis zu einer **Verzögerung des Übernahmeverfahrens** führte und damit die im Inland geltenden Fristen nicht eingehalten werden könnten.[6] Bei der Beurteilung der Unzumutbarkeit muss beachtet werden, ob dem Bieter das Einhalten ausländischer Rechtsvorschriften innerhalb der um bis zu vier Wochen verlängerten Frist zur Einreichung der Angebotsunterlage beim BaFin (§ 14 Abs. 1 Satz 3) möglich ist.[7] Weiterhin muss der Bieter nach dem Gesetzeswortlaut in dem Befreiungsantrag angeben, welche **bestimmten Inhaber** von Wertpapieren mit welchem Wohnsitz, Sitz und gewöhnlichem Aufenthalt von dem Angebot ausgenommen werden sollen. Dieses Tatbestandsmerkmal wird der Bieter, da ihm hierzu zuverlässige Informationen fehlen, regelmäßig nicht erfüllen können.

15 Der Bieter soll nachweisen müssen, dass in den Staaten, für welche die Befreiung beantragt wird, Aktionäre der Zielgesellschaft vorhanden sind.[8] Ein solcher Nachweis kann schon gar nicht gelingen.[9] Der Bieter wird allenfalls Indizien, etwa eine **Mehrfachnotierung,** die Platzierungsweise (etwa Angebot nach Rule 144A Stock Exchange Act in den USA) oder die Ausgabe von Aktien an Arbeitnehmer von Betrieben in den betreffenden Staaten, vortragen können. Mitteilungen nach § 21 WpHG oder Teilnehmerverzeichnisse von Hauptversammlungen können allenfalls den Anteilsbesitz institutioneller Investoren aufzeigen, um die es aber gar nicht geht. Auszüge aus dem Aktienregister darf der Bieter nicht erhalten;[10] und – freiwillige – Auskünfte im

[6] BT-Drucks. 14/7034, 51.

[7] BT-Drucks. 14/7034, 67.

[8] *Klepsch* in Steinmeyer, § 24 Rn. 7; *Lenz/Linke* AG 2002, 361, 365.

[9] Siehe auch *Wackerbarth* in MüKoAktG, § 24 WpÜG Rn. 7 f.: neuer Berufszweig des „Aktionärsermittlers".

[10] *Hüffer/Koch,* AktG, § 67 Rn. 29.

vermuteten Depotbankenkreis führen zu irreführenden Aussagen.[11] Mehr als eine Glaubhaftmachung kann die BaFin nicht verlangen.[12]

16 Die Durchführung eines öffentlichen Angebots in dem anderen Staat muss unzumutbar sein. Die Unzumutbarkeit soll sich aus Rechtsgründen, nicht jedoch tatsächlichen Erschwerungen wie etwa höheren Kosten, ergeben[13] was jedoch selten zutreffen wird und die Bieter wegen weniger in einem anderen Staat vermuteter Aktionäre zu einem völlig unverhältnismäßigen Kostenaufwand zwänge.[14] Unzumutbarkeit verlangt das Vorliegen einer rechtlichen Pflichtenkollision, etwa aus nicht mit dem WpÜG vereinbarenden Fristenregelungen.[15]

17 Die Entscheidung, den Ausschluss von Aktionären in bestimmten anderen Staaten zuzulassen, steht im Ermessen der BaFin. In die Ermessensausübung soll auch einfließen, ob dem Aktionär in dem anderen Staat der Ausschluss zumutbar ist, was bei einfachen Erwerbsangeboten eher als bei Übernahme- oder Pflichtangeboten anzunehmen sei.[16]

18 Einzelheiten der in einzelnen Ländern geltenden Vorschriften für das Veröffentlichen einer Angebotsunterlage, darunter insbesondere den USA,[17] sind etwa dargestellt bei *Versteegen*[18] und *Schneider/Rosengarten*.[19]

IV. Distributionsbeschränkungen

19 Die Praxis behilft sich mit der Aufnahme von Distributionsbeschränkungen in die Angebotsunterlage. Danach darf die Angebotsunterlage außerhalb Deutschlands weder unmittelbar noch mittelbar veröffentlicht, verbreitet oder weitergegeben werden, soweit dies nach den anwendbaren ausländischen Bestimmungen untersagt oder von der Einhaltung behördlicher Verfahren oder der Erteilung einer Genehmigung oder weiteren Voraussetzungen abhängig ist. Ausländische Aktionäre sind demnach nicht von der Annahme des Angebots ausgeschlossen, sondern können dies uneingeschränkt annehmen. Die Distributionsbeschränkung schränkt lediglich die Verbreitung der Angebotsunterlage ein; der ausländische Aktionär wird gleichwohl auf andere Weise, etwa durch Benachrichtigung seiner Depotbank,[20] Kenntnis von dem Angebot erlangen

[11] Irrtümlich gehen *Lenz/Linke* AG 2002, 361, 365, und *Klepsch* in Steinmeyer, § 24 Rn. 7 davon aus, dass Angaben zur räumlichen Verteilung der Aktionäre für den Bieter zugänglich sein; fernliegend ist auch die Annahme von *Behnke* WM 2002, 2229, 2231, dass auch bei einer unerwünschten Übernahme die Zielgesellschaft Auskünfte aus dem Aktienregister über die regionale Verbreitung der Aktionäre erteile, da dies die Übernahme erschwere.

[12] IE auch *Schneider/Rosengarten* in Assmann/Pötzsch/Schneider, § 24 Rn. 36.

[13] *Klepsch* in Steinmeyer, § 24 Rn. 6.

[14] Siehe auch *Diekmann* in Baums/Thoma, § 24 Rn. 24; *Wackerbarth* in MüKoAktG, § 24 Rn. 16.

[15] *Diekmann* in Baums/Thoma, § 24 Rn. 24; *Klepsch* in Steinmeyer, § 24 Rn. 8.

[16] *Diekmann* in Baums/Thoma, § 24 Rn. 27.

[17] Hierzu ausführlich *Oppenhoff/Brocher* in Lucks, Transatlantic Mergers & Acquisitions, S. 294; *Diekmann* in Baums/Thoma, § 24 Rn. 44 ff.

[18] In KK-WpÜG, § 24 Rn. 34 ff.

[19] In Assmann/Pötzsch/Schneider, § 24 Rn. 23 ff.

[20] Siehe etwa Ziffer 16 Sonderbedingungen für Wertpapiergeschäfte.

und kann dieses annehmen. Ein solcher Aktionär muss sich jedoch weitere Informationen über Angebotspreis und Dauer der Annahmefrist hinaus selbst und unter eigener Berücksichtigung der für ihn geltenden Rechtsordnung beschaffen. Jedem Aktionär steht die Angebotsunterlage per Internet zur Verfügung. Dies erscheint hinnehmbar, muss doch auch die für die tatsächliche Entscheidungsfindung der Aktionäre oftmals wesentlich wichtigere Stellungnahme von Vorstand und Aufsichtsrat der Zielgesellschaft mit einer Aussage zur Angemessenheit des Angebotspreises (§ 27) gerade nicht in Sprachen der Staaten, in denen die Gesellschaft Aktionäre vermutet, übersetzt und in diesen Staaten explizit veröffentlicht bzw. verbreitet werden. Ein Anwendungsfall des § 24 ist nicht gegeben.[21] Da die Übernahmerichtlinie keine in jedem EWR Staat geltende Regelungen zur gegenseitigen Anerkennung von Angebotsunterlagen kennt (siehe Art. 6 Abs. 2: nur im Staat der Zweitzulassung), ist die Einschränkung und BaFin-Praxis, dass die Distributionsbeschränkung sich nur auf andere als EWR-Staaten beschränken dürfe,[22] nicht begründbar und schafft für den Bieter nicht kalkulierbare Risiken aus der Verletzung ausländischer Rechtsnormen. Für die Annahme der BaFin, eine Angebotsunterlage könne ohne weitere Gestattung in allen EWR-Staaten veröffentlicht werden, kann kein Hinweis der Übernahmerichtlinie entnommen werden.

20 Damit ist der praktische Anwendungsbereich des § 24 sehr gering. Eines Ausschlusses der Aktionäre bedarf es nicht, um teure und verzögernde weitere Verfahren zur Billigung einer Angebotsunterlage zu vermeiden.

§ 25 Beschluss der Gesellschafterversammlung des Bieters

Hat der Bieter das Angebot unter der Bedingung eines Beschlusses seiner Gesellschafterversammlung abgegeben, hat er den Beschluss unverzüglich, spätestens bis zum fünften Werktag vor Ablauf der Annahmefrist, herbeizuführen.

Übersicht

I. Notwendigkeit eines Gesellschafterbeschlusses

1 Nach Sinn und Zweck des Gesetzes sind öffentliche Angebote zügig durchzuführen. Die Entscheidung über die Abgabe eines öffentlichen Angebots ist unverzüglich zu veröffentlichen (§ 10), die Angebotsunterlage muss binnen vier Wochen der BaFin zur Gestattung vorgelegt werden (§ 14 Abs. 1), nach der Gestattung ist die Angebotsunterlage unverzüglich zu veröffentlichen (§ 14 Abs. 3).

---

[21] *Holzborn* BKR 2002, 67, 71; *Lenz/Linke* AG 2002, 361, 365; iE auch *Behnke* WM 2002, 2229, 2236; aA, da gleichwohl eine Verletzung des Gleichbehandlungsgrundsatzes gesehen wird, *Oechsler* in Ehricke/Ekkenga/Oechsler, § 24 Rn. 7.

[22] *Klepsch* in Steinmeyer, § 24 Rn. 2.

Nach der Satzung oder dem Gesellschaftsvertrag des Bieters oder aus den Grundsätzen der „Holzmüller/Gelatine-Entscheidungen" des BGH[1] kann jedoch die Zustimmung der Gesellschafter zur Durchführung des Angebots erforderlich sein. Gegebenenfalls kann auch eine erforderliche Änderung des satzungsmäßigen Gesellschaftszwecks im Zusammenhang mit dem öffentlichen Angebot notwendig werden. Daher muss das Angebot auch von der Bedingung, dass die Gesellschafterversammlung einer Satzungsänderung zustimmt, abhängig sein können. Den Beschluss der Gesellschafter kann der Bieter nicht vorherbestimmen, so dass eine solche Bedingung nicht gegen § 18 verstößt. Hingegen fällt ein notwendiger Beschluss, das Grundkapital zum Zwecke der Einbringung von Aktien der Zielgesellschaft nach Durchführung des öffentlichen Angebots zu erhöhen, nicht in den Anwendungsbereich des § 25.[2] In einem solchen Fall verlangt § 13 das Abhalten der erforderlichen Hauptversammlung vor Beginn der Annahmefrist.[3] Aufgrund der Bedingungsfeindlichkeit von Pflichtangeboten (§ 39) reduziert sich der Anwendungsbereich auf Übernahme- und freiwillige Erwerbsangebote. 2

Die Regelung gewährt eine Ausnahme von dem grundsätzlichen Verbot der Potestativbedingung (§ 18). Den Bieter trifft jedoch die Verpflichtung, unverzüglich, spätestens bis zum fünften Werktag vor Ende der von ihm gesetzten Annahmefrist, die Gesellschafterversammlung zum Zweck der Beschlussfassung einzuberufen und die Gesellschafterversammlung durchzuführen. Damit würde den Aktionären der Zielgesellschaft noch rechtzeitig vor Ende der Annahmefrist bekannt, ob die Bedingung eingetreten ist oder nicht.[4] Wird der Gesellschafterbeschluss später, aber gleichwohl noch zu einem Zeitpunkt gefasst, zu dem wirksam auf diese Bedingung verzichtet wird (§ 21 Abs. 1 Nr. 4), spricht nichts dafür, das Angebot scheitern zu lassen.[5] 3

§ 25 verlangt nur, die Gesellschafterversammlung zum Zwecke der Beschlussfassung einzuberufen, nicht jedoch, eine Zustimmung zu dem Beschluss herbeizuführen. Dann bedürfte es auch der Bedingung nicht. § 162 BGB findet daher keine Anwendung.[6] Um Missbräuche, insbesondere bei Gesellschaften, deren Gesellschaftsanteile nicht breit gestreut sind, zu verhindern, kann nicht verlangt werden, dass die Gesellschafter ihre Zustimmung nur aus sachlichen Gründen verweigern dürfen; bei evtl. Mißbräuchen gilt § 4.[7] Aus dem gleichen Grund dürfte auch die Forderung nach Bemühenspflichten[8] ins Leere gehen. Vielmehr ist die Gesellschafterversammlung in ihrer Entscheidung frei.[9] In Zweifels- 4

---

[1] BGHZ 83, 122; 159, 30.

[2] *Diekmann* in Baums/Thoma, § 25 Rn. 11.

[3] AA *Oechsler* in Ehricke/Ekkenga/Oechsler, § 25 Rn. 2 f.

[4] *Schneider/Rosengarten* in Assmann/Pötzsch/Schneider, § 25 Rn. 1.

[5] *Hasselbach* in KK-WpÜG, § 25 Rn. 12; *Oechsler* in Ehricke/Ekkenga/Oechsler, § 25 Rn. 3; aA *Wackerbarth* in MüKoAktG, § 25 Rn. 6.

[6] *Wackerbarth* in MüKoAktG, § 25 Rn. 7; *Schneider/Rosengarten* in Assmann/Pötzsch/Schneider, § 25 Rn. 12.

[7] *Schneider/Rosengarten* in Assmann/Pötzsch/Schneider, § 25 Rn. 2.

[8] *Hasselbach* in KK-WpÜG, § 25 Rn. 4, 7.

[9] *Steinmeyer* in Steinmeyer, § 25 Rn. 4; *Oechsler* in Ehricke/Ekkenga/Oechsler, § 25 Rn. 1.

fällen kann die BaFin im Rahmen der Mißbrauchsaufsicht das Angebot untersagen.[10]

II. Fristberechnung

5 Der Beschluss muss bis zum fünften Werktag vor Ablauf der Annahmefrist gefasst werden. Die Annahmefrist bestimmt sich nach § 16 und wird nach § 187 Abs. 1 BGB berechnet. Bei der Berechnung der Frist wird der Tag der Veröffentlichung der Angebotsunterlage nicht mitgerechnet.

6 Die Fünf-Tages-Frist wird ebenfalls nach § 187 Abs. 1 BGB berechnet, wobei der Tag des fristauslösenden Ereignisses, nämlich der Tag des Endes der Annahmefrist, ebenfalls nicht mitgezählt wird. Da § 25 darüber hinaus nur auf Werktage abstellt, zählen Sonn- und Feiertage nicht mit. Hingegen ist der Sonnabend Werktag und ist damit bei der Berechnung zu berücksichtigen.[11]

7 Da der Schlusstag der Annahmefrist für die Berechnung der maßgebliche Zeitpunkt ist, ist bei der Rückrechnung der Fünf-Tage-Frist § 193 BGB zu beachten, das heißt, dass in dem Fall, in dem das Ende der Frist gemäß § 25 auf einen Feiertag oder auf Sonnabend oder Sonntag fällt, diese bis zu dem vorausgehenden Werktag verlängert wird.[12]

8 Für die Einhaltung der Frist ist lediglich entscheidend, dass der Beschluss bis zum, also spätestens am, fünften Werktag vor Ablauf der Annahmefrist gefasst wird. Dass die Bedingung mit der Beschlussfassung eingetreten ist, muss nicht innerhalb der Fünf-Tage-Frist veröffentlicht werden, dies ginge über den klaren Gesetzeswortlaut hinaus.[13]

III. Anfechtung des Beschlusses

9 Für den Bedingungseintritt nach § 25 entscheidet, dass der Beschluss der Gesellschafterversammlung fristgerecht gefasst wird. Es kommt nicht darauf an, dass der Beschluss sogleich Bestandskraft erlangt. Eine fristgerechte Anfechtung des Beschlusses ist also für § 25 irrelevant.

§ 26 Sperrfrist

(1) **Ist ein Angebot nach § 15 Abs. 1 oder 2 untersagt worden, ist ein erneutes Angebot des Bieters vor Ablauf eines Jahres unzulässig. Gleiches gilt, wenn der Bieter ein Angebot von dem Erwerb eines Mindestanteils der Wertpapiere abhängig gemacht hat und dieser Mindestanteil nach Ablauf der Annahmefrist nicht erreicht wurde. Die Sätze 1 und 2 gelten nicht, wenn der Bieter zur Veröffentlichung nach § 35 Abs. 1 Satz 1 und zur Abgabe eines Angebots nach § 35 Abs. 2 Satz 1 verpflichtet ist.**

---

[10] *Diekmann* in Baums/Thoma, § 25 Rn. 13.

[11] BGH NJW 1978, 2594.

[12] Siehe auch *Steinmeyer* in Steinmeyer, § 25 Rn. 6.

[13] *Schneider* in Assmann/Pötzsch/Schneider, § 25 Rn. 8; aA *Steinmeyer* in Steinmeyer, § 25 Rn. 11.

(2) **Die Bundesanstalt kann den Bieter auf schriftlichen Antrag von dem Verbot des Absatzes 1 Satz 1 und 2 befreien, wenn die Zielgesellschaft der Befreiung zustimmt.**

Übersicht

I. Allgemeines

1. Inhalt

§ 26 Abs. 1 verbietet dem Bieter binnen einer Sperrfrist von einem Jahr die Abgabe eines neuen Angebots, wenn ein vorangegangenes Angebot entweder gemäß § 15 untersagt wurde (Satz 1) oder mangels Erreichens eines im Angebot bestimmten Mindestanteils fehlgeschlagen ist („mangelnde Akzeptanz") (Satz 2). Gemäß § 26 Abs. 1 Satz 3 gilt die Sperrfrist für Pflichtangebote nicht. Auf Antrag kann die BaFin dem Bieter nach § 26 Abs. 2 gestatten, binnen der Sperrfrist ein erneutes Angebot abzugeben, wenn die Zielgesellschaft zustimmt. 1

2. Gesetzeszweck

§ 26 ist eine Ausprägung des in § 3 Abs. 4 Satz 2 niedergelegten Grundsatzes, dass die Zielgesellschaft nicht über einen angemessenen Zeitraum hinaus in ihrer Geschäftstätigkeit behindert werden darf. In Fällen, in denen ein vorausgegangenes Angebot untersagt wurde oder mangels Erreichens einer Mindestannahmeschwelle gescheitert ist, sieht der Gesetzgeber das Interesse der Zielgesellschaft an einer ungestörten Fortführung ihrer Geschäftstätigkeit ge- 2 genüber dem Interesse des Bieters des vorausgegangenen Angebots, innerhalb eines Jahres erneut ein Angebotsverfahren durchzuführen, grundsätzlich als überwiegend an.

3 Dies gilt jedoch dann nicht (§ 26 Abs. 1 Satz 3), wenn der Bieter ein Pflichtangebot abgeben muss, da in einem solchen Fall die Interessen der Aktionäre der Zielgesellschaft, die mit den Bestimmungen zum Pflichtangebot geschützt werden sollen, die Interessen der Zielgesellschaft überwiegen.

4 Das Gleiche gilt im Grundsatz, wenn die Zielgesellschaft dem erneuten Angebot zustimmt, denn sie wird auf den Schutz des § 26 Abs. 1 Satz 1 oder 2 in aller Regel nur dann verzichten, wenn sie dieses Schutzes nicht bedarf, weshalb § 26 Abs. 2 auch insoweit eine Ausnahme von der Verpflichtung zur Einhaltung der Sperrfrist macht. Da es aber auch denkbar ist, dass die Befreiung trotz Zustimmung der Zielgesellschaft nicht sachgerecht ist, steht die Befreiung von der Sperrfrist gemäß § 26 Abs. 2 im Ermessen der BaFin.[1]

5 § 26 ist eine notwendige Ergänzung von § 15, der sonst weitgehend leer liefe, weil es dem Bieter freistände, nach der Angebotsuntersagung sofort ein weiteres öffentliches Angebot abzugeben. Die Sanktion der Sperrfrist dient damit mittelbar auch der Einhaltung der Vorschriften über das öffentliche Angebot, die § 15 sicherstellen soll, insbesondere § 11 Abs. 2 und § 14 Abs. 1 bis 3 sowie § 2 WpÜG-AngV.[2]

6 *Wackerbarth*[3] ist der Auffassung, § 26 Abs. 1 Satz 2 sei mangels erkennbaren Normzwecks verfassungswidrig. Dem ist nicht zu folgen, weil auch diese Variante des § 26 durch das Interesse der Zielgesellschaft an einer ungestörten Fortsetzung ihrer Geschäftstätigkeit gerechtfertigt ist, zumal der Bieter das Scheitern seines Angebots wegen Nichterreichung der Mindestakzeptanzschwelle durch Verzicht auf diese Bedingung vermeiden kann.[4] Auch einfache Erwerbsangebote beeinträchtigen die Geschäftstätigkeit der Zielgesellschaft.[5] Ohne § 26 Abs. 1 Satz 2 könnte ein Bieter dauerhaft die Geschäftstätigkeit einer Zielgesellschaft beeinträchtigen, wenn er jeweils öffentliche Angebote mit in der Regel selten erreichbaren Mindestannahmeschwellen durchführte.

II. Voraussetzungen

7 § 26 ordnet eine Sperrfrist ausschließlich in zwei Fallgruppen an:

1. Untersagung des Angebots gemäß § 15

Gemäß § 26 Abs. 1 Satz 1 ist eine Sperrfrist dann zu beachten, wenn die BaFin ein freiwilliges Erwerbs- oder Übernahmeangebot des Bieters gemäß § 15 untersagt hat. Dies gilt sowohl bei einer Untersagung gemäß § 15 Abs. 1 Nr. 1–4,[6] als auch bei einer Untersagung gemäß § 15 Abs. 2.[7] Auf Angebots-

---

[1] Vgl. die Regierungsbegründung, BT-Drucks. 14/7034, 52.

[2] Ebenso *Wackerbarth* in MüKoAktG, § 26 WpÜG Rn. 2; *Scholz* in Frankfurter Komm., § 26 Rn. 6; aA *Seydel* in KK-WpÜG, § 26 Rn. 6: bloßer Reflex.

[3] In MüKoWpÜG, § 26 Rn. 3ff.

[4] Zutreffend *Steinmeyer* in Steinmeyer, § 26 Rn. 7.

[5] Vgl. zB § 27.

[6] Siehe dazu → § 15 Rn. 14ff.

[7] Siehe dazu → § 15 Rn. 41ff.

untersagungen gemäß § 4 Abs. 1 Satz 3 – soweit solche Untersagungen überhaupt zulässig sind – ist § 26 demgegenüber nicht anwendbar.[8]

2. Fehlschlagen eines Angebots aufgrund mangelnder Akzeptanz

Gemäß § 26 Abs. 1 Satz 2 ist eine Sperrfrist ferner dann einzuhalten, wenn der Bieter ein Angebot abgegeben hat, das unter der – gemäß § 18 zulässigen[9] – Bedingung einer bestimmten Mindestakzeptanz stand, wenn diese Bedingung nicht eingetreten ist, weil nicht genügend Wertpapierinhaber das Angebot angenommen haben. Verzichtet der Bieter allerdings während der Annahmefrist auf die Bedingung, greift § 26 Abs. 1 Satz 2 nicht ein.[10] Ebenso wenig greift die Vorschrift ein, auch nicht analog, wenn andere Angebotsbedingungen nicht erfüllt werden.[11] 8

III. Ausnahmen

Trotz Vorliegens der Tatbestandsmerkmale des § 26 Abs. 1 Satz 1 oder 2 hat der Bieter in zwei Fällen **keine** Sperrfrist zu beachten: 9

1. Pflichtangebot

Gemäß § 26 Abs. 1 Satz 3 ist keine Sperrfrist einzuhalten, wenn der Bieter ein Pflichtangebot abgeben muss (§ 35 Abs. 2 Satz 1). Gedacht ist hier an den Fall, dass der Bieter nach der Untersagung bzw. dem Fehlschlagen eines freiwilligen öffentlichen Erwerbsangebots mangels Erreichens der Mindestakzeptanzschwelle auf andere Weise als durch ein öffentliches Angebot (zB durch Paketerwerb oder Zukäufe an der Börse) so viele Wertpapiere der Zielgesellschaft erwirbt, dass er die Kontrollschwelle (§ 29 Abs. 2) erreicht oder überschreitet.[12] Wenn der Bieter in solchen Fällen nicht vor Ablauf der Sperrfrist ein Pflichtangebot abgeben müsste, ließen sich die Vorschriften über das Pflichtangebot durch Vorschaltung eines unzulässigen öffentlichen Angebots bis zum Ablauf der Sperrfrist umgehen. 10

2. Befreiung durch die BaFin

§ 26 Abs. 2 begründet unabhängig von § 26 Abs. 1 Satz 3 für den Bieter die Möglichkeit, durch die BaFin von der Sperrfrist gemäß § 26 Abs. 1 Satz 1 und 2 durch einen begünstigenden Verwaltungsakt (§ 35 Satz 1 VwVfG) befreit zu werden. Einzelheiten: 11

a) Auf das Befreiungsverfahren anzuwendende Vorschriften. Auf das Befreiungsverfahren gemäß § 26 Abs. 2 sind die §§ 40ff. und ergänzend das VwVfG anzuwenden. Für die Bekanntgabe der Befreiung oder deren Verweigerung gelten § 43 Abs. 1 sowie § 41 VwVfG. 12

---

[8] *Assmann* in Assmann/Pötzsch/Schneider, § 26 Rn. 6; *Seydel* in KK-WpÜG, § 26 Rn. 17; *Steinmeyer* in Steinmeyer, § 26 Rn. 5.

[9] Vgl. die Kommentierung zu § 18.

[10] *Seydel* in KK-WpÜG, § 26 Rn. 25.

[11] *Scholz* in Frankfurter Komm., § 26 Rn. 21; *Seydel* in KK-WpÜG, § 26 Rn. 23.

[12] Vgl. die Regierungsbegründung, BT-Drucks. 14/7034, 51.

13 **b) Schriftlicher Antrag des Bieters.** Die Befreiung setzt nach dem ausdrücklichen Wortlaut des § 26 Abs. 2 einen schriftlichen Antrag des Bieters an die BaFin voraus. Gemäß § 45 Satz 2 ist auch eine Übermittlung im Wege der elektronischen Datenfernübertragung zulässig, sofern der Absender zweifelsfrei zu erkennen ist.[13] Aus dem Antrag muss sich ergeben, dass der Bieter die Befreiung von der Sperrfrist gemäß § 26 Abs. 1 Satz 1 bzw. 2 begehrt. Die Angabe des wesentlichen Inhalts des Angebots oder gar die Vorlage des Entwurfs einer Angebotsunterlage sind nicht erforderlich[14] und dürfen von der BaFin nicht verlangt werden.

14 **c) Zustimmung der Zielgesellschaft.** Die Befreiung kann nur erfolgen, wenn die Zielgesellschaft zugestimmt hat. Möglich und in geeigneten Fällen zur Beschleunigung empfehlenswert ist es, dem Antrag die schriftliche Zustimmung der Zielgesellschaft als Anlage beizufügen. Erforderlich ist dies aber nicht. Legt der Bieter mit seinem Antrag die Zustimmung der Zielgesellschaft **nicht** vor, ist vielmehr die BaFin gehalten, bei der Zielgesellschaft nachzufragen, ob sie dem Antrag zustimmt (§ 24 Abs. 1 Satz 1 VwVfG).[15]

15 Die Zustimmung der Zielgesellschaft muss rechtsverbindlich erteilt werden. Die Regierungsbegründung[16] erwähnt die Vertretung der Zielgesellschaft durch ihren Vorstand. Eine Vertretung durch Prokuristen ist grundsätzlich nicht ausreichend. Da mit der Zustimmung der Weg für ein öffentliches Übernahmeangebot freigemacht wird, hat sie Auswirkungen auf den Kreis der Gesellschafter. Es handelt sich also um ein Grundlagengeschäft, das der Betrieb eines Handelsgewerbes nicht iSv § 49 Abs. 1 HGB „mit sich bringt".[17]

16 Möglich ist jedoch die Erteilung einer Vollmacht zur Abgabe einer konkreten Zustimmungserklärung an Prokuristen durch den Vorstand im Einzelfall.[18] Auch vom Vorstand erteilte Vollmachten an Dritte, zB Rechtsberater, sind zumindest unter den gleichen Voraussetzungen zulässig.

17 Die Zustimmung des Aufsichtsrats ist nur erforderlich, wenn die Zustimmung gemäß § 26 Abs. 2 im Katalog der zustimmungsbedürftigen Rechtsgeschäfte in der Geschäftsordnung für den Vorstand oder der Satzung aufgeführt ist.[19] Die Zustimmung der Hauptversammlung ist nicht erforderlich.[20]

18 **d) Ermessen der BaFin.** Die Befreiung steht im Ermessen der BaFin, wie sich bereits aus dem Wortlaut („kann") ergibt. Bei ihrer Ermessensent-

---

[13] *Diekmann* in Baums/Thoma, § 26 Rn. 38.

[14] *Steinmeyer* in Steinmeyer, § 26 Rn. 13; *Scholz* in Frankfurter Komm., § 26 Rn. 30.

[15] Ebenso *Seydel* in KK-WpÜG, § 26 Rn. 46.

[16] BT-Drucks. 14/7034, 52.

[17] Vgl. *Krebs* in MüKoHGB, § 49 Rn. 25; ebenso *Seydel* in KK-WpÜG, § 26 Rn. 47.

[18] Unentschieden im Hinblick auf die Zulässigkeit solcher ergänzender, über den von § 49 HGB definierten Vollmachtsumfang hinausgehenden Vollmachten an Prokuristen allerdings *Lieb/Krebs* in MüKoHGB, § 49 Rn. 62.

[19] *Seydel in* KK-WpÜG, § 26 Rn. 48; *Assmann* in Assmann/Pötzsch/Schneider, § 26 Rn. 17.

[20] *Scholz* in Frankfurter Komm., § 26 Rn. 33; *Diekmann* in Baums/Thoma, § 26 Rn. 42; *Seydel* in KK-WpÜG, § 26 Rn. 48; *Assmann* in Assmann/Pötzsch/Schneider, § 26 Rn. 17.

scheidung prüft die BaFin die Umstände des Einzelfalls dahingehend, ob die Einhaltung der Sperrfrist unangemessen ist.[21]

Nach der Regierungsbegründung[22] ist die Sperrfrist zB dann unangemessen, wenn ein Bieter, dessen eigenes Angebot vor einiger Zeit erfolglos war, von der Zielgesellschaft, die dem Versuch einer Übernahme durch einen Dritten ausgesetzt ist, gebeten wird, als weißer Ritter ein konkurrierendes Angebot abzugeben. Aber auch ohne einen solchen besonderen Grund zur Erteilung der Zustimmung der Zielgesellschaft wird diese nach dem Normzweck des § 26 in aller Regel implizieren, dass die Befreiung des Bieters von der Sperrfrist sachgerecht ist.[23] Deshalb wird die BaFin bei Zustimmung der Zielgesellschaft ihr Ermessen allenfalls in seltenen Ausnahmefällen dahingehend ausüben können, dass sie die Befreiung verweigert. 19

Genannt wird hier insbesondere das Beispiel, dass der Vorstand der Zielgesellschaft bei Erteilung der Zustimmung pflichtwidrig handelt.[24] Dem ist nicht zu folgen, weil die Frage, ob der Vorstand gegen § 93 AktG verstößt, für § 26 irrelevant ist.[25] Es erscheint im Übrigen kaum vorstellbar, wie die BaFin hierzu Feststellungen treffen können soll. Die Regierungsbegründung[26] nennt als Beispiel das Angebot lukrativer Positionen für die Vorstandsmitglieder der Zielgesellschaft nach einer erfolgreichen Übernahme durch den Bieter. Da eine Managementkontinuität regelmäßig im Interesse der Zielgesellschaft liegt, verstößt ein solches Angebot grundsätzlich nicht gegen das Verbot des § 33d,[27] ist nicht pflichtwidrig[28] und auch kein Indiz für eine Pflichtwidrigkeit. Die Gründe, aus denen das ursprüngliche Angebot untersagt wurde, sind insoweit ebenfalls irrelevant.[29] 20

e) Kosten. Die Erteilung einer Befreiung wird nicht in § 47 als kostenpflichtige Maßnahme genannt, weshalb die Entscheidung kostenfrei ergeht. 21

f) Rechtsschutz. Wenn die BaFin den Antrag des Bieters gemäß § 26 Abs. 2 ablehnt, kann der Bieter hiergegen innerhalb eines Monats nach Bekanntgabe Widerspruch (§ 41 Abs. 1 Satz 1) einlegen. Wird dem Widerspruch nicht mit Erteilung der Befreiung abgeholfen, ist gegen die Widerspruchsentscheidung die Beschwerde gemäß § 48 Abs. 1 möglich. Sie ist binnen einer Notfrist von einem Monat nach Zustellung des Widerspruchsbescheids beim Beschwerdegericht einzureichen (§ 51 Abs. 1). 22

IV. Rechtsfolgen

Der Bieter darf, soweit ihm keine Befreiung gewährt wird und er kein Pflichtangebot abgeben muss, binnen der Sperrfrist von einem Jahr kein neu- 23

[21] Vgl. § 40 VwVfG.
[22] BT-Drucks. 14/7034, 52.
[23] → Rn. 4.
[24] *Steinmeyer* in Steinmeyer, § 26 Rn. 12; *Seydel* in KK-WpÜG, § 26 Rn. 54; aA *Wackerbarth* in MüKoAktG, § 26 WpÜG Rn. 21.
[25] *Wackerbarth* in MüKoAktG, § 26 WpÜG Rn. 21.
[26] BT-Drucks. 14/7034, 52.
[27] Siehe die Kommentierung zu § 33 d.
[28] So auch *Seydel* in KK-WpÜG, § 26 Rn. 54.
[29] *Seydel* in KK-WpÜG, § 26 Rn. 54.

es Angebot zum Erwerb von Wertpapieren der Zielgesellschaft veröffentlichen.

1. Beginn und Ende der Sperrfrist

Wann die Sperrfrist beginnt, sagt § 26 nicht.

24 Wurde ein Angebot untersagt **(§ 26 Abs. 1 Satz 1)** ist auf den Zeitpunkt der Bekanntgabe der Untersagungsverfügung (§ 43 Abs. 1 VwVfG) abzustellen.[30]

25 Dies gilt auch dann, wenn die Untersagungsverfügung vom Bieter mit Rechtsmitteln angegriffen wird. Widerspruch[31] und sofortige Beschwerde[32] gegen eine Untersagungsverfügung haben nämlich keine aufschiebende Wirkung, so dass sie nichts an der Wirksamkeit der Untersagung ändern, wenn die Untersagungsverfügung aufrechterhalten wird.

26 Wird hingegen gemäß § 50 Abs. 3 vom Beschwerdegericht die aufschiebende Wirkung des Widerspruchs oder der sofortigen Beschwerde angeordnet, greift mangels vollziehbarer Untersagung § 26 nicht mehr ein.[33] Wird anschließend die Untersagung bestandskräftig, verlängert sich die Sperrfrist nicht.[34]

27 Wird die Untersagungsverfügung im Widerspruchs- oder Beschwerdeverfahren aufgehoben, geschieht dies mit Wirkung ex tunc und hat zur Folge, dass auch die Sperrfrist mit Wirkung ex tunc wegfällt.[35]

28 Ist die Untersagungsverfügung nichtig, greift § 26 nicht ein.[36]

29 In den Fällen des **§ 26 Abs. 1 Satz 2** (Nichterreichen der Mindestakzeptanzschwelle) beginnt die Sperrfrist bereits mit Ablauf der Annahmefrist und nicht erst mit der Veröffentlichung oder Mitteilung gemäß § 23 Abs. 1 Satz 1 Nr. 2.[37]

2. Kein erneutes Angebot des Bieters

30 Gemäß § 26 Abs. 1 Satz 1 ist vor dem Ende der Sperrfrist, dass sich gemäß § 31 VwVfG iVm §§ 187f. BGB berechnet,[38] „ein erneutes Angebot des Bieters" unzulässig:

---

[30] Ebenso *Wackerbarth* in MüKoAktG, § 26 WpÜG Rn. 12; *Seydel* in KK-WpÜG, § 26 Rn. 30.

[31] Vgl. → § 15 Rn. 70.

[32] Vgl. → § 15 Rn. 71.

[33] Vgl. *Oechsler* in Ehricke/Ekkenga/Oechsler, § 26 Rn. 2; *Wackerbarth* in MüKoAktG, § 26 WpÜG Rn. 8.

[34] *Diekmann* in Baums/Thoma, § 26 Rn. 29; *Seydel* in KK-WpÜG, § 26 Rn. 31; aA *Wackerbarth* in MüKoAktG, § 26 WpÜG Rn. 12; unzutreffend *Scholz* in Frankfurter Komm., § 26 Rn. 17, der meint, dass dann die Sperrfrist gar nicht erst zu laufen beginne.

[35] Ebenso *Seydel* in KK-WpÜG, § 26 Rn. 19.

[36] *Scholz* in Frankfurter Komm., § 26 Rn. 17; *Seydel* in KK-WpÜG, § 26 Rn. 19; *Wackerbarth* in MüKoAktG, § 26 WpÜG Rn. 7.

[37] Ebenso *Assmann* in Assmann/Pötzsch/Schneider, § 26 Rn. 9; *Diekmann* in Baums/Thoma, § 26 Rn. 30; *Seydel* in KK-WpÜG, § 26 Rn. 32; aA *Oechsler* in Ehricke/Ekkenga/Oechsler, § 26 Rn. 4.

[38] *Steinmeyer* in Steinmeyer, § 26 Rn. 6; *Seydel* in KK-WpÜG, § 26 Rn. 33.

31 **a) Kein erneutes Angebot.** Gemeint sind einerseits nur Angebote des Bieters zum Erwerb von Wertpapieren derselben Zielgesellschaft,[39] andererseits aber alle solche Angebote, unabhängig davon, auf welche von der Zielgesellschaft ausgegebene Wertpapiere sie sich beziehen.[40] Die Veröffentlichung einer Entscheidung zur Abgabe eines neuen Angebots gemäß § 10 Abs. 1 Satz 1, die selbst noch kein Angebot, sondern lediglich die Mitteilung einer inneren Tatsache und darüber hinaus allenfalls die Ankündigung eines Angebots ist,[41] ist also bereits **vor** dem Ablauf der Sperrfrist zulässig.[42]

32 Es ist allerdings zu beachten, dass es theoretisch (bei sofortiger Gestattung der Veröffentlichung der Angebotsunterlage durch die BaFin) denkbar ist, dass die Veröffentlichung der Angebotsunterlage gemäß § 14 Abs. 1 und 2 bereits vier Wochen nach der Ankündigung gemäß § 10 Abs. 1 Satz 1 erfolgen muss und dass bei Zuwiderhandlung (auch) das neue Angebot gemäß § 15 Abs. 1 Nr. 4 untersagt wird. Bei Ankündigung eines erneuten Angebots früher als vier Wochen vor Ablauf der Sperrfrist besteht daher das Risiko, dass dem Bieter nur die Wahl bleibt, entweder gegen § 15 Abs. 1 Nr. 4 oder gegen § 26 Abs. 1 Satz 1 bzw. 2 zu verstoßen. Ob der Bieter dabei bei der BaFin Gehör mit der Argumentation fände, es liege kein schuldhaftes Zögern vor, wenn er die Angebotsunterlage zur Vermeidung eines Verstoßes gegen § 26 Abs. 1 Satz 1 bzw. 2 erst später veröffentliche, ist zweifelhaft. Eine so frühe Ankündigung eines neuen Angebots sollte deshalb unterbleiben.

33 **b) Des Bieters.** Die Sperrfrist gilt nach dem ausdrücklichen Wortlaut des § 26 nur für den Bieter. Tochtergesellschaften des Bieters und sonstigen mit dem Bieter gemeinsam handelnden Personen ist daher ein Angebot innerhalb der Sperrfrist **nicht** verboten. Dies ist sicherlich unbefriedigend, insbesondere dann, wenn der Bieter das Angebot seiner Tochtergesellschaft oder eines Dritten veranlasst und finanziert.

34 Gleichwohl kommt man nicht an dem klaren Wortlaut des Gesetzes vorbei, weil die analoge Anwendung der öffentlich-rechtlichen Verbotsnormen des Gesetzes mit dem Rechtsstaatsprinzip (Art. 20 Abs. 3 GG) nicht vereinbar und daher unzulässig ist.[43] Das Gesetz differenziert klar zwischen dem „Bieter" (§ 2 Abs. 4) und mit ihm „gemeinsam handelnden Personen" (§ 2 Abs. 5). Auch die Behandlung einzelner „gemeinsam handelnder Personen" als „Bieter"[44] verstößt also gegen das Analogieverbot und ist daher abzulehnen.

---

[39] *Wackerbarth* in MüKoAktG, § 26 WpÜG Rn. 15.

[40] *Wackerbarth* in MüKoAktG, § 26 WpÜG Rn. 2; *Seydel* in KK-WpÜG, § 26 Rn. 34.

[41] Vgl. die Kommentierung zu § 10.

[42] Ebenso *Seydel* in KK-WpÜG, § 26 Rn. 35; *Scholz* in Frankfurter Komm., § 26 Rn. 22 (allerdings auf Basis einer nicht nachvollziehbaren Aussage zur Fristenlage); aA *Steinmeyer* in Steinmeyer, § 26 Rn. 6; *Diekmann* in Baums/Thoma, § 26 Rn. 13 und 32 f.; differenzierend *Assmann* in Assmann/Pötzsch/Schneider, § 26 Rn. 4 und 12 f.; *Wackerbarth* in MüKoAktG, § 26 WpÜG Rn. 14.

[43] Im Ergebnis ebenso *Steinmeyer* in Steinmeyer, § 26 Rn. 9; *Assmann* in Assmann/Pötzsch/Schneider, § 26 Rn. 11; *Diekmann* in Baums/Thoma, § 26 Rn. 14 und 35 f.; aA *Oechsler* in Ehricke/Ekkenga/Oechsler, § 26 Rn. 4.

[44] So *Seydel* in KK-WpÜG, § 26 Rn. 39 ff.; *Wackerbarth* in MüKoAktG, § 26 WpÜG Rn. 17 f.

35 Eine analoge Anwendung des § 26 änderte im Übrigen nichts an der Geltung des Art. 103 Abs. 2 GG mit der Folge, dass bei einer Missachtung der Sperrfrist kein Bußgeld gemäß § 60 Abs. 1 Nr. 7 verhängt werden könnte, ein Verstoß gegen § 26 daher sanktionslos bliebe.[45]

36 Auch die Anordnung einer Sperrfrist durch die BaFin, gestützt auf § 4 Abs. 1 Satz 3,[46] ist keine Lösung, weil § 26 lex specialis zu § 4 Abs. 1 Satz 3 ist und die Anordnungen des § 26, zu denen das Nichtbestehen einer Sperrfrist für andere Rechtssubjekte als den Bieter gehört, daher nicht durch die Anwendung des § 4 Abs. 1 Satz 3 umgangen werden dürfen.

37 Abhilfe kann somit nur mit einer Gesetzesänderung geschaffen werden. Nach der gegenwärtigen Rechtslage helfen in Extremfällen, zB wenn ein Bieter mehrere Dritte veranlasst, eine Zielgesellschaft konzertiert mit unzulässigen Angeboten zu überziehen, um die Zielgesellschaft im Wettbewerb zu behindern und sich dadurch einen Vorteil zu verschaffen, § 1 UWG und § 826 BGB.

V. Sanktionen

38 Gemäß § 60 Abs. 1 Nr. 7 stellt die vorsätzliche oder leichtfertige Missachtung der Sperrfrist gemäß § 26 Abs. 1 Satz 1 oder 2 eine Ordnungswidrigkeit dar, die gemäß § 60 Abs. 3 mit einer Geldbuße bis zu 1 000 000 Euro geahndet werden kann.

39 Die Untersagung eines gegen § 26 verstoßenden Angebots gemäß § 15 durch die BaFin ist demgegenüber als Sanktion nicht möglich, weil die Missachtung der Sperrfrist nicht unter den Tatbestand von § 15 fällt.[47] Es ist eindeutig etwas anderes, ob die Veröffentlichung einer Angebotsunterlage unzulässig ist (so die Rechtsfolge des § 26) oder ob die in einer Angebotsunterlage enthaltenen Angaben gegen das Gesetz verstoßen (so der Tatbestand des § 15 Abs. 1 Nr. 2). Auch eine Untersagung gemäß § 4 Abs. 1 Satz 3 ist nicht möglich, weil § 15 insoweit lex specialis ist.[48]

40 Die im Zuge eines Angebots während der Sperrfrist abgeschlossenen Kauf- und Übertragungsverträge sind wirksam und nicht gemäß § 134 BGB nichtig.[49] Eine § 15 Abs. 3 Satz 2 entsprechende Vorschrift fehlt in § 26.

---

[45] AA *Seydel* in KK-WpÜG, § 26 Rn. 58 mit der unzutreffenden Begründung, dies sei vom Wortlaut des § 26 noch gedeckt.

[46] So *Scholz* in Frankfurter Komm., § 26 Rn. 41; vgl. auch *Steinmeyer* in Steinmeyer, § 26 Rn. 9.

[47] AA *Steinmeyer* in Steinmeyer, § 26 Rn. 15; *Scholz* in Frankfurter Komm., § 26 Rn. 43; *Oechsler* in Ehricke/Ekkenga/Oechsler, § 26 Rn. 4; *Diekmann* in Baums/Thoma, § 26 Rn. 48; *Seydel* in KK-WpÜG, § 26 Rn. 59f.; *Wackerbarth* in MüKo-AktG, § 26 WpÜG Rn. 23.

[48] AA *Assmann* in Assmann/Pötzsch/Schneider, § 26 Rn. 21.

[49] *Seydel* in KK-WpÜG, § 26 Rn. 61; *Steinmeyer* in Steinmeyer, § 26 Rn. 15; *Scholz* in Frankfurter Komm., § 26 Rn. 44; *Diekmann* in Baums/Thoma, § 26 Rn. 49; aA *Oechsler* in Ehricke/Ekkenga/Oechsler, § 26 Rn. 4; *Wackerbarth* in MüKoAktG, § 26 WpÜG Rn. 24.

§ 27 Stellungnahme des Vorstands und Aufsichtsrats der Zielgesellschaft

(1) **Der Vorstand und der Aufsichtsrat der Zielgesellschaft haben eine begründete Stellungnahme zu dem Angebot sowie zu jeder seiner Änderungen abzugeben. Die Stellungnahme muss insbesondere eingehen auf**

1. die Art und Höhe der angebotenen Gegenleistung,

2. die voraussichtlichen Folgen eines erfolgreichen Angebots für die Zielgesellschaft, die Arbeitnehmer und ihre Vertretungen, die Beschäftigungsbedingungen und die Standorte der Zielgesellschaft,

3. die vom Bieter mit dem Angebot verfolgten Ziele,

4. die Absicht der Mitglieder des Vorstands und des Aufsichtsrats, soweit sie Inhaber von Wertpapieren der Zielgesellschaft sind, das Angebot anzunehmen.

(2) **Übermitteln der zuständige Betriebsrat oder, sofern ein solcher nicht besteht, unmittelbar die Arbeitnehmer der Zielgesellschaft dem Vorstand eine Stellungnahme zu dem Angebot, hat der Vorstand unbeschadet seiner Verpflichtung nach Absatz 3 Satz 1 diese seiner Stellungnahme beizufügen.**

(3) **Der Vorstand und der Aufsichtsrat der Zielgesellschaft haben die Stellungnahme unverzüglich nach Übermittlung der Angebotsunterlage und deren Änderungen durch den Bieter gemäß § 14 Abs. 3 Satz 1 zu veröffentlichen. Sie haben die Stellungnahme gleichzeitig dem zuständigen Betriebsrat oder, sofern ein solcher nicht besteht, unmittelbar den Arbeitnehmern zu übermitteln. Der Vorstand und der Aufsichtsrat der Zielgesellschaft haben der Bundesanstalt unverzüglich einen Beleg über die Veröffentlichung gemäß § 14 Abs. 3 Satz 1 Nr. 2 mitzuteilen.**

Schrifttum: *Becker,* Verhaltenspflichten des Vorstands der Zielgesellschaft bei feindlichen Übernahmen, ZHR 165 (2001) 280; *Ebke,* Die zivilrechtliche Haftung von Vorstand und Aufsichtsrat für fehlerhafte Stellungnahmen nach § 27 WpÜG, FS Hommelhoff (2012), S. 161; *Fleischer,* Zur rechtlichen Bedeutung der Fairness Opinion im deutschen Aktien- und Übernahmerecht, ZIP 2011, 201; *Fleischer/Schmolke,* Zum Sondervotum einzelner Vorstands- und Aufsichtsratsmitglieder bei Stellungnahmen nach § 27 WpÜG, DB 2007, 95; *Friedl,* Die Haftung des Vorstands und Aufsichtsrats für eine fehlerhafte Stellungnahme gemäß § 27 Abs. 1 WpÜG, NZG 2004, 448; *Harbarth,* Die Stellungnahme des Vorstands und Aufsichtsrats zur Gegenleistung bei Übernahmeangeboten, ZIP 2004, 3; *Hippeli/Hofmann,* Die Stellungnahme des Vorstands und Aufsichtsrats der Zielgesellschaft nach § 27 WpÜG in der Anwendungspraxis der BaFin, NZG 2014, 850; *Hopt,* Übernahmen, Geheimhaltung und Interessenkonflikte: Probleme Für Vorstände, Aufsichtsräte und Banken, ZGR 2002, 333; *Kiesewetter/Kreymborg,* Die Stellungnahme von Vorstand und Aufsichtsrat gem. § 27 WpÜG – ein Praxisbericht (Januar 2007 – Juni 2013), CFL 2013, 105; *Kossmann,* Bewertungspflichten von Vorstand und Aufsichtsrat nach § 27 WpÜG unter Berücksichtigung von IDW ES 8, NZG 2011, 46; *Kubalek,* Die Stellungnahme der Zielgesellschaft zu öffentlichen Angeboten nach dem WpÜG, 2006; *Leyendecker/Kleinhenz,* Keine Wertindikation im Rahmen der Stellungnahme nach § 27 WpÜG, BB 2011, 2952; *Mohamed,* Ansprüche der Wertpapierinhaber bei einer fehlerhaften Stellungnahme nach § 27 Abs. 1 WpÜG, DStR 2015, 2290; *Schiessl,* Fairness Opinions im Übernahme- und Gesellschaftsrecht, ZGR 2003, 814; *Seibt,* Arbeitsrechtliche Aspekte des

Wertpapiererwerbs- und Übernahmegesetzes, DB 2002, 529; *Seibt,* Verhaltenspflichten und Handlungsoptionen des Aufsichtsrats der Zielgesellschaft in Übernahmesituationen, FS Hoffmann-Becking (2013), S. 1119; *Semler/Stengel,* Interessenkonflikte bei Aufsichtsratsmitgliedern von Aktiengesellschaften am Beispiel von Konflikten bei Übernahme, NZG 2003, 150; *Vetter,* Interessenkonflikte im Aufsichtsrat der Zielgesellschaft bei der Abgabe der Stellungnahme nach § 27 WpÜG, FS Hopt (2010), S. 2657.

Übersicht

I. Einführung

1. Systematische Bedeutung

§ 27 stellt eine Ausprägung des Transparenzgrundsatzes (§ 3 Abs. 2) dar, nach dem alle Wertpapierinhaber der Zielgesellschaft über ausreichende Informationen verfügen müssen, um in Kenntnis der Sachlage über das Angebot entscheiden zu können.[1] Zu diesen Informationen zählt auch die Stellungnahme zum Angebot durch den Vorstand und den Aufsichtsrat der Zielgesellschaft. Aus diesem Grund sind der Vorstand und der Aufsichtsrat nach Abs. 1 Satz 1 verpflichtet, zu dem Angebot sowie zu jeder seiner Änderungen eine begründete Stellungnahme abzugeben. Mit der Stellungnahme erfüllt der Vorstand der Zielgesellschaft nach der Regierungsbegründung[2] zugleich seine gesellschaftsrechtliche Verpflichtung zur sachgerechten Wahrnehmung der in der Gesellschaft zusammentreffenden Interessen der Aktionäre, der Arbeitnehmer und des Gemeinwohls, die im Wege praktischer Konkordanz auszugleichen sind. § 27 gilt nicht nur für Pflicht- und Übernahmeangebote, sondern auch für einfache Erwerbsangebote.[3] 1

2. Verhältnis zu anderen Rechtsvorschriften

§ 27 geht als lex specialis den allgemeinen Vorschriften über die Verhaltenspflichten des Vorstands der Zielgesellschaft in §§ 3, 33 vor.[4] § 27 ist au- 2

---

[1] BT-Drucks. 14/7034, 52; *Krause/Pötzsch* in Assmann/Pötzsch/Schneider, § 27 Rn. 4.

[2] BT-Drucks. 14/7034, 52.

[3] *Krause/Pötzsch* in Assmann/Pötzsch/Schneider, § 27 Rn. 12; *Noack/Holzborn* in Schwark/Zimmer, KapitalmarktR, § 27 WpÜG Rn. 2; *Röh* in Frankfurter Komm., § 27 Rn. 18.

[4] *Ekkenga* in Ehricke/Ekkenga/Oechsler, § 27 Rn. 12; aA für § 33 *Krause/Pötzsch* in Assmann/Pötzsch/Schneider, § 27 Rn. 16 (Stellungnahme unterfällt tatbestandlich nicht dem Verhinderungsverbot).

ßerdem die speziellere Vorschrift gegenüber § 28. Dies gilt auch dann, wenn in der Stellungnahme des Vorstands der Zielgesellschaft Äußerungen werbenden Charakters enthalten sind. Gegen Form oder Inhalt der Stellungnahme des Vorstands der Zielgesellschaft kann die BaFin daher keine Maßnahmen nach § 28 ergreifen. Dasselbe gilt für die Stellungnahme des Aufsichtsrats.[5]

II. Stellungnahme des Vorstands und des Aufsichtsrats (Abs. 1)

1. Pflicht zur Stellungnahme (Satz 1)

3 **a) Grundlagen.** Satz 1 verpflichtet den Vorstand und den Aufsichtsrat zur Stellungnahme, ohne deren Ergebnis vorzugeben. Die Stellungnahme der Verwaltung kann sowohl zustimmenden als auch ablehnenden Charakter haben. Sie kann sich bemühen, die Wertpapierinhaber der Zielgesellschaft zur Annahme oder Ablehnung des Angebots zu bewegen. Kern der Stellungnahme ist eine auf die Abwägung der Vor- und Nachteile des Angebots für die Aktionäre, die Arbeitnehmer sowie die Zielgesellschaft gestützte **Handlungsempfehlung** an die Wertpapierinhaber der Zielgesellschaft.[6] Dabei ist eine vorrangige bzw. ausschließliche Berücksichtigung der Interessen der Wertpapierinhaber der Zielgesellschaft ebenso wenig erforderlich[7] wie eine ausschließliche Orientierung an Arbeitnehmerinteressen. Nach der Gesetzesbegründung ist im Einzelfall auch eine Stellungnahme denkbar, die sich einer konkreten Handlungsempfehlung an die Wertpapierinhaber enthält.[8]

4 **b) Erstreckung der Stellungnahmepflicht auf den Aufsichtsrat.** Satz 1 begründet eine Stellungnahmepflicht nicht nur für den Vorstand, sondern auch für den **Aufsichtsrat** der Zielgesellschaft. Die Einbeziehung des Aufsichtsrats in die Verpflichtung zur Abgabe einer Stellungnahme soll nach dem Willen des Gesetzgebers die Gesamtverantwortung von Vorstand und Aufsichtsrat für die Zielgesellschaft betonen und die Informationsbasis für die Beteiligten eines Angebots erweitern.[9] Dagegen bestand nach dem Refe-

---

[5] AA (§ 28 neben § 27 anwendbar) *Krause/Pötzsch* in Assmann/Pötzsch/Schneider, § 27 Rn. 15; *Hirte* in KK-WpÜG, § 27 Rn. 16; differenzierend *Harbarth* in Baums/Thoma, § 27 Rn. 18.

[6] *Harbarth* in Baums/Thoma, § 27 Rn. 82; *Krause/Pötzsch* in *Assmann/Pötzsch/Schneider* § 27 Rn. 92.

[7] Für § 27 *Harbarth* in Baums/Thoma, § 27 Rn. 85; *Hirte* in KK-WpÜG, § 27 Rn. 31; *Krause/Pötzsch* in Assmann/Pötzsch/Schneider, § 27 Rn. 92; *Röh* in Frankfurter Komm., § 27 Rn. 49; die Interessen der Wertpapierinhaber stärker gewichtend *Versteegen* in KK-WpÜG, § 3 Rn. 40.

[8] BT-Drucks. 14/7034, 52; *Noack/Holzborn* in Schwark/Zimmer, KapitalmarktR, § 27 WpÜG Rn. 8; *Röh* in Frankfurter Komm., § 27 Rn. 50 (Gründe für Verzicht auf Empfehlung müssen offen gelegt werden); als ob die Gesetzesbegründung Gesetz wäre: BaFin-Journal Juli 2014, S. 19; *Hippeli/Hofmann* NZG 2004, 850, 854; einschränkend *Harbarth* in Baums/Thoma, § 27 Rn. 82; *Krause/Pötzsch* in Assmann/Pötzsch/Schneider, § 27 Rn. 90.

[9] Beschlussempfehlung und Bericht des Finanzausschusses, BT-Drucks. 14/7477, 68; faktisch sollten Einflussmöglichkeiten der Arbeitnehmervertreter im Aufsichtsrat auf die Stellungnahme geschaffen werden, vgl. *Krause/Pötzsch* in Assmann/Pötzsch/Schneider, § 27 Rn. 10; *Seibt* DB 2002, 531.

rentenentwurf und dem Regierungsentwurf eine Stellungnahmepflicht ausschließlich für den Vorstand. Bereits die Regierungsbegründung hatte eine Hinzuziehung des Aufsichtsrats jedoch aus praktischen Gründen für empfehlenswert gehalten.[10] Die Erweiterung der Stellungnahmepflicht auf den Aufsichtsrat geht auf die Beratung des Gesetzentwurfs im Finanzausschuss zurück. Zugleich muss sich die Stellungnahme nunmehr darauf erstrecken, ob auch die Mitglieder des Aufsichtsrats mit den von ihnen gehaltenen Aktien an der Zielgesellschaft das Angebot anzunehmen beabsichtigen oder nicht. Nach der Ausschussbegründung können die Stellungnahme des Vorstands und die Stellungnahme des Aufsichtsrats miteinander verbunden werden. Dies wird insbesondere dann nahe liegen, wenn Vorstand und Aufsichtsrat das Angebot in gleicher Weise beurteilen. Beurteilen Vorstand und Aufsichtsrat das Angebot unterschiedlich, liegt eine jeweils eigene Stellungnahme nahe. Geboten ist eine eigene Stellungnahme des Aufsichtsrats etwa in dem besonderen Fall eines Angebots durch das Management der Zielgesellschaft.[11] Denn hier nähme der Vorstand zu seinem eigenen Übernahmeangebot Stellung. Solch eine Stellungnahme stellte keine Entscheidungsgrundlage für die Wertpapierinhaber der Zielgesellschaft dar. Eine solche hat der Aufsichtsrat mit einer eigenen Stellungnahme zu schaffen.[12] Vereinzelt wird eine Stellungnahme des Vorstands in solchen Fällen sogar für entbehrlich gehalten.[13] Richtigerweise bleibt der Vorstand verpflichtet, die Stellungnahme abzugeben und in dieser auf seinen Interessenkonflikt hinzuweisen. Die Pflicht des Aufsichtsrats zur Stellungnahme ist eine eigenständige **übernahmerechtliche Pflicht.** Dagegen besteht nach dem Aktiengesetz keine eigenständige Stellungnahmepflicht des Aufsichtsrats. Auch eine Pflicht des Vorstands zur Beteiligung des Aufsichtsrats der Zielgesellschaft an der Ausarbeitung der Stellungnahme des Vorstands ergibt sich aus dem Aktiengesetz nicht.[14] Die Ergänzung des Gesetzes in letzter Minute um die Stellungnahmepflicht des Aufsichtsrats wirft eine Reihe von praktischen Problemen auf, die der Gesetzgeber vermutlich nicht bedacht hat. Diese hängen vor allem damit zusammen, dass der Aufsichtsrat anders als der Vorstand nicht laufend die Geschäfte führt und hierzu zusammenkommt, sondern dass er nach § 110 Abs. 3 AktG bei der börsennotierten Aktiengesellschaft zweimal im Halbjahr tagen muss. Die Abfassung der Stellungnahme wird daher typischerweise die Abhaltung einer außerordentlichen Aufsichtsratssitzung innerhalb der ersten beiden Wochen der Annahmefrist[15] notwendig machen. Aus § 27 ergibt sich mittelbar eine Pflicht zu deren Einberufung durch den Aufsichtsratsvorsitzenden.[16] Zu-

[10] BT-Drucks. 14/7034, 52; so auch *Hopt* FS Lutter, 2001, 1382.

[11] *Noack/Holzborn* in Schwark/Zimmer, KapitalmarktR, § 27 WpÜG Rn. 20; *Hirte* in KK-WpÜG, § 27 Rn. 18; *Steinmeyer* in Steinmeyer, § 27 Rn. 14; abweichend: *Schiessl* FS Hoffmann-Becking, 2013, 1019 (1032), der auch in diesem Fall eine gemeinsame Stellungnahme für möglich hält.

[12] Vgl. *Steinmeyer* in Steinmeyer, § 27 Rn. 14 mwN; vgl. auch *Hirte* in KK-WpÜG, § 27 Rn. 18; *Krause/Pötzsch* in Assmann/Pötzsch/Schneider, § 27 Rn. 41.

[13] *Noack/Holzborn* in Schwark/Zimmer, KapitalmarktR, § 27 WpÜG Rn. 20.

[14] *Hopt* FS Lutter, 2001, 1382.

[15] Sonst nicht „unverzüglich", OLG Frankfurt AG 2006, 207.

[16] *Hirte* in KK-WpÜG, § 27 Rn. 21; *Krause/Pötzsch* in Assmann/Pötzsch/Schneider, § 27 Rn. 39.

dem muss die Aufsichtsratssitzung innerhalb der ersten zwei Wochen der Annahmefrist vorbereitet werden. Hierfür und für den Inhalt der Stellungnahme des Aufsichtsrats können kaum dieselben Maßstäbe gelten wie für die des Vorstands, da dem Aufsichtsrat in der Regel sehr viel geringere Erkenntnisquellen und Ermittlungsmöglichkeiten zur Verfügung stehen als dem Vorstand. Von einer Ermittlungspflicht wie für den Vorstand wird man jedenfalls für den Aufsichtsrat kaum ausgehen können. Schließlich ist auch fraglich, ob es sinnvoll ist, den Aufsichtsrat anlässlich jeder Änderung des Angebots erneut einzuberufen, um eine Stellungnahme zu den Auswirkungen der Änderung auf seine Beurteilung abzugeben. Ob sich die Beurteilung geändert hat, kann aber möglicherweise erst in einer solchen Sitzung festgestellt werden. Um nicht zu völlig praxisfremden Anforderungen an die Arbeit des Aufsichtsrats zu gelangen, wird man im Wege der teleologischen Reduktion eine Pflicht des Aufsichtsrats zu einer erneuten Stellungnahme bei Änderungen des Angebots nur annehmen können, wenn dem Aufsichtsratsvorsitzenden bekannt geworden ist, dass einzelne Mitglieder des Aufsichtsrats ihre Absicht geändert haben, das Angebot mit den von ihnen gehaltenen Aktien anzunehmen, oder wenn ein nicht völlig unwesentlicher Teil der Mitglieder des Aufsichtsrats seine Beurteilung des Angebots in den in Satz 2 Nr. 1 bis 4 genannten Punkten geändert hat.[17]

5 Der Vorstand und der Aufsichtsrat haben jeweils das Recht und die Pflicht zur **freien Beurteilung des Angebots.**[18] Der Vorstand braucht sich nicht auf eine Wiedergabe und Erläuterung des Inhalts des Angebots zu beschränken, sondern kann und muss diese Angaben auch wertend kommentieren, da die Meinung des Vorstands für die Wertpapierinhaber der Zielgesellschaft eine Rolle spielen kann.[19] Hierbei sind Vorstand und Aufsichtsrat nach Maßgabe von § 93 Abs. 1 Satz 2 AktG ein unternehmerisches Ermessen eingeräumt, wenn sie vernünftigerweise annehmen durften, auf Grundlage angemessener Information zu handeln.[20] Der Vorstand und der Aufsichtsrat sind berechtigt, in der Stellungnahme unter umfassender Darlegung ihrer Bedenken für die Ablehnung des Angebots zu werben und die Stellungnahme auf diese Weise als Abwehrmittel einzusetzen. Dem steht für den Vorstand das Behinderungsverbot des § 33 nicht entgegen, da durch die Stellungnahme in die Möglichkeit des Aktionärs, das Angebot anzunehmen, nicht aktiv eingegriffen wird.[21] Dasselbe gilt für die Stellungnahme des Aufsichtsrats.

---

[17] AA die BaFin-Praxis; *Harbarth* in Baums/Thoma, § 27 Rn. 63; *Hirte* in KK-WpÜG, § 27 Rn. 25; *Krause/Pötzsch* in Assmann/Pötzsch/Schneider, § 27 Rn. 93; *Ekkenga* in Ehricke/Ekkenga/Oechsler, § 27 Rn. 10; *Noack/Holzborn* in Schwark/Zimmer, KapitalmarktR, § 27 WpÜG Rn. 21.

[18] BT-Drucks. 14/7034, 52.

[19] *Assmann/Bozenhardt* in Assmann/Basaldua/Bozenhardt/Peltzer, S. 105; *Hopt* ZGR 1993, 556; *ders.* FS Lutter, 2000, S. 1381; *Martens* FS Beusch, 1993, 549; *Mülbert* IStR 1999, 88; *Rümker* FS Heinsius, 1991, 687; *Thümmel* DB 2000, 463.

[20] *Harbarth* in Baums/Thoma, § 27 Rn. 74; *Krause/Pötzsch* in Assmann/Pötzsch/Schneider, § 27 Rn. 33; *Noack/Holzborn* in Schwark/Zimmer, KapitalmarktR, § 27 WpÜG Rn. 7; *Röh* in Frankfurter Komm., § 27 Rn. 22.

[21] *Ebenroth/Daum* DB 1991, 1159; *Hopt* ZGR 1993, 556; *Hopt* FS Lutter, 2000, 1380; *Körner* DB 2001, 370; *Thümmel* DB 2000, 463; zur Vereinbarkeit der Stellung-

Die Herleitung der Stellungnahmepflicht ist im Einzelnen umstritten. 6
Nach der hier vertretenen Auffassung handelt es sich um eine durch das Gesetz geschaffene eigenständige **kapitalmarktrechtliche Stellungnahmepflicht.**[22] Der eigenständige Charakter der Stellungnahmepflicht zeigt sich auch daran, dass sie auch für den Aufsichtsrat besteht, dem eine aktienrechtliche Leitungsaufgabe nicht zugewiesen ist. Diese Stellungnahmepflicht modifiziert und erweitert für den Vorstand die Pflicht zur ordnungsgemäßen Leitung und Geschäftsführung der Zielgesellschaft (§§ 76, 93 AktG) für den Fall eines Angebots, für den Aufsichtsrat die Pflicht zur Überwachung der Geschäftsführung (§ 111 AktG). Wie die Organpflichten zur Geschäftsführung besteht die Stellungnahmepflicht gegenüber der Zielgesellschaft, nicht gegenüber einzelnen Aktionären. Die herrschende Meinung im Schrifttum geht für den Vorstand von einer bereits nach dem AktG bestehenden **aktienrechtlichen Stellungnahmepflicht** des Vorstands aus, wobei diese Pflicht auch nach dieser herrschenden Meinung nur gegenüber der Gesellschaft und nicht gegenüber den Aktionären besteht.[23] Die Begründung für die Pflicht des Vorstands zur Stellungnahme fällt nach geltendem Aktienrecht allerdings nicht leicht. Sie soll sich einmal aus der Pflicht zur ordnungsgemäßen Leitung und Geschäftsführung der Zielgesellschaft nach § 76 AktG ergeben,[24] nach anderen aus der Pflicht des Vorstands zur Wahrung des Fremdinteresses der Aktionäre[25] oder aus einer aus § 93 AktG folgenden Treuepflicht gegenüber den Aktionären.[26] Eine aktienrechtliche Begründung für eine Stellungnahmepflicht des Aufsichtsrats wurde bis zum Inkrafttreten des WpÜG nicht versucht.[27]

---

nahmepflicht des Vorstands auch mit einem strikt verstandenen Neutralitätsgebot *Assmann/Bozenhardt* in Assmann/Basaldua/Bozenhardt/Peltzer, S. 105).

[22] *Hirte* in KK-WpÜG, § 27 Rn. 16; *Krause/Pötzsch* in Assmann/Pötzsch/Schneider, § 27 Rn. 18 f.; *Wackerbarth* in MüKoAktG, § 27 WpÜG Rn. 9; *Hopt* ZHR 166 (2002), 421; *Merkt* ZHR 165 (2001), 248; für Doppelnatur *Ekkenga* in Ehricke/Ekkenga/Oechsler, § 27 WpÜG Rn. 1; *Harbarth* in Baums/Thoma, § 27 Rn. 20 f.; *Röh* in Frankfurter Komm., § 27 Rn. 16; *Hopt* FS Lutter, 2000, 1398; *Mülbert* IStR 1999, 83, 88.

[23] *Assmann/Bozenhardt* in Assmann/Basaldua/Bozenhardt/Peltzer, S. 103 ff.; *Beckmann,* S. 86; *Busch,* S. 108; *Daum,* S. 144 ff.; *Dimke/Heiser* NZG 2001, 249 („wesensgleiches Minus" zur Pflicht des Vorstands zur Wahrung des Gesellschaftsinteresses); *Ebenroth/Daum* DB 1991, 1159 f.; *Grunewald* WM 1989, 1237; *Hopt* FS Rittner, 1991, 203; *Hopt* ZGR 1993, 556; *Hopt* ZHR 161 (1997), 411; *Kort* FS Lutter, 2000, 1438 f.; *Lammers,* S. 124; *Martens* FS Beusch, 1993, 549; *Mülbert* IStR 1999, 88; *Weisner,* S. 155; vgl. auch *Krause* AG 2000, 220; für Pflicht unmittelbar gegenüber Aktionären *van Aubel,* S. 172 f.; *Beckmann* DB 1995, 2408; *Knoll,* S. 167; *Rümker* FS Heinsius, 1991, 686 f.

[24] *Assmann/Bozenhardt* in Assmann/Basaldua/Bozenhardt/Peltzer, S. 103 f.; *Dimke/Heiser* NZG 2001, 249; *Ebenroth/Daum* DB 1991, 1159 f.; *Grunewald* WM 1989, 1237.

[25] *Hopt* ZGR 1993, 534, 556.

[26] *Hirte/Schander* in von Rosen/Seifert, S. 348; *Mülbert* IStR 1999, 88; ähnlich *Beckmann* DB 1995, 2408; *Knoll,* S. 167.

[27] Vgl. nunmehr *Hirte* in KK-WpÜG, § 27 Rn. 16; *Röh* in Frankfurter Komm., § 27 Rn. 17; *Wackerbarth* in MüKoAktG, § 27 WpÜG Rn. 9; Friedl NZG 2004, 449.

7 In der Sache sind diese Begründungen „diffus".[28] Die Stellungnahmepflicht nach § 27 besteht gegenüber dem Kapitalmarkt allgemein, nicht nur gegenüber den Aktionären der Zielgesellschaft. Sie besteht auch gegenüber Wertpapierinhabern der Zielgesellschaft, die nicht Aktionäre sind. Sie besteht anders als die Auskunftspflicht nach § 131 AktG auch außerhalb einer Hauptversammlung. Sie reicht damit über den Verbandszweck und über das Gesellschaftsinteresse hinaus. Die Anerkennung einer Treuepflicht des Vorstands gegenüber den einzelnen Aktionären der Zielgesellschaft ist dem deutschen Aktienrecht sonst fremd, da die Vorstandspflichten zur Geschäftsführung nach § 76 AktG nur gegenüber der Gesellschaft selbst bestehen. Sie würde auch einen Wertungswiderspruch zu § 131 AktG bedeuten, wonach ein Aktionär vom Vorstand nur im Rahmen der Hauptversammlung und nur soweit Auskünfte verlangen kann, wie dies zur Beurteilung eines Punktes der Tagesordnung erforderlich ist. Auch beim Verkauf von Aktienpaketen wesentlich beteiligter Aktionäre ist anerkannt, dass der Vorstand zur Offenlegung von Informationen zum Zwecke einer Due Diligence an Kaufinteressenten nicht verpflichtet ist.[29]

8 Praktisch bedeutsam, gesetzlich nicht ausdrücklich geregelt und in ihrer dogmatischen Behandlung schwierig, sind Interessenkonflikte von Mitgliedern der Gesellschaftsorgane, bei denen solche von Mitgliedern des Aufsichtsrats wiederum praktisch ganz im Vordergrund stehen. So mögen Mitglieder des Aufsichtsrats Verbindungen zu einem Bieter oder zu finanzierenden Banken haben. Als Leitlinie gilt: Die betroffenen Organmitglieder müssen aktien- und übernahmerechtlich (§ 3 Abs. 3) im Interesse der Zielgesellschaft handeln. Ihre Interessenkonflikte sind in der Stellungnahme nach § 27 offenzulegen.[30] Sie dürfen an der internen Willensbildung und an der Erstellung der Stellungnahme mitwirken.[31] Ob sie sich an der Beschlussfassung beteiligen dürfen, ist umstritten.[32] In der Praxis wird, bei einfachen Mehrheitserfordernissen, die Enthaltung empfohlen.[33] Einer Begründung für die Enthaltung bedarf es zur Haftungsvermeidung (ausnahmsweise) nicht. Alternativ kommt die Delegation an einen Ausschuss, der mit unabhängigen Mitgliedern besetzt ist, in Betracht (ähnlich dem „special committee"[34] nach Delaware Law).[35] Eine Pflicht zur Amtsniederlegung kann nur in Ausnahmefällen bestehen,

---

[28] *Mülbert* IStR 1999, 88; krit. auch *Krause/Pötzsch* in Assmann/Pötzsch/Schneider, § 27 Rn. 19.

[29] *Hüffer/Koch,* § 93 Rn. 32; *Grunewald* AG 2001, 290 f.; *Ziemons* AG 1999, 492; weitergehend *Lutter* ZIP 1997, 616, wonach der Vorstand hierzu nur im Ausnahmefall berechtigt sein soll.

[30] *Steinmeyer* in Steinmeyer, § 27 Rn. 19; *Krause/Pötzsch* in Assmann/Pötzsch/Schneider, § 27 Rn. 37, 58; *Möllers* ZIP 2006, 1615, 1618.

[31] AA: *Schiessl* FS Hoffmann-Becking, 2013, 1019 (1036 f.).

[32] Ausführlich zum Streitstand: *Möllers* ZIP 2006, 1615, 1618 ff.; für eine Beteiligung: *Steinmeyer* in Steinmeyer, § 27 Rn. 19; *Noack/Holzborn* in Schwark/Zimmer, KapitalmarktR, § 27 WpÜG Rn. 7, die sich ausdrücklich nur auf Vorstandsmitglieder beziehen; gegen eine Beteiligung: *Möllers* ZIP 2006, 1615, 1618; wohl auch *Krause/Pötzsch* in Assmann/Pötzsch/Schneider, § 27 Rn. 37.

[33] Vgl. *Steinmeyer* in Steinmeyer, § 27 Rn. 20.

[34] Vgl. *Schiessl* FS Hoffmann-Becking, 2013, 1019 (1037).

[35] Vgl. *Steinmeyer* in Steinmeyer, § 27 Rn. 20.

etwa bei dauerhaften Interessenkonflikten größerer Art bzw. bei unlösbaren Konfliktsituationen, bei denen das Organmitglied durch den Interessenkonflikt zur ordnungsgemäßen Ausübung seines Amtes auch im Allgemeinen ungeeignet erscheint.[36]

c) Begründungspflicht. Nach Satz 1 sind der Vorstand und der Auf- 9
sichtsrat der Zielgesellschaft zur **Begründung** der Stellungnahme verpflichtet. Diese Begründungspflicht ist unmittelbarer Ausfluss des Transparenzgebotes (§ 3 Abs. 2). Nur auf der Grundlage einer begründeten Stellungnahme ist es den Wertpapierinhabern der Zielgesellschaft möglich, eine informierte Entscheidung über Annahme oder Ablehnung des Angebots zu treffen. Der Umfang der Begründungspflicht wird durch § 27 nicht vorgegeben. Eine bloß pauschale Bewertung des Angebots oder die bloße Wiederholung oder Paraphrasierung des Angebotsinhalts reichen aber nicht aus, da hiermit dem Informationsbedürfnis der Wertpapierinhaber der Zielgesellschaft nicht Rechnung getragen wird.[37] Der Zweck des § 27 dürfte es gebieten, dass Vorstand und Aufsichtsrat in ihrer Stellungnahme die Vor- und Nachteile eines Angebots für die Aktionäre, die Arbeitnehmer und die Zielgesellschaft zu gewichten und gegeneinander abwägen sowie die Gründe anführen, die sie zu ihrer Stellungnahme bewogen haben.[38]

d) Ermittlungspflichten des Vorstands. Die Stellungnahme ist insbe- 10
sondere auf der Grundlage der Angaben des Bieters in der Angebotsunterlage, die seine strategische Planung für die Zielgesellschaft betreffen[39], abzugeben.[40] Eine umfassende Prüfung der Angebotsunterlage auf Richtigkeit und Vollständigkeit wird man vom Vorstand der Zielgesellschaft nicht verlangen können,[41] insbesondere nicht, wenn es um Informationen über den Bieter und seine Absichten in Bezug auf die Zielgesellschaft geht, schließlich kennt die Zielgesellschaft nicht die Verhältnisse des Bieters. Auf offensichtlich fehlerhafte Informationen über die Zielgesellschaft soll der Vorstand der Zielgesellschaft aber hinweisen und die Angaben ggf. in seiner Stellungnahme berichtigen, da nur so dem Transparenzgebot (§ 3 Abs. 2) genügt getan werde.[42] Ob der Vorstand verpflichtet ist, über die Angebotsunterlage hinaus Informationen zur Beurteilung des Angebots zu beschaffen, ist fraglich[43] und tatsächlich

[36] Vgl. *Möllers* ZIP 2006, 1615 (1619).

[37] *Hirte* in KK-WpÜG, § 27 Rn. 30; *Krause/Pötzsch* in Assmann/Pötzsch/Schneider, § 27 Rn. 44; *Wackerbarth* in MüKoAktG, § 27 WpÜG Rn. 2.

[38] Vgl. *Krause/Pötzsch* in Assmann/Pötzsch/Schneider, § 27 Rn. 91.

[39] Angebote mit solchen Angaben kommen in Praxis sehr selten vor.

[40] BT-Drucks. 14/7034, 52.

[41] So aber *Harbarth* in Baums/Thoma, § 27 Rn. 35; *Hirte* in KK-WpÜG, § 27 Rn. 17; *Krause/Pötzsch* in Assmann/Pötzsch/Schneider, § 27 Rn. 55; *Röh* in Frankfurter Komm., § 27 Rn. 21; *Harbarth* ZIP 2004, 4.

[42] Zur Berichtigungspflicht *Krause/Pötzsch* in Assmann/Pötzsch/Schneider, § 27 Rn. 56; *Harbarth* in Baums/Thoma, § 27 Rn. 36.

[43] Für Pflicht zur Informationsbeschaffung bezüglich des Bieters aber *Harbarth* in Baums/Thoma, § 27 Rn. 67 ff.; *Hirte* in KK-WpÜG, § 27 Rn. 17, 32; *Noack/Holzborn* in Schwark/Zimmer, KapitalmarktR, § 27 WpÜG Rn. 7; *Schiessl* ZGR 2003, einschränkend *Wackerbarth* in MüKoAktG, § 27 WpÜG Rn. 12; *Krause/Pötzsch* in Assmann/Pötzsch/Schneider, § 27 Rn. 47; *Röh* in Frankfurter Komm., § 27 Rn. 21.

nicht begründbar. Für Zielgesellschaft und deren Aktionäre gelten die Angaben in der Angebotsunterlage. Nach *Kort*[44] soll bereits im Vorfeld eines Übernahmeangebots eine aktienrechtliche Pflicht des Vorstands zur **Informationsbeschaffung** bestehen. Diese Informationsbeschaffung soll erforderlich sein, damit der Vorstand seine Pflichten gegenüber dem Aufsichtsrat und der Hauptversammlung zur Geschäftsführung ordnungsgemäß erfüllen kann. Im Rahmen der Erfüllung dieser Pflicht soll der Bieter seinerseits verpflichtet sein, dem Vorstand weitere Informationen zur Verfügung zu stellen.[45] Eine solche Pflicht kann aber allenfalls angenommen werden, wenn die Zielgesellschaft konkrete Anhaltspunkte dafür hat, dass ein Übernahmeangebot unmittelbar bevorsteht. Nach § 27 bestehen Pflichten erst, wenn ein Angebot vorliegt und die Angebotsunterlage veröffentlicht ist.[46]

11 Selbst wenn eine solche Pflicht bestünde, dürften die Anforderungen an den Vorstand nicht überspannt werden. Die Ermittlungspflicht des Vorstands beschränkt sich darauf, aus allgemein zugänglichen Quellen sowie aus der Zielgesellschaft zugänglichen Unterlagen Informationen über den Bieter zu beschaffen, soweit dies zur Beurteilung der Plausibilität der Angaben in der Angebotsunterlage erforderlich ist. Insofern wäre lediglich von einer „Obliegenheit zur Selbstinformation" auszugehen.[47] Weitergehende Ermittlungspflichten des Vorstands oder Ermittlungspflichten des Aufsichtsrats lassen sich aktien- oder kapitalmarktrechtlich nicht begründen.[48] Soweit dem Vorstand Informationen nicht vorliegen, soll dies in der Stellungnahme kenntlich zu machen sein;[49] auch dies ist aus dem Gesetzeswortlaut und dem Zweck der Angebotsunterlage nicht herleitbar.

12 Das Gesetz begründet keine Pflicht des Zielunternehmens, zur Beurteilung des Angebots **externe Berater** einzuschalten und insbesondere zur Beurteilung der Angemessenheit der Gegenleistung eine Fairness Opinion einzuholen,[50] auch wenn dies im Einzelfall ratsam sein kann[51] und in der Praxis zuneh-

---

[44] *Kort,* FS Lutter, 2000, 1438.

[45] *Kort* FS Lutter, 2000, 1438 mN in Fn. 52.

[46] *Röh* in Frankfurter Komm., § 27 Rn. 21.

[47] *van Aubel,* S. 64.

[48] Wie hier *Ekkenga* in Ehricke/Ekkenga/Oechsler, § 27 Rn. 22; *Krause/Pötzsch* in Assmann/Pötzsch/Schneider, § 27 Rn. 47 (Verpflichtung nur zur Beschaffung kurzfristig verfügbarer Informationen); *Wackerbarth* in MüKoAktG, § 27 WpÜG Rn. 12; für weitgehende Ermittlungspflichten *Harbarth* in Baums/Thoma, § 27 Rn. 73 ff.; *Hirte* in KK-WpÜG, § 27 Rn. 17, 32; *Röh* in Frankfurter Komm., § 27 Rn. 21; *Schiessl* ZGR 2003, 827 f.

[49] *Harbarth* in Baums/Thoma, § 27 Rn. 35 f.; *Hirte* in KK-WpÜG, § 27 Rn. 36; *Wackerbarth* in MüKoAktG, § 27 WpÜG Rn. 12.

[50] OLG Düsseldorf NZG 2004, 328, 332 = ZIP 2004, 359, 363 („Edscha"); *Hirte* in KK-WpÜG, § 27 Rn. 33; *Noack/Holzborn* in Schwark/Zimmer, KapitalmarktR, § 27 WpÜG Rn. 7; *Harbarth* in Baums/Thoma, § 27 Rn. 72a; *Röh* in Frankfurter Komm., § 27 Rn. 53; zu § 14 Diskussionsentwurf vgl. *Land/Hasselbach* DB 2000, 1749; kritisch zur Streichung *Hopt* FS Koppensteiner, 2001, 78; *Hopt* ZGR 2002, 355; *Oechsler* NZG 2001, 820; *Wackerbarth* in MüKoAktG, § 27 WpÜG Rn. 13.

[51] *Harbarth* in Baums/Thoma, § 27 Rn. 72a; *Röh* in Frankfurter Komm., § 27 Rn. 53; *Hopt* ZHR 166 (2002) 401, 420; *Schiessl* ZGR 2003, 828; *Kossmann* NZG 2011, 46 (53).

mend zu beobachten ist. Dies gilt insbesondere bei Interessenkonflikten. Wird eine solche Fairness Opinion[52] eingeholt, sind an sie keine überspannten Anforderungen zu stellen, etwa im Hinblick auf die Auswahl des externen Beraters oder dessen Vergütung (Erfolgskomponente). Der seit 2011 verabschiedete IDW-Standard über die „Grundsätze für die Erstellung von Fairness Opinions" (IDW ES 8) ist daher im Rahmen von § 27 nicht maßgeblich.

e) Grenzen der Stellungnahmepflicht. Das Recht des Vorstands bzw. **13**
des Aufsichtsrats auf freie Beurteilung des Angebots kann aus allgemeinen gesellschaftsrechtlichen Grundsätzen beschränkt sein.[53] Solche gesellschaftsrechtlichen Grundsätze können die aktienrechtliche Verschwiegenheitspflicht (§§ 93 Abs. 1 Satz 2, 116 AktG) und für den Vorstand die Pflicht zur ordnungsgemäßen Geschäftsführung (§§ 76, 93 AktG) sein, wenn durch die Offenlegung von Tatsachen in der Stellungnahme das Gesellschaftsinteresse betroffen wäre.[54] Aus der Pflicht zur ordnungsgemäßen Geschäftsführung im Interesse auch der Aktionäre folgt zugleich, dass der Vorstand bei der Beurteilung des Angebots persönliche Interessen zurückzustellen hat.[55] Nichts anderes muss auch für den Aufsichtsrat gelten.

2. Inhalt der Stellungnahme (Satz 2)

a) Art und Höhe der Gegenleistung (Nr. 1). Vorstand und Aufsichts- **14**
rat müssen in ihrer Stellungnahme zunächst darauf eingehen, ob die vom Bieter angebotene Gegenleistung ihrer Art und ihrer Höhe nach angemessen ist.[56] Mit dieser Bestimmung trägt das Gesetz dem Umstand Rechnung, dass (vor allem) der Beurteilung von Art und Höhe der Gegenleistung durch Vorstand und Aufsichtsrat der Zielgesellschaft besondere Bedeutung für die Entscheidungsfindung der Wertpapierinhaber zukomme.[57] Die Stellungnahme kann sich bezüglich der **Höhe** der Gegenleistung darauf beschränken, diese als angemessen oder als zu niedrig zu bezeichnen. Der jeweilige Verfasser der Stellungnahme könnte auch der Gegenleistung den aus seiner Sicht angemessenen Wert gegenüberstellen, was aber wegen der Gefahr der Kursmanipulation (§ 20a WpHG/Art. 12 MAR) tunlichst unterlassen werden sollte. Keinesfalls kann die BaFin etwa im Falle einer ablehnenden Stellungnahme eine konkrete Wertindikation verlangen; dies ist aus § 27 Abs. 1 Nr. 1 nicht ableitbar.[58] Eine förmliche Unternehmensbewertung nach anerkannten Bewertungsmethoden als Grundlage der Stellungnahme ist innerhalb der kurzen Stellungnahmefrist nach § 27 Abs. 3 Satz 1 nicht vorzunehmen.[59] Auch wird

---

[52] Hierzu etwa *Kiesewetter/Kreymborg* CFl 2013, 105, 112f.

[53] BT-Drucks. 14/7034, 52.

[54] Für analoge Anwendung von § 293a AktG *Hirte/Schander* in von Rosen/Seifert, S. 357.

[55] *Rümker* FS Heinsius, 1991, 686f.

[56] Vgl. bereits *Mülbert* IStR 1999, 88.

[57] BT-Drucks. 14/7477, 68; vgl. *Maier-Reimer* ZHR 165 (2001) 262 („Kern der Stellungnahme"); *Krause/Pötzsch* in Assmann/Pötzsch/Schneider, § 27 Rn. 61 („häufig der entscheidende Gesichtspunkt").

[58] *Leyendecker/Kleinhenz* BB 2011, 2952ff.

[59] *Harbarth* in Baums/Thoma, § 27 Rn. 43; *Krause/Pötzsch* in Assmann/Pötzsch/Schneider, § 27 Rn. 66.

es typischerweise die Möglichkeiten der Verwaltung überspannen, die mit einem erfolgreichen Angebot verbundenen Synergieeffekte abzuschätzen und in ihre Bewertung der Gegenleistung einzubeziehen.[60] Die Synergieeffekte sollen sich in der Regel auch beim Bieter und nicht der Zielgesellschaft einstellen. Eine Fairness Opinion kann, muss aber nicht eingeholt werden. Wird sie eingeholt, sind sub specie § 27 keine überspannten Anforderungen an sie zu stellen. Eine Offenlegung der Grundsätze der Bewertung oder der Grundlage des von der Verwaltung angenommenen Unternehmenswerts in der Stellungnahme ist nicht erforderlich.[61] Das Einholen einer Fairness Opinion und die Veröffentlichung des Opinion Letters entlasten die Organe von einer eigenen Begründung, die ansonsten von der BaFin gefordert wird.[62] Bezüglich der **Art** der Gegenleistung kann die Stellungnahme zB auf die bisherige Marktgängigkeit (Liquidität) der als Gegenleistung angebotenen Wertpapiere eingehen.[63]

15 **b) Folgen des Angebots (Nr. 2). aa) Interessen der Zielgesellschaft.** Nach Satz 2 Nr. 2 muss die Stellungnahme des Vorstands und des Aufsichtsrats insbesondere auf die voraussichtlichen Folgen eines erfolgreichen Angebots für die Zielgesellschaft eingehen. Die Stellungnahme zu den Auswirkungen eines erfolgreichen Angebots auf die Zielgesellschaft dient auch dem Interesse der Wertpapierinhaber der Zielgesellschaft, mögliche Risiken einer Nichtandienung ihrer Wertpapiere an den Bieter sowie Synergien abzuschätzen, die einen Spielraum des Bieters zur Erhöhung seines Angebots aufzeigen können.[64] Einzugehen sein kann auf die Folgen für einzelne Standorte der Gesellschaft, für das Verhältnis der Gesellschaft zu wesentlichen Vertragspartnern, für die Abwicklung wesentlicher von der Gesellschaft abgeschlossener Verträge, sowie aufgrund des Kontrollwechsels für von der Zielgesellschaft ausgegebene Wertpapiere (Change of Control Clauses). Vom Bieter beabsichtigte Strukturmaßnahmen (Abschluss von Unternehmensverträgen, Umwandlungen, Delisting, Ausschluss von Minderheitsaktionären) sind nicht zu kommentieren,[65] denn in all diesen Fällen greifen für die Aktionäre bei Durchführung andere Schutzmaßnahmen und gelten spezifische Berichtspflichten. In ihrer Stellungnahme kann sich die Verwaltung der Zielgesellschaft auf die Angaben des Bieters in der Angebotsunterlage über seine strate-

---

[60] *Harbarth* in Baums/Thoma, *§ 27* Rn. 46; *Krause/Pötzsch* in Assmann/Pötzsch/Schneider, § 27 Rn. 67; für Berücksichtigung von Synergien *Röh* in Frankfurter Komm., § 27 Rn. 32; *Hirte* in KK-WpÜG, § 27 Rn. 39; *Wackerbarth* in MüKoAktG, § 27 Rn. 20.

[61] AA (Anhaltsziffer mitzuteilen, wenn Beurteilung der Gegenleistung als zu niedrig) *Harbarth* in Baums/Thoma, § 27 Rn. 49; *Krause/Pötzsch* in Assmann/Pötzsch/Schneider, § 27 Rn. 73.

[62] *Hippeli/Hofmann* NZG 2004, 850, 854.

[63] Weitergehend (Pflicht zur Stellungnahme) *Ekkenga* in Ehricke/Ekkenga/Oechsler, § 27 Rn. 14; *Krause/Pötzsch* in Assmann/Pötzsch/Schneider, § 27 Rn. 62; *Röh* in Frankfurter Komm., § 27 Rn. 30; *Maier-Reimer* ZHR 165 (2001) 263.

[64] *Harbarth* in Baums/Thoma, § 27 Rn. 51; *Krause/Pötzsch* in Assmann/Pötzsch/Schneider, § 27 Rn. 74.

[65] AA *Harbarth* in Baums/Thoma, § 27 Rn. 53; *Hirte* in KK-WpÜG, § 27 Rn. 42; *Krause/Pötzsch* in Assmann/Pötzsch/Schneider, § 27 Rn. 78.

gischen Pläne, wenn diese überhaupt präziser mitgeteilt werden, stützen (§ 11 Abs. 2 Satz 3 Nr. 2),[66] die allenfalls einer Plausibilitätskontrolle unterzogen werden müssen.[67]

16 Liegen **konkurrierende Angebote** vor, dann sind der Vorstand und der Aufsichtsrat jeweils berechtigt und verpflichtet, zu beiden Angeboten Stellung zu nehmen. In diesem Fall soll den Wertpapierinhabern der Zielgesellschaft eines von mehreren Angeboten empfohlen werden,[68] auf welcher Grundlage und Basis ist indes nicht erkennbar, eine Pflicht zur Handlungsempfehlung besteht eben nicht. Dabei sei der Vorstand oder der Aufsichtsrat nicht verpflichtet, das höhere Angebot zu empfehlen, wenn er nach sorgfältiger Prüfung zum Ergebnis gelangt, die Annahme eines anderen Angebots liege längerfristig eher im Interesse der Zielgesellschaft, wie immer das beurteilt werden könnte. Allerdings ist das jeweilige Organ in diesem Fall zu einem ausdrücklich Hinweis darauf verpflichtet, dass das von ihm empfohlene Angebot für die Aktionäre mit schlechteren Konditionen verbunden ist als das höhere Angebot. Die Unterstützung eines Angebots nur im eigenen Interesse ist nicht zulässig.

17 **bb) Arbeitnehmer(vertretungen) und Beschäftigungsbedingungen.** Der Vorstand und der Aufsichtsrat müssen außerdem auf die voraussichtlichen Folgen eines erfolgreichen Angebots für die Arbeitnehmer und ihre Vertretungen sowie die Beschäftigungsbedingungen eingehen. Sie sollen damit gezwungen werden, eine mögliche Beeinträchtigung von Arbeitnehmerinteressen durch das Übernahmeverfahren zu erkennen und gegebenenfalls auszugleichen.[69] Vorstand und Aufsichtsrat dürfen aber – unbeschadet ihrer Haltung zu dem Angebot – nicht einseitig für die Interessen der Arbeitnehmer Partei ergreifen.[70] Sie müssen vielmehr stets die wirtschaftlichen Auswirkungen etwa geplanter Maßnahmen und ihre Bedeutung für das Wohl und den Bestand der Gesellschaft und ihrer Aktionäre berücksichtigen. Interessen der Arbeitnehmer und ihrer Vertretungen können insbesondere berührt sein, wenn der Bieter für den Fall einer erfolgreichen Übernahme die Verlagerung oder den Verkauf einzelner Gesellschaften oder Standorte, gegebenenfalls in das Ausland, oder einen Personalabbau zur Herbeiführung von Synergieeffekten in der Angebotsunterlage angekündigt hat. In solchen Fällen kann sich die Pflicht zur Stellungnahme auf das Schicksal der Arbeitnehmervertretungen anlässlich der Umstrukturierung, die Geltung von Tarifverträgen oder die finanziellen Auswirkungen geplanter Personalmaßnahmen beziehen. Das Eingehen auf die „voraussichtlichen Folgen" schließt eine rechtliche Würdigung

---

[66] BT-Drucks. 14/7034, 52; *Krause/Pötzsch* in Assmann/Pötzsch/Schneider, § 27 Rn. 75.

[67] *Hirte* in KK-WpÜG, § 27 Rn. 42; *Krause/Pötzsch* in Assmann/Pötzsch/Schneider, § 27 Rn. 75; *Wackerbarth* in MüKoAktG, § 27 WpÜG Rn. 25; *Seibt* DB 2002, 534.

[68] *Hirte* in KK-WpÜG § 27 Rn. 26; *Krause/Pötzsch* in Assmann/Pötzsch/Schneider, § 27 Rn. 103; *Wackerbarth* in MüKoAktG, § 27 WpÜG Rn. 15.

[69] BT-Drucks. 14/7034, 52.

[70] *Harbarth* in Baums/Thoma, § 27 Rn. 85; *Hirte* in KK-WpÜG, § 27 Rn. 43; *Krause/Pötzsch* in Assmann/Pötzsch/Schneider, § 27 Rn. 79; *Röh* in Frankfurter Komm., § 27 Rn. 49.

des Sachverhalts ein. Grundlage für die Stellungnahme sind hierbei die vom Bieter in der Angebotsunterlage gemachten Angaben.[71] Zu Mutmaßungen und Spekulationen über künftige Entwicklungen der Geschäftstätigkeit oder der Beschäftigungsbedingungen oder gar die Entwicklung eigener Übernahmeszenarien sind die Organe der Zielgesellschaft nicht verpflichtet.[72] Dadurch könnte eine sachgerechte Beurteilung des Angebots durch die Wertpapierinhaber nicht gefördert werden. Da die Stellungnahme lediglich die **„voraussichtlichen" Folgen** des Angebots betrifft, kann sie weder gegenüber den Arbeitnehmern noch dem Betriebsrat Bindungswirkung entfalten, sofern nach einer erfolgreichen Übernahme Maßnahmen getroffen werden, die von der Angebotsunterlage oder der Meinung des Vorstands oder des Aufsichtsrats hierzu abweichen.[73]

18 **c) Ziele des Bieters (Nr. 3).** Nach Nr. 3 muss die Stellungnahme auf die vom Bieter mit dem Angebot verfolgten Ziele eingehen. Grundlage der Stellungnahme sind insoweit insbesondere die Angaben des Bieters in der Angebotsunterlage über seine strategische Planung im Hinblick auf die Zielgesellschaft.[74] Da die Ziele des Bieters im Hinblick auf die Zielgesellschaft bereits von Nr. 1 erfasst sind, betrifft die Stellungnahme nach Nr. 3 im Wesentlichen die Auswirkungen auf der Ebene des Bieters selbst. Einzugehen sein kann auf die Umsetzbarkeit des Angebots durch den Bieter, insbesondere soweit mögliche Hindernisse (zB Fusionskontrolle) ersichtlich sind.[75]

19 **d) Annahme des Angebots durch Mitglieder des Vorstands und des Aufsichtsrats (Nr. 4).** Die Mitglieder des Vorstands und des Aufsichtsrats der Zielgesellschaft, soweit sie Inhaber von Wertpapieren der Zielgesellschaft sind, haben in der Stellungnahme darüber Auskunft zu geben, ob sie für die von ihnen gehaltenen Wertpapiere der Zielgesellschaft beabsichtigen, das Angebot anzunehmen.[76] Für die Transparenz des Angebotsverfahrens ist diese Verpflichtung von wesentlicher Bedeutung, da der Absicht des Vorstands bzw. des Aufsichtsrats der Zielgesellschaft, das Angebot anzunehmen, eine entscheidende Indizwirkung für die Angemessenheit des Angebots zukommen kann. Die Inhaber von Wertpapieren der Zielgesellschaft können nämlich davon ausgehen, dass der Vorstand und der Aufsichtsrat selbst das Angebot nur annehmen werden, wenn sie es für angemessen halten. Außerdem können unterschiedliche Absichten einzelner Mitglieder, das Angebot anzunehmen oder abzulehnen, Differenzen in der Bewertung des Angebots erkennen lassen.[77] Gegenstand der Stellungnahme ist nur die Absicht, nicht die Zahl der von Vorstand bzw. Aufsichtsrat gehaltenen Wertpapiere der Ziel-

---

[71] Krit. hierzu *Seibt* DB 2002, 529, 534.

[72] *Seibt* DB 2002, 529, 534.

[73] *Harbarth* in Baums/Thoma, § 27 Rn. 55; *Krause/Pötzsch* in Assmann/Pötzsch/Schneider, § 27 Rn. 81.

[74] BT-Drucks. 14/7034, 52.

[75] *Harbarth* in Baums/Thoma, § 27 Rn. 55; *Hirte* in KK-WpÜG, § 27 Rn. 44; *Krause/Pötzsch* in Assmann/Pötzsch/Schneider, § 27 Rn. 82.

[76] *Hopt/Roth* in Großkomm., § 93 Rn. 221.

[77] *Zinser* ZRP 2001, 365 f.; *Harbarth* in Baums/Thoma, § 27 Rn. 58.

gesellschaft. Eine Verpflichtung zur Offenlegung dieser Information lässt sich dem Gesetz nicht entnehmen.[78] Ändert ein Organmitglied nach Veröffentlichung der Stellungnahme die Absicht zur Annahme des Angebots, verlangt die BaFin eine unverzügliche ergänzende Stellungnahme.

Die Verwaltung muss sich nach jeder Änderung des Angebots erneut dazu äußern, ob sie nunmehr beabsichtigt, das geänderte Angebot anzunehmen. Da eine Verschlechterung des Angebots nach dem Gesetz ausgeschlossen ist, wird man insoweit von einer erneuten Stellungnahmepflicht der Verwaltung nur dann ausgehen können, wenn Mitglieder des Vorstands bzw. des Aufsichtsrats ihre Absicht, das Angebot anzunehmen, geändert haben. Eine Verpflichtung, das Angebot nur deshalb anzunehmen, weil der Vorstand bzw. der Aufsichtsrat in einer veröffentlichten Stellungnahme seine Absicht bekannt gegeben hat, das Angebot anzunehmen, besteht nicht,[79] die BaFin dürfte dies, wie vor erwähnt, möglicherweise anders sehen. Auch ist nicht jede Meinungsänderung veröffentlichungspflichtig, sondern nur solche Änderungen, die durch Änderungen des Angebots bewirkt wurden.[80] 20

e) Weiterer Inhalt. Nr. 1 bis 4 enthalten nur eine beispielhafte Aufzählung des Inhalts der Stellungnahme. Darüber hinaus sollte die Stellungnahme, soweit möglich, enthalten: 21
- Bewertung der Angaben des Bieters zur Finanzierung der Transaktion;[81]
- Einschätzung möglicher Synergien zwischen Bieter und Zielgesellschaft.

Offenzulegen sind in der Stellungnahme:
- eigene Interessen des Vorstands der Zielgesellschaft;[82]
- divergierende Bewertungen des Angebots innerhalb des Vorstands und des Aufsichtsrats;[83]
- Vereinbarungen zwischen Bieter und Vorstand über die künftige Gestaltung der persönlichen Verhältnisse des Vorstands, soweit diese anlässlich des Angebots getroffen wurden.[84]

---

[78] *Ekkenga* in Ehricke/Ekkenga/Oechsler, § 27 Rn. 18; *Harbarth* in Baums/Thoma, § 27 Rn. 60; *Hirte* in KK-WpÜG, § 27 Rn. 48; *Krause/Pötzsch* in Assmann/Pötzsch/Schneider, § 27 Rn. 87; *Röh* in Frankfurter Komm., § 27 Rn. 42.

[79] *Ekkenga* in Ehricke/Ekkenga/Oechsler, § 27 Rn. 18; *Harbarth* in Baums/Thoma, § 27 Rn. 62; *Hirte* in KK-WpÜG, § 27 Rn. 48; *Krause/Pötzsch* in Assmann/Pötzsch/Schneider, § 27 Rn. 87.

[80] *Ekkenga* in Ehricke/Ekkenga/Oechsler, § 27 Rn. 18; aA *Harbarth* in Baums/Thoma, *§ 27* Rn. 62; *Krause/Pötzsch* in Assmann/Pötzsch/Schneider, § 27 Rn. 87; *Röh* in Frankfurter Komm., § 27 Rn. 43; *Hirte* in KK-WpÜG, § 27 Rn. 48.

[81] *Mülbert* IStR 1999, 88.

[82] *Harbarth* in Baums/Thoma, § 27 Rn. 37; *Hirte* in KK-WpÜG, § 27 Rn. 34; *Krause/Pötzsch* in Assmann/Pötzsch/Schneider, § 27 Rn. 58; *Hopt* FS Lutter, 2000, S. 1381; *Thümmel* DB 2000, 463.

[83] *Harbarth* in Baums/Thoma, § 27 Rn. 37; *Krause/Pötzsch* in Assmann/Pötzsch/Schneider, § 27 Rn. 38; *Wackerbarth* in MüKoAktG, § 27 WpÜG Rn. 11.

[84] Arg. § 11 Abs. 2 Satz 2 Nr. 3; vgl. *Hopt* FS Lutter, 2000, 1381; *Rieckers/Leyendecker-Langner* NZG 2013, 167 (172); *Lammers,* S. 126 f.; *Ekkenga* in Ehricke/Ekkenga/Oechsler, § 27 Rn. 15; *Harbarth* in Baums/Thoma, § 27 Rn. 36; *Hirte* in KK-WpÜG, § 27 Rn. 42; *Krause/Pötzsch* in Assmann/Pötzsch/Schneider, § 27 Rn. 58.

Nicht offenzulegen sind von Vorstand und Aufsichtsrat geplante Abwehrmaßnahmen der Zielgesellschaft.[85]

22 **f) Sondervoten.** Stimmen einzelne Mitglieder von Vorstand und Aufsichtsrats mit der Stellungnahme des Gesamtgremiums nicht überein, dann kann die abweichende Ansicht in der Stellungnahme offen gelegt und ggf. begründet werden, sofern dies dem Organmitglied im Innenverhältnis ohne Verletzung seiner Verschwiegenheitspflicht gestattet ist. Ein übernahmerechtliches „Konzentrierungsgebot" steht der Veröffentlichung von Sondervoten nicht entgegen.[86] Eine Pflicht zur Beifügung **abweichender Voten** einzelner Mitglieder lässt sich jedoch nicht begründen, vielmehr dienen diese der umfassenden Unterrichtung der Aktionäre der Zielgesellschaft.[87]

3. Änderungen des Angebots

23 Die Stellungnahmepflicht nach Abs. 1 schließt **Änderungen** des Angebots nach § 21 ein. Insbesondere kann der Bieter bis zu einem Werktag vor Ablauf der Annahmefrist die Gegenleistung erhöhen oder wahlweise eine andere Gegenleistung anbieten (§ 21 Abs. 1 Nr. 1, 2). In diesem Fall bezieht sich die weitere Stellungnahme des Vorstands der Zielgesellschaft auf die erhöhte Gegenleistung bzw. die wahlweise angebotene andere Gegenleistung und deren Angemessenheit. Zu Bedingungen des Angebots, die der Bieter nicht ändert, muss der Vorstand nicht erneut Stellung nehmen.[88] Eine Stellungnahmepflicht ist aber denkbar, wenn der Vorstand der Zielgesellschaft aus Anlass der Änderung des Angebots eine zuvor abgegebene Stellungnahme überprüft und in einzelnen Punkten zu einer anderen Beurteilung des Angebots gelangt.[89] In diesem Fall ist der Vorstand dazu verpflichtet, die Änderungen der Angebotsunterlage zu bezeichnen, die ihn dazu bewegen, nunmehr die Annahme oder Ablehnung des Angebots zu empfehlen. Eine erneute Stellungnahmepflicht des Aufsichtsrats der Zielgesellschaft wird durch Änderungen nur ausgelöst, wenn sich hierdurch die Beurteilung geändert hat (vgl. näher → Rn. 4). In der Stellungnahme enthaltene ursprünglich unrichtige Angaben

---

[85] Str., wie hier *Harbarth* in Baums/Thoma, § 27 Rn. 38; *Hirte* in KK-WpÜG, § 27 Rn. 42; *Krause/Pötzsch* in Assmann/Pötzsch/Schneider, § 27 Rn. 59; *Röh* in Frankfurter Komm., § 27 Rn. 47; aA *Ekkenga* in Ehricke/Ekkenga/Oechsler, § 27 Rn. 19; *Noack/Holzborn* in Schwark/Zimmer, KapitalmarktR, § 27 WpÜG Rn. 8; *Steinmeyer* in Steinmeyer, § 27 Rn. 32.

[86] AA *Fleischer/Schmolke* DB 2007, 95; wie hier *Brandi* in Thaeter/Brandi, Teil 3 Rn. 125.

[87] *Ekkenga* in Ehricke/Ekkenga/Oechsler, § 27 Rn. 9; *Hirte* in KK-WpÜG, § 27 Rn. 20; *Noack/Holzborn* in Schwark/Zimmer, KapitalmarktR, § 27 WpÜG Rn. 14, 17; *Röh* in Frankfurter Komm., § 27 Rn. 26; *Seibt* DB 2002, 534; für generelle Pflicht zur Offenlegung *Harbarth* in Baums/Thoma, § 27 Rn. 25 f.; *Fleischer/Schmolke* DB 2007, 95 ff.

[88] *Harbarth* in Baums/Thoma, § 27 Rn. 88; *Hirte* in KK-WpÜG, § 27 Rn. 25; *Krause/Pötzsch* in Assmann/Pötzsch/Schneider, § 27 Rn. 94; *Noack/Holzborn* in Schwark/Zimmer, KapitalmarktR, § 27 WpÜG Rn. 21; *Röh* in Frankfurter Komm., § 27 Rn. 52.

[89] *Hirte* in KK-WpÜG, § 27 Rn. 47; *Röh* in Frankfurter Komm., § 27 Rn. 33.

sind in jedem Fall unverzüglich unabhängig von einer Änderung des Angebots zu berichtigen.[90]

III. Stellungnahme des Betriebsrats bzw. der Arbeitnehmer (Absatz 2)

1. Allgemeines

Der Vorstand der **Zielgesellschaft** – nicht aber der Aufsichtsrat[91] – ist verpflichtet, seiner Stellungnahme eine Stellungnahme des Betriebsrats zu dem Übernahmeangebot beizufügen. Die Wertpapierinhaber sollen damit auch über die Haltung der Arbeitnehmer der Zielgesellschaft zu dem Angebot informiert werden.[92] Den Arbeitnehmern des **Bieters** steht ein vergleichbares (übernahmerechtliches) Recht zur Veröffentlichung einer Stellungnahme nicht zu, da diese von der Übernahme nicht unmittelbar betroffen sind. Es bleibt daher bei der Anwendung der allgemeinen arbeitsrechtlichen Vorschriften. Aus ihnen wird man aber – mangels vertraglicher Bindungen – keinen Anspruch der Bieterbelegschaft gegenüber der Zielgesellschaft auf Veröffentlichung einer zweiten Stellungnahme herleiten können. Ebenso wenig ist der Bieter – zB aus arbeitsvertraglichen Nebenpflichten – zur Veröffentlichung einer Stellungnahme seiner Beschäftigten gezwungen. Betriebsrat und Arbeitnehmer des Bieters können ihre Meinung zu dem Angebot aber in Eigenregie in sonstiger Weise (öffentlich) kundtun. 24

2. Stellungnahme durch Betriebsrat

Die Pflicht zur Beifügung setzt voraus, dass der **zuständige Betriebsrat** dem Vorstand der Zielgesellschaft eine Stellungnahme übermittelt hat. Die Zuständigkeit bestimmt sich spiegelbildlich zu der Unterrichtungspflicht nach § 10 Abs. 5 Satz 2 sowie der Pflicht zur Übermittlung der Angebotsunterlage nach § 14 Abs. 4 Satz 2.[93] Der Gesetzgeber hat damit sichergestellt, dass die Repräsentation der Arbeitnehmer und ihrer Interessen während des gesamten Übernahmeverfahrens bei dem selben Gremium liegt. Zusätzliche Stellungnahmen anderer Organe der Betriebs- oder Unternehmensverfassung oder einzelner Arbeitnehmer müssen ebenso wenig veröffentlicht werden wie Stellungnahmen unzuständiger Betriebsräte.[94] Der Vorstand kann seine eigene Stellungnahme jedoch (intern) mit dem Aufsichtsrat oder dem Betriebsrat abstimmen. 25

Eine **Übermittlung** iSd des Gesetzes setzt voraus, dass der Vorstand eine Meinungsäußerung erhält, die ohne nennenswerte Schwierigkeiten veröffentlicht werden kann. Da der Vorstand den Inhalt der Stellungnahme grundsätzlich nicht verändern darf, muss ihr Inhalt bei der Übermittlung zweifelsfrei 26

[90] *Krause/Pötzsch* in Assmann/Pötzsch/Schneider, § 27 Rn. 95; *Röh* in Frankfurter Komm., § 27 Rn. 46.

[91] Dazu ausführlich *Hirte* in KK-WpÜG, § 27 Rn. 53.

[92] BT-Drucks. 14/7034, 52; *Harbarth* in Baums/Thoma, § 27 Rn. 99 mwN.

[93] Vgl. BT-Drucks. 14/7034, 52.

[94] *Hirte* in KK-WpÜG, § 27 Rn. 56.

feststehen. Mündliche Erklärungen des Betriebsrats genügen daher nicht.[95] Erforderlich ist vielmehr, dass der Vorstand eine schriftlich verkörperte Äußerung mit eindeutiger Absenderbezeichnung erhält. Per E-Mail oder Telefax übermittelte Äußerungen dürften insoweit genügen.[96]

27 Das Gesetz stellt keine besonderen Anforderungen an den **Inhalt der Stellungnahme.** Dem Betriebsrat steht es daher frei, sich zustimmend oder ablehnend zu dem Übernahmeangebot zu äußern. Die Stellungnahme muss allerdings stets eine Auseinandersetzung mit dem konkreten Angebotsinhalt und den vom Bieter in der Angebotsunterlage gemachten Angaben enthalten.

28 Nach dem klaren Gesetzeswortlaut besteht **keine übernahmerechtliche Pflicht** des Betriebsrats oder der Arbeitnehmer zur Abgabe einer Stellungnahme.[97] Eine Pflicht zum Tätigwerden besteht auch nicht nach anderen Rechtsvorschriften. Der Betriebsrat hat grundsätzlich einen Beurteilungsspielraum bei seiner Amtsführung.[98] Er schließt auch die Entscheidung über die Frage ein, ob und mit welchem Inhalt auf das Angebot reagiert werden soll.

29 Der Betriebsrat kann zur Abfassung seiner Stellungnahme grundsätzlich **externen Sachverstand** hinzuziehen. Die Mitwirkung Dritter an der Stellungnahme ist nach Sinn und Zweck des Gesetzes nicht ausgeschlossen. Zur Übernahme der dadurch entstehenden Kosten kann die Zielgesellschaft bzw. der Arbeitgeber des zuständigen Betriebsrats nach §§ 80 Abs. 3, 40 Abs. 1 BetrVG verpflichtet sein. Die Vorschriften sind auf alle gesetzlichen Aufgaben des Betriebsrats anwendbar (vgl. § 80 Abs. 1 Nr. 1 BetrVG). Dazu zählt auch die Wahrnehmung von Rechten nach dem WpÜG. Die Inanspruchnahme sachkundiger Arbeitnehmer des Betriebs oder sachverständiger Dritter bedarf allerdings einer vorherigen Vereinbarung mit dem Arbeitgeber.[99] Der Betriebsrat hat darüber hinaus den Grundsatz der Verhältnismäßigkeit zu beachten, dh er muss den jeweils kostengünstigsten Weg für die Anfertigung seiner Stellungnahme wählen.[100]

3. Stellungnahme der Arbeitnehmer

30 Sofern ein Betriebsrat nicht besteht, ist der Vorstand zur Beifügung einer Stellungnahme der Arbeitnehmer verpflichtet. Die Vorschrift wirft in der Praxis erhebliche Umsetzungsschwierigkeiten auf. Der Gesetzgeber hat insbesondere offen gelassen, ob sich die Beifügungspflicht unter Umständen auch auf eine **Vielzahl unterschiedlicher Stellungnahmen** erstreckt, die von einzelnen Arbeitnehmern, möglicherweise in größerem zeitlichem Abstand,

---

[95] *Röh* in Frankfurter Komm., § 27 Rn. 67.

[96] *Harbarth* in Baums/Thoma, § 27 Rn. 109; *Hirte* in KK-WpÜG, § 27 Rn. 54; *Krause/Pötzsch* in Assmann/Pötzsch/Schneider, § 27 Rn. 106.

[97] *Harbarth* in Baums/Thoma, § 27 Rn. 104; *Krause/Pötzsch* in Assmann/Pötzsch/Schneider, § 27 Rn. 105.

[98] Vgl. BAG NZA 1997, 781, 782; BAG, NZA 1998, 953, 954.

[99] HM, BAG AP Nr. 35 zu § 80 BetrVG 1972; BAG AP Nr. 38 zu § 80 BetrVG 1972; *Thüsing* in Richardi, § 80 Rn. 92; kritisch *Buschmann* in Däubler/Kittner/Klebe, § 80 Rn. 169; zur Freigabeentscheidung des Arbeitgebers bei betrieblichen Auskunftspersonen *Löwisch* BB 2001, 1790, 1791; *Reichold* NZA 2001, 857, 862.

[100] Vgl. BAG NZA 1993, 86, 88.

abgegeben werden, oder ob die Belegschaft zu einer Koordinierung ihrer Interessen und demzufolge zur Abgabe einer einheitlichen Stellungnahme verpflichtet ist. Das mag vor allem daran liegen, dass in „übernahmefähigen" Unternehmen in der Praxis oftmals Betriebsräte anzutreffen sind. Obgleich die Interessen der einzelnen Belegschaftsmitglieder nicht identisch sein müssen und das Gesetz eine umfassende Information der Wertpapierinhaber bezweckt, kann eine Veröffentlichung einer Vielzahl von Stellungnahmen der Arbeitnehmer nicht verlangt werden[101], zumal die Aktionäre diese kaum erfassen könnten und bei ihrer Entscheidung, dass Angebot anzunehmen oder nicht, die dargestellten Individualinteressen auch nicht berücksichtigen werden. Zudem hat der Bieter in der Angebotsunterlage auch nur die Auswirkungen auf die Gesamtheit der Arbeitnehmer und deren Beschäftigungsbedingungen darzustellen (§ 11 Abs. 2 Satz 3 Nr. 2), womit Stellungnahmen einzelner Arbeitnehmer nicht vereinbar sind. Solche dürften bereits unzulässig sein. Die Arbeitnehmer, auch größerer Belegschaften, wenn diese keinen Betriebsrat haben, müssen sich auf eine gemeinsame Stellungnahme einigen. Selbst wenn einzelne Stellungnahmen zulässig wären, sollte der Vorstand, um den Vorwurf einer Auswahl bzw. „Zensur" zu vermeiden, keine Stellungnahme der Arbeitnehmer veröffentlichen.[102] Mit Rechtsunsicherheit belastet ist hingegen der Vorschlag, dem Vorstand bei mehreren Stellungnahmen ein Recht zur redaktionellen Vereinheitlichung und Zusammenfassung einzuräumen.[103]

Eine die Beifügungspflicht auslösende **Übermittlung** setzt voraus, dass der Vorstand eine schriftlich verkörperte Mitteilung mit eindeutigem Absender erhält. Da die Vorschrift Transparenz im Übernahmeverfahren für die Wertpapierinhaber schaffen will, müssen „anonyme" Stellungnahmen nicht veröffentlicht werden. Die mit der Veröffentlichung verbundene Datenverarbeitung ist durch Rechtsvorschrift erlaubt und daher nach § 4 Abs. 1 BDSG zulässig. Zur Stellungnahme berechtigt sind sämtliche Arbeitnehmer, die potentielle Adressaten der Unterrichtung über die Veröffentlichung der Entscheidung zur Abgabe des Angebots (§ 10 Abs. 5 Satz 2) sowie der Übermittlung der Angebotsunterlage (§ 11 Abs. 4 Satz 2) sind. Stellungnahmen anderer Personen sind vom Vorstand nicht zu berücksichtigen. 31

Eine **Erstattung von Aufwendungen,** die den Arbeitnehmern im Zusammenhang mit der Anfertigung der Stellungnahme entstehen, sieht das Gesetz nicht vor. Hierfür besteht auch außerhalb des Gesetzes keine Rechtsgrundlage. § 670 BGB ist nicht anwendbar, da der Arbeitgeber nach dieser Vorschrift nur zum Ersatz von Aufwendungen verpflichtet ist, die durch betrieblich veranlasste Tätigkeiten, dh in Ausübung der geschuldeten Arbeitsleistung, entstehen.[104] Etwaigen **externen Sachverstand** zur Anfertigung der 32

[101] *Harbarth* in Baums/Thoma, § 27 Rn. 102.

[102] *Hirte* in KK-WpÜG, § 27 Rn. 59; *Krause/Pötzsch* in Assmann/Pötzsch/Schneider, § 27 Rn. 114; *Wackerbarth* in MüKoAktG, § 27 WpÜG Rn. 34; aA *Röh* in Frankfurter Komm., § 27 Rn. 70; *Noack/Holzborn* in Schwark, KapitalmarktR, § 27 WpÜG Rn. 25.

[103] In diesem Sinne *Harbarth* in Baums/Thoma, § 27 Rn. 102.

[104] *Koch* in Schaub, § 82 Rn. 4.

Stellungnahme können die Beschäftigten daher allenfalls auf eigene Kosten hinzuziehen.[105] Der Arbeitgeber ist auch nicht verpflichtet, die Arbeitnehmer zur Anfertigung der Stellungnahme von der Arbeitsleistung freizustellen.[106] Übernahmerechtliche Aktivitäten während der Arbeitszeit ohne Erlaubnis des Arbeitgebers können vielmehr zum Fortfall des Entgeltanspruchs und/oder zur (fristlosen) Kündigung wegen Arbeitsverweigerung führen.

4. Beifügungspflicht

33 **a) Grundsatz.** Der Vorstand ist verpflichtet, seiner eigenen Stellungnahme die Stellungnahme des zuständigen Betriebsrats oder der Arbeitnehmer **beizufügen.** Damit ist eine Veröffentlichung nach denselben Vorschriften gemeint, die auch für eine Veröffentlichung der Stellungnahme des Vorstands gelten. Da die Veröffentlichungspflicht der Herstellung größtmöglicher Meinungspluralität im Hinblick auf das Übernahmeangebot dient, ist dem Vorstand eine inhaltliche Veränderung fremder Stellungnahmen (zB Kürzung oder Ergänzung, eigene wertende Zusätze) grundsätzlich nicht gestattet. Den Vorstand trifft auch keine formelle oder materielle Prüfungspflicht.[107] Die Pflicht zur Beifügung ist daher als **kommentarlose Veröffentlichung** der übermittelten Meinungsäußerung zu verstehen. Dies schließt nicht aus, dass sich der Vorstand in seiner *eigenen* Stellungnahme mit den Argumenten der Arbeitnehmer auseinandersetzt.

34 **b) Ausnahmen.** Die Beifügungspflicht kann ausnahmsweise entfallen, wenn die Stellungnahme in Bezug auf das Angebot **bedeutungslos** oder eine Veröffentlichung für den Vorstand **unzumutbar** wäre (Rechtsgedanke des § 126 Abs. 2 AktG).[108] Folgende Fallkonstellationen sind denkbar:[109]

- Stellungnahme mit strafbarem Inhalt (zB beleidigende oder ehrverletzende Äußerungen): Eine Beifügungspflicht entfällt, da strafbare Meinungsäußerungen nicht schützenswert sind (Gedanke des Rechtsmissbrauchs) und der Vorstand sich der Gefahr aussetzt, durch die Mitwirkung an der Veröffentlichung selbst strafbar zu werden.
- Stellungnahme mit sachfremdem Inhalt: Stellungnahmen, die irgendeinen Bezug zu dem Angebot und seinen Auswirkungen und eine Auseinandersetzung hiermit schlechthin nicht erkennen lassen, müssen nicht veröffentlicht werden, da hiermit die Meinungsbildung der Wertpapierinhaber nicht gefördert werden kann. Solche Äußerungen stellen bereits begrifflich keine „Stellungnahme" dar.
- Stellungnahme mit teilweise sachlichem und teilweise unsachlichem Inhalt: Bei einer Vermengung sachlicher Aussagen mit unsachlichen Äußerungen, zB (beschäftigungs)politischen Inhalten, die die Grenze zur Strafbarkeit nicht überschreiten, ist im Interesse der Wertpapierinhaber an einer umfassenden Information und dem Interesse der Belegschaft an einer unzensier-

[105] *Harbarth* in Baums/Thoma, § 27 Rn. 107.
[106] *Krause/Pötzsch* in Assmann/Pötzsch/Schneider, § 27 Rn. 115.
[107] *Seibt* DB 2002, 529, 534; *Harbarth* in Baums/Thoma, § 27 Rn. 111.
[108] Kritisch, wenn auch im Ergebnis weitgehend übereinstimmend *Hirte* in KK-WpÜG, § 27 Rn. 62; *Krause/Pötzsch* in Assmann/Pötzsch/Schneider, § 27 Rn. 117 f.
[109] Hierzu auch *Seibt* DB 2002, 529, 534.

ten Auseinandersetzung mit dem Angebot die Beifügung der Stellungnahme grundsätzlich geboten. Die Veröffentlichungspflicht bezieht sich dann auf die gesamte Stellungnahme. Dem Vorstand ist eine inhaltliche Bearbeitung, zB die Herausnahme einzelner Teile, nicht gestattet. Eine Ausnahme gilt nur, wenn die unsachlichen Äußerungen derart Überhand nehmen, dass begrifflich nicht mehr von einer „Stellungnahme" gesprochen werden kann. In diesem Fall entfällt die Beifügungspflicht.

– Überlange Stellungnahmen: Das Gesetz sieht einen bestimmten Mindest- oder Höchstumfang für die Stellungnahme nicht vor. Der Vorstand kann daher auch Äußerungen von extremer Länge (zB mehrere hundert Seiten) nicht zurückweisen oder eigenmächtig kürzen.

c) Form der Beifügung. Da der Vorstand die Stellungnahme der Be- 35
schäftigten seiner eigenen Stellungnahme „beizufügen" hat, gelten für die Veröffentlichung dieselben Grundsätze wie für eine Veröffentlichung der Stellungnahme des Vorstands. § 27 Abs. 3 Satz 2 verweist hierfür auf die Vorschriften zur **Veröffentlichung der Angebotsunterlage.** Nicht erforderlich ist, dass der Vorstand seine eigene Stellungnahme mit derjenigen der Arbeitnehmer „in einem Dokument"[110] zusammenfasst. Für die Annahme eines derartigen Formerfordernisses mangelt es an einer gesetzlichen Grundlage. Entscheidend ist daher lediglich, dass die Stellungnahme der Belegschaft hinreichend erkennbar und von der Stellungnahme des Vorstands zu unterscheiden ist.[111] Unzulässig wäre etwa die Wahl einer besonders kleinen und unleserlichen Schrift für die Aufbereitung der Stellungnahme der Arbeitnehmer im Internet.

Nach § 14 Abs. 3 Nr. 1 und Nr. 2 ist die Stellungnahme mittels Bekannt- 36
gabe im Internet und Bereithalten zur kostenlosen Ausgabe bei einer geeigneten Stelle im Inland Hinweisbekanntmachung im Bundesanzeiger zu veröffentlichen. Eine volle Veröffentlichung im Bundesanzeiger wird nicht gewählt. Im Interesse einer gleichmäßigen Wahrnehmung der unterschiedlichen Stellungnahmen in der Öffentlichkeit ist der Vorstand grundsätzlich verpflichtet, die von ihm gewählte **Veröffentlichungsform** auch für die Stellungnahme der Belegschaft beizubehalten. Im Zweifel sind die Beschäftigten verpflichtet, dem Vorstand ihre Stellungnahme als elektronisch reproduzierbare Text-Datei zur Verfügung zu stellen.

d) Änderung des Angebots. Ist der Vorstand aufgrund einer Änderung 37
des Angebots zu einer erneuten Stellungnahme berechtigt und verpflichtet (vgl. § 27 Abs. 1), muss dieses Recht unter Paritätsaspekten auch dem Betriebsrat bzw. den Arbeitnehmern zustehen (§ 27 Abs. 2 analog).[112] Auf den Inhalt der Angebotsänderung kommt es nicht an.[113] Im Ergebnis kann es nur der Entscheidung der betroffenen Beschäftigten vorbehalten bleiben, ob sie

---

[110] So aber *Hirte* in KK-WpÜG, § 27 Rn. 62.

[111] Vgl. *Harbarth* in Baums/Thoma, § 27 Rn. 112.

[112] *Krause/Pötzsch* in Assmann/Pötzsch/Schneider, § 27 Rn. 110; *Harbarth* in Baums/Thoma, § 27 Rn. 115; einschränkend *Hirte* in KK-WpÜG, § 27 Rn. 55; die von ihm vorgeschlagene Einzelfallprüfung lässt sich jedoch normativ kaum begründen und führt zu erheblicher Rechtsunsicherheit.

[113] Zutreffend *Krause/Pötzsch* in Assmann/Pötzsch/Schneider, § 27 Rn. 110.

die Änderung als einschneidend genug für eine neuerliche Stellungnahme erachten oder nicht. Eine Pflicht zur (weiteren) Stellungnahme besteht dagegen ebenso wenig wie im Fall des ursprünglichen Angebots.

38 **e) Zeitlicher Ablauf.** Das Gesetz sieht eine bestimmte **Frist** zur **Übermittlung** der Stellungnahme an den Vorstand der Zielgesellschaft nicht vor. Im Idealfall wird die Stellungnahme so rechtzeitig übermittelt, dass der Vorstand die Stellungnahme des Betriebsrats oder der Arbeitnehmer gemeinsam mit seiner eigenen Stellungnahme nach § 27 Abs. 3 Satz 1 veröffentlichen kann.[114] Hierbei ist zu beachten, dass Vorstand und Aufsichtsrat die Stellungnahme binnen zwei Wochen nach Veröffentlichung der Angebotsunterlage veröffentlichen sollten, um ein Bußgeld zu vermeiden.[115] Allerdings sind Fälle denkbar, in denen die Arbeitnehmer, zB mangels spezifischer Sachkenntnisse, längere Zeit für die Erarbeitung ihrer Stellungnahme in Anspruch nehmen. Fraglich ist, ob der Vorstand in solchen Fällen zu einer **nachträglichen Veröffentlichung** verpflichtet ist, wenn er seine eigene Stellungnahme bereits kurze Zeit nach Erhalt der Angebotsunterlage gemäß § 27 Abs. 3 Satz 1 veröffentlicht hat. Ein Auseinanderfallen der Stellungnahmen in zeitlicher Hinsicht kann insbesondere eintreten, wenn dem Angebot Verhandlungen zwischen dem Bieter und der Zielgesellschaft vorausgegangen sind und die Stellungnahme des Vorstands gleichzeitig mit der Angebotsunterlage veröffentlicht wird. Für den Konflikt bestehen unterschiedliche Lösungsmöglichkeiten:

39 Denkbar wäre, die Beifügungspflicht auf Fälle zu beschränken, in denen die Stellungnahme des Betriebsrats oder der Arbeitnehmer bis zur Veröffentlichung seiner eigenen Stellungnahme vorliegt.[116] Die Arbeitnehmer wären dann, ebenso wie der Vorstand der Zielgesellschaft, gezwungen, ihre Stellungnahme unverzüglich nach Übermittlung der Angebotsunterlage abzufassen (vgl. §§ 14 Abs. 4 Satz 2, 27 Abs. 3 Satz 1). Stellungnahmen, die erst zu einem späteren Zeitpunkt eingehen, blieben danach unberücksichtigt.

40 Gegen eine Pflicht zur „gemeinsamen" Veröffentlichung spricht auch die Bestimmung des § 27 Abs. 2, wonach der Vorstand der Zielgesellschaft die Stellungnahme der Arbeitnehmer „unbeschadet" seiner Veröffentlichung nach Absatz 3 Satz 1 beizufügen hat. Dies ist ein zusätzliches Indiz, dass ein zeitliches Nebeneinander der verschiedenen Stellungnahmen nicht zwingend erforderlich ist. Darüber hinaus widerspräche eine (gesetzlich angeordnete) Kooperation des Vorstands mit dem Betriebsrat vor Veröffentlichung der Angebotsunterlage dem Grundgedanken der §§ 10 Abs. 5 Satz 2, 14 Abs. 4 Satz 2, wonach lediglich die vom Bieter veröffentlichten Informationen an den Betriebsrat oder die Arbeitnehmer weiterzuleiten sind. Es spricht daher viel dafür, dass der Vorstand zu einer Veröffentlichung ihrer Stellungnahmen auch dann verpflichtet ist, wenn er seine eigene Stellungnahme bereits gemäß § 27 Abs. 3 Satz 1 veröffentlicht hat.[117]

---

[114] BT-Drucks. 14/7034, 52.

[115] OLG Frankfurt AG 2006, 207.

[116] *Seibt* DB 2002, 529, 534f.

[117] So auch *Hirte* in KK-WpÜG, § 27 Rn. 65; *Harbarth* in Baums/Thoma, § 27 Rn. 113 mwN; *Wackerbarth* in MüKoAktG, § 27 WpÜG Rn. 37; *Röh* in Frankfurter Komm., § 27 Rn. 74; *Krause/Pötzsch* in Assmann/Pötzsch/Schneider, § 27 Rn. 123.

41 Die Pflicht zur „nachträglichen" Veröffentlichung besteht allerdings nicht uneingeschränkt. Eine absolute zeitliche Grenze bildet insoweit der **Ablauf der Annahmefrist** (§ 16 Abs. 1). Weiterer Beschränkungen, etwa in Form eines Rechts des Vorstands, den Betroffenen eine Frist für die Abgabe der Stellungnahme zu setzen, bedarf es daneben nicht, weil zeitnahes Handeln im ureigensten Interesse der von dem Angebot betroffenen Beschäftigten liegt.

42 **f) Gemeinsame Stellungnahmen.** Dem Vorstand und dem Aufsichtsrat der Zielgesellschaft ist es nicht verwehrt, ihre eigene Stellungnahme mit dem Betriebsrat oder den Arbeitnehmern **abzustimmen** und als gemeinsame Stellungnahme zu veröffentlichen.

IV. Weitere Behandlung der Stellungnahme des Vorstands und des Aufsichtsrats (Abs. 3)

1. Veröffentlichung der Stellungnahme des Vorstands und des Aufsichtsrats (Satz 1)

43 **a) Unverzüglichkeit der Stellungnahme.** Der Vorstand und der Aufsichtsrat sind nach Abs. 3 Satz 1 verpflichtet, ihre Stellungnahme unverzüglich nach Veröffentlichung der Angebotsunterlage bzw. nach Änderung der Angebotsunterlage zu veröffentlichen. Das Gesetz verzichtet darauf, eine Frist für die Veröffentlichung der Stellungnahme zu bestimmen. **„Unverzüglich"** bedeutet ohne schuldhaftes Zögern, dh zu dem frühestmöglichen Zeitpunkt, zu dem der Vorstand bzw. der Aufsichtsrat in der Lage ist, eine mit der erforderlichen Sorgfalt (§§ 76, 93 AktG) erstellte begründete Stellungnahme zu dem Angebot abzugeben. Der Bericht muss den Wertpapierinhabern der Zielgesellschaft so rechtzeitig vorliegen, dass diese in angemessener Zeit entscheiden können.[118] Hierbei ist zwischen dem Interesse der Wertpapierinhaber der Zielgesellschaft an einer umgehenden Information und der Pflicht des Vorstands bzw. des Aufsichtsrats zur sorgfältigen Prüfung des Angebots ein Ausgleich zu finden. In der Regel wird eine Stellungnahme zwei Wochen nach Vorlage der Angebotsunterlage noch als rechtzeitig anzusehen sein, wobei in einfach gelagerten Fällen auch eine kürzere Frist in Betracht kommt.[119] Ist der zu beurteilende Sachverhalt komplex oder ist die Einschaltung externer Sachverständiger erforderlich, dann kann auch eine später veröffentlichte Stellungnahme noch unverzüglich sein.[120] In jedem Fall muss die Stellungnahme rechtzeitig vor Ablauf der Angebotsfrist veröffentlicht worden sein. Tatsächlich droht die BaFin mit Bußgeldverfahren, wenn die Stellungnahme nicht binnen der ersten zwei Wochen der Annahmefrist veröffentlicht worden ist.

---

[118] Vgl. Rule 23.2 City Code; *Rümker* FS Heinsius, 1991, 687.

[119] OLG Frankfurt AG 2006, 207; *Hirte* in KK-WpÜG Rn. 67; *Krause/Pötzsch* in Assmann/Pötzsch/Schneider, § 27 Rn. 125; *Röh* in Frankfurter Komm., § 27 Rn. 77; für Mindestfrist von zwei Wochen *Wackerbarth* in MüKoAktG, § 27 WpÜG Rn. 38 und *Seibt* DB 2002, 534; für Differenzierung zwischen Vorstand und Aufsichtsrat *Ekkenga* in Ehricke/Ekkenga/Oechsler, § 27 Rn. 40.

[120] OLG Frankfurt v. 8.12.2005, AG 2006, 207 (verlangt Vorliegen ganz besonderer Umstände und Beschwernisse); *Hirte* in KK-WpÜG, § 27 Rn. 67; *Krause/Pötzsch* in Assmann/Pötzsch/Schneider, § 27 Rn. 125.

44 **b) Stellungnahme vor Veröffentlichung des Angebots.** Nach der Gesetzesbegründung schließt Satz 1 nicht aus, dass die Stellungnahme gleichzeitig mit der Angebotsunterlage veröffentlicht wird. Dies ist möglich, wenn dem Angebot Verhandlungen zwischen dem Bieter und der Zielgesellschaft vorausgegangen sind und der Vorstand und der Aufsichtsrat der Zielgesellschaft den Wertpapierinhabern die Annahme des Angebotes empfehlen wollen.[121] Allerdings müssen Angebotsunterlage und Stellungnahme in getrennten Dokumenten veröffentlicht werden.[122]

2. Übermittlung der Stellungnahme an Betriebsrat oder Arbeitnehmer (Satz 2)

45 **a) Form der Übermittlung.** Der Vorstand und der Aufsichtsrat haben ihre Stellungnahmen gleichzeitig mit der Veröffentlichung (§ 14 Abs. 3 Satz 1) dem zuständigen Betriebsrat oder, sofern ein Betriebsrat nicht besteht, den Arbeitnehmern zu übermitteln. Eine bestimmte Form ist hierfür nicht vorgesehen. Man wird allerdings davon ausgehen müssen, dass die Stellungnahmen **ungekürzt** und in ihrem **vollen Wortlaut** zu übermitteln sind.[123] Für die Art und Weise der Übermittlung gelten die gleichen Grundsätze wie für die Verhaltenspflichten des Vorstands nach § 10 Abs. 5 Satz 2 (Unterrichtung über die Entscheidung des Bieters zur Abgabe eines Angebots) sowie nach § 14 Abs. 4 Satz 2 (Übermittlung der Angebotsunterlage). Dies gilt auch für die Ermittlung des empfangszuständigen Betriebsrats sowie den Kreis der zu unterrichtenden Arbeitnehmer. Unklar ist, was der Gesetzgeber unter einer **gleichzeitigen** Übermittlung versteht. Absolute Zeitgleichheit kann damit wohl nicht gemeint sein; die Stellungnahme kann unmittelbar vor oder unmittelbar nach deren Veröffentlichung Betriebsrat/Arbeitnehmern übermittelt werden.

46 **b) Gemeinsame Stellungnahmen.** Dem Vorstand und dem Aufsichtsrat der Zielgesellschaft ist es nicht verwehrt, ihre eigene Stellungnahme mit dem Betriebsrat oder den Arbeitnehmern abzustimmen und als gemeinsame Stellungnahme zu veröffentlichen. Da der Inhalt der Stellungnahme den gemeinsamen Verfassern hinreichend bekannt ist, entfällt in diesem Fall die Übermittlungspflicht nach Absatz 3 Satz 2 (teleologische Reduktion).

3. Nachweis der Veröffentlichung gegenüber der Bundesanstalt

47 Die Stellungnahme des Vorstands der Zielgesellschaft ist in gleicher Weise wie die Angebotsunterlage des Bieters in entsprechender Anwendung von § 14 Abs. 2 und 3 zu veröffentlichen, also auf der Internetseite der Zielgesellschaft und einer Hinweisbekanntmachung im Bundesanzeiger. Nach Veröffentlichung ist der BaFin unverzüglich ein Beleg zu übersenden. Unverzüg-

---

[121] BT-Drucks. 14/7034, 52.

[122] *Harbarth* in Baums/Thoma, § 27 Rn. 120; *Hirte* in KK-WpÜG, § 27 Rn. 24; *Krause/Pötzsch* in Assmann/Pötzsch/Schneider, § 27 Rn. 126; *Seydel* in KK-WpÜG, § 11 Rn. 80.

[123] Vgl. *Seibt* DB 2002, 529, 535.

lich bedeutet in der Regel innerhalb von drei Werktagen. Eine Übersendung erst eine Woche nach Veröffentlichung ist dagegen verspätet.[124]

Das Gesetz kennt keine Befugnis der BaFin, den Inhalt der Stellungnahme nach deren Veröffentlichung zu prüfen. In der Praxis prüft die BaFin die Stellungnahme unter dem Bußgeldtatbestand der Veröffentlichung einer „nicht richtigen" Stellungnahme (§ 60 Abs. 1 Nr. 2c) dennoch und verlangt ggf. Änderungen und Neuveröffentlichung.[125] Die BaFin führt – ganz entgegen der Prüfung der Angebotsunterlage – nicht nur eine formelle, sondern sogar eine materielle Prüfung durch.[126] Soweit nicht Missstände (§ 4 Abs. 1 Satz 2) vorliegen, kann die BaFin keine Änderungen oder Ergänzungen der Stellungnahme verlangen. Die Praxis der BaFin geht unter Berufung auf § 60 Abs. 1 Nr. 2c einen anderen Weg. 48

V. Haftung des Vorstands für fehlerhafte Stellungnahmen

Nicht geregelt ist in § 27, nach welchen Maßstäben der Vorstand der Zielgesellschaft für eine fehlerhafte Stellungnahme haftet. In Betracht kommt eine Haftung sowohl gegenüber dem Bieter als auch gegenüber den Wertpapierinhabern der Zielgesellschaft.[127] Auf was gehaftet werden soll, bleibt unklar. Soll gegenüber dem das Angebot annehmenden Aktionär und dem verbleibenden Aktionär gehaftet werden? Gegenüber dem Bieter, weil diesem zu wenige oder zu viele Aktien angedient wurden? In aller Regel dürfte es auch an der Kausalität zwischen fehlerhafter Stellungnahme und einem Schaden fehlen. Die nachfolgenden Überlegungen sind daher eher theoretischer Natur. 49

1. Fehlerhaftigkeit

Fehlerhaft ist eine Stellungnahme entsprechend § 12 Abs. 1, wenn sie **unrichtig** oder **unvollständig** ist und die unrichtigen oder unvollständigen Angaben für die Beurteilung des Angebots von wesentlicher Bedeutung sind. Unvollständig kann eine Stellungnahme insbesondere sein, wenn der Vorstand ihm vom Bieter im Hinblick auf die Empfehlung des Angebots gewährte Vorteile nicht offenlegt. 50

2. Anspruchsgrundlagen

a) Kein Schutzgesetzcharakter von § 27. Für Verletzungen der Stellungnahmepflicht sind – anders als für Unrichtigkeiten der Angebotsunterlage in § 12 – im Gesetz nicht ausdrücklich Schadensersatzansprüche angeordnet. § 27 selbst ist auch kein Schutzgesetz zugunsten der Wertpapierinhaber der Zielgesellschaft, an die sich das Angebot richtet.[128] Die Stellungnahmepflicht 51

[124] OLG Frankfurt NJW 2003, 2111 = NZG 2003, 638; *Ekkenga* in Ehricke/Ekkenga/Oechsler, § 27 Rn. 42; *Krause/Pötzsch* in Assmann/Pötzsch/Schneider, § 27 Rn. 132; *Noack/Holzborn* in Schwark/Zimmer, KapitalmarktR, § 27 WpÜG Rn. 31.

[125] Ständige BaFin-Handhabungspraxis.

[126] BaFin-Journal Juli 2014, S. 17 ff.

[127] Dazu näher *van Aubel*, S. 85 ff.

[128] Wie hier *Harbarth* in Baums/Thoma, § 27 Rn. 142 ff.; *Krause/Pötzsch* in Assmann/Pötzsch/Schneider, § 27 Rn. 150 f.; *Bürgers/Holzborn* ZIP 2003, 2279; *Friedl*

stellt eine übernahmerechtliche Konkretisierung der aktienrechtlichen Pflicht zur ordnungsgemäßen Geschäftsführung der Zielgesellschaft dar. Im Rahmen dieser Geschäftsführungspflicht hat der Vorstand zwar, soweit im Rahmen einer Abwägung mit den Gesellschaftsinteressen möglich, die Interessen der Aktionäre (mit) zu berücksichtigen. Gleichwohl besteht die Geschäftsführungspflicht aber unmittelbar nur gegenüber der Zielgesellschaft und nicht gegenüber ihren Aktionären. Die Anerkennung einer direkten Schutzwirkung gegenüber dem einzelnen Wertpapierinhaber der Zielgesellschaft würde zu einem Widerspruch zum aktienrechtlichen Grundsatz führen, dass der Vorstand außer im Falle des § 117 Abs. 2 AktG sowie bei vorsätzlicher Schädigung Dritter nach §§ 823 Abs. 2, 826 AktG für Verletzungen seiner Geschäftsführungspflicht nur gegenüber der Gesellschaft und nicht gegenüber den Aktionären oder sonstigen Dritten haftet.[129] Die Anerkennung einer direkten Haftung stände auch im Wertungswiderspruch zur Behandlung von Verletzungen des Auskunftsrechts aus § 131 AktG in der Hauptversammlung, die nach richtiger Auffassung keinen Schadensersatzanspruch des Aktionärs aus § 823 Abs. 2 BGB iVm § 131 AktG begründen.[130]

52 **b) Haftung nach Aktienrecht.** Für Verletzung ihrer Stellungnahmepflicht können die Mitglieder der Vorstands nach § 93 Abs. 2 AktG haften, wobei diese Haftung nur gegenüber der Gesellschaft besteht.[131] Ein direkter Anspruch der Aktionäre kommt nur unter den Voraussetzungen des § 117 Abs. 1 Satz 2 AktG in Betracht. Ein solcher Anspruch setzt voraus, dass der Vorstand durch eine vorsätzlich falsche Stellungnahme einen Aktionär dazu bestimmt hat, das Angebot anzunehmen oder abzulehnen und dem Aktionär hierdurch ein Schaden entstanden ist. Der Schaden kann darin liegen, dass zB ein Aktionär aufgrund vorsätzlich falscher Angaben seine Aktien unter Wert verkauft oder ein angemessenes Angebot nicht angenommen hat.[132] Sofern ein Dritter vorsätzlich gehandelt hat, haften die Vorstände neben diesem gemäß § 117 Abs. 2 AktG bereits für einfach fahrlässiges Verhalten.

53 **c) Haftung nach §§ 823 Abs. 2, 826 BGB.** Sofern der Vorstand der Zielgesellschaft in seiner Stellungnahme bewusst fehlerhafte Informationen verbreitet, kommt außerdem ein zivilrechtlicher Anspruch nach §§ 823 Abs. 2, 826 BGB in Betracht. Der Anspruch setzt voraus, dass durch die fehlerhafte Stellungnahme ein Schutzgesetz verletzt worden ist. Solche Schutzgesetze können §§ 263, 266 StGB sein, außerdem §§ 399, 400 AktG.[133] Ein Schadensersatzanspruch nach § 823 Abs. 2 BGB iVm §§ 399, 400 AktG setzt allerdings vorsätzliches Verhalten voraus, da bloß fahrlässiges Verhalten in die-

NZG 2004, 450; *Lutter/Krieger/Verse,* Rechte und Pflichten des Aufsichtsrats, Rn. 1032; für Schutzgesetzeigenschaft *Röh* in Frankfurter Komm., § 27 Rn. 92; *Ekkenga* in Ehricke/Ekkenga/Oechsler, § 27 Rn. 44.

[129] Vgl. *Hopt/Roth* in Großkomm., § 93 Rn. 623; *Hüffer/Koch,* § 93 Rn. 61; *Mertens/Cahn* in KölnKomm., § 93 Rn. 207, jeweils mwN.

[130] *Hüffer/Koch,* § 131 Rn. 4; aA *Kubis* in MüKoAktG, § 131 Rn. 171; jeweils mwN.

[131] *Hopt/Roth* in Großkomm., § 93 Rn. 623; *Hüffer/Koch,* § 93 Rn. 61; *Mertens/Cahn* in KölnKomm., § 93 Rn. 207.

[132] *Assmann/Bozenhardt* in Assmann/Basaldua/Bozenhardt/Peltzer, S. 104 Fn. 547.

[133] Dazu *Hüffer/Koch,* § 93 Rn. 61 mwN; *Siebel/Gebauer* WM 2001, 189.

sen Bestimmungen nicht mit Strafe bedroht ist (§ 15 StGB, § 823 Abs. 2 Satz 2 BGB). Ein Schadensersatzanspruch nach § 826 BGB kann in Betracht kommen, wenn der Vorstand durch eine bewusst unrichtige Stellungnahme die Wertpapierinhaber getäuscht und zu einer unzutreffenden Beurteilung des Angebots veranlasst hat.[134]

d) Haftung nach § 311 Abs. 2, 3 BGB. Eine weitergehende Haftung für bloß fahrlässig fehlerhafte Informationen in der Stellungnahme kommt bei Bestehen einer Haftung unter den Voraussetzungen von § 311 Abs. 2, 3 BGB in Betracht. Dies setzt außer einem erheblichen wirtschaftlichen Eigeninteresse des Vorstands an der Annahme oder Ablehnung des Angebots die Schaffung eines besonderen Vertrauenstatbestands gerade im Verhältnis zu bestimmten Wertpapierinhabern der Zielgesellschaft voraus.[135] Ein solcher Vertrauenstatbestand liegt nicht bereits in der Veröffentlichung der Stellungnahme, da die Stellungnahme sich nicht an bestimmte Adressaten, sondern an den Kapitalmarkt allgemein richtet. Ein bestimmtes typisiertes Vertrauen wird hierfür nicht in Anspruch genommen. 54

e) Haftung analog Prospekthaftung (§§ 21 ff. WpPG). Da die Pflicht der Stellungnahme über den aktienrechtlichen Auskunftsanspruch hinaus reicht und der Vorstand sich an den Kapitalmarkt insgesamt wendet, ist teilweise erwogen worden, die Stellungnahme einer Haftung nach prospekthaftungsrechtlichen Grundsätzen (§§ 21 ff. WpPG) zu unterstellen.[136] Eine direkte Anwendung der börsengesetzlichen Prospekthaftung scheitert daran, dass die Stellungnahme des Vorstands der Zielgesellschaft kein Prospekt ist. Für eine analoge Anwendung dieser Grundsätze ist aber ebenfalls kein Raum, da das Fehlen einer Haftungsregelung im Gegensatz zu § 12 ein beredtes Schweigen des Gesetzgebers darstellt und es somit an einer planmäßigen Regelungslücke des Gesetzes fehlt.[137] Auch für die Anwendung der Grundsätze der zivilrechtlichen Prospekthaftung ist kein Raum, da die Stellungnahme von Vorstand und Aufsichtsrat nicht zu Verkaufs- oder Werbezwecken abgegeben wird und auch nicht die einzige oder hauptsächliche Informationsquelle der Wertpapierinhaber der Zielgesellschaft ist.[138] 55

---

[134] Vgl. zum vergleichbaren Fall einer Haftung für bewusst falsche Ad-hoc-Mitteilungen nach § 826 BGB näher *Möllers/Leisch* WM 2001, 1651 ff., zur Haftung für fehlerhafte Prognosen bei Übernahmeangeboten *Siebel/Gebauer* WM 2001, 189.

[135] Vgl. die Nachweise bei *Hüffer/Koch,* § 93 Rn. 21.

[136] So *Assmann/Bozenhardt* in Assmann/Basaldua/Bozenhardt/Peltzer, S. 98 f.; *Becker* ZHR 165 (2001), 284 f.; *Hopt* FS Lutter, 2000, 1361, 1399; *Merkt* ZHR 165 (2001), 246; *Peltzer* in Assmann/Basaldua/Bozenhardt/Peltzer, § 27 S. 212; *Rümker* FS Heinsius, 1991, 687.

[137] *Harbarth* in Baums/Thoma, § 27 Rn. 135; *Krause/Pötzsch* in Assmann/Pötzsch/Schneider, § 27 Rn. 143.; *Friedl* NZG 2004, 452f; *Röh* in Frankfurter Komm., § 27 Rn. 85; aA *Hirte* in KK-WpÜG, § 27 Rn. 27; *Noack/Holzborn* in Schwark/Zimmer, KapitalmarktR, § 27 WpÜG Rn. 34.

[138] *Harbarth* in Baums/Thoma, § 27 Rn. 139; *Krause/Pötzsch* in Assmann/Pötzsch/Schneider, § 27 Rn. 145; *Friedl* NZG 2004, 453; aA *Ekkenga* in Ehricke/Ekkenga/Oechsler, § 27 Rn. 35; *Noack/Holzborn* in Schwark/Zimmer, KapitalmarktR, § 27 WpÜG Rn. 35; *Röh* in Frankfurter Komm., § 27 Rn. 86; wohl auch *Hirte* in KK-WpÜG, § 27 Rn. 27.

3. Haftungsmaßstab

56 Für die aktienrechtliche Haftung des Vorstands gegenüber dem Aktionär der Zielgesellschaft nach § 117 Abs. 1 Satz 2 AktG sowie für die zivilrechtliche Haftung nach §§ 823 Abs. 2, 826 BGB ist jeweils vorsätzliches Verhalten erforderlich, so dass nach diesen Vorschriften eine Haftung für bloß fahrlässige Falschinformationen in der Stellungnahme des Vorstands ausgeschlossen ist.[139] Für dieses Ergebnis spricht auch der Vergleich mit der Haftung des Bieters für den Inhalt der Angebotsunterlage. Diese ist nach § 12 auf grobe Fahrlässigkeit und Vorsatz beschränkt. Nach § 12 Abs. 6 ist eine weitergehende prospekthaftungsrechtliche Haftung sowie eine Haftung für bloß fahrlässige Verletzung deliktischer Schutzgesetze ausgeschlossen. Aus Gründen der Waffengleichheit zwischen Bieter und Zielgesellschaft muss auch für die Stellungnahme des Vorstands der Zielgesellschaft die Wertung des § 12 entsprechend gelten, so dass für Fehler der Stellungnahme analog § 12 nur im Falle grober Fahrlässigkeit gehaftet wird.[140] Die weitergehende Ansicht, wonach wegen der mit der Stellungnahme verbundenen Möglichkeiten zur Beeinflussung der Aktionäre auch für die Haftung des Vorstands der Zielgesellschaft strenge Maßstäbe gelten müssen, und zwar sowohl bzgl. der Informationserteilung als auch bzgl. der subjektiven Beurteilung des Übernahmeangebots durch den Vorstand,[141] ist abzulehnen.[142] Diese Ansicht verkennt, dass der Vorstand nach § 27 bei der Erstellung seiner Stellungnahme unter einem erheblichen Zeitdruck steht und dass ihm hinsichtlich der Beurteilung des Angebots ein viel geringerer Zeitraum zur Verfügung steht als dem Bieter, der das Angebot über einen längeren Zeitraum vorbereiten kann. Eine schärfere Haftung für den Inhalt der Stellungnahme als für den Inhalt der Angebotsunterlage würde dazu führen, dass der Vorstand zur Vermeidung des Haftungsrisikos soweit möglich auf eine detaillierte inhaltliche Stellungnahme verzichten müsste. Dadurch würde die Möglichkeit der Wertpapierinhaber der Zielgesellschaft erheblich eingeschränkt, das Angebot auf Basis der Einschätzung des Vorstands umfassend zu beurteilen.

VI. Haftung für fehlerhafte Stellungnahmen des Betriebsrats/ der Arbeitnehmer

57 Ebenfalls nicht geregelt ist im Gesetz eine Haftung des Betriebsrats bzw. der Arbeitnehmer für fehlerhafte Stellungnahmen. Da weder Betriebsrat noch Arbeitnehmer nach § 27 zur Abgabe von Stellungnahmen verpflichtet sind, ist eine Haftung wegen Unterlassung einer Stellungnahme ausgeschlossen.[143]

---

[139] *Rümker* FS Heinsius, 1991, 687 Fn. 14.

[140] *Hirte* in KK-WpÜG, § 27 Rn. 27; *Röh* in Frankfurter Komm., § 27 Rn. 90; *Wackerbarth* in MüKoAktG, § 27 WpÜG Rn. 16; de lege ferenda bereits *Hopt* FS Lutter 2000, 1361, 1399; *Merkt* ZHR 165 (2001), 246; aA *Dimke/Heiser* NZG 2001, 249 und wohl auch *Ekkenga* in Ehricke/Ekkenga/Oechsler, § 27 Rn. 44.

[141] *Dimke/Heiser* NZG 2001, 249; ähnlich bereits *Assmann/Bozenhardt* in Assmann/Basaldua/Bozenhardt/Peltzer, S. 103 ff.

[142] So auch *Mohamed* DStR 2015, 2290 ff.

[143] *Harbarth* in Baums/Thoma, § 27 Rn. 162; *Krause/Pötzsch* in Assmann/Pötzsch/Schneider, § 27 Rn. 163; *Röh* in Frankfurter Komm., § 27 Rn. 97.

Da der Betriebsrat selbst lediglich eine betriebsverfassungsrechtliche Rechtsfähigkeit besitzt, kommt in Ausnahmefällen allenfalls eine Haftung der einzelnen Betriebsratsmitglieder nach § 826 BGB in Betracht.[144] Eine Haftung des Vorstands für die Veröffentlichung einer fehlerhaften Stellungnahme des Betriebsrats oder von Arbeitnehmern kommt ebenfalls nicht in Betracht.

VII. Haftung für fehlerhafte Stellungnahmen des Aufsichtsrats

Schließlich lässt das Gesetz auch die Frage ungeregelt, ob und in welcher Weise für fehlerhafte Stellungnahmen des Aufsichtsrats gehaftet wird. Da § 27 keinen Schutzgesetzcharakter zugunsten der Wertpapierinhaber der Zielgesellschaft hat, an die sich das Angebot richtet (dazu näher → Rn. 49) und eine eigenständige aktienrechtliche Stellungnahmepflicht des Aufsichtsrats nicht besteht, wird eine Haftung hierfür in der Regel ausgeschlossen sein.[145] Nur in krassen Ausnahmefällen kann eine Haftung der Mitglieder des Aufsichtsrats nach § 826 BGB in Betracht kommen. **58**

VIII. Sonstige Sanktionen

Gemäß §§ 60 Abs. 1 Nr. 1, 60 Abs. 3 stellt die vorsätzliche oder leichtfertige Zuwiderhandlung gegen die Veröffentlichungspflicht nach § 27 Abs. 3 Satz 1 eine Ordnungswidrigkeit dar, die mit einer Geldbuße von bis zu 500 000 Euro geahndet werden kann. Gemäß §§ 60 Abs. 1 Nr. 5, 60 Abs. 3 stellt das vorsätzliche oder leichtfertige Unterbleiben einer ordnungsgemäßen Mitteilung der Veröffentlichung eine Ordnungswidrigkeit dar, die mit einer Geldbuße von bis zu 200 000 Euro geahndet werden kann. Schließlich stellt gemäß §§ 60 Abs. 1 Nr. 2, 60 Abs. 3 die vorsätzliche oder leichtfertige Verletzung der Übermittlungspflicht des § 27 Abs. 3 Satz 2 eine Ordnungswidrigkeit dar, die mit einer Geldbuße von bis zu 200 000 Euro geahndet werden kann. **59**

§ 28 Werbung

(1) **Um Missständen bei der Werbung im Zusammenhang mit Angeboten zum Erwerb von Wertpapieren zu begegnen, kann die Bundesanstalt bestimmte Arten der Werbung untersagen.**

(2) **Vor allgemeinen Maßnahmen nach Absatz 1 ist der Beirat zu hören.**

Übersicht

---

[144] Weitergehend *Harbarth* in Baums/Thoma, § 27 Rn. 162; *Krause/Pötzsch* in Assmann/Pötzsch/Schneider, § 27 Rn. 163 (deliktische Haftung auch nach § 823 BGB).

[145] AA *Harbarth* in Baums/Thoma, § 27 Rn. 148; *Krause/Pötzsch* in Assmann/Pötzsch/Schneider, § 27 Rn. 159 (Haftung analog für den Vorstand geltenden Grundsätzen); *Röh* in Frankfurter Komm., § 27 Rn. 82 ff.

I. Einführung

1. Systematische Bedeutung

1 § 28 ist Resultat der internationalen Erfahrung, dass Angebote regelmäßig von intensiven Werbemaßnahmen des Bieters und des Zielunternehmens begleitet werden.[1] Den konkreten Hintergrund für § 28 bildete die Übernahme von Mannesmann durch Vodafone, die auf Seiten des Bieters und des Zielunternehmens von umfangreichen Werbemaßnahmen begleitet war. Allein der Werbeaufwand von Mannesmann wurde auf 400 000 000 DM geschätzt.[2]

2 § 28 stellt eine besondere Ausprägung des Transparenzgrundsatzes (§ 3 Abs. 2) dar, wonach alle Inhaber von Wertpapieren der Zielgesellschaft über ausreichende Informationen zur Beurteilung des Angebots verfügen müssen. Werbemaßnahmen können dazu führen, dass die den Inhabern von Wertpapieren der Zielgesellschaft zugänglich gemachten Informationen durch bestimmte Arten oder bestimmte Inhalte von Werbemaßnahmen beeinträchtigt oder verschleiert werden. Zugleich konkretisiert § 28 den Grundsatz des § 3 Abs. 3, wonach der Vorstand im Interesse der Zielgesellschaft zu handeln hat. Parallelvorschriften zu § 28 finden sich in § 23 KWG und § 36b WpHG, denen § 28 nachgebildet ist.[3] Nach § 23 KWG kann die BaFin bestimmte Arten der Werbung von Kreditinstituten und Finanzdienstleistungsinstituten untersagen, um Missständen zu begegnen. Eine entsprechende Befugnis ist der BaFin in Bezug auf Missstände für Wertpapierdienstleistungen und Wertpapiernebendienstleistungen in § 36b WpHG eingeräumt.

2. Verhältnis zu anderen Rechtsvorschriften

3 § 28 ist lex specialis zur allgemeinen Befugnis der BaFin zur Bekämpfung von Missständen nach § 4 Abs. 1. § 28 geht § 33 WpHG vor, soweit es sich

---

[1] BT-Drucks. 14/7034, 52.
[2] *Horn* ZIP 2000, 482 mwN in Fn. 93.
[3] BT-Drucks. 14/7034, 53.

bei dem Bieter oder der Zielgesellschaft um ein Wertpapierdienstleistungsunternehmen handelt. In diesem Fall bleibt Werbung auch als Abwehrmaßnahme grundsätzlich zulässig.[4]

II. Untersagung von Werbemaßnahmen (Abs. 1)

1. Werbung

4 **a) Begriff der Werbung.** Die BaFin kann eingreifen, soweit es sich um bestimmte Arten von **Werbung** handelt. Unter Werbung wird der planvolle Einsatz von Werbemitteln zur Erzielung bestimmter Absatzleistungen oder Beschaffungserfolge verstanden.[5]

5 **b) Arten der Werbung.** Der Begriff der Werbung kann hier nicht ohne weiteres nach dem Schutzzweck der Norm weit ausgelegt werden, wie dies für § 23 KWG geschieht.[6] § 28 kann nämlich nicht zum Zweck haben, die üblichen Formen der Kommunikation zwischen einem Unternehmen und seinen Aktionären sowie dem Kapitalmarkt einzuschränken[7] Eine Werbemaßnahme iS des Abs. 1 kann daher nur vorliegen, wenn das Unternehmen außerhalb der üblichen Formen der Unternehmenskommunikation in werbender Absicht in einer Weise an den Kapitalmarkt, seine eigenen Aktionäre oder Aktionäre eines anderen Unternehmens herantritt, die geeignet ist, die Entscheidung über die Annahme oder Ablehnung eines Angebots zu beeinflussen.[8] Eine gezielte Beeinflussung oder Absicht der Einwirkung ist nicht erforderlich.[9]

6 **c) Generelle Zulässigkeit von Werbemaßnahmen.** Werbung im Zusammenhang mit einem Angebot ist grundsätzlich **zulässig,** solange kein Missstand iSv § 28 gegeben ist. Dies gilt auch für Werbemaßnahmen und sonstige publizistische Aktivitäten des Zielunternehmens.[10] Werbung beider Seiten dient der Meinungsbildung. Sie kann die informierte Entscheidung der Aktionäre der Zielgesellschaft fördern. Durch Werbemaßnahmen ist es auch möglich, auf Unrichtigkeiten und möglicherweise tendenziöse Werbemaßnahmen der anderen Seite zu reagieren.[11] Daher richtet sich § 28 nicht generell gegen Werbemaßnahmen, sondern nur gegen mögliche Missstände im Zusammenhang mit solchen Maßnahmen.

---

[4] *Körner* DB 2001, 370.

[5] *Harbarth* in Baums/Thoma, § 28 Rn. 16.

[6] Vgl. dazu *Fischer* in Boos/Fischer/Schulte-Mattler, § 23 Rn. 5.

[7] *Assmann* in Assmann/Pötzsch/Schneider, § 28 Rn. 8; *Ekkenga/Schulz* in Ehricke/Ekkenga/Oechsler, *§ 28* Rn. 14; *Hirte* in KK-WpÜG, § 28 Rn. 19; *Röh* in Frankfurter Komm., § 28 Rn. 11; *Wackerbarth* in MüKo AktG, § 28 WpÜG Rn. 3.

[8] Vgl. *Assmann* in Assmann/Pötzsch/Schneider, § 28 Rn. 8; *Ekkenga/Schulz* in Ehricke/Ekkenga/Oechsler, § 28 Rn. 4; *Harbarth* in Baums/Thoma, § 28 Rn. 16; *Röh* in Frankfurter Komm., § 28 Rn. 8.

[9] *Assmann* in Assmann/Pötzsch/Schneider, § 28 Rn. 8; aA *Hirte* in KK-WpÜG, § 28 Rn. 15, der Einwirkungsabsicht verlangt.

[10] *Harbarth* in Baums/Thoma, § 28 Rn. 24; *Hirte* in KK-WpÜG, § 28 Rn. 14; *Röh* in Frankfurter Komm., § 28 Rn. 2; *Martens* FS Beusch, 1993, S. 549.

[11] *Hopt* FS Lutter, 2000, S. 1382 f.; *Hopt* FS Koppensteiner, 2001, S. 87.

7 Die Werbung für das Unternehmen fällt nach § 76 AktG in den Zuständigkeitsbereich des Vorstands. Werbemaßnahmen im Zusammenhang mit einem Angebot erfordern keine Zustimmung der Hauptversammlung des Bieters oder des Zielunternehmens,[12] da sie nicht strukturändernd in die mitgliedschaftliche Position der Aktionäre eingreifen.[13] Daher können Aktionäre des Zielunternehmens nicht im Wege der Aktionärsklage Unterlassung von Werbemaßnahmen verlangen.[14] Mangels Eingriffs in das Mitgliedschaftsrecht scheidet auch ein Schadensersatzanspruch der Aktionäre der Zielgesellschaft nach § 823 Abs. 1 BGB aus.[15] Die Gegenansicht verlangt für Werbemaßnahmen der Zielgesellschaft zur Abwehr des Angebots einen Hauptversammlungsbeschluss.[16]

8 **d) Abgrenzung von Informationsvermittlung.** Abzugrenzen ist die Werbung von der Information über das Unternehmen. § 28 ist dann nicht berührt, wenn die betreffende Veröffentlichung oder Äußerung der Informationsvermittlung dient und keine Absicht erkennen lässt, die Inhaber von Wertpapieren der Zielgesellschaft zur Annahme oder Ablehnung eines Angebotes zu bewegen. Dies gilt auch dann, wenn die betreffende Information ihrem Inhalt oder der Form ihrer Verbreitung nach geeignet ist, das Ansehen des Bieters oder der Zielgesellschaft und ihrer Bewertung durch den Kapitalmarkt zu beeinflussen und damit mittelbar die Annahme oder Ablehnung eines Angebots herbeizuführen.

9 Nicht unter den Begriff der Werbung nach § 28 fallen:

- im Rahmen des gewöhnlichen Geschäftsbetriebes getätigte laufende Werbung eines Unternehmens für seine Produkte und Dienstleistungen;
- Veröffentlichungen eines Unternehmens, die zur Erfüllung gesetzlicher Berichtspflichten oder behördlicher oder gerichtlicher Anordnungen erfolgen;[17] dies gilt auch dann, wenn das Unternehmen in derartigen Pflichtveröffentlichungen angebotsbezogene Werbung versteckt;[18]
- allgemeine Öffentlichkeitsarbeit eines Unternehmens;[19]
- kapitalmarktbezogene Presse- und Analystenkonferenzen sowie Road-Shows und Präsentationen, auch im Zusammenhang mit einem Angebot;[20]
- die nach § 27 zu erstattende Stellungnahme des Vorstands und des Aufsichtsrats der Zielgesellschaft, auch wenn diese werbende Äußerungen enthalten sollte.

---

[12] BGH BGHZ 83, 122 = NJW 1982, 1703.

[13] LG Düsseldorf AG 2000, 233 = WM 2000, 528 = EWiR § 119 AktG 1/2000, 413 *Kiem* – Vodafone/Mannesmann; zust. *Krause* AG 2000, 217 ff.; *Liebscher* ZIP 2001, 867; *Maier-Reimer* ZHR 165 (2001) 274; *Witte* BB 2000, 2163.

[14] LG Düsseldorf AG 2000, 233.

[15] *Thümmel* DB 2000, 464.

[16] *Dimke/Heiser* NZG 2001, 241; *Kort* FS Lutter, 2000, 1440.

[17] *Assmann* in Assmann/Pötzsch/Schneider, § 28 Rn. 10; *Harbarth* in Baums/Thoma, § 28 Rn. 21; *Röh* in Frankfurter Komm., § 28 Rn. 9; näher *Siebel/Gebauer* WM 2001, 118 ff.

[18] *Assmann* in Assmann/Pötzsch/Schneider, § 28 Rn. 10; aA *Röh* in Frankfurter Komm., § 28 Rn. 9.

[19] Anders für § 23 KWG *Fischer* in Boos/Fischer/Schulte-Mattler, § 23 Rn. 5.

[20] *Becker* ZHR 165 (2001) 284; *Krause* AG 2000, 220; *Maier-Reimer* ZHR 165 (2001) 263; zu Investor Relations allgemein *Siebel/Gebauer* WM 2001, 124 ff.

2. Missstand

11 **a) Begriff des Missstands.** Die BaFin kann Maßnahmen ergreifen, um einem **Missstand** zu begegnen. Ein solcher Missstand ist zu befürchten, wenn bestimmte Werbemaßnahmen dazu geeignet sind, die in § 3 und § 4 genannten allgemeinen Grundsätze und Zwecke des Gesetzes zu beinträchtigen, insbesondere die Information der Aktionäre der Zielgesellschaft über die Vor- und Nachteile des Angebots und ihre darauf aufbauende freie Entscheidung über Annahme und Ablehnung des Angebots wesentlich zu erschweren oder zu vereiteln. Nach der Regierungsbegründung[21] soll es nicht erforderlich sein, dass ein bestimmter Missstand bereits eingetreten ist. Die BaFin soll stattdessen bereits zu **vorbeugenden Maßnahmen** berechtigt sein.[22] Diese Maßnahmen können sowohl den Inhalt als auch den Umfang der Werbung und die zu ihrer Übermittlung eingesetzten Medien zum Gegenstand haben.

12 **b) Einzelne Missstände.** Gesetzestext und Regierungsbegründung geben keine Anhaltspunkte dafür, wann im konkreten Fall ein Missstand vorliegen kann.[23] Der Begriff ist daher von Sinn und Zweck des Gesetzes her zu definieren. Einen Missstand stellen danach grundsätzlich Verhaltensweisen dar, die geeignet sind, unter Berücksichtigung der im WpÜG niedergelegten Grundsätze die ordnungsgemäße Durchführung des Angebotsverfahrens zu beeinträchtigen.[24] Um der BaFin nicht die Rolle eines Oberschiedsrichters zuzuweisen, muss vor einem Eingreifen nach § 28 im Einzelfall eine erhebliche Beeinträchtigung vorliegen.[25]

13 **aa) Arten der Werbung.** § 28 richtet sich nicht gegen bestimmte Arten der Werbung, so dass ergänzend die zu § 1 UWG von der Rechtsprechung entwickelten Grundsätze[26] heranzuziehen sind. Unzulässig sind daher in der Regel die unaufgefordert werbende Telefon-, Telefax- oder E-Mail-Ansprache von Aktionären, sofern diese nicht im Einzelfall vom Adressaten gestattet wurde.[27] Allerdings ist ein Eingreifen der BaFin nicht immer dann bereits möglich, wenn eine Werbung nach den Maßstäben von § 1 UWG als unlauter anzusehen ist,[28] da nach dem UWG die Durchsetzung der Regeln des lauteren Wettbewerbs Wettbewerbern, Wettbewerbs- und Verbraucherver-

---

[21] BT-Drucks. 14/7034, 52.

[22] *Assmann* in Assmann/Pötzsch/Schneider, § 28 Rn. 15; *Röh* in Frankfurter Komm., § 28 Rn. 18; *Steinmeyer* in Steinmeyer, § 28 Rn. 3.

[23] Kritisch zu den Vorentwürfen bereits *Riehmer/Schröder* NZG 2000, 823 Fn. 35.

[24] *Assmann* in Assmann/Pötzsch/Schneider, § 28 Rn. 14; *Röh* in Frankfurter Komm., § 28 Rn. 15.

[25] *Assmann* in Assmann/Pötzsch/Schneider, § 28 Rn. 14; *Harbarth* in Baums/Thoma, § 28 Rn. 34; *Hirte* in KK-WpÜG, § 28 Rn. 22; ähnlich *Ekkenga/Schulz* in Ehricke/Ekkenga/Oechsler, § 28 Rn. 10, der eine „gewisse Breitenwirkung" verlangt.

[26] So zu § 23 KWG *Reischauer/Kleinhans,* § 23 Rn. 25 und zu § 36b WpHG *Koller* in Assmann/Schneider, § 36b Rn. 3; abl. für § 23 KWG *Fischer* in Boos/Fischer/Schulte-Mattler, § 23 Rn. 7.

[27] *Harbarth* in Baums/Thoma, § 28 Rn. 48; *Hirte* in KK-WpÜG, § 28 Rn. 22; *Röh* in Frankfurter Komm., § 28 Rn. 16.

[28] So aber *Röh* in Frankfurter Komm., § 28 Rn. 16; *Steinmeyer* in Steinmeyer, § 28 Rn. 3 und zu § 36b WpHG *Koller* in Assmann/Schneider, § 36b Rn. 2.

bänden und den Industrie- und Handelskammern, nicht jedoch Verbrauchern, Anlegern, Anlegerschutzverbänden oder der BaFin zugewiesen ist Ein Verstoß gegen § 1 UWG kann daher allenfalls einen Aufgreiftatbestand oder ein Indiz für einen Missstand darstellen.[29]

14 **bb) Inhalt der Werbung.** Werbemaßnahmen sind im Rahmen der Geschäftsführung des Bieters und der Zielgesellschaft in weitem Umfang zulässig, auch wenn sie Appelle an das Gefühl enthalten oder Ängste ansprechen.[30] Die Verbreitung falscher oder entstellter Tatsachen stellt dagegen einen Verstoß gegen die Sorgfalt eines ordentlichen Vorstandmitglieds dar.[31] Unrichtigen Tatsachen kann mit Maßnahmen der BaFin begegnet werden.[32]

15 **cc) Umfang der Werbung.** Der **Umfang der Werbung** kann grundsätzlich einen Missstand nur dann darstellen, wenn er offensichtlich dazu geeignet ist, den Aktionären eine sachgerechte Entscheidung unmöglich zu machen; dies ist bei sachlicher Werbung in der Regel nicht der Fall. Im Übrigen kann unter dem Gesichtspunkt der Waffengleichheit auch ein hoher Werbeaufwand bei der Zielgesellschaft gerechtfertigt sein, wenn der Bieter zu den gleichen Mitteln greift.[33] Fraglich ist, ob es einen Maßnahmen der BaFin rechtfertigenden Missstand darstellen kann, wenn die mit sachlicher Werbung verbundenen Kosten den wirtschaftlichen Bestand des Unternehmens bedrohen. Dies wird in der Regel nicht der Fall sein, da das WpÜG nicht den Bestand von Unternehmen schützen soll, sondern die Funktionsfähigkeit des Marktes für Unternehmenskontrolle.[34]

3. Maßnahmen der Bundesanstalt

16 **a) Einzelfallmaßnahmen.** Maßnahmen der BaFin können sich gegen Werbemaßnahmen im Einzelfall richten. Dabei ist allerdings zu beachten, dass § 28 Abs. 1 der BaFin nur erlaubt, bestimmte **Arten der Werbung** zu untersagen. Arten der Werbung können sowohl das Medium (Telefonwerbung, Hausbesuche) wie auch den Inhalt der Werbung, also die Werbeaussage betreffen. Darüber hinaus ist die BaFin zu Einzelfallmaßnahmen nicht berechtigt.[35]

17 **b) Allgemeine Maßnahmen.** Zur Bekämpfung und Vorbeugung **allgemeiner Missstände** kann die BaFin auch Allgemeinverfügungen erlassen. Dies setzt voraus, dass über den konkreten Fall hinaus zu befürchten ist, dass eine bestimmte Verhaltensweise, die einen Missstand darstellt, vorgekommen ist und zumindest die Gefahr einer häufigeren Wiederholung der Verbreitung der betreffenden Art oder des betreffenden Inhalts der Werbung besteht.

---

[29] *Assmann* in Assmann/Pötzsch/Schneider, § 28 Rn. 2.

[30] *Kort* FS Lutter, 2000, 1439f.

[31] *Herrmann,* S. 89; *Kort* FS Lutter, 2000, 1439f.

[32] *Assmann* in Assmann/Pötzsch/Schneider, § 28 Rn. 22; *Hopt* FS Lutter, 2000, 1382f.

[33] *Horn* ZIP 2000, 482; *Krause* AG 2000, 220; speziell für Zulässigkeit der Werbemaßnahmen von Mannesmann *Grunewald* AG 2001, 298; *Körner* DB 2001, 368f. und wohl auch *Liebscher* ZIP 2001, 867.

[34] *Röh* in Frankfurter Komm., § 28 Rn. 17.

[35] So für den entsprechenden Wortlaut des § 23 KWG, *Fischer* in Boos/Fischer/Schulte-Mattler, § 23 Rn. 11.

III. Anhörung des Beirats vor allgemeinen Maßnahmen (Abs. 2)

Vor allgemeinen Maßnahmen nach Abs. 1, die sich generell gegen bestimmte Werbeformen oder -aussagen richten, ist nach Abs. 2 der nach § 5 gebildete Beirat anzuhören. Die Anhörung stellt sicher, dass in die Entscheidung der BaFin der Sachverstand der Wirtschaft und der beteiligten Kreise einfließen können.[36] Ohne Anhörung getroffene Maßnahmen sind gleichwohl wirksam.[37] 18

---

[36] BT-Drucks. 14/7034, 36.

[37] *Assmann* in Assmann/Pötzsch/Schneider, § 28 Rn. 24; aA *Ekkenga/Schulz* in Ehricke/Ekkenga/Oechsler, § 28 Rn. 21; *Harbarth* in Baums/Thoma, § 28 Rn. 67; *Hirte* in KK-WpÜG, § 28 Rn. 31; vgl. auch *Röh* in Frankfurter Komm., § 28 Rn. 16.

Abschnitt 4. Übernahmeangebote

§ 29 Begriffsbestimmungen

(1) Übernahmeangebote sind Angebote, die auf den Erwerb der Kontrolle gerichtet sind.

(2) Kontrolle ist das Halten von mindestens 30 Prozent der Stimmrechte an der Zielgesellschaft aus dem Bieter gehörenden Aktien der Zielgesellschaft oder dem Bieter nach § 30 zugerechneten Stimmrechten an der Zielgesellschaft. Stimmrechte aus Aktien, die zu einem von einer Kapitalverwaltungsgesellschaft verwalteten Sondervermögen gehören, das kein Spezialsondervermögen ist und dessen Vermögensgegenstände im Miteigentum der Anleger stehen, gelten für die Anwendung von Satz 1 als Stimmrechte der Kapitalverwaltungsgesellschaft.

Schrifttum: *Baums,* Low Balling, Creeping in und deutsches Übernahmerecht, ZIP 2010, 2374; *Harbarth,* Kontrollerlangung und Pflichtangebot, ZIP 2002, 321; *Hopt,* Europäisches Übernahmerecht, *Santelmann,* Notwendige Mindesterwerbsschwellen bei Übernahmeangeboten, AG 2002, 497; *Scholz,* Das Übernahme- und Pflichtangebot bei der KGaA, NZG 2006, 445.

Übersicht

I. Legaldefinitionen

§ 29 enthält sowohl eine Legaldefinition des Begriffs des Übernahmeangebots als auch des Begriffs der Kontrolle. Damit legt § 29 den Anwendungsbereich der Vorschriften des 4. Abschnitts und über die Definition des Begriffs der Kontrolle auch den Anwendungsbereich des 5. Abschnitts (Pflichtangebote) fest. 1

II. Übernahmeangebot

1. Definition

Übernahmeangebote sind **freiwillige Angebote,** die auf den Erwerb der Kontrolle der Zielgesellschaft gerichtet sind (§ 29 Abs. 1). Der Bieter hat zum Zeitpunkt des Angebotsbeginns noch nicht die Kontrolle über die Zielgesellschaft erlangt, strebt jedoch an, nach Abschluss des Angebotsverfahrens über eine Kontrollmehrheit zu verfügen. 2

2. Angebot

Bei dem Angebot muss es sich um ein Angebot im Sinne von § 2 Abs. 1 des Gesetzes handeln, also insbesondere um ein öffentliches Angebot. Zu Details der Definition des Begriffs öffentliche Angebote wird auf **→ § 1 Rn. 13 ff.** verwiesen. 3

Sollen mit dem öffentlichen Angebot lediglich Aktien erworben werden, die nicht an einem organisierten Markt zugelassen sind (etwa Vorzugsaktien oder Stammaktien, wenn die jeweils andere Gattung zum Handel zugelassen ist), ist nach der Entscheidung des Gesetzgebers in § 1 das Gesetz nicht anwendbar. 4

Adressat des Übernahmeangebots ist grundsätzlich jeder andere Aktionär als der Bieter. **Schuldrechtliche Beschränkungen,** welche einer Annahme des Übernahmeangebots entgegenstehen, bleiben außer Betracht. Auch Aktionäre, mit denen der Bieter sein Verhalten abstimmt oder gemeinsam handelnde Personen können Adressaten des Übernahmeangebots sein.[1] 5

3. Zielrichtung des Kontrollerwerbs

Das Angebot muss **auf den Erwerb der Kontrolle gerichtet sein.** Dagegen verlangt § 29 Abs. 1 nicht, dass das Angebot im Sinne eines Kontrollerwerbs erfolgreich ist. Auch ein Angebot, welches durch den Bieter zwar auf einen Kontrollerwerb gerichtet war, jedoch letztendlich nicht zu der Erreichung der Kontrollschwelle führt, stellt nach der Legaldefinition ein Übernahmeangebot dar.[2] 6

---

[1] *Steinmeyer* in Steinmeyer, § 29 Rn. 11.

[2] *Mülbert* ZIP 2001, 1221, 1224, hingegen verlangt zur Verhinderung der Umgehung eines Pflichtangebots mit einem Übernahmeangebot, dass der Bieter nach Ablauf der weiteren Annahmefrist (§ 16 Abs. 2) mindestens über die Hälfte der Aktien der außenstehenden Aktionäre verfügen müsse.

7 **a) Grundsatz.** Gerichtet ist ein Angebot auf den Erwerb der Kontrolle, wenn bei Annahme des Angebots durch die angesprochenen außenstehenden Aktionäre sowie unter Berücksichtigung von anderen Anteilserwerben sowie ggfs. der Zurechnung von Stimmrechtsanteilen (§ 30) der Bieter die 30%-Schwelle erreicht oder überschreitet.[3] Hingegen stellte ein nur auf einen bestimmten Prozentsatz der Aktien gerichtetes Angebot **(Teilangebot)** kein Übernahmeangebot dar, selbst wenn der Bieter danach die Kontrollschwelle erreicht oder überschreitet. Allerdings muss in diesem Zeitpunkt ein Pflichtangebot abgegeben werden. Besitzt der Bieter bereits eine Kontrollposition und möchte er diese ausbauen **(Aufstockungsangebot),** liegt kein Übernahmeangebot vor, da die Kontrolle durch dieses Angebot nicht mehr erreicht wird.

8 **b) Vorerwerb unter Bedingungen.** Der Bieter wird vor Durchführung eines öffentlichen Angebots oftmals versuchen, bereits Pakete von Aktien der Zielgesellschaft zu erwerben. Diese Geschäfte werden nicht selten so mit dem öffentlichen Angebot verknüpft sein, dass das Erreichen einer bestimmten Akzeptanzschwelle aus dem öffentlichen Angebot eine Bedingung auch für die Wirksamkeit des Paketerwerbs ist.

9 Ist eine solche Vereinbarung, ohne bereits nach § 30 zu einer Zurechnung der Stimmrechte zu führen, im Wege der Bedingung **mit dem Erfolg des Angebots verknüpft,** spricht die Tatsache, dass die zwei Transaktionen (öffentliches Angebot und vorgeschalteter Kauf) nach dem Willen des Bieters und auch wegen der Bedingung zwangsläufig nur gemeinsam erfolgreich sein können, dafür, dass auch das öffentliche Angebot insgesamt auf den Erwerb der Kontrolle der Zielgesellschaft gerichtet ist und daher als Übernahmeangebot und nicht als Angebot auf einen Teil der Aktien abgegeben werden muss. Der Bieter verfolgt in diesen Fällen mit seinem Angebot sowie der parallelen Transaktion den Erwerb der Kontrolle. Erforderlich ist lediglich ein enger sachlicher und zeitlicher Zusammenhang des Vor- bzw. Parallelerwerbs mit dem Übernahmeangebot.[4]

10 Der Bieter muss bei Veröffentlichung der Absicht, ein Übernahmeangebot abzugeben (§ 10) und bei Abgabe seines Angebots die Erlangung der Kontrolle anstreben. Hingegen wird aus einem Übernahmeangebot nach der Handhabungspraxis der BaFin kein Pflichtangebot, wenn der Bieter nach der Veröffentlichung gemäß § 10 und vor oder während der Annahmefrist, etwa aufgrund Zukäufen außerhalb des Angebots oder deren Wirksamwerdens, bereits die 30% Schwelle erreicht oder überschreitet.[5] Da die Höhe der Mindestgegenleistung immer derjenigen eines Pflichtangebots entspricht (§ 39), besteht kein Schutzbedürfnis der außenstehenden Aktionäre dafür, dass der Bieter ein neues Angebot nunmehr als Pflichtangebot oder gar parallel zu dem laufenden Übernahmeangebot ein Pflichtangebot[6] abgibt. Der Bieter wird in diesem Fall tunlichst eventuelle aufschiebende Bedingungen seines

---

[3] BT-Drucks. 14/7034, 53.

[4] *Steinmeyer* in Steinmeyer, § 29 Rn. 7.

[5] Enger, ab Veröffentlichung der Angebotsunterlage *Wackerbarth* in MüKoAktG, § 29 WpÜG Rn. 21; einschränkend *v. Bülow* in KK-WpÜG, § 29 Rn. 21.

[6] Hierfür *Wackerbarth* in MüKoAktG, § 29 WpÜG Rn. 29 ff.

Übernahmeangebots aufheben, um sein Angebot nicht scheitern zu lassen und gleichwohl anschließend zusätzlich ein Pflichtangebot abgeben müssen. § 31 Abs. 5 schützt diejenigen Aktionäre, welche das vorherige Übernahmeangebot angenommen haben, wenn in dem zusätzlichen Pflichtangebot eine höhere Mindestgegenleistung geboten wird; § 31 Abs. 5 Satz 2 findet keine Anwendung, da in einem anschließenden Pflichtangebot keine aus dem Unternehmenswert ermittelte Abfindung gezahlt wird.

4. Creeping in, low balling

Diskutiert wird, ob diese Befreiung vom Pflichtangebot nach durchgeführtem Übernahmeangebot auch dann gelten soll, wenn der Bieter etwa nur die Mindestgegenleistung angeboten hat und etwa deshalb nach dem Angebot weniger als die Hälfte der Stimmrechte hält (sog **„creeping in"** oder auch **„low balling"** im Sinne eines „lustlosen Angebots").[7] Die Befreiung vom Pflichtangebot, wenn die Kontrollschwelle erreicht werde, begünstige diese Techniken zu Lasten der Aktionäre.[8] Einer Meinung nach stelle dies einen Missstand dar, da die Minderheitsaktionäre auf diesen Weise keinen Aufschlag auf den Börsenpreis erhielten, sondern nur einen viel zu niedrigen Angebotspreis, weil der Bieter eine Phase niedriger Börsenpreise zu einem „billigen Reinschleichen" ausnutze und damit ein „Recht auf einen attraktiven Angebotspreis" vereitele. Gefordert werden entsprechend einigen ausländischen Vorbildern[9] zusätzliche Schwellenwerte, die ein weiteres Pflichtangebot des Bieters auslösen, wenn dieser später Aktien zukauft.[10] Eine Änderung der Übernahmerichtlinie wurde in diesem Zusammenhang diskutiert, aber nicht weiter verfolgt.[11] 11

Das Gesetz geht jedoch von einer typisierenden Betrachtung aus. Wer 30% der Stimmrechte erreicht oder überschreitet, muss ein Pflichtangebot abgeben. Eine weitere Kontrollschwelle wäre mit einer solchen typisierenden Betrachtung nicht vereinbar. Zudem ist nicht begründbar, warum die Aktionäre ein Anrecht auf einen möglichst hohen Angebotspreis haben sollten oder warum ein nach § 31 als angemessen geltender Angebotspreis bei Erreichen von etwa nur 49% auf einmal als unangemessen gelten soll.[12] Bereits aus diesem Grund, einem fehlenden subjektiven, gar von Art. 14 GG geschützten Recht, dürfte jede weitere Belastung des Bieters, der bereits ein Übernahmeangebot durchgeführt hat, schlicht verfassungswidrig sein.[13] Außerdem würde der Bieter, der die Aktienmehrheit gerade zu möglichst niedrigen Angebotspreisen erlangen will, dass nachfolgende Pflichtangebot dann wiederum in Zeiten niedriger Börsenpreise durchführen.[14] Soweit auf ausländische Vorbilder verwiesen wird, wäre erst einmal zu prüfen, ob die betreffende ausländi- 12

---

[7] *Krause/Pötzsch* in Assmann/Pötzsch/Schneider, § 35 Rn. 47a; *Hopt,* S. 46f.
[8] *Hirte* Konzern 2010, 599.
[9] *Merkt* NZG 2011, 561; *Baums* ZIP 2010, 2374; *Hopt,* S. 46.
[10] Entwurf der SPD Fraktion, BT-Drs. 17/3481.
[11] *Hopt,* S. 46.
[12] AA *Hopt,* S. 47.
[13] *Baums* ZIP 2010, 2374, 2384.
[14] Siehe *Baums* ZIP 2010, 2374, 2388.

sche Regelung überhaupt die Gleichpreisregelung kennt. Die Übernahmerichtlinie verlangt für das Übernahmeangebot gerade keinen Mindestpreis, Art. 5 mit Abs. 4 betrifft nur Pflichtangebote.

5. Anwendbare Vorschriften, Rechtsfolgen

13 **a) Anwendbare Bestimmungen.** Für das Angebot gelten die allgemeinen Vorschriften des 3. Abschnitts und die speziellen Vorschriften des 4. Abschnitts. Die Gegenleistung muss den Anforderungen des § 31 genügen, und ein Teilangebot ist unzulässig (§ 32). Hingegen darf das Angebot unter der Bedingung, dass eine in der Angebotsunterlage genannte **Mindestanzahl an Aktien** im Rahmen des Angebots erworben wird, abgegeben werden (§ 18 Abs. 1). Der Eintritt einer solchen Bedingung ist nämlich nicht vom Willen des Bieters abhängig.

14 **b) Rechtsfolge.** Erlangt der Bieter nach Abschluss des Angebots 30% der Stimmrechtsanteile oder mehr, muss er anschließend, da die Regeln des Übernahmeangebots weitgehend den Regeln des Pflichtangebots folgen, kein **Pflichtangebot** abgeben,[15] zumal dies zu unnötigem Zeit- und Kostenaufwand führte sowie die Zielgesellschaft erneut belastete. Die Aktionäre der Zielgesellschaft hatten bereits Gelegenheit, ihre Aktien vor Erreichen der mit dem Übernahmeangebot angekündigten beabsichtigen Kontrollstellung des Bieters zu dem sowohl für ein Übernahme- als auch für ein Pflichtangebot geltenden Mindest-Gegenleistung (§ 31) zu verkaufen. Die Übernahmerichtlinie gibt in Art. 5 lediglich bei Pflichtangeboten Vorgaben zur Höhe der Mindestgegenleistung. Der Gesetzgeber wäre frei gewesen, keine Anforderungen an die Höhe der Mindestgegenleistungen bei Übernahmeangeboten zu stellen. Sache jeden Bieters wäre gewesen, seine Gegenleistung so attraktiv zu gestalten, dass das Ziel der Kontrollerlangung erreicht wird. Unter dem Gesichtspunkt, dass ein erfolgreiches Übernahmeangebot nach wie vor ein Pflichtangebot ersetzen soll (§ 35 Abs. 3), gilt die gesetzliche Mindestpreisregelung auch für Übernahmeangebote.[16] Anderenfalls könnte es, insbesondere aufgrund von Marktspekulationen, dazu kommen, dass im Zeitpunkt der Kontrollerlangung aus dem Übernahmeangebot ein weiteres öffentliches Angebot in Form eines Pflichtangebots mit einer dann gegenüber dem Übernahmeangebot höheren Gegenleistung erforderlich würde.

6. Tochtergesellschaften

15 Ist das Angebot auf eine Zielgesellschaft mit einer börsennotierten Tochtergesellschaft gerichtet, kann neben dem Übernahmeangebot für die Zielgesellschaft zugleich ein Übernahmeangebot für diese Tochtergesellschaft veröffentlicht werden, da bei Erreichen der Kontrollschwelle bei der Zielgesellschaft aufgrund der Zurechnung nach § 30 Abs. 1 Nr. 1 auch die Kontrolle über die Tochtergesellschaft erlangt wird. Der Bieter vermeidet damit ein späteres Pflichtangebot an die außenstehenden Aktionäre der Tochtergesellschaft.

[15] BT-Drucks. 14/7034, 30.
[16] BT-Drucks. 16/1003, 19.

III. Kontrolle

1. Schwellenwert

Sowohl Pflichtangebote als auch Übernahmeangebote knüpfen an den Kontrollerwerb an. Eine Kontrolle wird nach § 29 Abs. 2 immer dann vermutet, wenn der Bieter mindestens 30% der Stimmrechte an der Zielgesellschaft hält. Dabei sind 30% der Stimmrechte grundsätzlich erforderlich, aber auch hinreichend für die Begründung der Kontrolle im Sinne des Gesetzes. Die Übernahmerichtlinie macht keine Vorgaben, ab welchem Schwellenwert die Kontrolle erlangt wird. 16

Der Gesetzgeber hat sich bewusst in einer zulässigen[17] generalisierenden und **typisierenden Betrachtungsweise** für eine feste und damit quantitative Schwelle **von 30%** entschieden, die den Vorzug hat, dass für alle Beteiligten Planungssicherheit geschaffen wird.[18] Die Höhe dieser Schwelle orientiert sich an Regelungen in anderen europäischen Staaten, etwa Frankreich, Italien, Österreich, der Schweiz und Großbritannien.[19] Bewusst wurde eine niedrigere Schwelle vermieden, um das Eingehen einer Sperrminorität (25% plus eine Aktie) ohne Abgabe eines Pflichtangebots möglich zu machen.[20] Bei Erreichen des Schwellenwerts von 30% dürfte unter Berücksichtigung der üblichen Präsenzen in den Hauptversammlungen der Zielgesellschaften regelmäßig eine Hauptversammlungsmehrheit erreicht sein.[21] Angesichts eher rückläufiger Hauptversammlungspräsenzen bei Gesellschaften mit breitem Streubesitz[22] scheint die 30%-Schwelle treffend gewählt. 17

Hingegen hält *Mülbert*[23] den Schwellenwert für zu hoch, und plädiert insoweit für eine Beibehaltung der bisherigen Regelung nach dem früheren Übernahmekodex, wonach die Kontrolle bei Innehaben der einfachen Mehrheit der Stimmrechte oder aber auf der Basis der **Hauptversammlungsmehrheit** nach den Präsenzen der Zielgesellschaft in den letzten drei Jahren vermutet wurde. Der Gesetzgeber ist diesen Vorschlägen trotz der vorgetragenen Befürchtungen, dass durch eine starre Schwelle unterschiedliche Gegebenheiten bei einzelnen Gesellschaften nicht ausreichend berücksichtigt werden können,[24] nicht gefolgt und hat sich für den starren Schwellenwert bei 30% entschieden. Dieser Schwellenwert liegt jedoch ausreichend niedrig, um in der überwiegenden Mehrzahl der Fälle anhand der typischen Hauptversammlungspräsenzen eine Kontrolle annehmen zu können. 18

---

[17] Hierzu BVerfGE 84, 348, 359f.

[18] Zu dieser Motivation insbesondere BT-Drucks. 14/7034, 53; *Pötzsch/Möller* WM 2000 Sonderbeilage 2, 17; zustimmend *Zinser* NZG 2000, 573, 578; *Zinser* NZG 2001, 391, 396, ebenso *Houben* WM 2000, 1879.

[19] BT-Drucks. 14/7034, 53.

[20] BT-Drucks. 14/7034, 53.

[21] *Wackerbarth* in MüKoAktG, § 29 WpÜG Rn. 9; *Pötzsch/Möller* WM 2000 Sonderbeilage 2, S. 17.

[22] *Wilm* DB 2010, 1686.

[23] ZIP 2001, 1221, 1225.

[24] Etwa *Mülbert* ZIP 2001, 1221, 1225.

2. Halten einer Beteiligung

19 Das Gesetz verlangt, dass 30% oder mehr der Stimmrechtsanteile gehalten werden. Damit kann im Gegensatz zu den Mitteilungspflichten nach § 21 WpHG, die an das Erreichen, Über- oder Unterschreiten der Schwellenwerte anknüpfen, nicht gemeint sein, dass die Stimmrechtsanteile nur in einem Zeitpunkt, vielleicht auch nur kurzfristigen Zeitraum, gehalten werden.[25] § 29 Abs. 2 stellt zwar auf eine Kontrollposition ab, was bereits dem Wortlaut nach verlangt, dass die Stimmrechtsanteile für eine **gewisse Dauer** gehalten werden müsste.

20 Ein **Schutzbedürfnis** der außenstehenden Aktionäre vor dem Einfluss eines kontrollierenden Mehrheitsaktionärs könnte zudem erst dann entstehen, wenn der Minderheitsaktionär über einen **gewissen Zeitraum** dem Einfluss aus der Kontrollposition des Mehrheitsaktionärs ausgesetzt ist.[26] Eine verfassungskonforme Auslegung des § 35 Abs. 2 könnte außerdem gebieten, dass der Bieter zum Zeitpunkt der Abgabe des Pflichtangebots die Kontrollschwelle nicht unterschritten hat.

21 Nach der Rechtsprechung[27] und überwiegenden Meinung in der Literatur[28] sowie der Auffassung der BaFin genügt jedoch sogar der Durchgangserwerb für eine juristische Sekunde zur Annahme der Kontrolle. Daher werden etwa Kreditinstitute und Wertpapierhandelsbanken bei Kapitalerhöhungen mit entsprechendem Volumen, welche diese Institute für die Aktionäre zeichnen, immer Befreiungsanträge gemäß § 37 Abs. 1 stellen müssen, die auch regelmäßig positiv beschieden werden.[29]

3. Befreiungsmöglichkeiten

22 Um Einzelfällen gerecht zu werden, kann die BaFin auf Antrag den Bieter in denjenigen Fällen, in denen er trotz Innehaben von 30% der Stimmrechtsanteile aus tatsächlichen Gründen keine Kontrolle ausüben kann, von der Pflicht zur Abgabe eines Pflichtangebots befreien (§ 9 Satz 2 WpÜG-AngV, zu den Einzelheiten siehe die Kommentierung zu § 37). Bei der Entscheidung, ob eine Kontrolle über die Zielgesellschaft iSv § 29 erlangt worden ist, können daher individuelle Umstände berücksichtigt und kann somit im Ergebnis bei Pflichtangeboten die rein quantitative Schwelle von 30% durch qualitative Elemente modifiziert werden.

4. Beabsichtigte konzernrechtliche Maßnahmen

23 Maßnahmen, die nach dem Aktien- bzw. Umwandlungsrecht Abfindungsansprüche der außenstehenden Aktionäre der Zielgesellschaft auslösen **(Ab-**

---

[25] So zu § 21 WpHG *Schneider* in Assmann/Schneider, § 21 Rn. 11.

[26] *Assmann* in Assmann/Pötzsch/Schneider, § 29 Rn. 22.

[27] OLG Frankfurt ZIP 2007, 864, 867.

[28] *Haarmann* in Frankfurter Komm., § 29 Rn. 28; *v. Bülow* in KK-WpÜG, § 29 Rn. 104; *Wackerbarth* in MüKoAktG, § 29 WpÜG Rn. 46 verlangt zumindest ein Halten am Ende des Börsentages.

[29] *A. Meyer* GS Bosch, S. 133, 147, fordert zumindest eine einschränkende Auslegung im Falle der Aktienplatzierungen; sicherheitshalber müssen die Wertpapierdienstleistungsinstitute eine Befreiung nach § 37 beantragen und die anfallenden Verwaltungsgebühren (§ 2 Abs. 1 Nr. 8 WpÜG-GebV) zahlen.

schluss eines Unternehmensvertrags, Eingliederung, Verschmelzung, Formwechsel, Squeeze-out), befreien, da im Gesetz nicht vorgesehen, nicht von der Erlangung der Kontrolle, dh ein Pflichtangebot wird bei Erreichen oder Überschreiten der Kontrollschwelle auch dann erforderlich, wenn der Bieter unmittelbar danach einen Formwechsel oder eine Verschmelzung durchführen will. Insoweit geht das Gesetz als Teil des Kapitalmarktrechts dem Gesellschaftsrecht vor.

5. Berechnung

24 **a) Ermittlung der Stimmrechtsanteile.** Die 30%-Schwelle wird auf der Basis der absoluten Zahl der Stimmrechte in der Zielgesellschaft berechnet.[30] Der Stimmrechtsanteil wird anhand des Verhältnisses der vom Bieter gehaltenen oder zuzurechnenden (§ 30) Anzahl der stimmberechtigten Stück- oder Nennbetragsaktien zu der Gesamtzahl der stimmberechtigten Aktien ermittelt. Entgegen § 21 Abs. 1b WpHG ist nicht auf den Abschluss des schuldrechtlichen Geschäfts, sondern auf den sachenrechtlichen Erwerb abzustellen. Wie bei den Stimmrechtsmitteilungen gemäß §§ 21 ff. WpHG wird sich der Bieter bei der Berechnung seines Stimmrechtsanteils und damit der Erlangung der Kontrolle auf die von der Zielgesellschaft veröffentlichten Mitteilungen über die Gesamtzahl der Stimmrechte (§ 26a WpHG) verlassen können.

25 Auch bei einer **KGaA** ist alleine auf das Verhältnis der vom Bieter gehaltenen Aktien zur Anzahl der insgesamt ausgegebenen Aktien abzustellen. Dass die persönlich haftenden Gesellschafter zu bestimmten Beschlüssen der Hauptversammlung zustimmen müssen (§ 285 Abs. 2 AktG), ändert nichts an der Kontrolle der KGaA aufgrund der gehaltenen Aktien.[31]

26 **b) Vorzugsaktien.** Von der Zielgesellschaft ausgegebene **stimmrechtslose Vorzugsaktien** bleiben bei der Berechnung der Kontrollschwelle mangels Stimmrecht (§§ 139 Abs. 1 Satz 1, 140 Abs. 1 AktG) grundsätzlich unberücksichtigt, es sei denn, das Stimmrecht lebt unter den Voraussetzungen des § 140 Abs. 2 AktG auf. Dann sind die Vorzugsaktien bis zur Nachholung der Zahlung des rückständigen Vorzugsbetrags wie Stammaktien zu behandeln.[32]

27 **c) Mehrstimmrechtsaktien.** Soweit eine ausländische Zielgesellschaft über **Mehrstimmrechtsaktien** verfügt (gemäß § 5 Abs. 1 EGAktG im Inland nur noch für Altfälle vorstellbar), sind bei der Berechnung des Stimmrechtsanteils die hieraus entstehenden Stimmrechte heranzuziehen, die Mehrstimmrechtsaktien also mit der Anzahl der mit diesen verkörperten Stimmen zu gewichten.[33]

28 **d) Namensaktien, vinkulierte Namensaktien.** Hat die Zielgesellschaft vinkulierte Namensaktien ausgegeben, kann der Bieter das Stimmrecht nach

---

[30] Vgl. BT-Drucks. 14/7034, 53.

[31] *Möller* in Assmann/Pötzsch/Schneider, § 29 Rn. 25; *Scholz* NZG 2006, 445; *Steinmeyer* in Steinmeyer, § 29 Rn. 17, der allerdings eine Befreiung des Bieters aufgrund tatsächlich mangelnder Kontrolle bejaht.

[32] *Assmann* in Assmann/Pötzsch/Schneider, § 29 Rn. 18.

[33] *Assmann* in Assmann/Pötzsch/Schneider, § 29 Rn. 20.

§ 67 Abs. 2 AktG erst nach seiner Eintragung im Aktienregister ausüben, da vor Eintragung dem Bieter nicht die Rechte aus den Aktien zustehen. Bei vinkulierten Namensaktien bedarf es nämlich zusätzlich vor der Eintragung der Zustimmung der Gesellschaft. Bis zur Zustimmung durch die Gesellschaft ist die Übertragung schwebend unwirksam.[34] Infolgedessen tritt der Erwerb auch erst mit Zustimmung der Gesellschaft zurEintragung in das Aktienregister ein. Dem folgend wird die Kontrollschwelle des § 29 Abs. 2 auch erst zum Zeitpunkt der Zustimmung der Gesellschaft zur Eintragung in das Aktienregister erreicht oder überschritten, im Gegensatz zu nicht vinkulierten Namensaktien kommt es also nicht auf den Zeitpunkt des Abschlusses des Erwerbsgeschäftes an.[35] Der Abschluss eines Erwerbsgeschäfts über vinkulierte Namensaktien verschafft dem Erwerber auch nicht eine Position, die zu einer Zurechnung nach § 30 Abs. 1 Nr. 5 führt. Es liegt nämlich gerade nicht der Fall einer lediglich dinglichen Option vor, so dass die Erlangung des Eigentums nur vom Willen des Bieters abhinge. Vielmehr ist das Gegenteil der Fall, die Erlangung der Eigentumsposition ist von der Zustimmung der Zielgesellschaft abhängig.[36]

29 Soweit der Bieter **Namensaktien** erwirbt, wird die Kontrollschwelle jedoch bereits im Zeitpunkt des Erwerbs erreicht oder überschritten, auf die Eintragung im Aktienregister kommt es nicht an. Dies lässt sich daraus rechtfertigen, dass die Eintragung im Aktienregister demnächst erfolgt, in der Mehrzahl der Fälle, bei denen sich börsenzugelassene Gesellschaften eines elektronischen Aktienregisters bedienen, binnen zwei bis drei Tagen nach Abschluss des Geschäfts.[37]

30 Soweit der Bieter anstelle von Aktien aktienvertretende Zertifikate, etwa wegen eines zusätzlichen ausländischen Listings **Depositary Receipts** hält, löst auch das Halten solcher Zertifikate die Kontrollerlangung aus, da die Zertifikate regelmäßig bei dem Ausgeber der Zertifikate, der den entsprechenden Aktienbestand hält, in Aktien getauscht werden können.[38]

31 **e) Ausübungsverbote.** Sonstige Einschränkungen, die nur die **Ausübung des Stimmrechts** betreffen, bleiben bei der Berechnung der 30%-Schwelle unberücksichtigt.[39] Der Gesetzgeber wollte die Berechnung der Stimmrechte bewusst parallel zu den nach § 21 WpHG geltenden Regelungen gestalten. Stimmberechtigte Aktien sind trotz einer Sperre der Ausübung des Stimmrechts in die Berechnung des Stimmrechtsanteils einzubeziehen, dh nicht von der Grundkapitalziffer abzusetzen. Dies gilt insbesondere für eigene Aktien der Zielgesellschaft (§ 71b AktG) oder bei **wechselseitigen Beteiligungen** (§ 328 Abs. 1 Satz 1 AktG). Der Bieter erlangt auch dann die Kon-

---

[34] *Hüffer/Koch,* § 68 Rn. 16.

[35] So auch zu § 21 WpHG *Schneider* in Assmann/Schneider, § 21 Rn. 31 f.

[36] Insoweit rechtsirrig zu § 21 WpHG *Schneider* in Assmann/Schneider, § 21 Rn. 31 f.

[37] *Haarmann* in Frankfurter Komm., § 29 Rn. 26; *v. Bülow* in KK-WpÜG, § 29 Rn. 100; *Diekmann* BB 1999, 1985, 1987; *Maul* NZG 2001, 585, 587.

[38] *v. Bülow* in KK-WpÜG, § 29 Rn. 126; *Werlen* in Habersack/Mülbert/Schlitt, Unternehmensfinanzierung am Kapitalmarkt, § 37 Rn. 168.

[39] Vgl. BT-Drucks. 14/7034, 53; *Assmann* in Assmann/Pötzsch/Schneider, § 29 Rn. 21.

trolle, wenn er aufgrund **Stimmrechtsbeschränkungen** weniger Stimmrechte als 30% ausüben kann.[40] Options- und Wandelrechte bleiben hingegen bei der Berechnung des Stimmrechtsanteils außer Betracht,[41] ebenso nicht vollzogene Kapitalerhöhungen.[42]

f) Ruhen des Stimmrechts. Auch bei einem gesetzlich angeordnetem Ruhen des Stimmrechts wegen eines Verstoßes gegen Mitteilungspflichten nach § 28 WpHG oder § 59 ist grundsätzlich an der abstrakten Berechnung der Stimmrechte festzuhalten. Wie auch bei § 28 WpHG[43] stehen bei einer Ausübungsbeschränkung die Stimmrechte im Grundsatz dem jeweiligen Inhaber zu. 32

6. Zurechnung von Stimmrechten

Dem Bieter sind unter den Voraussetzungen des § 30 Stimmrechte anderer Aktionäre zuzurechnen (zu den Einzelheiten siehe dort), was die Ergänzung von Abs. 2 mit dem Kleinanlegerschutzgesetz klargestellt hat.[44] Dies kann infolge der teilweise gegenseitigen Zurechnung zum Erreichen oder Überschreiten der Kontrollschwelle führen, obwohl keiner der Parteien eines Stimmbindungsvertrags alleine die Kontrollschwelle erreicht oder überschritten hat. Dies kann bei Stimmbindungsvereinbarungen zu Zweifelsfragen führen, wer von den beiden Parteien zur Abgabe eines Pflichtangebots verpflichtet ist, oder ob beide, und wenn ja, in welchem Verhältnis untereinander und gegenüber den Aktionären (Gesamtschuldnerschaft?), hierzu verpflichtet ist.[45] Das Gesetz klärt diese Zweifel nicht. Einstweilen wird man daher davon auszugehen haben, dass jeder der betroffenen Aktionäre verpflichtet ist, ein eigenes Angebot abzugeben, sofern sich die betroffenen Aktionäre nicht zu einer Bietergemeinschaft zusammenfinden, die gemeinsam das Angebot abgeben. 33

Satz 2 wurde aufgrund des Gesetzes zur Umsetzung der Transparenzrichtlinie-Änderungsrichtlinie[46] eingefügt. Mit der Änderung wird entsprechend § 94 KAGB klargestellt, dass von Sondervermögen, die keine Spezialsondervermögen sind, gehaltene Stimmrechte nicht als Stimmrechte der Anleger gelten.[47] 34

§ 30 Zurechnung von Stimmrechten; Verordnungsermächtigung

(1) **Stimmrechten des Bieters stehen Stimmrechte aus Aktien der Zielgesellschaft gleich,**

1. die einem Tochterunternehmen des Bieters gehören,

---

[40] *v. Bülow* in KK-WpÜG, § 29 Rn. 112; *Wackerbarth* in MüKoAktG, § 29 WpÜG Rn. 53.

[41] BGH NZG 2014, 985.

[42] *v. Bülow* in KK-WpÜG, § 29 Rn. 92f.

[43] Vgl. zur Berechnung nach § 21 WpHG *Schneider* in Assmann/Schneider, § 21 Rn. 35.

[44] BGBl. I 2015, 2029.

[45] *Letzel* NZG 2001, 260, 263; *Weisgerber* ZHR 1997 (161), 421, 430f.

[46] BGBl. I 2015, 2029.

[47] BT-Drs. 18/5010, 86.

2. die einem Dritten gehören und von ihm für Rechnung des Bieters gehalten werden,
3. die der Bieter einem Dritten als Sicherheit übertragen hat, es sei denn, der Dritte ist zur Ausübung der Stimmrechte aus diesen Aktien befugt und bekundet die Absicht, die Stimmrechte unabhängig von den Weisungen des Bieters auszuüben,
4. an denen zugunsten des Bieters ein Nießbrauch bestellt ist,
5. die der Bieter durch eine Willenserklärung erwerben kann,
6. die dem Bieter anvertraut sind oder aus denen er die Stimmrechte als Bevollmächtigter ausüben kann, sofern er die Stimmrechte aus diesen Aktien nach eigenem Ermessen ausüben kann, wenn keine besonderen Weisungen des Aktionärs vorliegen,
7. aus denen der Bieter die Stimmrechte auf Grund einer Vereinbarung, die eine zeitweilige Übertragung der Stimmrechte ohne die damit verbundenen Aktien gegen Gegenleistung vorsieht, ausüben kann,
8. die bei dem Bieter als Sicherheit verwahrt werden, sofern dieser die Stimmrechte hält und die Absicht bekundet, sie auszuüben.

Für die Zurechnung nach Satz 1 Nr. 2 bis 8 stehen dem Bieter Tochterunternehmen des Bieters gleich. Stimmrechte des Tochterunternehmens werden dem Bieter in voller Höhe zugerechnet.

(2) Dem Bieter werden auch Stimmrechte eines Dritten aus Aktien der Zielgesellschaft in voller Höhe zugerechnet, mit dem der Bieter oder sein Tochterunternehmen sein Verhalten in Bezug auf die Zielgesellschaft auf Grund einer Vereinbarung oder in sonstiger Weise abstimmt; ausgenommen sind Vereinbarungen in Einzelfällen. Ein abgestimmtes Verhalten setzt voraus, dass der Bieter oder sein Tochterunternehmen und der Dritte sich über die Ausübung von Stimmrechten verständigen oder mit dem Ziel einer dauerhaften und erheblichen Änderung der unternehmerischen Ausrichtung der Zielgesellschaft in sonstiger Weise zusammenwirken. Für die Berechnung des Stimmrechtsanteils des Dritten gilt Absatz 1 entsprechend.

(3) Für die Zurechnung nach dieser Vorschrift gilt ein Wertpapierdienstleistungsunternehmen hinsichtlich der Beteiligungen, die von ihm im Rahmen einer Wertpapierdienstleistung nach § 2 Abs. 3 Satz 1 Nr. 7 des Wertpapierhandelsgesetzes verwaltet werden, unter den folgenden Voraussetzungen nicht als Tochterunternehmen im Sinne des § 2 Abs. 6:

1. das Wertpapierdienstleistungsunternehmen übt die Stimmrechte, die mit den betreffenden Aktien verbunden sind, unabhängig vom Bieter aus,
2. das Wertpapierdienstleistungsunternehmen
   a) darf die Stimmrechte nur aufgrund von in schriftlicher Form oder über elektronische Hilfsmittel erteilten Weisungen ausüben oder
   b) stellt durch geeignete Vorkehrungen sicher, dass die Finanzportfolioverwaltung unabhängig von anderen Dienstleistungen und unter Bedingungen erfolgt, die gleichwertig sind denen der Richtlinie 2009/65/EG des Europäischen Parlaments und des Rates vom 13. Juli 2009 zur Koordinierung der Rechts-und Verwaltungsvorschriften betreffend bestimmte Organismen für gemeinsame Anlagen in Wertpapieren (OGAW) (ABl. L 302 vom17.11.2009, S. 32) in der jeweils geltenden Fassung,

3. der Bieter teilt der Bundesanstalt den Namen dieses Wertpapierdienstleistungsunternehmens und die für dessen Überwachung zuständige Behörde oder das Fehlen einer solchen Behörde mit und
4. der Bieter erklärt gegenüber der Bundesanstalt, dass die Voraussetzungen der Nummer 1 erfüllt sind.

(4) Für die Zurechnung nach dieser Vorschrift gelten Kapitalverwaltungsgesellschaften im Sinne des § 17 Absatz 1 des Kapitalanlagegesetzbuchs und EU-Verwaltungsgesellschaften im Sinne des § 1 Absatz 17 des Kapitalanlagegesetzbuchs hinsichtlich der Beteiligungen, die zu den von ihnen verwalteten Investmentvermögen gehören, unter den folgenden Voraussetzungen nicht als Tochterunternehmen im Sinne des § 2 Absatz 6:

1. die Verwaltungsgesellschaft übt ihre Stimmrechte unabhängig vom Bieter aus,
2. die zum verwalteten Investmentvermögen gehörenden Beteiligungen im Sinne der §§ 29 und 30 werden nach Maßgabe der Richtlinie 2009/65/EG des Europäischen Parlaments und des Rates vom 13. Juli 2009 zur Koordinierung der Rechts- und Verwaltungsvorschriften betreffend bestimmte Organismen für gemeinsame Anlagen in Wertpapieren (OGAW) (ABl. L 302 vom 17.11.2009, S. 32), die zuletzt durch die Richtlinie 2014/91/EU (ABl. L 257 vom 28.8.2014, S. 186) geändert worden ist, verwaltet,
3. das Mutterunternehmen teilt der Bundesanstalt den Namen dieser Verwaltungsgesellschaft und die für deren Überwachung zuständige Behörde oder das Fehlen einer solchen mit und
4. das Mutterunternehmen erklärt gegenüber der Bundesanstalt, dass die Voraussetzungen der Nummer 1 erfüllt sind.

(5) Ein Unternehmen mit Sitz in einem Drittstaat, das nach § 32 Absatz 1 Satz 1 in Verbindung mit § 1 Absatz 1a Satz 2 Nr. 3 des Kreditwesengesetzes einer Zulassung für die Finanzportfolioverwaltung oder einer Erlaubnis nach § 20 oder § 113 des Kapitalanlagegesetzbuchs bedürfte, wenn es seinen Sitz oder seine Hauptverwaltung im Inland hätte, gilt nicht als Tochterunternehmen im Sinne dieses Abschnitts, wenn

1. das Unternehmen bezüglich seiner Unabhängigkeit Anforderungen genügt, die denen nach Absatz 3 oder Absatz 4, auch in Verbindung mit einer Rechtsverordnung nach Absatz 7, jeweils gleichwertig sind,
2. der Bieter der Bundesanstalt den Namen dieses Unternehmens und die für dessen Überwachung zuständige Behörde oder das Fehlen einer solchen Behörde mitteilt und
3. der Bieter gegenüber der Bundesanstalt erklärt, dass die Voraussetzungen der Nummer 1 erfüllt sind.

(6) Abweichend von den Absätzen 3 bis 5 gelten Wertpapierdienstleistungsunternehmen und Verwaltungsgesellschaften jedoch dann als Tochterunternehmen im Sinne des § 2 Absatz 6, wenn

1. der Bieter oder ein anderes Tochterunternehmen des Bieters seinerseits Anteile an der von dem Unternehmen verwalteten Beteiligung hält und
2. das Unternehmen die Stimmrechte, die mit diesen Beteiligungen verbunden sind, nicht nach freiem Ermessen, sondern nur auf Grund unmittelbarer oder mittelbarer Weisungen ausüben kann, die ihm

vom Bieter oder von einem anderen Tochterunternehmen des Bieters erteilt werden.

(7) **Das Bundesministerium der Finanzen kann durch Rechtsverordnung, die nicht der Zustimmung des Bundesrates bedarf nähere Bestimmungen erlassen über die Umstände, unter denen in den Fällen der Absätze 3 bis 6 eine Unabhängigkeit des Unternehmens vom Bieter gegeben ist.**

Schrifttum: *Anders/Filgut,* Abgestimmte Stimmrechtsausübung – Ist die Einzelfallausnahme systemwidrig?, ZIP 2010, 1115; *Braun,* Das einflusslose Mitglied im Stimmrechtspool, NZG 2008, 928; *von Bülow/Petersen,* Stimmrechtszurechnung zum Treuhänder?, NZG 2009, 1373; *Casper,* Acting in concert – Reformbedürftigkeit eines neuen kapitalmarktrechtlichen Zurechnungstatbestandes, in: *Veil/Drinkuth,* Reformbedarf im Übernahmerecht, S. 59; *Casper/Bracht,* Abstimmung bei der Wahl des Aufsichtsrats: Ein Fall für ein Pflichtangebot?, NZG 2005, 839; *Gätsch/Schäfer,* Abgestimmtes Verhalten nach § 22 II WpHG und § 30 II WpÜG in der Fassung des Risikobegrenzungsgesetzes, NZG 2008, 846; *Kocher,* Die Einzelfallausnahme beim kapitalmarkrechtlichen Acting in concert, Der Konzern 2010, 162; *Lange,* Aktuelle Rechtsfragen der kapitalmarktrechtlichen Zurechnung; ZBB 2004, 22; *Liebscher,* Die Zurechnungstatbestände des WpHG und WpÜG, ZIP 2002, 1005; *Nelle,* Stimmrechtszurechnung und Pflichtangebot nach Umsetzung der Übernahmerichtlinie, ZIP 2006, 2057; *Schneider,* Acting in Concert, ZGR 2007, 440; *ders.,* Acting in Concert – ein kapitalmarktrechtlicher Zurechnungstatbestand, WM 2006, 1321; *Teichmann/Epe,* Neuer Regelungsansatz in der kapitalmarktrechtlichen Beteiligungstransparenz: Generalklausel statt Fallgruppen-Lösung, WM 2010, 1477; *Witt,* Die Änderungen der Mitteilungs- und Veröffentlichungspflichten nach §§ 21 ff. WpHG durch das geplante Wertpapiererwerbs- und Übernahmegesetz, AG 2001, 233.

Übersicht

I. Allgemeines

1 Aktien, die nicht im Eigentum des Bieters stehen, sind dem Bieter für die Berechnung der Stimmrechtsanteile nach §§ 29 Abs. 1 und 35 Abs. 1 unter den in § 30 genannten Voraussetzungen zuzurechnen. Die Zurechnungsregelungen orientieren sich an den in **§ 22 WpHG** enthaltenen Zurechnungsvorschriften, sind in gleicher Weise auszulegen,[1] abschließend sowie wegen der Bußgeldbewährung (§ 60) nicht analogiefähig.[2] Abs. 1 Nrn. 7 und 8 wurden aufgrund der Umsetzung der Transparenzrichtlinie-Änderungsrichtlinie[3] ergänzt.

II. Zurechnungstatbestände

1. Tochterunternehmen (Abs. 1 Satz 1 Nr. 1)

2 Gemäß Nr. 1 sind dem Bieter Stimmrechte aus Aktien der Zielgesellschaft, die einem Tochterunternehmen des Bieters gehören, zuzurechnen. Der Begriff „Tochterunternehmen" ist in § 2 Abs. 6 definiert.

3 Zurechnet werden dem Bieter gemäß Abs. 1 Satz 3 die Stimmrechte des Tochterunternehmens in **voller Höhe,** also zu 100%, und nicht etwa quotal.[4] Die voll umfängliche Zurechnung ist deshalb gerechtfertigt, da sich der Einfluss des Bieters bei Bestehen einer Kontrollsituation auf sämtliche Stimmrechte des Tochterunternehmens und nicht nur auf einen Teil entsprechend der Beteiligungshöhe beschränkt.[5]

4 Die Regelung in Abs. 3 mit der Ausnahme von Tochtergesellschaften, welche als Vermögensverwalter Aktien halten, folgt der entsprechenden Regelung in § 22 Abs. 3 WpHG, um einen Gleichlauf der Zurechnungsvorschriften zu erreichen. Wertpapierdienstleistungsunternehmen (§ 2 Abs. 4 WpHG) gelten nicht als Tochterunternehmen des Bieters, wenn sie Stimmrechte der Zielgesellschaft im Rahmen einer Vermögensverwaltung (§ 2 Abs. 3 Nr. 6 WpHG) unabhängig von der Muttergesellschaft ausüben. Erteilt die Muttergesellschaft direkt oder indirekt Weisungen, werden die Stimmrechte zugerechnet. Diese für die Finanzportfolioverwaltung geltende Regelung orientiert sich an der ähnlichen, für Kapitalverwaltungsgesellschaften (§ 17 KAGB)

---

[1] *Wackerbarth* in MüKoAktG, § 30 WpÜG Rn. 6ff.; *Diekmann/Merkner* NZG 2007, 921, 922; *Veil* in Schmidt/Lutter, Vor §§ 21ff. WpHG Rn. 10; *Michel* in Just/Voß/Ritz/Becker, § 22 Rn. 10; aA *Schneider* in Assmann/Pötzsch/Schneider, § 30 Rn. 14; *v. Bülow* in KK-WpÜG, § 30 Rn. 21.

[2] BGH WM 2006, 2080, 2081; hingegen für eine „schizophrene" Auslegung etwa *Wackerbarth* in MüKoAktG, § 30 WpÜG Rn. 10.

[3] BGBl. I 2015, 2029.

[4] *Witt* AG 2001, 233, 237.

[5] BT-Drucks. 14/7034, 53.

geltenden Regelung des § 94 Abs. 2 KAGB. Das Bundesfinanzministerium kann nach Abs. 7 eine Rechtsverordnung mit Einzelheiten über die Umstände der Unabhängigkeit erlassen, was bisher nicht geschehen ist (siehe auch die Parallelregelung in § 94 Abs. 5 KAGB).

2. Für Rechnung des Bieters (Abs. 1 Satz 1 Nr. 2)

5 **a) Anforderungen.** Stimmrechte aus Aktien der Zielgesellschaft, die einem Dritten gehören und von diesem Dritten für Rechnung des Bieters gehalten werden, werden dem Bieter zugerechnet (§ 30 Abs. 1 Satz 1 Nr. 2). Für die Zurechnung auf den Bieter ist es unbeachtlich, auf welche Weise der Dritte die für Rechnung des Bieters gehaltenen Aktien erlangt hat. Es kommt weiter nicht darauf an, ob dem Dritten die Aktien vom Bieter übereignet worden sind oder der Dritte die von dritter Seite übertragenen Aktien für Rechnung des Bieters hält.

6 **b) Treuhandverhältnisse.** Die Gesetzesformulierung „für Rechnung des Meldepflichtigen gehalten" zielt in erster Linie auf Treuhandverhältnisse. Dabei kommt es nicht auf die dem Treuhandverhältnis zugrunde liegende vertragliche Beziehung zwischen Bieter und Drittem an. Sie kann sich also etwa aufgrund Auftrag, Geschäftsbesorgung oder Kommission ergeben. Nach dem Grundgedanken der Nr. 2 soll zugerechnet werden, wenn der Bieter im Verhältnis zum Dritten die **wirtschaftlichen Chancen** und die **wirtschaftlichen Risiken** aus den Stimmrechtsanteilen trägt.[6] Demgemäß müssen das Insolvenzrisiko der Zielgesellschaft, das Kursrisiko, die Risiken aus Dividenden, Zahlungen und Bezugsrechten und andere Rechte vom Bieter zu tragen und der Dritte weiterhin verpflichtet sein, die Interessen des Bieters zu wahren und diesem **Rechnung zu legen** und Erträge, etwa aus Dividenden, an den Bieter abzuführen. Weiterhin wird der Bieter in der Regel auch die rechtliche oder tatsächliche Möglichkeit nutzen, auf **die Stimmrechtsausübung des Dritten** einzuwirken und den Dritten anzuweisen, in welcher Weise die Stimmrechte auszuüben sind.[7] Nicht notwendig ist aber, dass der Bieter von seinen Einwirkungsmöglichkeiten auf den Dritten auch tatsächlich Gebrauch macht.

7 **c) Risikoteilung.** Eine Zurechnung kommt auch dann in Betracht, wenn der Bieter die wirtschaftlichen Chancen nicht alleine, sondern nur zum Teil trägt. Das wirtschaftliche Risiko kann etwa dahingehend aufgeteilt sein, dass der Dritte und der Bieter sich Chancen und Risiken teilen. Schwierig zu ziehen ist die Grenze, ab der bei einer Aufteilung der Chancen und Risiken zugerechnet werden soll. Insofern soll entscheidend sein, dass das durch den Bieter übernommene Risiko so wesentlich ist, dass der Bieter rechtlich und tatsächlich Einfluss auf die Ausübung der Stimmrechte nehmen kann.[8] So

---

[6] *Nottmeier/Schäfer* AG 1997, 87, 93; *Schneider* in Assmann/Pötzsch/Schneider, § 30 Rn. 62.

[7] BGH NZG 2014, 985, 988 („Postbank"); *Schneider* in Assmann/Pötzsch/Schneider, § 30 Rn. 63; *Diekmann* in Baums/Thoma, § 30 Rn. 32.

[8] *Schneider* in Assmann/Pötzsch/Schneider, § 30 Rn. 65; hingegen *Steinmeyer* in Steinmeyer, § 30 Rn. 13: „Einzelfall entscheidet".

wird etwa bei der Übernahme einer **Kurs- oder Dividendengarantie** durch den Bieter ein wesentlicher Einfluss auf die Ausübung der Stimmrechte vermutet.[9]

8 **d) Vollmachtstreuhand.** Kein Fall der Zurechnung liegt vor bei der sogenannten Vollmachtstreuhand. Hier wird dem Dritten lediglich eine Vollmacht ausgestellt. In diesem Fall bleibt der Bieter unmittelbar Eigentümer der Stimmrechte im Sinne von § 29 Abs. 1 und § 35 Abs. 1. Allerdings werden die Stimmrechte in diesem Fall dem Treuhänder gemäß Abs. 1 Nr. 6 zugerechnet, da er in diesem Fall regelmäßig weisungsfrei über die Ausübung der Stimmrechte entscheiden kann.

9 Umstritten ist die Zurechnung von Stimmrechten aus Aktien, die von Beteiligungsgesellschaften, deren einziger Geschäftszweck das Halten von Beteiligungen ist, oder sog. „Vorschaltgesellschaften" gehalten werden. Beherrscht ein Gesellschafter diese Beteiligungsgesellschaft, wird nach Nr. 1 kraft Beherrschung zugerechnet. Hält kein Gesellschafter der Beteiligungsgesellschaft einen Anteil in nach § 290 HGB kontrollierender Höhe, sollen die Stimmrechte quotal jedem Gesellschafter wegen der Nähe zu einer Treuhandkonstruktion gemäß Nr. 2 zugerechnet werden, da die Chancen und Risiken aus der Beteiligung den Gesellschaftern zuzuordnen seien.[10] Eine solche Zurechnung ist jedoch nicht begründbar. Die Beteiligungsgesellschaft erwirbt Volleigentum und die Gesellschafter tragen das volle Insolvenzrisiko; eine Aussonderung (§ 47 InsO) scheidet aus. Entscheidend sei, dass der Geschäftszweck der Beteiligungsgesellschaft nur das Halten von Beteiligungen sei. Unklar bleibt aber, ab welchem Anteil von anderen Tätigkeiten, etwa Finanzierungsaufgaben, an nicht mehr von Beteiligungs- oder Vorschaltgesellschaften gesprochen werden kann und wer soll dies, auch im Hinblick auf den Stimmrechtsverlust (§ 59) und den Bußgeldtatbestand (§ 60 Abs. 1 Nr. 1), beurteilen? Ferner ist eine quotale Zurechnung dem § 30 fremd. Daher ist eine Zurechnung der Stimmrechte jedenfalls aus Nr. 2 abzulehnen, wenn die Stimmrechte von einer Beteiligungs- bzw. Vorschaltgesellschaft gehalten werden.[11]

10 **e) Depositary Receipts.** Eine Zurechnung nach Nr. 2 findet statt, wenn der Bieter sogenannte Depositary Receipts hält. Solche Depositary Receipts finden sich etwa bei Gesellschaften, die an US-amerikanischen Börsen notiert sind.[12] In einem solchen Fall hält eine **Depositärbank** die Aktien der Zielgesellschaft und gibt auf diesen Aktienbestand Depositary Receipts aus, die anstelle der Inhaberaktien an den US-amerikanischen Börsen gehandelt werden. Der Depositary Receipt Inhaber wird wirtschaftlich Berechtigter an dem bei der Depositärbank gehaltenen Aktienbestand, die Depositärbank wird hingegen Treuhänder.[13] Er kann auch jederzeit von der Depositärbank verlangen, dass ihm die Aktien gegen Einlieferung des Depositary Receipt über-

---

[9] „Wess' Brot ich ess dess' Lied ich sing", *Burgard* BB 1997, 2069, 2072.

[10] *Schneider* in Assmann/Pötzsch/Schneider, § 30 Rn. 82 ff.; *Steinmeyer* in Steinmeyer, § 30 Rn. 23 f.; *Diekmann* in Baums/Thoma, § 30 Rn. 36.

[11] Im Ergebnis auch *v. Bülow* in KK-WpÜG, § 30 Rn. 110.

[12] Zum Umfang *Achleitner,* S. 316.

[13] *Bungert/Paschos* DZWiR 1995, 221, 227.

tragen werden.[14] Daher sind dem Inhaber der Depositary Receipts die Stimmrechte aus den von der Depositärbank gehaltenen Aktien zuzurechnen.[15]

11 **f) Wertpapierpensionsgeschäfte.** Eine Zurechnung nach Nr. 2 kommt bei Wertpapierpensionsgeschäften nicht in Betracht, auch wenn hier die rechtliche und die wirtschaftliche Zuordnung auseinanderfallen. Bei den sogenannten **echten Pensionsgeschäften,** bei denen zwischen den beteiligten Parteien ein Kauf und gleichzeitiger Rückkauf von Aktien zu einem bestimmten oder vom Pensionsgeber zu bestimmenden Zeitpunkt abgeschlossen wird, werden die verkauften Papiere an den Pensionsnehmer übereignet. Die verpensionierten Aktien werden bei dem **Pensionsgeber** als dem wirtschaftlichen Eigentümer in der Bilanz ausgewiesen.[16] Das zivilrechtliche Eigentum und die Stimmrechte sowie Dividenden stehen jedoch dem Pensionsnehmer zu. Zwar trägt in diesem Fall der Pensionsgeber das wirtschaftliche Risiko, insbesondere das Insolvenz- und Kursrisiko, gleichwohl hat der Pensionsgeber keinen Einfluss darauf, wie der **Pensionsnehmer** das Stimmrecht ausübt, denn er kann mangels Aktienbesitz weder an der Hauptversammlung teilnehmen noch dem Pensionsnehmer Weisungen zur Stimmrechtsausübung erteilen. Das Stimmrecht aus den verpensionierten Aktien kann vom Pensionsgeber nach eigenem Ermessen ausgeübt werden. Daher kommt eine Zurechnung nach Nr. 2 nicht in Betracht.[17]

12 Beim sogenannten **unechten Pensionsgeschäft,** bei dem der Pensionsnehmer zwar zur Rückübertragung der Aktien berechtigt, nicht jedoch verpflichtet ist, hat der Pensionsgeber ebenfalls keinen Einfluss auf die Stimmrechtsausübung des Pensionsnehmers. Daher scheidet auch hier eine Zurechnung nach Nr. 2 aus.[18]

13 **g) Wertpapierleihe.** Bei der sog. Wertpapierleihe überträgt der Bieter einem Dritten als **Sachdarlehen** nach §§ 607 ff. BGB Aktien, die der Entleiher nach Ablauf der Leihfrist bzw. nach den vertraglichen Abreden an den Bieter zurückübertragen muss.[19] Der Entleiher ist insbesondere berechtigt, die Aktien weiterzuveräußern oder zu verleihen. Der Entleiher muss nicht identische, sondern nur Aktien gleicher Art, Menge und Güte zurückübertragen. Vor Rücklieferung muss sich der Entleiher gegebenenfalls im Markt eindecken.[20] Insoweit trägt auch der Entleiher Kursrisiken. Ob nach Nr. 2 zuzurechnen ist, ist umstritten. Wie bei den Wertpapierpensionsgeschäften fallen auch hier die rechtliche und die wirtschaftliche Zuordnung auseinander.

14 Der Bieter erhält für die darlehensweise Übertragung üblicherweise ein Entgelt vom Entleiher, doch ist dies keine zwingende Voraussetzung zur Annahme einer Wertpapierleihe. Der **Entleiher** wird Eigentümer der übertra-

---

[14] *Bungert/Paschos* DZWiR 1995, 221, 229.

[15] *Schneider* in Assmann/Pötzsch/Schneider, § 30 Rn. 72.

[16] *Förschle/Kroner* in Beck'scher Bilanz-Kommentar, § 246 Rn. 24.

[17] *Opitz* in Schäfer/Hamann, § 22 WpHG Rn. 43 f.; aA *Schneider* in Assmann/Pötzsch/Schneider, § 30 Rn. 92.

[18] AA *Schneider* in Assmann/Pötzsch/Schneider, § 30 Rn. 98.

[19] Näher *Kienle* in Bankrechts-Handbuch, § 105 Rn. 25.

[20] *Kienle* in Bankrechts-Handbuch, § 105 Rn. 31.

genen Aktien, so dass diese auch in der Bilanz des Entleihers als rechtlichem und wirtschaftlichem Eigentümer zu berücksichtigen sind.[21] Der Verleiher hingegen hat in seiner Bilanz eine entsprechende Darlehensforderung zu aktivieren. Der Entleiher der Aktien kann daher selbst mitteilungspflichtig nach § 21 WpHG werden oder ggf. zur Abgabe eines Pflichtangebots nach § 35 Abs. 1 verpflichtet sein. Infolge der Vollrechtsübertragung auf den Entleiher kann der Verleiher keinen Einfluss auf die Stimmrechtsausübung des Entleihers ausüben. Der Entleiher hält die Aktien auch nicht für Rechnung des Verleihers, er ist lediglich verpflichtet, dem Verleiher Aktien in gleicher Art und Menge nach Ablauf der vereinbarten Zeit zu übertragen. Eine Zurechnung nach Nr. 2 auf den Verleiher findet daher nicht statt.[22]

Schneider,[23] *Nottmeier/Schäfer*[24] und *Burgard*[25] nehmen hingegen eine Zurechnung an, es sei denn, der Entleiher veräußert oder verleiht seinerseits die Aktien[26], was doch gerade der Regelfall ist, Ausnahmen sind kaum denkbar. Zwar könnte dann der Verleiher tatsächlich mangels Kenntnis des Käufers oder weiteren Entleihers keinen Einfluss auf dessen Stimmrechtsausübung nehmen. Warum aber eine Einflussnahme bei der einfachen Wertpapierleihe unterstellt wird, hingegen nicht bei der sog. **Ketten-Wertpapierleihe,**[27] vermag diese Gegenansicht nicht zu begründen. Ebenso wenig vermag diese Gegenansicht zu begründen, wie auf den Verleiher zugerechnet werden soll, wenn der Entleiher die entliehenen Aktien, wie allgemein üblich, zwischenzeitlich etwa zur Eindeckung von Short-Positionen verkauft hat. Die Gegenansicht müsste nämlich konsequenterweise eine Zurechnung dann wieder annehmen, wenn der Entleiher die zwischenzeitlich veräußerten Aktien zum Zwecke der Rückführung der Leihe im Markt wieder zukauft. Der Verleiher erhält jedoch regelmäßig keine Informationen vom Entleiher darüber, ob und wann dieser die entliehenen Aktien veräußert bzw. Aktien wieder zukauft. Die BaFin hat nunmehr ihre vormalige Ansicht einer Zurechnung bei einfacher Wertpapierleihe aufgegeben; hinzutreten müssen immer besondere Vereinbarungen über Einflussmöglichkeiten des Entleihers.[28] 15

Im Übrigen hat der Verleiher nur einen schuldrechtlichen Anspruch auf Rückübertragung. Ob der Entleiher am Ende der Leihfrist erfüllt, bleibt unsicher, der Verleiher trägt das **Bonitätsrisiko des Entleihers.**[29] Wenn aber aus einem solchen schuldrechtlichen Anspruch nach der Klarstellung des Gesetzgebers nicht nach Nr. 5 – Erwerb durch einseitige Willenserklärung – zugerechnet wird, kann dies auch nicht bei der Wertpapierleihe angenommen 16

---

[21] *Förschle/Usinger* in Beck'scher Bilanz-Kommentar, § 254 Rn. 121.

[22] *Opitz* in Schäfer/Hamann, § 22 WpHG Rn. 48; *Kümpel,* Wertpapierhandelsgesetz, S. 139f.

[23] In Assmann/Pötzsch/Schneider, § 30 Rn. 94, weil Übernahme des wirtschaftlichen Risikos regelmäßig Einflussnahme auf die Stimmrechtsausübung bedeute.

[24] AG 1997, 87, 93.

[25] BB 1995, 2069, 2073.

[26] So auch *Kienle* in Bankrechts-Handbuch, § 105 Rn. 41.

[27] So auch *Bayer* in MüKoAktG, § 22 Anh., § 22 WpHG Rn. 22; *Schneider* in Assmann/Pötzsch/Schneider, § 30 Rn. 96.

[28] Nach *Becker* in Just/Voß/Ritz/Becker, § 22 Rn. 54.

[29] *Kienle* in Bankrechts-Handbuch, § 105 Rn. 20.

werden.[30] Bei einem Treuhandverhältnis hingegen ist der Treugeber (bei uneigennütziger Treuhand) bei Insolvenz des Treuhänders zur Aussonderung nach § 47 InsO befugt,[31] weshalb hier eine Zurechnung nach § 30 Abs. 1 Nr. 2 gerechtfertigt ist.

3. Zur Sicherheit übertragen (Abs. 1 Satz 1 Nr. 3)

17 Nach Nr. 3 sind dem Bieter diejenigen Stimmrechte zuzurechnen, die er einem Dritten als Sicherheit übertragen hat, es sei denn, der Dritte ist zur Ausübung der Stimmrechte aus den zur Sicherheit übertragenen Aktien berechtigt und bekundet die Absicht, die Stimmrechte unabhängig von Weisungen des Bieters auszuüben. Die Regelung begründet eine Zurechnung auf den Sicherungsgeber, der nach wie vor die wirtschaftlichen Risiken trägt. Schließlich kann der Sicherungsgeber dem Sicherungsnehmer Weisungen zur Ausübung des Stimmrechts erteilen, und der Sicherungsnehmer wird den Weisungen, solange der Sicherungszweck nicht gefährdet ist, folgen.[32] Der Sicherungsnehmer kann seinerseits, da er die Aktien übertragen bekommt, Kontrolle erlangen und muss sich ggfls. gemäß § 37 Abs. 1 iVm 9 Satz 1 Nr. 4 WpÜGAngV von der Pflicht zur Abgabe eines Angebots befreien lassen.

18 Einer Anwendung auf den Fall der **Verpfändung** bedarf es nicht, da hier der Sicherungsgeber Eigentümer der Aktien bleibt und daher eine Zurechnung nicht erforderlich ist.[33]

19 Ob der Sicherungsnehmer zur Ausübung der Stimmrechte aus den Aktien auch unabhängig von Weisungen des Sicherungsgebers befugt ist, ist regelmäßig den **Sicherungsvereinbarungen** bzw. deren Auslegung zu entnehmen.[34] Die Zurechnung entfällt weiterhin nur dann, wenn der Sicherungsnehmer die Absicht bekundet, von dem ihm eingeräumten Recht zur Stimmrechtsausübung, auch gegebenenfalls gegen Weisungen des Sicherungs- bzw. Pfandgebers, Gebrauch zu machen. Ausreichend ist nicht, dass der Sicherungsnehmer das Stimmrecht ausüben kann, sondern seine Absicht, von dem Stimmrecht Gebrauch zu machen, muss nach außen erkennbar sein, also etwa mittels einer Mitteilung an den Sicherungsgeber, wobei weiterhin verlangt wird, dass er dem Sicherungsgeber zusätzlich mitteilt, dass er die Stimmrechtsausübung auch unabhängig von Weisungen der Sicherungsgebers ausüben wird. Die Anmeldung des Sicherungsnehmers zur Teilnahme an der Hauptversammlung reicht hierzu nicht aus,[35] denn der Sicherungsnehmer muss sich zur Teilnahme an der Hauptversammlung auch dann anmelden, wenn er aufgrund Weisungen des Sicherungsgebers die Stimmrechte ausüben soll.[36]

---

[30] Daher nicht mehr zutreffend *Schneider* in Assmann/Schneider, § 22 Rn. 85.

[31] *Hadding/Häuser* in Bankrechts-Handbuch, § 37 Rn. 70.

[32] *Schneider* in Assmann/Pötzsch/Schneider, § 30 Rn. 104; *Diekmann* in Baums/Thoma, § 30 Rn. 50.

[33] *Steinmeyer* in Steinmeyer, § 30 Rn. 37; *Schneider* in Assmann/Pötzsch/Schneider, § 30 Rn. 100; anders *v. Bülow* in KK-WpÜG, § 30 Rn. 154.

[34] *v. Bülow* in KK-WpÜG, § 30 Rn. 152.

[35] So *v. Bülow* in KK-WpÜG, § 30 Rn. 153.

[36] Wie hier *Walz* in Frankfurter Komm., § 30 Rn. 50.

4. Nießbrauchbestellung (Abs. 1 Satz 1 Nr. 4)

Stimmrechte, an denen zugunsten des Bieters ein Nießbrauch bestellt ist, sind dem Bieter zuzurechnen. Diese Vorschrift entspricht dem bisher in § 22 Abs. 1 Satz 1 Nr. 5 WpHG unverändert enthaltenen Zurechnungstatbestand. Aufgrund der gesetzlichen Regelung kommt es auf den Streit, wem bei Bestellung eines Nießbrauchs an Aktien das Stimmrecht zusteht,[37] nicht an.[38] 20

Die Kritik an diesem Zurechnungstatbestand ist berechtigt. Der Nießbraucher hat in aller Regel keine Möglichkeit, die Ausübung des Stimmrechts durch den Eigentümer der mit dem Nießbrauch belasteten Aktien zu beeinflussen.[39] 21

5. Erwerb durch Willenserklärung (Abs. 1 Satz 1 Nr. 5)

a) Schuldrechtliche Option. Stimmrechte, die der Bieter mit einer Willenserklärung erwerben kann, sind ihm zuzurechnen (Nr. 5). Das Gesetz verwendet den Begriff des Erwerbs grundsätzlich im engen Sinn der dinglichen Erlangung des Eigentums. An den Stellen, an denen schuldrechtliche Grundgeschäfte dem Eigentumserwerb gleichgestellt werden, wird dies im Gesetz ausdrücklich angeordnet (etwa in § 31 Abs. 6). Daher werden nach Nr. 5 nur solche Sachverhalte erfasst, aufgrund derer zum dinglichen Eigentumserwerb der Aktien durch den Bieter nur noch seine Willenserklärung erforderlich ist. Fallgestaltungen, bei denen es zum Erwerb der Mitwirkung eines Dritten bedarf, scheiden daher aus. Schuldrechtliche Vereinbarungen, die einen Lieferanspruch enthalten oder bei Optionen das Recht zum Abschluss eines Kauf- oder Übereignungsvertrags einräumen, lösen aus diesem Grund noch keine Zurechnung nach Nr. 5 aus. Diese insoweit enge Auslegung des Zurechnungstatbestands ist vor dem Hintergrund gerechtfertigt, dass der Bieter bei einem bloß schuldrechtlichen Anspruch noch nicht über eine Position verfügt, die ihn von Unwägbarkeiten hinsichtlich der Eigentumserlangung unabhängig macht. So könnte etwa der Verkäufer der Aktien bzw. der Optionen Einwendungen oder Rücktrittsrechte geltend machen oder seine Lieferverpflichtungen schlicht nicht erfüllen.[40] 22

Daher fallen die meisten **Options- und Wandelrechte** nicht unter den Zurechnungstatbestand des § 30 Abs. 1 Nr. 5, da diese Rechte lediglich zum Abschluss einer Vereinbarung, dem Zeichnungsvertrag, berechtigen.[41] 23

b) Dingliche Option. Anwendbar ist die Zurechnung nach Nr. 5 auf solche Geschäfte, bei denen die dingliche Übereignung nur noch von einer Willenserklärung des Bieters abhängt.[42] In diesen Fällen kann der Bieter bereits Einfluss auf die Zielgesellschaft nehmen, da der Vollrechtserwerb nur 24

---

[37] *Hüffer/Koch,* § 16 Rn. 7.

[38] *Bayer* in MüKoAktG, § 22Anh., § 22 WpHG Rn. 25; *Schneider* in Assmann/Pötzsch/Schneider, § 30 Rn. 108.

[39] *v. Bülow* in KK-WpÜG, § 30 Rn. 158; *Diekmann* in Baums/Thoma, § 30 Rn. 53; *Noack/Zetzsche* in Schwark, KapitalmarktR, § 30 WpÜG Rn. 13.

[40] *Steinmeyer* in Steinmeyer, § 30 Rn. 41; *v. Bülow* in KK-WpÜG, § 30 Rn. 164.

[41] *Hüffer/Koch,* § 198 Rn. 2, 4.

[42] BGH NZG 2014, 985 („Postbank").

noch von seiner Willenserklärung und nicht von einem Verhalten einer anderen Vertragspartei abhängt.

6. Dem Bieter anvertraut (Abs. 1 Satz 1 Nr. 6)

25 **a) Anvertraut.** Nach Nr. 6 werden Stimmrechte, die dem Bieter anvertraut sind, ihm zugerechnet, wenn er diese Stimmrechte nach eigenem Ermessen ausüben kann. Der Aktionär, der seine Aktien iSv Nr. 6 verwalten lässt, bleibt bei Erreichen der 30 % Schwelle in der Pflicht, ein Pflichtangebot abzugeben.[43] Es kommt nicht darauf an, ob dem Bieter die Aktien auch zur **Verwahrung** anvertraut sind. Daher ist die Zurechnungsregelung in Nr. 6 auch anwendbar, wenn der Bieter Stimmrechte aus Aktien nach eigenem Ermessen ausüben kann, die Aktien jedoch nicht bei dem Bieter selbst, sondern bei einem Dritten verwahrt werden.[44]

26 Ein Zurechnung nach Nr. 6 liegt etwa vor, wenn eine Investment-Management-Gesellschaft Stimmrechte aus den verwalteten Aktien nach eigenem Ermessen ausüben kann, unabhängig davon, ob die Aktien von der Investment-Management-Gesellschaft selbst oder bei einer Depotbank verwahrt werden.[45] Stimmrechte sollen unter Nr. 6 auch im Falle gesetzlicher Pflichten zur Vermögensbetreuung wie elterliche Sorge oder Testamentsvollstreckung fallen.[46] Zu Recht wird gegen diese weite Auslegung, die in vielen Fällen mit Befreiungen nach § 37 Abs. 1 korrigiert werden müsste, eingewandt, dass das Merkmal des „Anvertrautseins" ein schuldrechtliches Rechtsverhältnis zwischen dem Verwalter und dem Aktionär verlangt.[47] Die Wahrnehmung von Stimmrechten aufgrund gesetzlicher Vertretung (Vorstand, Geschäftsführer) begründet keine Zurechnung.[48]

27 In der Tatbestandsalternative der Ausübung von Stimmrechten aufgrund Vollmacht sind die Aktien dem Bevollmächtigten nicht, wie in den anderen Fällen, zur Verwaltung anvertraut. Der Bevollmächtigte sollte darauf achten, dass ihm zu allen Tagesordnungspunkten der Hauptversammlung Weisungen zur Ausübung des Stimmrechts erteilt werden, um nicht in die Gefahr zu geraten, ein Pflichtangebot abgeben zu müssen. Klassischer Anwendungsfall ist die Legitimationszession. Der Bieter wird Besitzer, nicht aber Eigentümer der Aktien. Aufgrund seiner Besitzerstellung kann der Legitimationsaktionär das mit der Aktie verbundene Stimmrecht frei ausüben, es sei denn, der Aktionär erteilt Weisungen.

28 **b) Depotstimmrecht.** Hingegen sind die sogenannten Depotstimmrechte der **Kreditinstitute** nicht nach Nr. 6 zuzurechnen, auch dann nicht, wenn der Aktionär keine ausdrückliche Weisung zur Wahrnehmung des Stimmrechts erteilt. Das Depotstimmrecht der Kreditinstitute ist gesetzlich so ausgestaltet, dass ein Fall der Zurechnung nicht vorliegen kann. § 135 AktG geht

---

[43] So ausdrücklich *Steinmeyer* in Steinmeyer, § 30 Rn. 49.

[44] BT-Drucks. 14/7034, 54.

[45] *Schneider* in Assmann/Pötzsch/Schneider, § 30 Rn. 151.

[46] *Steinmeyer* in Steinmeyer, § 30 Rn. 44; *Schneider* in Assmann/Pötzsch/Schneider, § 30 Rn. 143.

[47] *Diekmann* in Baums/Thoma, § 30 Rn. 61.

[48] *Schneider* in Assmann/Pötzsch/Schneider, § 30 Rn. 147.

davon aus, dass der Aktionär dem Kreditinstitut Weisung für die Stimmrechtsausübung erteilt (Abs. 5 Satz 1). Vor der Hauptversammlung ist ein Kreditinstitut in seiner Rolle als Depotbank gemäß § 128 Abs. 1 AktG verpflichtet, die Einladung zur Hauptversammlung mit den Tagesordnungspunkten an die Aktionäre weiterzuleiten und eigene Vorschläge für die Abstimmung zu einzelnen Tagesordnungspunkten mitzuteilen, wenn das Kreditinstitut beabsichtigt, in der Hauptversammlung das Stimmrecht auszuüben. Erteilt der Aktionär auf diesen Vorschlag keine andere Weisung, wird unterstellt, dass der Aktionär sich die Vorschläge des Kreditinstituts zu eigen macht. Das Kreditinstitut darf von diesen zu Eigen gemachten Vorschlägen nur abweichen, wenn es annehmen darf, dass der Aktionär bei Kenntnis der Sachlage die abweichende Ausübung des Stimmrechts billigen würde, § 135 Abs. 5 AktG. Damit geht § 135 AktG davon aus, dass das Kreditinstitut die Stimmrechte auf Weisung der Aktionäre und nicht nach eigenem Ermessen ausübt.

7. Übertragung von Stimmrechten (Abs. 1 Satz 1 Nr. 7)

Eine in Nr. 7 geregelte separate Übertragung nur der Stimmrechte ist auf Grund des aktienrechtlichen Abspaltungsverbots[49] nach deutschem Recht nicht möglich. Da sie jedoch nach ausländischem Recht teilweise möglich ist, soll die Regelung sicherstellen, dass auch in diesen Fällen Stimmrechte zugerechnet werden und damit die Anforderungen der Transparenzrichtlinie (Art. 10b)) nunmehr umgesetzt werden.[50] 29

8. Als Sicherheit verwahrt (Abs. 1 Satz 1 Nr. 8)

Die neue Nummer 8 ergänzt die bisherige Zurechnungsregelung aus Nr. 3 in Umsetzung der Transparenzrichtlinie (Art. 10c)) um die Fälle, in denen die Stimmrechte dem Sicherungsnehmer nicht schon aufgrund dessen Stellung als Eigentümer zustehen, sondern die Aktien nur „verwahrt“ werden. Wie bei einer Verwahrung nach dem Aktienrecht jedoch Stimmrechte wahrgenommen werden sollen, bleibt offen. Die Nr. 3 fungiert im Fall der Sicherungsübereignung von Aktien weiter als spezielle Zurechnungsregelung gegenüber dem Sicherungsgeber. Dabei soll aber das Konzept der alternativen Stimmrechtszurechnung, entweder also Stimmrechtszurechnung auf den Sicherungsgeber oder auf den Sicherungsnehmer als Eigentümer der mit Stimmrechten verbundenen Aktien, aufgehoben werden.[51] Eine Streichung von Nr. 3 hätte näher gelegen; möglicherweise werden Stimmrechte aus ausländischen Aktien von Nr. 8 erfasst.[52] 30

9. Stimmbindungsvereinbarungen (Abs. 2)

Gemäß Abs. 2 werden dem Bieter Stimmrechte eines Dritten in voller Höhe zugerechnet, mit dem der Bieter oder ein Tochterunternehmen von ihm sein Verhalten in Bezug auf die Zielgesellschaft aufgrund einer Vereinbarung oder in sonstiger Weise abstimmt. Wegen der Ergänzung aufgrund des 31

[49] *Hüffer/Koch,* § 8 Rn. 26.
[50] BT-Drucks. 18/5010, 65, 87.
[51] BT-Drucks. 18/5010, 65, 87.
[52] *Brellochs* AG 2016, 157, 163.

Risikobegrenzungsgesetzes[53] begründen auch Abstimmungsvorgänge außerhalb der Hauptversammlung eine Zurechnung.

32 Ausgenommen sind Vereinbarungen über die Ausübung von Stimmrechten in **Einzelfällen.**[54] Werden nur im Einzelfall Stimmrechte gemeinsam ausgeübt, erübrigt sich eine Prüfung der anderen schwierigen Voraussetzungen. Die Abstimmung über die Ausübung der Stimmrechte muss über den Einzelfall hinausgehen. Maßnahmen über die Abstimmung in nur einer Hauptversammlung oder gar nur bezüglich eines Tagesordnungspunkts reichen daher für eine Zurechnung nicht aus.[55] Hingegen soll die Einzelfallausnahme nach den Auswirkungen bzw. dem Gewicht der Abstimmung zu beurteilen sein.[56] Dies kann schon deshalb nicht zutreffend sein, weil das Gesetz für eine Zurechnung über den Einzelfall hinaus auch das Ziel einer dauerhaften und erheblichen Änderung der unternehmerischen Ausrichtung der Zielgesellschaft verlangt.[57] Der klare Gesetzestext fordert also für eine Zurechnung mindestens zwei Voraussetzungen: keine Abstimmung im Einzelfall und das Gewicht des Abstimmungsgegenstandes. Das mit dem Risikobegrenzungsgesetz die Einzelfallausnahme „aus Versehen" nicht gestrichen worden sei,[58] ist bereits damit widerlegt, dass der vorherige Zusatz „über die Ausübung von Stimmrechten" gestrichen wurde, weil nunmehr auch Abstimmungen außerhalb der Hauptversammlung erfasst sind.[59] Ebenso wenig kann aus der Begründung des BMF zum Gesetzesentwurf darauf geschlossen werden, dass die Einzelfallausnahme „materiell" auszulegen sei und deshalb auf die Schwere und die Auswirkungen des Einwirkens abzustellen sei.[60] Der Wortlaut des § 22 Abs. 2 Satz 1 ist eindeutig und gibt damit klar den Willen des Gesetzgebers, des Bundestags, wider. Was eventuell der Referent aus dem zuständigen Ministerium gedacht oder gewollt hat, kann für eine Auslegung nicht herangezogen werden. Die Auslegung der BaFin ist daher willkürlich und verletzt die rechtsstaatlichen Grundsätze für Eingriffsnormen, insbesondere den Vorrang des Gesetzes.

33 Stimmrechte werden nicht nur aufgrund einer verpflichtenden Vereinbarung, sondern allein schon aufgrund eines einvernehmliches Handelns **(„acting in concert")** zugerechnet. Die Zurechnung aufgrund gemeinsamen Handels ohne Vereinbarung über die Stimmrechtsausübung zählt zu den am meisten umstrittenen Regelungen des Übernahmerechts.[61]

---

[53] BGBl. I 2008, 1666.

[54] Für eine einheitliche Auslegung mit § 2 Abs. 5 *Oechsler* NZG 2001, 817, 819.

[55] *Schneider* in Assmann/Schneider, § 22 Rn. 191cf.; *Steinmeyer* in Steinmeyer, § 30 Rn. 60a; so ausdrücklich *Opitz* in Schäfer/Hamann, § 22 WpHG Rn. 91a; *Schwark* in Schwark/Zimmer, KMRK, § 22 WpHG Rn. 24.

[56] So in recht freier Rechtsauslegung BaFin-Emittentenleitfaden Ziff. VIII.2.5.8.2. zu § 22 WpHG.

[57] *Kocher* Der Konzern 2010, 162, 163.

[58] BaFin Journal April 2010 S. 3ff.; ähnlich *Strunk/Linke* in Veil/Drinkuth, S. 3, 21; ebenso LG München I DB 2004, 1252; OLG München ZIP 2005, 856.

[59] *Kocher* Der Konzern 2010, 162, 164; *Steinmeyer* in Steinmeyer, § 30 Rn. 63a.

[60] *Michel* in Just/Voß/Ritz/Becker, WpHG, § 30 Rn. 104f.

[61] Aus der Rspr. OLG Frankfurt NJW 2004, 3716; OLG Frankfurt BKR 2004, 325; BGH WM 2006, 2080; Vorinstanzen OLG München NZG 2005, 848 und LG München DB 2004, 1252.

Typische Fälle der Zurechnung sind der Abschluss von bzw. der Beitritt zu Poolvereinbarungen. Hier wird eine längerfristige Einwirkung begründet. Eine rechtliche Pflicht zur gemeinsamen Stimmrechtsausübung in Bezug auf die Zielgesellschaft muss nicht bestehen. Das Verhalten wird in Bezug auf die Zielgesellschaft abgestimmt, wenn Einfluss auf deren Unternehmensleitung genommen werden soll.[62] Deshalb verbietet es sich, das Zusammenwirken zum Zwecke des Erwerbs oder der Veräußerung von Aktien als gemeinsame Stimmrechtsausübung anzusehen.[63] Zwar handeln in einem solchen Fall die Personen „gemeinsam" im Sinne des § 2 Abs. 5. Davon zu trennen ist jedoch die Frage der Zurechnung aufgrund der gemeinsamen Abstimmung der Stimmrechte über Einzelfälle hinaus.[64] Hätte der Gesetzgeber eine Zurechnung alleine aufgrund des gemeinsamen Erwerbs von Aktien gewollt, hätte dies im Gesetzeswortlaut Ausdruck finden müssen.[65] Angesichts der Rechtsfolgen aus den §§ 59, 60 ist unter dem Gesichtspunkt des notwendigen Gesetzesvorbehalts eine weite Auslegung, wonach Abs. 2 Zurechnungslücken schließen[66] oder eine Umgehung verhindern soll,[67] nicht vereinbar.[68] Ebenso begründen sog. Standstill Agreements keine Zurechnung, da hier die Parteien gerade vereinbaren, Stimmrechte nicht auszuüben.[69] Bloße gleichförmige Stimmrechtsausübung, etwa der Empfehlung eines institutionalisierten Stimmrechtsberaters folgend, begründen noch keine Zurechnung.[70] 34

Der Tatbestand des acting in concert verlangt ein abgestimmtes und einverständliches[71] Verhalten in Bezug auf die Zielgesellschaft in Form einer gegenseitigen Koordinierung der Verhaltensweisen.[72] Nicht erforderlich ist die Ausübung von Stimmrechten in der Hauptversammlung.[73] Eine Einflussnahme mit Gewicht auf das Management oder die Geschäftspolitik begründet dementsprechend bereits eine Zurechnung. Unbeachtlich bleibt hingegen die Ausübung von Stimmrechten in Aufsichtsratssitzungen,[74] weil hier die Aufsichtsratsmitglieder zum einen nicht als Vertreter eines Aktionärs handeln[75] 35

---

[62] *Schneider* in Assmann/Pötzsch/Schneider, § 30 Rn. 178.

[63] LG Hamburg AG 2007, 177; aA *Schneider* in Assmann/Pötzsch/Schneider, § 30 Rn. 193; *Wackerbarth* in MüKo-AktG, § 30 WpÜG Rn. 45.

[64] OLG Frankfurt ZIP 2004, 1309, 1312; *Borges* ZIP 2007, 357, 361, *Diekmann* DStR 2007, 445, 447.

[65] AA *Berger/Filgut* AG 2004, 592, 598 f. mit dem Argument der ratio legis; *Schneider* in Assmann/Pötzsch/Schneider, § 30 Rn. 198; *Strunk/Linke* in Veil/Drinkuth, S. 3, 22; wie hier hingegen *Casper* in Veil/Drinkuth, S. 45, 49, zu Recht deutlich auf § 3 OWiG hinweisend.

[66] So aber *Schneider* in Assmann/Pötzsch/Schneider, § 30 Rn. 211.

[67] *Diekmann* DStR 2007, 445, 446; *Berger/Filgut* AG 2004, 592, 598.

[68] *v. Bülow/Bücker* ZGR 2004, 669, 715; anders noch *v. Bülow* in KK-WpÜG, § 30 Rn. 39.

[69] LG München DB 2004, 1252; aA *Wackerbarth* in MüKoAktG, § 30 WpÜG Rn. 47.

[70] *Schneider* ZGR 2007, 440, 449.

[71] *Casper* ZIP 2003, 1469, 1475.

[72] BGH WM 2006, 2080, 2082.

[73] LG Hamburg AG 2007, 177.

[74] *Kocher* Der Konzern 2010, 162, 166.

[75] *Casper* in Veil/Drinkuth, S. 45, 55; *Diekmann* DStR 2007, 445, 446.

und bei der Abstimmung zum anderen immer das Wohl der Gesellschaft mit allen Stakeholdern beachtet werden muss. Daher begründen Absprachen über die Wahl des Aufsichtsratsvorsitzenden kein acting in concert.[76]

36 Fraglich ist, ob bereits Vereinbarungen, in denen sich ein Aktionär verpflichtet, sein Stimmrecht nur unter Berücksichtigung der Interessen eines anderen Aktionärs auszuüben, sog. **Interessenschutzklauseln,** eine Zurechnung begründen. Der BGH scheint hierin bereits eine Stimmrechtsvereinbarung iSd. Abs. 2 zu sehen.[77] Dies dürfte zu weit gehen, da alleine mit der Rücksichtnahme auf einen Käufer eines Aktienpakets noch nicht auf die unternehmerische Ausrichtung eingewirkt wird. Eine solche Interessenwahrungspflicht dürfte sich im Übrigen als allgemeine nebenvertragliche Pflicht aus jedem Aktienkaufvertrag ergeben.[78] Jedenfalls übliche Vereinbarungen, dass bis zum tatsächlichen Übergang des Unternehmens an den Käufer (Closing) der Status quo gewahrt werden soll, können, obgleich damit die Interessen des Käufers gewahrt werden, da gerade keine Änderung der unternehmerischen Ausrichtung gewollt ist, keine Zurechnung begründen.[79] Zur Begründung einer Zurechnung müsste sich der Verkäufer in der Interessenschutzklausel wohl schon gegenüber dem Käufer zur Stimmrechtsausübung verpflichten.[80]

37 Vereinbarungen, wonach sich Aktionäre verpflichten, einem Bieter den Besitz an Aktien im Wege der Legitimationszession zu übertragen, begründen keine Zurechnung nach Abs. 2. Die Zurechnung nach Abs. 1 Nr. 6 als Spezialregelung verdrängt andere Zurechnungsmöglichkeiten. Vor allem hat der Aktionär mit der Legitimationszession eben gerade sein Stimmrecht aufgegeben und wirkt nicht mehr an der Willensbildung über die Ausübung von Stimmrechten mit.

38 Auch die Wahl oder Abwahl von Aufsichtsratsmitgliedern begründet kein acting in concert, insbesondere wird hiermit nicht über den Einzelfall hinaus Einfluss genommen. Ein Einzelfall scheidet nicht bereits deshalb aus, weil anstelle einer Blockwahl Einzelwahlen durchgeführt werden. Während etwa die BaFin argumentierte, dass derjenige, der, obgleich nur in einer Hauptversammlung, mit seinen und den Stimmrechten Dritter Einfluss bei der Wahl von Aufsichtsratsmitgliedern ausübe, damit dauerhaft und nicht nur einmalig Einfluss bei der Gesellschaft ausübe und daher zusammen mit anderen kontrolliere, wurde insbesondere unter Hinweis darauf, dass die Aufsichtsratsmitglieder höchstpersönliche Ämter ausüben, ein solcher nachhaltiger Einfluss und damit eine Zurechnung verneint. Der BGH hat in seiner Entscheidung vom 18.9.2006 („WMF")[81] klargestellt, dass bei der Frage, ob ein abgestimmtes Verhalten im Sinne von § 30 Abs. 2 vorliege, wegen des Analogieverbots eine formale Betrachtungsweise Anwendung finden muss, und dass eine „mediatisierte" Einflussnahme auf die gewählten Mitglieder des Aufsichtsrats,

[76] Offengelassen ESMA Public Statement – Information on shareholder cooperation and acting in concert under the Takeover Bids Directive, Stand 20. Juni 2014, Ziff. 5.
[77] BHG NZG 2014, 985, 991 („Postbank").
[78] *Scheibenpflug/Tönningsen* BKR 2015, 140.
[79] *Krause* AG 2014, 833, 840.
[80] *Lödhefink/Jaspers* ZIP 2014, 2261, 2263.
[81] BGH WM 2006, 2080.

die ein persönliches Amt ausüben und nicht die „Vertreter" des Aktionärs sind, zur Begründung eines Acting in Concert nicht ausreiche. Darüber hinausgehende Absprachen über einen „Gesamtplan" und damit das Einwirken auf die Herrschaftsstrukturen, welche durchaus im Zusammenhang mit einer abgestimmten Aufsichtsratswahl eine Zurechnung begründen könnten, dürften hingegen kaum nachweisbar sein.

Grundsätzlich werden im Falle von Stimmrechtsvereinbarungen bzw. eines gemeinsamen einvernehmlichen Handelns die Stimmrechte jedem der Beteiligten unabhängig von der Höhe seines jeweiligen Stimmrechtsanteils in voller Höhe zugerechnet, da eben jeder Beteiligte zum „Bieter" iSd § 30 Abs. 2 wird.[82] Inhaber von Kleinstbeteiligungen müssten gegebenenfalls eine Befreiung nach § 37 beantragen, um kein Pflichtangebot abgeben zu müssen. Allerdings wird vertreten, dass Stimmrechte nur einseitig zugerechnet werden dürften, wenn einer der Beteiligten einen beherrschenden Einfluss auf die Ausübung der gemeinsamen Stimmrechte habe.[83] Die BaFin sieht das anders. 39

Mit § 30 Abs. 2 Satz 3 wird klargestellt, dass Stimmrechte eines Dritten, die dem Dritten bei Anwendung der in Abs. 1 genannten Fälle zuzurechnen wären, wiederum dem Bieter über das gemeinsame Verhalten zugerechnet werden.[84] 40

III. Tochterunternehmen zuzurechnende Stimmrechte (Abs. 1 Satz 2)

§ 30 Abs. 1 Satz 2 stellt klar, dass Tochterunternehmen des Bieters Stimmrechte nach Abs. 1 Satz 1 Nrn. 2 bis 6 zugerechnet und über die Zurechnung gemäß § 30 Abs. 1 Satz 1 Nr. 1 wiederum dem Bieter in voller Höhe zugerechnet werden. 41

Dass dem Bieter auch Stimmrechte, die von sogenannten **Enkelgesellschaften** gehalten werden, zugerechnet werden, bedarf keiner besonderen Erklärung, da dieser Tatbestand schon von Abs. 1 Nr. 1 erfasst ist, da es sich bei Enkelgesellschaften aus der Sicht des Bieters immer auch zugleich um Tochterunternehmen handelt. 42

IV. Besonderheiten bei Portfolioverwaltung und Sondervermögen (Abs. 3–7)

Abs. 3 nimmt Stimmrechte, die von Finanzportfolioverwaltern (§ 2 Abs. 3 Satz 1 Nr. 7 WpHG) unabhängig von Weisungen der Muttergesellschaft verwaltet werden, von der Zurechnung auf die Muttergesellschaft aus Der Finanzportfolioverwalter muss die Stimmrechte unabhängig von der Muttergesellschaft ausüben und die Muttergesellschaft muss der BaFin den betreffenden Finanzportfolioverwalter anzeigen, dessen verwaltete Stimmrechte nicht zugerechnet werden sollen (§ 18 TranspRLDV). Im Gegensatz zu § 94 Abs. 2 Satz 3 KAGB enthält die Vorschrift aber keine Regelung zur Zurechnung auf die Inhaber der Fondsanteile. 43

---

[82] *Diekmann* in Baums/Thoma, § 30 Rn. 87; *Braun* NZG 2008, 928, 930.

[83] *Diekmann* in Baums/Thoma, § 30 Rn. 87.

[84] BT-Drucks. 14/7034, 54; *Witt* AG 2001, 233, 237; *Steinmeyer* in Steinmeyer, § 30 Rn. 71.

44 Mit den neuen Abs. 4 bis 7 sind die Regelungen des § 94 Abs. 3, 4 KAGB in das WpÜG übernommen worden.[85] Gemäß Abs. 4 gelten inländische und EU-Kapitalverwaltungsgesellschaften (§ 17 KAGB) unter den genannten Voraussetzungen nicht als Tochtergesellschaften, so dass die Stimmrechte aus den von der Kapitalverwaltungsgesellschaft verwalteten Investmentvermögen nicht der Muttergesellschaft zugerechnet werden. Die Kapitalverwaltungsgesellschaft muss die Stimmrechte unabhängig von der Muttergesellschaft ausüben und die Muttergesellschaft muss der BaFin diejenigen Kapitalverwaltungsgesellschaften anzeigen, deren verwaltete Stimmrechte nicht zugerechnet werden sollen (§ 22 TranspRLDV). Nach der Konkretisierung in § 20 Abs. 1 TranspRLDV ist dies der Fall, wenn die Muttergesellschaft oder ein anderes von diesem kontrolliertes Unternehmen nicht aufgrund unmittelbarer oder mittelbarer Weisungen oder in anderer Weise auf die Ausübung der Stimmrechte aus den Aktien, die zu dem Sondervermögen gehören, einwirken darf und die Kapitalverwaltungsgesellschaft die Stimmrechte aus den zu dem von ihr verwalteten Sondervermögen gehörenden Aktien frei und unabhängig von der Muttergesellschaft und den anderen von diesem kontrollierten Unternehmen ausübt.[86]

45 Nicht in das WpÜG übernommen wurde die Regelung in § 1 Abs. 4 WpHG, welche dazu führt, dass Inhabern von offenen Investmentvermögen die vom Investmentvermögen verwalteten Stimmrechte generell nicht zugerechnet werden.

46 Verwaltungsgesellschaften von Drittstaaten-AIF (§ 1 Abs. 18 KAGB) sind hingegen wegen der klaren Verweisung auf § 1 Abs. 17 KAGB nicht erfasst. Stimmrechte etwa eines ausländischen Private-Equity Fonds werden daher nach wie vor dem General Partner zugerechnet.[87]

47 Abs. 5 erstreckt diese Neutralisierung der Stimmrechte auf Verwaltungsgesellschaften in Drittstaaten unter entsprechender Anwendung der Voraussetzungen für die Neutralisierung der in Abs. 4 genannten Kapitalverwaltungsgesellschaften.

48 Das BMF hat mit der TranspRLDV von der Verordnungsermächtigung (Abs. 7) Gebrauch gemacht.

§ 31 Gegenleistung

(1) **Der Bieter hat den Aktionären der Zielgesellschaft eine angemessene Gegenleistung anzubieten. Bei der Bestimmung der angemessenen Gegenleistung sind grundsätzlich der durchschnittliche Börsenkurs der Aktien der Zielgesellschaft und Erwerbe von Aktien der Zielgesellschaft durch den Bieter, mit ihm gemeinsam handelnder Personen oder deren Tochterunternehmen zu berücksichtigen.**

(2) **Die Gegenleistung hat in einer Geldleistung in Euro oder in liquiden Aktien zu bestehen, die zum Handel an einem organisierten Markt zugelassen sind. Werden Inhabern stimmberechtigter Aktien als Gegen-**

---

[85] BT-Drucks. 18/5010, 66, 87.

[86] Siehe *Schneider* in Assmann/Schneider, § 22 Rn. 268.

[87] *Söhner* ZIP 2015, 2451, 2455.

leistung Aktien angeboten, müssen diese Aktien ebenfalls ein Stimmrecht gewähren.

(3) **Der Bieter hat den Aktionären der Zielgesellschaft eine Geldleistung in Euro anzubieten, wenn er, mit ihm gemeinsam handelnde Personen oder deren Tochterunternehmen in den sechs Monaten vor der Veröffentlichung gemäß § 10 Abs. 3 Satz 1 bis zum Ablauf der Annahmefrist insgesamt mindestens 5 Prozent der Aktien oder Stimmrechte an der Zielgesellschaft gegen Zahlung einer Geldleistung erworben haben.**

(4) **Erwerben der Bieter, mit ihm gemeinsam handelnde Personen oder deren Tochterunternehmen nach Veröffentlichung der Angebotsunterlage und vor der Veröffentlichung gemäß § 23 Abs. 1 Satz 1 Nr. 2 Aktien der Zielgesellschaft und wird hierfür wertmäßig eine höhere als die im Angebot genannte Gegenleistung gewährt oder vereinbart, erhöht sich die den Angebotsempfängern der jeweiligen Aktiengattung geschuldete Gegenleistung wertmäßig um den Unterschiedsbetrag.**

(5) **Erwerben der Bieter, mit ihm gemeinsam handelnde Personen oder deren Tochterunternehmen innerhalb eines Jahres nach der Veröffentlichung gemäß § 23 Abs. 1 Satz 1 Nr. 2 außerhalb der Börse Aktien der Zielgesellschaft und wird hierfür wertmäßig eine höhere als die im Angebot genannte Gegenleistung gewährt oder vereinbart, ist der Bieter gegenüber den Inhabern der Aktien, die das Angebot angenommen haben, zur Zahlung einer Geldleistung in Euro in Höhe des Unterschiedsbetrages verpflichtet. Satz 1 gilt nicht für den Erwerb von Aktien im Zusammenhang mit einer gesetzlichen Verpflichtung zur Gewährung einer Abfindung an Aktionäre der Zielgesellschaft und für den Erwerb des Vermögens oder von Teilen des Vermögens der Zielgesellschaft durch Verschmelzung, Spaltung oder Vermögensübertragung.**

(6) **Dem Erwerb im Sinne der Absätze 3 bis 5 gleichgestellt sind Vereinbarungen, auf Grund derer die Übereignung von Aktien verlangt werden kann. Als Erwerb gilt nicht die Ausübung eines gesetzlichen Bezugsrechts auf Grund einer Erhöhung des Grundkapitals der Zielgesellschaft.**

(7) **Das Bundesministerium der Finanzen kann durch Rechtsverordnung, die nicht der Zustimmung des Bundesrates bedarf, nähere Bestimmungen über die Angemessenheit der Gegenleistung nach Absatz 1, insbesondere die Berücksichtigung des durchschnittlichen Börsenkurses der Aktien der Zielgesellschaft und der Erwerbe von Aktien der Zielgesellschaft durch den Bieter, mit ihm gemeinsam handelnder Personen oder deren Tochterunternehmen und die hierbei maßgeblichen Zeiträume sowie über Ausnahmen von dem in Absatz 1 Satz 2 genannten Grundsatz und die Ermittlung des Unterschiedsbetrages nach den Absätzen 4 und 5 erlassen. Das Bundesministerium der Finanzen kann die Ermächtigung durch Rechtsverordnung auf die Bundesanstalt übertragen.**

§ 3 WpÜG-AngV. Grundsatz

Bei Übernahmeangeboten und Pflichtangeboten hat der Bieter den Aktionären der Zielgesellschaft eine angemessene Gegenleistung anzubieten. Die Höhe der Gegenleistung darf den nach den §§ 4 bis 6 festgelegten Mindestwert nicht unterschreiten. Sie ist für Aktien, die nicht derselben Gattung angehören, getrennt zu ermitteln.

§ 4 WpÜG-AngV. Berücksichtigung von Vorerwerben

Die Gegenleistung für die Aktien der Zielgesellschaft muss mindestens dem Wert der höchsten vom Bieter, einer mit ihm gemeinsam handelnden Person oder deren Tochterunternehmen gewährten oder vereinbarten Gegenleistung für den Erwerb von Aktien der Zielgesellschaft innerhalb der letzten sechs Monate vor der Veröffentlichung nach § 14 Abs. 2 Satz 1 oder § 35 Abs. 2 Satz 1 des Wertpapiererwerbs- und Übernahmegesetzes entsprechen. § 31 Abs. 6 des Wertpapiererwerbs- und Übernahmegesetzes gilt entsprechend.

§ 5 WpÜG-AngV. Berücksichtigung inländischer Börsenkurse

(1) Sind die Aktien der Zielgesellschaft zum Handel an einer inländischen Börse zugelassen, muss die Gegenleistung mindestens dem gewichteten durchschnittlichen inländischen Börsenkurs dieser Aktien während der letzten drei Monate vor der Veröffentlichung nach § 10 Abs. 1 Satz 1 oder § 35 Abs. 1 Satz 1 des Wertpapiererwerbs- und Übernahmegesetzes entsprechen.

(2) Sind die Aktien der Zielgesellschaft zum Zeitpunkt der Veröffentlichung nach § 10 Abs. 1 Satz 1 oder § 35 Abs. 1 Satz 1 des Wertpapiererwerbs- und Übernahmegesetzes noch keine drei Monate zum Handel an einer inländischen Börse zugelassen, so muss der Wert der Gegenleistung mindestens dem gewichteten durchschnittlichen inländischen Börsenkurs seit der Einführung der Aktien in den Handel entsprechen.

(3) Der gewichtete durchschnittliche inländische Börsenkurs ist der nach Umsätzen gewichtete Durchschnittskurs der der Bundesanstalt für Finanzdienstleistungsaufsicht (Bundesanstalt) nach § 9 des Wertpapierhandelsgesetzes als börslich gemeldeten Geschäfte.

(4) Sind für die Aktien der Zielgesellschaft während der letzten drei Monate vor der Veröffentlichung nach § 10 Abs. 1 Satz 1 oder § 35 Abs. 1 Satz 1 des Wertpapiererwerbs- und Übernahmegesetzes an weniger als einem Drittel der Börsentage Börsenkurse festgestellt worden und weichen mehrere nacheinander festgestellte Börsenkurse um mehr als 5 Prozent voneinander ab, so hat die Höhe der Gegenleistung dem anhand einer Bewertung der Zielgesellschaft ermittelten Wert des Unternehmens zu entsprechen.

§ 6 WpÜG-AngV. Berücksichtigung ausländischer Börsenkurse

(1) Sind die Aktien der Zielgesellschaft ausschließlich zum Handel an einem organisierten Markt im Sinne des § 2 Abs. 7 des Wertpapiererwerbs- und Übernahmegesetzes in einem anderen Staat des Europäischen Wirtschaftsraums im Sinne des § 2 Abs. 8 des Wertpapiererwerbs- und Übernahmegesetzes zugelassen, muss die Gegenleistung mindestens dem durchschnittlichen Börsenkurs während der letzten drei Monate vor der Veröffentlichung nach § 10 Abs. 1 Satz 1 oder § 35 Abs. 1 Satz 1 des Wertpapiererwerbs- und Übernahmegesetzes des organisierten Marktes mit den höchsten Umsätzen in den Aktien der Zielgesellschaft entsprechen.

(2) Sind die Aktien der Zielgesellschaft zum Zeitpunkt der Veröffentlichung nach § 10 Abs. 1 Satz 1 oder § 35 Abs. 1 Satz 1 des Wertpapiererwerbs- und Übernahmegesetzes noch keine drei Monate zum Handel an einem Markt im Sinne des Absatzes 1 zugelassen, so muss der Wert der Gegenleistung mindestens dem durchschnittlichen Börsenkurs seit Einführung der Aktien in den Handel an diesem Markt entsprechen.

(3) Der durchschnittliche Börsenkurs ist der Durchschnittskurs der börsentäglichen Schlussauktion der Aktien der Zielgesellschaft an dem organisierten Markt. Wird an dem organisierten Markt nach Absatz 1 keine Schlussauktion durchgeführt, ist der Durchschnittskurs auf der Grundlage anderer, zur Bildung eines Durchschnittskurses geeigneter Kurse, die börsentäglich festgestellt werden, zu bestimmen.

(4) Werden die Kurse an dem organisierten Markt nach Absatz 1 in einer anderen Währung als in Euro angegeben, sind die zur Bildung des Mindestpreises herangezogenen Durchschnittskurse auf der Grundlage des jeweiligen Tageskurses in Euro umzurechnen.

(5) Die Grundlagen der Berechnung des durchschnittlichen Börsenkurses sind im Einzelnen zu dokumentieren.

(6) § 5 Abs. 4 ist anzuwenden.

§ 7 WpÜG-AngV. Bestimmung des Wertes der Gegenleistung

Besteht die vom Bieter angebotene Gegenleistung in Aktien, sind für die Bestimmung des Wertes dieser Aktien die §§ 5 und 6 entsprechend anzuwenden.

Schrifttum: *v. Falkenhausen,* Das nachgeholte Pflichtangebot, NZG 2010, 1213; *Gei/Kiesewetter,* Praxisrelevante Aspekte öffentlicher Übernahmen in Zeiten volatiler Märkte, AG 2012, 741; *Habersack,* Auf der Suche nach dem gerechten Preis – Überlegungen zu § 31 WpÜG, ZIP 2003, 1123; *Körner,* Die angemessene Gegenleistung für Vorzugs- und Stammaktien nach dem WpÜG; *Rodewald/Sims,* Der Preis ist heiß – Zur Angemessenheit der Gegenleistung bei Übernahmeangeboten, ZIP 2002, 926; *Schulz,* Unternehmensübernahmen – Festsetzung der Gegenleistung, Teil 1 und Teil 2, M&A 2003, 114, 161; *Sustmann,* Contingent Value Rights als alternative Gegenleistung im Rahmen von öffentlichen Angeboten nach dem WpÜG, CFL 2011, 381; *Scheibenpflug/Tönningsen,* Interessenschutzklausel als acting in concert und Rechtsfolgen eines verspäteten Übernahmeangebots, BKR 2015, 140; *Tominski/Kuthe,* Ermittlung der Mindesthöhe bei Übernahmeangeboten in Zusammenhang mit Vorerwerben, BKR 2004, 10.

Übersicht

I. Gesetzeszweck

§ 31 regelt gemeinsam mit den auf Grundlage von § 31 Abs. 7 erlassenen §§ 3–7 WpÜG-AngV, welchen Grundsätzen die den Aktionären durch den Bieter bei einem Übernahmeangebot zu offerierende Gegenleistung genügen muss. Der Aktionär der Zielgesellschaft soll einen angemessenen Ausgleich für die Abgabe der Aktien an der Zielgesellschaft erhalten, wenn ein Bieter die Kontrolle an der Zielgesellschaft zu erlangen beabsichtigt oder bereits erlangt hat. Die für Übernahmeangebote vorgeschriebene Mindest-Gegenleistung gilt ebenfalls bei Pflichtangeboten nach §§ 35ff.[1] 1

II. Grundsatz

1. Angemessene Gegenleistung (Abs. 1)

§ 31 Abs. 1 sieht vor, dass den Aktionären der Zielgesellschaft eine angemessene Gegenleistung angeboten werden muss. Die Detailregelungen bleiben der auf Grundlage von § 31 Abs. 7 erlassenen WpÜG-AngV vorbehalten. Damit kann der Verordnungsgeber flexibler auf neue Erkenntnisse in der Auslegung und Handhabung des Gesetzes mit einer Änderung dieser Rechtsverordnung reagieren. 2

§ 31 Abs. 1 Satz 2 legt zunächst bestimmte Eckpunkte fest, an denen sich auch die ausfüllenden Regelungen der WpÜG-AngV auszurichten haben. Danach sind für die Bemessung der angemessenen Gegenleistung sowohl der durchschnittliche Börsenkurs der Aktien der Zielgesellschaft (sog. **Börsenpreisregel**) wie auch Erwerbe von Aktien der Zielgesellschaft durch den Bieter, mit ihm gemeinsam handelnder Personen oder deren Tochterunternehmen (sog. **Gleichpreisregel**) zu berücksichtigen. §§ 3–7 WpÜG-AngV ergänzen diese Vorgaben mit Einzelheiten zur Berechnung des Mindestwertes und der maßgeblichen Referenzperioden. 3

Die Regelung gilt sowohl für Übernahme- als auch Pflichtangebote (§ 39). Hieran ist kritisiert worden, dass eine Mindestpreisregelung für Übernahmeangebote nicht notwendig sei; der Bieter werde schon eine Gegenleistung, die über dem Börsenpreis liege, anbieten, um sein Angebot erfolgreich zu machen. Es obliege jedem Aktionär der Zielgesellschaft zu entscheiden, ob das Übernahmeangebot attraktiv ist.[2] Die Übernahmerichtlinie sieht in Art. 5 Abs. 4 einen Mindestpreis nur bei Pflichtangeboten vor. Der Gesetzgeber hat sich dagegen entschieden, die Mindestpreisregelung auf Pflichtangebote zu beschränken. Vermieden werden soll, dass der Bieter nach Kontrollerlangung durch das Übernahmeangebot erneut ein öffentliches Angebot, diesmal als Pflichtangebot durchführen und die Zielgesellschaft entgegen § 3 Abs. 3 belasten muss. Ein Übernahmeangebot mit einem Angebotspreis unterhalb der Mindestgegenleistung kann nicht befreiend wirken (§ 35 Abs. 3).[3] Damit erle- 4

[1] Kritisch zur Anwendung auch auf Übernahmeangebote *Houben* WM 2000, 1873, 1881; *Krause* NZG 2000, 905, 908.

[2] *Wackerbarth* in MüKoAktG, § 31 WpÜG Rn. 6ff.

[3] *Seibt/Heiser* AG 2006, 301, 309.

digen sich auch die Überlegungen zur Einführung weiterer Pflichtangebots-Schwellen zwischen 30 bis 50% („Creeping in").

5 In Zusammenhang mit der Umsetzung der Übernahmerichtlinie ist diskutiert worden,[4] ob in begründeten Einzelfällen **Abweichungen** von den durch das Gesetz und die WpÜG-AngV vorgeschriebenen Mindestwerten möglich sind. § 31 Abs. 1 verlange nämlich nur eine angemessene Gegenleistung. Dass die Gegenleistung immer mindestens dem Börsenkurs der Zielgesellschaft und dem Preis entsprechen muss, den der Bieter bei Vorerwerben gezahlt hat, ergibt sich daher aus § 31 Abs. 1 Satz 2 gerade nicht („grundsätzlich zu berücksichtigen"). Eine Ausnahmeregelung ist nicht Gesetz geworden, die Regelungen des § 4 WpÜG-AngV gelten ohne Ausnahme.[5]

6 Nach § 31 Abs. 7 wäre es auch möglich, in der WpÜG-AngV Abweichungen von dem in Abs. 1 Satz 2 geregelten Grundsatz aufzunehmen. Bisher hat die WpÜG-AngV hiervon keinen Gebrauch gemacht.

2. Art der Gegenleistung (Abs. 2)

7 Der Bieter hat den Aktionären grundsätzlich mindestens entweder eine Geldleistung oder eine Gegenleistung in liquiden, an einem organisierten Markt zugelassenen Aktien anzubieten.

8 **a) Geldleistung in Euro.** Sofern der Bieter eine Geldleistung als Gegenleistung für die Aktien der Zielgesellschaft anbieten will, muss dieser Geldbetrag in der Währung Euro vorgesehen sein. Hierdurch wird sichergestellt, dass der Aktionär nicht mit **Währungsrisiken** belastet wird, die beständen, wenn der Bieter die Gegenleistung auch in einer anderen Währung als Euro anbieten könnte.[6] Dagegen muss es sich nicht um eine fixe Summe handeln, sondern kann auch in einer auf Grund verschiedener Variablen zu errechnenden Summe ausgedrückt werden, was insbesondere bei Aktientauschangeboten die Attraktivität des Angebots bei Kursveränderungen wahren soll.[7] Zu beachten ist in solchen Fällen allerdings das aus § 11 Abs. 1 Satz 3 folgende Gebot der Verständlichkeit, welches der Komplexität von solchen Formeln Grenzen setzt. Außerdem muss die Berechnungsformel mindestens die erforderliche angemessene Gegenleistung (Abs. 1 Satz 2 iVm §§ 3ff. WpÜG-AngV) abbilden.

9 **b) Liquide Aktien mit Zulassung zu einem organisierten Markt.** Der Bieter kann anstelle einer Geldleistung liquide Aktien, die zum Handel an einem organisierten Markt zugelassen sind, als Gegenleistung anbieten. Dabei muss es sich nicht um Aktien des Bieters handeln. Es kommen auch Aktien anderer Gesellschaften in Betracht, die der Bieter als Gegenleistung zur Verfügung stellen möchte, etwa Aktien, die der Bieter im Handelsbestand hält, oder Aktien von (börsennotierten) Tochtergesellschaften. Andere Wert-

---

[4] *Seibt/Heiser* ZGR 2005, 200, 219.

[5] Siehe auch *Santelmann/Nestler* in Steinmeyer, § 31 Rn. 9.

[6] Vgl. BT-Drucks. 14/7034, 55.

[7] *Kremer/Oesterhaus* in KK-WpÜG, Anh. § 31 Rn. 11; *Riehmer/Schröder* BB 2001, Beilage 5; *Krause* in Assmann/Pötzsch/Schneider, § 31 Rn. 32.

papiere als Aktien, auch wenn sie an einem organisierten Markt zugelassen sind, können hingegen nicht als Pflichtgegenleistung angeboten werden. Soweit allerdings von ausländischen Bietern aus technischen Gründen (Lieferbarkeit, Abwicklung über Zentralverwahrer) aktienvertretende Zertifikate angeboten werden, dürfte dies im Hinblick auf die Anforderung aus Abs. 2 nicht zu beanstanden sein.

10 **aa) Liquide Aktien.** Dass die Gegenleistung in liquiden Aktien bestehen muss, soll dem Aktionär, der das Angebot annimmt, einen zeitnahen Ausstieg aus den als Gegenleistung angebotenen Aktien zu einem angemessenen Preis ermöglichen. Dem Aktionär soll die Möglichkeit offen stehen, die als Gegenleistung erhaltenen Aktien umgehend gegen einen Geldbetrag **zu veräußern.**[8] Nach dieser Zielvorstellung des Gesetzgebers wird auch der Begriff der liquiden Aktie beurteilt werden müssen.

11 Einen Anhaltspunkt bietet insofern zunächst § 5 Abs. 4 WpÜG-AngV.[9] Danach sind Börsenkurse dann nicht als maßgeblich für die Berechnung der Gegenleistung heranzuziehen, wenn an weniger als einem Drittel der Börsentage Kurse festgestellt wurden und mehrere nacheinander festgestellte Börsenkurse um mehr als 5% voneinander abweichen. In diesem Fall liegen auch für die Bestimmung der Art der Gegenleistung keine liquiden Aktien vor. Denn die mangelnde Liquidität der Vergangenheit legt nahe, dass insofern eine angemessene **Handelsmöglichkeit für die Aktien** auch nach dem Abschluss des Angebotsverfahrens nicht besteht, so dass auch der von dem Gesetzgeber gewünschte Schutz des einzelnen Aktionärs in diesen Fällen nicht sichergestellt ist.[10] Allerdings dürften die geringen Anforderungen, welche § 5 Abs. 4 an die Annahme von Liqidität stellt, kaum sicherstellen, dass ein Aktionär bei Verkauf der erhaltenen Tauschaktien die nötige Markttiefe für einen Verkauf findet.[11] Daher kann das Merkmal einer ausreichenden Liquidität nur im Einzelfall beurteilt werden.[12] Der Bieter kann deshalb die Beurteilung der Liquidität seitens der BaFin kaum vorhersehen.

12 In der Regel werden jedoch die als Gegenleistung auszugebenden Aktien aus einer noch durchzuführenden Sachkapitalerhöhung ausgegeben werden. Die Liquidität der als Gegenleistung angebotenen Aktien kann deshalb nicht nach dem bisherigen Handelsumsatz an einem organisierten Markt beurteilt werden. In diesem Fall wird die Liquidität der Aktie nur anhand einer Prognose unter Berücksichtigung der Kapitalerhöhung im höchstmöglichen Umfang beurteilt werden können. Nachteil ist, dass dann, wenn nur wenige Aktionäre das Angebot wahrnehmen und daher auch nur wenige Aktien

---

[8] Zu dieser Motivation siehe auch Stellungnahme der Schutzgemeinschaft der Kleinaktionäre zum Referentenentwurf, Ziff. 2; *Krause* NZG 2000, 905, 909; *Riehmer/Schröder* NZG 2000, 820, 822; *Riehmer/Schröder* BB 2001, Beilage 5, 11.

[9] So auch *Riehmer/Schröder* BB 2001, Beilage 5, 11; kritisch allerdings Stellungnahme des Handelsrechtsausschusses des DAV NZG 2001, 420, 428, da die an die Aktionäre der Zielgesellschaft auszugebenden Aktien die Liquidität signifikant erhöhen können.

[10] Kritisch zur Bezugnahme auf die Vergangenheit Stellungnahme des Handelsrechtsausschusses des DAV NZG 2001, 420, 428.

[11] Siehe auch *Kremer/Oesterhaus* in KK-WpÜG, § 31 Rn. 30.

[12] *Krause* in Assmann/Pötzsch/Schneider, § 31 Rn. 48.

ausgegeben werden, die Handelsliquidität nach wie vor niedrig sein kann. Auf die Liquidität der als Gegenleistung angebotenen Aktien analog § 5 Abs. 4 WpÜG-AngV vor Beginn des Angebots kann nicht in allen Fällen abgestellt werden, da dann Gesellschaften, die erst zum Zwecke der Durchführung eines Angebots ihre Aktien zu einem organisierten Handel zulassen, die Möglichkeit des Anbietens von Aktien verwehrt wäre. Soweit der Bieter bzw. der Emittent der angebotenen Aktien in einem EWR-Staat lediglich ein sog. **secondary listing** unterhält und sich die Umsätze regelmäßig an der Heimatbörse konzentrieren, werden die Handelsaktivitäten an der Heimatbörse entscheidend sein, denn die Börsenpreisfeststellung am Platz des secondary listing folgt üblicherweise der des Heimatmarkts und den Empfängern der Gegenleistung ist zumutbar, die Aktien, wenn notwendig, auch am Heimatmarkt zu veräußern.

13 **bb) Zulassung zum Handel an einem organisierten Markt.** Nur solche Aktien dürfen als Gegenleistung angeboten werden, die an einem organisierten Markt zugelassen sind. Begründet wird die Beschränkung auf Aktien, die an einem organisierten Markt zugelassen sind, damit, dass hierdurch dem Aktionär ein Mindestanlegerschutz gewährt wird. Nach Inkrafttreten der MarktmissbrauchsVO im Juli 2016 mit weitgehenden Veröffentlichungspflichten auch betreffend im Freiverkehr gehandelter Aktien dürfte dieses Argument nicht mehr gelten.

14 Der Wortlaut der Vorschrift hat im Vorfeld des Gesetzgebungsverfahrens Zweifel hervorgerufen, ob die Aktien bereits zu dem **Zeitpunkt** zugelassen sein müssen, in dem das Angebot abgegeben wird, oder es ausreichend ist, wenn die Aktien zum Zeitpunkt der Fälligkeit der Gegenleistung zugelassen sind. Die Gesetzesbegründung[13] hat insofern klargestellt, dass die Aktien spätestens zum Zeitpunkt der **Übereignung** an die Adressaten zum Handel zugelassen sein müssen.[14] Ob weitere Anforderungen schon zum Zeitpunkt der Angebotsabgabe erfüllt sein müssen (etwa Vorbereitung des Zulassungsantrages, Abstimmung mit den Börsen über Zulassungsmöglichkeit), lässt das Gesetz offen und wird daher nicht verlangt werden können. Jedenfalls dürfte es einem Bieter auch nicht unzumutbar sein, den Zulassungsantrag bereits vor Angebotsbeginn zu stellen.

15 Keine Regelungen trifft das Gesetz dazu, welche Folgen das **Scheitern der Zulassung** nach Abschluss des Angebotsverfahrens hervorruft. Dabei kann sich das Scheitern der Zulassung sowohl aus Vorgängen aus dem Einflussbereich des Bieters als auch aus dem Zulassungsverfahren ergeben. In diesem Fall ergeben sich die Rechte und Pflichten des Bieters und des Aktionärs nach Abschluss des Angebotsverfahrens aus den allgemeinen Regelungen des schuldrechtlichen Leistungsstörungsrechts, so dass der Bieter bei einem ihm zuzurechnenden Verschulden ggf. Schadensersatz wegen Nichterfüllung schulden kann. Die Berechnung des Schadens, die im konkreten Fall erhebliche Schwierigkeiten aufwerfen kann, weist keine Unterschiede zu der bei Schadensersatzansprüchen auf anderer Rechtsgrundlage auf. Allerdings sind

---

[13] Vgl. BT-Drucks. 14/7034, 55.

[14] So bereits *Krause* NZG 2000, 905, 909; *Krause* in Assmann/Pötzsch/Schneider, § 31 Rn. 54.

die Aktionäre der Zielgesellschaft, da es sich um kein Barangebot handelte, insoweit nicht mit einer Finanzierungsbestätigung (§ 13) geschützt.

cc) Erfordernis des Stimmrechts. Soweit das Angebot auf stimmberechtigte Aktien der Zielgesellschaft gerichtet ist, darf der Bieter gemäß § 31 Abs. 2 Satz 2 ebenfalls nur solche Aktien mit Stimmrecht anbieten. Der Aktionär soll nicht gezwungen sein, sein Stimmrecht aufzugeben. Dagegen steht es dem Bieter frei, Vorzugsaktionären auch stimmberechtigte Aktien anzubieten.[15] 16

(1) Ausübungshindernisse. Soweit das Stimmrecht der Aktien, die Gegenstand des Angebots sind, ruht (etwa bei eigenen Aktien der Zielgesellschaft), handelt es sich gleichwohl um stimmberechtigte Aktien. Denn nicht das Bestehen des Stimmrechts an sich ist berührt, sondern die oft nur zeitweilig eingeschränkte Ausübung desselben. 17

(2) Vorzugsaktien. Vorzugsaktien ohne Stimmrecht gewähren grundsätzlich kein Stimmrecht (vgl. § 140 Abs. 1 AktG); sobald aber das Stimmrecht der Vorzugsaktien wegen Nichtzahlung des Vorzugsbetrags gemäß § 140 Abs. 2 AktG auflebt, sind in diesem Fall den Vorzugsaktionären der Zielgesellschaft zwingend als Gegenleistung stimmberechtigte Aktien anzubieten.[16] 18

Werden während des Angebotsverfahrens die Vorzugsaktien in Stammaktien gewandelt oder entsteht das Stimmrecht bzw. entfällt es wieder infolge Nachzahlung des Dividendenvorzugs, muss es bei der von der BaFin mit der Billigung der Angebotsunterlage gestatteten Gegenleistung verbleiben. Anderenfalls müssten nachträglich Angebotsunterlage und auch Kapitalerhöhungsbeschlüsse geändert werden, was einerseits nicht verlangt und andererseits praktisch auch nicht durchführbar ist. 19

(3) Qualität der Stimmrechte. Das Gewicht des Stimmrechts des einzelnen Aktionärs in der Gesellschaft, deren Aktien als Gegenleistung angeboten werden, wird kaum jemals mit der Stimmrechtsmacht übereinstimmen, die der Aktionär in der Zielgesellschaft besessen hat. Über das Bestehen des Stimmrechts hinaus sind daher keine weiteren Anforderungen an das Stimmrecht zu stellen.[17] 20

dd) Kontrollierte Gesellschaft. Den Aktionären der Zielgesellschaft können zulässigerweise Aktien einer kontrollierten Gesellschaft zum Tausch angeboten werden.[18] Dass die angebotenen Aktien von einer kontrollierten Gesellschaft ausgegeben werden, ist in deren Börsenpreis regelmäßig reflektiert; anders ist dies hingegen bei dem Börsenpreis der Zielgesellschaft, die erstmals oder von einer anderen Person kontrolliert wird.[19] 21

c) Andere Gegenleistung. Der Wortlaut von § 31 Abs. 2 Satz 1 legt nahe, dass eine Gegenleistung ausschließlich in Euro oder in liquiden Aktien, die zum Handel an einem organisierten Markt zugelassen sind, bestehen darf. Die Geset- 22

---

[15] Gesetzesbegründung, BT-Drucks. 14/7034, 55; *Kremer/Oesterhaus* in KK-WpÜG, § 31 Rn. 35.

[16] AA *Kremer/Oesterhaus* in KK-WpÜG, § 31 Rn. 34.

[17] *Kremer/Oesterhaus* in KK-WpÜG, § 31 Rn. 36.

[18] AA *Wackerbarth* in MüKoAktG, § 31 WpÜG Rn. 62.

[19] *Krause* in Assmann/Pötzsch/Schneider, § 31 Rn. 45; *Marsch-Barner* in Baums/Thoma, § 31 Rn. 65; *Süßmann* WM 2003, 1449, 1455.

zesbegründung hat klargestellt,[20] dass der Bieter nicht gehindert ist, dem Aktionär daneben eine andere Gegenleistung anzubieten. Dem Schutzzweck des § 31 Abs. 2 ist Genüge getan, wenn der Aktionär die Wahl zwischen mehreren Gegenleistungen hat, von denen wenigstens eine in Geld (Euro) oder liquiden Aktien besteht. Wird dieser Mindestschutz des Aktionärs erreicht, ist der Bieter darüber hinaus frei, weitere Gegenleistungen wahlweise anzubieten.[21]

23 In Betracht kommen hier etwa Geldleistungen in einer anderen Währung als Euro oder Schuldverschreibungen oder nicht an organisierten Märkten zugelassene Aktien. Der Aktionär ist insoweit nicht schutzbedürftig, da er die Möglichkeit hat, seine Aktien im Tausch gegen eine der gesetzlich vorgesehenen Pflichtgegenleistungen abzugeben. Das zusätzliche und alternative Angebot anderer Gegenleistungen stellt für den Aktionär eine Verbesserung dar, da er zusätzliche Wahlmöglichkeiten erhält. Erforderlich dürfte allerdings sein, dass der Bieter in der Angebotsunterlage klar darauf hinweist, welche die vom Gesetz geforderte Pflichtgegenleistung ist.

24 Dazu, ob bei solchen anderen Gegenleistungen auch **Abweichungen von dem Mindestwert** nach § 31 Abs. 1 iVm §§ 3ff. WpÜG-AngV möglich sein sollen, schweigt die Gesetzesbegründung. Es sprechen gute Gründe dafür, für solche alternativ neben den Pflichtgegenleistungen angebotenen anderen Gegenleistungen keinen Mindestwert zu verlangen. Folgt man dem Gesetzgeber mit dem Ansatz, dass der Aktionär ausreichend über die Möglichkeit der Wahl einer Pflichtgegenleistung geschützt ist, lässt sich nur schwer begründen, warum jede andere Gegenleistung auch diesen Mindestwert erreichen muss. Denn auch bei Nichterreichen des Mindestwertes durch die andere Gegenleistung kann der Aktionär durch Wahl der Pflichtgegenleistung das vom Gesetz beabsichtigte Schutzniveau erreichen. Wesentlich ist dabei, dass der Aktionär über die unterschiedliche Qualität der Gegenleistungen angemessen informiert ist. Allerdings ist festzustellen, dass zumindest nach der systematischen Stellung von § 31 Abs. 1 das Erfordernis der Angemessenheit insgesamt für alle Gegenleistungen bei Übernahme- und Pflichtangeboten zu gelten hat, also auch für die neben den Pflichtgegenleistungen angebotenen. Anders als bei der Wahl der möglichen Gegenleistung hat der Gesetzgeber zur Höhe nicht angedeutet, dass insofern andere Gegenleistungen nicht den Mindestwert erreichen müssen.

25 **d) Kombinationsangebote.** Darüber hinaus zulässig sind auch sog. Kombinationsangebote, in der die Gegenleistung eine Barkomponente sowie eine Aktienkomponente besitzt. Dies ergibt sich zwar nicht ausdrücklich aus dem Gesetz oder der Gesetzesbegründung, jedoch aus dem vom Gesetzgeber angenommenen ausreichenden Schutz des Aktionärs bei Bar- und Tauschangeboten.[22]

26 Auch in diesem Fall ist aber erforderlich, dass die Barkomponente in Euro besteht und die Aktienkomponente durch an einem organisierten Markt

---

[20] BT-Drucks. 14/7034, 55.

[21] Ebenso *Thaeter/Barth* NZG 2001, 547; *Liebscher* ZIP 2001, 864 sowie schon *Land/Hasselbach* DB 2000, 1745, 1750 und *Pötzsch/Möller* WM Sonderbeilage 2/2000, S. 23 zum Diskussionsentwurf.

[22] So auch *Thaeter/Barth* NZG 2001, 545, 547.

zugelassene, liquide Aktien. Eine **Kombination anderer Komponenten** einer Gegenleistung ist nur dann zulässig, wenn der Aktionär zumindest ausschließlich in eine Gegenleistung tauschen kann, die nur aus Pflichtgegenleistungen besteht. Nicht beschränkt wird dadurch die Möglichkeit des Bieters, auch im Übrigen Kombinationen von Gegenleistungen zu Paketen zu schnüren, die mit entsprechenden Wahlrechten der Aktionäre verbunden sein können.[23] Dass sich Contingent Value Rights[24] durchsetzen werden, erscheint angesichts deren Komplexität und zwingenden Börsenzulassung unwahrscheinlich.

3. Folgen eines Verstoßes

Verstößt der Bieter offensichtlich gegen die Pflicht, eine Gegenleistung in einer der vorgeschriebenen Formen anzubieten, hat die BaFin das Angebot nach § 15 Abs. 1 Nr. 2 zu untersagen. 27

III. Pflicht zur Geldleistung (Abs. 3)

Der Gesetzgeber sieht in § 31 Abs. 3 für bestimmte Fälle vor, dass der Bieter den Aktionären der Zielgesellschaft eine Geldleistung in Euro anzubieten hat, wenn der Bieter oder mit ihm gemeinsam handelnde Personen oder deren Tochterunternehmen in zeitlicher Nähe vor dem Übernahme- oder Pflichtangebot (sog. **Vorerwerbe**) oder während des Angebotsverfahrens (sog. **Parallelerwerbe**) Aktien der Zielgesellschaft gegen Geld erwerben. Dies ist Ausfluss des Gleichbehandlungsgrundsatzes.[25] 28

Der Bieter hat in solchen Fällen zumindest wahlweise ein Barangebot zu machen; keinesfalls ist in diesen Fällen **ausschließlich ein Barangebot** erforderlich.[26] Dies ergibt sich weder aus dem Wortlaut noch ist dies im Hinblick auf die beabsichtigte Schutzbedürftigkeit des Aktionärs erforderlich. Denn es ist nicht ersichtlich, warum dem Bieter nicht zusätzlich offen stehen soll, ein Tauschangebot abzugeben. Der Aktionär wird hierdurch nicht benachteiligt, da er, sofern er das Barangebot für attraktiver hält, dieses annehmen kann. 29

Der Bieter ist verpflichtet, den Aktionären eine Geldleistung in Euro anzubieten, wenn er oder mit ihm gemeinsam handelnde Personen oder deren Tochterunternehmen in einem Zeitraum beginnend sechs Monate vor der Veröffentlichung der Entscheidung zur Abgabe eines Angebots und endend mit Ablauf der Annahmefrist insgesamt mindestens 5 % der Aktien oder Stimmrechte an der Zielgesellschaft gegen Zahlung einer Geldleistung erworben haben. Der Erwerb gegen eine geldähnliche Leistung, etwa gegen Übertragung einer Geldforderung, steht dem Erwerb gegen eine Geldleistung gleich.[27] 30

---

[23] Sog. Mix and Match Option, vgl. *Riehmer/Schröder* BB 2001, Beilage 5, 5; *Krause* in Assmann/Pötzsch/Schneider, § 31 Rn. 64.

[24] Hierzu *Gei/Kiesewetter* AG 2012, 741, 742; *Sustmann* CFl 2011, 381.

[25] Vgl. BT-Drucks. 14/7034, 55; *Pötzsch/Möller* WM Sonderbeilage 2/2000, S. 23.

[26] So aber *Land* DB 2001, 1707, 1710; *Riehmer/Schröder* BB 2001, Beilage 5, 11. „ausschließlich eine Gegenleistung in Euro zulässig".

[27] *Kremer/Oesterhaus* in KK-WpÜG, § 31 Rn. 55; *Marsch-Barner* in Baums/Thoma, § 31 Rn. 84.

1. Maßgeblichkeitsschwelle: 5 % der Aktien oder Stimmrechte

31 Voraussetzung für die Pflicht zum Angebot einer Geldleistung in Euro ist der Erwerb von mindestens 5 % der Aktien oder 5 % der Stimmrechte an der Zielgesellschaft. Damit ist sowohl der Erwerb von Stamm- als auch von Vorzugsaktien erfasst.

2. Kapitalveränderungen innerhalb des maßgeblichen Zeitraums

32 Innerhalb des Zeitraums des § 31 Abs. 3 kann sich das Grundkapital der Zielgesellschaft durch Kapitalerhöhungen oder Kapitalherabsetzungen verändern. Dies kann dazu führen, dass auch der Anteil der durch den Bieter erworbenen Aktien bzw. Stimmrechte die 5 %-Schwelle zeitweise über- oder zeitweise unterschreitet. Eine Regelung, auf welchen Zeitpunkt für die Beurteilung des Erreichens der 5 %-Schwelle abzustellen ist, ergibt sich aus dem Gesetz nicht. Entscheidend muss der **Zeitpunkt des jeweiligen Erwerbs** sein, zu diesem muss der Bieter davon ausgehen, dass er später eine Gegenleistung in bar zwingend anbieten muss. Danach folgende Kapitalerhöhungen sollen den Bieter nicht entlasten, Kapitalherabsetzungen anderseits aber auch nicht belasten, da die Intention des Bieters zum Erwerbszeitpunkt eben das Vermeiden der Pflicht der Bargegenleistung war.

33 Allerdings wird diese Abgrenzung praktisch oft bereits dadurch obsolet, dass der Bieter mit dem Vorerwerb und der daraus folgenden Offenlegungspflicht ab einer Beteiligung in Höhe von 3 % (§ 21 Abs. 1 WpHG) in vielen Fällen bereits einen **Gesamtplan zur Übernahme** der Zielgesellschaft verfolgt und er daher ggfs. bei den auf Erwerb der Kontrolle gerichteten Vorbereitungsmaßnahmen verpflichtet ist, die Entscheidung zur Abgabe des Angebots zu veröffentlichen. Der maßgebliche Zeitpunkt wird daher weit vorverlegt.[28]

34 Die **weitere Annahmefrist** selbst ist nicht Teil der Annahmefrist. Daher führen Erwerbe während der weiteren Annahmefrist nicht zur Pflicht, das Angebot entsprechend § 31 Abs. 3 um eine Geldleistung nachzubessern.

3. Erwerb

35 Die Anwendung von § 31 Abs. 3 sowohl bei Vor- als auch bei Parallelerwerben setzt voraus, dass der Bieter, mit ihm gemeinsam handelnde Personen oder deren Tochterunternehmen die Aktien oder Stimmrechte während der jeweiligen Referenzperiode erworben haben. Nach dem Gesetz ist der Begriff des Erwerbs grundsätzlich im engen Sinne des Eigentumserwerbs, dh des dinglichen Erfüllungsgeschäfts zu verstehen.[29] Zusätzlich sieht in den Fällen des Parallelerwerbs und des Vorerwerbs § 31 Abs. 6 vor, dass auch bestimmte **schuldrechtliche Verpflichtungsgeschäfte** dem Erwerb gleichgestellt werden. Regelmäßig sind daher auch Options- und Termingeschäfte sowie Verpflichtungsgeschäfte mit herausgeschobenem Erfüllungszeitpunkt umfasst und lösen daher die Geldleistungspflicht aus.

---

[28] Zu weitgehend daher die Befürchtungen von *Oechsler* NZG 2001, 817, 825.
[29] Vgl. Gesetzesbegründung, BT-Drucks. 14/7034, 54.

4. Gegen Zahlung einer Geldleistung

36 Wesentlicher Beweggrund für die Pflicht zur Geldleistung ist der Gleichbehandlungsgrundsatz. Voraussetzung des § 31 Abs. 3 ist daher, dass der Erwerb gegen Zahlung einer Geldleistung stattfindet. In Übereinstimmung mit den Grundsätzen des § 31 Abs. 6 sind daher auch die Fälle erfasst, in denen die **Zahlung noch nicht geleistet** ist. Andernfalls könnte der Bieter durch ein bloßes Herausschieben der Fälligkeit der Geldleistung die Anwendbarkeit des § 31 Abs. 3 umgehen. Der Wortlaut („Zahlung einer Geldleistung") könnte zwar durchaus, insbesondere unter Berücksichtigung des Wortlauts von § 31 Abs. 4 („gewährt oder vereinbart") eine andere Auslegung nahe legen, würde aber den durch § 31 Abs. 3 und Abs. 6 beabsichtigten Schutzzweck unberücksichtigt lassen.

37 **a) Geldleistung.** Gewährt der Bieter im Rahmen des Vor- oder Parallelerwerbs zusätzlich zu einer Geldleistung auch Sachleistungen (Kombinationsgegenleistung), dürfte der Bieter auch in diesem Fall im Rahmen des Angebots zwingend eine Geldleistung gewähren müssen.[30] Denn der Bieter hat die Aktien zumindest auch gegen eine Geldleistung erworben. Zwar wäre es unter dem Gesichtspunkt des Gleichbehandlungsgebotes der Aktionäre auch vorstellbar, dass sich die Geldleistungspflicht nicht über die Reichweite des Vor- oder Parallelerwerbs hinaus erstreckt, mit anderen Worten, der Bieter auch in diesen Fällen aus § 31 Abs. 3 nur verpflichtet ist, ein Kombinationsangebot aus einer Sach- und einer Geldleistung zu machen. Der Wortlaut von § 31 Abs. 3 dürfte insoweit allerdings keine einschränkende Auslegung zulassen.

38 **b) Wahlrecht hinsichtlich der Gegenleistung.** Der Vor- oder Parallelerwerb kann im Einzelfall so ausgestaltet sein, dass zum Zeitpunkt des Ablaufs der Annahmefrist die Art der zu leistenden Gegenleistung noch gar nicht feststeht, da einer der Vertragsparteien ein entsprechendes Wahlrecht eingeräumt ist. Ist ein solches Wahlrecht innerhalb der Annahmefrist **ausgeübt,** ist die Wahl auch für die Frage maßgebend, ob Aktien gegen eine Geldleistung erworben wurden.

39 Ist die Wahl dagegen im Hinblick auf die Art der Gegenleistung des Parallel- oder Vorerwerbs **noch nicht getroffen,** ist fraglich, ob auch in diesem Fall die Pflicht des Bieters zum Angebot einer Geldleistung besteht. Zum einen ist denkbar, dass man diese Pflicht davon abhängig macht, ob letztlich tatsächlich die Geldgegenleistung gewählt wird. Dagegen könnte eingewandt werden, dass die Ermittlung der maßgeblichen Gegenleistung dann mit einer längerfristigen Unsicherheit behaftet ist. Statt dessen ist auch möglich, dem Bieter grundsätzlich eine Geldgegenleistung aufzuerlegen, sofern eine der Parteien überhaupt als Gegenleistung einen Geldbetrag wählen kann. In diesen Fällen müsste der Bieter auch dann eine Geldgegenleistung gewähren, wenn letztendlich die tatsächlich gewährte Gegenleistung aus dem Vor- oder Parallelerwerb nicht in einer solchen bestand.

40 Sachgerecht ist es in solchen Fällen, dass der Bieter eine Geldgegenleistung im Rahmen des Angebots jedenfalls dann anbieten muss, wenn die andere

[30] *Santelmann/Nestler* in Steinmeyer, § 31 Rn. 77; *Wackerbarth* in MüKoAktG, § 31 WpÜG Rn. 68; aA *Kremer/Oesterhaus* in KK-WpÜG, § 31 Rn. 56.

Vertragspartei aus dem Vor- oder Parallelerwerb das Wahlrecht besitzt. Dem von § 31 Abs. 3 angestrebten Gleichbehandlungsgrundsatz ist insofern genügt, da der innerhalb des Angebots seine Aktien abgebende Aktionär nicht schlechter steht als derjenige, der seine Aktien außerhalb des Angebots veräußert hat. Beide können dann die Geldgegenleistung wählen.

5. Rechtsfolge

41 Rechtsfolge eines entsprechenden Erwerbs ist, dass der Bieter in der Angebotsunterlage eine Geldleistung in Euro anbieten bzw. – nach Veröffentlichung der Angebotsunterlage – sein Angebot ändern und er ergänzend zu der bisher angebotenen Gegenleistung auch eine Geldleistung in Euro anbieten muss. Das Angebot ändert sich nicht automatisch in eines mit einer zumindest zusätzlichen Bargegenleistung, wie dies sonst (Abs. 4) der Fall wäre.[31] Das Angebot ist unverzüglich zu ändern. Da die Änderung des Angebots denjenigen Aktionären, die das ursprüngliche Tauschangebot des Bieters bereits angenommen haben, ein Rücktrittsrecht schafft, steht mit Veröffentlichung der Änderung sämtlichen Aktionären die vom Gleichbehandlungsgrundsatz angestrebte Möglichkeit zu, die nunmehr angebotene Geldleistung anzunehmen.

42 Da keine automatische Angebotsänderung eintritt, muss der Bieter sein Angebot gemäß § 21 ändern und hierzu eine **Finanzierungsbestätigung** nach § 13 Abs. 1 beibringen (§ 21 Abs. 3).[32] Dies ist sachgerecht, da anders als bei einem Nachbesserungsanspruch aufgrund von Parallel- oder Nacherwerben die Aktionäre der Zielgesellschaft hinsichtlich der gesamten Höhe der Gegenleistung geschützt werden müssen. Dies kann dazu führen, dass der Bieter auch unvorteilhafte Konditionen eines Kreditinstituts für den Erhalt der Finanzierungsbestätigung akzeptieren muss.

43 Problematisch ist das Erfordernis der Angebotsänderung, wenn der **Parallelerwerb kurz vor Ablauf der Annahmefrist** stattfindet. Denn in diesem Fall hat der Bieter uU gar keine Möglichkeit mehr, die Angebotsänderung rechtzeitig vor Ablauf der Annahmefrist zu veröffentlichen. Das Gesetz regelt solche Fälle nicht. Mit der in § 21 Abs. 5 zum Ausdruck kommenden Wertung, dass dem Wertpapierinhaber mindestens zwei Wochen Zeit zur Überlegung bei einer Änderung des Angebots zustehen muss, dürfte der Bieter in diesen Fällen berechtigt und verpflichtet sein, sämtlichen Aktionären die Übernahme ihrer Aktien auch gegen eine Geldleistung anzubieten. Eine analoge Anwendung der Änderungsvorschriften auch nach Ablauf der Annahmefrist ist daher in diesem besonderen Fall sachgerecht.[33] Hingegen kann aus dieser Unzulänglichkeit des Gesetzes keine Erwerbssperre wenige Tage vor Ablauf der Annahmefrist entstehen.[34]

---

[31] *Marsch-Barner* in Baums/Thoma, § 31 Rn. 101.

[32] *Marsch-Barner* in Baums/Thoma, § 31 Rn. 101; dazu auch *Oechsler* NZG 2001, 817, 826.

[33] Ebenso *Marsch-Barner* in Baums/Thoma, § 31 Rn. 101.

[34] *Wackerbarth* in MüKoAktG, § 31 WpÜG Rn. 73, die von *Wackerbarth* befürchtete Missbrauchsgefahr besteht nicht, da einfachere Möglichkeiten der Angebotsänderung mit der automatischen Fristverlängerung bestehen.

IV. Nachbesserung der Gegenleistung bei Parallel- und Nacherwerben

44 § 31 Abs. 4 und Abs. 5 sehen als Ausfluss des Gleichbehandlungsgebots vor, dass das Gewähren einer höheren Vergütung außerhalb des Angebotsverfahrens auch den übrigen Aktionären zugutekommen soll. Dies betrifft zum einen Erwerbe des Bieters, mit ihm gemeinsam handelnder Personen oder deren Tochterunternehmen in der Zeit nach Veröffentlichung der Angebotsunterlage bis zur Veröffentlichung des Ergebnisses nach § 23 Abs. 1 Satz 1 Nr. 2 **(Parallelerwerbe)** sowie außerbörsliche Erwerbe innerhalb eines Jahres nach der Veröffentlichung gemäß § 23 Abs. 1 Satz 1 Nr. 2 **(Nacherwerbe).**

1. Nachbesserung bei Parallelerwerben (Abs. 4)

45 **a) Maßgebliche Parallelerwerbe.** Voraussetzung für die Erhöhung der Gegenleistung nach § 31 Abs. 4 ist, dass der Bieter, mit ihm gemeinsam handelnde Personen oder deren Tochterunternehmen Aktien der Zielgesellschaft in dem Zeitraum zwischen der Veröffentlichung der Angebotsunterlage und der Veröffentlichung des Ergebnisses des Übernahmeangebots gemäß § 23 Abs. 1 Satz 1 Nr. 2 erwerben. Zu beachten ist, dass die maßgebliche Frist für die Bestimmung der in Abs. 4 erfassten Parallelerwerbe zeitlich nicht identisch mit dem von § 31 Abs. 3 erfassten Parallelerwerb ist, da letztere Frist mit Ablauf der Annahmefrist, diese jedoch mit Veröffentlichung des Ergebnisses einige Tage nach Ablauf der Annahmefrist endet.

46 Die in Abs. 4 für die Bestimmung der Referenzperiode maßgeblichen Veröffentlichungszeitpunkte können Fragen aufwerfen, wenn die verlangte Veröffentlichung im Internet und im Bundesanzeiger nicht am gleichen Tag stattfinden. Maßgeblicher Zeitpunkt ist die jeweils spätere Veröffentlichung in einer der beiden Medien.

47 Während für Vor- und Nacherwerbe verschiedentlich gefordert wird, die Maßgeblichkeit der Gegenleistung auch für das Übernahmeangebot von einer gewissen **Bagatellschwelle** abhängig zu machen, wird dies für die Parallelerwerbe regelmäßig nicht verlangt.[35]

48 **b) Höhere Gegenleistung.** Im Rahmen des Parallelerwerbs muss weiter eine wertmäßig höhere als die im Angebot genannte Gegenleistung gewährt oder vereinbart sein. Wie der ausdrückliche Wortlaut des § 31 Abs. 4 zeigt, muss die Gegenleistung noch nicht erbracht sein, sondern die Vereinbarung der Leistung einer höheren Gegenleistung reicht aus, um einen entsprechend qualifizierten Parallelerwerb anzunehmen (ebenso für die Fälle des § 31 Abs. 5). Ist die Vergütung aus dem Parallelerwerb noch nicht geleistet, sondern dies etwa zu einem deutlich in der Zukunft liegenden Zeitpunkt vereinbart (Termingeschäft), lässt sich dem Gesetz nicht entnehmen, ob der maßgebliche Betrag auf den Zeitpunkt der Fälligkeit der Gegenleistung aus dem Angebot **abzuzinsen** ist.[36] Hierfür spricht, dass das Gleichbehandlungs-

[35] So etwa Stellungnahme des Handelsrechtsausschusses des DAV NZG 2001, 420, 428; Standpunkte der BSK, S. 19; vgl. hierzu auch *Oechsler* NZG 2001, 817, 825.

[36] *Kremer/Oesterhaus* in KK-WpÜG, § 31 Rn. 69.

gebot, wie auch der Wortlaut von § 31 Abs. 4 zum Ausdruck bringt, auf den Wert der jeweiligen Gegenleistung abstellt und nicht auf die absolute Höhe. Der Aktionär, der im Rahmen des Angebots seine Aktien abgibt, würde ohne eine Abzinsung dagegen eine wertmäßig höhere Gegenleistung erhalten. Dies ist vom Gesetz gerade nicht gewollt. Andererseits könnte Streit über den Abzinsungsfaktor entstehen.

49 Wenn die Berechnung der Gegenleistung aus dem Parallelerwerb von **zukünftigen Berechnungsparametern** abhängig ist, etwa der Aktienkursentwicklung von vergleichbaren Unternehmen oder der Entwicklung von branchenspezifischen Aktienindizes, wird der maßgebliche Wert der Gegenleistung zum Zeitpunkt der Beendigung des Angebotsverfahrens regelmäßig noch nicht feststehen. Daher kann bei solchen Konstellationen der Unterschiedsbetrag erst dann fällig werden, sobald feststeht, dass und in welchem Umfang die im Rahmen des Parallelerwerbs vereinbarte Vergütung tatsächlich über der Gegenleistung aus dem Angebot liegt.

50 **c) Rechtsfolge.** Rechtsfolge eines solchen qualifizierten Erwerbs ist, dass sich die Gegenleistung „wertmäßig um den Unterschiedsbetrag" erhöht. Diese Rechtsfolge tritt **kraft Gesetzes** ein („erhöht sich ... die Gegenleistung"), ohne dass hierfür eine Veröffentlichung seitens des Bieters erforderlich ist. Der Aktionär erwirbt daher unmittelbar einen Anspruch auf die höhere Gegenleistung, den er bei Annahme des Angebots ggf. gerichtlich geltend machen kann. Eine ausdrückliche Änderung des Angebots durch den Bieter ist demgegenüber nicht verlangt.[37] Die **Pflicht zur Veröffentlichung** von Parallelerwerben folgt aus § 23 Abs. 2.

51 Da sich die Gegenleistung kraft Gesetzes erhöht, entfällt die Pflicht zur Einholung einer weiteren Finanzierungsbestätigung, wie sie hingegen bei einer Angebotsänderung erforderlich wäre. Die Rechtsfolge tritt auch ein, wenn der Bieter seine Gegenleistung nach einer Angebotsänderung in den beiden letzten Wochen der verlängerten Annahmefrist nicht mehr ändern kann (§ 21 Abs. 6). Der Aktionär hat in diesem Fall auch kein Rücktrittsrecht, etwa um ein konkurrierendes Angebot anzunehmen.[38]

2. Nachbesserung bei Nacherwerben (Abs. 5)

52 Auch bei Nacherwerben sollen die Aktionäre, die das Angebot des Bieters angenommen haben, an Steigerungen der vom Bieter gezahlten oder vereinbarten Gegenleistung partizipieren. Voraussetzung für eine Nachbesserung der Vergütung ist der außerbörsliche Erwerb von Aktien der Zielgesellschaft für eine wertmäßig höhere als die im Angebot genannte Gegenleistung innerhalb eines Jahres nach der Veröffentlichung des Ergebnisses gem. § 23 Abs. 1 Satz 1 Nr. 2. **Außerbörsliche Geschäfte zum Börsenpreis** stehen dem börslichen Geschäft gleich, da es Zufall sein kann, ob Aktien an der Börse oder außerbörslich erworben werden, und verpflichten daher nicht zur

---

[37] So auch *Oechsler* NZG 2001, 817, 825; *Kremer/Oesterhaus* in KK-WpÜG, § 31 Rn. 76.

[38] Zu diesen Fallkonstellationen *Rothenfußer/Friese-Dormann/Rieger* AG 2007, 137, 151.

Nachbesserung.[39] Bei Berechnung des Nachbesserungsbetrags sind zwischenzeitliche Änderungen der Aktienanzahl der Zielgesellschaft wie etwa die Ausgabe neuer Aktien aus einer Kapitalerhöhung aus Gesellschaftsmitteln oder Aktiensplits zu berücksichtigen.[40]

a) Maßgebliche Nacherwerbe. Nur solche Nacherwerbe fallen in den Anwendungsbereich des § 31 Abs. 5, die innerhalb eines Jahres nach Veröffentlichung des Ergebnisses nach § 23 Abs. 1 Satz 1 Nr. 2, also der Veröffentlichung über die Anzahl der angedienten Aktien nach Ende der Annahmefrist, nicht jedoch der weiteren Annahmefrist, getätigt werden. Maßgeblich sind nur außerbörsliche Geschäfte. Die Beschränkung auf außerbörsliche Erwerbe soll eine übermäßige Einschränkung der Handlungsmöglichkeiten des Bieters nach Abschluss des Angebotsverfahrens vermeiden.[41] Zudem kann jeder Aktionär zu diesem vom Bieter bezahlten Preis auch an der Börse verkaufen. Das Ende der Frist berechnet sich nach § 188 Abs. 2 Alt. 1 BGB. **53**

Die Pflicht zur Nachbesserung der Gegenleistung bei Nacherwerben tritt bereits mit Erwerb einer einzelnen Aktie ein. Eine **Bagatellschwelle** sieht das Gesetz nicht vor. Dies kann erhebliche Folgen haben, wenn etwa eine Tochtergesellschaft des Bieters oder eine mit dem Bieter gemeinsam handelnde Person einige wenige Aktien zu einem höheren Preis erwirbt. Ein Bieter wird daher gehalten sein, konzernweit Erwerbsverbote anzuordnen und seine gemeinsam handelnden Personen, damit auch alle Schwestergesellschaften (§ 2 Abs. 5 Satz 3), entsprechend anzuweisen. **54**

b) Immanente Beschränkung: Erfolg des Übernahmeangebots. Die Nachbesserungspflichten des § 31 Abs. 4 und Abs. 5 setzen grundsätzlich einen bestehenden oder zu erfüllenden Anspruch des Aktionärs auf eine Gegenleistung voraus, was bei einem aufgrund fehlenden Bedingungseintritts gescheiterten Übernahmeangebot nicht der Fall ist. Anders ist es, wenn der Bieter das Übernahmeangebot durchführt, aber nicht die Kontrollschwelle erreicht. Auch wenn die Veröffentlichungspflicht des § 23 Abs. 2, die zur Sicherung der Nachbesserungsansprüche vorgesehen sind, zusätzlich erfordert, dass der Bieter die **Kontrolle über die Zielgesellschaft erlangt** hat, ist nach dem klaren Regelung des § 31 Abs. 5 der Bieter zu einer Nachbesserung auch dann verpflichtet, wenn mit dem Angebot zwar die Kontrolle verfehlt, das Angebot aber gleichwohl verbindlich wird. Zwar ließe sich dagegen einwenden, dass der Bieter auch bei einem bloßen Teilangebot keinen Nachbesserungspflichten unterliegt und der Bieter daher bei einem Übernahmeangebot, welches nur zu einer Beteiligungsquote von weniger als 30% führt, nicht schlechter stehen solle. Allerdings ist das Vertrauen des Aktionärs, der seine Aktien im Rahmen eines Übernahmeangebots abgibt, schutzwürdig, auch wenn die Kontrollschwelle letztendlich nicht erreicht wird. In Übereinstimmung mit der Gesetzesbegründung zu § 31[42] bestehen daher die Nach- **55**

---

[39] Ebenso für die teleologische Reduktion *Santelmann/Nestler* in Steinmeyer, § 31 Rn. 95; *Kremer/Oesterhaus* in KK-WpÜG, § 31 Rn. 90.

[40] *Kremer/Oesterhaus* in KK-WpÜG, § 31 Rn. 87; *Krause* in Assmann/Pötzsch/Schneider, § 31 Rn. 140.

[41] Vgl. BT-Drucks. 14/477, 69.

[42] BT-Drucks. 14/7034, 56.

besserungspflichten des Bieters auch bei einem Übernahmeangebot, welches zwar wirksam wird, aber nicht zu einem Kontrollerwerb führt.

56 **c) Rechtsfolge.** Liegt ein entsprechend qualifizierter Nacherwerb vor, hat der Bieter den Aktionären, die das Übernahmeangebot angenommen hatten, eine Geldleistung in Euro in Höhe des Unterschiedsbetrages zu gewähren, unabhängig davon, ob das Angebot während der Annahmefrist oder während der weiteren Annahmefrist angenommen wurde. Jedoch eröffnet ein Nacherwerb den Aktionären, die das Angebot nicht angenommen hatten, nicht noch einmal die Gelegenheit zur Annahme des Angebots, etwa weil die Aktionäre dann den aufgrund Nacherwerbs erhöhten Angebotspreis für angemessen erachten.[43]

57 Kritisiert wird, dass auch bei nachträglichen Tauscherwerben die Nachbesserung **zwingend in einer Geldleistung** bestehen müsse.[44] Der Gleichbehandlungsgrundsatz erfordert hingegen eine solche Bevorzugung der im Rahmen des Angebotsverfahrens ausscheidenden Aktionäre nicht. Daher wäre es auch möglich gewesen, dem Bieter zumindest ein Wahlrecht einzuräumen.[45] Der Gesetzgeber hat sich jedoch dagegen entschieden.

58 Der Zahlungsanspruch ist, ohne dass das Gesetz dies näher ausführt, mit dem Abschluss des Erwerbs oder der erwerbsgleichen Vereinbarung zur **Zahlung fällig.** Es kommt nicht darauf an, wann die Gegenleistung aus dem Nacherwerb fällig ist, da der Nachbesserungsanspruch bereits besteht, sobald der Nacherwerb mit der höheren Gegenleistung vereinbart ist („Gegenleistung gewährt oder vereinbart", vgl. auch § 271 BGB).

59 Ist die Höhe der Gegenleistung aus dem Nacherwerb dagegen **noch nicht feststellbar,** etwa weil diese aufgrund zukünftiger Aktienkurse oder Indizes berechnet wird oder Besserungsscheine Bestandteil der Gegenleistung sind, und somit auch noch unsicher ist, ob überhaupt eine wertmäßig höhere Vergütung vorliegt, tritt die Fälligkeit des Nachbesserungsanspruchs erst mit Feststehen der Höhe der Gegenleistung ein. Da zudem für die Wertberechnung die Gegenleistung abzuzinsen ist, steht der Aktionär jedenfalls nicht schlechter als der Vertragspartner des Bieters beim Nacherwerb.

60 **d) Ausschluss: Konzernrechtliche Umstrukturierungen (Satz 2).** Die Pflicht zur Nachbesserung bei Nacherwerben gilt dann nicht, wenn der Erwerb von Aktien im Zusammenhang mit einer gesetzlichen Verpflichtung zur Gewährung einer Abfindung an Aktionäre der Zielgesellschaft und für den Erwerb des Vermögens oder von Teilen des Vermögens der Zielgesellschaft aufgrund Verschmelzung, Spaltung oder Vermögensübertragung steht. Gemeint sind hierbei insbesondere die Abfindungspflichten nach § 305 AktG bei Beherrschungs- und Gewinnabführungsverträgen, § 320b AktG bei Eingliederungen, § 327a AktG bei einem Squeeze-out wie auch Fälle der Anteilsgewährung oder Barabfindung bei Verschmelzungen (vgl. § 29 UmwG), Spaltungen (§§ 125, 29 UmwG) oder als Gegenleistung bei Vermögensübertragungen (§§ 176, 29 UmwG) sowie der Barabfindung beim Formwechsel

[43] AA mit diesem Argument *Wackerbarth* in MüKoAktG, § 31 WpÜG Rn. 82; wie hier *Witt* DStR 2014, 2132, 2134.

[44] Vgl. *Land/Hasselbach* DB 2000, 1747, 1751.

[45] So *Land/Hasselbach* DB 2000, 1747, 1751.

(§ 207 UmwG). Ebenfalls keine Nachbesserung löst ein Angebot nach § 39 Abs. 2 Satz 3 Nr. 1 BörsG[46] zum Zwecke des Widerrufs der Zulassung aus, da hier nunmehr eine Barabfindung gesetzlich vorgeschrieben ist. Im Zusammenhang mit einer gesetzlichen Abfindung stehen auch spätere Anhebungen der aufgrund gesetzlicher Vorschriften gewährten Abfindung im Spruchverfahren oder, beim Delisting (§ 39 Abs. 3 BörsG), im sonstigen Klageverfahren.

V. Dem Erwerb gleichgestellte und ausgenommene Vereinbarungen (Abs. 6)

1. Gleichgestellte Vereinbarungen (Satz 1)

Ein Erwerb im Sinne des Gesetzes liegt regelmäßig nur dann vor, wenn die entsprechenden Aktien bereits dinglich übergegangen sind. Um Umgehungsfälle insbesondere mit heraus geschobenem Erfüllungsdatum zu verhindern, sieht § 31 Abs. 6 die Gleichstellung sonstiger Vereinbarungen vor, aufgrund derer die Übereignung von Aktien verlangt werden kann **(erwerbsgleiche Vereinbarungen).** Hierzu zählen etwa Kaufverträge und Tauschverträge mit heraus geschobenem Erfüllungszeitpunkt. 61

a) Optionsverträge. In den Anwendungsbereich des § 31 Abs. 6 fallen insbesondere auch Optionsgeschäfte, die den Bezug von Aktien der Zielgesellschaft zum Gegenstand haben. Nicht in den Anwendungsbereich des § 31 Abs. 6 fallen dagegen Optionsgeschäfte, die nicht auf die Übereignung der Aktien der Zielgesellschaft gerichtet sind, sondern nur einen **bloßen Zahlungsanspruch** im Falle der Ausübung der Option gewähren. 62

Einbezogen in § 31 Abs. 6 Satz 1 sind **Call-Optionen,** die den Bieter berechtigen, Aktien der Zielgesellschaft zu erwerben. Für die Frage, ob die erwerbsgleiche Vereinbarung innerhalb der maßgeblichen Fristen im Sinne von § 31 Abs. 3 bis Abs. 5 geschlossen wurde, ist nur der Abschluss der Optionsvereinbarung maßgebend, nicht der Zeitpunkt der Ausübung oder erstmaligen Ausübungsmöglichkeit der Option, denn der Gesetzgeber wollte bereits die Optionsvereinbarung selbst als mögliche Umgehung auffangen und nicht ausschließlich die in ihrer Ausfüllung geschlossenen Vereinbarungen zum Erwerb.[47] 63

Noch nicht abschließend geklärt ist die Frage, ob nur Optionsvereinbarungen mit Dritten über die Lieferung bereits ausgegebener Aktien[48] oder auch Rechte zum Bezug neuer, von der Zielgesellschaft erst bei Ausübung neu auszugebender Aktien erfasst sind.[49] Der Wortlaut von Abs. 6 mit dem Recht auf Übereignung legt bereits nahe, dass damit nur bereits ausgegebene Aktien gemeint sein können. Nur mit bereits ausgegebenen Aktien kann ein Bieter seinen Anteil erhöhen, während der Bezug neuer Aktien zugleich auch den Anteil des Bieters verwässert. Genauso wenig wie Rechte zum Bezug neuer 64

[46] IdF des Gesetzes zur Umsetzung der Transparenzrichtlinie-Änderungsrichtlinie v. 20.11.2015, BGBl. 2015 I 2029.

[47] *Santelmann/Nestler* in Steinmeyer, § 31 Rn. 105.

[48] So das LG Frankfurt BeckRS 2014, 22490 („Celesio").

[49] OLG Frankfurt NZG 2016, 269.

Aktien von § 25 WpHG erfasst sind,[50] gilt dies für die Anwendung des Abs. 6. Zudem erlangt im Fall der Ausgabe neuer Aktien nicht der Verkäufer einer Option den Kaufpreis der Aktie bei späterem Bezug, sondern der Bezugspreis fließt bei Ausübung ausschließlich der Zielgesellschaft zu.[51] Es besteht kein Anlass, die freien Aktionäre im Wege der Gleichbehandlung an der Zahlung bzw. der Höhe des von der Zielgesellschaft vorgegebenen Bezugspreises zu beteiligen. Nach der Rechtsprechung des OLG Frankfurt zur Berücksichtigung von Wandelanleihen[52] wäre dies aber der Fall.

65 Dagegen sind **Put-Optionen** nicht vom Anwendungsbereich des § 31 Abs. 6 umfasst. Denn sie berechtigen den Inhaber nicht, eine Übereignung der Aktien zu verlangen.[53] Wird eine Put-Option gegen den Bieter ausgeübt, muss also dieser Aktien zu einem vereinbarten Preis kaufen, kommt es zu einem Erwerb des Bieters, der je nach Zeitpunkt der Optionsausübung eine Nachbesserungspflicht auslösen kann. Daran änderte auch eine Gestaltung der Put-Option, dass der Basispreis bereits bei Ausgabe unter dem Börsenpreis liegt, nichts,[54] da es bei Ausübung innerhalb des Einjahreszeitraums zu einem Erwerb des Bieters mit eventuellen Nachbesserungspflichten kommt.

66 **b) Berechnung der maßgeblichen Gegenleistung.** Wenn eine Call-Option in den Anwendungsbereich des § 31 Abs. 6 fällt, ist zu fragen, welcher Wert maßgeblich dafür ist, ob eine höhere Gegenleistung im Sinne von § 31 Abs. 4 oder Abs. 5 vorliegt. Regelmäßig zahlt bei Optionen der Optionsberechtigte nicht nur einen Preis für die Einräumung der Option, sondern hat bei Ausübung der Option zusätzlich den Bezugspreis für den Erwerb der Aktie zu zahlen.

67 Ausgehend von dem Schutzzweck der Regelungen des § 31, der eine Benachteiligung der Aktionäre bei Abgabe ihrer Aktien im Rahmen des Angebots sicherstellen will, wird die „vereinbarte" Gegenleistung die Summe von Optionspreis und Bezugspreis darstellen, da dies der Betrag ist, der dem außerhalb des Angebotsverfahrens abgebenden Aktionär zufließen wird. Dieser Betrag soll auch dem im Rahmen des Angebots abgebenden Aktionär zufließen. Fraglich ist allerdings, ob dieser Wert auch zugrunde zu legen ist, wenn die Option durch den Bieter gar nicht ausgeübt wird, etwa, weil der Bezugspreis weit über dem dann aktuellen Börsenwert liegt. Nach der eindeutigen Regelung fallen auch solche Sachverhalte unter die Nachbesserungspflichten, da bereits eine vereinbarte Vergütung ausreicht.[55]

68 Wird der Ansicht des OLG Frankfurt[56] zur Anwendung des Abs. 6 beim Erwerb von von der Zielgesellschaft ausgegebenen Wandel- oder Options-

---

[50] So der klare Wortlaut: „.... bereits ausgegebener Aktien ..."; siehe etwa auch *Schneider* in Assmann/Schneider, § 25 Rn. 12.

[51] So auch das LG Frankfurt BeckRS 2014, 22490; dem folgend *Hippeli* jurisPR-HaGesR 3/2016 Anm. 1.

[52] NZG 2016, 269.

[53] BT-Drucks. 14/7034, 57: „die zum Bezug der Aktien berechtigen".

[54] AA *Haarmann* in Frankfurter Komm., § 31 Rn. 153; *Kremer/Oesterhaus* in KK-WpÜG, § 31 Rn. 100; wie hier *Marsch-Barner* in Baums/Thoma, § 31 Rn. 122.

[55] *Haarmann* in Frankfurter Komm., § 31 Rn. 152; *Marsch-Barner* in Baums/Thoma, § 31 Rn. 121.

[56] NZG 2016, 269.

schuldverschreibungen gefolgt, ist der maßgebliche Betrag nicht nach dem Wandlungs-/Bezugspreis, sondern dem Kaufpreis für die Schuldverschreibungen, dividiert durch die Anzahl der zu beziehenden Aktien, zu ermitteln. Der Entscheidung ist in dem entschiedenen Fall schon deshalb nicht zuzustimmen, da – wie häufig – der ursprüngliche Wandlungspreis wegen des Kontrollwechsels reduziert und der Unterschiedsbetrag zum ursprünglichen Wandlungspreis dann bei Wandlung dem Bieter in bar vergütet wurde. Zumindest dieser an den Bieter zurück fließende Betrag hätte zwingend abgezogen werden müssen. Weiterhin wird der Kaufpreis für Wandelschuldverschreibungen auch von dem Zinssatz (im Verhältnis zur Marktrendite) und dem inneren Wert beeinflusst. Diese in den Kaufpreis von Wandelschuldverschreibungen einfließenden Faktoren sollen jedoch außer Betracht bleiben. Revision ist zugelassen worden. Die Rechtsansicht des OLG Frankfurt machte den Erwerb von Wandelschuldverschreibungen für den Bieter in zahlreichen Fällen häufig unmöglich bzw. verteuerte das Angebot, da der Kaufpreis wegen der Verzinsung und des inneren Werts, abhängig von der Restlaufzeit und der Volatilität der Aktien der Zielgesellschaft, häufig über dem Angebotspreis liegen wird. Eine Zielgesellschaft könnte insoweit mit der Ausgabe einer hohen Anzahl von Wandelschuldverschreibungen Übernahmehindernisse schaffen.

2. Ausübung von Bezugsrechten (Satz 2)

Keinen Erwerb im Sinne des § 31 Abs. 3 bis 5 stellt die Ausübung eines 69 gesetzlichen Bezugsrechts aufgrund einer Erhöhung des Grundkapitals der Zielgesellschaft dar, § 31 Abs. 6 Satz 2. Maßgebliche Motivation des Gesetzgebers für eine solche Privilegierung ist, dass dieser Erwerb dem Bieter nur ermögliche, seine Beteiligung an der Zielgesellschaft bei einer Kapitalerhöhung im bisherigen Umfang beizubehalten, nicht jedoch zu erweitern. Daher sei der gesetzliche Bezugsrechtserwerb nicht mit anderen Erwerbsvorgängen gleichzusetzen, die auf eine Erhöhung der Beteiligung bzw. des Stimmrechtsanteils gerichtet sind.[57] Der Erwerb des Bieters von der Zielgesellschaft, etwa von eigenen Aktien der Zielgesellschaft, kann dagegen schon deshalb nicht gleichfalls privilegiert sein,[58] da ein gesellschaftsrechtlich zulässiger Verkauf eigener Aktien an den Bieter eben nur unter Ausschluss des Bezugsrechts möglich wäre.

a) Erwerb von Bezugsrechten Dritter. Soweit der Bieter seine ihm ge- 70 setzlich zustehenden Bezugsrechte nach § 186 AktG ausübt, fällt der entsprechende Erwerb unter die Ausnahmevorschrift des § 31 Abs. 6 Satz 2. Soweit der Bieter dagegen **Bezugsrechte Dritter** erwirbt und diese ausübt, fallen solche Erwerbe nicht unter die Ausnahme des § 31 Abs. 6 Satz 2, da es sich nicht um das gesetzliche Bezugsrecht des Bieters aus einer bestehenden Aktionärsstellung handelt.[59]

---

[57] BT-Drucks. 14/7034, 57.

[58] AA *Ekkenga* in Ehricke/Ekkenga/Oechsler, § 31 Rn. 58.

[59] *Haarmann* in Frankfurter Komm., § 31 Rn. 154; *Marsch-Barner* in Baums/Thoma, § 31 Rn. 125.

71 **b) Zulassung nur des Bieters zur Kapitalerhöhung.** Nicht privilegiert ist der Erwerb der Aktien, wenn die Kapitalerhöhung in einer Weise ausgestaltet ist, dass nur der Bieter die Kapitalerhöhung zeichnen kann. Der Erwerb der neuen Aktien beruht dann nicht auf der Ausübung des gesetzlichen Bezugsrechts sondern der alleinigen Zulassung des Bieters zur Zeichnung.[60]

VI. Durchsetzung der Erhöhungsbetrags

72 Ob die angebotene Gegenleistung angemessen ist, kann der Aktionär im Spruchverfahren nicht überprüfen lassen, das Gesetz sieht dies nicht vor.[61]

73 Während die BaFin im Gestattungsverfahren genau auf die Höhe der Mindestgegenleistung achtet und sich regelmäßig Erwerbsvereinbarungen des Bieters, seiner Tochtergesellschaften oder gemeinsam handelnder Personen vorlegen lässt oder eventuell nach § 38 entstandene Zinsansprüche in die Mindestgegenleistung einbezieht, muss hingegen jeder Aktionär, der das Angebot angenommen hat, selbst seinen Anspruch auf Zahlung der Differenz zwischen dem gewährten und dem angemessenen Preis oder den aufgrund eines Parallel- oder Nacherwerbs zu erhöhenden Preis gegen den Bieter durchsetzen.[62] Der BGH hat einen solchen Anspruch nunmehr bejaht.[63] Dies bedeutet allerdings auch, dass ein Bieter, wenn er bei fehlendem liquiden Handel der Aktien der Zielgesellschaft gemäß § 5 Abs. 4 WpÜG-AngV eine Unternehmensbewertung durchführen muss, wahrscheinlich Klagen einzelner das Angebot annehmenden Aktionäre wegen angeblicher fehlerhafter Unternehmensbewertung ähnlich wie in einem Spruchverfahren, ausgesetzt sein wird.[64]

74 Ein Anspruch aus § 12 bestände nur, wenn die Gegenleistung von vornherein unangemessen war, etwa ein maßgeblicher Vorerwerb verschwiegen wurde. Die Haftung nach § 12 ist jedoch auf das negative Interesse beschränkt und gibt daher keinen Anspruch auf Zahlung der Differenz.[65]

75 Jeder Aktionär, der das Angebot angenommen hat, kann seinen Anspruch auf Zahlung der Differenz aus dem mit dem Bieter geschlossenen Kaufvertrag iVm § 31 Abs. 3–5 vor den Zivilgerichten (siehe § 66) durchsetzen.[66] Teilweise wird der Anspruch aus einem drittschützenden Charakter des § 31 iVm § 823 Abs. 2 BGB hergeleitet. Angesichts der Entscheidung des BGH in Sachen Postbank bedarf es hierzu keiner weiteren Klärung.[67]

76 Das Bestehen eines Nachzahlungsanspruchs kann im Wege des Musterverfahrens geltend gemacht werden (§ 1 Abs. 1 Satz 1 Nr. 2 KapMUG).[68]

---

[60] *Marsch-Barner* in Baums/Thoma, § 31 Rn. 125.

[61] *Santelmann/Nestler* in Steinmeyer, § 31 Rn. 109; *Kremer/Oesterhaus* in KK-WpÜG, § 31 Rn. 107; *Lappe/Stafflage* BB 2002, 2185, 2190.

[62] *Hippeli* jurisPR-HaGesR 3/2016 Anm. 1.

[63] BGH NZG 2014, 985 („Postbank“).

[64] *Cascante/Tyrolt* AG 2012, 97, 110.

[65] *Kremer/Oesterhaus* in KK-WpÜG, § 31 Rn. 108; anders hingegen, einen solchen Anspruch bejahend *Noack* in Schwark, KapitalmarktR, § 31 WpÜG Rn. 54.

[66] *Kremer/Oesterhaus* in KK-WpÜG, § 31 Rn. 107; zweifelnd *Lappe/Stafflage* BB 2002, 2185, 2191.

[67] Siehe auch *Witt* DStR 2014, 2132, 2133.

[68] *Santelmann/Nestler* in Steinmeyer, § 31 Rn. 111.

VII. Ermächtigungsgrundlage zum Erlass der WpÜG-AngV (Abs. 7)

§ 31 Abs. 7 schafft die Ermächtigungsgrundlage für den Erlass der WpÜG-AngV, die nähere Bestimmungen über die Angemessenheit der Gegenleistung nach Abs. 1, insbesondere zur Berücksichtigung des durchschnittlichen Börsenkurses, von sonstigen Erwerben des Bieters, mit ihm gemeinsam handelnder Personen und deren Tochtergesellschaften und die hierbei maßgebenden Zeiträume enthält. Nach Satz 2 ist eine Subdelegation der Ermächtigung auf die Bundesanstalt möglich, wodurch insbesondere beabsichtigt ist, auf die Erfahrungen die Bundesanstalt und des einzurichtenden Beirats zurückzugreifen. Im Übrigen dürfte hierdurch eine schnellere Reaktion auf aktuelle Entwicklungen und Erfahrungen möglich sein. 77

VIII. Bestimmungen der WpÜG-AngV

1. Grundsatz (§ 3 WpÜG-AngV)

a) Gegenstand. § 3 WpÜG-AngV wiederholt den bereits in § 31 Abs. 1 festgelegten Grundsatz, dass den Aktionären der Zielgesellschaft eine angemessene Gegenleistung anzubieten ist. § 3 WpÜG-AngV legt fest, dass die nach §§ 4 bis 6 WpÜG-AngV zu ermittelnde Mindestgegenleistung bei Übernahme- und Pflichtangeboten nicht unterschritten werden darf. 78

Die nach den §§ 4 bis 6 WpÜG-AngV bestimmte Mindestgegenleistung ist, nach der gesetzlichen Systematik, zugleich als angemessene Gegenleistung anzusehen.[69] 79

Die Mindestgegenleistung ist für Aktien unterschiedlicher Gattungen (Stamm- oder Vorzugsaktien, nicht jedoch neue Aktien mit abweichender Gewinnanteilberechtigung) nach § 3 Satz 3 WpÜG-AngV für jede Gattung getrennt zu ermitteln. 80

b) Ausnahmen. aa) Nicht zugelassene Aktiengattung. Sind bei einem Übernahme- oder Pflichtangebot Aktien einer Gattung an einem organisierten Markt zugelassen, ist der Bieter nach § 32 gleichwohl verpflichtet, sein Angebot auch an die Inhaber der nicht Handel zugelassenen Aktien (etwa bei der Emission von Vorzugsaktien die nicht zugelassenen Stammaktien) abzugeben. Mangels Börsennotierung scheidet eine Berechnung der Mindestgegenleistung nach § 5 WpÜG-AngV aus. Nach der BaFin-Handhabungspraxis in solchen Fällen ist die angemessene Gegenleistung für solche Aktien dann auf der Grundlage allgemein üblicher Methoden, insbesondere nach der Höhe von Vorerwerbspreisen, zu ermitteln. Denkbar wäre auch, die Mindestgegenleistung auf der Basis der Börsenkurse der notierten anderen Aktiengattungen zu ermitteln.[70] Eine Unternehmensbewertung ist in solchen Fällen nicht verlangt. 81

bb) Sonstige Befreiungen? Die Berechnungsvorschriften der §§ 4ff. WpÜG-AngV für die Bestimmung der angemessenen Gegenleistung gelten 82

---

[69] *Marsch-Barner* in Baums/Thoma, § 31 Rn. 15; *Kremer/Oesterhaus* in KK-WpÜG, § 31 Rn. 20.

[70] *Strenger* WM 2000, 952.

auch in Fällen, in denen der Aktienkurs außergewöhnliche Bewegungen aufweist. Die Ermittlung nach dem Durchschnitt der Kurse in einem Dreimonatszeitraum dürfte jedoch die Effekte außergewöhnlicher Kursbewegungen weitgehend eliminieren.

2. Berücksichtigung von Vorerwerben (§ 4 WpÜG-AngV)

83 **a) Grundsatz.** § 4 WpÜG-AngV verlangt als Mindestgegenleistung den höchsten Betrag, den der Bieter oder mit ihm gemeinsam handelnde Personen oder deren Tochterunternehmen im Vorfeld des Angebots (sog. **Vorerwerbe**) als Gegenleistung für Aktien der Zielgesellschaft gewährt oder vereinbart haben. Der Preis soll auch den übrigen Aktionären als Ausfluss des Gleichbehandlungsgebotes zugutekommen. Der in § 4 WpÜG-AngV enthaltene Grundsatz wird auch als **Gleichpreisregel** bezeichnet.[71] Die Regelung ergänzt die in § 31 Abs. 4 und Abs. 5 enthaltenen Anpassungsregelungen, nach denen der Aktionär auch an höheren Gegenleistungen aus Parallel- oder Nacherwerben teilhaben soll.

84 **aa) Maßgeblicher Zeitraum.** Die von Aktien der Zielgesellschaft müssen innerhalb der letzten 6 Monate vor der Veröffentlichung der Angebotsunterlage für ein Übernahme- oder Pflichtangebot erworben worden sein. Maßgeblich für den Beginn der Rückrechnung der Sechsmonatsfrist bei einem Pflichtangebot ist der Tag, an dem die Angebotsunterlage unter Berücksichtigung der Frist zur Einreichung bei der BaFin und deren Prüfungsfrist (§ 14 Abs. 1) hätte veröffentlicht werden müssen. Der Bieter soll nicht die Sechsmonatsfrist mit einer verspäteten Veröffentlichung der Angebotsunterlage umgehen können.[72] Stattdessen einen beliebig langen Zeitraum, beginnend mit dem Erlangen der Kontrolle und der verspäteten Veröffentlichung der Angebotsunterlage, anzunehmen,[73] würde ggf. die Aktionäre an zwischenzeitlichen Kurssteigerungen teilhaben lassen und stellte dann eine im Gesetz nicht vorgesehene Sanktion eines verspäteten Angebots dar. Den Aktionären ein „Meistbegünstigungsrecht" einzuräumen, je nachdem, wie sich der Börsenpreis nach verspäteter Veröffentlichung entwickelt hat,[74] steht mit den sonstigen Prinzipien des Gesetzes, Rechtssicherheit zu schaffen, nicht in Einklang.[75] Wird die Angebotsunterlage für ein Übernahmeangebot nicht rechtzeitig der BaFin vorgelegt oder nicht unverzüglich nach der Gestattung veröffentlicht, wird die BaFin das Angebot untersagen und die Sperrfrist (§ 26 Abs. 1) tritt ein.

85 **bb) Erwerb von Aktien der Zielgesellschaft.** Erwerb meint die dingliche Übertragung der Aktien.[76] In Anwendung von § 31 Abs. 6 (§ 4 Satz 2 WpÜG-AngV) reicht bereits der Abschluss von schuldrechtlichen Vereinba-

---

[71] Vgl. *Houben* WM 2000, 1873, 1880.

[72] *Santelmann/Nestler* in Steinmeyer, § 31 Rn. 19; *Wackerbarth* in MüKoAktG, § 31 WpÜG Rn. 31; *Scheibenpflug/Tönningsen* BKR 2015, 140, 143; aA *Santelmann/Nestler* in Steinmeyer, § 31 Rn. 31a.

[73] BGH NZG 2014, 985, 988 („Postbank").

[74] So *Löhdefink/Jaspers* ZIP 2014, 2261, 2267.

[75] Siehe aber auch *A. H. Meyer* bei → § 35 Rn. 60.

[76] *Santelmann/Nestler* in Steinmeyer, § 31 Rn. 15.

rungen zum Erwerb der Aktien der Zielgesellschaft aus. Ob die Aktien börslich oder außerbörslich erworben werden, ist irrelevant. Wurde die schuldrechtliche Vereinbarung jedoch außerhalb des Vorerwerbszeitraums abgeschlossen, bleibt diese außer Betracht.[77]

Im Fall des bloß mittelbaren Erwerbs von Aktien der Zielgesellschaft greift die Vorschrift nicht; die Mindestgegenleistung bemisst sich dann nach § 5 WpÜG-AngV.[78] 86

Der Gesetzgeber hat bewusst **keine Ausnahme- oder Befreiungstatbestände** für eventuelle unabsichtliche Anteilserwerbe von mit dem Bieter von gemeinsam handelnden Personen und deren Tochterunternehmen vorgesehen.[79] Für eine einschränkende Auslegung bei nur unbeabsichtigter Verwirklichung sind keine Anhaltspunkte erkennbar. 87

cc) Dividendenausschüttungen, Kapitalmaßnahmen. Sind nach dem Vorerwerb der Aktien von der Zielgesellschaft Dividenden ausgeschüttet worden oder wurde eine Kapitalerhöhung ohne Ausschluss des Bezugsrechts oder aus Gesellschaftsmitteln durchgeführt, soll der nach den Börsengeschäftsbedingungen vorgenommene Abschlag auch bei der Bemessung der Gegenleistung von dem vom Bieter gezahlten oder vereinbarten Kaufpreis vorzunehmen sein.[80] Dies kann jedoch nur für Abschläge aufgrund von Kapitalmaßnahmen richtig sein, da nur in diesem Fällen die BaFin die nach § 5 WpÜG-AngV zu bestimmende Mindestgegenleistung nach den umsatzgewichteten Börsenpreisen anpasst.[81] Gleichwohl dürfte eine Anpassung zumindest bei der Ausschüttung von Sonderdividenden vorzunehmen sein. Denn andernfalls erhielte der Aktionär eine höhere Vergütung als der im Rahmen des Vorerwerbes abgebende Aktionär. 88

b) Paketgeschäfte. Gemäß § 4 WpÜG-AngV ist aus Gründen der Gleichbehandlung (§ 3) ein Abschlag für einen im Vorfeld gezahlten Paketzuschlag nicht möglich.[82] 89

Nach der Verwaltungspraxis der BaFin beeinflusst ein Paketaufschlag, den der Bieter für den Erwerb von Stammaktien geleistet hat, die Höhe der Mindestgegenleistung für von der Zielgesellschaft ausgegebene Vorzugsaktien wegen der unterschiedlichen Aktiengattungen (§ 3 Satz 3 WpÜG-AngV) nicht, dh die Inhaber der Vorzugsaktien partizipieren nicht an einem eventuellen Paketaufschlag.[83] Von diesem Rechtszustand ist für die Praxis auszugehen.[84] Vermittelnd wird vorgeschlagen, dass die Vorzugsaktionäre im Falle eines niedrigeren Börsenkurses der Vorzugsaktien im Vergleich mit den 90

---

[77] AA *Wackerbarth* ZIP 2012, 253; wie hier LG Köln ZIP 2012, 229.

[78] *Krause* in Assmann/Pötzsch/Schneider, § 31 Rn. 71.

[79] *Liebscher* ZIP 2001, 861.

[80] *Marsch-Barner* in Baums/Thoma, § 31 Rn. 31; *Kremer/Oesterhaus* in KK-WpÜG, Anh. § 31 § 4 AngVO Rn. 18.

[81] *Schulz* M&A 2003, 114, 117 f.

[82] BT-Drucks. 14/7034, 80.

[83] So auch *Marsch-Barner* in Baums/Thoma, § 31 Rn. 21; *Habersack* ZIP 2003, 1123, 1128; *Krause* in Assmann/Pötzsch/Schneider, § 31 Rn. 29.

[84] Die Entscheidungen zum Fall „Wella" (OLG Frankfurt ZIP 2003, 1392; BVerfG ZIP 2004, 950) haben die Klagen wegen fehlender Klage- bzw. Beschwerdebefugnis verneint und daher zur Sache nicht Stellung nehmen müssen.

Stammaktien zumindest bis zur Höhe der Differenz der Börsenkurse an Paketaufschlägen partizipieren sollen.[85]

91 Das Gesetz ordnet hingegen keinesfalls gleichmäßig und stringent an, dass bei der Festsetzung der Mindestgegenleistung immer zwischen verschiedenen Aktiengattungen zu unterscheiden sei.[86] § 31 Abs. 1, welcher den Rahmen für die Festsetzung der Mindestgegenleistung vorgibt, bestimmt, dass der durchschnittliche Börsenkurs der Aktien der Zielgesellschaft und Erwerbe von Aktien der Zielgesellschaft durch den Bieter oder mit ihm gemeinsam handelnder Personen oder deren Tochterunternehmen bei der Bestimmung der angemessenen Gegenleistung zu berücksichtigen sind. Die Argumentation, dass die Unterschiede in der Mindestgegenleistung gerade den Wert des Stimmrechts ausmachten, versagt bereits dann, wenn die Stimmrechte wegen zweimaliger Nichtzahlung der Dividenden aufgelebt sind. Die Vorzugsaktien werden in einem solchen Fall, auch wenn jahrelang keine Dividenden gezahlt werden, nicht zu Stammaktien. Es muss unterstellt werden, dass der Gesetzgeber dies gesehen hat und gerade auch deshalb in § 4 WpÜG-AngV unterschiedslos für alle Aktiengattungen den Vorerwerbspreis als Mindestgegenleistung verlangt. Im Übrigen wird ein Bieter bei bestehenden hohen Differenzen des Angebotspreises zwischen Stamm- und Vorzugsaktien kaum Vorzugsaktien angedient bekommen, da die Vorzugsaktionäre in einem solchen Fall eine Abfindung nach gesetzlichen Bestimmungen (Unternehmensvertrag, Squeeze-out, Delisting) abwarten werden. Bei einer Abfindung nach Unternehmenswert kann allenfalls ein geringer Abschlag für Vorzugsaktien vorgenommen werden.[87]

92 Bei der Ermittlung eines Vorerwerbspreises sind weitere Vereinbarungen zwischen Verkäufer der Aktien und Bieter zu berücksichtigen. Regelmäßig ist die Zahlung für ein mit dem Verkäufer der Aktien vereinbartes **Wettbewerbsverbot** als Kaufpreisbestandteil anzusehen.[88] Anderenfalls könnte ein Teil des Kaufpreises in der Zahlung für das Wettbewerbsverbot „versteckt" werden. Wird der Verkäufer der Aktien zusätzlich vom Käufer von Verbindlichkeiten freigestellt, ist der Freistellungsbetrag ebenfalls als Bestandteil der Gegenleistung für den Erwerb der Aktien anzusehen. Veräußert der Verkäufer der Aktien neben den Aktien weitere Gegenstände, muss ermittelt werden, ob der vereinbarte Preis üblichen Marktpreisen entspricht. Jede darüber liegende Differenz wird dem Vorerwerbspreis zugeschlagen und beeinflusst die Höhe der Mindestgegenleistung. Offen sind die Auswirkungen eines Verkäuferdarlehens der Zielgesellschaft.[89]

93 Schwierig zu behandeln sind mit dem Verkäufer der Aktien vereinbarte **Kaufpreis-Nachbesserungsabreden** oder Vereinbarungen, dass der Kauf-

[85] *Körner,* Die angemessene Gegenleistung für Vorzugs- und Stammaktien nach dem WpÜG, S. 228 ff.

[86] OLG Frankfurt ZIP 2003, 1392, lässt die Frage offen; BVerfG ZIP 2004, 950, 951 prüfte nur auf „Offensichtlichkeit".

[87] *Bilda* in MüKoAktG, § 305 Rn. 88.

[88] *Marsch-Barner* in Baums/Thoma, § 31 Rn. 28; *Santelmann/Nestler* in Steinmeyer, § 31 Rn. 23; aA, die Missbrauchsgefahr gleichwohl erkennend, *Noack* in Schwark, KapitalmarktR, § 31 WpÜG Rn. 13.

[89] Hierzu *Gei/Kiesewetter* AG 2012, 741, 745.

preis nachträglich etwa anhand noch aufzustellender Bilanzen ermittelt wird. Wurde die Nachbesserungsabrede nur getroffen, um den anfänglichen Kaufpreis niedrig zu halten, was sich etwa darin zeigt, dass die gewählten Voraussetzungen zum Auslösen der Nachbesserung mit hoher Wahrscheinlichkeit eintreten werden, also die gewählten Parameter bereits erreicht oder überschritten sind, erhöht der Nachbesserungsbetrag die Mindestgegenleistung.[90] Wird der endgültige Kaufpreis erst zu einem späteren Zeitpunkt, möglicherweise erst nach einem Vollzug der Übernahme der Zielgesellschaft ermittelt,[91] wird der Bieter verpflichtet sein, eine etwaige positive Differenz zum Angebotspreis den das Angebot annehmenden Aktionären in gleicher Weise wie bei einem Nacherwerb nachzuzahlen (arg. § 31 Abs. 6).[92] Eventuelle Kaufpreisminderungen berechtigten allerdings nicht zu einer späteren Rückforderung eines Teils des Angebotspreises.

3. Berücksichtigung inländischer Börsenkurse (§ 5 WpÜG-AngV)

a) Grundsatz. § 5 WpÜG-AngV enthält eine weitere Grundregel zur Ermittlung der Gegenleistung. Die Anknüpfung an den Börsenkurs der Zielgesellschaft wird auch als **Börsenpreisregel** bezeichnet.[93] Sie ist in der Vergangenheit vereinzelt dahingehend kritisiert worden, dass bei konzernrechtlichen Umstrukturierungen regelmäßig auf den Ertragswert abgestellt werde und daher eine Einheitlichkeit zwischen Übernahmerecht und Konzernrecht fehle.[94] Auch für die Bemessung der Abfindung bei konzernrechtlichen Umstrukturierungen muss aber der jeweilige Börsenkurs mit herangezogen werden muss.[95] 94

b) Maßgeblicher Zeitraum. Der Mindestwert nach § 5 WpÜG-AngV wird auf Basis einer Referenzperiode von 3 Monaten vor der Veröffentlichung der Entscheidung zur Abgabe eines Angebots oder der Veröffentlichung der Erreichung der Kontrollschwelle nach § 35 Abs. 1 Satz 1 ermittelt. Hintergrund für die Wahl der **Veröffentlichung der Entscheidung** des Angebots als Anknüpfungspunkt für die Referenzperiode ist, dass sich nach Veröffentlichung einer solchen Entscheidung häufig der Börsenpreis auf 95

[90] AA *Marsch-Barner* in Baums/Thoma, § 31 Rn. 29; *Kremer/Oesterhaus* in KK-WpÜG, Anh. § 31 § 4 AngV Rn. 13, *Gei/Kiesewetter* AG 2012, 741, die wie die BaFin-Praxis jede Nachbesserungsklausel als werterhöhend betrachten, fraglich bleibt dann, wie diese bewertet werden soll.

[91] Entgegen *Marsch-Barner* in Baums/Thoma, § 31 Rn. 30 wird sich der Wert der Wert einer solchen Vereinbarung nicht im Zeitpunkt der Veröffentlichung der Angebotsunterlage ermitteln lassen.

[92] *Tuttlies/Bredow* BB 2008, 911, 913; Angebotsverfahren Hamborner AG, Schnigge Wertpapierhandelsbank AG.

[93] *Houben* WM 2000, 1873, 1880.

[94] Vgl. etwa *Schander* NZG 1998, 799, 802; die Ertragswertmethode auch für das Übernahmerecht fordernd *Letzel* NZG 2001, 260, 266.

[95] Vgl. im Einzelnen zu der Berücksichtigung der Börsenkurse bei der Bemessung der Abfindung die Entscheidungen BVerfG NZG 1999, 931 m. Anm. *Behnke,* zuletzt BGH NZG 2001, 603 („DAT/Altana IV"); dazu etwa *Bungert/Eckert* BB 2000, 1845; *Wilm* NZG 2000, 234.

den in der Veröffentlichung genannten Erwerbspreis einpendeln wird.[96] Die Regelung ist auch sachgerecht, da der Bieter somit bereits in der Veröffentlichung der Entscheidung die Mindestgegenleistung bereits ermitteln kann.

96 Zweifelsfragen bestehen, wenn die Kontrollerlangung (§ 35 Abs. 1) verspätet veröffentlicht wird. Auch bei verspäteter Veröffentlichung der Kontrollerlangung galt der Zeitpunkt der Veröffentlichung der Mitteilung nach § 35 Abs. 1 als maßgeblich, selbst wenn der 3-Monatsdurchschnitt gegenüber dem Zeitpunkt, zu dem hätte veröffentlicht werden müssen, niedriger ist.[97] Argument hierfür war die klare und eindeutige Berechenbarkeit der Mindestgegenleistung, eben anknüpfend an den Tag der Veröffentlichung. Nach Meinung des BGH verlängern sich jedoch die Referenzzeiträume bei verspäteter Veröffentlichung entsprechend.[98] Ob damit eine Vorverlegung der 3-Monatsfrist auf den Zeitpunkt, an dem die Kontrollerlangung hätte veröffentlicht werden müssen, oder eine Verlängerung der 3-Monatsfrist vor der Veröffentlichung bis zum Zeitpunkt des Beginns der 3-Monatsfrist bei fristgerechter Veröffentlichung gemeint ist, bleibt jedoch einstweilen unklar.[99]

97 Die Länge der Referenzperiode entspricht der bei umwandlungsrechtlichen Vorgängen gerichtlich angewandten Orientierung am Börsenkurs.[100]

98 Sofern die Aktien zum maßgeblichen Zeitpunkt noch keine 3 Monate zum Handel an einer inländischen Börse zugelassen waren, wird der Mindestbetrag auf Basis der Zeit seit Einführung der Aktien in den Handel berechnet (§ 5 Abs. 2 WpÜG-AngV).

99 Die Anknüpfung an den Durchschnitt des Börsenkurses bezogen auf eine Referenzfrist von drei Monaten ist im Rahmen des Gesetzgebungsprozesses auch deshalb kritisiert worden, weil sie bei stark veränderten Börsenkursen keine angemessene Berechnungsgrundlage darstelle. Zum Teil ist vorgeschlagen worden, alternativ auf andere Kennziffern, etwa den **höchsten Börsenkurs innerhalb der Referenzperiode** abzustellen.[101] Auch die Möglichkeit sachwidriger Kursbeeinflussung ist bei diesem Referenzzeitraum als Gefahr angesehen worden.[102] Dabei sind, je nach Richtung der Interessenvertretung, entweder der starke Anstieg der Börsenkurse oder das erhebliche Absinken des Börsenkurses, etwa durch die allgemeine Börsenentwicklung oder auch die Entwicklung zum Sanierungsfall, als Gefahr genannt worden. Die in beide Richtungen kritisierte Regelung dürfte insofern deshalb tatsächlich eine angemessene und handhabbare Kompromisslösung darstellen, die sowohl die Interessen der Wertpapierinhaber als auch potentieller Bieter ausreichend berücksichtigt. Insbesondere eine ausschließliche Anknüpfung an Schlusskurse hätte Manipulationseinwirkungen erleichtert.

---

[96] Vgl. *Pötzsch/Möller* WM Sonderbeilage 2/2000, S. 24.

[97] *v. Falkenhausen* NZG 2010, 1213; *Krause* AG 2014, 833, 838; BaFin-Praxis.

[98] NZG 2014, 985, 988 („Postbank").

[99] Vgl. *Krause* AG 2014, 833, 837

[100] Vgl. die Nachweise zu dem Fall DAT/Altana bei → Rn. 91.

[101] Vgl. etwa *Houben* WM 2000, 1873, 1881, so auch die Forderung eines Teils der BSK, vgl. Standpunkte der BSK, S. 17 f.

[102] Vgl. Stellungnahme des Handelsrechtsausschusses des DAV NZG 2001, 420, 428.

Soll das Angebot zugleich als sog. Delistingangebot gemäß § 39 Abs. 2 Satz 3 Nr. 1 BörsG gelten, muss die Gegenleistung mindestens dem gewichteten durchschnittlichen inländischen Börsenkurs der Wertpapiere innerhalb einer Referenzfrist von sechs Monaten entsprechen (§ 39 Abs. 3 Satz 3 BörsG). Hieraus folgt aber nicht, dass der Bieter die Wahl hätte, ob die Mindestgegenleistung innerhalb der drei oder sechs Monatsreferenzfirst zu ermitteln ist,[103] vielmehr muss die Mindestgegenleistung immer dem höheren Durchschnitt entsprechen, wenn sie mit dem BörsG und dem WpÜG konform sein soll. 100

c) Berechnung des Mindestwertes. Nach § 5 Abs. 1, 2 WpÜG-AngV ist die Mindestgegenleistung der gewichtete durchschnittliche inländische Börsenkurs. Nach § 5 Abs. 3 WpÜG-AngV wird dieser auf Basis der der Bundesanstalt nach § 9 WpHG als börslich gemeldeten Geschäfte bestimmt.[104] Geschäfte, die im Freiverkehrshandel an anderen Börsenplätzen abgeschlossen werden, gehen nicht in die Berechnung ein.[105] 101

d) Erfordernis einer Unternehmensbewertung. § 5 Abs. 4 WpÜG-AngV sieht vor, dass die Börsenkurse dann keinen Maßstab für den Mindestwert der Gegenleistung sind, wenn innerhalb des Referenzzeitraums 102
- an weniger als einem Drittel der Börsentage Börsenkurse festgestellt wurden und
- mehrere nacheinander festgestellt Börsenkurse um mehr als 5% voneinander abweichen.

In diesen Fällen soll der Höhe der Gegenleistung auf der Grundlage einer Unternehmensbewertung der Zielgesellschaft bestimmt werden.[106] 103

aa) Anwendbarkeit. § 5 Abs. 4 WpÜG-AngV setzt zunächst voraus, dass die Aktien an einer inländischen Börse zugelassen sind. Sobald dieser Markt nicht ausreichend liquide ist, soll eine Unternehmensbewertung der Zielgesellschaft zur Bestimmung des Mindestwertes der Gegenleistung erforderlich sein, und zwar, wie die Überschrift zu § 5 WpÜG-AngV und die Verbindung mit § 6 WpÜG-AngV zeigt, selbst dann, wenn die Aktien zugleich auch an einem organisierten Markt in einem anderen EWR-Staat zugelassen sind und der Handel dort ausreichend liquide ist. Hier handelt es sich um eine wenig geglückte Regelung der WpÜG-AngV. Denn es ist nicht einzusehen, dass der aufwändige Weg einer Unternehmensbewertung auch dann 104

---

[103] So aber *Wackerbarth* WM 2016, 385, 386.

[104] Taxkurse, also „umsatzlose" Kurse, können daher entgegen *Oechsler* in Ehricke/Ekkenga/Oechsler, § 31 Rn. 16, gar nicht in die Berechnung einfließen.

[105] *Kremer/Oesterhaus* in KK-WpÜG, Anh. § 31 § 5 AngV Rn. 11; *Marsch-Barner* in Baums/Thoma, § 31 Rn. 37; *Schulz* M&A 2003, 114, 117, dort auch weitere Einzelheiten zur technischen Berechnung durch die BaFin; mittlerweile muss, da nur noch inländische Institute und Niederlassungen gemäß § 9 WpHG die Geschäfte an die BaFin melden müssen, die BaFin die Daten ausländischer Börsen- und Handelsteilnehmer bei den zuständigen ausländischen Aufsichtsbehörden anfordern. Die ESMA hat hierfür ein spezielles System aufgesetzt. Hingegen für die Einbeziehung der Freiverkehrspreise, da der Preisbildungsprozess im Freiverkehrshandel in gleicher Weise wie im regulierten Markt überwacht wird (§ 48 Abs. 3 BörsG), *Santelmann/Nestler* in Steinmeyer, § 31 Rn. 27.

[106] Kritisch insofern *Liebscher* ZIP 2001, 865.

beschritten werden muss, wenn über einen organisierten Markt im EWR mit ausreichender Liquidität eine Ermittlung des Mindestwertes auf Basis der Börsenkurse möglich ist.[107]

105 **bb) Keine ausreichende Liquidität.** Voraussetzung für das Erfordernis einer Unternehmensbewertung ist weiter, dass die Börsenkurse keine ausreichende Basis für die Bestimmung des Mindestwertes darstellen. Voraussetzung ist zum einen, dass an weniger als einem Drittel der Börsentage im Referenzzeitraum Börsenkurse der betreffenden Aktien festgestellt werden.

106 Weitere Voraussetzung ist, dass mehrere nacheinander festgestellte Börsenkurse um mehr als 5% voneinander abweichen. Dieses Aufgreifkriterium will **Kurssprünge** erfassen. Dabei ergibt sich aus dem Wortlaut von § 5 Abs. 4 WpÜG-AngV nicht unmittelbar, ob die verlangten mehreren Kurssprünge grundsätzlich hintereinander stattfinden müssen oder es nur überhaupt mehrfach Kurssprünge in der Referenzperiode gegeben haben muss. Gerade in Zeiten hoher Volatilität der Börsenkurse werden Volatilitäten von mehr als 5% nicht ungewöhnlich sein. Die Vorschrift wird dahingehend zu verstehen sein, dass mindestens zwei Kurssprünge tatsächlich nacheinander stattfinden müssen.[108]

107 **cc) Durchführung der Unternehmensbewertung.** In der Praxis dürfte das Erfordernis der Durchführung einer Unternehmensbewertung auf erhebliche Schwierigkeiten stoßen. Eine angemessene und aussagekräftige Unternehmensbewertung wird ohne detaillierte Einblicke in die Zielgesellschaft, die der noch nicht kontrollierende Bieter in der Regel nicht mit den ihm zur Verfügung stehenden öffentlichen Quellen erlangen kann, regelmäßig nicht möglich sein, sondern nur einen ungefähren Indikator geben können.[109] Welche Berechnungsmethoden bei der Unternehmensbewertung überhaupt angewandt werden sollen, lässt die WpÜG-AngV ebenfalls offen. Sachgerecht dürfte auch eine Bewertung, wie sie etwa Finanzanalysten auf der Basis allgemein zugänglich Informationen erstellen, sein.

108 Daher wird zum Teil vorgeschlagen, diese Pflicht zur **Unternehmensbewertung ganz aufzuheben,** da auch ein Schutzbedürfnis der Aktionäre nicht zu erkennen sei. Denn bei einem illiquiden Markt für die entsprechenden Wertpapiere seien regelmäßig große Pakete der Aktien in festen Händen, die ihre Aktien nur bei einem angemessenen Preis abgeben würden. Eine zusätzliche Unternehmensbewertung sei in diesen Fällen nicht erforderlich.[110] Der Verordnungsgeber hat sich einstweilen dagegen entschieden.

4. Berücksichtigung ausländischer Börsenkurse (§ 6 WpÜG-AngV)

109 **a) Anwendbarkeit.** Ausländische Börsenkurse bilden nach der Zielrichtung des Verordnungsgebers einen Mindestwert für die Gegenleistung nach § 6 WpÜG-AngV dann, wenn die Aktien der Zielgesellschaft ausschließlich

[107] *Kremer/Oesterhaus* in KK-WpÜG, Anh. § 31 § 5 AngV Rn. 21.
[108] *Kremer/Oesterhaus* in KK-WpÜG, Anh. § 31 § 5 AngV Rn. 23.
[109] Ebenso Stellungnahme des Handelsrechtsausschusses des DAV NZG 2001, 420, 428.
[110] Vgl. Stellungnahme des Handelsrechtsausschusses des DAV NZG 2001, 420, 428.

zum Handel an einem organisierten Markt in einem EWR-Staat zugelassen wurden. Sobald die Aktien auch an einem Markt im Inland zugelassen sind, sind die dortigen Kurse maßgeblich, auch wenn das Volumen an dem ausländischen Markt höher ist.

Allerdings kann § 6 WpÜG-AngV keine praktische Bedeutung erlangen, da für die betroffenen Gesellschaften § 31 nicht mehr anwendbar ist (§ 1 Abs. 2, § 1 WpÜG-AnwendbkV). Daher könnte die Regelung auch gestrichen werden.[111] 110

b) Berechnung des Mindestwertes. aa) Maßgeblicher Markt. § 6 Abs. 1 WpÜG-AngV legt fest, dass bei der Berechnung des Mindestwertes im Anwendungsbereich des § 6 WpÜG-AngV die Börsenkurse des organisierten ausländischen Marktes mit den höchsten Umsätzen in den Aktien der Zielgesellschaft ausschlaggebend sind. Für die Bestimmung des relevanten Marktes wird ebenfalls die Referenzperiode von 3 Monaten vor Veröffentlichung der Entscheidung zur Abgabe eines Angebots herangezogen. Auch soweit die Aktien an einzelnen organisierten Märkten kürzer als drei Monate zugelassen sind, ist für die Bestimmung des für die Berechnung des Mindestwertes heranzuziehenden Marktes die Zahl der Geschäfte mit Aktien der Zielgesellschaft an den einzelnen Märkten während der gesamten Referenzperiode von 3 Monaten maßgebend. Werden die Aktien an mehreren organisierten Märkten gehandelt, muss der Börsenplatz mit den höchsten Umsätzen herangezogen werden. 111

bb) Durchschnittlicher Börsenkurs. Der Mindestwert wird auf Basis des durchschnittlichen Börsenkurses in dem entsprechenden Markt ermittelt. Anders als bei § 5 WpÜG-AngV sieht § 6 WpÜG-AngV **keine Gewichtung** der einzelnen Kurse nach den getätigten Umsätzen vor. 112

Der durchschnittliche Börsenkurs wird auf Basis der Kurse der börsentäglichen Schlussauktion der Aktien der Zielgesellschaft an dem betroffenen organisierten Markt berechnet. Der Verordnungsgeber folgt hier dem Vorbild des Xetra-Handels an der Frankfurter Wertpapierbörse. Sofern keine Schlussauktion durchgeführt wird, wird der Durchschnittskurs auf der Grundlage anderer zur Bildung eines Durchschnittskurses geeigneter Kurse bestimmt. Voraussetzung ist allerdings, dass die Kurse täglich festgestellt werden. 113

cc) Währungsumrechnung. Sofern die Kurse in einer anderen Währung als in Euro angegeben werden, sind die Durchschnittskurse, die für die Berechnung des Mindestwertes herangezogen werden, auf der Grundlage des jeweiligen Tageskurses in Euro umzurechnen. Hierdurch soll erreicht werden, dass Wechselkursschwankungen im Laufe der Referenzperiode in die Bestimmung des Mindestwertes einfließen. In der Praxis dürfte sich eine Bezugnahme auf die von der EZB veröffentlichten Wechselkurse empfehlen.[112] 114

dd) Dokumentation der Berechnung. Die Grundlagen der Berechnung der Gegenleistung sind im Einzelnen zu dokumentieren. Welche Aufzeichnungen insofern erforderlich sind, ergibt sich aus der Vorschrift nicht. Es dürfte entsprechend dem beabsichtigten Schutzzweck ausreichend sein, wenn 115

[111] *Krause* in Assmann/Pötzsch/Schneider, § 31 Rn. 24.
[112] https://www.ecb.europa.eu/stats/exchange/eurofxref/html/index.en.html

sich die Berechnung des Mindestwertes mit den bereitgestellten Unterlagen einschließlich zusätzlicher allgemein verfügbarer Informationen für einen Fachkundigen sinnvoll nachvollziehen lässt.

116 **ee) Erfordernis einer Unternehmensbewertung.** Gemäß § 6 Abs. 6 WpÜG-AngV soll der Mindestwert nach § 6 ebenfalls über eine Unternehmensbewertung ermittelt werden, wenn die ausländischen Börsenkurse mangels ausreichender Liquidität des Marktes nicht aussagekräftig sind.

5. Bestimmung des Wertes der Gegenleistung (§ 7 WpÜG-AngV)

117 Während die §§ 4 bis 6 WpÜG-AngV Vorgaben zur Ermittlung eines Mindestwertes umfassen, den die Gegenleistung nicht unterschreiten darf, sieht § 7 WpÜG-AngV vor, dass die in §§ 5 und 6 WpÜG-AngV enthaltenen Berechnungsgrundlagen auch für die Berechnung angewendet werden, welchen Wert eine Gegenleistung des Bieters bei Tauschangeboten besitzt. Für die Wertermittlung gelten damit einheitliche Maßstäbe.

118 Das mindestens zu gewährende Umtauschverhältnis ergibt sich aus dem entsprechend den §§ 4 bis 6 WpÜG-AngV berechneten Wert der Aktien der Zielgesellschaft und dem ebenso berechneten Wert der als Gegenleistung angebotenen Aktien.

119 Erhält bei einem Paketverkauf nur der Verkäufer Aktien als Gegenleistung, während in dem öffentlichen Angebot eine Gegenleistung in bar angeboten wird, bestimmt der Wert der Gegenleistungsaktien den häufig maßgeblichen Vorerwerbspreis nach § 4 WpÜG-AngV. Findet – wie häufig – ein Closing erst nach Beginn der Annahmefrist statt, müssen zwischenzeitliche Börsenpreiserhöhungen der Gegenleistungsaktien bei der Höhe des Vorerwerbspreises berücksichtigt werden[113] und erhöhen die Bargegenleistung entsprechend Parallelerwerben.

§ 32 Unzulässigkeit von Teilangeboten

Ein Übernahmeangebot, das sich nur auf einen Teil der Aktien der Zielgesellschaft erstreckt, ist unbeschadet der Vorschrift des § 24 unzulässig.

Schrifttum: *Lenz/Behnke,* Das WpÜG im Praxistext, BKR 2004, 43; *Liebscher,* Das Übernahmeverfahren nach dem neuen Übernahmegesetz, ZIP 2001, 853; *Riehmer/Schröder,* Praktische Aspekte bei der Planung, Durchführung und Abwicklung eines Übernahmeangebots, BB 2001, Beilage 5, 1 ff.

Übersicht

[113] BaFin Jahresbericht 2011, 226; *Gei/Kiesewetter* AG 2012, 741, 742, 745.

I. Gesetzeszweck

Da ein Übernahmeangebot auf den Erwerb der Kontrolle gerichtet ist (§ 29 Abs. 1), darf grundsätzlich kein Aktionär der Zielgesellschaft von dem Angebot ausgenommen werden. Ausnahmen können jedoch für Aktionäre in bestimmten Staaten bestehen (§ 24). Die Vorschrift ist über § 39 auch auf Pflichtangebote anwendbar. Der Grundsatz des Angebots an alle Aktionäre berücksichtigt bereits Art. 5 der Übernahmerichtlinie und bedurfte keiner Anpassung in Umsetzung dieser Richtlinie. 1

II. Gegenstand des Angebots

1. Aktien der Zielgesellschaft

a) Grundsatz. Grundsätzlich hat sich ein Übernahmeangebot auf sämtliche Aktien der Zielgesellschaft zu erstrecken. Diese **Vollangebotspflicht** umfasst nicht nur die Stammaktien einer Zielgesellschaft, sondern auch eventuell ausgegebene Vorzugsaktien der Zielgesellschaft.[1] Die Vorzugsaktionäre sind in gleicher Weise wie die Stammaktionäre von einem Kontrollwechsel betroffen. Der bloße Unterschied, dass ihnen kein Stimmrecht zusteht, begründet kein Unterscheidungsmerkmal.[2] Auch den Vorzugsaktionären soll ein Verkauf ihrer Aktien an den Bieter zu angemessenen Konditionen ermöglicht werden. 2

Das Erfordernis eines Vollangebots über die Fälle des Pflichtangebots hinaus ist zum Teil kritisiert worden, da der Zwang zur Durchführung des Vollangebots zu einer so starken Reduzierung des Free Float führen könne, dass 3

[1] Vgl. nur *Pötzsch/Möller* WM 2000, Sonderbeilage 2, 17; *Land* DB 2001, 1707, 1711; *Houben* WM 2000, 1873, 1879.

[2] Vgl. insoweit BT-Drucks. 14/7034, 57; zustimmend etwa *Strenger* WM 2000, 952, der insbesondere den Charakter der Vorzugsaktionäre als Risikokapitalgeber betont.

ein Delisting erforderlich werden könne.[3] Auch würde die erhebliche Verteuerung von Übernahmen etwa sog. leveraged buy-outs durch Finanzinvestoren beeinträchtigen; ein Schutz sei demgegenüber auch nicht erforderlich, da die Minderheitsaktionäre ausreichend über das aktienrechtliche Schutzsystem geschützt seien.[4] Da ein erfolgreiches Übernahmeangebot ein nachfolgendes Pflichtangebot erübrigt (§ 35 Abs. 3), ist für diese Überlegungen kein Raum.[5]

4 **b) Börsennotierung.** Zum Teil wird vertreten, dass nur solche Aktien zum Gegenstand eines Übernahmeangebots gemacht werden müssen, die an einem organisierten Markt zugelassen sind;[6] andere Autoren möchten nur dann nicht zum Börsenhandel zugelassene Aktien einbeziehen, wenn sich das Übernahmeangebot explizit auch auf solche Aktien bezieht.[7] Ausgangspunkt für die Beurteilung dieser Frage ist zunächst, ob überhaupt ein Übernahmeangebot vorliegt. Liegt ein Übernahmeangebot im Sinne von § 29 Abs. 1 nach den dort im Detail ausgeführten Überlegungen vor, sind sämtliche Aktien der Zielgesellschaft unabhängig von ihrer Zulassung an einem organisierten Markt zu berücksichtigen.[8] Liegt hingegen ein Übernahmeangebot nicht vor (zB weil sich das Angebot nur auf nicht börsennotierte Stammaktien bezieht), gilt § 32 für dieses Angebot dann zwar nicht, wird aber bei Kontrollerlangung für das sich dann ggf. anschließende Pflichtangebot wieder relevant; in dieses sind dann sämtliche Aktien einzubeziehen. Eine generelle Beschränkung auf die zugelassenen Aktien widerspricht dem insoweit klaren Wortlaut der Vorschrift.[9] Gründe für eine teleologische Reduktion sind nicht ersichtlich.

5 **c) Sonderfälle.** § 32 lässt nach seinem Wortlaut von dem Grundsatz des Vollangebots keine Ausnahmen zu.

6 **aa) Anteile im Sinne von § 35 Abs. 2.** Nach seinem Wortlaut hat ein Übernahmeangebot auch eigene Aktien der Zielgesellschaft einzubeziehen, welche hingegen nach § 35 Abs. 2 Satz 3 nicht zum Gegenstand eines Pflichtangebots gemacht werden müssten. Die Gesetzesbegründung zu § 35 verweist hinsichtlich des Ausschlusses solcher Aktien von dem Pflichtangebot darauf, dass bei solchen Aktien die typische Schutzbedürftigkeit eines Minderheitsaktionärs nicht besteht.[10]

---

[3] Vgl. etwa *Land/Hasselbach* DB 2000, 1747, 1751; s. hierzu auch *Favoccia* in Assmann/Möller/Pötzsch, § 32 Rn. 6.

[4] *Schiessl* AG 1999, 442, 450.

[5] Siehe auch Standpunkte der BSK, S. 21: Widerspruch gegen Grundgedanken des Pflichtangebots; krit. *Wackerbarth* in MüKoAktG, § 32 WpÜG Rn. 8.

[6] *Noack* in Schwark/Zimmer, § 32 WpÜG Rn. 13; *Ekkenga* in Ehricke/Ekkenga/Oechsler, § 32 Rn. 9; *Hasselbach* in KK-WpÜG, § 32 Rn. 8.

[7] *Steinmeyer* in Steinmeyer, § 32 WpÜG Rn. 7.

[8] Ebenso wohl *Vogel* in Frankfurter Komm., § 32 Rn. 15; *Krause* NJW 2002, 705, 709; *Wackerbarth* in MüKoAktG, § 32 WpÜG Rn. 16ff; *Favoccia* in Assmann/Möller/Pötzsch, § 32 Rn. 12.

[9] vgl. hierzu näher *Lenz/Behnke* BKR 2003, 43, 49; *Lenz* NJW 2003, 2073, 2075; *Favoccia* in Assmann/Möller/Pötzsch, § 32 Rn. 12 mit Hinweis auf die Regulierungspraxis der BaFin.

[10] BT-Drucks. 14/7034, 60; ebenso *Land* DB 2001, 1707, 1713.

7 Offenkundig liegt eine planwidrige Regelungslücke vor. Das Übernahmeangebot könnte daher zulässigerweise die in § 35 Abs. 2 Satz 3 genannten eigenen Aktien ausnehmen.[11] Da die Zielgesellschaft die eigenen Aktien während der Annahmefrist jedoch jederzeit veräußern könnte, wird ein Bieter in einem Übernahme- als auch Pflichtangebot sich, und insbesondere seine Finanzierung, darauf einrichten müssen, auch die Aktien zu erwerben, die anfangs von der Zielgesellschaft selbst gehalten wurden.

8 **bb) Konkurrierender Bieter.** Vereinzelt wird vertreten, dass konkurrierende Bieter von einem Vollangebot ausgenommen werden dürfen.[12] Eine gesetzliche Grundlage ist für diese Ausnahme nicht ersichtlich. Auch im Übrigen ist nicht erkennbar, warum ein Bieter nicht sämtliche Aktien der Zielgesellschaft erwerben muss.[13] Sollte der konkurrierende Bieter seine Übernahmeabsichten zwischenzeitlich aufgeben, kann er die Aktien an der Zielgesellschaft in das Angebot des anderen Bieters verkaufen.

9 **cc) Umwandlungsfälle.** Auch in bestimmten Umwandlungsfällen kommt eine Einschränkung des Gebots, ein Vollangebot zu machen, in Betracht. Erlangt ein kontrollierender Aktionär einer übertragenden Gesellschaft im Rahmen der Umwandlung auch die Kontrolle über die übernehmende Gesellschaft, muss sich das Pflichtangebot im Wege der teleologischen Reduktion nur an die Altaktionäre der übernehmenden Gesellschaft richten, nicht aber an die bisherigen Aktionäre der übertragenden Gesellschaft, da sich deren Kontrollsituation nicht ändert.[14]

10 **dd) Erwerbe vom Bieter.** Ebenso wird vertreten, dass der Bieter zu seinem Schutz solche Aktionäre vom Angebot ausschließen könne, die ihre Anteile während der laufenden Annahmefrist von ihm selbst erworben haben.[15] Wenn ein Bieter tatsächlich während der Annahmefrist Aktien der Zielgesellschaft veräußert, können die Erwerber oder Zweiterwerber jedoch immer das Angebot annehmen. Der Bieter hat, selbst bei einer Vereinbarung einer ausdrücklichen Nichtandienungsverpflichtung mit dem Erwerber,[16] keine Möglichkeit zu erkennen, ob die ihm während der Annahmefrist angedienten Aktien von diesem Erwerber stammen oder nicht. Die Frage eines Ausschlusses stellt sich also nicht.

11 **ee) Rechtsmängel-belastete Aktien.** Der Ausschluss der Annahme von mit Rechtsmängeln behafteten Aktien ist uneingeschränkt akzeptierte Praxis,

---

[11] hM, *Diekmann* in Baums/Thoma, § 32 Rn. 9f.; *Vogel* in Frankfurter Komm., § 32 Rn. 18; *Ekkenga* in Ehricke/Ekkenga/Oechsler, § 32 Rn. 12; *Favoccia* in Assmann/Möller/Pötzsch, § 32 Rn. 9f. unter Hinweis auf die abweichende Verwaltungspraxis der BaFin; aA aber *Wackerbarth* in MüKoAktG, § 32 WpÜG Rn. 21 ff.

[12] *Ekkenga* in Ehricke/Ekkenga/Oechsler, § 32 Rn. 15.

[13] Ebenso *Steinmeyer* in Steinmeyer, § 32 Rn. 13, *Favoccia* in Assmann/Möller/Pötzsch, § 32 Rn. 17 und *Hasselbach* in KK-WpÜG, § 32 Rn. 11.

[14] Vgl. → § 35 Rn. 46; *Süßmann* WM 2003, 1453, 1356; *Wackerbarth* in MüKoAktG, § 32 WpÜG Rn. 25, sowie ausführlich *Schlitt/Ries* in MüKoAktG, § 35 WpÜG Rn. 122 ff.

[15] Hierzu *Ekkenga* in Ehricke/Ekkenga/Oechsler, § 32 Rn. 12; *Vogel* in Frankfurter Komm., § 32 Rn. 20.

[16] Hierzu *Steinmeyer* in Steinmeyer, § 32 Rn. 11; *Wackerbarth* in MüKoAktG, § 32 WpÜG Rn. 24; wie hier *Favoccia* in Assmann/Möller/Pötzsch, § 32 Rn. 19.

da, ohne Beanstandung der BaFin, der das Angebot annehmende Aktionär regelmäßig, als Teil der Angebotsbedingungen, zusichern muss, dass die angedienten Aktien frei von solchen Mängeln und frei von Verfügungsbeschränkungen sind.[17] Der Aktionär, der diese Zusicherungen nicht abgeben kann, ist damit in zulässiger Weise von dem Angebot ausgeschlossen. Die ua von *Steinmeyer*[18] vertretene Ansicht, ein solcher Ausschluss sei nicht mit § 32 vereinbar und die allgemeinen Leistungsstörungsregelungen des Zivilrechts führten zu praktikablen, angemessenen Ergebnissen, übersieht bereits die schlichte Tatsache, dass dem Bieter nie die Identität der sein Angebot annehmenden Aktionäre bekannt wird.[19] Aktien, die zum Börsenhandel zugelassen und nicht voll eingezahlt sind, müssen immer unter einer eigenen Kennnummer an der Börse gehandelt werden (arg. § 5 Abs. 2 BörsZulV) und würden daher vom Bieter sowieso gegen eine insoweit niedrigere Gegenleistung erworben.

2. Andere Wertpapiere

12 **a) Beschränkung auf Aktien.** § 32 spricht hinsichtlich der Unzulässigkeit von Teilangeboten ausdrücklich nur von Aktien der Zielgesellschaft. Daneben bestehen jedoch auch eine Reihe von Wertpapieren, etwa Wandelanleihen oder Optionsscheine, die zwar noch nicht zum Zeitpunkt des Angebots, jedoch in der Zukunft zum Bezug von Aktien berechtigen.

13 Bereits nach seinem Wortlaut umfasst § 32 sonstige Wertpapiere im Sinne von § 2 nicht, sondern beschränkt sich ausschließlich auf Aktien. Dies wird durch die Gesetzesbegründung gestützt,[20] wonach ausschließlich ein Angebot an sämtliche Aktionäre verlangt wird, das sich auf alle von der Zielgesellschaft emittierten Aktiengattungen, dh sowohl Stamm- als auch Vorzugsaktien, beziehen muss.[21]

14 Dementsprechend sind nach dem eindeutigen Willen des Gesetzgebers in das Übernahmeangebot **ausschließlich Aktien** der Zielgesellschaft einzubeziehen, nicht jedoch sonstige Wertpapiere der Zielgesellschaft, die in Aktien der Zielgesellschaft gewandelt oder aufgrund derer Aktien bezogen werden können.[22]

15 **b) Wertpapiere zum Bezug von Aktien.** Solange Wandlungs- oder Optionsrechte aus anderen Wertpapieren während der Annahmefrist nicht ausgeübt und dem Ausübenden Aktien geliefert worden sind, kann ein Angebot nicht angenommen werden.

---

[17] Ob wegen des Gutglaubenserwerbs eine solche Zusicherung erforderlich ist, bedarf hier keiner Erörterung.

[18] *Steinmeyer* in Steinmeyer, § 32 Rn. 10, ebenso *Hasselbach* in KK-WpÜG, § 32 Rn. 12.

[19] Zur technischen Abwicklung eines Angebots siehe *Holzborn* in Zschocke/Schuster, Teil C Rn. 121ff; *Favoccia* in Assmann/Möller/Pötzsch, § 32 Rn. 18.

[20] BT-Drucks. 14/7034, 57.

[21] BT-Drucks. 14/7034, 60.

[22] Kritisch zu dieser Einschränkung insbes. *Houben* WM 2000, 1873, 1879 und 1881; *Vogel* in Frankfurter Komm. § 32 Rn. 13; *Diekmann* in Baums/Thoma, § 32 Rn. 12; *Hasselbach* in KK-WpÜG, § 32 Rn. 14; *Glade* in Heidel, WpÜG, § 32 Rn. 2; vgl. ausführlich *Wackerbarth* in MüKoAktG, § 32 WpÜG Rn. 26f.

c) Aktien vertretende Zertifikate. Diskutiert wird die Frage, ob *American Depositary Receipts* (ADRs) oder ähnliche Zertifikate in das Angebot einzubeziehen sind.[23] Nach allgemeiner Ansicht scheidet eine unmittelbare Anwendung von § 32 aus. Solche Zertifikate sind keine Aktien, sondern vertreten Aktien. Einige Stimmen wollen § 32 auf solche Zertifikate zumindest analog anwenden. Begründet wird dies damit, dass die Treuhänderin, die die den Zertifikaten zugrunde liegenden Aktien hält, das Übernahmeangebot wegen der internen Treuhandverpflichtungen nicht annehmen könne, der Zertifikatinhaber hingegen kein Aktionär sei. Weiterhin würden die Mitgliedschaftsrechte nicht von den Aktionären, sondern den Zertifikatsinhabern wahrgenommen. 16

Der Konflikt löst sich, in dem der Zertifikatinhaber das Zertifikat bei dem Treuhänder in Aktien tauscht und mit diesen Aktien das Angebot annimmt. Die Zertifikatsbedingungen sehen regelmäßig eine solche Tauschmöglichkeit vor.[24] 17

3. Grenzüberschreitende Angebote

Während in dem Diskussions- wie auch dem Referentenentwurf ursprünglich vorgesehen war, dass die Pflicht zum Vollangebot grundsätzlich unbeschränkt bestehen solle (vgl. § 22 Diskussionsentwurf, § 32 Referentenentwurf), wurde in den Anhörungen verschiedentlich zum Ausdruck gebracht, dass die Pflicht zur Abgabe eines Vollangebots in vielen Fällen nicht eingehalten werden könne, ohne zugleich in Konflikt mit ggf. einzuhaltenden ausländischen Rechtsvorschriften zu kommen. Insbesondere wurde auf abweichende Fristen und die Dauer der Schaffung der nötigen Voraussetzungen im Ausland hingewiesen. Dementsprechend sieht das Gesetz vor, dass der Bieter bestimmte Aktionäre von dem Angebot ausnehmen kann, wenn die BaFin dem Bieter dies auf Antrag gestattet hat (vgl. zu den Einzelheiten § 24). 18

4. Maßgeblicher Zeitpunkt

a) Problemstellung. Offen lässt das Gesetz, auf welchen Zeitpunkt die Pflicht zur Abgabe eines Vollangebots abstellt, dh ob in das Vollangebot auch diejenigen Aktien einbezogen werden, die erst nach Angebotsabgabe entstehen, oder sich der Bieter auch bei einem Übernahme- oder Pflichtangebot darauf beschränken kann, ein Angebot nur für diejenigen Aktien abzugeben, die im Zeitpunkt des Angebotsbeginns ausgegeben waren. 19

b) Annahmefrist. Weder der Wortlaut von § 32 noch die Gesetzesbegründung legen diesbezüglich einen näheren Zeitpunkt fest. Allerdings zeigt 20

---

[23] *Hasselbach* in KK-WpÜG, § 32 Rn. 15; *Noack* in Schwark/Zimmer, § 32 WpÜG Rn. 6; *Wackerbarth* in MüKoAktG, § 32 WpÜG Rn. 29; *Favoccia* in Assmann/Möller/Pötzsch, § 32 Rn. 20ff.; *Glade* in Heidel, § 32 WpÜG Rn. 5; *Steinmeyer* in Steinmeyer, § 32 Rn. 9; *Vogel* in Frankfurter Komm., § 32 Rn. 14; *Diekmann* in Baums/Thoma, § 32 Rn. 12 (der das Problem zu Recht als *„rein theoretischer Natur"* beschreibt).

[24] *Werlen/Sulzer* in Habersack/Mülbert/Schlitt, § 45 Rn. 195; *Wienecke* AG 2001, 504, 509.

die Gesetzesbegründung,[25] dass sich das Angebot an sämtliche Aktionäre und auf alle von der Zielgesellschaft emittierten Aktien richten muss. Da es Zufall wäre, ob nach Angebotsbeginn neu ausgegebene Aktien die gleiche Gewinnanteilberechtigung wie die bereits ausgegebenen Aktien haben oder nicht und daher im ersten Fall neue Aktien von den bereits ausgegebenen Aktien gar nicht unterschieden werden können, verbietet sich jede Einschränkung der Annahmepflicht aus dem Grund, dass Aktien erst während der Annahmefrist ausgegeben werden.[26] Die neuen Aktionäre sind im Übrigen gleichermaßen schutzwürdig.

21 **c) Einbeziehung der weiteren Annahmefrist.** Zwar wird vertreten, dass Aktien, die erst nach Ablauf der Annahmefrist, aber noch innerhalb der weiteren Annahmefrist entstehen bzw. erst nach Ablauf der Annahmefrist erworben werden, nicht in die Pflicht zur Abgabe eines Vollangebots einzubeziehen seien.[27]

22 Da der Bieter aber auch hier regelmäßig nicht unterscheiden kann, ob ihm angediente Aktien neue ausgegebene und mit den alten Aktien gleich sind oder erst nach Ablauf der Annahmefrist von dem das Angebot in der weiteren Annahmefrist annehmenden Aktionär erworben wurden, scheidet bereits aus diesen Gründen jede Einschränkung aus. Konsequenterweise muss der Bieter dann auch neue, während der weiteren Annahmefrist mit abweichender Gewinnanteilberechtigung ausgegebene und daher unter einer anderen Kennnummer den Aktionären zugebuchte Aktien erwerben. Ein wegen des fehlenden Gewinnanteilsrechts notwendiger Abschlag auf die angebotene Gegenleistung sollte in einem solchen außergewöhnlichen Fall von der BaFin geduldet werden.[28]

23 Der Bieter muss sich daher bei der Planung, Finanzierung und Durchführung seines Angebots darauf einrichten, dass er mangels Unterscheidbarkeit zwischen alten und neuen Aktien sämtliche ausgegebenen Aktien zu erwerben hat.

III. Folgen eines Verstoßes gegen § 32

24 Ein Übernahme- oder Pflichtangebot, das entgegen § 32 nicht auf sämtliche Aktien der Zielgesellschaft bezieht, ist unzulässig.[29] Die BaFin wird das Angebot untersagen. Geschieht dies gleichwohl nicht, wird das insoweit gesetzeswidrige Teilangebot nicht die Befreiungswirkung nach § 35 Abs. 3 aus-

---

[25] Vgl. BR-Drucks. 574/01, 57.

[26] So auch *Noack* in Schwark/Zimmer, § 32 WpÜG Rn. 8 und Rn. 17, der jedoch im Ausgangspunkt nur neue Aktien aus Wandelung bestehender Options- und Wandlungsrechte einbeziehen möchte, nicht jedoch neu ausgegebene Aktien, wenn sie wertpapiermäßig unterscheidbar sind; näher *Vogel* in Frankfurter Komm., § 32 Rn. 16 und *Süßmann* NZG 2011, 1281, 1282.

[27] Allgemeine Ansicht, vgl. nur *Wackerbarth* in MüKoAktG, § 32 WpÜG Rn. 33f. mwN; *Glade* in Heidel, § 32 WpÜG Rn. 7; *Hasselbach* in KK-WpÜG, § 32 Rn. 7; zu Leerverkäufen siehe etwa *Steinmeyer* in Steinmeyer, § 32 Rn. 12.

[28] Vgl hierzu auch *Süßmann* NZG 2011, 1281, 1282.

[29] *Riehmer/Schröder* BB 2001, Beilage 5, 5; *Wackerbarth* in MüKoAktG, § 32 WpÜG Rn. 37; *Steinmeyer* in Steinmeyer, § 32 Rn. 14.

lösen.[30] Der Bieter wird sowohl im Falle eines solchen Teil-Übernahmeangebots oder Teil-Pflichtangebot verpflichtet sein, den aufgrund seines Angebots ausgeschlossenen Aktionären ein erneutes Pflichtangebot (wurde bei dem Teil-Übernahmeangebot die Kontrollschwelle nicht erreicht, besteht keine Pflicht zu einem weiteren Angebot) zu machen. Bei einem erneuten Pflichtangebot entsteht die Zinszahlungspflicht nach § 38 wegen der nunmehr verspäteten Nachholung des Pflichtangebots. Die Höhe der Angebotsgegenleistung (ohne Zinsen) bleibt hingegen identisch, da an die Mitteilung über die Kontrollerlangung anknüpfend. Wird hingegen nach einem Teil-Übernahmeangebot das Pflichtangebot nachgeholt, entscheidet zur Bestimmung der Mindestgegenleistung das Datum der Veröffentlichung der Kontrollerlangung nach Durchführung des Teil-Übernahmeangebots, ggfls. erhöht um die Zinsen nach § 38, falls diese Mitteilung verspätet veröffentlicht wird. Die Annahmen unter dem unzulässigen Teilangebot bleiben aber gleichwohl wirksam. § 31 Abs. 6 dürfte jedoch Anwendung finden.

§ 33 Handlungen des Vorstands der Zielgesellschaft

(1) **Nach Veröffentlichung der Entscheidung zur Abgabe eines Angebots bis zur Veröffentlichung des Ergebnisses nach § 23 Abs. 1 Satz 1 Nr. 2 darf der Vorstand der Zielgesellschaft keine Handlungen vornehmen, durch die der Erfolg des Angebots verhindert werden könnte. Dies gilt nicht für Handlungen, die auch ein ordentlicher und gewissenhafter Geschäftsleiter einer Gesellschaft, die nicht von einem Übernahmeangebot betroffen ist, vorgenommen hätte, für die Suche nach einem konkurrierenden Angebot sowie für Handlungen, denen der Aufsichtsrat der Zielgesellschaft zugestimmt hat.**

(2) **Ermächtigt die Hauptversammlung den Vorstand vor dem in Absatz 1 Satz 1 genannten Zeitraum zur Vornahme von Handlungen, die in die Zuständigkeit der Hauptversammlung fallen, um den Erfolg von Übernahmeangeboten zu verhindern, sind diese Handlungen in der Ermächtigung der Art nach zu bestimmen. Die Ermächtigung kann für höchstens 18 Monate erteilt werden. Der Beschluss der Hauptversammlung bedarf einer Mehrheit, die mindestens drei Viertel des bei der Beschlussfassung vertretenen Grundkapitals umfasst; die Satzung kann eine größere Kapitalmehrheit und weitere Erfordernisse bestimmen. Handlungen des Vorstands auf Grund einer Ermächtigung nach Satz 1 bedürfen der Zustimmung des Aufsichtsrats.**

Schrifttum: *Adams,* Was spricht gegen eine unbehinderte Übertragbarkeit der in Unternehmen gebundenen Ressourcen durch ihre Eigentümer?, AG 1990, 243; *Altmeppen,* Neutralitätspflicht und Pflichtangebot nach dem neuen Übernahmerecht, ZIP 2001, 1073; *Arnold/Wenninger,* Maßnahmen zur Abwehr feindlicher Übernahmeangebote, CFL 2010, 79; *Assmann/Bozenhardt,* Übernahmeangebote als Regelungsproblem zwischen gesellschaftsrechtlichen Normen und zivilrechtlich begründeten Verhaltensgeboten, in: *Assmann/Basaldua/Bozenhardt/Peltzer,* Übernahmeangebote, ZGR-Son-

[30] Ebenso *Steinmeyer* in Steinmeyer, § 32 Rn. 14; aA *Ekkenga* in Ehricke/Ekkenga/Oechsler, § 32 Rn. 16, *Hasselbach* in KK-WpÜG, § 32 Rn. 20 und *Favoccia* in Assmann/Möller/Pötzsch, § 32 Rn. 26.

derheft 9, 1990, 1; *van Aubel,* Vorstandspflichten bei Übernahmeangeboten, 1996; *Bästlein,* Zur Feindlichkeit öffentlicher Übernahmeangebote, 1997; *Bayer,* Vorsorge- und präventive Abwehrmaßnahmen gegen Übernahmeangebote, ZGR 2002, 588; *Böhm,* Der Rückkauf eigener Aktien und Übernahmetransaktionen, in: *von Rosen/ Seifert,* Die Übernahme börsennotierter Unternehmen, 1999, 327; *Busch,* Die Notwendigkeit der spezialgesetzlichen Regelung von öffentlichen Übernahmeangeboten in Deutschland, 1996; *Daum,* Die unkoordinierte Übernahme einer Aktiengesellschaft nach deutschem Recht, 1993; *Dimke/Heiser,* Neutralitätspflicht, Übernahmegesetz und Richtlinienvorschlag 2000, NZG 2001, 241; *Drinkuth,* Informationspflichten bei Ermächtigungsbeschlüssen nach § 33 Abs. 1 WpÜG, AG 2005, 597; *Ebenroth/Daum,* Die Kompetenzen des Vorstands einer Aktiengesellschaft bei der Durchführung und Abwehr unkoordinierter Übernahmen, DB 1991, 1105, 1157; *Hahn,* Die feindliche Übernahme von Aktiengesellschaften, 1992; *Harrer/Grabowski,* Abwehrtechniken bei feindlichen Übernahmeversuchen, DStR 1992, 1326; *Hauschka/Roth,* Übernahmeangebote und deren Abwehr im deutschen Recht, AG 1988, 181; *Herrmann,* Zivilrechtliche Abwehrmaßnahmen gegen unfreundliche Übernahmeversuche in Deutschland und Großbritannien, 1993; *Hirte/Schander,* Organpflichten bei Unternehmensübernahmen, in: *von Rosen/Seifert,* Die Übernahme börsennotierter Unternehmen, 1999, 341; *Hirte,* Verteidigung gegen Übernahmeangebote und Rechtsschutz des Aktionärs gegen die Verteidigung, ZGR 2002, 623; *Hopt,* Verhaltenspflichten des Vorstands der Zielgesellschaft bei feindlichen Übernahmen, Festschrift Lutter, 2000, 1361; *ders.,* Aktionärskreis und Vorstandsneutralität, ZGR 1993, 534; *Immenga,* Öffentliche Übernahmeangebote, in: Kreuzer, Öffentliche Übernahmeangebote, 1992, 11; *Immenga/ Noll,* Feindliche Übernahmeangebote aus wettbewerbspolitischer Sicht, 1990; *Kindler/ Horstmann,* Die EU-Übernahmerichtlinie – Ein „europäischer" Kompromiss, DStR 2004, 866; *Kirchner,* Neutralitäts- und Stillhaltepflicht des Vorstands der Zielgesellschaft im Übernahmerecht, AG 1999, 481; *ders.,* Managementpflichten bei „feindlichen" Übernahmeangeboten, WM 2000, 1821; *Klein,* Abwehrmöglichkeiten gegen feindliche Übernahmen in Deutschland, NJW 1997, 2085; *Knoll,* Die Übernahme von Kapitalgesellschaften, 1992; *Bastian Koch,* Die Neutralitätspflicht des Vorstands einer börsennotierten Aktiengesellschaft bei Abwehrmaßnahmen gegen feindliche Übernahmeangebote, 2001; *Beate Koch,* Hindernisse für öffentliche Übernahmeangebote im deutschen und britischen Recht, 1995; *Körner,* Die Neuregelung der Übernahmekontrolle nach deutschem und europäischem Recht – insbesondere zur Neutralitätspflicht des Vorstands, DB 2001, 367; *Kort,* Rechte und Pflichten des Vorstands der Zielgesellschaft bei Übernahmeversuchen, Festschrift Lutter, 2000, 1421; *Krause,* Zur „Pool- und Frontenbildung" im Übernahmekampf und zur Organzuständigkeit für Abwehrmaßnahmen gegen „feindliche" Übernahmeangebote, AG 2000, 217; *ders.,* Prophylaxe gegen feindliche Übernahmeangebote, AG 2002, 133; *Lammers,* Verhaltenspflichten von Verwaltungsorganen in Übernahmeauseinandersetzungen, 1994; *Leyendecker-Langner,* (Un-)Zulässigkeit von Aktienrückkaufprogrammen bei öffentlichen Übernahmen, BB 2013, 2051; *Lüttmann,* Kontrollwechsel in Kapitalgesellschaften, 1992; *Maier-Reimer,* Verhaltenspflichten des Vorstands der Zielgesellschaft bei feindlichen Übernahmen, ZHR 165 (2001), 258; *Martens,* Der Einfluss von Vorstand und Aufsichtsrat auf Kompetenzen und Struktur der Aktionäre – Unternehmensverantwortung contra Neutralitätspflicht, Festschrift Beusch, 1993, 529; *Merkt,* Verhaltenspflichten des Vorstands der Zielgesellschaft bei feindlichen Übernahmen, ZHR 165 (2001), 224; *Michalski,* Abwehrmechanismen gegen unfreundliche Übernahmeangebote („unfriendly takeovers") nach deutschem Aktienrecht, AG 1997, 152; *Mülbert,* Die Zielgesellschaft im Vorschlag 1997 einer Takeover-Richtlinie – zwei folgenreiche Eingriffe ins deutsche Aktienrecht, IStR 1999, 83; *ders.,* Umsetzungsfragen der Übernahmerichtlinie – erheblicher Änderungsbedarf bei den heutigen Vorschriften des WpÜG, NZG 2004, 633; *Mülbert/Birke,* Das übernahmerechtliche Behinderungsverbot – Die angemessene Rolle der Verwaltung einer Zielgesellschaft in einer feindlichen Übernahme, WM 2001, 705; *Otto,* Übernahmeversuche bei Aktiengesellschaften und Strategien der Abwehr, Beilage 12 DB 1988; *Reul,* Die Pflicht zur Gleichbehandlung der Aktionäre bei privaten Kontrolltransaktionen, 1991; *Röhrich,* Feindliche Übernahmeangebote, 1992; *Rümker,* Übernahmeangebote – Verhaltenspflichten des Vorstandes der Zielgesellschaft und Abwehrmöglichkeiten, Festschrift Heinsius, 1991, 683; *Salje,* „Feindliche Übernahmen" – Gegenstrategien und Regulierung im zukünftigen europäischen Binnenmarkt, JA 1990, 321; *Schilling,* Takeover, Treupflicht & Shareholder Value – Einige Anmerkungen zu dem Übernahmeversuch Krupp-Hoesch/Thyssen, BB 1997, 1909; *Schneider,* Die Zielgesellschaft nach Abgabe eines Übernahme- oder Pflichtangebots, AG 2002, 125; *dies.,* Analyse der EU-Übernahmerichtlinie und Hinweise für eine Reform des deutschen Übernahmerechts, ZGR 2005, 200; *dies.,* Analyse des Übernahmerichtlinie-Umsetzungsgesetzes, AG 2006, 301; *Sünner,* Zur Abwehr feindlicher Unternehmensübernahmen in Deutschland, Festschrift Quack, 1991, 457; *Süßmann,* Unerwünschte Übernahmen, NZG 2011, 1281; *Thaeter,* Zur Abwehr feindlicher Übernahmeversuche im RegE eines Gesetzes zur Regelung von öffentlichen Angeboten zum Erwerb von Wertpapieren und von Unternehmensübernahmen (WÜG-RegE), NZG 2001, 798; *Thümmel,* Haftungsrisiken von Vorständen und Aufsichtsräten bei der Abwehr von Übernahmeversuchen, DB 2000, 461; *Wackerbarth,* Von golden shares und poison pills: Waffengleichheit bei internationalen Übernahmeangeboten, WM 2001, 1741; *Wagner,* Standstill Agreements bei feindlichen Übernahmen nach US-amerikanischem und deutschem Recht, 1999; *Weisner,* Verteidigungsmaßnahmen gegen unfreundliche Übernahmeversuche in den USA, Deutschland und nach europäischem Recht, 2000; *Weisner,* Abwehrmaßnahmen gegen feindliche Unternehmensübernahmen, ZRP 2000, 520; *Werner,* Probleme „feindlicher" Übernahmeangebote im Aktienrecht, 1989; *Wiese/Demisch,* Abwehrmaßnahmen gegen feindliche Unternehmensübernahmen, DB 2001, 849; *Winter/Harbarth,* Verhaltenspflichten von Vorstand und Aufsichtsrat der Zielgesellschaft bei feindlichen Übernahmeangeboten nach dem WpUG, ZIP 2002, 1; *Witte,* Diskussionsentwurf zur Regelung von Unternehmensübernahmen: Abwehrmöglichkeiten des Vorstands der Zielgesellschaft, BB 2000, 2161.

Übersicht

I. Einführung

1. Systematische Bedeutung der Bestimmung

§ 33 enthält die zentrale Verhaltensnorm für die Geschäftsführung der Zielgesellschaft während eines Angebotsverfahrens. Die Norm dient dem Ausgleich widerstreitender Interessen. Einerseits soll die Zielgesellschaft während des Angebots nicht unangemessen in ihrer Geschäftstätigkeit behindert werden (§ 3 Abs. 4 Satz 2) und müssen Vorstand und Aufsichtsrat der Zielgesellschaft auch während eines Angebots im Interesse der Zielgesellschaft handeln (§ 3 Abs. 3, §§ 76, 93 AktG). Andererseits soll die Entscheidungsfreiheit der Adressaten eines Übernahmeangebots, dh der Aktionäre und sonstigen Wertpapierinhaber der Zielgesellschaft, in Kenntnis der Sachlage über die Annahme des Übernahmeangebots zu entscheiden, nicht dadurch eingeschränkt werden, dass Vorstand oder Aufsichtsrat der Zielgesellschaft durch eigenständige Entscheidungen den Erfolg eines Übernahmeangebots verhindern können. Schließlich sollen nach der Regierungsbegründung Konflikte mit dem Eigeninteresse von Vorstand und Aufsichtsrat an der Bewahrung ihrer Stellung in der Zielgesellschaft vermieden werden.[1] § 33 versucht diese widerstreitenden Interessen dadurch auszugleichen, dass einerseits alle Handlungen, die ein ordentlicher und gewissenhafter Geschäftsleiter einer Gesellschaft (§ 93 AktG) auch unabhängig von einem Übernahmeangebot vorgenommen hätte, weiterhin zulässig bleiben, während für darüber hinaus gehende Handlungen, durch die der Erfolg des Übernahmeangebots verhindert werden könnte, grundsätzlich eine Zustimmung des Aufsichtsrats oder eine Ermächtigung der Hauptversammlung erforderlich ist. 1

Das in § 33 Abs. 1 und 2 geregelte Verhinderungsverbot stimmt nur teilweise mit dem nunmehr in Art. 9 Abs. 2 und 3 Übernahmerichtlinie vom 21. April 2004 geregelten **Europäischen Verhinderungsverbot** überein.[2] Über Art. 9 Abs. 2 und 3 Übernahmerichtlinie hinaus zulässig sind nach Maßgabe von § 33 Abs. 1 und 2: 2

– Handlungen, die ein ordentlicher und gewissenhafter Geschäftsleiter einer nicht von einem Übernahmeangebot betroffenen Gesellschaft vorgenom-

---

[1] BT-Drucks. 14/7034, 57.
[2] *Meyer* WM 2006, 1135; *Diekmann* NJW 2007, 17.

men hätte (§ 33 Abs. 1 Satz 2, 1. Variante), auch wenn sie auf einer erst nach Übermittlung der Entscheidung zur Abgabe eines Angebots gefassten Entscheidung beruhen,
- Handlungen, denen der Aufsichtsrat zugestimmt hat (§ 33 Abs. 1 Satz 2, 3. Variante), und
- Handlungen aufgrund einer bis zu 18 Monate im Voraus erteilten Ermächtigung der Hauptversammlung (§ 33 Abs. 2).

Das restriktivere Europäische Verhinderungsverbot gilt nach dem durch das Übernahmerichtlinie-Umsetzungsgesetz vom 8. Juli 2006 eingefügten § 33a nur dann, wenn die Satzung der Zielgesellschaft ausdrücklich seine Geltung anordnet. Damit hat der deutsche Gesetzgeber von dem in Art. 12 Übernahmerichtlinie vom 21. April 2004 vorgesehenen Optionsmodell Gebrauch gemacht. Nach Art. 12 Abs. 1 Übernahmerichtlinie kann ein Mitgliedsstaat einer inländischen Zielgesellschaft die widerrufliche Wahlmöglichkeit einräumen, die Geltung der strengen Neutralitätspflicht einzuschränken (sog. Opt-Out-Modell) oder sich nach Art. 12 Abs. 2 für die strenge Geltung der Neutralitätspflicht zu entscheiden (sog. **Opt-In-Modell**).[3] §§ 33a bis 33c liegt das Opt-In-Modell zugrunde. Macht die Zielgesellschaft von dem Opt-In-Modell (§ 33a) keinen Gebrauch, dann gilt § 33.

§ 33 ging ursprünglich auf Art. 8 des zunächst gescheiterten Entwurfs der Übernahmerichtlinie zurück, der die vieldiskutierte Neutralitätspflicht der Verwaltung der Zielgesellschaft regelte.[4] Die Auseinandersetzungen über die Neutralitätspflicht waren für das Scheitern des ursprünglichen Entwurfs der Übernahmerichtlinie mitverantwortlich.[5] Das nunmehrige Optionsmodell stellt den europäischen Kompromiss zwischen den Anhängern und den Gegnern einer strikten Neutralitätspflicht der Verwaltung der Zielgesellschaft dar.[6]

3 § 33 lässt generell Vorratsermächtigungen auch bezüglich anderer Maßnahmen als Kapitalerhöhungen mit Bezugsrecht zu, beschränkt aber die Laufzeit der Ermächtigung auf 18 Monate und bindet die Ausübung an die Zustimmung des Aufsichtsrats.

4 Zum Verhältnis von § 33 zu den Regelungen des Diskussionsentwurfs, des Referentenentwurfs und des Regierungsentwurfs vgl. 1. Auflage, § 33 Rn. 4 aE.

2. Verhältnis zu anderen Rechtsvorschriften

5 § 33 sowie die durch das Übernahmerichtlinie-Umsetzungsgesetz eingefügten §§ 33a bis c stellen Konkretisierungen der allgemeinen Grundsätze des

[3] Vgl. *Wiesner* ZIP 2004, 348; *Krause* BB 2004, 113.

[4] Dazu *Grunewald* AG 2001, 289; *Hopt* FS Koppensteiner, 2001, 68 f.; *Merkt* ZHR 165 (2001), 230 ff.; *Neye* AG 2000, 294 f.; *Neye* ZIP 2001, 1122 f.; *Pötzsch/Möller* WM 2000, Sonderbeilage 2, 10.

[5] Vgl. *Hommelhoff/Witt* RIW 2001, 561; *Wackerbarth* WM 2001, 1741, jeweils mwN.

[6] Zur Entstehungsgeschichte der Übernahmerichtlinie insoweit näher *Grunewald* in Baums/Thoma, § 33 Rn. 3 ff.; *Kindler/Horstmann* DStR 2004, 866, 867; *Mülbert* NZG 2004, 633, 634; *Seibt/Heiser* ZGR 2005, 200, 201.

§ 3 Abs. 3 und 4 dar. Die Vorschriften dienen dem Schutz der in § 3 Abs. 2 verankerten Entscheidungsfreiheit der Aktionäre der Zielgesellschaft. Spezielle Ausprägungen der Verhaltenspflichten des Vorstands der Zielgesellschaft finden sich daneben in den §§ 27 und 28, die insoweit § 33 als lex specialis vorgehen. Im Verhältnis zu § 76 Abs. 1 AktG stellen § 33 sowie §§ 33a bis c innerhalb ihres sachlichen und zeitlichen Anwendungsbereichs Spezialregelungen dar. § 37 Abs. 2 DCGK idF v. 5. Mai 2015 gibt lediglich die geltende Rechtslage wieder und enthält keine weitergehenden Regelungen.

3. Sachlicher Anwendungsbereich

§ 33 gilt in erster Linie für Übernahmeangebote. Auf Pflichtangebote findet die Vorschrift gemäß § 39 ebenfalls Anwendung. 6

Die Anwendbarkeit von § 33 auf einfache Erwerbsangebote ist umstritten. 7 Teleologische Erwägungen und der Wortlaut von § 33 Abs. 1 Satz 1 mögen für eine entsprechende Anwendbarkeit sprechen.[7] Aus der systematischen Stellung der Vorschrift innerhalb des vierten Abschnittes folgt jedoch, dass § 33 keine Anwendung auf einfache Erwerbsangebote findet. Dort bemisst sich der Handlungsspielraum des Vorstands allein nach der aktienrechtlichen Neutralitätspflicht (siehe dazu → Rn. 12f.).[8]

4. Zeitlicher Anwendungsbereich

Zum zeitlichen Anwendungsbereich von § 33 siehe → Rn. 35. Der zeit- 8 liche Anwendungsbereich von § 33a und § 33b ergibt sich aus dem eindeutigen Gesetzeswortlaut.

II. Geschäftsführung der Zielgesellschaft (Abs. 1)

Abs. 1 regelt die laufende Geschäftsführung der Zielgesellschaft sowie die 9 Befugnis zu Abwehrmaßnahmen nach Veröffentlichung eines Angebots. Der Aufbau ist unübersichtlich. Die laufende Geschäftsführung regelt Satz 2, der Grundsatz, dass die Aktionäre der Zielgesellschaft in ihrer Entscheidungsfreiheit nicht behindert oder ihnen eine Entscheidung nicht durch Maßnahmen des Vorstands der Zielgesellschaft unmöglich gemacht werden soll, findet sich in Satz 1. Nach Satz 2, zweite Variante ist die Suche nach einem konkurrierenden Angebot zulässig, auch wenn sie im Ergebnis zu einer Ablehnung des Angebots des Bieters führt. Andere Abwehrmaßnahmen, die nach Veröffentlichung der Entscheidung über die Abgabe eines Angebots beschlossen werden sollen, sind nach Satz 2 mit Zustimmung des Aufsichtsrats sowie auf Grund vorheriger Ermächtigung der Hauptversammlung zulässig. Zulässigkeit und Schranken für Vorratsermächtigungen sind wiederum in Abs. 2 geregelt.

---

[7] *Hirte* in KK-WpÜG, § 33 Rn. 31.

[8] *Krause/Pötzsch/Stephan* in Assmann/Pötzsch/Schneider, § 33 Rn. 60; *Schlitt/Ries* in MüKoAktG, § 33 WpÜG Rn. 79. Der Begriff „Angebot" in § 33 Abs. 1 Satz 1 (ebenso in § 33a Abs. 2 Satz 1) bezieht sich auf den gesetzlich definierten Begriff „Entscheidung zur Abgabe eines Angebots" iSv § 10 Abs. 1 Satz 1.

1. Verhinderungsverbot (Satz 1)

10 **a) Allgemeine Grundlagen des Verhinderungsverbots. aa) Übernahmerechtliche Begründung des Verhinderungsverbots.** Satz 1 statuiert eine situationsbezogene übernahmerechtliche[9] Verhaltenspflicht des Vorstands der Zielgesellschaft, die heute überwiegend mit dem Begriff Verhinderungsverbot[10] bezeichnet wird.[11] Wie sich aus der Gesetzesbegründung ergibt, statuiert § 33 keine weitergehende Neutralitätspflicht des Vorstands der Zielgesellschaft. Insofern ist das Schlagwort „Neutralitätspflicht" zur Umschreibung der durch § 33 modifizierten Pflichtenstellung des Vorstands der Zielgesellschaft irreführend.[12] Vorstand und Aufsichtsrat der Zielgesellschaft trifft keine Pflicht, sich „neutral" zu dem Angebot zu verhalten. Sie können vielmehr für oder gegen das Angebot Stellung nehmen und Maßnahmen zur Abwehr eines Angebots ergreifen, zB einen „weißen Ritter" suchen, im Rahmen der Geschäftsführungsbefugnis des Vorstands oder auf Grundlage von Ermächtigungsbeschlüssen der Hauptversammlung Handlungen vornehmen oder Geschäfte tätigen, durch die der Bieter objektiv behindert werden kann, oder die Hauptversammlung einberufen, um weitere Maßnahmen zu beschließen.[13]

11 Das übernahmerechtliche Verhinderungsverbot folgt aus dem Gleichbehandlungsgrundsatz,[14] der in § 3 Abs. 1 verankert ist. Das Verhinderungsverbot dient darüber hinaus dem Schutz der Funktionsfähigkeit des Marktes für Unternehmenskontrolle, der die Ressourcenallokation verbessert, den Strukturwandel fördert und zu mehr Wettbewerb auf den Gütermärkten führt. Dass die Leitung des Unternehmens als eigenständiges Gut auf dem Markt gehandelt wird, erlaubt zugleich den ökonomisch sinnvollen Austausch nicht effizienter Managementstrukturen.[15]

12 **bb) Weitergehende aktienrechtliche Neutralitätspflicht des Vorstands?** Fraglich ist, ob nach geltendem Aktienrecht und ggf. über das übernahmerechtliche Verhinderungsverbot hinaus eine weitergehende **aktien-**

---

[9] Abweichend die Vorauflage, Rn. 10 f., wonach das Verhinderungsverbot als *kapitalmarktrechtliche* Verhaltensnorm zu qualifizieren sei. Wie hier *Schlitt/Ries* in MüKoAktG, § 33 WpÜG Rn. 49 ff.; *Brandi* in Thaeter/Brandi, Teil 3 Rn. 263 ff. Im Ergebnis ähnlich *Krause/Pötzsch/Stephan* in Assmann/Pötzsch/Schneider, § 33 Rn. 51 (gesellschafts- und kapitalmarktrechtliche Einordnung).

[10] *Krause/Pötzsch/Stephan* in Assmann/Pötzsch/Schneider, § 33 Rn. 8 ff.; *Schlitt/Ries* in MüKoAktG, § 33 WpÜG Rn. 49 ff.

[11] Zu den früher verwandten, inhaltlich identischen Begriffen Vereitelungs- bzw. Behinderungsverbot siehe Vorauflage, Rn. 10 f. mwN

[12] *Möller/Pötzsch* ZIP 2001, 1259; zur mangelnden Präzision des Begriffs auch *Grunewald* AG 2001, 288; *Land* DB 2001, 1711 Fn. 60.

[13] *Möller/Pötzsch* ZIP 2001, 1259 Fn. 20.

[14] *Hopt* FS Rittner, 1991, 198; *Hopt* ZHR 161 (1997), 411; *Hopt* FS Lutter, 2000, S. 1398; *Koller* in Assmann/Schneider, § 31 Rn. 47 f.; *Merkt* ZHR 165 (2001), 249 mwN in Fn. 122.

[15] Dazu grdl. *Hahn* ZBB 1990, 10 f., 19; *Hahn* S. 67 ff.; *Immenga/Noll,* S. 14 ff.; vgl. auch *Bästlein,* S. 55 ff.; *Dimke/Heiser* NZG 2001, 253 ff.; *Hopt* ZGR 1993, 544 ff.; *Kirchner* AG 1999, 481; *Körner* DB 2001, 367; *Reul,* S. 128 ff.; *Röhrich,* S. 42 ff.; *Seifert/Voth* in von Rosen/Seifert, S. 192 ff.; *Wackerbarth* WM 2001, 1743.

rechtliche Neutralitätspflicht oder Stillhaltepflicht des Vorstands und des Aufsichtsrats der Zielgesellschaft besteht.[16] Zur Begründung einer aktienrechtlichen Neutralitätspflicht des Vorstands werden das aktienrechtliche Gleichbehandlungsgebot (§ 53a AktG) angeführt,[17] außerdem die Pflicht des Vorstands zur Fremdinteressenwahrung, die diesen hindere, im Zusammenhang mit einem Übernahmeangebot Einfluss auf die Zusammensetzung des Aktionärskreises der Zielgesellschaft zu nehmen,[18] schließlich die Überlegung, dass der Vorstand durch Abwehrmaßnahmen mittelbar in die Möglichkeit der Aktionäre eingreife, ihr Stimmrecht auszuüben.[19]

Die Begründungsansätze für eine aktienrechtliche Neutralitätspflicht sind **13**
indes im Einzelnen kaum geeignet, eine in der Regel als „Stillhaltegebot“[20] oder „Passivitätspflicht“[21] verstandene Pflicht zu begründen und die Geschäftsführungsbefugnis des Vorstands der Zielgesellschaft aus § 76 AktG weitgehend einzuschränken.[22] Das aktienrechtliche Gleichbehandlungsgebot bietet keine tragfähige Grundlage, weil das Interesse des Bieters, (Mehrheits-)Aktionär der Zielgesellschaft zu werden, außerhalb des Regelungszwecks des Gleichbehandlungsgebots liegt[23] und die Hauptversammlung, die zwar nach Satz 1 zu Abwehrmaßnahmen ermächtigen kann, jedoch über § 53a AktG nicht zu disponieren befugt wäre.[24] Auch müsste dann die Gesellschaft zwischen potentiellen und zukünftigen Aktionären differenzieren, da

---

[16] *Adams* AG 1990, 243, 245; *Assmann/Bozenhardt* in Assmann/Basaldua/Bozenhardt/Peltzer, S. 113; *Dimke/Heiser* NZG 2001, 243 ff.; *Ebenroth/Daum* DB 1991, 1158; *Hirte/Schander* in von Rosen/Seifert, S. 348; *Hopt* in Großkomm., § 93 Rn. 122, 127; *Hopt* FS Rittner, 1991, S. 203; *Hopt* FS Zöllner, 1999, S. 256; *Hopt* FS Lutter, 2000, S. 1375 mit Fn. 59; *Immenga* in Kreuzer, S. 28 ff.; *Knoll,* S. 273 ff.; *Krause* WM 1996, 851; *Krause* AG 1996, 214; *Krause* AG 2000, 217 ff.; *Lammers,* S. 130 ff.; *Loehr* in von Rosen/Seifert, S. 154 f.; *Roos* WM 1996, 2177, 2185; ähnlich bereits *Mertens* in KölnKomm., § 76 Rn. 26 („Zurückhaltungsgebot bei Übernahmekämpfen“); offengelassen in BGH v. 22.10.2007, AG 2002, 164, 165.

[17] *Hopt* in Großkomm., § 93 Rn. 122; *Mertens* in KölnKomm., § 76 Rn. 18, 26 und § 93 Rn. 61; *Michalski* AG 1997, 159; *Schanz* NZG 2000, 340.

[18] *Adams* AG 1990, 243; *Assmann/Bozenhardt* in Assmann/Basaldua/Bozenhardt/Peltzer, S. 113; *Ebenroth/Daum* DB 1991, 1157; *Hirte/Schander* in von Rosen/Seifert, S. 348; *Hopt* ZGR 1993, 548 ff.; *Hopt* ZHR 161 (1997), 391; *Immenga/Noll,* S. 32 ff., 117 ff.; *Knoll,* S. 273 ff.; *Krause* AG 1996, 214, *Krause* WM 1996, 851; *Krause* AG 2000, 217, 218; *Krieger* in MHdB AG, § 69 Rn. 15; *Mertens* in KölnKomm., § 76 Rn. 26; *Mertens* AG 1990, 258; *Michalski* AG 1997, 159; *Mülbert* IStR 1999, 87; *Rümker* FS Heinsius, 1991, 688 ff.

[19] *Dimke/Heiser* NZG 2001, 246.

[20] *Merkt* ZHR 165 (2001), 234 mit Fn. 48; kritisch zum Begriff *Baums* in von Rosen/Seifert, S. 175.

[21] *Hommelhoff/Witt* RIW 2001, 565.

[22] *Bungert* ZHR 159 (1995), 267; *Bungert* NJW 1998, 492; *Grunewald* AG 2001, 289; *Kirchner* AG 1999, 489 f.; *Martens* FS Beusch, 1993, S. 529, 542 ff., 545; *W. Müller* FS Semler, 1993, S. 210 f.; *Thümmel* DB 2000, 462 f.; *Weisner,* S. 144 ff.; *Werner,* S. 16; *Wiese/Demisch* DB 2001, 850 f.; einschränkend auch *Horn* ZIP 2000, 481 ff.; *Kort* FS Lutter, 2000, 1433.

[23] *Maier-Reimer* ZHR 165 (2001), 260.

[24] *Maier-Reimer* ZHR 165 (2001), 260.

sich nur gegenwärtige Aktionäre auf den Gleichbehandlungsgrundsatz berufen können.[25] Ferner sind Vorstand und Aufsichtsrat nach geltendem Aktienrecht in einer Reihe von Fallgruppen sehr wohl berechtigt, Einfluss auf die Zusammensetzung des Aktionärskreises zu nehmen: so bei der Vinkulierung von Aktien, der Ausgabe von Aktien aus genehmigtem Kapital unter Ausschluss des Bezugsrechts und der Gestattung der Durchführung einer Due Diligence.[26]

14 Nach zutreffender Ansicht besteht auch nach Aktienrecht nur ein **eingeschränktes aktienrechtliches Verhinderungsverbot,** nicht eine weitergehende Neutralitäts- oder Stillhaltepflicht. Das aktienrechtliche Verhinderungsverbot hat zum Inhalt, dass der Vorstand die Veräußerungsmöglichkeit der Aktionäre der Zielgesellschaft nicht aus Eigeninteressen durch gezielte Interventionen vereiteln darf.[27] Allerdings darf er Maßnahmen zur Verhinderung von Übernahmen ergreifen (zB im Wege von Präventivmaßnahmen), sofern sie im Unternehmensinteresse liegen. Das Interesse der Aktionäre an einer freien Veräußerbarkeit ihrer Aktien ist dabei eines von mehreren Interessen, die der Vorstand bei seiner Ermessensentscheidung zu berücksichtigen hat.[28] Unabhängig davon gilt das aktienrechtliche Verhinderungsverbot auf jeden Fall nur außerhalb des sachlichen und zeitlichen Anwendungsbereichs von § 33; innerhalb dieses Anwendungsbereichs gilt § 33 als lex specialis.[29]

15 **cc) Aktienrechtliche Rechtfertigung von Abwehrmaßnahmen?** Umstritten ist, ob der Vorstand nach geltendem Aktienrecht aus seiner Verpflichtung zur Wahrung des Unternehmensinteresses (§§ 76, 93 AktG) generell zu Abwehrmaßnahmen berechtigt oder verpflichtet sein kann. Nach einer Ansicht soll dem Vorstand ein allgemeines unternehmerisches Ermessen im Sinne der sog. Business Judgment Rule zu Abwehrmaßnahmen eingeräumt sein.[30] Mit § 33 ist innerhalb des Anwendungsbereichs dieser Vorschrift eine generelle Berufung des Vorstands der Zielgesellschaft auf eine allgemeine Business Judgment Rule jedoch nicht vereinbar. Sie würde das Risiko eines unkontrollierbaren Vorstandshandelns mit sich bringen und letztlich dem Vorstand die Möglichkeit an die Hand geben, seine Bewertung des Übernahmeangebots auch gegen den Willen und die Interessen der Aktionäre durchzusetzen.[31]

16 Daneben wird verschiedentlich die weniger weitreichende Ansicht vertreten, dass der Vorstand der Zielgesellschaft zumindest in besonderen Gefahren-

---

[25] *Kort* FS Lutter, 2000, 1437; *Maier-Reimer* ZHR 165 (2001), 260; *Merkt* ZHR 165 (2001), 247.

[26] *Grunewald* AG 2001, 290; *Weisner,* S. 145.

[27] *Krause/Pötzsch/Stephan* in Assmann/Pötzsch/Schneider, § 33 Rn. 245; *Schlitt/Ries* in MüKoAktG, § 33 WpÜG Rn. 255; *Grunewald* in Baums/Thoma, § 33 Rn. 116.

[28] *Krause/Pötzsch/Stephan* in Assmann/Pötzsch/Schneider, § 33 Rn. 245; *Schlitt/Ries* in MüKoAktG, § 33 WpÜG Rn. 255; *Grunewald* in Baums/Thoma, § 33 Rn. 116.

[29] *Krause/Pötzsch/Stephan* in Assmann/Pötzsch/Schneider, § 33 Rn. 50; *Schlitt/Ries* in MüKoAktG, § 33 WpÜG Rn. 51; *Brandi* in Thaeter/Brandi, Teil 3 Rn. 276, 290 f.

[30] *Kirchner* AG 1999, 484; *ders.* WM 2000, 1830; *Schneider/Burgard* DB 2001, 967; *Weisner,* S. 142 ff.; *Wiese/Demisch* DB 2001, 851.

[31] *Dimke/Heiser* NZG 2001, 24; *Schlitt/Ries* in MüKoAktG, § 33 WpÜG Rn. 52; *Brandi* in Thaeter/Brandi, Teil 3 Rn. 276, 290 f.

situationen auf Grund seiner Verpflichtung, das Interesse der Gesellschaft zu wahren (§§ 76, 93 AktG), zu Abwehrmaßnahmen berechtigt und verpflichtet sein kann, so zB wenn der Bieter erkennbar die Gesellschaft schädigende Maßnahmen plane, die durch die Hauptversammlung nicht verhindert werden könnten.[32] Entgegen der Vorauflage (siehe dort Rn. 16ff.) besteht innerhalb des Anwendungsbereichs von § 33 jedoch kein Raum für eine aktienrechtliche Rechtfertigung von Abwehrmaßnahmen in besonderen Ausnahmefällen. Vielmehr beurteilt sich die Zulässigkeit im Hinblick auf das Verhinderungsverbot insoweit ausschließlich nach § 33.[33] Daneben sind außerdem die allgemeinen aktien- und kapitalmarktrechtlichen Vorgaben für Kapitalmaßnahmen und sonstige Abwehrmaßnahmen zu beachten.

dd) Rechtliche Qualifikation der Vorstandspflichten nach Satz 1. Die aus dem Verhinderungsverbot nach Satz 1 resultierenden Pflichten des Vorstands zur Unterlassung von Maßnahmen, durch die der Erfolg des Übernahmeangebots verhindert werden könnte, stellen **Organpflichten** des Vorstands iSv § 76 AktG dar, die der Vorstand bei seiner Geschäftsführung zu beachten hat.[34] Unter Verletzung der Pflichten nach Satz 1 vom Vorstand getätigte Maßnahmen sind analog den Grundsätzen der Holzmüller-Entscheidung **im Außenverhältnis wirksam.**[35] Die abweichende Ansicht sieht in Satz 1 eine **Kompetenznorm,** durch die dem Vorstand jegliche Zuständigkeit für die Durchführung von Maßnahmen genommen wird, durch die der Erfolg eines Übernahmeangebots vereitelt werden könnte.[36] Dem ist nicht zu folgen.[37] Wegen des weit gefassten Begriffes der Verhinderung würde ein Verständnis von Satz 1 als Kompetenznorm im Einzelfall zu schwierigen Abgrenzungsfragen führen, was mit dem strengen Kompetenzgefüge der Organe in der Aktiengesellschaft und der unbeschränkbaren Vertretungsmacht des Vorstands (§ 82 Abs. 1 AktG) nicht vereinbar wäre. In Zweifelsfällen wäre die Zielgesellschaft handlungsunfähig. 17

b) Objektive Eignung zur Verhinderung. Nach der Gesetzesbegründung ist bei der Beurteilung, ob Handlungen einer Ermächtigung der Hauptversammlung bedürfen, darauf abzustellen, ob die Handlungen **objektiv geeignet** sind, den Erfolg eines Übernahmeangebots zu verhindern. Eine Verhinderungsabsicht muss mit der konkreten Handlung nicht verbunden 18

[32] *Grunewald* in Baums/Thoma, § 33 Rn. 69; *van Aubel,* S. 158ff. und S. 42ff. mit Einzelfällen; *Dimke/Heiser* NZG 2001, 246f.; *Herrmann,* S. 99ff.; *Hopt* ZGR 1993, 553ff.; *Kort* FS Lutter, 2000, 1434; *Mertens* in KölnKomm., § 76 Rn. 26; *Mertens* AG 1990, 258f.; *Mülbert* IStR 1999, 89 unter Berufung auf BGHZ 33, 175, 186ff. – Minimax II; wohl auch *Thümmel* DB 2000, 463; generell abl. *Röh* in Frankfurter Komm. Rn. 68.

[33] *Hirte* in KK-WpÜG, § 33 Rn. 28; *Krause/Pötzsch/Stephan* in Assmann/Pötzsch/Schneider, § 33 Rn. 52; *Brandi* in Thaeter/Brandi, Teil 3 Rn. 276, 290f.

[34] *Krause/Pötzsch/Stephan* in Assmann/Pötzsch/Schneider, § 33 Rn. 303; *Grunewald* in Baums/Thoma, § 33 Rn. 8, 104; *Schlitt/Ries* in MüKoAktG, § 33 WpÜG Rn. 57, 234.

[35] *Krause/Pötzsch/Stephan* in Assmann/Pötzsch/Schneider, § 33 Rn. 303; *Schlitt/Ries* in MüKoAktG, § 33 WpÜG Rn. 234M; *Brandi* in Thaeter/Brandi, Teil 3 Rn. 605.

[36] *Hirte* in KK-WpÜG, § 33 Rn. 28; *Röh* in Frankfurter Komm., § 33 Rn. 32.

[37] Anders noch *Brandi* in Thaeter/Brandi, Teil 3 Rn. 619.

sein.[38] Für die Qualifizierung einer Maßnahme kommt es auch nicht darauf an, ob die Maßnahme das Übernahmeangebot tatsächlich verhindert hat. Erforderlich und ausreichend ist, dass die Handlung zum Zeitpunkt ihrer Vornahme als objektiv geeignet erscheint, den Erfolg eines Übernahmeangebots zu verhindern.[39] Eine objektive Eignung zur Verhinderung ist gegeben, wenn eine Maßnahme der Verwaltung im Falle ihrer erfolgreichen Durchführung den Aktionären der Zielgesellschaft die Möglichkeit nimmt, selbst über die Annahme oder Ablehnung des Übernahmeangebots zu entscheiden und die Verwaltung der Zielgesellschaft auf diese Weise ihre Entscheidung an die Stelle der Entscheidung der Aktionäre setzte.[40] Dies ist zum Beispiel der Fall, wenn die Abwehrmaßnahme zum Ausfall einer aufschiebenden Bedingung oder Eintritt einer auflösenden Bedingung des Bieterangebots führen würde.[41] Ferner ist hierzu der Fall zu rechnen, dass die Maßnahme objektiv dazu geeignet ist, den Bieter zu veranlassen, von der Durchführung des Übernahmeangebots Abstand zu nehmen, zB indem sie die wirtschaftliche oder rechtliche Ausgangslage für den Bieter wesentlich verändert.[42]

19 **c) Einzelfälle behindernder Maßnahmen iS von Satz 1.** Maßnahmen, die objektiv geeignet sind, den Erfolg eines Übernahmeangebots zu verhindern, sind:

20 **aa) Ausgabe von Aktien der Zielgesellschaft.** Als Abwehrmaßnahme nennt die Gesetzesbegründung in erster Linie die Ausgabe „eines nicht unerheblichen Anteils" von Aktien durch den Vorstand der Zielgesellschaft.[43] Wann eine „nicht unerhebliche" Zahl von Aktien ausgegeben wird, ist nach den Umständen des Einzelfalls zu beurteilen. Entgegen der Vorauflage (siehe dort Rn. 25) gibt es keine vermutete Verhinderungseignung bei Erreichen bestimmter Schwellenwerte (etwa 5% oder 10% des existierenden Grundkapitals).[44] Die Eignung zur Verhinderung des Angebotserfolges im Einzelfall kann sich daraus ergeben, dass das Angebot unter der auflösenden Bedingung einer Kapitalerhöhung bei der Zielgesellschaft steht oder der Bieter eine von ihm bestimmte Mindestannahmeschwelle nicht erreicht. Im Übrigen kann sie aus einer erheblichen Verteuerung des Übernahmeangebots für den Bieter resultieren, dessen Angebot sich gemäß § 32 auf alle Aktien der Zielgesellschaft erstrecken muss.[45]

---

[38] BT-Drucks. 14/7034, 57; *Grunewald* in Baums/Thoma, § 33 Rn. 22; *Hirte* in KK-WpÜG, § 33 Rn. 55; *Krause/Pötzsch/Stephan* in Assmann/Pötzsch/Schneider, § 33 Rn. 83f.; *Schlitt* in MüKoAktG, § 33 WpÜG Rn. 60; *Steinmeyer* in Steinmeyer/Häger, § 33 Rn. 16; kritisch *Witte* BB 2000, 2164.

[39] BT-Drucks. 14/7034, 57.

[40] *Krause/Pötzsch/Stephan* in Assmann/Pötzsch/Schneider, § 33 Rn. 83.

[41] *Krause/Pötzsch/Stephan* in Assmann/Pötzsch/Schneider, § 33 Rn. 83.

[42] *Krause/Pötzsch/Stephan* in Assmann/Pötzsch/Schneider, § 33 Rn. 83; *Brandi* in Thaeter/Brandi, Teil 3 Rn. 348; weitergehend *Schlitt/Ries* in MüKoAktG, § 33 WpÜG Rn. 58: ausreichend, wenn die Durchführung des Angebots dem Bieter nicht unwesentlich erschwert.

[43] BT-Drucks. 14/7034, 57.

[44] *Krause/Pötzsch/Stephan* in Assmann/Pötzsch/Schneider, § 33 Rn. 90; *Schlitt/Ries* in MüKoAktG, § 33 WpÜG Rn. 86; *Brandi* in Thaeter/Brandi, Teil 3 Rn. 470.

[45] *Krause/Pötzsch/Stephan* in Assmann/Pötzsch/Schneider, § 33 Rn. 88; *Grunewald* in Baums/Thoma, § 33 Rn. 29.

Für die objektive Eignung zur Verhinderung ist es im Einzelfall unerheblich, ob die auszugebenden Aktien neu durch Ausnutzung eines genehmigtem Kapitals geschaffen werden oder ob die Zielgesellschaft nach § 71 Abs. 1 Nr. 8 AktG zurück erworbene eigene Aktien wieder veräußern will. Dies gilt allerdings im Regelfall nur, soweit der Vorstand gemäß § 71 Abs. 1 Nr. 8 Satz 5 AktG ermächtigt ist, die erworbenen Aktien in anderer Weise als über die Börse zu veräußern, da die Ausgabe dann wie ein Bezugsrechtsausschluss wirkt.[46] Die Veräußerung eigener Aktien über die Börse nach § 71 Abs. 1 Nr. 8 Satz 4 AktG wird den Bieter idR nicht behindern.[47] Sie erhöht die Zahl der Aktien, die der Bieter mit seinem Angebot erreichen kann. Außerdem kann der Börsenkurs der Aktien der Zielgesellschaft durch die Veräußerung sinken und dadurch die Attraktivität des Angebots erhöht werden. 21

Die Ausgabe von Aktien **unter Ausschluss des Bezugsrechts** ist geeignet, das Stimmengewicht der Aktien, die der Bieter erwerben kann, zu verringern. Werden die Aktien an ein befreundetes Unternehmen ausgegeben und verpflichtet sich dieses, die Aktien nicht dem Bieter anzudienen, dann reduziert sich zugleich die Zahl der Aktien, die der Bieter mit seinem Angebot erreichen kann. Aus diesem Grund zählt die Ausgabe von Aktien unter Ausschluss des Bezugsrechts zu den wirkungsvollsten Abwehrmaßnahmen gegen ein Übernahmeangebot.[48] Die gescheiterten Bemühungen von Hochtief zur Abwehr des Übernahmeangebots von ACS durch Ausgabe neuer Aktien an einen befreundeten Großaktionär[49] verdeutlichen allerdings die im Einzelfall nur eingeschränkte Abwehrwirkung solcher Maßnahmen. 22

Zur Verhinderung des Erfolgs des Übernahmeangebots objektiv geeignet kann auch die Ausgabe von Aktien **mit Bezugsrecht** der bisherigen Aktionäre sein, wenn durch die Zahl der ausgegebenen Aktien die Zahl der Aktien, die der Bieter zur Erlangung der Kontrolle benötigt, wesentlich erhöht und dadurch der Kontrollerwerb so verteuert wird, dass dem Bieter die Finanzierung des erfolgreichen Übernahmeangebots unmöglich gemacht wird.[50] Wegen der objektiven Eignung zur Abschreckung des Bieters durch Verteuerung ist die Ausgabe einer größeren Anzahl von Aktien mit Bezugsrecht selbst dann zur Erfolgsverhinderung geeignet, wenn sie den Kontrollerwerb nicht in jedem Fall verhindern kann.[51] Aber auch wenn nur in geringem Umfang Aktien unter Wahrung des Bezugsrechts ausgegeben werden, 23

---

[46] *Krause/Pötzsch/Stephan* in Assmann/Pötzsch/Schneider, § 33 Rn. 98; *Grunewald* in Baums/Thoma, § 33 Rn. 33f.

[47] *Krause/Pötzsch/Stephan* in Assmann/Pötzsch/Schneider, § 33 Rn. 98; *Süßmann* NZG 2011, 1288.

[48] *Krause/Pötzsch/Stephan* in Assmann/Pötzsch/Schneider, § 33 Rn. 89; *Grunewald* in Baums/Thoma, § 33 Rn. 29; *Hirte* in KK-WpÜG, § 33 Rn. 60; *Schlitt/Ries* in MüKoAktG, § 33 WpÜG Rn. 84; *Kort* FS Lutter, 2000, 1430; *Maier-Reimer* ZHR 165 (2001), 267; *Schanz* NZG 2000, 343.

[49] BaFin, Jahresbericht 2010, 223f.

[50] BT-Drucks. 14/7034, 57; *Grunewald* in Baums/Thoma, § 33 Rn. 29; *Röh* in Frankfurter Komm., § 33 Rn. 115; *Schlitt/Ries* in MüKoAktG, § 33 WpÜG Rn. 82; skeptisch zur Abwehrwirkung: *Süßmann* NZG 2011, 1287.

[51] *Krause/Pötzsch/Stephan* in Assmann/Pötzsch/Schneider, § 33 Rn. 88; *Hirte* in KK-WpÜG, § 33 Rn. 60.

kann eine Eignung zur Verhinderung des Angebots vorliegen, wenn das Angebot eine hohe Annahmeschwelle oder eine entsprechende auflösende Bedingung vorsieht.[52]

24 Eine Eignung zur Verhinderung des Angebotes kann auch bei Ausgabe stimmrechtsloser Vorzugsaktien gegeben sein, da deren Stimmrecht gem. § 140 Abs. 2 AktG aufleben kann.[53] Eine Kapitalerhöhung aus Gesellschaftsmitteln dürfte hingegen kaum zur Verhinderung des Angebotserfolges geeignet sein und zwar selbst dann nicht, wenn sie mit der Ausgabe neuer Aktien verbunden ist.[54]

25 **bb) Ausgabe von Wandel- oder Optionsanleihen.** Eine weitere den Bieter objektiv behindernde Maßnahme ist die Ausgabe von Schuldverschreibungen mit Wandelrecht oder Umtauschrecht, durch die dem Erwerber der Bezug von Aktien der Zielgesellschaft ermöglicht werden kann.[55] Die bei Ausübung künftig eintretende Stimmrechtsverwässerung kann dem Bieter die dauerhafte Erlangung der Kontrolle über die Zielgesellschaft erschweren.[56] Dies gilt insbesondere bei Ausgabe an einen befreundeten Investor unter Ausschluss des Bezugsrechts der übrigen Aktionäre. Aber auch die Ausgabe ohne Bezugsrechtsausschluss kann erfolgsverhindernd wirken, wenn das Angebot unter einer entsprechenden auflösenden Bedingung steht. Das Vorstehende gilt entsprechend für die Ausgabe von *naked warrants*[57], die aktienrechtliche Zulässigkeit unterstellt.[58]

26 **cc) Erwerb eigener Aktien.** Als weiteren Fall einer zur Behinderung des Bieters und Vereitelung des Übernahmeangebots geeigneten und daher ohne Zustimmung des Aufsichtsrats nach Satz 2 unzulässigen Maßnahme des Vorstands nennt die Regierungsbegründung den Rückerwerb eigener Aktien durch die Zielgesellschaft „in größerem Umfang".[59] Wann ein Rückkauf „in größerem Umfang" vorliegt, ist nach den Umständen des Einzelfalls zu beurteilen. Der Rückerwerb kann auf Grund der verstärkten Nachfrage am Markt zu einem erhöhten Börsenpreis der Aktien der Zielgesellschaft führen, was die Attraktivität des Übernahmeangebots des Bieters beeinträchtigen kann.[60] Zu-

---

[52] *Krause/Pötzsch/Stephan* in Assmann/Pötzsch/Schneider, § 33 Rn. 90; *Grunewald* in Baums/Thoma, § 33 Rn. 30.

[53] *Grunewald* in Baums/Thoma, § 33 Rn. 30; *Hirte* in KK-WpÜG, § 33 Rn. 60; aA *Ekkenga* in Ehricke/Ekkenga/Oechsler, § 33 Rn. 96.

[54] *Grunewald* in Baums/Thoma, § 33 Rn. 32; *Krause/Pötzsch/Stephan* in Assmann/Pötzsch/Schneider, § 33 Rn. 91; aA *Hirte* in KK-WpÜG, § 33 Rn. 61, 63.

[55] *Grunewald* in Baums/Thoma, § 33 Rn. 35; *Krause/Pötzsch/Stephan* in Assmann/Pötzsch/Schneider, § 33 Rn. 99; *Röh* in Frankfurter Komm., § 33 Rn. 118; *Schlitt/Ries* in MüKoAktG, § 33 WpÜG Rn. 95; *Hirte* in KK-WpÜG, § 33 Rn. 60; *Brandi* in Thaeter/Brandi, Teil 3 Rn. 494.

[56] *Grunewald* in Baums/Thoma, § 33 Rn. 35; *Arnold/Wenninger* CFl 2010, 85.

[57] *Grunewald* in Baums/Thoma, § 33 Rn. 35; *Krause/Pötzsch/Stephan* in Assmann/Pötzsch/Schneider, § 33 Rn. 100; *Schlitt/Ries* in MüKoAktG, § 33 WpÜG Rn. 95; *Hirte* in KK-WpÜG, § 33 Rn. 60; *Brandi* in Thaeter/Brandi, Teil 3 Rn. 494.

[58] Siehe etwa die Diskussion bei *Hölters,* AktG, § 221 Rn. 46f.

[59] BT-Drucks. 14/7034, 58.

[60] *Grunewald* in Baums/Thoma, § 33 Rn. 36; *Schlitt/Ries* in MüKoAktG, § 33 WpÜG Rn. 90; *Leyendecker-Langner* BB 2013, 2051; *Arnold/Wenninger* CFl 2010, 86;

dem verringert sich die Anzahl der vom Bieter mit seinem Übernahmeangebot erreichbaren Aktien, was die Chance einer für den Bieter erfolgreichen Übernahme mindern kann.[61] Allerdings erhöht der Rückkauf das Stimmgewicht der vom Bieter zu erwerbenden Aktien, da der Zielgesellschaft aus den erworbenen eigenen Aktien nach § 71b AktG kein Stimmrecht zusteht.[62] Außerdem kann die objektive Eignung eines Aktienrückerwerbs zur Abwehr eines Übernahmeangebots im Einzelfall fraglich sein, da die Rückkaufmöglichkeit nach § 71 Abs. 1 Nr. 8 AktG auf 10% des Grundkapitals beschränkt ist (§ 71 Abs. 2 Satz 1 AktG). Der zu Abwehrzwecken getätigte Aktienrückkauf birgt jedenfalls erhebliche Haftungsrisiken für den Vorstand der Zielgesellschaft unter dem Gesichtspunkt der Marktmanipulation und des Insiderhandels in sich.[63]

Übernahmerechtlich unzulässig ist ein Abkauf von Aktien des Bieters zur Abwendung eines Übernahmeangebots (sog. „Greenmailing"), da auch hierdurch den Aktionären die Möglichkeit genommen wird, selbst über das Angebot des Bieters zu entscheiden.[64] Aktienrechtlich liegt bei einem Rückkauf oberhalb des aktuellen Börsenpreises der Aktien zusätzlich eine unzulässige Rückgewähr von Einlagen (§§ 57, 62 AktG) vor, die den Vorstand nach § 93 Abs. 3 Nr. 3 AktG schadensersatzpflichtig macht.[65] Darüber hinaus stellt das Greenmailing in der Regel auch einen Verstoß gegen §§ 71 ff. AktG und gegen das aktienrechtliche Gleichbehandlungsgebot (§ 53a AktG) dar.[66] 27

dd) Veräußerung wesentlicher Vermögensgegenstände. Ferner nennt die Gesetzesbegründung als zur Vereitelung des Übernahmeangebots geeignete Maßnahme den Verkauf wesentlicher, für den Bieter besonders bedeutsamer Bestandteile des Gesellschaftsvermögens durch die Zielgesellschaft.[67] Die Veräußerung kann dazu führen, dass der Erwerb der Zielgesellschaft für den Bieter nicht mehr wirtschaftlich interessant ist, etwa wenn mit dem veräußerten Bestandteil des Gesellschaftsvermögens von Seiten des Bieters bestimmte Synergieeffekte erzielt werden sollten.[68] Außerdem kann die durch 28

Brandi in Thaeter/Brandi, Teil 3 Rn. 503; *Ekkenga* in Ehricke/Ekkenga/Oechsler, § 33 Rn. 95.

[61] *Krause/Pötzsch/Stephan* in Assmann/Pötzsch/Schneider, § 33 Rn. 92; *Leyendecker-Langner* BB 2013, 2051; *Arnold/Wenninger* CFl 2010, 86; *Brandi* in Thaeter/Brandi, Teil 3 Rn. 503.

[62] *Krause/Pötzsch/Stephan* in Assmann/Pötzsch/Schneider, § 33 Rn. 92; *Grunewald* in Baums/Thoma, § 33 Rn. 36; *Brandi* in Thaeter/Brandi, Teil 3 Rn. 504.

[63] Zu Einzelheiten siehe *Krause/Pötzsch/Stephan* in Assmann/Pötzsch/Schneider, § 33 Rn. 94; *Süßmann* NZG 2011, 188; *Leyendecker-Langner* BB 2013, 2053 ff.

[64] *Krause/Pötzsch/Stephan* in Assmann/Pötzsch/Schneider, § 33 Rn. 97; *Schlitt/Ries* in MüKoAktG, § 33 WpÜG Rn. 93; *Grunewald* in Baums/Thoma, § 33 Rn. 38.

[65] *Krause/Pötzsch/Stephan* in Assmann/Pötzsch/Schneider, § 33 Rn. 97; *Schlitt/Ries* in MüKoAktG, § 33 WpÜG Rn. 93; *Grunewald* in Baums/Thoma, § 33 Rn. 38; *Arnold/Wenninger* CFl 2010, 88.

[66] *Krause/Pötzsch/Stephan* in Assmann/Pötzsch/Schneider, § 33 Rn. 97; *Schlitt/Ries* in MüKoAktG, § 33 WpÜG Rn. 93; *Grunewald* in Baums/Thoma, § 33 Rn. 38; *Arnold/Wenninger* CFl 2010, 87 f.

[67] BT-Drucks. 14/7034, 58.

[68] *Krause/Pötzsch/Stephan* in Assmann/Pötzsch/Schneider, § 33 Rn. 103; *Schlitt/Ries* in MüKoAktG, § 33 WpÜG Rn. 97; *Arnold/Wenninger* CFl 2010, 86; *Brandi* in Thaeter/Brandi, Teil 3 Rn. 544.

die Veräußerung erhöhte Liquidität einen anderen, an der Zerschlagung der Zielgesellschaft interessierten Bieter anziehen.[69] Daher kann die Veräußerung von Crown Jewels in der Tat objektiv zur Vereitelung des Übernahmeangebots geeignet sein.

29 Ob ein Unternehmensbestandteil wesentlich ist, richtet sich nach den objektiven Umständen des Einzelfalls. Entgegen der Vorauflage (siehe dort Rn. 30) kommt es insoweit nicht darauf an, ob die Veräußerung des Vermögensbestandteils nach den Grundsätzen der Holzmüller/Gelatine-Rechtsprechung des BGH der Zustimmung der Hauptversammlung bedarf.[70] Auch eine schematische Anwendung der im Londoner City Code vorgesehenen Wertgrenzen von 10% der Bilanzsumme oder 10% der Marktkapitalisierung der Zielgesellschaft ist insoweit nicht angebracht.[71] Das Überschreiten dieser Schwellenwerte hat allenfalls indizielle Bedeutung für den jeweiligen Einzelfall.[72] Ein Vermögensbestandteil kann auch dann als wesentlich anzusehen sein, wenn er vom Bieter in der Angebotsunterlage besonders bezeichnet und die mit ihm bezweckten Synergieeffekte in der Angebotsunterlage näher beschrieben sind.[73]

30 **ee) Schaffung kartellrechtlicher Probleme.** Als letzten Fall einer Verhaltensweise des Vorstands, die geeignet ist, den Erfolg eines Übernahmeangebots zu verhindern, nennt die Regierungsbegründung die Schaffung kartellrechtlicher Probleme, etwa durch den Erwerb eines Unternehmens, mit dem der Bieter im direkten Wettbewerb steht.[74] Der Behinderungseffekt liegt darin, dass der Bieter für den Fall des erfolgreichen Übernahmeangebots mit einer Untersagung des Erwerbs der Zielgesellschaft durch die Kartellbehörden rechnen muss. Im Einzelfall kann wegen der Möglichkeit des BKartA, den Zusammenschluss unter der Auflage der Veräußerung des betroffenen Unternehmensteils zu genehmigen (§ 40 Abs. 3 Satz 1 GWB), die dauerhafte Eignung zur Vereitelung fraglich sein.[75] Eine solche Maßnahme bleibt gleichwohl objektiv zur Verhinderung des Angebotserfolges geeignet. Neben der

---

[69] *Krause/Pötzsch/Stephan* in Assmann/Pötzsch/Schneider, § 33 Rn. 103.

[70] *Krause/Pötzsch/Stephan* in Assmann/Pötzsch/Schneider, § 33 Rn. 104; *Grunewald* in Baums/Thoma, § 33 Rn. 39; *Schlitt/Ries* in MüKoAktG, § 33 WpÜG Rn. 98; *Brandi* in Thaeter/Brandi, Teil 3 Rn. 544.

[71] *Krause/Pötzsch/Stephan* in Assmann/Pötzsch/Schneider, § 33 Rn. 104; *Grunewald* in Baums/Thoma, § 33 Rn. 39; *Schlitt/Ries* in MüKoAktG, § 33 WpÜG Rn. 98; *Brandi* in Thaeter/Brandi, Teil 3 Rn. 544; aA Vorauflage, Rn. 30; *Hirte* in KK-WpÜG, § 33 Rn. 58; vgl. Note 2 zu Rule 21.1 City Code und dem folgend Art. 36 Abs. 2 lit. a) der Verordnung der schweizerischen Übernahmekommission.

[72] *Krause/Pötzsch/Stephan* in Assmann/Pötzsch/Schneider, § 33 Rn. 104; *Grunewald* in Baums/Thoma, § 33 Rn. 39.

[73] *Krause/Pötzsch/Stephan* in Assmann/Pötzsch/Schneider, § 33 Rn. 104; *Hirte* in KK-WpÜG, § 33 Rn. 58; aA die Vorauflage, Rn. 30.

[74] BT-Drucks. 14/7034, 58; so auch *Ekkenga* in Ehricke/Ekkenga/Oechsler, § 33 Rn. 105; *Krause/Pötzsch/Stephan* in Assmann/Pötzsch/Schneider, § 33 Rn. 106; *Grunewald* in Baums/Thoma, § 33 Rn. 43; *Schlitt/Ries* in MüKoAktG, § 33 WpÜG Rn. 101.

[75] *Brandi* in Thaeter/Brandi, Teil 3 Rn. 560; *Maier-Reimer* ZHR 165 (2001), 269; *Weisner,* S. 261.

Schaffung kartellrechtlicher Probleme für den Bieter kann die Eignung zur Angebotsverhinderung auch darin bestehen, dass die Akquisition eines anderen Unternehmens überwiegend fremdfinanziert wird und damit die Attraktivität der Zielgesellschaft für den Bieter deutlich verringert.[76]

ff) Sonstige Maßnahmen. Neben den in der Gesetzesbegründung genannten Beispielen können weitere Maßnahmen geeignet sein, den Erfolg des Übernahmeangebots zu verhindern. Dies gilt zB für die Erschwerung des Austauschs der Verwaltung durch Vereinbarung hoher Abfindungszahlungen für den Fall eines Kontrollwechsels **(„Golden Parachutes").** Die Vereinbarung solcher Abfindungszahlungen kann den Bieter objektiv behindern. Sie sind übernahmerechtlich unzulässig, auch wenn sie zur vollständigen Vereitelung des Erfolgs des Übernahmeangebots nicht geeignet sind.[77] Darüber hinaus können solche Vereinbarungen aktienrechtlich wegen Verstoßes gegen § 87 AktG unzulässig sein, der die Angemessenheit der Vorstandsvergütung regelt und Abfindungsregeln für den Fall des Erfolgs eines Übernahmeangebots nur in begrenztem Umfang zulässt.[78] Zwar handelt der Vorstand hier als Privatperson und findet § 33 Abs. 1 Satz 1 auf ihn insoweit keine Anwendung. Jedoch gilt das Verhinderungsverbot – trotz Satz 2 aE – ausnahmsweise auch für den Aufsichtsrat, wenn dieser – wie bei Vergütungsentscheidungen – als Geschäftsführungsorgan und nicht als Kontrollorgan agiert.[79] 31

Zu den Maßnahmen, die den Erfolg eines Übernahmeangebots vereiteln können, zählen auch Stillhalteabkommen zwischen der Zielgesellschaft und dem Bieter, durch die sich der Bieter verpflichtet, seine Beteiligung an der Zielgesellschaft nicht weiter zu erhöhen, wie sie im Fall Pirelli/Continental beabsichtigt waren (sog. **Stand Still-Agreements**). Soweit diese nach Veröffentlichung der Entscheidung zur Abgabe eines Angebots abgeschlossen werden sollen, sind solche Stillhalteabkommen ohne Zustimmung des Aufsichtsrats nicht zulässig.[80] 32

Sog. **„Break Fee-Vereinbarungen"** zwischen Bieter und Zielgesellschaft, wonach die Zielgesellschaft dem Bieter bei Scheitern der Übernahme eine Geldzahlung leistet, sind idR nicht erfolgsverhindernd, da sie gerade die Umsetzung des Übernahmeangebots sichern sollen.[81] Allenfalls eine Break Fee-Vereinbarung mit einem konkurrierenden Bieter könnte hinsichtlich des Angebots des Erstbieters erfolgsverhindernd wirken. Dies setzt jedoch voraus, 33

---

[76] *Arnold/Wenninger* CFl 2010, 86.

[77] *Grunewald* in Baums/Thoma, § 33 Rn. 40; *Hirte* in KK-WpÜG, § 33 Rn. 59; *Hirte* ZGR 2002, 631; *Röh* in Frankfurter Komm., § 33 Rn. 131.

[78] *Burgard* WM 2000, 612; *Daum,* S. 194; *Hahn,* S. 216; *Hauschka/Roth* AG 1988, 192; *Herrmann,* S. 84; *Knoll,* S. 251; *Körner* DB 2001, 368; *Michalski* AG 1997, 160; *Mülbert/Birke* WM 2001, 709 f.; *Weisner,* S. 233 ff.

[79] *Grunewald* in Baums/Thoma, § 33 Rn. 22, 40; *Hirte* in KK-WpÜG, § 33 Rn. 49; *Schlitt/Ries* in MüKoAktG, § 33 WpÜG Rn. 115; aA *Krause/Pötzsch/Stephan* in Assmann/Pötzsch/Schneider, § 33 Rn. 79, 116 (die aber die Zulässigkeit aus aktienrechtlichen Gründend verneinen).

[80] *Krause/Pötzsch/Stephan* in Assmann/Pötzsch/Schneider, § 33 Rn. 119; *Schlitt/Ries* in MüKoAktG, § 33 WpÜG Rn. 113.

[81] *Krause/Pötzsch/Stephan* in Assmann/Pötzsch/Schneider, § 33 Rn. 120; *Schlitt/Ries* in MüKoAktG, § 33 WpÜG Rn. 119.

dass dem Betrag der Break Fee eine abschreckende Wirkung zukommt.[82] Eine derart hohe Break Fee wird aus Sicht der Zielgesellschaft jedoch vermutlich bereits nicht mit den allgemeinen Sorgfaltspflichten des Vorstands vereinbar sein.[83]

34 Den Bieter behindern können auch Gegenangebote der Zielgesellschaft auf Aktien des Bieters („Pac Man"), vgl. → Rn. 54. Zur Vereinbarung von Change-of-Control-Klauseln vgl. → Rn. 74.

35 **d) Zeitliche Geltung des Verhinderungsverbotes. aa) Beginn der Geltung mit Veröffentlichung der Entscheidung zur Abgabe eines Angebots.** Das übernahmerechtliche Verhinderungsverbot beginnt zeitlich mit der „Veröffentlichung der Entscheidung über die Abgabe eines Angebots". Der deutsche Gesetzgeber ist Vorschlägen nicht gefolgt, das Verhinderungsverbot bereits mit dem Zeitpunkt beginnen zu lassen, zu dem die Zielgesellschaft vernünftigerweise damit rechnen muss, dass ein Übernahmeangebot des Bieters unmittelbar bevorsteht.[84] Das übernahmerechtliche Verhinderungsverbot gilt bis zum Abschluss des Angebotsverfahrens durch Veröffentlichung des Ergebnisses nach § 23 Abs. 1 Satz 1 Nr. 2 bzw. im Falle der Verlängerung der Angebotsfrist bis zur Veröffentlichung des Ergebnisses nach § 23 Abs. 1 Satz 1 Nr. 3.[85] Das übernahmerechtliche Verhinderungsverbot steht präventiven Abwehrmaßnahmen im Vorfeld eines Übernahmeangebotes nicht entgegen; deren Zulässigkeit richtet sich allein nach aktienrechtlichen Vorgaben.[86]

36 **bb) Geltung bei Rücknahme der Entscheidung oder Nichtveröffentlichung der Angebotsunterlage.** Macht der Bieter seine Entscheidung zur Abnahme eines Angebots rückgängig oder übermittelt er nicht gem. § 14 Abs. 1 innerhalb von 4 Wochen nach der Veröffentlichung der Entscheidung zur Abgabe eines Angebots der BaFin die Angebotsunterlage, dann endet das übernahmerechtliche Verhinderungsverbot mit Rückgängigmachung bzw. nach Ablauf des Tages, an dem der Bieter letztmals die Angebotsunterlage der BaFin hätte übermitteln müssen.[87]

37 **cc) Offensichtlich missbräuchliches Angebot.** Liegt eine offensichtlich missbräuchliche Veröffentlichung einer Entscheidung zur Abgabe eines Angebots vor, dann gilt das übernahmerechtliche Verhinderungsverbot nicht.[88] Entgegen der Vorauflage (siehe dort Rn. 40) reicht es für die Annahme eines offensichtlich missbräuchlichen Angebots jedoch nicht aus, dass der Bieter die Angebotsunterlage nicht rechtzeitig zur Prüfung durch die BaFin ein-

---

[82] *Krause/Pötzsch/Stephan* in Assmann/Pötzsch/Schneider, § 33 Rn. 120; *Schlitt/Ries* in MüKoAktG, § 33 WpÜG Rn. 119.

[83] *Krause/Pötzsch/Stephan* in Assmann/Pötzsch/Schneider, § 33 Rn. 120.

[84] *Krause/Pötzsch/Stephan* in Assmann/Pötzsch/Schneider, § 33 Rn. 65; *Schlitt/Ries* in MüKoAktG, § 33 WpÜG Rn. 71; *Brandi* in Thaeter/Brandi, Teil 3 Rn. 305.

[85] *Schlitt/Ries* in MüKoAktG, § 33 WpÜG Rn. 73.

[86] *Krause/Pötzsch/Stephan* in Assmann/Pötzsch/Schneider, § 33 Rn. 71; *Schlitt/Ries* in MüKoAktG, § 33 WpÜG Rn. 77; *Brandi* in Thaeter/Brandi, Teil 3 Rn. 301 f.

[87] *Grunewald* in Baums/Thoma, § 33 Rn. 19; *Schlitt* in MüKoAktG, § 33 WpÜG Rn. 74.

[88] *Krause/Pötzsch/Stephan* in Assmann/Pötzsch/Schneider, § 33 Rn. 73; *Hirte* in KK-WpÜG, § 33 Rn. 40.

reicht.[89] Dass die Pflicht zur Sicherstellung der Finanzierung des Angebots nach § 13 nicht rechtzeitig erfüllt wird oder die Gegenleistung nicht den Bestimmungen des § 31 entspricht, reicht für einen offensichtlichen Missbrauch ebenfalls nicht aus. Missbräuchlich ist ein Angebot daher iE nur in dem Ausnahmefall, wenn es lediglich zum Schein abgegeben worden ist.[90] Dies gilt unabhängig davon, ob die BaFin im konkreten Fall das Angebot bereits untersagt hat.[91]

2. Zulässige Geschäftsführungsmaßnahmen (Satz 2)

a) Allgemeines, Prüfungsreihenfolge. Während des gesamten Übernahmeverfahrens ist der Vorstand der Zielgesellschaft zur Wahrung des Unternehmensinteresses und zur Sicherung des Bestands der Gesellschaft verpflichtet. Das Unternehmensinteresse entspricht den in der Gesellschaft zusammentreffenden Interessen der Aktionäre, der Arbeitnehmer und des Gemeinwohls.[92] Die Verpflichtung zur Wahrung des Unternehmensinteresses auch während eines Übernahmeverfahrens ist in § 3 Abs. 3 ausdrücklich anerkannt. Satz 2 soll den Konflikt regeln, der zwischen der Pflicht zur Wahrung des Unternehmensinteresses und der Pflicht nach Satz 1 eintreten kann, erfolgsverhindernde Handlungen zu unterlassen. Satz 2 löst den Konflikt in der Weise, dass Handlungen vorgenommen werden dürfen, die auch ein ordentlicher und gewissenhafter Geschäftsleiter der Gesellschaft, die nicht von einem Übernahmeangebot betroffen ist, durchgeführt hätte.[93] Außerdem können innerhalb der aktienrechtlichen Geschäftsführungsbefugnis darüber hinaus mit Zustimmung des Aufsichtsrats Geschäfte getätigt werden. Die Regel, dass die Führung der laufenden Geschäfte übernahmerechtlich nicht als Behinderung des Bieters oder Vereitelung des Übernahmeangebots gewertet werden kann, gilt unabhängig davon, wie das jeweilige Geschäft durchgeführt wird. Werden laufende Geschäfte nicht mit der erforderlichen Sorgfalt geführt, dann begründet dies zwar uU eine Schadensersatzpflicht des Vorstands nach §§ 76, 93 AktG, nicht aber einen Verstoß gegen § 33.[94] 38

Abs. 1 macht im Anschluss an die Beschlussempfehlung des Finanzausschusses die Zulässigkeit erfolgsverhindernder Maßnahmen des Vorstands nach Absatz 1 Satz 1 nicht von einer konkreten Ermächtigung der Hauptversammlung abhängig, sondern lässt die vorherige Zustimmung des Aufsichtsrats ausreichen.[95] Dadurch sollen ausdrücklich „Abwehrmaßnahmen" ermöglicht werden, wobei nach der Ausschussbegründung ausdrücklich nur Maßnahmen innerhalb der allgemeinen aktienrechtlichen Geschäftsführungskompetenz des Vorstands (§§ 76, 93 AktG) ergriffen werden dürfen.[96] Maß- 39

---

[89] *Hirte* in KK-WpÜG, § 33 Rn. 40.

[90] *Krause/Pötzsch/Stephan* in Assmann/Pötzsch/Schneider, § 33 Rn. 73; *Hirte* in KK-WpÜG, § 33 Rn. 40; *Schlitt/Ries* in MüKoAktG, § 33 WpÜG Rn. 72.

[91] *Hirte* in KK-WpÜG, § 33 Rn. 40.

[92] BT-Drucks. 14/7034, 58.

[93] BT-Drucks. 14/7034, 58.

[94] *Hopt* FS Lutter, 2000, 1392.

[95] BT-Drucks. 14/7477, S. 53; siehe zur Entwicklung dieser Vorschrift während des Gesetzgebungsverfahrens ausführlich die Vorauflage, Rn. 42f.

[96] BT-Drucks. 14/7477, 53.

nahmen, die nach allgemeinen gesellschaftsrechtlichen Grundsätzen in die Zuständigkeit der Hauptversammlung fallen, sollen in deren Zuständigkeit verbleiben und vom Vorstand nur aufgrund einer Ermächtigung der Hauptversammlung durchgeführt werden können.[97]

40 Nach dem Willen des Gesetzgebers schränkt die Möglichkeit zur Ermächtigung von Abwehrmaßnahmen durch die Hauptversammlung nach Abs. 2 das Recht des Vorstands zur Durchführung von Maßnahmen, die auf Ermächtigungen nach anderen Rechtsvorschriften beruhen, nicht ein.[98] Die Möglichkeit einer Ermächtigung durch die Hauptversammlung gemäß Abs. 2 entfaltet während der Laufzeit des Übernahmeangebots also keine Sperrwirkung im Hinblick auf Ermächtigungen nach allgemeinen Vorschriften.[99] Maßnahmen aufgrund anderweitiger Ermächtigungen – wie zB die Ausnutzung eines genehmigten Kapitals nach § 202 AktG oder der Rückkauf von Aktien nach § 71 Abs. 1 Nr. 8 AktG – können daher vom Vorstand auch während der Angebotsphase durchgeführt werden, sofern die Anforderungen von § 33 Abs. 1 Satz 2 erfüllt sind.[100]

41 Für die Zulässigkeit einer konkreten Geschäftsführungsmaßnahme während eines Übernahmeverfahrens ergibt sich nach Abs. 1 folgende **Prüfungsreihenfolge:** In einem ersten Schritt ist zu prüfen, ob die Maßnahme objektiv geeignet ist, den Erfolg des (Übernahme-)Angebots zu verhindern. Danach ist in einem zweiten Schritt festzustellen, ob die Maßnahme aktienrechtlich in die Zuständigkeit des Vorstands oder die der Hauptversammlung fällt. Fällt die Maßnahme in die Zuständigkeit der Hauptversammlung, dann ist zu prüfen, ob hierzu ein ohne Rücksicht auf ein Übernahmeangebot gefasster Ermächtigungsbeschluss, dessen Ausnutzung im Unternehmensinteresse liegt und dem der Aufsichtsrat nach Satz 1 zustimmen muss, oder ob ein speziell für den Fall eines Übernahmeangebots gefasster wirksamer Ermächtigungsbeschluss nach Abs. 2 vorliegt. Ist dies nicht der Fall, dann kann der Vorstand die konkrete Maßnahme nur durchführen, wenn er unter Nutzung der erleichterten Einberufungsmöglichkeiten nach § 16 Abs. 4 die Hauptversammlung einberuft und vor Ablauf der Angebotsfrist ihre Zustimmung zu der beabsichtigten Maßnahme einholt. Fällt die Maßnahme nicht in die Zuständigkeit der Hauptversammlung und handelt es sich nicht um die nach Satz 2 jederzeit zulässige Einholung eines konkurrierenden Angebots, ist schließlich in einem dritten und letzten Schritt zu prüfen, ob die Geschäftsführungsmaßnahme ihren konkreten Anlass in dem Angebot hat (dann ist sie nur mit Zustimmung des Aufsichtsrats zulässig) oder ob sie auch unabhängig von einem Angebot durchgeführt worden wäre (dann kann sie der Vorstand in eigener

[97] BT-Drucks. 14/7477, 53; *Grunewald* in Baums/Thoma, § 33 Rn. 56; *Hirte* in KK-WpÜG, § 33 Rn. 73.

[98] BT-Drucks. 14/7477, 53; ausführlich hierzu *Krause/Pötzsch/Stephan* in Assmann/Pötzsch/Schneider, § 33 Rn. 138 f.; *Schlitt/Ries* in MüKoAktG, § 33 WpÜG Rn. 139 f.

[99] So aber *Hirte* in KK-WpÜG, § 33 Rn. 92 mwN; *Bayer* ZGR 2002, 612.

[100] BT-Drucks. 14/7477, 53; *Krause/Pötzsch/Stephan* in Assmann/Pötzsch/Schneider, § 33 Rn. 144; *Grunewald* in Baums/Thoma, § 33 Rn. 62; *Schlitt/Ries* in MüKoAktG, § 33 WpÜG Rn. 140; *Brandi* in Thaeter/Brandi, Teil 3 Rn. 379 f.

Zuständigkeit durchführen). In Zweifelsfällen wird es für den Vorstand immer ratsam sein, für die konkrete Maßnahme die vorherige Zustimmung des Aufsichtsrats einzuholen.

b) Handlungen eines ordentlichen und gewissenhaften Geschäftsleiters (Satz 2, 1. Variante). aa) Grundsatz. Erfolgsverhindernde Maßnahmen sind nach Satz 2, 1. Variante zulässig, sofern sie ein ordentlicher und gewissenhafter Geschäftsleiter unabhängig von einem Übernahmeangebot durchgeführt hätte. Die Pflicht zur Unternehmensführung wird von dem Angebot grundsätzlich nicht berührt. Der Vorstand ist verpflichtet, die Geschäfte des Zielunternehmens auch während eines laufenden Angebots zu führen.[101] Der fortlaufend notwendige Ausgleich zwischen den Interessen der Gesellschaft, der Aktionäre und der Arbeitnehmer wird durch das Angebot insofern modifiziert, als dass der Vorstand zusätzlich das Interesse der Aktionäre zu berücksichtigen hat, dass diesen die Möglichkeit zur sachgerechten Prüfung und Annahme des Angebots nicht genommen wird.[102] Auf der anderen Seite muss der Vorstand darauf achten, dass die Gesellschaft nicht durch die Unterlassung notwendiger oder nützlicher Maßnahmen geschädigt wird. Der Vorstand muss nämlich immer in seine Abwägung die Möglichkeit einbeziehen, dass das Angebot abgelehnt wird. In diesem Fall würde die Gesellschaft durch das Auslassen von Geschäftschancen unnötig geschädigt. Die durch das Vorliegen eines Angebots erzwungene Untätigkeit würde die Zielgesellschaft schädigen und damit einen wirtschaftlichen Zwang auf ihre Aktionäre ausüben, das Angebot anzunehmen.[103] In die erforderliche Abwägung ist das Maß des Vorteils der geplanten Maßnahme für das Unternehmen, die Wahrscheinlichkeit des Vorteilseintritts sowie die Dringlichkeit der Maßnahme einzubeziehen, dh, die Frage, ob die Maßnahme bis zum Ende der Angebotsfrist aufschiebbar ist. Die mit einer erfolgreichen Maßnahme im Rahmen des laufenden Geschäftsbetriebs verbundene Wertsteigerung des Unternehmens ist von den Aktionären hinzunehmen, auch wenn sie sich in einer Kurssteigerung der Aktien niederschlägt, die die Attraktivität des Angebots verringert.[104] 42

bb) Vergleichsmaßstab. Für den Zweck des Ausgleichs dieser widerstreitenden Interessen knüpft der Gesetzgeber an den aktienrechtlichen Sorgfaltsmaßstab des § 93 Abs. 1 Satz 1 AktG an. Somit kann für die Auslegung von Satz 2, 1. Variante, auf die dort entwickelten Grundsätze zurückgegriffen werden.[105] Dabei ist im Wege eines hypothetischen Vergleichs die Situation bei einer vergleichbaren Gesellschaft zu prüfen, die nicht von einem Übernahmeangebot betroffen ist. Entgegen dem missverständlichen Gesetzeswortlaut kommt es aber nicht darauf an, ob ein sorgfältig handelnder Geschäftslei- 43

---

[101] *Hopt* FS Lutter, 2000, 1391 f.; *Maier-Reimer* ZHR 165 (2001), 266; *Mülbert* IStR 1999, 91.

[102] BT-Drucks. 14/7034, 58; *Krause/Pötzsch/Stephan* in Assmann/Pötzsch/Schneider, § 33 Rn. 145; *Schlitt/Ries* in MüKoAktG, § 33 WpÜG Rn. 130.

[103] *Maier-Reimer* ZHR 165 (2001), 266.

[104] *Maier-Reimer* ZHR 165 (2001), 266 f.

[105] BT -Drucks. 14/7034, 58; *Krause/Pötzsch/Stephan* in Assmann/Pötzsch/Schneider, § 33 Rn. 145.

ter einer solchen Gesellschaft die konkrete Maßnahme tatsächlich ergriffen hätte, sondern ob er sie hätte ergreifen *dürfen*.[106]

44 Dabei darf für die Bestimmung des Handlungsspielraums des sorgfältigen Geschäftsleiters auf die Regeln des unternehmerischen Ermessens iSd § 93 Abs. 1 Satz 2 AktG *(Business Judgment Rule)* zurückgegriffen werden. Zwar wird dem entgegengehalten, dass der Vorstand der Zielgesellschaft aufgrund des Übernahmeangebots zumindest latent einem Interessenskonflikt ausgesetzt sei, wodurch eine Anwendungsvoraussetzung des unternehmerischen Ermessens entfalle.[107] Dieser Einwand greift hier aber nicht durch, da das Gesetz den Vergleich mit dem Vorstand einer Zielgesellschaft verlangt, die gerade nicht von einem Übernahmeangebot betroffen ist.[108]

45 **cc) Weiterführung des Tagesgeschäfts.** Die Fortführung des Tagesgeschäfts der Zielgesellschaft nach Art und Umfang wie vor dem Übernahmeangebot ist nach dem Willen des Gesetzgebers ohne weiteres zulässig.[109] Dasselbe gilt nach allgM für die Erfüllung von Vertrags- oder sonstigen Rechtspflichten, die vor der Veröffentlichung der Entscheidung des Bieters zur Abgabe eines Angebots begründet wurden.[110] Die Zielgesellschaft wäre auch rechtlich idR nicht in der Lage, die Erfüllung verbindlich abgeschlossener Verträge unter Berufung auf das Angebot abzulehnen. Die Führung der laufenden Geschäfte umfasst auch den Erwerb von Aktien der Zielgesellschaft im laufenden Handelsbestand, wenn sich dieser Erwerb im Rahmen des Geschäftszwecks der Zielgesellschaft hält und eine wirksame Ermächtigung nach § 71 Abs. 1 Nr. 7 AktG vorliegt.[111]

46 **dd) Außergewöhnliche Geschäfte.** Auch Maßnahmen außerhalb des gewöhnlichen Geschäftsverkehrs können nach Satz 2, 1. Variante, zulässig sein. Dies gilt zumindest dann, wenn derartige außergewöhnliche Geschäfte in Umsetzung einer bereits vor Veröffentlichung der Bieterentscheidung zur Angebotsabgabe eingeschlagenen Unternehmensstrategie der Zielgesellschaft erfolgen.[112] So sind zB der Kauf oder Verkauf von Unternehmensbereichen

---

[106] *Krause/Pötzsch/Stephan* in Assmann/Pötzsch/Schneider, § 33 Rn. 146; *Schlitt/Ries* in MüKoAktG, § 33 WpÜG Rn. 132; *Hirte* in KK-WpÜG, § 33 Rn. 67; *Brandi* in Thaeter/Brandi, Teil 3 Rn. 362.

[107] *Winter/Harbath* ZIP 2002, 6f.; *Hopt* ZHR 166 (2002), 428.

[108] *Schlitt/Ries* in MüKoAktG, § 33 WpÜG Rn. 147; *Hirte* in KK-WpÜG, § 33 Rn. 69; *Noack/Zetzsche* in Schwark/Zimmer, KapitalmarktR, § 33 WpÜG Rn. 14; *Brandi* in Thaeter/Brandi, Teil 3 Rn. 369; *Ekkenga* in Ehricke/Ekkenga/Oechsler, § 33 Rn. 47 ff.

[109] BT-Drucks. 14/7034, 58; so auch die allgM: *Krause/Pötzsch/Stephan* in Assmann/Pötzsch/Schneider, § 33 Rn. 147; *Schlitt/Ries* in MüKoAktG, § 33 WpÜG Rn. 133; *Hirte* in KK-WpÜG, § 33 Rn. 68.

[110] *Krause/Pötzsch/Stephan* in Assmann/Pötzsch/Schneider, § 33 Rn. 147; *Schlitt/Ries* in MüKoAktG, § 33 WpÜG Rn. 133; *Hirte* in KK-WpÜG, § 33 Rn. 68.

[111] *Krause/Pötzsch/Stephan* in Assmann/Pötzsch/Schneider, § 33 Rn. 147; *Hirte* in KK-WpÜG, § 33 Rn. 68; siehe auch → Rn. 40.

[112] BT-Drucks. 14/7034, 58; *Krause/Pötzsch/Stephan* in Assmann/Pötzsch/Schneider, § 33 Rn. 148; *Schlitt/Ries* in MüKoAktG, § 33 WpÜG Rn. 134; *Hirte* in KK-WpÜG, § 33 Rn. 70; *Grunewald* in Baums/Thoma, § 33 Rn. 60; *Noack/Zetzsche* in Schwark/Zimmer, KapitalmarktR, § 33 WpÜG Rn. 15; *Arnold/Wenninger,* Maßnahmen zur Abwehr feindlicher Übernahmeangebote, CFl 2010, 84.

oder Beteiligungen, die Durchführung einer Kapitalerhöhung oder der Erwerb eigener Aktien unter den vorgenannten Voraussetzungen gestattet.[113] Die Zulässigkeit solcher Maßnahmen unter den vorgenannten Voraussetzungen folgt insbesondere daraus, dass die noch im Referentenentwurf enthaltenen Verbote von bedeutenden Änderungen des Aktiv- oder Passivbestandes der Zielgesellschaft nicht Eingang in die endgültige Gesetzesfassung gefunden haben.[114]

Entgegen einer teilweise vertretenen Ansicht[115] ist es nicht notwendig, dass die Unternehmensstrategie, die der ungewöhnlichen Maßnahme zugrunde liegt, bereits vor Veröffentlichung der Bieterentscheidung zur Angebotsabgabe schriftlich in internen oder extern zugänglichen Unterlagen festgehalten worden ist.[116] Ein derartiges Dokumentationserfordernis lässt sich den Gesetzesmaterialien nicht entnehmen. Außerdem stellt das Gesetz nicht auf eine bereits eingeschlagene Unternehmensstrategie, sondern auf das Handeln einer Gesellschaft ab, die nicht von einem Übernahmeangebot betroffen ist. Somit könnten sich ungewöhnliche Maßnahmen ggf. sogar außerhalb einer bereits vorhandenen Unternehmensstrategie rechtfertigen lassen, sofern sie im Übrigen dem sorgfältigen Handeln eines Geschäftsleiters einer „angebotsfreien" Gesellschaft entsprechen.[117] In jedem Fall aber wird dem Vorstand der Zielgesellschaft der Nachweis der Zulässigkeit seines Handelns umso leichter fallen, je besser sich sein Handeln in eine bereits vor der Angebotsabgabe schriftlich niedergelegte Unternehmensstrategie einfügt. Außerdem darf die Unternehmensstrategie, auf die sich der Vorstand beruft, nicht völlig konturenlos sein.[118] 47

c) Suche nach konkurrierendem Angebot (Satz 2, 2. Variante). Zulässig ist nach Satz 2, 2. Variante, die Suche nach einem konkurrierenden Übernahmeangebot (**„Weißer Ritter"**) durch den Vorstand der Zielgesellschaft.[119] Obwohl es sich hierbei nicht um eine unabhängig von dem konkreten Angebot getroffene Maßnahme handelt, ist diese Suche gemäß Satz 2 auch ohne Zustimmung des Aufsichtsrats zulässig. Hierdurch wird es der Verwaltung der Zielgesellschaft ermöglicht, durch Hinzuholen eines weiteren Bewerbers im Interesse aller Aktionäre für möglichst attraktive Angebotskon- 48

---

[113] *Krause/Pötzsch/Stephan* in Assmann/Pötzsch/Schneider, § 33 Rn. 148; *Schlitt/Ries* in MüKoAktG, § 33 WpÜG Rn. 134; *Hirte* in KK-WpÜG, § 33 Rn. 70; *Noack/Zetzsche* in Schwark/Zimmer, KapitalmarktR, § 33 WpÜG Rn. 15.

[114] *Krause/Pötzsch/Stephan* in Assmann/Pötzsch/Schneider, § 33 Rn. 148; *Schlitt/Ries* in MüKoAktG, § 33 WpÜG Rn. 134; *Hirte* in KK-WpÜG, § 33 Rn. 70.

[115] *Winter/Harbath* ZIP 2002, 7; *Hopt* ZHR 166 (2002), 426f.

[116] *Krause/Pötzsch/Stephan* in Assmann/Pötzsch/Schneider, § 33 Rn. 149; *Schlitt/Ries* in MüKoAktG, § 33 WpÜG Rn. 136; *Hirte* in KK-WpÜG, § 33 Rn. 70; *Grunewald* in Baums/Thoma, § 33 Rn. 61; *Brandi* in Thaeter/Brandi, Teil 3 Rn. 367.

[117] *Brandi* in Thaeter/Brandi, Teil 3 Rn. 371; wohl auch *Krause/Pötzsch/Stephan* in Assmann/Pötzsch/Schneider, § 33 Rn. 149; aA *Grunewald* in Baums/Thoma, § 33 Rn. 61.

[118] *Krause/Pötzsch/Stephan* in Assmann/Pötzsch/Schneider, § 33 Rn. 149; *Hirte* in KK-WpÜG, § 33 Rn. 70; *Grunewald* in Baums/Thoma, § 33 Rn. 61.

[119] *Grunewald* in Baums/Thoma, § 33 Rn. 64; *Hirte* in KK-WpÜG, § 33 Rn. 74; *Krause/Pötzsch/Stephan* in Assmann/Pötzsch/Schneider, § 33 Rn. 163.

ditionen zu sorgen.[120] Die Privilegierung durch Satz 2, 2. Variante, gilt auch für den Fall, dass das Erstangebot durch die Abgabe eines konkurrierenden Angebots auflösend bedingt ist.[121]

49 Gestattet sind dem Vorstand der Zielgesellschaft sämtliche **Maßnahmen zum Zwecke der Suche nach einem konkurrierenden Angebot.** Hierzu gehören zB die Einschaltung von Beratern sowie die Ansprache von strategischen Investoren oder Finanzinvestoren mit dem Ziel, dass diese ein konkurrierendes Übernahmeangebot abgeben.[122] Der Tatbestand des Satz 2, 2. Variante, kann jedoch nicht zur Rechtfertigung von Maßnahmen zur Förderung des konkurrierenden Angebots herangezogen werden wie zB eine Anteilseinräumung an den konkurrierenden Bieter durch Nutzung eines genehmigten Kapitals[123] oder die Übernahme von Kosten des konkurrierenden Bieters.[124] Auch die Ansprache eines potentiellen Ankeraktionärs, der die Übernahme durch den Erstbieter zwar erschwert, aber selber kein Übernahmeangebot abgibt, lässt sich hiermit nicht rechtfertigen, sondern richtet sich nach den übrigen Tatbeständen von § 33.[125]

50 Dem Vorstand ist es gemäß Satz 2, 2. Variante, gestattet, dem konkurrierenden Bieter eine **Due Diligence** der Zielgesellschaft zu erlauben, sofern im Übrigen die aktienrechtlichen Voraussetzungen hierfür erfüllt sind (Vertraulichkeitsvereinbarung, keine Verletzung des Unternehmensinteresses).[126] Gewährt der Vorstand der Zielgesellschaft dem konkurrierenden Bieter die Einsicht in Unternehmensinterna, ergibt sich für ihn daraus – entgegen der wohl hL[127] – keine übernahmerechtliche Gleichbehandlungspflicht, dies nunmehr auch dem Erstbieter zu gestatten.[128] In jedem Fall müssen auch für die Gestattung der Due Diligence des Erstbieters die allgemeinen aktienrechtlichen Voraussetzungen erfüllt sein.[129]

51 Die Unterstützung eines **konkurrierenden Angebots von Vorstandsmitgliedern** (unmittelbar oder mittelbar über eine Zwischenholding) lässt sich angesichts des offensichtlichen Interessenskonfliktes nicht durch Satz 2

[120] BR-Drucks. 574/01, S. 143.

[121] *Grunewald* in Baums/Thoma, § 33 Rn. 64; *Hirte* in KK-WpÜG, § 33 Rn. 75; *Krause/Pötzsch/Stephan* in Assmann/Pötzsch/Schneider, § 33 Rn. 166.

[122] *Krause/Pötzsch/Stephan* in Assmann/Pötzsch/Schneider, § 33 Rn. 164.

[123] *Grunewald* in Baums/Thoma, § 33 Rn. 67; *Krause/Pötzsch/Stephan* in Assmann/Pötzsch/Schneider, § 33 Rn. 164; *Brandi* in Thaeter/Brandi, Teil 3 Rn. 357.

[124] *Grunewald* in Baums/Thoma, § 33 Rn. 67; *Schlitt/Ries* in MüKoAktG, § 33 WpÜG Rn. 160.

[125] *Krause/Pötzsch/Stephan* in Assmann/Pötzsch/Schneider, § 33 Rn. 164.

[126] *Grunewald* in Baums/Thoma, § 33 Rn. 64; *Hirte* in KK-WpÜG, § 33 Rn. 77; *Krause/Pötzsch/Stephan* in Assmann/Pötzsch/Schneider, § 33 Rn. 165.

[127] *Grunewald* in Baums/Thoma, § 33 Rn. 65; *Hirte* in KK-WpÜG, § 33 Rn. 77; *Schlitt/Ries* in MüKoAktG, § 33 WpÜG Rn. 158; *Röh* in Frankfurter Komm., § 33 Rn. 77.

[128] *Krause/Pötzsch/Stephan* in Assmann/Pötzsch/Schneider, § 33 Rn. 165 mwN; *Brandi* in Thaeter/Brandi, Teil 3 Rn. 52f.

[129] Insoweit wohl unstreitig: siehe *Grunewald* in Baums/Thoma, § 33 Rn. 65; *Hirte* in KK-WpÜG, § 33 Rn. 77; *Schlitt/Ries* in MüKoAktG, § 33 WpÜG Rn. 158; *Brandi* in Thaeter/Brandi, Teil 3 Rn. 53.

rechtfertigen. Hier bedürfen sämtliche Maßnahmen im Hinblick auf das konkurrierende Angebot (zB Informationsoffenlegung) der Zustimmung durch den Aufsichtsrat.[130] In dem Fall, dass sämtliche Vorstandsmitglieder als Bieter auftreten, eine Zustimmung der Hauptversammlung zu verlangen,[131] erscheint jedoch nicht geboten.[132] Nach allgemeinen aktienrechtlichen Regeln für Interessenskonflikte bestimmt sich, inwieweit die bietenden Vorstandsmitglieder weiterhin an Beschlüssen des Vorstands der Zielgesellschaft mitwirken dürfen.[133]

d) Maßnahmen mit vorheriger Zustimmung des Aufsichtsrats (Satz 2, 3. Variante). aa) Grundsatz. Nach Satz 2, 3. Variante, sind Handlungen des Vorstands auch dann zulässig, wenn sie mit vorheriger Zustimmung des Aufsichtsrats getroffen worden sind. Nach der Begründung des Finanzausschusses ermöglicht die Zustimmung **„Abwehrmaßnahmen"**, sofern sich der **Vorstand** dabei **innerhalb seiner Geschäftsführungskompetenz** bewegt.[134] Maßnahmen, die nach allgemeinen gesellschaftsrechtlichen Grundsätzen in die Zuständigkeit der Hauptversammlung fallen, verbleiben daher weiterhin in deren Zuständigkeitsbereich.[135] Die nach Satz 2, 3. Variante, erforderliche übernahmerechtliche Zustimmung des Aufsichtsrats zu einer Maßnahme mit Abwehrcharakter führt demnach nicht zur Erweiterung der aktienrechtlichen Geschäftsführungsbefugnis des Vorstands nach § 76 AktG.[136] Voraussetzung für die Zulässigkeit von Handlungen oder Rechtsgeschäften des Vorstands nach Satz 2, 3. Variante, bleibt nach den aktienrechtlichen Organpflichten ferner, dass sie zur Erfüllung der Pflicht des Vorstands zur Leitung des Unternehmens und damit im Unternehmensinteresse erforderlich und geeignet sind. Maßnahmen, die nicht im Unternehmensinteresse liegen, sondern allein der Abwehr eines Angebots dienen, können auch durch die Zustimmung des Aufsichtsrats nach Satz 2, 3. Variante, nicht gerechtfertigt werden.[137] 52

Nach zutreffender hL ist Satz 2, 3. Variante, auch auf die **KGaA** anwendbar. Dies ergibt sich aus dem klaren Gesetzeswortlaut und aus § 2 Abs. 3.[138] 53

---

[130] *Krause/Pötzsch/Stephan* in Assmann/Pötzsch/Schneider, § 33 Rn. 168; *Röh* in Frankfurter Komm., § 33 Rn. 76; *Schlitt/Ries* in MüKoAktG, § 33 WpÜG Rn. 153, *Hirte* in KK-WpÜG, § 33 Rn. 77; unklar *Grunewald* in Baums/Thoma, § 33 Rn. 65.

[131] So *Röh* in Frankfurter Komm., § 33 Rn. 76; *Hirte* in KK-WpÜG, § 33 Rn. 77.

[132] *Krause/Pötzsch/Stephan* in Assmann/Pötzsch/Schneider, § 33 Rn. 168; *Schlitt/Ries* in MüKoAktG, § 33 WpÜG Rn. 153.

[133] *Krause/Pötzsch/Stephan* in Assmann/Pötzsch/Schneider, § 33 Rn. 168.

[134] BT-Drucks. 14/7477, 53.

[135] BT-Drucks. 14/7477, 53.

[136] *Grunewald* in Baums/Thoma, § 33 Rn. 68; *Hirte* in KK-WpÜG, § 33 Rn. 80; *Krause/Pötzsch/Stephan* in Assmann/Pötzsch/Schneider, § 33 Rn. 174; *Schlitt/Ries* in MüKoAktG, § 33 WpÜG Rn. 164; *Brandi* in Thaeter/Brandi, Teil 3 Rn. 374. Missverständlich *Röh* in Frankfurter Komm., § 33 Rn. 84, wonach die Zustimmung des Aufsichtsrats auch im Verhältnis zur Hauptversammlung Kompetenz begründend ist.

[137] *Grunewald* in Baums/Thoma, § 33 Rn. 68; *Krause/Pötzsch/Stephan* in Assmann/Pötzsch/Schneider, § 33 Rn. 177; *Schlitt/Ries* in MüKoAktG, § 33 WpÜG Rn. 169.

[138] *Grunewald* in Baums/Thoma, § 33 Rn. 69; *Krause/Pötzsch/Stephan* in Assmann/Pötzsch/Schneider, § 33 Rn. 173; *Schlitt/Ries* in MüKoAktG, § 33 WpÜG Rn. 162; *Röh* in Frankfurter Komm., § 33 Rn. 88; aA *Hirte* in KK-WpÜG, § 33 Rn. 78.

54 **bb) Handlungen anlässlich eines Angebots.** Satz 2, 3. Variante, erfasst zunächst alle Maßnahmen des Vorstands, die dieser zwar im Rahmen seiner aktienrechtlichen Geschäftsführungsbefugnis trifft, die ein ordentlicher und gewissenhafter Geschäftsleiter aber ohne das konkrete Übernahmeangebot nicht getroffen hätte.[139] Mit Zustimmung des Aufsichtsrats zulässig sind somit auch Maßnahmen, die gerade **aus Anlass des Übernahmeangebots** getroffen werden sollen. Dazu gehören ein Gegenangebot auf Aktien des Bieters[140] und die Verweigerung der Zustimmung zur Übertragung vinkulierter Namensaktien auf den Bieter.[141] Zu denken wäre auch zB an Rechtsgeschäfte, die erst nach der Veröffentlichung der Entscheidung zur Abgabe eines Angebots angebahnt wurden, wenn für den Beginn von Verhandlungen das Angebotsverfahren den äußeren Anlass geboten hat.[142]

55 **cc) Ausnutzung bestehender Ermächtigungen.** Satz 2, 3. Variante, erfasst darüber hinaus auch die Ausnutzung von Ermächtigungen, die dem Vorstand durch **Hauptversammlungsbeschluss oder gesetzliche Bestimmungen** eingeräumt sind.[143] Die Ausschussbegründung des Finanzausschusses stellt ausdrücklich klar, dass durch das Angebotsverfahren und die Möglichkeit zur Ermächtigung zu Abwehrmaßnahmen nach Abs. 2 die Befugnis des Vorstands nicht eingeschränkt wird, zB ein nicht ausdrücklich zu Abwehrzwecken bewilligtes genehmigtes Kapital nach § 202 AktG auszunutzen oder den ohne nähere Zweckbestimmung bewilligten Rückkauf von Aktien nach § 71 Abs. 1 Nr. 8 AktG zu beschließen und durchzuführen. Sind solche Ermächtigungen nicht ausdrücklich auch für den Fall eines Übernahmeangebots erteilt, dann bedarf der Vorstand zur Ausnutzung der Ermächtigung übernahmerechtlich der Zustimmung des Aufsichtsrats nach Satz 2, 3. Variante.[144] Handelt es sich um ausdrücklich für den Fall eines Übernahmeangebots erteilte Ermächtigungen iS von Abs. 2, dann muss der Aufsichtsrat nach Abs. 2 Satz 4 zustimmen.

---

[139] *Grunewald* in Baums/Thoma, § 33 Rn. 68; *Krause/Pötzsch/Stephan* in Assmann/Pötzsch/Schneider, § 33 Rn. 175 f.; *Schlitt/Ries* in MüKoAktG, § 33 WpÜG Rn. 165; *Röh* in Frankfurter Komm., § 33 Rn. 81; *Brandi* in Thaeter/Brandi, Teil 3 Rn. 375.

[140] *Grunewald* in Baums/Thoma, § 33 Rn. 68; *Krause/Pötzsch/Stephan* in Assmann/Pötzsch/Schneider, § 33 Rn. 176; *Schlitt/Ries* in MüKoAktG, § 33 WpÜG Rn. 167; *Röh* in Frankfurter Komm., § 33 Rn. 81. Siehe dazu näher Vorauflage, Rn. 52.

[141] *Krause/Pötzsch/Stephan* in Assmann/Pötzsch/Schneider, § 33 Rn. 176; *Schlitt/Ries* in MüKoAktG, § 33 WpÜG Rn. 166; *Röh* in Frankfurter Komm., § 33 Rn. 87. Siehe dazu näher Vorauflage, Rn. 55.

[142] *Brandi* in Thaeter/Brandi, Teil 3 Rn. 375.

[143] *Grunewald* in Baums/Thoma, § 33 Rn. 68; *Krause/Pötzsch/Stephan* in Assmann/Pötzsch/Schneider, § 33 Rn. 174; *Röh* in Frankfurter Komm., § 33 Rn. 88; *Schlitt/Ries* in MüKoAktG, § 33 WpÜG Rn. 168; *Noack/Zetzsche* in Schwark/Zimmer, KapitalmarktR, § 33 WpÜG Rn. 22; *Brandi* in Thaeter/Brandi, Teil 3 Rn. 375; *Steinmeyer* in Steinmeyer/Häger, § 33 Rn. 27; aA *Ekkenga* in /Ehricke/ Ekkenga/Oechsler, § 33 Rn. 57; *Hirte* in KK-WpÜG, § 33 Rn. 82.

[144] *Grunewald* in Baums/Thoma, § 33 Rn. 68; *Krause/Pötzsch/Stephan* in Assmann/Pötzsch/Schneider, § 33 Rn. 174; *Röh* in Frankfurter Komm., § 33 Rn. 88; *Schlitt/Ries* in MüKoAktG, § 33 WpÜG Rn. 168; aA *Ekkenga* in *Ekkenga/Ehricke/Oechsler,* § 33 Rn. 57; *Hirte* in KK-WpÜG, § 33 Rn. 82.

dd) Ermessen. Vorstand und Aufsichtsrat steht bei Nutzung der Ermächtigung gemäß Satz 2, 3. Variante, ein **unternehmerisches Ermessen** zu *(Business Judgement Rule),* sofern dessen Anwendungsvoraussetzungen gemäß § 93 Abs. 1 Satz 2 AktG im Übrigen erfüllt sind.[145] Beide Organe haben ihr Handeln am Unternehmensinteresse auszurichten. Hierbei ist das Aktionärsinteresse an einer freien Veräußerbarkeit der Aktien zwar auch, aber nicht allein zu berücksichtigen. Ein besonderes, qualifiziertes Unternehmensinteresse ist für die Rechtfertigung ihres Handelns nicht erforderlich.[146] 56

Das Vorstehende lässt sich am Beispiel **vinkulierter Namensaktien** veranschaulichen: Hier ist der Vorstand für die Erteilung der Zustimmung zur Übertragung aktienrechtlich zuständig (§ 68 Abs. 2 Satz 2 AktG), sofern in der Satzung nicht der Aufsichtsrat oder die Hauptversammlung als zuständiges Organ bestimmt sind. Übernahmerechtlich bedarf die Entscheidung des Vorstands über die Zustimmungsverweigerung der Genehmigung des Aufsichtsrates, da diese Maßnahme anlässlich des Übernahmeangebots getroffen wird. Sofern die Satzung die Gründe nicht abschließend aufzählt, aus denen die Zustimmung verweigert werden kann, dürfen Vorstand und Aufsichtsrat in einer Übernahmesituation bei Ausübung ihres pflichtgemäßen, an den Gleichbehandlungsgrundsatz (§ 53a AktG) gebundenen Ermessens die Zustimmung zu einer Übertragung von Aktien verweigern, um die Unabhängigkeit der Gesellschaft zu bewahren.[147] Bei der Ermessensausübung ist zwischen dem Interesse des Aktionärs an der Veräußerung und dem Interesse der Gesellschaft an ihrer Unabhängigkeit abzuwägen. Dabei ist zu beachten, dass die Satzung der Gesellschaft durch die Vinkulierung den Interessen der Gesellschaft bezüglich einer Kontrolle ihres Aktionärskreises grundsätzlich den Vorrang eingeräumt hat. Daher ist es ausreichend, dass die Verweigerung der Zustimmung dem Wohl der Gesellschaft entspricht.[148] Interessen des Bieters muss der Vorstand nicht berücksichtigen.[149] Allerdings hat die Zielgesellschaft 57

---

[145] *Grunewald* in Baums/Thoma, § 33 Rn. 70, 75; *Krause/Pötzsch/Stephan* in Assmann/Pötzsch/Schneider, § 33 Rn. 178, 183f.; aA *Hirte* in KK-WpÜG, § 33 Rn. 84; *Schlitt/Ries* in MüKoAktG, § 33 WpÜG Rn. 169f., 177; wohl auch *Röh* in Frankfurter Komm., § 33 Rn. 93, 95.

[146] *Grunewald* in Baums/Thoma, § 33 Rn. 70, 75; *Krause/Pötzsch/Stephan* in Assmann/Pötzsch/Schneider, § 33 Rn. 178, 183f.; aA *Hirte* in KK-WpÜG, § 33 Rn. 84; *Schlitt/Ries* in MüKoAktG, § 33 WpÜG Rn. 169f., 177; *Röh* in Frankfurter Komm., § 33 Rn. 93, 95.

[147] BGH v. 1.12.1986, NJW 1987, 1019f. (Struktur als Familiengesellschaft rechtfertigt Zustimmungsverweigerung); LG Aachen AG 1992, 410, 412 – AMB/AGF = WM 1992, 1485 = ZIP 1992, 924 = WuB II A. § 68 AktG 1.93; *Wiedemann/Walther,* so auch *Harrer/Grabowski* DStR 1992, 1327; *Herrmann,* S. 62f.; *Lammers,* S. 161f.; *Lutter* AG 1992, 374; *Weisner,* S. 177; *Wirth* DB 1992, 619; aA (bei börsennotierten Aktiengesellschaften Verweigerung der Zustimmung idR rechtsmissbräuchlich) *Assmann/Bozenhardt* in Assmann/Basaldua/Bozenhardt/Peltzer, S. 117f.; *Daum,* S. 159; *Hahn,* S. 211; *Immenga* AG 1992, 82f.; *Knoll,* S. 246; *Marquardt* WiB 1994, 538; *Otto* DB 1988, Beilage 12, 7; *Schanz* NZG 2000, 341; *Hüffer/Koch,* § 68 Rn. 15.

[148] *Herrmann,* S. 63; für Zustimmungsverweigerung auch zur Abwendung von Schädigungen der Gesellschaft *Weisner,* S. 178f.

[149] *van Aubel,* S. 161ff.

mit Aufnahme des Börsenhandelns erklärt, dass das Zustimmungserfordernis nicht zu einer Störung des Börsenhandels führen wird (§ 5 Abs. 2 BörsZulV). Die Zielgesellschaft wird daher nicht die Zustimmung für während der Annahmefrist vom Bieter an der Börse erworbenen Aktien verweigern dürfen.

58 **ee) Beschlussfassung des Aufsichtsrates.** Die Zustimmung des Aufsichtsrates muss vor der Maßnahme des Vorstandes vorliegen („zugestimmt hat").[150] Hiervon gibt es nach zutreffender Auffassung auch in Eilfällen keine Ausnahme.[151] Ausreichend ist es jedoch, wenn der Vorstand eine Abwehrmaßnahme (zB Veräußerung eines wertvollen Geschäftsbereichs) unter Gremienvorbehalt vereinbart, sofern die Umsetzung der Maßnahme bei Zustimmungsverweigerung verhindert werden kann.[152] Der Aufsichtsrat beschließt über die Zustimmungserteilung mit einfacher Mehrheit.[153] In dem Zustimmungsbeschluss sind die betreffenden Abwehrmaßnahmen zu konkretisieren. Eine pauschale Ermächtigung zu „Abwehrmaßnahmen aller Art" reicht nicht aus.[154] Die Zuständigkeit für die Beschlussfassung kann auf einen Aufsichtsratsausschuss delegiert werden (vgl. § 107 Abs. 3 Satz 3 AktG).[155] Bei einem paritätisch mitbestimmten Aufsichtsrat erscheint es geboten, dass zumindest ein Arbeitnehmervertreter in diesem Ausschuss vertreten ist.[156]

59 **e) Maßnahmen aufgrund Ad hoc-Ermächtigung der Hauptversammlung.** Abs. 2 schließt das Recht des Vorstands nicht aus, nach § 119 Abs. 2 AktG einzelne Maßnahmen einer unter Nutzung der Erleichterungen des **§ 16 Abs. 4** einzuberufenden Hauptversammlung zur Beschlussfassung vorzulegen.[157] Die Einberufung einer solchen **Abwehrhauptversammlung**

---

[150] *Grunewald* in Baums/Thoma, § 33 Rn. 76; *Krause/Pötzsch/Stephan* in Assmann/Pötzsch/Schneider, § 33 Rn. 179; *Schlitt/Ries* in MüKoAktG, § 33 WpÜG Rn. 173; *Röh* in Frankfurter Komm., § 33 Rn. 97; *Brandi* in Thaeter/Brandi, Teil 3 Rn. 392; aA *Hirte* in KK-WpÜG, § 33 Rn. 86 (auch nachträgliche Genehmigung ausreichend, sofern Aufsichtsratsentscheidung nicht durch Vollzug der Abwehrmaßnahme präjudiziert wird).

[151] *Krause/Pötzsch/Stephan* in Assmann/Pötzsch/Schneider, § 33 Rn. 179; *Hirte* in KK-WpÜG, § 33 Rn. 86; *Röh* in Frankfurter Komm., § 33 Rn. 97; *Hirte* in KK-WpÜG, § 33 Rn. 86; aA *Grunewald* in Baums/Thoma, § 33 Rn. 76; *Arnold/Wenninger* CFl 2010, 81.

[152] *Krause/Pötzsch/Stephan* in Assmann/Pötzsch/Schneider, § 33 Rn. 179.

[153] *Grunewald* in Baums/Thoma, § 33 Rn. 74; *Krause/Pötzsch/Stephan* in Assmann/Pötzsch/Schneider, § 33 Rn. 181; *Schlitt/Ries* in MüKoAktG, § 33 WpÜG Rn. 174; *Hirte* in KK-WpÜG, § 33 Rn. 87.

[154] *Grunewald* in Baums/Thoma, § 33 Rn. 74; *Krause/Pötzsch/Stephan* in Assmann/Pötzsch/Schneider, § 33 Rn. 180; *Schlitt/Ries* in MüKoAktG, § 33 WpÜG Rn. 172; *Brandi* in Thaeter/Brandi, Teil 3 Rn. 392; aA *Hirte* in KK-WpÜG, § 33 Rn. 87 (allgemeine Vorabzustimmung zulässig, sofern Aufsichtsrat die Bedingungen der Zulässigkeit im Einzelnen festlegt).

[155] *Krause/Pötzsch/Stephan* in Assmann/Pötzsch/Schneider, § 33 Rn. 182; *Röh* in Frankfurter Komm., § 33 Rn. 98; *Hirte* in KK-WpÜG, § 33 Rn. 87; *Schlitt/Ries* in MüKoAktG, § 33 WpÜG Rn. 175; *Brandi* in Thaeter/Brandi, Teil 3 Rn. 393.

[156] *Krause/Pötzsch/Stephan* in Assmann/Pötzsch/Schneider, § 33 Rn. 182; *Hirte* in KK-WpÜG, § 33 Rn. 87.

[157] *Krause/Pötzsch/Stephan* in Assmann/Pötzsch/Schneider, § 33 Rn. 188; *Grunewald* in Baums/Thoma, § 33 Rn. 85; *Schlitt/Ries* in MüKoAktG, § 33 WpÜG Rn. 189; *Brandi* in Thaeter/Brandi, Teil 3 Rn. 400.

kann erforderlich sein, wenn die vom Vorstand geplante Maßnahme außerhalb seiner Geschäftsführungsbefugnis liegt. Sie kann aber auch ratsam sein, wenn der Vorstand zu keinem abschließenden Urteil über die Zweckmäßigkeit der Maßnahme gelangt, da die übernahmerechtliche Zustimmung des Aufsichtsrats nach Satz 2 das Risiko einer aktienrechtlichen Haftung nicht beseitigt (§ 93 Abs. 4 Satz 2 AktG), der Vorwurf persönlichen Fehlverhaltens aber bei einer aufgrund einer rechtmäßigen Beschlussfassung der Hauptversammlung vorgenommenen Maßnahme nicht mehr gemacht werden kann (§ 93 Abs. 4 Satz 1 AktG).

Die Hauptversammlung kann zu allen Maßnahmen ermächtigen, die aus ihrer Sicht zur Vereitelung des Übernahmeangebots geeignet sind. In diesem Fall basieren die betreffenden erfolgsverhindernden Handlungen auf einer Entscheidung der Aktionäre, die einer Beschränkung ihrer Entscheidungsmöglichkeiten im Falle eines Übernahmeangebots zu Gunsten eines erweiterten Handlungsspielraums des Vorstands zugestimmt haben.[158] Abwehrmöglichkeiten der Hauptversammlung unterliegen **keiner Einschränkung durch § 33,** da dieser nur Vorstand und Aufsichtsrat verpflichtet, nicht die Hauptversammlung.[159] Erforderlich ist allerdings, dass der Hauptversammlungsbeschluss die Abwehrmaßnahme konkret benennt, zu der die Verwaltung ermächtigt werden soll. Eine Generalermächtigung etwa für alle Maßnahmen, die zur Abwehr des Übernahmeangebots geeignet oder nützlich sind, ist nicht zulässig.[160] 60

Auch bei Einholung der Zustimmung der Hauptversammlung sind die jeweils geltenden **aktienrechtlichen Bestimmungen** einzuhalten.[161] Zum Beispiel erfordert eine **Kapitalerhöhung unter Ausschluss des Bezugsrechts** der Aktionäre zur Abwehr eines Übernahmeangebots aktienrechtlich eine sachliche Rechtfertigung.[162] Soweit jedoch ein Bezugsrechtsausschluss nicht anderweitig nach § 186 Abs. 4 Satz 3 AktG zulässig ist, reicht die Abwehr der drohenden Abhängigkeit und Konzernierung der Gesellschaft nach zutreffender Ansicht als sachliche Rechtfertigung aus.[163] Den Aktionären der Zielgesellschaft steht das Recht zu, sich mit Mehrheit gegen eine Abhängigkeit oder Auflösung der Gesellschaft und die damit verbundene Änderung des Verbandszwecks zu wenden. Die gegen die Berücksichtigung der Unabhängigkeit durch den Vorstand im Rahmen eines Beschlusses zur Ausnutzung des genehmigten Kapitals vorgebrachten Bedenken, der Vorstand setze dadurch seine Vorstellungen über die Zukunft des Unternehmens über die der Aktio- 61

---

[158] *Ebenroth/Daum* DB 1991, 1157; *Weisner* ZRP 2000, 520.

[159] *Krause/Pötzsch/Stephan* in Assmann/Pötzsch/Schneider, § 33 Rn. 191; *Grunewald* in Baums/Thoma, § 33 Rn. 85; *Brandi* in Thaeter/Brandi, Teil 3 Rn. 409.

[160] *Krause/Pötzsch/Stephan* in Assmann/Pötzsch/Schneider, § 33 Rn. 195; *Schlitt/Ries* in MüKoAktG, § 33 WpÜG Rn. 193; iE ebenso *Grunewald* in Baums/Thoma, § 33 Rn. 85.

[161] *Krause/Pötzsch/Stephan* in Assmann/Pötzsch/Schneider, § 33 Rn. 192; *Grunewald* in Baums/Thoma, § 33 Rn. 85; *Schlitt/Ries* in MüKoAktG, § 33 WpÜG Rn. 194; *Brandi* in Thaeter/Brandi, Teil 3 Rn. 407.

[162] Vgl. statt aller *Hüffer/Koch,* § 186 Rn. 25 mwN.

[163] *Krause/Pötzsch/Stephan* in Assmann/Pötzsch/Schneider, § 33 Rn. 192; *Schlitt/Ries* in MüKoAktG, § 33 WpÜG Rn. 143; *Hüffer/Koch,* § 186 Rn. 32 (mwN); aA *van Aubel,* S. 12f., 45f.; *Bungert* ZHR 159 (1995), 268; *Daum,* S. 167; *Hahn,* S. 219; *Hirte,* Bezugsrechtsausschluß und Konzernbildung, 1986, S. 138ff.

näre, treffen auf eine durch die Hauptversammlung ausdrücklich gebilligte Maßnahme nicht zu.

3. Abwehrmaßnahmen im Vorfeld eines Angebots

62 **a) Zulässigkeit struktureller Abwehrmaßnahmen im Vorfeld eines Angebots.** Abs. 1 Satz 1 schließt nicht aus, dass die Zielgesellschaft im Vorfeld von Angeboten präventiv Abwehrmaßnahmen struktureller Art trifft. Die in Satz 1 angeordnete Modifikation des Handlungspielraums des Managements der Zielgesellschaft beginnt erst, sobald die Entscheidung des Bieters zur Abgabe eines Übernahmeangebots veröffentlicht ist.[164] Daher steht Abs. 1 Satz 1 vorbeugenden Maßnahmen des Managements zur Verhinderung oder Erschwerung von Übernahmen nicht entgegen. Präventive Abwehrmaßnahmen sind demnach allein nach aktienrechtlichen Maßstäben zu beurteilen. Insoweit unterliegt der Vorstand mangels eines konkreten Interessenskonfliktes keinem spezifischen aktienrechtlichen Neutralitätsgebot. Vielmehr steht ihm insoweit ein unternehmerisches Ermessen zu. In dessen Rahmen müssen präventive Abwehrmaßnahmen im Unternehmensinteresse liegen und dürfen also nicht nur aus Eigeninteressen ergriffen werden.[165] Ferner unterliegen derartige Maßnahmen den allgemeinen aktienrechtlichen Beschränkungen.[166] Soweit solche Abwehrmaßnahmen durch Vorratsbeschlüsse der Hauptversammlung mit dem Zweck der Abwehr eines Angebots beschlossen werden, gilt Abs. 2 (siehe → Rn. 76).[167]

63 **b) Einzelfälle präventiver Abwehrmaßnahmen.** Als Abwehrmaßnahmen im Vorfeld eines Übernahmeangebots kommen insbesondere die Schaffung von vinkulierten Namensaktien, die Ausgabe von Vorzugsaktien oder von Wandel- und Optionsanleihen, das Eingehen von wechselseitigen Beteiligungen sowie die Ausgabe von Belegschaftsaktien in Betracht.[168]

64 **aa) Vinkulierung von Namensaktien.** Ein häufig vorgeschlagenes Mittel zur vorbeugenden Abwehr von Übernahmeangeboten ist die Vinkulierung der Aktien der Zielgesellschaft (§ 68 Abs. 2 AktG). Sie steht nur bei

---

[164] *Röh/Vogel* in Frankfurter Komm., Vor §§ 33ff. Rn. 68; *Krause/Pötzsch/Stephan* in Assmann/Pötzsch/Schneider, § 33 Rn. 244; *Grunewald* in Baums/Thoma, § 33 Rn. 115; *Schlitt/Ries* in MüKoAktG, § 33 WpÜG Rn. 255; *Brandi* in Thaeter/Brandi, Teil 3 Rn. 332.

[165] *Röh/Vogel* in Frankfurter Komm., Vor §§ 33ff. Rn. 68; *Krause/Pötzsch/Stephan* in Assmann/Pötzsch/Schneider, § 33 Rn. 245; *Grunewald* in Baums/Thoma, § 33 Rn. 116; *Schlitt/Ries* in MüKoAktG, § 33 WpÜG Rn. 255; *Arnold/Wenninger* CFl 2010, 80, 84.

[166] *Krause/Pötzsch/Stephan* in Assmann/Pötzsch/Schneider, § 33 Rn. 244; *Arnold/Wenninger* CFl 2010, 84; *Brandi* in Thaeter/Brandi, Teil 3 Rn. 332.

[167] *Krause/Pötzsch/Stephan* in Assmann/Pötzsch/Schneider, § 33 Rn. 244; *Röh* in Frankfurter Komm., § 33 Rn. 99, 106; strenger *Hirte* in KK-WpÜG, § 33 Rn. 108, 169; *Schlitt/Ries* in MüKoAktG, § 33 WpÜG Rn. 202 (allein objektive Verhinderungswirkung maßgebend).

[168] Einschränkend zur Effizienz präventiver Abwehrmaßnahmen allgemein *Süßmann* NZG 2011, 1281; *Baudisch* AG 2001, 253; *Michalski* WM 1997, 152ff.; *Schneider/Burgard* DB 2001, 966ff.; *Wackerbarth* WM 2001, 1750; weniger skeptisch dagegen *Arnold/Wenninger* CFl 2010, 79.

Namensaktien zur Verfügung (§ 68 Abs. 1 AktG). Die Vinkulierung beschränkt die Übertragungsfähigkeit der Aktien der Gesellschaft mit dinglicher Wirkung. Sofern in der Satzung nicht der Aufsichtsrat oder die Hauptversammlung als zuständiges Organ bestimmt sind, ist der Vorstand für die Erteilung der Zustimmung zur Übertragung zuständig (§ 68 Abs. 2 Satz 2 AktG). Praktisch kommt die Vinkulierung allerdings nur in Betracht, wenn die Satzung sie bereits vor einer Börseneinführung vorsieht. Eine nachträgliche Einführung einer Vinkulierung bedarf wegen § 180 Abs. 2 AktG der Zustimmung jedes betroffenen Aktionärs und wird daher bei einer Publikumsgesellschaft kaum möglich sein.[169] Auch die Ausgabe vinkulierter Aktien unter Wahrung des Bezugsrechts der Aktionäre bedarf der Zustimmung aller betroffenen Aktionäre. Etwas anderes gilt nur dann, wenn das Bezugsrecht für die neu auszugebenden vinkulierten Namensaktien insgesamt ausgeschlossen ist.[170] Da eine solche partielle Vinkulierung zur Schaffung unterschiedlicher Aktiengattungen führt, ist sie wegen der reduzierten Liquidität der Aktien für die Zielgesellschaft mit Nachteilen verbunden.

bb) Ausgabe von Vorzugsaktien. Ein weiteres Mittel, Übernahmeangeboten vorzubeugen, liegt in der Ausgabe von Vorzugsaktien ohne Stimmrecht (§§ 12 Abs. 1, 139 ff. AktG).[171] Dadurch eröffnet sich für die Zielgesellschaft auf der einen Seite der Zugang zum Kapitalmarkt, auf der anderen Seite die Möglichkeit, die Beteiligungsstruktur durch einen stabilen Kreis von Stammaktionären über einen längeren Zeitraum unverändert zu erhalten. Zielführend ist die Ausgabe von Vorzugsaktien als Abwehrmittel allerdings nur dann, wenn entweder nur die Vorzugsaktien oder außerdem nur ein Teil der Stammaktien börsennotiert ist, der nicht zur Erlangung der Kontrolle über die Zielgesellschaft ausreicht.[172] 65

Wegen der üblichen Bewertungsabschläge, die der Kapitalmarkt bei Vorzugsaktien gegenüber Stammaktien in der Regel vornimmt, sind stimmrechtslose Vorzugsaktien als Mittel der Kapitalbeschaffung meist weniger gut geeignet. Außerdem kann die mit dem Nebeneinander von Stammaktien und Vorzugsaktien verbundene Reduzierung der Liquidität den Aktienkurs beeinträchtigen. Aus diesem Grund haben börsennotierte Unternehmen in den letzten Jahren verstärkt Vorzugsaktien in Stammaktien umgewandelt.[173] Darüber hinaus kann sich die großzügige Ausgabe von Vorzugsaktien nachteilig 66

[169] *Hüffer/Koch,* § 180 AktG Rn. 7; *Krause/Pötzsch/Stephan* in Assmann/Pötzsch/Schneider, § 33 Rn. 524; *Schlitt/Ries* in MüKoAktG, § 33 WpÜG Rn. 262; *van Aubel,* S. 6; *Lammers,* S. 158; *Rümker* FS Heinsius, 1991, S. 696 f.; *Schneider/Burgard* DB 2001, 967.

[170] *Hüffer/Koch,* § 180 AktG Rn. 7; *Krause/Pötzsch/Stephan* in Assmann/Pötzsch/Schneider, § 33 Rn. 252; *van Aubel,* S. 6; *Brandi* in Thaeter/Brandi, Teil 3 Rn. 435.

[171] Dazu *Krause/Pötzsch/Stephan* in Assmann/Pötzsch/Schneider, § 33 Rn. 259 ff.; *Brandi* in Thaeter/Brandi, Teil 3 Rn. 450 ff.; *Assmann/Bozenhardt* in Assmann/Basaldua/Bozenhardt/Peltzer, S. 125; *Daum,* S. 168 f.; *Hahn,* S. 205 ff.; *Herrmann,* S. 48 f.; *Lammers,* S. 176 ff.; *Lüttmann,* S. 164 f.; *Otto,* Beilage DB 12, 1988, 11; *Weisner,* S. 171 ff.

[172] *Schlitt/Ries* in MüKoAktG, § 33 WpÜG Rn. 258; *Brandi* in Thaeter/Brandi, Teil 3 Rn. 450.

[173] *Krause/Pötzsch/Stephan* in Assmann/Pötzsch/Schneider, § 33 Rn. 261; *Schlitt/Ries* in MüKoAktG, § 33 WpÜG Rn. 259; *Brandi* in Thaeter/Brandi, Teil 3 Rn. 453.

auswirken, wenn die Zielgesellschaft in eine Krise gerät. Das Stimmrecht der Vorzugsaktien lebt wieder auf, wenn das Unternehmen nachhaltig nicht in der Lage ist, die Vorzugsdividende zu zahlen (§ 140 Abs. 2 AktG).[174] Eine nachträgliche Umwandlung von Stammaktien in Vorzugsaktien kommt aus praktischen Gründen kaum jemals in Betracht, da dies die Zustimmung aller Aktionäre voraussetzen würde.[175]

67 **cc) Genehmigtes Kapital.** Auch die Schaffung eines genehmigten Kapitals stellt eine vorbeugende Abwehrmaßnahme dar.[176] Ein solches genehmigtes Kapital kann für die Dauer von bis zu fünf Jahren in Höhe von 50% des bestehenden Grundkapitals geschaffen werden (§ 202 AktG). Um die durch Ausübung des genehmigten Kapitals neu geschaffenen Aktien angesichts eines drohenden oder laufenden Übernahmeangebots bei einem befreundeten Dritten zu platzieren, ist ein Bezugsrechtsausschluss erforderlich. Hierfür muss der Bezugsrechtsausschluss im abstrakt-generellen wohlverstandenen Interesse der Zielgesellschaft liegen. Eine konkrete Prüfung der Eignung, Erforderlichkeit und Verhältnismäßigkeit erfolgt erst anlässlich der Ausübung der Ermächtigung durch den Vorstand.[177] Der alleinige Zweck der Übernahmeabwehr genügt idR nicht zur Rechtfertigung des Bezugsrechtsausschlusses und zwar weder für den Ermächtigungsbeschluss der Hauptversammlung, noch für den Ausübungsbeschluss des Vorstands.[178] Anders ist dies jedoch, wenn der Hauptversammlungsbeschluss zur Schaffung des genehmigten Kapitals gleichzeitig die Anforderungen eines Abwehrermächtigungsbeschlusses nach Abs. 2 erfüllt.[179] Auch in diesem Fall haben Vorstand und Aufsichtsrat im Rahmen der Abwägung bei Ausübung der Ermächtigung allerdings zu prüfen, ob im konkreten Fall ggf. überwiegende Interessen der Zielgesellschaft gegen die an sich zulässige Abwehr des Übernahmeangebots sprechen.[180]

68 **dd) Ausgabe von Wandel- und Optionsanleihen.** Als vorbeugende Abwehrmaßnahme kommt ferner die Ausgabe von Wandel- oder Optionsanleihen (§ 221 Abs. 1 AktG) in Betracht.[181] Bei entsprechender Ausgestaltung

---

[174] *Assmann/Bozenhardt* in Assmann/Basaldua/Bozenhardt/Peltzer, S. 125; *Rümker* FS Heinsius, 1991, 701.

[175] *Krause/Pötzsch/Stephan* in Assmann/Pötzsch/Schneider, § 33 Rn. 260; *Brandi* in Thaeter/Brandi, Teil 3 Rn. 452; *Assmann/Bozenhardt* in Assmann/Basaldua/Bozenhardt/Peltzer, S. 125; *Hahn,* S. 206; *Hüffer/Koch,* § 139 Rn. 11.

[176] Dazu *Krause/Pötzsch/Stephan* in Assmann/Pötzsch/Schneider, § 33 Rn. 282ff.; *Brandi* in Thaeter/Brandi, Teil 3 Rn. 470ff.; *Süßmann* NZG 2011, 1283.

[177] *Hüffer/Koch,* § 203 AktG Rn. 29, 35; *Krause/Pötzsch/Stephan* in Assmann/Pötzsch/Schneider, § 33 Rn. 283; *Brandi* in Thaeter/Brandi, Teil 3 Rn. 480ff.

[178] *Krause/Pötzsch/Stephan* in Assmann/Pötzsch/Schneider, § 33 Rn. 283ff.; *Brandi* in Thaeter/Brandi, Teil 3 Rn. 486ff. Siehe hierzu allgemein *Hüffer/Koch,* § 186 AktG Rn. 32 (mwN); *Scholz* in MHdB AG, § 57 Rn. 119k (mwN).

[179] *Krause/Pötzsch/Stephan* in Assmann/Pötzsch/Schneider, § 33 Rn. 284f.; *Brandi* in Thaeter/Brandi, Teil 3 Rn. 486f.

[180] *Brandi* in Thaeter/Brandi, Teil 3 Rn. 487; so wohl auch *Krause/Pötzsch/Stephan* in Assmann/Pötzsch/Schneider, § 33 Rn. 284.

[181] Dazu *Süßmann* NZG 2011, 1283f.; *Brandi* in Thaeter/Brandi, Teil 3 Rn. 493ff.; *Assmann/Bozenhardt* in Assmann/Basaldua/Bozenhardt/Peltzer, S. 129f.; *Hahn,* S. 223; *Schanz* NZG 2000, 344.

der Wandelanleihebedingungen (Change of Control-Klausel) kann der mit einem Übernahmeangebot verbundene Kontrollwechsel eine vorzeitige Kündbarkeit und Pflicht zur sofortigen Rückzahlung der Wandelanleihen auslösen, was die Zielgesellschaft in Liquiditätsschwierigkeiten bringen kann. Dadurch kann der Bieter gezwungen sein, das Angebot auf die Wandelanleihen zu erstrecken, was die Übernahme verteuert und die Finanzierungsmöglichkeiten des Bieters übersteigen kann. Außerdem kann das mit den Wandel- oder Optionsanleihen verbundene Wandelrecht für den Fall seiner Ausübung die Beteiligungsverhältnisse an der Zielgesellschaft so verändern, dass der Bieter selbst im Falle eines ursprünglich erfolgreichen Übernahmeangebots nachträglich die Kontrolle über die Zielgesellschaft wieder verliert.[182] Die Ausgabe von Wandelanleihen an einen Dritten verliert allerdings ihre Eignung als Abwehrmittel, wenn der Dritte seinerseits an den Bieter die durch die Wandelung entstehenden Aktien oder das Recht zum Bezug dieser Aktien veräußert.[183]

Die Ermächtigung zur Ausgabe von Wandel- oder Optionsanleihen erfordert einen entsprechenden Hauptversammlungsbeschluss (§ 221 Abs. 1 AktG) sowie die Schaffung eines bedingten Kapitals zur Bedienung der Wandel- bzw. Optionsrechte in Höhe von maximal 50% des Grundkapitals (§ 192 Abs. 2 Nr. 1, Abs. 3 Satz 1 AktG). Sollen die Wandel- bzw. Optionsanleihen erst während eines laufenden Angebotsverfahrens an befreundete Dritte ausgegeben werden, muss das Bezugsrecht der Aktionäre ausgeschlossen werden (§ 221 Abs. 4 AktG). Der Bezugsrechtsausschluss muss im Unternehmensinteresse liegen und sachlich gerechtfertigt sein.[184] Insoweit gelten die vorstehenden Erwägungen zum genehmigten Kapital (siehe Rn. 67) in entsprechender Weise.[185] 69

ee) Wechselseitige Beteiligungen. Als präventive Abwehrmaßnahme kommt auch das Parken von Anteilen bei befreundeten Gesellschaften in Betracht.[186] Voraussetzung hierfür ist, dass die Zielgesellschaft darauf vertrauen kann, dass der Dritte seine Aktien nicht an den Bieter veräußert und nicht seinerseits ein Übernahmeangebot für Aktien der Zielgesellschaft abgibt. Das Parken von Anteilen ist zumindest dann als präventive Abwehrmaßnahme geeignet, solange der Anteil des Dritten an der Zielgesellschaft weniger als 25% des Grundkapitals beträgt. Ein höherer Anteil des Dritten führt zur Begründung einer wechselseitigen Beteiligung iS von § 19 Abs. 1 AktG. Dies 70

---

[182] *Süßmann* NZG 2011, 1283; *Brandi* in Thaeter/Brandi, Teil 3 Rn. 494f.

[183] *Assmann/Bozenhardt* in Assmann/Basaldua/Bozenhardt/Peltzer, S. 129f.

[184] *Hüffer/Koch,* § 221 AktG Rn. 42; *Krause/Pötzsch/Stephan* in Assmann/Pötzsch/Schneider, § 33 Rn. 288; *Brandi* in Thaeter/Brandi, Teil 3 Rn. 497.

[185] *Krause/Pötzsch/Stephan* in Assmann/Pötzsch/Schneider, § 33 Rn. 288; *Brandi* in Thaeter/Brandi, Teil 3 Rn. 498.

[186] *Krause/Pötzsch/Stephan* in Assmann/Pötzsch/Schneider, § 33 Rn. 256f.; *Brandi* in Thaeter/Brandi, Teil 3 Rn. 522ff.; *Schlitt/Ries* in MüKoAktG, § 33 WpÜG Rn. 274; *Röh/Vogel* in Frankfurter Komm., Vor §§ 33ff. Rn. 86ff.; *Assmann/Bozenhardt* in Assmann/Basaldua/Bozenhardt/Peltzer, S. 134ff.; *Daum,* S. 179; *Herrmann,* S. 53ff.; *Hopt* FS Lutter, 2000, S. 1400; *Lammers,* S. 183ff.; *Rümker* FS Heinsius, 1991, 703; *Sünner* FS Quack, 1991, 469; *Weisner,* S. 235ff.; kritisch zu Ringverflechtungen *Adams* AG 1994, 148ff.

kann zum Verlust der Stimmrechte für die darüber hinausgehenden Anteile (§ 328 Abs. 1 AktG) und für Aufsichtsratswahlen zum vollständigen Stimmrechtsausschluss führen (§ 328 Abs. 3 AktG). Das Bestehen einer wechselseitigen Beteiligung reduziert dann die Zahl der Aktien der Zielgesellschaft, die der Bieter zur Erlangung der Kontrolle erwerben muss.[187]

71 **ff) Rückerwerb eigener Aktien.** Außer als Maßnahme gegen ein konkretes Übernahmeangebot kommt der Erwerb eigener Aktien auch als präventive Abwehrmaßnahme in Betracht.[188] Ein Rückkauf nach § 71 Abs. 1 Nr. 1 AktG zur Abwehr eines drohenden Schadens ist allerdings idR unzulässig, weil eine bevorstehende Übernahme zumeist keinen Schaden iS dieser Bestimmung darstellt.[189] Daher bedarf der Vorstand für den Rückerwerb im Regelfall einer Ermächtigung nach § 71 Abs. 1 Nr. 8 AktG. Außerdem muss die Gesellschaft in der Lage sein, im Zeitpunkt des Erwerbs die erforderliche Rücklage zu bilden (§ 71 Abs. 2 Satz 2 AktG). Wegen der Obergrenze des § 71 Abs. 2 Nr. 1 AktG, der den Rückerwerb eigener Aktien auf maximal 10% des Grundkapitals begrenzt, ist der Rückerwerb nur flankierend zu anderen präventiven Abwehrmaßnahmen sinnvoll.[190]

72 Die Wiederveräußerung der zurück erworbenen eigenen Aktien im Falle eines Übernahmeangebots an einen befreundeten Dritten unter Ausschluss des Bezugsrechts der Aktionäre ist bei entsprechender Ausgestaltung des Ermächtigungsbeschlusses nach § 71 Abs. 1 Nr. 8 Satz 5 AktG aktienrechtlich möglich und kann den Bieter im Einzelfall behindern. Sie ist dann nur mit Zustimmung des Aufsichtsrates nach Abs. 1 Satz 2, 3. Variante, oder der Hauptversammlung nach Abs. 2 zulässig. Hier gelten die dieselben Erwägungen wie bei der Ausnutzung eines genehmigten Kapitals zu Abwehrzwecken (siehe → Rn. 67).[191]

73 **gg) Ausgabe von Arbeitnehmeraktien.** Als präventive Abwehrmaßnahme kommt die Ausgabe von Arbeitnehmeraktien in Betracht.[192] Die Ausgabe von Arbeitnehmeraktien unter Ausschluss des Bezugsrechts ist durch das Aktiengesetz ausdrücklich privilegiert (§§ 71 Abs. 1 Nr. 2, 71a Abs. 1 Satz 2,

---

[187] *Assmann/Bozenhardt* in Assmann/Basaldua/Bozenhardt/Peltzer, S. 135 f.

[188] *Krause/Pötzsch/Stephan* in Assmann/Pötzsch/Schneider, § 33 Rn. 286; *Brandi* in Thaeter/Brandi, Teil 3 Rn. 502 ff.; *Schlitt/Ries* in MüKoAktG, § 33 WpÜG Rn. 266; *Röh/Vogel* in Frankfurter Komm., Vor §§ 33 ff. Rn. 74; dazu ferner *Böhm* in von Rosen/Seifert, S. 337; *Herrmann,* S. 92 ff.; *Schanz* NZG 2000, 345.

[189] *Hüffer/Koch,* § 71 AktG Rn. 9; *Brandi* in Thaeter/Brandi, Teil 3 Rn. 508 f.; *Assmann/Bozenhardt* in Assmann/Basaldua/Bozenhardt/Peltzer, S. 132 ff.; *Hauschka/Roth* AG 1988, 187; *Hopt* WM-FG Heinsius, 1991, 27 (differenzierend aber *Hopt* in Großkomm., § 93 Rn. 27); *Klein* NJW 1997, 2087; *Knoll,* S. 238; *Lammers,* S. 147 ff.; *Michalski* AG 1997, 155; *Otto* DB 1988, Beilage 12, 8; *Rümker* FS Heinsius, 1991, S. 688; *Schanz* NZG 2000, 345; *Stoll* BB 1989, 304; differenzierend *Herrmann,* S. 92 ff.; *Kort* FS Lutter, 2000, 1428 f.; *Mülbert* IStR 1999, 89; *Weisner,* S. 214 f. und wohl auch *Schander* ZIP 1998, 2088 f.

[190] *Röh/Vogel* in Frankfurter Komm., Vor §§ 33 ff. Rn. 74; generell einschränkend zur Abwehreignung *Böhm* in von Rosen/Seifert, S. 338 f.; *Werner,* S. 24 f.

[191] *Krause/Pötzsch/Stephan* in Assmann/Pötzsch/Schneider, § 33 Rn. 287.

[192] Dazu *Krause/Pötzsch/Stephan* in Assmann/Pötzsch/Schneider, § 33 Rn. 254; *Brandi* in Thaeter/Brandi, Teil 3 Rn. 533 ff.

192 Abs. 2 Nr. 3, 194 Abs. 3, 202 Abs. 4, 203 Abs. 4, 204 Abs. 3, 205 Abs. 4 AktG). Die bezogenen Aktien werden häufig mit einer vertraglich vereinbarten Sperrfrist ausgegeben, innerhalb derer die Veräußerung nicht möglich ist. Die Ausgabe von Belegschaftsaktien aus bedingtem Kapital ist allerdings auf 10% des Grundkapitals begrenzt (§ 192 Abs. 3 AktG) und damit von beschränkter Abwehrwirkung.[193] Daher kommen Arbeitnehmeraktien allenfalls als flankierende präventive Abwehrmaßnahme in Betracht.[194]

hh) Weitere Maßnahmen. Durch die Einführung **qualifizierter Mehrheiten für die Bestellung und Abberufung von Aufsichtsratsmitgliedern** (§ 103 Abs. 1 Satz 2 AktG)[195] und **Staffelung ihrer Amtszeiten**[196], durch Begründung von **Entsendungsrechten** für Mitglieder des Aufsichtsrats (§ 101 Abs. 2 AktG)[197] sowie durch die **Erhöhung der erforderlichen Mehrheit für Satzungsänderungen und Umstrukturierungen** (Eingliederung, Umwandlung)[198] kann die Übernahme der Kontrolle über die Zielgesellschaft zeitlich verzögert werden.[199] Die Erlangung der Kontrolle durch den Bieter kann dadurch allerdings nicht dauerhaft vereitelt werden. Als strukturelle Abwehrmaßnahmen waren bis zur Aufhebung von § 12 Abs. 2 Satz 2 und Neufassung von § 134 Abs. 1 Satz 2 AktG durch das KonTraG auch **Höchst- und Mehrstimmrechte** verbreitet.[200] Übernahmeangebote 74

---

193 *Krause/Pötzsch/Stephan* in Assmann/Pötzsch/Schneider, § 33 Rn. 254; *Brandi* in Thaeter/Brandi, Teil 3 Rn. 535.

194 *Assmann/Bozenhardt* in Assmann/Basaldua/Bozenhardt/Peltzer, S. 132; *van Aubel,* S. 16f.; *Otto,* Beilage 12 DB 1988, 10; vgl. auch *Daum,* S. 178f.; *Herrmann,* S. 124f.

195 *Krause/Pötzsch/Stephan* in Assmann/Pötzsch/Schneider, § 33 Rn. 268; *Brandi* in Thaeter/Brandi, Teil 3 Rn. 571ff.; *Schlitt/Ries* in MüKoAktG, § 33 WpÜG Rn. 279.

196 *Krause/Pötzsch/Stephan* in Assmann/Pötzsch/Schneider, § 33 Rn. 269; *Brandi* in Thaeter/Brandi, Teil 3 Rn. 578ff.; *Röh/Vogel* in Frankfurter Komm., Vor §§ 33ff. Rn. 76; *Schlitt/Ries* in MüKoAktG, § 33 WpÜG Rn. 281ff.

197 *Krause/Pötzsch/Stephan* in Assmann/Pötzsch/Schneider, § 33 Rn. 265; *Brandi* in Thaeter/Brandi, Teil 3 Rn. 581; *Röh/Vogel* in Frankfurter Komm., Vor §§ 33ff. Rn. 73; *Schlitt/Ries* in MüKoAktG, § 33 WpÜG Rn. 280.

198 *Krause/Pötzsch/Stephan* in Assmann/Pötzsch/Schneider, § 33 Rn. 264; *Brandi* in Thaeter/Brandi, Teil 3 Rn. 454ff., *Röh/Vogel* in Frankfurter Komm., Vor §§ 33ff. Rn. 79; *Schlitt/Ries* in MüKoAktG, § 33 WpÜG Rn. 279.

199 *Grunewald* in Baums/Thoma, § 33 Rn. 42ff.; dazu *Assmann/Bozenhardt* in Assmann/Basaldua/Bozenhardt/Peltzer, S. 137ff.; *Daum,* S. 171ff.; *Hahn,* S. 164ff.; *Hauschka/Roth* AG 1988, 187; *Herrmann,* S. 77ff.; *Hopt* WM-FG Heinsius, 1991, 27f.; *Knoll,* S. 239ff.; *Lammers,* S. 190ff.; *Michalski* AG 1997, 155ff.

200 *Schlitt/Ries* in MüKoAktG, § 33 WpÜG Rn. 277f.; vgl. dazu *Assmann/Bozenhardt* in Assmann/Basaldua/Bozenhardt/Peltzer, S. 120ff.; *Daum,* S. 149ff.; *Herrmann,* S. 24ff.; *Knoll,* S. 247ff.; *Kort* FS Lutter, 2000, 1427; *Lammers,* S. 164ff.; *Michalski* AG 1997, 158ff.; *Otto,* Beilage 12 DB 1988, 7f.; *Otto* AG 1994, 173ff.; *Schneider/Burgard* WM 2001, 967; *Sünner* FS Quack, 1991, 461ff.; *Weisner,* S. 156ff.; *Werner,* S. 20f.; *Zöllner/Noack* AG 1991, 117; zur (versuchten) Aufhebung von Höchststimmrechten durch einen Bieter LG Hannover AG 1993, 187 = WM 1992, 1239 = ZIP 1992, 1236 = WuB II A. § 20 AktG 1.92 *Marsch-Barner* – Continental/Pirelli; zur versuchten Einführung eines „aufschiebend bedingten" Höchststimmrechts LG Frankfurt am Main AG 1990, 169 = WM 1990, 237 = ZIP 1990, 230 = WuB II A. § 134 AktG 1.90 *H.P. Westermann* – Dresdner Bank, dazu *Hüffer/Koch,* § 134 Rn. 6; *Hahn,* S. 204f.; *Herrmann,* S. 33ff.; *Kort* FS Lutter, 2000, 1427; *Salje* JA 1990, 324 mit Fn. 24.

können auch präventiv durch Stillhalteabkommen mit potentiellen Bietern **(Stand Still-Agreements)** verhindert werden.[201] Eine Übernahme erschweren können auch **Change-of-Control-Klauseln** bei Dauerschuldverhältnissen oder in Darlehens- oder Anleihebedingungen, die für den Fall eines Kontrollwechsels Kündigungsmöglichkeiten oder Anpassung der Konditionen zulasten der Zielgesellschaft vorsehen.[202] Werden solche Klauseln vor Veröffentlichung der Entscheidung zur Abgabe eines Angebots vereinbart, fallen sie nicht unter Abs. 1 Satz 1. Auch nach der Veröffentlichung der Entscheidung fallen sie nicht unter Abs. 1 Satz 1, wenn sie dem berechtigten Schutzinteresse des Vertragspartners vor einem Wechsel des wirtschaftlichen Vertragspartners dienen und von diesem üblicherweise verlangt werden.[203]

4. Abwehrmaßnahmen nach anderen Rechtsvorschriften

75 Das Verhinderungsverbot gilt nicht, sofern spezialgerichtliche Vorschriften vorrangig sind. Betreibt eine börsennotierte Aktiengesellschaft mit Sitz im Inland ein Luftfahrtunternehmen (§ 1 Abs. 1 LuftNaSiG), dann kann sich die Zulässigkeit von Abwehrmaßnahmen aus dem Luftverkehrsnachweissicherungsgesetz ergeben. Durch dieses anlässlich der Privatisierung der Deutsche Lufthansa AG geschaffene Gesetz wurden die Aktien der Deutsche Lufthansa AG in vinkulierte Namensaktien umgewandelt (§ 3 LuftNaSiG). Zur Abwehr einer Überfremdung eines Luftfahrtunternehmens, die zu einem Verlust von Überflugrechten führen könnte, werden dem Luftfahrtunternehmen bei Erreichen bestimmter Schwellenwerte ausländischen Aktienbesitzes das Recht zum Erwerb eigener Aktien sowie zur Ausgabe von Aktien gegen Bareinlagen unter Ausschluss des Bezugsrechts der Aktionäre eingeräumt (§ 4 LuftNaSiG). Ausländische Aktionäre der Gesellschaft können bei drohender Überfremdung außerdem dazu verpflichtet werden, die von ihnen gehaltenen Aktien zu veräußern (§ 5 LuftNaSiG). Diese gesetzlichen Regelungen gehen § 33 als lex specialis vor.

III. Ermächtigung der Hauptversammlung zu Abwehrmaßnahmen vor Abgabe eines Angebots (Abs. 2)

1. Anwendungsbereich und Normzweck

76 Die Hauptversammlung kann nach Abs. 2 den Vorstand zur Durchführung von Abwehrmaßnahmen ermächtigen, ohne dass ein aktuelles öffentliches Übernahmeangebot vorliegt. Die Möglichkeit, den Vorstand nach Abs. 2 auf Vorrat zu Abwehrmaßnahmen zu ermächtigen, lässt jedoch nach dem Willen

---

[201] *Röh/Vogel* in Frankfurter Komm., Vor §§ 33ff. Rn. 82; dazu näher *Wagner,* S. 180ff.; zu Stand Still-Agreements nach Veröffentlichung der Entscheidung zur Abgabe eines (Übernahme-)Angebots vgl. → Rn. 32.

[202] *Krause/Pötzsch/Stephan* in Assmann/Pötzsch/Schneider, § 33 Rn. 278f.; *Süßmann* NZG 2011, 1283.

[203] *Schlitt/Ries* in MüKoAktG, § 33 WpÜG Rn. 114; *Krause* AG 2002, 143; ähnlich *Süßmann* NZG 2011, 1283; aA *Grunewald* in Baums/Thoma, § 33 Rn. 48; *Hirte* ZGR 2002, 631; vgl. auch „Investoren dringen auf mehr Absicherung bei Unternehmensanleihen, FAZ vom 12.10.2006, S. 25.

des Gesetzgebers die Befugnis unberührt, **Ermächtigungen nach anderen Rechtsvorschriften** auszunutzen. Für die Ausnutzung solcher Ermächtigungen gilt Abs. 1 Satz 2. Als solche unabhängig von Abs. 2 ausnutzbare Ermächtigungen nennt die Beschlussempfehlung des Finanzausschusses ausdrücklich die Ausübung eines genehmigten Kapitals nach § 202 AktG und den Rückkauf von Aktien nach § 71 Abs. 1 Nr. 8 AktG. Im Vorfeld eines Angebots geschaffene Ermächtigungen können auch während eines Angebots ausgenutzt werden, sofern die aktienrechtlichen Voraussetzungen für eine Ausübung gegeben sind und die Anforderungen von Abs. 1 Satz 2 eingehalten werden.[204] Für sie gilt auch die zeitliche Beschränkung nach Abs. 2 Satz 2 nicht.

Damit erfasst der **Anwendungsbereich** des Abs. 2 im Gegensatz zu Abs. 1 77
Satz 2 solche Maßnahmen, zu deren Durchführung der Vorstand zum **Zweck der Verhinderung** eines konkreten Übernahmeangebots ermächtigt werden soll („um den Erfolg von Übernahmeangeboten zu verhindern").[205] Auf diese Weise ermöglicht Abs. 2 Ermächtigungen zu Maßnahmen, für deren Durchführung in der Übernahmesituation abgesehen von der Abwehr des Bieters kein überwiegendes Unternehmensinteresse ersichtlich ist.

Die Erteilung einer Ermächtigung nach Abs. 2 stellt eine **vorweggenommene Abwägung** zugunsten des Interesses der Gesellschaft an der Abwehr des Übernahmeangebots gegenüber den Interessen der veräußerungswilligen Aktionäre dar, unbehindert über die Annahme des Angebots entscheiden zu können. Allerdings dispensiert sie den Vorstand nicht von jeglicher Prüfung, ob die konkrete Abwehrmaßnahme mit dem Unternehmensinteresse vereinbar ist.[206] 78

Da Vorratsbeschlüsse nach Abs. 2 den Aktionären typischerweise die Entscheidungsfreiheit über Annahme oder Ablehnung eines künftigen Übernahmeangebots nimmt, ohne dass zum Zeitpunkt der Beschlussfassung der Hauptversammlung der Inhalt oder der Bieter eines künftigen Übernahmeangebots bekannt sind, bindet Abs. 2 Satz 4 die Ausübung der Befugnisse aus dem Vorratsbeschluss an die **Zustimmung des Aufsichtsrats.**[207] 79

Angesichts ihres engen sachlichen Anwendungsbereichs und der knappen zeitlichen Befristung von 18 Monaten ist die Ermächtigung nach Abs. 2 in der Praxis bislang kaum genutzt worden.[208] 80

---

[204] BT-Drucks. 14/7477, 69.

[205] *Krause/Pötzsch/Stephan* in Assmann/Pötzsch/Schneider, § 33 Rn. 205; *Röh* in Frankfurter Komm., § 33 Rn. 99; aA *Hirte* in KK-WpÜG, § 33 Rn. 108; *Schlitt/Ries* in MüKoAktG, § 33 WpÜG Rn. 202 (objektive Verhinderungswirkung maßgebend).

[206] Siehe näher → Rn. 91; so auch *Krause/Pötzsch/Stephan* in Assmann/Pötzsch/Schneider, § 33 Rn. 236; *Grunewald* in Baums/Thoma, § 33 Rn. 100; anders die Vorauflage, Rn. 75.

[207] BT-Drucks. 14/7034, 58 f.

[208] *Schlitt/Ries* in MüKoAktG, § 33 WpÜG Rn. 201; *Süßmann* NZG 2011, 1284. Die Ermächtigung gemäß Abs. 2 ist erst Gegenstand einer einzigen veröffentlichten Gerichtsentscheidung geworden; siehe LG München I v. 23.12.2004 AG 2005, 261 = ZIP 2005, 352; dazu *Drinkuth* AG 2005, 597.

2. Gegenstand der Ermächtigung

81 Die Regelung in Abs. 2 erlaubt es der Hauptversammlung, den Vorstand zu Maßnahmen zu ermächtigen, „die in der **Zuständigkeit der Hauptversammlung** liegen". Entgegen dieses missverständlichen Gesetzeswortlauts erlaubt Abs. 2 jedoch nicht, wie teilweise angenommen[209], auf den Vorstand Kompetenzen zu übertragen, die zwingend in die Zuständigkeit der Hauptversammlung fallen (zB Beschluss über die Umwandlung oder Auflösung der Gesellschaft). Vielmehr bleibt die aktienrechtliche Kompetenzverteilung durch Abs. 2 unberührt und erlaubt diese Ermächtigungsnorm lediglich, das Verhinderungsverbot aus Abs. 1 Satz 1 zu überwinden.[210]

82 Gegenstand eines Ermächtigungsbeschlusses nach Abs. 2 können daher zum einen solche Maßnahmen sein, zu deren Vornahme der Vorstand auch **nach aktienrechtlichen Bestimmungen ermächtigt** werden kann. Hierzu gehören die Ermächtigung zur Ausnutzung eines genehmigten Kapitals mit Bezugsrechtsausschluss[211], zum Rückerwerb eigener Aktien (§ 71 Abs. 1 Nr. 8 AktG)[212], zur Ausgabe von Wandel- oder Optionsanleihen unter Ausschluss des Bezugsrechts der Aktionäre[213], zur Ausgabe von Aktien an Arbeitnehmer oder Mitglieder der Geschäftsführung unter Nutzung eines bedingten Kapitals[214] oder zum Abschluss von Unternehmensverträgen.[215] Jedoch befreit Abs. 2 nicht von den **zwingenden aktienrechtlichen Vorgaben** für derartige Ermächtigungen (zB 10%-Grenze für Erwerb eigener Aktien nach § 71 Abs. 1 Nr. 8 AktG oder Verbot der Ausgabe neuer Aktien unter Wert (§ 255 Abs. 2 AktG)).[216]

83 Zum anderen kann der Vorstand gemäß Abs. 2 zur Vornahme von **Geschäftsführungsmaßnahmen** ermächtigt werden. Dies gilt jedenfalls insoweit, als es sich um Geschäftsführungsmaßnahmen handelt, die der Vorstand der Hauptversammlung aus eigener Initiative zur Entscheidung vorlegt (§ 119

[209] *Steinmeyer* in Steinmeyer/Häger, § 33 WpÜG Rn. 37 ff.; *Schneider* AG 2002, 131; wohl auch *Grunewald* in Baums/Thoma, § 33 Rn. 88.

[210] *Krause/Pötzsch/Stephan* in Assmann/Pötzsch/Schneider, § 33 Rn. 207; *Schlitt/Ries* in MüKoAktG, § 33 WpÜG Rn. 204; *Brandi* in Thaeter/Brandi, Teil 3 Rn. 318 f.; *Röh* in Frankfurter Komm., § 33 WpÜG Rn. 102.

[211] *Krause/Pötzsch/Stephan* in Assmann/Pötzsch/Schneider, § 33 Rn. 208; *Schlitt/Ries* in MüKoAktG, § 33 WpÜG Rn. 206; *Brandi* in Thaeter/Brandi, Teil 3 Rn. 327; *Röh* in Frankfurter Komm., § 33 WpÜG Rn. 102.

[212] *Krause/Pötzsch/Stephan* in Assmann/Pötzsch/Schneider, § 33 Rn. 208; *Schlitt/Ries* in MüKoAktG, § 33 WpÜG Rn. 206; *Brandi* in Thaeter/Brandi, Teil 3 Rn. 327; *Röh* in Frankfurter Komm., § 33 WpÜG Rn. 102.

[213] *Schlitt/Ries* in MüKoAktG, § 33 WpÜG Rn. 206; *Röh* in Frankfurter Komm., § 33 WpÜG Rn. 102.

[214] *Krause/Pötzsch/Stephan* in Assmann/Pötzsch/Schneider, § 33 Rn. 208; *Schlitt/Ries* in MüKoAktG, § 33 WpÜG Rn. 206; *Röh* in Frankfurter Komm., § 33 WpÜG Rn. 102.

[215] *Krause/Pötzsch/Stephan* in Assmann/Pötzsch/Schneider, § 33 Rn. 208; *Schlitt/Ries* in MüKoAktG, § 33 WpÜG Rn. 206; *Röh* in Frankfurter Komm., § 33 WpÜG Rn. 102.

[216] *Krause/Pötzsch/Stephan* in Assmann/Pötzsch/Schneider, § 33 Rn. 221; *Röh* in Frankfurter Komm., § 33 WpÜG Rn. 100; *Brandi* in Thaeter/Brandi, Teil 3 Rn. 325.

Abs. 2 AktG)[217] oder für die nach den Grundsätzen der Holzmüller/Gelatine-Rechtsprechung eine ungeschriebene Zuständigkeit der Hauptversammlung eingreift.[218]

3. Inhaltliche und formale Anforderungen an Ermächtigung

Nach Abs. 2 Satz 1 ist erforderlich, dass die Handlungen, zu denen der Vorstand ermächtigt werden soll, im Ermächtigungsbeschluss der Art nach näher bestimmt werden. Für diese Bestimmung reicht eine allgemeine Umschreibung der betroffenen Maßnahme (Durchführung einer Kapitalerhöhung, Veräußerung von Beteiligungen, Rückkauf von Aktien) aus.[219] Möglich ist auch, die für den Fall eines Übernahmeangebots zulässigen Geschäftsführungsmaßnahmen in einem Maßnahmenkatalog aufzuführen. Die Hauptversammlung kann den Vorstand ermächtigen, nach eigenem Ermessen über die Ausnutzung der Ermächtigungsgrundlage zu entscheiden. Sie kann dem Vorstand für den Ermessensgebrauch Vorgaben machen, etwa ihn in bestimmten Fällen dazu verpflichten, die eingeräumten Abwehrbefugnisse auszunutzen. Eine Blankettermächtigung lässt Abs. 2 Satz 1 dagegen nicht zu.[220] Falls der Beschluss diesen Anforderungen nicht genügt, ist er anfechtbar, jedoch nicht nach § 241 Nr. 3 AktG nichtig.[221] **84**

Ausdrücklich genannt werden muss im Beschluss, dass der **Zweck** der Maßnahme, zu der ermächtigt werden soll, die **Abwehr** von Übernahmeversuchen sein soll.[222] Ein bloßer Hinweis hierauf zB in der Berichterstattung des Vorstands reicht insoweit nicht aus.[223] **85**

Aus **aktienrechtlichen** Regelungen können sich weitergehende **Vorgaben für die inhaltliche Konkretisierung** des Ermächtigungsbeschlusses ergeben:[224] So muss bei Holzmüller/Gelatine-Sachverhalten die geplante Maßnahme aus aktienrechtlichen Gründen konkret bezeichnet werden; zumindest sind die Vorgaben an einen sog. Konzeptbeschluss zu beachten, der **86**

[217] *Krause/Pötzsch/Stephan* in Assmann/Pötzsch/Schneider, § 33 Rn. 209; *Schlitt/Ries* in MüKoAktG, § 33 WpÜG Rn. 205; *Röh* in Frankfurter Komm., § 33 WpÜG Rn. 103; *Grunewald* in Baums/Thoma, § 33 Rn. 89.

[218] *Krause/Pötzsch/Stephan* in Assmann/Pötzsch/Schneider, § 33 Rn. 210; *Schlitt/Ries* in MüKoAktG, § 33 WpÜG Rn. 207; *Brandi* in Thaeter/Brandi, Teil 3 Rn. 326; *Röh* in Frankfurter Komm., § 33 WpÜG Rn. 103.

[219] BT-Drucks. 14/ 7477, 69; LG München I AG 2005, 261 = ZIP 2005, 352 = EWiR 139 *Grunewald; Grunewald* in Baums/Thoma, § 33 Rn. 90; *Hirte* in KK-WpÜG, § 33 Rn. 118; *Krause/Pötzsch/Stephan* in Assmann/Pötzsch/Schneider, § 33 Rn. 215.

[220] BT-Drucks. 14/7034, 58; *Krause/Pötzsch/Stephan* in Assmann/Pötzsch/Schneider, § 33 Rn. 214; *Grunewald* in Baums/Thoma, § 33 Rn. 90; *Brandi* in Thaeter/Brandi, Teil 3 Rn. 323.

[221] *Krause/Pötzsch/Stephan* in Assmann/Pötzsch/Schneider, § 33 Rn. 217; *Hirte* in KK-WpÜG, § 33 Rn. 118; *Schlitt/Ries* in MüKoAktG, § 33 WpÜG Rn. 212.

[222] *Hirte* in KK-WpÜG, § 33 Rn. 116; *Krause/Pötzsch/Stephan* in Assmann/Pötzsch/Schneider, § 33 Rn. 21; *Schlitt/Ries* in MüKoAktG, § 33 WpÜG Rn. 213.

[223] *Hirte* in KK-WpÜG, § 33 Rn. 116; *Krause/Pötzsch/Stephan* in Assmann/Pötzsch/Schneider, § 33 Rn. 21; *Schlitt/Ries* in MüKoAktG, § 33 WpÜG Rn. 213.

[224] *Krause/Pötzsch/Stephan* in Assmann/Pötzsch/Schneider, § 33 Rn. 220.

die geplante Maßnahme in groben Umrissen beschreiben muss.[225] Eine allgemeine Ermächtigung zur Veräußerung von Vermögensgegenständen mag daher für die Zwecke von Abs. 2 ausreichen, befreit den Vorstand nach zutreffender Ansicht jedoch nicht davon, für die Umsetzung der konkreten Maßnahme eine weitere Zustimmung der Hauptversammlung einzuholen.[226]

87 Hiervon zu unterscheiden sind Anforderungen an die **Berichterstattung** des Vorstands bei Einholung des Ermächtigungsbeschlusses: Aus Abs. 2 ergeben sich keine besonderen übernahmerechtlichen Berichtserfordernisse. Jedoch sind die aktienrechtlichen Vorgaben an die Berichterstattung für den jeweiligen Ermächtigungsbeschluss zu beachten.[227] Entgegen einer teilweise vertretenen Ansicht[228] gelten insoweit im Zusammenhang von Vorratsbeschlüssen nach Abs. 2 keine strengeren Vorgaben. Insbesondere finden auf Vorratsermächtigungen zur Ausnutzung eines genehmigten Kapitals die Grundsätze der Siemens/Nold-Rechtsprechung uneingeschränkt Anwendung.[229]

4. Zeitliche Beschränkung der Ermächtigung

88 Die Hauptversammlung kann die Ermächtigung nach Satz 2 höchstens für 18 Monate erteilen. Mit dieser zeitlichen Beschränkung werden die weitgehenden Folgen eines solchen Beschlusses in Bezug auf die Entscheidungsfreiheit über die Annahme oder Ablehnung eines Übernahmeangebots zeitlich begrenzt. Analog § 71 Abs. 1 Nr. 8 Satz 1 ist die Höchstfrist von 18 Monaten eine Ermächtigungsschranke. Wie bei § 71 Abs. 1 Nr. 8 Satz 1 und § 202 Abs. 2 oder § 221 Abs. 2 Satz 1 muss die Frist im Beschluss selbst konkret gesetzt werden („bis 30.6.2003", „vom Tag der Beschlussfassung an für 18 Monate").[230] Die Frist beginnt grundsätzlich ab Beschlussfassung[231], im Falle der Eintragung (zB eines genehmigten Kapitals) nach zutreffender Ansicht erst mit dieser („vom Tag der Eintragung an für 18 Monate").[232] Fehlt eine

---

[225] *Krieger* in MHdB AG, § 70 Rn. 12; *Hüffer/Koch,* § 119 AktG Rn. 29.

[226] *Krause/Pötzsch/Stephan* in Assmann/Pötzsch/Schneider, § 33 Rn. 216; *Schlitt/Ries* in MüKoAktG, § 33 WpÜG Rn. 208; *Brandi* in Thaeter/Brandi, Teil 3 Rn. 326; aA *Hirte* in KK-WpÜG, § 33 Rn. 105; *Grunewald* in Baums/Thoma, § 33 Rn. 91.

[227] *Krause/Pötzsch/Stephan* in Assmann/Pötzsch/Schneider, § 33 Rn. 231; *Röh* in Frankfurter Komm., § 33 WpÜG Rn. 103; *Grunewald* in Baums/Thoma, § 33 Rn. 98; *Brandi* in Thaeter/Brandi, Teil 3 Rn. 324; insoweit zutreffend auch *Hirte* in KK-WpÜG, § 33 Rn. 106; LG München I AG 2005, 261 = ZIP 2005, 352 = EWiR 139 *Grunewald.*

[228] LG München I AG 2005, 261 = ZIP 2005, 352 = EWiR 139 *Grunewald; Hirte* in KK-WpÜG, § 33 Rn. 106.

[229] *Drinkuth* AG 2005, 602; *Krause/Pötzsch/Stephan* in Assmann/Pötzsch/Schneider, § 33 Rn. 221.

[230] *Krause/Pötzsch/Stephan* in Assmann/Pötzsch/Schneider, § 33 Rn. 223; *Schlitt/Ries* in MüKoAktG, § 33 WpÜG Rn. 217.

[231] *Krause/Pötzsch/Stephan* in Assmann/Pötzsch/Schneider, § 33 Rn. 225; *Hirte* in KK-WpÜG, § 33 Rn. 121; *Schlitt/Ries* in MüKoAktG, § 33 WpÜG Rn. 217.

[232] *Hirte* in KK-WpÜG, § 33 Rn. 121; *Schlitt/Ries* in MüKoAktG, § 33 WpÜG Rn. 217; *Grunewald* in Baums/Thoma, § 33 Rn. 94; aA *Krause/Pötzsch/Stephan* in Assmann/Pötzsch/Schneider, § 33 Rn. 225.

solche Festsetzung im Beschluss, kann nicht durch Auslegung auf die gesetzliche Höchstfrist zugegriffen werden. Der Ermächtigungsbeschluss ist dann gemäß § 241 Nr. 3 AktG insgesamt nichtig.[233]

5. Mehrheitserfordernis, Wirksamkeit

Nach Satz 3 bedarf der Ermächtigungsbeschluss einer **Mehrheit** von drei Viertel des bei der Beschlussfassung vertretenen Grundkapitals, sofern die Satzung keine größere Kapitalmehrheit und keine weiteren Erfordernisse vorsieht. Für den Beschluss gelten im Übrigen die allgemeinen aktienrechtlichen Grundsätze.[234] Der Bieter kann bei der Beschlussfassung mitwirken; er unterliegt insoweit keinem Stimmverbot.[235] 89

Der Ermächtigungsbeschluss wird nach allgemeinen aktienrechtlichen Grundsätzen wirksam. Bedarf der Beschlussgegenstand der Eintragung in das Handelsregister (zB Schaffung eines genehmigten Kapitals), tritt die **Wirksamkeit** mit Eintragung ein.[236] Wird der Ermächtigungsbeschluss im Wege der Anfechtungsklage angegriffen, gelten die allgemeinen aktienrechtlichen Regelungen.[237] Die bei Kapitalmaßnahmen mit der Anfechtungsklage verbundene faktische Registersperre[238] kann im Wege des Freigabeverfahrens (§ 246a AktG) überwunden werden.

6. Ausnutzung der Ermächtigung

Die Ausnutzung des Ermächtigungsbeschlusses setzt voraus, dass dieser **wirksam** ist, also nicht an Mängeln leidet, die zur Nichtigkeit führen. Die Erhebung einer Anfechtungsklage beseitigt zwar nicht ohne weiteres dessen Wirksamkeit, setzt den Vorstand aber dem Risiko aus, bei Klageerfolg im Nachhinein ohne wirksame Ermächtigung gehandelt zu haben.[239] 90

Bei der Ausnutzung des Ermächtigungsbeschlusses handelt der Vorstand nach **pflichtgemäßem Ermessen.**[240] Im Rahmen der Ermessensentscheidung darf er die Ermächtigung der Hauptversammlung berücksichtigen, die ihn vom Verhinderungsverbot befreit. Allerdings unterliegt er hierbei weiterhin dem Gebot, im Interesse der Gesellschaft zu handeln (§ 3 91

---

[233] *Krause/Pötzsch/Stephan* in Assmann/Pötzsch/Schneider, § 33 Rn. 223; *Röh* in Frankfurter Komm., § 33 WpÜG Rn. 113; *Grunewald* in Baums/Thoma, § 33 Rn. 94.

[234] BT-Drucks. 14/7034, 58; *Krause/Pötzsch/Stephan* in Assmann/Pötzsch/Schneider, § 33 Rn. 229.

[235] *Krause/Pötzsch/Stephan* in Assmann/Pötzsch/Schneider, § 33 Rn. 228; *Schlitt/Ries* in MüKoAktG, § 33 WpÜG Rn. 219.

[236] *Krause/Pötzsch/Stephan* in Assmann/Pötzsch/Schneider, § 33 Rn. 232; *Schlitt/Ries* in MüKoAktG, § 33 WpÜG Rn. 223.

[237] *Krause/Pötzsch/Stephan* in Assmann/Pötzsch/Schneider, § 33 Rn. 233.

[238] *Hüffer/Koch,* § 246a AktG Rn. 1.

[239] *Krause/Pötzsch/Stephan* in Assmann/Pötzsch/Schneider, § 33 Rn. 236; *Röh* in Frankfurter Komm., § 33 WpÜG Rn. 115.

[240] *Krause/Pötzsch/Stephan* in Assmann/Pötzsch/Schneider, § 33 Rn. 236; *Brandi* in Thaeter/Brandi, Teil 3 Rn. 399; *Röh* in Frankfurter Komm., § 33 WpÜG Rn. 116; *Schlitt/Ries* in MüKoAktG, § 33 WpÜG Rn. 227; anders die Vorauflage, Rn. 75.

Abs. 3).[241] Daher ist dem Vorstand zB eine Kapitalerhöhung zu einem unangemessen niedrigen Ausgabepreis untersagt, der deutlich unter dem vom Bieter gebotenen Preis liegt. Auch darf er bei Kapitalbeschaffungsmaßnahmen den Finanzierungsbedarf der Gesellschaft nicht völlig außer Acht lassen. Jedoch hat der Vorstand insoweit einen **größeren Ermessensspielraum** als ohne Ermächtigungsbeschluss.[242]

92 Nach Satz 4 dürfen Abwehrmaßnahmen des Vorstands auf Grund eines Beschlusses nach Satz 1 nur mit **Zustimmung des Aufsichtsrats** durchgeführt werden. Aus dem Charakter der Zustimmung als präventiver Überwachungsmaßnahme folgt, dass diese in aller Regel als Einwilligung, dh vor Durchführung der Maßnahme, erteilt werden muss; insoweit gelten nach der Gesetzesbegründung die gleichen Grundsätze wie bei § 111 Abs. 4 Satz 2 AktG.[243] In Ausnahmefällen mit besonderer Eilbedürftigkeit reicht daher eine nachträgliche Genehmigung aus.[244] Dies setzt nach aktienrechtlichen Grundsätzen jedoch voraus, dass der Vorstand sich zumindest um die Einholung der Einwilligung des Aufsichtsratsvorsitzenden bemüht hat und nach pflichtgemäßem Ermessen mit der Zustimmung der Aufsichtsratsmehrheit rechnen durfte.[245]

IV. Folgen von Verstößen gegen Absatz 1

1. Zivilrechtliche Folgen

93 **a) Wirksamkeit im Außenverhältnis.** Verstöße des Vorstands der Zielgesellschaft gegen das übernahmerechtliche Verhinderungsverbot nach Abs. 1 führen zivilrechtlich nach allgemeiner Meinung nicht zur Unwirksamkeit der getroffenen Maßnahme, sondern bleiben **im Außenverhältnis wirksam.**[246] Dies folgt aus der rechtlichen Natur des Verhinderungsverbots als Organbzw. Verhaltenspflicht (siehe → Rn. 17). Nur in den Fällen, in denen der Vorstand der Zielgesellschaft und der Bieter kollusiv in der Absicht zusam-

---

[241] *Krause/Pötzsch/Stephan* in Assmann/Pötzsch/Schneider, § 33 Rn. 236; *Brandi* in Thaeter/Brandi, Teil 3 Rn. 399; *Röh* in Frankfurter Komm., § 33 WpÜG Rn. 116; *Grunewald* in Baums/Thoma, § 33 Rn. 100; *Schlitt/Ries* in MüKoAktG, § 33 WpÜG Rn. 227.

[242] *Krause/Pötzsch/Stephan* in Assmann/Pötzsch/Schneider, § 33 Rn. 228; *Röh* in Frankfurter Komm., § 33 WpÜG Rn. 116; *Grunewald* in Baums/Thoma, § 33 Rn. 100; tendenziell strenger *Schlitt/Ries* in MüKoAktG, § 33 WpÜG Rn. 227; strenger auch *Hirte* in KK-WpÜG, § 33 Rn. 136 (keine Erweiterung des Ermessensspielraums).

[243] BT-Drucks. 14/7034, 58.

[244] *Grunewald* in Baums/Thoma, § 33 Rn. 102; *Schlitt/Ries* in MüKoAktG, § 33 WpÜG Rn. 231; wohl auch *Krause/Pötzsch/Stephan* in Assmann/Pötzsch/Schneider, § 33 Rn. 240; aA (vorherige Einwilligung notwendig) *Röh* in Frankfurter Komm., § 33 WpÜG Rn. 117; ebenso Vorauflage, Rn. 80.

[245] *Brandi* in Thaeter/Brandi, Teil 3 Rn. 397; siehe allgemein zu § 111 AktG: *Hüffer/Koch,* § 111 AktG Rn. 47; *Hoffman-Becking* in MHdB AG, § 29 Rn. 58.

[246] *Krause/Pötzsch/Stephan* in Assmann/Pötzsch/Schneider, § 33 Rn. 303; *Schlitt/Ries* in MüKoAktG, § 33 WpÜG Rn. 234.

menwirken, die Gesellschaft und ihre Aktionäre zu schädigen, kann eine Nichtigkeit der getroffenen Maßnahme in Betracht kommen.[247]

b) Unterlassungsansprüche von Aktionären? In der Literatur ist umstritten, inwieweit den Aktionären ein Unterlassungsanspruch gegen unzulässige Abwehrmaßnahmen zusteht. Besondere Relevanz entfaltet diese Frage in dem Fall, dass der Bieter bereits Aktien an der Zielgesellschaft hält. Diejenigen Autoren, die das Verhinderungsverbot des Abs. 1 als Kompetenznorm verstehen, befürworten einen Unterlassungsanspruch der Aktionäre bei verbotswidrigem Handeln des Vorstands.[248] Sieht man das Verhinderungsverbot jedoch zutreffend als Organpflicht an, steht den Aktionän gegen den Vorstand bei einem Verstoß gegen Abs. 1 grundsätzlich kein im Wege der Unterlassungsklage durchsetzbarer Anspruch auf Unterlassung von Geschäftsführungsmaßnahmen zu.[249] Unterlassungsansprüche einzelner Aktionäre sind jedoch dann begründet, wenn die betreffende Maßnahme zusätzlich auch aktienrechtliche Kompetenzvorschriften verletzt.[250] Hierzu gehören zB Maßnahmen ohne Einschaltung der Hauptversammlung unter Verstoß gegen die Holzmüller/Gelatine-Rechtsprechung, der Erwerb eigener Aktien unter Verstoß gegen §§ 71 ff. AktG sowie die Kapitalerhöhung ohne Hauptversammlungsbeschluss.[251] Anspruchsberechtigt sind in diesem Fall die einzelnen Aktionäre; die Klage ist gegen die Zielgesellschaft, vertreten durch den Vorstand, zu richten.[252] 94

c) Schadensersatzansprüche der Gesellschaft. Schadensersatzansprüche der Gesellschaft können gegen den Vorstand nach allgemeinen Haftungsgrundsätzen aus § 93 Abs. 1 AktG begründet sein, wenn der Vorstand die Gesellschaft dadurch schädigt, dass er erfolgsverhindernde Abwehrmaßnahmen ergreift, die nicht durch Abs. 1 Satz 2 oder Abs. 2 gerechtfertigt sind.[253] Solche Ansprüche bestehen unabhängig davon, ob das Übernahmeangebot erfolgreich war oder nicht. Der Schaden der Zielgesellschaft kann insbesondere in den Abwehraufwendungen liegen, wenn die Einleitung von Abwehrmaßnahmen durch die Zielgesellschaft pflichtwidrig war.[254] Soweit dem 95

---

[247] *Krause/Pötzsch/Stephan* in Assmann/Pötzsch/Schneider, § 33 Rn. 303; *Schlitt/Ries* in MüKoAktG, § 33 WpÜG Rn. 234; *Brandi* in Thaeter/Brandi, Teil 3 Rn. 605.

[248] *Hirte* in KK-WpÜG, § 33 Rn. 147; *Röh* in Frankfurter Komm., § 33 Rn. 129.

[249] *Grunewald* in Baums/Thoma, § 33 Rn. 104; *Krause/Pötzsch/Stephan* in Assmann/Pötzsch/Schneider, § 33 Rn. 304 f.; *Schlitt/Ries* in MüKoAktG, § 33 WpÜG Rn. 236; *Noack/Zetzsche* in Schwark/Zimmer, KapitalmarktR, § 33 WpÜG Rn. 46.

[250] *Grunewald* in Baums/Thoma, § 33 Rn. 104; *Krause/Pötzsch/Stephan* in Assmann/Pötzsch/Schneider, § 33 Rn. 304 f.; *Schlitt/Ries* in MüKoAktG, § 33 WpÜG Rn. 236; *Noack/Zetzsche* in Schwark/Zimmer, KapitalmarktR, § 33 WpÜG Rn. 46.

[251] *Grunewald* in Baums/Thoma, § 33 Rn. 104; *Krause/Pötzsch/Stephan* in Assmann/Pötzsch/Schneider, § 33 Rn. 304 f.; *Schlitt/Ries* in MüKoAktG, § 33 WpÜG Rn. 236.

[252] Siehe zu weiteren Einzelheiten: *Krause/Pötzsch/Stephan* in Assmann/Pötzsch/Schneider, § 33 Rn. 306; *Schlitt/Ries* in MüKoAktG, § 33 WpÜG Rn. 236.

[253] *Grunewald* in Baums/Thoma, § 33 Rn. 105; *Hirte* in KK-WpÜG, § 33 Rn. 159; *Krause/Pötzsch/Stephan* in Assmann/Pötzsch/Schneider, § 33 Rn. 309.

[254] *Grunewald* in Baums/Thoma, § 33 Rn. 105; *Röh* in Frankfurter Komm., § 33 Rn. 137; *Krause/Pötzsch/Stephan* in Assmann/Pötzsch/Schneider, § 33 Rn. 310; *Schlitt/Ries* in MüKoAktG, § 33 WpÜG Rn. 242.

Vorstand bei einzelnen Tatbestandsmerkmalen von Abs. 1 Satz 2 (siehe → Rn. 44, 56) bzw. Abs. 2 (siehe → Rn. 91) ein unternehmerisches Ermessen zusteht, kommt dem Vorstand das Haftungsprivileg des § 93 Abs. 1 Satz 2 AktG zu Gute, das auch bei Übernahmen anwendbar ist.[255] Die Geltendmachung von Ersatzansprüchen gegen den Vorstand wegen Verstoßes gegen Abs. 1 Satz 2 bzw. Abs. 2 richtet sich im Übrigen nach den allgemeinen Vorschriften.[256]

96 **d) Schadensersatzansprüche der Aktionäre. aa) Kein Schutzgesetzcharakter von Abs. 1.** Abs. 1 begründet übernahmerechtliche Organpflichten des Vorstands, die dieser im Rahmen der ordnungsgemäßen Geschäftsführung der Zielgesellschaft (§§ 76, 93 AktG) im Verhältnis zur Gesellschaft zu beachten hat. Diese übernahmerechtlichen Organpflichten modifizieren die Ausübung der Geschäftsführungsbefugnisse des Vorstands gegenüber der Gesellschaft. Jedoch werden durch Abs. 1 für Übernahmeangebote keine strukturell neuen Verhaltenspflichten des Vorstands gegenüber den Aktionären begründet, die im Rahmen von § 823 Abs. 2 BGB anders zu beurteilen wären als die allgemeine Geschäftsführungspflicht nach §§ 76, 93 AktG. Im Übrigen ordnet das Gesetz im Fall von Verstößen gegen Abs. 1 – anders als für Fehler der Angebotsunterlage nach § 12 – nicht ausdrücklich Schadensersatzansprüche der Aktionäre der Zielgesellschaft an. Aus diesen Gründen stellt Abs. 1 genauso wenig wie die nach §§ 76, 93 AktG bestehenden aktienrechtlichen Verhaltenspflichten ein Schutzgesetz zugunsten der Aktionäre iS von § 823 Abs. 2 BGB dar.[257]

97 **bb) Ansprüche aus § 823 Abs. 1 BGB?** Das Ergreifen einer nach Abs. 1 bzw. Abs. 2 unzulässigen Verteidigungsmaßnahme beeinträchtigt zwar eine der Vermögenssphäre des Aktionärs zuzuordnende schuldrechtliche Erwerbschance; diese gehört jedoch nicht zu den durch § 823 Abs. 1 BGB geschützten absoluten Rechtsgütern. Es liegt keine Maßnahme vor, die sich gegen den Bestand der Mitgliedschaft richtet, sondern lediglich eine Beeinträchtigung des in der Aktie gebundenen Vermögens. Ansprüche aus § 823 Abs. 1 BGB kommen daher nach zutreffender Ansicht nicht in Betracht.[258] Zweifelhaft ist, ob eine übernahmerechtlich unzulässige Verteidigungshandlung ausnahmsweise dann

---

[255] Generell für die Anwendbarkeit der *Business Judgement Rule* im Rahmen des § 33 WpÜG: *Grunewald* in Baums/Thoma, § 33 Rn. 105; aA *Steinmeyer* in *Steinmeyer,* § 33 Rn. 29; *Hirte* in KK-WpÜG, § 33 Rn. 159.

[256] Siehe zu Einzelheiten: *Grunewald* in Baums/Thoma, § 33 Rn. 105; *Röh* in Frankfurter Komm., § 33 Rn. 135 ff.; *Krause/Pötzsch/Stephan* in Assmann/Pötzsch/Schneider, § 33 Rn. 309 ff.; *Schlitt/Ries* in MüKoAktG, § 33 WpÜG Rn. 241 ff.

[257] *Grunewald* in Baums/Thoma, § 33 Rn. 107; *Krause/Pötzsch/Stephan* in Assmann/Pötzsch/Schneider, § 33 Rn. 312; *Schlitt/Ries* in MüKoAktG, § 33 WpÜG Rn. 239, 242; *Noack/Zetzsche* in Schwark/Zimmer, KapitalmarktR, § 33 WpÜG Rn. 44; *Steinmeyer* in Steinmeyer, § 33 Rn. 59; aA *Ekkenga* in Ehricke/Ekkenga/Oechsler, § 33 Rn. 37; *Hirte* in KK-WpÜG, § 33 Rn. 159 f.; *Röh* in Frankfurter Komm., § 33 Rn. 142 f.

[258] *Grunewald* in Baums/Thoma, § 33 Rn. 109; *Krause/Pötzsch/Stephan* in Assmann/Pötzsch/Schneider, § 33 Rn. 312, 317; *Schlitt/Ries* in MüKoAktG, § 33 WpÜG Rn. 239, 245; *Röh* in Frankfurter Komm., § 33 Rn. 141; *Noack/Zetzsche* in Schwark/Zimmer, KapitalmarktR, § 33 WpÜG Rn. 44; aA *Ekkenga* in Ehricke/Ekkenga/Oechsler, § 33 Rn. 37; *Hirte* in KK-WpÜG, § 33 Rn. 159 f.

einen Anspruch aus § 823 Abs. 1 BGB aufgrund Verletzung des Mitgliedschaftsrechts als absolut geschütztes Recht iSd § 823 Abs. 1 BGB begründen kann, wenn sie zugleich aktienrechtlich die Kompetenz der Hauptversammlung verletzt, zB durch Unterlassung einer bei Kapitalmaßnahmen oder gemäß der Holzmüller/Gelatine-Rechtsprechung gebotenen Beschlussfassung der Hauptversammlung.[259] Es wäre jedoch unangemessen, in einem solchen Fall innergesellschaftlicher Kompetenzstreitigkeiten durch deliktische Ersatzansprüche in die aktienrechtliche Haftungskonzeption einzugreifen.[260]

cc) Ansprüche aus § 826 BGB. Somit kann ein direkter deliktsrechtlicher Anspruch eines Aktionärs gegen den Vorstand nur unter den engen Voraussetzungen der § 826 BGB gegeben sein.[261] Wegen der Vorrangigkeit der Haftung des Vorstands gegenüber der Gesellschaft ist der eingetretene Schaden durch Leistung in das Vermögen der Gesellschaft auszugleichen, auch wenn durch den Schaden zugleich eine Entwertung der Aktien bewirkt wurde. Aktionäre können einen Ausgleich wegen der Entwertung ihrer Aktien nur insoweit verlangen, als ihnen ein Entwertungsschaden entstanden ist, der über den Schaden der Gesellschaft selbst hinausgeht und daher im Verhältnis zur Gesellschaft nicht auszugleichen ist (sog. Doppelschaden).[262] Ein solcher Schaden könnte zB darin bestehen, dass den Aktionären durch die unzulässige Abwehrmaßnahme die Möglichkeit genommen wurde, das Angebot des Bieters wirksam anzunehmen.[263] 98

e) Schadensersatzansprüche des Bieters. Abs. 1 schützt nicht das Interesse des Bieters, die Kontrolle über die Zielgesellschaft zu erlangen. Abs. 1 stellt damit **kein Schutzgesetz zu Gunsten des Bieters** dar.[264] Ansprüche des Bieters aus § 823 Abs. 2 BGB wegen eines Verstoßes gegen Abs. 1 sind daher ausgeschlossen. Mangels Sonderverbindung zwischen dem Bieter und der Zielgesellschaft kommt ein Anspruch des Bieters lediglich aus § 826 BGB in Betracht.[265] 99

2. Ordnungswidrigkeit

Maßnahmen, die entgegen § 33 Abs. 1 vorsätzlich oder leichtfertig ohne Zustimmung der Hauptversammlung getroffen wurden, stellen nach § 60 100

---

[259] Befürwortend *Grunewald* in Baums/Thoma, § 33 Rn. 109; *Steinmeyer* in Steinmeyer, § 33 Rn. 62; wohl auch *Schlitt/Ries* in MüKoAktG, § 33 WpÜG Rn. 240.

[260] *Krause/Pötzsch/Stephan* in Assmann/Pötzsch/Schneider, § 33 Rn. 312; *Rieckers* in MHdB AG, § 18 Rn. 12; zurückhaltend auch *Hüffer/Koch,* § 93 Rn. 64; anders die Vorauflage, Rn. 85.

[261] Vgl. dazu näher *Krause/Pötzsch/Stephan* in Assmann/Pötzsch/Schneider, § 33 Rn. 312; *Schlitt/Ries* in MüKoAktG, § 33 WpÜG Rn. 245.

[262] *Krause/Pötzsch/Stephan* in Assmann/Pötzsch/Schneider, § 33 Rn. 320; *Schlitt/Ries* in MüKoAktG, § 33 WpÜG Rn. 240; *Röh* in Frankfurter Komm., § 33 Rn. 143.

[263] *Krause/Pötzsch/Stephan* in Assmann/Pötzsch/Schneider, § 33 Rn. 320; *Röh* in Frankfurter Komm., § 33 Rn. 143.

[264] *Grunewald* in Baums/Thoma, § 33 Rn. 110; *Krause/Pötzsch/Stephan* in Assmann/Pötzsch/Schneider, § 33 Rn. 321; *Röh* in Frankfurter Komm., § 33 Rn. 148; *Schlitt/Ries* in MüKoAktG, § 33 WpÜG Rn. 248.

[265] *Krause/Pötzsch/Stephan* in Assmann/Pötzsch/Schneider, § 33 Rn. 321; *Thümmel* DB 2000, 464.

Abs. 1 Nr. 8 eine Ordnungswidrigkeit dar. Sie können nach § 60 Abs. 3 mit einer Geldbuße von bis zu 1 000 000 Euro geahndet werden.[266]

§ 33 a Europäisches Verhinderungsverbot

(1) **Die Satzung einer Zielgesellschaft kann vorsehen, dass § 33 keine Anwendung findet. In diesem Fall gelten die Bestimmungen des Absatzes 2.**

(2) **Nach Veröffentlichung der Entscheidung zur Abgabe eines Angebots bis zur Veröffentlichung des Ergebnisses nach § 23 Abs. 1 Satz 1 Nr. 2 dürfen Vorstand und Aufsichtsrat der Zielgesellschaft keine Handlungen vornehmen, durch die der Erfolg des Angebots verhindert werden könnte. Dies gilt nicht für**

1. **Handlungen, zu denen die Hauptversammlung den Vorstand oder Aufsichtsrat nach Veröffentlichung der Entscheidung zur Abgabe eines Angebots ermächtigt hat,**
2. **Handlungen innerhalb des normalen Geschäftsbetriebs,**
3. **Handlungen außerhalb des normalen Geschäftsbetriebs, sofern sie der Umsetzung von Entscheidungen dienen, die vor der Veröffentlichung der Entscheidung zur Abgabe eines Angebots gefasst und teilweise umgesetzt wurden, und**
4. **die Suche nach einem konkurrierenden Angebot.**

(3) **Der Vorstand der Zielgesellschaft hat die Bundesanstalt sowie die Aufsichtsstellen der Staaten des Europäischen Wirtschaftsraums, in denen Wertpapiere der Gesellschaft zum Handel an einem organisierten Markt zugelassen sind, unverzüglich davon zu unterrichten, dass die Zielgesellschaft eine Satzungsbestimmung nach Absatz 1 Satz 1 beschlossen hat.**

Schrifttum: *Diekmann,* Änderungen im Wertpapiererwerbs- und Übernahmegesetz anlässlich der Umsetzung der EU-Übernahmerichtlinie in das deutsche Recht, NJW 2007, 17; *Holzborn/Peschke,* Europäische Neutralitätspflicht und Übernahme Squeeze Out, BKR 2007, 101; *van Kann/Just,* Der Regierungsentwurf zur Umsetzung der europäischen Übernahmerichtlinie, DStR 2006, 328; *Knott,* Freiheit, die ich meine: Abwehr von Übernahmeangeboten nach Umsetzung der EU-Richtlinie, NZG 2006, 849; *Meyer,* Änderungen im WpÜG durch die Umsetzung der EU-Übernahmerichtlinie, WM 2006, 1135; *Seibt/Heiser,* Analyse des Übernahmerichtlinie-Umsetzungsgesetzes, AG 2006, 301.

Übersicht

[266] Siehe zu Einzelheiten *Krause/Pötzsch/Stephan* in Assmann/Pötzsch/Schneider, § 33 Rn. 299ff.; *Schlitt/Ries* in MüKoAktG, § 33 WpÜG Rn. 249; *Brandi* in Thaeter/Brandi, Teil 3 Rn. 602ff.

I. Einführung

Die Bestimmung dient der Umsetzung von Art. 9 Abs. 2 und 3 Übernahmerichtlinie. Der deutsche Gesetzgeber hat von der in Art. 12 der Übernahmerichtlinie eingeräumten Möglichkeit Gebrauch gemacht, Art. 9 Abs. 2 und 3 sowie Art. 11 der Übernahmerichtlinie (sog. **Europäisches Verhinderungsverbot**) nicht in zwingendes nationales Recht umzusetzen (sog. **Opt-out-Modell,** Art. 12 Abs. 1, 2 und 4 der Übernahmerichtlinie). Stattdessen wird den dem Gesetz unterfallenden Zielgesellschaften im Einklang mit Art. 12 Abs. 2 der Übernahmerichtlinie das Wahlrecht eingeräumt, in ihrer Satzung die Anwendung des im Vergleich zu § 33 engeren Europäischen Verhinderungsverbots anzuordnen (sog. **Opt-in-Modell**).[1] Das Opt-in hat bisher keine praktische Bedeutung erlangt.[2] 1

II. Entscheidung für die Anwendung des Europäischen Verhinderungsverbots (Abs. 1)

Nach Abs. 1 können Zielgesellschaften in ihrer Satzung bestimmen, dass im Falle eines Übernahmeangebots nicht § 33 gilt, sondern das in Abs. 2 enthaltene restriktivere Europäische Verhinderungsverbot. Sofern das Wahlrecht nicht ausgeübt und eine solche Satzungsbestimmung nicht aufgenommen wurde, bleibt es bei der Geltung von § 33. Entscheidet sich die Zielgesellschaft für das Opt-in-Modell, kann das Europäische Verhinderungsverbot nur vollständig, dh nur nach Maßgabe von Abs. 2, übernommen werden. Eine nur teilweise Übernahme von Elementen aus Abs. 2 ist nicht zulässig.[3] 2

---

[1] Vgl. dazu und zur Vorgeschichte *Meyer* WM 2006, 1135; *Diekmann* NJW 2007, 17; *Kiem* in Baums/Thoma, § 33a Rn. 7; sowie die Stellungnahme des DAV-Handelsrechtsausschusses, NZG 2006, 218.

[2] *Steinmeyer* in Steinmeyer, § 33a Rn. 5; *Stephan* in Assmann/Schneider/Pötzsch, § 33a Rn. 1.

[3] *Kiem* in Baums/Thoma, § 33a Rn. 14.

3 Die Aufnahme und die Aufhebung einer entsprechenden Satzungsbestimmung richten sich nach allgemeinen aktienrechtlichen Vorschriften. Erforderlich ist ein Beschluss der Hauptversammlung mit satzungsändernder Mehrheit und seine Eintragung im Handelsregister.[4] Enthält die Satzung einer Zielgesellschaft weitere Erfordernisse für Satzungsänderungen, dann müssen diese erfüllt werden. Bestehen verschiedene Aktiengattungen, dann ist gleichwohl kein Beschluss einer gesonderten Versammlung der Vorzugsaktionäre erforderlich, da in die Rechte der Vorzugsaktionäre nicht eingegriffen wird.[5]

4 Macht die Zielgesellschaft vom Wahlrecht nach Abs. 1 Gebrauch, dann gilt das Europäische Verhinderungsverbot ab der Veröffentlichung der Entscheidung zur Abgabe eines Angebots (Abs. 2 Satz 1). Von der durch Art. 9 Abs. 2 Unterabs. 2 der Übernahmerichtlinie eingeräumten Möglichkeit, einen früheren Zeitpunkt für die Geltung zu wählen, etwa den Zeitpunkt, zu dem der Vorstand erkennt, dass ein Übernahmeangebot bevorsteht, hat der deutsche Gesetzgeber keinen Gebrauch gemacht.[6] Die Geltung des Europäischen Verhinderungsverbots endet – wie im Falle von § 33 – mit Veröffentlichung des Ergebnisses gemäß § 23 Abs. 1 Satz 1 Nr. 2 (Abs. 2 Satz 1).

III. Bei Anwendung des Europäischen Verhinderungsverbots zulässige Maßnahmen (Abs. 2)

5 Abs. 2 enthält die Bestimmungen, die an die Stelle von § 33 treten, wenn sich die Hauptversammlung der Zielgesellschaft für das Opt-in-Modell entschieden hat. Das Europäische Verhinderungsverbot beschränkt den Katalog zulässiger Maßnahmen stärker als das generelle Vereitelungs- und Verhinderungsverbot nach § 33. Es gilt – anders als § 33 Abs. 1 Satz 1 – nicht nur für den Vorstand, sondern auch für den Aufsichtsrat der Zielgesellschaft,[7] nicht jedoch für die Hauptversammlung.[8]

6 **Zulässig** sind bei Geltung des Europäischen Verhinderungsverbots lediglich folgende Maßnahmen von Vorstand und Aufsichtsrat, der gegebenenfalls seine Zustimmung verweigern muss (Abs. 2 Satz 2):[9]

7 **1. Maßnahmen, zu denen die Hauptversammlung den Vorstand oder Aufsichtsrat nach Veröffentlichung der Entscheidung zur Abgabe eines Angebots ermächtigt hat (Nr. 1).** diese Ausnahme entspricht Art. 9 Abs. 2 Unterabs. 1 der Übernahmerichtlinie. Im Gegensatz zu § 33 Abs. 2 lässt § 33a Abs. 2 keine vor Veröffentlichung der Entscheidung zur Abgabe eines Angebots erteilte Vorratsermächtigungen zu. Nach Nr. 1 kann – anders als nach § 33 Abs. 2 – nicht der Aufsichtsrat, sondern nur die Hauptversammlung den Vorstand zu Maßnahmen mit Abwehrcharakter ermächtigen. Auch kann die Hauptversammlung nach Abs. 2 zu Maßnahmen

---

[4] *Kiem* in Baums/Thoma, § 33a Rn. 17 ff.

[5] *Schüppen* BB 2006, 166.

[6] Handelsrechtsausschuss DAV, NZG 2006, 218; *Kiem* in Baums/Thoma, § 33a Rn. 26.

[7] Dazu näher *Kiem* in Baums/Thoma, § 33a Rn. 34.

[8] Regierungsbegründung, BT-Drs. 16/2003, 19; *Kiem* in Baums/Thoma, § 33a Rn. 35.

[9] *Stephan* in Assmann/Schneider/Pötzsch, § 33a Rn. 64.

ermächtigen, die in die Geschäftsführungszuständigkeit des Vorstands fallen.[10] Entsprechende Maßnahmen sind auch nach § 33 zulässig. Abs. 2 legt – anders als § 33 Abs. 2 – kein Quorum für den Hauptversammlungsbeschluss fest. Die Hauptversammlung entscheidet daher mit einfacher Stimmenmehrheit.[11] Eine gesonderte Berichterstattung des Vorstands oder Aufsichtsrats an die Hauptversammlung ist nicht erforderlich.[12]

2. Handlungen innerhalb des normalen Geschäftsbetriebs (Nr. 2). 8
diese Ausnahme geht auf Art. 9 Abs. 3 der Übernahmerichtlinie zurück und dient dem Zweck, die Handlungsfreiheit der Zielgesellschaft in einem Übernahmekampf nicht unangemessen einzuschränken.[13] Entsprechende Maßnahmen sind auch nach § 33 Abs. 1 Satz 2 Fall 1 zulässig.

3. Handlungen außerhalb des normalen Geschäftsbetriebs, sofern sie der Umsetzung von Entscheidungen dienen, die vor der Veröffentlichung der Entscheidung zur Abgabe eines Angebots gefasst und teilweise umgesetzt wurden (Nr. 3). Die Ausnahme geht ebenfalls auf Art. 9 Abs. 3 der Übernahmerichtlinie zurück. § 33a Abs. 2 Nr. 3 ist restriktiver als § 33, der Handlungen außerhalb des normalen Geschäftsbetriebs immer dann zulässt, wenn sie der Vorstand einer von einem Übernahmeangebot nicht betroffenen Zielgesellschaft auch vorgenommen hätte, sowie dann, wenn der Aufsichtsrat zugestimmt hat. Eine Handlung ist teilweise umgesetzt, wenn innerhalb der Zielgesellschaft bereits mit der Umsetzung begonnen wurde. Eine Manifestation der Umsetzung nach außen wird zum Nachweis erforderlich sein.[14] 9

4. Suche nach einem konkurrierenden Angebot (Nr. 4). Die Zulässigkeit ergibt sich aus Art. 9 Abs. 2 der Übernahmerichtlinie. Eine entsprechende Regelung enthält § 33 Abs. 1 Satz 2. 10

Unzulässig sind bei Anwendbarkeit des Europäischen Verhinderungsverbots alle Handlungen, die objektiv geeignet erscheinen, den Erfolg eines Übernahmeangebots zu verhindern.[15] Dazu zählen folgende Maßnahmen, die ohne ein Opt-inder Zielgesellschaft nach § 33 zulässig wären: 11

a) Maßnahmen des Vorstands, denen der Aufsichtsrat zugestimmt hat (§ 33 Abs. 1 Satz 2, 3. Variante).

b) Maßnahmen, die auf einem vor Abgabe eines Angebots gefassten Ermächtigungsbeschluss der Hauptversammlung (Vorratsermächtigung) beruhen (§ 33 Abs. 2).

Ist eine Maßnahme eines Organs der Zielgesellschaft nach Abs. 2 unzulässig, dann sind entsprechende Handlungen des Vorstands bzw. des Aufsichtsrats der Zielgesellschaft – wie bei § 33 – im Außenverhältnis rechtlich wirksam.[16] 12

---

[10] *Kiem* in Baums/Thoma, § 33a Rn. 45.

[11] *Kiem* in Baums/Thoma, § 33a Rn. 45.

[12] *Kiem* in Baums/Thoma, § 33a Rn. 46.

[13] Regierungsbegründung, BT-Drs. 16/2003, 19.

[14] *Steinmeyer* in Steinmeyer, § 33a Rn. 14; *Stephan* in Assmann/Schneider/Pötzsch, § 33a Rn. 64; *Kiem* in Baums/Thoma, § 33a Rn. 63; aA *Schlitt/Ries* in MüKoAktG, § 33a WpÜG Rn. 50.

[15] *Kiem* in Baums/Thoma, § 33a Rn. 37.

[16] *Kiem* in Baums/Thoma, § 33a Rn. 69.

Wie im Falle des § 33 verstößt das handelnde Organ gegen im Verhältnis zur Zielgesellschaft bestehende Organpflichten, so dass den Aktionären der Zielgesellschaft auch im Falle eines Verstoßes gegen § 33a kein Unterlassungsanspruch zusteht.[17] Ein aus der Pflichtverletzung eines Organmitglieds resultierender Schadensersatzanspruch ist von der Zielgesellschaft geltend zu machen, nicht vom einzelnen Aktionär, da § 33a – wie § 33 – kein Schutzgesetz zugunsten der Aktionäre der Zielgesellschaft oder des Bieters ist.[18]

IV. Unterrichtung der Bundesanstalt und anderer Stellen (Abs. 3)

13 Abs. 3 statuiert eine Mitteilungspflicht des Vorstands der Zielgesellschaft gegenüber der BaFin und den übrigen Aufsichtsbehörden der Staaten des Europäischen Wirtschaftsraums, in denen Wertpapiere der Zielgesellschaft zum Handel in einem organisierten Markt zugelassen sind. Diese Mitteilungspflicht beruht auf Art. 12 Abs. 2 Unterabs. 2 der Übernahmerichtlinie. Zu übersenden ist eine Mitteilung darüber, dass die Zielgesellschaft eine Satzungsbestimmung nach Abs. 1 beschlossen hat, und zwar unverzüglich nach Fertigstellung des Hauptversammlungsprotokolls.[19] Ein Nachweis über die Eintragung der Satzungsbestimmung in das Handelsregister wird in Abs. 3 nicht verlangt, da nach den allgemeinen Vorschriften (§§ 39, 181 AktG) nur der Umstand in das Handelsregister eingetragen wird, dass die Satzung geändert worden ist, nicht jedoch die geänderte Satzungsbestimmung selbst (§ 43 Nr. 6a) HRV). Auch die Aufhebung eines Opt-in -Beschlusses muss nach Abs. 3 mitgeteilt werden.[20]

§ 33b Europäische Durchbrechungsregel

(1) **Die Satzung einer Zielgesellschaft kann vorsehen, dass Absatz 2 Anwendung findet.**

(2) **Nach Veröffentlichung der Angebotsunterlage nach § 14 Abs. 3 Satz 1 gelten die folgenden Bestimmungen:**

1. **während der Annahmefrist eines Übernahmeangebots gelten satzungsmäßige, zwischen der Zielgesellschaft und Aktionären oder zwischen Aktionären vereinbarte Übertragungsbeschränkungen von Aktien nicht gegenüber dem Bieter,**
2. **während der Annahmefrist eines Übernahmeangebots entfalten in einer Hauptversammlung, die über Abwehrmaßnahmen beschließt, Stimmbindungsverträge keine Wirkung und Mehrstimmrechtsaktien berechtigen zu nur einer Stimme und**
3. **in der ersten Hauptversammlung, die auf Verlangen des Bieters einberufen wird, um die Satzung zu ändern oder über die Besetzung der Leitungsorgane der Gesellschaft zu entscheiden, entfalten, sofern**

---

[17] *Kiem* in Baums/Thoma, § 33a Rn. 70; aA *Steinmeyer* in Steinmeyer, § 33a Rn. 16; nur soweit in die Mitgliedschaftsrechte eingegriffen wird *Stephan* in Assmann/Schneider/Pötzsch, § 33a Rn. 71.

[18] *Kiem* in Baums/Thoma, § 33a Rn. 74; *Stephan* in Assmann/Schneider/Pötzsch, § 33a Rn. 72.

[19] *Stephan* in Assmann/Schneider/Pötzsch, § 33a Rn. 77.

[20] *Kiem* in Baums/Thoma, § 33a Rn. 82.

der Bieter nach dem Angebot über mindestens 75 Prozent der Stimmrechte der Zielgesellschaft verfügt, Stimmbindungsverträge sowie Entsendungsrechte keine Wirkung und Mehrstimmrechtsaktien berechtigen zu nur einer Stimme.

Satz 1 gilt nicht für Vorzugsaktien ohne Stimmrecht sowie für vor dem 22. April 2004 zwischen der Zielgesellschaft und Aktionären oder zwischen Aktionären vereinbarten Übertragungsbeschränkungen und Stimmbindungen.

(3) **Der Vorstand der Zielgesellschaft hat die Bundesanstalt sowie die Aufsichtsstellen der Staaten des Europäischen Wirtschaftsraums, in denen Wertpapiere der Gesellschaft zum Handel an einem organisierten Markt zugelassen sind, unverzüglich davon zu unterrichten, dass die Zielgesellschaft eine Satzungsbestimmung nach Absatz 1 beschlossen hat.**

(4) **Für die Einberufung und Durchführung der Hauptversammlung im Sinne des Absatzes 2 Satz 1 Nr. 3 gilt § 16 Abs. 4 entsprechend.**

(5) **Werden Rechte auf der Grundlage des Absatzes 1 entzogen, ist der Bieter zu einer angemessenen Entschädigung in Geld verpflichtet, soweit diese Rechte vor der Veröffentlichung der Entscheidung zur Abgabe des Angebots nach § 10 Abs. 1 Satz 1 begründet wurden und der Zielgesellschaft bekannt sind. Der Anspruch auf Entschädigung nach Satz 1 kann nur bis zum Ablauf von zwei Monaten seit dem Entzug der Rechte gerichtlich geltend gemacht werden.**

Schrifttum: *Diekmann,* Änderungen im Wertpapiererwerbs- und Übernahmegesetz anlässlich der Umsetzung der EU-Übernahmerichtlinie in das deutsche Recht, NJW 2007, 17; *Harbarth,* Europäische Durchbrechungsregel im deutschen Übernahmerecht, ZGR 2007, 1; *Holzborn/Peschke,* Europäische Neutralitätspflicht und Übernahme Squeeze Out, BKR 2007, 101; *van Kann/Just,* Der Regierungsentwurf zur Umsetzung der europäischen Übernahmerichtlinie, DStR 2006, 328; *A. Meyer,* Änderungen im WpÜG durch die Umsetzung der EU-Übernahmerichtlinie, WM 2006, 1135; *Seibt/Heiser,* Analyse des Übernahmerichtlinie-Umsetzungsgesetzes, AG 2006, 301.

Übersicht

I. Einführung

1 Die Bestimmung setzt Art. 11 iVm Art. 12 Abs. 2 und 4 der Übernahmerichtlinie um. Das Gesetz macht von dem in Art. 12 Abs. 2 eingeräumten Recht (sog. Opt-out-Modell) Gebrauch, die Europäische Durchbrechungsregel nicht als zwingendes Recht umzusetzen, sondern lediglich Zielgesellschaften die Möglichkeit zu geben, sich freiwillig für die Anwendung der **Europäischen Durchbrechungsregel** in ihrer Satzung zu entscheiden.[1] Außer der Vinkulierung von Namensaktien sind satzungsmäßige Abwehrmechanismen bei deutschen Aktiengesellschaften bisher nicht bekannt geworden und rechtlich nicht denkbar.[2] Weiterhin macht es wenig Sinn, erst Übernahmeerschwerungen in die Satzung aufzunehmen und dann später eine Durchbrechung hiervon zu beschließen. Aktionäre werden im Zweifel auch bei Unwirksamkeit von Stimmbindungsverträgen gemeinschaftlich abstimmen. Die Durchbrechungsmöglichkeit hat daher außer im Hinblick auf das teilweise noch vorkommende Recht zur Entsendung von Mitgliedern des Aufsichtsrats keine praktische Bedeutung.

II. Anwendung der Europäischen Durchbrechungsregel (Abs. 1)

2 Nach Abs. 1 können Zielgesellschaften in ihrer Satzung bestimmen, dass im Falle eines Übernahmeangebots Abwehrmechanismen in Form von Übertragungsbeschränkungen, Stimmbindungsverträgen und Mehrstimmrechten keine Anwendung finden.[3] Sofern das Wahlrecht nicht ausgeübt wurde, wird die Wirksamkeit solcher Übertragungsbeschränkungen von einem Übernahmeangebot grundsätzlich nicht berührt. Im Falle eines Pflichtangebots gilt Abs. 1 nicht, da der Bieter nach der Gesetzessystematik bereits kontrolliert.[4]

3 Die Aufnahme und die Aufhebung einer entsprechenden Satzungsbestimmung richten sich nach allgemeinen aktienrechtlichen Vorschriften.[5] Erforderlich ist ein Beschluss der Hauptversammlung mit satzungsändernder Mehrheit und seine Eintragung im Handelsregister. Enthält die Satzung einer Zielgesellschaft weitere Erfordernisse für Satzungsänderungen, dann müssen diese ebenfalls erfüllt werden. Unklar ist, ob der Einführung einer Satzungsbestimmung zu Vereinbarungen unter Aktionären die davon betroffenen Aktionäre zustimmen müssen.[6]

4 Das Wahlrecht nach Abs. 1 kann nur für alle in Abs. 1 Nr. 1 bis 3 genannten Bestimmungen gemeinsam ausgeübt werden. Eine Opt-in nur bezüglich der Nr. 1, 2 oder 3 ist nicht möglich.[7]

---

[1] *Kiem* in Baums/Thoma, § 33b Rn. 2.

[2] *Meyer* in Assmann/Pötzsch/Schneider, § 33b Rn. 20.

[3] Zu den Motiven für die Einführung vgl. *Kiem* in Baums/Thoma, § 33b Rn. 2.

[4] *Kiem* in Baums/Thoma, § 33b Rn. 21; aA *Meyer* in Assmann/Pötzsch/Schneider, § 33b Rn. 16; *Schlitt/Ries* in MüKoAktG, § 33b WpÜG Rn. 27.

[5] Regierungsbegründung, BT-Drs. 16/2003, 20; hierzu ausführlich *Kiem* in Baums/Thoma, § 33b Rn. 11 ff.

[6] So *Schüppen* BB 2006, 167.

[7] Handelsrechtsausschuss DAV NZG 2006, 218; *Kiem* in Baums/Thoma, § 33b Rn. 9; *Knott* NZG 2006, 851.

III. Bei Anwendung der Europäischen Durchbrechungsregel außer Kraft gesetzte Abwehrmechanismen (Abs. 2)

Macht die Zielgesellschaft vom Wahlrecht des Abs. 1 Gebrauch, dann gelten im Falle eines Übernahmeangebots die in Satz 1 aufgeführten Regelungen nicht:

1. Satzungsmäßige oder zwischen Aktionären vereinbarte Übertragungsbeschränkungen (Satz 1 Nr. 1)

Erfasst werden vor allem die Vinkulierung von Aktien (§ 68 Abs. 2 AktG). 5
Im Falle einer Ausübung des Wahlrechts aus Abs. 1 entfällt das Erfordernis einer Zustimmung des nach der Satzung berufenen Gesellschaftsorgans zur Übertragung der Aktien auf den Bieter. Dies gilt unabhängig davon, welches Gesellschaftsorgan nach der Satzung für die Zustimmung zuständig ist.[8] Entsprechendes gilt für schuldrechtliche Verfügungsbeschränkungen, die auf einer zwischen Aktionären getroffenen vertraglichen Vereinbarung beruhen.[9] Erfasst werden vertragliche Zustimmungserfordernisse für eine Übertragung sowie Vorkaufsrechte, Vorerwerbsrechte und Andienungspflichten.[10] sowie vertragliche Halteverpflichtungen (Lock-up-Vereinbarungen).[11] Aufschiebend bedingte Übertragungen im Rahmen von Forward-Geschäften sowie Verpflichtungen aus marktgängigen Stillhalter-Optionsgeschäften werden von Satz 1 Nr. 1 nicht erfasst.[12] Auch entbindet Satz 1 Nr. 1 den Entleiher von Stücken bei der Wertpapierleihe nicht von der vertraglichen Verpflichtung zur Rückgabe.[13] Hat ein Aktionär seine Aktien auf eine Poolgesellschaft oder einen Treuhänder übertragen, dann berührt Satz 1 Nr. 1 die Wirksamkeit der Poolvereinbarung bzw. der Treuhandschaft nicht.[14] Gesetzliche Übertragungsbeschränkungen fallen ebenfalls nicht unter Satz 1 Nr. 1.[15]

2. Stimmbindungsverträge und Mehrstimmrechte während Annahmefrist (Satz 1 Nr. 2)

Erfasst werden vor allem Stimmrechtsbeschränkungen in Stimmbindungs- 6
verträgen.[16] Höchststimmrechte sind bereits von Gesetz wegen ausgeschlossen (§ 134 Abs. 1 Satz 2 AktG). Mehrstimmrechte kann es allenfalls in Gesellschaften geben, die deren Fortgeltung nach dem 1. Juni 2003 beschlossen haben (§ 5 Abs. 1 bis 6 EGAktG), da die Begründung neuer Mehrstimmrechtsaktien in Deutschland unzulässig ist (§ 12 Abs. 2 AktG).

---

[8] *Kiem* in Baums/Thoma, § 33b Rn. 25.
[9] Regierungsbegründung, BT-Drs. 16/2003, 20.
[10] *Kiem* in Baums/Thoma, § 33b Rn. 29.
[11] *Kiem* in Baums/Thoma, § 33b Rn. 31; *Harbarth* ZGR 2001, 14; *Meyer* in Assmann/Pötzsch/Schneider, § 33b Rn. 25.
[12] *Kiem* in Baums/Thoma, § 33b Rn. 33; ähnlich *Meyer* WM 2006, 1140; aA *Harbarth* ZGR 2007, 1, 8.
[13] *Kiem* in Baums/Thoma, § 33b Rn. 30.
[14] *Kiem* in Baums/Thoma, § 33b Rn. 26; aA *Harbarth* ZGR 2007, 17.
[15] Beispiel bei *Meyer* WM 2006, 1140.
[16] Regierungsbegründung, BT-Drs. 16/2003, 20.

3. Stimmbindungsverträge, Entsendungsrechte und Mehrstimmrechte in der ersten auf Verlangen des Bieters einberufenen Hauptversammlung (Satz 1 Nr. 3)

7 Nach Nr. 3 gilt die Durchbrechungsregel nicht nur in der Annahmefrist, sondern auch im Anschluss hieran, sofern auf Verlangen eines Bieters eine Hauptversammlung einberufen wird, der nach einem Angebot über mindestens 75% des stimmberechtigten Kapitals der Zielgesellschaft verfügt. Erfasst sind die in Nr. 2 genannten Stimmbindungsverträge und Mehrstimmrechte sowie satzungsmäßige Entsendungsrechte. Gesetzlich begründete Entsendungsrechte fallen nicht unter Nr. 3.[17] Das Recht zur Umbesetzung der Leitungsorgane besteht nur hinsichtlich der Mitglieder des Aufsichtsrats. Eine gesetzliche Zuständigkeit der Hauptversammlung, den Vorstand zu bestimmen, begründet Nr. 3 nicht.[18] Nr. 3 gilt nicht nur dann, wenn in der Hauptversammlung über Satzungsänderungen oder die Umbesetzung der Leitungsorgane der Zielgesellschaft beschlossen wird, sondern auch, wenn die Tagesordnung weitere Beschlussvorschläge enthält.[19] Darüber hinaus ist Nr. 3 auch dann anwendbar, wenn eine vom Bieter vorgeschlagene Satzungsänderung nicht der Beseitigung von die Kontrolle des Bieters einschränkenden satzungsmäßigen Hindernissen dient.[20] Nr. 3 gilt dann nicht, wenn die Verwaltung der Zielgesellschaft bereits vor Ablauf der Annahmefrist selbst zu einer nach Ablauf der Annahmefrist stattfindenden Hauptversammlung einberufen hat, da es sich hierbei nicht um die erste auf Verlangen des Bieters einberufende Hauptversammlung handelt.[21]

4. Vorzugsaktien ohne Stimmrecht und Altverträge (Satz 2)

8 Satz 2 Fall 1 nimmt Vorzugsaktien ohne Stimmrecht von der Geltung der Europäischen Durchbruchsregel aus. Diese Ausnahme entspricht dem Wertpapierbegriff in Art. 2 Abs. 1 Ziff. e) der Übernahmerichtlinie. Außerdem gilt die Durchbrechungsregel nach Satz 2 Fall 2 nicht für Vereinbarungen, die vor dem 22.4.2004 geschlossen wurden. Diese Ausnahme für Altverträge geht auf Art. 11 Abs. 2 und 3 der Übernahmerichtlinie zurück. Der Bestandsschutz für Altverträge gilt auch dann, wenn ein Altvertrag nach dem Stichtag geändert wurde oder wird.[22]

5. Rechtsfolgen der Durchbrechungsregel

9 Abs. 2 ordnet an, dass die Rechte und Pflichten einschließlich der daraus resultierenden Sekundäransprüche für die Dauer der Durchbrechung nicht geltend gemacht werden können.[23] Nach den in Abs. 2 genannten Zeitpunkten endet jeweils die Wirkung der Durchbrechungsregel. Satzungsmäßige Entsen-

[17] *Meyer* WM 2006, 1141; *Hirte* in KK-WpÜG, § 33b Rn. 30.
[18] *Kiem* in Baums/Thoma, § 33b Rn. 48.
[19] *Meyer* in Assmann/Pötzsch/Schneider, § 33b Rn. 30.
[20] *Kiem* in Baums/Thoma, § 33b Rn. 47; aA *Harbarth* ZGR 2007, 22f.
[21] *Kiem* in Baums/Thoma, § 33b Rn. 45; *Meyer* WM 2006, 1141.
[22] *Kiem* in Baums/Thoma, § 33b Rn. 19.
[23] *Kiem* in Baums/Thoma, § 33b Rn. 23 spricht von „Suspension“.

dungsrechte sind nach Abs. 2 Nr. 3 lediglich suspendiert und leben im Anschluss an die nach Nr. 3 einberufene Hauptversammlung wieder auf. Ihre dauerhafte Aufhebung durch den Bieter ist nur mit Zustimmung des Entsendungsberechtigten möglich.[24] Während der Geltung der Durchbrechungsregel getätigte Verfügungen zugunsten des Bieters bleiben nach Ende der Annahmefrist auch dann wirksam, wenn das Übernahmeangebot erfolglos geblieben ist.[25] Erfasst ist von Abs. 2 seinem Zweck nach auch die weitere Annahmefrist nach § 16 Abs. 2, nicht jedoch die nach deren Ablauf benötigte weitere Frist zur Abwicklung des Angebots, auch wenn der Bieter erst nach Ablauf der (weiteren) Annahmefrist dingliches Eigentum an den Aktien der Zielgesellschaft erlangt.[26]

IV. Unterrichtung der BaFin und anderer Stellen (Abs. 3)

Abs. 3 statuiert entsprechend § 33a Abs. 3 eine Mitteilungspflicht des Vorstands der Zielgesellschaft gegenüber der BaFin und den übrigen Aufsichtsbehörden der EWR-Staaten, in denen Wertpapiere der Zielgesellschaft zum Handel in einem geregelten Markt zugelassen sind. Wie im Falle des § 33a Abs. 3 beruht diese Mitteilungspflicht auf Art. 12 Abs. 2 Unterabs. 2 der Übernahmerichtlinie und beschränkt sich auf Übersendung einer Mitteilung darüber, dass die Zielgesellschaft eine Satzungsbestimmung nach Abs. 1 beschlossen hat. Die Eintragung der Satzungsbestimmung ist für die Unterrichtungspflicht unmaßgeblich. 10

V. Erleichterung der Einberufung einer Hauptversammlung durch den Bieter (Abs. 4)

Abs. 4 soll dem Bieter, zu dessen Gunsten die Europäische Durchbrechungsregel eingreift, die Möglichkeit zur Einberufung einer kurzfristigen Hauptversammlung der Zielgesellschaft geben, damit der Bieter von der Durchbrechungsregel nach Abs. 2 Satz 1 Nr. 3 Gebrauch machen kann. Hierdurch wird Art. 11 Abs. 4 Unterabs. 2 der Übernahmerichtlinie umgesetzt. Von den Erleichterungen des Abs. 4 kann nur Gebrauch gemacht werden, wenn der Bieter in der Hauptversammlung jedenfalls auch eine Änderung der Satzung oder einen Wechsel der Mitglieder der Leitungsorgane anstrebt. Die angestrebte Beschlussfassung über weitere Gegenstände ist unschädlich. 11

Gilt zugunsten des Bieters Abs. 4, dann richten sich die für die Vorbereitung und Durchführung der Hauptversammlung der Zielgesellschaft geltenden Formalien nach § 16 Abs. 4, soweit dieser Sonderregelungen enthält. Im Übrigen bleibt es bei der Geltung der allgemeinen Vorschriften des AktG. Dies gilt auch für das Einberufungsverlangen des Bieters. 12

VI. Entschädigung beim Entzug von Rechten (Abs. 5)

Nach Satz 1 hat der Bieter diejenigen in Geld zu entschädigen, deren Rechte aufgrund der Anwendung der Europäischen Durchbrechungsregel entzogen werden. Hiermit wird Art. 11 Abs. 5 der Übernahmerichtlinie um- 13

---

[24] *Kiem* in Baums/Thoma, § 33b Rn. 54.
[25] *Kiem* in Baums/Thoma, § 33b Rn. 35.
[26] *Kiem* in Baums/Thoma, § 33b Rn. 36f.

gesetzt. Der Zusatz in Satz 1, dass die Rechte vor der Veröffentlichung der Entscheidung über die Abgabe eines Angebots (§ 10 Abs. 1 Satz 1) begründet und der Zielgesellschaft bekannt gewesen sein müssen, dient der Verhinderung von Missbräuchen. Ansonsten bestände die Gefahr, dass derartige Vereinbarungen im Nachhinein getroffen werden, um die Entschädigung zu erlangen.[27]

14 Für die Berechnung der **Höhe der Entschädigung** trifft Abs. 5 keine näheren Festlegungen.[28] Insofern dürften hier ähnlich Maßstäbe gelten wie bei der Entschädigung für den Verlust von Mehrstimmrechten nach § 5 Abs. 2 EGAktG.[29]

15 **Satz 2** folgt dem Vorbild des § 5 Abs. 2 Satz 3 EGAktG. Mit der zeitlichen Befristung soll Rechtssicherheit geschaffen werden.

§ 33c Vorbehalt der Gegenseitigkeit

(1) **Die Hauptversammlung einer Zielgesellschaft, deren Satzung die Anwendbarkeit des § 33 ausschließt, kann beschließen, dass § 33 gilt, wenn der Bieter oder ein ihn beherrschendes Unternehmen einer dem § 33a Abs. 2 entsprechenden Regelung nicht unterliegt.**

(2) **Die Hauptversammlung einer Zielgesellschaft, deren Satzung eine Bestimmung nach § 33b Abs. 1 enthält, kann beschließen, dass diese Bestimmung keine Anwendung findet, wenn der Bieter oder ein ihn beherrschendes Unternehmen einer dieser Bestimmung entsprechenden Regelung nicht unterliegt.**

(3) **Der Vorbehalt der Gegenseitigkeit gemäß den Absätzen 1 und 2 kann in einem Beschluss gefasst werden. Der Beschluss der Hauptversammlung gilt für höchstens 18 Monate. Der Vorstand der Zielgesellschaft hat die Bundesanstalt und die Aufsichtsstellen der Staaten des Europäischen Wirtschaftsraums, in denen stimmberechtigte Aktien der Gesellschaft zum Handel an einem organisierten Markt zugelassen sind, unverzüglich von der Ermächtigung zu unterrichten. Die Ermächtigung ist unverzüglich auf der Internetseite der Zielgesellschaft zu veröffentlichen.**

Schrifttum: *Diekmann,* Änderungen im Wertpapiererwerbs- und Übernahmegesetz anlässlich der Umsetzung der EU-Übernahmerichtlinie in das deutsche Recht, NJW 2007, 17; *Harbarth,* Europäische Durchbrechungsregel im deutschen Übernahmerecht, ZGR 2007, 1; *Holzborn/Peschke,* Europäische Neutralitätspflicht und Übernahme Squeeze Out, BKR 2007, 101; *Kersting,* Die Reziprozitätsregel im europäischen Übernahmerecht und ihre Anwendung auf Gesellschaften aus Drittstaaten, EuZW 2007, 528; *Knott,* Freiheit, die ich meine: Abwehr von Übernahmeangeboten nach Umsetzung der EU-Richtlinie, NZG 2006, 849; *Meyer,* Änderungen im WpÜG durch die Umsetzung der EU-Übernahmerichtlinie, WM 2006, 1135; *Seibt/Heiser,* Analyse des Übernahmerichtlinie-Umsetzungsgesetzes, AG 2006, 301.

[27] Beschlussempfehlung und Bericht Finanzausschuss, BT-Drs. 16/1541, 20; vgl. bereits Handelsrechtsausschuss DAV NZG 2006, 218.

[28] Hierzu krit. *Kiem* in Baums/Thoma, § 33b Rn. 61 f.

[29] Vgl. hierzu *Hüffer/Koch,* § 12 Rn. 14; *Heider* in MüKoAktG, § 12 Rn. 44; *Kiem* in Baums/Thoma, § 33b Rn. 69 ff.; *Meyer* in Assmann/Pötzsch/Schneider, § 33b Rn. 52.

Übersicht

I. Einführung

§ 33c ermöglicht Zielgesellschaften, deren Aktionäre sich für die Anwendung des Europäischen Verhinderungsverbots sowie der Europäischen Durchbrechungsregel entschieden haben, deren Geltung davon abhängig zu machen, dass auch der Bieter entsprechenden Regelungen unterliegt. Mit der Vorschrift wird von der in Art. 12 Abs. 3 der Übernahmerichtlinie eingeräumten Option Gebrauch gemacht.[1] 1

II. Gegenseitigkeitsvorbehalt für Europäisches Verhinderungsverbot (Abs. 1)

Abs. 1 gibt der Hauptversammlung einer Zielgesellschaft, die sich nach § 33a Abs. 1 für die Geltung des Europäischen Verhinderungsverbots entschieden hat, das Recht, die Anwendung einer nach § 33a Abs. 1 eingefügten Satzungsbestimmung gegenüber einem Bieter auszuschließen, für den dem Europäischen Verhinderungsverbot (§ 33a Abs. 2) entsprechende Regeln nicht gelten. Hierdurch soll Waffengleichheit zwischen Zielgesellschaften in Staaten innerhalb und außerhalb des Europäischen Wirtschaftsraums geschaffen werden.[2] Dieser **Gegenseitigkeitsvorbehalt** gilt sowohl für Bieter aus einem Staat des Europäischen Wirtschaftsraums als auch für Bieter aus Drittstaaten.[3] Im Falle eines Bieters aus einem Drittstaats reicht die inhaltliche Gleichwertigkeit der das Handeln der Organe des Bieters regelnden Vorschriften mit § 33a Abs. 2 aus.[4] Ein Wahlrecht entsprechend Art. 12 der Übernahmerichtlinie muss nicht bestehen.[5] Ob Gleichwertigkeit besteht, 2

[1] Regierungsbegründung, BT-Drs. 16/1003, 20; zu den Hintergründen des Wahlrechts in Art. 12 Abs. 3 der Übernahmerichtlinie vgl. *Kiem* in Baums/Thoma, § 33c Rn. 3.

[2] *Kiem* in Baums/Thoma, § 33c Rn. 2.

[3] *Kiem* in Baums/Thoma, § 33c Rn. 10; *Steinmeyer* in Steinmeyer, § 33c Rn. 3; *Ries* in MüKoAktG, § 33c WpÜG Rn. 4; *Knott* NZG 2006, 852; *Kersting* EuZW 2007, 528; zweifelnd *Seibt/Heiser* AG 2006, 312; (Verstoß gegen internationale Abkommen) *Maul* NZG 2005, 154f.; *Seibt/Heiser* ZGR 2005, 234f.

[4] *Kiem* in Baums/Thoma, § 33c Rn. 13.

[5] *Steinmeyer* in Steinmeyer, § 33c Rn. 6; *Schlitt/Ries* in MüKoAktG, § 33c WpÜG Rn. 5.

beurteilt die Zielgesellschaft.[6] Eine offensichtlich fehlerhafte Beurteilung der Zielgesellschaft kann die BaFin nicht im Rahmen der Missbrauchsaufsicht angreifen,[7] genauso wenig wie sie über zulässige oder unzulässige Abwehrmaßnahmen zu befinden hat.

3 Ein Unternehmen kann den Gegenseitigkeitsvorbehalt nicht dadurch umgehen, dass sie ein Angebot über eine dem Europäischen Verhinderungsverbot unterliegende Tochtergesellschaft als Bieter abgeben lässt. Der Gegenseitigkeitsvorbehalt gilt in diesem Falle auch für die Muttergesellschaft des Bieters.[8]

III. Gegenseitigkeitsvorbehalt für Europäische Durchbrechungsregel (Abs. 2)

4 Abs. 2 gibt der Hauptversammlung einer Zielgesellschaft das Recht, auch die Anwendung der Europäischen Durchbrechungsregel (§ 33b) unter den Gegenseitigkeitsvorbehalt zu stellen, dass auch für den Bieter bzw. dessen Muttergesellschaft die Europäische Durchbrechungsregel oder eine dieser vergleichbare Regel eines Drittstaats gilt.

IV. Beschlussfassung über Gegenseitigkeitsvorbehalt (Abs. 3)

1. Verbindung von Beschlüssen nach Abs. 1 und Abs. 2 (Satz 1)

5 Gegenseitigkeitsvorbehalte nach Abs. 1 und 2 können nur aufgrund Hauptversammlungsbeschlusses aufgestellt werden, wobei Beschlüsse nach Abs. 1 und 2 in einem Beschluss verbunden werden können. Einfache Stimmenmehrheit genügt zur Beschlussfassung.[9] Dieser Hauptversammlungsbeschluss kann auch noch während der Annahmefrist gefasst werden, da Abs. 1 und 2 keine zeitliche Beschränkung enthalten.[10] Nicht zulässig ist es nach dem Wortlaut von Abs. 3, den Gegenseitigkeitsvorbehalt jeweils bereits in die nach § 33a Abs. 1 Satz 1 oder § 33b Abs. 1 eingeführte Satzungsbestimmung aufzunehmen, da eine solche Satzungsbestimmung entgegen Satz 2 unbefristet gälte. Nicht mit Abs. 3 ausgeschlossen sein dürfte die Verbindung eines Hauptversammlungsbeschlusses zu einer Vorratsermächtigung zu Abwehrmaßnahmen nach § 33 Abs. 2 mit einem Hauptversammlungsbeschluss, mit dem ein Gegenseitigkeitsvorbehalt nach Abs. 1 bzw. nach Abs. 2 eingeführt wird.

---

[6] *Kiem* in Baums/Thoma, § 33c Rn. 17; *Steinmeyer* in Steinmeyer, § 33c Rn. 5.

[7] *Steinmeyer* in Steinmeyer, § 33c Rn. 5; *Meyer* in Assmann/Schneider/Pötzsch, § 33c Rn. 14; aA *Seibt/Heiser* AG 2006, 313; *Schlitt/Ries* in MüKoAktG, § 33c WpÜG Rn. 15; *Kiem* in Baums/Thoma, § 33c Rn. 18; *Hirte* in KK-WpÜG, § 33c Rn. 13, allerdings an der praktischen Umsetzung zweifelnd.

[8] *Kiem* in Baums/Thoma, § 33c Rn. 11; *Schlitt/Ries* in MüKoAktG, § 33c WpÜG Rn. 5; *Meyer* in Assmann/Schneider/Pötzsch, § 33c Rn. 17.

[9] *Kiem* in Baums/Thoma, § 33c Rn. 7; *Meyer* in Assmann/Schneider/Pötzsch, § 33c Rn. 24; *Harbarth* ZGR 2007, 31; *Meyer* WM 2006, 1442; *Seibt/Heiser* AG 2006, 312.

[10] *Meyer* in Assmann/Schneider/Pötzsch, § 33c Rn. 23; *Kiem* in Baums/Thoma, § 33c Rn. 8 (allerdings mit der Maßgabe, dass bei der Beschlussfassung während der Annahmefrist selbst eine bereits satzungsmäßig verankerte Durchbrechungsregel zu beachten ist).

2. Befristung (Satz 2)

6 Ein Beschluss der Hauptversammlung bewirkt nur dann eine Durchbrechung von nach § 33a Abs. 1 Satz 1 oder § 33b Abs. 1 eingeführten Satzungsbestimmungen der Zielgesellschaft, wenn der Beschluss nicht mehr als 18 Monate vor der Veröffentlichung der Entscheidung zur Abgabe eines Angebots gefasst worden ist. Dies zwingt die Zielgesellschaft praktisch dazu, in jeder ordentlichen Hauptversammlung neu über den Gegenseitigkeitsvorbehalt abstimmen zu lassen. Der weitergehenden Forderung des Bundesrates, die zeitliche Beschränkung des Gegenseitigkeitsvorbehalts entfallen zu lassen, ist der Gesetzgeber nicht gefolgt, da die Frist zwingend von Art. 12 Abs. 5 der Übernahmerichtlinie vorgegeben ist.[11]

3. Unterrichtung der BaFin und anderer Stellen (Satz 3)

7 Die Regelung dient der von Art. 12 Abs. 4 der Übernahmerichtlinie geforderten Herstellung von Transparenz. Sie entspricht § 33a Abs. 3 und § 33b Abs. 3. Nach Ansicht des Finanzausschusses enthalten Satz 3 und Satz 4 zugleich die Klarstellung, dass eine Eintragung eines Hauptversammlungsbeschlusses nach Abs. 1 oder 2 in das Handelsregister nicht erforderlich ist.[12]

4. Veröffentlichung der Zielgesellschaft (Satz 4)

8 Die Veröffentlichung auf der Internetseite der Zielgesellschaft nach Satz 4 dient der Schaffung von Transparenz für die beteiligten Personen und Kapitalmärkte. Sie soll den Nachteil ausgleichen, der dadurch entsteht, dass aufgrund einer Beschlussfassung nach § 33c eine im Handelsregister eingetragene Satzungsbestimmung temporär außer Kraft gesetzt ist, ohne dass dies aus dem Handelsregister selbst ersichtlich wäre.[13] Unpräzise ist lediglich der in Satz 4 verwendete Begriff der Ermächtigung. Der Gegenseitigkeitsvorbehalt gilt bereits unmittelbar aufgrund der Beschlussfassung der Hauptversammlung, ohne dass es eines Handelns von Organmitgliedern der Zielgesellschaft bedarf.

§ 33d Verbot der Gewährung ungerechtfertigter Leistungen

Dem Bieter und mit ihm gemeinsam handelnden Personen ist es verboten, Vorstands- oder Aufsichtsratsmitgliedern der Zielgesellschaft im Zusammenhang mit dem Angebot ungerechtfertigte Geldleistungen oder andere ungerechtfertigte geldwerte Vorteile zu gewähren oder in Aussicht zu stellen.

Schrifttum: *Hohaus/Weber,* Aktuelles zu Managementbeteiligungen in Private-Equity-Transaktionen 2007/2008, BB 2008, 2358; *Traugott/Grün,* Finanzielle Anreize für Vorstände börsennotierter Aktiengesellschaften bei Private Equity-Transaktionen, AG 2007, 761.

---

[11] BT-Drs. 16/1342, 2, 6.; *Meyer* in Assmann/Schneider/Pötzsch, § 33c Rn. 22.
[12] Beschlussempfehlung FinAusschuss, BT-Drs. 16/1541, 20.
[13] *Kiem* in Baums/Thoma, § 33c Rn. 5.

Übersicht

I. Einführung

1 Das Verbot ungerechtfertigter Vorteilsgewährung trägt dem Umstand Rechnung, dass es angesichts der wirtschaftlichen Bedeutung von Unternehmensübernahmen und der steigenden Größe der betreffenden Transaktionen für den Bieter oder mit diesem gemeinsam handelnde Personen wichtiger wird, mit einem Übernahmeangebot Erfolg zu haben. Die Gewährung von Vorteilen an Mitglieder der Verwaltung der Zielgesellschaft kann aus der Sicht des Bieters dazu geeignet sein, einen zu erwartenden oder bereits geleisteten Widerstand zu überwinden, die Stellungnahme des Vorstands der Zielgesellschaft positiv zu Gunsten des Bieters zu beeinflussen oder die Verwaltung der Zielgesellschaft davon abzuhalten, durch die Suche nach einem konkurrierenden Bieter das Übernahmeangebot zu vereiteln oder zu verteuern.

II. Ungerechtfertigte Vorteilsgewährung

2 § 33d enthält wegen des damit verbundenen Interessenkonflikts und zur Verhinderung von Zweifeln an ihrer Unabhängigkeit ein Verbot nicht gerechtfertigter Vorteilsgewährungen an die Vorstands- und Aufsichtsratsmitglieder der Zielgesellschaft[1]. Das Verbot richtet sich gegen Leistungen des Bieters und der Personen, deren Handeln dem Bieter nach § 2 Abs. 5 zugerechnet wird, nicht gegen Vorteilsgewährungen seitens der Zielgesellschaft selbst.[2] Es erfasst nicht nur Leistungen an Mitglieder von Vorstand und Aufsichtsrat, sondern auch Leistungen an diesen nahe stehenden Personen.[3]

3 Das Verbot beschränkt sich auf „ungerechtfertigte" Vorteilsgewährungen. **Ungerechtfertigt** sind Vorteile oder Zusagen, mit denen Organe der Zielgesellschaft „zu einem nicht am Interesse ihrer Gesellschaft und ihrer Anteilseigner orientierten Verhalten bewegt werden sollen" bzw. welche die Zielgesellschaft ihren Organmitgliedern selbst nicht gewähren dürfte.[4] Zulässig soll jedoch sein, dem Vorstand einer Zielgesellschaft in bestimmten Fällen eine Weiterbeschäftigung in Aussicht zu stellen.[5] Eine solche Zusage müsste aber

---

[1] *Kiem* in Baums/Thoma, § 33d Rn. 1; *Krause/Pötzsch/Stephan* in Assmann/Pötzsch/Schneider, § 33d Rn. 1; *Steinmeyer* in Steinmeyer, § 33d Rn. 1.

[2] *Hirte,* in: KK-WpÜG, § 33 Rn. 186; *Kiem* in Baums/Thoma, § 33d Rn. 6; *Krause/Pötzsch/Stephan* in Assmann/Pötzsch/Schneider, § 33d Rn. 5; *Steinmeyer* in Steinmeyer, § 33d Rn. 3.

[3] *Kiem* in Baums/Thoma, § 33d Rn. 8; *Steinmeyer* in Steinmeyer, § 33d Rn. 2; *Krause/Pötzsch/Stephan* in Assmann/Pötzsch/Schneider, § 33d Rn. 8; *Schlitt/Ries* in MüKoAktG, § 33d WpÜG Rn. 7.

[4] *Kiem* in Baums/Thoma, § 33d Rn. 12; *Steinmeyer* in Steinmeyer, § 33d Rn. 5.

[5] *Schlitt/Ries* in MüKoAktG, § 33d WpÜG Rn. 12.

immer die alleinige Kompetenz des Aufsichtsrats übergehen.[6] Im Übrigen stellte die Zusage, den Vorstand nicht abzulösen, eine Fortführung des Anstellungsvertrags dar, und der Vorstand erhält vor allem keinen geldwerten Vorteil, der über seinen bestehenden Anstellungsvertrag hinausgeht.

Die Beteiligung des Vorstands an dem Bieter nach der Übernahme (Management-Beteiligungsprogramm), was insbesondere bei Private-Equity Transaktionen üblich ist, gilt grundsätzlich als gerechtfertigt, da hier der Bieter die Bindung des Vorstands an die Zielgesellschaft stärkt und damit auch eine Form der zulässigen Weiterbeschäftigungszusage gibt.[7] 4

III. Offenlegungspflicht (§ 11 Abs. 2 Satz 3 Nr. 3)

Zur Vermeidung von Interessenkonflikten und zur Wahrung des Transparenzgebots verpflichtet § 11 Satz Abs. 2 Satz 3 Nr. 3 die Verwaltung des Bieters und die Verwaltung des Zielunternehmens dazu, gewährte oder zugesagte Vorteile in der Angebotsunterlage offen zu legen. Offenzulegen sind Vorteile unabhängig davon, ob ihre Gewährung zulässig ist oder nicht.[8] Auch müssen die Stellungnahmen von Vorstand und Aufsichtsrat nach § 27 entsprechende Angaben enthalten.[9] 5

IV. Folge von Verstößen

Abs. 3 stellt nach dem Willen des Gesetzgebers ein gesetzliches Verbot iSv § 134 BGB dar.[10] Die Vorteilszusage ist nichtig. Gewährte Leistungen sind daher gem. §§ 812ff. BGB zurückzugewähren. § 817 Satz 1 BGB stellt der Rückforderung der gewährten Leistungen nicht entgegen.[11] Die Verwaltung des Bieters macht sich mit einer Auszahlung oder jedenfalls mit der unterlassenen Rückforderung der Leistung einer Pflichtverletzung schuldig. 6

§ 34 Anwendung der Vorschriften des Abschnitts 3

Für Übernahmeangebote gelten die Vorschriften des Abschnitts 3, soweit sich aus den vorstehenden Vorschriften nichts anderes ergibt.

---

[6] *Krause/Pötzsch/Stephan* in Assmann/Pötzsch/Schneider, § 33d Rn. 19.

[7] *Krause/Pötzsch/Stephan* in Assmann/Pötzsch/Schneider, § 33d Rn. 19; *Traugott/Grün* AG 2007, 761, 763; *Hohaus/Weber* BB 2008, 2358, 2359; aA *Nießen/Stöwe* DB 2010, 885, 887.

[8] *Kiem* in Baums/Thoma, § 33d Rn. 27; *Krause/Pötzsch/Stephan* in Assmann/Pötzsch/Schneider, § 33d Rn. 8; *Schlitt/Ries* in MüKoAktG, § 33d WpÜG Rn. 7; *Steinmeyer* in Steinmeyer, § 33d Rn. 7.

[9] *Kiem* in Baums/Thoma, § 33d Rn. 27 aA.

[10] BT-Drucks. 14/7034, 59; *Kiem* in Baums/Thoma, § 33d Rn. 24; *Krause/Pötzsch/Stephan* in Assmann/Pötzsch/Schneider, § 33d Rn. 23; *Steinmeyer* in Steinmeyer, § 33d Rn. 7.

[11] *Kiem* in Baums/Thoma, § 33d Rn. 24; *Krause/Pötzsch/Stephan* in Assmann/Pötzsch/Schneider, § 33d Rn. 23; *Steinmeyer* in Steinmeyer, § 33d Rn. 7.

1 Nach der Konzeption des WpÜG sind auf die Erlangung der Kontrolle gerichtete Übernahmeangebote (§ 29) Sonderfälle der in Abschnitt 3 geregelten Angebote (§ 2 Abs. 1), für die die Bestimmungen der §§ 29 ff. gelten. Aus diesem Grund enthält § 34 die Klarstellung, dass auf Angebote, die auf den Erwerb der Kontrolle gerichtet sind, auch die generell für Angebote geltenden Vorschriften des Abschnitts 3 Anwendung finden, soweit Abschnitt 4 keine speziellere Regelung enthält. Übernahmeangebote werden als Spezialfall allgemeiner öffentlicher Erwerbsangebote angesehen.[1] Als speziell für Übernahmeangebote geltende Regelung nennt die Gesetzesbegründung § 32, der im Gegensatz zu § 19 die Ausgestaltung von Übernahmeangeboten als Teilangebote für unzulässig erklärt.[2]

---

[1] *Pötzsch/Assmann* in Assmann/Pötzsch/Schneider, § 34 Rn. 2
[2] BT-Drucks. 14/7034, 59; *Kiem* in Baums/Thoma, § 34 Rn. 3.

Abschnitt 5. Pflichtangebote

§ 35 Verpflichtung zur Veröffentlichung und zur Abgabe eines Angebots

(1) **Wer unmittelbar oder mittelbar die Kontrolle über eine Zielgesellschaft erlangt, hat dies unter Angabe der Höhe seines Stimmrechtsanteils unverzüglich, spätestens innerhalb von sieben Kalendertagen, gemäß § 10 Abs. 3 Satz 1 und 2 zu veröffentlichen. Die Frist beginnt mit dem Zeitpunkt, zu dem der Bieter Kenntnis davon hat oder nach den Umständen haben musste, dass er die Kontrolle über die Zielgesellschaft erlangt hat. In der Veröffentlichung sind die nach § 30 zuzurechnenden Stimmrechte für jeden Zurechnungstatbestand getrennt anzugeben. § 10 Abs. 2, 3 Satz 3 und Abs. 4 bis 6 gilt entsprechend.**

(2) **Der Bieter hat innerhalb von vier Wochen nach der Veröffentlichung der Erlangung der Kontrolle über eine Zielgesellschaft der Bundesanstalt eine Angebotsunterlage zu übermitteln und nach § 14 Abs. 2 Satz 1 ein Angebot zu veröffentlichen. § 14 Abs. 2 Satz 2, Abs. 3 und 4 gilt entsprechend. Ausgenommen von der Verpflichtung nach Satz 1 sind eigene Aktien der Zielgesellschaft, Aktien der Zielgesellschaft, die einem abhängigen oder im Mehrheitsbesitz stehenden Unternehmen der Zielgesellschaft gehören, und Aktien der Zielgesellschaft, die einem Dritten gehören, jedoch für Rechnung der Zielgesellschaft, eines abhängigen oder eines im Mehrheitsbesitz stehenden Unternehmens der Zielgesellschaft gehalten werden.**

(3) **Wird die Kontrolle über die Zielgesellschaft auf Grund eines Übernahmeangebots erworben, besteht keine Verpflichtung nach Absatz 1 Satz 1 und Absatz 2 Satz 1.**

Schrifttum: *Aha,* Rechtsschutz der Zielgesellschaft bei mangelhaften Übernahmeangeboten, AG 2002, 160; *Altmeppen,* Neutralitätspflicht und Pflichtangebot nach dem neuen Übernahmerecht, ZIP 2001, 1073; *Bernau,* Die Befreiung vom Pflichtangebot nach § 37 WpÜG, WM 2004, 809; *Besau,* Das Pflichtangebot nach §§ 35 ff. WpÜG als Rechtsfolge von Verschmelzungen und Spaltungen, 2006; *Blusz,* Kapitalmarktrechtliche Besonderheiten bei börsennotierten Aktiengesellschaften in der Nachfolgeplanung, ZEV 2014, 339; *Böhmer,* Der Schutz der Minderheitsaktionäre bei Übernahmen börsennotierter Gesellschaften in Europa, 2004; *Braun,* Das einflusslose Mitglied im Stimmrechtspool – Bieter iS des § 35 II WpÜG?, NZG 2008, 928; *Braun,* Die Befreiung vom Pflichtangebot nach dem WpÜG, 2008; *Brellochs,* Konzernrechtliche Beherrschung und übernahmerechtliche Kontrolle, NZG 2012, 1010; *Buck-Heeb,* Individualanspruch bei Unterlassen eines Pflichtangebots und Zurechnung von Stimmrechten, NZG 2014, 985; *v. Bülow/Bücker,* Das Konzernprivileg des § 36 Nr. 3 WpÜG – Tatbestand, Rechtsfolgen, Verfahren, Der Konzern 2003, 185; *Bunz,* Suspensiveffekt von Befreiungs- und Nichtberücksichtigungsanträgen im Übernahmerecht, ZIP 2014, 454; *Cahn,* Verwaltungsbefugnisse der Bundesanstalt für Finanzdienstleistungsaufsicht im Übernahmerecht und Rechtsschutz Betroffener, ZHR 167 (2003), 262; *Derst,* Ansprüche von Aktionären bei unterlassenem Pflichtangebot, 2009; *v. Falkenhausen,* Reformbedarf beim Pflichtangebot gemäß § 35 WpÜG, ZHR 174 (2010), 293; *ders.,* Das nachgeholte Pflichtangebot, NZG 2010, 1213; *ders.,* Flexibilität beim Preis des Pflichtangebots, NZG 2013, 409; *ders.,* Die Übernahme der Postbank – Neues zum Recht des Pflichtangebots, NZG 2014, 1368; *Fuhrmann/Oltmanns,* Pflichtangebot bei konzerninternen Umstrukturierungen?, NZG 2003, 17; *Geibel/Süßmann,* Erwerbsangebote nach dem WpÜG, BKR 2002, 52; *Grabbe/Fett,* Pflichtangebot im Zuge von Verschmelzungen?, NZG 2003, 755; *Habersack,* Reformbedarf im Übernahmerecht, ZHR 166 (2002), 619; *Harbarth,* Kontrollerlangung und Pflichtangebot, ZIP 2002, 321; *Hasselbach/Hoffmann,* Die Sanierungsbefreiung nach § 37 WpÜG bei der Übernahme börsennotierter Unternehmen, DB 2009, 327; *Hecker,* Die Beteiligung der Aktionäre am übernahmerechtlichen Befreiungsverfahren, ZBB 2004, 41; *Heuber,* Die Befreiung vom Pflichtangebot, 2006; *Heusel,* Das Instrumentarium zur Durchsetzung unterlassener Pflichtangebote im Lichte der BKN-Entscheidung des BGH, AG 2014, 232; *Hippeli/Schmiady,* Übernahmerechtliche Aspekte der Unternehmensnachfolge bei börsennotierten Familienunternehmen, ZIP 2015, 705; *Hoffmann-Becking,* Subjektive öffentliche Rechte im Recht der Unternehmensübernahmen, in: Liber Amicorum Erichsen 2004, S. 47; *Holzborn/Blank,* Die Nichtzurechnung nach §§ 20, 36 WpÜG und die Befreiung vom Pflichtangebot nach § 37 WpÜG, § 8 WpÜG AngVO, NZG 2002, 948; *Holzborn/Friedhoff,* Die Befreiung vom Pflichtangebot bei Sanierung der Zielgesellschaft nach § 37 WpÜG, § 9 S. 1 AV-WpÜG, BKR 2001, 114; *dies.,* Die gebundenen Ausnahmen der Zurechnung nach dem WpÜG, WM 2002, 948; *Holzborn/Israel,* Einflüsse wettbewerbsrechtlicher Regelungen auf das Übernahmerecht, BKR 2002, 982; *dies.,* Die Befreiung vom Pflichtangebot aufgrund eines Sanierungsfalls, WM 2004, 309; *Hommelhoff/Witt,* Konzernunternehmen im Recht der Pflichtangebote nach deutschem Wertpapiererwerbs- und Übernahmegesetz, in: FS Nobel 2005, S. 125; *Ihrig,* Rechtsschutz Drittbetroffener im Übernahmerecht, ZHR 167 (2003), 315; *Koch,* Passiver Kontrollerwerb und Pflichtangebot, ZIP 2008, 1260; *Klepsch/Kiesewetter,* Befreiung vom Pflichtangebot beim Erwerb zur Sanierung, BB 2007, 1403; *Kocher,* Die Sanierungsbefreiung vom Pflichtangebot, ZInsO 2010, 2125; *Kossmann/Horz,* Außerbörslicher Paketerwerb und befreiendes Übernahmeangebot nach § 35 Abs. 3 WpÜG, NZG 2006, 481; *Krause,* Eigene Aktien bei Stimmrechtsmitteilung und Pflichtangebot, AG 2015, 553; *Larisch/Bunz,* Der Entherrschungsvertrag als Mittel der Konzernvermeidung bei faktischen Hauptversammlungsmehrheiten, NZG 2013, 1247; *Lenz,* Das Wertpapiererwerbs- und Übernahmegesetz in der Praxis der Bundesanstalt für Finanzdienstleistungsaufsicht, NJW 2003, 2073; *ders./Behnke,* Das WpÜG im Praxistest, BKR 2003, 43; *ders./Linke,* Die Handhabung des WpÜG in der aufsichtsrechtlichen Praxis, AG 2002, 361; *Letzel,* Das Pflichtangebot nach dem WpÜG, BKR 2002, 293; *Löhdefink/Jaspers,* Fortgeschrittenenveranstaltung zum WpÜG – Die Postbank-Entscheidung des BGH und ihre praktischen Implikationen, ZIP 2014, 2261; *Heuber,* Die Befreiung vom Pflichtangebot nach dem WpÜG, 2006; *Meilicke/Meilicke,* Die Postbank-Übernahme durch die Deutsche Bank – eine Gestaltung zur Vermeidung von Pflichtangeboten nach § 35 WpÜG?, ZIP 2010, 558; *Merkner/Sustmann,* BGH schließt zivilrechtliche Ansprüche von Aktionären bei unterlassenem Pflichtangebot aus, NZG 2013, 1087; *Meyer/Bundschuh,* Sicherungsübereignung börsennotierter Aktien, Pflichtangebot und Meldepflichten, WM 2003, 960; *Meyer,* Aktienplatzierungen, Meldepflichten und Pflichtangebot, GS Bosch 2006, 133; *Meyer/Lipsky,* Suspensiveffekt des Antrags gem. §§ 36, 37 WpÜG, NZG 2009, 1092; *Möller,* Das Verwaltungs- und Beschwerdeverfahren nach dem Wertpapiererwerbs- und Übernahmegesetz unter besonderer Berücksichtigung der Rechtsstellung Dritter, ZHR 167 (2003), 301; *Mülbert,* Übernahmerecht zwischen Kapitalmarktrecht und Aktien(konzern)recht – die konzeptionelle Schwachstelle des RegE WpÜG, ZIP 2001, 1221; *ders.,* Umsetzungsfragen der Übernahmerichtlinie erheblicher Änderungsbedarf bei den heutigen Vorschriften des WpÜG, NZG 2004, 633; *Mülbert/Schneider,* Der außervertragliche Abfindungsanspruch im Recht der Pflichtangebote, WM 2003, 2301; *Nietsch,* Rechtsschutz der Aktionäre der Zielgesellschaft im Übernahmeverfahren, BB 2003, 2581; *Paul,* Gesetzgeberisches Regelungsanliegen und rechtsdogmatische Einordnung von § 35 WpÜG – Wider die These vom Konzerneingangsschutz,

Der Konzern 2009, 80; *Ponath/Raddatz,* Gefahrenquellen für Nachlassbeteiligte in WpHG und WpÜG, ZEV 2013, 361; *Schanz/Wedell,* Der Zinsanspruch aus § 38 WpÜG bei unterlassenem Pflichtangebot, AG 2011, 615; *Scheibenpflug/Tönningsen,* Interessenschutzklausel als *acting in concert* und Rechtsfolgen eines verspäteten Übernahmeangebots – Eine Untersuchung aus Anlass des Urteils zur Postbank-Übernahme BGH, 29.7.2014 – II ZR 353/12, ZBB 2014, 344, BKR 2015, 140; *Schnorbus,* Drittklagen im Übernahmeverfahren, ZHR 166 (2002), 72; *ders.,* Rechtsschutz im Übernahmeverfahren, WM 2003, 616 (I), 657 (II); *Seibt,* Rechtsschutz im Übernahmerecht Gesellschaftsrechtliche und öffentlich-rechtliche Grundsätze, in: Tagungsband zum RWS-Forum Gesellschaftsrecht 2003, S. 337; *ders.,* Rechtsschutz im Übernahmerecht, ZIP 2003, 1865; *Seibt/Heiser,* Regelungskonkurrenz zwischen neuem Übernahmerecht und Umwandlungsrecht, ZHR 165 (2001), 466; *Simon,* Rechtsschutz im Hinblick auf ein Pflichtangebot nach § 35 WpÜG, 2005; *ders.,* Zur Herleitung zivilrechtlicher Ansprüche aus §§ 35 und 38 WpÜG, NZG 2005, 541; *Stadler,* Befreiung des Treuhänders gem. § 37 WpÜG von der Abgabe eines Pflichtangebots bei der Übernahme börsennotierter Aktien, insbesondere im Falle doppelnütziger Sanierungstreuhandschaften, NZI 2010, 44; *ders.,* Zurechnung von Stimmrechten und Pflichtangebote im Rahmen von Treuhandschaften an börsennotierten Aktien, insbesondere im Falle doppelnütziger Sanierungstreuhandschaften, NZI 2009, 878; *Strunk/Behnke,* Die Aufsichtstätigkeit der BaFin nach dem WpÜG im Jahr 2003, in: VGR-Gesellschaftsrecht in der Diskussion 2003, 81; *Süßmann,* Anwendungsprobleme des WpÜG, WM 2003, 1453; *Uechtritz/Wirth,* Drittschutz im WpÜG – Erste Entscheidungen des OLG-Frankfurt: Klarstellungen und offene Fragen, WM 2004, 410; *Verse,* Übergang von gemeinsamer zu alleiniger Kontrolle – ein Fall für das Pflichtangebot?, NZG 2009, 1331; *ders.,* Neues zum Rechtsschutz der Aktionäre im Übernahmerecht, Der Konzern 2015, 1; *Vetter,* Pflichtangebot nach Kontrollerwerb im Wege der Verschmelzung oder Spaltung?, WM 2002, 1999; *Wackerbarth/Kreße,* Suspensiveffekt des Antrags nach §§ 36f. WpÜG? – Erwiderung auf den Beitrag von Meyer/Lipsky NZG 2009, 1092, NZG 2010, 418; *Wagner,* Zur Rechtsstellung Dritter nach dem WpÜG, NZG 2003, 718; *Weber-Rey/Schütz,* Zum Verhältnis von Übernahmerecht und Umwandlungsrecht, AG 2001, 325; *Wernicke,* Die Befreiung vom Pflichtangebot auf Grund höheren Stimmrechtsanteils Dritter, NZG 2011, 1404; *Wiesbrock,* Erfordernis eines Pflichtangebots nach dem WpÜG bei gleichzeitigem Vorliegen der Voraussetzungen eines Squeeze-out?, DB 2003, 2584; *ders.,* Rechtsfragen der Befreiung vom Pflichtangebot nach WpÜG in Sanierungsfällen, NZG 2005, 294; *Wiesbrock/Zens,* Die WpÜG-Pflichten bei der Nachfolge in börsennotierte Aktiengesellschaften, ZEV 2006, 137; *Witt,* Angemessenheit eines Übernahme- und Pflichtangebots und Zurechnung von Stimmrechten: Die Postbank-Entscheidung des BGH, DStR 2014, 2132; *Wittig,* Das Sanierungsprivileg im Übernahmerecht, in: FS Kirchhof 2004, S. 533; *Wolf,* Konzerneingangsschutz bei Übernahmeangeboten, AG 1998, 212; *Wunsch,* Börsennotierte Aktien als Gegenstand erbschaftsteuerlich veranlasster Poolvereinbarungen, BB 2011, 2315; *Wymeersch,* Übernahmeangebote und Pflichtangebote, ZGR 2002, 520; *Zschocke/Berresheim,* Schadensersatzhaftung des Bieters wegen unterlassener Angebotsunterbreitung im Übernahmerecht, BKR 2004, 301.

Übersicht

I. Allgemeines

1. Zweck

1 **a) Amtliche Begründung.** In Verfolgung der allgemeinen Ziele des Gesetzes, die rechtliche Stellung von Minderheitsaktionären bei Unternehmensübernahmen zu stärken und sich an international üblichen Standards zu orientieren,[1] ist in § 35 das **Pflichtangebot** geregelt. Nach dem Willen des Gesetzgebers[2] dient dies dazu, einem Minderheitsaktionär im Falle einer Unternehmensübernahme, der kein Übernahmeangebot vorausgegangen ist (§ 35 Abs. 3), die Möglichkeit zu geben, seine Aktien zu einem von der Übernahme nicht negativ beeinflussten Preis zu veräußern **(Minderheitenschutz).**

2 Nachdem zahlreiche europäische Länder die Pflicht zur Abgabe eines Pflichtangebots gesetzlich geregelt haben,[3] sah der Gesetzgeber ohne die Regelung des Pflichtangebots außerdem die **Wettbewerbsfähigkeit des Finanzplatzes Deutschland** und seiner Attraktivität für Anleger aus dem Ausland gefährdet.[4] Auch bei der näheren Ausgestaltung des Pflichtangebots orientierte sich der Gesetzgeber an internationalen Vorbildern. Die Pflicht zur Abgabe des Angebots wird dabei grundsätzlich durch den Erwerb der Kontrolle über die Zielgesellschaft (§ 29 Abs. 2) ausgelöst.

3 **b) Kritik.** In der Literatur war die Einführung des Pflichtangebots stark umstritten. Insbesondere wurde darauf verwiesen, dass das deutsche Gesellschafts- und Konzernrecht für Minderheitsaktionäre ein Schutzsystem biete, das die sog. **Konzerneingangskontrolle** in Form eines Pflichtangebots entbehrlich mache.[5] Verwiesen wurde in diesem Zusammenhang insbesondere auf die §§ 291 ff., 304 ff., 311 ff. und 319 ff. AktG. Unabhängig von dieser grundsätzlichen Kritik wurde jedenfalls beklagt, dass das Gesetz keine Befreiung von der Pflicht zur Abgabe des Angebots vorsieht, wenn der Bieter beabsichtigt, konzernrechtliche Maßnahmen nach den §§ 291 ff. AktG durchzuführen.[6] Das Pflichtangebot nach dem WpÜG ist indes nicht ein Mittel der Konzerneingangskontrolle, da es nicht nur in dem Fall der Begründung eines Konzerns, sondern auch in dem Fall des Wechsels des kontrollierenden Gesellschafters vorgesehen ist. Dies ist auch zu begrüßen, da die Interessen der Minderheitsaktionäre in beiden Fällen den Schutz des Pflichtangebots verdienen (vgl. auch → Rn. 9).[7]

---

[1] BT-Drucks. 14/7034, 30.

[2] BT-Drucks. 14/7034, 30.

[3] Vgl. nur *Zinser* NZG 2000, 573 ff.

[4] Vgl. BT-Drucks. 14/7034, 27 f.

[5] Vgl. etwa *Altmeppen* ZIP 2001, 1082 f.; *Assmann* AG 1995, 70 f.; *Kallmeyer* ZHR 161 (1997), 435, 436 ff.; aA *Hommelhoff/Witt* in Frankfurter Komm., vor § 35 Rn. 38 f.; *Krause/Pötzsch* in Assmann/Pötzsch/Schneider, § 35 Rn. 44; *Baums/Hecker* in Baums/Thoma, vor § 35 Rn. 94 ff.; *Wackerbarth* WM 2001, 1741, 1745.

[6] So noch der Übernahmekodex, vgl. *Schlitt/Ries* in MüKoAktG, § 35 WpÜG Rn. 44.

[7] So auch *Hommelhoff/Witt* in Frankfurter Komm., vor § 35 Rn. 33; aA *Baums/Hecker* in Baums/Thoma, vor § 35 Rn. 106; *Steinmeyer* in Steinmeyer, § 35 Rn. 8.

4 Auf tatsächlicher Ebene wird argumentiert, auch neue kontrollierende Gesellschafter hätten typischerweise kein Interesse an einem **Verfall des Börsenkurses,** so dass auch der Minderheitsaktionär im Falle einer Übernahme nicht durch ein Pflichtangebot besonders geschützt werden müsse.[8] Dies ist allerdings nicht ohne Weiteres der Fall, da sich der Wert des kontrollierenden Gesellschafters – unterstellt es handelt sich dabei etwa um eine börsennotierte Aktiengesellschaft – aus dem Kurs seiner eigenen Aktien, dh der an dem kontrollierenden Gesellschafter und nicht aus denen der Zielgesellschaft ergibt. Der Kurs der Aktien an dem kontrollierenden Gesellschafter kann jedoch gerade dadurch profitieren, dass bei der übernommenen Zielgesellschaft Umstrukturierungsmaßnahmen vollzogen oder in anderer Weise Synergieeffekte realisiert werden konnten, die sich im Konzern insgesamt, nicht aber bei der Zielgesellschaft positiv auswirken.[9]

5 Die Kritik an dem Pflichtangebot wird auch daran festgemacht, dass es als solches dem **deutschen Aktienrecht** fremd sei.[10] Dem ist jedoch entgegenzuhalten, dass das Pflichtangebot keine gesellschafts-, sondern eine **kapitalmarktrechtliche Regelung** ist,[11] da sie weder sämtliche Kapitalgesellschaften, noch sämtliche Aktiengesellschaften und Kommanditgesellschaften auf Aktien, sondern ausschließlich Aktiengesellschaften und Kommanditgesellschaften auf Aktien, welche Wertpapiere ausgegeben haben, die zum Handel an einem organisierten Markt zugelassen sind, trifft. Der Zweck der das Pflichtangebot regelnden Vorschriften ist nicht der Schutz des Gesellschafters, der sich aktiv durch Ausübung seiner Mitgliedschaftsrechte an der Gesellschaft beteiligt, sondern des Anlegers, dessen Interesse an seiner Beteiligung ganz überwiegend ein solches des Vermögens ist.[12]

6 Die weit überwiegende Mehrheit der Stimmen in Deutschland geht daher davon aus, dass der Minderheitenschutz des deutschen Gesellschafts- und Konzernrechts gegenüber dem Anlegerschutz durch das Pflichtangebot zurückbleibt.[13] Verfehlt ist daher auch die Auffassung, die das Pflichtangebot

---

[8] *Letzel* NZG 2001, 260, 262.

[9] Vgl. auch *Hommelhoff/Witt* in Frankfurter Komm., vor § 35 Rn. 33; *Krause/Pötzsch* in Assmann/Pötzsch/Schneider, § 35 Rn. 44.

[10] Vgl. *Heiser,* S. 349f.; *Krause* AG 1996, 209, 211; *Wirth/Weiler* DB 1998, 117; aA *Krause/Pötzsch* in Assmann/Pötzsch/Schneider, § 35 Rn. 44.

[11] HM, vgl. *Hommelhoff/Witt* in Frankfurter Komm., vor § 35 Rn. 39; *Schlitt* in MüKoAktG, § 35 WpÜG Rn. 8; *Steinmeyer* in Steinmeyer, § 35 Rn. 8f.; *Habersack* in Emmerich/Habersack, Aktien- und GmbH-Konzernrecht, vor § 311 Rn. 25f.; *Krause/Pötzsch* in Assmann/Pötzsch/Schneider, § 35 Rn. 32f.; *Grabbe/Fett* NZG 2003, 755, 759ff.; *Kleindiek* ZGR 2002, 546, 554ff.; ausführlich *Paul,* Der Konzern 2009, 80ff.; vgl. auch *Fleischer* NZG 2002, 545, 547ff.; *Hopt* ZHR 166 (2002), 383, 386; *Letzel* BKR 2002, 293, 299; *Mühle,* S. 428ff.; aA iSe Konzerneingangskontrolle *Baums/Hecker* in Baums/Thoma, vor § 35 Rn. 106; *Ekkenga/Hofschroer* DStR 2002, 768, 771; *Harbarth* ZIP 2002, 321, 322; *Mülbert/Schneider* WM 2003, 2301, 2304.

[12] Vgl. BVerfG, AG 2007, 544, 546; *Houben* WM 2000, 1877; *Ekkenga/Schulz* in Ehricke/Ekkenga/Oechsler, § 35 Rn. 5; *Thaeter* in Thaeter/Brandi, S. 113.

[13] *Krause/Pötzsch* in Assmann/Pötzsch/Schneider, § 35 Rn. 44; *Benner-Heinacher* DB 1997, 2521; *Habersack/Mayer* ZIP 1997, 2141, 2143f.; *Hopt* ZHR 161 (1997), 383, 387f.; *Houben* WM 2000, 1873, 1875f.; *Krause* WM 1996, 838, 897f.; *Wackerbarth*

gesellschaftsrechtlich in der Treuepflicht des Mehrheitsaktionärs verortet.[14] Sie steht im Widerspruch zum allgemeinen Gesellschaftsrecht, das ein aus der Treuepflicht entwickeltes Pflichtangebot nicht kennt. Warum aber gerade für börsennotierte Gesellschaften etwas anderes gelten soll, lässt sich gesellschaftsrechtlich nicht begründen.

c) Stellungnahme. Als Zweck eines Pflichtangebots wurde im Schrifttum 7
vor Inkrafttreten des Gesetzes weiterhin die **Gleichbehandlung** der Aktionäre angegeben.[15] Dem lag der Gedanke zugrunde, dass es nach einem Kontrollerwerb zu einem Kursverfall der Aktien kommen könnte und mithin zu einer Ungleichbehandlung der verbleibenden Aktionäre gegenüber denjenigen, die im Rahmen des Kontrollerwerbs ihre Aktien veräußert haben. Eine besondere Ausprägung dieses Gedankens ist die Forderung, dass alle Gesellschafter gleichermaßen an dem Bonus teilhaben müssten, den ein Erwerber bereit ist für die Kontrolle einer Gesellschaft zu zahlen.[16] An einer solchen Gleichbehandlung bestehen jedoch sowohl verfassungsrechtliche als auch ökonomische Zweifel. Die Gleichbehandlung sämtlicher Aktionäre durch gleichmäßige Teilhabe am **Kontrollbonus** ist nämlich ökonomisch uU ineffizient.[17] Und verfassungsrechtlich gibt es immerhin ein Argument, dass die Gleichbehandlung von Gesellschaftern, die einem anderen die Kontrolle der Gesellschaft durch Veräußerung ihrer Aktien ermöglicht haben, mit Gesellschaftern, die dies nicht getan haben, eine willkürliche Gleichbehandlung von wesentlich Ungleichen ist. Insoweit muss jedoch dem Gesetzgeber ein Gestaltungsspielraum eingeräumt werden, in dessen Rahmen er bei den den Regelungen zugrunde liegenden Prognosen auch eine Einschätzungsprärogative hat. Zweck des Gesetzes ist es nämlich, eine Gleichbehandlung aller Aktionäre insoweit sicherzustellen, als der bei der Kontrollverschaffung zu zahlende Bonus ihnen allen zukommen soll. Verfolgte der Gesetzgeber mit dem Gesetz ausschließlich den Zweck des Individualschutzes, wäre dessen Erlass auf dieser Grundlage schwerlich zu rechtfertigen. Da er jedoch auch Zwecke des Schutzes der Allgemeinheit (Schutz der Funktionsfähigkeit des Kapitalmarktes und der Wettbewerbsfähigkeit des Finanzplatzes Deutschland) verfolgt (vgl. → Rn. 8) und diese eine Gleichbehandlung aller Anleger rechtfertigen, ist die Gleichbehandlung von Aktionären, die einem anderen den Kontrollerwerb ermöglichen und allen anderen Aktionären nicht als willkürlich zu brandmarken und damit zu rechtfertigen.[18]

Die Zwecke des Schutzes der Allgemeinheit liegen in der Sicherung der 8
Funktionsfähigkeit des Kapitalmarkts und der **Wettbewerbsfähigkeit**

WM 2001, 1741, 1745; *Weber* EuZW 1998, 468; *Wolf* AG 1998, 212, 219f.; vgl. auch die Nachw. bei Fn 11.

[14] So aber *Berding* WM 2002, 1149, 1157; *Fleischer* NZG 2002, 545, 546.

[15] Vgl. *Hommelhoff* FS Semler, 1993, 455, 457.

[16] Vgl. *Heiser*, S. 63ff.; *Paul*, Der Konzern 2009, 80, 82f.

[17] Vgl. die überzeugenden Darlegungen bei *Houben* WM 2000, 1873, 1882; kritisch insoweit auch *Hommelhoff/Witt* in Frankfurter Komm., vor § 35 Rn. 34; *Schlitt/Ries* in MüKoAktG, § 35 WpÜG Rn. 43.

[18] Kritisch aber *Kallmeyer* ZHR 161 (1997), 435, 441; *Letzel* NZG 2001, 260, 262.

des Finanzplatzes Deutschland.[19] Wie bereits oben angedeutet, ist dem Gesetzgeber bei der Bestimmung der mit dem Gesetz verfolgten Zwecke ein weiter Gestaltungsspielraum sowie eine Einschätzungsprärogative einzuräumen. Hinsichtlich der vorgenannten mit dem Gesetz verfolgten Zwecke hat der Gesetzgeber in diesem Rahmen angenommen, dass im internationalen Wettbewerb der Finanzplätze Deutschland auf Dauer nur mithalten kann, wenn es, wie in zahlreichen anderen europäischen Ländern,[20] ein Pflichtangebot zum Schutz der Minderheitsaktionäre gibt.

9 Die vorgenannten Zwecke des Schutzes der Allgemeinheit werden, wie bereits dargelegt, im Rahmen des Individualschutzes, dh des Minderheitenschutzes, verfolgt. Dabei dient die Pflicht zur Abgabe eines Pflichtangebots dem **Schutz des Anlegers.**[21] Ein (neuer) kontrollierender Gesellschafter, der sich bei der Willensbildung in der Gesellschaft durchsetzt, bringt die Gefahr mit sich, dass sich die Geschäftspolitik der Zielgesellschaft nicht mehr an den von dem Anleger bei seiner Investitionsentscheidung unterstellten Interessen, sondern an den Interessen des neuen kontrollierenden Gesellschafters ausrichtet.[22] Dies kann auf mannigfaltige Weise geschehen, etwa dadurch, dass der Zielgesellschaft durch eine Umstrukturierung Ertragspotenziale entzogen werden, aber auch dadurch, dass der Vorstand der Zielgesellschaft ab der Übernahme im Wege des vorauseilenden Gehorsams das Tagesgeschäft an den Interessen des (neuen) kontrollierenden Gesellschafters ausrichtet. In jedem Fall soll der Anleger die Möglichkeit haben, sein Vermögensinteresse an der Anlage kurzfristig zu realisieren, ohne dabei einen unter Umständen mit der Übernahme der Zielgesellschaft durch den (neuen) kontrollierenden Gesellschafter einhergehenden Wertverlust hinnehmen zu müssen. Der Anleger hat so die Möglichkeit, seine Investitionsentscheidung zu überdenken und den veränderten Verhältnissen anzupassen.[23]

2. Verfassungsmäßigkeit

10 Das Pflichtangebot des WpÜG verstößt nicht gegen das Grundgesetz. Es verletzt weder Grundrechte der Veräußerer noch der Erwerber von Aktien.[24]

11 Vor Inkrafttreten des Gesetzes gab es Stimmen,[25] die Pflichtangebote nach dem Übernahmekodex bzw. den Entwürfen einer EG-Richtlinie für verfassungswidrig hielten. Ein erheblicher Teil der geäußerten verfassungsrechtlichen Kritik bezog sich jedoch auf Besonderheiten der dortigen Regelungen,

---

[19] Vgl. *Heiser,* S. 352 ff., 369 ff.; *Houben* WM 2000, 1873; kritisch *Kallmeyer* ZHR 161 (1997), 435, 440; *Letzel* NZG 2001, 260, 261 f.; *Mülbert* ZIP 2001, 1221, 1226; vgl. auch oben Fn. 4.

[20] Vgl. *Hopt* ZHR 161 (1997), 368, 386; *Benner-Heinacher* DB 1997, 2521, 2522; *Zinser* NZG 2000, 573 ff.

[21] Vgl. *Burgard* WM 2000, 611, 616; *Heiser,* S. 352 ff.

[22] Vgl. *Hommelhoff/Witt* in Frankfurter Komm., vor § 35 Rn. 33; *Baums/Hecker* in Baums/Thoma, vor § 35 Rn. 91; *Schlitt/Ries* in MüKoAktG, § 35 WpÜG Rn. 42; *Houben* WM 2000, 1873.

[23] Vgl. *Weber-Rey/Schütz* AG 2001, 325, 328.

[24] HM, vgl. nur *Hasselbach* in KK-WpÜG, § 35 Rn. 44 f.; *Stumpf* NJW 2003, 9 ff.

[25] *Kallmeyer* ZHR 161 (1997), 435, 436; *Loritz/Wagner* WM 1991, 709 ff.; *Thoma* ZIP 1996, 1725, 1731 ff.

die im Gesetz keine Parallele haben. So schützt das Pflichtangebot nach dem Gesetz etwa nicht nur die Interessen der Minderheitsaktionäre, sondern darüber hinaus auch die Funktionsfähigkeit des Kapitalmarkts und die Wettbewerbsfähigkeit des Finanzplatzes Deutschland.[26] Anders als *Loritz/Wagner* unterstellen,[27] schützt daher das WpÜG auch Interessen der Allgemeinheit. Weiterhin kann die Verfassungswidrigkeit des Pflichtangebots auch nicht mehr mit Konstellationen begründet werden, die Gegenstand eines Befreiungstatbestandes nach §§ 36f. sind.[28]

Aber auch in tatsächlicher Hinsicht gehen die Stellungnahmen, die einer Verfassungswidrigkeit des Pflichtangebots das Wort reden, von unzutreffenden Sachverhalten aus. So wird etwa argumentiert, dass eine Schwelle von 33¹/₃% der Stimmrechte noch keine Kontrolle einer Aktiengesellschaft ermögliche.[29] Aufgrund von empirischen Untersuchungen dürfte es heute jedoch im Wesentlichen unstreitig sein, dass 30% der Stimmrechte in börsennotierten Aktiengesellschaften jedenfalls typischerweise eine Kontrolle derselben ermöglichen, da die **Hauptversammlungspräsenzen** häufig unter 60% liegen.[30] Der vom WpÜG in § 29 Abs. 2 vorgesehene Schwellenwert von 30% stellt daher einen sachgerechten Kompromiss zwischen Rechtssicherheit und materieller Gerechtigkeit dar.[31] Dies muss insbesondere eingedenk der in §§ 36f. vorgesehenen Befreiungstatbestände gelten, die die Möglichkeit schaffen, Fällen gerecht zu werden, die dieser Typik nicht entsprechen.[32] 12

a) Art. 14 GG. aa) Rechte des Veräußerers. In die Rechte des Veräußerers von Aktien wird durch das Pflichtangebot nicht direkt eingegriffen, da seine rechtlichen Möglichkeiten zur Veräußerung seiner Aktien nicht eingeschränkt werden. *Loritz/Wagner*[33] stellen gleichwohl eine Berührung des **Schutzbereichs von Art. 14 GG** fest, weil der Kreis potentieller Erwerber dadurch geringer würde, dass diese nicht lediglich die Aktien der von ihnen ins Auge gefassten Aktionäre erwerben könnten, sondern Angebote für sämt- 13

---

[26] So auch *Schlitt/Ries* in MüKoAktG, § 35 WpÜG Rn. 5; kritisch *Ekkenga/Schulz* in Ehricke/Ekkenga/Oechsler, § 35 Rn. 9.

[27] *Loritz/Wagner* WM 1991, 709ff.

[28] So aber noch *Loritz/Wagner* WM 1991, 709, 722.

[29] *Loritz/Wagner* WM 1991, 709, 716.

[30] Vgl. *Benner-Heinacher* DB 1997, 2521f.; *Krause* WM 1996, 893, 897, jeweils mwN; für eine laufende Überprüfung dieser Erkenntnisse noch *Steinmeyer/Häger* (1. Auflage), § 35 Rn. 27; vgl. auch *Baums/Hecker* in Baums/Thoma, vor § 35 Rn. 107, 109.

[31] Vgl. *Baums/Hecker* in Baums/Thoma, vor § 35 Rn. 122, 109, 107; *Hommelhoff/Witt* in Frankfurter Komm., vor § 35 Rn. 40; *Houben* WM 2000, 1873, 1879; *Zietsch/Holzborn* WM 2001, 1753, 1754; *Zinser* NZG 2001, 391, 396; *Hauser,* S. 91ff.; kritisch *Benner-Heinacher* DB 1997, 2521f.; *Mülbert* ZIP 2001, 1221, 1225f.; *Schiessl* AG 1999, 442, 450; *Wirth/Weiler* DB 1998, 117, 118f.; man mag allerdings bedauern, dass diese Kontrollschwelle des WpÜG nicht mit dem Konzernrecht harmonisiert ist, vgl. *Schlitt/Ries* in MüKoAktG, § 35 WpÜG Rn. 42; *Habersack* ZHR 166 (2002), 619, 623; *Hopt/Mülbert/Kumpan* AG 2005, 109, 111.

[32] So auch *Krause/Pötzsch* in Assmann/Pötzsch/Schneider, § 35 Rn. 40; *Kleindiek* ZGR 2002, 546, 563f.; vgl. auch *Steinmeyer* in Steinmeyer, § 35 Rn. 11.

[33] *Loritz/Wagner* WM 1991, 709, 714; aA *Baums/Hecker* in Baums/Thoma, vor § 35 Rn. 130.

liche Aktien abgeben müssen, wenn sie durch den Erwerb der Aktien der von ihnen ins Auge gefassten Aktionäre die Kontrollschwelle erreichen. Dies mag man als Beeinträchtigung des Schutzbereiches von Art. 14 GG verstehen.[34] Je größer die Beteiligung eines Veräußerers an einer Zielgesellschaft, desto schwerer wird danach in den Schutzbereich seiner Rechte aus Art. 14 Abs. 1 GG eingegriffen.[35]

14 Die Regelungen des Gesetzes sind jedoch jedenfalls eine rechtmäßige **Inhalts- und Schrankenbestimmung** der aus Art. 14 Abs. 1 GG fließenden Rechte des Eigentümers. Insbesondere sind sie verhältnismäßig. Die vom Gesetz verfolgten Zwecke sind ausnahmslos verfassungsrechtlich zulässig.[36] Wie oben dargelegt (→ Rn. 7 ff.) werden mit dem Pflichtangebot nach dem Gesetz verschiedene Zwecke verfolgt. Es werden sowohl die Interessen von Minderheitsaktionären im Sinne eines Anlegerschutzes geschützt als auch das Interesse der Allgemeinheit an der Funktionsfähigkeit des Kapitalmarkts und der Wettbewerbsfähigkeit des Finanzplatzes Deutschland.[37]

15 Im Rahmen der Prüfung kommt es daher allein darauf an, ob das eingesetzte Mittel des Pflichtangebots keinen Verstoß gegen das **Übermaßverbot** darstellt, es also geeignet, erforderlich und verhältnismäßig im engeren Sinne ist. Hinsichtlich der tatsächlichen Gegebenheiten steht dem Gesetzgeber insoweit eine Einschätzungsprärogative zu.[38] Das Pflichtangebot ist denn auch sehr wohl geeignet, die vom Gesetzgeber verfolgten Zwecke des Minderheitenschutzes im Sinne eines Anlegerschutzes, des Schutzes der Funktionsfähigkeit des Kapitalmarkts und der Wettbewerbsfähigkeit des Finanzplatzes Deutschland zu verfolgen.[39]

16 Schon fraglicher ist, ob das Pflichtangebot auch erforderlich ist, um die vorgenannten Zwecke zu verfolgen, oder ob es nicht vielmehr ein **milderes Mittel** gibt, mit dem die vorgenannten Zwecke in gleicher Weise verfolgt werden können. Im Hinblick auf die Verfolgung des Zweckes der Verbesserung der Wettbewerbsfähigkeit des Finanzplatzes Deutschlands und der Anpassung an internationale Standards gibt es indes kein milderes Mittel.[40]

17 Die Inhalts- und Schrankenbestimmung der Rechte des Veräußerers von Aktien durch das Pflichtangebot ist auch **verhältnismäßig im engeren Sinne.** Hierbei ist insbesondere zu berücksichtigen, dass das Pflichtangebot nicht grundsätzlich die Veräußerung von Aktien verhindert oder auch nur erschwert. Nur in dem Falle, in dem durch die zu veräußernden Aktien der Erwerber, ohne dass ein Befreiungstatbestand der §§ 36 f. gegeben wäre, mindestens 30% der Stimmrechte an der Zielgesellschaft erwirbt, wird er auf tatsächlicher Ebene uU nicht mehr bereit sein, diese Aktien zu erwerben. Dem Veräußerer ist es aber nach wie vor möglich, etwa durch Teilung der zur Ver-

---

[34] Vgl. BVerfG, BVerfGE 52, 1, 31 f.

[35] Vgl. auch *Krause,* S. 173f; BVerfG, AG 2007, 544, 546.

[36] So auch im Hinblick auf den Minderheitenschutz *Loritz/Wagner* WM 1991, 709, 716.

[37] Vgl. auch *Krause,* S. 177 f.

[38] Vgl. im Hinblick auf das Pflichtangebot *Krause,* S. 178 ff.

[39] Vgl. *Krause,* S. 180.

[40] *Krause,* S. 180 ff.

äußerung stehenden Aktien in zwei Pakete, die Veräußerung derselben zu betreiben, ohne dass der jeweilige Erwerber dadurch zur Abgabe eines Pflichtangebots verpflichtet wäre. Die Beschränkung der Eigentumsrechte des Veräußerers ist daher im Ergebnis gering, so dass sie bei der im Rahmen der Prüfung der Verhältnismäßigkeit im engeren Sinne gebotenen Abwägung gegenüber den mit dem Pflichtangebot verfolgten Zwecken nicht ausschlaggebend sein kann.[41]

bb) Rechte des Erwerbers. Das im Gesetz vorgesehene Pflichtangebot greift grundsätzlich nicht in die Rechte eines potenziellen Erwerbers von Aktien aus Art. 14 GG ein.[42] Art. 14 GG schützt nämlich grundsätzlich nur bestehende Vermögenspositionen und nicht Chancen und Verdienstmöglichkeiten.[43] Es müssen daher auch schon erhebliche Klimmzüge, wie die Erfindung einer jedenfalls so in der Literatur bislang nicht verstandenen „negativen Eigentumsfreiheit",[44] unternommen werden, um das Pflichtangebot überhaupt hinsichtlich der Rechte eines Erwerbers von Aktien in den Schutzbereich des Art. 14 GG berühren zu lassen.[45] Eine Auseinandersetzung mit diesen Bemühungen erübrigt sich letztlich schon deswegen, weil diese Ausprägung der „negativen Eigentumsfreiheit" nicht deduktiv aus Art. 14 GG oder der dazu ergangenen Rechtsprechung gewonnen, sondern lediglich thesenartig behauptet wird. Es dürfte daher, entgegen den vorgenannten Stimmen, schon an einer Beeinträchtigung des Schutzbereiches der Rechte eines potenziellen Erwerbers von Aktien aus Art. 14 GG durch das Pflichtangebot fehlen.[46] 18

Selbst wenn man den vorgenannten Stimmen folgen würde, folgte hieraus nicht die Unverhältnismäßigkeit der im Gesetz vorgesehenen Inhalts- und Schrankenbestimmungen des Eigentumsrechts. Denn diese Stimmen haben nicht die Funktionsfähigkeit des Kapitalmarktes und die Wettbewerbsfähigkeit des Finanzplatzes Deutschland als Zwecke des Pflichtangebotes in Betracht gezogen.[47] Insoweit gilt aber das oben Gesagte.[48] Das Pflichtangebot nach dem WpÜG greift daher auch nicht in die Eigentumsrechte eines potenziellen Erwerbers von Aktien nach Art. 14 GG ein.[49] 19

b) Art. 12 Abs. 1 GG. Der Schutzbereich der Berufsfreiheit (Art. 12 Abs. 1 GG) ist durch das Pflichtangebot nach dem WpÜG nur dann berührt, wenn ein potenzieller Unternehmer mittels der Aktien ein Unternehmen zu kontrollieren beabsichtigt. Ein Aktienerwerb, der lediglich der Kapitalanlage 20

[41] Vgl. auch *Krause,* S. 209f; *Ekkenga/Schulz* in Ehricke/Ekkenga/Oechsler, § 35 Rn. 12; *Weber,* S. 389f.

[42] So auch *Baums/Hecker* in Baums/Thoma vor § 35 Rn. 118ff.; *Stumpf* NJW 2003; 9, 12; *Thaeter* in Thaeter/Brandi, S. 113.

[43] St. Rspr. seit BVerfGE 30, 292, 334f.

[44] Vgl. *Baums/Hecker* in Baums/Thoma, vor § 35 Rn. 119.

[45] *Loritz/Wagner* WM 1991, 709, 718; *Thoma* ZIP 1996, 1725, 1732; vgl. auch *Ekkenga/Schulz* in Ehricke/Ekkenga/Oechsler, § 35 Rn. 10; *Weber,* S. 391f.

[46] So auch *Krause,* S. 170ff.

[47] So auch *Braun,* S. 78.

[48] Vgl. → Rn 16.

[49] So auch *Baums/Hecker* in Baums/Thoma, vor § 35 Rn. 121; *Ekkenga/Schulz* in Ehricke/Ekkenga/Oechsler, § 35 Rn. 11.

dient, fällt dagegen auch dann nicht in den Schutzbereich von Art. 12 Abs. 1 GG, wenn er dem Erwerber die Kontrolle der Zielgesellschaft ermöglicht.[50]

21 Die Pflicht zur Abgabe eines Pflichtangebots nach dem WpÜG greift auch nach *Loritz/Wagner*[51] nur in die **Berufsausübungsfreiheit** eines solchen Unternehmers ein, da er nicht grundsätzlich daran gehindert wird als Unternehmer tätig zu werden, sondern nur seine Möglichkeit eingeschränkt wird, dies als Aktionär zu tun.[52] Maßstab der Grundrechtsprüfung ist daher auch im Rahmen von Art. 12 Abs. 1 GG im Ergebnis das Übermaßverbot.[53] Hinsichtlich der Geeignetheits- und Erforderlichkeitsprüfung kann insoweit auf die Ausführungen zu den Rechten des Veräußerers aus Art. 14 Abs. 1 GG verwiesen werden.[54]

22 Die Prüfung der Verhältnismäßigkeit im engeren Sinne setzt eine Abwägung der Einschränkung der Grundrechte des Betroffenen mit den durch das Pflichtangebot verfolgten Zwecken voraus. Insoweit ist zunächst festzustellen, dass das Pflichtangebot nur marginal in die Berufsfreiheit des zur Abgabe Verpflichteten eingreift. Er wird nämlich nicht grundsätzlich daran gehindert, als Unternehmer ein bestimmtes Unternehmen zu führen. Dies wird ihm vielmehr überhaupt nicht verwehrt. Auch wird ihm eine entsprechende Unternehmensführung nicht erschwert, soweit er dies nicht im Rahmen einer bestehenden Aktiengesellschaft oder Kommanditgesellschaft auf Aktien, deren Aktien zum Handel an einem organisierten Markt zugelassen sind, tun will. Selbst in diesem Fall kann er das von ihm ins Auge gefasste Unternehmen betreiben; er muss nur bereit sein, für den Fall, dass er mindestens 30% der Stimmrechte dieser Gesellschaft erwirbt und ein Befreiungstatbestand der §§ 36f. nicht gegeben ist, auch sämtlichen übrigen Aktionären den Erwerb ihrer Aktien anzubieten. Dieser vergleichsweise marginalen Beeinträchtigung der Berufsfreiheit steht eine erhebliche Förderung des Minderheitenschutzes im Sinne eines Anlegerschutzes gegenüber. Dem Minderheitsaktionär wird nämlich ermöglicht, seine durch die Kontrollerlangung des Bieters gefährdeten Vermögensinteressen durch Veräußerung seiner Aktien zu einem durch die Kontrollerlangung nicht negativ beeinflussten Wert zu realisieren. Des Weiteren ist von einer erheblichen Förderung der Zwecke der Funktionsfähigkeit des Kapitalmarkts (Absicherung der Anlagen von Minderheitsaktionären) und der Wettbewerbsfähigkeit des Finanzplatzes Deutschlands (Schaffung gleicher bzw. ähnlicher Verhältnisse wie auf anderen Finanzplätzen) auszugehen. Die im Rahmen der Prüfung der Verhältnismäßigkeit im engeren Sinne gebotene Abwägung führt daher zu dem Schluss, dass die mit dem Pflichtangebot einhergehende Einschränkung der Berufsausübungsfreiheit auch **verhältnismäßig im engeren Sinne** ist und damit nicht gegen das Übermaßverbot verstößt.[55]

---

[50] *Krause,* S. 167.

[51] *Loritz/Wagner* WM 1991, 709, 720f.

[52] Siehe auch *Krause,* S. 168f.; *Ekkenga/Schulz* in Ehricke/Ekkenga/Oechsler, § 35 Rn. 10.

[53] *Krause,* S. 169f.

[54] Vgl. → Rn. 15f.

[55] So auch *Krause,* S. 203ff.; *Baums/Hecker* in Baums/Thoma, vor § 35 Rn. 124; *Weber,* S. 391; vgl. auch *Stumpf* NJW 2003, 9, 14.

c) Art. 2 Abs. 1 GG. Das Pflichtangebot nach dem WpÜG greift sowohl in die Vertragsabschluss- als auch in die Vertragsgestaltungsfreiheit ein.[56] Der Gestaltungsspielraum des Gesetzgebers ist bei der Einschränkung der Grundrechte aus Art. 2 Abs. 1 GG jedoch besonders weit. Weiterhin ist zu berücksichtigen, dass der potenzielle Erwerber von Aktien nicht grundsätzlich zum Kauf von Aktien gezwungen wird **(Vertragsabschlussfreiheit),** sondern nur für den Fall, dass er sich entschlossen hat, Aktien zu erwerben, die den Schwellenwert von 30% der Stimmrechte an einer Zielgesellschaft erreichen. In diesem Fall wird er verpflichtet, auch den übrigen Aktionären ein Angebot zum Erwerb ihrer Aktien zu machen. In Bezug auf die **Vertragsgestaltungsfreiheit** wird ihm sodann auferlegt, diesem Angebot einen Preis zugrunde zu legen, der einerseits durch die Übernahme nicht negativ beeinflusst ist und andererseits weitgehend sicherstellt, dass auch die Angebotsempfänger mindestens den Preis erhalten, den diejenigen Aktionäre erhalten haben, die sich zuvor über die Veräußerung ihrer Aktien mit dem Erwerber geeinigt hatten, unabhängig davon, ob dem Erwerber dadurch die Übernahme ermöglicht wurde oder nicht. Zieht man die Möglichkeiten der Befreiung von der Pflicht zur Abgabe eines Pflichtangebots nach §§ 36f. in die Betrachtung mit ein,[57] so gilt auch im Rahmen von Art. 2 Abs. 1 GG bei der gebotenen Prüfung im Rahmen des Übermaßverbotes[58] das Gleiche wie oben zu Art. 14 Abs. 1 GG und insbesondere zu Art. 12 Abs. 1 GG ausgeführt. Hiernach ist das Pflichtangebot nach dem WpÜG eine zulässige Schrankenbestimmung des Art. 2 Abs. 1 GG.[59] 23

3. Übernahmerichtlinie

Eine Diskussion über die Sinnhaftigkeit des Pflichtangebots hat sich durch die Übernahmerichtlinie erledigt, da der Gesetzgeber in Umsetzung von Art. 5 Abs. 1 derselben zum Schutz der Minderheitsaktionäre ein Pflichtangebot zu einem angemessenen Preis (Art. 5 Abs. 4) im Fall der Kontrollerlangung ohnehin vorsehen muss. 24

4. Ökonomische Einschätzung

Die ökonomische Einschätzung des Pflichtangebotes ist unterschiedlich.[60] Es wird insoweit sowohl angeführt, dass das Pflichtangebot ineffiziente Transaktionen verhindere, als auch, dass es generell Transaktionen einen Riegel vorschiebe.[61] Immerhin wird die Förderung des gesetzgeberischen Ziels der 25

---

[56] Vgl. *Baums/Hecker* in Baums/Thoma, vor § 35 Rn. 125; *Thoma* ZIP 1996, 1725, 1732; sowie *Altmeppen* ZIP 2001, 1073, 1081; und *Mertens* AG 1990, 252, 257.

[57] Vgl. auch *Schlitt/Ries* in MüKoAktG, § 35 WpÜG Rn. 37.

[58] Vgl. *Krause,* S. 172f.

[59] So im Ergebnis auch *Krause,* S. 210f.; *Krause/Pötzsch* in Assmann/Pötzsch/Schneider, § 35 Rn. 44; *Baums/Hecker* in Baums/Thoma, vor § 35 Rn. 125; *Stumpf* NJW 2003, 9, 13; *Weber,* S. 390; kritisch *Thaeter* in Thaeter/Brandi, S. 114.

[60] Vgl. hierzu grundlegend *Houben* WM 2000, 1873ff.; *Wymeersch* ZGR 2002, 520, 539ff.; *Sandberger* DZWir. 1993, 319ff.

[61] *Hommelhoff/Witt* in Frankfurter Komm., vor § 35 Rn. 42f.; *Krause,* S. 120ff., 161; *Mühle,* S. 459ff.; *Krause/Pötzsch* in Assmann/Pötzsch/Schneider, § 35 Rn. 35; vgl.

Erhöhung der Wettbewerbsfähigkeit des Finanzplatzes Deutschland als gegeben konstatiert.[62] Andere sehen dagegen in erster Linie eine mit dem Pflichtangebot einhergehende Erhöhung der Kosten von Übernahmen[63] oder die Förderung schädlicher Konzentration in der Volkswirtschaft.[64] Letztlich gibt es aber keine, schon gar nicht durch empirische Erkenntnisse belegten, Argumente, die in einer Weise durchgreifend gegen das Pflichtangebot sprechen und dadurch den Gestaltungsspielraum des Gesetzgebers so weit einengen, dass kein Raum mehr für dasselbe bliebe. Für Zwecke der Rechtserkenntnis kann der **ökonomische Streit** daher grundsätzlich auf sich beruhen.

II. Rechtsnatur und Normadressat

1. Rechtsnatur

26 § 35 begründet **öffentlich-rechtliche Pflichten des Kontrollerwerbers.** Er begründet kein subjektiv öffentliches Recht der Aktionäre auf Zahlung einer angemessenen Gegenleistung Zug um Zug gegen Übertragung ihrer Aktien. Hiergegen spricht schon der Wortlaut der Vorschrift und die Tatsache, dass das WpÜG selbst die Rechtsfolgen der Verletzung von § 35 in den §§ 38, 59 und 60 regelt. Insbesondere die in § 38 geregelte Verzinsungspflicht indiziert nicht das Gegenteil.[65]

2. Normadressat

27 Die Pflichten des § 35 treffen jede in- und ausländische natürliche oder juristische Person sowie rechtsfähige Personengesellschaften (vgl. § 2 Abs. 4). Anders als bei § 20 AktG kommt es nicht auf die Unternehmenseigenschaft des Bieters an.[66] Bei nicht rechtsfähigen Gesamthandsgemeinschaften treffen jedes Mitglied die Pflichten aus § 35. Dies gilt unabhängig davon, ob das jeweilige Mitglied sich mit seinen Vorstellungen, etwa aufgrund seiner Stimmrechte, in der Gemeinschaft durchsetzten kann.[67] Die Mitteilungspflicht wird ausgelöst durch und bezieht sich auf sämtliche gesamthänderisch gehaltenen Aktien und nicht nur auf die rechnerische Quote des einzelnen Mitglieds (arg. § 30 Abs. 2).[68] Das Gleiche gilt für Bruchteilsgemeinschaften und Mit-

---

auch *Baums/Hecker* in Baums/Thoma, vor § 35 Rn. 101f.; *Wackerbarth* WM 2001, 1741, 1746.

[62] *Krause/Pötzsch* in Assmann/Pötzsch/Schneider, § 35 Rn. 35; vgl. auch *Hasselbach* in KK-WpÜG, § 35 Rn. 42; *Hommelhoff/Witt* in Frankfurter Komm., vor § 35 Rn. 35; *Baums/Hecker* in Baums/Thoma, vor § 35 Rn. 92; *Rau-Bredow* DBW 59 (1996), 763ff.; *Fleischer/Kalss,* S. 38f.

[63] *Letzel* BKR 2002, 293, 294.

[64] *Kallmeyer* ZHR 161 (1997), 435, 436.

[65] Vgl. → § 38 Rn. 2.

[66] Krit. zu Unrecht *Ekkenga/Hofschroer* DStR 2002, 768, 771.

[67] So auch *Braun* NZG 2008, 928, 930f.; vgl. auch *Wunsch* BB 2011, 2315, 2316f.

[68] Vgl. auch *Baums/Hecker* in Baums/Thoma, § 35 Rn. 12ff.; aA *Hasselbach* in KK-WpÜG, § 35 Rn. 65; *Schlitt/Ries* in MüKoAktG, § 35 WpÜG Rn. 49; *Krause/Pötzsch* in Assmann/Pötzsch/Schneider, § 35 Rn. 53; *Ekkenga/Schulz* in Ehricke/Ekkenga/Oechsler, § 35 Rn. 47; *Brellochs* NZG 2012, 1010, 2014f.

glieder von Stimmenpools.[69] Jedoch besteht sowohl in dem Fall der **Gesamthandsgemeinschaft** als auch im Fall der **Bruchteilsgemeinschaft** und des Stimmenpools die Möglichkeit der Befreiung nach § 37, soweit ein einzelnes Mitglied der Gemeinschaft keinerlei Kontrolle ausübt, etwa weil es ein Mitglied der Gemeinschaft gibt, dass der Sache nach – auf welcher Rechtsgrundlage auch immer – entscheiden kann, wie die Stimmrechte aus den gehaltenen Aktien ausgeübt werden.

Die Bundesrepublik Deutschland, der SoFFin und deren jeweilige Toch- 28
tergesellschaften sind nach § 12 **FMStBG** von den Plichten des § 35 durch die BaFin zu befreien, wenn sie die Kontrolle im Zusammenhang mit einer Stabilisierungsmaßnahme nach dem Finanzmarktstabilisierungsfondsgesetz, einschließlich der nachträglichen Erhöhung einer im Rahmen einer Stabilisierungsmaßnahme erworbenen Beteiligung des Fonds, oder einer Maßnahme nach dem Rettungsübernahmegesetz erlangten.[70] Die Befreiung gilt bei der Bankenabwicklung über § 125 SAG fort. Die Vorschrift ist misslungen. Da der BaFin kein Entscheidungsspielraum verbleibt, hätte das Gesetz eine Befreiung von den Pflichten des § 35 ipso iure vorsehen sollen. Der Umweg über eine Entscheidung der BaFin verkompliziert die erfassten Stabilisierungsmaßnahmen unnötig.

III. Veröffentlichungspflicht

1. Kontrolle

a) Allgemeines. § 35 Abs. 1 verpflichtet denjenigen, der die Kontrolle 29
über eine Zielgesellschaft erlangt hat, dies unverzüglich zu veröffentlichen. Kontrolle heißt nach § 29 Abs. 2 das Halten von mindestens **30% der Stimmrechte** an der Zielgesellschaft.

Zielgesellschaften sind nach der Legaldefinition von § 2 Abs. 3 Aktienge- 30
sellschaften, über Art. 10 VO 2157/2001 (EG) auch Europäische Gesellschaften (SE), oder Kommanditgesellschaften auf Aktien mit Sitz im Inland. Aufgrund teleologischer Erwägungen wird versucht, § 35 von der Anwendung auf **Kommanditgesellschaften auf Aktien** auszunehmen.[71] Zur Begründung wird insoweit angeführt, dass anders als bei der Aktiengesellschaft in der Kommanditgesellschaft auf Aktien der Erwerb von 30% der Stimmrechte aufgrund eines entsprechenden Erwerbs des Kommanditaktienkapitals noch keine Kontrolle der Kommanditgesellschaft auf Aktien ermögliche, da der Kommanditaktionär auch nicht mittels der Bestellung der Aufsichtsratsmitglieder eine Abberufung des Komplementärs herbeiführen kann und zudem gegen dessen Willen eine ganze Reihe wesentlicher Beschlüsse nicht gefasst werden können (§ 285 Abs. 2 Satz 1 AktG).[72] Diese Argumentation ist je-

---

[69] Zu letzteren vgl. *Braun* NZG 2008, 928ff.

[70] Vgl auch *Krause/Pötzsch* in Assmann/Pötzsch/Schneider, § 35 Rn. 50; *Wienecke/Fett* NZG 2009, 8, 14.

[71] *Ekkenga/Schulz* in Ehricke/Ekkenga/Oechsler, § 35 Rn. 20; vgl. *Cahn/Senger* FB 2002, 277, 286.

[72] AaO.

doch nicht zutreffend.[73] Ihr steht zum einen der eindeutige Gesetzeswortlaut entgegen. Zum anderen gibt es aber sehr wohl Ausprägungen der Kommanditgesellschaften auf Aktien, die ohne weiteres eine Einflussnahme der Kommanditaktionäre ermöglichen, die einer Kontrolle der Aktionärsmehrheit in der Aktiengesellschaft zumindest angenähert ist.[74]

31 Es ist für die Anwendung von § 35 Abs. 1 Satz 1 ohne Belang, auf welche Weise die Kontrolle erlangt wurde.[75] In Frage kommt jede Art des Erwerbs, börslich wie außerbörslich oder auch von Gesetzes wegen; entscheidend ist, dass aufgrund des Erwerbs mindestens 30% der Stimmrechte an der Zielgesellschaft, ggf. auch über eine Zurechnung der Stimmrechte nach § 30, gehalten werden.[76] Die einzige Ausnahme bildet der Erwerb aufgrund eines Übernahmeangebots (§ 35 Abs. 3).

32 **b) Passiver Kontrollerwerb.** Schwierigkeiten bereiten allerdings die Fälle des sogenannten passiven Kontrollerwerbs. Hierbei handelt es sich um Fälle, in denen der Bieter die Kontrolle ohne sein Zutun erlangt. Da es indes auf die Art und Weise des Kontrollerwerbs nicht ankommen soll, lösen auch diese Fälle grundsätzlich eine Angebotspflicht aus. Dies leuchtet ohne weiteres zB bei einer Muttergesellschaft ein, deren Tochter die Kontrolle über eine Zielgesellschaft erlangt hat (arg. § 30 Abs. 1 Nr. 1). Aber auch der **Erbfall** kann eine Angebotspflicht auslösen (vgl. aber § 36 Nr. 1 und § 9 Satz 1 Nr. 1 WpÜG-AngV). Umstritten ist insoweit nur, ob diese sofort[77] oder erst nach Annahme der Erbschaft bzw. Verstreichen der Ausschlagungsfrist nach § 1944 BGB eingreift.[78] Hier widerstreiten das gesetzlich geschützte Interesse des Erben, sich die Annahme der Erbschaft in Ruhe zu überlegen und das Interesse des Anlegers, seine Aktien zu einem von dem Erbfall unbeeinflussten Kurs veräußern zu können. Da die Ausschlagungsfrist indes nicht sehr kurz ist (§ 1944 BGB: 6 Wochen oder bei Auslandsberührung 6 Monate, jeweils ab Kenntnis), sollte die BaFin mit diesen Fällen nicht erst nach Ablauf der Frist befasst werden. Es dürfte in der Regel ohnehin zu erwarten sein, dass bei Vorliegen der Voraussetzungen ein Antrag nach § 36 Nr. 1 bzw. § 37 Abs. 1 in Verbindung mit § 9 Satz 1 Nr. 1 WpÜG-AngV gestellt und positiv beschieden wird.

33 Erlangt ein Aktionär aufgrund einer **Kapitalherabsetzung** die Kontrolle über eine Zielgesellschaft, begründet dies eine Angebotspflicht (arg. § 9 S. 1 Nr. 5 WpÜG-AngV).[79] Gleiches gilt für den Fall der **Einziehung.** Zwar

---

[73] *Hommelhoff/Witt* in Frankfurter Komm., § 35 Rn. 34 Fn. 43; *Hasselbach* in KK-WpÜG, § 35 Rn. 74; *Krause/Pötzsch* in Assmann/Pötzsch/Schneider, § 35 Rn. 63; *Schlitt/Ries* in MüKoAktG, § 35 WpÜG Rn. 60; *Baums/Hecker* in Baums/Thoma, § 2 Rn. 81 ff.

[74] Vgl *Semler/Perlitt* in MüKoAktG, vor § 278 AktG Rn. 32.

[75] Vgl. nur *Schlitt/Ries* in MüKoAktG, § 35 WpÜG Rn. 68 ff.; und schon *Burgard* WM 2000, 611, 616; aA wohl nur *Tröger* DZWir. 2002, 397, 404.

[76] Vgl. zu Maßnahmen nach dem UmwG *Weber-Rey/Schütz* AG 2001, 325 ff.; *Seibt/Heiser* ZHR 165 (2001), 466 ff.

[77] So *Harbarth* ZIP 2002, 321, 324 unter Hinweis auf die Befreiungsmöglichkeit nach § 36 Nr. 1 und § 9 Satz 1 Nr. 1 WpÜG-AngV.

[78] So *Schlitt/Ries* in MüKoAktG, § 35 WpÜG Rn. 74; *Ekkenga/Schulz* in Ehricke/Ekkenga/Oechsler, § 35 Rn. 17.

[79] AllgM, statt aller *Schlitt/Ries* in MüKoAktG, § 35 WpÜG Rn. 91.

geht mit ihr nicht zwingend eine Kapitalherabsetzung einher (arg. § 237 Abs. 3 Nr. 3 AktG), wie bei letzterer wird aber die Anzahl der Aktien und damit der Stimmrechte einseitig herabgesetzt und die Stimmrechtsanteile der einzelnen Aktionäre erhöhen sich entsprechend.[80] Eine ähnliche Problematik ergibt sich beim Aufleben des Stimmrechts von zunächst stimmrechtslosen Vorzugsaktien. Hier kann derjenige, der einen großen Anteil der Vorzugsaktien hält, mit Aufleben der Stimmrechte die Kontrolle iSd § 29 Abs. 2 erlangen. Korrektiv könnte ein Befreiungsantrag nach § 37 Abs. 1 sein.

Anders stellt sich dies in Fällen dar, in denen das Stimmrecht (vorübergehend) nicht ausgeübt werden darf oder kann. Dies sind die Fälle des **Erwerbs eigener Aktien** (§ 71b AktG) und des **Stimmrechtsverlustes** (§ 28 WpHG, § 59, Vertrag).[81] 34

Eine intensive Diskussion dieser Problematik findet im Hinblick auf die Regelung des § 71b AktG statt. Dabei ging der Gesetzgeber[82] davon aus, dass die Stimmrechte aus eigenen Aktien trotz deren Ruhens bei der Frage nach einer Kontrollerlangung zu berücksichtigen sind (vgl. § 17 Abs. 1 Nr. 5 WpAIV).[83] Dem ist schon aus praktischen Anwendungsgründen zu folgen.[84] Ein Aktionär kann den Anteil eigener Aktien, der sich im Übrigen jederzeit ändern kann, nicht einmal den Mitteilungen der Zielgesellschaft nach § 26a WpHG entnehmen. Entgegen *Berrar/Schnorbus*[85] gelten die gleichen Erwägungen wie bei der Anwendung des § 28 WpHG. 35

c) Vorübergehender Kontrollerwerb. Rechtsprechung[86] und überwiegende Literatur nehmen an, dass auch eine kurzzeitige Überschreitung der Kontrollschwelle oder ein kurzzeitiges Unterschreiten derselben bzw. das damit einhergehende (Wieder-)Erreichen derselben die Pflichten des § 35 begründet.[87] Die Pflichten aus § 35 entfallen daher auch nicht per se durch das Unterschreiten der Kontrollschwelle. 36

d) Mittelbarer Kontrollerwerb. Die **Kontrolle kann nicht nur unmittelbar, sondern** aufgrund der in § 30 enthaltenen Zurechnungsvor- 37

---

[80] So auch *Koch* ZIP 2008, 1260, 1263; anders verhält es sich bei der in der Praxis kaum vorkommenden Kaduzierung, da durch sie die Gesamtzahl der Stimmrechte nicht vermindert wird (arg. § 65 Abs. 3 AktG).

[81] So auch *Koch* ZIP 2008, 1260, 1264.

[82] BT-Drucks. 14/7034, 53.

[83] So auch *Schlitt/Ries* in MüKoAktG, § 35 WpÜG Rn. 87; *Baums/Hecker* in Baums/Thoma, § 35 Rn. 52ff.; *Hommelhoff/Witt* in Frankfurter Komm., § 35 Rn. 40; *Krause/Pötzsch* in Assmann/Pötzsch/Schneider, § 35 Rn. 115ff.; *Ekkenga/Schulz* in Ehricke/Ekkenga/Oechsler, § 35 Rn. 24; *Ekkenga/Hofschroer* DStR 2002, 768, 773.

[84] AA *Harbath* ZIP 2001, 321, 326; *Fleischer/Körber* BB 2001, 2589, 2593ff.; *Holzborn/Blank* NZG 2002, 948; *Cahn/Senger* FB 2002, 277, 290; *Berrar/Schnorbus* ZGR 2003, 59, 87ff.; *Koch* ZIP 2008, 1260, 1261; *Fleischer/Kalss,* S. 113f.

[85] ZGR 2003, 59, 87ff.

[86] OLG Frankfurt, ZIP 2007, 864, 867.

[87] *Hasselbach* in KK-WpÜG, § 35 Rn. 133, 135, 142, 200; *Krause/Pötzsch* in Assmann/Pötzsch/Schneider, § 35 Rn. 73f.; vgl. auch *Ekkenga/Schulz* in Ehricke/Ekkenga/Oechsler, § 35 Rn. 18, 50, 71; *Schlitt/Ries* in MüKoAktG, § 35 WpÜG Rn. 58; *Thaeter* in Thaeter/Brandi, S. 118; aA *Geibel/Süßmann* BKR 2002, 52, 63.

schriften **auch mittelbar erlangt werden.**[88] Hiernach sind etwa Stimmrechte eines Tochterunternehmens dem Mutterunternehmen zuzurechnen. In diesen Fällen ergibt sich die Kontrolle über die Zielgesellschaft uU erst aus der Zusammenrechnung der Stimmrechte von Mutter- und der Tochterunternehmen. Gleiches gilt für den Fall, in dem mehrere Tochterunternehmen jeweils einzeln nicht die Kontrolle über die Zielgesellschaft ausüben können, wohl aber gemeinsam. Das Erfüllen der Pflichten aus § 35 durch Mutter- oder Tochterunternehmen befreit das jeweils andere Konzernunternehmen bzw. anderen Bieter, dem Stimmrechte zugerechnet werden, von diesen Pflichten. Dies gilt im Hinblick auf die Veröffentlichungspflicht allerdings nur, wenn auch sämtliche Pflichten der Mitverpflichteten, also zB die Angabe der jeweils relevanten Zurechnungstatbestände gem. § 30, erfüllt werden. Die Anwendungspraxis der BaFin folgt dieser **„Absorptionstheorie“.**[89] Sie steht auch nicht im Widerspruch zur Übernahmerichtlinie,[90] da sie nicht von den Pflichten des § 35 befreit, sondern nur deren Erfüllung wie bei der Gesamtschuld den Mitschuldnern ebenfalls zurechnet.[91]

38 Hat ein Konzernunternehmen, da immer entweder Tochtergesellschaft oder gemeinsam handelnde Person (§ 2 Abs. 5), etwa Aktien der Zielgesellschaft zu einem höheren Preis als diejenige Konzerngesellschaft, die das Pflichtangebot abgibt, erworben, schlägt sich dieser Erwerb sowieso gemäß § 31 Abs. 1 auch in der Mindestgegenleistung des befreienden Pflichtangebots nieder.

39 Eine Zurechnung findet indes nicht nur auf der Ebene des Konzerns des Erwerbers, sondern auch auf der Ebene des Konzerns der Zielgesellschaft statt. Hat die Muttergesellschaft nämlich börsennotierte Tochterunternehmen, so kann es durchaus sein, dass ein Pflichtangebot mangels Börsennotierung zwar nicht für die Muttergesellschaft, wohl aber für ein oder mehrere Tochterunternehmen abzugeben ist oder, wenn die Muttergesellschaft ebenfalls börsennotiert ist, natürlich auch für diese. Es werden dem Bieter mit

---

[88] Vgl. *Land* DB 2001, 1707, 1713; *Möller/Pötzsch* ZIP 2001, 1256, 1260f.

[89] Vgl. BaFin, Jahresbericht 2009, S. 208f. (Böwec Systec AG); hinsichtlich der Veröffentlichungspflicht ebenso *Schlitt/Ries* in MüKoAktG, § 35 WpÜG Rn. 50; sowie *Ekkenga/Hofschroer* DStR 2002, 768, 775f., allerdings unter analoger Anwendung von § 24 WpHG; *Hasselbach* in KK-WpÜG, § 35 Rn. 187; *Lenz/Behnke* BKR 2003, 43, 50; aA *Baums/Hecker* in Baums/Thoma, § 35 Rn. 292; *Krause/Pötzsch* in Assmann/Pötzsch/Schneider, § 35 Rn. 59; *Hommelhoff/Witt* in Frankfurter Komm., § 35 Rn. 71f.; *Ekkenga/Schulz* in Ehricke/Ekkenga/Oechsler, § 35 Rn. 49; *Kleindiek* ZGR 2002, 546, 575ff.; hinsichtlich der Angebotspflicht ebenso KG v. 9.6.2008, Beck RS 2008, 16184 (15.1); *Krause/Pötzsch* in Assmann/Pötzsch/Schneider, § 35 Rn. 194ff.; *Schlitt* in MüKoAktG, § 35 WpÜG Rn. 109; *Hasselbach* in KK-WpÜG, § 35 Rn. 228ff.; *Steinmeyer* in Steinmeyer, § 35 Rn. 94f.; *Krause* NJW 2002, 705, 713f.; aA *Baums/Hecker* in Baums/Thoma, § 35 Rn. 293; *Hommelhoff/Witt* in Frankfurter Komm., § 35 Rn. 71f.; *Kleindiek* ZGR 2002, 546, 575ff.; *Koch* ZIP 2008, 1260, 1263; vgl. *Fleischer/Kalss,* S. 134f.; *Pötzsch,* S. 45; für die Möglichkeit eines gemeinsamen Angebots der Verpflichteten *Hopt* ZHR 166 (2002), 383, 417; *Süßmann* WM 2003, 1453, 1457; *Pentz* ZIP 2003, 1478, 1488f.

[90] So aber *Hommelhoff/Witt* in Frankfurter Komm., § 35 Rn. 72.

[91] Vgl. auch *Krause/Pötzsch* in Assmann/Pötzsch/Schneider, § 35 Rn. 29.

anderen Worten nicht nur Beteiligungen vor Erlangung der Kontrolle, sondern auch Beteiligungen zugerechnet, die er aufgrund der Erlangung der Kontrolle erwirbt. Der Erwerb von Aktien an einer Muttergesellschaft kann daher nicht nur die Pflicht zur Abgabe eines Pflichtangebots in Bezug auf die Muttergesellschaft, sondern auch in Bezug auf Tochterunternehmen nach sich ziehen. Der Kontrollerwerb kann daher die Pflicht zur Abgabe einer **Mehrzahl von Pflichtangeboten** begründen.

Unklar ist, ob im Rahmen des mittelbaren Kontrollerwerbs bei der Zurechnung von Stimmrechten im Rahmen von § 30 auch § 29 Abs. 2 Anwendung findet. Ein Beispiel soll dies verdeutlichen: A erwirbt 30% der Stimmrechte an der B-GmbH, die 40% der Stimmrechte an der C-AG hält. Die C-AG erfüllt grundsätzlich die Voraussetzungen, um als Zielgesellschaft Gegenstand eines Pflichtangebots nach dem Gesetz zu sein. Fraglich ist, ob A ein Pflichtangebot in Bezug auf die C-AG abgeben muss. Nach § 30 sind die Stimmrechte der B-GmbH an der C-AG dem A nicht zuzurechnen. Dies gilt namentlich für eine Zurechnung nach § 30 Abs. 1 Nr. 1, da die B-GmbH nach § 2 Abs. 6 kein Tochterunternehmen des A nach § 290 HGB ist und die 30%ige Beteiligung des A an der B-GmbH es dem A nicht ermöglicht, einen beherrschenden Einfluss auf die B-GmbH auszuüben. Würde man dagegen eine Zurechnung nach § 29 Abs. 2 auch im Verhältnis von A zur B-GmbH und nicht nur – was unzweifelhaft ist – von der B-GmbH zur C-AG ausreichen lassen, könnte eine Kontrollerlangung von A über die C-AG bejaht werden. Die Anwendung von § 29 Abs. 2 ist in diesem Zusammenhang jedoch abzulehnen. Dies folgt schon aus seinem Wortlaut, der nur die Kontrolle über Zielgesellschaften, also inländische Kommanditgesellschaften auf Aktien oder Aktiengesellschaften, nicht aber GmbH erfasst. Aber auch der Sache nach macht die Anwendung von § 29 Abs. 2 auf andere als Zielgesellschaften keinen Sinn, da bei anderen Gesellschaftsformen typischer Weise 30% der Stimmrechte keine Kontrolle ermöglichen. 40

Problematischer wird der Fall jedoch, wenn man ihn dahingehend abwandelt, dass die B-GmbH durch die D-AG ersetzt wird und diese grundsätzlich die Voraussetzungen erfüllt, um als Zielgesellschaft Gegenstand eines Pflichtangebots nach dem Gesetz zu sein. A muss dann ein Pflichtangebot für die von ihm unmittelbar iSv § 29 Abs. 2 kontrollierte D-AG abgeben. Fraglich ist jedoch, ob er auch ein Pflichtangebot für die C-AG abgeben muss. Dies ist dann unzweifelhaft, wenn A die D-AG auch gesellschaftsrechtlich beherrscht, da dann A die Stimmrechte der D-AG an der C-AG nach § 30 Abs. 1 Nr. 1 iVm § 2 Abs. 6 in voller Höhe zugerechnet werden. 41

Dies wäre etwa aber dann nicht der Fall, wenn die 30% der Stimmrechte des A in der D-AG diesem tatsächlich keine Kontrolle und damit keine Beherrschung derselben ermöglichten, etwa weil die Hauptversammlungspräsenz über 60% liegt.[92] Das Gesetz sieht in diesen Fällen keine Zurechnung der Stimmrechte der D-AG bei A vor, da § 30 Abs. 1 Nr. 1 durch § 2 Abs 6, nicht aber durch § 29 Abs. 2 konkretisiert wird.[93] Anders ausgedrückt: § 30 42

[92] Irreführend wohl BT-Drucks. 14/7034, 59, 82.

[93] *Krause/Pötzsch* in Assmann/Pötzsch/Schneider, § 35 Rn. 93f., 98; *Schlitt* in MüKo-AktG, § 35 WpÜG Rn. 114, 120; *Hasselbach* in KK-WpÜG, § 35 Rn. 84; *Versteegen* in

sieht keinen § 29 Abs. 2 entsprechenden Zurechnungstatbestand vor und verweist auch nicht auf diese Vorschrift. Eine Zurechnung findet daher auch in diesen Fällen nicht statt.

43 Eine besondere Konstellation kann sich ergeben, wenn ein Tochterunternehmen zwar weniger als 30% der Stimmrechte der Zielgesellschaft hat, diese aber – etwa aufgrund entsprechend geringer Hauptversammlungspräsenzen – beherrscht und die Zielgesellschaft eigene Aktien hält, die zusammen mit denjenigen der Tochtergesellschaft dem Bieter uneingedenk der Regelung des § 71b AktG mindestens 30% der Stimmrechte der Zielgesellschaft vermitteln würden. Auch in diesen Fällen erlangt der Bieter jedoch keine Kontrolle iSv § 30 über die Zielgesellschaft, da er aufgrund der Regelung des § 71b AktG nicht über die entsprechenden Stimmrechte verfügt.[94]

44 Auch **Umstrukturierungen im Konzern** können eine Angebotspflicht auslösen (arg. § 36 Nr. 3).[95] Dies gilt indes nicht immer und insbesondere nicht für jede kontrollierende Gesellschaft. So löst etwa die Verschmelzung einer eine Zielgesellschaft kontrollierende Gesellschaft A auf deren Mutter B keine Angebotspflicht aus, da B schon zuvor ebenfalls kontrollierende Gesellschaft war. Gleiches gilt für B, wenn A auf Bs weitere Tochter C verschmolzen wird; nicht aber für C, da C erstmalig die Kontrolle über die Zielgesellschaft erlangt.[96] Die BaFin ist allerdings verpflichtet, C auf Antrag gem. § 36 Nr. 3 durch die mangelnde Berücksichtigung der Stimmrechte der Sache nach von der Angebotspflicht zu befreien.

45 Um einen Fall der Kontrollerlangung handelt es sich dagegen nicht im Fall des **Wechsels von gemeinsamer zu alleiniger Kontrolle,** er begründet **keine Kontrollerlangung.**[97] Die Kontrollerlangung kann auch nicht dadurch begründet werden, dass sich der Grund für die oder der Umfang der Zurechnung von Stimmrechten (§ 30 Abs. 1 Nr. 1–6 und Abs. 2) ändert, soweit der Bieter seine Kontrollposition behält.[98] Eine erstmalige Begründung derselben oder ein Wechsel der Kontrolle von einem zu einem anderen Bie-

---

KK-WpÜG, Anh. § 37 Rn. 50; *Baums/Hecker* in Baums/Thoma, § 35 Rn. 84ff.; *Steinmeyer* in Steinmeyer, § 35 Rn. 26; *Harbarth* ZIP 2002, 321, 323, Fn. 20; *Koch* ZIP 2008, 1260, 1263; *Liebscher* ZIP 2002, 1005, 1011; vgl. auch BGH NZG 2012, 1033, 1035; aA *Ekkenga/Schulz* in Ehricke/Ekkenga/Oechsler, § 35 Rn. 36; *Ekkenga/Hofschroer* DStR 2002, 768, 775; *Hommelhoff/Witt* in Frankfurter Komm., § 35 Rn. 45f.; *Hommelhoff/Witt* FS Nobel (2005), 125, 132ff.; *Krause* NJW 2002, 705, 713.

[94] So auch die neuere Praxis der BaFin; zustimmend auch *Krause* AG 2015, 553ff.

[95] Vgl. etwa *Schlitt/Ries* in MüKoAktG, § 35 WpÜG Rn. 57; *Hommelhoff/Witt* in Frankfurter Komm., § 35 Rn. 50; *Ekkenga/Schulz* in Ehricke/Ekkenga/Oechsler, § 35 Rn. 38; *Lenz/Linke* AG 2002, 361, 366; *Seibt/Heiser* ZHR 165 (2001), 466, 492f.; *Liebscher* ZIP 2002, 1005, 1014f.; aA wohl *Fuhrmann/Oltmanns* NZG 2003, 17, 18.

[96] Vgl. ausführlich *Besau,* S. 145ff.

[97] *Verse* NZG 2009, 1331ff.; *Brellochs* NZG 2012, 1010, 1012f.

[98] So auch *Hommelhoff/Witt* in Frankfurter Komm., § 35 Rn. 50; *Hasselbach* in KK-WpÜG § 35 Rn. 137; *Ekkenga/Schulz* in Ehricke/Ekkenga/Oechsler, § 35 Rn. 38f.; *Schlitt* in MüKoAktG, § 35 WpÜG Rn. 84; *Krause/Pötzsch* in Assmann/Pötzsch/Schneider, § 35 Rn. 108; *Brellochs* NZG 2012, 1010, 2012; *Liebscher* ZIP 2002, 1005, 1015f.; aA im Hinblick auf § 30 Abs. 1 Nr. 5–6 und Abs. 2 *Baums/Hecker* in Baums/Thoma, § 35 Rn. 128ff.

ter findet nicht statt. Zwar mag sich graduell die Art der Kontrolle ändern, hieran knüpft das Gesetz jedoch gerade nicht an. Auch der bloß formale Erwerb einer Kontrollposition löst die Angebotspflicht aus, ohne dass ein nachfolgender Erwerb auch der materiellen Kontrollposition dies nochmals täte. Der Anlegerschutz gebietet hier keine teleologische Reduktion, da die Art der Kontrolle für den Anleger in den Einzelheiten ohnehin schwer durchschaubar ist und er sich daher auch in der Regel bei seiner Investmententscheidung an der formalen Kontrollmöglichkeit orientieren wird.

Umstritten ist, ob der Anteilserwerb als Ergebnis von Verschmelzungsvorgängen zum Kontrollerwerb im Sinne von § 35 führen kann.[99] Dies ist grundsätzlich zu bejahen. UmwG und WpÜG verfolgen unterschiedliche Ziele durch unterschiedliche Mittel. Das Schutzbedürfnis des Aktionärs einer Zielgesellschaft entfällt nicht deshalb, weil der Kontrollerwerb Ergebnis einer Verschmelzung ist. 46

e) Kaltes Delisting. In den Fällen des kalten Delisting, bei denen eine börsennotierte Gesellschaft auf eine nicht-börsennotierte Gesellschaft verschmolzen wird, hat derjenige, der nach der Verschmelzung die Kontrolle über den übernehmenden nicht-börsennotierten Rechtsträger ausübt, kein Pflichtangebot abzugeben.[100] Dies folgt bereits daraus, dass der übertragende Rechtsträger als Zielgesellschaft untergeht. Die Aktionäre der übertragenden Gesellschaft erhalten einen Abfindungsanspruch aus § 29 Abs. 1 Satz 1 UmwG. 47

f) Verschmelzung auf eine börsennotierte Gesellschaft. Kommt es durch die Verschmelzung zu einem Kontrollwechsel, hat der Bieter ein Pflichtangebot zu unterbreiten, da ein solcher Kontrollwechsel von dem Wortlaut des § 35 erfasst wird.[101] Auf Antrag gemäß § 37 oder aufgrund teleogischer Reduktion des § 35 soll der Bieter jedoch nur dazu verpflichtet sein, das Pflichtangebot an die Aktionäre der übernehmenden Gesellschaft zu richten, da nur diese erstmals kontrolliert werden.[102] Die praktische Durchführung verlangte aber, dass die im Wege der Verschmelzung auszugebenden 48

---

[99] So auch *Hommelhoff/Witt* in Frankfurter Komm., § 35 Rn. 54ff.; *Krause/Pötzsch* in Assmann/Pötzsch/Schneider, § 35 Rn. 139; *Schlitt/Ries* in MüKoAktG, § 35 WpÜG Rn. 122ff.; *Ekkenga/Schulz* in Ehricke/Ekkenga/Oechsler, § 35 Rn. 30; *Baums/Hecker* in Baums/Thoma, § 35 Rn. 109ff.; *Steinmeyer* in Steinmeyer, § 35 Rn. 14ff.; *Hasselbach* in KK-WpÜG, § 35 Rn. 116; *Kalss* in Semler/Stengel, UmwG, § 29 Rn. 17; *Lenz/Linke* AG 2002, 361, 367f.; *Kleindiek* ZGR 2002, 546, 567ff.; *Technau* AG 2002, 260, 261; *Seibt/Heiser* ZHR 165 (2001), 466, 470ff.; *Hopt* ZHR 166 (2002), 383, 397; *Süßmann* WM 2003, 1453, 1454ff.; *Teichmann* AG 2004, 67, 77ff.; ausführlich *Besau,* S. 113ff.; vgl. auch *Fleischer* NZG 2002, 545, 549f.; *Lutter* in Lutter/Winter, UmwG, Einleitung Rn. 53ff.; *Heckschen* in Heckschen/Simon, § 6 Rn. 16; *Weber-Rey/Schütz* AG 2001, 325, 328f.; *Vetter* WM 2002, 1999ff.; *Grabbe/Fett* NZG 2003, 755ff.

[100] *Hommelhoff/Witt* in Frankfurter Komm., § 35 Rn. 58f.; *Schlitt/Ries* in MüKoAktG, § 35 WpÜG Rn. 144; *Ekkenga/Schulz* in Ehricke/Ekkenga/Oechsler, § 35 Rn. 32; *Baums/Hecker* in Baums/Thoma, § 35 Rn. 125; *Seibt/Heiser* ZHR 165 (2001), 466, 485ff.; *Süßmann* WM 2003, 1453, 1455; aA *Kleindiek* ZGR 2002, 546, 573f.; *Böhmer,* S. 180ff.

[101] AllgM, vgl. nur *Hommelhoff/Witt* in Frankfurter Komm., § 35 Rn. 61 mwN.

[102] *Hasselbach* in KK-WpÜG, § 35 Rn. 119; *Besau,* S. 208f.

neuen Aktien unter einer anderen Wertpapieridentifikationsnummer als die bereits zum Börsenhandel zugelassenen und gehandelten Aktien geführt werden, da ansonsten der Adressatenkreis des Pflichtangebots nicht auf die Altaktionäre beschränkt werden könnte.[103]

49 **g) Verschmelzung mit nachfolgendem Börsengang.** In den Fällen, in denen auf eine Gesellschaft verschmolzen wird, deren Aktien erst unmittelbar nach dem Zeitpunkt der Wirksamkeit der Verschmelzung zum Handel in einem organisierten Markt zugelassen werden sollen, ist das Gesetz nicht anwendbar, da die Aktien der aufnehmenden Gesellschaft eben im Zeitpunkt einer etwaigen Kontrollerlangung aufgrund der Verschmelzung iSv. § 1 Abs. 1 noch nicht zugelassen sind.[104]

2. Veröffentlichung

50 **a) Art und Weise.** Die Art und Weise der Veröffentlichung richtet sich nach § 10.

51 **b) Inhalt. aa) Stimmrechtsanteil.** Anders als bei der Angebotsunterlage ist es im Rahmen der Publizität nach § 35 Abs. 1 Satz 1 mit Ausnahme der Zurechnungstatbestände[105] nicht erforderlich, detaillierte Angaben zu machen. Vielmehr reicht es aus, wenn derjenige, der die Kontrolle über eine Zielgesellschaft erlangt hat, seine Firma bzw. seinen Namen sowie seine Adresse zusammen mit der Höhe seines Stimmrechtsanteils an der Zielgesellschaft einschließlich **deren Firma und Adresse** angibt.[106]

52 **bb) Zurechnungstatbestände.** Werden demjenigen, der die Kontrolle über eine Zielgesellschaft erlangt hat, Stimmrechtsanteile aufgrund der Vorschriften des § 30 zugerechnet, so sind diese für jeden Zurechnungstatbestand gesondert anzugeben. Dass Angaben zu den Dritten, deren Stimmrechte dem Bieter zugerechnet werden, ohne dass diese Dritten selbst die Kontrolle erlangt haben, zu machen sind,[107] findet im Gesetz keine Stütze und ist daher nicht erforderlich.[108] Im Übrigen entspricht dies auch nicht der Praxis. Soll die Veröffentlichung Mitverpflichtete von der Veröffentlichungspflicht befreien (vgl. → Rn. 37), so muss sie auch diejenigen Angaben enthalten, die diese Mitverpflichteten zu machen hätten.

53 **c) Frist.** § 35 Abs. 1 Satz 1 ist insoweit § 21 Abs. 1 Satz 1 WpHG nachgebildet. Danach hat derjenige, der die Kontrolle über eine Zielgesellschaft

---

[103] *Hasselbach* in KK-WpÜG, § 35 Rn. 119, *Süßmann* WM 2003, 1453, 1456; *Besau,* S. 209.

[104] *Hommelhoff/Witt* in Frankfurter Komm., § 35 Rn. 65; *Baums/Hecker* in Baums/Thoma, § 35 Rn. 119 f.; *Krause/Pötzsch* in Assmann/Pötzsch/Schneider, § 35 Rn. 155 f.; *Schlitt/Ries* in MüKoAktG, § 35 WpÜG Rn. 145; *Technau* AG 2002, 260, 262 ff.; *Süßmann* WM 2003, 1453, 1456; *Vetter* WM 2002, 1999 f.; aA *Seibt/Heiser* ZHR 165 (2001), 466, 480 f.

[105] Vgl. → Rn. 52.

[106] *Hommelhoff/Witt* in Frankfurter Komm., § 35 Rn. 75; *Baums/Hecker* in Baums/Thoma, § 35 Rn. 168; *Krause/Pötzsch* in Assmann/Pötzsch/Schneider, § 35 Rn. 164, die auch auf die Argumente bzgl. Parallelvorschriften im WpHG eingehen.

[107] So *Ekkenga/Schulz* in Ehricke/Ekkenga/Oechsler, § 35 Rn. 41.

[108] *Hasselbach* in KK-WpÜG, § 35 Rn. 153.

erlangt hat, dies unverzüglich, spätestens innerhalb von sieben Kalendertagen zu veröffentlichen. Bezug genommen wird damit auf die Legaldefinition des Begriffes „unverzüglich" in § 121 BGB, wonach unverzüglich **„ohne schuldhaftes Zögern"** bedeutet.[109] Die Frist beginnt ab dem Zeitpunkt, zu dem derjenige, der die Kontrolle über die Zielgesellschaft erworben hat, hiervon Kenntnis hatte oder nach den Umständen haben musste. Schon aus Beweisgründen hat der Gesetzgeber es hier nicht bei der positiven Kenntnis belassen, sondern vielmehr **fahrlässige Unkenntnis** ausreichen lassen (vgl. § 122 Abs. 2 BGB). Voraussetzung für den Beginn der Frist ist die Kenntnis oder fahrlässige Unkenntnis des Kontrollerwerbs. Dies ist eine Frage des Einzelfalls,[110] bei deren Beantwortung sich pauschalisierende Betrachtungen verbieten.[111] Allerdings wird man den Maßstab der fahrlässigen Unkenntnis nicht zu nachlässig ansetzen dürfen, da es sich bei ihm trotz der Modifikation „nach den Umständen" (wonach sonst?) um einen objektiv-abstrakten Sorgfaltsmaßstab handelt.[112] Die Fristberechnung richtet sich im Übrigen nach §§ 186 ff. BGB.

d) Verhältnis zur Ad-hoc-Publizität. Aufgrund der Verweisung von § 35 Abs. 1 Satz 4 auf § 10 Abs. 6 ist eine gesonderte Meldung nach § 15 WpHG entbehrlich. Das Gesetz vermeidet so eine Häufung von Veröffentlichungspflichten. 54

e) Verhältnis zu § 21 WpHG. Die Pflichten nach § 21 WpHG und § 35 bestehen nebeneinander.[113] 55

3. Rechtsfolgen bei Verletzung

a) Geldbuße. Ein Verstoß gegen die Pflicht zur Veröffentlichung nach Abs. 1 kann von der BaFin als Ordnungswidrigkeit gemäß § 60 Abs. 1 Nr. 1a) verfolgt werden. Nach § 60 Abs. 3 kann die Ordnungswidrigkeit mit einer Geldbuße bis zu 1 000 000 Euro geahndet werden. Trifft die Pflicht aus § 35 Abs. 1 sowohl Tochter- als auch Mutterunternehmen[114] und wird sie von keinem von beiden erfüllt, kann gegen beide eine Geldbuße verhängt werden. 56

---

[109] AllgM, vgl. *Hommelhoff/Witt* in Frankfurter Komm., § 35 Rn. 77; *Ekkenga/Schulz* in Ehricke/Ekkenga/Oechsler, § 35 Rn. 42; *Schlitt/Ries* in MüKoAktG,§ 35 WpÜG Rn. 162; *Krause/Pötzsch* in Assmann/Pötzsch/Schneider, § 35 Rn. 168; *Hasselbach* in KK-WpÜG, § 35 Rn. 159; *Steinmeyer* in Steinmeyer, § 35 Rn. 70; *Baums/Hecker* in Baums/Thoma, § 35 Rn. 156.

[110] So auch *Krause/Pötzsch* in Assmann/Pötzsch/Schneider, § 35 Rn. 173; *Schlitt/Ries* in MüKoAktG, § 35 WpÜG Rn. 165; *Hasselbach* in KK-WpÜG, § 35 Rn. 167 ff.

[111] So aber die verbreitete Literaturmeinung, so soll einerseits bei konzernmäßiger Zurechnung regelmäßig fahrlässige Unkenntnis vorliegen, vgl. *Steinmeyer* in Steinmeyer, § 35 Rn. 72, andererseits aber außerhalb des Vertragskonzerns die Konzernmuttergesellschaft regelmäßig entschuldigt sein, vgl. *Hommelhoff/Witt* in Frankfurter Komm., § 35 Rn. 79; *Ekkenga/Schulz* in Ehricke/Ekkenga/Oechsler, § 35 Rn. 44.

[112] Vgl. *Hasselbach* in KK-WpÜG, § 35 Rn. 167.

[113] AllgM, vgl. nur *Hommelhoff/Witt* in Frankfurter Komm., § 35 Rn. 74; *Krause/Pötzsch* in Assmann/Pötzsch/Schneider, § 35 Rn. 184; *Ekkenga/Schulz* in Ehricke/Ekkenga/Oechsler, § 35 Rn. 54; *Hasselbach* in KK-WpÜG, § 35 Rn. 189; *Baums/Hecker* in Baums/Thoma, § 35 Rn. 150.

[114] Vgl. → Rn. 37.

57 **b) Suspendierung der Rechte aus den Aktien.** Weiterhin führt ein Verstoß gegen die Pflicht aus § 35 Abs. 1 nach § 59 dazu, dass die Rechte aus den Aktien, die dem Bieter, mit ihm gemeinsam handelnden Personen oder deren Tochterunternehmen gehören oder ihm, mit ihm gemeinsam handelnden Personen oder deren Tochterunternehmen gemäß § 30 Abs. 1 Satz 1 Nr. 1 zugerechnet werden, für die Zeit, für welche Pflichten nach § 35 Abs. 1 nicht erfüllt werden, nicht bestehen.[115] § 59 ist § 20 Abs. 7 AktG nachgebildet. Ist die Veröffentlichung **nicht vorsätzlich** unterlassen und nachgeholt worden, so bleiben dem Bieter jedoch die Ansprüche auf den Bilanzgewinn (§ 58 Abs. 4 AktG) und den anteiligen Liquidationserlös (§ 271 AktG) erhalten. Diese Sanktion soll besonders effektiv sein, da sie dem Bieter das nehme, was er durch den Aktienerwerb zu erlangen sucht: die Kontrolle über die Zielgesellschaft.[116] Tatsächlich ist die Sanktion jedoch kaum effektiv, da der Bieter die unterlassene Mitteilung jederzeit nachholen und damit wieder die Stimmrechte ausüben kann. Die Drohung hiermit dürfte ausreichen, um Einfluss auf den Vorstand der Zielgesellschaft im Sinne einer Kontrolle zu nehmen. Die Kontrolle wird im Übrigen von einem Großaktionär üblicherweise auch außerhalb der Hauptversammlung ausgeübt, so dass der Verlust des Stimmrechts keine wirkungsvolle Sanktion darstellt. Im Übrigen müsste dann konsequenterweise bei unterlassener Abgabe eines Pflichtangebots die Pflicht zur Abgabe eines Pflichtangebots gerade enden, da der Bieter mangels Stimmrechten eben keine Kontrolle ausüben könnte. Damit könnte jeder Bieter durch die bloße Nichtabgabe eines Pflichtangebots diese Pflicht umgehen; dieses Ergebnis kann nicht gewollt sein.

58 **c) Verzinsungspflicht.** Schließlich schuldet der Bieter den Aktionären der Zielgesellschaft Zinsen nach § 38.[117] Trifft die Pflicht aus § 35 Abs. 1 sowohl Tochter- als auch Mutterunternehmen[118] und wird sie von keinem von beiden erfüllt, haften sie für die Zinsen als Gesamtschuldner (§ 421 BGB).

59 **d) Maßgeblicher Preis.** Wird die Kontrollerlangung verspätet mitgeteilt, entstehen Probleme bei der Berechnung der Mindestgegenleistung nach §§ 4, 5 WpÜG-AngV. Dies liegt daran, dass die Mindestgegenleistung an Vorerwerbe von Aktien der Zielgesellschaft in den letzten 6 Monaten bzw. den durchschnittlichen Börsenkurs der Aktien der Zielgesellschaft während der letzten drei Monate vor der Veröffentlichung nach § 35 Abs. 1 anknüpft. Es ist nicht abschließend geklärt was in solchen Fällen gelten soll. Das Postbank-Urteil[119] hat jedoch insoweit Klarheit gebracht, als dass den das Angebot annehmenden Minderheitsaktionären ein Anspruch auf eine Gegenleistung zusteht, die mindestens den gesetzlichen Bestimmungen entspricht, auch wenn das Angebot des Bieters dahinter zurück bleibt.[120] Weiterhin sollen sich die Referenzzeiträume der §§ 4, 5 WpÜG-AngV entsprechend „verlängern", wenn der Bieter sein

---

[115] Ausführlich *Siemers,* S. 189 ff.

[116] Vgl. *Benner-Heinacher* DB 1997, 2521, 2523.

[117] Vgl. → § 38 Rn. 2.

[118] Vgl. → Rn. 36.

[119] BGH NZG 2014, 985 ff.

[120] BGH NZG 2014, 985, 986 f.; insoweit zweifelnd *Löhdefink/Jaspers* ZIP 2014, 2261, 2266.

Angebot erst nach der gesetzlichen Frist des § 5 Abs. 2 veröffentlicht hat und eine Anknüpfung der Referenzzeiträume an den tatsächlichen Zeitpunkt der Kontrollerlangung zu einer höheren Gegenleistung geführt hätte.[121]

Unklar ist was damit gemeint ist. Soll etwa der Referenzzeitraum des § 5 Abs. 1 WpÜG-AngV bei einer um 6 Monate verspäteten Veröffentlichung des Pflichtangebots dann 9 Monate betragen? Und was wenn dabei eine geringere Gegenleistung herauskommt? Letztere Frage dürfte leichter als erstere zu beantworten sein. Es kann nicht sein, dass der Bieter aus der verspäteten Abgabe des Pflichtangebots Vorteile zieht.[122] Dem Bieter muss es daher verwehrt sein, die Zahlung der in seinem Angebot ausgelobten Gegenleistung mit der Begründung zu verweigern, dass die gesetzliche Mindestgegenleistung geringer ist, er nicht mehr als dieselbe zahlen wollte und er irrtümlich eine höhere ausgelobt hatte, weil er die Referenzzeiträume der §§ 4, 5 WpÜG-AngV zu spät angeknüpft hat. Vielmehr wird man dem das Angebot annehmenden Minderheitsaktionär ein Wahlrecht einräumen müssen, wobei er entweder 60

- die in dem Angebot ausgelobte Gegenleistung oder
- die nach den dem Angebot zugrunde liegenden Referenzzeiträumen berechnete Mindest-Gegenleistung oder
- die nach den gesetzlichen Referenzzeiträumen berechnete Mindest-Gegenleistung

verlangen kann. Die Referenzzeiträume „verlängern" sich daher auch nicht,[123] sondern der das Angebot annehmende Minderheitsaktionär hat ein Wahlrecht, ob er auf die gesetzlichen oder die dem Angebot zugrunde liegenden Referenzzeiträume bei der Berechnung der Mindest-Gegenleistung abstellen will,[124]was allerdings nur dann gelten kann, wenn die Angebotsunterlage bereits veröffentlicht ist. Ansonsten könnte der Bieter mit dem Maß der Verzogerung der Erfüllung seiner gesetzlichen Pflichten doch wieder die dem sein Angebot annehmenden Minderheitsaktionär geschuldete Gegenleistung beeinflussen. Dabei ist es ohne Belang, ob der Bieter sein Angebot als freiwilliges Übernahmeangebot oder als Pflichtangebot bezeichnet, weil die Mindest-Gegenleistung sich in beiden Fällen nach denselben Vorschriften richtet. Zeitraume zwischen den gesetzlichen Referenzzeiträumen und den dem Angebot zugrunde liegenden sind dagegen nicht zu berücksichtigen, da der das Angebot annehmende Minderheitsaktionär auch nicht besser stehen soll, als es nach dem Gesetz bzw. dem Angebot vorgesehen ist.[125]

4. Durchsetzung der Pflichten

a) Hoheitlicher Zwang. Umstritten ist, ob die BaFin die Pflichten aus § 35 zwangsweise durchsetzen darf. Dies wird teilweise unter Verweis auf § 4 61

---

[121] BGH NZG 2014, 985, 988; aA *Tyrolt/Cascante,* S. 138f.

[122] So auch BGH, NZG 2014, 985, 988; *Witt* DStR 2014, 2132, 2135.

[123] So auch *Löhdefink/Jaspers* ZIP 2014, 2261, 2267; *Scheibenpflug/Tönningsen* NZG 2015, 140, 142; *Verse,* Der Konzern 2015, 1, 5; vgl. auch *Krause* AG 2014, 833, 836f.

[124] AA (es kommt nur auf den gesetzlichen Referenzzeitraum an) *Scheibenpflug/Tönningsen* NZG 2015, 140, 142.

[125] Verse, Der Konzern 2015, 1, 6; *Löhdefink/Jaspers* ZIP 2014, 2261, 2267.

Abs. 1 Satz 3 bejaht, wonach die BaFin **Missständen** entgegenwirken darf, **welche** die ordnungsgemäße Durchführung des Verfahrens beeinträchtigen oder **erhebliche Nachteile für den Wertpapiermarkt bewirken** können, wobei ein schwererer Missstand als ein unterlassenes Pflichtangebot schwer vorstellbar ist.[126] Es dürften daher wenig Zweifel daran bestehen, dass die BaFin wie etwa bei der Erfüllung gesetzlicher Mitteilungspflichten die Durchsetzung der Pflichten sowohl aus Abs. 1 als auch aus Abs. 2 im Wege gesetzeswiederholender Verfügungen zwangsweise durchsetzen kann.[127]

62 **b) Subjektiv öffentliches Recht der Minderheitsaktionäre?** Ein Recht auf Tätigwerden der BaFin haben die Minderheitsaktionäre nicht, da das Gesetz nur dem öffentlichen Interesse dient und keine subjektiven Rechte der Aktionäre begründet (arg § 4 Abs. 2).[128] Das WpÜG hat mithin keine drittschützende Wirkung für die Aktionäre der Zielgesellschaft.[129]

63 **c) Zivilrechtliche Erfüllungs- und Schadenersatzansprüche der Minderheitsaktionäre?** Nach der Entscheidung des Bundesgerichtshofs vom 11.6.2013[130] steht für die Rechtspraxis fest, dass die Minderheitsaktionäre gegen den aus § 35 Verpflichteten **keinen Anspruch auf Zahlung einer Gegenleistung** für ihre Aktien haben, wenn dieser es versäumt, ein Pflichtangebot abzugeben. Ein zivilrechtlicher Erfüllungsanspruch auf Abgabe eines Pflichtangebots der Aktionäre wurde ohnehin nur vereinzelt angenommen.[131] Dieser wurde überwiegend auf die Verzinsungspflicht von § 38 gestützt, der schließlich ein Hauptanspruch zugrunde liegen müsse. Ein dem entsprechender Anspruch auf Abnahme der von einem Minderheitsaktionär gehaltenen

---

[126] Zum Streitstand *Hommelhoff/Witt* in Frankfurter Komm., § 35 Rn. 113; *Krause/Pötzsch* in Assmann/Pötzsch/Schneider, § 35 Rn. 248; *Hasselbach* in KK-WpÜG, § 35 Rn. 260f.; *Ekkenga/Schulz* in Ehricke/Ekkenga/Oechsler, § 35 Rn. 73; *Steinmeyer* in Steinmeyer, § 35 Rn. 114ff.; *Seibt* in Henze/Hoffmann-Becking, RWS-Forum Gesellschaftsrecht 2003, 337, 366; *Ihrig* ZHR 167 (2003), 315, 348f.; *Schneider* FS Kümpel (2003), 477, 482; *Zschocke/Berresheim* BKR 2004, 301, 306; *Simon* NZG 2005, 541, 544; *Cahn* ZHR 167 (2003), 262, 265ff.; aA *Baums/Hecker,* in: *Baums/Thoma,* § 35 Rn. 295; *Schlitt/Ries* in MüKoAktG, § 35 WpÜG Rn. 242; *Habersack* ZHR 166 (2002), 619, 621f.; *Hecker* ZBB 2004, 41; *Hopt/Mülbert/Kumpan* AG 2005, 109, 113; offen gelassen BGH, NZG 2013, 939, 941 .

[127] So auch *Bunz* ZIP 2014, 454f.; *Heusel* AG 2014, 232, 237.

[128] OLG Frankfurt, AG 2015, 125, 126, NZG 2012, 302, 303; ZIP 2003, 1251, 1252f.; NZG 2003, 729, 730f.; ZIP 2003, 1392, 1393; ZIP 2003, 2206, 2207f.; *Hommelhoff/Witt* in Frankfurter Komm., § 35 Rn. 114; *Krause/Pötzsch* in Assmann/Pötzsch/Schneider, § 35 Rn. 249; *Schlitt/Ries* in MüKoAktG, § 35 WpÜG Rn. 243; *Baums/Hecker* in Baums/Thoma, § 35 Rn. 296; *Steinmeyer* in Steinmeyer, § 35 Rn. 116; *Heusel* AG 2014, 232, 237; *Hoffmann-Becking* in Liber amicorum Erichsen, 2004, 47, 57; *Ihrig* ZHR 167 (2003), 315, 349; *Lenz* NJW 2003, 2073, 2075; *Schnorbus* WM 2003, 657, 659f.

[129] OLG Frankfurt, AG 2015, 125, 126.

[130] BGH NZG 2013, 939ff; bestätigt in BGH NZG 2014, 985, 986; zustimmend *Merkner/Sustmann* NZG 2013, 1087, 1088f, so auch schon OLG Köln, Beck RS 10385.

[131] So *Ihrig* ZHR 167 (2003), 315, 347f.; *Seibt* ZIP 2004, 1829, 1835; *Seibt* ZIP 2003, 1865, 1876; vgl. *Ekkenga/Hofschroer* DStR 2002, 768, 777; *Wagner* NZG 2003, 718, 719.

Aktien besteht indes nicht und mithin auch kein Anspruch auf Zahlung einer Gegenleistung. Es stellt sich insoweit bereits die Frage, welche Gegenleistung geschuldet wäre. Auch knüpft § 38 die Verzinsungspflicht gerade nicht an die Entstehung eines zivilrechtlichen Abnahmeanspruches, sondern an einen Verstoß gegen die kapitalmarktrechtlichen Vorschriften des § 35, die ausschließlich im öffentlichen Interesse bestehen[132] und begründet daher einen eigenständigen Zahlungsanspruch des Minderheitsaktionärs.[133]

Hat der Bieter dagegen ein Pflichtangebot abgegeben, so hat der dies annehmende Minderheitsaktionär nach der Rechtsprechung des BGH auch einen **Anspruch auf eine angemessene Gegenleistung** und ist nicht auf die im Angebot ausgelobte beschränkt.[134] 64

§ 35 ist auch nicht **Schutzgesetz im Sinne von § 823 Abs. 2 BGB.**[135] 65
Das Gesetz dient dem öffentlichen Interesse an der Funktionsfähigkeit des Kapitalmarktes und dessen Wettbewerbsfähigkeit. Ansprüche der Aktionäre ergeben sich als bloße Rechtsreflexe. Ein Verstoß gegen § 35 kann daher allenfalls dann Schadenersatzansprüche der einzelnen Minderheitsaktionäre begründen, wenn gleichzeitig die Voraussetzungen des **§ 826 BGB** erfüllt sind.[136] Dies wird allerdings nur selten der Fall sein.

5. Beteiligte

Beteiligte des Verfahrens sind die BaFin und der Bieter. Umstritten ist, ob 66
auch die Zielgesellschaft und deren Aktionäre an dem Verfahren zu beteiligen sind. Voraussetzung hierfür wäre nach § 13 Abs. 1 Nr. 4 iVm Abs. 2 Satz 2 VwVfG, dass das Verfahren nach § 36 eine rechtsgestaltende Wirkung für diese hätte. Dies wiederum setzt die Begründung, Veränderung oder Aufhebung eines subjektiven Rechts voraus, welche jedoch mangels subjektiv-öffentlicher Rechte nicht gegeben sind. Ein Recht auf Beiladung scheidet daher aus.[137]

6. Altfälle

Eine Veröffentlichungspflicht nach Abs. 1 wurde nur ausgelöst, wenn die 67
Erlangung der Kontrolle nach Inkrafttreten des Gesetzes (1.1.2002) erfolgte.

---

[132] Im Ergebnis ebenso *Habersack* ZHR 166 (2002), 619, 621 f. *Hecker* ZBB 2004, *Krause* WM 2003, 657, 663;

[133] BGH NZG 2013, 939, 940; OLG Köln BeckRS 10385; zustimmend *Heusel* AG 2014, 232, 238; zuvor schon BGH WM 2006, 2080, jedoch Einzelheiten offen lassend.

[134] BGH NZG 2014, 985, 986 f.; *Verse* Der Konzern 2015, 1 f.; *Witt* DStR 2014, 2132 f.; kritisch *Krause* AG 2014, 833, 835.

[135] BGH NZG 2013, 939, 942; BGH NZG 2014, 985, 986; OLG Frankfurt ZIP 2003, 1251, 1252 f.; ZIP 2003, 1392, 1393; ZIP 2003, 2206, 2207 f.; *Baums/Hecker* in Baums/Thoma, § 35 Rn. 297 ff.; *Ekkenga/Schulz* in Ehricke/Ekkenga/Oechsler, § 35 Rn. 75; *Hecker* ZBB 2004, 41, 51; *Heusel* AG 2014, 232, 238 f.; aA *Hasselbach* in KK-WpÜG, § 35 Rn. 278 f.; vgl. auch *Krause* NJW 2002, 705, 714; anders *Mülbert/Schneider* WM 2003, 2301, 2308, die einen verbandsrechtlichen Abfindungsanspruch annehmen.

[136] *Derst,* S. 137 f.; *Heusel* AG 2014, 232, 239 f.

[137] OLG Frankfurt AG 2015, 125.

Sogenannte „Altfälle“ wurden durch das Gesetz nicht erfasst. Wer also bei Inkrafttreten des Gesetzes bereits die Kontrolle über eine Zielgesellschaft im Sinne von § 29 Abs. 2 erlangt hatte, war durch das Inkrafttreten des Gesetzes nicht zur Veröffentlichung der Kontrolle verpflichtet. Das Gleiche galt für das in Abs. 2 statuierte Gebot zur Abgabe eines Pflichtangebots. Dies folgte daraus, dass der Bieter die Kontrolle nach Inkrafttreten des Gesetzes nicht „erlangt“ haben konnte. Eine andere Auslegung hätte zu einer verfassungswidrigen Rückwirkung des Gesetzes geführt.[138] Dies gilt auch für den Fall, dass das WpÜG erstmals auf eine Zielgesellschaft etwa auf Grund eines Börsenganges anwendbar war, wenn dies – wie wohl regelmäßig – nicht mit einem Kontrollwechsel einherging.[139]

68 Gleiches muss für den Fall gelten, dass ein Bieter bereits die Kontrolle über eine Zielgesellschaft erlangt hatte, später aber seine Beteiligung weiter aufstockt. Die **Aufstockung** als solche stellt ebenfalls keine Erlangung von Kontrolle dar.[140]

IV. Pflicht zur Abgabe eines Angebots

69 Nach Veröffentlichung der Kontrollerlangung ist das Pflichtangebot mit Veröffentlichung der von der BaFin gebilligten Angebotsunterlage durchzuführen. Die Frage, ob die Pflicht zur Abgabe eines Angebots auch besteht, wenn schon die Pflicht zur Veröffentlichung der Kontrollerlangung nicht erfüllt wurde, muss nicht beantwortet werden, da in jedem Fall die gleichen Rechtsfolgen ausgelöst werden (vgl. → Rn. 54ff. und → Rn. 70). Wie bei der Pflicht zur Veröffentlichung der Kontrollerlangung gilt das bei mehreren Verpflichteten die Erfüllung der Angebotspflicht durch einen Verpflichteten den anderen in der Regel zugerechnet wird (Absorptionstheorie).

1. Angebot

70 **a) Inhalt.** Der Inhalt des Angebots hat nach § 39 den Vorschriften über das Übernahmeangebot zu folgen, also insbesondere § 11. Dieser findet vollen Umfangs auf das Pflichtangebot Anwendung. Es kann daher auch auf die dortige Kommentierung verwiesen werden.

71 **b) Frist.** Der Bieter hat die **Angebotsunterlage** innerhalb von vier Wochen nach der Veröffentlichung nach § 35 Abs. 1 der BaFin zu übermitteln. Dabei ist nicht auf den Zeitpunkt der tatsächlichen Veröffentlichung,[141] son-

---

[138] BR-Drucks. 574/01, 147; vgl. *Altmeppen* ZIP 2001, 1073, 1081.

[139] AllgM, vgl. nur *Baums/Hecker* in Baums/Thoma, § 35 Rn. 20, 29; *Hasselbach* in KK-WpÜG, § 35 Rn. 102; *Schlitt/Ries* in MüKoAktG, § 35 WpÜG Rn. 95; *Ekkenga/Schulz* in Ehricke/Ekkenga/Oechsler, § 35 Rn. 27; *Hommelhoff/Witt* in Frankfurter Komm., § 35 Rn. 49; *Krause/Pötzsch* in Assmann/Pötzsch/Schneider, § 35 Rn. 76; *Mülbert* FS T. Raiser (2005), 273, 274.

[140] AllgM, vgl. nur *Baums/Hecker* in Baums/Thoma, § 35 Rn. 27ff.; *Hommelhoff/Witt* in Frankfurter Komm., § 35 Rn. 49; *Schlitt/Ries* in MüKoAktG, § 35 WpÜG Rn. 95; *Krause/Pötzsch* in Assmann/Pötzsch/Schneider, § 35 Rn. 75; *Steinmeyer* in Steinmeyer, § 35 Rn. 29; *Letzel* NZG 2001, 260, 261.

[141] *Hommelhoff/Witt* in Frankfurter Komm., § 35 Rn. 85.

dern auf den Zeitpunkt der pflichtgemäßen Veröffentlichung abzustellen.[142] Die Angebotspflicht besteht nicht, soweit die Kontrollerlangung nur irrtümlich mitgeteilt wurde.[143] Die gegenteilige Auffassung würde zu einer verfassungsrechtlich nicht zu rechtfertigenden Belastung des Bieters führen. Bei der Berechnung der Frist ist § 14 Abs. 1 Satz 2 anwendbar und die entsprechende Mitteilung der BaFin maßgeblich. Dies folgt *e contrario* aus § 39, der lediglich die Geltung von § 14 Abs. 1 Satz 1 ausnimmt.

c) Prüfung durch die BaFin. Die BaFin prüft sodann die Angebotsunterlage auf **Vollständigkeit und offensichtliche Gesetzesverstöße.** Insoweit gelten die Vorschriften des § 15 entsprechend. Auf die dortige Kommentierung kann verwiesen werden. 72

d) Fortgang des Verfahrens. Aufgrund der Verweisung auf § 14 Abs. 2 ist die Angebotsunterlage entsprechend den Vorschriften des § 14 Abs. 3 Satz 1 unverzüglich zu veröffentlichen, wenn die BaFin die Veröffentlichung gestattet hat oder wenn seit dem Eingang der Angebotsunterlage zehn Werktage verstrichen sind, ohne dass die BaFin das Angebot untersagt hat. Werktage sind nach § 193 BGB alle Tage außer Sonntagen, Sonnabenden und gesetzlichen Feiertagen. Bei den gesetzlichen Feiertagen kann es nur um solche gehen, die am Sitz der BaFin gelten. Vor der Veröffentlichung nach § 14 Abs. 3 Satz 1 darf die Angebotsunterlage nicht bekannt gegeben werden. 73

Fraglich ist, ob § 14 Abs. 2 Satz 3 auch auf Pflichtangebote Anwendung findet. Hiergegen spricht, dass die detaillierten Verweisungen auf die Vorschriften von § 14 Abs. 2 in § 35 Abs. 2 den Satz 3 des § 14 Abs. 2 nicht erwähnen. Dafür spricht jedoch, dass über § 39 der § 14 grundsätzlich auch auf Pflichtangebote Anwendung findet und nur § 14 Abs. 1 Satz 1 hiervon ausdrücklich ausgenommen ist. § 14 Abs. 2 Satz 3 ermöglicht der BaFin die Frist zur Prüfung und Billigung der Veröffentlichung der Angebotsunterlage um bis zu fünf Tage zu verlängern, wenn die Angebotsunterlage nicht vollständig ist oder sonstigen Vorschriften des WpÜG oder einer auf seiner Grundlage erlassenen Rechtsverordnung nicht entspricht. Da dies auch im Fall eines Pflichtangebots der Fall sein kann und gerade in solchen Fällen alle Beteiligten auf die Abgabe eines gesetzmäßigen Angebots hinwirken müssen, ist kein Grund ersichtlich, warum diese Vorschrift nicht auch auf Pflichtangebote Anwendung finden soll. 74

2. Umfang

Das Angebot nach Abs. 2 hat sich grundsätzlich auf alle Aktien der Zielgesellschaft, unabhängig von der Gattung und Börsenzulassung, zu erstrecken. Dies folgt aus § 32, der nach § 39 auch im Rahmen des Pflichtangebots An- 75

[142] *Krause/Pötzsch* in Assmann/Pötzsch/Schneider, § 35 Rn. 203; *Ekkenga/Schulz* in Ehricke/Ekkenga/Oechsler, § 35 Rn. 58; *Schlitt/Ries* in MüKoAktG, § 35 WpÜG Rn. 180 Fn. 1; *Baums/Hecker* in Baums/Thoma, § 35 Rn. 214 ff.; wohl auch *Steinmeyer* in Steinmeyer, § 35 Rn. 104.

[143] So auch *Krause/Pötzsch* in Assmann/Pötzsch/Schneider, § 35 Rn. 190; *Baums/Hecker* in Baums/Thoma, § 35 Rn. 200; vgl. auch *Ekkenga/Schulz* in Ehricke/Ekkenga/Oechsler, § 35 Rn. 56; *Schlitt/Ries* in MüKoAktG, § 35 WpÜG Rn. 176.

wendung findet. Nach Satz 3 von Abs. 2 sind hiervon jedoch ausgenommen **eigene Aktien** der Zielgesellschaft, Aktien der Zielgesellschaft, die den abhängigen oder im Mehrheitsbesitz stehenden Unternehmen der Zielgesellschaft gehören und Aktien der Zielgesellschaft, die einem Dritten gehören, jedoch für Rechnung der Zielgesellschaft, eines abhängigen oder eines in Mehrheitsbesitz stehenden Unternehmens der Zielgesellschaft gehalten werden. Die Regelung ist § 71d Satz 2 AktG nachgebildet. Das Gleiche gilt – ohne dass das Gesetz dies ausdrücklich regelt – für diejenigen Aktien, die dem Bieter entweder selbst gehören, oder ihm nach § 30 zugerechnet werden.[144]

3. Rechtsfolgen bei Verletzung

76 Übermittelt der Bieter keine Angebotsunterlage, ist die Angebotsunterlage unvollständig oder enthält sie offensichtliche Gesetzesverstöße, wird das Angebot nach § 15 Abs. 1 von der BaFin untersagt. In diesem Fall, wie auch in dem Fall, in dem der Bieter kein Angebot abgibt, obwohl die BaFin die Veröffentlichung der Angebotsunterlage freigegeben oder nicht binnen der Frist von § 14 Abs. 2 untersagt hat, verstößt der Bieter gegen die in § 35 Abs. 2 enthaltene Pflicht zur Abgabe eines Pflichtangebots. Die Rechtsfolgen entsprechen denjenigen bei einer Verletzung von Abs. 1.[145] Enthält die Angebotsunterlage dagegen Gesetzesverstöße, die nicht offensichtlich sind, wie zB eine (nicht offensichtlich) unangemessene Gegenleistung, so führt dies jedenfalls nicht zum Rechtsverlust nach § 59[146] und Zinsen nach § 38 sind auch nur auf den Differenzbetrag zu leisten.

V. Verhältnis zum Übernahmeangebot

77 Nach Abs. 3 bestehen die Pflichten aus § 35 Abs. 1 und 2 nicht, wenn der Bieter die Kontrolle über die Zielgesellschaft aufgrund eines Übernahmeangebots erlangt hat. In diesem Fall besteht nämlich kein Schutzbedürfnis des Minderheitsaktionärs. Er musste vielmehr von vornherein damit rechnen, dass der Bieter durch das Übernahmeangebot die Kontrolle über die Zielgesellschaft erlangt. Nimmt er das Übernahmeangebot nicht an, so hat er eine neue Anlageentscheidung getroffen und ist nicht in der spezifischen Situation eines Minderheitsaktionärs, der sich einem neuen Mehrheitsaktionär gegenüber sieht, der in das Kalkül seiner ursprünglichen Anlageentscheidung nicht einbezogen worden war. Das Gesetz stellt sicher, dass diese typisierte Interessenanalyse auch im Einzelfall zutrifft, in dem es sowohl für Übernahmeangebote als auch für Pflichtangebote grundsätzlich die Geltung derselben Vor-

---

[144] So auch *Noack/Zetzsche* in Schwark/Zimmer, KapitalmarktR, § 35 WpÜG Rn. 42f.; *Mülbert* ZIP 2001, 1221, 1223; aA *Steinmeyer* in Steinmeyer, § 35 Rn. 98; *v. Bülow* in KK-WpÜG, § 39 Rn. 33f.; *Baums/Hecker* in Baums/Thoma, § 35 Rn. 204; *Krause/Pötzsch* in Assmann/Pötzsch/Schneider, § 35 Rn. 227.

[145] Vgl. → Rn. 56ff.

[146] *Löhdefink/Jaspers* ZIP 2014, 2261, 2266; aA *Scheibenpflug/Tönningsen* BKR 2015, 140 144; *Siemers*, S. 192ff.

schriften anordnet (vgl. § 39). In der Gesetzesbegründung[147] wird darüber hinaus auf den unnötigen Zeit- und Kostenaufwand hingewiesen, der mit einem dem Übernahmeangebot folgendem Pflichtangebot verbunden wäre.

§ 35 Abs. 3 ist weit auszulegen. Die **Privilegierung des Übernahmeangebots** ist nämlich immer dann gerechtfertigt, wenn der Bieter in einem engen zeitlichen Zusammenhang mit einem Übernahmeangebot die Kontrolle über die Zielgesellschaft erlangt. Entgegen dem Wortlaut kommt es nicht darauf an, dass das Übernahmeangebot ursächlich für die Kontrollerlangung war.[148] Etwas anderes gilt nur dann, wenn die Kontrollerlangung vor Abgabe des Übernahmeangebots abgeschlossen ist. Dann ist kein Raum mehr für ein Übernahmeangebot, sondern nur noch für ein Pflichtangebot. Wird die Kontrolle über die Zielgesellschaft dagegen nach Abgabe des Übernahmeangebots, aber vor Ablauf der Annahmefrist außerhalb des Übernahmeangebots erlangt, besteht bei der gebotenen weiten Auslegung von § 35 Abs. 3 keine Pflicht zur Veröffentlichung der Kontrollerlangung und zur Abgabe eines Pflichtangebots.[149] Der Grund hierfür liegt darin, dass durch das Übernahmeangebot alle Minderheitsaktionäre die Möglichkeit hatten, ihre Anlage in der Zielgesellschaft zu überdenken und bei Nichtannahme des Übernahmeangebots sich bewusst zum Halten ihrer Anlage in der Zielgesellschaft bei Kontrolle des Bieters entschieden haben. Eine Benachteiligung der Minderheitsaktionäre gegenüber demjenigen, der dem Bieter die Kontrolle an der Zielgesellschaft außerhalb des Übernahmeangebots verschafft hat, ist in Bezug auf den Preis der Aktien durch die Regelungen von § 31 Abs. 3 Nr. 2, Abs. 4, Abs. 5, Abs. 6, §§ 23 und 16 Abs. 2 ausgeschlossen. 78

Ein Übernahmeangebot befreit den Bieter immer dann vom Pflichtangebot, wenn es von der BaFin nicht beanstandet wurde.[150] Weitergehende Anforderungen sind abzulehnen. Sie würden zu einer Rechtsunsicherheit führen, die der Funktionsfähigkeit des Kapitalmarkts entgegenstünde. Rechtsschutzlücken für die Minderheitsaktionäre ergeben sich dadurch nicht, da die Minderheitsaktionäre den Bieter auf die gesetzmäßige Gegenleistung verklagen können.[151] 79

Hinsichtlich des Verhältnisses von § 35 Abs. 3 zu § 16 wird auf die Kommentierung zu § 16 verwiesen. Die Praxis der BaFin im Hinblick auf problematische Fälle des § 35 Abs. 3 ist in einem Merkblatt derselben veröffentlicht (http://www.bafin.de/merkblaetter/070712.htm). 80

---

[147] BT-Drucks. 14/7034, 60.

[148] So auch OLG Düsseldorf, DB 2006, 2223, 2228; *Baums/Hecker* in Baums/Thoma, § 35 Rn. 286; *Ekkenga/Schulz* in Ehricke/Ekkenga/Oechsler, § 35 Rn. 67; *Hasselbach* in KK-WpÜG, § 35 Rn. 247 f.; *Hommelhoff/Witt* in Frankfurter Komm., § 35 Rn. 105; *Kossmann/Horz* NZG 2006, 481, 483 ff.; aA *Harbarth* ZIP 2002, 321, 327.

[149] So auch *Lenz/Behnke* BKR 2003, 43, 48; *Hasselbach* in KK-WpÜG, § 35 Rn. 248; *Schlitt/Ries* in MüKoAktG, § 35 WpÜG Rn. 254; *Harbarth* ZIP 2002, 321, 327; *Geibel/Süßmann* BKR 2002, 52; weitergehend *von Riegen* ZHR 167 (2003), 702, 719 f.; *Letzel* BKR 2002, 293, 301.

[150] *Tyrolt/Cascante,* S. 115.

[151] BGH NZG 2014, 985, 986 f.

81 Diese Privilegierung des Übernahmeangebots gegenüber dem Pflichtangebot wird nicht selten dazu führen, dass Bieter, die absehen können, dass sie ein Pflichtangebot abgeben werden müssen, dem zuvorkommen und ein Übernahmeangebot abgeben. Es wird wenig Bieter geben, die sich in das enge zeitliche Korsett des Pflichtangebots zwingen lassen, wenn sie dem durch die Abgabe eines Übernahmeangebots entrinnen können. Ein Bieter wird daher tunlichst vermeiden, die Schwelle des § 29 Abs. 2 außerhalb eines Übernahmeangebots zu überschreiten. Ist er nämlich ohnehin gewillt dies zu tun, wird er zuvor ein Übernahmeangebot abgeben. Er hat dann die Möglichkeit einem Zeitplan zu folgen, der seinen Bedürfnissen gerecht wird. In einem solchen Fall wird der Bieter das Übernahmeangebot oftmals davon abhängig machen, dass er spätestens mit Ablauf des Übernahmeangebots, aber nicht zwingend durch dieses, einen Mindestanteil am Grundkapital der Zielgesellschaft erreicht. Eine solche Bedingung wäre nach § 18 Abs. 1 zulässig.

82 Alternativ ist es selbstverständlich auch möglich, das Pflichtangebot so weit vorzubereiten, dass dessen enges zeitliches Korsett den Bieter nicht mehr spürbar einengt. Die Bedeutung der Regelungen des Pflichtangebots liegen für die Praxis nicht so sehr in der Veröffentlichung der Kontrollerlangung und der anschließenden Abgabe eines Pflichtangebots, sondern vielmehr in der mittelbaren oder unmittelbaren Befreiung von der Pflicht zur Veröffentlichung der Kontrollerlangung und der Abgabe eines Übernahmeangebots nach den §§ 36 und 37.[152]

§ 36 Nichtberücksichtigung von Stimmrechten

Die Bundesanstalt lässt auf schriftlichen Antrag zu, dass Stimmrechte aus Aktien der Zielgesellschaft bei der Berechnung des Stimmrechtsanteils unberücksichtigt bleiben, wenn die Aktien erlangt wurden durch

1. **Erbgang, Erbauseinandersetzung oder unentgeltliche Zuwendung unter Ehegatten, Lebenspartnern oder Verwandten in gerader Linie und bis zum dritten Grade oder durch Vermögensauseinandersetzung aus Anlass der Auflösung einer Ehe oder Lebenspartnerschaft,**
2. **Rechtsformwechsel oder**
3. **Umstrukturierungen innerhalb eines Konzerns.**

Schrifttum: S. § 35.

Übersicht

[152] Vgl. zu den Fallzahlen der BaFin deren Jahresberichte.

I. Allgemeines

Bei der Berechnung der nach § 35 Abs. 1 Satz 1 in Verbindung mit § 29 Abs. 2 maßgeblichen Schwelle von 30% der Stimmrechte sind grundsätzlich sämtliche Stimmrechte des Bieters und solcher Personen, die ihm nach § 30 zugerechnet werden, zu berücksichtigen. § 36 macht hiervon bestimmte Ausnahmen. In sämtlichen Fällen werden Sachverhalte erfasst, bei denen die Abgabe eines Pflichtangebots nicht sachgerecht erscheint.[1] Die Ausnahmen greifen indes nicht ohne weiteres ein, vielmehr sind sie von der BaFin zuzulassen. Die Entscheidung der BaFin ist eine **gebundene Entscheidung;** liegen die Voraussetzungen einer Ausnahme vor, hat die BaFin zuzulassen, dass die entsprechenden Aktien bei der Berechnung des Stimmrechtsanteils des Bieters unberücksichtigt bleiben. 1

Die Zulassung einer Ausnahme durch die BaFin kommt nach § 36 nur in Fällen in Betracht, in denen ein Erwerb nach § 36 in einem **unmittelbaren zeitlichen Zusammenhang** mit der Kontrollerlangung stand und **hinreichende Bedingung** derselben war. § 36 findet dagegen keine Anwendung, wenn notwendige Bedingung der Kontrollerlangung der Erwerb von Aktien durch einen nicht in § 36 geregelten Fall war oder wenn der Erwerb von Aktien nach § 36 nicht in einem unmittelbaren zeitlichen Zusammenhang zu dem Kontrollerwerb steht.[2] Diese **teleologische Reduktion** von § 36 ist geboten, weil anders der Zweck des Gesetzes, der Anlegerschutz, nicht erreicht werden kann und die Gründe für die in § 36 vorgesehenen Ausnahmen nicht eingreifen. Bei den unter Nr. 1 genannten Fällen handelt es sich nämlich um nicht wirtschaftlich motivierte Formen des unentgeltlichen Erwerbs und bei den Nrn. 2 und 3 um Fälle, in denen sich tatsächlich an den Kontrollverhältnissen der Zielgesellschaft nichts ändert, da die Ausübung der Stimmrechte letztlich von derselben Person bzw. denselben Personen bestimmt wird. Es besteht jedoch kein Grund, den unentgeltlichen Erwerber 2

[1] BT-Drucks. 14/7034, 60.

[2] So auch *Hommelhoff/Witt* in Frankfurter Komm., § 36 Rn. 31; *Hecker* in Baums/Thoma § 36 Rn. 16f.; *v. Bülow* in KK-WpÜG, § 36 Rn. 20; vgl. auch *Schlitt/Ries* in MüKoAktG, § 36 WpÜG Rn. 46; aA *Harbarth* ZIP 2002, 321, 330.

bzw. jene Person von der Pflicht zur Abgabe eines Pflichtangebots zu entbinden, wenn der eigentliche Vorgang der Kontrollerlangung auf einem Erwerb beruht, dessen Motivation wirtschaftlich ist bzw. es tatsächlich zu einem Wechsel der Kontrolle gekommen ist. In diesen Fällen sind die Stimmrechte, die für den Fall, dass durch sie allein die Erlangung der Kontrolle bedingt wäre, bei der Berechnung des Stimmrechtsanteils unberücksichtigt bleiben müssten, zu berücksichtigen.

II. Antragserfordernis

1. Adressat

3 Die Stimmrechte, die im Rahmen eines der in § 36 genannten Fälle erworben wurden, sind nur dann nicht zu berücksichtigen, wenn die BaFin dies zugelassen hat. Dies setzt einen Antrag des Bieters bei der BaFin voraus.

4 Die Nichtberücksichtigung von Stimmrechten wirkt nur gegenüber dem Antragsteller und nicht zugleich gegenüber einem Dritten, dem die Stimmrechte nach § 30 zugerechnet werden. Der Dritte muss gegebenenfalls selbst einen Antrag auf Nichtberücksichtigung von Stimmrechten stellen.[3] Gemeinsame Antragstellung und Stellvertretung sind dabei zur Verfahrenserleichterung zulässig.

2. Suspensiveffekt[4]

5 Solange der Antrag nach § 36 nicht beschieden ist, sind die Pflichten des Bieters nach § 35 suspendiert.[5] Dies bestimmt das Gesetz zwar nicht ausdrücklich, eine andere Auslegung würde aber die Bestimmung des § 36 teilweise leer laufen lassen[6] und wäre zudem verfassungsrechtlich bedenklich.[7] Würde man nämlich nicht von einem Suspensiveffekt ausgehen, müsste der Antragsteller trotz Anhängigkeit des Antrages seinen Pflichten aus § 35, von denen er sich durch den Antrag nach § 36 zu befreien sucht, nachkommen. Dies kann nicht gewollt sein. Der Suspensiveffekt wird durch die Entschei-

---

[3] So auch *Hecker* in Baums/Thoma, § 36 Rn. 118; *v. Bülow* in KK-WpÜG, § 36 Rn. 104; aA *Ekkenga* in Ehricke/Ekkenga/Oechsler, § 36, Rn. 14; *Schlitt/Ries* in MüKoAktG, § 36 WpÜG Rn. 73.

[4] Vgl. auch → § 37 Rn. 17ff.

[5] Dies kann nunmehr als hM bezeichnet werden, LG München ZIP 2004, 167, 168; *v. Bülow* in KK-WpÜG, § 36 Rn. 73ff.; *Hommelhoff/Witt* in Frankfurter Komm., § 36 Rn. 40f.; *v. Lingelsheim* in Heidel, § 36 WpÜG Rn. 2; *Barthel,* S. 264f.; *Bunz* ZIP 2014, 454, 455f.; *Cahn* ZHR 167 (2003), 262, 294f.; *Schnorbus* WM 2003, 657, 662, Fn. 144; ausführlich *Meyer/Lipsky* NZG 2009, 1092ff.; aA *Schneider/Rosengarten* in Assmann/Pötzsch/Schneider, § 36 Rn. 16; *Hecker* in Baums/Thoma, § 36 Rn. 82 Fn. 132; *Klepsch* in Steinmeyer, § 36 Rn. 4; *Ekkenga* in Ehricke/Ekkenga/Oechsler, § 36 Rn. 15; *Ekkenga/Schulz* in Ehricke/Ekkenga/Oechsler § 35 Rn. 45; *v. Bülow/Bücker* Der Konzern 2003, 185, 199f.; *Harbarth* ZIP 2002, 321, 328; *Wackerbarth/Kreße* NZG 2010, 418f.

[6] Dies verkennen *Wackerbarth/Kreße* NZG 2010, 418f.

[7] *Meyer/Lipsky* NZG 2009, 1092, 1095.

dung über den Antrag beendet. Wird dem Antrag stattgegeben, so bedarf es keines Suspensiveffekts mehr, wenn aufgrund der nach dem Bescheid der BaFin nicht zu berücksichtigenden Stimmrechten nicht mehr von einer Kontrollerlangung der Zielgesellschaft nach § 29 Abs. 2 auszugehen ist. Ist dies gleichwohl der Fall oder wird der Antrag abgewiesen, entfällt der Suspensiveffekt und die Pflichten aus § 35 zur Veröffentlichung der Kontrollerlangung und zur Abgabe eines Pflichtangebots leben wieder auf. Das Gleiche gilt, wenn der Antrag zurückgenommen wird.

Ein Suspensiveffekt tritt nicht ein, soweit der Antrag nach § 36 nach Ablauf der in § 35 vorgesehenen Fristen gestellt wird.[8] 6

Solange der Suspensiveffekt andauert, sind die Fristen des § 35 nicht versäumt, ihr Ablauf ist vielmehr gehemmt, so dass auch die Rechtsfolgen der §§ 38, 59 und 60 nicht eintreten können. Insbesondere die Zinspflicht nach § 38 greift nicht rückwirkend ein, wenn der Antrag nach § 36 abschlägig beschieden wurde. Vielmehr laufen sodann die Fristen nach § 35 weiter, und soweit der Bieter in deren Rahmen seinen Pflichten nach § 35 nachkommt, wird er nicht von den Rechtsfolgen der §§ 38, 59 und 60 getroffen und auch wenn er dies nicht tut, erst ab dem Zeitpunkt, in dem die Fristen nach § 35 abgelaufen sind.[9] Etwas anderes dürfte nur dann gelten, wenn der Antrag nach § 36 **rechtsmissbräuchlich** gestellt worden ist. 7

3. Form und Inhalt

Der Antrag ist schriftlich zu stellen. Dies wird man indes nicht als einen Verweis auf § 126 Abs. 1 BGB verstehen, sondern die **elektronische Form** (§ 126a BGB), aber auch die **Textform** (§ 126b BGB) ausreichen lassen (arg. § 45 Satz 2), solange der Antragsteller zu erkennen ist.[10] Im Übrigen sind keine Förmlichkeiten zu beachten. Der Inhalt des Antrages muss so gestaltet sein, dass die BaFin in die Lage versetzt wird, über den Antrag in der Sache zu entscheiden. 8

Eine weitergehende Pflicht zur Substantiierung des Antrages etwa durch Hinweis auf die einschlägige Nummer des § 36 oder das Beifügen von Unterlagen[11] besteht zwar nicht, der Antragsteller läuft aber Gefahr, dass der Antrag mangels solcher Hinweise oder Unterlagen abschlägig beschieden wird.[12] Allerdings muss die BaFin vor einer Ablehnung dann entsprechende Unterlagen anfordern. 9

Ist es der Sache nach möglich, einen Antrag nach § 36 in einen solchen nach **§ 37** umzudeuten, hat dies zu erfolgen.[13] 10

---

[8] So auch *v. Bülow* in KK-WpÜG, § 36 Rn. 74.

[9] So auch *Hommelhoff/Witt* in Frankfurter Komm., § 36 Rn. 41.

[10] Vgl. *Hecker* in Baums/Thoma, § 36 Rn. 76; *Schlitt/Ries* in MüKoAktG, § 36 WpÜG Rn. 49; *Ehricke* in Ehricke/Ekkenga/Oechsler, § 36 Rn. 5; *Schäfer* in KK-WpÜG, § 45 Rn. 20 ff.

[11] So aber *Hommelhoff/Witt* in Frankfurter Komm., § 36 Rn. 39.

[12] Vgl. *Schlitt/Ries* in MüKoAktG, § 36 WpÜG Rn. 49, 53, 54; *Hecker* in Baums/Thoma, § 36 Rn. 78.

[13] So auch *Schlitt/Ries* in MüKoAktG, § 36 WpÜG Rn. 69; *v. Bülow* in KK-WpÜG, § 36 Rn. 89; aA *Hecker* in Baums/Thoma, § 36 Rn. 100.

4. Frist

11 Eine Frist für einen Antrag nach § 36 sieht das Gesetz nicht vor. Wie bereits dargelegt, wird der Ablauf der Fristen nach § 35 durch einen Antrag nach § 36 jedoch nur dann suspendiert, wenn dieser Antrag vor Ablauf der in § 35 vorgesehenen Fristen gestellt wird. Das heißt, dass ein Antragssteller, der die Frist des § 35 Abs. 1 versäumt hat, vor Ablauf der Frist des § 35 Abs. 2 sich durch einen Antrag nach § 36 zwar nicht mehr die Pflicht zur Veröffentlichung der Kontrollerlangung, wohl aber die Pflicht zur Abgabe eines Angebots suspendieren kann. Die mit der stattgebenden Bescheidung des Antrags einhergehende mittelbare Befreiung von den Pflichten des § 35 kann daher auch nur erfolgen, soweit der Antrag vor Ablauf dieser Fristen bei der BaFin anhängig gemacht wurde.[14] Ansonsten könnte ein Bieter in Ruhe zuwarten, ob sein Pflichtversäumnis droht entdeckt zu werden, um gegebenenfalls einen Antrag nach § 36 zu stellen, der dann unmittelbar die Pflichten nach § 35 suspendieren würde. Etwas anderes sollte allerdings dann gelten, wenn der Bieter das Pflichtversäumnis nicht zu vertreten hat. Verfahrensmäßig ist dem dadurch Rechnung zu tragen, dass der verspätete Antrag nach § 36 mit einem Antrag auf Wiedereinsetzung gem. § 32 VwVfG verbunden wird.[15] Äußerungen der BaFin nach wird ein Antrag nach § 36 auch ohne einen Antrag nach § 32 VwVfG nach Ablauf der in § 35 vorgesehenen Pflichten, einem Teil des Schrifttums folgend, als zulässig angesehen.[16] Insbesondere in Konzernkonstellationen kann bei einer Übertragung von einer auf das andere abhängige Unternehmen ein Antrag nach § 36 übersehen werden, so dass die Auslegung der BaFin mit dem Fristverzicht in der Praxis wesentliche Bedeutung erlangt. In dem unwahrscheinlichen Fall, dass der Bieter bereits eine Angebotsunterlage für ein Pflichtangebot veröffentlicht hat, kann er jedoch nicht mehr den Antrag nach § 36 stellen.[17]

12 Analog § 8 Satz 2 WpÜG-AngV sollte die BaFin die Antragstellung vor Kontrollerlangung zulassen.[18] Dem stehen weder Wortlaut noch Zweck des § 36 entgegen,[19] gleichwohl wird in der Praxis der BaFin ein Antrag erst nach Kontrollerlangung von der BaFin beschieden.

---

[14] So auch *Hommelhoff/Witt* in Frankfurter Komm., § 36 Rn. 37 f.; *Schneider/Rosengarten* in § 36 Rn. 13; aA *Bunz* ZIP 2014, 454, 456.

[15] So auch *Hommelhoff/Witt* in Frankfurter Komm., § 36 Rn. 38; für § 37 *Bunz* ZIP 2014, 454, 457; aA *Hippeli/Schmiady* ZIP 2015, 705, 713.

[16] So auch *Hecker* in Baums/Thoma, § 36 Rn. 80; *Schlitt/Ries* in MüKoAktG, § 36 WpÜG Rn. 52; *Ekkenga* in Ehricke/Ekkenga/Oechsler, § 36 Rn. 6; *v. Bülow/Bücker,* Der Konzern 2003, 185, 199; *Bunz* ZIP 2014, 454, 456; vgl. *v. Bülow* in KK-WPÜG, § 36 Rn. 82.

[17] *Hecker* in Baums/Thoma, § 36 Rn. 80.

[18] So im Ergebnis auch *Hommelhoff/Witt* in Frankfurter Komm., § 36 Rn. 35 f.; *Hecker* in *Baums/Thoma,* § 36 Rn. 69 ff.; *Schlitt/Ries* in MüKoAktG, § 36 WpÜG Rn. 51; *Ekkenga* in Ehricke/Ekkenga/Oechsler, § 36 Rn. 9; *v. Bülow* in KK-WpÜG, § 36 Rn. 79 ff.; *Schneider/Rosengarten* in Assmann/Pötzsch/Schneider, § 36 Rn. 14; *Noack/Zetzsche* in Schwark/Zimmer, KapitalmarktR, § 36 WpÜG Rn. 18; *v. Bülow/Bücker,* Der Konzern 2003, 185, 199; *Fuhrmann/Oltmanns* NZG 2003, 17, 18.

[19] AA *Lenz/Linke* AG 2002, 361, 366; *Lenz/Behnke* BKR 2003, 43, 50.

III. Fälle

1. Erbe, Erbauseinandersetzung oder unentgeltlicher Erwerb unter Ehegatten, Lebenspartnern oder Verwandten

Nr. 1 erfasst zunächst erbrechtliche und familienrechtliche Sachverhalte. 13 Nach dem Willen des Gesetzgebers soll in den Fällen des Erbgangs, der Erbauseinandersetzung und der unentgeltlichen Zuwendung die Nachfolge bei Familienunternehmen ohne Pflichtangebot ermöglicht werden.[20] Der Gesetzgeber meint, dass in diesen Fällen die Pflicht zur Abgabe eines Pflichtangebots aufgrund der damit verbundenen Kosten häufig die Fortführung des Unternehmens wirtschaftlich unmöglich machte.[21] Die Privilegierung dieser Erwerbsform ist jedoch auf Personen beschränkt, die in einem besonderen familiären Näheverhältnis stehen. Dies sind Ehegatten, Lebenspartner und Verwandte in gerader Linie und bis zum dritten Grade.[22] Ist ein solches **familiäres Näheverhältnis** nicht gegeben, kommt eine Befreiung nach § 37 in Betracht. In diesen Fällen ist die Entscheidung der BaFin jedoch nicht wie bei § 36 eine gebundene, sondern sie steht im Ermessen derselben.

Die gesetzliche Begründung greift zwar zu kurz und ist als solche mit dem 14 Zweck des Anlegerschutzes nicht ohne weiteres in Einklang zu bringen. Die Regelung stellt aber gleichwohl keinen Fremdkörper im Rahmen des Gesetzes dar, da die in Nr. 1 erfassten erbrechtlichen und familienrechtlichen Sachverhalte typischerweise nicht wie die ein Pflichtangebot auslösende Kontrollerlangung auf wirtschaftlich motivierten Handlungen des Bieters fußen, sondern entweder auf unabwendbaren Schicksalsschlägen oder aber der Großzügigkeit von Personen, zu denen der Bieter in einem besonderen familiären Näheverhältnis steht. In diesen Fällen wird angenommen, dass die Kontrollerlangung als solche nicht zu einer Neubewertung der Anlage des Minderheitsaktionärs führen muss. Insbesondere kann in diesen Fällen nicht unterstellt werden, dass der Erwerber der Stimmrechte einen bestimmten Plan verfolgt, den er sogleich umsetzen wird und der zu einer Entwertung der Anlage des Minderheitsaktionärs führen könnte.

Es kommt nicht darauf an, ob der Rechtsvorgänger des Kontrollerwerbers zur 15 Abgabe eines Pflichtangebots verpflichtet gewesen war oder – etwa aufgrund der Privilegierung von Altfällen oder der Regelung des § 35 Abs. 3 – nicht.[23]

Soweit in einem Erbfall Aktien übertragen werden, die nicht zum Nachlass 16 gehören, scheidet eine Nichtberücksichtigung von Stimmrechten aus.[24]

Unentgeltlich ist auch eine Schenkung, soweit der Schenker sich den 17 Nießbrauch an den geschenkten Aktien vorbehält, da die Schenkung unentgeltlich bleibt.[25] Anders verhält es sich dagegen bei der vorweggenommenen

[20] BT-Drucks. 14/7034, 60.

[21] BT-Drucks. 14/7034, 60.

[22] Kritisch zur diesbezüglichen Grenzziehung *Hippeli/Schmiady* ZIP 2015, 705, 708.

[23] *Hommelhoff/Witt* in Frankfurter Komm., § 36 Rn. 10; *Ekkenga* in Ehricke/Ekkenga/Oechsler, § 36 Rn. 19.

[24] *Hommelhoff/Witt* in Frankfurter Komm., § 36 Rn. 13; *Schlitt/Ries* in MüKoAktG, § 36 WpÜG Rn. 15; *v. Bülow* in KK-WpÜG, § 36 Rn. 31.

[25] *Schlitt/Ries* in MüKoAktG, § 36 WpÜG Rn. 19.

Erbfolge, wenn eine Gegenleistung, etwa Alterspflege, erbracht wird.[26] In diesem Fall müsste die Befreiung nach § 37 beantragt werden.

2. Vermögensauseinandersetzung anlässlich der Auflösung einer Ehe oder Lebenspartnerschaft

18 Nr. 1 erfasst neben den vorgenannten Sachverhalten auch den Erwerb von Stimmrechten aufgrund einer Vermögensauseinandersetzung anlässlich der Auflösung einer Ehe oder Lebenspartnerschaft. Nach dem Willen des Gesetzgebers sollen hier auch Ehen und Lebenspartnerschaften erfasst werden, die nach ausländischem Recht aufgelöst werden.[27] Hinsichtlich des Zwecks dieser Regelung gilt das oben unter Rn. 2 Gesagte.

3. Rechtsformwechsel

19 Nr. 2 erfasst Fälle des Rechtformwechsels. Hierbei handelt es sich indes nicht um Fälle innerhalb des Anwendungsbereichs der §§ 190–304 UmwG, oder im Personengesellschaftsrecht, da beim Rechtsformwechsel kein Übertragungsvorgang stattfindet, weil der formwechselnde Rechtsträger seine Identität behält (vgl. § 190 Abs. 1 UmwG).[28] Die Regelung des § 36 Nr. 2 ist dadurch gerechtfertigt, dass an den Kontrollverhältnissen der Zielgesellschaft sich aufgrund eines Rechtsformwechsel eines Gesellschafters nichts ändert. Bei einem identitätswahrenden Rechtsformwechsel bedarf es daher mangels Kontrollwechsels keines Antrags nach § 36. Der Gesetzgeber könnte von einem weiten Begriff des Rechtsformwechsels ausgegangen sein, etwa bei Anwachsung des Vermögens einer GmbH & Co. KG bei der Komplementär-GmbH, wenn die Beteiligungsverhältnisse an der Komplementär-GmbH und der GmbH & Co. KG identisch sind.[29] In diesem Fall ändert sich an der Kontrolle des oder der dahinterstehenden Gesellschafter auch nichts und der Fall wäre eher nach Nr. 3 zu behandeln. Erlangt ein Gesellschafter aufgrund der Anwachsung hingegen erstmals die Kontrolle über die Zielgesellschaft, ist § 36 Nr. 2 nicht anwendbar,[30] weil ansonsten auf diesem Weg das Gesetz umgangen werden könnte. Auf Verschmelzungsvorgänge ist § 36 Nr. 2 jedenfalls nicht anwendbar, da es sich nicht um einen Rechtsformwechsel im Sinne dieser Vorschrift handelt.[31] Einen Anwendungsbereich mag Nr. 2 bei ausländischen Gestaltungen haben.

---

[26] So auch *Hommelhoff/Witt* in Frankfurter Komm., § 35 Rn. 14; aA *Ekkenga* in Ehricke/Ekkenga/Oechsler, § 36 Rn. 20.

[27] BT-Drucks. 14/7034, 60.

[28] AllgM *Hommelhoff/Witt* in Frankfurter Komm., § 36 Rn. 19ff.; *Hecker* in Baums/Thoma, § 36 Rn. 41ff.; *Schlitt/Ries* in MüKoAktG, § 36 WpÜG Rn. 28ff.; *Ekkenga* in Ehricke/Ekkenga/Oechsler, § 36 Rn. 22ff.; *Holzborn/Friedhoff* WM 2002, 948, 951; *Schneider/Rosengarten* in Assmann/Pötzsch/Schneider, § 36 Rn. 7; *v. Bülow* in KK-WpÜG, § 36 Rn. 38ff., *Heuber,* S. 134.

[29] So auch *Hommelhoff/Witt* in Frankfurter Komm., § 36 Rn. 20; *Ekkenga* in Ehricke/Ekkenga/Oechsler, § 36 Rn. 24; *v. Bülow* in KK-WpÜG, § 36 Rn. 41; *Schlitt/Ries* in MüKoAktG, § 36 WpÜG Rn. 29; *Holzborn/Blank* NZG 2002, 948, 949, Fn. 15.

[30] *v. Bülow* in KK-WpÜG, § 36 Rn. 42.

[31] AA *Weber-Rey/Schütz* AG 2001, 325ff.

4. Konzerninterne Umstrukturierung

Nr. 3 lässt Stimmrechtsanteile dann unberücksichtigt, wenn ihr Erwerb im Rahmen einer konzerninternen Umstrukturierung erfolgte. Der aktienrechtliche **Konzernbegriff** ist im Ausgangspunkt zugrunde zu legen.[32] Er ist jedoch insoweit zu modifizieren, als für eine Zurechnung der Maßstab des § 290 HGB ausreicht, auch wenn die weitergehenden Anforderungen der §§ 15ff. AktG nicht erfüllt sind.[33] Ansonsten würden sich Wertungswidersprüche zu der kapitalmarktrechtlichen Zurechnung nach § 30 Abs. 1 Nr. 1 iVm § 2 Abs. 6 ergeben. Entscheidend für die Auslegung dieser Vorschrift und mithin für die Erfassung von Umstrukturierungsmaßnahmen ist, dass die Kontrolle über die Stimmrechte letztlich die gleiche bleibt, also die indirekte Kontrolle der Konzernmutter bestehen bleibt. Da im Konzern von einer einheitlichen Willensbildung auszugehen ist, kann in solchen Fällen auch keine Neubewertung der Anlage des Minderheitsaktionärs der Zielgesellschaft erforderlich sein, da eben kein Kontrollwechsel eintritt, so etwa beim sogenannten „Umhängen" von Aktien der Zielgesellschaft auf ein (anderes) Konzernunternehmen.[34] De lege ferenda wird daher auch eine gesetzliche Freistellung der konzerninternen Umstrukturierung vom Pflichtangebot gefordert.[35] Die Beteiligung von Dritten an der konzerninternen Umstrukturierung bleibt für die Anwendung von § 36 Nr. 3 ohne Belang, solange die Kontrolle der Konzernobergesellschaft bestehen bleibt.[36] Fälle der konzerninternen Umstrukturierung machen empirisch den Großteil der Anträge nach § 36 aus.[37] Der von der BaFin für richtig gehaltene Konzernbegriff führt dazu, dass bei Übertragung von Aktien von einer natürlichen Person auf eine von dieser Person kontrollierte Gesellschaft kein Antrag nach § 36 möglich, sondern eine fristgebundene Befreiung nach § 37 erforderlich ist. Die enge Auslegung der BaFin führt zu dem weiteren unbefriedigenden Ergebnis, dass die BaFin die schwierige Abgrenzung vornehmen muss, wann eine natürliche Person andere unternehmerische Interessen verfolgt und daher als Unternehmen anzusehen ist. 20

[32] BT-Drucks. 14/7034, 60; *Klepsch* in Steinmeyer, § 36 Rn. 22; *Schneider/Rosengarten* in Assmann/Pötzsch/Schneider, § 36 Rn. 9; *Zinser* WM 2002, 1520; *Holzborn/Friedhoff* WM 2002, 948, 951; *Harbarth* ZIP 2002, 321, 330.

[33] *Schlitt/Ries* in MüKoAktG, § 36 WpÜG Rn. 36; *Schneider/Rosengarten* in Assmann/Pötzsch/Schneider, § 36 Rn. 9; *v. Bülow* in KK-WpÜG, § 36 Rn. 51ff.; vgl. auch *Hecker* in Baums/Thoma, § 36 Rn. 56ff.; vgl. auch de lege ferenda *Cascante/Tyrolt* AG 2012, 97, 112.

[34] Vgl. etwa *Hecker* in Baums/Thoma, § 36 Rn. 64; *Hommelhoff/Witt* in Frankfurter Komm., § 36 Rn. 25; *Schlitt/Ries* in MüKoAktG, § 36 WpÜG Rn. 39; *Ekkenga* in Ehricke/Ekkenga/Oechsler, § 36 Rn. 25f.; *Liebscher* ZIP 2002, 1005, 1016; *v. Bülow/Bücker* Der Konzern 2003, 185, 191ff., 196; *Seibt/Heiser* ZHR 165 (2001), 466, 492f.

[35] So etwa *v. Falkenhausen* ZHR 174 (2010), 293, 313.

[36] *Hecker* in Baums/Thoma, § 36 Rn. 54; *Schlitt/Ries* in MüKoAktG, § 36 WpÜG Rn. 40; *v. Bülow* in KK-WpÜG, § 36 Rn. 62; *v. Bülow/Bücker* Der Konzern 2003, 185, 195; *Schneider/Rosengarten* in Assmann/Pötzsch/Schneider, § 36 Rn. 11.

[37] Vgl nur BaFin, Jahresbericht 2008, S. 183.

IV. Verfahren

1. Beteiligte

21 Beteiligte des Verfahrens sind die BaFin und der Bieter. Umstritten ist, ob auch die Zielgesellschaft und deren Aktionäre an dem Verfahren zu beteiligen sind. Voraussetzung hierfür wäre nach § 13 Abs. 1 Nr. 4 iVm Abs. 2 Satz 2 VwVfG, dass das Verfahren nach § 36 eine rechtsgestaltende Wirkung für diese hätte. Dies wiederum setzt die Begründung, Veränderung oder Aufhebung eines subjektiven Rechts voraus, welche jedoch mangels subjektiv-öffentlicher Rechte nicht gegeben ist. Ein Recht auf Beiladung scheidet daher aus.[38] Es besteht mithin nur ein Anspruch auf ermessensfehlerfreie Entscheidung über die Hinzuziehung als Beteiligter gem. § 13 Abs. 2 Satz 1 VwVfG. Rechtsmittel von Zielgesellschaft oder Aktionären wären unzulässig.[39]

2. Bekanntmachung

22 Die BaFin ist nicht verpflichtet, die Tatsache einer Antragstellung bekannt zu machen oder die Aktionäre der Zielgesellschaft über den Verfahrensstand zu informieren.[40]

3. Nebenbestimmungen

23 Die Entscheidung über einen Antrag nach § 36 ist als gebundene Entscheidung grundsätzlich Nebenbestimmungen nicht zugänglich (§ 36 Abs. 1 VwVfG). In Ausnahmefällen sollen aufschiebende Bedingungen denkbar sein.[41]

---

[38] OLG Frankfurt ZIP 2003, 1251 ff.; ZIP 2003, 1392 ff.; ZIP 2003, 2206 ff.; ZIP 2003, 2254, 2255 f.;

[39] So auch BaFin, Widerspruchsbescheid, ZIP 2004, 223; OLG Frankfurt aM, ZIP 2003, 1392 ff.; *Holst* in Heidel, § 41 WpÜG Rn. 3; *Hecker* in Baums/Thoma, § 36 Rn. 108; *Ritz* in Baums/Thoma, § 50 Rn. 6 ff.; *Schnorbus* WM 2003, 657; 660; *Möller* ZHR 167 (2003), 301, 307 ff.; aA *Ekkenga* in Ehricke/Ekkenga/Oechsler, § 48 Rn. 13 ff.; *Pohlmann* in KK-WpÜG, § 48 Rn. 78; *Noack/Zetzsche* in Schwark/Zimmer, KapitalmarktR, § 4 WpÜG Rn. 13 f.; *Barthel,* S. 142 ff.; *v. Bülow/Bücker* Der Konzern 2003, 185, 201 f.; *Cahn* ZHR 167 (2003), 262, 295 ff.; *Ihrig* ZHR 167 (2003), 315, 343 f.; *Hecker* ZBB 2004, 41, 53 f.

[40] *Hommelhoff/Witt* in Frankfurter Komm., § 36 Rn. 44; *Schlitt/Ries* in MüKoAktG, § 36 WpÜG Rn. 55; aA unter der Annahme subjektiver Rechte *Cahn* ZHR 167 (2003), 262, 299; *Ihrig* ZHR 167 (2003), 315, 345; *Seibt* in RWS-Forum Gesellschaftsrecht 2003, 337, 368; *Seibt* ZIP 2003, 1865, 1876.

[41] Arg. § 36 Abs. 1, 2. Alt. VwVfG, vgl. *Hommelhoff/Witt* in Frankfurter Komm., § 36 Rn. 46; *Hecker* in Baums/Thoma § 36 Rn. 96; *Schlitt/Ries* in MüKoAktG, § 36 WpÜG Rn. 67; *v. Bülow* in KK-WpÜG, § 36 Rn. 87; *Ekkenga* in Ehricke/Ekkenga/Oechsler, § 36 Rn. 12; *Klepsch* in Steinmeyer, § 36 Rn. 7; *Noack/Zetzsche* in Schwark/Zimmer, KapitalmarktR, § 36 WpÜG Rn. 20.

4. Entscheidung

24 Stimmrechte, die gemäß § 36 unberücksichtigt bleiben, erhöhen nicht die Stimmrechtsanteile anderer Aktionäre.[42] Die Gegenmeinung[43] käme zu dem mit der Regelung des § 36 nicht angestrebten Ergebnis, dass ein nichtkontrollierender Aktionär allein aufgrund des Abzugs der den Gegenstand des Antrags nach § 36 bildenden Stimmrechte die Kontrolle über die Zielgesellschaft erwerben könnte und ein Pflichtangebot abzugeben hätte. Das kann nicht richtig sein.

25 Eine Aufstockung des Stimmrechtsanteils lässt die Nichtberücksichtigung der Stimmrechte unberührt, da sich an der Kontrolle iSv § 30 Abs. 2 nichts ändert. Anders verhält es sich, wenn zwischenzeitlich die Kontrollschwelle unterschritten wurde.

V. Rechtsschutz

26 Da dem Antrag nach § 36 ein Suspensiveffekt zukommt, besteht kein Bedürfnis für einstweiligen Rechtsschutz zugunsten des Antragstellers.[44] Die dem Antrag stattgebende Entscheidung hat rechtsgestaltende Wirkung und bindet die Zivilgerichte;[45] fraglich ist indes, ob dies auch zutrifft, wenn die BaFin einen Antrag mit dem Grund, es bestände keine Kontrolle und damit kein Anlass auf Nichtberücksichtigung von Stimmrechten, ablehnt. Im Übrigen wird auf die Kommentierung zu § 41 unten verwiesen.

§ 37 Befreiung von der Verpflichtung zur Veröffentlichung und zur Abgabe eines Angebots

(1) **Die Bundesanstalt kann auf schriftlichen Antrag den Bieter von den Verpflichtungen nach § 35 Abs. 1 Satz 1 und Abs. 2 Satz 1 befreien, sofern dies im Hinblick auf die Art der Erlangung, die mit der Erlangung der Kontrolle beabsichtigte Zielsetzung, ein nach der Erlangung der Kontrolle erfolgendes Unterschreiten der Kontrollschwelle, die Beteiligungsverhältnisse an der Zielgesellschaft oder die tatsächliche Möglichkeit zur Ausübung der Kontrolle unter Berücksichtigung der Interessen des Antragstellers und der Inhaber der Aktien der Zielgesellschaft gerechtfertigt erscheint.**

---

[42] So auch *Hommelhoff/Witt* in Frankfurter Komm., § 36 Rn. 55; *Hecker* in Baums/Thoma, § 36 Rn. 126; *Schlitt/Ries* in MüKoAktG, § 36 WpÜG Rn. 72.

[43] *Ekkenga* in Ehricke/Ekkenga/Oechsler, § 36 Rn. 13; *Harbarth* ZIP 2002, 321, 330.

[44] Ebenso *Schlitt/Ries* in MüKoAktG, § 36 WpÜG Rn. 82; *Schnorbus* WM 2003, 657, 662; vgl. auch *Aha* AG 2002, 160, 167; soweit nicht von einem Suspensiveffekt des Antrags ausgegangen wird, ist die Rechtslage kompliziert, vgl. 2003, 1977, 1979; AG 2004, 36f.; *Hecker* in Baums/Thoma, § 36 Rn. 85f., 105. *Hommelhoff/Witt* in

[45] So die ganz hM OLG Frankfurt, ZIP 2003, 1297, ZIP 2003, 2206; ZIP 2003, 2254; *Schlitt/Ries* in MüKoAktG, § 36 WpÜG Rn. 85, *Hecker* in *Baums/Thoma,* § 36 Rn. 127f.; *Krause/Pötzsch* in Assmann/Pötzsch/Schneider, § 36 Rn. 30 iVm § 37 Rn. 102; *Cahn* ZHR 167 (2003), 262, 294; *Ihrig* ZHR 167 (2003), 315, 341, Fn. 104; *von Riegen* Der Konzern 2003, 583, 591; *Wagner* NZG 2003, 718, 719.

(2) **Das Bundesministerium der Finanzen kann durch Rechtsverordnung, die nicht der Zustimmung des Bundesrates bedarf, nähere Bestimmungen über die Befreiung von den Verpflichtungen nach § 35 Abs. 1 Satz 1, Abs. 2 Satz 1 erlassen. Das Bundesministerium der Finanzen kann die Ermächtigung durch Rechtsverordnung auf die Bundesanstalt übertragen.**

§ 8 WpÜG-AngV Antragstellung

Der Antrag auf Befreiung von der Pflicht zur Veröffentlichung nach § 35 Abs. 1 Satz 1 des Wertpapiererwerbs- und Übernahmegesetzes und zur Abgabe eines Angebots nach § 35 Abs. 2 Satz 1 des Wertpapiererwerbs- und Übernahmegesetzes ist vom Bieter bei der Bundesanstalt zu stellen. Der Antrag kann vor Erlangung der Kontrolle über die Zielgesellschaft und innerhalb von sieben Kalendertagen nach dem Zeitpunkt gestellt werden, zu dem der Bieter Kenntnis davon hat oder nach den Umständen haben musste, dass er die Kontrolle über die Zielgesellschaft erlangt hat.

§ 9 WpÜG-AngV Befreiungstatbestände

Die Bundesanstalt kann insbesondere eine Befreiung von den in § 8 Satz 1 genannten Pflichten erteilen bei Erlangung der Kontrolle über die Zielgesellschaft

1. *durch Erbschaft oder im Zusammenhang mit einer Erbauseinandersetzung, sofern Erblasser und Bieter nicht verwandt im Sinne des § 36 Nr. 1 des Wertpapiererwerbs- und Übernahmegesetzes sind,*
2. *durch Schenkung, sofern Schenker und Bieter nicht verwandt im Sinne des § 36 Nr. 1 des Wertpapiererwerbs- und Übernahmegesetzes sind,*
3. *im Zusammenhang mit der Sanierung der Zielgesellschaft,*
4. *zum Zwecke der Forderungssicherung,*
5. *auf Grund einer Verringerung der Gesamtzahl der Stimmrechte an der Zielgesellschaft,*
6. *ohne dass dies vom Bieter beabsichtigt war, soweit die Schwelle des § 29 Abs. 2 des Wertpapiererwerbs- und Übernahmegesetzes nach der Antragstellung unverzüglich wieder unterschritten wird.*

Eine Befreiung kann ferner erteilt werden, wenn

1. *ein Dritter über einen höheren Anteil an Stimmrechten verfügt, die weder dem Bieter noch mit diesem gemeinsam handelnden Personen gemäß § 30 des Wertpapiererwerbs- und Übernahmegesetzes gleichstehen oder zuzurechnen sind,*
2. *auf Grund des in den zurückliegenden drei ordentlichen Hauptversammlungen vertretenen stimmberechtigten Kapitals nicht zu erwarten ist, dass der Bieter in der Hauptversammlung der Zielgesellschaft über mehr als 50 Prozent der vertretenen Stimmrechte verfügen wird,*
3. *auf Grund der Erlangung der Kontrolle über eine Gesellschaft mittelbar die Kontrolle an einer Zielgesellschaft im Sinne des § 2 Abs. 3 des Wertpapiererwerbs- und Übernahmegesetzes erlangt wurde und der Buchwert der Beteiligung der Gesellschaft an der Zielgesellschaft weniger als 20 Prozent des buchmäßigen Aktivvermögens der Gesellschaft beträgt.*

§ 10. WpÜG-AngV Antragsinhalt

Der Antrag muss folgende Angaben enthalten:

1. *Name oder Firma und Wohnsitz oder Sitz des Antragstellers,*
2. *Firma, Sitz und Rechtsform der Zielgesellschaft,*
3. *Anzahl der vom Bieter und den gemeinsam handelnden Personen bereits gehaltenen Aktien und Stimmrechte und die ihnen nach § 30 des Wertpapiererwerbs- und Übernahmegesetzes zuzurechnenden Stimmrechte,*

4. Tag, an dem die Schwelle des § 29 Abs. 2 des Wertpapiererwerbs- und Übernahmegesetzes überschritten wurde, und

5. die den Antrag begründenden Tatsachen.

§ 11 WpÜG-AngV Antragsunterlagen

Die zur Beurteilung und Bearbeitung des Antrags erforderlichen Unterlagen sind unverzüglich bei der Bundesanstalt einzureichen.

§ 12 WpÜG-AngV Prüfung der Vollständigkeit des Antrags

Die Bundesanstalt hat nach Eingang des Antrags und der Unterlagen zu prüfen, ob sie den Anforderungen der §§ 10 und 11 entsprechen. Sind der Antrag oder die Unterlagen nicht vollständig, so hat die Bundesanstalt den Antragsteller unverzüglich aufzufordern, den Antrag oder die Unterlagen innerhalb einer angemessenen Frist zu ergänzen. Wird der Aufforderung innerhalb der von der Bundesanstalt gesetzten Frist nicht entsprochen, gilt der Antrag als zurückgenommen.

Schrifttum: S. § 35.

Übersicht

I. Allgemeines

1 Die Pflicht zur Veröffentlichung der Kontrollerlangung und zur Abgabe eines Pflichtangebots knüpft aus Gründen der Rechtssicherheit an das formale Kriterium der Erlangung von mindestens 30% der Stimmrechte an der Zielgesellschaft an. Der Zweck des Anlegerschutzes verlangt indes nicht in jedem Fall, in dem dieses formale Kriterium erfüllt ist, dass ein Pflichtangebot abgegeben wird. Aus diesem Grunde sieht das Gesetz in § 36 eine gebundene Entscheidung und in § 37 eine Ermessensentscheidung der BaFin vor, durch die der Bieter (im Ergebnis) von der Pflicht zur Veröffentlichung der Kontrollerlangung und zur Abgabe eines Pflichtangebots befreit werden kann. Die in § 37 in Verbindung mit § 9 WpÜG-AngV geregelten Fälle geben der BaFin die Möglichkeit, in einzelnen Fällen nach ihrem Ermessen den Bieter auf Antrag von der Pflicht zur Kontrollveröffentlichung und Abgabe eines Pflichtangebots zu befreien. Die Formulierung „insbesondere" in § 9 WpÜG-AngV erlaubt über die dort genannten Fälle hinaus eine Befreiung, was verschiedentlich kritisiert und ein abschließender Katalog von gesetzlichen Befreiungstatbeständen gefordert wird,[1] obgleich damit weniger Flexiblität bestünde.

2 § 37 ist mit der Übernahmerichtlinie vereinbar; Art. 4 Abs. 2 lit e Satz 2 und Art. 4 Abs. 5 Unterabsatz 2 Übernahmerichtlinie lassen Befreiungen zu.[2]

3 Die Befreiung bezieht sich mithin sowohl auf die Pflicht zur Veröffentlichung der Kontrollerlangung, wie auf die Pflicht zur Abgabe eines Pflichtangebots. Ein Interesse an einer isolierten Befreiung von der Pflicht zur Veröffentlichung der Kontrollerlangung ist nicht ersichtlich, so dass ein entsprechender Antrag mangels Sachbescheidungsinteresses in der Regel abgewiesen werden müsste.[3] Eine isolierte Befreiung von der Pflicht zur Abgabe eines Pflichtangebots ist dagegen denkbar.

4 Die Regelung gewährt in berechtigten Fällen ein **notwendiges Korrektiv** zu der zwangsläufig typisierenden und weit geratenen Pflicht zur Abgabe eines Pflichtangebots nach Kontrollerlangung (§§ 29 Abs. 2, 35). Die in § 37 Abs. 1 vorgesehenen Kriterien (Art der Kontrollerlangung, Zielsetzung der Kontrollerlangung, nachfolgendes Unterschreiten der Kontrollschwelle, Beteiligungsverhältnisse der Zielgesellschaft, mangelnde Möglichkeit zur Ausübung der Kontrolle) werden weitgehend auch die Fallgruppen, welche der Sache nach eine Befreiung rechtfertigen, umfassen.

---

[1] Vgl. *Ekkenga* in Ehricke/Ekkenga/Oechsler, § 37 Rn. 1; *Ekkenga/Hofschroer* DStR 2002, 768; 772; *Diregger/Winner* WM 2002, 1583, 1584f.; *Habersack* ZHR 166 (2002), 619, 622f.; aA *Krause/Pötzsch/Seiler* in Assmann/Pötzsch/Schneider, § 37 Rn. 15; *Klepsch* in Steinmeyer, § 37 Rn. 2; vgl. auch *Schlitt/Ries* in MüKoAktG, § 37 WpÜG Rn. 16.

[2] *Krause/Pötzsch/Seiler* in Assmann/Pötzsch/Schneider, § 37 Rn. 11ff.; *Schlitt/Ries* in MüKoAktG, § 37 WpÜG Rn. 14; *Versteegen* in KK-WpÜG, § 37 Rn. 6ff.; auch der Gesetzgeber sah offensichtlich keinen Handlungsbedarf, vgl. BT-Drucks. 16/103, 13; aA *Hopt/Mülbert/Kumpan* AG 2005, 109, 113; kritisch auch *Hommelhoff/Witt* in Frankfurter Komm., § 37 Rn. 11.

[3] *Kopp/Ramsauer,* § 22 Rn. 77ff.

II. Antrag

Die Befreiung von der Pflicht zur Veröffentlichung des Kontrollerwerbs und zur Abgabe eines Pflichtangebots setzt einen Antrag voraus. 5

1. Adressat

Der Antrag ist an die BaFin zu richten (§ 8 Satz 1 WpÜG-AngV). 6

2. Form

Nach § 37 Abs. 1 ist der Antrag schriftlich zu stellen. In der amtlichen Begründung von § 8 WpÜG-AngV soll es dagegen ausreichen, wenn die Form des Antrags § 45 entspricht.[4] Im Ergebnis wird man daher sowohl die **elektronische Form** (§ 126a BGB), aber auch die **Textform** (§ 126b BGB) ausreichen lassen, wenn der Antragsteller zu erkennen ist.[5] 7

3. Frist

Nach § 8 Satz 2 WpÜG-AngV kann der Antrag bereits **vor Kontrollerlangung** im Sinne von § 29 Abs. 2 gestellt werden. Das Gesetz trägt damit der Tatsache Rechnung, dass für den Bieter in aller Regel die Kontrollerlangung vorhersehbar ist. Nicht selten stellen Bieter den Antrag nach § 37 daher vor Kontrollerlangung, um im Voraus zu wissen, ob bei Kontrollerlangung eine Pflicht zur Veröffentlichung der Kontrollerlangung und zur Abgabe eines Pflichtangebots gegeben ist. 8

Der Begriff **„Bieter"** in § 37 und §§ 8 ff. WpÜG AngV ist weit auszulegen. Er erfasst alle Personen, die von den Pflichten nach § 35 absehbar getroffen werden könnten. Eine von *Altmeppen*[6] erwogene engere Auslegung findet weder im Zweck noch in der Systematik des Gesetzes eine Stütze. 9

Der Antrag ist spätestens am siebten Kalendertag nach Kenntnis oder Kennenmüssen der Kontrollerlangung zu stellen (§ 8 Satz 2 WpÜG-AngV).[7] Soll der Antrag auch von der Pflicht zur Veröffentlichung der Kontrollerlangung suspendieren, muss er unverzüglich nach dem zuvor genannten Zeitpunkt gestellt werden, da ansonsten trotz späterer Befreiung das Erlangen der Kontrolle veröffentlicht werden muss.[8] 10

---

[4] BT-Drucks. 14/7034, 81.

[5] *Hommelhoff/Witt* in Frankfurter Komm., § 37 Rn. 59; *Krause/Pötzsch/Seiler* in Assmann/Pötzsch/Schneider, § 37 Rn. 91; *Hecker* in Baums/Thoma, § 37 Rn. 141 iVm § 36 Rn. 76; *Schlitt/Ries* in MüKoAktG, §§ 9–12 WpÜG-AngV Rn. 58; *Versteegen* in KK-WpÜG, Anh. § 37 § 8 AngV Rn. 3; *Klepsch* in Steinmeyer, § 37 Rn. 7.

[6] ZIP 2001, 1073, 1082.

[7] Zu den Einzelheiten vgl. auch → § 36 Rn. 11.

[8] Wie hier *Hecker* in Baums/Thoma, § 37 Rn. 143; *Versteegen* in KK-WpÜG, § 37 Rn. 86, Anh. § 37 § 8 AngVO Rn. 7; *Ekkenga* in Ehricke/Ekkenga/Oechsler, § 37 Rn. 5; *Wiesbrock/Zens* ZEV 2006, 137, 142; aA *Krause/Pötzsch/Seiler* in Assmann/Pötzsch/Schneider, § 8 WpÜG-AngV Rn. 15; vgl. auch *Schlitt/Ries* in MüKoAktG, §§ 9–12 WpÜG-AngV Rn. 62.

11 Der Suspensiveffekt kann nur ab Stellung des Antrages beginnen. Ansonsten wäre es denkbar, dass die Pflicht zur Veröffentlichung vor Stellung des Antrages bereits zu erfüllen ist. Der Kapitalmarkt wird in jedem Fall aufgrund der Mitteilungen nach § 21 WpHG auch über das Erreichen oder Überschreiten der Schwelle von 30% unterrichtet.

4. Inhalt

12 Der Inhalt des Antrags auf Befreiung von der Pflicht zur Veröffentlichung des Kontrollerwerbs und/oder zur Abgabe eines Pflichtangebots richtet sich nach § 10 WpÜG-AngV. Diese Vorschrift gibt den **Mindestinhalt eines Befreiungsantrages** vor. Der Bieter hat danach seinen Namen oder seine Firma sowie seinen Wohnsitz oder Sitz anzugeben. Wohnsitz oder Sitz des Antragstellers sind so detailliert anzugeben, dass eine Zustellung bei ihnen ohne weiteres möglich ist.

13 Weiterhin sind Firmensitz und Rechtsform der Zielgesellschaft anzugeben.

14 Hinsichtlich der Überprüfung der Frage des Kontrollerwerbs sind die vom Bieter und von den mit ihm gemeinsam handelnden Personen gehaltenen **Stimmrechte** und die ihnen nach § 30 zuzurechnenden Stimmrechte anzugeben. Es empfiehlt sich, diese nach den einzelnen Tatbeständen des § 30 aufzuteilen. Diese nach § 10 Nr. 3 WpÜG-AngV geforderten Angaben beziehen sich entgegen dem insoweit nicht ganz eindeutigen Wortlaut auch auf diejenigen Stimmrechte, die im Zusammenhang mit der Kontrollerlangung erworben wurden bzw. werden. Dabei müssen die Umstände und der Zeitpunkt des Erwerbs derjenigen Stimmrechte hervorgehoben werden, die zur Kontrollerlangung führen. Insbesondere ist der Tag anzugeben, an dem die Schwelle des § 29 Abs. 2 überschritten wurde (§ 10 Nr. 4 WpÜG-AngV).

15 Schließlich sind die den Antrag begründenden Tatsachen anzugeben. Insoweit dürfte es jedenfalls empfehlenswert sein, im Einzelnen auf die Befreiungstatbestände des § 9 WpÜG-AngV einzugehen und unter sie zu subsumieren.

5. Unterlagen

16 Die zur Beurteilung und Bearbeitung des Antrags erforderlichen Unterlagen sind nach § 11 WpÜG-AngV unverzüglich bei der BaFin einzureichen. Dies wird in der Regel heißen, dass sie zusammen mit dem Antrag einzureichen sind. Nur in Fällen, in denen dies nicht möglich ist, werden sie unverzüglich nachzureichen sein.[9]

---

[9] Vgl. *Schlitt/Ries* in MüKoAktG; §§ 9–12 WpÜG-AngV Rn. 70; aA *Hecker* in Baums/Thoma, § 37 Rn. 163.

III. Befreiung von der Angebotspflicht

1. Suspensiveffekt des Antrags[10]

Kontrovers diskutiert[11] wird die Frage, ob der Befreiungsantrag nach § 37 die Pflichten aus § 35 suspendiert. Die Frage hat insbesondere auch Auswirkungen darauf, ob die Stimmrechte während des Befreiungsverfahrens ausgeübt werden können oder nicht (§ 59). Die Begründung zu § 8 WpÜG-AngV, dass der Antrag auf Befreiung von der Pflicht zur Veröffentlichung der Kontrollerlangung und zur Abgabe eines Pflichtangebots deswegen nur binnen der in dieser Vorschrift vorgesehenen Frist abgegeben werden kann, weil dadurch „eine längere Ungewissheit hinsichtlich der Verpflichtung zur Abgabe des Angebots vermieden" wird und eine „rasche Klarstellung der Pflichten des Bieters ... geboten ist",[12] belegt nur die Notwendigkeit einer kurzen Antragsfrist. Die Parallelität der in § 8 S. 2 WpÜG-AngV geregelten Frist zu der in § 35 Abs. 1 Satz 1 indiziert dagegen, dass der Gesetzgeber von einem Suspensiveffekt ausgegangen ist.[13] 17

Zwar sehen weder das WpÜG noch die WpÜG-AngV ausdrücklich einen Suspensiveffekt vor, eine andere Auslegung würde aber die Befreiungsregelung des § 37 leer laufen lassen. Würde ein Suspensiveffekt verneint, müsste der Antragsteller etwa bei komplexen Sachverhalten, wie sie etwa im Rahmen der Befreiung wegen der Sanierung der Zielgesellschaft bestehen und daher eine lange Prüfungs- und Entscheidungsfrist der BaFin bewirken können, zwischenzeitlich das Pflichtangebot durchführen.[14] Entgegen etwa *Baums/Hecker*[15] gewährt die BaFin nämlich keine „vorläufige Bescheidung" und auch das Argument der Vorhersehbarkeit der Antragstellung von *Klepsch*[16] lässt etwa in Sanierungsfällen und bei Erbauseinandersetzungen die Lebenswirklichkeit außer Betracht. Verfehlt ist auch der Ansatz von *Wackerbarth/Kreße*[17], die aufgrund der Ermessenentscheidung im Rahmen des § 37, nach der eine Befreiung nicht stets zu erteilen ist, meinen, dass dies einen Suspensiveffekt ausschließt. Entscheidend ist vielmehr, dass die durch die Annahme eines Pflichtangebots entstehende Verpflichtung des Bieters zu erfullen ist, ohne dass der nachträgliche Wegfall der Angebotspflicht aufgrund einer Befreiung 18

[10] Vgl. auch → § 36 Rn. 5ff.

[11] Dafür: *Versteegen* in KK-WpÜG, § 37 Rn. 83ff.; *Hommelhoff/Witt* in Frankfurter Komm., § 37 Rn. 66; *Krause/Pötzsch/Seiler* in Assmann/Pötzsch/Schneider, § 37 Rn. 92f.; *Schlitt/Ries* in MüKoAktG, § 37 WpÜG Rn. 57ff.; *Lenz/Linke* AG 2002, 361, 366; *Schnorbus* WM 2003, 657, 662; *Cahn* ZHR 167 (2003), 262, 294 Fn. 103; *Barthel,* S. 266; *Bunz* ZIP 2014, 454, 457; ausführlich *Meyer/Lipsky* NZG 2009, 1092ff.; dagegen: *Hecker* in Baums/Thoma, § 37 Rn. 171; *Klepsch* in Steinmeyer, § 37 Rn. 8; *Ekkenga/Schulz* in Ehricke/Ekkenga/Oechsler, § 35 Rn. 45; *Wiesbrock* NZG 2005, 294, 296; *Wackerbarth/Kreße* NZG 2010, 418f.; *Heuber,* S. 260ff.

[12] BT-Drucks. 14/7034, 81.

[13] *Meyer/Lipsky* NZG 2009, 1092, 1093f.

[14] Siehe auch *Krause/Pötzsch/Seiler* in Assmann/Pötzsch/Schneider, § 37 Rn. 92.

[15] In Baums/Thoma, § 37 Rn. 171.

[16] In Steinmeyer, § 37 Rn. 8.

[17] NZG 2010, 419.

durch die BaFin eine Rückabwicklung ermöglichen würde. Das kann nicht gewollt sein.[18] Auch der Verweis auf die Möglichkeit der Befreiung im Rahmen einer einstweiligen Anordnung nach § 123 VwGO[19] rettet diese Auffassung nicht, weil ein entsprechender Antrag dann praktisch immer gestellt und positiv beschieden werden müsste; eine einstweilige Anordnung sollte im Verwaltungsverfahren aber die Ausnahme und nicht die Regel sein. Daher ist mit der Rechtsprechung[20] von dem Suspensiveffekt des nicht offensichtlich missbräuchlichen Befreiungsantrags[21] auszugehen.

19 Der Suspensiveffekt endet mit der Entscheidung über den Antrag. Wird dem Antrag stattgegeben, so bedarf es keines Suspensiveffektes mehr, da der Antragsteller dann von der Pflicht zur Veröffentlichung der Kontrollerlangung und zur Abgabe eines Pflichtangebots befreit ist. Wird der Antrag abgewiesen, entfällt der Suspensiveffekt und die Pflichten zur Veröffentlichung der Kontrollerlangung und zur Abgabe eines Pflichtangebots leben wieder auf. Das Gleiche gilt, wenn der Antrag zurückgenommen wird oder als zurückgenommen gilt (vgl. § 12 WpÜG-AngV). Hinsichtlich der Rechtsfolgen der Verletzung der Pflichten aus § 35 gilt das oben zu § 36 Gesagte.[22]

2. Verfahren

20 Die BaFin ist nicht verpflichtet, die Tatsache einer Antragstellung bekanntzumachen oder die Aktionäre der Zielgesellschaft über den Verfahrensstand zu informieren.[23]

21 Nach § 12 WpÜG-AngV hat die BaFin nach Eingang des Antrages und der Unterlagen zunächst zu prüfen, ob sie den Anforderungen der §§ 10 und 11 WpÜG-AngV entsprechen. Diese **Vorabprüfung** dient der Schnelligkeit und Effektivität des Verfahrens. Soweit der Antrag oder die Unterlagen nicht vollständig sind, ist die BaFin verpflichtet, den Antragsteller unverzüglich aufzufordern, den Antrag oder die Unterlagen innerhalb einer angemessenen Frist zu ergänzen. Die Begründung[24] impliziert, dass es sich hierbei um eine Ermessensentscheidung der BaFin handelt. Hiervon ist indes aufgrund des eindeutigen Wortlauts der Verordnung nicht auszugehen („hat ... aufzufordern"). Ein bloßes Ermessen der BaFin würde auch nicht den Zielen der Schnelligkeit und Effektivität des Verfahrens dienen.

22 Kommt der Antragsteller der Aufforderung der BaFin nicht binnen der gesetzten Frist nach, gilt sein Antrag als zurückgenommen (§ 12 Satz 3 WpÜG-AngV). Damit entfällt der Suspensiveffekt des Antrags. Die Pflichten des Antragstellers nach § 35 leben wieder auf und sind entsprechend den dortigen Maßgaben zu erfüllen. Die Ziele der Schnelligkeit und Effektivität des Verfah-

---

[18] Vgl. hierzu ausführlich *Meyer/Lipsky* NZG 2009, 1092, 1095.

[19] So aber *Wackerbarth/Kreße* NZG 2010, 419.

[20] Vgl. LG München ZIP 2004, 167, 168; LG Hamburg, Urt. v. 4.7.2007 – 413 O 128/06, unveröffentlicht.

[21] Hierzu *Schlitt/Ries* in MüKoAktG, § 37 WpÜG Rn. 60.

[22] Vgl. → § 36 Rn. 7.

[23] So auch *Schlitt/Ries* in MüKoAktG, §§ 9–12 WpÜG-AngV Rn. 72; aA *Ihrig* ZHR 167 (2003), 315, 345.

[24] BT-Drucks. 14/7034, 82.

rens sprechen auch dafür, dass es grundsätzlich nicht zulässig ist, den Antrag erneut zu stellen.[25] Ausnahmen können nur dann gelten, wenn der Antragsteller das Versäumen der Frist nach § 12 Satz 2 WpÜG-AngV nicht zu vertreten hat.

Beteiligte des Verfahrens nach § 37 sind die BaFin und der Bieter. Zielgesellschaft und deren Aktionäre sind mangels eigener subjektiver Rechte nicht an dem Verfahren zu beteiligen.[26] Es besteht mithin nur ein Anspruch auf ermessensfehlerfreie Entscheidung über die Hinzuziehung als Beteiligter gem. § 13 Abs. 2 Satz 1 VwVfG. 23

3. Entscheidung

Die BaFin hat unverzüglich über den gestellten Antrag zu entscheiden. Dass unverzüglich zu entscheiden ist, ist zwar entgegen dem Regierungsentwurf[27] in der WpÜG-AngV nicht vorgesehen. Aber nur so kann eine längere Ungewissheit hinsichtlich der Pflicht zur Abgabe des Pflichtangebots vermieden werden[28] Eine stattgebende Entscheidung kann, da im Ermessen der BaFin stehend, mit Nebenbestimmungen versehen werden (§ 36 Abs. 2 VwVfG). 24

Wird die Befreiung erteilt, kann dies, soweit der Bieter selbst eine börsennotierte Gesellschaft ist, eine nach § 15 WpHG zu veröffentlichende **Insiderinformation** sein, oder die Zielgesellschaft, sobald diese Kenntnis von der Befreiung erlangt, kann ihrerseits je nach den Umständen zur Veröffentlichung nach § 15 WpHG verpflichtet sein. Anstelle einer eigenen Mitteilung nach § 44 verpflichtet die BaFin den Bieter im Wege der Nebenbestimmung zur Veröffentlichung der Befreiungsentscheidung und deren wesentlicher Gründe entsprechend § 10 Abs. 3. 25

4. Negativattest?

Das WpÜG sieht nicht vor, dass die BaFin verbindlich mit Wirkung gegen alle das Nichtbestehen der Kontrolle feststellt. Es ist daher davon auszugehen, dass die BaFin entsprechende Negativatteste nicht erteilen wird und hierzu auch nicht befugt wäre.[29] 26

---

[25] AA *Schlitt/Ries* in MüKoAktG, §§ 9–12 WpÜG-AngV Rn. 75; *Krause/Pötzsch/Seiler* in Assmann/Pötzsch/Schneider, § 12 WpÜG-AngV Rn. 4; vgl. auch *Hecker* in Baums/Thoma, § 37 Rn. 167, der die Rücknahmefiktion als „verfassungsrechtlich" bedenklich bezeichnet.

[26] OLG Frankfurt ZIP 2003, 1297, 1300; ZIP 2003, 2206; ZIP 2003, 2254, 2256; *Hecker* in Baums/Thoma, § 37 Rn. 173 ff.; *Hecker* ZBB 2004, 41, 48 ff.; *Hommelhoff/Witt* in Frankfurter Komm., § 37 Rn. 67; *Krause/Pötzsch/Seiler* in Assmann/Pötzsch/Schneider, § 37 Rn. 95 f.; *Schlitt/Ries* in MüKoAktG, §§ 9–12 WpÜG-AngV Rn. 73; *Schnorbus* WM 2003, 616, 620 ff.; *Schnorbus* ZHR 166 (2002), 72, 98 ff.; *von Riegen,* Der Konzern 2003, 583, 591; *Hoffmann-Becking* in liber amicorum Erichsen (2004), 47, 58 ff.; aA *Ihrig* ZHR 167 (2003), 315, 343; *Zschocke/Rahlf* DB 2003, 1375 f.; *Zschocke/Rahlf* DB 2003, 2540; *Wagner* NZG 2003, 718, 719; *Cahn* ZHR 167 (2003), 262, 297 ff.; *Seibt* ZIP 2003, 1865, 1875; *Barthel,* S. 112 ff.; vgl. auch *Nietsch* BB 2003, 2581, 2584; *Aha* AG 2002, 160, 161; vgl. auch → § 36 Rn. 21.

[27] BT-Drucks. 14/7034, 77.

[28] Vgl. BT-Drucks. 14/7034, 81.

[29] So auch *Krause/Pötzsch/Seiler* in Assmann/Pötzsch/Schneider, § 37 Rn. 104; de lege ferenda fordern die Möglichkeit eines Negativattestes *Cascante/Tyrolt* AG 2012, 97, 111 f.

IV. Ermessensausübung

27 Die Entscheidung über den Antrag auf Befreiung liegt, anders als im Verfahren nach § 36, im Ermessen der BaFin. Eine Ermessensreduzierung auf Null dürfte in der Regel nicht vorliegen.[30]

28 Nach § 37 Abs. 1 kommt eine Befreiung nur in Betracht, wenn besondere Umstände der Art oder der Zielsetzung der Erlangung der Kontrolle, ein nach Kontrollerlangung erfolgendes Unterschreiten der Schwelle von 30% der Stimmrechte, besondere Beteiligungsverhältnisse an der Zielgesellschaft oder die tatsächliche Möglichkeit zur Ausübung der Kontrolle unter Berücksichtigung der Interessen des Antragstellers und der Minderheitsgesellschafter dies rechtfertigen. Das Vorliegen eines der vorgenannten Kriterien ist mithin neben der Interessenabwägung **notwendige Bedingung** einer Befreiung nach § 37, der Katalog der Kriterien in § 37 ist mit anderen Worten abschließend.[31]

29 Die Konkretisierung der in § 37 Abs. 1 aufgeführten Befreiungsfälle im Rahmen von § 9 WpÜG-AngV ist dagegen lediglich beispielhaft, da ausdrücklich davon die Rede ist, dass „insbesondere" in den in § 9 WpÜG-AngV aufgeführten Fällen eine Befreiung erteilt werden kann, was eine Befreiung in anderen Fällen nicht ausschließt. Die in § 37 vorgesehenen Befreiungsmöglichkeiten können nicht auf dem Verordnungswege erweitert werden.[32]

30 Es mag wenig sachgerecht gewesen sein, dass § 37 einen **abschließenden Katalog** von Fällen beschreibt, welche eine Befreiung rechtfertigen.[33] Die in der Praxis relevanten Fallgestaltungen sind jedoch von § 37 erfasst und im Übrigen rechtfertigen die verwendeten unbestimmten Rechtsbegriffe eine etwaig notwendige weite Auslegung der Voraussetzungen. Die Gesetzesbegründung[34] räumt selbst ein, dass die „Ausnahmefälle, in denen trotz der Erfüllung der formalen Voraussetzungen eine Befreiung von den in § 35 Abs. 1 und 2 enthaltenen Pflichten in Betracht kommt, nicht abschließend bestimmt werden können."

1. Fälle

31 Die Fälle, in denen eine Befreiung in Betracht kommt, werden in § 37 Abs. 1 abschließend aufgezählt. Die diese Fälle konkretisierenden, in § 9

---

[30] Vgl. aber die bei *Heuber,* S. 243 ff. genannten Fälle.

[31] So auch *Hommelhoff/Witt* in Frankfurter Komm., § 37 Rn. 2; *Ekkenga* in Ehricke/Ekkenga/Oechsler, § 37 Rn. 16; *Krause/Pötzsch/Seiler* in Amann/Pötzsch/ Schneider, § 37 Rn. 20; *Hecker* in Baums/Thoma, § 37 Rn. 1; *Versteegen* in KK-WpÜG, § 37 Rn. 73; *Schlitt/Ries* in MüKoAktG, § 37 WpÜG Rn. 2, 18; *Lenz/Linke* AG 2002, 361, 366; *Harbarth* ZIP 2002, 321, 330; aA *Noack/Zetzsche* in Schwark/Zimmer, KapitalmarktR, § 37 WpÜG Rn. 4; *Bernau* WM 2004, 809, 811.

[32] AllgA, vgl. nur *Versteegen* in KK-WpÜG, Anh. § 37 § 9 AngV Rn. 3.

[33] Kritisch *Versteegen* in KK-WpÜG, § 37 Rn. 19 ff.; *Schlitt/Ries* in MüKoAktG, § 37 WpÜG Rn. 16; *Hecker* in Baums/Thoma, § 37 Rn. 3; aA *Krause/Pötzsch/Seiler* in Assmann/Pötzsch/Schneider, § 37 Rn. 15.

[34] BT-Drucks. 14/7034, 81.

WpÜG-AngV aufgezählten Beispiele beschreiben diejenigen Sachverhalte, bei denen eine Befreiung im Einzelfall typischerweise in Betracht kommen kann. Diese Aufzählung von Beispielen in § 9 WpÜG-AngV ist, wie dargelegt,[35] indes nicht abschließend.

a) Art der Kontrollerlangung. Die Art der Erlangung der Kontrolle ist 32
in Übereinstimmung mit den oben dargelegten Grundsätzen weit auszulegen und hat auch die Gesamtumstände des Kontrollerwerbs zu berücksichtigen.[36]

Als besondere Beispiele für die Befreiung von den Pflichten des § 35 führt 33
§ 9 Satz 1 Nr. 1 und 2 WpÜG-AngV die Fälle des **Erbes,** der **Erbauseinandersetzung** und der **Schenkung** auf, soweit diese nicht bereits unter § 36 Nr. 1 fallen. Es handelt sich mithin um Erb- und Schenkungsfälle, bei denen der Erbe bzw. Beschenkte weder in gerader Linie und bis zum dritten Grad mit dem Erblasser oder Schenker verwandt, noch mit diesem verheiratet oder dessen Lebenspartner ist. Die Regelung setzt mithin weder ein besonderes Verwandtschaftsverhältnis noch ein sonst wie geartetes Näheverhältnis voraus. Soweit vereinzelt ein solches gefordert wird, findet dies weder im Wortlaut des Gesetzes noch in dessen Sinn und Zweck eine Stütze.[37]

Eine Befreiung kommt nur in einem unmittelbaren zeitlichen Zusammen- 34
hang mit der Kontrollerlangung in Betracht.[38]

Mit Ausnahme von Umgehungsfällen wird in den Fällen des § 9 Satz 1 35
Nr. 1 und 2 WpÜG-AngV grundsätzlich davon auszugehen sein, dass das Ermessen der BaFin reduziert und eine Befreiung in der Regel zu erteilen ist. Über die in § 9 Satz 1 Nr. 1 und 2 WpÜG-AngV genannten Fälle hinaus dürften hierunter auch sonstige von § 36 Abs. 1 nicht erfasste unentgeltliche Zuwendungen fallen.

Nach dem Willen des Gesetzgebers[39] sollen durch die Beispielsfälle der Nr. 1 36
und 2 von § 9 Satz 1 WpÜG-AngV die Nachfolge in kleineren und mittleren Unternehmen ohne Pflichtangebot ermöglicht werden, bei denen eine **Nachfolgelösung** in der Familie nicht in Betracht kommt, beispielsweise aber geeignete Mitarbeiter zur Verfügung stehen. Die Pflicht zur Abgabe eines Pflichtangebots macht nach der Vorstellung des Gesetzgebers aufgrund

---

[35] Vgl. → Rn. 29.

[36] *Hecker* in Baums/Thoma, § 37 Rn. 23; *Krause/Pötzsch/Seiler* in Assmann/Pötzsch/Schneider, § 37 Rn. 25; *Bernau* WM 2004, 809, 813; enger *Hommelhoff/Witt* in Frankfurter Komm., § 37 Rn. 12; *Schlitt/Ries* in MüKoAktG, § 37 WpÜG Rn. 22; *Versteegen* in KK-WpÜG, § 37 Rn. 33.

[37] *Hommelhoff/Witt* in Frankfurter Komm., § 37 Rn. 13 Fn. 16; *Krause/Pötzsch/Seiler* in Assmann/Pötzsch/Schneider, § 9 WpÜG-AngV Rn. 11; *Hecker* in Baums/Thoma, § 37 Rn. 76; *Schlitt/Ries* in MüKoAktG, §§ 9–12 WpÜG-AngV Rn. 10; *Ekkenga* in Ehricke/Ekkenga/Oechsler, § 37 Rn. 19; aA *Noack/Zetzsche* in Schwark/Zimmer, KapitalmarktR, § 37 WpÜG Rn. 5; *Holzborn/Blank* NZG 2002, 948, 950; *Hippeli/Schmiady* ZIP 2015, 705, 709.

[38] *Hommelhoff/Witt* in Frankfurter Komm., § 37 Rn. 14; *Krause/Pötzsch/Seiler* in Assmann/Pötzsch/Schneider, § 9 WpÜG-AngV Rn. 12; *Hecker* in Baums/Thoma, § 37 Rn. 23–75; wohl auch *Versteegen* in KK-WpÜG, Anh. § 37 § 9 AngV Rn. 12, 15; aA *Schlitt/Ries* in MüKoAktG, §§ 9–12 WpÜG-AngV Rn. 11.

[39] BT-Drucks. 14/7034, 81.

der damit verbundenen Kosten häufig die Fortführung des Unternehmens wirtschaftlich unmöglich. Diese Erwägungen helfen nicht weiter. Sollten nämlich die verbundenen Kosten im Einzelfall tragbar sein, wäre es sehr wohl möglich, von einer Befreiung abzusehen. In den genannten Fällen rechtfertig sich eine Befreiung vielmehr aus der passiven Kontrollerlangung des Erben oder des Beschenkten.[40]

37 Unabhängig von den in § 9 aufgeführten Fällen wird diskutiert, ob eine Befreiung nach § 37 unter dem Aspekt der Art der Kontrollerlangung dann in Betracht kommt, wenn die Minderheitsaktionäre im Rahmen eines **mit qualifizierter Mehrheit gefassten Hauptversammlungsbeschlusses** der Sache nach **dem Erwerb der Kontrolle der Zielgesellschaft durch den Bieter bereits zugestimmt** haben. Dies wird namentlich in Fällen von Restrukturierungsmaßnahmen, insbesondere Verschmelzungen, nach dem Umwandlungsgesetz und in Bezug auf Kapitalerhöhungen mit Ausschluss des Bezugsrechts diskutiert.[41] Dies ist jedoch grundsätzlich abzulehnen, da die durch das Gesetz geschützten Minderheitsaktionäre oftmals von dem kontrollierenden Aktionär überstimmt werden.

38 Eine Befreiung von den Verpflichtungen nach § 35 könnte aufgrund der Art der Kontrollerlangung weiterhin in Frage kommen, wenn es sich um einen **Übergang von alleiniger zu gemeinsamer Kontrolle** handelt. Jedenfalls in dem Fall, wo der bisherige alleinige Kontrollinhaber im Wesentlichen seinen Einfluss behält, könnte eine Befreiung vom Pflichtangebot für den hinzutretenden Kontrollinhaber geboten sein.[42]

39 Zu den Fällen der besonderen Art der Kontrollerlangung zählen auch solche, bei denen ein kontrollierendes Unternehmen **kurzzeitig die Kontrollschwelle unterschreitet.** Umstritten ist insoweit ob eine Befreiung nur bei einem unbeabsichtigten Unterschreiten der Kontrollschwelle in Betracht kommt.[43] Da der Aktionär jedoch auch bei beabsichtigter kurzfristiger Unterschreitung der Kontrollschwelle nach wie vor in einer kontrollierenden Stellung verbleibt, ist auch in diesem Fall eine Befreiung möglich.

40 Häufiger Anwendungsfall der Befreiung nach § 9 Abs. 1 Satz 1 ist das kurzfristige Halten von Stimmrechten durch Kreditinstitute oder Wertpapierhandelsbanken, welche im Rahmen von Kapitalerhöhungen zum Zweck der

---

[40] *Vgl. Krause/Pötzsch/Seiler* in Assmann/Pötzsch/Schneider, § 37 Rn. 26.

[41] Grundsätzlich dafür *Hommelhoff/Witt* in Frankfurter Komm., § 37 Rn. 15f.; *Hecker* in Baums/Thoma, § 37 Rn. 89f., § 35 Rn. 206; *Schlitt/Ries* in MüKoAktG, § 35 WpÜG Rn. 148, § 37 Rn. 26f.; *v. Bülow* in KK-WpÜG, § 35 Rn. 123ff., 86; *Bernau* WM 2004, 809, 814; grundsätzlich dagegen *Versteegen* in KK-WpÜG, § 37 Rn. 41; *Krause/Pötzsch/Seiler* in Assmann/Pötzsch/Schneider, § 37 Rn. 35ff.; *Ekkenga* in Ehricke/Ekkenga/Oechsler, § 37 Rn. 21f.; *Süßmann* WM 2003, 1453, 1454f.; *Krause* NJW 2004, 3681, 3686; *Lenz/Linke* AG 2002, 361, 367f.; vgl. auch *Besau,* S. 70f.

[42] Vgl. *Krause/Pötzsch/Seiler* in Assmann/Pötzsch/Schneider, § 37 Rn. 34; *Schlitt/Ries* in MüKoAktG, § 37 WpÜG Rn. 28; *Hommelhoff/Witt* in Frankfurter Komm., § 37 Rn. 19; *Hecker* in Baums/Thoma, § 37 Rn. 65f.; *Liebscher* ZIP 2002, 1005, 1015f.

[43] Kritisch *Hommelhoff/Witt* in Frankfurter Komm., § 37 Rn. 33; *Ekkenga* in Ehricke/Ekkenga/Oechsler, § 37 Rn. 31; *Holzborn/Blank* NZG 2002, 948, 952f.; *Lenz/Behnke* BKR 2003, 43, 50f.

Zuteilung an Aktionäre gezeichnet und daher kurzfristig ab Eintragung der Kapitalerhöhung im Handelsregister bis zur Abwicklung gehalten werden. Dieser Fall ist nicht von § 20 erfasst. Erweisen sich Aktien als nicht platzierbar und müssen in den Eigenbestand des Instituts übernommen werden, muss gegebenenfalls der Antrag nach § 20 gestellt werden.[44]

b) Zielsetzung. Auch die besondere Zielsetzung der Kontrollerlangung kann eine Befreiung von den Pflichten des § 35 rechtfertigen. Der Gesetzgeber hat hierbei insbesondere die **Sanierung** der Zielgesellschaft ins Auge gefasst (§ 9 Satz 1 Nr. 3 WpÜG-AngV). Die ausnahmslose Verpflichtung zur Abgabe eines Pflichtangebots kann nach der Vorstellung des Gesetzgebers Sanierungsbemühungen entgegenstehen.[45] Die Regelung des § 9 Satz 1 Nr. 3 WpÜG-AngV rechtfertigt sich denn auch daraus, dass die Erhaltung eines Unternehmens nicht dadurch gefährdet werden soll, dass die mit dem Pflichtangebot einhergehenden Lasten nicht der Erhaltung der Gesellschaft entgegenstehen sollen, etwa weil ein sanierungswilliger Bieter sie nicht tragen kann oder will. In diesen Fällen ständen die aus § 35 folgenden Pflichten im Widerspruch zu den Interessen der Minderheitsaktionäre und Arbeitnehmer. Bei der Anwendung der Vorschrift bestehen zahlreiche Zweifelsfragen. So wird etwa bemängelt, dass schon der Begriff der „Sanierung" zu unbestimmt sei und näher hätte definiert werden müssen.[46] Dies ist deswegen von besonderer Bedeutung, weil Befreiungen nach § 37 in Sanierungsfällen einen Großteil der Praxis der BaFin ausmachen.[47] 41

Voraussetzung der Anwendung von § 9 Satz 1 Nr. 3 WpÜG-AngV ist die **Sanierungsbedürftigkeit** der Zielgesellschaft. Die Sanierungsbedürftigkeit setzt in der Regel voraus, dass die Zielgesellschaft **bestandsgefährdenden Risiken im Sinne von § 322 Abs. 2 Satz 3 HGB** ausgesetzt ist.[48] Dies sollte durch eine entsprechende Feststellung eines Wirtschaftsprüfers belegt werden können.[49] Eine Sanierungsbedürftigkeit liegt dagegen nicht schon vor, wenn sich die wirtschaftliche Lage der Zielgesellschaft gegenüber der Vergangenheit erheblich verschlechtert hat,[50] da damit noch nichts über deren 42

---

[44] Vgl. hierzu ausführlich *Meyer* GS Bosch 2006, 133 ff.; *Hommelhoff/Witt* in Frankfurter Komm., § 35 Rn. 38.

[45] BT-Drucks. 14/7034, 81.

[46] So *Hecker* in Baums/Thoma, § 37 Rn. 85; *Wittig* FS Kirchhof (2004), 533, 544.

[47] Vgl. nur BaFin, Jahresbericht 2009, S. 205.

[48] *Hecker* in Baums/Thoma, § 37 Rn. 85 f.; *Hommelhoff/Witt* in Frankfurter Komm., § 37 Rn. 22; *Noack/Zetzsche* in Schwark/Zimmer, KapitalmarktR, § 37 WpÜG Rn. 6; *Krause/Pötzsch/Seiler* in Assmann/Pötzsch/Schneider § 9 WpÜG-AngV Rn. 25; *Holzborn/Friedhoff* BKR 2001, 114, 115; *Holzborn/Blank* NZG 2002, 948, 950 f.; *Lenz/Linke* AG 2002, 361, 367; *Holzborn/Israel* WM 2004, 309, 312 ff; *Süßmann* WM 2003, 1453, 1458; *Seibt* ZIP 2004, 1829, 1836; *Strunk/Behnke* in VGR-Gesellschaftsrecht in der Diskussion 2003, 81, 85; *Krause* NJW 2004, 3681, 3686; *Klepsch/Kiesewetter* BB 2007, 1403, 1404; *Stadler* NZI 2010, 44 f.; aA (auf die Kriterien gem. § 32a Abs. 3 Satz 3 GmbHG aF abstellend) *Hasselbach/Hoffman* DB 2009, 327, 328; *Wittig*, 533, 544 f.; *Wiesbrock* NZG 2005, 294, 299; *Rogall* AG 2004, 492 ff.

[49] Vgl. *Hasselbach/Hoffman* DB 2009, 327, 330.

[50] So auch *Ehricke* in Ehricke/Ekkenga/Oechsler, § 37 Rn. 24; *Bernau* WM 2004, 809, 814; *Klepsch/Kiesewetter* BB 2007, 1403, 1405; *Lüttge/Kuck* DStR 2006, 925, 927;

Sanierungsbedürftigkeit gesagt ist. In keinem Fall muss zugewartet werden, bis die Zielgesellschaft Insolvenzantrag gestellt hat oder hätte stellen müssen.

43 Es reicht aus, dass der Bieter den Entschluss zur Sanierung im unmittelbaren **zeitlichen Zusammenhang** mit der (dinglichen) Kontrollerlangung fasst. Eine andere Zielsetzung im Zeitpunkt etwa des Abschlusses des (schuldrechtlichen) Kaufvertrages ist unschädlich.[51]

44 Die Zielgesellschaft muss indes nicht nur sanierungsbedürftig sondern auch **sanierungsfähig** sein. Hierbei hat die BaFin nicht ein eigenes Sanierungskonzept zu entwickeln, sondern das des Antragstellers zu prüfen. Dabei muss sich im Rahmen einer Plausibilitätsprüfung ergeben, dass bei Umsetzung des Sanierungskonzepts für das Unternehmen der Zielgesellschaft mit überwiegender Wahrscheinlichkeit eine **positive Fortsetzungsprognose** gefällt werden kann.[52] Bei der Prognoseentscheidung sind alle relevanten Umstände zu berücksichtigen, wobei grundsätzlich davon auszugehen ist, dass kein Umstand sich regelmäßig als hinreichende oder gar notwendige Bedingung darstellt. Dies gilt insbesondere für die Frage, ob der Antragsteller selbst einen angemessenen Sanierungsbeitrag leisten muss[53] (so die übliche aber nicht durchgehende Praxis der BaFin),[54] ob der Sanierungsbeitrag im Verhältnis zu den Kosten eines Pflichtangebots gleichwertig ist[55] und ob den Minderheitsaktionären mehr durch die Sanierung der Gesellschaft oder mit einem Pflichtangebot gedient ist.[56] Allerdings dürfen die Anforderungen an den Befreiungsantrag nicht überspannt werden.[57] Die tatsächliche Durchführung der Sanierung ist durch geeignete Nebenbestimmungen im Befreiungsbescheid sicherzustellen.[58]

45 Ein weiterer Fall, in dem die Zielsetzung der Kontrollerlangung durch den Antragsteller eine Befreiung von den Pflichten aus § 35 rechtfertigen kann, ist

---

vgl. auch *Schlitt/Ries* in MüKoAktG, WpÜG-AngV §§ 9–12 Rn. 18; großzügiger *Versteegen* in KK-WpÜG, Anh. § 37 § 9 AngV Rn. 20.

[51] BaFin, Jahresbericht 2009, S. 205 f.

[52] Ähnlich *Schlitt/Ries* in MüKoAktG, §§ 9–12 WpÜG-AngV Rn. 21; *Krause/Pötzsch/Seiler* in Assmann/Pötzsch/Schneider, § 9 WpÜG-AngV Rn. 29; *Hommelhoff/Witt* in Frankfurter Komm., § 37 Rn. 23; *Hecker* in Baums/Thoma, § 37 Rn. 87; *Lenz/Linke* AG 2002, 361, 367; *Holzborn/Friedhoff* BKR 2001, 114, 115 f.; *Holzborn/Blank* NZG 2002, 948, 950; *Süßmann* WM 2003, 1453, 1458; *Klepsch/Kiesewetter* BB 2007, 1403, 1406 f.; *Stadler* NZI 2010, 44, 45; wohl auch *Versteegen* in KK-WpÜG, Anh. § 37 § 9 AngV Rn. 21; *Noack/Zetzsche* in *Schwark/Zimmer,* KapitalmarktR, § 37 WpÜG Rn. 6 („Fortbestand gewährleisten").

[53] So aber *Hommelhoff/Witt* in Frankfurter Komm., § 37 Rn. 23; *Hecker* in Baums/Thoma, § 37 Rn. 87; *Schlitt/Ries* in MüKoAktG, §§ 9–12 WpÜG-AngV Rn. 23 f.; *Hasselbach/Hoffmann* DB 2009, 327; *Holzborn/Friedhoff* BKR 2001, 114, 116; *Lenz/Linke* AG 2002, 361, 367; *Seibt* ZIP 2004, 1829, 1836; wie hier *Hasselbach/Hoffmann* DB 2009, 327, 331; *Klepsch/Kiesewetter* BB 2007, 1403, 1407 f.; *Stadler* NZI 2010, 44, 45 f.; *Wiesbrock* NZG 2005, 294, 299; vgl. auch *Wittig* FS Kirchhof (2004), 533, 550 f.

[54] Vgl. *Hasselbach/Hoffmann* DB 2009, 327, 331.

[55] So aber *Hecker* in Baums/Thoma, § 37 Rn. 91; *Lenz/Linke* AG 2002, 361, 367; *Holzborn/Friedhoff* BKR 2001, 114, 116; wie hier *Schlitt/Ries* in MüKoAktG, §§ 9–12 WpÜG-AngV Rn. 24; *Süßmann* WM 2003, 1453, 1458.

[56] Vgl. *Hecker* in Baums/Thoma, § 37 Rn. 91.

[57] So auch *Hasselbach/Hoffmann* DB 2009, 327, 331.

[58] Vgl. *Klepsch/Kiesewetter* BB 2007, 1403, 1408.

der Fall, in dem die Aktien **treuhänderisch** erworben werden, insbesondere wenn sie dem Antragsteller lediglich als **Sicherheit** für Forderungen dienen (§ 9 Satz 1 Nr. 4 WpÜG-AngV).[59] In diesen Fällen ist regelmäßig mit dem Erwerb durch den Antragsteller keine Einflussnahme auf die Geschäftsführung der Zielgesellschaft beabsichtigt und die Aktionärsstellung durch den Zweck der Treuhand zeitlich begrenzt. Der Gesetzgeber erkennt weiterhin, dass in diesen Fällen typischerweise eine Ermessensreduzierung gegeben sein wird. Er verteidigt daher auch seine Aufnahme dieses Falles in den Katalog der Ermessensentscheidungen damit, dass nur auf diese Weise Umgehungsfälle verhindert werden könnten. Weitergehend kann es in diesen Fällen angezeigt sein, durch Nebenbestimmungen sicherzustellen, dass der Treuhänder bei der Ausübung der Stimmrechte aus den Aktien nicht eigene Zwecke jenseits des Zwecks der Treuhand verfolgt.[60]

Schließlich fällt unter die Fälle der Zielsetzung der in § 9 Satz 1 Nr. 5 46 WpÜG-AngV geregelte Fall der **Verringerung der Gesamtzahl der Stimmrechte** und berücksichtigt damit die Fälle der passiven Kontrollerlangung, etwa aufgrund Einziehung eigener Aktien.[61] Mit Nebenbestimmungen kann die BaFin in einem solchen Fall sicherstellen, dass bei Zuerwerb von Aktien die Befreiung entfällt oder dem Antragsteller aufgegeben wird, seinen Stimmrechtsanteil kursschonend über einen angemessenen Zeitraum auf unter 30% zu reduzieren.[62]

Unter dem Befreiungsgrund der besonderen Zielsetzung werden auch 47 Fälle, in denen der Bieter unmittelbar nach Kontrollerlangung eine **Eingliederung,** eine **Maßnahme nach dem Umwandlungsgesetz** oder einen aktienrechtlichen **Squeeze-Out**[63] plant, diskutiert. Im Falle von nach der Kontrollerlangung durchgeführten aktienrechtlichen Ausschlussverfahren wurden wohl von der BaFin Befreiungen erteilt. Hierbei war sicherzustellen, dass die Minderheitsaktionäre mindestens die bei einem Pflichtangebot zu gewäh-

---

[59] Vgl. *Stadler* NZI 2010, 44, 46.

[60] Vgl. BaFin, Jahresbericht 2009, S. 207f.

[61] So auch etwa *Koch* ZIP 2008, 1260, 1263 und die Verwaltungspraxis der BaFin, vgl. etwa den Fall der Turbon AG (BaFin, Jahresbericht 2011, S. 228f.).

[62] BT-Drucks. 14/7034, 81; *Hecker* in Baums/Thoma § 37 Rn. 96; *Holzborn/Blank* NZG 20902, 948, 951; *Ekkenga* in Ehricke/Ekkenga/Oechsler, § 37 Rn. 19; vgl. auch *Hommehoff/Witt* in Frankfurter Komm., § 37 Rn. 18; *Schlitt/Ries* in MüKoAktG §§ 9–12 WpÜG-AngV Rn. 36; *Fleischer/Körber* BB 2001, 2589, 2595; kritisch *Krause/Pötzsch/Seiler* in Assmann/Pötzsch/Schneider, § 9 WpÜG-AngV Rn. 54, vgl. aber auch dort § 37 Rn. 86.

[63] *Hommelhoff/Witt* in Frankfurter Komm., § 37 Rn. 36; *Hecker* in Baums/Thoma, § 37 Rn. 41ff.; *Noack/Zetzsche* in Schwark/Zimmer, KapitalmarktR, § 37 WpÜG Rn. 10; *Versteegen* in KK-WpÜG, § 37 Rn. 42; *Schlitt/Ries* in MüKoAktG, § 37 WpÜG Rn. 29; *Krause/Pötzsch/Seiler* in Assmann/Pötzsch/Schneider, § 37 Rn. 47, 60ff.; *Bredow/Liebscher* DB 2003, 1368, 1369ff.; *Kiesewetter* ZIP 2003, 1638ff.; *Bernau* WM 2004, 809, 815; *Fabritius* in VGR-Gesellschaftsrecht in der Diskussion 2003, 45, 69; *Strunk/Behnke* in VGR-Gesellschaftsrecht in der Diskussion 2003, 81, 89ff.; *Krause,* 56ff.; aA *Wiesbrock* DB 2003, 2584, 2585f., der § 35 in diesen Fällen aufgrund einer teleologischen Reduktion schon für nicht anwendbar hält, was aber abzulehnen ist, da dann weder sichergestellt ist, das der Squeeze-Out auch durchgeführt wird, noch dass die Abfindung mindestens der Gegenleistung beim Pflichtangebot entspricht.

rende Mindestgegenleistung als Abfindung im Rahmen des Squeeze-Out erhalten und das Squeeze-out-Verfahren in einem engen zeitlichen Rahmen durchgeführt wird.[64] Soweit dies beobachtbar ist, werden Befreiungen aus diesem Grund nur sehr zurückhaltend bzw. nicht mehr erteilt.

48 Schließlich wird unter dem Aspekt der besonderen Zielsetzung noch der Fall diskutiert in dem ein so genannter **White Knight** zur Abwehr eines feindlichen Übernahmeangebots die Kontrolle über die Zielgesellschaft erwirbt. Auch in diesen Fällen kann unter dem Aspekt der besonderen Zielsetzung eine Befreiung nach § 37 erteilt werden.[65] Dies kann jedoch nur unter dem Gesichtspunkt des § 9 Satz 1 Nr. 6 WpÜG-AngV richtig sein, wenn der Stimmrechtsanteil des White Knight alsbald die Kontrollschwelle wieder unterschreitet.[66] Schließlich liegt ein Kontrollwechsel vor. Ob der Erwerber der Kontrolle ein dem Vorstand genehmer oder weniger genehmer neuer Hauptaktionär ist, kann nicht entscheidend sein.

49 **c) Nachfolgendes Unterschreiten der Kontrollschwelle.** Ein ebenso gut unter die mit der Erlangung der Kontrolle beabsichtigte Zielsetzung passender Fall ist das nur **vorübergehende Erreichen** der Schwelle von 30% der Stimmrechte.[67] In dem in § 9 Satz 1 Nr. 6 WpÜG-AngV aufgenommenen Beispiel soll entgegen dem Wortlaut von § 37 hierfür Voraussetzung sein, dass der Bieter zunächst nicht beabsichtigt hatte, die Schwelle von 30% der Stimmrechte nach § 29 Abs. 2 zu erreichen.[68] Anwendungsfall können unautorsierte Geschäfte von Mitarbeitern des Bieters sein.[69] Weiterhin setzt § 9 Satz 1 Nr. 6 WpÜG-AngV ebenfalls in Erweiterung der Anforderungen in § 37 voraus, dass die Schwelle von 30% der Stimmrechte unverzüglich unterschritten wird.[70] Dem Bieter wird aber zugestanden werden müssen, das Unterschreiten der Kontrollschwelle kursschonend zu gestalten, er also nicht binnen kürzester Zeit Aktien verkaufen muss.

50 Die Regelung des § 9 Satz 1 Nr. 6 WpÜG-AngV verdeutlicht, welche tatsächliche Fallgestaltung der Gesetzgeber vor Augen hatte, als er diesen Befreiungstatbestand einfügte.[71] Aus der Sicht des Zwecks des Pflichtangebots ist

---

[64] So auch *Braun,* S. 196.

[65] *Hommelhoff/Witt* in Frankfurter Komm., § 37 Rn. 27; *Ekkenga* in Ehricke/Ekkenga/Oechsler, § 37 Rn. 26.

[66] So ist wohl auch *Hommelhoff/Witt* in Frankfurter Komm., § 37 Rn. 27, zu verstehen.

[67] Vgl. *Kallmeyer* ZIP 1997, 2147, 2148.

[68] BT-Drucks. 14/7034, 81.

[69] *Vesteegen* in KK-WpÜG, Anh. § 37 § 9 AngV Rn. 19; *Hommelhoff/Witt* in Frankfurter Komm., § 37 Rn. 38; vgl. auch *Ekkenga* in Ehricke/Ekkenga/Oechsler, § 37 Rn. 28 Fn. 45.

[70] BT-Drucks. 14/7034, 81.

[71] Vgl. *Schlitt/Ries* in MüKoAktG, § 37 WpÜG Rn. 43, §§ 9–12 WpÜG-AngV Rn. 37 ff.; *Krause/Pötzsch/Seiler* in Assmann/Pötzsch/Schneider, § 37 Rn. 55; *Ehricke* in Ehricke/Ekkenga/Oechsler, § 37 Rn. 2; *Hommelhoff/Witt* in Frankfurter Komm., § 37 Rn. 38; *Harbarth* ZIP 2002, 321, 331; aA *Hecker* in Baums/Thoma, § 37 Rn. 24, der – nur schwer nachvollziehbar – meist einen Fall der Art der Kontrollerlangung (§ 37 Abs. 1 Var. 1) annimmt; vgl. auch *Versteegen* in KK-WpÜG, § 37 Rn. 39, Anh. § 37 § 9 AngV Rn. 31.

der Anlegerschutz entscheidend. Hierfür ist es wichtig, dass in dem Zeitraum, in dem der Antragsteller die Schwelle von 30% der Stimmrechte erreicht, keine Einflussnahme auf die Geschäftsführung der Zielgesellschaft erfolgt.[72] In dem Bescheid über die Befreiung kann die BaFin die Einhaltung der vorgenannten Kriterien durch Nebenbestimmungen sicherstellen (keine Ausübung der Stimmrechte, Fristsetzung für die Unterschreitung der Schwelle von 30% der Stimmrechte).

d) Beteiligungsverhältnisse. Eine Befreiung von der Pflicht zur Veröffentlichung der Kontrollerlangung und zur Abgabe eines Pflichtangebots kann auch erfolgen, wenn die Beteiligungsverhältnisse der Zielgesellschaft dies rechtfertigen. In § 9 Satz 2 Nr. 1 WpÜG-AngV wird beispielhaft der Fall genannt, in dem ein anderer Gesellschafter unter Berücksichtigung der Stimmrechtszurechnung nach § 30 über einen **höheren Stimmrechtsanteil** als derjenige verfügt, der nach der gesetzlichen Vermutung die Kontrolle über die Zielgesellschaft nach § 29 Abs. 2 erlangt hat.[73] Entsprechendes gilt nach § 37 Abs. 1 in dem eher theoretischen Fall gleich hoher Stimmanteile, da auch dann keiner der Bieter die Zielgesellschaft kontrolliert.[74] Der Gesetzgeber hat die entsprechende Entscheidung als Ermessensentscheidung ausgestaltet, weil er zu Recht befürchtete, dass sich an dem die Befreiung rechtfertigenden Sachverhalt nachfolgend etwas ändern kann, etwa dadurch, dass der dritte Gesellschafter seinen Stimmrechtsanteil absenkt oder der Bieter mit dem Dritten die Ausübung des Stimmrechts aufgrund einer Vereinbarung oder in sonstiger Weise abstimmt.[75] Durch geeignete Nebenbestimmungen soll die BaFin sicherstellen, dass in solchen Fällen die gesetzliche Pflicht zur Veröffentlichung der Kontrollerlangung und zur Abgabe eines Pflichtangebots wieder auflebt. 51

Besondere Beteiligungsverhältnisse finden sich in der **KGaA.** Erlangt hier ein Kommanditaktionär die Kontrolle, führt dies häufig nicht zu einer dem Kontrollinhaber in einer AG entsprechenden Machtposition, da der Komplementär seinen größeren Einfluss auf die Gesellschaft behält. In solchen Fällen ist daher der Kommanditaktionär von den Verpflichtungen aus § 35 regelmäßig zu befreien.[76] In atypischen Fällen gilt Anderes. Gegen das weite Einräumen einer Befreiung spricht, dass dann die KGaA eigentlich schon gar 52

---

[72] So auch *Krause/Pötzsch/Seiler* in Assmann/Pötzsch/Schneider, § 9 WpÜG-AngV Rn. 59; *Hecker* in Baums/Thoma, § 37 Rn. 101; aA *Schlitt/Ries* in MüKoAktG, §§ 9–12 WpÜG-AngV Rn. 39; *Versteegen* in KK-WpÜG, Anh. § 37 § 9 AngV Rn. 35, die allerdings verkennen, dass die BaFin nicht für die Anleger eine Bewertung der Auswirkungen der Einflussnahme auf den Aktienkurs vornehmen kann; vgl. auch *Meyer* GS Bosch, S. 133 ff., zu der bei Banken auftretenden Problematik bei Aktienplatzierungen.

[73] *Wernicke* NZG 2011, 1404 ff.; vgl. etwa den Fall der Turbon AG (BaFin, Jahresbericht 2011, S. 228 f.).

[74] *Wernicke* NZG 2011, 1404, 1405.

[75] BT-Drucks. 14/7034, 82; vgl. auch *Wernicke* NZG 2011, 1404 ff.

[76] *Hommelhoff/Witt* in Frankfurter Kom, § 37 Rn. 45; *Krause/Pötzsch/Seiler* in Assmann/Pötzsch/Schneider, § 37 Rn. 67; *Schlitt/Ries* in MüKoAktG, § 37 WpÜG Rn. 47; *Versteegen* in KK-WpÜG, § 37 Rn. 63; *Klepsch* in Steinmeyer, § 37 Rn. 55; aA *Hecker* in Baums/Thoma, § 37 Rn. 68.

nicht Zielgesellschaft iSd § 1 sein sollte. Für eine Befreiung spricht hingegen der Umstand, dass ein Gesellschafterwechsel bei dem Komplementär, typischerweise einer GmbH, zwar nach § 290 HGB eine Kontrolländerung bewirkt,[77] nicht jedoch nach § 29 Abs. 2.[78] Erwirbt der Komplementär bzw. die den Komplementär kontrollierende Person im unmittelbaren zeitlichen Zusammenhang mindestens 30% der Kommanditaktien, ist jedenfalls ein Pflichtangebot abzugeben.[79]

53 **e) Tatsächliche Unmöglichkeit der Kontrolle.** § 37 Abs. 1 und § 9 Satz 2 Nr. 2 WpÜG-AngV eröffnen die Möglichkeit der Befreiung von der Pflicht zur Veröffentlichung der Kontrollerlangung und zur Abgabe eines Pflichtangebots in Fällen, in denen die Vermutung des § 29 Abs. 2, dass 30% der Stimmrechte an der Zielgesellschaft deren Kontrolle ermöglichen, tatsächlich nicht zutrifft. Dies gilt zum einen etwa in dem zuvor unter Rn. 51 beschriebenen Fall, zum anderen aber auch dann, wenn aufgrund der **tatsächlichen Präsenzen in der Hauptversammlung der Zielgesellschaft** der Antragsteller voraussichtlich nicht über mehr als 50% der Stimmrechte verfügen wird.[80] Dies hat der Gesetzgeber erkannt und den in Rede stehenden Befreiungstatbestand geschaffen. Nach dem in § 9 Satz 2 Nr. 2 enthaltenen Beispiel soll es auf die Präsenz in den drei zurückliegenden (gemeint ist wohl: letzten) ordentlichen Hauptversammlungen ankommen. Dies ist jedoch im Ergebnis nicht entscheidend, vielmehr muss auch in Zukunft zu erwarten sein, dass der Stimmrechtsanteil des Antragstellers nicht zu einer Kontrolle über die Zielgesellschaft führt. Die BaFin ist durch den Gesetzgeber[81] auch insoweit wieder aufgefordert, durch geeignete Nebenbestimmungen sicherzustellen, dass, soweit sich an der der Befreiungserteilung zugrunde gelegten Prognose etwas ändert, die Pflicht zur Veröffentlichung der Kontrollerlangung und zur Abgabe eines Pflichtangebots wieder auflebt.

54 Eine Befreiung unter dem Gesichtspunkt der tatsächlichen Unmöglichkeit der Kontrolle wird auch für Mitglieder von Gesamthands- und Bruchteilsgemeinschaften sowie Stimmenpools dann geboten sein, wenn diese aufgrund der Stimmrechtsverhältnisse in den selben die Zielgesellschaft tatsächlich nicht kontrollieren können.[82]

55 Diskutiert wird eine Befreiung ferner bei Abschluss eines sogenannten **Entherrschungsvertrages.** Dies dürfte bereits mangels der Möglichkeit der Überwachung der Einhaltung in den meisten Fällen abzulehnen sein.[83]

---

[77] *Merkt* in Baumbach/Hopt, § 264c Rn. 5.

[78] *Scholz* NZG 2006, 445, 449.

[79] *Krause/Pötzsch/Seiler* in Assmann/Pötzsch/Schneider, § 37 Rn. 67.

[80] Vgl. etwa den Fall der Turbon AG (BaFin, Jahresbericht 2011, S. 228f.).

[81] BT-Drucks. 14/7034, 82.

[82] *Braun* NZG 2008, 928, 931f., *Braun,* S. 237f.

[83] So *Krause/Pötzsch/Seiler* in Assmann/Pötzsch/Schneider, § 37 Rn. 74; *Hecker* in Baums/Thoma, § 37 Rn. 69; *Versteegen* in KK-WpÜG, § 37 Rn. 72; *Klepsch* in Steinmeyer, § 37 Rn. 50; *Harbarth* ZIP 2002, 321, 331f.; aA *Ekkenga* in Ehricke/Ekkenga/Oechsler, § 37 Rn. 34; *Brellochs* NZG 2012, 2015f.; vermittelnd: *Schlitt/Ries* in MüKoAktG, § 37 WpÜG Rn. 53; vgl. auch *Larisch/Bunz* NZG 2013, 1247, 1251, die bei

Erlangt der Bieter 30% oder mehr an einer nach § 291 AktG von einer anderen beherrschten Gesellschaft dürfte ohne weiteres Befreiung nach § 37 zu erteilen sein. Ähnliches soll in sog. Pacman-Fällen gelten, dh Fällen, in denen etwa zur Abwehr eines feindlichen Übernahmeangebotes die Zielgesellschaft ihrerseits Aktien des Bieters erwirbt und gem. § 328 Abs. 1 Satz 1 AktG in der Ausübung ihrer Stimmrechte beschränkt ist.[84] **56**

f) Unbedeutende Tochtergesellschaften. Nach § 9 Satz 2 Nr. 3 WpÜG-AngV kann eine Befreiung von der Pflicht zur Veröffentlichung der Kontrollerlangung und zur Abgabe eines Pflichtangebots auch dann erteilt werden, wenn aufgrund der Erlangung der Kontrolle über eine Gesellschaft mittelbar die Kontrolle an einer Zielgesellschaft erlangt wurde und der Buchwert der Beteiligung der Gesellschaft an der Zielgesellschaft weniger als 20% des buchmäßigen Aktivvermögens der Gesellschaft beträgt. **57**

Zweifelhaft ist, ob diese Regelung noch durch die Ermächtigung des Verordnungsgebers in § 37 Abs. 2 Satz 1 erfasst ist.[85] Danach können nämlich nur nähere Bestimmungen erlassen werden. Dies schließt nicht die Möglichkeit ein, neue Befreiungstatbestände zu begründen. Der in § 9 Satz 2 Nr. 3 WpÜG-AngV geregelte Fall lässt sich jedoch, auch wenn dies vom Gesetzgeber so wohl nicht gesehen wurde, als Fall der mit der Kontrolle beabsichtigten **Zielsetzung** erfassen;[86] jedenfalls kann im Rahmen der Ermessensausübung sichergestellt werden, dass nur solche Fälle erfasst werden. **58**

Dem Gesetzgeber ging es nach der Begründung um den Fall, dass bei dem Erwerb der Kontrolle an einer Gesellschaft, die über eine oder mehrere Tochtergesellschaften verfügt, die Anteile der Muttergesellschaft an diesen Tochtergesellschaften dem Antragsteller zugerechnet werden. Hält der Bieter nun mittelbar Stimmrechtsanteile von mindestens 30% an der Tochtergesellschaft, qualifiziert dies diese als Zielgesellschaft im Sinne des Gesetzes und löst, soweit die Tochtergesellschaft die weiteren Voraussetzungen des Gesetzes erfüllt, die Pflicht zur Veröffentlichung der Kontrollerlangung und zur Abgabe eines Pflichtangebots aus. Dies soll nun wiederum dazu führen, dass die Gefahr **59**

Bestehen eines Entherrschungsvertrages in bestimmten Fallkonstellationen schon keine Kontrollerlangung annehmen.

[84] *Hecker* in Baums/Thoma, § 37 Rn. 70; *Hommelhoff/Witt* in FrankfurterKom, § 37 Rn. 50 (Fn. 102); aA *Ekkenga/Hofschroer* DStR 2002, 768, 773, die schon keine Kontrollerlangung annehmen.

[85] So *Krause/Pötzsch/Seiler* in *Assmann/Pötzsch/Schneider,* § 37 Rn. 43; *Schlitt/Ries* in MüKoAktG, § 37 WpÜG Rn. 37; *Versteegen* in: KK-WpÜG, Anh. § 37 Rn. 49; *Krause/Pötzsch/Seiler* in Assmann/Pötzsch/Schneider, § 37 Rn. 53; *Hommelhoff/Witt* in Frankfurter Komm., § 37 Rn. 28; *Hecker* in Baums/Thoma, § 37 Rn. 115; *Ekkenga* in Ehricke/Ekkenga/Oechsler, § 37 Rn. 30, 51; *Harbarth* ZIP 2002, 321, 323; aA *Ekkenga/Hofschroer* DStR 2002, 768, 776.

[86] So auch *Hommelhoff/Witt* in Frankfurter Komm., § 37 Rn. 28; *Hecker* in Baums/Thoma, § 37 Rn. 115; *Noack/Zetzsche* in Schwark/Zimmer, KapitalmarktR, § 37 WpÜG Rn. 9; *Krause/Pötzsch/Seiler* in Assmann/Pötzsch/Schneider, § 37 Rn. 43, 53, § 9 WpÜG-AngV Rn. 64; 37 Abs. 1 Var. 1: *Versteegen* in KK-WpÜG, § 37 Rn. 52; *Schlitt/Ries* in MüKoAktG, § 37 WpÜG Rn. 37; § 37 Abs. 1 Var. 4: *Ekkenga* in Ehricke/Ekkenga/Oechsler, § 37 Rn. 29; § 37 Abs. 1 Var. 5: *Holzborn/Blank* NZG 2002, 948, 952.

besteht, dass Übernahmen erheblich verteuert und unter Umständen sogar völlig unmöglich gemacht werden. Das Ziel des Gesetzes, Übernahmen weder zu fördern noch zu verhindern, werde dadurch konterkariert.[87] Dabei wird ersichtlich davon ausgegangen, dass die Tochtergesellschaft nicht das eigentliche Ziel der Übernahme des Bieters ist. Hiervon ist insbesondere dann auszugehen, wenn der Wert der Tochtergesellschaft gegenüber dem Gesamtwert der Muttergesellschaft wirtschaftlich in den Hintergrund tritt. Der in Nr. 3 von § 9 Satz 2 WpÜG-AngV angegebene Grenzwert von weniger als **20% des buchmäßigen Aktivvermögens**[88] stellt insoweit lediglich eine Richtschnur dar.

60 Die Gesellschaft, die dem Bieter die Kontrolle über die Zielgesellschaft vermittelt, muss nach dem insoweit klaren Gesetzeswortlaut keine börsennotierte Gesellschaft sein, es geht also nicht darum, dass der Bieter statt des Pflichtangebots an die Aktionäre der Zielgesellschaft ein anderes Pflichtangebot an die Aktionäre der unmittelbar erworbenen Gesellschaft durchführen muss.[89]

61 Schwierigkeiten bereitet der Fall der Bestimmung des Buchwerts der Beteiligung bei zwischengeschalteten Zweckgesellschaften, die sonst keine anderen Vermögensgegenstände haben. Die BaFin stellt auf den Wertansatz im Einzelabschluss der unmittelbar an der Zielgesellschaft beteiligten Zwischengesellschaft ab, da sich nur aus diesem Einzelabschluss der konkrete Buchwert der Beteiligung an der Zielgesellschaft ergibt. Dieser Wert muss mit dem „buchmäßigen Aktivvermögen der Gesellschaft" ins Verhältnis gesetzt werden. Die BaFin stellt hierbei auf das Aktivvermögen aus dem Einzelabschluss der obersten Zwischengesellschaft ab. Hintergrund hierfür ist, dass Vergleichbarkeit durch ein Abstellen auf die Einzelabschlüsse gewährleistet werden soll und die Bedeutung der Beteiligung für eine Transaktion sich nur daraus ableiten lässt, welchen Umfang das buchmäßige Aktivvermögen der Gesellschaft hat, die vom Bieter unmittelbar erworben wurde. Für den Fall, dass die oberste Zwischengesellschaft keine inländische Gesellschaft ist, muss der Einzelabschluss der obersten Zwischengesellschaft auf die HGB-Vorschriften umgerechnet werden.

2. Interessenabwägung

62 Nach § 37 Abs. 1 muss im Rahmen der Ermessensausübung neben dem Vorliegen der vorgenannten Kriterien eine Abwägung der Interessen des Antragstellers und der (Minderheits-)Aktionäre der Zielgesellschaft vorgenommen werden. Diese Interessenabwägung hat im Lichte des Zwecks des Pflichtangebots, dem Schutz der Minderheitsaktionäre im Sinne eines Anlegerschutzes, zu erfolgen. Hiernach dürfte eine Befreiung immer dann nicht

---

[87] BT-Drucks. 14/7034, 82; vgl. auch *Riehmer/Schröder,* Beilage 5, BB 2001, 1, 10f.

[88] Kritisch *Schlitt/Ries* in MüKoAktG, §§ 9–12 WpÜG-AngV Rn. 47 Fn. 88.

[89] So auch *Hecker* in Baums/Thoma, § 37 Rn. 117f.; *Schlitt/Ries* in MüKoAktG, §§ 9–12 WpÜG-AngV Rn. 48; *Klepsch* in Steinmeyer, § 37 Rn. 44; *Versteegen* in KK-WpÜG, Anh. § 37 § 9 AngV Rn. 50; *Bernau* WM 2004, 809, 815f.; aA *Hommelhoff/Witt* in Frankfurter Komm., § 37 Rn. 30; *Ekkenga* in Ehricke/Ekkenga/Oechsler, § 37 Rn. 30.

erteilt werden, wenn aufgrund der mit der Kontrollerlangung durch den Antragsteller verfolgten Ziele eine **Neubewertung der Anlage des Minderheitsaktionärs** geboten ist. Die bloß allgemeine Möglichkeit einer solchen Neubewertung reicht hierfür allerdings nicht hin. Es muss vielmehr die Wahrscheinlichkeit einer Kursbeeinflussung gegeben sein, wobei die Gründe hierfür durchaus irrational sein können. Bei der Interessenabwägung ist mithin auch zu berücksichtigen, dass nach der gesetzgeberischen Wertung grundsätzlich ein Pflichtangebot abzugeben ist. Es muss daher für die Befreiung auch regelmäßig gefordert werden, dass **die Interessen des Bieters diejenigen des Minderheitsaktionärs erheblich überwiegen.**[90]

Bei der Interessenabwägung nach § 37 sind grundsätzlich nur die Interessen des Bieters und der anderen Aktionäre zu berücksichtigen. Die Interessen der Zielgesellschaft oder sonstiger Dritter dagegen nicht.[91] Auch die Interessen der Allgemeinheit bzw. des Kapitalmarkts als solchen sind nicht besonders zu berücksichtigen, da diese in der Gestalt der Interessen der Minderheitsaktionäre bereits berücksichtigt werden. 63

3. Nebenbestimmungen

Da die Befreiung von der Pflicht zur Veröffentlichung der Kontrollerlangung und zur Abgabe eines Pflichtangebots im Ermessen der BaFin steht, besteht nach § 36 Abs. 2 VwVfG die Möglichkeit, die Entscheidung über die Befreiung mit Nebenbestimmungen zu versehen. Nebenbestimmungen nach § 36 Abs. 2 VwVfG sind insbesondere **Befristungen, Bedingungen, Widerrufsvorbehalte, Auflagen** sowie der **Vorbehalt der nachträglichen Aufnahme, Änderung oder Ergänzung einer Auflage.** In Betracht wird insbesondere die auflösende Bedingung für den Fall kommen, dass sich an dem der Entscheidung über die Befreiung zugrunde liegenden Sachverhalt etwas ändert. Zu denken ist hier insbesondere an folgende Fälle: 64

- Wenn die Kontrollerlangung zum Zwecke einer Forderungssicherung erfolgte und der Sicherungszweck später entfällt, so dass der Antragsteller die Aktien uneingeschränkt hält (vgl. § 9 Satz 1 Nr. 4 WpÜG-AngV). 65
- Die Befreiung deswegen erfolgte, weil ein Dritter über einen höheren Stimmrechtsanteil verfügte, der Dritte aber einen Teil seiner Stimmrechte verliert und der Antragsteller dadurch die tatsächliche Kontrolle über die Zielgesellschaft erlangt (§ 9 Satz 2 Nr. 1 WpÜG-AngV). 66

---

[90] So auch *Hommelhoff/Witt* in Frankfurter Komm., § 37 Rn. 51; *Hecker* in Baums/Thoma, § 37 Rn. 20; *Versteegen* in KK-WpÜG, § 37 Rn. 26, 30; *Hecker* ZBB 2004, 41, 44; aA *Krause/Pötzsch/Seiler* in Assmann/Pötzsch/Schneider, § 37 Rn. 22, 82; *Schlitt/Ries* in MüKoAktG, § 37 Rn. 17; *Bernau* WM 2004, 809, 812; *Heuber,* S. 149.

[91] So auch BT-Drucks. 14/7034, 28; *Krause/Pötzsch/Seiler* in Assmann/Pötzsch/Schneider, § 37 Rn. 80; *Hecker* in Baums/Thoma, § 37 Rn. 15, 88; *Schlitt/Ries* in MüKoAktG, § 37 WpÜG Rn. 62; *Versteegen* in KK-WpÜG, § 37 Rn. 28; aA *Hommelhoff/Witt* in Frankfurter Komm., § 37 Rn. 53; *Ekkenga* in Ehricke/Ekkenga/Oechsler, § 37 Rn. 42; *Bernau* WM 2004, 809, 812, 818; *Holzborn/Blank* NZG 2002, 948, 954; *Holzborn/Friedhoff* BKR 2001, 114, 116; *Holzborn/Israel* WM 2004, 309, 310ff., *Braun,* S. 128.

67 – Wenn die Befreiung aufgrund der vergleichsweise hohen Hauptversammlungspräsenzen der Zielgesellschaft erteilt wurde und diese Hauptversammlungspräsenzen so weit absinken, dass der Antragsteller tatsächlich die Kontrolle über die Zielgesellschaft erlangt (§ 9 Satz 2 Nr. 2 WpÜG-AngV).

68 Alternativ zur auflösenden Bedingung kommt insbesondere in weniger eindeutigen Fällen die Kombination der Auflage, die BaFin über Veränderungen des Sachverhalts, der der Entscheidung über die Befreiung zugrunde lag, unverzüglich zu informieren, mit dem Vorbehalt des Widerrufs in Betracht. Die BaFin wird auf diese Weise sicherstellen, dass es über Veränderungen des Sachverhalts, der ihrer Entscheidung zugrunde lag, informiert wird. Auf Grundlage dieser neuen Information wäre sie dann in die Lage versetzt, ihre Entscheidung zu überprüfen und ggf. die Befreiung von den Pflichten des § 35 zu widerrufen.

69 Daneben kommen aber selbstverständlich auch andere Nebenbestimmungen in Betracht. In den Fällen etwa, in denen die Befreiung mit der Begründung beantragt wurde, dass die Schwelle des § 29 Abs. 2 nur vorübergehend erreicht würde, kann die Befreiung an die auflösende Bedingung geknüpft werden, dass der Antragsteller tatsächlich bis zu einem bestimmten Zeitpunkt wieder über weniger als 30% der Stimmrechte der Zielgesellschaft verfügt.

V. Rechtsschutz

70 Zu Fragen des Rechtsschutzes wird auf die entsprechenden Ausführungen zu § 36 (→ § 36 Rn. 26) sowie zu § 35 (→ § 36 Rn. 59ff.) verwiesen.

VI. Änderungen der Entscheidungsgrundlage

71 Treten nach Befreiungserteilung durch die BaFin Änderungen der Entscheidungsgrundlage, dh insbesondere des Sachverhalts auf, stellt sich die Frage, ob die BaFin die Befreiung aufheben kann. Die BaFin umgeht diese Problematik, wenn sie die Befreiung mit einer entsprechenden Nebenbestimmung versehen hat, insbesondere mit einer auflösenden Bedingung oder einem Widerrufsvorbehalt.

1. Rücknahme der Befreiung

72 Nach allgemeinem Verwaltungsrecht ist eine Rücknahme der Befreiung nach § 48 VwVfG möglich. Dies setzt jedoch voraus, dass die Befreiung rechtswidrig ist. Von entscheidender Bedeutung ist insoweit, welches der **maßgebliche Zeitpunkt** für die Feststellung der Rechtswidrigkeit ist. Nach richtiger Auffassung kommt es für die Beurteilung der Rechtswidrigkeit der Befreiung auf den Zeitpunkt des Erlasses an.[92] Dies folgt aus der Regelung der §§ 49 Abs. 2 Nr. 3 und 4 VwVfG, die gerade die Frage der Rechtswidrigkeit aufgrund Änderungen im Sachverhalt regeln. Sie implizieren aber eindeutig, dass die Befreiung als solche in diesen Fällen rechtmäßig ist, auch

[92] *Kopp/Ramsauer,* § 48 Rn. 57ff.; *Sachs* in Stelkens/Bonk/Sachs, § 48 Rn. 49ff.

wenn aufgrund des veränderten Sachverhalts die Erteilung der Befreiung nunmehr rechtswidrig wäre.

Von der Änderung des Sachverhalts sind neue Erkenntnisse über den der Befreiungsentscheidung zugrunde liegenden historischen Sachverhalt, etwa aufgrund neuer Beweismittel, zu unterscheiden. Sollte aufgrund des damals tatsächlich gegebenen Sachverhalts schon im Zeitpunkt des Erlasses der Entscheidung diese rechtswidrig gewesen sein, kommt deren Rücknahme bei Vorliegen der sonstigen Tatbestandsmerkmale des § 48 VwVfG in Betracht.[93] In diesen Fällen wird in der Regel eine Rücknahme der Befreiung nach § 48 Abs. 3 VwVfG möglich sein. 73

Der **Ausgleich eines Vermögensnachteils** durch die BaFin gegenüber dem Antragsteller wird dagegen in der Regel ausscheiden, da das Vertrauen des Antragstellers auf den Bestand der Befreiung in Abwägung mit den mit dem Pflichtangebot verfolgten Zwecken in der Regel nicht schutzwürdig sein dürfte. Der Antragsteller hat vielmehr stets damit zu rechnen, dass ihm die Pflicht zur Veröffentlichung der Kontrollerlangung und zur Abgabe des Pflichtangebots trifft, wenn er die tatsächliche Kontrolle über die Zielgesellschaft erlangt hat. 74

2. Widerruf der Befreiung

Der Widerruf einer ursprünglich rechtmäßig erteilten Befreiung durch die BaFin kann nach § 49 VwVfG erfolgen. Ein Widerruf kommt in der Regel nur nach § 49 Abs. 2 VwVfG in Betracht. Der häufigste Anwendungsfall im Rahmen dieser Vorschrift wird § 49 Abs. 2 Nr. 1 VwVfG sein, wonach ein rechtmäßig begünstigender Verwaltungsakt mit Wirkung für die Zukunft widerrufen werden darf, wenn der Widerruf im Verwaltungsakt vorbehalten ist. Da die BaFin die Befreiung nach § 37 häufig mit dem **Vorbehalt des Widerrufs** erteilen wird, kann sie, wenn die Möglichkeit des Widerrufs entsprechend ausgestaltet ist, bei Änderung des der Befreiungsentscheidung zugrunde liegenden Sachverhalts die Befreiung mit Wirkung für die Zukunft widerrufen. Die Pflichten des Antragstellers nach § 35 leben dann wieder auf. 75

Ein Widerruf kommt nach § 49 Abs. 2 Nr. 3 VwVfG daneben in der Regel wohl nur in Betracht, wenn die BaFin aufgrund nachträglich eingetretener Tatsachen berechtigt wäre, die Befreiung nicht zu erteilen, und wenn ohne den Widerruf das öffentliche Interesse gefährdet wäre. Nach allgemeinem Verwaltungsrecht ist der Begriff der **Gefährdung des öffentlichen Interesses** eng auszulegen. Der Widerruf der Befreiung muss danach zur Abwehr einer Gefährdung des öffentlichen Interesses erforderlich sein.[94] Das öffentliche Interesse muss sich aus dem Aufgabenbereich der BaFin ergeben.[95] 76

Nach § 4 Abs. 1 hat die BaFin Missständen entgegenzuwirken, welche die ordnungsgemäße Durchführung des Verfahrens nach dem Gesetz beeinträchtigen oder erhebliche Nachteile für den Wertpapiermarkt bewirken können. Das geschützte Gemeinschaftsgut im Rahmen des Gesetzes ist daher der 77

---

[93] *Kopp/Ramsauer,* § 48 Rn. 61.
[94] *Kopp/Ramsauer,* § 49 Rn. 48.
[95] Vgl. *Kopp/Ramsauer,* § 49 Rn. 48; *Sachs* in Stelkens/Bonk/Sachs, § 49 Rn. 72.

Wertpapiermarkt (Funktionsfähigkeit des Kapitalmarkts und Wettbewerbsfähigkeit des Finanzplatzes Deutschland). Der durch das Gesetz und insbesondere durch das Pflichtangebot beabsichtigte Schutz von Minderheitsaktionären im Sinne eines Anlegerschutzes ist als solcher nicht hinreichend, um im Einzelfall ein öffentliches Interesse im Sinne des § 49 Abs. 2 Nr. 3 VwVfG, das den Widerruf einer Befreiung nach § 37 rechtfertigt, zu begründen. Die BaFin wird gut beraten sein, um diesem Problem aus dem Weg zu gehen, Befreiungen, soweit dies gerechtfertigt werden kann, grundsätzlich nur unter einer auflösenden Bedingung oder unter Widerrufsvorbehalt zu erteilen.

78 Hinsichtlich der nach § 49 Abs. 6 VwVfG in dem Fall des § 49 Abs. 2 Nr. 3 VwVfG grundsätzlich geschuldeten Entschädigung wird, wie bei § 48 VwVfG,[96] in der Regel davon auszugehen sein, dass das Vertrauen des Antragstellers nicht schutzwürdig ist.

3. Wiederaufleben der Pflichten nach § 35 Abs. 1 trotz Bestand der Befreiung?

79 Dem Zweck des Minderheitenschutzes würde es entsprechen, die Pflichten nach § 35 wieder aufleben zu lassen, wenn sich entweder herausstellt, dass sich nachträglich der Sachverhalt so geändert hat, dass eine Befreiung nicht mehr gerechtfertigt ist oder aber bei Kenntnis des tatsächlichen Sachverhaltes bei Befreiungserteilung diese nicht hätte erteilt werden dürfen. Dem steht jedoch der Grundsatz der Bestandskraft von Verwaltungsakten, der auch die Entscheidung über die Erteilung der Befreiung erfasst, entgegen. Hiernach kann sich der Antragsteller auf die Befreiung solange berufen, wie sie nicht durch die BaFin aufgehoben wurde.[97] Dies folgt aus der Regelung der §§ 43 ff. VwVfG.

80 Der Bieter kann Aktien daher auch hinzuerwerben, ohne den Bestand der gewährten Befreiung zu gefährden, es sei denn, ein solcher Fall löste einen mit der Befreiung verbundenen Widerrufsvorbehalt aus.[98]

VII. Ermächtigung zum Erlass einer Rechtsverordnung

81 Der Gesetzgeber hat dem Bundesministerium der Finanzen in Abs. 2 Satz 1 die Möglichkeit eingeräumt, durch Rechtsverordnung nähere Bestimmungen über die Befreiung von der Pflicht zur Veröffentlichung der Kontrollerlangung und zur Abgabe eines Pflichtangebots zu erlassen, um angesichts der Vielzahl der denkbaren Fälle die erforderliche Rechtssicherheit für

---

[96] Vgl. → Rn. 74.

[97] Vgl. *Hecker* in Baums/Thoma, § 37 Rn. 129; *Versteegen* in KK-WpÜG, § 37 Rn. 95 f.; *Schlitt/Ries* in MüKoAktG, § 37 WpÜG Rn. 72 f.; vgl. auch *Krause/Pötzsch/Seiler* in Assmann/Pötzsch/Schneider, § 37 Rn. 106; aA *Holzborn/Blank* NZG 2002, 948, 954; *Holzborn/Friedhoff* BKR 2001, 114, 116, die die Bestandskraft des befreienden Verwaltungsaktes ignorieren.

[98] So auch *Hommelhoff/Witt* in Frankfurter Komm., § 37 Rn. 80; *Krause/Pötzsch/Seiler* in Assmann/Pötzsch/Schneider, § 37 Rn. 105; *Hecker* in Baums/Thoma, § 37 Rn. 129; *Schlitt/Ries* in MüKoAktG, § 37 WpÜG Rn. 69 ff.; *Versteegen* in KK-WpÜG, § 37 Rn. 95; *Habersack,* ZHR 166 (2002), 619, 623 f.; *v. Bülow/Bücker,* Der Konzern 2003, 185, 197; aA *Harbarth* ZIP 2002, 321, 324 f.; vgl. auch *Diregger/Winner* WM 2002, 1583, 1585 f.

die Beteiligten zu schaffen.[99] Von dieser Möglichkeit hat das Bundesministerium der Finanzen durch Erlass der WpÜG-AngV Gebrauch gemacht.

Nach Satz 2 kann das Bundesministerium der Finanzen die Ermächtigung durch Rechtsverordnung auf die BaFin übertragen. Von dieser Möglichkeit hat das Bundesministerium der Finanzen bisher nicht Gebrauch gemacht. 82

§ 38 Anspruch auf Zinsen

Der Bieter ist den Aktionären der Zielgesellschaft für die Dauer des Verstoßes zur Zahlung von Zinsen auf die Gegenleistung in Höhe von fünf Prozentpunkten auf das Jahr über dem jeweiligen Basiszinssatz nach § 247 des Bürgerlichen Gesetzbuchs verpflichtet, wenn

1. er entgegen § 35 Abs. 1 Satz 1 keine Veröffentlichung gemäß § 10 Abs. 3 Satz 1 vornimmt,

2. er entgegen § 35 Abs. 2 Satz 1 kein Angebot gemäß § 14 Abs. 3 Satz 1 abgibt oder

3. ihm ein Angebot im Sinne des § 35 Abs. 2 Satz 1 nach § 15 Abs. 1 Nr. 1, 2 oder 3 untersagt worden ist.

Schrifttum: S. § 35

Übersicht

I. Allgemeines

1 § 38 ordnet die Pflicht zur Zahlung von Zinsen als eine Sanktion bei Verstößen gegen § 35 an; sie kann als eine in Art. 17 Übernahmerichtlinie vorgesehene abschreckende Sanktion angesehen werden.[1] Neben der in § 38 vorgesehenen Sanktion, ist auf die in §§ 59ff. vorgesehenen weiteren Sanktionen hinzuweisen. Die mit der Sanktion des § 38 einhergehende Belastung des Bieters wird vereinzelt wegen der in Einzelfällen auflaufenden hohen Zinsen als **verfassungsrechtlich bedenklich** angesehen.[2] Diese Bedenken werden jedoch überwiegend nicht geteilt, da die Verzinsungspflicht eben ein gegen die Pflichten aus § 35 verstoßendes Verhalten und damit mindestens

[99] BT-Drucks. 14/7034, 61.

[1] *Steinmeyer* in Steinmeyer, § 38 Rn. 1

[2] *Kremer/Oesterhaus* in KK-WpÜG, § 38 Rn. 3.

das „Kennenmüssen" der Kontrollerlangung,[3] voraussetzt.[4] Ferner müssen die Minderheitsaktionäre auch einen Ausgleich für die verspätete Durchführung eines Pflichtangebots und damit der späteren Möglichkeit der Veräußerung ihrer Wertpapiere zu einem angemessenen Preis haben.

2 § 38 wird teilweise als unselbständige Nebenforderung der im Pflichtangebot vorzusehenden Gegenleistung oder – dogmatisch verwandt – als vertragsgestaltende Bestimmung angesehen,[5] jeweils mit dem Ergebnis, dass durch § 38 kein eigenständiger, von den aus der Annahme des Pflichtangebots folgenden unabhängiger Anspruch begründet wird. Zutreffenderweise wird man allerdings einen **eigenständigen Anspruch** annehmen müssen, der unabhängig von der Abgabe des Pflichtangebots entsteht.[6] Hierfür spricht, dass § 38 vom Wortlaut her gerade nicht verlangt, dass die Zinsen nur dem ein Pflichtangebot annehmenden Aktionär zustehen.[7] Auch setzt keiner[8] der drei von § 38 geregelten Fällen die Abgabe eines Pflichtangebots voraus. Anspruchsinhaber kann indes nur derjenige Minderheitsaktionär sein, der darlegen und ggf. beweisen kann, dass er das Pflichtangebot angenommen hätte.[9] Einen Grund, warum Anleger, die auch eingedenk der Kontrollerlangung durch einen neuen Mehrheitsaktionär weiterhin auf die Erträge aus ihren Wertpapieren setzen, darüber hinaus noch einen (weiteren) Anspruch auf Verzinsung ihrer Investition haben sollten, gibt es nicht.

II. Zinspflicht

3 Der Bieter ist den Aktionären für die Dauer des Verstoßes gegen die Vorschriften des § 35 zur Verzinsung der in dem Übernahmeangebot vorzusehenden Gegenleistung verpflichtet. Ein Unterschreiten der Kontrollschwelle beendet nicht die Verzinsungspflicht des § 38.[10] Trifft eine Pflicht aus § 35 sowohl Tochter- als auch Mutterunternehmen und wird sie von keinem von

---

[3] *Kremer/Oesterhaus* ist zuzugeben, dass in deren Beispiel des Zukaufs von Konzerntöchtern im Zweifel ein Kennenmüssen bejaht würde, zugleich zeigt das Beispiel jedoch auch das Erfordernis eines weltweit funktionierenden Compliance- und Meldesystems.

[4] Vgl. *Steinmeyer* in Steinmeyer, § 38 Rn. 1; *Hecker* in Baums/Thoma, § 38 Rn. 7.

[5] *Hommelhoff/Witt* in Frankfurter Komm., § 38 Rn. 31 f.; *Assmann* in Assmann/Pötsch/Schneider, § 38 Rn. 7; *Kremer/Oesterhaus* in KK-WpÜG, § 38 Rn. 1, 25; *Noack* LMK 2006, 204721; ausführlich: *Simon,* Rechtsschutz im Hinblick auf ein Pflichtangebot nach § 35 WpÜG (2005), Kapitel D. II 2, insb. S. 221 ff., *Simon* NZG 2005, 541, 543 f.

[6] So auch *Heusel* AG 2014, 232, 240 f.; *Schanz/Wedell* AG 615, 619; vgl. *Schneider* ZGR 2007, 440, 443; ferner *Hecker* in Baums/Thoma, § 38 Rn. 10; *Ihrig* ZHR 167 (2003), 315, 347 f.; *Wagner* NZG 2003, 718, 719; *Schnorbus* WM 2003, 657, 663; *Hoffmann-Becking* in liber amicorum Erichsen (2004), 47, 60.

[7] So auch *Heusel* AG 2014, 232, 240.

[8] *Heusel* AG 2014, 232, 240.

[9] *Heusel* AG 2014, 232, 241 f.; vgl. auch *Derst,* S. 103 ff.

[10] *Steinmeyer* in Steinmeyer, § 38 Rn. 16, Fn. 32; *Hecker* in Baums/Thoma, § 38 Rn. 33; *Kremer/Oesterhaus* in KK-WpÜG, § 38 Rn. 33; *Seibt* ZIP 2004, 1829, 1835; aA OLG Frankfurt aM v. 25.8.2003, AG 2004, 36, 37; *Fabritius* in VGR-Gesellschaftsrecht in der Diskussion 2003/2004, 45.

beiden erfüllt, haften beide Bieter für die Zinsen als **Gesamtschuldner** (§ 421 BGB).[11]

4 Bei **Bietergemeinschaften** trifft jedes Mitglied die gesamtschuldnerische Pflicht aus § 38, wenn es – wie regelmäßig – auch einzeln ein Pflichtangebot abgeben muss.[12]

5 Personen, die ebenfalls zur Durchführung eines Pflichtangebots verpflichtet sind, haben keinen Anspruch auf Zahlung von Zinsen.[13]

6 Die Zinszahlungspflicht aus § 38 setzt ihrem Wortlaut nach **kein Verschulden** voraus. Sie verlangt aber eine Verletzung der Pflichten aus § 35 und dies setzt wiederum ein Kennenmüssen des Kontrollerwerbs, also ein mindestens fahrlässiges Außerachtlassen der Pflichten voraus.[14]

7 Die Zinszahlungspflicht nach den Tatbeständen der Nr. 1 bis 3 des § 38 kann nur einmal ausgelöst werden.[15]

III. Zinshöhe

8 Die Gegenleistung ist in Höhe von fünf Prozentpunkten p. a. über dem jeweiligen Basiszinssatz zu verzinsen. Die Zinshöhe orientiert sich an § 288 Abs. 1 BGB.[16]

9 Basis der Zinsberechnung ist die Gegenleistung. Umstritten ist dabei, ob konkret auf die in dem jeweiligen Pflichtangebot vorgesehene[17] oder auf die nach dem Gesetz bestimmte **Mindestgegenleistung** abzustellen ist.[18] Fehlt es gänzlich an einem Pflichtangebot, ist auf die gesetzliche Mindestgegenleistung abzustellen.[19]

IV. Fälle

10 Die Fälle der Pflicht der Verzinsung der Gegenleistung sind in § 38 ausdrücklich geregelt, insgesamt gibt es drei Fälle.

---

[11] *Hommelhoff/Witt* in Frankfurter Komm., § 38 Rn. 30; *Steinmeyer* in Steinmeyer, § 38 Rn. 7; *Schlitt/Ries* in MüKoAktG, § 38 WpÜG Rn. 11; *Kremer/Oesterhaus* in KK-WpÜG, § 38 Rn. 41.

[12] *Kremer/Oesterhaus* in KK-WpÜG, § 38 Rn. 9; *Assmann* in Assmann/Pötzsch/Schneider, § 38 Rn. 6; aA *Hecker* in Baums/Thoma, § 38 Rn. 15.

[13] BGH BB 2006, 2432, 2434; *Steinmeyer* in Steinmeyer, § 38 Rn. 6.

[14] So auch *Hecker* in Baums/Thoma, § 38 Rn. 23, 41; *von Lingelsheim* in Heidel, § 38 WpÜG Rn. 1; *Noack/Zetzsche* in Schwark/Zimmer, KapitalmarktR, § 38 WpÜG Rn. 7; *Mülbert/Schneider* WM 2003, 2301, 2307; darüber hinaus allgemein ein Verschulden fordern: *Steinmeyer* in Steinmeyer § 38 Rn. 8; *Hommelhoff/Witt* in Frankfurter Komm., § 38 Rn. 16; *Schlitt/Ries* in MüKoAktG, § 38 WpÜG Rn. 23; *Kremer/Oesterhaus* in KK-WpÜG, § 38 Rn. 23 f.

[15] So auch *Hecker* in Baums/Thoma, § 38 Rn. 32; *Hommelhoff/Witt* in Frankfurter Komm., § 38 Rn. 20; *Schlitt/Ries* in MüKoAktG, § 38 WpÜG Rn. 21;

[16] Vgl. auch *Letzel* BKR 2002, 293, 303, hält dies für rechtspolitisch verfehlt und befürwortet daher eine Anknüpfung an § 288 Abs. 2 BGB.

[17] *Hommelhoff/Witt* in Frankfurter Komm., § 38 Rn. 27; *Kremer/Oesterhaus* in KK-WpÜG, § 38 Rn. 35 f.; *Steinmeyer* in Steinmeyer, § 38 Rn. 10.

[18] *Hecker* in Baums/Thoma, § 38 Rn. 64; *Ekkenga* in Ehricke/Ekkenga/Oechsler, § 38 Rn. 11; *Schlitt/Ries* in MüKoAktG, § 38 WpÜG Rn. 26 f.

[19] *Schanz/Wedell* AG 2011, 615, 619.

1. Keine Veröffentlichung

11 Die Verzinsungspflicht greift zunächst ein, wenn der Bieter nach § 35 Abs. 1 Satz 1 die Pflicht zur Veröffentlichung der Kontrollerlangung nicht unverzüglich in der nach § 10 Abs. 3 Satz 1 gebotenen Form vornimmt.[20]

12 Die Pflicht nach Nr. 1 wird nicht durch irgendeine Veröffentlichung ausgeschlossen, sondern die Veröffentlichung muss den Bieter, die Zielgesellschaft, die Kontrollerlangung und die Höhe des Stimmrechtsanteils erkennen lassen (§ 35 Abs. 1 Satz 1) sowie in der gebotenen Weise (§ 10 Abs. 3 Satz 1) erfolgen. Andere Mängel der Veröffentlichung begründen die Zinszahlungspflicht nach § 38 nicht.[21]

13 Da die Verweisung in § 38 Nr. 1 auf § 35 Abs. 1 Satz 1 ohne Einschränkung erfolgt, greift die Zinszahlungspflicht nicht erst dann ein, wenn die Veröffentlichung nicht binnen der 7-Tage-Frist des § 35 Abs. 1 Satz 1, sondern schon, wenn sie nicht unverzüglich erfolgt.

14 Die Zinszahlungspflicht endet mit der Veröffentlichung der Angebotsunterlage, auch wenn zuvor die Kontrollerlangung nicht veröffentlicht wurde, da ein berechtigtes Bedürfnis zur zusätzlichen Veröffentlichung der Kontrollerlangung dann nicht mehr gegeben ist.[22]

2. Kein Angebot

15 Die Pflicht zur Verzinsung greift weiter ein, wenn der Bieter entgegen § 35 Abs. 2 kein Angebot gem. § 14 Abs. 3 Satz 1 abgibt. Die Zinszahlungspflicht nach § 38 Nr. 2 knüpft mithin an die mangelnde Abgabe eines Angebots an. Daraus folgt zunächst, dass sie auch eingreift, wenn binnen der 4-Wochen-Frist des § 35 Abs. 1 Satz 1 der BaFin keine Angebotsunterlage übermittelt wird.[23] Weiterhin greift sie aber auch dann ein, wenn die Angebotsunterlage nicht unverzüglich nach Gestattung durch die BaFin oder 10 Werktage nach deren Eingang bei der BaFin veröffentlicht wird. Die in der Literatur vertretene Auffassung, wonach § 38 Nr. 2 ersteren Fall nicht erfasst, legt zwar die Vorschrift gegen ihren Wortlaut und Zweck unnötig eng aus; denn auch wer nicht rechtzeitig der BaFin die Angebotsunterlage zur Billigung übermittelt, gibt kein Angebot iSv § 35 Abs. 2 Satz 1 ab. Nachdem sich der BGH nunmehr aber diese Auffassung zu eigen gemacht hat,[24] prägt sie die Rechtspraxis. Richtig ist sie deswegen allerdings nicht. Nimmt man

---

[20] Vgl. → § 35 Rn. 50ff.

[21] Vgl. *Hommelhoff/Witt* in Frankfurter Komm., § 38 Rn. 10; *Steinmeyer* in Steinmeyer, § 38 Rn. 15; *Kremer/Oesterhaus* in KK-WpÜG, § 38 Rn. 12; *Hecker* in Baums/Thoma, § 38 Rn. 19.

[22] So auch *Steinmeyer* in Steinmeyer, § 38 Rn. 16; *Hecker* in Baums/Thoma, § 38 Rn. 32; *Schlitt/Ries* in MüKoAktG, § 38 WpÜG Rn. 31.

[23] So auch *Steinmeyer* in Steinmeyer, § 38 Rn. 20; aA *Kremer/Oesterhaus* in KK-WpÜG, § 38 Rn. 17; *Hommelhoff/Witt* in Frankfurter Komm., § 38 Rn. 20; *Schlitt/Ries* in MüKoAktG, § 38 WpÜG Rn. 17; *Noack/Zetzsche* in Schwark/Zimmer, KapitalmarktR, § 38 WpÜG Rn. 4; *Hecker* in Baums/Thoma, § 38 Rn. 37, 56, Fn. 101.

[24] BGH v. 11.6.2013, NZG 2013, 939, 942; im Ergebnis zustimmend *Merkner/Sustmann* NZG 2013, 1087, 1090.

nämlich mit dem BGH an, das eine Verzinsungspflicht nach § 38 nur besteht, wenn der Bieter letztlich ein Angebot abgibt, so werden zum einem die schwersten Verstöße gegen § 35, bei denen pflichtwidrig ein Angebot schlicht nicht abgegeben wird, durch § 38 überhaupt nicht sanktioniert und zum anderen ein Anreiz geschaffen, durch § 38 sanktionierte Verstöße gegen § 35 nicht durch Abgabe eines Pflichtangebots zu heilen, gerade wenn diese bereits über einen erheblichen Zeitraum andauern, da durch die Fortdauer des Verstoßes die Verzinsungspflicht des § 38 vermieden werden kann.[25]

Die Verzinsungspflicht endet mit Veröffentlichung einer gebilligten Ange- **16**
botsunterlage. Die Zinsen werden in die Höhe der Angebotsgegenleistung einberechnet.

3. Mangelhaftes Angebot

Die Zinspflicht greift schließlich auch dann ein, wenn die BaFin dem Bie- **17**
ter nach § 15 Abs. 1 Nr. 1, 2 oder 3 die Abgabe eines Pflichtangebots untersagt hat. Die Zinszahlungspflicht beginnt mit der Bekanntgabe der Untersagungsverfügung (§ 43 iVm § 41 VwVfG).[26] Die Zinszahlungspflicht endet nach Veröffentlichung einer gebilligten Angebotsunterlage.[27]

§ 39 Anwendung der Vorschriften des Abschnitts 3 und 4

Für Angebote nach § 35 Abs. 2 Satz 1 gelten mit Ausnahme von § 10 Abs. 1 Satz 1, § 14 Abs. 1 Satz 1, § 16 Abs. 2, § 18 Abs. 1, §§ 19, 25, 26 und 34 die Vorschriften der Abschnitte 3 und 4 sinngemäß.

Schrifttum: S. § 35

Übersicht

---

[25] *Heusel* AG 2014, 232, 241.

[26] *Hommelhoff/Witt* in Frankfurter Komm., § 38 Rn. 19; *Steinmeyer* in Steinmeyer, § 38 Rn. 26; *Schlitt/Ries* in MüKoAktG, § 38 WpÜG Rn. 34; *Ekkenga* in Ehricke/Ekkenga/Oechsler, § 38 Rn. 7; *Kremer/Oesterhaus* in KK-WpÜG, § 38 Rn. 30. *Hecker* in Baums/Thoma, § 38 Rn. 42, 48, 51.

[27] *Hommelhoff/Witt* in Frankfurter Komm., § 38 Rn. 19; *Schlitt/Ries* in MüKoAktG, § 38 WpÜG Rn. 35; aA schon mit Übermittlung der Angebotsunterlage *Steinmeyer* in Steinmeyer, § 38 Rn. 26; *Hecker* in Baums/Thoma, § 38 Rn. 42, 48, 51; *Kremer/Oesterhaus* in KK-WpÜG, § 38 Rn. 32.

I. Anwendung der Vorschriften der Abschnitte 3 und 4

1 Aufgrund der Privilegierung der durch ein Übernahmeangebot bedingten Erlangung der Kontrolle über die Zielgesellschaft nach § 35 Abs. 3 müssen Übernahmeangebote und Pflichtangebote grundsätzlich denselben Vorschriften genügen. § 39 ordnet daher an, dass für die nach § 35 Abs. 2 abzugebenden Pflichtangebote neben den allgemeinen für Angebote geltenden Vorschriften des Abschnitts 3 auch die für Übernahmeangebote geltenden Vorschriften des Abschnitts 4 entsprechend gelten.

II. Ausnahmen

2 § 39 macht von der durch ihn grundsätzlich angeordneten Anwendung der Vorschriften des Abschnitts 3 und 4 auf das Pflichtangebot bestimmte Ausnahmen.

1. § 10 Abs. 1 Satz 1

3 Diese Vorschrift ist bei Pflichtangeboten nicht anwendbar, da bei ihnen das Verfahren mit der Mitteilung über das Erlangen der Kontrolle nach § 35 Abs. 1 Satz 1 und nicht mit der in § 10 Abs. 1 Satz 1 geregelten Entscheidung zur Abgabe eines Angebots beginnt. Da die Sätze 2 und 3 von § 10 Abs. 1 die Anwendung von § 10 Abs. 1 Satz 1 voraussetzen, finden auch sie bei Pflichtangeboten keine Anwendung.[1]

2. § 14 Abs. 1 Satz 1

4 Diese Vorschrift regelt die Frist, in der der Bieter die Angebotsunterlage der BaFin zu übermitteln hat. Für Pflichtangebote gilt insoweit die besondere

[1] *Pötzsch/Assmann* in Assmann/Pötzsch/Schneider, § 39 Rn. 12; *Hommelhoff/Witt* in Frankfurter Komm., § 39 Rn. 13; *Schlitt/Ries* in MüKoAktG, § 39 WpÜG Rn. 20; *Baums/Hecker* in Baums/Thoma, § 39 Rn. 46; aA *von Lingelsheim* in Heidel, § 39 WpÜG Rn. 3.

Vorschrift des § 35 Abs. 2 Satz 1, die auch nach allgemeinen Regeln § 14 Abs. 1 Satz 1 verdrängen würde.

3. § 16 Abs. 2

§ 16 Abs. 2 eröffnet bei erfolgreichen Übernahmeangeboten denjenigen Aktionären, die das Angebot zunächst nicht angenommen haben, die Möglichkeit, dieses innerhalb von zwei Wochen nach Ablauf der Annahmefrist doch noch anzunehmen.[2] Da beim Pflichtangebot der Bieter bereits Kontrolle ausübt, besteht kein Bedürfnis, den Minderheitsaktionären eine über die in § 16 Abs. 1 genannte Annahmefrist hinausgehende weitere Annahmefrist zu gewähren.[3] Eine analoge Anwendung auf Fälle, in denen der Bieter während der Annahmefrist die Schwelle von 30% unterschreitet,[4] lässt der klare Gesetzeswortlaut nicht zu. 5

4. § 18 Abs. 1

§ 18 Abs. 1 untersagt es, ein Angebot mit Bedingungen zu versehen, deren Eintritt der Bieter und mit ihm gemeinsam handelnde Personen oder deren Tochterunternehmen oder im Zusammenhang mit dem Angebot für diese Personen und Unternehmen tätige Berater ausschließlich selbst herbeiführen können. Dies legt den Umkehrschluss nahe, dass Bedingungen im Pflichtangebot grundsätzlich zulässig seien. Der Ausschluss der Anwendung von § 18 Abs. 1 ist daher gesetzestechnisch nicht glücklich gewählt. Aus der unbedingten gesetzlichen Pflicht zur Abgabe eines Pflichtangebots folgt vielmehr, dass dieses grundsätzlich **bedingungsfeindlich** ist.[5] Das schließt jedoch nicht aus, dass das Pflichtangebot an bestimmte, zwingende Bedingungen, insbesondere den Nichteintritt gesetzlicher Vollzugsverbote, geknüpft werden kann. 6

Eine Zustimmung der Gesellschafterversammlung oder sonstiger Organe des Bieters kann hingegen nicht zur Bedingung des Pflichtangebots gemacht werden.[6] Der Bieter muss etwaige Zustimmungserfordernisse, etwa aus der Holzmüller/Gelatine-Rechtsprechung oder notwendige Satzungsänderungen bereits bei Aufbau der Kontrollstellung erfüllen. 7

Ein Bieter kann mit der Durchführung eines Übernahme- statt eines Pflichtangebots sein Angebot jederzeit von den nach § 18 zulässigen Bedingungen abhängig machen. Es genügt, dass die Absicht der Durchführung eines Übernahmeangebotsangebots vor der Kontrollerlangung gemäß § 10 veröffentlicht wird. 8

5. § 19

§ 19 regelt den Fall, in dem ein auf bestimmte Anteile oder eine bestimmte Anzahl der Wertpapiere beschränktes Angebot von Inhabern angenommen 9

---

[2] BT-Drucks. 14/7034, 61 f.

[3] BT-Drucks. 14/7034, 62.

[4] So aber *v. Bülow* in KK-WpÜG, § 39 Rn. 47.

[5] *Hommelhoff/Witt* in Frankfurter Komm., § 39 Rn. 16; *Schlitt/Ries* in MüKoAktG, § 39 WpÜG Rn. 23; *Baums/Hecker* in Baums/Thoma, § 39 Rn. 51 iVm § 35 Rn. 230; *Pötzsch/Assmann* in Assmann/Pötzsch/Schneider, § 39 Rn. 17 f.

[6] *v. Bülow* in KK-WpÜG, § 39 Rn. 63.

wird, die eine höhere Anzahl von Anteilen oder Wertpapieren innehaben. Diese Vorschrift kann schon nach allgemeinen Grundsätzen im Rahmen des Pflichtangebotes (und des Übernahmeangebotes) keine Anwendung finden, da diese Angebote zwingend als Angebote zur Übernahme sämtlicher Aktien der Zielgesellschaft ausgestaltet werden müssen (arg. § 32).

6. § 25

10 § 25 regelt die Frist, in der ein Beschluss über das Angebot eines Bieters in dessen Gesellschafterversammlung herbeizuführen ist, für den Fall, dass dieser das Angebot unter der Bedingung eines entsprechenden Beschlusses abgegeben hat. Solche Bedingungen sind bei einem Pflichtangebot unzulässig (→ Rn. 7).

7. § 26

11 § 26 ordnet eine Sperrfrist für die Abgabe eines erneuten Übernahmeangebots bei dessen Untersagung oder Scheitern mangels Erreichens einer Mindestannahmeschwelle an. Diese Regelung passt offensichtlich nicht auf Pflichtangebote, da sie dazu führen würde, dass der Zweck des Anlegerschutzes (die Möglichkeit einer kurzfristigen Veräußerung der Aktien nach Kontrollerwerb des Bieters) konterkariert wird. Daher kann die in § 26 vorgesehene Sperrfrist nach Kontrollerlangung nicht greifen. Sie würden die Minderheitsaktionäre benachteiligen. Der Bieter muss vielmehr bei Untersagen eines Angebots unverzüglich erneut der BaFin eine Angebotsunterlage zur Billigung vorlegen und anschließend das Verfahren durchführen.[7]

8. § 34

12 § 34 verweist für den 4. Abschnitt entsprechend der Regelung des § 39 für Übernahmeangebote auf die entsprechende Geltung der Vorschriften des Abschnitts 3. Da § 39 für Pflichtangebote eine abschließende Regelung enthält, die sowohl, allerdings mit bestimmten Ausnahmen, auf die Vorschriften des 3. als auch des 4. Abschnitts verweist, bedarf es einer Anwendung des § 34 im Rahmen des Pflichtangebotes nicht.

III. Besonderheiten bei der sinngemäßen Anwendung einzelner Vorschriften

1. § 11 Abs. 2 Satz 2 Nr. 5

13 Die Vorschrift bestimmt, dass die Angebotsunterlagen Angaben über die Bedingungen zu enthalten haben, von denen die Wirksamkeit des Angebots abhängt. Seine Nichtanwendbarkeit auf das Pflichtangebot wird aus dessen Bedingungsfeindlichkeit geschlossen.[8] Dies schließt jedoch in gesetzlich

---

[7] *Pötzsch/Assmann* in Assmann/Pötzsch/Schneider, § 39 Rn. 25; *Baums/Hecker* in Baums/Thoma, § 39 Rn. 54ff.; *Schlitt/Ries* in MüKoAktG, § 39 WpÜG Rn. 28; *Ekkenga* in Ehricke/Ekkenga/Oechsler, § 39 Rn. 9; *v. Bülow* in KK-WpÜG, § 39 Rn. 76f.; *Noack/Zetzsche* in Schwark/Zimmer, KapitalmarktR, § 39 WpÜG Rn. 10.

[8] *Schlitt/Ries* in MüKoAktG, § 39 WpÜG Rn. 25.

zwingenden Fällen nicht aus, dass das Pflichtangebot an Bedingungen geknüpft wird und bei deren mangelnden Eintritt nicht durchgeführt werden darf. Solche Bedingungen sind in der Angebotsunterlage selbstverständlich zu beschreiben.[9]

2. § 11 Abs. 2 Satz 3 Nr. 1

Im Hinblick auf § 11 Abs. 2 Satz 3 Nr. 1 ist nicht fraglich, ob er auf das Pflichtangebot anzuwenden ist, sondern was im Zusammenhang mit dem Pflichtangebot unter den „Auswirkungen eines erfolgreichen Angebots" zu verstehen ist. Dies meint wie bei einem Übernahmeangebot die Auswirkungen für den Fall, dass sämtliche außenstehende Aktionäre der Zielgesellschaft das Angebot annehmen.[10] 14

3. § 11 Abs. 4 iVm § 2 Nr. 12 WpÜG-AngV

§ 11 Abs. 4 schreibt iVm § 2 Nr. 12 WpÜG-AngV vor, dass die Angebotsunterlage Angaben zu dem auf den durch die Annahme des Angebots zustande kommenden Vertrag anwendbaren Recht zu enthalten hat. Dies gilt auch für das Pflichtangebot.[11] 15

4. § 15 Abs. 1 Nr. 3

Die Vorschrift sieht vor, dass die BaFin ein Angebot untersagt, wenn ihr keine Angebotsunterlage übermittelt wurde. Sie gilt auch für das Pflichtangebot, wie sich aus § 38 Nr. 3 ergibt, was aber auch der Sache nach geboten ist, da die BaFin die Veröffentlichung eines Angebots untersagen können muss, das ein Bieter veröffentlicht, ohne zuvor die Angebotsunterlage der BaFin übermittelt zu haben.[12] Die Untersagung hat in diesem Fall keinen Einfluss auf die **fortbestehende Pflicht zur Abgabe eines rechtmäßigen Angebots.** 16

---

[9] *Pötzsch/Assmann* in Assmann/Pötzsch/Schneider, § 39 Rn. 29; *v. Bülow* in KK-WpÜG, § 39 Rn. 72; *Noack/Zetzsche* in Schwark/Zimmer, KapitalmarktR, § 39 WpÜG Rn. 8; *Hommelhoff/Witt* in Frankfurter Komm., § 39 Rn. 26.

[10] *Pötzsch/Assmann* in Assmann/Pötzsch/Schneider, § 39 Rn. 29; *v. Bülow* in KK-WpÜG, § 39 Rn. 14; nach *Schlitt/Ries* in MüKoAktG, § 39 WpÜG Rn. 10, seien – entgegen der Praxis – auch die Auswirkungen in dem Fall zu beschreiben, dass nicht alle Adressaten das Angebot annehmen, Sinn und Zweck dieser Anforderung erschließen sich aber nicht.

[11] *Pötzsch/Assmann* in Assmann/Pötzsch/Schneider, § 39 Rn. 29; *Baums/Hecker* in Baums/Thoma, § 35 Rn. 225.

[12] So auch *Hommelhoff/Witt* in Frankfurter Komm., § 39 Rn. 27; *Pötzsch/Assmann* in Assmann/Pötzsch/Schneider, § 39 Rn. 33; *Schlitt/Ries* in MüKoAktG, § 39 WpÜG Rn. 12; *Noack/Zetzsche* in Schwark/Zimmer, KapitalmarktR, § 39 WpÜG Rn. 11; aA *Baums/Hecker* in Baums/Thoma, § 39 Rn. 6 iVm § 35 Rn. 261; *v. Bülow* in KK-WpÜG, § 39 Rn. 16f.; *Ekkenga* in Ehricke/Ekkenga/Oechsler, § 39 Rn. 11.

5. § 15 Abs. 1 Nr. 4

17 Nach § 15 Abs. 1 Nr. 4 kann die BaFin ein Angebot untersagen, wenn die Angebotsunterlage nicht veröffentlicht wurde. Dies passt auf ein Pflichtangebot nicht,[13] da weiterhin auf die Veröffentlichung der Angebotsunterlage hingewirkt werden müsste.

6. § 16 Abs. 3 und 4

18 Die Vorschriften regeln Besonderheiten der Einberufung und Durchführung einer Hauptversammlung im Zusammenhang mit einem Übernahmeangebot. Die Vorschrift ist zwar grundsätzlich auch bei einem Pflichtangebot anwendbar,[14] ist aber, da ein Pflichtangebot nicht von der Fassung eines Gesellschafterbeschlusses abhängig gemacht werden kann (→ Rn. 7), praktisch irrelevant.[15]

7. § 21 Abs. 1 Nr. 3

19 Diese Vorschrift findet auf das Pflichtangebot keine Anwendung, da es aufgrund seiner Bedingungsfeindlichkeit nicht von einer Mindestannahmequote abhängig gemacht werden kann.[16]

8. § 21 Abs. 1 Nr. 4

20 Nach § 21 Abs. 1 Nr. 4 kann der Bieter auf Bedingungen verzichten. Da bei Pflichtangeboten Bedingungen nur bei gesetzlichen Vollzugsverboten zulässig sind, wird der Bieter auf dieselben auch nicht verzichten können.[17]

9. § 23 Abs. 1 Nr. 3

21 Die Veröffentlichung nach Ablauf der weiteren Annahmefrist (§ 21 Abs. 1 Nr. 3) entfällt mangels weiterer Annahmefrist beim Pflichtangebot.[18]

10. § 31

22 Die Gegenleistung richtet sich beim Pflichtangebot nach § 31.

---

[13] IE gleich *Pötzsch/Assmann* in Assmann/Pötzsch/Schneider, § 39 Rn. 33; *Ekkenga* in Ehricke/Ekkenga/Oechsler, § 39 Rn. 11; *Baums/Hecker* in Baums/Thoma, § 39 Rn. 6 iVm § 35 Rn. 269; *v. Bülow* in KK-WpÜG, § 39 Rn. 17; *Hasselbach* in KK-WpÜG, § 35 Rn. 259.

[14] *Pötzsch/Assmann* in Assmann/Pötzsch/Schneider, § 39 Rn. 34; *Baums/Hecker* in Baums/Thoma, § 39 Rn. 9.

[15] So *Hommelhoff/Witt* in Frankfurter Komm., § 39 Rn. 25; *Pötzsch/Assmann* in Assmann/Pötzsch/Schneider, § 39 Rn. 34; *Baums/Hecker* in Baums/Thoma, § 39 Rn. 9.

[16] Vgl. nur *Pötzsch/Assmann* in Assmann/Pötzsch/Schneider, § 39 Rn. 39.

[17] *Pötzsch/Assmann* in Assmann/Pötzsch/Schneider, § 39 Rn. 39; *Ekkenga* in Ehricke/Ekkenga/Oechsler, § 39 Rn. 11; *Schlitt/Ries* in MüKoAktG, § 39 WpÜG Rn. 25; *Hommelhoff/Witt* in Frankfurter Komm., § 39 Rn. 25.

[18] *Pötzsch/Assmann* in Assmann/Pötzsch/Schneider § 39 Rn. 41; *Schlitt/Ries* in MüKoAktG § 39 Rn. 22 aE; *Baums/Hecker* in Baums/Thoma, § 39 Rn. 15; aA in Ausnahmefällen *Hommelhoff/Witt* in Frankfurter Komm., § 39 Rn. 26; *Ekkenga* in Ehricke/Ekkenga/Oechsler § 39 Rn. 11; *v. Bülow* in KK-WpÜG, § 39 Rn. 21.

11. § 33

Die Neutralitätspflicht (§§ 33 bis 33d)) gilt auch im Pflichtangebot.[19] 23

§ 39a Ausschluss der übrigen Aktionäre

(1) **Nach einem Übernahme- oder Pflichtangebot sind dem Bieter, dem Aktien der Zielgesellschaft in Höhe von mindestens 95 Prozent des stimmberechtigten Grundkapitals gehören, auf seinen Antrag die übrigen stimmberechtigten Aktien gegen Gewährung einer angemessenen Abfindung durch Gerichtsbeschluss zu übertragen. Gehören dem Bieter zugleich Aktien in Höhe von 95 Prozent des Grundkapitals der Zielgesellschaft, sind ihm auf Antrag auch die übrigen Vorzugsaktien ohne Stimmrecht zu übertragen.**

(2) **Für die Feststellung der erforderlichen Beteiligungshöhe nach Absatz 1 gilt § 16 Abs. 2 und 4 des Aktiengesetzes entsprechend.**

(3) **Die Art der Abfindung hat der Gegenleistung des Übernahme- oder Pflichtangebots zu entsprechen. Eine Geldleistung ist stets wahlweise anzubieten. Die im Rahmen des Übernahme- oder Pflichtangebots gewährte Gegenleistung ist als angemessene Abfindung anzusehen, wenn der Bieter auf Grund des Angebots Aktien in Höhe von mindestens 90 Prozent des vom Angebot betroffenen Grundkapitals erworben hat. Die Annahmequote ist für stimmberechtigte Aktien und stimmrechtslose Aktien getrennt zu ermitteln.**

(4) **Ein Antrag auf Übertragung der Aktien nach Absatz 1 muss innerhalb von drei Monaten nach Ablauf der Annahmefrist gestellt werden. Der Bieter kann den Antrag stellen, wenn das Übernahme- oder Pflichtangebot in einem Umfang angenommen worden ist, dass ihm beim späteren Vollzug des Angebots Aktien in Höhe des zum Ausschluss mindestens erforderlichen Anteils am stimmberechtigten oder am gesamten Grundkapital der Zielgesellschaft gehören werden.**

(5) **Über den Antrag entscheidet ausschließlich das Landgericht Frankfurt am Main. Im Übrigen gilt § 66 Abs. 2 entsprechend.**

(6) **Die §§ 327a bis 327f des Aktiengesetzes finden nach Stellung eines Antrags bis zum rechtskräftigen Abschluss des Ausschlussverfahrens keine Anwendung.**

Literatur: *Austmann/Mennicke,* Übernahmerechtlicher Squeeze-out und Sell-out, NZG 2004, 846; *Bork,* Zur Einbeziehung von Paketerwerben in die Erfolgsquote nach § 39a Abs. 3 S. 3 WpÜG, NZG 2011, 647; *Hasselbach,* Verfahrensfragen des übernahmerechtlichen Squeeze-out, BB 2010, 2842; *Hentzen/Rieckers,* Übernahmerechtlicher Squeeze-out – ein Nachruf? DB 2013, 1159; *Johannsen-Roth/Illert,* Paketerwerbe und öffentliche Übernahmeangebote im Lichte des neuen übernahmerechtlichen Squeeze out nach § 39a WpÜG, ZIP 2006, 2157; *Meilicke,* Zur Verfassungsmäßigkeit der Squeeze-Out-Regelungen, AG 2007, 261; *Ott,* Der übernehmerrechtliche Squeeze-

[19] So auch *Pötzsch/Assmann* in Assmann/Pötzsch/Schneider, § 39 Rn. 48; *Baums/Hecker* in Baums/Thoma, § 39 Rn. 41 ff.; *Schlitt/Ries* in MüKoAktG, § 39 Rn. 15 f.; *v. Bülow* in KK-WpÜG, § 39 Rn. 37 ff.; vgl. auch *v. Lingelsheim* in Heidel, § 39 WpÜG Rn. 1; *Hommelhoff/Witt* in Frankfurter Komm., § 39 Rn. 32; *Noack/Zetzsche* in Schwark/Zimmer, KapitalmarktR, § 39 WpÜG Rn. 15.

Out gemäß §§ 39af. WpÜG, WM 2008, 384; *Paefgen,* Zum Zwangsausschluss im neuen Übernahmerecht, WM 2007, 765; *Rühland,* Der übernahmerechtliche Squeeze-out im Regierungsentwurf des Übernahmerichtlinie-Umsetzungsgesetzes, NZG 2006, 401; *Seibt/Heiser,* Analyse des Übernahmerichtlinie-Umsetzungsgesetzes, AG 2006, 301; *Seiler/Wittgens,* Zur Unwiderlegbarkeit der Angemessenheitsvermutung gemäß § 39a Abs. 3 S. 3 WpÜG, EWiR 2009, 353; *Steinmeyer/Santelmann,* Zur Unwiderleglichkeit der Angemessenheitsvermutung beim übernahmerechtlichen Squeeze out, BB 2009, 674.

Übersicht

I. Einleitung

1. Entstehungsgeschichte

1 Die §§ 39a–c beruhen auf den Artikeln 15 und 16 der Übernahmerichtlinie. Im Gesetzgebungsverfahren wurde teils kritisiert, dass die Vorgaben der Übernahmerichtlinie nicht im Rahmen einer Neufassung der §§ 327a ff. AktG umgesetzt wurden, da diese inhaltlich bereits zu einem großen Teil den Richtlinienvorgaben entsprächen.[1] Eine Übernahme in das Gesetz empfahl sich, da die §§ 39a ff. im Gegensatz zum aktienrechtlichen Squeeze-out an ein Übernahme- oder Pflichtangebot anknüpfen und dem Bieter die Möglichkeit geben sollen, nach dem Übernahme- bzw. Pflichtangebot auch alleiniger Aktionär der Gesellschaft werden zu können. Außerdem beschränkt

[1] *Schüppen* BB 2006, 165, 168; *Seibt/Heiser* AG 2006, 301, 317; *Austmann/Mennicke* NZG 2004, 846, 847; *Krause* BB 2004, 113, 118.

sich der Anwendungsbereich auf börsennotierte Gesellschaften und ist deswegen weniger verbandsrechtlich, sondern vielmehr kapitalmarktrechtlich geprägt.[2]

2. Sinn und Zweck

Das Verfahren nach §§ 39a ff. soll ein gegenüber dem aktienrechtlichen Squeeze-out einfacheres und zügigeres **Ausschlussverfahren** sein, welches unmittelbar an ein vorausgehendes Übernahme- oder Pflichtangebot anknüpft. Darüber hinaus soll das Institut vermeiden, dass, im Gegensatz zu den §§ 327a ff. AktG, die Durchführung des Ausschlusses aufgrund der von Minderheitsaktionären angestrengten Anfechtungsklagen verzögert wird. 2

3. Verfassungsrechtliche Fragen

Der aktienrechtliche Squeeze-out (§§ 327a ff. AktG) verstößt nach der Rechtsprechung des BVerfG nicht gegen die Eigentumsgarantie des Art. 14 GG.[3] Zwar werde das in der Aktie verkörperte Vermögens- und Mitgliedschaftsrecht von Art. 14 GG geschützt, die wirtschaftliche Entscheidungsfreiheit des ausschließenden Hauptaktionärs sei aber gegenüber dem bei Kleinstbeteiligungen gegebenen ausschließlichen Vermögensinteresse der Aktionärsminderheit höher zu bewerten. Erforderlich sei aber, dass der auszuschließende Aktionär für den Verlust seines Eigentums eine volle wirtschaftliche Entschädigung erhalte und vor Missbrauch durch die Herrschaftsmacht des Hauptaktionärs geschützt sei. Außerdem müsse sichergestellt sein, dass die Abfindung einer unabhängigen Überprüfung zugänglich sei. Das Fehlen letzterer Voraussetzung war Anknüpfungspunkt für den teilweise **erhobenen Vorwurf der Verfassungswidrigkeit** des § 39a Abs. 3 Satz 3. Die Regelung des § 39a mit ihrer Abfindung zum Verkehrswert ist verfassungsgemäß.[4] 3

4. Bedeutung

Die Anzahl der übernahmerechtlichen Squeeze-out Verfahren ist bisher überschaubar geblieben.[5] Die Ursachen dürften sein: Zum einen besteht erst aufgrund der in fast allen Verfahren ergangenen Entscheidungen des OLG Frankfurt und des BGH in einem der Fälle (allerdings zu § 39c) eine ausreichende Rechtssicherheit zur erfolgreichen Handhabung der Verfahren und zum anderen hat die praktisch erfolgreiche Einführung des Freigabeverfahrens bei den Oberlandesgerichten insbesondere mit dem Quorumserfordernis[6] des § 246a AktG den aktienrechtlichen Squeeze-out so berechenbar und erfolgreich gemacht, dass ein solcher spätestens 6, idR nur 2 Monate nach Beschlussfassung eingetragen und wirksam wird, was den Bewertungsaufwand und die langwierigen Spruchverfahren aufwiegen dürfte. 4

---

[2] *Merkt/Binder* BB 2006, 1285, 1289.
[3] BVerfG BB 2007, 1515.
[4] BVerfG NZG 2012, 907.
[5] 2013 wurde über 7 Verfahren berichtet, siehe *Hentzen/Rieckers* DB 2013, 1159.
[6] Gesetz zur Umsetzung der Aktionärsrechterichtlinie v. 30.9.2009, BGBl. I. 2479.

II. Die Regelungen im Einzelnen

1. Anwendungsbereich

5 **a) Zielgesellschaft.** Als Zielgesellschaft für den Ausschluss nach § 39a kommen Gesellschaften mit Sitz in einem anderen EWR-Staat nicht in Betracht, da das Gesetz bei solchen Gesellschaften insoweit nicht anzuwenden ist (§ 2 WpÜG-AnwendbkV). Hingegen ist das Ausschlussverfahren auch auf inländische Gesellschaften, deren Aktien in einem anderen EWR-Staat zum Handel in einem geregelten Markt zugelassen sind, anwendbar (§ 1 Nr. 19 WpÜG-AnwendbkV).

6 **b) Bieter.** Bieter nach § 39a Abs. 1 Satz 1 kann nur derjenige sein, der das vorangegangene Übernahme- oder Pflichtangebot durchgeführt hat,[7] nicht jedoch derjenige, dem Stimmrechte des Bieters zugerechnet werden. Ob mehrere Aktionäre zum Erreichen eines übernahmerechtlichen Squeeze-out ihre Aktien in eine spezielle Bietergesellschaft eingebracht haben, spielt genauso wenig wie andere angebliche rechtsmissbräuchliche Gestaltungen eine Rolle.[8] Auf Sitz, Rechtsform oder Grund-/Eigenkapital des Bieters kommt es nicht an. Bei einer Mehrheit von Bietern kann nur derjenige den Antrag stellen, der nach dem Angebot mindestens 95% der Aktien hält. Zurechnungen aufgrund gemeinsamen Handelns (§§ 2 Abs. 5, 30 Abs. 2) genügen nicht.[9]

2. Ausschlussvoraussetzungen

7 **a) 95 % des (stimmberechtigten) Kapitals.** Im Gegensatz zu § 327a Abs. 1 AktG berechtigt § 39a Abs. 1 zum Ausschluss bereits dann, wenn nur mindestens 95% des **stimmberechtigten Kapitals** gehalten werden. Hält der Bieter 95% der Stammaktien, kann er die übrigen stimmberechtigten Aktionäre ausschließen. Erst in einem zweiten Schritt (§ 39a Abs. 1 Satz 2) kann der Bieter, wenn ihm 95% des gesamten Grundkapitals gehören, auch die Vorzugsaktionäre ausschließen. Dabei ist aufgrund des eindeutigen Wortlauts („zugleich“) davon auszugehen, dass die Voraussetzungen des § 39a Abs. 1 Satz 1 vorliegen müssen, um die Vorzugsaktionäre ausschließen zu können. Diese Differenzierung beruht auf zwingenden Richtlinienvorgaben, die das Ausschlussverfahren nur an das stimmberechtigte Kapital knüpfen. Gehören dem Bieter 95% des Grundkapitals, genügt aber ein Ausschlussantrag, um sowohl die Stamm- als auch die Vorzugsaktionäre auszuschließen. Im Gesetzgebungsverfahren wurde die **Höhe der erforderlichen Ausschlussmehrheit** kritisiert. Art. 15 Übernahmerichtlinie lässt den Mitgliedstaaten die Wahl, einen Schwellenwert von 90% bis maximal 95% des stimmberechtigten Grundkapitals zu bestimmen, da ein Anteil von 95% im Zusammenhang mit einem Angebot schwer zu erreichen sein kann. Eine Anhebung auf 95%

---

[7] *Santelmann* in Steinmeyer, § 39a Rn. 12.

[8] Anders mit umfangreichen Überlegungen zu angeblichen Missbrauchsmöglichkeiten *Seiler* in Assmann/Pötzsch/Schneider, § 39a Rn. 51 ff.

[9] *Ott* WM 2008, 384, 385.

war aber aus verschiedenen Erwägungen sinnvoll. Hierdurch wird ein Gleichlauf mit § 327a Abs. 1 Satz 1 AktG erzielt. Der Gesetzgeber konnte weiter davon ausgehen, dass der Ausschluss einer Minderheit von nur 5% der (stimmberechtigten) Aktionäre verfassungsrechtlich zulässig ist, da sowohl das BVerfG[10] als auch der BGH[11] diesen Schwellenwert verfassungsrechtlich nicht beanstanden. Allerdings wird nunmehr auch die Schwelle von 90% beim verschmelzungsrechtlichen Squeeze-out (§ 62 Abs. 5 UmwG) als verfassungsgemäß erachtet.[12]

b) Erreichen der 95%-Schwelle. Der Bieter ist ausschlussberechtigt, wenn ihm 95% des stimmberechtigten Grundkapitals „gehören". Der eindeutige Wortlaut fordert also die **dingliche Berechtigung** des Bieters an den Aktien, weshalb auch ein Stimmrechtsverlust nach § 28 WpHG keine Auswirkungen hat.[13] Schuldrechtliche Vereinbarungen zur Übertragung der Aktien und damit der Stimmrechte genügen nicht, ebenso wenig wie andere Zurechnungstatbestände des § 30, wohl aber ist, wie bei § 327a Abs. 2, gemäß § 39a Abs. 2 § 16 Abs. 4 AktG anzuwenden. Die **Beteiligungshöhe** errechnet sich, ebenfalls wie bei § 327a Abs. 2 AktG, nach § 16 Abs. 2 AktG (§ 39a Abs. 2).[14] 8

aa) Aktienerwerb. Auf welche Weise der Bieter die erforderliche Schwelle von 95% erlangt, ist unerheblich. Dem Bieter müssen nach Abschluss des Übernahme- oder Pflichtangebots mindestens 95% der Stimmrechte oder des Grundkapitals gehören. Aus der Formulierung in § 39a Abs. 1 „nach einem Übernahme- oder Pflichtangebot" folgt, dass die Schwelle von 95% nicht nur aufgrund des Erwerbs von Aktien, die in dem Übernahme- oder dem Pflichtangebot dem Bieter angedient worden sind, sondern auch von Aktien, die aufgrund von Paketerwerben oder aufgrund börslicher und außerbörslicher Zukäufe von Aktien der Zielgesellschaft vor oder parallel zu dem Angebot bzw. dessen Annahmefrist erworben werden, erreicht werden kann.[15] 9

Die in dem Übernahme- oder Pflichtangebot angebotene Gegenleistung gilt unwiderleglich als angemessene Gegenleistung im Ausschlussverfahren, wenn der Bieter aufgrund seines Angebotes Aktien im Umfang von mindestens 90% des vom Angebot betroffenen Grundkapitals erworben hat (§ 39a Abs. 3 Satz 3). Parallelerwerbe werden bei der Berechnung dieser 90%-Annahmequote berücksichtigt.[16] Diese Aktien werden zwar nicht aufgrund des Angebots erworben. Auch wenn bei Parallelerwerben die Verkäufer der Aktien ursprünglich Adressaten des Angebots waren, haben sich aber die verkaufenden Aktionäre für einen Verkauf zu einem den Angebotspreis nicht übersteigenden Preis entschieden. In die 90%-Annahmequote sind auch Pa- 10

---

[10] BVerfG BB 2007, 1515.

[11] BGH BB 2006, 2543.

[12] OLG Hamburg NZG 2012, 944.

[13] OLG Frankfurt/M NZG 2014, 543

[14] *Santelmann* in Steinmeyer, § 39a Rn. 17f.

[15] *Paefgen* WM 2007, 765, 766; *Johannsen-Roth/Illert* ZIP 2006, 2157, 2158; *Santelmann* in Steinmeyer, § 39a Rn. 10; *Ott* WM 2008, 384, 387.

[16] OLG Frankfurt/M., AG 2012, 635; *Santelmann* in Steinmeyer, § 39a Rn. 26; *Ott* WM 2008, 384, 389; *Bork* NZG 2011, 650, 654; *Seiler* in Assmann/Pötzsch/Schneider, § 39a Rn. 79.

rallelerwerbe des Bieters an der Börse einzubeziehen.[17] Zahlte der Bieter bei Parallelerwerben einen höheren Preis als den Angebotspreis, führte dies automatisch zur entsprechenden Erhöhung des Angebotspreises (§ 31 Abs. 4), so dass alle das Angebot annehmenden Aktionäre sowie die im übernahmerechtlichen Squeeze-out auszuschließenden Aktionäre den gleichen Preis erhielten. Demgemäß wird zur Ermittlung der 90%-Annahmequote der Aktienbestand des Bieters am Beginn der Annahmefrist mit dem Aktienbestand bzw. Annahmeerklärungen am Ende der Annahmefrist bzw. beim Übernahmeangebot weiteren Annahmefrist verglichen.

11 Um die Wahrscheinlichkeit, dass ein Übernahmeangebot von mindestens 90% der Aktionäre angenommen wird, zu erhöhen, könnte der Bieter anstelle von Verträgen über den Erwerb von Aktienpaketen mit den Verkäufern vereinbaren, dass diese ihre Aktien in einem durchzuführenden Übernahme- oder Pflichtangebot zu den Konditionen dieses Übernahmeangebots dem Bieter andienen (so genannte tender commitments, auch irrevocable undertakings genannt).[18] Bei solchen tender commitments wird unterschieden zwischen „harten", bei denen der Verpflichtete weder an Erhöhungen der Gegenleistung während der Annahmefrist teilnimmt und auf sein Rücktrittsrecht aufgrund einer Angebotsänderung oder eines konkurrierenden Angebots verzichtet,[19] sowie „weichen" Verpflichtungen, bei denen die Verpflichteten eben an sämtlichen Erhöhungen der Gegenleistung teilnehmen und nicht auf ihre Rücktrittsrechte verzichten. Mindestens im Fall des Eingehens von „weichen" tender commitments bestehen keine Zweifel, dass die auf diese Verpflichtungen dem Bieter in dem Angebot angedienten Aktien in die 90%-Annahmequote einzubeziehen sind,[20] aber auch Aktien, welche augrund „harter" Commitments angedient werden, sind einzubeziehen.[21] In diesem Fall muss genauso wie bei der Annahme des Angebots seitens der außenstehenden und nicht von dem Bieter zuvor angesprochenen Aktionäre davon ausgegangen werden, dass die sich mit einem tender commitment verpflichtenden Aktionäre das Angebot und die Höhe der Gegenleistung, inklusive sämtlicher Erhöhungen während der Annahmefrist, als attraktive und angemessene Gegenleistung betrachten. Bei einem Paketerwerb hingegen werden teilweise niedrigere Kaufpreise als die Gegenleistung im Angebot vereinbart. Ob Bieter aufgrund der Möglichkeit des übernahmerechtlichen Squeeze out tatsächlich auf tender commitments ausweichen und damit auf die üblichen, in einem Paketkaufvertrag vereinbarten Zusicherungen und Gewährleistungen[22] der veräußernden Aktionäre verzichten,[23] muss die Praxis zeigen. Der

[17] OLG Frankfurt/M., AG 2012, 635.

[18] Zu irrevocable undertakings siehe *von Riegen* ZHR 167 (2003), 703.

[19] Zu Zweifel an die Durchsetzbarkeit solcher Vereinbarungen *Johannsen/Roth/Illert* ZIP 2006, 2161.

[20] *Paefgen* WM 2007, 765, 769.

[21] OLG Frankfurt NZG 2014, 543.

[22] *Streyl* in Semler/Volhard, Arbeitshandbuch für Unternehmensübernahmen, Bd. I, § 12 Rn. 525 ff.

[23] Nach *von Riegen* ZHR 167 (2003), 703, 717, werden solche Garantien in tender commitments gegeben, allerdings kommt der Kaufvertrag mit dem Bieter mit der Annahme des Angebots zustande und hierfür gelten nur die in der Angebots-

Einsatz von tender commitments kann wegen der Gleichbehandlung aller das Angebot annehmenden Aktionäre nicht als **missbräuchliche Gestaltung** angesehen werden.

12 Werden die Aktien allerdings von mit dem Bieter gemeinsam handelnden Personen, insbesondere Konzerngesellschaften des Bieters, getendert, sind diese Aktien hingegen, da aus der Sphäre des Bieters stammend, nicht in die 90%-Annahmequote einzubeziehen.[24]

13 Das Innehaben von Bezugsrechten (aus Aktienoptionen oder Wandelschuldverschreibungen) begründet nur einen Anspruch auf Abschluss eines Zeichnungsvertrages gegen die Gesellschaft und hat somit keine Auswirkung auf die Berechnung des Schwellenwertes.

14 **bb) Aufstockungsangebote.** Das Ausschlussrecht besteht nach dem klaren Gesetzeswortlaut nicht, wenn ein Bieter die Schwelle von 95% nur aufgrund eines freiwilligen Erwerbsangebots, hier immer in Form eines Aufstockungsangebots, erlangt. Da bei einen freiwilligen Erwerbsangebot die Mindestgegenleistung nicht nach der Regelung des § 31 festgesetzt werden muss, besteht auch kein Grund für eine analoge Anwendung.[25]

3. Abfindung

15 **a) Art der Abfindung.** § 39a Abs. 3 1 setzt Art. 15 Abs. 2 der Übernahmerichtlinie um. Danach muss die Art der Abfindung der im Übernahmeangebot gewährten Gegenleistung entsprechen. Art. 15 Abs. 5 Satz 3 der Übernahmerichtlinie räumt den Mitgliedstaaten die Möglichkeit ein, das der Bieter neben der im vorausgehenden Übernahme- oder Pflichtangebot angebotenen Sachgegenleistung alternativ eine Bargegenleistung anbieten muss. Der Gesetzgeber hat von diesem Recht in § 39a Abs. 3 Satz 2 Gebrauch gemacht. Hat der Bieter in dem vorausgehenden Angebot ausschließlich liquide Aktien als Gegenleistung angeboten, muss für das Ausschlussverfahren **zusätzlich eine Barabfindung angeboten** werden. Die Höhe dieser alternativen Barabfindung ist entsprechend den §§ 4, 5 WpÜG-AngV zu bestimmen, und zwar im Zeitpunkt der Veröffentlichung der Absicht der Durchführung eines Übernahmeangebots (§ 10 Abs. 1) oder der Erlangung der Kontrolle (§ 35 Abs. 1).[26]

16 **b) Höhe der Abfindung.** Den ausscheidenden Aktionären ist eine **angemessene Abfindung** zu zahlen. Wegen des durch Art. 14 GG geschützten Aktieneigentums muss der ausscheidende Aktionär für den Verlust seiner Vermögens- und Mitgliedschaftsrechte eine volle wirtschaftliche Entschädigung erhalten, wobei der Börsenkurs regelmäßig die Untergrenze der Abfindung bildet. Diesem Gedanken ist der Gesetzgeber gefolgt und hat die Angemessenheitsvermutung des § 39a Abs. 3 Satz 3 an die Preisregeln des vorausgehenden öffentlichen Übernahme- oder Pflichtangebots geknüpft, die sich an dem durchschnittlich gewichteten Börsenkurs orientieren (§ 31,

unterlage beschriebenen Zusicherungen zu Eigentum und Freiheit von Rechten Dritter.

[24] LG Frankfurt/M. NZG 2013, 422; OLG Frankfurt/M. NZG 2014, 543.

[25] *Santelmann* in Steinmeyer, § 39a Rn. 10.

[26] *Santelmann* in Steinmeyer, § 39a Rn. 23.

§§ 3ff. WpÜG-AngV), und somit als Gegenleistung bei einem Angebot als „angemessen" (§ 31 Abs. 1) anzusehen sind. Diese Vermutung erscheint richtig, wird der Bieter doch die notwendige Annahmequote von 90% nur erreichen können, wenn er eine Gegenleistung anbietet, welche die gesetzliche Mindestgegenleistung (§ 31) deutlich übersteigt. Nehmen dann mindestens 90% der außenstehenden Aktionäre das Angebot an, belegt dies gerade die Angemessenheit der Gegenleistung und damit zugleich der Höhe der Abfindung nach § 39a. In diesen Fall hat sich der angemessene Unternehmenswert pro Aktie als Marktwert gebildet.

17 Nach der Rechtsprechung des BVerfG muss die Gegenleistung nicht zwingend nach der Ertragswertmethode ermittelt werden, der Unternehmenswert kann auch als Marktwert ermittelt werden.[27] Marktwert wäre dann nicht nur der durchschnittliche Börsenpreis,[28] sondern die Gegenleistung, die der Bieter in seinem Angebot den Aktionären angeboten hat, und die von 90% der ausstehenden Aktionäre als so angemessen und attraktiv angesehen worden ist, dass sie ihre Aktien dem Bieter angedient haben. Die Abfindung dürfte daher in den meisten Fällen über den Marktpreisen, wie sie sich ohne das öffentliche Angebot gebildet hätten, liegen. Hiergegen wird eingewandt, dass dieses Verfahren versage, wenn die Zielgesellschaft ihre Zulassungsfolgepflichten, insbesondere aus § 15 WpHG, außer Acht gelassen habe und die Aktionäre daher nicht angemessen über die wirtschaftliche Lage der Zielgesellschaft unterrichtet seien.[29] Damit würde aber das Ausschlussverfahren mit ganz erheblichen Unsicherheiten behaftet, da Verfehlungen des Vorstands der Zielgesellschaft in Erfüllung der Zulassungsfolgepflichten in fast allen Fällen erst Monate nach dem Zeitpunkt, zu dem der Vorstand seinen gesetzlichen Veröffentlichungspflichten hätte nachkommen müssen, überhaupt aufgedeckt werden.[30] Ferner ist die Annahme, dass der Vorstand der Zielgesellschaft bei dem Außerachtlassen des Erfüllens der Zulassungsfolgepflichten kollusiv zusammenarbeite, fern liegend. Zudem muss der Aktionär der Zielgesellschaft nicht vor jedem denkbaren Risiko des Wirtschaftslebens beschützt werden.[31]

18 Die Regelung des § 39a Abs. 3 Satz 3 ist daher mit Art. 14 GG auch ohne Einräumen einer **widerleglichen Vermutung** vereinbar.[32] [33]

---

[27] BVerfG NJW 2001, 279, 281 „Moto Meter".

[28] Als Untergrenze, BVerfG NZG 1999, 931.

[29] *Rühland* NZG 2006, 401, 406; *Paefgen* WM 2007, 767, 768.

[30] Für eine Schadensersatzpflicht des Bieters in solchen Fällen *Santelmann* in Steinmeyer, § 39a Rn. 32.

[31] BVerfG BB 2007, 1515, 1517.

[32] *Seibt/Heiser* AG 2006, 301, 319; *Seibt/Heiser* ZGR 2005, 200, 244; *Austmann/Mennecke* NZG 2004, 846, 850; *Ott* WM 2008, 384, 390; aA wegen des Ausschlusses der Widerlegbarkeit *Rühland* NZG 2006, 401, 405; sehr weitgehend zur behaupteten Verfassungswidrigkeit *Heidel/Lochner* in Heidel, § 39a WpÜG Rn. 45ff.

[33] Dazu, ob gegen § 39 Abs. 3 Satz 3 in Umsetzung von Art. 15 Abs. 2 der Übernahmerichtlinie die Verfassungswidrigkeit geltend gemacht werden kann oder ob das Landgericht oder Oberlandesgericht Frankfurt die Rechtsfrage dem EUGH vorzulegen hat, siehe *Merkt/Binder* BB 2006, 1285, 1291 (für eine Vorlage an den EuGH mit dem Argument, dass die Übernahmerichtlinie eine solche Regelung nicht vorschreibe; hingegen für eine Vorlage an das BVerfG *Rühland* NZG 2006, 401, 406).

Die Rechtsprechung des Landgerichts oder Oberlandesgerichts Frankfurt nimmt trotzdem eine widerlegliche Vermutung an. Während anfangs dem LG Frankfurt sogar eine über 3 Jahre alte frühere Unternehmensbewertung zur Widerlegung genügte,[34] muss der Aktionär nunmehr Tatsachen vortragen, welche gegen eine Angemessenheit des Angebotspreises sprechen, etwa dass die Börsenpreise in dem Angebotszeitraum oder kurze Zeit davor manipuliert worden waren[35] oder dass bei einer in jüngerer Zeit von dem Unternehmen in anderem Zusammenhang veranlassten Unternehmensbewertung ein höherer Wert festgestellt wurde.[36] 19

c) Überprüfung der Abfindungshöhe. Die Höhe der Abfindung kann nicht im Spruchverfahren angegriffen bzw. geprüft werden; die Zuständigkeit nach § 1 SpruchG ist abschließend.[37] 20

d) Verfehlen der 90%-Annahmequote. Haben nicht 90% der außenstehenden Aktionäre das Angebot angenommen, muss der Bieter zur Durchführung des Ausschlussverfahrens eine angemessene Gegenleistung festsetzen. Diese kann der Gegenleistung in dem Angebot entsprechen, sie kann aufgrund einer vom Bieter durchgeführten Unternehmensbewertung aber auch höher sein.[38] Niedriger wird sie nur in den seltenen Fällen sein können, da als Untergrenze mindestens der durchschnittliche Börsenpreis im Zeitpunkt des Beantragens des Ausschlussverfahrens angeboten werden muss und es nicht anzunehmen ist, dass der Börsenpreis zum Zeitpunkt des Abschlusses eines Angebots, bei welchem der Bieter mindestens 95% des Grundkapitals erlangt hat, unter die Gegenleistung aus dem Angebot sinkt. Auf die Angemessenheitsvermutung des § 31 iVm. §§ 4ff. WpÜG-AngV zu verweisen,[39] dürfte hingegen nicht genügen, da dann immer der Angebotspreis maßgeblich wäre. 21

Ein erheblicher Nachteil dieses Verfahrens ist jedoch, dass dann in dem Verfahren vor dem Landgericht Frankfurt über den Ausschluss der Aktionäre und nachfolgend auch im Beschwerdeverfahren beim OLG Frankfurt über die Angemessenheit der Gegenleistung gestritten wird. Der Gesetzgeber hat, entgegen vorheriger Anregung,[40] davon abgesehen, die Frage der Angemessenheit der Gegenleistung in das Spruchverfahren zu verweisen. In der Praxis würde daher jahrelang vor dem Landgericht Frankfurt über die Angemessenheit der Gegenleistung gestritten und es stände gerade kein zügig durchzuführendes Ausschlussverfahren zur Verfügung.[41] Aus diesem Grund wird ein Bieter, soweit die 90%-Annahmequote nicht erreicht wird, regelmäßig den aktienrechtlichen Squeeze-out (§§ 327aff. Akt) durchführen, da 22

---

[34] LG Frankfurt/M. NZG 2008, 665.

[35] OLG Frankfurt/M. NZG 2014, 543.

[36] LG Frankfurt/M. ZIP 2011, 2469; aA *Seiler* in Assmann/Pötzsch/Schneider, § 39a Rn. 89.

[37] OLG Stuttgart NZG 2009, 950; *Seiler* in Assmann/Pötzsch/Schneider, § 39a Rn. 111; *Santelmann* in Steinmeyer, § 39a Rn. 35a; aA *Falkner* ZIP 2008, 830.

[38] *Seiler* in Assmann/Pötzsch/Schneider, § 39a Rn. 108.

[39] So aber *Santelmann* in Steinmeyer, § 39a Rn. 34.

[40] *Austmann/Mennicke* NZG 2004, 846, 854.

[41] *Seiler* in Assmann/Pötzsch/Schneider, § 39a Rn. 113.

hier die Bewertungsfragen dem Spruchverfahren vorbehalten sind (§ 327f AktG).[42]

23 **e) Absicherung des Abfindungsbetrags.** Im Gegensatz zum aktienrechtlichen Squeeze-out (§ 327b Abs. 3 AktG) muss der Bieter keine Garantie zur Sicherung der Zahlung der Abfindung vorlegen. Der Gesetzgeber geht davon aus, dass der Bieter, wie die Finanzierungsbestätigung eines Kreditinstituts für das vorangegangene Übernahme- oder Pflichtangebot zeigte, über ausreichende Mittel zur Zahlung der Abfindung auch kurze Zeit nach Abschluss des Angebots verfügt.[43] Sollten bei Bietern, häufig Zweckgesellschaften mit Sitz im Ausland, tatsächlich Anhaltspunkte mangelnder Zahlungsfähigkeit bestehen, billigte die BaFin bereits die Angebotsunterlage für das voranzugehende Übernahme- oder Pflichtangebot nicht (§ 15 Abs. 1 Nrn. 1, 2). Im Gesetzgebungsverfahren wurde zwar auf eine fehlende Regelung zur **Sicherung der Abfindung** als mögliches Problem hingewiesen.[44] Der Gesetzgeber hat bewusst auf eine solche verzichtet, eine planwidrige Lücke liegt deshalb nicht vor.

4. Ausschlussantrag

24 Der Squeeze-out setzt einen Antrag des Bieters auf Ausschluss der Minderheitsaktionäre voraus. Die Länge der Antragsfrist ist in Art. 15 Abs. 4 der Übernahmerichtlinie vorgegeben. Die Frist berechnet sich nach den § 39b Abs. 1 WpÜG, § 16 Abs. 2 FamFG, §§ 187 ff. BGB. Der Wortlaut des Abs. 1 Satz 1 („… nach einem Übernahme- oder Pflichtangebot …") legt nahe, dass die 95%-Schwelle nach Ablauf der Annahmefrist (Pflichtangebot) oder der weiteren Annahmefrist (Übernahmeangebot) erreicht sein muss, und dann hat der Bieter drei Monate (Abs. 4 Satz 1) Zeit, den Antrag zu stellen oder der Aktionär sein Andienungsrecht (§ 39c) auszuüben.[45] Die vorherige hM hatte es dagegen genügen lassen, die 95%-Schwelle noch binnen der Antragsfrist zu erreichen.[46] Die Frist beginnt jedoch, damit vor allem die Aktionäre auch drei Monate Zeit zur Überlegung und evtl. Ausübung ihres Andienungsrechts haben, mit Ablauf der Annahmefrist, was auch die weitere Annahmefrist (§ 16 Abs. 2) umfasst.[47] Dass angesichts einer Mindestannahmefrist von vier Wochen eine kürzerer Zeitraum, etwa zwei Wochen, genügen müsse,[48] er-

---

[42] *Diekmann* NJW 2007, 17, 20; *Ott* WM 2008, 384, 390.

[43] Dies übersehen *Heidel/Lochner* in Heidel, § 39a WpÜG Rn. 13 sowie *Müller-Michaelis* in Hölters, § 39b WpÜG Rn. 4.

[44] *Austmann/Mennicke* NZG 2004, 846, 851.

[45] Daher ohne weitere Problematisierung die Vorauflage, dass die 95% am Ende der Annahmefrist erreicht sein müssen.

[46] *Hasselbach* in KK-WpÜG, § 39a Rn. 46; *Grunewald* in MüKoAktG, § 39a WpÜG Rn. 20; *Merkner/Sustmann* in Baums/Thoma, WpÜG, § 39a Rn. 18; *Seiler* in Assmann/Pötzsch/Schneider, WpÜG, § 39a Rn. 49; *Müller-Michealis* in Hölters, § 39a WpÜG Rn. 11; OLG Frankfurt/M. ZIP 2012, 1602.

[47] BGH NZG 2013, 223; dem folgend OLG Frankfurt/M. NZG 2014, 543; zuvor bereits *Bork* NZG 2011, 650, 651.

[48] Gegen den BGH *Hentzen/Rieckers* DB 2013, 1159, 1162, insoweit eine Gesetzesänderung fordernd; ähnlich *Seiler/Rath* AG 2013, 252, 254; *Merkner/Sustmann* NZG 2013, 374, 376.

scheint angesichts der gesetzlichen Wertung und der Auffassung des BGH nicht überzeugend.

Ein etwaiger Rechtsverlust aus § 28 WpHG schließt nicht das Recht aus, das Ausschlussverfahren durchzuführen.[49] 25

Der Bieter kann, wenn der Vollzug seines Angebots von aufschiebenden Bedingungen (§ 18) abhängig ist, den Antrag bereits stellen, wenn das Angebot in erforderlichem Umfang angenommen wurde, aber wegen des noch ausstehenden Eintritts der aufschiebenden Bedingung, meist der Zustimmung einer Kartellbehörde, noch nicht dinglich vollzogen ist (§ 39a Abs. 4 Satz 2). Der Bieter muss im Antragsverfahren die dingliche Übertragung der Aktien belegen, was aber mit Vorlage eines Depotauszugs bzw. einer Bankbestätigung wie in einem aktienrechtlichen Squeeze-out Verfahren keine Probleme bereitet.[50] 26

5. Zuständigkeit des Landgerichts Frankfurt am Main

Über den Ausschlussantrag des Bieters entscheidet erstinstanzlich das Landgericht Frankfurt am Main. Über die gemäß § 39b Abs. 3 Satz 3 mögliche Beschwerde entscheidet das Oberlandesgericht Frankfurt am Main. Gemäß § 39a Abs. 5 Satz 2 ist das Ausschlussverfahren eine Handelssache nach §§ 93ff. GVG, so dass funktional die Kammern für Handelskammern zuständig sind. Die Konzentration auf den Standort Frankfurt wird damit begründet, dass die BaFin dort ihren Sitz hat.[51] Außerdem soll so sichergestellt werden, dass die entscheidenden Richter über genügend Spezialkenntnisse verfügen und divergierende Entscheidungen anderer Land- und Oberlandesgerichte vermieden werden. 27

6. Keine Anwendbarkeit der §§ 327a ff. AktG

Dem Bieter steht es frei, ob er das aktien- oder übernahmerechtliche Ausschlussverfahren zum Ausschluss der verbliebenen Minderheitsaktionäre wählt. Wird jedoch das übernahmerechtliche Ausschlussverfahren eingeleitet, ist während dessen Dauer der aktienrechtliche Squeeze-out (§§ 327aff. AktG) ausgeschlossen. Ein solches Verfahren darf auch nicht eine den Bieter kontrollierende oder von ihm kontrollierte Gesellschaft durchführen. 28

Der Bieter kann einen Antrag auf Durchführung des übernahmerechtlichen Ausschlussverfahren auch ohne Zustimmung der beteiligten Minderheitsaktionäre zurück nehmen und dann gfls. den aktienrechtlichen Squeeze-out einleiten,[52] was auch unter dem FamFG gilt.[53] 29

---

[49] OLG Frankfurt/M. NZG 2014, 543; *Merkner/Sustmann* in Baums/Thoma, WpÜG, § 39a Rn. 26; aA *Hasselbach* in KK-WpÜG, § 39a Rn. 38.

[50] Näher zum Antragsinhalt *Seiler* in Assmann/Pötzsch/Schneider, § 39a Rn. 118; *Santelmann* in Steinmeyer, § 39a Rn. 43.

[51] Kritik kam hingegen aus den Bundesländern, BR-Drs. 154/06 9f.

[52] OLG Frankfurt/M. AG 2010, 457.

[53] *Santelmann* in Steinmeyer, § 39b Rn. 9c.

§ 39b Ausschlussverfahren

(1) **Auf das Verfahren für den Ausschluss nach § 39a ist das Gesetz über das Verfahren in Familiensachen und in den Angelegenheiten der freiwilligen Gerichtsbarkeit anzuwenden, soweit in den Absätzen nichts anderes bestimmt ist.**

(2) **Das Landgericht hat den Antrag auf Ausschluss nach § 39a in den Gesellschaftsblättern bekannt zu machen.**

(3) **Das Landgericht entscheidet durch einen mit Gründen versehenen Beschluss. Der Beschluss darf frühestens einen Monat seit Bekanntmachung der Antragstellung im Bundesanzeiger und erst dann ergehen, wenn der Bieter glaubhaft gemacht hat, dass ihm Aktien in Höhe des zum Ausschluss mindestens erforderlichen Anteils am stimmberechtigten oder am gesamten Grundkapital der Zielgesellschaft gehören. Gegen die Entscheidung des Landgerichts findet die Beschwerde statt; sie hat aufschiebende Wirkung.**

(4) **Das Landgericht hat seine Entscheidung dem Antragsteller und der Zielgesellschaft sowie den übrigen Aktionären der Gesellschaft, sofern diese im Beschlussverfahren angehört wurden, zuzustellen. Es hat die Entscheidung ferner ohne Gründe in den Gesellschaftsblättern bekannt zu geben. Die Beschwerde steht dem Antragsteller und den übrigen Aktionären der Zielgesellschaft zu. Die Beschwerdefrist beginnt mit der Bekanntmachung im Bundesanzeiger, für den Antragsteller und für die übrigen Aktionäre, denen die Entscheidung zugestellt wurde, jedoch nicht vor Zustellung der Entscheidung.**

(5) **Die Entscheidung ist erst mit Rechtskraft wirksam. Sie wirkt für und gegen alle Aktionäre. Mit rechtskräftiger Entscheidung gehen alle Aktien der übrigen Aktionäre auf den zum Ausschluss berechtigten Aktionär über. Sind über diese Aktien Aktienurkunden ausgegeben, so verbriefen sie bis zu ihrer Aushändigung nur den Anspruch auf eine angemessene Abfindung. Der Vorstand der Zielgesellschaft hat die rechtskräftige Entscheidung unverzüglich zum Handelsregister einzureichen.**

(6) **Das Gericht ordnet an, dass die Kosten der Antragsgegner, die zur zweckentsprechenden Erledigung der Angelegenheit notwendig waren, ganz oder zum Teil vom Antragsteller zu erstatten sind, wenn dies der Billigkeit entspricht. Gerichtskosten für das Verfahren erster Instanz können dem Antragsgegner nicht auferlegt werden.**

Literatur: vgl. die Angaben zu § 39a WpÜG

Übersicht

I. Verfahrensregeln

1. Verfahrensgrundsätze

1 § 39b regelt das Verfahren für den übernahmerechtlichen Squeeze-Out. Gliederung und inhaltliche Ausgestaltung ähneln § 99 AktG. Im Gegensatz zu den §§ 327a ff. AktG verlangt der Ausschluss weder einen Hauptversammlungsbeschluss noch die Eintragung im Handelsregister.

2 Die Vorschriften des FamFG gelten für das Ausschlussverfahren insoweit, als § 39b Abs. 2–4 nichts Abweichendes bestimmt. Im Verfahren gilt der **Amtsermittlungsgrundsatz** (§ 26 FamFG). Verfahrensbeteiligte sind der Bieter als Antragsteller und die sich am Verfahren beteiligenden Aktionäre, nicht jedoch die Zielgesellschaft.

2. Bekanntmachung des Antrags

3 Der Antrag des Bieters auf Ausschluss der Aktionäre ist vom Gericht in den Gesellschaftsblättern bekannt zu machen (§ 39b Abs. 2). Dies dient der Unterrichtung aller außenstehender Aktionäre über das Ausschlussverlangen. Die außenstehenden Aktionäre können sich am Verfahren zu beteiligen.

3. Beschluss des Gerichts

4 Vor Entscheidung über den Ausschlussantrag sind alle Verfahrensbeteiligten anzuhören. Dazu kann das Gericht eine mündliche Verhandlung anordnen, eine solche ist jedoch nicht zwingend erforderlich.[1]

4. Bekanntgabe der Entscheidung

5 Der Beschluss des Landgerichts ist ohne Offenlegen der Gründe im Bundesanzeiger zu veröffentlichen (§ 39b Abs. 4 Satz 2). Außerdem ist die Entscheidung der Zielgesellschaft und den am Verfahren beteiligten Aktionären zuzustellen (§ 39b Abs. 4 Satz 1).

6 Nicht bekannt zu geben ist jedoch der Eintritt der Rechtskraft bzw. das Erheben der Beschwerde zum Oberlandesgericht Frankfurt. Die außenstehenden Aktionäre können daher nicht erkennen, wann ihre Aktien kraft Gesetzes auf den Bieter übergehen (39b Abs. 5 Satz 3). Soweit die Zielgesellschaft von dem Zeitpunkt des Eintritts der Rechtskraft Kenntnis erlangt, wird sie diesen Umstand, auch wegen der aus der Übertragung der Aktien auf den Alleinaktionär folgenden Einstellung des Börsenhandels, ad hoc nach § 15 Abs. 1 WpHG veröffentlichen müssen.

[1] AA *Heidel/Lochner* in Heidel, § 39b Rn. 13.

II. Rechtsfolge des Ausschlussbeschlusses

1. Übergang der Aktien

7 Mit Rechtskraft des stattgebenden Beschlusses über den Ausschluss der Aktionäre gehen die Aktien der übrigen Aktionäre auf den Bieter kraft Gesetzes (§ 39b Abs. 5 Satz 3) über. Aktienurkunden verbriefen nur noch das Recht auf Zahlung der angemessenen Abfindung (§ 39b Abs. 5 Satz 4).[2]

8 Noch nicht ausgeübte **Bezugsrechte** (Options- oder Wandelrechte) sind wie im aktienrechtlichen Squeeze-out Verfahren zu behandeln.

2. Eintragung in das Handelsregister?

9 Ausweislich § 39b Abs. 5 Satz 5 WpÜG hat der Vorstand der Zielgesellschaft die rechtskräftige Entscheidung unverzüglich zum Handelsregister einzureichen. Die Gesetzesbegründung lässt erkennen, dass damit nur eine stattgebende, nicht aber eine abweisende Entscheidung über den Ausschlussantrag gemeint ist.[3] Ferner spricht die Gesetzesbegründung von einer „Eintragung ins Handelsregister“,[4] die der Publizität und Rechtssicherheit dienen solle. Da eine Ermächtigung fehlt, ist davon auszugehen, dass ein stattgebender Ausschlussbeschluss gerade nicht eintragungsfähig ist.[5] Eine Eintragung hätte auch nur deklaratorische Wirkung, da konstitutiv für den Ausschluss die rechtskräftige Entscheidung des befassten Gerichts ist. Die Einreichung des Ausschlussbeschlusses zu den für die Zielgesellschaft geführten Registerakten (§ 8 Abs. 2 HRV) schafft die vom Gesetzgeber gewünschte Publizität und Klarstellung.

III. Rechtsmittel und Kosten

1. Beschwerde

10 Rechtsmittel gegen den Beschluss des Landgerichts Frankfurt ist die **Beschwerde** (§ 39b Abs. 3 Satz 3, Abs. 4 Satz 3). Beschwerdebefugt sind auch diejenigen Aktionäre, die sich an dem erstinstanzlichen Verfahren nicht beteiligt haben, weil sie gemäß § 39b Abs. 5 Satz 3, § 59 Abs. 1 FamFG durch die Übertragungsentscheidung in ihrem Recht beeinträchtigt sind. Der Aktionär muss jedoch Aktien mit einem Mindestwert von 600 Euro halten, um in zulässiger Weise Beschwerde einlegen zu können, die Anforderungen an den Beschwerdewert des § 61 Abs. 1 FamFG gelten auch im Ausschlussverfahren.[6] Die **Beschwerdefrist** richtet sich nach § 39b Abs. 1, § 63 Abs. 1 FamFG und §§ 187 ff. BGB und beträgt einen Monat. Sie beginnt nach § 187 Abs. 1 BGB mit dem Ablauf desjenigen Tages, an dem der Beschluss

---

[2] *Seiler* in Assmann/Pötzsch/Schneider, § 39b Rn. 39; *Santelmann* in Steinmeyer, § 39b Rn. 40.

[3] BT-Drs. 16/1003, 23; aA *Heidel/Lochner* in Heidel, § 39b, Rn. 29.

[4] BT-Drs. 16/1003, 23.

[5] *Heidel/Lochner* in Heidel, § 39b Rn. 30.

[6] OLG Frankfurt NZG 2014, 543.

des Landgerichts im Bundesanzeiger veröffentlicht wird (§ 39b Abs. 4 Satz 4). Für den Antragsteller und die beteiligten Aktionäre beginnt die Frist aber nicht vor dem Zeitpunkt, in dem ihnen die Entscheidung zugestellt wurde (§ 39b Abs. 4 Satz 4).

Die Höhe der Abfindung kann nicht mit einem Spruchverfahren angegriffen werden. Das SpruchverfahrensG sieht dies nicht vor, und Anhaltspunkte für eine analoge Anwendung bestehen wegen der Angemessenheitsvermutung des Angebotspreises nicht.[7] Ist der übernahmerechtliche Squeeze-out wirksam geworden, ist das Verfahren endgültig beendet. **11**

2. Rechtsbeschwerde

§ 39b Abs. 3 Satz 3 erwähnt als Rechtsmittel zwar nur die Beschwerde. Mit dem FamFG entstand jedoch auch für das Verfahren des übernahmerechtlichen Squeeze-out die Möglichkeit, noch Rechtsbeschwerde zum BGH einzulegen (§ 70 FamFG). wenn diese vom OLG Frankfurt zugelassen worden ist. Soweit zugelassen, ist die Rechtsbeschwerde binnen eines Monats nach der schriftlichen Bekanntgabe der Entscheidung des OLG Frankfurt zu erheben (§ 71 Abs. 1 Satz 1 FamFG). **12**

3. Kosten

Schuldner der Gerichtskosten ist immer der Antragsteller, die eigenen Kosten hat jede Partei grundsätzlich selbst zu tragen. § 39b Abs. 6 Satz 1 ordnet abweichend von diesem Grundsatz an, dass der Antragsteller auch die Kosten der Aktionäre ganz oder teilweise zu übernehmen hat, wenn dies der Billigkeit entspricht. Gerichtskosten für das Verfahren erster Instanz können den Antragsgegnern, also den auszuschließenden Aktionären, nicht auferlegt werden. **13**

§ 39c Andienungsrecht

Nach einem Übernahme- oder Pflichtangebot können die Aktionäre einer Zielgesellschaft, die das Angebot nicht angenommen haben, das Angebot innerhalb von drei Monaten nach Ablauf der Annahmefrist annehmen, sofern der Bieter berechtigt ist, einen Antrag nach § 39a zu stellen. Erfüllt der Bieter seine Verpflichtungen nach § 23 Abs. 1 Satz 1 Nr. 4 oder Satz 2 nicht, beginnt die in Satz 1 genannte Dreimonatsfrist erst mit der Erfüllung der Verpflichtungen zu laufen.

Literatur: *Austmann/Mennicke,* Übernahmerechtlicher Squeeze-out und Sell-out, NZG 2004, 846; *Hasselbach,* Das Andienungsrecht von Minderheitsaktionären nach der EU-Übernahmerichtlinie, ZGR 2005, 387; *Seibt/Heiser,* Analyse des Übernahmerichtlinie-Umsetzungsgesetzes, AG 2006, 301.

---

[7] OLG Stuttgart NZG 2009, 950; OLG Celle, AG 2010, 830.

Übersicht

I. Inhalt

1 § 39c regelt das **Sell-out-Recht** der Aktionäre. Dieses bildet das Gegenstück zum Squeeze-out und ermöglicht es den Minderheitsaktionären, ihren Verbleib in der Gesellschaft gegen Zahlung einer angemessenen Abfindung durch den Bieter aufzugeben. Hauptgrund für die Einführung eines solchen Sell-out ist, dass die verbleibenden Minderheitsaktionäre nicht gezwungen sein sollten, schon im Rahmen des Pflicht- oder Übernahmeangebots ihre Anteile zu verkaufen, um gegen eine angemessene Gegenleistung ihre Aktien noch veräußern zu können. Die Vorschrift setzt Art. 16 Übernahmerichtlinie um. Die europarechtlichen Vorgaben knüpfen wie § 39c tatbestandlich an den übernahmerechtlichen Squeeze-out (Art. 15 Übernahmerichtlinie) an. Faktisch handelt es sich um eine Verlängerung der ursprünglichen Annahmefrist des vorangegangenen Pflicht- oder Übernahmeangebots.

II. Die Regelung im Einzelnen

1. Tatbestandsvoraussetzungen

2 **a) Grundsätzliches.** Die Minderheitsaktionäre der Zielgesellschaft sind zur Andienung ihrer Wertpapiere berechtigt, wenn der Bieter aufgrund Erfüllens der Voraussetzungen des § 39a berechtigt wäre, den übernahmerechtlichen Squeeze-out durchzuführen. Der Bieter muss also in engem zeitlichen Zusammenhang zu einem Übernahme- oder Pflichtangebot zumindest 95% des stimmberechtigten Grundkapitals erworben haben (§§ 39c Satz 1, 39a Abs. 1 Satz 1). Das Andienungsrecht ist darüber hinaus auch dann zulässig, wenn das Angebot des Bieters in ausreichendem Umfang angenommen, aber wegen des noch fehlenden Eintritts aufschiebender Bedingungen noch nicht vollzogen worden ist (§§ 39c Satz 1, 39a Abs. 4 Satz 2), da dann bereits der Bieter zu einem Ausschlussantrag berechtigt wäre. Die außenstehenden Aktionäre werden aufgrund der speziellen Mitteilung gemäß § 23 Abs. 1 Satz 1 Nr. 4 über das Vorliegen der Voraussetzungen unterrichtet.

3 **b) Differenzierung nach Aktiengattungen.** Auch wenn der Wortlaut des § 39c Satz 1 darauf schließen lässt, dass alle Aktionäre der Zielgesellschaft schon dann vom Andienungsrecht Gebrauch machen können, wenn der Bie-

ter 95% nur des stimmberechtigten Kapitals hält (§ 39a Abs. 1 Satz 1), ist wie beim Ausschlussrecht nach Aktiengattungen zu differenzieren. Vorzugsaktionäre können ihre Anteile nach § 39c Satz 1 also nur andienen, wenn dem Bieter 95% des gesamten Grundkapitals gehören (§ 39a Abs. 1 Satz 2).

c) Ausübungsfrist. Die Aktionäre haben die Annahme innerhalb von **drei Monaten** nach Ablauf der Annahmefrist zu erklären. Dieser Zeitraum entspricht demjenigen, der dem Bieter für die Antragstellung zum Ausschlussverfahren zur Verfügung steht. Die Frist knüpft damit auch an den Ablauf der weiteren Annahmefrist (§ 16 Abs. 2 Satz 1) an. 4

Unterlässt der Bieter jedoch das Veröffentlichen der Bekanntmachung über das Vorliegen der Voraussetzungen des Erreichens der 95%-Schwelle (§ 21 Abs. 1 Satz 1 Nr. 4), beginnt diese Frist nicht vor der Veröffentlichung dieser Mitteilung (§ 39c Satz 2). Unrichtige oder unvollständige Mitteilungen sollen wie fehlende Mitteilungen zu behandeln sein.[1] 5

d) Nebeneinander von Squeeze-out und Sell-out. Das Einleiten des übernahmerechtlichen Ausschlussverfahrens hindert die verbleibenden Aktionäre nicht daran, ihr Andienungsrecht auszuüben. Ebenso wenig schließt ein eingeleitetes aktienrechtliches Squeeze-out Verfahren (§§ 327a ff. AktG)[2] das Andienungsrecht aus.[3] Der Bieter kann parallel den Squeeze-out nach §§ 327a ff. AktG einleiten. Außenstehende Aktionäre, die ihre Aktien dem Bieter andienen, nehmen ebenso wenig wie Aktionäre, die das vorangegangene Angebot angenommen haben, an evtl. höheren Abfindungen im aktienrechtlichen Squeeze-out teil. 6

2. Rechtsfolge

a) Angebot und Annahme. Wie der Kauf- oder Tauschvertrag zwischen Bieter und verbliebenem Aktionär zustande kommt, bleibt dogmatisch höchst unklar. Das Angebot zum Erwerb von Aktien der Zielgesellschaft endet mit Ablauf der Annahmefrist bzw. weiteren Annahmefrist des vorangegangenen Pflicht- oder Übernahmeangebots. Nach diesem Zeitpunkt bzw. bei Übernahmeangeboten nach Ablauf der weiteren Annahmefrist liegt kein Angebot des Bieters zum Erwerb von Aktien der Zielgesellschaft mehr vor. Eine „Annahme" durch den Aktionär ist daher nicht ohne weiteres möglich. Das Gesetz scheint dann, wenn der Bieter das Erreichen oder Überschreiten der 95%-Schwelle gemäß § 23 Abs. 1 Satz 1 Nr. 4 mitgeteilt hat, aufgrund dieser Mitteilung ein Angebot zum Erwerb der Aktien der Zielgesellschaft zu den Konditionen des Angebots für die Dauer von drei Monaten, beginnend mit dem Tag nach Ablauf der Annahmefrist, qua Gesetz zu fingieren,[4] da eben in § 39c Satz 1 davon die Rede ist, dass die Aktionäre das Angebot annehmen. 7

Die Übernahmerichtlinie legt in Art. 16 Abs. 2 mit der Formulierung, dass der Aktionär von dem Bieter verlangen kann, dass er seine Aktien erwirbt, 8

---

[1] *Santelmann* in Steinmeyer, § 39c Rn. 12.

[2] Innerhalb der 3-Monatsfrist kann ein aktienrechtlicher Squeeze-out wegen der erforderlichen Schritte nie zur Eintragung ins Handelsregister gelangen.

[3] *Hasselbach* ZGR 2005, 387, 414f.

[4] *Seiler* in Assmann/Pötzsch/Schneider, § 39c Rn. 23.

hingegen nahe, dass der Bieter ein ihm unterbreitetes Angebot des Aktionärs annehmen muss, geht also von einem Kontrahierungszwang aus.[5] Diese Lösung erscheint vorzugswürdig. Liegen die Voraussetzungen des § 39c vor, können die Aktionäre Anteile an den Bieter verkaufen. Geht das Angebot eines verbliebenen Aktionärs dem Bieter zu, hat dieser das Angebot anzunehmen und die geschuldete Gegenleistung zu erbringen.

9 Demnach muss der Bieter die ihm angedienten Aktien wie bei einem außerbörslichen Wertpapiergeschäft sogleich Zug-um-Zug, Übertragung der angedienten Aktien gegen Zahlung der Gegenleistung, unter Nutzung der Börsenabwicklungssysteme abwickeln. Wollte der Bieter hingegen die Abwicklung ähnlich derjenigen in seinem vorausgehenden Angebot gestalten, müsste er dies explizit in der Mitteilung nach § 23 Abs. 1 Satz 1 Nr. 4 vorsehen.

10 **b) Gegenleistung.** Die zu zahlende Gegenleistung hat derjenigen der im Pflicht- oder Übernahmeangebot offerierten Gegenleistung zu entsprechen. Für den Bieter besteht nach einem vorangegangenen Tauschangebot keine Pflicht, alternativ eine Barabfindung anzubieten. Hat der Bieter zuvor nur Aktien als Gegenleistung angeboten, haben die Aktionäre nach § 39c daher lediglich Anspruch auf Erhalt von Aktien.

11 Die Höhe der Gegenleistung entspricht derjenigen des Angebots. Zwar fordert die Übernahmerichtlinie (Art. 16 Abs. 3 mit dem Verweis auf Art. 15 Abs. 3–5) die Gewährung einer angemessenen Abfindung auch im Sell-out-Verfahren.[6] Im Gegensatz zum Squeeze-out genügt jedoch bei § 39c ein Rückgriff auf den **Angemessenheitsbegriff des Gesetzes,** weil das Sell-out-Recht nicht von Minderheitsaktionären wahrgenommen werden muss.[7] Ein anderer Anknüpfungspunkt als an die Gegenleistung in dem vorangegangenen Angebot dürfte auch kaum möglich sein, da eine Unternehmensbewertung in der kurzen Frist zur Ausübung des Andienungsrechts nur schwer durchführbar sein dürfte.

12 Erhöht sich die Gegenleistung des vorangegangenen Angebots aufgrund relevanter Nacherwerbe (§ 31 Abs. 5, 6), erhalten auch die Aktionäre, die ihr Andienungsrecht ausgeübt haben, die Differenz zwischen Angebotspreis und höherem Preis aus dem Nacherwerb.[8] Übt der Aktionär sein Andienungsrecht, während der Bieter das Ausschlussverfahren nach § 39a betreibt, aus, wird er hingegen nicht an einer in diesem Verfahren eventuell höher festgesetzten Abfindungszahlung (vgl. § 39a Rn. 21) partizipieren.

13 **c) Kosten.** Etwaige durch das Andienungsrecht entstehende Kosten hat jede Partei selbst zu tragen. Eine direkte oder analoge Anwendung des § 39b

---

[5] *Müller-Michaelis* in Hölters, § 39c WpÜG Rn. 5, und *Heidel/Lochner* in Heidel, § 39c Rn. 7, scheinen, ohne dies zu problematisieren, von einem Kontrahierungszwang des Bieters auf eingehende „Annahmeerklärungen" der Aktionäre, die dann doch zutreffender Angebote wären, auszugehen.

[6] Weshalb die Regelung europarechtswidrig sei, *Heidel/Lochner* in Heidel, § 39c Rn. 12; siehe hingegen zu Art. 16 Übernahmerichtlinie *Hasselbach* ZGR 2005, 387, 404 ff.

[7] *Austmann/Mennicke* NZG 2004, 846, 855.

[8] *Santelmann* in Steinmeyer, § 39c, Rn. 8.

Abs. 6 Satz 1 ist weder möglich noch wäre sie interessengerecht, weil es sich beim Sell-out um eine freiwillige Verkaufsentscheidung des betroffenen Aktionärs handelt.[9]

3. Durchsetzung des Andienungsrechts

Zur **Durchsetzung der Ansprüche** aus einem aufgrund des Andienungsrechts mit dem Bieter geschlossenen Kauf- oder Tauschvertrag ist die Leistungsklage statthaft. Klagen mehrere Aktionäre, kann, da die Klagen auf das vorangegangene Angebot zurückgehen, ein **Musterverfahren** nach § 1 Abs. 1 Nr. 2 KapMuG durchgeführt werden.[10] 14

---

[9] AA *Hasselbach* ZGR 2005, 387, 413.
[10] AA *Heidel/Lochner* in Heidel, § 39c Rn. 16.

Abschnitt 6. Verfahren

§ 40 Ermittlungsbefugnisse der Bundesanstalt

(1) **Die Bundesanstalt kann von jedermann Auskünfte, die Vorlage von Unterlagen und die Überlassung von Kopien verlangen sowie Personen laden und vernehmen, soweit dies auf Grund von Anhaltspunkten für die Überwachung der Einhaltung eines Gebots oder Verbots dieses Gesetzes erforderlich ist. Sie kann insbesondere die Angabe von Bestandsveränderungen in Finanzinstrumenten sowie Auskünfte über die Identität weiterer Personen, insbesondere der Auftraggeber und der aus Geschäften berechtigten oder verpflichteten Personen, verlangen. Gesetzliche Auskunfts- oder Aussageverweigerungsrechte sowie gesetzliche Verschwiegenheitspflichten bleiben unberührt.**

(2) **Während der üblichen Arbeitszeit ist Bediensteten der Bundesanstalt und den von ihr beauftragten Personen, soweit dies zur Wahrnehmung ihrer Aufgaben nach diesem Gesetz erforderlich ist, das Betreten der Grundstücke und Geschäftsräume der nach Absatz 1 auskunftspflichtigen Personen zu gestatten. Das Betreten außerhalb dieser Zeit oder das Betreten von Geschäftsräumen, die sich in einer Wohnung befinden, ist ohne Einverständnis nur zulässig und insoweit zu dulden, wie dies zur Verhütung von dringenden Gefahren für die öffentliche Sicherheit und Ordnung erforderlich ist und bei der auskunftspflichtigen Person Anhaltspunkte für einen Verstoß gegen ein Verbot oder Gebot dieses Gesetzes vorliegen. Das Grundrecht des Artikels 13 des Grundgesetzes wird insoweit eingeschränkt.**

(3) **Der zur Erteilung einer Auskunft Verpflichtete kann die Auskunft auf solche Fragen verweigern, deren Beantwortung ihn selbst oder einen der in § 383 Abs. 1 Nr. 1 bis 3 der Zivilprozessordnung bezeichneten Angehörigen der Gefahr strafgerichtlicher Verfolgung oder eines Verfahrens nach dem Gesetz über Ordnungswidrigkeiten aussetzen würde. Der Verpflichtete ist über sein Recht zur Verweigerung der Auskunft zu belehren.**

Übersicht

I. Einleitung

1 § 40 räumt der BaFin die zur Überwachung der Einhaltung der Pflichten des WpÜG erforderlichen aufsichtsrechtlichen Ermittlungsbefugnisse ein.[1] § 40 stellt im Verhältnis zu § 26 Abs. 2 VwVfG, wonach die Betroffenen bei der Sachverhaltsaufklärung grundsätzlich nur mitwirken „sollen", eine Spezialregelung dar.[2] Auch im Verhältnis zur allgemeinen Regelung des § 4 Abs. 1 ist § 40 *lex specialis*.[3] Bei den Befugnissen aus § 40 handelt es sich nicht, wie es der Wortlaut der amtlichen Überschrift vermuten lassen könnte, um Ermittlungsbefugnisse strafrechtlicher Art, sondern vielmehr allein um Aufsichtsbefugnisse für Zwecke des Verwaltungsverfahrens.[4]

2 Mit dem Übernahmerichtlinie-Umsetzungsgesetz hat der Gesetzgeber § 40 grundlegend geändert. Die **Eingriffsbefugnisse** der BaFin wurden erweitert und an die der BaFin bereits im Wertpapierhandelsrecht zustehenden Befugnisse (§ 4 Abs. 3 und 4 WpHG) angeglichen und zugleich die Vorgaben von Art. 4 Abs. 5 der Übernahmerichtlinie umgesetzt.

3 Zentrale Bestandteile des § 40 sind zunächst die Auskunfts- und Vorlagerechte der BaFin nach Abs. 1. Daneben wird der BaFin in Abs. 2 unter bestimmten Voraussetzungen auch das Recht zum Betreten von Geschäftsräumen oder Wohnungen auskunftspflichtiger Personen eingeräumt. Nach Abs. 1 Satz 3 und Abs. 3 stehen den zur Auskunft Verpflichteten Auskunfts- und Aussageverweigerungsrechte zu.

II. Befugnisse der BaFin (Abs. 1 Satz 1 und 2, Abs. 2)

1. Allgemeines

4 Mit der Neufassung von § 40 wurden sowohl die Eingriffsmittel der BaFin als auch der Kreis der Auskunftspflichtigen erweitert. § 40 gewährt der BaFin Ermittlungsbefugnisse gegenüber „jedermann". In inhaltlicher Hinsicht unterscheiden die neuen Abs. 1 und 2 nicht mehr enumerativ nach den einzelnen Pflichten des WpÜG, deren Einhaltung mittels Informationsgewinnung bei dem jeweiligen Adressaten überwacht werden sollte. Die Befugnisse stehen der BaFin vielmehr soweit zu, wie dies aufgrund von Anhaltspunkten zur Überwachung eines Gebots oder Verbots des WpÜG erforderlich ist. Das Kriterium der Erforderlichkeit ist ein unbestimmter Rechtsbegriff, bei dem der BaFin allerdings kein Beurteilungsspielraum zusteht,[5] sondern der gerichtlich voll überprüfbar ist.[6] Von der Erforderlichkeit einer Ermittlungs-

---

[1] So schon BT-Drucks. 14/7034, 62.

[2] *Klepsch* in Steinmeyer, § 40 Rn. 3; *Assmann* in Assmann/Pötzsch/Schneider, § 40 Rn. 4.

[3] *Ehricke* in Ehricke/Ekkenga/Oechsler, § 40 Rn. 3.

[4] *Ritz* in Baums/Thoma, § 40 Rn. 2; *Ehricke* in Ehricke/Ekkenga/Oechsler, § 40 Rn. 1.

[5] *Klepsch* in Steinmeyer, § 40 Rn. 4; *Ehricke* in Ehricke/Ekkenga/Oechsler, § 40 Rn. 7; *Linke* in Frankfurter Komm., § 40 Rn. 15.

[6] *Assmann* in Assmann/Pötzsch/Schneider, § 40 Rn. 21; *Noack/Holzborn* in Schwark, KapitalmarktR, § 40 WpÜG Rn. 3; *Holst* in KK-WpÜG, § 40 Rn. 19.

maßnahme ist grundsätzlich auszugehen, wenn gewisse Anhaltspunkte für eine Pflichtverletzung vorliegen und die BaFin deswegen den Erlass einer Verfügung zur Wahrnehmung ihrer Aufsichtspflichten anstrebt oder jedenfalls ernsthaft in Erwägung zieht.[7] Ermittlungen „ins Blaue hinein" sind hingegen unzulässig.[8]

5 Für welche Maßnahme aus § 40 sich die BaFin im konkreten Fall entscheidet, liegt in ihrem Ermessen. Sie hat dabei jedoch stets, wie immer bei staatlichen Eingriffen, den Verhältnismäßigkeitsgrundsatz zu beachten.[9] Die gewählte Maßnahme muss daher zum einen geeignet und erforderlich sein, um Informationen über die Einhaltung von Pflichten nach dem WpÜG zu erlangen, und darf zum anderen von ihrer Eingriffsintensität nicht außer Verhältnis zu dem vorgenannten Zweck stehen.

2. Formelle Anforderungen an Auskunfts- und Vorlageverlangen

6 Die Auskunfts- und Vorlageverlangen aus § 40 werden mit einem Verlangen der BaFin begründet. Das Verlangen ist stets Verwaltungsakt, für dessen Erlass ergänzend die allgemeinen Anforderungen des VwVfG gelten (insbesondere Bestimmtheit und Begründung des Verwaltungsaktes, §§ 37, 39 VwVfG).[10] Das Auskunfts- oder Vorlageverlangen kann formlos gestellt werden, so dass es auch mündlich, per Telefax, per Email gestellt werden kann,[11] muss aber immer die BaFin als ausstellende Behörde erkennen lassen (§ 37 Abs. 3 VwVfG). Aus Gründen der Rechtssicherheit sollte es aber schriftlich erlassen werden.[12] Für die Erfüllung des jeweiligen Auskunftsverlangens hat die BaFin eine angemessene Frist zu setzen.[13] Verlangt wird, dass die Auskunft mit Blick auf § 45 im Regelfall schriftlich erteilt werden soll.[14]

3. Umfang der Befugnisse

7 **a) Auskunft und Vorlage von Unterlagen.** Die BaFin kann gemäß § 40 Abs. 1 Satz 1 von jedermann Auskünfte und die Vorlage von Unterlagen verlangen, soweit dies zur Überwachung der Ge- und Verbote des WpÜG erforderlich ist. Die BaFin kann insbesondere die Angabe von Bestandsveränderungen in Finanzinstrumenten sowie Auskünfte über die Identität weiterer Personen verlangen.

8 Im Hinblick auf eine effektive Aufgabenerfüllung durch die BaFin sollen die in Abs. 1 enthaltenen Begriffe weit auszulegen sein. Unter die Auskunfts-

---

[7] *Ehricke* in Ehricke/Ekkenga/Oechsler, § 40 Rn. 8; *Klepsch* in Steinmeyer, § 40 Rn. 4, 7; *Linke* in Frankfurter Komm., § 40 Rn. 14.

[8] *Wackerbarth/Kreße* in MüKoAktG, § 40 WpÜG Rn. 7; *Holst* in KK-WpÜG, § 40 Rn. 20.

[9] *Ehricke* in Ehricke/Ekkenga/Oechsler, § 40 Rn. 8; *Wackerbarth/Kreße* in MüKoAktG, § 40 WpÜG Rn. 8.

[10] *Wackerbarth/Kreße* in MüKoAktG, § 40 WpÜG Rn. 11.

[11] *Assmann* in Assmann/Pötzsch/Schneider, § 40 Rn. 10.

[12] *Assmann* in Assmann/Pötzsch/Schneider, § 40 Rn. 10.

[13] *Klepsch* in Steinmeyer, § 40 Rn. 11.

[14] *Wackerbarth/Kreße* in MüKoAktG, § 40 WpÜG Rn. 12; *Klepsch* in Steinmeyer, § 40 Rn. 9; aA *Assmann* in Assmann/Pötzsch/Schneider, § 40 Rn. 13, 30.

erteilung fällt allerdings nur die Mitteilung von Tatsachen, nicht hingegen die Mitteilung von subjektiven Einschätzungen.[15] Der Begriff der „Unterlagen" erfasst sämtliche **Schriftstücke** sowie elektromagnetische oder elektronische **Datenträger.**[16]

Die Auskunft ist von dem Pflichtigen stets richtig, vollständig und recht- 9
zeitig zu erteilen.[17] Gleiches gilt für die Vorlage angeforderter Unterlagen. Letztere dürfen zudem nicht geschwärzt werden, da eine Schwärzung dem Ermittlungszweck zuwider liefe und gemäß § 9 ohnehin eine umfassende Verschwiegenheitspflicht seitens der BaFin besteht.[18] Zu beachten ist ferner, dass nur die Vorlage, nicht jedoch die Herausgabe von Unterlagen verlangt werden kann. Ein Verlangen gerichtet auf Herausgabe von Unterlagen scheitert bereits am klaren Wortlaut der Vorschrift. Die BaFin hat dem Pflichtigen stets genau zu bezeichnen, welche Unterlagen vorzulegen sind. Ein Verlangen auf Vorlage sämtlicher Unterlagen ist daher unzulässig. Zulässig dürfte aber ein Verlangen auf Vorlage von Unterlagen im Zusammenhang mit einem bestimmten Sachverhalt sein, da ansonsten ein diesbezügliches Auskunftsverlangen wenig effektiv wäre. Im Rahmen der Verhältnismäßigkeit ist ein Auskunftsersuchen gegenüber einem Vorlageersuchen nicht stets das mildere Mittel.[19] Bei Zweifeln an der Richtigkeit einer Auskunft ist ein Vorlageersuchen mit dem Ziel der Verifizierung der Auskunft aber stets verhältnismäßig.[20]

b) Überlassung von Kopien. Ferner ist die BaFin nach Abs. 1 Satz 1 10
ausdrücklich dazu ermächtigt, die Überlassung von Kopien zu verlangen und somit Beweismittel zu sichern. Dies macht in vielen Fällen die zeitaufwendige Entsendung von Mitarbeitern zum jeweiligen Adressaten entbehrlich und stellt bei gleicher Effektivität häufig auch den für den auskunftspflichtigen Adressaten am wenigsten belastenden Eingriff dar.

c) Ladung und Vernehmung von Personen. Der BaFin wird gemäß 11
Abs. 1 Satz 1 zudem das Recht eingeräumt, Personen vorzuladen und zu vernehmen. Persönliche Vernehmungen ermöglichen es der BaFin, durch gezieltes Nachfragen genauere Auskünfte oder neue Informationen zu erlangen, die ihr Bild vom Sachverhalt vervollständigen bzw. Anlass für weitere behordliche Ermittlungen bieten können.[21]

d) Betreten von Grundstücken und Geschäftsräumen. Gemäß § 40 12
Abs. 2 Satz 1 ist Bediensteten der BaFin und den von ihr beauftragten Personen

[15] Wie hier *Wackerbarth/Kreße* in MüKoAktG, § 40 WpÜG Rn. 12; *Klepsch* in Steinmeyer, § 40 Rn. 7; *Assmann* in Assmann/Pötzsch/Schneider, § 40 Rn. 25; aA *Ehricke* in Ehricke/Ekkenga/Oechsler, § 40 Rn. 5.

[16] *Holst* in KK-WpÜG, § 40 Rn. 13; *Ehricke* in Ehricke/Ekkenga/Oechsler, § 40 Rn. 6; *Linke* in Frankfurter Komm., § 40 Rn. 16.

[17] *Assmann* in Assmann/Pötzsch/Schneider, § 40 Rn. 30.

[18] *Klepsch* in Steinmeyer, § 40 Rn. 11; *Ritz* in Baums/Thoma, WpÜG, § 40 Rn. 27; *Assmann* in Assmann/Pötzsch/Schneider, § 40 Rn. 32.

[19] *Assmann* in Assmann/Pötzsch/Schneider, § 40 Rn. 35; *Ehricke* in Ehricke/Ekkenga/Oechsler, § 40 Rn. 9.

[20] *Assmann* in Assmann/Pötzsch/Schneider, § 40 Rn. 361.

[21] Vgl. hierzu auch *Klepsch* in Steinmeyer, § 40 Rn. 2, 12.

das Betreten von Grundstücken und Geschäftsräumen der nach Abs. 1 auskunftspflichtigen Personen während der üblichen Arbeitszeit zu gestatten, soweit dies zur Wahrnehmung ihrer Aufgaben nach diesem Gesetz erforderlich ist. Die Ausübung des Betretungsrechts muss mithin einen Erkenntnisgewinn hinsichtlich WpÜG-relevanter Umstände erwarten lassen und zwar entweder durch das Betreten selbst oder zur Unterstützung eines Auskunfts-, Vorlage- oder Überlassungsersuchens.[22] Die Befugnis aus Abs. 2 Satz 1 gibt der BaFin die Möglichkeit, sich persönlich über bestimmte Vorgänge eines Unternehmens (beispielsweise Ablauf und Inhalt einer Hauptversammlung) Kenntnisse zu verschaffen oder neue bisher unbekannte oder nicht vollständig bezeichnete Informationsquellen in Erfahrung zu bringen.[23] Das Betretungsrecht soll insbesondere dann relevant sein, wenn der auskunftspflichtige Adressat nicht ausreichend kooperiert oder er die Mitwirkung vollständig verweigert. Ein **Durchsuchungs- oder Beschlagnahmerecht** steht der BaFin nach Abs. 2 hingegen nicht zu.[24] Der Sinn des Betretungsrechts dürfte daher in Frage stehen.

13 Das Betreten außerhalb der Geschäftszeiten oder das Betreten von Geschäftsräumen, die sich in einer Wohnung befinden, ist gemäß § 40 Abs. 2 Satz 2 ohne Einverständnis nur zulässig, wenn dies zur Verhütung dringender Gefahren für die öffentliche Sicherheit und Ordnung erforderlich ist und bei der auskunftspflichtigen Person Anhaltspunkte für einen Verstoß gegen ein Verbot oder Gebot des WpÜG vorliegen. Bei der Untersuchung des Verstoßes einer anderen Person besteht nach dem ausdrücklichen Wortlaut dieser Bestimmung demnach keine Betretungsbefugnis der BaFin. Der Bedeutungsgehalt der Begriffe der öffentlichen Sicherheit und Ordnung im Sinne von § 40 Abs. 2 Satz 2 ist unter Rückgriff auf § 4 Abs. 1 Satz 2 restriktiv zu bestimmen. Eine Befugnis zum Betreten nach Abs. 2 Satz 2 besteht somit nur bei dringenden Gefahren für die ordnungsgemäße Durchführung eines Angebots oder bei Entstehen erheblicher Nachteile für den Wertpapiermarkt.[25] Die gegen diese Bestimmung geäußerten verfassungsrechtlichen Bedenken[26] überzeugen nicht. Zum einen ist ein Betreten außerhalb der Geschäftszeiten oder das Betreten von Geschäftsräumen, die sich in einer Wohnung befinden, nur unter den engen Voraussetzungen des Abs. 2 Satz 2 zulässig. Zum anderen ist die BaFin auf diese weitgehenden Ermittlungsbefugnisse angewiesen, um die Verpflichtungen des WpÜG effektiv durchsetzen zu können. Allerdings erscheint es im Zusammenhang mit Übernehmen und Kontrollerwerben kaum vorstellbar, dass dringende Gefahren für die öffentliche Sicherheit und Ordnung zu verhüten sind.

4. Hauptanwendungsfälle in der Praxis

14 Die Befugnisse der BaFin aus § 40 dienen in der Praxis in erster Linie dazu, die Einhaltung der Veröffentlichungs-, Mitteilungs- und Übersendungspflichten von Bietern zu überprüfen. Dies gilt insbesondere für die

---

[22] *Klepsch* in Steinmeyer, § 40 Rn. 13.

[23] *Klepsch* in Steinmeyer, § 40 Rn. 13.

[24] *Klepsch* in Steinmeyer, § 40 Rn. 13; bzgl. § 4 WpHG *Döhmel* in Assmann/Schneider, WpHG, § 4 Rn. 54.

[25] *Klepsch* in Steinmeyer, § 40 Rn. 15.

[26] *Schüppen* BB 2006, 165, 170.

Pflicht zur form- und fristgerechten Erstellung und Veröffentlichung der Entscheidung zur Abgabe eines Angebots (§ 10) und zur Erstellung und Übermittlung von Angebotsunterlagen (§ 14 Abs. 1, 4 Satz 1). Des Weiteren sind die Ermittlungsbefugnisse der BaFin vor allem hinsichtlich der Pflicht zur Abgabe eines Angebots (§ 35 Abs. 2 Satz 1) sowie zur Überprüfung der Angemessenheit der Gegenleistung (§ 31) von Bedeutung. Da die Bieter, die mit diesen gemeinsam handelnden Personen und deren Tochterunternehmen in Bezug auf die vorgenannten Pflichten oftmals über die maßgeblichen Informationen und Unterlagen (zB Aktienkaufverträge, Aktionärsvereinbarungen) verfügen, ist zu erwarten, dass die BaFin ihre Auskunftsersuchen auch in Zukunft hauptsächlich an diesen Adressatenkreis richten wird.

Von den Vorständen, Aufsichtsräten und Beschäftigten der Zielgesellschaften kann die BaFin dagegen vor allem Informationen zur Einhaltung der Pflichten aus § 10 Abs. 5 Satz 1 und 2, § 14 Abs. 4 Satz 1 und 2, § 27 sowie auch zu eventuellen Abwehrmaßnahmen nach §§ 33, 33a erlangen. 15

Die BaFin kann mit Inanspruchnahme gegenwärtiger und ehemaliger Aktionäre sowie von Wertpapierdienstleistungsunternehmen wichtige Erkenntnisse über Aktienkaufverträge, eine gemeinsame Ausübung von Stimmrechten sowie Informationen zu Geschäften über Aktien der Zielgesellschaft erlangen. Die daraus gewonnenen Informationen sind regelmäßig für die Überwachung der Pflicht zur Abgabe eines Angebots (§ 35) und die Ermittlung der Angemessenheit der Gegenleistung aus Vorerwerben (§ 31) relevant.[27] Zudem kommen weiterhin inländische Börsen als Adressaten von Auskunftsverlangen der BaFin in Betracht. Allerdings sollte die BaFin anhand der Mitteilungen über getätigte Geschäfte gemäß § 9 WpHG einen besseren Überblick über die vorgenannten Geschäfte haben. 16

5. Grenzüberschreitende Sachverhalte

Zwar beschränkt der Wortlaut von § 40 die Befugnisse der BaFin nicht auf inländische Adressaten. Dennoch unterliegen deren Ermittlungsbefugnisse territorialen Restriktionen, da es sich bei dem Gebrauch der Befugnisse aus § 40 um die Ausübung von Hoheitsgewalt handelt, die an der Staatsgrenze endet.[28] Bei grenzüberschreitenden Sachverhalten ist die BaFin daher auf völkerrechtlich unbedenkliche (formlose) Auskunfts- oder Vorlageersuchen oder die ihr nach § 8 eingeräumten Möglichkeiten im Rahmen der internationalen Zusammenarbeit angewiesen.[29] Etwas anderes gilt für Fälle, in denen ein hinreichend inländischer Anknüpfungspunkt besteht. So kann die BaFin die Befugnisse aus § 40 grundsätzlich auch gegen ausländische Bieter wahrnehmen, da diese sich durch den Erwerb von Aktien einer im Inland ansässigen Gesellschaft in deutsches Hoheitsgebiet begeben.[30] 17

---

[27] *Klepsch* in Steinmeyer, § 40 Rn. 23; *Assmann* in Assmann/Pötzsch/Schneider, § 40 Rn. 48, 49; *Ritz* in Baums/Thoma, § 40 Rn. 16.

[28] *Assmann* in Assmann/Pötzsch/Schneider, § 40 Rn. 6; *Ehricke* in Ehricke/Ekkenga/Oechsler, § 40 Rn. 11; dahingehend auch *Diekmann* NJW 2007, 17, 21.

[29] AA *Holst* in KK-WpÜG, § 40 Rn. 31; vgl. auch *Diekmann* NJW 2007, 17, 21.

[30] *Klepsch* in Steinmeyer, § 40 Rn. 3; aA wohl *Assmann* in Assmann/Pötzsch/Schneider, § 40 Rn. 6.

III. Auskunfts- und Aussageverweigerungsrechte (Abs. 1 Satz 3 und Abs. 3)

18 Nach Abs. 3 steht dem jeweils Auskunftspflichtigen ein Auskunftsverweigerungsrecht zu. Er kann die Auskunft auf solche Anfragen verweigern, deren Beantwortung ihn selbst oder einen der in § 383 Abs. 1 Nr. 1 bis 3 ZPO bezeichneten Angehörigen der Gefahr strafrechtlicher Verfolgung oder eines Ordnungswidrigkeitenverfahrens aussetzen würde.[31] Abs. 3 ist Ausdruck des im Rechtsstaatsprinzip verankerten Gedankens der Unzumutbarkeit der Selbstanzeige (nemo tenetur-Grundsatz).[32] Eine strafrechtliche Verfolgung kann insbesondere bei Insidervergehen drohen, während ordnungswidrigkeitenrechtliche Sanktionen vor allem bei der Verletzung von Mitteilungs- oder Veröffentlichungspflichten in Betracht kommen.

19 Das Auskunftsverweigerungsrecht aus Abs. 3 ist kein allgemeines Zeugnisverweigerungsrecht iSd § 53 StPO, sondern berechtigt zur Verweigerung der Auskunft nur bezüglich einzelner Fragen, welche die Kriterien des Abs. 3 erfüllen. Sonstige Fragen müssen von der auskunftspflichtigen Person beantwortet werden.[33] Da das Verlangen von Auskünften den Oberbegriff für die in § 40 weiter konkretisierten Befugnisse der BaFin darstellt, besteht das Auskunftsverweigerungsrecht gegenüber der BaFin auch im Falle der übrigen Ermittlungsmaßnahmen im Sinne von Abs. 1.[34] Ein Betreten von Grundstücken bzw. Geschäftsräumen gemäß Abs. 2 kann hingegen nicht auf Grundlage von Abs. 3 verweigert werden. Dem steht sowohl der Aufsichtszweck des WpÜG als auch die Wortlautgrenze von Abs. 3 entgegen.[35]

20 Berufen kann sich auf das Auskunftsverweigerungsrecht jede auskunftspflichtige Person. Bei juristischen Personen können – in Abhängigkeit von der jeweils in Rede stehenden straf- oder ordnungswidrigkeitenrechtlichen Pflicht – sowohl einzelne Organmitglieder als auch die juristische Person selbst (§ 30 OWiG) zur Auskunftsverweigerung berechtigt sein.[36]

21 Nach § 40 Abs. 3 Satz 2 sind die Verpflichteten über ihr Auskunftsverweigerungsrecht zu belehren. Diese Pflicht besteht auch gegenüber solchen Auskunftspflichtigen, die bereits Kenntnis von ihrem Auskunftsverweigerungsrecht haben.[37]

---

[31] *Klepsch* in Steinmeyer, § 40 Rn. 26.

[32] *Assmann* in Assmann/Pötzsch/Schneider, § 40 Rn. 48; *Wackerbarth/Kreße* in MüKoAktG, § 40 WpÜG Rn. 33.

[33] *Ritz* in Baums/Thoma, WpÜG, § 40 Rn. 25; *Klepsch* in Steinmeyer, § 40 Rn. 26; zu § 55 StPO vgl. *Kleinknecht/Meyer/Goßner,* StPO, § 55 Rn. 2.

[34] So zu § 40 Abs. 5 aF *Noack/Holzborn* in Schwark, KapitalmarktR, § 40 WpÜG Rn. 6; *Wackerbarth/Kreße* in MüKoAktG, § 40 WpÜG Rn. 33; aA *Assmann* in Assmann/Pötzsch/Schneider, § 40 Rn. 49; *Holst* in KK-WpÜG, § 40 Rn. 36; *Ritz* in Baums/Thoma, § 40 Rn. 28; *Linke* in Frankfurter Komm., § 40 Rn. 25; zu § 40 Abs. 5 nF *Klepsch* in Steinmeyer, § 40 Rn. 28, der sich diesbezüglich für ein Verwertungsverbot ausspricht; unentschieden *Ehricke* in Ehricke/Ekkenga/Oechsler, § 40 Rn. 26.

[35] *Klepsch* in Steinmeyer, § 40 Rn. 28.

[36] *Klepsch* in Steinmeyer, § 40 Rn. 27; *Ritz* in Baums/Thoma, § 40 Rn. 26; *Assmann* in Assmann/Pötzsch/Schneider, § 40 Rn. 50.

[37] AA *Ritz* in Baums/Thoma, § 40 Rn. 29.

22 Schließlich normiert Abs. 1 Satz 3 ausdrücklich, dass gesetzliche Auskunfts- und Aussageverweigerungsrechte ebenso wie gesetzliche Verschwiegenheitspflichten von der Regelung des § 40 unberührt bleiben. Sie sind daher neben dem Auskunftsverweigerungsrecht aus Abs. 3 anwendbar. Damit wird insbesondere der Vorrang der Berufsverschwiegenheitspflicht von Rechtsanwälten, Steuerberatern und Wirtschaftsprüfern gegenüber den Befugnissen der BaFin anerkannt. Sofern die BaFin Rechtsanwälte, Steuerberater oder Wirtschaftsprüfer in deren Eigenschaft als Aktionäre um Auskünfte oder Vorlagen ersucht, geht deren Auskunftsverweigerungsrecht nach § 383 Abs. 1 Nr. 6 ZPO bzw. § 53 Abs. 1 Nr. 3 StPO nur dann weiter als das anderer Aktionäre nach Abs. 3, wenn deren Aktionärsstellung auf einer mandatsbezogenen Tätigkeit beruht.[38]

IV. Durchsetzung des Auskunftsverlangens und Rechtsschutz

23 Kommt der Adressat einem Auskunftsverlangen nach § 40 nicht nach, kann die BaFin dieses gemäß § 46 im Wege des Verwaltungszwangs durchsetzen. Als Zwangsmittel kommt insbesondere die Verhängung von Zwangsgeldern, bei der Durchsetzung des Betretungsrechts zudem unmittelbarer Zwang in Betracht.[39] Verstöße gegen Verfügungen der BaFin gemäß § 40 stellen Ordnungswidrigkeiten dar und berechtigen die BaFin zur Verhängung von Bußgeldern bis zu einer Höhe von € 200 000 (§ 60 Abs. 2 Nr. 1, Nr. 2, Abs. 3).

24 Der Betroffene kann gegen ein Auskunftsverlangen der BaFin nach § 40 zunächst mit einem Widerspruch gemäß § 41 vorgehen, wobei dieser gemäß § 42 keine aufschiebende Wirkung entfaltet. Sodann steht dem Betroffenen die Möglichkeit zu, gemäß § 48 Anfechtungsbeschwerde gegen das Verlangen zu erheben.

§ 41 Widerspruchsverfahren

(1) **Vor Einlegung der Beschwerde sind Rechtmäßigkeit und Zweckmäßigkeit der Verfügungen der Bundesanstalt in einem Widerspruchsverfahren nachzuprüfen. Einer solchen Nachprüfung bedarf es nicht, wenn der Abhilfebescheid oder der Widerspruchsbescheid erstmalig eine Beschwer enthält. Für das Widerspruchsverfahren gelten die §§ 68 bis 73 der Verwaltungsgerichtsordnung, soweit in diesem Gesetz nichts Abweichendes geregelt ist.**

(2) **Die Bundesanstalt trifft ihre Entscheidung innerhalb einer Frist von zwei Wochen ab Eingang des Widerspruchs. Bei besonderen tatsächlichen oder rechtlichen Schwierigkeiten oder bei einer Vielzahl von Widerspruchsverfahren kann die Bundesanstalt die Frist durch unanfechtbaren Beschluss verlängern.**

(3) **Die Beteiligten haben an der Aufklärung des Sachverhaltes mitzuwirken, wie es einem auf Förderung und raschen Abschluss des Ver-**

---

[38] *Klepsch* in Steinmeyer, § 40 Rn. 28; *Ritz* in Baums/Thoma, § 40 Rn. 29.

[39] *Klepsch* in Steinmeyer, § 49 Rn. 25; *Noack/Holzborn* in Schwark, KapitalmarktR, § 40 WpÜG Rn. 5; *Holst* in KK-WpÜG, § 40 Rn. 40.

fahrens bedachten Vorgehen entspricht. Den Beteiligten können Fristen gesetzt werden, nach deren Ablauf weiterer Vortrag unbeachtet bleibt.

(4) **Der Widerspruchsausschuss kann das Verfahren ohne mündliche Verhandlung dem Vorsitzenden durch unanfechtbaren Beschluss zur alleinigen Entscheidung übertragen. Diese Übertragung ist nur zulässig, sofern die Sache keine wesentlichen Schwierigkeiten in tatsächlicher und rechtlicher Hinsicht aufweist und die Entscheidung nicht von grundsätzlicher Bedeutung sein wird.**

Übersicht

I. Einleitung

1 Das Rechtsschutzsystem des Gesetzes ist – anders als das des GWB, dem insbesondere das übernahmerechtliche Beschwerdeverfahren nachgebildet ist – zweistufig aufgebaut.[1] Gemäß § 41 ist vor Einlegung einer **Beschwerde** beim Oberlandesgericht Frankfurt gemäß § 48 in einem Widerspruchsverfahren sowohl die Recht- als auch die Zweckmäßigkeit einer Verfügung der BaFin umfassend zu überprüfen. Die Durchführung eines solchen Widerspruchsverfahrens ist Sachurteilsvoraussetzung des gerichtlichen Verfahrens.[2]

2 Das Widerspruchsverfahren dient als Teil des Verwaltungsverfahrens sowohl der Selbstkontrolle der Verwaltung und der Entlastung der Gerichte als auch dem Rechtsschutz der Verfahrensbeteiligten.[3]

3 § 41 enthält für das Widerspruchsverfahren nach dem WpÜG einige Besonderheiten gegenüber dem allgemeinen verwaltungsrechtlichen Wider-

[1] *Schweizer* in Frankfurter Komm., § 41 Rn. 3.

[2] *Ehricke* in Ehricke/Ekkenga/Oechsler, § 41 Rn. 1; *Klepsch* in Steinmeyer, § 41 Rn. 5.

[3] *Redeker/von Oertzen,* § 68 Rn. 2a; *Wackerbarth/Kreße* in MünchKommAktG, § 41 WpÜG Rn. 3; *Assmann* in Assmann/Pötzsch/Schneider, § 41 Rn. 4.

spruchsverfahren, die vor allem der Verfahrensbeschleunigung dienen.[4] Abs. 1 regelt zunächst die Statthaftigkeit eines Widerspruchsverfahrens und verweist für das Verfahren, vorbehaltlich abweichender Bestimmungen im WpÜG, auf §§ 68 bis 73 VwGO. Abs. 2 bestimmt für die Widerspruchsentscheidung der BaFin eine von den allgemeinen Vorschriften der §§ 68ff. VwGO abweichende Entscheidungsfrist, während Abs. 3 Vorschriften über die Mitwirkungspflicht der Beteiligten enthält. Abs. 4 sieht schließlich die Möglichkeit vor, das Verfahren unter bestimmten Voraussetzungen auf den Vorsitzenden des Widerspruchsausschusses zu übertragen.

II. Zulässigkeit des Widerspruchs

1. Zuständige Widerspruchsbehörde

Die BaFin ist zuständige Behörde, da die nächst höhere Behörde (Bundesministerium der Finanzen) eine oberste Bundesbehörde ist (§ 73 Abs. 1 Satz 1 Nr. 2 VwGO).[5] 4

Im Widerspruchsverfahren kann die BaFin dem Widerspruch abhelfen (§ 41 Abs. 1 Satz 3 iVm § 72 VwGO). Hilft die BaFin dem Widerspruch nicht ab, ergeht ein Widerspruchsbescheid. 5

Für Widersprüche gegen bestimmte Verfügungen ist innerhalb der BaFin der Widerspruchsausschuss funktional zuständig (§ 6 Abs. 1 Satz 2).[6] Entscheidungen über sonstige Widersprüche (zB solche, die sich gegen Verfügungen im Sinne von § 40 oder Kostenbescheide gemäß § 47 richten) fallen in die alleinige interne Zuständigkeit der BaFin-Referate. 6

2. Statthaftigkeit des Widerspruchs

Der Widerspruch ist gegen alle Verfügungen der BaFin statthaft, die Verwaltungsakt gemäß § 35 VwVfG sind. Im Unterschied zur Beschwerde nach § 48 differenziert § 41 nicht zwischen Anfechtungs- und Verpflichtungswidersprüchen.[7] 7

Grundsätzlich gelten für die Statthaftigkeit des Widerspruchs die **allgemeinen Grundsätze des Verwaltungsrechts.** Ein Vorgehen gegen Nebenbestimmungen einer Verfügung der BaFin mittels Widerspruch ist demnach statthaft, wenn die Verfügung im Übrigen sinnvoller- und rechtmäßiger Weise fortbestehen kann.[8] 8

3. Entbehrlichkeit des Widerspruchsverfahrens

Entbehrlich ist die Einlegung eines Widerspruchs vor Erhebung der Beschwerde, wenn der Abhilfebescheid oder der Widerspruchsbescheid erstma- 9

---

[4] *Assmann* in Assmann/Pötzsch/Schneider, § 41 Rn. 6; *Klepsch* in Steinmeyer, § 41 Rn. 1.

[5] *Schweizer* in Frankfurter Komm., § 41 Rn. 16; *Klepsch* in Steinmeyer, § 41 Rn. 6; *Assmann* in Assmann/Pötzsch/Schneider, § 41 Rn. 8.

[6] Zum Widerspruchsausschuss vgl. im Einzelnen § 6.

[7] *Schweizer* in Frankfurter Komm., § 41 Rn. 8.

[8] *Schweizer* in Frankfurter Komm., § 41 Rn. 9; *Ehricke* in Ehricke/Ekkenga/Oechsler, § 41 Rn. 6.

lig eine Beschwer enthält (§ 41 Abs. 1 Satz 2). Diese Regelung, die den Wortlaut von § 68 Abs. 1 Nr. 2 VwGO wiederholt, betrifft Fälle der Verböserung des Ausgangsbescheids im Widerspruchsverfahren *(reformatio in peius)*.[9]

10 Eines Vorverfahrens bedarf es vor Beschwerdeerhebung weiterhin nicht, wenn die BaFin es versäumt, in angemessener Zeit über einen Antrag auf Erlass einer Verfügung zu entscheiden. In solchen Fällen wird gemäß § 48 Abs. 3 Satz 3 die Ablehnung des ursprünglichen Antrags fingiert. Gegen diesen fiktiven Ablehnungsbescheid ist ein Widerspruchsverfahren entbehrlich.[10]

11 Ebenso ist die Einlegung des Widerspruchs entbehrlich, wenn sich aus dem Verhalten der BaFin ergibt, dass sie dem Widerspruch mit großer Wahrscheinlichkeit ohnehin nicht abhelfen wird.[11] Daneben ist die Durchführung eines Widerspruchsverfahrens als Zulässigkeitsvoraussetzung für die Erhebung der Beschwerde entbehrlich, wenn sich die angegriffene Verfügung während des Widerspruchsverfahrens erledigt[12] oder die BaFin die fehlende Durchführung des Widerspruchsverfahrens nicht rügt.[13]

4. Widerspruchsbefugnis

12 Wie im verwaltungsrechtlichen Widerspruchsverfahren muss der Widerspruchsführer zur Einlegung des Widerspruchs befugt sein. Da § 41 diesbezüglich keine Regelung enthält, ist insoweit auf § 42 Abs. 2 VwGO analog zurückzugreifen. Danach muss der Widerspruchsführer die Möglichkeit geltend machen, durch die Rechtswidrigkeit oder Unzweckmäßigkeit der Verfügung bzw. deren Ablehnung oder Unterlassung in seinen subjektiven Rechten verletzt zu sein (Möglichkeitstheorie).[14]

13 Nach wie vor problematisch ist die Widerspruchsbefugnis von Dritten gegen Verfügungen, die zwar nicht an diese Dritte gerichtet sind, diese aber belasten. Um in diesen Fällen widerspruchsbefugt zu sein, muss sich der Drittwiderspruchsführer nach der Schutznormtheorie auf eine (auch) ihn schützende Norm berufen können.[15] Nach dem ausdrücklichen Wortlaut von § 4 Abs. 2 nimmt die BaFin ihre Befugnisse nach dem WpÜG aber ausschließlich im öffentlichen Interesse wahr. Das WpÜG gewährt Dritten demnach keine subjektiven Rechte. Dies hat zur Folge, dass Dritte gegenüber Verfügungen der BaFin grundsätzlich nicht widerspruchsbefugt sind.[16] Eine

[9] *Schweizer* in Frankfurter Komm., § 41 Rn. 19.

[10] *Klepsch* in Steinmeyer, § 41 Rn. 10.

[11] BVerwG, DVBl. 1981, 190; *Ehricke* in Ehricke/Ekkenga/Oechsler, § 41 Rn. 22; aA *Giesberts* in KK-WpÜG, § 41 Rn. 43.

[12] *Klepsch* in Steinmeyer, § 41 Rn. 10).

[13] *Assmann* in Assmann/Pötzsch/Schneider, § 41 Rn. 16; *Schweizer* in Frankfurter Komm. § 41 Rn. 30.

[14] *Wackerbarth/Kreße* in MüKoAktG, § 41 WpÜG Rn. 10; *Giesberts* in KK-WpÜG, § 41 Rn. 28.

[15] *Ehricke* in Ehricke/Ekkenga/Oechsler, § 41 Rn. 12; *Klepsch* in Steinmeyer, § 41 Rn. 14f.; *Wackerbarth/Kreße* in MüKoAktG, § 41 WpÜG Rn. 11; *Schweizer* in Frankfurter Komm., § 41 Rn. 13f.

[16] *Assmann* in Assmann/Pötzsch/Schneider, § 41 Rn. 14; *Schweizer* in Frankfurter Komm., § 41 Rn. 13; OLG Frankfurt DB 2003, 1371, 1372f.; *Pohlmann* ZGR 2007, 1, 19f.; aA *Aha* AG 2002, 160, 161.

Widerspruchsbefugnis können Dritte allenfalls aus anderen, ihrem Schutz dienenden Rechtsvorschriften (zB Grundrechte) herleiten. Wegen des Anwendungsvorrangs einfachen Gesetzesrechts wird dies aber nur in extremen Ausnahmefällen, wie etwa der Existenzvernichtung, möglich sein,[17] was im Übernahmeverfahren praktisch nicht vorstellbar sein dürfte.

5. Rechtsschutzbedürfnis

14 Aus Gründen der Verfahrensökonomie ist die Einlegung eines Widerspruchs ferner unzulässig, wenn der Widerspruchsführer kein Rechtsschutzbedürfnis hat. Davon ist regelmäßig auszugehen, wenn er die Entscheidung durch die BaFin nicht zur Ausübung seiner Rechte benötigt oder er die Tätigkeit der BaFin missbräuchlich in Anspruch nimmt.[18] Bei einem Bieter dürfte dies nicht in Betracht kommen.

6. Frist, Form und inhaltliche Anforderungen an den Widerspruch

15 Der Widerspruch muss binnen einer Frist von einem Monat nach Bekanntgabe der Verfügung bei der BaFin erhoben werden (§ 41 Abs. 1 Satz 3 iVm § 70 Abs. 1 VwGO). Die Berechnung der **Widerspruchsfrist** richtet sich nach § 57 VwGO iVm §§ 222 ZPO, 187 ff. BGB.[19] Fehlt die Rechtsmittelbelehrung, verlängert sich die Widerspruchsfrist auf ein Jahr (§ 70 Abs. 2 iVm § 58 Abs. 2 Satz 1 VwGO).

16 Der Widerspruch ist schriftlich oder zur Niederschrift und in deutscher Sprache einzulegen (§ 41 Abs. 1 Satz 3 iVm § 70 Abs. 1 VwGO).[20] Ein mündlich oder telefonisch eingelegter Widerspruch genügt nicht, selbst wenn die BaFin darüber einen Aktenvermerk fertigt.[21] Ausreichend für die Schriftform ist die Einlegung durch Telefax sowie – nach wohl herrschender Auffassung – durch E-Mail unter Verwendung einer qualifizierten elektronischen Signatur.[22] Zur Wahrung der Schriftform muss der Widerspruchsführer die Widerspruchsschrift grundsätzlich unterschreiben, wobei es ausreicht, dass sich aus dieser und den beigefügten Anlagen hinreichend sicher ergibt, dass der Widerspruch vom Widerspruchsführer herrührt und mit dessen Willen in den Verkehr gelangt ist.[23]

17 Besondere Anforderungen an den Inhalt des Widerspruchs bestehen nicht, insbesondere ist die Bezeichnung als Widerspruch nicht erforderlich. Aus der abgegebenen Erklärung muss sich jedoch erkennen lassen, dass der Betroffene die Nachprüfung eines bestimmten Verwaltungsaktes begehrt, weil er sich

---

[17] So zu Recht *Schweizer* in Frankfurter Komm., § 41 Rn. 13a; *Ehricke* in Ehricke/Ekkenga/Oechsler, § 41 Rn. 12; *Giesberts* in KK-WpÜG, § 41 Rn. 31 ff.

[18] *Ehricke* in Ehricke/Ekkenga/Oechsler, § 41 Rn. 13; *Giesberts* in KK-WpÜG, § 41 Rn. 36.

[19] *Klepsch* in Steinmeyer, § 41 Rn. 17.

[20] *Assmann* in Assmann/Pötzsch/Schneider, § 41 Rn. 18; *Ehricke* in Ehricke/Ekkenga/Oechsler, § 41 Rn. 14.

[21] *Ehricke* in Ehricke/Ekkenga/Oechsler, § 41 Rn. 15.

[22] *Assmann* in Assmann/Pötzsch/Schneider, § 41 Rn. 18; *Schweizer* in Frankfurter Komm., § 41 Rn. 11; *Ehricke* in Ehricke/Ekkenga/Oechsler, § 41 Rn. 14.

[23] *Kopp/Schenke,* § 70 Rn. 2.

durch diesen beschwert fühlt.[24] Eine gesetzliche Begründungspflicht besteht für den Widerspruch nicht.[25] Gleichwohl ist der Widerspruchsführer im eigenen Interesse gut beraten, den Widerspruch zu begründen.

III. Entscheidung über den Widerspruch

1. Entscheidungsfrist der BaFin (Abs. 2)

18 **a) Zwei-Wochen-Frist.** Gemäß § 41 Abs. 2 Satz 1 muss die BaFin grundsätzlich innerhalb von zwei Wochen über den Widerspruch entscheiden. Dies gilt sowohl für Verfahren vor dem Widerspruchsausschuss als auch sonstige Widerspruchsverfahren.[26] Durch die kurze Fristsetzung soll die zügige Durchführung des Widerspruchsverfahrens gewährleistet werden, was vor allem wegen der mit Wertpapiererwerben und Übernahmen zusammenhängenden wirtschaftlichen Belange und Risiken erforderlich und sinnvoll ist.

19 Die Zwei-Wochen-Frist, deren Berechnung sich nach §§ 187 ff. BGB richtet, beginnt mit dem Eingang des Widerspruchs und nicht mit dem einer etwaigen späteren Widerspruchsbegründung bei der BaFin.[27] Die BaFin muss ihre Entscheidung einschließlich der Begründung binnen der zweiwöchigen Frist treffen, nicht jedoch auch dem Widerspruchsführer bekannt geben.[28]

20 **b) Fristverlängerung.** Die kurze Entscheidungsfrist von zwei Wochen kann gemäß § 41 Abs. 2 Satz 2 bei tatsächlichen oder rechtlichen Schwierigkeiten oder bei einer Vielzahl von Widerspruchsverfahren mit unanfechtbarem Beschluss der BaFin verlängert werden.

21 Tatsächliche Schwierigkeiten können sich insbesondere bei der Notwendigkeit umfangreicher Sachverhaltsermittlungen ergeben oder, wenn die BaFin auf die Auskünfte ausländischer Aufsichtsbehörden angewiesen ist.[29] Rechtliche Schwierigkeiten können dagegen etwa bei komplizierten Fragen der Stimmrechtszurechnung gemäß § 30 oder im Zusammenhang mit der Ermittlung des Wertpapier- und Stimmrechtsbestands der Beteiligten auftreten.[30] Allein der Umstand, dass eine Rechtsfrage uneinheitlich beurteilt wird, rechtfertigt dagegen noch keine Fristverlängerung.[31] Die Möglichkeit der

---

[24] *Assmann* in Assmann/Pötzsch/Schneider, § 41 Rn. 17; *Ehricke* in Ehricke/Ekkenga/Oechsler, § 41 Rn. 17; *Kopp/Schenke,* § 70 Rn. 5.

[25] *Schweizer* in Frankfurter Komm., § 41 Rn. 11; *Assmann* in Assmann/Pötzsch/Schneider, § 41 Rn. 20.

[26] *Ritz* in *Baums/Thoma,* § 41 Rn. 14; *Klepsch* in Steinmeyer, § 41 Rn. 22; *Ehricke* in Ehricke/Ekkenga/Oechsler, § 41 Rn. 41.

[27] *Assmann* in Assmann/Pötzsch/Schneider, § 41 Rn. 34.

[28] *Noack/Holzborn* in Schwark, KapitalmarktR, § 41 WpÜG Rn. 2; *Assmann* in Assmann/Pötzsch/Schneider, § 41 Rn. 35; *Klepsch* in Steinmeyer, § 41 Rn. 23; aA *Ritz* in Baums/Thoma, § 41 Rn. 17, wonach die Zustellung während der Frist zumindest schon eingeleitet wird.

[29] *Schweizer* in Frankfurter Komm., § 41 Rn. 20; *Noack/Holzborn* in Schwark, KapitalmarktR, § 41 WpÜG Rn. 3.

[30] *Klepsch* in Steinmeyer, § 41 Rn. 26; *Assmann* in Assmann/Pötzsch/Schneider, § 41 Rn. 37.

[31] *Assmann* in Assmann/Pötzsch/Schneider, § 41 Rn. 37.

Fristverlängerung bei Vorliegen einer Vielzahl von Widerspruchsverfahren setzt nicht voraus, dass die Widersprüche alle in ein und derselben Angelegenheit eingelegt wurden. Vielmehr besteht sie auch dann, wenn sich die Widersprüche auf verschiedene (Angebots-)Verfahren beziehen.[32]

Die nur innerhalb der Zwei-Wochen-Frist mögliche[33] Fristverlängerung nach Abs. 2 Satz 2 soll die Ausnahme bleiben.[34] Ihre Dauer muss in einem angemessenen Verhältnis zu den rechtlichen oder tatsächlichen Schwierigkeiten stehen.[35] Eine erhebliche Fristverlängerung ist daher ebenso wie eine mehrfache Fristverlängerung nur in extremen Ausnahmefällen zulässig.[36] 22

c) Folgen der Fristüberschreitung. Überschreitet die BaFin die Entscheidungsfrist nach § 41 Abs. 2, so kann der Widerspruchsführer analog § 48 Abs. 3 Satz 2 sofort Beschwerde gegen die Verfügung einlegen, ohne die Entscheidung der BaFin im Widerspruchsverfahren abwarten zu müssen.[37] 23

2. Verfahrensförderungspflicht und Ausschlussfrist (Abs. 3)

Aufgrund der Intention des Gesetzgebers, das Widerspruchsverfahren zu beschleunigen, trifft die Beteiligten nach Abs. 3 eine Verfahrensförderungspflicht, die über § 26 Abs. 2 VwVfG hinausgeht. Gemäß Abs. 3 Satz 1 haben die Beteiligten an der Aufklärung des Sachverhalts mitzuwirken. Zu diesem Zweck müssen sie ihre Angriffs- und Verteidigungsmittel so schnell wie möglich vorbringen, um sicherzustellen, dass ihr Vortrag von der BaFin innerhalb der kurzen Entscheidungsfrist des Abs. 2 berücksichtigt werden kann. 24

Zur Gewährleistung eines schnellen Verfahrensablaufs kann die BaFin den Beteiligten darüber hinaus gemäß Abs. 3 Satz 2 **Ausschlussfristen** setzen, nach deren Ablauf weiterer Vortrag der Beteiligten präkludiert ist.[38] Es handelt sich hierbei lediglich um eine formelle Präklusion, dh ein weiterer Vortrag bleibt mit Ablauf der Frist lediglich im Rahmen des behördlichen Widerspruchsverfahrens, nicht jedoch auch im Beschwerdeverfahren unberücksichtigt.[39] Die Länge der gesetzten Frist liegt im Ermessen der BaFin. Sie hat sich nach den Umständen des jeweiligen Falls, insbesondere der Komplexität des Sachverhalts und der Rechtslage zu richten[40] und kann gemäß § 31 Abs. 7 VwVfG auch rückwirkend verlängert werden. Die Beteiligten sind auf 25

---

[32] *Klepsch* in Steinmeyer, § 41 Rn. 24; *Assmann* in Assmann/Pötzsch/Schneider, § 41 Rn. 38; aA *Noack/Holzborn* in Schwark, KapitalmarktR, § 41 WpÜG Rn. 3.

[33] *Assmann* in Assmann/Pötzsch/Schneider, § 41 Rn. 36; *Klepsch* in Steinmeyer, § 41 Rn. 24.

[34] BT-Drucks. 14/7034, 63.

[35] *Klepsch* in Steinmeyer, § 41 Rn. 25; *Ehricke* in Ehricke/Ekkenga/Oechsler, § 41 Rn. 47.

[36] *Ehricke* in Ehricke/Ekkenga/Oechsler, § 41 Rn. 47.

[37] *Ehricke* in Ehricke/Ekkenga/Oechsler, § 41 Rn. 48; vgl. auch *Assmann* in Assmann/Pötzsch/Schneider, § 41 Rn. 39, mit Hinweis auf eine sinngemäße Anwendung von § 75 VwGO.

[38] *Klepsch* in Steinmeyer, § 41 Rn. 32.

[39] *Schweizer* in Frankfurter Komm., § 41 Rn. 21; *Ehricke* in Ehricke/Ekkenga/Oechsler, § 41 Rn. 52.

[40] *Ehricke* in Ehricke/Ekkenga/Oechsler, § 41 Rn. 51.

die Präklusionswirkung der Frist nach Abs. 3 Satz 2 hinzuweisen.[41] Gegen die Entscheidung über die Fristsetzung bzw. die Nichtberücksichtigung verspäteten Vorbringens steht dem Widerspruchsführer kein Rechtsschutz zu.[42]

26 In der Praxis dürfte der durch Abs. 3 Satz 2 bezweckte Entlastungseffekt für die BaFin nur sehr gering sein. Angesichts der kurzen Entscheidungsfrist von zwei Wochen kommt die Festsetzung einer Ausschlussfrist zum einen allenfalls in den Fällen in Betracht, in denen die BaFin die Zwei-Wochen-Frist gemäß Abs. 2 Satz 2 verlängert. Zum anderen wird der Widerspruchsführer seine Argumente in der Mehrzahl der Fälle bereits mit der Widerspruchserhebung vortragen.[43] Überdies muss die BaFin im Rahmen des Widerspruchsverfahrens ohnehin den Untersuchungsgrundsatz beachten und die in Rede stehende Verfügung umfassend auf ihre Recht- und Zweckmäßigkeit überprüfen.

3. Übertragung der Entscheidung auf den Vorsitzenden (Abs. 4)

27 Wegen der kurzen Entscheidungsfrist und der organisatorischen Probleme einer mündlichen Verhandlung, Beratung und Beschlussfassung kann der Widerspruchsausschuss, soweit dieser zuständig ist, das Verfahren gemäß Abs. 4 S. 1 zum Zwecke der Verfahrensbeschleunigung dem Vorsitzenden (§ 6 Abs. 2 Nr. 1) zur alleinigen Entscheidung übertragen. Die Übertragung ist gemäß Abs. 4 Satz 2 nur zulässig, wenn die Sache in tatsächlicher und rechtlicher Hinsicht keine wesentlichen Schwierigkeiten aufweist und nicht von grundsätzlicher Bedeutung ist. Sie kommt daher nicht in Betracht, soweit in der Entscheidung von einer durch Behördenpraxis oder Gerichtsentscheidungen etablierten Rechtsauffassung abgewichen werden soll oder zu erwarten ist, dass eine Mehrzahl gleich gelagerter Sachverhalte künftig genauso behandelt werden müssen und sich daraus eine Selbstbindung der Verwaltung ergeben kann.[44] Das Verfahren kann ohne mündliche Verhandlung durch unanfechtbaren Beschluss auf den Vorsitzenden übertragen werden.[45]

28 Stellt sich im Nachhinein heraus, dass mit der Sache wider Erwarten doch rechtliche oder tatsächliche Schwierigkeiten verbunden sind oder diese von grundsätzlicher Bedeutung ist, kann der Vorsitzende das Verfahren an den Widerspruchsausschuss zurückübertragen.[46]

4. Verfahrensbeteiligung Dritter

29 Anders als § 54 Abs. 2 GWB für das Kartellverfahren enthält das WpÜG keine speziellen Regelungen über die Beteiligung Dritter am (Widerspruchs-) Verfahren. Zwar war eine Drittbeteiligung im Gesetzesentwurf ursprünglich

---

[41] *Assmann* in Assmann/Pötzsch/Schneider, § 41 Rn. 41.

[42] *Ehricke* in Ehricke/Ekkenga/Oechsler, § 41 Rn. 53; *Klepsch* in Steinmeyer, § 41 Rn. 33; *Giesberts* in KK-WpÜG, § 41 Rn. 77.

[43] Vgl. *Wackerbarth/Kreße* in MüKoAktG, § 41 WpÜG Rn. 17.

[44] *Noack/Holzborn* in Schwark, KapitalmarktR, § 41 WpÜG, Rn. 6f.; *Ehricke* in Ehricke/Ekkenga/Oechsler, § 41 Rn. 58.

[45] BT-Drucks. 14/7034, 63; *Schweizer* in Frankfurter Komm., § 41 Rn. 22; *Assmann* in Assmann/Pötzsch/Schneider, § 41 Rn. 43.

[46] *Ritz* in Baums/Thoma, § 41 Rn. 39; *Assmann* in Assmann/Pötzsch/Schneider, § 41 Rn. 44; aA *Klepsch* in Steinmeyer, § 41 Rn. 35.

vorgesehen, jedoch wurde diese auf Empfehlung des Finanzausschusses wieder gestrichen.[47] Auf die allgemeine Regelung des § 13 VwVfG wird sich eine Beteiligung Dritter nur selten stützen lassen.[48] Eine „geborene" Verfahrensbeteiligung nach § 13 Abs. 1 Nr. 1 VwVfG scheidet für Dritte aus, weil nach dieser Bestimmung eine Beteiligtenstellung nur für die das Verfahren ursprünglich initiierende Person begründet wird.[49] Eine „gekorene" Verfahrensbeteiligung (§ 13 Abs. 1 Nr. 4 iVm Abs. 2 VwVfG) hingegen setzt voraus, dass der Ausgang des Verfahrens entweder für einen Dritten rechtsgestaltende Wirkung hat (sog. notwendige Hinzuziehung) oder rechtliche Interessen eines Dritten berührt (sog. einfache Hinzuziehung).[50] Da sich aus dem WpÜG keine subjektiven Rechte Dritter ableiten lassen, scheidet eine „gekorene" Verfahrensbeteiligung Dritter unter Berufung auf Bestimmungen des WpÜG aus.[51] Sie kommt nur in Ausnahmefällen in Betracht, wenn eine Grundrechtsverletzung vorliegt oder andere subjektive Rechte Dritter beeinträchtigt bzw. berührt werden (denkbar ist dies zB bei Entscheidungserheblichkeit der im Widerspruchsverfahren zu klärenden Frage für einen späteren Zivilrechtsstreit).[52] Die Rechtsprechung hat daher die Beteiligtenstellung Dritter im Verwaltungsverfahren nach § 41 bislang stets abgelehnt.[53]

5. Entscheidung der BaFin und Rechtsschutz

Die BaFin hilft dem Widerspruch gemäß § 41 Abs. 1 Satz 3 iVm § 72 VwGO ab, wenn sie ihn für zulässig und begründet hält. Andernfalls erlässt sie gemäß § 41 Abs. 1 Satz 3 iVm § 73 VwGO einen Widerspruchsbescheid. 30

Der Widerspruchsbescheid ist zu begründen, mit einer **Kostenentscheidung** sowie Rechtsmittelbelehrung zu versehen und gemäß VwZG (ggf. iVm § 43) zuzustellen.[54] Die Widerspruchsbegründung soll den Widerspruchsführer in die Lage versetzen, darüber zu entscheiden, ob die Erhebung einer Beschwerde sinnvoll erscheint und wie eine solche ggf. begründet werden kann. Darüber hinaus ist auch das Beschwerdegericht auf die Feststellungen und Überlegungen der BaFin angewiesen, um die angegriffene Verfügung umfassend überprüfen zu können.[55] 31

Die BaFin hat in der Kostenentscheidung zu bestimmen, wer dem Grunde nach die Kosten zu tragen und in welchem Umfang Kosten zu erstatten sind (§ 73 Abs. 3 Satz 3 VwGO iVm § 80 VwVfG). Insbesondere ist darüber zu entscheiden, ob die Zuziehung eines Bevollmächtigten (insbes. eines Rechts- 32

---

[47] *Schweizer* in Frankfurter Komm., § 41 Rn. 24.

[48] *Schweizer* in Frankfurter Komm., § 41 Rn. 25 ff.; *Möller* ZHR 2003, 301, 309; *Ihrig* ZHR 2003, 315, 329.

[49] OLG Frankfurt ZIP 2003, 1251, 1252; OLG Frankfurt ZIP 2003, 1392 f.

[50] *Schweizer* in Frankfurter Komm., § 41 Rn. 25 f.

[51] *Schweizer* in Frankfurter Komm., § 41 Rn. 25 ff.; *Möller* ZHR 2003, 301, 309; *Ihrig* ZHR 2003, 315, 329.

[52] *Pohlmann* ZGR 2007, 1, 22 ff.; *Schweizer* in Frankfurter Komm., § 41 Rn. 27.

[53] OLG Frankfurt DB 2003, 1371, 1372f; OLG Frankfurt ZIP 2003, 2206, 2207.

[54] *Assmann* in Assmann/Pötzsch/Schneider, § 41 Rn. 27, 31; *Ehricke* in Ehricke/Ekkenga/Oechsler, § 41 Rn. 33.

[55] *Ehricke* in Ehricke/Ekkenga/Oechsler, § 41 Rn. 33; *Kopp/Schenke,* § 73 Rn. 12.

anwalts) notwendig war (§ 80 Abs. 2 VwVfG).[56] Angesichts der Komplexität der Materie dürfte im Widerspruchsverfahren die Zuziehung eines Rechtsanwalts stets notwendig sein, so dass auch diesbezügliche Kosten bei einem erfolgreichen Widerspruchsverfahren zu erstatten sind (§ 80 Abs. 3 VwVfG).

33 Gegen den Ausgangsbescheid in der Gestalt des Widerspruchsbescheids besteht das Rechtsmittel der Beschwerde (§§ 48 ff.).[56]

§ 42 Sofortige Vollziehbarkeit

Der Widerspruch gegen Maßnahmen der Bundesanstalt nach § 4 Abs. 1 Satz 3, § 15 Abs. 1 oder 2, § 28 Abs. 1 oder § 40 Abs. 1 und 2 hat keine aufschiebende Wirkung.

Übersicht

I. Einleitung

1 Durch § 42 wird die aufschiebende Wirkung von Widersprüchen (Suspensiveffekt, § 80 Abs. 1 VwGO) gegen bestimmte, den jeweiligen Adressaten belastende Verfügungen der BaFin ausgeschlossen und die BaFin so von der Notwendigkeit befreit, im Einzelfall den Wegfall der aufschiebenden Wirkung gemäß § 80 Abs. 2 Satz 1 Nr. 4 VwGO anzuordnen. Bei § 42 handelt es sich um einen „durch Bundesgesetz vorgeschriebenen Fall" iSv § 80 Abs. 2 Satz 1 Nr. 3 VwGO.[1] Die Bestimmung ist Ausfluss des in § 3 Abs. 4 statuierten Beschleunigungsgebots und dient der zügigen Verfahrensdurchführung sowie dem Schutz der Aktionäre der Zielgesellschaft.[2]

II. Ausschluss des Suspensiveffekts

2 Widersprüche gegen Verwaltungsakte entfalten im Regelfall aufschiebende Wirkung (Suspensiveffekt, § 80 Abs. 1 VwGO). Durch den Suspensiveffekt wird die Vollziehbarkeit des jeweiligen Verwaltungsakts gehemmt, so dass der erlassenden Behörde jede auf Vollzug des Verwaltungsaktes gerichtete Maßnahme untersagt ist.[3] Der Ausschluss der aufschiebenden Wirkung hat zur Folge, dass der betreffende Verwaltungsakt (sofort) vollziehbar wird und ggf. zwangsweise durchgesetzt werden kann.[4]

---

[56] *Assmann* in Assmann/Pötzsch/Schneider, § 41 Rn. 29.

[57] *Noack/Holzborn* in Schwark, KapitalmarktR, § 41 WpÜG Rn. 10.

[1] *Ritz* in Baums/Thoma, § 42 Rn. 2; *Giesberts* in KK-WpÜG, § 42 Rn. 2.

[2] BT-Drucks. 14/7034, 63; *Klepsch* in Steinmeyer, § 42 Rn. 1; *Ehricke* in Ehricke/Ekkenga/Oechsler, § 42 Rn. 1; *Wackerbarth/Kreße* in MüKoAktG, § 42 WpÜG Rn. 3.

[3] *Noack/Holzborn* in Schwark, KapitalmarktR, § 42 WpÜG Rn. 1.

[4] *Giesberts* in KK-WpÜG, § 42 Rn. 12.

1. In § 42 genannte Fälle

§ 42 enthält eine enumerative und abschließende Auflistung von Verfügungen der BaFin, bei denen die aufschiebende Wirkung des Widerspruchs entfällt. Von dieser Bestimmung erfasst sind folgende Maßnahmen der BaFin: 3
- Anordnungen zur Beseitigung und Verhinderung von Missständen (§ 4 Abs. 1 Satz 3);
- Untersagung eines öffentlichen Angebots, weil es entweder nicht die für die Angebotsunterlage vorgeschriebenen Angaben enthält oder der BaFin keine Angebotsunterlage zur Prüfung übermittelt worden ist (§ 15 Abs. 1), oder weil die Veröffentlichung der Angebotsunterlage nicht die vorgeschriebene Form wahrt (§ 15 Abs. 2);
- Untersagungen bestimmter Arten der Werbung (§ 28 Abs. 1);
- Auskunfts- und Vorlageverlangen sowie Erlass von auf das Betreten von Grundstücken oder Geschäftsräumen gerichteten Verfügungen zur Überwachung der Einhaltung der Pflichten nach dem Gesetz (§ 40 Abs. 1 und 2).

2. Weitere Fälle der sofortigen Vollziehbarkeit

Daneben entfällt gemäß § 46 Satz 3 die aufschiebende Wirkung von Widersprüchen gegen die Androhung und Festsetzung von Zwangsmitteln nach §§ 13, 14 VwVG[5] sowie gemäß § 47 iVm § 80 Abs. 2 Nr. 1 VwGO die aufschiebende Wirkung von Widersprüchen gegen **Kostenbescheide.**[6] Bei Widersprüchen gegen andere Verfügungen der BaFin bleibt es beim Suspensiveffekt nach § 80 Abs. 1 VwGO.[7] 4

III. Anordnung der aufschiebenden Wirkung

Der Widerspruchsführer kann gegen die sofortige Vollziehbarkeit der angegriffenen Verfügung gemäß § 50 Abs. 3 beim Oberlandesgericht Frankfurt als Beschwerdegericht (§ 48 Abs. 4) einen Antrag auf Anordnung der aufschiebenden Wirkung stellen.[8] In diesem Verfahren prüft das Gericht summarisch, dh anhand des bekannten Sachverhalts, ob die Voraussetzungen für die behördliche Anordnung nicht bestanden, ernstliche Zweifel an der Rechtmäßigkeit der angefochtenen Verfügung bestehen oder die Vollziehung für den Betroffenen eine unbillige, nicht durch überwiegende öffentliche Interessen gebotene Härte zur Folge hätte.[9] 5

Streitig ist, ob der Adressat einer Verfügung der BaFin gegen deren sofortige Vollziehbarkeit bei der BaFin einen Antrag auf Anordnung der aufschiebenden Wirkung analog § 80 Abs. 4 Satz 1 VwGO stellen kann.[10] § 50 sieht 6

---

[5] *Ritz* in Baums/Thoma, § 42 Rn. 3; *Noack/Holzborn* in Schwark, KapitalmarktR, § 42 WpÜG Rn. 3; *Wackerbarth/Kreße* in MüKoAktG, § 42 WpÜG Rn. 4.

[6] *Ehricke* in Ehricke/Ekkenga/Oechsler, § 42 Rn. 5; *Assmann* in Assmann/Pötzsch/Schneider, § 42 Rn. 3.

[7] *Klepsch* in Steinmeyer, § 42 Rn. 2.

[8] *Giesberts* in KK-WpÜG, § 42 Rn. 13.

[9] *Giesberts* in KK-WpÜG, § 42 Rn. 13.

[10] Grundsätzlich bejahend *Klepsch* in Steinmeyer, § 42 Rn. 8; *Ritz* in Baums/Thoma, § 42 Rn. 4; ablehnend *Assmann* in Assmann/Pötzsch/Schneider, § 42 Rn. 8.

diese Möglichkeit nicht explizit vor, schließt sie aber auch nicht explizit aus. Da § 80 VwGO im übernahmerechtlichen Rechtschutzverfahren grundsätzlich anwendbar bleibt,[11] sprechen keine durchgreifenden Einwände gegen die analoge Anwendbarkeit von § 80 Abs. 4 Satz 1 VwGO. Unter Berücksichtigung der in § 42 enthaltenen gesetzgeberischen Wertung müssen jedoch außergewöhnliche Umstände vorliegen, um eine Anordnung der aufschiebenden Wirkung durch die BaFin zu rechtfertigen.[12]

§ 43 Bekanntgabe und Zustellung

(1) **Verfügungen, die gegenüber einer Person mit Wohnsitz oder einem Unternehmen mit Sitz außerhalb des Geltungsbereichs dieses Gesetzes ergehen, gibt die Bundesanstalt der Person bekannt, die als Bevollmächtigte benannt wurde. Ist kein Bevollmächtigter benannt, so erfolgt die Bekanntgabe durch öffentliche Bekanntmachung im Bundesanzeiger.**

(2) **Ist die Verfügung zuzustellen, so erfolgt die Zustellung bei Personen mit Wohnsitz oder Unternehmen mit Sitz außerhalb des Geltungsbereichs dieses Gesetzes an die Person, die als Bevollmächtigte benannt wurde. Ist kein Bevollmächtigter benannt, so erfolgt die Zustellung durch öffentliche Bekanntmachung im Bundesanzeiger.**

Übersicht

I. Überblick

1 § 43 enthält nach § 41 Abs. 3 Satz 1 VwVfG zulässige Sonderbestimmungen[1] für die Bekanntgabe und Zustellung von Verfügungen der BaFin gegenüber Personen und Unternehmen mit Wohnsitz bzw. Sitz außerhalb Deutschlands. Zweck der Regelung ist die Beschleunigung des Verfahrens und des Wirksamwerdens von aufsichtsrechtlichen Verfügungen durch möglichst zügige Bekanntgabe oder Zustellung.[2] Für die Bekanntgabe und Zustellung von Verfügungen der BaFin gegenüber Personen oder Unternehmen mit Wohnsitz bzw. Sitz im Inland finden die Bestimmungen des VwVfG bzw. des VwZG Anwendung.[3]

---

[11] So wohl auch *Ritz* in Baums/Thoma, § 42 Rn. 4; *Schweizer* in Frankfurter Komm., § 42 Rn. 2.

[12] *Klepsch* in Steinmeyer, § 42 Rn. 8; *Ritz* in Baums/Thoma, § 42 Rn. 4.

[1] *Noack/Holzborn* in Schwark, KapitalmarktR, § 43 WpÜG Rn. 1.

[2] BT-Drucks. 14/7034, 64; *Holst* in KK-WpÜG, § 43 Rn. 2; *Assmann* in Assmann/Pötzsch/Schneider, § 43 Rn. 1.

[3] *Linke* in Frankfurter Komm., § 43 Rn. 10; *Assmann* in Assmann/Pötzsch/Schneider, § 43 Rn. 11; *Klepsch* in Steinmeyer, § 43 Rn. 1 f., 6.

II. Bekanntgabe (Abs. 1)

Verfügungen der BaFin sind – ebenso wie Verwaltungsakte anderer Behörden – bekannt zu geben (§ 41 Abs. 1 VwVfG) und werden erst mit Bekanntgabe wirksam (§ 43 VwVfG). § 41 VwVfG sieht für die Bekanntgabe von Verwaltungsakten verschiedene Möglichkeiten vor, die durch § 43 Abs. 1 als *lex specialis* modifiziert werden. 2

Von § 43 Abs. 1 erfasst werden sämtliche Verfügungen, dh Verwaltungsakte iSv § 35 VwVfG, die von der BaFin gegenüber Personen oder Unternehmen mit Wohnsitz bzw. Sitz außerhalb Deutschlands erlassen werden.[4] Dem Normzweck entsprechend sind die Begriffe der „Person" und des „Unternehmens" weit auszulegen. Unter den Begriff der „Person" fallen natürliche und juristische Personen unter Einschluss juristischer Personen des öffentlichen Rechts.[5] „Unternehmen" sind solche im Sinne des funktionalen Unternehmensbegriffs.[6] Der „Wohnsitz" einer Person bestimmt sich nach §§ 7 ff. BGB.[7] Der „Sitz" einer juristischen Person oder eines Unternehmens ist dort, wo sich deren/dessen tatsächlicher Verwaltungssitz befindet.[8] 3

Verfügungen der BaFin, die gegenüber einer Person mit Wohnsitz oder einem Unternehmen mit Sitz im Ausland ergehen, werden der Person bekannt gegeben, die als Bevollmächtigter benannt wurde. Für die Bestellung eines Bevollmächtigten kommen die allgemeinen verwaltungsrechtlichen Grundsätze zur Anwendung. Insbesondere kann die BaFin von einer Person oder einem Unternehmen mit Wohnsitz bzw. Sitz außerhalb Deutschlands die Bestellung eines inländischen Empfangsbevollmächtigten verlangen (§ 15 VwVfG).[9] Auch juristische Personen können Bevollmächtigte sein (beispielsweise Investmentbanken).[10] Aufgrund des Normzwecks muss der Bevollmächtigte eine inländische Zustellungsanschrift haben.[11] 4

Sofern kein Bevollmächtigter oder nur ein solcher **ohne inländische Zustellungsadresse** benannt wurde, wird die Verfügung mittels öffentlicher Bekanntmachung im Bundesanzeiger bekannt gegeben (§ 43 Abs. 1 Satz 2).[12] Mit Bekanntmachung im Bundesanzeiger erlangt die Verfügung Wirksamkeit und die Rechtsbehelfsfristen beginnen.[13] Die Zwei-Wochen-Frist des § 41 5

---

[4] *Klepsch* in Steinmeyer, § 43 Rn. 2.

[5] *Holst* in KK-WpÜG, § 43 Rn. 15; *Ehricke* in Ehricke/Ekkenga/Oechsler, § 43 Rn. 3.

[6] *Ehricke* in Ehricke/Ekkenga/Oechsler, § 43 Rn. 3.

[7] *Assmann* in Assmann/Pötzsch/Schneider, § 43 Rn. 2; *Holst* in KK-WpÜG, § 43 Rn. 14.

[8] *Ehricke* in Ehricke/Ekkenga/Oechsler, § 43 Rn. 6; *Klepsch* in Steinmeyer, § 43 Rn. 3.

[9] *Holst* in KK-WpÜG, § 43 Rn. 16; *Klepsch* in Steinmeyer, § 43 Rn. 4.

[10] So *Noack/Holzborn* in Schwark, KapitalmarktR, § 43 WpÜG Rn. 3; *Ehricke* in Ehricke/Ekkenga/Oechsler, § 43 Rn. 7; zweifelnd, aber im Ergebnis zustimmend *Assmann* in Assmann/Pötzsch/Schneider, § 43 Rn. 5.

[11] *Ritz* in Baums/Thoma, § 43 Rn. 2; *Wackerbarth/Kreße* in MüKoAktG, § 43 WpÜG Rn. 4; *Assmann* in Assmann/Pötzsch/Schneider, § 43 Rn. 5.

[12] *Linke* in Frankfurter Komm., § 43 Rn. 11; *Ritz* in Baums/Thoma, § 43 Rn. 2.

[13] BT-Drucks. 14/7034, 64; *Wackerbarth/Kreße* in MüKoAktG, § 43 WpÜG Rn. 5; *Assmann* in Assmann/Pötzsch/Schneider, § 43 Rn. 8; *Schäfer* in KK-WpÜG, § 43 Rn. 21 f.

Abs. 4 Satz 3 VwVfG findet aufgrund des auf Verfahrensbeschleunigung gerichteten Normzwecks von § 43 keine Anwendung.[14]

6 § 43 Abs. 1 ist zwingendes Recht, dh Verfügungen sind nach den in dieser Bestimmung genannten Modalitäten bekannt zu geben.[15] Der BaFin bleibt es aber unbenommen, der Person bzw. dem Unternehmen die Verfügung zusätzlich, etwa auf dem Postweg, ins Ausland zu übermitteln. Wirksamkeitsrelevant oder fristauslösend ist eine solche Übermittlung aber nicht.

III. Zustellung (Abs. 2)

7 Gemäß § 43 Abs. 2 gelten die vorgenannten Grundsätze der Bekanntgabe von Verfügungen auch für die Zustellung von Verfügungen gegenüber Personen oder Unternehmen mit Wohnsitz bzw. Sitz im Ausland.

Die Zustellung ist ein besonderes, formaleres Verfahren der Bekanntgabe, durch das die Wahrscheinlichkeit der tatsächlichen Kenntnisnahme erhöht und die Übermittlung zuverlässiger dokumentiert werden soll.[16] Sie ist für Verwaltungsakte von besonderer Bedeutung gesetzlich vorgeschrieben, beispielsweise für Widerspruchsbescheide (§ 41 Abs. 1 Satz 3 iVm § 73 Abs. 3 VwGO) oder Androhungen von Zwangsmitteln im Verwaltungsvollstreckungsverfahren (§ 46 iVm § 13 Abs. 7 VwVG).[17]

8 Zugestellt werden muss entweder an einen Bevollmächtigten mit Zustellungsanschrift im Inland oder in Ermangelung eines solchen mittels öffentlicher Bekanntmachung im Bundesanzeiger. Bei Zustellung mittels öffentlicher Bekanntmachung im Bundesanzeiger gilt die Verfügung mit dem Datum der Publikation als zugestellt und bekanntgemacht.[18] § 43 Abs. 2 Satz 2 verdrängt insoweit §§ 14, 15 VwZG.[19]

§ 44 Veröffentlichungsrecht der Bundesanstalt

Die Bundesanstalt kann ihre Verfügungen nach § 4 Abs. 1 Satz 3, § 10 Abs. 2 Satz 3, § 15 Abs. 1 und 2, § 20 Abs. 1, § 28 Abs. 1, § 36 oder § 37 Abs. 1, auch in Verbindung mit einer Rechtsverordnung nach Abs. 2, auf Kosten des Adressaten der Verfügung im Bundesanzeiger veröffentlichen.

---

[14] So auch *Wackerbarth/Kreße* in MüKoAktG, § 43 WpÜG Rn. 5; *Linke* in Frankfurter Komm., § 43 Rn. 11; *Ritz* in Baums/Thoma, § 43 Rn. 6; *Klepsch* in Steinmeyer, § 43 Rn. 4; im Ergebnis auch *Noack/Holzborn* in Schwark, KapitalmarktR, § 43 WpÜG Rn. 5.

[15] *Kopp/Ramsauer,* VwVfG, § 14 Rn. 1 ff.; *Klepsch* in Steinmeyer, § 43 Rn. 3; *Ritz* in Baums/Thoma, § 43 Rn. 3; *Holst* in KK-WpÜG, § 43 Rn. 26.

[16] *Ehricke* in Ehricke/Ekkinga/Oechsler, § 43 Rn. 9; *Holst* in KK-WpÜG, § 43 Rn. 25.

[17] *Assmann* in Assmann/Pötzsch/Schneider, § 43 Rn. 10.

[18] *Assmann* in Assmann/Pötzsch/Schneider, § 43 Rn. 12.

[19] *Klepsch* in Steinmeyer, § 43 Rn. 6; *Linke* in Frankfurter Komm., § 43 Rn. 14; *Ritz* in Baums/Thoma, § 43 Rn. 7; aA zur Frist des § 15 Abs. 3 Satz 2 VwZG *Noack/Holzborn* in Schwark, KapitalmarktR, § 43 WpÜG Rn. 6.

Übersicht

I. Einleitung

1 Nach § 44 kann die BaFin bestimmte im Gesetzestext enumerativ aufgeführte Verfügungen auf Kosten des jeweiligen Adressaten im Bundesanzeiger veröffentlichen. Zweck der Bestimmung ist die Information der Finanzmärkte, insbesondere der Minderheitsaktionäre über laufende Verfahren, nicht hingegen das Anprangern von Missständen oder Unternehmen.[1]

II. Voraussetzungen

2 Nach § 44 können folgende Verfügungen der BaFin unter Kostentragungspflicht des Adressaten im Bundesanzeiger veröffentlicht werden:
- Anordnungen, um Missstände zu beseitigen oder zu verhindern (§ 4 Abs. 1 Satz 3);
- Gestattungen, die Entscheidung zur Abgabe eines Angebots zugleich mit der Übermittlung an die Börsen zu veröffentlichen (§ 10 Abs. 2 Satz 3);
- Untersagungen von Angeboten (§ 15 Abs. 1 und 2);
- Befreiungen des Handelsbestands (§ 20 Abs. 1);
- Untersagungen bestimmter Arten von Werbung (§ 28 Abs. 1);
- Befreiungen von der Zurechnung von Stimmrechtsanteilen in bestimmten Fällen (§ 36);
- Befreiungen von der Verpflichtung, ein Pflichtangebot abzugeben (§ 37, § 9 WpÜG-AngV).

3 Der Meinungsstand zu der Frage, ob und inwieweit der Katalog des § 44 als abschließend anzusehen ist, ist diffus. Überzeugend ist es, § 44 als Kostentragungsregel anzusehen, die eine Veröffentlichung der in § 44 genannten Verfügungen in anderen Medien (zB in der Fachpresse oder im Internet), dann allerdings ohne Kostentragungspflicht des Adressaten, nicht ausschließt.[2] Wird die Veröffentlichung einer in § 44 genannten Verfügung beschlossen, ist diese stets (zumindest auch) auf Kosten des Adressaten im Bundesanzeiger zu veröffentlichen.[3] Nicht in § 44 genannte Verfügungen darf die BaFin nicht

---

[1] *Wackerbarth/Kreße* in MüKoAktG, § 44 WpÜG Rn. 6; *Linke* in Frankfurter Komm., § 44 Rn. 12; *Holst* in KK-WpÜG, § 44 Rn. 1; *Klepsch* in Steinmeyer, § 44 Rn. 1.

[2] So *Linke* in Frankfurter Komm., § 44 Rn. 12; *Ritz* in Baums/Thoma, § 44 Rn. 7; *Ehricke* in Ehricke/Ekkenga/Oechsler, § 44 Rn. 8; vgl. *Wackerbarth/Kreße* in MüKo-AktG, § 44 WpÜG Rn. 6, der die Veröffentlichung nach § 44 in anderen Medien für unzulässig hält.

[3] *Ehricke* in Ehricke/Ekkenga/Oechsler, § 44 Rn. 8; *Wackerbarth/Kreße* in MüKo-AktG, § 44 WpÜG Rn. 6; wohl auch *Assmann* in Assmann/Pötzsch/Schneider, § 44 Rn. 5; anders *Klepsch* in Steinmeyer, § 44 Rn. 5, wonach im Bundesanzeiger nur zu veröffentlichen ist, wenn die Kosten der Adressat trägt.

veröffentlichen.[4] Sonstige Amtshandlungen (die nicht Verwaltungsakt sind, etwa Rundschreiben, Hinweise, Warnungen) hingegen kann die BaFin im Rahmen ihrer Öffentlichkeitsarbeit auf Grundlage des § 4 auf eigene Kosten publizieren,[5] auch im Bundesanzeiger.

4 Erfasst wird von § 44 auch die Publikation von Entscheidungen der BaFin über Widersprüche gegen die in § 44 genannten Verfügungen.[6] Die Publikation nach § 44 ist zulässig, nachdem die Verfügung Wirksamkeit iSd § 43 Abs. 1 VwVfG erlangt hat, dh iSd § 41 VwVfG bekannt gegeben wurde. Der Eintritt der Bestandskraft ist nicht Voraussetzung der Veröffentlichung.[7]

III. Ermessen

5 Nach § 44 steht die Veröffentlichung im Bundesanzeiger im Ermessen der BaFin. Dieses Ermessen bezieht sich auf das „Ob", den Umfang und den Zeitpunkt der Veröffentlichung.[8] Bei der Ausübung des Ermessens hat die BaFin einerseits dem Informationsbedürfnis der Kapitalmärkte, welches durch die bereits vorhandene Informationslage maßgeblich beeinflusst wird,[9] und andererseits den (Geheimhaltungs-)Interessen der Beteiligten unter Berücksichtigung des **Verhältnismäßigkeitsgrundsatzes** Rechnung zu tragen.[10]

6 In Ausnahmefällen kann eine Ermessensreduzierung auf Null eintreten, beispielsweise wenn eine Nichtveröffentlichung wesentliche Marktverzerrungen zur Folge hätte.[11] Ein erhebliches Unterrichtungsinteresse der freien Aktionäre und der Öffentlichkeit soll insbesondere in Befreiungsfällen (§ 37, § 9 WpÜG-AngV) bestehen. Gleiches ist zu bejahen, wenn nach Untersagung eines Angebots zu befürchten steht, dass der Bieter dennoch ein öffentliches Angebot (etwa über das Internet) durchführen will. Hier dürfte eine Veröffentlichung der Untersagung des Angebots zur Marktinformation geeignet und zweckmäßig sein.

---

[4] *Wackerbarth/Kreße* in MüKoAktG, § 44 WpÜG Rn. 6; *Ehricke* in Ehricke/Ekkenga/Oechsler, § 44 Rn. 2f.; vgl. *Klepsch* in Steinmeyer, § 44 Rn. 3, wonach kein Bedürfnis für die Veröffentlichung anderer als der in § 44 genannten Verfügungen besteht; wohl auch *Noack/Holzborn* in Schwark, KapitalmarktR, § 44 WpÜG Rn. 4; unklar *Assmann* in Assmann/Pötzsch/Schneider, § 44 Rn. 2.

[5] *Noack/Holzborn* in Schwark, KapitalmarktR, § 44 WpÜG Rn. 4; *Ehricke* in Ehricke/Ekkenga/Oechsler, § 44 Rn. 4.

[6] *Ritz* in Baums/Thoma, § 44 Rn. 3; *Holst* in KK-WpÜG, § 44 Rn. 10; *Klepsch* in Steinmeyer, § 44 Rn. 3.

[7] *Ritz* in Baums/Thoma, § 44 Rn. 1; *Ehricke* in Ehricke/Ekkenga/Oechsler, § 44 Rn. 9; *Assmann* in Assmann/Pötzsch/Schneider, § 44 Rn. 6; *Klepsch* in Steinmeyer, § 44 Rn. 3.

[8] *Noack/Holzborn* in Schwark, KapitalmarktR, § 44 WpÜG Rn. 3; *Ritz* in Baums/Thoma, § 44 Rn. 4; *Linke* in Frankfurter Komm., § 44 Rn. 17; *Ehricke* in Ehricke/Ekkenga/Oechsler, § 44 Rn. 7.

[9] *Linke* in Frankfurter Komm., § 44 Rn. 15.

[10] *Noack/Holzborn* in Schwark, KapitalmarktR, § 44 WpÜG, Rn. 3; *Klepsch* in Steinmeyer, Rn. 2.

[11] *Holst* in KK-WpÜG, § 44 Rn. 14; *Ehricke* in Ehricke/Ekkenga/Oechsler, § 44 Rn. 6; *Klepsch* in Steinmeyer, § 44 Rn. 8.

Eine Veröffentlichung im Bundesanzeiger ist im Regelfall unverhältnismäßig, wenn die BaFin bereits gemäß § 43 eine Verfügung zur Bekanntgabe oder Zustellung im Bundesanzeiger öffentlich bekannt gemacht hat.[12] 7

§ 44 erlaubt es der BaFin, im Rahmen der Verhältnismäßigkeit Verfügungen in Gänze oder in Teilen zu veröffentlichen. Sie ist somit nicht zwingend auf die Publikation des Tenors der jeweiligen Verfügung beschränkt.[13] Aufgrund des Normzwecks scheidet eine Anonymisierung der beteiligten Personen bzw. Unternehmen allerdings aus. Nach dem Verhältnismäßigkeitsgrundsatz kann im Einzelfall aber eine redaktionelle Überarbeitung des Textes geboten sein, um Geheimhaltungsinteressen der Beteiligten Rechnung zu tragen.[14] 8

In zeitlicher Hinsicht ist aufgrund des Normzwecks regelmäßig eine Veröffentlichung unmittelbar nach Bekanntgabe der Verfügung sinnvoll. In diesem Fall ist in der Veröffentlichung ggf. anzugeben, dass die Verfügung noch nicht bestandskräftig ist bzw. ggf. Rechtsmittel eingelegt sind.[15] 9

IV. Kostentragung

Der Adressat der Verfügung muss die Kosten der Veröffentlichung im Bundesanzeiger tragen, die von der BaFin gegenüber dem Adressaten durch Kostenbescheid festgesetzt werden.[16] Diese umfassen die Inseratskosten. Teilweise wird vertreten, dass ggf. auch sonstige in diesem Zusammenhang bei der BaFin angefallene Bearbeitungskosten und Auslagen umfasst sein sollen.[17] Dies ist aber abzulehnen, da der Bieter für die Amtshandlung bereits die in §§ 2ff. WpÜG-GebV aufgeführten Gebühren und Auslagen zu zahlen hat. Die Vollstreckung des Kostenbescheids richtet sich nach dem VwVG. Nach wirksamer Anfechtung der veröffentlichten Verfügung kann der Adressat mit Widerspruch oder Anfechtungsbeschwerde gegen den Kostenbescheid vorgehen.[18] 10

V. Rechtsschutz

Die Veröffentlichung nach § 44 ist mangels Regelungswirkung kein Verwaltungsakt iSd § 35 VwVfG, sondern schlichtes Verwaltungshandeln.[19] Ein 11

[12] *Holst* in KK-WpÜG, § 44 Rn. 15; *Ritz* in Baums/Thoma, § 44 Rn. 4; *Assmann* in Assmann/Pötzsch/Schneider, § 44 Rn. 4.

[13] *Wackerbarth/Kreße* in MüKoAktG, § 44 WpÜG Rn. 4; *Assmann* in Assmann/Pötzsch/Schneider, § 44 Rn. 5; *Holst* in Frankfurter Komm., § 44 Rn. 16; *Ritz* in Baums/Thoma, § 44 Rn. 6; *Klepsch* in Steinmeyer, § 44 Rn. 5.

[14] *Linke* in Frankfurter Komm., § 44 Rn. 15; *Klepsch* in Steinmeyer, § 44 Rn. 5; vgl. auch *Ritz* in Baums/Thoma, § 44 Rn. 6.

[15] *Ritz* in Baums/Thoma, § 44 Rn. 5; *Noack/Holzborn* in Schwark, KapitalmarktR, § 44 WpÜG Rn. 3; *Klepsch* in Steinmeyer, § 44 Rn. 3.

[16] *Assmann* in Assmann/Pötzsch/Schneider, § 44 Rn. 9; *Ritz* in Baums/Thoma, § 44 Rn. 9.

[17] *Holst* in KK-WpÜG, § 44 Rn. 23; *Ehricke* in Ehricke/Ekkenga/Oechsler, § 44 Rn. 10.

[18] *Ritz* in Baums/Thoma, § 44 Rn. 11; *Klepsch* in Steinmeyer, § 44 Rn. 9; ablehnend *Assmann* in Assmann/Pötzsch/Schneider, § 44 Rn. 10.

[19] *Holst* in KK-WpÜG, § 44 Rn. 25; *Assmann* in Assmann/Pötzsch/Schneider, § 44 Rn. 7.

Widerspruch oder eine Anfechtungsbeschwerde hiergegen scheidet damit aus.[20] In Betracht kommt aber eine (vorbeugende) Unterlassungsbeschwerde oder eine allgemeine Leistungsbeschwerde, sofern die Berichtigung einer unzutreffenden Veröffentlichung begehrt wird.[21]

§ 45 Mitteilungen an die Bundesanstalt

Anträge und Mitteilungen an die Bundesanstalt haben in schriftlicher Form zu erfolgen. Eine Übermittlung im Wege der elektronischen Datenfernübertragung ist zulässig, sofern der Absender zweifelsfrei zu erkennen ist.

Übersicht

I. Einleitung

1 Abweichend vom allgemeinen Verwaltungsverfahren (§ 10 VwVfG)[1] bestimmt § 45, dass Anträge und Mitteilungen an die BaFin der Schriftform bedürfen (Satz 1) oder – unter dem Vorbehalt der Erkennbarkeit des Absenders – im Wege der Datenfernübertragung übermittelt werden können (Satz 2). Die Bestimmung trägt der Bedeutung und Nutzung moderner Kommunikationsmittel im Rechtsverkehr[2] Rechnung und eröffnet den Verfahrensbeteiligten die Möglichkeit, die im WpÜG knapp gesetzten Fristen optimal auszuschöpfen.[3]

II. Schriftform (Satz 1)

2 Das Schriftformerfordernis des Satz 1 gilt für Anträge und Mitteilungen an die BaFin. Der Begriff des Antrags umfasst jede an die BaFin gerichtete Willenserklärung einer Person in eigener Sache auf Einleitung eines Verwaltungsverfahrens oder Erlass eines Verwaltungsaktes und damit die im WpÜG ausdrücklich genannten Antragsfälle (zB §§ 10 Abs. 1 Satz 3, 20 Abs. 1 und 2, 36).[4] Daneben ist – zwar nicht kraft Wortlauts, aber kraft Sachzusammenhangs – auch der Fall des § 10 Abs. 2 Satz 3 erfasst.[5] Mitteilungen im Sinne

[20] *Ehricke* in Ehricke/Ekkenga/Oechsler, § 44 Rn. 11; *Klepsch* in Steinmeyer, § 44 Rn. 7.

[21] *Noack/Holzborn* in Schwark, KapitalmarktR, § 44 WpÜG Rn. 6; *Klepsch* in Steinmeyer § 44 Rn. 7; ablehnend *Assmann* in Assmann/Pötzsch/Schneider, § 44 Rn. 8; kritisch auch *Holst* in KK-WpÜG, § 44 Rn. 26.

[1] Vgl. *Ritz* in Baums/Thoma, § 45 Rn. 1.

[2] *Ritz* in Baums/Thoma, § 45 Rn. 1.

[3] *Noack/Holzborn* in Schwark, KapitalmarktR, § 45 WpÜG Rn. 1; *Wackerbarth/Kreße* in MüKoAktG, § 45 WpÜG Rn. 1.

[4] *Assmann* in Assmann/Pötzsch/Schneider, § 45 Rn. 2.

[5] *Ritz* in Baums/Thoma, § 45 Rn. 3.

von § 45 sind die unmittelbar kraft Gesetzes (ausdrücklich oder implizit) geforderten Mitteilungen sowie die von der BaFin explizit eingeforderten Informationen.[6] Andere Erklärungen als Anträge oder Mitteilungen gegenüber der BaFin werden von § 45 ebenso wenig erfasst wie Amtshandlungen der BaFin selbst.[7]

Die schriftliche Form nach Satz 1 verlangt die schriftliche Abfassung unter eindeutiger Identifizierbarkeit des Absenders.[8] Eine eigenhändige Unterschrift ist – anders als in § 126 BGB – nicht notwendig.[9] Mündlich, telefonisch oder per Email ohne Signatur übermittelte Anträge oder Mitteilungen erfüllen diese Vorgabe nicht.[10] Die Schriftform ist aber gewahrt, wenn der BaFin Anträge und Mitteilungen mittels Telegramm, Fernschreiben oder Telefax zugehen. Im letzteren Fall genügt es auch, wenn der BaFin auf dem Faxweg eine Computerdatei mit eingescannter Unterschrift übermittelt wird, die dann auf dem Faxgerät der BaFin als Schriftstück ausgedruckt wird.[11] Die Angebotsunterlage (§ 14 Abs. 1 Satz 1) kann auf diesem Weg jedoch nicht übermittelt werden, da sie zwingend vom Bieter zu unterzeichnen ist (§ 11 Abs. 1 Satz 5). Aus diesem Grund scheidet bei ihr auch eine Übermittlung im Wege der elektronischen Datenfernübertragung (Satz 2) aus.[12] 3

Anträge oder Mitteilungen, die den vorgenannten Voraussetzungen nicht genügen, sind unwirksam bzw. nicht ordnungsgemäß vorgenommen.[13] Die BaFin ist jedoch gehalten, den Antrag bzw. die Mitteilung entgegenzunehmen und den Mitteilenden auf den Formmangel hinzuweisen.[14] 4

III. Elektronische Datenfernübertragung (Satz 2)

Alternativ zur Schriftform ermöglicht das Gesetz die Übermittlung von Anträgen und Mitteilungen per elektronischer Datenfernübertragung, sofern der Absender zweifelsfrei erkennbar ist (§ 45 Satz 2). Hierdurch wird für die Kommunikation mit der BaFin der Einsatz moderner Kommunikationsmittel, insbesondere per Email, eröffnet. 5

Die Übermittlung per elektronischer Datenfernübertragung ist nach § 45 Satz 2 nur zulässig, sofern der Absender zweifelsfrei erkennbar ist. Der Ge- 6

[6] *Holst* in KK-WpÜG, § 45 Rn. 14; *Assmann* in Assmann/Pötzsch/Schneider, § 45 Rn. 2; *Klepsch* in Steinmeyer, § 45 Rn. 3.

[7] *Noack/Holzborn* in Schwark, KapitalmarktR, § 45 WpÜG, Rn. 2.

[8] *Linke* in Frankfurter Komm., § 45 Rn. 9; *Holst* in KK-WpÜG, § 45 Rn. 24.

[9] *Linke* in Frankfurter Komm., § 45 Rn. 10; *Noack/Holzborn* in Schwark, KapitalmarktR, § 45 WpÜG Rn. 4; *Ehricke* in Ehricke/Ekkenga/Oechsler, § 45 Rn. 4; aA *Assmann* in Assmann/Pötzsch/Schneider, § 45 Rn. 3; *Wackerbarth/Kreße* in MüKoAktG, § 45 WpUG Rn. 5; *Ritz* in Baums/Thoma, § 45 Rn. 4.

[10] *Ehricke/Ekkenga/Oechsler,* § 44 Rn. 4; *Wackerbarth/Kreße* in MüKoAktG, § 45 WpÜG Rn. 5; *Assmann* in Assmann/Pötzsch/Schneider, § 45 Rn. 3; *Holst* in KK-WpÜG, § 45 Rn. 24; *Klepsch* in Steinmeyer, § 45 Rn. 2.

[11] *Ehricke* in Ehricke/Ekkenga/Oechsler, § 44 Rn. 4.

[12] *Linke* in Frankfurter Komm., § 45 Rn. 11; *Noack/Holzborn* in Schwark, KapitalmarktR, § 45 WpÜG Rn. 7.

[13] *Assmann* in Assmann/Pötzsch/Schneider, § 45 Rn. 4.

[14] *Ritz* in Baums/Thoma, § 45 Rn. 5; *Assmann* in Assmann/Pötzsch/Schneider, § 45 Rn. 4.

setzgeber ging davon aus, dass eine solche Erkennbarkeit bei der Verwendung elektronischer Signaturen gewährleistet ist.[15] Diese sind im Signaturgesetz (SigG) und der hierzu erlassenen Signaturverordnung (SigV) geregelt.

§ 46 Zwangsmittel

Die Bundesanstalt kann Verfügungen, die nach diesem Gesetz ergehen, mit Zwangsmitteln nach den Bestimmungen des Verwaltungs-Vollstreckungsgesetzes durchsetzen. Sie kann auch Zwangsmittel gegen juristische Personen des öffentlichen Rechts anwenden. Widerspruch und Beschwerde gegen die Androhung und Festsetzung der Zwangsmittel nach den §§ 13 und 14 des Verwaltungs-Vollstreckungsgesetzes haben keine aufschiebende Wirkung. Die Höhe des Zwangsgeldes beträgt abweichend von § 11 des Verwaltungs-Vollstreckungsgesetzes bis zu 500 000 Euro.

Übersicht

I. Einleitung

1 Gemäß § 46 kann die BaFin ihre Verfügungen für den Fall der Nichtbefolgung im Wege des Verwaltungszwangs nach den Bestimmungen des VwVG durchsetzen. § 46 ergänzt die Vorschriften der §§ 38, 59 und 60 und dient dazu, der BaFin einen schnellen, effektiven und effizienten Einsatz des Verwaltungszwangs zu ermöglichen.[1]

2 Die in § 46 Satz 1 enthaltene Verweisung auf das VwVG hat lediglich deklatorischen bzw. klarstellenden Charakter.[2] Daneben enthält § 46 jedoch einige Besonderheiten gegenüber den allgemeinen Regelungen des VwVG: Da neben natürlichen und juristischen Personen des Privatrechts auch juristische Personen des öffentlichen Rechts als Adressaten von Verfügungen der BaFin in Betracht kommen, lässt Satz 2 in Ausfüllung des § 17 VwVG eine Verwaltungsvollstreckung auch gegen juristische Personen des öffentlichen Rechts zu. Im Interesse einer schnellen Durchsetzung von Verfügungen haben gemäß § 46 Satz 3 Widerspruch und Beschwerde gegen die Androhung und Festsetzung der Zwangsmittel nach §§ 13, 14 VwVG keine aufschiebende Wirkung. Schließlich kann die Höhe von Zwangsgeldern nach § 46 Satz 4 abweichend von § 11 Abs. 3 VwVG bis zu € 500 000 betragen.[3]

---

[15] BT-Drucks. 14/7034, 64; *Linke* in Frankfurter Komm., § 45 Rn. 10.
[1] *Klepsch* in Steinmeyer, § 46 Rn. 1; *Ritz* in Baums/Thoma, § 46 Rn. 1.
[2] *Ritz* in Baums/Thoma, § 46 Rn. 1.
[3] Insoweit ist § 46 Satz 4 mit der Regelung in § 17 FinDAG vergleichbar.

II. Voraussetzungen und Verfahren

Das VwVG unterscheidet zwischen zwei Vollstreckungsarten, nämlich der Vollstreckung wegen Geldforderungen gemäß §§ 1–5 VwVG und der Erzwingung von Handlungen, Duldungen und Unterlassungen gemäß §§ 6–18 VwVG. 3

Beide Vollstreckungsarten setzen grundsätzlich das Vorliegen eines vollstreckbaren Grundverwaltungsakts voraus. Vollstreckbar sind nur befehlende Verwaltungsakte.[4] Rechtsgestaltende oder feststellende Verwaltungsakte sind hingegen keiner Verwaltungsvollstreckung zugänglich, da sie „self executing" sind.[5] 4

Der Einsatz von **Verwaltungszwangsmitteln** ist grundsätzlich nur zulässig, wenn der durchzusetzende Verwaltungsakt vollstreckbar ist (§ 6 Abs. 1 VwVG). Dies ist der Fall, wenn der betreffende Verwaltungsakt unanfechtbar oder sonst vollziehbar ist, weil entweder sein sofortiger Vollzug angeordnet wurde oder einem gegen ihn gerichteten Rechtsmittel keine aufschiebende Wirkung zukommt. Gemäß § 42 bzw. § 80 Abs. 2 Satz 1 Nr. 1 VwGO kommen Widersprüchen gegen Verfügungen nach §§ 4, 15, 28, 40 und gegen Kostenbescheide im Sinne von § 47 keine aufschiebende Wirkung zu. Die vorgenannten Verfügungen sind daher sofort vollstreckbar.[6] Ist die aufschiebende Wirkung von Rechtsmitteln nicht kraft Gesetzes ausgeschlossen, kommt die Anwendung von Verwaltungszwang bei Anordnung der sofortigen Vollziehung gemäß § 50 Abs. 1 und Abs. 2 in Betracht. 5

Ausnahmsweise können nach § 6 Abs. 2 VwVG Zwangsmittel auch ohne vorangegangenen Grundverwaltungsakt angewandt werden, wenn dies zur Verhinderung strafbarer Handlungen oder zur Abwehr einer drohenden Gefahr notwendig ist. Diese Voraussetzungen dürften im Anwendungsbereich des Gesetzes aber nur selten erfüllt sein.[7] 6

Vor der Anwendung sind Zwangsmittel gemäß § 13 Abs. 1 VwVG grundsätzlich schriftlich anzudrohen. Die Androhung soll gemäß § 13 Abs. 2 Satz 2 VwVG mit der Verfügung verbunden werden, wenn ein Rechtsmittel gegen diese keine aufschiebende Wirkung hat. Die Androhung hat gemäß § 13 Abs. 1 Satz 2 VwVG eine angemessene Fristsetzung zur Befolgung der Verfügung zu enthalten, wobei zur Verfahrensbeschleunigung regelmäßig auch eine kurz bemessene Fristsetzung angemessen ist.[8] Des Weiteren muss sich die Androhung gemäß § 13 Abs. 3 VwVG auf ein bestimmtes Zwangsmittel beziehen bzw. gemäß § 13 Abs. 5 VwVG im Fall der Androhung eines Zwangsgeldes dessen Betrag genau bezeichnen. Die BaFin hat dem Verpflichteten die **Zwangsmittelandrohung** nach den Vorschriften des VwZG zuzustellen, auch wenn sie mit dem durchzusetzenden Grundverwaltungsakt verbunden wird und letzterer nicht der Zustellung bedarf (§ 13 Abs. 7 Satz 2 VwVG). 7

---

[4] *Mosbacher* in Engelhardt/App/Schlatmann, § 6 VwVG Rn. 1.

[5] *Wackerbarth/Kreße* in MüKoAktG, § 46 WpÜG Rn. 4.

[6] *Assmann* in Assmann/Pötzsch/Schneider, § 40 Rn. 5; *Klepsch* in Steinmeyer, § 46 Rn. 4; *Wackerbarth/Kreße* in MüKoAktG, § 46 WpÜG Rn. 8.

[7] *Ehricke* in Ehricke/Ekkenga/Oechsler, § 46 Rn. 5; *Klepsch* in Steinmeyer, § 46 Rn. 4; aA *Ritz* in Baums/Thoma, § 46 Rn. 3.

[8] *Ehricke* in Ehricke/Ekkenga/Oechsler, § 46 Rn. 5.

8 Lässt der Verpflichtete die von der BaFin gesetzte Frist verstreichen, muss die BaFin das konkrete Zwangsmittel gemäß § 14 VwVG festsetzen, bevor sie es anschließend der Festsetzung gemäß anwenden kann. § 46 Satz 2 erlaubt es der BaFin, abweichend von § 17 VwVG zur Durchsetzung von gegen juristische Personen des öffentlichen Rechts adressierten Verfügungen (etwa wegen Wertpapierbesitzes oder aufsichtsrelevanter Informationen) Zwangsmittel auch gegen diese anzuwenden.[9]

9 Vollstreckungsbehörde ist grundsätzlich die BaFin.[10] Geldforderungen, dh Kosten und Zwangsgelder, werden hingegen von den zuständigen Hauptzollämtern nach den Regeln der AO vollstreckt.

III. Einzelne Zwangsmittel

10 Der BaFin stehen gemäß § 9 VwVG als Zwangsmittel die Ersatzvornahme, die Verhängung von Zwangsgeldern und die Anwendung unmittelbaren Zwangs zur Verfügung. Die Anwendung von Zwangsmitteln liegt im Ermessen der Behörde.[11] Bei der Anwendung von Zwangsmitteln hat die BaFin gemäß § 9 Abs. 2 VwVG stets den Verhältnismäßigkeitsgrundsatz zu beachten. Aufgrund ihres Charakters als Beugemittel können Zwangsgelder und Unmittelbarer Zwang wiederholt und so lange festgesetzt bzw. vollzogen werden, bis der Verpflichtete seinen Verpflichtungen nachkommt.

1. Zwangsgeld

11 Die Verhängung eines Zwangsgeldes kann angedroht und festgesetzt werden, wenn die durchzusetzende Verfügung entweder die Vornahme einer unvertretbaren Handlung verlangt oder die Ersatzvornahme in sonstiger Weise untunlich ist (§ 11 VwVG). Da im Anwendungsbereich des WpÜG Handlungen grundsätzlich nicht von Dritten vorgenommen werden können und somit unvertretbar sind, stellt die Androhung und Festsetzung von Zwangsgeldern im WpÜG das praktisch bedeutsamste Zwangsmittel dar.[12] Dies gilt insbesondere im Hinblick auf die Durchsetzung der Auskunfts- und Vorlageersuchen nach § 40.[13] Die Höhe des Zwangsgeldes ist so zu bemessen, dass unter Beachtung des Übermaßverbots der zur Beugung des Betroffenen erforderliche Druck erzeugt wird. Dabei ist dessen wirtschaftliche Lage zu berücksichtigen. Durch die in § 46 Satz 3 vorgesehene Befugnis zur Verhängung von Zwangsgeldern in Höhe von bis zu € 500 000 soll sichergestellt werden, dass sich bewusste Gesetzesverstöße der Betroffenen wirtschaftlich nicht rechnen und somit unterbleiben.[14] Die Beitreibung von Zwangsgeldern

---

[9] *Noack/Holzborn* in Schwark, KapitalmarktR, § 46 WpÜG Rn. 3; *Assmann* in Assmann/Pötzsch/Schneider, § 46 Rn. 7; *Wackerbarth/Kreße* in MüKoAktG, § 46 WpÜG Rn. 7.

[10] *Assmann* in Assmann/Pötzsch/Schneider, § 46 Rn. 8.

[11] *Klepsch* in Steinmeyer, § 46 Rn. 3.

[12] *Noack/Holzborn* in Schwark, KapitalmarktR, § 46 WpÜG Rn. 4.

[13] *Ritz* in Baums/Thoma, § 46 Rn. 13.

[14] *Noack/Holzborn* in Schwark, KapitalmarktR, § 46 WpÜG Rn. 5; *Klepsch* in Steinmeyer, § 46 Rn. 8.

richtet sich nach §§ 1 bis 5 VwVG. Kommen die Pflichtigen der durchzusetzenden Verfügung nicht nach, droht ihnen unter gewissen Voraussetzungen bei Uneinbringlichkeit Ersatzzwangshaft nach § 16 VwVG.[15]

2. Ersatzvornahme

Bei der Ersatzvornahme gemäß § 10 VwVG kann die BaFin einen anderen auf Kosten des Pflichtigen mit der Vornahme einer Handlung beauftragen, wenn diese Handlung „vertretbar“ ist, also mit dem gleichen Erfolg auch von einem Dritten vorgenommen werden kann. Die Vertretbarkeit einer Handlung ist im Rahmen des WpÜG selten gegeben und kommt allenfalls hinsichtlich solcher Veröffentlichungen in Betracht, deren Inhalt bereits feststeht.[16] 12

Die nach § 44 zulässige Veröffentlichung von Verfügungen der BaFin ist keine Ersatzvornahme, da die BaFin nach dieser Regelung nur ihre eigenen Verfügungen veröffentlichen kann, um sie dem breiten Anlegerkreis bekannt zu machen.[17] 13

3. Unmittelbarer Zwang

Auch die Anwendung unmittelbaren Zwangs gemäß § 12 VwVG wird zur Durchsetzung von Verfügungen der BaFin nur selten in Betracht kommen.[18] Unmittelbarer Zwang ist nur zulässig, wenn weder Zwangsgeld noch Ersatzvornahme zur Durchsetzung von Verfügungen führen bzw. hierfür untunlich sind. Zu denken ist an diese Form des Verwaltungszwangs allenfalls im Zusammenhang mit den Rechten der BaFin zum Betreten von Geschäftsräumen nach § 40 Abs. 2.[19] 14

IV. Rechtsschutz und Kosten

Sowohl die Androhung gemäß § 13 VwVG als auch die Festsetzung des Zwangsmittels gemäß § 14 VwVG stellen Verwaltungsakte dar, gegen die grundsätzlich mit den Rechtsbehelfen des Widerspruchs und der Beschwerde vorgegangen werden kann.[20] Im Interesse einer schnellen Durchsetzung der Verfügungen der BaFin entfalten gemäß § 46 Satz 3 jedoch weder Widerspruch noch Beschwerde gegen die Androhung und Festsetzung von Zwangsmitteln durch die BaFin aufschiebende Wirkung. 15

Die Anwendung von Zwangsmitteln selbst ist schlichtes (tatsächliches) Verwaltungshandeln, gegen das ausschließlich mit einer Leistungs- oder Feststellungsbeschwerde vorgegangen werden kann.[21] Zur Vermeidung einer Aufspaltung des Rechtswegs ist für alle Rechtsbehelfe, die sich gegen Zwangsmaßnahmen der BaFin richten, das Oberlandesgericht Frankfurt zuständig.[22] 16

---

[15] *Assmann* in Assmann/Pötzsch/Schneider, § 46 Rn. 17.

[16] *Klepsch* in Steinmeyer, § 46 Rn. 11; *Assmann* in Assmann/Pötzsch/Schneider, § 46 Rn. 13.

[17] *Ritz* in Baums/Thoma, § 46 Rn. 12.

[18] *Klepsch* in Steinmeyer, § 46 Rn. 11; *Ritz* in Baums/Thoma, § 46 Rn. 14.

[19] *Wackerbarth/Kreße* in MükoAktG, § 46 WpÜG Rn. 7.

[20] *Assmann* in Assmann/Pötzsch/Schneider, § 46 Rn. 18.

[21] *Ritz* in Baums/Thoma, § 46 Rn. 23.

[22] *Ritz* in Baums/Thoma, § 46 Rn. 16, 20, 23; *Klepsch* in Steinmeyer, § 46, Rn. 14.

17 Bezüglich der Kosten von Amtshandlungen nach dem VwVG ordnet § 19 VwVG die ergänzende Anwendung der §§ 107, 318 Abs. 5 und 338 bis 346 AO an.

§ 47 Gebühren und Auslagen

Die Bundesanstalt erhebt für individuell zurechenbare öffentliche Leistungen auf Grund des § 10 Absatz 2 Satz 3, der §§ 14 und 15 Absatz 1 oder 2, der §§ 20, 24, 28 Absatz 1, der §§ 36, 37 Absatz 1, auch in Verbindung mit einer Rechtsverordnung nach Absatz 2, oder des § 41 in Verbindung mit § 6 Gebühren und Auslagen. Das Bundesministerium der Finanzen bestimmt die Gebührentatbestände im Einzelnen und die Höhe der Gebühren durch Rechtsverordnung, die nicht der Zustimmung des Bundesrates bedarf. Das Bundesministerium der Finanzen kann die Ermächtigung durch Rechtsverordnung auf die Bundesanstalt übertragen.

Übersicht

I. Einführung

1 § 47 ermächtigt und verpflichtet die BaFin zur Erhebung von Gebühren und Auslagen für die in § 47 genannten Amtshandlungen. Zweck der Vorschrift ist eine sachgerechte Verteilung der Kosten für die Beaufsichtigung des Kapitalmarkts unter den betroffenen Unternehmen und Personen, die von der aufsichtsbedingten Erhöhung der Transparenz des Kapitalmarktes und der Vertrauenswürdigkeit von Angeboten profitieren.[1]

2 Systematisch handelt es sich bei § 47 um eine besondere Gebührenregelung im Sinne des § 14 FinDAG, die den allgemeinen Regeln der §§ 14, 16 FinDAG vorgeht[2] und von den Vorschriften des BGebG ergänzt wird.

II. Tatbestand

3 Die Erhebung von Gebühren und Auslagen knüpft an die Verursachung von Amtshandlungen an.[3] Amtshandlungen sind sämtliche in Ausübung hoheitlicher Befugnisse vorgenommene Handlungen mit Außenwirkung,[4] also grundsätzlich auch solche, die keinen unmittelbaren (positiven) Regelungs-

[1] BT-Drucks. 14/7034, 64; *Ritz* in Baums/Thoma, § 47 Rn. 1; *Ehricke* in Ehricke/Ekkenga/Oechsler, § 47 Rn. 1.

[2] *Holst* in KK-WpÜG, § 47 Rn. 1; *Klepsch* in Steinmeyer, § 47 Rn. 1; *Ritz* in Baums/Thoma, § 47 Rn. 1.

[3] *Klepsch* in Steinmeyer, § 47 Rn. 2; *Holst* in KK-WpÜG, § 47 Rn. 12.

[4] VGH Mannheim NvWZ 1995, 1029.

charakter und deswegen nicht die Qualität von Verwaltungsakten haben.[5] Allerdings steht am Ende der Verfahren nach den in § 47 katalogisierten Rechtsgrundlagen regelmäßig der Erlass eines Verwaltungsakts.[6]

§ 47 erfasst Gebühren – als Gegenleistung für Amtshandlungen der BaFin[7] – sowie Auslagen,[8] die im Zusammenhang mit Amtshandlungen entstehen und in die Gebühr nicht einbezogen sind.[9] 4

§ 47 Satz 2 ermächtigt das Bundesministerium der Finanzen, die einzelnen Gebührentatbestände und deren Höhe in einer Rechtsverordnung zu regeln. Damit soll eine schnelle Anpassung der Gebührensätze an die Veränderung der Märkte und an die Kosten der Beaufsichtigung ermöglicht werden.[10] Das Bundesministerium der Finanzen hat auf dieser Grundlage die **WpÜG-Gebührenverordnung** erlassen. Die Verordnungsermächtigung des § 47 Satz 2 wurde mittlerweile gemäß § 47 Satz 3 auf die BaFin übertragen.[11] 5

Die Gebührenpflicht einzelner Amtshandlungen und die jeweilige Gebührenhöhe ergeben sich aus §§ 2, 4 WpÜG-GebV in Verbindung mit § 47 Satz 1 WpÜG. Die BaFin hat kein Entschließungsermessen bezüglich der Erhebung von Gebühren, sondern nur bezüglich deren Höhe, wobei der in § 4 WpÜG-GebV vorgegebene Rahmen zu beachten ist. Gebührenpflichtige Amtshandlungen sind demnach: 6

- die Entscheidung über einen Antrag auf gleichzeitige Vornahme der Mitteilung und Veröffentlichung nach § 10 Abs. 2 Satz 3;
- die Gestattung der Veröffentlichung der Angebotsunterlage oder das Verstreichenlassen der in § 14 Abs. 2 Satz 1 genannten Frist;
- die Untersagung des Angebotes nach § 15 Abs. 1 oder Abs. 2;
- die Entscheidung über einen Antrag auf Befreiung nach § 20 Abs. 1;
- die Entscheidung über einen Antrag auf Ausnahme bestimmter Inhaber von Wertpapieren von einem Angebot nach § 24;
- die Untersagung von Werbung nach § 28 Abs. 1;
- die Entscheidung über einen Antrag auf Nichtberücksichtigung von Aktien der Zielgesellschaft bei der Berechnung des Stimmanteils nach § 36;
- die Entscheidung über einen Antrag auf Befreiung von der Verpflichtung zur Veröffentlichung und zur Abgabe eines Angebots nach § 37 Abs. 1;
- die vollständige oder teilweise Zurückweisung eines Widerspruchs nach § 41 in Verbindung mit § 6.

Die Höhe der Gebühren ist so zu bemessen, dass zwischen der Höhe der Gebühr einerseits und dem Verwaltungsaufwand, der Bedeutung, dem wirt- 7

[5] BT-Drucks. 14/7034, 64; *Ritz* in Baums/Thoma, § 47 Rn. 1; *Ehricke* in Ehricke/Ekkenga/Oechsler, § 47 Rn. 2.

[6] *Noack/Holzborn* in Schwark, KapitalmarktR, § 47 WpÜG Rn. 3; *Holst* in KK-WpÜG, § 47 Rn. 15.

[7] *Ehricke* in Ehricke/Ekkenga/Oechsler, § 47 Rn. 5.

[8] §§ 3 WpÜG-GebVO, 12 BGebG.

[9] *Holst* in KK-WpÜG, § 47 Rn. 25; *Wackerbarth/Kreße* in MüKoAktG, § 47 WpÜG Rn. 3.

[10] *Ritz* in Baums/Thoma, § 47 Rn. 6.

[11] § 1 Nr. 2 der Verordnung zur Übertragung von Befugnissen zum Erlass von Rechtsverordnungen auf die Bundesanstalt für Finanzdienstleistungsaufsicht vom 13.12.2002 (BGBl. I 2003, 3).

schaftlichen Wert und dem sonstigen Nutzen der Amtshandlung andererseits ein angemessenes Verhältnis besteht.[12]

8 Gemäß § 4 Abs. 3 WpÜG-GebV ist für zurückgenommene oder erledigte Anträge die Hälfte der für die beantragte Amtshandlung vorgesehenen Gebühr zu entrichten, wenn die BaFin bereits mit der Bearbeitung begonnen hat. **Gebührenvorschüsse** werden von der BaFin nicht mehr erhoben.[13]

9 Anordnungen auf Grund der Generalklausel des § 4 Abs. 1 Satz 3 und die Entscheidung über Anträge nach § 10 Abs. 1 Satz 3 sind vom Katalog des § 47 nicht erfasst. Gebührenpflichtig sind nur Entscheidungen über Widersprüche gegen diese Amtshandlungen (§ 4 Abs. 2 WpÜG-GebV).[14]

10 Als Auslagen können Kosten für öffentliche Bekanntmachungen (§ 44), Aufwendungen der Mitglieder des Widerspruchsausschusses für die Teilnahme an dessen Sitzungen sowie Aufwendungen für Kopien und Telekommunikationsgebühren erhoben werden (§ 4 Abs. 2 WpÜG-GebV).[15]

III. Festsetzung/Erhebung von Gebühren und Auslagen

11 Die Gebühren und Auslagen werden von Amts wegen festgesetzt bzw. erhoben; die Kostenentscheidung soll nach Möglichkeit mit der Sachentscheidung einhergehen (§ 13 Abs. 1 Satz 1, 2 BGebG). Der Schuldner bestimmt sich nach § 6 BGebG und ist regelmäßig der Adressat des begünstigen oder belastenden Verwaltungsaktes. Mehrere Schuldner in einem Verfahren haften als Gesamtschuldner (§ 6 Abs. 2 BGebG).[16]

12 Für Bund, Länder und Gemeinden sowie die anderen in § 8 BGebG genannten juristischen Personen besteht Gebührenfreiheit (§ 8 Abs. 1, 2 BGebG).

13 Die Beträge werden zehn Tage nach Bekanntgabe der Kostenentscheidung an den Schuldner fällig, wenn nicht die BaFin einen späteren Zeitpunkt bestimmt (§ 14 BGebG). Die Verjährung richtet sich nach § 18 BGebG.[17]

IV. Rechtsschutz

14 Statthafte Rechtsbehelfe gegen einen Gebühren- und Auslagenbescheid sind Widerspruch und Beschwerde. Als selbstständiger Teil eines begünstigenden oder belastenden Verwaltungsaktes kann die Gebühren- und Auslagenentscheidung auch isoliert angefochten werden.[18] Die Einlegung der vorgenannten Rechtsbehelfe entfaltet keine aufschiebende Wirkung (§ 80 Abs. 2 Satz 1 Nr. 1 VwGO). Der Betroffene kann jedoch gemäß § 50 Abs. 3 einen Antrag auf Anordnung der aufschiebenden Wirkung beim Beschwerdegericht stellen.[19]

---

[12] § 3 Abs. 3 BGebG – Äquivalenzprinzip; vgl. *Holst* in KK-WpÜG, § 47 Rn. 36.

[13] Art. 1 der Verordnung vom 27. Juli 2005 (BGBl. I 2005 S. 2417) hat § 5 WpÜG-GebVO aufgehoben; vgl. dazu *Linke* in Frankfurter Komm., § 47 Rn. 13.

[14] *Noack/Holzborn* in Schwark, KapitalmarktR, § 47 WpÜG Rn. 3.

[15] *Assmann* in Assmann/Pötzsch/Schneider, § 47 Rn. 7; *Ehricke* in Ehricke/Ekkenga/Oechsler, § 47 Rn. 5.

[16] *Holst* in KK-WpÜG, § 47 Rn. 18; *Klepsch* in Steinmeyer, § 47 Rn. 5.

[17] Vgl. im Einzelnen *Holst* in KK-WpÜG, § 47 Rn. 41.

[18] Vgl. § 20 Abs. 1 BGebG.

[19] *Noack/Holzborn* in Schwark, KapitalmarktR, § 47 WpÜG Rn. 7.

Abschnitt 7. Rechtsmittel

§ 48 Statthaftigkeit, Zuständigkeit

(1) **Gegen Verfügungen der Bundesanstalt ist die Beschwerde statthaft. Sie kann auch auf neue Tatsachen und Beweismittel gestützt werden.**

(2) **Die Beschwerde steht den am Verfahren vor der Bundesanstalt Beteiligten zu.**

(3) **Die Beschwerde ist auch gegen die Unterlassung einer beantragten Verfügung der Bundesanstalt statthaft, auf deren Vornahme der Antragsteller ein Recht zu haben behauptet. Als Unterlassung gilt es auch, wenn die Bundesanstalt den Antrag auf Vornahme der Verfügung ohne zureichenden Grund in angemessener Frist nicht beschieden hat. Die Unterlassung ist dann einer Ablehnung gleich zu erachten.**

(4) **Über die Beschwerde entscheidet ausschließlich das für den Sitz der Bundesanstalt in Frankfurt am Main zuständige Oberlandesgericht.**

Schrifttum: *Barthel,* Die Beschwerde gegen aufsichtsrechtliche Verfügungen nach dem WpÜG 2004; *Cahn,* Verwaltungsbefugnisse der Bundesanstalt für Finanzdienstleistungsaufsicht im Übernahmerecht und Rechtsschutz Betroffener, ZHR 167 (2003), 262; *Johannisbauer,* Subjektive öffentliche Rechte Dritter und Rechtsschutz im Wertpapiererwerbs- und Übernahmegesetz (WpÜG), Münster 2005; *Möller,* Das Verwaltungs- und Beschwerdeverfahren nach dem Wertpapiererwerbs- und Übernahmegesetz unter besonderer Berücksichtigung der Rechtsstellung Dritter, ZHR 167 (2003), 301; *Möller,* Rechtsmittel und Sanktionen nach dem Wertpapiererwerbs- und Übernahmegesetz, AG 2002, 170; *Nietsch,* Rechtsschutz der Aktionäre der Zielgesellschaft im Übernahmeverfahren, BB 2003, 2581; *Pohlmann,* Rechtsschutz der Aktionäre der Zielgesellschaft im Wertpapiererwerbs- und Übernahmeverfahren, ZGR 2007, 1; von *Riegen,* Verwaltungsrechtsschutz Dritter im WpÜG, Der Konzern 2003, 583; *Schnorbus,* Rechtsschutz im Übernahmeverfahren, Teil I und II, WM 2003, 616 und 657; *Schnorbus,* Drittklagen im Übernahmeverfahren, ZHR 166 (2002), 72; *Seibt,* Rechtsschutz im Übernahmeverfahren, ZIP 2003, 1865; *Simon,* Rechtsschutz im Hinblick auf ein Pflichtangebot nach § 35 WpÜG, 2005; *Uechtritz/Wirth,* Drittschutz im WpÜG – Erste Entscheidungen des OLG Frankfurt aM: Klarstellungen und offene Fragen, WM 2004, 410; *Wagner,* Zur Rechtsstellung Dritter nach dem WpÜG, NZG 2003, 718; *Zschoke/Rahlf,* Anmerkung zu OLG Frankfurt aM, Beschluss v. 27.5.2003 – WpÜG 2/03, DB 2003, 1375.

Übersicht

I. Allgemeines

1. Rechtswegeröffnung

1 § 48 eröffnet gegen Verfügungen der BaFin gerichtlichen Rechtsschutz in Gestalt der **Beschwerde.** Weitere Rechtsmittel sieht das Gesetz aus Beschleunigungsgründen nicht vor.

2 Die darin liegende Beschränkung des Rechtsschutzes auf nur **eine Instanz** verstößt im Grundsatz nicht gegen Art. 19 Abs. 4 GG und ist verfassungsrechtlich unbedenklich, da die prozessrechtliche Ausgestaltung der **Rechtsweggarantie** des Art. 19 Abs. 4 GG Sache des Gesetzgebers ist.[1] In diesem Rahmen hat der Gesetzgeber einen Gestaltungsspielraum, den er hier durch die Einrichtung eines nur einzügigen Rechtswegs genutzt hat. Allerdings hat das BVerfG diese Freiheit des Gesetzgebers dahingehend beschränkt, dass bei einer erstmaligen Verletzung des Anspruchs auf rechtliches Gehör durch den Richter eine effektive gerichtliche Kontrolle zu gewährleisten ist.[2] Dort, wo der Gesetzgeber – wie in den §§ 48 ff. WpÜG – eine solche Kontrollmöglichkeit nicht explizit vorgesehen hat, ist nach diesen verfassungsgerichtlichen Grundsätzen das **Verfahren** „auf Antrag vor dem Gericht **fortzusetzen,** dessen Entscheidung wegen einer behaupteten Verletzung des Anspruchs auf rechtliches Gehör angegriffen wird".[3]

3 Als Ausfluss der Rechtsschutzgarantie des Art. 19 Abs. 4 GG kann sich der Rechtsschutz jedoch nicht nur auf Beschwerden gegen **Verfügungen** der BaFin beschränken, sondern muss sich auch auf **schlichtes Verwaltungshandeln** erstrecken.[4] Ansonsten wäre die Rechtsschutzgarantie des Art. 19

[1] BVerfGE 4, 74, 94; BVerfGE 11, 232, 233.
[2] BVerfG NJW 2003, 1924 ff.
[3] BVerfG NJW 2003, 1924, 1929.
[4] AllgM; so schon für das GWB: BGH, WuW/E BGH 2760, 2761; *K. Schmidt* in Immenga/Mestmäcker, § 63 Rn. 5.

Abs. 4 GG verletzt, da Teile des hoheitlichen Handelns der BaFin der gerichtlichen Kontrolle entzogen wären. Aufgrund der umfassenden und **ausschließlichen Zuständigkeit** der Zivilgerichte gemäß § 48 Abs. 4 ist das zuständige Gericht – trotz hoheitlichen Handelns der BaFin nicht das Verwaltungsgericht – auch für diese im Gesetz nicht explizit vorgesehene Form des Rechtsschutzes (→ Rn. 13ff.) ausschließlich zuständig. [5] Eine ergänzende Zuständigkeit der Verwaltungsgerichte kommt nicht in Betracht. Auch wenn im Gesetz Rechtsmittel gegen diverse hoheitliche Maßnahmen der BaFin, die keine Verfügungen darstellen, nicht explizit genannt sind, darf daraus nicht geschlossen werden, dass diesbezügliche Rechtsstreitigkeiten vor den Verwaltungsgerichten auszutragen sind. Nach dem Gesetz sollen sämtliche Rechtsstreitigkeiten bei den Zivilgerichten konzentriert werden, § 48 Abs. 4, § 56 Abs. 6 und § 67.[6]

2. Art des Verfahrens

Da es sich materiellrechtlich bei den Gegenständen des Verfahrens des Abschnitts 7 um **Verwaltungsakte** und **schlichtes Verwaltungshandeln** der BaFin als Bundesbehörde handelt, ist das Beschwerdeverfahren trotz der eigenständigen Verfahrensvorschriften des Gesetzes und seiner Zuweisung an die Zivilgerichte ein **Verwaltungsstreitverfahren.**[7] Die in der Regel für Verwaltungsstreitverfahren nach § 40 Abs. 1 VwGO zuständigen Verwaltungsgerichte sind durch die ausdrückliche Zuweisung unzuständig, denn die Vorschriften der §§ 48ff. stellen eine alle anderen Verfahrensordnungen und Rechtswegzuständigkeiten verdrängende Regelung dar.[8] Aus § 58 und der Struktur des Gesetzes ergibt sich jedoch, dass Abschnitt 7 die **Verfahrensregeln** nicht abschließend im Gesetz bestimmt. Aufgrund des Charakters des Beschwerdeverfahrens als Verwaltungsstreitverfahren können daher im Einzelfall bei **hoheitlichem** Handeln der BaFin auf Grundlage des WpÜG und der hierauf erlassenen Rechtsverordnungen aus Gründen der Sachnähe die Regelungen der VwGO und des VwVfG bei Lücken insoweit herangezogen werden, als das Gesetz keine Regelungen enthält. Im Einzelfall kommt auch ein Rückgriff auf die ZPO sowie das FGG in Betracht. Bestimmte Vorschriften des GVG und der ZPO sind zudem über den Verweis des § 58 entsprechend anwendbar. Da sich die gesetzlichen Regelungen zum Beschwerdeverfahren an dem **Verfahren in Kartellsachen** (§§ 63ff. GWB) orientieren, kommt schließlich trotz Unterschiede im Detail – so ist dem übernahmerechtlichen Beschwerdeverfahren, anders als beim kartellrechtlichen Beschwerdeverfahren, nach § 41 ein Widerspruchsverfahren vorgeschaltet – auch ein Rückgriff 4

[5] AllgM; so im Übrigen auch die Rechtsprechung zum Kartellrecht: BGH WuW/E BGH 2760, 2761; BGH WuW/E BGH 4645, 4647; OVG Berlin WuW/E VG 385, 387.

[6] Vgl. BT-Drucks. 14/7034 Begr. zu § 49 Abs. 4 RegE; *Wackerbarth/Kreße* in MüKoAktG, § 48 WpÜG Rn. 2, 29f.; zum GWB vgl. *Lembach* in Langen/Bunte, § 63 Rn. 2; *Bechtold,* § 63 Rn. 2.

[7] AllgM, vgl. nur *Pohlmann* in KK-WpÜG, § 48 Rn. 4; *Döhmel* in Assmann/Pötzsch/Schneider, § 48 Rn. 3.

[8] *Wackerbarth/Kreße* in MüKoAktG, § 48 WpÜG Rn. 2.

auf die kartellrechtlichen Vorschriften der §§ 63ff. GWB und die dazu entwickelte Praxis in Betracht.

3. Überblick über den Gang des Beschwerdeverfahrens

5 Vor Einlegung der Beschwerde ist zunächst ein Widerspruchsverfahren durchzuführen (§ 41 Abs. 1). Die Beschwerde kommt in der Praxis insbesondere als Anfechtungsbeschwerde (§ 48 Abs. 1), Versagungsgegenbeschwerde (§ 48 Abs. 3), Untätigkeitsbeschwerde und Beschwerde gegen sonstige Maßnahmen (allgemeine Leistungsbeschwerde) in Betracht. Sie ist form- und (grundsätzlich) fristgebunden (§ 51). Die knapp bemessene Monatsfrist des § 51 Abs. 1 ist dabei – wie bereits die Beschränkung auf einen einzügigen Rechtsweg – Ausdruck des gesetzgeberischen Bemühens um Beschleunigung (vgl. auch § 3 Abs. 4 für das Verhältnis Bieter/Zielgesellschaft). Nach § 49 hat die Beschwerde nur in den dort genannten Ausnahmefällen aufschiebende Wirkung, zudem kann die BaFin auch in diesen Fällen unter bestimmten Voraussetzungen die sofortige Vollziehung anordnen. Ausschließlich zuständiges Beschwerdegericht ist das OLG Frankfurt am Main (§ 48 Abs. 4). Es entscheidet grundsätzlich auf Grund mündlicher Verhandlung (§ 54 Abs. 1) und erforscht den Sachverhalt von Amts wegen (Untersuchungsgrundsatz, § 55 Abs. 1). Das Beschwerdegericht entscheidet durch Beschluss (§ 56 Abs. 1).

II. Statthaftigkeit des Rechtsmittels

1. Gegenstand des Beschwerdeverfahrens

6 **a) Verfügungen.** Gegenstand der Beschwerde sind Verfügungen der BaFin, die auf der Grundlage dieses Gesetzes und somit in Bezug auf Angebote zum Erwerb von Wertpapieren erlassen werden,[9] und zwar in der Gestalt, die sie durch das Widerspruchsverfahren erfahren haben (§ 79 Abs. 1 Nr. 1 VwGO). Unter Verfügungen sind alle **Verwaltungsakte** iSv § 35 VwVfG zu verstehen, unabhängig davon, wie das Gesetz sie bezeichnet (zB „Gestattung“ in § 10 Abs. 1, „Untersagung“ in § 15 Abs. 1, „Befreiung“ in § 26 Abs. 2). Entscheidend für die Qualifikation als Verfügung ist, dass es sich bei der Maßnahme, um die Regelung eines Einzelfalls mit unmittelbarer Rechtswirkung nach außen handelt. Das Handeln muss aufgrund einer öffentlich-rechtlichen Befugnis stattfinden, mithin hoheitliches Handeln sein.

7 Verfügungen sind auch Kostenentscheidungen oder Nebenbestimmungen zu einer Verfügung, soweit sie von der Hauptverfügung trennbar sind.[10] Bei Kostenentscheidungen ist dies regelmäßig zu bejahen, so können davon etwa auch die im behördlichen Widerspruchsverfahren festgesetzten Gebühren umfasst sein.[11]

8 Keine Verfügungen sind Maßnahmen des sog. **schlichten Verwaltungshandelns** der BaFin, wie zB Erklärungen oder Handlungen ohne Regelungs- oder Bindungswillen, (bloße) Mitteilungen, Absichtserklärungen, Auskünfte,

---

[9] BGH NVwZ 2012, 1563 (1564).

[10] Zum GWB vgl. *Bechtold,* § 63 Rn. 3.

[11] VGH Kassel DÖV 2014, 92.

Informationen, Hinweise, Empfehlungen, Vorschläge oder **verfahrensleitende** und **-gestaltende Anordnungen,** die das Verwaltungsverfahren lediglich ausgestalten und in diesem Zusammenhang, ohne materielle Regelungen zu enthalten, die Pflichten der Beteiligten konkretisieren („unselbständige Verfahrenshandlungen" wie Einleitung eines Verwaltungsverfahrens, Aufforderung zur Spezifizierung von Angaben in einem Antrag, Ladung zur Anhörung). Da aber auch bei schlichtem Verwaltungshandeln Eingriffe in die rechtlich geschützte Sphäre von juristischen oder natürlichen Personen möglich sind, muss über den Wortlaut des § 48 hinaus auch gegen schlichtes Verwaltungshandeln ein entsprechendes Rechtsmittel in Form der allgemeinen Leistungsbeschwerde zulässig sein.[12] Wie im GWB ist die Vorschrift daher ergänzungsbedürftig[13] und somit nicht abschließend. Einen praktischen Anwendungsfall stellen etwa Veröffentlichungen der BaFin nach § 44 dar.

b) Zulässige Rechtsbehelfe. aa) Anfechtungsbeschwerde. Der Bieter kann gegen eine Verfügung mit der **Anfechtungsbeschwerde** (§ 48 Abs. 1 Satz 1) vorgehen. Auch die **teilweise Anfechtung** einer Verfügung ist möglich, wenn der bei erfolgreicher Beschwerde verbleibende „Rest" der Verfügung seinen Sinn behält und nicht zum aliud wird.[14] Die Teilanfechtung kommt vor allem bei der Anfechtung von Nebenbestimmungen in Betracht.[15] 9

Unzulässig wäre die Anfechtungsbeschwerde, wenn der Bieter gegen den eine beantragte Verfügung ablehnenden Bescheid vorgeht, da der Betroffene in diesem Fall nicht nur die Aufhebung des Ablehnungsbescheids, sondern in erster Linie den Erlass der beantragten Verfügung begehrt. Statthaft ist die Versagungsgegenbeschwerde. 10

bb) Versagungsgegenbeschwerde. Ziel der Verpflichtungsbeschwerde ist der Erlass der bei der BaFin beantragten Verfügung oder – bei nicht gebundenen Entscheidungen – die Verpflichtung zur Neubescheidung unter Berücksichtigung der Auffassung des Gerichts (sog. Bescheidungsbeschwerde). Diese Beschwerdeart lässt sich in Anlehnung an die verwaltungsprozessuale Terminologie als **Versagungsgegenbeschwerde** bezeichnen.[16] Wie mit Blick auf § 48 Abs. 3 Satz 2 deutlich wird, ist mit „Unterlassung" in § 48 Abs. 3 Satz 1 auch die „Ablehnung" gemeint.[17] Es handelt sich hierbei um einen Formulierungsfehler. Der Versagungsgegenbeschwerde ist der Antrag immanent, den Ablehnungsbescheid der BaFin aufzuheben. Es bedarf grundsätzlich keines zusätzlichen expliziten Aufhebungsantrags, weil die ausgesprochene Verpflichtung zum Erlass der Verfügung stets voraussetzt, dass der Ablehnungsbescheid aufgehoben wird.[18] 11

---

[12] AllgM; vgl. zum GWB: BGH, WuW/E BGH 2760.

[13] Vgl. *K. Schmidt* in Immenga/Mestmäcker, § 63 Rn. 1, 5.

[14] Vgl. *Happ* in Eyermann, § 42 Rn. 17; vgl. auch § 51 Abs. 4 Nr. 1.

[15] Zu den möglichen Fällen einer isolierten Anfechtung von Nebenbestimmungen im verwaltungsgerichtlichen Verfahren *W.-R. Schenke/R. P. Schenke* in Kopp/Schenke, § 42 Rn. 22; *Happ* in Eyermann, § 42 Rn. 45 ff.

[16] So auch *Pohlmann* in KK-WpÜG, § 48 Rn. 23; *Schweizer* in Frankfurter Komm., § 48 Rn. 16.

[17] Vgl. zum GWB *K. Schmidt* in Immenga/Mestmäcker, § 63 Rn. 37.

[18] Vgl. *W.-R. Schenke/R. P. Schenke* in Kopp/Schenke, § 42 Rn. 29.

12 **cc) Untätigkeitsbeschwerde.** Bei der Untätigkeitsbeschwerde wendet sich der Beschwerdeführer dagegen, dass die BaFin seinen Antrag auf Erlass einer Verfügung ohne zureichenden Grund in **angemessener Frist nicht verbeschieden** hat (§ 48 Abs. 3 Satz 2). Es handelt sich um einen Unterfall der Verpflichtungsbeschwerde. Bei der Beurteilung der Frage, welche Frist als angemessen anzusehen ist, ist vor allem der zeitliche Rahmen, in dem ein öffentliches Angebotsverfahren nach dem Gesetz durchzuführen ist, zu berücksichtigen. Da das Gesetz für öffentliche Angebotsverfahren regelmäßig wegen des in § 3 Abs. 4 statuierten Beschleunigungsgrundsatzes für die einzelnen vom Bieter vorzunehmenden Handlungen bzw. zu ergreifenden Maßnahmen kurze Fristen vorsieht (zB Übermittlung und Veröffentlichung der Angebotsunterlage grundsätzlich innerhalb von vier Wochen nach der Veröffentlichung der Entscheidung zur Abgabe eines Angebots – § 14 Abs. 1), ist als angemessene Frist allenfalls **eine nach Wochen bemessene Frist** anzusehen, keinesfalls aber ist auf die Dreimonatsfrist, wie sie § 75 VwGO vorsieht, abzustellen.[19] Zur Bestimmung der konkret einschlägigen Frist werden letztlich die **Umstände des Einzelfalles** heranzuziehen sein. Auch was ein unzureichender Grund ist, kann nur von Fall zu Fall entschieden werden.[20] Unzureichend dürfte jedenfalls ein Verweis der BaFin auf ihre generelle Arbeitsüberlastung sowie einen hohen Krankheits- oder Urlaubsstand sein.[21] Ein zureichender Grund wird regelmäßig die durch eine vorübergehende Antragsflut ausgelöste zeitweise Überlastung der Behörde sowie die besondere Schwierigkeit der zu entscheidenden Sache sein.[22] Das Vorliegen eines zureichenden Grundes ist von der BaFin darzulegen.

13 **dd) Beschwerde gegen sonstige Maßnahmen.** Anfechtungs-, Verpflichtungs- und Untätigkeitsbeschwerde erfassen nicht alle Fälle, in denen ein Bedürfnis bestehen kann, gegen Maßnahmen der BaFin vorzugehen (→ Rn. 8). Wie auch im Kartellverfahren muss es daher Ausfluss der Rechtsschutzgarantie sein, auch bei schlicht hoheitlichem Handeln Rechtsschutzmöglichkeiten zu eröffnen.[23] So kann bei rechtswidriger Unterlassung schlichten Verwaltungshandelns der Anspruch gegen die BaFin auf eben dieses schlichte Verwaltungshandeln durch eine **allgemeine Leistungsbeschwerde** geltend gemacht werden. Die allgemeine Leistungsbeschwerde kann sich als allgemeine Abwehrbeschwerde auch auf die Beseitigung von Folgen rechtswidrigen schlichten Verwaltungshandelns beziehen. Schließlich ist sie als Unterlassungsbeschwerde denkbar.

14 **ee) Vorbeugende Unterlassungsbeschwerde.** Ebenfalls denkbar ist eine **vorbeugende Unterlassungsbeschwerde** gegen ein erst noch bevorstehen-

---

[19] BT-Drucks. 14/7034, 65; *Santelmann* in Steinmeyer, § 48 Rn. 34 plädiert für „mindestens zwei Wochen"; *Ehricke* in Ehricke/Ekkenga/Oechsler, § 48 Rn. 24 spricht von „ca. 4 Wochen".

[20] Vgl. zum GWB *K. Schmidt* in Immenga/Mestmäcker, § 63 Rn. 38.

[21] So auch *Wackerbarth/Kreße* in MüKoAktG, § 48 WpÜG Rn. 17; zu § 75 VwGO *Rennert* in Eyermann, § 75 Rn. 9.

[22] Vgl. *Rennert* in Eyermann, § 75 Rn. 9.

[23] → Rn. 3; zum GWB vgl. *Lembach* in Langen/Bunte, § 63 Rn. 3, 45 ff.; *Bechtold,* § 63 Rn. 2.

des schlichtes Verwaltungshandeln oder aber den drohenden Erlass einer Verfügung durch die BaFin, soweit das bevorstehende schlichte Verwaltungshandeln bzw. die Verfügung rechtswidrig wäre. Hierfür ist jedoch ein qualifiziertes Rechtsschutzbedürfnis erforderlich (→ Rn. 30).

ff) Fortsetzungsfeststellungsbeschwerde. Des Weiteren kann ein berechtigtes Interesse zum Erheben einer **Fortsetzungsfeststellungsbeschwerde** bestehen. Die Fortsetzungsfeststellungsbeschwerde, die das Gesetz in § 56 Abs. 2 Satz 2 vorsieht, umfasst den Fall, dass sich eine Beschwerde nach ihrer Einlegung und vor Entscheidung des Beschwerdegerichts erledigt, der Beschwerdeführer seine Beschwerde jedoch mit einem Antrag zur Feststellung der Rechtswidrigkeit des beanstandeten Handelns bzw. Unterlassens der BaFin weiterverfolgt. Die Regelung entspricht §§ 113 Abs. 1 Satz 4 VwGO und 71 Abs. 2 Satz 2 GWB. Siehe hierzu auch unten Rn. 31. 15

gg) Allgemeine Feststellungsbeschwerde. Demgegenüber lässt sich ein Bedürfnis nach Zulassung einer **allgemeinen Feststellungsbeschwerde** derzeit nicht erkennen, da bei Wahrnehmung der vorgenannten anderen Rechtsschutzmöglichkeiten ausreichender Rechtsschutz besteht. Sollten zukünftig im Einzelfall die vorgenannten Rechtsschutzmöglichkeiten aber einmal nicht ausreichen, wäre die allgemeine Feststellungsbeschwerde zur Gewährung effektiven Rechtsschutzes – unter Beachtung ihres **subsidiären** Charakters gegenüber allen anderen Beschwerdearten – zuzulassen.[24] 16

2. Beschwerdebefugnis

Eine Beschwerde ist nur zulässig, wenn der Beschwerdeführer auch beschwerdebefugt ist. 17

a) Anfechtungsbeschwerde. aa) Beteiligtenstellung. Voraussetzung für das Vorliegen der Beschwerdebefugnis ist in Fällen der Anfechtungsbeschwerde nach dem **Wortlaut des § 48 Abs. 2,** dass der Beschwerdeführer am Verfahren vor der BaFin **beteiligt** war. Da das WpÜG den Beteiligtenbegriff nicht legal definiert, ist hierzu auf § 13 VwVfG zurückzugreifen. Dem steht § 52 nicht entgegen. Er gilt schon nach seinem Wortlaut für das Beschwerdeverfahren, nicht für das Verfahren vor der BaFin. Dass der Finanzausschuss im Gesetzgebungsverfahren davon ausging, dass in Verfahren vor der BaFin ausschließlich der Adressat der Verfügung bzw. derjenige beteiligt ist, der einen Anspruch auf den Erlass einer Verfügung geltend macht, ist als bloße Wiedergabe einer Rechtsansicht unbeachtlich.[25] 18

Beteiligte im BaFin-Verfahren sind: 19
- Antragsteller,
- diejenigen, gegen die die BaFin die Verfügung richten will oder gerichtet hat,
- diejenigen, mit denen die BaFin einen öffentlich-rechtlichen Vertrag schließen will oder geschlossen hat (soweit dies nach dem Gesetz überhaupt von Bedeutung werden kann) sowie
- diejenigen, die von der BaFin zum Verfahren hinzugezogen worden sind.

---

[24] So auch *Pohlmann* in KK-WpÜG, § 48 Rn. 18 und *Döhmel* in Assmann/Pötzsch/Schneider, § 48 Rn. 18.

[25] Vgl. BT-Drucks. 14/7477, 53.

20 Eine **Hinzuziehung** (vgl. § 13 Abs. 2 VwVfG) liegt vor, wenn die BaFin Dritte zum Verfahren durch Verwaltungsakt oder auch formlos (zB konkludent durch Ladung oder Bekanntgabe des Verwaltungsakts) hinzugezogen hat. Hierbei ist zwischen der **einfachen** und der **notwendigen Hinzuziehung** zu unterscheiden (§ 13 Abs. 2 VwVfG). Eine einfache Hinzuziehung liegt dann vor, wenn die BaFin einen Dritten, sei es eine Person oder eine Personenvereinigung, deren **rechtliche Interessen** durch den Ausgang des Verfahrens berührt werden, zum Verfahren hinzuzieht. Ziel ist es, diejenigen, deren rechtliche Interessen berührt sein können, die Möglichkeit zu geben, ihre Rechte oder rechtlichen Interessen bereits im Verwaltungsverfahren geltend machen und einbringen zu können bzw. aus Gründen der Verfahrensökonomie auch die Entscheidung ggf. gleich auf diese Dritten ausdehnen zu können. Nicht ausreichend für die einfache Hinzuziehung ist, wenn nur eine mittelbare Auswirkung auf den Dritten zu erwarten ist.[26] Die BaFin entscheidet nach ihrem Ermessen, ob sie eine Person oder eine Personenvereinigung zu dem Verfahren hinzuzieht. Notwendig hinzuzuziehen wären dagegen diejenigen, denen gegenüber die verfahrensabschließende Entscheidung darüber hinaus **rechtsgestaltende Wirkung** hat. Dies setzt voraus, dass die zu erwartende Entscheidung unmittelbar Rechte eines Dritten begründet, ändert oder aufhebt.[27]

21 Die Hinzuziehung erfolgt durch einen verfahrensrechtlichen Verwaltungsakt der BaFin, die das Verfahren führt, entweder von Amts wegen oder auf Antrag Dritter.[28] Möglich ist eine Hinzuziehung entsprechend § 65 Abs. 1 VwGO bis zu dem Zeitpunkt, an dem die Verfügung in der Hauptsache unanfechtbar wird. Die Entscheidung über die Hinzuziehung wird erst mit der Bekanntgabe derselben wirksam. Diese Bekanntgabe kann auch formlos, also auch konkludent erfolgen. Ausreichend sind zB die Ladung zu einem Besprechungstermin oder die Bekanntgabe der im Verfahren ergangenen Verfügung.[29] Die Beteiligtenstellung im Verfahren vor der BaFin endet mit dem Abschluss dieses Verfahrens, dh spätestens mit Abschluss des Widerspruchsverfahrens.[30]

22 Relevant geworden ist die Frage, ob die Aktionäre der Zielgesellschaft im Falle der Befreiung nach § 37 gemäß § 13 Abs. 2 Satz 2 VwVfG ein Recht auf Hinzuziehung haben.[31] In dieser Fallkonstellation ist ein Anspruch auf (notwendige) Hinzuziehung abzulehnen.[32] Es **fehlt** schon an der **rechtsgestaltenden Wirkung** der Befreiungsentscheidung für die Aktionäre der Zielgesellschaft. Die Aktionärsstellung als solche bleibt auch bei einer Befreiung erhalten. Ein Eingriff in andere Rechte der Aktionäre ist nicht zu erkennen, diese haben keinen Anspruch auf Durchführung eines Angebotsverfahrens (→ Rn. 32 ff.).

---

[26] *Kopp/Ramsauer,* § 13 Rn. 36.

[27] *von Riegen,* Der Konzern 2003, 583, 597; *Kopp/Ramsauer,* § 13 Rn. 39; *Schmitz* in Stelkens/Bonk/Sachs, § 13 Rn. 40; dazu, ob es solche Rechte gibt, → Rn. 32.

[28] *Kopp/Ramsauer,* § 13 Rn. 28.

[29] *Kopp/Ramsauer,* § 31 Rn. 30.

[30] *Kopp/Ramsauer,* § 13 Rn. 31.

[31] Vgl. dazu den Sachverhalt des Beschlusses des OLG Frankfurt, ZIP 2003, 1297 – „ProSieben AG".

[32] So auch OLG Frankfurt ZIP 2003, 1297.

bb) Weitere Voraussetzungen. Welche weiteren Voraussetzungen (über die in aa) benannten hinaus) bei der Anfechtungsbeschwerde vorliegen müssen, gehört zu den intensiv diskutierten Fragen des übernahmerechtlichen Beschwerdeverfahrens, allerdings dürfte der Meinungsstreit in der Praxis keine Rolle spielen, da Adressaten belastender Verwaltungsakte regelmäßig beschwerdebefugt sind. Im Einzelnen: 23

Mit § 48 Abs. 2 übernimmt der Gesetzgeber die Vorschrift des § 63 Abs. 2 GWB in das Übernahmerecht. Die somit naheliegende Orientierung an § 63 Abs. 2 GWB bei der Auslegung des § 48 Abs. 2 wird dadurch erschwert, dass die kartellrechtliche Vorschrift lückenhaft und ihre Entstehungsgeschichte im Hinblick auf den gesetzgeberischen Willen nicht frei von Ungereimtheiten ist.[33] Die Entstehungsgeschichte des § 63 Abs. 2 GWB lässt aber jedenfalls nicht den Schluss zu, dass die Beschwerdebefugnis allein die Verfahrensbeteiligung voraussetzt, ein materielles Betroffensein hingegen unberücksichtigt zu bleiben hat.[34] § 63 Abs. 2 GWB regelt die Beschwerdebefugnis somit lückenhaft.[35] 24

Lediglich einen Teilaspekt regelt § 48 Abs. 2. Anderenfalls wären am Verfahren vor der BaFin nicht beteiligte Dritte, die aufgrund einer nicht an sie gerichteten Verfügung in ihren Rechten beeinträchtigt werden, nicht beschwerdebefugt. Umgekehrt könnte ein am Verfahren vor der BaFin Beteiligter eine ihn begünstigende Verfügung mit der Beschwerde angreifen.[36] Eine verbreitete Ansicht versucht dies dadurch zu korrigieren, dass sie zusätzlich die formelle und **materielle Beschwer** des Beschwerdeführers verlangt.[37] Formell beschwert ist der Beschwerdeführer danach, wenn ihm durch eine Verfügung der BaFin ein Tun oder Unterlassen auferlegt wird oder die BaFin einen Antrag des Beschwerdeführers zumindest teilweise ablehnend beschieden hat.[38] Welche **Voraussetzungen** bei Anfechtungsbeschwerden an die materielle Beschwer zu stellen sind, ist streitig: Eine Meinung verlangt eine für den Beschwerdeführer nachteilige wirtschaftliche Wirkung, [39] während andere auf die Behauptung der Verletzung einer Norm abstellen, die dem Beschwerdeführer die Rechtsmittel zur Reaktion verleihen wolle[40] und wieder andere die Behauptung der Berührung wirtschaftlicher und rechtlicher Interessen verlangen.[41] Mit sinngemäßer Anwendung des § 42 Abs. 2 VwGO wird schließlich die Behauptung einer möglichen Rechtsverletzung für ein Vorliegen der materiellen Beschwer gefordert.[42] 25

---

[33] Ausführlich hierzu *Pohlmann* in KK-WpÜG, § 48 Rn. 41 ff.

[34] *Pohlmann* in KK-WpÜG, § 48 Rn. 48.

[35] Vgl. *Kühnen* in Loewenheim/Meessen/Riesenkampff, GWB, § 63 Rn. 7 ff., 13 f.

[36] *Cahn* ZHR 167 (2003), 262, 296; *Pohlmann* in KK-WpÜG, § 48 Rn. 32.

[37] *Ehricke* in Ehricke/Ekkenga/Oechsler, § 48 Rn. 18 ff.; *Santelmann* in Steinmeyer, § 48 Rn. 23 ff.; *Schweizer* in Frankfurter Komm., § 48 Rn. 12 ff.

[38] *Ehricke* in Ehricke/Ekkenga/Oechsler, § 48 Rn. 19; *Pohlmann* in KK-WpÜG, § 48 Rn. 36.

[39] So die Vorauflage.

[40] *Schnorbus* ZHR 166 (2002), 72, 106 ff.

[41] *Schweizer* in Frankfurter Komm., § 48 Rn. 13.

[42] *Ehricke* in Ehricke/Ekkenga/Oechsler, § 48 Rn. 20; jedenfalls für Nichtbeteiligte *Santelmann* in Steinmeyer, § 48 Rn. 20, die aber zusätzlich die Beeinträchtigung wirtschaftlicher Interessen fordern.

26 Systemgerechter und konsequent ist in Fällen der Anfechtungsbeschwerde neben der Beteiligteneigenschaft (§ 48 Abs. 2) und ohne Umweg über den Begriff der materiellen Beschwer **analog § 42 Abs. 2 VwGO** die Darlegung des Beschwerdeführers zu verlangen, in seinen eigenen Rechten verletzt zu sein.[43]

27 **b) Versagungsgegenbeschwerde.** Bei der Versagungsgegenbeschwerde muss der Beschwerdeführer, um beschwerdebefugt zu sein, nach § 48 Abs. 3 Satz 1 behaupten, dass das Bestehen eines ihm zustehenden **Rechts auf die Vornahme der Verfügung** möglich erscheint. Die Beschwerdebefugnis ist nicht gegeben, wenn dieses behauptete Recht offensichtlich und eindeutig nicht besteht oder zumindest dem Beschwerdeführer nicht zustehen kann.[44] Prüfungsmaßstab hierfür ist das Gesetz, denn nur aus diesem kann sich ein entsprechendes Recht des Beschwerdeführers ergeben. Damit ist das Vorliegen eines subjektiv-öffentlichen Rechts Voraussetzung der Zulässigkeit der Versagungsgegenbeschwerde.[45] Anderer Ansicht ist für die Beschwerde nach dem GWB *Karsten Schmidt.*[46]

28 **c) Untätigkeitsbeschwerde.** Hier wird auf die Ausführungen zur Versagungsgegenbeschwerde unter → Rn. 27 verwiesen, mit der Maßgabe, dass bei der Untätigkeitsbeschwerde zusätzlich behauptet werden muss, dass der Antrag auf Erlass einer Verfügung ohne zureichenden Grund innerhalb der angemessenen Frist (→ Rn. 12) nicht verbeschieden worden ist.

29 **d) Beschwerde gegen sonstige Maßnahmen.** Bei einer **Leistungsbeschwerde,** auch einer solchen, die auf die Beseitigung von Folgen eines schlichten Verwaltungshandelns gerichtet ist, reicht die substantiierte Behauptung aus, nach der eine Rechtsgutsbeeinträchtigung möglich erscheint.[47]

30 **e) Vorbeugende Unterlassungsbeschwerde.** Bei der vorbeugenden Unterlassungsbeschwerde ist darüber hinaus ein „qualifiziertes, gerade auf die Inanspruchnahme des vorbeugenden Rechtsschutzes gerichtetes Interesse" erforderlich.[48] Die Behauptung muss darlegen, dass das Verwaltungshandeln, dessen Unterlassung beantragt wird, bei Fortführung **irreparabel** ist oder zumindest nur **schwer auszugleichende Nachteile** zur Folge hätte. Des Weiteren ist Voraussetzung, dass diese Nachteile durch einen nachträglichen Rechtsschutz nicht beseitigt werden könnten.[49]

31 **f) Fortsetzungsfeststellungsbeschwerde.** Die Fortsetzungsfeststellungsbeschwerde gemäß § 56 Abs. 2 Satz 2 kann erhoben werden, wenn sich entweder die angefochtene Verfügung erledigt hat oder bei der Verpflichtungsbeschwerde ebenfalls eine Erledigung der Hauptsache eingetreten ist, dies auch dann, wenn die Erledigung bereits vor Einlegung der Beschwerde erfolgt ist.[50]

---

[43] So wohl auch OLG Frankfurt ZIP 2003, 1392f.; v. 9.10.2003, ZIP 2003, 2206, 2208f.; *Döhmel* in Assmann/Pötzsch/Schneider, § 48 Rn. 27; *Pohlmann* in KK-WpÜG, § 48 Rn. 42, 59; *Wackerbarth/Kreße* in MüKoAktG, § 48 WpÜG Rn. 9.

[44] BGH WuW/E BGH 1556.

[45] So auch *Wackerbarth/Kreße* in MüKoAktG, § 48 WpÜG Rn. 15.

[46] Ins: *Immenga/Mestmäcker,* § 63 Rn. 32ff.

[47] KG WuW/E 1967, 1968.

[48] BGH WuW/E 2760.

[49] KG WuW/E 4645, 4647.

[50] KG WuW/E OLG 3217, 3221.

Für das **Feststellungsinteresse** genügt jedes nach Lage des Falles anzuerkennende schutzwürdige Interesse **rechtlicher, wirtschaftlicher oder ideeller Art.**[51] Ein solches wird insbesondere bejaht, wenn **Wiederholungsgefahr** besteht[52] oder die Beschwerde der Vorbereitung eines **Amtshaftungs- oder sonstigen Entschädigungsprozesses** vor ordentlichen Gerichten dient[53] oder wenn ein **ideelles** oder auch **Rehabilitationsinteresse** vorliegt, weil die Verfügung einen diskriminierenden oder ehrenrührigen Inhalt hatte.[54]

III. Exkurs: Subjektive Rechte; Drittrechtsschutz nach dem WpÜG?

Unproblematisch kann zunächst durch denjenigen eine Verletzung in seinen 32
Rechten geltend gemacht werden, der Adressat einer belastenden Verfügung der BaFin ist. Beispiele für solche belastenden Verfügungen sind etwa Anordnungen im Rahmen der allgemeinen Missstandsaufsicht (§ 4 Abs. 1, Satz 3), die Untersagung von Werbung (§ 28) oder Auskunftsverlangen (§ 40). Beschwerdebefugt ist des Weiteren derjenige, der ein Recht auf den Erlass einer Verfügung geltend machen kann (§ 48 Abs. 3). Problematisch sind hingegen Fälle, in denen Dritte Verfügungen angreifen, die den Adressaten begünstigen, den Dritten aber benachteiligen (zB Befreiungen, Fall ProSiebenSat1 Media AG) oder in denen Dritte den Erlass einer den Adressaten belastenden Verfügung verlangen, zB das Verlangen, ein Angebot zu untersagen (Fall Wella AG) oder eine bestimmte Art der Werbung nach § 28 zu unterbinden. Im Fall Wella AG begehrte ein Aktionär die BaFin zu verpflichten, die Gestattung des Übernahmeangebots von Procter & Gamble zu widerrufen und das Angebot zu untersagen.[55] Im Fall ProSiebenSat1 Media AG wurde die Hinzuziehung sowie Akteneinsicht in einem Befreiungsverfahren beantragt.[56]

Beachtliche Meinungen im Schrifttum nehmen an, dass die Vorschriften 33
des Gesetzes im Einzelfall auch Dritten subjektive Rechte gewähren können.[57] Dem steht nach überwiegender Meinung **§ 4 Abs. 2** entgegen, wonach die BaFin ihre Aufgaben nur im öffentlichen Interesse wahrnimmt; er schließe die Annahme subjektiver Rechte einzelner aus.[58] Dieser Ansicht folgt das OLG Frankfurt in einer Reihe von Entscheidungen,[59] so dass die Frage für die Praxis einstweilen entschieden ist.

---

[51] BGH WuW/E BGH 2031, 2035.

[52] BVerwG NVwZ 1994, 282.

[53] BVerwG NJW 1980, 197; BVerwG NJW 1986, 1826, 1827.

[54] BVerwGE 26, 161, 168; BVerwGE 61, 164, 165.

[55] OLG Frankfurt ZIP 2003, 1251 ff.; 1392 ff.

[56] OLG Frankfurt ZIP 2003, 1297 ff.; ZIP 2003, 2206 ff.; siehe auch OLG Frankfurt, ZIP 2003, 2254 zur Ablehnung eines Akteneinsichtsrechts in einem Befreiungsverfahren.

[57] So etwa *Pohlmann* in KK-WpÜG, § 48 Rn. 72 ff.; *Barthel,* 122 ff.; *Schnorbus* ZHR 166 (2002), 72, 104 ff.; *Cahn* ZHR 167 (2003), 290 ff.

[58] *Döhmel* in Assmann/Pötzsch/Schneider, § 48 Rn. 33 f.; *Ehricke* in Ehricke/Ekkenga/Oechsler, § 48 Rn. 17; *Linke* in Frankfurter Komm., § 4 Rn. 39; *Wackerbarth/Kreße* in MüKoAktG, § 4 WpÜG Rn. 19 ff.

[59] OLG Frankfurt ZIP 2003, 1251, 1252 f.; ZIP 2003, 1392, 1393; ZIP 2003, 2206, 2007 f.

34 Eine Vorschrift begründet nur dann subjektive Rechte Dritter (und nicht eine bloße Reflexwirkung zugunsten Dritter), wenn sie nicht nur die Interessen der Allgemeinheit schützen will, sondern zumindest auch dem Schutz der Interessen von Personen zu dienen bestimmt ist, die sich in der Lage des Beschwerdeführers befinden.[60] Vorschriften, die ausdrücklich dem Schutz Dritter zu dienen bestimmt sind, enthält das WpÜG nicht. § 4 Abs. 2 betont, dass die BaFin ihre Aufgaben im öffentlichen Interesse wahrnimmt. Damit hat der Gesetzgeber – wie bereits schon in den Parallelvorschriften der § 4 Abs. 4 FinDAG, § 3 Abs. 3 BörsG und § 294 Abs. 8 VAG – die Annahme drittgerichteter Amtspflichten und damit Amtshaftungsrisiken vermeiden wollen.[61] Da nach allgemeiner Ansicht die Fragen der Drittgerichtetheit einer Amtspflicht (bei der Prüfung möglicher Ansprüche nach § 839 BGB, Art. 34 GG) und das Bestehen der Klagebefugnis eines Dritten (§ 42 Abs. 2 VwGO) den gleichen rechtlichen Vorgaben folgen,[62] soll dies den **Willen des Gesetzgebers** belegen, keine subjektiven Rechte zu gewähren.

35 Dafür spricht als Indiz die Streichung des § 42 RegE im Gesetzgebungsverfahren.[63] Die Vorschrift sollte durch Aufnahme einer Schadensersatzpflicht missbräuchlichen Rechtsmitteln entgegenwirken und dadurch dem hohen wirtschaftlichen Interesse von Bieter und Zielgesellschaft Rechnung tragen.[64] Mit der Begründung, es fehle an einem praktischen Anwendungsbereich für diese Vorschrift, da Dritte durch Verfügungen der BaFin nicht in ihren Rechten verletzt sein könnten und folglich keinen Widerspruch und keine Beschwerde einlegen könnten, die als missbräuchlich zu qualifizieren wären, hat der Finanzausschuss des Bundestages die Vorschrift gestrichen.[65]

36 Die Annahme subjektiver Rechte Dritter aus dem WpÜG würde ferner einen **Fremdkörper** in dem im Übrigen auf Beschleunigung angelegten System des WpÜG (vgl. § 14 Abs. 1 und 2; § 3 Abs. 4; § 48 – einzügiges Beschwerdeverfahren) darstellen, da die Zulassung von Beschwerden Dritter übernahmerechtliche Streitfälle monatelang in der Schwebe halten und insbesondere die Geschäftstätigkeit der Zielgesellschaft erheblich beeinträchtigen würde.

37 Dieser Ausschluss subjektiver Rechte Dritter wird dabei sowohl als **europarechtskonform** als auch **verfassungsrechtlich unbedenklich** angesehen. So hat der EuGH zur Parallelregelung des § 4 Abs. 2 – § 4 Abs. 4 FinDAG – entschieden, dass der aus der Vorschrift resultierende Ausschluss von Amthaftungsansprüchen Dritter mit dem Gemeinschaftsrecht vereinbar ist.[66] Teilweise geäußerte verfassungsrechtliche Bedenken vermögen im Ergebnis

[60] Vgl. zum verwaltungsgerichtlichen Klageverfahren *W.-R. Schenke/R. P. Schenke* in Kopp/Schenke, § 42 Rn. 83.

[61] So auch *Döhmel* in Assmann/Pötzsch/Schneider, § 48 Rn. 33.

[62] BGH NJW 1994, 1647, 1649; OLG Frankfurt ZIP 2001, 730, 732; *Linke* in Frankfurter Komm., § 4 Rn. 39; *Schnorbus* ZHR 166 (2002), 72, 84 f.

[63] So auch *Döhmel* in Assmann/Pötzsch/Schneider, § 48 Rn. 35; *Wackerbarth/Kreße* in MüKoAktG, § 4 WpÜG Rn. 26; aA *Barthel,* 112 ff.

[64] Vgl. BT-Drucks. 14/7034 Begr. zu § 42 RegE.

[65] Vgl. BT-Drucks. 14/7477, 53.

[66] EuGH ZIP 2004, 2039; BGH ZIP 2005, 287 ff.

ebenfalls nicht zu überzeugen. Ein Verstoß gegen Art. 19 Abs. 4 GG iVm der Schutznormtheorie sowie Art. 34 GG ist abzulehnen, da beide Regelungen durch andere Normen begründete Rechte bzw. Amtspflichten voraussetzen, das WpÜG solche Rechte hingegen gerade nicht gewährt.[67] Eine Verletzung von aus Grundrechten abgeleiteten Schutzpflichten des Staates ist ebenso nicht feststellbar. Bereits der Rechtszustand vor Erlass des WpÜG wurde in dieser Hinsicht als verfassungsgemäß angesehen; mit dem WpÜG stellt der Gesetzgeber nun ein Regelungssystem zur Verfügung, das das Übernahmeverfahren standardisiert und den bisherigen Rechtszustand auch für Dritte – insbesondere die Zielgesellschaft und ihre Aktionäre – verbessert.[68]

Das WpÜG begründet in europa- und verfassungsrechtlich zulässiger Weise keine subjektiven Rechte Dritter. Die betroffenen Aktionäre sind auf den Rechtsschutz im Zivilverfahren[69] angewiesen.[70] Entscheidungen der Zivilgerichte können für den Bieter, entgegen der Konzentration der Verfahren bei dem OLG Frankfurt, zu divergierenden Entscheidungen führen. Die Verneinung von Drittrechten führt in der Praxis auch dazu, dass viele Auslegungsfragen des WpÜG mangels geeigneter Kläger keiner gerichtlichen Klärung zugeführt werden können. 38

IV. Zuständiges Beschwerdegericht

Ausschließlich zuständiges Beschwerdegericht ist das für den Sitz der BaFin in Frankfurt am Main zuständige Oberlandesgericht (§ 48 Abs. 4). § 56 Abs. 6 ordnet jedoch eine Vorlagepflicht zum Bundesgerichtshof an, falls das Oberlandesgericht von der Entscheidung eines anderen Oberlandesgerichts oder des Bundesgerichtshofs abweichen will. Die Konzentration auf ein Zivilgericht soll das entsprechende Fachwissen für Streitverfahren nach dem Gesetz bündeln.[71] Für **bürgerlich-rechtliche Streitigkeiten** besteht eine spezielle Zuständigkeitsregelung in § 66. 39

§ 48 Abs. 1 Satz 2 stellt klar, dass der Beschwerdeführer die Beschwerde auch auf neue Tatsachen und Beweismittel stützen darf. Neu sind solche Tatsachen, die weder im Ausgangs- noch im Widerspruchsverfahren eingeführt worden sind.[72] Nach dem Willen des Gesetzgebers soll die Regelung den aus Beschleunigungsgründen für das Widerspruchsverfahren in § 41 Abs. 3 Satz 2 eingeführten Ausschluss verspäteten Vorbringens abmildern.[73] Um diesem Ziel gerecht zu 40

---

[67] *von Riegen,* Der Konzern 2003, 583, 590; vgl. aber BVerfG, NZG 2004, 617f., die grundsätzliche Möglichkeit einer Grundrechtsverletzung von Aktionären bei offensichtlichen Verstößen gegen das WpÜG nicht ausschließend.

[68] In diesem Sinne *von Riegen,* Der Konzern 2003, 583, 589f.; *Dolde,* RWS-Forum Gesellschaftsrecht 2003, 377, 383f.; *Cahn* ZHR 167 (2003), 262, 286ff.; abweichend *Giesberts* in KK-WpÜG, § 4 Rn. 72ff.; vgl. auch OLG Frankfurt ZIP 2003, 1392, 1395; ZIP 2003, 2206, 2208.

[69] Wobei die Einzelheiten des Rechtsschutzes unklar sind, *Schneider* ZGR 2007, 440, 444f.

[70] Vgl. dazu *Pohlmann* ZGR 2007, 1, 9ff.

[71] BT-Drucks. 14/7034, 65.

[72] *Schweizer* in Frankfurter Komm., § 48 Rn. 27; *Döhmel* in Assmann/Pötzsch/Schneider, § 48 Rn. 57.

[73] BT-Drucks. 14/7034, 64.

werden, muss es dem Beschwerdeführer daher gestattet sein, neben wirklich neuen auch „alte" Tatsachen und Beweismittel, für deren Vorbringen er im Widerspruchsverfahren nach § 41 Abs. 3 Satz 2 präkludiert war, vorzubringen.[74] Auch die BaFin kann vor dem Beschwerdegericht Gründe nachschieben, solange sich das Wesen der angegriffenen Verfügung dadurch nicht ändert.[75]

41 Nicht geregelt ist in Abschnitt 7 der theoretisch denkbare Fall, dass die BaFin ein Verwaltungsstreitverfahren einleiten will, zB um die Erfüllung von Verpflichtungen aus einem öffentlich-rechtlichen Vertrag geltend zu machen. Aufgrund der ausschließlichen Zuständigkeit der Zivilgerichte nach § 48 Abs. 4, die eine Konzentration aller Verwaltungsstreitigkeiten nach diesem Gesetz bei einem Oberlandesgericht bezweckt, sind auch diese Verfahren dem gemäß § 48 Abs. 4 zuständigen Gericht zugewiesen.[76]

§ 49 Aufschiebende Wirkung

Die Beschwerde hat aufschiebende Wirkung, soweit durch die angefochtene Verfügung eine Befreiung nach § 10 Abs. 1 Satz 3 oder § 37 Abs. 1, auch in Verbindung mit einer Rechtsverordnung nach Abs. 2, oder eine Nichtberücksichtigung von Stimmrechtsanteilen nach § 36 widerrufen wird.

Übersicht

I. Allgemeines

1. Aufschiebende Wirkung des Widerspruchs

1 In den in § 49 geregelten Fällen hat auch der bereits zuvor eingelegte Widerspruch aufschiebende Wirkung (vgl. § 42). Zur aufschiebenden Wirkung eines Widerspruchs gegen Maßnahmen der BaFin wird im Übrigen auf die Kommentierung zu § 42 des Gesetzes verwiesen.

2. Vorläufiger Rechtsschutz

2 In Erfüllung der Rechtsschutzgarantie des Art. 19 Abs. 4 GG sieht die VwGO vor, dass Widerspruch und Anfechtungsklage grundsätzlich aufschie-

[74] *Wackerbarth/Kreße* in MüKoAktG, § 48 WpÜG Rn. 10; aA *Santelmann* in Steinmeyer, § 48 Rn. 52.

[75] *Wackerbarth/Kreße* in MüKoAktG, § 48 WpÜG Rn. 11; *Schweizer* in Frankfurter Komm., § 48 Rn. 27.

[76] Wie hier für das GWB *Lembach* in Langen/Bunte, § 63 Rn. 50; *K. Schmidt* in Immenga/Mestmäcker, § 63 Rn. 1; OVG Berlin v. 28.11.1989, WuW/E VG 385, 387; aA *Bechtold,* § 63 Rn. 1.

bende Wirkung zukommt. Die aufschiebende Wirkung dieses Rechtsbehelfs bzw. Rechtsmittels entfällt aber, wenn dies in einem (Bundes-)Gesetz ausdrücklich vorgesehen ist (§ 80 Abs. 2 Nr. 3 VwGO). Im vorliegenden Gesetz hat der Gesetzgeber eine grundsätzliche Regelung dahingehend getroffen, dass der Beschwerde – außer in einigen konkret aufgeführten Fällen – keine aufschiebende Wirkung zukommt. Zur Verfassungsmäßigkeit → Rn. 7.

II. Grundsatz-Ausnahmeregelung

3 Der Gesetzgeber hat sich entschieden, Beschwerden gegen Verfügungen der BaFin nur in den in § 49 explizit genannten Fällen **(Enumerationsprinzip) aufschiebende Wirkung** zukommen zu lassen. Durch diese Einschränkung soll eine zügige Durchführung des Angebotsverfahrens gewährleistet werden, das ansonsten durch die Einlegung von Widerspruch und Beschwerde erheblich verzögert werden könnte.[1] Die in § 49 genannten Fälle, in denen der Beschwerde aufschiebende Wirkung zukommt, betreffen allesamt Verfügungen der BaFin, mit denen bestimmte, gesetzlich vorgesehene und bereits erlassene Befreiungen von der BaFin widerrufen werden. Der Begriff „widerrufen" hat dabei in untechnischem Sinne Verwendung gefunden und umfasst **auch die Rücknahme** rechtswidriger Verfügungen.[2] Bei Widerruf einer Verfügung nach § 10 Abs. 1 Satz 3 (dem Bieter wurde zunächst gestattet, die Veröffentlichung seiner Entscheidung zur Abgabe eines Angebots erst nach dem Beschluss der Gesellschafterversammlung vorzunehmen), § 37 Abs. 1, auch in Verbindung mit der WpÜG-AngV (Befreiung von der Verpflichtung zur Veröffentlichung und Abgabe eines Angebots) sowie § 36 (Gestattung der Nichtberücksichtigung von Stimmrechten bei der Ermittlung, ob die Kontrollschwelle in Höhe von 30 Prozent erreicht wurde) besteht regelmäßig ein erhebliches Interesse des Bieters, bis zu einer endgültigen Klärung des Sachverhalts durch das Beschwerdegericht die einmal gewährte Rechtsposition zu behalten, da er andernfalls zB verpflichtet wäre, mit Bekanntgabe des Widerrufs ein Angebot abzugeben, wenn er durch die nunmehr zu berücksichtigenden Stimmrechte die Kontrollschwelle (§ 29 Abs. 2) überschreiten würde.[3]

4 Dass noch in den Gesetzesmaterialien neben dem „Widerruf" auch von der „Änderung" der Befreiungen die Rede ist, dürfte demgegenüber keine eigenständige Bedeutung erlangen.[4] Soweit Änderungen in den aufgezählten Fällen denkbar sind, werden sie sich zumeist als (Teil-)Widerruf darstellen.[5]

5 Die aufschiebende Wirkung der Beschwerde tritt in den vorstehend beschriebenen Fällen mit Einlegung der Beschwerde mit **Rückwirkung zum**

---

[1] BT-Drucks. 14/7034, 65.

[2] *Ehricke* in Ehricke/Ekkenga/Oechsler, § 49 Rn. 9; *Wackerbarth/Kreße* in MüKo-AktG, § 49 WpÜG Rn. 4; *Schweizer* in Frankfurter Komm., § 49 Rn. 3; aA *Pohlmann* in KK-WpÜG, § 49 Rn. 9 ff.

[3] BT-Drucks. 14/7034, 65.

[4] Vgl. BT-Drucks. 14/7034, 65.

[5] So auch *Schweizer* in Frankfurter Komm., § 49 Rn. 4 mit Fn. 4; *Pohlmann* in KK-WpÜG, § 49 Rn. 12 hält „Änderungen" abseits von Teilwiderrufen gar für unzulässig.

Zeitpunkt des Erlasses der angefochtenen Verfügung ein.[6] Auf die Zulässigkeit der Beschwerde kann es aus Gründen der Rechtssicherheit und Rechtsklarheit nicht ankommen (hM), außer in den Fällen, in denen die Unzulässigkeit der Beschwerde offensichtlich ist.[7] Die aufschiebende Wirkung dauert bis zum Abschluss des Beschwerdeverfahrens, bis zur Anordnung der sofortigen Vollziehung gemäß § 50 Abs. 1 oder der Rücknahme der Beschwerde an.

6 Eine Ausdehnung des § 49 auf andere, nicht explizit in der Bestimmung aufgeführte Fälle ist nicht möglich. Der Ausnahmecharakter erfordert die **enge Auslegung** der Vorschrift und verbietet eine Analogie.[8] Soweit ein Bedürfnis nach aufschiebender Wirkung über die in § 49 genannten Fälle hinaus besteht, besteht für den Beschwerdeführer nur die Möglichkeit, sich gemäß § 50 Abs. 3 mit einem entsprechenden Antrag an das Beschwerdegericht zu wenden, das unter bestimmten Voraussetzungen die aufschiebende Wirkung der Beschwerde ganz oder teilweise anordnen oder wiederherstellen kann.

III. Verfassungsmäßigkeit

7 Im Zusammenhang mit der Beschränkung der aufschiebenden Wirkung der Beschwerde auf einige spezielle Tatbestände stellt sich die Frage der Verfassungsmäßigkeit dieser Bestimmung, denn wie unter → Rn. 2 dargestellt, ist auch der Suspensiveffekt Ausfluss der Rechtsschutzgarantie des Art. 19 Abs. 4 GG. Eine generelle sofortige Vollziehbarkeit der Verfügungen der BaFin, verbunden mit ggf. langen Verfahrensdauern im gerichtlichen Rechtsschutzverfahren, ist verfassungsrechtlich noch als **unbedenklich** anzusehen, soweit dem Betroffenen ein entsprechender gerichtlicher Rechtsschutz eingeräumt wird.[9] Ein solcher Rechtsschutz wird hier durch § 50 Abs. 3 gewährt, der anordnet, dass auf Antrag das Beschwerdegericht unter bestimmten Voraussetzungen die aufschiebende Wirkung von Widerspruch oder Beschwerde ganz oder teilweise anordnen oder wiederherstellen kann.

§ 50 Anordnung der sofortigen Vollziehung

(1) **Die Bundesanstalt kann in den Fällen des § 49 die sofortige Vollziehung der Verfügung anordnen, wenn dies im öffentlichen Interesse oder im überwiegenden Interesse eines Beteiligten geboten ist.**

---

[6] AllgM, vgl. nur *W.-R. Schenke* in Kopp/Schenke, § 80 Rn. 54 mwN; *Wackerbarth/Kreße* in MüKoAktG, § 49 WpÜG Rn. 7.

[7] *W.-R. Schenke* in Kopp/Schenke, § 80 Rn. 50; *Jörg Schmidt* in Eyermann, § 80 Rn. 13; *Wackerbarth/Kreße* in MüKoAktG, § 49 WpÜG Rn. 7; ähnlich *Döhmel* in Assmann/Pötzsch/Schneider, § 49 Rn. 10, der jedenfalls die nach § 51 Abs. 1 fristgerechte Einreichung der Beschwerde fordert.

[8] *Wackerbarth/Kreße* in MüKoAktG, § 49 WpÜG Rn. 6; aA *Pohlmann* in KK-WpÜG, § 49 Rn. 13, die die analoge Anwendung bei Widerruf einer Befreiung nach § 20 in Betracht zieht.

[9] BVerfG NJW 1974, 1079; KG WuW/E OLG 1046, 1048; *Döhmel* in Assmann/Pötzsch/Schneider, § 49 Rn. 3; *Wackerbarth/Kreße* in MüKoAktG, § 49 WpÜG Rn. 1.

(2) **Die Anordnung nach Absatz 1 kann bereits vor der Einreichung der Beschwerde getroffen werden.**

(3) **Auf Antrag kann das Beschwerdegericht die aufschiebende Wirkung von Widerspruch oder Beschwerde ganz oder teilweise anordnen oder wiederherstellen, wenn**

1. die Voraussetzungen für die Anordnung nach Absatz 1 nicht vorgelegen haben oder nicht mehr vorliegen,

2. ernstliche Zweifel an der Rechtmäßigkeit der angefochtenen Verfügung bestehen oder

3. die Vollziehung für den Betroffenen eine unbillige, nicht durch überwiegende öffentliche Interessen gebotene Härte zur Folge hätte.

(4) **Der Antrag nach Absatz 3 ist schon vor Einreichung der Beschwerde zulässig. Die Tatsachen, auf die der Antrag gestützt wird, sind vom Antragsteller glaubhaft zu machen. Ist die Verfügung im Zeitpunkt der Entscheidung schon vollzogen, kann das Gericht auch die Aufhebung der Vollziehung anordnen. Die Anordnung der aufschiebenden Wirkung kann von der Leistung einer Sicherheit oder von anderen Auflagen abhängig gemacht werden. Sie kann auch befristet werden.**

(5) **Beschlüsse über Anträge nach Absatz 3 können jederzeit geändert oder aufgehoben werden. Soweit durch sie den Anträgen entsprochen ist, sind sie unanfechtbar.**

Übersicht

I. Anordnung der sofortigen Vollziehung durch die BaFin (§ 50 Abs. 1, 2)

1. Anwendungsbereich des § 50 Abs. 1

Soweit die Einlegung der Beschwerde nach § 49 aufschiebende Wirkung 1
hat, kann die BaFin gemäß § 50 Abs. 1 die sofortige Vollziehung in den in § 49 aufgeführten Fällen anordnen, wenn dies im öffentlichen Interesse oder im überwiegenden Interesse eines Beteiligten geboten ist. Die Vorschrift dient

dem **Zweck,** durch die Anordnungsbefugnis der BaFin Interessenkollisionen im Einzelfall trotz der generalisierenden Vorschriften in § 42 und § 49 gerecht werden zu können.[1]

2 In Anbetracht dieses Regelungszwecks scheint der **Gesetzeswortlaut** in zweifacher Hinsicht **zu eng** geraten. Zunächst macht es der Regelungszweck erforderlich, dass in den Fällen des § 49 die Anordnung der sofortigen Vollziehung auch den mit der Widerspruchseinlegung einhergehenden Suspensiveffekt beendet, soll es nicht für das gesamte Widerspruchsverfahren bei der nach § 80 Abs. 1 Satz 1 VwGO eintretenden aufschiebenden Wirkung bleiben.[2] Der Gesetzeswortlaut steht einer dahingehenden Auslegung offen, einer analogen Anwendung oder eines Rückgriffs auf § 80 Abs. 2 Satz 1 Nr. 4 VwGO bedarf es in diesem Falle nicht.[3]

3 Zum anderen muss der BaFin die Anordnung der sofortigen Vollziehung auch dann möglich sein, wenn der Suspensiveffekt von Widersprüchen nach § 80 Abs. 1 Satz 1 VwGO bei belastenden Verwaltungsakten eintritt, die weder in § 42 noch in § 49 genannt sind. Eine erneute erweiternde Auslegung des § 50 Abs. 1 ist hierbei nicht möglich.[4] Vielmehr ist die bestehende Regelungslücke durch eine analoge Anwendung des § 50 Abs. 1, 2 zu schließen.[5] Eher als die Anwendung des § 80 Abs. 2 Satz 1 Nr. 4 VwGO wird diese Analogie dem Willen des Gesetzgebers gerecht, eine dem § 80 Abs. 2 Satz 1 Nr. 4 VwGO entsprechende Regelung innerhalb des WpÜG zu schaffen.[6]

2. Öffentliches Interesse

4 Der in § 50 Abs. 1 Alt. 1 verwendete Begriff des **öffentlichen Interesses** findet sich auch in den entsprechenden Regelungen des GWB und der VwGO (siehe § 65 Abs. 1 GWB und § 80 Abs. 2 Nr. 4 VwGO). Dementsprechend muss, wie bei den vorgenannten Vorschriften auch, für das in § 50 Abs. 1 Alt. 1 geforderte öffentliche Interesse verlangt werden, dass im konkreten Fall ein besonderes **Vollzugsinteresse** besteht, das über dasjenige Interesse hinausgeht, welches die Verfügung selbst rechtfertigt.[7] Letzteres ist zB nicht der Fall, wenn sich bei einem Verzicht auf den Sofortvollzug ggf. auch später noch ein gerechter Interessenausgleich herbeiführen lässt. Ein besonderes Vollzugsinteresse kann dann gegeben sein, wenn ohne die sofortige Vollziehung bedeutende Nachteile für die Marktintegrität durch Marktverzerrungen

---

[1] *Wackerbarth/Kreße* in MüKoAktG, § 50 WpÜG Rn. 1; *Steinhardt* in Steinmeyer, § 50 Rn. 1.

[2] Ganz hM, vgl. nur *Wackerbarth/Kreße* in MüKoAktG, § 50 WpÜG Rn. 4; ähnlich *Pohlmann* in KK-WpÜG, § 50 Rn. 1, die diese gesetzgeberische Ungenauigkeit in der Entstehungsgeschichte des Gesetzes begründet sieht.

[3] AA *Steinhardt* in Steinmeyer, § 50 Rn. 4; *Pohlmann* in KK-WpÜG, § 50 Rn. 2.

[4] Offen lassend *Schweizer* in Frankfurter Komm., § 50 Rn. 6.

[5] So auch *Döhmel* in Assmann/Pötzsch/Schneider, § 50 Rn. 5; „notfalls" für eine Analogie auch *Schweizer* in Frankfurter Komm., § 50 Rn. 6, die verfassungsrechtliche Bedenken zu Recht verwirft; verfassungsrechtliche Vorbehalte äußert hingegen *Schnorbus* WM 2003, 657, 661f.

[6] Vgl. BT-Drucks. 14/7034, 65; aA *Wackerbarth/Kreße* in MüKoAktG, § 50 WpÜG Rn. 5; *Pohlmann* in KK-WpÜG, § 50 Rn. 2.

[7] BVerfG NJW 1974, 227, 228; KG WuW/E OLG 1479.

infolge der zu erwartenden langen Dauer des Rechtsmittelverfahrens zu befürchten sind.[8] Bereits zur Feststellung des besonderen öffentlichen Interesses muss daher die voraussichtliche Dauer des Beschwerdeverfahrens berücksichtigt werden.[9]

Nach der Gesetzesformulierung ist zudem zu beachten, dass die sofortige 5 Vollziehung im öffentlichen Interesse **geboten** sein muss, mithin eine bloße Rechtfertigung der Maßnahme durch ein bereits bejahtes besonderes öffentliches Interesse nicht ausreicht. Vielmehr ist bei der Anordnung der sofortigen Vollziehung zu beachten, dass nach der Gesetzessystematik diese nicht zur Regel werden darf, sondern in den in § 50 Abs. 1 genannten Fällen die **„Ausnahme"** bleiben muss.[10] Auch wenn der insoweit missverständliche Gesetzeswortlaut für das öffentliche Interesse eine **Interessenabwägung** nicht explizit fordert, ist die sofortige Vollziehung der Verfügung daher nur dann geboten, wenn das öffentliche Interesse das Interesse des Verfügungsadressaten überwiegt.[11]

Die Abwägung aller im konkreten Fall betroffenen öffentlichen und priva- 6 ten Interessen hat die Natur, Schwere und Dringlichkeit des Interesses an der Vollziehung bzw. an der aufschiebenden Wirkung und die Möglichkeit und die Unmöglichkeit einer etwaigen späteren Rückgängigmachung der getroffenen Regelung und ihrer Folgen zu berücksichtigen.[12]

Die Interessengewichtung in der zu treffenden Entscheidung hat vom Zweck 7 der Regelung, deren Vollzug die in Frage stehende Verfügung dient, und den hierdurch betroffenen Rechten und Interessen auszugehen, wobei insbesondere auch der Grundsatz der **Verhältnismäßigkeit** zu beachten ist. Soweit besonders geschützte Grundrechte betroffen sind (zB Art. 14 GG) oder es sich um sonstige schwerwiegende Eingriffe handelt, die bzw. deren Folgen nicht ohne Weiteres wieder gutgemacht werden können, ist grundsätzlich nicht nur ein strenger Beurteilungsmaßstab, sondern idR auch **eine eingehendere Prüfung,** insbesondere auch der **materiellen** Voraussetzungen, erforderlich.[13]

Eine Ausprägung des Grundsatzes der Verhältnismäßigkeit findet sich zu- 8 sätzlich in **§ 50 Abs. 3 Nr. 3,** in dem vorgesehen ist, dass das Beschwerdegericht auf Antrag die aufschiebende Wirkung der Beschwerde ganz oder teilweise anordnen kann, wenn „die Vollziehung für den Betroffenen eine unbillige, nicht durch überwiegende öffentliche Interessen gebotene Härte zur Folge hätte". Da nicht einsichtig wäre, dass die BaFin in ihrer Entscheidung Prüfungskriterien nicht berücksichtigt, die im Beschwerdeverfahren dann zwingend Prüfungsmaßstab sind, hat sie bereits bei ihrer Entscheidungsfindung dieses Abwägungsgebot zu beachten.[14]

---

[8] BT-Drucks. 14/7034, 65.

[9] So auch *Döhmel* in Assmann/Pötzsch/Schneider, § 50 Rn. 7.

[10] BVerfG NJW 1974, 227, 228; KG v. 16.7.1993, WuW/E OLG 5132, 5133.

[11] So auch *Pohlmann* in KK-WpÜG, § 50 Rn. 5; *Wackerbarth/Kreße* in MüKoAktG, § 50 WpÜG Rn. 9.

[12] BVerfG BVerfGE 35, 382, 402; zur VwGO *W.-R. Schenke* in Kopp/Schenke, § 80 Rn. 90; *Jörg Schmidt* in Eyermann, § 80 Rn. 34; zum GWB *Lembach* in Langen/Bunte, § 65 Rn. 6; *Bechtold,* § 65 Rn. 3; *K. Schmidt* in Immenga/Mestmäcker, § 65 Rn. 7.

[13] *W.-R. Schenke* in Kopp/Schenke, § 80 Rn. 91 mwN.

[14] *Wackerbarth/Kreße* in MüKoAktG, § 50 WpÜG Rn. 9; *Pohlmann* in KK-WpÜG, § 50 Rn. 6; zum GWB *Lembach* in Langen/Bunte, § 65 Rn. 7.

9 Aus dem gleichen Grunde ist auch § 50 Abs. 3 Nr. 2 in die Abwägung der BaFin einzubeziehen.[15]

3. Überwiegendes Interesse eines Beteiligten

10 Nach § 50 Abs. 1 Alt. 2 kann die BaFin die sofortige Vollziehung einer Verfügung auch dann anordnen, wenn dies im überwiegenden Interesse eines Beteiligten geboten ist. Die Regelung steht im Widerspruch zu der des § 4 Abs. 2, nach der die BaFin ihre Aufgaben ausschließlich im öffentlichen Interessen wahrnimmt. Ihr **Anwendungsbereich** ist nach hier vertretener Auffassung dementsprechend **klein.** Im Einzelnen:

11 Das WpÜG gewährt Dritten keine subjektiven Rechte, die in einer Interessenabwägung nach § 50 Abs. 1 Alt. 2 die Anordnung einer sofortigen Vollziehung rechtfertigen könnten. Rein wirtschaftliche oder gar ideelle Interessen verschaffen hingegen weder eine Beteiligtenstellung im Verfahren vor der BaFin, noch könnten sie eine sofortige Vollziehung begründen. Der Bieter wiederum hat selber niemals ein Interesse daran, dass der Widerruf einer ihn begünstigenden Verfügung abweichend von § 49 sofort vollzogen wird.[16] Auch die Anordnung der sofortigen Vollziehung einer den Bieter begünstigenden Verfügung, in deren Rahmen seine Interessen Berücksichtigung finden könnten, ist nicht denkbar, da ein dafür vorausgesetzter Drittwiderspruch mangels Widerspruchsbefugnis ausscheidet. Die Anordnung der sofortigen Vollziehung im Interesse eines Beteiligten erscheint daher nur **ausnahmsweise** möglich, wenn die überwiegenden rechtlichen Interessen eines einfachen Hinzugezogenen dies fordern.[17]

4. Verfahren

12 § 50 Abs. 1 stellt eine „Kann"-Vorschrift dar, dh, die BaFin hat **Ermessen** hinsichtlich der Anordnung der sofortigen Vollziehung. Dies bedeutet, dass gegenüber der BaFin **kein Anspruch** auf Erlass einer Anordnung der sofortigen Vollziehung besteht. Auch ein Anspruch auf ermessensfehlerfreie Entscheidung eines Antrags auf Anordnung der sofortigen Vollziehung besteht nicht. Das Bedürfnis, einen solchen Antrag zu stellen, wäre auch kaum denkbar, da der von der Verfügung Betroffene in diesen Fällen nicht als Antragsteller in Frage kommen dürfte, da er regelmäßig kein Interesse daran haben wird, dass die für ihn günstige aufschiebende Wirkung aufgehoben wird. Möglich bleibt zwar ein Tätigwerden der BaFin auf Grund der Anregung Dritter.[18] Zu denken wäre hier an Aktionäre, die sich dadurch benachteiligt fühlen, dass die Rücknahme der Befreiung von der Verpflichtung zur Veröffentlichung und Abgabe eines Pflichtangebots (§ 37 Abs. 1) nicht sofort voll-

---

[15] *Wackerbarth/Kreße* in MüKoAktG, § 50 WpÜG Rn. 9; *Döhmel* in Assmann/Pötzsch/Schneider, § 50 Rn. 9; einschränkend *Pohlmann* in KK-WpÜG, § 50 Rn. 6.

[16] AllgM, vgl. nur *Pohlmann* in KK-WpÜG, § 50 Rn. 4; *Ehricke* in Ehricke/Ekkenga/Oechsler, § 50 Rn. 9.

[17] So im Ergebnis auch *Schweizer* in Frankfurter Komm., § 50 Rn. 14; ähnlich zurückhaltend zur Bedeutung des § 50 Abs. 1 Alt. 2 *Wackerbarth/Kreße* in MüKoAktG, § 50 WpÜG Rn. 10; *Döhmel* in Assmann/Pötzsch/Schneider, § 50 Rn. 10.

[18] So auch *Ehricke* in Ehricke/Ekkenga/Oechsler, § 50 Rn. 11.

ziehbar ist sowie an die Geschäftsführer von Börsen, die an der sofortigen Vollziehbarkeit der Rücknahme einer Befreiung nach § 10 Abs. 1 Satz 3 interessiert sind. Die BaFin ist freilich nicht einmal verpflichtet, auf Grund solcher Anregungen eine Prüfung des Sachverhalts vorzunehmen.

Die Anordnung der sofortigen Vollziehung setzt damit keinen Antrag voraus, sondern erfolgt **von Amts wegen.** Die BaFin kann die sofortige Vollziehung jederzeit, dh auch schon vor Einreichung einer Beschwerde, anordnen (§ 50 Abs. 2), jedoch auch abwarten, ob ein Rechtsmittel gegen seine Verfügung eingelegt wird. Durch die Einlegung der Beschwerde verliert die BaFin aber nicht die Befugnis, die sofortige Vollziehung anzuordnen.[19] Die sofortige Vollziehung kann nur **ex nunc** angeordnet werden. Sie hat zur Folge, dass die in § 49 vorgesehene aufschiebende Wirkung der Beschwerde nicht eintritt, oder, falls die sofortige Vollziehung erst nach Einlegung der Beschwerde angeordnet wird, entfällt, womit die Verfügung vollziehbar ist.[20] 13

Gemäß § 80 Abs. 3 VwGO ist die Entscheidung, mit der die sofortige Vollziehung der Verfügung angeordnet wird, zu begründen. Die **Begründung** muss sich auf die Anordnung der sofortigen Vollziehung beziehen, die unter vorstehenden → Rn. 4 bis 9 aufgezeigten Kriterien berücksichtigen und darf nicht nur die Gründe für die Verfügung selbst wiederholen.[21] Ein Nachholen der Begründung ist nicht zulässig.[22] Der BaFin steht aber der Weg einer erneuten Anordnung der sofortigen Vollziehung mit neuer – hinreichender – Begründung offen.[23] 14

Ob die Entscheidung der Anordnung der sofortigen Vollziehung den Parteien förmlich zuzustellen ist, ist umstritten. Zumeist wird dies in – vermeintlich – analoger Anwendung des § 80 Abs. 3 VwGO gefordert.[24] Dass sich aus § 80 Abs. 3 VwGO eine Zustellungspflicht herleiten lässt, wird jedoch zu recht angezweifelt.[25] 15

Schließlich bleibt der BaFin die Möglichkeit, die Anordnung der sofortigen Vollziehung einer ihrer Verfügungen auf Grund ihrer **Sachherrschaft** aufzuheben.[26] Eine bloße Aussetzung der sofortigen Vollziehung ist ihr hingegen nicht moglich.[27] Anders als § 80 Abs. 4 Satz 1 VwGO und § 65 Abs. 3 Satz 2 GWB sieht § 50 eine solche Befugnis der BaFin nicht vor. Die spezialgesetzlichen Vorschriften machen dabei deutlich, dass die Aussetzung gerade 16

[19] BT-Drucks. 14/7034, 65; *Pohlmann* in KK-WpÜG, § 50 Rn. 8; *Schweizer* in Frankfurter Komm., § 50 Rn. 15.

[20] BT-Drucks. 14/7034, 65.

[21] *K. Schmidt* in Immenga/Mestmäcker, § 65 Rn. 8.

[22] *Schweizer* in Frankfurter Komm., § 50 Rn. 15.

[23] *Schweizer* in Frankfurter Komm., § 50 Rn. 15.

[24] *Schweizer* in Frankfurter Komm., § 50 Rn. 15; *Ehricke* in Ehricke/Ekkenga/Oechsler, § 50 Rn. 11; ohne Bezugnahme auf § 80 Abs. 3 VwGO.

[25] *Wackerbarth/Kreße* in MüKoAktG, § 50 WpÜG Rn. 11; *Steinhardt* in Steinmeyer, § 50 Rn. 6 mit Fn. 8.

[26] So auch *Schweizer* in Frankfurter Komm., § 50 Rn. 18; *Ehricke* in Ehricke/Ekkenga/Oechsler, § 50 Rn. 15.

[27] *Ehricke* in Ehricke/Ekkenga/Oechsler, § 50 Rn. 15; aA *Schweizer* in Frankfurter Komm., § 50 Rn. 17.

keine Ausübung allgemeiner Sachherrschaft darstellt.[28] Eine analoge Anwendung des § 50 aber muss mangels Planwidrigkeit einer Regelungslücke ausscheiden.[29] Der Gesetzgeber kannte die während der Ausarbeitung des Gesetzes verlautbarte Kritik an der fehlenden Aussetzungsbefugnis der BaFin, ohne sich jedoch zu einer Änderung des Gesetzestextes zu entschließen.[30] Aus den gleichen Gründen, letztlich auf Grund fehlender Sachherrschaft, ist es der BaFin zudem nicht gestattet, eine sofortige Vollziehbarkeit aufzuheben oder auszusetzen, die nicht auf einer Anordnung der BaFin nach § 50 Abs. 1 beruht, sondern auf gesetzlicher Anordnung (vgl. § 49).

II. Anordnung oder Wiederherstellung der aufschiebenden Wirkung durch das Beschwerdegericht (§ 50 Abs. 3)

17 Beschwerden gegen andere als die in § 49 genannten Verfügungen der BaFin haben grundsätzlich **keine aufschiebende Wirkung.** Soweit § 49 die aufschiebende Wirkung bei Beschwerden gegen bestimmte Verfügungen anordnet, kann die BaFin gemäß § 50 Abs. 1 die **sofortige Vollziehung** der Verfügung anordnen. In diesem Fall sowie bei Widersprüchen nach § 42 kann das Beschwerdegericht auf Antrag des Verfügungsadressaten die aufschiebende Wirkung von Widerspruch oder Beschwerde ganz oder teilweise anordnen oder wiederherstellen (§ 50 Abs. 3). Anordnung bedeutet, dass die aufschiebende Wirkung durch den Beschluss des Beschwerdegerichts erstmalig eintritt, Wiederherstellung, dass die aufschiebende Wirkung bereits einmal vorlag, aber durch die Anordnung der sofortigen Vollziehung wieder entfallen war.

1. Voraussetzungen

18 **a) Überblick.** Für die Anordnung oder Wiederherstellung der aufschiebenden Wirkung nennt das Gesetz **alternativ** folgende drei Voraussetzungen:
- die Voraussetzungen für die Anordnung nach Abs. 1 haben nicht vorgelegen oder liegen nicht mehr vor (§ 50 Abs. 3 Nr. 1),
- es bestehen ernstliche Zweifel an der Rechtmäßigkeit der angefochtenen Verfügung (§ 50 Abs. 3 Nr. 2) oder
- die Vollziehung hätte für den Betroffenen eine unbillige, nicht durch überwiegende öffentliche Interessen gebotene Härte zur Folge (§ 50 Abs. 3 Nr. 3).

19 Auch wenn § 50 Abs. 3 als „Kann"-Vorschrift formuliert ist, räumt sie dem Beschwerdegericht dennoch kein Ermessen bei seiner Entscheidung ein. Liegt eine der drei vorgenannten Voraussetzungen vor, ist das Beschwerdegericht verpflichtet, die aufschiebende Wirkung anzuordnen oder wiederherzustellen. Für eine hiervon abweichende Entscheidung ist dann kein Raum.[31]

20 **b) 1. Variante.** Nach § 50 Abs. 3 Nr. 1 kann das Beschwerdegericht die aufschiebende Wirkung wiederherstellen, wenn die BaFin zu Unrecht das

[28] AA *Schweizer* in Frankfurter Komm., § 50 Rn. 18.

[29] *Ehricke* in Ehricke/Ekkenga/Oechsler, § 50 Rn. 15.

[30] Vgl. zu dieser Kritik Handelsrechtsausschuss des DAV NZG 2001, 420, 430.

[31] So auch *Ehricke* in Ehricke/Ekkenga/Oechsler, § 50 Rn. 17; *Wackerbarth/Kreße* in MüKoAktG, § 50 WpÜG Rn. 13; so zur Parallelvorschrift des § 65 GWB auch *K. Schmidt* in Immenga/Mestmäcker, § 65 Rn. 12; *Bechtold,* § 65 Rn. 4.

öffentliche Interesse oder – in seltenen Fällen – das überwiegende Interesse eines Beteiligten bejaht hat oder aber auch, wenn ein solches Interesse nach Erlass der Anordnung vor der Entscheidung des Beschwerdegerichts entfallen ist.[32] Es findet eine **umfassende gerichtliche Kontrolle** statt, eine Einschätzungsprärogative der BaFin besteht nicht.[33]

Die Kontrolle umfasst auch die **formelle Rechtmäßigkeit** der Vollzugs- 21
anordnung. Als formeller Mangel wird insbesondere eine unzureichende Begründung der Vollzugsanordnung die Wiederherstellung der aufschiebenden Wirkung durch das Beschwerdegericht nach sich ziehen.[34]

c) 2. Variante. Ernstliche Zweifel an der Rechtmäßigkeit der mit der Be- 22
schwerde angefochtenen Verfügung haben die Anordnung oder die Wiederherstellung der aufschiebenden Wirkung zur Folge. An die **„ernstlichen Zweifel"** an der Rechtmäßigkeit der Verfügung sind – wie bei den Vorschriften § 80 Abs. 4 Satz 3 VwGO und § 65 Abs. 3 Satz 1 Nr. 2 GWB – erhebliche Anforderungen zu stellen. Ist die **Rechtslage** lediglich **offen,** begründet dies noch keine ernstlichen Zweifel im vorgenannten Sinne.[35] Ernstliche Zweifel sind nur dann anzunehmen, wenn **gewichtige, gegen die Rechtmäßigkeit** sprechende Gründe vorliegen, die Unentschiedenheit oder Unsicherheit in der Beurteilung von Rechts- und Tatfragen zur Folge haben.[36] Hierbei kann es sich um tatsächliche (zB mangelhafte Sachverhaltsaufklärung) oder um rechtliche (zB mangelhafte Begründung) Gründe handeln.[37] In die Beurteilung mit einzubeziehen ist auch die **Belastung,** die der Betroffene durch eine sofortige Vollziehung erleidet.[38]

d) 3. Variante. § 50 Abs. 3 Nr. 3 stellt zwei Voraussetzungen für die Anord- 23
nung oder Wiederherstellung der aufschiebenden Wirkung auf. Erste Voraussetzung ist, dass die Vollziehung der Verfügung für den Betroffenen eine **unbillige Härte** zur Folge hatte. Der Begriff der unbilligen Härte eröffnet einen Bewertungsspielraum. Da die unbillige Härte nach der Systematik des Gesetzes die überwiegenden öffentlichen Interessen übersteigen muss, kann dies nur bedeuten, dass die Anordnung der sofortigen Vollziehung für den Betroffenen zu wirtschaftlichen Nachteilen führen muss, die über die eigentliche Vollziehung hinausgehen und die nicht oder nur schwer wiedergutzumachen wären oder gar die wirtschaftliche Existenz des Verfügungsadressaten gefährden.[39]

[32] BT-Drucks. 14/7034, 66.

[33] *Schweizer* in Frankfurter Komm., § 50 Rn. 20; *Döhmel* in Assmann/Pötzsch/Schneider, § 50 Rn. 19.

[34] *Schweizer* in Frankfurter Komm., § 50 Rn. 20.

[35] KG WuW/E OLG 5263, 5266; *Steinhardt* in Steinmeyer, § 50 Rn. 20; weiter und bei offener Rechtslage eine Einzelfallbetrachtung zulassend *Ehricke* in Ehricke/Ekkenga/Oechsler, § 50 Rn. 20.

[36] KG v. 13.4.1994, WuW/E OLG 5263, 5266.

[37] BT-Drucks. 14/7034, 66.

[38] KG WuW/E OLG 5263, 5266; *Ehricke* in Ehricke/Ekkenga/Oechsler, § 50 Rn. 20; *Schweizer* in Frankfurter Komm., § 50 Rn. 22 wollen dies auch bei offener Rechtslage berücksichtigen.

[39] *Klemp,* Suspensiveffekt und Anordnung der sofortigen Vollziehung im Kartellverfahren, DB 1977, 709, 713; ähnlich *Wackerbarth/Kreße* in MüKoAktG, § 50 WpÜG Rn. 18; *Ehricke* in Ehricke/Ekkenga/Oechsler, § 50 Rn. 21.

24 Weitere Voraussetzung ist, dass die Vollziehung der Verfügung trotz der damit verbundenen unbilligen Härte für den Betroffenen nicht durch überwiegende öffentliche Interessen **geboten** ist. Auch hier eröffnet sich wieder ein Bewertungsspielraum für das Beschwerdegericht. Ein überwiegendes öffentliches Interesse wird aber nur dann vorliegen können, wenn für **wesentliche Gemeinwohlbelange** erhebliche Nachteile eintreten würden, die nachträglich, in dem Fall, dass die Verfügung nicht sofort vollzogen wurde, nicht mehr reparabel sind. Die Erfolgsaussichten der Beschwerde gegen die Verfügung der BaFin sind in diese Abwägung mit einzustellen.[40]

25 § 50 Abs. 3 Nr. 3 dürfte allein für die Fälle der Anordnung der aufschiebenden Wirkung Bedeutung erlangen. Da die BaFin bei einer Anordnung der sofortigen Vollziehung gemäß § 50 Abs. 1 nach richtiger Ansicht das Abwägungsgebot des § 50 Abs. 3 Nr. 3 zu berücksichtigen hat (s. o. § 50 Rn. 6), wird eine diesbezügliche Fehlbeurteilung durch die BaFin regelmäßig bereits eine Wiederherstellung der aufschiebenden Wirkung nach § 50 Abs. 3 Nr. 1 erforderlich machen.[41]

2. Verfahren im Einzelnen

26 Das Verfahren gemäß § 50 Abs. 3 setzt einen **Antrag** voraus, der schon vor Einreichung der Beschwerde (§ 50 Abs. 4 Satz 1) zulässig ist. Da die Beschwerde mit Ausnahme der in § 49 abschließend aufgezählten Fälle grundsätzlich keine aufschiebende Wirkung hat, muss dem Antragsteller nicht zugemutet werden, erst die Beschwerde einzulegen und dann den Antrag nach § 50 Abs. 3 zu stellen.[42] Um zu gewährleisten, dass eine Verfügung auch nicht nur vorübergehend sofort vollziehbar ist, und um einen effektiven Rechtsschutz zu gewährleisten, ist es zudem erforderlich, einen Antrag schon während des Widerspruchsverfahrens, ja **bereits vor Einlegung eines Widerspruchs** zuzulassen.[43] Letztlich gebietet ein angemessener Rechtsschutz – unter der Voraussetzung, dass die Rechtsbehelfsfrist zur Einlegung von Widerspruch oder Beschwerde noch nicht abgelaufen ist und beim Antragsteller ein Rechtsschutzbedürfnis vorliegt –, dass bereits vor Einlegung des Rechtsbehelfs über den Antrag nach § 50 Abs. 3 entschieden werden kann.[44]

27 Der Antrag unterliegt nicht den Form- und Fristanforderungen des § 51. Die Antragstellung wird vom **Anwaltszwang** des § 53 erfasst.[45]

28 Der Antragsteller hat die Tatsachen, auf die er einen Antrag stützt, **glaubhaft zu machen** (prozessuale Obliegenheit; § 50 Abs. 4 Satz 2). Die Art und Weise der Glaubhaftmachung richtet sich nach § 294 ZPO, der neben den

---

[40] BT-Drucks. 14/7034, 66; *Döhmel* in Assmann/Pötzsch/Schneider, § 50 Rn. 24.

[41] *Steinhardt* in Steinmeyer, § 50 Rn. 21.

[42] BT-Drucks. 14/7034, 66.

[43] AllgM, vgl. nur *Wackerbarth/Kreße* in MüKoAktG, § 50 WpÜG Rn. 19; *Steinhardt* in Steinmeyer, § 50 Rn. 24.

[44] *Wackerbarth/Kreße* in MüKoAktG, § 50 WpÜG Rn. 19; *Steinhardt* in Steinmeyer, § 50 Rn. 24; *Pohlmann* in KK-WpÜG, § 50 Rn. 16; aA nur *Schweizer* in Frankfurter Komm., § 50 Rn. 24.

[45] *Wackerbarth/Kreße* in MüKoAktG, § 50 WpÜG Rn. 19; *Steinhardt* in Steinmeyer, § 50 Rn. 24; aA *Ehricke* in Ehricke/Ekkenga/Oechsler, § 50 Rn. 23; *Schweizer* in Frankfurter Komm., § 50 Rn. 24.

üblichen Beweismitteln insbesondere auch die Versicherung an Eides Statt zulässt.[46] Eine darüber hinausgehende Darlegungspflicht besteht nicht.

Ein Verfahren nach § 50 Abs. 3 ist ein **summarisches Verfahren** zur Erlangung eines einstweiligen Rechtsschutzes. Das Beschwerdegericht wird im Rahmen einer Prüfung des § 50 Abs. 3 Nr. 2, in der es zu dem Ergebnis kommt, dass ernstliche Zweifel an der Rechtmäßigkeit der angefochtenen Verfügung bestehen, daher idR keine abschließende und bis in die letzten Einzelheiten gehende juristische Klärung herbeiführen.[47] Das Beschwerdegericht entscheidet durch Beschluss, der zu begründen ist. 29

Im Rahmen des Verfahrens nach § 50 Abs. 3 kann das Beschwerdegericht neben der Anordnung bzw. Wiederherstellung der aufschiebenden Wirkung auch die Aufhebung der Vollziehung anordnen, soweit die Verfügung im Zeitpunkt der Entscheidung schon vollzogen war (Folgenbeseitigung; § 50 Abs. 4 Satz 3). Vollzogen ist eine Verfügung auch dann, wenn der Betroffene diese bereits freiwillig befolgt hat.[48] 30

Auch kann das Beschwerdegericht die Anordnung der aufschiebenden Wirkung von einer Sicherheitsleistung oder anderen Auflagen abhängig machen bzw. die Anordnung befristen (§ 50 Abs. 4 Satz 4 und 5). Diese Möglichkeit dient der Sicherung des Antragsgegners für den Fall, dass in einem späteren Hauptsacheverfahren die Verfügung der BaFin bestätigt wird und durch die zwischenzeitliche Anordnung der aufschiebenden Wirkung ein Schaden entstanden ist.[49] Auch ist es möglich, dass die Anordnung oder Wiederherstellung der aufschiebenden Wirkung nur teilweise erfolgt (§ 50 Abs. 3), dh bezogen wird auf nur einen abgegrenzten Teil der betroffenen Verfügung. Der verbleibende Teil der betroffenen Verfügung bleibt dann weiterhin ohne aufschiebende Wirkung sofort vollziehbar. 31

III. Änderung der Beschlüsse durch das Beschwerdegericht

Nach § 50 Abs. 5 können Beschlüsse über Anträge nach § 50 Abs. 3 **jederzeit** geändert oder aufgehoben werden. Nach Sinn und Zweck der Regelung kann diese Befugnis nur dem Beschwerdegericht selbst zustehen. Entgegen der Gesetzesbegründung[50] ist im Gesetzestext, in dem von einer jederzeitigen Änderung oder Aufhebung die Rede ist, kein Ansatzpunkt dafür erkennbar, dass Voraussetzung für die Änderung oder Aufhebung eine nachträgliche Änderung der Umstände ist, von denen das Beschwerdegericht bei seiner Beschlussfassung ausgegangen und unter deren Berücksichtigung eine neue Bewertung der Angelegenheit geboten erscheint. Insoweit ist jedoch der Gesetzesbegründung zu folgen und als Voraussetzung der Änderungsbefugnis des Beschwerdegerichts eine **Änderung der Umstände zu fordern.**[51] 32

---

[46] BT-Drucks. 14/7034, 66.

[47] KG WuW/E OLG 1497, 1498.

[48] Zur VwGO *Jörg Schmidt* in Eyermann, § 80 Rn. 92.

[49] BT-Drucks. 14/7034, 66.

[50] BT-Drucks. 14/7034, 66.

[51] Vgl. *Pohlmann* in KK-WpÜG, § 50 Rn. 19; *Steinhardt* in Steinmeyer, § 50 Rn. 27; *Döhmel* in Assmann/Pötzsch/Schneider, § 50 Rn. 29; aA für den vergleichbaren § 80 Abs. 7 Satz 1 VwGO *W.-R. Schenke* in Kopp/Schenke, § 80 Rn. 215 ff. mwN.

33 § 50 Abs. 5 Satz 2 dürfte ein **Redaktionsversehen** darstellen. Da gegen eine Entscheidung des Beschwerdegerichts nach § 50 Abs. 3 keine Möglichkeit einer weiteren Beschwerde und somit keine Anfechtungsmöglichkeit besteht, ist die Aussage, dass Anträge, soweit diesen entsprochen wird, unanfechtbar sind, überflüssig.[52]

IV. Vorläufiger Rechtsschutz in Verpflichtungssachen?

34 Das Gesetz sieht in § 50 nur den vorläufigen Rechtsschutz in Anfechtungssachen vor, verzichtet hingegen auf eine Regelung des **vorläufigen Rechtsschutzes in Verpflichtungssachen** und anderen Verwaltungsstreitverfahren. Ein kategorischer Ausschluss des Rechtsschutzes kann in Einzelfällen jedoch gegen Art. 19 Abs. 4 GG verstoßen, wenn andernfalls schwere unzumutbare Nachteile entstünden, die auch durch eine spätere Entscheidung in der Hauptsache nicht rückgängig zu machen wären.[53] § 123 VwGO ist daher analog anzuwenden.[54] Auch das OLG Frankfurt erkennt die Zulässigkeit eines vorläufigen Rechtsschutzes in Verpflichtungssachen an, stützte sich dabei zuletzt jedoch auf eine entsprechende Anwendung von Vorschriften des FamFG.[55] Unabhängig von der dogmatischen Verortung kann eine einstweilige Anordnung unter den **Voraussetzungen** erlassen werden, dass eine Wahrung der Interessen des Antragsstellers auch durch eine ihm günstige Entscheidung in der Hauptsache nicht möglich ist und zudem eine Hauptsacheentscheidung im Sinne des beantragten einstweiligen Rechtsschutzes wahrscheinlich ist.[56]

§ 51 Frist und Form

(1) **Die Beschwerde ist binnen einer Notfrist von einem Monat bei dem Beschwerdegericht schriftlich einzureichen. Die Frist beginnt mit der Bekanntgabe oder der Zustellung des Widerspruchsbescheides der Bundesanstalt.**

(2) **Ergeht auf einen Antrag keine Verfügung, so ist die Beschwerde an keine Frist gebunden.**

(3) **Die Beschwerde ist zu begründen. Die Frist für die Beschwerdebegründung beträgt einen Monat; sie beginnt mit der Einlegung der Beschwerde und kann auf Antrag von dem Vorsitzenden des Beschwerdegerichts verlängert werden.**

(4) **Die Beschwerdebegründung muss enthalten**

1. **die Erklärung, inwieweit die Verfügung angefochten und ihre Abänderung oder Aufhebung beantragt wird, und**
2. **die Angabe der Tatsachen und Beweismittel, auf die sich die Beschwerde stützt.**

---

52 *Döhmel* in Assmann/Pötzsch/Schneider, § 50 Rn. 27.

53 Vgl. BVerfGE 46, 166, 179.

54 So auch *Pohlmann* in KK-WpÜG, § 50 Rn. 21; *Wackerbarth/Kreße* in MüKoAktG, § 50 WpÜG Rn. 22; *Ehricke* in Ehricke/Ekkenga/Oechsler, § 50 Rn. 35; kritisch hierzu und eine Anlehnung des Rechtsschutzes an kartellrechtliche Vorschriften bevorzugend *Schnorbus* WM 2003, 657, 662.

55 Vgl. OLG Frankfurt ZIP 2003, 1977, 1979.

56 OLG Frankfurt ZIP 2003, 1977, 1979; *Schweizer* in Frankfurter Komm., § 50 Rn. 30; *Wackerbarth/Kreße* in MüKoAktG, § 50 WpÜG Rn. 22.

I. Frist zur Einlegung der Beschwerde

1. Anfechtungsbeschwerde, Versagungsgegenbeschwerde

1 Die Beschwerde ist binnen einer **Notfrist** von **einem Monat** beim Beschwerdegericht einzureichen (§ 51 Abs. 1 Satz 1). Der Begriff der Notfrist findet sich in der ZPO, deren Bestimmungen zum Teil über § 58 Nr. 2 ergänzend heranzuziehen sind. Dass die Frist eine Notfrist ist, bedeutet, dass sie durch Vereinbarung weder verkürzt noch verlängert werden kann, dass aber im Falle ihres unverschuldeten Versäumnisses gemäß § 233 ZPO eine **Wiedereinsetzung in den vorigen Stand** grundsätzlich möglich ist.[1]

2 Die Monatsfrist berechnet sich nach § 222 ZPO, §§ 187 bis 189 BGB. Sie beginnt mit der Zustellung oder Bekanntgabe des Widerspruchsbescheids durch die BaFin und endet mit dem Ablauf des Tages des Folgemonats, der durch seine Zahl dem Tag der Zustellung entspricht.[2] Fällt das Fristende auf einen Sonntag, einen allgemeinen Feiertag oder einen Samstag, so endet die Frist erst mit Ablauf des nächstfolgenden Werktags.

3 Enthält der Widerspruchsbescheid **keine ordnungsgemäße Rechtsbehelfsbelehrung,** beträgt die Beschwerdefrist entsprechend § 58 Abs. 2 Satz 1 VwGO ein Jahr.[3]

4 Zur Bekanntgabe und Zustellung des Widerspruchsbescheids der BaFin (§ 51 Abs. 1 Satz 2) siehe die Kommentierung zu § 43.

2. Untätigkeitsbeschwerde

5 Soweit auf einen Antrag ohne zureichenden Grund innerhalb angemessener Frist keine Verfügung erlassen wurde, ist die Beschwerde an **keine Frist** gebunden (§ 51 Abs. 2). Möglich bleibt aber die **Verwirkung** nach allgemeinen Grundsätzen.[4] Die Untätigkeitsbeschwerde ist nicht mit der Versagungsgegenbeschwerde zu verwechseln, deren Gegenstand die Ablehnung einer

---

[1] Vgl. *Hartmann* in Baumbach/Lauterbach/Albers/Hartmann, § 224 Rn. 5 ff.

[2] Zur Kritik an dem im Gesetz verwendeten Terminus der Bekanntgabe vgl. *Santelmann* in Steinmeyer, § 51 Rn. 5; *Wackerbarth/Kreße* in MüKoAktG, § 51 WpÜG Rn. 6.

[3] *K. Schmidt* in Immenga/Mestmäcker, § 66 Rn. 8; *Ehricke* in Ehricke/Ekkenga/Oechsler, § 51 Rn. 2.

[4] *Ehricke* in Ehricke/Ekkenga/Oechsler, § 51 Rn. 3; *Pohlmann* in KK-WpÜG, § 51 Rn. 6; zu den allgemeinen Grundsätzen vgl. *Kopp/Schenke,* § 74 VwGO Rn. 18 ff.

beantragten Verfügung ist und bei der sich die Frist für die Einreichung der Beschwerde nach Abs. 1 bestimmt.

3. Sonstige Beschwerden

6 Auch bei der **allgemeinen Leistungsbeschwerde** (vgl. § 48 Rn. 13) gibt es mangels Verfügung keine Beschwerdefrist. Bei der **Fortsetzungsfeststellungsbeschwerde** (§ 56 Abs. 2 Satz 2) richtet sich die Beschwerdefrist dagegen nach der Frist derjenigen Beschwerde, die sich erledigt hat und an deren Stelle die Fortsetzungsfeststellungsbeschwerde tritt.[5] Sofern bei diesen sonstigen Beschwerden keine Beschwerdefrist existiert, besteht auch hier die Möglichkeit der Verwirkung (vgl. → Rn. 5).

II. Die Begründung der Beschwerde

1. Frist für die Beschwerdebegründung

7 Die Beschwerde ist zu begründen (§ 51 Abs. 3 Satz 1). Die Frist zur Begründung der Beschwerde beträgt **einen Monat** und **beginnt mit Einlegung der Beschwerde** (§ 51 Abs. 3 Satz 2). Die Berechnung der Frist richtet sich auch hier, wie bei der Einlegung der Beschwerde, nach § 222 ZPO, §§ 187 bis 189 BGB (s. o. Rn. 2). Die **Versäumung** der Beschwerdebegründungsfrist macht die **Beschwerde unzulässig.**[6] Ausnahmsweise kann eine ausreichende Begründung aber bereits in der Beschwerdeschrift vorliegen.[7] Bei unverschuldeter Versäumung ist es möglich, analog §§ 233 ff. ZPO eine **Wiedereinsetzung in den vorigen Stand** zu beantragen (§§ 233 ff. ZPO). Genügt die fristgerechte Beschwerdebegründung hingegen den inhaltlichen Anforderungen (→ Rn. 9 ff.), so können weitergehende Gründe auch noch nach Fristablauf vorgebracht werden, da andernfalls die Regelung des § 55 Abs. 3 doch ins Leere liefe (vgl. aber → § 55 Rn. 13).

2. Verlängerung der Beschwerdebegründungsfrist

8 Gemäß § 51 Abs. 3 Satz 2 kann der Vorsitzende des Beschwerdegerichts auf Antrag die Beschwerdebegründungsfrist verlängern. Dienen die Regelungen des § 51 nach dem Willen des Gesetzgebers zur Beschleunigung des Verfahrens bei gleichzeitiger Wahrung der Interessen der Beteiligten (vgl. BT-Drucks. 14/7034, 66), so sollte hiervon mit einer den Normzweck berücksichtigenden Zurückhaltung Gebrauch gemacht werden.[8] Ist ein Antrag auf Fristverlängerung rechtzeitig vor Ablauf der Frist eingegangen, so kann auch nach Ablauf der Frist noch eine Fristverlängerung erfolgen.[9] Ist jedoch der

---

[5] *Ehricke* in Ehricke/Ekkenga/Oechsler, § 51 Rn. 4; zum GWB *Lembach* in Langen/Bunte, § 66 Rn. 7.

[6] Zum GWB *Lembach* in Langen/Bunte, § 66 Rn. 11.

[7] *Wackerbarth/Kreße* in MüKoAktG, § 51 WpÜG Rn. 9.

[8] So auch *Santelmann* in Steinmeyer, § 51 Rn. 14; *Wackerbarth/Kreße* in MüKoAktG, § 51 WpÜG Rn. 8.

[9] Im Ergebnis ebenso *Wackerbarth/Kreße* in MüKoAktG, § 51 WpÜG Rn. 8.

Antrag nicht rechtzeitig eingegangen, kann auch das Beschwerdegericht nach Fristablauf keine Fristverlängerung mehr vornehmen.[10]

3. Notwendiger Inhalt der Beschwerdebegründung

§ 51 Abs. 4 verlangt für eine ordnungsgemäße Beschwerdebegründung eine Erklärung dahingehend, inwieweit vom Beschwerdeführer die Verfügung angefochten und ihre **Abänderung** oder **Aufhebung** beantragt wird, sowie die Angabe der **Tatsachen** und **Beweismittel,** auf die sich die Beschwerde stützt. Aufgrund der Tatsache, dass es sich bei dem Beschwerdeverfahren trotz seiner Zuweisung zu den Zivilgerichten um ein Verwaltungsstreitverfahren handelt, ist bei der Auslegung des Umfangs der vorerwähnten Pflichten nicht auf die diesbezüglichen Regelungen der ZPO abzustellen. Als Verwaltungsstreitverfahren stellt das Beschwerdeverfahren keine dem Zivilprozess vergleichbar hohen Anforderungen an die Beschwerdebegründung. Im Gegensatz zum Zivilprozess, der **vom Verhandlungs- bzw. Beibringungsgrundsatz** beherrscht wird, also den Parteien im Wesentlichen, wenn auch mit zahlreichen Ausnahmen, die Sammlung und den Vortrag der für die Entscheidung erheblichen Tatsachen überantwortet, gilt im **Verwaltungsprozess** der **Untersuchungsgrundsatz** (§ 86 Abs. 1 VwGO), der (wegen des hier bestehenden öffentlichen Interesses an der sachlichen Richtigkeit der Entscheidung) dem Gericht die Erforschung und Klärung des Sachverhalts von Amts wegen aufgibt und zugleich die Anwendbarkeit aller Vorschriften der ZPO, die auf dem Verhandlungsgrundsatz beruhen, ausschließt.[11] 9

Die Anforderungen des Gesetzes an die Beschwerdebegründung sind schärfer als die vergleichbaren Vorgaben in § 82 Abs. 1 VwGO. Während es dort heißt, dass die Klage einen bestimmten Antrag enthalten **soll** und die zur Begründung dienenden Tatsachen und Beweismittel angegeben werden **sollen,** sind die Anforderungen des § 51 Abs. 4 nicht in das Belieben des Beschwerdeführers gestellt, sondern vielmehr **zwingend.** So muss der Begründung des Beschwerdeführers zu entnehmen sein, in welchem Umfang die Verfügung angefochten und ihre Abänderung oder Aufhebung beantragt wird, was gleichzeitig impliziert, dass die Beschwerde sich auch nur auf einen Teil der Verfügung erstrecken kann, soweit dies tatsächlich möglich ist.[12] Ob man Rechtsausführungen vom Beschwerdeführer verlangen kann, ist fraglich,[13] jedoch dürfte der Beschwerdeführer zumindest verpflichtet sein, die rechtlichen Grundlagen seiner Beschwerde in groben Zügen darzulegen.[14] 10

Auch die Anforderungen an die Angabe der Tatsachen und Beweismittel, die der Beschwerdeführer im Gegensatz zu § 82 Abs. 1 VwGO im Beschwerdeverfahren nach dem Gesetz anzugeben hat, dürfen nicht überzogen 11

---

[10] Vgl. zum GWB *K. Schmidt* in Immenga/Mestmäcker, § 66 Rn. 17.

[11] *Kopp/Schenke,* § 86 Rn. 1 mwN.

[12] *Schweizer* in Frankfurter Komm., § 51 Rn. 4; *Wackerbarth/Kreße* in MüKoAktG, § 51 WpÜG Rn. 12.

[13] Siehe hierzu auch *K. Schmidt* in Immenga/Mestmäcker, § 66 Rn. 14.

[14] *Ehricke* in Ehricke/Ekkenga/Oechsler, § 51 Rn. 9; ähnlich *Schweizer* in Frankfurter Komm., § 51 Rn. 6; enger hingegen *Pohlmann* in KK-WpÜG, § 51 Rn. 10; wohl auch *Wackerbarth/Kreße* in MüKoAktG, § 51 WpÜG Rn. 14.

sein. Eine Beschwerde, die keinerlei Tatsachen und Beweismittel, wie in § 51 Abs. 4 Nr. 2 gefordert, enthält, ist allerdings als unzulässig zurückzuweisen.

12 § 51 Abs. 4 Nr. 1 ist auf die Anfechtungsbeschwerde (§ 48 Abs. 1) zugeschnitten, nicht jedoch auf die Versagungsgegenbeschwerde, die Untätigkeitsbeschwerde und die weiteren denkbaren Beschwerdearten, weil bei diesen eine Erklärung dazu, inwieweit eine Verfügung angefochten wird, tatsächlich nicht möglich ist. Auch für diese Beschwerdeformen gilt jedoch, dass sich das Begehren des Beschwerdeführers aus der Begründung ergeben muss.[15]

13 § 51 Abs. 4 Nr. 2 ist hingegen unmittelbar auf alle Beschwerdearten anwendbar. Abgesehen davon, dass sich bei sämtlichen Beschwerdeformen die Angabe von Tatsachen erübrigen dürfte, wenn Gegenstand des Beschwerdeverfahrens ausschließlich Rechtsfragen sind, wird man bei der Untätigkeits- und der allgemeinen Leistungsbeschwerde nur Angaben zu den Tatsachen und Beweismitteln fordern dürfen, die für die jeweilige Beschwerdeart spezifisch sind (so ist zB bei der Untätigkeitsbeschwerde die Tatsache aufzuführen, dass die BaFin in angemessener Frist den Antrag nicht verbeschieden hat, und als Beweismittel zB das entsprechende Antragsschreiben vorzulegen ist).

III. Weitere (Form-)Erfordernisse

14 Beschwerde sowie Beschwerdebegründung sind bei dem **Beschwerdegericht** einzureichen. Beide müssen, wenn auch bezüglich der Beschwerdebegründung im Gesetz nicht explizit genannt, **Schriftform** einhalten.[16] Für die Wahrung der Schriftform bedarf es der **Unterzeichnung.**[17] Da § 53 für das Verfahren vor dem Beschwerdegericht **Anwaltszwang** anordnet, müssen die entsprechenden Beschwerdeschriftsätze entweder durch einen bei einem deutschen Gericht zugelassenen Rechtsanwalt oder einen Rechtslehrer an einer deutschen Hochschule (im Sinne des Hochschulrahmengesetzes) mit Befähigung zum Richteramt unterzeichnet werden, da sonst die Postulationsfähigkeit fehlt und die Beschwerde unzulässig ist.[18]

15 **Unterzeichnung** bedeutet das Vorliegen eines von Hand angebrachten Namensschriftzugs.[19] Im Zusammenhang mit der Ordnungsgemäßheit der Unterschrift ergeben sich eine Vielzahl verschiedener Fragen, zB Anerkennung des Faksimile-Stempels,[20] der bloßen Paraphe,[21] Erfordernis der Leserlichkeit.[22] Als zulässige Übertragungswege sind nunmehr auch Telegramm, Fernschreiben, Telefax oder Computerfax anerkannt.[23]

---

[15] *Pohlmann* in KK-WpÜG, § 51 Rn. 9; *Ehricke* in Ehricke/Ekkenga/Oechsler, § 51 Rn. 8.

[16] *Pohlmann* in KK-WpÜG, § 51 Rn. 3.

[17] *K. Schmidt* in Immenga/Mestmäcker, § 66 Rn. 3.

[18] *K. Schmidt* in Immenga/Mestmäcker, § 68 Rn. 2ff.

[19] *K. Schmidt* in Immenga/Mestmäcker, § 66 Rn. 3.

[20] BFH DB 1975, 88; BVerwGE 36, 296.

[21] BGH NJW 1985, 1127.

[22] BGH MDR 1964, 747.

[23] Vgl. GmS-OGB, NJW 2000, 2340, 2341; *K. Schmidt* in Immenga/Mestmäcker, § 66 Rn. 3.

IV. Beschwerderücknahme

16 Die Vorschriften des siebten Abschnitts regeln die Verfahrensvorschriften für das Beschwerdeverfahren **nicht abschließend** (→ § 48 Rn. 4). Deshalb ist hinsichtlich einer Beschwerderücknahme auf die einschlägigen Vorschriften der VwGO zurückzugreifen, die in § 92 Abs. 1 VwGO regelt, dass die Beschwerde **bis zum Ende des Beschwerdeverfahrens** zurückgenommen werden kann. Sind im Beschwerdeverfahren jedoch bereits die **Anträge** in der mündlichen Verhandlung gestellt worden, ist die Rücknahme **nur mit Einwilligung** des Verfahrensgegners möglich.[24]

17 Inwieweit dies, insbesondere im Hinblick auf die Prozessökonomie, sinnvoll ist, ist fraglich. Zu beurteilen ist dies danach, ob der Beschwerdegegner ein Rechtsschutzbedürfnis dahingehend hat, vor einer einseitigen Beschwerderücknahme geschützt zu werden.[25] Dies ist bei der BaFin so lange denkbar, wie die Frist zur Einlegung einer Beschwerde noch nicht abgelaufen ist, da bis dahin die Gefahr besteht, dass der Beschwerdeführer unmittelbar nach der Beschwerderücknahme wieder eine inhaltsgleiche neue Beschwerde erhebt. Nach Ablauf der Beschwerdefrist ist jedoch diese Gefahr und damit das Rechtsschutzbedürfnis nicht mehr gegeben, so dass auf die Einwilligung verzichtet werden könnte. Wurde auf die mündliche Verhandlung (§ 54) verzichtet, so ist die Beschwerderücknahme bis zum Ergehen eines Beschlusses ohne Einwilligung möglich, weil das Gericht trotz des Verzichts bis dahin immer noch die mündliche Verhandlung anordnen könnte.[26]

§ 52 Beteiligte am Beschwerdeverfahren

An dem Verfahren vor dem Beschwerdegericht sind der Beschwerdeführer und die Bundesanstalt beteiligt.

Übersicht

I. Allgemeines

1 § 52 regelt, wer am Beschwerdeverfahren zu beteiligen ist. Dies sind der Beschwerdeführer und die BaFin. Die Vorschrift wurde erst kurz vor Abschluss des Gesetzgebungsverfahrens entscheidend verändert. Noch in der Fassung des Regierungsentwurfs (WpÜG-RegE) sah der dem § 52 entsprechende § 53 WpÜG-RegE die zusätzliche Beteiligung von „Personen und Personenvereinigungen, die vom Bundesaufsichtsamt für den Wertpapierhan-

[24] *Döhmel* in Assmann/Pötzsch/Schneider, § 48 Rn. 59; *Schweizer* in Frankfurter Komm., § 48 Rn. 29.
[25] Vgl. *Kopp/Schenke,* § 92 Rn. 12.
[26] Vgl. *Kopp/Schenke,* § 92 Rn. 12, 14.

del hinzugezogen worden sind“, vor.[1] Erst auf Empfehlung des Finanzausschusses erhielt die Vorschrift dann ihre endgültige Fassung. In seiner Begründung verweist der Ausschuss darauf, dass eine Hinzuziehung Dritter zum Verfahren vor der BaFin nicht denkbar sei, es § 53 Nr. 3 WpÜG-RegE damit von vornherein an einem Anwendungsbereich fehlt.[2]

II. Beschwerdeführer

2 Beteiligt ist zunächst der Beschwerdeführer als Initiator des Beschwerdeverfahrens. Dies wird **regelmäßig** der Adressat des angefochtenen oder – in der Verpflichtungskonstellation – der Antragsteller eines von der BaFin abgelehnten bzw. nicht beschiedenen Verwaltungsakts sein. Beschwerdeführer ist darüber hinaus jeder, der die Beschwerde eingelegt hat und Rechtsschutz in eigenem Namen begehrt, unabhängig davon, ob die Beschwerde zulässig ist.[3]

III. Bundesanstalt

3 Ferner ist Beteiligter die BaFin als diejenige Behörde, deren Verfügung angefochten wird oder von der eine Verfügung oder ein Tun oder Unterlassen verlangt wird. Die Regelung präsentiert sich als Ausnahme zu dem im allgemeinen Verwaltungsprozessrecht geltenden Rechtsträgerprinzip.[4]

IV. Weitere Beteiligte

4 Die Regelung des § 52 greift zu kurz. Sie übersieht, dass im Verfahren vor der BaFin auch andere Personen als der Beschwerdeführer beteiligt sein können, denen gegenüber die Entscheidung der BaFin und des Beschwerdegerichtes ebenfalls Rechtswirkung erzeugt (siehe zur einfachen und notwendigen Hinzuziehung § 48 Rn. 20 ff.). Ohne die Möglichkeit einer Beteiligung solcher Personen bestünde die Gefahr, dass hier die rechtlichen Interessen am Verfahren vor der BaFin Beteiligter verletzt werden. Entgegen dem Wortlaut des § 52 wäre deshalb auch für diese Hinzugezogenen an eine zwingende Beteiligung am Beschwerdeverfahren zu denken, wie es auch noch der Gesetzentwurf der Bundesregierung vorsah.[5] Andererseits würde die verbindliche Beteiligung aller Hinzugezogenen in Konflikt mit dem Beschleunigungsgrundsatz des § 3 Abs. 4 Satz 1 geraten, wenn eine gerichtliche Beiladung selber nicht sachgerecht gewesen wäre.[6] Dass auch der Gesetzgeber trotz Streichung des § 52 Nr. 3 WpÜG-RegE von der Möglichkeit einer Beiladung durch das Beschwerdegericht ausging, zeigt schließlich § 56 Abs. 1

---

[1] BT-Drucks. 14/7034, 19.

[2] BT-Drucks 14/7477, 53.

[3] *Wackerbarth/Kreße* in MüKoAktG, § 52 WpÜG Rn. 4; *Santelmann* in Steinmeyer, § 52 Rn. 3; *Döhmel* in Assmann/Pötzsch/Schneider, § 52 Rn. 2.

[4] *Schweizer* in Frankfurter Komm., § 52 Rn. 1; *Wackerbarth/Kreße* in MüKoAktG, § 52 WpÜG Rn. 5.

[5] Vgl. → Rn. 1.

[6] *Barthel,* S. 216.

Satz 3 und 4.[7] Mangels spezialgesetzlicher Regelung der Beiladung im WpÜG, ist daher § 65 VwGO analog anzuwenden.[8]

Die Vorteilhaftigkeit einer solchen analogen Anwendung des § 65 VwGO zeigt sich auch in anderen Fällen, in denen eine Beteiligung Dritter denkbar erscheint. So ist gemäß § 52 zB der Antragsteller im Verfahren vor der BaFin nicht Beteiligter eines sich anschließenden Beschwerdeverfahrens, wenn er nicht zugleich auch Beschwerdeführer ist. Die Situation kann bei Fällen der Drittbetroffenheit gegeben sein, so zB im Falle eines Verstoßes gegen § 26 Abs. 2: Die BaFin hat in einem Verfahren auf Befreiung von der Sperrfrist die Zielgesellschaft hinzugezogen, aber die Befreiung auf Antrag hin erteilt, ohne dass die Zielgesellschaft dem zugestimmt hat. Als Hinzugezogene könnte die Zielgesellschaft hier Beschwerde einlegen (§ 48 Abs. 2) – die freilich mangels Beschwerdebefugnis letztlich unzulässig wäre. Nach dem Wortlaut des § 52 wäre dann aber der Bieter als Antragsteller kein Beteiligter im Beschwerdeverfahren, da er nicht Beschwerdeführer ist.[9] Ähnlich verhält es sich, wenn von mehreren Antragstellern im Verfahren vor der BaFin wieder nur einer Beschwerdeführer ist. Diese derart nicht von § 52 erfassten Antragsteller müssten auch, wie der Antragsteller im oben geschilderten Fall, Beteiligte im Beschwerdeverfahren sein können. Der Verweis auf eine Beteiligung im Verwaltungsverfahren hilft hier gerade nicht weiter, vielmehr muss das Beschwerdegericht zur Gewährung effizienten Rechtsschutzes unabhängig über eine Beiladung entscheiden können. Nur die flexible Lösung über eine entsprechende Anwendung des § 65 VwGO wird somit in den vorerwähnten Fällen dem Interesse an einem effizienten Rechtsschutz (Art. 19 Abs. 4 GG) sowie an der Durchführung eines raschen gerichtlichen Verfahrens gerecht. 5

§ 53 Anwaltszwang

Vor dem Beschwerdegericht müssen die Beteiligten sich durch einen bei einem Rechtsanwalt oder Rechtslehrer an einer deutschen Hochschule im Sinne des Hochschulrahmengesetzes mit Befähigung zum Richteramt als Bevollmächtigten vertreten lassen. Die Bundesanstalt kann sich durch einen Beamten auf Lebenszeit mit Befähigung zum Richteramt vertreten lassen.

§ 53 Satz 1 bestimmt, dass sich die Beteiligten vor dem Beschwerdegericht 1
durch einen vor einem deutschen Gericht zugelassenen Rechtsanwalt oder einen Rechtslehrer an einer deutschen Hochschule im Sinne des Hochschulrahmengesetzes mit Befähigung zum Richteramt vertreten lassen müssen. Durch diese Regelung soll gewährleistet werden, dass präzise Anträge gestellt werden, der Beschwerdegegenstand sachkundig erörtert, insbesondere entscheidungserhebliche Rechtsfragen definiert werden und das Verfahren nicht

[7] *Pohlmann* in KK-WpÜG, §§ 52 Rn. 8; *Barthel,* S. 216.

[8] *Pohlmann* in KK-WpÜG, §§ 52 Rn. 8; *Barthel,* S. 222 ff.; *Ehricke* in Ehricke/Ekkenga/Oechsler, § 52 Rn. 7; aA *Santelmann* in Steinmeyer, § 52 Rn. 2.

[9] Vgl. zu einem ähnlichen Fall den Beschluss des OLG Frankfurt ZIP 2003, 1392, 1393.

unnötig in die Länge gezogen wird.[1] Die vorgenannte Vertretungsregelung hat für diejenigen Beteiligten (§ 52) Bedeutung, die sich **aktiv** am Beschwerdeverfahren beteiligen wollen, dh in erster Linie für den Beschwerdeführer. Andere Beteiligte als der Beschwerdeführer und die BaFin, die von keiner der in Satz 1 genannten vertretungsberechtigten Personen vertreten werden, verlieren nicht dadurch ihre Beteiligtenstellung, dass sie nicht entsprechend vertreten sind. Sie erhalten alle Schriftsätze, die im Beschwerdeverfahren ausgetauscht werden, und werden auch zu den mündlichen Verhandlungen geladen, können jedoch nicht aktiv in das Verfahren eingreifen, da sie mangels Postulationsfähigkeit weder **Schriftsätze** einreichen noch **Prozesshandlungen** vornehmen können.

2 Als anwaltlicher Vertreter kann jeder bei einem deutschen Gericht zugelassene Rechtsanwalt bestellt werden. In Abweichung zur allgemeinen zivilprozessrechtlichen Regelung bedarf es keiner Zulassung bei einem Oberlandesgericht (vgl. § 78 Abs. 1 S. 2 ZPO). Bei Vertretung durch einen Rechtslehrer an einer deutschen Hochschule ist zu beachten, dass dieser die Befähigung zum Richteramt haben muss. Unter dieser Voraussetzung ist auch die Vertretung durch den Rechtslehrer einer Fachhochschule zulässig (vgl. § 1 HRG).

3 Die BaFin kann sich auch durch einen **Beamten auf Lebenszeit** mit **Befähigung zum Richteramt** vertreten zu lassen. Diese Regelung schließt aus, dass die BaFin sich durch einen Angestellten oder einen Beamten auf Probe oder Widerruf vertreten lässt. Der Normzweck lässt zudem die Vertretung durch einen Beamten nur zu, wenn dieser durch Ernennung gemäß § 9a FinDAG, durch Abordnung oder aus anderen Gründen der BaFin angehört.[2]

4 Der **Anwaltszwang** ist auf das Beschwerdeverfahren der §§ 48 ff. begrenzt.[3] Er betrifft die mündliche Verhandlung, sämtliche Prozesshandlungen im Verfahren sowie bereits die Einlegung der Beschwerde.[4] Der Anwaltszwang besteht nach Sinn und Zweck der Regelung ebenso für Handlungen im vorläufigen Rechtsschutz.[5] **Kein Anwaltszwang** gilt hingegen gemäß § 57 Abs. 2 Satz 6 im Verfahren zur Offenlegung geheimer Unterlagen nach § 57 Abs. 2 Satz 4 sowie im gerichtlichen Verfahren wegen einer Ordnungswidrigkeit nach § 60.[6]

---

[1] BT-Drucks. 14/7034, 66.

[2] HM, vgl. nur *Wackerbarth/Kreße* in MüKoAktG, § 53 WpÜG Rn. 7; *Steinhardt* in Steinmeyer, § 53 Rn. 5; *Ehricke* in Ehricke/Ekkenga/Oechsler, § 53 Rn. 5; aA wohl *Steinhardt* in Steinmeyer, § 53 Rn. 5. In Anlehnung an die Neufassung von § 67 Abs. 2 S. 2 Nr. 1 VwGO solle es für die BaFin zulässig sein, sich durch Beschäftigte anderer Behörden und juristischer Personen des öff. Rechts vertreten zu lassen, sofern die weiteren Voraussetzungen von § 53 S. 2 WpÜG erfüllt seien.

[3] *Schweizer* in Frankfurter Komm., § 53 Rn. 2; *Wackerbarth/Kreße* in MüKoAktG, § 53 WpÜG Rn. 4; *Steinhardt* in Steinmeyer, § 53 Rn. 2.

[4] *Schweizer* in Frankfurter Komm., § 53 Rn. 2; *Döhmel* in Assmann/Pötzsch/Schneider, § 53 Rn. 3; *Wackerbarth/Kreße* in MüKoAktG, § 53 WpÜG Rn. 4; *Ehricke* in Ehricke/Ekkenga/Oechsler, § 53 Rn. 6.

[5] OLG Frankfurt NZG 2011, 704 f.; so auch *Wackerbarth/Kreße* in MüKoAktG, § 53 WpÜG Rn. 4; *Steinhardt* in Steinmeyer, § 53 Rn. 2; *Ritz* in Baums/Thoma, § 53 Rn. 2; aA *Schweizer* in Frankfurter Komm., § 53 Rn. 2; *Ehricke* in Ehricke/Ekkenga/Oechsler, § 53 Rn. 7.

[6] *Döhmel* in Assmann/Pötzsch/Schneider, § 53 Rn. 3; *Steinhardt* in Steinmeyer, § 53 Rn. 3.

§ 54 Mündliche Verhandlung

(1) **Das Beschwerdegericht entscheidet über die Beschwerde auf Grund mündlicher Verhandlung; mit Einverständnis der Beteiligten kann ohne mündliche Verhandlung entschieden werden.**

(2) **Sind die Beteiligten in dem Verhandlungstermin trotz rechtzeitiger Benachrichtigung nicht erschienen oder gehörig vertreten, so kann gleichwohl in der Sache verhandelt und entschieden werden.**

Übersicht

I. Grundsatz: Entscheidung aufgrund mündlicher Verhandlung

Das Gesetz geht vom Grundsatz der **Mündlichkeit** aus und schreibt deshalb vor, dass eine Entscheidung des Beschwerdegerichts nur aufgrund mündlicher Verhandlung ergehen darf. Mit Einverständnis der Beteiligten kann aber ohne mündliche Verhandlung entschieden werden (§ 54 Abs. 1, 2. Halbsatz). Liegt ein solcher Verzicht der Beteiligten auf die mündliche Verhandlung nicht vor, verletzt eine Entscheidung des Beschwerdegerichts ohne die gebotene vorangegangene mündliche Verhandlung den Anspruch der Beteiligten auf **rechtliches Gehör** (Art. 103 Abs. 1 GG), was einen wesentlichen Verfahrensmangel darstellt. Das Verfahren ist dann nach den Grundsätzen des BVerfG auf Antrag vor dem Beschwerdegericht fortzusetzen. 1

§ 54 ist wortgleich zu § 69 GWB und entspricht den Regelungen in § 101 Abs. 2 VwGO und § 128 ZPO. Der Inhalt der mündlichen Verhandlung dient als Entscheidungsgrundlage für das Beschwerdegericht. Die mündliche Verhandlung muss daher anberaumt werden, bevor das Beschwerdegericht entscheidet.[1] Die entsprechenden Vorschriften der ZPO finden über § 58 Nr. 2 Anwendung. 2

Die mündliche Verhandlung ist jedoch nur für die Entscheidung „über die Beschwerde", also für Sachentscheidungen vorgeschrieben, nicht aber für einen Beschluss über die **Verwerfung der Beschwerde** als unzulässig,[2] für **prozessleitende Verfügungen, Zwischen- bzw. Nebenentscheidungen** sowie für **Entscheidungen nach § 50.**[3] 3

Gegenstand der mündlichen Verhandlung, auf die die Entscheidung gestützt werden kann, ist insbesondere der **Akteninhalt,** soweit dieser in der 4

---

[1] BVerfGE 1, 418, 429.

[2] Vgl. BGH WUW/E BGH 1173; *Schweizer* in Frankfurter Komm., § 54 Rn. 2; *Döhmel* in Assmann/Pötzsch/Schneider, § 54 Rn. 2; *Wackerbarth/Kreße* in MüKoAktG, § 54 WpÜG Rn. 3.

[3] Dazu auch *Schweizer* in Frankfurter Komm., § 54 Rn. 2; *Ehricke* in Ehricke/Ekkenga/Oechsler, § 54 Rn. 3; *Pohlmann* in KK-WpÜG, §§ 54, 55 Rn. 6.

mündlichen Verhandlung vorgetragen wird.[4] Entscheidend ist, dass die für die Beschwerdeentscheidung relevanten Tatsachen Gegenstand der mündlichen Verhandlung waren und dass sich die Beteiligten hierzu äußern konnten. Dies bedeutet, dass auch die schriftlichen Begründungen der Anträge Gegenstand der mündlichen Verhandlung sind, soweit durch die Antragstellung in der mündlichen Verhandlung auf sie Bezug genommen wird. Nicht notwendig ist, dass die in der mündlichen Verhandlung behandelten Sachen durch einen Beteiligten in die mündliche Verhandlung eingebracht werden, da das Beibringungsprinzip (vgl. → § 55 Rn. 1), welches im Zivilprozessverfahren gilt, hier nicht eingreift. Eine Einführung des Sachstandes in das Beschwerdeverfahren durch das Gericht ist ausreichend.

5 Nicht möglich ist es, durch das **Nachreichen von Schriftsätzen** gemäß § 283 ZPO weiteren Vortrag in das Verfahren einzuführen, da § 58 nicht auf diese Bestimmung der ZPO verweist. Auch eine analoge Anwendung des § 283 ZPO scheidet mangels planwidriger Regelungslücke aus.[5] Ergibt sich aufgrund der mündlichen Verhandlung, dass ein weiterer Vortrag eines Beteiligten erforderlich ist, ist eine erneute mündliche Verhandlung anzuberaumen, soweit nicht alle Beteiligten darauf verzichten.[6]

II. Schriftliches Verfahren

6 Nur wenn **alle Beteiligten wirksam** auf die mündliche Verhandlung **verzichten,** kann ohne eine solche entschieden werden. Ein wirksamer Verzicht kann nur durch einen **postulationsfähigen Vertreter** erfolgen (§ 53). Ist auch nur ein Beteiligter nicht wirksam vertreten, ist ein Verzicht auf die mündliche Verhandlung nicht möglich. Die Verzichtserklärung muss eindeutig[7] und ausdrücklich erfolgen. Eine bedingte Verzichtserklärung ist nicht möglich.[8] Der Verzicht ist in aller Regel schriftlich, in Ausnahmefällen, insbesondere wenn im Laufe einer mündlichen Verhandlung die Notwendigkeit einer weiteren festgestellt wird, auch mündlich zu erklären.[9] Der erklärte Verzicht bezieht sich im Zweifel allein auf die nächste anstehende mündliche Verhandlung.[10] Werden weitere Verhandlungen erforderlich, ist das Einverständnis zur Durchführung des schriftlichen Verfahrens zu erneuern.

7 Ein Absehen von der mündlichen Verhandlung steht trotz des Verzichts aller Beteiligten im **Ermessen** des Beschwerdegerichts. Dies ergibt sich aus

---

[4] *Ehricke* in Ehricke/Ekkenga/Oechsler, § 54 Rn. 4; zum GWB *K. Schmidt* in Immenga/Mestmäcker, § 69 Rn. 2.

[5] So auch *Ehricke* in Ehricke/Ekkenga/Oechsler, § 54 Rn. 5; aA wohl *Pohlmann* in KK-WpÜG, §§ 54, 55 Rn. 6.

[6] Vgl. die str. Rechtslage im Kartellbeschwerdeverfahren; für die vergleichbare Regelung im GWB wie hier *Bechtold,* § 69 Rn. 1.

[7] KG WuW/E OLG 641, 642.

[8] *Wackerbarth/Kreße* in MüKoAktG, § 54 WpÜG Rn. 7; *Schweizer* in Frankfurter Komm., § 54 Rn. 3; zum GWB *K. Schmidt* in Immenga/Mestmäcker, § 69 Rn. 3.

[9] *Ehricke* in Ehricke/Ekkenga/Oechsler, § 54 Rn. 7; *Döhmel* in Assmann/Pötzsch/Schneider, § 54 Rn. 4.

[10] *Schweizer* in Frankfurter Komm., § 54 Rn. 4; *Ehricke* in Ehricke/Ekkenga/Oechsler, § 54 Rn. 9; *Wackerbarth/Kreße* in MüKoAktG, § 54 WpÜG Rn. 7.

§ 54 Abs. 1, 2. Halbsatz („kann"). Ob eine **Rücknahme des Verzichts** durch einen Beteiligten möglich ist, ist streitig.[11] Dies kann letztlich dahinstehen, da das Beschwerdegericht bei begründeter Rücknahme der Verzichtserklärung durch einen Beteiligten die mündliche Verhandlung wieder aufnehmen wird.[12]

8 Soweit seit der Verzichtserklärung aller Beteiligten ein längerer Zeitraum vergangen ist, wird man entsprechend dem Rechtsgedanken des § 128 Abs. 2 Satz 3 ZPO, dessen Dreimonats-Frist aufgrund der insgesamt kurzen Fristen des Gesetzes entsprechend zu reduzieren wäre, davon ausgehen müssen, dass eine Entscheidung des Gerichts ohne mündliche Verhandlung nicht mehr zulässig ist.[13] Der Grund hierfür liegt darin, dass sich in einer längeren Zeitspanne Tatsachen für Änderungen ergeben können, die auf die Entscheidung oder die Einlassung der Beteiligten Einfluss haben. Inwieweit diese Regelung in dem insgesamt sehr kurzen Angebotsverfahren in der Praxis von Bedeutung sein wird, wird sich zeigen.

III. Säumnis oder keine gehörige Vertretung der Beteiligten

9 Sind die Beteiligten zu einem Verhandlungstermin trotz rechtzeitiger Benachrichtigung nicht erschienen oder aber nicht gehörig vertreten, so kann gleichwohl in der Sache verhandelt und entschieden werden (§ 54 Abs. 2). Mit dieser Regelung soll verhindert werden, dass die Beteiligten die Fortführung des Verfahrens verzögern, indem sie entweder einem Verhandlungstermin fernbleiben oder aber sich nicht vertreten lassen.[14] Um die Rechtsfolgen des § 54 Abs. 2 zu verhindern, ist es schon nach dem Gesetzeswortlaut nicht ausreichend, dass der Beteiligte sich rechtzeitig (zB wegen seines Nichterscheinens) entschuldigt. Diese Regelung ist verfassungsrechtlich nicht angreifbar, da durch die rechtzeitige Benachrichtigung das Recht der Beteiligten auf rechtliches Gehör gewahrt ist. Einzig in dem Fall, in dem Anzeichen dafür sprechen, dass das Nichterscheinen oder Nichtvertretensein auf unvorhergesehenen Ereignissen beruht, ist wegen des Grundsatzes des rechtlichen Gehörs (Art. 103 Abs. 1 GG) eine erneute mündliche Verhandlung anzuberaumen.[15] Die Verfahrensbeteiligten werden zudem dadurch geschützt, dass das Gericht auf Grund des geltenden Untersuchungsgrundsatzes (§ 55) nur bei hinreichend geklärtem Sachverhalt entscheiden, andernfalls aber einen neuen Verhandlungstermin anberaumen wird.[16]

---

[11] Sich hierfür unter analoger Anwendung des § 128 Abs. 2 Satz 1 ZPO bei wesentlicher Änderung der Prozesslage aussprechend: *Schweizer* in Frankfurter Komm., § 54 Rn. 4 mit Fn. 6.

[12] *Ehricke* in Ehricke/Ekkenga/Oechsler, § 54 Rn. 7; *Pohlmann* in KK-WpÜG, §§ 54, 55 Rn. 7; *K. Schmidt* in Immenga/Mestmäcker, § 69 Rn. 3.

[13] Für eine Kürzung der Frist auf vier Wochen *Ehricke* in Ehricke/Ekkenga/Oechsler, § 54 Rn. 8; aA *Wackerbarth/Kreße* in MüKoAktG, § 54 WpÜG Rn. 7.

[14] BT-Drucks. 14/7034, 66.

[15] *Bechtold,* § 69 Rn. 2; ähnlich *Santelmann* in Steinmeyer, § 54 Rn. 7.

[16] So auch *Ehricke* in Ehricke/Ekkenga/Oechsler, § 54 Rn. 11.

§ 55 Untersuchungsgrundsatz

(1) **Das Beschwerdegericht erforscht den Sachverhalt von Amts wegen.**

(2) **Das Gericht hat darauf hinzuwirken, dass Formfehler beseitigt, unklare Anträge erläutert, sachdienliche Anträge gestellt, ungenügende tatsächliche Angaben ergänzt, ferner alle für die Feststellung und Beurteilung des Sachverhalts wesentlichen Erklärungen abgegeben werden.**

(3) **Das Beschwerdegericht kann den Beteiligten aufgeben, sich innerhalb einer zu bestimmenden Frist über aufklärungsbedürftige Punkte zu äußern, Beweismittel zu bezeichnen und in ihren Händen befindliche Urkunden sowie andere Beweismittel vorzulegen. Bei Versäumung der Frist kann nach Lage der Sache ohne Berücksichtigung der nicht beigebrachten Beweismittel entschieden werden.**

Übersicht

I. Wesen des Untersuchungsgrundsatzes

1. Allgemeines

1 Da es sich bei dem Beschwerdeverfahren des siebten Abschnittes um ein Verwaltungsstreitverfahren handelt, ordnet § 55 Abs. 1 in Übereinstimmung mit § 86 Abs. 1 VwGO und § 70 Abs. 1 GWB für das Beschwerdeverfahren den Untersuchungsgrundsatz an. Der **Untersuchungsgrundsatz** (auch Aufsichtsermittlungsgrundsatz, Inquisitionsmaxime) ordnet – im Gegensatz zum **Beibringungsprinzip** (auch Verhandlungsgrundsatz) des Zivilprozesses – an, dass das Gericht den Sachverhalt selbständig erforscht, ohne hierbei an das Vorbringen oder die Beweisanträge der Beteiligten gebunden zu sein.[1]

2 Nicht zu verwechseln mit dem Untersuchungsgrundsatz ist der **Verfügungsgrundsatz** (auch Dispositionsgrundsatz), der gemäß § 48 Abs. 1, 2 auch im Beschwerdeverfahren gilt und besagt, dass das Beschwerdegericht hinsichtlich der Einleitung des Verfahrens und des Umfangs des Streitgegenstandes an die Anträge der Beteiligten gebunden ist.[2] Das Beschwerdeverfahren wird mithin nicht nach der **Offizialmaxime** von Amts wegen eingeleitet.

3 Der Untersuchungsgrundsatz besagt jedoch nicht, dass das Beschwerdegericht die der BaFin obliegende Sachaufklärung erstmals durchzuführen hat. Die Aufklärungspflicht des Beschwerdegerichts bezieht sich lediglich auf **er-**

[1] Zum GWB *Lembach* in Langen/Bunte, § 70 Rn. 1.
[2] Vgl. zum GWB *K. Schmidt* in Immenga/Mestmäcker, § 70 Rn. 1.

gänzende Tatsachen, die zur Entscheidungsfindung nötig sind.[3] Andernfalls würde das Beschwerdegericht die Funktionen der BaFin übernehmen. Mangelhafte Sachverhaltsaufklärung der BaFin führt daher zur Aufhebung der Verfügung durch das Beschwerdegericht.[4] Nur ausnahmsweise wird das Gericht **neue Tatsachen** zu erforschen haben, wenn sich die Beschwerde nach § 48 Abs. 1 Satz 2 in zulässiger Weise auf solche stützt. Auch der BaFin wird man ein Vorbringen neuer Tatsachen zur Erweiterung der Begründung seiner Verfügung zugestehen müssen, solange sich das Wesen der Verfügung dadurch nicht ändert (vgl. hierzu → § 48 Rn. 40).

Das Beschwerdegericht hat auch nicht umfassend in jede erdenkliche 4 Richtung zu ermitteln. Eine Ermittlungspflicht obliegt dem Beschwerdegericht nur dann, wenn aufgrund des Vortrags der Beteiligten oder des im Raume stehenden Sachverhalts bei sorgfältiger Überlegung dazu ein **Anlass** besteht.[5]

Zudem wird der Untersuchungsgrundsatz durch die **Mitwirkungsoblie-** 5 **genheit der Beteiligten** begrenzt.[6] Kommt ein Beteiligter dieser Obliegenheit nicht nach, unterlässt er es insbesondere, über die seiner Sphäre zuzuordnenden Tatsachen umfassend aufzuklären, obwohl ihm dies möglich und zumutbar ist, so reduziert sich die Aufklärungspflicht des Gerichts entsprechend.[7]

Ermittlungen sind schließlich nur in Bezug auf rechtserhebliche und beweis- 6 bedürftige Tatsachen anzustellen, von denen die Entscheidung im konkreten Verfahren abhängt. **Offenkundige Tatsachen** bedürfen keines Beweises. Beweis ist aber auf jeden Fall dann zu erheben, wenn **Tatsachen** oder **Ermittlungsergebnisse der BaFin** streitig sind oder ihr Wahrheitsgehalt Anlass zu Zweifeln gibt.[8] Im Amtsermittlungsverfahren hat das Beschwerdegericht die Möglichkeit, auch unstreitiges Vorbringen der Beteiligten durch Beweiserhebung zu überprüfen, wenn es Zweifel an seiner Richtigkeit hat. Eine Bindung an unstreitiges Parteivorbringen wie im Zivilprozess besteht somit nicht.[9]

In § 86 Abs. 2 VwGO ist geregelt, dass ein in der mündlichen Verhand- 7 lung gestellter Beweisantrag nur durch einen Gerichtsbeschluss, der zu begründen ist, abgelehnt werden kann. Da eine entsprechende Regelung im WpÜG fehlt, ist daraus zu schließen, dass ein solcher Beweisbeschluss, auch wenn die Ablehnung des gestellten Beweisantrags beabsichtigt ist, nicht erforderlich ist. Soweit Beteiligte **Beweisanträge** stellen, ist diesen in Ausfüllung des Untersuchungsgrundsatzes durch Gewährung rechtlichen Gehörs nachzukommen und das Gericht muss ggf. in seiner Entscheidung darauf eingehen, warum es den Beweisantrag nicht verfolgt hat.[10]

---

[3] KG WuW/E OLG 2140, 2141.

[4] Zum GWB *Bechtold,* § 70 Rn. 2.

[5] BGH WuW/E BGH 990, 993.

[6] So auch *Schweizer* in Frankfurter Komm., § 55 Rn. 2; *Ehricke* in Ehricke/Ekkenga/Oechsler, § 55 Rn. 4; *Döhmel* in Assmann/Pötzsch/Schneider, § 55 Rn. 8; vgl. auch BVerwG NJW 1964, 786.

[7] *Schweizer* in Frankfurter Komm., § 55 Rn. 2.

[8] Zum GWB *Bechtold,* § 70 Rn. 3.

[9] *W.-R. Schenke* in Kopp/Schenke, § 86 Rn. 15.

[10] Zum GWB *K. Schmidt* in Immenga/Mestmäcker, § 70 Rn. 1.

2. Beweismittel

8 Bei der Ermittlung des Sachverhalts kann sich das Beschwerdegericht der Beweismittel **Zeugen, Sachverständige, Augenschein, Urkunden** sowie der **Parteivernehmung** bedienen. Dies stellt § 58 Nr. 2 durch seinen Verweis auf die Beweisvorschriften der ZPO klar. Soweit nötig, können ergänzend die Regelungen der §§ 96ff. VwGO herangezogen werden. Der Beweis ist unmittelbar in der mündlichen Verhandlung zu erheben. Die Beteiligten sind von dem Beweistermin zu benachrichtigen, dürfen ihm beiwohnen und sachdienliche Fragen stellen. Für eine Parteivernehmung ist nach § 450 ZPO stets ein förmlicher Beweisbeschluss erforderlich. Gleiches gilt, wenn die Beweisaufnahme ein besonderes Verfahren oder die Vertagung der Verhandlung erfordert.[11]

3. Beweislast

9 Ausfluss des Untersuchungsgrundsatzes ist auch, dass es keine **prozessuale Beweislast** eines Beteiligten gibt.[12] Eine Ausnahme hiervon besteht nur, soweit im Gesetz eine solche prozessuale Beweislast (Beweisführungslast) in einer Vorschrift eindeutig angelegt ist (zB in § 20 Abs. 2 Nr. 2). Soweit in einem solchen Fall die mit der prozessualen Beweislast belegte Partei keinen Beweis antritt, ist das Beschwerdegericht nicht verpflichtet, bei streitigem Sachverhalt eine Aufklärung zu betreiben, es sei denn, der beweisführungspflichtige Beteiligte stellt einen entsprechenden Beweisantrag.[13]

10 Von der prozessualen ist die **materielle Beweislast** zu unterscheiden. Die materielle Beweislast bestimmt, wer bei Nichtaufklärbarkeit eines Sachverhalts materiellrechtlich die Lasten hieraus trägt.[14] Grundsätzlich trifft die materielle Beweislast immer diejenige Partei, die sich zur Geltendmachung ihres Anspruchs auf die nicht-erweisliche Tatsache stützt. IdR wird dies bei belastenden Verfügungen die BaFin sein, die die Voraussetzungen für die Rechtmäßigkeit des Eingriffs nachzuweisen hat.[15]

II. Verfahrensleitende Maßnahmen

11 § 55 Abs. 2 postuliert die Verpflichtung des Gerichts, auf eine **formell korrekte, verständliche und sachdienliche Prozessführung** und die **Mitarbeit** der Beteiligten zu dringen. Abweichend von § 86 Abs. 3 VwGO und § 70 GWB erlegt das Gesetz diese Verpflichtungen dem **„Gericht"** auf, während die vorgenannten Vorschriften in den anderen Gesetzen diese Verpflichtung jeweils dem Vorsitzenden des Gerichts auferlegen. (Die Bezeichnung „Gericht" wird in § 55 Abs. 2 im Übrigen abweichend zu dem sonst im Gesetz verwendeten Begriff „Beschwerdegericht" gebraucht.) Hierbei dürfte es sich um ein redaktionelles Versehen handeln, da auch die Gesetzesbegrün-

[11] Vgl. § 358 ZPO; BVerwGE 19, 231, 238.
[12] *Geiger* in Eyermann, § 86 Rn. 2.
[13] Zum GWB *Bechtold,* § 70 Rn. 6.
[14] Zum GWB *K. Schmidt* in Immenga/Mestmäcker, § 70 Rn. 10.
[15] Zum GWB *Bechtold,* § 70 Rn. 6.

dung[16] von einer „Verpflichtung des Vorsitzenden" spricht. Inhaltlich ist § 55 Abs. 2 daher nicht anders auszulegen, als die vorgenannten Vorschriften der VwGO und des GWB, dh § 55 Abs. 2 richtet sich an den Vorsitzenden des Beschwerdegerichts.[17]

Diese Regelung soll vor allem auch zu einer richtigen, dem Gesetz entsprechenden und gerechten Entscheidung des Gerichts beitragen und der Verwirklichung des Rechts der Beteiligten auf rechtliches Gehör gemäß Art. 103 Abs. 1 GG dienen.[18] Sie steht zudem in engem Zusammenhang mit dem Verbot von Überraschungsentscheidungen, das in § 56 Abs. 1 seinen Ausdruck gefunden hat.[19] Der Vorsitzende des Gerichts soll gemäß Abs. 2 den Beteiligten aufweisen, wie sie im Rahmen der ihnen zustehenden rechtlichen Möglichkeiten das mit ihrem Rechtsmittel erstrebte Ziel am besten und zweckmäßigsten erreichen können. Aus diesem Grund soll er ihnen insbesondere bei der Formulierung sachdienlicher Anträge helfen, auf die Ergänzung notwendiger Angaben dringen und Hinweise auf die im Raume stehenden Rechtsfragen geben.[20] Die Hinweispflichten des Gerichtes dienen dabei freilich einzig dem Zweck, eine dem Gesetz entsprechende und gerechte Entscheidung treffen zu können. Sie dürfen nicht zur Rechtsberatung der Beteiligten instrumentalisiert werden und finden ihre Grenze in der Neutralitätspflicht des Gerichtes.[21] 12

III. Mitwirkungspflicht der Beteiligten

Das Gesetz statuiert in § 55 Abs. 3 eine prozessuale Mitwirkungspflicht der Beteiligten im Beschwerdeverfahren, die darin besteht, dass das Beschwerdegericht den Beteiligten aufgeben kann, sich **innerhalb einer zu bestimmenden Frist über aufklärungsbedürftige Punkte zu äußern, Beweismittel zu bezeichnen** und in ihren Händen befindliche **Urkunden** sowie **andere Beweismittel vorzulegen.** Die hierbei zu bestimmende Frist muss angemessen sein, was in Anbetracht der kurzen, im Gesetz vorgesehenen Fristen bedeutet, dass wohl Fristen von ein bis zwei Wochen als angemessen angesehen werden müssen.[22] Die einmonatige allgemeine Beschwerdebegründungsfrist des § 51 Abs. 3 Satz 2 gilt es dabei freilich zu berücksichtigen.[23] Kommen die Beteiligten ihrer Mitwirkungspflicht nicht nach, ist es dem Beschwerdegericht 13

[16] BT-Drucks. 14/7034, 67.

[17] *Ehricke* in Ehricke/Ekkenga/Oechsler, § 55 Rn. 11; i.E. auch *Döhmel* in Assmann/Pötzsch/Schneider, § 55 Rn. 7.

[18] *W.-R. Schenke* in Kopp/Schenke, § 86 Rn. 22 mwN.

[19] *Ehricke* in Ehricke/Ekkenga/Oechsler, § 55 Rn. 10; *Schweizer* in Frankfurter Komm., § 55 Rn. 4.

[20] *Döhmel* in Assmann/Pötzsch/Schneider, § 55 Rn. 7; *Santelmann* in Steinmeyer, § 55 Rn. 6; zur VwGO *W.-R. Schenke* in Kopp/Schenke, § 86 Rn. 23; eine gerichtliche Hilfe zur Formulierung sachdienlicher Anträge und jegliche Form rechtlicher Hinweise ablehnend und damit aA *Ehricke* in Ehricke/Ekkenga/Oechsler, § 55 Rn. 10.

[21] So auch *Wackerbarth/Kreße* in MüKoAktG, § 55 WpÜG Rn. 9.

[22] Zustimmend *Ehricke* in Ehricke/Ekkenga/Oechsler, § 55 Rn. 13; *Döhmel* in Assmann/Pötzsch/Schneider, § 55 Rn. 8 mit Fn. 3.

[23] *Wackerbarth/Kreße* in MüKoAktG, § 55 WpÜG Rn. 11; *Santelmann* in Steinmeyer, § 55 Rn. 7.

erlaubt, aus der Versäumung der Frist die entsprechenden Schlüsse zu ziehen: Das Beschwerdegericht kann nach Lage der Sache ohne Berücksichtigung der nicht beigebrachten Beweismittel entscheiden.[24] Es ist trotz bestehenden Untersuchungsgrundsatzes in einem solchen Fall nicht verpflichtet, weiterhin Aufklärung zu betreiben. Das Beschwerdegericht darf allerdings auch nicht von dem bis dahin ermittelten Sachverhalt abweichen und eine für den bzw. die Säumigen ungünstige Annahme treffen.[25] Ebenso darf ein bis zum Zeitpunkt der Entscheidung doch noch erfolgtes Vorbringen nicht als verspätet zurückgewiesen werden, solange es dadurch nicht zu einer Verzögerung des Verfahrens kommt.[26]

§ 56 Beschwerdeentscheidung; Vorlagepflicht

(1) **Das Beschwerdegericht entscheidet durch Beschluss nach seiner freien, aus dem Gesamtergebnis des Verfahrens gewonnenen Überzeugung. Der Beschluss darf nur auf Tatsachen und Beweismittel gestützt werden, zu denen die Beteiligten sich äußern konnten. Das Beschwerdegericht kann hiervon abweichen, soweit Beigeladenen aus berechtigten Interessen der Beteiligten oder dritter Personen Akteneinsicht nicht gewährt und der Akteninhalt aus diesen Gründen auch nicht vorgetragen worden ist. Dies gilt nicht für solche Beigeladene, die an dem streitigen Rechtsverhältnis derart beteiligt sind, dass die Entscheidung auch ihnen gegenüber nur einheitlich ergehen kann.**

(2) **Hält das Beschwerdegericht die Verfügung der Bundesanstalt für unzulässig oder unbegründet, so hebt es die Verfügung auf. Hat sich die Verfügung vorher durch Zurücknahme oder auf andere Weise erledigt, so spricht das Beschwerdegericht auf Antrag aus, dass die Verfügung der Bundesanstalt unzulässig oder unbegründet gewesen ist, wenn der Beschwerdeführer ein berechtigtes Interesse an dieser Feststellung hat.**

(3) **Hält das Beschwerdegericht die Ablehnung oder Unterlassung der Verfügung für unzulässig oder unbegründet, so spricht es die Verpflichtung der Bundesanstalt aus, die beantragte Verfügung vorzunehmen.**

(4) **Die Verfügung ist auch dann unzulässig oder unbegründet, wenn die Bundesanstalt von ihrem Ermessen fehlerhaft Gebrauch gemacht hat, insbesondere wenn es die gesetzlichen Grenzen des Ermessens überschritten oder durch die Ermessensentscheidung Sinn und Zweck dieses Gesetzes verletzt hat.**

(5) **Der Beschluss ist zu begründen und den Beteiligten zuzustellen.**

(6) **Will das Beschwerdegericht von einer Entscheidung eines Oberlandesgerichts oder des Bundesgerichtshofs abweichen, so legt es die Sache dem Bundesgerichtshof vor. Der Bundesgerichtshof entscheidet anstelle des Oberlandesgerichts.**

---

[24] Zum GWB *Bechtold,* § 70 Rn. 12.

[25] So auch *Ehricke* in Ehricke/Ekkenga/Oechsler, § 55 Rn. 14; zum GWB *K. Schmidt* in Immenga/Mestmäcker, § 70 Rn. 12.

[26] *Schweizer* in Frankfurter Komm., § 55 Rn. 5 (Fn. 15); *Ehricke* in Ehricke/Ekkenga/Oechsler, § 55 Rn. 14.

Übersicht

I. Allgemeines

Die Vorschrift legt die Grundlagen der Entscheidung des Beschwerdegerichts fest und begrenzt zusammen mit § 54 den für diese Entscheidung maßgeblichen – und allein berücksichtigungsfähigen – Prozessstoff, die Tatsachen und Beweismittel, die Gegenstand der mündlichen Verhandlung bzw. eines entsprechenden schriftlichen Verfahrens waren und zu denen den Beteiligten rechtliches Gehör gewährt worden ist. Außerdem statuiert § 56 Abs. 1 den Grundsatz der **freien Beweiswürdigung.** 1

II. Entscheidungsmaßstab

1. Gesamtergebnis des Verfahrens

Nach § 56 Abs. 1 entscheidet das Gericht auf der Basis des Gesamtergebnisses des Verfahrens, so wie es sich aufgrund der mündlichen Verhandlung bzw. des entsprechenden schriftlichen Verfahrens darstellt. Ausfluss des verfassungsrechtlichen Gebots des Art. 103 Abs. 1 GG ist, dass der Beschluss nur auf Tatsachen und Beweismittel gestützt werden kann, die Gegenstand der mündlichen Verhandlung waren und zu denen die Beteiligten sich äußern konnten. Dies soll die Beteiligten vor **Überraschungsentscheidungen** schützen, dh davor, dass das Beschwerdegericht Tatsachen oder Rechtsgedanken seiner Entscheidung zugrunde legt, welche zuvor nicht erörtert wurden und mit denen die Beteiligten daher nicht zu rechnen brauchten oder konnten.[1] Implizit ergibt sich hieraus, dass den Beteiligten vor Erlass des Beschlusses die Möglichkeit der Äußerung zu gewähren ist.[2] Nicht entscheidend ist aber, dass sich die Beteiligten auch tatsächlich geäußert haben, die Gewährung der Möglichkeit einer Äußerung reicht aus.[3] Das Beschwerde- 2

[1] BVerwGE 36, 264, 266 f.; BVerfGE 98, 218, 263.
[2] BVerfGE 1, 418, 429.
[3] *Pieroth* in Jarass/Pieroth, GG, Art. 103 Rn. 25.

gericht hat die Pflicht, die von den Beteiligten vorgebrachten Tatsachen und die sich daraus ergebende Rechtslage zu würdigen. Dies kann auch die Pflicht zur Führung eines Rechtsgesprächs bedeuten, wenn diesem Anspruch anders nicht nachgekommen werden kann. Im Umkehrschluss bedeutet dies ein **Verwertungsverbot** für all diejenigen Tatsachen und Beweismittel, zu denen sich zu äußern den Beteiligten die Möglichkeit nicht gegeben war.[4]

3 Die vorstehend erwähnten Grundsätze werden durch die Regelung in § 56 Abs. 1 Satz 3 dahingehend eingeschränkt, dass gegenüber den nicht notwendig Beigeladenen der Beschluss auch auf Tatsachen und Beweismittel gestützt werden kann, hinsichtlich derer ihnen keine Akteneinsicht gewährt wurde und der Akteninhalt aus diesen Gründen auch nicht vorgetragen wurde. Hintergrund ist, dass andernfalls die berechtigten Interessen Beteiligter oder Dritter verletzt werden könnten, da in einem Verfahren nach diesem Gesetz vom Bieter und von der Zielgesellschaft eventuell Interna vorgetragen werden müssen, die der Öffentlichkeit im Falle eines Scheiterns des Angebots nicht bekannt gegeben werden sollen.[5]

4 Diese Ausnahmeregelung des Satz 3 gilt nach § 56 Abs. 1 Satz 4 nicht für notwendig Beigeladene.

5 In § 56 Abs. 1 spricht das Gesetz erstmals und einmalig von Beigeladenen. „Beigeladene" sind vom Gesetz in § 52 nicht als Beteiligte benannt. Die Erwähnung des Beigeladenen in § 56 Abs. 1 ist verwirrend, weil der Beigeladene ansonsten im Gesetz nicht vorkommt. Es ist zu vermuten, dass wohl unkritisch der Text des § 71 Abs. 1 Satz 4 GWB übernommen wurde. Es kann letztlich dahinstehen, ob es sich bei dieser Begriffsverwendung um ein Redaktionsversehen oder um Absicht des Gesetzgebers handelt. In der Anwendung des § 56 Abs. 1 sind unter den „Beigeladenen" jedenfalls zutreffenderweise die vom Gericht im Beschwerdeverfahren Beigeladenen zu verstehen.[6] Die Beiladung durch das Beschwerdegericht richtet sich nach den für die Beiladung vor dem Verwaltungsgericht geltenden Regelungen.[7]

2. Freie Beweiswürdigung

6 Das Beschwerdegericht trifft seinen Beschluss nach seiner **freien,** aus dem Gesamtergebnis des Verfahrens gewonnenen Überzeugung. Das bedeutet, dass es nur an die innere Überzeugungskraft der in Betracht kommenden Gesichtspunkte und Argumente im Zusammenhang des Ergebnisses des Verfahrens und an die Denkgesetze, anerkannten Erfahrungssätze und Auslegungsgrundsätze gebunden ist, nicht dagegen an starre Beweisregeln.[8] Für die „Überzeugung" des Gerichts ist keine absolute Gewissheit nötig, aber ein solcher Grad der Gewissheit, der Zweifeln Schweigen gebietet, ohne sie völlig auszuschließen.[9]

---

[4] Zum GWB *Lembach* in Langen/Bunte, § 71 Rn. 10.
[5] BT-Drucks. 14/7034, 67.
[6] AA *Döhmel* in Assmann/Pötzsch/Schneider, § 56 Rn. 5.
[7] § 65 VwGO.
[8] *W.-R. Schenke* in Kopp/Schenke, § 108 Rn. 4.
[9] BGHZ 53, 245, 256; BVerwG NVwZ 1985, 658, 660.

III. Art und Inhalt der Entscheidung des Beschwerdegerichts

1. Beschluss

Das Beschwerdegericht entscheidet durch Beschluss, der, wenn er das Verfahren in der Hauptsache abschließt, einem Urteil im Sinne der VwGO gleichsteht.[10] Der Beschluss ist nach § 56 Abs. 6 zu begründen und den Beteiligten zuzustellen.[11] Die Begründung muss die vom Gericht festgestellten Grundlagen und Erwägungen wiedergeben, auf denen die Entscheidung gründet. Dies sind vor allem der Sachverhalt, Art, Inhalt und Würdigung von Beweisen sowie die rechtlichen Gründe.[12] 7

Eine Frist für die Abfassung der Begründung ist im Gesetz nicht vorgesehen. Das Beschwerdegericht wird sich jedoch an dem Beschluss des Gemeinsamen Senates der obersten Bundesgerichte[13] zu orientieren haben, nach dem ein Urteil nicht als mit einer Begründung versehen gilt, wenn es nicht innerhalb einer Frist von fünf Monaten mitsamt der Begründung schriftlich niedergelegt, von den Richtern unterschrieben und der Geschäftsstelle übergeben ist.[14] Allerdings ist auch ein unbegründeter Beschluss mangels vorhandener Rechtsmittel allenfalls mit einer Verfassungsbeschwerde angreifbar.[15] 8

Des Weiteren ist der Beschluss den Beteiligten zuzustellen. Der Beschluss ist nicht mit einer Rechtsmittelbelehrung zu versehen, da es gegen die Entscheidung des Oberlandesgerichts keine Rechtsbeschwerde gibt. 9

2. Inhalt der Entscheidung

a) Aufhebung der Entscheidung. Im Fall der Anfechtungsbeschwerde ist eine rechtswidrige Verfügung der BaFin in dem angefochtenen Umfang aufzuheben (§ 48 Abs. 2 Satz 1). War auch ein in der Sache ergangener Widerspruchsbescheid Gegenstand der Beschwerde, was im Zweifel, auch wenn ein entsprechender Antrag nicht ausdrücklich gestellt worden ist, bei Anfechtung des ursprünglichen Verwaltungsakts immer anzunehmen ist, hebt das Beschwerdegericht zugleich auch den Widerspruchsbescheid auf.[16] 10

Obwohl es sich letztlich um ein verwaltungsgerichtliches Verfahren handelt, setzt § 56 Abs. 2 Satz 1 im Gegensatz zu § 113 Abs. 1 Satz 1 VwGO für die Aufhebung keine Rechtsverletzung voraus. In Konsequenz der hier geforderten Beschwerdebefugnis analog § 42 Abs. 2 VwGO ist jedoch für die 11

---

[10] Zum GWB *Bechtold,* § 71 Rn. 2.

[11] AA *Pohlmann* in KK-WpÜG, § 56 Rn. 25, die in Analogie zu § 116 Abs. 1 VwGO zudem eine Verkündung für erforderlich hält, wenn der Beschluss auf Grund mündlicher Verhandlung ergeht.

[12] So auch *Ehricke* in Ehricke/Ekkenga/Oechsler, § 56 Rn. 12; *K. Schmidt* in Immenga/Mestmäcker, § 71 Rn. 5.

[13] GmS-OGB NJW 1993, 2603.

[14] *Pohlmann* in KK-WpÜG, § 56 Rn. 8; *Döhmel* in Assmann/Pötzsch/Schneider, § 56 Rn. 6.

[15] Vgl.OLG Frankfurt AG 2008, 152 (129); *Pohlmann* in KK-WpÜG, § 56 Rn. 8.

[16] *Schweizer* in Frankfurter Komm., § 56 Rn. 7; vgl. auch *W.-R. Schenke* in Kopp/Schenke, § 113 VwGO Rn. 3.

Aufhebung einer Entscheidung der BaFin durch das Beschwerdegericht analog § 113 Abs. 1 Satz 1 VwGO eine Rechtsverletzung zu verlangen.[17]

12 Maßgeblicher Zeitpunkt für die Sachentscheidung bei der Anfechtungsbeschwerde ist regelmäßig der Zeitpunkt der letzten Behördenentscheidung.[18] Allein bei Verwaltungsakten mit Dauerwirkung ist auf die Sach- und Rechtslage zum Zeitpunkt der letzten mündlichen Verhandlung bzw. der Entscheidung des Gerichts abzustellen.[19]

13 Mit der Aufhebung einer Verfügung ist auch implizit ausgesprochen, dass die Verfügung rechtswidrig war. Die Rechtswidrigkeit ist damit mit bindender Wirkung festgestellt und erwächst auch in Rechtskraft.[20]

14 **b) Verpflichtung zur Vornahme einer Verfügung oder Leistung.** Stellt das Beschwerdegericht bei der Entscheidung über eine Verpflichtungsbeschwerde fest, dass die Ablehnung einer Verfügung durch die BaFin unzulässig oder unbegründet war, der vom Beschwerdeführer geltend gemachte Anspruch also bestand, verpflichtet es die BaFin bei gleichzeitiger Aufhebung des ablehnenden Ausgangsbescheids, die Verfügung vorzunehmen (§ 56 Abs. 3). Die Anordnung darf jedoch nur bei **Spruchreife** erfolgen. Andernfalls wird entsprechend § 113 Abs. 5 Satz 2 VwGO ein **Bescheidungsbeschluss** ergehen, in dem das Gericht die BaFin verpflichtet, Verfügung und Widerspruchsbescheid aufzuheben und den Antrag des Beschwerdeführers unter Beachtung der Rechtsauffassung des Gerichts neu zu entscheiden. Das Beschwerdegericht darf die begehrte Verfügung nicht anstelle der BaFin erlassen bzw. vornehmen, da dies dem Prinzip der Gewaltenteilung widerspräche.[21] Entscheidungserheblich ist die Sach- und Rechtslage im Zeitpunkt der letzten mündlichen Verhandlung bzw., sofern auf eine mündliche Verhandlung verzichtet wird, im Zeitpunkt der Entscheidung des Beschwerdegerichts.[22]

15 Soweit die Leistungsbeschwerde möglich ist, wird in einem erfolgreichen Beschwerdeverfahren die Verpflichtung der BaFin zur Vornahme der entsprechenden Leistung ausgesprochen. In Bezug auf die entscheidungserhebliche Sach- und Rechtslage gilt das zur Verpflichtungsbeschwerde Gesagte.

16 **c) Überprüfung einer Ermessensentscheidung.** Eine Verfügung ist auch dann unzulässig oder unbegründet, wenn die BaFin ermessensfehlerhaft gehandelt hat (§ 56 Abs. 4). Ermessensfehler liegen insbesondere dann vor, wenn entweder die gesetzlichen Grenzen des Ermessens überschritten wurden (Ermessensüberschreitung) oder von dem Ermessen in einer dem Zweck der Ermächtigung nicht entsprechenden Weise Gebrauch gemacht wurde

---

[17] Ebenso *Pohlmann* in KK-WpÜG, § 56 Rn. 13; aA *Santelmann* in Steinmeyer, § 56 Rn. 13; *Ehricke* in Ehricke/Ekkenga/Oechsler, § 56 Rn. 20.

[18] *Wackerbarth/Kreße* in MüKoAktG, § 56 WpÜG Rn. 14; *Santelmann* in Steinmeyer, § 56 Rn. 16; im Verwaltungsprozessrecht nicht mehr allgemein anerkannt, vgl. *W.-R. Schenke* in Kopp/Schenke, § 113 Rn. 29 ff.

[19] *Döhmel* in Assmann/Pötzsch/Schneider, § 56 Rn. 8; *Wackerbarth/Kreße* in MüKo-AktG, § 56 WpÜG Rn. 14; zur VwGO *Jörg Schmidt* in Eyermann, § 113 Rn. 48.

[20] Zum GWB *K. Schmidt* in Immenga/Mestmäcker, § 71 Rn. 13.

[21] Zum GWB *Lembach* in Langen/Bunte, § 71 Rn. 31.

[22] *Döhmel* in Assmann/Pötzsch/Schneider, § 56 Rn. 8; zur VwGO *W.-R. Schenke* in Kopp/Schenke, § 113 Rn. 217.

(Ermessensfehlgebrauch). Wie der Wortlaut der Regelung mit der Formulierung „insbesondere" verdeutlicht, ist die Aufzählung der Ermessensfehler nicht abschließend. Ermessensfehlerhaft ist eine Entscheidung der BaFin daher auch dann, wenn diese eine in Wahrheit nicht bestehende Beschränkung ihres Ermessensspielraums angenommen hat (Ermessensunterschreitung) oder aber verkannte, dass sie überhaupt ein Ermessen hatte.[23]

Die Möglichkeit, die Verfügung der BaFin einer Zweckmäßigkeitskontrolle durch das Beschwerdegericht zu unterziehen, ist der Vorschrift hingegen nicht zu entnehmen.[24] Ihr Wortlaut eröffnet diesen Weg nicht. Soweit davon die Rede ist, dass eine Entscheidung „Sinn und Zweck" des Gesetzes verletzt, wird lediglich auf die in der Ermessensfehlerlehre anerkannte Fallgruppe des Ermessensfehlgebrauchs Bezug genommen.[25] Auch die Übertragung der im Kartellrecht zur Parallelvorschrift des § 71 Abs. 5 Satz 1 GWB vertretenen hL[26] kommt nicht in Betracht.[27] 17

d) Zurückverweisung. Das Gesetz sieht die Möglichkeit einer Zurückverweisung der Angelegenheit durch das Beschwerdegericht an die BaFin nicht vor. Fraglich ist daher, ob eine solche Zurückverweisung bewusst ausgeschlossen werden sollte oder ob durch Heranziehung der §§ 130 Abs. 1 und 144 Abs. 3 Nr. 2 VwGO auch dem Beschwerdegericht eine entsprechende Möglichkeit zustehen soll. Das Bedürfnis an einer Zurückverweisung ist vor allem in den Fällen denkbar, in denen das Beschwerdegericht nicht alle für die Spruchreife nötigen tatbestandlichen Voraussetzungen ermitteln konnte. Für das Kartellrecht ist die Zulassung der Zurückverweisung umstritten.[28] Die Tatsache, dass die Zurückverweisungsmöglichkeit seinerzeit bewusst aus dem Entwurf des GWB gestrichen wurde,[29] auch das WpÜG eine solche Möglichkeit nicht vorsieht und der Umstand, dass das Beschwerdeverfahren zügig durchgeführt werden muss, sprechen gegen eine Zulassung der Zurückverweisung.[30] Das Beschwerdegericht ist vielmehr gehalten im Rahmen seiner Untersuchungspflicht (§ 55) die Sachverhaltsaufklärung selber zu betreiben und die Spruchreife herbeizuführen.[31] 18

e) Verwerfung, Zurückweisung. Vom Gesetz wird der Fall vorausgesetzt und daher nicht weiter erwähnt, dass die vom Beschwerdeführer eingelegte Beschwerde unzulässig oder unbegründet ist. Der verfahrensabschlie- 19

---

[23] Vgl. hierzu ausführlich *W.-R. Schenke* in Kopp/Schenke, § 114 Rn. 14.

[24] Ausführlich *Barthel,* S. 234ff.; *Wackerbarth/Kreße* in MüKoAktG, § 56 WpÜG Rn. 23; aA *Döhmel* in Assmann/Pötzsch/Schneider, § 56 Rn. 14; *Ehricke* in Ehricke/Ekkenga/Oechsler, § 56 Rn. 30.

[25] Vgl. *W.-R. Schenke* in Kopp/Schenke, § 114 Rn. 8; aA *Döhmel* in Assmann/Pötzsch/Schneider, § 56 Rn. 14.

[26] Vgl. hierzu *Lembach* in Langen/Bunte, § 71 Rn. 67.

[27] Ausführlich *Barthel,* S. 237f.; *Wackerbarth/Kreße* in MüKoAktG, § 56 WpÜG Rn. 23.

[28] Dafür *Lambach* in Langen/Bunte, § 71 Rn. 32; dagegen *K. Schmidt* in Immenga/Mestmäcker, § 71 Rn. 19; *Bechtold,* § 71 Rn. 6.

[29] *K. Schmidt* in Immenga/Mestmäcker, § 71 Rn. 19.

[30] So auch *Pohlmann* in KK-WpÜG, § 56 Rn. 15; *Wackerbarth/Kreße* in MüKoAktG, § 56 WpÜG Rn. 15.

[31] *Wackerbarth/Kreße* in MüKoAktG, § 56 WpÜG Rn. 15.

ßende Beschluss des Beschwerdegerichts in solchen Fällen wird dann in einer **Verwerfung** der Beschwerde bei Unzulässigkeit bzw. **Zurückweisung** der Beschwerde bei Unbegründetheit bestehen. Davon abweichend wird teilweise für beide Fälle in Anlehnung an die verwaltungsprozessuale Terminologie eine Abweisung gefordert, was jedoch im Ergebnis folgenlos bleibt.[32]

20 **f) Erledigung der Verfügung vor Beschwerdeentscheidung.** Gemäß § 56 Abs. 2 Satz 2 spricht das Beschwerdegericht, soweit sich die Hauptsache vor Beschlussfassung durch Zurücknahme oder auf andere Art und Weise **erledigt** hat, auf Antrag durch Beschluss aus, dass die Verfügung der BaFin unzulässig oder unbegründet gewesen ist, wenn der Beschwerdeführer ein **berechtigtes Interesse** an dieser Feststellung hat. Über den Wortlaut hinaus ist diese Vorschrift nicht nur auf die Anfechtungsbeschwerde, sondern auch auf die Verpflichtungsbeschwerde anzuwenden, denn eine Hauptsacheerledigung kann auch in diesem Falle eintreten, zB wenn die BaFin eine beantragte Verfügung nachträglich erlässt.[33] Ob die **Fortsetzungsfeststellungsbeschwerde** auch bei **allgemeinen Leistungsbeschwerden,** sofern man von der Zulässigkeit einer solchen ausgeht, anwendbar ist, ist streitig.[34] Nach richtiger Ansicht ist ihre Anwendbarkeit zu bejahen, da es keinen sachlichen Grund gibt, sie wegen des Umstandes nicht zuzulassen, dass es sich bei der begehrten Leistung um keine Verfügung handelt.[35]

21 Für die Frage, wann sich die Verfügung erledigt hat, werden unterschiedliche Anknüpfungspunkte herangezogen. So wird vertreten, dass sich die Hauptsache im Beschwerdeverfahren erledigt hat, wenn die mit der Verfügung verbundene rechtliche oder sachliche Beschwer nachträglich weggefallen ist.[36] Richtigerweise ist anzunehmen, dass die Hauptsache erledigt ist, wenn die angefochtene Verfügung keine rechtliche Wirkung mehr entfalten kann und daher gegenstandslos ist.[37]

22 Von der objektiven Erledigung einer Verfügung ist die nicht durch § 56 geregelte Erledigung zu unterscheiden, die sich durch die **übereinstimmende Erledigungserklärung** (Prozesshandlung) von Beschwerdeführer und BaFin ergeben kann. Das Gericht entscheidet hier in analoger Anwendung des § 91a ZPO nur noch über die Kosten des Verfahrens.[38] Bei einseitiger Erledigungserklärung durch den Beschwerdeführer hingegen erscheint die Rechtsfolge momentan noch ungewiss.[39] Eine Fortsetzungsfeststellungsbeschwerde durch die BaFin erscheint in diesem Falle denkbar, wenn es der

---

[32] Vgl. *Pohlmann* in KK-WpÜG, § 56 Rn. 11.

[33] AllgM, vgl. BVerwG, NJW 1987, 2174; BGH WuW/E BGH 1556, 1558.

[34] Vgl. bejahend: BayVGH BayVBl 1992, 310; verneinend BayVGH NVwZ 1988, 83, 84.

[35] *Pohlmann* in KK-WpÜG, § 56 Rn. 15; *Döhmel* in Assmann/Pötzsch/Schneider, § 56 Rn. 12; zur VwGO *Jörg Schmidt* in Eyermann, § 113 Rn. 106.

[36] Vgl. *W.-R. Schenke* in Kopp/Schenke, § 113 Rn. 102 mwN.

[37] *Lembach* in Langen/Bunte, § 71 Rn. 39 mwN; *K. Schmidt* in Immenga/Mestmäcker, § 71 Rn. 21, 26ff.; *Jörg Schmidt* in Eyermann, § 113 Rn. 76ff.

[38] *Wackerbarth/Kreße* in MüKoAktG, § 56 WpÜG Rn. 20; *Santelmann* in Steinmeyer, § 56 Rn. 27.

[39] Zur umstrittenen Rechtslage im Verwaltungsprozess vgl. *W.-R. Schenke* in Kopp/Schenke, § 161 Rn. 23ff.

Klärung grundsätzlicher Fragestellungen dient, die auch in einer Reihe von zukünftigen Verfahren eine Rolle spielen können.[40]

Nach dem Wortlaut des Gesetzes muss die Erledigung nach Einlegung der Beschwerde eintreten. Diese Voraussetzung würde jedoch die Rechtsschutzmöglichkeiten derjenigen einschränken, die die Feststellung in dem Fall begehren, dass die Erledigung bereits vor Einlegung der Beschwerde eingetreten ist. Die hM lässt daher auch in diesem Falle die (Fortsetzungs-)feststellungsbeschwerde grundsätzlich zu.[41] 23

Für das **„berechtigte Interesse"** des Beschwerdeführers an der Feststellung des Beschwerdegerichts, dass die Verfügung unzulässig oder unbegründet gewesen ist bzw. im Falle einer erledigten Verpflichtungsbeschwerde, dass die BaFin auch die streitgegenständliche Verfügung hätte erlassen müssen, genügt jedes nach vernünftigen Erwägungen und Lage des Falles anzuerkennende schutzwürdige Interesse rechtlicher, wirtschaftlicher oder auch ideeller Art.[42] Ein berechtigtes Interesse kann sich insbesondere daraus ergeben, dass der Beschwerdeführer, zB im Hinblick auf sein zukünftiges Verhalten – er beabsichtigt, ein ihm gemäß § 15 untersagtes öffentliches Angebot, soweit gesetzlich zulässig, in Zukunft zu wiederholen – wissen muss, ob sein vergangenes Verhalten rechtmäßig war oder nicht.[43] 24

IV. Vorlagepflicht

Die in § 56 Abs. 6 statuierte Divergenzvorlage soll eine einheitliche Rechtsanwendung sichern. Da § 66 die Zuständigkeit in zivilrechtlichen Streitigkeiten, zB Schadensersatzprozessen, aufgrund dieses Gesetzes anders regelt als § 48 die Zuständigkeit für das Beschwerdeverfahren, kann es zu unterschiedlichen Auslegungen des Gesetzes durch verschiedene Gerichte kommen. § 56 Abs. 6 regelt daher, dass dann, wenn das Beschwerdegericht von einer Entscheidung eines Oberlandesgerichts oder des Bundesgerichtshofs abweichen will, die **Sache dem Bundesgerichtshof zur Entscheidung vorzulegen** ist.[44] Denkbar sind zudem auch Binnendivergenzen beim OLG Frankfurt, falls dort mehrere Senate für Wertpapiererwerbs- und Übernahmesachen eingerichtet werden.[45] 25

§ 57 Akteneinsicht

(1) **Die in § 52 bezeichneten Beteiligten können die Akten des Beschwerdegerichts einsehen und sich durch die Geschäftsstelle auf ihre Kosten Ausfertigungen, Auszüge und Abschriften erteilen lassen. § 299 Abs. 3 der Zivilprozessordnung gilt entsprechend.**

---

[40] OLG Frankfurt ZIP 2003, 2206f.; aA *Wackerbarth/Kreße* in MüKoAktG, § 56 WpÜG Rn. 20.

[41] KG v. 11.8.1984, WuW/E OLG 3217, 3221; KG v. 10.12.1996, WuW/E OLG 4640, 4641.

[42] KG WuW/E 5495ff., 5501f.; *W.-R. Schenke* in Kopp/Schenke, § 113 Rn. 129.

[43] Zum GWB *Bechtold,* § 71 Rn. 12 mwN.

[44] *Pohlmann* in KK-WpÜG, § 56 Rn. 25; *Wackerbarth/Kreße* in MüKoAktG, § 56 WpÜG Rn. 26; aA *Schweizer* in Frankfurter Komm., § 56 Rn. 16ff.

[45] *Schweizer* in Frankfurter Komm., § 56 Rn. 19 sehen den Anwendungsbereich des § 56 Abs. 6 hierauf beschränkt.

(2) **Einsicht in Vorakten, Beiakten, Gutachten und Unterlagen über Auskünfte ist nur mit Zustimmung der Stellen zulässig, denen die Akten gehören oder die die Äußerung eingeholt haben. Die Bundesanstalt hat die Zustimmung zur Einsicht in die ihm gehörigen Unterlagen zu versagen, soweit dies aus wichtigen Gründen, insbesondere zur Wahrung von berechtigten Interessen Beteiligter oder dritter Personen, geboten ist. Wird die Einsicht abgelehnt oder ist sie unzulässig, dürfen diese Unterlagen der Entscheidung nur insoweit zugrunde gelegt werden, als ihr Inhalt vorgetragen worden ist. Das Beschwerdegericht kann die Offenlegung von Tatsachen oder Beweismitteln, deren Geheimhaltung aus wichtigen Gründen, insbesondere zur Wahrung von berechtigten Interessen Beteiligter oder Dritter verlangt wird, nach Anhörung des von der Offenlegung Betroffenen durch Beschluss anordnen, soweit es für die Entscheidung auf diese Tatsachen oder Beweismittel ankommt, andere Möglichkeiten der Sachaufklärung nicht bestehen und nach Abwägung aller Umstände des Einzelfalles die Bedeutung der Sache für die Sicherung eines ordnungsgemäßen Verfahrens das Interesse des Betroffenen an der Geheimhaltung überwiegt. Der Beschluss ist zu begründen. In dem Verfahren nach Satz 4 muss sich der Betroffene nicht anwaltlich vertreten lassen.**

Übersicht

I. Grundsatz der Akteneinsicht

1 Anders als für das Verfahren vor der BaFin (dort dürften Akteneinsichtsrechte nach § 29 VwVfG sowie unter den Voraussetzungen des Informationsfreiheitsgesetzes (IFG) bestehen) begründet § 57 für das Beschwerdeverfahren Akteneinsichtsrechte sowie die weiteren dort begründeten Ansprüche.

2 Grundsätzlich können danach alle Beteiligten – nicht aber Dritte – die **Akten des Beschwerdegerichts** einsehen und sich durch die Geschäftsstelle auf ihre Kosten **Ausfertigungen, Auszüge** und **Abschriften** erteilen lassen (§ 57 Abs. 1). Ausgenommen hiervon sind gemäß § 57 Abs. 1 Satz 2, der nach richtigem Verständnis als **Verweis auf § 299 Abs. 4 ZPO** zu lesen ist, die Entwürfe zu Urteilen, Beschlüssen und Verfügungen, die zu ihrer Vorbereitung gelieferten Arbeiten sowie die Schriftstücke, die die Abstimmung betreffen.[1] Neben den Gerichtsakten sind außerdem Gegenstand der Akteneinsicht „Vorakten, Beiakten, Gutachten und Unterlagen über Auskünfte" (§ 57 Abs. 2 Satz 1) und somit auch grundsätzlich die Akten der BaFin.[2]

---

[1] Die Verweisung auf § 299 Abs. 3 ZPO stellt ein Redaktionsversehen dar; beabsichtigt ist der Verweis auf § 299 Abs. 4 ZPO, der dem § 299 Abs. 3 ZPO aF entspricht; vgl. BegrRegE zu § 58 sowie Regierungsbegründung, BR-Drucks. 574/01, 169.

[2] Zum GWB *Bechtold,* § 72 Rn. 3.

II. Einschränkung der Akteneinsicht

3 Soweit es sich bei den Akten des Beschwerdegerichts um **Vorakten** (Akten des Verfahrens vor der BaFin), **Beiakten** (Akten aus anderen behördlichen oder gerichtlichen Verfahren), **Gutachten** oder Unterlagen über **Auskünfte** handelt, schränkt § 57 Abs. 2 Satz 1 das Einsichtsrecht ein. Die Einsicht in diese Akten ist nur mit **Zustimmung der Stellen zulässig,** denen die Akten gehören oder die die Äußerungen eingeholt haben. Unter „gehören" ist nicht das zivilrechtliche Eigentum zu verstehen, sondern die Verfügungsberechtigung.[3] Die vorerwähnte Zustimmung von anderen Stellen als der BaFin darf in analoger Anwendung des § 99 Abs. 1 Satz 2 VwGO nur verweigert werden, wenn das Gemeinwohl oder die dort aufgeführten zwingenden Geheimhaltungsinteressen gefährdet sind.[4]

4 Das Beschwerdegericht darf nicht entsprechend § 99 Abs. 2 Satz 1 VwGO selbst über die Rechtmäßigkeit der Zustimmungsverweigerung anderer Behörden als der BaFin entscheiden, da eine Beiladung solcher Behörden zum Beschwerdeverfahren nicht stattfindet.[5] Ggf. muss vom betroffenen Beteiligten Leistungsklage gegen die betreffende Behörde erhoben werden.[6]

5 In welchen Fällen die BaFin die Zustimmung zur Einsicht in die ihr gehörenden Unterlagen versagen **muss,** regelt das Gesetz in § 57 Abs. 2 Satz 2. Hiernach ist die Zustimmung nur aus **wichtigen Gründen,** insbesondere zur Wahrung von **berechtigten Interessen Beteiligter oder dritter Personen,** zu versagen. Hierbei kann es sich insbesondere um den Schutz von Geschäfts- oder Betriebsgeheimnissen handeln. Auch die BaFin **kann** ihre Zustimmung zudem in analoger Anwendung des § 99 Abs. 1 Satz 2 VwGO unter den dort genannten Voraussetzungen verweigern.[7] Es ist dabei jedoch stets zu prüfen, ob unter Berücksichtigung der Einzelfallumstände die in § 99 Abs. 1 Satz 2 VwGO genannten Verweigerungsgründe nicht bereits einen wichtigen Grund iSd § 57 Abs. 2 Satz 2 begründen, ein Ermessen der BaFin mithin ausgeschlossen ist.[8] Entsprechend § 99 Abs. 2 Satz 1 VwGO muss es dem Beschwerdegericht bei Versagung der Zustimmung durch die BaFin jedoch noch vor einer Anordnung gemäß § 57 Abs. 2 Satz 4, welche eine

---

[3] BT-Drucks. 14/7034, 68; bereits zum GWB *K. Schmidt* in Immenga/Mestmäcker, § 72 Rn. 6.

[4] Ganz hM, vgl. nur *Schweizer* in Frankfurter Komm. § 57 Rn. 3; *Döhmel* in Assmann/Pötzsch/Schneider, § 57 Rn. 9; *Wackerbarth/Kreße* in MüKoAktG, § 57 WpÜG Rn. 8.

[5] *Ehricke* in Ehricke/Ekkenga/Oechsler, § 57 Rn. 8; *Döhmel* in Assmann/Pötzsch/Schneider, § 57 Rn. 9; so auch die hM zu § 72 Abs. 2 Satz 1 GWB, vgl. *K. Schmidt* in Immenga/Mestmäcker, § 72 Rn. 6 mwN; aA *Pohlmann* in KK-WpÜG, § 57 Rn. 8, 9 und *Wackerbarth/Kreße* in MüKoAktG, § 57 WpÜG Rn. 10, die eine Beiladung für möglich halten.

[6] So auch *Ehricke* in Ehricke/Ekkenga/Oechsler, § 57 Rn. 8; *Döhmel* in Assmann/Pötzsch/Schneider, § 57 Rn. 4; zum GWB *K. Schmidt* in Immenga/Mestmäcker, § 72 Rn. 6 mwN.

[7] *Wackerbarth/Kreße* in MüKoAktG, § 57 WpÜG Rn. 8; *Pohlmann* in KK-WpÜG, § 57 Rn. 8; aA *Schweizer* in Frankfurter Komm., § 57 Rn. 3 mit Fn. 6.

[8] AA *Wackerbarth/Kreße* in MüKoAktG, § 57 WpÜG Rn. 9.

Interessenabwägung erfordert (→ Rn. 7), möglich sein, auf Antrag durch Beschluss darüber zu entscheiden, ob die Verweigerung der Vorlage der Urkunden oder Akten rechtmäßig war. Hierzu hat die Behörde dem Gericht, das zur Geheimhaltung verpflichtet ist, die verweigerten Akten oder Urkunden vorzulegen. Die Vorschriften des Geheimschutzes sind zu beachten und ggf. ist die Einsichtnahme in von der Behörde bestimmten Räumlichkeiten vorzunehmen (§ 99 Abs. 2 Satz 8 VwGO).

6 Wird die Einsicht von der BaFin oder anderen verfügungsberechtigten Stellen in die ihnen gehörigen Unterlagen abgelehnt oder ist sie unzulässig, dürfen diese Unterlagen der Entscheidung nur insoweit zugrunde gelegt werden, als ihr Inhalt im Beschwerdeverfahren vorgetragen worden ist (§ 57 Abs. 2 Satz 3). Wann das Beschwerdegericht befugt ist, Akteninhalt vorzutragen, ist im Gesetz nicht geregelt. Deshalb muss auf die Bestimmung des § 103 Abs. 2 VwGO zurückgegriffen werden, die bestimmt, dass der Vorsitzende oder der Berichterstatter nach Aufruf der Sache den wesentlichen Akteninhalt vorträgt. Dieser Grundsatz ist jedoch aufgrund der Regelung des § 57 Abs. 2 Satz 2 dahingehend einzuschränken, dass der Inhalt von Akten, in die keine Einsicht genommen werden darf, auch nicht vorgetragen werden darf. Ansonsten würde die Regelung des § 57 Abs. 2 leer laufen. Eine Ausnahme wäre nur dann denkbar, wenn die durch die Versagung der Einsichtnahme geschützten Interessen der Beteiligten oder Dritten dadurch gewahrt werden könnten, dass der Aktenvortrag in entsprechend komprimierter bzw. verschlüsselter Form in das Verfahren eingeführt wird.

III. Anordnungen des Beschwerdegerichts

7 Nach § 57 Abs. 2 Satz 4 kann das Beschwerdegericht die Akteneinsicht durch Beschluss anordnen, wenn es auf die Tatsachen oder Beweismittel für die Entscheidung in dem Beschwerdeverfahren ankommt, deren Geheimhaltung zwar aus wichtigen Gründen, insbesondere zur Wahrung von rechtlichen Interessen Beteiligter oder Dritter verlangt wird, bei denen aber andere Möglichkeiten zur Aufklärung des Sachverhalts nicht bestehen und nach Abwägung aller Umstände des Einzelfalls die Bedeutung der Sache für die Sicherung eines ordnungsgemäßen Verfahrens das Interesse des Betroffenen an der Geheimhaltung überwiegt. Ein entsprechender Beschluss des Beschwerdegerichts ist von diesem zu begründen (§ 57 Abs. 2 Satz 5). Der von der Anordnung Betroffene, der nicht anwaltlich vertreten sein muss, ist vorher zu hören.

8 Das Offenlegungsverfahren wird **von Amts wegen** eingeleitet. Dahingehende Anträge der Beteiligten binden das Beschwerdegericht nicht; die Nichtbehandlung eines Antrags oder seine Ablehnung eröffnen keine Rechtsmittel zu Gunsten des Antragsstellers.[9] Allerdings wird das im Wortlaut des § 57 Abs. 2 Satz 4 angelegte Ermessen des Gerichts durch seine Pflicht zur Sachverhaltserforschung (vgl. § 55 Abs. 1) begrenzt.[10] Liegen die Voraussetzungen der Vorschrift vor, so dürfte das Ermessen des Gerichts in aller Regel auf null reduziert sein.

---

[9] So auch *Pohlmann* in KK-WpÜG, §§ 57 Rn. 12f..

[10] Ähnlich *Döhmel* in Assmann/Pötzsch/Schneider, § 57 Rn. 9.

Seinem Wortlaut nach sieht § 57 Abs. 2 Satz 4 ein Offenlegungsverfahren nur bezüglich der Tatsachen und Beweismittel vor, die die BaFin „aus wichtigen Gründen, insbesondere zur Wahrung von berechtigten Interessen Beteiligter oder Dritter" zurückhalten will. Die Möglichkeit des Beschwerdegerichts zur Anordnung einer Offenlegung wird – wortlautkonform – daher teilweise auf diese Konstellation beschränkt.[11] Warum aber eine Offenlegung veranlasst werden kann, wenn die BaFin die gesetzliche Pflicht zur Verweigerung der Einsicht traf, dies jedoch bei Verweigerungen, die Ergebnis einer Ermessensausübung sind, nicht der Fall sein soll, ist nicht ersichtlich. Wird die Zustimmung zur Einsicht durch die BaFin oder eine andere Stelle analog § 99 Abs. 1 Satz 2 VwGO verweigert, hat das Beschwerdegericht analog § 57 Abs. 2 Satz 4 daher seinerseits die Möglichkeit, eine Offenlegung zu erreichen. 9

IV. Elektronische Dokumente

Analog anzuwenden im Beschwerdeverfahren nach diesem Gesetz ist schließlich § 299 Abs. 3 ZPO, der bestimmt, dass bei Vorliegen der Prozessakten als elektronische Dokumente sich die Akteneinsicht auf Ausdrucke beschränkt.[12] 10

§ 58 Geltung von Vorschriften des Gerichtsverfassungsgesetzes und der Zivilprozessordnung

Im Verfahren vor dem Beschwerdegericht gelten, soweit nichts anderes bestimmt ist, entsprechend

1. **die Vorschriften der §§ 169 bis 197 des Gerichtsverfassungsgesetzes über Öffentlichkeit, Sitzungspolizei, Gerichtssprache, Beratung und Abstimmung und**
2. **die Vorschriften der Zivilprozessordnung über Ausschließung und Ablehnung eines Richters, über Prozessbevollmächtigte und Beistände, über die Zustellung von Amts wegen, über Ladungen, Termine und Fristen, über die Anordnung des persönlichen Erscheinens der Parteien, über die Verbindung mehrerer Prozesse, über die Erledigung des Zeugen- und Sachverständigenbeweises sowie über die sonstigen Arten des Beweisverfahrens, über die Wiedereinsetzung in den vorigen Stand gegen die Versäumung einer Frist.**

Da die Regelungen über das Beschwerdeverfahren im siebten Abschnitt nicht abschließend sind, ordnet § 58 die **entsprechende Anwendbarkeit** bestimmter Vorschriften des GVG und der ZPO an. Hierbei wird in Nr. 1 auf die §§ 169 bis 197 GVG, in Nr. 2 auf die §§ 41 bis 49, 78 bis 90, 166 bis 190, 214 bis 229, 141, 147, 375 bis 401, 402 bis 414, 415 bis 494a und 233 bis 238 ZPO verwiesen. 1

---

[11] *Wackerbarth/Kreße* in MüKoAktG, § 57 WpÜG Rn. 14.

[12] *Ehricke* in Ehricke/Ekkenga/Oechsler, § 57 Rn. 5; *Pohlmann* in KK-WpÜG, § 57 Rn. 6; aA *Wackerbarth/Kreße* in MüKoAktG, § 57 WpÜG Rn. 14f., der § 299 Abs. 3 ZPO direkt und dafür § 299 Abs. 4 ZPO analog anwenden möchte, was im Ergebnis aber keinen Unterschied begründet.

2 Da es sich beim Beschwerdeverfahren jedoch um ein Verwaltungsstreitverfahren handelt, sind – soweit erforderlich – die sachlichen Regelungslücken durch **Regelungen der VwGO und des VwVfG** zu schließen.

3 Sowohl bei den ausdrücklichen Verweisen als auch bei den ergänzend herangezogenen Vorschriften anderer Gesetze ist stets auf **eine diesem Gesetz entsprechende Anwendung zu achten.**

Abschnitt 8. Sanktionen

§ 59 Rechtsverlust

Rechte aus Aktien, die dem Bieter, mit ihm gemeinsam handelnden Personen oder deren Tochterunternehmen gehören oder aus denen ihm, mit ihm gemeinsam handelnden Personen oder deren Tochterunternehmen Stimmrechte gemäß § 30 Absatz 1 und 2 zugerechnet werden, bestehen nicht für die Zeit, für welche die Pflichten nach § 35 Abs. 1 oder 2 nicht erfüllt werden. Dies gilt nicht für Ansprüche nach § 58 Abs. 4 des Aktiengesetzes und § 271 des Aktiengesetzes, wenn die Veröffentlichung oder das Angebot nach § 35 Abs. 1 Satz 1 oder Abs. 2 Satz 1 nicht vorsätzlich unterlassen wurde und nachgeholt worden ist.

Schrifttum: *Bülow/Petersen,* Der verlängerte Rechtsverlust auf Grund der Verletzung kapitalmarktrechtlicher Mitteilungspflichten, NZG 2009, 481; *Kaindl,* Das Pflichtangebot im Übernahmegesetz, 2001; *König/Römer,* Reichweite aktien- und kapitalmarktrechtlicher Rechtsausübungshindernisse – Nach § 20 VII AktG und § 28 S. 1 WpHG ruhende Beteiligungsrechte, NZG 2004, 944; *Letzel,* Das Pflichtangebot nach dem WpÜG, BKR 2002, 293; *Möller,* Rechtsmittel und Sanktionen nach dem WpÜG, AG 2002, 170; *Mülbert,* Das Recht des Rechtsverlusts – insbesondere am Beispiel des § 28 WpHG, in: FS Karsten Schmidt, 2009, S. 1219; *Sven H. Schneider/Uwe H. Schneider,* Der Rechtsverlust gemäß § 28 WpHG bei Verletzung der kapitalmarktrechtlichen Meldepflichten – zugleich eine Untersuchung zu § 20 Abs. 7 AktG und § 59 WpÜG, ZIP 2006, 493; *Scholz/Weiß,* Grundlegende Missverständnisse um den kapitalmarktrechtlichen Vorsatzbegriff, BKR 2013, 324; *Vocke,* Zum Rechtsverlust nach § 28 WpHG bei Verstößen gegen Stimmrechtsmitteilungspflichten, BB 2009, 1600; *Widder,* Rechtsnachfolge in Mitteilungspflichten nach §§ 21 ff. WpHG, § 20 AktG?, NZG 2004, 275; *Witt,* Die Änderungen der Mitteilungs- und Veröffentlichungspflichten nach §§ 21 ff. WpHG durch das geplante Wertpapiererwerbs- und Übernahmegesetz, AG 2001, 233.

Übersicht

I. Allgemeines

1. Gesetzliche Konzeption

1 § 59 regelt Rechtsfolgen der **unterlassenen Veröffentlichung der Erlangung der Kontrolle** nach § 35 Abs. 1 Satz 1 und der **Nichtabgabe eines Pflichtangebots** nach § 35 Abs. 2 Satz 1.

2 Gemäß § 59 Satz 1 bestehen **Rechte aus Aktien** des Bieters für die Zeit nicht, für die der Bieter seine Pflichten nach § 35 Abs. 1 oder 2 nicht erfüllt. Dies gilt ebenso für Rechte aus Aktien, die mit dem Bieter gemeinsam handelnden Personen oder deren Tochterunternehmen gehören, oder aus denen dem Bieter, mit ihm gemeinsam handelnden Personen oder deren Tochterunternehmen Stimmrechte gemäß § 30 Abs. 1 und 2 zugerechnet werden.

3 Eine **Ausnahme vom Rechtsverlust** besteht nach § 59 Satz 2 für das Recht auf den Bilanzgewinn (§ 58 Abs. 4 AktG) und den Liquidationserlös (§ 271 AktG), wenn die Veröffentlichung oder das Angebot nach § 35 Abs. 1

Satz 1 oder Abs. 2 Satz 1 **nicht vorsätzlich unterlassen** wurde und **nachgeholt** worden ist.

Der in § 59 Satz 1 angeordnete Rechtsverlust trägt der Bedeutung der Pflichten nach § 35 Rechnung und ergänzt die daneben bestehenden Mittel des Verwaltungszwangs.[1] 4

2. Rechtsverlust nach anderen Vorschriften

Der Vorschrift des § 59 vergleichbare Regelungen finden sich in § 20 Abs. 7 AktG und § 28 WpHG. Während § 20 Abs. 7 AktG den Rechtsverlust bei Nichterfüllung der Mitteilungspflichten gemäß § 20 Abs. 1 oder 4 AktG (bei Beteiligung von 25% bzw. Mehrheitsbeteiligung) regelt, ist in § 28 WpHG ein Rechtsverlust für den Fall angeordnet, dass die in § 21 Abs. 1 und 1a WpHG enthaltenen Mitteilungspflichten (bei Beteiligungen von 3, 5, 10, 15, 20, 25, 30, 50 und 75%) nicht erfüllt werden. Ein Rechtsverlust im Hinblick auf die Aktien börsennotierter Gesellschaften kann sowohl nach § 28 WpHG als auch nach § 59 eintreten. Während die Meldeschwellen nach § 21 Abs. 1 WpHG bei Beteiligungen von 3, 5, 10, 15, 20, 25, 30, 50 und 75% liegen, setzt die Erlangung der Kontrolle, welche die Pflichten nach § 35 auslöst, eine Stimmrechtsbeteiligung von 30% voraus (§ 29). 5

Fraglich ist, ob bei einem gleichzeitigen Überschreiten der 30%-Schwelle des § 21 WpHG und des § 29 mit Erfüllung der Mitteilungspflicht nach § 21 WpHG und der nachfolgenden Veröffentlichung durch die Gesellschaft nach § 26 WpHG auch die Veröffentlichungspflicht des Bieters nach § 35 Abs. 1 Satz 1 erfüllt ist. Hiergegen spricht jedoch schon, dass die Veröffentlichungspflichten unterschiedliche Rechtssubjekte (zum einen die Gesellschaft, zum anderen den Bieter) treffen. Zum anderen haben die Mitteilungen bzw. Veröffentlichungen nach §§ 21, 26 WpHG einerseits und § 35 Abs. 1 Satz 1 andererseits auch einen verschiedenen Inhalt, da beispielsweise in der Mitteilung nach § 21 WpHG kein Hinweis auf das „Erlangen der Kontrolle" erforderlich ist, weil dies nur eine Rechtsfolge ist. Im Ergebnis befreit daher eine ordnungsgemäß veröffentlichte Mitteilung nach §§ 21, 26 WpHG den Bieter nicht von der Erfüllung seiner eigenen nach § 35 Abs. 1 Satz 1 bestehenden Veröffentlichungspflicht, so dass bei Unterlassen der Veröffentlichung durch den Bieter § 59 vollumfänglich anwendbar bleibt. 6

II. Voraussetzungen des Rechtsverlusts

1. Nichterfüllung der Pflichten nach § 35 Abs. 1 oder 2

a) Tatbestandsvoraussetzungen. § 59 Satz 1 stellt darauf ab, dass Pflichten nach § 35 Abs. 1 oder 2 nicht erfüllt werden. Nach dem Wortlaut bestehen somit Rechte aus Aktien solange nicht, bis alle in § 35 Abs. 1 und 2 genannten Pflichten, dh auch die Pflichten, die sich aus den Verweisungen in § 35 Abs. 1 Satz 4 und Abs. 2 Satz 2 ergeben, erfüllt werden. 7

Jedoch verlangt beispielsweise § 35 Abs. 1 Satz 4 iVm § 10 Abs. 2 die Benachrichtigung der betroffenen Börsen und der BaFin vor der Veröffentli- 8

[1] BT-Drucks. 14/7034, 68.

chung der Erlangung der Kontrolle. Da diese Handlung, wenn sie versäumt wurde (obgleich dies praktisch nicht möglich ist), nicht mehr nachgeholt werden kann, weil sie ihren Zweck nicht mehr erfüllen kann, würde nach dem Gesetzeswortlaut bei Unterlassen der vorherigen Benachrichtigung ein zeitlich unbegrenzter Rechtsverlust eintreten. Dies wäre jedoch unverhältnismäßig.[2] In gleicher Weise hätte nach dem Gesetzeswortlaut die Bekanntgabe der Angebotsunterlage durch den Bieter vor der Veröffentlichung als Verstoß gegen § 35 Abs. 2 Satz 2 iVm § 14 Abs. 2 Satz 2 einen zeitlich unbegrenzten Rechtsverlust zur Folge. Auch diese Rechtsfolge wäre unverhältnismäßig.

9 Zwar sind die übrigen sich aus den Verweisungen in § 35 Abs. 1 Satz 4 und Abs. 2 Satz 2 ergebenden Pflichten grundsätzlich nachholbar. Nach Veröffentlichung der Erlangung der Kontrolle nach § 35 Abs. 1 Satz 1 und des Pflichtangebots nach § 35 Abs. 2 Satz 1 hat der Verstoß gegen die in § 35 Abs. 1 Satz 4 und Abs. 2 Satz 2 geregelten Nebenpflichten jedoch kein so starkes Gewicht mehr, da die Beteiligten aufgrund der Veröffentlichungen regelmäßig Kenntnis vom Erlangen der Kontrolle und dem Pflichtangebot erhalten. Daher erscheint bei einem isolierten Verstoß gegen die sich aus den Verweisungen in § 35 Abs. 1 Satz 4 und Abs. 2 Satz 2 ergebenden Pflichten ein Rechtsverlust als unverhältnismäßig.

10 Auch nach der **Gesetzesbegründung** soll § 59 Satz 1 nur die Rechtsfolge der unterlassenen Veröffentlichung der Erlangung der Kontrolle nach § 35 Abs. 1 Satz 1 oder der Nichtabgabe des Pflichtangebots nach § 35 Abs. 2 Satz 1 regeln.[3] Schließlich stellt § 59 Satz 2 für den Anspruch auf den Liquidationserlös und den Dividendenanspruch ausdrücklich klar, dass bei Erfüllung der Pflichten nach § 35 Abs. 1 Satz 1 und Abs. 2 Satz 1 der Rechtsverlust nicht eintritt. Dies kann nur so verstanden werden, dass dies auch bei einem (verbleibenden) Verstoß gegen die Pflichten aus § 35 Abs. 1 Satz 4 oder Abs. 2 Satz 2 gelten soll. Nichts anderes kann für die sonstigen von § 59 Satz 1 erfassten Rechte gelten.

11 Es spricht daher viel dafür, dass es sich bei § 59 Satz 1 um ein **Redaktionsversehen** handelt, soweit insgesamt auf § 35 Abs. 1 und 2 verwiesen wird, und daher der Rechtsverlust nach § 59 Satz 1 nicht eintritt, wenn die Erlangung der Kontrolle nach § 35 Abs. 1 Satz 1 und das Pflichtangebot nach § 35 Abs. 2 Satz 1 ordnungsgemäß veröffentlicht wurden.[4] Aufgrund der nicht eindeutigen Rechtslage kann es sich allerdings empfehlen, etwaige zunächst nicht erfüllte Pflichten aus § 35 Abs. 1 Satz 4 und Abs. 2 Satz 2 noch nachträglich zu erfüllen, soweit diese nachholbar sind.

12 **b) Nicht ordnungsgemäße Erfüllung der Pflichten nach § 35.** Weiter ist fraglich, ob der Rechtsverlust auch dann eintritt, wenn die Veröffentlichungen vorgenommen worden sind bzw. das Angebot durchgeführt wurde, jedoch **nicht ordnungsgemäß** waren. Aus dem Textunterschied in § 59 Satz 1

---

[2] AA *Mielke* in Beckmann/Kersting/Mielke, Das neue Übernahmerecht, Rn. D 33f.

[3] BT-Drucks. 14/7034, 68.

[4] So auch *Schlitt/Ries* in MüKoAktG, § 59 WpÜG Rn. 15; *Ehricke* in Ehricke/Ekkenga/Oechsler, § 59 Rn. 9f.; *Hommelhoff/Witt* in Frankfurter Komm., § 59 Rn. 13f.; weiter differenzierend *Kremer/Oesterhaus* in KK-WpÜG, § 59 Rn. 14ff.

„Pflichten nicht erfüllt" und § 60 Abs. 1 Nr. 1 bzw. Nr. 4 „eine Veröffentlichung nicht, nicht richtig, nicht vollständig … übersendet", kann nicht geschlossen werden, dass nur das **vollständige Unterlassen** der Veröffentlichung eine Nichterfüllung iSv § 59 Satz 1 darstellt. Denn eine Erfüllung der Pflicht liegt nur vor, wenn die Pflicht in der vom Gesetz vorgeschriebenen Weise erfüllt wurde.[5] Teilweise wird eine Gleichstellung der Schlechterfüllung mit der Nichterfüllung anhand einer Differenzierung der einzelnen Pflichten vorgenommen.[6]

Kleinere Ungenauigkeiten lösen jedoch keinen Rechtsverlust aus, wenn dadurch der Informationszweck der Veröffentlichung nicht gefährdet wird.[7]

Welche Angaben notwendig sind, ergibt sich aus § 35 und dem Sinn und Zweck der Veröffentlichung, insbesondere ihrer Bedeutung für die **Anleger,** welche durch die Veröffentlichung informiert werden sollen. 13

Notwendiger Inhalt der Veröffentlichung nach § 35 Abs. 1 Satz 1 ist, dass der Bieter die Erlangung der Kontrolle unter Nennung seiner Firma bzw. seines Namens und seiner Adresse zusammen mit der Höhe seines Stimmrechtsanteils an der Zielgesellschaft einschließlich deren Firma und Adresse angibt. Weiter ist im Hinblick auf § 35 Abs. 1 Satz 3 erforderlich, dass der Bieter für den Fall, dass Stimmrechte gemäß § 30 zugerechnet werden, diese gesondert für jeden Zurechnungstatbestand angibt. 14

Notwendiger Inhalt des Angebots und der Veröffentlichung nach § 35 Abs. 2 Satz 1 sind die gemäß § 11 Abs. 2 und der WpÜG-AngV erforderlichen Angaben. Weiter dürfen die in der Angebotsunterlage enthaltenen Angaben nicht offensichtlich gegen Vorschriften des WpÜG oder der WpÜG-AngV verstoßen. Bei Unvollständigkeit oder offensichtlichen Rechtsverstößen ist das Angebot nach § 15 Abs. 1 Nr. 1 bzw. Nr. 2 zu untersagen und darf die Angebotsunterlage somit nicht veröffentlicht werden (§ 15 Abs. 3). Folglich ist in diesen Fällen die Pflicht nach § 35 Abs. 2 Satz 1 nicht erfüllt. Da die BaFin den Angebotspreis nicht umfassend prüfen kann, führt die Veröffentlichung der Angebotsunterlage mit einem Angebotspreis, der nicht dem Mindestpreis entspricht, nicht zum Rechtsverlust.[8] Der Rechtsverlust nach § 59 Satz 1 tritt ipso iure mit dem Pflichtverstoß ein und ist nicht von einer Verfügung der BaFin abhängig.[9] 15

2. Verschulden

Aus dem Gesetz geht nicht unmittelbar hervor, ob der Rechtsverlust nach § 59 Satz 1 ein Verschulden voraussetzt. 16

Nach ganz hM tritt die Sanktion des Rechtsverlustes jedoch bei entschuldbarem Irrtum über die gemäß § 35 bestehenden Pflichten nicht ein.[10] 17

---

[5] Vgl. *Opitz* in Schäfer/Hamann, § 28 WpHG Rn. 5.

[6] Vgl. *Schlitt/Ries* in MüKoAktG, § 59 WpÜG Rn. 11; *Kremer/Oesterhaus* in KK-WpÜG, § 59 Rn. 13; *Ehricke* in Ehricke/Ekkenga/Oechsler, § 59 Rn. 8.

[7] *Hommelhoff/Witt* in Frankfurter Komm., § 59 Rn. 15; *Kremer/Oesterhaus* in KK-WpÜG, § 59 Rn. 13; *Santelmann* in Steinmeyer, § 59 Rn. 11.

[8] BGH NZG 2014, 985 („Postbank"); *Löhdefink/Jaspers* ZIP 2014, 2261, 2266.

[9] So zutreffend *Hecker* in Baums/Thoma, § 59 Rn. 50; *Santelmann* in Steinmeyer, § 59 Rn. 14.

[10] *Schlitt/Ries* in MüKoAktG, § 59 WpÜG Rn. 16; *Hommelhoff/Witt* in Frankfurter Komm., § 59 Rn. 17; *Kremer/Oesterhaus* in KK-WpÜG, § 59 Rn. 44; *Ehricke* in Ehricke/Ekkenga/Oechsler, § 59 Rn. 11.

18 Zum einen beginnt nach § 35 Abs. 1 Satz 2 die Veröffentlichungsfrist „mit dem Zeitpunkt, zu dem der Bieter **Kenntnis** davon **hat** oder nach den Umständen **haben musste,** dass er die Kontrolle über die Zielgesellschaft erlangt hat". Bei unverschuldeter Nichtkenntnis vom Erreichen der Kontrollschwelle wird der Fristbeginn somit hinausgeschoben. Weiter sieht § 35 Abs. 1 Satz 1 vor, dass die Mitteilung **unverzüglich,** spätestens aber innerhalb von sieben Kalendertagen nach Erlangung der Kontrolle veröffentlicht werden muss. Unverzüglich bedeutet nach der Legaldefinition des § 121 Abs. 1 Satz 1 BGB **„ohne schuldhaftes Zögern".** Hieraus ergibt sich, dass ein zu dem in § 59 Satz 1 als Sanktion bestimmten Rechtsverlust führender Verstoß gegen die Pflichten nach § 35 Abs. 1 **Verschulden,** dh **Vorsatz oder Fahrlässigkeit** gemäß § 276 Abs. 1 Satz 1 iVm Abs. 2 BGB voraussetzt, also nur in Betracht kommt, wenn der Meldepflichtige seine Pflichten nach § 35 Abs. 1 kannte oder kennen musste.[11]

19 Wegen der schwerwiegenden Rechtsfolgen und des Sanktionscharakters des § 59 Satz 1 wird man auch unter dem Gesichtspunkt der Verhältnismäßigkeit annehmen müssen, dass auch im Falle der Nichterfüllung von Pflichten nach § 35 Abs. 2 nur eine verschuldete Pflichtverletzung zum Rechtsverlust führt.[12]

20 Bei **juristischen Personen** und **Personengesellschaften** findet im Hinblick auf die Verletzung der Pflichten nach § 35 eine **Zurechnung** des Verhaltens und Verschuldens ihrer Organe entsprechend § 31 BGB statt.[13]

21 Ein **Irrtum** über das Bestehen der Pflichten nach § 35 führt nur dann zu einem beachtlichen Rechtsirrtum, wenn dieser Irrtum unvermeidbar war.[14] Aufgrund der Bedeutung der Veröffentlichungspflichten sind hierbei **strenge Maßstäbe** anzulegen, wobei die **Beweislast** den aus § 35 Abs. 1 verpflichteten Aktionär trifft.[15] Wer bedeutende Beteiligungen erwirbt, muss sich nach der Rechtslage erkundigen und sich fachkundig beraten lassen, auch wenn er eine Beteiligung an einer für ihn ausländischen Gesellschaft erwirbt.[16] In der Literatur wird vertreten, dass das Verschulden regelmäßig fehle, wenn der Bieter sich bei der Beurteilung seiner Pflichten auf die Rechtsansicht der BaFin verlässt und diese nicht evident unzutreffend ist.[17] Allerdings sind die

---

[11] D. h. infolge von Fahrlässigkeit nicht kannte, vgl. § 122 Abs. 2 BGB; vgl. auch *Kremer/Oesterhaus* in KK-WpÜG, § 59 Rn. 45; *Ehricke* in Ehricke/Ekkenga/Oechsler, § 59 Rn. 12.

[12] Ebenfalls auf den Verhältnismäßigkeitsgrundsatz abstellend *Bayer* in MüKoAktG, § 20 Rn. 49; vgl. auch *Ehricke* in Ehricke/Ekkenga/Oechsler, § 59 Rn. 11.

[13] *Opitz* in Schäfer/Hamann, § 28 WpHG Rn. 10.

[14] Da § 59 Satz 1 Sanktionscharakter hat, ist § 17 Satz 1 StGB insoweit entsprechend anzuwenden; im Ergebnis ebenso: *Hommelhoff/Witt* in Frankfurter Komm., § 59 Rn. 17; *Schlitt/Ries* in MüKoAktG, § 59 WpÜG Rn. 16.

[15] *Ehricke* in Ehricke/Ekkenga/Oechsler, § 59 Rn. 11; *Kremer/Oesterhaus* in KK-WpÜG, § 59 Rn. 44; *Hommelhoff/Witt* in Frankfurter Komm., § 59 Rn. 16 f.; *Santelmann* in Steinmeyer, § 59 Rn. 11; *Schneider/Rosengarten* in Assmann/Pötzsch/Schneider, § 59 Rn. 17.

[16] *Opitz* in Schäfer/Hamann, § 28 WpHG Rn. 7.

[17] *Santelmann* in Steinmeyer, § 59 Rn. 11.

Zivilgerichte an die Rechtsauffassung der BaFin nicht gebunden.[18] Dem Verpflichteten ist daher zuzumuten, Rechtsrat einzuholen.[19]

22 Wenn der Bieter seine Übernahmestrategie bewusst so ausgestaltet, dass er die Kontrolle nur wenige Stunden vor der Hauptversammlung erlangt, soll er bewusst dolos zur Umgehung von formalen Veröffentlichungspflichten nach dem WpÜG handeln und dies soll daher zum Verlust der Stimmrechte in der Hauptversammlung führen.[20] Dies kann schon deshalb nicht richtig sein, weil der Bieter für die zugekauften Aktien immer die Anmeldefrist zur Hauptversammlung versäumt.

III. Rechtsfolgen

1. Rechtsverlust

23 § 59 Satz 1 bestimmt, dass die Rechte für die Zeit, für welche die Pflichten nach § 35 nicht erfüllt werden, nicht bestehen. Hieraus ergibt sich, dass die von § 59 Satz 1 erfassten Rechte im fraglichen Zeitraum nicht nur „ruhen" (wie dies in § 28 WpHG vor der Änderung durch das 3. FiFöG vorgesehen war), sondern verloren sind.[21]

2. Erfasste Rechte

24 § 59 Satz 1 bezieht sich auf „Rechte aus Aktien". Die nachfolgenden Ausführungen sind nur theoretischer Natur und daher verbieten sich jedwede weite Auslegungen. In der Praxis kann außer dem Stimmrecht keines der Rechte ausgeschlossen werden, allenfalls kommt eine Rückzahlung von Dividenden in Betracht (§ 62 AktG). Zahlungen von Dividenden und Liquidationserlösen werden ausschließlich über die Clearstream Banking AG abgewickelt, welche die Zahlungen an die Institute weiterleitet, für welche Aktien der betreffenden Gesellschaft bei ihr gebucht sind. Bezugsrechte werden anonym über die Clearstream Banking AG abgewickelt, in gleicher Weise werden Berichtigungsaktien zugebucht. Selbst wenn die Gesellschaft die Depotbankverbindung des säumigen Bieters zu kennen meint, kann und wird die Clearstream Banking AG etwaige Weisungen der Gesellschaft, nicht zugunsten dieses Depots zu buchen, nicht ausführen, da sich Kontoverbindung oder Aktienbesitz im letzten Buchungslauf geändert haben könnten.[22]

25 Bei den vom Rechtsverlust erfassten Verwaltungs- und Vermögensrechten handelt es sich im Einzelnen um folgende Rechte:

26 **a) Erfasste Vermögensrechte.** Von § 59 Satz 1 werden folgende Vermögensrechte erfasst:

27 **aa) Dividendenanspruch.** Der Anspruch auf Dividendenzahlung gehört zu den Rechten aus der Aktie, welche vom Rechtsverlust des § 59 Satz 1 erfasst werden.

---

[18] LG Köln BB 2008, 245.
[19] LG Köln BB 2008, 245.
[20] LG München I BKR 2003, 810.
[21] Soweit nicht die Nachholungsmöglichkeit gemäß § 59 Satz 2 besteht, hierzu → Rn. 64 ff.
[22] Vgl. *Süßmann* in Assmann/Schütze, § 14 Rn. 83.

28 Fraglich ist der **maßgebliche Zeitpunkt** für den Verlust des Dividendenzahlungsanspruchs. Nach ganz hM kommt es für die Frage des Rechtsverlusts ausschließlich auf den Zeitpunkt der Fassung des **Gewinnverwendungsbeschlusses** nach § 174 AktG an,[23] da zu diesem Zeitpunkt der Dividendenzahlungsanspruch entsteht. Zwar könnte man aus der Bezugnahme auf § 58 Abs. 4 AktG in § 59 Satz 2 schließen, dass vom Rechtsverlust gemäß § 59 Satz 1 der mitgliedschaftliche Gewinnanspruch selbst und nicht der davon zu unterscheidende konkrete Zahlungsanspruch auf Auszahlung der Dividende gehört.[24] Hiergegen sprechen jedoch bereits die sich aus einer solchen Auslegung ergebenden praktischen Schwierigkeiten.[25] Auch wird aus der Verwendung des Begriffs „Ansprüche" in § 59 Satz 2 ersichtlich, dass der Gesetzgeber auf den **Dividendenzahlungsanspruch,** welcher sich aus § 58 Abs. 4 AktG iVm dem Gewinnverwendungsbeschluss gemäß § 174 AktG ergibt, abstellen wollte.[26]

29 Wurden bis zum Zeitpunkt des Gewinnverwendungsbeschlusses die Pflichten nach § 35 erfüllt, so wird der Dividendenanspruch auch dann nicht quotal gekürzt, wenn in dem Zeitraum **vor** dem Gewinnverwendungsbeschluss eine Pflichtverletzung vorlag.[27]

30 **bb) Bezugsanspruch auf Aktien.** Der Aktionär, welcher seine Pflichten nach § 35 verletzt, verliert auch die Bezugsansprüche aus einem **Kapitalerhöhungsbeschluss gegen Einlagen,** da auch diese zu den sich aus der Aktie ergebenden Vermögensrechten gehören. Das vom konkreten Bezugsanspruch zu unterscheidende allgemeine Bezugsrecht[28] wird demgegenüber nicht vom Rechtsverlust gemäß § 59 Satz 1 erfasst.[29]

31 Streitig ist auch hier der **maßgebliche Zeitpunkt,** bis zu welchem die Pflichten nach § 35 Abs. 1 und 2 erfüllt werden müssen, damit kein Rechtsverlust eintritt. Zu § 20 Abs. 7 AktG aF wurden hierzu verschiedene Ansichten vertreten. Entscheidend sollte nach einer Auffassung der Beschluss über die Kapitalerhöhung sein,[30] nach anderer Auffassung die Eintragung im Handelsregister nach § 184 AktG[31] und nach wieder anderer Ansicht der Ablauf

---

[23] LG München I NZG 2009, 226; *Schlitt/Ries* in MüKoAktG, § 59 WpÜG Rn. 29; *Kremer/Oesterhaus* in KK-WpÜG, § 59 Rn. 59.

[24] So *Hecker* in Baums/Thoma, § 59 Rn. 94; dagegen LG München I NZG 2009, 226, dass ohne nähere Begründung von einem Rechtsverlust auch des Auszahlungsanspruchs ausgeht.

[25] Unter Umständen müsste der auf einzelne Teile des Geschäftsjahres entfallende Gewinn durch Zwischenbilanzen ermittelt werden, vgl. *Opitz* in Schäfer/Hamann, § 28 WpHG Rn. 14.

[26] *Schlitt/Ries* in MüKoAktG, § 59 WpÜG Rn. 28; *Santelmann* in Steinmeyer, § 59 Rn. 16.

[27] *Schlitt/Ries* in MüKoAktG, § 59 WpÜG Rn. 29; *Santelmann* in Steinmeyer, § 59 Rn. 16; *Kremer/Oesterhaus* in KK-WpÜG, § 59 Rn. 59.

[28] *Hüffer/Koch,* § 186 Rn. 6f.

[29] Vgl. auch Rn. 26 zum Dividendenzahlungsanspruch und zum davon zu unterscheidenden mitgliedschaftlichen Gewinnanspruch; ebenso *Schlitt/Ries* in MüKoAktG, § 59 WpÜG Rn. 30; *Kremer/Oesterhaus* in KK-WpÜG, § 59 Rn. 64ff.; *Ehricke* in Ehricke/Ekkenga/Oechsler, § 59 Rn. 18.

[30] So *Krieger* in MHdB AG, § 68 Rn. 145.

[31] So *Koppensteiner* in KölnKomm., § 20 Rn. 69.

der Bezugsfrist nach § 186 Abs. 1 Satz 2 AktG.[32] Richtigerweise ist – entsprechend der Rechtslage im Hinblick auf den Dividendenzahlungsanspruch – der Zeitpunkt maßgeblich, zu welchem der Bezugsanspruch entsteht, mithin der **Zeitpunkt des Kapitalerhöhungsbeschlusses.**[33] Die Eintragung des Beschlusses ist nicht maßgeblich, da diese zwar Voraussetzung für die Kapitalerhöhung, nicht jedoch für das Entstehen des Bezugsanspruches ist.[34] Die neuen Aktien werden in jedem Fall wegen der anonymen Abwicklung die über Clearstream Banking AG an den Bieter ausgegeben und sind rechtswirksam ausgegeben.

Im Falle der Kapitalerhöhung gegen Einlagen **aus genehmigtem Kapital** 32 ist der maßgebliche Zeitpunkt für den Rechtsverlust nicht „die Ermächtigung der Satzung zur Ausgabe neuer Aktien", welche nach § 203 Abs. 1 Satz 2 AktG an die Stelle des Beschlusses über die Erhöhung des Grundkapitals tritt, sondern die für die Entstehung des konkreten Bezugsanspruchs entscheidende Maßnahme, also der **Beschluss des Vorstands,** die Ermächtigung auszuüben und die Kapitalerhöhung durchzuführen bzw. die **Zustimmung des Aufsichtsrats** nach § 204 Abs. 1 Satz 2 AktG, wenn diese – wie regelmäßig – erforderlich ist.[35]

Ebenfalls unter § 59 Satz 1 fallen Bezugsansprüche auf **andere** von der 33 Gesellschaft ausgegebene **Finanzinstrumente,** wie Wandelschuldverschreibungen, Optionsschuldverschreibungen, Gewinnschuldverschreibungen und Genussrechte, auf welche die Aktionäre nach dem gesetzlichen Leitbild (§ 221 Abs. 4 AktG) regelmäßig ein Bezugsrecht haben.[36]

cc) Kapitalerhöhung aus Gesellschaftsmitteln. Nach einer früher 34 vielfach vertretenen Auffassung zu § 20 Abs. 7 AktG und § 28 WpHG gehört das Recht des Aktionärs gemäß § 212 AktG, bei einer **Kapitalerhöhung aus Gesellschaftsmitteln** Aktien zu erwerben, **nicht zu den Rechten,** auf welche sich der Rechtsverlust erstreckt.[37] Begründet wurde diese Auffassung damit, dass die Aktien hier kraft Gesetzes in der Person des jeweiligen Aktionärs entstehen. Dieser erwerbe sie nicht etwa durch Ausübung eines Bezugsanspruches, sondern aus ihm ohnehin zustehenden Gesellschaftsmitteln,[38] so dass ihm nichts „Zusätzliches" gewährt werde.[39] Diese Auffassung wird auch von Teilen des Schrifttums zu § 59 vertreten mit der Begründung, dass ein Rechtsverlust an im Rahmen einer Kapitalerhöhung

---

[32] So *Heinsius* FS Robert Fischer, 1979, S. 233, zu § 20 AktG.

[33] *Schlitt* in MüKoAktG, § 59 WpÜG Rn. 31; *Santelmann* in Steinmeyer, § 59, Rn. 17; *Kremer/Oesterhaus* in KK-WpÜG, § 59 Rn. 65; *Ehricke* in *Ehricke/Ekkenga/Oechsler,* § 59 Rn. 18; *Vocke* BB 2009, 1600, 1603.

[34] *Opitz* in Schäfer/Hamann, § 28 WpHG Rn. 15.

[35] Vgl. *Hüffer/Koch,* § 203 Rn. 7; *Schlitt/Ries* in MüKoAktG, § 59 WpÜG Rn. 31; *Santelmann* in Steinmeyer, § 59 Rn. 27.

[36] *Opitz* in Schäfer/Hamann, § 28 WpHG Rn. 17; *Schlitt/Ries* in MüKoAktG, § 59 WpÜG Rn. 32; *Ehricke* in Ehricke/Ekkenga/Oechsler, § 59 Rn. 18.

[37] *Koppensteiner* in KölnKomm., § 20 Rn. 69; *Opitz* in Schäfer/Hamann, § 28 WpHG Rn. 18.

[38] D. h., den bisherigen Bilanzpositionen Kapitalrücklage und/oder Gewinnrücklage, § 207 Abs. 1 AktG.

[39] *Opitz* in Schäfer/Hamann, § 28 WpHG Rn. 18.

aus Gesellschaftsmitteln erworbenen neuen Aktien ein unzulässiger Eingriff in die Substanz der Mitgliedschaft wäre.[40]

35 Zwar mag es für eine abweichende Behandlung von Rechten aus einer Kapitalerhöhung aus Gesellschaftsmitteln, die im Kern ebenfalls als Substitution des Aktienstammrechts anzusehen sind, keine Begründung mehr finden.[41] Da die Berichtigungsaktien aber nicht zurück gefordert oder eingezogen werden können, braucht der Streit nicht entschieden zu werden.

36 **dd) Anspruch auf den Liquidationserlös.** Zu den Rechten aus Aktien gehören nicht nur die Verwaltungs- und Vermögensrechte aus der Aktie, sondern auch der **Anspruch auf den anteiligen Liquidationserlös.** Dies ergibt sich aus dem Umkehrschluss aus § 59 Satz 2, wonach der Anspruch auf den Liquidationserlös unter den dort genannten Voraussetzungen nicht ausgeschlossen ist. Das Gesetz geht demnach davon aus, dass sich in der Regel der Rechtsverlust auch auf den Anspruch auf den Liquidationserlös erstreckt.[42] Die früher zu § 20 Abs. 7 AktG vertretene Meinung, wonach der Liquidationserlös **Surrogat für das Aktienstammrecht** sei und das Stammrecht dem Aktionär durch die Sanktion des Rechtsverlusts gerade nicht entzogen werde,[43] lässt sich bei den jetzigen gesetzlichen Regelungen nicht mehr aufrechterhalten.[44]

37 Relevanter Zeitpunkt für den Rechtsverlust ist nach überwiegender Ansicht der Tag der Fassung des Auflösungsbeschlusses (§ 262 AktG).[45] § 59 Satz 2 sieht allerdings vor, dass der Rechtsverlust hinsichtlich des Liquidationserlöses dann nicht eintritt, wenn die Veröffentlichung oder das Angebot nach § 35 Abs. 1 Satz 1 oder Abs. 2 Satz 1 nicht vorsätzlich unterlassen wurde und vor der endgültigen Auskehrung des Liquidationserlöses nachgeholt worden ist.[46]

38 **ee) Sonstige Vermögensrechte.** Da der Rechtsverlust auch den Liquidationserlös erfasst, kann auch hinsichtlich sonstiger Vermögensrechte nicht danach abgegrenzt werden, ob diese ein Surrogat für das Aktienstammrecht darstellen. Vielmehr ist nach der Systematik des § 59 davon auszugehen, dass **alle Vermögensrechte** vom Rechtsverlust gemäß § 59 Satz 1 erfasst sind.[47]

---

[40] *Schlitt/Ries* in MüKoAktG, § 59 WpÜG Rn. 33; *Hommelhoff/Witt* in Frankfurter Komm., § 59 Rn. 22; *Santelmann* in Steinmeyer, § 59 Rn. 17; *Kremer/Oesterhaus* in KK-WpÜG, § 59 Rn. 73.

[41] Vgl. *Bayer* in MüKoAktG, § 20 Rn. 67.

[42] HM, vgl. *Schlitt/Ries* in MüKoAktG, § 59 WpÜG Rn. 34; *Santelmann* in Steinmeyer, § 59 Rn. 18; *Kremer/Oesterhaus* in KK-WpÜG, § 59 Rn. 67; *Schneider/Rosengarten* in Assmann/Pötzsch/Schneider, § 59 Rn. 37.

[43] *Hüffer/Koch* FS Boujong 1996, S. 277, 285.

[44] AA *Opitz* in Schäfer/Hamann, § 28 WpHG Rn. 19, wonach der § 59 Satz 2 entsprechende § 28 Satz 2 WpHG nur deklaratorische Bedeutung habe.

[45] *Schlitt/Ries* in MüKoAktG, § 59 WpÜG Rn. 35; *Kremer/Oesterhaus* in KK-WpÜG, § 59 Rn. 68; *Emmerich* in Emmerich/Habersack, § 20 Rn. 59; aA *Windbichler* in Großkomm. AktG, § 20 Rn. 83.

[46] Vgl. hierzu → Rn. 68 ff.

[47] *Bayer* in MüKoAktG, § 20 Rn. 67–69, 77; aA für Rechte, die ein Surrogat der Mitgliedschaft (vgl. hierzu → Rn. 32 f.) darstellen: *Schlitt/Ries* in MüKoAktG, § 59 WpÜG Rn. 36; *Kremer/Oesterhaus* in KK-WpÜG, § 59 Rn. 74.

Dies bedeutet, dass auch eventuelle Ausgleichs-, Umtausch- und Abfindungsansprüche bei einer Umwandlung oder Verschmelzung oder nach dem Konzernrecht erlöschen. Dasselbe gilt für den Rückzahlungsanspruch bei der **Kapitalherabsetzung,** § 225 Abs. 2 AktG.[48] Maßgebend für den Rechtsverlust ist auch insoweit der Zeitpunkt der Anspruchsbegründung. Eine analoge Anwendung von § 59 Satz 2 auf die vorgenannten Fälle scheidet aus.[49]

b) Erfasste Verwaltungsrechte. Von § 59 Satz 1 werden alle aus der Mitgliedschaft folgenden Verwaltungsrechte erfasst. Dabei kommt es für die Frage, ob der betroffene Aktionär nach § 59 Satz 1 an der Ausübung gehindert ist, auf den Zeitpunkt an, in dem das Recht ausgeübt werden soll.[50] **Organfunktionen** wie die Mitgliedschaft in Vorstand und Aufsichtsrat und die aus einer solchen Organstellung resultierenden Rechte werden von einer Verletzung der Pflichten nach § 35 Abs. 1 Satz 1 und Abs. 2 Satz 1 nicht berührt, da es sich dabei nicht um aus der Aktie fließende Rechtspositionen handelt.[51] 39

aa) Rechte im Zusammenhang mit der Hauptversammlung. Der Rechtsverlust erfasst alle Rechte, die ein Aktionär im Zusammenhang mit der Hauptversammlung wahrnehmen kann, sofern er bis dahin seine Pflichten nach § 35 nicht erfüllt hat. Hierzu gehören insbesondere das Recht auf **Einberufung der Hauptversammlung** nach § 122 Abs. 3 Satz 1 AktG,[52] auf **Teilnahme an der Hauptversammlung** und insbesondere auch das **Stimmrecht.**[53] Der Zutritt zur Hauptversammlung muss dem Bieter verwehrt werden, wenn der Verwaltung der Zielgesellschaft bekannt ist, dass dieser dem Rechtsverlust nach § 59 Satz 1 unterliegt.[54] Beauftragt der Bieter hingegen sein Institut mit der Ausübung der Stimmrechte, kann die Gesellschaft nicht erkennen, dass das Institut Aktien des Bieters vertritt (§ 135 Abs. 5 AktG). 40

Vom Rechtsverlust erfasst werden **alle** dem pflichtwidrig handelnden Bieter, mit ihm gemeinsam handelnden Personen oder deren Tochterunternehmen zustehenden bzw. nach § 30 Abs. 1 und 2 zuzurechnenden Stimmrechte und nicht nur die den Schwellenwert übersteigenden Stimmrechte.[55] 41

bb) Sonstige Verwaltungsrechte. Von dem Rechtsverlust erfasst sind auch alle sonstigen Mitwirkungs- und Mitverwaltungsrechte des pflichtwidrig 42

---

[48] Ehricke in Ehricke/Ekkenga/Oechsler, § 59 Rn. 20; Schneider in Assmann/Schneider, § 28 Rn. 39; aA Schlitt in MüKoAktG, § 59 WpÜG Rn. 36; Noack/Zetzsche in Schwark/Zimmer, KapitalmarktR, § 59 WpÜG Rn. 29; Opitz in Schäfer/Hamann, § 28 WpHG Rn. 20; *Hüffer/Koch* FS Boujong 1996, S. 277, 288.

[49] → Rn. 35.

[50] *Kremer/Oesterhaus* in KK-WpÜG, § 59 Rn. 58f.; *Schlitt/Ries* in MüKoAktG, § 59 WpÜG Rn. 37.

[51] *Kremer/Oesterhaus* in KK-WpÜG, § 59 Rn. 54; *Schlitt/Ries* in MüKoAktG, § 59 WpÜG Rn. 37; *Schneider/Rosengarten* in Assmann/Pötzsch/Schneider, § 59 Rn. 27.

[52] *Ehricke* in Ehricke/Ekkenga/Oechsler, § 59 Rn. 15.

[53] OLG Stuttgart NZG 2005, 452, zu § 28 WpHG; LG Hannover AG 1993, 187, 188f.; *Schlitt/Ries* in MüKoAktG, § 59 WpÜG Rn. 38; *Kremer/Oesterhaus* in KK-WpÜG, § 59 Rn. 53.

[54] So zutreffend *Santelmann* in Steinmeyer, § 59 Rn. 20.

[55] *Koppensteiner* in KölnKomm., § 20 Rn. 60 mwN.

handelnden Aktionärs, wie insbesondere das **Auskunftsrecht** nach § 131 AktG und das Recht, die Geltendmachung von **Ersatzansprüchen** zu verlangen, nach § 147 AktG.

43 Bezüglich der Frage, ob die Befugnis zur **Anfechtung** von **Hauptversammlungsbeschlüssen** gemäß § 245 AktG vom Rechtsverlust umfasst ist, ist zu differenzieren:

44 Im Fall des § 243 Abs. 2 AktG (Schaffung von Sondervorteilen zum Schaden der Gesellschaft oder der anderen Aktionäre) behält der Bieter, der seine Pflichten nach § 35 verletzt, jedoch das Anfechtungsrecht,[56] da § 245 Nr. 3 AktG nur auf die Aktionärseigenschaft abstellt und der Rechtsverlust gemäß § 59 Satz 1 die Mitgliedschaft selbst nicht erfasst.[57]

45 In den Fällen des § 245 Abs. 1 Nr. 1 und 2 AktG sind jedoch nur Aktionäre zur Anfechtung befugt, die in der Hauptversammlung erschiene sind oder zu Unrecht ausgeschlossen wurden. Da der Bieter, der seine Pflichten nach § 35 nicht erfüllt hat, kein Recht auf Teilnahme an der Hauptversammlung hat,[58] ist seine Anfechtungsbefugnis gemäß § 245 Abs. 1 Nr. 1 und 2 AktG vom Rechtsverlust des § 59 Satz 1 erfasst.[59] Anfechtungsklagen, die mit der Begründung erhoben werden, der Rechtsverlust nach § 59 Satz 1 habe nicht vorgelegen und er sei von der Hauptversammlung oder der Abstimmung zu Unrecht ausgeschlossen worden, bleiben jedoch möglich.[60]

46 Ebenso behält der Bieter auch bei Nichterfüllung der Pflichten nach § 35 die Möglichkeit, Klage auf Feststellung der **Nichtigkeit** eines Hauptversammlungsbeschlusses nach § 249 AktG zu erheben, da die Nichtigkeitsklage nicht nur von stimmberechtigten Aktionären erhoben werden kann. Das erforderliche Feststellungs- und Rechtsschutzinteresse ergibt sich bereits aus der Aktionärseigenschaft, welche auch der Aktionär, der seine Pflichten nach § 35 verletzt, behält.[61]

47 Die Anfechtungsbefugnis entfällt, wenn bis zum Zeitpunkt der Klageerhebung die Sanktion des § 59 Satz 1 eingreift.[62] Dagegen hat es keinen Einfluss auf den Anfechtungsprozess, wenn der Rechtsverlust nach Klageerhebung eintritt.

48 **c) Mitgliedschaft.** Die Mitgliedschaft selbst ist nicht vom Rechtsverlust des § 59 Satz 1 erfasst, da sie nicht zu den Rechten **aus** der Aktie gehört.[63]

---

[56] OLG Schleswig ZIP 2007, 2214, zu § 20 Abs. 7 AktG; ebenso *Hommelhoff/Witt* in Frankfurter Komm., § 59, Rn. 19; *Schlitt/Ries* in MüKoAktG, § 59 WpÜG Rn. 40; *Ehricke* in Ehricke/Ekkenga/Oechsler, § 59 Rn. 16; nach aA wird das Anfechtungsrecht uneingeschränkt vom Rechtsverlust erfasst, so *Kremer/Oesterhaus* in KK-WpÜG, § 59 Rn. 53; *Schneider* FS Kümpel, 2003, S. 477, 480.

[57] Vgl. → Rn. 47.

[58] Vgl. → Rn. 39.

[59] BGH NZG 2006, 505 (zu § 20 Abs. 7 AktG); OLG Frankfurt a. M. AG 2008, 87; OLG Frankfurt a. M. NZG 2007, 553; OLG Stuttgart AG 2005, 125, zu § 28 WpHG.

[60] Zutreffend *Santelmann* in Steinmeyer, § 59 Rn. 21.

[61] *Schlitt/Ries* in MüKoAktG, § 59 WpÜG Rn. 40.

[62] *Santelmann* in Steinmeyer, § 59 Rn. 22; *Schneider/Schneider* ZIP 2006, 493, 496.

[63] *Schneider/Rosengarten* in Assmann/Pötzsch/Schneider, § 59 Rn. 25; *Hommelhoff/Witt* in Frankfurter Komm., § 59 Rn. 18; *Schlitt/Ries* in MüKoAktG, § 59 WpÜG Rn. 20; *Kremer/Oesterhaus* in KK-WpÜG, § 59 Rn. 53, 69; *Ehricke* in Ehricke/Ekkenga/Oechsler, § 59 Rn. 21.

Eine Verletzung der Pflichten nach § 35 wirkt sich daher auf die Beteiligungsverhältnisse nicht aus.

3. Betroffene Aktien

Vom Rechtsverlust des § 59 Satz 1 betroffen sind Aktien (sowohl Stamm-, als auch Vorzugsaktien), die dem Bieter gehören, dh, deren Inhaber der Bieter ist. Ferner sind zum einen solche Aktien betroffen, welche mit dem Bieter gemeinsam handelnden Personen oder deren Tochterunternehmen gehören. Zum anderen sind seit Änderung des § 59 Satz 1 aufgrund des Gesetzes zur Umsetzung der Transparenzrichtlinie-Änderungsrichtlinie umfassend solche Aktien betroffen, aus denen dem Bieter, mit ihm gemeinsam handelnden Personen oder deren Tochterunternehmen Stimmrechte gemäß § 30 Abs. 1 und 2 zugerechnet werden. Während § 59 Satz 1 aF den Rechtsverlust allein auf die Zurechnung nach § 30 Abs. 1 Satz 1 Nrn. 1 und 2 sowie auf gemeinsam handelnde Personen (§ 2 Ab. 5) erstreckte und damit keine Aktien betraf, die dem Bieter nach § 30 Abs. 1 Satz 1 Nr. 3 bis 6 oder Abs. 2 zugerechnet wurden , wird der Rechtsverlust nunmehr auf sämtliche Zurechnungstatbestände des § 30 ausgedehnt. Auf diese Weise soll nach dem Willen des Gesetzgebers die mit der Änderung des § 28 WpHG vorgenommene Erstreckung des Rechtsverlustes auf sämtliche Zurechnungstatbestände für das Übernahmerecht nachvollzogen werden und darüber hinaus eine angebliche Schutzlücke geschlossen werden, indem mit der Verweisung auf § 30 Abs. 2 Satz 2 Alt. 2 sichergestellt wird, dass der Rechtsverlust beim Tatbestand des „acting in concert" nicht nur bei Verständigung über die Ausübung des Stimmrechtes (so § 2 Abs. 5 zur gemeinsam handelnden Person), sondern auch bei einem Zusammenwirken mit dem Ziel der erheblichen und dauerhaften Änderung der unternehmerischen Ausrichtung der Zielgesellschaft in sonstiger Weise eintritt. Damit wirken sich die ganz erheblichen Unsicherheiten des Zurechnungstatbestands des § 30 Abs. 2, insbesondere mit der Einzelfallausnahme[64], auf einen evtl. Rechtsverlust aus. 49

Soweit Veröffentlichungspflichten **auf mehreren Stufen** bestehen, so bestehen die Rechte aus Aktien nur, wenn sämtliche Pflichten nach § 35 erfüllt sind.[65] Die Aktien sind somit durch die Konzernzugehörigkeit oder Personen, mit denen die Stimmrechtsausübung nicht nur im Einzelfall vereinbart wird, „infiziert".[66] Führt ein Mutterunternehmen im Hinblick auf Aktien seines Tochterunternehmens kein Pflichtangebot durch, unterliegen die dem Tochterunternehmen gehörenden Aktien dem Rechtsverlust des § 59 Satz 1;[67] ebenso, wenn ein Mitglied im Stimmrechtspool kein Pflichtangebot abgibt. 50

Tochterunternehmen haben daher ein eigenes Interesse an der Erfüllung der Pflichten nach § 35 seitens ihres Mutterunternehmens. Den Tochterunternehmen steht zur Wahrung dieses Interesses ein **Auskunfts- und Informationsanspruch** gegenüber ihren Mutterunternehmen zu, der auf die 51

[64] Siehe die Kommentierung zu § 30.

[65] *Koppensteiner* in KölnKomm., § 20 Rn. 61; *Schlitt/Ries* in MüKoAktG, § 59 WpÜG Rn. 23.

[66] *Opitz* in Schäfer/Hamann, § 28 WpHG Rn. 33; *Wunsch* BB 2011, 2315, 2317.

[67] OLG Stuttgart AG 2005, 125, 128, zu § 28 WpHG.

Offenlegung aller Bestände an Aktien börsennotierter Gesellschaften im Konzern gerichtet ist, da eine einzelne Aktie für die Verwirklichung der Kontrollschwelle relevant sein kann.[68]

52 Eine Verletzung der gemäß § 35 bestehenden Pflichten durch das Mutterunternehmen, welche für das Tochterunternehmen zu einem Rechtsverlust führt, stellt eine **Verletzung der gesellschaftsrechtlichen Treuepflicht** durch das Mutterunternehmen dar, welche einen Schadensersatzanspruch des Tochterunternehmens begründet.[69]

4. Dauer des Rechtsverlusts

53 Der Rechtsverlust besteht nach § 59 Satz 1 nur so lange, bis den Verpflichtungen nach § 35 nicht genügt wurde. Sofern die Pflichten nach § 35 jedoch einmal wegen Überschreitens der Schwelle von 30% entstanden sind, dauert der Rechtsverlust bis zur Erfüllung der fortbestehenden Pflichten gemäß § 35 an. Dies gilt auch, wenn die Kontrollschwelle wieder unterschritten wird.[70] Der Rechtsverlust tritt auch bei nur kurzfristiger Überschreitung der Kontrollschwelle ein.[71]

54 Kommt es zu einem Verlust von Rechten aus Aktien auf Grund einer Zurechnung gemäß § 30 mehrerer gemeinsam handelnder Personen, endet der Rechtsverlust erst dann, wenn alle Personen ihre Pflichten erfüllt haben.[72] Dies gilt im Grundsatz auch dann, wenn sich nur eine Person weigert, die Pflichten zu erfüllen.

IV. Folgen des Rechtsverlusts

1. Vermögensrechte

55 **a) Dividendenanspruch.** Der Verlust des Anspruchs auf Zahlung der Dividende in der Person des pflichtwidrig handelnden Aktionärs hat nicht zur Folge, dass sich der **Anspruch der übrigen Aktionäre** auf Zahlung von Dividenden entsprechend **erhöht.** Dies folgt aus § 58 Abs. 4 AktG, wonach die Aktionäre Anspruch auf den Bilanzgewinn haben.[73] Dies gilt jedoch erst dann, wenn der Verlust des Dividendenanspruchs endgültig feststeht.[74] Solange die Möglichkeit besteht, dass der zunächst ausgeschlossene Aktionär durch

---

[68] Ebenso *Schlitt/Ries* in MüKoAktG, § 59 WpÜG Rn. 23.

[69] So auch *Schlitt/Ries* in MüKoAktG, § 59 WpÜG Rn. 23.

[70] OLG Frankfurt a. M. NZG 2007, 553; ebenso *Schlitt/Ries* in MüKoAktG § 59 WpÜG Rn. 41; *Ehricke* in Ehricke/Ekkenga/Oechsler, § 59 Rn. 25; *Santelmann* in Steinmeyer, § 59 Rn. 35; *Hommelhoff/Witt* in Frankfurter Komm., § 59 Rn. 32; aA OLG Frankfurt a. M. AG 2004, 36, 37 (Pixelpark I); *Schneider/Rosengarten* in Assmann/Pötzsch/Schneider, § 59 Rn. 41.

[71] *Schlitt/Ries* in MüKoAktG, § 59 WpÜG Rn. 41; *Ehricke* in Ehricke/Ekkenga/Oechsler, § 59 Rn. 25; *Santelmann* in Steinmeyer, § 59 Rn. 35; *Hommelhoff/Witt* in Frankfurter Komm., § 59 Rn. 32; aA *Kremer/Osterhaus* in KK-WpÜG, § 59 Rn. 75 f.

[72] *Schlitt/Ries* in MüKoAktG, § 59 WpÜG Rn. 42; *Ehricke* in Ehricke/Ekkenga/Oechsler, § 59 Rn. 26; *Santelmann* in Steinmeyer, § 59 Rn. 22.

[73] BGH ZIP 2014, 1677.

[74] *Schlitt/Ries* in MüKoAktG, § 59 WpÜG Rn. 43; *Kremer/Oesterhaus* in KK-WpÜG, § 59 Rn. 60.

nachträgliche Erfüllung der in § 35 Abs. 1 Satz 1 und Abs. 2 Satz 2 genannten Pflichten gemäß § 59 Satz 2 seinen Anspruch auf Auszahlung der Dividende zurückerhält, ist die entsprechende **Dividende vorerst nicht auszuzahlen** und der Gewinnanteil **bei der Gesellschaft zu verbuchen,** um so eine mögliche spätere Auszahlung im Fall einer nachträglichen Pflichterfüllung sicherzustellen.[75] Allerdings muss die Dividende sowieso aus abwicklungstechnischen Gründen ohne Abzug an die Clearstream Banking AG zur Weiterleitung an die Depotbanken überweisen werden, so dass die Situation einer einbehaltenen Dividende nicht entstehen kann.

Ob die gemäß § 59 Satz 1 nicht ausgeschütteten Dividenden **als außerordentlicher Ertrag** zu behandeln sind, sobald feststeht, dass die Veröffentlichung oder das Angebot nach § 35 Abs. 1 Satz 1 oder Abs. 2 Satz 1 vorsätzlich unterlassen wurde und damit eine Nachholung gemäß § 59 Satz 2 ausgeschlossen ist,[76] oder ob die vorerst gemäß § 59 Satz 1 nicht ausgezahlten Dividenden jedoch **an die übrigen Aktionäre auszuschütten** sind,[77] kann dahinstehen. Denn die Gesellschaft hätte erst etwas zu verteilen, wenn sie die ausgezahlte Dividende vom Bieter erfolgreich zurück gefordert hat (wenn der Vorstand dieses Recht gegen den kontrollierenden Aktionär überhaupt geltend machen will). Die Vereinnahmung des betreffenden Betrages durch die Gesellschaft als außerordentlicher Ertrag hätte zur Folge, dass der säumige Aktionär, der vor dem nächsten Gewinnverwendungsbeschluss seine Pflicht zur Veröffentlichung bzw. Abgabe eines Pflichtangebotes nachholt, entsprechend seiner Quote bei der darin festgesetzten Gewinnausschüttung an dem Betrag partizipieren würde, der ihm nach Sinn und Zweck von § 59 Satz 1 gerade nicht zustehen soll.[78] 56

b) Bezugsanspruch. Folge des Nichtbestehens von Bezugsansprüchen ist nach einer Ansicht, dass sich die Bezugsansprüche der übrigen Aktionäre quotal erhöhen.[79] Nach zutreffender Ansicht gibt es dagegen **keine automatische Erhöhung** des Bezugsanspruchs anderer Aktionäre – vielmehr kann der Vorstand über die jungen Aktien verfügen.[80] Eine automatische Erhöhung der Bezugsansprüche der übrigen Aktionäre ist weder nach dem Schutzzweck des Bezugsrechts, das lediglich eine Wahrung der Beteiligungsverhältnisse sicherstellen soll, erforderlich noch findet sich dafür eine gesetzliche Grundlage.[81] 57

2. Verwaltungsrechte

Ein Aktionär, dessen Rechte vom Rechtsverlust gemäß § 59 Satz 1 betroffen sind, gilt in der Hauptversammlung als **nicht vertreten.** Seine Aktien werden weder bei der Berechnung der Stimmen noch bei der Berechnung 58

---

[75] *Bayer* in MüKoAktG, § 20 Rn. 74; *Hüffer/Koch,* § 20 Rn. 15a; *Santelmann* in Steinmeyer, § 59 Rn. 26.

[76] So *Hüffer/Koch,* § 20 Rn. 15a; *Schlitt/Ries* in MüKoAktG, § 59 WpÜG Rn. 43; *Kremer/Oesterhaus* in KK-WpÜG, § 59 Rn. 61.

[77] *Schneider/Rosengarten* in Assmann/Pötzsch/Schneider, § 59 Rn. 32.

[78] So zutreffend *Opitz* in Schäfer/Hamann, § 28 WpHG Rn. 42.

[79] *Koppensteiner* in KölnKomm., § 20 Rn. 69.

[80] Ebenso *Schlitt/Ries* in MüKoAktG, § 59 WpÜG Rn. 44; *Kremer/Oesterhaus* in KK-WpÜG, § 59, Rn. 66.

[81] *Schlitt/Ries* in MüKoAktG, § 59 WpÜG Rn. 44.

der Kapitalmehrheit mitgezählt und gehören somit nicht zu dem bei der Beschlussfassung vertretenen Grundkapital.[82] Allerdings dürfen die übrigen Aktionäre diese Situation nicht dazu ausnutzen, um Beschlüsse zu fassen, die den Bieter willkürlich ungleich behandeln (§ 53a AktG).[83]

V. Folgen unzulässiger Rechtsausübung

1. Vermögensrechte

59 **a) Dividendenanspruch.** Hat der Aktionär, der seine Pflichten nach § 35 verletzt hat, die **Dividende erhalten,** so ist diese nach § 62 Abs. 1 AktG an die Gesellschaft zurückzuzahlen.[84] Zwar ist § 62 Abs. 1 AktG bei einem Verstoß gegen § 59 Satz 1 nicht unmittelbar anwendbar, da es sich bei § 59 Satz 1 um eine kapitalmarktrechtliche und nicht um eine aktienrechtliche Vorschrift handelt. Jedoch ergibt sich aus § 57 AktG, dass bei der Aktiengesellschaft überhaupt nur eine **ordnungsgemäße** Verteilung des Bilanzgewinns zulässig ist.[85] Nicht ordnungsgemäß ist auch die Zahlung der Dividende an einen nach § 59 Satz 1 nicht dividendenberechtigten Aktionär. Somit folgt in diesen Fällen der Rückforderungsanspruch der Gesellschaft aus den §§ 57, 62 Abs. 1 AktG, die insofern anderen Ansprüchen (insbesondere §§ 812ff. BGB) als Spezialregelungen vorgehen.[86]

60 Die Rückzahlungspflicht gemäß § 62 Abs. 1 Satz 2 AktG setzt voraus, dass der Zahlungsempfänger wusste oder infolge von Fahrlässigkeit nicht wusste, dass er zum Bezug nicht berechtigt war. Dies ist jedoch regelmäßig der Fall, da der Rechtsverlust nach § 59 Satz 1 nur im Fall eines schuldhaften Verhaltens des Bieters eintritt.[87]

61 Sollte die Gewinnberechtigung gesondert verbrieft worden sein (Dividendenschein, Coupon), entfällt dem Grunde nach die Gewinnberechtigung der entsprechenden Gewinnanteilsscheine. Jedoch ist zu beachten, dass es sich bei Gewinnanteilsscheinen um Inhaberpapiere handelt.[88] Daher kann die Gesellschaft einem gutgläubigen Erwerber die fehlende Dividendenberechtigung nach § 796 BGB nicht entgegenhalten.[89] Allerdings hat die Gesellschaft gegen den Verkäufer des nicht dividendenberechtigten Gewinnanteilsscheins einen Erstattungsanspruch. Dieser ergibt sich ebenfalls aus § 62 Abs. 1 AktG iVm § 57 AktG.[90]

---

[82] Ebenso *Schlitt/Ries* in MüKoAktG, § 59 WpÜG Rn. 38; *Kremer/Oesterhaus* in KK-WpÜG, § 59 Rn. 56; *Schneider/Schneider* ZIP 2006, 493, 495.

[83] Beispiele bei *Hecker* in Baums/Thoma, § 59 Rn. 117.

[84] *Schlitt/Ries* in MüKoAktG, § 59 WpÜG Rn. 45; *Kremer/Oesterhaus* in KK-WpÜG, § 59 Rn. 63; *Hommelhoff/Witt* in Frankfurter Komm., § 59 Rn. 44; *Ehricke* in Ehricke/Ekkenga/Oechsler, § 59 Rn. 17.

[85] *Opitz* in Schäfer/Hamann, § 28 WpHG Rn. 47.

[86] HM, vgl. nur *Hüffer/Koch,* § 57 Rn. 25 und § 62 Rn. 7.

[87] So zutreffend *Schlitt/Ries* in MüKoAktG, § 59 WpÜG Rn. 45; *Hommelhoff/Witt* in Frankfurter Komm., § 59 Rn. 44.

[88] Vgl. *Sprau* in Palandt, § 803 Rn. 3.

[89] *Opitz* in Schäfer/Hamann, § 28 WpHG Rn. 48.

[90] *Schlitt/Ries* in MüKoAktG, § 59 WpÜG Rn. 46; für § 28 WpHG: *Opitz* in Schäfer/Hamann, § 28 WpHG Rn. 49.

b) Bezugsanspruch. Nach einem Teil der Literatur hat die Gesellschaft 62
gegen den Aktionär, in dessen Person der Rechtsverlust eintritt und der zu Unrecht Aktien bezogen hat, einen **Anspruch auf Rückgewähr** der Aktien.[91] Da der Bezug junger Aktien aus Kapitalerhöhungen dem Aktionär aufgrund von § 59 Satz 1 aber nicht generell verboten ist und der Aktionär die betreffenden Aktien daher möglicherweise auch ohne Bezugsrecht – zu einem höheren Preis – selbst erworben hätte, hat der Aktionär statt dessen gemäß § 62 Abs. 1 AktG iVm 57 AktG der Gesellschaft den **Vermögenswert** der zu Unrecht ausgeübten Bezugsansprüche **zu vergüten.**[92]

2. Verwaltungsrechte

Die **bloße Teilnahme** eines von der Hauptversammlung ausgeschlossenen 63
Aktionärs bleibt folgenlos.[93] Insbesondere sind die in der Hauptversammlung gefassten Beschlüsse allein aufgrund der bloßen Teilnahme eines dem Rechtsverlust des § 59 Satz 1 unterliegenden Aktionärs nicht anfechtbar.

Sofern das **Stimmrecht** trotz des Rechtsverlusts ausgeübt wird, ist der be- 64
treffende Hauptversammlungsbeschluss nicht nichtig, sondern lediglich **anfechtbar** gemäß § 243 Abs. 1 AktG.[94] Ein vom Versammlungsleiter festgestellter Hauptversammlungsbeschluss ist auch dann nicht nichtig, wenn er – weil sämtliche Aktionäre nach § 59 Satz 1 kein Stimmrecht hatten – „stimmlos" gefasst wurde.[95]

Wenn zur Wirksamkeit des Beschlusses die **Eintragung ins Handelsre-** 65
gister erforderlich ist und sich die Anfechtbarkeit aufgrund unzulässiger Stimmrechtsausübung wegen Rechtsverlusts gemäß § 59 Satz 1 im Lauf des Registerverfahrens herausstellt, darf der Registerrichter aufgrund seiner Prüfungspflicht den anfechtbaren Beschluss nicht eintragen, da im Fall der Nichterfüllung der Pflichten gemäß § 35 Abs. 1 und 2 öffentliche Interessen verletzt sind.[96]

---

[91] *Bert* in Heidel, § 59 WpÜG Rn. 5; *Hecker* in Baums/Thoma, § 59 Rn. 106.

[92] *Schlitt/Ries* in MüKoAktG, § 59 WpÜG Rn. 47; *Kremer/Oesterhaus* in KK-WpÜG, § 59 Rn. 66; *Noack/Zetzsche* in Schwark/Zimmer, KapitalmarktR, § 59 WpÜG Rn. 23; *Krieger* in MHdB AG, § 68 Rn. 140 c.

[93] *Schlitt/Ries* in MüKoAktG, § 59 WpÜG Rn. 48.

[94] BGH (zu § 20 Abs. 7 AktG) NZG 2006, 505; OLG Frankfurt a. M. GWR 2009, 113; *Kremer/Oesterhaus* in KK-WpÜG, § 59 Rn. 57; *Hecker* in Baums/Thoma, § 59 Rn. 87; *Hommelhoff/Witt* in Frankfurter Komm., § 59 Rn. 47; *Noack/Zetzsche* in Schwark/Zimmer, KapitalmarktR, § 59 WpÜG Rn. 16; *Wunsch* BB 2011, 2315 (2318).

[95] BGH (zu § 20 Abs. 7 AktG) NZG 2006, 505; das OLG Dresden AG 2005, 247, hat einen wegen allseitigen Verstoßes gegen § 20 AktG stimmlos gefassten Beschluss ebenfalls nicht für nichtig gehalten, jedoch angenommen, dass dieser von den Aktionären – trotz Rechtsverlusts nach § 20 Abs. 7 AktG – (ausschließlich) wegen der Verletzung des § 20 AktG angefochten werden könne (zweifelnd BGH aaO, aber offen gelassen); aA *Lenenbach* WuB II A § 20 AktG 1.06: Scheinbeschluss ohne rechtliche Wirkungen, aber ggf. Anwendung der Grundsätze der fehlerhaften Gesellschaft.

[96] *Bayer* in MüKoAktG, § 20 Rn. 56; *Hüffer/Koch,* § 38 Rn. 14, § 243 Rn. 56; aA *Semler* in MHdB AG, § 39 Rn. 74 mwN: Eintragungspflicht nach Ablauf der Anfechtungsfrist.

66 Eine innerhalb der Frist erhobene Anfechtungsklage ist nur erfolgreich, wenn der Beschluss auf der unzulässigen Stimmrechtsausübung **beruht.**[97] Dies ist nicht der Fall, wenn die erforderliche Mehrheit auch nach Abzug der fälschlich mitgezählten Stimmen vorliegt.

67 Soweit der Vorstand rechtzeitig nachträgliche Kenntnis von dem Rechtsverlust des Aktionärs erhält, ist er zur Anfechtung eines Hauptversammlungsbeschlusses verpflichtet, wenn die Vernichtung des Beschlusses im Interesse der Gesellschaft liegt.[98]

VI. Ausnahmen vom Rechtsverlust (§ 59 Satz 2)

1. Allgemeines

68 Der Bieter soll durch die Regelung in § 59 Satz 2 die Möglichkeit erhalten, den Verlust der Ansprüche auf die Dividende und auf den Liquidationserlös zu vermeiden, wenn er darlegt und beweist, dass die unterlassene Veröffentlichung der Erlangung der Kontrolle oder die Nichtabgabe des Pflichtangebotes ohne Vorsatz unterblieben und nachgeholt worden ist.[99] Die Regelung trägt dem **Übermaßverbot** Rechnung, da der Verlust wichtiger Vermögensrechte von einem vorsätzlichen Verstoß abhängig gemacht wird. Andererseits schließt die in der Formulierung des Satzes 2 zum Ausdruck kommende **Beweislastumkehr** das Risiko der Unbeweisbarkeit des Vorsatzes aus.

69 Der Rechtsverlust ist in diesen Fällen nur vorläufig, denn der endgültige Rechtsverlust kann durch die nachträgliche Erfüllung der Pflichten vermieden werden.[100] Der Dividendenanspruch und der Anspruch auf den Liquidationserlös ruhen daher nur. Bei nachträglicher Erfüllung der sanktionsauslösenden Pflichten kommt § 59 Satz 2 rückwirkende Bedeutung zu, dh Dividendenansprüche und der Anspruch auf den Liquidationserlös können auch für die Vergangenheit – mitunter auch für mehrere Geschäftsjahre – geltend gemacht werden.[101]

2. Unter die Ausnahme fallende Rechte

70 Unter die Ausnahme des Satzes 2 fallen der **Dividendenzahlungsanspruch** nach § 58 Abs. 4 AktG iVm dem Gewinnverwendungsbeschluss nach § 174 AktG und der **Anspruch auf den Liquidationserlös** gemäß § 271 AktG. Eine analoge Anwendung auf vergleichbare Rechte wie beispielsweise Ausgleichs-, Umtausch- oder Abfindungsansprüche kommt nicht in Betracht.[102]

---

[97] *Hüffer/Koch,* § 243 Rn. 12 ff.; *Blusz* ZEV 2014, 339, 342.

[98] Ebenso *Schlitt/Ries* in MüKoAktG § 59 WpÜG Rn. 49; *Quack* FS Semler, 1993, S. 581, 588.

[99] BT-Drucks. 14/7034, 68.

[100] *Kremer/Oesterhaus* in KK-WpÜG, § 59 Rn. 77; *Schlitt/Ries* in MüKoAktG, § 59 WpÜG Rn. 55; *Blusz* ZEV 2014, 339.

[101] Ebenso *Kremer/Oesterhaus* in KK-WpÜG, § 59 Rn. 77; *Schlitt/Ries* in MüKoAktG, § 59 WpÜG Rn. 55; *Blusz* ZEV 2014, 339, 342.

[102] Vgl. → Rn. 38; ebenso *Kremer/Oesterhaus* in KK-WpÜG, § 59 Rn. 76; *Ehricke* in Ehricke/Ekkenga/Oechsler, § 59 Rn. 28.

3. Voraussetzungen für den Nichteintritt des Rechtsverlusts

71 Der Verpflichtete muss nachweisen, dass die unterlassene Veröffentlichung oder die Nichtabgabe des Pflichtangebotes **ohne Vorsatz** unterblieben und nachgeholt worden ist.

72 **a) Kein Vorsatz.** Entscheidend für die Nachholungsmöglichkeit ist die Auslegung des Begriffs „Vorsatz". Der Begriff „Vorsatz" wird im Strafrecht, im Recht der Ordnungswidrigkeiten und im Zivilrecht in unterschiedlicher Weise ausgelegt. In der Literatur wird zu Recht ein „kapitalmarktrechtlicher" Vorsatzbegriff befürwortet.[103] Dieser entspricht jedoch weitgehend dem strafrechtlichen Vorsatzbegriff, was angesichts des Sanktionscharakters des § 59 Satz 1 überzeugend erscheint.

73 **aa) Definition.** Eine vorsätzliche Pflichtverletzung liegt danach vor, wenn dem Verpflichteten die Merkmale, die zum objektiven Tatbestand gehören, bekannt sind und er die Pflichten nach § 35 Abs. 1 oder 2 bewusst nicht erfüllt, oder wenn er sich mit deren Verletzung abfindet. Dafür genügt ein später hinzutretender Vorsatz, wenn beispielsweise eine Veröffentlichung zunächst irrtümlich nicht vorgenommen wurde, eine Nachholung aber trotz Kenntnis des Irrtums unterlassen wird. Auch in diesem Fall hat der Verpflichtete die Veröffentlichung ab dem Zeitpunkt seiner Kenntnis vorsätzlich unterlassen.[104] Eine rückwirkende Heilung nach § 59 Satz 2 scheidet demnach aus.

74 **bb) Irrtumsfälle.** Ein Irrtum über Tatbestandsmerkmale lässt den Vorsatz grundsätzlich entfallen. Denkbar ist dies beispielsweise in Fällen, in denen Aktien zugerechnet werden, ohne dass der Verpflichtete einzelne Erwerbsvorgänge unmittelbar nachvollziehen kann. Allerdings entlastet die Unkenntnis dann nicht, wenn sie auf einer Vernachlässigung von Informationsbeschaffungspflichten oder mangelhafter Organisation beruht.[105] Ein Irrtum über das Bestehen bzw. den Umfang der in § 59 Satz 1 genannten Pflichten (sog. Verbotsirrtum) führt grundsätzlich nicht zum Entfallen des Vorsatzes. Dies kommt entsprechend § 17 Satz 1 StGB nur in absoluten Ausnahmefällen in Betracht, wenn der Verbotsirrtum **unvermeidbar** war.[106] Davon wird man bei fehlerhaften anwaltlichen Auskünften nur dann ausgehen können, wenn es sich um im Kapitalmarktrecht erfahrene Anwälte handelt.[107] Selbst die Einholung einer Auskunft bei der BaFin soll nicht zur Unvermeidbarkeit des Irrtums führen, da die Auskunft weder kapitalmarktrechtlich noch gesellschaftsrechtlich verbindlich sei.[108]

---

[103] Vgl. *Hommelhoff/Witt* in Frankfurter Komm., § 59 Rn. 40; *Schneider/Rosengarten* in Assmann/Pötzsch/Schneider, § 59 Rn. 50; krit. *Scholz/Weiß* BKR 2013, 324.

[104] Ebenso *Schlitt/Ries* in MüKoAktG, § 59 WpÜG Rn. 57; *Ehricke* in Ehricke/Ekkenga/Oechsler, § 59 Rn. 29.

[105] Ebenso *Schneider/Rosengarten* in Assmann/Pötzsch/Schneider, § 59 Rn. 52; aA *Schlitt/Ries* in MüKo. WpÜG, § 59 Rn. 58.

[106] *Schlitt/Ries* in MüKoAktG, § 59 WpÜG Rn. 59.

[107] *Schneider/Rosengarten* in Assmann/Pötzsch/Schneider, § 59 Rn. 54; *Wunsch* BB 2011, 2315, 2318; aA *Mülbert* FS Karsten Schmidt, 2009, S. 1219, 1234f. zu Stimmrechtsmitteilungen nach WpHG.

[108] *Schneider/Rosengarten* in Assmann/Pötzsch/Schneider, § 59 Rn. 54; *Wunsch* BB 2011, 2315, 2318; aA *Bülow/Petersen* NZG 2009, 481.

75 **b) Nachholung.** Weitere Voraussetzung für die rückwirkende Heilung nach § 59 Satz 2 ist, dass die Veröffentlichung bzw. die Abgabe des Pflichtangebots nachgeholt wird. Der Bieter hat die Veröffentlichung auch dann nachzuholen, wenn die Kontrolle der Öffentlichkeit bereits bekannt geworden ist.[109]

76 Es ist nicht ausdrücklich geregelt, bis zu welchem Zeitpunkt die Veröffentlichung nachzuholen ist. Jedoch ergibt sich aus den Ausführungen → Rn. 67, dass die fehlende Veröffentlichung unverzüglich nachgeholt werden muss, nachdem der Bieter die Pflichtverletzung erkennt. Ansonsten wäre zu diesem Zeitpunkt ein vorsätzliches Unterlassen zu bejahen, mit der Folge, dass eine rückwirkende Heilung nach § 59 Satz 2 ausscheidet.[110]

77 **c) Beweislast.** Die Beweislast trifft nach dem Wortlaut des § 59 Satz 2 den Aktionär, der sich auf den Nichteintritt des Rechtsverlusts beruft. Er muss der Gesellschaft das nichtvorsätzliche Unterlassen der Veröffentlichung bzw. der Nichtabgabe des Pflichtangebotes sowie die rechtzeitige Nachholung nachweisen.[111]

VII. Kein Rechtsverlust für den Rechtsnachfolger

78 Der Rechtsverlust trifft nur den Aktionär, der die Pflichten nach § 35 Abs. 1 oder 2 nicht erfüllt hat. Veräußert der pflichtwidrig handelnde Aktionär die Aktien, so kann der Erwerber die Rechte aus den Aktien geltend machen.[112] Dies gilt jedoch nur **ex nunc** seit dem Zeitpunkt der Übertragung der Aktien.[113]

VIII. Ordnungswidrigkeiten

79 Während vorsätzliche oder leichtfertige Verstöße gegen die Pflichten nach § 35 Abs. 1 und 2 Ordnungswidrigkeiten nach § 60 Abs. 1 Nr. 1, 2a, 2b, 3, 4, 5 darstellen, ist die verbotswidrige Rechtsausübung selbst **nicht als Ordnungswidrigkeit sanktioniert.**

IX. Keine Erwerbssperre zwischen Kontrollerwerb und dessen Veröffentlichung

80 Problematisch ist, ob für den Bieter im Zeitraum zwischen dem Erreichen der 30%-Schwelle und der Veröffentlichung der Kontrollerlangung ein Erwerbsverbot besteht. Das Gesetz sieht ein solches Erwerbsverbot nicht vor.

---

[109] *Schneider/Rosengarten* in Assmann/Pötzsch/Schneider, § 59 Rn. 55.

[110] Ebenso *Schlitt/Ries* in MüKoAktG, § 59 WpÜG Rn. 60; *Santelmann* in Steinmeyer, § 59 Rn. 40; *Ehricke* in Ehricke/Ekkenga/Oechsler, § 59 Rn. 30.

[111] *Schlitt/Ries* in MüKoAktG, § 59 WpÜG Rn. 61; *Ehricke* in Ehricke/Ekkenga/Oechsler, § 59 Rn. 31; *Hommelhoff/Witt* in Frankfurter Komm., § 59 Rn. 41.

[112] OLG Stuttgart AG 2005, 125, 128, zu § 28 WpHG; LG Hamburg WM 1996, 168, 170, zu § 20 AktG; *Vocke* BB 2009, 1600, 1605.

[113] Ebenso *Widder* NZG 2004, 275, 277; *Schlitt/Ries* in MüKoAktG, § 59 WpÜG Rn. 50; *Hommelhoff/Witt* in Frankfurter Komm., § 59 Rn. 37; *Kremer/Oesterhaus* in KK-WpÜG, § 59 Rn. 82; *Ehricke* in Ehricke/Ekkenga/Oechsler, § 59 Rn. 32.

81 Nach einer Ansicht[114] soll sich ein solches aus § 14 Abs. 1 Nr. 1 WpHG ergeben. Nach dieser Vorschrift ist es einem Insider verboten, unter Ausnutzung seiner Kenntnis von einer Insidertatsache Insiderpapiere für eigene oder fremde Rechnung oder für einen Anderen zu erwerben.

82 Zwar dürfte das Erreichen der Kontrollschwelle grundsätzlich als Insidertatsache iSv § 13 Abs. 1 WpHG anzusehen sein. Jedoch stellt der Entschluss und dessen Umsetzung, Aktien eines bestimmten Unternehmens zu kaufen, für denjenigen, der den Entschluss fasst und umsetzt, nach zutreffender Auffassung keine **Ausnutzung** von Insiderinformationen dar.[115] Da bei einem vorgefassten Erwerbsentschluss auch nach dem Kontrollerwerb weitere Zukäufe in Umsetzung der ursprünglichen unternehmerischen Entscheidung getätigt werden, ist der Bieter daher nicht durch § 14 WpHG gehindert, weitere Aktien des Unternehmens zu erwerben.[116]

X. Schadensersatzpflichten

83 Für § 20 AktG ist weitgehend anerkannt, dass sowohl die Mitteilungspflichten gemäß dessen Abs. 1 und 4 als auch die Verpflichtung zur Bekanntmachung gemäß dessen Abs. 6 **Schutzgesetze** iSv § 823 Abs. 2 BGB sind.[117]

84 Nachdem in § 21 WpHG eine dem § 15 Abs. 6 WpHG entsprechende, Schadensersatzansprüche ausschließende, Vorschrift fehlt, ist für die dort geregelten Mitteilungspflichten die Frage nach dem Schutzgesetzcharakter äußerst umstritten. Die wohl überwiegende Meinung geht davon aus, dass es sich um reine kapitalmarktrechtliche Ordnungsvorschriften handelt und die Norm somit wie § 15 WpHG keinen anlegerschützenden Charakter hat.[118]

85 Entsprechend muss auch für die in § 35 geregelten Pflichten der Schutzgesetzcharakter verneint werden.[119] Zwar dient die Norm – auch – dem Schutz der Aktionäre vor den Folgen eines Kontrollerwerbs. Angesichts ihrer vorrangig kapitalmarktrechtlichen Ausrichtung und der bewussten Entscheidung des Gesetzgebers, an ihre Verletzung keine vertraglichen oder mitgliedschaftlichen Ersatzansprüche zu knüpfen, kann aber nicht angenommen werden, dass der Gesetzgeber bei einer Verletzung dieser Norm den Aktionären einen deliktischen Schadensersatzanspruch nach § 823 Abs. 2 BGB geben wollte.[120]

---

[114] *Schneider/Rosengarten* in Assmann/Pötzsch/Schneider, § 59 Rn. 59; *Santelmann* in Steinmeyer, § 59 Rn. 6.

[115] *Hopt* in Das zweite Finanzmarktförderungsgesetz in der praktischen Umsetzung/Bankrechtstag 1995, S. 3, 24 ff.

[116] Ebenso *Schlitt/Ries* in MüKoAktG, § 59 WpÜG Rn. 54; *Kremer/Oesterhaus* in KK-WpÜG, § 59 Rn. 84; *Ehricke* in Ehricke/Ekkenga/Oechsler, § 59 Rn. 33; aA *Schneider/Rosengarten* in Assmann/Pötzsch/Schneider, § 59 Rn. 59; *Santelmann* in Steinmeyer, § 59 Rn. 6.

[117] *Bayer* in MüKoAktG, § 20 Rn. 85; *Koppensteiner* in KölnKomm., § 20 Rn. 91.

[118] *Hüffer/Koch,* Anh. § 22, § 21 WpHG Rn. 22; *Opitz* in Schäfer/Hamann, § 21 WpHG Rn. 60; aA *Schneider/Rosengarten* in Assmann/Pötzsch/Schneider, § 59 Rn. 45.

[119] BGH NZG 2013, 939 „BKN"; *Schlitt/Ries* in MüKoAktG, § 59 WpÜG Rn. 52; *Schüppen* in Frankfurter Komm., vor § 59 Rn. 8; *Kremer/Oesterhaus* in KK-WpÜG, § 59 Rn. 85; aA *Ehricke* in Ehricke/Ekkenga/Oechsler, § 59 Rn. 34.

[120] BGH NZG 2013, 939.

Auch ist der potentiell geschützte Personenkreis nicht bestimmt genug, um eine Schutzwirkung anzunehmen. So stellte sich die Frage, ob § 35 nur die Altaktionäre oder auch potentielle neue Atkionäre schützen soll. Diese Unschärfe hätte eine unkalkulierbare Ausweitung der möglichen Haftung zur Folge.

86 Für diese Ansicht spricht auch, dass der Gesetzgeber mit den §§ 37b, 37c WpHG eine Regelung der Haftung für unterlassene oder fehlerhafte Ad-hoc-Mitteilungen eingeführt hat. Demnach gibt es nun ein differenziertes System mit einer Haftung nur gegenüber solchen Dritten, die Wertpapiere aufgrund fehlerhafter Mitteilungen tatsächlich „zu teuer" gekauft bzw. „zu billig" verkauft haben. Dies lässt den Rückschluss zu, dass kapitalmarktrechtliche Vorschriften grundsätzlich nicht zu einer undifferenzierten und ausufernden Haftung führen sollen.

87 Der **Vorstand** der Gesellschaft soll sich nach § 93 Abs. 3 Nr. 2 AktG schadensersatzpflichtig machen, wenn er an nichtberechtigte Aktionäre Dividenden auszahlt. Dies verkennt, dass die zwingende Auszahlung des gesamten Dividendenbetrags über die Clearstream Banking AG einen Ausschluss bestimmter Aktionäre vom Dividendenbezug bereits aus abwicklungstechnischen Gründen nicht zulässt.[121] Eine Nachforschungspflicht des Vorstands ist jedoch nur bei Zweifeln über die Berechtigung anzunehmen,[122] und nur wenn keine Zweifel bestehen wird eine Rückzahlungspflicht nach § 62 AktG überhaupt bejaht werden können.

§ 60 Bußgeldvorschriften

(1) **Ordnungswidrig handelt, wer vorsätzlich oder leichtfertig**

1. **entgegen**
   a) **§ 10 Abs. 1 Satz 1, § 14 Abs. 2 Satz 1 oder § 35 Abs. 1 Satz 1 oder Abs. 2 Satz 1,**
   b) **§ 21 Abs. 2 Satz 1, § 23 Abs. 1 Satz 1 oder Abs. 2 Satz 1 oder § 27 Abs. 3 Satz 1 oder**
   c) **§ 1 Abs. 5 Satz 2 in Verbindung mit einer Rechtsverordnung nach § 1 Abs. 5 Satz 3**

   eine Veröffentlichung nicht, nicht richtig, nicht vollständig, nicht in der vorgeschriebenen Weise oder nicht rechtzeitig vornimmt,
2. **entgegen**
   a) **§ 10 Abs. 2 Satz 1, auch in Verbindung mit § 35 Abs. 1 Satz 4, § 14 Abs. 1 Satz 1 oder § 35 Abs. 2 Satz 1,**
   b) **§ 10 Abs. 5, auch in Verbindung mit § 35 Abs. 1 Satz 4, oder § 14 Abs. 4, auch in Verbindung mit § 21 Abs. 2 Satz 2 oder § 35 Abs. 2 Satz 2, oder**
   c) **§ 27 Abs. 3 Satz 2**

   eine Mitteilung, Unterrichtung oder Übermittlung nicht, nicht richtig, nicht vollständig, nicht in der vorgeschriebenen Weise oder nicht rechtzeitig vornimmt,

---

[121] Vgl. *Süßmann* in Assmann/Schütze, § 14 Rn. 83.

[122] *Schlitt/Ries* in MüKoAktG, § 59 WpÜG Rn. 53; *Kremer/Oesterhaus* in KK-WpÜG, § 59 Rn. 87.

3. entgegen § 10 Abs. 3 Satz 3, auch in Verbindung mit § 35 Abs. 1 Satz 4, oder § 14 Abs. 2 Satz 2, auch in Verbindung mit § 35 Abs. 2 Satz 2, eine Veröffentlichung vornimmt oder eine Angebotsunterlage bekannt gibt,

4. entgegen § 10 Abs. 4 Satz 1, auch in Verbindung mit § 35 Abs. 1 Satz 4, eine Veröffentlichung nicht, nicht richtig, nicht vollständig oder nicht rechtzeitig übersendet,

5. entgegen § 14 Abs. 3 Satz 2, auch in Verbindung mit § 21 Abs. 2 Satz 2, § 23 Abs. 1 Satz 2 oder § 35 Abs. 2 Satz 2, oder entgegen § 27 Abs. 3 Satz 3 eine Mitteilung nicht, nicht richtig oder nicht rechtzeitig macht,

6. entgegen § 15 Abs. 3 eine Veröffentlichung vornimmt,

7. entgegen § 26 Abs. 1 Satz 1 oder 2 ein Angebot abgibt,

8. entgegen § 33 Abs. 1 Satz 1 oder § 33a Abs. 2 Satz 1 eine dort genannte Handlung vornimmt,

9. entgegen § 33a Abs. 3, § 33b Abs. 3 oder § 33c Abs. 3 Satz 3 eine Unterrichtung nicht, nicht richtig, nicht vollständig oder nicht rechtzeitig vornimmt oder

10. entgegen § 33c Abs. 3 Satz 4 eine Veröffentlichung nicht, nicht richtig, nicht vollständig, nicht in der vorgeschriebenen Weise oder nicht rechtzeitig vornimmt.

(2) **Ordnungswidrig handelt, wer vorsätzlich oder fahrlässig**

1. einer vollziehbaren Anordnung nach § 28 Abs. 1 oder § 40 Abs. 1 Satz 1 zuwiderhandelt oder

2. entgegen § 40 Abs. 2 Satz 1 oder 2 ein Betreten nicht gestattet oder nicht duldet.

(3) **Die Ordnungswidrigkeit kann in den Fällen des Absatzes 1 Nr. 1 Buchstabe a, Nr. 3, 6 bis 8 mit einer Geldbuße bis zu einer Million Euro, in den Fällen des Absatzes 1 Nr. 1 Buchstabe b, Nr. 2 Buchstabe a und Nr. 4 mit einer Geldbuße bis zu fünfhunderttausend Euro, in den übrigen Fällen mit einer Geldbuße bis zu zweihunderttausend Euro geahndet werden.**

Schrifttum: *Möller,* Rechtsmittel und Sanktionen nach dem Wertpapiererwerbs- und Übernahmegesetz, AG 2002, 170; *Moosmayer,* Straf- und bußgeldrechtliche Aspekte des Wertpapiererwerbs- und Übernahmegesetzes, wistra 2004, 401; *Peltzer,* Die Berücksichtigung des wirtschaftlichen Vorteils bei der Bußgeldbemessung im Ordnungswidrigkeitenrecht, DB 1977, 1445; *Satzger,* Die Anwendung des deutschen Strafrechts auf grenzüberschreitende Gefährdungsdelikte, NStZ 1998, 112.

Übersicht

I. Allgemeines

1 Eine **Ordnungswidrigkeit** ist nach § 1 OWiG eine rechtswidrige und vorwerfbare Handlung, die den Tatbestand eines Gesetzes verwirklicht, das die Ahndung mit einer Geldbuße zulässt. Hieraus folgt, dass eine Ordnungswidrigkeit grundsätzlich mit einer Geldbuße geahndet werden kann, jedoch nicht geahndet werden muss. Hinsichtlich der Verfolgung einer Ordnungs-

widrigkeit besteht ein Ermessen der Verwaltung (sog. „Opportunitätsprinzip"; § 47 OWiG).

Der **Adressat** eines Ordnungswidrigkeitstatbestands ergibt sich grundsätzlich aus der jeweils dort umschriebenen Pflicht. Dabei ist jedoch zu beachten, dass als Täter im Sinne des Ordnungswidrigkeitenrechts nur ein Mensch in Betracht kommt, da nur ein Mensch eine „Handlung" im Sinne von § 1 OWiG begehen kann.[1] Für eine Personengesellschaft oder juristische Person haften daher grundsätzlich deren gesetzliche Vertreter.[2] Unter bestimmten Voraussetzungen kommt jedoch auch die Verhängung einer Geldbuße gegen eine Personenvereinigung oder juristische Person in Betracht.[3] 2

Voraussetzung für die Ahndung ist, dass der Handelnde **verantwortlich** im Sinne des § 12 OWiG ist, also insbesondere bei Begehung der Tat nicht aufgrund einer krankhaften seelischen Störung, einer Bewusstseinsstörung, wegen Schwachsinns oder einer anderen seelischen Abartigkeit unfähig war, das Unerlaubte der Handlung einzusehen oder nach dieser Einsicht zu handeln. 3

Der bloße **Versuch** der in den Abs. 1 und 2 genannten Handlungen kann nicht mit einer Geldbuße geahndet werden, da § 60 dies nicht vorsieht.[4] Ein Begehen durch **Unterlassen** kann nur unter den Voraussetzungen des § 8 OWiG geahndet werden, dh, wenn der Unterlassende rechtlich dafür einzustehen hat, dass der Erfolg nicht eintritt, und wenn das Unterlassen der Verwirklichung des gesetzlichen Tatbestandes durch ein Tun entspricht. 4

Entsprechend dem in Absatz 3 vorgesehenen Höchstmaß der Geldbuße **verjährt** die Verfolgung von Ordnungswidrigkeiten nach den Abs. 1 und 2 gemäß § 31 Abs. 2 Nr. 1 OWiG in **drei Jahren.** Die Verjährung beginnt nach § 31 Abs. 3 OWiG, sobald die Handlung beendet ist. Tritt der zum Tatbestand gehörende Erfolg erst später ein, beginnt die Verjährung mit diesem Zeitpunkt. 5

II. Begehungsformen

Während die Ordnungswidrigkeiten nach § 60 Abs. 1 nur vorsätzlich oder leichtfertig begangen werden können, enthält § 60 Abs. 2 Ordnungswidrigkeiten, bei deren Begehung jede Art von Fahrlässigkeit ausreicht. 6

1. Vorsatz

Weder das StGB noch das OWiG enthalten eine Begriffsbestimmung des Vorsatzes. Allgemein wird Vorsatz als „Wissen und Wollen der zum gesetzlichen Tatbestand gehörenden objektiven Merkmale" definiert. Der Vorsatz enthält damit ein **intellektuelles** und ein **voluntatives** Element.[5] 7

Das intellektuelle Moment des Vorsatzes erfordert die Kenntnis der Umstände, die zum gesetzlichen Tatbestand iSv § 11 Abs. 1 OWiG gehören. Ob 8

---

[1] Vgl. *Gürtler* in Göhler, vor § 1 Rn. 31.
[2] §§ 9, 130 OWiG.
[3] § 30 OWiG.
[4] Vgl. § 13 Abs. 2 OWiG.
[5] BGH NStZ 1988, 175.

der Täter in Kenntnis eines Tatbestandsmerkmals gehandelt hat, ist in der Regel einfach bei den sog. **deskriptiven** Tatbestandsmerkmalen, durch die der Tatbestand sachlich gegenständlich beschrieben wird, festzustellen, da diese im Allgemeinen sinnlich wahrgenommen werden können. Dagegen ist bei den **normativen** Tatbestandsmerkmalen ein (Wert-)Urteil erforderlich. Der Täter muss sich hier durch einen Akt geistigen Verstehens den unrechtstypisierenden Charakter des Merkmals verdeutlicht haben. Hierzu gehört zB der Begriff Wertpapier iSv § 2 Abs. 2. Jedoch muss der Täter die normativen Tatbestandsmerkmale nicht in ihrer genauen juristischen Bedeutung erfassen, ausreichend ist vielmehr eine sog. „Parallelwertung in der Laiensphäre".[6]

9 Je nach Ausprägung des voluntativen Elements des Vorsatzes unterscheidet man verschiedene Arten des Vorsatzes: **Absicht, direkten Vorsatz** und **Eventualvorsatz** (dolus eventualis). Während im Ordnungswidrigkeitenrecht die Unterscheidung der ersten beiden Vorsatzarten kaum relevant ist, ist eine nähere Bestimmung des dolus eventualis notwendig, weil dieser die Grenze zur bloßen Fahrlässigkeit bildet. Denn in den Fällen der Fahrlässigkeit kann die Ordnungswidrigkeit allenfalls bis zur Hälfte des angedrohten Höchstbetrages geahndet werden.[7]

10 Der Täter handelt mit dolus eventualis, wenn er die Erfüllung des Tatbestandes nicht erstrebt oder als sicher voraussieht, sondern nur für möglich hält und sie „billigt" oder „billigend in Kauf nimmt".[8] Zwar sind die Elemente des dolus eventualis im Einzelnen umstritten, jedoch bezieht sich dieser Streit vorwiegend auf das voluntative Element, und ist daher nur bei Erfolgsdelikten von Bedeutung. Da § 60 jedoch ausschließlich schlichte Tätigkeits- und Unterlassungsdelikte sanktioniert, geht es hier im Wesentlichen um das intellektuelle Moment des dolus eventualis. Diesbezüglich besteht jedoch auch in der Literatur weitgehend Einigkeit. Danach muss der Täter über die Möglichkeit der Tatbestandsverwirklichung reflektiert haben und als Ergebnis seiner Überlegungen zu dem Schluss gekommen sein, dass das von ihm geplante Tun oder Unterlassen den Tatbestand einer Ordnungswidrigkeit **möglicherweise** erfüllen wird.

2. Fahrlässigkeit

11 Fahrlässig handelt, wer die im Verkehr erforderliche und ihm mögliche Sorgfalt außer Acht lässt und dadurch einen Tatbestand verwirklicht. Anders als nach § 276 Abs. 2 BGB, der auf die Außerachtlassung der im Verkehr erforderlichen Sorgfalt abstellt, ist im Sanktionsrecht ein subjektiver Sorgfaltsmaßstab anzulegen. Erforderlich ist, dass dem Täter ein **persönlicher Vorwurf** gemacht werden kann, dh, dass der Täter nach seinen persönlichen Fähigkeiten in der Lage gewesen wäre, den an ihn gerichteten Sorgfaltsanforderungen gerecht zu werden. Dies ergibt sich aus dem verfassungsmäßig verankerten Schuldprinzip.[9] Zu unterscheiden sind die unbewusste Fahrlässigkeit (Täter erkennt die Möglichkeit der Tatbestandsverwirklichung nicht, hätte sie aber erkennen können) und die bewusste Fahrlässigkeit (Täter hält die Tatbe-

---

[6] Vgl. *Gürtler* in Göhler, § 11 Rn. 7.
[7] § 17 Abs. 2 OWiG.
[8] *Gürtler* in Göhler, § 10 Rn. 5.
[9] BGHSt. 2, 194, 200 f.

standsverwirklichung zwar für möglich, vertraut aber darauf, dass sie nicht eintreten wird). Die Unterscheidung zwischen bewusster und unbewusster Fahrlässigkeit kann Bedeutung für die Bußgeldbemessung haben.[10]

3. Leichtfertigkeit

Leichtfertigkeit ist ein erhöhter Grad von Fahrlässigkeit, vergleichbar etwa mit der groben Fahrlässigkeit des Bürgerlichen Rechts.[11] Ob ein Verhalten als leichtfertig einzustufen ist, ist im wesentlichen Tatfrage.[12] Leichtfertigkeit wird im Allgemeinen dann zu bejahen sein, wenn der Täter unbeachtet lässt, „was jedem einleuchten" muss.[13] Allein die Nichteinholung von Rechtsrat begründet nicht automatisch Leichtfertigkeit.[14] Verfügt der Vorstand einer Aktiengesellschaft weder über eine juristische oder kapitalmarktbezogene Ausbildung noch über hinreichende Kenntnisse der einschlägigen Vorschriften des WpÜG, handelt er jedenfalls leichtfertig, wenn er ohne Einholung von Rechtsrat ein öffentliches Kaufangebot für Aktien, deren Preisfeststellung von der Börse lediglich ausgesetzt wurde, unter Verletzung der Veröffentlichungs- und Gestattungspflichten nach dem WpÜG bekannt gibt, obwohl er wegen seiner bisherigen Tätigkeiten im Rahmen des Ankaufs von Aktien Veranlassung hatte, Überlegungen zu dieser Frage anzustellen.[15] 12

4. Irrtumsfälle

Bei einem Irrtum über die tatsächlichen Voraussetzungen einer Ordnungswidrigkeit nach § 60 scheidet gemäß § 11 Abs. 1 OWiG vorsätzliches Handeln aus (sog. „Tatbestandsirrtum"). Bei normativen Tatbestandsmerkmalen ist gemäß obigen Ausführungen darauf abzustellen, ob der Täter das entsprechende Merkmal nach laienhafter Wertung richtig erfasst hat. Möglich bleibt eine Ahndung wegen fahrlässigen Handelns, soweit dieses eine Ordnungswidrigkeit darstellt. Im Bereich der durch § 60 bußgeldbewehrten Pflichten ist die Annahme eines Sorgfaltsverstoßes in Irrtumsfällen regelmäßig nahe liegend, da für das Kapitalmarktrecht weitgehende Erkundigungs- und Nachforschungspflichten bestehen. 13

Ein Irrtum über das Bestehen oder den Umfang eines Ordnungswidrigkeitstatbestands (sog. „Verbotsirrtum") entlastet den Täter hingegen nur, wenn er unvermeidbar war.[16] Wie bereits angesprochen, sind an die entsprechenden Erkundigungspflichten im Bereich des Kapitalmarktrechts hohe Anforderungen zu stellen. Daher kommt ein Verbotsirrtum nur in absoluten Ausnahmefällen in Betracht. Allerdings können bei fehlender gerichtlicher Klärung verschiedene Möglichkeiten der Auslegung einer Norm einen Verbotsirrtum begründen.[17] 14

---

[10] *Schaal* in MüKoAktG, § 60 WpÜG Rn. 62.
[11] *Gürtler* in Göhler, § 10 Rn. 20.
[12] BGH NStZ 1988, 276, 277; OLG Frankfurt a. M. NZG 2010, 583.
[13] OLG Frankfurt a. M. NJW 2003, 2111.
[14] OLG Frankfurt a. M. ZIP 2006, 1726, bestätigt durch BGH wistra 2006, 391.
[15] OLG Frankfurt a. M. NZG 2010, 583.
[16] § 11 Abs. 2 OWiG.
[17] Vgl. *Gürtler* in Göhler, § 11 Rn. 27 a.

III. Bußgeldtatbestände

1. Ordnungswidrigkeiten gemäß § 60 Abs. 1

15 Bußgeldbewehrt sind nach § 60 Abs. 1 Verstöße gegen die in der Vorschrift näher bezeichneten Pflichten. Die Begehung einer Ordnungswidrigkeit nach Abs. 1 setzt **Vorsatz** oder **Leichtfertigkeit** voraus, da dem Gesetzgeber in diesem Zusammenhang ein auf lediglich einfacher Fahrlässigkeit beruhender Verstoß nicht ahndungswürdig erschien.

16 Im Einzelnen sanktioniert § 60 Abs. 1 folgende Verstöße bzw. Zuwiderhandlungen:

17 **a) Absatz 1 Nr. 1.** Die in Nr. 1 genannten **Veröffentlichungspflichten** sind bei öffentlichen Angeboten zum Erwerb von Wertpapieren von **zentraler Bedeutung.** Ihre Einhaltung soll daher mit den Mitteln des Ordnungswidrigkeitsrechts durchgesetzt werden.[18] Im Einzelnen handelt es sich hierbei um die Pflichten zur Veröffentlichung
- der Entscheidung zur Abgabe eines Angebots (§ 10 Abs. 1 Satz 1),
- der Angebotsunterlage (§ 14 Abs. 2 Satz 1, auch iVm § 35 Abs. 2 Satz 1),
- der Erlangung der Kontrolle über eine Zielgesellschaft (§ 35 Abs. 1 Satz 1),
- der Änderung des Angebots (§ 21 Abs. 2 Satz 1),
- von „Wasserstandsmeldungen" durch den Bieter (§ 23 Abs. 1 Satz 1),
- des Erwerbs von Aktien an der Zielgesellschaft nach Ablauf der Annahmefrist gemäß § 23 Abs. 2 Satz 1,
- der Stellungnahme zur Angebotsunterlage durch Vorstand und Aufsichtsrat der Zielgesellschaft (§ 27 Abs. 3 Satz 1) und
- der Entscheidung von Zielgesellschaften, welche von mehreren betroffenen Aufsichtsstellen für die Beaufsichtigung eines europäischen Angebots zum Erwerb stimmberechtigter Wertpapiere zuständig sein soll (§ 1 Abs. 5 Satz 2 iVm § 1 Abs. 5 Satz 3).

18 Der Tatbestand des Abs. 1 Nr. 1 setzt weiter voraus, dass die Veröffentlichung
- nicht (vollständiges Unterbleiben der Veröffentlichung),
- nicht richtig (inhaltlich falsch),
- nicht vollständig (teilweises Fehlen von Angaben, die vom Gesetz gefordert werden),
- nicht in der vorgeschriebenen Weise (zB nicht in den vom Gesetz vorgeschriebenen Medien) oder
- nicht rechtzeitig (nicht unverzüglich bzw. nicht innerhalb der vom Gesetz vorgesehenen Frist)

vorgenommen wird.

Die BaFin sieht mit dem Tatbestandsmerkmal „nicht richtig" nicht nur die Fälle erfasst, in denen nicht in der vorgeschriebenen Form veröffentlicht wird, sondern auch ein behauptete inhaltliche Fehler vorliegen und gelangt so etwa zu einem nach § 27 gerade nicht vorgesehenen inhaltlichen Überprüfung der Stellungnahme von Vorstand und Aufsichtsrat im Rahmen eines Ordnungswidrigkeitenverfahrens.

---

[18] BT-Drucks. 14/7034, 68.

b) Absatz 1 Nr. 2. Die in Nr. 2 aufgeführten Vorschriften betreffen Mitteilungs- und Unterrichtungspflichten, die die in Nr. 1 genannten Veröffentlichungspflichten ergänzen. Sie dienen der **besseren Überwachung des Verfahrens** und sollen die **angemessene Information** der Zielgesellschaft und der Arbeitnehmer sicherstellen.[19] Nr. 2 sanktioniert Verstöße gegen folgende Pflichten: 19

- die des Bieters, die Erlangung der Kontrolle vor der Veröffentlichung der Angebotsunterlage den Geschäftsführungen der betroffenen Börsen sowie der BaFin mitzuteilen (§ 10 Abs. 2 Satz 1, auch iVm. § 35 Abs. 1 Satz 4, § 14 Abs. 1 Satz 1 und § 35 Abs. 2 Satz 1),
- die des Bieters, dem Vorstand der Zielgesellschaft die Entscheidung zur Abgabe des Angebots unverzüglich nach der Veröffentlichung der Entscheidung in den in § 10 Abs. 3 Satz 1 genannten Medien schriftlich mitzuteilen (§ 10 Abs. 5 Satz 1, auch iVm § 35 Abs. 1 Satz 4),
- die des Vorstands der Zielgesellschaft, den zuständigen Betriebsrat oder, sofern ein solcher nicht besteht, unmittelbar die Arbeitnehmer, unverzüglich über die Mitteilung nach § 10 Abs. 5 Satz 1 zu unterrichten (§ 10 Abs. 5 Satz 2),
- die des Bieters, die Angebotsunterlage dem Vorstand der Zielgesellschaft unverzüglich nach ihrer Veröffentlichung zu übermitteln (§ 14 Abs. 4, auch iVm § 21 Abs. 2 Satz 2 und § 35 Abs. 2 Satz 2) und
- die des Vorstands und des Aufsichtsrats der Zielgesellschaft, die begründete Stellungnahme zu dem Angebot sowie zu jeder seiner Änderungen gleichzeitig mit der Veröffentlichung der Stellungnahme gemäß § 27 Abs. 3 Satz 1 dem zuständigen Betriebsrat oder, sofern ein solcher nicht besteht, unmittelbar den Arbeitnehmern zu übermitteln (§ 27 Abs. 3 Satz 2).

Der Tatbestand der Nr. 2 ist erfüllt, wenn die Mitteilung, Unterrichtung oder Übermittlung nicht, nicht richtig, nicht vollständig, nicht in der vorgeschriebenen Weise oder nicht rechtzeitig vorgenommen wird.[20]

c) Absatz 1 Nr. 3. Die in Nr. 3 genannten Ordnungswidrigkeitstatbestände sollen sicherstellen, dass zum einen der **gesetzlich vorgeschriebene Veröffentlichungsweg** eingehalten wird und zum anderen, dass die Angebotsunterlage erst nach Prüfung der BaFin veröffentlicht wird.[21] Nr. 3 erfasst die Verpflichtungen des Bieters, 20

- vor der Veröffentlichung der Entscheidung, ein Angebot abzugeben (§ 10 Abs. 3 Satz 1), keine Veröffentlichung in anderer Weise vorzunehmen (§ 10 Abs. 3 Satz 3, auch iVm § 35 Abs. 1 Satz 4) und
- die Angebotsunterlage nicht vor ihrer Veröffentlichung nach § 14 Abs. 2 Satz 1 iVm § 14 Abs. 3 Satz 1 bekannt zu geben (§ 14 Abs. 2 Satz 2, auch iVm § 35 Abs. 2 Satz 2).

d) Absatz 1 Nr. 4. Der Ordnungswidrigkeitentatbestand der Nr. 4 soll eine sachgerechte **Kontrolle** der Erfüllung der Veröffentlichungs- und Mitteilungspflichten ermöglichen und sanktioniert daher die Verletzung der gemäß § 10 Abs. 4 (auch iVm § 35 Abs. 1 Satz 4) bestehenden Pflicht des Bie- 21

[19] BT-Drucks. 14/7034, 68.
[20] Vgl. → Rn. 18.
[21] BT-Drucks. 14/7034, 68.

ters, die Veröffentlichung der Entscheidung zur Abgabe eines Angebots (bzw. im Fall des § 35 Abs. 1 Satz 4 der Erlangung der Kontrolle) nach § 10 Abs. 3 Satz 1 unverzüglich den Geschäftsführungen der betroffenen Börsen sowie der BaFin zu übersenden.[22] Der Tatbestand ist erfüllt, wenn die Veröffentlichung nicht, nicht richtig oder nicht rechtzeitig übersandt wird.

22 **e) Absatz 1 Nr. 5.** Auch Nr. 5 dient der sachgerechten **Kontrolle** der Erfüllung von Veröffentlichungs- und Mitteilungspflichten[23] und sanktioniert die Verletzung folgender Pflichten:
- der des Bieters, der BaFin unverzüglich eine Mitteilung über die Veröffentlichung der Angebotsunterlage nach § 14 Abs. 3 Satz 1 Nr. 2 zu machen (§ 14 Abs. 3 Satz 2, auch iVm § 21 Abs. 2 Satz 2, § 23 Abs. 1 Satz 2 und § 35 Abs. 2 Satz 2) und
- der des Vorstands und des Aufsichtsrats der Zielgesellschaft, der BaFin unverzüglich eine Mitteilung über die Veröffentlichung ihrer Stellungnahme zu dem Angebot gemäß § 14 Abs. 3 Satz 1 Nr. 2 zu machen (§ 27 Abs. 3 Satz 3).

23 Der Tatbestand ist erfüllt, wenn die Mitteilung nicht, nicht richtig oder nicht rechtzeitig gemacht wird.[24] Dem Erfordernis der unverzüglichen Übersendung des Belegs über die Veröffentlichung der Stellungnahme von Vorstand und Aufsichtsrat zum öffentlichen Wertpapiererwerbs- oder Übernahmeangebot ist in der Regel genügt, wenn der Beleg innerhalb von drei Werktagen seit der Veröffentlichung bei der zuständigen Behörde eingeht.[25]

24 **f) Absatz 1 Nr. 6.** § 60 Abs. 1 Nr. 6 sanktioniert den Verstoß gegen das gemäß § 15 Abs. 3 bestehende Verbot der **Veröffentlichung** der Angebotsunterlage im Falle einer **Untersagung des Angebots durch die BaFin** nach § 15 Abs. 1 oder 2.

25 **g) Absatz 1 Nr. 7.** Auch Nr. 7 soll der **Untersagung von Angeboten durch die BaFin** Nachdruck verleihen und sanktioniert daher die Abgabe eines erneuten Angebots innerhalb der einjährigen Sperrfrist des § 26 Abs. 1 Satz 1.[26] Ebenfalls liegt eine Ordnungswidrigkeit gemäß § 60 Abs. 1 Nr. 7 vor, wenn entgegen § 26 Abs. 1 Satz 2 (dh innerhalb der einjährigen Sperrfrist, nachdem der Bieter ein Angebot von dem Erwerb eines Mindestanteils der Wertpapiere abhängig gemacht hat und dieser Mindestanteil nach Ablauf der Annahmefrist nicht erreicht wurde) ein Angebot abgegeben wird.

26 **h) Absatz 1 Nr. 8.** Dieser Ordnungswidrigkeitentatbestand sanktioniert die den **Vorstand** der Zielgesellschaft gemäß § 33 Abs. 1 Satz 1 oder § 33a Abs. 2 Satz 1 treffenden **Verhaltenspflichten** bei Übernahmeangeboten.

27 Nach der Veröffentlichung der Entscheidung zur Abgabe eines Angebots bis zur Veröffentlichung seines Ergebnisses darf der Vorstand der Zielgesellschaft gemäß § 33 Abs. 1 Satz 1 oder § 33a Abs. 2 Satz 1 abgesehen von den in § 33 Abs. 1 Satz 2 und Abs. 2 oder § 33a Abs. 2 Satz 2 geregelten Aus-

---

[22] Vgl. BT-Drucks. 14/7034, 68.
[23] Vgl. BT-Drucks. 14/7034, 68.
[24] Vgl. → Rn. 18.
[25] OLG Frankfurt a. M. NJW 2003, 2111.
[26] BT-Drucks. 14/7034, 68.

nahmen keine Handlungen vornehmen, durch die der Erfolg des Übernahmeangebots verhindert werden könnte.

i) Absatz 1 Nr. 9. § 60 Abs. 1 Nr. 9 sanktioniert die den Vorstand der Zielgesellschaft treffende Unterrichtungspflicht gemäß § 33a Abs. 3, § 33b Abs. 3 oder § 33c Abs. 3 Satz 3, wenn 28
- die Zielgesellschaft eine Satzungsbestimmung nach § 33a Abs. 1 Satz 1 beschlossen hat (§ 33a Abs. 3),
- die Zielgesellschaft eine Satzungsbestimmung nach § 33b Abs. 1 Satz 1 beschlossen hat (§ 33b Abs. 3) oder
- die Zielgesellschaft einen Beschluss nach § 33c Abs. 1 und 2 gefasst hat (§ 33c Abs. 3 Satz 3).

Der Tatbestand ist erfüllt, wenn die Unterrichtung nicht, nicht richtig, nicht vollständig oder nicht rechtzeitig vorgenommen wird. 29

j) Absatz 1 Nr. 10. § 60 Abs. 1 Nr. 10 sanktioniert die den Vorstand der Zielgesellschaft treffende Veröffentlichungspflicht einer Ermächtigung der Hauptversammlung nach § 33c Abs. 1, 2 und 3. Der Tatbestand ist erfüllt, wenn die Veröffentlichung nicht, nicht richtig, nicht vollständig, nicht in der vorgeschriebenen Weise oder nicht rechtzeitig vorgenommen wird. 30

2. Ordnungswidrigkeiten gemäß § 60 Abs. 2

Gemäß § 60 Abs. 2 liegt eine Ordnungswidrigkeit auch dann vor, wenn der Täter Anordnungen der BaFin im Falle unzulässiger Werbung nach § 28 Abs. 1 (§ 60 Abs. 2 Nr. 1 Alt. 1) oder solchen im Rahmen der Ermittlungsbefugnisse der BaFin nach § 40 Abs. 1 Satz 1 (§ 60 Abs. 2 Nr. 1 Alt. 2), § 40 Abs. 2 Satz 1 oder 2 (§ 60 Abs. 2 Nr. 2) zuwiderhandelt. 31

Die Regelungen über die Ermittlungsbefugnisse ermächtigen die BaFin, von jedermann Auskünfte, die Vorlage von Unterlagen und die Überlassung von Kopien zu verlangen sowie Personen zu laden und zu vernehmen, soweit dies für die Überwachung der Einhaltung dieses Gesetzes erforderlich ist (§ 40 Abs. 1 Satz 1). Weiter muss Bediensteten der BaFin und den von ihr beauftragten Personen das Betreten der Grundstücke und Geschäftsräume 32
- während der üblichen Arbeitszeit gestattet werden, soweit dies zur Wahrnehmung ihrer Aufgaben nach diesem Gesetz erforderlich ist (§ 40 Abs. 2 Satz 1) und
- außerhalb dieser Zeit geduldet werden, wenn dies zur Verhütung von dringenden Gefahren für die öffentliche Sicherheit und Ordnung erforderlich ist und bei der auskunftspflichtigen Person Anhaltspunkte für einen Verstoß gegen dieses Gesetz vorliegen (§ 40 Abs. 2 Satz 2).

Während § 60 Abs. 2 Nr. 1 nach dem Wortlaut eine vollziehbare Anordnung voraussetzt, ist das Tatbestandsmerkmal „vollziehbar" in § 60 Abs. 2 Nr. 2 nicht erwähnt. Zwar hat nach § 42 der Widerspruch gegen Maßnahmen der BaFin auch im Falle der in § 60 Abs. 2 Nr. 1 und 2 aufgeführten §§ 28 Abs. 1 und 40 Abs. 1, 2, 3 Satz 1 keine aufschiebende Wirkung, so dass die vorgenannten Anordnungen kraft Gesetzes „vollziehbar" sind. Jedoch ist es denkbar, dass die aufschiebende Wirkung des Widerspruchs gemäß § 50 Abs. 3 vom Beschwerdegericht (OLG Frankfurt) angeordnet wird. In diesem Fall stellt sich die Frage, ob bei einem Verstoß gegen eine nicht vollziehbare 33

Anordnung nach § 40 Abs. 1, 2 oder 3 Satz 1 der Ordnungswidrigkeitentatbestand des § 60 Abs. 2 Nr. 2 verwirklicht werden kann.

34 Da in der Gesetzesbegründung[27] auch im Hinblick auf § 40 ausdrücklich von „vollziehbaren Anordnungen" die Rede ist, und für eine unterschiedliche Behandlung der Anordnungen gemäß § 28 Abs. 1 und gemäß § 40 Abs. 1, 2, 3 Satz 1 nichts spricht, ist § 60 Abs. 2 Nr. 2 dahingehend teleologisch zu reduzieren, dass auch dieser Ordnungswidrigkeitentatbestand eine vollziehbare Anordnung voraussetzt.

IV. Bußgeldrahmen (Absatz 3)

35 § 60 Abs. 3 gibt den Bußgeldrahmen für Ordnungswidrigkeiten gemäß § 60 Abs. 1 und 2 vor:

36 In den Fällen des Abs. 1 Nr. 1 Buchstabe a, Nr. 3, 6 bis 8 kann eine Geldbuße bis zu **einer 1 000 000 Euro** verhängt werden. Bei den erfassten Tatbeständen handelt es sich um **Kernvorschriften** des WpÜG, die den geregelten Ablauf eines Angebotsverfahrens gewährleisten sollen bzw. dem Schutz der Minderheitsaktionäre dienen. Aus diesem Grund ist ein Bußgeldrahmen, der deutlich über den in § 17 OWiG genannten Rahmen hinausgeht, sachgerecht.[28]

37 In den Fällen des § 60 Abs. 1 Nr. 1 Buchstabe b, Nr. 2 Buchstabe a und Nr. 4 kann eine Geldbuße bis zu **500 000 Euro** verhängt werden. Die hier betroffenen Pflichten **ergänzen** die zuvor genannten Kernvorschriften.

38 Die übrigen Ordnungswidrigkeiten (Abs. 1 Nr. 1c, Nr. 2b und c, Nr. 5, Nr. 9, Nr. 10 und Abs. 2) können mit einer Geldbuße von bis zu **200 000 Euro** geahndet werden.

39 Die Höhe der Bußgelder reflektiert die wirtschaftlichen Interessen, die regelmäßig mit öffentlichen Angeboten zum Erwerb von Wertpapieren und Unternehmensübernahmen verbunden sind.[29] Die Abstufung der Bußgelder orientiert sich an § 39 Abs. 3 WpHG.

40 Da die Bußgeldandrohung nicht zwischen vorsätzlichem und fahrlässigem Handeln unterscheidet, kann in den **Fällen der Fahrlässigkeit** die Ordnungswidrigkeit im Höchstmaß **nur bis zur Hälfte** des angedrohten Höchstbetrages geahndet werden (§ 17 Abs. 2 OWiG); dies gilt auch für die Fälle der Leichtfertigkeit.

41 Als Grundlage für die **konkrete Zumessung** einer Geldbuße sind gemäß § 17 Abs. 3 OWiG die Bedeutung der Ordnungswidrigkeit und der Vorwurf heranzuziehen, der den Täter trifft.[30] Auch die wirtschaftlichen Verhältnisse

---

[27] BT-Drucks. 14/7034, 68.

[28] BT-Drucks. 14/7034, 68.

[29] BT-Drucks. 14/7034, 68.

[30] So hat das OLG Frankfurt a. M. NJW 2003, 2111, 2112, bei der Bußgeldbemessung zu Gunsten des Täters berücksichtigt, dass dieser grundsätzlich zu einer Beachtung der gesetzlichen Vorschriften bereit war und es zu der Ordnungswidrigkeit durch eine ungenaue Anweisung an das nachgeordnete Personal kam. Zu Lasten des Betroffenen wirkte sich aus, dass er sich bezüglich seines Fehlverhaltens während des gesamten Verfahrens uneinsichtig zeigte. In seinem Beschluss, NZG 2010, 583, berücksichtigte das OLG Frankfurt a. M., dass das verfahrensgegenständliche Angebot von unterdurchschnittli-

des Täters können Berücksichtigung finden.[31] Die Geldbuße soll den wirtschaftlichen Vorteil übersteigen, den der Täter aus der Ordnungswidrigkeit gezogen hat. Reicht das im Gesetz vorgesehene **Höchstmaß** hierzu nicht aus, so kann es auch **überschritten** werden (§ 17 Abs. 4 OWiG).

V. Anhang: Zurechnungsnormen

42 Eine direkte Anwendung von Ordnungswidrigkeitstatbeständen auf andere als natürliche Personen ist ausgeschlossen.[32] Daher existieren im OWiG verschiedene Zurechnungsnormen, die eine effektive Sanktionierung von Ordnungswidrigkeiten auch beim Handeln für juristische Personen, nicht rechtsfähige Vereine oder Personenhandelsgesellschaften sicherstellen sollen.

1. Verantwortlichkeit von Vertretern, § 9 OWiG

43 **a) Zweck der Vorschrift.** Der Zweck des (dem § 14 StGB entsprechenden) § 9 OWiG ist es, den Anwendungsbereich von hinsichtlich des Täterkreises beschränkten Tatbeständen auf Personen zu erweitern, die für den eigentlichen Normadressaten handeln.[33] So ist im Gesetz vielfach der „Bieter" als Normadressat genannt. Bieter ist aber niemals das jeweilige Vertretungsorgan, sondern stets die dahinter stehende juristische Person oder Personenhandelsgesellschaft. Somit kann das Vertretungsorgan nicht direkt eine Ordnungswidrigkeit nach § 60 begehen, sondern nur nach Maßgabe des § 9 OWiG belangt werden.

44 **b) Handeln in Vertretung.** § 9 OWiG unterscheidet zwischen der gesetzlichen Vertretung (Abs. 1) und der gewillkürten Vertretung (Abs. 2):

45 **aa) Gesetzliche Vertretung.** § 9 Abs. 1 OWiG erweitert den Anwendungsbereich von Tatbeständen auf den Vertreter, wenn ein besonderes persönliches Merkmal beim Vertretenen vorliegt, nicht jedoch beim Vertreter, der in dieser Eigenschaft den Tatbestand verwirklicht. Dies gilt ua für Organe juristischer Personen (§ 9 Abs. 1 Nr. 1 OWiG) und vertretungsberechtigte Gesellschafter einer Personengesellschaft (§ 9 Abs. 1 Nr. 2 OWiG).

---

chem Volumen war, dass sich der Vorstand kooperativ zeigte und bereits wegen einer gegen die AG in diesem Verfahren ergangenen Untersagungsverfügung eine Verwaltungsgebühr tragen musste. Belastend wirkte der Umstand, dass der betroffene Alleinvorstand nicht nur formelle Anforderungen verletzt hat, sondern die Anwendbarkeit des WpÜG im Ganzen verkannt hat.

[31] Das OLG Frankfurt a. M. NJW 2003, 2111, 2112, hat zu Gunsten des Betroffenen berücksichtigt, dass er als Vorstand einer relativ kleinen Aktiengesellschaft tätig ist und seine Einkommensverhältnisse – gemessen am Durchschnitt aller Vorstände von Aktiengesellschaften – eher im unteren Bereich liegen. In dem Beschluss, NZG 2010, 583, fiel zu Lasten der Betroffenen ins Gewicht, dass sie im vorherigen Geschäftsjahr erfolgreich eine Kapitalerhöhung vorgenommen und damit das Gesellschaftsvermögen um 20% gesteigert hatten sowie für das folgende Geschäftsjahr von einem positiven Bilanzergebnis ausgingen.

[32] Vgl. → Rn. 2.

[33] *Gürtler* in Göhler, § 9 Rn. 2.

46 Bei mehrgliedrigen Organen wird jedes Mitglied des Organs zum Normadressaten.[34] Unerheblich ist, ob einzelne Organe die juristische Person selbständig vertreten können und ob bestimmte Geschäfte im Einzelfall nur mit Zustimmung eines anderen Organs vorgenommen werden dürfen. Weiter ist unerheblich, ob der Bestellungsakt wirksam vorgenommen wurde (§ 9 Abs. 3 OWiG).

47 Vertretungsberechtigte Gesellschafter einer **Personengesellschaft** wie oHG und KG sind den vertretungsberechtigten Organen einer juristischen Person gleichgestellt, weil auch die Personengesellschaft rechtsfähig ist.[35] Vertreter sonstiger Gesamthandsgemeinschaften (zB nicht rechtsfähiger Vereine, Erbengemeinschaften) fallen nicht unter § 9 OWiG.

48 § 9 Abs. 1 OWiG setzt voraus, dass das Organ bzw. der vertretungsberechtigte Gesellschafter **„als Vertreter"** handelt. Dies ist der Fall, wenn das Verhalten in einem funktionalen Zusammenhang mit dem Aufgaben- und Pflichtenkreis steht, der mit der Vertretung wahrgenommen werden soll.[36]

49 Insoweit können sich Probleme stellen, wenn die Geschäftsführung auf mehrere Vorstandsmitglieder oder Gesellschafter aufgeteilt ist. Hier ist danach zu differenzieren, ob ein Ordnungswidrigkeitstatbestand durch Handeln oder Unterlassen verwirklicht wird:

50 Im Falle des Handelns ist es unerheblich, ob das Organmitglied, welches beispielsweise entgegen § 15 Abs. 3 eine Veröffentlichung vorgenommen hat, intern zuständig war.[37]

51 Dagegen handeln im Falle des Unterlassens die anderen Organmitglieder grundsätzlich nicht pflichtwidrig, wenn sie eine rechtlich gebotene, in den Aufgabenbereich eines anderen Organmitglieds fallende Handlung nicht vornehmen.[38] Jedoch kann auch ein intern unzuständiges Organmitglied verantwortlich gemacht werden, wenn es erkennt, dass eine bestimmte rechtlich gebotene, in den Aufgabenkreis des anderen Organs fallende Handlung nicht oder möglicherweise nicht vorgenommen wird, oder es dies hätte erkennen können.[39]

52 **bb) Gewillkürte Vertretung.** § 9 Abs. 2 erfasst nur solche gewillkürten Vertreter, die von dem Inhaber eines Betriebes oder einem sonst dazu Befugten mit der Leitung des Betriebes oder eines Teils des Betriebes beauftragt (Nr. 1) oder ausdrücklich damit beauftragt sind, in eigener Verantwortung Aufgaben wahrzunehmen, die dem Inhaber des Betriebes obliegen (Nr. 2). Keine Anwendung findet die Vorschrift auf die private gewillkürte Vertretung.[40]

53 **Betriebsleiter** ist derjenige, dem die Geschäftsführung des Betriebes verantwortlich übertragen ist und der dementsprechend auch selbstständig an Stelle des Betriebsinhabers handelt.[41] Die Alternative **„Leitung eines Teils des**

---

[34] *Rönnau* in Frankfurter Komm., Vor § 60 Rn. 102a.

[35] Erfasst ist auch die am Rechtsverkehr teilnehmende GbR: *Gürtler* in Göhler, § 9 Rn. 10.

[36] *Cramer* in Assmann/Schneider, 2. Aufl. 1999, vor § 38 Rn. 17.

[37] Vgl. *Cramer* in Assmann/Schneider, 2. Aufl. 1999, vor § 38 Rn. 19.

[38] *Gürtler* in Göhler, § 9 Rn. 15.

[39] OLG Hamm NJW 1971, 817, 818.

[40] *Altenhain* in KK-WpÜG, § 60 Rn. 186.

[41] *Rogall* in Karlsruher Komm. OWiG, § 9 Rn. 82.

Betriebes" erfasst sowohl den Fall, dass jemand einen organisatorisch und räumlich getrennten Betriebsteil (wie zB eine Zweigstelle) leitet, als auch den Fall, dass jemand in einem größeren Betrieb eine bestimmte Abteilung leitet.[42]

Sonstige Beauftragte sind nur solche, die ausdrücklich damit beauftragt sind, in eigener Verantwortung Aufgaben wahrzunehmen, die dem Inhaber des Betriebes obliegen. Das Gesetz verlangt eine **ausdrückliche Beauftragung.** Hierdurch sollen im Interesse des Beauftragten und auch zur Sicherung der Einhaltung der Pflichten klare Verhältnisse geschaffen und verhindert werden, dass in einem Betrieb der eine die Verantwortung auf den anderen abwälzt.[43] Eine besondere Form ist für die Beauftragung jedoch nicht vorgeschrieben. Allerdings muss der Betreffende die Leitungsaufgaben tatsächlich übernommen haben, weil nur dann der Vertrauenstatbestand geschaffen wurde, der seine Verantwortlichkeit rechtfertigt.[44] **In eigener Verantwortung** kann der Beauftragte nur handeln, wenn es ihm im Rahmen des ihm übertragenen Wirkungskreises auch möglich ist, selbständig, dh ohne die Weisung des Betriebsinhabers oder eines anderen Befugten, die Maßnahmen zu ergreifen, die zur Wahrnehmung der Aufgaben und Erfüllung der damit verbundenen Pflichten notwendig sind.[45] Weiter wird von § 9 Abs. 2 vorausgesetzt, dass der Beauftragte **auf Grund des Auftrags** handelt. Insoweit gelten die Ausführungen zum Handeln „als Vertreter" entsprechend. 54

Die **Verantwortlichkeit des Betriebsinhabers** wird mit der Bestellung von Beauftragten nach § 9 Abs. 2 Satz 1 Nr. 1 und 2 gemindert, sie entfällt jedoch nicht ganz, wie sich aus dem Wort „auch" in § 9 Abs. 1 ergibt.[46] Der Betriebsinhaber hat daher bei Bestellung von Beauftragten alle erforderlichen organisatorischen Maßnahmen zu treffen, um Pflichtverletzungen zu verhindern. 55

2. Verletzung der Aufsichtspflicht in Betrieben und Unternehmen, § 130 OWiG

a) Zweck der Vorschrift. § 130 OWiG regelt die Verantwortlichkeit des Inhabers eines Betriebes oder Unternehmens im Falle der Verletzung seiner Aufsichtspflicht. Die Vorschrift beruht auf der Erwägung, dass der Inhaber eines Betriebes oder Unternehmens verpflichtet ist, die erforderlichen Aufsichtsmaßnahmen zu treffen, damit in dem Betrieb die ihn angehenden Gebote und Verbote eingehalten werden, deren Verletzung mit Strafe oder Geldbuße bedroht ist.[47] Da § 130 OWiG ein eigenständiger Bußgeldtatbestand ist, der allein an das in der Verletzung der Aufsichtspflicht liegende Unrecht anknüpft, kann die Aufsichtspflichtverletzung schon dann geahndet werden, wenn der Aufsichtspflichtige fahrlässig handelt, auch wenn die Zuwiderhandlung, die bei gebotener Aufsicht verhindert oder erschwert worden wäre, nur vorsätzlich oder leichtfertig begehbar ist.[48] 56

---

[42] Z. B. als „technischer Leiter", vgl. im Einzelnen *Gürtler* in Göhler, § 9 Rn. 20.
[43] *Gürtler* in Göhler, § 9 Rn. 27.
[44] *Rogall* in Karlsruher Komm. OWiG, § 9 Rn. 83.
[45] *Gürtler* in Göhler, § 9 Rn. 31.
[46] Vgl. OLG Koblenz MDR 1973, 606, 607.
[47] *Gürtler* in Göhler, § 130 Rn. 1, 2.
[48] *Cramer* in Assmann/Schneider, 2. Aufl. 1999, vor § 38 Rn. 34.

57 **b) Adressatenkreis.** Adressaten des § 130 OWiG sind **Inhaber eines Betriebes oder Unternehmens.** Zu beachten ist, dass auch im Rahmen des § 130 OWiG die Zurechnungsnorm des § 9 zur Anwendung kommt, welche die für den Betriebsinhaber handelnden Personen in die Verantwortung einbezieht.[49] Daher tritt im Falle der Betriebs- oder Unternehmensführung durch eine juristische Person oder eine Personenhandelsgesellschaft gemäß § 9 Abs. 1 OWiG das vertretungsberechtigte Organ bzw. der vertretungsberechtigte Gesellschafter an die Stelle des Betriebsinhabers.

58 Ferner gehören gemäß § 130 Abs. 2 OWiG **öffentliche Unternehmen,** also Organisationsformen der öffentlichen Verwaltung, mit denen diese am Wirtschaftsleben aktiv teilnimmt, zum Adressatenkreis.

59 **c) Aufsichtsmaßnahmen.** § 130 OWiG setzt lediglich das Unterlassen einer Aufsichtsmaßnahme voraus, die eine Zuwiderhandlung gegen betriebsbezogene Pflichten wesentlich erschwert oder verhindert hätte, und ist damit ein **echtes Unterlassungsdelikt.**[50]

60 **aa) Begriff.** Eine abschließende Bestimmung der erforderlichen Aufsichtsmaßnahmen trifft der Gesetzgeber nicht, er nennt nur die Beispielsfälle der Bestellung, sorgfältigen Auswahl und Überwachung von Aufsichtspersonen. Art und Umfang der notwendigen Aufsichtsmaßnahmen hängen von zahlreichen Faktoren, wie etwa Größe und Organisation des Betriebes, Vielfalt der im Einzelfall zu beachtenden Vorschriften und den Überwachungsmöglichkeiten ab. Allgemein sind zumutbare Vorkehrungen, die zur Beachtung der Rechtsordnung erforderlich und geeignet sind, zu ergreifen.[51]

61 **bb) Einzelne Aufsichtsmaßnahmen.** Die Unternehmensleitung hat zunächst eine **Organisationspflicht,** die insbesondere in der richtigen Auswahl der Aufsichtspersonen im Hinblick auf zB Zuverlässigkeit und Qualifikation besteht. Weiter ist sowohl die erstmalige als auch die **laufende Unterrichtung** der Mitarbeiter über die für sie aktuell bestehenden Pflichten erforderlich. Dabei sind einzelne Personen und Personengruppen individuell und verständlich über sie Betreffendes zu informieren.

62 Des Weiteren ist eine laufende **Kontrolle** erforderlich, die eine regelmäßige unabhängige Überprüfung des Betriebsablaufs gewährleistet und sicherstellt, dass Zuwiderhandlungen ggf. geahndet werden. Intensität von Stichproben und Härte der Konsequenzen für den Verantwortlichen sind an der Wichtigkeit der einzuhaltenden Pflicht auszurichten. Zur wirksamen Kontrolle gehört auch die **Aufbewahrung von Unterlagen** über einen gewissen Zeitraum, um Fehler auch später zurückverfolgen zu können.

63 Bei größeren Unternehmen können die durch § 130 OWiG geforderten Aufsichtsmaßnahmen auf mehreren Stufen erforderlich sein, auf denen sich dann inhaltlich unterschiedliche Aufsichtspflichten ergeben.[52] Bei einer solchen abgestuften Funktionsverteilung hat die **Unternehmensleitung** durch einen entsprechenden Organisationsplan die Durchführung der erforderlichen Aufsichtsmaßnahmen sicherzustellen.

---

[49] *Gürtler* in Göhler, § 130 Rn. 4.
[50] *Gürtler* in Göhler, § 130 Rn. 9.
[51] *Gürtler* in Göhler, § 130 Rn. 10.
[52] *Cramer* in Assmann/Schneider, 2. Aufl. 1999, vor § 38 Rn. 46.

Soweit ein Organ aus mehreren Personen besteht bzw. mehrere Gesell- 64
schafter vertretungsberechtigt sind, ist die interne Geschäftsverteilung grundsätzlich beachtlich. Die anderen Organmitglieder bzw. Gesellschafter sind dann nur noch insoweit für die anderen Bereiche verantwortlich, als sie von einer Aufsichtspflichtverletzung eines anderen Organmitglieds oder Gesellschafters Kenntnis haben oder haben könnten.

d) Aufsichtspflichtverletzung und Ursächlichkeit für den Pflichten- 65
verstoß. Eine Aufsichtspflichtverletzung kann nur dann geahndet werden, wenn diese ursächlich für eine Zuwiderhandlung gegen Pflichten war, die den Inhaber des Betriebes oder Unternehmens treffen. Während die Aufsichtspflichtverletzung vorsätzliches oder fahrlässiges Handeln voraussetzt,[53] ist der Pflichtenverstoß nach hM **objektive Bedingung** der Ahndbarkeit, auf die sich weder der Vorsatz noch die Fahrlässigkeit beziehen muss.[54] Die **Ursächlichkeit** der Aufsichtspflichtverletzung für den Pflichtenverstoß besteht dann, wenn diese bei gehöriger Erfüllung mit an Sicherheit grenzender Wahrscheinlichkeit verhindert oder jedenfalls wesentlich erschwert worden wäre.[55]

e) Subsidiarität. § 130 OWiG ist grundsätzlich **subsidiär** gegenüber an- 66
deren Vorschriften. § 130 OWiG kommt nur dann zur Anwendung, wenn der Aufsichtspflichtige nicht bereits selbst die ihm obliegenden Pflichten verletzt, dh täterschaftlich oder in der Form der Teilnahme (§§ 26, 27 StGB) oder Beteiligung (§ 14 OWiG) handelt.[56]

3. Geldbuße gegen juristische Personen und Personenvereinigungen, § 30 OWiG

a) Zweck der Vorschrift. Ein in einem Unternehmen begangener Ver- 67
stoß ist mit der Verhängung einer Geldbuße gegen den Täter deshalb häufig nicht in ausreichendem Maß zu ahnden, weil sich deren Höhe an dessen wirtschaftlichen Verhältnissen orientiert. Oft übersteigt der Vorteil, den das Unternehmen durch die Tat erlangt, die Strafhöhe, die gegen den Täter aufgrund seiner wirtschaftlichen Verhältnisse festgesetzt werden kann, ganz erheblich.[57] Durch § 30 OWiG wird die Verhängung einer Sanktion direkt gegen das Unternehmen möglich, soweit ein Organ oder Bevollmächtigter in leitender Position tätig geworden ist.

b) Adressatenkreis. Juristische Personen sind alle Organisationsfor- 68
men, denen die Rechtsordnung eine eigene Rechtspersönlichkeit zuerkennt, wie GmbH, AG, KGaA, eingetragene Genossenschaft, eingetragener Verein und Stiftung. Auch öffentlich-rechtliche Körperschaften gehören nach dem Wortlaut der Vorschrift zum Adressatenkreis.[58]

Personenvereinigungen, die durch § 30 OWiG den juristischen Personen 69
gleichgestellt werden, sind der nicht rechtsfähige Verein und die Personengesellschaft:

---

53 *Gürtler* in Göhler, § 130 Rn. 16 a.
54 *Cramer* in Assmann/Schneider, 2. Aufl. 1999, vor § 38 Rn. 50.
55 *Gürtler* in Göhler, § 130 Rn. 22.
56 *Cramer* in Assmann/Schneider, 2. Aufl. 1999, vor § 38 Rn. 52.
57 *Cramer* in Assmann/Schneider, 2. Aufl. 1999, vor § 38 Rn. 53.
58 *Gürtler* in Göhler, § 30 Rn. 2.

70 Der **nicht rechtsfähige Verein** weist ebenso wie der eingetragene Verein eine körperschaftliche Struktur auf. Auch wenn der Hauptzweck beim nicht rechtsfähigen Verein zwingend nichtwirtschaftlicher Art ist, verfügen nicht rechtsfähige Vereine nicht selten über bedeutendes zweckgebundenes Vermögen. Daher ist es mit dem Sinn und Zweck des § 30 OWiG vereinbar, eine Geldbuße auch gegen sie zuzulassen.[59]

71 **Personengesellschaft** ist zunächst die Personenhandelsgesellschaft, also die oHG, KG, GmbH & Co KG und die EWIV mit Sitz im Inland.[60] Da die **Personenhandelsgesellschaften** rechtlich weitgehend verselbständigt sind und ihre vertretungsberechtigten Gesellschafter in ihrem Namen handeln, ist die Gleichstellung mit der juristischen Person berechtigt.[61] Allerdings kann es wegen der regelmäßig bestehenden engen finanziellen Verflechtung zwischen Gesellschaft und Gesellschaftern genügen, nur die Gesellschafter zu belangen. Eine doppelte Ahndung wird durch das einheitliche Verfahren gegen Gesellschaft und Gesellschafter verhindert.[62]

72 Ebenfalls umfasst sind sämtliche Personengesellschaften mit Rechtsfähigkeit. Denn sofern die Personengesellschaft positiv-rechtlich mit der Fähigkeit ausgestattet sei, Rechte zu erwerben und Verbindlichkeiten einzugehen, sind keine Gründe ersichtlich, straf- und bußgeldrechtlich unterschiedliche Maßstäbe anzulegen.[63] Daher ist nunmehr die **PartG** (§ 7 Abs. 2 PartGG) sowie die **GbR** (§§ 705ff. BGB), soweit sie am Rechtsverkehr teilnimmt (Außen-GbR) und damit nach der Rechtsprechung des BGH rechts- und parteifähig ist,[64] einbezogen.[65]

73 **c) Täterkreis.** Als Täter kommen zunächst die **vertretungsberechtigten Organe** der juristischen Person (§ 30 Abs. 1 Nr. 1 OWiG), der **Vorstand eines nicht rechtsfähigen Vereins** (§ 30 Abs. 1 Nr. 2 OWiG), sowie die vertretungsberechtigten **Gesellschafter** der Personengesellschaft (§ 30 Abs. 1 Nr. 3 OWiG) in Betracht. Zu den Personen, deren Handlung eine Geldbuße gegen die juristische Person oder Personenvereinigung auslösen kann, gehören weiter **Handlungsbevollmächtigte** (§§ 54f. HGB) und **Prokuristen** (§§ 48ff. HGB) in leitender Stellung sowie **Generalbevollmächtigte** (§ 30 Abs. 1 Nr. 4 OWiG). Eine leitende Funktion von Handlungsbevollmächtigten bzw. Prokuristen ist (jedenfalls) dann zu bejahen, wenn diese iSv § 9 Abs. 2 OWiG den Betrieb ganz oder zum Teil leiten oder ihnen Aufgaben, die dem Inhaber des Betriebs obliegen, zur Wahrnehmung in eigener Verantwortung übertragen wurden.[66]

74 Eine interne Beschränkung der Vertretungsberechtigung der in § 30 Abs. 1 Nr. 1 bis 4 genannten Personen im Innenverhältnis, etwa durch angeordnete Gesamtvertretung, hindert die Zurechnung nicht.[67] Diese faktische

[59] *Gürtler* in Göhler, § 30 Rn. 6.
[60] *Gürtler* in Göhler, § 30 Rn. 4.
[61] *Gürtler* in Göhler, § 30 Rn. 4.
[62] *Gürtler* in Göhler, § 30 Rn. 4, 28.
[63] BT-Drucks. 14/8998, 8.
[64] BGH NJW 2001, 1056ff.; BGH NJW 2002, 1207ff.
[65] *Gürtler* in Göhler, § 30 Rn. 5; *Rönnau* in Frankfurter Komm., Vor § 60 Rn. 132f.
[66] *Cramer* in Assmann/Schneider, 2. Aufl. 1999, vor § 38 Rn. 64.
[67] *Cramer* in Assmann/Schneider, 2. Aufl. 1999, vor § 38 Rn. 63.

Betrachtungsweise gilt auch dann, wenn der Bestellungsakt nicht wirksam war.[68]

d) Bezugstaten. Die Festsetzung einer Geldbuße gegen das Unternehmen sieht das Gesetz vor im Falle von Ordnungswidrigkeiten oder Straftaten, durch die Pflichten, welche die juristische Person oder Personenvereinigung treffen, verletzt worden sind (§ 30 Abs. 1 Alt. 1 OWiG), oder durch welche die juristische Person oder Personenvereinigung bereichert worden ist oder werden sollte (§ 30 Abs. 1 Alt. 2 OWiG). **75**

aa) Pflichtverletzung. Pflichten, welche die juristische Person oder Personenvereinigung treffen, sind **Aufsichtspflichten** und sonstige **betriebsbezogene Pflichten.**[69] Aufsichtspflichtverletzungen sind bei Nichterfüllung notwendiger Aufsichtsmaßnahmen durch den Inhaber oder von ihm beauftragte Vertreter gegeben. Sonstige Pflichten sind **betriebsbezogen,** wenn sie nach den verwaltungsrechtlichen Gesetzen im Zusammenhang mit dem Wirkungskreis der juristischen Person oder Personenvereinigung bestehen und sie als Normadressaten treffen.[70] **76**

Auch Pflichten, die sich an jedermann richten und nicht auf diesen Adressatenkreis eingeschränkt sind, sind betriebsbezogen, wenn die Pflichtsich im konkreten Fall im Zusammenhang mit der Betriebsführung ergibt.[71] Im Rahmen der durch § 60 bußgeldbewehrten Pflichten ist regelmäßig von der Betriebsbezogenheit auszugehen, da kaum Fälle denkbar sind, in denen ein Angebots- bzw. Übernahmeverfahren dem Privatbereich zuzuordnen wäre. **77**

bb) Bereicherung. Die 2. Alternative des § 30 Abs. 1 OWiG betrifft die Fälle, in denen – unabhängig von der Verletzung einer betriebsbezogenen Pflicht – durch die rechtswidrige Handlung eines Vertretungsberechtigten die juristische Person oder Personenvereinigung bereichert wird oder bereichert werden soll. **78**

Durch die Abschöpfung eines möglichen Vorteils soll solchen Handlungen vorgebeugt werden; verstärkt wird die Wirkung durch die Miteinbeziehung erfolglos gebliebener Handlungen. Andererseits kommt es bei tatsächlicher Bereicherung nicht darauf an, dass die eingetretene Bereicherung auch intendiert war.[72] Unbeachtlich ist auch, ob einer eingetretenen Bereicherung später zivilrechtliche Ansprüche der Geschädigten gegenüberstehen. **79**

Auf die Betriebsbezogenheit kommt es zwar anders als in § 30 Abs. 1 Alt. 1 OWiG nicht an, allerdings ist ein **innerer Zusammenhang** zwischen der Tat und dem Wirkungskreis der juristischen Person oder Personenvereinigung erforderlich.[73] Dies ergibt sich daraus, dass der Täter „als Organ", usw. gehandelt haben muss. Nicht erforderlich ist dabei jedoch die Einhaltung des Zuständigkeitsbereichs des Handelnden, etwa bei angeordneter Gesamtvertretung.[74] Der erforderliche innere Zusammenhang fehlt, wenn der Täter **nur** **80**

---

[68] Vgl. § 9 Abs. 3 OWiG; *Gürtler* in Göhler, § 30 Rn. 14.
[69] *Gürtler* in Göhler, § 30 Rn. 17 ff.
[70] *Gürtler* in Göhler, § 30 Rn. 19.
[71] *Gürtler* in Göhler, § 30 Rn. 20.
[72] *Gürtler* in Göhler, § 30 Rn. 22.
[73] *Gürtler* in Göhler, § 30 Rn. 22.
[74] *Gürtler* in Göhler, § 30 Rn. 24.

bei Gelegenheit seiner Tätigkeit für die juristische Person oder Personenvereinigung gehandelt hat.

81 **e) Anwendung bei ausländischen juristischen Personen und Personenvereinigungen.** Die Vorschrift des § 30 OWiG ist nach ihren Begrifflichkeiten auf deutsche Verhältnisse abgestimmt. Dennoch ist gemäß der Zielrichtung der Vorschrift davon auszugehen, dass grundsätzlich auch ausländische Gesellschaften zum Adressatenkreis gehören.[75] Die Frage, **welche** ausländischen Gesellschaften von § 30 OWiG erfasst werden, ist problematisch, weil die Strukturen ausländischer Gesellschaften oft schwer mit denen des deutschen Rechts vergleichbar sind. Gerade bei kapitalmarktrechtlichen Transaktionen sind häufig ausländische Gesellschaften beteiligt, so dass dieser Frage besondere Bedeutung zukommt.

82 **aa) Erfasste ausländische Gesellschaften.** Im Hinblick auf die Vergleichbarkeit von ausländischen und inländischen Gesellschaften ist nicht die rechtliche Einordnung im Ausland entscheidend, sondern wie eine entsprechende Struktur nach deutschem Recht zu behandeln wäre. § 30 OWiG ermöglicht die Verhängung einer Geldbuße gegen recht unterschiedlich strukturierte Gesellschaften. Juristische Personen sind ebenso erfasst wie Personenvereinigungen in Form der oHG, KG oder (Außen-)GbR. Sanktionsfähig sind demnach nach Sinn und Zweck des § 30 OWiG grundsätzlich alle ausländischen Gesellschaften, soweit es sich nicht um reine Innengesellschaften handelt.[76]

83 **bb) Erfasste Verantwortliche.** Auch bei der Frage, welche Personen bei ausländischen Gesellschaften als mögliche Täter in Betracht kommen, ist ein Vergleich mit der rechtlichen Stellung der in § 30 Abs. 1 genannten Personen nach deutschem Recht zu ziehen. Auf Bezeichnungen des ausländischen Rechts kommt es hierbei nicht an. Dem Begriff des Organs unterfallen daher auch der „Verwaltungsrat" einer AG nach schweizerischem Recht oder der „Chairman" des anglo-amerikanischen Rechts.[77] Bei der Einordnung gewillkürter Bevollmächtigter ist ein Vergleich der konkret erteilten Vertretungsmacht mit der des Prokuristen oder Handlungsbevollmächtigten iSd HGB oder des Generalbevollmächtigten erforderlich.

84 **cc) Bezugstat.** Die Verhängung einer Geldbuße gegen eine ausländische Gesellschaft setzt voraus, dass das Organ oder der Vertreter eine Ordnungswidrigkeit iSv § 30 Abs. 1 OWiG begangen hat. Daher muss die Tat des Organs oder Vertreters nach deutschem Recht verfolgbar sein. Während im Bereich des Strafrechts nach den §§ 3 ff. StGB auch die Ahndung bestimmter Auslandsstraftaten zulässig ist, können Ordnungswidrigkeiten gemäß § 5 OWiG nur geahndet werden, wenn sie im räumlichen Geltungsbereich des OWiG begangen wurden, dh in der Bundesrepublik Deutschland oder außerhalb dieses Geltungsbereiches auf einem Schiff oder Luftfahrzeug, das berechtigt ist, die Bundesflagge oder das Staatsangehörigkeitszeichen der Bundesrepublik Deutschland zu führen.

85 Bei der Verwirklichung einer Ordnungswidrigkeit durch **Unterlassen** ist gemäß § 7 Abs. 1 OWiG auf den Ort abzustellen, an dem die erforderliche

---

[75] *Cramer* in Assmann/Schneider, 2. Aufl. 1999, vor § 38 Rn. 81.
[76] *Rönnau* in Frankfurter Komm., Vor § 60 Rn. 149.
[77] Vgl. *Cramer* in Assmann/Schneider, 2. Aufl. 1999, vor § 38 Rn. 88.

Handlung vorzunehmen gewesen wäre. Damit ist bei der Nichtbeachtung von Mitteilungs-, Unterrichtungs- oder Veröffentlichungspflichten nach dem WpÜG grundsätzlich der Anwendungsbereich des deutschen Ordnungswidrigkeitenrechts eröffnet, da die vorgenannten Pflichten in Deutschland zu erfüllen sind.

Umstritten ist, ob für die Ahndung nach § 30 OWiG auch auf eine im Ausland begangene **Aufsichtspflichtverletzung** gemäß § 130 OWiG abgestellt werden kann, der tatbestandliche Erfolg sich jedoch in Deutschland realisiert hat. Dies wird teilweise verneint, da sich in diesem Fall der allein tatbestandlich relevante Anknüpfungspunkt der Aufsichtspflichtverletzung außerhalb des Bereichs des § 5 OWiG abgespielt hat.[78] Hingegen hat die Rechtsprechung für den Bereich des Strafrechts die Verwirklichung einer objektiven Strafbarkeitsbedingung im Inland als hinreichend angesehen.[79] 86

f) Bußgeldbemessung. § 30 Abs. 2 OWiG unterscheidet hinsichtlich des Höchstmaßes des Bußgeldes zwischen Straftaten und Ordnungswidrigkeiten. Im Falle von Ordnungswidrigkeiten bestimmt sich das Höchstmaß der Geldbuße gem. § 30 Abs. 2 Satz 2 OWiG nach dem für die Ordnungswidrigkeit angedrohten Höchstmaß.[80] 87

Maßstab für die konkrete Bemessung ist der Unrechtsgehalt der Handlung und deren Auswirkungen auf das geschützte Rechtsgut. Dem Zweck des § 30 OWiG entsprechend liegt hierbei eine Orientierung daran nahe, wie ein Einzelunternehmer für seinen Verstoß belangt worden wäre.[81] Auch sonstige Umstände sind zu berücksichtigen, wie organisatorische Vorkehrungen der juristischen Person bzw. Personenvereinigung zur Verhinderung entsprechender Verstöße.[82] Um den wirtschaftlichen Vorteil erfassen zu können, kann das Überschreiten des Höchstbetrags erforderlich sein. Der wirtschaftliche Vorteil bildet dann die untere Grenze der Geldbuße.[83] Bei der Feststellung des wirtschaftlichen Vorteils sind unmittelbar mit der Handlung zusammenhängende Kosten in Abzug zu bringen.[84] 88

Da die Bereicherung einer juristischen Person immer auch einen Vermögensvorteil iSv § 29a Abs. 2 OWiG darstellt, kommt alternativ zum Vorgehen nach § 30 OWiG auch eine Abschöpfung des Vermögensvorteils über die Anordnung des Verfalls nach § 29a OWiG in Betracht. Dies ermöglicht die Abschöpfung eines unrechtmäßig erlangten Vermögensvorteils auch in den Fällen, in denen die Voraussetzungen der §§ 30, 130 OWiG nicht vorliegen.[85] Die Festsetzung einer Geldbuße neben der Anordnung des Verfalls ist durch § 30 Abs. 5 OWiG jedoch ausgeschlossen. 89

---

78 Vgl. *Cramer* in Assmann/Schneider, 2. Aufl. 1999, vor § 38 Rn. 103 f.

79 BGH NStZ 1997, 228; ablehnend *Satzger* NStZ 1998, 112, 117.

80 Vgl. hierzu bereits → Rn. 41 ff.

81 *Gürtler* in Göhler, § 30 Rn. 36 a.

82 *Rogall* in Karlsruher Komm. OWiG, § 30 Rn. 137 m. w. N. zur mildernden Berücksichtigung der Existenz von Compliance-Programmen.

83 BGH NJW 1975, 269, 270.

84 *Peltzer* DB 1977, 1445 f.

85 *Cramer* in Assmann/Schneider, 2. Aufl. 1999, vor § 38 Rn. 113.

90 **g) Einheitliches Verfahren.** Gem. § 30 Abs. 4 OWiG ist ein selbständiges Verfahren gegen die juristische Person/Personenvereinigung nur dann zulässig, wenn ein solches **gegen das Organ selbst eingestellt oder gar nicht erst eingeleitet** wird.

91 Grund für die Anordnung dieses einheitlichen Verfahrens ist zunächst der Grundsatz **ne bis in idem** des Art. 103 Abs. 3 GG. Auch bei Organen ist häufig eine Beteiligung am Gesellschaftskapital gegeben und damit bei zwei selbständigen Verfahren eine nicht aufeinander abgestimmte doppelte Sanktionierung zu befürchten, der bei einheitlicher Behandlung vorgebeugt werden kann. Dabei ist zu beachten, dass die durch § 30 OWiG schon per se vorgesehene **„doppelte Ahndung"** für sich **nicht als verfassungswidrig** einzustufen ist.[86] Weiterer Grund für die Durchführung eines einheitlichen Verfahrens ist der Gesichtspunkt der Prozessökonomie. Denn getrennte Verfahren zum identischen Sachverhalt wären **nicht prozesswirtschaftlich.**

92 Auch bei dem von § 30 OWiG angeordneten einheitlichen Verfahren sind jedoch dann abweichende Entscheidungen denkbar, wenn etwa die Beteiligten nur teilweise (erfolgreich) Rechtsmittel einlegen. In diesem Fall ist zwar die zweite in Rechtskraft erwachsende Entscheidung gegen die juristische Person oder Personenvereinigung rechtsfehlerhaft, aber nicht nichtig.[87]

93 § 30 Abs. 4 OWiG verbietet es nicht, zuerst das Verfahren gegen die juristische Person oder Personenvereinigung durchzuführen und erst danach ein Bußgeldverfahren gegen das Organ einzuleiten. In diesem Fall muss bei der Festsetzung einer Sanktion gegen das Organ berücksichtigt werden, inwieweit es selbst durch die Verhängung der Sanktion durch die juristische Person oder Personenvereinigung wirtschaftlich betroffen worden ist.[88]

§ 61 Zuständige Verwaltungsbehörde

Verwaltungsbehörde im Sinne des § 36 Abs. 1 Nr. 1 des Gesetzes über Ordnungswidrigkeiten ist die Bundesanstalt.

1 Für die Ahndung und Verfolgung von Ordnungswidrigkeiten im Sinne von § 60 ist die BaFin zuständig.[1] Eine ausdrückliche Bestimmung ist aufgrund der Regelung des § 36 Abs. 1 Nr. 1 OWiG erforderlich. Die §§ 40 ff. OWiG sehen Bestimmungen über die Verfolgung durch die Staatsanwaltschaft vor. Besteht der Verdacht, dass durch die Tat gleichzeitig eine Straftat begangen wurde, ist die Sache an die Staatsanwaltschaft abzugeben. Deren Entschluss, die Tat als Straftat zu verfolgen, bindet die BaFin (vgl. § 44 OWiG). Wird von der Staatsanwaltschaft eine Straftat verfolgt, so kann sie bei einem Zusammenhang mit der Ordnungswidrigkeit auch deren Verfolgung übernehmen.

2 Für das Bußgeldverfahren gelten nach § 46 Abs. 1 OWiG vorbehaltlich der geregelten Ausnahmen die Vorschriften der allgemeinen Gesetze über das

[86] OLG Hamm NJW 1973, 1851, 1853.
[87] *Gürtler* in Göhler, § 30 Rn. 33 a.
[88] *Gürtler* in Göhler, § 30 Rn. 29.
[1] *Schaal* in MüKoAktG, § 61 WpÜG Rn. 3; *Altenhain* in KK-WpÜG, § 61 Rn. 10.

Strafverfahren. Der BaFin stehen nach § 46 Abs. 2 OWiG insoweit grundsätzlich dieselben **Rechte und Pflichten wie der Staatsanwaltschaft** bei der Verfolgung von Straftaten zu. Anders als bei der Verfolgung von Straftaten gilt jedoch nach § 47 OWiG das **Opportunitätsprinzip,** so dass die BaFin nach pflichtgemäßem Ermessen zu entscheiden hat, ob das öffentliche Interesse eine Ahndung erfordert. Sie ist dabei allerdings an die allgemeinen Grenzen der Ermessensausübung und insbesondere an den Gleichbehandlungsgrundsatz gebunden.[2]

In verfahrensrechtlicher Hinsicht sind für das Bußgeldverfahren die Bestimmungen des OWiG maßgeblich (§§ 35ff. OWiG). Der Bußgeldbescheid muss den formalen Anforderungen des § 66 OWiG genügen. Hinsichtlich des Einspruchs und des ggf. nachfolgenden gerichtlichen Verfahrens sind die §§ 67ff. OWiG anwendbar. 3

§ 62 Zuständigkeit des Oberlandesgerichts im gerichtlichen Verfahren

(1) **Im gerichtlichen Verfahren wegen einer Ordnungswidrigkeit nach § 60 entscheidet das für den Sitz der Bundesanstalt in Frankfurt am Main zuständige Oberlandesgericht; es entscheidet auch über einen Antrag auf gerichtliche Entscheidung (§ 62 des Gesetzes über Ordnungswidrigkeiten) in den Fällen des § 52 Abs. 2 Satz 3 und des § 69 Abs. 1 Satz 2 des Gesetzes über Ordnungswidrigkeiten. § 140 Abs. 1 Nr. 1 der Strafprozessordnung in Verbindung mit § 46 Abs. 1 des Gesetzes über Ordnungswidrigkeiten findet keine Anwendung.**

(2) **Das Oberlandesgericht entscheidet in der Besetzung von drei Mitgliedern mit Einschluss des vorsitzenden Mitglieds.**

Übersicht

I. Zuständigkeit des OLG Frankfurt am Main

§ 62 Abs. 1 bestimmt in Abweichung von § 68 OWiG die **sachliche** und die **örtliche** Zuständigkeit des OLG Frankfurt am Main als erster gerichtlicher Instanz in Verfahren **nach Einsprüchen** gegen Bußgeldbescheide. Für gerichtliche Handlungen vor Einspruch, also im Ermittlungsverfahren der BaFin, bleibt es bei der allgemeinen Zuständigkeit der sonstigen Gerichte der Strafjustiz.[1] 1

[2] *Schaal* in MüKoAktG, § 61 WpÜG Rn. 8.
[1] Vgl. § 46 Abs. 1 OWiG.

2 § 62 weicht von § 68 OWiG, der eine Zuständigkeit des Richters beim Amtsgericht als Einzelrichter für Entscheidungen im gerichtlichen Verfahren nach Einspruch vorsieht, ab. Durch die damit erreichte **Konzentration** der Entscheidungen über ordnungswidrigkeitsrechtliche und verwaltungsrechtliche Maßnahmen bei einem Gericht wird die Gefahr unterschiedlicher Beurteilungen des gleichen Sachverhaltes durch verschiedene Gerichte vermieden. Daneben kann das Gericht auch im gerichtlichen Verfahren nach Einsprüchen gegen Bußgeldbescheide auf die in den Verfahren nach §§ 48ff. erlangte **besondere Sachkunde** zurückgreifen.[2] Eine solche Konzentration gerichtlicher Zuständigkeiten findet sich auch in § 83 GWB.

3 Das OLG Frankfurt am Main entscheidet gemäß § 62 Abs. 1 Hs. 2 ferner über Anträge auf gerichtliche Entscheidung gegen die Verwerfung des Antrags auf Wiedereinsetzung in den vorigen Stand durch die BaFin[3] und über den Antrag auf gerichtliche Entscheidung gegen die Verwerfung des Einspruchs als unzulässig durch die BaFin.[4]

II. Keine Notwendigkeit eines Verteidigers

4 Die Regelung in § 62 Abs. 1 Satz 2 befreit den Betroffenen im Ordnungswidrigkeitenverfahren von der nach § 140 Abs. 1 Nr. 1 StPO iVm § 46 Abs. 1 OWiG bestehenden Verpflichtung, sich im Verfahren vor dem OLG eines Verteidigers zu bedienen, obwohl die Hauptverhandlung im ersten Rechtszug vor dem OLG stattfindet. Eine solche Verpflichtung würde insbesondere bei geringeren Bußgeldhöhen oder der Beschränkung des Einspruchs gegen einen Bußgeldbescheid auf dessen Höhe eine unangemessene Belastung des Betroffenen darstellen.[5] Ein Verteidiger wird nach § 140 Abs. 2 StPO iVm § 46 Abs. 1 OWiG daher nur bestellt, wenn dies wegen der Schwierigkeit der Sach- oder Rechtslage geboten erscheint.[6]

III. Besetzung des Gerichts

5 Gemäß § 62 Abs. 2 entscheidet das Gericht abweichend von der in § 68 OWiG vorgesehenen Einzelrichterentscheidung in der Besetzung mit **drei Richtern.** Diese Besetzung trägt der Bedeutung der Bestimmungen des Gesetzes und der gemäß § 60 Abs. 3 möglichen Bußgelder Rechnung[7] und entspricht der in § 122 Abs. 1 GVG vorgesehenen Besetzung. **Funktionell** zuständig ist der nach § 67 zu bildende Senat für Wertpapiererwerbs- und Übernahmesachen.

IV. Anhang: Verfahren

6 Für das Verfahren vor dem OLG gelten folgende Grundsätze, die dem Verfahren nach Einspruch gegen einen Strafbefehl entsprechen.[8]

---

[2] BT-Drucks. 14/7034, 69; *Ehricke* in Ehricke/Ekkenga/Oechsler, § 62, Rn. 1; *Schaal* in MüKoAktG, § 62 WpÜG Rn. 4; *Altenhain* in KK-WpÜG, § 62 Rn. 1.
[3] § 62 Abs. 1 Satz 1 Hs. 2 iVm § 52 Abs. 2 Satz 3 OWiG.
[4] § 62 Abs. 1 Satz 1 Hs. 2 iVm § 69 Abs. 1 Satz 2 OWiG.
[5] BT-Drucks. 14/7034, 69.
[6] BVerfG WuW/E VG 279, 283.
[7] Vgl. BT-Drucks. 14/7034, 69.
[8] Vgl. § 71 OWiG.

1. Verfahrenshindernis und Einstellung

Bei Vorliegen eines Verfahrenshindernisses ist das Verfahren **außerhalb der Hauptverhandlung** gemäß §§ 205, 206a, 206b StPO (iVm § 46 Abs. 1 OWiG) durch **Beschluss** einzustellen. In der Hauptverhandlung wird das Verfahren wegen eines Verfahrenshindernisses durch **Urteil** eingestellt.[9] Davon abgesehen kann das Gericht das Verfahren mit Zustimmung der Staatsanwaltschaft in jeder Lage einstellen, wenn das Gericht eine Ahndung nicht für geboten hält (§ 47 Abs. 2 Satz 1 OWiG). 7

Verfahrenshindernis ist zB die **Unwirksamkeit** des Bußgeldbescheids. Weiter kommt das Verbot der Doppelbestrafung als Verfahrenshindernis in Betracht. Ein Verstoß gegen dieses **Verbot der Doppelverfolgung** für zur Nichtigkeit eines zweiten Bußgeldbescheids, welcher wegen desselben Vorwurfs ergeht.[10] 8

2. Verfahren bei unzulässigem Einspruch

Sofern der Einspruch nicht rechtzeitig oder nicht in der vorgeschriebenen Form oder aus anderen Gründen nicht wirksam eingelegt wurde, verwirft ihn das Gericht außerhalb der Hauptverhandlung **durch Beschluss** als unzulässig (§ 70 OWiG). Der Beschluss ist zu begründen.[11] Gegen diesen Beschluss ist die **sofortige Beschwerde** statthaft. In der Hauptverhandlung wird der Einspruch als unzulässig mit Urteil verworfen.[12] Hiergegen ist die **Rechtsbeschwerde** statthaft (§ 79 Abs. 1 Satz 1 Nr. 4 OWiG). 9

3. Verfahren bei zulässigem Einspruch

Über einen zulässigen Einspruch entscheidet das OLG regelmäßig aufgrund einer **Hauptverhandlung,** da diese im Allgemeinen eine bessere Sachaufklärung gewährleistet. Eine Entscheidung im **schriftlichen Verfahren** setzt voraus, dass der Betroffene und die Staatsanwaltschaft diesem Verfahren nicht widersprechen (§ 72 Abs. 1 OWiG). Bei einer Entscheidung im schriftlichen Verfahren darf die ursprünglich im Bußgeldbescheid verhängte Sanktion nicht verschärft werden (§§ 71, 72 Abs. 3 Satz 2 OWiG). Von diesem **Verschlechterungsverbot** werden jedoch – ebenso wie im Strafverfahren – nur die **Art und Höhe** der Rechtsfolgen einer Tat, nicht jedoch der Schuldspruch erfasst, so dass der Betroffene abweichend vom Bußgeldbescheid wegen anderer und/oder weiterer Ordnungswidrigkeiten verurteilt werden darf.[13] Nach Durchführung einer Hauptverhandlung gilt das Verschlechterungsverbot nicht.[14] 10

4. Rechtskraftwirkung

Das **Urteil** des OLG im Verfahren nach Einspruch entfaltet **volle Rechtskraftwirkung,** so dass auch eine strafrechtliche Ahndung der Tat nicht mehr 11

---

[9] § 260 Abs. 3 StPO iVm § 46 Abs. 1 OWiG.

[10] *Seitz* in Göhler, § 66 Rn. 57a.

[11] § 34 StPO iVm § 46 Abs. 1 OWiG.

[12] § 260 StPO iVm § 46 Abs. 1 OWiG.

[13] *Seitz* in Göhler, § 72 Rn. 56.

[14] § 411 Abs. 4 StPO iVm § 71 Abs. 1 OWiG; vgl. *Seitz* in Göhler, § 71 Rn. 4.

möglich ist (§ 84 Abs. 2 OWiG). Demgegenüber kommt einem nicht oder nicht wirksam angefochtenen Bußgeldbescheid nur eingeschränkte Rechtskraftwirkung dergestalt zu, dass dieselbe Tat nicht mehr als Ordnungswidrigkeit, jedoch als Straftat verfolgt werden kann (§ 84 Abs. 1 OWiG).

§ 63 Rechtsbeschwerde zum Bundesgerichtshof

Über die Rechtsbeschwerde (§ 79 des Gesetzes über Ordnungswidrigkeiten) entscheidet der Bundesgerichtshof. Hebt er die angefochtene Entscheidung auf, ohne in der Sache selbst zu entscheiden, so verweist er die Sache an das Oberlandesgericht, dessen Entscheidung aufgehoben wird, zurück.

Schrifttum: *Möller,* Rechtsmittel und Sanktionen nach dem WpÜG, AG 2002, 170.

Übersicht

I. Zuständigkeit des BGH für Rechtsbeschwerde

1 Die Vorschrift des § 63 Satz 1 regelt die **funktionelle Zuständigkeit** des BGH als Rechtsbeschwerdegericht in Bußgeldverfahren wegen Ordnungswidrigkeiten nach § 60.

2 In den vorgenannten Verfahren ist das OLG Frankfurt am Main gemäß § 62 Abs. 1 Satz 1 erstinstanzlich zuständig. Der § 84 GWB nachgebildete § 63 Satz 1 ordnet daher abweichend von der für allgemeine Bußgeldsachen geltenden Regelung, nach der das OLG Rechtsbeschwerdegericht ist, an, dass der BGH ausschließlich zuständig für die Entscheidung über die Rechtsbeschwerde ist.[1]

II. Zurückverweisung an das OLG

3 § 63 Satz 2 regelt den Fall, dass der BGH die angefochtene Entscheidung des OLG aufhebt und in der Sache nicht selbst entscheidet. In diesem Fall verweist der BGH die Sache an das OLG zurück. Diese Regelung dient der **Konzentration der Gerichtszuständigkeit** für Ordnungswidrigkeiten nach § 60. Es ist in diesem Fall an den Wertpapiererwerbs- und Übernahmesenat des OLG Frankfurt am Main zurückzuverweisen (§ 67 iVm § 62 Abs. 1).

---

[1] Vgl. BT-Drucks. 14/7034, 69.

III. Anhang: Verfahren bei Rechtsbeschwerde

1. Zulässigkeit der Rechtsbeschwerde

4 Gegen das Urteil (bzw. den gemäß § 72 OWiG im schriftlichen Verfahren erlassenen Beschluss) des OLG ist gemäß § 79 OWiG als einheitliches und ausschließliches Rechtsmittel die Rechtsbeschwerde statthaft.

5 Nach § 296 Abs. 1 StPO iVm § 46 OWiG ist sowohl die **Staatsanwaltschaft** als auch der **Betroffene** beschwerdeberechtigt, die Staatsanwaltschaft gemäß § 296 Abs. 2 StPO auch zugunsten des Betroffenen. Auch der **Verteidiger** kann nach § 297 StPO für den Betroffenen Rechtsmittel einlegen, nicht jedoch gegen dessen ausdrücklichen Willen.

6 Die Rechtsbeschwerde ist gem. § 341 Abs. 1 StPO iVm § 79 Abs. 3 OWiG schriftlich oder zur Niederschrift der Geschäftsstelle des OLG einzulegen. Die Frist für die Einlegung der Rechtsbeschwerde beträgt eine Woche und beginnt mit der Verkündung des Urteils, wenn es in Anwesenheit des Betroffenen verkündet worden ist, andernfalls mit der Zustellung des Urteils.[2]

7 Die Rechtsbeschwerde muss begründet werden. Sie kann auf die **Sachrüge** oder die **Verfahrensrüge** gestützt werden. Während die Sachrüge etwa mit der Formulierung „Gerügt wird die Verletzung sachlichen Rechts" zulässig erhoben ist, erfordert die Verfahrensrüge gemäß § 344 Abs. 2 Satz 2 StPO iVm § 79 Abs. 3 Satz 1, dass die den Mangel enthaltenden Tatsachen so genau bezeichnet und vollständig angegeben werden, dass das Rechtsbeschwerdegericht schon anhand der Rechtsbeschwerdeschrift prüfen kann, ob ein Verfahrensfehler vorliegt, falls die behaupteten Tatsachen zutreffen.

8 Die Frist zur Begründung der Rechtsbeschwerde beginnt am ersten Tag nach Ablauf der Einlegungsfrist und endet im folgenden Monat mit dem Ablauf des Tages, der durch seine Zahl dem Tag des Fristbeginns entspricht.[3] Die Rechtsbeschwerdeanträge und die Begründung der Rechtsbeschwerde kann der Betroffene nur in einer durch den Verteidiger oder einen Rechtsanwalt unterzeichneten Schrift oder zu Protokoll der Geschäftsstelle des OLG anbringen.[4]

2. Begründetheit der Rechtsbeschwerde

9 Die Rechtsbeschwerde ist begründet, wenn nicht auszuschließen ist, dass die angefochtene Entscheidung auf einer Verletzung des materiellen oder des formellen Rechts beruht.[5] Es ist zu beachten, dass der BGH als Rechtsbeschwerdegericht **keine neuen tatsächlichen Feststellungen** treffen kann.[6]

10 Das Beruhen des Urteils auf einem Verfahrensfehler wird beim Vorliegen von absoluten Rechtsbeschwerdegründen[7] unwiderleglich vermutet. Zu den Einzelheiten der absoluten und relativen Beschwerdegründe wird auf die ein-

---

[2] § 341 StPO iVm § 79 Abs. 3 Satz 1 OWiG.
[3] OLG Köln v. 9.1.1987, NStZ 1987, 243.
[4] § 345 Abs. 2 StPO iVm § 79 Abs. 3 S. 1 OWiG.
[5] § 337 StPO iVm § 79 Abs. 3 Satz 1 OWiG.
[6] Vgl. *Seitz* in Göhler, § 79 Rn. 47.
[7] § 338 StPO iVm § 79 Abs. 3 Satz 1 OWiG.

schlägige Literatur zum allgemeinen Ordnungswidrigkeiten- und Strafverfahrensrecht verwiesen.

11 Bei Begründetheit der Rechtsbeschwerde ist die angefochtene Entscheidung des OLG aufzuheben,[8] andernfalls ist sie als unbegründet zu verwerfen. Neben der Möglichkeit der Zurückverweisung sieht § 79 Abs. 6 OWiG eine gegenüber den engen Voraussetzungen des § 354 Abs. 1 StPO erweiterte Möglichkeit des BGH zur Entscheidung in der Sache selbst vor. Der BGH kann daher jede Sachentscheidung treffen, die im Falle einer Zurückverweisung das OLG treffen könnte, also insbesondere die Geldbuße anders festsetzen oder den Schuldspruch ändern.

§ 64 Wiederaufnahme gegen Bußgeldbescheid

Im Wiederaufnahmeverfahren gegen den Bußgeldbescheid der Bundesanstalt (§ 85 Abs. 4 des Gesetzes über Ordnungswidrigkeiten) entscheidet das nach § 62 Abs. 1 zuständige Gericht.

Schrifttum: *Möller,* Rechtsmittel und Sanktionen nach dem WpÜG, AG 2002, 170.

Übersicht

I. Zuständigkeit des OLG Frankfurt am Main bei Wiederaufnahme des Bußgeldverfahrens

1 Für Wiederaufnahmeverfahren gegen Bußgeldbescheide, welche wegen einer Ordnungswidrigkeit nach § 60 ergehen, wird in § 64 iVm § 62 Abs. 1 die Zuständigkeit des OLG (hier: Frankfurt am Main) angeordnet.

2 Richtet sich der Wiederaufnahmeantrag gegen eine gerichtliche Bußgeldentscheidung, so ist gemäß § 85 Abs. 1 OWiG iVm § 367 StPO iVm § 140a Abs. 6 GVG ein anderer Senat des OLG für Entscheidungen im Wiederaufnahmeverfahren zuständig. Hierzu ist beim OLG (hier: Frankfurt am Main) ggf. ein **Auffangsenat** zu bilden.[1]

II. Anhang: Verfahren bei Wiederaufnahme

3 Nach § 85 Abs. 1 OWiG gelten für das Wiederaufnahmeverfahren die §§ 359 bis 373a StPO entsprechend, soweit § 85 Abs. 2 bis 4 OWiG nichts anderes bestimmt.

4 Durch § 85 Abs. 2 und 3 OWiG werden die Wiederaufnahmegründe der §§ 362ff. StPO wie folgt erweitert bzw. beschränkt:

---

[8] § 353 StPO iVm § 79 Abs. 3 Satz 1 OWiG.

[1] Vgl. BGH WuW/E BGH 2467, 2468 zu § 85 GWB.

Eine Wiederaufnahme **zu Ungunsten** des Betroffenen ist nur zu dem Zweck zulässig, eine Verurteilung nach einem Straftatbestand herbeizuführen (§ 85 Abs. 3 Satz 1 OWiG). 5

Im Hinblick auf die Wiederaufnahme **zu Gunsten** des Betroffenen ist die Zulässigkeit der Wiederaufnahme durch § 85 Abs. 2 OWiG eingeschränkt. Bagatellfälle (Geldbuße bis zu 250 Euro) und Fälle, in denen seit Rechtskraft der Bußgeldentscheidung drei Jahre verstrichen sind, werden nicht wieder aufgenommen. 6

Antragsberechtigt sind der **Betroffene,** sein **Verteidiger** und die **Staatsanwaltschaft,** letztere zugunsten oder zu Ungunsten des Betroffenen. Die **BaFin** kann die Wiederaufnahme lediglich bei der Staatsanwaltschaft anregen, nicht dagegen einen eigenen Wiederaufnahmeantrag stellen.[2] 7

Der **Antrag** auf Wiederaufnahme ist beim OLG (und nicht bei der BaFin) zu stellen. Der Betroffene kann den Antrag nur mittels einer von einem Verteidiger oder einen Rechtsanwalt unterzeichneten Schrift oder zu Protokoll des Rechtspflegers stellen.[3] 8

Das weitere Verfahren untergliedert sich wie im allgemeinen Strafverfahrensrecht in **Zulässigkeitsprüfung, Beweiserhebung über die Begründetheit** des Wiederaufnahmeantrags und die **Entscheidung über die Begründetheit** (§§ 368 bis 370 StPO). Hierbei ist das Wiederaufnahmegericht an die Rechtsauffassung der Stellen gebunden, welche die Entscheidung zunächst erlassen haben, es sei denn, der rechtliche Ausgangspunkt der vorherigen Instanz verstößt gegen die Denkgesetze oder ist zumindest offensichtlich unhaltbar.[4] 9

§ 65 Gerichtliche Entscheidung bei der Vollstreckung

Die bei der Vollstreckung notwendig werdenden gerichtlichen Entscheidungen (§ 104 des Gesetzes über Ordnungswidrigkeiten) werden von dem nach § 62 Abs. 1 zuständigen Gericht erlassen.

Übersicht

I. Zuständigkeit des OLG Frankfurt am Main

§ 65 regelt die Zuständigkeit für gerichtliche Entscheidungen, welche bei der Vollstreckung einer Bußgeldentscheidung erforderlich werden. Ebenso wie § 104 Abs. 1 Nr. 1 OWiG verweist § 65 auf das für die Entscheidung nach Einspruch zuständige Gericht. Dieses ist in Abweichung von §§ 104, 68 OWiG das OLG Frankfurt am Main (vgl. § 62). Damit werden alle gerichtli- 1

[2] Vgl. *Seitz* in Göhler, § 85 Rn. 3.
[3] § 85 Abs. 1 OWiG iVm § 366 Abs. 2 StPO; § 24 Abs. 1 Nr. 2 RPflG.
[4] KG v. 20.10.1989, WuW/E OLG 4471, 4475.

chen Maßnahmen und Entscheidungen, die im Zusammenhang mit einem Übernahmeverfahren anfallen können, von einer Stelle getroffen. Durch diese Konzentration wird eine **effiziente und sachgerechte Entscheidungsfindung** gewährleistet, die auch bei Beschwerden im Rahmen der Vollstreckung wichtig ist.[1]

2 Die Vollstreckung von Bußgeldbescheiden richtet sich nach den §§ 89ff. OWiG und erfolgt gemäß § 90 OWiG nach dem Verwaltungs-Vollstreckungsgesetz durch die BaFin selbst als zuständige Vollstreckungsbehörde (§ 92 OWiG).

3 Im Einzelnen kann eine gerichtliche Entscheidung bei der Vollstreckung insbesondere erforderlich werden:
- im Verfahren zur Anordnung und Vollstreckung der Erzwingungshaft (§ 96 Abs. 1, Abs. 2 Satz 2, Abs. 3 Satz 2 OWiG, § 97 Abs. 3 Satz 2 OWiG),
- bei der Einziehung, die in einer gerichtlichen Bußgeldentscheidung vorbehalten oder angeordnet ist (§ 100 Abs. 1 Nr. 2 OWiG),
- bei Einwendungen gegen die Zulässigkeit der Vollstreckung oder gegen Anordnungen oder Maßnahmen der Vollstreckungsbehörde oder bei der Aussetzung der Vollstreckung (§ 103 OWiG).

II. Anhang: Verfahren bei gerichtlicher Entscheidung über die Vollstreckung

4 Gemäß § 89 OWiG sind Bußgeldentscheidungen vollstreckbar, wenn sie rechtskräftig geworden sind. Mit Eintritt der Rechtskraft beginnt eine **zweiwöchige sog. Schonfrist,** in welcher die Vollstreckung nur betrieben werden darf, wenn aufgrund bestimmter Tatsachen erkennbar ist, dass sich der Betroffene der Zahlung entziehen will (§ 95 Abs. 1 OWiG).

5 Den Beteiligten ist im Verfahren nach § 104 OWiG Gelegenheit zur Stellung und Begründung von Anträgen zu geben (§ 104 Abs. 2 Satz 2 OWiG). Vor der Entscheidung kann das OLG Beweiserhebungen durchführen. Soweit es hierbei nachteilige Tatsachen feststellt, können diese jedoch nur verwertet werden, wenn zuvor noch einmal rechtliches Gehör gewährt wurde.[2]

6 Das OLG entscheidet ohne mündliche Verhandlung durch **Beschluss** (§ 104 Abs. 2 Satz 1 OWiG). Da die Entscheidung von einem OLG getroffen wird, ist nach § 304 Abs. 4 StPO iVm § 46 Abs. 1 OWiG hiergegen **keine Beschwerde** möglich.

---

[1] Vgl. BT-Drucks. 14/7034, 69.
[2] § 33 Abs. 3 StPO iVm § 46 Abs. 1 OWiG.

Abschnitt 9. Gerichtliche Zuständigkeit und Übergangsregelungen

§ 66 Gerichte für Wertpapiererwerbs- und Übernahmesachen

(1) **Für bürgerliche Rechtsstreitigkeiten, die sich aus diesem Gesetz ergeben, sind ohne Rücksicht auf den Wert des Streitgegenstandes die Landgerichte ausschließlich zuständig. Satz 1 gilt auch für die in § 12 Abs. 6 genannten Ansprüche und für den Fall, dass die Entscheidung eines Rechtsstreits ganz oder teilweise von einer Entscheidung abhängt, die nach diesem Gesetz zu treffen ist. Für Klagen, die auf Grund dieses Gesetzes oder wegen der in § 12 Abs. 6 genannten Ansprüche erhoben werden, ist auch das Landgericht zuständig, in dessen Bezirk die Zielgesellschaft ihren Sitz hat.**

(2) **Die Rechtsstreitigkeiten sind Handelssachen im Sinne der §§ 93 bis 114 des Gerichtsverfassungsgesetzes.**

(3) **Die Landesregierungen werden ermächtigt, durch Rechtsverordnung bürgerliche Rechtsstreitigkeiten, für die nach Absatz 1 ausschließlich die Landgerichte zuständig sind, einem Landgericht für die Bezirke mehrerer Landgerichte zuzuweisen, wenn eine solche Zusammenfassung der Rechtspflege in Wertpapiererwerbs- und Übernahmesachen dienlich ist. Sie werden ferner ermächtigt, die Entscheidungen über Berufungen und Beschwerden gegen Entscheidungen der nach Absatz 1 zuständigen Landgerichte in bürgerlichen Rechtsstreitigkeiten einem oder einigen der Oberlandesgerichte zuzuweisen, wenn in einem Land mehrere Oberlandesgerichte errichtet sind. Die Landesregierungen können die Ermächtigungen auf die Landesjustizverwaltungen übertragen. Durch Staatsverträge zwischen den Ländern kann die Zuständigkeit eines Landgerichts für einzelne Bezirke oder das gesamte Gebiet mehrerer Länder begründet werden.**

Übersicht

I. Zuweisung an Landgerichte

1. Umfang der Zuweisung

1 **a) Bürgerliche Rechtsstreitigkeiten.** § 66 Abs. 1 weist bürgerliche Streitigkeiten, die sich aus dem Gesetz (§§ 12 Abs. 1, 13 Abs. 2, 38) ergeben, den Landgerichten zu, die hierfür ausschließlich zuständig sind.

2 **b) Vorfragen.** Den Landgerichten ausschließlich zugewiesen sind auch die Rechtsstreitigkeiten, deren Entscheidung ganz oder teilweise von einer Entscheidung abhängt, die nach diesem Gesetz zu treffen ist **(Vorfrage).** Der Gesetzeswortlaut des § 66 Abs. 1 Satz 2 ist nicht ganz eindeutig. Man kann diesen auch kumulativ lesen und zu dem Ergebnis kommen, dass sich die Zuweisung an die Landgerichte nur auf Vorfragen von Ansprüchen nach § 12 Abs. 6 bezieht, nicht auf Vorfragen beliebiger Ansprüche. Um dem Ziel des Gesetzes, eine fachliche Konzentration bei den Landgerichten zu schaffen, gerecht zu werden, muss § 66 Abs. 1 Satz 2 jedoch alternativ gelesen werden, so dass die Zuweisung für Vorfragen aller Ansprüche gilt, nicht nur für solche gemäß § 12 Abs. 6.[1]

3 **c) § 12 Abs. 6.** Die Zuständigkeitszuweisung an die Landgerichte gilt auch für sämtliche Ansprüche im Zusammenhang mit fehlerhaften Angebotsunterlagen (§ 12 Abs. 6) und fehlerhaften Finanzierungsbestätigungen (§ 13 Abs. 2 und 3) sowie für alle **weitergehenden Ansprüche,** die ihre Anspruchsgrundlage nicht in diesem Gesetz, sondern in Vorschriften des bürgerlichen Rechts oder aufgrund Vertrags oder vorsätzlicher unerlaubter Handlung haben.

4 Die Frage, ob die Zuweisung auch Ansprüche betrifft, deren Anspruchsgrundlage sich nicht unmittelbar aus den Normen des WpÜG oder aus § 12 Abs. 6 ergibt, wofür der klare Gesetzeswortlaut spreche,[2] sondern mit dem WpÜG nur in einem engen Bezug stehen,[3] wird kontrovers beantwortet. Der Streit dürfte von keiner praktischen Bedeutung sein, da die Durchsetzung von Erfüllungsansprüchen gegen den Bieter von § 12 Abs. 6 erfasst wird und damit die Zuständigkeit nach § 66 Abs. 1 Satz 3 schafft. Soweit ein Rechtsstreit WpÜG-erhebliche Fragen betrifft, begründet § 66 Abs. 1 Satz 2 2. Alt. die Zuständigkeit.

5 Das angerufene Landgericht hat anhand des vom Kläger vorgetragenen Sachverhalts und Begehren seine Zuständigkeit nach § 66 zu prüfen. Der Kläger muss hierzu Tatsachen vortragen, aus denen Ansprüche nach den §§ 12 Abs. 1, 13 Abs. 2, 38 oder aus in § 12 Abs. 6 bezeichneten Ansprüchen resultieren können.[4]

2. Örtliche Zuständigkeit

6 **a) Regelungen der ZPO.** § 66 Abs. 1 regelt die **sachliche,** nicht jedoch die **örtliche** Zuständigkeit. Von daher sind zur Bestimmung der örtlichen Zuständigkeit eines Landgerichts die §§ 12 bis 40 ZPO heranzuziehen.

---

[1] *Achenbach* in Baums/Thoma, § 66 Rn. 11.
[2] *Achenbach* in Baums/Thoma, § 66 Rn. 5.
[3] *Santelmann* in Steinmeyer, § 66 Rn. 8; *Schüppen/Schweizer* in Frankfurter Komm., § 66 Rn. 3.
[4] *Achenbach* in Baums/Thoma, § 66 Rn. 9.

b) Sitz der Zielgesellschaft. Das Gesetz eröffnet außerdem durch § 66 Abs. 1 Satz 3 für Klagen aufgrund des Gesetzes bzw. wegen der im § 12 Abs. 6 genannten Ansprüche die Möglichkeit, das Landgericht, in dessen Bezirk die Zielgesellschaft ihren Sitz hat, als **besonderen Gerichtsstand** zu **wählen.** Bieter sind häufig ausländische Gesellschaften, so dass der alternative Gerichtsstand des Sitzes der Zielgesellschaft dem Aktionär einen inländischen Gerichtsstand verschafft. Sind die Wertpapiere einer inländischen Zielgesellschaft nicht an einer inländischen, sondern einer Börse in einem EWR-Staat zum Handel zugelassen, gilt § 66 gleichfalls (§ 1 Nr. 22 WpÜG-AnwendbkVO). § 66 ist gleichfalls anwendbar, wenn das öffentliche Angebot eine Zielgesellschaft mit Sitz in einem anderen EWR-Staat betrifft, deren Wertpapiere im Inland zum Börsenhandel zugelassen sind (§ 2 Nr. 11 WpÜG-AnwendbkVO). Wie dann der Gerichtsstand ermittelt werden soll, bleibt jedoch offen. 7

Dieser besondere Gerichtsstand des Sitzes der Zielgesellschaft ermöglicht eine Entscheidung durch das Gericht, in dessen Nähe sich häufig relevante Beweismittel, insbesondere Urkunden und Zeugen befinden können.[5] Da es sich aber bei den Erfüllungs- bzw. Schadensersatzansprüchen, etwa aus §§ 12 Abs. 1, 13 Abs. 2, um Ansprüche gegen den Bieter bzw. das die Finanzierungsbestätigung abgebende Institut handelt, wird es regelmäßig bei der Zielgesellschaft keine geeigneten Beweismittel geben. Ansprüche aus unrichtiger Stellungnahme nach § 27 oder deren unterbliebener oder verspäteter Veröffentlichung richteten sich sowieso gegen die Zielgesellschaft, nicht jedoch gegen den Bieter, wären also kein Fall des § 66. 8

II. Handelssachen

Bürgerliche Rechtsstreitigkeiten iSv § 66 Abs. 1 sind gemäß Abs. 2 **immer Handelssachen im Sinne von § 93 ff. GVG.** Die Voraussetzungen des § 95 GVG brauchen hierfür nicht vorzuliegen. 9

III. Rechtsfolgen

Die Regelung der **sachlichen** Zuständigkeit durch § 66 ist ausschließlich. Dies bedeutet, dass die Landgerichte ohne Rücksicht auf den Streitwert und die funktionelle Zuständigkeit der Kammern für Handelssachen zuständig sind. Soweit ein Landgericht nach § 66 zuständig ist, hat es bei konkurrierenden Zuständigkeiten **über den Rechtsstreit umfassend zu entscheiden.** Es kann sich nicht auf eine Entscheidung der Ansprüche oder Vorfragen nach dem Gesetz beschränken.[6] 10

Wegen der ausschließlichen Zuständigkeit sind daher auch **Gerichtsstandsvereinbarungen** unwirksam, soweit sie die Zuständigkeit eines Gerichts begründen sollen, das nach § 66 nicht zuständig wäre. Auch durch rügeloses Einlassen zur Sache kann eine Zuständigkeit entgegen § 66 nicht begründet werden. Die Vereinbarung der Zuständigkeit eines anderen nach 11

[5] BT-Drucks. 14/7034, 69.
[6] *Schüppen/Schweizer* in Frankfurter Komm., § 66 Rn. 5.

§ 66 zuständigen Gerichts ist jedoch möglich. Ansonsten wird die örtliche Zuständigkeit von § 66 nur durch die Konzentrationsmöglichkeiten des § 66 Abs. 3 berührt.

12 Nach § 66 unzuständige Gerichte haben bei ihnen anhängig gemachte Klagen **als unzulässig abzuweisen** oder **auf Antrag zu verweisen.** Entscheidet ein Amtsgericht dennoch über eine nach § 66 den Landgerichten zugewiesene Frage, so kann die Unzuständigkeit im Berufungsverfahren nicht mehr gerügt werden, wenn der Beklagte vor dem Amtsgericht ohne Rüge zur Hauptsache verhandelt hat.[7]

IV. Abweichende Regelungen durch Rechtsverordnung

13 Nach der Gesetzesbegründung ist es sachgerecht, die Landesregierungen – ähnlich wie zB im gewerblichen Rechtsschutz oder in § 89 GWB – zu ermächtigen, Verfahren nach Abs. 1 für den Bereich mehrerer Landgerichtsbezirke bei einem Landgericht zu konzentrieren und in Ländern mit mehreren Oberlandesgerichten einen Spezialsenat bei einem Oberlandesgericht zu errichten (§ 66 Abs. 3). Folgende Länder haben von dieser Ermächtigung Gebrauch gemacht:

- Baden-Württemberg: LG Mannheim für den OLG-Bezirk Karlsruhe, LG Stuttgart für den OLG-Bezirk Stuttgart;[8]
- Bayern: LG München I für den OLG Bezirk München, LG Nürnberg-Fürth für die OLG Bezirke Nürnberg und Bamberg;[9] für Erfüllungsansprüche aus öffentlichen Angeboten gilt hingegen eine andere Zuständigkeitsverteilung: Landgericht Augsburg für die Landgerichtsbezirke Augsburg, Kempten (Allgäu) und Memmingen, Landgericht Landshut für die Landgerichtsbezirke Deggendorf, Landshut und Passau, Landgericht München I für die Landgerichtsbezirke Ingolstadt, München I, München II und Traunstein, LG Nürnberg-Fürth für die OLG Bezirke Nürnberg und Bamberg;[10]
- Hessen: LG Frankfurt am Main;[11]
- Mecklenburg-Vorpommern: LG Rostock;[12]
- Niedersachen: LG Hannover;[13]
- Nordrhein-Westfalen: LG Düsseldorf für den OLG-Bezirk Düsseldorf, LG Köln für den OLG-Bezirk Köln und LG Dortmund für den OLG-Bezirk Hamm;[14]
- Sachsen: LG Leipzig.[15]

---

[7] So zum vergleichbaren Kartellrecht *Bechtold,* § 87 Rn. 11; siehe auch § 513 Abs. 2 ZPO.

[8] § 15a Zuständigkeitsverordnung Justiz.

[9] § 36 VO über gerichtliche Zuständigkeitsverordnung Justiz.

[10] § 37 VO über gerichtliche Zuständigkeitsverordnung Justiz.

[11] § 31 Gerichtliche Zuständigkeitsverordnung Justiz.

[12] § 4 Gerichts-Konzentrations VO

[13] § 11a Justiz-Zuständigkeitsverordnung.

[14] § 1 Wertpapiererwerbs- und Übernahmesachen-Konzentrations-VO.

[15] § 11 SächsJustizorganisationsVO.

§ 67 Senat für Wertpapiererwerbs- und Übernahmesachen beim Oberlandesgericht

In den ihm nach § 48 Abs. 4, § 62 Abs. 1, §§ 64 und 65 zugewiesenen Rechtssachen entscheidet das Oberlandesgericht durch einen Wertpapiererwerbs- und Übernahmesenat.

Zum Zwecke der Konzentration der Gerichtsverfahren im Zusammenhang 1
mit öffentlichen Angeboten zum Erwerb von Wertpapieren und Unternehmensübernahmen ordnet § 67 die Einrichtung eines Wertpapiererwerbs- und Übernahmesenats bei dem Oberlandesgericht an, dem die Rechtssachen gemäß §§ 48 Abs. 4, 62 Abs. 1, 64 und 65 zugewiesen sind. Hierbei handelt es sich um das Oberlandesgericht, das für den Sitz der BaFin in Frankfurt am Main zuständig ist, mithin das OLG Frankfurt am Main. Das OLG Frankfurt am Main entscheidet also über Beschwerden gegen Verfügungen der BaFin bzw. Beschwerden über unterlassene beantragte Verfügungen, Anträge auf Herstellung der aufschiebenden Wirkung, Anträge auf einstweiligen Rechtsschutz im Zusammenhang mit Verfügungen der BaFin, Ordnungswidrigkeiten nach § 60 WpÜG sowie Wiederaufnahmeverfahren in Ordnungswidrigkeitssachen und Vollstreckungsentscheidungen nach §§ 64 und 65. Der gemäß § 67 zu errichtende Wertpapiererwerbs- und Übernahmesenat ist damit nur für Beschwerde- und Bußgeldsachen vorgesehen. Es handelt sich hierbei um eine reine Spruchkörperzuständigkeit.

Die Anordnung der Einrichtung eines Wertpapiererwerbs- und Übernah- 2
mesenats betrifft damit nicht die Oberlandesgerichte, die in Berufungssachen bürgerlicher Streitigkeiten nach § 66 zu entscheiden haben. Ein spezieller Wertpapiererwerbs- und Übernahmesenat ist bei diesen Oberlandesgerichten daher nicht einzurichten.

§ 68 Übergangsregelungen

(1) **Auf Angebote, die vor dem 14. Juli 2006 veröffentlicht worden sind, findet dieses Gesetz in der vor dem 14. Juli 2006 geltenden Fassung Anwendung.**

(2) **Für Zielgesellschaften im Sinne des § 2 Abs. 3 Nr. 2, deren stimmberechtigte Wertpapiere am 20. Mai 2006 zum Handel an einem organisierten Markt zugelassen waren, ist § 1 Abs. 3 mit der Maßgabe anzuwenden, dass in Nummer 2 Buchstabe b Doppelbuchstabe bb an die Stelle der Entscheidung der Zielgesellschaft die Entscheidung der betroffenen Aufsichtsstellen tritt.**

(3) **Wird die Kontrolle über die Zielgesellschaft dadurch erlangt, dass ein vor dem 19. August 2008 abgestimmtes Verhalten auf Grund der Neufassung des § 30 Abs. 2 ab dem 19. August 2008 zu einer Zurechnung von Stimmrechten führt, besteht keine Verpflichtung nach § 35 Abs. 1 Satz 1 und Abs. 2 Satz 1.**

(4) **Auf Angebote, die vor dem 19. August 2008 nach § 14 Abs. 2 Satz 1 veröffentlicht worden sind, findet dieses Gesetz in der vor dem 19. August 2008 geltenden Fassung Anwendung.**

(5) **§ 16 Abs. 4 in der Fassung des Gesetzes zur Umsetzung der Aktionärsrechterichtlinie vom 30. Juli 2009 (BGBl. I 2479) ist nicht auf Hauptversammlungen anzuwenden, zu denen vor dem 1. September 2009 einberufen wurde.**

Übersicht

I. Weitergelten vorherigen Rechts (Abs. 1)

1 Absatz 1 stellte klar, dass vor dem Inkrafttreten des Umsetzungsgesetzes betreffend die Übernahmerichtlinie begonnene Angebotsverfahren nach dem vorherigen Recht weiterzuführen waren.

II. Anwendung auf Zielgesellschaften mit Sitz in einem anderen EWR-Staat (Abs. 2)

2 Absatz 2 regelt, dass bei europäischen Angeboten (§ 2 Abs. 1a) an die Inhaber von Wertpapieren von Emittenten mit Sitz in einem anderen EWR-Staat, welche am 20. Mai 2006, der Umsetzungsfrist der Übernahmerichtlinie, mindestens an einer inländischen Börse zugelassen waren, anstelle der Entscheidung der Zielgesellschaft nach § 2 Abs. 3 Nr. 2b) bb) die Entscheidung der betroffenen Aufsichtsbehörde tritt.

III. Risikobegrenzungsgesetz (Abs. 3, 4)

3 Die Änderungen des WpÜG mit der erweiterten Zurechnung aufgrund abgestimmten Verhaltens (§ 30 Abs. 2) gelten nicht (Abs. 3), wenn eine Abstimmung, welche nunmehr eine Zurechnung begründet, bereits vor dem 19. August 2008 bestand. Diese Übergangsvorschrift kann derzeit noch Anwendung finden.

4 Absatz 4 stellte klar, dass vor dem 19. August 2008 veröffentlichte Angebote die Rechtslage vor diesem Datum galt. Die Vorschrift hat keine Bedeutung mehr.

IV. Vor September 2009 einberufene Hauptversammlungen (Abs. 5)

5 § 68 Abs. 5 schreibt vor, dass auf vor dem 1. September 2009 einberufene Hauptversammlungen § 16 Abs. 4 in alter Fassung Anwendung findet. Die Vorschrift hat ebenfalls keine Bedeutung mehr.

Aktiengesetz

(Auszug)

vom 6. September 1965

(BGBl. I S. 1089)

FNA 4121-1

zuletzt geändert durch Art. 1 Aktienrechtsnovelle 2016 vom 22.12.2015
(BGBl. I S. 2565)

§ 327a Übertragung von Aktien gegen Barabfindung

(1) **Die Hauptversammlung einer Aktiengesellschaft oder einer Kommanditgesellschaft auf Aktien kann auf Verlangen eines Aktionärs, dem Aktien der Gesellschaft in Höhe von 95 vom Hundert des Grundkapitals gehören (Hauptaktionär), die Übertragung der Aktien der übrigen Aktionäre (Minderheitsaktionäre) auf den Hauptaktionär gegen Gewährung einer angemessenen Barabfindung beschließen. § 285 Abs. 2 Satz 1 findet keine Anwendung.**

(2) **Für die Feststellung, ob dem Hauptaktionär 95 vom Hundert der Aktien gehören, gilt § 16 Abs. 2 und 4.**

Schrifttum: *Angerer,* Der Squeeze-out, BKR 2002, 260; *Austmann,* Der verschmelzungsrechtliche Squeeze-out nach dem 3. UmwÄndG 2011, NZG 2011, 684; *Baums,* Der Ausschluss von Minderheitsaktionären nach §§ 327a ff. AktG nF, WM 2001, 1843; *Bolte,* Squeeze-out: Eröffnung neuer Umgehungstatbestände durch die §§ 327a ff. AktG? – Herbeiführen des Squeeze-out mittels Zwischenschaltens einer BGB-Gesellschaft bzw. eines Treuhänders?, DB 2001, 2587; *Buchta/Ott,* Problembereiche des Squeeze-out, DB 2005, 990; *Dißars,* Anfechtungsrisiken beim Squeeze-out – zugleich eine Analyse der bisherigen Rechtsprechung, BKR 2004, 389; *Fleischer,* Das neue Recht des Squeeze-out, ZGR 2002, 757; *Fröde,* Missbräuchlicher Squeeze-out gem. §§ 327a ff. AktG; *Fuhrmann/Simon,* Der Ausschluss von Minderheitsaktionären – Gestaltungsüberlegungen zur neuen Squeeze-out-Gesetzgebung, WM 2002, 1211; *Gesmann-Nuissl,* Die neuen Squeeze-out-Regeln im Aktienrecht, WM 2002, 1205; *Grunewald,* Die neue Squeeze-out-Regelung, ZIP 2002, 18; *Halasz/Kloster,* Nochmals: Squeeze-out – Eröffnung neuer Umgehungstatbestände durch die §§ 327a ff. AktG?, DB 2002, 1253; *Hanau,* Der Bestandsschutz der Mitgliedschaft anlässlich der Einführung des „Squeeze Out" im Aktienrecht, NZG 2002, 1040; *Helmis,* Der Ausschluss von Minderheitsaktionären – Empirische Erfahrungen der ersten sechs Monate nach Inkrafttreten der neuen Regelung, ZBB 2003, 161; *Kiefner/Brügel,* Der umwandlungsrechtliche Squeeze-out, AG 2011, 525; *Kort,* Hauptaktionär nach § 327a Abs. 1 Satz 1 AktG mittels Wertpapierdarlehen, AG 2006, 557; *Krieger,* Squeeze-Out nach neuem Recht: Überblick und Zweifelsfragen, BB 2002, 53; *Küting,* Der Ausschluss von Minderheiten nach altem und neuem Recht – unter besonderer Berücksichtigung des „Squeeze Out", DStR 2003, 838; *Markwardt,* Squeeze-out: Anfechtungsrisiken in „Missbrauchsfällen", BB 2004, 277; *Maslo,* Zurechnungstatbestände und Gestaltungsmöglichkeiten zur Bildung eines Hauptaktionärs beim Ausschluss von Minderheitsaktionären (Squeeze-out), NZG 2004, 163; *Meilicke,* Zur Verfassungsmäßigkeit der Squeeze-out-Regelungen – insbesondere in der Insolvenz des Hauptaktionärs, AG

2007, 261; *von Morgen,* Das Squeeze-Out und seine Folgen für AG und GmbH, WM 2003, 1553; *Paefgen,* Zum Zwangsausschluss im neuen Übernahmerecht, WM 2007, 765; *Pluskat,* Nicht missbräuchliche Gestaltungen zur Erlangung der Beteiligungshöhe beim Squeeze-out; *Rieder,* (Kein) Rechtsmissbrauch beim Squeeze-out, ZGR 2009, 981; *Schwichtenberg,* Going Private und Squeezeouts in Deutschland, DStR 2001, 2075; *Sellmann,* Ausgleichs- und Verfahrensregelungen des Squeeze-out auf dem Prüfstand des Verfassungsrechts, WM 2003, 1545; *Stephanblome,* Gestaltungsmöglichkeiten beim verschmelzungsrechtlichen Squeeze-out, AG 2012, 814; *Vetter,* Squeeze-out – Der Ausschluss der Minderheitsaktionäre aus der Aktiengesellschaft nach den §§ 327a–327f AktG, AG 2002, 176; *ders.,* Squeeze-out nur durch Hauptversammlungsbeschluss?, DB 2001, 743; *ders.,* Squeeze-out in Deutschland, ZIP 2000, 1817; *Wilsing/Kruse,* Zur Behandlung bedingter Aktienbezugsrechte beim Squeeze-out, ZIP 2002, 1465; *Wirth/Arnold,* Anfechtungsklagen gegen Squeeze-out-Hauptversammlungsbeschlüsse wegen angeblicher Verfassungswidrigkeit, AG 2002, 503; *Wolf,* Der Minderheitenausschluss qua „übertragender Auflösung" nach Einführung des Squeeze-Out gemäß §§ 327a–f AktG, ZIP 2002, 153.

Übersicht

I. Regelungsgegenstand und -zweck

1. Allgemeines

a) Terminologie. Durch §§ 327a bis 327f AktG wurde ein neues Rechtsinstitut in das deutsche Aktienrecht eingeführt, mit dem durch eine einzige gesellschaftsrechtliche Maßnahme der Mehrheitsaktionär einer börsennotierten oder nicht börsennotierten AG, SE oder KGaA den oder die Minderheitsaktionäre gegen dessen oder deren Willen aus der Gesellschaft ausschließen kann (sog. **Squeeze-out**). Die US-amerikanische Literatur verwendet vielfach auch den Begriff „Freeze-out" für denselben Vorgang, zT wird zwischen dem Freeze-out als gesellschaftsrechtlicher Maßnahme im technischen Sinne und dem Squeeze-out als Gestaltung der gesellschaftsinternen Verhältnisse mit faktischem Zwang zum Ausscheiden der Minderheitsaktionäre unterschieden.[1] Die Terminologie ist aber uneinheitlich, weswegen für die Zwecke dieser Kommentierung der in der deutschsprachigen Literatur (auch durch das Gesetzgebungsverfahren) eingebürgerte Begriff „Squeeze-out" verwendet werden soll. 1

b) Normzweck. Die Einführung des Squeeze-out wurde durch den Gesetzgeber mit einem von Seiten der Wirtschaft geltend gemachten Bedürfnis begründet,[2] hinter dem drei Faktoren stünden: Zum einen führe die Beteiligung von Minderheitsaktionären mit einem sehr kleinen Anteil an der Aktiengesellschaft bzw. KGaA zu einem **erheblichen Formalaufwand,** der sich aus der Beachtung zwingender minderheitsschützender Normen ergebe. Die mit sinkender Größe der Splitterbeteiligungen steigenden Grenzkosten würden teilweise von Inhabern von Kleinstbeteiligungen dazu **missbraucht,** den Mehrheitsaktionär bei der Unternehmensführung zu behindern, insbesondere durch Anfechtung von Hauptversammlungsbeschlüssen, und zu finanziellen Zugeständnissen zu veranlassen.[3] Daneben werden Fälle angeführt, in denen ein Erwerb von Aktien durch den Mehrheitsaktionär allein deswegen scheitere, weil **Minderheitsaktionäre nicht bekannt** seien oder diese gar selbst von ihrer Beteiligung an der Gesellschaft keine Kenntnis hätten. 2

---

[1] *Merkt,* Rn. 1028 ff. Vgl. auch *Fleischer* in GroßKomm., Vor §§ 327a–f Rn. 4, der von einem Missverständnis spricht, soweit mit dem Begriff „Squeeze-out" an US-amerikanische Begrifflichkeiten angeknüpft werden solle. Als rechtsvergleichende Analyse siehe auch *Krebs* German Law Journal 2012 (Vol. 13), 941 ff.

[2] BT-Drucks. 14/7034, 31.

[3] Vgl. die Auflistung von Fallsituationen, die zu einem Squeeze-out Anlass geben könnten, bei *Kossmann* NZG 1999, 1198, 1199.

3 Des Weiteren wurde auf die Situation in anderen Mitgliedstaaten der Europäischen Union verwiesen, in denen bereits dem Squeeze-out ähnliche Regelungen existieren, und auf den **Wettbewerbsnachteil** für die deutsche Wirtschaft, wenn Deutschland nicht entsprechend nachziehe.

4 Ferner wurde mit der Einführung des Pflichtangebots im WpÜG **(§ 35 WpÜG)** argumentiert. Demjenigen, der zur Abgabe eines Angebots zum Erwerb aller Anteile an einer Gesellschaft verpflichtet sei, solle die Möglichkeit zustehen, auch tatsächlich alleiniger Anteilseigner zu werden. Allerdings ist nach den §§ 327a ff. AktG weder ein vorausgehendes Angebot nach dem WpÜG Voraussetzung für einen Squeeze-out noch ist die Möglichkeit des Squeeze-out auf börsennotierte Gesellschaften beschränkt.[4]

5 **c) Rechtsnatur.** Beim Squeeze-out erhalten die Minderheitsaktionäre, anders als bei der Mehrheitseingliederung (§ 320b Abs. 1 AktG) oder bei gesellschaftsrechtlichen Maßnahmen nach dem Umwandlungsgesetz (Verschmelzung gemäß §§ 2 ff. UmwG etwa auf den Mehrheitsaktionär oder auf eine Schwestergesellschaft), **keine Anteile an einer anderen Gesellschaft,** etwa dem Mehrheitsaktionär im Falle der Eingliederung oder dem aufnehmenden Rechtsträger bei einer Verschmelzung, als Gegenleistung für den Verlust ihrer Mitgliedschaft. Sie sind vielmehr ausschließlich auf eine (angemessene) **Barabfindung** verwiesen (§ 327a Abs. 1 Satz 1 AktG).

6 Der Squeeze-out ist keine gesellschaftsrechtliche Maßnahme auf Ebene der Gesellschaft und damit grundsätzlich auch **kein Akt der Konzernierung,** wiewohl er mit einer Konzernierungsmaßnahme im Zusammenhang stehen kann. Das Verhältnis der Gesellschaft zu ihrem Hauptaktionär bleibt unberührt.

2. Benachbarte Rechtsinstitute

7 **a) Übernahmerechtlicher Squeeze-out.** Der Gesetzgeber hat in Umsetzung von Art. 15 der Übernahmerichtlinie durch das Übernahmerichtlinie-Umsetzungsgesetz den übernahmerechtlichen Squeeze-out (§§ 39a bis 39c WpÜG) in das Gesetz eingefügt. Der Bieter eines Übernahme- oder Pflichtangebots (§§ 29 ff., §§ 35 ff. WpÜG) kann die in der Zielgesellschaft verbliebenen Aktionäre ausschließen, wenn ihm nach Durchführung des Übernahme- oder Pflichtangebots Aktien der Zielgesellschaft in Höhe von mindestens 95% des stimmberechtigten Grundkapitals gehören.[5] Die nach einem Übernahme- oder Pflichtangebot in der Zielgesellschaft verbliebenen Aktionäre haben ihrerseits das Recht, innerhalb von drei Monaten nach Ablauf der Annahmefrist das Angebot anzunehmen und vom Hauptaktionär die Übernahme ihrer Aktien zu verlangen, sofern dieser berechtigt ist, einen An-

---

[4] Zum übernahmerechtlichen Squeeze-out siehe → Rn. 7 und die Kommentierung zu §§ 39a bis 39c WpÜG; Kritik an der Anwendbarkeit der §§ 327a ff. AktG auch auf nicht börsennotierte Gesellschaften bei *Fleischer* in GroßKomm., Vor §§ 327a–f Rn. 13 mwN.

[5] Bereits mit Einführung der §§ 327a ff. AktG hatte der Gesetzgeber ausdrücklich das Ziel verfolgt, dem zu einem Pflichtangebot Verpflichteten die Möglichkeit zu geben, bei Erreichen der 95%-Schwelle auch die alleinige Aktionärsstellung zu erlangen (BT-Drucks. 14/7034, 32).

trag auf Durchführung eines übernahmerechtlichen Squeeze-out zu stellen (§ 39c WpÜG; sog. Sell-out). Nach Einleitung eines übernahmerechtlichen Squeeze-out bis zu dessen Ende, ggfls. durch Antragsrücknahme, finden die Vorschriften über den aktienrechtlichen Squeeze-out keine Anwendung (§ 39a Abs. 6 WpÜG). Auf diese Weise wird die gleichzeitige Durchführung beider Verfahren verhindert.[6]

b) Verschmelzungsrechtlicher Squeeze-out. Im Zusammenhang mit 8
einer Konzernverschmelzung sieht das UmwG seit 2011[7] eine Erleichterung im Hinblick auf das Mehrheitserfordernis beim Squeeze-out vor.[8] Nach § 62 Abs. 5 UmwG kann die Hauptversammlung einer Aktiengesellschaft, deren Grundkapital sich zu mindestens 90%[9] in der Hand einer anderen Aktiengesellschaft[10] befindet, einen Squeeze-out-Beschluss nach § 327a Abs. 1 Satz 1 AktG fassen. Weitere Voraussetzung ist, dass das Datum der beschließenden Hauptversammlung nicht mehr als drei Monate nach Abschluss eines Verschmelzungsvertrags liegt, durch den die Gesellschaft, deren Minderheitsaktionäre ausgeschlossen werden sollen, auf die Hauptaktionärin verschmolzen werden soll. Der Verschmelzungsvertrag oder sein Entwurf müssen dabei bereits auf den Ausschluss der Minderheitsaktionäre hinweisen. Um zu verhindern, dass nach Durchführung des Squeeze-out trotz des Hinweises im Verschmelzungsvertrag auf die Durchführung der Verschmelzung verzichtet wird, ist nach § 62 Abs. 5 Satz 7 UmwG die Eintragung des Übertragungsbeschlusses im Handelsregister mit dem Vermerk zu versehen, dass der Squeeze-out erst gleichzeitig mit der Eintragung der Verschmelzung im Handelsregister der übernehmenden Aktiengesellschaft (also des Hauptaktionärs) wirksam wird.

c) Übertragende Auflösung. Gemäß § 15 UmwG 1956 konnte das 9
Vermögen einer AG auf eine andere AG unter Ausschluss der Liquidation übertragen werden, soweit die übernehmende Gesellschaft an der übertragenden Gesellschaft mit mindestens 75% beteiligt war. Die Minderheitsaktionäre schieden gegen Abfindung aus der Gesellschaft aus. Nach Aufhebung

---

[6] Vgl. *Fleischer* in GroßKomm., Vor §§ 327a–f Rn. 31; DAV-Handelsrechtsausschuss NZG 2006, 177, 181; *Seibt/Heiser* AG 2006, 301, 317.

[7] Artikel 1 des Dritten Gesetzes zur Änderung des Umwandlungsgesetzes vom 11.7.2011.

[8] Zum verschmelzungsrechtlichen Squeeze-out insgesamt ua *Austmann* NZG 2011, 684; *Kiefner/Brügel* AG 2011, 525; *Stephanblome* AG 2012, 814; zur Verfassungsmäßigkeit, insbesondere mit Blick auf die 90%-Schwelle, OLG Hamburg NZG 2012, 944, 945; vgl. auch *Schnorbus* in Schmidt/Lutter, Vor §§ 327a-327f Rn. 34f.

[9] Für die Berechnung der Beteiligungshöhe sind nach § 62 Abs. 5 UmwG eigene Anteile der übertragenden Gesellschaft oder Anteile, die einem anderen für Rechnung dieser Gesellschaft gehören, vom Grundkapital abzusetzen. § 16 Abs. 4 AktG findet aber, anders als bei der Berechnung nach § 327a Abs. 2 AktG, keine Anwendung, dh die 90%-Beteiligung muss unmittelbar beim Hauptaktionär bestehen, vgl. *Diekmann* in Semler/Stengel, § 62 UmwG Rn. 32d.

[10] Neben einer Aktiengesellschaft kommen auch eine KGaA oder eine SE als Hauptaktionär in Frage, vgl. *Diekmann* in Semler/Stengel, § 62 UmwG Nr. 32d; allerdings scheiden alle anderen Gesellschaftsformen (oder Gesamthandsgemeinschaften oder Individuen) als Hauptaktionär aus.

dieser Vorschrift war ein Ausschluss von Gesellschaftern ohne die Gewährung von Anteilen an einer anderen Gesellschaft im deutschen Gesellschaftsrecht lediglich im Wege der sog. **übertragenden Auflösung** nach Maßgabe der §§ 179a, 262 AktG möglich. Bei der übertragenden Auflösung wird das gesamte oder nahezu gesamte Vermögen der Gesellschaft an eine andere Gesellschaft, etwa den Mehrheitsaktionär oder eine von diesem zu 100% gehaltene Tochtergesellschaft, veräußert. § 179a AktG verlangt dafür einen Beschluss der Hauptversammlung mit einer Mehrheit von drei Viertel des bei der Beschlussfassung vertretenen Grundkapitals. Im Anschluss an die Vermögensübertragung beschließt die Hauptversammlung die Auflösung der Gesellschaft. Auch dieser Beschluss bedarf nach § 262 Abs. 1 Nr. 2 AktG einer Mehrheit von drei Viertel des bei der Beschlussfassung vertretenen Grundkapitals. Im Anschluss an die von der Hauptversammlung gefassten Beschlüsse wird die Gesellschaft liquidiert und ihr Vermögen an die Gesellschafter verteilt.

10 Das Verfahren der übertragenden Auflösung war Gegenstand **verfassungsrechtlicher Überprüfung,**[11] da den Minderheitsaktionären durch Beschluss einer qualifizierten Mehrheit ihr Mitgliedschaftsrecht an der Gesellschaft entzogen und damit in ihr Eigentumsrecht eingegriffen wird und sie anstatt am fortbestehenden Unternehmen nur noch anteilig am Liquidationserlös beteiligt werden. Das Bundesverfassungsgericht hat in der Moto Meter-Entscheidung die Verfassungsmäßigkeit der übertragenden Auflösung grundsätzlich bejaht.

11 Trotz der inzwischen anerkannten verfassungsrechtlichen Zulässigkeit der übertragenden Auflösung stellt sich die Frage, inwieweit dieses Verfahren nach Einführung des Squeeze-out noch Anwendung finden kann. Die Tatsache, dass der Squeeze-out nur mit einer Mehrheit von 95% am Grundkapital der Gesellschaft durchgeführt werden kann, könnte bedeuten, dass eine übertragende Auflösung nunmehr als Umgehung der gesetzlichen Regelung zum Squeeze-out anzusehen und damit möglicherweise unzulässig ist. Dagegen spricht jedoch, dass Squeeze-out und übertragende Auflösung erhebliche Unterschiede aufweisen. Die übertragende Auflösung verlangt eine Liquidation der Gesellschaft, die mit verfahrenstechnischen und zeitlichen (§ 272 AktG) Schwierigkeiten verbunden ist. Steuerrechtlich führt die Veräußerung des Gesellschaftsvermögens nach § 179a AktG unter Umständen zur Aufdeckung von stillen Reserven. Daher ist es nicht so, dass ein Mehrheitsaktionär, dem weniger als 95% der Anteile gehören, ohne weiteres zur Umgehung der gesetzlichen Voraussetzungen eine übertragende Auflösung bei der Gesellschaft durchführen kann. Außerdem ist weder dem Gesetzestext noch der Gesetzesbegründung zu §§ 327a ff. AktG zu entnehmen, dass die übrigen Regelungen des AktG (§§ 179a und 262 AktG) nunmehr einschränkend auszulegen seien.[12]

---

[11] BVerfG ZIP 2000, 1670 – Moto Meter.

[12] Die Zulässigkeit der übertragenden Auflösung auch nach Einführung des Squeeze-out bejahen auch *Fleischer* in GroßKomm., Vor §§ 327a–f Rn. 40; *Heidel/Lochner* in Heidel, Vor § 327a AktG Rn. 10; *Schüppen/Tretter* in Frankfurter Komm., Vor § 327a AktG Rn. 14; *Fleischer* ZGR 2002, 757, 788 f.; *Küting* DStR 2003, 838, 844; *Roth*

d) Mehrheitseingliederung. Gemäß § 320 Abs. 1 Satz 1 AktG kann eine Eingliederung nach § 319 AktG durch Mehrheitsbeschluss der Hauptversammlung der einzugliedernden Gesellschaft durchgeführt werden, wenn sich 95% des Grundkapitals der einzugliedernden Gesellschaft in der Hand der zukünftigen Hauptgesellschaft befinden. Nach § 320a Satz 1 AktG gehen diejenigen Aktien, die sich nicht in der Hand der Hauptgesellschaft befinden, auf diese über. Die ausgeschiedenen Aktionäre haben dann nach § 320b Abs. 1 Satz 1 AktG einen Anspruch auf angemessene Abfindung, und zwar grundsätzlich in Form von Aktien der Hauptgesellschaft (§ 320b Abs. 1 Satz 2 AktG). Ist die Hauptgesellschaft selbst eine abhängige Gesellschaft, so haben die ausgeschiedenen Aktionäre ein Wahlrecht, als Abfindung entweder Aktien der Hauptgesellschaft oder eine angemessene Barabfindung zu erhalten (§ 320b Abs. 1 Satz 3 AktG). 12

Die aus der einzugliedernden Gesellschaft ausgeschiedenen Aktionäre haben somit in jedem Fall das Recht, an der Hauptgesellschaft weiter beteiligt zu sein. Anders als der Squeeze-out erlaubt die Mehrheitseingliederung dem Hauptaktionär daher nicht, den Minderheitsgesellschaftern auch die indirekte Beteiligung an der Gesellschaft vollständig zu entziehen. 13

Tauglicher Hauptaktionär einer Mehrheitseingliederung ist nach § 320 Abs. 1 Satz 1 AktG nur eine Aktiengesellschaft mit Sitz im Inland.[13] Demgegenüber kann beim Squeeze-out Hauptaktionär jede Person sein. 14

Die Regelungen zum Squeeze-out orientieren sich vielfach am „Vorbild“[14] der §§ 320 bis 320b AktG. Wichtige Unterschiede im Einzelnen ergeben sich aber aus der Tatsache, dass es sich beim Squeeze-out, anders als bei der Mehrheitseingliederung, nicht um eine Konzernierungsmaßnahme, sondern um eine Strukturmaßnahme auf Gesellschafterebene handelt (vgl. → Rn. 6). Hieraus ergeben sich zum Teil erhebliche Abweichungen in der Auslegung ansonsten (weitgehend) wortgleicher Normen. Nicht zuletzt auf die Begründung der gesamtschuldnerischen Haftung nach § 322 AktG ist es zurückzuführen, dass die praktische Bedeutung der Eingliederung seit Einführung des Squeeze-out erheblich zurückgegangen ist.[15] 15

e) Verschmelzung. Wie die Mehrheitseingliederung ist auch die Verschmelzung (etwa einer Aktiengesellschaft auf ihre Mehrheitsgesellschafterin) kein tauglicher Weg, Minderheitsaktionären ihre Mitgliedschaftsrechte vollständig zu entziehen. Vielmehr werden die Minderheitsaktionäre gemäß § 20 Abs. 1 Nr. 3 UmwG Anteilsinhaber des übernehmenden Rechtsträgers. Der 16

NZG 2003, 998, 1004 f.; *Schwichtenberg* DStR 2001, 2075, 2078; *Wolf* ZIP 2002, 153 ff.; aA *Wilhelm/Dreier* ZIP 2003, 1369 ff. Nach *von Morgen* WM 2003, 1553, 1555 f., ist die übertragende Auflösung auch nach Einführung des Squeeze-out zulässig, jedoch sei sowohl für den Beschluss nach § 179a AktG als auch für den Beschluss nach § 262 Abs. 1 Nr. 2 AktG eine Mehrheit von 95% erforderlich. Nach *Rühland* WM 2002, 1957, 1961 ff., erlaubt die übertragende Auflösung nach Einführung des Squeeze-out nur mehr den Ausschluss einer Aktionärsminderheit von bis zu 5% des Grundkapitals.

[13] Für erweiternde Auslegung des § 319 Abs. 1 Satz 1 AktG mit Zulassung der Eingliederung in eine KGaA vgl. *Emmerich/Habersack,* § 319 AktG Rn. 6.

[14] So ausdrücklich die Gesetzesbegründung, BT-Drucks. 14/7034, 32.

[15] Vgl. *Emmerich/Habersack,* Einl. Rn. 8.

übernehmende Rechtsträger ist lediglich nach Maßgabe des § 29 Abs. 1 Satz 1 UmwG verpflichtet, den Anteilsinhabern des übertragenden Rechtsträgers den Erwerb ihrer Anteile gegen eine angemessene Barabfindung anzubieten.

17 Eine Verschmelzung kann allerdings die unerwünschten Schwierigkeiten im Zusammenhang mit Minderheitsbeteiligungen bei dem übertragenden Rechtsträger teilweise beseitigen, wenn der übernehmende Rechtsträger eine beträchtliche Streubesitzquote hat und Kosten für die Abhaltung von Hauptversammlungen bei ihm ohnehin anfallen.

18 **f) Reverse Stock Split.** Als Reverse Stock Split **(Zusammenlegung von Aktien)**[16] wird eine Form des Herausdrängens von Minderheitsaktionären bezeichnet, in der eine bestimmte Zahl von „Alt-Aktien" zu einer „Neu-Aktie" zusammengelegt wird mit der Folge, dass Aktionäre, die weniger als die festgelegte Zahl von „Alt-Aktien" besitzen, entweder (zu einem für sie ungünstigen Preis) Aktien hinzukaufen oder ihren Aktienbestand veräußern müssen. Der Reverse Stock Split ist für das deutsche Recht von der Rechtsprechung (abgesehen von der Ausnahmeregelung des § 222 Abs. 4 Satz 2 AktG im Rahmen einer Kapitalherabsetzung) ausdrücklich als treuwidrig und damit nicht zulässigerweise durchführbar erklärt worden.[17]

19 **g) Sonderregelung im Rahmen der Finanzmarktstabilisierung.** Im Rahmen der Finanzkrise hat der Gesetzgeber in § 12 Abs. 4 FMStBG eine Sonderregelung eingeführt, wonach der Finanzmarktstabilisierungsfonds ein Verlangen nach § 327a Abs. 1 Satz 1 AktG bereits dann stellen kann, wenn ihm 90 Prozent des Grundkapitals einer Gesellschaft des Finanzsektors gehören. Die Regeln der §§ 327a ff. AktG finden dann in leicht modifizierter Form Anwendung.[18]

3. Andere Rechtsordnungen

20 Dem Squeeze-out ähnliche Regelungen sind in zahlreichen anderen Mitgliedstaaten der Europäischen Union sowie ua den Vereinigten Staaten zum Teil seit längerem eingeführt. Unterschiede in den Regelungen bestehen dabei zum einen hinsichtlich der zum Squeeze-out berechtigenden Aktienmehrheit, zum anderen hinsichtlich der Anwendbarkeit etwa nur auf börsennotierte Gesellschaften oder nur im Zusammenhang mit einem vorangehenden Übernahmeangebot.[19]

---

[16] Vgl. hierzu *Richard/Weinheimer* BB 1999, 1613, 1616; *Land/Hasselbach* DB 2000, 557, 560.

[17] BGH AG 1999, 517 – Hilgers.

[18] Zu den Sonderregelungen im Einzelnen siehe *Singhof* in Spindler/Stilz, § 327a Rn. 3a. Die Regelung des § 12 Abs. 4 FMStBG hat bislang einen einzigen Anwendungsfall gehabt, nämlich den Squeeze-out der Aktionäre der Hypo Real Estate Holding AG. Sie war Gegenstand einer, unter anderem, verfassungsrechtlichen Überprüfung, insbesondere im Hinblick auf den herabgesetzten Schwellenwert von 90% des Grundkapitals. Die Verfassungsmäßigkeit dieser Regelung ist vom OLG München (ZIP 2011, 1955) bestätigt worden (vgl. auch *Dresenkamp,* 197 ff.).

[19] Als Überblick über den Squeeze-out in ausländischen Rechtsordnungen siehe *Fleischer* in GroßKomm., Vor §§ 327a–f Rn. 60 ff.

II. Verfassungsmäßigkeit der Squeeze-out-Regelung

21 Obwohl die Frage der verfassungsrechtlichen Zulässigkeit des Entzugs der Mitgliedschaft in einer AG im Grundsatz bereits vor Einführung des Squeeze-out mehrfach vom Bundesverfassungsgericht bejaht wurde,[20] geht die Gesetzesbegründung nochmals ausführlich auf bestehende verfassungsrechtliche Bedenken im Zusammenhang mit Art. 14 Abs. 1 GG ein.[21]

22 Verschiedentlich sind auch seit Einführung der §§ 327a ff. AktG verfassungsrechtliche Bedenken geäußert worden.[22] Diese Bedenken sind durch den **Beschluss des Bundesverfassungsgerichts vom 30.5.2007** obsolet geworden.[23] Das Bundesverfassungsgericht stellt darin nochmals klar, dass das in der Aktie verkörperte Anteilseigentum im Rahmen seiner gesellschaftsrechtlichen Ausgestaltung durch **Privatnützigkeit und Verfügungsbefugnis** gekennzeichnet und damit von Art. 14 Abs. 1 GG geschützt ist.

23 Bei der in §§ 327a ff. AktG normierten Möglichkeit des Ausschlusses von Minderheitsaktionären aus der Aktiengesellschaft handelt es sich nicht um eine Enteignung im Sinne des Art. 14 Abs. 3 GG, sondern um eine zulässige **Inhalts- und Schrankenbestimmung nach Art. 14 Abs. 1 Satz 2 GG.**[24] Die Squeeze-out-Regelung ist **ausreichend bestimmt** und genügt auch dem **Grundsatz der Verhältnismäßigkeit,** da sie sicher stellt, dass dem ausgeschlossenen Minderheitsaktionär voller Wertersatz für seine Aktien gewährt wird und er zudem effektiven Rechtsschutz gegen den Ausschluss in Anspruch nehmen kann.

24 Das Bundesverfassungsgericht stellt klar, dass die Verfassungsmäßigkeit der Squeeze-out-Regelung nicht voraussetzt, dass der Gesetzgeber eine sachliche Rechtfertigung (Vorliegen „konkreter unternehmerischer Gründe") verlangt, vielmehr genügt es, dass durch die Möglichkeit des Minderheitsausschlusses generell ein legitimer Zweck verfolgt wird.[25] Der Gesetzgeber kann es daher aus gewichtigen Gründen des Gemeinwohls für angebracht halten, die Interessen der Minderheitsaktionäre an der Erhaltung der Vermögenssubstanz hinter die Interessen an einer freien Entfaltung der unternehmerischen Initiative zurücktreten zu lassen.[26] Als beachtenswertes Gemeinwohlinteresse wertet der Gesetzgeber im Falle des Squeeze-out das unternehmerische Interesse an Strukturmaßnahmen und das damit zusammenhängende Bedürfnis nach

---

[20] BVerfGE 14, 263, 273 ff. – Feldmühle – zu § 15 UmwG 1956; BVerfGE 100, 289, 301 – DAT/Altana – zur Eingliederung.

[21] BT-Drucks. 14/7034, 32.

[22] An der Verfassungsmäßigkeit der §§ 327a ff. AktG zweifeln LG Hamburg ZIP 2003, 951, 952; LG Wuppertal AG 2004, 161, 162; *Hanau* NZG 2002, 1040 ff.; *Meilicke* AG 2007, 261.

[23] BVerfG NZG 2007, 587 – Edscha AG; die Verfassungsmäßigkeit des Squeeze-out bejahend auch BGH ZIP 2006, 2080; BGH ZIP 2005, 2107 – Invensys; *Fleischer* in GroßKomm., Vor §§ 327a–f Rn. 56 (mit umfangreichen Nachweisen zur Rechtsprechung); *Hüffer/Koch,* § 327a Rn. 6; *Grunewald* in MüKoAktG, Vor § 327a Rn. 8; *Hasselbach* in KK-WpÜG, § 327a AktG, Rn. 10.

[24] BVerfG NZG 2007, 587.

[25] BVerfG NZG 2007, 587, 588.

[26] Siehe bereits BVerfGE 14, 263, 281; BVerfGE 100, 289, 301.

Beschränkung der Missbrauchsmöglichkeiten von Minderheitsaktionären. Demgegenüber tritt das Eigentumsinteresse der Minderheitsaktionäre zurück. Bei einer typisierten Betrachtung werden die Aktien der Minderheitsaktionäre im Wesentlichen als Kapitalanlage gehalten. Der rein mitgliedschaftsrechtliche Charakter des Anteilseigentums tritt in den Hintergrund. Leitungsbefugnisse in der Gesellschaft haben Minderheitsaktionäre nicht inne und üben sie auch nicht aus.[27]

25 Der **volle wirtschaftliche Ausgleich,** der von Verfassung wegen den ausscheidenden Minderheitsaktionären zur Wahrung der Verhältnismäßigkeit für den von ihnen hinzunehmenden Verlust zu gewähren ist, wird nach Auffassung des Bundesverfassungsgerichts durch die Barabfindungsregelung in § 327a Abs. 1 Satz und § 327b Abs. 1 AktG gewährleistet.[28] Auch die Absicherung des Abfindungsanspruchs durch die nach § 327b Abs. 3 AktG vom Hauptaktionär beizubringende Bankgarantie erfüllt insoweit die verfassungsrechtlichen Vorgaben. Das vom Gesetzgeber bereitgestellte Rechtsschutzsystem (Anfechtungsklage, Freigabeverfahren, Überprüfung der Angemessenheit der Barabfindung im Spruchverfahren) genügt nach den Feststellungen des Bundesverfassungsgerichts den verfassungsrechtlichen Anforderungen an **effektiven Rechtsschutz.**[29]

III. Voraussetzungen

1. Gesellschaft

26 Die Gesellschaft – Aktiengesellschaft, SE[30] oder KGaA[31] – muss wirksam durch Eintragung in das Handelsregister entstanden sein, es kann sich auch um eine Gesellschaft in Liquidation oder im Insolvenzverfahren handeln.[32] Auf eine Vorgesellschaft – diese ist Gesamthandsgemeinschaft und nicht Körperschaft – sind die §§ 327a ff. AktG nicht anwendbar.[33] Auch wenn § 327a Abs. 1 Satz 1 AktG („der übrigen Aktionäre“) den Plural verwendet, gelten die §§ 327a ff. AktG auch in der zweigliedrigen Gesellschaft mit der Folge, dass auch der Ausschluss nur eines einzigen Minderheitsaktionärs zulässig ist.[34]

---

[27] BVerfG NZG 2007, 587, 589 lässt allerdings ausdrücklich den Fall offen, dass der ausgeschlossene Aktionär eines Familienunternehmens „aus dem Familienkreis“ stammt und damit ein weitergehendes, anerkennenswertes Interesse an der Beteiligung hat.

[28] BVerfG NZG 2007, 587, 589.

[29] BVerfG NZG 2007, 587, 590.

[30] Zur Vereinfachung der Darstellung wird im folgenden allein auf die Aktiengesellschaft Bezug genommen, die Ausführungen gelten insoweit für die SE entsprechend (vgl. Art. 9 Abs. 1 lit. a) ii) SE-VO).

[31] Eine analoge Anwendung auf andere Gesellschaftsformen, etwa die GmbH, kommt nicht in Betracht, vgl. auch *Fleischer* in GroßKomm., § 327a Rn. 8.

[32] *Singhof* in Spindler/Stilz, § 327a Rn. 14; *Austmann* in MHdB AG, § 75 Rn. 18; aA *Koppensteiner* in KölnKomm., § 327a Rn. 2.

[33] Vgl. *Fleischer* in GroßKomm., § 327a Rn. 3; *Koppensteiner* in KölnKomm., § 327a Rn. 2; *Grunewald* in MüKoAktG, § 327a Rn. 4; *Hüffer/Koch,* § 327a Rn. 9; *Schüppen/Tretter* in Frankfurter Komm., § 327a AktG Rn. 4.

[34] Vgl. *Fleischer* in GroßKomm., § 327a Rn. 55.

2. Hauptversammlung

§ 327a Abs. 1 Satz 1 AktG verlangt die Abhaltung einer Hauptversammlung, auf welcher der Übertragungsbeschluss gefasst werden soll. Nach dem Willen des Gesetzgebers soll also nicht zB ein gerichtliches Antragsverfahren genügen, obwohl im Grundsatz bei der erforderlichen 95%-Beteiligung des Hauptaktionärs die Beschlussfassung auf der Hauptversammlung nicht mehr fraglich ist[35] und sich daher die Notwendigkeit einer solchen nicht aufdrängt.[36] 27

Ein Verzicht auf einen Hauptversammlungsbeschluss als Voraussetzung für einen Squeeze-out war im Gesetzgebungsverfahren namentlich im Hinblick auf das mit einem solchen Beschluss verbundene Anfechtungsrisiko von einigen Autoren vorgeschlagen worden.[37] Diesen Vorschlag hat der Gesetzgeber aber nicht aufgegriffen. 28

Die Hauptversammlung, die über den Squeeze-out beschließen soll, ist auf Verlangen des Hauptaktionärs einzuberufen. Das Verlangen ist an den Vorstand der Gesellschaft (bzw. den oder die persönlich haftenden Gesellschafter der KGaA) als deren gesetzlichen Vertreter zu richten. Aus dem Verlangen muss sich ergeben, dass der Hauptaktionär die **Einberufung einer Hauptversammlung** zur Beschlussfassung über einen Squeeze-out begehrt. Die Einhaltung einer besonderen Form für das Einberufungsverlangen schreibt das Gesetz nicht vor, aus Nachweisgründen wird das Verlangen regelmäßig schriftlich gestellt. Hat sich der Vorstand der Gesellschaft (bzw. der oder die persönlich haftende(n) Gesellschafter der KGaA) vom Vorliegen der Voraussetzungen des Squeeze-out überzeugt,[38] ruft er, hinsichtlich der Terminierung unter Berücksichtigung sowohl der Interessen des Hauptaktionärs als auch der Gesellschaft, eine Hauptversammlung mit dem Verlangen des Hauptaktionärs als Gegenstand der Beschlussfassung ein.[39] Die Gesellschaft kann das Begehren in die Tagesordnung der nächsten ordentlichen Hauptversammlung aufnehmen oder, wenn die ordentliche Hauptversammlung zeitlich zu weit entfernt ist,[40] eine außerordentliche Hauptversammlung einberufen. Vor Einberufung der Hauptversammlung mit dem Tagesordnungspunkt „Squeeze- 29

---

[35] Zur Frage des maßgeblichen Zeitpunktes für die Bestimmung der 95%-Beteiligung → Rn. 69.

[36] Für das Erfordernis einer Beschlussfassung auf der Hauptversammlung spricht jedoch das systematische Argument, dass in einer Aktiengesellschaft bzw. KGaA die Hauptversammlung das primäre Forum der gesellschaftsinternen Willensbildung ist (vgl. *Hasselbach* in KK-WpÜG, § 327a AktG Rn. 19).

[37] Vgl. *Vetter* DB 2001, 743 ff.; *Vetter* ZIP 2000, 1817, 1819 ff.; *Habersack* ZIP 2001, 1230, 1237.

[38] Vgl. *Koppensteiner* in KölnKomm., § 327a Rn. 19 ff.; *Austmann* in MHdB AG, § 75 Rn. 32.

[39] Vgl. *Hasselbach* in KK-WpÜG, § 327a AktG Rn. 68; *Schüppen/Tretter* in Frankfurter Komm., § 327a AktG Rn. 26; aA *Fleischer* in GroßKomm., § 327a Rn. 60; *Koppensteiner* in KölnKomm., § 327a Rn. 16, die nur auf die Interessen der Gesellschaft abstellen.

[40] Vgl. *Austmann* in MHdB AG, § 75 Rn. 37; nach *Schnorbus* in Schmidt/Lutter, § 327a Rn. 20, ist grundsätzlich bis zur nächsten ordentlichen Hauptversammlung zu warten, es sei denn dass der Hauptaktionär eine außerordentliche Hauptversammlung wünscht und die Kosten für deren Vorbereitung und Durchführung übernimmt.

out" müssen die vom Zeitpunkt der Einberufung der Hauptversammlung an auszulegenden Unterlagen zur Verfügung stehen.[41] Vorstand und Aufsichtsrat der Gesellschaft haben sich mit dem Squeeze-out Begehren vor Veröffentlichung der Hauptversammlungseinladung zu befassen und den Aktionären einen Vorschlag zu unterbreiten,[42] dieser muss aber nicht die Annahme des Beschlusses empfehlen.[43]

30 Obwohl § 327a Abs 1 AktG das **„Verlangen eines Aktionärs"** zur Voraussetzung des Squeeze-out macht, kann die Qualifikation als Hauptaktionär auch ausschließlich über eine Zurechnung nach § 327a Abs. 2 AktG iVm § 16 Abs. 4 AktG erfolgen (siehe → Rn. 49).

31 **Hauptaktionär** kann jede natürliche (vgl. § 327c Abs. 1 Nr. 1 AktG) oder juristische Person oder eine Gesamthandsgemeinschaft[44] sein, auf Sitz oder Wohnsitz kommt es nicht an, so dass auch ausländische Körperschaften oder Gesamthandsgemeinschaften oder natürliche Personen Hauptaktionär sein können.[45]

32 **Minderheitsaktionär** sind die „übrigen Aktionäre" der Gesellschaft. (vgl. § 327a Abs. 1 Satz 1 AktG), dh alle Aktionäre der Gesellschaft mit Ausnahme derjenigen Aktionäre, an denen der Hauptaktionär mehrheitlich beteiligt ist (§ 16 Abs. 4 AktG), und mit Ausnahme der Gesellschaft selbst (soweit diese eigene Aktien hält).

3. Übertragungsbeschluss

33 **a) Fassung.** Der Beschluss über den Squeeze-out muss gemäß § 327a Abs. 1 Satz 1 AktG die Übertragung der Aktien der Minderheitsaktionäre auf den Hauptaktionär gegen Gewährung einer im Beschluss festgesetzten Barabfindung zum Inhalt haben **(Übertragungsbeschluss).** Der Beschlussinhalt im Einzelnen ergibt sich aus § 327c Abs. 1 AktG.

34 Das Gesetz verlangt für den Übertragungsbeschluss keine qualifizierte Stimmenmehrheit. Es geht davon aus, dass die 95%-ige Kapitalmehrheit (nicht Stimmenmehrheit, vgl. → Rn. 40) des Hauptaktionärs auch dann einen Übertragungsbeschluss rechtfertigt, wenn dieser von der Hauptversamm-

---

[41] Vgl. *Hasselbach* in KK-WpÜG, § 327a AktG Rn. 68.

[42] LG Frankfurt NZG 2004, 672, 674; *Hüffer/Koch,* § 327a Rn. 11; *Vetter* AG 2002, 176, 186; aA *Hasselbach* in KK-WpÜG, § 327a AktG Rn. 5; *Singhof* in Spindler/Stilz, § 327a Rn. 18; *Krieger* BB 2002, 53, 59.

[43] Vgl. *Fleischer* in GroßKomm., § 327a Rn. 60; *Hüffer/Koch,* § 327a Rn. 11; *Koppensteiner* in KölnKomm., § 327a Rn. 16; *Schüppen/Tretter* in Frankfurter Komm., § 327a AktG Rn. 27.

[44] Dies gilt auch für Gesellschaften bürgerlichen Rechts, wenn die Aktien in das Gesamthandseigentum fallen, nicht jedoch für reine Stimmbindungskonsortien, bei denen das Eigentum an den Aktien weiterhin bei den Konsortialmitgliedern liegt (vgl. *Fleischer* in GroßKomm., § 327a Rn. 35; *Koppensteiner* in KölnKomm., § 327a Rn. 4; *Hasselbach* in KK-WpÜG, § 327a AktG Rn. 24; *Schüppen/Tretter* in Frankfurter Komm., § 327a AktG Rn. 8; *Austmann* in MHdB AG, § 75 Rn. 19; *Angerer* BKR 2002, 260, 263; *Grunewald* ZIP 2002, 18; *Halasz/Kloster* DB 2002, 1253, 1255; *Markwardt* BB 2004, 277, 279f.).

[45] Vgl. *Fleischer* in GroßKomm., § 327a Rn. 13; *Grunewald* in MüKoAktG, § 327a Rn. 5; *Hüffer/Koch,* § 327a Rn. 4.

lung nur mit einfacher Mehrheit (§ 133 Abs. 1 AktG) gefasst wird.[46] Da kein Fall des § 136 Abs. 1 Satz 1 AktG vorliegt, ist der Hauptaktionär nicht von der Beschlussfassung ausgeschlossen.[47]

Gegenstand des Beschlusses ist die Übertragung der Aktien der Minderheitsaktionäre auf den Hauptaktionär gegen Gewährung einer angemessenen Barabfindung. Ist die in den Übertragungsbeschluss aufgenommene Barabfindung nicht angemessen, kann der Beschluss nicht aus diesem Grund mit der Anfechtungs- oder Nichtigkeitsklage angegriffen werden. Der Übertragungsbeschluss bleibt wirksam und die Minderheitsaktionäre müssen das Spruchverfahren mit dem Ziel der Festsetzung einer angemessenen Barabfindung (§ 327f AktG) einleiten.[48] 35

Für die Niederschrift über den Hauptversammlungsbeschluss gilt § 130 Abs. 1 AktG mit der Folge, dass bei nicht börsennotierten Gesellschaften gemäß § 130 Abs. 1 Satz 3 AktG eine vom Vorsitzenden des Aufsichtsrates zu unterzeichnende Niederschrift ausreicht, da für den Beschluss keine Dreiviertel- oder größere Mehrheit erforderlich ist. 36

Die Aktien der Minderheitsaktionäre gehen nicht bereits mit Fassen des Übertragungsbeschlusses auf den Hauptaktionär über, sondern erst mit Eintragung des Übertragungsbeschlusses in das Handelsregister (§ 327e Abs. 3 Satz 1 AktG). 37

b) Materielle Beschlusskontrolle. Eine sachliche Rechtfertigung des Squeeze-out der Minderheitsaktionäre bzw. des Übertragungsbeschlusses ist nicht erforderlich. Nach der Konzeption des Gesetzes und der vom Gesetzgeber mit Einführung des Squeeze-out getroffenen Abwägung zwischen den Interessen des Hauptaktionärs und denen der Minderheitsaktionäre trägt der Übertragungsbeschluss seine sachliche Rechtfertigung vielmehr in sich.[49] 38

c) Mängel. Die Nichtigkeit bzw. Anfechtbarkeit des Übertragungsbeschlusses richtet sich im Grundsatz nach allgemeinen Regeln. Für Mängel hinsichtlich der Barabfindung gilt die Sonderregelung des § 327f Satz 2 und 3 AktG.[50] 39

---

[46] Vgl. OLG Düsseldorf NZG 2005, 347, 351; *Fleischer* in GroßKomm., § 327a Rn. 67; *Hüffer/Koch,* § 327a Rn. 14; *Koppensteiner* in KölnKomm., § 327a Rn. 23; *Hasselbach* in KK-WpÜG, § 327a AktG Rn. 70; *Schüppen/Tretter* in Frankfurter Komm., § 327a AktG Rn. 34; *Austmann* in MHdB AG, § 75 Rn. 77; *Angerer* BKR 2002, 260, 265; *Dißars* BKR 2004, 389, 390.

[47] Vgl. *Hüffer/Koch,* § 327a Rn. 14; *Koppensteiner* in KölnKomm., § 327a Rn. 23; *Schüppen/Tretter* in Frankfurter Komm., § 327a AktG Rn. 34; *Dißars* BKR 2004, 389, 390.

[48] Anders aber mit der Konsequenz, dass der Übertragungsbeschluss anfechtbar ist, in Fällen, in denen der Übertragungsbeschluss gar keine Abfindung enthält oder die Abfindung nicht ordnungsgemäß angeboten worden ist; siehe zum Ganzen → § 327f Rn. 4 ff.

[49] BGHZ 180, 154, 161; BGH NJW-RR 2007, 99; KG NZG 2005, 224, 225; OLG Düsseldorf ZIP 2004, 359, 361; OLG Köln BB 2003, 2307, 2309; *Fleischer* in GroßKomm., § 327a Rn. 75; *Hasselbach* in KK-WpÜG, § 327a AktG Rn. 75; *Hüffer/Koch,* § 327a Rn. 11; *Schüppen/Tretter* in Frankfurter Komm., Vor § 327a AktG Rn. 1; *dies.,* § 327a AktG Rn. 36; *Emmerich/Habersack,* § 327a AktG Rn. 26; *Austmann* in MHdB AG, § 75 Rn. 81; *Fleischer* ZGR 2002, 757, 784; *Grunewald* ZIP 2001, 18, 21; *Markwardt* BB 2004, 277, 282; *Vetter* DB 2001, 743, 745.

[50] Vgl. im Einzelnen die Kommentierung zu § 327f AktG.

4. Mehrheit von 95 % des Grundkapitals

40 § 327a Abs. 1 Satz 1 AktG nennt als Voraussetzung für das wirksame Verlangen des Hauptaktionärs, eine Hauptversammlung zum Zwecke der Fassung eines Squeeze-out-Beschlusses durchzuführen, das Halten einer Mehrheit von mindestens **95 % des Grundkapitals.** Neben dieser Kapitalmehrheit setzt die Vorschrift nicht auch eine Stimmenmehrheit (weder 95% noch eine sonstige Mehrheit) voraus.[51] Es bedarf auch keines Sonderbeschlusses der (stimmrechtslosen) Vorzugsaktionäre.[52]

41 § 327a Abs. 2 AktG verweist für die Feststellung, ob dem Hauptaktionär 95% der Aktien der Gesellschaft gehören, auf § 16 Abs. 2 und 4 AktG. Gemäß § 16 Abs. 2 Satz 1 AktG ist bei Gesellschaften mit Nennbetragsaktien (§ 8 Abs. 1 und 2 AktG) auf das Verhältnis des Gesamtnennbetrags der dem Hauptaktionär gehörenden Anteile zum Nennbetrag des Grundkapitals abzustellen.[53] Bei Gesellschaften mit Stückaktien (§ 8 Abs. 1 und 3 AktG) ist das Verhältnis der Zahl der Aktien des Hauptaktionärs zur Gesamtzahl der Aktien maßgeblich. Dabei kommt es auf das ausgegebene Grundkapital der Gesellschaft an; genehmigtes Kapital oder Kapital aus einer bedingten Kapitalerhöhung kommen erst dann zum Ansatz, wenn tatsächlich das Grundkapital wirksam erhöht ist[54], dh beim genehmigten Kapital mit Eintragung der Durchführung der Kapitalerhöhung im Handelsregister (§§ 203 Abs. 1, 189 AktG). Bei der bedingten Kapitalerhöhung ist der Zeitpunkt der Ausgabe der Bezugsaktien maßgeblich, da hier der nachfolgenden Handelsregistereintragung nur noch deklaratorische Bedeutung zukommt (§ 200 AktG).[55] Haupt- und Minderheitsaktionäre einer zum Börsenhandel zugelassenen Gesellschaft können sich anhand der Mitteilungen nach § 26a WpHG jeweils über die Höhe des ausgegebenen Grundkapitals informieren. Begebene, aber noch nicht ausgeübte Options- oder Wandlungsrechte sind bei der Ermittlung des Grundkapitals und der Kapitalanteile dementsprechend nicht zu berücksichtigen, da Aktien noch nicht ausgegeben sind und möglicherweise auch nie ausgegeben werden.[56] Unbeachtlich ist, ob der Hauptaktionär die 95%-Schwelle erst unmittelbar vor dem Verlangen, die Hauptversammlung mit

[51] Siehe BT-Drucks. 14/7034, 72, wo nur von einer „Kapitalbeteiligung" die Rede ist; vgl. auch *Austmann* in MHdB AG, § 75 Rn. 20; *Hasselbach* in KK-WpÜG, § 327a AktG Rn. 49; *Schnorbus* in Schmidt/Lutter, § 327a Rn. 23; aA *Koppensteiner* in KK-AktG, § 327a Rn. 12.

[52] OLG Düsseldorf NZG 2005, 347, 352; *Emmerich/Habersack,* § 327a Rn. 23; *Schnorbus* in Schmidt/Lutter, § 327a Rn. 23.

[53] Vgl. *Hüffer/Koch,* § 327a Rn. 13, 18.

[54] Zum genehmigten Kapital LG München I AG 2008, 904, 906.

[55] Vgl. *Fleischer* in GroßKomm., § 327a Rn. 27; *Hasselbach* in KK-WpÜG, § 327a AktG Rn. 50; *Schüppen/Tretter* in Frankfurter Komm., § 327a AktG Rn. 17; aA wohl *Hüffer/Koch,* § 16 Rn. 8; *Bayer* in MüKoAktG, § 16 Rn. 30, die auch bei der bedingten Kapitalerhöhung auf die Eintragung im Handelsregister abstellen.

[56] Vgl. *Fleischer* in GroßKomm., § 327a Rn. 31; *Hasselbach* in KK-WpÜG, § 327a AktG Rn. 51; *Grunewald* in MüKoAktG, § 327a Rn. 9; aA *Sieger/Hasselbach* ZGR 2002, 120, 158; LG Düsseldorf ZIP 2004, 1755, 1757, auch wenn es in dem zu entscheidenden Fall wegen der geringen Anzahl ausstehender Wandelrechte nicht darauf ankam.

dem Ziel des Squeeze-out einzuberufen, erreicht hat oder ob der Hauptaktionär Aktien nach Eintragung des Übertragungsbeschlusses veräußert.[57]

a) Abzug von Anteilen. Gemäß § 327a Abs. 2 AktG iVm § 16 Abs. 2 Satz 2 und 3 AktG sind eigene Anteile der Gesellschaft sowie Anteile, die von einem Dritten für Rechnung der Gesellschaft gehalten werden, für Zwecke der Berechnung der Kapitalmehrheit des Hauptaktionärs vom Nennkapital bzw. bei Stückaktien von der Zahl der Aktien abzusetzen. Anteile, die gemäß § 16 Abs. 2 Satz 3 AktG einem anderen für Rechnung der Gesellschaft gehören, sind solche, die von einem anderen auf Kosten und Risiko der Gesellschaft gehalten werden.[58] 42

Gleiches gilt für Anteile, die von einem von der Gesellschaft abhängigen Unternehmen oder auf dessen Rechnung von einem anderen gehalten werden, mit der Folge, dass sie bei der Berechnung der Kapitalmehrheit des Hauptaktionärs ebenfalls nicht zu berücksichtigen sind. Zwar wird in § 327a Abs. 2 AktG auf die Vorschrift des § 71d Satz 2 AktG nicht Bezug genommen, doch ist ein Unterschied zu den eigenen Aktien im Sinne von § 16 Abs. 2 Satz 2 und 3 AktG nicht zu erkennen. Es ist daher konsequent, § 327a Abs. 2 iVm § 16 Abs. 2 Satz 2 und 3 AktG auch auf diese Aktien entsprechend anzuwenden.[59] 43

b) Hinzurechnung von Anteilen. Nach § 327a Abs. 2 AktG iVm § 16 Abs. 4 AktG sind den Anteilen des Hauptaktionärs diejenigen Anteile hinzuzurechnen, die einem von ihm abhängigen Unternehmen (1. Fallgruppe) oder einem Dritten für Rechnung des Hauptaktionärs oder eines von diesem abhängigen Unternehmens (2. Fallgruppe) gehören, sowie, wenn der Hauptaktionär ein Einzelkaufmann ist, auch diejenigen Anteile, die sonstiges Vermögen (Privatvermögen) des Hauptaktionärs sind (3. Fallgruppe). 44

aa) Regelungszweck. § 327a Abs. 2 AktG iVm § 16 Abs. 4 AktG soll den Squeeze-out durch Zurechnung von Anteilen erleichtern und das wirtschaftlich unsinnige **„Umhängen" von Beteiligungen überflüssig** machen. Des Weiteren wird darauf verwiesen, dass auch bei der Schwellenberechnung zur Abgabe eines Pflichtangebotes eine Zurechnung erfolgen soll. Eine unterschiedliche Behandlung sollte dabei vermieden werden.[60] 45

Im Gegensatz zur Grundnorm des § 16 Abs. 4 AktG, die einen Umgehungsschutz bezweckt,[61] dient § 327a Abs. 2 AktG damit der **Erleichterung** 46

---

[57] Vgl. *Fleischer* in GroßKomm., § 327a Rn. 36; *Hüffer/Koch,* § 327a Rn. 12; *Koppensteiner* in KölnKomm., § 327a Rn. 10; *Hasselbach* in KK-WpÜG, § 327a AktG Rn. 43; *Schüppen/Tretter* in Frankfurter Komm., § 327a AktG Rn. 8f.; *Markwardt* BB 2004, 277, 280. Ferner ist es unbeachtlich, wenn der Erwerb der betreffenden Aktien mit dem Risiko der Anfechtung, beispielsweise aufgrund arglistiger Täuschung, behaftet ist. Das bloße Risiko einer Anfechtung führt noch nicht zur Unwirksamkeit des Erwerbsvorgangs; hierzu bedarf es vielmehr einer (wirksamen) Anfechtungserklärung eines Anfechtungsberechtigten, vgl. OLG Düsseldorf ZIP 2004, 359, 362.

[58] Zum Tatbestandsmerkmal des Haltens „für Rechnung" → Rn. 48.

[59] *Koppensteiner* in KölnKomm., § 327a Rn. 6; *Hasselbach* in KK-WpÜG, § 327a AktG Rn. 48; *Schüppen/Tretter* in Frankfurter Komm., § 327a AktG Rn. 12; aA *Fleischer* in GroßKomm., § 327a Rn. 30.

[60] BT-Drucks. 14/7034, 72.

[61] Vgl. *Hüffer/Koch,* § 16 Rn. 13.

des Squeeze-out für den Hauptaktionär. Trotz des abweichenden Gesetzeszwecks gibt es jedoch keinen Anlass, die Vorschriften des § 16 Abs. 4 AktG bei der Anwendung über die Verweisung durch § 327a Abs. 2 AktG anders auszulegen als sonst.[62]

47 **bb) Einzelfragen.** Für den **Abhängigkeitstatbestand** in § 16 Abs. 4 Fallgruppe 1 AktG ist die Legaldefinition der Abhängigkeit in § 17 Abs. 1 AktG maßgebend. Er ist danach erfüllt, wenn der Hauptaktionär auf das abhängige Unternehmen unmittelbar oder mittelbar einen beherrschenden Einfluss ausüben kann.[63] Bei Mehrheitsbesitz gilt die widerlegbare Vermutung des § 17 Abs. 2 AktG.

48 Grundfall des Haltens von Anteilen **für Rechnung** des Hauptaktionärs (2. Fallgruppe) ist das Treuhandverhältnis.[64]

49 Fraglich ist, ob § 327a AktG auch dann Anwendung findet, wenn **nur der geringere Teil der Anteile** oder auch überhaupt keine Anteile **durch den Hauptaktionär unmittelbar** gehalten werden. Die Annahme eines Schwellenwertes für die unmittelbare Beteiligung des Hauptaktionärs, unterhalb dessen eine Zurechnung nicht mehr in Betracht käme, ist dem Gesetzeswortlaut des § 327a Abs. 2 AktG nicht zu entnehmen. Die Gesetzesbegründung erwähnt nur, dass die Zurechnung auch dann Anwendung finden soll, wenn der Hauptaktionär den kleineren Teil der Anteile unmittelbar hält. Der Fall, dass die 95%-Schwelle ausschließlich mittels Zurechnung fremder Anteile erreicht wird, wird nicht erfasst. Andererseits setzt § 327a AktG das „Verlangen eines Aktionärs" voraus (vgl. → Rn. 30). Ein starres Festhalten an dem Wortlaut der Regelung würde aber dem Gesetzeszweck, über die Zurechnungsnormen ein Umhängen von Beteiligungen zu vermeiden, nicht entsprechen. Es ist daher anzunehmen, dass Hauptaktionär auch eine Gesellschaft oder Person sein kann, deren 95%-Beteiligung vollständig über die einschlägigen Zurechnungsnormen erreicht wird und die nicht einen einzigen Anteil an der Gesellschaft hält.[65] Dies kann für die Praxis dann relevant werden, wenn die 95%-Schwelle nur durch Zusammenrechnung von Anteilen verschiedener Gesellschaften erreicht werden kann, die gemeinsam von einem Dritten abhängige Unternehmen sind (Beispiel: Zwei abhängige Unternehmen halten jeweils 47,5% des Grundkapitals an der Gesellschaft, das gemeinsame herrschende Unternehmen hält keine Aktie.)

---

[62] Für eine restriktive Auslegung der Vorschriften des § 16 Abs. 4 AktG aber *Fleischer* in GroßKomm., § 327a Rn. 49; *Maslo* NZG 2004, 163, 167.

[63] Vgl. hierzu *Hüffer/Koch,* § 17 Rn. 5 ff.; *Bayer* in MüKoAktG, § 17 Rn. 11 ff.; *Windbichler* in GroßKomm., § 17 Rn. 17 ff.

[64] Vgl. *Hüffer/Koch,* § 16 Rn. 12; *Vedder,* S. 154 ff.

[65] So die hM, vgl. OLG Stuttgart AG 2008, 204, 207; OLG Köln BB 2003, 2307, 2310; *Fleischer* in GroßKomm., § 327a Rn. 52; *Hüffer/Koch,* § 327a Rn. 18; *Koppensteiner* in KölnKomm., § 327a Rn. 7; *Hasselbach* in KK-WpÜG, § 327a AktG Rn. 44; *Singhof* in Spindler/Stilz, § 327a Rn. 17; *Schnorbus* in Schmidt/Lutter, § 327a Rn. 13; *Schüppen/Tretter* in Frankfurter Komm., § 327a AktG Rn. 14; *Fleischer* ZGR 2002, 757, 774 f.; *Maslo* NZG 2004, 163, 168; aA die Vorauflage, § 327a Rn. 28; *Grunewald* in MüKoAktG, § 327a Rn. 7; *Emmerich/Habersack,* § 327a AktG Rn. 17; *Markwardt* BB 2004, 277, 278.

§ 16 Abs. 4 AktG lässt grundsätzlich die Zurechnung der Anteile zu mehreren Inhabern zu, ordnet also **keine Absorption** an.[66] Damit ist theoretisch denkbar, dass verschiedene Aktionäre „Hauptaktionär" iSv § 327a AktG sind (Beispiel: Ein abhängiges Unternehmen hält 95% des Grundkapitals an der Gesellschaft, das herrschende Unternehmen 1%). 50

Soweit Stimmrechte des Hauptaktionärs nach § 28 WpHG, § 59 WpÜG oder § 20 Abs. 7 AktG ruhen, ist der Hauptaktionär nicht berechtigt, das Verlangen iSv § 327a Abs. 1 Satz 1 AktG zu stellen. Denn auch dieses Recht ist ein Recht des Aktionärs aus den betreffenden Aktien (§ 20 Abs. 7 Satz 1 AktG, § 28 Satz 1 WpHG).[67] Ist für die Gesellschaft erkennbar, dass die Stimmrechte ruhen, dürfte sie einem solchen Verlangen nicht nachkommen. 51

c) Zeitpunkt der Berechnung der 95 %-Mehrheit. Die Frage, zu welchem Zeitpunkt (Verlangen des Hauptaktionärs, Beschlussfassung der Hauptversammlung, Anmeldung/Eintragung des Squeeze-out in das Handelsregister) die maßgebliche Beteiligungshöhe von 95% vorliegen muss, lässt sich (anders als bei § 320 Abs. 1 Satz 1 AktG zur Mehrheitseingliederung: „Die Hauptversammlung … kann … beschließen, wenn sich Aktien der Gesellschaft, auf die zusammen fünfundneunzig von Hundert des Grundkapitals entfallen, in der Hand der zukünftigen Hauptgesellschaft befinden.") nicht aus dem Wortlaut des § 327a Abs. 1 Satz 1 AktG entnehmen.[68] Nach Sinn und Zweck der Squeeze-out-Regelung muss die erforderliche Beteiligung jedoch sowohl **bei Geltendmachung des Squeeze-out-Verlangens** als auch **im Zeitpunkt der Hauptversammlung** vorliegen.[69] Mit dem Squeeze-out-Verlangen muss gegenüber dem Vorstand der Gesellschaft die 95%-Beteiligung mitgeteilt und ggf. plausibilisiert werden, damit der Vorstand zur Einberufung der Squeeze-out-Hauptversammlung verpflichtet wird. Das Vorliegen der notwendigen Beteiligungshöhe auf der Hauptversammlung selbst ergibt sich wiederum aus dem Konzept des aktienrechtlichen Squeeze-out, der auf die Hauptversammlung als entscheidendes Gremium ausgerichtet ist. In der Hauptversammlung erhält der Hauptaktionär ggf. ein Rederecht, hier 52

---

[66] Vgl. *Fleischer* in GroßKomm., § 327a Rn. 47; *Hüffer/Koch,* § 16 Rn. 13; *Maslo* NZG 2004, 163, 167.

[67] Vgl. *Fleischer* in GroßKomm., § 327a Rn. 56; *Schüppen/Tretter* in Frankfurter Komm., § 327a AktG Rn. 21; *König/Römer* NZG 2004, 944, 946.

[68] So aber *Austmann* in MHdB AG, § 75 Rn. 31; *Hasselbach* in KK-WpÜG, § 327a AktG Rn. 58.

[69] Vgl. BGH NZG 2011, 669, 672; OLG München NZG 2009, 506, 508; OLG Düsseldorf ZIP 2004, 359, 362; *Koppensteiner* in KölnKomm., § 327a Rn. 11; *Hasselbach* in KK-WpÜG, § 327a AktG Rn. 58; *Austmann* in MHdB AG, § 75 Rn. 30; *Schüppen/Tretter* in Frankfurter Komm., § 327a AktG Rn. 19; *Maslo* NZG 2004, 163, 164; für den Zeitpunkt der Beschlussfassung der Hauptversammlung als maßgeblichen Zeitpunkt *Fleischer* in GroßKomm., § 327a Rn. 20; *Grunewald* in MüKoAktG, § 327a Rn. 9, 10; *Dißars* BKR 2004, 389, 391; *König/Römer* NZG 2004, 944, 946f.; beiläufig auch OLG Hamburg ZIP 2003, 2076, 2077ff.; für den Zeitpunkt des Verlangens des Hauptaktionärs, der Beschlussfassung der Hauptversammlung und der Anmeldung/Eintragung des Squeeze-out in das Handelsregister als maßgebliche Zeitpunkte: *Emmerich/Habersack,* § 327a AktG Rn. 18; *Austmann* in MHdB AG, § 75 Rn. 31; *Fuhrmann/Simon* WM 2002, 1211, 1212.

wird auch der Squeeze-out-Beschluss gefasst, zu dessen Zeitpunkt die notwendige Beteiligung vorliegen muss. Zwischen den beiden genannten Stichtagen (Ausüben des Verlangens, Hauptversammlung) ist der Hauptaktionär hingegen frei, über seine Beteiligung zu verfügen und diese ggf. auch unter die 95%-Grenze abzusenken, solange an beiden Stichtagen dieselbe Person Hauptaktionär ist.[70] Eine Verwässerung der Beteiligung des Hauptaktionärs zwischen der Beschlussfassung und der Eintragung des Übertragungsbeschlusses im Handelsregister ist dagegen für dessen Wirksamwerden nicht von Bedeutung,[71] gleichwohl aus Gründen der Transaktionssicherheit wegen der nicht unbeachtlichen abweichenden Literaturstimmen zu vermeiden.

IV. Besonderheiten beim Squeeze-out bei der Kommanditgesellschaft auf Aktien

53 Neben der Aktiengesellschaft kann der Squeeze-out **auch in der KGaA** durchgeführt werden. Auch hierfür bedarf es eines Beschlusses der Hauptversammlung der Gesellschaft. Ausgeschlossen werden können in einer KGaA nur die Kommanditaktionäre.[72]

54 § 327a Abs. 1 Satz 2 AktG bestimmt dabei die Unanwendbarkeit von § 285 Abs. 2 Satz 1 AktG. Das Erfordernis der Zustimmung der Komplementäre besteht somit nicht. Nach der Gesetzesbegründung[73] und einem Teil der Literatur[74] handelt es sich bei der Regelung des § 327a Abs. 1 Satz 2 AktG nur um eine Klarstellung, da die Durchführung eines Squeeze-out nicht die Gesellschaft als solche betrifft, sondern das Verhältnis der Gesellschafter untereinander regelt.

55 Sämtliche Regelungen der §§ 327a bis 327f AktG, die sich auf den „Vorstand" der Gesellschaft beziehen, gelten, soweit sich nicht aus dem Sinn der Regelung eindeutig etwas anderes ergibt, entsprechend für den oder die gesetzlichen Vertreter der KGaA.

V. Einzelne Gestaltungen

56 Wie jedes andere Recht auch findet das in den §§ 327a ff. AktG geregelte Recht des Hauptaktionärs, unter den dort genannten Voraussetzungen die Minderheitsaktionäre aus der Gesellschaft auszuschließen, seine Grenze im allgemeinen Verbot rechtsmissbräuchlichen Verhaltens.[75] Ausgangspunkt einer

---

[70] Vgl. *Austmann* in MHdB AG, § 75 Rn. 30; aA *Singhof* in Spindler/Stilz, § 327a Rn. 18.

[71] So auch *Hasselbach* in KK-WpÜG, § 327a AktG Rn. 58; *Grunewald* in MüKoAktG, § 327a Rn. 9; aA *Emmerich/Habersack,* § 327a AktG Rn. 18; *Austmann* in MHdB AG, § 75 Rn. 31; *Fuhrmann/Simon* WM 2002, 1211, 1212. Zur Behandlung von Options- und Wandlungsrechten vgl. § 327e AktG Rn. 31 f.

[72] Vgl. *Fleischer* in GroßKomm., § 327a Rn. 72; *Koppensteiner* in KölnKomm., § 327a Rn. 3.

[73] Vgl. BT-Drucks. 14/7034, 72.

[74] Vgl. *Fleischer* in GroßKomm., § 327a Rn. 74; *Emmerich/Habersack,* § 327a AktG Rn. 13; *Grunewald* in MüKoAktG, § 327a Rn. 29.

[75] OLG München ZIP 2006, 2370, 2372; LG Stuttgart DB 2005, 327 f.; *Fleischer* in GroßKomm., § 327a Rn. 76.

jeden einzelfallbezogenen Missbrauchskontrolle ist aber die Tatsache, dass der Gesetzgeber mit Einführung des Instituts des Squeeze-out bereits eine Abwägung getroffen hat zwischen den Interessen des Mehrheitsaktionärs und denen der Minderheitsaktionäre, weshalb der Übertragungsbeschluss seine sachliche Rechtfertigung in sich trägt (vgl. → Rn. 38). Welche Ziele der Hauptaktionär mit der Durchführung des Squeeze-out verfolgt, bleibt daher grundsätzlich unbeachtlich.[76]

a) Formwechsel zum Zwecke der Durchführung eines Squeeze-out. Betreibt der Hauptgesellschafter einer GmbH den Formwechsel der Gesellschaft in eine AG (oder eine KGaA) ausschließlich zu dem Zweck, im Anschluss hieran einen Squeeze-out durchzuführen, liegt der Vorwurf rechtsmissbräuchlichen Verhaltens nahe, da sich der Hauptgesellschafter eine Möglichkeit zum Gesellschafterausschluss verschafft hat, die ihm nach dem Recht der GmbH gerade nicht eröffnet ist. Ein enger zeitlicher Zusammenhang zwischen dem Formwechsel und dem Squeeze-out[77] ggf. verknüpft mit einer bereits geplanten Rückumwandlung in eine GmbH,[78] können Indizien für eine rechtsmissbräuchliche Verknüpfung beider Maßnahmen sein. Da die wahren Gründe für den Formwechsel in derartigen Konstellationen häufig erst im nachhinein – anlässlich des Verlangens des Hauptaktionärs nach Durchführung eines Squeeze-out – zu Tage treten, führt eine Anfechtung des Formwechselbeschlusses wegen § 202 Abs. 3 UmwG oft nicht weiter.[79] Soll der Gedanke einer rechtsmissbräuchlichen Verknüpfung beider Maßnahmen für die betroffenen Minderheitsaktionäre fruchtbar gemacht werden, ist auf den Übertragungsbeschluss, der in der Hauptversammlung der AG gefasst wird, abzustellen. Der Hauptaktionär hat sich eine Rechtsposition verschafft, deren Ausübung unzulässig ist. Dies kann in den genannten Ausnahmefällen die Anfechtbarkeit des Übertragungsbeschlusses der Hauptversammlung der AG begründen.[80] 57

[76] Vgl. *Hasselbach* in KK-WpÜG, § 327a AktG Rn. 83, der daher die nachfolgend genannten Gestaltungen grundsätzlich nicht als missbräuchlich qualifizieren möchte, aber jedenfalls „besonders gelagerte, eher seltene Ausnahmefälle" als Missbrauchskonstellationen anerkennt. In der Praxis sind bislang noch keine Missbrauchsfälle bekannt geworden, vgl. *Austmann* in MHdB AG, § 75 Rn. 121.

[77] Vgl. *Krieger* BB 2002, 53, 61 f., wonach bei einem Squeeze-out innerhalb von bis zu zwei Jahren nach einem Formwechsel die Vermutung dafür sprechen soll, dass der Formwechsel missbräuchlich ist, und es dem Hauptaktionär obliegt, diese Vermutung zu entkräften. Ebenso *Singhof* in Spindler/Stilz, § 327a Rn. 28.

[78] Vgl. *Fleischer* in GroßKomm., § 327a Rn. 78; *Grunewald* in MüKoAktG, § 327a Rn. 24; *Schüppen/Tretter* in Frankfurter Komm., § 327a AktG Rn. 44.

[79] Gegen die Anfechtbarkeit des Formwechselbeschlusses spricht aus rechtlichen Gründen auch, dass dieser ebenfalls nicht der sachlichen Rechtfertigung bedarf, sondern die sachliche Rechtfertigung in sich trägt (OLG Düsseldorf ZIP 2001, 1717, 1719; *Decher/Hoger* in Lutter, UmwG, § 193 Rn. 9; *Zimmermann* in Kallmeyer, UmwG, § 193 Rn. 10).

[80] Vgl. *Fleischer* in GroßKomm., § 327a Rn. 78; *Grunewald* in MüKoAktG, § 327a Rn. 24; *Emmerich/Habersack,* § 327a AktG Rn. 28; *Fleischer* ZGR 2002, 757, 787; *Grunewald* ZIP 2001, 18, 21 f.; aA *Austmann* in MHdB AG, § 75 Rn. 122 ff.; *Markwardt* BB 2004, 277, 282 f.; *Pluskat* NZG 2007, 725 f.

58 **b) Formale Erlangung der 95%-Beteiligung zum Zwecke der Durchführung eines Squeeze-out.** Der Vorwurf rechtsmissbräuchlichen Verhaltens könnte ferner erhoben werden, wenn die 95%-Beteiligung nur vorübergehend und zum Zweck der Durchsetzung eines Squeeze-out erworben wird.[81] Denkbar ist dies in Fällen, in denen die Aktien in der Hand eines Aktionärs im Wege treuhänderischer Übertragung gebündelt werden oder eine Gesellschaft bürgerlichen Rechts oder eine Holding sonstiger Rechtsform eigens dafür gegründet wird, vorübergehend die Aktien an der Zielgesellschaft zu halten.[82] Soweit die Aktien der Gesellschaft zum Börsenhandel zugelassen sind, dürften sich solche Gestaltungen bereits wegen der Pflichten aus dem WpÜG verbieten. Beweisanzeichen für eine derartige Zweckvereinbarung kann es sein, wenn die Aktien unmittelbar nach Durchführung des Squeeze-out zurück übertragen werden, insbesondere dann, wenn dies bereits vor Durchführung des Squeeze-out so verabredet worden war.[83] Allerdings ist zu beachten, dass es grundsätzlich für die Rechtmäßigkeit eines Squeeze-out ohne Belang ist, wie lange vor Durchführung des Squeeze-out der Hauptaktionär die 95%-Beteiligung bereits gehalten hat oder wie lange er diese zu halten beabsichtigt (vgl. → Rn. 41). Dieser Grundsatz darf nicht durch die leichtfertige Annahme unterlaufen werden, die Rückübertragung der Aktien unmittelbar nach Durchführung des Squeeze-out begründe die Vermutung, dass die Aktienbündelung keiner unternehmerischen Initiative gedient habe.[84] Zumindest das Bündeln von Aktien in einer Holding kann nicht missbräuchlich sein.[85]

59 **c) Bezugsrechtsausschluss zwecks Erlangung der 95%-Beteiligung.** Denkbar ist es, dass der Hauptgesellschafter eine Kapitalerhöhung unter Ausschluss des Bezugsrechts der übrigen Aktionäre herbeiführt und die neuen Aktien bezieht, um mit einer auf diese Weise erlangten 95%-Beteiligung die Durchführung eines Squeeze-out zu betreiben. Hier gilt, dass ein etwaiges Verlangen des Hauptaktionärs zur Durchführung eines Squeeze-out selbst dann nicht rechtsmissbräuchlich wäre, wenn die Aufstockung der Beteiligung des Hauptaktionärs auf 95% im Wege der Kapitalerhöhung einzig dem Zweck diente, diesem im Anschluss die Durchführung eines Squeeze-out zu ermöglichen. Richtiger Ansatzpunkt ist vielmehr bereits der Kapitalerhöhungsbeschluss unter Ausschluss des Bezugsrechts der Aktionäre, der grundsätzlich der sachlichen Rechtfertigung am Maßstab von Erforderlichkeit und Angemessenheit bedarf.[86] Dient dieser Beschluss jedoch einzig dem Erwerb

---

[81] Vgl. *Fleischer* in GroßKomm., § 327a Rn. 79; *Emmerich/Habersack,* § 327a AktG Rn. 28; *Schüppen/Tretter* in Frankfurter Komm., § 327a AktG Rn. 45; *Baums* WM 2001, 1843, 1845 f.; *Fleischer* ZGR 2002, 757, 778 f.; aA *Austmann* in MHdB AG, § 75 Rn. 128.

[82] Vgl. *Fleischer* in GroßKomm., § 327a Rn. 79; *Emmerich/Habersack,* § 327a AktG Rn. 28; *Schüppen/Tretter* in Frankfurter Komm., § 327a AktG Rn. 45; *Baums* WM 2001, 1843, 1845 f.; *Grunewald* ZIP 2001, 18, 19; *Maslo* NZG 2004, 163, 164 f.

[83] Vgl. *Fleischer* in GroßKomm., § 327a Rn. 79; *Grunewald* in MüKoAktG, § 327a Rn. 20; kritisch *Markwardt* BB 2004, 277, 285; *Mertens* AG 2002, 377, 381 f.

[84] Vgl. *Fleischer* in GroßKomm., § 327a Rn. 79; *Hüffer/Koch,* § 327a Rn. 15.

[85] Vgl. *Pluskat* NZG 2007, 725, 727.

[86] BGHZ 71, 40 ff. – Kali und Salz.

einer 95%-Beteiligung durch den Hauptaktionär und damit dem Erwerb oder der Verfestigung von Mehrheitsmacht, wird es der Kapitalmaßnahme an einem zulässigen Zweck mangeln, so dass die übrigen Aktionäre durch Anfechtung des Kapitalerhöhungsbeschlusses bzw., soweit wie im Regelfall ein genehmigtes Kapital ausgenutzt wird, mit einer Feststellungsklage bzw. einstweiligen Verfügung dagegen vorgehen können.[87]

d) Erlangung der 95%-Beteiligung im Wege des Wertpapierdarlehens. Der BGH hat inzwischen klargestellt, dass die Erlangung der 95%-Beteiligung im Wege des Wertpapierdarlehens keinen Rechtsmissbrauch darstellt.[88] Die gegenteilige Auffassung[89] dürfte daher mittlerweile überholt sein. Gleiches dürfte für die Fallgestaltung gelten, dass Aktien übertragen werden und der Verkäufer eine Call-Option erhält. 60

e) (Wieder-)Aufnahme von Aktionären nach Durchführung eines Squeeze-out. Ein Verstoß gegen das Verbot widersprüchlichen Verhaltens (*venire contra factum proprium;* § 242 BGB) soll nach einer in der Literatur vertretenen Ansicht[90] vorliegen, wenn der Hauptaktionär im engen sachlichen und zeitlichen Zusammenhang mit der Durchführung eines Squeeze-out wieder Aktionäre in die Gesellschaft aufnimmt. Dem ist entgegenzuhalten, dass es für die Rechtmäßigkeit eines Squeeze-out bereits ohne Belang ist, wie lange der Hauptaktionär die 95%-Beteiligung zu halten beabsichtigt. Nichts anderes kann aber gelten, wenn der Hauptaktionär nach Durchführung des Squeeze-out seine Beteiligung durch die Aufnahme neuer Aktionäre verwässert.[91] 61

§ 327b Barabfindung

(1) **Der Hauptaktionär legt die Höhe der Barabfindung fest; sie muss die Verhältnisse der Gesellschaft im Zeitpunkt der Beschlussfassung ihrer Hauptversammlung berücksichtigen. Der Vorstand hat dem Hauptaktionär alle dafür notwendigen Unterlagen zur Verfügung zu stellen und Auskünfte zu erteilen.**

(2) **Die Barabfindung ist von der Bekanntmachung der Eintragung des Übertragungsbeschlusses in das Handelsregister an mit jährlich 5 Pro-**

---

[87] Vgl. *Fleischer* in GroßKomm., § 327a Rn. 81; *Hasselbach* in KK-WpÜG, § 327a AktG Rn. 92; *Austmann* in MHdB AG, § 75 Rn. 126f.; *Gesmann-Nuissl* WM 2002, 1205, 1207; *Grunewald* ZIP 2001, 18f.; *Markwardt* BB 2004, 277, 284; *Pluskat* NZG 2007, 725, 727, mit der Anmerkung, in der Regel werde sich ein plausibler Grund für den Bezugsrechtsausschluss finden lassen.

[88] BGHZ 180, 154, 160; so auch *Emmerich/Habersack,* § 327a AktG Rn. 28; *Austmann* in MHdB AG, § 75 Rn. 129; *Pluskat* NZG 2007, 725, 728f.; *Fröde* NZG 2007, 729ff.

[89] OLG München ZIP 2006, 2370, 2372ff.; OLG München AG 2006, 296, 297; *Fleischer* in GroßKomm., § 327a Rn. 80; *Baums* WM 2001, 1843, 1846f.; *Markwardt* BB 2004, 277, 285f.

[90] Vgl. *Heidel/Lochner* in Heidel, § 327a AktG Rn. 16.

[91] AA mit Bedenken, wenn nach Durchführung des Squeeze-out einzelne, aber nicht alle der ausgeschlossenen Minderheitsaktionäre wieder aufgenommen werden *Fleischer* in GroßKomm., § 327a Rn. 85, der insoweit einen Schadenersatzanspruch wegen Verstoßes gegen eine nachwirkende Treuepflicht annimmt.

zentpunkten über dem jeweiligen Basiszinssatz nach § 247 des Bürgerlichen Gesetzbuchs zu verzinsen; die Geltendmachung eines weiteren Schadens ist nicht ausgeschlossen.

(3) **Vor Einberufung der Hauptversammlung hat der Hauptaktionär dem Vorstand die Erklärung eines im Geltungsbereich dieses Gesetzes zum Geschäftsbetrieb befugten Kreditinstituts zu übermitteln, durch die das Kreditinstitut die Gewährleistung für die Erfüllung der Verpflichtung des Hauptaktionärs übernimmt, den Minderheitsaktionären nach Eintragung des Übertragungsbeschlusses unverzüglich die festgelegte Barabfindung für die übergegangenen Aktien zu zahlen.**

Schrifttum: *Beckmann,* Zur Relevanz des Börsenkurses bei der Ermittlung des Abfindungsanspruchs beim Ausschluss von Minderheitsaktionären gemäß §§ 327a ff. AktG, WPg 2004, 620; *Bücker,* Die Berücksichtigung des Börsenkurses bei Strukturmaßnahmen – BGH revidiert DAT/Altana, NZG 2010, 967; *Bungert,* DAT/Altana: Der BGH gibt der Praxis Rätsel auf, BB 2001, 1163; *Dißars/Kocher,* Der Deckungsumfang der Banksicherheit im Squeeze-out-Verfahren, NZG 2004, 856; *Fuhrmann/Simon,* Der Ausschluss von Minderheitsaktionären – Gestaltungsüberlegungen zur neuen Squeeze-out-Gesetzgebung, WM 2002, 1211; *Hasselbach/Ebbinghaus,* Auswirkungen der Stollwerck-Entscheidung des BGH auf die Transaktions- und Bewertungspraxis bei börsennotierten Gesellschaften – Zugleich Besprechung von BGH, Beschl. v. 19.7.2010 – II ZB 18/09, Der Konzern 2010, 467; *Just/Lieth,* Der Referenzzeitraum für die Bestimmung der Barabfindung beim Ausschluss von Minderheitsaktionären nach §§ 327a ff. AktG, NZG 2007, 444; *Krieger,* Squeeze-out nach neuem Recht: Überblick und Zweifelsfragen, BB 2002, 53; *Leyendecker,* Irrelevanz des anteiligen Unternehmenswerts zur Ermittlung der Squeeze-out-Abfindung bei Bestehen eines fortdauernden Beherrschungs- und Gewinnabführungsvertrags, NZG 2010, 927; *Matthes/Graf von Maldeghem,* Unternehmensbewertung beim Squeeze Out, BKR 2003, 531; *Meilicke,* Insolvenzsicherung für die Abfindung außenstehender Aktionäre, DB 2001, 2387; *Wasmann,* Bewegung im Börsenkurs: Kippt die „Dreimonats"-Rechtsprechung?, BB 2007, 680.

Übersicht

I. Regelungsgegenstand und -zweck

1 § 327b Abs. 1 AktG behandelt die Bemessung der in § 327a AktG verlangten Barabfindung, § 327b Abs. 2 AktG die pauschalierte Verzinsung der Barabfindung sowie weiteren Schadenersatz. § 327b Abs. 3 AktG regelt die Besicherung der Verpflichtung des Hauptaktionärs zur Leistung der Barabfindung durch ein Kreditinstitut. Die Festlegung einer angemessenen Barabfindung durch § 327b Abs. 1 AktG stellt die verfassungsrechtliche Rechtfertigung des Ausschlusses der Minderheitsaktionäre im Wege des Squeeze-out dar (vgl. → § 327a AktG Rn. 25).

II. Bemessung der Barabfindung

1. Festlegung durch den Hauptaktionär

2 **a) Allgemeines.** Gemäß § 327b Abs. 1 Satz 1 erster Hs. AktG legt der Hauptaktionär die Höhe der Barabfindung fest. Die Festlegung der Barabfindung im ersten Schritt in die Hände des Hauptaktionärs zu legen, mag Bedenken hervorrufen, da der Hauptaktionär auch Schuldner der Barabfindung ist. Dieses Vorgehen entspricht aber der Struktur des Squeeze-out als vom Hauptaktionär initiierter und im Wesentlichen geleiteter Maßnahme.

3 **b) Zeitpunkt der Festlegung.** Die Barabfindung ist vom Hauptaktionär vor Einberufung der Hauptversammlung, die über den Squeeze-out beschließt, festzulegen und im Text des Übertragungsbeschlusses anzugeben. Zum einen sind der Bericht des Hauptaktionärs über ua die Angemessenheit der Barabfindung und auch der externe Prüfungsbericht gemäß § 327c Abs. 3 Nr. 3 und 4 AktG von der Einberufung der Hauptversammlung an auszulegen, zum anderen hat der Hauptaktionär gemäß § 327b Abs. 3 AktG dem Vorstand der Gesellschaft ebenfalls vor Einberufung der Hauptversammlung eine Erklärung eines Kreditinstitutes zur Absicherung des Abfindungsanspruchs der Minderheitsaktionäre vorzulegen.

4 Aus diesem **zeitlichen Vorlauf** erwächst das Problem, wie der Hauptaktionär geraume Zeit vor Einberufung der Hauptversammlung eine Barabfindung festlegen kann, welche die Verhältnisse der Gesellschaft im Zeitpunkt der Beschlussfassung der Hauptversammlung berücksichtigt. Zwischen dem

Zeitpunkt der Festlegung der Barabfindung und dem Tag der Hauptversammlung wird in der Praxis regelmäßig nur die Ladungsfrist nach § 123 Abs. 1 AktG, damit nicht mehr als sechs Wochen, liegen. Dies wird insbesondere sichtbar an der von Rechtsprechung und Literatur intensiv behandelten Frage, welcher Referenzzeitraum für die Heranziehung des Börsenkurses einer Gesellschaft zu ihrer Bewertung zugrunde zu legen ist.[1] Gleiches gilt aber auch für die Unternehmensbewertung etwa nach der Ertragswertmethode, mit der Prognosen hinsichtlich des zukünftigen Ertrags auf einen Stichtag in der Gegenwart zurückgeführt werden.

5 Die **Erhöhung des Abfindungsangebots in der Hauptversammlung** wird für zulässig erachtet.[2] Der Hauptaktionär muss, da die Verhältnisse im Zeitpunkt des Beschlussfassung maßgebend sind (§ 327b Abs. 1 Satz 1 Hs. 2 AktG) eine solche Erhöhung vornehmen, wenn sich der auf den Zeitpunkt der Hauptversammlung bezogene Unternehmenswert der Gesellschaft seit Festlegung der Barabfindung erhöht hat,[3] auch um dem Risiko der Einleitung eines Spruchverfahrens zur Bestimmung einer angemessenen Barabfindung nach § 327f Satz 2 AktG vorzubeugen.[4] Ein Anstieg des Börsenpreises in der Zeit zwischen Einberufung und Abhaltung der Hauptversammlung dürfte hingegen nach der neueren Rechtsprechung jetzt grundsätzlich keine Rolle mehr spielen (dazu → Rn. 30 ff.).[5] Für den Fall der Erhöhung des Unternehmenswertes sollte die Bankgarantie (vgl. → Rn. 42 ff.) ebenfalls entsprechend erhöht werden, sofern sie nicht bereits den Fall der Erhöhung des Abfindungsangebots in der Hauptversammlung mit erfasst.[6] Soweit die Barabfindung erhöht wird, muss die Bankgarantie entsprechend angepasst werden.

6 Eine Reduzierung des Barabfindungsangebots in der Hauptversammlung dürfte demgegenüber zur Anfechtbarkeit des Hauptversammlungsbeschlusses nach § 243 Abs. 1 AktG führen.[7] Der Hauptaktionär hätte dann gegen seine Verpflichtung zur rechtzeitigen Information der Minderheitsaktionäre über

---

[1] Siehe hierzu → Rn. 27 ff.

[2] Vgl. *Koppensteiner* in KölnKomm., § 327b Rn. 4; *Hasselbach* in KK-WpÜG, § 327b AktG Rn. 8; *Heidel/Lochner* in Heidel, § 327b AktG Rn. 5; *Hüffer/Koch,* § 327b Rn. 8; *Austmann* in MHdB AG, § 75 Rn. 65; *Gesmann-Nuissl* WM 2002, 1205, 1207 f.

[3] Allgemein üblich, wenn auch nicht gesetzlich verlangt, ist die Abgabe von Stichtagserklärungen desjenigen Wirtschaftsprüfers, der das Unternehmen bewertet hat, sowie des gerichtlichen Prüfers dazu, ob sich der Unternehmenswert geändert hat und, wenn ja, in welchem Umfang.

[4] Gleichwohl werden solche regelmäßig eingeleitet.

[5] In der Regel steigt der Börsenpreis nach Bekanntwerden der Höhe der Barabfindung wegen der dann einsetzenden Spekulationen über einen Aufschlag im Spruchverfahren; nicht selten entstand dabei der Eindruck, dass in dem üblichen engen Börsenmarkt Minderheitsaktionäre hin und her handeln, um auf den Börsenpreisdurchschnitt in der bis zur Hauptversammlung verbliebenen Zeit einzuwirken. Dieses Vorgehen ist nunmehr auch obsolet geworden.

[6] Vgl. *Hasselbach* in KK-WpÜG, § 327b AktG Rn. 8; dies käme jedoch einer unbeschränkten Garantie gleich und ist daher nicht üblich.

[7] Vgl. *Koppensteiner* in KölnKomm., § 327b Rn. 4; *Grunewald* in MüKoAktG, § 327b Rn. 8; *Hasselbach* in KK-WpÜG, § 327b AktG Rn. 8; *Heidel/Lochner* in Heidel, § 327b AktG Rn. 5; aA *Vossius* ZIP 2002, 511, 514.

die Höhe des Barabfindungsangebots verstoßen (§ 327c Abs. 1 Ziff. 2 AktG). Der vor Einberufung der Hauptversammlung zu erstattende Bericht des Hauptaktionärs (§ 327c Abs. 2 Satz 1 AktG) und der Prüfungsbericht (§ 327c Abs. 2 Satz 2 bis 4 AktG) wären obsolet (zur Anfechtbarkeit des Hauptversammlungsbeschlusses siehe → § 327f AktG Rn. 4ff.).

Die Zahlung einer im Vergleich zu dem zwischenzeitlich gesunkenen Unternehmenswert zu hohen Barabfindung kann der Hauptaktionär nur vermeiden, indem er dem Übertragungsbeschluss in der Hauptversammlung nicht zustimmt, wenn die Gesellschaft nicht sowieso den Tagesordnungspunkt nicht zu Beschluss stellt bzw. die Hauptversammlung absagt, und an die Gesellschaft zu einem späteren Zeitpunkt erneut ein Squeeze-out-Verlangen richtet mit dem Ziel, dann eine niedrigere Abfindung zahlen zu müssen.[8] Aufgrund der in der Vorbereitung entstandenen, regelmäßig erheblichen Kosten auf Seiten des Hauptaktionärs und der Gesellschaft müssten allerdings gravierende Bewertungsunterschiede entstanden sein, die ein Verschieben rechtfertigten. 7

c) Information durch den Vorstand. Gemäß § 327b Abs. 1 Satz 2 AktG hat der Vorstand der Gesellschaft dem Hauptaktionär alle für die Festlegung der Barabfindung notwendigen Unterlagen zur Verfügung zu stellen und Auskünfte zu erteilen. Das Informationsrecht des Hauptaktionärs erstreckt sich auf alle bewertungsrelevanten Angelegenheiten der Gesellschaft einschließlich solcher, bezüglich derer dem Vorstand der Gesellschaft in der Hauptversammlung ein Auskunftsverweigerungsrecht (§ 131 Abs. 3 Satz 1 AktG) zustünde.[9] Die Verschwiegenheitspflicht verlagert sich dementsprechend auf den Hauptaktionär.[10] Auskünfte und Informationen, die dem Hauptaktionär hiernach erteilt oder zugänglich gemacht werden, erhält der Hauptaktionär nur in seiner Eigenschaft als zur Festlegung einer angemessenen Barabfindung Verpflichteter; sie begründen keine Auskunftspflicht des Vorstands gegenüber den übrigen Aktionären (§ 131 Abs. 4 Satz 1 AktG).[11] 8

Eine weitergehende Mitwirkungspflicht des Vorstands der Gesellschaft besteht jedoch nicht; insbesondere ist der Vorstand der Gesellschaft – über § 124 Abs. 3 Satz 1 AktG hinaus – nicht verpflichtet, eine eigene Stellungnahme zur Frage der Angemessenheit der vom Hauptaktionär festgelegten Barabfindung abzugeben.[12] 9

2. Höhe der Barabfindung

a) Allgemeines. Das Gesetz trifft zur Höhe der Barabfindung im Rahmen des Squeeze-out zwei Aussagen: nach § 327a Abs. 1 Satz 1 AktG hat die Bar- 10

---

[8] Vgl. *Hasselbach* in KK-WpÜG, § 327b AktG Rn. 8.

[9] Vgl. *Hasselbach* in KK-WpÜG, § 327b AktG Rn. 9; *Fleischer* in GroßKomm., § 327b Rn. 8; *Austmann* in MHdB AG, § 75 Rn. 46.

[10] *Austmann* in MHdB AG, § 75 Rn. 46; *Henssler/Strohn,* § 327b AktG Rn. 2.

[11] OLG Düsseldorf ZIP 2004, 359, 365; LG Saarbrücken NZG 2004, 1012, 1013; *Grunewald* in MüKoAktG, § 327b Rn. 5; *Koppensteiner* in KölnKomm., § 327b Rn. 6; *Hasselbach* in KK-WpÜG, § 327b AktG Rn. 11; *Hüffer/Koch,* § 327b Rn. 7; *Emmerich/Habersack,* § 327b AktG Rn. 5; *Austmann* in MHdB AG, § 75 Rn. 46; aA *Heidel/Lochner* in Heidel, § 327b AktG Rn. 6.

[12] Vgl. *Hasselbach* in KK-WpÜG, § 327b AktG Rn. 6.

abfindung **angemessen** zu sein, nach § 327b Abs. 1 Satz 1 zweiter Hs. AktG muss sie die **Verhältnisse der Gesellschaft im Zeitpunkt der Beschlussfassung** ihrer Hauptversammlung berücksichtigen. Der Gesetzeswortlaut orientiert sich damit jeweils an der Parallelregelung in § 320b Abs. 1 Satz 1 und 5 AktG für die Barabfindung bei der Mehrheitseingliederung sowie den Vorschriften von § 305 Abs. 1 und Abs. 3 Satz 2 AktG und §§ 29 Abs. 1 Satz 1, 30 Abs. 1 Satz 1 UmwG.

11 Nach hM handelt es sich bei der Bestimmung der Angemessenheit der Barabfindung und demnach bei der dieser zugrunde liegenden Bewertung der Gesellschaft um eine in erster Linie **rechtliche Aufgabe,** die damit auch vollumfänglich der gerichtlichen Überprüfung zugänglich ist.[13]

12 Die Barabfindung hat unter Berücksichtigung der verfassungsrechtlichen Rechtfertigungsbedürftigkeit des Ausschlusses in jedem Fall eine **volle Entschädigung** zu gewähren, dh eine Abfindung zum vollen Wert der Aktien, um angemessen zu sein.[14]

13 **b) Bewertungsgrundsätze.** Zur Ermittlung der angemessenen Barabfindung ist eine Unternehmensbewertung erforderlich. Es ist der tatsächliche Wert der Aktien festzustellen. Die **Wahl der Bewertungsmethode** ist gesetzlich nicht normiert. Das Gesetz legt lediglich den **Bewertungszeitpunkt** (Zeitpunkt der Beschlussfassung) fest. Eine weitere Konkretisierung der anzuwendenden Maßstäbe und Methoden wurde vom Gesetzgeber nicht vorgegeben.[15]

14 **aa) Bewertungsmethoden.** Regelmäßig ist für die Unternehmensbewertung im Rahmen der Abfindung nach den §§ 305, 320b AktG bislang von der Judikatur das **Ertragswertverfahren** angewendet worden.[16] Auch eine Bewertung nach der Discounted-cash-flow-Methode wäre möglich. Die Untergrenze bildet der Börsenkurs (siehe → Rn. 24 ff.). Die für die Unternehmensbewertung im Rahmen der Abfindung nach den §§ 305, 320b AktG entwickelten Grundsätze sind nach allgemeiner Ansicht auch im Rahmen der Ermittlung der angemessenen Barabfindung nach § 327b AktG anzuwenden.[17]

15 **(1) Ertragswertmethode.** Nach der Ertragswertmethode wird der Unternehmenswert zunächst anhand einer Prognose der diskontierten Erträge ermittelt, die aus dem betriebsnotwendigen Vermögen zu erzielen sind.

---

[13] OLG München NZG 2007, 635; ferner BayObLG AG 1996, 127, 128 – Paulaner; BayObLG AG 1996, 176, 178; OLG Celle AG 1999, 128, 130; *Hüffer/Koch,* § 305 Rn. 21. *Emmerich/Habersack,* § 305 AktG Rn. 41b, setzen dies auch voraus, beklagen aber, dass sich die Gerichte immer häufiger – unter Berufung auf § 287 ZPO – auf eine bloße Plausibilitäts- und Missbrauchskontrolle beschränken.

[14] BVerfGE 14, 263, 284 – Feldmühle; BGHZ 71, 40, 51 – Kali und Salz; *Hüffer/Koch,* § 305 Rn. 23; *Grunewald* in MüKoAktG, § 327b Rn. 10; *Paulsen* in MüKoAktG, § 305 Rn. 145; *Emmerich/Habersack,* § 327b AktG Rn. 9; *Geßler* in Geßler/Hefermehl/Eckardt/Kropff, § 305 Rn. 13.

[15] OLG Düsseldorf WM 2006, 2219, 2222 f.; *Fleischer* in GroßKomm., § 327b Rn. 13.

[16] Vgl. *Krieger* in MHdB AG, § 71 Rn. 132 ff.; *Emmerich/Habersack,* § 305 AktG Rn. 51 ff. mN aus der Rechtsprechung.

[17] Vgl. *Fleischer* in GroßKomm., § 327b Rn. 13; *Grunewald* in MüKoAktG, § 327b Rn. 10; *Hüffer/Koch,* § 327b Rn. 5; *Emmerich/Habersack,* § 327b AktG Rn. 9.

Je nachdem, ob zur Berechnung des Ertragswertes die sog. pauschale Methode, die analytische (oder Phasen-)Methode oder eine die beiden vorgenannten Methoden berücksichtigende Kombinationsmethode herangezogen wird, erfolgt diese Ertragsprognose eher auf Basis eines in der Vergangenheit liegenden Referenzzeitraums (so die **pauschale Methode**) oder mittels der Prognose von Erträgen auf Grund der Ausarbeitung von in die Zukunft gerichteten Plänen (so die **analytische Methode,** wobei eine Einteilung der Pläne in verschiedene Phasen erfolgt, für die unterschiedliche Anforderungen an die Detailliertheit der Prognose gestellt werden).[18] 16

Die zukünftigen Erträge sind auf ihren Wert zum Stichtag abzuzinsen **(Diskontierung).** Der dabei in Ansatz zu bringende Kapitalisierungszins setzt sich aus dem (risikolosen) Basiszinssatz (durchschnittlicher Zinssatz für öffentliche Anleihen oder für langfristige festverzinsliche Wertpapiere), einem Inflationsabschlag und einem Risikozuschlag zusammen. 17

Zusätzlich zur Bewertung des künftigen Ertrags ist das **nicht betriebsnotwendige Vermögen** mit seinem **Liquidationswert,** dh dem Veräußerungswert zum Stichtag, zu berücksichtigen, da es nicht in der Weise zum Ertrag beiträgt, dass es von der Ertragswertmethode erfasst würde.[19] Ganz regelmäßig wird der Unternehmenswert nach der Ertragswertmethode unter Anwendung der Verlautbarungen des Instituts der Wirtschaftsprüfer eV. (IDW) nach der Neufassung des IDW Standards „Grundsätze zur Durchführung von Unternehmensbewertungen“ (IDW S 1) ermittelt.[20] 18

(2) Discounted-cash-flow-Methode. Neben dem Ertragswertverfahren wird in der Bewertungspraxis auch auf die Discounted-cash-flow-Methode **(DCF-Methode)** zurückgegriffen, nach welcher der Unternehmenswert aus dem abgezinsten künftigen Cash-flow ermittelt wird.[21] Nach den vom HFA verabschiedeten Grundsätzen zur Durchführung von Unternehmensbewertungen ist neben dem Ertragswertverfahren auch die DCF-Methode zur Ermittlung des Unternehmenswertes anerkannt.[22] 19

Inzwischen ist auch von der Rechtsprechung die DCF-Methode als zumindest neben dem Ertragswertverfahren zulässige Bewertungsmethode anerkannt.[23] 20

(3) Buchwertmethode. Eine Anknüpfung an den **Buchwert** der Gesellschaft führt regelmäßig nicht zu einer angemessenen Abfindung der Minderheitsgesellschafter, da diese dabei von der Beteiligung an etwaigen stillen Reserven der Gesellschaft ausgeschlossen würden und somit keine volle Entschädigung erhielten.[24] 21

---

[18] Vgl. *Aha* AG 1997, 26, 28 ff.

[19] Vgl. *Hüffer/Koch,* § 305 Rn. 19; *Emmerich/Habersack,* § 305 AktG Rn. 72 ff.; *Paulsen* in MüKoAktG, § 305 Rn. 139; *Schüppen/Tretter* in Frankfurter Komm., § 327b AktG Rn. 12.

[20] Etwa abgedruckt in WPg Supplement 3/2008, 68 ff.

[21] Ausführlich *Kruschwitz/Löffler* DB 2003, 1401 ff.

[22] IDW-Standard S 1: Grundsätze zur Durchführung von Unternehmensbewertungen (Stand: 2.4.2008), Ziff. 7.1 (veröffentlicht in WPg Supplement 3/2008, 68 ff.).

[23] BGH DStR 2016, 424, 425.

[24] Vgl. *Hüffer/Koch,* § 305 Rn. 28; *Emmerich/Habersack,* § 327b AktG Rn. 9; *Emmerich/Habersack,* § 305 AktG Rn. 38.

22 **(4) Andere Verfahren.** Die Anwendung von **Substanzwertverfahren** oder kombinierten Verfahren, die auf Mittelwerte abstellen, wie etwa das **Stuttgarter Verfahren,**[25] kommt lediglich in besonders gelagerten Einzelfällen in Betracht.[26] In seltenen Fällen könnte auch eine Unternehmensbewertung nach Liquidationswerten angezeigt sein.

23 **bb) Börsenkurs.** Die ältere Rechtsprechung hat ein Abstellen auf den Börsenkurs einer Gesellschaft zur Ermittlung einer angemessenen Abfindung für ausscheidende Aktionäre überwiegend abgelehnt. Der Börsenkurs der Aktien als Marktwert sei kein tauglicher Anhaltspunkt für den „wahren" Wert der Aktien, da er in hohem Maße von Zufälligkeiten abhänge.[27] Insbesondere bestünde die Gefahr, dass der Börsenkurs von der einen oder anderen Seite vor dem Abfindungsstichtag gezielt manipuliert werde, um eine möglichst niedrige oder möglichst hohe Abfindung zu erzielen. Zum Teil blieb aufgrund dieser Rechtsprechung der gemäß § 305 Abs. 1 AktG vom herrschenden Unternehmen angebotene Abfindungsbetrag in der Vergangenheit hinter dem Börsenkurs zurück.[28]

24 Diese Auffassung ist durch die vom **Bundesverfassungsgericht** bestätigte Ansicht verdrängt worden, dass, soweit es sich bei der Gesellschaft um eine börsennotierte Aktiengesellschaft handelt, der für die Entschädigung ausscheidender Aktionäre maßgebliche Verkehrswert nicht ohne Rücksicht auf den Börsenkurs festgesetzt werden dürfe, wobei der **Börsenkurs als Untergrenze** der Abfindung anzusehen sei, da zu diesem Wert jeder Aktionär seine Aktien verkaufen könne.[29] Eine Unterschreitung des Börsenkurses komme nur in Betracht, wenn dieser ausnahmsweise nicht den Verkehrswert der Aktie widerspiegele. Die Rechtsprechung greift damit die überwiegende Auffassung der Literatur auf, dass der Börsenkurs jedenfalls die Untergrenze dessen darstelle, was die Beteiligung an der Gesellschaft für den einzelnen Minderheitsaktionär wert sei.[30] Soweit der Börsenkurs in einem **effizienten Markt** (ein vollständig effizienter Markt existiert nur in der Theorie) ermittelt werde, enthalte er sämtliche wertbildenden Faktoren und gebe somit zu jedem Zeitpunkt den tatsächlichen Wert des Unternehmens wieder. Er sei daher als Bewertungsmaßstab einer durch Sachverständige vorgenommenen Unternehmensbewertung vorzuziehen.[31]

---

[25] BGH NJW 1985, 192, 193.

[26] BayObLG AG 1995, 509, zur Heranziehung des Liquidationswertes, soweit dieser höher liegt als der Ertragswert; LG München I AG 1990, 404; vgl. auch *Koppensteiner* in KölnKomm., § 305 Rn. 68f.

[27] BGHZ 71, 40, 51 – Kali und Salz, zur Anfechtungsregel des § 255 Abs. 2 AktG; BGH NJW 1967, 1464, zu § 12 UmwG aF; BayObLG AG 1995, 509, 510; OLG Düsseldorf AG 1995, 85, 86; OLG Celle AG 1999, 128 – Wolters/Gilde, zu §§ 304, 305 AktG.

[28] Siehe *Emmerich/Habersack,* § 305 AktG Rn. 42f.; *Rühland* WM 2000, 1884.

[29] BVerfGE 100, 289, 306 – DAT/Altana, zu §§ 304 Abs. 1, 305 Abs. 1 und 320b Abs. 1 AktG; unmittelbar zum Squeeze-out jetzt auch BGHZ 186, 229 – Stollwerck.

[30] Vgl. *Fleischer* in GroßKomm., § 327b Rn. 15; *Grunewald* in MüKoAktG, § 327b Rn. 10; *Emmerich/Habersack,* § 327b AktG Rn. 9; *Gesmann-Nuissl* WM 2002, 1205, 1207; aA *Schüppen/Tretter* in Frankfurter Komm., § 327b AktG Rn. 13.

[31] *Busse von Colbe* FS Lutter, 1053, 1057ff.; *Luttermann* ZIP 1999, 45; *Steinhauer* AG 1999, 299, 306f.

25 Die verfassungsgerichtliche Anforderung beruht auf dem Gedanken, dass das Aktieneigentum, im Vergleich zu einer Beteiligung an einer Personenhandelsgesellschaft oder an einer GmbH, auch durch seine **Verkehrsfähigkeit** geprägt wird. Dies gilt vor allem für die Beteiligung an börsennotierten Gesellschaften. Aus dem Zusammenspiel von Angebot und Nachfrage im Börsenhandel erfährt die Gesellschaft eine Wertbestimmung, an der sich die Aktionäre bei ihren Investitionsentscheidungen orientieren. Das Bundesverfassungsgericht zieht auch einen Vergleich zu anderen Regelungen, in denen der Wert verkaufter Gegenstände nach ihrem Markt- oder Börsenpreis bestimmt wird (§§ 385, 1221, 1235 Abs. 2, 1295 BGB, § 376 Abs. 2 und 3 HGB). Außerdem knüpfe auch § 186 Abs. 3 Satz 4 AktG im Zusammenhang mit der Zulässigkeit eines Bezugsrechtsausschlusses an den Börsenpreis an.[32]

26 Im Ergebnis ist allerdings festzuhalten, dass auch die Auffassung des Bundesverfassungsgerichts nicht von der Durchführung einer Bewertung der Gesellschaft und ihrer Anteile zur Ermittlung einer angemessenen Barabfindung befreit. Da der Börsenkurs aber jedenfalls die Untergrenze der Barabfindung darstellt, kann eine davon abweichende Unternehmensbewertung nur dann zur Bemessung der Barabfindung herangezogen werden, wenn sie den Börsenkurs übersteigt.

27 Dem Argument der **Manipulierbarkeit des Börsenkurses** zum Bewertungsstichtag (wegen der Berechenbarkeit des Stichtages ab Einberufung der Hauptversammlung) begegnet das Bundesverfassungsgericht mit dem Einwand, dass Art. 14 Abs. 1 GG nicht verlange, den Börsenkurs am Bewertungsstichtag selbst als Untergrenze der Barabfindung anzusehen. Vielmehr gehöre zu den maßgeblichen Verhältnissen der Gesellschaft am Bewertungsstichtag auch ein auf diesen Tag bezogener Durchschnittswert. Der entsprechende **Referenzzeitraum** müsse so gewählt werden, dass einem Missbrauch von beiden Seiten begegnet werde. Das Bundesverfassungsgericht hat die Bestimmung des Referenzzeitraums im Übrigen offen gelassen, da von Art. 14 Abs. 1 GG kein bestimmter Referenzzeitraum vorgegeben werde.[33]

28 In der obergerichtlichen Rechtsprechung sind in der Folge der DAT/Altana-Entscheidung des Bundesverfassungsgerichts verschiedene Lösungswege vorgeschlagen worden.[34] Der BGH sprach sich zunächst für einen Referenzzeitraum von drei Monaten vor der Hauptversammlung aus, der aber bei Zweifeln an der Aussagefähigkeit eines solchermaßen ermittelten Durchschnittskurses im Einzelfall wohl auch auf sechs Monate verlängert werden könne.[35] An dieser Spruchpraxis hatte sich in der Folgezeit die Rechtsprechung[36] orientiert.

---

[32] BVerfGE 100, 289.

[33] BVerfGE 100, 298, 309 f.

[34] OLG Stuttgart DB 2000, 709 f.: Durchschnittswert aus Notierungen der letzten fünf Monate vor Bekanntgabe des Unternehmensvertrages; OLG Düsseldorf BB 2000, 1905, 1906: Börsenkurs am Bewertungsstichtag.

[35] BGH DB 2001, 969, 972 f. – DAT/Altana; kritisch zu dieser Entscheidung *Bungert* BB 2001, 1163 ff.

[36] BGH ZIP 2006, 2080, 2083; OLG München ZIP 2006, 1722, 1723; OLG Düsseldorf NZG 2003, 588 ff.; OLG Hamburg NZG 2003, 89, 90; OLG Stuttgart AG 2004, 43, 44; LG Frankfurt AG 2006, 757, 758 f.

29 Allerdings entsteht das Problem, wie der Hauptaktionär und der gemäß § 327c Abs. 2 Satz 3 AktG zu bestellende Prüfer bei der Festlegung bzw. Prüfung der Barabfindung vor Einberufung der Hauptversammlung einen Referenzzeitraum berücksichtigen sollen, der jedenfalls zu einem beträchtlichen Teil noch in der Zukunft liegt.[37] Ferner wurde eingewandt, dass spekulative Kursentwicklungen in Reaktion auf die Bekanntgabe des Squeeze-out in die Berechnung einfließen.[38]

30 Der überwiegenden Literaturmeinung folgend,[39] hat nunmehr auch der BGH entschieden (in ausdrücklicher Aufgabe seiner früheren Rechtsprechung), dass als Ende der Referenzperiode nicht der Tag der Beschlussfassung der Hauptversammlung, sondern die Bekanntmachung der Maßnahme (nicht erst die Bekanntgabe des Abfindungsangebots) heranzuziehen sei.[40] Zu diesem Ergebnis war bereits zuvor das OLG Stuttgart[41] unter Berufung auf die gesetzgeberische Wertung in § 5 Abs. 1 WpÜG-AngV[42] gekommen. Die Anknüpfung an die Bekanntmachung vermeidet das mit der früheren BGH-Rechtsprechung verbundene Problem, dass der Börsenkurs durch die Bekanntgabe des Squeeze-out als solcher und insbesondere durch die Bekanntgabe der zu erwartenden Abfindung aufgrund von Abfindungserwartungen des Marktes nachhaltig beeinflusst wird. Der relevante Börsenkurs für die Bemessung der Barabfindung ist nach neuer BGH-Rechtsprechung damit der nach Umsatz gewichtete Durchschnittskurs innerhalb der dreimonatigen Referenzperiode.[43] Als Schutz der Minderheitsaktionäre hält der BGH in seiner Entscheidung allerdings fest, dass für den Fall, dass zwischen der Bekanntgabe der Strukturmaßnahme und der Hauptversammlung ein „längerer Zeitraum" verstreiche und die Entwicklung der Börsenkurse eine Anpassung geboten erscheinen lasse, eine „Hochrechnung" des Börsenkurses unter Berücksichtigung der seitherigen Kursentwicklung erfolgen könne.[44] Den Zeitraum von

---

[37] Die Praxis behilft sich mit einer schrittweisen Anpassung der Barabfindung bis zum Zeitpunkt der Hauptversammlung, die über den Squeeze-out beschließt. Eine Erhöhung der Barabfindung, auch noch in der Hauptversammlung selbst, ist zulässig, vgl. → Rn. 5.

[38] Vgl. *Just/Lieth* NZG 2007, 444, 445; *Wasmann* BB 2007, 680, 681.

[39] Vgl. *Fleischer* in GroßKomm., § 327b Rn. 18; *Hasselbach* in KK-WpÜG, § 327b AktG Rn. 31; *Emmerich/Habersack,* § 305 AktG Rn. 45; *Beckmann* WPg 2004, 620, 624; *Klemm/Reinhardt* NZG 2007, 281, 284; *Krieger* BB 2002, 53, 56; *Puszkajler* BB 2003, 1692, 1694; *Singhof/Weber* WM 2002, 1158, 1169. Das Bundesverfassungsgericht hat in seiner Entscheidung vom 29.11.2006 ZIP 2007, 175 – Siemens/Nixdorf – klargestellt, dass sowohl ein auf den Tag der Hauptversammlung bezogener Referenzzeitraum als auch ein Referenzzeitraum, der am Tag vor Bekanntgabe der geplanten Maßnahme endet, mit den verfassungsrechtlichen Vorgaben vereinbar ist.

[40] BGHZ 186, 229, 234 – Stollwerck.

[41] OLG Stuttgart NZG 2007, 302. Vorher bereits (zu §§ 30 Abs. 1 Satz 1, 207 Abs. 1 Satz 1 UmwG) KG NZG 2007, 71 f.

[42] *Just/Lieth* NZG 2007, 444, 447, weisen jedoch zutreffend darauf hin, dass das Argument der gesetzgeberischen Wertung nicht zwingend sei, nachdem die Bestimmungen der WpÜG-AngebotsVO gerade nicht vom formellen Gesetzgeber, sondern von der Verwaltung in Ausübung der in § 31 Abs. 7 Satz 1 WpÜG enthaltenen Rechtsverordnungsermächtigung erlassen worden sind.

[43] BGHZ 186, 229, 234 – Stollwerck.

[44] BGHZ 186, 229, 240 – Stollwerck.

siebeneinhalb Monaten, der der Stollwerck-Entscheidung zugrunde lag, betrachtet der BGH jedenfalls als einen solchen längeren Zeitraum.[45] An dieser Stelle setzt nun wiederum eine umfangreiche Literaturdiskussion ein, etwa zu der Frage, wie eine Hochrechnung unter Außerachtlassung der allein durch die Bekanntmachung verursachten Kursentwicklung, die ja gerade ausgeblendet werden soll, erfolgen kann, oder dazu, ob eine Hochrechnung des Börsenkurses auch zugunsten des Hauptaktionärs, nämlich als Reduzierung, gemeint sein kann.[46]

Eine **Abweichung vom Börsenkurs** als Maßstab für die Unternehmens- 31
bewertung ist ausnahmsweise zulässig, wenn der Börsenkurs – etwa wegen Marktenge – sich nicht als Ergebnis eines funktionierenden Marktes darstellt.[47] Im Zusammenhang mit der Einführung des Squeeze-out ist vielfach argumentiert worden, dass wegen der Beteiligungsquote des Hauptaktionärs in Höhe von mindestens 95% des Grundkapitals regelmäßig ein Fall der Marktenge gegeben sei.[48] Diese Feststellung dürfte jedoch für sich noch nicht ausreichen, um den Börsenkurs einer Gesellschaft, bei der ein Squeeze-out durchgeführt wird, als Maßstab der Bewertung auszuschließen, soweit tatsächlich noch ein Handel mit den Aktien der Gesellschaft stattfindet.[49] Jedenfalls scheidet der Börsenpreis als Maßstab aus, wenn nach den übernahmerechtlichen Grundsätzen gemäß § 5 Abs. 4 WpÜG-AngV ein illiquider Handel vorliegt, also an weniger als einem Drittel der Börsentage ein Börsenhandel in den Aktien der Zielgesellschaft stattgefunden hat oder mehrere nacheinander festgestellte Börsenkurse um mehr als 5% voneinander abweichen.[50]

c) Einzelfragen. So genannte **Verbundeffekte,** dh aus der Unter- 32
nehmensverbindung (beim Unternehmensvertrag bzw. der Eingliederung) resultierende (positive) Synergieeffekte bleiben für die Bemessung der ange-

---

[45] Diesen Zeitraum werten Rechtsprechung und Schrifttum aber offenbar gleichzeitig als eine Art Untergrenze, vgl. OLG Saarbrücken DStR 2014, 1727, 1729, wonach jedenfalls bei weniger als sieben Monaten kein „längerer Zeitraum" gegeben sei; OLG Stuttgart AG 2011, 795, 800; OLG Frankfurt AG 2011, 832 (beide nehmen jedenfalls bis zu sechs Monaten keinen „längeren Zeitraum" an, ebenso *Müller-Eising/Stoll* in Picot, Unternehmenskauf und Restrukturierung, Rn. 798); *Austmann* in MHdB AG, § 75 Rn. 101; *Bücker* NZG 2010, 967, 970.

[46] Letzteres wohl nicht, da der BGH ausdrücklich vom Schutz der Minderheitsaktionäre spricht; so auch *Bücker* NZG 2010, 967, 970; aA *Austmann* in MHdB AG, § 75 Rn. 101, *Hasselbach/Ebbinghaus* Der Konzern 2010, 476, 474.

[47] Vgl. *Fleischer* in GroßKomm., § 327b Rn. 16f.; *Emmerich/Habersack,* § 327b AktG Rn. 9; *Austmann* in MHdB AG, § 75 Rn. 100.

[48] Vgl. *Fleischer* in GroßKomm., § 327b Rn. 17; *Habersack* ZIP 2001, 1230, 1238; *Vetter* ZIP 2000, 1817, 1822; *Schiessl* AG 1999, 442, 451; *Zinser* M&A 2002, 17, 18; wohl auch *Vater* M&A 2003, 498.

[49] OLG München ZIP 2006, 1722, 1723; LG Frankfurt AG 2006, 757, 758; *Fleischer* in GroßKomm., § 327b Rn. 17; *Angerer* BKR 2002, 260, 264; *Fuhrmann/Simon* WM 2002, 1211, 1215; aA *Grunewald* ZIP 2002, 18, 20.

[50] Vgl. *Fleischer* in GroßKomm., § 327b Rn. 17; *Grunewald* in MüKoAktG, § 327b Rn. 9; *Emmerich/Habersack,* § 327b AktG Rn. 9; *Fleischer* ZGR 2002, 757, 781; *Krieger* BB 2002, 53, 56; aA *Angerer* BKR 2002, 260, 264.

messenen Abfindung im Rahmen von Unternehmensverträgen und Eingliederungen außer Betracht.[51] Dies wird teilweise mit der Festlegung der Barabfindung auf den Zeitpunkt des Hauptversammlungsbeschlusses als Stichtag begründet.[52] Das Gleiche muss für die beim Squeeze-out entstehenden Synergieeffekte gelten, wenn es sich dabei auch mangels Unternehmensverbindung nicht um „Verbundeffekte" im engeren Sinn handelt.

33 Trotz gelegentlicher Kritik[53] bleiben auch etwaige vom Hauptaktionär in Vorerwerben in Aktien der Gesellschaft gezahlte Preise bei der Festlegung der Barabfindung außer Betracht.[54] Daran hat auch die Einführung des übernahmerechtlichen Squeeze-out (§ 39a WpÜG) nichts geändert. Der Squeeze-out soll den Minderheitsaktionären den Ausstieg aus der Gesellschaft nicht zu möglichst gleichen Konditionen ermöglichen, und der übernahmerechtliche Gleichbehandlungsgrundsatz gilt gerade nicht im aktienrechtlichen Squeeze-out Verfahren.[55] Das LG Frankfurt will hingegen, wenn kein sog. Paketzuschlag gezahlt worden ist, Vorerwerbspreise heranziehen.[56] Im Gegensatz zum WpÜG fehlen auch Bestimmungen, welche ein Offenlegen von solchen Aktienerwerben verlangen, so dass es in vielen Ausschlussverfahren Zufall wäre, ob die Minderheitsaktionäre überhaupt Kenntnis der Vorerwerbe erlangen.

34 Eine Barabfindung gilt nicht bereits als angemessen, wenn diese der Gegenleistung eines in den letzten sechs Monaten vor Fassung des Übertragungsbeschlusses abgegebenen Angebots nach dem WpÜG entsprach, sofern dieses Angebot von mindestens 90% der Aktionäre, an die es gerichtet war, angenommen wurde (siehe aber zum übernahmerechtlichen Squeeze-out und der Ermittlung der Abfindung § 39a Abs. 3 Satz 3 WpÜG).

35 Auch bei **Vorliegen eines Beherrschungs- und Gewinnabführungsvertrages** kommt es für die Barabfindung grundsätzlich auf den Unternehmenswert zum Zeitpunkt des Squeeze-out an.[57] Die Gegenauffassung stellt darauf ab, dass jedenfalls für die voraussichtliche Laufzeit des Beherrschungs- und Gewinnabführungsvertrages die Barabfindung allein über den Barwert der Ausgleichszahlungen zu bestimmen sei.[58] Dies überzeugt aus zwei Gründen nicht. Zum einen muss die Gegenauffassung sich des Hilfskonstrukts ei-

---

[51] BGH NJW 1998, 1866 – Asea/BBC II, zu § 305 AktG; OLG Stuttgart AG 2000, 428, 429; OLG Düsseldorf AG 2000, 323ff.; vgl. ferner *Paulsen* in MüKoAktG, § 305 Rn. 135.

[52] AA *Fleischer* ZGR 1997, 368, 383f.

[53] *Krieger* BB 2002, 53, 56f.; ferner DAV-Handelsrechtsausschuss NZG 2001, 420, 431.

[54] BGHZ 186, 289, 241 – Stollwerck, auch unter Berufung auf BVerfGE 100, 289, 306f. – DAT/Altana; OLG Frankfurt BeckRS 2012, 02278; OLG Frankfurt BeckRS 2011, 03054; aus der Literatur *Fleischer* in GroßKomm., § 327b Rn. 19; *Hasselbach* in KK-WpÜG, § 327b AktG Rn. 40; *Emmerich/Habersack,* § 327b AktG Rn. 9; *Fuhrmann/Simon* WM 2002, 1211, 1215; *Austmann* in MHdB AG, § 75 Rn. 102.

[55] *Austmann* in MHdB AG, § 75 Rn. 102.

[56] BeckRS 2015, 09089.

[57] OLG Düsseldorf NZG 2012, 1181, 1182; OLG München ZIP 2007, 375, 376; *Singhof* in Spindler/Stilz, § 327b Rn. 4.

[58] OLG Frankfurt NZG 2010, 664, 665; *Austmann* in MHdB AG, § 75 Rn. 98; *Leyendecker* NZG 2010, 927, 928.

ner bloß unterstellten „ewigen“ Laufzeit des Unternehmensvertrages bedienen, zum anderen wird jedenfalls das nicht betriebsnotwendige Vermögen, welches Teil des abzufindenden Unternehmenswertes ist, durch die Ausgleichszahlungen unter dem Beherrschungs- und Gewinnabführungsvertrag nicht abgebildet. Der Streit ist nunmehr entschieden: Liegt der Unternehmenswert über dem aus den Ausgleichszahlungen ermittelten Barwert, bestimmt der Unternehmenswert die zu gewährende Abfindung, soweit nicht der relevante Börsenkurs einen höheren Wert ergibt, der auch im Falle des Bestehens von Unternehmensverträgen heranzuziehen ist.[59]

Eine Anrechnung von Dividendenansprüchen der ausscheidenden Minderheitsaktionäre auf den Barabfindungsanspruch kommt grundsätzlich nicht in Betracht, da der Minderheitsaktionär bis zu seinem Ausscheiden zur Fruchtziehung berechtigt ist.[60] 36

3. Entstehung, Fälligkeit und Verjährung des Anspruchs auf die Barabfindung

Der Anspruch auf Zahlung der festgelegten Barabfindung entsteht kraft Gesetzes mit der Eintragung des Übertragungsbeschlusses in das Handelsregister und ist mit seiner Entstehung fällig.[61] Eines Abschlusses gesonderter Übertragungsverträge zwischen dem Hauptaktionär und den unbekannten Minderheitsaktionären bedarf es nicht.[62] Unmittelbar nach dem Tag der Handelsregistereintragung wird, soweit die Minderheitsaktionäre, wie mittlerweile ganz allgemein üblich, Aktien in Form von Miteigentumsanteilen an von der Clearstream Banking AG gehaltenen Dauerglobalurkunden halten, die Barabfindung über die Clearstream Banking AG zugebucht; Zinsen auf den festgelegten Barabfindungsbetrag fallen nicht an. Anders ist dies, wenn Minderheitsaktionäre noch physische Aktienurkunden hielten, die nunmehr den Barabfindungsanspruch verbriefen (§ 327e Abs. 3 Satz 2 AktG). Der Barabfindungsanspruch soll in einem solchen Fall erst mit dem Zeitpunkt der Einreichung der Aktien beim Hauptaktionär oder der von diesem benannten Abwicklungsstelle beginnen,[63] obgleich der Hauptaktionär nicht beeinflussen kann, wann der Minderheitsaktionär die Urkunde vorlegt und er unbeeinflussbar bis zum Verjährungseintritt mit Zinsen belastet wäre. Üblicherweise wird das Barabfindungsangebot, wenn die Aktien binnen drei Monaten nicht vorgelegt werden, dauerhaft unter Verzicht auf Rücknahme beim Amtsgericht nach § 372 BGB hinterlegt, womit auch der Zeitraum der Verzinsung endet (§ 378 BGB). 37

---

[59] BGH WM 2016, 711.

[60] OLG Hamburg NZG 2003, 539, 540; *Singhof* in Spindler/Stilz, § 327b Rn. 4; *Austmann* in MHdB AG, § 75 Rn. 105.

[61] Vgl. *Fleischer* in GroßKomm., § 327b Rn. 21; *Grunewald* in MüKoAktG, § 327e Rn. 14; *Heidel/Lochner* in Heidel, § 327e AktG Rn. 13; *Austmann* in MHdB AG, § 75 Rn. 107.

[62] *Hasselbach* in KK-WpÜG, § 327b AktG Rn. 12; *Emmerich/Habersack,* § 327b AktG Rn. 4; *Emmerich/Habersack,* § 320b AktG Rn. 3; *Heidel/Lochner* in Heidel, § 327b AktG Rn. 4.

[63] Vgl. *Koppensteiner* in KölnKomm., § 327e Rn. 16; *Hasselbach* in KK-WpÜG, § 327b AktG Rn. 13; *Schüppen/Tretter* in Frankfurter Komm., § 327b AktG Rn. 23.

38 Nach § 195 BGB verjährt der Anspruch auf Zahlung der festgelegten Barabfindung in drei Jahren. Die Verjährungsfrist beginnt mit dem Schluss des Kalenderjahres, in das der Zeitpunkt der Eintragung des Übertragungsbeschlusses in das Handelsregister (§ 199 Abs. 1 BGB) fällt. Der Lauf der Verjährungsfrist ist für die Dauer eines Spruchverfahrens in entsprechender Anwendung des § 204 Abs. 1 Nr. 1 BGB gehemmt; der Antrag auf Einleitung eines Spruchverfahrens (§ 327f Satz 2 AktG) steht der Klageerhebung iSv § 204 Abs. 1 Nr. 1 BGB gleich.[64]

III. Verzinsung, Verzugsschaden

39 Die Barabfindung in der angemessenen, gegebenenfalls erst im Spruchverfahren durch das Gericht festgesetzten Höhe[65] ist mit jährlich 5%[66] über dem jeweiligen Basiszinssatz gemäß § 247 BGB zu verzinsen. Die Verzinsung beginnt mit dem Tag der Bekanntmachung der Eintragung des Übertragungsbeschlusses im Handelsregister (§ 10 HGB).[67] Ein Unterschiedsbetrag zwischen der festgelegten und von der Hauptversammlung beschlossenen Barabfindung und einer im Spruchverfahren festgelegten bzw. vergleichsweise vereinbarten Abfindung ist, und zwar **unabhängig vom Verzug** des Abfindungsschuldners, zu verzinsen. Dies stellt den Ausgleich dafür dar, dass der Aktionär seine Aktien mit Eintragung des Ausschlussbeschlusses kraft Gesetzes verliert (§ 327e Abs. 3 AktG), aber die volle Abfindung möglicherweise erst später erhält. Zudem nimmt sie dem Hauptaktionär den Anreiz, zunächst eine unangemessen niedrige Barabfindung festzusetzen, um die Minderheitsaktionäre auf das Spruchverfahren (mit den damit verbundenen Verzögerungen) zu verweisen bzw. um das Spruchverfahren selbst aktiv zu verzögern.[68]

40 Grundlage der Verzinsung ist der (gemäß § 247 Abs. 1 Satz 2 BGB jeweils zum 1. 1. und zum 1. 7. eines Jahres neu festgelegte) **Basiszinssatz,** so dass bei negativen Leitzinsen die 5%-Marke für die Verzinsung nach § 327b Abs. 2 AktG auch deutlich unterschritten werden kann.[69]

41 § 327b Abs. 2 zweiter Hs. AktG stellt klar, dass die Geltendmachung eines weiteren Schadens, zB eines Verzugsschadens, durch den Anspruch auf Ver-

---

[64] Vgl. *Fleischer* in GroßKomm., § 327b Rn. 23; *Hasselbach* in KK-WpÜG, § 327b AktG Rn. 20; *Heidel/Lochner* in Heidel, § 327b AktG Rn. 3; *Schüppen/Tretter* in Frankfurter Komm., § 327b AktG Rn. 24.

[65] Vgl. *Fleischer* in GroßKomm., § 327b Rn. 39; *Hasselbach* in KK-WpÜG, § 327b AktG Rn. 16; *Schüppen/Tretter* in Frankfurter Komm., § 327b AktG Rn. 21.

[66] Für den Zeitraum vor dem 1. September 2009 mit 2% über dem jeweiligen Basiszinssatz, siehe § 20 Abs. 5 EGAktG.

[67] Dieser späte Beginn des Zinslaufs und die daraus entstehende „Verzinsungslücke" sind inzwischen auch für verfassungsrechtlich unbedenklich erklärt worden, vgl. BVerfG ZIP 2013, 260, 262.

[68] Vgl. *Fleischer* in GroßKomm., § 327b Rn. 39; *Hasselbach* in KK-WpÜG, § 327b AktG Rn. 16.

[69] *Singhof* in Spindler/Stilz, § 327b Rn. 9, unterstellt bei negativem Basiszins, dass dieser für Zwecke der Verzinsung der Barabfindung mit dem Wert „Null" anzusetzen sei. Diese Hypothese erscheint jedoch weder mit dem Gesetzeswortlaut vereinbar noch rechtspolitisch geboten. Man könnte sich diese Frage allerdings wieder vorlegen, wenn der Basiszinssatz einen Wert von minus 5% unterschreiten sollte.

zinsung nicht ausgeschlossen wird. Ein über den Verzinsungsanspruch hinausgehender Schadenersatzanspruch besteht allerdings auch nur unter den Voraussetzungen der jeweiligen Anspruchsgrundlage, im Falle eines Anspruchs auf Ersatz des Verzugsschadens daher nur unter den weiteren Voraussetzungen des § 280 Abs. 1, 2 BGB iVm § 286 BGB.[70]

IV. Gewährleistung durch Kreditinstitut

1. Regelungszweck

42 § 327b Abs. 3 AktG soll nach der Gesetzesbegründung den Minderheitsaktionären einen zusätzlichen unmittelbaren Anspruch gegen ein Kreditinstitut einräumen und damit die **Durchsetzung ihres Abfindungsanspruchs gegen den Hauptaktionär** erleichtern und sichern. Das Gesetz trägt damit insbesondere der Tatsache Rechnung, dass – anders als bei der Mehrheitseingliederung – Hauptaktionär nicht notwendig eine Aktiengesellschaft mit Sitz im Inland sein muss, sondern vielmehr jedes Rechtssubjekt mit Sitz in einem beliebigen Land sein kann, wodurch ohne eine solche Sicherung die Durchsetzbarkeit des Abfindungsanspruchs für die Minderheitsaktionäre im Einzelfall erschwert oder gar vereitelt werden könnte. Ferner wird der Umstand berücksichtigt, dass die Minderheitsaktionäre mit Eintragung des Übertragungsbeschlusses in das Handelsregister gemäß § 327e Abs. 3 Satz 1 AktG kraft Gesetzes ihr Eigentum an den betreffenden Aktien verlieren und daher vorleistungspflichtig sind und eben nicht Zug-um-Zug übertragen.[71]

2. Tauglicher Sicherungsgeber

43 **a) Kreditinstitut.** Die als Sicherheit für den Abfindungsanspruch zu stellende Garantie ist von einem Kreditinstitut abzugeben. Kreditinstitute sind solche im Sinne des KWG, dh Unternehmen, die Bankgeschäfte gewerbsmäßig oder in einem Umfang betreiben, der einen in kaufmännischer Weise eingerichteten Geschäftsbetrieb erfordert (§ 1 Abs. 1 Satz 1 KWG). Nicht erforderlich ist, dass das Kreditinstitut ein vom Hauptaktionär unabhängiges Unternehmen ist;[72] dies ergibt der Umkehrschluss zu § 13 Abs. 1 Satz 2 WpÜG.

44 **b) Im Geltungsbereich dieses Gesetzes zum Geschäftsbetrieb befugt.** § 327b Abs. 3 AktG schränkt den Kreis der tauglichen Kreditinstitute als Sicherungsgeber auf diejenigen ein, welche im Geltungsbereich des Akti-

---

[70] Vgl. *Fleischer* in GroßKomm., § 327b Rn. 40; *Grunewald* in MüKoAktG, § 327b Rn. 15; *Hasselbach* in KK-WpÜG, § 327b AktG Rn. 19; *Hüffer/Koch,* § 327b Rn. 10; *Schüppen/Tretter* in Frankfurter Komm., § 327b AktG Rn. 21; *Emmerich/Habersack,* § 327b AktG Rn. 10; aA *Heidel/Lochner* in Heidel, § 327b AktG Rn. 12, wonach die Geltendmachung eines weiteren Schadens nicht an die Voraussetzungen des Schuldnerverzugs oder einer sonstigen Anspruchsgrundlage geknüpft sei.

[71] Vgl. *Fleischer* in GroßKomm., § 327b Rn. 43; *Koppensteiner* in KölnKomm., § 327b Rn. 2; *Emmerich/Habersack,* § 327b AktG Rn. 11.

[72] LG München I ZIP 2004, 167, 169; *Fleischer* in GroßKomm., § 327b Rn. 46; *Schüppen/Tretter* in Frankfurter Komm., § 327b AktG Rn. 32; *Emmerich/Habersack,* § 327b AktG Rn. 11 mit Fn. 45; aA LG Frankfurt NZG 2004, 672, 674f.; *Austmann* in MHdB AG, § 75 Rn. 61.

engesetzes einen Geschäftsbetrieb ausüben dürfen. Die Einschränkung geht daher nicht so weit, dass ausschließlich deutsche Kreditinstitute taugliche Sicherungsgeber sind. Es kommt vielmehr auf die **Zulassung** zum Geschäftsbetrieb im Inland **gemäß § 32 Abs. 1 Satz 1 KWG** an. Inländische Zweigstellen von Unternehmen mit Sitz im Ausland bedürfen der Erlaubnis (§ 53 Abs. 1 Satz 1 KWG iVm § 32 KWG[73]) und gelten daher als inländische Kreditinstitute. Für Kreditinstitute mit Sitz in einem anderen Staat des EWR gilt § 53b Abs. 1 KWG, wonach die Zulassung im Herkunftsstaat ausreichend ist. Gleiches gilt für Unternehmen mit Sitz in einem Drittstaat, soweit dies durch Rechtsverordnung gemäß § 53c KWG bestimmt ist.[74]

45 Repräsentanzen von Kreditinstituten bzw. Finanzdienstleistungsinstituten mit Sitz im Ausland sind nicht im Inland zum Betrieb von Bankgeschäften befugt,[75] scheiden also aus.

3. Erklärung des Kreditinstituts

46 **a) Inhalt.** Das Kreditinstitut hat gemäß § 327b Abs. 3 AktG eine Erklärung abzugeben, wonach es die Gewährleistung für die Erfüllung der Verpflichtung des Hauptaktionärs übernimmt, die festgelegte und regelmäßig in der Erklärung bezifferte Barabfindung unverzüglich nach Eintragung des Übertragungsbeschlusses zu bezahlen.[76] Entgegen der Auffassung des LG Frankfurt[77] genügt eine Höchstbetragsgarantie, sofern sie den Betrag der vom Hauptaktionär festgelegten Barabfindung deckt.[78] Hingegen muss die Garantie keine nach der beschließenden Hauptversammlung vorgenommenen oder im Spruchverfahren angeordneten Erhöhungen des Barabfindungsbetrags berücksichtigen.[79]

Die Erklärung muss den Gesetzesmaterialien zufolge den Minderheitsaktionären einen unmittelbaren Anspruch gegen das Kreditinstitut einräumen.[80] Dies geschieht im Wege eines echten Vertrags zugunsten Dritter (§ 328 BGB); Vertragspartner des Kreditinstituts ist in der Regel der Hauptaktionär, die Minderheitsaktionäre sind Drittbegünstigte.[81]

47 **aa) Rechtsnatur.** Fraglich ist, welche Rechtsnatur diese Erklärung haben muss. Anders als die Gesetzesbegründung, die von einer „Bankgarantie“ und

---

[73] Vgl. *Vahldiek* in Boos/Fischer/Schulte-Mattler, § 53 Rn. 3.

[74] Vgl. *Vahldiek* in Boos/Fischer/Schulte-Mattler, § 53c Rn. 1 ff.

[75] Vgl. *Vahldiek* in Boos/Fischer/Schulte-Mattler, § 53a Rn. 11.

[76] Formulierungsvorschlag bei *Hasselbach* in KK-WpÜG, § 327b AktG Rn. 55.

[77] LG Frankfurt NZG 2004, 672 ff.

[78] Vgl. *Fleischer* in GroßKomm., § 327b Rn. 51; *Hüffer/Koch,* § 327b Rn. 12; *Schüppen/Tretter* in Frankfurter Komm., § 327b AktG Rn. 31; *Emmerich/Habersack,* § 327b AktG Rn. 15; *Dißars/Kocher* NZG 2004, 856, 857.

[79] BGH BB 2005, 2651, 2652 – Invensys; OLG Düsseldorf NZG 2005, 347, 350; OLG Hamburg AG 2003, 696, 697; *Fleischer* in GroßKomm., § 327b Rn. 51; *Austmann* in MHdB AG, § 75 Rn. 62; *Dißars/Kocher* NZG 2004, 856, 857.

[80] BT-Drucks. 14/7034, 72.

[81] Vgl. *Fleischer* in GroßKomm., § 327b Rn. 47; *Koppensteiner* in KölnKomm., § 327b Rn. 11; *Hüffer/Koch,* § 327b Rn. 12; *Schüppen/Tretter* in Frankfurter Komm., § 327b AktG Rn. 27; *Emmerich/Habersack,* § 327b AktG Rn. 13; aA *Fuhrmann/Simon* WM 2002, 1211, 1216.

einem „unmittelbaren Anspruch" spricht,[82] sieht der Gesetzeswortlaut lediglich eine „Erklärung" des Kreditinstituts vor. Neben einer Bankgarantie im eigentlichen Sinn[83] dürften daher auch eine Bürgschaft (§ 765 Abs. 1 BGB), ebenso ein Schuldbeitritt (§ 311 Abs. 1 BGB) oder ein abstraktes Schuldversprechen (§ 780 BGB) die Voraussetzungen des § 327b Abs. 3 AktG erfüllen.[84] Mit der notwendigen Verpflichtung des Kreditinstituts, die festgelegte Barabfindung „unverzüglich" zu zahlen, dürfte jedoch die Bürgeneinrede der Vorausklage gemäß **§ 771 BGB nicht vereinbar** sein.[85] Dem Minderheitsaktionär soll gerade das Vorgehen gegen den Hauptaktionär erspart bleiben. Daher muss in dem Falle, dass die Erklärung des Kreditinstituts in Form einer Bürgschaft abgegeben wird, vom Bürgen auf die Einrede der Vorausklage verzichtet werden. In der Praxis wird immer eine entsprechend gestaltete Bankgarantie vorzulegen sein. Einwendungen aus dem Valutaverhältnis zwischen Hauptaktionär und abfindungsberechtigten Minderheitsaktionären sind der Sicherung stellenden Bank aber gestattet.[86] Die Garantie muss klarstellen, dass aus ihr jeder Minderheitsaktionär im Wege eines echten Vertrags zugunsten Dritter einen unaufhebbaren Zahlungsanspruch unmittelbar gegen die Bank erwirbt. Weiterhin ist es üblich geworden – ohne erkennbare rechtliche Grundlage –, dass die Garantie auch die Zahlung von Zinsen bis zur Abwicklung umfasst. Bei ausschließlich dauerhaft globalverbrieften Aktien fallen mit der Auszahlung über die Clearstream Banking AG allerdings keine Zinsen an.

bb) Adressat. Die Erklärung des Kreditinstituts muss so formuliert sein, 48
dass sie sämtlichen Minderheitsaktionären[87] als Gläubigern der Barabfindung einen Anspruch gegen das Kreditinstitut verschafft. Sie ist gemäß § 327b Abs. 3 AktG vom Hauptaktionär dem Vorstand der Gesellschaft zu übermitteln.

b) Form. Die Form der Erklärung richtet sich nach ihrer Rechtsnatur 49
(vgl. → Rn. 47) in Verbindung mit etwaigen zivilrechtlichen Formvorschriften (zur Bürgschaft § 766 Satz 1 BGB, zum abstrakten Schuldversprechen § 780 BGB). § 327b Abs. 3 AktG sieht **kein zusätzliches Formerfordernis** vor, insbesondere ist ein solches nicht aus dem Begriff „übermitteln" zu entnehmen. Die Erklärung sollte aber schon aus Beweisgründen in allen Fällen in schriftlicher Form erfolgen.

c) Zeitpunkt. Die Erklärung muss der Hauptaktionär dem Vorstand der Ge- 50
sellschaft vor Einberufung der Hauptversammlung übermitteln. Sie kann bis

[82] BT-Drucks. 14/7034, 72.

[83] Vgl. *Sprau* in Palandt, Einf. v. § 765 Rn. 16ff.

[84] OLG Düsseldorf WM 2005, 1948, 1951; *Fleischer* in GroßKomm., § 327b Rn. 44; *Hasselbach* in KK-WpÜG, § 327b AktG Rn. 46.

[85] Vgl. *Grunewald* in MüKoAktG, § 327b Rn. 17; *Singhof* in Spindler/Stilz, § 327b Rn. 11; *Schüppen/Tretter* in Frankfurter Komm., § 327b AktG Rn. 33; *Austmann* in MHdB AG, § 75 Rn. 61; *Krieger* BB 2002, 53, 58; *Singhof/Weber* WM 2002, 1158, 1168; *Vossius* ZIP 2002, 511, 512; aA *Fuhrmann/Simon* WM 2002, 1211, 1216; *Sieger/Hasselbach* ZGR 2002, 120, 151; offen lassend *Hasselbach* in KK-WpÜG, § 327b AktG Rn. 47.

[86] Vgl. *Austmann* in MHdB AG, § 75 Rn. 61, auch mit Verweis auf LG München I AG 2009, 632, 633.

[87] Sowie den ggf. vorhandenen Inhabern von Options- und Wandlungsrechten vgl. § 327e AktG Rn. 32.

zum Zeitpunkt der Beschlussfassung der Hauptversammlung nachgereicht werden.[88] Das Erfordernis der Übermittlung der Erklärung vor Einberufung der Hauptversammlung soll dem Vorstand der Gesellschaft nur die Überprüfung der Einhaltung der formalen Voraussetzungen des Squeeze-out ermöglichen; wird die Erklärung bis zum Zeitpunkt der Beschlussfassung der Hauptversammlung nachgereicht, so ist der zunächst vorliegende Verstoß gegen eine Ordnungsvorschrift geheilt und für den Übertragungsbeschluss auch nicht kausal geworden.[89] Fasst jedoch die Hauptversammlung den Übertragungsbeschluss, ohne dass die Erklärung vorliegt, so ist der Übertragungsbeschluss gemäß § 243 Abs. 1 AktG anfechtbar.[90] Die Garantie kann unmittelbar nach Abwicklung der Zahlung der Abfindung an das Kreditinstitut zurückgegeben werden.

§ 327c Vorbereitung der Hauptversammlung

(1) **Die Bekanntmachung der Übertragung als Gegenstand der Tagesordnung hat folgende Angaben zu enthalten:**

1. Firma und Sitz des Hauptaktionärs, bei natürlichen Personen Name und Adresse;

2. die vom Hauptaktionär festgelegte Barabfindung.

(2) **Der Hauptaktionär hat der Hauptversammlung einen schriftlichen Bericht zu erstatten, in dem die Voraussetzungen für die Übertragung dargelegt und die Angemessenheit der Barabfindung erläutert und begründet werden. Die Angemessenheit der Barabfindung ist durch einen oder mehrere sachverständige Prüfer zu prüfen. Diese werden auf Antrag des Hauptaktionärs vom Gericht ausgewählt und bestellt. § 293a Abs. 2 und 3, § 293c Abs. 1 Satz 3 bis 5, Abs. 2 sowie die §§ 293d und 293e sind sinngemäß anzuwenden.**

(3) **Von der Einberufung der Hauptversammlung an sind in dem Geschäftsraum der Gesellschaft zur Einsicht der Aktionäre auszulegen**

1. der Entwurf des Übertragungsbeschlusses;

2. die Jahresabschlüsse und Lageberichte für die letzten drei Geschäftsjahre;

3. der nach Absatz 2 Satz 1 erstattete Bericht des Hauptaktionärs;

4. der nach Absatz 2 Satz 2 bis 4 erstattete Prüfungsbericht.

(4) **Auf Verlangen ist jedem Aktionär unverzüglich und kostenlos eine Abschrift der in Absatz 3 bezeichneten Unterlagen zu erteilen.**

---

[88] OLG Hamm ZIP 2005, 1457, 1461 f.; *Fleischer* in GroßKomm., § 327b Rn. 52; *Hasselbach* in KK-WpÜG, § 327b AktG Rn. 56; *Schüppen/Tretter* in Frankfurter Komm., § 327b AktG Rn. 26; *Gesmann-Nuissl* WM 2002, 1205, 1208; *Krieger* BB 2002, 53, 58; *Singhof/Weber* WM 2002, 1158, 1167.

[89] Vgl. *Hasselbach* in KK-WpÜG, § 327b AktG Rn. 56.

[90] Vgl. *Fleischer* in GroßKomm., § 327b Rn. 52; *Hasselbach* in KK-WpÜG, § 327b AktG Rn. 56; *Singhof* in Spindler/Stilz, § 327b Rn. 16; *Schnorbus* in Schmidt/Lutter, § 327b Rn. 43; *Schüppen/Tretter* in Frankfurter Komm., § 327b AktG Rn. 26; *Emmerich/Habersack,* § 327b AktG Rn. 14; *Gesmann-Nuissl* WM 2002, 1205, 1208; aA *Heidel/Lochner* in Heidel, § 327b AktG Rn. 14, die Nichtigkeit gemäß § 241 Nr. 3 AktG annehmen.

(5) **Die Verpflichtungen nach den Absätzen 3 und 4 entfallen, wenn die in Absatz 3 bezeichneten Unterlagen für denselben Zeitraum über die Internetseite der Gesellschaft zugänglich sind.**

Schrifttum: *Eisolt,* Die Squeeze-out-Prüfung nach § 327c Abs. 2 AktG, DStR 2002, 1145; *Krieger,* Squeeze-Out nach neuem Recht: Überblick und Zweifelsfragen, BB 2002, 53; *Leuering,* Die parallele Angemessenheitsprüfung durch den gerichtlich bestellten Prüfer, NZG 2004, 606; *Marten/Müller,* Squeeze-out-Prüfung, in: FS Röhricht, 2005, 963; *Sellmann,* Ausgleichs- und Verfahrensregelungen des Squeeze-out auf dem Prüfstand des Verfassungsrechts, WM 2003, 1545; *Veit,* Die Prüfung von Squeeze outs, DB 2005, 1697; *Vossius,* Squeeze-out – Checklisten für Beschlussfassung und Durchführung, ZIP 2002, 511.

Übersicht

I. Regelungsgegenstand und -zweck

1 § 327c AktG regelt in Anlehnung an die Vorschriften zur Mehrheitseingliederung (§ 320 Abs. 2 bis 4 AktG) und zum Abschluss von Unternehmensverträgen (§§ 293a bis 293f AktG) das Vorgehen bei der **Vorbereitung der Hauptversammlung,** die über den Squeeze-out beschließen soll. Hierbei stehen der **Schutz der Minderheitsaktionäre** durch Informationspflichten (Ergänzung der Tagesordnung, § 327c Abs. 1 AktG; Auslegung von Dokumenten, § 327c Abs. 3 AktG; Erteilung von Abschriften, § 327c Abs. 4 AktG) sowie die Erstellung eines **Berichts des Hauptaktionärs** zu den Voraussetzungen des Squeeze-out und der Angemessenheit der Barabfindung (§ 327c Abs. 2 Satz 1 AktG) und eine externe Prüfung (§§ 327c Abs. 2 Satz 2 bis 4 AktG) im Vordergrund.

II. Bekanntmachung der Tagesordnung

1. Einberufung

2 Gemäß § 327a Abs. 1 Satz 1 AktG bedarf der Squeeze-out eines Übertragungsbeschlusses der Hauptversammlung derjenigen Gesellschaft, deren Minderheitsaktionäre ihr Mitgliedschaftsrecht verlieren. § 327c Abs. 1 AktG setzt zunächst eine **ordnungsgemäße Einberufung** dieser Hauptversammlung durch den Vorstand der Gesellschaft – nicht durch den Hauptaktionär[1] – gemäß §§ 121 ff. AktG voraus. Eine Vollversammlung ist aber möglich, da § 327c Abs. 1 AktG lediglich eine Ergänzung zu § 124 AktG darstellt[2] und daher § 121 Abs. 6 AktG Anwendung findet.

2. Angaben in der Bekanntmachung

3 In der Bekanntmachung der Einberufung sind gemäß § 327c Abs. 1 Nr. 1 AktG **Firma und Sitz** des Hauptaktionärs bzw. bei natürlichen Personen **Name und Adresse**[3] des Hauptaktionärs anzugeben. Ist der Hauptaktionär eine ausländische Gesellschaft, sollte der Firma jedenfalls die Rechtsform des Hauptaktionärs beigefügt werden, soweit das von dem jeweils anwendbaren Recht nicht ohnehin (wie in § 4 AktG) verlangt wird. Sitz der Gesellschaft ist bei inländischen Gesellschaften für Zwecke der Einberufung der Satzungssitz (§ 5 AktG). Anzugebender Sitz einer ausländischen Gesellschaft als Hauptaktionär ist entweder deren statutarischer Sitz oder, soweit ein solcher nicht vorhanden ist, der Ort, wo sich die Geschäftsleitung befindet oder die Verwaltung geführt wird (Verwaltungssitz). Außerdem hat die Bekanntmachung die vom Hauptaktionär festgelegte Barabfindung (je Aktie) anzugeben

---

[1] Vgl. *Fleischer* in GroßKomm., § 327c Rn. 2; *Hasselbach* in KK-WpÜG, § 327c AktG Rn. 2.

[2] Vgl. BT-Drucks. 14/7034, 72.

[3] Vgl. *Hüffer/Koch,* § 327c Rn. 2; *Emmerich/Habersack,* § 327c AktG Rn. 5; zu den notwendigen Angaben bei Hauptaktionären in der Rechtsform einer Gesellschaft bürgerlichen Rechts oder bei sonstigen Gesamthandsgemeinschaften vgl. *Grunewald* in MüKoAktG, § 327c Rn. 3.

(§ 327c Abs. 1 Nr. 2 AktG). Die Bekanntmachung der Barabfindung mit dem Zusatz „mindestens" ist unschädlich[4] und berücksichtigt nur den Umstand, dass die vom Hauptaktionär festgelegte Barabfindung stets unter dem Vorbehalt steht, dass sie in der Hauptversammlung, die den Übertragungsbeschluss fasst, oder im Spruchverfahren nachträglich erhöht wird.[5]

Die Tagesordnung hat gemäß § 124 Abs. 3 Satz 1 AktG auch die Vorschläge von Vorstand und Aufsichtsrat zu den Beschlussgegenständen zu enthalten. Dazu gehört auch der Übertragungsbeschluss.[6]

III. Bericht des Hauptaktionärs

1. Allgemeines

Die Berichtspflicht gegenüber der Hauptversammlung nach § 327c Abs. 2 AktG entspricht der Berichtspflicht im Rahmen von Unternehmensverträgen (§ 293a Abs. 1 AktG), bei der Eingliederung (§ 319 Abs. 3 Satz 1 Nr. 3 AktG) und im Rahmen von Umwandlungsvorgängen.[7] Der Bericht ist vom Hauptaktionär (nicht vom Vorstand der Gesellschaft) zu erstatten und hat die **Voraussetzungen für die Übertragung** darzulegen und die **Angemessenheit der Barabfindung** zu erläutern und zu begründen. Anders aber als beim Eingliederungsbericht[8] kann es beim Bericht zum Übertragungsbeschluss nicht darum gehen, den Minderheitsaktionären Gelegenheit zu geben, den Squeeze-out selbst auf seine Plausibilität oder gar Notwendigkeit zu überprüfen, dies ist auch nicht erforderlich.[9] Die Minderheitsaktionäre sollen nur über die Voraussetzungen des Squeeze-out und die Angemessenheit der Barabfindung informiert werden. 5

2. Form

Der Bericht des Hauptaktionärs ist **schriftlich** abzufassen, dh gemäß § 126 BGB mit eigenhändiger Unterschrift zu versehen. Der Hauptaktionär, soweit es sich nicht um eine natürliche Person handelt, wird dabei durch seine Organe in vertretungsberechtigter Zahl bzw. durch die vertretungsberechtigten Gesellschafter vertreten.[10] Die Rechtslage ist insofern anders als bei § 293a 6

---

[4] LG Berlin ZIP 2003, 1352, 1353.

[5] Zur Zulässigkeit einer Erhöhung des Abfindungsangebots des Hauptaktionärs in der Hauptversammlung vgl. → AktG § 327b Rn. 5.

[6] So die hM, vgl. LG Frankfurt NZG 2004, 672, 673; *Hüffer/Koch,* § 327a Rn. 11; *Fleischer* in GroßKomm., § 327a Rn. 60; *Schnorbus* in Schmidt/Lutter, § 327c Rn. 3; *Austmann* in MHdB AG, § 75 Rn. 67; aA *Hasselbach* in KölnKomm., § 327c Rn. 9; *Angerer* BKR 2002, 260, 265.

[7] BT-Drucks. 14/7034, 73; die Vergleichbarkeit mit den anderen genannten Berichtsarten gilt, auch wenn der Bericht bei Squeeze-out vom Gesetz nicht explizit als „ausführlich" bezeichnet wird, vgl. *Austmann* in MHdB AG, § 75 Rn. 43.

[8] Vgl. dazu *Grunewald* in MüKoAktG, § 319 Rn. 23 ff.

[9] Vgl. BGH ZIP 2006, 2080, 2081 f.; OLG Stuttgart AG 2009, 204, 208; KG NZG 2005, 224, 225; OLG Düsseldorf ZIP 2004, 359, 361; OLG Köln BB 2003, 2307, 2309.

[10] OLG Hamm ZIP 2005, 1457, 1459; OLG Düsseldorf NZG 2005, 347, 349; OLG Stuttgart NZG 2004, 146, 147; *Fleischer* in GroßKomm., § 327c Rn. 7; *Grunewald* in MüKoAktG, § 327c Rn. 6.

Abs. 1 Satz 1 AktG, welcher von einem Bericht des „Vorstands" spricht, weswegen die hM dort die Unterschrift aller Vorstandsmitglieder verlangt.[11]

3. Inhalt

7 Der Bericht des Hauptaktionärs hat zwei Abschnitte zu enthalten: Die Voraussetzungen für die Übertragung und die Angemessenheit der Barabfindung.[12] Ziel ist es, den Minderheitsaktionär in die Lage zu versetzen, „die Berechnung des Schwellenwertes als wesentliche Voraussetzung des Squeeze-out und die der Festlegung der Barabfindung zugrunde liegenden Überlegungen nachzuvollziehen".[13]

8 **a) Voraussetzungen für die Übertragung.** Die Darlegung der Voraussetzungen für die Übertragung bedeutet in erster Linie eine **Offenlegung der Berechnung hinsichtlich der erforderlichen Beteiligung (95 %)** des Hauptaktionärs an der Gesellschaft. Damit ist der Anteil des Hauptaktionärs selbst am Grundkapital der Gesellschaft sowie der Anteil derjenigen Aktionäre, deren Aktien dem Hauptaktionär gemäß § 327a Abs. 2 AktG iVm § 16 Abs. 4 AktG zugerechnet werden, darzustellen. Daneben ist der **Vorgang der Zurechnung** gemäß § 16 Abs. 4 AktG zu erklären. Es ist eine **substantiierte und verständliche Darlegung** zu verlangen.[14] Dazu gehört, dass der Hauptaktionär den Erwerb seiner Beteiligung an der Gesellschaft bzw. den Erwerb der Beteiligungen durch die ihm zuzurechnenden Gesellschaften schlüssig darlegt. Die Behauptung der Inhaberschaft einer bestimmten Beteiligungsquote allein reicht dabei nicht aus. Ebenso sind die Voraussetzungen einer Zurechnung nach § 16 Abs. 4 AktG schlüssig darzulegen, dh die Grundlagen für ein Abhängigkeitsverhältnis im Sinne von § 17 Abs. 1 AktG oder ein Halten von Aktien für Rechnung des Hauptaktionärs oder des abhängigen Unternehmens nachvollziehbar zu machen. Die Darlegung kann sich nur auf die Verhältnisse zum Zeitpunkt der Erstellung des Berichts des Hauptaktionärs beziehen. Der Bericht sollte den genauen **Zeitpunkt seiner Erstellung** kenntlich machen. **Veränderungen in der Beteiligungsquote** (etwa durch Ausgabe von Bezugsaktien oder Ausnutzung eines genehmigten Kapitals), die bereits zum Zeitpunkt der Berichterstellung absehbar sind und sich bis zur Fassung des Squeeze-out-Beschlusses auswirken, sind in die Darstellung aufzunehmen.[15] Ferner sind Angaben zur Gewährleistungserklärung des Kreditinstituts (§ 327b Abs. 3 AktG) in den Bericht des Hauptaktionärs

---

[11] Vgl. OLG Stuttgart AG 2004, 105, 106; *Hüffer/Koch,* § 293a Rn. 10; *Koppensteiner* in KK-AktG, § 293a Rn. 19; *Emmerich/Habersack,* § 293a AktG Rn. 16, 18; aA KG WM 2005, 41, 42 (zu § 8 Abs. 1 UmwG).

[12] In der Praxis wird oft eine Gliederung in drei Teile vorgenommen (kurze Beschreibung der Gesellschaft, Voraussetzungen des Übertragungsbeschlusses, Angemessenheit der Barabfindung) – vgl. dazu *Austmann* in MHdB AG, § 75 Rn. 44.

[13] BT-Drucks. 14/7034, 73; vgl. auch BGH NZG 2006, 905, 906; *Emmerich/Habersack,* § 327c AktG Rn. 7; *Bungert* BB 2006, 2761, 2762 f.

[14] Vgl. *Fleischer* in GroßKomm., § 327c Rn. 9; *Hasselbach* in KK-WpÜG, § 327c AktG Rn. 22.

[15] Vgl. *Fleischer* in GroßKomm., § 327c Rn. 9; *Grunewald* in MüKoAktG, § 327c Rn. 7; *Hasselbach* in KK-WpÜG, § 327c AktG Rn. 22.

aufzunehmen, allerdings ohne dass die Erklärung dort im Wortlaut abgedruckt werden müsste.[16]

9 **b) Angemessenheit der Barabfindung.** Hinsichtlich der Angemessenheit der Barabfindung genügt die Angabe von Bewertungsgrundsätzen nicht. Vielmehr ist die Angemessenheit der Barabfindung im Einzelfall für Aktionäre so nachvollziehbar darzustellen, dass sie sich ein erstes **Plausibilitätsurteil** bilden können, welches in der Hauptversammlung durch die Erläuterung des Vorstands bzw. des Hauptaktionärs (vgl. § 327d Satz 2 AktG) zu konkretisieren ist.[17] Nicht ausreichend ist diesbezüglich deshalb auch eine Verweisung auf eine nähere Erläuterung lediglich in der Hauptversammlung.[18]

4. Schutzklausel

10 § 327c Abs. 2 Satz 4 AktG ordnet die sinngemäße Anwendung von § 293a Abs. 2 AktG an, wonach in den Bericht Tatsachen nicht aufgenommen werden müssen, deren Bekanntwerden geeignet ist, einem der Beteiligten einen **nicht unerheblichen Nachteil** zuzufügen. Dies betrifft sowohl den Hauptaktionär als auch die Gesellschaft,[19] deren Interessenkreise sich möglicherweise sogar überschneiden.[20] Bei der Anwendung des § 293a Abs. 2 Satz 1 AktG ist – wie bei § 131 Abs. 3 Satz 1 Nr. 1 AktG nach dem ausdrücklichen Wortlaut dieser Vorschrift – darauf abzustellen, ob die Eignung zur Nachteilszufügung nach vernünftiger kaufmännischer Beurteilung besteht. Dabei ist eine **Abwägung** zwischen dem **Informationsinteresse der Minderheitsaktionäre** und dem **Geheimhaltungsinteresse des Hauptaktionärs und der Gesellschaft** vorzunehmen. Die Abwägung ist in vollem Umfang der gerichtlichen Nachprüfung unterworfen.[21]

11 Hinsichtlich der Bekanntgabe von Einzelheiten der Ertragsprognose und der Aufdeckung stiller Reserven gilt, dass die Abwägung regelmäßig zugunsten des Geheimhaltungsinteresses ausfällt.[22]

---

[16] OLG Hamm ZIP 2005, 1457, 1459; *Fleischer* in GroßKomm., § 327c Rn. 9.

[17] BGH NJW-RR 2007, 99, 100; OLG Frankfurt AG 2007, 449, 451; LG München I BeckRS 2007, 09483; LG Bochum AG 2005, 738, 739; *Grunewald* in MüKoAktG, § 327c Rn. 8; *Hasselbach* in KK-WpÜG, § 327c AktG Rn. 23; *Austmann* in MHdB AG, § 75 Rn. 44; zum Verschmelzungsbericht nach § 340a AktG aF: BGH NJW 1989, 2689, 2690; BGH AG 1990, 259 – DAT/Altana; BGH AG 1991, 102, 103 – SEN AG; zum Verschmelzungsbericht nach § 8 UmwG: OLG Düsseldorf NZG 2004, 429, 430.

[18] Vgl. *Fleischer* in GroßKomm., § 327c Rn. 10; *Hasselbach* in KK-WpÜG, § 327c AktG Rn. 23.

[19] Vgl. *Fleischer* in GroßKomm., § 327c Rn. 14; *Grunewald* in MüKoAktG, § 327c Rn. 8; *Altmeppen* in MüKoAktG, § 293a Rn. 61 ff.; *Schüppen/Tretter* in Frankfurter Komm., § 327c Rn. 11; *Emmerich/Habersack,* § 327c AktG Rn. 9; aA *Koppensteiner* in KölnKomm., § 327c Rn. 10, wonach lediglich die Geheimhaltungsinteressen der Gesellschaft und der mit ihr verbundenen Unternehmen maßgeblich sind.

[20] Vgl. zur Eingliederung: *Grunewald* in MüKoAktG, § 319 Rn. 25.

[21] Vgl. *Fleischer* in GroßKomm., § 327c Rn. 14; *Altmeppen* in MüKoAktG, § 293a Rn. 62; *Schüppen/Tretter* in Frankfurter Komm., § 327c Rn. 11 mit Fn. 19; OLG Düsseldorf WM 1991, 2148, 2152 zu § 131 Abs. 3 Satz 1 AktG.

[22] Arg. e § 131 Abs. 3 Satz 1 Nr. 3 AktG, vgl. *Hüffer/Koch,* § 293a Rn. 19; *Altmeppen* in MüKoAktG, § 293a Rn. 61.

12 § 293a Abs. 2 Satz 2 AktG schreibt vor, dass die Nichtaufnahme von geheimhaltungsbedürftigen Tatsachen im Bericht, dh also schriftlich, zu begründen ist. Diese **Begründungspflicht** beinhaltet zum einen die Pflicht zur Aufdeckung einer Berichtslücke, zum anderen die Darlegung der Gründe für die Geheimhaltung, dh die Eignung zur Zufügung eines spezifischen Nachteils.[23] Ein bloßer Hinweis auf die Geheimhaltungsbedürftigkeit (zB von Planzahlen) genügt nicht, andererseits muss die Begründung nicht ihrerseits das Geheimhaltungsinteresse gefährden.[24] Entscheidend ist, dass ein informierter Aktionär sich ein Plausibilitätsurteil über den Grund für die Berichtslücke bilden kann.

5. Verzicht

13 Gemäß § 327c Abs. 2 Satz 4 AktG iVm § 293a Abs. 3 AktG bedarf es keines Berichts des Hauptaktionärs, wenn sämtliche Minderheitsaktionäre (dh nicht die Gesellschaft selbst, soweit sie eigene Aktien hält, und nicht diejenigen Aktionäre, deren Anteile dem Hauptaktionär gemäß § 16 Abs. 4 AktG zugerechnet werden) durch öffentlich beglaubigte Erklärung auf die Erstattung des Berichts verzichten (zum Verzicht auf die externe Prüfung → Rn. 28, zum Verzicht auf den Prüfungsbericht → Rn. 36). Die Verzichtserklärung ist gegenüber der Gesellschaft abzugeben.

14 Die **Verzichtserklärungen** der Minderheitsaktionäre müssen **öffentlich beglaubigt** sein (anders § 8 Abs. 3 UmwG, der notarielle Beurkundung verlangt), dh die Erklärungen müssen schriftlich abgefasst und unterschrieben und die Unterschriften von einem Notar beglaubigt werden (§ 129 Abs. 1 Satz 1 BGB). Nach allgM kann aber auch durch die **notarielle Beurkundung** eines vorherigen, einstimmigen Beschlusses über den Verzicht in der Hauptversammlung, welche über die Übertragung beschließt, die Form gewahrt werden.[25] Der Wortlaut des § 293a Abs. 3 AktG wird insoweit auf ein Versehen des Gesetzgebers zurückgeführt.

IV. Prüfung der Angemessenheit der Barabfindung

1. Allgemeines

15 § 327c Abs. 2 Satz 2 AktG sieht eine externe Prüfung über die Angemessenheit der Barabfindung vor. Diese Regel lehnt sich an § 293b AktG an. Des Weiteren werden durch § 327c Abs. 2 Satz 4 AktG die §§ 293c Abs. 1 Satz 3 bis 5, 293d und 293e AktG für sinngemäß anwendbar erklärt. Die Gesetzesbegründung[26] verweist ausdrücklich auf die entsprechenden Regelungen für Unternehmensverträge, dh auch auf deren Gesetzeszweck, eine gerichtliche

---

[23] OLG Köln NZG 2005, 931, 933 f.

[24] OLG Köln NZG 2005, 931, 934; *Hüffer/Koch,* § 293a Rn. 20; *Grunewald* in MüKoAktG, § 327c Rn. 8; *Altmeppen* in MüKoAktG, § 293a Rn. 65 f.

[25] Vgl. *Altmeppen* ZIP 1998, 1853, 1862 f.; *Hasselbach* in KK-WpÜG, § 327c AktG Rn. 16; *Hüffer/Koch,* § 327c Rn. 3; *Koch,* § 293a Rn. 21; *Emmerich/Habersack,* § 327c AktG Rn. 9; *Emmerich/Habersack,* § 293a AktG Rn. 35.

[26] BT-Drucks. 14/7034, 73.

Überprüfung der Angemessenheit im Spruchstellenverfahren möglichst überflüssig zu machen.[27]

2. Prüfungsumfang

Gegenstand der Prüfung ist die Angemessenheit der Barabfindung. Der Prüfer nimmt dabei jedoch keine eigene Unternehmensbewertung vor, sondern beschränkt sich darauf, die vom Hauptaktionär vorgenommene Unternehmensbewertung auf ihre methodische Konsistenz und ihre inhaltlichen Prämissen hin zu überprüfen.[28] Die Prüfung bezieht sich nicht etwa auf die Rechtmäßigkeit des Squeeze-out. Ebenso ist auch die wirtschaftliche Zweckmäßigkeit, die im Übrigen auch nicht Zulässigkeitsvoraussetzung für den Squeeze-out ist, nicht Prüfungsgegenstand.[29] 16

Analog der Problematik bei § 293b AktG ist unklar, ob auch der Bericht des Hauptaktionärs Prüfungsgegenstand ist.[30] Gegenstand der externen Prüfung und Berichtsinhalt sind – wie ausgeführt – die Methoden zur Ermittlung der Barabfindung und das Ergebnis ihrer Anwendung, welche im Bericht des Hauptaktionärs erläutert werden. Ein Rückgriff auf diesen Bericht und somit dessen zumindest partielle Berücksichtigung als Informationsquelle durch die externen Prüfer sind damit unumgänglich.[31] 17

3. Prüfer

a) Identität und Anzahl. Die Prüfung hat durch **einen oder mehrere** (nach dem Ermessen des für den Antrag auf Bestellung zuständigen Hauptaktionärs bzw. des Gerichts) **sachverständige Prüfer** zu erfolgen. Für die Auswahl der Prüfer gilt gemäß §§ 327c Abs. 2 Satz 4, 293d Abs. 1 Satz 1 AktG die Regelung des § 319 Abs. 1 Satz 1 HGB, dh es kommen nur Wirtschaftsprüfer und Wirtschaftsprüfungsgesellschaften in Betracht. **Bestellungsverbote** ergeben sich aus § 319 Abs. 2 und 3 HGB (für Wirtschaftsprüfer) bzw. § 319 Abs. 4 HGB (für Wirtschaftsprüfungsgesellschaften). Über diese Bestellungsverbote hinaus dürfte angesichts der Interessenlage beim Squeeze-out die Bestellung eines Prüfers auch dann nicht in Betracht kommen, wenn dieser Anteile an dem Hauptaktionär besitzt.[32] Der Katalog von §§ 319 18

---

[27] BT-Drucks. 12/6699, 178.

[28] Vgl. *Fleischer* in GroßKomm., § 327c Rn. 27; *Schüppen/Tretter* in Frankfurter Komm., § 327c Rn. 16; *Austmann* in MHdB AG, § 75 Rn. 43; *Marten/Müller* FS Röhricht 2005, 963, 975 f.; *Eisolt* DStR 2002, 1145, 1147; vgl. auch LG Frankfurt AG 2005, 930, 932.

[29] Vgl. *Fleischer* in GroßKomm., § 327c Rn. 26; *Hasselbach* in KK-WpÜG, § 327c AktG Rn. 47; *Heidel/Lochner* in Heidel, § 327c AktG Rn. 6; *Marten/Müller* FS Röhricht 2005, 963, 974 f.; *Eisolt* DStR 2002, 1145, 1147; *Veit* DB 2005, 1697, 1700.

[30] Zu § 293b AktG vgl. *Hüffer/Koch,* § 293b Rn. 3; *Altmeppen* in MüKoAktG, § 293b Rn. 9 ff.; *Emmerich/Habersack,* § 293b AktG Rn. 15 f.

[31] Vgl. *Fleischer* in GroßKomm., § 327c Rn. 26; *Grunewald* in MüKoAktG, § 327c Rn. 11; *Hasselbach* in KK-WpÜG, § 327c AktG Rn. 47; *Veit* DB 2005, 1697, 1700.

[32] Zu weiteren Bestellungsverboten vgl. auch *Fleischer* in GroßKomm., § 327c Rn. 24; *Grunewald* in MüKoAktG, § 327c Rn. 13; *Emmerich/Habersack,* § 327c AktG Rn. 12; *Veit* DB 2005, 1697, 1699.

Abs. 2 bis 4, 319a Abs. 1 HGB ist insoweit zu ergänzen, weil beim Squeeze-out die zu prüfende Höhe der Barabfindung unmittelbar Auswirkungen auf die Vermögenslage des Hauptaktionärs als Barabfindungsschuldner hat. Des Weiteren darf der Prüfer auch nicht an der Unternehmensbewertung oder Erstellung des Berichts des Hauptaktionärs beteiligt gewesen sein. Nur so ist sichergestellt, dass eine unbefangene Prüfung stattfindet. Dem liegt das aus sich heraus verständliche Prinzip des Selbstprüfungsverbots zugrunde, das sich auch in einigen der aufgeführten Bestellungsverbote wiederfindet.[33] Damit verwechselt werden darf jedoch nicht die unproblematische und grundsätzlich zulässige sowie ganz übliche so genannte Parallelprüfung, bei der der Prüfer seine Prüfungstätigkeit zeitgleich mit der Unternehmensbewertung durch den Hauptaktionär durchführt.[34]

19 **b) Bestellung.** Die Prüfer werden gemäß § 327c Abs. 2 Satz 3 AktG auf Antrag des Hauptaktionärs vom Gericht ausgewählt und bestellt. Der Hauptaktionär wird bei der Antragstellung ggf. durch seine(n) gesetzlichen Vertreter vertreten. An der ursprünglichen Konzeption (Bestellung der Prüfer durch den Hauptaktionär) war im Gesetzgebungsverfahren Kritik geäußert worden mit dem Argument, dass einem vom Hauptaktionär bestellten Prüfer trotz dessen Unabhängigkeit nur geringes Vertrauen von Seiten der Minderheitsaktionäre entgegengebracht werde, was wiederum das Risiko einer späteren Einleitung eines Spruchverfahrens erhöhe und somit den Zweck der externen Prüfung konterkariere.[35] Ob allerdings das Ziel der vorliegenden Regelung, „dem Eindruck der Nähe der Prüfer zum Hauptaktionär von vornherein entgegenzuwirken und damit die Akzeptanz des Prüfungsergebnisses für die Minderheitsaktionäre zu erhöhen",[36] erreicht wurde, ist zumindest fraglich, da regelmäßig die Gerichte dem Antrag des Hauptaktionärs entsprechen.[37] Die meisten Gerichte verlangen allerdings vom Hauptaktionär, wenigstens zwei verschiedene Prüfer vorzuschlagen, damit eine Auswahlentscheidung des Gerichts gewährleistet ist.[38]

20 Sachlich zuständig ist gemäß § 293c Abs. 1 Satz 3 AktG das Landgericht, örtlich zuständig das für den am Sitz der Gesellschaft zuständige Gericht (§ 5 AktG). Dies ergibt sich daraus, dass sich die örtliche Zuständigkeit aus Praktikabilitätsgründen nach dem Sitz derjenigen Gesellschaft richten sollte, die bewertet werden soll. Funktionell zuständig ist die Kammer für Handelssa-

---

[33] Vgl. dazu ausführlich *Austmann* in MHdB AG, § 75 Rn. 53.

[34] BGH DStR 2006, 2090, 2092; OLG Düsseldorf NZG 2004, 328, 333; OLG Stuttgart AG 2011, 420, 421; *Fleischer* in GroßKomm., § 327c Rn. 28; *Grunewald* in MüKoAktG, § 327c Rn. 13; *Hüffer/Koch,* § 327c Rn. 5; *Emmerich/Habersack,* § 327c AktG Rn. 11; mit Bedenken gegen die Zulässigkeit einer Parallelprüfung OLG Hamm ZIP 2005, 1457, 1460.

[35] Vgl. *Vetter* ZIP 2000, 1817, 1822.

[36] BT-Drucks. 14/7477, 54.

[37] Der Gesetzgeber scheint gleichwohl davon auszugehen, da er zwischenzeitlich das Verfahren der Prüferbestellung im Unternehmensvertrags- (§ 293c Abs. 1 Satz 1 AktG), Eingliederungs- (§ 320 Abs. 3 Satz 2 AktG) und Verschmelzungsrecht (§ 10 Abs. 1 Satz 1 UmwG) entsprechend geändert hat.

[38] Der BGH (NZG 2006, 905, 906) hatte demgegenüber keine Bedenken gegen den Vorschlag nur eines einzigen Prüfers.

chen, soweit eine solche bei dem zuständigen Gericht gebildet ist; die Entscheidung erfolgt dann durch den Vorsitzenden der Kammer für Handelssachen anstelle der Zivilkammer (§§ 327c Abs. 2 Satz 4, 293c Abs. 1 Satz 4 AktG).

Bei der Bestellung der Prüfer wird das Landgericht (wie bei der Bestellung von Sonderprüfern gemäß § 142 Abs. 2 AktG) im Verfahren der freiwilligen Gerichtsbarkeit (nach dem FamFG) tätig.[39] Die gerichtliche Bestellung ist mit der sofortigen Beschwerde angreifbar,[40] beschwerdeberechtigt ist allein der Hauptaktionär.[41] 21

Vergütung und Auslagenersatz der Prüfer richten sich nach §§ 327c Abs. 2 Satz 4, 293c Abs. 1 Satz 5 AktG iVm § 318 Abs. 5 HGB. Schuldner der vom Gericht festgesetzten Auslagenerstattung und Vergütung (§ 318 Abs. 5 Satz 2 HGB) ist der Hauptaktionär, wobei statt der gerichtlichen Festsetzung der Vergütung auch eine vertragliche Vergütungsabrede zulässig ist.[42] 22

c) Verfahrenskonzentration. Die nur schwer verständliche Formulierung des ehemaligen § 327c Abs. 2 Satz 5 AktG zur Verfahrenskonzentration hat der Gesetzgeber im Rahmen einer Bereinigung durch das Zweite Gesetz zur Änderung des Umwandlungsgesetzes im April 2007 gestrichen. Stattdessen verweist § 327c Abs. 2 Satz 4 AktG jetzt zur Frage der Verfahrenskonzentration (wie auch zu weiteren Verfahrensfragen, siehe → Rn. 20) auf § 293c Abs. 2 AktG und damit auf die Ermächtigung der Landesregierungen zum Erlass von Rechtsverordnungen zur Verfahrenskonzentration gemäß § 10 Abs. 4 UmwG.[43] 23

d) Auskunftsrecht. Das **Auskunftsrecht** der Prüfer gegenüber der Gesellschaft ergibt sich aus § 327c Abs. 2 Satz 4 AktG iVm § 293d Abs. 1 AktG iVm § 320 Abs. 1 Satz 2 HGB (Recht zur Einsichtnahme in Bücher und Schriften sowie zur Prüfung der Vermögensgegenstände und Schulden an Ort und Stelle) sowie § 320 Abs. 2 Satz 1 und 2 HGB (Recht, von gesetzlichen Vertretern der Gesellschaft Aufklärung und Nachweise zu verlangen). Ein Auskunftsrecht der 24

[39] § 327c Abs. 2 Satz 4 AktG iVm § 293c Abs. 2 AktG iVm § 10 Abs. 3 UmwG.

[40] § 327c Abs. 2 Satz 4 AktG iVm § 293c Abs. 2 AktG i. Vm. § 10 Abs. 4 UmwG.

[41] Vgl. *Fleischer* in GroßKomm., § 327c Rn. 20; *Grunewald* in MüKoAktG, § 327c Rn. 12; *Austmann* in MHdB AG § 75 Rn. 52.

[42] Vgl. *Hasselbach* in KK-WpÜG, § 327c AktG Rn. 20; *Koppensteiner* in Köln-Komm., § 327c Rn. 11; *Marten/Müller* FS Röhricht 2005, 963, 984; aA *Schüppen/Tretter* in Frankfurter Komm., § 327c Rn. 15.

[43] Die folgenden Bundesländer haben bislang von dieser Möglichkeit Gebrauch gemacht: Baden-Württemberg: LG Mannheim für den Bezirk des OLG Karlsruhe, LG Stuttgart für den Bezirk des OLG Stuttgart, § 13 Abs. 2 Nr. 10 ZuVOJu vom 20.11.1998; Bayern: LG München I für die Landgerichtsbezirke des OLG München, LG Nürnberg-Fürth für die Landgerichtsbezirke der OLG Nürnberg und Bamberg, § 30 Abs. 1 GZVJu vom 11.6.2012; Hessen: LG Frankfurt am Main für die Bezirke aller Landgerichte in Hessen, § 20 Satz 2 Nr. 1 lit. e) GerZustVO vom 16.9.2008; Niedersachsen: LG Hannover für die Bezirke aller Landgerichte in Niedersachsen, § 2 Nr. 14 ZustVO-Justiz vom 18.12.2009; Nordrhein-Westfalen: LG Düsseldorf für den Bezirk des OLG Düsseldorf, LG Dortmund für den Bezirk des OLG Hamm, LG Köln für den Bezirk des OLG Köln, § 1 Nr. 4, KonzentrationsVO Gesellschaftsrecht vom 8.6.2010; Sachsen: LG Leipzig für den Bezirk des OLG Dresden, § 10 SächsJOrgVO vom 14.12.2007.

Prüfer gegenüber dem Hauptaktionär ergibt sich zwar nicht aus diesen Normen, unter Berücksichtigung des Prüfungsgegenstandes – Methoden zur Ermittlung der Barabfindung und das Ergebnis ihrer Anwendung – muss aber ein Auskunftsrecht des Prüfers gegenüber dem Hauptaktionär in Bezug auf die für seine Prüfung erforderlichen Unterlagen und Daten, nicht aber auf die sonstigen Verhältnisse des Hauptaktionärs, angenommen werden.[44]

25 **e) Verantwortlichkeit.** Die Verantwortlichkeit der Prüfer richtet sich gemäß § 327c Abs. 2 Satz 4 AktG nach § 293d Abs. 2 AktG iVm § 323 HGB analog. Nach § 323 Abs. 1 Satz 1 HGB sind die Prüfer zur gewissenhaften und unparteiischen Prüfung und zur Verschwiegenheit verpflichtet, nach § 323 Abs. 1 Satz 2 HGB ist ihnen untersagt, unbefugt Geschäfts- und Betriebsgeheimnisse zu verwerten, die sie bei ihrer Tätigkeit erfahren haben. Eine vorsätzliche oder fahrlässige Pflichtverletzung hat gemäß § 323 Abs. 1 Satz 3 HGB eine Schadenersatzhaftung zur Folge. Wie bei den Vertragsprüfern gelten im Übrigen die Strafbestimmungen der §§ 403, 404 AktG.[45]

26 § 293d Abs. 2 Satz 2 AktG erstreckt die Verantwortlichkeit der Vertragsprüfer auf die Anteilsinhaber der vertragschließenden Unternehmen. Entsprechende Anwendung im Squeeze-out kann nur bedeuten, dass auch die Minderheitsaktionäre in den **Schutzbereich der Prüferpflichten** einbezogen sein sollen.[46] Damit steht auch den Minderheitsaktionären ein Schadenersatzanspruch bei Verletzung der Prüferpflichten zu, wenn sich daraus etwa infolge eines Bewertungsfehlers eine zu niedrige Abfindung ergeben haben sollte.

27 Fraglich ist hingegen, ob auch der Hauptaktionär und/oder diejenigen Gesellschaften oder Personen, deren Anteile an der Gesellschaft dem Hauptaktionär gemäß § 16 Abs. 4 AktG zugerechnet werden, in den Schutzbereich der Prüferpflichten einbezogen werden sollen, etwa in dem Fall, dass die Abfindung auf Grund eines schuldhaft verursachten Bewertungsfehlers zu hoch bemessen sein sollte. Angesichts der unparteiischen Stellung der Prüfer spricht einiges für eine solche Einbeziehung,[47] gegenüber dem Hauptaktionär selbst ist der Prüfer insbesondere aus dem mit diesem eingegangenen Vertragsverhältnis verpflichtet.

4. Verzicht

28 Wie der Bericht des Hauptaktionärs so ist auch die externe Prüfung gemäß § 327c Abs. 2 Satz 4 AktG iVm §§ 293e Abs. 2, 293a Abs. 3 AktG (auch ohne ausdrückliche Verweisung über § 293b Abs. 2 AktG) verzichtbar.[48]

---

[44] Vgl. *Fleischer* in GroßKomm., § 327c Rn. 30; *Emmerich/Habersack,* § 327c AktG Rn. 12; *Hasselbach* in KK-WpÜG, § 327c Rn. 45; *Marten/Müller* FS Röhricht 2005, 963, 979; *Eisolt* DStR 2002, 1145, 1147 f.

[45] Vgl. *Hüffer/Koch,* § 327c Rn. 5; *Hüffer/Koch,* § 293d Rn. 5; *Emmerich/Habersack,* § 327c AktG Rn. 12; *Emmerich/Habersack,* § 293d AktG Rn. 11; *Grunewald* in MüKoAktG, § 327c Rn. 14; *Altmeppen* in MüKoAktG, § 293d Rn. 17.

[46] Vgl. *Eisolt* DStR 2002, 1145, 1148; wohl auch *Fleischer* in GroßKomm., § 327c Rn. 33; unklar *Koppensteiner* in KölnKomm., § 327c Rn. 13, wonach „Berichtsadressat" des Prüfungsberichts die Hauptversammlung ist.

[47] So auch *Hasselbach* in KK-WpÜG, § 327c AktG Rn. 59; *Marten/Müller* FS Röhricht 2005, 963, 985.

[48] Zur Form der Verzichtserklärung vgl. → Rn. 14.

5. Prüfungsbericht

Form und Inhalt des Prüfungsberichts sind in § 327c Abs. 2 Satz 4 AktG iVm § 293e Abs. 1 und 2 AktG geregelt. 29

a) Berichtspflicht. § 293e Abs. 1 Satz 1 AktG konstituiert zunächst eine **Berichtspflicht.** Diese Berichtspflicht dient insbesondere dazu, dass die externe Prüfung ihre Funktion der weitgehenden Vermeidung des Spruchverfahrens (vgl. → Rn. 15) erfüllen kann.[49] Der Bericht der Prüfer ist schriftlich vorzulegen, dh von den Prüfern zu unterzeichnen (§ 126 Abs. 1 BGB). Mehrere Prüfer können auch einen gemeinsamen Bericht erstatten.[50] 30

Die **Vorlage des Berichts** erfolgt gegenüber dem Vorstand der Gesellschaft, welcher die Auslegungspflichten nach §§ 327c Abs. 3 Nr. 4, 327d AktG zu erfüllen hat. Dem Hauptaktionär ist der Prüfungsbericht ebenfalls vorzulegen.[51] Ungenügend dürfte allerdings die Annahme einer Vorlagepflicht allein gegenüber dem Hauptaktionär als Vertragspartner der Prüfer sein. Die Gesellschaft muss das Recht haben, den Bericht (bzw. die Berichte) unmittelbar von den Prüfern zu erhalten. 31

b) Inhalt. Der wesentliche Berichtsinhalt ergibt sich aus § 293e Abs. 1 Satz 2 und 3 AktG. 32

Der Bericht hat eine sog. **Schlusserklärung** (oder **Testat**) zu enthalten, dh eine Erklärung darüber, ob die vorgeschlagene Barabfindung angemessen ist. Der Minderheitsaktionär soll sich die Essenz des Prüfungsberichts nicht erst selbst erarbeiten müssen. 33

Des Weiteren bestimmt sich der **Mindestinhalt** des Berichts nach § 293e Abs. 1 Satz 3 AktG. Der Bericht hat gemäß § 293e Abs. 1 Satz 3 Nr. 1 AktG Angaben über die **Methoden** zu enthalten, nach denen die Abfindung ermittelt worden ist, dh die Methoden der Unternehmensbewertung,[52] sowie eine **Begründung** für die Angemessenheit der angewendeten Methoden (§ 293e Abs. 1 Satz 3 Nr. 2 AktG) und **Vergleichsrechnungen** bei der Anwendung mehrerer Methoden (§ 293e Abs. 1 Satz 3 Nr. 3 AktG) mit Angaben zur Gewichtung der verschiedenen Methoden und zu den Schwierigkeiten, welche bei der Bewertung aufgetreten sind.[53] Teilweise wird angenommen, der Prüfungsbericht sei ein Ergebnisbericht, der keine Einzelheiten über Tatsachen enthalten muss, die das Prüfungsergebnis plausibilisieren.[54] Richtig ist jedoch, dass der Prüfungsbericht aus sich heraus plausibel sein und 34

---

[49] Vgl. *Fleischer* in GroßKomm., § 327c Rn. 32.

[50] Vgl. *Fleischer* in GroßKomm., § 327c Rn. 34; *Schüppen/Tretter* in Frankfurter Komm., § 327c Rn. 23; *Emmerich/Habersack,* § 327c AktG Rn. 13; *Emmerich/Habersack,* § 293e AktG Rn. 7.

[51] Vgl. *Fleischer* in GroßKomm., § 327c Rn. 33; *Hasselbach* in KK-WpÜG, § 327c AktG Rn. 53; *Marten/Müller* FS Röhricht 2005, 963, 981; *Veit* DB 2005, 1697, 1700; unklar *Koppensteiner* in KölnKomm., § 327c Rn. 13, wonach „Berichtsadressat" des Prüfungsberichts die Hauptversammlung ist.

[52] Vgl. → AktG § 327b Rn. 14ff.

[53] Vgl. zu Aufbau und Gliederung des Prüfungsberichts: *Marten/Müller* FS Röhricht 2005, 963, 982f.

[54] Vgl. *Austmann* in MHdB AG, § 75 Rn. 59; *Hüffer/Koch,* § 327c Rn. 5; *Koch,* § 293e Rn. 6; wohl auch LG Dortmund Der Konzern 2005, 603, 605f.

eine entsprechende Kontrolle durch die Minderheitsaktionäre ermöglichen muss.[55] Für diese Ansicht spricht auch, dass ein aus sich selbst heraus verständlicher Bericht eher geeignet sein dürfte, zur Vermeidung von Spruchverfahren beizutragen.[56]

35 **c) Schutzklausel.** Der Prüfungsbericht braucht wie der Bericht des Hauptaktionärs (vgl. → Rn. 10ff.) Tatsachen nicht zu enthalten, die geeignet sind, der Gesellschaft oder dem Hauptaktionär einen nicht unerheblichen Nachteil zuzufügen (§ 293e Abs. 2 AktG iVm § 293a Abs. 2 Satz 1 AktG). Das Fehlen dieser Angaben ist zu begründen (§ 293e Abs. 2 AktG iVm § 293a Abs. 2 Satz 2 AktG). Die Schutzklausel wird allerdings beim Prüfungsbericht nur dann relevant, wenn dieser Bericht über die Pflichtangaben des § 293e Abs. 1 Satz 3 AktG hinausgeht und tatsächlich Einzelangaben enthält.[57]

36 **d) Verzicht.** Wie der Bericht des Hauptaktionärs (vgl. → Rn. 13f.) ist auch der Prüfungsbericht entbehrlich, wenn sämtliche Minderheitsaktionäre auf ihn in öffentlich beglaubigter Form verzichten (§ 327c Abs. 2 Satz 4 AktG iVm § 293e Abs. 2 AktG iVm § 293a Abs. 3 AktG).

V. Auslegung von Unterlagen

37 § 327c Abs. 3 AktG regelt die Auslegung von Unterlagen im Geschäftsraum der Gesellschaft zur Einsicht der Aktionäre und ist § 293f Abs. 1 AktG nachgebildet.

1. Auszulegende Unterlagen

38 Auszulegen sind der **Entwurf des Übertragungsbeschlusses,** die **Jahresabschlüsse und Lageberichte der Gesellschaft** (nicht des Hauptaktionärs[58]) für die letzten drei Geschäftsjahre sowie der **Bericht des Hauptaktionärs** gemäß § 327c Abs. 2 Satz 1 AktG und der Prüfungsbericht gemäß § 327c Abs. 2 Satz 2 bis 4 AktG. Dies setzt voraus, dass der Bericht des Hauptaktionärs und der Prüfungsbericht nicht erst bei Beginn der Hauptversammlung erstellt sind, wie § 327c Abs. 2 AktG nahelegen könnte, sondern bereits zu Beginn der Einberufungsfrist.[59] Die Pflicht zur Auslegung der Jahresabschlüsse und Lageberichte für die letzten drei Geschäftsjahre bezieht sich auf die letzten drei Geschäftsjahre, für die nach allgemeinen Vorschriften Jahresabschlüsse auf- und festzustellen waren oder für die freiwillig Jahresab-

---

[55] So die wohl hM, vgl. *Fleischer* in GroßKomm., § 327c Rn. 36; *Schüppen/Tretter* in Frankfurter Komm., § 327c Rn. 22; *Marten/Müller* FS Röhricht 2005, 963, 982; *Eisolt* DStR 2002, 1145, 1148; *Puszkajler* ZIP 2003, 518, 521; *Veit* DB 2005, 1697, 1700. Die Möglichkeit einer Plausibilitätskontrolle entspricht auch der Vorstellung des Gesetzgebers, vgl. BT-Drucks. 14/7034, 73.

[56] Dies war auch das erklärte Ziel des Gesetzgebers, vgl. BT-Drs. 14/7477, 54.

[57] Zu § 293e AktG vgl. *Hüffer/Koch,* § 293e Rn. 9.

[58] OLG Köln Der Konzern 2004, 30, 34; *Fleischer* in GroßKomm., § 327c Rn. 47; *Grunewald* in MüKoAktG, § 327c Rn. 17; *Emmerich/Habersack,* § 327c AktG Rn. 14.

[59] Faktisch sogar noch früher, nämlich bereits zu der vorbereitenden Sitzung des Aufsichtsrates, vgl. *Austmann* in MHdB AG, § 75 Rn. 48.

schlüsse tatsächlich auf- und festgestellt wurden. Gemeint sind daher nicht etwa die letzten drei vor Durchführung der Hauptversammlung abgelaufenen Geschäftsjahre, was zur Folge hätte, dass regelmäßig in den ersten Monaten eines neuen Geschäftsjahres mangels Vorliegen eines festgestellten Jahresabschlusses eine „Squeeze-out Sperre" existierte.[60] Da das Gesetz an anderer Stelle (§§ 170 Abs. 1 Satz 2, 171 Abs. 1, 175 Abs. 2 Satz 3 AktG) zwischen Jahres- und Konzernabschluss zu differenzieren weiß, ist im Zusammenhang mit § 327c Abs. 3 Nr. 2 AktG davon auszugehen, dass Konzernabschlüsse und Konzernlageberichte gerade nicht von der Pflicht zur Auslegung erfasst sind. Dies ist allerdings umstritten,[61] weswegen regelmäßig auch die Konzernabschlüsse und die Konzernlageberichte mit ausgelegt werden. Zur Auslegung genügen **einfache Abschriften.**[62]

2. Pflicht des Vorstands

Die Pflicht zur Auslegung trifft wie die Pflicht zur Einberufung der Haupt- 39
versammlung den Vorstand der Gesellschaft. Er kann und darf daher nicht einberufen, wenn ihm die Unterlagen gemäß § 327c Abs. 3 Nr. 1 bis 4 AktG nicht vollständig vorliegen.[63]

3. Ort der Auslegung

Die Unterlagen sind in dem **Geschäftsraum der Gesellschaft** auszule- 40
gen, dh am Sitz der Hauptverwaltung (nicht: des Vorstands), welcher nicht notwendig mit dem satzungsmäßigen Sitz (§ 5 AktG) identisch ist.[64] Bei Aufteilung der Hauptverwaltung auf mehrere Orte oder abweichendem Ort der Geschäftsräume des Vorstands empfiehlt sich in der Praxis Auslegung in all diesen Räumen. Die Geschäftsräume sind für die Minderheitsaktionäre zu den üblichen Geschäftsstunden zugänglich zu machen. Die Gesellschaft kann zur Einsichtnahme Nachweis der Aktionärsstellung verlangen.[65]

---

[60] OLG Hamburg NZG 2003, 539, 541 f.; *Fleischer* in GroßKomm., § 327c Rn. 50; *Grunewald* in MüKoAktG, § 327c Rn. 17; *Altmeppen* in MüKoAktG, § 293f Rn. 7; *Schüppen/Tretter* in Frankfurter Komm., § 327c Rn. 29; *Emmerich/Habersack,* § 327c AktG Rn. 14; *Beier/Bungert* BB 2002, 2627, 2628; *Dißars* BKR 2004, 389, 391; aA *Heidel/Lochner* in Heidel, § 327c AktG Rn. 7.

[61] Vgl. einerseits, die Auslegungspflicht verneinend: OLG Hamburg AG 2003, 698, 699 f.; OLG Hamburg AG 2003, 696, 697; OLG Düsseldorf ZIP 2005, 441 f.; *Fleischer* in GroßKomm., § 327c Rn. 53; *Grunewald* in MüKoAktG, § 327c Rn. 17; *Schüppen/Tretter* in Frankfurter Komm., § 327c Rn. 28; *Emmerich/Habersack,* § 327c AktG Rn. 14; *Dißars* BKR 2004, 389, 391; andererseits, die Auslegungspflicht bejahend: OLG Celle AG 2004, 206, 207; LG Landshut AG 2006, 513, 514. Offen lassend OLG München NZG 2006, 398, 399.

[62] Vgl. *Hüffer/Koch,* § 293f Rn. 3; *Austmann* in MHdB AG, § 75 Rn. 71; aA *Heidel/Lochner* in Heidel, § 327c AktG Rn. 8.

[63] Vgl. *Fleischer* in GroßKomm., § 327c Rn. 44; *Grunewald* in MüKoAktG, § 327c Rn. 17.

[64] So auch *Austmann* in MHdB AG, § 75 Rn. 71; *Hasselbach* in KK-WpÜG, § 327c AktG Rn. 68.

[65] So auch *Austmann* in MHdB AG, § 75 Rn. 71; *Hasselbach* in KK-WpÜG, § 327c AktG Rn. 68.

4. Zeitraum der Auslegung

41 Die Auslegungspflicht besteht vom Tag der Einberufung an, zu Beginn der üblichen Geschäftszeiten. Sind die Geschäftsräume der Gesellschaft am Tag der Einberufung der Gesellschaft üblicherweise geschlossen, ist die Auslegung mit dem Beginn des nächstfolgenden Geschäftstages ausreichend.[66] Die Auslegungsfrist endet mit dem Beginn der Hauptversammlung, die über den Squeeze-out entscheidet, ab diesem Zeitpunkt richtet sich die Auslegungspflicht nach § 327d AktG (Auslegung während der Hauptversammlung).[67]

VI. Erteilung von Abschriften

42 Gemäß § 327c Abs. 4 AktG hat jeder Aktionär Anspruch auf Erteilung einer einfachen Abschrift der in § 327c Abs. 3 AktG genannten Unterlagen. Das Verlangen des Aktionärs unterliegt keinem Formerfordernis, es kann jederzeit auch vor der Einberufung der Hauptversammlung geäußert werden.[68] Anspruch auf Erfüllung besteht allerdings erst nach der Einberufung.[69]

43 Die Abschriften sind „unverzüglich", dh ohne schuldhaftes Zögern (§ 121 Abs. 1 Satz 1 BGB) zu erteilen. Es ist aber nicht erforderlich, dass die Gesellschaft bereits Kopien vorrätig hält; vielmehr darf sie diese nach Eingang des Verlangens im normalen Geschäftsgang erstellen.[70]

44 Die Abschrift ist **für den Aktionär kostenlos,** dh die Herstellungskosten sind von der Gesellschaft zu tragen, dies gilt auch für die Kosten der Versendung.[71] Soweit Abschriften der Unterlagen nach § 327c Abs. 3 AktG (zB Jahresabschluss, Lagebericht) bereits den Aktionären über die Depotbanken zugeleitet wurden, ist damit der Anspruch gegen die Gesellschaft erfüllt.[72]

VII. Zugänglichmachung im Internet

45 Seit Inkrafttreten des ARUG im Jahr 2009 können die Pflichten der Gesellschaft zur Auslegung von Unterlagen gemäß § 327c Abs. 3 AktG und zur

---

[66] So zu § 63 UmwG *Rieger* in Widmann/Mayer, § 63 Rn. 24.

[67] Vgl. *Grunewald* in MüKoAktG, § 327c Rn. 16; *Fleischer* in GroßKomm., § 327c Rn. 55; *Hasselbach* in KK-WpÜG, § 327a AktG Rn. 69; *Austmann* in MHdB AG, § 75 Rn. 71; aA *Heidel/Lochner* in Heidel, § 327c AktG Rn. 10, wonach die Unterlagen „mindestens" so lange auszulegen seinen, wie die Minderheitsaktionäre eine Anfechtungsklage gegen den Übertragungsbeschluss erheben (§ 246 Abs. 1 AktG) oder ein Spruchverfahren einleiten (§ 4 Abs. 1 Satz 1 Nr. 3 SpruchG) können. Demnach soll die Auslegungsfrist frühestens drei Monate nach Bekanntmachung der Eintragung des Übertragungsbeschlusses in das Handelsregister (§ 327e Abs. 1 Satz 1 AktG) enden.

[68] Vgl. *Fleischer* in GroßKomm., § 327c Rn. 58; *Hasselbach* in KK-WpÜG, § 327c AktG Rn. 33; *Hüffer/Koch,* § 327c Rn. 6; *Koch,* § 293f Rn. 5; *Koch,* § 175 Rn. 7.

[69] *Fleischer* in GroßKomm., § 327c Rn. 58; *Hasselbach* in KK-WpÜG, § 327c AktG Rn. 33.

[70] *Hasselbach* in KK-WpÜG, § 327c AktG Rn. 71; *Grunewald* in MüKoAktG, § 327c Rn. 14; *Altmeppen* in MüKoAktG, § 293f Rn. 10.

[71] *Fleischer* in GroßKomm., § 327c Rn. 59; *Hasselbach* in KK-WpÜG, § 327c AktG Rn. 35; *Hüffer/Koch,* § 327c Rn. 6; *Koch,* § 293f Rn. 5; *Koch,* § 175 Rn. 6; *Austmann* in MHdB AG, § 75 Rn. 71.

[72] Vgl. *Fleischer* in GroßKomm., § 327c Rn. 59; *Hasselbach* in KK-WpÜG, § 327c AktG Rn. 72.

Erteilung von Abschriften gemäß § 327c Abs. 4 AktG entfallen, wenn die entsprechenden Unterlagen über die Internetseite der Gesellschaft zugänglich sind (§ 327c Abs. 5 AktG).[73] Dabei handelt es sich um eine Option für die Gesellschaft, keinesfalls um die Verpflichtung zur Herstellung einer Internetpublizität.[74] Einzelfragen des Zugänglichmachens, wie die Ausgestaltung der Internetseite in einer Weise, dass der durchschnittliche Aktionär Kenntnis nehmen kann, oder die Auswirkungen bei technischen Störungen der Internetseite, sind bislang noch nicht geklärt.[75]

VIII. Aktionärsrechte bei Pflichtverletzung

Bei Verstoß gegen die Parallelnorm des § 293f AktG sieht § 407 Abs. 1 AktG ein **Zwangsgeldverfahren** zur Durchsetzung von Pflichten der Gesellschaft vor. Die Nichtaufnahme des § 327c Abs. 3 und 4 AktG in den Katalog des § 407 Abs. 1 AktG stellt ein offenkundiges **Redaktionsversehen** des Gesetzgebers dar, denn ohne Sanktionen sind die Rechte der Minderheitsaktionäre gemäß § 327c Abs. 3 und 4 AktG wertlos. Die Gesetzeslücke ist in Form der analogen Auslegung des § 407 Abs. 1 AktG zu schließen.[76] Der Aktionär kann daher Leistungsklage auf Einsicht und Abschriftenerteilung erheben (allgM zu § 293f AktG); in Eilfällen kommt auch eine einstweilige Verfügung in Betracht.[77] **46**

Der Übertragungsbeschluss ist bei Verstoß der Gesellschaft gegen § 327c Abs. 3 und 4 AktG gemäß § 243 Abs. 1 AktG **anfechtbar.** Angesichts des zur Durchführung des Squeeze-out erforderlichen Beteiligungsverhältnisses bei der Gesellschaft wäre es zweckwidrig, eine Kausalität des Rechtsverstoßes für den Übertragungsbeschluss zu fordern, denn das Zustandekommen der notwendigen Beschlussmehrheit wird nicht durch etwaige Informationsdefizite beeinflusst.[78] Erforderlich, aber ausreichend ist, dass der Verstoß gegen § 327c Abs. 3 und 4 AktG für die Beschlussfassung nicht irrelevant war.[79] **47**

§ 327d Durchführung der Hauptversammlung

In der Hauptversammlung sind die in § 327c Abs. 3 bezeichneten Unterlagen zugänglich zu machen. Der Vorstand kann dem Hauptaktionär Gelegenheit geben, den Entwurf des Übertragungsbeschlusses und die Bemessung der Höhe der Barabfindung zu Beginn der Verhandlung mündlich zu erläutern.

---

[73] Zu Einzelheiten der Veröffentlichung im Internet s. *Kubis/Kalls* in MüKoAktG, § 124a Rn. 5f.

[74] *Hüffer/Koch,* § 327c Rn. 6.

[75] Siehe hierzu *Schnorbus* in Schmidt/Lutter, § 327c Rn. 33f.

[76] Vgl. *Fleischer* in GroßKomm., § 327c Rn. 61; *Koppensteiner* in KölnKomm., § 327c Rn. 16; aA *Grunewald* in MüKoAktG, § 327c Rn. 14; *Emmerich/Habersack,* § 327c AktG Rn. 14; *Singhof* in Spindler/Stilz, § 327c Rn. 13.

[77] *Fleischer* in GroßKomm., § 327c Rn. 61; *Hüffer/Koch,* § 327c Rn. 6; *Koch,* § 293f Rn. 5; *Koch,* § 175 Rn. 6.

[78] Vgl. *Ekkenga* in KölnKomm., § 175 Rn. 27.

[79] Vgl. *Fleischer* in GroßKomm., § 327c Rn. 61; *Grunewald* in MüKoAktG, § 327c Rn. 20; *Emmerich/Habersack,* § 327c AktG Rn. 15.

Übersicht

I. Regelungsgegenstand und -zweck

1 § 327d AktG übernimmt die Regelung des § 293g Abs. 1 und 2 AktG zu Unternehmensverträgen, die wiederum an § 176 Abs. 1 AktG anknüpft; daneben sind die allgemeinen Bestimmungen der §§ 118ff. AktG anwendbar. § 327d Satz 2 AktG weicht dabei in seinem Wortlaut von § 293g Abs. 2 AktG insofern ab, als die Erläuterung nicht nur durch den Vorstand der Gesellschaft, sondern auch durch den Hauptaktionär erfolgen kann, aber auch nicht erfolgen muss. Zweck der Vorschrift ist die **Information der Aktionäre** der Gesellschaft.

II. Auslegung von Unterlagen

2 Während der Hauptversammlung (und bis zu deren Ende) sind die in § 327c Abs. 3 AktG bezeichneten Unterlagen (vgl. → § 327c AktG Rn. 38) zugänglich zu machen.[1] Einer physischen Auslegung von Unterlagen bedarf es seit Inkrafttreten des ARUG im Jahr 2009 nicht mehr. Vielmehr reicht eine elektronische Bereitstellung über Terminals mit Monitoren aus.[2]

III. Zugänglichmachung von Unterlagen

1. Erläuterung durch den Hauptaktionär

3 Nach § 327d Satz 2 AktG kann der Vorstand der Gesellschaft dem Hauptaktionär Gelegenheit zur Erläuterung des Beschlussentwurfs und der Bemessung der Barabfindung geben. Die Erläuterung kann von einem gesetzlichen oder rechtsgeschäftlichen Vertreter des Hauptaktionärs abgegeben werden. Dem Hauptaktionär die Gelegenheit zur Erläuterung zu geben, steht im **pflichtgemäßen Ermessen des Vorstands** der Gesellschaft, dh ein dahingehend geäußertes Interesse des Hauptaktionärs ist vom Vorstand der Gesellschaft zu berücksichtigen.[3] Eine Erläuterungspflicht des Hauptaktionärs ist weder dem Gesetzestext noch der Gesetzesbegründung zu entnehmen.[4] Sie

[1] Zu den Folgen fehlender, mangelhafter oder verspäteter Zugänglichmachung vgl. → AktG § 327c Rn. 46f.

[2] Vgl. die Begründung im RegE zum ARUG (zu § 52 AktG), BT-Drucks. 16/11642, 25; so auch *Austmann* in MHdB AG, § 75 Rn. 73; *Altmeppen* in MüKoAktG, § 293g Rn. 3.

[3] Vgl. *Hasselbach* in KK-WpÜG, § 327d AktG Rn. 5.

[4] OLG Stuttgart NZG 2004, 146, 147; *Fleischer* in GroßKomm., § 327d Rn. 4; *Grunewald* in MüKoAktG, § 327d Rn. 3; *Koppensteiner* in KölnKomm., § 327d Rn. 2, 5;

ist auch weder aus Sicht der Gesellschaft noch aus Sicht der Minderheitsaktionäre zwingend, da bereits der Bericht des Hauptaktionärs die erforderlichen Informationen und deren Erläuterung zu enthalten hat. In der Praxis enthält sich der Hauptaktionär in der Hauptversammlung jedweder Erläuterungen.

2. Erläuterung durch den Vorstand

Gegenüber der Gesellschaft besteht das allgemeine **Auskunftsrecht** der Aktionäre nach § 131 Abs. 1 AktG. Danach kann ein Aktionär insbesondere zu sämtlichen Bewertungsgrundlagen, die bei der Bemessung der Barabfindung berücksichtigt wurden, Auskünfte einholen.[5] Der Vorstand kann die Auskunftserteilung dem Hauptaktionär überlassen, wenn der Hauptaktionär dies verlangt und sofern sich die Gesellschaft dessen Ausführungen erkennbar zu Eigen macht,[6] was aber in der Praxis nicht vorkommt. In den Fällen des § 131 Abs. 3 AktG kann der Vorstand die Auskunft jedoch verweigern. Daneben eine weitergehende Erläuterungspflicht des Vorstands analog §§ 176 Abs. 1 Satz 2, 293g Abs. 2 Satz 1, 320 Abs. 3 Satz 3 AktG wie bei einer Eingliederung oder einem Unternehmensvertrag anzunehmen, ist mit § 327c Abs. 2 Satz 4 AktG nicht vereinbar, da dieser gerade nicht auf § 293g AktG verweist[7] und der Squeeze-out nicht von der Gesellschaft ausgeht. 4

3. Inhalt der Erläuterung

Inhalt **der mündlichen Ausführungen zur Erläuterung** ist der Entwurf des Übertragungsbeschlusses, wie er gemäß § 327c Abs. 3 Nr. 1 AktG zur Einsicht der Aktionäre ausgelegt oder gemäß § 327c Abs. 5 AktG im Internet zugänglich gemacht wurde, einschließlich etwaiger Änderungen bis zum Beginn der Hauptversammlung, sowie die Bemessung der Höhe der Barabfindung, insbesondere deren **Angemessenheit und etwaige Bewertungsschwierigkeiten**.[8] 5

Hasselbach in KK-WpÜG, § 327d AktG Rn. 7; *Schüppen/Tretter* in Frankfurter Komm., § 327d AktG Rn. 5.

[5] Vgl. *Fleischer* in GroßKomm., § 327d Rn. 11.

[6] OLG Stuttgart NZG 2004, 146, 148; OLG Hamburg NZG 2003, 539, 542; *Fleischer* in GroßKomm., § 327d Rn. 10; *Koppensteiner* in KölnKomm., § 327d Rn. 8; *Schüppen/Tretter* in Frankfurter Komm., § 327d AktG Rn. 5; *Emmerich/Habersack*, § 327d AktG Rn. 5.

[7] Vgl. *Hasselbach* in KK-WpÜG, § 327d AktG Rn. 8; *Schnorbus* in Schmidt/Lutter, § 327d Rn. 6; *Heidel/Lochner* in AnwKomm-Aktienrecht, § 327d AktG Rn. 3. Für eine Erläuterungspflicht des Vorstandes aber OLG Hamburg DB 2003, 1499, 1501; *Hüffer/Koch*, § 327d Rn. 4 (aufgrund allgemeinem Rechtsgrundsatz); *Schüppen/Tretter* in Frankfurter Komm., § 327d AktG Rn. 3; wohl auch *Grunewald* in MüKoAktG, § 327d Rn. 3; *Emmerich/Habersack*, § 327d AktG, Rn. 3f.

[8] Vgl. *Fleischer* in GroßKomm., § 327d Rn. 9; *Hasselbach* in KK-WpÜG, § 327d AktG Rn. 8.

§ 327e Eintragung des Übertragungsbeschlusses

(1) **Der Vorstand hat den Übertragungsbeschluss zur Eintragung in das Handelsregister anzumelden. Der Anmeldung sind die Niederschrift des Übertragungsbeschlusses und seine Anlagen in Ausfertigung oder öffentlich beglaubigter Abschrift beizufügen.**

(2) **§ 319 Abs. 5 und 6 gilt sinngemäß.**

(3) **Mit der Eintragung des Übertragungsbeschlusses in das Handelsregister gehen alle Aktien der Minderheitsaktionäre auf den Hauptaktionär über. Sind über diese Aktien Aktienurkunden ausgegeben, so verbriefen sie bis zu ihrer Aushändigung an den Hauptaktionär nur den Anspruch auf Barabfindung.**

Schrifttum: *Buchta/Ott,* Problembereiche des Squeeze-out, DB 2005, 990; *Buchta/Sasse,* Freigabeverfahren bei Anfechtungsklagen gegen Squeeze-out-Beschlüsse, DStR 2004, 958; *Friedl,* Die Rechte von Bezugsrechtsinhabern beim Squeeze-out im Vergleich zu den Rechten der Minderheitsaktionäre, Der Konzern 2004, 309; *Markwardt,* Squeeze-out: Anfechtungsrisiken in „Missbrauchsfällen", BB 2004, 277; *Lehmann,* Zum Verhältnis von Beschlussmängelklage und Squeeze out, NZG 2007, 295; *Nietsch,* Anfechtungsbefugnis und Prozessführungsbefugnis beim Verlust der Aktionärsstellung durch Ausschluss nach § 327a AktG, NZG 2007, 451; *Petersen/Habbe,* Squeeze-out mit Eintragung im Handelsregister bestandskräftig?, NZG 2010, 1091; *Riegger,* Das Schicksal eigener Aktien beim Squeeze-out, DB 2003, 541; *Schäfer/Dette,* Aktienrechtlicher Squeeze-out – Beschlussnichtigkeit bei missbräuchlicher Erlangung des Kapitalquorums?, NZG 2009, 1; *Süßmann,* Die Behandlung von Options- und Wandelrechten in den einzelnen Squeeze-out-Verfahren, AG 2013, 158; *Wilsing/Kruse,* Zur Behandlung bedingter Aktienbezugsrechte beim Squeeze-out, ZIP 2002, 1465.

Übersicht

I. Regelungsgegenstand

1 § 327e AktG ist weitgehend der Regelung bei der Eingliederung nach § 319 Abs. 4 bis 6 AktG (Registeranmeldung, Registerverfahren) sowie § 320a AktG (Eintragung) nachgebildet. § 327e Abs. 1 AktG regelt das **Verfahren der Anmeldung** des Übertragungsbeschlusses zur Eintragung in das Handelsregister. § 327e Abs. 2 AktG bestimmt die entsprechende Anwendbarkeit von § 319 Abs. 5 und 6 AktG hinsichtlich der **Negativerklärung** des Vorstandes bzw. des diese ersetzenden Gerichtsbeschlusses. § 327e Abs. 3 AktG normiert die dingliche **Wirkung der Eintragung** des Übertragungsbeschlusses in das Handelsregister.

II. Registeranmeldung

1. Anmeldung

2 Gemäß § 327e Abs. 1 Satz 1 AktG hat der Vorstand der Gesellschaft den **Übertragungsbeschluss zur Eintragung** in das Handelsregister anzumelden, und zwar elektronisch in öffentlich beglaubigter Form (§ 12 Abs. 1 Satz 1 HGB). Eine Anmeldung bei dem für den Hauptaktionär zuständigen Registergericht ist weder erforderlich noch zulässig; zuständig ist vielmehr das Registergericht am Sitz der Gesellschaft.[1]

2. Beizufügende Unterlagen

3 Der Anmeldung sind gemäß § 327e Abs. 1 Satz 2 AktG die Niederschrift des Übertragungsbeschlusses und seine Anlagen (§§ 327b Abs. 3, 327c Abs. 3 Ziff. 2 bis 4 AktG) in **Ausfertigung oder öffentlich beglaubigter Abschrift** beizufügen. Aus praktischen Erwägungen sollten der Anmeldung auch die Jahresabschlüsse und Lageberichte, der Bericht des Hauptaktionärs und der Prüfungsbericht beigefügt werden, um Rückfragen des Registergerichts vorzubeugen.[2] Gleiches gilt für diejenigen Unterlagen, aus denen sich die entsprechende Beteiligungshöhe ergibt.[3] Die Prüfungskompetenz des Registergerichts umfasst allerdings nicht die Angemessenheit der Barabfin-

[1] Vgl. *Fleischer* in GroßKomm., § 327e Rn. 2; *Hüffer/Koch,* § 327e Rn. 2.

[2] Vgl. *Fleischer* in GroßKomm., § 327e Rn. 3; *Heidel/Lochner* in AnwKomm-Aktienrecht, § 327e AktG Rn. 3; *Schüppen/Tretter* in Frankfurter Komm., § 327e AktG Rn. 4.

[3] *Austmann* in MHdB AG, § 75 Rn. 83 regt beispielsweise an, Depotauszüge mit Sperrvermerk beizufügen.

dung, sondern beschränkt sich insoweit auf die Frage, ob eine Abfindung ordnungsgemäß angeboten wurde, dh insbesondere, ob es sich bei der Abfindung um eine in Euro lautende Barabfindung handelt.

3. Zwangsgeld

4 Der **Ausschluss des Zwangsgeldverfahrens** für den Fall der Nichtanmeldung durch den Vorstand ist in § 407 Abs. 2 Satz 1 AktG nicht geregelt. Hierbei dürfte es sich um ein Redaktionsversehen des Gesetzgebers handeln.[4] Das Zwangsgeldverfahren wäre sonst für die Anmeldung des Übertragungsbeschlusses nicht anzuwenden, entgegen dem Gesetzeswortlaut also der allgemeine Registerzwang nach § 14 HGB nicht einschlägig.[5]

5 Andererseits kann im Fall des Squeeze-out, anders als bei der Eingliederung, nicht von vornherein ein Registerzwang als „nicht erforderlich"[6] bezeichnet werden. Eine Nichteintragung des Übertragungsbeschlusses mit der Folge, dass die in § 327e Abs. 3 AktG bezeichnete Wirkung nicht eintritt, träfe zunächst den Hauptaktionär (und die Minderheitsaktionäre), nicht aber den Vorstand (letzteren nur über zum Schadenersatz verpflichtende Normen, was uU erhebliche Folgeprobleme bei der Bestimmung eines durch verzögerte Anmeldung entstandenen Schadens aufwirft). Für eine lückenfüllende Analogie zu § 407 Abs. 2 S. 1 AktG spricht aber, dass es nicht sachgerecht ist, wenn das Registergericht anstelle der Beteiligten die Gesellschaftsverhältnisse positiv gestalten würde.[7]

III. Negativerklärung

6 § 327e Abs. 2 AktG sieht eine sinngemäße Anwendung von § 319 Abs. 5 AktG zur sogenannten **Negativerklärung des Vorstands** im Rahmen der Eingliederung vor. § 319 Abs. 5 AktG entspricht wiederum weitgehend § 16 Abs. 2 UmwG. Die Negativerklärung ist in derselben Form wie die Anmeldung (§ 12 Abs. 1 Satz 1 HGB) (nicht notwendig in derselben Urkunde) durch den Vorstand (in vertretungsberechtigter Zahl) abzugeben und bezieht sich auf die Nichterhebung, nicht rechtzeitige Erhebung, rechtskräftige Abweisung oder Rücknahme einer Anfechtungsklage (§§ 243, 248 AktG), Nichtigkeitsklage (§ 249 AktG) bzw. allgemeinen Feststellungsklage gerichtet auf die Feststellung der Unwirksamkeit bzw. Nichtigkeit von Hauptversammlungsbeschlüssen (§ 256 ZPO).[8] Nicht fristgemäßes Erheben heißt im Falle

---

[4] Vgl. zu der versehentlich unterlassenen Anpassung des § 407 Abs. 2 Satz 1 AktG in § 319 Abs. 4 AktG *Hüffer/Koch,* § 407 Rn. 10; *Hüffer/Koch,* § 319 Rn. 13; *Grunewald* in MüKoAktG, § 319 Rn. 36.

[5] So auch *Singhof* in Spindler/Stilz, § 327e Rn. 2; *Hüffer/Koch,* § 327e Rn. 2; *Schnorbus* in Schmidt/Lutter, § 327e Rn. 2; aA *Grunewald* in MüKoAktG, § 327e Rn. 3.

[6] Vgl. *Fleischer* in GroßKomm., § 327e Rn. 4; *Hüffer/Koch,* § 407 Rn. 10; *Emmerich/Habersack,* § 327e AktG Rn. 2.

[7] Vgl. *Hüffer/Koch,* § 407 Rn. 10; *Godin/Wilhelmi,* § 407 Rn. 4.

[8] Zu letzterer wie hier *Hüffer/Koch,* § 319 Rn. 14; *Grunewald* in MüKoAktG, § 319 Rn. 38; aA *Fleischer* in GroßKomm., § 327e Rn. 8; *Emmerich/Habersack,* § 327e AktG Rn. 5; *Krieger* in MHdB AG, § 73 Rn. 18.

der Anfechtungsklage Versäumnis der Monatsfrist des § 246 Abs. 1 AktG; hinsichtlich der Nichtigkeitsklage gelten nicht die Fristen des § 242 Abs. 1 und 2 AktG, da deren Lauf die Eintragung in das Handelsregister voraussetzt.[9] Für die rechtskräftige Abweisung (durch Prozessurteil oder Sachurteil) und die Klagerücknahme gelten die allgemeinen prozessualen Vorschriften. Beendigung der Rechtshängigkeit durch Prozessvergleich (§ 794 Abs. 1 Nr. 1 ZPO), Klageverzicht (§ 306 ZPO) oder übereinstimmende Erledigterklärung (§ 91a ZPO) stehen der Klagerücknahme iSd § 319 Abs. 5 AktG gleich. Dies gilt auch im Fall des § 244 Satz 1 AktG, da jedenfalls die Rechtsfolge des § 319 Abs. 5 Satz 2 AktG (Registersperre) überflüssig wird. Die Negativerklärung des Vorstands kann erst nach Ablauf der Anfechtungsfrist wirksam abgegeben werden[10] oder muss dann jedenfalls wiederholt werden.[11] Für den Fall, dass eine Klage nach Einreichung der Handelsregisteranmeldung erhoben wird, gilt § 319 Abs. 5 Satz 1 zweiter Hs. AktG, dh der Vorstand hat dem Registergericht entsprechend Mitteilung zu machen.[12]

IV. Registersperre

Nach § 327e Abs. 2 AktG iVm § 319 Abs. 5 Satz 2 erster Hs. AktG bewirkt das Fehlen der Negativerklärung eine **Registersperre.** Es besteht kein Beurteilungsspielraum des Registergerichts nach § 381 Abs. 1 iVm § 21 Abs. 1 FamFG. Diese Regelung vollzieht die Rechtsprechung zu § 345 Abs. 2 AktG aF (noch ohne ausdrückliche Anordnung einer Registersperre) nach.[13] Die Registersperre besteht auch bis zum Ablauf der Anfechtungsfrist, da eine vor diesem Zeitpunkt abgegebene Negativerklärung des Vorstands unwirksam ist (vgl. → Rn. 6). 7

V. Verzichtserklärung

Die Registersperre tritt nicht ein, wenn eine notariell beurkundete **Verzichtserklärung sämtlicher klageberechtigten Aktionäre** vorliegt (§ 327e Abs. 2 AktG iVm § 319 Abs. 5 Satz 2 AktG). Dies ermöglicht insbesondere bei sehr wenigen Aktionären im Falle der Beteiligung aller Aktionäre an der Hauptversammlung die unmittelbare Einholung der entsprechenden Erklärung in notariell beurkundeter Form (§ 128 BGB) auf der Hauptversammlung, wodurch sich die Eintragung des Übertragungsbeschlusses beschleunigen dürfte. Praktische Fälle dürfte es nicht geben, denn schließlich könnten die Aktionäre sogleich ihre Aktien an den Hauptaktionär verkaufen. Eine Verzichtserklärung anderer Anfechtungsberechtigter als der Minderheitsaktionäre (§ 245 Nr. 4, 5 AktG) ist nach dem eindeutigen Gesetzeswortlaut 8

---

[9] Vgl. *Fleischer* in GroßKomm., § 327e Rn. 9; *Emmerich/Habersack,* § 327e AktG Rn. 5; *Emmerich/Habersack,* § 319 AktG Rn. 27; aA *Hüffer/Koch,* § 319 Rn. 14.

[10] BGH ZIP 2006, 2312ff. (zu §§ 16 Abs. 3, 198 Abs. 3 UmwG).

[11] *Austmann* in MHdB AG § 75 Rn. 84.

[12] Vgl. *Fleischer* in GroßKomm., § 327e Rn. 10; *Hasselbach* in KK-WpÜG, § 327e Rn. 13; *Koppensteiner* in KölnKomm., § 319 Rn. 24.

[13] BGHZ 112, 9, 12ff. – Hypothekenbank-Schwestern; weitere Nachweise bei *Hüffer/Koch,* § 319 Rn. 15.

nicht erforderlich.[14] Das Registergericht hat Klagen anderer Anfechtungsberechtigter aber im Rahmen seiner Prüfungspflicht nach § 381 Abs. 1 iVm § 21 Abs. 1 FamFG zu beachten.[15] Eine Verzichtserklärung des Hauptaktionärs sowie derjenigen Aktionäre, deren Anteile dem Hauptaktionär gemäß § 16 Abs. 4 AktG zugerechnet werden, ist ebenfalls nicht erforderlich.[16]

9 Der Verzichtserklärung steht gleich, wenn sämtliche Minderheitsaktionäre dem Übertragungsbeschluss zugestimmt haben.[17]

10 Die Verzichtserklärung ist keine Prozesshandlung, sondern eine materiellrechtliche Erklärung, etwa gegebene Beschlussmängel nicht geltend zu machen.[18] Daher ist mit „Verzichtserklärung" nicht der Klageverzicht (§ 306 ZPO) gemeint; dieser berechtigt vielmehr den Vorstand, die Negativerklärung abzugeben.

VI. Unbedenklichkeitsverfahren

1. Allgemeines

11 § 327e Abs. 2 AktG stellt durch Verweisung auf § 319 Abs. 6 AktG der Negativerklärung des Vorstands bzw. der Verzichtserklärung sämtlicher klageberechtigter Aktionäre den **rechtskräftigen Beschluss** des zuständigen Oberlandesgerichts gleich, dass die Erhebung einer Klage gegen die Wirksamkeit des Hauptversammlungsbeschlusses der Eintragung nicht entgegensteht.[19] Hintergrund dieses **Unbedenklichkeitsverfahrens** ist, dass wegen der Registersperre (§§ 319 Abs. 5 Satz 2, 327e Abs. 2 AktG) eine Abhängigkeit der Gesellschaft und des Hauptaktionärs von den Minderheitsaktionären besteht, welche gegen den Übertragungsbeschluss Klage eingelegt haben, und damit die Möglichkeit des Missbrauchs dieses Klagerechts eröffnet ist. Bei der Regelung handelt es sich um eine Maßnahme des einstweiligen Rechtsschutzes, die in Teilen des Verfahrens den §§ 916 ff. ZPO nachgebildet ist. Die für

---

[14] Vgl. *Grunewald* in MüKoAktG, § 319 Rn. 39; *Hasselbach* in KK-WpÜG, § 327e Rn. 5; aA *Koppensteiner* in KölnKomm., § 327e Rn. 4; *Fleischer* in GroßKomm., § 327e Rn. 13; *Austmann* in MHdB AG, § 75 Rn. 91.

[15] Vgl. *Grunewald* in MüKoAktG, § 319 Rn. 39; *Koppensteiner* in KölnKomm., § 319 Rn. 25 mit Fn. 82.

[16] Vgl. *Hasselbach* in KK-WpÜG, § 327e AktG Rn. 15; *Schüppen/Tretter* in Frankfurter Komm., § 327e AktG Rn. 5; aA *Fleischer* in GroßKomm., § 327e Rn. 13; *Koppensteiner* in KölnKomm., § 327e Rn. 4; *Emmerich/Habersack,* § 327e AktG Rn. 5; *Emmerich/Habersack,* § 319 AktG Rn. 30; *Austmann* in MHdB AG, § 75 Rn. 91, die zumindest eine Verzichtserklärung des Hauptaktionärs verlangen. Wiederum anders *Grunewald* in MüKoAktG, § 327e Rn. 5, die Verzichtserklärungen sowohl des Hauptaktionärs als auch derjenigen Aktionäre verlangt, deren Anteile dem Hauptaktionär gemäß § 16 Abs. 4 AktG zugerechnet werden.

[17] So auch *Singhof* in Spindler/Stilz, § 327e Rn. 5; aA die wohl hM, vgl. *Grunewald* in MüKo. AktG, § 327e Rn. 5; *Emmerich/Habersack,* § 327e AktG Rn. 5.

[18] Vgl. *Fleischer* in GroßKomm., § 327e Rn. 12; *Hüffer/Koch,* § 319 Rn. 16.

[19] Das Unbedenklichkeitsverfahren ist aufgrund des ARUG im Jahre 2009 sowohl in seinen formellen als auch materiellen Voraussetzungen umgestaltet und den Regelungen des Freigabeverfahrens nach § 246a AktG angepasst worden.

die Entscheidung des Gerichts maßgeblichen Tatsachen sind von den Parteien glaubhaft zu machen (§§ 319 Abs. 6 Satz 6, 327e Abs. 2 AktG).

2. Formelle Beschlussvoraussetzungen

Zuständig für den Beschluss ist das Oberlandesgericht, in dessen Bezirk die Gesellschaft ihren Sitz hat.[20] Der Beschluss setzt einen entsprechenden Antrag der Gesellschaft, vertreten durch den Vorstand, voraus. Fraglich ist insbesondere, ob bei Untätigkeit des Vorstands der Gesellschaft auch der Hauptaktionär antragsberechtigt ist. Dies ist zu bejahen, weil § 327e Abs. 2 AktG eine „sinngemäße" Anwendung des § 319 Abs. 6 AktG verlangt.[21] Der Gesetzeszweck einer zügigen Überwindung der Registersperre in besonderen Ausnahmefällen[22] kann anders als durch ein eigenes **Antragsrecht des Hauptaktionärs** nicht erreicht werden. Antragsgegner ist der im Hauptsacheverfahren klagende (Minderheits-)Aktionär.[23] Die Gesellschaft kann den Antrag erst nach Erhebung der Klage gegen den Übertragungsbeschluss stellen, dh nachdem ihr die Klageschrift zugestellt worden ist (§§ 319 Abs. 6 Satz 1, 327e Abs. 2 AktG; § 253 Abs. 1 ZPO). 12

3. Materielle Beschlussvoraussetzungen

§ 319 Abs. 6 Satz 3 enthält insgesamt vier Freigabegründe, nämlich (i) die Unzulässigkeit sowie (ii) die offensichtliche Unbegründetheit der Klage gegen den Hauptversammlungsbeschluss (§ 319 Abs. 6 Satz 3 Nr. 1 Alt. 1 und 2 AktG), (iii) die Nichterbringung des Nachweises durch den Kläger, dass er Aktien mit einem anteiligen Betrag des Grundkapitals von mindestens € 1000 hält (§ 319 Abs. 6 Satz 3 Nr. 2 AktG) und (iv) das vorrangige Vollzugsinteresse der Gesellschaft und ihrer Aktionäre (§ 319 Abs. 6 Satz 3 Nr. 3 AktG). 13

a) Unzulässigkeit. Wann die Klage unzulässig ist, richtet sich nach allgemeinen prozessualen Grundsätzen. Die Zulässigkeit ist abschließend (nicht summarisch) zu prüfen.[24] 14

---

[20] Die Änderung in der Zuständigkeit (früher: Landgericht) ist ebenfalls aufgrund des ARUG eingeführt worden. Ziel des Gesetzgebers war es, „den Lästigkeitswert missbräuchlicher Aktionärsklagen weiter zu senken" und „das Freigabeverfahren so schnell wir möglich zum Abschluss" zu bringen, vgl. BT-Drucks. 16/13098, 41. Damit im Zusammenhang steht auch die Unanfechtbarkeit des Freigabebeschlusses, siehe Rn. 19.

[21] So auch *Koppensteiner* in KölnKomm., § 327e Rn. 5; aA die hM, vgl. *Fleischer* in GroßKomm., § 327e Rn. 17; *Grunewald* in MüKoAktG, § 327e Rn. 6; *Schüppen/Tretter* in Frankfurter Komm., § 327e AktG Rn. 7; *Emmerich/Habersack,* § 327e AktG Rn. 6; *Austmann* in MHdB AG, § 75 Rn. 86, die bei hinreichendem Vollzugsinteresse eine Verpflichtung der Gesellschaft gegenüber dem Hauptaktionär annehmen, das Freigabeverfahren durch Stellung des Antrags nach §§ 319 Abs. 6 Satz 1, 327e Abs. 2 AktG einzuleiten.

[22] Vgl. *Hommelhoff* ZGR 1990, 447, 468 ff.

[23] Vgl. *Buchta/Sasse* DStR 2004, 958.

[24] Vgl. *Fleischer* in GroßKomm., § 327e Rn. 21; *Schüppen/Tretter* in Frankfurter Komm., § 327e AktG Rn. 10; *Emmerich/Habersack,* § 327e AktG Rn. 7; *dies.,* § 319 AktG Rn. 34; *Buchta/Sasse* DStR 2004, 958, 959.

15 **b) Offensichtliche Unbegründetheit.** Wie sich bereits aus den nachfolgend zitierten Rechtsprechungshinweisen ergibt, handelt es sich hierbei um den in der Praxis häufigsten Freigabegrund. Nach der älteren Rechtsprechung des BGH (dh vor Neufassung des UmwG im Jahr 1994) lag eine offensichtliche Unbegründetheit dann vor, wenn die Klage „zweifelsfrei ohne Erfolgsaussicht", dh „von vornherein unschlüssig oder unbegründet", ist oder mit dem Ziel erhoben wurde, „die Gesellschaft in grob eigennütziger Weise zu einer Leistung zu veranlassen, auf die der klagende Aktionär keinen Anspruch hat und auch billigerweise nicht erheben kann".[25] Nach einem Teil der Rechtsprechung und Literatur kommt es darauf an, ob das Gericht ohne schwierige rechtliche Überlegungen zu der Überzeugung gelangt, dass die Klage zweifelsfrei unbegründet ist.[26] Teilweise wird weitergehend sogar darauf abgestellt, ob die Unbegründetheit der Klage ohne weiteres erkennbar ist.[27] Diese alte Rechtsprechung hat seit der Änderungen aufgrund des ARUG keine Bedeutung mehr. Die Sach- und Rechtslage wird sorgfältig geprüft und damit die Hauptsache quasi vorweggenommen. Für diese Beurteilung sind alle Gesichtspunkte, welche die Klage begründet sein lassen können, einzubeziehen.[28]

16 **c) Kein Nachweis einer Beteiligung von mindestens 1000 Euro am Grundkapital.** Die dritte Fallgruppe in § 327e Abs. 2 AktG iVm § 319 Abs. 6 AktG (sog. Bagatellquorum) ist erst aufgrund des ARUG in den Katalog der Freigabegründe aufgenommen worden, um Kleinstbeteiligungen nicht zu einem Hindernis bei der Umsetzung relevanter Strukturmaßnahmen werden zu lassen. Der Kläger muss danach binnen einer Woche seit der Zustellung des Freigabeantrags mit Urkunden nachweisen, dass er seit der Bekanntmachung der Einberufung der Hauptversammlung Aktien in einem anteiligen Betrag des Grundkapital von mindestens 1000 Euro hält.[29]

17 **d) Vorrangiges Vollzugsinteresse.** Letzte Fallgruppe ist das **vorrangige Vollzugsinteresse der Gesellschaft**[30] **und ihrer Aktionäre** (dh des

---

[25] BGHZ 112, 9, 23 f.

[26] OLG Stuttgart AG 1997, 138, 139 – Moto Meter I; LG Hamburg ZIP 2003, 951 f.

[27] LG Regensburg Der Konzern 2004, 811, 813; LG Wuppertal AG 2004, 161, 162; LG Frankfurt Der Konzern 2003, 707 f.; LG Freiburg AG 1998, 536, 537; LG Hanau AG 1996, 90 f.

[28] Vgl. *Fleischer* in GroßKomm., § 327e Rn. 24 f.; *Hüffer/Koch,* § 246a Rn. 16; *Schüppen/Tretter* in Frankfurter Komm., § 327e AktG Rn. 11; *Austmann* in MHdB AG, § 74 Rn. 79. Vgl. auch die Gesetzesbegründung zu § 246a AktG in der Fassung des Gesetzes zur Unternehmensintegrität und Modernisierung des Anfechtungsrechts (UMAG), BT-Drucks. 14/7034, 29.

[29] Dabei werden die Anteile mehrerer Anfechtungskläger nicht zusammengerechnet, vgl. *Leuering/Götz* in Hölters, § 319 Rn. 41.

[30] Wie hier *Fleischer* in GroßKomm., § 327e Rn. 28; *Hasselbach* in KK-WpÜG, § 327e AktG Rn. 35 ff.; *Schüppen/Tretter* in Frankfurter Komm., § 327e AktG Rn. 8; *Buchta/Sasse* DStR 2004, 958, 959. Vgl. ferner die Gesetzesbegründung zu § 246a AktG in der Fassung des Gesetzes zur Unternehmensintegrität und Modernisierung des Anfechtungsrechts (UMAG), BT-Drucks. 14/7034, 29. Nach aA sind die Belange der Gesellschaft bei der Interessenabwägung (wegen der „sinngemäßen Anwendung"

Hauptaktionärs und der nicht klagenden Minderheitsaktionäre) vor den Interessen des Antragsgegners (dh des klagenden Minderheitsaktionärs). Die Regelung in § 319 Abs. 6 Satz 3 Nr. 3 AktG ist durch das ARUG gegenüber der Altfassung grundlegend neu gewichtet worden und setzt nunmehr eine zweistufige Prüfung voraus: Zunächst ist zu prüfen, ob die vom Antragsteller dargelegten wesentlichen Nachteile für die Gesellschaft und ihre Aktionäre die Nachteile für den Antragsgegner überwiegen. Dabei wird dem Gericht („nach freier Überzeugung des Gerichts") ein **weiter Beurteilungsspielraum** eingeräumt. Nachteile auf Seiten der Gesellschaft sind dabei vor allem der weiter anfallende Publikationsaufwand sowie der Mehraufwand bei der Durchführung von Hauptversammlungen, auf Seiten des Hauptaktionärs kommen unter anderem Steuernachteile als abwägungsrelevant in Betracht, soweit solche Nachteile wirtschaftlich von einigem Gewicht („wesentlich") sind.[31] In der Regel erkennen die Gerichte im Freigabeverfahren auf ein vorrangiges Vollzugsinteresse.

Schon die Gesetzesbegründung zu der Änderung des § 319 Abs. 6 AktG **18**
durch das ARUG macht deutlich, dass „diese Abwägung bei Aktionären mit geringer Beteiligung schwerlich zu ihren Gunsten ausgehen wird", weswegen als weitere Rechtsschutzmöglichkeit die Einrede der besonderen Schwere des Rechtsverstoßes vorgesehen sei.[32] Schwere der Rechtsverletzungen bedeutet dabei nicht etwa Gewicht und Umfang der verletzten Interessen des Klägers. Abzustellen ist vielmehr auf das Gewicht der behaupteten und als gegeben zu unterstellenden[33] Beschlussmängel. In Betracht kommen nach der Gesetzesbegründung dabei nur Fälle, in denen eine Eintragung des Beschlusses ohne vertiefte Prüfung im Hauptsacheverfahren „unerträglich" erscheine. Damit scheide selbst eine einfache Beschlussnichtigkeit als Rechtsverstoß im Sinne der Norm aus.[34] Relevant sind aber die objektive Schwere des Verstoßes (zB Nichtveröffentlichen der Einberufung der Hauptversammlung, Fehlen der Beurkundung bei börsennotierter Gesellschaft) sowie subjektive Elemente (absichtliche Verstöße gegen Gleichbehandlungsgebot und Treuepflicht). Auf eine Kausalität des Beschlussmangels für die Beschlussfassung kann es auf

---

des § 319 Abs. 6 AktG also beim Squeeze-out anders als bei der Eingliederung) auszublenden vgl. LG Saarbrücken NZG 2004, 1012, 1014; *Hüffer/Koch,* § 327e Rn. 3b; *Koppensteiner* in KölnKomm., § 327e Rn. 7. Diese Ansicht verkennt aber, dass die mit einem Squeeze-out erstrebten Vorteile regelmäßig zunächst auf Ebene der Gesellschaft selbst eintreten werden.

[31] Vgl. *Hasselbach* in KK-WpÜG, § 327e Rn. 36; *Müller-Michaels* in Hölters, § 327e Rn. 12; zu konkreten Einzelfällen OLG Hamm NZG 2011, 148, 150; OLG Hamm BeckRS 2014, 11989.

[32] BT-Drucks. 16/13098, 42.

[33] OLG Düsseldorf ZIP 1999, 793, 797; *Fleischer* in GroßKomm., § 327e Rn. 29; *Hasselbach* in KK-WpÜG, § 327e Rn. 38; *Decher* AG 1997, 388, 391; *Fuhrmann/Linnerz* ZIP 2004, 2306, 2308. Vgl. ferner die Gesetzesbegründung zu § 246a AktG in der Fassung des Gesetzes zur Unternehmensintegrität und Modernisierung des Anfechtungsrechts (UMAG), BT-Drucks. 14/7034, 29; aA *Emmerich/Habersack,* § 327e AktG Rn. 7.

[34] BT-Drucks. 16/13098, 42; vgl. auch Hasselbach in KK-WpÜG, § 327e Rn. 42; *Leuering/Götz* in Hölters, § 319 Rn. 49.

Grund der für den Squeeze-out erforderlichen Beteiligungsquote des Hauptaktionärs (95%) nicht ankommen.

4. Entscheidung

19 Das Prozessgericht entscheidet nach § 327e Abs. 2 AktG iVm § 319 Abs. 6 Satz 1 und Satz 9 AktG durch **unanfechtbaren Beschluss.** Die Entscheidung kann in dringenden Fällen ohne mündliche Verhandlung ergehen (§§ 319 Abs. 6 Satz 4 AktG), was die Regel ist. Ein dringender Fall liegt vor, wenn die Verzögerung auf Grund der mündlichen Verhandlung für eine der Parteien erhebliche Nachteile bringen würde. In jedem Fall ist dem Antragsgegner, also dem Kläger, aber rechtliches Gehör zu gewähren.[35] Der Beschluss soll spätestens drei Monate nach Antragstellung ergehen (§ 319 Abs. 6 Satz 5 AktG).

20 Die vorgebrachten Tatsachen sind vom Antragsteller glaubhaft zu machen (§ 319 Abs. 6 Satz 6 AktG). Glaubhaftmachung richtet sich nach § 294 ZPO. Der Beschluss kann nicht mit Auflagen (etwa Behebung eines Beschlussmangels) versehen werden.[36]

5. Schadenersatzverpflichtung

21 Nach § 327e Abs. 2 AktG iVm § 319 Abs. 6 Satz 10 AktG hat die Gesellschaft, die den Beschluss erwirkt hat, im Falle, dass sich die Klage gegen den Übertragungsbeschluss im Nachhinein als begründet erweist, dem Antragsgegner den Schaden zu ersetzen, der ihm auf Grund der auf dem Freigabeschluss beruhenden Eintragung des Übertragungsbeschlusses in das Handelsregister entstanden ist. Ein **Verschulden ist nicht Voraussetzung** für das Entstehen des Schadenersatzanspruchs. Haftungsgrund ist vielmehr die mit Einleitung des Unbedenklichkeitsverfahrens zu Lasten des (Hauptsache-) Klägers verbundene Risikoerhöhung.[37]

22 Trotz des eindeutigen Wortlautes des § 319 Abs. 6 Satz 10 AktG stellt sich die Frage, ob tatsächlich die Gesellschaft als Schuldner der Schadenersatzpflicht gewollt ist. Wie das gesamte Verfahren zum Squeeze-out dient auch die Beschleunigungsmöglichkeit durch den Antrag nach § 327e Abs. 2 AktG iVm § 319 Abs. 6 Satz 1 AktG dem Interesse des Hauptaktionärs. § 319 Abs. 6 S. 10 AktG ist dabei weitgehend dem § 945 ZPO nachgebildet. Auch dort trifft die Schadenersatzverpflichtung die Partei, welche die Anordnung eines Arrestes oder einer einstweiligen Verfügung erwirkt hat. § 327e Abs. 2 AktG iVm § 319 Abs. 6 Satz 10 AktG ist daher parallel zur Antragsbefugnis nach §§ 319 Abs. 6 Satz 1, 327e Abs. 2 AktG zu lesen (vgl. → Rn. 12). Soweit daher der Antrag auf den die Registersperre aufhebenden Beschluss

---

[35] OLG Düsseldorf WM 2005, 1948, 1949; *Fleischer* in GroßKomm., § 327e Rn. 34; *Hasselbach* in KK-WpÜG, § 327e AktG Rn. 14; *Buchta/Sasse* DStR 2004, 958, 959.

[36] Vgl. *Grunewald* in MüKoAktG, § 319 Rn. 33; aA *Heermann* ZIP 1999, 1861, 1870ff.

[37] Vgl. *Fleischer* in GroßKomm., § 327e Rn. 39; *Koppensteiner* in KölnKomm., § 327e Rn. 9.

nicht durch die Gesellschaft, sondern durch den Hauptaktionär gestellt worden ist, kann auch die Schadenersatzverpflichtung nur den Hauptaktionär treffen.[38]

23 Die Frage, ob der zu leistende Schadenersatz nach §§ 249ff. BGB auch Naturalrestitution, also die Wiederherstellung des Zustands ohne die beeinträchtigende Handlung (hier: Rückgängigmachung der Folgen der Übertragung), umfasst[39], ist seit dem ARUG durch § 327e Abs. 2 AktG iVm § 319 Abs. 6 Satz 11 AktG geklärt. Danach lassen nach der Eintragung Mängel des (Übertragungs-)Beschlusses seine Durchführung unberührt. Die Beseitigung der Wirkungen der Eintragung kann auch nicht als Schadensersatz verlangt werden. Damit besteht nach Durchführung eines Freigabeverfahrens Bestandsschutz für den bereits durch Eintragung durchgeführten Minderheitenausschluss.[40] Dieses Problem stellt sich freilich nicht, wenn man – wie hier – die Ansicht vertritt, dass die Schadensersatzverpflichtung nur den Hauptaktionär trifft, wenn der Antrag auf den die Registersperre aufhebenden Beschluss nicht durch die Gesellschaft, sondern durch den Hauptaktionär gestellt worden ist (vgl. → Rn. 22).

24 Weiterer denkbarer Schaden ist ein Verlust bei den zurückzugewährenden Anteilen etwa infolge des Wegfalls der Handelsmöglichkeit wegen eines zwischenzeitlich durchgeführten Delisting der Gesellschaft.[41] Auch die Kosten des ausgeschiedenen Aktionärs im Unbedenklichkeitsverfahren selbst sind Schaden iSv §§ 319 Abs. 6 Satz 10, 327e Abs. 2 AktG.[42]

VII. Wirkung der Eintragung

1. Übergang der Aktien

25 **a) Allgemeines.** Mit Eintragung des Übertragungsbeschlusses in das Handelsregister der Gesellschaft (nicht erst mit der Bekanntmachung der Eintra-

---

[38] Wie hier *Koppensteiner* in KölnKomm., § 327e Rn. 9 mit Fn. 25; *Krieger* BB 2002, 53, 60; aA die hM, vgl. *Fleischer* in GroßKomm., § 327e Rn. 38, 41; *Grunewald* in MüKoAktG, § 327e Rn. 8; *Hasselbach* in KK-WpÜG, § 327e AktG Rn. 51; *Schnorbus* in Schmidt/Lutter, § 327e Rn. 20; *Austmann* in MHdB AG, § 75 Rn. 95; *Emmerich/Habersack,* § 327e AktG Rn. 6; *Buchta/Sasse* DStR 2004, 958, 960; *Gesmann-Nuissl* WM 2002, 1205, 1211; *Paschos/Johannsen-Roth* NZG 2006, 327, 331.

[39] So zB OLG Frankfurt NZG 2007, 472, 474.

[40] Vgl. *Hasselbach* in KK-WpÜG, § 327e Rn. 52; *Schnorbus* in Schmidt/Lutter, § 327e Rn. 19; *Singhof* in Spindler/Stilz, § 327e Rn. 11; aA *Grunewald* in MüKoAktG, § 327e Rn. 16. Zu der Frage der Naturalrestitution bei unberechtigter Eintragung des Squeeze-out außerhalb eines Freigabeverfahrens siehe § 327f Rn. 10.

[41] Die Börsen stellen unverzüglich nach Eintragung des Squeeze-out im Handelsregister den Handel ein, da nach Übertragung aller Aktien auf den Hauptaktionär ein ordnungsgemäßer Handel unmöglich ist. Auf Antrag der Gesellschaft wird anschließend die Zulassung zurück genommen; dies geschieht regelmäßig, um die Zulassungsfolgepflichten zu beenden.

[42] Vgl. *Fleischer* in GroßKomm., § 327e Rn. 42; *Grunewald* in MüKoAktG, § 319 Rn. 47; *Emmerich/Habersack,* § 327e AktG Rn. 6.

gung) gehen sämtliche Aktien der Minderheitsaktionäre **kraft Gesetzes** auf den Hauptaktionär über. Die Eintragung wirkt also – wie bei dem insoweit parallelen § 320a AktG – konstitutiv.[43] Die Minderheitsaktionäre verlieren ihre Mitgliedschaftsrechte[44] damit automatisch kraft Gesetzes.[45]

26 Der automatische Übergang der Mitgliedschaftsrechte gilt nach dem Wortlaut von § 327e Abs. 3 Satz 1 für alle Aktien der Minderheitsaktionäre, dh auch für eigene Aktien der Gesellschaft oder Aktien, die einem Dritten für Rechnung der Gesellschaft gehören (§ 16 Abs. 2 AktG).[46]

27 Dies gilt trotz des Abzugs eigener Anteile der Gesellschaft bei der Berechnung der 95%-Beteiligung gemäß § 16 Abs. 2 AktG. Der Hauptaktionär soll die Kontrolle über alle Aktien der Minderheitsaktionäre und damit auch über solche Aktien haben, die potenziell durch (neue) Minderheitsaktionäre erworben werden können.

28 Kein Übergang findet aber hinsichtlich derjenigen Aktien statt, die dem Hauptaktionär gemäß § 16 Abs. 4 AktG zugerechnet werden.[47] Zweck der Squeeze-out-Regelung ist nicht, den Hauptaktionär zum Alleinaktionär zu machen, sondern den Ausschluss von Minderheitsaktionären im Interesse des Hauptaktionärs ua aus Kostengründen zu ermöglichen. Die Aktionäre, deren Aktien gemäß § 16 Abs. 4 AktG dem Hauptaktionär zugerechnet werden, sind schon begrifflich nicht Minderheitsaktionäre.[48]

29 **b) Beschränkte dingliche Rechte.** Ist das Mitgliedschaftsrecht mit einem beschränkten dinglichen Recht belastet, setzt sich diese Belastung analog § 1287 Satz 1 BGB an dem Abfindungsanspruch fort.[49] Besteht ein beschränktes dingliches Recht an der Aktienurkunde selbst, bleibt diese Belastung auch nach dem Austausch des verbrieften Rechts bestehen. Sobald die Abfindung geleistet wurde, setzt sich die Belastung entsprechend § 1287 Satz 1 BGB an der Abfindung fort (nicht also an der Urkunde, die dann an den Hauptaktionär herauszugeben ist).

---

[43] AA *Ehricke/Roth* DStR 2001, 1120, 1124; wiederum anders aber *dies.* DStR 2001, 1120, 1126.

[44] Nicht ihr Eigentum an den Aktienurkunden, vgl. → Rn. 30.

[45] Zu Optionen und Wandelschuldverschreibungen vgl. → Rn. 32 ff.

[46] Vgl. *Heidel/Lochner* in Heidel, § 327e AktG Rn. 12; *Emmerich/Habersack,* § 327e AktG Rn. 9; *Habersack* ZIP 2001, 1230, 1236; aA *Grunewald* in MüKoAktG, § 327e Rn. 10; *Koppensteiner* in KölnKomm., § 327e Rn. 12; *Hüffer/Koch,* § 327e Rn. 4; *Singhof* in Spindler/Stilz, § 327b Rn. 7; *Schnorbus* in Schmidt/Lutter, § 327e Rn. 25; *Schüppen/Tretter* in Frankfurter Komm., § 327e AktG Rn. 17; *Austmann* in MHdB AG, § 75 Rn. 92; *Riegger* DB 2003, 541, 543 f.; für ein Wahlrecht des Hauptaktionärs tritt *Hasselbach* in KK-WpÜG, § 327e AktG Rn. 60, ein.

[47] Vgl. *Fleischer* in GroßKomm., § 327e Rn. 44; *Grunewald* in MüKoAktG, § 327a Rn. 10; *Hüffer/Koch,* § 327e Rn. 4; *Koppensteiner* in KölnKomm., § 327e Rn. 11; *Hasselbach* in KK-WpÜG, § 327e AktG Rn. 59; *Schüppen/Tretter* in Frankfurter Komm., § 327e AktG Rn. 17; *Emmerich/Habersack,* § 327e AktG Rn. 9.

[48] BT-Drucks. 14/7034, 72.

[49] Vgl. *Fleischer* in GroßKomm., § 327e Rn. 45; *Hüffer/Koch,* § 327e Rn. 4; *Koppensteiner* in KölnKomm., § 327e Rn. 14; *Hasselbach* in KK-WpÜG, § 327e AktG Rn. 55; *Schüppen/Tretter* in Frankfurter Komm., § 327e AktG Rn. 15; *Habersack* ZIP 2001, 1230, 1236 f.

2. Verbriefung des Abfindungsanspruchs

Soweit Aktienurkunden ausgegeben wurden, verbriefen diese von der Eintragung an nicht mehr die Mitgliedschaft der Minderheitsaktionäre, sondern deren Abfindungsanspruch aus § 327a Abs. 1 Satz 1 AktG (§ 327e Abs. 3 Satz 2 AktG). Das Gleiche gilt für Zwischenscheine iSv § 8 Abs. 4 AktG.[50] Ohne diese ausdrückliche Regelung würden die Aktienurkunden mit dem dinglichen Rechtsübergang bei Eintragung ihre Eigenschaft als Inhaber- und Orderpapiere verlieren und automatisch Eigentum des Hauptaktionärs werden (§ 952 Abs. 2 BGB).[51] Gemäß § 327e Abs. 3 Satz 2 AktG wird jedoch zwischen der Eintragung und einer künftigen Aushändigung der Aktienurkunden nunmehr das verbriefte Recht ausgetauscht, die **Minderheitsaktionäre bleiben Eigentümer** der Aktienurkunden. § 327e Abs. 3 Satz 2 AktG setzt einen Anspruch auf Aushändigung der Aktienurkunden gegen Zahlung der (vollen) Barabfindung voraus. Der Anspruch richtet sich auf eine Leistung Zug um Zug gemäß §§ 273, 274 BGB. Der Anspruch auf Zahlung der festgesetzten Barabfindung entsteht kraft Gesetzes mit der Eintragung des Übertragungsbeschlusses in das Handelsregister und wird gemäß § 271 Abs. 1 BGB sofort fällig.[52] Mit Aushändigung an den Hauptaktionär wird das verbriefte Recht erneut ausgetauscht, und der Hauptaktionär erwirbt Eigentum an den Aktienurkunden analog § 797 Satz 2 BGB. 30

Eine **Kraftloserklärung** von Aktien der Minderheitsaktionäre gemäß § 73 Abs. 1 AktG bei nicht erfolgter Aushändigung ist problematisch.[53] Vor Zahlung der Abfindung kommt sie nicht in Betracht, weil dadurch § 327e Abs. 3 Satz 2 AktG konterkariert würde. Nach Zahlung der Abfindung verbriefen die Aktienurkunden hingegen kein Recht der Minderheitsaktionäre mehr. Eine Kraftloserklärung ist nun möglich, aber nicht mehr erforderlich.[54] 31

3. Optionen und Wandelschuldverschreibungen

Soweit im Zeitraum zwischen der Beschlussfassung der Hauptversammlung über den Squeeze-out und dem Übergang der Aktien der Minderheitsaktionäre durch Eintragung des Übertragungsbeschlusses im Handelsregister **Optionen oder Wandelrechte ausgeübt und bedient** werden durch Ausgabe der Bezugsaktien aus einer bedingten Kapitalerhöhung (§ 199 Abs. 1 und 2 AktG) oder Ausgabe neuer Aktien aus dem genehmigten Kapital, tritt für die Neuaktionäre ebenfalls die Rechtsfolge des § 327e Abs. 3 AktG, dh der Verlust der Mitgliedschaftsrechte, ein. An Stelle der ausgegebenen Aktien tritt für die Minderheitsaktionäre der Anspruch auf Barabfindung. 32

[50] Vgl. *Fleischer* in GroßKomm., § 327e Rn. 49; *Grunewald* in MüKoAktG, § 327e Rn. 13; *Hüffer/Koch,* § 327e Rn. 4; *Koppensteiner,* § 320a Rn. 3; *Koppensteiner* in KölnKomm., § 327e Rn. 21 mit Fn. 57; *Koppensteiner,* § 320a Rn. 6; *Hasselbach* in KK-WpÜG, § 327e AktG Rn. 24.

[51] Vgl. *Hüffer/Koch,* § 320a Rn. 3.

[52] Vgl. → § 327b Rn. 37.

[53] Vgl. *Emmerich/Habersack,* § 327e AktG Rn. 12.

[54] Vgl. *Fleischer* in GroßKomm., § 327e Rn. 49; *Hasselbach* in KK-WpÜG, § 327e AktG Rn. 65; *Austmann* in MHdB AG, § 75 Rn. 92; aA *Emmerich/Habersack,* § 327e AktG Rn. 11; *Emmerich/Habersack,* § 320a AktG Rn. 6.

33 Die Behandlung der etwa von der Gesellschaft begebenen und im Zeitpunkt der Eintragung des Übertragungsbeschlusses im Handelsregister noch nicht ausgeübten oder jedenfalls nicht bedienten Optionen oder Wandelrechte bleibt nach dem Gesetzeswortlaut offen. Nach einer Auffassung bleiben daher die ausgegebenen (schuldrechtlichen) Options- oder Wandelrechte auch nach Eintragung des Übertragungsbeschlusses in das Handelsregister bestehen und berechtigen weiterhin – gemäß den Ausgabebedingungen – zum Bezug von Aktien der Gesellschaft.[55] Diese Auffassung orientiert sich eng am Gesetzeswortlaut, der nur die Übertragung von Aktien regelt, aber keine Rechtsfolgen für schuldrechtlich begründete Options- oder Wandelrechte enthält. Nach dem Gesetzeszweck, dem Hauptaktionär die alleinige Aktionärsstellung (mit Ausnahme der ihm gemäß § 327a Abs. 2 AktG iVm § 16 Abs. 4 AktG zuzurechnenden Beteiligungen) zu verschaffen, kann jedoch ein nach dem Wirksamwerden des Übertragungsbeschlusses mit Eintragung im Handelsregister **fortbestehendes Bezugsrecht von außenstehenden Inhabern von Options- oder Wandelrechten nicht gewollt** sein,[56] weswegen die mittlerweile ganz überwiegende Ansicht in der Literatur[57] sowie die Rechtsprechung[58] in teleologischer Erweiterung der gesetzlich geregelten Squeeze-out-Rechtsfolgen annimmt, mit Eintragung des Übertragungsbeschlusses in das Handelsregister gingen die Bezugsrechte analog §§ 327a Abs. 1 Satz 1, 327e Abs. 3 Satz 1 AktG auf den Hauptaktionär über und die bisherigen Inhaber von Options- oder Wandelrechten erwürben kraft Gesetzes einen Anspruch gegen den Hauptaktionär auf Zahlung einer angemessenen Barabfindung.[59] Für diese Auffassung spricht insbesondere, dass andernfalls die Inhaber von Options- oder Wandelrechten besser gestellt würden als die Minderheitsaktionäre selbst.

34 Dieser Barabfindungsanspruch entsteht kraft Gesetzes mit der Eintragung des Übertragungsbeschlusses in das Handelsregister und wird gemäß § 271 Abs. 1 BGB sofort fällig.[60]

---

[55] Vgl. *Schüppen/Tretter* in Frankfurter Komm., § 327e AktG Rn. 18f.; *Baums* WM 2001, 1843, 1847ff.; *Friedl* Der Konzern 2004, 309, 313ff.; *Schüppen* WPg 2001, 958, 975f.

[56] So auch *Ehricke/Roth* DStR 2001, 1120, 1122.

[57] *Fleischer* in GroßKomm., § 327e Rn. 47; *Fleischer,* § 327b Rn. 28f.; *Grunewald* in MüKoAktG, § 327b Rn. 13; *Heidel/Lochner* in AnwKomm-Aktienrecht, § 327e AktG Rn. 13; *Hüffer/Koch,* § 327b Rn. 3; *Koppensteiner* in KölnKomm., § 327e Rn. 17; *Hasselbach* in KK-WpÜG, § 327e AktG Rn. 61; *Schnorbus* in Schmidt/Lutter, § 327b Rn. 13; *Emmerich/Habersack,* § 327e AktG Rn. 9; *Emmerich/Habersack,* § 327b AktG Rn. 7f.; *Angerer* BKR 2002, 260, 267; *Gesmann-Nuissl* WM 2002, 1205, 1207; *Krieger* BB 2002, 53, 61; *Markwardt* BB 2004, 277, 278 mit Fn. 19.; *Süßmann* AG 2013, 158, 160. Dies gilt auch dann, wenn Options- und Wandelrechte bezogen auf mehr als 5% des Grundkapitals ausstehen; dagegen aber *Angerer* BKR 2002, 260, 267, und *Gesmann-Nuissl* WM 2002, 1205, 1207.

[58] Bisher ist allerdings nur eine Entscheidung bekannt geworden: OLG Düsseldorf ZIP 2004, 1755, 1757.

[59] Zu deren Ermittlung wird im Rahmen der hM vielfach auf die Black-Scholes-Methode verwiesen, vgl. *Fleischer* in GroßKomm., § 327e Rn. 47; *Fleischer,* § 327b Rn. 32; *Austmann* in MHdB AG, § 75 Rn. 114; *Emmerich/Habersack,* § 327e AktG Rn. 10; *Fleischer,* § 327b AktG Rn. 8 mit Fn. 28; *Wilsing/Kruse* ZIP 2002, 1465, 1470 mit Fn. 34.

[60] Vgl. *Fleischer* in GroßKomm., § 327e Rn. 47; *Fleischer* in GroßKomm., § 327b Rn. 32; *Grunewald* in MüKoAktG, § 327e Rn. 14; *Schlitt/Seiler/Singhof* AG 2003, 254,

Bei der Gestaltung von Options- oder Wandelrechten empfiehlt sich für die kautelarjuristische Praxis bis zu einer Entscheidung seitens des BGH die **Aufnahme eines Sonderkündigungsrechts** der Gesellschaft für den Fall der Durchführung eines Squeeze-out bzw. einer Regelung, wonach die Optionsrechte im Fall der Durchführung eines Squeeze-out als ausgeübt gelten.[61] 35

Eine differenzierte Betrachtung könnte für Wandelanleihen angezeigt sein, da es mit dem (hypothetischen) Parteiwillen nicht vereinbar scheint, das Wandelungsrecht isoliert abzufinden und die Anleihe ggf. noch bis zur Endfälligkeit weiterlaufen zu lassen.[62] 36

4. Auswirkungen des Squeeze-out auf laufende Spruchverfahren und Anfechtungs- bzw. Nichtigkeitsklagen

Ein bei Wirksamwerden des Squeeze-out laufendes Spruchverfahren wird fortgesetzt. Der Ausschluss des Minderheitsaktionärs aus der Gesellschaft führt nicht zum Verlust seiner Antragsberechtigung (§ 3 SpruchG) und Sachbefugnis im Rahmen eines zu diesem Zeitpunkt bereits anhängigen Spruchverfahrens.[63] Hiervon zu unterscheiden ist die Antragsberechtigung des ausgeschlossenen Minderheitsaktionärs für ein Spruchverfahren zwecks gerichtlicher Nachprüfung der Angemessenheit der Barabfindung (§ 327f Satz 2 AktG). Hier ergibt sich die Antragsberechtigung des ausgeschlossenen Minderheitsaktionärs unmittelbar aus dem Gesetz (§§ 1 Nr. 3, 3 Satz 1 Nr. 2, Satz 2 SpruchG) und ist im Übrigen auch denklogische Voraussetzung für ein derartiges Verfahren. 37

Für bei Wirksamwerden des Squeeze-out laufende Anfechtungsverfahren hat der BGH[64] entschieden, dass der ausgeschlossene Minderheitsaktionär in analoger Anwendung des § 265 Abs. 2 ZPO zu deren Fortführung befugt sei, soweit er im konkreten Einzelfall ein berechtigtes rechtliches Interesse an der Fortführung des Anfechtungsprozesses habe.[65] Entsprechen- 38

268; *Wilsing/Kruse* ZIP 2002, 1465, 1470; aA *Vossius* ZIP 2002, 511, 513, wonach der Anspruch auf Zahlung einer angemessenen Barabfindung erst dann fällig wird, wenn der Inhaber der Options- oder Wandelrechte die Bezugsrechte nach den zugrunde liegenden Bedingungen ausüben kann und auch (fiktiv) ausübt.

[61] Vgl. *Fleischer* in GroßKomm., § 327e Rn. 47; *Fleischer* in GroßKomm., § 327b Rn. 30; *Koppensteiner* in KölnKomm., § 327e Rn. 17 mit Fn. 43; *Angerer* BKR 2002, 260, 267.

[62] Vgl. *Singhof* in Spindler/Stilz, § 327b Rn. 8; *Süßmann* AG 2013, 158, 162 ff., schlägt eine Abfindung „unter der Annahme der Ausübung der Optionsrechte" vor.

[63] LG München I DB 2004, 476, 479; *Fleischer* in GroßKomm., § 327e Rn. 55; *Schüppen/Tretter* in Frankfurter Komm., § 327f AktG Rn. 18; *Austmann* in MHdB AG, § 75 Rn. 112; *Emmerich/Habersack,* § 327e AktG Rn. 10; *Bredow/Tribulowsky* NZG 2002, 841, 844 ff.; *Schiffer/Rossmeier* DB 2002, 1359 ff.; aA *Buchta/Ott* DB 2005, 990, 993. Zur Mehrheitseingliederung (BGHZ 147, 108, 111 ff.) und zur Beendigung des Unternehmensvertrags aufgrund Verschmelzung (BVerfG WM 1999, 435 ff.; BGHZ 135, 374, 376 f.) ist bereits höchstrichterlich entschieden, dass im Zeitpunkt des Wirksamwerdens der neuen Strukturmaßnahme bereits anhängige Spruchverfahren aufgrund früherer Strukturmaßnahmen unberührt bleiben.

[64] BGH ZIP 2006, 2167 ff.

[65] Vgl. auch *Fleischer* in GroßKomm., § 327e Rn. 56; *Austmann* in MHdB AG, § 75 Rn. 115; *Emmerich/Habersack,* § 327e AktG Rn. 11. Mit anderer Begründung ferner

des gilt für die Nichtigkeitsklage.[66] Ein solches berechtigtes rechtliches Interesse besteht unter anderem, wenn die Zulässigkeit des Squeeze-out von der Wirksamkeit der vorangegangenen Strukturmaßnahme abhängt oder der Ausgang des Verfahrens Auswirkungen auf die Höhe der dem ausgeschlossenen Minderheitsaktionär zu gewährenden angemessenen Barabfindung haben kann.[67] Gleiches gilt, wenn der ausgeschlossene Minderheitsaktionär einen Dividendenanspruch verfolgt, der ihm im Zeitraum zwischen dem Übertragungsbeschluss und dem Wirksamwerden des Squeeze-out erwachsen sei.[68] Auf die gegen den Übertragungsbeschluss selbst gerichtete Klage sind diese Grundsätze nicht anzuwenden, da das Gesetz, das Schadensersatzansprüche des zu Unrecht ausgeschlossenen Minderheitsaktionärs bestimmt, davon ausgeht, dass eine derartige Klage nach Durchführung des Unbedenklichkeitsverfahrens fortgesetzt wird (§§ 319 Abs. 6 Satz 1 und 6, 327e Abs. 2 AktG).

§ 327f Gerichtliche Nachprüfung der Abfindung

Die Anfechtung des Übertragungsbeschlusses kann nicht auf § 243 Abs. 2 oder darauf gestützt werden, dass die durch den Hauptaktionär festgelegte Barabfindung nicht angemessen ist. Ist die Barabfindung nicht angemessen, so hat das in § 2 des Spruchverfahrensgesetzes bestimmte Gericht auf Antrag die angemessene Barabfindung zu bestimmen. Das Gleiche gilt, wenn der Hauptaktionär eine Barabfindung nicht oder nicht ordnungsgemäß angeboten hat und eine hierauf gestützte Anfechtungsklage innerhalb der Anfechtungsfrist nicht erhoben, zurückgenommen oder rechtskräftig abgewiesen worden ist.

Schrifttum: *Bolte,* Squeeze-out: Eröffnung neuer Umgehungstatbestände durch die §§ 327a ff. AktG? – Herbeiführen des Squeeze-out mittels Zwischenschaltens einer BGB-Gesellschaft bzw. eines Treuhänders?, DB 2001, 2587; *Bredow/Tribulowsky,* Auswirkungen von Anfechtungsklage und Squeeze-Out auf ein laufendes Spruchstellenverfahren, NZG 2002, 841; *Buchta/Ott,* Problembereiche des Squeeze-out, DB 2005, 990; *Buchta/Sasse,* Freigabeverfahren bei Anfechtungsklagen gegen Squeeze-out-Beschlüsse, DStR 2004, 958; *Bungert,* Verlust der Klagebefugnis für anhängige Anfechtungsklagen nach Wirksamwerden eines Squeeze Out, BB 2005, 1345; *ders.,* Fortbestehen der Anfechtungsbefugnis nach wirksam gewordenem Squeeze Out, BB 2007, 57; *Dißars,* Anfechtungsrisiken beim Squeeze-out – zugleich eine Analyse der bisheri-

---

Lehmann NZG 2007, 295 ff. Nach *Nietsch* NZG 2007, 451 ff., ist nicht ein berechtigtes rechtliches Interesse des ausgeschlossenen Minderheitsaktionärs, sondern die Sachdienlichkeit der Fortführung des Verfahrens maßgebliches Kriterium. AA OLG Koblenz v. 27.1.2005 ZIP 2005, 714 ff.; *Schüppen/Tretter* in Frankfurter Komm., § 327f AktG Rn. 17; *Buchta/Ott* DB 2005, 990, 993; *Bungert* BB 2005, 1345 ff.; *Bungert* BB 2007, 57 ff.

[66] Vgl. *Austmann* in MHdB AG, § 75 Rn. 115.

[67] Vgl. *Fleischer* in GroßKomm., § 327e Rn. 56; *Austmann* in MHdB AG, § 75 Rn. 116; *Emmerich/Habersack,* § 327e AktG Rn. 11; *Heise/Dreier* BB 2004, 1126 ff.

[68] OLG Stuttgart WuB II A. § 327a AktG 4.06; *Fleischer* in GroßKomm., § 327e Rn. 56; *Heidel/Lochner* in Heidel, § 327e AktG Rn. 17.

gen Rechtsprechung, BKR 2004, 389; *Gesmann-Nuissl,* Die neuen Squeeze-out-Regeln im Aktienrecht, WM 2002, 1205; *Lehmann,* Zum Verhältnis von Beschlussmängelklage und Squeeze out, NZG 2007, 295; *Lochner,* Anmerkung zu OLG Hamm v. 19.8.2005, ZIP 2006, 135; *Maslo,* Zurechnungstatbestände und Gestaltungsmöglichkeiten zur Bildung eines Hauptaktionärs beim Ausschluss von Minderheitsaktionären (Squeeze-out), NZG 2004, 163; *Schiffer/Roßmeier,* Auswirkungen des Squeeze-out auf rechtshängige Spruchverfahren, DB 2002, 1359; *Schmidt,* Ausschluss der Anfechtung des Squeeze-Out-Beschlusses bei abfindungsbezogenen Informationsmängeln, FS Ulmer 2003, 543; *Wilsing,* Der Regierungsentwurf des Gesetzes zur Unternehmensintegrität und Modernisierung des Anfechtungsrechts – Neuerungen für die aktienrechtliche Beratungspraxis, DB 2005, 35; *Wilsing/Kruse,* Anfechtbarkeit von Squeeze-Out- und Eingliederungsbeschlüssen wegen abfindungsbezogener Informationsmängel?, DB 2002, 1539.

Übersicht

I. Regelungsgegenstand

§ 327f AktG behandelt – entgegen seiner Überschrift – nicht nur die 1
gerichtliche Überprüfung der vom Hauptaktionär festgelegten Barabfindung, sondern betrifft die **Überprüfung des gesamten auf der Hauptversammlung gefassten Übertragungsbeschlusses.** Die Anwendbarkeit der Anfechtungsklage wird dabei teilweise zugunsten eines Spruchverfahrens ausgeschlossen. Eine inhaltliche Entsprechung findet § 327f AktG in §§ 320b Abs. 2, 305 Abs. 5 AktG, die ebenfalls das Anfechtungsrecht von ausscheidenden Aktionären nach Strukturmaßnahmen beschränken. Mit dem Spruchverfahrensneuordnungsgesetz[1] wurde § 327f Abs. 2 AktG aF gestrichen, in dem Verfahrensvorschriften zum Spruchverfahren geregelt waren; die entsprechenden Bestimmungen wurden in das SpruchG übernommen.

[1] Gesetz zur Neuordnung des gesellschaftsrechtlichen Spruchverfahrens v. 12.6.2003, BGBl. I 838 ff.

II. Anfechtungs-, Nichtigkeits- und allgemeine Feststellungsklage

1. Grundsatz

2 Gegen den Übertragungsbeschluss sind im Grundsatz sowohl Anfechtungs- (§§ 243ff. AktG) als auch Nichtigkeitsklagen (§ 249 AktG) von Aktionären oder dem Vorstand bzw. von Mitgliedern des Vorstands oder des Aufsichtsrats sowie allgemeine Feststellungsklagen (§ 256 Abs. 1 ZPO) anderer als der in § 249 Abs. 1 Satz 1 AktG genannten Personen[2] statthaft. Dies ergibt sich aus dem Umkehrschluss zu § 327f Satz 1 und 3 AktG und entspricht dem allgemeinen verbandsrechtlichen Rechtsschutzgedanken.

2. Ausschluss der Anfechtungsklage

3 § 327f Satz 1 und 3 AktG schließt allerdings – ebenso wie die Parallelvorschriften der §§ 320b Abs. 2 Satz 1, 304 Abs. 3 Satz 2, 305 Abs. 5 Satz 1 AktG – die Anfechtungsklage aus in Fällen, in denen die Gewährung von Sondervorteilen gegenüber einzelnen Aktionären zum Schaden der Gesellschaft oder der anderen Aktionäre gerügt wird (§ 243 Abs. 2 AktG) oder wenn diese auf eine behauptete Unangemessenheit der im Übertragungsbeschluss bestimmten Barabfindung gestützt wird. Die Höhe der Abfindung wird ausschließlich im Spruchverfahren überprüft.

3. Verbleibende Anfechtungsgründe

4 **a) Inhaltsmängel.** Eine Anfechtung des Hauptversammlungsbeschlusses wegen Inhaltsmängeln kommt nur in Ausnahmefällen in Betracht. Einer (einzelfallbezogenen) materiellen Inhaltskontrolle ist der Squeeze-out nicht zugänglich, weil der Übertragungsbeschluss keiner sachlichen Rechtfertigung bedarf (vgl. → § 327a Rn. 38). Eine auf die fehlende Notwendigkeit oder fehlende Verhältnismäßigkeit des Übertragungsbeschlusses gerichtete Anfechtungsklage wird somit keinen Erfolg haben. Gleiches gilt seit dem Beschluss des Bundesverfassungsgerichts[3] vom 30.5.2007 für die früher regelmäßig vorgetragene Rüge der **Verfassungswidrigkeit der §§ 327aff. AktG.** Eine inhaltliche Überprüfung kommt somit nur in den sehr restriktiv zu handhabenden Fällen der Missbräuchlichkeit des Squeeze-out in Betracht (vgl. → § 327a Rn. 56ff.).

5 **b) Verfahrens- und Informationsmängel.** Fehler im Ausschlussverfahren führen zur Anfechtbarkeit des Übertragungsbeschlusses.[4] Davon erfasst ist insbesondere die Verletzung von **Bekanntmachungs- und Informationspflichten nach §§ 327c und 327d AktG,** im Einzelnen also Verstöße bei der Bekanntmachung des Ausschlussverlangens als Gegenstand der Tagesordnung und fristgerechte Einladung der Aktionäre (§ 327c Abs. 1 AktG iVm § 124 Abs. 1 Satz 1 AktG), bei der Erstellung und Prüfung des Berichts des

---

[2] Vgl. *Hüffer/Koch,* § 249 Rn. 12; *Hüffer/Schäfer* in MüKoAktG, § 249 Rn. 6; *Schmidt* in GroßKomm., § 249 Rn. 36; *Zöllner* in KölnKomm., § 249 Rn. 4.

[3] BVerfG NZG 2007, 587 – Edscha AG.

[4] *Austmann* in MHdB AG, § 75 Rn. 79f.

Hauptaktionärs (§ 327c Abs. 2 AktG),[5] bei der Auslegung von Unterlagen nach § 327c Abs. 3 im Vorfeld der Hauptversammlung[6] und bei der Erteilung von Abschriften nach § 327c Abs. 4 AktG[7]. Dies gilt allerdings unter der Einschränkung, dass ein objektiv urteilender Aktionär die fehlende oder fehlerhafte Information als wesentliche Voraussetzung für die Wahrnehmung seiner Interessen angesehen hätte (§ 243 Abs. 4 Satz 1 AktG). Das Fehlen der erforderlichen 95%-igen Kapitalbeteiligung des Hauptaktionärs zum Zeitpunkt der Beschlussfassung führt sogar zur Nichtigkeit des Hauptversammlungsbeschlusses.[8]

Einen Sonderfall stellen **abfindungswertbezogene Informationsmängel** dar: Gemäß § 243 Abs. 4 Satz 2 AktG kann auf unrichtige, unvollständige oder unzureichende Informationen in der Hauptversammlung über die Ermittlung, die Höhe oder die Angemessenheit einer Abfindung eine Anfechtungsklage nicht gestützt werden, wenn das Gesetz für Bewertungsrügen ein Spruchverfahren vorsieht. Da über § 1 Nr. 3 SpruchG für Streitigkeiten über die Bestimmung der angemessenen Barabfindung in Fällen des aktienrechtlichen Squeeze-out das Spruchverfahren eröffnet ist, gilt für abfindungswertbezogene Informationsmängel (Information in Bezug auf Ermittlung oder Höhe der Barabfindung) in der Hauptversammlung nunmehr ein gesetzlicher Ausschluss der Anfechtungsklage. Da sich § 243 Abs. 4 Satz 2 AktG – im Gegensatz zu § 243 Abs. 4 Satz 1 AktG – nur auf die „unrichtige, unvollständige oder unzureichende" Erteilung von Informationen in der Hauptversammlung bezieht, bleibt beim vollständigen Ausbleiben bzw. bei Totalverweigerung der Auskunft die Anfechtungsklage statthaft.[9] Gleiches gilt in Fällen, in denen gegen Bekanntmachungs- und Informationspflichten im Vorfeld der Hauptversammlung (§ 327c AktG) verstoßen wurde,[10] nicht je- 6

[5] OLG Hamburg ZIP 2004, 2288, 2289; *Fleischer* in GroßKomm., § 327c Rn. 16, 41; *Grunewald* in MüKoAktG, § 327c Rn. 10, 15; *Heidel/Lochner* in Heidel, § 327f AktG Rn. 4, 6; *Schüppen/Tretter* in Frankfurter Komm., § 327c AktG Rn. 12, 24; *Emmerich/Habersack,* § 327c AktG Rn. 7, 13.

[6] LG Hamburg DB 2002, 2478; *Fleischer* in GroßKomm., § 327c Rn. 56; *Grunewald* in MüKoAktG, § 327c Rn. 10; *Heidel/Lochner* in Heidel, § 327f AktG Rn. 6; *Emmerich/Habersack,* § 327c AktG Rn. 14.

[7] Vgl. *Fleischer* in GroßKomm., § 327c Rn. 61; *Grunewald* in MüKoAktG, § 327c Rn. 20; *Emmerich/Habersack,* § 327c AktG Rn. 15.

[8] KG, WM 2010, 416, 418; OLG München ZIP 2006, 2370, 2371; *Fleischer* in GroßKomm., § 327f Rn. 6; *Grunewald* in MüKoAktG, § 327a Rn. 16; *Austmann* in MHdB AG, § 75 Rn. 80.

[9] Vgl. die Gesetzesbegründung zu § 243 Abs. 4 Satz 2 AktG in der Fassung des Gesetzes zur Unternehmensintegrität und Modernisierung des Anfechtungsrechts (UMAG), BT-Drucks. 15/5092, 26: „[…] Nicht erfasst sind Totalverweigerungen von Informationen. […]"; ferner *Fleischer* in GroßKomm., § 327f Rn. 18; *Hüffer/Koch,* § 243 Rn. 47c; *Emmerich/Habersack,* § 327f AktG Rn. 4.

[10] Vgl. die Gesetzesbegründung zu § 243 Abs. 4 Satz 2 AktG in der Fassung des Gesetzes zur Unternehmensintegrität und Modernisierung des Anfechtungsrechts (UMAG), BT-Drucks. 15/5092, 26: „[…] Da es nur um Informationen in der Hauptversammlung geht, sind alle gesetzlich vorgeschriebenen Berichtspflichten, die vor und außerhalb der Hauptversammlung zu erfüllen sind, nicht erfasst. […]"; ferner *Fleischer* in GroßKomm., § 327f Rn. 18; *Wilsing* DB 2005, 35, 36; wohl auch *Emmerich/*

doch bei einzelnen Fehlern im Übertragungs- oder Prüfungsbericht.[11] Zur Anfechtung berechtigen darüber hinaus zB das vollständige Fehlen eines Abfindungsangebots oder das nicht ordnungsgemäße[12] Anbieten der Abfindung,[13] das Fehlen eines Beschlussvorschlags von Vorstand und Aufsichtsrat,[14] fehlende Abstimmungsmehrheiten[15] oder das Fehlen der Gewährleistungserklärung eines Kreditinstituts (§ 327b Abs. 3 AktG).[16]

4. Nichtigkeitsklage

7 Eine Nichtigkeit des Übertragungsbeschlusses kann insbesondere dann gemäß § 241 Nr. 3 AktG („mit dem Wesen der Aktiengesellschaft nicht zu vereinbaren") vorliegen, wenn der Hauptaktionär im Zeitpunkt der Beschlussfassung der Hauptversammlung **nicht über die erforderliche Mehrheit** von 95% des Grundkapitals der betreffenden Gesellschaft verfügt.[17]

5. Allgemeine Feststellungsklage

8 Jedenfalls zulässig und von den Beschränkungen des § 327f AktG unberührt bleibt die allgemeine Feststellungsklage (§ 256 Abs. 1 ZPO) Dritter, dh anderer als der in § 249 Abs. 1 Satz 1 AktG genannten Personen.[18]

6. Rechtsfolgen

9 Ist eine Anfechtungs-, Nichtigkeits- oder allgemeine Feststellungsklage (§ 256 Abs. 1 ZPO) wirksam und fristgemäß erhoben, bewirkt sie bis zu ihrer

---

Habersack, § 327f AktG Rn. 4. Kritik hingegen bei *Noack/Zetzsche* ZHR 170 (2006) 218, 238ff.

[11] Vgl. *Austmann* in MHdB AG § 75 Rn. 82, unter Verweis auf LG München I AG 2009, 632, 634, sowie KG WM 2010, 416, 419.

[12] Insbesondere in Fällen, in denen eine nicht auf Euro lautende Barabfindung oder anstelle einer Barabfindung eine Sachabfindung angeboten wird.

[13] Dies ergibt sich schon aus dem Umkehrschluss zu § 327f Satz 3 AktG. Vgl. ferner *Fleischer* in GroßKomm., § 327f Rn. 9; *Heidel/Lochner* in Heidel, § 327f AktG Rn. 3; *Koppensteiner* in KölnKomm., § 327f Rn. 8; *Hasselbach* in KK-WpÜG, § 327f AktG Rn. 2; *Emmerich/Habersack,* § 327f AktG Rn. 5.

[14] LG Frankfurt aM NZG 2004, 672, 673f.; *Fleischer* in GroßKomm., § 327f Rn. 14; *Dißars* BKR 2004, 389, 391.

[15] LG Mannheim AG 2005, 780ff.

[16] Vgl. *Fleischer* in GroßKomm., § 327b Rn. 52; *Koppensteiner* in KölnKomm., § 327f Rn. 8; *Hasselbach* in KK-WpÜG, § 327b AktG Rn. 56; *Schüppen/Tretter* in Frankfurter Komm., § 327b AktG Rn. 26; *Emmerich/Habersack,* § 327b AktG Rn. 14; *Gesmann-Nuissl* WM 2002, 1205, 1208; aA *Heidel/Lochner* in Heidel, § 327b AktG Rn. 14, die Nichtigkeit gemäß § 241 Nr. 3 AktG annehmen.

[17] OLG München ZIP 2006, 2370, 2371; OLG München Der Konzern 2004, 611; *Fleischer* in GroßKomm., § 327f Rn. 6; *Grunewald* in MüKoAktG, § 327a Rn. 16; *Singhof* in Spindler/Stilz, § 327a, Rn. 16; *Schüppen/Tretter* in Frankfurter Komm., § 327a AktG Rn. 22; *Austmann* in MHdB AG, § 75 Rn. 80; *Emmerich/Habersack,* § 327f AktG Rn. 3; *Baums* WM 2001, 1843, 1845ff.; *Fuhrmann/Simon* WM 2002, 1211, 1212; *Maslo* NZG 2004, 163, 164; *Vetter* ZIP 2000, 1817, 1824.

[18] Vgl. *Hüffer/Koch,* § 249 Rn. 12; *Hüffer/Schäfer* in MüKoAktG, § 249 Rn. 6; *Schmidt* in GroßKomm., § 249 Rn. 36; *Zöllner* in KölnKomm., § 249 Rn. 4.

rechtskräftigen Abweisung oder Zurücknahme eine **Registersperre,** weil der Vorstand der Gesellschaft daran gehindert ist, die Negativerklärung nach §§ 327e, 319 Abs. 5 Satz 1 AktG abzugeben.[19] Der Vollzug des Squeeze-out mit Eintragung des Übertragungsbeschlusses in das Handelsregister (§ 327e Abs. 3 Satz 1 AktG) wird damit bis auf weiteres blockiert. Die Rechtshängigkeit einer wirksam und fristgemäß erhobenen Klage kann auch mittels Prozessvergleich (§ 794 Abs. 1 Nr. 1 ZPO), Klageverzicht (§ 306 ZPO) oder übereinstimmender Erledigterklärung (§ 91a ZPO) beseitigt werden.

Die dennoch unberechtigte Eintragung des Squeeze-out (ohne vorherige **10** Durchführung eines Freigabeverfahrens, dazu → § 327e AktG Rn. 23) unterliegt der Amtslöschung nach § 395 Abs. 1 FamFG. Die durch die Eintragung zu Unrecht ausgeschiedenen Minderheitsaktionäre haben einen Anspruch auf Schadensersatz im Wege der Naturalrestitution, also Wiedereinräumung ihrer Aktionärsstellung durch den Hauptaktionär, Zug-um-Zug gegen Herausgabe der Barabfindung.[20]

III. Spruchverfahren

1. Anwendbarkeit

Ein **Spruchverfahren** nach §§ 2ff. SpruchG ist in folgenden Fällen eröff- **11** net: (i) bei behaupteter Unangemessenheit der vom Hauptaktionär festgelegten Barabfindung (§ 327f Satz 2 AktG iVm § 1 Nr. 3 SpruchG); (ii) wenn der Hauptaktionär eine Barabfindung nicht oder nicht ordnungsgemäß angeboten hat und eine hierauf gestützte Anfechtungsklage nicht fristgemäß erhoben, zurückgenommen oder rechtskräftig abgewiesen worden ist (§ 327f Satz 3 AktG); (iii) und schließlich dann, wenn in der über den Squeeze-out beschließenden Hauptversammlung abfindungswertbezogene Informationen unrichtig, unvollständig oder unzureichend erteilt worden sind (§ 243 Abs. 4 Satz 2 AktG iVm § 1 Nr. 3 SpruchG).

2. Einzelheiten

a) Antrag. Antragsberechtigt ist jeder ausgeschiedene Minderheitsak- **12** tionär (§ 3 Satz 1 Nr. 2 SpruchG). Nicht antragsberechtigt sind damit diejenigen Aktionäre, deren Anteile dem Hauptaktionär nach § 327a Abs. 2 iVm § 16 Abs. 4 AktG zugerechnet werden; diese Aktien gehen nicht auf den Hauptaktionär über, so dass deren Inhaber schon begrifflich nicht Minderheitsaktionäre iSv § 327a Abs. 1 Satz 1 AktG und damit schon nicht abfindungsberechtigt sind.[21] Der Minderheitsaktionär hat nach § 3 Satz 2 und 3 SpruchG seine Antragsberechtigung dem zuständigen Gericht durch Vorlage einer berechtigenden Urkunde, also entweder eines Depotauszuges seiner

---

[19] Vgl. → AktG § 327e Rn. 7; zur Aufhebung der Registersperre im Freigabeverfahren → § 327e Rn. 11 ff.

[20] BGHZ 189, 32, 35; *Singhof* in Spindler/Stilz, § 327e Rn. 11; *Schnorbus* in Schmidt/Lutter, § 327e Rn. 33; *Austmann* in MHdB AG, § 75 Rn. 95.

[21] Vgl. *Fleischer* in GroßKomm., § 327f Rn. 28; *Fritzsche/Dreier/Verführt,* § 4 SpruchG Rn. 27.

Bank oder der effektiven Aktienstücke, nachzuweisen. Allerdings geht die obergerichtliche Rechtsprechung unter Berufung auf den Wortlaut des § 4 Abs. 2 Satz 2 Nr. 2 SpruchG davon aus, dass der ausgeschiedene Minderheitsaktionär seine Antragsberechtigung nicht bereits innerhalb der Antragsfrist nach § 4 Abs. 1 Satz 1 Nr. 3 SpruchG urkundlich nachzuweisen, sondern lediglich darzulegen hat.[22] Maßgeblich für das Vorliegen der Antragsberechtigung ist der Zeitpunkt der Eintragung des Übertragungsbeschlusses in das Handelsregister (§ 327e AktG), da die Minderheitsaktionäre zu diesem Zeitpunkt aus der Gesellschaft ausscheiden (§ 327e Abs. 3 Satz 1 AktG).[23]

13 Der Antrag auf Bestimmung der angemessenen Barabfindung durch das Gericht kann nach § 4 Abs. 1 Satz 1 Nr. 3 SpruchG erst dann gestellt werden, wenn der Übertragungsbeschluss in das Handelsregister eingetragen worden ist (§ 8a Abs. 1 HGB).[24] Die Erhebung einer Anfechtungs-, Nichtigkeits- oder allgemeinen Feststellungsklage (§ 256 Abs. 1 ZPO) gegen den Übertragungsbeschluss kann demnach die Einleitung eines Spruchverfahrens verzögern.[25] Die Antragsberechtigung geht auf einen Gesamtrechtsnachfolger über, nicht jedoch auf einen Einzelrechtsnachfolger. Letzterer ist nicht schutzwürdig, da die von ihm erworbenen Aktienurkunden nur den Anspruch auf die Barabfindung verbriefen (§ 327e Abs. 3 Satz 2 AktG)[26] und die Antragsberechtigung Ausfluss der (auf den Hauptaktionär übergegangenen) Mitgliedschaft der Minderheitsaktionäre ist. **Antragsgegner** ist nach § 5 Nr. 3 SpruchG ausschließlich der Hauptaktionär. Der Hauptaktionär ist auch grundsätzlich Schuldner der Gerichtskosten (§ 15 Abs. 1 SpruchG), während die Beteiligten ihre eigenen Kosten grundsätzlich selbst tragen müssen (§ 15

---

[22] OLG Düsseldorf NZG 2005, 895, 896; OLG Stuttgart NZG 2004, 1162 f.; OLG Frankfurt NZG 2006, 151 ff.; OLG Frankfurt NZG 2006, 153 ff.; und OLG Frankfurt ZIP 2008, 1036; aA KG ZIP 2007, 2352 ff.; LG Frankfurt NJW-RR 2005, 473 f.; *Mennicke* in Lutter, UmwG, Anhang I § 4 SpruchG Rn. 8.

[23] OLG Düsseldorf NZG 2005, 895, 896 f.; OLG Frankfurt NZG 2006, 151, 152; OLG Hamburg AG 2004, 622 f.; *Fleischer* in GroßKomm., § 327f Rn. 29; *Hüffer/Koch,* Anh. § 305 AktG § 3 SpruchG Rn. 3; *Mennicke* in Lutter, UmwG, Anhang I § 3 SpruchG Rn. 5; *Wasmann* in KK-SpruchG, § 3 Rn. 11; *Emmerich/Habersack,* § 3 SpruchG Rn. 10; *Bungert/Mennicke* BB 2003, 2021, 2025.

[24] LG Frankfurt ZIP 2004, 808 f.; LG Berlin ZIP 2003, 1300 f.; *Fleischer* in GroßKomm., § 327f Rn. 30; *Hüffer/Koch,* Anh. § 305 AktG § 3 SpruchG Rn. 3; *Koppensteiner* in KölnKomm., § 327f Rn. 16; *Austmann* in MHdB AG, § 75 Rn. 112; *Emmerich/Habersack,* § 327f AktG Rn. 7; *Emmerich/Habersack,* § 3 SpruchG Rn. 11; *Emmerich/Habersack,* § 4 SpruchG Rn. 4; aA LG Dortmund NZG 2005, 320, 321 f.; *Krieger* in Lutter, UmwG, Anhang I § 4 SpruchG Rn. 6; *Wasmann* in KK-SpruchG, § 4 Rn. 7; *Wasmann* DB 2003, 1559, wonach die Eintragung des Übertragungsbeschlusses in das Handelsregister zusätzlich bekannt gemacht sein muss (§ 10 HGB).

[25] Vgl. *Hüffer/Koch,* Anh. § 305 AktG § 3 SpruchG Rn. 3; *Schüppen/Tretter* in Frankfurter Komm., § 327f AktG Rn. 7.

[26] OLG Düsseldorf NZG 2005, 895, 896 f.; OLG Frankfurt NZG 2006, 151, 152 f.; OLG Hamburg AG 2004, 622, 623; LG Dortmund Der Konzern 2004, 618 f.; *Fleischer* in GroßKomm., § 327f Rn. 30; *Hüffer/Koch,* Anh. § 305 AktG § 3 SpruchG Rn. 3; *Wasmann* in KK-SpruchG, § 3 Rn. 10; *Emmerich/Habersack,* § 3 SpruchG Rn. 11; aA wohl *Hasselbach* in KK-WpÜG, § 327f AktG Rn. 7; *Krieger* in Lutter, UmwG, Anhang I § 4 SpruchG Rn. 5.

Abs. 2 SpruchG). Eine Erstattung der Kosten der Antragsteller durch den Antragsgegner (nicht andersherum) ist vom Gesetz nur in Ausnahmefällen unter Billigkeitsgesichtspunkten vorgesehen.[27]

Für die Berechnung der **Antragsfrist** gelten §§ 186ff. BGB. Für den Beginn der Antragsfrist ist nach § 4 Abs. 1 Satz 1 Nr. 3 SpruchG die Bekanntmachung der Eintragung des Übertragungsbeschlusses in das Handelsregister maßgeblich (§ 187 Abs. 1 BGB iVm § 10 HGB), jedoch beginnt der Fristlauf auch bei fehlerhafter Eintragung des Übertragungsbeschlusses (und deren Bekanntmachung) trotz anhängiger Klage.[28] Obwohl die Einordnung der Frist nach § 4 Abs. 1 Satz 1 SpruchG als materiell-rechtliche Frist[29] nicht eindeutig ist,[30] kommt auch nach neuer Rechtslage bei deren schuldloser Versäumung eine Wiedereinsetzung in den vorigen Stand nicht in Betracht,[31] ebenso wenig eine Hemmung oder Unterbrechung nach den zivilrechtlichen Vorschriften.[32] 14

Der BGH hatte zu § 327f Abs. 2 Satz 2 AktG aF entschieden, dass auch die Einreichung eines Antrags bei einem örtlich unzuständigen Gericht in analoger Anwendung des § 281 ZPO fristwahrend wirkt.[33] Dies wird auch nach neuer Rechtslage gelten, da das Spruchverfahren nach §§ 2ff. SpruchG einem kontradiktorischen Verfahren noch näher steht als das zuvor im Wesentlichen in § 306 AktG aF normierte Spruchverfahren.[34] Aus § 4 Abs. 1 Satz 2 SpruchG ergibt sich nicht anderes.[35] Zwar wird hiernach in den Fällen des § 2 Abs. 1 Satz 1 und 2 SpruchG die Antragsfrist durch Einreichung bei jedem *zunächst zuständigen* Gericht gewahrt, doch schließt dies schon deshalb eine analoge Anwendung des § 281 ZPO nicht aus, da § 4 Abs. 1 Satz 2 SpruchG für den hier interessierenden Fall, bei dem ein *per se unzuständiges* Gericht angerufen wird, gerade keine (abschließende) Regelung trifft. 15

---

[27] In der Praxis kommt allerdings eine solche Kostenüberwälzung auf den Antragsgegner häufig vor, vgl. *Austmann* in MHdB AG, § 75 Rn. 112.

[28] Vgl. *Krieger* in Lutter, UmwG, Anhang I § 4 SpruchG Rn. 5.

[29] Dies wurde zu § 327f Abs. 2 Satz 2 AktG aF allgemein vertreten, vgl. BGH ZIP 2006, 826, 827; vgl. auch BayObLG AG 559, 560 (zu § 304 Abs. 4 Satz 2 AktG aF); *Paulsen* in MüKoAktG, § 304 Rn. 223 (zu § 304 Abs. 4 Satz 2 AktG aF); *Fleischer* in GroßKomm., § 327f Rn. 35.

[30] Vgl. einerseits *Fritzsche/Dreier/Verfürht,* § 4 SpruchG Rn. 4; *Hüffer/Koch,* Anh. § 305 AktG § 4 SpruchG Rn. 2; wohl auch *Fleischer* in GroßKomm., § 327f Rn. 35: Doppelnatur, dh sowohl prozessuale wie auch materiell-rechtliche Frist. Vgl. andererseits BayObLG NZG 2005, 312, 314; *Emmerich/Habersack,* § 4 SpruchG Rn. 3: Materiell-rechtliche Frist. Offenlassend: *Wasmann* in KK-SpruchG, Vorb. §§ 1ff. Rn. 4; *ders.,* § 4 Rn. 3. Für rein prozessuale Frist: *Lamb/Schluck-Amend* DB 2003, 1259, 1261

[31] Vgl. *Fleischer* in GroßKomm., § 327f Rn. 35; *Hüffer/Koch,* Anh. § 305 AktG § 4 SpruchG Rn. 2; *Krieger* in Lutter, UmwG, Anhang I § 4 SpruchG Rn. 8; *Wasmann* in KK-SpruchG, § 4 Rn. 4.

[32] BayObLG v. 1.12.2004, NZG 2005, 312, 314; *Fleischer* in GroßKomm., § 327f Rn. 35; *Hüffer/Koch,* Anh. § 305 AktG § 4 SpruchG Rn. 2.

[33] BGH ZIP 2006, 826ff.

[34] Vgl. auch die Andeutungen des BGH ZIP 2006, 826, 828. Wie hier auch *Heidel/Lochner* in Heidel, § 327f AktG Rn. 12.

[35] AA *Fritzsche/Dreier/Verführt,* § 4 SpruchG Rn. 11; *Hüffer/Koch,* Anh. § 305 AktG § 4 SpruchG Rn. 5; *Krieger* in Lutter, UmwG, Anhang I § 4 SpruchG Rn. 7; *Wasmann* in KK-SpruchG, § 4 Rn. 6; zweifelnd auch *Fleischer* in GroßKomm., § 327f Rn. 36.

16 Die **Form** des Antrags richtet sich nach der allgemeinen Vorschrift des § 25 Abs. 1 und 2 FamFG, so dass ein Antrag durch Einreichung eines Schriftsatzes oder durch Erklärung zur Niederschrift der Geschäftsstelle des zuständigen Gerichts oder der Geschäftsstelle eines jeden Amtsgerichts gestellt werden kann.[36] Ausreichend ist eine Antragstellung per Telefax; bei Antragstellung per E-Mail sind die zusätzlichen Voraussetzungen des § 130a ZPO zu beachten.[37] Nach § 4 Abs. 2 Satz 1 SpruchG ist der Antrag innerhalb der Antragsfrist zu begründen und muss die in § 4 Abs. 2 Satz 2 Nr. 1 bis 4 aufgeführten Angaben enthalten. Darüber hinaus soll der Antrag die Zahl der vom Antragsteller gehaltenen Aktien benennen (§ 4 Abs. 2 Satz 3 SpruchG), um die Bestimmung des Geschäftswertes zur Berechnung der Gerichtskosten und der Anwaltsgebühren zu ermöglichen.[38] Anwaltszwang besteht weder in der ersten Instanz noch in der Beschwerdeinstanz; lediglich für die Einlegung der sofortigen Beschwerde ist die Mitwirkung eines Rechtsanwalts erforderlich (§ 12 Abs. 1 Satz 2 SpruchG).[39] Aus diesem Grund sind auch keine übermäßig hohen Anforderungen an die Substantiiertheit des Antrags[40] zu stellen, um die Rechtsschutzmöglichkeiten der Minderheitsaktionäre nicht zu stark zu verkürzen. Um den nicht als Antragsteller am Verfahren beteiligten antragsberechtigten Minderheitsaktionären rechtliches Gehör zu verschaffen, hat das Gericht frühzeitig einen gemeinsamen Vertreter nach § 6 SpruchG zu bestellen.

17 **b) Verfahren. Zuständiges Gericht** ist nach § 2 Abs. 1 Satz 1 SpruchG dasjenige Landgericht, in dessen Bezirk die Gesellschaft ihren Sitz hat, aus der die Aktionäre, welche das Spruchverfahren betreiben, ausgeschieden sind. Ist bei dem zuständigen Landgericht eine Kammer für Handelssachen gebildet, entscheidet diese anstelle der Zivilkammer (§ 2 Abs. 2 SpruchG). Die Entscheidung ergeht nach § 11 Abs. 1 SpruchG durch einen mit Gründen versehenen **Beschluss.** Gegen die Entscheidung des Landgerichts findet nach § 12 Abs. 1 Satz 1 SpruchG die **Beschwerde** statt.[41] Für die Einlegung der Beschwerde und den Gang des Beschwerdeverfahrens gelten über die Verweisvorschrift in § 17 SpruchG die Regelungen der §§ 58ff. FamFG.

18 Ist die Entscheidung rechtskräftig geworden, wirkt sie für und gegen alle ausgeschiedenen Minderheitsaktionäre, einschließlich solcher, die die vom Hauptaktionär ursprünglich festgelegte Barabfindung angenommen haben,

---

[36] Vgl. *Fleischer* in GroßKomm., § 327f Rn. 35; *Schüppen/Tretter* in Frankfurter Komm., § 327f AktG Rn. 11.

[37] Vgl. *Leuering* in Simon, § 4 SpruchG Rn. 12.

[38] Vgl. *Fritzsche/Dreier/Verfürht,* § 4 SpruchG Rn. 24; *Hüffer/Koch,* Anh. § 305 AktG § 4 SpruchG Rn. 7; *Koppensteiner* in KölnKomm., Anh. § 327f Rn. 20; *Krieger* in Lutter, UmwG, Anhang I § 4 SpruchG Rn. 22.

[39] Vgl. *Krieger* in Lutter, UmwG, Anhang I § 4 SpruchG Rn. 2; *ders.,* § 12 SpruchG Rn. 7; *Wilske* in KK-SpruchG, § 12 Rn. 35.

[40] Zu diesem Erfordernis vgl. *Fleischer* in GroßKomm., § 327f Rn. 38; *Hüffer/Koch,* Anh. § 305 AktG § 4 SpruchG Rn. 6ff.; *Leuering* in Simon, § 4 SpruchG Rn. 44ff.; *Wasmann* in KK-SpruchG, § 4 Rn. 17; *Emmerich/Habersack,* § 4 SpruchG Rn. 6ff.

[41] Vor dem Inkrafttreten des FamFG mit der FGG-Reform zum 1.9.2009 war die sofortige Beschwerde zum Oberlandesgericht statthaft. Zur alten und neuen Rechtslage vgl. *Wilske* in KK-SpruchG, § 12 Rn. 3f. und 12ff.

ohne sich am Spruchverfahren zu beteiligen (§ 13 Satz 2 SpruchG). Damit ist die umstrittene Frage geklärt, ob denjenigen Minderheitsaktionären, die sich nicht am Spruchverfahren beteiligt und stattdessen die vom Hauptaktionär ursprünglich festgelegte Barabfindung angenommen haben, ein sog. **Abfindungsergänzungsanspruch** zusteht. Nach der neuen gesetzlichen Regelung haben diese Minderheitsaktionäre einen Anspruch auf die Differenz zwischen dem Betrag der bereits erhaltenen Barabfindung und dem Betrag der im Spruchverfahren bestimmten angemessenen Barabfindung.

Anhang

Übersicht

Anhang 1

Verordnung über den Inhalt der Angebotsunterlage, die Gegenleistung bei Übernahmeangeboten und Pflichtangeboten und die Befreiung von der Verpflichtung zur Veröffentlichung und zur Abgabe eines Angebots (WpÜG-Angebotsverordnung)

Vom 27. Dezember 2001

(BGBl. I S. 4263)

FNA 4110-7-3

Zuletzt geändert durch Art. 13 G zur Umsetzung der TransparenzRL-ÄndRL vom 20.11.2015 (BGBl. I S. 2029)

Auf Grund des § 11 Abs. 4, § 31 Abs. 7 Satz 1 und § 37 Abs. 2 Satz 1 des Wertpapiererwerbs- und Übernahmegesetzes vom 20. Dezember 2001 (BGBl. I S. 3822) verordnet das Bundesministerium der Finanzen:

[Amtl. Anm.:] Dieses Gesetz dient der Umsetzung der Richtlinie 2003/71/EG des Europäischen Parlaments und des Rates vom 4. November 2003 betreffend den Prospekt, der beim öffentlichen Angebot von Wertpapieren oder bei deren Zulassung zum Handel zu veröffentlichen ist, und zur Änderung der Richtlinie 2001/34/EG (ABl. Nr. L 345 S. 64)

Inhaltsübersicht

Erster Abschnitt. Anwendungsbereich

§ 1 Anwendungsbereich

Diese Verordnung ist auf Angebote gemäß § 2 Abs. 1 des Wertpapiererwerbs- und Übernahmegesetzes anzuwenden.

Zweiter Abschnitt. Inhalt der Angebotsunterlage

§ 2[1] Ergänzende Angaben der Angebotsunterlage

Der Bieter hat in seine Angebotsunterlage folgende ergänzende Angaben aufzunehmen:

1. Name oder Firma und Anschrift oder Sitz der mit dem Bieter und der Zielgesellschaft gemeinsam handelnden Personen und der Personen, deren Stimmrechte aus Aktien der Zielgesellschaft nach § 30 des Wertpapiererwerbs- und Übernahmegesetzes Stimmrechten des Bieters gleichstehen oder ihm zuzurechnen sind, sowie, wenn es sich bei diesen Personen um Gesellschaften handelt, die Rechtsform und das Verhältnis der Gesellschaften zum Bieter und zur Zielgesellschaft;
2. Angaben nach § 7 des Wertpapierprospektgesetzes in Verbindung mit der Verordnung (EG) Nr. 809/2004 der Kommission vom 29. April 2004 zur Umsetzung der Richtlinie 2003/71/EG des Europäischen Parlaments und des Rates betreffend die in Prospekten enthaltenen Angaben sowie die Aufmachung, die Aufnahme eines Verweises und die Veröffentlichung solcher Prospekte und die Verbreitung von Werbung (ABl. EU Nr. L 149 S. 1, Nr. L 215 S. 3) in der jeweils geltenden Fassung, sofern Wertpapiere als Gegenleistung angeboten werden; wurde für die Wertpapiere vor Veröffentlichung der Angebotsunterlage ein Prospekt, auf Grund dessen die Wertpapiere öffentlich angeboten oder zum Handel an einem organisierten Markt zugelassen worden sind, im Inland in deutscher Sprache veröffentlicht und ist für die als Gegenleistung angebotenen Wertpapiere während der gesamten Laufzeit des Angebots ein gültiger Prospekt veröffentlicht, genügt die Angabe, dass ein Prospekt veröffentlicht wurde und wo dieser jeweils erhältlich ist;

---

[1] § 2 Nr. 2 geänd. mWv 30.10.2004 durch G v. 28.10.2004 (BGBl. I S. 2630); Nr. 2 neu gef., Nr. 2a eingef. mWv 1.7.2005 durch G v. 22.6.2005 (BGBl. I S. 1698); Nr. 1 und 12 geänd., Nr. 3a eingef. mWv 14.7.2006 durch G v. 8.7.2006 (BGBl. I S. 1426); Nr. 7 geänd. mWv 25.7.2006 durch VO v. 17.7.2006 (BGBl. I S. 1697); Nr. 5 geänd. mWv 1.2.2012 durch G v. 5.4.2011 (BGBl. I S. 538); Nr. 2a geänd. mWv 1.6.2012 durch G v. 6.12.2011 (BGBl. I S. 2481); Nr. 2 geänd., Nr. 7a eingef. mWv 26.11.2015 durch G v. 20.11.2015 (BGBl. I S. 2029).

2a. Angaben nach § 7 des Vermögensanlagengesetzes in Verbindung mit der Vermögensanlagen-Verkaufsprospektverordnung, sofern Vermögensanlagen im Sinne des § 1 Absatz 2 des Vermögensanlagengesetzes als Gegenleistung angeboten werden; wurde für die Vermögensanlagen innerhalb von zwölf Monaten vor Veröffentlichung der Angebotsunterlage ein Verkaufsprospekt im Inland in deutscher Sprache veröffentlicht, genügt die Angabe, dass ein Verkaufsprospekt veröffentlicht wurde und wo dieser erhältlich ist, sowie die Angabe der seit der Veröffentlichung des Verkaufsprospekts eingetretenen Änderungen;

3. die zur Festsetzung der Gegenleistung angewandten Bewertungsmethoden und die Gründe, warum die Anwendung dieser Methoden angemessen ist, sowie die Angabe, welches Umtauschverhältnis oder welcher Gegenwert sich bei der Anwendung verschiedener Methoden, sofern mehrere angewandt worden sind, jeweils ergibt; zugleich ist darzulegen, welches Gewicht den verschiedenen Methoden bei der Bestimmung des Umtauschverhältnisses oder des Gegenwerts und der ihnen zugrunde liegenden Werte beigemessen worden ist, welche Gründe für die Gewichtung bedeutsam waren, und welche besonderen Schwierigkeiten bei der Bewertung der Gegenleistung aufgetreten sind;

3a. die zur Berechnung der Entschädigung nach § 33b Abs. 5 des Wertpapiererwerbs- und Übernahmegesetzes angewandten Berechnungsmethoden, sowie die Gründe, warum die Anwendung dieser Methoden angemessen ist;

4. die Maßnahmen, die die Adressaten des Angebots ergreifen müssen, um dieses anzunehmen und um die Gegenleistung für die Wertpapiere zu erhalten, die Gegenstand des Angebots sind, sowie Angaben über die mit diesen Maßnahmen für die Adressaten verbundenen Kosten und den Zeitpunkt, zu dem diejenigen, die das Angebot angenommen haben, die Gegenleistung erhalten;

5. die Anzahl der vom Bieter und von mit ihm gemeinsam handelnden Personen und deren Tochterunternehmen bereits gehaltenen Wertpapiere sowie die Höhe der von diesen gehaltenen Stimmrechtsanteile unter Angabe der ihnen jeweils nach § 30 des Wertpapiererwerbs- und Übernahmegesetzes zuzurechnenden Stimmrechtsanteile getrennt für jeden Zurechnungstatbestand sowie die Höhe der nach den §§ 25 und 25a des Wertpapierhandelsgesetzes mitzuteilenden Stimmrechtsanteile;

6. bei Teilangeboten der Anteil oder die Anzahl der Wertpapiere der Zielgesellschaft, die Gegenstand des Angebots sind, sowie Angaben über die Zuteilung nach § 19 des Wertpapiererwerbs- und Übernahmegesetzes;

7. Art und Umfang der von den in Nummer 5 genannten Personen und Unternehmen jeweils für den Erwerb von Wertpapieren der Zielgesellschaft gewährten oder vereinbarten Gegenleistung, sofern der Erwerb innerhalb von sechs Monaten vor der Veröffentlichung gemäß § 10 Abs. 3 Satz 1 des Wertpapiererwerbs- und Übernahmegesetzes oder vor der Veröffentlichung der Angebotsunterlage gemäß § 14 Abs. 3 Satz 1 des Wertpapiererwerbs- und Übernahmegesetzes erfolgte; dem Erwerb

gleichgestellt sind Vereinbarungen, auf Grund derer die Übereignung der Wertpapiere verlangt werden kann;

7a. bei Angeboten nach § 39 Absatz 2 Satz 3 Nummer 1 des Börsengesetzes Angaben zu dem bevorstehenden Antrag der Zielgesellschaft auf einen Widerruf der Zulassung der betroffenen Wertpapiere zum Handel im regulierten Markt; die Angaben müssen einen ausdrücklichen Hinweis auf mögliche Einschränkungen der Handelbarkeit der betroffenen Wertpapiere als Folge des Widerrufs und die damit einhergehende Möglichkeit von Kursverlusten enthalten;

8. Angaben zum Erfordernis und Stand behördlicher, insbesondere wettbewerbsrechtlicher Genehmigungen und Verfahren im Zusammenhang mit dem Erwerb der Wertpapiere der Zielgesellschaft;

9. der Hinweis auf die Annahmefrist im Falle einer Änderung des Angebots nach § 21 Abs. 5 des Wertpapiererwerbs- und Übernahmegesetzes und die Annahmefrist im Falle konkurrierender Angebote nach § 22 Abs. 2 des Wertpapiererwerbs- und Übernahmegesetzes sowie im Falle von Übernahmeangeboten der Hinweis auf die weitere Annahmefrist nach § 16 Abs. 2 des Wertpapiererwerbs- und Übernahmegesetzes;

10. der Hinweis, wo die Angebotsunterlage gemäß § 14 Abs. 3 Satz 1 des Wertpapiererwerbs- und Übernahmegesetzes veröffentlicht wird;

11. der Hinweis auf das Rücktrittsrecht nach § 21 Abs. 4 und § 22 Abs. 3 des Wertpapiererwerbs- und Übernahmegesetzes und

12. Angaben darüber, welchem Recht die sich aus der Annahme des Angebots ergebenden Verträge zwischen dem Bieter und den Inhabern der Wertpapiere der Zielgesellschaft unterliegen, und die Angabe des Gerichtsstands.

Dritter Abschnitt. Gegenleistung bei Übernahmeangeboten und Pflichtangeboten

§ 3 Grundsatz

[1]Bei Übernahmeangeboten und Pflichtangeboten hat der Bieter den Aktionären der Zielgesellschaft eine angemessene Gegenleistung anzubieten. [2]Die Höhe der Gegenleistung darf den nach den §§ 4 bis 6 festgelegten Mindestwert nicht unterschreiten. [3]Sie ist für Aktien, die nicht derselben Gattung angehören, getrennt zu ermitteln.

§ 4[2] Berücksichtigung von Vorerwerben

[1]Die Gegenleistung für die Aktien der Zielgesellschaft muss mindestens dem Wert der höchsten vom Bieter, einer mit ihm gemeinsam handelnden Person oder deren Tochterunternehmen gewährten oder vereinbarten Gegenleistung für den Erwerb von Aktien der Zielgesellschaft innerhalb der letzten sechs Monate vor der Veröffentlichung nach § 14 Abs. 2 Satz 1 oder § 35 Abs. 2 Satz 1 des Wertpapiererwerbs- und Übernahmegesetzes entspre-

---

[2] § 4 Satz 1 geänd. mWv 14.7.2006 durch G v. 8.7.2006 (BGBl. I S. 1426).

chen. [2]§ 31 Abs. 6 des Wertpapiererwerbs- und Übernahmegesetzes gilt entsprechend.

§ 5[3] Berücksichtigung inländischer Börsenkurse

(1) Sind die Aktien der Zielgesellschaft zum Handel an einer inländischen Börse zugelassen, muss die Gegenleistung mindestens dem gewichteten durchschnittlichen inländischen Börsenkurs dieser Aktien während der letzten drei Monate vor der Veröffentlichung nach § 10 Abs. 1 Satz 1 oder § 35 Abs. 1 Satz 1 des Wertpapiererwerbs- und Übernahmegesetzes entsprechen.

(2) Sind die Aktien der Zielgesellschaft zum Zeitpunkt der Veröffentlichung nach § 10 Abs. 1 Satz 1 oder § 35 Abs. 1 Satz 1 des Wertpapiererwerbs- und Übernahmegesetzes noch keine drei Monate zum Handel an einer inländischen Börse zugelassen, so muss der Wert der Gegenleistung mindestens dem gewichteten durchschnittlichen inländischen Börsenkurs seit der Einführung der Aktien in den Handel entsprechen.

(3) Der gewichtete durchschnittliche inländische Börsenkurs ist der nach Umsätzen gewichtete Durchschnittskurs der der Bundesanstalt für Finanzdienstleistungsaufsicht (Bundesanstalt) nach § 9 des Wertpapierhandelsgesetzes als börslich gemeldeten Geschäfte.

(4) Sind für die Aktien der Zielgesellschaft während der letzten drei Monate vor der Veröffentlichung nach § 10 Abs. 1 Satz 1 oder § 35 Abs. 1 Satz 1 des Wertpapiererwerbs- und Übernahmegesetzes an weniger als einem Drittel der Börsentage Börsenkurse festgestellt worden und weichen mehrere nacheinander festgestellte Börsenkurse um mehr als 5 Prozent voneinander ab, so hat die Höhe der Gegenleistung dem anhand einer Bewertung der Zielgesellschaft ermittelten Wert des Unternehmens zu entsprechen.

§ 6 Berücksichtigung ausländischer Börsenkurse

(1) Sind die Aktien der Zielgesellschaft ausschließlich zum Handel an einem organisierten Markt im Sinne des § 2 Abs. 7 des Wertpapiererwerbs- und Übernahmegesetzes in einem anderen Staat des Europäischen Wirtschaftsraums im Sinne des § 2 Abs. 8 des Wertpapiererwerbs- und Übernahmegesetzes zugelassen, muss die Gegenleistung mindestens dem durchschnittlichen Börsenkurs während der letzten drei Monate vor der Veröffentlichung nach § 10 Abs. 1 Satz 1 oder § 35 Abs. 1 Satz 1 des Wertpapiererwerbs- und Übernahmegesetzes des organisierten Marktes mit den höchsten Umsätzen in den Aktien der Zielgesellschaft entsprechen.

(2) Sind die Aktien der Zielgesellschaft zum Zeitpunkt der Veröffentlichung nach § 10 Abs. 1 Satz 1 oder § 35 Abs. 1 Satz 1 des Wertpapiererwerbs- und Übernahmegesetzes noch keine drei Monate zum Handel an einem Markt im Sinne des Absatzes 1 zugelassen, so muss der Wert der Gegenleistung mindestens dem durchschnittlichen Börsenkurs seit Einführung der Aktien in den Handel an diesem Markt entsprechen.

---

[3] § 5 Abs. 3 geänd. mWv 1.5.2002 durch G v. 29.4.2002 (BGBl. I S. 1495).

(3) [1]Der durchschnittliche Börsenkurs ist der Durchschnittskurs der börsentäglichen Schlussauktion der Aktien der Zielgesellschaft an dem organisierten Markt. [2]Wird an dem organisierten Markt nach Absatz 1 keine Schlussauktion durchgeführt, ist der Durchschnittskurs auf der Grundlage anderer, zur Bildung eines Durchschnittskurses geeigneter Kurse, die börsentäglich festgestellt werden, zu bestimmen.

(4) Werden die Kurse an dem organisierten Markt nach Absatz 1 in einer anderen Währung als in Euro angegeben, sind die zur Bildung des Mindestpreises herangezogenen Durchschnittskurse auf der Grundlage des jeweiligen Tageskurses in Euro umzurechnen.

(5) Die Grundlagen der Berechnung des durchschnittlichen Börsenkurses sind im Einzelnen zu dokumentieren.

(6) § 5 Abs. 4 ist anzuwenden.

§ 7 Bestimmung des Wertes der Gegenleistung

Besteht die vom Bieter angebotene Gegenleistung in Aktien, sind für die Bestimmung des Wertes dieser Aktien die §§ 5 und 6 entsprechend anzuwenden.

Vierter Abschnitt. Befreiung von der Verpflichtung zur Veröffentlichung und zur Abgabe eines Angebots

§ 8[4] Antragstellung

[1]Der Antrag auf Befreiung von der Pflicht zur Veröffentlichung nach § 35 Abs. 1 Satz 1 des Wertpapiererwerbs- und Übernahmegesetzes und zur Abgabe eines Angebots nach § 35 Abs. 2 Satz 1 des Wertpapiererwerbs- und Übernahmegesetzes ist vom Bieter bei der Bundesanstalt zu stellen. [2]Der Antrag kann vor Erlangung der Kontrolle über die Zielgesellschaft und innerhalb von sieben Kalendertagen nach dem Zeitpunkt gestellt werden, zu dem der Bieter Kenntnis davon hat oder nach den Umständen haben musste, dass er die Kontrolle über die Zielgesellschaft erlangt hat.

§ 9[5] Befreiungstatbestände

[1]Die Bundesanstalt kann insbesondere eine Befreiung von den in § 8 Satz 1 genannten Pflichten erteilen bei Erlangung der Kontrolle über die Zielgesellschaft

1. durch Erbschaft oder im Zusammenhang mit einer Erbauseinandersetzung, sofern Erblasser und Bieter nicht verwandt im Sinne des § 36 Nr. 1 des Wertpapiererwerbs- und Übernahmegesetzes sind,
2. durch Schenkung, sofern Schenker und Bieter nicht verwandt im Sinne des § 36 Nr. 1 des Wertpapiererwerbs- und Übernahmegesetzes sind,
3. im Zusammenhang mit der Sanierung der Zielgesellschaft,
4. zum Zwecke der Forderungssicherung,

---

[4] § 8 Satz 1 geänd. mWv 1.5.2002 durch G v. 29.4.2002 (BGBl. I S. 1495).

[5] § 9 Satz 1 geänd. mWv 1.5.2002 durch G v. 29.4.2002 (BGBl. I S. 1495).

5. auf Grund einer Verringerung der Gesamtzahl der Stimmrechte an der Zielgesellschaft,
6. ohne dass dies vom Bieter beabsichtigt war, soweit die Schwelle des § 29 Abs. 2 des Wertpapiererwerbs- und Übernahmegesetzes nach der Antragstellung unverzüglich wieder unterschritten wird.

[2]Eine Befreiung kann ferner erteilt werden, wenn

1. ein Dritter über einen höheren Anteil an Stimmrechten verfügt, die weder dem Bieter noch mit diesem gemeinsam handelnden Personen gemäß § 30 des Wertpapiererwerbs- und Übernahmegesetzes gleichstehen oder zuzurechnen sind,
2. auf Grund des in den zurückliegenden drei ordentlichen Hauptversammlungen vertretenen stimmberechtigten Kapitals nicht zu erwarten ist, dass der Bieter in der Hauptversammlung der Zielgesellschaft über mehr als 50 Prozent der vertretenen Stimmrechte verfügen wird,
3. auf Grund der Erlangung der Kontrolle über eine Gesellschaft mittelbar die Kontrolle an einer Zielgesellschaft im Sinne des § 2 Abs. 3 des Wertpapiererwerbs- und Übernahmegesetzes erlangt wurde und der Buchwert der Beteiligung der Gesellschaft an der Zielgesellschaft weniger als 20 Prozent des buchmäßigen Aktivvermögens der Gesellschaft beträgt.

§ 10 Antragsinhalt

Der Antrag muss folgende Angaben enthalten:

1. Name oder Firma und Wohnsitz oder Sitz des Antragstellers,
2. Firma, Sitz und Rechtsform der Zielgesellschaft,
3. Anzahl der vom Bieter und den gemeinsam handelnden Personen bereits gehaltenen Aktien und Stimmrechte und die ihnen nach § 30 des Wertpapiererwerbs- und Übernahmegesetzes zuzurechnenden Stimmrechte,
4. Tag, an dem die Schwelle des § 29 Abs. 2 des Wertpapiererwerbs- und Übernahmegesetzes überschritten wurde, und
5. die den Antrag begründenden Tatsachen.

§ 11[6] Antragsunterlagen

Die zur Beurteilung und Bearbeitung des Antrags erforderlichen Unterlagen sind unverzüglich bei der Bundesanstalt einzureichen.

§ 12[7] Prüfung der Vollständigkeit des Antrags

[1]Die Bundesanstalt hat nach Eingang des Antrags und der Unterlagen zu prüfen, ob sie den Anforderungen der §§ 10 und 11 entsprechen. [2]Sind der Antrag oder die Unterlagen nicht vollständig, so hat die Bundesanstalt den Antragsteller unverzüglich aufzufordern, den Antrag oder die Unterlagen innerhalb einer angemessenen Frist zu ergänzen. [3]Wird der Aufforderung

---

[6] § 11 geänd. mWv 1.5.2002 durch G v. 29.4.2002 (BGBl. I S. 1495).

[7] § 12 Sätze 1, 2 und 3 geänd. mWv 1.5.2002 durch G v. 29.4.2002 (BGBl. I S. 1495).

innerhalb der von der Bundesanstalt gesetzten Frist nicht entsprochen, gilt der Antrag als zurückgenommen.

Fünfter Abschnitt. Schlussvorschrift

§ 13 Inkrafttreten

Diese Verordnung tritt am 1. Januar 2002 in Kraft.

Anhang 2

Verordnung über Gebühren nach dem Wertpapiererwerbs- und Übernahmegesetz (WpÜG-Gebührenverordnung)[1]

Vom 27. Dezember 2001

(BGBl. I S. 4267)

FNA 4110-7-4

Zuletzt geändert durch Art. 2 Abs. 65 und Art. 4 Abs. 54 G zur Strukturreform des Gebührenrechts des Bundes vom 7.8.2013 (BGBl. I S. 3154)

Auf Grund des § 47 Satz 2 des Wertpapiererwerbs- und Übernahmegesetzes vom 20. Dezember 2001 (BGBl. I S. 3822) in Verbindung mit dem 2. Abschnitt des Verwaltungskostengesetzes vom 23. Juni 1970 (BGBl. I S. 821) verordnet das Bundesministerium der Finanzen:

§ 1[2] Anwendungsbereich

Die Bundesanstalt für Finanzdienstleistungsaufsicht (Bundesanstalt) erhebt zur Deckung der Verwaltungskosten für die nachfolgend aufgezählten Handlungen nach dem Wertpapiererwerbs- und Übernahmegesetz Gebühren und Auslagen nach Maßgabe dieser Verordnung.

§ 2[3] Gebührenpflichtige Handlungen

(1) Gebührenpflichtige Handlungen sind:

1. die Entscheidung über einen Antrag auf gleichzeitige Vornahme der Mitteilung und der Veröffentlichung nach § 10 Abs. 2 Satz 3 des Wertpapiererwerbs- und Übernahmegesetzes,
2. die Gestattung der Veröffentlichung der Angebotsunterlage oder das Verstreichenlassen der in § 14 Abs. 2 Satz 1 des Wertpapiererwerbs- und Übernahmegesetzes genannten Frist,
3. die Untersagung des Angebotes nach § 15 Abs. 1 oder 2 des Wertpapiererwerbs- und Übernahmegesetzes,
4. die Entscheidung über einen Antrag auf Befreiung nach § 20 Abs. 1 des Wertpapiererwerbs- und Übernahmegesetzes,
5. die Entscheidung über einen Antrag auf Ausnahme bestimmter Inhaber von Wertpapieren von einem Angebot nach § 24 des Wertpapiererwerbs- und Übernahmegesetzes,

---

[1] Aufgehoben mWv 14.8.2018 durch Art. 4 Abs. 54 G v. 7.8.2013 (BGBl. I S. 3154).

[2] § 1 geänd. mWv 1.5.2002 durch G v. 29.4.2002 (BGBl. I S. 1495).

[3] § 2 Abs. 1 Nrn. 1, 4, 5, 7, 8 und 9 geänd., Abs. 2 angef. mWv 18.8.2005 durch VO v. 27.7.2005 (BGBl. I S. 2417).

6. die Untersagung von Werbung nach § 28 Abs. 1 des Wertpapiererwerbs- und Übernahmegesetzes,
7. die Entscheidung über einen Antrag auf Nichtberücksichtigung von Aktien der Zielgesellschaft bei der Berechnung des Stimmrechtsanteils nach § 36 des Wertpapiererwerbs- und Übernahmegesetzes,
8. die Entscheidung über einen Antrag auf Befreiung von der Verpflichtung zur Veröffentlichung und zur Abgabe eines Angebotes nach § 37 Abs. 1 des Wertpapiererwerbs- und Übernahmegesetzes,
9. die vollständige oder teilweise Zurückweisung eines Widerspruchs nach § 41 in Verbindung mit § 6 des Wertpapiererwerbs- und Übernahmegesetzes.

(2) Eine Gebühr wird auch erhoben, wenn ein Antrag auf Vornahme einer nach Absatz 1 Nr. 1, 4, 5, 7 oder Nr. 8 gebührenpflichtigen Handlung nach Beginn der sachlichen Bearbeitung, jedoch vor deren Beendigung zurückgenommen wird.

§ 3[4] Auslagen

[1] Als Auslagen werden die Kosten der Veröffentlichung nach § 44 des Wertpapiererwerbs- und Übernahmegesetzes sowie die Kosten, die im Rahmen des Widerspruchsverfahrens den Mitgliedern des Widerspruchsausschusses für die Teilnahme an den Sitzungen entstehen, erhoben. [2] Im Übrigen gilt § 23 Absatz 6 des Bundesgebührengesetzes.

§ 4[5] Höhe der Gebühren

(1) Die Gebühr beträgt für individuell zurechenbare öffentliche Leistungen

1. nach § 2 Abs. 1 Nr. 1:	1 000 Euro,	
2. nach § 2 Abs. 1 Nr. 4:	2 000 Euro bis	5 000 Euro,
3. nach § 2 Abs. 1 Nr. 5, 6 oder 7:	3 000 Euro bis	10 000 Euro,
4. nach § 2 Abs. 1 Nr. 8:	5 000 Euro bis	20 000 Euro,
5. nach § 2 Abs. 1 Nr. 2 oder 3:	10 000 Euro bis	100 000 Euro.

(2) [1] Die Gebühr beträgt für Entscheidungen über Widersprüche gegen individuell zurechenbare öffentliche Leistungen

1. nach § 2 Abs. 1 Nr. 1:	2 000 Euro,	
2. nach § 2 Abs. 1 Nr. 4:	4 000 Euro bis	10 000 Euro,
3. nach § 2 Abs. 1 Nr. 5, 6 oder 7:	6 000 Euro bis	20 000 Euro,
4. nach § 2 Abs. 1 Nr. 8:	10 000 Euro bis	40 000 Euro,
5. nach § 2 Abs. 1 Nr. 3:	20 000 Euro bis	200 000 Euro.

[2] Die Gebühr beträgt für Entscheidungen über Widersprüche gegen individuell zurechenbare öffentliche Leistungen nach § 4 Abs. 1 Satz 3 oder § 10

---

[4] § 3 Satz 2 neu gef. mWv 15.8.2013 durch G v. 7.8.2013 (BGBl. I S. 3154).

[5] § 4 Abs 3 geänd. mWv 1.5.2002 durch G v. 29.4.2002 (BGBl. I S. 1495); Abs. 1, Abs. 2 Satz 1 geänd., Abs. 3 neu gef. mWv 18.8.2005 durch VO v. 27.7.2005 (BGBl. I S. 2417); Abs. 1 einl. Satzteil, Abs. 2 Satz 1 einl. Satzteil und Satz 2 geänd., Abs. 3 geänd. mWv 15.8.2013 durch G v. 7.8.2013 (BGBl. I S. 3154).

Abs. 1 Satz 3 des Wertpapiererwerbs- und Übernahmegesetzes: 3000 Euro bis 10 000 Euro.

(3) Im Fall einer Antragsrücknahme nach § 2 Abs. 2 ist die Hälfte der für die beantragte individuell zurechenbare öffentliche Leistung vorgesehenen Gebühr zu entrichten.

§ 5[6] [aufgehoben]

§ 6 Inkrafttreten

Diese Verordnung tritt am 1. Januar 2002 in Kraft.

---

[6] § 5 aufgeh. mWv 18.8.2005 durch VO v. 27.7.2005 (BGBl. I S. 2417).

Anhang 3

Verordnung über die Zusammensetzung und das Verfahren des Widerspruchsausschusses beim Bundesaufsichtsamt für den Wertpapierhandel (WpÜG-Widerspruchsausschuss-Verordnung)[1]

Vom 27. Dezember 2001

(BGBl. I S. 4261)

BGBl. III/FNA 4110-7-5

zuletzt geändert durch Art. 1 ÄndVO v. 26. Juni 2003 (BGBl. I S. 1006)

Auf Grund des § 6 Abs. 4 Satz 1 des Wertpapiererwerbs- und Übernahmegesetzes vom 20. Dezember 2001 (BGBl. I S. 3822) verordnet das Bundesministerium der Finanzen:

Inhaltsübersicht

§ 1[2] Bestellung und Abberufung der Mitglieder des Widerspruchsausschusses

(1) Der Präsident der Bundesanstalt wählt aus der gemäß § 5 Abs. 3 Satz 3 des Wertpapiererwerbs- und Übernahmegesetzes erstellten Vorschlagsliste des Beirats 15 Personen aus und bestellt sie als ehrenamtliche Beisitzer des Widerspruchsausschusses.

(2) Die ehrenamtlichen Beisitzer müssen nach § 15 des Bundeswahlgesetzes wählbar sein.

§ 2[3] Vorzeitige Beendigung der Bestellung

[1]Der Präsident der Bundesanstalt kann einen Beisitzer nach § 86 des Verwaltungsverfahrensgesetzes abberufen. [2]In diesem Fall wird ein neuer Beisit-

---

[1] Überschrift geänd. mWv 1.5.2002 durch VO vom 29.4.2002 (BGBl. I S. 1495).

[2] § 1 Abs. 1 geänd. mWv 1.5.2002 durch VO vom 29.4.2002 (BGBl. I S. 1495).

[3] § 2 Satz 1 geänd. mWv 1.5.2002 durch VO vom 29.4.2002 (BGBl. I S. 1495).

zer nach § 1 Abs. 1 bis zum Ablauf der ursprünglichen Bestellung des abberufenen Beisitzers bestellt.

§ 3[4] Reihenfolge der Mitwirkung

(1) [1]Die ehrenamtlichen Beisitzer sind zur Mitwirkung an Entscheidungen des Widerspruchsausschusses nach Maßgabe der in einer Liste (Beisitzerliste) festgelegten Reihenfolge heranzuziehen, und zwar nach dem Eingang der Widersprüche bei der Bundesanstalt. [2]Jeder Durchgang der Liste bedeutet einen Turnus. [3]Jeder ehrenamtliche Beisitzer wird höchstens einmal je Turnus herangezogen.

(2) [1]Die Reihenfolge der ehrenamtlichen Beisitzer auf der Beisitzerliste wird in einer Sitzung des Widerspruchsausschusses durch Los bestimmt. [2]Das Los zieht der Vorsitzende. [3]Die Beisitzerliste wird vom Vorsitzenden geführt. [4]Scheidet ein ehrenamtlicher Beisitzer aus und wird ein neuer bestellt, tritt dieser an die Stelle des ausscheidenden Beisitzers in der Beisitzerliste.

(3) [1]Bei Verhinderung eines ehrenamtlichen Beisitzers ist der in der Liste nachfolgende zur Mitwirkung berufen. [2]Wurde dieser bereits für einen Widerspruch innerhalb des Turnus herangezogen, ist der nächste, noch nicht herangezogene Beisitzer zur Mitwirkung berufen. [3]Ein bei seiner Heranziehung verhinderter Beisitzer wird erst wieder im nächsten Turnus herangezogen.

§ 4[5] Von der Mitwirkung ausgeschlossene Personen

(1) [1]Unbeschadet der §§ 20 und 21 des Verwaltungsverfahrensgesetzes sind ehrenamtliche Beisitzer, die bei dem Bieter oder der Zielgesellschaft, bei einem mit diesen verbundenen Unternehmen oder bei einer mit diesen gemeinsam handelnden Person beschäftigt sind, von der Mitwirkung an Entscheidungen des Widerspruchsausschusses ausgeschlossen. [2]Satz 1 gilt auch für ehrenamtliche Beisitzer, die bei einem Unternehmen beschäftigt sind, das für den Bieter, die Zielgesellschaft oder eine mit diesen gemeinsam handelnde Person im Zusammenhang mit dem Angebot tätig geworden ist. [3]Den in den Sätzen 1 und 2 genannten Beschäftigten stehen Mitglieder von Organen gleich.

(2) Im Falle des Ausschlusses eines ehrenamtlichen Beisitzers bestimmt der Vorsitzende nach § 3 Abs. 1 und 3 einen anderen ehrenamtlichen Beisitzer.

(3) Unbeschadet der §§ 20 und 21 des Verwaltungsverfahrensgesetzes sind beamtete Beisitzer von der Mitwirkung an Entscheidungen des Widerspruchsausschusses ausgeschlossen, wenn sie an dem Erlass der angegriffenen Entscheidung beteiligt waren.

---

[4] § 3 Abs. 1 neu gef., Abs. 2 Satz 4 geänd., Abs. 3 Sätze 2 und 3 angef. mWv 1.7.2003 durch VO v. 26.6.2003 (BGBl. I S. 1006).

[5] § 4 Abs. 2 geänd. mWv 1.7.2003 durch VO v. 26.6.2003 (BGBl. I S. 1006).

§ 5[6] Einladung zur Sitzung des Widerspruchsausschusses

[1]Der Vorsitzende des Widerspruchsausschusses beruft den Widerspruchsausschuss ein und lädt die Beisitzer und die Beteiligten ein. [2]Die Einladung muss die Zeit und den Ort der Sitzung sowie Angaben zum Gegenstand des Widerspruchsverfahrens und der Besetzung des Widerspruchsausschusses enthalten. [3]Der Vorsitzende kann die Sitzung nach Bedarf auch an einem anderen Ort als dem Sitz der Bundesanstalt anberaumen. [4]In dringenden Fällen kann die Einladung auch telefonisch erfolgen.

§ 6 Entscheidungen des Widerspruchsausschusses

(1) [1]Der Widerspruchsausschuss entscheidet in der Regel ohne mündliche Verhandlung. [2]Sofern die Angelegenheit besondere Schwierigkeiten tatsächlicher oder rechtlicher Art aufweist, kann der Vorsitzende eine mündliche Verhandlung anordnen.

(2) Die Sitzungen des Widerspruchsausschusses sind nicht öffentlich.

(3) Der Widerspruchsausschuss ist bei Anwesenheit des Vorsitzenden und zweier Beisitzer beschlussfähig.

§ 7 Entschädigung ehrenamtlicher Beisitzer

[1]Die ehrenamtlichen Beisitzer des Widerspruchsausschusses verwalten ihr Amt als unentgeltliches Ehrenamt. [2]Sie erhalten für ihre Tätigkeit Tagegelder und Reisekostenvergütung nach den Richtlinien des Bundesministeriums der Finanzen über die Abfindung der Mitglieder von Beiräten, Ausschüssen, Kommissionen und ähnlichen Einrichtungen im Bereich des Bundes vom 9. November 1981 (GMBl S. 515), zuletzt geändert durch das Rundschreiben des Bundesministeriums der Finanzen vom 19. März 1997 (GMBl S. 172).

§ 8 Inkrafttreten

Diese Verordnung tritt am 1. Januar 2002 in Kraft.

---

[6] § 5 Satz 3 geänd. mWv 1.5.2002 durch VO vom 29.4.2002 (BGBl. I S. 1495).

Anhang 4

Verordnung über die Zusammensetzung, die Bestellung der Mitglieder und das Verfahren des Beirats bei der Bundesanstalt für Finanzdienstleistungsaufsicht (WpÜG-Beiratsverordnung)[1]

Vom 27. Dezember 2001

(BGBl. I S. 4259)

FNA 4110-7-1

Zuletzt geändert durch Art. 195 Zehnte ZuständigkeitsanpassungsVO vom 31.8.2015 (BGBl. I S. 1474)

Auf Grund des § 5 Abs. 2 Satz 1 des Wertpapiererwerbs- und Übernahmegesetzes vom 20. Dezember 2001 (BGBl. I S. 3822) verordnet das Bundesministerium der Finanzen:

Inhaltsübersicht

§ 1 Bestellung von Stellvertretern für Mitglieder des Beirats

[1]Für jedes Mitglied des Beirats ist ein erster und zweiter Stellvertreter zu bestellen. [2]Scheidet ein Mitglied des Beirats vorzeitig aus, rückt sein Stellvertreter bis zum Ablauf der ursprünglichen Bestellung des ausgeschiedenen Mitglieds nach. [3]Steht kein Stellvertreter zur Verfügung, erfolgt eine Nachbestellung bis zum Ablauf der ursprünglichen Bestellung des ausgeschiedenen Mitglieds.

§ 2 Vorzeitige Beendigung der Mitgliedschaft

[1]Die Mitgliedschaft im Beirat erlischt außer mit Ablauf der Amtszeit durch vorzeitige Beendigung. [2]Das Bundesministerium der Finanzen kann die Mitgliedschaft durch Widerruf der Bestellung aus wichtigem Grund vorzeitig beenden. [3]Ein wichtiger Grund liegt insbesondere dann vor, wenn ein Mitglied nicht mehr der Gruppe nach § 5 Abs. 1 Satz 2 des Wertpapiererwerbs- und Übernahmegesetzes angehört, zu deren Vertretung es bestellt wurde,

[1] Überschr. geänd. mWv 1.5.2002 durch G v. 29.4.2002 (BGBl. I S. 1495).

oder ein Mitglied den Widerruf der Bestellung aus persönlichen Gründen beantragt.

§ 3[2] Sitzungen des Beirats

(1) [1]Der Präsident der Bundesanstalt bestimmt den Termin der Sitzung. [2]Sitzungen sind auch auf Antrag von mindestens acht Mitgliedern anzuberaumen. [3]Der Präsident lädt die Mitglieder des Beirats sowie die Vertreter der Bundesministerien der Finanzen, der Justiz und für Verbraucherschutz sowie für Wirtschaft und Energie zu den Sitzungen des Beirats ein. [4]Die Einladung muss die Zeit und den Ort der Sitzung sowie die Tagesordnung enthalten. [5]Kann ein Mitglied an der Sitzung nicht teilnehmen, so hat es den Präsidenten der Bundesanstalt hierüber unverzüglich zu unterrichten.

(2) [1]Die Sitzungen des Beirats sind nicht öffentlich. [2]Der Präsident kann weitere Vertreter der Bundesanstalt zu der Sitzung hinzuziehen. [3]Die Mitglieder des Beirats unterliegen der Verschwiegenheitspflicht nach § 9 Abs. 1 des Wertpapiererwerbs- und Übernahmegesetzes.

§ 4 Beschlussfassung

[1]Der Beirat ist beschlussfähig, wenn mindestens acht Mitglieder anwesend sind. [2]In der Sitzung hat jedes Mitglied eine Stimme. [3]Beschlüsse des Beirats bedürfen der einfachen Mehrheit der abgegebenen Stimmen. [4]Für die Unterbreitung der Vorschläge für die ehrenamtlichen Mitglieder des Widerspruchsausschusses und deren Vertreter ist eine Mehrheit von zwei Dritteln der Mitglieder erforderlich.

§ 5[3] Protokolle

(1) [1]Über die Sitzungen und Beschlüsse ist von der Bundesanstalt ein Protokoll zu fertigen, das der Sitzungsleiter und der Protokollführer zu unterzeichnen haben. [2]Das Protokoll muss Angaben enthalten über

1. den Ort und den Tag der Sitzung,
2. die Namen der anwesenden Personen,
3. die behandelten Gegenstände der Tagesordnung,
4. die Ergebnisse und gefassten Beschlüsse.

[3]Die Wirksamkeit der gefassten Beschlüsse ist nicht von ihrer Protokollierung abhängig. [4]Das Protokoll ist den Mitgliedern des Beirats und den sonstigen Teilnehmern zu übersenden.

(2) [1]Das Protokoll gilt als genehmigt, wenn innerhalb von drei Werktagen nach seiner Übersendung kein Mitglied schriftlich Einwendungen erhoben hat. [2]Über Einwendungen entscheidet der Sitzungsleiter abschließend.

---

[2] § 3 Abs. 1 Satz 1 und 5, Abs. 2 Satz 2 geänd. mWv 1.5.2002 durch G v. 29.4.2002 (BGBl. I S. 1495); Abs. 1 Satz 3 geänd. mWv 28.11.2003 durch VO v. 25.11.2003 (BGBl. I S. 2304); Abs. 1 Satz 3 geänd. mWv 8.11.2006 durch VO v. 31.10.2006 (BGBl. I S. 2407); Abs. 1 Satz 3 geänd. mWv 8.9.2015 durch VO v. 31.8.2015 (BGBl. I S. 1474).

[3] § 5 Abs. 1 Satz 1 geänd. mWv 1.5.2002 durch G v. 29.4.2002 (BGBl. I S. 1495).

§ 6 Entschädigung der Mitglieder

[1]Die Mitglieder des Beirats verwalten ihr Amt als unentgeltliches Ehrenamt. [2]Sie erhalten für ihre Tätigkeit Tagegelder und Reisekostenvergütung nach den Richtlinien des Bundesministeriums der Finanzen über die Abfindung der Mitglieder von Beiräten, Ausschüssen, Kommissionen und ähnlichen Einrichtungen im Bereich des Bundes vom 9. November 1981 (GMBl S. 515), zuletzt geändert durch das Rundschreiben des Bundesministeriums der Finanzen vom 19. März 1997 (GMBl S. 172).

§ 7 Inkrafttreten

Diese Verordnung tritt am 1. Januar 2002 in Kraft.

Anhang 5

Verordnung über die Anwendbarkeit von Vorschriften betreffend Angebote im Sinne des § 1 Abs. 2 und 3 des Wertpapiererwerbs- und Übernahmegesetzes (WpÜG-Anwendbarkeitsverordnung)

Vom 17. Juli 2006

(BGBl. I S. 1698)

FNA 4110-7-5

Auf Grund des § 1 Abs. 4 in Verbindung mit Abs. 2 und 3 des Wertpapiererwerbs- und Übernahmegesetzes vom 20. Dezember 2001 (BGBl. I S. 3822), der durch Artikel 1 Nr. 2 des Gesetzes vom 8. Juli 2006 (BGBl. I S. 1426) eingefügt worden ist, verordnet das Bundesministerium der Finanzen:

§ 1 Vorschriften betreffend Angebote im Sinne des § 1 Abs. 2 des Wertpapiererwerbs- und Übernahmegesetzes

Auf Angebote im Sinne des § 1 Abs. 2 des Wertpapiererwerbs- und Übernahmegesetzes sind die folgenden Vorschriften dieses Gesetzes sinngemäß anzuwenden, soweit nicht das ausländische Recht Abweichungen nötig macht:

1. die §§ 1 bis 9,
2. § 29,
3. § 30,
4. § 33,
5. § 33a,
6. § 33b,
7. § 33c,
8. § 33d,
9. § 34,
10. § 35 Abs. 1 Satz 4 in Verbindung mit § 10 Abs. 5 Satz 2 und 3,
11. § 35 Abs. 2 Satz 1 hinsichtlich der Verpflichtung zur Abgabe eines Angebots,
12. § 35 Abs. 2 Satz 2 in Verbindung mit § 14 Abs. 4 Satz 2 und 3,
13. § 35 Abs. 2 Satz 3,
14. § 35 Abs. 3,
15. § 36,
16. § 37,
17. § 38,

18. § 39,
19. § 39a,
20. § 39b,
21. § 39c und
22. die §§ 40 bis 68.

§ 2 Vorschriften betreffend Angebote im Sinne des § 1 Abs. 3 des Wertpapiererwerbs- und Übernahmegesetzes

Auf Angebote im Sinne des § 1 Abs. 3 des Wertpapiererwerbs- und Übernahmegesetzes sind die folgenden Vorschriften dieses Gesetzes sinngemäß anzuwenden, soweit nicht das ausländische Recht Abweichungen nötig macht:

1. die §§ 1 bis 9,
2. § 31,
3. § 32,
4. § 33d,
5. § 34,
6. § 35 Abs. 1 Satz 1 bis 3, Satz 4 in Verbindung mit § 10 Abs. 2, 3 Satz 3, Abs. 4, 5 Satz 1 und Abs. 6,
7. § 35 Abs. 2 Satz 1 hinsichtlich der Verpflichtung zur Übermittlung und Veröffentlichung,
8. § 35 Abs. 2 Satz 2 in Verbindung mit § 14 Abs. 2 Satz 2, Abs. 3 und 4 Satz 1,
9. § 38,
10. § 39 und
11. die §§ 40 bis 68.

§ 3 Inkrafttreten

Diese Verordnung tritt am Tage nach der Verkündung[1] in Kraft.

---

[1] Verkündet am 24.7.2006.

Anhang 6

Verordnung über den Zeitpunkt sowie den Inhalt und die Form der Mitteilung und der Veröffentlichung der Entscheidung einer Zielgesellschaft nach § 1 Abs. 5 Satz 1 und 2 des Wertpapiererwerbs- und Übernahmegesetzes (WpÜG-Beaufsichtigungsmitteilungsverordnung)

Vom 13. Oktober 2006

(BGBl. I S. 2266)

FNA 4110-7-6

Auf Grund des § 1 Abs. 5 Satz 4 in Verbindung mit Satz 3 des Wertpapiererwerbs- und Übernahmegesetzes vom 20. Dezember 2001 (BGBl. I S. 3822), der durch Artikel 1 Nr. 2 des Gesetzes vom 8. Juli 2006 (BGBl. I S. 1426) eingefügt worden ist, in Verbindung mit § 1 Nr. 2 der Verordnung zur Übertragung von Befugnissen zum Erlass von Rechtsverordnungen auf die Bundesanstalt für Finanzdienstleistungsaufsicht vom 13. Dezember 2002 (BGBl. 2003 I S. 3), der zuletzt durch Artikel 1 der Verordnung vom 17. Juli 2006 (BGBl. I S. 1699) geändert worden ist, verordnet die Bundesanstalt für Finanzdienstleistungsaufsicht:

§ 1 Mitteilung

(1) Die Zielgesellschaft hat ihre Entscheidung nach § 1 Abs. 5 Satz 1 des Wertpapiererwerbs- und Übernahmegesetzes der Bundesanstalt für Finanzdienstleistungsaufsicht spätestens am ersten Tag des Handels ihrer stimmberechtigten Wertpapiere an einem organisierten Markt im Inland mitzuteilen.

(2) Die Mitteilung hat zu enthalten:

1. Firma, Sitz, Rechtsform und Geschäftsanschrift der Zielgesellschaft,
2. Angabe der Staaten des Europäischen Wirtschaftsraums, in welchen die stimmberechtigten Wertpapiere der Zielgesellschaft zum Handel an einem organisierten Markt zugelassen sind, sowie die Bezeichnung der organisierten Märkte,
3. Tag der Zulassung der stimmberechtigten Wertpapiere zum Handel an einem organisierten Markt im Inland und den jeweiligen Tag der Zulassung der stimmberechtigten Wertpapiere zum Handel an einem organisierten Markt in anderen Staaten des Europäischen Wirtschaftsraums und
4. Erklärung darüber, welche der betroffenen Aufsichtsstellen für die Beaufsichtigung eines europäischen Angebots zum Erwerb stimmberechtigter Wertpapiere zuständig sein soll.

(3) Die Mitteilung hat schriftlich zu erfolgen.

§ 2 Veröffentlichung

(1) Die Zielgesellschaft hat ihre Entscheidung nach § 1 Abs. 5 Satz 1 des Wertpapiererwerbs- und Übernahmegesetzes mit dem in § 2 Abs. 2 vorgesehenen Inhalt unverzüglich nach der Zulassung der stimmberechtigten Wertpapiere zum Handel an einem organisierten Markt im Inland zu veröffentlichen.

(2) [1]Die Veröffentlichung der Entscheidung ist

1. durch Bekanntgabe im Internet und
2. über ein elektronisch betriebenes Informationsverbreitungssystem, das bei Kreditinstituten, Finanzdienstleistungsinstituten, nach § 53 Abs. 1 des Kreditwesengesetzes tätigen Unternehmen, anderen Unternehmen, die ihren Sitz im Inland haben und an einer inländischen Börse zur Teilnahme am Handel zugelassen sind, und Versicherungsunternehmen weit verbreitet ist,

in deutscher Sprache vorzunehmen. [2]Eine Veröffentlichung in anderer Weise darf nicht vor der Veröffentlichung nach Satz 1 vorgenommen werden.

§ 3 Inkrafttreten

Diese Verordnung tritt am Tage nach der Verkündung[1] in Kraft.

---

[1] Verkündet am 20.10.2006.

Anhang 7

Ablaufplan für ein Übernahmeangebot nach dem WpÜG (Barangebot auf liquide Aktien, vier Wochen Annahmefrist)

Nr.	Zeitpunkt (X = Tag d. Veröffentlichung des Angebots)	Aktion	Erläuterung	Zugrundelieg. Norm des WpÜG
1.	X – 60	Verhandlungen über Erwerb eines Pakets von weniger als 30% der Stimmrechte an einer Zielgesellschaft		
2.	X – 60	Einverständnis mit Kreditinstitut, unter welchen Bedingungen die Finanzierungsbestätigung für den Fall der Abgabe des Übernahmeangebots abgegeben wird	Wegen der besonderen Bedeutung der Finanzierungsbestätigung für die gesamte Transaktion sollten frühzeitig vor dem Paketerwerb die Bedingungen der Abgabe der Finanzierungsbestätigung feststehen.	
3.	X – 60	Beginn Erstellung der Angebotsunterlage		
4.	X – 28	Beschluss der zuständigen Organe des Bieters zum Kauf des Aktienpakets und zur Abgabe des Übernahmeangebots		10 Abs. 1
5.	X – 28	Abschluss Paketkaufvertrag		
6.	X – 28	Vorabmitteilung der Entscheidung an BaFin und Börsen		10 Abs. 2
7.	X – 28	Veröffentlichung der Entscheidung zur Abgabe eines Übernahmeangebots im Internet und elektronischem Informationsverbreitungssystem		10 Abs. 3

Nr.	Zeitpunkt (X = Tag d. Veröffentlichung des Angebots)	Aktion	Erläuterung	Zugrundelieg. Norm des WpÜG
8.	X – 28	Übersendung der Veröffentlichung an BaFin und Börsen		10 Abs. 4
9.	X – 27	Mitteilung der Entscheidung zur Abgabe eines Übernahmeangebots an den Vorstand der Zielgesellschaft		10 Abs. 5
10.	X – 26	Mitteilung nach § 21 oder § 25 WpHG über den Erwerb des Aktienpakets	In Betracht kommende Schwellen von 3, 5, 10, 15, 20, 25; der schuldrechtliche Erwerb des Aktienpakets genügt. Wenn das Aktienpaket aufschiebend bedingt oder mit längerer Abwicklungsfrist erworben wird, Meldung nach § 25 WpHG	§§ 21, 25 WpHG
11.	X – 14	Abgabe der Finanzierungsbestätigung		13 Abs. 1
12.	X – 13	Einreichung der Angebotsunterlage mit der Finanzierungsbestätigung bei der BaFin zur Billigung	Der Bieter muss die Angebotsunterlage spätestens binnen 4 Wochen nach Veröffentlichung der Entscheidung (Nr. 6) zur Prüfung vorlegen (vorbehaltlich einer im Einzelfall möglichen Fristverlängerung). Die BaFin hat die Angebotsunterlage binnen 10 Werktagen zu billigen.	14 Abs. 1 14 Abs. 2
13.	X – 1	Gestattung der Veröffentlichung der Angebotsunterlage durch die BaFin	Die BaFin nimmt eine mehr formelle Prüfung vor und achtet auf offensichtliche Fehler.	14 Abs. 2
14.	X	Veröffentlichung der Angebotsunterlage im Internet und einer Hinweisbekanntmachung im Bundesanzeiger, Beginn der Annahmefrist	Dieser Tag zählt nach Auffassung der BaFin nicht zur Annahmefrist	14 Abs. 3 S. 1

Nr.	Zeitpunkt (X = Tag d. Veröffentlichung des Angebots)	Aktion	Erläuterung	Zugrundelieg. Norm des WpÜG
15.	X + 1	Übersendung eines Belegs über die Veröffentlichung an die BaFin		14 Abs. 3 S. 2
16.	X + 1	Übermittlung der Angebotsunterlage an den Vorstand und Aufsichtsrat der Zielgesellschaft	Der Vorstand übermittelt das Angebot an den Betriebsrat, oder, falls ein solcher nicht besteht, an die Arbeitnehmer der Zielgesellschaft.	14 Abs. 4
17.	X + 7 bis 14	Veröffentlichung der Stellungnahmen von Vorstand und Aufsichtsrat und evtl. von Betriebsrat/Arbeitnehmer der Zielgesellschaft	Die Rechtsprechung verlangt im Regelfall eine Veröffentlichung binnen 14 Tagen.	27 Abs. 3
18.	X + 8	Nach Ablauf einer Woche seit Beginn der Annahmefrist Mitteilung über die bisherige Annahme des Angebots („Wasserstandsmeldung")	Diese „Wasserstandsmeldungen" sind wöchentlich zu wiederholen, in der letzten Woche der Annahmefrist täglich abzugeben.	23 Abs. 1
19.	X + 28 24:00 Uhr	Ende der Annahmefrist		16 Abs. 1
20.	X + 32	Veröffentlichung der Anzahl der angebotenen Wertpapiere		23 Abs. 1 Nr. 2
21.	X + 33	Beginn der weiteren Annahmefrist		16 Abs. 2
22.	X + 47	Ablauf der weiteren Annahmefrist		
23.	X + 51	Veröffentlichung der Anzahl der insgesamt angebotenen Aktien		23 Abs. 1 Nr. 3
24.	X + 55	Erwerb der aufgrund des öffentlichen Angebots von den Aktionären der Zielgesellschaft angebotenen Aktien gegen Zahlung des Angebotspreises	Eine erste Abwicklung nach Ablauf der Annahmefrist wäre denkbar, ist aber selten.	

Nr.	**Zeitpunkt** (X = Tag d. Veröffentlichung des Angebots)	**Aktion**	**Erläuterung**	**Zugrundelieg. Norm des WpÜG**
25.	X + 58	Je nach Erfolg des Übernahmeangebots Mitteilungen über bedeutende Stimmrechtsanteile an der Zielgesellschaft	Werden nach Übertragung der Aktien auf den Bieter die Schwellen von 3, 5, 10, 15, 20, 25, 30, 50, 75% an der Zielgesellschaft erreicht oder überschritten, ist die Mitteilung abzugeben.	21 WpHG
26.	X + 47 + 3 Monate	Hält der Bieter nach dem Angebot mind. 95% der Aktien, spätester Termin für Antrag auf „Übernahmerechtlichen-Squeeze out" und letzter Tag für Ausübung „Sell-out" Recht		39a 39c
27.	X + 32 + 1 Jahr	Ablauf der Frist, binnen derer ein außerbörslicher Zukauf von Aktien der Zielgesellschaft zu einem höheren Preis eine Nachbesserungspflicht auslöst.		23 Abs. 2

Stichwortverzeichnis

Es bezeichnen: **Fette Zahlen** ohne Zusatz die Paragraphen des WpÜG, mit Zusatz die Artikel bzw. Paragraphen des betreffenden Gesetzes, bzw. die Einleitung; magere Zahlen bezeichnen die Randnummern der Erläuterungen.

Stichwortverzeichnis

C

D

E

H

I

Stichwortverzeichnis

M

N

O

Stichwortverzeichnis

Stichwortverzeichnis

T

U

Stichwortverzeichnis

Z

Stichwortverzeichnis